城市建设标准专题汇编系列

智慧城市标准汇编

（上册）

本社 编

中国建筑工业出版社

图书在版编目（CIP）数据

智慧城市标准汇编/中国建筑工业出版社编. —北京：中国建筑工业出版社，2016.11
（城市建设标准专题汇编系列）
ISBN 978-7-112-19830-6

Ⅰ.①智… Ⅱ.①中… Ⅲ.①现代化城市-城市建设-标准-汇编-中国 Ⅳ.①F299.2-65

中国版本图书馆CIP数据核字(2016)第222011号

责任编辑：何玮珂 孙玉珍 丁洪良

城市建设标准专题汇编系列
智慧城市标准汇编
本社 编

*

中国建筑工业出版社出版、发行（北京西郊百万庄）
各地新华书店、建筑书店经销
北京红光制版公司制版
北京圣夫亚美印刷有限公司印刷

*

开本：787×1092毫米 1/16 印张：193½ 插页：4 字数：7129千字
2016年11月第一版 2016年11月第一次印刷
定价：428.00元（上、下册）
ISBN 978-7-112-19830-6
(29352)

版权所有 翻印必究
如有印装质量问题，可寄本社退换
（邮政编码100037）

出 版 说 明

工程建设标准是建设领域实行科学管理，强化政府宏观调控的基础和手段。它对规范建设市场各方主体行为，确保建设工程质量和安全，促进建设工程技术进步，提高经济效益和社会效益具有重要的作用。

时隔37年，党中央于2015年底召开了"中央城市工作会议"。会议明确了新时期做好城市工作的指导思想、总体思路、重点任务，提出了做好城市工作的具体部署，为今后一段时期的城市工作指明了方向、绘制了蓝图、提供了依据。为深入贯彻中央城市工作会议精神，做好城市建设工作，我们根据中央城市工作会议的精神和住房城乡建设部近年来的重点工作，推出了《城市建设标准专题汇编系列》，为广大管理和工程技术人员提供技术支持。《城市建设标准专题汇编系列》共13分册，分别为：

1. 《城市地下综合管廊标准汇编》
2. 《海绵城市标准汇编》
3. 《智慧城市标准汇编》
4. 《装配式建筑标准汇编》
5. 《城市垃圾标准汇编》
6. 《养老及无障碍标准汇编》
7. 《绿色建筑标准汇编》
8. 《建筑节能标准汇编》
9. 《高性能混凝土标准汇编》
10. 《建筑结构检测维修加固标准汇编》
11. 《建筑施工与质量验收标准汇编》
12. 《建筑施工现场管理标准汇编》
13. 《建筑施工安全标准汇编》

本次汇编根据"科学合理，内容准确，突出专题"的原则，参考住房和城乡建设部发布的"工程建设标准体系"，对工程建设中影响面大、使用面广的标准规范进行筛选整合，汇编成上述《城市建设标准专题汇编系列》。各分册中的标准规范均以"条文＋说明"的形式提供，便于读者对照查阅。

需要指出的是，标准规范处于一个不断更新的动态过程，为使广大读者放心地使用以上规范汇编本，我们将在中国建筑工业出版社网站上及时提供标准规范的制订、修订等信息。详情请点击 www.cabp.com.cn 的"规范大全园地"。我们诚恳地希望广大读者对标准规范的出版发行提供宝贵意见，以便于改进我们的工作。

目 录

(上册)

《室外给水设计规范》GB 50013—2006 ········· 1—1
《室外排水设计规范》GB 50014—2006（2016年版）········· 2—1
《建筑给水排水设计规范》GB 50015—2003（2009年版）········· 3—1
《城镇燃气设计规范》GB 50028—2006 ········· 4—1
《供配电系统设计规范》GB 50052—2009 ········· 5—1
《住宅设计规范》GB 50096—2011 ········· 6—1
《城市用地分类与规划建设用地标准》GB 50137—2011 ········· 7—1
《城市居住区规划设计规范》GB 50180—93（2016年版）········· 8—1
《镇规划标准》GB 50188—2007 ········· 9—1
《公共建筑节能设计标准》GB 50189—2015 ········· 10—1
《城市道路交通规划设计规范》GB 50220—95 ········· 11—1
《城市给水工程规划规范》GB 50282—98 ········· 12—1
《城市工程管线综合规划规范》GB 50289—2016 ········· 13—1
《城市电力规划规范》GB/T 50293—2014 ········· 14—1
《智能建筑设计标准》GB 50314—2015 ········· 15—1
《城市排水工程规划规范》GB 50318—2000 ········· 16—1
《城市居民生活用水量标准》GB/T 50331—2002 ········· 17—1
《污水再生利用工程设计规范》GB 50335—2002 ········· 18—1
《城市环境卫生设施规划规范》GB 50337—2003 ········· 19—1
《老年人居住建筑设计标准》GB/T 50340—2003 ········· 20—1
《住宅建筑规范》GB 50368—2005 ········· 21—1
《绿色建筑评价标准》GB/T 50378—2014 ········· 22—1
《城市绿地设计规范》GB 50420—2007（2016年版）········· 23—1
《城镇老年人设施规划规范》GB 50437—2007 ········· 24—1
《地铁运营安全评价标准》GB/T 50438—2007 ········· 25—1
《城市公共设施规划规范》GB 50442—2008 ········· 26—1
《城市容貌标准》GB 50449—2008 ········· 27—1
《城市轨道交通技术规范》GB 50490—2009 ········· 28—1
《城市水系规划规范》GB 50513—2009 ········· 29—1
《城市轨道交通线网规划编制标准》GB/T 50546—2009 ········· 30—1
《民用建筑节水设计标准》GB 50555—2010 ········· 31—1
《城市园林绿化评价标准》GB/T 50563—2010 ········· 32—1
《城市配电网规划设计规范》GB 50613—2010 ········· 33—1

《城镇供热系统评价标准》GB/T 50627—2010 ·················· 34—1
《城市轨道交通综合监控系统工程设计规范》GB 50636—2010 ·················· 35—1
《建筑工程绿色施工评价标准》GB/T 50640—2010 ·················· 36—1
《城市道路交叉口规划规范》GB 50647—2011 ·················· 37—1
《节能建筑评价标准》GB/T 50668—2011 ·················· 38—1
《城市道路交通设施设计规范》GB 50688—2011 ·················· 39—1
《无障碍设计规范》GB 50763—2012 ·················· 40—1
《城镇给水排水技术规范》GB 50788—2012 ·················· 41—1
《城市防洪工程设计规范》GB/T 50805—2012 ·················· 42—1

(下册)

《燃气系统运行安全评价标准》GB/T 50811—2012 ·················· 43—1
《城市规划基础资料搜集规范》GB/T 50831—2012 ·················· 44—1
《养老设施建筑设计规范》GB 50867—2013 ·················· 45—1
《生活垃圾卫生填埋处理技术规范》GB 50869—2013 ·················· 46—1
《绿色工业建筑评价标准》GB/T 50878—2013 ·················· 47—1
《绿色办公建筑评价标准》GB/T 50908—2013 ·················· 48—1
《既有建筑绿色改造评价标准》GB/T 51141—2015 ·················· 49—1
《严寒和寒冷地区居住建筑节能设计标准》JGJ 26—2010 ·················· 50—1
《夏热冬暖地区居住建筑节能设计标准》JGJ 75—2012 ·················· 51—1
《老年人建筑设计规范》JGJ 122—99 ·················· 52—1
《既有居住建筑节能改造技术规程》JGJ/T 129—2012 ·················· 53—1
《居住建筑节能检测标准》JGJ/T 132—2009 ·················· 54—1
《夏热冬冷地区居住建筑节能设计标准》JGJ 134—2010 ·················· 55—1
《城市夜景照明设计规范》JGJ/T 163—2008 ·················· 56—1
《供热计量技术规程》JGJ 173—2009 ·················· 57—1
《公共建筑节能改造技术规范》JGJ 176—2009 ·················· 58—1
《公共建筑节能检测标准》JGJ/T 177—2009 ·················· 59—1
《民用建筑绿色设计规范》JGJ/T 229—2010 ·················· 60—1
《城镇排水管道维护安全技术规程》CJJ 6—2009 ·················· 61—1
《城市桥梁设计规范》CJJ 11—2011 ·················· 62—1
《城市道路公共交通站、场、厂工程设计规范》CJJ/T 15—2011 ·················· 63—1
《环境卫生设施设置标准》CJJ 27—2012 ·················· 64—1
《城镇供热管网设计规范》CJJ 34—2010 ·················· 65—1
《城镇道路养护技术规范》CJJ 36—2006 ·················· 66—1
《城市道路工程设计规范》CJJ 37—2012(2016年版) ·················· 67—1
《城市道路照明设计标准》CJJ 45—2015 ·················· 68—1
《城镇供水厂运行、维护及安全技术规程》CJJ 58—2009 ·················· 69—1
《城市地下管线探测技术规程》CJJ 61—2003 ·················· 70—1

《城乡建设用地竖向规划规范》CJJ 83—2016 ……………………………… 71—1
《生活垃圾焚烧处理工程技术规范》CJJ 90—2009 …………………………… 72—1
《生活垃圾卫生填埋场运行维护技术规程》CJJ 93—2011 …………………… 73—1
《城镇供热管网结构设计规范》CJJ 105—2005 ………………………………… 74—1
《城市市政综合监管信息系统技术规范》CJJ/T 106—2010 …………………… 75—1
《房地产市场信息系统技术规范》CJJ/T 115—2007 …………………………… 76—1
《城镇排水系统电气与自动化工程技术规程》CJJ 120—2008 ………………… 77—1
《镇（乡）村排水工程技术规程》CJJ 124—2008 ……………………………… 78—1
《城市快速路设计规程》CJJ 129—2009 ………………………………………… 79—1
《建筑垃圾处理技术规范》CJJ 134—2009 ……………………………………… 80—1
《快速公共汽车交通系统设计规范》CJJ 136—2010 …………………………… 81—1
《城镇地热供热工程技术规程》CJJ 138—2010 ………………………………… 82—1
《建设项目交通影响评价技术标准》CJJ/T 141—2010 ………………………… 83—1
《城镇燃气报警控制系统技术规程》CJJ/T 146—2011 ………………………… 84—1
《城镇排水管道检测与评估技术规程》CJJ 181—2012 ………………………… 85—1
《餐厨垃圾处理技术规范》CJJ 184—2012 ……………………………………… 86—1

中华人民共和国国家标准

室外给水设计规范

Code for design of outdoor water supply engineering

GB 50013—2006

主编部门：上海市建设和交通委员会
批准部门：中华人民共和国建设部
施行日期：２００６年６月１日

中华人民共和国建设部
公 告

第 410 号

建设部关于发布国家标准
《室外给水设计规范》的公告

现批准《室外给水设计规范》为国家标准，编号为 GB 50013—2006，自 2006 年 6 月 1 日起实施。其中，第 3.0.8、4.0.5、5.1.1、5.1.3、5.3.6、7.1.9、7.5.5、8.0.6、8.0.10、9.3.1、9.8.1、9.8.15、9.8.16、9.8.17、9.8.18、9.8.19、9.8.25、9.8.26、9.8.27、9.9.4、9.9.19、9.11.2 条为强制性条文，必须严格执行，原《室外给水设计规范》GBJ 13—86 及《工程建设标准局部修订公告》（1997 年第 11 号）同时废止。

本规范由建设部标准定额研究所组织中国计划出版社出版发行。

中华人民共和国建设部
二〇〇六年一月十八日

前　言

本规范根据建设部《关于印发"二〇〇二～二〇〇三年度工程建设国家标准制定、修订计划"的通知》（建标〔2003〕102 号），由上海市建设和交通委员会主编，具体由上海市政工程设计研究院会同北京市市政工程设计研究总院、中国市政工程华北设计研究院、中国市政工程东北设计研究院、中国市政工程西北设计研究院、中国市政工程中南设计研究院、中国市政工程西南设计研究院、杭州市城市规划设计研究院、同济大学、哈尔滨工业大学、广州大学、重庆大学，对原规范进行全面修订。本规范编制过程中总结了近年来给水工程的设计经验，对重大问题开展专题研讨，提出了征求意见稿，在广泛征求全国有关设计、科研、大专院校的专家、学者和设计人员意见的基础上，经编制组认真研究分析编制而成。

本规范修订的主要技术内容有：①补充制定规范的目的，体现贯彻国家法律、法规；②增加给水工程系统设计有关内容；③增加预处理、臭氧净水、活性炭吸附、水质稳定等有关内容；④增加净水厂排泥水处理；⑤增加检测与控制；⑥将网格絮凝、气水反冲、含氟水处理、低温低浊水处理推荐性标准中的主要内容纳入本规范；⑦删去悬浮澄清池、穿孔旋流絮凝池、移动冲洗罩滤池的有关内容；⑧结合水质的提高，调整了各净水构筑物的设计指标和参数；⑨补充和修改了管道水力计算公式。

本规范中以黑体字标志的条文为强制性条文，必须严格执行。

本规范由建设部负责管理和对强制性条文的解释，上海市建设和交通委员会负责具体管理，上海市政工程设计研究院负责具体技术内容的解释。在执行过程中如有需要修改与补充的建议，请将相关资料寄送主编单位上海市政工程设计研究院《室外给水设计规范》国家标准管理组（邮编 200092，上海市中山北二路 901 号），以供修订时参考。

本规范主编单位、参编单位和主要起草人：

主编单位：上海市政工程设计研究院

参编单位：北京市市政工程设计研究总院
中国市政工程华北设计研究院
中国市政工程东北设计研究院
中国市政工程西北设计研究院
中国市政工程中南设计研究院
中国市政工程西南设计研究院
杭州市城市规划设计研究院
同济大学
哈尔滨工业大学
广州大学
重庆大学

主要起草人：戚盛豪　万玉成　于超英　王如华
邓志光　冯一军　刘万里　刘莉萍
许友贵　何纯提　吴一鏊　张朝升
张　勤　张德新　李文秋　李　伟
李国洪　杨文进　杨远东　杨孟进
杨　楠　陈守庆　陈涌城　陈树勤
郗燕秋　金善功　姚左钢　战　峰
徐扬纲　徐承华　徐　容　聂福胜
郭兴芳　崔福义　董　红　熊易华
蔡康发

目 次

1 总则 ·· 1—4
2 术语 ·· 1—4
3 给水系统 ·· 1—7
4 设计水量 ·· 1—7
5 取水 ·· 1—8
  5.1 水源选择 ································· 1—8
  5.2 地下水取水构筑物 ·············· 1—8
  5.3 地表水取水构筑物 ·············· 1—8
6 泵房 ·· 1—10
  6.1 一般规定 ······························· 1—10
  6.2 水泵吸水条件 ····················· 1—10
  6.3 管道流速 ······························· 1—10
  6.4 起重设备 ······························· 1—10
  6.5 水泵机组布置 ····················· 1—10
  6.6 泵房布置 ······························· 1—10
7 输配水 ·· 1—11
  7.1 一般规定 ······························· 1—11
  7.2 水力计算 ······························· 1—11
  7.3 管道布置和敷设 ·················· 1—11
  7.4 管渠材料及附属设施 ·········· 1—12
  7.5 调蓄构筑物 ··························· 1—12
8 水厂总体设计 ······························· 1—12
9 水处理 ·· 1—13
  9.1 一般规定 ······························· 1—13
  9.2 预处理 ····································· 1—13
  9.3 混凝剂和助凝剂的投配 ······ 1—13
  9.4 混凝、沉淀和澄清 ············· 1—14
  9.5 过滤 ··· 1—15
  9.6 地下水除铁和除锰 ·············· 1—16
  9.7 除氟 ··· 1—17
  9.8 消毒 ··· 1—18
  9.9 臭氧净水 ······························· 1—19
  9.10 活性炭吸附 ························· 1—19
  9.11 水质稳定处理 ····················· 1—20
10 净水厂排泥水处理 ······················ 1—20
  10.1 一般规定 ······························ 1—20
  10.2 工艺流程 ······························ 1—20
  10.3 调节 ······································· 1—20
  10.4 浓缩 ······································· 1—21
  10.5 脱水 ······································· 1—21
  10.6 泥饼处置和利用 ·················· 1—22
11 检测与控制 ··································· 1—22
  11.1 一般规定 ······························ 1—22
  11.2 在线检测 ······························ 1—22
  11.3 控制 ······································· 1—22
  11.4 计算机控制管理系统 ········· 1—22
附录A 给水管与其他管线及建
       （构）筑物之间的最小水
       平净距 ······································ 1—23
附录B 给水管与其他管线
       最小垂直净距 ······················ 1—23
本规范用词说明 ····································· 1—23
附：条文说明 ··· 1—24

1 总则

1.0.1 为使给水工程设计符合国家方针、政策、法律法规,统一工程建设标准,提高工程设计质量,满足用户对水量、水质、水压的要求,做到安全可靠、技术先进、经济合理、管理方便,制定本规范。

1.0.2 本规范适用于新建、扩建或改建的城镇及工业区永久性给水工程设计。

1.0.3 给水工程设计应以批准的城镇总体规划和给水专业规划为主要依据。水源选择、净水厂位置、输配水管线路等的确定应符合相关专项规划的要求。

1.0.4 给水工程设计应从全局出发,考虑水资源的节约、水生态环境保护和水资源的可持续利用,正确处理各种用水的关系,符合建设节水型城镇的要求。

1.0.5 给水工程设计应贯彻节约用地原则和土地资源的合理利用。建设用地指标应符合《城市给水工程项目建设标准》的有关规定。

1.0.6 给水工程应按远期规划、近远期结合、以近期为主的原则进行设计。近期设计年限宜采用5～10年,远期规划设计年限宜采用10～20年。

1.0.7 给水工程中构筑物的合理设计使用年限宜为50年,管道及专用设备的合理设计使用年限宜按材质和产品更新周期按技术经济比较确定。

1.0.8 给水工程设计应在不断总结生产实践经验和科学试验的基础上,积极采用行之有效的新技术、新工艺、新材料和新设备,提高供水水质,保障供水安全,优化运行管理,节约能源和资源,降低工程造价和运行成本。

1.0.9 设计给水工程时,除应按本规范执行外,尚应符合国家现行的有关标准的规定。

在地震、湿陷性黄土、多年冻土以及其他地质特殊地区设计给水工程时,尚应按现行的有关规范或规定执行。

2 术语

2.0.1 给水系统 water supply system
由取水、输水、水质处理和配水等设施所组成的总体。

2.0.2 用水量 water consumption
用户所消耗的水量。

2.0.3 居民生活用水 demand in households
居民日常生活所需用的水,包括饮用、洗涤、冲厕、洗澡等。

2.0.4 综合生活用水 demand for domastic and public use
居民日常生活用水以及公共建筑和设施用水的总称。

2.0.5 工业企业用水 demand for industrial use
工业企业生产过程和职工生活所需用的水。

2.0.6 浇洒道路用水 street flushing demand, road watering
对城镇道路进行保养、清洗、降温和吸尘等所用的水。

2.0.7 绿地用水 green beit sprinkling, green plot sprinkling
市政绿地等所需用的水。

2.0.8 未预见用水量 unforeseen demand
给水系统设计中,对难于预测的各项因素而准备的水量。

2.0.9 自用水量 water consumption in water works
水厂内部生产工艺过程和其他用途所需用的水量。

2.0.10 管网漏损水量 leakage
水在输配过程中漏失的水量。

2.0.11 供水量 supplying water
供水企业所输出的水量。

2.0.12 日变化系数 daily variation coefficient
最高日供水量与平均日供水量的比值。

2.0.13 时变化系数 hourly variation coefficient
最高日最高时供水量与该日平均时供水量的比值。

2.0.14 最小服务水头 minimum service head
配水管网在用户接管点处应维持的最小水头。

2.0.15 取水构筑物 intake structure
取集原水而设置的各种构筑物的总称。

2.0.16 管井 deep well, drilled well
井管从地面打到含水层,抽取地下水的井。

2.0.17 大口井 dug well, open well
由人工开挖或沉井法施工,设置井筒,以截取浅层地下水的构筑物。

2.0.18 渗渠 infiltration gallery
壁上开孔,以集取浅层地下水的水平管渠。

2.0.19 泉室 spring chamber
集取泉水的构筑物。

2.0.20 反滤层 inverted layer
在大口井或渗渠进水处铺设的粒径沿水流方向由细到粗的级配沙砾层。

2.0.21 岸边式取水构筑物 riverside intake structure
设在岸边取水的构筑物,一般由进水间、泵房两部分组成。

2.0.22 河床式取水构筑物 riverbed intake structure
利用进水管将取水头部伸入江河、湖泊中取水的构筑物,一般由取水头部、进水管(自流管或虹吸管)、进水间(或集水井)和泵房组成。

2.0.23 取水头部 intake head
河床式取水构筑物的进水部分。

2.0.24 前池 suction intank canal
连接进水管渠和吸水池(井),使进水水流均匀进入吸水池(井)的构筑物。

2.0.25 进水流道 inflow runner
为改善大型水泵吸水条件而设置的联结吸水池与水泵吸入口的水流通道。

2.0.26 自灌充水 self-priming
水泵启动时靠重力使泵体充水的引水方式。

2.0.27 水锤压力 surge pressure
管道系统由于水流状态(流速)突然变化而产生的瞬时压力。

2.0.28 水头损失 head loss
水流过管(渠)、设备、构筑物等引起的能耗。

2.0.29 输水管(渠) delivery pipe
从水源地到水厂(原水输水)或当水厂距供水区较远时从水厂到配水管网(净水输水)的管(渠)。

2.0.30 配水管网 distribution system, pipe system
用以向用户配水的管道系统。

2.0.31 环状管网 loop pipe network
配水管网的一种布置形式,管道纵横相互接通,形成环状。

2.0.32 枝状管网 branch system
配水管网的一种布置形式,干管和支管分明,形成树枝状。

2.0.33 转输流量 flow feeding the reservoir in network
水厂向设在配水管网中的调节构筑物输送的水量。

2.0.34 支墩 buttress anchorage
为防止管内水压引起水管配件接头移位而砌筑的礅座。

2.0.35　管道防腐　corrosion prevention of pipes
为减缓或防止管道在内外介质的化学、电化学作用下或由微生物的代谢活动而被侵蚀和变质的措施。

2.0.36　水处理　water treatment
对水源水或不符合用水水质要求的水，采用物理、化学、生物等方法改善水质的过程。

2.0.37　原水　raw water
由水源地取来进行水处理的原料水。

2.0.38　预处理　pre-treatment
在混凝、沉淀、过滤、消毒等工艺前所设置的处理工序。

2.0.39　生物预处理　biological pre-treatment
主要利用生物作用，以去除原水中氨氮、异臭、有机微污染物等的净水过程。

2.0.40　预沉　pre-sedimentation
原水泥沙颗粒较大或浓度较高时，在凝聚沉淀前设置的沉淀工序。

2.0.41　预氧化　pre-oxidation
在混凝工序前，投加氧化剂，用以去除原水中的有机微污染物、臭味，或起助凝作用的净水工序。

2.0.42　粉末活性炭吸附　powdered activated carbon adsorption
投加粉末活性炭，用以吸附溶解性物质和改善臭、味的净水工序。

2.0.43　混凝剂　coagulant
为使胶体失去稳定性和脱稳胶体相互聚集所投加的药剂。

2.0.44　助凝剂　coagulant aid
为改善絮凝效果所投加的辅助药剂。

2.0.45　药剂固定储备量　standby reserve of chemical
为考虑非正常原因导致药剂供应中断，而在药剂仓库内设置的在一般情况下不准动用的储备量。

2.0.46　药剂周转储备量　current reserve of chemical
考虑药剂消耗与供应时间之间差异所需的储备量。

2.0.47　混合　mixing
使投入的药剂迅速均匀地扩散至被处理水中以创造良好反应条件的过程。

2.0.48　机械混合　mechanical mixing
水体通过机械提供能量，改变水体流态，以达到混合目的的过程。

2.0.49　水力混合　hydraulic mixing
消耗水体自身能量，通过流态变化以达到混合目的的过程。

2.0.50　絮凝　flocculation
完成凝聚的胶体在一定的外力扰动下相互碰撞、聚集，以形成较大絮状颗粒的过程。

2.0.51　隔板絮凝池　spacer flocculating tank
水流以一定流速在隔板之间通过而完成絮凝过程的构筑物。

2.0.52　机械絮凝池　machanical flocculating tank
通过机械带动叶片而使液体搅动以完成絮凝过程的构筑物。

2.0.53　折板絮凝池　folded-plate flocculating tank
水流以一定流速在折板之间通过而完成絮凝过程的构筑物。

2.0.54　栅条（网格）絮凝池　grid flocculating tank
在沿流程一定距离的过水断面中设置栅条或网格，通过栅条或网格的能量消耗完成絮凝过程的构筑物。

2.0.55　沉淀　sedimentation
利用重力沉降作用去除水中杂物的过程。

2.0.56　自然沉淀　plain sedimentation
不加注混凝剂的沉淀过程。

2.0.57　平流沉淀池　horizontal flow sedimentation tank
水沿水平方向流动的狭长形沉淀池。

2.0.58　上向流斜管沉淀池　tube settler
池内设置斜管，水流自下而上经斜管进行沉淀，沉泥沿斜管向下滑动的沉淀池。

2.0.59　侧向流斜板沉淀池　side flow lamella
池内设置斜板，水流由侧向通过斜板，沉泥沿斜板滑下的沉淀池。

2.0.60　澄清　clarification
通过与高浓度泥渣层的接触而去除水中杂物的过程。

2.0.61　机械搅拌澄清池　accelerator
利用机械的提升和搅拌作用，促使泥渣循环，并使原水中杂质颗粒与已形成的泥渣接触絮凝和分离沉淀的构筑物。

2.0.62　水力循环澄清池　circulator
利用水力的提升作用，促使泥渣循环，并使原水中杂质颗粒与已形成的泥渣接触絮凝和分离沉淀的构筑物。

2.0.63　脉冲澄清池　pulsator
处于悬浮状态的泥渣层不断产生周期性的压缩和膨胀，促使原水中杂质颗粒与已形成的泥渣进行接触凝聚和分离沉淀的构筑物。

2.0.64　气浮池　floatation tank
运用絮凝和浮选原理使杂质分离上浮而被去除的构筑物。

2.0.65　气浮溶气罐　dissolved air vessel
在气浮工艺中，使水与空气在有压条件下相互融合的密闭容器，简称溶气罐。

2.0.66　过滤　filtration
水流通过粒状材料或多孔介质以去除水中杂物的过程。

2.0.67　滤料　filtering media
用以进行过滤的粒状材料，一般有石英砂、无烟煤、重质矿石等。

2.0.68　初滤水　initial filtrated water
在滤料反冲洗后，重新过滤的初始阶段滤后出水。

2.0.69　滤料有效粒径（d_{10}）　effective size of filtering media
滤料经筛分后，小于总重量10%的滤料颗粒粒径。

2.0.70　滤料不均匀系数（K_{80}）　uniformity coefficient of filtering media
滤料经筛分后，小于总重量80%的滤料颗粒粒径与有效粒径之比。

2.0.71　均匀级配滤料　uniformly graded filtering media
粒径比较均匀，不均匀系数（K_{80}）一般为1.3～1.4，不超过1.6的滤料。

2.0.72　滤速　filtration rate
单位过滤面积在单位时间内的滤过水量，一般以 m/h 为单位。

2.0.73　强制滤速　compulsory filtration rate
部分滤格因进行检修或翻砂而停运时，在总滤水量不变的情况下其他运行滤格的滤速。

2.0.74　冲洗强度　wash rate
单位时间内单位滤料面积的冲洗水量，一般以 $L/(m^2 \cdot s)$ 为单位。

2.0.75　膨胀率　percentage of bed-expansion
滤料层在反冲洗时的膨胀程度，以滤料层厚度的百分比表示。

2.0.76　冲洗周期（过滤周期、滤池工作周期）　filter runs
滤池冲洗完成开始运行到再次进行冲洗的整个间隔时间。

2.0.77　承托层　graded gravel layer
为防止滤料漏入配水系统，在配水系统与滤料层之间铺垫的粒状材料。

2.0.78　表面冲洗　surface washing
采用固定式或旋转式的水射流系统，对滤料表层进行冲洗的冲洗方式。

2.0.79　表面扫洗　surface sweep washing

V型滤池反冲洗时,待滤水通过V型进水槽底配水孔在水面横向将冲洗含泥水扫向中央排水槽的一种辅助冲洗方式。

2.0.80 普通快滤池 rapid filter

为传统的快滤池布置形式,滤料一般为单层细砂级配滤料或煤、砂双层滤料,冲洗采用单水冲洗,冲洗水由水塔(箱)或水泵供给。

2.0.81 虹吸滤池 siphon filter

一种以虹吸管代替进水和排水阀门的快滤池形式。滤池各格出水互相连通,反冲洗水由未进行冲洗的其余滤格的滤后水供给。过滤方式为等滤速、变水位运行。

2.0.82 无阀滤池 valveless filter

一种不设阀门的快滤池形式。在运行过程中,出水水位保持恒定,进水水位则随滤层的水头损失增加而不断在虹吸管内上升,当水位上升到虹吸管顶,并形成虹吸时,即自动开始滤层反冲洗,冲洗排泥水沿虹吸管排出池外。

2.0.83 V形滤池 V filter

采用粒径较粗且较均匀滤料,并在各滤格两侧设有V形进水槽的滤池布置形式。冲洗采用气水微膨胀兼有表面扫洗的冲洗方式,冲洗排水通过设在滤格中央的排水槽排出池外。

2.0.84 接触氧化除铁 contact-oxidation for deironing

利用接触催化作用,加快低价铁氧化速度而使之去除的除铁方法。

2.0.85 混凝沉淀除氟 coagulation sedimentation for defluorinate

采用在水中投加具有凝聚能力或与氟化物产生沉淀的物质,形成大量胶体物质或沉淀,氟化物也随之凝聚或沉淀,再通过过滤将氟离子从水中除去的过程。

2.0.86 活性氧化铝除氟 activated aluminum process for defluorinate

采用活性氧化铝滤料吸附、交换氟离子,将氟化物从水中除去的过程。

2.0.87 再生 regeneration

离子交换剂或滤料失效后,用再生剂使其恢复到原型态交换能力的工艺过程。

2.0.88 吸附容量 adsorption capacity

滤料或离子交换剂吸附某种物质或离子的能力。

2.0.89 电渗析法 electrodialysis(ED)

在外加直流电场的作用下,利用阴离子交换膜和阳离子交换膜的选择透过性,使一部分离子透过离子交换膜而迁移到另一部分水中,从而使一部分水淡化而另一部分水浓缩的过程。

2.0.90 脱盐率 rate of desalination

在采用化学或离子交换法去除水中阴、阳离子过程中,去除的量占原量的百分数。

2.0.91 脱氟率 rate of defluorinate

除氟过程中氟离子去除的量占原量的百分数。

2.0.92 反渗透法 reverse osmosis(RO)

在膜的原水一侧施加比溶液渗透压高的外界压力,原水透过半透膜时,只允许水透过,其他物质不能透过而被截留在膜表面的过程。

2.0.93 保安过滤 cartridge filtration

水从微滤滤芯(精度一般小于$5\mu m$)的外侧进入滤芯内部,微量悬浮物或细小杂质颗粒物被截留在滤芯外部的过程。

2.0.94 污染指数 fouling index

综合表示进料中悬浮物和胶体物质的浓度和过滤特性,表征进料对微孔滤膜堵塞程度的一个指标。

2.0.95 液氯消毒法 chlorine disinfection

将液氯汽化后通过加氯机投入水中完成氧化和消毒的方法。

2.0.96 氯胺消毒法 chloramine disinfection

氯和氨反应生成一氯胺和二氯胺以完成氧化和消毒的方法。

2.0.97 二氧化氯消毒法 chlorine dioxide disinfection

将二氧化氯投加水中以完成氧化和消毒的方法。

2.0.98 臭氧消毒法 ozone disinfection

将臭氧投加水中以完成氧化和消毒的方法。

2.0.99 紫外线消毒法 ultraviolet disinfection

利用紫外线光在水中照射一定时间以完成消毒的方法。

2.0.100 漏氯(氨)吸收装置 chlorine (ammonia) absorption system

将泄漏的氯(氨)气体吸收并加以中和达到排放要求的全套装置。

2.0.101 预臭氧 pre-ozonation

设置在混凝沉淀或澄清之前的臭氧净水工艺。

2.0.102 后臭氧 post-ozonation

设置在过滤之前或过滤之后的臭氧净水工艺。

2.0.103 臭氧接触池 ozonation contact reactor

使臭氧气体扩散到处理水中并使之与水全面接触和完成反应的处理构筑物。

2.0.104 臭氧尾气 off-gas ozone

自臭氧接触池顶部尾气管排出的含有少量臭氧(其中还含有大量空气或氧气)的气体。

2.0.105 臭氧尾气消除装置 off-gas ozone destructor

通过一定的方法降低臭氧尾气中臭氧的含量,以达到既定排放浓度的装置。

2.0.106 臭氧-生物活性炭处理 ozone-biological activated carbon process

利用臭氧氧化和颗粒活性炭吸附及生物降解所组成的净水工艺。

2.0.107 活性炭吸附池 activated carbon adsorption tank

由单一颗粒活性炭作为吸附介质的处理构筑物。

2.0.108 空床接触时间 empty bed contact time(EBCT)

单位体积颗粒活性炭填料在单位时间内的处理水量,一般以 min 表示。

2.0.109 空床流速 superficial velocity

单位吸附池面积在单位时间内的处理水量,一般以 m/h 表示。

2.0.110 水质稳定处理 stabilization treatment of water quality

使水中碳酸钙和二氧化碳的浓度达到平衡状态,既不由于碳酸钙沉淀而结垢,也不由于其溶解而产生腐蚀的处理过程。

2.0.111 饱和指数 saturation index(Langelier index)

用以定性地预测水中碳酸钙沉淀或溶解倾向性的指数,用水的实际 pH 值减去其在碳酸钙处于平衡条件下理论计算的 pH 值之差来表示。

2.0.112 稳定指数 stability index(Lyzner index)

用以相对定量地预测水中碳酸钙沉淀或溶解倾向性的指数,用水在碳酸钙处于平衡条件下理论计算的 pH 值的两倍减去水的实际 pH 值之差表示。

2.0.113 调节池 adjusting tank

用以调节进、出水流量的构筑物。

2.0.114 排水池 drain tank

用以接纳和调节滤池反冲洗废水为主的调节池,当反冲洗废水回用时,也称回用水池。

2.0.115 排泥池 sludge discharge tank

用以接纳和调节沉淀池排泥水为主的调节池。

2.0.116 浮动槽排泥池 sludge tank with floating trough

设有浮动槽收集上清液的排泥池。

2.0.117 综合排泥池 combined sludge tank

既接纳和调节沉淀池排泥水,又接纳和调节滤池反冲洗废水的调节池。

2.0.118 原水浊度设计取值 design turbidity value of raw water

用以确定排泥水处理系统设计规模即处理能力的原水浊度取值。

2.0.119 超量泥渣 supernumerary sludge

原水浊度高于设计取值时，其差值所引起的泥渣量(包括药剂所引起的泥渣量)。

2.0.120 干泥量 dry sludge

泥渣中干固体含量。

2.0.121 浓缩 thickening

降低排泥水含水量，使排泥水稠化的过程。

2.0.122 脱水 dewatering

对浓缩排泥水进一步去除含水量的过程。

2.0.123 干化场 sludge drying bed

通过土壤渗滤或自然蒸发，从泥渣中去除大部分含水量的处置设施。

3 给水系统

3.0.1 给水系统的选择应根据当地地形、水源情况、城镇规划、供水规模、水质及水压要求，以及原有给水工程设施等条件，从全局出发，通过技术经济比较后综合考虑确定。

3.0.2 地形高差大的城镇给水系统宜采用分压供水。对于远离水厂或局部地形较高的供水区域，可设置加压泵站，采用分区供水。

3.0.3 当用水量较大的工业企业相对集中，且有合适水源可利用时，经技术经济比较可独立设置工业用水给水系统，采用分质供水。

3.0.4 当水源地与供水区域有地形高差可以利用时，应对重力输配水与加压输配水系统进行技术经济比较，择优选用。

3.0.5 当给水系统采用区域供水，向范围较广的多个城镇供水时，应对采用原水输送或清水输送以及输水管路的布置和调节水池、增压泵站等的设置，作多方案技术经济比较后确定。

3.0.6 采用多水源供水的给水系统宜考虑在事故时能相互调度。

3.0.7 城镇给水系统中水量调节构筑物的设置，宜对集中设于净水厂内(清水池)或部分设于配水管网内(高位水池、水池泵站)作多方案技术经济比较。

3.0.8 生活用水的给水系统，其供水水质必须符合现行的生活饮用水卫生标准的要求；专用的工业用水给水系统，其水质标准应根据用户的要求确定。

3.0.9 当按直接供水的建筑层数确定给水管网水压时，其用户接管处的最小服务水头，一层为10m，二层为12m，二层以上每增加一层增加4m。

3.0.10 城镇给水系统设计应充分考虑原有给水设施和构筑物的利用。

4 设计水量

4.0.1 设计供水量由下列各项组成：

1 综合生活用水(包括居民生活用水和公共建筑用水)；
2 工业企业用水；
3 浇洒道路和绿地用水；
4 管网漏损水量；
5 未预见用水；
6 消防用水。

4.0.2 水厂设计规模，应按本规范第4.0.1条1～5款的最高日水量之和确定。

4.0.3 居民生活用水定额和综合生活用水定额应根据当地国民经济和社会发展、水资源充沛程度、用水习惯，在现有用水定额基础上，结合城市总体规划和给水专业规划，本着节约用水的原则，综合分析确定。当缺乏实际用水资料情况下，可按表4.0.3-1和表4.0.3-2选用。

表 4.0.3-1 居民生活用水定额[L/(人·d)]

城市规模 用水情况分区	特大城市		大城市		中、小城市	
	最高日	平均日	最高日	平均日	最高日	平均日
一	180～270	140～210	160～250	120～190	140～230	100～170
二	140～200	110～160	120～180	90～140	100～160	70～120
三	140～180	110～150	120～160	90～130	100～140	70～110

表 4.0.3-2 综合生活用水定额[L/(人·d)]

城市规模 用水情况分区	特大城市		大城市		中、小城市	
	最高日	平均日	最高日	平均日	最高日	平均日
一	260～410	210～340	240～390	190～310	220～370	170～280
二	190～280	150～240	170～260	130～210	150～240	110～180
三	170～270	140～240	150～250	120～200	130～230	100～170

注：1 特大城市指市区和近郊区非农业人口100万及以上的城市；
大城市指市区和近郊区非农业人口50万及以上，不满100万的城市；
中、小城市指市区和近郊区非农业人口不满50万的城市。

2 一区包括：湖北、湖南、江西、浙江、福建、广东、广西、海南、上海、江苏、安徽、重庆；
二区包括：四川、贵州、云南、黑龙江、吉林、辽宁、北京、天津、河北、山西、河南、山东、宁夏、陕西、内蒙古河套以东和甘肃黄河以东的地区；
三区包括：新疆、青海、西藏、内蒙古河套以西和甘肃黄河以西的地区。

3 经济开发区和特区城市，根据用水实际情况，用水定额可酌情增加。

4 当采用海水或污水再生水作为冲厕用水时，用水定额相应减少。

4.0.4 工业企业用水量应根据生产工艺要求确定。大工业用水户或经济开发区宜单独进行用水量计算；一般工业企业的用水量可根据国民经济发展规划，结合现有工业企业用水资料分析确定。

4.0.5 消防用水量、水压及延续时间等应按国家现行标准《建筑设计防火规范》GB 50016及《高层民用建筑设计防火规范》GB 50045等设计防火规范执行。

4.0.6 浇洒道路和绿地用水量应根据路面、绿化、气候和土壤等条件确定。

浇洒道路用水可按浇洒面积以2.0～3.0L/(m²·d)计算；浇洒绿地用水可按浇洒面积以1.0～3.0L/(m²·d)计算。

4.0.7 城镇配水管网的漏损水量宜按本规范第4.0.1条的1～3款水量之和的10%～12%计算，当单位管长供水量小或供水压力高时可适当增加。

4.0.8 未预见水量应根据水量预测时难以预见因素的程度确定，宜采用本规范第4.0.1条的1～4款水量之和的8%～12%。

4.0.9 城镇供水的时变化系数、日变化系数应根据城镇性质和规模、国民经济和社会发展、供水系统布局，结合现状供水曲线和日用水变化分析确定。在缺乏实际用水资料情况下，最高日城市综合用水的时变化系数宜采用1.2～1.6；日变化系数宜采用1.1～1.5。

5 取 水

5.1 水源选择

5.1.1 水源选择前,必须进行水资源的勘察。

5.1.2 水源的选用应通过技术经济比较后综合考虑确定,并应符合下列要求:
   1 水体功能区划所规定的取水地段;
   2 可取水量充沛可靠;
   3 原水水质符合国家有关现行标准;
   4 与农业、水利综合利用;
   5 取水、输水、净水设施安全经济和维护方便;
   6 具有施工条件。

5.1.3 用地下水作为供水水源时,应有确切的水文地质资料,取水量必须小于允许开采量,严禁盲目开采。地下水开采后,不引起水位持续下降、水质恶化及地面沉降。

5.1.4 用地表水作为城市供水水源时,其设计枯水流量的年保证率应根据城市规模和工业大用户的重要性选定,宜采用 90%~97%。

注:镇的设计枯水流量保证率,可根据具体情况适当降低。

5.1.5 确定水源、取水地点和取水量等,应取得有关部门同意。生活饮用水水源的卫生防护应符合有关现行标准、规范的规定。

5.2 地下水取水构筑物

Ⅰ 一般规定

5.2.1 地下水取水构筑物的位置应根据水文地质条件选择,并符合下列要求:
   1 位于水质好、不易受污染的富水地段;
   2 尽量靠近主要用水地区;
   3 施工、运行和维护方便;
   4 尽量避开地震区、地质灾害区和矿产采空区。

5.2.2 地下水取水构筑物型式的选择,应根据水文地质条件,通过技术经济比较确定。各种取水构筑物型式一般适用于下列地层条件:
   1 管井适用于含水层厚度大于 4m,底板埋藏深度大于 8m;
   2 大口井适用于含水层厚度在 5m 左右,底板埋藏深度小于 15m;
   3 渗渠仅适用于含水层厚度小于 5m,渠底埋藏深度小于 6m;
   4 泉室适用于有泉水露头,流量稳定,且覆盖层厚度小于 5m。

5.2.3 地下水取水构筑物的设计,应符合下列要求:
   1 有防止地面污水和非取水层水渗入的措施;
   2 在取水构筑物的周围,根据地下水开采影响范围设置水源保护区,并禁止建设各种对地下水有污染的设施;
   3 过滤器有良好的进水条件,结构坚固,抗腐蚀性强,不易堵塞;
   4 大口井、渗渠和泉室应有通风设施。

Ⅱ 管 井

5.2.4 从补给水源充足、透水性良好且厚度在 40m 以上的中、粗砂及砾石含水层中取水,经分段或分层抽水试验并通过技术经济比较,可采用分段取水。

5.2.5 管井的结构、过滤器的设计,应符合现行国家标准《供水管井技术规范》GB 50296 的有关规定。

5.2.6 管井井口应加设套管,并填入优质粘土或水泥浆等不透水材料封闭。其封闭深度视当地水文地质条件确定,并应自地面底起向下不小于 5m。当井上直接有建筑物时,应自基础底起算。

5.2.7 采用管井取水时应设备用井,备用井的数量宜按 10%~20% 的设计水量所需井数确定,但不得少于 1 口井。

Ⅲ 大口井

5.2.8 大口井的深度不宜大于 15m。其直径应根据设计水量、抽水设备布置和便于施工等因素确定,但不宜超过 10m。

5.2.9 大口井的进水方式(井壁进水、井底进水、井底和井壁同时进水或井壁加辐射管等),应根据当地水文地质条件确定。

5.2.10 大口井井底反滤层宜设计成凹弧形。反滤层可设 3~4 层,每层厚度宜为 200~300mm。与含水层相邻一层的反滤层滤料粒径可按下式计算:

$$d/d_i = 6~8 \quad (5.2.10)$$

式中 d——反滤层滤料的粒径;
d_i——含水层颗粒的计算粒径。

当含水层为细砂或粉砂时,$d_i = d_{40}$;为中砂时,$d_i = d_{30}$;为粗砂时,$d_i = d_{20}$;为砾石或卵石时,$d_i = d_{10} \sim d_{15}$(d_{40}、d_{30}、d_{20}、d_{15}、d_{10} 分别为含水层颗粒过筛重量累计百分比为 40%、30%、20%、15%、10% 时的颗粒粒径)。

两相邻反滤层的粒径比宜为 2~4。

5.2.11 大口井井壁进水孔的反滤层可分两层填充,滤料粒径的计算应符合本规范第 5.2.10 条的规定。

5.2.12 无砂混凝土大口井适用于中、粗砂及砾石含水层,其井壁的透水性能、阻砂能力和制作要求等,应通过试验或参照相似条件下的经验确定。

5.2.13 大口井应设置下列防止污染水质的措施:
   1 人孔应采用密封的盖板,盖板顶高出地面不得小于 0.5m。
   2 井口周围应设不透水的散水坡,其宽度一般为 1.5m;在渗透土壤中散水坡下面还应填厚度不小于 1.5m 的粘土层,或采用其他等效的防渗措施。

Ⅳ 渗 渠

5.2.14 渗渠的规模和布置,应考虑在检修时仍能满足取水要求。

5.2.15 渗渠中管渠的断面尺寸,应按下列数据计算确定:
   1 水流速度为 0.5~0.8m/s;
   2 充满度为 0.4~0.8;
   3 内径或短边长度不小于 600mm;
   4 管底最小坡度大于或等于 0.2%。

5.2.16 水流通过渗渠孔眼的流速,不应大于 0.01m/s。

5.2.17 渗渠外侧应做反滤层,其层数、厚度和滤料粒径的计算应符合本规范第 5.2.10 条的规定,但最内层滤料的粒径应略大于进水孔孔径。

5.2.18 集取河道表流渗透水的渗渠,应根据进水水质并结合使用年限等因素选用适当的阻塞系数。

5.2.19 位于河床及河漫滩的渗渠,其反滤层上部应根据河道冲刷情况设置防护措施。

5.2.20 渗渠的端部、转角和断面变换处应设置检查井。直线部分检查井的间距,应视渗渠的长度和断面尺寸而定,宜采用 50m。

5.2.21 检查井宜采用钢筋混凝土结构,宽度宜为 1~2m,井底宜设 0.5~1.0m 深的沉沙坑。

5.2.22 地面式检查井应安装封闭式井盖,井顶应高出地面 0.5m,并应有防冲设施。

5.2.23 渗渠出水量较大时,集水井宜分成两格,进水管入口处应设闸门。

5.2.24 集水井宜采用钢筋混凝土结构,其容积可按不小于渗渠 30min 出水量计算,并按最大一台水泵 5min 抽水量校核。

5.3 地表水取水构筑物

5.3.1 地表水取水构筑物位置的选择,应根据下列基本要求,通过技术经济比较确定：

1 位于水质较好的地带；

2 靠近主流，有足够的水深，有稳定的河床及岸边，有良好的工程地质条件；

3 尽可能不受泥沙、漂浮物、冰凌、冰絮等影响；

4 不妨碍航运和排洪，并符合河道、湖泊、水库整治规划的要求；

5 尽量靠近主要用水地区；

6 供生活饮用水的地表水取水构筑物的位置，应位于城镇和工业企业上游的清洁河段。

5.3.2 在沿海地区的内河水系取水，应避免咸潮影响。当在感潮河段取水时，应根据咸潮特点对采用避咸蓄淡水库取水或在咸潮影响范围以外的上游河段取水，经技术经济比较确定。

避咸蓄淡水库可利用现有河道容积蓄淡，亦可利用沿河滩地筑堤成库蓄淡等，应根据当地具体条件确定。

5.3.3 从江河取水的大型取水构筑物，当河道及水文条件复杂，或取水量占河道的最枯流量比例较大时，在设计前应进行水工模型试验。

5.3.4 取水构筑物的型式，应根据取水量和水质要求，结合河床地形及地质、河床冲淤、水深及水位变幅、泥沙及漂浮物、冰情和航运等因素以及施工条件，在保证安全可靠的前提下，通过技术经济比较确定。

5.3.5 取水构筑物在河床上的布置及其形状的选择，应考虑取水工程建成后，不致因水流情况的改变而影响河床的稳定性。

5.3.6 江河取水构筑物的防洪标准不应低于城市防洪标准，其设计洪水重现期不得低于100年。水库取水构筑物的防洪标准应与水库大坝等主要建筑物的防洪标准相同，并应采用设计和校核两级标准。

设计枯水位的保证率，应采用90%~99%。

5.3.7 设计固定式取水构筑物时，应考虑发展的需要。

5.3.8 取水构筑物应根据水源情况，采取相应保护措施，防止下列情况发生：

1 漂浮物、泥沙、冰凌、冰絮和水生物的阻塞；

2 洪水冲刷、淤积、冰盖层挤压和雷击的破坏；

3 冰凌、木筏和船只的撞击。

在通航河道上，取水构筑物应根据航运部门的要求设置标志。

5.3.9 岸边式取水泵房进口地坪的设计标高，应分别按下列情况确定：

1 当泵房在渠道边时，为设计最高水位加0.5m；

2 当泵房在江河边时，为设计最高水位加浪高再加0.5m，必要时尚应增设防止浪爬高的措施；

3 泵房在湖泊、水库或海边时，为设计最高水位加浪高再加0.5m，并应设防止浪爬高的措施。

5.3.10 位于江河上的取水构筑物最底层进水孔下缘距河床的高度，应根据河流的水文和泥沙特性以及河床稳定程度等因素确定，并应分别遵守下列规定：

1 侧面进水孔不得小于0.5m，当水深较浅、水质较清、河床稳定、取水量不大时，其高度可减至0.3m；

2 顶面进水孔不得小于1.0m。

5.3.11 水库取水构筑物宜分层取水。位于湖泊或水库边的取水构筑物最底层进水孔下缘距水体底部的高度，应根据水体底部泥沙沉积和变迁情况等因素确定，不宜小于1.0m，当水深较浅、水质较清，且取水量不大时，其高度可减至0.5m。

5.3.12 取水构筑物淹没进水孔上缘在设计最低水位下的深度，应根据河流的水文、冰情和漂浮物等因素通过水力计算确定，并应分别遵守下列规定：

1 顶面进水时，不得小于0.5m；

2 侧面进水时，不得小于0.3m；

3 虹吸进水时，不宜小于1.0m，当水体封冻时，可减至0.5m。

注：1 上述数据在水体封冻情况下应从冰层下缘起算；
2 湖泊、水库、海边或大江河边的取水构筑物，还应考虑风浪的影响。

5.3.13 取水构筑物的取水头部宜分设两个或分成两格。进水间应分成数间，以利清洗。

注：漂浮物多的河道，相邻头部在沿水流方向宜有较大间距。

5.3.14 取水构筑物进水孔应设置格栅，栅条间净距应根据取水量大小、冰絮和漂浮物等情况确定，小型取水构筑物宜为30~50mm，大、中型取水构筑物宜为80~120mm。当江河中冰絮或漂浮物较多时，栅条间净距宜取大值。

5.3.15 进水孔的过栅流速，应根据水中漂浮物数量、有无冰絮、取水地点的水流速度、取水量大小、检查和清理格栅的方便等因素确定，宜采用下列数据：

1 岸边式取水构筑物，有冰絮时为0.2~0.6m/s；无冰絮时为0.4~1.0m/s；

2 河床式取水构筑物，有冰絮时为0.1~0.3m/s；无冰絮时为0.2~0.6m/s。

格栅的阻塞面积应按25%考虑。

5.3.16 当需要清除通过格栅后水中的漂浮物时，在进水间内可设置平板式格网、旋转式格网或自动清污机。

平板式格网的阻塞面积应按50%考虑，通过流速不应大于0.5m/s；旋转式格网或自动清污机的阻塞面积应按25%考虑，通过流速不应大于1.0m/s。

5.3.17 进水自流管或虹吸管的数量及其管径，应根据最低水位，通过水力计算确定。其数量不宜少于两条。当一条管道停止工作时，其余管道的通过流量应满足事故供水要求。

5.3.18 进水自流管和虹吸管的设计流速，不宜小于0.6m/s。必要时，应有清除淤积物的措施。

虹吸管宜采用钢管。

5.3.19 取水构筑物进水间平台上应设便于操作的闸阀启闭设备和格网起吊设备；必要时还应设清除泥沙的设施。

5.3.20 当水源水位变幅大，水位涨落速度小于2.0m/h，且水流不急、要求施工周期短和建造固定式取水构筑物有困难时，可考虑采用缆车或浮船等活动式取水构筑物。

5.3.21 活动式取水构筑物的个数，应根据供水规模、联络管的接头型式及有无安全贮水池等因素，综合考虑确定。

5.3.22 活动式取水构筑物的缆车或浮船，应有足够的稳定性和刚度，机组、管道等的布置应考虑缆车或船体的平衡。

机组基座的设计，应考虑减少机组对缆车或船体的振动，每台机组均宜设在同一基座上。

5.3.23 缆车式取水构筑物的设计应符合下列要求：

1 其位置宜选择在岸坡倾角为10°~28°的地段。

2 缆车轨道的坡面宜与原岸坡相接近。

3 缆车轨道的水下部分应避免挖槽。当坡面有泥沙淤积时，应考虑冲淤设施。

4 缆车上的出水管与输水斜管间的连接管段，应根据具体情况，采用橡胶软管或曲臂式连接管等。

5 缆车应设安全可靠的制动装置。

5.3.24 浮船式取水构筑物的位置，应选择在河岸较陡和停泊条件良好的地段。

浮船应有可靠的锚固设施。浮船上的出水管与输水管间的连接管段，应根据具体情况，采用摇臂式或阶梯式等。

5.3.25 山区浅水河流的取水构筑物可采用低坝式（活动坝或固定坝）或底栏栅式。

低坝式取水构筑物宜用于推移质不多的山区浅水河流；底栏栅式取水构筑物宜用于大颗粒推移质较多的山区浅水河流。

5.3.26 低坝位置应选择在稳定河段上。坝的设置不应影响原床的稳定性。

取水口宜布置在坝前河床凹岸处。

5.3.27 低坝的坝高应满足取水深度的要求。坝的泄水宽度,应根据河道比降、洪水流量、河床地质以及河道平面形态等因素,综合研究确定。

冲沙闸的位置及过水能力,应按将主槽稳定在取水口前,并能冲走淤积泥沙的要求确定。

5.3.28 底栏栅的位置应选择在河床稳定、纵坡大、水流集中和山洪影响较小的河段。

5.3.29 底栏栅式取水构筑物的栏栅宜组成活动分块形式。其间隙宽度应根据河流泥沙粒径和数量、廊道排沙能力、取水水质要求等因素确定。栏栅长度应按进水要求确定。底栏栅式取水构筑物应有沉沙和冲沙设施。

6 泵 房

6.1 一般规定

6.1.1 工作水泵的型号及台数应根据逐时、逐日和逐季水量变化、水压要求、水质情况、调节水池大小、机组的效率和功率因素等,综合考虑确定。当供水量变化大且水泵台数较少时,应考虑大小规格搭配,但型号不宜过多,电机的电压宜一致。

6.1.2 水泵的选择应符合节能要求。当供水水量和水压变化较大时,经过技术经济比较,可采用机组调速、更换叶轮、调整叶片角度等措施。

6.1.3 泵房一般宜设1~2台备用水泵。
备用水泵型号宜与工作水泵中的大泵一致。

6.1.4 不得间断供水的泵房,应设两个外部独立电源。如不能满足时,应备用动力设备,其能力应能满足发生事故时的用水要求。

6.1.5 要求启动快的大型水泵,宜采用自灌充水。
非自灌充水离心泵的引水时间,不宜超过5min。

6.1.6 泵房应根据具体情况采用相应的采暖、通风和排水设施。
泵房的噪声控制应符合现行国家标准《城市区域环境噪声标准》GB 3096 和《工业企业噪声控制设计规范》GBJ 87 的规定。

6.1.7 泵房设计宜进行停泵水锤计算,当停泵水锤压力值超过管道试验压力值时,必须采取消除水锤的措施。

6.1.8 使用潜水泵时,应遵循下列规定:
1 水泵应常年运行在高效率区;
2 在最高与最低水位时,水泵仍能安全、稳定运行;
3 所配用电机电压等级宜为低压;
4 应有防止电缆碰撞、摩擦的措施;
5 潜水泵不宜直接设置于过滤后的清水中。

6.1.9 参与自动控制的阀门应采用电动、气动或液压驱动。直径300mm及300mm以上的其他阀门,且启动频繁,宜采用电动、气动或液压驱动。

6.1.10 地下或半地下式泵房应设排水设施,并有备用。

6.2 水泵吸水条件

6.2.1 水泵吸水井、进水流道及安装高度等应根据泵型、机组台数和当地自然条件等因素综合确定。
根据使用条件和维修要求,吸水井宜采用分格。

6.2.2 非自灌充水水泵应分别设置吸水管。设有3台或3台以上的自灌充水水泵,如采用合并吸水管,其数量不宜少于两条,当一条吸水管发生事故时,其余吸水管仍能通过设计水量。

6.2.3 吸水管布置应避免形成气囊,吸水口的淹没深度应满足水泵运行的要求。

6.2.4 吸水井布置应满足井内水流顺畅、流速均匀、不产生涡流,且便于施工及维护。大型混流泵、轴流泵宜采用正向进水,前池扩散角不宜大于40°。

6.2.5 水泵安装高度应满足不同工况下必需气蚀余量的要求。

6.2.6 湿式安装的潜水泵最低水位应满足电机干运转的要求。干式安装的潜水泵必须配备电机降温装置。

6.3 管道流速

6.3.1 水泵吸水管及出水管的流速,宜采用下列数值:
1 吸水管:
直径小于250mm时,为1.0~1.2m/s;
直径在250~1000mm时,为1.2~1.6m/s;
直径大于1000mm时,为1.5~2.0m/s。
2 出水管:
直径小于250mm时,为1.5~2.0m/s;
直径在250~1000mm时,为2.0~2.5m/s;
直径大于1000mm时,为2.0~3.0m/s。

6.4 起重设备

6.4.1 泵房内的起重设备,宜根据水泵或电动机重量按下列规定选用:
1 起重量小于0.5t时,采用固定吊钩或移动吊架;
2 起重量在0.5~3t时,采用手动或电动起重设备;
3 起重量大于3t时,采用电动起重设备。

注:起吊高度大、吊运距离长或起吊次数多的泵房,可适当提高起吊的操作水平。

6.5 水泵机组布置

6.5.1 水泵机组的布置应满足设备的运行、维护、安装和检修的要求。

6.5.2 卧式水泵及小叶轮立式水泵机组的布置应遵守下列规定:
1 单排布置时,相邻两个机组及机组至墙壁间的净距:电动机容量不大于55kW时,不小于1.0m;电动机容量大于55kW时,不小于1.2m。当机组竖向布置时,尚需满足相邻进、出水管道间净距不小于0.6m。
2 双排布置时,进、出水管道与相邻机组间的净距宜为0.6~1.2m。
3 当考虑就地检修时,应保证泵轴和电动机转子在检修时能拆卸。

注:地下式泵房或活动式取水泵房以及电动机容量小于20kW时,水泵机组间距可适当减小。

6.5.3 叶轮直径较大的立式水泵机组净距不应小于1.5m,并应满足进水流道的布置要求。

6.6 泵房布置

6.6.1 泵房的主要通道宽度不应小于1.2m。

6.6.2 泵房内的架空管道,不得阻碍通道和跨越电气设备。

6.6.3 泵房地面层的净高,除应考虑通风、采光等条件外,尚应遵守下列规定:
1 当采用固定吊钩或移动吊架时,净高不应小于3.0m;
2 当采用单轨起重机时,吊起物底部与吊运所过越的物体顶部之间应保持0.5m以上的净距;
3 当采用桁架式起重机时,除应遵守本条第2款规定外,还应考虑起重机安装和检修的需要。
4 对地下式泵房,尚需满足吊运时吊起物底部与地面层地坪间净距不小于0.3m。

6.6.4 设计装有立式水泵的泵房时,除应符合本节上述条文中有关规定外,还应考虑下列措施:

1 尽量缩短水泵传动轴长度;
2 水泵层的楼盖上设吊装孔;
3 设置通向中间轴承的平台和爬梯。

6.6.5 管井泵房内应设预润水供给装置。泵房屋盖上应设吊装孔。

6.6.6 泵房至少应设一个可以搬运最大尺寸设备的门。

7 输 配 水

7.1 一般规定

7.1.1 输水管(渠)线路的选择,应根据下列要求确定:
1 尽量缩短管线的长度,尽量避开不良地质构造(地质断层、滑坡等)处,尽量沿现有或规划道路敷设;
2 减少拆迁,少占良田,少毁植被,保护环境;
3 施工、维护方便,节省造价,运行安全可靠。

7.1.2 从水源至净水厂的原水输水管(渠)的设计流量,应按最高日平均时供水量确定,并计入输水管(渠)的漏损水量和净水厂自用水量。

从净水厂至管网的清水输水管道的设计流量,应按最高日最高时用水条件下,由净水厂负担的供水量计算确定。

7.1.3 输水干管不宜少于两条,当有安全贮水池或其他安全供水措施时,也可修建一条。输水干管和连通管的管径及连通管根数,应按输水干管任何一段发生故障时仍能通过事故用水量计算确定,城镇的事故水量为设计水量的70%。

7.1.4 输水管道系统运行中,应保证在各种设计工况下,管道不出现负压。

7.1.5 原水输送宜选用管道或暗渠(隧洞);当采用明渠输送原水时,必须有可靠的防止水质污染和水量流失的安全措施。

清水输送应选用管道。

7.1.6 输水管道系统的输水方式可采用重力式、加压式或两种并用方式,应通过技术经济比较后选定。

7.1.7 长距离输水工程应遵守下列基本规定:
1 应深入进行管线实地勘察和线路方案比选优化;对输水方式、管道根数按不同工况进行技术经济分析论证,选择安全可靠的运行系统;根据工程的具体情况,进行管材、设备的比选优化,通过计算经济流速确定管径。
2 应进行必要的水锤分析计算,并对管路系统采取水锤综合防护设计,根据管道纵向布置、管径、设计水量、功能要求,确定空气阀的数量、型式、口径。
3 应设测流、测压点,并根据需要设置遥测、遥讯、遥控系统。

7.1.8 城镇配水管网宜设计成环状,当允许间断供水时,可设计为枝状,但应考虑将来连成环状管网的可能。

7.1.9 **城镇生活饮用水管网,严禁与非生活饮用水管网连接。城镇生活饮用水管网,严禁与自备水源供水系统直接连接。**

7.1.10 配水管网应按最高日最高时供水量及设计水压进行水力平差计算,并应分别按下列3种工况和要求进行校核:
1 发生消防时的流量和消防水压的要求;
2 最大转输时的流量和水压的要求;
3 最不利管段发生故障时的事故用水量和设计水压要求。

7.1.11 配水管网应进行优化设计,在保证设计水量、水压、水质和安全供水的条件下,进行不同方案的技术经济比较。

7.1.12 压力输水管应考虑水流速度急剧变化时产生的水锤,并采取削减水锤的措施。

7.1.13 负有消防给水任务管道的最小直径不应小于100mm,室外消火栓的间距不应超过120m。

7.2 水力计算

7.2.1 管(渠)道总水头损失,可按下列公式计算:
$$h_z = h_y + h_j \quad (7.2.1)$$
式中 h_z——管(渠)道总水头损失(m);
h_y——管(渠)道沿程水头损失(m);
h_j——管(渠)道局部水头损失(m)。

7.2.2 管(渠)道沿程水头损失,可分别按下列公式计算:
1 塑料管:
$$h_y = \lambda \cdot \frac{l}{d_j} \cdot \frac{v^2}{2g} \quad (7.2.2-1)$$
式中 λ——沿程阻力系数;
l——管段长度(m);
d_j——管道计算内径(m);
v——管道断面水流平均流速(m/s);
g——重力加速度(m/s²)。
注:λ 与管道的相对当量粗糙度(Δ/d_j)和雷诺数(Re)有关,其中:Δ 为管道当量粗糙度(mm)。

2 混凝土管(渠)及采用水泥砂浆内衬的金属管道:
$$i = \frac{h_y}{l} = \frac{v^2}{C^2 R} \quad (7.2.2-2)$$
式中 i——管道单位长度的水头损失(水力坡降);
C——流速系数;
R——水力半径(m)。

其中:
$$C = \frac{1}{n} R^y \quad (7.2.2-3)$$
式中 n——管(渠)道的粗糙系数;
y——可按下式计算:
$$y = 2.5\sqrt{n} - 0.13 - 0.75\sqrt{R}(\sqrt{n} - 0.1) \quad (7.2.2-4)$$
式(7.2.2-4)适用于 $0.1 \leq R \leq 3.0$;$0.011 \leq n \leq 0.040$。

管道计算时,y 也可取 $\frac{1}{6}$,即按 $C = \frac{1}{n} R^{1/6}$ 计算。

3 输配水管道、配水管网水力平差计算:
$$i = \frac{h_y}{l} = \frac{10.67 q^{1.852}}{C_h^{1.852} d_j^{4.87}} \quad (7.2.2-5)$$
式中 q——设计流量(m³/s);
C_h——海曾-威廉系数。

7.2.3 管(渠)道的局部水头损失宜按下式计算:
$$h_j = \sum \zeta \frac{v^2}{2g} \quad (7.2.3)$$
式中 ζ——管(渠)道局部水头损失系数。

7.3 管道布置和敷设

7.3.1 管道的埋设深度,应根据冰冻情况、外部荷载、管材性能、抗浮要求及与其他管道交叉等因素确定。

露天管道应有调节管道伸缩设施,并设置保证管道整体稳定的措施,还应根据需要采取防冻保温措施。

7.3.2 城镇给水管道的平面布置和竖向位置,应按现行国家标准《城市工程管线综合规划规范》GB 50289 的规定确定。

7.3.3 城镇给水管道与建(构)筑物、铁路以及和其他工程管道的最小水平净距,应根据建(构)筑物基础、路面种类、卫生安全、管道埋深、管径、管材、施工方法、管道设计压力、管道附属构筑物的大小等按本规范附录A的规定确定。

7.3.4 给水管道与其他管线交叉时的最小垂直净距,应按本规范附录B规定确定。

7.3.5 生活饮用水管道应避免穿过有毒物污染及腐蚀性地段,无法避开时,应采取保护措施。

7.3.6 给水管道与污水管道或输送有毒液体管道交叉时,给水管道应敷设在上面,且不应有接口重叠;当给水管道敷设在下面时,应采用钢管或钢套管,钢套管伸出交叉管的长度,每端不得小于3m,钢套管的两端应采用防水材料封闭。

7.3.7 给水管道与铁路交叉时,其设计应按铁路行业技术规定执行。

7.3.8 管道穿过河道时,可采用管桥或水底穿越等方式。

穿越河底的管道应避开锚地,管中流速应大于不淤流速。管道应有检修和防止冲刷破坏的保护设施。管道的埋设深度还应在其相应防洪标准(根据管道等级确定)的洪水冲刷深度以下,且至少应大于1m。

管道埋设在通航河道时,应符合航运管理部门的技术规定,并应在河两岸设立标志,管道埋设深度应在航道底设计高程2m以下。

7.3.9 输配水管道的地基、基础、垫层、回填土压实密度等的要求,应根据管材的性质(刚性管或柔性管),结合管道埋设处的具体情况,按现行国家标准《给水排水工程管道结构设计规范》GB 50332规定确定。

7.3.10 管道试验压力及水压试验要求应符合现行国家标准《给水排水管道工程施工及验收规范》GB 50268 的有关规定。

7.4 管渠材料及附属设施

7.4.1 输配水管道材质的选择,应根据管径、内压、外部荷载和管道敷设区的地形、地质、管材的供应,按照运行安全、耐久、减少漏损、施工和维护方便、经济合理以及清水管道防止二次污染的原则,进行技术、经济、安全等综合分析确定。

7.4.2 金属管道应考虑防腐措施。金属管道内防腐宜采用水泥砂浆衬里。金属管道外防腐宜采用环氧煤沥青、胶粘带等涂料。

金属管道敷设在腐蚀性土中以及电气化铁路附近或其他有杂散电流存在的地区时,为防止发生电化学腐蚀,应采取阴极保护措施(外加电流阴极保护或牺牲阳极)。

7.4.3 输配水管道的管材及金属管道内防腐材料和承插管接口处填充料应符合现行国家标准《生活饮用输配水设备及防护材料的安全性评价标准》GB/T 17219 的有关规定。

7.4.4 非整体连接管道在垂直和水平方向转弯处、分叉处、管道端部堵头处,以及管径截面变化处支墩的设置,应根据管径、转弯角度、管道设计内水压力和接口摩擦力,以及管道埋设处的地基和周围土质的物理力学指标等因素计算确定。

7.4.5 输水管(渠)道的始点、终点、分叉处以及穿越河道、铁路、公路段,应根据工程的具体情况和有关部门的规定设置阀(闸)门。输水管道尚应按事故检修的需要设置阀门。

配水管网上两个阀门之间独立管段内消火栓的数量不宜超过5个。

7.4.6 当输配水管道系统需要进行较大的压力和流量调节时,宜设有调压(流)装置。

7.4.7 输水管(渠)道隆起点上应设通气设施,管线竖向布置平缓时,宜间隔 1000m 左右设一处通气设施。配水管道可根据工程需要设置空气阀。

7.4.8 输水管(渠)道、配水管网低洼处及阀门间管段低处,可根据工程的需要设置泄(排)水阀井。泄(排)水阀的直径,可根据放空管道中泄(排)水所需要的时间计算确定。

7.4.9 输水管(渠)需要进人检修时,宜在必要的位置设置人孔。

7.4.10 非满流的重力输水管(渠)道,必要时还应设置跌水井或控制水位的措施。

7.5 调蓄构筑物

7.5.1 净水厂清水池的有效容积,应根据产水曲线、送水曲线、自用水量及消防储备水量等确定,并满足消毒接触时间的要求。当管网无调节构筑物时,在缺乏资料情况下,可按水厂最高日设计水量的10%~20%确定。

7.5.2 管网供水区域较大,距离净水厂较远,且供水区域有合适的位置和适宜的地形,可考虑在水厂外建高位水池、水塔或调节水池泵站。其调节容积应根据用水区域供需情况及消防储备水量等确定。

7.5.3 清水池的个数或分格数不得少于2个,并能单独工作和分别泄空;在有特殊措施能保证供水要求时,亦可修建1个。

7.5.4 生活饮用水的清水池、调节水池、水塔,应有保证水的流动,避免死角,防止污染,便于清洗和通气等措施。

生活饮用水的清水池和调节水池周围 10m 以内不得有化粪池、污水处理构筑物、渗水井、垃圾堆放场等污染源;周围 2m 以内不得有污水管道和污染物。当达不到上述要求时,应采取防止污染的措施。

7.5.5 水塔应根据防雷要求设置防雷装置。

8 水厂总体设计

8.0.1 水厂厂址的选择,应符合城镇总体规划和相关专项规划,并根据下列要求综合确定:

 1 给水系统布局合理;
 2 不受洪水威胁;
 3 有较好的废水排除条件;
 4 有良好的工程地质条件;
 5 有便于远期发展控制用地的条件;
 6 有良好的卫生环境,并便于设立防护地带;
 7 少拆迁,不占或少占农田;
 8 施工、运行和维护方便。

注:有沉沙特殊处理要求的水厂宜设在水源附近。

8.0.2 水厂总体布置应结合工程目标和建设条件,在确定的工艺组成和处理构筑物形式的基础上进行。平面布置和竖向设计应满足各建(构)筑物的功能和流程要求。水厂附属建筑和附属设施应根据水厂规模、生产和管理体制,结合当地实际情况确定。

8.0.3 水厂生产构筑物的布置应符合下列要求:

 1 高程布置应充分利用原有地形条件,力求流程通畅、能耗降低、土方平衡。
 2 在满足各构筑物和管线施工要求的前提下,水厂各构筑物应紧凑布置。寒冷地区生产构筑物应尽量集中布置。
 3 生产构筑物间连接管道的布置,宜水流顺直,避免迂回。

8.0.4 附属生产建筑物(机修间、电修间、仓库等)应结合生产要求布置。

8.0.5 生产管理建筑物和生活设施宜集中布置,力求位置和朝向合理,并与生产构筑物分开布置。采暖地区锅炉房应布置在水厂最小频率风向的上风向。

8.0.6 水厂的防洪标准不应低于城市防洪标准,并应留有适当的安全裕度。

8.0.7 一、二类城市主要水厂的供电应采用一级负荷。一、二类城市非主要水厂及三类城市的水厂可采用二级负荷。当不能满足时,应设置备用动力设施。

8.0.8 生产构筑物应配置必要的在线水质检测和计量设施,并设置与之相适应的控制和调度系统。必要时,水厂可设置电视监控系统等安全保护设施。

8.0.9 并联运行的净水构筑物间应配水均匀。构筑物之间宜根据工艺要求设置连通管或超越管。

8.0.10 水厂的主要生产构(建)筑物之间应通行方便,并设置必要的栏杆、防滑梯等安全措施。

8.0.11 水厂内应根据需要,在适当的地点设置滤料、管配件等露天堆放场地。

8.0.12 水厂建筑物的造型宜简洁美观,材料选择适当,并考虑建筑的群体效果及与周围环境的协调。

8.0.13 寒冷地区的净水构筑物宜建在室内或采取加盖措施,以保证净水构筑物正常运行。

8.0.14 水厂生产和附属生产及生活等建筑物的防火设计应符合现行国家标准《建筑设计防火规范》GB 50016 的要求。

8.0.15 水厂内应设置通向各构筑物和附属建筑物的道路。可按下列要求设计:

　　1 水厂宜设置环行道路;
　　2 大型水厂可设双车道,中、小型水厂可设单车道;
　　3 主要车行道的宽度:单车道为 3.5m,双车道为 6m,支道和车间引道不小于 3m;
　　4 车行道尽头处和材料装卸处应根据需要设置回车道;
　　5 车行道转弯半径 6～10m;
　　6 人行道路的宽度为 1.5～2.0m。

8.0.16 水厂排水宜采用重力流排放,必要时可设排水泵站。厂区雨水管道设计的降雨重现期宜选用 1～3 年。

8.0.17 水厂排泥水排入河道、沟渠等天然水体时,其悬浮物质不应对河道、沟渠造成淤塞,必要时应对排泥水进行处理,对所产生的脱水泥渣妥善处置。

8.0.18 水厂应设置大门和围墙。围墙高度不宜小于 2.5m。有排泥水处理的水厂,宜设置脱水泥渣专用通道及出入口。

8.0.19 水厂应进行绿化。

9 水 处 理

9.1 一般规定

9.1.1 水处理工艺流程的选用及主要构筑物的组成,应根据原水水质、设计生产能力、处理后水要求,经过调查研究以及不同工艺组合的试验或参照相似条件下已有水厂的运行经验,结合当地操作管理条件,通过技术经济比较综合研究确定。

9.1.2 水处理构筑物的设计水量,应按最高日供水量加水厂自用水量确定。

　　水厂自用水率应根据原水水质、所采用的处理工艺和构筑物类型等因素通过计算确定,一般可采用设计水量的 5%～10%。当滤池反冲洗水采取回用时,自用水率可适当减小。

9.1.3 水处理构筑物的设计参数必要时应按原水水质最不利情况(如沙峰、低温、低浊等)下所需最大供水量进行校核。

9.1.4 水厂设计时,应考虑任一构筑物或设备进行检修、清洗而停运时仍能满足生产需求。

9.1.5 净水构筑物应根据需要设置排泥管、排空管、溢流管和压力冲洗设施等。

9.1.6 当滤池反冲洗水回用时,应尽可能均匀回流,并避免有害物质和病原微生物等积聚的影响,必要时可采取适当处理后回用。

9.2 预 处 理

9.2.1 原水的含沙量或色度、有机物、致突变前体物等含量较高、臭味明显或为改善凝聚效果,应在常规处理前增设预处理。

9.2.2 当原水含沙量高时,宜采取预沉措施。在有天然地形可利用时,也可采取蓄水措施,以供沙峰期间取用。

9.2.3 预沉方式的选择,应根据原水含沙量及其粒径组成、沙峰持续时间、排泥要求、处理水量和水质要求等因素,结合地形条件采用沉沙、自然沉淀或凝聚沉淀。

9.2.4 预沉池的设计数据,应通过原水沉淀试验或参照类似水厂的运行经验确定。

9.2.5 预沉池一般可按沙峰持续时间内原水日平均含沙量设计。当原水含沙量超过设计值期间,应考虑有调整凝聚剂投加或采取其他措施的可能。

9.2.6 预沉池应采用机械排泥。

9.2.7 生活饮用水原水的氨氮、嗅阈值、有机微污染物、藻含量较高时,可采用生物预处理。生物预处理池的设计,应以原水试验的资料为依据。进入生物预处理池的原水应具有较好的可生物降解性,水温宜高于 5℃。

9.2.8 人工填料生物预处理池,宜设置曝气装置。

9.2.9 人工填料生物接触氧化池的水力停留时间宜为 1～2h,曝气气水比宜为 0.8:1～2:1。

9.2.10 颗粒填料生物滤池可为下向流或上向流。填料粒径宜为 2～5mm,填料厚度宜为 2m,滤速宜为 4～7m/h,曝气的气水比宜为 0.5:1～1.5:1。下向流滤池气水反冲洗强度宜为:水 10～15L/(m²·s),气 10～20L/(m²·s)。

9.2.11 采用氯预氧化处理工艺时,加氯点和加氯量应合理确定,尽量减少消毒副产物的产生。

9.2.12 采用臭氧预氧化时,应符合本规范第 9.9 节相关条款的规定。

9.2.13 采用高锰酸钾预氧化时,应符合下列规定:

　　1 高锰酸钾宜在水厂取水口加入;当在水处理流程中投加时,先于其他水处理药剂投加的时间不宜少于 3min。
　　2 经过高锰酸钾预氧化的水必须通过滤池过滤。
　　3 高锰酸钾预氧化的药剂用量应通过试验确定并应精确控制,用于去除有机微污染物、藻和控制臭味的高锰酸钾投加量可为 0.5～2.5mg/L。
　　4 高锰酸钾的用量在 12kg/d 以上时宜采用干投。湿投溶液浓度可为 4%。

9.2.14 原水在短时间内含较高浓度溶解性有机物、具有异臭异味时,可采用粉末活性炭吸附。采用粉末活性炭吸附应符合下列规定:

　　1 粉末活性炭投加点宜根据水处理工艺流程综合考虑确定,并宜加在原水中,经过与水充分混合、接触后,再投加混凝剂或氯。
　　2 粉末活性炭的用量根据试验确定,宜为 5～30mg/L。
　　3 湿投的粉末活性炭炭浆浓度可采用 5%～10%(按重量计)。
　　4 粉末活性炭的贮藏、输送和投加车间,应有防尘、集尘和防火设施。

9.3 混凝剂和助凝剂的投配

9.3.1 用于生活饮用水处理的混凝剂或助凝剂产品必须符合卫生要求。

9.3.2 混凝剂和助凝剂品种的选择及其用量,应根据原水混凝沉淀试验结果或参照相似条件下的水厂运行经验等,经综合比较确定。

9.3.3 混凝剂的投配宜采用液体投加方式。

　　当采用液体投加方式时,混凝剂的溶解和稀释应按投加量的大小、混凝剂性质,选用水力、机械或压缩空气等搅拌、稀释方式。

　　有条件的水厂,应直接采用液体原料的混凝剂。

　　聚丙烯酰胺的投配,应符合国家现行标准《高浊度水给水设计规范》CJJ 40 的规定。

9.3.4 液体投加混凝剂时,溶解次数应根据混凝剂投加量和配制条件等因素确定,每日不宜超过3次。

混凝剂投加量较大时,宜设机械运输设备或将固体溶解池设在地下。混凝剂投加量较小时,溶解池可兼作投药池。投药池应设备用池。

9.3.5 混凝剂投配的溶液浓度,可采用5%~20%(按固体重量计算)。

9.3.6 石灰应制成石灰乳投加。

9.3.7 投加混凝剂应采用计量泵加注,且应设置计量设备并采取稳定加注量的措施。混凝剂或助凝剂宜采用自动控制投加。

9.3.8 与混凝剂和助凝剂接触的池内壁、设备、管道和地坪,应根据混凝剂或助凝剂性质采取相应的防腐措施。

9.3.9 加药间应尽量设置在通风良好的地段。室内必须安置通风设备及具有保障工作人员卫生安全的劳动保护措施。

9.3.10 加药间宜靠近投药点。

9.3.11 加药间的地坪应有排水坡度。

9.3.12 药剂仓库及加药间应根据具体情况,设置计量工具和搬运设备。

9.3.13 混凝剂的固定储备量,应按当地供应、运输等条件确定,宜按最大投加量的7~15d计算。其周转储备量应根据当地具体条件确定。

9.3.14 计算固体混凝剂和石灰贮藏仓库面积时,其堆放高度:当采用混凝剂时可为1.5~2.0m;当采用石灰时可为1.5m。

当采用机械搬运设备时,堆放高度可适当增加。

9.4 混凝、沉淀和澄清

Ⅰ 一般规定

9.4.1 选择沉淀池或澄清池类型时,应根据原水水质、设计生产能力、处理后水质要求,并考虑原水水温变化、制水均匀程度以及是否连续运转等因素,结合当地条件通过技术经济比较确定。

9.4.2 沉淀池和澄清池的个数或能够单独排空的分格数不宜少于2个。

9.4.3 设计沉淀池和澄清池时应考虑均匀配水和集水。

9.4.4 沉淀池积泥区和澄清池沉泥浓缩室(斗)的容积,应根据进出水的悬浮物含量、处理水量、加药量、排泥周期和浓度等因素通过计算确定。

9.4.5 当沉淀池和澄清池规模较大或排泥次数较多时,宜采用机械化和自动化排泥装置。

9.4.6 澄清池絮凝区应设取样装置。

Ⅱ 混 合

9.4.7 混合设备的设计应根据所采用的混凝剂品种,使药剂与水进行恰当的急剧、充分混合。

9.4.8 混合方式的选择应考虑处理水量的变化,可采用机械混合或水力混合。

Ⅲ 絮 凝

9.4.9 絮凝池宜与沉淀池合建。

9.4.10 絮凝池型式的选择和絮凝时间的采用,应根据原水水质情况和相似条件下的运行经验或通过试验确定。

9.4.11 设计隔板絮凝池时,宜符合下列要求:
  1 絮凝时间宜为20~30min;
  2 絮凝池廊道的流速,应按由大到小渐变进行设计,起端流速宜为0.5~0.6m/s,末端流速宜为0.2~0.3m/s;
  3 隔板间净距宜大于0.5m。

9.4.12 设计机械絮凝池时,宜符合下列要求:
  1 絮凝时间宜为15~20min;
  2 池内设3~4挡搅拌机;
  3 搅拌机的转速应根据浆板边缘处的线速度通过计算确定。线速度宜自第一挡的0.5m/s逐步渐变至末挡的0.2m/s;

  4 池内宜设防止水体短流的设施。

9.4.13 设计折板絮凝池时,宜符合下列要求:
  1 絮凝时间为12~20min。
  2 絮凝过程中的速度应逐段降低,分段数不宜少于三段,各段的流速可分别为:
  第一段:0.25~0.35 m/s;
  第二段:0.15~0.25 m/s;
  第三段:0.10~0.15 m/s。
  3 折板夹角采用90°~120°。
  4 第三段宜采用直板。

9.4.14 设计栅条(网格)絮凝池时,宜符合下列要求:
  1 絮凝池宜设计成多格竖流式。
  2 絮凝时间宜为12~20min,用于处理低温或低浊水时,絮凝时间可适当延长。
  3 絮凝池竖井流速、过栅(过网)和过孔流速应逐段递减,分段数宜分三段,流速分别为:
  竖井平均流速:前段和中段0.14~0.12m/s,末段0.14~0.10m/s;
  过栅(过网)流速:前段0.30~0.25m/s,中段0.25~0.22m/s,末段不安放栅条(网格);
  竖井之间孔洞流速:前段0.30~0.20m/s,中段0.20~0.15m/s,末段0.14~0.10m/s。
  4 絮凝池宜布置成2组或多组并联形式。
  5 絮凝池内应有排泥设施。

Ⅳ 平流沉淀池

9.4.15 平流沉淀池的沉淀时间,宜为1.5~3.0h。

9.4.16 平流沉淀池的水平流速可采用10~25 mm/s,水流应避免过多转折。

9.4.17 平流沉淀池的有效水深,可采用3.0~3.5m。沉淀池的每格宽度(或导流墙间距),宜为3~8m,最大不超过15m,长度与宽度之比不得小于4;长度与深度之比不得小于10。

9.4.18 平流沉淀池宜采用穿孔墙配水和溢流堰集水,溢流率不宜超过300m³/(m·d)。

Ⅴ 上向流斜管沉淀池

9.4.19 斜管沉淀区液面负荷应按相似条件下的运行经验确定,可采用5.0~9.0m³/(m²·h)。

9.4.20 斜管设计可采用下列数据:斜管管径为30~40mm;斜长为1.0m;倾角为60°。

9.4.21 斜管沉淀池的清水区保护高度不宜小于1.0m;底部配水区高度不宜小于1.5m。

Ⅵ 侧向流斜板沉淀池

9.4.22 侧向流斜板沉淀池的设计应符合下列要求:
  1 斜板沉淀池的设计颗粒沉降速度、液面负荷宜通过试验或参照相似条件下的水厂运行经验确定,设计颗粒沉降速度可采用0.16~0.3mm/s,液面负荷可采用6.0~12m³/(m²·h),低温低浊度水宜采用下限值。
  2 斜板板距宜采用80~100mm;
  3 斜板倾斜角度宜采用60°;
  4 单层斜板板长不宜大于1.0m。

Ⅶ 机械搅拌澄清池

9.4.23 机械搅拌澄清池清水区的液面负荷,应按相似条件下的运行经验确定,可采用2.9~3.6m³/(m²·h)。

9.4.24 水在机械搅拌澄清池中的总停留时间,可采用1.2~1.5h。

9.4.25 搅拌叶轮提升流量可为进水流量的3~5倍,叶轮直径可为第二絮凝室内径的70%~80%,并应设调整叶轮转速和开启度的装置。

9.4.26 机械搅拌澄清池是否设置机械刮泥装置,应根据水池直径、底坡大小、进水悬浮物含量及其颗粒组成等因素确定。

Ⅷ 水力循环澄清池

9.4.27 水力循环澄清池清水区的液面负荷,应按相似条件下的运行经验确定,可采用 2.5～3.2m³/(m²·h)。

9.4.28 水力循环澄清池导流筒(第二絮凝室)的有效高度,可采用 3～4m。

9.4.29 水力循环澄清池的回流水量,可为进水流量的 2～4 倍。

9.4.30 水力循环澄清池底斜壁与水平面的夹角不宜小于 45°。

Ⅸ 脉冲澄清池

9.4.31 脉冲澄清池清水区的液面负荷,应按相似条件下的运行经验确定,可采用 2.5～3.2m³/(m²·h)。

9.4.32 脉冲周期可采用 30～40s,充放时间比为 3:1～4:1。

9.4.33 脉冲澄清池的悬浮层高度和清水区高度,可分别采用 1.5～2.0m。

9.4.34 脉冲澄清池应采用穿孔管配水,上设人字形稳流板。

9.4.35 虹吸式脉冲澄清池的配水总管,应设排气装置。

Ⅹ 气浮池

9.4.36 气浮池宜适用于浑浊度小于 100NTU 及含有藻类等密度小的悬浮物质的原水。

9.4.37 接触室的上升流速,可采用 10～20mm/s,分离室的向下流速,可采用 1.5～2.0mm/s,即分离室液面负荷为 5.4～7.2m³/(m²·h)。

9.4.38 气浮池的单格宽度不宜超过 10m;池长不宜超过 15m;有效水深可采用 2.0～3.0m。

9.4.39 溶气罐的压力及回流比,应根据原水气浮试验情况或参照相似条件下的运行经验确定,溶气压力可采用 0.2～0.4MPa,回流比可采用 5%～10%。

溶气释放器的型号及个数应根据单个释放器在选定压力下的出流量及作用范围确定。

9.4.40 压力溶气罐的总高度可采用 3.0m,罐内需装填料,其高度宜为 1.0～1.5m,罐的截面水力负荷可采用 100～150m³/(m²·h)。

9.4.41 气浮池宜采用刮渣机排渣。刮渣机的行车速度不宜大于 5m/min。

9.5 过 滤

Ⅰ 一般规定

9.5.1 滤料应具有足够的机械强度和抗蚀性能,可采用石英砂、无烟煤和重质矿石等。

9.5.2 滤池型式的选择,应根据设计生产能力、运行管理要求、进出水水质和净水构筑物高程布置等因素,结合厂址地形条件,通过技术经济比较确定。

9.5.3 滤池的分格数,应根据滤池型式、生产规模、操作运行和维护检修等条件通过技术经济比较确定,除无阀滤池和虹吸滤池外不得少于 4 格。

9.5.4 滤池的单格面积应根据滤池型式、生产规模、操作运行、滤后水收集及冲洗水分配的均匀性,通过技术经济比较确定。

9.5.5 滤料层厚度(L)与有效粒径(d_{10})之比(L/d_{10}值):细砂及双层滤料过滤应大于 1000,粗砂及三层滤料过滤应大于 1250。

9.5.6 除滤池构造和运行时无法设置初滤水排放设施的滤池外,滤池宜设有初滤水排放设施。

Ⅱ 滤速及滤料组成

9.5.7 滤池应按正常情况下的滤速设计,并以检修情况下的强制滤速校核。

注:正常情况系指水厂全部滤池均在进行工作;检修情况系指全部滤池中的一格或两格停池进行检修、冲洗或翻砂。

9.5.8 滤池滤速及滤料组成的选用,应根据进水水质、滤后水水质要求、滤池构造等因素,通过试验或参照相似条件下已有滤池的运行经验确定,宜按表 9.5.8 采用。

表 9.5.8 滤池滤速及滤料组成

滤料种类	滤料组成			正常滤速 (m/h)	强制滤速 (m/h)
	粒径 (mm)	不均匀系数 K_{80}	厚度 (mm)		
单层细砂滤料	石英砂 $d_{10}=0.55$	<2.0	700	7～9	9～12
双层滤料	无烟煤 $d_{10}=0.85$	<2.0	300～400	9～12	12～16
	石英砂 $d_{10}=0.55$	<2.0	400		
三层滤料	无烟煤 $d_{10}=0.85$	<1.7	450	16～18	20～24
	石英砂 $d_{10}=0.50$	<1.5	250		
	重质矿石 $d_{10}=0.25$	<1.7	70		
均匀级配粗砂滤料	石英砂 $d_{10}=0.9～1.2$	<1.4	1200～1500	8～10	10～13

注:滤料的相对密度为:石英砂 2.50～2.70,无烟煤 1.4～1.6,重质矿石 4.40～5.20。

9.5.9 当滤池采用大阻力配水系统时,其承托层宜按表 9.5.9 采用。

表 9.5.9 大阻力配水系统承托层材料、粒径与厚度(mm)

层次(自上而下)	材料	粒径	厚度
1	砾石	2～4	100
2	砾石	4～8	100
3	砾石	8～16	100
4	砾石	16～32	本层顶面应高出配水系统孔眼 100

9.5.10 三层滤料滤池的承托层宜按表 9.5.10 采用。

表 9.5.10 三层滤料滤池的承托层材料、粒径与厚度(mm)

层次(自上而下)	材料	粒径	厚度
1	重质矿石	0.5～1	50
2	重质矿石	1～2	50
3	重质矿石	2～4	50
4	重质矿石	4～8	50
5	砾石	8～16	100
6	砾石	16～32	本层顶面应高出配水系统孔眼 100

注:配水系统如用滤砖,其孔径小于等于 4mm 时,第 6 层可不设。

9.5.11 采用滤头配水(气)系统时,承托层可采用粒径 2～4mm 粗砂,厚度为 50～100mm。

Ⅲ 配水、配气系统

9.5.12 滤池配水、配气系统,应根据滤池型式、冲洗方式、单格面积、配气配水的均匀性等因素考虑选用。采用单水冲洗时,可选用穿孔管、滤砖、滤头等配水系统;气水冲洗时,可选用长柄滤头、塑料滤砖、穿孔管等配水、配气系统。

9.5.13 大阻力穿孔管配水系统孔眼总面积与滤池面积之比宜为 0.20%～0.28%;中阻力滤砖配水系统孔眼总面积与滤池面积之比宜为 0.6%～0.8%;小阻力滤头配水系统缝隙总面积与滤池面积之比宜为 1.25%～2.00%。

9.5.14 大阻力配水系统应按冲洗流量,并根据下列数据通过计算确定:

1 配水干管(渠)进口处的流速为 1.0～1.5m/s;
2 配水支管进口处的流速为 1.5～2.0m/s;
3 配水支管孔眼出口流速为 5～6m/s。

干管(渠)顶上宜设排气管,排出口应在滤池水面以上。

9.5.15 长柄滤头配水配气系统应按冲洗气量、水量,并根据下列数据通过计算确定:

1 配气干管进气端流速为 10～15m/s;
2 配水(气)渠配气孔出口流速为 10m/s 左右;

3 配水干管进口端流速为1.5m/s左右。
4 配水(气)渠配孔出口流速为1~1.5m/s。
配水(气)渠顶上宜设排气管,排出口需在滤池水位以上。

Ⅳ 冲 洗

9.5.16 滤池冲洗方式的选择,应根据滤料层组成、配水配气系统型式,通过试验或参照相似条件下已有滤池的经验确定,宜按表9.5.16选用。

表9.5.16 冲洗方式和程序

滤料组成	冲洗方式、程序
单层细砂级配滤料	(1) 水冲 (2) 气—水冲
单层粗砂均匀级配滤料	气—水—气水同时冲—水冲
双层煤、砂级配滤料	(1) 水冲 (2) 气—水冲
三层煤、砂、重质矿石级配滤料	水冲

9.5.17 单水冲洗滤池的冲洗强度及冲洗时间宜按表9.5.17采用。

表9.5.17 水冲洗强度及冲洗时间(水温20℃时)

滤料组成	冲洗强度[L/(m²·s)]	膨胀率(%)	冲洗时间(min)
单层细砂级配滤料	12~15	45	7~5
双层煤、砂级配滤料	13~16	50	8~6
三层煤、砂、重质矿石级配滤料	16~17	55	7~5

注:1 当采用表面冲洗设备时,冲洗强度可低值。
   2 应考虑由于全年水温、水质变化因素,有适当调整冲洗强度的可能。
   3 选择冲洗强度应考虑所用混凝剂品种的因素。
   4 膨胀率数值仅作设计用。

当增设表面冲洗设备时,表面冲洗强度宜采用2~3L/(m²·s)(固定式)或0.50~0.75L/(m²·s)(旋转式),冲洗时间均为4~6min。

9.5.18 气水冲洗滤池的冲洗强度及冲洗时间,宜按表9.5.18采用。

表9.5.18 气水冲洗强度及冲洗时间

滤料种类	先气冲洗		气水同时冲洗		后水冲洗		表面扫洗	
	强度[L/(m²·s)]	时间(min)	气强度[L/(m²·s)]	水强度[L/(m²·s)]	强度[L/(m²·s)]	时间(min)	强度[L/(m²·s)]	时间(min)
单层细砂级配滤料	15~20	3~1	—	—	8~10	7~5		
双层煤、砂级配滤料	15~20	3~1	—	—	6.5~10	6~5		
单层粗砂均匀级配滤料	13~17 (13~17)	2~1 (2~1)	13~17 (13~17)	3~4 (2.5~3.5)	4~3 (5~4)	4~8 (4~6)	1.4~2.3	全程

注:表中单层粗砂均匀级配滤料中,无括号的数值适用于无表面扫洗的滤池;括号内的数值适用于有表面扫洗的滤池。

9.5.19 单水冲洗滤池的冲洗周期,当为单层细砂级配滤料时,宜采用12~24h;气水冲洗滤池的冲洗周期,当为粗砂均匀级配滤料时,宜采用24~36h。

Ⅴ 滤池配管(渠)

9.5.20 滤池应有下列管(渠),其管径(断面)宜根据表9.5.20所列流速通过计算确定。

表9.5.20 各种管渠和流速(m/s)

管(渠)名称	流速
进水	0.8~1.2
出水	1.0~1.5
冲洗水	2.0~2.5
排水	1.0~1.5
初滤水排放	3.0~4.5
输气	10~15

Ⅵ 普通快滤池

9.5.21 单层、双层滤料滤池冲洗前水头损失宜采用2.0~2.5m;三层滤料滤池冲洗前水头损失宜采用2.0~3.0m。

9.5.22 滤层表面以上的水深,宜采用1.5~2.0m。

9.5.23 单层滤料滤池宜采用大阻力或中阻力配水系统;三层滤料滤池宜采用中阻力配水系统。

9.5.24 冲洗排水槽的总平面面积,不应大于过滤面积的25%,滤料表面到洗砂排水槽底的距离,应等于冲洗时滤层的膨胀高度。

9.5.25 滤池冲洗水的供给可采用水泵或高位水箱(塔)。

当采用水箱(塔)冲洗时,水箱(塔)有效容积应按单格滤池冲洗水量的1.5倍计算。

当采用水泵冲洗时,水泵的能力应按单格滤池冲洗水量设计,并设置备用机组。

Ⅶ V形滤池

9.5.26 V形滤池冲洗前水头损失可采用2.0m。

9.5.27 滤层表面以上水深不应小于1.2m。

9.5.28 V形滤池宜采用长柄滤头配气、配水系统。

9.5.29 V形滤池冲洗水的供应,宜用水泵。水泵的能力应按单格滤池冲洗水量设计,并设置备用机组。

9.5.30 V形滤池冲洗气源的供应,宜用鼓风机,并设置备用机组。

9.5.31 V形滤池两侧进水槽的槽底配水孔口至中央排水槽边缘的水平距离宜在3.5m以内,最大不得超过5m。表面扫洗配水孔的预埋管纵向轴线应保持水平。

9.5.32 V形进水槽断面应按非均匀流满足配水均匀性要求计算确定,其斜面与池壁的倾斜度宜采用45°~50°。

9.5.33 V形滤池的进水系统应设置进水总渠,每格滤池进水应设可调整高度的堰板。

9.5.34 反冲洗空气总管的管底应高于滤池的最高水位。

9.5.35 V形滤池长柄滤头配气配水系统的设计,应采取有效措施,控制同格滤池所有滤头滤帽或滤柄顶表面在同一水平高程,其误差不得大于±5mm。

9.5.36 V形滤池的冲洗排水槽顶面宜高出滤料层表面500mm。

Ⅷ 虹吸滤池

9.5.37 虹吸滤池的最少分格数,应按滤池在低负荷运行时,仍能满足一格滤池冲洗水量的要求确定。

9.5.38 虹吸滤池冲洗前的水头损失,可采用1.5m。

9.5.39 虹吸滤池冲洗水头应通过计算确定,宜采用1.0~1.2m,并应有调整冲洗水头的措施。

9.5.40 虹吸进水管和虹吸排水管的断面积宜根据下列流速通过计算确定:
1 进水管0.6~1.0m/s;
2 排水管1.4~1.6m/s。

Ⅸ 重力式无阀滤池

9.5.41 无阀滤池的分格数,宜采用2~3格。

9.5.42 每格无阀滤池应设单独的进水系统,进水系统应有防止空气进入滤池的措施。

9.5.43 无阀滤池冲洗前的水头损失,可采用1.5m。

9.5.44 过滤室内滤料表面以上的直壁高度,应等于冲洗时滤料的最大膨胀高度再加保护高度。

9.5.45 无阀滤池的反冲洗应设有辅助虹吸设施,并设调节冲洗强度和强制冲洗的装置。

9.6 地下水除铁和除锰

Ⅰ 工艺流程选择

9.6.1 生活饮用水的地下水水源中铁、锰含量超过生活饮用水卫生标准规定时,应考虑除铁、除锰。生产用水水源的铁、锰含量超过工业用水的规定要求时,也应考虑除铁、除锰。

9.6.2 地下水除铁、除锰工艺流程的选择及构筑物的组成,应根据原水水质、处理后水质要求、除铁、除锰试验或参照水质相似水厂运行经验,通过技术经济比较确定。

9.6.3 地下水除铁宜采用接触氧化法。工艺流程为：
原水曝气——接触氧化过滤。

9.6.4 地下水同时含铁、锰时，其工艺流程应根据下列条件确定：

 1 当原水含铁量低于 6.0mg/L，含锰量低于 1.5mg/L 时，可采用：
原水曝气——单级过滤。

 2 当原水含铁量或含锰量超过上述数值时，应通过试验确定，必要时可采用：
原水曝气——一级过滤——二级过滤。

 3 当除铁受硅酸盐影响时，应通过试验确定，必要时可采用：
原水曝气——一级过滤——曝气——二级过滤。

Ⅱ 曝气装置

9.6.5 曝气装置应根据原水水质、是否需去除二氧化碳以及充氧程度的要求选定，可采用跌水、淋水、喷水、射流曝气、压缩空气、板条式曝气塔、接触式曝气塔或叶轮式表面曝气装置。

9.6.6 采用跌水装置时，跌水级数可采用 1~3 级，每级跌水高度为 0.5~1.0m，单宽流量为 20~50m³/(m·h)。

9.6.7 采用淋水装置（穿孔管或莲蓬头）时，孔眼直径可采用 4~8mm，孔眼流速为 1.5~2.5m/s，安装高度为 1.5~2.5m。当采用莲蓬头时，每个莲蓬头的服务面积为 1.0~1.5m²。

9.6.8 采用喷水装置时，每 10m² 集水池面积上宜装设 4~6 个向上喷出的喷嘴，喷嘴处的工作水头宜采用 7m。

9.6.9 采用射流曝气装置时，其构应根据工作水的压力、需气量和出口压力等通过计算确定。工作水可采用全部、部分原水或其他压力水。

9.6.10 采用压缩空气曝气时，每立方米水的需气量（以 L 计），一般为原水二价铁含量（以 mg/L 计）的 2~5 倍。

9.6.11 采用板条式曝气塔时，板条层数可为 4~6 层，层间净距为 400~600mm。

9.6.12 采用接触式曝气塔时，填料层层数可为 1~3 层，填料采用 30~50mm 粒径的焦炭块或矿渣，每层填料厚度为 300~400mm，层间净距不宜小于 600mm。

9.6.13 淋水装置、喷水装置、板条式曝气塔和接触式曝气塔的淋水密度，可采用 5~10m³/(m²·h)。淋水装置接触水池容积，宜按 30~40min 处理水量计算。接触式曝气塔底部集水池容积，宜按 15~20min 处理水量计算。

9.6.14 采用叶轮表面曝气装置时，曝气池容积可按 20~40min 处理水量计算，叶轮直径与池长边或直径之比可为 1:6~1:8，叶轮外缘线速度可为 4~6m/s。

9.6.15 当跌水、淋水、喷水、板条式曝气塔、接触式曝气塔或叶轮表面曝气装置设在室内时，应考虑通风设施。

Ⅲ 除铁、除锰滤池

9.6.16 除铁、除锰滤池的滤料宜采用天然锰砂或石英砂等。

9.6.17 除铁、除锰滤池滤料的粒径：石英砂为 $d_{min}=0.5mm$，$d_{max}=1.2mm$，锰砂宜为 $d_{min}=0.6mm$，$d_{max}=1.2~2.0mm$；厚度宜为 800~1200mm；滤速宜为 5~7m/h。

9.6.18 除铁、除锰滤池宜采用大阻力配水系统，其承托层可按表 9.5.9 选用。当采用锰砂滤料时，承托层的顶面两层应改为锰矿石。

9.6.19 除铁、除锰滤池的冲洗强度和冲洗时间可按表 9.6.19 采用。

表 9.6.19 除铁、除锰滤池冲洗强度、膨胀率、冲洗时间

序号	滤料种类	滤料粒径 (mm)	冲洗方式	冲洗强度 [L/(m²·s)]	膨胀率 (%)	冲洗时间 (min)
1	石英砂	0.5~1.2	无辅助冲洗	13~15	30~40	>7
2	锰砂	0.6~1.2	无辅助冲洗	18	30	10~15
3	锰砂	0.6~1.5	无辅助冲洗	20	25	10~15
4	锰砂	0.6~2.0	无辅助冲洗	22	22	10~15
5	锰砂	0.6~2.0	有辅助冲洗	19~20	15~20	10~15

注：表中所列锰砂滤料冲洗强度系按滤料相对密度为 3.4~3.6，且冲洗水温为 8℃时的数据。

9.7 除 氟

Ⅰ 一般规定

9.7.1 当原水氟化物含量超过现行国家标准《生活饮用水卫生标准》GB 5749 的规定时，应进行除氟。

9.7.2 饮用水除氟可采用混凝沉淀法、活性氧化铝吸附法、电渗析法、反渗透法等。除氟工艺一般适用于原水含氟量 1~10mg/L、含盐量小于 10000mg/L、悬浮物小于 5mg/L、水温 5~30℃。

9.7.3 除氟过程中产生的废水及泥渣排放应符合国家现行有关标准和规范的规定。

Ⅱ 混凝沉淀法

9.7.4 混凝沉淀法适用于含氟量小于 4mg/L 的原水；投加的药剂宜选用铝盐。

9.7.5 药剂投加量（以 Al^{3+} 计）应通过试验确定，宜为原水含氟量的 10~15 倍。

9.7.6 工艺流程宜选用：原水—混合—絮凝—沉淀—过滤。

9.7.7 混合、絮凝和过滤的设计参数应符合本规范相关章节的规定；投加药剂后水的 pH 值应控制在 6.5~7.5。

9.7.8 沉淀时间应通过试验确定，宜为 4h。

Ⅲ 活性氧化铝吸附法

9.7.9 活性氧化铝的粒径应小于 2.5mm，宜 0.5~1.5 mm。

9.7.10 原水接触滤料之前，宜投加硫酸、盐酸、醋酸等酸性溶液或投加二氧化碳气体降低 pH 值，调整 pH 值在 6.0~7.0。

9.7.11 吸附滤池的滤速和运行方式可按下列规定采用：

 1 当滤池进水 pH 值大于 7.0 时，应采用间断运行方式，其滤速宜为 2~3m/h，连续运行时间 4~6h，间歇 4~6h。

 2 当滤池进水 pH 值小于 7.0 时，宜采用连续运行方式，其滤速宜为 6~8m/h。

9.7.12 滤池滤料厚度可按下列规定选用：

 1 当原水含氟量小于 4mg/L 时，滤料厚度宜大于 1.5m；

 2 当原水含氟量大于 4mg/L 时，滤料厚度宜大于 1.8m。

9.7.13 滤池滤料再生处理的再生液宜采用氢氧化钠溶液，或采用硫酸铝溶液。

9.7.14 采用氢氧化钠再生时，再生过程可按反冲—再生—二次反冲—中和 4 个阶段，采用硫酸铝再生时，可省去中和阶段。

Ⅳ 电渗析法

9.7.15 电渗析器应根据原水水质及出水水质要求和氟离子的去除率选择主机型号、流量、级、段和膜对数。电渗析流程长度、级、段数应按脱盐率确定，脱盐率可按下列公式计算：

$$Z=\frac{100Y}{100-C} \quad (9.7.15)$$

式中 Z——脱盐率（%）；

Y——脱氟率（%）；

C——系数（重碳酸盐水型 C 为 -45；氯化物水型 C 为 -65；硫酸盐水型 C 为 0）。

9.7.16 倒极器操作可采用手动或气动、电动、机械等自动控制倒极方式。自动倒极装置应同时具有切换电极极性和改变浓、淡水方向的作用。倒极周期不应超过 4h。

9.7.17 电极可采用高纯石墨电极、钛涂钌电极。严禁采用铅电极。

9.7.18 电渗析淡水、浓水、极水流量按下列要求设计：

 1 淡水流量可根据处理水量确定；

 2 浓水流量可略低于淡水流量，但不得低于 2/3 的淡水流量；

 3 极水流量可为 1/3~1/5 的淡水流量。

9.7.19 进入电渗析器的水压不应大于 0.3MPa。

9.7.20 电渗析主机酸洗周期可根据原水硬度、含盐量确定，当除盐率下降 5% 时，应停机进行酸洗。

V 反渗透法

9.7.21 用于除氟的反渗透装置由保安过滤器、高压泵、反渗透膜组件、清洗系统、控制系统等组成。

9.7.22 进入反渗透装置的原水污染指数（FI）应小于4。若原水不能满足膜组件的进水水质要求时，应采取相应的预处理措施。

9.7.23 反渗透装置设计时，设备之间应留有足够的空间，以满足操作和维修的需要。设备不应安放在多尘、高温、振动的地方；放置室内时，应避免阳光直射，当环境温度低于4℃时，必须采取防冻措施。

9.8 消 毒

I 一般规定

9.8.1 生活饮用水必须消毒。

9.8.2 消毒剂和消毒方法的选择应依据原水水质、出水水质要求、消毒剂来源、消毒副产物形成的可能、净水处理工艺等，通过技术经济比较确定。可采用氯消毒、氯胺消毒、二氧化氯消毒、臭氧消毒及紫外线消毒，也可采用上述方法的组合。

9.8.3 消毒剂投加点应根据原水水质、工艺流程和消毒方法等，并适当考虑水质变化的可能确定，可在过滤后单独投加，也可在工艺流程中多点投加。

9.8.4 消毒剂的设计投加量宜通过试验或根据相似条件水厂运行经验按最大用量确定。出厂水消毒剂残留浓度和消毒副产物应符合现行生活饮用水卫生标准要求。

9.8.5 消毒剂与水要充分混合接触。接触时间应根据消毒剂种类和消毒目标以满足CT值的要求确定。

9.8.6 各种消毒方法采用的消毒剂以及消毒系统的设计应符合国家有关规范、标准的规定。

II 氯消毒和氯胺消毒

9.8.7 氯消毒宜采用液氯、漂白粉、漂白精、次氯酸钠消毒剂。氯胺消毒宜采用液氯、液氨消毒剂。

9.8.8 当采用氯胺消毒时，氯与氨的投加比例应通过试验确定，可采用重量比为3:1～6:1。

9.8.9 水与氯应充分混合，其有效接触时间不应小于30min，氯胺消毒有效接触时间不应小于2h。当条件时，可单独设立消毒接触池。

9.8.10 净水厂宜采用全真空加氯系统，氯源切换宜采用自动压力切换，真空调节器安装在氯库内。加氯机宜采用自动投加方式，水射器应安装在加氯投加点处。

9.8.11 各类加氯机均应具备指示瞬时投加量的流量仪表和防止水倒灌氯瓶的措施。在线氯瓶下至少应有一个校核氯量的电子秤或磅秤。

9.8.12 采用漂白粉（次氯酸钙）消毒时应先制成浓度为1%～2%的澄清溶液，再通过计量设备注入水中。每日配制次数不宜大于3次。

9.8.13 加氨系统的设计可根据净水厂的工艺要求采用压力投加或真空投加方式。压力投加设备的出口压力应小于0.1MPa；真空投加时，为防止投加口堵塞，水射器进水要用软化水或偏酸性水，并应有定期对投加点和管路进行酸洗的措施。

9.8.14 加氯间和氯库、加氨间和氨库的布置应设置在净水厂最小频率风向的上风向，宜与其他建筑的通风口保持一定的距离，并远离居住区、公共建筑、集会和游乐场所。

9.8.15 氯（氨）库和加氯（氨）间的集中采暖应采用散热器等无明火方式。其散热器应离开氯（氨）瓶和投加设备。

9.8.16 大型净水厂为提高氯瓶的出氯量，应增加在线氯瓶数量或设置液氯蒸发器。液氯蒸发器的性能参数、组成、布置和相应的安全措施应遵守相关规定和要求。

9.8.17 加氯（氨）间及氯（氨）库的设计应采用下列安全措施：

1 氯库不应设置阳光直射氯瓶的窗户。氯库应设置单独外开的门，并不应设置与加氯间相通的门。氯库大门上应设置人行安全门，其安全门应向外开启，并能自行关闭。

2 加氯（氨）间必须与其他工作间隔开，并应设置直接通向外部并向外开启的门和固定观察窗。

3 加氯（氨）间和氯（氨）库应设置泄漏检测仪和报警设施，检测仪应设低、高检测极限。

4 氯库应设置漏氯的处理设施，贮氯量大于1t时，应设置漏氯吸收装置（处理能力按1h处理一个所用氯瓶漏氯量计），其吸收塔的尾气排放应符合现行国家标准《大气污染物综合排放标准》GB 16297。漏氯吸收装置应设在临近氯库的单独的房间内。

5 氨库的安全措施与氯库相同。装卸氨瓶区域内的电气设备应设置防爆型电气装置。

9.8.18 加氯（氨）间及其仓库应设有每小时换气8～12次的通风系统。氯库的通风系统应设置高位新鲜空气进口和低位室内空气排至室外高处的排放口。氨库的通风系统应设置低位进口和高位排出口。氯（氨）库应设有根据氯（氨）气泄漏量开启通风系统或全套漏氯（氨）气吸收装置的自动控制系统。

9.8.19 加氯（氨）间外部应备有防毒面具、抢救设施和工具箱。防毒面具应严密封藏，以免失效。照明和通风设备应设室外开关。

9.8.20 真空和压力投加所需的加氯（氨）给水管道应保证不间断供水，水压和水量应满足投加要求。

加氯、加氨管道及配件应采用耐腐蚀材料。在氯库内有压部分管道应为特殊厚壁钢管，加氯（氨）间真空管道及氯（氨）水溶液管道及取样管等应采用塑料等耐腐蚀管材。加氨管道及设备不应采用铜质材料。

9.8.21 加氯、加氨设备及其管道可根据具体情况设置备用。

9.8.22 液氯、液氨或漂白粉应分别堆放在单独的仓库内，且应与加氯（氨）间毗邻。

液氯（氨）库应设置起吊机械设备，起重量应大于瓶体（满）的重量，并留有余地。

液氯（氨）仓库的固定储备量按当地供应、运输等条件确定，城镇水厂一般可按最大用量的7～15d计算。其周转储备量应根据当地具体条件确定。

III 二氧化氯消毒

9.8.23 二氧化氯宜采用化学法现场制备。

二氧化氯消毒系统应采用包括原料调制供应、二氧化氯发生、投加的成套设备，并必须有相应有效的各种安全设施。

9.8.24 二氧化氯与水应充分混合，有效接触时间不应少于30min。

9.8.25 制备二氧化氯的原材料氯酸钠、亚氯酸钠和盐酸、氯气等严禁相互接触，必须分别贮存在分类的库房内，贮放槽需设置隔离墙。盐酸库房内应设置酸泄漏的收集槽。氯酸钠和亚氯酸钠库房室内应备有快速冲洗设施。

9.8.26 二氧化氯制备、贮备、投加设备及管道、管配件必须有良好的密封性和耐腐蚀性；其操作台、操作梯及地面均应有耐腐蚀的表层处理。其设备间内应有每小时换气8～12次的通风设施，并应配备二氧化氯泄漏的检测仪和报警设施及稀释泄漏溶液的快速水冲洗设施。设备间应与贮存库房毗邻。

9.8.27 二氧化氯消毒系统防毒面具、抢救材料和工具箱的设置及设备间的布置同本规范的9.8.17条第2款和第9.8.19条的规定。工作间内应设置快速淋浴龙头。

9.8.28 二氧化氯的原材料库房贮存量可按不大于最大用量10d计算。

9.8.29 二氧化氯消毒系统的设计应执行相关规范的防毒、防火、防爆要求。

9.9 臭氧净水

Ⅰ 一般规定

9.9.1 臭氧净水设施的设计应包括气源装置、臭氧发生装置、臭氧气体输送管道、臭氧接触池以及臭氧尾气消除装置。

9.9.2 臭氧投加位置应根据净水工艺不同的目的确定：

1 以去除溶解性铁和锰、色度、藻类，改善嗅味以及混凝条件，减少三氯甲烷前驱物为目的的预臭氧，宜设置在混凝沉淀（澄清）之前；

2 以氧化难分解有机物、灭活病毒和消毒或与其后续生物氧化处理设施相结合为目的的后臭氧，宜设置在过滤之前或过滤之后。

9.9.3 臭氧投加率宜根据待处理水的水质状况并结合试验结果确定，也可参照相似水质条件下的经验选用。

9.9.4 臭氧净水系统中必须设置臭氧尾气消除装置。

9.9.5 所有与臭氧气体或溶解有臭氧的水体接触的材料必须耐臭氧腐蚀。

Ⅱ 气源装置

9.9.6 臭氧发生装置的气源可采用空气或氧气。所供气体的露点应低于−60℃，其中的碳氢化合物、颗粒物、氮以及氩等物质的含量不能超过臭氧发生装置所要求的规定。

9.9.7 气源装置的供气量及供气压力应满足臭氧发生装置最大发生量时的要求。

9.9.8 供应空气的气源装置中的主要设备应有备用。

9.9.9 供应氧气的气源装置可采用液氧贮罐或制氧机。

9.9.10 液氧贮罐供氧装置的液氧贮存量应根据场地条件和当地的液氧供应条件综合考虑确定，不宜少于最大日供氧量的3d用量。

9.9.11 制氧机供氧装置应设有备用液氧贮罐，其备用液氧的贮存量应满足制氧设备停运维护或故障检修时的氧气供应量，不应少于2d的用量。

9.9.12 气品种及气源装置的型式应根据气源成本、臭氧的发生量、场地条件以及臭氧发生的综合单位成本等因素，经技术经济比较确定。

9.9.13 供应空气的气源装置应尽可能靠近臭氧发生装置。

9.9.14 供应氧气的气源装置应紧邻臭氧发生装置，其设置位置及输送氧气管道的敷设必须满足现行国家标准《氧气站设计规范》GB 50030 的有关规定。

9.9.15 以空气或制氧机为气源的气源装置应设在室内；以液氧贮罐为气源的气源装置宜设置在露天，但对产生噪声的设备应有降噪措施。

Ⅲ 臭氧发生装置

9.9.16 臭氧发生装置应包括臭氧发生器、供电及控制设备、冷却设备以及臭氧和氧气泄漏探测及报警设备。

9.9.17 臭氧发生装置的产量应满足最大臭氧加注量的要求，并应考虑备用能力。

9.9.18 臭氧发生装置应尽可能设置在离臭氧接触池较近的位置。当净水工艺中同时设置有预臭氧和后臭氧接触池时，其设置位置宜靠近用气量较大的臭氧接触池。

臭氧发生装置必须设置在室内。设备的布置应考虑有足够的维护空间。室内应设置必要的通风设备或空调设备，满足臭氧发生装置对室内环境温度的要求。

9.9.19 在设有臭氧发生器的建筑内，其用电设备必须采用防爆型。

Ⅳ 臭氧气体输送管道

9.9.20 输送臭氧气体的管道直径应满足最大输气量的要求。管材应采用不锈钢。

9.9.21 埋地的臭氧气体输送管道应设置在专用的管沟内，管沟上应设活动盖板。

在气候炎热地区，设置在室外的臭氧气体管道宜外包隔热材料。

Ⅴ 臭氧接触池

9.9.22 臭氧接触池的个数或能够单独排空的分格数不宜少于2个。

9.9.23 臭氧接触池的接触时间，应根据不同的工艺目的和待处理水的水质情况，通过试验或参照相似条件下的运行经验确定。

9.9.24 臭氧接触池必须全密闭。池顶应设置尾气排放管和自动气压释放阀。池内水面与池内顶宜保持 0.5～0.7m 距离。

9.9.25 臭氧接触池水流宜采用竖向流，可在池内设置一定数量的竖向导流隔板。导流隔板顶部和底部应设置通气孔和流水孔。接触池出水宜采用薄壁堰跌水出流。

9.9.26 预臭氧接触池应符合下列要求：

1 接触时间为 2～5min；

2 臭氧气体宜通过水射器抽吸后注入设于进水管上的静态混合器，或通过专用的大孔扩散器直接注入到接触池内。注入点宜设1个。

3 抽吸臭氧气体水射器的动力水不宜采用原水。

4 接触池设计水深宜采用 4～6m。

5 导流隔板间净距不宜小于 0.8m。

6 接触池出水端应设置余臭氧监测仪。

9.9.27 后臭氧接触池宜符合下列要求：

1 接触池由二到三段接触室串联而成，由竖向隔板分开。

2 每段接触室由布气区和后续反应区组成，并由竖向导流板分开。

3 总接触时间应根据工艺目的确定，宜控制在 6～15min 之间，其中第一段接触室的接触时间宜为 2min。

4 臭氧气体宜通过设在布气区底部的微孔曝气盘直接向水中扩散，气体注入点数与接触室的设置段数一致。

5 曝气盘的布置应能保证布气量变化过程中的布气均匀，其中第一段布气区的布气量宜占总布气量的50%左右。

6 接触池的设计水深宜采用 5.5～6m，布气区的深度与长度之比宜大于 4。

7 导流隔板间净距不宜小于 0.8m。

8 接触池出水端必须设置余臭氧监测仪。

Ⅵ 臭氧尾气消除装置

9.9.28 臭氧尾气消除装置应包括尾气输送管、尾气中臭氧浓度监测仪、尾气除湿器、抽气风机、剩余臭氧消除器，以及排放气体臭氧浓度监测仪及报警设备等。

9.9.29 臭氧尾气消除宜采用电加热分解消除、催化剂接触催化分解消除或活性炭吸附分解消除等方式，以氧气为气源的臭氧处理设施中的尾气不应采用活性炭消除方式。

9.9.30 臭氧尾气消除装置的设计气量应与臭氧发生装置的最大设计气量一致。抽气风机宜设有抽气量调节装置，并可根据臭氧发生装置的实际供气量适时调节抽气量。

9.9.31 电加热臭氧尾气消除装置可设在臭氧接触池池顶，也可另设它处。装置宜设在室内，室内应有强排风设施，必要时应加设空调设备。

9.9.32 催化剂接触催化和活性炭吸附的臭氧尾气消除装置宜直接设在臭氧接触池池顶，且露天设置。

9.10 活性炭吸附

Ⅰ 一般规定

9.10.1 活性炭吸附或臭氧—生物活性炭处理工艺宜用于经混凝、沉淀、过滤处理后某些有机、有毒物质含量或色、臭、味等感官指标仍不能满足出水水质要求时的净水处理。

9.10.2 炭吸附池的进水浊度应小于 1 NTU。

9.10.3 活性炭吸附池的设计参数应通过试验或参照相似条件下

炭吸附池的运行经验确定。

9.10.4 活性炭应具有吸附性能好、机械强度高、化学稳定性好和再生后性能恢复好等特性。采用煤质颗粒活性炭时，可按表9.10.4选用。

表 9.10.4 煤质颗粒活性炭粒径组成、特性参数

组　　成					
粒径范围(mm)	≥2.5	2.5～1.25	1.25～1.0	<1.0	—
粒径分布(%)	≤2	≥83	≤14	≤1	—
吸附、物理、化学特性					
碘吸附值(mg/g)	亚甲兰吸附值(mg/g)	苯酚吸附值(mg/g)	pH值	强度(%)	孔容积(cm³/g)
≥900	≥150	≥140	6～10	≥85	≥0.65
比表面积(m²/g)	装填密度(g/L)	水分(%)	灰分(%)	漂浮率(%)	—
≥900	450～520	≤5	11～15	≤2	—

注：1 对粒径、吸附值、漂浮率等可以有特殊要求。
　　2 不规则形颗粒活性炭的漂浮率应小于10%。

9.10.5 采用臭氧-生物活性炭处理工艺的活性炭吸附池宜根据当地情况，对炭吸附池面采用隔离或防护措施。

9.10.6 炭吸附池的钢筋混凝土池壁与炭接触部位应采取防电化学腐蚀措施。

Ⅱ 主要设计参数

9.10.7 活性炭吸附池的池型应根据处理规模确定。

9.10.8 过流方式应根据吸附池池型、排水要求等因素确定，可采用降流式或升流式。

当采用升流式炭吸附池时，应采取防止二次污染措施。

9.10.9 炭吸附池个数及单池面积，应根据处理规模和运行管理条件经比较后确定。吸附池不宜少于4个。

9.10.10 处理水与炭床的空床接触时间宜采用6～20min，空床流速8～20m/h，炭层厚度1.0～2.5m。炭层最终水头损失应根据活性炭的粒径、炭层厚度和空床流速确定。

9.10.11 活性炭吸附池经常性的冲洗周期宜采用3～6d。常温下经常性冲洗时，冲洗强度宜采用11～13L/(m²·s)，历时8～12min，膨胀率为15%～20%。定期大流量冲洗时，冲洗强度宜采用15～18L/(m²·s)，历时8～12min，膨胀率为25%～35%。为提高冲洗效果，可采用气水联合冲洗或增加表面冲洗方式。

冲洗水宜采用滤池出水或炭吸附池出水。

9.10.12 炭吸附池宜采用中、小阻力配水（气）系统。承托层宜用砾石分层级配，粒径2～16mm，厚度不小于250mm。

9.10.13 炭再生周期应根据出水水质是否超过预定目标确定，并应考虑活性炭剩余吸附能力能否适应水质突变的情况。

9.10.14 炭吸附池中失效炭的运出和新炭的补充，宜采用水力输送，整池出炭、进炭总时间宜小于24h。

水力输送管内流速应为0.75～1.5m/s。输炭管内炭水体积比宜为1:4。输炭管的管材应采用不锈钢或硬聚氯乙烯（UPVC）管。输炭管道转弯半径应大于5倍管道直径。

9.11 水质稳定处理

9.11.1 原水与供水的水质稳定处理，宜分别按各自的水质根据饱和指数 I_L 和稳定指数 I_R 综合考虑确定。当 $I_L>0.4$ 和 $I_R<6$ 时，应通过试验和技术经济比较，确定其酸化处理工艺；当 $I_L<-1.0$ 和 $I_R>9$ 时，宜加碱处理。

碱剂的品种及用量，应根据试验资料或相似水质条件的水厂运行经验确定。可采用石灰、氢氧化钠或碳酸钠。

侵蚀性二氧化碳浓度高于15mg/L时，可采用曝气法去除。

9.11.2 用于水质稳定处理的药剂，不得产生处理后的水质对人体健康、环境或工业生产有害。

10 净水厂排泥水处理

10.1 一般规定

10.1.1 净水厂排泥水处理应包括沉淀池（澄清池）排泥水、气浮池浮渣和滤池反冲洗废水等。

10.1.2 净水厂排泥水处理后排入河道、沟渠等天然水体的水质应符合现行国家标准《污水综合排放标准》GB 8978。

10.1.3 净水厂排泥水处理系统的规模应按满足全年75%～95%日数的完全处理要求确定。

10.1.4 净水厂排泥水处理系统设计处理的干泥量可按下列公式计算：

$$S=(K_1C_0+K_2D)\times Q\times10^{-6} \quad (10.1.4)$$

式中　C_0——原水浊度设计取值(NTU)；
　　　K_1——原水浊度单位 NTU 与悬浮物 SS 单位 mg/L 的换算系数，应经过实测确定；
　　　D——药剂投加量(mg/L)；
　　　K_2——药剂转化成泥量的系数；
　　　Q——原水流量(m³/d)；
　　　S——干泥量(t/d)。

10.1.5 排泥水处理系统产生的废水，经技术经济比较可考虑回用或部分回用。但应符合下列要求：
　1　不影响净水厂出水水质；
　2　回流水量尽可能均匀；
　3　回流到混合设备前，与原水和药剂充分混合。

若排泥水处理系统产生的废水不符合回用要求，经技术经济比较，也可经处理后回用。

10.1.6 排泥水处理各类构筑物的个数或分格数不宜少于2个，按同时工作设计，并能单独运行，分别泄空。

10.1.7 排泥水处理系统的平面位置宜靠近沉淀池，并尽可能位于净水厂地势较低处。

10.1.8 当净水厂面积受限制而排泥水处理构筑物需在厂外择地建造时，应尽可能将排泥池和排水池建在水厂内。

10.2 工艺流程

10.2.1 水厂排泥水处理工艺流程应根据水厂所处社会环境、自然条件及净水工艺确定，由调节、浓缩、脱水及泥饼处置四道工序或其中部分工序组成。

10.2.2 调节、浓缩、脱水及泥饼处置各工序的工艺流程选择（包括前处理方式）应根据总体工艺流程及各水厂的具体条件确定。

10.2.3 当水厂排泥水送往厂外处理时，水厂内应设调节工序，将排泥水匀质、匀量送出。

10.2.4 当沉淀池排泥水平均含固率大于3%时，经调节后可直接进入脱水而不设浓缩工序。

10.2.5 当水厂排泥水送往厂外处理时，排泥水输送可设专用管渠或用罐车输送。

10.2.6 当浓缩池上清液及脱水机滤液回用时，浓缩池上清液可流入排水池或直接回流到净水工艺，但不得回流到排泥池；脱水机滤液宜回流到浓缩池。

10.3 调　节

Ⅰ 一般规定

10.3.1 排泥水处理系统的排水池和排泥池宜采用分建；但当排泥水送往厂外处理，且不考虑废水回用，或排泥水处理系统规模较小时，可采用合建。

10.3.2 调节池（排水池、排泥池）出流流量应尽可能均匀、连续。

10.3.3 当调节池对入流流量进行匀质、匀量时,池内应设扰流设施;当只进行量的调节时,池内应分别设沉泥和上清液取出设施。

10.3.4 沉淀池排泥水和滤池反冲洗废水宜采用重力流入调节池。

10.3.5 调节池位置宜靠近沉淀池和滤池。

10.3.6 调节池应设置溢流口,并宜设置放空管。

Ⅱ 排水池

10.3.7 排水池调节容积应分别按下列情况确定:

1 当排水池只调节滤池反冲洗废水时,调节容积宜按大于滤池最大一次反冲洗水量确定;

2 当排水池除调节滤池反冲洗废水外,还接纳和调节浓缩池上清液时,其容积还应包括接纳上清液所需调节容积。

10.3.8 当排水池废水用水泵排出时,排水泵的设置应符合下列要求:

1 排水泵容量应根据反冲洗废水和浓缩池上清液等的排放情况,按最不利工况确定;

2 当排水泵出水回流至水厂时,其流量应尽可能连续、均匀;

3 排水泵的台数不宜少于2台,并设置备用泵。

Ⅲ 排泥池

10.3.9 排泥池调节容积应根据沉淀池排泥方式、排泥水量以及排泥池的出流工况,通过计算确定,但不小于沉淀池最大一次排泥水量。

当考虑高浊期间部分泥水在排泥池作临时贮存时,还应包括所需要的贮存容积。

10.3.10 当排泥池出流不具备重力流条件时,应分别按下列情况设置排泥泵:

1 至浓缩池的主流程排泥泵;

2 当需考虑超量泥水从排泥池排出时,应设置超量泥水排出泵;

3 设置备用泵。

Ⅳ 浮动槽排泥池

10.3.11 当调节池采用分建时,排泥池可采用浮动槽排泥池进行调节和初步浓缩。

10.3.12 浮动槽排泥池设计应符合下列要求:

1 池底沉泥应连续、均匀排入浓缩池;上清液由浮动槽连续、均匀收集。

2 池体容积应按满足调节功能和重力浓缩要求中容积大者确定。

3 调节容积应符合本规范第10.3.9条的规定;池面积、有效水深、刮泥设备及构造应按本规范第10.4节有关重力浓缩池相关条款规定。

4 浮动槽浮动幅度宜为1.5m。

5 宜设置固定溢流设施。

10.3.13 上清液排放应设置上清液集水井和提升泵。

Ⅴ 综合排泥池

10.3.14 排水池和排泥池合建的综合排泥池调节容积宜按滤池反冲洗水和沉淀池排泥水入流条件及出流条件按调蓄方法计算确定,也可采用按本规范第10.3.7条、第10.3.9条计算所得排水池和排泥池调节容积之和确定。

10.3.15 池中宜设扰流设备。

10.4 浓 缩

10.4.1 排泥水浓缩宜采用重力浓缩,当采用气浮浓缩和离心浓缩时,应通过技术经济比较确定。

10.4.2 浓缩后泥水的含固率应满足选用脱水机械的进机浓度要求,且不低于2%。

10.4.3 重力浓缩池宜采用圆形或方形辐流式浓缩池,当占地面积受限制时,通过技术经济比较,可采用斜板(管)浓缩池。

10.4.4 重力浓缩池面积可按固体通量计算,并按液面负荷校核。

10.4.5 固体通量、液面负荷宜通过沉降浓缩试验,或按相似排水浓缩数据确定。当无试验数据和资料时,辐流式浓缩池的固体通量可取$0.5\sim1.0$kg干固体/(m²·h),液面负荷不大于1.0m³/(m²·h)。

10.4.6 辐流式浓缩池设计应符合下列要求:

1 池边水深宜为$3.5\sim4.5$m。当考虑泥水在浓缩池作临时贮存时,池边水深可适当加大。

2 宜采用机械排泥,当池子直径(或正方形一边)较小时,也可以采用多斗排泥。

3 刮泥机上宜设置浓缩栅条,外缘线速度不宜大于2 m/min。

4 池底坡度为$8\%\sim10\%$,超高大于0.3m。

5 浓缩泥水排出管管径不应小于150mm。

10.4.7 当重力浓缩池为间歇进水和间歇出泥时,可采用浮动槽收集上清液提高浓缩效果。

10.5 脱 水

Ⅰ 一般规定

10.5.1 泥渣脱水宜采用机械脱水,有条件的地方,也可采用干化场。

10.5.2 脱水机械的选型应根据浓缩后泥水的性质、最终处置对脱水泥饼的要求,经技术经济比较后选用,可采用板框压滤机、离心脱水机,对于一些易于脱水的泥水,也可采用带式压滤机。

10.5.3 脱水机的产率及对进机含固率的要求宜通过试验或按相同机型、相似排泥水性质的运行经验确定,并应考虑低温对脱水机产率的不利影响。

10.5.4 脱水机的台数应根据所处理的干泥量、脱水机的产率及设定的运行时间确定,但不宜少于2台。

10.5.5 脱水机前应设平衡池。池中应设扰流设备。平衡池的容积应根据脱水机工况及排泥水浓缩方式确定。

10.5.6 泥水在脱水前若进行化学调质,药剂种类及投加量宜由试验或按相同机型、相似排泥水性质的运行经验确定。

10.5.7 机械脱水间的布置除考虑脱水机械及附属设备外,还应考虑泥饼运输设施和通道。

10.5.8 脱水间内泥饼的运输方式及泥饼堆置场的容积,应根据所处理的泥量多少、泥饼出路及运输条件确定,泥饼堆积容积可按$3\sim7$d泥饼量确定。

10.5.9 脱水机间和泥饼堆置间地面应设排水系统,能完全排除脱水机冲洗和地面清洗时的地面积水。排水管应能方便清通管内沉积泥沙。

10.5.10 机械脱水间应考虑通风和噪声消除设施。

10.5.11 脱水机间宜设置滤液回收井,经调节后,均匀排出。

10.5.12 输送浓缩泥水的管道应适当设置管道冲洗注水口和排水口,其弯头宜易于拆卸和更换。

10.5.13 脱水机房应尽可能靠近浓缩池。

Ⅱ 板框压滤机

10.5.14 进入板框压滤机前的含固率不宜小于2%,脱水后的泥饼含固率不应小于30%。

10.5.15 板框压滤机宜配置高压滤布清洗系统。

10.5.16 板框压滤机宜解体吊装,起重量可按板框压滤机解体后部件的最大重量确定。如脱水机不考虑吊装,则宜结合更换滤布需要设置单轨吊车。

10.5.17 滤布的选型宜通过试验确定。

10.5.18 板框压滤机投料泵配置宜遵守下列规定:

1 选用容积式泵;

2 采用自灌式启动。

Ⅲ 离心脱水机

10.5.19 离心脱水机选型应根据浓缩泥水性状、泥量多少、运行方式确定,宜选用卧式离心沉降脱水机。

10.5.20 离心脱水机进机含固率不宜小于3%,脱水后泥饼含固率不应小于20%。

10.5.21 离心脱水机的产率、固体回收率与转速、转差率及堰板高度的关系宜通过拟选用机型和拟脱水的排泥水的试验或按相似机型、相近水运行数据确定。在缺乏上述试验和数据时,离心机的分离因数可采用1500~3000,转差率2~5r/min。

10.5.22 离心脱水机的转速宜采用无级可调。

10.5.23 离心脱水机应设冲洗设施,分离液排出管宜设空气排除装置。

Ⅳ 干化场

10.5.24 干化场面积可按下列公式计算:

$$A = \frac{S \times T}{G} \tag{10.5.24}$$

式中 A——干化场面积(m^2);
S——日平均干泥量(kg 干固体/d);
G——干泥负荷(kg 干固体/m^2);
T——干化周期(d)。

10.5.25 干化场的干化周期T、干泥负荷G宜根据小型试验或根据泥渣性质、年平均气温、年平均降雨量、年平均蒸发量等因素,参照相似地区经验确定。

10.5.26 干化场单床面积宜为500~1000m^2,且床数不宜少于2床。

10.5.27 进泥口的个数及分布应根据单床面积、布泥均匀性综合确定。当干化场面积较大时,宜采用桥式移动进泥口。

10.5.28 干化场排泥深度宜采用0.5~0.8m,超高0.3m。

10.5.29 干化场宜设人工排水层,人工排水层下设不透水层。不透水层坡向排水设施,坡度宜为1%~2%。

10.5.30 干化场应在四周设上清液排出装置。当上清液直接排放时,其悬浮物含量应符合现行国家标准《污水综合排放标准》GB 8978的要求。

10.6 泥饼处置和利用

10.6.1 脱水后的泥饼处置可用作地面填埋或其他有效利用方式。有条件时,应尽可能有效利用。

10.6.2 泥饼处置必须遵守国家颁布的有关法律和相关标准。

10.6.3 当采用填埋方式处置时,渗脱液不得对地下水和地表水体造成污染。

10.6.4 当填埋场规划在远期有其他用途时,填埋泥饼的性状不得有碍远期规划用途。

10.6.5 有条件时,泥饼可送往城市垃圾卫生填埋场与垃圾混合填埋。如果采用单独填埋,泥饼填埋深度宜为3~4m。

11 检测与控制

11.1 一般规定

11.1.1 给水工程检测与控制设计应根据工程规模、工艺流程特点、净水构筑物组成、生产管理运行要求等确定。

11.1.2 自动化仪表及控制系统的设置应提高给水系统的安全、可靠性,便于运行,改善劳动条件和提高科学管理水平。

11.1.3 计算机控制管理系统宜兼顾现有、新建及规划要求。

11.2 在线检测

11.2.1 地下水取水时,应检测水源井水位、出水流量及压力。当井群采用遥测、遥讯、遥控系统时,还应检测深井泵工作状态、工作电流、电压与功率。

11.2.2 地表水取水时,应检测水位、压力、流量,并根据需要检测原水水质参数。

11.2.3 输水工程的检测项目应视输水距离、输水方式及相关条件确定。长距离输水时应检测输水起末端流量、压力,必要时可增加检测点。

11.2.4 水厂进水应检测水压(水位)、流量、浊度、pH值、水温、电导率及其他相关的水质参数。

11.2.5 每组沉淀池(澄清池)应检测出水浊度,可根据需要检测池内泥位。

11.2.6 每组滤池应检测出水浊度,并视滤池型式及冲洗方式检测水位、水头损失、冲洗流量及压力等相关参数。

注:除铁除锰滤池尚需检测进水溶解氧、pH值。

11.2.7 药剂投加系统应根据投加和控制方式确定所需检测项目。

11.2.8 回收水系统应检测水池液位及流量。

11.2.9 清水池应检测水位。

11.2.10 排泥水处理系统应根据系统设计及构筑物布置和操作控制的要求设置相应检测装置。

11.2.11 水厂出水应检测流量、压力、浊度、pH值、余氯及其他相关的水质参数。

11.2.12 泵站应检测吸水井水位及水泵进、出水压力和电机工作的相关参数,并应有检测水泵流量的措施;真空启动时还应检测真空装置的真空度。

11.2.13 机电设备应检测参与控制和管理的工作与事故状态。

11.2.14 配水管网应检测特征点的流量、压力;并可视具体情况检测余氯、浊度等相关水质参数。管网内设有增压泵站、调蓄泵站或高位水池等设施时,还应检测水位、压力、流量及参数。

11.3 控 制

11.3.1 地下水取水井群宜采用遥测、遥讯、遥控系统。

11.3.2 水源地取水泵站、输水加压泵站及调流调压设施宜采用遥测、遥讯、遥控系统。

11.3.3 小型水厂主要生产工艺单元(沉淀池排泥、滤池反冲洗、投药、加氯等)可采用可编程序控制器实现自动控制。

大、中型规模水厂可采用集散型微机控制系统,监视主要设备运行状况及工艺参数,提供超限报警及制作报表,实现生产过程自动控制。

11.3.4 泵站水泵机组、控制阀门、真空装置宜采用联动、集中或自动控制。

11.3.5 多水源供水的城市宜设置供水调度系统。

11.4 计算机控制管理系统

11.4.1 计算机控制管理系统应有信息收集、处理、控制、管理及安全保护功能。

11.4.2 计算机控制管理系统设计应符合下列要求:

1 对监控系统的设备层、控制层、管理层的配置合理;

2 根据工程具体情况,经技术经济比较,选择恰当的网络结构及通信速率;

3 操作系统及开发工具能稳定运行、易于开发、操作界面方便;

4 根据企业需求及相关基础设施,对企业信息化系统作出功能设计。

11.4.3 厂级中控室应就近设置电源箱,供电电源应为双回路;直流电源设备应安全、可靠。

11.4.4 厂、站控制室的面积应视其使用功能而定,并考虑今后的发展。

11.4.5 防雷与接地保护应符合国家现行相关规范的规定。

附录 A 给水管与其他管线及建(构)筑物之间的最小水平净距

表 A.0.1 给水管与其他管线及建(构)筑物之间的最小水平净距(m)

序号	建(构)筑物或管线名称		与给水管线的最小水平净距	
			D≤200mm	D>200mm
1	建筑物		1.0	3.0
2	污水、雨水排水管		1.0	1.5
3	燃气管	中低压 P≤0.4MPa	0.5	
		高压 0.4MPa<P≤0.8MPa	1.0	
		0.8MPa<P≤1.6MPa	1.5	
4	热力管		1.5	
5	电力电缆		0.5	
6	电信电缆		1.0	
7	乔木(中心)		1.5	
8	灌木			
9	地上杆柱	通信照明<10kV	0.5	
		高压铁塔基础边	3.0	
10	道路侧石边缘		1.5	
11	铁路钢轨(或坡脚)		5.0	

附录 B 给水管与其他管线最小垂直净距

表 B.0.1 给水管与其他管线最小垂直净距(m)

序号	管线名称		与给水管线的最小垂直净距
1	给水管线		0.15
2	污、雨水排水管线		0.40
3	热力管线		0.15
4	燃气管线		0.15
5	电信管线	直埋	0.50
		管沟	0.15
6	电力管线		0.15
7	沟渠(基础底)		0.50
8	涵洞(基础底)		0.15
9	电车(轨底)		1.00
10	铁路(轨底)		1.00

本规范用词说明

1 为便于在执行本规范条文时区别对待,对要求严格程度不同的用词说明如下:

1)表示很严格,非这样做不可的用词:
   正面词采用"必须",反面词采用"严禁"。

2)表示严格,在正常情况下均应这样做的用词:
   正面词采用"应",反面词采用"不应"或"不得"。

3)表示允许稍有选择,在条件许可时首先应这样做的用词:
   正面词采用"宜",反面词采用"不宜";
   表示有选择,在一定条件下可以这样做的用词,采用"可"。

2 本规范中指明应按其他有关标准、规范执行的写法为"应符合……的规定"或"应按……执行"。

中华人民共和国国家标准

室外给水设计规范

GB 50013—2006

条 文 说 明

目 次

1 总则 ··· 1—26
3 给水系统 ······································ 1—26
4 设计水量 ······································ 1—26
5 取水 ··· 1—27
   5.1 水源选择 ································ 1—27
   5.2 地下水取水构筑物 ···················· 1—28
   5.3 地表水取水构筑物 ···················· 1—30
6 泵房 ··· 1—33
   6.1 一般规定 ································ 1—33
   6.2 水泵吸水条件 ·························· 1—34
   6.3 管道流速 ································ 1—35
   6.4 起重设备 ································ 1—35
   6.5 水泵机组布置 ·························· 1—35
   6.6 泵房布置 ································ 1—35
7 输配水 ··· 1—35
   7.1 一般规定 ································ 1—35
   7.2 水力计算 ································ 1—36
   7.3 管道布置和敷设 ······················ 1—37
   7.4 管渠材料及附属设施 ················ 1—38
   7.5 调蓄构筑物 ···························· 1—38
8 水厂总体设计 ································ 1—38
9 水处理 ··· 1—39
   9.1 一般规定 ································ 1—39

   9.2 预处理 ··································· 1—40
   9.3 混凝剂和助凝剂的投配 ············· 1—40
   9.4 混凝、沉淀和澄清 ···················· 1—41
   9.5 过滤 ······································ 1—44
   9.6 地下水除铁和除锰 ···················· 1—46
   9.7 除氟 ······································ 1—47
   9.8 消毒 ······································ 1—49
   9.9 臭氧净水 ································ 1—50
   9.10 活性炭吸附 ··························· 1—53
   9.11 水质稳定处理 ························ 1—55
10 净水厂排泥水处理 ························ 1—55
   10.1 一般规定 ······························ 1—55
   10.2 工艺流程 ······························ 1—56
   10.3 调节 ···································· 1—56
   10.4 浓缩 ···································· 1—57
   10.5 脱水 ···································· 1—58
   10.6 泥饼处置和利用 ····················· 1—59
11 检测与控制 ································· 1—59
   11.1 一般规定 ······························ 1—59
   11.2 在线检测 ······························ 1—59
   11.3 控制 ···································· 1—60
   11.4 计算机控制管理系统 ··············· 1—60

1 总 则

1.0.1 本条文阐明编制本规范的宗旨。

1.0.2 规定了本规范适用范围。

1.0.3 给水工程是城镇基础设施的重要组成部分,因此给水工程的设计应以城镇总体规划和给水专业规划为主要依据。其中,水源选择、净水厂厂址以及输配水管线的走向等更与规划的要求密切相关,因此设计时应根据相关专项规划要求,结合城市现状加以确定。

1.0.4 强调对水资源的节约和水体保护以及建设节水型城镇的要求。设计中应处理好在一种水源有几种不同用途时的相互关系及综合利用,确保水资源的可持续利用。

1.0.5 对土地资源节约使用作了原则规定。净水厂和泵站等的用地指标应符合《城市给水工程项目建设标准》的有关规定。

1.0.6 对给水工程近、远期设计年限所作的规定。年限的确定应在满足城镇供水需要的前提下,根据建设资金投入的可能作适当调整。

1.0.7 本条规定的给水工程构筑物的合理设计使用年限,主要参照现行国家标准《建筑结构可靠度设计统一标准》GB 50068 所规定的设计使用年限;水厂中专用设备的合理使用年限由于涉及到的设备品种不同,其更新周期也不相同,同时设计中所选用的材质也影响使用年限,故难以作出统一规定,本条文只作了原则规定。同样,由于目前给水工程中应用的管道材质品种很多,有关使用年限的确切资料不多,故也难以作出明确规定。

1.0.8 关于在给水工程设计中采用新技术、新工艺、新材料和新设备以及在设计中体现行业技术进步的原则确定。参照建设部组织中国城镇供水协会编制的《城市供水行业 2010 年技术进步发展规划及 2020 年远景目标》,以"保障供水安全、提高供水水质、优化供水成本和改善供水服务"作为技术进步的主要目标,故本条文作了相应规定。另外,对于工程设计而言,节约能源和资源、降低工程造价也是设计的重要内容,故也予以列入。

1.0.9 提出了关于给水工程设计时需同时执行国家颁布的有关标准、规范的规定。在特殊地区进行给水工程设计时,还应遵循相关规范的要求。

3 给水系统

3.0.1 给水系统的确定在给水设计中最具全局意义。系统选择的合理与否将对整个给水工程产生重大影响。一般给水系统可分成统一供水系统、分质供水系统、分压供水系统、分区供水系统以及多种供水系统的组合等。因此,在给水系统选择时,必须结合当地地形、水源、城镇规划、供水规模及水质要求等条件,从全局考虑,通过多种可行方案的技术经济比较,选择最合理的给水系统。

3.0.2 当城镇地形高差大时,如采用统一供水系统,为满足所有用户用水压力,则需大大提高管网的供水压力,造成极大的不必要的能量损失,并因管道承受高压而给安全运行带来威胁。因此,当地形高差大时,宜按地形高低不同,采用分压供水系统,以节省能耗和有利于供水安全。在向远离水厂或局部地形高程较高的区域供水时,采用设置加压泵站的局部分区供水系统将可降低水厂的出厂水压,以达到节约能耗的目的。

3.0.3 在城镇统一供水的情况下,用水量较大的工业企业又相对集中,且有可以利用的合适水源时,在通过技术经济比较后可考虑设置独立的工业用水给水系统,采用低质水供工业用水系统,使水资源得到充分合理的利用。

3.0.4 当水源地高程相对于供水区域较高时,应根据沿程地形状况,对采用重力输水方式和加压输水方式作全面技术经济比较后,加以选定,以便充分利用水源地与供水区域的高程差。在计算加压输水方式的经常运行电费时,应考虑因年内水源水位和需水量变化而使加压流量与扬程的相应改变。

3.0.5 随着供水普及率的提高,城镇化建设的加速,以及受水源条件的限制和发挥集中管理的优势,在一个较广的范围内,统一取用较好的水源,组成一个跨越地域界限向多个城镇和乡村统一供水的系统(即称之为"区域供水")已在我国不少地区实施。由于区域供水的范围较为宽广,跨越城镇很多,增加了供水系统的复杂程度,因此在设计区域供水时,必须对各种可能的供水方案作出技术经济比较后综合选定。

3.0.6 为确保供水安全,有条件的城市宜采用多水源供水系统,并考虑在事故时能相互调度。

3.0.7 城镇给水系统的设计,除了对系统总体布局采用统一、分质或分压等供水方式进行分析比较外,水量调节构筑物设置对配水管网的造价和经常运行费用有着决定性的作用,因此还需对水量调节构筑物设置在净水厂内或部分设于配水管网中作多方案的技术经济比较。管网中调节构筑物设置可以采用高位水池或调节水池加增压泵站。设置位置可采用网中设置或对置设置,应根据水量分配和地形条件等分析确定。

3.0.8 明确规定生活用水给水系统的供水水质应符合现行的生活饮用水卫生标准的要求。由于生活饮用水卫生标准规定的是用户用水点水质要求,因此在确定水厂出水水质目标时,还应考虑水厂至用户用水点水质改变的因素。

对于专用的工业用水给水系统,由于各种工业生产工艺性质不同,生产用水的水质要求各异,故其水质标准应根据用户要求经分析研究后合理确定。

3.0.9 本条是关于配水管网最小服务水头的规定。给水管网的最小服务水头是指城镇配水管网与居住小区或用户接管点处为满足用水要求所应维持的最小水头,对于城镇给水系统,最小服务水头通常按需要满足直接供水的建筑物层数的要求来确定(不包括设置水箱,利用夜间进水,由水箱供水的层数)。单独的高层建筑或在高地上的个别建筑,其要求的服务水头可设局部加压装置来解决,不宜作为城镇给水系统的控制条件。

3.0.10 在城镇给水系统设计中,必须对原有给水设施和构筑物做到充分和合理的利用,尽量发挥原有设施能力,节约工程投资,降低运行成本,并做好新、旧构筑物的合理衔接。

4 设计水量

4.0.1 规定了设计供水量组成内容。原规范中未预见用水量及管网漏失水量采用合并计算,现予以分列。

4.0.2 规定了水厂设计规模的计算方法。明确水厂规模是指设计最高日的供水量。

4.0.3 1997 年《室外给水设计规范》局部修订时,曾根据建设部下达的科研项目"城市生活用水定额研究"成果对居民生活和综合生活用水定额进行了较大的修改和调整。"城市生活用水定额研究"的数据来源于全国用水人口 35%、全国市政供水量 40%,在约 10 万个数据基础上进行统计分析后综合确定。用水定额按地域分区和城市规模划分。

地域的划分是参照现行国家标准《建筑气候区划标准》作相应

规定。《建筑气候区划标准》主要根据气候条件将全国分为7个区。由于用水定额不仅同气候有关，还与经济发达程度、水资源状况、人民生活习惯和住房标准等密切相关，故用水定额分区参照气候分区，将用水定额划分为3个区，并按行政区作了适当调整。即：一区大致相当建筑气候区划标准的Ⅲ、Ⅳ、Ⅴ区；二区大致相当建筑气候区划标准的Ⅰ、Ⅱ区；三区大致相当建筑气候区划标准的Ⅵ、Ⅶ区。

本次修编时，参照现行国家标准《城市居民生活用水量标准》GB/T 50331，将四川、贵州、云南由一区调整到二区。

城市规模分类是参照《中华人民共和国城市规划法》的有关规定，与现行的国家标准《城市给水工程项目建设标准》基本协调。城市规划法规定：特大城市指市区和近郊区非农业人口在100万以上；大城市指市区和近郊区非农业人口在100万以下、50万以上；中小城市指市区和近郊区非农业人口在50万以下。

生活用水按"居民生活用水"和"综合生活用水"分别制定定额。居民生活用水指城市中居民的饮用、烹调、洗涤、冲厕、洗澡等日常生活用水；综合生活用水包括城市居民日常生活用水和公共建筑及设施用水两部分的总水量。公共建筑及设施用水包括娱乐场所、宾馆、浴室、商业、学校和机关办公楼等用水，但不包括城市浇洒道路、绿地和市政等用水。

根据调查资料，国家级经济开发区和特区的生活用水，因暂住及流动人口较多，它们的用水定额较高，有的要高出所在用水分区和同等规模城市用水定额的1~2倍，故建议根据该城市的用水实际情况，其用水定额可酌情增加。

由于城市综合用水定额（指水厂总供水量除以用水人口，包含综合生活用水、工业用水、市政用水及其他用水的水量）中工业用水是重要组成部分，鉴于各城市的工业结构和规模以及发展水平千差万别，因此本规范中未列出城市综合用水定额指标。

本次规范修编前，曾向全国有关单位征询过对于用水定额规定的意见，有个别单位对用水定额提出了质疑，故本次修编中对"居民生活用水定额"、"综合生活用水定额"及原条文说明中"城市综合用水量调查表"自1997年以来的情况进行了全面复核。按照《城市供水统计年鉴》（1990~2001年）中555个城市用水的资料进行了统计并与1997年所引用水定额对照作了分析。统计的最大、最小值详见表1~表6。从统计结果可以看出：

1 由于统计值包含了所有统计对象的资料，因此最大值与最小值之差明显大于原规定；

2 对照居民生活用水定额，除一区个别城市用水量大于原规定较多外，大部分多在原规定范围或附近；

3 对照综合生活用水定额，大部分均在原规定范围或附近；

4 由于三区特大城市、大城市的统计对象太少，故缺乏代表性。

鉴于以上情况，本次修编对原定额暂不作修改。

表1 最高日居民生活用水定额调查结果[L/(人·d)]

分 区	特大城市	大城市	中等城市	小城市
一	236~380	162~436	145~498	110~359
二	113~216	83~208	94~176	80~241
三	218	244	90~155	109~238

表2 平均日居民生活用水定额调查结果[L/(人·d)]

分 区	特大城市	大城市	中等城市	小城市
一	137~348	95~312	92~301	61~301
二	85~166	53~197	46~177	31~188
三	167	209	66~143	72~187

表3 最高日综合生活用水定额调查结果[L/(人·d)]

分 区	特大城市	大城市	中等城市	小城市
一	261~392	148~478	108~464	100~411
二	136~303	102~260	124~258	90~312
三	224	244	94~155	136~320

表4 平均日综合生活用水定额调查结果[L/(人·d)]

分 区	特大城市	大城市	中等城市	小城市
一	184~348	120~388	92~352	67~402
二	112~247	97~237	63~192	44~267
三	171	209	70~143	103~216

表5 最高日城市综合用水定额调查结果[L/(人·d)]

分 区	特大城市	大城市	中等城市	小城市
一	436~749	240~711	253~710	200~667
二	329~612	236~517	208~464	200~633
三	313	414	152~213	204~529

表6 平均日城市综合用水定额调查结果[L/(人·d)]

分 区	特大城市	大城市	中等城市	小城市
一	435~615	226~659	197~576	110~559
二	240~408	208~438	135~349	98~416
三	240	378	97~157	136~364

4.0.4 工业企业生产用水由于工业结构和工艺性质不同，差异明显。本条文仅对工业企业用水量确定的方法作了原则规定。

近年来，在一些城市用水量预测中往往出现对工业用水的预测偏高。其主要原因是对于产业结构的调整、产品质量的提高、节水技术的发展以及产品用水单耗的降低估计不足。因此在工业用水量的预测中，必须考虑上述因素，结合对现状工业用水量的分析加以确定。

4.0.5 关于消防用水量、水压及延续时间的原则规定。

4.0.6 关于浇洒道路和绿地用水量的规定。浇洒道路和绿地用水量是参照现行国家标准《建筑给水排水设计规范》作相应规定。

4.0.7 1999年我国城市供水企业平均漏损率为15.14%。为了加强城市供水管网漏损控制，建设部制定了行业标准《城市供水管网漏损控制及评定标准》，规定了城市供水管网基本漏损率不应大于12%，同时规定了可按用户抄表百分比、单位供水量管长及年平均出厂压力进行修正。本条文参照以上规定作了相应规定。

4.0.8 关于未预见用水量的规定。未预见用水量是指在给水设计中对难以预见的因素（如规划的变化及流动人口用水等）而预留的水量。因此未预见水量宜按本规范第4.0.1条的1~4款用水量之和的8%~12%考虑。

4.0.9 关于城市供水日变化系数和供水时变化系数的规定。

5 取 水

5.1 水源选择

5.1.1 关于在水源选择前必须先进行水源勘察的规定。

据调查，一些项目由于在确定水源前，对选择的水源没有进行详细的调研、勘察和评价，以致造成工程失误，有些工程在建成后发现水源水量不足或与农业用水发生矛盾，不得不另选水源。有的工程采用兴建水库作为水源，而在设计前没有对水库汇水情况进行详细勘察，造成水库蓄水量不足。一些拟以地下水为水源的工程，由于没有进行详细的地下水资源勘察，取得必要水文资料，而盲目兴建地下水取水构筑物，以致取水量不足，甚至完全失败。

因此，本条规定在水源选择前，必须进行水资源的勘察。

5.1.2 关于水源选择的原则规定。

全国大部分地表水及地下水都已划定功能区划及水质目标，因而是水源选择的主要依据。

水源水量可靠和水质符合要求是水源选择的重要条件。考虑到水资源的不可替代和充分利用，饮用水、环境用水、中水回用以及各工业企业对用水水质的要求都不相同，近年来有关国家部门对水源水质的要求颁布了相应标准，因此，本次修改将水源水质的要求明确为符合有关国家现行标准的要求。选用水源除考虑基建投资外，还应注意经常运行费用的经济。当有几个水源可供选择时，应通过技术经济比较确定。水是不可替代的资源，随着国民经济的发展，用水量上升很快，不少地区和城市，特别是水资源缺乏的北方干旱地区，生活用水与工业用水、工业与农业用水的矛盾日趋突出，也有一些地区由于水源的污染，加剧了水资源紧缺的矛盾。由于水资源的缺乏或污染，出现了不少跨区域跨流域的引水、供水。因此，对水资源的选用要统一规划、合理分配、优水优用、综合利用。此外，选择水源时还需考虑施工和运输交通等条件。

5.1.3 关于选用地下水为水源时，必须有确切的水文地质资料，并遵守地下水取水量不得大于允许开采量、不得盲目开采的规定。

鉴于国内部分城市和地区盲目建井，长期过量开采地下水，造成区域地下水位下降或管井阻塞事故，甚至引起地面下沉、井群附近建筑物的破裂，因此，地下水取水量必须限制在允许的开采量以内。在确定允许开采量时，应有确切的水文地质资料，并对各种用途的水量进行合理分配，与有关部门协商并取得同意。在设计井群时，可根据具体情况，设立观察孔，以便积累资料，长期观察地下水的动态。

5.1.4 关于地表水设计枯水流量保证率的规定。

对以地表水作为城市供水水源时，设计枯水量保证率有两种意见：

1 处于水资源较丰富地区的有关单位认为最枯流量保证率可采取95%～97%，个别设计院建议不低于97%，对于大、中城市应取99%。

2 处于干旱地带的华北、东北地区的有关单位认为，枯水流量保证率拟定为90%～97%较恰当。国内个别设计院建议为90%～95%。

综合上述情况，一方面考虑目前人民生活水平的提高，城市的迅速发展、旅游业的兴起，对城市供水的安全可靠性要求有所提高，将枯水流量保证率确定为97%是合适的；另一方面考虑到干旱地区及山区枯水季节径流量很小的具体情况，枯水流量保证率的下限仍保留为90%，以便灵活采用。

目前，我国东部沿海经济发达地区的建制镇国民经济发展迅速，镇的建成区颇具规模，本次修改曾作调查，但反馈资料较少（个别设计院在设计时枯水流量保证率采用90%～95%）。考虑到我国地域宽广，经济差异较大，对小城镇的枯水流量保证率仍不宜作硬性规定，故在"注"中仍然规定其保证率可适当降低，可根据城镇规模、供水的安全可靠性要求程度确定。

5.1.5 在确定水源时，为确保取水量及水质的可靠，应取得水资源管理、卫生防疫、航运等部门的书面同意。本次对生活饮用水水源的卫生防护条文内容作了文字顺上的修改。对水源的卫生防护，应积极取得环保等有关部门的支持配合。

5.2 地下水取水构筑物

I 一般规定

5.2.1 关于选择地下水取水构筑物位置的规定。由于地下水水质较好，且取用方便，因此，不少城市取用地下水作为水源，尤其宜作为生活饮用水水源。但长期以来，许多地区盲目扩大地下水开采规模，致使地下水水位持续下降，含水层贮水量逐渐枯竭，并引起水质恶化、硬度提高、海水入侵、水量不足、地面沉降，以及取水构筑物阻塞等情况时有发生。因此，条文规定了选择地下水取水构筑物位置的必要条件，着重作了取水构筑物位置应"不易受污染"的规定。此外，为了确保水源地运行后不发生安全问题，还要避开对取水构筑物有破坏性的强震区、洪水淹没区、矿产资源采空区和易发生地质灾害（包括滑坡、泥石流和坍陷）地区。近年来这方面问题较多，同时，也为防止地下水过量开采，影响取水构筑物和水源地的寿命，不引起区域漏斗和地质灾害。因此条文修订时补充了相关内容。

5.2.2 关于选择地下水取水构筑物型式的规定。地下水取水构筑物的型式主要有管井、大口井、渗渠和泉室等。正确选择取水构筑物的型式，对于确保取水量、水质和降低工程造价影响很大。

取水构筑物的型式除与含水层的岩性构造、厚度、埋深及其变化幅度等有关外，还与设备材料供应情况、施工条件和工期等因素有关，故应通过技术经济比较确定。但首先要考虑的是含水层厚度和埋藏条件，为此，本条规定了各种取水构筑物的适用条件。

管井是广泛应用的一种取水方式。由于我国地域广阔，不仅江河地区广泛分布砂、卵石含水层，而且在平原、山地和西部广大地区分布有裂隙、岩溶含水层和深层地下水。管井不但可从埋藏上千米的含水层中取水，也可在埋藏很浅的含水层中取水。例如：吉林新中国糖厂和桦甸热电厂的傍河水源，其含水层厚度仅为3～4m，埋藏深度也仅为6～8m，而单井出水量达到100m³/d左右，类似工程实例很多。故本次对管井适用条件作了修改。将原来的"管井适用于含水层厚度大于5m，其底板埋藏深度大于15m"修改成"管井适用于含水层厚度大于4m，其埋藏深度大于8m"。

工程实践中，因为管井可以采用机械施工，施工进度快、造价低，因而在含水层厚度、渗透性相似条件下，大多采用管井，而不采用大口井。但若含水层颗粒较粗又有充足河水补给时，仍可考虑采用大口井。当含水层厚度较小时，因不易设置反滤层，故宜采用井壁进水，但井壁进水常常堵塞而降低出水量，当含水层厚度大时，不但可以井底进水，也可以井底、井壁同时进水，是大口井的最好进水方式。

渗渠取水，因施工困难，并且出水量易逐年减少，只有在其他取水型式无条件采用时方才采用。因此，条文对渗渠取水的含水层厚度、埋深作了相应规定。

由于地下水的过量开采，人工抽降取代了自然排泄，致使泉水流量大幅度减少，甚至干涸废弃。因此，规范对泉室只作了适用条件的规定，而不另列具体条文。

5.2.3 关于地下水取水构筑物设计时具体要求的规定。

地下水取水构筑物一般建在市区附近、农田中或江河旁，这些地区容易受到城市、农业和河流污染的影响。因此，必须防止地面污水不经地层过滤直接流入井中。另外在多层含水层取水时，有可能出现上层地下水受到地面水的污染或者某层含水层所含有害物质超过允许标准而影响相邻水层等情况。例如，在黑龙江省某地，有两层含水层，上层水含铁量高达15～20mg/L，而下层含水层含铁量只有5～7mg/L，且水量充沛，因此，封闭上层含水层，取用下层含水层，取得了经济合理的效果。为合理利用地下水资源，提高供水水质，条文规定了应有防止地面污水和非取水层水渗入的措施。

为保护地下水开采范围内不受污染，规定在取水构筑物的周围应设置水源保护区，在保护区内禁止建设各种对地下水有污染的设施。

过滤器是管井取水的核心部分。根据各地调查资料，由于过滤器的结构不适当，强度不够，耐腐蚀性能差等，使用寿命多数在5～7年。黑龙江省某市采用钢筋骨架滤水管，因强度不够而压坏；有的城市地下水中含铁，腐蚀严重，管井使用年限只有2～3年；而在同一个地区，采用混合填砾无缠丝滤水管，管井使用寿命增长。因此，按照水文地质条件，正确选用过滤器的材质和型式是管井取水成败的关键。

需进人检修的取水构筑物,都应考虑人身安全和必需的卫生条件。某市曾发生大口井内由火灾引起的人身事故,其他地方也曾发生大口井内使人发生窒息的事故。由于地质条件复杂,地层中微量有害气体长期聚集,如不及时排除,必将造成危害。据此本条规定了大口井、渗渠和泉室应有通气设施。

Ⅱ 管 井

5.2.4 本条规定了在 40m 以上的中、粗砂及砾石含水层中取水时,可采用分段取水。

5.2.5 关于管井的结构、过滤器和沉淀管设计的规定。

5.2.6 关于管井井口封闭材料及其做法的规定。为防止地面污水直接流入管井,各地采用不同的不透水性材料对井口进行封闭。调查表明,最常用的封闭材料有水泥和粘土。封闭深度与管井所在地层的岩性和土质有关,但绝大多数在 5m 以上。

5.2.7 关于管井设置备用井数量的规定。据调查各地对管井水源备用井的数量意见较多,普遍认为 10% 备用率的数值偏低,认为井泵检修和事故较频繁,每次检修时间较长,10% 的备用率显得不足。因此,本条对备用井的数量规定为 10%～20%,并提出不少于 1 口井的规定。

Ⅲ 大 口 井

5.2.8 关于大口井深度和直径的规定。经调查,近年来由于凿井技术的发展和大口井过深造成施工困难等因素,设计和建造的大口井井深均不大于 15m,使用普遍良好。据此规定大口井井深"一般不宜大于 15m"。

根据国内实践经验,大口井直径为 5～8m 时,在技术经济方面较为适宜,并能满足施工要求。据此规定大口井井径不宜超过 10m。

5.2.9 关于大口井进水方式的规定。据调查,辽宁、山东、黑龙江等地多采用井底进水的非完整井,运转多年,效果良好。铁道部某设计院曾对东北、华北铁路系统的 63 个大口井进行调查,其中 60 个为井底进水。

另据调查,一些地区井壁进水的大口井堵塞严重。例如:甘肃某水源的大口井只有井壁进水,投产 2 年后,80% 的进水孔已被堵塞。辽宁某水源的大口井只有井壁进水,也堵塞严重。而同地另一水源的大口井采用井底进水,经多年运转,效果良好。河南某水源的大口井均为井底井壁同时进水的非完整井,井壁进水孔已有 70% 被堵塞,其余 30% 进水孔进水也不均匀,水量不大,主要靠井底进水。

上述运行经验表明,有条件时大口井宜采用井底进水。

5.2.10 关于大口井井底反滤层做法的规定。根据给水工程实践情况,将滤料粒径计算公式定为 $d/d_1=6～8$。

根据东北、西北等地区使用大口井的经验,井底反滤层一般设 3～4 层(大多数为 3 层),两相邻反滤层滤料粒径比一般为 2～4,每层厚度一般为 200～300mm,并做成凹弧形。

某市自来水公司起初对井底反滤层未做成凹弧形,平行铺设了 2 层,第一层粒径 20～40mm,厚度 200mm;第二层粒径 50～100mm,厚度 300mm,运行后若干井发生翻砂事故。后改为 3 层滤料组成的凹弧形反滤层,刃脚处厚度为 1000mm,井中心处厚度为 700mm,运行效果良好。

执行本条文时应认真研究当地的水文地质资料,确定井底反滤层的做法。

5.2.11 关于大口井井壁进水孔反滤层做法的规定。经调查,大口井井壁进水孔的反滤层,多数采用 2 层,总厚度与井壁厚度相适应。故规定大口井井壁进水孔反滤层一般可分两层填充。

5.2.12 关于无砂混凝土大口井适用条件及其做法的规定。西北铁道部门采用无砂混凝土井筒,以改善井壁进水,取得了一定经验,并在陕西、甘肃等地使用。运行经验表明,无砂混凝土大口井井筒虽有堵塞,但比钢筋混凝土大口井井壁进水孔的滤水性能好些。西北各地采用无砂混凝土大口井大多建在中砂、粗砂、砾石、卵石含水层中,尚无修建于粉砂、细砂含水层中的生产实例。

根据调查,近年来无砂混凝土大口井使用较少,因此,执行本条文时,应认真研究当地水文地质资料,通过技术经济比较确定。

5.2.13 关于大口井防止污染措施的规定。鉴于大口井一般设在覆盖层较薄、透水性能较好的地段,为了防止雨水和地面污水的直接污染,特制定本条文。

Ⅳ 渗 渠

5.2.14 关于渗渠规模和布置的规定。经多年运行实践,渗渠取水的使用寿命较短,并且出水量逐年明显减少。其主要原因是由于水文地质条件限制和渗渠位置布置不适当所致。正常运行的渗渠,每隔 7～10 年也应进行翻修或扩建,鉴于渗渠翻修或扩建工期长和施工困难,在设计渗渠时,应有足够的备用水量,以备在检修或扩建时确保安全供水。

5.2.15 管渠内水的流速应按不淤流速进行设计,最好控制在 0.6～0.8m/s,最低不得小于 0.5m/s,否则会产生淤积现象。

由于渗渠担负着集水和输水的作用,原条文规定的渗渠充满度为 0.5 偏低,必要时充满度可提高到 0.8。

管渠内水深应按非满流进行计算,其主要原因在于控制水在地层和反滤层中的流速,延缓渗渠堵塞时间,保证渗渠出水水质,增长渗渠使用寿命。

黑龙江某厂的渗渠管径为 600mm,因检查井井盖被冲走,涌进地表水和泥沙,淤塞严重,需进人清理,才能恢复使用。吉林某厂渗渠管径为 700mm,由于渠内厌氧菌及藻类作用,影响了水质,也需进人予以清理。根据对东北和西北地区 16 条渗渠的调查,管径均在 600mm 以上,最大为 1000mm。因此本条文制定了"内径或短边长度不小于 600mm 的规定"。

在设计渗渠时,应根据水文地质条件考虑清理渗渠的可能性。

5.2.16 关于渗渠孔眼水流流速的规定。渗渠孔眼水流流速与水流在地层和反滤层的流速有直接关系。在设计渗渠时,应严格控制水流在地层和反滤层的流速,这样可以延缓渗渠的堵塞时间,增加渗渠的使用年限。因为渗渠进水断面的孔隙率是固定的,只要控制渗渠的孔眼水流流速,也就控制了水流在地层和反滤层中的流速。经调查,绝大部分运转正常的渗渠孔眼水流流速均远小于 0.01m/s。因此,本条文制定了"渗渠孔眼的流速不应大于 0.01m/s"的规定。

5.2.17 关于渗渠外侧反滤层做法的规定。反滤层是渗渠取水的重要组成部分。反滤层设计是否合理直接影响渗渠的水质、水量和使用寿命。

据对东北、西北等地 14 条渗渠反滤层的调查,其中 5 条做 4 层反滤层,9 条做 3 层反滤层。每层厚度大多为 200～300mm,只有少数厚度为 400～500mm。

东北某渗渠采用四层反滤层,每层厚度为 400mm,总厚度 1600mm。同一水源的另一渗渠采用 3 层反滤层,总厚度为 900mm。两者厚度虽差约 1 倍,而效果却相同。

5.2.18 关于集取河道表流渗透水渗渠阻塞系数的规定。对于集取河道表流渗透水的渗渠,地表水是经原河沙回填层和人工反滤层垂直渗入渗渠中。河道表流水的悬浮物,大部分截留在原河沙回填层,细小颗粒通过人工反滤层而进入渗渠,水中悬浮物含量越高,渗渠堵塞越快,因此集取河道表流水的渗渠适用于常年水质较清的河道。为保证渗渠的使用年限,减缓渗渠的淤塞程度,在设计渗渠时,应根据河水水质和渗渠使用年限,选用适当的阻塞系数。

5.2.19 关于河床及河漫滩的渗渠设置防护措施的规定。河床及河漫滩的渗渠多布置在河道水流湍急的平直河段,每遇洪水,水流速度急剧增加,有可能冲毁渗渠人工反滤层。例如,吉林某市设在河床及河漫滩的渗渠因设计时未考虑防冲刷措施,洪水期将渗渠人工反滤层冲毁,致使渗渠报废和重新翻修。为使渗渠在洪水期安全工作,需根据所在河道的洪水情况,设置必要的防冲刷措施。

5.2.20 关于渗渠设置检查井的规定。为了渗渠的清砂和检修的需要，渗渠上应设检查井。根据各地经验，检查井间距一般采用50～100m，当管径较小时宜采用低值。

5.2.21 为了便于维护管理，规定检查井的宽度（直径）一般为1～2m，并设井底沉沙坑。

5.2.22 为防止污染取水水质，规定地面式检查井应安装封闭式井盖，井顶应高出地面0.5m。渗渠的平面布置形式一般有3种情况：平行河流、垂直河流及平行与垂直河流相组合，渗渠的位置应尽量靠近主河道和水位变化较小且有一定冲刷的直岸或凹岸。因此，渗渠有被冲刷的危险，故本条规定应有防冲刷的措施。

5.2.23 渗渠出水量较大时，其集水井一般分成两格，接进水管的一格可作沉砂室，另一格为吸水室。进水管入口处设闸门以利于检修。

5.2.24 关于集水井结构和容积的规定。

5.3 地表水取水构筑物

5.3.1 关于选择地表水取水构筑物位置的规定。

在选择取水构筑物位置时，应重视和研究取水河段的形态特征，水流特征和河床、岸边的地质状况，如主流是否近岸和稳定，冲淤变化，漂浮物、冰凌等状况及水位和水流变化等，进行全面的分析论证。此外，还需对河道的整治规划和航运运行情况进行详细调查与落实，以保证取水构筑物的安全。对于生活饮用水的水源，良好的水质是最重要的条件。因此，在选择取水地点时，必须避开城镇和工业企业的污染地段，到上游清洁河段取水。

5.3.2 沿海地区的内河水系水质，在丰水期由于上游来水量大，原水含盐度较低，但在枯水期上游径流量大减，引起河口外海水倒灌，使内河含盐度增高，可能超过生活饮用水水质标准。为此，可采用在河道、海湾地带筑库，利用丰水期和低潮位时蓄积淡水，以解决就近取水的问题。

避咸蓄淡水库一般有2种类型：一种是利用现有河道容积蓄水，即在河口或狭窄的海湾入口处设闸筑坝，以隔绝内河径流与海水的联系，蓄积上游来的淡水径流，达到区域内用水量的年度或多年调节。近河口段已经上溯的咸水，由于其比重大于淡水而自然分层处于河道底部，待低潮位时通过坝体底部的泄水闸孔排出。这样一方面上游径流量不断补充淡水，另一方面抓住时机向外排咸。浙江省大塘港水库和香港的船湾淡水湖就是这种型式的实例。另一种是在河道沿岸有条件的滩地上筑堤，围成封闭式水库，当河道中原水含盐度低时，及时将淡水提入库，蓄积起来，以备枯水期原水含盐度不符合要求时使用。杭州的珊瑚沙水库、上海宝山钢铁厂的宝山湖水库、上海长江引水工程的陈行水库等，都是采用这种型式取得了良好的经济效益和社会效益。

5.3.3 关于大型取水构筑物进行水工模型试验的规定。

据调查，电力系统进行水工模型试验的项目较多。如泸州电厂长江取水，取水量为7000m³/h，因水文条件复杂，通过模型试验确定取水口位置及取水型式；

宜宾福溪电厂南渡河取水，取水规模为河水流量的36.7%，亦通过模型试验确定取水口位置及型式。

国家现行标准《火力发电厂设计技术规程》DL 5000，第14.2.10条和第14.3.2条对需进行水工模型试验作出了相应规定。

通过水工模型试验可达到如下目的：

1 研究河流在自然情况下或在取水构筑物作用下的水流形态及河床变化；拟建取水构筑物对河道是否会产生影响及采取相应的有效措施。

2 为保证取水口门前有较好的流速流态，汛期能取到含沙量较少的水，冬季能促使冰水分层，须通过水工模型试验提出河段整治措施。

3 研究取水口门前泥沙冲淤变化规律，提出减淤措施及取水构筑物型式。

4 当大型取水构筑物的取水量占河道最枯流量的比例较大时，通过试验，提出取水量与枯水量的合理比例关系。

5.3.4 关于取水构筑物型式选择的原则规定。

1 河道主流近岸，河床稳定，泥沙、漂浮物、冰凌较严重的河段常采用岸边式取水构筑物，具有管理操作方便，取水安全可靠，对河流水力条件影响少等优点。

2 主流远离取水河岸，但河床稳定、河岸平坦、岸边水深不能满足取水要求或岸边水质较差时，可采用取水头部伸入河中的河床式取水构筑物。

3 中南、西南地区水位变幅大，为了确保枯、洪水期安全取水并取得较好的水质，常采用竖井式泵房，电力工程系统也有采用能避免大量水下工程量的岸边纵向低流槽式取水口。

4 西北地区常采用斗槽式取水构筑物，以克服泥沙和潜冰对取水的威胁；在高浊度水流中取水，可根据沙峰特点，经技术经济论证采用避沙蓄清水库或采取其他避沙措施。

5 水利系统在山区浅水河床上采用低坝式或底栏栅式取水构筑物较多。

6 中南、西南地区采用有能适应水位涨落、基建投资省的活动式取水构筑物。

5.3.5 关于取水构筑物不应影响河床稳定性的规定。取水构筑物在河床上的布置及其形状，若选择不当，会破坏河床的稳定性和影响取水安全。据调查，上海某厂在某支流上建造一座分建式取水构筑物，其岸边式进水间稍微凸入主槽，压缩了水流断面，流速增大，造成对面河岸的冲刷，后不得不增做护岸措施。福建省某市取水构筑物，采用自流管引水，自流管伸入河道约80m，当时为了方便清理，在管道上设置了几座高出水面的检查井。建成后，产生丁坝作用，影响主流，洪水后在自流管下游形成大片沙滩，使取水头部有遭遇淤泥的危险。上述问题应引起设计部门的注意与重视。必要时，应通过水工模型试验验证。

5.3.6 国家现行标准《城市防洪工程设计规范》CJJ 50 和《防洪标准》GB 50201都明确规定，堤防工程采用"设计标准"一个级别；但水库大坝和取水构筑物采用设计和校核两级标准。

对城市堤防工程的设计洪水标准不得低于江河流域堤防的防洪标准；江河取水构筑物的防洪标准不应低于城市的防洪标准的规定，旨在强调取水构筑物在确保城市安全供水的重要性。

设计枯水位是固定式取水构筑物的取水头部及泵组安装标高的决定因素。

据调查及有关规程、规范的规定（见表7），除个别城市设计枯水位保证率为100%外，其余均在90%～99%范围内，与本规范规定的设计枯水位保证率是一致的。实践证明，90%～99%范围幅度较大的设计枯水位保证率，对各地水源、各种不同工程的建设是恰当的。至于设计枯水位保证率的上限99%高于设计枯水流量保证率上限97%，主要考虑枯水量保证率仅影响取水水量多少，而枯水位保证率则关系到水厂能否取到水，故其安全要求更高。

表7 设计枯水位保证率调查表

序号	有关单位或标准名称	设计枯水位保证率	备 注
1	函调南京、湘潭、合肥、九江、长春各城市水源取水构筑物	90%～100%，大部分城市为95%～97%	合肥董铺、巢湖取水为90%；南京城南、北河口取水为100%
2	《火力发电厂设计技术规程》DL 5000	按97%设计，按99%校核	
3	《泵站设计规范》GB/T 50265	97%～99%最低月平均水位	河流、湖泊、水库取水时
4	《铁路给水排水设计规范》TB 10010	90%～98%	

5.3.7 规定取水构筑物的设计规模应考虑发展需要。

根据我国实践经验,考虑到固定式取水构筑物工程量大,水下施工复杂,扩建困难等因素,设计时,一般都结合发展需要统一考虑,如有些工程土建按远期设计,设备分期安装。

5.3.8 关于取水构筑物各种保护措施的规定。

据调查,漂浮物、泥沙、冰凌、冰絮等是危害取水构筑物安全运行的主要因素,设计必须慎重,并应采取相应措施。

1 防沙、防漂浮物。

应从取水河段的形态特征和岸形条件及其水流特性,选择好取水构筑物位置,重视人工构筑物和天然障碍物对取水构筑物的影响。很多实例,由于取水口的河床不稳定,处于回水区、河道整治时未考虑已建取水口等原因,引起取水口堵塞、淤积,需进行改造,甚至报废。

取水头部的位置及选型不当,也会引起头部堵塞。

大量泥沙及漂浮物从头部进入引水管、进水间,会引起管道和进水间内淤积,给运行造成困难。引水管设计应满足初期不淤流速要求,进水间内要有除草、冲淤、吸沙等措施。

2 洪水冲刷危及取水构筑物的安全是设计必须重视的问题。如四川省1981年7月曾发生特大洪水冲毁取水构筑物、冲走取水头、冲断引水管等事故,应予避免。

3 在海湾、湖泊、水库取水时,要调查水生物生长规律,设计要有防治水生物滋生的措施。

4 防冰凌、冰絮危害

北方寒冷地区河流冬季一般可分为3个阶段:河流冻结期、封冻期和解冻期。河流冻结期,水内冰、冰絮、冰凌会凝固在取水口拦污栅上,从而增加进水口的水头损失,甚至会堵塞取水口,故需考虑防冰措施,如取水口上游设置导凌设施,采用橡木格栅、用蒸汽或电热进水格栅等。河流在封冻期能形成较厚的冰盖层,由于温度的变化,冰盖膨胀所产生的巨大压力,使取水构筑物遭到破坏,如水库取水塔因冰层挤压而产生裂缝。为了预防冰盖的破坏,可采用压缩空气鼓动法、高压水破冰法等措施或在构筑物的结构计算时考虑冰压力的作用。根据有关设计院的经验,斗槽式取水构筑物能减少泥沙和防止冰凌危害,如建于黄河某工程的双向斗槽式取水构筑物,在冬季运行期间,水由斗槽下游闸孔进水,斗槽内约99%面积被封冻,冰厚达40~50mm,河水在冰盖下流入泵房进水间,槽内无冰凌现象。

5.3.9 关于取水泵房进口地坪标高的确定。

泵房建于堤内,由于受河道堤岸的防护,取水泵房不受江河、湖泊高水位的影响,进口地坪高程可不按高水位设计,因此本规范中有关确定泵房地面层高程的几条规定仅适用于修建在堤外的岸边式取水泵房。

泵房进口地坪设计标高在有关规程、规范中均有规定,现对比见表8。

表8 泵房进口地坪设计标高对比表

序号	规程、规范名称	标 高		
		泵房在渠道边时	泵房在江河边时	泵房在湖泊、水库或海边时
1	室外给水设计规范 GBJ 13	设计最高水位加0.5m	设计最高水位加0.5m,必要时增设防止浪爬高的措施	设计最高水位加0.5m,并应设防止浪爬高的措施
2	《泵站设计规范》GB/T 50265		校核洪水应加浪高0.5m安全超高	
3	《火力发电厂设计技术规程》DL 5000		频率为1%的洪水位或潮位加频率为2%的浪高(注)再加超高0.5m,并应防止浪爬高的措施	
4	《铁路给水排水设计规范》TB 10010		洪水频率1/20~1/50加0.5m。大江河、湖泊和水库的岸边时,可采用室外设计地面高程加浪高	

注:频率为2%的浪高,可采用重现期为50年的波列累积频率为1%的浪高乘以系数0.6~0.7后得出。

从上表可以看出,泵房进口地坪设计标高确定原则基本一致,本规范分3种情况更为合理。

5.3.10 关于从江河取水的进水孔下缘距河床最小高度的规定。

江河进水孔下缘离河床的距离取决于河床的淤积程度和河床质的性质。根据对中南、西南地区60余座固定式泵站取水部及全国100余个地面水取水构筑物进行的调查,现有江河上取水构筑物进水孔下缘距河床的高度,一般都大于0.5m,而水质清、河床稳定的浅水河床,当取水量较小时,其下缘的高度为0.3m。当进水孔设于取水头部顶面时,由于淤积有造成取水口全部堵死的危险,因此规定了较大的高程差。对于斜板式取水头部,为使从斜板滑下的泥沙能随水冲向下游,确保取水安全,不被泥沙淤积,要加大进水口距河床的高度。

5.3.11 关于从湖泊或水库取水的进水孔下缘距水体底部最小高度的规定。

据调查,某些湖泊水深较浅,但水质较清,故湖底泥沙沉积较缓慢,对于小型取水构筑物,取水口下缘距湖底的高度可从一般的1.0m减小至0.5m。

5.3.12 关于进水孔上缘最小淹没深度的规定。

进水口淹没水深不足,会形成漩涡,带进大量空气和漂浮物,使水量大大减少。根据调查已建取水头部进水孔的淹没水深,一般都在0.45~3.2m,其中大部分在1.0m以上。为了保证虹吸进水时虹吸不被破坏,规定最小淹没深度不宜小于1.0m,但考虑到河流封冻后,水面不受各种因素的干扰,故条文中规定"当水体封冻时,可减至0.5m"。

水泵直接吸水的吸水喇叭口淹没深度与虹吸进水要求相同。

在确定通航区进水孔的最小淹没深度时,应注意船舶通过时引起波浪的影响以及满足船舶航行的要求。进水头部的顶高,同时满足航运枯水位时,船舶吃水深度以下最小富裕水深的要求,并征得航运部门的同意。

5.3.13 关于取水头部及进水间分格的规定。

据调查,为取水安全,取水头部常设置2个。有些工程为减少水下工程量,将2个取水头部合成1个,但分成2格。另外,相邻头部之间不宜太近,特别在漂浮物多的河道,因相隔过近,将加剧水流的扰动及相互干扰,如有条件,应在高程上或伸入河床的距离上彼此错开。某工学院为某厂取水头部进行的水工模型试验指出:"一般两根进水管间距不宜小于头部在水流方向最大尺寸的3倍"。由于各地河道水流特性的不同及挟带漂浮物等情况的差异,头部间距应根据具体情况确定。

5.3.14 关于栅条间净距的规定。

据调查,栅条净距大都在40~100mm,个别最小为20mm(南京城北水厂1996年建成),最大为120mm(湘潭一水厂)。据水利系统排灌泵站调查数据,栅距一般在50~100mm。

现行国家标准《泵站设计规范》GB/T 50265对拦污栅栅条净距规定:对于轴流泵,可取$D_0/20$;对于混流泵和离心泵,可取$D_0/30$,D_0为水泵叶轮直径。最小净距不得小于50mm。

根据上述情况,原规范制定的栅条间净距是合理的。

据调查反映,手工清除的岸边栅,在漂浮物多的季节,因清除不及时,栅前后水位差可达1~2m,影响正常供水,故应采用机械清除措施,确保供水安全。

5.3.15 关于过栅流速的规定。

过栅流速是确定取水头部外形尺寸的主要设计参数。如流速过大,易带入泥沙、杂草和冰凌;流速过小,会加大头部尺寸,增加造价。因此过栅流速应根据条文规定的诸因素决定。如取水地点的水流速度大,漂浮物少,取水规模大,则过栅流速可取上限,反之,则取下限。

据调查,淹没式取水头部进水孔的过栅流速(无冰絮)多数在0.2~0.6m/s,最小为0.02m/s(九江河东水厂,取水规模只有188m³/h),最高为2.0m/s(南京上元门水厂)。东北地区淹没式取水头部的过栅流速多数在 0.1～0.3m/s(有冰絮),对于岸边式取水构筑物,格栅起吊、清渣都很方便,故过栅流速比河床式取水构筑物的规定略高。

5.3.16 关于格网(栅)型式及过网流速的规定。

1 关于格网(栅)型式。

根据国内外生产的去除漂浮物的新型设备及供应情况,规定中除平板式格网、旋转式格网外,增加了自动清污机。

据调查,平板式格网因清洗劳动强度大,特别在较深的竖井泵房进水间,起吊清洗难度更大,因此在漂浮物较多的取水工程中采用日趋减少。

板框旋转式滤网在电力系统使用较多,但存在维修工作量大,除漂浮物效率不高等问题。双面进水转鼓滤网应用于大流量,维修工作少,去除漂浮物效率高,在电力及核电系统的大型取水泵站已有应用。

各种型式的自动清污机除用于污水系统外,也大量应用于给水取水工程中。如成都各水厂都改用了回转式自动清污机,其中设计取水规模为每天 180 万立方米的六水厂共安装 10 台。由于清污机的栅条净距可根据用户需要制造,小的可到几个毫米,可以满足去除细小漂浮物的工艺要求。

现行国家标准《泵站设计规范》GB/T 50265 将耙斗(齿)式、抓斗式、回转式等清污机已列入条文中。

2 关于过网(栅)流速。

根据电力系统经验,旋转滤网标准设计采用过网流速为 1.0m/s,自动清污机也都采用 1.0m/s 过栅流速,考虑平板格网清污困难,原定流速 0.5m/s 是合理的。

5.3.17 关于进水管设计原则的规定。

考虑到进水管部分位于水下,易受洪水冲刷及淤积,一旦发生事故,修复困难,时间也长,为确保供水安全,要求进水管设置不少于两条,当一条发生事故时,其余进水管仍能继续运行,并满足事故用水量要求。

5.3.18 关于进水管最小设计流速的规定。

进水管的最小设计流速不应小于不淤流速。四川某电厂取水口原设有三条进水管,同时运行时平均流速为 0.37m/s,进水管被淤,而当两条进水管工作,管内流速上升到 0.55m/s 时则运行正常。因此,为保证取水安全,应特别注意进水管流速的控制。在确定进水管管径及根数时,需考虑初期取水规模小的因素,采取措施,使管内初期流速满足不淤流速的要求。据调查进水管流速一般都大于 0.6m/s。

实践证明,在原水浊度大、漂浮物多的河流取水,头部被堵、进水管被淤,时有发生,设计应有防堵、清淤的措施。

根据国内实践,虹吸管管材一般采用钢管,以确保虹吸管的正常运行。

5.3.19 根据国内实践经验,进水间平台上一般设有闸阀的启闭设备、格网的起吊设备、平板格网的清洗设施等。泥沙多的地区还设有冲动泥沙及吸泥装置。

5.3.20 关于活动式取水构筑物适用范围的规定。

当建造固定式取水构筑物有困难时,可采用活动式取水构筑物。在水流不稳定、河势复杂的河流上取水,修建固定式取水构筑物往往需要进行耗资巨大的河道整治工程,对于中、小型水厂常带来困难,而活动式(特别是浮船)具有适应性强、灵活性大的特点,能适应水流的变化。此外,某些河流由于水深不足,若修建取水口会影响航运或者当修建固定式取水有大量水下工程量、施工困难、投资较高,而当地又受施工及资金的限制时,可选用缆车或浮船取水。

根据使用经验,活动式取水构筑物存在操作、管理麻烦及供水安全性差等缺点,因此在水流湍急、河水涨落速度大的河流上设置活动式取水构筑物时,尤需慎重。故本条文强调了"水位涨落速度小于 2.0m/h,且水流不急"的限制条件,并规定"……要求施工周期短和建造固定式取水构筑物有困难时,可考虑采用活动式取水构筑物"。

据调查,已建缆车取水规模有达每天 10 余万立方米,水位变幅为 20～30m 的;已建单船取水能力最大达每天 30 万立方米,水位变幅为 20～38m,联络管直径最大达 1200mm。目前,浮船多用于湖泊、水库取水,缆车多用于河流取水。由于活动式取水构筑物本身特点,目前设计采用已日趋见少。

5.3.21 关于确定活动式取水构筑物座数应考虑的因素。

运行经验表明,决定活动式取水构筑物座数的因素很多,如供水规模、供水要求、接头型式、有无调节水池、船体需否进坞修理等,但主要取决于供水规模、接头形式及有无调节水池。

根据国内使用情况,过去常采用阶梯式活动连接,在洪水期间接头拆换频繁,拆换时迫使取水中断,一般设计成一座取水构筑物再加调节水池。随着活动接头的改进,摇臂式联络管、曲臂式联络管的采用,特别是浮船取水中钢桁架摇臂联络管实践成功,使拆接接头次数大为减少,甚至不需拆换,供水连续性较前有了大的改进,故有的浮船取水工程仅设置一条浮船。由于受到缆车牵引力、接头形式、材料等因素的影响,因此活动式取水构筑物的座数又受到供水规模的限制,本条文仅作原则性规定。设计时,应根据具体情况,在保证供水安全的前提下确定取水构筑物的座数。

5.3.22 关于缆车、浮船应有足够的稳定性、刚度及平衡要求的规定。

当泵车稳定性和刚度不足时,会由于轨道不均匀沉降产生纵向弯曲,而使部分支点悬空,引起车架杆件内力剧变而变形;车架承压竖杆和空间刚度不够而变形;平台梁悬过长,结构又按自由端处理,在动荷载作用下,使泵车平台可能产生共振,机组布置不合理,车体施工质量不好等原因引起振动。因此条文中强调了泵车结构的稳定性和刚度的要求。车架的稳定性和刚度除应通过泵车结构各种受力状态的计算,以保证结构不产生共振现象外,还应通过机组、管道等布置及基座设计,采取使机组重心与泵车轴线重合或降低机组、桁架重心等措施,以保持缆车平衡,减小车架振动,增加其稳定性。

为保证浮船取水安全运行,浮船设计应满足有关平衡与稳定性的要求。根据实践经验,首先应通过设备和管道布置来保持浮船平衡并通过计算验证。当浮船设备安装完毕,可根据船只倾斜及吃水情况,采用固定重物舱底压载平衡;浮船在运行中,也可根据具体条件采用移动压载或液压压载平衡。

浮船的稳定性应通过验算确定。在任何情况下,浮船的稳定性衡准系数不应少于 1.0,即在浮船设计时,回复力矩 M_g 与倾覆力矩 M_f 的比值 $K \geqslant 1.0$,以保证在风浪中或起吊联络管时能安全运行。

机组基座设计要减少对船体的振动,对于钢丝网水泥船尤应注意。

5.3.23 规定了缆车式取水构筑物的位置选择和坡道、输水斜管等设计要点。

1 位置选择:总的选择原则与固定的取水构筑物一致,但根据缆车式取水特点,强调了对岸坡倾角的要求。

现行国家标准《泵站设计规范》GB/T 50265 对位置选择规定了 4 点要求,即:河流顺直、主流靠岸、岸边水深不小于 1.2m;避开回水区或岩坡凸出地段;河岸稳定、地质条件较好、岸坡在 1:2.5～1:5;漂浮物少且不易受漂木、浮筏或船只的撞击。

2 坡道设计:坡道形式一般有斜桥式和斜坡式两种。为防止轨道被淤积,要求坡道与岸坡相近,且高出 0.3～0.5m,并设有坡道的冲沙措施。

3 输水斜管设计:泵车出水管与输水斜管的联接方法主要有橡胶软管和曲臂式联接管两种。

小直径橡胶软管拆换一次接头约 0.5h,对于直径较大的刚性接头,拆换一次需历时 1～6h(4～6 人),因而刚性接头的拆换费时费力。曲臂式联络管,由于能适应水平、垂直方向移动,可减少拆换次数,增加了供水的连续性。

4 缆车的安全措施:缆车在固定和移动时都需设防止下滑的保险装置,以确保安全运行。

缆车固定时,大、中型可采用挂钩式保险装置,小型可采用螺栓夹板式保险装置。

缆车移动时可用钢丝绳套挂钩及一些辅助安全设施。

5.3.24 关于浮船式取水构筑物的位置选择和联接管等设计要点的规定。

1 位置选择:为适应水位涨落、缩短联络管长度,一般选择较陡的岸形。采用阶梯式联络管的岸坡约为 20°~30°;采用摇臂式联络管的岸坡可达 40°~45°。

现行国家标准《泵站设计规范》GB/T 50265 对浮船式取水位置作以下规定:水位平稳、河面宽阔且枯水期水深不少于 1.0m;避开顶冲、急流、大回流和大风浪区以及支流交汇处,且与主航道保持一定距离;河岸稳定、岸坡坡度为 1:1.5~1:4;漂浮物少,且不易受漂木、浮筏或船只的撞击;附近有可利用作检修场地的平坦河岸。

2 联络管设计:浮船出水管与输水管的联接方式主要有阶梯式活动联接和摇臂式活动联接。其中摇臂式活动联接适应水位变幅最大。浮船取水最早采用阶梯式活动联接,洪水期移船频繁,操作困难。摇臂式活动联接,由于它不需或少拆换接头,不用经常移船,使操作管理得到了改善,使用较为广泛。摇臂联络管大致有球形摇臂管、套筒接头摇臂管、钢桁架摇臂管以及橡胶管接头摇臂管 4 种型式。目前套筒接头摇臂管的最大直径已达 1200mm(武汉某公司),联络管跨度可达 28m(贵州某化肥厂),适应水位变化最大的是四川某化肥厂,达 38m。中南某厂采用钢桁架摇臂管活动联接,每条取水浮船上设二组钢桁架,每组钢桁架上敷有二根 DN600mm 的联络管,每条取水能力达每天 18 万立方米。中南某厂水库取水用的浮船为橡胶管接头摇臂管。

3 浮船锚固:浮船锚固关系到取水安全,曾发生因锚固出现问题而导致浮船被冲,甚至沉没的事例。

浮船锚固有岸边系缆、船首尾抛锚与岸边系缆结合以及船首尾抛锚并增设角锚与岸边系缆相结合等型式,应根据岸形、水位条件、航运、气象等因素确定。当流速较大时,浮船上游方向固定索不应少于 3 根。

5.3.25 阐明了山区浅水河流取水构筑物的适用条件。

山区河流水量丰富,但属浅水河床,水深不够使取水困难。

推移质不多的山区河流常采用低坝取水型式。低坝可分活动坝及固定坝。活动坝除一般的拦河闸外还有橡胶坝、浮体闸、水力自动翻板闸等新型活动坝,洪水来时能自动迅速开启泄洪、排沙,水退时又能迅速关闭蓄水,以满足取水要求。

山溪河道,河床坡度较陡,当水流中带有大量的卵石、砾石及粗沙推移质时,常采用底栏栅取水型式。取水流量最大已达 35m³/s,据统计,使用于灌溉及电力系统已到 70 余座,其中新疆已建近 50 座。

5.3.26 关于低坝及其取水口位置的选择原则。

为确保坝基的安全稳定,低坝应建在河床稳定、地质较好的河段,并通过一些水工设施,使坝下游处的河床保持稳定。

选择低坝位置时,尚应注意河道宽窄要适宜,并在支流入口上游,以免泥沙影响。

取水口设在凹岸可防止泥沙淤积,确保安全取水。寒冷地区修建取水口应选在向阳一侧,以减少冰冻影响。

5.3.27 规定低坝、冲沙闸的设计原则。

低坝取水枢纽一般由溢流坝、进水闸、导沙坎、沉沙槽、冲沙闸、导水墙及防洪堤等组成。

溢流坝主要起抬高水位满足取水要求,同时也应起泄洪要求。因此,坝顶应有足够的溢流长度。如其长度受到限制或上游不允许壅水过高时,可采用带有闸门的溢流坝或拦河闸,以增大泄水能力,降低上游壅水位。如成都六水厂每天 180 万立方米取水口,采用了拦河闸形式。

进水闸一般位于坝侧,其引水角对含沙量小的河道为 90°。新建灌溉工程一般采用 30°~40°,以减少进沙量。

冲沙闸布置在坝端与进水闸相邻,其作用是满足冲沙及稳定主槽。据统计,运用良好的冲沙闸总宽约为取水工程总宽的 1/3~1/10。

5.3.28 关于底栏栅式取水构筑物位置选择的原则规定。

根据新疆的实践经验,底栏栅式取水构筑物宜建在山溪河流出口处或出山口以上的峡谷河段。该处河床稳定,水流集中,纵坡较陡(要求在 1/20~1/50),流速大,推移质颗粒大,含细颗粒较少,有利于引水排沙。曾有初期修建在出口以下冲积扇河段上的底栏栅,由于泥沙淤积被迫上迁至出口后运行良好的实例。

5.3.29 规定底栏栅式取水构筑物的设计要点。

底栏栅式取水构筑物一般有溢流坝、进水栏栅及引水廊道组成的底栏栅坝、进水闸、由导沙坎和冲沙闸及冲沙廊道组成的泄洪冲沙系统以及沉沙系统等组成。

栅条做成活动分块形式,便于检修和清理,便于更换。为减少卡塞及便于清除,栅条一般做成钢制梯形断面,顺水流方向布置,栅面向下游倾斜,底坡为 0.1~0.2。栅隙根据河道沙砾组成确定,一般为 10~15mm。

冲沙闸在汛期用来泄洪排沙,稳定主槽位置,平时关闭壅水。故冲沙闸一般设于河床主流,其闸底应高出河床 0.5~1.5m,防止闸板被淤。

设置沉沙池可以去除进入廊道的小颗粒推移质,避免集水井淤积,改善水泵运行条件。

6 泵 房

6.1 一般规定

6.1.1 关于选用水泵型号及台数的原则规定。选用的水泵机组应能适应泵房在常年运行中供水水量和水压的变化,并满足调度灵活和使水泵机组处在高效情况下运行,同时还应考虑提高电网的功率因数,以节省用电,降低运行成本。

若供水量变化较大,选用水泵的台数又较少时,需考虑水泵大小搭配。为方便管理和减少检修用的备件,选用水泵的型号不宜过多,电动机的电压也宜一致。

当提升含沙量较高的水时,宜选用耐磨水泵或低转速水泵。

6.1.2 规定选用水泵应符合节能要求。泵房设计一般按最高日最高时的工况选泵,当水泵运行工况改变时,水泵的效率往往会降低,故当供水水量和水压变化较大时,宜采用改变水泵运行特性的方法,使水泵机组运行在高效范围。目前国内采用的办法有:机组调速、更换水泵叶轮或调节水泵叶片角度等,要根据技术经济比较的结论选择采用。

6.1.3 关于设置备用水泵的规定。备用水泵设置的数量应考虑供水的安全要求、工作水泵的台数以及水泵检修的频率和难易等因素,在提升含沙量较高的水时,应适当增加备用能力。

6.1.4 关于设置备用动力的规定。不得间断供水的泵房应有两个独立电源。由一个发电厂或变电所引出的两个电源,如每段母线由不同的发电机供电或变电所中两段互不联系的母线供电,也可认为是两个独立电源。若泵房无法取得两个独立电源时,则需自设备用动力或设柴油机拖动的水泵,以备事故之用。

6.1.5 关于水泵充水时间的规定。据调查,电厂和化工厂的大型泵房,当供水安全要求高或便于自动化运行时,往往采用自灌充水,以便及时启动水泵且简化自动控制程序。

为方便管理,使水泵能按需要及时启动,对非自灌充水的离心泵引水时间规定不宜超过5min。对于城市给水工程较少采用的虹吸式出水流道轴流泵站和混流泵站的流道抽气时间宜为10~20min。对于取水泵站,若能满足运行调度要求,引水时间也可适当延长。

6.1.6 关于泵房采暖、通风和排水设施的规定。为改善操作人员的工作环境和满足周围环境对防噪的要求,应考虑泵房的采暖、通风和防噪措施。

6.1.7 关于停泵水锤防护及消除的规定。根据调查,近年来由于停泵水锤或关阀水锤导致泵房淹没、输水管破裂的事故时有发生。国内在消除水锤措施方面有不少的成功经验。常规做法是根据水锤模拟计算结果对水泵出水阀门进行分阶段关闭以减小停泵水锤,并根据需要,在输水管道的适当位置设置补水、排气补气等设施,以期消除弥合水锤。

泵站设计时,对有可能产生水锤危害的泵站宜进行停泵水锤计算:①求出水泵机组在水轮机工况下的最大反转数,判断水泵叶轮及电机转子承受离心应力的机械强度是否足够,并要求离心泵的最大反转速度不超过额定转速的1.2倍;②求出泵壳内部及管路沿线的最大正压值,判断发生停泵水锤时有无爆裂管道及损害水泵的危险性,要求最高压力不应超过水泵出口额定压力的1.3~1.5倍;③求出泵壳内部及管道沿线的最大负压值,判断有无可能形成水柱分离,造成断流水锤等严重事故。水锤消除装置宜装设在泵房外部,以避免水锤事故可能影响泵房安全,同时宜库存备用,以便及时更换。

6.1.8 本条规定了潜水泵的使用原则。

1 要求水泵在高效率区内运行。

2 在满足泵站设计流量和设计扬程的同时,要求在整个运行范围内,机组安全、稳定运行,并有较高效率,配套电动机不超载。

3 由于电动机绝缘保护的原因,潜水泵配套电动机一般为低压,如电动机功率过大,会导致动力电缆截面过大或电缆条数过多,安装不便,故作此规定。

4 由于水泵间水流扰动的原因,已有多起工程实例发生了潜水泵动力、信号电缆与潜水泵起吊链条互相碰撞、摩擦,致使动力或信号电缆破损渗水的事故。实践经验表明,采取适当措施可以避免类似事故。

5 近年来有使用潜水泵直接置于滤后水中作为滤池反冲洗泵的实例,经过征询自来水企业和潜水泵制造企业的意见,认为潜水泵的这种使用方式是不妥的。为确保饮水安全,防止污染,建议尽量不采用。

6.1.9 关于水泵配套阀门控制方式的原则规定。

阀门的驱动方式需根据阀门的直径、工作压力、启闭时间要求及操作自动化等因素确定。根据对泵房内阀门驱动方式的调查,近年来新给水泵站多为自动化或半自动化控制,人工控制的泵站已很少见,故规定泵房内直径300mm及300mm以上的阀门宜采用电动或液压驱动为主,但应配有手动的功能。

6.1.10 关于地下式或半地下式泵房排水设施的规定。

6.2 水泵吸水条件

6.2.1 关于泵房吸水井、进水流道及安装高度等方面的原则规定。

水泵吸水条件良好与否,直接影响水泵的运行效率和使用寿命。各种水泵对吸水条件的要求差异很大,同时机组台数及当地的水文、气候、海拔等自然条件的影响也不可忽视。

前池、吸水井是泵站的重要组成部分。吸水井内水流状态对水泵的性能,特别是对水泵吸水性能影响很大。如果流速分布不均匀,可能出现死水区、回流区及各种漩涡,发生淤积,造成部分机组进水量不足,严重时漩涡将空气带入进水流道(或吸水管),使水泵效率大为降低,并导致水泵汽蚀和机组振动等。

吸水井分格有利于吸水井内设备的检修和清理。

6.2.2 关于水泵合并吸水管的规定。

自灌充水水泵系指正水头吸水的水泵。非自灌充水水泵系指负水头吸水的水泵。非自灌充水水泵如采用合并吸水管,运行的安全性差,一旦漏气将影响与吸水管连接的各台水泵的正常运行。对于自灌充水水泵,如采用合并吸水管,吸水管根数不宜少于两条,并应校核其中一条吸水管发生事故时,其余吸水管的输水能力。

6.2.3 关于吸水管布置要求的规定。

卧式水泵和叶轮直径较小的立式水泵,其吸水管宜采用带有喇叭口的吸水管道。喇叭口吸水管的布置一般符合下列要求:

1 吸水喇叭口直径DN不小于1.25倍的吸水管直径dn。

2 吸水喇叭口最小悬空高度E:

1)喇叭口垂直布置时,$E=0.6~0.8DN$;

2)喇叭口倾斜布置时,$E=0.8~1.0DN$;

3)喇叭口水平布置时,$E=1.0~1.25DN$。

3 吸水喇叭口在最低运行水位时的淹没深度F:

1)喇叭口垂直布置时,$F=1.0~1.25DN$;

2)喇叭口倾斜布置时,$F=1.5~1.8DN$;

3)喇叭口水平布置时,$F=1.8~2.0DN$。

4 吸水喇叭口与吸水井侧壁净距$G=0.8~1.0DN$;两个喇叭口间的净距$H=1.5~2.0DN$;同时满足喇叭口安装的要求。

5 设有格网或格栅且安装有多台水泵的吸水井,格网或格栅至吸水喇叭口的流程长度不小于$3DN$。

6.2.4 关于吸水井(前池)布置要求的原则规定。

前池的作用是使水流平顺地扩散分布,避免形成漩涡。采用侧向进水时,前池及吸水井易出现回水区,流态很不好,流速分布极不均匀。因此应尽量采用正向进水,如受条件限制必须采用侧向进水时,宜在前池内增设分水导流设施,必要时应通过水工模型试验验证。前池理想的扩散角为9°~11°,而工程中常难以做到。扩散角越大,越易在前池产生脱壁回流及死水区,所以规定扩散角不宜大于40°。当上述要求难以达到时,采取在前池适当部位加设1~2道底坎或再加设若干分水立柱等措施,也能有效地改善流态,使机组运行平稳,提高效率。

6.2.5 关于水泵安装高度的规定。

水泵安装高度必须满足不同工况下必需气蚀余量的要求。同时应考虑电机与水泵额定转速差、水中的泥沙含量、水温以及当地的大气压等因素的影响,对水泵的允许吸上真空高度或必需气蚀余量进行修正。轴流泵或混流泵立式安装时,其基准面最小淹没深度应大于0.5m。深井泵必须使叶轮处于最低动水位以下,安装要求应满足水泵制造厂的规定。水泵安装高度合理与否,影响到水泵的使用寿命及运行的稳定性,所以水泵安装高程的确定需要详细论证。

以往对泥沙影响水泵汽蚀余量的严重程度认识不足,导致安装高程确定得不够合理。近年来我国学者进行了不少实验与研究,所得的结论是一致的:泥沙含量对水泵汽蚀性能有很大的影响。室内实验证明,泥沙含量5~10kg/m³时,水泵的允许吸上真空高度降低0.5~0.8m;泥沙含量100kg/m³时,允许吸上真空高度降低1.2~2.6m;泥沙含量200kg/m³时,允许吸上真空高度降低2.75~3.15m。所以水泵安装高程应根据水源设计含沙量进行校核修正。

由于水泵额定转速与配套电动机转速不一致而引起汽蚀余量的变化往往被忽视。当水泵的工作转速不同于额定转速时,汽蚀余量应按下式换算:

$$[NPSH]' = NPSH(n'/n) \qquad (1)$$

轴流泵、带导叶的立式混流泵和深井泵,叶轮应淹没在水下,其安装高度通常不进行计算,直接按产品样本规定设计。

6.2.6 关于湿式安装潜水泵最低水位和干式安装的潜水泵配备电机降温装置(一般为冷却夹套)的规定。

6.3 管道流速

6.3.1 关于泵房内管道采用流速的规定。

根据技术经济因素的考虑,规定水泵吸水管及出水管的流速范围。

6.4 起重设备

6.4.1 关于泵房内起重设备操作水平的规定。

关于泵房内起重设备的操作水平,在征求各地意见过程中,一般认为考虑方便安装、检修和减轻工人劳动强度,泵房内起重设备的操作水平宜适当提高。但也有部分单位认为,泵房内的起重设备仅在检修时用,设置手动起重设备就可满足使用要求。

6.5 水泵机组布置

6.5.1 关于水泵机组布置的原则规定。

机组布置直接影响到泵房的结构尺寸,对安装、检修、运行、维护有很大的影响。

6.5.2 关于卧式水泵及小叶轮立式水泵机组布置的规定。

水泵机组布置时,除满足其构造尺寸的需要外,还要考虑满足操作和检修的最小净距。由于在就地拆卸电动机转子时,电动机也需移位,因此规定了考虑就地检修时,应保证泵轴和电动机转子在检修时能拆卸。在机组一侧设水泵机组宽度加0.5m的通道。

设备布置应整齐、美观、紧凑、合理。

考虑到地下式泵房平面尺寸的限制,以及对于小容量电机,水泵机组的间距可适当减小。

6.5.3 随着城市供水规模的扩大,以往在给水工程中较少采用的大叶轮立式轴流泵和混流泵,近年来在不少工程中得到了应用,因此增加了对大叶轮立式轴流泵和混流泵机组布置的规定。

6.6 泵房布置

6.6.1 关于泵房主要通道宽度的规定。

6.6.2 关于泵房内架空管道布置的规定。

考虑安全运行的要求,架空管道不得跨越电气设备。为方便操作,架空管道不得妨碍通道交通。

6.6.3 关于泵房地面层以上净空高度的规定。

泵房高度应能满足通风、采光和吊运设备的需要。

6.6.4 规定设计装有立式水泵的泵房时应考虑的特殊要求。

若立式水泵的传动轴过长,轴的底部摆动大,易造成泵轴填料函处大量漏水,且需增加中间轴承及其支架的数量,检修安装也较麻烦。因此应尽量缩短传动轴长度,降低电动机层楼板高程。

6.6.5 规定设计管井泵房时应考虑的特殊要求。

6.6.6 规定设计泵房的门需考虑最大设备的进出。

7 输 配 水

7.1 一般规定

7.1.1 关于输水管(渠)线路选择的原则规定。

输水管(渠)的长度,特别是断面较大的管(渠),对投资的影响很大。缩短管线的长度,既可有效地节省工程造价,又能降低水头损失。管线敷设处的地质构造,直接影响到管道的设计、施工、投资及安全,因此增加了选线时应尽量避开不良地质构造地带(如地质断层、滑坡、泥石流等处)。管线经过地质情况复杂地区时,应进行地质灾害的评价。

管线选择时还应遵守国家关于环境保护、水土保持和文物保护等方面的有关规定。

7.1.2 关于输水管(渠)道设计流量的规定。

输水管(渠)的沿程漏损水量与管材、管径、长度、压力和施工质量等有关。计算原水输水管道的漏损水量时,可根据工程的具体情况,参照有关资料和已建工程的数据确定。

原水输水管(渠)道设计流量包括净水厂自用水量,其数值一般可取水厂供水量的5%~10%。

由于水厂的供水量中已包括了管网漏损水量,故向管网输水的清水管道设计水量不再另计管道漏损水量。

多水源供水的城镇,各水厂至管网的清水输水管道的设计水量应按最高日最高时条件下综合考虑配水管网设计水量、各个水源的分配水量、管网调节构筑物的设置情况后确定。

7.1.3 关于输水干管条数和安全供水措施的规定。

在输水工程中,安全供水非常重要,因此本条制定了严格规定。

本条文规定"输水干管不宜少于两条,当有安全贮水池或其他安全措施时,也可修建一条"。采用一条输水干管的规定,适用于输水管道距离较长,建两条管道的投资较大,而且在供水区域输水干管断管维修期间,有满足事故水量的贮水池或者其他安全供水措施的情况。采用一条输水干管也仅是在安全贮水池前,在安全贮水池后,仍应敷设两条管道,互为备用。当有其他安全措施时,也可修建一条输水干管,一般常见的为多水源,即可由其他水源在事故时补充。

输水干管断管的事故期间,允许降低供水量,按事故水量供水,事故水量是城镇供水系统设计水量的70%。因此,无论输水干管采用一根或者两根,都应进行事故期供水量的核算,都应满足安全供水的要求。

7.1.4 关于输水管道系统运行中,应保证管道在各种运行工况时不出现负压的原则规定。

输水管出现负压,水中的空气易分离,形成气团妨碍通水,同时还会造成水流的不稳定,另外也可能使管外水体渗入,造成污染。因此一般输水管线宜埋设在水力坡降线以下,这样可保证管道水流在正压下运行。

7.1.5 关于输水形式的规定。

采用明渠输送原水主要存在两方面的问题,一是水质易被污染,二是城镇用水容易发生与工农业争水,导致水量流失。因此本条文中规定原水输送宜选用管道或暗渠(隧洞);采用明渠输水宜采用专用渠道,如天津"引滦入津"工程。

为防止水质污染,保证供水安全,本条文中规定清水输送应选用管道。若采用暗渠或隧洞,必须保证混凝土密实,伸缩缝处不透水,且一般情况是暗渠或隧洞内压大于外压,防止外水渗入。

7.1.6 关于输水管道输水方式的规定。

输水方式的选定一般应经技术经济安全比较后确定。近年来国内有些城市出现"重力流现象",即重力流水厂随着供水区域的扩大,用不断降低水力坡度方式来适应供水区域的扩大,形成大管径低流速现象,管道的流速经常在低于经济流速的状态下运行,这是不合理的。

7.1.7 关于长距离输水工程的原则规定。

由于经济的发展和人民生活水平的提高,城镇用水量随之增加,同时供水水源水质污染也日趋严重,形成一些城镇附近的水源已不能满足所需水量和水质的要求,因此近些年长距离输水工程愈来愈多,技术问题也愈来愈复杂,有必要在本规范中列入该条规定。

长距离输水是一项复杂的综合性工程,如天津"引滦入津"工程,工程规模 $50m^3/s$(隧洞设计流量为 $60m^3/s$),输水距离长

234km。工程内容包括:隧洞、河道整治、修建调蓄水库、建专用明渠和暗渠、加压泵站、输水管道与净水厂。目前国家计划建设的"南水北调"工程更为复杂,涉及问题更多。另外目前长距离输水工程含义尚未有确切的界定,因此本条内容适用范围是:城镇生活用水,输水形式为封闭式(管道或暗渠等),并且一般指输水距离较长,断面较大,压力较高的工程。

长距离输水工程应遵守本规范第7章配水中相关条款的原则规定。又从长距离输水工程的重要性、安全性、复杂性和合理投资的需要,制定了管线选择、输水系统优化、管材设备比选、经济管径的确定、水锤分析计算和防护,以及测流和测压点、遥测、遥讯、遥控等设置内容的各项规定。

长距离输水工程设计原则为:

1 根据本规范第7.1.1条规定,对拟定的管线走向,深入实地调查研究,并进行技术经济比较,选择安全可靠的输水线路。

2 对选定的输水管线绘制管线纵断面图,根据本规范第7.1.2条规定计算设计水量,按照本规范第7.2节规定的水力计算方法,对各种运行工况(设计工况、流量大于或小于设计时的工况、事故工况等),在输水方式(加压或减压)、管线根数和本规范第7.1.3条安全供水的规定进行水力计算和绘制水力坡降线,初定管材和管压,进行输水系统的技术、经济、安全方面的综合比较,选择运行可靠的输水系统。

3 根据本规范第7.4.1条规定,对管材进行技术、经济、安全方面的比较优化。

4 对已选定的管材,按"现值法"或"年值法"进行经济流速的计算,确定经济管径。

5 长距离输水管道由于开(关)泵、开(关)阀和运行中流量调节引起流速变化产生的水锤,危害更大,往往是爆管的主要因素,因此必须进行水锤分析计算,研究削减水锤的方法,并对管路系统采取水锤的综合防护措施。一方面控制管道在残余水锤作用下,管道的设计内水压力小于管道的试验压力;另一方面防止管道隆起处和水压较低处的水柱被拉断,避免水柱弥合时产生断流水锤的危害。防止管道断流弥合水锤的有效方法是设置调压塔注水和空气阀注气。调压塔注水的方法效果好,但比较麻烦,空气阀注气的方法简单,但排除管道中的气体困难,特别在可能出现水柱弥合处,排气必须缓慢地进行,否则引起的压力升高危害也很大,甚至造成爆管。

长距离输水管道水锤的分析计算可根据工程的规模、重要性以及不同的设计阶段采用相应的方法,目前采用电算方法较普遍。

6 应根据本规范第7.4.4条规定设置管道的支墩,根据本规范第7.4.5条、第7.4.6条、第7.4.8条、第7.4.9条和第7.4.10条规定确定管道附属设施。

7 应根据本规范第7.4.7条规定的原则设置通气设施。长距离输水管道中水的流动是很复杂的,经常出现水气相间甚至气团阻水的现象,影响输水能力,增加能耗和危害管道的运行安全。管道中设置的空气阀,可在管道系统启动(充水)时排气,检修(泄水)时向管体注气,防止管内出现真空,在管路运行时,又能及时地排除和补充管道内的气体,使输水管道安全运行。

长距离输水管道应根据管线的纵向设计、管道的断面、设计水量、工作压力和功能的要求,分析计算确定空气阀的位置、数量、型式和口径。

8 应根据本规范第11.2.3条规定设置测流、测压点,根据本规范第11.3.2条规定设遥测、遥讯、遥控系统,为工程的安全运行和科学管理等创造条件。

9 应根据本规范第7.3.7条、第7.3.8条规定,研究穿越工程的设计和施工方法。

10 应根据现行国家标准《给水排水管道工程施工及验收规范》GB 50268规定,进行管道水压试验及冲洗消毒的设计。

11 重要的和大型的长距离输水工程应做数学水力模型,验证输水工程的设计合理性和安全可靠性。

7.1.8 关于配水管网布置的原则规定。

城镇供水安全性十分重要,一般情况下宜将配水管网布置成环状。考虑到某些中、小城镇等特殊情况,一时不能形成环网,可按枝状管网设计,但是应考虑将来连成环状管网的可能。

7.1.9 关于严禁生活饮用水供水系统与非生活饮用水系统连接的规定。

我国现行国家标准《生活饮用水卫生标准》GB 5749明确规定:"各单位自备的生活饮用水供水系统,不得与城市供水系统连接",结合国内发生的由于管道连接错误造成的饮用水污染事故,故作出本条文规定。

7.1.10 关于配水管网设计水量和设计水压计算及校核要求的规定。

为选择安全可靠的配水系统和确定配水管网的管径、水泵扬程及高地水池的标高等,必须进行配水管网的水力平差计算。为确保管网在任何情况下均能满足用水要求,配水管网除按最高日最高时的水量及控制点的设计水压进行计算外,还应按发生消防时的水量和消防水压要求;最不利管段发生故障时的事故用水量和设计水压要求;最大传输时的流量和水压的要求三种情况进行校核;如校核结果不能满足要求,则需要调整某些管段的管径。

7.1.11 关于管网优化设计的规定。

管网的优化设计是在保证城市所需水量、水压和水质安全可靠的条件下,选择最经济的供水方案及最优的管径或水头损失。管网是一个很复杂的供水系统,管网的布置、调节水池及加压泵站设置和运行都会影响管网的经济指标。因此,要对管网主要干管及控制出厂压力的沿线管道校核其流速的技术经济合理性;对供水距离较长或地形起伏较大的管网进行设置加压泵站的比选;对昼夜用水量变幅较大供水距离较远的管网比较设置调节水池泵站的合理性。

7.1.12 关于压力输水管道削减水锤的原则规定。

压力管道由于急速的开泵、停泵、开阀、关阀和流量调节等,会造成管内水流速度的急剧变化,从而产生水锤,危及管道安全,因此压力输水管道应进行水锤分析计算,采取措施削减开水泵(阀)产生的水锤;防止在管道隆起处与压力较低的部位水柱拉断,产生的水柱弥合水锤。工艺设计一般应采取削减水锤的有效措施,使在残余水锤作用下的管道设计压力小于管道试验压力,以保证输水安全。

7.1.13 按现行国家标准《建筑设计防火规范》中"室外消防给水管道的最小直径不应小于100mm"和"室外消火栓的间距不应超过120m"的规定制定。

7.2 水力计算

7.2.1 关于管道水头损失计算的规定。

管道总的水头损失计算,通常把沿程损失和局部水头损失分别计算,而后把二者进行叠加,即为管道总的水头损失。

7.2.2 关于管道沿程水头损失计算的规定。

改革开放以来给水工程所用管材发生很大变化。灰口铸铁管逐步淘汰,塑料管材(如热塑性的聚氯乙烯管和聚乙烯管,以及热固性的玻璃纤维增强树脂夹砂管等)品种愈来愈多,规格愈来愈齐全,在给水工程中得到了愈来愈广泛的应用。近年来我国成功引进了大口径预应力钢筒混凝土管道生产技术,其管材已广泛应用在输水工程上。此外,应用历史较长的钢管的防腐技术有了进展,已较普遍采用水泥砂浆和涂料做内衬。这样原规范中所采用的以旧钢管和旧铸铁管为研究对象建立的舍维列夫水力计算公式的适用性愈来愈小。现行国家标准《建筑给水排水设计规范》GB 50015对原采用的水力计算公式进行了修正,明确采用海曾-威廉公式作为各种管材水力计算公式。各种塑料管技术规程也规定了相应的水力计算公式。

欧美国家采用的水力计算公式和配水管网计算软件,一般多用海曾-威廉公式。该公式也在国内的一些工程实践中应用,效果较好。基于上述原因,本次修编对原规范采用的水力计算公式进行了修改和补充。

由于各种管材的内壁粗糙度不同,以及受水流流态(雷诺数Re)的影响,很难采用一种公式进行各种材质管道沿程水头损失计算。根据国内外有关水力计算公式的应用情况和国内常用管材的种类与水流流态的状况,并考虑与相关规范(标准)在水力计算方面的协调,本次修订制定了3种类型的水力计算公式。

1 塑料管的沿程水头损失计算采用魏斯巴赫-达西公式,即$h_y = \lambda \cdot \dfrac{l}{d_j} \cdot \dfrac{v^2}{2g}$。魏斯巴赫-达西公式是一个半理论半经验的水力计算公式,适用于层流和紊流,也适用于管流和明渠。塑料管材的管壁光滑,管内水流大多处在水力光滑区和紊流过渡区,所以沿程阻力系数λ的计算,应选择相应的计算公式。《埋地聚氯乙烯给水管道技术规程》CECS 17规定水力摩阻系数λ按勃拉修斯公式$\lambda = \dfrac{0.304}{Re^{0.25}}$计算。《埋地硬聚乙烯给水管道工程技术规程》CJJ 101规定水力摩阻系数λ按柯尔布鲁克-怀特公式$\dfrac{1}{\sqrt{\lambda}} = -2\log\left[\dfrac{2.51}{Re\sqrt{\lambda}} + \dfrac{\Delta}{3.72d_j}\right]$计算。此外内衬与内涂塑料的钢管也宜按公式(7.2.2-1)计算。

2 混凝土管(渠)及已做水泥砂浆内衬的金属管道,采用舍齐公式。该公式可用于紊流阻力平方区的明渠和管流,即$i = \dfrac{h_y}{l} = \dfrac{v^2}{C^2 R}$,$C = \dfrac{1}{n}R^y$。$y$值的计算可根据水力条件,选用巴甫洛夫公式,即$y = 2.5\sqrt{n} - 0.13 - 0.75\sqrt{R}(\sqrt{n} - 0.1)$,或者$y$取$\dfrac{1}{6}$,即$C = \dfrac{1}{n}R^{1/6}$曼宁公式计算。管道沿程水力计算一般情况下多采用曼宁公式。公式(7.2.2-2)国内多用在输水管道。

3 输配水管道以及配水管网水力平差可采用海曾-威廉公式(7.2.2-5)计算。另外,现行国家标准《建筑给水排水设计规范》GB 50015和国内管网平差水力计算软件也采用海曾-威廉公式。

几种沿程水头损失计算公式都有一个重要的水力摩阻系数(n、C_h、Δ)。摩阻系数与水流雷诺数Re和管道的相对粗糙度有关。也就是管道的摩阻系数与管道的流速、管道的直径、内壁光滑程度及水的粘滞度有关。近些年来国内制管工艺、技术、设备都有较大的进步,管材内壁光滑程度也有很大的提高,因此摩阻系数呈逐渐减小的趋势。有些工程检测值比较过去国内有关资料的推荐值都小。

为了使设计人员在进行水力计算时能选取恰当的摩阻系数,根据日本土木学会编制的《水力公式集》、前苏联A.M库尔干诺夫和H.Φ非得诺夫编的《给水排水系统水力计算手册》、武汉水利电力学院编的《水力计算手册》、《给水排水设计手册》、日本水道协会编的《水道施设设计指南、解说》、美国《混凝土压力管手册》(M9)、《建筑给水排水设计规范》GB 50015等有关资料,汇编了"各种管道沿程水头损失水力计算参数(n、C_h、Δ)值",见表9,可供设计人员根据工程的具体情况选用。

表9 各种管道沿程水头损失水力计算参数(n、C_h、Δ)值

管道种类		粗糙系数 n	海曾-威廉系数 C_h	当量粗糙度 Δ(mm)
钢管、铸铁管	水泥砂浆内衬	0.011~0.012	120~130	
	涂料内衬	0.0105~0.0115	130~140	
	旧钢管、旧铸铁管(未做内衬)	0.014~0.018	90~100	
混凝土管	预应力混凝土管(PCP)	0.012~0.013	110~130	
	预应力钢筒混凝土管(PCCP)	0.011~0.0125	120~140	

续表9

管道种类	粗糙系数 n	海曾-威廉系数 C_h	当量粗糙度 Δ(mm)
矩形混凝土管DP(渠)道(现浇)	0.012~0.014	—	—
化学管材(聚乙烯管、聚氯乙烯管、玻璃纤维增强树脂夹砂管等),内衬与内涂塑料的钢管	—	140~150	0.010~0.030

7.2.3 关于管道局部水头损失计算的规定。

管道局部水头损失和管线的水平及竖向平顺等情况有关。调查国内几项大型输水工程的管道局部水头损失数值,一般占沿程水头损失的5%~10%。所以一些工程在可研阶段,根据管线的敷设情况,管道局部水头损失可按沿程水头损失的5%~10%计算。

配水管网水力平差计算,一般不考虑局部水头损失。

7.3 管道布置和敷设

7.3.1 关于管道埋设深度及有关规定。

管道埋设深度一般应在冰冻线以下,管道浅埋时应进行热力计算。

露天铺设的管道,为消除温度变化引起管道伸缩变形,应设置伸缩器等措施。但近年来由于露天管道加设伸缩器后,忽略管道整体稳定,从而造成管道在伸缩器处拉脱的事故时有发生,因此本条文增加了保证管道整体稳定的要求。

7.3.2 关于给水管道布置的原则规定。

根据现行国家标准《城市工程管线综合规划规范》GB 50289,对城镇给水管道的平面布置和竖向位置作出本条文规定。

7.3.3 关于给水管道与建(构)筑物和其他管线最小水平净距的规定。

根据现行国家标准《城市工程管线综合规划规范》GB 50289,对城镇给水管道与建(构)筑物和其他工程管线间的水平距离作出本条文规定。受道路宽度以及现有工程管线位置等因素限制难以满足时,可根据实际情况采取安全措施,减少其最小水平净距。

给水管线与高速公路的水平间距,可结合高速公路规定协商确定。

7.3.4 关于给水管道与其他管线最小垂直净距的规定。

根据现行国家标准《城市工程管线综合规划规范》GB 50289,对城镇给水管道与其他工程管线交叉时的垂直距离作出本条文规定。

给水管线与高速公路交叉时的垂直距离,可结合高速公路有关规定协商确定。

7.3.5 关于生活饮用水管穿过毒物污染及腐蚀性地段的规定。

7.3.6 关于给水管道与污水管道或输送有毒液体管道交叉时的有关规定。

7.3.7 关于给水管道与铁路交叉的原则规定。

7.3.8 关于给水管道穿越河道时的原则规定。

现行国家标准《防洪标准》GB 50201中规定了不同等级管道的不同防洪标准,并规定"从洪水期冲刷较剧烈的水域(江河、湖泊)底部穿过的输水、输油、输气等管道工程,其埋深应在相应的防洪标准洪水的冲刷深度以下"。

现行国家标准《城市工程管线综合规划规范》GB 50289中规定"在一~五级航道下面敷设,应在航道底设计高程2m以下;在其他河道下面敷设,应在河底设计高程1m以下;当在灌溉渠道下面敷设,应在渠底设计高程0.5m以下"。因此本条文修订了原规范中管道穿越河道时,管道埋设深度的规定。

7.3.9 关于管道地基、基础、垫层及回填土压实密度的规定。

7.3.10 关于管道试验压力及水压试验要求的规定。

7.4 管渠材料及附属设施

7.4.1 关于输配水管道管材选择的规定。

近年来国内管材发展较快,新型管材较多,设计中应根据工程具体情况,通过技术经济比较,选择安全可靠的管材。

目前,国内输水管道管材一般采用预应力钢筒混凝土管、钢管、球墨铸铁管、预应力混凝土管、玻璃纤维增强树脂夹砂管等。配水管道管材一般采用球墨铸铁管、钢管、聚乙烯管、硬质聚氯乙烯管等。

7.4.2 关于金属管道防腐措施的原则规定。

金属管道防腐处理非常重要,它将直接影响水体的卫生安全以及管道使用寿命和运行可靠。

金属管道表面除锈的质量、防腐涂料的性能、防腐层等级与构造要求,涂料涂装的施工质量以及验收标准等,应遵守现行国家标准《给水排水管道工程施工及验收规范》GB 50268 等的规定。内防腐如采用水泥砂浆衬里,还应遵守《埋地给水钢管道水泥砂浆衬里技术标准》CECS 10 的规定。

非开挖施工给水管道(如顶管、夯管等)防腐层的设计与要求,应根据工程的具体情况确定。

7.4.3 关于输配水管道的管材、金属管道内防腐材料、承插管接口处填充材料卫生安全的规定。

7.4.4 关于非整体连接管道支墩设置的规定。

非整体连接管道一般指承插式管道(包括整体连接管道设有伸缩节又不能承受管道轴向力的情况)。

非整体连接管道在管道的垂直和水平方向转弯点、分叉处、管道端部堵头处,以及管径截面变化处都会产生轴向力。埋地管道一般设置支墩支撑。支墩的设计应根据管道设计内水压力、接口摩擦力,以及地基和周围土质的物理力学指标,根据现行国家标准《给水排水工程管道结构设计规范》GB 50332 规定计算确定。

7.4.5 关于输水管道和配水管网设置检修阀门的规定。

输水管的始点、终点、分叉处一般设置阀门;管道穿越大型河道、铁路主干线、高速公路和公路的主干线,根据有关部门的规定结合工程的具体情况设置阀门。输水管还应考虑自身检修和事故时维修所需要设置的阀门,并考虑阀门拆卸方便。

根据消防的要求,配水管网上两个阀门之间消火栓数量不宜超过 5 个。

7.4.6 关于输配水管道设调压(流)装置的规定。

7.4.7 关于输水管(渠)道和配水管道设置通气设施的规定。

输水管(渠)、配水管道的通气设施是管道安全运行的重要措施。通气设施一般采用空气阀,其设置(位置、数量、型式、口径)可根据管线纵向布置等分析研究确定,一般在管道的隆起点上必须设置空气阀,在管道的平缓段,根据管道安全运行的要求,一般也宜间隔 1000m 左右设一处空气阀。

配水管道空气阀设置可根据工程需要确定。

7.4.8 关于输水管道和配水管网设置泄水阀和排水阀的规定。

泄水阀(排水阀)的作用是考虑管道排泥和管道检修排水以及管道爆管维修的需要而设置的,一般输水管(渠)、配水管网低注处及两个阀门间管段的低处,应根据工程的需要设置泄水阀(排水阀)。泄水阀(排水阀)的直径可根据放空管道中水所需要的时间计算确定。

根据一些自来水公司反馈的意见,配水管网在事故修复后,由于缺少必要的冲洗设施,造成用户水质污染的事例时有发生,故环状管网在两个阀门间宜设置泄水阀(排水阀),在枝状管网的末端应设置泄水阀(排水阀)。

7.4.9 关于输水管道设置人孔的规定。

7.4.10 关于非满流重力输水管(渠)道跌水井等的设置规定。

7.5 调蓄构筑物

7.5.1 关于净水厂内清水池有效容积的规定。

根据多年来水厂的运行及设计单位的实践经验,管网无调节构筑物时,净水厂内清水池的有效容积为最高日设计水量的 10%~20%,可满足调节要求。对于小型水厂,建议采用大值。

7.5.2 关于在水厂外设置调蓄构筑物的原则规定。

大中城市供水区域较大,供水距离远,为降低水厂送水泵房扬程,节省能耗,当供水区域有合适的位置和适宜的地形可建调节构筑物时,应进行技术经济比较,确定是否需要建调节构筑物(如高位水池、水塔、调节水泵泵站等)。调节构筑物的容积应根据用水区域供需情况及消防储备水量等确定。当缺乏资料时,亦可参照相似条件下的经验数据确定。

7.5.3 关于清水池个数或分格数的规定。

为确保供水安全,设计时应考虑当某个清水池清洗或检修时仍能维持正常生产。

7.5.4 关于生活饮用水清水池和调节构筑物平面布置及工艺布置的有关规定。

规定的主要目的是防止饮用水被污染。在管网中饮用水调节构筑物的选址时,尤其应注意其周围可能存在的对饮用水水质的潜在污染。本条文规定了生活饮用水清水池和调节构筑物与污染源的最小距离。

7.5.5 关于水塔设置避雷装置的规定。

8 水厂总体设计

8.0.1 提出水厂厂址选择的主要技术要求。

水厂厂址选择正确与否,涉及到整个供水工程系统的合理性,并对工程投资、建设周期和运行维护等方面都会产生直接的影响。影响水厂厂址选择的技术要求很多,设计中应通过技术经济比较确定水厂厂址。

当原水浑浊度高、泥沙量大需要设置预沉设施时,预沉设施一般宜设在水源附近。

8.0.2 关于水厂总体布置的规定。

水厂总体设计应根据水质要求、建设条件,在已确定的工艺组成和各工序功能目标以及处理构筑物形式的基础上,通过技术经济比较确定水厂总体布置方案。

水厂平面布置依据各建(构)筑物的功能和流程综合确定,通过道路、绿地等进行适当的功能分区。竖向设计应满足流程要求并兼顾生产排水及厂区土方平衡,并考虑预处理和深度处理、排泥水处理及回用水建设等可能的发展余地。

水厂附属建筑和附属设施应以满足正常生产需要为主,非经常性使用设备应充分利用当地条件,坚持专业化协作、社会化服务的原则,尽量减少配套工程设施和生活福利设施。

8.0.3 关于水厂生产构筑物布置的原则规定。

当水厂位于丘陵地区或山坡时,厂址的土方平整量往往很大,如生产构筑物能根据流程和埋深进行合理布置,充分利用地形,则可使挖方量与填方量基本达到平衡,并可节约能耗、排水顺畅。

为使操作管理方便,水厂生产构筑物应布置紧凑,但构筑物间的间距必须满足各构筑物施工及埋设管道的需要。寒冷地区因采暖需要,生产构筑物应尽量集中布置,以减少建筑面积和能耗。

构筑物间的联络管道应尽量顺直,避免迂回,以减少流程损失。

8.0.4 为使水厂布置合理和整洁,并使运行维护方便,提出机电修理车间及仓库等附属生产建筑物与生产构筑物协调布置的原则规定。

8.0.5 水厂是安全和卫生防护要求很高的部门,为避免生活福利设施中人员流动和污水、污物排放的影响,条文规定水厂生产构筑物与水厂生活设施宜分开布置。

8.0.6 当水厂可能遭受洪水威胁时,应采取必要的防洪设施,且其防洪标准不应低于该城市的防洪标准,并应留有适当的安全裕度,以确保发生设计洪水时水厂能够正常运行。

8.0.7 参照1994年由建设部主编的《城市给水工程项目建设标准》第十一条、第五十四条及条文说明,规定了水厂对供电电源等级的要求。

——一类城市:首都、直辖市、特大城市、经济特区以及重点旅游城市;

——二类城市:省会城市、大城市、重要中等城市;

——三类城市:一般中等城市、小城市。

8.0.8 水厂生产操作自动控制水平应以保证水质、经济实用、保障运行、提高管理水平为原则,并应根据城市类别、水厂规模和流程要求,设置在线水质和计量设备,经过技术经济比较确定相应的生产操作方式和自动化控制方案。大型水厂可采用集中监视、分散控制的集散型微机控制系统,监视主要设备运行状况及工艺参数,对有条件的生产过程实现自动控制。中型水厂,有条件时可采用集中监测、微机数据采集、仪表监测系统,重要处理单元实现自动控制,浊度及余氯应连续测定。小型水厂,近期宜以手动为主,将来可逐步实现生产操作的自动控制,有条件时可在某些重要单元采用可编程序控制器实现自动控制,如投药、加氯、沉淀池排泥的自动控制与滤池反冲洗自动控制等。

大型水厂应建立中心调度室,及时了解生产构筑物的运行状态和主要工艺参数,以便及时采取措施,进行平衡调度,保证安全供水,有条件时应掌握管网的运行信息。

8.0.9 关于并联运行的净水构筑物间应考虑配水均匀的规定。

水厂若有两组以上相同流程的净水构筑物时,构筑物的进水管布置应考虑配水的均匀性,使每组净水构筑物的负荷达到均匀。并联运行的生产构筑物宜设置必要的连通管道,通过闸门进行切换或超越,灵活组合。

8.0.10 水厂中加药间、沉淀池和滤池是操作联系频繁的构(建)筑物,为有利于操作人员巡视和取样,应考虑相互间通行方便和安全。据调查,不少水厂采用天桥等连接方式作为构(建)筑物间的联络过道,以避免上下频繁走动。

为保证生产人员安全,构筑物及其通道应根据需要设置适用的栏杆、防滑梯等安全保护设施。

8.0.11 关于水厂设置露天堆放场地的规定。

在布置水厂平面时,需考虑设置堆放管配件的场地。堆放场地宜设置在水厂边缘地区,不宜设置在主干道两侧。滤池翻砂需专设场地,场地大小应不小于堆放一只滤池的滤料和支承料所需面积。滤池翻砂场地尽可能设在滤池附近。

8.0.12 关于水厂内建筑物建筑设计的原则规定。

城镇水厂在满足实用和经济的条件下,还应考虑美观,但应符合水厂的特点,强调简洁、质朴,不宜过于豪华,避免色彩多样或过多的装饰。

8.0.13 寒冷地区的净水构筑物应根据水面结冰情况及当地运行经验确定是否设盖或建在室内,以保证构筑物正常运行。漂尘或亲水昆虫严重地区,净水构筑物可采取设盖或必要的防护措施,以保证处理后水质。

8.0.14 关于生产和附属生产、生活等建筑物防火设计的原则规定。

8.0.15 关于水厂道路的有关规定。

车行道宽度和转弯半径系根据现行国家标准《厂矿道路设计规范》GBJ 22的规定。

8.0.16 关于水厂排水系统设计的原则规定。

为使生产构筑物的排泥通畅,并及时将厂区雨水排出,水厂应设有排水系统。当条件允许时,水厂排水首先应考虑重力流排放。若采用重力流排放有困难时,可在厂区内设置排水调节池和排水泵,通过提升后排放。

设计降雨重现期取值应结合厂区地势情况确定,大型水厂的生产区宜取高值。

8.0.17 水厂的排泥水量占水厂制水量的3%~7%,主要来自沉淀池排泥和滤池反冲洗。排泥水中主要含有原水中的悬浮物质和所投加混凝剂的少量残留物。近年来,我国部分规模较大的新建和扩建水厂已实施排泥水的处理和泥渣的处置,但大多数水厂目前还未对排泥水作处理。考虑到我国实际情况,凡排泥水排入河道、沟渠会造成水体、沟渠淤塞的水厂,宜对排泥水进行处理,处理过程中产生的脱水泥渣应妥善处置。

8.0.18 关于设置水厂围墙的规定。

水厂围墙主要为安全而设置,故围墙高度不宜太低,一般采用2.5m以上为宜。

为避免脱水泥渣运输影响厂区环境,宜在排泥水处理构筑物附近设置脱水泥渣运输专用通道及出入口。

8.0.19 关于水厂绿化的规定。水厂绿化要求较高,应在节约用地原则下,通过合理布局增加绿化面积。为避免清水池池顶因绿化施肥而影响清水水质,应限制施用对水质有害的肥料和杀虫剂。

9 水 处 理

9.1 一般规定

9.1.1 水处理工艺流程的选用及主要构筑物的组成是净水处理能否取得预期处理效果和达到规定的处理后水质的关键。原规范只提出"参照相似条件下水厂的运行经验、结合当地条件,通过技术经济比较综合研究确定",这次修订根据改革开放以来我国经济发展和技术进步的实际,结合当前水源水质的现状和供水水质要求的提高,增加了经过调查研究以及不同工艺组合的试验,以使水处理工艺流程的选用及主要构筑物的组成更科学合理,更切实际。

9.1.2 规定了水处理构筑物的设计水量应按最高日供水量加自用水量确定。

水厂的自用水量系指水厂内沉淀池或澄清池的排泥水、溶解药剂所需用水、滤池冲洗水以及各种处理构筑物的清洗用水等。自用水率与构筑物类型、原水水质和处理方法等因素有关。根据我国各地水厂经验,当滤池反冲洗水不回用时,一般自用水率为5%~10%。上限用于原水浊度较高和排泥频繁的水厂;下限用于原水浊度较低、排泥不频繁的水厂。当水厂采用滤池反冲洗水回用时,自用水率约可减少1.5%~3.0%。

9.1.3 关于水处理构筑物设计校核条件的规定。通常水处理构筑物按最高日供水量加自用水量进行设计。但当遇到低温、低浊或高含沙量而处理较困难时,尚需对这种情况下所要求的最大供水量的相应设计指标进行校核,保证安全、保证水质。

9.1.4 净水构筑物和设备常因清洗、检修而停运。通常清洗和检修都计划安排在一年中非高峰供水期进行,但净水构筑物和设备的供水能力仍应满足此时的用户用水需要,不可因某一构筑物或设备停止运行而影响供水,否则应设置足够的备用构筑物或设备,以满足水厂安全供水的要求。

9.1.5 净水构筑物除设置必需的进、出水管外,还应根据需要设置辅助管道和设施,以满足构筑物排泥、排空、事故时溢流以及冲洗等要求。

9.1.6 根据充分利用水资源和节约水资源的要求,滤池反冲洗水可以加以回收利用。20世纪80年代以来,不少水厂采用了回收利用的措施,取得了一定的技术经济效果。但随着人们对水质要求的日益提高,对回用水中的锰、铁等有害物质的积累,特别是近年来国内外关注的贾弟氏虫和隐孢子虫的积累,应予重视。因此,在考虑回用时,要避免有害物质和病原微生物的积累而影响出水水质,采取必要措施。必要时,经技术经济比较,也可采取适当处理后再予以回用,以达到既能节约水资源又能保证水质的目的。

发生于1993年美国密尔沃基市的严重的隐孢子虫水质事故,引起各国密切关注。事故的原因之一是利用了滤池冲洗废水回用。为此美国等国家制定了滤池反冲洗水回用条例。加州、俄亥俄州等对回流水量占总进水量的比例作了规定。因此本规范规定滤池反冲洗水回用应尽可能均匀。

9.2 预 处 理

9.2.1 规定了预处理的适用范围。

常规处理或常规—深度处理的出水不能符合生活饮用水水质要求时,可先进行预处理。根据原水水质条件,预处理设施可分为连续运行构筑物和间歇性、应急性处理装置两类。

9.2.2 当原水含沙量很高,致使常规净水构筑物不能负担或者药剂投加量很大仍不能达到水质要求时,宜在常规净水构筑物前增设预沉池或建造供沙峰期间取用的蓄水池。

9.2.3 关于预沉方式选择的有关规定。一般预沉方式有沉沙池、沉淀池、澄清池等自然沉淀或凝聚沉淀等多种形式。当原水中的悬浮物大多为沙性大颗粒时,一般可采取沉沙池等自然沉淀方式;当原水含有较多粘土性颗粒时,一般采用混凝沉淀池、澄清池等凝聚沉淀方式。

9.2.4 关于预沉池设计数据的原则规定。因原水泥沙沉降形态是随泥沙含量和颗粒组成的不同而各不相同,故条文规定了设计数据应根据原水沉淀试验或类似水厂运行经验进行确定。

9.2.5 关于预沉池设计依据的规定。由于预沉池一般按沙峰持续时间的日平均含沙量设计,因此当含沙量超过日平均值时,有可能难以达到预沉的效果,故条文规定了设计时应考虑留有在预沉池中投加凝聚剂或采取适当加大凝聚剂投配措施的可能。

9.2.6 由于预沉池的沉泥多为无机质颗粒,沉速较大,当沉淀区面积较大时,为保证池内泥沙及时排除,应采取机械排泥方式。

9.2.7 规定了生物预处理的适用范围和使用条件。

在下述情况下可以采用生物预处理:原水中氨氮、有机微污染物浓度较高或嗅阈值较大,常规处理后的出水难以符合饮用水的水质标准;进水中藻类含量高,造成滤池容易堵塞,过滤周期缩短。

在生物预处理的工程设计之前,应先用原水做该工艺的试验,试验时间宜经历冬夏两季。原水的可生物降解性可根据 BDOC 或 BOD_5/COD_{Cr} 比值鉴别。国内5座水厂长期试验结果表明,BOD_5/COD_{Cr} 比值宜大于0.2。

9.2.8 人工填料生物预处理池的人工填料可采用弹性填料、蜂窝填料和轻质悬浮填料等。人工填料生物预处理池,如深圳某特大型弹性填料生物处理工程、日本某水厂蜂窝生物预处理池以及国内众多人工填料生物预处理池都采用了穿孔管曝气。

9.2.9 人工填料生物接触氧化池的水力停留时间和曝气气水比,是根据国内实际工程以及日本某水厂的运行数据作出的规定。其上限值一般用于去除率要求较高或有机微污染物浓度较高时。

9.2.10 生物颗粒滤池宜气水反冲洗。填料粒径宜为2~5mm,其他主要运行参数的规定系参考国内实际工程的运行数据。

生物陶粒滤池在过滤运行期间,当原水 COD_{Mn}、氨氮浓度较低时,根据处理效果实况,可以暂时停止曝气。

9.2.11 处理水加氯后,三卤甲烷等消毒副产物的生成量与前体物浓度、加氯量、接触时间成正相关。研究表明,在预沉池之前投氯,三卤甲烷等生成量最高,快速混合池次之,絮凝池再次,混凝沉淀池后更少。三卤甲烷等生成量还与氯碳比值成正比,加氯量大、

游离性余氯量高则三卤甲烷等浓度也高。为了减少消毒副产物的生成量,氯预氧化的加氯点和加氯量应合理确定。

9.2.12 采用臭氧预氧化,应符合本规范第9.9节相关条款的规定。

臭氧可与水中溴离子(Br^-)反应生成溴酸根(BrO_3^-),系致癌物。美国水质标准的溴酸根浓度为 $10\mu g/L$,以后还可能降低标准值;世界卫生组织标准值为 $25\mu g/L$。水中溴离子浓度愈高或臭氧投加量愈大,则溴酸根生成量愈大。

臭氧预氧化接触时间的长短,与接触装置类型有关。深圳某2座水厂臭氧预氧化接触时间分别为 2min、8min。目前国内的设计参数一般为 1~10min。美国某3座水厂臭氧预氧化接触时间为 4~9min,加拿大某水厂 8min,瑞士某水厂 11~58min。为使原水与预臭氧充分混合,臭氧预氧化的接触时间可为 2~5min。

9.2.13 采用高锰酸钾预氧化的规定。

1 高锰酸钾投加点可设在取水口,经过与原水充分混合反应后,再与氯、粉末活性炭等混合。高锰酸钾预氧化后再加氯,可降低水的致突变性。高锰酸钾与粉末活性炭混合投加时,高锰酸钾用量将会升高。如果需要在水厂内投加,高锰酸钾投加点可设在快速混合之前,与其他水处理剂投加点之间宜有 3~5min 的间隔时间。

2 二氧化锰为不溶性胶体,必须通过后续滤池过滤去除,否则出厂水有颜色。

3 高锰酸钾投加量取决于原水水质。国内外研究资料表明,控制部分臭味约为 0.5~2.5mg/L;去除有机微污染物约为 0.5~2mg/L;去除藻类约为 0.5~1.5mg/L;控制加氯后水的致突变活性约为 2mg/L。故规定高锰酸钾投加一般为 0.5~2.5mg/L。

运行中控制高锰酸钾投加量应精确,一般应通过烧杯搅拌试验确定。投量过高可能使滤后水锰的浓度增高而具有颜色。在生产运行中,可根据投加高锰酸钾后沉淀池或絮凝池水的颜色变化鉴别投量效果,也可用精密设备准确控制投加量。

4 美国水厂投加量在 11.3kg/d 以上时多采用干投。

9.2.14 规定了粉末活性炭吸附的使用条件。当一年中原水污染时间不长或应急需要或水的污染程度较低,以采用粉末活性炭吸附为宜;长时间或连续性处理,宜采用粒状活性炭吸附。

1 粉末活性炭投加于原水中,进行充分混合,接触 10~15min 以上之后,再加氯或混凝剂。除在取水口投加以外,根据实验结果也可在混合池、絮凝池、沉淀池中投加。

2 粉末活性炭的用量范围是根据国内外生产实践用量规定的。

3 湿投粉末活性炭的炭浆浓度一般采用 5%~10%。

4 大型水厂的湿投法,可在炭浆池内液面以下开启粉末活性炭包装,避免产生大量的粉尘。

9.3 混凝剂和助凝剂的投配

9.3.1 关于混凝剂和助凝剂产品质量要求的规定。

混凝剂和助凝剂是水处理工艺中添加的化学物质,其成分将直接影响生活饮用水水质。选用的产品必须符合卫生要求,从法律上保证对人体无毒,对生产用水无害的要求。

聚丙烯酰胺常被用作处理高浊度水的混凝剂或助凝剂。聚丙烯酰胺是由丙烯酰胺聚合而成,其中还剩有少量未聚合的丙烯酰胺的单体,这种单体是有毒的。饮用水处理用聚丙烯酰胺的单体丙烯酰胺含量应符合现行国家标准《水处理剂聚丙烯酰胺》GB 17514 规定的 0.05% 以下。

9.3.2 关于混凝剂和助凝剂品种选择的规定。

混凝剂和助凝剂的品种直接影响混凝效果,而其用量还关系到水厂的运行费用。为了正确地选择混凝剂品种和投加量,应以原水作混凝沉淀试验的结果为基础,综合比较其他方面来确定。

采用助凝剂的目的是改善絮凝结构,加速沉降,提高出水水质,特别对低温低浊度水以及高浊度水的处理,助凝剂更具明显作

用。因此,在设计中对助凝剂是否采用及品种选择也应通过试验来确定。

缺乏试验条件或类似水源已有成熟的水处理经验时,则可根据相似条件下的水厂运行经验来选择。

9.3.3 关于混凝剂投配方式和稀释搅拌的规定。

根据对全国 31 个自来水公司近 50 个水厂的函调,一般都采用液体投加方式,其中有许多水厂为减轻水厂操作人员的劳动强度和消除粉尘污染,直接采用液体原料混凝剂,存放在毗连的专用储备池。在投配前,将液体原料混凝剂稀释搅拌至投配所需浓度。而固体混凝剂因占地小,又可长期存放,仅作为备份。有条件的水厂都应直接采用液体原料混凝剂。

液体投加的搅拌方式取决于选用混凝剂的易溶程度。当混凝剂易溶解时,可利用水力搅拌方式。当混凝剂难以溶解时,则宜采用机械或压缩空气来进行搅拌。此外,投加量的大小也影响搅拌方式的选择。投加量小可采用水力方式,投加量大则宜用机械或压缩空气搅拌。

聚丙烯酰胺的配制和投加方法应按国家现行标准《高浊度水给水设计规范》CJJ 40 相关条文执行。

9.3.4 关于液体投加混凝剂时溶解次数的规定。

现场调查,各地水厂一般均采用每日 3 次,即每班 1 次。

为使固体混凝剂投入溶解池操作方便及减轻劳动强度,混凝剂投加量较大时,宜设机械运输设备或采用溶解池放在地下的布置形式,以避免固体混凝剂在投放时的垂直提升。

9.3.5 关于混凝剂投加浓度的规定。本条文的溶液浓度是指固体重量浓度,即按包括结晶水的商品固体重量计算的浓度。

混凝剂的投加应具有适宜的浓度,在不影响投加精确度的前提下,宜高不宜低。浓度过低,则设备体积大,液体混凝剂还会发生水解。例如三氯化铁在浓度小于 6.5% 时就会发生水解,易造成输水管道结垢。无机盐混凝剂和无机高分子混凝剂的投加浓度一般为 5%～7%(扣除结晶水的重量)。有些混凝剂当浓度太高时容易对溶液池造成较强腐蚀,故溶液浓度宜适当降低。

9.3.6 关于石灰投加的规定。

石灰不宜干投,应制成石灰乳投加。以免粉末飞扬,造成工作环境的污染。

9.3.7 关于计量和稳定加注量的规定。

按要求正确投加混凝剂量并保持加注量的稳定是混凝处理的关键。根据对全国 31 个自来水公司近 50 个水厂的函调,大多采用柱塞计量泵或隔膜计量泵投加,其优点是运行可靠,并可通过改变计量泵行程或变频调节混凝剂投量,既可人工控制也可自动控制。设计中可根据具体条件选用。

有条件的水厂,设计中应采用混凝剂(包括助凝剂)投加量自动控制系统,其方法目前有特性参数法、数学模型法、现场模拟实验法等。无论采用何种自动控制方法,其目的是为达到最佳投加量且能即时调节、准确投加。

9.3.8 关于与混凝剂接触的防腐措施的规定。

常用的混凝剂或助凝剂一般对混凝土及水泥砂浆等都具有一定的腐蚀性,因此对与混凝剂或助凝剂接触的池内壁、设备、管道和地坪,应根据混凝剂或助凝剂性质采取相应的防腐措施。混凝剂不同,其腐蚀性能也不同。如三氯化铁腐蚀性较强,应采用较高标准的防腐措施。而且三氯化铁溶解时释放大量的热,当溶液浓度为 20% 时,溶解温度可达 70℃ 左右。一般池内壁可采用涂刷防腐涂料等,也可采用大理石贴面砖、花岗岩贴面砖等。

9.3.9 关于加药间劳动保护措施的规定。

加药间是水厂中劳动强度较大和操作环境较差的部门,因此对于卫生安全的劳动保护需特别注意。有些混凝剂在溶解过程中将产生异臭和热量,影响人体健康和操作环境,故必须考虑有良好的通风条件等劳动保护措施。

9.3.10 关于加药间宜靠近投药点的规定。

为便于操作管理,加药间应与药剂仓库(或药剂储备池)毗连。加药间(或药剂储备池)应尽量靠近投药点,以缩短加药管长度,确保混凝效果。

9.3.11 关于加药间的地坪应有排水坡度的规定。

9.3.12 关于药剂仓库及加药间设置计量工具和搬运设备的规定。

药剂仓库内一般可设磅秤为计量设备。固体药剂的搬运是劳动强度较大的工作,故应考虑必要的搬运设备。一般大中型水厂的加药间内可设悬挂式或单轨起吊设备和皮带运输机。

9.3.13 关于固体混凝剂或液体原料混凝剂的固定储备和周转储备量的规定。

根据对全国 31 个自来水公司近 50 个水厂的函调,固体混凝剂或液体混凝剂的固定储备量一般都按最大投加量的 7～15d 计算,其周转储备量则可根据当地具体条件确定。

9.3.14 关于固体混凝剂和石灰堆放高度的规定。

9.4 混凝、沉淀和澄清

Ⅰ 一 般 规 定

本节所述沉淀和澄清均指通过添加混凝剂后的混凝沉淀和澄清。自然沉淀(澄清)与混凝沉淀(澄清)有较大区别,本节规定的各项指标不适用于自然沉淀(澄清)。

9.4.1 关于沉淀和澄清池类型选择的原则规定。

随着净水技术的发展,沉淀和澄清构筑物的类型越来越多,各地均有不少经验。在不同情况下,各类池型有其各自的适用范围。正确选择沉淀池、澄清池型式,不仅能保证出水水质、降低工程造价,而且对投产后长期运行管理等方面均有重大影响。设计时应根据原水水质、处理水量和水质要求等主要因素,并考虑水质、水温和水量的变化以及是否间歇运行等情况,结合当地成熟经验和管理水平等条件,通过技术经济比较确定。

9.4.2 规定了沉淀池和澄清池的最少个数。

在运行过程中,有时需要停池清洗或检修,为不致造成水厂停产,故规定沉淀池和澄清池的个数或能够单独排空的分格数不宜少于 2 个。

9.4.3 规定了沉淀池和澄清池应考虑均匀配水和集水的原则。

沉淀池和澄清池的均匀配水和均匀集水,对于减少短流,提高处理效果有很大影响。因此,设计中必须注意配水和集水的均匀。对于大直径的圆形澄清池,为达到集水均匀,还应考虑设置辐射槽集水的措施。

9.4.4 关于沉淀池积泥区和澄清池沉泥浓缩(斗)容积的规定。

9.4.5 规定了沉淀池或澄清池设置机械化和自动化排泥的原则。

沉淀池或澄清池沉泥的及时排除对提高出水水质有较大影响。当沉淀池或澄清池排泥较频繁时,若采用人工开启阀门,劳动强度较大,故宜考虑采用机械化和自动化排泥装置。平流沉淀池和斜管沉淀池一般常可采用机械吸泥机或刮泥机;澄清池则可采用底部转盘式机械刮泥装置。

考虑到各地加工条件及设备供应条件不一,故条文中并不要求所有水厂都应达到机械化、自动化排泥,仅规定了在规模较大或排泥次数较多时,宜采用机械化和自动化排泥装置。

9.4.6 关于澄清池絮凝区应设取样装置的规定。

为保持澄清池的正常运行,澄清池需经常检测沉渣的沉降比,为此规定了澄清池絮凝区应设取样装置。

Ⅱ 混 合

9.4.7 混合是指投入的混凝剂被迅速均匀地分布于整个水体的过程。在混合阶段中胶体颗粒间的排斥力被消除或其亲水性被破坏,使颗粒具有相互接触而吸附的性能。据有关资料显示,对金属盐混凝剂普遍采用急剧、快速的混合方法,而对高分子聚合物的混合则不宜过分急剧。故本条规定"使药剂与水进行恰当的急剧、充分混合"。

9.4.8 关于混合方式的规定。

给水工程中常用的混合方式有水泵混合、管式混合、机械混合以及管道静态混合器等,其中水泵混合可视为机械混合的一种特殊形式,管式混合和管道静态混合器属水力混合方式。目前国内应用较多的混合方式为管道静态混合器混合和机械混合。水力混合效果与处理水量变化关系密切,故选择混合方式时还应考虑水量变化的因素。

Ⅲ 絮 凝

9.4.9 关于絮凝池与沉淀池合建的原则规定。

为使完成絮凝过程所形成的絮粒不致破碎,宜将絮凝池与沉淀池合建成一个整体构筑物。

9.4.10 关于选用絮凝池型式和絮凝时间的原则规定。

9.4.11 关于隔板絮凝池设计参数的有关规定。

隔板絮凝池的设计指标受原水浊度、水温、被去除物质的类别和浓度的影响。根据多年来水厂的运行经验,一般可采用絮凝时间为20～30min;起端流速0.5～0.6 m/s;末端流速0.2～0.3m/s。故本条对絮凝时间和廊道的流速作了相应规定。为便于施工和清洗检修,规定了隔板净距一般宜大于0.5m。

9.4.12 关于机械絮凝池设计参数的有关规定。

实践证明,机械絮凝池絮凝效果较隔板絮凝池为佳,故絮凝时间可适当减少。根据各地水厂运行经验,机械絮凝时间一般宜为15～20min。

9.4.13 关于折板絮凝池设计参数的有关规定。

折板絮凝池是在隔板絮凝池基础上发展起来的,目前已得到广泛应用。各地根据不同情况采用了平流折板、竖流折板、竖流波纹板等型式,以采用竖流折板较多。竖流折板又分同步、异步两种型式。经过多年来的运转证明,折板絮凝具有对水量和水质变化的适应性较强、投药量少、絮凝效率高、停留时间短、能量消耗省等特点,是一种高效絮凝工艺。

本条文是在总结国内实践经验的基础上制定的。

1 原规范条文中对絮凝时间规定"一般宜为6～15min",现据调查,目前大多数水厂所采用絮凝时间为12～20min。据此本条文修订为"絮凝时间为12～20min"。

2 据调查,各地水厂设计中,大多根据逐段降低流速的要求,将絮凝池分为3段,第一段流速一般采用0.25～0.35m/s,第二段流速一般为0.15～0.25m/s,第三段一般采用0.10～0.15m/s。

3 据调查,已安装的折板絮凝池,第一段、第二段一般采用折板,第三段一般采用直板,其折板夹角大部分采用120°和90°两种。本条订为90°～120°。设计时可根据池深、折板材料及安装条件选用。

9.4.14 关于栅条(网格)絮凝池的若干规定。

1 据调查,已投产的栅条(网格)絮凝池均为多格竖流式,故规定"宜设计成多格竖流式"。

2 根据调查,目前应用的栅条(网格)絮凝池的絮凝时间一般均在12～20min,低温低浊度原水絮凝时间适当增加。

3 关于竖井流速、过栅(过网)和过孔流速,均根据国内水厂栅条(网格)絮凝池采用的设计参数和运行情况作的规定。

4 栅条(网格)絮凝池每组的设计水量宜小于25000m³/d,当处理水量较大时,宜采用多组并联形式。

5 栅条(网格)絮凝池内竖井平均流速较低,难免沉泥,故应考虑排泥设施。

Ⅳ 平流沉淀池

9.4.15 关于平流沉淀池沉淀时间的规定。

沉淀时间是平流沉淀池设计中的一项主要指标,它不仅影响造价,而且对出厂水质和投药量也有较大影响。根据实际调查,我国现采用的沉淀时间大多低于3h,出水水质均能符合进入滤池的要求。近年来,由于出厂水质的进一步提高,在平流沉淀池设计中,采用的停留时间一般都大于1.5h。据此,条文中规定平流沉淀池沉淀时间一般宜为1.5～3.0h。调查情况见表10。

表10 各地已建平流沉淀池的沉淀时间(h)

地 区	南 京	武 汉	重 庆	成 都	广 州
沉淀时间	1.6～2.2	1～2.5	1～1.5	1～1.5	2左右
地 区	长 春	吉 林	天 津	哈尔滨	杭 州
沉淀时间	2.5～3	2.5左右	3左右	3左右	1～2.3

9.4.16 关于平流沉淀池水平流速的规定。

设计大型平流沉淀池时,为满足长宽比的要求,水平流速可采用高值。

9.4.17 关于平流沉淀池体尺寸比例的规定。

沉淀池的形状对沉淀效果有很大影响,一般宜做成狭长型。根据浅层沉淀原理,在相同沉淀时间的条件下,池子越深,沉淀池截留悬浮物的效率越低。但池子过浅,易使池内污泥带起,并给处理构筑物的高程布置带来困难,故需采用恰当。根据各地水厂的实际情况及目前采用的设计数据,平流沉淀池池深一般均小于4m。据此,本条文对沉淀池池深规定一般可采用3.0～3.5m。

为改善沉淀池中水流条件,平流沉淀池宜布置成狭长的型式,为此需对水池的长度与宽度的比例以及长度与深度的比例作出规定。本条文将平流沉淀池每格宽度作适当限制,规定为"一般宜为3～8m,最大不超过15m"。并规定了"长度与宽度比不得小于4;长度与深度比不得小于10"。

9.4.18 关于平流沉淀池配水和集水形式的规定。

平流沉淀池进水与出水均匀与否是影响沉淀效率的重要因素之一。为使进水能达到在整个水流断面上配水均匀,一般宜采用穿孔墙,但应避免絮粒在通过穿孔墙处破碎。穿孔墙过孔流速不应超过絮凝池末端流速,一般在0.1m/s以下。根据实践经验,平流沉淀池出水一般采用溢流堰,为不致因堰负荷的溢流率过高而使已沉降的絮粒被出水水流带出,原规范规定"溢流率一般不超过500m³/(m·d)"。根据调查,杭州九溪水厂一期为500m³/(m·d),二期法国设计只有225m³/(m·d),三期170m³/(m·d);国内其他城市一般不超过300m³/(m·d);据此本条文修改为"溢流率不宜超过300m³/(m·d)"。为降低出水堰负荷的溢流率,出水可采用指形槽的布置形式。

Ⅴ 上向流斜管沉淀池

9.4.19 关于斜管沉淀池液面负荷的规定。

液面负荷值与原水水质、出水浊度、水温、药剂品种、投药量以及选用的斜管直径、长度等有关。据调查,各地水厂斜管沉淀池的液面负荷一般为5.0～11.0m³/(m²·h)。考虑到对沉淀池出水水质要求的提高,故条文中规定液面负荷"可采用5.0～9.0m³/(m²·h)"。对于北方寒冷地区宜取低值。

9.4.20 关于斜管沉淀池斜管的几何尺寸及倾角的规定。

斜管沉淀池斜管的常用形式一般有正六边形、山形、矩形及正方形等,而以正六边形斜管最为普遍。条文中的斜管管径是指正六边形的内切圆直径或矩形、正方形的高。据调查,国内上向流斜管的管径一般为30～40mm。据此,本条文规定了相应数值。

据调查,全国各水厂的上向流斜管沉淀池斜管的斜长一般多采用1m;斜管倾角,考虑能使沉泥自然滑下,大多采用60°。据此,本条文规定了相应数值。

9.4.21 关于清水区保护高度及底部配水区高度的规定。

斜管沉淀池的集水一般多采用集水槽或集水管,其间距一般为1.5～2.0m。为使整个斜管区的出水达到均匀,清水区的保护高度不宜小于1.0m。

斜管以下底部配水区的高度需满足进入斜管区的水量达到均匀,并考虑排泥设施检修的可能。据调查,其高度一般在1.5～1.7m之间。据此,本条规定"底部配水区高度不宜小于1.5m"。

Ⅵ 侧向流斜板沉淀池

9.4.22 关于侧向流斜板沉淀池设计时应符合条件的规定。

1 颗粒沉降速度和液面负荷是斜板沉淀池设计的主要参数，它们的设计取值与原水的水质、水温及其絮粒的性质、药剂品种等因素有关，根据东北院的设计和长春、吉林等地水厂的运行经验，其颗粒沉降速度一般为 $0.16\sim0.3$mm/s；液面负荷为 $6.0\sim12$ m³/(m²·h)。北方寒冷地区宜取低值。

2 条文中的板距是指两块斜板间的垂直间距。据调查，国内侧向流斜板沉淀池的板距一般采用 $80\sim100$mm，常用100mm。

3 为了使斜板上的沉泥能自然而连续地向池底滑落，斜板倾角大多采用 60°。

4 为了保证斜板的强度及便于安装和维护，单层斜板长度不宜大于 1m。

Ⅶ 机械搅拌澄清池

9.4.23 规定机械搅拌澄清池清水区的液面负荷。

考虑到生活饮用水水质标准的提高，为降低滤池负荷，保证出水水质，本条定为"机械搅拌澄清池清水区的液面负荷，应按相似条件下的运行经验确定，可采用 $2.9\sim3.6$m³/(m²·h)"。低温低浊度时宜采用低值。

9.4.24 规定机械搅拌澄清池的总停留时间。

根据我国实际运行经验，条文规定水在机械搅拌澄清池中的总停留时间，可采用 $1.2\sim1.5$h。

9.4.25 关于机械搅拌澄清池搅拌叶轮提升流量及叶轮直径的规定。

搅拌叶轮提升流量即第一絮凝室的回流量，对循环泥渣的形成关系较大。条文参照国外资料及国内实践经验确定"搅拌叶轮提升流量可为进水流量的 $3\sim5$ 倍"。

9.4.26 关于机械搅拌澄清池设置机械刮泥装置的原则规定。

机械搅拌澄清池是否设置机械刮泥装置，主要取决于池子直径大小和进水悬浮物含量及其颗粒组成等因素，设计时应根据上述因素通过分析确定。

对于澄清池直径较小（一般在 15m 以内），原水悬浮物含量又不太高，并将池底做成不小于 45°的坡때时，可考虑不设置机械刮泥装置。但当原水悬浮物含量较高时，为确保排泥通畅，一般应设置机械刮泥装置。对原水悬浮物含量虽不高，但因池子直径较大，为了降低池深宜将池子底部坡度减小，并增设机械刮泥装置来防止池底积泥，以确保出水水质的稳定性。

Ⅷ 水力循环澄清池

9.4.27 关于水力循环澄清池清水区液面负荷的规定。

清水区液面负荷是澄清池设计的主要指标。根据对各水厂调查表明，水力循环澄清池清水区液面负荷大于 3.6m³/(m²·h)时，处理效果欠稳定，同时，考虑到生活饮用水水质标准的提高，故本条文对水力循环澄清池液面负荷的指标定为可采用 $2.5\sim3.2$m³/(m²·h)。低温低浊度原水宜选用低值。

9.4.28 关于水力循环澄清池导流筒有效高度的规定。

导流筒有效高度是指导流筒内水面至导流筒下端喉管间的距离。此高度对于稳定水流，进一步改善絮凝，保证一定的清水区高度和停留时间，有重要的作用。据调查，各地水力循环澄清池的导流筒高度一般为 3.0m 左右，东北地区一般认为以 $3.0\sim3.5$m 为宜。浙江某厂原设计导流筒高度为 1.5m，投产后出水水质较差，后加至 2.5m，效果显著改善。为此，本条文综合各地的设计和运行经验，规定"水力循环澄清池导流筒（第二絮凝室）的有效高度可采用 $3\sim4$m"。

9.4.29 关于水力循环澄清池回流水量的规定。

9.4.30 关于水力循环澄清池池底斜壁与水平面夹角的规定。

本条从排泥通畅考虑，规定了斜壁与水平面的夹角不宜小于 45°。

Ⅸ 脉冲澄清池

9.4.31 关于脉冲澄清池清水区液面负荷的规定。

根据对各地脉冲澄清池运行经验的调查表明，由于其对水量、水质变化的适应性较差，液面负荷不宜过高，一般以低于 3.6m³/(m²·h)为宜。据此，结合生活饮用水水质标准的提高，故本条文将液面负荷规定为"可采用 $2.5\sim3.2$m³/(m²·h)"。

9.4.32 关于脉冲周期及其冲放时间比的规定。

脉冲澄清池的脉冲发生器有真空式、S形虹吸式、钟罩式、浮筒切门式、皮膜式和脉冲阀切门式等型式，后 3 种型式脉冲效果不佳。

脉冲周期及其充放时间比的控制，对脉冲澄清池的正常运行有重要作用。由于目前一般采用的脉冲发生器不能根据进水量自动地调整脉冲周期和充放比，因而当进水量小于设计水量时，常造成池底积泥，当进水量大于设计水量时，又造成出水水质不佳。故设计时应根据进水量的变化幅度选用适当指标。本条是根据国内调查资料，结合国外资料制定的。

9.4.33 关于脉冲澄清池悬浮层高度及清水区高度的规定。

本条是根据国内调查资料的综合分析制定的。

9.4.34 关于脉冲澄清池配水形式的规定。

9.4.35 规定了虹吸式脉冲澄清池的配水总管应设排气装置。

虹吸式脉冲澄清池易在放水过程中将空气带入配水系统，若不排除，将导致配水不均匀和搅乱悬浮层。据此，本条文规定配水总管应设排气装置。

Ⅹ 气浮池

9.4.36 关于气浮池适用范围的规定。

根据气浮处理的特点，适宜于处理低浊度原水。虽然有试验表明，气浮池处理浑浊度为 $200\sim300$NTU 的原水也是可行的，但考虑到相关的生产性经验不多，故本条规定了"气浮池宜用于浑浊度小于 100NTU 的原水"。

9.4.37 关于气浮池接触室上升流速及分离室向下流速的规定。

气浮池接触室上升流速应以接触室内水流稳定，气泡对絮粒有足够的捕捉时间为准。根据各地调查资料，上升流速大多采用 20mm/s。某些水厂的实践表明，当上升流速低，也会因接触室面积过大而使释放器的作用范围受影响，造成净水效果不好。据资料分析，上升流速的下限以 10mm/s 为适宜。

又各地调查资料，气浮池分离室向下流速采用 2mm/s 较多。据此本条规定"可采用 $1.5\sim2.0$mm/s，即分离室液面负荷为 $5.4\sim7.2$m³/(m²·h)"。上限用于易处理的水质，下限用于难处理的水质。

9.4.38 关于气浮池的单格宽度、池长及池深的规定。

为考虑布气的均匀性及水流的稳定性，减少风对渣面的干扰，池的单格宽度不宜超过 10m。

气浮池的泥渣上浮分离较快，一般在水平距离 10m 范围内即可完成。为防止池末端因无气泡顶托池面浮渣而造成浮渣下落，影响水质，故规定池长不宜超过 15m。

据调查，各地水厂气浮池深大多在 $2.0\sim2.5$m。实际测定在池深 1m 处的水质已符合要求，但为安全起见，条文中规定"有效水深一般以采用 $2.0\sim3.0$m"。

9.4.39 关于溶气罐压力及回流比的规定。

国外资料中的溶气压力多采用 $0.4\sim0.6$MPa。根据我国的试验成果，提高溶气罐的溶气量和释放器的释气性能后，可适当降低溶气压力，以减少电耗。因此，按国内试验及生产运行情况，规定溶气压力一般可采用 $0.2\sim0.4$MPa 范围，回流比一般可采用 $5\%\sim10\%$。

9.4.40 关于压力溶气罐总高度、填料层厚度及水力负荷的规定。

溶气罐铺设填料层，对溶气效果有明显提高。但填料层厚度超过 1m，对提高溶气效率不起作用不大。为考虑布水均匀，本条规定其高度宜为 $1.0\sim1.5$m。

根据试验资料，溶气罐的截面水力负荷一般以采用 $100\sim150$m³/(m²·h)为宜。

9.4.41 关于气浮池排渣设备的规定。

由于采用刮渣机刮出的浮渣浓度较高，耗用水量少，设备也较简单，操作条件较好，故各地一般均采用刮渣机排渣。根据试验，刮渣机行车速度不宜过大，以免浮渣因扰动剧烈而落下，影响出水水质。据调查，以采用5m/min以下为宜。

9.5 过　滤

Ⅰ　一般规定

9.5.1　本条对滤料的物理、化学性能作了规定。

9.5.2　关于选择滤池型式的原则规定。

影响滤池池型选择的因素很多，主要取决于生产能力、运行管理要求、出水水质和净水工艺流程布置。对于生产能力较大的滤池，不宜选用单池面积受限制的池型；在滤池进水水质可能出现较高浊度或含藻类较多的情况下，不宜选用翻砂检修困难或冲洗强度受限制的池型。选择池型还应考虑滤池进、出水水位和水厂地坪高程间的关系、滤池冲洗水排放的条件等因素。

9.5.3　为避免滤池中一格滤池在冲洗时对其余各格滤池滤速的过大影响，滤池应有一定的分格数。为满足一格滤池检修、翻砂时不致影响整个水厂的正常运行，原条文规定滤池格数不得少于两格。本次修订，根据滤池运行的实际需要，将滤池的分格数规定为不得少于4格（日本规定每10格滤池备用1格，包括备用至少2格以上；英国规定理想的应有3格同时停运，即一格排水、一格冲洗、一格检修，分格数最少为6格，但当维修时可降低水厂出水量的则可为4格；美国规定至少4格（如滤速在10m/h，同时冲洗强度为10.8L/(m²·s)时，最少要6格，如滤速更低而冲洗强度较高，甚至需要更多滤池格数）。

9.5.4　滤池的单格面积与滤池的池型、生产规模、操作运行方式等有关，而且也与滤后水汇集和冲洗水分配的均匀性有较大关系。单格面积小则分格数多，会增加土建工程量及管道阀门等设备数量，但冲洗设备能力小，冲洗泵房工程量小。反之则相反。因此，滤池的单格面积是影响滤池造价的主要因素之一。在设计中应根据各地土建、设备的价格作技术经济比较后确定。

9.5.5　滤池的过滤效果主要取决于滤料层构成，滤料越细，要求滤层厚度越小；滤料越粗，则要求滤层越厚。因此，滤料粒径与厚度之间存在着一定的组合关系。根据藤田贤二等的理论研究，滤层厚度L与有效粒径d_e之间存在一定的比例关系。

美国认为，常规细砂和双层滤料L/d_e应≥1000；三层滤料和深床单层滤料（d_e=1~1.5mm），L/d_e应≥1250。英国认为：L/d_e应≥1000。日本规定$L/d_{平均}$≥800。

本规范参照上述规定，结合目前应用的滤料组成和出水水质要求，对L/d_e作了规定：细砂及双层滤料过滤L/d_e>1000；粗砂及三层滤料过滤L/d_e>1250。

9.5.6　滤池在反冲洗后，滤层中积存的冲洗水和滤池滤层以上的水较为浑浊，因此在冲洗完成开始过滤时的初滤水水质较差，浊度较高，尤其是存在致病原生动物如贾弟虫和隐孢子虫的几率较高。因此，从提高滤后水卫生安全性考虑，初滤水宜排放或采取其他控制措施。20世纪50~60年代，不少水厂为了节水而不排放初滤水，滤池设计也多取消了初滤水的排放设施。为提高供水水质，本次修订中规定了滤池宜设置初滤水排放设施。

Ⅱ　滤速及滤料组成

9.5.7　滤速是滤池设计的最基本参数，滤池总面积取决于滤速的大小，滤速的大小在一定程度上影响着滤池的出水水质。由于滤池是由各分格所组成，滤池冲洗、检修、翻砂一般均分格进行，因此规定了滤池应按正常滤速设计并以强制滤速进行校核。

9.5.8　滤池出水水质主要决定于滤速和滤料组成，相同的滤速通过不同的滤料组成会得到不同的滤后水水质；相同的滤料组成、在不同的滤速运行下，也会得到不同的滤后水水质。因此滤速和滤料组成是滤池的最重要参数，是保证出水水质的根本所在。为此，在选择与出水水质密切相关的滤速和滤料组成时，应首先考虑通过不同滤料组成、不同滤速的试验以获得最佳的滤速和滤料组成的结合。

表9.5.8中所列单层细砂滤料、双层滤料和三层滤料的滤料组成数据，基本沿用原规范的规定，仅对粒径的表述用有效粒径d_{10}取代了原来的最大、最小粒径，以及对滤料组成的个别数据按第9.5.5条规定作了适当调整。表中滤速的规定则根据水质提高的要求作了适当调低。

本次修订根据近10多年来国内已普遍使用的均匀级配粗砂滤料的实际情况，增列了均匀级配粗砂滤料的滤速、滤料组成。所列数据是根据近年设计的有关资料和本次修订调研的38座V形滤池所得数据确定，为国内的常用数值。

9.5.9　滤料的承托层粒径和厚度与所用滤料的组成和配水系统型式有关，根据国内长期使用的经验，条文作了相应规定。由于大阻力配水系统孔眼距池底高度不一，故最底层承托层按从孔眼以上开始计算。

一般认为承托层最上层粒径宜采用2~4mm，但也有认为再增加一层厚50~100mm、粒径1~2mm的承托层为好。

9.5.10　由于三层滤料滤池承托层之上是重质矿石滤料，根据试验，为了避免反冲洗强度偏大且夹带少量小气泡时产生混层，粒径在8mm以下的承托层宜采用重质矿石；粒径在8mm以上的可采用砾石，以保证承托层的稳定。

9.5.11　滤头滤帽的缝隙通常都小于滤料最小粒径，从这点来讲，滤头配水系统可不设承托层。但为使冲洗配水更为均匀，不致扰动滤料，习惯上都设置厚50~100mm、粒径2~4mm的粗砂作承托层。

Ⅲ　配水、配气系统

9.5.12　关于滤池配水、配气系统的选用的原则规定。

国内单水冲洗快滤池绝大多数使用大阻力穿孔管配水系统，滤砖是使用较多的中阻力配水系统，小阻力滤头配水系统则用于单格面积较小的滤池。

对于气水反冲，上海市政工程设计院于20世纪80年代初期在扬子石化水厂双阀滤池中首先设计使用了长柄滤头配气、配水系统，获得成功。20世纪80年代后期，南京上元门水厂等首批引进了长柄滤头配气、配水系统的V形滤池，并在国内各地普遍使用，在技术上显示出了优越性。目前国内设计的V形滤池基本上都采用长柄滤头配气、配水系统。气水反冲用塑料滤砖仅在少数水厂使用（北京、大庆等）。气水反冲采用穿孔管（气水共用或气、水分开）配水、配气的则不多。

9.5.13　本条文根据国内滤池运行经验，对大阻力、中阻力配水系统及小阻力配气、配水系统的开孔比作了规定。

小阻力滤头国内使用的有英国式，其缝隙宽分别为0.5mm、0.4mm、0.3mm，缝长34mm，每只均36条，其缝隙面积各为612mm²、489.6mm²和367.2mm²，按每平方米设33只计，其缝隙总面积与滤池面积之比各为2.0%、1.6%、1.2%；还有法国式，其缝宽为0.4mm，缝隙面积为288mm²，每平方米设50只，其缝隙总面积与滤池面积之比为1.44%；国产的缝宽为0.25mm，缝隙面积为250mm²，每平方米设50只，其开孔比为1.25%。据此将滤头的开孔比定为1.25%~2.0%。

9.5.14　根据国内长期运行的经验，大阻力配水系统（管式大阻力配水系统）采用条文规定的流速设计，能在通常冲洗强度下，满足滤池冲洗水配水的均匀要求。配水总管（渠）顶设置排气装置是为了排除配水系统可能积存的空气。

9.5.15　本条根据国家现行标准《滤池气水冲洗设计规程》CECS 50的规定纳入。根据国内多年来设计和运行经验，采用条文规定的流速设计，在通常条件下均能获得均匀配气、配水的要求。其中，配气干管（渠）进口流速原规定为5m/s左右，近年来实际运行滤池的核算结果多为10~15m/s，故作了相应调整。

在配气、配水干管(渠)顶应设排气装置,以保证能排尽残存的空气。

Ⅳ 冲 洗

9.5.16 20世纪80年代以前,国内的滤池几乎都是采用单水冲洗方式,仅个别小规模滤池采用了穿孔管气水反冲。自从改革开放以来,在给水行业中较多地引进了国外技术,带来了冲洗方式的变革,几乎所有引进的滤池都采用气水反冲方式,并获得较好的冲洗效果。本条文在研究分析了国内外的有关资料后,列出了各种滤料适宜采用的冲洗方式。

9.5.17 本条为单水冲洗滤池冲洗强度和时间的规定,沿用原规范的数据。在对现有单层细砂级配滤料滤池进行技术改造时,可首先考虑增设表面冲洗。

9.5.18 本条文参照国家现行标准《滤池气水冲洗设计规程》CECS 50 的规定纳入。根据近年来的有关资料和本次修订调研的 38 座 V 形滤池所得数据,大部分与表列范围一致。但其中单层粗砂级匀级配滤料中气水同时冲洗的水冲强度和时间与原规定稍有出入,本条文作了相应调整。

对于单层细砂级配滤料和煤、砂双层滤料的冲洗强度,当砂粒直径大时,宜选较大的强度;粒径小者宜选择较小的强度。

根据修订调研所得资料,38 座单层粗砂均匀级配滤料滤池,在气水同时冲洗阶段的水冲强度有 1/3 滤池与后水冲强度相同,其余 2/3 采用小于后水冲洗阶段强度。

9.5.19 本条文是对滤池工作周期的规定,其中单水冲洗滤池的冲洗周期沿用原规范的数值;粗砂均匀级配滤料并用气水反冲滤池的冲洗周期,国内一般采用 36～72h,但是从提高水质考虑,过长的周期会对出水水质产生不利影响,因此规定冲洗周期宜采用 24～36h。

Ⅴ 滤池配管(渠)

9.5.20 本条沿用原规范的规定,列出了滤池中各种管(渠)的设计流速值,并补充了初滤水排放和输气管的流速值。

Ⅵ 普通快滤池

9.5.21 根据国内滤池的运行经验,单层、双层滤料快滤池冲洗前水头损失多为 2.0～2.5m。三层滤料过滤的水头损失较大,因此其冲洗前水头损失也相应增加,一般需 2.0～3.0m 才能保证滤池有 12～24h 的工作周期。

对冲洗前的水头损失,也有认为用滤过水头损失来表达。习惯上滤池冲洗前的水头损失是指流经滤料层和配水系统的水头损失总和,而滤过水头损失为流经滤料层的水头损失。条文中仍按习惯用冲洗前的水头损失。

9.5.22 为保证快滤池有足够的工作周期,避免滤料层产生负压,并从净水工艺流程的高程设置和构筑物造价考虑,条文规定滤层表面以上水深,宜采用 1.5～2.0m。

9.5.23 由于小阻力配水系统一般不适宜用于单格滤池面积大的滤池。因此条文规定了单层滤料滤池宜采用大阻力或中阻力配水系统。

由于三层滤料滤池的滤速较高,如采用大阻力配水系统,会使过滤水头损失过大;而采用小阻力配水系统,又会因单格面积较大而不易做到配水均匀,故条文规定宜采用中阻力配水系统。

9.5.24 为避免冲洗排水槽平面面积过大而影响冲洗的均匀,以及防止滤料在冲洗膨胀时的流失所作的规定。

9.5.25 根据国内采用高位水箱(塔)冲洗的滤池,多为单水冲洗滤池,冲洗水箱(塔)容积一般按单格滤池冲洗水量的 1.5～2.0 倍计算,但实际运行中,即使滤池格数多的水厂也很少出现两格滤池同时冲洗,故条文规定的按单格滤池冲洗水量的 1.5 倍计算,已留有了一定的富余度。

当采用水泵直接冲洗时,由于水泵能力需与冲洗强度相匹配,故水泵能力应按单格滤池冲洗水量设计。

Ⅶ V形滤池

9.5.26 V 形滤池滤料采用粗粒均匀级配滤料,孔隙率较一般细砂级配滤料为大,因而水头损失增长较慢,工作周期可以达到 36～72h,甚至更长。但过长的过滤周期会导致滤层内有机物积聚和菌群的增长,使滤层内产生难以消除的粘滞物。因此根据国内的设计和运行经验,规定冲洗前的水头损失宜用 2.0m 左右。

9.5.27 为使滤池保持足够的过滤水头,避免滤层出现负压,根据国内设计和运行经验,规定滤层表面以上的水深不应小于 1.2m。

9.5.28 V 形滤池采用气水反冲,根据一般布置,气、水经分配干渠由气、水分配孔眼进入有一定高度的气水室。在气水室形成稳定的气垫层,通过长柄滤头均匀地将气、水分配于整个滤池面积。目前应用的 V 形滤池均采用长柄滤头配气、配水系统,使用效果良好。条文据此作了规定。

9.5.29 V 形滤池冲洗水的供给,一般都采用水泵直接自滤池出水渠取水。若采用水箱供应,因冲洗时水箱水位变化,将影响冲洗强度,不利于冲洗的稳定性。同时,采用水泵直接冲洗还能适应气水同冲的水冲强度与单水漂洗强度不同的灵活变化。水泵的能力和配置可按单格滤池气水同冲和单水漂洗的冲洗水量设计,当两者水量不同时,一般水泵宜配置二用一备。

9.5.30 冲洗空气一般可由鼓风机或空气压缩机与贮气罐组合两种方式来供应。

鼓风机直接供气的效率比空气压缩机与贮气罐组合供气的效率高,气冲时间可任意调节。大、中型水厂或单格滤池面积大时,宜用鼓风机直接供气。

鼓风机常用的有罗茨风机和多级离心风机,国内在气水反冲滤池中都有使用,两者可正常工作。罗茨风机的特性是风量恒定,压力变化幅度大;而离心风机的特性曲线与离心水泵类似。

9.5.31 V 形进水槽是 V 形滤池构造上的特点之一,目的在于沿滤池长度方向均匀分配进水,同时亦起到均匀分配表面扫洗水的作用。V 形槽底配水孔口至中央排水槽边缘的水平距离过大,孔口出流推动力的作用减弱,将影响扫洗效果,结合国内外的资料和经验,宜在 3.5m 以内,最大不超过 5m。

国家现行标准《滤池气水冲洗设计规程》CECS 50 规定表面扫洗孔中心低于排水槽顶面 150mm,但根据各地实际运转和测试表明,这样的高度会出现滤料面由排水堰一侧向 V 形槽一侧倾斜(排水槽侧高,V 形槽侧低),如广东某水厂及海口某水厂出现这一现象;中山小榄镇水厂,因表扫孔偏低而出现扫洗水倒流,影响扫洗效果;吉林二水厂也由于表扫孔过低导致扫洗效果差,出现泡沫浮渣漂浮滞留。根据以上出现的问题,多数认为表扫孔高程宜接近中央排水槽的堰顶高程;有的认为应低于堰顶 30～50mm;还有的认为应高于堰顶 30mm。据此条文未对表面扫洗孔的高程作出规定,设计时可根据具体情况确定。

9.5.32 为使 V 形槽能达到均匀配水目的,应使所有孔眼的直径和作用水头相等。孔径相等易于做到。作用水头则由于槽外滤池水位固定,而槽内水流为沿途非均匀流,水面不平,致使作用水头改变。因此设计时应按均匀度尽可能大(例如 95%)的要求,对 V 形槽按非均匀流计算其过水断面,以确定 V 形槽的起始和末端的水深。V 形槽斜面一侧与池壁的倾斜度根据国内常用数据规定宜采用 45°～50°。倾斜度小将导致过水断面小,增加槽内流速。

9.5.33 进水总渠和进入每格滤池的堰板相结合组成的进水系统是 V 形滤池的特点之一,由于进水总渠的起始端与末端水位不同,通过同一高程堰板的过堰流量会有差异,萧山自来水公司的滤池就产生这种情况。因此为保证每格滤池的进水量相等,应设置可调整高度的堰板,以便在实际运行中调整。上海大场水厂采用这一措施,收到很好的效果。

9.5.34 气水反冲洗滤池的反冲洗空气总管的高程必须高出滤池的最高水位,否则就有可能产生滤池水倒灌进入风机。安徽马鞍山二水厂曾有此经验教训。

9.5.35 长柄滤头配气、配水系统的配气、配水均匀性取决于滤池滤帽顶面是否水平一致。目前国内主要有两种方法,一种是滤头安装在分块的滤板上,因此要求滤板本身平整,整个滤池滤板的水平误差小于±5mm,以此来控制滤头滤帽顶面的水平;另一种是采用塑料制模板,再在其上整体浇筑混凝土滤板,并配有可调整一定高度的长柄滤头,以控制滤帽顶面的水平。条文规定设计中应采取有效措施,不管采用何种措施只要能使滤头滤帽或滤柄顶表面保持在同一水平高程,其误差不得大于±5mm。如果不能保证滤头滤帽或滤柄顶表面高程的一致,在同样的气垫层厚度下,每个滤头的进气面积会不同,将导致进气量的差异,无法均匀地将空气分配在整池滤板上,严重时还将出现脉冲现象或气流短路现象,势必导致不良的冲洗效果。

9.5.36 由于V形滤池采用滤料层微膨胀的冲洗,因此其冲洗排水槽顶不必像膨胀冲洗时所要高出的距离。根据国内外资料和实践经验,在滤料层厚度为1.20m左右时,冲洗排水槽槽面多采用高于滤料层表面500mm。条文据此作了规定。

Ⅷ 虹吸滤池

9.5.37 虹吸滤池每格滤池的反冲洗水量来自其余相邻滤格的滤后水量,一般冲洗强度约为滤速的5~6倍,当滤池运行水量降低时,这一倍数将相应增加。因此,为保证滤池有足够的冲洗强度,滤池应有与这一倍数相应的最少分格数。

9.5.38 虹吸滤池是等滤速、变水头的过滤方式。冲洗前的水头损失过大,不易确保滤后出水水质,并将增加水深,提高造价;冲洗前的水头损失过低,则会缩短过滤周期,增加冲洗水率。根据国内多年设计及水厂运行经验,规定一般可采用1.5m。

9.5.39 虹吸滤池的冲洗水头,即虹吸滤池出水堰顶高程与冲洗排水管淹没水面的高程差,应按要求的冲洗水量通过水力计算确定。国内使用的虹吸滤池型式大多采用1.0~1.2m,据此条文作了规定。同时为适应冲洗水量变化的要求,规定要有调整冲洗水头的措施。

9.5.40 根据国内经验对虹吸滤池的虹吸进水管和排水管流速作了规定。

Ⅸ 重力式无阀滤池

9.5.41 无阀滤池一般适用于小规模水厂,其冲洗水箱设于滤池上部,容积一般按冲洗一次所需水量确定。通常每座无阀滤池都设计成数格合用一个冲洗水箱。实践证明,在一格滤池冲洗即将结束时,虹吸破坏管口刚露出水面不久,由于其余各格滤池不断向冲洗水箱大量供水,使管口又被上升水位所淹没,致使虹吸破坏不彻底,造成滤池持续不停地冲洗。滤池格数越多,问题越突出,甚至虹吸管口不易外露,虹吸不被破坏而延续冲洗。为保证能使虹吸管口露出水面,破坏虹吸及时停止冲洗,因此合用水箱的无阀滤池一般宜取2格,不宜多于3格。

9.5.42 无阀滤池是变水头、等滤速的过滤方式,各格滤池如不设置单独的进水系统,因各格滤池过滤水头的差异,势必造成各格滤池进水量的相互影响,也可能导致滤池发生同时冲洗现象。故规定每格滤池应设单独进水系统。在滤池冲洗后投入运行的初期,由于滤层水头损失较小,进水管中水位较低,易产生跌水和带入空气,因此规定要有防止空气进入的措施。

9.5.43 无阀滤池冲洗前的水头损失值将影响虹吸管的高度、过滤周期以及前道处理构筑物的高程。条文是根据长期设计经验规定的。

9.5.44 无阀滤池为防止冲洗时滤料从过滤室中流走,滤料表面以上的直壁高度除应考虑滤料的膨胀高度外,还应加上100~150mm的保护高度。

9.5.45 为加速冲洗形成时虹吸作用的发生,反冲洗虹吸管应有辅助虹吸设施。为避免实际的冲洗强度与理论计算的冲洗强度有较大的出入,应设置可调冲洗强度的装置。为使滤池能在未达到规定的水头损失之前,进行必要的冲洗,需设有强制冲洗装置。

9.6 地下水除铁和除锰

Ⅰ 工艺流程选择

9.6.1 关于地下水进行除铁和除锰处理的规定。

微量的铁和锰是人体必需的元素,但饮用水中含有超量的铁和锰,会产生异味和色度。当水中含铁量小于0.3mg/L时无任何异味;含铁量为0.5mg/L时,色度可达30度以上;含铁量达1.0mg/L时便有明显的金属味。水中含有超量的铁和锰,会使衣物、器皿洗后染色。含锰量大于1.5mg/L时会使水产生金属涩味。锰的氧化物能在卫生洁具和管道内壁逐渐沉积,产生锰斑。当管中水流速度和水流方向发生变化时,沉积物泛起会引起"黑水"现象。因此,《生活饮用水卫生规范》规定,饮用水中铁的含量不应超过0.3mg/L,锰的含量不应超过0.1mg/L。

生产用水,由于水的用途不同,对水中铁和锰含量的要求也不尽相同。纺织、造纸、印染、酿造等工业企业,为保证产品质量,对水中铁和锰有严格的要求。软化、除盐系统对处理水中铁和锰的要求,亦有较严格的要求。但有些工业企业用水对水中铁和锰含量并无严格要求或要求不一。因此,对工业企业用水中铁、锰含量不宜作出统一的规定,设计时应根据工业用水系统的用水要求确定。

9.6.2 关于地下水除铁、除锰工艺流程选择的原则规定。

试验研究和实践经验表明,合理选择工艺流程是地下水除铁、除锰成败的关键,并将直接影响水厂的经济效益。工艺流程选择与原水水质密切相关,而天然地下水水质又是千差万别的,这就给工艺流程选择带来很大困难。因此,掌握较详尽的水质资料,在设计前进行除铁、除锰试验,以取得可靠的设计依据是十分必要的。如无条件进行试验也可参照原水水质相似水厂的经验,通过技术经济比较后确定除铁、除锰工艺流程。

9.6.3 地下水除铁技术发展至今已有多种方法。如接触过滤氧化法、曝气氧化法、药剂氧化法等等。工程中最常用的也是最经济的工艺是接触过滤氧化法。

除铁的过程是使Fe^{2+}氧化生成$Fe(OH)_3$,再将其悬浮的$Fe(OH)_3$粒子从水中分离出去,进而达到除铁目的。而Fe^{2+}氧化生成$Fe(OH)_3$粒子性状,取决于原水水质。水中可溶性硅酸含量对$Fe(OH)_3$粒子性状影响颇大。溶解性硅酸与$Fe(OH)_3$表面进行化学结合,形成趋于稳定的高分子,分子量在10^4以上。所以溶解性硅酸含量越高,生成的$Fe(OH)_3$粒子直径就越小,凝聚就困难。经许多学者试验与工程实践表明,原水中可溶解性硅酸浓度超过40mg/L时就不能应用曝气氧化法除铁工艺,而应采用接触过滤氧化法工艺流程。

接触过滤氧化法是以溶解氧为氧化剂的自催化氧化法。反应生成物是催化剂本身不断地披覆于滤料表面,在滤料表面进行接触氧化除铁反应。曝气只是为了充氧,充氧后应立即进入滤层,避免滤前生成Fe^{3+}胶体粒子穿透滤层。设计时应使曝气后的水至滤池的中间停留时间越短越好。实际工程中,在3~5min之内,不会影响处理效果。

9.6.4 关于地下水铁、锰共存情况下,除铁除锰工艺流程选择的规定。

Fe^{2+}、Mn^{2+}离子往往伴生于天然地下水中,Fe^{2+}、Mn^{2+}离子的氧化去除难以分开。中国市政工程东北设计研究院近几年的研究成果指出,地下水中的Mn^{2+}离子能在除锰菌的作用下,完成生物固锰除锰的生物化学氧化。Fe^{2+}离子参与Mn^{2+}离子的生物氧化过程,所以,Fe^{2+}、Mn^{2+}离子可以在同一滤池中去除,此滤池称为生物滤池。无论单级或两级除铁除锰流程都可采用生物滤池。中国市政工程东北设计研究院已成功设计运行了沈阳经济技术开发区等生物除铁除锰水厂。

当原水含铁量低于6mg/L,含锰量低于1.5mg/L时,采用曝气、一级过滤,可在除铁同时将锰去掉。

当原水含铁量、含锰量超过上述数值时,应通过试验研究,必要时,可采用曝气、两级滤池过滤工艺,以达到铁、锰深度净化的目的,先除铁而后除锰。

当原水碱度较低,硅酸盐含量较高时,将影响生成的Fe^{2+}离子的尺度,形成胶体颗粒。因此,原水开始就充分曝气将使高铁(Fe^{3+})穿透滤层,而致使出水水质恶化。此时也应通过试验确定其除铁、除锰的工艺,必要时,可在二级过滤之前再加一次曝气。即:原水曝气——一级除铁、除锰滤池——曝气——二级除铁、除锰滤池。

Ⅱ 曝气装置

9.6.5 关于曝气设备选用的规定。

9.6.6 关于跌水曝气装置主要设计参数的规定。

国内使用情况表明,跌水级数一般采用1~3级,每级跌水高度一般采用0.5~1.0m。单宽流量各地采用的数值相差悬殊,多数采用20~50m³/(m·h)。故条文作了相应规定。

9.6.7 关于淋水装置主要设计参数的规定。

目前国内淋水装置多采用穿孔管,因其加工安装简单,曝气效果良好,而采用莲蓬头者较少。理论上,孔眼直径愈小,水流愈分散,曝气效果愈好。但孔眼直径太小易于堵塞,反而会影响曝气效果。根据国内使用经验,孔眼直径以4~8mm为宜,孔眼流速以1.5~2.5m/s为宜,安装高度以1.5~2.5m为宜。淋水装置的安装高度,对板条式曝气塔为淋水出口至最高一层板条的高度;对接触式曝气塔为淋水出口至最高一层填料面的高度;直接设在滤池上的淋水装置为淋水出口至滤池内最高水位的高度。

9.6.8 关于喷水装置主要设计参数的规定。

条文中规定了每10m²面积设置喷嘴的个数,实际上相当于每个喷嘴的服务面积约为1.7~2.5m²。

9.6.9 关于射流曝气装置设计计算原则的规定。

某水厂原射流曝气装置未经计算,安装位置不当,使装置不仅不曝气,反而从吸水口喷水。后经计算,并改变了射流曝气装置的位置,结果曝气效果良好。可见,通过计算来确定射流曝气装置的构造是很重要的。东北两个城市采用射流曝气装置已有多年历史,由于它具有设备少、造价低、加工容易、管理方便、溶氧效率较高等优点,故迅速得以在国内十多个水厂推广使用,效果良好。实践表明,原水经射流曝气后溶解氧饱和度可达70%~80%,但CO_2散除率一般不超过30%,pH值无明显提高,故射流曝气装置适用于原水铁、锰含量较低,对散除CO_2和提高pH值要求不高的场合。

9.6.10 关于压缩空气曝气需气量的规定。

9.6.11 关于板条式曝气塔主要设计参数的规定。

9.6.12 关于接触式曝气塔主要设计参数的规定。

实践表明,接触式曝气塔运转一段时间以后,填料层易被堵塞。原水含铁量愈高,堵塞愈快。一般每1~2年就应对填料层进行清理。这是一项十分繁重的工作,为方便清理,层间净距一般不宜小于600mm。

9.6.13 关于设有喷淋设备的曝气装置淋水密度的规定。

根据生产经验,淋水密度一般可采用5~10m³/(m²·h)。但直接装设在滤池上的喷淋设备,其淋水密度相当于滤池的滤速。

9.6.14 关于叶轮式表面曝气装置主要设计参数的规定。

试验研究和东北地区采用的叶轮表面曝气装置的实践经验表明,原水经曝气后溶解氧饱和度可达80%以上,二氧化碳散除率可达70%以上,pH值可提高0.5~1.0。可见,叶轮表面曝气装置不仅溶氧效率较高,而且能充分散除二氧化碳,大幅度提高pH值。使用中还可根据要求适当调节曝气程度,管理条件也较好,故近年来已逐渐在工程中得以推广使用。设计时应根据曝气程度的要求来确定设计参数,当要求曝气程度高时,曝气池容积与叶轮外

缘线速度应选用条文中规定的上限,叶轮直径与池长边或直径之比应选用条文中规定数据的下限。

9.6.15 关于曝气装置设在室内时应考虑通风设施的原则规定。

Ⅲ 除铁、除锰滤池

9.6.16 关于除铁、除锰滤池滤料的规定。

20世纪60年代发展起来的天然锰砂除铁技术,由于其明显的优点而迅速在全国推广使用。近年来,除铁技术又有了新的发展,接触氧化除锰理论认为,在滤料成熟之后,无论何种滤料均能有效地除铁,起着铁质活性滤膜载体的作用。因此,除铁、除锰滤池滤料可选择天然锰砂,也可选择石英砂及其他适宜的滤料。"地下水除铁课题组"调查及试验研究结果表明,石英砂滤料更适用于原水含铁量低于15mg/L的情况,当原水含铁量>15mg/L时,宜采用无烟煤-石英砂双层滤料。

9.6.17 关于除铁除锰滤池主要设计参数的规定。

条文依据国内生产经验和试验研究结果而定。滤料粒径,当采用石英砂时,最小粒径一般为0.5~0.6mm,最大粒径一般为1.2~1.5mm;当采用天然锰砂时,最小粒径一般为0.6mm,最大粒径一般为1.2~2.0mm。条文对滤料层厚度规定的范围较大,使用时可根据原水水质和选用的滤池型式确定。国内已有的重力式滤池的滤层厚度一般采用800~1000mm,压力式滤池的滤层厚度一般1000~1200mm,甚至有厚达1500mm的。然而重力式滤池和压力式滤池并无实质上的区别,只是构造不同而已,因此主要还应根据原水水质来确定滤层厚度。

9.6.18 关于除铁、除锰滤池配水系统和承托层选用的规定。

9.6.19 关于除铁、除锰滤池冲洗强度、膨胀率和冲洗时间的规定。

以往设计和生产中采用的冲洗强度、膨胀率较高,通过试验研究和生产实践发现,滤池冲洗强度过高易使滤料表面活性滤膜破坏,致使初滤水长时间不合格,也有个别把承托层冲翻的实例。冲洗强度太低则易使滤层结泥球,甚至板结。因此,除铁、除锰滤池冲洗强度应适当。当天然锰砂滤池的冲洗强度为18L/(m²·s),石英砂滤池的冲洗强度为13~15L/(m²·s)时,即可使全部滤层浮动,达到预期的冲洗目的。

9.7 除 氟

Ⅰ 一 般 规 定

9.7.1 关于生活饮用水除氟处理范围的规定。

人体中的氟主要来自饮用水。氟对人体健康有一定的影响。长期过量饮用含氟高的水可引起慢性中毒,特别是对牙齿和骨骼。当水中含氟量在0.5mg/L以下时,可使龋齿增加,大于1.0mg/L时,可使牙齿出现斑釉。我国《生活饮用水卫生标准》GB 5749和《生活饮用水水质卫生规范》规定了饮用水中的氟化物含量小于1.0mg/L。

9.7.2 关于除氟方法和适用原水水质的规定。

除氟的方法很多,如活性氧化铝吸附法、反渗透法、电渗析法、混凝沉淀法、离子交换法、电凝聚法、骨碳法等,本规范仅用的前4种除氟方法作了有关技术规定。

饮用水除氟的原水主要为地下水,在我国的华北和西北存在较多的地下水高氟地区,一般情况下高氟地下水中氟化物含量在1.0~10mg/L范围内。若原水中的氟化物含量大于10mg/L,可采用增加除氟流程或投加熟石灰预处理的方法。悬浮物量和含盐量是设备的基本要求,当含盐量超过10000mg/L时,除氟率明显下降,原水若超过此限值,应采用相应的预处理措施。

9.7.3 关于除氟过程中产生的废水及泥渣排放的规定。

除氟过程中产生的废水,其排放应符合现行国家标准《污水综合排放标准》GB 8978的规定。泥渣按其去向进入垃圾填埋厂的应符合现行国家标准《生活垃圾填埋污染控制标准》GB 16889的规定,进入农田的应符合现行国家标准《农用污泥中污染物控制标

准》GB 4284 的规定。

Ⅱ 混凝沉淀法

9.7.4 关于混凝沉淀法进水水质及使用药剂的规定。

混凝沉淀法主要是通过絮凝剂形成的絮体吸附水中的氟,经沉淀或过滤后去除氟化物。当原水中含氟大于 4mg/L 时不宜采用混凝沉淀法,否则处理水中会增加 SO_4^{2-}、Cl^- 等物质,影响饮用水质量。

药剂一般以采用铝盐去除效果较好,可选择氯化铝、硫酸铝、碱式氯化铝等。

9.7.5 关于絮凝剂投加量的规定。

絮凝剂投加量受原水含氟量、温度、pH 值等因素影响,其投加量应通过试验确定。一般投加量(以 Al^{3+} 计)宜为原水含氟量的 10~15 倍(质量比)。

9.7.6 关于混凝沉淀工艺流程的规定。

9.7.7 关于混合、絮凝和过滤的设计参数的规定。

9.7.8 关于混凝沉淀时间的规定。

Ⅲ 活性氧化铝吸附法

9.7.9 关于活性氧化铝滤料粒径的规定。

活性氧化铝的粒径越小吸附容量越大,但粒径越小强度越差,而且粒径小于 0.5mm 时,反冲造成的滤料流失较大。粒径 1mm 的滤料耐压强度一般能达到 9.8N/粒。

9.7.10 关于原水在进入滤池前调整 pH 值的规定。

一般含氟量较高的地下水其碱度也较高(pH 值大于 8.0,偏碱性),而 pH 值对活性氧化铝的吸附容量影响很大。经试验,进水 pH 值在 6.0~6.5 时,活性氧化铝吸附容量一般可为 4~5g(F^-)/kg(Al_2O_3);进水 pH 值在 6.5~7.0 时,吸附容量一般可为 3~4g(F^-)/kg(Al_2O_3);若不调整 pH 值,吸附容量仅在 1g(F^-)/kg(Al_2O_3)左右。

9.7.11 关于吸附滤池滤速和运行方式的规定。

9.7.12 关于滤池滤料厚度的规定。

9.7.13 关于再生药剂的规定。

9.7.14 关于再生方式的规定。

首次反冲洗滤层膨胀率宜采用 30%~50%,反冲时间宜采用 10~15min,冲洗强度一般可采用 12~16L/($m^2 \cdot s$)。

再生溶液宜自上而下通过滤层。采用氢氧化钠再生,浓度可为 0.75%~1%,消耗量可按每去除 1g 氟化物需要 8~10g 固体氢氧化钠计算,再生液用量容积为滤料体积的 3~6 倍,再生时间为 1~2h,流速为 3~10m/h;采用硫酸铝再生,浓度可为 2%~3%,消耗量可按每去除 1g 氟化物需要 60~80g 固体硫酸铝计算,再生时间为 2~3h,流速为 1.0~2.5m/h。

再生后滤池内的再生溶液必须排空。

二次反冲强度宜采用 3~5L/($m^2 \cdot s$),反冲时间 1~3h。采用硫酸铝再生,二次反冲终点出水的 pH 值应大于 6.5;采用氢氧化钠再生,二次反冲后进行中和,中和宜用 1% 硫酸溶液调节进水 pH 值至 3 左右,直至出水 pH 值降至 8~9 时为止。

Ⅳ 电渗析法

9.7.15 关于电渗析器选择及电渗析流程长度、级、段数确定的规定。

电渗析器应根据原水水质、处理水量、出水水质要求和氟离子的去除率选择主机型号、流量、级、段和膜对数。当处理水量大时,可采用多台并联方式。为提高出水水质,可采用多台电渗析串联方式,也可采用多段串联即增加段数,延长处理流程;为增加产水量可以增加电渗析单台的膜对数。

9.7.16 关于电渗析倒极器的规定。

倒极器可采用手动、气动、电动、机械倒极装置。若采用手动倒极,由于不能严格地长期按时操作,常产生结垢情况,而严重影响电渗析的正常运行。为降低造价,易于维修,宜采用自动倒极装置。

9.7.17 关于电渗析电极的规定。

电极应具有良好的导电性能、电阻小、机械强度高、化学及电化学稳定性好。

经石蜡或树脂浸渍处理后的石墨,用其作电极,一般在苦咸水或海水淡化中使用寿命较长。钛涂钌电极导电性好,耐腐蚀性强。为杜绝纯铅离子的渗入,用作饮用水处理时不得采用铅电极。

9.7.18 关于电渗析淡水、浓水、极水流量的规定。

为保持膜两侧浓、淡室内压力的一致,浓水流量应与淡水相同的流量,但为节水,一般在不低于 2/3 流量时,仍可以安全运行。浓水建议循环使用。

极水流量一般可为 1/3~1/5 的淡水流量。太高产生浪费,太低会影响膜的寿命,并且会发生水的渗透污染。

9.7.19 关于进入电渗析器水压的规定。

国内离子交换膜,最高爆破强度可达 0.7MPa。为保护膜片,规定进入电渗析器水压不超过 0.3MPa。

9.7.20 关于电渗析主机酸洗周期的规定。

电渗析主机酸洗周期是根据原水硬度、含盐量不同而变化,并与运行管理好坏有直接关系。电渗析工作过程中水中的钙、镁及其他阳离子向阴极方向移动,并在交换膜面或多或少积留,甚至造成结垢。电极的倒换由浓室变淡室,离子也反向移动,可以使膜消垢。因此,频繁倒换电极,可以延长酸洗周期。倒换电极较频繁时,酸洗周期可为 1~4 周。酸洗液宜采用工业盐酸,浓度可为 1.0%~1.5%,不得大于 2%;宜采用动态循环方式,酸洗时间一般可为 2h。

Ⅴ 反渗透法

9.7.21 关于反渗透装置组成的规定。

除氟的反渗透装置一般包括保安过滤器、反渗透膜元件、压力容器、高压泵、清洗系统、加药系统以及水质检测仪表、控制仪表等控制系统。

保安过滤器的滤芯使用时间不宜过长,一般可根据前后压差来确定调换滤芯,压差不宜大于 0.1MPa。宜采用 14~15m^3/($m^2 \cdot h$)滤元过滤。使用中应定期反洗、酸洗,必要时杀菌。

反渗透膜的选取应根据不同的原水情况及工程要求。反渗透系统产水能力在 3m^3/h 以下时,宜选用直径为 101.6mm 的膜元件;系统产水能力在 3m^3/h 以上时,宜选用直径为 203.2mm 的膜元件。

反渗透膜壳建议采用优质不锈钢或玻璃钢。膜的支撑材料、密封材料、外壳等应无不纯物渗出,能耐 H_2O_2 等化学药品的氧化及腐蚀等,一般可采用不锈钢材质。管路部分高压可用优质不锈钢,低压可用国产 ABS 或 UPVC 工程塑料。产水输送管路管材可用不锈钢。

高压泵可采用离心泵、柱塞泵、高速泵或变频泵,其出口应装止回阀和闸阀;高压泵前应设低压保护开关,高压泵后及产水侧应设高压保护开关。

应设置监测进水的 FI、pH 值、电导率、游离氯、温度等以及产水的电导率、DO、颗粒、细菌、COD 等的水质检测仪表。

进水侧应设高温开关及高、低 pH 值开关;浓水侧应设流量开关;产水侧应设电导率开关。整个系统应有高低压报警、加药报警、液位报警、高压泵入口压力不足报警等报警控制装置。

9.7.22 关于进入反渗透装置原水水质及预处理的规定。

污染指数表示的是进水中悬浮物和胶体物质的浓度和过滤特性,是表征进水对微孔滤膜堵塞程度的一个指标。微量悬浮物和胶状物一旦堵塞反渗透膜,膜组件的产水量和脱盐率会明显降低,甚至影响膜的寿命,因此反渗透对污染指数这个指标有严格要求。

原水中除了悬浮物和胶体外,微生物、硬度、氯含量、pH 值及其他对膜有损害的物质,都会直接影响到膜的使用寿命及出水水质,关系到整个净化系统的运行及效果。一般膜组件生产厂家对其产品的进水水质会提出严格要求,当原水水质不符合膜组件的要求时,就必须进行相应的预处理。

9.7.23 关于反渗透装置设备安放方面的规定。

9.8 消 毒

Ⅰ 一 般 规 定

9.8.1 为确保卫生安全,生活饮用水必须消毒。

通过消毒处理的水质不仅要满足生活饮用水水质卫生标准中与消毒相关的细菌学指标,同时,由于各种消毒剂消毒时会产生相应的副产物,因此还要求满足相关的感官性状和毒理学指标,确保居民安全饮用。

目前,国内执行的生活饮用水卫生标准和规范为:现行国家标准《生活饮用水卫生标准》GB 5749,建设部城镇建设行业标准《城市供水水质标准》CJ/T 206。

9.8.2 关于消毒剂和消毒方法选择的规定。

常用的消毒方法主要为氯消毒和氯胺消毒,也可采用二氧化氯消毒、臭氧消毒、紫外线消毒以及各种方法的组合。其中紫外线消毒是一种物理消毒方法。从国外的最新发展趋势看,紫外线消毒正在成为净水处理中重要消毒手段之一。美国环保总署正在修订的饮用水处理标准中增加了隐孢子虫作为卫生学指标之一。国家现行标准《城市供水水质标准》CJ/T 206 中,也增加了兰氏贾第虫和隐孢子虫指标。根据美国最新研究结果表明,紫外线是控制贾第虫和隐孢子虫等寄生虫最为经济有效的消毒方法。同时,组合式消毒工艺,即多屏障消毒策略将逐渐被净水行业广泛认同和接受。

如果单独采用臭氧消毒或紫外线消毒时,出厂前应补加氯或氯制剂消毒,以满足出厂余氯要求。

9.8.3 关于消毒剂投加点选择的规定。

不同消毒剂和不同的原水水质,其投加点不尽相同。根据对目前几个城市调查的反馈情况,大多采用氯消毒,水源水质较差的净水厂多数采用混凝前和滤后两点加氯。

9.8.4 关于消毒剂设计投加量的规定。

设计投加量对于水质较好水源的净水厂可按相似条件下的运行经验确定;对多水源和原水水质较差的净水厂,原水水质变化使消毒剂投加点目的不同,会使投加量相差悬殊,因此有必要按出厂水与投加消毒剂相关的水质控制指标,通过试验确定各投加点的最大消毒剂投加量作为设计投加量。

9.8.5 关于确定消毒剂与水接触时间的规定。

化学法消毒工艺的一条实用设计准则为接触时间 $T(min) \times$ 接触时间结束时消毒剂残留浓度 $C(mg/L)$,被称为 CT 值。消毒接触一般采用接触池或利用清水池。由于其水流不能到理想推流,所以部分消毒剂在水池内的停留时间低于水力停留时间 t,故接触时间 T 需采用保证 90% 的消毒剂能达到的停留时间 t,即 T_{10} 进行计算。T_{10} 为水池出流 10% 消毒剂的停留时间。T_{10}/t 值与消毒剂混合接触效率有关,值越大,接触效率越高。影响清水池 T_{10}/t 的主要因素有清水池水流廊道长宽比、水流弯道数目和形式、池型以及进、出口布置等。一般清水池的 T_{10}/t 值多低于 0.5,因此应采取措施提高接触池或清水池 T_{10}/t 值,保证必要的接触时间。

对于一定温度和 pH 值的待消毒处理水,不同消毒剂对粪便大肠菌、病毒、兰氏贾第鞭毛虫、隐孢子虫灭活的 CT 值也不同。

摘自美国地表水处理规则(SWTR),达到 1-log 灭活(90% 灭活率)兰氏贾第虫和在 pH 值 6~9 时达到 2-log、3-log 灭活(99%、99.9% 灭活率)肠内病毒的 CT 值,参见表 11、表 12。

各种消毒剂与水的接触时间应参考对应的 CT 值,并留有一定的安全系数以确定。

表 11 灭活 1-log 兰伯贾第虫的 CT 值

消毒剂	pH值	在水温下的 CT 值					
		0.5℃	5℃	10℃	15℃	20℃	25℃
2mg/L 的游离残留氯	6	49	39	29	19	15	10
	7	70	55	41	28	21	14
	8	101	81	61	41	30	20
	9	146	118	88	59	44	29
臭氧	6~9	0.97	0.63	0.48	0.32	0.24	0.16
二氧化氯	6~9	21	8.7	7.7	6.3	5	3.7
氯胺(预生成的)	6~9	1270	735	615	500	370	250

表 12 在 pH 值 6~9 时灭活肠内病毒的 CT 值

消毒剂	灭活 log	在水温下的 CT 值					
		0.5℃	5℃	10℃	15℃	20℃	25℃
游离残留氯	2	6	4	3	2	1	1
	3	9	6	4	3	2	1
臭氧	2			0.5		0.25	0.15
	3	1.4		0.6	0.5	0.4	0.25
二氧化氯	2	8.4	5.6	4.2	2.8	2.1	1.4
	3	25.6	17.1	12.8	8.6	6.4	4.3
氯胺(预生成的)	2	1243	857	643	428	321	214
	3	2063	1423	1067	712	534	356

9.8.6 关于采用消毒剂及消毒系统设计应执行国家有关规范、标准和规程的规定。

《消毒管理办法》(中华人民共和国卫生部 2002 年 7 月 1 日颁布)第十七条、第十八条对消毒设备、产品和药剂的标准和质量均有规定,应严格执行。

对于广泛应用的氯消毒系统,按现行国家标准《职业性接触毒物危害程度分级》GB 5044,氯属于Ⅱ级(高度危害)物质,加氯消毒系统的设计必须执行现行国家标准《氯气安全规程》GB 11984。

Ⅱ 氯消毒和氯胺消毒

9.8.7 关于采用氯消毒和氯胺消毒消毒剂的有关规定。

通过查阅资料和对国内几十个城市水厂的调查,目前国内外仍以液氯消毒作为普遍采用的消毒方法。

饮用水的氯消毒,将液氯汽化后通过加氯机将氯气投入待处理水中,形成次氯酸(HOCl)和次氯酸根(OCl⁻),统称游离性有效氯(FAC)。在 25℃、pH=7.0 时,两种成分约各占 50%。游离性有效氯有杀菌消毒及氧化作用。

氯胺又称化合性有效氯(CAC),在处理水中通常按一定比例投加氯气和氨气,当 pH=7~10 时,稀溶液很快合成氯胺。氯胺消毒较之氯消毒可减少三卤甲烷(THMs)的生成量,减轻氯酚味;并可增加余氯在供水管网中的持续时间,抑制管网中细菌生成。故氯胺消毒常用于原水中有机物多和清水输水管道长、供水区域大的净水厂。

9.8.8 关于氯胺消毒时,氯和氨投加比例的规定。

9.8.9 关于氯消毒和氯胺消毒与水接触时间的规定。

按现行国家标准《生活饮用水卫生标准》GB 5749 和《城市供水水质标准》CJ/T 206 的要求,与水接触 30min 后,出厂水游离余氯应大于 0.3mg/L,(即消毒 CT 值≥9mg·min/L),或与水接触 120min 后,出厂水总余氯大于 0.6mg/L,(即氯胺消毒 CT 值≥72 mg·min/L)。

对于无大肠杆菌和大肠埃希菌的地下水,可利用配水管网进行消毒接触。对污染严重的地表水,应使用较高的 CT 值。

世界卫生组织(WHO)认为由原水得到无病毒出水,需满足下列氯消毒条件:出水浊度≤1.0NTU,pH<8,接触时间 30min,游离余氯>0.5mg/L。

9.8.10 关于加氯机和加氯系统的有关规定。

根据几十个城市的调查反馈情况,大多数净水厂液氯消毒及加压站补氯均采用了全真空自动加氯系统。其控制方式，前加氯多为流量比例（手动或自动）投加，后加氯多采用流量、余氯复合环控制投加。根据现行国家标准《氯气安全规程》GB 11984 规定，瓶内液氯不能用尽，必须留有余压，因此氯源的切换多采用压力切换。

9.8.11 关于加氯机的加氯计量和安全措施的规定。

9.8.12 关于采用漂白粉消毒时的有关规定。

9.8.13 关于加氯方式和相关措施的规定。

9.8.14 关于加氯间和氯库、加氨间和氨库位置的规定。

英国《供水设计手册》中规定：加氯间及氯库应与其他建筑的任何通风口相距不少于 25m，贮存氯瓶、气态氯储槽和液态氯储槽的氯库应与其他建筑边界相距分别不少于 20m、40m、60m。

9.8.15 关于加氯（氨）间采暖方式的规定。

从安全防火、防爆考虑，条文删去了原规范中的火炉采暖。

9.8.16 关于提高氯瓶出氯量措施的规定。

9.8.17 关于加氯（氨）间及氯（氨）库采用安全措施的规定。

根据国家现行标准《工业企业设计卫生标准》CBZ 1 规定，室内空气中氯气允许浓度不得超过 1mg/m³，故加氯间（真空加氯间除外）及氯库应设置泄漏检测仪和报警设施。

当室内空气含氯量≥1mg/m³ 时，自动开启通风装置；当室内空气含氯量≥5mg/m³ 时，自动报警，并关闭通风装置；当室内空气含氯量≥10mg/m³ 时，自动开启漏氯吸收装置。因此漏氯检测仪的测定范围为：1～15mg/m³。

加氯设施的设计应将泄漏减至最低程度，万一出现泄漏，应及时控制，故本条文规定氯库应设有漏氯事故的处理设施，并应设置全套漏氯吸收装置（处理能力按 1h 处理 1 个所用氯瓶漏氯量计）。氯吸收塔尾气排放应符合现行国家标准《大气污染物综合排放标准》GB 16297 中氯气无组织排放时周界外浓度最高点为 0.5 mg/m³ 的规定。

漏氯吸收装置与消防设备类似，不常使用，但必须注意维护，确保随时可安全运行。漏氯吸收装置应设在临近氯库的单独房间内，用地沟与氯库相通。

氨是有毒的、可燃的、比空气轻。氨瓶间仓库安全措施与氯库相似，但还需有防爆措施。

9.8.18 关于加氯（氨）间及其仓库通风的规定。

参照美国规范，对通风系统设计作了规定。

9.8.19 关于加氯（氨）间设置安全防范设施的规定。

9.8.20 关于加氯（氨）给水管道的供水要求及加氯（氨）管道材料的规定。

消毒药剂均系强氧化剂，对某些材料有腐蚀作用，本条文中规定加氯（氨）的管道及配件应采用耐腐蚀材料。氨水溶液及氨对铜有腐蚀性，故宜用塑料制品。

9.8.21 关于加氯、加氨设备及其管道设置备用的规定。

为保证不间断加氯（氨），本条文对备用作了相应的规定。

9.8.22 关于消毒剂仓库设置、仓库储备量和起重设备的规定。

固定储备量是指由于非正常原因导致药剂供应中断，而在药剂仓库内设置的在一般情况下不准动用的储备量，应按水厂的重要性来决定。据调查，一般设计中均按最大用量的 7～15d 计算。周转储备量是指考虑药剂消耗与供应时间之间的差异所需的储备量，可根据当地货源和运输条件确定。

Ⅲ 二氧化氯消毒

二氧化氯是世界卫生组织（WHO）和世界粮农组织（FAO）向全世界推荐的 AI 级广谱、安全和高效的消毒剂。目前在欧、美发达国家的净水厂多有采用。

参考美国、日本的净水厂设计手册，二氧化氯通常作为净水厂前加氯的代用预氧化剂。因其不同于氯，不产生三卤甲烷（THMs），不氧化三卤甲烷的前驱物，不与氨或酚类反应，杀菌效果随 pH 值增加而增加，所以二氧化氯应用于含酚、含氮、pH 值高的原水的预氧化和消毒较有利。

9.8.23 因为二氧化氯与空气接触易爆炸，不易运输，所以二氧化氯一般采用化学法现场制备。国外多采用高纯型二氧化氯发生器，有以氯溶液与亚氯酸钠为原料的氯法制备和以盐酸与亚氯酸钠的酸法制备方法。国内有以盐酸（氯）与亚氯酸钠为原料的高纯型二氧化氯和以盐酸与亚氯酸钠为原料的复合二氧化氯两种形式，可根据原水水质和出水水质要求，本着技术上可行、经济上合理的原则选型。

在密闭的发生器中生成二氧化氯，其溶液浓度为 10g/L。由于生成二氧化氯的主要材料固体（亚氯酸钠、氯酸钠）属一、二级无机氧化剂，贮运操作不当有引起爆炸的危险；原材料盐酸与固体亚氯酸钠相接触也易引起爆炸；原料调制浓度过高（32% HCl 和 24%NaClO₂）反应时也将发生爆炸。二氧化氯泄漏时，空气中二氧化氯（ClO₂）含量为 14ppm 时，人可察觉，45ppm 时明显刺激呼吸道；空气中浓度大于 11% 和水中浓度大于 30% 时易发生爆炸。鉴于上述原因，其贮存、调制、反应过程中有潜在的危险，为确保二氧化氯安全地制备和在水处理中使用，其现场制备的设备应是成套设备，并必须有相应有效的各种安全措施。

9.8.24 关于二氧化氯消毒剂与水接触时间的规定。

国家现行标准《城市供水水质标准》CJ/T 206 中规定：二氧化氯与水接触 30min 后，出厂二氧化氯余量≥0.1mg/L，管网末梢二氧化氯余量≥0.02 mg/L。

9.8.25 关于二氧化氯原材料贮备间安全措施的规定。

9.8.26 关于二氧化氯设备系统密封、防腐及安全措施的规定。

9.8.27 关于二氧化氯系统设置安全防范设施和房间布置的规定。

9.8.28 关于二氧化氯原材料贮存量的规定。

出于安全考虑，二氧化氯原材料库房的贮量不宜太多。

9.8.29 关于二氧化氯系统防火防爆设计应根据现行国家标准《建筑设计防火规范》相关条文执行的规定。

9.9 臭氧净水

Ⅰ 一般规定

9.9.1 阐明臭氧净水设施应该包括的设计内容。

9.9.2 关于臭氧投加位置的原则规定。

由于目前国内城镇水厂中采用臭氧净水设施实例较少，因此，本规定所述原则基本上是依据国外的相似经验确定。设计中臭氧投加位置应通过对原水水质状况的分析，结合总体净水工艺过程的考虑和出水水质目标来确定，也可参照相似条件下的运行经验或通过一定的试验来确定。

9.9.3 关于臭氧投加率确定的原则规定。

由于臭氧净水设施的设备投资和日常运行成本较高，臭氧投加率确定合理与否，将直接影响工程的投资和生产运行成本。考虑到国内目前水厂中的实践经验很少，因此，本规定明确了宜根据待处理水的水质状况并结合试验结果来确定的要求。

9.9.4 从臭氧接触池排气管排入环境空气中的气体仍含有一定的残余臭氧，这些气体被称为臭氧尾气。由于空气中一定浓度的臭氧对人的机体有害。人在含臭氧百万分之一的空气中长期停留，会引起愤怒、感觉疲劳和头痛等不良症状。而在更高的浓度下，除这些症状外，还会增加恶心、鼻子出血和眼粘膜发炎。经常受臭氧的毒害会导致严重的疾病。因此，出于对人体健康安全的考虑，提出了此强制性规定。通常情况下，经尾气消除装置处理后，要求排入环境空气中的气体所含臭氧的浓度小于 0.1μg/L。

9.9.5 关于与臭氧气体或溶有臭氧的水体接触的材料要求的规定。

由于臭氧的氧化性极强，对许多材料具有强腐蚀性，因此要求臭氧处理设施中臭氧发生装置、臭氧气体输送管道、臭氧接触池以及臭氧尾气消除装置中所有可能与臭氧接触的材料能够耐臭氧的腐蚀，以保证臭氧净水设施的长期安全运行和减少维护工作。据调查，一般的橡胶、大多数塑料、普通的钢和铁、铜以及铝等材料均不能用于臭氧处理系统。适用的材料主要包括316号和305号不锈钢、玻璃、氯磺烯化聚乙烯和合成橡胶、聚四氟乙烯以及混凝土。

Ⅱ 气源装置

9.9.6 规定了臭氧发生装置的气源品种及气源质量要求。

对气源品种的规定是基于臭氧发生的原理和对目前国内外所有臭氧发生器气源品种的调查。由于供给臭氧发生器的各种气源中一般均含有一定量的一氧化二氮，气源中过多的水分易与其生成硝酸，从而导致对臭氧发生装置及输送臭氧管道的腐蚀损坏，因此必须对气源中的水分含量作出规定，露点就是代表气源水分含量的指标。据调查，目前国内外绝大部分运行状态下的臭氧发生器的气源露点均低于－60℃，有些甚至低于－80℃。一般情况下，空气经除湿干燥处理后，其露点可达到－60℃以下，制氧机制取的气态氧气露点也可达到－60℃到－70℃之间，液态氧的露点一般均在－80℃以下，因此，本规定对气源露点作出应低于－60℃的规定。

此外，气源中的碳氧化物、颗粒、氮以及氩等物质的含量对臭氧发生器的正常运行、使用寿命和产气能耗等也会产生影响，且不同臭氧发生器的厂商对这些指标要求各有不同，故本条文只作原则规定。

9.9.7 关于气源装置的供气气量及压力的规定。

9.9.8 对供应空气的气源装置设备备用的规定。

供应空气的气源装置一般应包括空压机、储气罐、气体过滤设备、气体除湿干燥设备，以及消声设备。供应空气的气源装置除了应具有供气能力外，还应具备对所供空气进行预处理的功能，所供气体不仅在量上而且在质上均需满足臭氧发生装置的用气要求。空压机作为供气的动力设备，用以满足供气气量和气压的要求，一般要求采用无油润滑型；储气罐用于平衡供气压力和气量；过滤设备用于去除空气中的颗粒和杂质；除湿干燥设备用于去除空气中的水分，以达到降低供气露点的目的；消声设备则用于降低气源装置在高压供气时所产生的噪声。由于供应空气的气源装置需要常年连续工作，且设备系统较复杂，通常情况下每个装置可能包括多个空压机、储气罐，以及过滤、除湿、干燥和消声设备，为保证在某些设备组件发生故障或需要正常维修时气源装置仍能正常供气，要求气源装置中的主要设备应有备用。

9.9.9 规定了供应氧气的气源装置的形式。

据调查，目前国内外水厂臭氧净水设施中以氧气为气源的均通过设置现场液氧储罐或制氧机这两种形式的气源装置来为臭氧发生装置供氧气。

9.9.10 关于液氧储罐供氧装置液氧储存量的规定。

液氧储罐供氧装置一般应包括液氧储罐、蒸发器、添加氮气或空气的设备，以及液氧储罐压力和罐内液氧储存量的显示及报警设备等。液态氧可通过各种商业渠道采购而来，其温度极低，在使用现场需要专用的隔热和耐高压储罐储存。为节省占地面积，储罐一般都是立式布置。进入臭氧发生装置的氧必须是气态氧，因此需要设置将液态氧蒸发成气态氧的蒸发器，蒸发需要的能量一般来自环境空气的热量（特别寒冷的地区可采用电、天然气或其他燃料进行加热蒸发）。通过各种商业渠道所购的液态氧的纯度很高（均在99%以上），而提供给臭氧发生装置的最佳氧气浓度通常在90%～95%，且要求含有少量的氮气。因此，液氧储罐供氧装置一般应配置添加氮气或空气（空气中含有大量氮气）的设备。通常采用的设备有氮气储罐或空压机，并配备相应气体混合器。储存在液氧罐中的液态氧在使用中逐步消耗，其罐内的压力和液面将发生变化，为了随时了解其变化情况和提前做好补充液氧的准备，须设置液氧储罐的压力和液位显示及报警装置。

采购的液态氧由液氧槽罐车输送到现场，然后用专用车载设备加入到储氧罐。液氧槽罐车一般吨位较大，在厂区内行驶对

交通条件要求较高，储存量越大，则对厂区的交通条件要求越高。另外，现场液氧储罐的大小还受消防要求的制约。因此，液氧储存量不宜过大，但储存太少将增加运输成本，带来采购液态氧成本的增加。因此，根据相关的调查，本条文只作出最小储存量的规定。

9.9.11 关于制氧机供氧装置设备的基本配置以及备用能力的规定。

制氧机供氧装置一般应包括制氧设备、供气状况的检测报警设备、备用液氧储罐、蒸发器以及备用液氧储罐压力和罐内液氧储存量的显示及报警设备等。空气中98%以上的成分为氮气和氧气。制氧机就是通过对环境空气中氮气的吸附来实现氧气的富集。一般情况下，制氧机所制取的氧气中氧的纯度在90%～95%，其中还含有少量氮气。此外，制氧机还能将所制气中的露点和其他有害物质降低到臭氧发生装置所需的要求。为了保证能长期正常工作，制氧机需定期停运维护保养，同时考虑到设备可能出现故障，因此制氧机供氧装置必须配备备用液氧储罐及其蒸发器。根据大多数制氧机的运行经验，每次设备停运保养和故障修复的时间一般不会超过2d，故对备用液氧储罐的最小储存量提出了不应少于2d氧气用量的规定。虽然备用液氧储罐启用时其所供氧气纯度不属最佳，但由于其使用机会很少，为了降低设备投资和简化设备系统，一般不考虑备用加氮气或空气设备。

9.9.12 对气源品种及气源装置型式选择的规定。

就制取臭氧的电耗而言，以空气为气源的最高，制氧机供氧气的其次，液氧最低。就气源装置的占地而言，空气气源的较氧气气源的大。就臭氧发生的浓度而言，以空气为气源的浓度只有氧气源的1/5～1/3。就臭氧发生管、输送臭氧气体的管道、扩散臭氧气体的设备以及臭氧尾气消除装置规模而言，以空气为气源的比氧气的大很多。就设备投资和日常管理而言，空气的气源装置均需由用户自行投资和管理，而氧气气源装置通常可由用户向大型供气商租赁并委托其负责日常管理。虽然氧气气源装置较空气气源装置具有较多优点，但其设备的租赁费、委托管理费以及氧气的采购费也很高，且设备布置受到消防要求的限制。因此，采用何种供气气源和气源装置必须综合上述多方面的因素，作技术经济比较后确定。据调查，一般情况下，空气气源适合于较小规模的臭氧发生量，液氧气源适合于中等规模的臭氧发生量，制氧机气源适合于较大规模的臭氧发生量。

9.9.13 关于供应空气的气源装置设置位置的规定。

由于臭氧发生装置对所供空气的质量要求较严格，且有一定的压力要求，过远的气体输送增加了管道中杂质对已经过处理的气体再污染的潜在危险，且空压机的供气能耗会增加，因此，本条文作出相关规定。

9.9.14 关于供应氧气的气源装置设置地点及氧气输送管道敷设的规定。

由于供给臭氧发生装置的氧气质量已经符合要求，过远的气体输送增加了管道中杂质污染气体的潜在威胁，且氧气输送距离过长存在发生火灾的隐患。此外，现行国家标准《氧气站设计规范》GB 50030中对氧气站及管道的设计作出了相应规定。因此，出于生产安全和消防安全的考虑，提出相关规定。

9.9.15 对气源装置设置条件的规定。

以空气或制氧机为气源的气源装置中产生噪声的设备较多，因此应将其设在室内。而以液氧储罐为气源的气源装置中产生噪声的设备较少，且储存液氧的储罐高度较高，考虑到运送液氧的槽罐车向储罐加注液氧时的操作方便，因此一般设置在露天，并要求对部分产生噪声的设备采取降噪措施。

Ⅲ 臭氧发生装置

9.9.16 关于臭氧发生装置最基本组成的规定。

臭氧发生器的供电及控制设备，一般都作为专用设备与臭氧发生器配套制造和供应。冷却设备用以对臭氧发生器及其供电设备进行冷却，既可以配套制造供应，也可根据不同的冷却要求进行

专门设计配套。臭氧和氧气泄漏探测及报警设备，用以监测设置臭氧发生装置处环境空气中可能泄漏出的臭氧和氧气的浓度，并对泄漏状况作出指示和报警，其设置数量和位置应根据设置臭氧发生装置处具体环境条件确定。

9.9.17 关于臭氧发生装置产量及备用能力设置的规定。

为了保证臭氧处理设施在最大生产规模和最不利水质条件下的正常工作，臭氧发生装置的产量应满足最大臭氧加注量的需要。

用空气得到的臭氧气体中的臭氧浓度一般为2%～3%，且臭氧浓度调节较困难。当某台臭氧发生器发生故障时，很难通过提高其他发生器的产气浓度来维持整个臭氧发生装置的产量不变。因此，要求以空气为气源的臭氧发生装置中应设置硬备用的臭氧发生器。

用氧气制得的臭氧气体中的臭氧浓度一般为6%～14%，且臭氧浓度调节非常容易。当某台臭氧发生器发生故障时，既可以通过启用已设置的硬备用发生器来维持产量不变，也可通过提高无故障发生器的产气浓度来维持产量不变。采用硬备用方式，可使臭氧发生器正常工作时的产气浓度和氧气的消耗量处于较经济的状态，但设备的初期投资将增加。采用软备用方式，设备的初期投资可减少，但当台数较少时，有可能会使装置正常工作时产气浓度不处于最佳状态，且消耗的氧气将增加。因此，需通过技术经济比较来确定。

9.9.18 关于臭氧发生装置的设置地点及设置环境的规定。

臭氧的腐蚀性极强，泄漏到环境中对人体、设备、材料等均会造成危害，其通过管道输送的距离越长，出现泄漏的潜在危险越大。此外，臭氧极不稳定，随着环境温度的提高将分解成氧气，输送距离越长，其分解的比例越大，从而可能导致到投加点处的浓度达不到设计要求。因此，要求臭氧发生装置应尽可能靠近臭氧接触池。当净水工艺中同时设有预臭氧和后臭氧接触池时，考虑到节约输送管道的投资，其设置地点除了应尽量靠近各用气点外，更宜靠近用气量较大的臭氧接触池。据调查，在某些工程中，当预臭氧和后臭氧接触池相距较远时，也有分别就近设置两套臭氧发生装置的做法，但这种方式将大为增加工程的投资，一般不宜采用。

根据臭氧发生器设置的环境要求，规定必须设置在室内。虽然臭氧发生装置中配有专用的冷却设备，但其工作时仍将产生较多的热量，可能使设置臭氧发生装置的室内环境温度超出臭氧发生装置所承受的限度。因此，应根据具体情况设置通风设备或空调设备，以保证室内环境温度维持在臭氧发生装置所要求的环境温度以下。

9.9.19 对设有臭氧发生器建筑内的用电设备的安全防护类型作出的规定。

Ⅳ 臭氧气体输送管道

9.9.20 关于确定输送臭氧气体管道的直径及适用材料的规定。

9.9.21 关于输送臭氧气体的埋地管敷设及室外管隔热防护的规定。

由于臭氧泄漏对环境中危害很大，为了能在输送臭氧气体的管道发生泄漏时迅速查找到泄漏点并及时修复，输送臭氧的埋地管一般不应直接埋在土壤或结构构造中，而应设在专用的管沟内，管沟上设活动盖板，以方便查漏和修复。

输送臭氧气体的管道均采用不锈钢管，管材的导热性很好，因此，在气候炎热的地区，设在室外的管道（包括设在管沟内）很容易吸收环境空气中的热量，导致管道中的臭氧分解速度加快。因此，要求在这种气候条件下对室外管道进行隔热防护。

Ⅴ 臭氧接触池

9.9.22 关于臭氧接触池最少个数的规定。

在运行过程中，臭氧接触池有时需停池清洗或检修。为不致造成水厂停产，故规定了臭氧接触池的个数或能够单独排空的分格数不宜少于2个。

9.9.23 关于臭氧接触池接触时间的规定。

工艺目的和待处理水的水质情况不同，所需臭氧接触池接触时间也不同。一般情况下，设计采用的接触时间应根据对工艺目的、待处理水的水质情况进行分析，通过一定的小型或中型试验或参照相似条件下的运行经验来确定。

9.9.24 关于臭氧接触池的构造要求以及尾气排放管和自动气压释放阀设置的规定。

为了防止臭氧接触池中少量未溶于水的臭氧逸出后进入环境空气中造成危害，臭氧接触池必须采取全封闭的构造。

注入臭氧接触池的臭氧气体中除含臭氧外，还含有大量的空气或氧气。这些空气或氧气绝大部分无法溶解于水而从水中逸出。其中还含有少量未溶于水的臭氧，这部分逸出的气体也就是臭氧接触池尾气。在全密闭的接触池内，要保证来自臭氧发生装置的气体连续不断地注入和避免将尾气带入到后续处理设施中而影响正常工作，必须在臭氧接触池顶部设置尾气排放管。为了在接触池水面上形成一个使尾气集聚的缓冲空间，池内顶宜与池水面保持0.5～0.7m的距离。

随着臭氧加注量和处理水量的变化，注入接触池的气量及产生的尾气也将发生变化。当出现尾气消除装置的抽气量与实际产生的尾气量不一致时，将在接触池内形成一定的附加正压或负压，从而可能对结构产生危害和影响接触池的水力负荷，因此，必须在池顶设自动气压释放阀，用于在产生附加正压时自动排气和产生附加负压时自动进气。

9.9.25 关于臭氧接触池水流形式、导流隔板设置以及出水方式的规定。

由于制取臭氧的成本很高，为使臭氧能最大限度地溶于水中，接触池水流宜采用竖向流形式，并设置竖向导流隔板。在处于下向流的区格的池底导入臭氧，从而使水气作相向混合，以保证高效的溶解和接触效果。在与池顶相连的导流隔板顶部设置通气孔是为了让集聚在池顶上部的尾气从排放管顺利排出。在与池底相连的导流隔板底部设置流水孔是为了清洗接触池之用。

虽然接触池内的尾气可通过尾气排放管排出，但水中仍含有一定数量的过饱和溶解的空气或氧气。该部分气体随水流进入后续处理设施会自水中逸出并造成不利影响，如在沉淀或澄清中产生气浮现象或在过滤中产生气阻现象。因此，接触池的出水一般宜采用薄壁堰跌水出流的方式，以使水中过饱和溶解气体在跌水过程中吹脱，并随尾气一起排出。

9.9.26 关于预臭氧接触池设计参数的规定。

1 根据臭氧净水的机理，在预臭氧阶段拟去除的物质大多迅速与臭氧反应，去除效率主要与臭氧的加注量有关，接触时间对其影响很小。据调查国外的相关应用实例，接触时间大多数采用2min左右。但若工艺设置是以除藻为主要目的的，则接触时间一般应适当延长到5min左右或通过一定的试验确定。

2 预臭氧处理的对象是未经任何处理的原水，原水中含有一定的颗粒杂质，容易堵塞微孔曝气装置。因此，臭氧气体宜通过水射器抽吸后与动力水混合，然后再注入到进水管上的静态混合器或通过专用的大孔扩散器直接注入池内。由于预臭氧接触池停留时间较短和容积较小，故一般只设一个注入点。

3 由于原水中含有的颗粒杂质容易堵塞抽吸臭氧气体的水射器，因此，一般不宜采用原水作为水射器动力水源，而宜采用沉淀（澄清）或滤后水。当受条件限制而不得不使用原水时，在水射器之前加设两套过滤装置，一用一备。

4 根据对国内外有关应用实例的调查，接触池水深一般为4～6m。

5 由于接触池的池深较深，考虑到若导流隔板间距过小，不易土建施工和扩散器的安装维护以及停池后的清洗，故规定了导流隔板的净距一般不宜小于0.8m。

6 接触池出水端设置余臭氧监测仪是为了检测臭氧的投加率是否合理，以及考核接触池中的臭氧吸收效率。

9.9.27 关于后臭氧接触池设计参数的规定。

1 据调查，后臭氧接触池根据其工艺需要，一般至少由二段接触室串联而成，其中第一段接触室主要是为了满足能与臭氧快速反应物质的接触反应需要，以及保持其出水中含有能继续杀灭细菌、病毒、寄生虫和氧化有机物所必需的臭氧剩余量的需要。后续接触室数量的确定则应根据待水处理的水质状况和工艺目的来考虑。当以杀灭细菌和病毒为目的时，一般宜再设一段。当以杀灭寄生虫和氧化有机物（特别是农药）为目的时，一般宜再设两段。

2 每段接触室包括布气区和后续反应区，并由竖向导流隔板分开，是目前国内外较普遍的布置方式，故作此规定。

3 规定后臭氧接触池的总接触时间宜控制在 6～15min 之间，是基于对国内外的应用实例的调查所得出，可作为设计参考。当条件许可时，宜通过一定的试验确定。规定第一段接触室的接触时间一般宜为 2min 左右也是基于对有关的调查和与预臭氧相似的考虑所得出。

4 一般情况下，进入后臭氧接触池的水中的悬浮固体大部分已去除，不会对微孔曝气装置造成堵塞，同时考虑到后臭氧处理的对象主要是溶解性物质和残留的细菌、病毒和寄生虫等，处理对象的浓度和含量较低，为保证臭氧在水中均匀高效地扩散溶解和与处理对象的充分接触反应，臭氧气体一般宜通过设在布气区底部的微孔曝气盘直接向水中扩散。为了维持水在整个接触过程中必要的臭氧浓度，规定气体注入点数与接触室的设置段数一致。

5 每个曝气盘在一定的布气量变化范围内保持其有效作用范围不变。考虑到总臭氧加注量和各段加注量变化时，曝气盘的布气量也将相应变化。因此，曝气盘的布置应经过对各种可能的布气设计工况分析来确定，以保证最大布气量至最小布气量变化过程中的布气均匀。由于第一段接触室需要与臭氧反应的物质含量最多，故规定其布气量宜占总气量的 50%左右。

6 接触池设计水深范围的规定是基于对有关的应用实例调查所得出。对布气区的深度与长度之比作出专门规定是基于对均匀布气的考虑，其比值也是参照了相关的调查所得出。

7 由于接触池的池深较深，考虑到若导流隔板间距过小，不易土建施工和曝气盘的安装维护以及停池后的清洗，故规定了导流隔板的净距一般不宜小于 0.8m。

8 接触池出水端设置余臭氧监测仪是为了检测出水中的剩余臭氧浓度，控制臭氧投加率，以及考核接触池中的臭氧吸收效率。

Ⅵ 臭氧尾气消除装置

9.9.28 关于臭氧尾气消除装置设备基本组成的规定。

一般情况下，这些设备应是最基本的。其中尾气输送管用于连接剩余臭氧消除器和接触池尾气排放管；尾气中臭氧浓度监测仪用于检测尾气中的臭氧含量和考核接触池的臭氧吸收效率；尾气除湿器用于去除尾气中的水分，以保护剩余臭氧消除器；抽气风机为尾气的输送和处理后排放提供动力；经处理尾气排放后的臭氧浓度监测及报警设备用于监测尾气是否能达到排放标准和尾气消除装置工作状态是否正常。

9.9.29 关于臭氧尾气中剩余臭氧消除方式的规定。

电加热分解消除是目前国际上应用较普遍的方式，其对尾气中剩余臭氧的消除能力极高。虽然其工作时需要消耗较多的电能，但随着热能回收型的电加热分解消除器的产生，其应用价值在进一步提高。催化剂接触催化分解消除，与前者相比可节省较多的电能，设备投资也较低，但需要定期更换催化剂，生产管理相对较复杂。活性炭吸附分解消除目前主要在日本等国家有应用，设备简单且投资也很省，但也需要定期更换活性炭和存在生产管理相对复杂等问题。此外，由于以氧气为气源时尾气中含有大量氧气，吸附在活性炭之后，在一定的浓度和温度条件下容易产生爆炸，因此，规定在这种条件下不应采用活性炭消除方式。

9.9.30 关于臭氧尾气消除装置最大设计气量和对抽气量进行调节的规定。

臭氧尾气消除装置最大处理气量理论上略小于臭氧发生装置最大供气量，其差值随水质和臭氧加注量不同而不同。但从工程实际角度出发，两者最大设计气量宜按一致考虑。抽气风机设置抽气量调节装置，并要求其根据臭氧发生装置的实际供气量适时调节抽气量，是为了保证接触池顶部的尾气压力相对稳定，以避免气压释放阀动作过于频繁。

9.9.31 规定了电加热臭氧尾气消除装置的设置地点及设置条件。

由于电加热消除装置长期处于高温（250～300℃）状态下工作，会向室内环境散发大量热量，造成室内温度过高。因此应在室内设有强排风措施，必要时应设空调设备，以降低室温。

9.9.32 规定了催化剂接触催化和活性炭吸附的臭氧尾气消除装置的设置地点及设置条件。

9.10 活性炭吸附

Ⅰ 一般规定

9.10.1 当原水中有机物含量较高时宜采用臭氧-生物活性炭处理工艺。采用活性炭吸附处理，应对原水进行多年水质监测，分析原水水质的变化规律和趋势，经技术经济比较后，可采用活性炭吸附处理工艺或臭氧-生物活性炭处理工艺。

国内使用活性炭吸附池和生物活性炭吸附池的情况见表13。

日本使用颗粒活性炭净水处理的实例见表14。

9.10.2 活性炭吸附的主要目的不是为了截留悬浮固体。因此，要求混凝、沉淀、过滤处理先去除悬浮固体，然后再进入炭吸附池。在正常情况下，要求炭吸附池进水浊度小于 1 NTU，否则将造成炭床堵塞，缩短吸附周期。

表13 国内使用活性炭吸附池情况一览表

水厂名称	规模 (10^4 m^3/d)	活性炭的作用	处理工艺流程	是否为臭氧-生物活性炭工艺	活性炭吸附池的设计参数											活性炭规格性能			运行情况
					池数	单池面积 (m^2)	炭层厚度 (m)	接触时间 (min)	空床流速 (m/h)	承托层厚 (m)	水冲洗强度 [L/($m^2 \cdot s$)]	膨胀率 (%)	冲洗水头 (m)	水冲时间 (min)	冲洗水源	气冲强度 [L/($m^2 \cdot s$)]	气冲时间 (min)	冲洗周期 (d)	种类	规格	碘吸附值 (mg/g)	亚甲兰吸附值 (mg/g)	
北京市第九水厂一期	50	除味、除有机物	混合、机械搅拌澄清池、双层滤料过滤、炭吸附池	否	24	96	1.5	9.8	9.17	—	15	20～30	—	—	无	—	—	—	柱状	直径1.5mm，长2～3mm	>900	>200	1987年投产
北京市第九水厂二、三期	100	除味、除有机物	快速混合、水力絮凝、侧向流波形斜板沉淀池、均质煤滤池、炭吸附池	否	48	97	1.5	9.85	9.13	—	11～15	—	2.25	7～10	滤后水	无	—	—	柱状	直径1.5mm，长2～3mm	>900	>200	1995、1999年分别投产

续表13

水厂名称	规模(10⁴m³/d)	活性炭的作用	处理工艺流程	是否为臭氧-生物活性炭工艺	活性炭吸附池的设计参数													活性炭规格性能			运行情况
					池数	单池面积(m²)	炭层厚度(m)	接触时间(min)	空床流速(m/h)	承托层厚(m)	水冲洗强度[L/(m²·s)]	膨胀率(%)	冲洗水头(m)	水冲洗时间(min)	冲洗水源	气冲强度[L/(m²·s)]	气冲时间(min)	冲洗周期(d)	种类	规格	碘吸附值(mg/g)	亚甲兰吸附值(mg/g)	
北京城子水厂	4.32	除味、除臭、除色、除有机物、除酚、除汞	机械搅拌澄清池、虹吸滤池、炭吸附池	否	6	32	1.5	8	6.8	—	13~15	20~40	1.3	—	无	—	—	5~7	柱状	直径1.5mm,长2~3mm	>900	>200	1990年投产
北京田村山水厂	17	除味、除色、除有机物	机械搅拌澄清池、虹吸滤池、炭吸附池	是	24	33	1.5	8	11	—	13~15	20~40	1.3	—	无	—	—	5~7	柱状	直径1.5mm,长2~3mm	>900	>200	1985年投产
昆明第五水厂南分厂	10	除味、除色、除有机物	机械混合、水力絮凝、气浮、V形滤池、臭氧接触、生物活性炭过滤	是	12	36.4	1.8	15	12	0.25	12	35			无			5~7	柱状	直径1.5mm,长2~3mm			1998年投产
上海周家渡水厂	1	除味、除色、除有机物	前臭氧、混合絮凝沉淀、过滤、后臭氧、炭吸附池	是	—	16	1.8	15	6.8		6.9						15.3	5~7	颗粒	0.5~0.7mm			2001年投产
浙江桐乡水厂	8	除味、除臭、除色、除有机物	生物接触氧化、常规净化、后臭氧、生物活性炭	是	10	48	1.8	—	7.5										柱状或颗粒	7格采用柱状煤质炭,3格采用煤质破碎炭	1025/1067	205/256	2003年6月投产
深圳梅林水厂	60	除味、除有机物	前臭氧、混合絮凝沉淀、过滤、后臭氧、炭吸附池	是	—	96	2	12	10		6~8			7		12~14	3		柱状	直径1.5mm,长2~3mm	>900	>200	建设中
杭州南星桥水厂	10	除味、除有机物	前臭氧、混合絮凝沉淀、过滤、后臭氧、炭吸附池	是			2	11.5	10.4		6.9						15.3		破碎炭	有效粒径0.65~0.75mm	>1000	>200	2004年投产

注:浙江桐乡水厂中7格吸附池采用柱状煤质炭直径1.5mm,长2~3mm,碘吸附值1025 mg/g,亚甲兰吸附值205 mg/g。3格采用8×30目煤质破碎炭,碘吸附值1067mg/g,亚甲兰吸附值256 mg/g。

表14 日本使用颗粒活性炭净水处理的实例

地区	水厂名称	处理水量(10⁴m³/d)	处理对象	方式	池面积(m²)	池数	形状	接触时间(min)
东京都	金街	52	沉淀水	重力式固定床	98	24	矩形	14.4
大阪府	村野1	55	过滤水	重力式固定床	141	24	矩形	10
大阪府	村野1	124.7	过滤水	重力式固定床	113	32	矩形	10
阪神	猪川	91.69	沉淀水	上向流动式	47.6/47.2	36/30	矩形	8.5

地区	空床流速(m/h)	炭层厚度(m)	粒径(mm)	不均匀系数(d₆₀/d₁₀)	再生时间	运行年份
东京都	10.4	2.5	1.2	1.3	4年	1992 1996
大阪府	8.4	1.4	1.0	1.5~1.9	4年	1994
大阪府	16.2	2.7	1.0	1.5~1.9	4年	1998
阪神	15	2.1	0.39~0.47	1.4以上	每年20%交换	1993 1996 1997 1998

9.10.3 关于炭吸附池设计参数确定的一般要求。

9.10.4 关于活性炭规格及性能的规定。

活性炭是用含炭为主的物质制成,如煤、木材(木屑形式)、木炭、泥煤、泥煤焦炭、褐煤、褐煤焦炭、骨、果壳以及含炭的有机废物等为原料,经高温炭化和活化两大工序制成的多孔性疏水吸附剂。

活性炭按原料不同分为煤质活性炭、木质活性炭或果壳活性炭等;按形状分为颗粒活性炭(GAC)与粉末活性炭(PAC);煤质颗粒活性炭分柱状炭、压块破碎炭和原煤破碎炭。

目前国内运行的地面水水厂的炭吸附池用炭大部分使用煤质柱状炭。如果采用颗粒压块炭或破碎炭需参照有关产品特性,经试验确定各种设计参数。活性炭性能指标按满足现行国家标准《净化水用煤质活性炭》GB 7701.4一级品以上要求规定。

9.10.5 对于采用臭氧-生物活性炭工艺的活性炭滤池,宜根据环境条件采取必要的隔离措施,在通风条件不好时,宜设隔离罩或隔离走廊防止臭氧尾气对管理人员的伤害。另外,在强日照地区应考虑防藻措施。

9.10.6 因池壁按开裂设计,磨损的炭粉如掉到缝中,会腐蚀钢筋。

Ⅱ 主要设计参数

9.10.7 关于活性炭吸附池型的原则规定。

当处理规模小于 320m³/h 时，可采用普通压力滤池形式；当处理规模大于或等于 320m³/h 时，可采用普通快滤池、虹吸滤池、双阀滤池等形式；当处理规模大于或等于 2400m³/h，炭吸附池形式以与过滤形式配套为宜。

9.10.8 关于炭吸附池过滤方式的规定。

采用升流式炭吸附池，处理后的水在池上部，应采用封闭措施，如设房、加盖等，以防人为污染。

9.10.9 为避免炭吸附池冲洗时对其他工作池接触时间产生过大影响，炭吸附池应设一定的个数。为保证一个炭吸附池检修时不致影响整个水厂的正常运行，规定炭吸附池个数不得少于 4 个。

9.10.10 关于炭吸附池设计参数的规定。

炭吸附池设计参数主要是空床接触时间和空床流速。空床接触时间和空床流速应根据水质条件，经试验或参考类似工程经验确定。

表 15 为日本水道协会《日本水道设计指针》(2000 年版)中颗粒活性炭滤池设计参数，供参考。

表 15 日本颗粒活性炭吸附池设计参数

空床流速 (m/h)	炭层厚 (m)	空床接触时间 (min)
10~15	1.5~3	5~15

9.10.11 关于炭吸附池冲洗的规定。

臭氧-生物活性炭处理工艺宜采用炭池出水冲洗，并考虑初滤水排除措施。

为调整反冲洗强度，在反冲洗水管上宜设调节和计量装置。

定期冲洗主要目的是冲掉附着在炭粒上和炭粒间的粘着物，一般可按 30d 考虑，实际运行时可根据需要调整。

另外，水温影响水的粘度。当水温较低时，应调整反冲洗强度弥补温差异的影响。

表 16 为日本水道协会《日本水道设计指针》(2000 年版)中颗粒活性炭吸附池设计冲洗参数，供参考。

表 16 颗粒活性炭吸附池冲洗参数

冲洗类型		活性炭粒径(mm)	
		2.38~0.59	1.68~0.42
气水反冲	水冲强度[L/(m²·s)]	11.1	6.7
	水冲时间(min)	8~10	15~20
	气冲强度[L/(m²·s)]	13.9	13.9
	气冲时间(min)	5	5
水冲 加表面冲洗	水冲强度[L/(m²·s)]	11.1	6.7
	水冲时间(min)	8~10	15~20
	表冲强度[L/(m²·s)]	1.67	1.67
	表冲时间(min)	5	5

9.10.12 炭吸附池若采用中阻力配水(气)系统可采用滤砖；若采用小阻力配水(气)系统，配水孔眼面积与炭吸附池面积之比可采用 1%~1.5%。当只用水冲洗时，可采用短柄滤头；如采用气水反冲，可采用长柄滤头。

经工程实践验证，承托层粒径级配(五层承托层)如采用表 17 数据，可达到冲洗均匀，冲洗后炭层表面平整。

表 17 承托层粒径级配(五层)

层次(自上而下)	粒径(mm)	承托层厚度(mm)
1	8~16	50
2	4~8	50
3	2~4	50
4	4~8	50
5	8~16	50

9.10.13 关于活性炭再生周期及指标的规定。

根据运行经验，当活性炭碘值指标小于 600mg/g 或亚甲兰指标小于 85mg/g 时，应进行再生。

当采用臭氧-生物活性炭处理工艺时，也可采用 COD_{Mn}、UV_{254} 的去除率作为判断活性炭运行是否失效的参考指标。

炭再生周期的确定亦应考虑活性炭装运和更换所需时间等因素。

9.10.14 关于失效活性炭运出和新炭补充的输送方式的规定。

输送方式宜采用水力输炭，也可采用人工输炭。

当采用水力输炭时，输炭管可采用固定方式亦可采用移动方式。出炭、进炭可利用水射器或旋流器。炭粒在水力输送过程中，既不沉淀，又不致遭磨损的最佳流速为 0.75~1.5m/s。

9.11 水质稳定处理

9.11.1 对水质稳定进行的规定。

城市给水的水质稳定性一般用饱和指数和稳定指数鉴别：

$$I_L = pH_0 - pH_s$$
$$I_R = 2(pH_s) - pH_0$$

式中 I_L——饱和指数，$I_L > 0$ 有结垢倾向，$I_L < 0$ 有腐蚀倾向；

I_R——稳定指数，$I_R < 6$ 有结垢倾向，$I_R > 7$ 有腐蚀倾向；

pH_0——水的实测 pH 值；

pH_s——水在碳酸钙饱和平衡时的 pH 值。

全国 26 座城市自来水公司的水质稳定判断和中南地区 40 多座水厂水质稳定性研究，均使用上述两个指数。水与 $CaCO_3$ 平衡时的 pH_s，可根据水质化验分析或通过查索 pH_s 图表求出。

在城市自来水管网水中，I_L 较高和 I_R 较低会导致明显结垢，一般需要水质稳定处理。加酸处理工艺应根据试验耗酸量等资料，确定技术经济可行性。

$I_L < -1.0$ 和 $I_R > 9$ 的管网水，一般具有腐蚀性，宜先加碱处理。广州、深圳等地水厂一般加石灰，国内水厂也有加氢氧化钠、碳酸钠的实例。日本有很多大中型水厂采用加氢氧化钠。

中南地区 40 多处地下水和地面水水厂资料表明，当侵蚀性二氧化碳浓度大于 15mg/L 时，水呈明显侵蚀性。敞口曝气法可去除侵蚀性二氧化碳，小水厂一般采用淋水式曝气塔。

9.11.2 城市给水水质稳定处理所使用的药剂，不得增加水的富营养化成分(如磷等)。

10 净水厂排泥水处理

10.1 一般规定

10.1.1 规定了净水厂排泥水处理的主要内容。

10.1.2 规定了净水厂排泥水排入天然水体所应遵循的标准。

10.1.3 关于确定净水厂排泥水处理规模的原则规定。

净水厂排泥水处理的规模由干泥量决定。干泥量主要与水处理规模及原水浊度等有关。虽然一年内水处理水量和原水浊度都是变化的，但对排泥水处理规模影响较大的主要是浊度变化，特别是一些江、河水源，浊度的变化可达几十倍。因此，净水厂排泥水处理规模主要决定于原水浊度的设计取值。设计按最高浊度取值还是按平均浊度取值，其排泥水处理规模相差将十分悬殊。《日本水道设计指针》提出按能完全处理全年日数的 95%确定。根据我国实际情况，本规范提出排泥水处理系统规模即处理能力应能完全处理全年日数的 75%~95%，即保证率为 75%~95%。在高浊度较频繁和超量排泥水可排入大江大河的地区可采用下限。高于原水浊度设计取值期间(全年 25%~5%日数)的部分超量排泥水要采取适当措施处置。

目前一些地方提出零排放,即全年所有日数均能达到完全处理。这对于年内原水浊度变幅大的水厂,困难较大,要达到零排放,则基建投资大,大部分污泥脱水设备一年内绝大部分时间闲置。

排泥水处理的保证率取多大合适,目前国内还没有规定。保证率高,即一年中能完全处理的日数高,则基建投资大和日常管理费用高,但对环境污染小。目前国内所建的净水厂排泥水处理系统大部分在超过设计负荷时采取排放的方式。

在高浊度期间,超量排泥水首先应通过挖掘排泥水处理系统潜力(包括延长运行时间和启动备用设备)进行处理,也可通过调节构筑物的调蓄储存,尽可能减少超量排泥水的排放。对于浊度变化大的水厂,靠采取上述措施全部处理超量排泥水是不可能的,因此有一部分要排入水体,若要排到天然水体,其排放口有两种选择:①经调节池调节后排出;②从调节池前排出。一般宜从调节池后排出,其主要优点有:

1 经调节后均匀排出,对天然水体影响小,特别是排入小河沟。均匀排出,由于排放流量小,影响不明显。如果未经调节排出,瞬时流量大,容易造成壅水和沉积。

2 均匀排放所需排水管道小。

10.1.4 排泥水处理系统的规模由所处理的干泥量决定。本条文是关于净水厂排泥水处理系统所要处理的干泥量的计算公式的规定。由于原水浊度组成存在一定差异,因此式(10.1.4)中系数K_1应经过实测确定。据国内外有关资料介绍,$K_1=0.7\sim2.2$。有关K_2的值可在设计手册中查找。

公式(10.1.4)中原水浊度设计取值C_0为按本规范第10.1.3条所规定的能完全处理全年日数的75%~95%所对应的原水浊度值。

10.1.5 关于排泥水处理系统所产生废水回用的原则规定。

净水厂排泥水处理系统产生的废水包括调节、浓缩、脱水三道工序产生的废水,主要是经调节池调节后的滤池反冲洗废水和浓缩池上清液及脱水滤液。

本条文对上述生产废水的回用从质和量上均提出了要求。回用水水质对水厂出水水质的影响目前主要有下列三个方面:

1 在浓缩和脱水过程中投加高分子聚合物,如聚丙烯酰胺,上清液和滤液中残留的丙烯酰胺单体,可引起水厂出水丙烯酰胺超标;

2 铁、锰在回流中循环累积而超标;

3 隐孢子虫等生物指标的可能超标。

在实践中还发现,有些用于回流的水泵启动后,净水厂絮凝、沉淀效果易变坏,特别是停留时间短、抗冲击负荷能力低的高效絮凝、沉淀设备尤为明显,其原因是回流时间短促,不连续,不均匀性大,冲击负荷大。另外,由于进入絮凝、沉淀池的流量时大时小,加药系统难以实时跟踪水量的变化,也是一个重要原因。因此,在确定调节池的容积和回流水泵的容量时应尽可能使水泵连续运行,增长运行时间,减少流量,降低回流水量的冲击程度。

若排泥水处理系统生产废水水质需经过处理(经沉淀或过滤处理后才能回用),则应经过技术经济比较决定其是否回用。

10.1.6 关于排泥水处理构筑物分格数的规定。

10.1.7 由于排泥水处理系统所处理的泥量主要来自于沉淀池排泥,而沉淀池排泥水多采用重力流入排泥池,如果排泥水处理系统离沉淀池太远,排泥埋深很大,因此,排泥水处理系统应尽可能靠近沉淀池,并尽可能位于水厂较低处。

10.1.8 一些水厂净化构筑物先建成,排泥水处理构筑物后建,厂内未预留排泥水处理用地,需在厂外择地新建,厂外择地不仅离沉淀池远,而且还有可能地势较高,因此,应尽可能把调节构筑物建在水厂内,以保证沉淀池排泥水和滤池反冲洗废水能重力流入调节池,使排泥池和排水池的埋深不至于因距离远而埋深太大。

10.2 工艺流程

10.2.1 关于净水厂排泥水处理工艺流程的原则规定。

目前国内外排泥水处理工艺流程一般由调节、浓缩、脱水、处置四道基本工序组成。根据各厂所处的社会环境、自然条件及净水厂沉淀池排泥浓度,其排泥水处理系统可选择其中一道或全部工序组成。例如:一些小水厂所处的社会环境是小城镇,附近有大河,水环境容量较大或离海边不远,处理工艺可相对简单一些。又如:当水厂排出的排泥水送往厂外集中处理时,则在厂内只需设调节或浓缩工序即可。当水厂净水工艺排放的排泥水浓度达3%以上时,则可不设浓缩工序,排泥水经调节后可直接进入脱水机前平衡池。因此,工艺流程应根据工程具体情况确定。

10.2.2 关于各工序中子工艺流程及前处理方式的规定。

尽管水厂排泥水处理系统所采用的基本工序相同,但由于各水厂排泥水的性质差别很大,浓缩和脱水两道工序所采用的前处理方式不一定相同。目前,前处理方式一般在脱水前投加高分子絮凝剂或石灰等进行化学调制。对于难以浓缩和脱水的亲水性泥渣,在国外,还有在浓缩池前加投硫酸进行酸处理。对于易于脱水的疏水性无机泥渣,也有不进行任何前处理的无加药处理方式。这些前处理方式的选择可根据各水厂排泥水的性质,通过试验并进行技术经济比较后确定。

10.2.3 关于净水厂排泥水送往厂外处理时,在水厂内应设调节工序的规定。

在厂内设调节工序有下列优点:

1 由于沉淀池排泥水和滤池反冲洗废水均为间歇性冲击排放,峰值流量大,而在厂内设调节工序后,可均质、均量排出,减小输泥管径。若采用现有沟渠输送,由于峰值流量大,有可能造成现有沟渠壅水、淤积而堵塞。

2 若考虑滤池反冲洗废水回用,则只需将沉淀池排泥水调节后,均质、均量输出。

10.2.4 沉淀池排泥平均含固率(指排泥历时内平均排泥浓度)大于或等于3%时,一般能满足大多数脱水机械的最低进机浓度要求,因此可不设浓缩工序。但调节池应采用分建式,不得采用综合排泥池,因为含固率较高的沉淀池排泥水被流量大、含固率低的滤池反冲洗废水稀释后,满足不了脱水机械最低进机浓度的要求。若采用浮动槽排泥池,则效果更好。

10.2.5 关于净水厂排泥水送往厂外处理时排泥水输送方式的规定。

10.2.6 关于浓缩池上清液及滤液回流方式的规定。

脱水机滤液和浓缩池上清液的回用需考虑由化学调制所引起的有害成分含量符合生活饮用水卫生标准的要求,例如,丙烯酰胺含量不超过 $0.5\mu g/L$。因此,脱水机滤液宜回流到浓缩池,主要基于以下两点:

1 可利用滤液中残留的高分子絮凝剂成分,提高浓缩效果。

2 滤液中残留的絮凝剂的利用,不仅可减小药剂投量,还可降低回流水中高分子絮凝剂的含量。

浓缩池上清液如回流到排泥池,则浓缩池上清液将在排泥池和浓缩池之间循环累积,造成上清液无出路,故规定浓缩池上清液不得回流到排泥池。浮动槽排泥池具有调节和浓缩功能,送往浓缩池的底流泥水与上清液分开,浓缩池上清液送入浮动槽排泥池后,将变成浮动槽排泥池上清液而排除,而不再循环往复再回到浓缩池。但是浓缩池上清液悬浮物含量较低,与悬浮物含量较高的沉淀池排泥水混合后,沉淀池排泥浓度被稀释了,因此,一般情况下,也不宜进入浮动槽排泥池,可进入浮动槽排泥池上清液集水井。

10.3 调 节

Ⅰ 一般规定

10.3.1 规定了净水厂排泥水处理调节池采用的型式。

调节池一般应采用分建，设排泥池和排水池，分别接纳、调节沉淀池排泥水和滤池反冲洗废水。主要原因是：

1 沉淀池排泥水和滤池反冲洗水排泥浓度相差较大，沉淀池排泥水平均浓度一般在 1000mg/L 以上，而滤池反冲洗废水仅约 150mg/L。进入浓缩池的排泥水，浓度越大，对浓缩越有利。如果采用综合排泥池，不仅进入浓缩池的水量增加，而且沉淀池排泥水被滤池反冲洗水稀释，不利于浓缩。

2 有利于回收。净水厂生产废水的回收主要是滤池反冲洗废水，当回用水水质对净水厂出水水质不产生有害影响时，经调节后就可直接回用。如果采用综合式，则滤池反冲洗废水须变成浓缩池上清液后才能回用。

当净水厂排泥水送往厂外集中处理而又不考虑废水回收时，净水厂生产废水宜经综合排泥池均质、均量后输出。这里指的是全部排泥水，包括沉淀池排泥水和滤池反冲洗废水。如果是部分排泥水送往厂外集中处理，例如，将沉淀池排泥水送往厂外集中处理而反冲洗废水就地排放或回收，则应采用分建式，设排水池将滤池反冲洗废水直接回流到净水工艺或就近排放，沉淀池排泥水由排泥池均质、均量后输出。

10.3.2 调节池（包括排水池和排泥池）出流流量应尽可能均匀、连续，主要有以下几个原因：

1 排泥池出流一般至下一道工序重力连续式浓缩池，重力连续式浓缩池要求调节池出流连续、均匀。

2 排泥水处理系统生产废水（包括经排水池调节后的滤池反冲洗废水）回流至水厂重复利用时，为了避免冲击负荷对净化构筑物的不利影响，也要求调节池出流流量尽可能均匀。

10.3.3 排泥水处理系统中，调节池有两种基本形式：一是调质、调量，调节池不仅依靠池容大小进行均量调节，池中还设扰流设备，进行调质（例如，在池中设搅拌机、曝气等）；另一种基本形式，只依靠池容对量进行调节，池中不设扰流设备均质，泥在调节池中会发生沉积。因此调节池中应设沉泥不定期取出设施。

10.3.4 对沉淀池排泥水和滤池反冲洗废水宜采用重力流入调节池的规定。

10.3.5 对调节池设置位置的原则规定。

10.3.6 当调节池出流设备发生故障时，为避免泥水溢出地面，应设置溢流口。设置放空管是为清洗调节池用。

Ⅱ 排　水　池

10.3.7 关于排水池调节容积的规定。

滤池最大一次反冲洗水量一般是最大一格滤池的反冲洗水量。但是当滤池格数较多时，按均匀排序不能错开，发生多组滤池在同一时序同时冲洗或连续冲洗时，则最大一次反冲洗水量应按多格滤池冲洗计算。

排水池除调节反冲洗废水外，还存在浓缩池上清液流入排水池的工况。因此，当存在这种工况时，还应考虑对这部分水量的调节。

10.3.8 关于排水泵设置原则的规定。

Ⅲ 排　泥　池

10.3.9 关于排泥池调节容积的规定。

本条文明确了排泥池的调节容积包括正常条件下（即原水浊度不大于设计取值）所需的调节容积和高浊度可能发生的在排泥池作临时储存所需的容积。临时储存所需的容积是应付短时高浊度发生时的一种措施。当高浊度发生时，高于设计取值的超量泥水由于脱水设备能力不够，一部分可临时储存在排泥池内，待原水浊度恢复低于设计取值时，通过脱水设备的加强运行将储存的泥水处理完。

10.3.10 关于排泥池排泥泵设置的原则规定。

向浓缩池输送泥水的排泥泵是主流程排泥泵，其排出流量应符合第10.3.2条连续、均匀的原则。在高浊度时，如果考虑泥水在排泥池和浓缩池作临时储存，主流程泵的容量和台数除能满足设计浊度排泥水量的输送外，还能满足短时间内储存在排泥池中这部分泥量的输送。由于时间较短，可考虑采用备用泵。

当原水浊度高于设计取值时，其超量泥水需一部分或全部从排泥池排入附近水体时，需设置超量泥水排出泵。这种排泥泵一年内大部分时间闲置。因此，若扬程合适，最好与主流程泵互为备用，以减少排泥泵台数。

Ⅳ 浮动槽排泥池

10.3.11 排泥池与排水池分建，主要原因之一是沉淀池排泥水和滤池反冲洗水浓度相差很大，为了提高进入浓缩池的初始浓度，避免被反冲洗废水稀释，以提高浓缩池的浓缩效果，当调节池采用分建时，可采用浮动槽排泥池，使沉淀池排泥水在浮动槽排泥池中得到初步浓缩，进一步提高了进入浓缩池的初始浓度。虽然多了浮动槽，但提高了排泥池和浓缩池的浓缩效果。

10.3.12 关于浮动槽排泥池设计的有关规定。

浮动槽排泥池是分建式排泥池的一种形式，以接纳和调节沉淀池排泥水为主，因此，其调节容积计算原则同第10.3.9条。由于采用浮动槽收集上清液，上清液连续、均匀排出，使液面负荷均匀稳定。因此，这种排泥池如果既在容积上满足调节要求，又在平面面积和深度上满足浓缩要求，则具有调节和浓缩的双重功能。一般来说，按面积和深度满足了浓缩要求，其容积也一般能满足调节要求。因此，池面积和深度可先按重力连续式浓缩池设计。

这种池子日本使用较多，国内北京市第九水厂也采用这种池型做排泥池。

设置固定式溢流设施的目的是防止浮动槽一旦发生机械故障时，作为上清液的事故溢流口。

10.3.13 关于设置上清液提升泵的原则规定。

由于浮动槽排泥池具有调节和浓缩的双重功能，因此浓缩后的底泥与澄清后的上清液必然要分开，底泥由主流程排泥泵输往浓缩池，上清液应另设集水井和水泵排出。

Ⅴ 综合排泥池

10.3.14 关于综合排泥池调节容积计算原则的规定。

综合排泥池容积可按下列两条方法计算：只计算入流，不考虑出流对调节容积的影响和同时考虑入流及出流的影响，按收支动态平衡方法计算。

前一种方法为静态计算方法，计算过程相对简单。由于没有考虑排水泵出流所抽走的这部分水量所占用的调蓄容积，因此求出的调蓄容积偏大，偏于安全。

从理论上分析，采用后一种方法比较合理。综合排泥既接纳和调节沉淀池排泥，又接纳和调节滤池反冲洗排水，一般单池容较大，其调节能力相对较强，因此宜优先采用调蓄方法计算，可减少容积，节约占地，但要适当留有余量，以应付外界条件的变化。由于按调蓄方法计算需事先做出沉淀池排泥和滤池反冲洗的时序安排，进而做出综合排泥池的入流曲线和出流曲线进行调蓄计算，求出调节容积，也可列表计算。要做出入流和出流两条曲线，当条件不具备时，比较困难。因此，条文中规定了也可按前一种方法计算，即按第10.3.7条、第10.3.9条计算所得排水池和排泥池调节容积之和确定。目前，日本的《日本水道设计指针》（2000年版）也采用前一种方法分别计算排水池和排泥池。日本倾向于把调节构筑物的容积，特别是排泥池的容积做得大一些，以应付外界条件变化，特别是原水浊度的变化。往往管理单位也希望管理条件宽松一些，调节容积适当大一些，以利于水厂的运行管理。虽然在计算中可不考虑泵所排出的这部分流量，以简化计算，但是也不能让全部滤池一格接一格连续冲洗，这样所需的调节容积特别大。

10.3.15 池中设扰流设备，如潜水搅拌机、水下曝气等，用以防池底积泥。

10.4 浓　缩

10.4.1 关于排泥水浓缩方式的规定。

目前,在排泥水处理中,大多数采用重力式浓缩池。重力式浓缩池的优点是日常运行费低,管理较方便;另外由于池体大,对负荷的变化,特别是对冲击负荷有一定的缓冲能力,适应原水高浊度的能力较强。如果采用其他浓缩方式,如离心浓缩,失去了容积对负荷变化的缓冲能力,负荷增大,就会显出脱水机能力的不足,给运行管理带来一定困难。

目前,国内外重力沉降浓缩池用得最多。《日本水道设计指针》(2000年版)只列入了重力沉降浓缩池。在国内,重力浓缩池另一种形式斜板浓缩池也在开始利用。

10.4.2 每一种类型脱水机械对进机浓度都有一定的要求,低于这一浓度,脱水机不能适应,例如,板框压滤机进机浓度可要求低一些,但一般不能低于2%。又如,带式压滤机则要求大于3%。

10.4.3 关于重力式浓缩池池型的规定。

国内外重力式浓缩池一般多采用辐流式浓缩池。土地面积较紧张的日本,浓缩池也多采用面积较大的中心进水辐流式浓缩池。虽然斜板浓缩池占地面积小,但斜板需更换,由于容积小,缓解冲击负荷的能力较低。因此,本条文规定仍以辐流式浓缩池作为重力式沉降浓缩池的主要池型。在面积受限制的地方,也可采用斜板(斜管)浓缩池。若采用斜板浓缩,调节工序的排泥池及脱水机前污泥平衡池容积宜大一些。

10.4.4 关于重力式浓缩池面积计算的原则规定。

浓缩池面积一般按通过单位面积上的固体量即固体通量确定。但在入流泥水浓度太低时,还要用液面负荷进行校核,以满足泥渣沉降的要求。

10.4.5 关于固体通量的原则规定。

固体通量、液面负荷、停留时间与污泥的性质、浓缩池形式有关。因此,原则上固体通量、液面负荷及停留时间应通过沉降浓缩试验确定或者按相似工程运行数据确定。

泥渣停留时间一般不小于24h,这里所指的停留时间不是水力停留时间,而实际上是泥渣浓缩时间,即泥龄。大部分水完成沉淀过程后,上清液从溢流堰流走,上清液停留时间远比底流泥渣停留时间短。由于排泥水从入流到底泥排出,浓度变化很大,例如,排泥水入流浓度为含水率99.9%,经浓缩后,底泥浓度含水率达97%。这部分泥的体积变化很大,因此,泥渣停留时间的计算比较复杂,需通过沉淀浓缩试验确定。一般来说,满足固体通量要求,且池边水深有3.5~4.5m,则其泥渣停留时间一般能达到不小于24h。

对于斜板(斜管)浓缩池固体负荷、液面负荷,由于与排泥水性质、斜板(斜管)形式有关,各地所采用的数据相差较大,因此,宜通过小型试验,或者按相似排泥水、同类型斜板数据确定。

10.4.6 关于辐流式浓缩池设计的有关规定。

10.4.7 重力沉降浓缩池的进水原则上应该是连续的,当外界因素的变化不能实现进水连续或基本连续时,可设浮动槽收集上清液,提高浓缩效果,成为间歇式浓缩池。

10.5 脱 水

I 一般规定

10.5.1 关于选择脱水方式的规定。

目前国内外泥渣脱水大多采用机械脱水,也有部分规模较小的水厂,当地气候条件比较干燥,周围又有荒地,用地不紧张,也可采用干化场。

10.5.2 关于脱水机械选型的原则规定。

脱水机械的选型既要适应前一道工序排泥水浓缩后的特性,又要满足下一道工序泥饼处置的要求。由于每一种类型的脱水机械对进机浓度都有一定的要求,低于这一浓度,脱水机不能适应,因此,前道浓缩工序的泥水含水率是脱水机械选型的重要因素。例如,浓缩后泥水含固率仅为2%,则宜选择板框压滤机。另外,后一道处理工序也影响机型选择。例如,为防止污染要求前面工序不能加药,则应选用无加药脱水机械(如长时间压榨板框压滤机)等。

用于给水厂泥渣脱水的机械目前主要采用板框压滤机和离心脱水机。带式压滤机国内也有使用,但对进机浓度和对前处理的要求较高,脱水后泥饼含水率高。因此本规范提出对于一些易于脱水的泥水,也可采用带式压滤机。

10.5.3 脱水机的产率和对进机浓度要求不仅与脱水机本身的性能有关,而且还与排泥水的特性(例如含水率、泥渣的亲水性等)有关。进机含水率越高,脱水后泥饼的含水率越低,脱水机的产率就越低。因此,脱水机的产率及对进机浓度要求一般宜通过对拟采用的机型和拟处理的排泥水进行小型试验后确定或按已运行的同一机型的相似的排泥水数据确定。脱水机样本提供的相关数据的范围可作为参考。

受温度的影响,脱水机的产率冬季与夏季区别很大,冬季产率较低,在确定脱水机的产率时,应适当考虑这一因素。

10.5.4 所需脱水机的台数应根据所处理的干泥量、每台脱水机单位时间所能处理的干泥量(即脱水机的产率)及每日运行班次确定,正常运行时间可按每日1~2班考虑。脱水机可不设备用。当脱水机发生故障检修时,可用增加运行班次解决。但总台数一般不宜少于2台。

10.5.5 关于脱水机前设平衡池的规定。

实践证明,脱水机进料泵不宜直接从浓缩池中抽泥,宜设置平衡池。脱水机进料泵从平衡池吸泥送入脱水机;浓缩池排泥泵从浓缩池中吸泥送入平衡池。

平衡池中设扰流设备,以防止泥渣沉淀。

平衡池的容积可根据脱水机的运行工况及排泥水浓缩方式确定。根据目前国内外已建净水厂排泥水处理设施的情况,若采用重力浓缩池进行浓缩,则调节容积较大,应付原水浊度及水量变化的能力较强,平衡池的容积可小一些。若采用调节容积较小的斜板浓缩和离心浓缩,则平衡池容积宜大些,甚至按1~3d的湿泥量容积计算。

10.5.6 泥水在脱水前进行化学调质,由于泥渣性质及脱水机型式的差别,药剂种类及投加量宜由试验或按相同机型、相似排泥水运行经验确定。若无试验资料和上述数据时,当采用聚丙烯酰胺作药剂时,板框压滤机可按干固体的2‰~3‰,离心脱水机可按干固体的3‰~5‰计算加药量。

10.5.7 关于机械脱水间布置所需考虑因素的规定。

10.5.8 机械脱水间内泥饼的运输方式有三种:一种是脱水泥饼经传送带(如皮带运输机或螺旋运输器)先送至泥饼堆置间,再用铲车等装载机将泥饼装入运泥车运走;第二种是泥饼经传送带先送到具有一定容量的泥斗存储,然后从泥斗下滑到运泥车;第三种方式是泥饼在泥斗中不储存,泥斗只起收集泥饼和通道作用,运泥车直接在泥斗下面接送泥饼。

这三种方式应根据处理泥量的多少,泥饼的出路及运输条件确定。当泥量大,泥饼出路不固定,运输条件不太好时,宜采用第一种方式。例如,雨、雾天,路不好走或运输只能晚上通行时,泥饼可临时储存在泥饼堆置间。

10.5.9 关于脱水机间和泥饼堆置间应设排水系统的规定。

10.5.10 由于泥水和泥饼散发出泥腥味,因此脱水间内应设置通风设施,进行换气。另外由于脱水机的附属设备如空压机噪声较大,因此应考虑噪声消除设施。

10.5.11 关于脱水机间设置滤液回收井的规定。

10.5.12 关于输送浓缩泥水管道的有关规定。

10.5.13 关于脱水机房位置的原则规定。

II 板框压滤机

10.5.14 关于板框压滤机进泥浓度和脱水泥饼含固率的规定。

板框压滤机进机含固率要求不小于2%,即含水率不大于98%,脱水后泥饼的含水率应小于70%。

10.5.15 关于板框压滤机配置高压滤布清洗系统的规定。

10.5.16 关于板框压滤机起吊重量的规定。

由于板框压滤机总重量可达百吨以上,整体吊装比较困难,宜采用分体吊装。起重量可按整机解体后部件的最大重量确定。如果安装时不考虑脱水机的分体吊装,宜结合更换滤布的需要设置单轨吊车。

10.5.17 关于滤布选型的有关规定。

滤布应具有强度高、使用寿命长、表面光滑、便于泥饼脱落。由于各种滤布对不同性质泥渣及所投加的药剂的适应性有一定的差别,因此,滤布的选择应对拟处理排泥水投加不同药剂进行试验后确定。

10.5.18 关于板框压滤机投料泵配置的规定。

1 为了在投料泵的输送过程中,使化学调质中所形成的絮体不易打碎,宜选择容积式水泵。

2 由于投料泵启、停频繁,且浓缩后泥水浓度较大,因此,一般宜采用自灌式启动。

Ⅲ 离心脱水机

10.5.19 离心脱水机有离心过滤、离心沉降和离心分离三种类型。净水厂与污水处理厂的污泥浓缩和脱水,其介质是一种固相和液相重度相差较大、含固量较低、固相粒度较小的悬浮液,适用于离心沉降类脱水机。离心沉降类脱水机又分立式和卧式两种,净水厂脱水通常采用卧式离心沉降脱水机,也称转筒式离心脱水机。

10.5.20 关于离心脱水机进机含固率和脱水后泥饼含固率的规定。

10.5.21 关于离心脱水机选型的原则规定。

10.5.22 关于离心脱水机宜采用无级可调转速的规定。

10.5.23 离心脱水机分离液排出管宜设空气排除装置。由于从高速旋转体内分离出来的液体,含有大量空气,并可见到气泡,若不将气体排出,将影响分离液排出管道的过水能力。

Ⅳ 干化场

10.5.24 关于干化场面积的规定。

10.5.25 关于干化周期和干泥负荷确定的有关规定。

由于干化周期和干泥负荷与泥渣的性质、年平均气温、年平均降雨量、年平均蒸发量等因素有关。因此,宜通过试验确定或根据以上因素,参照相似地区经验确定。

10.5.26 关于干化场单床面积和床数的原则规定。

10.5.27 布泥的均匀性是干化床工作好坏的重要因素,而布泥的均匀性又与进泥口的个数及分布密切相关。当干化场面积较大时,要布泥均匀,需设置的固定布泥口个数太多,因此,宜设置桥式移动进泥口。

10.5.28 关于干化场排泥深度的原则规定。

10.5.29 关于干化场人工排水层设置的有关规定。

10.5.30 干化场运作的好坏,迅速排除上清液和降落在上面的雨水是一个非常重要的方面。因此,干化场四周应设上清液和雨水排除装置。排出上清液时,一部分泥渣会随之流失,而可能超过国家的排放标准,因此在排入厂外排水管道前应采取一定措施,如设土沉淀池等。

10.6 泥饼处置和利用

10.6.1 关于泥饼处置方式的规定。

目前,国内已建几座净水厂排泥水处理的脱水泥饼,基本上都是采用地面填埋方式处置。由于地面填埋需要占用大量的土地,还有可能造成新的污染;泥饼含水率太高,受压后强度不够,可能造成地面沉降。因此,有效利用是泥饼处置的方向。

10.6.2 对泥饼处置须遵守国家法律和标准的原则规定。

10.6.3 对泥饼填埋时的渗滤液不得造成污染的原则规定。

10.6.4 泥饼填埋场远期规划有其他用途时,填埋应适用该规划目的。例如规划有建筑物时,应考虑填埋后如何提高场地的耐力,对泥饼的含水率及结构强度应有一定的要求。如果规划为公园绿地,则填埋后泥土的性状应不妨碍植物生长。

10.6.5 对于泥饼的处置,国外有单独填埋和混合填埋两种方式。国内已建净水厂排泥水处理的脱水泥饼处置目前大多采用单独填埋,其原因是泥饼含水率太高,难以压实。如果条件具备,能满足垃圾填埋场的要求,宜送往垃圾填埋场与城市垃圾混合填埋。

11 检测与控制

11.1 一般规定

11.1.1 给水工程检测与控制涉及内容很广,原规范无此章节,此次修编增列本章。本章内容主要是规定一些检测与控制的设计原则,有关仪表及控制系统的细则应依据国家或有关部门的技术规定执行。

本章中所提到的检测均指在线仪表检测。

给水工程检测及控制内容应根据原水水质、采用的工艺流程、处理后的水质,结合当地生产管理运行要求及投资情况确定。有条件时可优先采用集散型控制系统,系统的配置标准可视城市类别、建设规模确定。城市类别、建设规模按《城市给水工程项目建设标准》执行。建设规模小于 $5\times10^4 m^3/d$ 的给水工程可视具体情况设置检测与控制。

11.1.2 自动化仪表及控制系统的使用应有利于给水工程技术和现代化生产管理水平的提高。自动控制设计应以保证出厂水质、节能、经济、实用、保障安全运行、提高管理水平为原则。自动化控制方案的确定,应通过调查研究,经过技术经济比较确定。

11.1.3 根据工程所包含的内容及要求选择系统类型,系统设计要兼顾现有及今后发展。

11.2 在线检测

11.2.1 地下水取水构筑物必须设有测量水源井水位的仪表。为考核单井出水量及压力应检测流量及压力。井群一般超过3眼井时,建议采用"三遥"控制系统,为了便于管理必须检测控制与管理所需的相关参数。

11.2.2 关于地表水取水检测要求的规定。

水质一般检测浊度、pH 值,根据原水水质可增加一些必要的检测参数。

11.2.3 对输水工程检测作出的原则规定。

输水形式不同,检测内容也不同。应根据工程具体情况和泵站的设置等因素确定检测要求。长距离输水时,特别要考虑到运行安全所必需的检测。

11.2.4 对水厂进水的检测,可根据原水水质增加一些必要的水质检测参数。

11.2.5 对沉淀池(澄清池)检测要求的规定。

11.2.6 滤池的检测应视滤池型式选择检测项目。

11.2.7 本条内容包括混凝剂、助凝剂及消毒剂投加的检测。加药系统应根据投加方式及控制方式确定所需要的检测项目。消毒还应视所采用的消毒方法确定安全生产运行及控制操作所需要的检测项目。

11.2.8 关于回收水系统检测要求的规定。

11.2.9 清水池应检测液位,以便于实现高低水位报警、水泵开停控制及水厂运行管理。

11.2.10 关于水厂排泥水处理系统检测要求的规定。

11.2.11 关于水厂出水的检测要求,可根据处理水质增加一些必要的检测。

11.2.12 关于取水、加压、送水泵站的检测要求。

水泵电机应检测相关的电气参数，中压电机应检测绕组温度。为了分析水泵的工作性能，应有检测水泵流量的措施，可以采用每台水泵设置流量仪，也可采用便携式流量仪在需要时检测。

11.2.13 机电设备的工作状况与工作时间、故障次数与原因对控制及运行管理非常重要，随着给水工程自动化水平的提高，应对机电设备的状态进行检测。

11.2.14 配水管网特征点的参数检测是科学调度的基本依据。现许多城市为保证供水水质已在配水管网装设余氯、浊度等水质检测仪表。

11.3 控 制

11.3.1 关于地下水水源井井群控制的规定。

近年来井群自动控制已在不少城市和工业企业水厂建成并正常运行。实现井群"三遥"控制，可以节约人力，便于调度管理，提高安全可靠性。

11.3.2 为便于生产调度管理，有条件的地方应建立水厂与水源取水泵站、加压泵站及输水管线调压调流设施的遥测、遥讯、遥控系统。

11.3.3 对水厂采用自动控制水平的原则规定。

小型水厂是指二、三类城市 $10^5 m^3/d$ 以下规模的水厂，一般可采用可编程序控制器对主要生产工艺实现自动控制。

对 $10^5 m^3/d$ 及以上规模的大、中型水厂，一般可采用集散型微机控制系统，实现生产过程的自动控制。

11.3.4 对泵站水泵机组、控制阀门、真空系统按采用的控制系统形式的原则规定。

11.3.5 设置供水调度系统，可以合理调度、平衡水压及流量，达到科学管理的目的。

11.4 计算机控制管理系统

11.4.1 计算机控制管理系统是用于给水工程生产运行控制管理的计算机控制系统。本条对系统功能提出了总体要求。

11.4.2 对计算机控制管理系统的结构、通信、操作监控系统按设计的原则规定。

11.4.3 关于中控室电源的有关规定。

11.4.4 关于控制室面积的有关规定。

11.4.5 关于防雷和接地保护的要求。

中华人民共和国国家标准

室外排水设计规范

Code for design of outdoor wastewater engineering

GB 50014—2006

(2016年版)

主编部门：上海市建设和交通委员会
批准部门：中华人民共和国建设部
施行日期：２００６年６月１日

中华人民共和国住房和城乡建设部
公 告

第1191号

住房城乡建设部关于发布国家标准 《室外排水设计规范》局部修订的公告

现批准《室外排水设计规范》GB 50014—2006 (2014年版)局部修订的条文,经此次修改的原条文同时废止。

局部修订的条文及具体内容,将刊登在我部有关网站和近期出版的《工程建设标准化》刊物上。

中华人民共和国住房和城乡建设部
2016年6月28日

修 订 说 明

本次局部修订是根据住房和城乡建设部《关于印发2016年工程建设标准规范制定、修订计划的通知》(建标函[2015]274号)的要求,由上海市政工程设计研究总院(集团)有限公司会同有关单位对《室外排水设计规范》GB 50014—2006(2014年版)进行修订而成。

本次修订的主要技术内容是:在宗旨目的中补充规定推进海绵城市建设;补充了超大城市的雨水管渠设计重现期和内涝防治设计重现期的标准等。

本规范中下划线表示修改的内容;用黑体字表示的条文为强制性条文,必须严格执行。

本规范由住房和城乡建设部负责管理和对强制性条文的解释,上海市政工程设计研究总院(集团)有限公司负责具体技术内容的解释。执行过程中如有意见或建议,请寄送至上海市政工程设计研究总院(集团)有限公司《室外给水排水设计规范》国家标准管理组(地址:上海市中山北二路901号,邮编:200092)。

本次局部修订的主编单位、参编单位、主要审查人员:

主 编 单 位:上海市政工程设计研究总院(集团)有限公司

参 编 单 位:北京市市政工程设计研究总院
天津市市政工程设计研究院
中国市政工程中南设计研究总院有限公司
中国市政工程西南设计研究总院
中国市政工程东北设计研究总院
中国市政工程西北设计研究院有限公司
中国市政工程华北设计研究总院

主要审查人员:俞亮鑫 王洪臣 羊寿生
杭世珺 张建频 张善发
杨 凯 章非娟 查眉娉

中华人民共和国住房和城乡建设部
公　　告

第 311 号

关于发布国家标准
《室外排水设计规范》局部修订的公告

现批准《室外排水设计规范》GB 50014—2006（2011 年版）局部修订的条文，经此次修改的原条文同时废止。其中，第 3.2.2A 条为强制性条文，必须严格执行。

局部修订的条文及具体内容，将刊登在我部有关网站和近期出版的《工程建设标准化》刊物上。

中华人民共和国住房和城乡建设部
2014 年 2 月 10 日

修 订 说 明

本次局部修订是根据住房和城乡建设部《关于请组织开展城市排水相关标准制（修）订工作的函》（建标〔2013〕46 号）的要求，由上海市政工程设计研究总院（集团）有限公司会同有关单位对《室外排水设计规范》GB 50014—2006（2011 年版）进行修订而成。

本次修订的主要技术内容是：补充规定排水工程设计应与相关专项规划协调；补充与内涝防治相关的术语；补充规定提高综合生活污水量总变化系数；补充规定推理公式法计算雨水设计流量的适用范围和采用数学模型法的要求；补充规定以径流量作为地区改建的控制指标，并增加核实地面种类组成和比例的规定；补充规定在有条件的地区采用年最大值法代替年多个样法计算暴雨强度公式；调整雨水管渠设计重现期和合流制系统截流倍数标准；增加内涝防治设计重现期的规定；取消原规范降雨历时计算公式中的折减系数 m；补充规定雨水口的设置和流量计算；补充规定检查井应设置防坠落装置；补充规定立体交叉道路地面径流量计算的要求；补充规定用于径流污染控制雨水调蓄池的容积计算公式和雨水调蓄池出水处理的要求；增加雨水利用设施和内涝防治工程设施的规定；补充规定排水系统检测和控制等。

本规范中下划线表示修改的内容；用黑体字表示的条文为强制性条文，必须严格执行。

本规范由住房和城乡建设部负责管理和对强制性条文的解释，上海市政工程设计研究总院（集团）有限公司负责具体技术内容的解释。执行过程中如有意见或建议，请寄送至上海市政工程设计研究总院（集团）有限公司《室外排水设计规范》国家标准管理组（地址：上海市中山北二路 901 号；邮政编码：200092）。

本次局部修订的主编单位、参编单位、主要起草人和主要审查人：

主编单位： 上海市政工程设计研究总院（集团）有限公司

参编单位： 北京市市政工程设计研究总院有限公司
天津市市政工程设计研究院
中国市政工程中南设计研究总院有限公司
中国市政工程西南设计研究总院有限公司
中国市政工程东北设计研究总院
中国市政工程西北设计研究院有限公司
中国市政工程华北设计研究总院

主要起草人： 张　辰（以下按姓氏笔画为序）
马小蕾　孔令勇　支霞辉
王秀朵　王国英　王立军
厉彦松　卢　峰　付忠志
刘常忠　吕永鹏　吕志成
孙海燕　李　艺　李树苑
李　萍　李成江　吴瑜红
张林韵　杨　红　罗万申

| 邹伟国 | 陈 婿 | 周克钊 | 主要审查人：张 杰 侯立安 杭世珺
| 贺晓红 | 姚玉健 | 高 旭 | 杨向平 羊寿生 邓培德
| 梁小光 | 袁 琳 | 郭 垒 | 王洪臣 宋启元 陈 萌
| 谢 胜 | 曾光荣 | 雷培树 | 唐建国 邹慧君 颜学贵
| 谭学军 | | |

中华人民共和国住房和城乡建设部
公 告

第1114号

关于发布国家标准
《室外排水设计规范》局部修订的公告

现批准《室外排水设计规范》GB 50014—2006 局部修订的条文，经此次修改的原条文同时废止。

局部修订的条文及具体内容，将刊登在我部有关网站和近期出版的《工程建设标准化》刊物上。

中华人民共和国住房和城乡建设部
二〇一一年八月四日

中华人民共和国建设部
公 告

第409号

建设部关于发布国家标准
《室外排水设计规范》的公告

现批准《室外排水设计规范》为国家标准，编号为 GB 50014—2006，自 2006 年 6 月 1 日起实施。其中，第 1.0.6、4.1.4、4.3.3、4.4.6、4.6.1、4.10.3、4.13.2、5.1.3、5.1.9、5.1.11、6.1.8、6.1.18、6.1.19、6.1.23、6.3.9、6.8.22、6.11.4、6.11.8（4）、6.11.13、6.12.3、7.1.3、7.3.8、7.3.9、7.3.11、7.3.13 条为强制性条文，必须严格执行，原《室外排水设计规范》GBJ 14—87 及《工程建设标准局部修订公告》（1997 年第 12 号）同时废止。

本规范由建设部标准定额研究所组织中国计划出版社出版发行。

中华人民共和国建设部
二〇〇六年一月十八日

前　言

本规范根据建设部《关于印发"二〇〇二～二〇〇三年度工程建设国家标准制订、修订计划"的通知》(建标〔2003〕102号),由上海市建设和交通委员会主管,由上海市政工程设计研究总院主编,对原国家标准《室外排水设计规范》GBJ 14—87(1997年版)进行全面修订。

本规范修订的主要技术内容有:增加水资源利用(包括再生水回用和雨水收集利用)、术语和符号、非开挖技术和敷设双管、防沉降、截流井、再生水管道和饮用水管道交叉、除臭、生物脱氮除磷、序批式活性污泥法、曝气生物滤池、污水深度处理和回用、污泥处置、检测和控制的内容;调整综合径流系数、生活污水中每人每日的污染物产量、检查井在直线管段的间距、土地处理等内容;补充塑料管的粗糙系数、水泵节能、氧化沟的内容;删除双层沉淀池。

本规范中以黑体字标志的条文为强制性条文,必须严格执行。

本规范由建设部负责管理和对强制性条文的解释,上海市建设和交通委员会负责具体管理,上海市政工程设计研究总院负责具体技术内容的解释。在执行过程中如有需要修改与补充的建议,请将相关资料寄送主编单位上海市政工程设计研究总院《室外排水设计规范》国家标准管理组(地址:上海市中山北二路901号,邮政编码:200092),以供今后修订时参考。

本规范主编单位、参编单位和主要起草人:

主 编 单 位: 上海市政工程设计研究总院
参 编 单 位: 北京市市政工程设计研究总院
中国市政工程东北设计研究院
中国市政工程华北设计研究院
中国市政工程西北设计研究院
中国市政工程中南设计研究院
中国市政工程西南设计研究院
天津市市政工程设计研究院
合肥市市政设计院
深圳市市政工程设计院
哈尔滨工业大学
同济大学
重庆大学

主要起草人: 张　辰 (以下按姓氏笔画为序)
王秀荣　孔令勇　厉彦松
刘广旭　刘莉萍　刘章富
刘常忠　朱广汉　李　艺
李成江　李春光　李树苑
吴济华　吴喻红　陈　芸
张玉佩　张　智　杨　健
罗万申　周克钊　周　彤
南　军　姚玉健　常　憬
蒋旨谨　蒋　健　雷培树
熊　杨

目　次

1 总则 ··· 2—7
2 术语和符号 ·· 2—7
　2.1 术语 ··· 2—7
　2.2 符号 ·· 2—11
3 设计流量和设计水质 ··························· 2—13
　3.1 生活污水量和工业废水量 ············· 2—13
　3.2 雨水量 ·· 2—13
　3.3 合流水量 ·· 2—14
　3.4 设计水质 ·· 2—14
4 排水管渠和附属构筑物 ······················· 2—15
　4.1 一般规定 ·· 2—15
　4.2 水力计算 ·· 2—15
　4.3 管道 ·· 2—16
　4.4 检查井 ·· 2—17
　4.5 跌水井 ·· 2—17
　4.6 水封井 ·· 2—17
　4.7 雨水口 ·· 2—18
　4.8 截流井 ·· 2—18
　4.9 出水口 ·· 2—18
　4.10 立体交叉道路排水 ······················· 2—19
　4.11 倒虹管 ·· 2—19
　4.12 渠道 ·· 2—19
　4.13 管道综合 ······································ 2—19
　4.14 雨水调蓄池 ·································· 2—20
　4.15 雨水渗透设施 ······························ 2—20
　4.16 雨水综合利用 ······························ 2—20
　4.17 内涝防治设施 ······························ 2—21
5 泵站 ·· 2—21
　5.1 一般规定 ·· 2—21
　5.2 设计流量和设计扬程 ····················· 2—21
　5.3 集水池 ·· 2—21
　5.4 泵房设计 ·· 2—22
　5.5 出水设施 ·· 2—22
6 污水处理 ·· 2—23
　6.1 厂址选择和总体布置 ····················· 2—23
　6.2 一般规定 ·· 2—24
　6.3 格栅 ·· 2—24
　6.4 沉砂池 ·· 2—24
　6.5 沉淀池 ·· 2—25
　6.6 活性污泥法 ···································· 2—26
　6.7 化学除磷 ·· 2—29
　6.8 供氧设施 ·· 2—30
　6.9 生物膜法 ·· 2—31
　6.10 回流污泥和剩余污泥 ··················· 2—32
　6.11 污水自然处理 ······························ 2—33
　6.12 污水深度处理和回用 ··················· 2—33
　6.13 消毒 ·· 2—34
7 污泥处理和处置 ·································· 2—35
　7.1 一般规定 ·· 2—35
　7.2 污泥浓缩 ·· 2—35
　7.3 污泥消化 ·· 2—35
　7.4 污泥机械脱水 ································ 2—36
　7.5 污泥输送 ·· 2—37
　7.6 污泥干化焚烧 ································ 2—37
　7.7 污泥综合利用 ································ 2—37
8 检测和控制 ·· 2—37
　8.1 一般规定 ·· 2—37
　8.2 检测 ·· 2—38
　8.3 控制 ·· 2—38
　8.4 计算机控制管理系统 ····················· 2—38
附录A 暴雨强度公式的编
　　　制方法 ··· 2—38
附录B 排水管道和其他地下管线
　　　（构筑物）的最小净距 ············ 2—39
本规范用词说明 ·· 2—39
附：条文说明 ·· 2—40

1 总则

1.0.1 为使我国的排水工程设计贯彻科学发展观，符合国家的法律法规，推进海绵城市建设，达到防治水污染，改善和保护环境，提高人民健康水平和保障安全的要求，制定本规范。

1.0.2 本规范适用于新建、扩建和改建的城镇、工业区和居住区的永久性的室外排水工程设计。

1.0.3 排水工程设计应以批准的城镇总体规划和排水工程专业规划为主要依据，从全局出发，根据规划年限、工程规模、经济效益、社会效益和环境效益，正确处理城镇中工业与农业、城镇化与非城镇化地区、近期与远期、集中与分散、排放与利用的关系。通过全面论证，做到确能保护环境、节约土地、技术先进、经济合理、安全可靠，适合当地实际情况。

1.0.3A 排水工程设计应依据城镇排水与污水处理规划，并与城市防洪、河道水系、道路交通、园林绿地、环境保护、环境卫生等专项规划和设计相协调。排水设施的设计应根据城镇规划蓝线和水面率的要求，充分利用自然蓄排水设施，并应根据用地性质规定不同地区的高程布置，满足不同地区的排水要求。

1.0.4 排水体制（分流制或合流制）的选择，应符合下列规定：

1 根据城镇的总体规划，结合当地的地形特点、水文条件、水体状况、气候特征、原有排水设施、污水处理程度和处理后出水利用等综合考虑后确定。

2 同一城镇的不同地区可采用不同的排水体制。

3 除降雨量少的干旱地区外，新建地区的排水系统应采用分流制。

4 现有合流制排水系统，应按城镇排水规划的要求，实施雨污分流改造。

5 暂时不具备雨污分流条件的地区，应采取截流、调蓄和处理相结合的措施，提高截流倍数，加强降雨初期的污染防治。

1.0.4A 雨水综合管理应按照低影响开发（LID）理念采用源头削减、过程控制、末端处理的方法进行，控制面源污染、防治内涝灾害、提高雨水利用程度。

1.0.4B 城镇内涝防治应采取工程性和非工程性相结合的综合控制措施。

1.0.5 排水系统设计应综合考虑下列因素：

1 污水的再生利用，污泥的合理处置。

2 与邻近区域内的污水和污泥的处理和处置系统相协调。

3 与邻近区域及区域内给水系统和洪水的排除系统相协调。

4 接纳工业废水并进行集中处理和处置的可能性。

5 适当改造原有排水工程设施，充分发挥其工程效能。

1.0.6 工业废水接入城镇排水系统的水质应按有关标准执行，不应影响城镇排水管渠和污水处理厂等的正常运行；不应对养护管理人员造成危害；不应影响处理后出水的再生利用和安全排放，不应影响污泥的处理和处置。

1.0.7 排水工程设计应在不断总结科研和生产实践经验的基础上，积极采用经过鉴定的、行之有效的新技术、新工艺、新材料、新设备。

1.0.8 排水工程宜采用机械化和自动化设备，对操作繁重、影响安全、危害健康的，应采用机械化和自动化设备。

1.0.9 排水工程的设计，除应按本规范执行外，尚应符合国家现行有关标准和规范的规定。

1.0.10 在地震、湿陷性黄土、膨胀土、多年冻土以及其他特殊地区设计排水工程时，尚应符合国家现行的有关专门规范的规定。

2 术语和符号

2.1 术语

2.1.1 排水工程 wastewater engineering, sewerage
收集、输送、处理、再生和处置污水和雨水的工程。

2.1.2 排水系统 waste water engineering system
收集、输送、处理、再生和处置污水和雨水的设施以一定方式组合成的总体。

2.1.3 排水体制 sewerage system
在一个区域内收集、输送污水和雨水的方式，有合流制和分流制两种基本方式。

2.1.4 排水设施 wastewater facilities
排水工程中的管道、构筑物和设备等的统称。

2.1.5 合流制 combined system
用同一管渠系统收集、输送污水和雨水的排水方式。

2.1.5A 合流制管道溢流 combined sewer overflow
合流制排水系统降雨时，超过截流能力的水排入水体的状况。

2.1.6 分流制 separate system
用不同管渠系统分别收集、输送污水和雨水的排水方式。

2.1.7 城镇污水 urban wastewater, sewage
综合生活污水、工业废水和入渗地下水的总称。

2.1.8 城镇污水系统 urban wastewater system
收集、输送、处理、再生和处置城镇污水的设施以一定方式组合成的总体。

2.1.8A 面源污染 diffuse pollution
通过降雨和地表径流冲刷，将大气和地表中的污染物带入受纳水体，使受纳水体遭受污染的现象。

2.1.8B 低影响开发（LID） low impact development
强调城镇开发应减少对环境的冲击，其核心是基于源头控制和延缓冲击负荷的理念，构建与自然相适应的城镇排水系统，合理利用景观空间和采取相应措施对暴雨径流进行控制，减少城镇面源污染。

2.1.9 城镇污水污泥 urban wastewater sludge
城镇污水系统中产生的污泥。

2.1.10 旱流污水 dry weather flow
合流制排水系统晴天时的城镇污水。

2.1.11 生活污水 domestic wastewater, sewage
居民生活产生的污水。

2.1.12 综合生活污水 comprehensive sewage
居民生活和公共服务产生的污水。

2.1.13 工业废水 industrial wastewater
工业企业生产过程产生的废水。

2.1.14 入渗地下水 infiltrated ground water
通过管渠和附属构筑物进入排水管渠的地下水。

2.1.15 总变化系数 peaking factor
最高日最高时污水量与平均日平均时污水量的比值。

2.1.16 径流系数 runoff coefficient
一定汇水面积内地面径流量与降雨量的比值。

2.1.16A 径流量 runoff
降落到地面的雨水，由地面和地下汇流到管渠至受纳水体的流量的统称。径流包括地面径流和地下径流等。在排水工程中，径流量指降水超出一定区域内地面渗透、滞蓄能力后多余水量产生的地面径流量。

2.1.17 暴雨强度 rainfall intensity
单位时间内的降雨量。工程上常用单位时间单位面积内的降雨体积来计，其计量单位以 $L/(s \cdot hm^2)$ 表示。

2.1.18 重现期 recurrence interval
在一定长的统计期间内，等于或大于某统计对象出现一次的平均间隔时间。

2.1.18A 雨水管渠设计重现期 recurrence interval for storm sewer design
用于进行雨水管渠设计的暴雨重现期。

2.1.19 降雨历时 duration of rainfall
降雨过程中的任意连续时段。

2.1.20 汇水面积 catchment area
雨水管渠汇集降雨的流域面积。

2.1.20A 内涝 local flooding
强降雨或连续性降雨超过城镇排水能力，导致城镇地面产生积水灾害的现象。

2.1.20B 内涝防治系统 local flooding prevention and control system
用于防止和应对城镇内涝的工程性设施和非工程性措施以一定方式组合成的总体，包括雨水收集、输送、调蓄、行泄、处理和利用的天然和人工设施以及管理措施等。

2.1.20C 内涝防治设计重现期 recurrence interval for local flooding design
用于进行城镇内涝防治系统设计的暴雨重现期，使地面、道路等地区的积水深度不超过一定的标准。内涝防治设计重现期大于雨水管渠设计重现期。

2.1.21 地面集水时间 time of concentration
雨水从相应汇水面积的最远点地面流到雨水管渠入口的时间，简称集水时间。

2.1.22 截流倍数 interception ratio
合流制排水系统在降雨时被截流的雨水径流量与平均旱流污水量的比值。

2.1.23 排水泵站 drainage pumping station
污水泵站、雨水泵站和合流污水泵站的总称。

2.1.24 污水泵站 sewage pumping station
分流制排水系统中，提升污水的泵站。

2.1.25 雨水泵站 storm water pumping station
分流制排水系统中，提升雨水的泵站。

2.1.26 合流污水泵站 combined sewage pumping station
合流制排水系统中，提升合流污水的泵站。

2.1.27 一级处理 primary treatment
污水通过沉淀去降悬浮物的过程。

2.1.28 二级处理 secondary treatment
污水一级处理后，再用生物方法进一步去除污水中胶体和溶解性有机物的过程。

2.1.29 活性污泥法 activated sludge process, suspended growth process
污水生物处理的一种方法。该法是在人工条件下，对污水中的各类微生物群体进行连续混合和培养，形成悬浮状态的活性污泥。利用活性污泥的生物作用，以分解去除污水中的有机污染物，然后使污泥与水分离，大部分污泥回流到生物反应池，多余部分作为剩余污泥排出活性污泥系统。

2.1.30 生物反应池 biological reaction tank
利用活性污泥法进行污水生物处理的构筑物。反应池内能满足生物活动所需条件，可分厌氧、缺氧和好氧状态。池内保持污泥悬浮并与污水充分混合。

2.1.31 活性污泥 activated sludge
生物反应池中繁殖的含有各种微生物群体的絮状体。

2.1.32 回流污泥 returned sludge
由二次沉淀池分离，回流到生物反应池的活性污泥。

2.1.33 格栅 bar screen
拦截水中较大尺寸漂浮物或其他杂物的装置。

2.1.34 格栅除污机 bar screen machine
用机械的方法，将格栅截留的栅渣清捞出的机械。

2.1.35 固定式格栅除污机　fixed raking machine
对应每组格栅设置的固定式清捞栅渣的机械。

2.1.36 移动式格栅除污机　mobile raking machine
数组或超宽格栅设置一台移动式清捞栅渣的机械，按一定操作程序轮流清捞栅渣。

2.1.37 沉砂池　grit chamber
去除水中自重较大、能自然沉降的较大粒径砂粒或颗粒的构筑物。

2.1.38 平流沉砂池　horizontal flow grit chamber
污水沿水平方向流动分离砂粒的沉砂池。

2.1.39 曝气沉砂池　aerated grit chamber
空气沿池一侧进入、使水呈螺旋形流动分离砂粒的沉砂池。

2.1.40 旋流沉砂池　vortex-type grit chamber
靠进水形成旋流离心力分离砂粒的沉砂池。

2.1.41 沉淀　sedimentation，settling
利用悬浮物和水的密度差，重力沉降作用去除水中悬浮物的过程。

2.1.42 初次沉淀池　primary settling tank
设在生物处理构筑物前的沉淀池，用以降低污水中的固体物浓度。

2.1.43 二次沉淀池　secondary settling tank
设在生物处理构筑物后，用于污泥与水分离的沉淀池。

2.1.44 平流沉淀池　horizontal settling tank
污水沿水平方向流动，使污水中的固体物沉降的水池。

2.1.45 竖流沉淀池　vertical flow settling tank
污水从中心管进入，水流竖直上升流动，使污水中的固体物沉降的水池。

2.1.46 辐流沉淀池　radial flow settling tank
污水沿径向减速流动，使污水中的固体物沉降的水池。

2.1.47 斜管（板）沉淀池　inclined tube (plate) sedimentation tank
水池中加斜管（板），使污水中的固体物高效沉降的沉淀池。

2.1.48 好氧　aerobic，oxic
污水生物处理中有溶解氧或兼有硝态氮的环境状态。

2.1.49 厌氧　anaerobic
污水生物处理中没有溶解氧和硝态氮的环境状态。

2.1.50 缺氧　anoxic
污水生物处理中溶解氧不足或没有溶解氧但有硝态氮的环境状态。

2.1.51 生物硝化　bio-nitrification
污水生物处理中好氧状态下硝化细菌将氨氮氧化成硝态氮的过程。

2.1.52 生物反硝化　bio-denitrification
污水生物处理中缺氧状态下反硝化菌将硝态氮还原成氮气，去除污水中氮的过程。

2.1.53 混合液回流　mixed liquor recycle
污水生物处理工艺中，生物反应区内的混合液由后端回流至前端的过程。该过程有别于将二沉池沉淀后的污泥回流至生物反应区的过程。

2.1.54 生物除磷　biological phosphorus removal
活性污泥法处理污水时，通过排放聚磷菌较多的剩余污泥，去除污水中磷的过程。

2.1.55 缺氧/好氧脱氮工艺　anoxic/oxic process (A_NO)
污水经过缺氧、好氧交替状态处理，提高总氮去除率的生物处理。

2.1.56 厌氧/好氧除磷工艺　anaerobic/oxic process (A_PO)
污水经过厌氧、好氧交替状态处理，提高总磷去除率的生物处理。

2.1.57 厌氧/缺氧/好氧脱氮除磷工艺　anaerobic/anoxic/oxic process (AAO，又称 A^2/O)
污水经过厌氧、缺氧、好氧交替状态处理，提高总氮和总磷去除率的生物处理。

2.1.58 序批式活性污泥法　sequencing batch reactor (SBR)
活性污泥法的一种形式。在同一个反应器中，按时间顺序进行进水、反应、沉淀和排水等处理工序。

2.1.59 充水比　fill ratio
序批式活性污泥法工艺一个周期中，进入反应池的污水量与反应池有效容积之比。

2.1.60 总凯氏氮　total Kjeldahl nitrogen (TKN)
有机氮和氨氮之和。

2.1.61 总氮　total nitrogen (TN)
有机氮、氨氮、亚硝酸盐氮和硝酸盐氮的总和。

2.1.62 总磷　total phosphorus (TP)
水体中有机磷和无机磷的总和。

2.1.63 好氧泥龄　oxic sludge age
活性污泥在好氧池中的平均停留时间。

2.1.64 泥龄　sludge age，sludge retention time (SRT)
活性污泥在整个生物反应池中的平均停留时间。

2.1.65 氧化沟　oxidation ditch
活性污泥法的一种形式，其构筑物呈封闭无终端渠形布置，降解去除污水中有机污染物和氮、磷等营养物。

2.1.66 好氧区　oxic zone
生物反应池的充氧区。微生物在好氧区降解有机物和进行硝化反应。

2.1.67 缺氧区　anoxic zone
生物反应池的非充氧区，且有硝酸盐或亚硝酸盐

2—9

存在的区域。生物反应池中含有大量硝酸盐、亚硝酸盐，得到充足的有机物时，可在该区内进行脱氮反应。

2.1.68　厌氧区　anaerobic zone
生物反应池的非充氧区，且无硝酸盐或亚硝酸盐存在的区域。聚磷微生物在厌氧区吸收有机物和释放磷。

2.1.69　生物膜法　attached-growth process，biofilm process
污水生物处理的一种方法。该法利用生物膜对有机污染物的吸附和分解作用使污水得到净化。

2.1.70　生物接触氧化　bio-contact oxidation
由浸没在污水中的填料和曝气系统构成的污水处理方法。在有氧条件下，污水与填料表面的生物膜广泛接触，使污水得到净化。

2.1.71　曝气生物滤池　biological aerated filter (BAF)
生物膜法的一种构筑物。由接触氧化和过滤相结合，在有氧条件下，完成污水中有机物氧化、过滤、反冲洗过程，使污水获得净化。又称颗粒填料生物滤池。

2.1.72　生物转盘　rotating biological contactor (RBC)
生物膜法的一种构筑物。由水槽和部分浸没在污水中的旋转盘体组成，盘体表面生长的生物膜反复接触污水和空气中的氧，使污水得到净化。

2.1.73　塔式生物滤池　biotower
生物膜法的一种构筑物。塔内分层布设轻质塑料载体，污水由上往下喷淋，与载体上生物膜及自下向上流动的空气充分接触，使污水得到净化。

2.1.74　低负荷生物滤池　low-rate trickling filters
亦称滴滤池（传统、普通生物滤池）。由于负荷较低，占地较大，净化效果较好，五日生化需氧量去除率可达85%～95%。

2.1.75　高负荷生物滤池　high-rate biological filters
生物滤池的一种形式。通过回流处理水和限制进水有机负荷等措施，提高水力负荷，解决堵塞问题。

2.1.76　五日生化需氧量容积负荷　BOD_5-volumetric loading rate
生物反应池单位容积每天承担的五日生化需氧量千克数。其计量单位以 kg BOD_5/(m³·d) 表示。

2.1.77　表面负荷　hydraulic loading rate
一种负荷表示方式，指每平方米面积每天所能接受的污水量。

2.1.78　固定布水器　fixed distributor
生物滤池中由固定的布水管和喷嘴等组成的布水装置。

2.1.79　旋转布水器　rotating distributor
由若干条布水管组成的旋转布水装置。它利用从布水管孔口喷出的水流所产生的反作用力，推动布水管绕旋转轴旋转，达到均匀布水的目的。

2.1.80　石料滤料　rock filtering media
用以提供微生物生长的载体并起悬浮物过滤作用的粒状材料，有碎石、卵石、炉渣、陶粒等。

2.1.81　塑料填料　plastic media
用以提供微生物生长的载体，有硬性、软性和半软性填料。

2.1.82　污水自然处理　natural treatment of wastewater
利用自然生物作用的污水处理方法。

2.1.83　土地处理　land treatment
利用土壤、微生物、植物组成的生态污水处理方法。通过该系统营养物质和水分的循环利用，使植物生长繁殖并不断被利用，实现污水的资源化、无害化和稳定化。

2.1.84　稳定塘　stabilization pond, stabilization lagoon
经过人工适当修整，设围堤和防渗层的污水池塘，通过水生生态系统的物理和生物作用对污水进行自然处理。

2.1.85　灌溉田　sewage farming
利用土地对污水进行自然生物处理的方法。一方面利用污水培育植物，另一方面利用土壤和植物净化污水。

2.1.86　人工湿地　artifical wetland, constructed wetland
利用土地对污水进行自然处理的一种方法。用人工筑成水池或沟槽，种植芦苇类维管束植物或根系发达的水生植物，污水以推流方式与布满生物膜的介质表面和溶解氧进行充分接触，使水得到净化。

2.1.87　污水再生利用　wastewater reuse
污水回收、再生和利用的统称，包括污水净化再用、实现水循环的全过程。

2.1.88　深度处理　advanced treatment
常规处理后设置的处理。

2.1.89　再生水　reclaimed water, reuse water
污水经适当处理后，达到一定的水质标准，满足某种使用要求的水。

2.1.90　膜过滤　membrane filtration
在污水深度处理中，通过渗透膜过滤去除污染物的技术。

2.1.91　颗粒活性炭吸附池　granular activated carbon adsorption tank
池内介质为单一颗粒活性炭的吸附池。

2.1.92　紫外线　ultraviolet (UV)
紫外线是电磁波的一部分，污水消毒用的紫外线波长为200nm～310nm（主要为254nm）的波谱区。

2.1.93　紫外线剂量　ultraviolet dose
照射到生物体上的紫外线量（即紫外线生物验定剂量或紫外线有效剂量），由生物验定测试得到。

2.1.94 污泥处理 sludge treatment

对污泥进行减量化、稳定化和无害化的处理过程，一般包括浓缩、调理、脱水、稳定、干化或焚烧等的加工过程。

2.1.95 污泥处置 sludge disposal

对处理后污泥的最终消纳过程。一般包括土地利用、填埋和建筑材料利用等。

2.1.96 污泥浓缩 sludge thickening

采用重力、气浮或机械的方法降低污泥含水率，减少污泥体积的方法。

2.1.97 污泥脱水 sludge dewatering

浓缩污泥进一步去除大量水分的过程，普遍采用机械的方式。

2.1.98 污泥干化 sludge drying

通过渗滤或蒸发等作用，从浓缩污泥中去除大部分水分的过程。

2.1.99 污泥消化 sludge digestion

通过厌氧或好氧的方法，使污泥中的有机物进行生物降解和稳定的过程。

2.1.100 厌氧消化 anaerobic digestion

使污泥中有机物生物降解和稳定的过程。

2.1.101 好氧消化 aerobic digestion

有氧条件下污泥消化的过程。

2.1.102 中温消化 mesophilic digestion

污泥温度在33℃～35℃时进行的消化过程。

2.1.103 高温消化 thermophilic digestion

污泥温度在53℃～55℃时进行的消化过程。

2.1.104 原污泥 raw sludge

未经处理的初沉污泥、二沉污泥（剩余污泥）或两者混合后的污泥。

2.1.105 初沉污泥 primary sludge

从初次沉淀池排出的沉淀物。

2.1.106 二沉污泥 secondary sludge

从二次沉淀池、生物反应池（沉淀区或沉淀排泥时段）排出的沉淀物。

2.1.107 剩余污泥 excess activated sludge

从二次沉淀池、生物反应池（沉淀区或沉淀排泥时段）排出系统的活性污泥。

2.1.108 消化污泥 digested sludge

经过厌氧消化或好氧消化的污泥。与原污泥相比，有机物总量有一定程度的降低，污泥性质趋于稳定。

2.1.109 消化池 digester

污泥处理中有机物进行生物降解和稳定的构筑物。

2.1.110 消化时间 digest time

污泥在消化池中的平均停留时间。

2.1.111 挥发性固体 volatile solids

污泥固体物质在600℃时所失去的重量，代表污泥中可通过生物降解的有机物含量水平。

2.1.112 挥发性固体去除率 removal percentage of volatile solids

通过污泥消化，污泥中挥发性有机固体被降解去除的百分比。

2.1.113 挥发性固体容积负荷 cubage load of volatile solids

单位时间内对单位消化池容积投入的原污泥中挥发性固体重量。

2.1.114 污泥气 sludge gas, marsh gas

俗称沼气。在污泥厌氧消化时有机物分解所产生的气体，主要成分为甲烷和二氧化碳，并有少量的氢、氮和硫化氢等。

2.1.115 污泥气燃烧器 sludge gas burner

污泥气燃烧消耗的装置。又称沼气燃烧器。

2.1.116 回火防止器 backfire preventer

防止并阻断回火的装置。在发生事故或系统不稳定的状况下，当管内污泥气压力降低时，燃烧点的火会通过管道向气源方向蔓延，称作回火。

2.1.117 污泥热干化 sludge heat drying

污泥脱水后，在外部加热的条件下，通过传热和传质过程，使污泥中水分随着相变化分离的过程。成为干化产品。

2.1.118 污泥焚烧 sludge incineration

利用焚烧炉将污泥完全矿化为少量灰烬的过程。

2.1.119 污泥综合利用 sludge integrated application

将污泥作为有用的原材料在各种用途上加以利用的方法，是污泥处置的最佳途径。

2.1.120 污泥土地利用 sludge land application

将处理后的污泥作为介质土或土壤改良材料，用于园林绿化、土地改良和农田等场合的处置方式。

2.1.121 污泥农用 sludge farm application

污泥在农业用地上有效利用的处置方式。一般包括污泥经过无害化处理后用于农田、果园、牧草地等。

2.2 符　号

2.2.1 设计流量

Q——设计流量；

Q_d——设计综合生活污水量；

Q_m——设计工业废水量；

Q_s——雨水设计流量；

Q_{dr}——截流井以前的旱流污水量；

Q'——截流井以后管渠的设计流量；

Q'_s——截流井以后汇水面积的雨水设计流量；

Q'_{dr}——截流井以后的旱流污水量；

n_0——截流倍数；

H_1——堰高；
H_2——槽深；
H——槽堰总高；
Q_j——污水截流量；
d——污水截流管管径；
k——修正系数；
A_1，C，b，n——暴雨强度公式中的有关参数；
P——设计重现期；
t——降雨历时；
t_1——地面集水时间；
t_2——管渠内雨水流行时间；
m——折减系数；
q——设计暴雨强度；
Ψ——径流系数；
F——汇水面积；
Q_p——泵站设计流量；
V——调蓄池有效容积；
t_j——调蓄池进水时间；
β——调蓄池容积计算安全系数；
t_o——调蓄池放空时间；
η——调蓄池放空时的排放效率。

2.2.2 水力计算

Q——设计流量；
v——流速；
A——水流有效断面面积；
h——水流深度；
I——水力坡降；
n——粗糙系数；
R——水力半径。

2.2.3 污水处理

Q——设计污水流量；
V——生物反应池容积；
S_o——生物反应池进水五日生化需氧量；
S_e——生物反应池出水五日生化需氧量；
L_S——生物反应池五日生化需氧量污泥负荷；
L_V——生物反应池五日生化需氧量容积负荷；
X——生物反应池内混合液悬浮固体平均浓度；
X_V——生物反应池内混合液挥发性悬浮固体平均浓度；
y——MLSS 中 MLVSS 所占比例；
Y——污泥产率系数；
Y_t——污泥总产率系数；
θ_c——污泥泥龄，活性污泥在生物反应池中的平均停留时间；
θ_{co}——好氧区（池）设计污泥泥龄；
K_d——衰减系数；

K_{dT}——T℃时的衰减系数；
K_{d20}——20℃时的衰减系数；
θ_T——温度系数；
F——安全系数；
η——总处理效率；
T——温度；
f——悬浮固体的污泥转换率；
SS_o——生物反应池进水悬浮物浓度；
SS_e——生物反应池出水悬浮物浓度；
V_n——缺氧区（池）容积；
V_o——好氧区（池）容积；
V_P——厌氧区（池）容积；
N_k——生物反应池进水总凯氏氮浓度；
N_{ke}——生物反应池出水总凯氏氮浓度；
N_t——生物反应池进水总氮浓度；
N_n——生物反应池中氨氮浓度；
N_{te}——生物反应池出水总氮浓度；
N_{oe}——生物反应池出水硝态氮浓度；
ΔX——剩余污泥量；
ΔX_V——排出生物反应池系统的生物污泥量；
K_{de}——脱氮速率；
$K_{de(T)}$——T℃时的脱氮速率；
$K_{de(20)}$——20℃时的脱氮速率；
μ——硝化菌比生长速率；
K_n——硝化作用中氮的半速率常数；
Q_R——回流污泥量；
Q_{Ri}——混合液回流量；
R——污泥回流比；
R_i——混合液回流比；
HRT——生物反应池水力停留时间；
t_P——厌氧区（池）水力停留时间；
O_2——污水需氧量；
O_S——标准状态下污水需氧量；
a——碳的氧当量，当含碳物质以 BOD_5 计时，取 1.47；
b——常数，氧化每公斤氨氮所需氧量，取 4.57；
c——常数，细菌细胞的氧当量，取 1.42；
E_A——曝气器氧的利用率；
G_S——标准状态下供气量；
t_F——SBR 生物反应池每池每周期需要的进水时间；
t——SBR 生物反应池一个运行周期需要的时间；
t_R——每个周期反应时间；
t_S——SBR 生物反应池沉淀时间；
t_D——SBR 生物反应池排水时间；

t_b——SBR生物反应池闲置时间；
m——SBR生物反应池充水比。

2.2.4 污泥处理

t_d——消化时间；
V——消化池总有效容积；
Q_o——每日投入消化池的原污泥量；
L_V——消化池挥发性固体容积负荷；
W_S——每日投入消化池的原污泥中挥发性干固体重量。

3 设计流量和设计水质

3.1 生活污水量和工业废水量

3.1.1 城镇旱流污水设计流量，应按下式计算：

$$Q_{dr} = Q_d + Q_m \quad (3.1.1)$$

式中：Q_{dr}——截流井以前的旱流污水量（L/s）；
Q_d——设计综合生活污水量（L/s）；
Q_m——设计工业废水量（L/s）。

在地下水位较高的地区，应考虑入渗地下水量，其量宜根据测定资料确定。

3.1.2 居民生活污水定额和综合生活污水定额应根据当地采用的用水定额，结合建筑内部给排水设施水平确定，可按当地相关用水定额的80%～90%采用。

3.1.2A 排水系统的设计规模应根据排水系统的规划和普及程度合理确定。

3.1.3 综合生活污水量总变化系数可根据当地实际综合生活污水量变化资料确定。无测定资料时，可按表3.1.3的规定取值。新建分流制排水系统的地区，宜提高综合生活污水量总变化系数；既有地区可结合城区和排水系统改建工程，提高综合生活污水量总变化系数。

表3.1.3 综合生活污水量总变化系数

平均日流量（L/s）	5	15	40	70	100	200	500	≥1000
总变化系数	2.3	2.0	1.8	1.7	1.6	1.5	1.4	1.3

注：当污水平均日流量为中间数值时，总变化系数可用内插法求得。

3.1.4 工业区内生活污水量、沐浴污水量的确定，应符合现行国家标准《建筑给水排水设计规范》GB 50015的有关规定。

3.1.5 工业区内工业废水量和变化系数的确定，应根据工艺特点，并与国家现行的工业用水有关规定协调。

3.2 雨 水 量

3.2.1 采用推理公式法计算雨水设计流量，应按下式计算。当汇水面积超过2km²时，宜考虑降雨在时空分布的不均匀性和管网汇流过程，采用数学模型法计算雨水设计流量。

$$Q_s = q\Psi F \quad (3.2.1)$$

式中：Q_s——雨水设计流量（L/s）；
q——设计暴雨强度［L/(s·hm²)］；
Ψ——径流系数；
F——汇水面积（hm²）。

注：当有允许排入雨水管道的生产废水排入雨水管道时，应将其水量计算在内。

3.2.2 应严格执行规划控制的综合径流系数，综合径流系数高于0.7的地区应采用渗透、调蓄等措施。径流系数，可按本规范表3.2.2-1的规定取值，汇水面积的综合径流系数应按地面种类加权平均计算，可按表3.2.2-2的规定取值，并应核实地面种类的组成和比例。

表3.2.2-1 径流系数

地面种类	Ψ
各种屋面、混凝土或沥青路面	0.85～0.95
大块石铺砌路面或沥青表面各种的碎石路面	0.55～0.65
级配碎石路面	0.40～0.50
干砌砖石或碎石路面	0.35～0.40
非铺砌土路面	0.25～0.35
公园或绿地	0.10～0.20

表3.2.2-2 综合径流系数

区域情况	Ψ
城镇建筑密集区	0.60～0.70
城镇建筑较密集区	0.45～0.60
城镇建筑稀疏区	0.20～0.45

3.2.2A 当地区整体改建时，对于相同的设计重现期，改建后的径流量不得超过原有径流量。

3.2.3 设计暴雨强度，应按下式计算：

$$q = \frac{167A_1(1+C\lg P)}{(t+b)^n} \quad (3.2.3)$$

式中：q——设计暴雨强度［L/(s·hm²)］；
t——降雨历时（min）；
P——设计重现期（年）；
A_1, C, b, n——参数，根据统计方法进行计算确定。

具有20年以上自动雨量记录的地区，排水系统设计暴雨强度公式应采用年最大值法，并按本规范附录A的有关规定编制。

3.2.3A 根据气候变化，宜对暴雨强度公式进行修订。

3.2.4 雨水管渠设计重现期，应根据汇水地区性质、城镇类型、地形特点和气候特征等因素，经技术经济比较后按表3.2.4的规定取值，并应符合下列规定：

1 人口密集、内涝易发且经济条件较好的城镇，宜采用规定的上限；

2 新建地区应按本规定执行，原有地区应结合

地区改建、道路建设等更新排水系统,并按本规定执行;

3 同一排水系统可采用不同的设计重现期。

表 3.2.4 雨水管渠设计重现期(年)

城镇类型\城区类型	中心城区	非中心城区	中心城区的重要地区	中心城区地下通道和下沉式广场等
超大城市和特大城市	3~5	2~3	5~10	30~50
大城市	2~5	2~3	5~10	20~30
中等城市和小城市	2~3	2~3	3~5	10~20

注:1 按表中所列重现期设计暴雨强度公式时,均采用年最大值法;
2 雨水管渠应按重力流、满管流计算;
3 超大城市指城区常住人口在 1000 万以上的城市;特大城市指城区常住人口 500 万以上 1000 万以下的城市;大城市指城区常住人口 100 万以上 500 万以下的城市;中等城市指城区常住人口 50 万以上 100 万以下的城市;小城市指城区常住人口在 50 万以下的城市(以上包括本数,以下不包括本数)。

3.2.4A 应采取必要的措施防止洪水对城镇排水系统的影响。

3.2.4B 内涝防治设计重现期,应根据城镇类型、积水影响程度和内河水位变化等因素,经技术经济比较后确定,应按表 3.2.4B 的规定取值,并应符合下列规定:

1 人口密集、内涝易发且经济条件较好的城市,宜采用规定的上限;

2 目前不具备条件的地区可分期达到标准;

3 当地面积水不满足表 3.2.4B 的要求时,应采取渗透、调蓄、设置雨洪行泄通道和内河整治等措施;

4 对超过内涝设计重现期的暴雨,应采取预警和应急等控制措施。

表 3.2.4B 内涝防治设计重现期

城镇类型	重现期(年)	地面积水设计标准
超大城市和特大城市	50~100	1 居民住宅和工商业建筑物的底层不进水; 2 道路中一条车道的积水深度不超过 15cm
大城市	30~50	
中等城市和小城市	20~30	

注:1 表中所列设计重现期适用于采用年最大值法确定的暴雨强度公式。
2 超大城市指城区常住人口在 1000 万以上的城市;特大城市指城区常住人口 500 万以上 1000 万以下的城市;大城市指城区常住人口 100 万以上 500 万以下的城市;中等城市指城区常住人口 50 万以上 100 万以下的城市;小城市指城区常住人口在 50 万以下的城市(以上包括本数,以下不包括本数)。

3.2.5 雨水管渠的降雨历时,应按下式计算:

$$t = t_1 + t_2 \quad (3.2.5)$$

式中:t——降雨历时(min);
t_1——地面集水时间(min),应根据汇水距离、地形坡度和地面种类计算确定,一般采用 5min~15min;
t_2——管渠内雨水流行时间(min)。

3.2.5A 应采取雨水渗透、调蓄等措施,从源头降低雨水径流产生量,延缓出流时间。

3.2.6 当雨水径流量增大,排水管渠的输送能力不能满足要求时,可设雨水调蓄池。

3.3 合流水量

3.3.1 合流管渠的设计流量,应按下式计算:

$$Q = Q_d + Q_m + Q_s = Q_{dr} + Q_s \quad (3.3.1)$$

式中:Q——设计流量(L/s);
Q_d——设计综合生活污水量(L/s);
Q_m——设计工业废水量(L/s);
Q_s——雨水设计流量(L/s);
Q_{dr}——截流井以前的旱流污水量(L/s)。

3.3.2 截流井以后管渠的设计流量,应按下式计算:

$$Q' = (n_0 + 1)Q_{dr} + Q'_s + Q'_{dr} \quad (3.3.2)$$

式中:Q'——截流井以后管渠的设计流量(L/s);
n_0——截流倍数;
Q'_s——截流井以后汇水面积的雨水设计流量(L/s);
Q'_{dr}——截流井以后的旱流污水量(L/s)。

3.3.3 截流倍数 n_0 应根据旱流污水的水质、水量、排放水体的环境容量、水文、气候、经济和排水区域大小等因素经计算确定,宜采用 2~5。同一排水系统中可采用不同截流倍数。

3.3.4 合流管道的雨水设计重现期可适当高于同一情况下的雨水管道设计重现期。

3.4 设计水质

3.4.1 城镇污水的设计水质应根据调查资料确定,或参照邻近城镇、类似工业区和居住区的水质确定。无调查资料时,可按下列标准采用:

1 生活污水的五日生化需氧量可按每人每天 25g~50g 计算。

2 生活污水的悬浮固体量可按每人每天 40g~65g 计算。

3 生活污水的总氮量可按每人每天 5g~11g 计算。

4 生活污水的总磷量可按每人每天 0.7g~1.4g 计算。

5 工业废水的设计水质,可参照类似工业的资料采用,其五日生化需氧量、悬浮固体量、总氮量和总磷量,可折合人口当量计算。

3.4.2 污水厂内生物处理构筑物进水的水温宜为10℃～37℃，pH值宜为6.5～9.5，营养组合比（五日生化需氧量∶氮∶磷）可为100∶5∶1。有工业废水进入时，应考虑有害物质的影响。

4 排水管渠和附属构筑物

4.1 一般规定

4.1.1 排水管渠系统应根据城镇总体规划和建设情况统一布置，分期建设。排水管渠断面尺寸应按远期规划的最高日最高时设计流量设计，按现状水量复核，并考虑城镇远景发展的需要。

4.1.2 管渠平面位置和高程，应根据地形、土质、地下水位、道路情况、原有的和规划的地下设施、施工条件以及养护管理方便等因素综合考虑确定。排水干管应布置在排水区域内地势较低或便于雨污水汇集的地带。排水管宜沿城镇道路敷设，并与道路中心线平行，宜设在快车道以外。截流干管宜沿受纳水体岸边布置。管渠高程设计除考虑地形坡度外，还应考虑与其他地下设施的关系以及接户管的连接方便。

4.1.3 管渠材质、管渠构造、管渠基础、管道接口，应根据排水水质、水温、冰冻情况、断面尺寸、管内外所受压力、土质、地下水位、地下水侵蚀性、施工条件及对养护工具的适应性等因素进行选择与设计。

4.1.3A 排水管渠的断面形状应符合下列要求：

　　1 排水管渠的断面形状应根据设计流量、埋设深度、工程环境条件，同时结合当地施工、制管技术水平和经济、养护管理要求综合确定，宜优先选用成品管。

　　2 大型和特大型管渠的断面应方便维修、养护和管理。

4.1.4 输送腐蚀性污水的管渠必须采用耐腐蚀材料，其接口及附属构筑物必须采取相应的防腐蚀措施。

4.1.5 当输送易造成管渠内沉析的污水时，管渠形式和断面的确定，必须考虑维护检修的方便。

4.1.6 工业区内经常受有害物质污染的场地雨水，应经预处理达到相应标准后才能排入排水管渠。

4.1.7 排水管渠系统的设计，应以重力流为主，不设或少设提升泵站。当无法采用重力流或重力流不经济时，可采用压力流。

4.1.8 雨水管渠系统设计可结合城镇总体规划，考虑利用水体调蓄雨水，必要时可建人工调蓄和初期雨水处理设施。

4.1.9 污水管道、合流污水管道和附属构筑物应保证其严密性，应进行闭水试验，防止污水外渗和地下水入渗。

4.1.10 当排水管渠出水口受水体水位顶托时，应根据地区重要性和积水所造成的后果，设置潮门、闸门或泵站等设施。

4.1.11 雨水管道系统之间或合流管道系统之间可根据需要设置连通管。必要时可在连通管处设闸槽或闸门。连通管及附近闸门井应考虑维护管理的方便。雨水管道系统与合流管道系统之间不应设置连通管道。

4.1.12 排水管渠系统中，在排水泵站和倒虹管前，宜设置事故排出口。

4.2 水力计算

4.2.1 排水管渠的流量，应按下式计算：

$$Q = Av \quad (4.2.1)$$

式中：Q——设计流量（m^3/s）；

　　　A——水流有效断面面积（m^2）；

　　　v——流速（m/s）。

4.2.2 恒定流条件下排水管渠的流速，应按下式计算：

$$v = \frac{1}{n} R^{\frac{2}{3}} I^{\frac{1}{2}} \quad (4.2.2)$$

式中：v——流速（m/s）；

　　　R——水力半径（m）；

　　　I——水力坡降；

　　　n——粗糙系数。

4.2.3 排水管渠粗糙系数，宜按表4.2.3的规定取值。

表 4.2.3 排水管渠粗糙系数

管渠类别	粗糙系数 n
UPVC管、PE管、玻璃钢管	0.009～0.011
石棉水泥管、钢管	0.012
陶土管、铸铁管	0.013
混凝土管、钢筋混凝土管、水泥砂浆抹面渠道	0.013～0.014
浆砌砖渠道	0.015
浆砌块石渠道	0.017
干砌块石渠道	0.020～0.025
土明渠（包括带草皮）	0.025～0.030

4.2.4 排水管渠的最大设计充满度和超高，应符合下列规定：

　　1 重力流污水管道应按非满流计算，其最大设计充满度，应按表4.2.4的规定取值。

表 4.2.4 最大设计充满度

管径或渠高（mm）	最大设计充满度
200～300	0.55
350～450	0.65
500～900	0.70
≥1000	0.75

注：在计算污水管道充满度时，不包括短时突然增加的污水量，但当管径小于或等于300mm时，应按满流复核。

2 雨水管道和合流管道应按满流计算。
3 明渠超高不得小于0.2m。

4.2.5 排水管道的最大设计流速，宜符合下列规定。非金属管道最大设计流速经过试验验证可适当提高。
1 金属管道为10.0m/s。
2 非金属管道为5.0m/s。

4.2.6 排水明渠的最大设计流速，应符合下列规定：
1 当水流深度为0.4m～1.0m时，宜按表4.2.6的规定取值。

表4.2.6 明渠最大设计流速

明渠类别	最大设计流速（m/s）
粗砂或低塑性粉质黏土	0.8
粉质黏土	1.0
黏土	1.2
草皮护面	1.6
干砌块石	2.0
浆砌块石或浆砌砖	3.0
石灰岩和中砂岩	4.0
混凝土	4.0

2 当水流深度在0.4m～1.0m范围以外时，表4.2.6所列最大设计流速宜乘以下系数：

$h<0.4$m　　0.85；
$1.0<h<2.0$m　　1.25；
$h\geq 2.0$m　　1.40 。

注：h为水流深度。

4.2.7 排水管渠的最小设计流速，应符合下列规定：
1 污水管道在设计充满度下为0.6m/s。
2 雨水管道和合流管道在满流时为0.75m/s。
3 明渠为0.4m/s。

4.2.8 污水厂压力输泥管的最小设计流速，可按表4.2.8的规定取值。

表4.2.8 压力输泥管最小设计流速

污泥含水率（%）	最小设计流速（m/s）	
	管径150mm～250mm	管径300mm～400mm
90	1.5	1.6
91	1.4	1.5
92	1.3	1.4
93	1.2	1.3
94	1.1	1.2
95	1.0	1.1
96	0.9	1.0
97	0.8	0.9
98	0.7	0.8

4.2.9 排水管道采用压力流时，压力管道的设计流速宜采用0.7m/s～2.0m/s。

4.2.10 排水管道的最小管径与相应最小设计坡度，宜按表4.2.10的规定取值。

表4.2.10 最小管径与相应最小设计坡度

管道类别	最小管径（mm）	相应最小设计坡度
污水管	300	塑料管0.002，其他管0.003
雨水管和合流管	300	塑料管0.002，其他管0.003
雨水口连接管	200	0.01
压力输泥管	150	—
重力输泥管	200	0.01

4.2.11 管道在坡度变陡处，其管径可根据水力计算确定由大改小，但不得超过2级，并不得小于相应条件下的最小管径。

4.3 管 道

4.3.1 不同直径的管道在检查井内的连接，宜采用管顶平接或水面平接。

4.3.2 管道转弯和交接处，其水流转角不应小于90°。
注：当管径小于或等于300mm，跌水水头大于0.3m时，可不受此限制。

4.3.2A 埋地塑料排水管可采用硬聚氯乙烯管、聚乙烯管和玻璃纤维增强塑料夹砂管。

4.3.2B 埋地塑料排水管的使用，应符合下列规定：
1 根据工程条件、材料力学性能和回填材料压实度，按环刚度复核覆土深度。
2 设置在机动车道下的埋地塑料排水管道不应影响道路质量。
3 埋地塑料排水管不应采用刚性基础。

4.3.2C 塑料管应直线敷设，当遇到特殊情况需折线敷设时，应采用柔性连接，其允许偏转角应满足要求。

4.3.3 管道基础应根据管道材质、接口形式和地质条件确定，对地基松软或不均匀沉降地段，管道基础应采取加固措施。

4.3.4 管道接口应根据管道材质和地质条件确定，污水和合流污水管道应采用柔性接口。当管道穿过粉砂、细砂层并在最高地下水位以下，或在地震设防烈度为7度及以上设防区时，必须采用柔性接口。

4.3.4A 当矩形钢筋混凝土箱涵敷设在软土地基或不均匀地层上时，宜采用钢带橡胶止水圈结合上下企口式接口形式。

4.3.5 设计排水管道时，应防止在压力流情况下使接户管发生倒灌。

4.3.6 污水管道和合流管道应根据需要设通风设施。

4.3.7 管顶最小覆土深度，应根据管材强度、外部荷载、土壤冰冻深度和土壤性质等条件，结合当地埋管经验确定。管顶最小覆土深度宜为：人行道下0.6m，车行道下0.7m。

4.3.8 一般情况下，排水管道宜埋设在冰冻线以下。当该地区或条件相似地区有浅埋经验或采取相应措施时，也可埋设在冰冻线以上，其浅埋数值应根据该地区经验确定，但应保证排水管道安全运行。

4.3.9 道路红线宽度超过40m的城镇干道，宜在道路两侧布置排水管道。

4.3.10 重力流管道系统可设排气和排空装置，在倒虹管、长距离直线输送后变化段宜设置排气装置。设计压力管道时，应考虑水锤的影响。在管道的高点以及每隔一定距离处，应设排气装置；排气装置有排气井、排气阀等，排气井的建筑应与周边环境相协调。在管道的低点以及每隔一定距离处，应设排空装置。

4.3.11 承插式压力管道应根据管径、流速、转弯角度、试压标准和接口的摩擦力等因素，通过计算确定是否在垂直或水平方向转弯处设置支墩。

4.3.12 压力管接入自流管渠时，应有消能设施。

4.3.13 管道的施工方法，应根据管道所处土层性质、管径、地下水位、附近地下和地上建筑物等因素，经技术经济比较，确定采用开槽、顶管或盾构施工等。

4.4 检 查 井

4.4.1 检查井的位置，应设在管道交汇处、转弯处、管径或坡度改变处、跌水处以及直线管段上每隔一定距离处。

4.4.1A 污水管、雨水管和合流污水管的检查井井盖应有标识。

4.4.1B 检查井宜采用成品井，污水和合流污水检查井应进行闭水试验。

4.4.2 检查井在直线管段的最大间距应根据疏通方法等具体情况确定，一般宜按表4.4.2的规定取值。

表 4.4.2 检查井最大间距

管径或暗渠净高 (mm)	最大间距（m）	
	污水管道	雨水（合流）管道
200～400	40	50
500～700	60	70
800～1000	80	90
1100～1500	100	120
1600～2000	120	120

4.4.3 检查井各部尺寸，应符合下列要求：
1 井口、井筒和井室的尺寸应便于养护和检修，爬梯和脚窝的尺寸、位置应便于检修和上下安全。
2 检修室高度在管道埋深许可时宜为1.8m，污水检查井由流槽顶算起，雨水（合流）检查井由管底算起。

4.4.4 检查井井底宜设流槽。污水检查井流槽顶可与0.85倍大管管径处相平，雨水（合流）检查井流槽顶可与0.5倍大管管径处相平。流槽顶部宽度宜满足检修要求。

4.4.5 在管道转弯处，检查井内流槽中心线的弯曲半径应按转角大小和管径大小确定，但不宜小于大管管径。

4.4.6 位于车行道的检查井，应采用具有足够承载力和稳定性良好的井盖与井座。

4.4.6A 设置在主干道上的检查井的井盖基座宜和井体分离。

4.4.7 检查井宜采用具有防盗功能的井盖。位于路面上的井盖，宜与路面持平；位于绿化带内的井盖，不应低于地面。

4.4.7A 排水系统检查井应安装防坠落装置。

4.4.8 在污水干管每隔适当距离的检查井内，需要时可设置闸槽。

4.4.9 接入检查井的支管（接户管或连接管）管径大于300mm时，支管数不宜超过3条。

4.4.10 检查井与管渠接口处，应采取防止不均匀沉降的措施。

4.4.10A 检查井和塑料管道应采用柔性连接。

4.4.11 在排水管道每隔适当距离的检查井内和泵站前一检查井内，宜设置沉泥槽，深度宜为0.3m～0.5m。

4.4.12 在压力管道上应设置压力检查井。

4.4.13 高流速排水管道坡度突然变化的第一座检查井宜采用高流槽排水检查井，并采取增强井筒抗冲击和冲刷能力的措施，井盖宜采用排气井盖。

4.5 跌 水 井

4.5.1 管道跌水水头为1.0m～2.0m时，宜设跌水井；跌水水头大于2.0m时，应设跌水井。管道转弯处不宜设跌水井。

4.5.2 跌水井的进水管管径不大于200mm时，一次跌水水头高度不得大于6m；管径为300mm～600mm时，一次跌水水头高度不宜大于4m。跌水方式可采用竖管或矩形竖槽。管径大于600mm时，其一次跌水水头高度及跌水方式应按水力计算确定。

4.6 水 封 井

4.6.1 当工业废水能产生引起爆炸或火灾的气体时，其管道系统中必须设置水封井。水封井位置应设在产生上述废水的排出口处及其干管上每隔适当距离处。

4.6.1 水封深度不应小于0.25m，井上宜设通风设施，井底应设沉泥槽。

4.6.3 水封井以及同一管道系统中的其他检查井，均不应设在车行道和行人众多的地段，并应适当远离产生明火的场地。

4.7 雨水口

4.7.1 雨水口的形式、数量和布置,应按汇水面积所产生的流量、雨水口的泄水能力和道路形式确定。立箅式雨水口的宽度和平箅式雨水口的开孔长度和开孔方向应根据设计流量、道路纵坡和横坡等参数确定。雨水口宜设置污物截留设施,合流制系统中的雨水口应采取防止臭气外溢的措施。

4.7.1A 雨水口和雨水连接管流量应为雨水管渠设计重现期计算流量的1.5倍~3倍。

4.7.2 雨水口间距宜为25m~50m。连接管串联雨水口个数不宜超过3个。雨水口连接管长度不宜超过25m。

4.7.2A 道路横坡坡度不应小于1.5%,平箅式雨水口的箅面标高应比周围路面标高低3cm~5cm,立箅式雨水口进水处路面标高应比周围路面标高低5cm。当设置于下凹式绿地中时,雨水口的箅面标高应根据雨水调蓄设计要求确定,且应高于周围绿地平面标高。

4.7.3 当道路纵坡大于0.02时,雨水口的间距可大于50m,其形式、数量和布置应根据具体情况和计算确定。坡段较短时可在最低点处集中收水,其雨水口的数量或面积应适当增加。

4.7.4 雨水口深度不宜大于1m,并根据需要设置沉泥槽。遇特殊情况需要浅埋时,应采取加固措施。有冻胀影响地区的雨水口深度,可根据当地经验确定。

4.8 截 流 井

4.8.1 截流井的位置,应根据污水截流干管位置、合流管渠位置、溢流管下游水位高程和周围环境等因素确定。

4.8.2 截流井宜采用槽式,也可采用堰式或槽堰结合式。管渠高程允许时,应选用槽式,当选用堰式或槽堰结合式时,堰高和堰长应进行水力计算。

4.8.2A 当污水截流管管径为300mm~600mm时,堰式截流井内各类堰(正堰、斜堰、曲线堰)的堰高,可按下列公式计算:

1 $d=300mm$, $H_1=(0.233+0.013Q_j) \cdot d \cdot k$
(4.8.2A-1)

2 $d=400mm$, $H_1=(0.226+0.007Q_j) \cdot d \cdot k$
(4.8.2A-2)

3 $d=500mm$, $H_1=(0.219+0.004Q_j) \cdot d \cdot k$
(4.8.2A-3)

4 $d=600mm$, $H_1=(0.202+0.003Q_j) \cdot d \cdot k$
(4.8.2A-4)

5 $Q_j=(1+n_0) \cdot Q_{dr}$ (4.8.2A-5)

式中:H_1——堰高(mm);
Q_j——污水截流量(L/s);
d——污水截流管管径(mm);
k——修正系数,$k=1.1~1.3$;
n_0——截流倍数;
Q_{dr}——截流井以前的旱流污水量(L/s)。

4.8.2B 当污水截流管管径为300mm~600mm时,槽式截流井的槽深、槽宽,应按下列公式计算:

$$H_2 = 63.9 \cdot Q_j^{0.43} \cdot k \quad (4.8.2B-1)$$

式中:H_2——槽深(mm);
Q_j——污水截流量(L/s);
k——修正系数,$k=1.1~1.3$。

$$B = d \quad (4.8.2B-2)$$

式中:B——槽宽(mm);
d——污水截流管管径(mm)。

4.8.2C 槽堰结合式截流井的槽深、堰高,应按下列公式计算:

1 根据地形条件和管道高程允许降落的可能性,确定槽深H_2。

2 根据截流量,计算确定截流管管径d。

3 假设H_1/H_2比值,按表4.8.2C计算确定槽堰总高H。

表4.8.2C 槽堰结合式井的槽堰总高计算表

$d(mm)$	$H_1/H_2 \leq 1.3$	$H_1/H_2 > 1.3$
300	$H=(4.22Q_j+94.3) \cdot k$	$H=(4.08Q_j+69.9) \cdot k$
400	$H=(3.43Q_j+96.4) \cdot k$	$H=(3.08Q_j+72.3) \cdot k$
500	$H=(2.22Q_j+136.4) \cdot k$	$H=(2.42Q_j+124.0) \cdot k$

4 堰高H_1,可按下式计算:

$$H_1 = H - H_2 \quad (4.8.2C)$$

式中:H_1——堰高(mm);
H——槽堰总高(mm);
H_2——槽深(mm)。

5 校核H_1/H_2是否符合本条第3款的假设条件,如不符合则改用相应公式重复上述计算。

6 槽宽计算同式(4.8.2B-2)。

4.8.3 截流井溢流水位,应在设计洪水位或受纳管道设计水位以上,当不能满足要求时,应设置闸门等防倒灌设施。

4.8.4 截流井内宜设流量控制设施。

4.9 出 水 口

4.9.1 排水管渠出水口位置、形式和出口流速,应根据受纳水体的水质要求、水体的流量、水位变化幅度、水流方向、波浪状况、稀释自净能力、地形变迁和气候特征等因素确定。

4.9.2 出水口应采取防冲刷、消能、加固等措施,并视需要设置标志。

4.9.3 有冻胀影响地区的出水口,应考虑用耐冻胀材料砌筑,出水口的基础必须设在冰冻线以下。

4.10 立体交叉道路排水

4.10.1 立体交叉道路排水应排除汇水区域的地面径流水和影响道路功能的地下水，其形式应根据当地规划、现场水文地质条件、立交形式等工程特点确定。

4.10.2 立体交叉道路排水系统的设计，应符合下列规定：

    1 雨水管渠设计重现期不应小于10年，位于中心城区的重要地区，设计重现期应为20年～30年，同一立体交叉道路的不同部位可采用不同的重现期。

    2 地面集水时间应根据道路坡长、坡度和路面粗糙度等计算确定，宜为2min～10min。

    3 径流系数宜为0.8～1.0。

    4 下穿式立体交叉道路的地面径流，具备自流条件的，可采用自流排除，不具备自流条件的，应设泵站排除。

    5 当采用泵站排除地面径流时，应校核泵及配电设备的安全高度，采取措施防止泵站受淹。

    6 下穿式立体交叉道路引道两端应采取措施，控制汇水面积，减少坡底聚水量。立体交叉道路宜采用高水高排、低水低排，且互不连通的系统。

    7 宜采取设置调蓄池等综合措施达到规定的设计重现期。

4.10.3 立体交叉地道排水应设独立的排水系统，其出水口必须可靠。

4.10.4 当立体交叉地道工程的最低点位于地下水位以下时，应采取排水或控制地下水的措施。

4.10.5 高架道路雨水口的间距宜为20m～30m。每个雨水口单独用立管引至地面排水系统。雨水口的入口应设置格网。

4.11 倒 虹 管

4.11.1 通过河道的倒虹管，不宜少于两条；通过谷地、旱沟或小河的倒虹管可采用一条。通过障碍物的倒虹管，尚应符合与该障碍物相交的有关规定。

4.11.2 倒虹管的设计，应符合下列要求：

    1 最小管径宜为200mm。

    2 管内设计流速应大于0.9m/s，并应大于进水管内的流速，当管内设计流速不能满足上述要求时，应增加定期冲洗措施，冲洗时流速不应小于1.2m/s。

    3 倒虹管的管顶距规划河底距离一般不宜小于1.0m，通过航运河道时，其位置和管顶距规划河底距离应与当地航运管理部门协商确定，并设置标志，遇冲刷河床应考虑防冲措施。

    4 倒虹管宜设置事故排出口。

4.11.3 合流管道设倒虹管时，应按旱流污水量校核流速。

4.11.4 倒虹管进出水井的检修室净高宜高于2m。进出水井较深时，井内应设检修台，其宽度应满足检修要求。当倒虹管为复线时，井盖的中心宜设在各条管道的中心线上。

4.11.5 倒虹管进出水井内应设闸槽或闸门。

4.11.6 倒虹管进水井的前一检查井，应设置沉泥槽。

4.12 渠 道

4.12.1 在地形平坦地区、埋设深度或出水口深度受限制的地区，可采用渠道（明渠或盖板渠）排除雨水。盖板渠宜就地取材，构造宜方便维护，渠壁可与道路侧石联合砌筑。

4.12.2 明渠和盖板渠的底宽，不宜小于0.3m。无铺砌的明渠边坡，应根据不同的地质按表4.12.2的规定取值；用砖石或混凝土块铺砌的明渠可采用1：0.75～1：1的边坡。

表4.12.2 明渠边坡值

地质	边坡值
粉砂	1：3～1：3.5
松散的细砂、中砂和粗砂	1：2～1：2.5
密实的细砂、中砂、粗砂或黏质粉土	1：1.5～1：2
粉质黏土或黏土砾石或卵石	1：1.25～1：1.5
半岩性土	1：0.5～1：1
风化岩石	1：0.25～1：0.5
岩石	1：0.1～1：0.25

4.12.3 渠道和涵洞连接时，应符合下列要求：

    1 渠道接入涵洞时，应考虑断面收缩、流速变化等因素造成明渠水面壅高的影响。

    2 涵洞断面应按渠道水面达到设计超高时的泄水量计算。

    3 涵洞两端应设挡土墙，并护坡和护底。

    4 涵洞宜做成方形，如为圆管时，管底可适当低于渠底，其降低部分不计入过水断面。

4.12.4 渠道和管道连接处应设挡土墙等衔接设施。渠道接入管道处应设置格栅。

4.12.5 明渠转弯处，其中心线的弯曲半径不宜小于设计水面宽度的5倍；盖板渠和铺砌明渠可采用不小于设计水面宽度的2.5倍。

4.13 管 道 综 合

4.13.1 排水管道与其他地下管渠、建筑物、构筑物等相互间的位置，应符合下列要求：

    1 敷设和检修管道时，不应互相影响。

    2 排水管道损坏时，不应影响附近建筑物、构筑物的基础，不应污染生活饮用水。

4.13.2 污水管道、合流管道与生活给水管道相交时，应敷设在生活给水管道的下面。

4.13.3 排水管道与其他地下管线（或构筑物）水平和垂直的最小净距，应根据两者的类型、高程、施工先后和管线损坏的后果等因素，按当地城镇管道综合规划确定，亦可按本规范附录B采用。

4.13.4 再生水管道与生活给水管道、合流管道和污水管道相交时，应敷设在生活给水管道下面，宜敷设在合流管道和污水管道的上面。

4.14 雨水调蓄池

4.14.1 需要控制面源污染、削减排水管道峰值流量、防治地面积水、提高雨水利用程度时，宜设置雨水调蓄池。

4.14.2 雨水调蓄池的设置应尽量利用现有设施。

4.14.3 雨水调蓄池的位置，应根据调蓄目的、排水体制、管网布置、溢流管下游水位高程和周围环境等综合考虑后确定。

4.14.4 用于合流制排水系统的径流污染控制时，雨水调蓄池的有效容积，可按下式计算：

$$V = 3600 t_i (n - n_0) Q_{dr} \beta \quad (4.14.4)$$

式中：V——调蓄池有效容积（m³）；
t_i——调蓄池进水时间（h），宜采用 0.5h～1h，当合流制排水系统雨天溢流污水水质在单次降雨事件中无明显初期效应时，宜取上限；反之，可取下限；
n——调蓄池建成运行后的截流倍数，由要求的污染负荷目标削减率、当地截流倍数和截流量占降雨量比例之间的关系得；
n_0——系统原截流倍数；
Q_{dr}——截流井以前的旱流污水量（m³/s）；
β——安全系数，可取 1.1～1.5。

4.14.4A 用于分流制排水系统径流污染控制时，雨水调蓄池的有效容积，可按下式计算：

$$V = 10 D F \psi \beta \quad (4.14.4A)$$

式中：V——调蓄池有效容积（m³）；
D——调蓄量（mm），按降雨量计，可取 4mm～8mm；
F——汇水面积（hm²）；
ψ——径流系数；
β——安全系数，可取 1.1～1.5。

4.14.5 用于削减排水管道洪峰流量时，雨水调蓄池的有效容积可按下式计算：

$$V = \left[-\left(\frac{0.65}{n^{1.2}} + \frac{b}{t} \cdot \frac{0.5}{n+0.2} + 1.0 \right) \right. \\ \left. \lg(\alpha + 0.3) + \frac{0.215}{n^{0.15}} \right] \cdot Q \cdot t \quad (4.14.5)$$

式中：V——调蓄池有效容积（m³）；
α——脱过系数，取值为调蓄池下游设计流量和上游设计流量之比；
Q——调蓄池上游设计流量（m³/min）；
$b、n$——暴雨强度公式参数；
t——降雨历时（min），根据式（3.2.5）计算。其中，$m=1$。

4.14.6 用于提高雨水利用程度时，雨水调蓄池的有效容积应根据降雨特征、用水需求和经济效益等确定。

4.14.7 雨水调蓄池的放空时间，可按下式计算：

$$t_0 = \frac{V}{3600 Q' \eta} \quad (4.14.7)$$

式中：t_0——放空时间（h）；
V——调蓄池有效容积（m³）；
Q'——下游排水管道或设施的受纳能力（m³/s）；
η——排放效率，一般可取 0.3～0.9。

4.14.8 雨水调蓄池应设置清洗、排气和除臭等附属设施和检修通道。

4.14.9 用于控制径流污染的雨水调蓄池出水应接入污水管网，当下游污水处理系统不能满足雨水调蓄池放空要求时，应设置雨水调蓄池出水处理装置。

4.15 雨水渗透设施

4.15.1 城镇基础设施建设应综合考虑雨水径流量的削减。人行道、停车场和广场等宜采用渗透性铺面，新建地区硬化地面中可渗透地面面积不宜低于40%，有条件的既有地区应对现有硬化地面进行透水性改建；绿地标高宜低于周边地面标高 5cm～25cm，形成下凹式绿地。

4.15.2 当场地有条件时，可设置植草沟、渗透池等设施接纳地面径流；地区开发和改建时，宜保留天然可渗透性地面。

4.16 雨水综合利用

4.16.1 雨水综合利用应根据当地水资源情况和经济发展水平合理确定，并应符合下列规定：

1 水资源缺乏、水质性缺水、地下水位下降严重、内涝风险较大的城市和新建地区等宜进行雨水综合利用。

2 雨水经收集、储存、就地处理后可作为冲洗、灌溉、绿化和景观用水等，也可经自然或人工渗透设施渗入地下，补充地下水资源。

3 雨水利用设施的设计、运行和管理应与城镇内涝防治相协调。

4.16.2 雨水收集利用系统汇水面的选择，应符合下列规定：

1 应选择污染较轻的屋面、广场、人行道等作为汇水面；对屋面雨水进行收集时，宜优先收集绿化屋面和采用环保型材料屋面的雨水。

2 不应选择厕所、垃圾堆场、工业污染场地等作为汇水面。

3 不宜收集利用机动车道路的雨水径流。

4 当不同汇水面的雨水径流水质差异较大时，可分别收集和储存。

4.16.3 对屋面、场地雨水进行收集利用时，应将降雨初期的雨水弃流。弃流的雨水可排入雨水管道，条件允许时，也可就近排入绿地。

4.16.4 雨水利用方式应根据收集量、利用量和卫生要求等综合分析后确定。雨水利用不应影响雨水调蓄设施应对城镇内涝的功能。

4.16.5 雨水利用设施和装置的设计应考虑防腐蚀、防堵塞等。

4.17 内涝防治设施

4.17.1 内涝防治设施应与城镇平面规划、竖向规划和防洪规划相协调，根据当地地形特点、水文条件、气候特征、雨水管渠系统、防洪设施现状和内涝防治要求等综合分析后确定。

4.17.2 内涝防治设施应包括源头控制设施、雨水管渠设施和综合防治设施。

4.17.3 采用绿地和广场等公共设施作为雨水调蓄设施时，应合理设计雨水的进出口，并应设置警示牌。

5 泵 站

5.1 一般规定

5.1.1 排水泵站宜按远期规模设计，水泵机组可按近期规模配置。

5.1.2 排水泵站宜设计为单独的建筑物。

5.1.3 抽送产生易燃易爆和有毒有害气体的污水泵站，必须设计为单独的建筑物，并应采取相应的防护措施。

5.1.4 排水泵站的建筑物和附属设施宜采取防腐蚀措施。

5.1.5 单独设置的泵站与居住房屋和公共建筑物的距离，应满足规划、消防和环保部门的要求。泵站的地面建筑物造型应与周围环境协调，做到适用、经济、美观，泵站内应绿化。

5.1.6 泵站室外地坪标高应按城镇防洪标准确定，并符合规划部门要求；泵房室内地坪应比室外地坪高 $0.2m\sim0.3m$；易受洪水淹没地区的泵站，其入口处设计地面标高应比设计洪水位高 0.5m 以上；当不能满足上述要求时，可在入口处设置闸槽等临时防洪措施。

5.1.7 雨水泵站应采用自灌式泵站。污水泵站和合流污水泵站宜采用自灌式泵站。

5.1.8 泵房宜有两个出入口，其中一个应能满足最大设备或部件的进出。

5.1.9 排水泵站供电应按二级负荷设计，特别重要地区的泵站，应按一级负荷设计。当不能满足上述要求时，应设置备用动力设施。

5.1.10 位于居民区和重要地段的污水、合流污水泵站，应设置除臭装置。

5.1.11 自然通风条件差的地下式水泵间应设机械送排风综合系统。

5.1.12 经常有人管理的泵站内，应设隔声值班室并有通信设施。对远离居民点的泵站，应根据需要适当设置工作人员的生活设施。

5.1.13 雨污分流不彻底、短时间难以改建的地区，雨水泵站可设置混接污水截流设施，并应采取措施排入污水处理系统。

5.2 设计流量和设计扬程

5.2.1 污水泵站的设计流量，应按泵站进水总管的最高日最高时流量计算确定。

5.2.2 雨水泵站的设计流量，应按泵站进水总管的设计流量计算确定。当立交道路设有盲沟时，其渗流水量应单独计算。

5.2.3 合流污水泵站的设计流量，应按下列公式计算确定。

1 泵站后设污水截流装置时，按式（3.3.1）计算。

2 泵站前设污水截流装置时，雨水部分和污水部分分别按式（5.2.3-1）和式（5.2.3-2）计算。

1) 雨水部分：
$$Q_p = Q_s - n_0 Q_{dr} \quad (5.2.3-1)$$

2) 污水部分：
$$Q_p = (n_0 + 1) Q_{dr} \quad (5.2.3-2)$$

式中：Q_p——泵站设计流量（m^3/s）；

Q_s——雨水设计流量（m^3/s）；

Q_{dr}——旱流污水设计流量（m^3/s）；

n_0——截流倍数。

5.2.4 雨水泵的设计扬程，应根据设计流量时的集水池水位与受纳水体平均水位差和水泵管路系统的水头损失确定。

5.2.5 污水泵和合流污水泵的设计扬程，应根据设计流量时的集水池水位与出水管渠水位差和水泵管路系统的水头损失以及安全水头确定。

5.3 集 水 池

5.3.1 集水池的容积，应根据设计流量、水泵能力和水泵工作情况等因素确定，并应符合下列要求：

1 污水泵站集水池的容积，不应小于最大一台水泵 5min 的出水量。

注：如水泵机组为自动控制时，每小时开动水泵不得超过 6 次。

2 雨水泵站集水池的容积，不应小于最大一台水泵 30s 的出水量。

3 合流污水泵站集水池的容积，不应小于最大一台水泵 30s 的出水量。

4 污泥泵房集水池的容积，应按一次排入的污泥量和污泥泵抽送能力计算确定。活性污泥泵房集水池的容积，应按排入的回流污泥量、剩余污泥量和污泥泵抽送能力计算确定。

5.3.2 大型合流污水输送泵站集水池的面积，应按管网系统中调压塔原理复核。

5.3.3 流入集水池的污水和雨水均应通过格栅。

5.3.4 雨水泵站和合流污水泵站集水池的设计最高水位，应与进水管管顶相平。当设计进水管道为压力管时，集水池的设计最高水位可高于进水管管顶，但不得使管道上游地面冒水。

5.3.5 污水泵站集水池的设计最高水位，应按进水管充满度计算。

5.3.6 集水池的设计最低水位，应满足所选水泵吸水头的要求。自灌式泵房尚应满足水泵叶轮浸没深度的要求。

5.3.7 泵房应采用正向进水，应考虑改善水泵吸水管的水力条件，减少滞流或涡流。

5.3.8 泵站集水池前，应设置闸门或闸槽；泵站宜设置事故排出口，污水泵站和合流污水泵站设置事故排出口应报有关部门批准。

5.3.9 雨水进水管沉砂量较多地区宜在雨水泵站集水池前设置沉砂设施和清砂设备。

5.3.10 集水池池底应设集水坑，倾向坑的坡度不宜小于 10%。

5.3.11 集水池应设冲洗装置，宜设清泥设施。

5.4 泵房设计

Ⅰ 水泵配置

5.4.1 水泵的选择应根据设计流量和所需扬程等因素确定，且应符合下列要求：

1 水泵宜选用同一型号，台数不应少于 2 台，不宜大于 8 台。当水量变化很大时，可配置不同规格的水泵，但不宜超过两种，或采用变频调速装置，或采用叶片可调式水泵。

2 污水泵房和合流污水泵房应设备用泵，当工作泵台数不大于 4 台时，备用泵宜为 1 台；工作泵台数不小于 5 台时，备用泵宜为 2 台；潜水泵房备用泵为 2 台时，可现场备用 1 台，库存备用 1 台。雨水泵房可不设备用泵。立交道路的雨水泵房可视泵房重要性设置备用泵。

5.4.2 选用的水泵宜在满足设计扬程时在高效区运行；在最高工作扬程与最低工作扬程的整个工作范围内应能安全稳定运行。2 台以上水泵并联运行合用一根出水管时，应根据水泵特性曲线和管路工作特性曲线验算单台水泵工况，使之符合设计要求。

5.4.3 多级串联的污水泵站和合流污水泵站，应考虑级间调整的影响。

5.4.4 水泵吸水管设计流速宜为 0.7m/s～1.5m/s。出水管流速宜为 0.8m/s～2.5m/s。

5.4.5 非自灌式水泵应设引水设备，并均宜设备用。小型水泵可设底阀或真空引水设备。

Ⅱ 泵 房

5.4.6 水泵布置宜采用单行排列。

5.4.7 主要机组的布置和通道宽度，应满足机电设备安装、运行和操作的要求，并应符合下列要求：

1 水泵机组基础间的净距不宜小于 1.0m。

2 机组突出部分与墙壁的净距不宜小于 1.2m。

3 主要通道宽度不宜小于 1.5m。

4 配电箱前面通道宽度，低压配电时不宜小于 1.5m，高压配电时不宜小于 2.0m。当采用在配电箱后面检修时，后面距墙的净距不宜小于 1.0m。

5 有电动起重机的泵房内，应有吊运设备的通道。

5.4.8 泵房各层层高，应根据水泵机组、电气设备、起吊装置、安装、运行和检修等因素确定。

5.4.9 泵房起重设备应根据需吊运的最重部件确定。起重量不大于 3t，宜选用手动或电动葫芦；起重量大于 3t，宜选用电动单梁或双梁起重机。

5.4.10 水泵机组基座，应按水泵要求配置，并应高出地坪 0.1m 以上。

5.4.11 水泵间与电动机间的层高差超过水泵技术性能中规定的轴长时，应设中间轴承和轴承支架，水泵油箱和填料函处应设操作平台等设施。操作平台工作宽度不应小于 0.6m，并应设置栏杆。平台的设置应满足管理人员通行和不妨碍水泵装拆。

5.4.12 泵房内应有排除积水的设施。

5.4.13 泵房内地面敷设管道时，应根据需要设置跨越设施。若架空敷设时，不得跨越电气设备和阻碍通道，通行处的管底距地面不宜小于 2.0m。

5.4.14 当泵房为多层时，楼板应设吊物孔，其位置应在起吊设备的工作范围内。吊物孔尺寸应按需起吊最大部件外形尺寸每边放大 0.2m 以上。

5.4.15 潜水泵上方吊装孔盖板可视环境需要采取密封措施。

5.4.16 水泵因冷却、润滑和密封等需要的冷却用水可接自泵站供水系统，其水量、水压、管路等应按设备要求设置。当冷却水量较大时，应考虑循环利用。

5.5 出水设施

5.5.1 当 2 台或 2 台以上水泵合用一根出水管时，每台水泵的出水管上均应设置闸阀，并在闸阀和水泵之间设置止回阀。当污水泵出水管与压力管或压力井相连时，出水管上必须安装止回阀和闸阀等防倒流装置。雨水泵的出水管末端宜设防倒流装置，其上方宜考虑设置起吊设施。

5.5.2 出水压力井的盖板必须密封，所受压力由计算确定。水泵出水压力井必须设透气筒，筒高和断面根据计算确定。

5.5.3 敞开式出水井的井口高度，应满足水体最高水位时开泵形成的高水位，或水泵骤停时水位上升的高度。敞开部分应有安全防护措施。

5.5.4 合流污水泵站宜设试车水回流管，出水井通向河道一侧应安装出水闸门或考虑临时封堵措施。

5.5.5 雨水泵站出水口位置选择，应避让桥梁等水中构筑物，出水口和护坡结构不得影响航道，水流不得冲刷河道和影响航运安全，出口流速宜小于 0.5 m/s，并取得航运、水利等部门的同意。泵站出水口处应设警示装置。

6 污水处理

6.1 厂址选择和总体布置

6.1.1 污水厂位置的选择，应符合城镇总体规划和排水工程专业规划的要求，并应根据下列因素综合确定：
   1 在城镇水体的下游。
   2 便于处理后出水回用和安全排放。
   3 便于污泥集中处理和处置。
   4 在城镇夏季主导风向的下风侧。
   5 有良好的工程地质条件。
   6 少拆迁，少占地，根据环境评价要求，有一定的卫生防护距离。
   7 有扩建的可能。
   8 厂区地形不应受洪涝灾害影响，防洪标准不应低于城镇防洪标准，有良好的排水条件。
   9 有方便的交通、运输和水电条件。

6.1.2 污水厂的厂区面积，应按项目总规模控制，并做出分期建设的安排，合理确定近期规模，近期工程投入运行一年内水量宜达到近期设计规模的 60%。

6.1.3 污水厂的总体布置应根据厂内各建筑物和构筑物的功能和流程要求，结合厂址地形、气候和地质条件，优化运行成本，便于施工、维护和管理等因素，经技术经济比较确定。

6.1.4 污水厂厂区内各建筑物造型应简洁美观，节省材料，选材适当，并应使建筑物和构筑物群体的效果与周围环境协调。

6.1.5 生产管理建筑物和生活设施宜集中布置，其位置和朝向应力求合理，并应与处理构筑物保持一定距离。

6.1.6 污水和污泥的处理构筑物宜根据情况尽可能分别集中布置。处理构筑物的间距应紧凑、合理，符合国家现行的防火规范的要求，并应满足各构筑物的施工、设备安装和埋设各种管道以及养护、维修和管理的要求。

6.1.7 污水厂的工艺流程、竖向设计宜充分利用地形，符合排水通畅、降低能耗、平衡土方的要求。

6.1.8 厂区消防的设计和消化池、贮气罐、污泥气压缩机房、污泥气发电机房、污泥气燃烧装置、污泥气管道、污泥干化装置、污泥焚烧装置及其他危险品仓库等的位置和设计，应符合国家现行有关防火规范的要求。

6.1.9 污水厂内可根据需要，在适当地点设置堆放材料、备件、燃料和废渣等物料及停车的场地。

6.1.10 污水厂应设置通向各构筑物和附属建筑物的必要通道，通道的设计应符合下列要求：
   1 主要车行道的宽度：单车道为 3.5m～4.0m，双车道为 6.0m～7.0m，并应有回车道。
   2 车行道的转弯半径宜为 6.0m～10.0m。
   3 人行道的宽度宜为 1.5m～2.0m。
   4 通向高架构筑物的扶梯倾角宜采用 30°，不宜大于 45°。
   5 天桥宽度不宜小于 1.0m
   6 车道、通道的布置应符合国家现行有关防火规范的要求，并应符合当地有关部门的规定。

6.1.11 污水厂周围根据现场条件应设置围墙，其高度不宜小于 2.0m。

6.1.12 污水厂的大门尺寸应能容许运输最大设备或部件的车辆出入，并应另设运输废渣的侧门。

6.1.13 污水厂并联运行的处理构筑物间应设均匀配水装置，各处理构筑物系统间宜设可切换的连通管渠。

6.1.14 污水厂内各种管渠应全面安排，避免相互干扰。管道复杂时宜设置管廊。处理构筑物间输水、输泥和输气管线的布置应使管渠长度短、损失小、流行通畅、不易堵塞和便于清通。各污水处理构筑物间的管渠连通，在条件适宜时，应采用明渠。

管廊内宜敷设仪表电缆、电信电缆、电力电缆、给水管、污水管、污泥管、再生水管、压缩空气管等，并设置色标。

管廊内应设通风、照明、广播、电话、火警可燃气体报警系统、独立的排水系统、吊物孔、人行通道出入口和维护需要的设施等，并应符合国家现行有关防火规范的要求。

6.1.15 污水厂应合理布置处理构筑物的超越管渠。

6.1.16 处理构筑物应设排空设施，排出水应回流处理。

6.1.17 污水厂宜设置再生水处理系统。

6.1.18 厂区的给水系统、再生水系统严禁与处理装置直接连接。

6.1.19 污水厂的供电系统，应按二级负荷设计，重要的污水厂宜按一级负荷设计。当不能满足上述要求时，应设置备用动力设施。

6.1.20 污水厂附属建筑物的组成及其面积，应根据污水厂的规模，工艺流程，计算机监控系统的水平和管理体制等，结合当地实际情况，本着节约的原则确定，并应符合现行的有关规定。

6.1.21 位于寒冷地区的污水处理构筑物，应有保温防冻措施。

6.1.22 根据维护管理的需要，宜在厂区适当地点设置配电箱、照明、联络电话、冲洗水栓、浴室、厕所等设施。

6.1.23 处理构筑物应设置适用的栏杆、防滑梯等安全措施，高架处理构筑物还应设置避雷设施。

6.2 一般规定

6.2.1 城镇污水处理程度和方法应根据现行的国家和地方的有关排放标准、污染物的来源及性质、排入地表水域环境功能和保护目标确定。

6.2.2 污水厂的处理效率，可按表6.2.2的规定取值。

表6.2.2 污水处理厂的处理效率

处理级别	处理方法	主要工艺	处理效率（%）	
			SS	BOD$_5$
一级	沉淀法	沉淀（自然沉淀）	40~55	20~30
二级	生物膜法	初次沉淀、生物膜反应、二次沉淀	60~90	65~90
	活性污泥法	初次沉淀、活性污泥反应、二次沉淀	70~90	65~95

注：1 表中SS表示悬浮固体量，BOD$_5$表示五日生化需氧量。
  2 活性污泥法根据水质、工艺流程等情况，可不设置初次沉淀池。

6.2.3 水质和（或）水量变化大的污水厂，宜设置调节水质和（或）水量的设施。

6.2.4 污水处理构筑物的设计流量，应按分期建设的情况分别计算。当污水为自流进入时，应按每期的最高日最高时设计流量计算；当污水为提升进入时，应按每期工作水泵的最大组合流量校核管渠配水能力。生物反应池的设计流量，应根据生物反应池类型和曝气时间确定。曝气时间较长时，设计流量可酌减少。

6.2.5 合流制处理构筑物，除应按本章有关规定设计外，尚应考虑截留雨水进入后的影响，并应符合下列要求：

  1 提升泵站、格栅、沉砂池，按合流设计流量计算。

  2 初次沉淀池，宜按旱流污水量设计，用合流设计流量校核，校核的沉淀时间不宜小于30min。

  3 二级处理系统，按旱流污水量设计，必要时考虑一定的合流水量。

  4 污泥浓缩池、湿污泥池和消化池的容积，以及污泥脱水规模，应根据合流水量水质计算确定。可按旱流情况加大10%~20%计算。

  5 管渠应按合流设计流量计算。

6.2.6 各处理构筑物的个（格）数不应少于2个（格），并应按并联设计。

6.2.7 处理构筑物中污水的出入口处宜采取整流措施。

6.2.8 污水厂应设置对处理后出水消毒的设施。

6.3 格 栅

6.3.1 污水处理系统或水泵前，必须设置格栅。

6.3.2 格栅栅条间隙宽度，应符合下列要求：

  1 粗格栅：机械清除时宜为16mm~25mm；人工清除时宜为25mm~40mm。特殊情况下，最大间隙可为100mm。

  2 细格栅：宜为1.5mm~10mm。

  3 水泵前，应根据水泵要求确定。

6.3.3 污水过栅流速宜采用0.6m/s~1.0m/s。除转鼓式格栅除污机外，机械清除格栅的安装角度宜为60°~90°。人工清除格栅的安装角度宜为30°~60°。

6.3.4 格栅除污机，底部前端距井壁尺寸，钢丝绳牵引除污机或移动悬吊葫芦抓斗式除污机应大于1.5m；链动刮板除污机或回转式固液分离机应大于1.0m。

6.3.5 格栅上部必须设置工作平台，其高度应高出格栅前最高设计水位0.5m，工作平台上应有安全和冲洗设施。

6.3.6 格栅工作平台两侧边道宽度宜采用0.7m~1.0m。工作平台正面过道宽度，采用机械清除时不应小于1.5m，采用人工清除时不应小于1.2m。

6.3.7 粗格栅栅渣宜采用带式输送机输送；细格栅栅渣宜采用螺旋输送机输送。

6.3.8 格栅除污机、输送机和压榨脱水机的进出料口宜采用密封形式，根据周围环境情况，可设置除臭处理装置。

6.3.9 格栅间应设置通风设施和有毒有害气体的检测与报警装置。

6.4 沉 砂 池

6.4.1 污水厂应设置沉砂池，按去除相对密度2.65、粒径0.2mm以上的砂粒设计。

6.4.2 平流沉砂池的设计，应符合下列要求：

  1 最大流速应为0.3m/s，最小流速应为0.15m/s。

  2 最高时流量的停留时间不应小于30s。

  3 有效水深不应大于1.2m，每格宽度不宜小于 0.6m。

6.4.3 曝气沉砂池的设计，应符合下列要求：

    1 水平流速宜为 0.1m/s。

    2 最高时流量的停留时间应大于 2min。

    3 有效水深宜为 2.0m～3.0m，宽深比宜为 1～1.5。

    4 处理每立方米污水的曝气量宜为 $0.1m^3$～$0.2m^3$ 空气。

    5 进水方向应与池中旋流方向一致，出水方向应与进水方向垂直，并宜设置挡板。

6.4.4 旋流沉砂池的设计，应符合下列要求：

    1 最高时流量的停留时间不应小于 30s。

    2 设计水力表面负荷宜为 $150m^3/(m^2 \cdot h)$～$200m^3/(m^2 \cdot h)$。

    3 有效水深宜为 1.0m～2.0m，池径与池深比宜为 2.0～2.5。

    4 池中应设立式桨叶分离机。

6.4.5 污水的沉砂量，可按每立方米污水 0.03L 计算；合流制污水的沉砂量应根据实际情况确定。

6.4.6 砂斗容积不应大于 2d 的沉砂量，采用重力排砂时，砂斗斗壁与水平面的倾角不应小于 55°。

6.4.7 沉砂池除砂宜采用机械方法，并经砂水分离后贮存或外运。采用人工排砂时，排砂管直径不应小于 200mm。排砂管应考虑防堵塞措施。

6.5 沉 淀 池

Ⅰ 一般规定

6.5.1 沉淀池的设计数据宜按表 6.5.1 的规定取值。斜管（板）沉淀池的表面水力负荷宜按本规范第 6.5.14 条的规定取值。合建式完全混合生物反应池沉淀区的表面水力负荷宜按本规范第 6.6.16 条的规定取值。

表 6.5.1 沉淀池设计数据

沉淀池类型		沉淀时间(h)	表面水力负荷 $[m^3/(m^2 \cdot h)]$	每人每日污泥量 $[g/(人 \cdot d)]$	污泥含水率(%)	固体负荷 $[kg/(m^2 \cdot d)]$
初次沉淀池		0.5～2.0	1.5～4.5	16～36	95～97	—
二次沉淀池	生物膜法后	1.5～4.0	1.0～2.0	10～26	96～98	≤150
	活性污泥法后	1.5～4.0	0.6～1.5	12～32	99.2～99.6	≤150

6.5.2 沉淀池的超高不应小于 0.3m。

6.5.3 沉淀池的有效水深宜采用 2.0m～4.0m。

6.5.4 当采用污泥斗排泥时，每个污泥斗均应设单独的闸阀和排泥管。污泥斗的斜壁与水平面的倾角，方斗宜为 60°，圆斗宜为 55°。

6.5.5 初次沉淀池的污泥区容积，除设机械排泥的宜按 4h 的污泥量计算外，宜按不大于 2d 的污泥量计算。活性污泥法处理后的二次沉淀池污泥区容积，宜按不大于 2h 的污泥量计算，并应有连续排泥措施；生物膜法处理后的二次沉淀池污泥区容积，宜按 4h 的污泥量计算。

6.5.6 排泥管的直径不应小于 200mm。

6.5.7 当采用静水压力排泥时，初次沉淀池的静水头不应小于 1.5m；二次沉淀池的静水头，生物膜法处理后不应小于 1.2m，活性污泥法处理池后不应小于 0.9m。

6.5.8 初次沉淀池的出口堰最大负荷不宜大于 2.9L/(s·m)；二次沉淀池的出水堰最大负荷不宜大于 1.7L/(s·m)。

6.5.9 沉淀池应设置浮渣的撇除、输送和处置设施。

Ⅱ 沉 淀 池

6.5.10 平流沉淀池的设计，应符合下列要求：

    1 每格长度与宽度之比不宜小于 4，长度与有效水深之比不宜小于 8，池长不宜大于 60m。

    2 宜采用机械排泥，排泥机械的行进速度为 0.3m/min～1.2m/min。

    3 缓冲层高度，非机械排泥时为 0.5m，机械排泥时，应根据刮泥板高度确定，且缓冲层上缘宜高出刮泥板 0.3m。

    4 池底纵坡不宜小于 0.01。

6.5.11 竖流沉淀池的设计，应符合下列要求：

    1 水池直径（或正方形的一边）与有效水深之比不宜大于 3。

    2 中心管内流速不宜大于 30mm/s。

    3 中心管下口应设有喇叭口和反射板，板底面距泥面不宜小于 0.3m。

6.5.12 辐流沉淀池的设计，应符合下列要求：

    1 水池直径（或正方形的一边）与有效水深之比宜为 6～12，水池直径不宜大于 50m。

    2 宜采用机械排泥，排泥机械旋转速度宜为 1r/h～3r/h，刮泥板的外缘线速度不宜大于 3m/min。当水池直径（或正方形的一边）较小时也可采用多斗排泥。

    3 缓冲层高度，非机械排泥时宜为 0.5m；机械排泥时，应根据刮泥板高度确定，且缓冲层上缘宜高出刮泥板 0.3m。

    4 坡向泥斗的底坡不宜小于 0.05。

Ⅲ 斜管（板）沉淀池

6.5.13 当需要挖掘原有沉淀池潜力或建造沉淀池面积受限制时，通过技术经济比较，可采用斜管（板）沉淀池。

6.5.14 升流式异向流斜管（板）沉淀池的设计表面

水力负荷,可按普通沉淀池的设计表面水力负荷的2倍计;但对于二次沉淀池,尚应以固体负荷核算。

6.5.15 升流式异向流斜管(板)沉淀池的设计,应符合下列要求:

　　1 斜管孔径(或斜板净距)宜为80mm~100mm。

　　2 斜管(板)斜长宜为1.0m~1.2m。

　　3 斜管(板)水平倾角宜为60°。

　　4 斜管(板)区上部水深宜为0.7m~1.0m。

　　5 斜管(板)区底部缓冲层高度宜为1.0m。

6.5.16 斜管(板)沉淀池应设冲洗设施。

6.6 活性污泥法

Ⅰ 一 般 规 定

6.6.1 根据去除碳源污染物、脱氮、除磷、好氧污泥稳定等不同要求和外部环境条件,选择适宜的活性污泥处理工艺。

6.6.2 根据可能发生的运行条件,设置不同运行方案。

6.6.3 生物反应池的超高,当采用鼓风曝气时为0.5m~1.0m;当采用机械曝气时,其设备操作平台宜高出设计水面0.8m~1.2m。

6.6.4 污水中含有大量产生泡沫的表面活性剂时,应有除泡沫措施。

6.6.5 每组生物反应池在有效水深一半处宜设置放水管。

6.6.6 廊道式生物反应池的池宽与有效水深之比宜采用1:1~2:1。有效水深应结合流程设计、地质条件、供氧设施类型和选用风机压力等因素确定,可采用4.0m~6.0m。在条件许可时,水深尚可加大。

6.6.7 生物反应池中的好氧区(池),采用鼓风曝气器时,处理每立方米污水的供气量不应小于$3m^3$。好氧区采用机械曝气器时,混合全池污水所需功率不宜小于$25W/m^3$;氧化沟不宜小于$15W/m^3$。缺氧区(池)、厌氧区(池)应采用机械搅拌,混合功率宜采用$2W/m^3$~$8W/m^3$。机械搅拌器布置的间距、位置,应根据试验资料确定。

6.6.8 生物反应池的设计,应充分考虑冬季低水温对去除碳源污染物、脱氮和除磷的影响,必要时可采取降低负荷、增长泥龄、调整厌氧区(池)及缺氧区(池)水力停留时间和保温或增温等措施。

6.6.9 原污水、回流污泥进入生物反应池的厌氧区(池)、缺氧区(池)时,宜采用淹没入流方式。

Ⅱ 传统活性污泥法

6.6.10 处理城镇污水的生物反应池的主要设计参数,可按表6.6.10的规定取值。

表6.6.10 传统活性污泥法去除碳源污染物的主要设计参数

类别	L_S [kg/(kg·d)]	X (g/L)	L_V [kg/(m^3·d)]	污泥回流比 (%)	总处理效率 (%)
普通曝气	0.2~0.4	1.5~2.5	0.4~0.9	25~75	90~95
阶段曝气	0.2~0.4	1.5~3.0	0.4~1.2	25~75	85~95
吸附再生曝气	0.2~0.4	2.5~6.0	0.9~1.8	50~100	80~90
合建式完全混合曝气	0.25~0.5	2.0~4.0	0.5~1.8	100~400	80~90

6.6.11 当以去除碳源污染物为主时,生物反应池的容积,可按下列公式计算:

　　1 按污泥负荷计算:

$$V = \frac{24Q(S_o - S_e)}{1000 L_S X} \quad (6.6.11\text{-}1)$$

　　2 按污泥泥龄计算:

$$V = \frac{24QY\theta_c(S_o - S_e)}{1000 X_V(1 + K_d\theta_c)} \quad (6.6.11\text{-}2)$$

式中:V——生物反应池容积(m^3);

　　S_o——生物反应池进水五日生化需氧量(mg/L);

　　S_e——生物反应池出水五日生化需氧量(mg/L)(当去除率大于90%时可不计入);

　　Q——生物反应池的设计流量(m^3/h);

　　L_S——生物反应池五日生化需氧量污泥负荷[$kgBOD_5$/($kgMLSS·d$)];

　　X——生物反应池内混合液悬浮固体平均浓度(gMLSS/L);

　　Y——污泥产率系数($kgVSS/kgBOD_5$),宜根据试验资料确定,无试验资料时,一般取0.4~0.8;

　　X_V——生物反应池内混合液挥发性悬浮固体平均浓度(gMLVSS/L);

　　θ_c——污泥泥龄(d),其数值为0.2~15;

　　K_d——衰减系数(d^{-1}),20℃时的数值为0.04~0.075。

6.6.12 衰减系数K_d值应以当地冬季和夏季的污水温度进行修正,并按下式计算:

$$K_{dT} = K_{d20} \cdot (\theta_T)^{T-20} \quad (6.6.12)$$

式中:K_{dT}——T℃时的衰减系数(d^{-1});

　　K_{d20}——20℃时的衰减系数(d^{-1});

　　T——设计温度(℃);

　　θ_T——温度系数,采用1.02~1.06。

6.6.13 生物反应池的始端可设缺氧或厌氧选择区(池),水力停留时间宜采用0.5h~1.0h。

6.6.14 阶段曝气生物反应池宜采取在生物反应池始端1/2~3/4的总长度内设置多个进水口。

6.6.15 吸附再生生物反应池的吸附区和再生区可在

一个反应池内，也可分别由两个反应池组成，并应符合下列要求：

1 吸附区的容积，不应小于生物反应池总容积的1/4，吸附区的停留时间不应小于0.5h。

2 当吸附区和再生区在一个反应池内时，沿生物反应池长度方向应设置多个进水口；进水口的位置应适应吸附区和再生区不同容积比例的需要；进水口的尺寸应按通过全部流量计算。

6.6.16 完全混合生物反应池可分为合建式和分建式。合建式生物反应池的设计，应符合下列要求：

1 生物反应池宜采用圆形，曝气区的有效容积应包括导流区部分。

2 沉淀区的表面水力负荷宜为$0.5m^3/(m^2 \cdot h) \sim 1.0m^3/(m^2 \cdot h)$。

Ⅲ 生物脱氮、除磷

6.6.17 进入生物脱氮、除磷系统的污水，应符合下列要求：

1 脱氮时，污水中的五日生化需氧量与总凯氏氮之比宜大于4。

2 除磷时，污水中的五日生化需氧量与总磷之比宜大于17。

3 同时脱氮、除磷时，宜同时满足前两款的要求。

4 好氧区（池）剩余总碱度宜大于70mg/L（以$CaCO_3$计），当进水碱度不能满足上述要求时，应采取增加碱度的措施。

6.6.18 当仅需脱氮时，宜采用缺氧/好氧法（A_NO法）。

1 生物反应池的容积，按本规范第6.6.11条所列公式计算时，反应池中缺氧区（池）的水力停留时间宜为0.5h～3h。

2 生物反应池的容积，采用硝化、反硝化动力学计算时，按下列规定计算。

1）缺氧区（池）容积，可按下列公式计算：

$$V_n = \frac{0.001Q(N_k - N_{te}) - 0.12\Delta X_V}{K_{de}X}$$
(6.6.18-1)

$$K_{de(T)} = K_{de(20)} 1.08^{(T-20)}$$
(6.6.18-2)

$$\Delta X_V = yY_t \frac{Q(S_o - S_e)}{1000}$$
(6.6.18-3)

式中：V_n——缺氧区（池）容积（m^3）；
Q——生物反应池的设计流量（m^3/d）；
X——生物反应池内混合液悬浮固体平均浓度（gMLSS/L）；
N_k——生物反应池进水总凯氏氮浓度（mg/L）；
N_{te}——生物反应池出水总氮浓度（mg/L）；
ΔX_V——排出生物反应池系统的微生物量（kgMLVSS/d）；
K_{de}——脱氮速率[（$kgNO_3$-N）/（kgMLSS·d）]，宜根据试验资料确定。无试验资料时，20℃的K_{de}值可采用0.03～0.06（$kgNO_3$-N）/（kgMLSS·d），并按本规范公式（6.6.18-2）进行温度修正；
$K_{de(T)}$、$K_{de(20)}$分别为$T℃$和20℃时的脱氮速率；
T——设计温度（℃）；
Y_t——污泥总产率系数（kgMLSS/$kgBOD_5$），宜根据试验资料确定。无试验资料时，系统有初次沉淀池时取0.3，无初次沉淀池时取0.6～1.0；
y——MLSS中MLVSS所占比例；
S_o——生物反应池进水五日生化需氧量（mg/L）；
S_e——生物反应池出水五日生化需氧量（mg/L）。

2）好氧区（池）容积，可按下列公式计算：

$$V_o = \frac{Q(S_o - S_e)\theta_{co}Y_t}{1000X}$$
(6.6.18-4)

$$\theta_{co} = F\frac{1}{\mu}$$
(6.6.18-5)

$$\mu = 0.47 \frac{N_a}{K_n + N_a} e^{0.098(T-15)}$$
(6.6.18-6)

式中：V_o——好氧区（池）容积（m^3）；
θ_{co}——好氧区（池）设计污泥泥龄（d）；
F——安全系数，为1.5～3.0；
μ——硝化菌比生长速率（d^{-1}）；
N_a——生物反应池中氨氮浓度（mg/L）；
K_n——硝化作用中氮的半速率常数（mg/L）；
T——设计温度（℃）；
0.47——15℃时，硝化菌最大比生长速率（d^{-1}）。

3）混合液回流量，可按下式计算：

$$Q_{Ri} = \frac{1000V_n K_{de}X}{N_{te} - N_{ke}} - Q_R$$
(6.6.18-7)

式中：Q_{Ri}——混合液回流量（m^3/d），混合液回流比不宜大于400%；
Q_R——回流污泥量（m^3/d）；
N_{ke}——生物反应池出水总凯氏氮浓度（mg/L）；
N_{te}——生物反应池出水总氮浓度（mg/L）。

3 缺氧/好氧法（A_NO法）生物脱氮的主要设计参数，宜根据试验资料确定；无试验资料时，可采用经验数据或按表6.6.18的规定取值。

6.6.19 当仅需除磷时，宜采用厌氧/好氧法（A_PO法）。

1 生物反应池的容积，按本规范第6.6.11条所列公式计算时，反应池中厌氧区（池）和好氧区

（池）之比，宜为1:2～1:3。

2 生物反应池中厌氧区（池）的容积，可按下式计算：

表6.6.18 缺氧/好氧法（A_NO法）生物脱氮的主要设计参数

项目	单位	参数值
BOD_5污泥负荷L_S	$kgBOD_5/(kgMLSS \cdot d)$	0.05～0.15
总氮负荷率	$kgTN/(kgMLSS \cdot d)$	≤0.05
污泥浓度(MLSS)X	g/L	2.5～4.5
污泥龄θ_c	d	11～23
污泥产率系数Y	$kgVSS/kgBOD_5$	0.3～0.6
需氧量O_2	$kgO_2/kgBOD_5$	1.1～2.0
水力停留时间HRT	h	8～16 其中缺氧段 0.5～3.0
污泥回流比R	%	50～100
混合液回流比R_i	%	100～400
总处理效率η BOD_5	%	90～95
总处理效率η TN	%	60～85

$$V_P = \frac{t_P Q}{24} \quad (6.6.19-1)$$

式中：V_P——厌氧区（池）容积（m^3）；
　　　t_P——厌氧区（池）水力停留时间（h），宜为1～2；
　　　Q——设计污水流量（m^3/d）。

3 厌氧/好氧法（A_PO法）生物除磷的主要设计参数，宜根据试验资料确定；无试验资料时，可采用经验数据或按表6.6.19的规定取值。

表6.6.19 厌氧/好氧法（A_PO法）生物除磷的主要设计参数

项目	单位	参数值
BOD_5污泥负荷L_S	$kgBOD_5/kgMLSS \cdot d$	0.4～0.7
污泥浓度(MLSS)X	g/L	2.0～4.0
污泥龄θ_c	d	3.5～7
污泥产率系数Y	$kgVSS/kgBOD_5$	0.4～0.8
污泥含磷率	kgTP/kgVSS	0.03～0.07
需氧量O_2	$kgO_2/kgBOD_5$	0.7～1.1
水力停留时间HRT	h	3～8 其中厌氧段1～2 $A_P:O=1:2$～1:3

续表6.6.19

项目	单位	参数值
污泥回流比R	%	40～100
总处理效率η BOD_5	%	80～90
总处理效率η TP	%	75～85

4 采用生物除磷处理污水时，剩余污泥宜采用机械浓缩。

5 生物除磷的剩余污泥，采用厌氧消化处理时，输送厌氧消化污泥或污泥脱水滤液的管道，应有除垢措施。对含磷高的液体，宜先除磷再返回污水处理系统。

6.6.20 当需要同时脱氮除磷时，宜采用厌氧/缺氧/好氧法（AAO法，又称A^2O法）。

1 生物反应池的容积，宜按本规范第6.6.11条、第6.6.18条和第6.6.19条的规定计算。

2 厌氧/缺氧/好氧法（AAO法，又称A^2O法）生物脱氮除磷的主要设计参数，宜根据试验资料确定；无试验资料时，可采用经验数据或按表6.6.20的规定取值。

表6.6.20 厌氧/缺氧/好氧法（AAO法，又称A^2O法）生物脱氮除磷的主要设计参数

项目	单位	参数值
BOD_5污泥负荷L_S	$kgBOD_5/(kgMLSS \cdot d)$	0.1～0.2
污泥浓度(MLSS)X	g/L	2.5～4.5
污泥龄θ_c	d	10～20
污泥产率系数Y	$kgVSS/kgBOD_5$	0.3～0.6
需氧量O_2	$kgO_2/kgBOD_5$	1.1～1.8
水力停留时间HRT	h	7～14 其中厌氧1～2 缺氧0.5～3
污泥回流比R	%	20～100
混合液回流比R_i	%	≥200
总处理效率η BOD_5	%	85～95
总处理效率η TP	%	50～75
总处理效率η TN	%	55～80

3 根据需要，厌氧/缺氧/好氧法（AAO法，又称A^2O法）的工艺流程中，可改变进水和回流污泥的布置形式，调整为前置缺氧区（池）或串联增加缺

氧区（池）和好氧区（池）等变形工艺。

Ⅳ 氧 化 沟

6.6.21 氧化沟前可不设初次沉淀池。

6.6.22 氧化沟前可设置厌氧池。

6.6.23 氧化沟可按两组或多组系列布置，并设置进水配水井。

6.6.24 氧化沟可与二次沉淀池分建或合建。

6.6.25 延时曝气氧化沟的主要设计参数，宜根据试验资料确定，无试验资料时，可按表6.6.25的规定取值。

表6.6.25 延时曝气氧化沟主要设计参数

项目	单位	参数值
污泥浓度(MLSS)X	g/L	2.5~4.5
污泥负荷L_S	kgBOD$_5$/(kgMLSS·d)	0.03~0.08
污泥龄θ_c	d	≥15
污泥产率系数Y	kgVSS/kgBOD$_5$	0.3~0.6
需氧量O_2	kgO$_2$/kgBOD$_5$	1.5~2.0
水力停留时间HRT	h	≥16
污泥回流比R	%	75~150
总处理效率η BOD$_5$	%	≥95

6.6.26 当采用氧化沟进行脱氮除磷时，宜符合本规范第6.6.17条~第6.6.20条的有关规定。

6.6.27 进水和回流污泥点宜设在缺氧区首端，出水点宜设在充氧器后的好氧区。氧化沟的超高与选用的曝气设备类型有关，当采用转刷、转碟时，宜为0.5m；当采用竖轴表曝机时，宜为0.6m~0.8m，其设备平台宜高出设计水面0.8m~1.2m。

6.6.28 氧化沟的有效水深与曝气、混合和推流设备的性能有关，宜采用3.5m~4.5m。

6.6.29 根据氧化沟渠宽度，弯道处可设置一道或多道导流墙；氧化沟的隔流墙和导流墙宜高出设计水位0.2m~0.3m。

6.6.30 曝气转刷、转碟宜安装在沟渠直线段的适当位置，曝气转碟也可安装在沟渠的弯道上，竖轴表曝机应安装在沟渠的端部。

6.6.31 氧化沟的走道板和工作平台，应安全、防溅和便于设备维修。

6.6.32 氧化沟内的平均流速宜大于0.25m/s。

6.6.33 氧化沟系统宜采用自动控制。

Ⅴ 序批式活性污泥法（SBR）

6.6.34 SBR反应池宜按平均日污水量设计；SBR反应池前、后的水泵、管道等输水设施应按最高日最高时污水量设计。

6.6.35 SBR反应池的数量宜不少于2个。

6.6.36 SBR反应池容积，可按下式计算：

$$V = \frac{24QS_o}{1000XL_s t_R} \quad (6.6.36)$$

式中：Q——每个周期进水量（m³）；
t_R——每个周期反应时间（h）。

6.6.37 污泥负荷的取值，以脱氮为主要目标时，宜按本规范表6.6.18的规定取值；以除磷为主要目标时，宜按本规范表6.6.19的规定取值；同时脱氮除磷时，宜按本规范表6.6.20的规定取值。

6.6.38 SBR工艺各工序的时间，宜按下列规定计算：

1 进水时间，可按下式计算：

$$t_F = \frac{t}{n} \quad (6.6.38-1)$$

式中：t_F——每池每周期所需要的进水时间（h）；
t——一个运行周期需要的时间（h）；
n——每个系列反应池个数。

2 反应时间，可按下式计算：

$$t_R = \frac{24S_o m}{1000 L_s X} \quad (6.6.38-2)$$

式中：m——充水比，仅需除磷时宜为0.25~0.5，需脱氮时宜为0.15~0.3。

3 沉淀时间t_S宜为1h。

4 排水时间t_D宜为1.0h~1.5h。

5 一个周期所需时间可按下式计算：

$$t = t_R + t_S + t_D + t_b \quad (6.6.38-3)$$

式中：t_b——闲置时间（h）。

6.6.39 每天的周期数宜为正整数。

6.6.40 连续进水时，反应池的进水处应设置导流装置。

6.6.41 反应池宜采用矩形池，水深宜为4.0m~6.0m；反应池长度与宽度之比：间隙进水时宜为1:1~2:1，连续进水时宜为2.5:1~4:1。

6.6.42 反应池应设置固定式事故排水装置，可设在滗水结束时的水位处。

6.6.43 反应池应采用有防止浮渣流出设施的滗水器；同时，宜有清除浮渣的装置。

6.7 化 学 除 磷

6.7.1 污水经二级处理后，其出水总磷不能达到要求时，可采用化学除磷工艺处理。污水一级处理以及污泥处理过程中产生的液体有除磷要求时，也可采用化学除磷工艺。

6.7.2 化学除磷可采用生物反应池的后置投加、同步投加和前置投加，也可采用多点投加。

6.7.3 化学除磷设计中，药剂的种类、剂量和投加点宜根据试验资料确定。

6.7.4 化学除磷的药剂可采用铝盐、铁盐，也可采用石灰。用铝盐或铁盐作混凝剂时，宜投加离子型聚合电解质作为助凝剂。

6.7.5 采用铝盐或铁盐作混凝剂时，其投加混凝剂与污水中总磷的摩尔比宜为1.5～3。

6.7.6 化学除磷时，应考虑产生的污泥量。

6.7.7 化学除磷时，对接触腐蚀性物质的设备和管道应采取防腐蚀措施。

6.8 供氧设施

6.8.1 生物反应池中好氧区的供氧，应满足污水需氧量、混合和处理效率等要求，宜采用鼓风曝气或表面曝气等方式。

6.8.2 生物反应池中好氧区的污水需氧量，根据去除的五日生化需氧量、氨氮的硝化和除氮等要求，宜按下式计算：

$$O_2 = 0.001aQ(S_o - S_e) - c\Delta X_V + b[0.001Q(N_k - N_{ke}) - 0.12\Delta X_V] - 0.62b[0.001Q(N_t - N_{ke} - N_{oe}) - 0.12\Delta X_V]$$

(6.8.2)

式中：O_2——污水需氧量（kgO_2/d）；
  Q——生物反应池的进水流量（m^3/d）；
  S_o——生物反应池进水五日生化需氧量（mg/L）；
  S_e——生物反应池出水五日生化需氧量（mg/L）；
  ΔX_V——排出生物反应池系统的微生物量（kg/d）；
  N_k——生物反应池进水总凯氏氮浓度（mg/L）；
  N_{ke}——生物反应池出水总凯氏氮浓度（mg/L）；
  N_t——生物反应池进水总氮浓度（mg/L）；
  N_{oe}——生物反应池出水硝态氮浓度（mg/L）；
  $0.12\Delta X_V$——排出生物反应池系统的微生物中含氮量（kg/d）；
  a——碳的氧当量，当含碳物质以BOD_5计时，取1.47；
  b——常数，氧化每公斤氨氮所需氧量（kgO_2/kgN），取4.57；
  c——常数，细菌细胞的氧当量，取1.42。

去除含碳污染物时，去除每公斤五日生化需氧量可采用$0.7kgO_2$～$1.2kgO_2$。

6.8.3 选用曝气装置和设备时，应根据设备的特性、位于水面下的深度、水温、污水的氧总转移特性、当地的海拔高度以及预期生物反应池中溶解氧浓度等因素，将计算的污水需氧量换算为标准状态下清水需氧量。

6.8.4 鼓风曝气时，可按下式将标准状态下污水需氧量，换算为标准状态下的供气量。

$$G_S = \frac{O_S}{0.28E_A}$$

(6.8.4)

式中：G_S——标准状态下供气量（m^3/h）；
  0.28——标准状态（0.1MPa、20℃）下的每立方米空气中含氧量（kgO_2/m^3）；
  O_S——标准状态下生物反应池污水需氧量（kgO_2/h）；
  E_A——曝气器氧的利用率（%）。

6.8.5 鼓风曝气系统中的曝气器，应选用有较高充氧性能、布气均匀、阻力小、不易堵塞、耐腐蚀、操作管理和维修方便的产品，并应具有不同服务面积、不同空气量、不同曝气水深，在标准状态下的充氧性能及底部流速等技术资料。

6.8.6 曝气器的数量，应根据供氧量和服务面积计算确定。供氧量包括生化反应的需氧量和维持混合液有2mg/L的溶解氧量。

6.8.7 廊道式生物反应池中的曝气器，可满池布置或池侧布置，或沿池长分段渐减布置。

6.8.8 采用表面曝气器供氧时，宜符合下列要求：
  1 叶轮的直径与生物反应池（区）的直径（或正方形的一边）之比：倒伞或混流型为1:3～1:5，泵型为1:3.5～1:7。
  2 叶轮线速度为3.5m/s～5.0m/s。
  3 生物反应池宜有调节叶轮（转刷、转碟）速度或淹没水深的控制设施。

6.8.9 各种类型的机械曝气设备的充氧能力应根据测定资料或相关技术资料采用。

6.8.10 选用供氧设施时，应考虑冬季溅水、结冰、风沙等气候因素以及噪声、臭气等环境因素。

6.8.11 污水厂采用鼓风曝气时，宜设置单独的鼓风机房。鼓风机房可设有值班室、控制室、配电室和工具室，必要时尚应设置鼓风机冷却系统和隔声的维修场所。

6.8.12 鼓风机的选型应根据使用的风压、单机风量、控制方式、噪声和维修管理等条件确定。选用离心鼓风机时，应详细核算各种工况条件时鼓风机的工作点，不得接近鼓风机的喘振区，并宜设有调节风量的装置。在同一供气系统中，应选用同一类型的鼓风机。并应根据当地海拔高度，最高、最低空气的温度，相对湿度对鼓风机的风量、风压及配置的电动机功率进行校核。

6.8.13 采用污泥气（沼气）燃气发动机作为鼓风机的动力时，可与电动鼓风机共同布置，其间应有隔离措施，并应符合国家现行的防火防爆规范的要求。

6.8.14 计算鼓风机的工作压力时，应考虑进出风管路系统压力损失和使用时阻力增加等因素。输气管道中空气流速宜采用：干支管为10m/s～15m/s；竖管、小支管为4m/s～5m/s。

6.8.15 鼓风机设置的台数，应根据气温、风量、风压、污水量和污染物负荷变化等对供气的需要量而确定。

鼓风机房应设置备用鼓风机,工作鼓风机台数在4台以下时,应设1台备用鼓风机;工作鼓风机台数在4台或4台以上时,应设2台备用鼓风机。备用鼓风机应按设计配置的最大机组考虑。

6.8.16 鼓风机应根据产品本身和空气曝气器的要求,设置不同的空气除尘设施。鼓风机进风管口的位置应根据环境条件而设置,宜高于地面。大型鼓风机房宜采用风道进风,风道转折点宜设整流板。风道应进行防尘处理。进风塔进口宜设置耐腐蚀的百叶窗,并应根据气候条件加设防止雪、雾或水蒸气在过滤器上冻结冰霜的设施。

6.8.17 选择输气管道的管材时,应考虑强度、耐腐蚀性以及膨胀系数。当采用钢管时,管道内外应有不同的耐热、耐腐蚀处理,敷设管道时应考虑温度补偿。当管道置于管廊或室内时,在管外应敷设隔热材料或加做隔热层。

6.8.18 鼓风机与输气管道连接处,宜设置柔性连接管。输气管道的低点应设置排除水分(或油分)的放泄口和清扫管道的排出口;必要时可设置排入大气的放泄口,并应采取消声措施。

6.8.19 生物反应池的输气干管宜采用环状布置。进入生物反应池的输气立管管顶宜高出水面0.5m。在生物反应池水面上的输气管,宜根据需要布置控制间,在其最高点宜适当设置真空破坏阀。

6.8.20 鼓风机房内的机组布置和起重设备宜符合本规范第5.4.7条和第5.4.9条的规定。

6.8.21 大中型鼓风机应设置单独基础,机组基础间通道宽度不应小于1.5m。

6.8.22 鼓风机房内、外的噪声应分别符合国家现行的《工业企业噪声卫生标准》和《城市区域环境噪声标准》GB 3096 的有关规定。

6.9 生 物 膜 法

Ⅰ 一般规定

6.9.1 生物膜法适用于中小规模污水处理。

6.9.2 生物膜法处理污水可单独应用,也可与其他污水处理工艺组合应用。

6.9.3 污水进行生物膜法处理前,宜经沉淀处理。当进水水质或水量波动大时,应设调节池。

6.9.4 生物膜法的处理构筑物应根据当地气温和环境等条件,采取防冻、防臭和灭蝇等措施。

Ⅱ 生物接触氧化池

6.9.5 生物接触氧化池应根据进水水质和处理程度确定采用一段式或二段式。生物接触氧化池平面形状宜为矩形,有效水深宜为3m~5m。生物接触氧化池不宜少于两个,每池可分为两室。

6.9.6 生物接触氧化池中的填料可采用全池布置(底部进水、进气)、两侧布置(中心进气、底部进水)或单侧布置(侧部进气、上部进水),填料应分层安装。

6.9.7 生物接触氧化池应采用对微生物无毒害、易挂膜、质轻、高强度、抗老化、比表面积大和空隙率高的填料。

6.9.8 宜根据生物接触氧化池填料的布置形式布置曝气装置。底部全池曝气时,气水比宜为8:1。

6.9.9 生物接触氧化池进水应防止短流,出水宜采用堰式出水。

6.9.10 生物接触氧化池底部应设置排泥和放空设施。

6.9.11 生物接触氧化池的五日生化需氧量容积负荷,宜根据试验资料确定,无试验资料时,碳氧化宜为 $2.0 kgBOD_5/(m^3 \cdot d) \sim 5.0 kgBOD_5/(m^3 \cdot d)$,碳氧化/硝化宜为 $0.2 kgBOD_5/(m^3 \cdot d) \sim 2.0 kgBOD_5/(m^3 \cdot d)$。

Ⅲ 曝气生物滤池

6.9.12 曝气生物滤池的池型可采用上向流或下向流进水方式。

6.9.13 曝气生物滤池前应设沉砂池、初次沉淀池或混凝沉淀池、除油池等预处理设施,也可设水解调节池,进水悬浮固体浓度不宜大于60mg/L。

6.9.14 曝气生物滤池根据处理程度不同可分为碳氧化、硝化、后置反硝化或前置反硝化等。碳氧化、硝化和反硝化可在单级曝气生物滤池内完成,也可在多级曝气生物滤池内完成。

6.9.15 曝气生物滤池的池体高度宜为5m~7m。

6.9.16 曝气生物滤池宜采用滤头布水布气系统。

6.9.17 曝气生物滤池宜分别设置反冲洗供气和曝气充氧系统。曝气装置可采用单孔膜空气扩散器或穿孔管曝气器。曝气器可设在承托层或滤料层中。

6.9.18 曝气生物滤池宜选用机械强度和化学稳定性好的卵石作承托层,并按一定级配布置。

6.9.19 曝气生物滤池的滤料应具有强度大、不易磨损、孔隙率高、比表面积大、化学物理稳定性好、易挂膜、生物附着性强、比重小、耐冲洗和不易堵塞的性质,宜选用球形轻质多孔陶粒或塑料球形颗粒。

6.9.20 曝气生物滤池的反冲洗宜采用气水联合反冲洗,通过长柄滤头实现。反冲洗空气强度宜为 $10L/(m^2 \cdot s) \sim 15L/(m^2 \cdot s)$,反冲洗水强度不应超过 $8L/(m^2 \cdot s)$。

6.9.21 曝气生物滤池后可不设二次沉淀池。

6.9.22 在碳氧化阶段,曝气生物滤池的污泥产率系数可为 $0.75 kgVSS/kgBOD_5$。

6.9.23 曝气生物滤池的容积负荷宜根据试验资料确

定，无试验资料时，曝气生物滤池的五日生化需氧量容积负荷宜为3kgBOD$_5$/(m^3·d)～6kgBOD$_5$/(m^3·d)，硝化容积负荷(以NH$_3$-N计)宜为0.3kgNH$_3$-N/(m^3·d)～0.8kgNH$_3$-N/(m^3·d)，反硝化容积负荷(以NO$_3$-N计)宜为0.8kgNO$_3$-N/(m^3·d)～4.0kgNO$_3$-N/(m^3·d)。

Ⅳ 生物转盘

6.9.24 生物转盘处理工艺流程宜为：初次沉淀池，生物转盘，二次沉淀池。根据污水水量、水质和处理程度等，生物转盘可采用单轴单级式、单轴多级式或多轴多级式布置形式。

6.9.25 生物转盘的盘体材料应质轻、高强度、耐腐蚀、抗老化、易挂膜、比表面积大以及方便安装、养护和运输。

6.9.26 生物转盘的反应槽设计，应符合下列要求：
  1 反应槽断面形状应呈半圆形。
  2 盘片外缘与槽壁的净距不宜小于150mm；盘片净距：进水端宜为25mm～35mm，出水端宜为10mm～20mm。
  3 盘片在槽内的浸没深度不应小于盘片直径的35%，转轴中心高度应高出水位150mm以上。

6.9.27 生物转盘转速宜为2.0r/min～4.0r/min，盘体外缘线速度宜为15m/min～19m/min。

6.9.28 生物转盘的转轴强度和挠度必须满足盘体自重和运行过程中附加荷重的要求。

6.9.29 生物转盘的设计负荷宜根据试验资料确定，无试验资料时，五日生化需氧量表面有机负荷，以盘片面积计，宜为0.005kgBOD$_5$/(m^2·d)～0.020kgBOD$_5$/(m^2·d)，首级转盘不宜超过0.030kgBOD$_5$/(m^2·d)～0.040kgBOD$_5$/(m^2·d)；表面水力负荷以盘片面积计，宜为0.04m^3/(m^2·d)～0.20m^3/(m^2·d)。

Ⅴ 生物滤池

6.9.30 生物滤池的平面形状宜采用圆形或矩形。

6.9.31 生物滤池的填料应质坚、耐腐蚀、高强度、比表面积大、空隙率高，适合就地取材，宜采用碎石、卵石、炉渣、焦炭等无机滤料。用作填料的塑料制品应抗老化，比表面积大，宜为100m^2/m^3～200m^2/m^3；空隙率高，宜为80%～90%。

6.9.32 生物滤池底部空间的高度不应小于0.6m，沿滤池池壁四周下部应设置自然通风孔，其总面积不应小于池表面积的1%。

6.9.33 生物滤池的布水装置可采用固定布水器或旋转布水器。

6.9.34 生物滤池的池底应设1%～2%的坡度坡向集水沟，集水沟以0.5%～2%的坡度坡向总排水沟，并有冲洗底部排水渠的措施。

6.9.35 低负荷生物滤池采用碎石类填料时，应符合下列要求：
  1 滤池下层填料粒径宜为60mm～100mm，厚0.2m；上层填料粒径宜为30mm～50mm，厚1.3m～1.8m。
  2 处理城镇污水时，正常气温下，水力负荷以滤池面积计，宜为1m^3/(m^2·d)～3m^3/(m^2·d)；五日生化需氧量容积负荷以填料体积计，宜为0.15kgBOD$_5$/(m^3·d)～0.3kgBOD$_5$/(m^3·d)。

6.9.36 高负荷生物滤池宜采用碎石或塑料制品作填料，当采用碎石类填料时，应符合下列要求：
  1 滤池下层填料粒径宜为70mm～100mm，厚0.2m；上层填料粒径宜为40mm～70mm，厚度不宜大于1.8m。
  2 处理城镇污水时，正常气温下，水力负荷以滤池面积计，宜为10m^3/(m^2·d)～36m^3/(m^2·d)；五日生化需氧量容积负荷以填料体积计，宜小于1.8kgBOD$_5$/(m^3·d)。

Ⅵ 塔式生物滤池

6.9.37 塔式生物滤池直径宜为1m～3.5m，直径与高度之比宜为1∶6～1∶8；填料层厚度宜根据试验资料确定，宜为8m～12m。

6.9.38 塔式生物滤池的填料应采用轻质材料。

6.9.39 塔式生物滤池填料应分层，每层高度不宜大于2m，并应便于安装和养护。

6.9.40 塔式生物滤池宜采用自然通风方式。

6.9.41 塔式生物滤池进水的五日生化需氧量值应控制在500mg/L以下，否则处理出水应回流。

6.9.42 塔式生物滤池水力负荷和五日生化需氧量容积负荷应根据试验资料确定。无试验资料时，水力负荷宜为80m^3/(m^2·d)～200m^3/(m^2·d)，五日生化需氧量容积负荷宜为1.0kgBOD$_5$/(m^3·d)～3.0kgBOD$_5$/(m^3·d)。

6.10 回流污泥和剩余污泥

6.10.1 回流污泥设施，宜采用离心泵、混流泵、潜水泵、螺旋泵或空气提升器。当生物处理系统中带有厌氧区（池）、缺氧区（池）时，应选用不易复氧的回流污泥设施。

6.10.2 回流污泥设施宜分别按生物处理系统中的最大污泥回流比和最大混合液回流比计算确定。

回流污泥设备台数不应少于2台，并应有备用设备，但空气提升器可不设备用。

回流污泥设备，宜有调节流量的措施。

6.10.3 剩余污泥量，可按下列公式计算：
  1 按污泥泥龄计算：

$$\Delta X = \frac{V \cdot X}{\theta_c} \quad (6.10.3\text{-}1)$$

2 按污泥产率系数、衰减系数及不可生物降解和惰性悬浮物计算：

$$\Delta X = YQ(S_o - S_e) - K_d V X_V + fQ(SS_o - SS_e)$$

(6.10.3-2)

式中：ΔX——剩余污泥量（kgSS/d）；
V——生物反应池的容积（m³）；
X——生物反应池内混合液悬浮固体平均浓度（gMLSS/L）；
θ_c——污泥泥龄（d）；
Y——污泥产率系数（kgVSS/kgBOD$_5$），20℃时为 0.3～0.8；
Q——设计平均日污水量（m³/d）；
S_o——生物反应池进水五日生化需氧量（kg/m³）；
S_e——生物反应池出水五日生化需氧量（kg/m³）；
K_d——衰减系数（d^{-1}）；
X_V——生物反应池内混合液挥发性悬浮固体平均浓度（gMLVSS/L）；
f——SS 的污泥转换率，宜根据试验资料确定，无试验资料时可取 0.5gMLSS/gSS～0.7gMLSS/gSS；
SS_o——生物反应池进水悬浮物浓度（kg/m³）；
SS_e——生物反应池出水悬浮物浓度（kg/m³）。

6.11 污水自然处理

Ⅰ 一般规定

6.11.1 污水量较小的城镇，在环境影响评价和技术经济比较合理时，宜审慎采用污水自然处理。

6.11.2 污水自然处理必须考虑对周围环境以及水体的影响，不得降低周围环境的质量，应根据区域特点选择适宜的污水自然处理方式。

6.11.3 在环境评价可行的基础上，经技术经济比较，可利用水体的自然净化能力处理或处置污水。

6.11.4 采用土地处理，应采取有效措施，严禁污染地下水。

6.11.5 污水厂二级处理出水水质不能满足要求时，有条件的可采用土地处理或稳定塘等自然处理技术进一步处理。

Ⅱ 稳 定 塘

6.11.6 有可利用的荒地和闲地等条件，技术经济比较合理时，可采用稳定塘处理污水。用作二级处理的稳定塘系统，处理规模不宜大于 5000m³/d。

6.11.7 处理城镇污水时，稳定塘的设计数据应根据试验资料确定。无试验资料时，根据污水水质、处理程度、当地气候和日照等条件，稳定塘的五日生化需氧量总平均表面有机负荷可采用 1.5gBOD$_5$/（m²·d）～10gBOD$_5$（m²·d），总停留时间可采用 20d～120d。

6.11.8 稳定塘的设计，应符合下列要求：

1 稳定塘前宜设置格栅，污水含砂量高时宜设置沉砂池。

2 稳定塘串联的级数不宜少于 3 级，第一级塘有效深度不宜小于 3m。

3 推流式稳定塘的进水宜采用多点进水。

4 稳定塘必须有防渗措施，塘址与居民区之间应设置卫生防护带。

5 稳定塘污泥的蓄积量为 40L/（年·人）～100L/（年·人），一级塘应分格并联运行，轮换清除污泥。

6.11.9 在多级稳定塘系统的后面可设置养鱼塘，进入养鱼塘的水质必须符合国家现行的有关渔业水质的规定。

Ⅲ 土 地 处 理

6.11.10 有可供利用的土地和适宜的场地条件时，通过环境影响评价和技术经济比较后，可采用适宜的土地处理方式。

6.11.11 污水土地处理的基本方法包括慢速渗滤法（SR）、快速渗滤法（RI）和地面漫流法（OF）等。宜根据土地处理的工艺形式对污水进行预处理。

6.11.12 污水土地处理的水力负荷，应根据试验资料确定，无试验资料时，可按下列范围取值：

1 慢速渗滤 0.5m/年～5m/年。

2 快速渗滤 5m/年～120m/年。

3 地面漫流 3m/年～20m/年。

6.11.13 在集中式给水水源卫生防护带，含水层露头地区，裂隙性岩层和熔岩地区，不得使用污水土地处理。

6.11.14 污水土地处理地区地下水埋深不宜小于 1.5m。

6.11.15 采用人工湿地处理污水时，应进行预处理。设计参数宜通过试验资料确定。

6.11.16 土地处理场地距住宅区和公共通道的距离不宜小于 100m。

6.11.17 进入灌溉田的污水水质必须符合国家现行有关水质标准的规定。

6.12 污水深度处理和回用

Ⅰ 一般规定

6.12.1 污水再生利用的深度处理工艺应根据水质目标选择，工艺单元的组合形式应进行多方案比较，满足实用、经济、运行稳定的要求。再生水的水质应符

2—33

合国家现行的水质标准的规定。

6.12.2 污水深度处理工艺单元主要包括：混凝、沉淀（澄清、气浮）、过滤、消毒，必要时可采用活性炭吸附、膜过滤、臭氧氧化和自然处理等工艺单元。

6.12.3 再生水输配到用户的管道严禁与其他管网连接，输送过程中不得降低和影响其他用水的水质。

Ⅱ 深度处理

6.12.4 深度处理工艺的设计参数宜根据试验资料确定，也可参照类似运行经验确定。

6.12.5 深度处理采用混合、絮凝、沉淀工艺时，投药混合设施中平均速度梯度值宜采用 $300s^{-1}$，混合时间宜采用 30s～120s。

6.12.6 絮凝、沉淀、澄清、气浮工艺的设计，宜符合下列要求：

 1 絮凝时间为 5min～20min。

 2 平流沉淀池的沉淀时间为 2.0h～4.0h，水平流速为 4.0mm/s～12.0mm/s。

 3 斜管沉淀池的上升流速为 0.4mm/s～0.6mm/s。

 4 澄清池的上升流速为 0.4mm/s～0.6mm/s。

 5 气浮池的设计参数宜根据试验资料确定。

6.12.7 滤池的设计，宜符合下列要求：

 1 滤池的构造、滤料组成等宜按现行国家标准《室外给水设计规范》GB 50013 的规定采用。

 2 滤池的进水浊度宜小于 10NTU。

 3 滤池的滤速应根据滤池进出水水质要求确定，可采用 4m/h～10m/h。

 4 滤池的工作周期为 12h～24h。

6.12.8 污水厂二级处理出水经混凝、沉淀、过滤后，仍不能达到再生水水质要求时，可采用活性炭吸附处理。

6.12.9 活性炭吸附处理的设计，宜符合下列要求：

 1 采用活性炭吸附工艺时，宜进行静态或动态试验，合理确定活性炭的用量、接触时间、水力负荷和再生周期。

 2 采用活性炭吸附池的设计参数宜根据试验资料确定，无试验资料时，可按下列标准采用：

  1）空床接触时间为 20min～30min；

  2）炭层厚度为 3m～4m；

  3）下向流的空床滤速为 7m/h～12m/h；

  4）炭层最终水头损失为 0.4m～1.0m；

  5）常温下经常性冲洗时，水冲洗强度为 11L/($m^2 \cdot s$)～13L/($m^2 \cdot s$)，历时 10min～15min，膨胀率 15%～20%，定期大流量冲洗时，水冲洗强度为 15L/($m^2 \cdot s$)～18L/($m^2 \cdot s$)，历时 8min～12min，膨胀率 25%～35%。活性炭再生周期由处理后出水水质是否超过水质目标值确定，经常性冲洗周期宜为 3d～5d。冲洗水可用砂滤水或炭滤水，冲洗水浊度宜小于 5NTU。

 3 活性炭吸附罐的设计参数宜根据试验资料确定，无试验资料时，可按下列标准确定：

  1）接触时间为 20min～35min；

  2）吸附罐的最小高度与直径之比可为 2∶1，罐径为 1m～4m，最小炭层厚度为 3m，宜为 4.5m～6m；

  3）升流式水力负荷为 2.5L/($m^2 \cdot s$)～6.8L/($m^2 \cdot s$)，降流式水力负荷为 2.0L/($m^2 \cdot s$)～3.3L/($m^2 \cdot s$)；

  4）操作压力每 0.3m 炭层 7kPa。

6.12.10 深度处理的再生水必须进行消毒。

Ⅲ 输 配 水

6.12.11 再生水管道敷设及其附属设施的设置应符合现行国家标准《室外给水设计规范》GB 50013 的有关规定。

6.12.12 污水深度处理厂宜靠近污水厂和再生水用户。有条件时深度处理设施应与污水厂集中建设。

6.12.13 输配水干管应根据再生水用户的用水特点和安全性要求，合理确定干管的数量，不能断水用户的配水干管不宜少于两条。再生水管道应具有安全和监控水质的措施。

6.12.14 输配水管道材料的选择应根据水压、外部荷载、土壤性质、施工维护和材料供应等条件，经技术经济比较确定。可采用塑料管、承插式预应力钢筋混凝土管和承插式自应力钢筋混凝土管等非金属管道或金属管道。采用金属管道时应进行管道的防腐。

6.13 消 毒

Ⅰ 一 般 规 定

6.13.1 城镇污水处理应设置消毒设施。

6.13.2 污水消毒程度应根据污水性质、排放标准或再生水要求确定。

6.13.3 污水宜采用紫外线或二氧化氯消毒，也可用液氯消毒。

6.13.4 消毒设施和有关建筑物的设计，应符合现行国家标准《室外给水设计规范》GB 50013 的有关规定。

Ⅱ 紫 外 线

6.13.5 污水的紫外线剂量宜根据试验资料或类似运行经验确定；也可按下列标准确定：

 1 二级处理的出水为 15mJ/cm^2～22mJ/cm^2。

 2 再生水为 24mJ/cm^2～30mJ/cm^2。

6.13.6 紫外线照射渠的设计，应符合下列要求：

 1 照射渠水流均布，灯管前后的渠长度不宜小于1m。

2 水深应满足灯管的淹没要求。

6.13.7 紫外线照射渠不宜少于2条。当采用1条时，宜设置超越渠。

Ⅲ 二氧化氯和氯

6.13.8 二级处理出水的加氯量应根据试验资料或类似运行经验确定。无试验资料时，二级处理出水可采用6mg/L～15mg/L，再生水的加氯量按卫生学指标和余氯量确定。

6.13.9 二氧化氯或氯消毒后应进行混合和接触，接触时间不应小于30min。

7 污泥处理和处置

7.1 一般规定

7.1.1 城镇污水污泥，应根据地区经济条件和环境条件进行减量化、稳定化和无害化处理，并逐步提高资源化程度。

7.1.2 污泥的处置方式包括作肥料、作建材、作燃料和填埋等，污泥的处理流程应根据污泥的最终处置方式选定。

7.1.3 污泥作肥料时，其有害物质含量应符合国家现行标准的规定。

7.1.4 污泥处理构筑物个数不宜少于2个，按同时工作设计。污泥脱水机械可考虑1台备用。

7.1.5 污泥处理过程中产生的污泥水应返回污水处理构筑物进行处理。

7.1.6 污泥处理过程中产生的臭气，宜收集后进行处理。

7.2 污泥浓缩

7.2.1 浓缩活性污泥时，重力式污泥浓缩池的设计，应符合下列要求：

1 污泥固体负荷宜采用30kg/（m²·d）～60kg/（m²·d）。

2 浓缩时间不宜小于12h。

3 由生物反应池后二次沉淀池进入污泥浓缩池的污泥含水率为99.2%～99.6%时，浓缩后污泥含水率可为97%～98%。

4 有效水深宜为4m。

5 采用栅条浓缩机时，其外缘线速度一般宜为1m/min～2m/min，池底坡向泥斗的坡度不宜小于0.05。

7.2.2 污泥浓缩池宜设置去除浮渣的装置。

7.2.3 当采用生物除磷工艺进行污水处理时，不应采用重力浓缩。

7.2.4 当采用机械浓缩设备进行污泥浓缩时，宜根据试验资料或类似运行经验确定设计参数。

7.2.5 污泥浓缩脱水可采用一体化机械。

7.2.6 间歇式污泥浓缩池应设置可排出深度不同的污泥水的设施。

7.3 污泥消化

Ⅰ 一般规定

7.3.1 根据污泥性质、环境要求、工程条件和污泥处置方式，选择经济适用、管理方便的污泥消化工艺，可采用污泥厌氧消化或好氧消化工艺。

7.3.2 污泥经消化处理后，其挥发性固体去除率应大于40%。

Ⅱ 污泥厌氧消化

7.3.3 厌氧消化可采用单级或两级中温消化。单级厌氧消化池（两级厌氧消化池中的第一级）污泥温度应保持33℃～35℃。

有初次沉淀池系统的剩余污泥或类似的污泥，宜与初沉污泥合并进行厌氧消化处理。

7.3.4 单级厌氧消化池（两级厌氧消化池中的第一级）污泥应加热并搅拌，宜有防止浮渣结壳和排出上清液的措施。

采用两级厌氧消化时，一级厌氧消化池与二级厌氧消化池的容积比应根据二级厌氧消化池的运行操作方式，通过技术经济比较确定；二级厌氧消化池可不加热、不搅拌，但应有防止浮渣结壳和排出上清液的措施。

7.3.5 厌氧消化池的总有效容积，应根据厌氧消化时间或挥发性固体容积负荷，按下列公式计算：

$$V = Q_0 \cdot t_d \quad (7.3.5\text{-}1)$$

$$V = \frac{W_s}{L_V} \quad (7.3.5\text{-}2)$$

式中：t_d——消化时间，宜为20d～30d；

V——消化池总有效容积（m³）；

Q——每日投入消化池的原污泥量（m³/d）；

L_V——消化池挥发性固体容积负荷[kgVSS/(m³·d)]，重力浓缩后的原污泥宜采用0.6kgVSS/(m³·d)～1.5kgVSS/(m³·d)，机械浓缩后的高浓度原污泥不应大于2.3kgVSS/(m³·d)；

W_s——每日投入消化池的原污泥中挥发性干固体重量（kgVSS/d）。

7.3.6 厌氧消化池污泥加热，可采用池外热交换或蒸汽直接加热。厌氧消化池总耗热量应按全年最冷月平均日气温通过热工计算确定，应包括原生污泥加热量、厌氧消化池散热量（包括地上和地下部分）、投配和循环管道散热量等。选择加热设备应考虑10%～20%的富余能力。厌氧消化池及污泥投配和循环管道应进行保温。厌氧消化池内壁应采取防腐措施。

7.3.7 厌氧消化的污泥搅拌宜采用池内机械搅拌或池外循环搅拌，也可采用污泥气搅拌等。每日将全池污泥完全搅拌（循环）的次数不宜少于3次。间歇搅拌时，每次搅拌的时间不宜大于循环周期的一半。

7.3.8 厌氧消化池和污泥气贮罐应密封，并能承受污泥气的工作压力，其气密性试验压力不应小于污泥气工作压力的1.5倍。厌氧消化池和污泥气贮罐应有防止池（罐）内产生超压和负压的措施。

7.3.9 厌氧消化池溢流和表面排渣管出口不得放在室内，并必须有水封装置。厌氧消化池的出气管上，必须设回火防止器。

7.3.10 用于污泥投配、循环、加热、切换控制的设备和阀门设施宜集中布置，室内应设置通风设施。厌氧消化系统的电气集中控制室不宜与存在污泥气泄漏可能的设施合建，场地条件许可时，宜建在防爆区外。

7.3.11 污泥气贮罐、污泥气压缩机房、污泥气阀门控制间、污泥气管道层等可能泄漏污泥气的场所，电机、仪表和照明等电器设备均应符合防爆要求，室内应设置通风设施和污泥气泄漏报警装置。

7.3.12 污泥气贮罐的容积宜根据产气量和用气量计算确定。缺乏相关资料时，可按6h~10h的平均产气量设计。污泥气贮罐内、外壁应采取防腐措施。污泥气管道、污泥气贮罐的设计，应符合现行国家标准《城镇燃气设计规范》GB 50028的规定。

7.3.13 污泥气贮罐超压时不得直接向大气排放，应采用污泥气燃烧器燃烧消耗，燃烧器应采用内燃式。污泥气贮罐的出气管上，必须设回火防止器。

7.3.14 污泥气应综合利用，可用于锅炉、发电和驱动鼓风机等。

7.3.15 根据污泥气的含硫量和用气设备的要求，可设置污泥气脱硫装置。脱硫装置应设在污泥气进入污泥气贮罐之前。

Ⅲ 污泥好氧消化

7.3.16 好氧消化池的总有效容积可按本规范公式（7.3.5-1）或（7.3.5-2）计算。设计参数宜根据试验资料确定。无试验资料时，好氧消化时间宜为10d~20d。挥发性固体容积负荷一般重力浓缩后的原污泥宜为 0.7kgVSS/（m^3·d）~2.8kgVSS/（m^3·d）；机械浓缩后的高浓度原污泥，挥发性固体容积负荷不宜大于4.2kgVSS/（m^3·d）。

7.3.17 当气温低于15℃时，好氧消化池宜采取保温加热措施或适当延长消化时间。

7.3.18 好氧消化池中溶解氧浓度，不应低于2mg/L。

7.3.19 好氧消化池采用鼓风曝气时，宜采用中气泡空气扩散装置。鼓风曝气应同时满足细胞自身氧化和搅拌混合的需气量，宜根据试验资料或类似运行经验确定。无试验资料时，可按下列参数确定：剩余污泥的总需气量为 0.02m^3 空气/（m^3 池容·min）~0.04m^3 空气/（m^3 池容·min）；初沉污泥或混合污泥的总需气量为 0.04m^3 空气/（m^3 池容·min）~0.06m^3 空气/（m^3 池容·min）。

7.3.20 好氧消化池采用机械表面曝气机时，应根据污泥需氧量、曝气机充氧能力、搅拌混合强度等确定曝气机需用功率，其值宜根据试验资料或类似运行经验确定。当无试验资料时，可按20W（m^3 池容）~40W（m^3 池容）确定曝气机需用功率。

7.3.21 好氧消化池的有效深度应根据曝气方式确定。当采用鼓风曝气时，应根据鼓风机的输出风压、管路及曝气器的阻力损失确定，宜为5.0m~6.0m；当采用机械表面曝气时，应根据设备的能力确定，宜为3.0m~4.0m。好氧消化池的超高，不宜小于1.0m。

7.3.22 好氧消化池可采用敞口式，寒冷地区应采取保温措施。根据环境评价的要求，采取加盖或除臭措施。

7.3.23 间歇运行的好氧消化池，应设有排出上清液的装置；连续运行的好氧消化池，宜设有排出上清液的装置。

7.4 污泥机械脱水

Ⅰ 一般规定

7.4.1 污泥机械脱水的设计，应符合下列规定：

1 污泥脱水机械的类型，应按污泥的脱水性质和脱水要求，经技术经济比较后选用。

2 污泥进入脱水机前的含水率一般不应大于98%。

3 经消化后的污泥，可根据污水性质和经济效益，考虑在脱水前淘洗。

4 机械脱水间的布置，应按本规范第5章泵房中的有关规定执行，并应考虑泥饼运输设施和通道。

5 脱水后的污泥应设置污泥堆场或污泥料仓贮存，污泥堆场或污泥料仓的容量应根据污泥出路和运输条件等确定。

6 污泥机械脱水间应设置通风设施。每小时换气次数不应小于6次。

7.4.2 污泥在脱水前，应加药调理。污泥加药应符合下列要求：

1 药剂种类应根据污泥的性质和出路等选用，投加量宜根据试验资料或类似运行经验确定。

2 污泥加药后，应立即混合反应，并进入脱水机。

Ⅱ 压滤机

7.4.3 压滤机宜采用带式压滤机、板框压滤机、箱式压滤机或微孔挤压脱水机,其泥饼产率和泥饼含水率,应根据试验资料或类似运行经验确定。泥饼含水率可为75%～80%。

7.4.4 带式压滤机的设计,应符合下列要求:

1 污泥脱水负荷应根据试验资料或类似运行经验确定,污水污泥可按表7.4.4的规定取值。

表7.4.4 污泥脱水负荷

污泥类别	初沉原污泥	初沉消化污泥	混合原污泥	混合消化污泥
污泥脱水负荷 [kg/(m·h)]	250	300	150	200

2 应按带式压滤机的要求配置空气压缩机,并至少应有1台备用。

3 应配置冲洗泵,其压力宜采用0.4MPa～0.6MPa,其流量可按 $5.5m^3/[m(带宽)·h]～11m^3/[m(带宽)·h]$ 计算,至少应有1台备用。

7.4.5 板框压滤机和箱式压滤机的设计,应符合下列要求:

1 过滤压力为400kPa～600kPa。

2 过滤周期不大于4h。

3 每台压滤机可设污泥压入泵1台,宜选用柱塞泵。

4 压缩空气量为每立方米滤室不小于 $2m^3/min$ (按标准工况计)。

Ⅲ 离心机

7.4.6 离心脱水机房应采取降噪措施。离心脱水机房内外的噪声应符合现行国家标准《工业企业噪声控制设计规范》GBJ 87的规定。

7.4.7 污水污泥采用卧螺离心脱水机脱水时,其分离因数宜小于3000g(g为重力加速度)。

7.4.8 离心脱水机前应设置污泥切割机,切割后的污泥粒径不宜大于8mm。

7.5 污泥输送

7.5.1 脱水污泥的输送一般采用皮带输送机、螺旋输送机和管道输送三种形式。

7.5.2 皮带输送机输送污泥,其倾角应小于20°。

7.5.3 螺旋输送机输送污泥,其倾角宜小于30°,且宜采用无轴螺旋输送机。

7.5.4 管道输送污泥,弯头的转弯半径不应小于5倍管径。

7.6 污泥干化焚烧

7.6.1 在有条件的地区,污泥干化宜采用干化场;其他地区,污泥干化宜采用热干化。

7.6.2 污泥干化场的污泥固体负荷,宜根据污泥性质、年平均气温、降雨量和蒸发量等因素,参照相似地区经验确定。

7.6.3 污泥干化场分块数不宜少于3块;围堤高度宜为0.5m～1.0m,顶宽0.5m～0.7m。

7.6.4 污泥干化场宜设人工排水层。

7.6.5 除特殊情况外,人工排水层下应设不透水层,不透水层应坡向排水设施,坡度宜为0.01～0.02。

7.6.6 污泥干化场宜设排除上层污泥水的设施。

7.6.7 污泥的热干化和焚烧宜集中进行。

7.6.8 采用污泥热干化设备时,应充分考虑产品出路。

7.6.9 污泥热干化和焚烧处理的污泥固体负荷和蒸发量应根据污泥性质、设备性能等因素,参照相似设备运行经验确定。

7.6.10 污泥热干化和焚烧设备宜设置2套;若设1套,应考虑设备检修期间的应急措施,包括污泥贮存设施或其他备用的污泥处理和处置途径。

7.6.11 污泥热干化设备的选型,应根据热干化的实际需要确定。规模较小、污泥含水率较低、连续运行时间较长的热干化设备宜采用间接加热系统,否则宜采用带有污泥混合器和气体循环装置的直接加热系统。

7.6.12 污泥热干化设备的能源,宜采用污泥气。

7.6.13 热干化车间和热干化产品贮存设施,应符合国家现行有关防火规范的要求。

7.6.14 在已有或拟建垃圾焚烧设施、水泥窑炉、火力发电锅炉等设施的地区,污泥宜与垃圾同时焚烧,或掺入水泥窑炉、火力发电锅炉的燃料煤中焚烧。

7.6.15 污泥焚烧的工艺,应根据污泥热值确定,宜采用循环流化床工艺。

7.6.16 污泥热干化产品、污泥焚烧灰应妥善保存、利用或处置。

7.6.17 污泥热干化尾气和焚烧烟气,应处理达标后排放。

7.6.18 污泥干化场及其附近,应设置长期监测地下水质量的设施;污泥热干化厂、污泥焚烧厂及其附近,应设置长期监测空气质量的设施。

7.7 污泥综合利用

7.7.1 污泥的最终处置,宜考虑综合利用。

7.7.2 污泥的综合利用,应因地制宜,考虑农用时应慎重。

7.7.3 污泥的土地利用,应严格控制污泥中和土壤中积累的重金属和其他有毒物质含量。农用污泥,必须符合国家现行有关标准的规定。

8 检测和控制

8.1 一般规定

8.1.1 排水工程运行应进行检测和控制。

8.1.2 排水工程设计应根据工程规模、工艺流程、运行管理要求确定检测和控制的内容。

8.1.3 自动化仪表和控制系统应保证排水系统的安全和可靠，便于运行，改善劳动条件，提高科学管理水平。

8.1.4 计算机控制管理系统宜兼顾现有、新建和规划要求。

8.2 检 测

8.2.1 污水厂进、出水应按国家现行排放标准和环境保护部门的要求，设置相关项目的检测仪表。

8.2.2 下列各处应设置相关监测仪表和报警装置：
1 排水泵站：硫化氢（H_2S）浓度。
2 消化池：污泥气（含 CH_4）浓度。
3 加氯间：氯气（Cl_2）浓度。

8.2.3 排水泵站和污水厂各处理单元宜设置生产控制、运行管理所需的检测和监测仪表。

8.2.4 参与控制和管理的机电设备应设置工作与事故状态的检测装置。

8.2.5 排水管网关键节点应设置流量监测装置。

8.3 控 制

8.3.1 排水泵站宜按集水池的液位变化自动控制运行，宜建立遥测、遥讯和遥控系统。排水管网关键节点流量的监控宜采用自动控制系统。

8.3.2 10 万 m^3/d 规模以下的污水厂的主要生产工艺单元，可采用自动控制系统。

8.3.3 10 万 m^3/d 及以上规模的污水厂宜采用集中管理监视、分散控制的自动控制系统。

8.3.4 采用成套设备时，设备本身控制宜与系统控制相结合。

8.4 计算机控制管理系统

8.4.1 计算机控制管理系统应有信息收集、处理、控制、管理和安全保护功能。

8.4.2 计算机控制系统的设计，应符合下列要求：
1 宜对监控系统的控制层、监控层和管理层做出合理的配置。
2 应根据工程具体情况，经技术经济比较后选择网络结构和通信速率。
3 对操作系统和开发工具要从运行稳定、易于开发、操作界面方便等多方面综合考虑。
4 根据企业需求和相关基础设施，宜对企业信息化系统做出功能设计。
5 厂级中控室应就近设置电源箱，供电电源应为双回路，直流电源设备应安全可靠。
6 厂、站级控制室面积应视其使用功能设定，并应考虑今后的发展。
7 防雷和接地保护应符合国家现行有关规范的规定。

附录 A 暴雨强度公式的编制方法

Ⅰ 年多个样法取样

A.0.1 本方法适用于具有 10 年以上自动雨量记录的地区。

A.0.2 计算降雨历时采用 5min、10min、15min、20min、30min、45min、60min、90min、120min 共 9 个历时。计算降雨重现期宜按 0.25 年、0.33 年、0.5 年、1 年、2 年、3 年、5 年、10 年统计。资料条件较好时（资料年数≥20 年、子样点的排列比较规律），也可统计高于 10 年的重现期。

A.0.3 取样方法宜采用年多个样法，每年每个历时选择 6 个～8 个最大值，然后不论年次，将每个历时子样按大小次序排列，再从中选择资料年数的 3 倍～4 倍的最大值，作为统计的基础资料。

A.0.4 选取的各历时降雨资料，应采用频率曲线加以调整。当精度要求不太高时，可采用经验频率曲线；当精度要求较高时，可采用皮尔逊Ⅲ型分布曲线或指数分布曲线等理论频率曲线。根据确定的频率曲线，得出重现期、降雨强度和降雨历时三者的关系，即 P、i、t 关系值。

A.0.5 根据 P、i、t 关系值求得 b、m、A_1、C 各个参数，可用解析法、图解与计算结合法或图解法等方法进行。将求得的各参数代入 $q = \dfrac{167A_1(1+C\lg p)}{(t+b)^n}$，即得当地的暴雨强度公式。

A.0.6 计算抽样误差和暴雨公式均方差。宜按绝对均方差计算，也可辅以相对均方差计算。计算重现期在 0.25 年～10 年时，在一般强度的地方，平均绝对方差不宜大于 0.05mm/min。在较大强度的地方，平均相对方差不宜大于 5%。

Ⅱ 年最大值法取样

A.0.7 本方法适用于具有 20 年以上自记雨量记录的地区，有条件的地区可用 30 年以上的雨量系列，暴雨样本选择方法可采用年最大值法。若在时段内任一时段超过历史最大值，宜进行复核修正。

A.0.8 计算降雨历时采用 5min、10min、15min、20min、30min、45min、60min、90min、120min、150min、180min 共十一个历时。计算降雨重现期宜按 2 年、3 年、5 年、10 年、20 年、30 年、50 年、100 年统计。

A.0.9 选取的各历时降雨资料，应采用经验频率曲线或理论频率曲线加以调整，一般采用理论频率曲线，包括皮尔逊Ⅲ型分布曲线、耿贝尔分布曲线和指数分布曲线。根据确定的频率曲线，得出重现期、降雨强度和降雨历时三者的关系，即 P、i、t 关系值。

A.0.10 根据 p、i、t 的关系值求得 A_1、b、C、n 各个参数。可采用图解法、解析法、图解与计算结合法等方法进行。为提高暴雨强度公式的精度，一般采用高斯-牛顿法。将求得的各个参数代入 $q=\dfrac{167A_1(1+C\lg p)}{(t+b)^n}$，即得当地的暴雨强度公式。

A.0.11 计算抽样误差和暴雨公式均方差。宜按绝对均方差计算，也可辅以相对均方差计算。计算重现期在 2 年～20 年时，在一般强度的地方，平均绝对方差不宜大于 0.05mm/min。在较大强度的地方，平均相对方差不宜大于 5%。

附录 B 排水管道和其他地下管线（构筑物）的最小净距

表 B 排水管道和其他地下管线（构筑物）的最小净距

名称			水平净距（m）	垂直净距（m）
建筑物			见注 3	
给水管		$d \leqslant 200\text{mm}$	1.0	0.4
		$d > 200\text{mm}$	1.5	
排水管				0.15
再生水管			0.5	0.4
燃气管	低压	$P \leqslant 0.05\text{MPa}$	1.0	0.15
	中压	$0.05\text{MPa} < P \leqslant 0.4\text{MPa}$	1.2	0.15
	高压	$0.4\text{MPa} < P \leqslant 0.8\text{MPa}$	1.5	0.15
		$0.8\text{MPa} < P \leqslant 1.6\text{MPa}$	2.0	0.15
热力管线			1.5	0.15
电力管线			0.5	0.5
电信管线			1.0	直埋 0.5
				管块 0.15
乔木			1.5	
地上柱杆	通信照明及<10kV		0.5	
	高压铁塔基础边		1.5	
道路侧石边缘			1.5	
铁路钢轨（或坡脚）			5.0	轨底 1.2
电车（轨底）			2.0	1.0
架空管架基础			2.0	
油管			1.5	0.25
压缩空气管			1.5	0.15
氧气管			1.5	0.25

续表 B

名称	水平净距（m）	垂直净距（m）
乙炔管	1.5	0.25
电车电缆	0.5	
明渠渠底		0.5
涵洞基础底		0.15

注：1 表列数字除注明者外，水平净距均指外壁净距，垂直净距系指下面管道的外顶与上面管道基础底间净距。
　　2 采取充分措施（如结构措施）后，表列数字可以减小。
　　3 与建筑物水平净距，管道埋深浅于建筑物基础时，不宜小于 2.5m，管道埋深深于建筑物基础时，按计算确定，但不应小于 3.0m。

本规范用词说明

1 为便于在执行本规范条文时区别对待，对要求严格程度不同的用词说明如下：

　　1）表示很严格，非这样做不可的：
　　　　正面词采用"必须"，反面词采用"严禁"；
　　2）表示严格，在正常情况下均应这样做的：
　　　　正面词采用"应"，反面词采用"不应"或"不得"；
　　3）表示允许稍有选择，在条件许可时首先应这样做的：
　　　　正面词采用"宜"，反面词采用"不宜"；
　　4）表示有选择，在一定条件下可以这样做的，采用"可"。

2 条文中指明应按其他有关标准执行的写法为"应符合……的规定"或"应按……执行"。

中华人民共和国国家标准

室外排水设计规范

GB 50014—2006

条 文 说 明

目　次

1 　总则 …………………………………… 2—42
3 　设计流量和设计水质 …………………… 2—43
　　3.1 　生活污水量和工业废水量 ………… 2—43
　　3.2 　雨水量 ……………………………… 2—44
　　3.3 　合流水量 …………………………… 2—48
　　3.4 　设计水质 …………………………… 2—48
4 　排水管渠和附属构筑物 ………………… 2—49
　　4.1 　一般规定 …………………………… 2—49
　　4.2 　水力计算 …………………………… 2—50
　　4.3 　管道 ………………………………… 2—50
　　4.4 　检查井 ……………………………… 2—52
　　4.5 　跌水井 ……………………………… 2—53
　　4.6 　水封井 ……………………………… 2—53
　　4.7 　雨水口 ……………………………… 2—53
　　4.8 　截流井 ……………………………… 2—54
　　4.9 　出水口 ……………………………… 2—54
　　4.10 　立体交叉道路排水 ………………… 2—54
　　4.11 　倒虹管 ……………………………… 2—55
　　4.12 　渠道 ………………………………… 2—55
　　4.13 　管道综合 …………………………… 2—55
　　4.14 　雨水调蓄池 ………………………… 2—55
　　4.15 　雨水渗透设施 ……………………… 2—57
　　4.16 　雨水综合利用 ……………………… 2—57
　　4.17 　内涝防治设施 ……………………… 2—58
5 　泵站 ……………………………………… 2—58
　　5.1 　一般规定 …………………………… 2—58
　　5.2 　设计流量和设计扬程 ……………… 2—59
　　5.3 　集水池 ……………………………… 2—59
　　5.4 　泵房设计 …………………………… 2—60
　　5.5 　出水设施 …………………………… 2—61
6 　污水处理 ………………………………… 2—62
　　6.1 　厂址选择和总体布置 ……………… 2—62
　　6.2 　一般规定 …………………………… 2—63
　　6.3 　格栅 ………………………………… 2—64
　　6.4 　沉砂池 ……………………………… 2—65
　　6.5 　沉淀池 ……………………………… 2—66
　　6.6 　活性污泥法 ………………………… 2—67
　　6.7 　化学除磷 …………………………… 2—72
　　6.8 　供氧设施 …………………………… 2—73
　　6.9 　生物膜法 …………………………… 2—74
　　6.10 　回流污泥和剩余污泥 ……………… 2—78
　　6.11 　污水自然处理 ……………………… 2—78
　　6.12 　污水深度处理和回用 ……………… 2—81
　　6.13 　消毒 ………………………………… 2—82
7 　污泥处理和处置 ………………………… 2—83
　　7.1 　一般规定 …………………………… 2—83
　　7.2 　污泥浓缩 …………………………… 2—83
　　7.3 　污泥消化 …………………………… 2—84
　　7.4 　污泥机械脱水 ……………………… 2—88
　　7.5 　污泥输送 …………………………… 2—90
　　7.6 　污泥干化焚烧 ……………………… 2—90
　　7.7 　污泥综合利用 ……………………… 2—92
8 　检测和控制 ……………………………… 2—93
　　8.1 　一般规定 …………………………… 2—93
　　8.2 　检测 ………………………………… 2—93
　　8.3 　控制 ………………………………… 2—94
　　8.4 　计算机控制管理系统 ……………… 2—95

1 总 则

1.0.1 说明制定本规范的宗旨目的。

1.0.2 规定本规范的适用范围。

本规范只适用于新建、扩建和改建的城镇、工业区和居住区的永久性的室外排水工程设计。

关于村庄、集镇和临时性排水工程，由于村庄、集镇排水的条件和要求具有与城镇不同的特点，而临时性排水工程的标准和要求的安全度要比永久性工程低，故不适用本规范。

关于工业废水，由于已逐步制定了各工业废水的设计规范，故本规范不包括工业废水的内容。

1.0.3 规定排水工程设计的主要依据和基本任务。

1989年12月26日第七届全国人民代表大会常务委员会第十一次会议通过的《中华人民共和国城市规划法》规定，中华人民共和国的一切城镇，都必须制定城镇规划，按照规划实施管理。城镇总体规划包括各项专业规划，排水工程专业规划是城镇总体规划的组成部分。城镇总体规划批准后，必须严格执行；未经原审批部门同意，任何组织和个人不得擅自改变。

据此，本条规定了主要依据。

2000年9月25日中华人民共和国国务院令第293号颁发的《建设工程勘察设计管理条例》规定，设计工作的基本任务是根据建设工程的要求，对建设工程所需的技术、经济、资源、环境等条件进行综合分析、论证，充分体现节地、节水、节能和节材的原则，编制与社会、经济发展水平相适应，经济效益、社会效益和环境效益相统一的设计文件。

据此，本条规定了基本任务和应正确处理的有关方面关系。

1.0.3A 关于排水工程设计与其他专项规划和设计相互协调的规定。

排水工程设施，包括内涝防治设施、雨水调蓄和利用设施，是维持城镇正常运行和资源利用的重要基础设施。在降雨频繁、河网密集或易受内涝灾害的地区，排水工程设施尤为重要。排水工程应与城市防洪、河道水系、道路交通、园林绿地、环境保护和环境卫生等专项规划和设计密切联系，并应与城市平面和竖向规划相互协调。

河道、湖泊、湿地和沟塘等城市自然蓄排水设施是城市内涝防治和排水的重要载体，在城镇平面规划中有明确的规划蓝线和水面率要求，应满足规划中的相关控制指标，根据城市自然蓄排水设施数量、规划蓝线保护和水面率的控制指标要求，合理确定排水设施的建设方案。排水工程设计中应考虑对河湖水系等城市现状受纳水体的保护和利用。

排水设施的设计，应充分考虑城镇竖向规划中的相关指标要求，根据不同地区的排水优先级确定排水设施与周边地区的高程差；从竖向规划角度考虑内涝防治要求，根据竖向规划要求确定高程差，而不能仅仅根据单项工程的经济性要求进行设计和建设。

1.0.4 规定排水体制选择的原则。

分流制指用不同管渠系统分别收集、输送污水和雨水的排水方式。合流制指用同一管渠系统收集、输送污水和雨水的排水方式。

分流制可根据当地规划的实施情况和经济情况，分期建设。污水由污水收集系统收集并输送到污水厂处理；雨水由雨水系统收集，并就近排入水体，可达到投资低，环境效益高的目的，因此规定除降雨量少的干旱地区外，新建地区应采用分流制，降雨量少一般指年均降雨量300mm以下的地区。旧城区由于历史原因，一般已采用合流制，故规定同一城镇的不同地区可采用不同的排水体制，同时规定现有合流制排水系统应按照规划的要求加大排水管网的改建力度，实施雨污分流改造。暂时不具备雨污分流条件的地区，应提高截流倍数，采取截流、调蓄和处理相结合的措施减少合流污水和降雨初期的污染。

1.0.4A 本条是关于采用低影响开发进行雨水综合管理的规定。

本次修订增加了按照低影响开发（LID）理念进行雨水综合管理的规定。雨水综合管理是指通过源头削减、过程控制、末端处理的方法，控制面源污染、防治内涝灾害、提高雨水利用程度。

面源污染是指通过降雨和地表径流冲刷，将大气和地表中的污染物排入受纳水体，使受纳水体遭受污染的现象。城镇的商业区、居民区、工业区和街道等地表包括大量不透水地面，这些地表积累大量污染物，如油类、盐分、氮、磷、有毒物质和生活垃圾等，在降雨过程中雨水及其形成的地表径流冲刷地面污染物，通过排水管渠或直接进入地表水环境，造成地表水污染，所以应控制面源污染。

城镇化进程的不断推进和高强度开发势必造成城镇下垫面不透水层的增加，导致降雨后径流量增大。城镇规划时，应采用渗透、调蓄等设施减少雨水径流量，减少进入分流制雨水管道和合流制管道的雨水量，减少合流制排水系统溢流次数和溢流量，不仅可有效防治内涝灾害，还可提高雨水利用程度。

雨水资源是陆地淡水资源的主要形式和来源，应提高雨水利用程度。具体措施包括屋顶绿化、雨水蓄渗、下凹式绿地、透水路面等。有条件的地区应设置雨水渗透设施，削减雨水径流量，雨水渗透涵养地下水也是雨水资源的利用。

1.0.4B 关于采取综合措施进行内涝防治的规定。

城镇内涝防治措施包括工程性措施和非工程性措施。通过源头控制、排水管网完善、城镇涝水行泄通道建设和优化运行管理等综合措施防治城镇内涝。工程性措施，包括建设雨水渗透设施、调蓄设施、利用设施和雨水行泄通道，还包括对市政排水管网和泵站进行改造、对城市内河进行整治等。非工程性措施包括建立内涝防治设施的运行监控体系、预警应急机制以及相应法律法规等。

1.0.5 规定了进行排水系统设计时，从较大范围综合考虑的若干因素。

1 根据国内外经验，污水和污泥可作为有用资源，应考虑综合利用，但在考虑综合利用和处置污水污泥时，首先应对其卫生安全性、技术可靠性、经济合理性等情况进行全面论证和评价。

2 与邻近区域内的污水和污泥的处理和处置系统相协调包括：

一个区域的排水系统可能影响邻近区域，特别是影响下游区域的环境质量，故在确定该区的处理水平和处置方案时，必须在较大区域范围内综合考虑；

根据排水专业规划，有几个区域同时或几乎同时建设时，应考虑合并处理和处置的可能性，因为它的经济效益可能更好，但施工时间较长，实现较困难。前苏联和日本都有类似规定。

3 如设计排水区域内尚需考虑给水和防洪问题时，污水排水工程应与给水工程协调，雨水排水工程应与防洪工程协调，以节省总造价。

4 根据国内外经验，工业废水只要符合条件，以集中至城镇排水系统一起处理较为经济合理。

5 在扩建和改建排水工程时，对原有排水工程设施利用与否应通过调查做出决定。

1.0.6 规定工业废水接入城镇排水系统的水质要求。

从全局着眼，工业企业有责任根据本企业废水水质进行预处理，使工业废水接入城镇排水系统后，对城镇排水管渠不阻塞，不损坏，不产生易燃、易爆和有毒有害气体，不传播致病菌和病原体，不危害操作养护人员，不妨碍污水的生物处理，不影响处理后出水的再生利用和安全排放，不影响污泥的处理和处置。排入城镇排水系统的污水水质，必须符合现行的《污水综合排放标准》GB 8978、《污水排入城市下水道水质标准》CJ 3082 等有关标准的规定。

1.0.7 规定排水工程设计采用新技术应遵循的主要原则。

规范应及时将新技术纳入。凡是在国内普遍推广、行之有效、积有完整的可靠科学数据的新技术，都应积极纳入。随着科学技术的发展，新技术还会不断涌现。规范不应阻碍或抑制新技术的发展，为此，鼓励积极采用经过鉴定、节地节能、经济高效的新技术。

1.0.8 规定采用排水工程设备机械化和自动化程度的主要原则。

由于排水工程操作人员劳动强度较大，同时，有些构筑物，如污水泵站的格栅井、污泥脱水机房和污泥厌氧消化池等会产生硫化氢、污泥气等有毒有害易燃易爆气体，为保障操作人员身体健康和人身安全，规定排水工程宜采用机械化和自动化设备，对操作繁重、影响安全、危害健康的，应采用机械化和自动化设备。

1.0.9 关于排水工程尚应执行的有关标准和规范的规定。

有关标准、规范有：《建筑物防雷设计规范》GB 50057、《建筑设计防火规范》GBJ 16、《城镇污水处理厂污染物排放标准》GB 18918 和《工业企业噪声控制设计规范》GBJ 87 等。

为保障操作人员和仪器设备安全，根据《建筑物防雷设计规范》GB 50057 的规定，监控设施等必须采取接地和防雷措施。

由于排水工程的污水中可能含有易燃易爆物质，根据《建筑设计防火规范》GBJ 16 的规定，建筑物应按二级耐火等级考虑。建筑物构件的燃烧性能和耐火极限以及室内设置的消防设施均应符合《建筑设计防火规范》GBJ 16 的规定。

排水工程可能会散发恶臭气体，污染周围环境，设计时应对散发的臭气进行收集和净化，或建设绿化带并设有一定的防护距离，以符合《城镇污水处理厂污染物排放标准》GB 18918 的规定。

鼓风机尤其是罗茨鼓风机会产生超标的噪声，应首先从声源上进行控制，选用低噪声的设备，同时采用隔声、消声、吸声和隔振等措施，以符合《工业企业噪声控制设计规范》GBJ 87 的规定。

1.0.10 关于在特殊地区设计排水工程尚应同时符合有关专门规范的规定。

3 设计流量和设计水质

3.1 生活污水量和工业废水量

3.1.1 规定城镇旱流污水设计流量的计算公式。

设计综合生活污水量 Q_d 和设计工业废水量 Q_m 均以平均日流量计。

城镇旱流污水，由综合生活污水和工业废水组成。综合生活污水由居民生活污水和公共建筑污水组成。居民生活污水指居民日常生活中洗涤、冲厕、洗澡等产生的污水。公共建筑污水指娱乐场所、宾馆、浴室、商业网点、学校和办公楼等产生的污水。

规定地下水位较高地区考虑入渗地下水量的原则。

因当地土质、地下水位、管道和接口材料以及施工质量、管道运行时间等因素的影响，当地下水位高于排水管渠时，排水系统设计应适当考虑入渗地下水量。入渗地下水量宜根据测定资料确定，一般按单位管长和管径的入渗地下水量计，也可按平均日综合生活污水和工业废水总量的 10%～15% 计，还可按每天每单位服务面积入渗的地下水量计。中国市政工程中南设计研究院和广州市市政园林局测定过管径为1000mm~1350mm的新铺钢筋混凝土管入渗地下水量,结果为:地下水位高于管底3.2m,入渗量为94m³/(km·d);高于管底4.2m,入渗量为196m³/(km·d);高于管底6m,入渗量为800m³/(km·d);高于管底6.9m,入渗量为1850m³/(km·d)。上海某泵站冬夏两次测定,冬季为3800m³/(km²·d),夏季为6300m³/(km²·d);日本《下水道设施设计指南与解说》(日本下水道协会,2001年,以下简称日本指南)规定采用经验数据,按日最大综合污水量的10%~20%计;英国《污水处理厂》BSEN 12255(以下简称英国标准)建议按观测现有管道的夜间流量进行估算;德国ATV标准(德国废水工程协会,2000年,以下简称德国ATV)规定入渗水量不大于0.15L/(s·hm²),如大于则应采取措施减少入渗;美国按0.01m³/(d·mm-km)~1.0m³/(d·mm-km)(mm为管径,km为管长)计,或按0.2m³/(hm²·d)~28m³/(hm²·d)计。

在地下水位较高的地区,水力计算时,公式(3.1.1)后应加入入渗地下水量Q_u,即$Q_{dr}=Q_d+Q_m+Q_u$。

3.1.2 本条规定居民生活污水定额和综合生活污水定额的确定原则。

按用水定额确定污水定额时,建筑内部给排水设施水平较高的地区,可按用水定额的90%计,一般水平的可按用水定额的80%计。"排水系统普及程度等因素"移至第3.1.2A条。

3.1.2A 本条是关于排水系统规模确定的规定。

排水系统作为重要的市政基础设施,应按照一次规划、分期实施和先地下、后地上的建设规律进行。地下管道应按远期规模设计,污水处理系统应根据排水系统的发展规划和普及程度合理确定近远期规模。

3.1.3 关于综合生活污水量总变化系数的规定。

我国现行综合生活污水量总变化系数参考了全国各地51座污水厂总变化系数取值资料,按照污水平均日流量数值而制定。国外大多按人口总数来确定综合生活污水量总变化系数,并设定最小值。例如,日本采用Babbitt公式,即$K=5/(P/1000)^{0.2}$(P为人口总数,下同),规定中等规模以上的城市,K值取1.3~1.8,小规模城市K值1.5以上,也有超过2.0以上的情况;美国十州标准(Ten States Standards)采用Baumann公式确定综合生活污水量总变化系数,即$K=1+14/[4+(P/1000)^{0.5}]$,当人口总数超过10万时,$K$值取最小值2.0;美国加利福尼亚州采用类似Babbitt公式,即$K=5.453/P^{0.0963}$,当人口总数超过10万时,K值取最小值1.8。

与发达国家相比较,我国目前的综合生活污水量总变化系数取值偏低。本次修订提出,为有效控制降雨初期的雨水污染,针对新建分流制地区,应根据排水总体规划,参照国外先进和有效的标准,宜适当提高综合生活污水量总变化系数;既有地区,根据当地排水系统的实际改建需要,综合生活污水量总变化系数也可适当提高。本次修订暂不对表3.1.3做具体改动。

3.1.4 规定工业区内生活污水量、沐浴污水量的确定原则。

3.1.5 规定工业废水量及变化系数的确定原则。

我国是一个水资源短缺的国家,城市缺水问题尤为突出,国家对水资源的开发利用和保护十分重视,有关部门制定了各工业的用水量规定,排水工程设计时,应与之相协调。

3.2 雨 水 量

3.2.1 规定雨水设计流量的计算方法。

我国目前采用恒定均匀流推理公式,即用式(3.2.1)计算雨水设计流量。恒定均匀流推理公式基于以下假设:降雨在整个汇水面积上的分布是均匀的;降雨强度在选定的降雨时段内均匀不变;汇水面积随集流时间增长的速度为常数,因此推理公式适用于较小规模排水系统的计算,当应用于较大规模排水系统的计算时会产生较大误差。随着技术的进步,管渠直径的放大、水泵能力的提高,排水系统汇水流域面积逐步扩大应该修正推理公式的精确度。发达国家已采用数学模型模拟降雨过程,把排水管渠作为一个系统考虑,并用数学模型对管网进行管理。美国一些城市规定的推理公式适用范围分别为:奥斯汀4km²,芝加哥0.8km²,纽约1.6km²,丹佛6.4km²且汇流时间小于10min;欧盟的排水设计规范要求当排水系统面积大于2km²或汇流时间大于15min时,应采用非恒定流模拟进行城市雨水管网水力计算。在总结国内外资料的基础上,本次修订提出当汇水面积超过2km²时,雨水设计流量宜采用数学模型进行确定。

排水工程设计常用的数学模型一般由降雨模型、产流模型、汇流模型、管网水动力模型等一系列模型组成,涵盖了排水系统的多个环节。数学模型可以考虑向一降雨事件中降雨强度在不同时间和空间的分布情况,因而可以更加准确地反映地表径流的产生过程和径流流量,也便于与后续的管网水动力学模型衔接。

数学模型中用到的设计暴雨资料包括设计暴雨量和设计暴雨过程,即雨型。设计暴雨量可按城市暴雨强度公式计算,设计暴雨过程可按以下三种方法确定:

1) 设计暴雨统计模型。结合编制城市暴雨强度公式的采样过程,收集降雨过程资料和雨峰位置,根据常用重现期部分的降雨资料,采用统计分析方法确定设计降雨过程。

2) 芝加哥降雨模型。根据自记雨量资料统计分析城市暴雨强度公式，同时采集雨峰位置系数，雨峰位置系数取值为降雨雨峰位置除以降雨总历时。

3) 当地水利部门推荐的降雨模型。采用当地水利部门推荐的设计降雨雨型资料，必要时需做适当修正，并摒弃超过24h的长历时降雨。

排水工程设计常用的产、汇流计算方法包括扣损法、径流系数法和单位线法（Unit Hydrograph）等。扣损法是参考径流形成的物理过程，扣除集水区蒸发、植被截留、低洼地面积蓄和土壤下渗等损失之后所形成径流过程的计算方法。降雨强度和下渗在地面径流的产生过程中具有决定性的作用，而低洼地面积蓄量和蒸发量一般较小，因此在城市暴雨计算中常常被忽略。Horton模型或Green-Ampt模型常被用来描述土壤下渗能力随时间变化的过程。当缺乏详细的土壤下渗系数等资料，或模拟城镇建筑较密集的地区时，可以将汇水面积划分成多个片区，采用径流系数法，即式（3.2.1）计算每个片区产生的径流，然后运用数学模型模拟地面漫流和雨水在管道的流动，以每个管段的最大峰值流量作为设计雨水量。单位线是指单位时段内均匀分布的单位净雨量在流域出口断面形成的地面径流过程线，利用单位线推求汇流过程线的方法称为单位线法。单位线可根据出流断面的实测流量通过倍比、叠加等数学方法生成，也可以通过解析公式如线性水库模型来获得。目前，单位线法在我国排水工程设计中应用较少。

采用数学模型进行排水系统设计时，除应按本规范执行外，还应满足当地的地方设计标准，应对模型的适用条件和假定参数做详细分析和评估。当建立管道系统的数学模型时，应对系统的平面布置、管径和标高等参数进行核实，并运用实测资料对模型进行校正。

3.2.2 规定综合径流系数的确定原则。

小区的开发，应体现低影响开发的理念，不应由市政设施的不断扩建与之适应，而应在小区内进行源头控制。本条规定了应严格执行规划控制的综合径流系数，还提出了综合径流系数高于0.7的地区应采用渗透、调蓄等措施。

本次修订增加了应核实地面种类的组成和比例的规定，可以采用的方法包括遥感监测、实地勘测等。

表3.2.2-1列出按地面种类分列的径流系数Ψ值。表3.2.2-2列出按区域情况分列的综合径流系数Ψ值。国内一些地区采用的综合径流系数见表1。《日本下水道设计指南》推荐的综合径流系数见表2。

3.2.2A 关于以径流量作为地区改建控制指标的规定。

表1 国内一些地区采用的综合径流系数

城市	综合径流系数
北京	0.5～0.7
上海	0.5～0.8
天津	0.45～0.6
乌兰浩特	0.5
南京	0.5～0.7
杭州	0.6～0.8
扬州	0.5～0.8
宜昌	0.65～0.8
南宁	0.5～0.75
柳州	0.4～0.8
深圳	旧城区：0.7～0.8 新城区：0.6～0.7

表2 《日本下水道设计指南》推荐的综合径流系数

区域情况	Ψ
空地非常少的商业区或类似的住宅区	0.80
有若干室外作业场等透水地面的工厂或有若干庭院的住宅区	0.65
房产公司住宅区之类的中等住宅区或单户住宅多的地区	0.50
庭院多的高级住宅区或夹有耕地的郊区	0.35

本条为强制性条文。本次修订提出以径流量作为地区开发改建控制指标的规定。地区开发应充分体现低影响开发理念，除应执行规划控制的综合径流系数指标外，还应执行径流量控制指标。规定整体改建地区应采取措施确保改建后的径流量不超过原有径流量。可采取的综合措施包括建设下凹式绿地，设置植草沟、渗透池等，人行道、停车场、广场和小区道路等可采用渗透性路面，促进雨水下渗，既达到雨水资源综合利用的目的，又不增加径流量。

3.2.3 关于设计暴雨强度的计算公式的规定。

目前我国各地已积累了完整的自动雨量记录资料，可采用数理统计法计算确定暴雨强度公式。本条所列的计算公式为我国目前普遍采用的计算公式。

水文统计学的取样方法有年最大值法和非年最大值法两类，国际上的发展趋势是采用年最大值法。日本在具有20年以上雨量记录的地区采用年最大值法，在不足20年雨量记录的地区采用非年最大值法，年多个样法是非年最大值法中的一种。由于以前国内自记雨量资料不多，因此多采用年多个样法。现在我国许多地区已具有40年以上的自记雨量资料，具备采用年最大值法的条件。所以，规定具有20年以上自

3.2.4 雨水管渠设计重现期，应根据汇水地区性质、城镇类型、地形特点和气候特征等因素，经技术经济比较后确定。原《室外排水设计规范》GB 50014—2006（2011年版）中虽然将一般地区的雨水管渠设计重现期调整为1年～3年，但与发达国家相比较，我国设计标准仍偏低。

表3为我国目前雨水管渠设计重现期与发达国家和地区的对比情况。美国、日本等国在城镇内涝防治设施上投入较大，城镇雨水管渠设计重现期一般采用5年～10年。美国各州还将排水干管系统的设计重现期规定为100年，排水系统的其他设施分别具有不同的设计重现期。日本也将设计重现期不断提高，《日本下水道设计指南》（2009年版）中规定，排水系统设计重现期在10年内应提高到10年～15年。所以本次修订提出按照地区性质和城镇类型，并结合地形特点和气候特征等因素，经技术经济比较后，适当提高我国雨水管渠的设计重现期，并与发达国家标准基本一致。

本次修订中表3.2.4的城镇类型根据2014年11月20日国务院下发的《国务院关于调整城市规模划分标准的通知》（国发[2014]51号）进行调整，增加超大城市。城镇类型划分为"超大城市和特大城市"、"大城市"和"中等城市和小城市"。城区类型则分为"中心城区"、"非中心城区"、"中心城区的重要地区"和"中心城区的地下通道和下沉式广场"。其中，中心城区重要地区主要指行政中心、交通枢纽、学校、医院和商业聚集区等。

根据我国目前城市发展现状，并参照国外相关标准，将"中心城区地下通道和下沉式广场等"单独列出。以德国、美国为例，德国给水废水和废弃物协会（ATV-DVWK）推荐的设计标准（ATV-A118）中规定：地下铁道/地下通道的设计重现期为5年～20年。我国上海市虹桥商务区的规划中，将下沉式广场的设计重现期规定为50年。由于中心城区地下通道和下沉式广场的汇水面积可以控制，且一般不能与城镇内涝防治系统相结合，因此采用的设计重现期应与内涝防治设计重现期相协调。

表3 我国当前雨水管渠设计重现期与发达国家和地区的对比

国家（地区）	设计暴雨重现期
中国大陆	一般地区1年～3年、重要地区3年～5年、特别重要地区10年
中国香港	高度利用的农业用地2年～5年；农村排水，包括开拓地项目的内部排水系统10年；城市排水支线系统50年

续表3

国家（地区）	设计暴雨重现期
美国	居住区2年～15年，一般取10年。商业和高价值地区10年～100年
欧盟	农村地区1年、居民区2年、城市中心/工业区/商业区5年
英国	30年
日本	3年～10年，10年内应提高至10年～15年
澳大利亚	高密度开发的办公、商业和工业区20年～50年；其他地区以及住宅区为10年；较低密度的居民区和开放地区为5年
新加坡	一般管渠、次要排水设施、小河道5年一遇，新加坡河等主干河流50年～100年一遇，机场、隧道等重要基础设施和地区50年一遇

3.2.4A 关于防止洪水对城镇影响的规定。

由于全球气候变化，特大暴雨发生频率越来越高，引发洪水灾害频繁，为保障城镇居民生活和工厂企业运行正常，在城镇防洪体系中应采取措施防止洪水对城镇排水系统的影响而造成内涝。措施有设置泄洪通道，城镇设置圩垸等。

3.2.4B 城镇内涝防治的主要目的是将降雨期间的地面积水控制在可接受的范围。鉴于我国还没有专门针对内涝防治的设计标准，本规范表3.2.4B列出了内涝防治设计重现期和积水深度标准，用以规范和指导内涝防治设施的设计。

本次修订根据2014年11月20日国务院下发的《国务院关于调整城市规模划分标准的通知》（国发[2014]51号）调整了表3.2.4B的城镇类型划分，增加了超大城市。

根据内涝防治设计重现期校核地面积水排除能力时，应根据当地历史数据合理确定用于校核的降雨历时及该时段内的降雨量分布情况，有条件的地区宜采用数学模型计算。如校核结果不符合要求，应调整设计，包括放大管径、增设渗透设施、建设调蓄段或调蓄池等。执行表3.2.4B标准时，雨水管渠按压力流计算，即雨水管渠应处于超载状态。

表3.2.4B"地面积水设计标准"中的道路积水深度是指该车道路面标高最低处的积水深度。当路面积水深度超过15cm时，车道可能因机动车熄火而完全中断，因此表3.2.4B规定每条道路至少有一条车道的积水深度不超过15cm。发达国家和我国部分城市已有类似的规定，如美国丹佛市规定：当降雨强度不超过10年一遇时，非主干道路（collector）中央的积水深度不应超过15cm，主干道路和高速公路的中央不应有积水；当降雨强度为100年一遇时，非主干道路中央的积水深度不应超过30cm，主干道路和

高速公路中央不应有积水。上海市关于市政道路积水的标准是：路边积水深度大于15cm（即与道路侧石齐平），或道路中心积水时间大于1h，积水范围超过50m²。

发达国家和地区的城市内涝防治系统包含雨水管渠、坡地、道路、河道和调蓄设施等所有雨水径流可能流经的地区。美国和澳大利亚的内涝防治设计重现期为100年或大于100年，英国为30年~100年，香港城市主干管为200年，郊区主排水渠为50年。

图1引自《日本下水道设计指南》（2001年版）中日本横滨市鹤见川地区的"不同设计重现期标准的综合应对措施"。图1反映了该地区从单一的城市排水管道排水系统到包含雨水管渠、内河和流域调蓄等综合应对措施在内的内涝防治系统的发展历程。当采用雨水调蓄设施中的排水管道调蓄应对措施时，该地区的设计重现期可达10年一遇，可排除50mm/h的降雨；当采用雨水调蓄设施和利用内河调蓄应对措施时，设计重现期可进一步提高到40年一遇；在此基础上再利用流域调蓄时，可应对150年一遇的降雨。

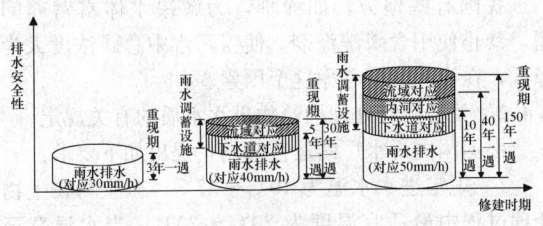

图1 不同设计重现期标准的综合应对措施
（鹤见川地区）

欧盟室外排水系统排放标准（BS EN 752: 2008）见表3A和表3B。该标准中，"设计暴雨重现期（Design Storm Frequency）"与我国雨水管渠设计重现期相对应；"设计洪水重现期（Design Flooding Frequency）"与我国的内涝防治设计重现期概念相近。

表3A 欧盟推荐设计暴雨重现期
（Design Storm Frequency）

地点	设计暴雨重现期	
	重现期（年）	超过1年一遇的概率
农村地区	1	100%
居民区	2	50%
城市中心/工业区/商业区	5	20%
地下铁路/地下通道	10	10%

表3B 欧盟推荐设计洪水重现期
（Design Flooding Frequency）

地点	设计洪水重现期	
	重现期（年）	超过1年一遇的概率
农村地区	10	10%
居民区	20	5%
城市中心/工业区/商业区	30	3%
地下铁路/地下通道	50	2%

根据我国内涝防治整体现状，各地区应采取渗透、调蓄、设置行泄通道和内河整治等措施，积极应对可能出现的超过雨水管渠设计重现期的暴雨，保障城镇安全运行。

3.2.5 规定雨水管渠降雨历时的计算公式。

本次修订取消了原《室外排水设计规范》GB 50014—2006（2011年版）降雨历时计算公式中的折减系数m。折减系数m是根据前苏联的相关研究成果提出的数据。近年来，我国许多地区发生严重内涝，给人民生活和生产造成了极不利影响。为防止或减少类似事件，有必要提高城镇排水管渠设计标准，而采用降雨历时计算公式中的折减系数降低了设计标准。发达国家一般不采用折减系数。为有效应对日益频发的城镇暴雨内涝灾害，提高我国城镇排水安全性，本次修订取消折减系数m。

根据国内资料，地面集水时间采用的数据，大多不经计算，按经验确定。在地面平坦、地面种类接近、降雨强度相差不大的情况下，地面集水距离是决定集水时间长短的主要因素；地面集水距离的合理范围是50m~150m，采用的集水时间为5min~15min。国外常用的地面集水时间见表4。

表4 国外常用的地面集水时间

资料来源	工程情况	t_1（min）
《日本下水道设计指南》	人口密度大的地区	5
	人口密度小的地区	10
	平均	7
	干线	5
	支线	7~10
美国土木工程学会	全部铺装，排水管道完备的密集地区	5
	地面坡度较小的发展区	10~15
	平坦的住宅区	20~30

3.2.5A 关于延缓出流时间的规定。

采用就地渗透、调蓄、延缓径流出流时间等措施，延缓出流时间，降低暴雨径流量。渗透措施包括采用透水地面、下凹式绿地、生态水池、调蓄池等，延缓径流出流时间措施如屋面绿化和屋面雨水就地综合利用等。

3.2.6 关于可设雨水调蓄池的规定。

随着城镇化的发展，雨水径流量增大，排水管渠的输送能力可能不能满足需要。为提高排水安全性，一种经济的做法是结合城镇绿地、运动场等公共设施，设雨水调蓄池。

3.3 合流水量

3.3.1 规定合流管渠设计流量的计算公式。

设计综合生活污水量 Q_d 和设计工业废水量 Q_m 均以平均日流量计。

3.3.2 规定截流井以后管渠流量的计算公式。

3.3.3 规定截流倍数的选用原则。

截流倍数的设置直接影响环境效益和经济效益，其取值应综合考虑受纳水体的水质要求、受纳水体的自净能力、城市类型、人口密度和降雨量等因素。当合流制排水系统具有排水能力较大的合流管渠时，可采用较小的截流倍数，或设置一定容量的调蓄设施。根据国外资料，英国截流倍数为5，德国为4，美国一般为1.5～5。我国的截流倍数与发达国家相比偏低，有的城市截流倍数仅为0.5。本次修订为有效降低初期雨水污染，将截流倍数 n_0 提高为2～5。

3.3.4 确定合流管道雨水设计重现期的原则。

合流管道的短期积水会污染环境，散发臭味，引起较严重的后果，故合流管道的雨水设计重现期可适当高于同一情况下的雨水管道设计重现期。

3.4 设计水质

3.4.1 关于设计水质的有关规定。

根据1990年以来全国37座污水处理厂的设计资料，每人每日五日生化需氧量的范围为20g/(人·d)～67.5g/(人·d)，集中在25g/(人·d)～50g/(人·d)，占总数的76%；每人每日悬浮固体的范围为28.6g/(人·d)～114g/(人·d)，集中在40g/(人·d)～65g/(人·d)，占总数的73%；每人每日总氮的范围为4.5g/(人·d)～14.7g/(人·d)，集中在5g/(人·d)～11g/(人·d)，占总数的88%；每人每日总磷的范围为0.6g/(人·d)～1.9g/(人·d)，集中在0.7g/(人·d)～1.4g/(人·d)，占总数的81%。《室外排水设计规范》GBJ 14—87（1997年版）规定五日生化需氧量和悬浮固体的范围分别为25g/(人·d)～30g/(人·d)和35g/(人·d)～50g/(人·d)，由于污水浓度随生活水平提高而增大，同时我国幅员辽阔，各地发展不平衡，故与《室外排水设计规范》GBJ 14—87（1997年版）相比，数值相对提高，范围扩大。本规范规定五日生化需氧量、悬浮固体、总氮和总磷的范围分别为25g/(人·d)～50g/(人·d)、40g/(人·d)～65g/(人·d)、5g/(人·d)～11g/(人·d)和0.7g/(人·d)～1.4g/(人·d)。一些国家的水质指标比较见表5。

表5 一些国家的水质指标比较 [g/(人·d)]

国家	五日生化需氧量 BOD_5	悬浮固体 SS	总 氮 TN	总 磷 TP
埃及	27～41	41～68	8～14	0.4～0.6
印度	27～41	—	—	—
日本	40～45	—	1～3	0.15～0.4
土耳其	27～50	41～68	8～14	0.4～2.0
美国	50～120	60～150	9～22	2.7～4.5
德国	55～68	82～96	11～16	1.2～1.6
原规范	25～30	35～50		
本规范	25～50	40～65	5～11	0.7～1.4

我国有些地方，如深圳，为解决水体富营养问题，禁止使用含磷洗涤剂，使得污水中总磷浓度大为降低，在设计时应考虑这个因素。

3.4.2 关于生物处理构筑物进水水质的有关规定。

根据国内污水厂的运行数据，提出如下要求：

1 规定进水水温为10℃～37℃。微生物在生物处理过程中最适宜温度为20℃～35℃，当水温高至37℃或低至10℃时，还有一定的处理效果，超出此范围时，处理效率即显著下降。

2 规定进水的 pH 值宜为 6.5～9.5。在处理构筑物内污水的最适宜 pH 值为7～8，当 pH 值低于6.5或高于9.5时，微生物的活动能力下降。

3 规定营养组合比（五日生化需氧量：氮：磷）为100:5:1。一般而言，生活污水中氮、磷能满足生物处理的需要；当城镇污水中某些工业废水占较大比例时，微生物营养可能不足，为保证生物处理的效果，需人工添加至足量。为保证处理效果，有害物质不宜超过表6规定的允许浓度。

表6 生物处理构筑物进水中有害物质允许浓度

序号	有害物质名称	允许浓度（mg/L）
1	三价铬	3
2	六价铬	0.5
3	铜	1
4	锌	5
5	镍	2
6	铅	0.5

续表6

序号	有害物质名称	允许浓度（mg/L）
7	镉	0.1
8	铁	10
9	锑	0.2
10	汞	0.01
11	砷	0.2
12	石油类	50
13	烷基苯磺酸盐	15
14	拉开粉	100
15	硫化物（以S计）	20
16	氯化钠	4000

注：表中允许浓度为持续性浓度，一般可按日平均浓度计。

4 排水管渠和附属构筑物

4.1 一般规定

4.1.1 规定排水管渠的布置和设计原则。

排水管渠（包括输送污水和雨水的管道、明渠、盖板渠、暗渠）的系统设计，应按城镇总体规划和分期建设情况，全面考虑，统一布置，逐步实施。

管渠一般使用年限较长，改建困难，如仅根据当前需要设计，不考虑规划，在发展过程中会造成被动和浪费；但是如按规划一次建成设计，不考虑分期建设，也会不适当地扩大建设规模，增加投资拆迁和其他方面的困难。为减少扩建时废弃管渠的数量，排水管渠的断面尺寸应根据排水规划，并考虑城镇远景发展需要确定；同时应接近期水量复核最小流速，防止流速过小造成淤积。规划期限应与城镇总体规划期限相一致。

本条对排水管渠的设计期限作了重要规定，即需要考虑"远景"水量。

4.1.2 规定管渠具体设计时在平面布置和高程确定上应考虑的原则。

一般情况下，管渠布置应与其他地下设施综合考虑。污水管渠通常布置在道路人行道、绿化带或慢车道下，尽量避开快车道，如不可避免时，应充分考虑施工对交通和路面的影响。敷设的管道应是可巡视的，要有巡视养护通道。排水管渠在城镇道路下的埋设位置应符合《城市工程管线综合规划规范》GB 50289的规定。

4.1.3 规定管渠材质、管渠构造、管渠基础、管道接口的选定原则。

管渠采用的材料一般有混凝土、钢筋混凝土、陶土、石棉水泥、塑料、球墨铸铁、钢以及土明渠等。管渠基础有砂石基础、混凝土基础、土弧基础等。管道接口有柔性接口和刚性接口等，应根据影响因素进行选择。

4.1.3A 关于排水管渠断面形状的规定。

排水管渠断面形状应综合考虑下列因素后确定：受力稳定性好；断面过水流量大，在不淤流速下不发生沉淀；工程综合造价经济；便于冲洗和清通。

排水工程常用管渠的断面形状有圆形、矩形、梯形和卵形等。圆形断面有较好的水力性能，结构强度高，使用材料经济，便于预制，因此是最常用的一种断面形式。

矩形断面可以就地浇筑或砌筑，并可按需要调节深度，以增大排水量。排水管道工程中采用箱涵的主要因素有：受当地制管技术、施工环境条件和施工设备等限制，超出其能力的即用现浇箱涵；在地势较为平坦地区，采用矩形断面箱涵敷设，可减少埋深。

梯形断面适用于明渠。

卵形断面适用于流量变化大的场合，合流制排水系统可采用卵形断面。

4.1.4 关于管渠防腐蚀措施的规定。

输送腐蚀性污水的管渠、检查井和接口必须采取相应的防腐蚀措施，以保证管渠系统的使用寿命。

4.1.5 关于管渠考虑维护检修方便的规定。

某些污水易造成管渠内沉析，或因结垢、微生物和纤维类黏结而堵塞管道，因而管渠形式和附属构筑物的确定，必须考虑维护检修方便，必要时要考虑更换的可能。

4.1.6 关于工业区内雨水的规定。

工业区内经常受有害物质污染的露天场地，下雨时，地面径流水夹带有害物质，若直接泄入水体，势必造成水体的污染，故应经过预处理后，达到排入城镇下水道标准，才能排入排水管渠。

4.1.7 关于重力流和压力流的规定。

提出排水管渠应以重力流为主的要求，当排水管道翻越高地或长距离输水等情况时，可采用压力流。

4.1.8 关于雨水调蓄的规定。

目前城镇的公园湖泊、景观河道等有作为雨水调蓄水体和设施的可能性，雨水管渠的设计，可考虑利用这些条件，以节省工程投资。

本条增加了"必要时可建人工调蓄和初期雨水处理设施"的内容。

4.1.9 规定污水管道、合流污水管道和附属构筑物应保证其严密性的要求。

为用词确切，本次修订增加了"合流污水管道"，同时将"密实性"改为"严密性"。污水管道设计为保证其严密性，应进行闭水试验，防止污水外泄污染环境，并防止地下水通过管道、接口和附属构筑物入渗，同时也可防止雨水管渠的渗漏造成道路沉陷。

4.1.10 关于管渠出水口的规定。

管渠出水口的设计水位应高于或等于排放水体的设计洪水位。当低于时,应采取适当工程措施。

4.1.11 关于连通管的规定。

在分流制和合流制排水系统并存的地区,为防止系统之间的雨污混接,本次修订增加了"雨水管道系统与合流管道系统之间不应设置连通管道"的规定。

由于各个雨水管道系统或各个合流管道系统的汇水面积、集水时间均不相同,高峰流量不会同时发生,如在两个雨水管道系统或两个合流管道系统之间适当位置设置连通管,可相互调剂水量,改善地区排水情况。

为了便于控制和防止管道检修时污水或雨水从连通管倒流,可设置闸槽或闸门并应考虑检修和养护的方便。

4.1.12 关于事故排出口的规定。

考虑事故、停电或检修时,排水要有出路。

4.2 水 力 计 算

4.2.1 规定排水管渠流量的计算公式。

补充了流量计算公式。

4.2.2 规定排水管渠流速的水力计算公式。

排水管渠的水力计算根据流态可以分为恒定流和非恒定流两种,本条规定了恒定流条件下的流速计算公式,非恒定流计算条件下的排水管渠流速计算应根据具体数学模型确定。

4.2.3 规定排水管渠的粗糙系数。

根据《建筑排水硬聚氯乙烯管道工程技术规程》CJJ/T 29 和《玻璃纤维缠绕增强固性树脂夹砂压力管》JC/T 838,UPVC 管和玻璃钢管的粗糙系数 n 均为 0.009。根据调查,HDPE 管的粗糙系数 n 为 0.009。因此,本条规定 UPVC 管、PE 管和玻璃钢管的粗糙系数 $n=0.009\sim0.01$。具体设计时,可根据管道加工方法和管道使用条件等确定。

4.2.4 关于管渠最大设计充满度的规定。

4.2.5 规定排水管道的最大设计流速。

非金属管种类繁多,耐冲刷等性能各异。我国幅员辽阔,各地地形差异较大。山城重庆有些管渠的埋设坡度达到 10% 以上,甚至达到 20%,实践证明,在污水计算流速达到最大设计流速 3 倍或以上的情况下,部分钢筋混凝土管和硬聚氯乙烯管等非金属管道仍可正常工作。南宁市某排水系统,采用钢筋混凝土管,管径为 1800mm,最大流速为 7.2m/s,投入运行后无破损,管道和接口无渗水,管内基本无淤泥沉积,使用效果良好。根据塑料管道试验结果,分别采用含 7% 和 14% 石英砂、流速为 7.0m/s 的水对聚乙烯管和钢管进行试验对比,结果显示聚乙烯管的耐磨性优于铜管。根据以上情况,规定通过试验验证,可适当提高非金属管道最大设计流速。

4.2.6 规定排水明渠的最大设计流速。

4.2.7 规定排水管渠的最小设计流速。

含有金属、矿物固体或重油杂质等的污水管道,其最小设计流速宜适当加大。

当起点污水管段中的流速不能满足条文中的规定时,应按本规范表 4.2.10 的规定取值。

设计流速不满足最小设计流速时,应增设清淤措施。

4.2.8 规定压力输泥管的最小设计流速。

4.2.9 规定压力管道的设计流速。

压力管道在排水工程泵站输水中较为适用。使用压力管道,可以减少埋深、缩小管径、便于施工。但应综合考虑管材强度,压力管道长度,水流条件等因素,确定经济流速。

4.2.10 规定在不同条件下管道的最小管径和相应的最小设计坡度。

随着城镇建设发展,街道楼房增多,排水量增大,应适当增大最小管径,并调整最小设计坡度。

常用管径的最小设计坡度,可按设计充满度下不淤流速控制,当管道坡度不能满足不淤流速要求时,应有防淤、清淤措施。通常管径的最小设计坡度见表 7。

表 7 常用管径的最小设计坡度
(钢筋混凝土管非满流)

管 径 (mm)	最小设计坡度
400	0.0015
500	0.0012
600	0.0010
800	0.0008
1000	0.0006
1200	0.0006
1400	0.0005
1500	0.0005

4.2.11 规定管道在坡度变陡处管径变化的处理原则。

4.3 管 道

4.3.1 规定不同直径的管道在检查井内的连接方式。

采用管顶平接,可便利施工,但可能增加管道埋深;采用管道内按设计水面平接,可减少埋深,但施工不便,易发生误差。设计时应因地制宜选用不同的连接方式。

4.3.2A 关于采用埋地塑料排水管道种类的规定。

近些年,我国排水工程中采用较多的埋地塑料排水管道品种主要有硬聚氯乙烯管、聚乙烯管和玻璃纤维增强塑料夹砂管等。

根据工程使用情况，管材类型、范围和接口形式如下：

1 硬聚氯乙烯管（UPVC），管径主要使用范围为 225mm～400mm，承插式橡胶圈接口；

2 聚乙烯管（PE 管，包括高密度聚乙烯 HDPE 管），管径主要使用范围为 500mm～1000mm，承插式橡胶圈接口；

3 玻璃纤维增强塑料夹砂管（RAM 管），管径主要使用范围为 600mm～2000mm，承插式橡胶圈接口。

随着经济、技术的发展，还可以采用符合质量要求的其他塑料管道。

4.3.2B 关于埋地塑料排水管的使用规定。

埋地塑料排水管道是柔性管道，依据"管土共同作用"理论，如采用刚性基础会破坏回填土的连续性，引起管壁应力变化，并可能超出管材的极限抗拉强度导致管道破坏。

4.3.2C 关于敷设塑料管的有关规定。

试验表明：柔性连接时，加筋管的接口转角 5°时无渗漏；双壁波纹管的接口转角 7°～9°时无渗漏。由于不同管材采用的密封橡胶圈形式各异，密封效果差异很大，故允许偏转角应满足不渗漏的要求。

4.3.3 关于管道基础的规定。

为了防止污水外泄污染环境，防止地下水入渗，以及保证污水管道使用年限，管道基础的处理非常重要，对排水管道的基础处理应严格执行国家相关标准的规定。对于各种化学制品管材，也应严格按照相关施工规范处理好管道基础。

4.3.4 关于管道接口的规定。

本次修订取消了可采用刚性接口的规定，将污水和合流污水管的接口从"宜选用柔性接口"改为"应采用柔性接口"，防止污水外渗污染地下水。同时将"地震设防烈度为 8 度设防区时，应采用柔性接口"调整为"地震设防烈度为 7 度及以上设防区时，必须采用柔性接口"，以提高管道接口标准。

4.3.4A 关于矩形箱涵接口的有关规定。

钢筋混凝土箱涵一般采用平接口，抗地基不均匀沉降能力较差，在顶部覆土和附加荷载的作用下，易引起箱涵接口上、下严重错位和翘曲变形，造成箱涵接口止水带的变形，形成箱涵混凝土与橡胶接口止水带之间的空隙，严重的会使止水带拉裂，最终导致漏水。钢带橡胶止水圈采用复合型止水带，突破了原橡胶止水带的单一材料结构形式，具有较好的抗渗漏性能。箱涵接口采用上下企口抗错位的新结构形式，能限制接口上下错位和翘曲变形。

上海市污水治理二期工程敷设的 41km 的矩形箱涵，采用钢带橡胶止水圈，经过 20 多年的运行，除外环线施工时堆土较大，超出设计值造成漏水外，其余均未发现接口渗漏现象。

4.3.5 关于防止接户管发生倒灌溢水的规定。

明确指出设计排水管道时，应防止在压力流情况下使接户管发生倒灌溢水。

4.3.6 关于污水管道和合流管道设通风设施的规定。

为防止发生人员中毒、爆炸起火等事故，应排除管道内产生的有毒有害气体，为此，根据管道内产生气体情况、水力条件、周围环境，在下列地点可考虑设通风设施：

在管道充满度较高的管段内；

设有沉泥槽处；

管道转弯处；

倒虹管进、出水处；

管道高程有突变处。

4.3.7 规定管顶最小覆土深度。

一般情况下，宜执行最小覆土深度的规定：人行道下 0.6m，车行道下 0.7m。不能执行上述规定时，需对管道采取加固措施。

4.3.8 关于管道浅埋的规定。

一般情况下，排水管道埋设在冰冻线以下，有利于安全运行。当有可靠依据时，也可埋设在冰冻线以上。这样，可节省投资，但增加了运行风险，应综合比较确定。

4.3.9 关于城镇干道两侧布置排水管道的规定。

本规范第 4.7.2 条规定："雨水口连接管长度不宜超过 25m"，为与之协调，本次修订将"道路红线宽度超过 50m 的城镇干道"调整为"道路红线宽度超过 40m 的城镇干道"。道路红线宽度超过 40m 的城镇干道，宜在道路两侧布置排水管道，减少横穿管，降低管道埋深。

4.3.10 关于管道应设防止水锤、排气和排空装置的规定。

重力流管道在倒虹管、长距离直线输送后变化段会产生气体的逸出，为防止产生气阻现象，宜设置排气装置。

当压力管道内流速较大或管路很长时应有消除水锤的措施。为使压力管道内空气流通、压力稳定、防止污水中产生的气体逸出后在高点堵塞管道，需设排气装置。上海市合流污水工程的直线压力管道约 1km～2km 设 1 座透气井，透气管面积约为管道断面的 1/8～1/10，实际运行中取得较好的效果。

为考虑检修，故需在管道低点设排空装置。

4.3.11 关于压力管道设置支墩的规定。

对流速较大的压力管道，应保证管道在交叉或转弯处的稳定。由于液体流动方向突变所产生的冲力或离心力，可能造成管道本身在垂直或水平方向发生位移，为避免影响输水，需经过计算确定是否设置支墩及其位置和大小。

4.3.12 关于设置消能设施的规定。

4.3.13 关于管道施工方法的规定。

4.4 检 查 井

4.4.1A 关于井盖标识的规定。

一般建筑物和小区均采用分流制排水系统。为防止接出管道误接,产生雨污混接现象,应在井盖上分别标识"雨"和"污",合流污水管应标识"污"。

4.4.1B 关于检查井采用成品井和闭水试验的规定。

为防止渗漏、提高工程质量、加快建设进度,制定本条规定。条件许可时,检查井宜采用钢筋混凝土成品井或塑料成品井,不应使用实心黏土砖砌检查井。污水和合流污水检查井应进行闭水试验,防止污水外渗。

4.4.2 关于检查井最大间距的规定。

根据国内排水设计、管理部门意见以及调查资料,考虑管渠养护工具的发展,重新规定了检查井的最大间距。

根据有关部门意见,为适应养护技术发展的新形势,将检查井的最大间距普遍加大一档,但以120m为限。此项变动具有很大的工程意义。随着城镇范围的扩大,排水设施标准的提高,有些城镇出现口径大于2000mm的排水管渠。此类管渠内的净高度可允许养护工人或机械进入管渠内检查养护。为此,在不影响用户接管的前提下,其检查井最大间距可不受表4.4.2规定的限制。大城市干道上的大直径直线管段,检查井最大间距可按养护机械的要求确定。检查井最大间距大于表4.4.2数据的管段应设置冲洗设施。

4.4.3 规定检查井设计的具体要求。

据管理单位反映,在设计检查井时尚应注意以下问题:

在我国北方及中部地区,在冬季检修时,因工人操作时多穿棉衣,井口、井筒小于700mm时,出入不便,对需要经常检修的井,井口、井筒大于800mm为宜;

以往爬梯发生事故较多,爬梯设计应牢固、防腐蚀,便于上下操作。砖砌检查井内不宜设钢筋爬梯;井内检修室高度,是根据一般工人可直立操作而规定的。

4.4.4 关于检查井流槽的规定。

总结各地经验,为创造良好的水流条件,宜在检查井内设置流槽。流槽顶部宽度应便于在井内养护操作,一般为0.15m~0.20m,随管径、井深增加,宽度还需加大。

4.4.5 规定流槽转弯的弯曲半径。

为创造良好的水力条件,流槽转弯的弯曲半径不宜太小。

4.4.6 关于检查井安全性的规定。

位于车行道的检查井,必须在任何车辆荷重下,包括在道路碾压机荷重下,确保井盖井座牢固安全,同时应具有良好的稳定性,防止车速过快造成井盖振动。

4.4.6A 关于检查井井盖基座的规定。

采用井盖基座和井体分离的检查井,可避免不均匀沉降时对交通的影响。

4.4.7 关于检查井防盗等方面的规定。

井盖应有防盗功能,保证井盖不被盗窃丢失,避免发生伤亡事故。

在道路以外的检查井,尤其在绿化带时,为防止地面径流水从井盖流入井内,井盖可高出地面,但不能妨碍观瞻。

4.4.7A 关于检查井安装防坠落装置的规定。

为避免在检查井盖损坏或缺失时发生行人坠落检查井的事故,规定污水、雨水和合流污水检查井应安装防坠落装置。防坠落装置应牢固可靠,具有一定的承重能力(≥100kg),并具备较大的过水能力,避免暴雨期间雨水从井底涌出时被冲走。目前国内已使用的检查井防坠落装置包括防坠落网、防坠落井箅等。

4.4.8 关于检查井内设置闸槽的规定。

根据北京、上海等地经验,在污水干管中,当流量和流速都较大,检修管道需放空时,采用草袋等措施断流,困难较多,为了方便检修,故规定可设置闸槽。

4.4.9 规定接入检查井的支管数。

支管是指接户管等小管径管道。检查井接入管径大于300mm以上的支管过多,维护管理工人会操作不便,故予以规定。管径小于300mm的支管对维护管理影响不大,在符合结构安全条件下适当将支管集中,有利于减少检查井数量和维护工作量。

4.4.10 规定检查井与管渠接口处的处置措施。

在地基松软或不均匀沉降地段,检查井与管渠接口处常发生断裂。处理办法:做好检查井与管渠的地基和基础处理,防止两者产生不均匀沉降;在检查井与管渠接口处,采用柔性连接,消除地基不均匀沉降的影响。

4.4.10A 关于检查井和塑料管连接的有关规定。

为适应检查井和管道间的不均匀沉降和变形要求而制定本条规定。

4.4.11 关于检查井设沉泥槽的规定。

沉泥槽设置的目的是为了便于将养护时从管道清除的污泥,从检查井中用工具清除。应根据各地情况,在每隔一定距离的检查井和泵站前一检查井设沉泥槽,对管径小于600mm的管道,距离可适当缩短。

4.4.12 关于压力检查井的规定。

4.4.13 关于管道坡度变化时检查井的设施规定。

检查井内采用高流槽,可使急速下泄的水流在流槽内顺利通过,避免使用普通低流槽产生的水流溢出而发生冲刷井壁的现象。

管道坡度变化较大处,水流速度发生突变,流速差产生的冲击力会对检查井产生较大的推动力，宜采取增强井筒抗冲击和冲刷能力的措施。

水在流动时会挟带管内气体一起流动，呈气水两相流，气水冲刷和上升气泡的振动反复冲刷管道内壁，使管道内壁易破碎、脱落、积气。在流速突变处，急速的气水两相撞击井壁，气水迅速分离，气体上升冲击井盖，产生较大的上升顶力。某机场排水管道坡度突变处的检查井井盖曾被气体顶起，造成井盖变形和损坏。

4.5 跌 水 井

4.5.1 规定采用跌水井的条件。

据各地调查，支管接入跌水井水头为1.0m左右时，一般不设跌水井。化工部某设计院一般在跌水水头大于2.0m时才设跌水井；沈阳某设计院亦有类似意见。上海某设计院反映，上海未用过跌水井。据此，本条作了较灵活的规定。

4.5.2 规定跌水井的跌水水头高度和跌水方式。

4.6 水 封 井

4.6.1 规定设置水封井的条件。

水封井是一旦废水中产生的气体发生爆炸或火灾时，防止通过管道蔓延的重要安全装置。国内石油化工厂、油品库和油品转运站等含有易燃易爆的工业废水管渠系统中均设置水封井。

当其他管道必须与输送易燃易爆废水的管道连接时，其连接处也应设置水封井。

4.6.2 规定水封井内水封深度等。

水封深度与管径、流量和废水含易燃易爆物质的浓度有关，水封深度不应小于0.25m。

水封井设置通风管可将井内有害气体及时排出，其直径不得小于100mm。设置时应注意：

1 避开锅炉房或其他明火装置。
2 不得靠近操作台或通风机进口。
3 通风管有足够的高度，使有害气体在大气中充分扩散。
4 通风管处立标志，避免工作人员靠近。

水封井底设沉泥槽，是为了养护方便，其深度一般采用0.3m～0.5m。

4.6.3 规定水封井的位置。

水封井位置应考虑一旦管道内发生爆炸时造成的影响最小，故不应设在车行道和行人众多的地段。

4.7 雨 水 口

4.7.1 规定雨水口设计应考虑的因素。

雨水口的形式主要有立算式和平算式两类。平算式雨水口水流通畅，但暴雨时易被树枝等杂物堵塞，影响收水能力。立算式雨水口不易堵塞，但有的城镇因逐年维修道路，路面加高，使立算断面减小，影响收水能力。各地可根据具体情况和经验确定适宜的雨水口形式。

雨水口布置应根据地形和汇水面积确定，同时本次修订补充规定立算式雨水口的宽度和平算式雨水口的开孔长度应根据设计流量、道路纵坡和横坡等参数确定，以避免有的地区不经计算，完全按道路长度均匀布置，雨水口尺寸也按经验选择，造成投资浪费或排水不畅。

规定雨水口宜设污物截留设施，目的是减少由地表径流产生的非溶解性污染物进入受纳水体。合流制系统中的雨水口，为避免出现由污水产生的臭气外溢的现象，应采取设置水封或投加药剂等措施，防止臭气外溢。

4.7.1A 关于雨水口和雨水连管流量设计的规定。

雨水口易被路面垃圾和杂物堵塞，平算雨水口在设计中应考虑50%被堵塞，立算式雨水口应考虑10%被堵塞。在暴雨期间排除道路积水的过程中，雨水管道一般处于承压状态，其所能排除的水量要大于重力流情况下的设计流量，因此本次修订规定雨水口和雨水连接管流量按照雨水管渠设计重现期所计算流量的1.5倍～3倍计，通过提高路面进入地下排水系统的径流量，缓解道路积水。

4.7.2 规定雨水口间距和连接管长度等。

根据各地设计、管理的经验和建议，确定雨水口间距、连接管横向雨水口串联的个数和雨水口连接管的长度。

为保证路面雨水宣泄通畅，又便于维护，雨水口只宜横向串联，不应横、纵向一起串联。

对于低洼和易积水地段，雨水径流面积大，径流量较一般为多，如有植物落叶，容易造成雨水口的堵塞。为提高收水速度，需根据实际情况适当增加雨水口，或采用带侧边进水的联合式雨水口和道路横沟。

4.7.2A 关于道路横坡坡度和雨水口进水处标高的规定。

为就近排除道路积水，规定道路横坡坡度不应小于1.5%，平算式雨水口的算面标高应比附近路面标高低3cm～5cm，立算式雨水口进水处路面标高应比周围路面标高低5cm，有助于雨水口对径流的截流。在下凹式绿地中，雨水口的算面标高应高于周边绿地，以增强下凹式绿地对雨水的渗透和调蓄作用。

4.7.3 关于道路纵坡较大时的雨水口设计的规定。

根据各地经验，对丘陵地区、立交道路引道等，当道路纵坡大于0.02时，因纵坡大于横坡，雨水流入雨水口少，故沿途可少设或不设雨水口。坡段较短（一般在300m以内）时，往往在道路低点处集中收水，较为经济合理。

4.7.4 规定雨水口的深度。

雨水口不宜过深，若埋设较深会给养护带来困难，并增加投资。故规定雨水口深度不宜大于1m。

雨水口深度指雨水口井盖至连接管管底的距离，不包括沉泥槽深度。

在交通繁忙行人稠密的地区，根据各地养护经验，可设置沉泥槽。

4.8 截 流 井

4.8.1 关于截流井位置的规定。

截流井一般设在合流管渠的入河口前，也有的设在城区内，将旧有合流支线接入新建分流制系统。溢流管出口的下游水位包括受纳水体的水位或受纳管渠的水位。

4.8.2 关于截流井形式选择的规定。

国内常用的截流井形式是槽式和堰式。据调查，北京市的槽式和堰式截流井占截流井总数的80.4%。槽堰式截流井兼有槽式和堰式的优点，也可选用。

槽式截流井的截流效果好，不影响合流管渠排水能力，当管渠高程允许时，应选用。

4.8.2A 关于堰式截流井堰高计算公式的规定。

本规定采用《合流制系统污水截流井设计规程》CECS 91：97中"堰式截流井"的设计规定。

4.8.2B 关于槽式截流井槽深、槽宽计算公式的规定。

本规定采用《合流制系统污水截流井设计规程》CECS 91：97中"槽式截流井"的设计规定。

4.8.2C 关于槽堰结合式截流井槽深、堰高计算公式的规定。

本规定采用《合流制系统污水截流井设计规程》CECS 91：97中"槽堰结合式截流井"的设计规定。

4.8.3 关于截流井溢流水位的规定。

截流井溢流水位，应在接口下游洪水位或受纳管道设计水位以上，以防止下游水倒灌，否则溢流管道上应设置闸门等防倒灌设施。

4.8.4 关于截流井流量控制的规定。

4.9 出 水 口

4.9.1 规定管渠出水口设计应考虑的因素。

排水出水口的设计要求是：

1 对航运、给水等水体原有的各种用途无不良影响。

2 能使排水迅速与水体混合，不妨碍景观和影响环境。

3 岸滩稳定，河床变化不大，结构安全，施工方便。

出水口的设计包括位置、形式、出口流速等，是一个比较复杂的问题，情况不同，差异很大，很难做出具体规定。本条仅根据上述要求，提出应综合考虑的各种因素。由于它牵涉面比较广，设计应取得规划、卫生、环保、航运等有关部门同意，如原有水体系鱼类通道，或重要水产资源基地，还应取得相关部

门同意。

4.9.2 关于出水口结构处理的规定。

据北京、上海等地经验，一般仅设翼墙的出口，在较大流量和无断流的河道上，易受水流冲刷，致底部掏空，甚至底板折断损坏，并危及岸坡，为此规定应采取防冲、加固措施。一般在出水口底部打桩，或加深齿墙。当出水口跌水水头较大时，尚应考虑消能。

4.9.3 关于在冻胀地区的出水口设计的规定。

在有冻胀影响的地区，凡采用砖砌的出水口，一般3年~5年即损坏。北京地区采用浆砌块石，未因冻胀而损坏，故设计时应采取块石等耐冻胀材料砌筑。

据东北地区调查，凡基础在冰冻线上的，大多冻胀损坏；在冰冻线下的，一般完好，如长春市伊通河出水口等。

4.10 立体交叉道路排水

4.10.1 规定立体交叉道路排水的设计原则及任务。

立体交叉道路排水主要任务是解决降雨的地面径流和影响道路功能的地下水的排除，一般不考虑降雪的影响。对个别雪量大的地区应进行融雪流量校核。

4.10.2 关于立体交叉道路排水系统设计的规定。

立体交叉道路的下穿部分往往是所处汇水区域最低洼的部分，雨水径流汇集至此后再无其他出路，只能通过泵站强排至附近河湖等水体或雨水管道中，如果排水不及时，必然会引起严重积水。国外相关标准中均对立体交叉道路排水系统设计重现期有较高要求，美国联邦高速公路管理局规定，高速公路"低注点"（包括下立交）的设计标准为最低50年一遇。原《室外排水设计规范》GB 50014 - 2006（2011年版）对立体交叉道路的排水设计重现期的规定偏低，因此，本次修订参照发达国家和我国部分城市的经验，将立体交叉道路的排水系统设计重现期规定为不小于10年，位于中心城区的重要地区，设计重现期为20年~30年。对同一立交道路的不同部位可采用不同重现期。

本次修订提出集水时间宜为2min~10min。因为立体交叉道路坡度大（一般是2%~5%），坡长较短（100m~300m），集水时间常常小于5min。鉴于道路设计千差万别，坡度、坡长均各不相同，应通过计算确定集水时间。当道路形状较为规则，边界条件较为明确时，可采用公式4.2.2（曼宁公式）计算；当道路形状不规则或边界条件不明确时，可按照坡面汇流参照下式计算：

$$t_1 = 1.445 \left(\frac{n \cdot L}{\sqrt{i}}\right)^{0.467}$$

合理确定立体交叉道路排水系统的汇水面积、高水高排、低水低排，并采取有效地防止高水进入低水

系统的拦截措施，是排除立体交叉道路（尤其是下穿式立体交叉道路）积水的关键问题。例如某立交地道排水，由于对高水拦截无效，造成高于设计径流量的径流水进入地道，超过泵站排水能力，造成积水。

下穿式立体交叉道路的排水泵站为保证在设计重现期内的降雨期间水泵能正常启动和运转，应对排水泵站及配电设备的安全高度进行计算校核。当不具备将泵站整体地面标高抬高的条件时，应提高配电设备设置高度。

为满足规定的设计重现期要求，应采取调蓄等措施应对。超过设计重现期的暴雨将产生内涝，应采取包括非工程性措施在内的综合应对措施。

4.10.3 规定立体交叉地道排水的出水口必须可靠。

立体交叉地道排水的可靠程度取决于排水系统出水口的畅通无阻，故立体交叉地道排水应设独立系统，尽量不要利用其他排水管渠排出。

4.10.4 关于治理主体交叉地道地下水的规定。

据天津、上海等地设计经验，应全面详细调查工程所在地的水文、地质、气候资料，以便确定排出或控制地下水的设施，一般推荐盲沟收集排除地下水，或设泵站排除地下水；也可采取控制地下水进入措施。

4.10.5 关于高架道路雨水口的规定。

4.11 倒 虹 管

4.11.1 规定倒虹管设置的条数。

倒虹管宜设置两条以上，以便一条发生故障时，另一条可继续使用。平时也能逐条清通。通过谷地、旱沟或小河时，因维修难度不大，可以采用一条。

通过铁路、航运河道、公路等障碍物时，应符合与该障碍物相交的有关规定。

4.11.2 规定倒虹管的设计参数及有关注意事项。

我国以往设计，都采用倒虹管内流速应大于 0.9m/s，并大于进水管内流速，如达不到时，定期冲洗的水流流速不应小于 1.2m/s。此次调查中未发现问题。日本指南规定：倒虹管内的流速，应比进水管渠增加 20%～30%，与本规范规定基本一致。

倒虹管在穿过航运河道时，必须与当地航运管理等部门协商，确定河道规划的有关情况，对冲刷河道还应考虑抛石等防冲措施。

为考虑倒虹管检修时排水，倒虹管进水端宜设置事故排出口。

4.11.3 关于合流制倒虹管设计的规定。

鉴于合流制中旱流污水量与设计合流污水量数值差异极大，根据天津、北京等地设计经验，合流管道的倒虹管应对旱流污水量进行流速校核，当不能达到最小流速 0.9m/s 时，应采取相应的技术措施。

为保证合流制倒虹管在旱流和合流情况下均能正常运行，设计中对合流制倒虹管可设两条，分别使用于旱季旱流和雨季合流两种情况。

4.11.4 关于倒虹管检查井的规定。

4.11.5 规定倒虹管进出水井内应设闸槽或闸门。

设计闸槽或闸门时必须确保在事故发生或维修时，能顺利发挥其作用。

4.11.6 规定在倒虹管进水井前一检查井内设置沉泥槽。

其作用是沉淀泥土、杂物，保证管道内水流通畅。

4.12 渠 道

4.12.1 规定渠道的应用条件。
4.12.2 规定渠道的设计参数。
4.12.3 规定渠道和涵洞连接时的要求。
4.12.4 规定渠道和管道连接处的衔接措施。
4.12.5 规定渠道的弯曲半径。

本条规定是为保证渠道内水流有良好的水力条件。

4.13 管 道 综 合

4.13.1 规定排水管道与其他地下管线和构筑物等相互间位置的要求。

当地下管道多时，不仅应考虑到排水管道不应与其他管道互相影响，而且要考虑经常维护方便。

4.13.2 规定排水管道与生活给水管道相交时的要求。

目的是防止污染生活给水管道。

4.13.3 规定排水管道与其他地下管线水平和垂直的最小净距。

排水管道与其他地下管线（或构筑物）水平和垂直的最小净距，应由城镇规划部门或工业企业内部管道综合部门根据其管线类型、数量、高程、可敷设管线的地位大小等因素制定管道综合设计确定。附录 B 的规定是指一般情况下的最小间距，供管道综合时参考。

4.13.4 规定再生水管道与生活给水管道、合流管道和污水管道相交时的要求。

为避免污染生活给水管道，再生水管道应敷设在生活给水管道的下面，当不能满足时，必须有防止污染生活给水管道的措施。为避免污染再生水管道，再生水管道宜敷设在合流管道和污水管道的上面。

4.14 雨水调蓄池

4.14.1 关于雨水调蓄池设置的规定。

雨水调蓄池的设置有三种目的，即控制面源污染、防治内涝灾害和提高雨水利用程度。

有些城镇地区合流制排水系统溢流污染物或分流制排水系统排放的初期雨水已成为内河的主要污染源，在排水系统雨水排放口附近设置雨水调蓄池，可将污染物浓度较高的溢流污染或初期雨水暂时储存在调蓄池中，待降雨结束后，再将储存的雨污水通过污水管道输送至污水处理厂，达到控制面源污染、保护水体水质的目的。

随着城镇化的发展，雨水径流量增大，将雨水径流的高峰流量暂时储存在调蓄池中，待流量下降后，再从调蓄池中将水排出，以削减洪峰流量，降低下游雨水干管的管径，提高区域的排水标准和防涝能力，减少内涝灾害。

雨水利用工程中，为满足雨水利用的要求而设置调蓄池储存雨水，储存的雨水净化后可综合利用。

4.14.2 关于利用已有设施建设雨水调蓄池的规定。

充分利用现有河道、池塘、人工湖、景观水池等设施建设雨水调蓄池，可降低建设费用，取得良好的社会效益。

4.14.3 关于雨水调蓄池位置的规定。

根据调蓄池在排水系统中的位置，可分为末端调蓄池和中间调蓄池。末端调蓄池位于排水系统的末端，主要用于城镇面源污染控制，如上海市成都北路调蓄池。中间调蓄池位于一个排水系统的起端或中间位置，可用于削减洪峰流量和提高雨水利用程度。当用于削减洪峰流量时，调蓄池一般设置于系统干管之前，以减少排水系统达标改造工程量；当用于雨水利用储存时，调蓄池应靠近用水量较大的地方，以减少雨水利用管渠的工程量。

4.14.4 关于用于控制合流制系统径流污染的雨水调蓄池有效容积计算的规定。

雨水调蓄池用于控制径流污染时，有效容积应根据气候特征、排水体制、汇水面积、服务人口和受纳水体的水质要求、水体的流量、稀释自净能力等确定。本条规定的方法为截流倍数计算法。可将当地旱流污水量转化为当量降雨强度，从而使系统截流倍数和降雨强度相对应，溢流量即为大于该降雨强度的降雨量。根据当地降雨特性参数的统计分析，拟合当地截流倍数和截流量占降雨量比例之间的关系。

截流倍数计算法是一种简化计算方法，该方法建立在降雨事件为均匀降雨的基础上，且假设调蓄池的运行时间不小于发生溢流的降雨历时，以及调蓄池的放空时间小于两场降雨的间隔，而实际情况下，很难满足上述假设。因此，以截流倍数计算法得到的调蓄池容积偏小，计算得到的调蓄池容积在实际运行过程中发挥的效益小于设定的调蓄效益，在设计中应乘以安全系数β。

德国、日本、美国、澳大利亚等国家均将雨水调蓄池作为合流制排水系统溢流污染控制的主要措施。德国设计规范《合流污水箱涵暴雨削减装置指针》(ATV A128) 中以合流制排水系统排入水体负荷不大于分流制排水系统为目标，根据降雨量、地面径流污染负荷、旱流污水浓度等参数确定雨水调蓄池容积。

4.14.4A 关于用于分流制排水系统控制径流污染的雨水调蓄池有效容积计算的规定。

雨水调蓄池有效容积的确定应综合考虑当地降雨特征、受纳水体的环境容量、降雨初期的雨水水质水量特征、排水系统服务面积和下游污水处理系统的受纳能力等因素。

国外有研究认为，1h 雨量达到 12.7mm 的降雨能冲刷掉 90% 以上的地表污染物；同济大学对上海芙蓉江、水域路等地区的雨水地面径流研究表明，在降雨量达到 10mm 时，径流水质已基本稳定；国内还有研究认为一般控制量在 6mm～8mm 可控制 60%～80% 的污染量。因此，结合我国实际情况，调蓄量可取 4mm～8mm。

4.14.5 关于雨水调蓄池用于削减峰值流量时容积计算的规定。

雨水调蓄池用于削减峰值流量时，有效容积应根据排水标准和下游雨水管道负荷确定。本条规定的方法为脱过流量法，适用于高峰流量入池调蓄，低流量时脱过。式（4.14.5）可用于 $q=A/(t+b)^n$、$q=A/t^n$、$q=A/(t+b)$ 三种降雨强度公式。

4.14.6 关于雨水调蓄池用于收集利用雨水时容积计算的规定。

雨水调蓄池容积可通过数学模型，根据流量过程线计算。为简化计算，用于雨水收集储存的调蓄池也可根据当地气候资料，按一定设计重现期降雨量（如 24h 最大降雨量）计算。合理确定雨水调蓄池容积是一个十分重要且复杂的问题，除了调蓄目的外，还需要根据投资效益等综合考虑。

4.14.7 关于雨水调蓄池最小放空时间的规定。

调蓄池的放空方式包括重力放空和水泵压力放空两种。有条件时，应采用重力放空。对于地下封闭式调蓄池，可采用重力放空和水泵压力放空相结合的方式，以降低能耗。

设计中应合理确定放空水泵启动的设计水位，避免重力放空的后半段放空流速过小，影响调蓄池的放空时间。

雨水调蓄池的放空时间直接影响调蓄池的使用效率，是调蓄池设计中必须考虑的一个重要参数。调蓄池的放空时间和放空方式密切相关，同时取决于下游管道的排水能力和雨水利用设施的流量。考虑降低能耗、排水安全等方面的因素，式（4.14.7）引入排放效率 η，η 可取 0.3～0.9。算得调蓄池放空时间后，应对调蓄池的使用效率进行复核，如不能满足要求，应重新考虑放空方式，缩短放空时间。

4.14.8 关于雨水调蓄池附属设施和检修通道的规定。

雨水调蓄池使用一定时间后，特别是当调蓄池用于面源污染控制或削减排水管道峰值流量时，易沉淀积泥。因此，雨水调蓄池应设置清洗设施。清洗方式可分为人工清洗和水力清洗，人工清洗危险性大且费力，一般采用水力清洗，人工清洗为辅助手段。对于矩形池，可采用水力冲洗翻斗或水力自清洗装置；对于圆形池，可通过进水口和底部构造设计，形成进水自冲洗，或采用径向水力清洗装置。

对全地下调蓄池来说，为防止有害气体在调蓄池内积聚，应提供有效的通风排气装置。经验表明，每小时 4 次～6 次的空气交换量可以实现良好的通风排气效果。若需采用除臭设备时，设备选型应考虑调蓄池间歇运行、长时间空置的情况，除臭设备的运行应能和调蓄池工况相匹配。

所有顶部封闭的大型地下调蓄池都需要设置维修人员和设备进出的检修孔，并在调蓄池内部设置单独的检查通道。检查通道一般设在调蓄池最高水位以上。

4.14.9 关于控制径流污染的雨水调蓄池的出水的规定。

降雨停止后，用于控制径流污染调蓄池的出水，一般接入下游污水管道输送至污水厂处理后排放。当下游污水系统在旱季时就已达到满负荷运行或下游污水系统的容量不能满足调蓄池放空速度的要求时，应将调蓄池出水处理后排放。国内外常用的处理装置包括格栅、旋流分离器、混凝沉淀池等，处理排放标准应考虑受纳水体的环境容量后确定。

4.15 雨水渗透设施

4.15.1 关于城镇基础设施雨水径流量削减的规定。

多孔渗透性铺面有整体浇注多孔沥青或混凝土，也有组件式混凝土砌块。有关资料表明，组件式混凝土砌块铺面的效果较好，堵塞时只需简单清理并将铺面砌块中的沙土换掉，处理效果就可恢复。整体浇注多孔沥青或混凝土在开始使用时效果较好，1 年～2 年后会堵塞，且难以修复。

绿地标高宜低于周围地面适当深度，形成下凹式绿地，可削减绿地本身的径流，同时周围地面的径流能流入绿地下渗。下凹式绿地设计的关键是调整好绿地与周边道路和雨水口的高程关系，即路面标高高于绿地标高，雨水口设在绿地中或绿地和道路交界处，雨水口标高高于绿地标高而低于路面标高。如果道路坡度适合时可以直接利用路面作为溢流坎，使非绿地铺装表面产生的径流汇入下凹式绿地入渗，待绿地蓄满水后再流入雨水口。

本次修订补充规定新建地区硬化地面的可渗透地面面积所占比例不宜低于 40%，有条件的既有地区应对现有硬化地面进行透水性改建。

下凹式绿地标高应低于周边地面 5cm～25cm。过浅则蓄水能力不够；过深则导致植被长时间浸泡水中，影响某些植被正常生长。底部设排水沟的大型集中式下凹绿地可不受此限制。

4.15.2 关于接纳雨水径流的渗透设施设置的规定。

雨水渗透设施特别是地面入渗增加了深层土壤的含水量，使土壤力学性能改变，可能会影响道路、建筑物或构筑物的基础。因此，建设雨水渗透设施时，需对场地的土壤条件进行调查研究，正确设置雨水渗透设施，避免影响城镇基础设施、建筑物和构筑物的正常使用。

植草沟是指植被覆盖的开放式排水系统，一般呈梯形或浅碟形布置，深度较浅，植被一般为草皮。该系统能够收集一定的径流量，具有输送功能。雨水径流进入植草沟后首先下渗而不是直接排入下游管道或受纳水体，是一种生态型的雨水收集、输送和净化系统。渗透池可设置于广场、绿地的地下，或利用天然洼地，通过管渠接纳服务范围内的地面径流，使雨水滞留并渗入地下，超过渗透池滞留能力的雨水通过溢流管排入市政雨水管道，可削减服务范围内的径流量和径流峰值。

4.16 雨水综合利用

4.16.1 规定雨水利用的基本原则和方式。

随着城镇化和经济的高速发展，我国水资源不足、内涝频发和城市生态安全等问题日益突出，雨水利用逐渐受到关注，因此，水资源缺乏、水质性缺水、地下水位下降严重、内涝风险较大的城镇和新建开发区等应优先雨水利用。

雨水利用包括直接利用和间接利用。雨水直接利用是指雨水经收集、储存、就地处理等过程后用于冲洗、灌溉、绿化和景观等；雨水间接利用是指通过雨水渗透设施把雨水转化为土壤水，其设施主要有地面渗透、埋地渗透管渠和渗透池等。雨水利用、污染控制和内涝防治是城镇雨水综合管理的组成部分，在源头雨水径流削减、过程蓄排控制等阶段的不少工程措施是具有多种功能的，如源头渗透、回用设施，既能控制雨水径流量和污染负荷，起到内涝防治和控制污染的作用，又能实现雨水利用。

4.16.2 关于雨水收集利用系统汇水面选择的规定。

选择污染较轻的汇水面的目的是减少雨水渗透和净化处理设施的难度和造价，因此应选择屋面、广场、人行道等作为汇水面，不应选择工业污染场地和垃圾堆场、厕所等区域作为汇水面，不宜收集有机污染和重金属污染较为严重的机动车道路的雨水径流。

4.16.3 关于雨水收集利用系统降雨初期的雨水弃流的规定。

由于降雨初期的雨水污染程度高，处理难度大，因此应弃流。弃流装置有多种方式，可采用分散式处理，如在单个落水管下安装分离设备；也可采用在调蓄池前设置专用弃流池的方式。一般情况下，弃流雨水可排入市政雨水管道，当弃流雨水污染物浓度不高，绿地土壤的渗透能力和植物品种在耐淹方面条件允许时，弃流雨水也可排入绿地。

4.16.4 关于雨水利用方式的规定。

雨水利用方式应根据雨水的收集利用量和相关指标要求综合考虑，在确定雨水利用方式时，应首先考虑雨水调蓄设施应对城镇内涝的要求，不应干扰和妨碍其防治城镇内涝的基本功能。

4.16.5 关于雨水利用设计的规定。

雨水水质受大气和汇水面的影响，含有一定量的有机物、悬浮物、营养物质和重金属等。可按污水系统设计方法，采取防腐、防堵措施。

4.17 内涝防治设施

4.17.1 关于内涝防治设施设置的规定。

目前国外发达国家和地区普遍制定了较为完善的内涝灾害风险管理策略，在编制内涝风险评估的基础上，确定内涝防治设施的布置和规模。内涝风险评估采用数学模型，根据地形特点、水文条件、水体状况、城镇雨水管渠系统等因素，评估不同降雨强度下，城镇地面产生积水灾害的情况。

为保障城镇在内涝防治设计重现期标准下不受灾，应根据内涝风险评估结果，在排水能力较弱或径流量较大的地方设置内涝防治设施。

内涝防治设施应根据城镇自然蓄排水设施数量、规划蓝线保护和水面率的控制指标要求，并结合城镇竖向规划中的相关指标要求进行合理布置。

4.17.2 关于内涝防治设施种类的规定。

源头控制设施包括雨水渗透、雨水收集利用等，在设施类型上和城镇雨水利用一致，但当用于内涝防治时，其设施规模应根据内涝防治标准确定。

综合防治设施包括城市水体（自然河湖、沟渠、湿地等）、绿地、广场、道路、调蓄池和大型管渠等。当降雨超过雨水管渠设计能力时，城镇河湖、景观水体、下凹式绿地和城市广场等公共设施可作为临时雨水调蓄设施；内河、沟渠、经过设计预留的道路、道路两侧局部区域和其他排水通道可作为雨水行泄通道；在地表排水或调蓄无法实施的情况下，可采用设置于地下的调蓄池、大型管渠等设施。

4.17.3 关于采用绿地和广场等公共设施作为雨水调蓄设施的规定。

当采用绿地和广场等作为雨水调蓄设施时，不应对设施原有功能造成损害；应专门设计雨水的进出口，防止雨水对绿地和广场造成严重冲刷侵蚀或雨水长时间滞留。

当采用绿地和广场等作为雨水调蓄设施时，应设置指示牌，标明该设施成为雨水调蓄设施的启动条件、可能被淹没的区域和目前的功能状态等，以确保人员安全撤离。

5 泵 站

5.1 一般规定

5.1.1 关于排水泵站远近期设计原则的规定。

排水泵站应根据排水工程专业规划所确定的远近期规模设计。考虑到排水泵站多为地下构筑物，土建部分如按近期设计，则远期扩建较为困难。因此，规定泵站主要构筑物的土建部分宜按远期规模一次设计建成，水泵机组可按近期规模配置，根据需要，随时添装机组。

5.1.2 关于排水泵站设计为单独的建筑物的规定。

由于排水泵站抽送污水时会产生臭气和噪声，对周围环境造成影响，故宜设计为单独的建筑物。

5.1.3 关于抽送产生易燃易爆和有毒有害气体的污水泵站必须设计为单独建筑物的规定。采取相应的防护措施为：

1 应有良好的通风设备。

2 采用防火防爆的照明、电机和电气设备。

3 有毒气体监测和报警设施。

4 与其他建筑物有一定的防护距离。

5.1.4 关于排水泵站防腐蚀的规定。

排水泵站的特征是潮湿和散发各种气体，极易腐蚀周围物体，因此其建筑物和附属设施宜采取防腐蚀措施。其措施一般为设备和配件采用耐腐蚀材料或涂防腐涂料，栏杆和扶梯等采用玻璃钢等耐腐蚀材料。

5.1.5 关于排水泵站防护距离和建筑物造型的规定。

排水泵站的卫生防护距离涉及周围居民的居住质量，在当前广大居民环保意识增强的情况下，尤其显得必要，故作此规定。

泵站地面建筑物的建筑造型应与周围环境协调、和谐、统一。上海、广州、青岛等地的某些泵站，因地制宜的建筑造型深受周围居民欢迎。

5.1.6 关于泵站地面标高的规定。

主要为防止泵站淹水。易受洪水淹没地区的泵站应保证洪水期间水泵能正常运转，一般采取的防洪措施为：

1 泵站地面标高填高。这需要大量土方，并可能造成与周围地面高差较大，影响交通运输。

2 泵房室内地坪标高抬高。可减少填土土方量，但可能造成泵房地坪与泵站地面高差较大，影响日常管理维修工作。

3 泵站或泵房入口处筑高或设闸槽等。仅在入口处筑高可适当降低泵房的室内地坪标高，但可能影响交通运输和日常管理维修工作。通常采用在入口处设闸槽、在防洪期间加闸板等，作为临时防洪措施。

5.1.7 关于泵站类型的规定。

由于雨水泵的特征是流量大、扬程低、吸水能力小，根据多年来的实践经验，应采用自灌式泵站。污水泵站和合流污水泵站宜采用自灌式，若采用非自灌式，保养较困难。

5.1.8 关于泵房出入口的规定。

泵房宜有两个出入口；其中一个应能满足最大设备和部件进出，且应与车行道连通，目的是方便设备吊装和运输。

5.1.9 关于排水泵站供电负荷等级的规定。

供电负荷是根据其重要性和中断供电所造成的损失或影响程度来划分的。若突然中断供电，造成较大经济损失，给城镇生活带来较大影响者应采用二级负荷设计。若突然中断供电，造成重大经济损失，使城镇生活带来重大影响者应采用一级负荷设计。二级负荷宜由二回路供电，二路互为备用或一路常用一路备用。根据《供配电系统设计规范》GB 50052 的规定，二级负荷的供电系统，对小型负荷或供电确有困难地区，也容许一回路专线供电，但应从严掌握。一级负荷应两个电源供电，当一个电源发生故障时，另一个电源不应同时受到损坏。上海合流污水治理一期和二期工程中，大型输水泵站 35kV 变电站都按一级负荷设计。

5.1.10 关于除臭的规定。

污水、合流污水泵站的格栅井及污水敞开部分，有臭气逸出，影响周围环境。对位于居民区和重要地段的泵站，应设置除臭装置。目前我国应用的臭气处理装置有生物除臭装置、活性炭除臭装置、化学除臭装置等。

5.1.11 关于水泵间设机械通风的规定。

地下式泵房在水泵间有顶板结构时，其自然通风条件差，应设置机械送排风综合系统排除可能产生的有害气体以及泵房内的余热、余湿，以保障操作人员的生命安全和健康。通风换气次数一般为 5 次/h～10 次/h，通风换气体积以地面为界。当地下式泵房的水泵间为无顶板结构，或为地面层泵房时，则可视通风条件和要求，确定通风方式。送排风口应合理布置，防止气流短路。

自然通风条件较好的地下式水泵间或地面层泵房，宜采用自然通风。当自然通风不能满足要求时，可采用自然进风、机械排风方式进行通风。

自然通风条件一般的地下式泵房或潜水泵房的集水池，可不设通风装置。但在检修时，应设临时送排风设施。通风换气次数不小于 5 次/h。

5.1.12 关于管理人员辅助设施的规定。

隔声值班室是指在泵房内单独隔开一间，供值班人员工作、休息等用，备有通信设施，便于与外界的联络。对远离居民点的泵站，应适当设置管理人员的生活设施，一般可在泵站内设置供居住用的建筑。

5.1.13 关于雨水泵站设置混接污水截流设施的规定。

目前我国许多地区都采用合流制和分流制并存的排水制度，还有一些地区雨污分流不彻底，短期内又难以完成改建。市政排水管网雨污水管道混接一方面降低了现有污水系统设施的收集处理率，另一方面又造成了对周围水体环境的污染。雨污混接方式主要有建筑物内部洗涤水接入雨水管、建筑物污废水出户管接入雨水管、化粪池出水管接入雨水管、市政污水管接入雨水管等。

以上海为例，目前存在雨污混接的多个分流制排水系统中，旱流污水往往通过分流制排水系统的雨水泵站排入河道。为减少雨污混接对河道的污染，《上海市城镇雨水系统专业规划》提出在分流制排水系统的雨水泵站内增设截流设施，旱季将混接的旱流污水全部截流，纳入污水系统处理后排放，远期这些设施可用于截流分流制排水系统降雨初期的雨水。目前上海市中心城区已有多座设有旱流污水截流设施的雨水泵站投入使用。

5.2 设计流量和设计扬程

5.2.1 关于污水泵站设计流量的规定。

由于泵站需不停地提升、输送流入污水管渠内的污水，应采用最高日最高时流量作为污水泵站的设计流量。

5.2.2 关于雨水泵站设计流量的规定。

5.2.3 关于合流污水泵站设计流量的规定。

5.2.4 关于雨水泵设计扬程的规定。

受纳水体水位以及集水池水位的不同组合，可组成不同的扬程。受纳水体水位的常水位或平均潮位与设计流量下集水池设计水位之差加上管路系统的水头损失为设计扬程。受纳水体水位的低水位或平均低潮位与集水池设计最高水位之差加上管路系统的水头损失为最低工作扬程。受纳水体水位的高水位或防汛潮位与集水池设计最低水位之差加上管路系统的水头损失为最高工作扬程。

5.2.5 关于污水泵、合流污水泵设计扬程的规定。

出水管渠水位以及集水池水位的不同组合，可组成不同的扬程。设计平均流量时出水管渠水位与集水池设计水位之差加上管路系统水头损失和安全水头为设计扬程。设计最小流量时出水管渠水位与集水池设计最高水位之差加上管路系统水头损失和安全水头为最低工作扬程。设计最大流量时出水管渠水位与集水池设计最低水位之差加上管路系统水头损失和安全水头为最高工作扬程。安全水头一般为 0.3m～0.5m。

5.3 集 水 池

5.3.1 关于集水池有效容积的规定。

为了泵站正常运行，集水池的贮水部分必须有适当的有效容积。集水池的设计最高水位与设计最低水位之间的容积为有效容积。集水池有效容积的计算范围，除集水池本身外，可以向上游推算到格栅部位。如容积过小，则水泵开停频繁；容积过大，则增加工程造价。对污水泵站应控制单台泵开停次数不大于6次/h。对污水中途泵站，其下游泵站集水池容积，应与上游泵站工作相匹配，防止集水池壅水和开空车。雨水泵站和合流污水泵站集水池容积，由于雨水进水管部分可作为贮水容积考虑，仅规定不应小于最大一台水泵30s的出水量。间隙使用的泵房集水池，应按一次排入的水、泥量和水泵抽送能力计算。

5.3.2 关于集水池面积的规定。

大型合流污水泵站，尤其是多级串联泵站，当水泵突然停运或失负时，系统中的水流由动能转为势能，下游集水池会产生壅水现象，上壅高度与集水池面积有关，应复核水流不壅出地面。

5.3.3 关于设置格栅的规定。

集水池前设置格栅是用以截留大块的悬浮或漂浮的污物，以保护水泵叶轮和管配件，避免堵塞或磨损，保证水泵正常运行。

5.3.4 关于雨水泵站和合流污水泵站集水池设计最高水位的规定。

我国的雨水泵站运行时，部分受压情况较多，其进水水位高于管顶，设计时，考虑此因素，故最高水位可高于进水管管顶，但应复核，控制最高水位不得使管道上游的地面冒水。

5.3.5 关于污水泵站集水池设计最高水位的规定。

5.3.6 关于集水池设计最低水位的规定。

水泵吸水管或潜水泵的淹没深度，如达不到该产品的要求，则会将空气吸入，或出现冷却不够等，造成汽蚀或过热等问题，影响泵站正常运行。

5.3.7 关于泵房进水方式和集水池布置的规定。

泵房正向进水，是使水流顺畅，流速均匀的主要条件。侧向进水易形成集水池下游端的水泵吸水管处水流不稳，流量不均，对水泵运行不利，故应避免。由于进水条件对泵房运行极为重要，必要时，15m³/s以上泵站宜通过水力模型试验确定进水布置方式；5m³/s～15m³/s的泵站宜通过数学模型计算确定进水布置方式。

集水池的布置会直接影响水泵吸水的水流条件。水流条件差，会出现滞流或涡流，不利水泵运行；会引起汽蚀作用，水泵特性改变，效率下降，出水量减少，电动机超载运行；会造成运行不稳定，产生噪声和振动，增加能耗。

集水池的设计一般应注意下列几点：

1 水泵吸水管或叶轮应有足够的淹没深度，防止空气吸入，或形成涡流时吸入空气。

2 泵的吸入喇叭口与池底保持所要求的距离。

3 水流应均匀顺畅无旋涡地流进泵吸水管，每台水泵的进水。水流条件基本相同，水流不要突然扩大或改变方向。

4 集水池进口流速和水泵吸入口处的流速尽可能缓慢。

5.3.8 关于设置闸门或闸槽和事故排出口的规定。

为了便于清洗集水池或检修水泵，泵站集水池前应设闸门或闸槽。泵站前宜设置事故排出口，供泵站检修时使用。为防止水污染和保护环境，规定设置事故排出口应报有关部门批准。

5.3.9 关于沉砂设施的规定。

有些地区雨水管道内常有大量砂粒流入，为保护水泵，减少对水泵叶轮的磨损，在雨水进水管砂粒量较多的地区宜在集水池前设置沉砂设施和清砂设备。上海某一泵站设有沉砂池，长期运行良好。上海另一泵站，由于无沉砂设施，曾发生水泵被淤埋或进水管渠断面减小、流量减少的情况。青岛市的雨水泵站大多设有沉砂设施。

5.3.10 关于集水坑的规定。

5.3.11 关于集水池设冲洗装置的规定。

5.4 泵房设计

Ⅰ 水泵配置

5.4.1 关于水泵选用和台数的规定。

1 一座泵房内的水泵，如型号规格相同，则运行管理、维修养护均较方便。其工作泵的配置宜为2台～8台。台数少于2台，如遇故障，影响太大；台数大于8台，则进出水条件可能不良，影响运行管理。当流量变化大时，可配置不同规格的水泵，大小搭配，但不宜超过两种；也可采用变频调速装置或叶片可调式水泵。

2 污水泵房和合流污水泵房的备用泵台数，应根据下列情况考虑：

  1）地区的重要性：不允许间断排水的重要政治、经济、文化和重要的工业企业等地区的泵房，应有较高的水泵备用率。

  2）泵房的特殊性：是指泵房在排水系统中的特殊地位。如多级串联排水的泵房，其中一座泵房因故不能工作时，会影响整个排水区域的排水，故应适当提高备用率。

  3）工作泵的型号：当采用橡胶轴承的轴流泵抽送污水时，因橡胶轴承等容易磨损，造成检修工作繁重，也需要适当提高水泵备用率。

  4）台数较多的泵房，相应的损坏次数也较多，故备用台数应有所增加。

  5）水泵制造质量的提高，检修率下降，可减少备用率。

但是备用泵增多，会增加投资和维护工作，综合考虑后作此规定。由于潜水泵调换方便，当备用泵为2台时，可现场备用1台，库存备用1台，以减小土建规模。

雨水泵的年利用小时数很低，故雨水泵一般可不设备用泵，但应在非雨季做好维护保养工作。

立交道路雨水泵站可视泵站重要性设备用泵，但必须保证道路不积水，以免影响交通。

5.4.2 关于按设计扬程配泵的规定。

根据对已建泵站的调查，水泵扬程普遍按集水池最低水位与排出水体最高水位之差，再计入水泵管路系统的水头损失确定。由于出水最高水位出现概率甚少，导致水泵大部分工作时段的工况较差。本条规定了选用的水泵宜满足设计扬程时在高效区运行。此外，最高工作扬程与最低工作扬程，应在所选水泵的安全、稳定的运行范围内。由于各类水泵的特性不一，按上列扬程配泵如超出稳定运行范围，则以最高工作扬程时能安全稳定运行为控制工况。

5.4.3 关于多级串联泵站考虑级间调整的规定。

多级串联的污水泵站和合流污水泵站，受多级串联后的工作制度、流量搭配等影响较大，故应考虑级间调整的影响。

5.4.4 规定了吸水管和出水管的流速。

水泵吸水管和出水管流速不宜过大，以减少水头损失和保证水泵正常运行。如水泵的进出口管管径较小，则应配置渐扩管进行过渡，使流速在本规范规定的范围内。

5.4.5 关于非自灌式水泵设引水设备的规定。

当水泵为非自灌式工作时，应设引水设备。引水设备有真空泵或水射器抽气引水，也可采用密闭水箱注水。当采用真空泵引水时，在真空泵与水泵之间应设置气水分离箱。

Ⅱ 泵 房

5.4.6 关于水泵布置的规定。

水泵的布置是泵站的关键。水泵一般宜采用单行排列，这样对运行、维护有利，且进出水方便。

5.4.7 关于机组布置的规定。

主要机组的间距和通道的宽度应满足安全防护和便于操作、检修的需要，应保证水泵轴或电动机转子在检修时能够拆卸。

5.4.8 关于泵房层高的规定。

5.4.9 关于泵房起重设备的规定。

5.4.10 关于水泵机组基座的规定。

基座尺寸随水泵形式和规格而不同，应按水泵的要求配置。基座高出地坪0.1m以上是为了在机房少量淹水时，不影响机组正常工作。

5.4.11 关于操作平台的规定。

当泵房较深，选用立式泵时，水泵间地坪与电动机间地坪的高差超过水泵允许的最大轴长值时，一种方法是将电动机间建成半地下式；另一种方法是设置中间轴承和轴承支架以及人工操作平台等辅助设施。

从电动机及水泵运转稳定性出发，轴长不宜太长，采用前一种方法较好，但从电动机散热方面考虑，后一种方法较好。本条对后一种方法做出了规定。

5.4.12 关于泵房排除积水的规定。

水泵间地坪应设集水沟排除地面积水，其地坪宜以1‰坡向集水沟，并在集水沟内设抽吸积水的水泵。

5.4.13 关于泵房内敷设管道的有关规定。

泵房内管道敷设在地面上时，为方便操作人员巡回工作，可采用活动踏梯或活络平台作为跨越设施。

当泵房内管道为架空敷设时，为不妨碍电气设备的检修和阻碍通道，规定不得跨越电气设备，通行处的管底距地面不小于2.0m。

5.4.14 关于泵房内吊物孔的有关规定。

5.4.15 关于潜水泵的环境保护和改善操作环境的规定。

5.4.16 关于水泵冷却水的有关规定。

冷却水是相对洁净的水，应考虑循环利用。

5.5 出 水 设 施

5.5.1 关于出水管的有关规定。

污水管出水管上应设置止回阀和闸阀。雨水泵出水管末端设置防倒流装置的目的是在水泵突然停运时，防止出水管的水流倒灌，或水泵发生故障时检修方便，我国目前使用的防倒流装置有拍门、堰门、柔性止回阀等。

雨水泵出水管的防倒流装置上方，应按防倒流装置的重量考虑是否设置起吊装置，以方便拆装和维修。一种做法是设工字钢，在使用时安装起吊装置，以防锈蚀。

5.5.2 关于出水压力井的有关规定。

出水压力井的井压，按水泵的流量和扬程计算确定。出水压力井上设透气筒、可释放水锤能量，防止水锤损坏管道和压力井。透气筒高度和断面根据计算确定，且透气筒不宜设在室内。压力井的井座、井盖及螺栓应采用防锈材料，以利装拆。

5.5.3 关于敞开式出水井的有关规定。

敞开式出水井的井口高度，应根据河道最高水位加上开泵时的水流壅高，或停泵时壅高水位确定。

5.5.4 关于试车水回流管的有关规定。

合流污水泵站试车时，关闭出水井内通向河道一侧的出水闸门或临时封堵出水井，可把泵出的水通过管道回至集水池。回流管管径宜按最大一台水泵的流量确定。

5.5.5 关于泵站出水口的有关规定。

雨水泵站出水口流量较大，应避让桥梁等水中构筑物，出水口和护坡结构不得影响航行，出水口流速宜控制在0.5m/s以下。出水口的位置、流速控制、消能设施、警示标志等，应事先征求当地航运、水利、港务和市政等有关部门的同意，并按要求设置有关设施。

6 污水处理

6.1 厂址选择和总体布置

6.1.1 规定厂址选择应考虑的主要因素。

污水厂位置的选择必须在城镇总体规划和排水工程专业规划的指导下进行，以保证总体的社会效益、环境效益和经济效益。

1 污水厂在城镇水体的位置应选在城镇水体下游的某一区段，污水厂处理后出水排入该河段，对该水体上、下游水源的影响最小。污水厂位置由于某些因素，不能设在城镇水体的下游时，出水口应设在城镇水体的下游。

2 根据目前发展需要新增条文。

3 根据污泥处理和处置的需要新增条文。

4 污水厂在城镇的方位，应选在对周围居民点的环境质量影响最小的方位，一般位于夏季主导风向的下风侧。

5 厂址的良好工程地质条件，包括土质、地基承载力和地下水位等因素，可为工程的设计、施工、管理和节省造价提供有利条件。

6 根据我国耕田少、人口多的实际情况，选厂址时应尽量少拆迁、少占农田，使污水厂工程易于上马。同时新增条文规定"根据环境评价要求"应与附近居民点有一定的卫生防护距离，并绿化。

7 有扩建的可能是指厂址的区域面积不仅应考虑规划期的需要，尚应考虑满足不可预见的将来扩建的可能。

8 厂址的防洪和排水问题必须重视，一般不应在淹水区建污水厂，当必须在可能受洪水威胁的地区建厂时，应采取防洪措施。另外，有良好的排水条件，可节省建造费用。新增条文规定防洪标准"不应低于城镇防洪标准"。

9 为缩短污水厂建造周期和有利于污水厂的日常管理，应有方便的交通、运输和水电条件。

6.1.2 关于污水厂工程项目建设用地和近期规模的规定。

污水厂工程项目建设用地必须贯彻"十分珍惜、合理利用土地和切实保护耕地"的基本国策。考虑到城镇污水量的增加趋势较快，污水厂的建造周期较长，污水厂厂区面积应按项目总规模确定。同时，应根据现状水量和排水收集系统的建设周期合理确定近期规模。尽可能近期少拆迁、少占农田，做出合理的分期建设、分期征地的安排。规定既保证了污水厂在远期扩建的可能性，又利于工程建设在短期内见效，近期工程投入运行一年内水量宜达到近期设计规模的60%，以确保建成后污水设施充分发挥投资效益和运行效益。

6.1.3 关于污水厂总体布置的规定。

根据污水厂的处理级别（一级处理或二级处理）、处理工艺（活性污泥法或生物膜法）和污泥处理流程（浓缩、消化、脱水、干化、焚烧以及污泥气利用等），各种构筑物的形状，大小及其组合，结合厂址地形、气候和地质条件等，可有各种总体布置形式，必须综合确定。总体布置恰当，可为今后施工、维护和管理等提供良好条件。

6.1.4 规定污水厂在建筑美学方面应考虑的主要因素。

污水厂建设在满足经济实用的前提下，应适当考虑美观。除在厂区进行必要的绿化、美化外，应根据污水厂内建筑物和构筑物的特点，使各建筑物之间、建筑物和构筑物之间、污水厂和周围环境之间均达到建筑美学的和谐一致。

6.1.5 关于生产管理建筑物和生活设施布置原则的规定。

城镇污水包括生活污水和一部分工业废水，往往散发臭味和对人体健康有害的气体。另外，在生物处理构筑物附近的空气中，细菌芽孢数量也较多。所以，处理构筑物附近的空气质量相对较差。为此，生产管理建筑物和生活设施应与处理构筑物保持一定距离，并尽可能集中布置，便于以绿化等措施隔离开来，保证管理人员有良好的工作环境，避免影响正常工作。办公室、化验室和食堂等的位置，应处于夏季主导风向的上风侧，朝向东南。

6.1.6 规定处理构筑物的布置原则。

污水和污泥处理构筑物各有不同的处理功能和操作、维护、管理要求，分别集中布置有利于管理。合理的布置可保证施工安装、操作运行、管理维护安全方便，并减少占地面积。

6.1.7 规定污水厂工艺流程竖向设计的主要考虑因素。

6.1.8 规定厂区消防和消化池等构筑物的防火防爆要求。

消化池、贮气罐、污泥气燃烧装置、污泥气管道等是易燃易爆构筑物，应符合国家现行的《建筑设计防火规范》GBJ 16 的有关规定。

6.1.9 关于堆场和停车场的规定。

堆放场地，尤其是堆放废渣（如泥饼和煤渣）的场地，宜设置在较隐蔽处，不宜设在主干道两侧。

6.1.10 关于厂区通道的规定。

污水厂厂区的通道应根据通向构筑物和建筑物的功能要求，如运输、检查、维护和管理的需要设置。通道包括双车道、单车道、人行道、扶梯和人行天桥等。根据管理部门意见，扶梯不宜太陡，尤其是通行频繁的扶梯，宜利于搬重物上下扶梯。

单车道宽度由 3.5m 修改为 3.5m～4.0m，双车道宽度仍为 6.0m～7.0m，转弯半径修改为 6.0m～10.0m，增加扶梯倾角"宜采用 30°"的规定。

6.1.11 关于污水厂围墙的规定。

根据污水厂的安全要求，污水厂周围应设围墙，高度不宜太低，一般不低于 2.0m。

6.1.12 关于污水厂门的规定。

6.1.13 关于配水装置和连通管渠的规定。

并联运行的处理构筑物间的配水是否均匀，直接影响构筑物能否达到设计水量和处理效果，所以设计时应重视配水装置。配水装置一般采用堰或配水井等方式。

构筑物系统之间设可切换的连通管渠，可灵活组合各组运行系列，同时，便于操作人员观察、调节和维护。

6.1.14 规定污水厂内管渠设计应考虑的主要因素。

污水厂内管渠较多，设计时应全面安排，可防止错、漏、碰、缺。在管道复杂时宜设置管廊，利于检查维修。管渠尺寸应按可能通过的最高时流量计算确定，并按最低时流量复核，防止发生沉积。明渠的水头损失小，不易堵塞，便于清理，一般情况应尽量采用明渠。合理的管渠设计和布置可保障污水厂运行的安全、可靠、稳定，节省经常费用。本条增加管廊内设置的内容。

6.1.15 关于超越管渠的规定。

污水厂内合理布置超越管渠，可使水流越过某处理构筑物，而流至其后续构筑物。其合理布置应保证在构筑物维护和紧急修理以及发生其他特殊情况时，对出水水质影响小，并能迅速恢复正常运行。

6.1.16 关于处理构筑物排空设施的规定。

考虑到处理构筑物的维护检修，应设排空设施。为了保护环境，排空水应回流处理，不应直接排入水体，并应有防止倒灌的措施，确保其他构筑物的安全运行。排空设施有构筑物底部预埋排水管道和临时设泵抽水两种。

6.1.17 关于污水厂设置再生水处理系统的规定。

我国是一个水资源短缺的国家。城镇污水具有易于收集处理、数量巨大的特点，可作为城市第二水源。因此，设置再生水处理系统，实现污水资源化，对保障安全供水具有重要的战略意义。

6.1.18 规定严禁污染给水系统、再生水系统。

防止污染给水系统、再生水系统的措施，一般为通过空气间隙和设中间贮存池，然后再与处理装置衔接。本条文增加有关再生水设置的内容。

6.1.19 关于污水厂供电负荷等级的规定。

考虑到污水厂中断供电可能对该地区的政治、经济、生活和周围环境等造成不良影响，污水厂的供电负荷等级应按二级设计。本条文增加重要的污水厂宜按一级负荷设计的内容。重要的污水厂是指中断供电对该地区的政治、经济、生活和周围环境等造成重大影响者。

6.1.20 关于污水厂附属建筑物的组成及其面积应考虑的主要原则。

确定污水厂附属建筑物的组成及其面积的影响因素较复杂，如各地的管理体制不一，检修协作条件不同，污水厂的规模和工艺流程不同等，目前尚难规定统一的标准。目前许多污水厂设有计算机控制系统，减少了工作人员及附属构筑物建筑面积。本条文增加"计算机监控系统的水平"的因素。

《城镇污水处理厂附属建筑和附属设备设计标准》CJJ 31，规定了污水厂附属建筑物的组成及其面积，可作为参考。

6.1.21 关于污水厂保温防冻的规定。

为了保证寒冷地区的污水厂在冬季能正常运行，有关的处理构筑物、管渠和其他设施应有保温防冻措施。一般有池上加盖、池内加热、建于房屋内等，视当地气温和处理构筑物的运行要求而定。

6.1.22 关于污水厂维护管理所需设施的规定。

根据国内污水厂的实践经验，为了有利于维护管理，应在厂区内适当地点设置一定的辅助设施，一般有巡回检查和取样等有关地点所需的照明，维修所需的配电箱，巡回检查或维修时联络用的电话，冲洗用的给水栓、浴室、厕所等。

6.1.23 关于处理构筑物安全设施的规定。

6.2 一般规定

6.2.1 规定污水处理程度和方法的确定原则。

6.2.2 规定污水厂处理效率的范围。

根据国内污水厂处理效率的实践数据，并参考国外资料制定。

一级处理的处理效率主要是沉淀池的处理效率，未计入格栅和沉砂池的处理效率。二级处理的处理效率包括一级处理。

6.2.3 关于在污水厂中设置调节设施的规定。

美国《污水处理设施》（1997 年，以下简称美国十州标准）规定，在水质、水量变化大的污水厂中，应考虑设置调节设施。据调查，国内有些生活小区的污水厂，由于其水质、水量变化很大，致使生物处理效果无法保证。本条据此制定。

6.2.4 关于污水处理构筑物设计流量的规定。

污水处理构筑物设计，应根据污水厂的远期规模和分期建设的情况统一安排，按每期污水量设计，并考虑到分期扩建的可能性和灵活性，有利于工程建设在短期内见效。设计流量按分期建设的各期最高日最高时设计流量计算。当污水为提升进入时，还需按每期工作水泵的最大组合流量校核管渠输水能力。

关于生物反应池设计流量，根据国内设计经验，认为生物反应池如完全按最高日最高时设计流量计算，不尽合理。实际上当生物反应地采用的曝气时间较长时，生物反应池对进水流量和有机负荷变化都有一定的调节能力，故规定设计流量可酌情减少。

一般曝气时间超过5h，即可认为曝气时间较长。

6.2.5 关于合流制处理构筑物设计的规定。

对合流制处理构筑物应考虑雨水进入后的影响。目前国内尚无成熟的经验。本条是参照美、日、前苏联等国有关规定，沿用原规范有关条文而制定的。

1 格栅和沉砂池按合流设计流量计算，即按旱流污水量和截留雨水量的总水量计算。

2 初次沉淀池一般按旱流污水量设计，保证旱流时的沉淀效果。降雨时，容许降低沉淀效果，故用合流设计水量校核，此时沉淀时间可适当缩短，但不宜小于30min。前苏联《室外排水工程设计规范》（1974年，以下简称前苏联规范）规定不应小于0.75h～1.0h。

3 二级处理构筑物按旱流污水量设计，有的地区为保护降雨时的河流水质，要求改善污水厂出水水质，可考虑对一定流量的合流水量进行二级处理。前苏联规范规定，二级处理构筑物按合流水量设计，并按旱流水量校核。

4 污泥处理设施应相应加大，根据前苏联规范规定，一般比旱流情况加大10%～20%。

5 管渠应按合流设计流量计算。

6.2.6 规定处理构筑物个（格）数和布置的原则。

根据国内污水厂的设计和运行经验，处理构筑物的个（格）数，不应少于2个（格），利于检修维护；同时按并联的系列设计，可使污水的运行更为可靠、灵活和合理。

6.2.7 关于处理构筑物污水的出入口处设计的规定。

处理构筑物中污水的入口和出口处设置整流措施，使整个断面布水均匀，并能保持稳定的池水面，保证处理效率。

6.2.8 关于污水厂设置消毒设施的规定。

根据国家有关排放标准的要求设置消毒设施。消毒设施的选型，应根据消毒效果、消毒剂的供应、消毒后的二次污染、操作管理、运行成本等综合考虑后决定。

6.3 格　　栅

6.3.1 规定设置格栅的要求。

在污水中混有纤维、木材、塑料制品和纸张等大小不同的杂物。为了防止水泵和处理构筑物的机械设备和管道被磨损或堵塞，使后续处理流程能顺利进行，作此规定。

6.3.2 关于格栅栅条间隙宽度的规定。

根据调查，本条规定粗格栅栅条间隙宽度：机械清除时为16mm～25mm，人工清除时为25mm～40mm，特殊情况下最大栅条间隙可采用100mm。

根据调查，细格栅栅条间隙宽度为1.5mm～10mm，超细格栅栅条间隙宽度为0.2mm～1.5mm，本条规定细格栅栅条间隙宽度为1.5mm～10mm。

水泵前，格栅除污机栅条间隙宽度应根据水泵进口口径按表8选用。对于阶梯式格栅除污机、回转式固液分离机和转鼓式格栅除污机的栅条间隙或栅孔可按需要确定。

表8　栅条间隙

水泵口径(mm)	<200	250～450	500～900	1000～3500
栅条间隙(mm)	15～20	30～40	40～80	80～100

如泵站较深，泵前格栅机械清除或人工清除比较复杂，可在泵前设置仅为保护水泵正常运转的、空隙宽度较大的粗格栅（宽度根据水泵要求，国外资料认为可大到100mm）以减少栅渣量，并在处理构筑物前设置间隙宽度较小的细格栅，保证后续工序的顺利进行。这样既便于维修养护，投资也不会增加。

6.3.3 关于污水过栅流速和格栅倾角的规定。

过栅流速是参照国外资料制定的。前苏联规范为0.8m/s～1.0m/s，日本指南为0.45m/s，美国《污水处理厂设计手册》（1998年，以下简称美国污水厂手册）为0.6m/s～1.2m/s，法国《水处理手册》（1978年，以下简称法国手册）为0.6m/s～1.0m/s。本规范规定为0.6m/s～1.0m/s。

格栅倾角是根据国内外采用的数据而制定的。除转鼓式格栅除污机外，其资料见表9。

表9　格栅倾角

资料来源	格栅倾角	
	人工清除	机械清除
国内污水厂	一般为45°～75°	
日本指南	45°～60°	70°左右
美国污水厂手册	30°～45°	40°～90°
本规范	30°～60°	60°～90°

6.3.4 关于格栅除污机底部前端距井壁尺寸的规定。

钢丝绳牵引格栅除污机和移动悬吊葫芦抓斗式格栅除污机应考虑耙斗尺寸和安装人员的工作位置，其他类型格栅除污机由于齿耙尺寸较小，其尺寸可适当减小。

6.3.5 关于设置格栅工作平台的规定。

本条规定为便于清除栅渣和养护格栅。

6.3.6 关于格栅工作平台过道宽度的规定。

本条是根据国内污水厂养护管理的实践经验而制定的。

6.3.7 关于栅渣输送的规定。

栅渣通过机械输送、压榨脱水外运的方式，在国内新建的大中污水厂中已得到应用。关于栅渣的输送设备采用：一般粗格栅渣宜采用带式输送机，细格栅渣宜采用螺旋输送机；对输送距离大于 8.0m 宜采用带式输送机，对距离较短的宜采用螺旋输送机；而当污水中有较大的杂质时，不管输送距离长短，均以采用皮带输送机为宜。

6.3.8 关于污水预处理构筑物臭味去除的规定。

一般情况下污水预处理构筑物，散发的臭味较大，格栅除污机、输送机和压榨脱水机的进出料口宜采用密封形式。根据污水提升泵站、污水厂的周围环境情况，确定是否需要设置除臭装置。

6.3.9 关于格栅间设置通风设施的规定。

为改善格栅间的操作条件和确保操作人员安全，需设置通风设施和有毒有害气体的检测与报警装置。

6.4 沉 砂 池

6.4.1 关于设置沉砂池的规定。

一般情况下，由于在污水系统中有些井盖密封不严，有些支管连接不合理以及部分家庭院落和工业企业雨水进入污水管，在污水中会含有相当数量的砂粒等杂质。设置沉砂池可以避免后续处理构筑物和机械设备的磨损，减少管渠和处理构筑物内的沉积，避免重力排泥困难，防止对生物处理系统和污泥处理系统运行的干扰。

6.4.2 关于平流沉砂池设计的规定。

本条是根据国内污水厂的试验资料和管理经验，并参照国外有关资料而制定。平流沉砂池应符合下列要求：

1 最大流速应为 0.3m/s，最小流速应为 0.15m/s。在此流速范围内可避免已沉淀的砂粒再次翻起，也可避免污水中的有机物大量沉淀，能有效地去除相对密度 2.65、粒径 0.2mm 以上的砂粒。

2 最高时流量的停留时间至少应为 30s，日本指南推荐 30s～60s

3 从养护方便考虑，规定每格宽度不宜小于 0.6m。有效水深在理论上与沉砂效率无关，前苏联规范规定为 0.25m～1.0m，本条规定不应大于 1.2m。

6.4.3 关于曝气沉砂池设计的规定。

本条是根据国内的实践数据，参照国外资料而制定，其资料见表 10。

表 10 曝气沉砂池设计数据

设计数据 资料来源	旋流速度 (m/s)	水平流速 (m/s)	最高时流量 停留时间 (mm)	有效水深 (m)	宽深比	曝气量	进水方向	出水方向
上海某污水厂	0.25~0.3		2	2.1	1	0.07m³/m³	与池中旋流方向一致	与进水方向垂直，淹没式出水口
北京某污水厂	0.3	0.056	2~6	1.5	1	0.115m³/m³	与池中旋流方向一致	与进水方向垂直，淹没式出水口
北京某中试厂	0.25	0.075	3~15 (考虑预曝气)	2	1	0.1m³/m³	与池中旋流方向一致	与进水方向垂直，淹没式出水口
天津某污水厂			6	3.6	1	0.2m³/m³	淹没孔	溢流堰
美国污水厂手册			1~3			16.7m³/(m²·h)~44.6m³/(m²·h)	使污水在空气作用下直接形成旋流	应与进水成直角，并在靠近出口处应考虑设挡板
前苏联规范	0.08~0.12				1~1.5	3m³/(m²·h)~5m³/(m²·h)	与水在沉砂池中的旋流方向一致	淹没式出水口
日本指南			1~2	2~3		1m³/m³~2m³/m³		
本规范		0.1	>2	2~3	1~1.5	0.1m³/m³~0.2m³/m³	应与池中旋流方向一致	与进水方向垂直，并宜设置挡板

6.4.4 关于旋流沉砂池设计的规定

本条是根据国内的实践数据，参照国外资料而制定。

6.4.5 关于污水沉砂量的规定。

污水的沉砂量，根据北京、上海、青岛等城市的实践数据，分别为：0.02L/m³、0.02L/m³、0.11L/m³，污水沉砂量的含水率为 60%，密度为 1500kg/m³。参照国外资料，本条规定沉砂量为 0.03L/m³，国外资料见表11。

表11 各国沉砂量情况

资料来源	单 位	数值	说 明
日本指南	L/m³（污水）	0.0005～0.05	分流制污水
		0.005～0.05	分流制雨水
		0.005～0.05	合流制污水
		0.001～0.05	合流制雨水
美国污水厂手册	L/m³（污水）	0.004～0.037	合流制
	L/（人·d）	0.004～0.018	合流制
前苏联规范	L/（人·d）（污水）	0.02	相当于0.05（L/m³）～0.09L/m³（污水）
德国ATV	L/（人·年）	0.02～0.2	年平均0.06
		2～5	
本规范	L/m³（污水）	0.03	

6.4.6 关于砂斗容积和砂斗壁倾角的规定。

根据国内沉砂池的运行经验，砂斗容积一般不超过 2d 的沉砂量；当采用重力排砂时，砂斗壁倾角不应小于 55°，国外也有类似规定。

6.4.7 关于沉砂池除砂的规定。

从国内外的实践经验表明，沉砂池的除砂一般采用砂泵或空气提升泵等机械方法，沉砂经砂水分离后，干砂在贮砂池或晒砂场贮存或直接装车外运。由于排砂的不连续性，重力或机械排砂方法均会发生排砂管堵塞现象，在设计中应考虑水力冲洗等防堵塞措施。考虑到排砂管易堵，规定人工排砂时，排砂管直径不应小于 200mm。

6.5 沉 淀 池

Ⅰ 一般规定

6.5.1 关于沉淀池设计的规定。

为使用方便和易于比较，根据目前国内的实践经验并参照美国、日本等的资料，沉淀池以表面水力负荷为主要设计参数。按表面水力负荷设计沉淀池时，应校核固体负荷、沉淀时间和沉淀池各部分主要尺寸的关系，使之相互协调。表12 为国外有关表面水力负荷和沉淀时间的取值范围。

按《城镇污水处理厂污染物排放标准》GB 18918 要求，对排放的污水应进行脱氮除磷处理，为保证较高的脱氮除磷效果，初次沉淀池的处理效果不宜太高，以维持足够碳氮和碳磷的比例。通过函调返回资料统计分析，建议适当缩短初次沉淀池的沉淀时间。当沉淀池的有效水深为 2.0m～4.0m 时，初次沉淀池的沉淀时间为 0.5h～2.0h，其相应的表面水力负荷为 1.5m³/(m²·h)～4.5m³/(m²·h)；二次沉淀池活性污泥法后的沉淀时间为 1.5h～4.0h，其相应的表面水力负荷为 0.6m³/(m²·h)～1.5m³/(m²·h)。

沉淀池的污泥量是根据每人每日 SS 和 BOD_5 数值，按沉淀池沉淀效率经理论推算求得。

表12 表面水力负荷和沉淀时间取值范围

资料来源	沉淀时间(h)	表面水力负荷[m³/(m²·d)]	说 明
日本指南	1.5	35～70	分流制初次沉淀池
	0.5～3.0	25～50	合流制初次沉淀池
	4.0～5.0	20～30	二次沉淀池
美国十州标准	1.5～2.5	60～120	初次沉淀池
	2.0～3.5	37～49	二次沉淀池
	1.5～2.5	80～120	初次沉淀池
	2.0～3.5	40～64	二次沉淀池
德国ATV	0.5～0.8	2.5～4.0*	化学沉淀池
	0.5～1.0	2.5～4.0*	初次沉淀池
	1.7～2.5	0.8～1.5*	二次沉淀池

注：*单位为 m³/(m²·h)。

污泥含水率，按国内污水厂的实践数据制定。

6.5.2 关于沉淀池超高的规定。

沉淀池的超高按国内污水厂实践经验取 0.3m～0.5m。

6.5.3 关于沉淀池有效水深的规定。

沉淀池的沉淀效率由池的表面积决定，与池深无多大关系，因此宁可采用浅池。但实际上若水深过浅，则因水流会引起污泥的扰动，使污泥上浮。温度、风等外界影响也会使沉淀效率降低。若水池过深，会造成投资增加。有效水深一般以 2.0m～4.0m 为宜。

6.5.4 规定采用污泥斗排泥的要求。

本条是根据国内实践经验制定，国外规范也有类似规定。每个泥斗分别设闸阀和排泥管，目的是便于控制排泥。

6.5.5 关于污泥区容积的规定。

本条是根据国内实践数据，并参照国外规范而制定。污泥区容积包括污泥斗和池底贮泥部分的容积。

6.5.6 关于排泥管直径的规定。

6.5.7 关于静水压力排泥的若干规定。

本条是根据国内实践数据，并参照国外规范而制定。

6.5.8 关于沉淀池出水堰最大负荷的规定。

参照国外资料，规定了出水堰最大负荷，各种类型的沉淀池都宜遵守。

6.5.9 关于撇渣设施的规定。

据调查，初次沉淀池和二次沉淀池出流处会有浮渣积聚，为防止浮渣随出水溢出，影响出水水质，应设撇除、输送和处置设施。

II 沉淀池

6.5.10 关于平流沉淀池设计的规定。

1 长宽比和长深比的要求。长宽比过小，水流不易均匀平稳，过大会增加池中水平流速，二者都影响沉淀效率。长宽比值日本指南规定为3~5，英、美资料建议也是3~5，本规范规定为不宜小于4。长深比前苏联规范规定为8~12，本条规定为不宜小于8。池长不宜大于60m。

2 排泥机械行进速度的要求。据国内外资料介绍，链条刮板式的行进速度一般为0.3m/min~1.2m/min，通常为0.6m/min。

3 缓冲层高度的要求。参照前苏联规范制定。

4 池底纵坡的要求。设刮泥机时的池底纵坡不宜小于0.01。日本指南规定为0.01~0.02。

按表面水力负荷设计平流沉淀池时，可按水平流速进行校核。平流沉淀池的最大水平流速：初次沉淀池为7mm/s，二次沉淀池为5mm/s。

6.5.11 关于竖流沉淀池设计的规定。

1 径深比的要求。根据竖流沉淀池的流态特征，径深比不宜大于3。

2 中心管内流速不宜过大，防止影响沉淀区的沉淀作用。

3 中心管下口设喇叭口和反射板，以消除进入沉淀区的水流能量，保证沉淀效果。

6.5.12 关于辐流沉淀池设计的规定。

1 径深比的要求。根据辐流沉淀池的流态特征，径深比宜为6~12。日本指南和前苏联规范都规定6~12，沉淀效果较好，本条文采用6~12。为减少风对沉淀效果的影响，池径宜小于50m。

2 排泥方式及排泥机械的要求。近年来，国内各地区设计的辐流沉淀池，其直径都较大，配有中心传动或周边驱动的桁架式刮泥机，已取得成功经验。故规定宜采用机械排泥。参照日本指南，规定排泥机械旋转速度为1r/h~3r/h，刮泥板的外缘线速度不大于3m/min。当池子直径较小，且无配套的排泥机械时，可考虑多斗排泥，但管理较麻烦。

III 斜管（板）沉淀池

6.5.13 规定斜管（板）沉淀池的采用条件。

据调查，国内城镇污水厂采用斜管（板）沉淀池作为初次沉淀池和二次沉淀池，积有生产实践经验，认为在用地紧张，需要挖掘原有沉淀池的潜力，或需要压缩沉淀池面积等条件下，通过技术经济比较，可采用斜管（板）沉淀池。

6.5.14 关于升流式异向流斜管（板）沉淀池负荷的规定。

根据理论计算，升流式异向流斜管（板）沉淀池的表面水力负荷可比普通沉淀池大几倍，但国内污水厂多年生产运行实践表明，升流式异向流斜管（板）沉淀池的设计表面水力负荷不宜过大，不然沉淀效果不稳定，宜按普通沉淀池设计表面负荷的2倍计。据调查，斜管（板）二次沉淀池的沉淀效果不太稳定，为防止泛泥，本条规定对于斜管（板）二次沉淀池，应以固体负荷核算。

6.5.15 关于升流式异向流斜管（板）沉淀池设计的规定。

本条是根据国内污水厂斜管（板）沉淀池采用的设计参数和运行情况而做出的相应规定。

1 斜管孔径（或斜板净距）为45mm~100mm，一般为80mm，本条规定宜为80mm~100mm。

2 斜管（板）斜长宜为1.0m~1.2m。

3 斜管（板）倾角宜为60°。

4 斜管（板）区上部水深为0.5m~0.7m，本条规定宜为0.7m~1.0m。

5 底部缓冲层高度0.5m~1.2m，本条规定宜为1.0m。

6.5.16 规定斜管（板）沉淀池冲洗设施的要求。

根据国内生产实践经验，斜管内和斜板上有积泥现象，为保证斜管（板）沉淀池的正常稳定运行，本条规定应设冲洗设施。

6.6 活性污泥法

I 一般规定

6.6.1 关于活性污泥处理工艺选择的规定。

外部环境条件，一般指操作管理要求，包括水量、水质、占地、供电、地质、水文、设备供应等。

6.6.2 关于运行方案的规定。

运行条件一般指进水负荷和特性，以及污水温度、大气温度、湿度、沙尘暴、初期运行条件等。

6.6.3 规定生物反应池的超高。

6.6.4 关于除泡沫的规定。

目前常用的消除泡沫措施有水喷淋和投加消泡剂等方法。

6.6.5 关于设置放水管的规定。

生物反应池投产初期采用间歇曝气培养活性污泥时，静沉后用作排除上清液。

6.6.6 规定廊道式生物反应池的宽深比和有效水深。

本条适用于推流式运行的廊道式生物反应池。生物反应池的池宽与水深之比为1~2，曝气装置沿一侧布置时，生物反应池混合液的旋流前进的水力状态较好。有效水深4.0m~6.0m是根据国内鼓风机的风压能力，并考虑尽量降低生物反应池占地面积而确定的。当条件许可时也可采用较大水深，目前国内一些大型污水厂采用的水深为6.0m，也有一些污水厂采用的水深超过6.0m。

6.6.7 关于生物反应池中好氧区（池）、缺氧区（池）、厌氧区（池）混合全池污水最小曝气量及最小搅拌功率的规定。

缺氧区（池）、厌氧区（池）的搅拌功率：在《污水处理新工艺与设计计算实例》一书中推荐取 $3W/m^3$，美国污水厂手册推荐取 $5W/m^3 \sim 8W/m^3$，中国市政工程西南设计研究院曾采用过 $2W/m^3$。本规范建议为 $2W/m^3 \sim 8W/m^3$。所需功率均以曝气器配置功率表示。

其他设计参数沿用原规范有关条文的数据。

6.6.8 关于低温条件的规定。

我国的寒冷地区，冬季水温一般在 $6℃ \sim 10℃$，短时间可能为 $4℃ \sim 6℃$；应核算污水处理过程中，低气温对污水温度的影响。

当污水温度低于 10℃ 时，应按《寒冷地区污水活性污泥法处理设计规程》CECS 111 的有关规定修正设计计算数据。

6.6.9 关于入流方式的规定。

规定污水进入厌氧区（池）、缺氧区（池）时，采用淹没式入流方式的目的是避免引起复氧。

Ⅱ 传统活性污泥法

6.6.10 规定生物反应池的主要设计数据。

有关设计数据是根据我国污水厂回流污泥浓度一般为 $4g/L \sim 8g/L$ 的情况确定的。如回流污泥浓度不在上述范围时，可适当修正。当处理效率可以降低时、负荷可适当增大。当进水五日生化需氧量低于一般城镇污水时，负荷尚应适当减小。

生物反应池主要设计数据中，容积负荷 L_V 与污泥负荷 L_S 和污泥浓度 X 相关；同时又必须按生物反应池实际运行规律来确定数据，即不可无依据地将本规范规定的 L_S 和 X 取端值相乘以确定最大的容积负荷 L_V。

Q 为反应池设计流量，不包括污泥回流量。

X 为反应池内混合液悬浮固体 MLSS 的平均浓度，它适用于推流式、完全混合式生物反应池。吸附再生反应池的 X，是根据吸附区的混合液悬浮固体和再生区的混合液悬浮固体，按这两个区的容积进行加权平均得出的理论数据。

6.6.11 规定生物反应池容积的计算公式。

污泥负荷计算公式中，原来是按进水五日生化需氧量计算，现在修改为按去除的五日生化需氧量计算。

由于目前很少采用按容积负荷计算生物反应池的容积，因此将原规范中按容积负荷计算的公式列入条文说明中以备方案校核、比较时参考使用，以及采用容积负荷指标时计算容积之用。按容积负荷计算生物反应池的容积时，可采用下式：

$$V = \frac{24 S_0 Q}{1000 L_V}$$

式中：L_V——生物反应池的五日生化需氧量容积负荷，$kgBOD_5/(m^3 \cdot d)$。

6.6.12 关于衰减系数的规定。

衰减系数 K_d 值与温度有关，列出了温度修正公式。

6.6.13 关于生物反应池始端设置缺氧选择区（池）或厌氧选择区（池）的规定。

其作用是改善污泥性质，防止污泥膨胀。

6.6.14 关于阶段曝气生物反应池的规定。

本条是根据国内外有关阶段曝气法的资料而制定。阶段曝气的特点是污水沿池的始端 1/2～3/4 长度内分数点进入（即进水口分布在两廊道生物反应池的第一条廊道内，三廊道生物反应池的前两条廊道内，四廊道生物反应池的前三条廊道内），尽量使反应池混合液的氧利用率接近均匀，所以容积负荷比普通生物反应池大。

6.6.15 关于吸附再生生物反应池的规定。

根据国内污水厂的运行经验，参照国外有关资料，规定吸附再生生物反应池吸附区和再生区的容积和停留时间。它的特点是回流污泥先在再生区作较长时间的曝气，然后与污水在吸附区充分混合，作较短时间接触，但一般不小于 0.5h。

6.6.16 关于合建式完全混合生物反应池的规定。

1 据资料介绍，一般生物反应池的平均耗氧速率为 $30mg/(L \cdot h) \sim 40mg/(L \cdot h)$。根据对上海某污水厂和湖北某印染厂污水站的生物反应池回流缝处测定实际的溶解氧，表明污泥室的溶解氧浓度不一定能满足生物反应池所需的耗氧速率，为安全计，合建式完全混合反应池曝气部分的容积包括导流区，但不包括污泥室容积。

2 根据国内运行经验，沉淀区的沉淀效果易受曝气区的影响。为了保证出水水质，沉淀区表面水力负荷宜为 $0.5m^3/(m^2 \cdot h) \sim 1.0m^3/(m^2 \cdot h)$。

Ⅲ 生物脱氮、除磷

6.6.17 关于生物脱氮、除磷系统污水的水质规定。

1 污水的五日生化需氧量与总凯氏氮之比是影响脱氮效果的重要因素之一。异养性反硝化菌在呼吸时，以有机基质作为电子供体，硝态氮作为电子受体，即反硝化时需消耗有机物。青岛等地污水厂运行实践表明，当污水中五日生化需氧量与总凯氏氮之比大于 4 时，可达理想脱氮效果；五日生化需氧量与总凯氏氮之比小于 4 时，脱氮效果不好。五日生化需氧量与总凯氏氮之比过小时，需外加碳源才能达到理想的脱氮效果。外加碳源可采用甲醇，它被分解后产生二氧化碳和水，不会留下任何难以分解的中间产物。由于城镇污水水量大，外加甲醇的费用较大，有些污水厂将淀粉厂、制糖厂、酿造厂等排出的高浓度有机废水作为外加碳源，取得了良好效果。当五日生化需氧量与总凯氏氮之比为4或略小于4时，可不设初次沉淀池或缩短污水在初次沉淀池中的停留时间，以增大进生物反应池污水中五日生化需氧量与氮的比值。

2 生物除磷由吸磷和放磷两个过程组成，积磷菌在厌氧放磷时，伴随着溶解性可快速生物降解的有机物在菌体内储存。若放磷时无溶解性可快速生物降解的有机物在菌体内储存，则积磷菌在进入好氧环境中并不吸磷，此类放磷为无效放磷。生物脱氮和除磷都需有机碳，在有机碳不足，尤其是溶解性可快速生物降解的有机碳不足时，反硝化菌与积磷菌争夺碳源，会竞争性地抑制放磷。

污水的五日生化需氧量与总磷之比是影响除磷效果的重要因素之一。若比值过低，积磷菌在厌氧池放磷时释放的能量不能很好地被用来吸收和贮藏溶解性有机物，影响该类细菌在好氧池的吸磷，从而使出水磷浓度升高。广州地区的一些污水厂，在五日生化需氧量与总磷之比为17及以上时，取得了良好的除磷效果。

3 若五日生化需氧量与总凯氏氮之比小于4，则难以完全脱氮而导致系统中存在一定的硝态氮的残余量，这样即使污水中五日生化需氧量与总磷之比大于17，其生物除磷的效果也将受到影响。

4 一般地说，积磷菌、反硝化菌和硝化细菌生长的最佳pH值在中性或弱碱性范围，当pH值偏离最佳值时，反应速度逐渐下降，碱度起着缓冲作用。污水厂生产实践表明，为使好氧池的pH值维持在中性附近，池中剩余总碱度宜大于70mg/L。每克氨氮氧化成硝态氮需消耗7.14g碱度，大大消耗了混合液的碱度。反硝化时，还原1g硝态氮成氮气，理论上可回收3.57g碱度，此外，去除1g五日生化需氧量可以产生0.3g碱度。出水剩余总碱度可接下式计算，剩余总碱度＝进水总碱度＋0.3×五日生化需氧量去除量＋3×反硝化脱氮量－7.14×硝化氮量，式中3为美国EPA（美国环境保护署）推荐的还原1g硝态氮可回收3g碱度。当进水碱度较小，硝化消耗碱度后，好氧池剩余碱度小于70mg/L，可增加缺氧池容积，以增加回收碱度量。在要求硝化的氨氮量较多时，可布置成多段缺氧/好氧形式。在该形式下，第一个好氧池仅氧化部分氨氮，消耗部分碱度，经第二个缺氧池回收碱度后再进入第二个好氧池消耗部分碱度，这样可减少对进水碱度的需要量。

6.6.18 关于生物脱氮的规定。

生物脱氮由硝化和反硝化两个生物化学过程组成。氨氮在好氧池中通过硝化细菌作用被氧化成硝态氮，硝态氮在缺氧池中通过反硝化菌作用被还原成氮气逸出。硝化菌是化能自养菌，需在好氧环境中氧化氨氮获得生长所需能量；反硝化菌是兼性异养菌，它们利用有机物作为电子供体，硝态氮作为电子最终受体，将硝态氮还原成气态氮。由此可见，为了发生反硝化作用，必须具备下列条件：①有硝态氮；②有有机碳；③基本无溶解氧（溶解氧会消耗有机物）。为了有硝态氮，处理系统应采用较长泥龄和较低负荷。缺氧/好氧法可满足上述要求，适于脱氮。

1 缺氧/好氧生物反应池的容积计算，可采用本规范第6.6.11条生物去除碳源污染物的计算方法。根据经验，缺氧区（池）的水力停留时间宜为0.5h～3h。

2 式（6.6.18-1）介绍了缺氧池容积的计算方法，式中0.12为微生物中氮的分数。反硝化速率K_{de}与混合液回流比、进水水质、温度和污泥中反硝化菌的比例等因素有关。混合液回流量大，带入缺氧池的溶解氧多，K_{de}取低值；进水有机物浓度高且较易生物降解时，K_{de}取高值。

温度变化可用式（6.6.18-2）修正，式中1.08为温度修正系数。

由于原污水总悬浮固体中的一部分沉积到污泥中，结果产生的污泥将大于由有机物降解产生的污泥，在许多不设初次沉淀池的处理工艺中更甚。因此，在确定污泥总产率系数时，必须考虑原污水中总悬浮固体的含量，否则，计算所得的剩余污泥量往往偏小。污泥总产率系数随温度、泥龄和内源衰减系数变化而变化，不是一个常数。对于某种生活污水，有初次沉淀池和无初次沉淀池时，泥龄-污泥总产率曲线分别示于图2和图3。

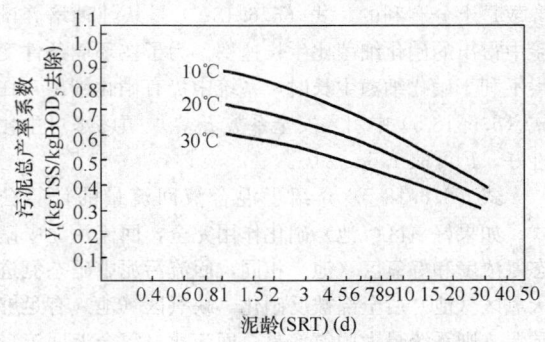

图2 有初次沉淀池时泥龄-污泥总产率系数曲线

注：有初次沉淀池TSS去除60%，初次沉淀池出流中有30%的惰性物质，原污水的COD/BOD_5为1.5～2.0，TSS/BOD_5为0.8～1.2。

TSS/BOD_5反映了原污水中总悬浮固体与五日生化需氧量之比，比值大，剩余污泥量大，即Y_t值大。泥龄θ_c影响污泥的衰减，泥龄长，污泥衰减多，即Y_t值小。温度影响污泥总产率系数，温度高，Y_t值小。

式（6.6.18-4）介绍了好氧区（池）容积的计算公式。式（6.6.18-6）为计算硝化细菌比生长速率的公式，0.47为15℃时硝化细菌最大比生长速率；硝化作用中氮的半速率常数K_n是硝化细菌比生长速率等于硝化细菌最大比生长速率一半时氮的浓度，K_n

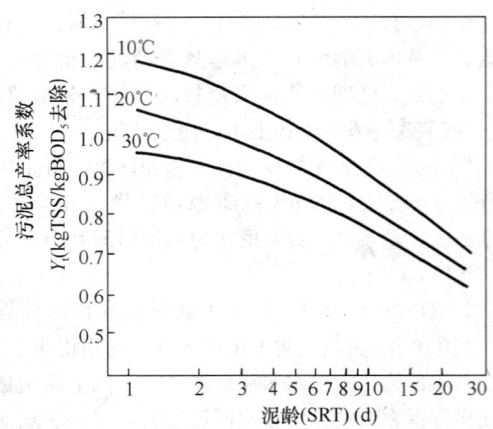

图 3　无初次沉淀池时泥龄-污泥总产率系数曲线

注：无初次沉淀池，TSS/BOD₅=1.0，
TSS 中惰性固体占 50%。

的典型值为 1.0mg/L；$e^{0.098(T-15)}$ 是温度校正项。假定好氧区（池）混合液进入二次沉淀池后不发生硝化反应，则好氧区（池）氨氮浓度与二次沉淀池出水氨氮浓度相等，式（6.6.18-6）中好氧区（池）氨氮浓度 N_a 可根据排放要求确定。自养硝化细菌比异养菌的比生长速率小得多，如果没有足够长的泥龄，硝化细菌就会从系统中流失。为了保证硝化发生，泥龄须大于 $1/\mu$。在需要硝化的场合，以泥龄作为基本设计参数是十分有利的。式（6.6.18-6）是从纯种培养试验中得出的硝化细菌比生长速率。为了在环境条件变得不利于硝化细菌生长时，系统中仍有硝化细菌，在式（6.6.18-5）中引入安全系数 F，城镇污水可生化性好，F 可取 1.5～3.0。

式（6.6.18-7）介绍了混合液回流量的计算公式。如果好氧区（池）硝化作用完全，回流污泥中硝态氮浓度和好氧区（池）相同，回流污泥中硝态氮进入厌氧区（池）后全部被反硝化，缺氧区（池）有足够碳源，则系统最大脱氮率是总回流比（混合液回流量加上回流污泥量与进水流量之比）r 的函数，$r=(Q_{Ri}+Q_R)/Q$，最大脱氮率=$r/(1+r)$。由公式可知，增大总回流比可提高脱氮效果，但是，总回流比为 4 时，再增加回流比，对脱氮效果的提高不大。总回流比过大，会使系统由推流式趋于完全混合式，导致污泥性状变差；在进水浓度较低时，会使缺氧区（池）氧化还原电位（ORP）升高，导致反硝化速率降低。上海市政工程设计研究院观察到总回流比从 1.5 上升到 2.5，ORP 从 −218mV 上升到 −192mV，反硝化速率从 0.08kgNO₃/(kgVSS·d) 下降到 0.038kgNO₃/(kgVSS·d)。回流污泥量的确定，除计算外，还应综合考虑提供硝酸盐和反硝化速率等方面的因素。

3 在设计中虽然可以从参考文献中获得一些动力学数据，但由于污水的情况千差万别，因此只有试验数据才最符合实际情况，有条件时应通过试验获取数据。若无试验条件时，可通过相似水质、相似工艺的污水厂，获取数据。生物脱氮时，由于硝化细菌世代时间较长，要取得较好脱氮效果，需较长泥龄。以脱氮为主要目标时，泥龄可取 11d～23d。相应的五日生化需氧量污泥负荷较低、污泥产率较低、需氧量较大，水力停留时间也较长。表 6.6.18 所列设计参数为经验数据。

6.6.19　关于生物除磷的规定。

生物除磷必须具备下列条件：①厌氧（无硝态氮）；②有机碳。厌氧/好氧法可满足上述要求，适于除磷。

1 厌氧/好氧生物反应池的容积计算，根据经验可采用本规范第 6.6.11 条生物去除碳源污染物的计算方法，并根据经验确定厌氧和好氧各段的容积比。

2 在厌氧区（池）中先发生脱氮反应消耗硝态氮，然后积磷菌释放磷，释磷过程中释放的能量可用于其吸收和贮藏溶解性有机物。若厌氧区（池）停留时间小于 1h，磷释放不完全，会影响磷的去除率，综合考虑除磷效率和经济性，规定厌氧区（池）停留时间为 1h～2h。在只除磷的厌氧/好氧系统中，由于无硝态氮和积磷菌争夺有机物，厌氧池停留时间可取下限。

3 活性污泥中积磷菌在厌氧环境中会释放出磷，在好氧环境中会吸收超过其正常生长所需的磷。通过排放富磷剩余污泥，可比普通活性污泥法从污水中去除更多的磷。由此可见，缩短泥龄，即增加排泥量可提高磷的去除率。以除磷为主要目的时，泥龄可取 3.5d～7.0d。表 6.6.19 所列设计参数为经验数据。

4 除磷工艺的剩余污泥在污泥浓缩池中浓缩时会因厌氧放出大量磷酸盐，用机械法浓缩污泥可缩短浓缩时间，减少磷酸盐析出量。

5 生物除磷工艺的剩余活性污泥厌氧消化时会产生大量灰白色的磷酸盐沉积物，这种沉积物极易堵塞管道。青岛某污水厂采用 AAO（又称 A²O）工艺处理污水，该厂在消化池出泥管、后浓缩池进泥管、后浓缩池上清液管道和污泥脱水后滤液管道中均发现灰白色沉积物，弯管处尤甚，严重影响了正常运行。这种灰白色沉积物质地坚硬，不溶于水；经盐酸浸泡，无法去除。该厂在这些管道的转弯处增加了法兰，还拟对消化池出泥管进行改造，将原有的内置式管道改为外部管道，便于经常冲洗保养。污泥脱水滤液和第二级消化池上清液，磷浓度十分高，如不除磷，直接回到集水池，则磷从水中转移到泥中，再从泥中转移到水中，只是在处理系统中循环，严重影响了磷的去除效率。这类磷酸盐宜采用化学法去除。

6.6.20　关于生物同时脱氮除磷的规定。

生物同时脱氮除磷，要求系统具有厌氧、缺氧和好氧环境。厌氧/缺氧/好氧法可满足这一条件。

脱氮和除磷是相互影响的。脱氮要求较低负荷和较长泥龄，除磷却要求较高负荷和较短泥龄。脱氮要求有较多硝酸盐供反硝化，而硝酸盐不利于除磷。设计生物反应池各区（池）容积时，应根据氮、磷的排放标准等要求，寻找合适的平衡点。

脱氮和除磷对泥龄、污泥负荷和好氧停留时间的要求是相反的。在需同时脱氮除磷时，综合考虑泥龄的影响后，可取 10d～20d。本规范表 6.6.20 所列设计参数为经验数据。

AAO（又称 A^2O）工艺中，当脱氮效果好时，除磷效果较差。反之亦然，不能同时取得较好的效果。针对这些存在的问题，可对工艺流程进行变形改进，调整泥龄、水力停留时间等设计参数，改变进水和回流污泥等布置形式，从而进一步提高脱氮除磷效果。图 4 为一些变形的工艺流程。

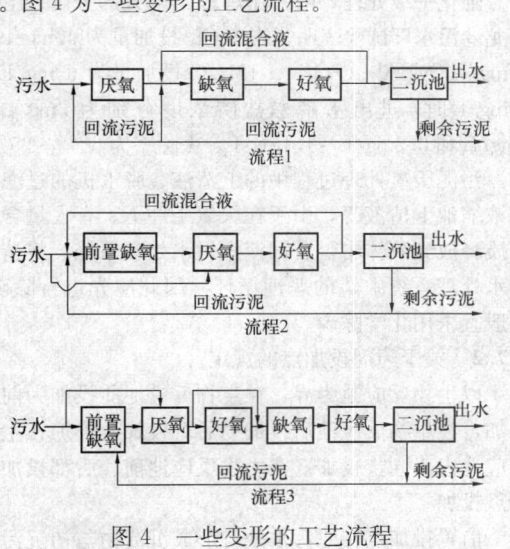

图 4 一些变形的工艺流程

Ⅳ 氧化沟

6.6.21 关于可不设初次沉淀池的规定。

由于氧化沟多用于长泥龄的工艺，悬浮状有机物可在氧化沟内得到部分稳定，故可不设初次沉淀池。

6.6.22 关于氧化沟前设厌氧池的规定。

氧化沟前设置厌氧池可提高系统的除磷功能。

6.6.23 关于设置配水井的规定。

在交替式运行的氧化沟中，需设置进水配水井，井内设闸或溢流堰，按设计程序变换进出水水流方向；当有两组及其以上平行运行的系列时，也需设置进水配水井，以保证均匀配水。

6.6.24 关于与二次沉淀池分建或合建的规定。

按构造特征和运行方式的不同，氧化沟可分为多种类型，其中有连续运行、与二次沉淀池分建的氧化沟，如 Carrousel 型多沟串联系统氧化沟、Orbal 同心圆或椭圆形氧化沟、DE 型交替式氧化沟等；也有集曝气、沉淀于一体的氧化沟，又称合建式氧化沟，如船式一体化氧化沟、T 型交替式氧化沟等。

6.6.25 关于延时曝气氧化沟的主要设计参数的规定。

6.6.26 关于氧化沟进行脱氮除磷的规定。

6.6.27 关于氧化沟进出水布置和超高的规定。

进水和回流污泥从缺氧区首端进入，有利于反硝化脱氮。出水宜在充氧器后的好氧区，是为了防止二次沉淀池中出现厌氧状态。

6.6.28 关于有效水深的规定。

随着曝气设备不断改进，氧化沟的有效水深也在变化。过去，一般为 0.9m～1.5m；现在，当采用转刷时，不宜大于 3.5m；当采用转碟、竖轴表曝机时，不宜大于 4.5m。

6.6.29 关于导流墙、隔流墙的规定。

6.6.30 关于曝气设备安装部位的规定。

6.6.31 关于走道板和工作平台的规定。

6.6.32 关于平均流速的规定。

为了保证活性污泥处于悬浮状态，国内外普遍采用沟内平均流速 0.25m/s～0.35m/s。日本指南规定，沟内平均流速为 0.25m/s，本规范规定宜大于 0.25m/s。为改善沟内流速分布，可在曝气设备上、下游设置导流墙。

6.6.33 关于自动控制的规定。

氧化沟自动控制系统可采用时间程序控制，也可采用溶解氧或氧化还原电位（ORP）控制。在特定位置设置溶解氧探头，可根据池中溶解氧浓度控制曝气设备的开关，有利于满足运行要求，且可最大限度地节约动力。

对于交替运行的氧化沟，宜设置溶解氧控制系统，控制曝气转刷的连续、间歇或变速转动，以满足不同阶段的溶解氧浓度要求或根据设定的模式进行运行。

Ⅴ 序批式活性污泥法（SBR）

6.6.34 关于设计污水量的规定。

由于进水时可均衡水量变化，且反应池对水质变化有较大的缓冲能力，故规定反应池的设计污水量为平均日污水量。为顺利输送污水并保证处理效果，对反应池前后的水泵、管道等输水设施做出按最高日最高时污水量设计的规定。

6.6.35 关于反应池数量的规定。

考虑到清洗和检修等情况，SBR 反应池的数量不宜少于 2 个。但水量较小（小于 500m³/d）时，设 2 个反应池不经济，或当投产初期污水量较小、采用低负荷连续进水方式时，可建 1 个反应池。

6.6.36 规定反应池容积的计算公式。

6.6.37 规定污泥负荷的选用范围。

除负荷外，充水比和周期数等参数均对脱氮除磷有影响，设计时，要综合考虑各种因素。

6.6.38 关于SBR工艺各工序时间的规定。

SBR工艺是按周期运行的，每个周期包括进水、反应（厌氧、缺氧、好氧）、沉淀、排水和闲置五个工序，前四个工序是必需工序。

进水时间指开始向反应池进水至进水完成的一段时间。在此期间可根据具体情况进行曝气（好氧反应）、搅拌（厌氧、缺氧反应）、沉淀、排水或闲置。若一个处理系统有 n 个反应池，连续地将污水流入各个池内，依次对各池污水进行处理，假设在进水工序不进行沉淀和排水，一个周期的时间为 t，则进水时间应为 t/n。

非好氧反应时间内，发生反硝化反应及放磷反应。运行时可增减闲置时间调整非好氧反应时间。

式（6.6.38-2）中充水比的含义是每个周期进水体积与反应池容积之比。充水比的倒数减1，可理解为回流比；充水比小，相当于回流比大。要取得较好的脱氮效果，充水比要小；但充水比过小，反而不利，可参见本规范条文说明6.6.18。

排水目的是排除沉淀后的上清液，直至达到开始向反应池进水时的最低水位。排水可采用滗水器，所用时间由滗水器的能力决定。排水时间可通过增加滗水器台数或加大溢流负荷来缩短。但是，缩短了排水时间将增加后续处理构筑物（如消毒池等）的容积和增大排水管管径。综合两者关系，排水时间宜为1.0h~1.5h。

闲置不是一个必需的工序，可以省略。在闲置期间，根据处理要求，可以进水、好氧反应、非好氧反应以及排除剩余污泥等。闲置时间的长短由进水流量和各工序的时间安排等因素决定。

6.6.39 规定每天的运行周期数。

为了便于运行管理，做此规定。

6.6.40 关于导流装置的规定。

由于污水的进入会搅动活性污泥，此外，若进水发生短流会造成出水水质恶化，因此应设置导流装置。

6.6.41 关于反应池池形的规定。

矩形反应池可布置紧凑，占地少。水深应根据鼓风机出风压力确定。如果反应池水深过大，排出水的深度相应增大，则固液分离所需时间就长。同时，受滗水器结构限制，滗水不能过多；如果反应池水深过小，由于受活性污泥界面以上最小水深（保护高度）限制，排出比小，不经济。综合以上考虑，规定完全混合型反应池水深宜为4.0m~6.0m。连续进水时，如反应池长宽比过大，流速大，会带出污泥；长宽比过小，会因短流而造成出水水质下降，故长宽比宜为2.5:1~4:1。

6.6.42 关于事故排水装置的规定。

滗水器故障时，可用事故排水装置应急。固定式排水装置结构简单，十分适合作事故排水装置。

6.6.43 关于浮渣的规定。

由于SBR工艺一般不设初次沉淀池，浮渣和污染物会流入反应池。为了不使反应池水面上的浮渣随处理水一起流出，首先应设沉砂池、除渣池（或极细格栅）等预处理设施，其次应采用有挡板的滗水器。反应池应有撇渣机等浮渣清除装置，否则反应池表面会积累浮渣，影响环境和处理效果。

6.7 化学除磷

6.7.1 关于化学除磷应用范围的规定。

《城镇污水处理厂污染物排放标准》GB 18918规定的总磷的排放标准：当达到一级A标准时，在2005年12月31日前建设的污水厂为1mg/L，2006年1月1日起建设的污水厂为0.5mg/L。一般城镇污水经生物除磷后，较难达到后者的标准，故可辅以化学除磷，以满足出水水质的要求。

强化一级处理，可去除污水中绝大部分磷。上海白龙港污水厂试验表明，当 $FeCl_3$ 投加量为40mg/L~80mg/L，或 $Al_2(SO_4)_3 \cdot 18H_2O$ 投加量为60mg/L~80mg/L时，进出水磷酸盐磷浓度分别为2mg/L~9mg/L和0.2mg/L~1.1mg/L，去除率为60%~95%。

污泥厌氧处理过程中的上清液、脱水机的过滤液和浓缩池上清液等，由于在厌氧条件下，有大量含磷物质释放到液体中，若回流入污水处理系统，将造成污水处理系统中磷的恶性循环，因此应先进行除磷，一般宜采用化学除磷。

6.7.2 关于药剂投加点的规定。

以生物反应池为界，在生物反应池前投加为前置投加，在生物反应池后投加为后置投加，投加在生物反应池内为同步投加，在生物反应池前、后都投加为多点投加。

前置投加点在原污水处，形成沉淀物与初沉污泥一起排除。前置投加的优点是还可去除相当数量的有机物，因此能减少生物处理的负荷。后置投加点是在生物处理之后，形成的沉淀物通过另设的固液分离装置进行分离，这一方法的出水水质好，但需增建固液分离设施。同步投加点为初次沉淀池出水管道或生物反应池内，形成的沉淀物与剩余污泥一起排除。多点投加点是在沉砂池、生物反应池和固液分离设施等位置投加药剂，其可以降低投药总量，增加运行的灵活性。由于pH值的影响，不可采用石灰作混凝剂。在需要硝化的场合，要注意铁、铝对硝化菌的影响。

6.7.3 关于药剂种类、剂量和投加点宜根据试验确定的规定。

由于污水水质和环境条件各异，因而宜根据试验确定最佳药剂种类、剂量和投加点。

6.7.4 关于化学除磷药剂的规定。

铝盐有硫酸铝、铝酸钠和聚合铝等，其中硫酸铝较常用。铁盐有三氯化铁、氯化亚铁、硫酸铁和硫酸亚铁等，其中三氯化铁最常用。

采用铝盐或铁盐除磷时，主要生成难溶性的磷酸铝或磷酸铁，其投加量与污水中总磷量成正比。可用于生物反应池的前置、后置和同步投加。采用亚铁盐需先氧化成铁盐后才能取得最大除磷效果，因此其一般不作为后置投加的混凝剂，在前置投加时，一般投加在曝气沉砂池中，以使亚铁盐迅速氧化成铁盐。采用石灰除磷时，生成 $Ca_5(PO_4)_3OH$ 沉淀，其溶解度与 pH 值有关，因而所需石灰量取决于污水的碱度，而不是含磷量。石灰作混凝剂不能用于同步除磷，只能用于前置或后置除磷。石灰用于前置除磷后污水 pH 值较高，进生物处理系统前需调节 pH 值；石灰用于后置除磷时，处理后的出水必须调节 pH 值才能满足排放要求；石灰还可用于污泥厌氧释磷池或污泥处理过程中产生的富磷上清液的除磷。用石灰除磷，污泥量较铝盐或铁盐大很多，因而很少采用。加入少量阴离子、阳离子或阴阳离子聚合电解质，如聚丙烯酰胺（PAM），作为助凝剂，有利于分散的游离金属磷酸盐絮体混凝和沉淀。

6.7.5 关于铝盐或铁盐作混凝剂时，投加量的规定。

理论上，三价铝和铁离子与等摩尔磷酸反应生成磷酸铝和磷酸铁。由于污水中成分极其复杂，含有大量阴离子，铝、铁离子会与它们反应，从而消耗混凝剂，根据经验投加时其摩尔比宜为 1.5～3。

6.7.6 关于应考虑污泥量的规定。

化学除磷时会产生较多的污泥。采用铝盐或铁盐作混凝剂时，前置投加，污泥量增加 40%～75%；后置投加，污泥量增加 20%～35%；同步投加，污泥量增加 15%～50%。采用石灰作混凝剂时，前置投加，污泥量增加 150%～500%；后置投加，污泥量增加 130%～145%。

6.7.7 规定了接触腐蚀性物质的设备应采取防腐蚀措施。

三氯化铁、氯化亚铁、硫酸铁和硫酸亚铁都具有很强的腐蚀性；硫酸铝固体在干燥条件下没有腐蚀性，但硫酸铝液体却有很强的腐蚀性，故做此规定。

6.8 供 氧 设 施

Ⅰ 一 般 规 定

6.8.1 规定生物反应池供氧设施的功能和曝气方式。

供氧设施的功能应同时满足污水需氧量、活性污泥与污水的混合和相应的处理效率等要求。

6.8.2 规定污水需氧量的计算公式。

公式右边第一项为去除含碳污染物的需氧量，第二项为剩余污泥氧当量，第三项为氧化氨氮需氧量，第四项为反硝化脱氮回收的氧量。若处理系统仅为去除碳源污染物 b 为零，只计第一项和第二项。

总凯氏氮（TKN）包括有机氮和氨氮。有机氮可通过水解脱氨基而生成氨氮，此过程为氨化作用。氨化作用对氮原子而言化合价不变，并无氧化还原反应发生。故采用氧化 1kg 氨氮需 4.57kg 氧来计算 TKN 降低所需要的氧量。

反硝化反应可采用下列公式表示：

$$5C+2H_2O+4NO_3^- \rightarrow 2N_2+4OH^-+5CO_2$$

由此可知：4 个 NO_3^- 还原成 2 个 N_2，可使 5 个有机碳氧化成 CO_2，相当于耗去 5 个 O_2，而从反应式 $4NH_4^+ +8O_2 \rightarrow 4NO_3^- +8H^+ +4H_2O$ 可知，4 个氨氮氧化成 4 个 NO_3^- 需消耗 8 个 O_2，故反硝化时氧的回收率为 5/8=0.62。

1.42 为细菌细胞的氧当量，若用 $C_5H_7NO_2$ 表示细菌细胞，则氧化 1 个 $C_5H_7NO_2$ 分子需 5 个氧分子，即 160/113=1.42（$kgO_2/kgVSS$）。

含碳物质氧化的需氧量，也可采用经验数据，参照国内外研究成果和国内污水厂生物反应池污水需氧量数据，综合分析为去除 1kg 五日生化需氧量需 0.7kg～$1.2kgO_2$。

6.8.3 规定生物反应池标准状态下污水需氧量的计算。

同一曝气器在不同压力、不同水温、不同水质时性能不同，曝气器的充氧性能数据是指单个曝气器标准状态下之值（即 0.1MPa，20℃清水）。生物反应池污水需氧量，不是 0.1MPa20℃清水中的需氧量，为了计算曝气器的数量，必须将污水需氧量换成标准状态下的值。

6.8.4 规定空气供气量的计算公式。

6.8.5 规定选用空气曝气系统中曝气器的原则。

6.8.6 规定曝气器数量的计算方法及应考虑的事项。

6.8.7 规定曝气器的布置方式。

20 世纪 70 年代前曝气器基本是在水池一侧布置，近年来多为满池布置。沿池长分段渐减布置，效果更佳。

6.8.8 规定采用表面曝气器供氧的要求。

叶轮使用应与池型相匹配，才可获得良好的效果，根据国内外运行经验作了相应的规定：

1 叶轮直径与生物反应池直径之比，根据国内运行经验，较小直径的泵型叶轮的影响范围达不到叶轮直径的 4 倍，故适当调整为 1:3.5～1:7。

2 根据国内实际使用情况，叶轮线速度在 3.5m/s～5.0m/s 范围内，效果较好。小于 3.5m/s，提升效果降低，故本条规定为 3.5m/s～5.0m/s。

3 控制叶轮供氧量的措施，根据国内外的运行经验，一般有调节叶轮速度、控制生物反应池出口水位和升降叶轮改变淹没水深等。

6.8.9 规定采用机械曝气设备充氧能力的原则。

目前多数曝气叶轮、转刷、转碟和各种射流曝气器均为非标准型产品，该类产品的供氧能力应根据测定资料或相关技术资料采用。

6.8.10 规定选用供氧设施时，应注意的内容。

本条是根据近几年设计、运行管理经验而提出的。

6.8.11 规定鼓风机房的设置方式及机房内的主要设施。

目前国内有露天式风机站,根据多年运行经验,考虑鼓风机的噪声影响及操作管理的方便,规定污水厂一般宜设置独立鼓风机房,并设置辅助设施。离心式鼓风机需设冷却装置,应考虑设置的位置。

6.8.12 规定鼓风机选型的基本原则。

目前在污水厂中常用的鼓风机有单级高速离心式鼓风机,多级离心式鼓风机和容积式罗茨鼓风机。

离心式鼓风机噪声相对较低。调节风量的方法,目前大多采用在进口调节,操作简便。它的特性是压力条件及气体相对密度变化时对送风量及动力影响很大,所以应考虑风压和空气温度的变动带来的影响。离心式鼓风机宜用于水深不变的生物反应池。

罗茨鼓风机的噪声较大。为防止风压异常上升,应设置防止超负荷的装置。生物反应池的水深在运行中变化时,采用罗茨鼓风机较为适用。

6.8.13 规定污泥气(沼气)鼓风机布置应考虑的事项。

6.8.14 规定计算鼓风机工作压力时应考虑的事项。

6.8.15 规定确定工作和备用鼓风机数量的原则。

工作鼓风机台数,按平均风量配置时,需加设备用鼓风机。根据污水厂管理部门的经验,一般认为如按最大风量配置工作鼓风机时,可不设备用机组。

6.8.16 规定了空气除尘器选择的原则。

气体中固体微粒含量,罗茨鼓风机不应大于 $100mg/m^3$,离心式鼓风机不应大于 $10mg/m^3$。微粒最大尺寸不应大于气缸内各相对运动部件的最小工作间隙之半。空气曝气器对空气除尘也有要求,钟罩式、平板式微孔曝气器,固体微粒含量应小于 $15mg/m^3$;中大气泡曝气器可采用粗效除尘器。

在进风口设置的防止在过滤器上冻结冰霜的措施,一般是加热处理。

6.8.17 规定输气管道管材的基本要求。

6.8.18 关于鼓风机输气管道的规定。

6.8.19 关于生物反应池输气管道的布置规定。

生物反应池输气干管,环状布置可提高供气的安全性。为防止鼓风机突然停止运转,使池内水回灌进入输气管中,规定了应采取的措施。

6.8.20 规定鼓风机房内机组布置和起重设备的设计标准。

鼓风机机组布置宜符合本规范第 5.4.7 条对水泵机组布置的规定;鼓风机房起重设备宜符合本规范第 5.4.9 条对泵房起重设备的规定。

6.8.21 规定大中型鼓风机基础设置原则。

为了发生振动时,不影响鼓风机房的建筑安全,做此规定。

6.8.22 规定鼓风机房设计应遵守的噪声标准。

降低噪声污染的主要措施,应从噪声源着手,特别是选用低噪声鼓风机,再配以消声措施。

6.9 生物膜法

Ⅰ 一 般 规 定

6.9.1 规定了生物膜法的适用范围。

生物膜法目前国内均用于中小规模的污水处理,根据《城市污水处理工程项目建设标准》的规定,一般适用于日处理污水量在Ⅲ类以下规模的二级污水厂。该工艺具有抗冲击负荷、易管理、处理效果稳定等特点。生物膜法包括浸没式生物膜法(生物接触氧化池、曝气生物滤池)、半浸没式生物膜法(生物转盘)和非浸没式生物膜法(高负荷生物滤池、低负荷生物滤池、塔式生物滤池)等。其中浸没式生物膜法具有占地面积小,五日生化需氧量容积负荷高,运行成本低,处理效率高等特点,近年来在污水二级处理中被较多采用。半浸没式、非浸没式生物膜法最大特点是运行费用低,约为活性污泥法的1/3~1/2,但卫生条件较差及处理程度较低,占地较大,所以阻碍了其发展,可因地制宜采用。

6.9.2 关于生物膜法工艺应用的规定。

生物膜法在污水二级处理中可以适应高浓度或低浓度污水,可以单独应用,也可以与其他生物处理工艺组合应用,如上海某污水处理厂采用厌氧生物反应池、生物接触氧化池和生物滤池组合工艺处理污水。

6.9.3 关于生物膜法前处理的规定。

国内外资料表明,污水进入生物膜处理构筑物前,应进行沉淀处理,以尽量减少进水的悬浮物质,从而防止填料堵塞,保证处理构筑物的正常运行。当进水水质或水量波动大时,应设调节池,停留时间根据一天中水量或水质波动情况确定。

6.9.4 关于生物膜法的处理构筑物采取防冻、防臭和灭蝇等措施的规定。

在冬季较寒冷的地区应采取防冻措施,如将生物转盘设在室内。

生物膜法处理构筑物的除臭一般采用生物过滤法、湿式吸收氧化法去除硫化氢等恶臭气体。塔式生物滤池可采用顶部喷淋,生物转盘可以从水槽底部进水的方法减少臭气。

生物滤池易孳生滤池蝇,可定期关闭滤池出口阀门,让滤池填料淹水一段时间,杀死幼蝇。

Ⅱ 生物接触氧化池

6.9.5 关于生物接触氧化池布置形式的原则规定。

污水经初次沉淀池处理后可进一段接触氧化池,也可进两段或两段以上串联的接触氧化池,以达到较高质量的处理水。

6.9.6 关于生物接触氧化池填料布置的规定。

填料床的填料层高度应结合填料种类、流程布置等因素确定。每层厚度由填料品种确定，一般不宜超过1.5m。

6.9.7 规定生物接触氧化池填料的选用原则。

目前国内常用的填料有：整体型、悬浮型和悬挂型，其技术性能见表13。

表13　常用填料技术性能

项目 \ 填料名称		整体型		悬浮型		悬挂型	
		立体网状	蜂窝直管	φ50×50mm 柱状	内置式悬浮填料	半软性填料	弹性立体填料
比表面积 (m²/m³)		50～110	74～100	278	650～700	80～120	116～133
空隙率（%）		95～99	99～98	90～97		≥96	—
成品重量 (kg/m³)		20	45～38	7.6	内置纤维束数 12束/个≥40g/个 纤维束重量 1.6g/个～2.0g/个	3.6kg/m～6.7kg/m	2.7kg/m～4.99kg/m
挂膜重量 (kg/m³)		190～316	—			4.8g/片～5.2g/片	
填充率（%）		30～40	50～70	60～80	堆积数量1000个/m³ 产品直径φ100	100	100
填料容积负荷 [kgCOD/(m³·d)]	正常负荷	4.4	3～4.5		1.5～2.0	2～3	2～2.5
	冲击负荷	5.7		4～6	3	5	—
安装条件		整体	整体	悬浮	悬浮	吊装	吊装
支架形式		平格栅	平格栅	绳网	绳网	框架或上下固定	框架或上下固定

6.9.8 规定生物接触氧化池的曝气方式。

生物接触氧化池有池底均布曝气方式、侧部进气方式、池上面安装表面曝气器充氧方式（池中心为曝气区）、射流曝气充氧方式等。一般常采用池底均布曝气方式，该方式曝气均匀，氧转移率高，对生物膜搅动充分，生物膜的更新快。常用的曝气器有中微孔曝气软管、穿孔管、微孔曝气等，其安装要求见《鼓风曝气系统设计规程》CECS 97。

6.9.9 关于生物接触氧化池进、出水方式的规定。

6.9.10 规定生物接触氧化池排泥及放空设施。

生物接触氧化池底部设置排泥斗和放空设施，以利于排除池底积泥和方便维护。

6.9.11 关于生物接触氧化池的五日生化需氧量容积负荷的规定。

该数据是根据国内经验，参照国外标准而制定。生物接触氧化池典型负荷见表14，此表摘自英国标准。

表14　生物接触氧化池的典型负荷

处理要求	工艺要求	容积负荷	
		kgBOD₅/(m³·d)	kgNH₄⁺-N/(m³·d)
碳氧化	高负荷	2～5	—
碳氧化/硝化	高负荷	0.5～2	0.1～0.4
三级硝化	高负荷	<20mgBOD/L*	0.2～1.0

注：*装置进水浓度。

Ⅲ　曝气生物滤池

6.9.12 关于曝气生物滤池池型的规定。

曝气生物滤池由池体、布水系统、布气系统、承托层、填料层和反冲洗系统等组成。曝气生物滤池的池型有上向流曝气生物滤池（池底进水，水流与空气同向运行）和下向流曝气生物滤池（滤池上部进水，水流与空气逆向运行）两种。

6.9.13 关于设预处理设施的规定。

污水经预处理后使悬浮固体浓度降低，再进入曝气生物滤池，有利于减少反冲洗次数和保证滤池的运行。如进水有机物浓度较高，污水经沉淀后可进入水解调节池进行水质水量的调节，同时也提高了污水的可生化性。

6.9.14 关于曝气生物滤池处理程度的规定。

多级曝气生物滤池中，第一级曝气生物滤池以碳氧化为主；第二级曝气生物滤池主要对污水中的氨氮进行硝化；第三级曝气生物滤池主要为反硝化除氮，也可在第二级滤池出水中投加碳源和铁盐或铝盐同时进行反硝化脱氮除磷。

6.9.15 关于曝气生物滤池池体高度的规定。

曝气生物滤池的池体高度宜为5m～7m，由配水区、承托层、滤料层、清水区的高度和超高等组成。

6.9.16 关于曝气生物滤池布水布气系统的规定。

曝气生物滤池的布水布气系统有滤头布水布气系统、栅型承托板布水布气系统和穿孔管布水布气系统。根据调查研究，城镇污水处理宜采用滤头布水布气系统。

6.9.17 关于曝气生物滤池布气系统的规定。

曝气生物滤池的布气系统包括曝气充氧系统和进行气/水联合反冲洗时的供气系统。曝气充氧量由计算得出，一般比活性污泥法低30%～40%。

6.9.18 关于曝气生物滤池承托层的规定。

曝气生物滤池承托层采用的材质应具有良好的机械强度和化学稳定性，一般选用卵石作承托层。用卵石作承托层其级配自上而下：卵石直径2mm～4mm，4mm～8mm，8mm～16mm，卵石层高度50mm，100mm，100mm。

6.9.19 关于曝气生物滤池滤、料的规定。

生物滤池的滤料应选择比表面积大、空隙率高、吸附性强、密度合适、质轻且有足够机械强度的材料。根据资料和工程运行经验，宜选用粒径5mm左右的均质陶粒及塑料球形颗粒，常用滤料的物理特性见表15。

表15 常用滤料的物理特性

名称	物理特性						
	比表面积 (m^3/g)	总孔体积 (cm^3/g)	松散容重 (g/L)	磨损率 (%)	堆积密度 (g/cm^3)	堆积空隙率 (%)	粒内孔隙率 (%)	粒径 (mm)
黏土陶粒	4.89	0.39	875	≤3	0.7～1.0	>42	>30	3～5
页岩陶粒	3.99	0.103	976					
沸石	0.46	0.0269	830					
膨胀球形黏土	3.98		密度1550 (kg/m^3)	1.5				3.5～6.2

6.9.20 关于曝气生物滤池反冲洗系统的规定。

曝气生物滤池反冲洗通过滤板和固定其上的长柄滤头来实现，由单独气冲洗、气水联合反冲洗、单独水洗三个过程组成。反冲洗周期，根据水质参数和滤料层阻力加以控制，一般24h为一周期，反冲洗水量为进水水量的8%左右。反冲洗出水平均悬浮固体可达600mg/L。

6.9.21 关于曝气生物滤池后不设二次沉淀池的规定。

6.9.22 关于曝气生物滤池污泥产率的规定。

6.9.23 关于曝气生物滤池容积负荷的规定。

表16为曝气生物滤池的有关负荷，20℃时，硝化和反硝化的最大容积负荷分别小于2kgNH_3- N/(m^3·d)和5kgNO_3^-- N/(m^3·d)；推荐值分别为0.3kgNH_3- N/(m^3·d)～0.8kgNH_3- N/(m^3·d)和0.8kgNO_3^-- N/(m^3·d)～4.0kgNO_3^-- N/(m^3·d)。

表16 曝气生物滤池典型容积负荷

负荷类别	碳氧化	硝化	反硝化
水力负荷 [$m^3/(m^2·h)$]	2～10	2～10	
最大容积负荷 [kgX/(m^3·d)]	3～6 3～6	<1.5 (10℃) <2.0 (20℃)	<2 (10℃) <5 (20℃)

注：碳氧化、硝化和反硝化时，X分别代表五日生化需氧量、氨氮和硝态氮。

Ⅳ 生物转盘

6.9.24 关于生物转盘的一般规定。

生物转盘可分为单轴单级式、单轴多级式和多轴多级式。对单轴转盘，可在槽内设隔板分段；对多轴转盘，可以轴或槽分段。

6.9.25 规定生物转盘盘体的材料。

盘体材料应轻质、高强度、比表面积大、易于挂膜、使用寿命长和便于安装运输。盘体宜由高密度聚乙烯、聚氯乙烯或聚酯玻璃钢等制成。

6.9.26 关于生物转盘反应槽设计的规定。

1 反应槽的断面形状呈半圆形，可与盘体外形基本吻合。

2 盘体外缘与槽壁净距的要求是为了保证盘体外缘的通风。盘片净距取决于盘片直径和生物膜厚度，一般为10mm～35mm，污水浓度高，取上限值，以免生物膜造成堵塞。如采用多级转盘，则前数级的盘片间距为25mm～35mm，后数级为10mm～20mm。

3 为确保处理效率，盘片在槽内的浸没深度不应小于盘片直径的35%。水槽容积与盘片总面积的比值，影响着水在槽中的平均停留时间，一般采用5L/m^2～9L/m^2。

6.9.27 关于生物转盘转速的规定。

生物转盘转速宜为2.0r/min～4.0r/min，转速过高有损于设备的机械强度，同时在盘片上易产生较大的剪切力，易使生物膜过早剥离。一般对于小直径转盘的线速度采用15m/min；中大直径转盘采用19m/min。

6.9.28 关于生物转盘转轴强度和挠度的规定。

生物转盘的转轴强度和挠度必须满足盘体自重、生物膜和附着水重量形成的挠度及启动时扭矩的要求。

6.9.29 规定生物转盘的设计负荷。

国内生物转盘大都应用于处理工业废水，国外生物转盘用于处理城镇污水已有成熟的经验。生物转盘的五日生化需氧量表面有机负荷宜根据试验资料确定，一般处理城镇污水五日生化需氧量表面有机负荷为0.005kgBOD_5/(m^2·d)～0.020kgBOD_5/(m^2·d) d)。国外资料：要求出水 $BOD_5 \leqslant 60mg/L$ 时，表面有机负荷为 $0.020kgBOD_5/(m^2 \cdot d)$ ～ $0.040kgBOD_5/(m^2 \cdot d)$；要求出水 $BOD_5 \leqslant 30mg/L$ 时，表面有机负荷为 $0.010kgBOD_5/(m^2 \cdot d)$ ～ $0.020kgBOD_5/(m^2 \cdot d)$。水力负荷一般为 $0.04m^3/(m^2 \cdot d)$ ～ $0.2m^3/(m^2 \cdot d)$。生物转盘的典型负荷见表17，此表摘自英国标准。

表17　生物转盘的典型负荷

处理要求	工艺类型	第一阶段(级)表面有机负荷[kg/(m²·d)]*	平均表面有机负荷[kg/(m²·d)]
部分处理	高负荷	≤0.04	≤0.01
碳氧化	低负荷	≤0.03	≤0.005
碳氧化/硝化	低负荷	≤0.03	≤0.002

注：*这里的单位只限于多阶段(级)系统。第一阶段(级)的负荷率应低于推荐值以防止膜的过度增长并使臭味降到最小。

V　生物滤池

6.9.30　关于生物滤池池形的规定。

生物滤池由池体、填料、布水装置和排水系统等四部分组成，可为圆形，也可为矩形。

6.9.31　关于生物滤池填料的规定。

滤池填料应高强度、耐腐蚀、比表面积大、空隙率高和使用寿命长。对碎石、卵石、炉渣等无机滤料可就地取材。聚乙烯、聚苯乙烯、聚酰胺等材料制成的填料如波纹板、多孔筛装板、塑料蜂窝等具有比表面积大和空隙率高的优点，近年来被大量应用。

6.9.32　关于生物滤池通风构造的规定。

滤池通风好坏是影响处理效率的重要因素，前苏联规范规定池底部空间高度不应小于 $0.6m$，沿池壁四周下部应设自然通风孔，其总面积不应小于滤池表面积的1%。

6.9.33　关于生物滤池布水设备的规定。

生物滤池布水的原则，应使污水均匀分布在整个滤池表面上，这样有利于提高滤池的处理效果。布水装置可采用间歇喷洒布水系统或旋转式布水器。高负荷生物滤池多采用旋转式布水器，该装置由固定的进水竖管、配水短管和可以转动的布水横管组成。每根横管的断面积由设计流量和流速决定；布水横管的根数取决于滤池和水力负荷的大小，水量大时可采用4根，一般用2根。

6.9.34　关于生物滤池的底板坡度和冲洗底部排水渠的规定。

前苏联规范规定底板坡度为1%，日本指南规定底板坡度为1%～2%。为排除底部可能沉积的污泥，规定应有冲洗底部排水渠的措施，以保持滤池良好的通风条件。

6.9.35　关于低负荷生物滤池设计参数的规定。

低负荷生物滤池的水力负荷和容积负荷，日本指南规定水力负荷为 $1m^3/(m^2 \cdot d)$ ～ $3m^3/(m^2 \cdot d)$，五日生化需氧量容积负荷不应大于 $0.3kgBOD_5/(m^3 \cdot d)$，美国污水厂手册规定水力负荷为 $0.9m^3/(m^2 \cdot d)$ ～ $3.7m^3/(m^2 \cdot d)$，五日生化需氧量容积负荷为 $0.08kgBOD_5/(m^3 \cdot d)$ ～ $0.4kgBOD_5/(m^3 \cdot d)$。

6.9.36　关于高负荷生物滤池的设计参数的规定。

高负荷生物滤池的水力负荷和容积负荷，日本指南规定水力负荷为 $10m^3/(m^2 \cdot d)$ ～ $25m^3/(m^2 \cdot d)$，五日生化需氧量容积负荷不应大于 $1.2kgBOD_5/(m^3 \cdot d)$，美国污水厂手册规定水力负荷为 $10m^3/(m^2 \cdot d)$ ～ $35m^3/(m^2 \cdot d)$，五日生化需氧量容积负荷为 $0.4kgBOD_5/(m^3 \cdot d)$ ～ $4.8kgBOD_5/(m^3 \cdot d)$。国外生物滤池设计标准见表18、表19。

采用塑料制品为填料时，滤层厚度、水力负荷和容积负荷可提高，具体设计数据应根据试验资料而定。当生物滤池水力负荷小于规定的数值时，应采取回流；当原水有机物浓度高于或处理水达不到水质排放标准时，应采用回流。

德国、美国生物滤池设计标准见表18；生物滤池典型负荷见表19，表19摘自英国标准。

表18　国外生物滤池设计标准

负荷范围	低	中	一般	高
有机物的容积负荷[gBOD₅/(m³·d)]	200 80～400*	200～450 240～480*	450～750 400～480*	>750 >480*
水力负荷 (m/h)	大约0.2	0.4～0.8	0.6～1.2	>1.2
预计BOD₅出水浓度(mg/L)	<20	<25	20～40	30～50

注：*为美国污水厂手册数据。

表19　生物滤池典型负荷

处理要求	工艺类型	填料的比表面积(m²/m³)	容积负荷 kgBOD/(m³·d)	容积负荷 kgNH₄⁺-N/(m³·d)	水力负荷[m³/(m²·h)]
部分处理	高负荷	40～100	0.5～5	—	0.2～2
碳氧化/硝化	低负荷	80～200	0.05～5	0.01～0.05	0.03～0.1
三级硝化	低负荷	150～200	<40mgBOD/L*	0.04～0.2	0.2～1

注：*为装置进水浓度。

VI　塔式生物滤池

6.9.37　关于塔式生物滤池池体结构的规定。

塔式生物滤池由塔身、填料、布水系统以及通风、排水装置组成。据国内资料，为达到一定的出水水质，在一定塔高限值内，塔高与进水浓度呈线性关系。处理效率随着填料层总厚度的增加而增加，但当填料层总厚度超过某一数值后，处理效率提高极微，因而是不经济的。故本条规定，填料层厚度直根据试验资料确定，一般宜为8m～12m。

6.9.38 关于塔式生物滤池填料选用的规定。

填料一般采用轻质制品，国内常用的有纸蜂窝、玻璃钢蜂窝和聚乙烯斜交错波纹板等，国外推荐使用的填料有波纹塑料板、聚苯乙烯蜂窝等。

6.9.39 关于塔式生物滤池填料分层的规定。

塔式生物滤池填料分层，是使填料荷重分层负担，每层高不宜大于2m，以免压碎填料。塔顶高出最上层填料表面0.5m左右，以免风吹影响污水的均匀分布。

6.9.40 关于塔式生物滤池通风方式的规定。

6.9.41 关于塔式生物滤池的进水水质的规定。

塔式生物滤池的进水五日生化需氧量宜控制在500mg/L以下，否则较高的五日生化需氧量容积负荷会使生物膜生长迅速，易造成填料堵塞；回流处理水后，高的水力负荷使生物膜受到强烈的冲刷而不断脱落与更新，不易造成填料堵塞。

6.9.42 关于塔式生物滤池设计负荷的规定。

美国污水厂手册介绍塑料填料塔式生物滤池的五日生化需氧量容积负荷为$4.8kgBOD_5/(m^3 \cdot d)$，法国手册介绍塑料生物塔式滤池的五日生化需氧量容积负荷为$1kg/(m^3 \cdot d)$～$5kg/(m^3 \cdot d)$。

6.10 回流污泥和剩余污泥

6.10.1 规定回流污泥设备可用的种类。

增补了生物脱氮除磷处理系统中选用回流污泥提升设备时应注意的事项。减少提升过程中的复氧，可使厌氧段和缺氧段的溶解氧值尽可能低，以利脱氮和除磷。

6.10.2 规定确定回流污泥设备工作和备用数量的原则。

6.10.3 关于剩余污泥量计算公式的规定。

式（6.10.3-1）中，剩余污泥量与泥龄成反比关系。

式（6.10.3-2）中的Y值为污泥产率系数。理论上污泥产率系数是指单位五日生化需氧量降解后产生的微生物量。

由于微生物在内源呼吸时要自我分解一部分，其值随内源衰减系数（泥龄、温度等因素的函数）和泥龄变化而变化，不是一个常数。

污泥产率系数Y，采用活性污泥法去除碳源污染物时为0.4～0.8；采用A_NO法时为0.3～0.6；采用A_PO法时为0.4～0.8；采用AAO法时为0.3～0.6，范围为0.3～0.8。本次修订将取值下限调整为0.3。

由于原污水中有相当量的惰性悬浮固体，它们原封不动地沉积到污泥中，在许多不设初次沉淀池的处理工艺中其值更甚。计算剩余污泥量必须考虑原水中惰性悬浮固体的含量，否则计算所得的剩余污泥量往往偏小。由于水质差异很大，因此悬浮固体的污泥转换率相差也很大。德国废水工程协会（ATV）推荐取0.6。日本指南推荐取0.9～1.0。

2003年11月，北京市市政工程设计研究总院和北京城市排水集团有限责任公司以高碑店污水处理厂为研究对象，进行了污泥处理系统的分析与研究，污水厂的剩余污泥平均产率为$1.21kgMLSS/kgBOD_5$～$1.52kgMLSS/kgBOD_5$。建议设计参数可选择$1kgMLSS/kgBOD_5$～$1.5kgMLSS/kgBOD_5$，经过核算悬浮固体的污泥转换率大于0.7。

悬浮固体的污泥转换率，有条件时可根据试验确定，或参照相似水质污水处理厂的实测数据。当无试验条件时可取$0.5gMLSS/gSS$～$0.7gMLSS/gSS$。

活性污泥中，自养菌所占比例极小，故可忽略不计。出水中的悬浮物没有单独计入。若出水的悬浮物含量过高时，可自行斟酌计入。

6.11 污水自然处理

Ⅰ 一般规定

6.11.1 关于选用污水自然处理原则的规定。

污水自然处理主要依靠自然的净化能力，因此必须严格进行环境影响评价，通过技术经济比较后确定。污水自然处理对环境的依赖性强，所以从建设规模上考虑，一般仅应用在污水量较小的小城镇。

6.11.2 关于污水自然处理的环境影响和方式的规定。

污水自然处理是利用环境的净化能力进行污水处理的方法，因此，当设计不合理时会破坏环境质量，所以建设污水自然处理设施时应充分考虑环境因素，不得降低周围环境的质量。污水自然处理的方式较多，必须结合当地的自然环境条件，进行多方案的比较，在技术经济可行、满足环境评价、满足生态环境和社会环境要求的基础上，选择适宜的污水自然处理方式。

6.11.3 关于利用水体的自然净化能力处理或处置污水的规定。

江河海洋等大水体有一定的污水自然净化能力，合理有效的利用，有利于减少工程投资和运行费用，改善环境。但是，如果排放的污染物量超过水体的自净能力，会影响水体的水质，造成水质恶化。要利用水环境的环境容量，必须控制合理的污染物排放量。因此，在确定是否采用污水排海排江等大水体处理或处置污水时必须进行环境影响评价，避免对水体造成不利的影响。

6.11.4 规定土地处理禁止污染地下水的原则。

土地处理是利用土地对污水进行处理，处理方式、土壤的性质、厚度等自然条件是可能影响地下水水质的因素。因此采用土地处理时，必须首先考虑不影响地下水水质，不能满足要求时，应采取措施防止对地下水的污染。

6.11.5 关于污水自然处理在污水深度处理方面应用的规定。

自然处理的工程投资和运行费用较低。城镇污水二级处理的出水水质一般污染物浓度较低，所以有条件时可考虑采用自然处理方法进行深度处理。这样，不仅可改善水质，还能够恢复水体的生态功能。

Ⅱ 稳 定 塘

6.11.6 关于稳定塘选用原则和建设规模的规定。

在进行污水处理规划设计时，对地理环境合适的城镇，以及中、小城镇和干旱、半干旱地区，可考虑采用荒地、废地、劣质地，以及坑塘、洼地，建设稳定塘污水处理系统。

稳定塘是人工的接近自然的生态系统，它具有管理方便、能耗少等优点，但有占地面积大等缺点。选用稳定塘时，必须考虑当地是否有足够的土地可供利用，并应对工程投资和运行费用做全面的经济比较。国外稳定塘一般用于处理小水量的污水。如日本因稳定塘占地面积大，不推广应用；英国限定稳定塘用于三级处理；美国 5000 座稳定塘的处理污水总量为 $898.9\times10^4 m^3/d$，平均 $1798 m^3/d$，仅 135 座大于 $3785 m^3/d$。我国地少价高，稳定塘占地约为活性污泥法二级处理厂用地面积的 13.3 倍～66.7 倍，因此，稳定塘的建设规模不宜大于 $5000 m^3/d$。

6.11.7 关于稳定塘表面有机物负荷和停留时间的规定。

冰封期长的地区，其总停留时间应适当延长；曝气塘的有机负荷和停留时间不受本条规定的限制。

温度、光照等气候因素对稳定塘处理效果的影响十分重要，将决定稳定塘的负荷能力、处理效果以及塘内优势细菌、藻类及其他水生生物的种群。

稳定塘的五日生化需氧量总平均表面负荷与冬季平均气温有关，气温高时，五日生化需氧量负荷较高，气温低时，五日生化需氧量负荷较低。为保证出水水质，冬季平均气温在 0℃ 以下时，总水力停留时间以不少于塘面封冻期为宜。本条的表面有机负荷和停留时间适用于好氧稳定塘和兼性稳定塘。表 20 为几种稳定塘的典型设计参数。

6.11.8 关于稳定塘设计的规定。

1 污水进入稳定塘前，宜进行预处理。预处理一般为物理处理，其目的在于尽量去除水中杂质或不利于后续处理的物质，减少塘中的积泥。

污水流量小于 $1000 m^3/d$ 的小型稳定塘前一般可不设沉淀池，否则，增加了塘外处理污泥的困难。处理大水量的稳定塘前，可设沉淀池，防止稳定塘塘底沉积大量污泥，减少塘的容积。

表 20 稳定塘典型设计参数

塘类型	表面有机负荷 [$gBOD_5/(m^2\cdot d)$]	水力停留时间 (d)	水深 (m)	BOD_5 去除率 (%)
好氧稳定塘	4～12	10～40	1.0～1.5	80～95
兼性稳定塘	1～10	25～80	1.5～2.5	60～85
厌氧稳定塘	15～100	5～20	2.5～4.5	20～70
曝气稳定塘	3～30	3～20	2.5～4.5	80～95
深度处理稳定塘	2～10	4～12	0.6～1.0	30～50

2 有关资料表明：对几个稳定塘进行串联模型实验，单塘处理效率 76.8%，两塘处理效率 80.9%，三塘处理效率 83.4%，四塘处理效率 84.6%，因此，本条规定稳定塘串联的级数一般不少于 3 级。

第一级塘的底泥增长较快，约占全塘系统的 30%～50%，一级塘下部需用于储泥。深塘暴露于空气的面积小，保温效果好。因此，本条规定第一级塘的有效水深不宜小于 3m。

3 当只设一个进水口和一个出水口并把进水口和出水口设在长度方向中心线上时，则短流严重，容积利用系数可低至 0.36。进水口与出水口离得太近，也会使塘内存在很大死水区。为取得较好的水力条件和运转效果，推流式稳定塘宜采用多个进水口装置，出水口尽可能布置在距进水口远一点的位置上。风能使塘产生环流，为减小这种环流，进出水口轴线布置在与当地主导风向相垂直的方向上，也可以利用导流墙，减小风产生环流的影响。

4 稳定塘的卫生要求。

没有防渗层的稳定塘很可能影响和污染地下水。稳定塘必须采取防渗措施，包括自然防渗和人工防渗。

稳定塘在春初秋末容易散发臭气，对人健康不利。所以，塘址应在居民区主导风向的下风侧，并与住宅区之间设置卫生防护带，以降低影响。

5 关于稳定塘底泥的规定。

根据资料，各地区的稳定塘的底泥量分别为：武汉 68L/(年·人)～78L/(年·人)、印度 74L/(年·人)～156L/(年·人)、美国 30L/(年·人)～91L/(年·人)、加拿大 91L/(年·人)～146L/(年·人)，一般可按 100L/(年·人) 取值，五年后大约稳定在 40L/(年·人) 的水平。

第一级塘的底泥增长较快，污泥最多，应考虑排泥或清淤措施。为清除污泥时不影响运行，一级塘可分格并联运行。

6.11.9 规定稳定塘系统中养鱼塘的设置及水质要求。

多级稳定塘处理的最后出水中，一般含有藻类、浮游生物，可作鱼饵，在其后可设置养鱼塘，但水质必须符合现行国家标准《渔业水质标准》GB 11607 的规定。

Ⅲ 土地处理

6.11.10 规定土地处理的采用条件。

水资源不足是当前许多国家和地区共同面临的问题，应将污水处理与利用相结合。随着污水处理技术的发展，污水处理的途径不是单一的，而是多途径的。土地处理是实现污水资源化的重要途径，具有投资省、管理方便、能耗低、运行费用少和处理效果稳定等优点，但有占地面积大、受气候影响大等缺点。选用土地处理时，必须考虑当地是否有合适的场地，并应对工程的环境影响、投资、运行费用和效益做全面的分析比较。

6.11.11 关于污水土地处理的方法和预处理的规定。

基本的污水土地处理法包括慢速渗滤法（包括污水灌溉）、快速渗滤法、地面漫流法三大主要类型。其中以慢速渗滤法发展历史最长，用途最广。表21为几种污水土地处理系统典型的场地条件。

表21 污水土地处理系统典型的场地条件

项目	慢速渗滤法	快速渗滤法	地面漫流法
土层厚度（m）	>0.6	>1.5	>0.3
地面坡度（%）	种作物时不超过20；不种作物时不超过40；林地无要求	无要求	2%~8%
土壤类型	粉砂、细砂、黏土1、粉质黏土	粉砂、细砂、中砂、粗砂	黏土2、粉质黏土
土壤渗透率（cm/h）	中等 ≥0.15	高 ≥5.0	低 ≤0.5
气候限制	寒冷季节常需蓄水	可终年运行	寒冷季节常需蓄水

注：1 表中黏土1粒组百分含量为：黏粒（<0.002mm）27.5%~40%，粉粒（0.002mm~0.05mm）15%~52.5%，砂粒（0.05mm~2.0mm）20%~45%。

2 表中黏土2粒组百分含量为：黏粒（<0.002mm）40%~100%，粉粒（0.002mm~0.05mm）0%~40%，砂粒（0.05mm~2.0mm）0%~45%。

3 粉质黏土粒组百分含量为：黏粒（<0.002mm）0%~20%，粉粒（0.002mm~0.05mm）0%~50%，砂粒（0.05mm~2.0mm）42.5%~85%。

早期的污水土地处理（如污水灌溉），污水未经预处理就直接用于灌溉田，致使农田遭受有机毒物和重金属不同程度的污染，个别灌溉区生态环境受到破坏。为保证污水土地处理的正常运行，保证工程实施的环境效益和社会效益，本条规定污水土地处理之前需经过预处理。污水预处理的程度和方式应当综合污水水质、土壤性质、污水土地处理的方法、处理后水质要求以及场地周围环境条件等因素确定。

慢速渗滤系统的污水预处理程度对污水负荷的影响极小；快速渗滤系统和地面漫流系统，经过预处理的污水水质越好，其污水负荷越高。

几种常用的污水土地处理系统要求的最低预处理方式见表22。

表22 土地处理的最低水平预处理工艺

项目	慢速渗滤	快速渗滤	地面漫流
最低水平的预处理方式	一级沉淀	一级沉淀	格栅和沉砂

6.11.12 规定污水土地处理的水力负荷。

一般污水土地处理的水力负荷宜根据试验资料确定；没有资料时应根据实践经验，结合当地条件确定。本条根据美国1995年至2000年间的有关设计手册，结合我国研究结果，提出几种基本的土地处理方法的水力负荷。

污水土地处理系统一般都是根据现有的经验进行设计，通过对现有土地处理系统成功运行经验的研究和总结，引导出具有普遍意义的设计参数和计算公式，在此基础上进行新系统的设计。

6.11.13 规定不允许进行污水土地处理的地区。

有关污水土地处理地区与给水水源的防护距离，在现行国家标准《生活饮用水卫生标准》GB 5749中已有规定。

6.11.14 关于地下水最小埋藏深度的规定。

选择污水灌溉地点时，如地下水埋藏深度过浅，易被污水污染。前苏联规范规定地下水埋深不小于1.5m，澳大利亚新南威尔斯州污染控制委员会制定的《土壤处理污水条例》中规定，污水灌溉地点的地下水埋藏深度不小于1.5m，本规范规定不宜小于1.5m。

6.11.15 关于人工湿地处理污水的有关规定。

人工湿地系统水质净化技术是一种生态工程方法。其基本原理是在一定的填料上种植特定的湿地植物，从而建立起一个人工湿地生态系统，当污水通过系统时，经砂石、土壤过滤，植物根际的多种微生物活动，污水的污染物质和营养物质被系统吸收、转化或分解，从而使水质得到净化。

用人工湿地处理污水的技术已经在全球广泛运用，使得水可以再利用，同时还可以保护天然湿地，减少天然湿地水的损失。马来西亚最早运用人工湿地处理污水。他们在1999年建造了650hm² 的人工湿地，这是热带最大面积的人工淡水湿地。建造人工湿地的目的就是仿效天然湿地的功能，以满足人的需要。湿地植物和微生物是污水处理的主要因子。

经过人工湿地系统处理后的出水水质可以达到地面水水质标准，因此它实际上是一种深度处理的方法。处理后的水可以直接排入饮用水源或景观用水的湖泊、水库或河流中。因此，特别适合饮用水源或景观用水区附近的生活污水的处理或直接对受污染水体的水进行处理，或者为这些水体提供清洁的水源补充。

人工湿地处理污水是土地处理的一种，一般要进行预处理。处理城镇污水的最低预处理为一级处理，对直接处理受污染水体的可根据水体情况确定，一般应设置格栅。

人工湿地处理污水采用的类型包括地表流湿地、潜流湿地、垂直流湿地及其组合，一般将处理污水与景观相结合。因人工湿地处理污水的目标不同，目前国内人工湿地的实际数据差距较大，因此，设计参数宜由试验确定，也可以参照相似条件的经验确定。

6.11.16 规定污水土地处理场地距住宅和公共通道的最小距离。

一般污水土地处理区的臭味较大，蚊蝇较多。根据国内实际情况，并参考国外资料，对污水土地处理场地距住宅和公共通道之间规定最小距离，有条件的应尽量加大间距，并用防护林隔开。

6.11.17 规定污水用于灌溉田的水质要求。

污水土地处理主要依靠土壤及植物的生物作用和物理作用净化污水，但实施和管理不善会对环境带来不利的影响，包括污染土壤、作物或植物以及地下水水源等。

我国现行国家标准《农田灌溉水质标准》GB 5084对有害物质允许浓度以及含有病原体污水的处理要求均做出规定，必须遵照执行。

6.12 污水深度处理和回用

Ⅰ 一 般 规 定

6.12.1 关于城市污水再生利用的深度处理工艺选择原则和水质要求的规定。

污水再生利用的目标不同，其水质标准也不同。根据《城市污水再生利用分类》GB/T 18919的规定，城市污水再生利用类别共分为五类，包括农、林、牧、渔业用水，城镇杂用水，工业用水，环境用水，补充水源水。污水再生利用时，其水质应符合以上标准及其他相关标准的规定。深度处理工艺应根据水质目标进行选择，保证经济和有效。

6.12.2 关于污水深度处理工艺单元形式的规定。

本条列出常规条件下城镇污水深度处理的主要工艺形式，其中，膜过滤包括：微滤、超滤、纳滤、反渗透、电渗析等，不同膜过滤工艺去除污染物分子量大小和对预处理要求不同。

进行污水深度处理时，可采用其中的1个单元或几种单元的组合，也可采用其他的处理技术。

6.12.3 关于再生水输配中的安全规定。

再生水水质是保证污水回用工程安全运行的重要基础，其水质介于饮用水和城镇污水厂出厂水之间，为避免对饮用水和再生水水质的影响，再生水输配管道不得与其他管道相连接，尤其是严禁与城市饮用水管道连接。

Ⅱ 深 度 处 理

6.12.4 规定深度处理工艺设计参数确定的原则。

设计参数的采用，目前国内的经验相对较少，所以规定宜通过试验资料确定或参照相似地区的实际设计和运行经验确定。

6.12.5 关于混合设施的规定。

混合是混凝剂被迅速均匀地分布于整个水体的过程。在混合阶段中胶体颗粒间的排斥力被消除或其亲水性被破坏，使颗粒具有相互接触而吸附的性能。根据国外资料，混合时间可采用30s～120s。

6.12.6 关于深度处理工艺基本处理单元设计参数取值范围的规定。

污水处理出水的水质特点与给水处理的原水水质有较大的差异，因此实际的设计参数不完全一致。

如美国南太和湖石灰作混凝剂的絮凝（空气搅拌）时间为5min、沉淀（圆形辐流式）表面水力负荷为1.6m³/（m²·h），上升流速为0.44mm/s；美国加利福尼亚州橘县给水区深度处理厂的絮凝（机械絮凝）时间为30min、沉淀（斜管）表面水力负荷为2.65m³/（m²·h），上升流速为0.74mm/s；科罗拉多泉污水深度处理厂处理二级处理出水，用于灌溉及工业回用，澄清池上升流速为0.57mm/s～0.63mm/s；《室外给水设计规范》GB 50013规定不同形式的絮凝时间为10min～30min；平流沉淀池水平流速为10mm/s～25mm/s，沉淀时间为1.5h～3.0h；斜管沉淀表面负荷为5m³/（m²·h）～9m³/（m²·h），机械搅拌澄清池上升流速为0.8mm/s～1.0mm/s，水力澄清池上升流速为0.7mm/s～0.9mm/s；《污水再生利用工程设计规范》GB 50335规定絮凝时间为10min～15min，平流沉淀池沉淀时间为2.0h～4.0h，水平流速为4.0mm/s～10.0mm/s，澄清池上升流速为0.4mm/s～0.6mm/s。

污水的絮凝时间较天然水絮凝时间短，形成的絮体较轻，不易沉淀，宜根据实际运行经验，提出混凝沉淀设计参数。

6.12.7 关于滤池设计参数的规定。

用于污水深度处理的滤池与给水处理的池形没有大的差异，因此，在污水深度处理中可以参照给水处理的滤池设计参数进行选用。

滤池的设计参数，主要根据目前国内外的实际运行情况和《污水再生利用工程设计规范》GB 50335以及有关资料的内容确定。

6.12.8 关于采用活性炭吸附处理的规定。

因活性炭吸附处理的投资和运行费用相对较高，所以，在城镇污水再生利用中应慎重采用。在常规的深度处理工艺不能满足再生水水质要求或对水质有特殊要求时，为进一步提高水质，可采用活性炭吸附处理工艺。

6.12.9 规定活性炭吸附池设计参数的取值原则。

活性炭吸附池的设计参数原则上应根据原水和再生水水质要求，根据试验资料或结合实际运行资料确定。本条按有关规范提出了正常情况下可采用的参数。

6.12.10 关于再生水消毒的规定。

根据再生水水质标准，对不同目标的再生水均有余氯和卫生学指标的规定，因此再生水必须进行消毒。

Ⅲ 输 配 水

6.12.11 关于再生水管道及其附属设施设置的规定。

再生水管道和给水管道的铺设原则上无大的差异，因此，再生水输配管道设计可参照现行国家标准《室外给水设计规范》GB 50013 执行。

6.12.12 关于污水深度处理厂设置位置的原则规定。

为减少污水厂出水的输送距离，便于深度处理设施的管理，一般宜与城镇污水厂集中建设；同时，污水深度处理设施应尽量靠近再生水用户，以节省输配水管道的长度。

6.12.13 关于再生水输配管道安全性的原则规定。

再生水输配水管道的数量和布置与用户的用水特点及重要性有密切关系，一般比城镇供水的保证率低，应具体分析实际情况合理确定。

6.12.14 关于再生水输配管道材料选用原则的规定。

6.13 消 毒

Ⅰ 一 般 规 定

6.13.1 规定污水处理应设置消毒设施。

2000年5月，国家发布的《城市污水处理及污染防治技术政策》规定：为保证公共卫生安全，防止传染性疾病传播，城镇污水处理应设置消毒设施。本条据此规定。

6.13.2 关于污水消毒程度的规定。

6.13.3 关于污水消毒方法的规定。

为避免或减少消毒时产生的二次污染物，消毒宜采用紫外线法和二氧化氯法。2003年4月至5月，清华大学等对北京市的高碑店等6座污水处理厂出水的消毒试验表明：紫外线消毒不产生副产物，二氧化氯消毒产生的副产物不到氯消毒产生的10%。

6.13.4 关于消毒设施和有关建筑物设计的规定。

Ⅱ 紫 外 线

6.13.5 关于污水的紫外线剂量的规定。

污水的紫外线剂量应为生物体吸收至足量的紫外线剂量（生物验定剂量或有效剂量），以往用理论公式计算。由于污水的成分复杂且变化大，实践表明理论值比实际需要值低很多，为此，美国《紫外线消毒手册》（EPA，2003年）已推荐用经独立第三方验证的紫外线生物验定剂量作为紫外线剂量。据此，做此规定。

一些病原体进行不同程度灭活时所需紫外线剂量资料见表23。

表23 灭活一些病原体的紫外线剂量（mJ/cm^2）

病原体的灭活程度 病原体	90%	99%	99.9%	99.99%
隐孢子虫		<10	<19	
贾第虫	<5			
霍乱弧菌	0.8	1.4	2.2	2.9
痢疾志贺氏病毒	0.5	1.2	2.0	3.0
埃希氏病菌	1.5	2.8	4.1	5.6
伤寒沙门氏菌	1.8~2.7	4.1~4.8	5.5~6.4	7.1~8.2
伤寒志贺氏病毒	3.2	4.9	6.5	8.2
致肠炎沙门氏菌	5	7	9	10
肝炎病毒	4.1~5.5	8.2~14	12~22	16~30
脊髓灰质炎病毒	4~6	8.7~14	14~23	21~30
柯萨奇病毒B5病毒	6.9	14	22	30
轮状病毒SAⅡ	7.1~9.1	15~19	23~26	31~36

一些城镇污水厂消毒的紫外线剂量见表24。

表24 一些城镇污水厂消毒的紫外线剂量

厂 名	拟消毒的水	紫外线剂量 （mJ/cm^2）	建成时间 （年）
上海市长桥污水厂	A_NO 二级出水	21.4	2001
上海市龙华污水厂	二级出水	21.6	2002
无锡市新城污水厂	二级出水	17.6	2002
深圳市大工业区污水厂（一期）	二级出水	18.6	2003
苏州市新区第二污水厂	二级出水	17.6	2003
上海市闵行污水处理厂	A_NO 二级出水	15.0	1999

6.13.6 关于紫外线照射渠的规定。

为控制合理的水流流态，充分发挥照射效果，做出本规定。

6.13.7 关于超越渠的规定。

根据运行经验，当采用1条照射渠时，宜设置超越渠，以利于检修维护。

Ⅲ 二氧化氯和氯

6.13.8 关于污水加氯量的规定。

2002年7月，国家首次发布了城镇污水厂的生物污染物排放指标，按此要求的加氯量，应根据试验资料或类似生产运行经验确定。

2003年北京市高碑店等6座污水厂二级出水的氯法消毒实测表明：加氯量为6mg/L～9mg/L时，出水粪大肠菌群数可在7300个/L以下。据此，无试验资料时，本条规定二级处理出水的加氯量为6mg/L～15mg/L。

二氧化氯和氯的加量均按有效氯计。

6.13.9 关于混合接触时间的规定。

在紊流条件下，二氧化氯或氯能在较短的接触时间内对污水达到最大的杀菌率。但考虑到接触池中水流可能发生死角和短流，因此，为了提高和保证消毒效果，规定二氧化氯或氯消毒的接触时间不应小于30min。

7 污泥处理和处置

7.1 一般规定

7.1.1 规定城镇污水污泥的处理和处置的基本原则。

我国幅员辽阔，地区经济条件、环境条件差异很大，因此采用的污泥处理和处置技术也存在很大的差异，但是城镇污水污泥处理和处置的基本原则和目的是一致的。

城镇污水污泥的减量化处理包括使污泥的体积减小和污泥的质量减少，前者可采用污泥浓缩、脱水、干化等技术，后者可采用污泥消化、污泥焚烧等技术。

城镇污水污泥的稳定化处理是指使污泥得到稳定（不易腐败），以利于对污泥做进一步处理和利用。可以达到或部分达到减轻污泥重量，减少污泥体积，产生沼气、回收资源，改善污泥脱水性能，减少致病菌数量，降低污泥臭味等目的。实现污泥稳定可采用厌氧消化、好氧消化、污泥堆肥、加碱稳定、加热干化、焚烧等技术。

城镇污水污泥的无害化处理是指减少污泥中的致病菌数量和寄生虫卵数量，降低污泥臭味，广义的无害化处理还包括污泥稳定。

污泥处置应逐步提高污泥的资源化程度，变废为宝，例如用作肥料、燃料和建材等，做到污泥处理和处置的可持续发展。

7.1.2 规定城镇污水污泥处理技术的选用。

目前城镇污水污泥的处理技术种类繁多，采用何种技术对城镇污水污泥进行处理应与污泥的最终处置方式相适应，并经过技术经济比较确定。

例如城镇污水污泥用作肥料，应该进行稳定化、无害化处理，根据运输条件和施肥操作工艺确定是否进行减量处理，如果是人工施肥则应考虑进行脱水处理，而机械化施肥则可以不经脱水直接施用，需要作较长时间的贮存则宜进行加热干化。

7.1.3 规定农用污泥的要求。

城镇污水污泥中含有重金属、致病菌、寄生虫卵等有害物质，为保证污泥用作农田肥料的安全性，应按照国家现行标准严格限制工业企业排入城镇下水道的重金属等有害物质含量，同时还应按照国家现行标准加强对污泥中有害物质的检测。

7.1.4 规定污泥处理构筑物的最少个数。

考虑到构筑物检修的需要和运转中会出现故障等因素，各种污泥处理构筑物和设备均不宜只设1个。据调查，我国大多数污水厂的污泥浓缩池、消化池等至少为2个，同时工作；污泥脱水机械台数一般不少于2台，其中包括备用。当污泥量很少时，可为1台。国外设计规范和设计手册，也有类似规定。

7.1.5 关于污泥水处理的规定。

污泥水含有较多污染物，其浓度一般比原污水还高，若不经处理直接排放，势必污染水体，形成二次污染。因此，污泥处理过程中产生的污泥水均应进行处理，不得直接排放。

污泥水一般返回至污水厂进口，与进水混合后一并处理。若条件允许，也可送入初次沉淀池或生物处理构筑物进行处理。必要时，剩余污泥产生的污泥水应进行化学除磷后再返回污水处理构筑物。

7.1.6 规定污泥处理过程中产生臭气的处理原则。

7.2 污泥浓缩

7.2.1 关于重力式污泥浓缩池浓缩活性污泥的规定。

1 根据调查，目前我国的污泥浓缩池的固体负荷见表25。原规范规定的30kg/(m^2·d)～60kg/(m^2·d)是合理的。

2 根据调查，现有的污泥浓缩池水力停留时间不低于12h。

3 根据一些污泥浓缩池的实践经验，浓缩后污泥的含水率往往达不到97%。故本条规定：当浓缩前含水率为99.2%～99.6%时，浓缩后含水率为97%～98%。

表25 污泥浓缩池浓缩活性污泥时的水力停留时间与固体负荷

污水厂名称	水力停留时间(h)	固体负荷[kg/(m^2·d)]
苏州新加坡工业园区污水厂	36.5	45.3

续表25

污水厂名称	水力停留时间(h)	固体负荷[kg/(m²·d)]
常州市城北污水厂	14~18	40
徐州市污水厂	26.6	38.9
唐山南堡开发区污水厂	12.7	26.5
湖州市市北污水厂	33.9	33.5
西宁市污水处理一期工程	24	46
富阳市污水厂	16~17	38

4 浓缩池有效水深采用4m的规定不变。

5 栅条浓缩机的外缘线速度的大小，以不影响污泥浓缩为准。我国目前运行的部分重力浓缩池，其浓缩机外缘线速度一般为1m/min~2m/min。同时，根据有关污水厂的运行经验，池底坡向泥斗的坡度规定为不小于0.005。

7.2.2 关于设置去除浮渣装置的规定。

由于污泥在浓缩池内停留时间较长，有可能会因厌氧分解而产生气体，污泥附着该气体上浮到水面，形成浮渣。如不及时排除浮渣，会产生污泥出流。为此，规定宜设置去除浮渣的装置。

7.2.3 关于在污水生物除磷工艺中采用重力浓缩的规定。

污水生物除磷工艺是靠积磷菌在好氧条件下超量吸磷形成富磷污泥，将富磷污泥从系统中排出，达到生物除磷的目的。重力浓缩池因水力停留时间长，污泥在池内会发生厌氧放磷，如果将污泥水直接回流至污水处理系统，将增加污水处理的磷负荷，降低生物除磷的效果。因此，应将重力浓缩过程中产生的污泥水进行除磷后再返回水处理构筑物进行处理。

7.2.4 关于采用机械浓缩的规定。

调查表明，目前一些城镇污水厂已经采用机械式污泥浓缩设备浓缩污水污泥，例如采用带式浓缩机、螺压式浓缩机、转筒式浓缩机等。鉴于污泥浓缩机械设备种类较多，各设备生产厂家提供的技术参数不尽相同。因此宜根据试验资料确定设计参数，无试验资料时，按类似运行经验（污泥性质相似、单台设备处理能力相似）合理选用设计参数。

7.2.5 关于一体化污泥浓缩脱水机械的规定。

目前，污泥浓缩脱水一体化机械已经应用于工程中。对这类一体化机械的规定可分别按照本规范浓缩部分和脱水部分的有关条文执行。

7.2.6 关于排除污泥水的规定。

污泥在间歇式污泥浓缩池为静止沉淀，一般情况下污泥水在上层，浓缩污泥在下层。但经日晒或贮存时间较长后，部分污泥可能腐化上浮，形成浮渣，变为中间是污泥水，上、下层是浓缩污泥。此外，污泥贮存深度也有不同。为此，本条规定应设置可排除深度不同的污泥水的设施。

7.3 污泥消化

I 一般规定

7.3.1 规定污泥消化可采用厌氧消化或好氧消化两种方法。

应根据污泥性质、环境要求、工程条件和污泥处置方式，选择经济适用、管理便利的污泥消化工艺。

污泥厌氧消化系统由于投资和运行费用相对较省、工艺条件（污泥温度）稳定、可回收能源（污泥气综合利用）、占地面积较小等原因，采用比较广泛；但工艺过程的危险性较大。

污泥好氧消化系统由于投资和运行费用相对较高、占地面积较大、工艺条件（污泥温度）随气温变化波动较大、冬季运行效果较差、能耗高等原因，采用较少；但好氧消化工艺具有有机物去除率较高、处理后污泥品质好、处理场地环境状况较好、工艺过程没有危险性等优点。污泥好氧消化后，氮的去除率可达60%，磷的去除率可达90%，上清液回流到污水处理系统后，不会增加污水脱氮除磷的负荷。

一般在污泥量较少的小型污水处理厂（国外资料报道当污水厂规模小于1.8万m³/d时，好氧消化的投资可能低于厌氧消化），或由于受工业废水的影响，污泥进行厌氧消化有困难时，可考虑采用好氧消化工艺。

7.3.2 规定污泥消化应达到的挥发性固体去除率。

据有关文献介绍，污泥完全厌氧消化的挥发性固体分解率最高可达到80%。对于充分搅拌、连续工作、运行良好的厌氧消化池，在有限消化时间（20d~30d）内，挥发性固体分解率可达到40%~50%。

据有关文献介绍，污泥完全好氧消化的挥发性固体分解率最高可达到80%。对于运行良好的好氧消化池，在有限消化时间（15d~25d）内，挥发性固体分解率可达到50%。

据调查资料，我国现有的厌氧或好氧消化池设计有机固体分解率在40%~50%，实际运行基本达到40%《城镇污水处理厂污染物排放标准》GB 18918规定，污泥稳定化控制指标中有机物降解率应大于40%，本规范也规定挥发性固体去除率应大于40%。

II 污泥厌氧消化

7.3.3 规定污泥厌氧消化方法和基本运行条件。

污泥厌氧消化的方法，有高温厌氧消化和中温厌氧消化两种。高温厌氧消化耗能较高，一般情况下不经济。国外采用较少，国内尚无实例，故未列入。

在不延长总消化时间的前提下，两级中温厌氧消化对有机固体的分解率并无提高。一般由于第二级的静置沉降和不加热，一方面提高了出池污泥的浓度，减少污泥脱水的规模和投资；另一方面提高了产气量，减少运行费用。但近年来随着污泥浓缩脱水技术的发展，污泥的中温厌氧消化多采用一级。因此规定可采用单级或两级中温厌氧消化。设计时应通过技术经济比较确定。

厌氧消化池（两级厌氧消化中的第一级）的污泥温度，不但是设计参数，而且是重要的运行参数，故由原规范中的"采用"改为"保持"。

有初次沉淀池的系统，剩余污泥的碳氮比大约只有5或更低，单独进行厌氧消化比较困难，故规定宜与初沉污泥合并进行厌氧消化处理。"类似污泥"指当采用长泥龄的污水处理系统时，即便不设初次沉淀池，由于细菌的内源呼吸消耗，二次沉淀池排出的剩余污泥的碳氮比也很低，厌氧消化也难于进行。

当采用相当于延时曝气工艺的污水处理系统时，剩余污泥的碳氮比更低，污泥已经基本稳定，没有必要再进行厌氧消化处理。

7.3.4 规定厌氧消化池对加热、搅拌、排除上清液的设计要求和两级消化的容积比。

一级厌氧消化池与二级厌氧消化池的容积比多采用2∶1，与二级厌氧消化池的运行控制方式和后续的污泥浓缩设施有关，应通过技术经济比较确定。当连续或自控排出二级消化池中的上清液，或设有后续污泥浓缩池时，容积比可以适当加大，但不宜大于4∶1；当非连续或非自控排出二级消化池中的上清液，或不设置后续污泥浓缩池时，容积比可适当减小，但不宜小于2∶1。

对二级消化池，由于可以不搅拌，运行时常有污泥浮渣在表面结壳，影响上清液的排出，所以增加了有关防止浮渣结壳的要求。本条规定的是国内外通常采用的方法。

7.3.5 规定厌氧消化池容积确定的方法和相关参数。

采用浓缩池重力浓缩后的污泥，其含水率在96%～98%之间。经测算，当消化时间在20d～30d时，相应的厌氧消化池挥发性固体容积负荷为0.5kgVSS/（m³·d）～1.5kgVSS/（m³·d），沿用原规范推荐值0.6kgVSS/（m³·d）～1.5kgVSS/（m³·d），是比较符合实际的。

对要求除磷的污水厂，污泥应当采用机械浓缩。采用机械浓缩时，进入厌氧消化池的污泥含水率一般在94%～96%之间，原污泥容积减少较多。当厌氧消化时间仍采用20d～30d时，厌氧消化池总容积相应减小。经测算，这种情况下厌氧消化池的挥发性固体容积负荷为0.9kgVSS/（m³·d）～2.3kgVSS/（m³·d）。所以规定当采用高浓度原污泥时，挥发性固体容积负荷不宜大于2.3kgVSS/（m³·d）。

当进入厌氧消化池的原污泥浓度增加时，经过一定时间的运行，厌氧消化池中活性微生物浓度同步增加。即同样容积的厌氧消化池，能够分解的有机物总量相应增加。根据国外相关资料，对于更高含固率的原污泥，高负荷厌氧消化池的挥发性固体容积负荷可达2.4kgVSS/（m³·d）～6.4kgVSS/（m³·d），说明本条的规定还是留有余地的。污泥厌氧消化池挥发性固体容积负荷测算见表26。

表26 污泥厌氧消化池挥发性固体容积负荷测算

方案序号 参数名称	一	二	三	四	五	六	七	八	九	十
原污泥干固体量（kgSS/d）	100	100	100	100	100	100	100	100	100	100
污泥消化时间(d)	30	30	30	30	30	20	20	20	20	20
原污泥含水率(%)	98	97	96	95	94	98	97	96	95	94
原污泥体积(m³/d)	5.0	3.3	2.5	2.0	1.7	5.0	3.3	2.5	2.0	1.7
挥发性干固体比例(%)	79	75	75	75	75	70	70	70	70	75
挥发性干固体重量（kgVSS/d）	79	75	75	75	75	70	70	70	70	75
消化池总有效容积(m³)	150	100	75	60	50	100	67	50	40	33
挥发性固体容积负荷[kgVSS/(m³·d)]	0.47	0.70	0.93	1.17	1.50	0.7	1.05	1.40	1.75	2.25

7.3.6 规定厌氧消化池污泥加热的方法和保温防腐要求。

随着技术的进步，近年来新设计的污泥厌氧消化池，大多采用污泥池外热交换方式加热，有的扩建项目仍沿用了蒸汽直接加热方式。原规范列举的其他污泥加热方式，实际上均属于蒸汽直接加热，但太具体化，故取消。

规定了热工计算的条件、内容和设备选型的要求。

厌氧消化污泥和污泥气对混凝土或钢结构存在较大的腐蚀破坏作用，为延长使用年限，池内壁应当进行防腐处理。

7.3.7 规定厌氧消化池污泥搅拌的方法和设备配置要求。

由于用于污泥气搅拌的污泥气压缩设备比较昂贵，系统运行管理比较复杂，耗能高，安全性较差，因此本规范推荐采用池内机械搅拌或池外循环搅拌，但并不排除采用污泥气搅拌的可能性。

原规范对连续搅拌的搅拌（循环）次数没有规定，导致设备选型时缺乏依据。本次修编参照间歇搅拌的常规做法（5h～10h搅拌一次），规定每日搅拌（循环）次数不宜少于3次，相当于至少每8h（每班）完全搅拌一次。

间歇搅拌时，规定每次搅拌的时间不宜大于循环周期的一半（按每日3次考虑，相当于每次搅拌的时间4h以下），主要是考虑设备配置和操作的合理性。如果规定时间太短，设备投资增加太多；如果规定时间太长，接近循环周期时，间歇搅拌就失去了意义。

7.3.8 关于污泥厌氧消化池和污泥气贮罐的密封及压力控制的规定。

污泥厌氧消化系统在运行时，厌氧消化池和污泥气贮罐是用管道连通的，所以厌氧消化池的工作内压一般与污泥气贮罐的工作压力相同。《给水排水构筑物施工及验收规范》GBJ 141-90 要求厌氧消化池应进行气密性试验，但未规定气密性试验的压力，实际操作有困难。故增加该项要求，规定气密性试验压力按污泥气工作压力的1.5倍确定。

为防止超压或负压造成的破坏，厌氧消化池和污泥气贮罐设计时应采取相应的措施（如设置超压或负压检测、报警与释放装置，放空、排泥和排水阀应采用双阀等），规定防止超压或负压的操作程序。如果操作不当，浮动盖式的厌氧消化池和污泥气贮罐也可能发生超压或负压，故将原规范中的"固定盖式消化池"改为"厌氧消化池"。

7.3.9 关于污泥厌氧消化池安全的设计规定。

厌氧消化池溢流或表面排渣管排渣时，均可能发生污泥气外泄，放在室内（指经常有人活动或值守的房间或设备间内，不包括户外专用于排渣、溢流的井室）可能发生爆炸，危及人身安全。水封的作用是减少污泥气泄漏，并避免空气进入厌氧消化池影响消化条件。

为防止污泥气管道着火而引起厌氧消化池爆炸，规定厌氧消化池的出气管上应设回火防止器。

7.3.10 关于污泥厌氧消化系统合理布置的规定。

为便于管理和减少通风装置的数量，相关设备宜集中布置，室内应设通风设施。

电气设备引发火灾或爆炸的危险性较大，如全部采用防爆型则投资较高，因此规定电气集中控制室不宜与存在污泥气泄漏可能的设施合建，场地条件许可时，宜建在防爆区外。

7.3.11 关于通风报警和防爆的设计规定。

存放或使用污泥气的贮罐、压缩机房、阀门控制间、管道层等场所，均存在污泥气泄漏的可能，规定这些场所的电机、仪表和照明等电器设备均应符合防爆要求，若处于室内时，应设置通风设施和污泥气泄漏报警装置。

7.3.12 关于污泥气贮罐容积和安全设计的规定。

污泥气贮罐的容积原则上应根据产气量和用气情况经计算确定，但由于污泥气产量的计算带有估算的性质，用气设备也可能不按预定的时序工作，计算结果的可靠性不够。实际设计大多按6h～10h的平均产气量采用。

污泥气对钢或混凝土结构存在较大的腐蚀破坏作用，为延长使用年限，贮罐的内外壁均应当进行防腐处理。

污泥气贮罐和管道贮存输送介质的性质与城镇燃气相近，其设计应符合现行国家标准《城镇燃气设计规范》GB 50028 的要求。

7.3.13 关于污泥气燃烧排放和安全的设计规定。

为防止大气污染和火灾，多余的污泥气必须燃烧消耗。由于外燃式燃烧器明火外露，在遇大风时易形成火苗或火星飞落，可能导致火灾，故规定燃烧器应采用内燃式。

为防止用气设备回火或输气管道着火而引起污泥气贮罐爆炸，规定污泥气贮罐的出气管上应设回火防止器。

7.3.14 规定污泥气应当综合利用。

污水厂的污泥气一般多用于污泥气锅炉的燃料，也有用于发电和驱动鼓风机的。

7.3.15 关于设置污泥气脱硫装置的规定。

经调查，有些污水厂由于没有设置污泥气脱硫装置，使污泥气内燃机（用于发电和驱动鼓风机）不能正常运行或影响设备的使用寿命。当污泥气的含硫量高于用气设备的要求时，应当设置污泥气脱硫装置。为减少污泥气中的硫化氢等对污泥气贮罐的腐蚀，规定脱硫装置应设在污泥气进入污泥气贮罐之前，尽量靠近厌氧消化池。

Ⅲ 污泥好氧消化

7.3.16 规定好氧消化池容积确定的方法和相关参数。

好氧消化池的设计经验比较缺乏，故规定好氧消化池的总有效容积，宜根据试验资料和技术经济比较确定。

据国内外文献资料介绍，污泥好氧消化时间，对二沉污泥（剩余污泥）为10d～15d，对混合污泥为15d～20d（个别资料推荐15d～25d）；污泥好氧消化的挥发性固体容积负荷一般为 0.38kgVSS/($m^3 \cdot d$)～2.24kgVSS/($m^3 \cdot d$)。

在上述资料中，对于挥发性固体容积负荷，所推荐的下限值显然是针对未经浓缩的原污泥，含固率和容积负荷偏低，不经济；上限值是针对消化时间20d的情况，未包括消化时间10d的情况，因此在时间上不配套。

根据测算，在10d～20d的消化时间内，当处理一般重力浓缩后的原污泥（含水率在96%～98%之间）时，相应的挥发性固体容积负荷为 0.7kgVSS/($m^3 \cdot d$)～2.8kgVSS/($m^3 \cdot d$)；当处理经机械浓缩后的原污泥（含水率在94%～96%之间）时，相应的挥发性固体容积负荷为 1.4kgVSS/($m^3 \cdot d$)～4.2kgVSS/($m^3 \cdot d$)。

因此本规范推荐，好氧消化时间宜采用10d～

20d。一般重力浓缩后的原污泥，挥发性固体容积负荷宜采用 0.7kgVSS/（m³·d）～2.8kgVSS/（m³·d）；机械浓缩后的高浓度原污泥，挥发性固体容积负荷不宜大于 4.2kgVSS/（m³·d）。污泥好氧消化池挥发性固体容积负荷测算见表 27。

表 27　污泥好氧消化池挥发性固体容积负荷测算

参数名称＼方案序号	一	二	三	四	五	六	七	八	九	十
原污泥干固体量（kgSS/d）	100	100	100	100	100	100	100	100	100	100
污泥消化时间（d）	20	20	20	20	20	10	10	10	10	10
原污泥含水率（%）	98	97	96	95	94	98	97	96	95	94
原污泥体积（m³/d）	5.0	3.3	2.5	2.0	1.7	5.0	3.3	2.5	2.0	1.7
挥发性干固体比例（%）	70	70	70	75	70	70	70	70	70	70
挥发性干固体重量（kgVSS/d）	70	70	70	70	70	70	70	70	70	70
消化池总有效容积（m³）	100	67	50	40	33	50	33	25	20	17
挥发性固体容积负荷［kgVSS/(m³·d)]	0.7	1.05	1.40	1.75	2.10	1.4	2.10	2.80	3.50	4.20

7.3.17　关于好氧消化池污泥温度的规定。

好氧消化过程为放热反应，池内污泥温度高于投入的原污泥温度，当气温在 15℃ 时，泥温一般在 20℃ 左右。

根据好氧消化时间和温度的关系，当气温 20℃ 时，活性污泥的消化时间约需要 16d～18d，当气温低于 15℃ 时，活性污泥的消化时间需要 20d 以上，混合污泥则需要更长的消化时间。

因此规定当气温低于 15℃ 时，宜采取保温、加热措施或适当延长消化时间。

7.3.18　规定好氧消化池中溶解氧浓度。

好氧消化池中溶解氧的浓度，是一个十分重要的运行控制参数。

溶解氧浓度 2mg/L 是维持活性污泥中细菌内源呼吸反应的最低需求，也是通常衡量活性污泥处于好氧/缺氧状态的界限参数。好氧消化应保持污泥始终处于好氧状态下，即应保持好氧消化池中溶解氧浓度不小于 2mg/L。

溶解氧浓度，可采用在线仪表测定，并通过控制曝气量进行调节。

7.3.19　规定好氧消化池采用鼓风曝气时，需气量的参数取值范围。

好氧消化池采用鼓风曝气时，应同时满足细胞自身氧化需气量和搅拌混合需气量。宜根据试验资料或类似工程经验确定。

根据工程经验和文献记载，一般情况下，剩余污泥的细胞自身氧化需气量为 0.015m³ 空气/（m³ 池容·min）～0.02m³ 空气/（m³ 池容·min），搅拌混合需气量为 0.02m³ 空气/（m³ 池容·min）～0.04m³ 空气/（m³ 池容·min）；初沉污泥或混合污泥的细胞自身氧化需气量为 0.025m³ 空气/（m³ 池容·min）～0.03m³ 空气/（m³ 池容·min），搅拌混合需气量为 0.04m³ 空气/（m³ 池容·min）～0.06m³ 空气/（m³ 池容·min）。

可见污泥好氧消化采用鼓风曝气时，搅拌混合需气量大于细胞自身氧化需气量，因此以混合搅拌需气量作为好氧消化池供气量设计控制参数。

采用鼓风曝气时，空气扩散装置不必追求很高的氧转移率。微孔曝气器的空气洁净度要求高、易堵塞、气压损失较大、造价较高、维护管理工作量较大、混合搅拌作用较弱，因此好氧消化池宜采用中气泡空气扩散装置，如穿孔管、中气泡曝气盘等。

7.3.20　规定好氧消化池采用机械表面曝气时，需用功率的取值方法。

好氧消化池采用机械表面曝气时，应根据污泥需氧量、曝气机充氧能力、搅拌混合强度等确定需用功率，宜根据试验资料或类似工程经验确定。

当缺乏资料时，表面曝气机所需功率可根据原污泥含水率选用。原污泥含水率高于 98% 时，可采用 14W/（m³ 池容）～20W/（m³ 池容）；原污泥含水率为 94%～98% 时，可采用 20W/（m³ 池容）～40W/（m³ 池容）。

因好氧消化的原污泥含水率一般在 98% 以下，因此表面曝气机功率宜采用 20W/（m³ 池容）～40W/（m³ 池容）。原污泥含水率较低时，宜采用较大的曝气机功率。

7.3.21　关于好氧消化池深度的规定。

好氧消化池的有效深度，应根据曝气方式确定。

当采用鼓风曝气时，应根据鼓风机的输出风压、管路和曝气器的阻力损失来确定，一般鼓风机的出口风压约为 55kPa～65kPa，有效深度宜采用 5.0m～6.0m。

当采用机械表面曝气时，应根据设备的能力来确定，即按设备的提升深度设计有效深度，一般为 3.0m～4.0m。

采用鼓风曝气时，易形成较高的泡沫层；采用机械表面曝气时，污泥飞溅和液面波动较大。所以好氧消化池的超高不宜小于 1.0m。

7.3.22　关于好氧消化池加盖的规定。

好氧消化池一般采用敞口式，但在寒冷地区，污泥温度太低不利于好氧消化反应的进行，甚至可能结冰，因此应加盖并采取保温措施。

大气环境的要求较高时，应根据环境评价的要求确定好氧消化池是否加盖和采取除臭措施。

7.3.23　关于好氧消化池排除上清液的规定。

间歇运行的好氧消化池，一般其后不设泥水分离装置。在停止曝气期间利用静置沉淀实现泥水分离，因此消化池本身应设有排出上清液的措施，如各种可调或浮动堰式的排水装置。

连续运行的好氧消化池，一般其后设有泥水分离装置。正常运行时，消化池本身不具泥水分离功能，可不使用上清液排出装置。但考虑检修等其他因素，宜设排出上清液的措施，如各种分层放水装置。

7.4 污泥机械脱水

Ⅰ 一般规定

7.4.1 关于污泥机械脱水设计的规定。

1 污泥脱水机械，国内较成熟的有压滤机和离心脱水机等，应根据污泥的脱水性质和脱水要求，以及当前产品供应情况经技术经济比较后选用。污泥脱水性质的指标有比阻、黏滞度、粒度等。脱水要求，指对泥饼含水率的要求。

2 进入脱水机的污泥含水率大小，对泥饼产率影响较大。在一定条件下，泥饼产率与污泥含水率成反比关系。根据国内调查资料（见表28），规定污泥进入脱水机的含水率一般不大于98%。当含水率大于98%时，应对污泥进行预处理，以降低其含水率。

表28 国内进入脱水机的污泥含水率

使用单位	污泥种类	脱水机类型	进入脱水机的污泥含水率（%）
上海某织袜厂	活性污泥	板框压滤机	98.5~99
四川某维尼纶厂	活性污泥	折带式真空过滤机	95.8
辽阳某化纤厂	活性污泥	箱式压滤机	98.1
北京某印染厂	接触氧化后加药混凝沉淀污泥	自动板框压滤机	96~97
北京某油毡原纸厂	气浮污泥	带式压滤机	93~95
哈尔滨某毛织厂	电解浮泥	自动板框压滤机	94~97
上海某污水厂	活性污泥	刮刀式真空过滤机	97
北京某污水厂	消化的初沉污泥	刮刀式真空过滤机	91.2~92.7
上海污水处理厂试验组	活性污泥	真空过滤机和板框压滤机	95.8~98.7
上海某涤纶厂	活性污泥	折带式真空过滤机	98.0~98.5
上海某厂污水站	活性污泥	折带式真空过滤机	95.0~98.0
上海某印染厂	活性污泥	板框压滤机	97.0
无锡某印染厂	活性污泥	板框压滤机	97.4

3 据国外资料介绍，消化污泥碱度过高，采用经处理后的废水淘洗，可降低污泥碱度，从而节省某些药剂的投药量，提高脱水效率。前苏联规范规定，消化后的生活污水污泥，真空过滤之前应进行淘洗。日本指南规定，污水污泥在真空过滤和加压过滤之前要进行淘选，淘选后的碱度低于600mg/L。国内四川某维尼纶厂污水处理站利用二次沉淀池出水进行剩余活性污泥淘洗试验，结果表明：当淘洗水倍数为1~2时，比阻降低率约15%~30%，提高了过滤效率。但淘洗并不能降低所有药剂的使用量。同时，淘洗后的水需要处理（如返回污水处理构筑物）。为此规定：经消化后污泥，可根据污泥性质和经济效益考虑在脱水前淘洗。

4 根据脱水间机组与泵房机组的布置相似的特点，脱水间的布置可按本规范第5章泵房的有关规定执行。有关规定指机组的布置与通道宽度、起重设备和机房高度等。除此以外，还应考虑污泥运输的设施和通道。

5 据调查，国内污水厂一般设有污泥堆场或污泥料仓，也有用车立即运走的，由于目前国内污泥的出路尚未妥善解决，贮存时间等亦无规律性，故堆放容量仅作原则规定。

6 脱水间内一般臭气较大，为改善工作环境，脱水间应有通风设施。脱水间的臭气因污泥性质、混凝剂种类和脱水机的构造不同而异，每小时换气次数不应小于6次。对于采用离心脱水机或封闭式压滤机或在压滤机上设有抽气罩的脱水机房可适当减少换气次数。

7.4.2 关于污泥脱水前加药调理的规定。

为了改善污泥的脱水性质，污泥脱水前应加药调理。

1 无机混凝剂不宜单独用于脱水机脱水前的污泥调理，原因是形成的絮体细小，重力脱水难于形成泥饼，压榨脱水时污泥颗粒漏网严重，固体回收率很低。用有机高分子混凝剂（如阳离子聚丙烯酰胺）形成的絮体粗大，适用于污水厂污泥机械脱水。阳离子型聚丙烯酰胺适用于带负电荷、胶体粒径小于 0.1μ 的污水污泥。其混凝原理一般认为是电荷中和与吸附架桥双重作用的结果。阳离子型聚丙烯酰胺还能与带负电的溶解物进行反应，生成不溶性盐，因此它还有除浊脱色作用。经它调理后的污泥滤液均为无色透明，泥水分离效果良好。聚丙烯酰胺与铝盐、铁盐联合使用，可以减少其用于中和电荷的量，从而降低药剂费用。但联合使用却增加了管道、泵、阀门、贮药罐等设备，使一次性投资增加并使管理复杂化。聚丙烯酰胺是否与铝盐铁盐联合使用应通过试验，并经技术经济比较后确定。

2 污泥加药以后，应立即混合反应，并进入脱水机，这不仅有利于污泥的凝聚，而且会减小构筑物的容积。

Ⅱ 压滤机

7.4.3 关于不同形式的压滤机的泥饼的产率和含水率的规定。

目前，国内用于污水污泥脱水的压滤机有带式压滤机、板框压滤机、箱式压滤机和微孔挤压脱水机。

由于各种污泥的脱水性质不同，泥饼的产率和含水率变化较大，所以应根据试验资料或参照相似污泥的数据确定。本条所列出的含水率，是根据国内调查资料和参照国外规范而制定的。

日本指南从脱水泥饼的处理及泥饼焚烧经济性考虑，规定泥饼含水率宜为75%；天津某污水厂消化污泥经压滤机脱水后，泥饼含水率为70%～80%，平均为75%；上海某污水厂混合污泥经压滤机脱水后，泥饼含水率为73.4%～75.9%。

7.4.4 关于带式压滤机的规定。

1 本规范使用污泥脱水负荷的术语，其含义为每米带宽每小时能处理污泥干物质的公斤数。该负荷因污泥类别、含水率、滤带速度、张力以及混凝剂品种、用量不同而异；应根据试验资料或类似运行经验确定，也可按表7.4.4估计。表中混合原污泥为初沉污泥与二沉污泥的混合污泥，混合消化污泥为初沉污泥与二沉污泥混合消化后的污泥。

日本指南建议对浓缩污泥及消化污泥的污泥脱水负荷采用 90kg/(m·h)～150kg/(m·h)；杭州某污水厂用2m带宽的压滤机对初沉消化污泥脱水，污泥脱水负荷为 300kg/(m·h)～500kg/(m·h)；上海某污水厂用1m带宽的压滤机对混合原污泥脱水，污泥脱水负荷为 150kg/(m·h)～224kg/(m·h)；天津某污水厂用3m带宽的压滤机对混合消化污泥脱水，污泥脱水负荷为 207kg/(m·h)～247kg/(m·h)。

2 若压滤机滤布的张紧和调正由压缩空气与其控制系统实现，在空气压力低于某一值时，压滤机将停止工作。应按压滤机的要求，配置空气压缩机。为在检查和故障维修时脱水机间能正常运行，至少应有1台备用机。

3 上海某污水厂采用压力为 0.4MPa～0.6MPa 的冲洗水冲洗带式压滤机滤布，运行结果表明，压力稍高，结果稍好。

天津某污水厂推荐滤布冲洗水压为0.5MPa～0.6MPa。

上海某污水厂用带宽为1m的带式压滤机进行混合污泥脱水，每米带宽每小时需 $7m^3$～$11m^3$ 冲洗水。天津某污水厂用带宽3m的带式压滤机对混合消化污泥脱水，每米带宽每小时需 $5.5m^3$～$7.5m^3$ 冲洗水。为降低成本，可用再生水作冲洗水；天津某污水厂用再生水冲洗，取得较好效果。

为在检查和维修故障时脱水机间能正常运行，至少应有1台备用泵。

7.4.5 规定板框压滤机和箱式压滤机的设计要求。

1 过滤压力，哈尔滨某污水站的自动板框压滤机和吉林某厂污水站的箱式压滤机均为500kPa；辽阳某厂污水站的箱式压滤机为 500kPa～600kPa；北京某厂污水站的自动板框压滤机为 600kPa。日本指南为 400kPa～500kPa。据此，本条规定为400kPa～600kPa。

2 过滤周期，吉林某厂污水站的箱式压滤机为3h～4.5h；辽阳某厂污水站的箱式压滤机为 3.5h；北京某厂污水站的自动板框压滤机为3h～4h。据此，本条规定为不大于4h。

3 污泥压入泵，国内使用离心泵、往复泵或柱塞泵。北京某厂污水站采用柱塞泵，使用效果较好。日本指南规定可用无堵塞构造的离心泵、往复泵或柱塞泵。

4 我国现有配置的压缩空气量，每立方米滤室一般为 $1.4m^3/min$～$3.0m^3/min$。日本指南为每立方米滤室 $2m^3/min$（按标准工况计）。

Ⅲ 离 心 机

7.4.6 规定了离心脱水机房噪声应符合的标准。

因为《工业企业噪声控制设计规范》GBJ 87规定了生产车间及作业场所的噪声限制值和厂内声源辐射至厂界的噪声A声级的限制值，故规定离心脱水机房噪声应符合此标准。

7.4.7 关于所选用的卧螺离心机分离因数的规定。

目前国内用于污水污泥脱水的离心机多为卧螺离心机。离心脱水是以离心力强化脱水效率，虽然分离因数大脱水效果好，但并不成比例，达到临界值后分离因数再大脱水效果也无多大提高，而动力消耗几乎成比例增加，运行费用大幅度提高，机械磨损、噪声也随之增大。而且随着转速的增加，对污泥絮体的剪切力也增大，大的絮体易被剪碎而破坏，影响污泥干物质的回收率。

国内污水处理厂卧螺离心机进行污泥脱水采用的分离因数如下：

深圳滨河污水厂为2115g；洛阳涧西污水厂为2115g；仪征化纤污水厂为1700g；上海曹杨污水厂为1224g；云南个旧污水厂为1450g；武汉汤逊湖污水厂2950g；辽宁葫芦岛市污水厂为2950g；上海白龙港污水厂（一级强化处理）为3200g；香港昂船洲污水厂（一级强化处理）为3200g。

由于随污泥性质、离心机大小的不同，其分离因数的取值也有一定的差别。为此，本条规定污水污泥的卧螺离心机脱水的分离因数宜小于3000g。对于初沉和一级强化处理等有机质含量相对较低的污泥，可适当提高其分离因数。

7.4.8 对离心机进泥粒径的规定。

为避免污泥中的长纤维缠绕离心机螺旋以及纤维裹挟污泥成较大的球状体后堵塞离心机排泥孔，一般认为当纤维长度小于8mm时已不具备裹挟污泥成为大的球状体的条件。为此，本条规定离心脱水机前应设置污泥切割机，切割后的污泥粒径不宜大于8mm。

7.5 污泥输送

7.5.1 关于脱水污泥输送形式的规定。

规定了脱水污泥通常采用的三种输送形式：皮带输送机输送、螺旋输送机输送和管道输送。

7.5.2 关于皮带运输机输送污泥的规定。

皮带运输机倾角超过 20°，泥饼会在皮带上发生滑动。

7.5.3 关于螺旋输送机输送污泥的规定。

如果螺旋输送机倾角过大，会导致污泥下滑而影响污泥脱水间的正常工作。如果采用有轴螺旋输送机，由于轴和螺旋叶片之间形成了相对于无轴螺旋输送机而言较为密闭的空间，在输送污泥过程中对污泥的挤压与搅动更为剧烈，易于使污泥中的表面吸附水、间歇水和毛细结合水外溢，增加污泥的流动性，在污泥的运输过程中容易造成污泥的滴漏，污染沿途环境。为此，做出本条规定。

7.5.4 关于管道输送污泥的规定。

由于污泥管道输送的局部阻力系数大，为降低污泥输送泵的扬程，同时为避免污泥在管道中发生堵死现象，参照《浆体长距离管道输送工程设计规程》CECS 98 的相关规定，同时考虑到污水厂污泥的管道输送距离较短，而脱水机房场地有限，不利于管道进行大幅度转角布置，做出本条规定。

7.6 污泥干化焚烧

7.6.1 关于污泥干化总体原则的规定。

根据国内外多年的污泥处理和处置实践，污泥在很多情况下都需要进行干化处理。

污泥自然干化，可以节约能源，降低运行成本，但要求降雨量少、蒸发量大、可使用的土地多、环境要求相对宽松等条件，故受到一定限制。在美国的加利福尼亚州，自然干化是普遍采用的污泥脱水和干化方法，1988 年占 32%，1998 年增加到 39%，其中科罗拉多地区超过 80% 的污水处理厂采用干化场作为首选工艺。

污泥人工干化，采用最多的是热干化。大连开发区、秦皇岛、徐州等污水厂已经采用热干化工艺烘干污泥，并制造复合肥。深圳的污泥热干化工程，目前已着手开展。

7.6.2 关于污泥干化场固体负荷量的原则规定。

污泥干化场的污泥主要靠渗滤、撇除上层污泥水和蒸发达到干化。渗滤和撇除上层污泥水主要受污泥的含水率、黏滞度等性质的影响，而蒸发则主要视当地自然气候条件，如平均气温、降雨量和蒸发量等因素而定。由于各地污泥性质和自然条件不同，所以，建议固体负荷量宜充分考虑当地污泥性质和自然条件，参照相似地区的经验确定。在北方地区，应考虑结冰期间干化场储存污泥的能力。

7.6.3 规定干化场块数的划分和围堤尺寸。

干化场划分块数不宜少于 3 块，是考虑进泥、干化和出泥能够轮换进行，从而提高干化场的使用效率。围堤高度是考虑贮泥量和超高的需要，顶宽是考虑人行的需要。

7.6.4 关于人工排水层的规定。

对脱水性能好的污泥而言，设置人工排水层有利于污泥水的渗滤，从而加速污泥干化。我国已建干化场大多设有人工排水层，国外规范也都建议设人工排水层。

7.6.5 关于设不透水层的规定。

为了防止污泥水入渗土壤深层和地下水，造成二次污染，故规定在干化场的排水层下面应设置不透水层。某些地下水较深、地基岩土渗透性较差的地区，在当地卫生管理部门允许时，才可考虑不设不透水层。本条与原规范相比，加大了设立不透水层的强制力度。

7.6.6 规定了宜设排除上层污泥水的设施。

污泥在干化场脱水干化是一个污泥沉降浓缩、析出污泥水的过程，及时将这部分污泥水排除，可以加速污泥脱水，有利于提高干化场的效率。

7.6.7 规定污泥热干化和焚烧宜集中进行。

单个污水处理厂的污泥量可能较少，集中干化焚烧处理更经济、更利于保证质量、更便于管理。

7.6.8 规定污泥热干化应充分考虑产品出路。

污泥热干化成本较高，故应充分考虑产品的出路，以提高热干化工程的经济效益。

7.6.9 关于污泥热干化和焚烧的污泥负荷量原则的规定。

污泥热干化和焚烧在国内属于新兴的技术，经验不足。污泥含水率等性质，对热干化的污泥负荷量有显著影响。污泥热干化的设备类型很多，性能各异，因此，需要根据污泥性质、设备性能，并参照相似设备的运行参数进行污泥负荷量设计。

7.6.10 规定热干化和焚烧设备的套数。

热干化和焚烧设备宜设置 2 套，是为了保证设备检修期间污水厂的正常运行。由于设备投资较大，可仅设 1 套，但应考虑必要的应急措施，在设备检修时，保证污水厂仍然能够正常运行。

7.6.11 关于热干化设备选型的原则规定。

热干化设备种类很多，如直接加热转鼓式干化器、气体循环、间接加热回转室、流化床等，目前国内应用经验不足，只能根据热干化的实际需要和国外经验确定。

国内热干化设备安装运行情况见表 29。

1995 年以前国外应用直接加热转鼓式干化器较多，干化后得到稳定的球形颗粒产品，但尾气量大，处理费用昂贵。

1995～1999 年出现了间接加热系统，尾气量要小得多，但干化器内部磨损严重且难以生产出颗粒状产品。气体循环技术使转鼓中的氧气含量保持在10%以下，提高了安全性。间接加热回转室适用于中小型污水处理厂。此外还出现了机械脱水和热干化一体化的技术，即真空过滤带式干化系统和离心脱水干化系统。

表29 国内热干化设备安装运行情况

污水厂名称	上海市石洞口污水厂	天津市咸阳路污水厂
所在地（省、市、县）	上海	天津
污水规模（万m³/d）	40	45
污水处理工艺	一体化活性污泥处理工艺	A/O
投产时间	2003年	2004年
污泥规模（t/d）	64	73
设备型号	流化床污泥干燥机	间接加热碟片式干燥机
进泥含水率（%）	70	75
出泥含水率（%）	≤10	<10
燃料种类/消耗量	干化污泥	沼气、天然气

2000年以后的美国热干化设备，出现了以蒸汽为热源的流化床干化设备，带有产品过筛返混系统，其产品的性状良好，与转鼓式干化器是相似的。蒸汽锅炉（或废热蒸汽）和流化床有逐渐取代热风锅炉和转鼓之势。转鼓式干化器仍将继续扮演重要角色，同时也向设备精、处理量大的方向发展。干料返混系统能够生产出可销售的生物固体产品。

简单的间接加热系统受制于设备本身的大小，较适合于小到中等规模的处理量；带有污泥混合器和气体循环装置的直接加热系统，是中到大规模处理量的较佳选择。

7.6.12 规定热干化设备能源的选择。

消化池污泥气是污泥消化的副产品，无需购买，故越来越多的热干化设备以污泥气作为能源，但直接加热系统仍多采用天然气。

7.6.13 关于热干化设备安全的规定。

污水污泥产生的粉尘是St1级的爆炸粉尘，具有潜在的粉尘爆炸的危险，干化设施和贮料仓内的干化产品也可能会自燃。在欧美已经发生了多起干化器爆炸、着火和附属设施着火的事件。因此，应高度重视污泥干化设备的安全性。

7.6.14 规定优先考虑污泥与垃圾或燃料煤同时焚烧。

由于污泥的热值偏低，单独焚烧具有一定难度，故宜考虑与热值较高的垃圾或燃料煤同时焚烧。

7.6.15 关于污泥焚烧工艺的规定。

初沉污泥的有机物含量一般在55%～70%之间，剩余污泥的有机物含量一般在70%～85%之间，污泥经厌氧消化处理后，其中40%的有机物已经转化为污泥气，有机物含量降低。

污泥具有一定的热值，但仅为标准煤的30%～60%，低于木材，与泥煤、煤矸石接近，见表30。

表30 污泥和燃料的热值

材料		热值（kJ/kg）		
		脱水后	干化后	无水
燃料	标准煤			29300
	木材			19000
	泥煤			18000
	煤矸石			≤12550
污泥	初沉污泥			10715～18920
	二沉污泥			13295～15215
	混合污泥			12005～16957
上海石洞口污水厂	混合污泥			11078～15818
北京高碑店	原污泥			9830～14360
	消化污泥			11120
	消化污泥与浓缩污泥混合			10980～11910
天津纪庄子	污泥	559(75%水分)	12603(水分6.80)	13823
	污泥(放置时间较长)	1346(75%水分)	13873(水分7.78)	15257
天津东郊	污泥	1672(75%水分)	12895(水分7.74)	14187
	污泥(放置时间较长)	1718(75%水分)	13134(水分7.36)	14375

由于污泥的热值与煤矸石接近，故污泥焚烧工艺可以在一定程度上借鉴煤矸石焚烧工艺。

早期建设的煤矸石电厂基本以鼓泡型流化床锅炉为主，这种锅炉热效率低，不利于消烟脱硫。20世纪90年代以来，循环流化床锅炉逐步取代了鼓泡型流化床锅炉，成为煤矸石电厂的首选锅炉，逐步从35t/h发展到70t/h，合资生产的已达到240t/h，热效率提高5%～15%。现在由于采取了防磨措施，循环流化床锅炉连续运行小时普遍超过2000h。"九五"期间，国家通过国债、技改等渠道，对大型煤矸石电厂，尤其是220t/h以上的燃煤矸石循环流化床锅炉，给予了重点倾斜。

1998年2月12日，国家经贸委、煤炭部、财政部、电力部、建设部、国家税务总局、国家土地管理局、国家建材局八部委以国经贸资〔1998〕80号文件印发了《煤矸石综合利用管理办法》，其中第十四条要求，新建煤矸石电厂应采用循环流化床锅炉。

国内污泥焚烧工程较少，仅收集到上海市石洞口污水厂的情况，也采用流化床焚烧炉工艺，见表31。

表31　国内污泥焚烧情况

污水厂名称	上海市石洞口污水厂
所在地（省、市、县）	上海
污水规模（万 m³/d）	40
污水处理工艺	一体化活性污泥处理工艺
投产时间（年）	2003
污泥规模（m³/d）	213（脱水污泥）
设备型号	流化床焚烧炉
进泥含水率（%）	≤10
灰分产量（t/d）	42（约）
燃料种类/消耗量	干化污泥
预热温度（℃）	136
焚烧温度（℃）	≥850
焚烧时间（min）	炉内烟气有效停留时间＞2s

7.6.16　关于污泥热干化产品和污泥焚烧灰处置的规定。

部分污泥热干化产品遇水将再次成为含水污泥，污泥焚烧灰含有较多的重金属和放射性物质，处置不当会造成二次污染，所以都必须妥善保存、利用或最终处置。

7.6.17　规定污泥热干化尾气和焚烧烟气必须达标排放。

污泥热干化的尾气，含有臭气和其他污染物质；污泥焚烧的烟气，含有危害人民身体健康的污染物质。二者如不处理或处理不当，可能对大气产生严重污染，故规定应达标排放。

7.6.18　关于污泥干化场、污泥热干化厂和污泥焚烧厂环境监测的规定。

污泥干化场可能污染地下水，污泥热干化厂和焚烧厂可能污染大气，故规定应设置相应的长期环境监测设施。

7.7　污泥综合利用

7.7.1　关于污泥最终处置的规定。

污水污泥是一种宝贵的资源，含有丰富的营养成分，为植物生长所需要，同时含有大量的有机物，可以改良土壤或回收能源。

污泥综合利用既可以充分利用资源，同时又节约了最终处置费用。国外已经把满足土地利用要求的污水污泥改称为"生物固体（biosolids）"。

7.7.2　关于污泥综合利用的规定。

由于污泥中含有丰富的有机质，可以改良土壤。污泥土地利用维持了有机物→土壤→农作物→城镇→污水→污泥→土壤的良性大循环，无疑是污泥处置最合理的方式。以前，国外污泥大量用于填埋，但近年来呈显著下降趋势，污泥综合利用则呈急剧上升趋势。

美国1998年污泥处置的主要方法为土地利用占61.2%，其次是土地填埋占13.4%，堆肥占12.6%，焚烧占6.7%，表面处置占4.0%，贮存占1.6%，其他占0.4%。目前，在美国污泥土地利用已经代替填埋成为最主要的污泥处置方式。

加拿大土地利用的污泥数量，占了将近一半，显著高于其他技术，这与美国的情况类似。

英国1998年前42%的污泥最终处置出路是农用，另有30%的污泥排海，但目前欧共体已禁止污泥排海。

德国目前污泥处置以脱水污泥填埋为主，部分农用，将来的趋势是污泥干化或焚烧后再利用或填埋。

目前，日本正在进行区域集中的污泥处理处置工作，污泥处理处置的主要途径是减量后堆肥农用或焚烧、熔融成炉渣，制成建材，其余部分委托给民间团体处置。日本是国外仅有的污水污泥土地利用程度较小的发达国家。

我国的污泥处置以填埋为主，堆肥、复合肥研究不少，但生产规模很小。国内污泥综合利用实例不多，仅调查到一例，正是土地利用，见表32。

表32　污泥综合利用情况

污水厂名称		富阳市污水处理厂
所在地（省、市、县）		浙江、杭州、富阳
污水规模（万 m³/d）		2
污水处理工艺		粗、细格栅—沉砂—回转式氧化沟—二次沉淀池
投产时间（年）		1999
污泥规模（t/d）		3
污泥含水率（%）		80±2
直接农业利用	施肥方式	与土地原土混合掺和，种植热带作物
	农作物	培养苗木
	农作物生长情况说明	效果不错

我国是一个农业大国，由于化肥的广泛应用，使得土壤有机质逐年下降，迫切需要施用污水污泥这样的有机肥料。但是，污泥中的重金属和其他有毒物质是污泥土地利用的最大障碍，一旦不慎造成污染，后果严重且难以挽回，因此，污泥农用不得不慎之又慎。

美国30年前的预处理计划保证了城镇污水污泥中的重金属含量达标，为污泥土地利用铺平了道路；10年前的503污泥规则进一步保证了污泥土地利用的安全性，免除了任何后顾之忧。由此可见，中国的污泥农用还有相当长的路要走。

污泥直接土地利用是国内外污泥处置技术发展的

必然趋势。但是，我国在污水污泥直接土地利用之前尚有一个过渡时期，这就是污泥干化、堆肥、造粒（包括复合肥）等处理后的污泥产品的推广使用，让使用者有一个学习和适应的过程，培育市场，同时逐步健全污泥土地利用的法规和管理制度。

7.7.3 规定污泥的土地利用应严格控制重金属和其他有毒物质含量。

借鉴国外污泥土地利用的成功经验，首先必须对工业废水进行严格的预处理，杜绝重金属和其他有毒物质进入污水污泥，污水污泥利用必须符合相关国家标准的要求。同时，必须对施用污泥的土壤中积累的重金属和其他有毒物质含量进行监测和控制，严格保证污泥土地利用的安全性。这一过程，必须长期坚持不懈，不能期望一蹴而就。

8 检测和控制

8.1 一 般 规 定

8.1.1 规定排水工程应进行检测和控制。

排水工程检测和控制内容很广，原规范无此章节，此次编制主要确定一些设计原则，仪表和控制系统的技术标准应符合国家或有关部门的技术规定和标准。本章中所提到的检测均指在线仪表检测。建设规模在1万 m^3/d 以下的工程可视具体情况决定。

8.1.2 规定检测和控制内容的确定原则。

排水工程检测和控制内容应根据原水水质、采用的工艺、处理后的水质，并结合当地生产运行管理要求和投资情况确定。有条件时，可优先采用综合控制管理系统，系统的配置标准可视建设规模、污水处理级别、经济条件等因素合理确定。

8.1.3 规定自动化仪表和控制系统的使用原则。

自动化仪表和控制系统的使用应有利于排水工程技术和生产管理水平的提高；自动化仪表和控制设计应以保证出厂水质、节能、经济、实用、保障安全运行、科学管理为原则；自动化仪表和控制方案的确定，应通过调查研究，经过技术经济比较后确定。

8.1.4 规定计算机控制系统的选择原则。

根据工程所包含的内容及要求选择系统类型，系统选择要兼顾现有和今后发展。

8.2 检 测

8.2.1 关于污水厂进、出水检测的规定。

污水厂进水应检测水压（水位）、流量、温度、pH值和悬浮固体量（SS），可根据进水水质增加一些必要的检测仪表，BOD_5 等分析仪表价格较高，应慎重选用。

污水厂出水应检测流量、pH值、悬浮固体量（SS）及其他相关水质参数。BOD_5、总磷、总氮仪表价格较高，应慎重选用。

8.2.2 关于污水厂操作人员工作安全的监测规定。

排水泵站内必须配置 H_2S 监测仪，供监测可能产生的有害气体，并采取防患措施。泵站的格栅井下部，水泵间底部等易积聚 H_2S 的地方，可采用移动式 H_2S 监测仪监测，也可安装在线式 H_2S 监测仪及报警装置。

消化池控制室必须设置污泥气泄漏浓度监测及报警装置，并采取相应防患措施。

加氯间必须设置氯气泄漏浓度监测及报警装置，并采取相应防患措施。

8.2.3 关于排水泵站和污水厂各个处理单元运行、控制、管理设置检测仪表的规定。

排水泵站：排水泵站应检测集水池或水泵吸水池水位、提升水量及水泵电机工作相关的参数，并纳入该泵站自控系统。为便于管理，大型雨水泵站和合流污水泵站（流量不小于 $15m^3/s$），宜设置自记雨量计，其设置条件应符合国家相关的规定，并根据需要确定是否纳入该泵站自控系统。

污水厂：污水处理一般包括一级及二级处理，几种常用污水处理工艺的检测项目可按表33设置。

3 污水深度处理和回用：应根据深度处理工艺和再生水水质要求检测。出水通常检测流量、压力、余氯、pH值、悬浮固体量（SS）、浊度及其他相关水质参数。检测的目的是保证回用水的供水安全，可根据出水水质增加一些必要的检测。BOD_5、总磷、总氮仪表价格较高，应慎重选用。

4 加药和消毒：加药系统应根据投加方式及控制方式确定所需要的检测项目。消毒应视所采用的消毒方法确定安全生产运行及控制操作所需要的检测项目。

5 污泥处理应视其处理工艺确定检测项目。据调查，运行和管理部门都认为消化池需设置必要的检测仪表，以便及时掌握运行工况，否则会给运行管理带来许多困难，难于保证运行效果，同时，有利于积累原始运行资料。近年来随着大量引进国外先进技术，污水污泥测控技术和设备不断完善，提高了污泥厌氧消化的工艺控制自动化水平。采用重力浓缩和污泥厌氧消化时，可按表34确定检测项目。

8.2.4 关于检测机电设备工况的规定。

机电设备的工作状况与工作时间、故障次数与原因对控制及运行管理非常重要，随着排水工程自动化水平的提高，应检测机电设备的状态。

8.2.5 关于排水管网关键节点设置检测和监测装置的规定。

排水管网关键节点指排水泵站、主要污水和雨水排放口、管网中流量可能发生剧烈变化的位置等。

表 33 常用污水处理工艺检测项目

处理级别	处理方法		检测项目	备注
一级处理	沉淀法		粗、细格栅前后水位（差）；初次沉淀池污泥界面或污泥浓度及排泥量	为改善格栅间的操作条件，一般均采用格栅前后水位差来自动控制格栅的运行
二级处理	活性污泥法	传统活性污泥法	生物反应池：活性污泥浓度（MLSS）、溶解氧（DO）、供气量、污泥回流量、剩余污泥量；二次沉淀池：泥水界面	只对各个工艺提出检测内容，而不作具体数量及位置的要求，便于设计的灵活应用
		厌氧/缺氧/好氧法（生物脱氮、除磷）	生物反应池：活性污泥浓度（MLSS）、溶解氧（DO）、供气量、氧化还原电位（ORP）、混合液回流量、污泥回流量、剩余污泥量；二次沉淀池：泥水界面	
		氧化沟法	氧化沟：活性污泥浓度（MLSS）、溶解氧（DO）、氧化还原电位（ORP）、污泥回流量、剩余污泥量；二次沉淀池：泥水界面	
		序批式活性污泥法（SBR）	液位、活性污泥浓度（MLSS）、溶解氧（DO）、氧化还原电位（ORP）、污泥排放量	
	生物膜法	曝气生物滤池	单格溶解氧、过滤水头损失	
		生物接触氧化池、生物转盘、生物滤池	溶解氧（DO）	只提出了一个常规参数溶解氧的检测，实际工程设计中可根据具体要求配置

表 34 污泥重力浓缩和消化工艺检测项目

污泥处理构筑物	检测项目	备注
浓缩池	泥位、污泥浓度	
消化池	消化池：污泥气压力（正压、负压），污泥气量，污泥温度、液位、pH 值；污泥投配和循环系统：压力、污泥流量；污泥加热单元：热媒和污泥进出口温度	压力报警，污泥气泄漏报警
贮气罐	压力（正压、负压）	

8.3 控 制

8.3.1 关于排水泵站和排水管网控制原则的规定。

排水泵站的运行管理应在保证运行安全的条件下实现自动控制。为便于生产调度管理，宜建立遥测、遥讯和遥控系统。

8.3.2 关于 10 万 m^3/d 规模以下污水厂控制原则的规定。

10 万 m^3/d 规模以下的污水厂可采用计算机数据采集系统与仪表检测系统，对主要工艺单元可采用自动控制。

序批式活性污泥法（SBR）处理工艺，用可编程序控制器，按时间控制，并根据污水流量变化进行调整。

氧化沟处理工艺，用时间程序自动控制运行，用溶解氧或氧化还原电位（ORP）控制曝气量，有利于满足运行要求，且可最大限度地节约动力。

8.3.3 关于 10 万 m^3/d 及以上规模污水厂控制原则的规定。

10 万 m^3/d 及以上规模的污水厂生产管理与控制的自动化宜为：计算机控制系统应能够监视主要设备的运行工况与工艺参数，提供实时数据传输、图形显示、控制设定调节、趋势显示、超限报警及制作报表等功能，对主要生产过程实现自动控制。目前，我国污水厂的生产管理与自动化已具有一定水平，且逐步提高。经济条件不允许时，可采用分期建设的原则，分阶段逐步实现自动控制。

8.3.4 关于成套设备控制的规定。

成套设备本身带有控制及仪表装置时，设计应完成与外部控制系统的通信接口。

8.4 计算机控制管理系统

8.4.1 规定计算机控制管理系统的功能。

此条是对系统功能的总体要求。

8.4.2 关于计算机控制管理系统设计原则的规定。

中华人民共和国国家标准

建筑给水排水设计规范

Code for design of building water supply and drainage

GB 50015—2003
(2009年版)

主编部门：上海市城乡建设和交通委员会
批准部门：中华人民共和国住房和城乡建设部
施行日期：２００３年９月１日

中华人民共和国住房和城乡建设部
公　告

第 409 号

关于发布国家标准
《建筑给水排水设计规范》局部修订的公告

现批准《建筑给水排水设计规范》GB 50015—2003 局部修订的条文，自 2010 年 4 月 1 日起实施。其中，第 3.2.3A、3.2.4、3.2.4A、3.2.4C、3.2.5、3.2.5A、3.2.5B、3.2.5C、3.2.6、3.2.10、3.9.14、3.9.18A、3.9.20A、3.9.24、4.2.6、4.3.3A、4.3.4、4.3.6、4.3.6A、4.5.10A 条为强制性条文，必须严格执行。经此次修改的原条文同时废止。

局部修订的条文及具体内容，将刊登在我部有关网站和近期出版的《工程建设标准化》刊物上。

中华人民共和国住房和城乡建设部
二〇〇九年十月二十日

修　订　说　明

根据原建设部《关于印发〈2007 年工程建设标准规范制订、修订计划（第一批）〉的通知》（建标〔2007〕第 125 号）的要求，本规范由上海现代建筑设计（集团）有限公司会同有关单位对《建筑给水排水设计规范》GB 50015—2003 进行修订而成。

本规范局部修订，遵照建标〔1994〕第 219 号《关于印发〈工程建设标准局部修订管理办法〉的通知》的要求，在广泛征求原规范颁布后在工程建设中执行情况和对原规范局部修订的建议，以及对个别条文涉及的技术参数进行测试、产品调研等工作的基础上，经有关部门共同审查定稿。

本次局部修订主要内容：

1. 调整生活饮用水管道防回流污染措施的适用条件，补充由生活饮用水及生活、生产合用管道供给回流污染高危场所和设备的防回流污染要求。补充倒流防止器、真空破坏器的设置要求。
2. 补充叠压供水、太阳能和热泵热水供应等节能技术原则规定。
3. 完善居住小区设计流量计算。
4. 对同层排水管道设计提出要求。
5. 推荐具有防涸功能的新型地漏，禁用钟罩（扣碗）式地漏。
6. 根据科研测试成果，调整通气系统不同设置条件下排水立管最大设计排水能力，并补充自循环通气系统设计内容。
7. 根据雨水管道的设计流态，确立雨水立管和雨水斗设计泄流量。
8. 修改热水供应设计小时耗热量计算参数。
9. 协调补充管道直饮水系统设计参数。

本规范中下划线为修改的内容；用黑体字表示的条文为强制性条文，必须严格执行。

本规范由住房和城乡建设部负责管理和对强制性条文的解释，由主编单位负责对具体技术内容的解释。在执行过程中，请各单位结合工程实践，认真总结经验，并将意见和建议寄送上海现代建筑设计（集团）有限公司国家标准《建筑给水排水设计规范》管理组（地址：上海市石门二路 258 号，邮政编码：200041，E-mail：GB 50015-2003@163.com）。

本次局部修订的主编单位：上海现代建筑设计（集团）有限公司

本次局部修订的参编单位：中国建筑设计研究院

本次局部修订的主要起草人：张　森　刘振印　冯旭东　徐　凤

本次局部修订的审查人：方汝清　赵力军
　　　　　　　　　　　　赵世明　赵　锂
　　　　　　　　　　　　王冠军　方玉妹
　　　　　　　　　　　　崔长起　程宏伟
　　　　　　　　　　　　王　研　王增长
　　　　　　　　　　　　郑克白　黄晓家
　　　　　　　　　　　　张　勤　王　珏
　　　　　　　　　　　　朱建荣

中华人民共和国建设部
公　告

第 138 号

建设部关于发布国家标准
《建筑给水排水设计规范》的公告

现批准《建筑给水排水设计规范》为国家标准，编号为GB 50015—2003，自2003年9月1日起实施。其中，第3.2.1、3.2.3、3.2.4、3.2.5、3.2.6、3.2.9、3.2.10、3.2.14、3.5.8、3.9.1、3.9.3、3.9.4、3.9.9、3.9.12、3.9.14、3.9.22、3.9.24、3.9.27、4.2.6、4.3.5、4.3.6、4.3.13、4.3.19、4.5.9、4.8.4、4.8.8、5.4.5、5.4.20条为强制性条文，必须严格执行。原《建筑给水排水设计规范》GBJ 15—88同时废止。

本规范由建设部标准定额研究所组织中国计划出版社出版发行。

中华人民共和国建设部
二〇〇三年四月十五日

前　言

本规范系根据建设部建标〔1998〕94号文《关于印发"一九九八年工程建设国家标准制订、修订计划（第一批）"的通知》，由上海市建设和管理委员会主管，上海现代建筑设计（集团）有限公司主编，中国建筑设计研究院、广东省建筑设计研究院参编，对原国家标准《建筑给水排水设计规范》GBJ 15—88进行全面修订。本规范编制过程中总结了近年来建筑给水排水工程的设计经验，对重大问题开展专题研讨，提出了征求意见稿，在广泛征求全国有关设计、科研、大专院校的专家、学者和设计人员意见的基础上，经编制组认真研究分析编制而成。

本规范修订的主要技术内容有：①补充了居住小区给水排水设计内容。②调整和补充了住宅、公共建筑用水定额。③补充了管道连接防污染措施。④补充了新型管材应用技术。⑤住宅给水秒流量计算采用概率修正公式。⑥统一各种材质管道水力计算公式。⑦补充了水上游乐池水循环处理内容。⑧补充了冷却塔及水循环设计内容。⑨删去了推荐性标准在医院污水、游泳池给水排水等方面已有的细节内容，保留了原则性、安全性及卫生方面的条文。⑩删除了生产工艺给水排水的有关条文。⑪补充了屋面雨水压力流计算参数。⑫调整了集中热水供应设计小时耗热量计算公式的适用范围。⑬删除了自然循环热水管道系统的计算。⑭补充了新型热水机组、加热器的有关应用技术要点和参数。⑮补充了饮用净水管道系统的有关内容。

本规范将来需要进行局部修订时，有关局部修订的信息和条文内容将刊登在《工程建设标准化》杂志上。

本规范中以黑体字标志的条文为强制性条文，必须严格执行。

本规范由建设部负责管理和对强制性条文的解释，上海市建设和管理委员会负责具体管理，上海现代建筑设计（集团）有限公司负责具体技术内容的解释。在使用过程中如有需要修改与补充的建议，请将有关资料寄送上海现代建筑设计（集团）有限公司（上海市石门二路258号现代建筑设计大厦国家标准《建筑给水排水设计规范》管理组，邮政编码：200041），以供修订时参考。

本规范主编单位、参编单位和主要起草人：

主编单位：上海现代建筑设计（集团）有限公司

参编单位：中国建筑设计研究院
　　　　　广东省建筑设计研究院

主要起草人：张　森　刘振印　何冠钦　冯旭东　桑鲁青

目 次

1 总则 ………………………………… 3—7
2 术语、符号 ……………………… 3—7
  2.1 术语 …………………………… 3—7
  2.2 符号 …………………………… 3—9
3 给水 ……………………………… 3—10
  3.1 用水定额和水压 ……………… 3—10
  3.2 水质和防水质污染 …………… 3—12
  3.3 系统选择 ……………………… 3—13
  3.4 管材、附件和水表 …………… 3—13
  3.5 管道布置和敷设 ……………… 3—14
  3.6 设计流量和管道水力计算 …… 3—15
  3.7 水塔、水箱、贮水池 ………… 3—17
  3.8 增压设备、泵房 ……………… 3—17
  3.9 游泳池与水上游乐池 ………… 3—18
  3.10 循环冷却水及冷却塔 ………… 3—20
  3.11 水景 …………………………… 3—20
4 排水 ……………………………… 3—21
  4.1 系统选择 ……………………… 3—21
  4.2 卫生器具及存水弯 …………… 3—21
  4.3 管道布置和敷设 ……………… 3—21
  4.4 排水管道水力计算 …………… 3—23
  4.5 管材、附件和检查井 ………… 3—24
  4.6 通气管 ………………………… 3—25
  4.7 污水泵和集水池 ……………… 3—26
  4.8 小型生活污水处理 …………… 3—26
  4.9 雨水 …………………………… 3—27
5 热水及饮水供应 ………………… 3—29
  5.1 用水定额、水温和水质 ……… 3—29
  5.2 热水供应系统选择 …………… 3—30
  5.3 耗热量、热水量和加热设备供热量
     的计算 ………………………… 3—31
  5.4 水的加热和贮存 ……………… 3—32
  5.5 管网计算 ……………………… 3—35
  5.6 管材、附件和管道敷设 ……… 3—36
  5.7 饮水供应 ……………………… 3—36
附录 A 回流污染的危害程度及防回流
     设施选择 ………………… 3—37
附录 B 居住小区地下管线（构筑物）
     间最小净距 ……………… 3—37
附录 C 给水管段卫生器具给水当量同
     时出流概率计算式 α_c 系数取
     值表 ……………………… 3—38
附录 D 阀门和螺纹管件的摩阻损失
     的折算补偿长度 ………… 3—38
附录 E 给水管段设计秒流量计
     算表 ……………………… 3—38
附录 F 饮用水嘴同时使用数量
     计算 ……………………… 3—42
本规范用词说明 …………………… 3—42
引用标准名录 ……………………… 3—42
附：条文说明 ……………………… 3—43

Contents

1 General provisions ················ 3—7
2 Terms and symbols ············ 3—7
  2.1 Terms ······································· 3—7
  2.2 Symbols ···································· 3—9
3 Water supply ···························· 3—10
  3.1 Rated water consumption and water pressure ························· 3—10
  3.2 Water quality and contamination prevention ································ 3—12
  3.3 System selection ···················· 3—13
  3.4 Pipe materials, appurtenances and water meters ····················· 3—13
  3.5 Piping layout and laying ············ 3—14
  3.6 Design flow and hydraulic calculation of pipe ····················· 3—15
  3.7 Water towers, Water tanks, Reservoirs ···························· 3—17
  3.8 Pressurizing equipments, pump stations ································ 3—17
  3.9 Swimming pools and aquatic recreation pools ······················ 3—18
  3.10 Cooling water circulation and cooling towers ····················· 3—20
  3.11 Waterscape ···························· 3—20
4 Drainage ·································· 3—21
  4.1 Selection of drainage systems ············ 3—21
  4.2 Plumbing fixtures and traps ············ 3—21
  4.3 Piping layout and laying ············ 3—21
  4.4 Hydraulic calculation of drainage pipe ······································ 3—23
  4.5 Pipe materials, appurtenances and manholes ··························· 3—24
  4.6 Vent pipes ······························ 3—25
  4.7 Sewage pumps and pump pits ············ 3—26
  4.8 Small domestic wastewater treatment ······························· 3—26
  4.9 Rainwater ································ 3—27
5 Hot water and drinking water supply ·· 3—29
  5.1 Rated consumption, temperature and quality of hot water ············ 3—29
  5.2 Selection of hot water supply systems ·································· 3—30
  5.3 Calculation of heat consumption hot water consumption and power capability of heating equipment ········ 3—31
  5.4 Water heating and storage ············ 3—32
  5.5 Calculation of pipenet ·············· 3—35
  5.6 Pipe materials, appurtenances and piping layout ························· 3—36
  5.7 Drinking water supply ············ 3—36
Appendix A Degree of backflow hazard & the selection of backflow prevention facilities ············ 3—37
Appendix B Minimum clearance between underground pipelines (structure) for residential community ················ 3—37
Appendix C Probability formula calculating water supply fixture unit and peak flow, α_c values table ··············· 3—38
Appendix D Equivalent length for friction loss of valves and threaded fittings resistance ··············· 3—38
Appendix E Calculation table for

	design flow of water supply piping in L/S ········ 3—38
Appendix F	Calculation for the number of simultaneously use drinking water taps ················· 3—42

Explanation of wording in this code ·································· 3—42
List of quoted standards ············· 3—42
Addition: Explanation of provisions ·························· 3—43

1 总　则

1.0.1 为保证建筑给水排水设计质量，使设计符合安全、卫生、适用、经济等基本要求，制定本规范。

1.0.2 本规范适用于居住小区、公共建筑区、民用建筑给水排水设计，亦适用于工业建筑生活给水排水和厂房屋面雨水排水设计。但设计下列工程时，还应按现行的有关专门规范或规定执行：
　1　湿陷性黄土、多年冻土和胀缩土等地区的建筑物；
　2　抗震设防烈度超过9度的建筑物；
　3　矿泉水疗、人防建筑；
　4　工业生产给水排水；
　5　建筑中水和雨水利用。

1.0.3 建筑给水排水设计，应在满足使用要求的同时还应为施工安装、操作管理、维修检测以及安全保护等提供便利条件。

1.0.4 建筑给水排水工程设计，除执行本规范外，尚应符合国家现行的有关标准、规范的要求。

2　术语、符号

2.1　术　语

2.1.1　生活饮用水　drinking water
　水质符合生活饮用水卫生标准的用于日常饮用、洗涤的水。

2.1.2　生活杂用水　non-drinking water
　用于冲洗便器、汽车，浇洒道路、浇灌绿化，补充空调循环用水的非饮用水。

2.1.3　小时变化系数　hourly variation coefficient
　最高日最大时用水量与平均时用水量的比值。

2.1.4　最大时用水量　maximum hourly water consumption
　最高日最大用水时段内的小时用水量。

2.1.4A　平均时用水量　average hourly water consumption
　最高日用水时段内的平均小时用水量。

2.1.5　回流污染　backflow pollution
　由虹吸回流或背压回流对生活给水系统造成的污染。

2.1.5A　背压回流　back-pressure back flow
　给水管道内上游失压导致下游有压的非饮用水或其他液体、混合物进入生活给水管道系统的现象。

2.1.5B　虹吸回流　siphonage back flow
　给水管道内负压引起卫生器具、受水容器中的水或液体混合物倒流入生活给水系统的现象。

2.1.6　空气间隙　air gap
　在给水系统中，管道出水口或水嘴口的最低点与用水设备溢流水位间的垂直空间距离；在排水系统中，间接排水的设备或容器的排出管口最低点与受水器溢流水位间的垂直空间距离。

2.1.7　溢流边缘　flood-level rim
　指由此溢流的容器上边缘。

2.1.7A　倒流防止器　backflow preventer
　一种采用止回部件组成的可防止给水管道水流倒流的装置。

2.1.7B　真空破坏器　vacuum breaker
　一种可导入大气压消除给水管道内水流因虹吸而倒流的装置。

2.1.8　引入管　service pipe
　将室外给水管引入建筑物或由市政管道引入至小区给水管网的管段。

2.1.9　接户管　inter-building pipe
　布置在建筑物周围，直接与建筑物引入管和排出管相接的给水排水管道。

2.1.10　入户管（进户管）　inlet pipe
　住宅内生活给水管道进入住户至水表的管段。

2.1.11　竖向分区　vertical division zone
　建筑给水系统中，在垂直向分成若干供水区。

2.1.12　并联供水　parallel water supply
　建筑物各竖向给水分区有独立增（减）压系统供水的方式。

2.1.13　串联供水　series water supply
　建筑物各竖向给水分区，逐区串级增（减）压供水的方式。

2.1.13A　叠压供水　pressure superposed water supply
　利用室外给水管网余压直接抽水再增压的二次供水方式。

2.1.14　明设　exposed installation
　室内管道明露布置的方法。

2.1.15　暗设　concealed installation, embedded installation
　室内管道布置在墙体管槽、管道井或管沟内，或者由建筑装饰隐蔽的敷设方法。

2.1.16　分水器　manifold
　集中控制多支路供水的管道附件。

2.1.17　（此条删除）

2.1.18　（此条删除）

2.1.19　线胀系数　coefficient of line-expansion
　温度每增加1℃时，管线单位长度的增量。

2.1.20　卫生器具　plumbing fixture, fixture
　供水并接受、排出污废水或污物的容器或装置。

2.1.21　卫生器具当量　fixture unit
　以某一卫生器具流量（给水流量或排水流量）为基数，其他卫生器具的流量（给水流量或排水流量）值与其的比值。

2.1.22　额定流量　nominal flow
　卫生器具配水出口在单位时间内流出的规定水量。

2.1.23　设计流量　design flow
　给水或排水某种时段的平均流量作为建筑给排水管道系统设计依据。

2.1.24　水头损失　head loss
　水通过管渠、设备、构筑物等引起的能耗。

2.1.25　气压给水　pneumatic water supply
　由水泵和压力罐以及一些附件组成，水泵将水压入压力罐，依靠罐内的压缩空气压力，自动调节供水流量和保持供水压力的供水方式。

2.1.26　配水点　points of distribution
　给水系统中的用水点。

2.1.27　循环周期　circulating period
　循环水系统构筑物和输水管道内的有效水容积与单位时间内循环量的比值。

2.1.28　反冲洗　backwash
　当滤料层截污到一定程度时，用较强的水流逆向对滤料进行冲洗。

2.1.29　历年平均不保证时　unassured hour for average year
　累计历年不保证总小时数的年平均值。

2.1.30　水质稳定处理　stabilization treatment of water quality

3—7

为保持循环冷却水中的碳酸钙和二氧化碳的浓度达到平衡状态(既不产生碳酸钙沉淀而结垢,也不因其溶解而腐蚀),并抑制微生物生长而采用的水处理工艺。

2.1.31 浓缩倍数　cycle of concentration
循环冷却水的含盐浓度与补充水的含盐浓度的比值。

2.1.32 自灌　self-priming
水泵启动时水靠重力充入泵体的引水方式。

2.1.33 水景　waterscape,fountain
人工建造的水体景观。

2.1.34 生活污水　domestic sewage
居民日常生活中排泄的粪便污水。

2.1.35 生活废水　domestic wastewater
居民日常生活中排泄的洗涤水。

2.1.36 生活排水　domestic drainage
居民在日常生活中排出的生活污水和生活废水的总称。

2.1.37 排出管　building drain,outlet pipe
从建筑物内至室外检查井的排水横管段。

2.1.38 立管　vertical pipe,riser,stack
呈垂直或与垂线夹角小于45°的管道。

2.1.39 横管　horizontal pipe
呈水平或与水平线夹角小于45°的管道。其中连接器具排水管至排水立管的横管段称横支管;连接若干根排水立管至排出管的横管段称横干管。

2.1.40 清扫口　cleanout
装在排水横管上,用于清扫排水管的配件。

2.1.41 检查口　check hole,check pipe
带有可开启检查盖的配件,装设在排水立管及较长横管段上,作检查和清通之用。

2.1.42 存水弯　trap
在卫生器具内部或器具排水管段上设置的一种内有水封的配件。

2.1.43 水封　water seal
在装置中有一定高度的水柱,防止排水管系统中气体窜入室内。

2.1.44 H管　H pipe
连接排水立管与通气立管形如H的专用配件。

2.1.45 通气管　vent pipe,vent
为使排水系统内空气流通,压力稳定,防止水封破坏而设置的与大气相通的管道。

2.1.46 伸顶通气管　stack vent
排水立管与最上层排水横支管连接处向上垂直延伸至室外通气用的管道。

2.1.47 专用通气立管　specific vent stack
仅与排水立管连接,为排水立管内空气流通而设置的垂直通气管道。

2.1.48 汇合通气管　vent headers
连接数根通气管或排水立管顶端通气部分,并延伸至室外接通大气的通气管段。

2.1.49 主通气立管　main vent stack
连接环形通气管和排水立管,为排水横支管和排水立管内空气流通而设置的垂直管道。

2.1.50 副通气立管　secondary vent stack,assistant vent stack
仅与环形通气管连接,为使排水横支管内空气流通而设置的通气立管。

2.1.51 环形通气管　loop vent
在多个卫生器具的排水横支管上,从最始端的两个卫生器具之间接出至主通气立管或副通气立管的通气管段。

2.1.52 器具通气管　fixture vent
卫生器具存水弯出口端接至主通气管的管段。

2.1.53 结合通气管　yoke vent
排水立管与通气立管的连接管段。

2.1.53A 自循环通气　self-circulation venting
通气立管在顶端、层间和排水立管相连,在底端与排出管连接,排水时在管道内产生的正负压通过连接的通气管道迂回补气而达到平衡的通气方式。

2.1.54 间接排水　indirect drain
设备或容器的排水管道与排水系统非直接连接,其间留有空气间隙。

2.1.54A 真空排水　vacuum drain
利用真空设备使排水管道内产生一定真空度,利用空气输送介质的排水方式。

2.1.54B 同层排水　same-floor drain
排水横支管布置在排水层或室外,器具排水管不穿楼层的排水方式。

2.1.55 覆土深度　covered depth
埋地管道管顶至地表面的垂直距离。

2.1.55A 埋设深度　buried depth
埋地排水管道内底至地表面的垂直距离。

2.1.56 水流偏转角　angle of turning flow
水流原来的流向与其改变后的流向之间的夹角。

2.1.57 充满度　depth ratio
水流在管渠中的充满程度。管道以水深与管径之比值表示,渠道以水深与渠高之比值表示。

2.1.58 隔油池　grease tank
分隔、拦集生活废水中油脂物质的小型处理构筑物。

2.1.58A 隔油器　grease interceptor
分隔、拦集生活废水中油脂的装置。

2.1.59 降温池　cooling tank
降低排水温度的小型处理构筑物。

2.1.60 化粪池　septic tank
将生活污水分格沉淀,并对污泥进行厌氧消化的小型处理构筑物。

2.1.61 中水　reclaimed water
各种排水经适当处理达到规定的水质标准后回用的水。

2.1.62 医院污水　hospital sewage
医院、医疗卫生机构中被病原体污染了的水。

2.1.63 一级处理　primary treatment
又称机械处理。采用机械方法对污水进行初级处理。

2.1.64 二级处理　secondary treatment
由机械处理和生物化学或化学处理组成的污水处理过程。

2.1.65 换气次数　time of air change
通风系统单位时间内送风或排风体积与排风空间体积之比。

2.1.66 暴雨强度　rainfall intensity
单位时间内的降雨量。

2.1.67 重现期　recurrence interval
经一定长的雨量观测资料统计分析,等于或大于某暴雨强度的降雨出现一次的平均间隔时间。其单位通常以年表示。

2.1.68 降雨历时　duration of rainfall
降雨过程中的任意连续时段。

2.1.69 地面集水时间　inlet time
雨水从相应汇水面积的最远点地表径流到雨水管渠入口的时

间。简称集水时间。

2.1.70 管内流行时间　time of flow
雨水在管渠中流行的时间。简称流行时间。

2.1.71 汇水面积　catchment area
雨水管渠汇集降雨的面积。

2.1.72 重力流雨水排水系统　gravity building drainage system
按重力流设计的屋面雨水排水系统。

2.1.73 满管压力流雨水排水系统　full pressure storm system
按满管压力流原理设计管道内雨水流量、压力等可得到有效控制和平衡的屋面雨水排水系统。

2.1.74 雨水口　gulley, gutter inlet
将地面雨水导入雨水管渠的带格栅的集水口。

2.1.75 雨落水管　downspout, leader
敷设在建筑物外墙，用于排除屋面雨水的排水立管。

2.1.76 悬吊管　hung pipe
悬吊在屋架、楼板和梁下或架空在柱上的雨水横管。

2.1.77 雨水斗　roof drain
将建筑物屋面的雨水导入雨水立管的装置。

2.1.78 径流系数　run-off coefficient
一定汇水面积的径流雨水量与降雨量的比值。

2.1.79 集中热水供应系统　central hot water supply system
供应一幢（不含单幢别墅）或数幢建筑物所需热水的系统。

2.1.79A 全日热水供应系统　all day hot water supply system
在全日、工作班或营业时间内不间断供应热水的系统。

2.1.79B 定时热水供应系统　fixed time hot water supply system
在全日、工作班或营业时间内某一时段供应热水的系统。

2.1.80 局部热水供应系统　local hot water supply system
供给单个或数个配水点所需热水的供应系统。

2.1.81 开式热水供应系统　open hot water system
热水管系与大气相通的热水供应系统。

2.1.82 闭式热水供应系统　closed hot water supply system
热水管系不与大气相通的热水供应系统。

2.1.83 单管热水供应系统　single line hot water system, tempered water system
用一根管供单一温度，用水点不再调节水温的热水系统。

2.1.83A 热泵热水供应系统　heat pump hot water system
通过热泵机组运行吸收环境低温热能制备和供应热水的系统。

2.1.83B 水源热泵　water-source heat pump
以水或添加防冻剂的水溶液为低温热源的热泵。

2.1.83C 空气源热泵　air-source heat pump
以环境空气为低温热源的热泵。

2.1.84 热源　heat source
用以制取热水的能源。

2.1.85 热媒　heat medium
热传递载体。常为热水、蒸汽、烟气。

2.1.86 废热　waste heat
工业生产过程中排放的带有热量的废弃物质，如废蒸汽、高温废水（液）、高温烟气等。

2.1.86A 太阳能保证率　solar fraction
系统中由太阳能部分提供的热量除以系统总负荷。

2.1.86B 太阳辐照量　solar irradiation
接收到太阳辐射能的面密度。

2.1.86C 燃油（气）热水机组　fuel oil(gas) hot water heaters
由燃烧器、水加热炉炉体（炉体水套与大气相通，呈常压状态）和燃油（气）供应系统等组成的设备组合体。

2.1.87 设计小时耗热量　design heat consumption of maximum hour
热水供应系统中用水设备、器具最大时段内的小时耗热量。

2.1.87A 设计小时供热量　design heat supply of maximum hour
热水供应系统中加热设备最大时段内的小时产热量。

2.1.88 同程热水供应系统　reversed return hot water system
对应每个配水点的供水与回水管路长度之和基本相等的热水供应系统。

2.1.89 第一循环系统　heat carrier circulation system
集中热水供应系统中，锅炉与水加热器或热水机组与热水贮水器之间组成的热媒循环系统。

2.1.89A 第二循环系统　hot water circulation system
集中热水供应系统中，水加热器或热水贮水器与热水配水点之间组成的热水循环系统。

2.1.90 上行下给式　downfeed system
给水横干管位于配水管网的上部，通过立管向下给水的方式。

2.1.91 下行上给式　upfeed system
给水横干管位于配水管网的下部，通过立管向上给水的方式。

2.1.92 回水管　return pipe
在热水循环管系中仅通过循环流量的管段。

2.1.93 管道直饮水系统　pipe portable water system
原水经深度净化处理，通过管道输送，供人们直接饮用的供水系统。

2.1.94 水质阻垢缓蚀处理　water quality treatment of scale-inhibitor & corrosion-delay
采用电、磁、化学稳定剂等物理、化学方法稳定水中钙、镁离子，使其在一定的条件下不形成水垢，延缓对加热设备或管道的腐蚀的水质处理。

2.2　符　号

2.2.1 流量、流速

q_L——给水用水定额；
q_g——给水流量；
q_o——卫生器具给水或排水额定流量；
q_p——排水流量；
q_w——每人每日计算污水量；
q_n——每人每日计算污泥量；
q_r——热水用水定额；
q_{rjd}——集热器单位采光面积平均每日产热水量；
q_{gz}——单位采光面积集热器对应的工质流量；
q_{rh}——设计小时热水量；
q_h——卫生器具热水的小时用水定额；
q_x——循环流量；
q_{max}——最大流量；
q_{bc}——补充水水量；
q_y——设计雨水流量；
q_j——设计暴雨强度；
q_z——冷却塔蒸发损失水量；
q_b——水泵出流量；
v——管道内的平均水流速度。

2.2.2 水压、水头损失

h_p——循环流量通过配水管网的水头损失；
h_{jx}——集热系统循环管道的沿程与局部阻力损失；
h_j——循环流量流经集热器的阻力损失；

h_e——循环流量经集热水加热器的阻力损失;
h_z——集热器与贮热水箱之间的几何高差;
h_f——附加压力;
h_x——循环流量通过回水管网的水头损失;
H_{xr}——第一循环管的自然压力值;
H_b——水泵扬程;
H_x——循环泵扬程;
I——水力坡度;
i——管道单位长度的水头损失;
P——压力;
R——水力半径。

2.2.3 几何特征

A——水流有效断面积;
A_j——集热器总面积;
A_{jz}——直接加热集热器总面积;
A_{jj}——间接加热集热器总面积;
d_j——管道计算内径;
F_{jr}——加热面积;
F_w——汇水面积;
h、H——高度;
V——容积;
V_q——气压水罐总容积;
V_{q1}——气压水罐水容积;
V_{q2}——气压水罐的调节容积;
V_w——化粪池污水部分容积;
V_n——化粪池污泥部分容积;
V_r——总贮热容积;
V_{rx}——贮热水箱有效容积;
V_p——膨胀水箱的有效容积;
V_e——膨胀罐的容积;
V_s——热水管道系统内的水容量。

2.2.4 计算系数

b——卫生器具同时给水、排水百分数及卫生器具同时使用百分数;
b_f——化粪池使用人数百分数;
b_x——新鲜污泥含水率;
b_n——浓缩后污泥含水率;
C_h——海澄-威廉系数;
C_r——热水供应系数的热损失系数;
f——太阳能保证率;
$F_R U_L$——集热器热损失系数;
K——传热系数;
K_h——小时变化系数;
M——折减系数;
M_s——污泥发酵后体积缩减系数;
N_n——浓缩倍数;
n——管道粗糙系数;
U——卫生器具给水当量的同时出流概率;
U_0——最大用水时卫生器具给水当量平均出流概率;
α、k——根据建筑物用途而定的系数;
α_a、k_1、k_2——安全系数;
α_b——气压水罐工作压力比;
α_c——对应 U_0 的系数;
β——气压水罐的容积系数;
ε——结垢和热媒分布不均匀影响传热效率的系数;
η_t——集热器年平均集热效率;
η_l——贮水箱和管路的热损失率;
η——有效贮热容积系数;

Ψ——径流系数。

2.2.5 热量、温度、比重和时间

C——水的比热;
J_t——集热器采光面上年平均日太阳辐照量;
Q_g——设计小时供热量;
Q_h——设计小时耗热量;
Q_s——配水管道的热损失;
t——降雨历时;
t_1——地面集流时间;
t_2——管渠内雨水流行时间;
t_n——污泥清掏周期;
t_w——污水在化粪池中停留时间;
t_r——热水温度;
t_l——冷水温度;
t_c——被加热水初温;
t_z——被加热水终温;
Δt_j——计算温度差;
t_{mc}——热媒初温;
t_{mz}——热媒终温;
Δt——温度差;
T——持续时间;
T_o——贮热时间;
T_1——热泵机组设计工作时间;
ρ_l——冷水密度;
ρ_r——热水密度;
ρ_f——加热前加热贮热设备内的水的密度;
ρ_1——贮水器回水的密度;
ρ_2——锅炉或水加热器出水的密度。

2.2.6 其他

m——用水计算单位数;
N_g——管段的卫生器具给水当量总数;
N_P——管段的卫生器具排水当量总数;
n_o——同类型卫生器具数;
n_q——水泵启动次数。

3 给 水

3.1 用水定额和水压

3.1.1 小区给水设计用水量,应根据下列用水量确定:
1 居民生活用水量;
2 公共建筑用水量;
3 绿化用水量;
4 水景、娱乐设施用水量;
5 道路、广场用水量;
6 公用设施用水量;
7 未预见用水量及管网漏失水量;
8 消防用水量。

注:消防用水量仅用于校核管网计算,不计入正常用水量。

3.1.2 居住小区的居民生活用水量,应按小区人口和本规范表3.1.9规定的住宅最高日生活用水定额经计算确定。

3.1.3 居住小区内的公共建筑用水量,应按其使用性质、规模采用本规范表3.1.10中的用水定额经计算确定。

3.1.4 绿化浇灌用水定额应根据气候条件、植物种类、土壤理化性状、浇灌方式和管理制度等因素综合确定。当无相关资料时,小区绿化浇灌用水定额可按浇灌面积1.0L/m²·d~3.0L/m²·d计算，干旱地区可酌情增加。公共游泳池、水上游乐池和水景用水量可按本规范第3.9.17、3.9.18、3.11.2条的规定确定。

3.1.5 小区道路、广场的浇洒用水定额可按浇洒面积2.0L/m²·d~3.0L/m²·d计算。

3.1.6 小区消防用水量和水压及火灾延续时间，应按现行国家标准《建筑设计防火规范》GB 50016及《高层民用建筑设计防火规范》GB 50045确定。

3.1.7 小区管网漏失水量和未预见水量之和可按最高日用水量的10%~15%计。

3.1.8 居住小区内的公用设施用水量，应由该设施的管理部门提供用水量计算参数，当无重大公用设施时，不另计用水量。

3.1.9 住宅的最高日生活用水定额及小时变化系数，可根据住宅类别、建筑标准、卫生器具设置标准按表3.1.9确定。

表3.1.9 住宅最高日生活用水定额及小时变化系数

住宅类别		卫生器具设置标准	用水定额（L/人·d）	小时变化系数 K_h
普通住宅	Ⅰ	有大便器、洗涤盆	85~150	3.0~2.5
	Ⅱ	有大便器、洗脸盆、洗涤盆、洗衣机、热水器和沐浴设备	130~300	2.8~2.3
	Ⅲ	有大便器、洗脸盆、洗涤盆、洗衣机、集中热水供应（或家用热水机组）和沐浴设备	180~320	2.5~2.0
别墅		有大便器、洗脸盆、洗涤盆、洗衣机、洒水栓、家用热水机组和沐浴设备	200~350	2.3~1.8

注：1 当地主管部门对住宅生活用水定额有具体规定时，应按当地规定执行。
    2 别墅用水定额中含庭院绿化用水和汽车洗车用水。

3.1.10 宿舍、旅馆等公共建筑的生活用水定额及小时变化系数，根据卫生器具完善程度和区域条件，可按表3.1.10确定。

表3.1.10 宿舍、旅馆和公共建筑生活用水定额及小时变化系数

序号	建筑物名称	单位	最高日生活用水定额（L）	使用时数（h）	小时变化系数 K_h
1	宿舍 Ⅰ类、Ⅱ类	每人每日	150~200	24	3.0~2.5
	Ⅲ类、Ⅳ类	每人每日	100~150	24	3.5~3.0
2	招待所、培训中心、普通旅馆 设公用盥洗室 设公用盥洗室、淋浴室 设公用盥洗室、淋浴室、洗衣室 设单独卫生间、公用洗衣室	每人每日	50~100 80~130 100~150 120~200	24	
3	酒店式公寓	每人每日	200~300	24	2.5~2.0
4	宾馆客房 旅客 员工	每床位每日 每人每日	250~400 80~100	24	2.5~2.0
5	医院住院部 设公用盥洗室 设公用盥洗室、淋浴室 设单独卫生间 医务人员 门诊部、诊疗所 疗养院、休养所住房部	每床位每日 每床位每日 每床位每日 每人每班 每病人每次 每床位每日	100~200 150~250 150~250 150~250 10~15 200~300	24 24 24 8 8~12 24	2.5~2.0 2.5~2.0 2.5~2.0 2.0~1.5 1.5~1.2 2.0~1.5
6	养老院、托老所 全托 日托	每人每日 每人每日	100~150 50~80	24 10	2.5~2.0 2.0
7	幼儿园、托儿所 有住宿 无住宿	每儿童每日 每儿童每日	50~100 30~50	24 10	3.0~2.5 2.0
8	公共浴室 淋浴 浴盆、淋浴 桑拿浴（淋浴、按摩池）	每顾客每次 每顾客每次 每顾客每次	100 120~150 150~200	12 12 12	2.0~1.5 2.0~1.5
9	理发室、美容院	每顾客每次	40~100	12	2.0~1.5
10	洗衣房	每kg干衣	40~80	8	1.5~1.2

续表3.1.10

序号	建筑物名称	单位	最高日生活用水定额（L）	使用时数（h）	小时变化系数 K_h
11	餐饮业 中餐酒楼 快餐店、职工及学生食堂 酒吧、咖啡馆、茶座、卡拉OK房	每顾客每次 每顾客每次 每顾客每次	40~60 20~25 5~15	10~12 12~16 8~18	1.5~1.2
12	商场 员工及顾客	每m²营业厅面积每日	5~8	12	1.5~1.2
13	图书馆	每人每次	5~10	8~10	
14	书店	每m²营业厅面积每日	3~6	8~12	1.5~1.2
15	办公楼	每人每班	30~50	8~10	1.5~1.2
16	教学、实验楼 中小学校 高等院校	每学生每日 每学生每日	20~40 40~50	8~9 8~9	1.5~1.2 1.5~1.2
17	电影院、剧院	每观众每场	3~5	3	1.5~1.2
18	会展中心（博物馆、展览馆）	每m²展厅面积每日	3~6	8~16	1.5~1.2
19	健身中心	每人每次	30~50	8~12	1.5~1.2
20	体育场（馆） 运动员淋浴 观众	每人每次 每人每场	30~40 3	4 4	3.0~2.0 1.2
21	会议厅	每座位每次	6~8	4	1.5~1.2
22	航站楼、客运站旅客	每人次	3~6	8~16	1.5~1.2
23	菜市场地面冲洗及保鲜用水	每m²每日	10~20	8~10	2.5~2.0
24	停车库地面冲洗水	每m²每次	2~3	6~8	1.0

注：1 除养老院、托儿所、幼儿园的用水定额中含食堂用水，其他均不含食堂用水。
    2 除注明外，均不含员工生活用水，员工用水定额为每人每班40L/人~60L/人。
    3 医疗建筑用水中不含医疗用水。
    4 空调用水另计。

3.1.11 建筑物室内、外消防用水量，供水延续时间，供水水压等，应根据现行国家有关消防规范执行。

3.1.12 工业企业建筑，管理人员的生活用水定额可取30L/人·班~50L/人·班，车间工人的生活用水定额应根据车间性质确定，宜采用30L/人·班~50L/人·班；用水时间宜取8h，小时变化系数宜取2.5~1.5。

工业企业建筑淋浴用水定额，应根据现行国家标准《工业企业设计卫生标准》GBZ 1中车间的卫生特征分级确定，可采用40L/人·次~60L/人·次，延续供水时间宜取1h。

3.1.13 汽车冲洗用水定额应根据冲洗方式，以及车辆用途、道路路面等级和沾污程度等确定，可按表3.1.13计算。

表3.1.13 汽车冲洗用水定额（L/辆·次）

冲洗方式	高压水枪冲洗	循环用水冲洗补水	抹车、微挡冲洗	蒸汽冲洗
轿车	40~60	20~30	10~15	3~5
公共汽车 载重汽车	80~120	40~60	15~30	

注：当汽车冲洗设备用水定额有特殊要求时，其值应按产品要求确定。

3.1.14 卫生器具的给水额定流量、当量、连接管径和最低工作压力应按表3.1.14确定。

表3.1.14 卫生器具的给水额定流量、当量、连接管公称管径和最低工作压力

序号	给水配件名称	额定流量（L/s）	当量	连接管公称管径（mm）	最低工作压力（MPa）
1	洗涤盆、拖布盆、盥洗槽 单阀水嘴 单阀水嘴 混合水嘴	0.15~0.20 0.30~0.40 0.15~0.20(0.14)	0.75~1.00 1.50~2.00 0.75~1.00(0.70)	15 20 15	0.050

续表 3.1.14

序号	给水配件名称	额定流量 (L/s)	当量	连接管公称管径 (mm)	最低工作压力 (MPa)
2	洗脸盆 单阀水嘴 混合水嘴	0.15 0.15(0.10)	0.75 0.75(0.50)	15 15	0.050
3	洗手盆 感应水嘴 混合水嘴	0.10 0.15(0.10)	0.50 0.75(0.50)	15 15	0.050
4	浴盆 单阀水嘴 混合水嘴（含带淋浴转换器）	0.20 0.24(0.20)	1.00 1.20(1.00)	15 15	0.050 0.050～0.070
5	淋浴器 混合阀	0.15(0.10)	0.75(0.50)	15	0.050～0.100
6	大便器 冲洗水箱浮球阀 延时自闭式冲洗阀	0.10 1.20	0.50 6.00	15 25	0.020 0.100～0.150
7	小便器 手动或自动自闭式冲洗阀 自动冲洗水箱进水阀	0.10 0.10	0.50 0.50	15 15	0.050 0.020
8	小便槽穿孔冲洗管（每 m 长）	0.05	0.25	15～20	0.015
9	净身盆冲洗水嘴	0.10(0.07)	0.50(0.35)	15	0.050
10	医院倒便器	0.20	1.00	15	0.050
11	实验室化验水嘴（鹅颈） 单联 双联 三联	0.07 0.15 0.20	0.35 0.75 1.00	15 15 15	0.020
12	饮水器喷嘴	0.05	0.25	15	0.050
13	洒水栓	0.40 0.70	2.00 3.50	20 25	0.050～0.100
14	室内地面冲洗水嘴	0.20	1.00	15	0.050
15	家用洗衣机水嘴	0.20	1.00	15	0.050

注：1 表中括弧内的数值系在有热水供应时，单独计算冷水或热水使用。
2 当浴盆上附设淋浴器时，或混合水嘴有淋浴器转换开关时，其额定流量和当量只计水嘴，不计淋浴器。但水压应按淋浴器计。
3 家用燃气热水器，所需水压按产品要求和热水供应系统最不利配水点所需工作压力确定。
4 绿地的自动喷灌应按产品要求设计。
5 当卫生器具给水配件所需额定流量和最低工作压力有特殊要求时，其值应按产品要求确定。

3.1.14A 卫生器具和配件应符合国家现行标准《节水型生活用水器具》CJ 164 的有关要求。

3.1.14B 公共场所卫生间的洗手盆宜采用感应式水嘴或自闭式水嘴等限流节水装置。

3.1.14C 公共场所卫生间的小便器宜采用感应式或延时自闭式冲洗阀。

3.2 水质和防水质污染

3.2.1 生活饮用水系统的水质，应符合现行国家标准《生活饮用水卫生标准》GB 5749 的要求。

3.2.2 当采用中水为生活杂用水时，生活杂用水系统的水质应符合现行国家标准《城市污水再生利用 城市杂用水水质》GB/T 18920 的要求。

3.2.3 城镇给水管道严禁与自备水源的供水管道直接连接。

3.2.3A 中水、回用雨水等非生活饮用水管道严禁与生活饮用水管道连接。

3.2.4 生活饮用水不得因管道内产生虹吸、背压回流而受污染。

3.2.4A 卫生器具和用水设备、构筑物等的生活饮用水管配水件出水口应符合下列规定：
   1 出水口不得被任何液体或杂质所淹没；
   2 出水口高出承用水容器溢流边缘的最小空气间隙，不得小于出水口直径的 2.5 倍。

3.2.4B 生活饮用水水池（箱）的进水管口的最低点高出溢流边缘的空气间隙应等于进水管管径，但最小不得小于 25mm，最大可不大于 150mm。当进水管从最高水位以上进入水池（箱），管口为淹没出流时应采取真空破坏器等防虹吸回流措施。

注：不存在虹吸回流的低位生活饮用水贮水池，其进水管不受本条限制，但进水管仍宜从最高水面以上进入水池。

3.2.4C 从生活饮用水管网向消防、中水和雨水回用水等其他用水的贮水池（箱）补水时，其进水管口最低点高出溢流边缘的空气间隙不应小于 150mm。

3.2.5 从生活饮用水管道上直接供下列用水管道时，应在这些用水管道的下列部位设置倒流防止器：
   1 从城镇给水管网的不同管段接出两路及两路以上的引入管，且与城镇给水管形成环状管网的小区或建筑物，在其引入管上；
   2 从城镇生活给水管网直接抽水的水泵的吸水管上；
   3 利用城镇给水管网水压且小区引入管无防回流设施时，向商用的锅炉、热水机组、水加热器、气压水罐等有压容器或密闭容器注水的进水管上。

3.2.5A 从小区或建筑物内生活饮用水管道系统上接至下列用水管道或设备时，应设置倒流防止器：
   1 单独接出消防用水管道时，在消防用水管道的起端；
   2 从生活饮用水贮水池抽水的消防水泵出水管上。

3.2.5B 生活饮用水管道系统上接至下列含有对健康有危害物质等有害有毒场所或设备时，应设置倒流防止设施：
   1 贮存池（罐）、装置、设备的连接管上；
   2 化工剂罐区、化工车间、实验楼（医药、病理、生化）等除按本条第 1 款设置外，还应在其引入管上设置空气间隙。

3.2.5C 从小区或建筑物内生活饮用水管道上直接接出下列用水管道时，应在这些用水管道上设置真空破坏器：
   1 当游泳池、水上游乐池、按摩池、水景池、循环冷却水集水池等的充水或补水管道出口与溢流水位之间的空气间隙小于出口管径 2.5 倍时，在其充（补）水管上；
   2 不含有化学药剂的绿地喷灌系统，当喷头为地下式或自动升降式时，在其管道起端；
   3 消防（软管）卷盘；
   4 出口接软管的冲洗水嘴与给水管道连接处。

3.2.5D 空气间隙、倒流防止器和真空破坏器的选择，应根据回流性质、回流污染的危害程度按本规范附录 A 确定。

注：在给水管道防回流设施的设置点，不应重复设置。

3.2.6 严禁生活饮用水管道与大便器（槽）、小便斗（槽）采用非专用冲洗阀直接连接冲洗。

3.2.7 生活饮用水管道应避开毒物污染区，当条件限制不能避开时，应采取防护措施。

3.2.8 供单体建筑的生活饮用水池（箱）应与其他用水的水池（箱）分开设置。

3.2.8A 当小区的生活贮水量大于消防贮水量时，小区的生活用水贮水池与消防用贮水池可合并设置，合并水池有效容积的贮水设计更新周期不得大于 48h。

3.2.9 埋地式生活饮用水贮水池周围 10m 以内，不得有化粪池、污水处理构筑物、渗水井、垃圾堆放点等污染源；周围 2m 以内不得有污水管和污染物。当达不到此要求时，应采取防污染的措施。

3.2.10 建筑物内的生活饮用水水池（箱）体，应采用独立结构形式，不得利用建筑物的本体结构作为水池（箱）的壁板、底板及顶盖。

生活饮用水水池（箱）与其他水池（箱）并列设置时，应有各自独立的分隔墙。

3.2.11 建筑物内的生活饮用水池（箱）宜设在专用房间内，其上层的房间不应有厕所、浴室、盥洗室、厨房、污水处理间等。

3.2.12 生活饮用水池（箱）的构造和配管，应符合下列规定：
   1 人孔、通气管、溢流管应有防止生物进入水池（箱）的措施；
   2 进水管宜在水池（箱）的溢流水位以上接入；

3 进出水管布置不得产生水流短路,必要时应设导流装置;

4 不得接纳消防管道试压水、泄压水等回流水或溢流水;

5 泄水管和溢流管的排水应符合本规范第4.3.13条的规定;

6 水池(箱)材质、衬砌材料和内壁涂料,不得影响水质。

3.2.13 当生活饮用水水池(箱)内的贮水48h内不能得到更新时,应设置水消毒处理装置。

3.2.14 在非饮用水管道上接出水嘴或取水短管时,应采取防止误饮误用的措施。

3.3 系统选择

3.3.1 小区的室外给水系统,其水量应满足小区内全部用水的要求,其水压应满足最不利配水点的水压要求。

小区的室外给水系统,应尽量利用城镇给水管网的水压直接供水。当城镇给水管网的水压、水量不足时,应设置贮水调节和加压装置。

3.3.1A 小区给水系统设计应综合利用各种水资源,宜实行分质供水,充分利用再生水、雨水等非传统水源;优先采用循环和重复利用给水系统。

3.3.2 小区的加压给水系统,应根据小区的规模、建筑高度和建筑物的分布等因素确定加压站的数量、规模和水压。

3.3.2A 当采用直接从城镇给水管网吸水的叠压供水时,应符合下列要求:

1 叠压供水设计方案应经当地供水行政主管部门及供水部门批准认可;

2 叠压供水的调速泵机组的扬程应按吸水端城镇给水管网允许最低水压确定;泵组出水量应符合本规范第3.8.2条的规定;叠压供水系统在用户正常用水情况下不得断水;

注:当城镇给水管网用水低谷时段的水压能满足最不利水点水压要求时,可设置旁通管,由城镇给水管网直接供水。

3 叠压供水当配置气压给水设备时,应符合本规范第3.8.5条的规定;当配置低位水箱时,其贮水有效容积应按给水管网不允许低水压抽水时段的用水量确定,并应采取技术措施保证贮水在水箱中停留时间不得超过12h;

4 叠压供水设备的技术性能应符合现行国家及行业标准的要求。

3.3.3 建筑物内的给水系统宜按下列要求确定:

1 应利用室外给水管网的水压直接供水。当室外给水管网的水压和(或)水量不足时,应根据卫生安全、经济节能的原则选用贮水调节和加压供水方案;

2 给水系统的竖向分区应根据建筑物用途、层数、使用要求、材料设备性能、维护管理、节约用水、能耗等因素综合确定;

3 不同使用性质或计费的给水系统,应在引入管后分成各自独立的给水管网。

3.3.4 卫生器具给水配件承受的最大工作压力,不得大于0.6 MPa。

3.3.5 高层建筑生活给水系统应竖向分区,竖向分区压力应符合下列要求:

1 各分区最低卫生器具配水点处的静水压不宜大于0.45 MPa;

2 静水压大于0.35MPa的入户管(或配水横管),宜减压或调压设施;

3 各分区最不利配水点的水压,应满足用水水压要求。

3.3.5A 居住建筑入户管给水压力不应大于0.35MPa。

3.3.6 建筑高度不超过100m的建筑的生活给水系统,宜采用垂直分区并联供水或分区减压的供水方式;建筑高度超过100m的建筑,宜采用垂直串联供水方式。

3.4 管材、附件和水表

3.4.1 给水系统采用的管材和管件,应符合国家现行有关产品标准的要求。管材和管件的工作压力不得大于产品标准公称压力或标称的允许工作压力。

3.4.2 小区室外埋地给水管道采用的管材,应具有耐腐蚀和能承受相应地面荷载的能力。可采用塑料给水管、有衬里的铸铁给水管、经可靠防腐处理的钢管。管内壁的防腐材料,应符合现行国家有关卫生标准的要求。

3.4.3 室内的给水管道,应选用耐腐蚀和安装连接方便可靠的管材,可采用塑料给水管、塑料和金属复合管、铜管、不锈钢管及经可靠防腐处理的钢管。

注:高层建筑给水立管不宜采用塑料管。

3.4.4 给水管道上使用的各类阀门的材质,应耐腐蚀和耐压。根据管径大小和所承受压力的等级及使用温度,可采用全铜、全不锈钢、铁壳铜芯和全塑阀门等。

3.4.5 给水管道的下列部位应设置阀门:

1 小区给水管道从城镇给水管道的引入管段上;

2 小区室外环状管网的节点处,应按分隔要求设置;环状管段过长时,宜设置分段阀门;

3 从小区给水干管上接出的支管起端或接户管起端;

4 入户管、水表前和各分支立管;

5 室内给水管道向住户、公用卫生间等接出的配水管起端;

6 水池(箱)、加压泵房、加热器、减压阀、倒流防止器等处应按安装要求配置。

3.4.6 给水管道上使用的阀门,应根据使用要求按下列原则选型:

1 需调节流量、水压时,宜采用调节阀、截止阀;

2 要求水流阻力小的部位宜采用闸板阀、球阀、半球阀;

3 安装空间小的场所,宜采用蝶阀、球阀;

4 水流需双向流动的管段上,不得使用截止阀;

5 口径较大的水泵,出水管上宜采用多功能阀。

3.4.7 给水管道的下列管段上应设置止回阀:

注:装有倒流防止器的管段,不需再装止回阀。

1 直接从城镇给水管网接入小区或建筑物的引入管上;

2 密闭的水加热器或用水设备的进水管上;

3 每台水泵出水管上;

4 进出水管合用一条管道的水箱、水塔和高地水池的出水管段上。

3.4.8 止回阀的阀型选择,应根据止回阀的安装部位、阀前水压、关闭后的密闭性能要求和关闭时引发的水锤大小等因素确定,并应符合下列要求:

1 阀前水压小的部位,宜选用旋启式、球式和梭式止回阀;

2 关闭后密闭性能要求严密的部位,宜选用有关闭弹簧的止回阀;

3 要求削弱关闭水锤的部位,宜选用速闭消声止回阀或有阻尼装置的缓闭止回阀;

4 止回阀的阀瓣或阀芯,应能在重力或弹簧力作用下自行关闭;

5 管网最小压力或水箱最低水位应能自动开启止回阀。

3.4.8A 倒流防止器设置位置应满足下列要求:

1 不应装在有腐蚀性和污染的环境;

2 排水口不得直接连至排水管,应采用间接排水;

3 应安装在便于维护的地方,不得安装在可能结冻或被水淹没的场所。

3.4.8B 真空破坏器设置位置应满足下列要求:

1 不应装在有腐蚀性和污染的环境;

2 应直接安装在配水支管的最高点,其位置高出最高用水点

或最高溢流水位的垂直高度,压力型不得小于 300mm,大气型不得小于 150mm;

　　3　真空破坏器的进气口应向下。

3.4.9　给水管网的压力高于配水点允许的最高使用压力时,应设置减压阀,减压阀的配置应符合下列要求:

　　1　比例式减压阀的减压比不宜大于 3:1;当采用减压比大于 3:1 时,应避开气蚀区。可调式减压阀的阀前与阀后的最大压差不宜大于 0.4MPa,要求环境安静的场所不应大于 0.3MPa;当最大压差超过规定值时,宜串联设置;

　　2　阀后配件处的最大压力应按减压阀失效情况下进行校核,其压力不应大于配水件的产品标准规定的水压试验压力。

　　注:1 当减压阀串联使用时,按其中一个失效情况下,计算阀后最高压力;
　　　　2 配水件的试验压力应按其工作压力的 1.5 倍计。

　　3　减压阀前的水压宜保持稳定,阀前的管道不宜兼作配水管;

　　4　当阀后压力允许波动时,宜采用比例式减压阀;当阀后压力要求稳定时,宜采用可调式减压阀;

　　5　当在供水保证率要求高、停水会引起重大经济损失的给水管道上设置减压阀时,宜采用两个减压阀,并联设置,不得设置旁通管。

3.4.10　减压阀的设置应符合下列要求:

　　1　减压阀的公称直径宜与管道管径相一致;

　　2　减压阀前应设阀门和过滤器;需拆卸阀体才能检修的减压阀后,应设管道伸缩器;检修时阀后水会倒流,阀后应设阀门;

　　3　减压阀节点处的前后应装设压力表;

　　4　比例式减压阀宜垂直安装,可调式减压阀宜水平安装;

　　5　设置减压阀的部位,应便于管道过滤器的排污和减压阀的检修,地面宜有排水设施。

3.4.11　当给水管网存在短时超压工况,且短时超压会引起使用不安全时,应设置泄压阀。泄压阀的设置应符合下列要求:

　　1　泄压阀前应设置阀门;

　　2　泄压阀的泄水口应连接管道,泄水宜排入非生活用水水池,当直接排放时,可排入集水井或排水沟。

3.4.12　安全阀阀前不得设置阀门,泄压口应连接管道将泄压水(气)引至安全地点排放。

3.4.13　给水管道的下列部位应设置排气装置:

　　1　间歇性使用的给水管网,其管网末端和最高点应设置自动排气阀;

　　2　给水管网有明显起伏积聚空气的管段,宜在该段的峰点设自动排气阀或手动阀门排气;

　　3　气压给水装置,当采用自动补气式气压水罐时,其配水管网的最高点应设自动排气阀。

3.4.14　给水系统的调节水池(箱),除进水能自动控制切断进水外,其进水管上应设自动水位控制阀,水位控制阀的公称直径应与进水管管径一致。

3.4.15　给水管道的下列部位应设置管道过滤器:

　　1　减压阀、泄压阀、自动水位控制阀、温度调节阀等阀件前应设置;

　　2　水加热器的进水管上,换热装置的循环冷却水进水管上宜设置;

　　3　水泵吸水管上宜设置;

　　4　(此款删除)。

　　注:过滤器的滤网应采用耐腐蚀材料,滤网网孔尺寸应按使用要求确定。

3.4.16　建筑物的引入管,住宅的入户管及公用建筑物内需计量水量的水管上均应设置水表。

3.4.17　住宅的分户水表宜相对集中读数,且宜设置于户外;对在户内的水表,宜采用远传水表或 IC 卡水表等智能化水表。

3.4.18　水表口径的确定应符合以下规定:

　　1　(此款删除);

　　2　用水量均匀的生活给水系统的水表应以给水设计流量选定水表的常用流量;

　　3　用水量不均匀的生活给水系统的水表应以给水设计流量选定水表的过载流量;

　　4　在消防时除生活用水外尚需通过消防流量的水表,应以生活用水的设计流量叠加消防流量进行校核,校核流量不应大于水表的过载流量。

3.4.19　水表应装设在观察方便,不冻结,不被任何液体及杂质所淹没和不易受损处。

　　注:各种有累计水量功能的流量计,均可替代水表。

3.4.20　给水加压系统,应根据水泵扬程、管道走向、环境噪音要求等因素,设置水锤消除装置。

3.4.21　隔音防噪要求严格的场所,给水管道的支架应采用隔振支架;配水管末端宜设置水锤吸纳装置;配水支管与卫生器具配水件的连接宜采用软管连接。

3.5　管道布置和敷设

3.5.1　小区的室外给水管网,宜布置成环状网,或与城镇给水管连接成环状网。环状给水管网与城镇给水管的连接管不宜少于两条。

3.5.2　小区的室外给水管道应沿区内道路敷设,宜平行于建筑物敷设在人行道、慢车道或草地下;管道外壁距建筑物外墙的净距不宜小于 1m,且不得影响建筑物的基础。

　　小区的室外给水管道与其他地下管线及乔木之间的最小净距,应符合本规范附录B的规定。

3.5.2A　室外给水管道与污水管道交叉时,给水管道应敷设在上面,且接口不应重叠;当给水管道敷设在下面时,应设置钢套管,钢套管的两端应采用防水材料封闭。

3.5.3　室外给水管道的覆土深度,应根据土壤冰冻深度、车辆荷载、管道材质及管道交叉等因素确定。管顶最小覆土深度不得小于土壤冰冻线以下 0.15m,行车道下的管线覆土深度不宜小于 0.70m。

3.5.4　室外给水管道上的阀门,宜设置阀门井或阀门套筒。

3.5.5　敷设在室外综合管廊(沟)内的给水管道,宜在热水、热力管道下方,冷冻管和排水管的上方。给水管道与各种管道之间的净距,应满足安装操作的需要,且不宜小于 0.3m。

　　室内冷、热水管上、下平行敷设时,冷水管应在热水管下方。卫生器具的冷水连接管,应在热水连接管的右侧。

　　生活给水管道不宜与输送易燃、可燃或有害的液体或气体的管道同管廊(沟)敷设。

3.5.6　室内生活给水管道宜布置成枝状管网,单向供水。

3.5.7　室内给水管道不应穿越变配电房、电梯机房、通信机房、大中型计算机房、计算机网络中心、音像库房等遇水会损坏设备和引发事故的房间,并应避免在生产设备、配电柜上方通过。

　　室内给水管道的布置,不得妨碍生产操作、交通运输和建筑物的使用。

3.5.8　室内给水管道不得布置在遇水会引起燃烧、爆炸的原料、产品和设备的上面。

3.5.9　埋地敷设的给水管道应避免布置在可能受重物压坏处。管道不得穿越生产设备基础,在特殊情况下必须穿越时,应采取有效的保护措施。

3.5.10　给水管道不得敷设在烟道、风道、电梯井内、排水沟内。给水管道不宜穿越橱窗、壁柜。给水管道不得穿过大便槽和小便槽,且立管距大、小便槽端部不得小于 0.5m。

3.5.11 给水管道不宜穿越伸缩缝、沉降缝、变形缝。如必须穿越时，应设置补偿管道伸缩和剪切变形的装置。

3.5.12 塑料给水管道在室内宜暗设。明设时立管应布置在不易受撞击处，如不能避免时，应在管外加保护措施。

3.5.13 塑料给水管道不得布置在灶台上边缘；明设的塑料给水立管距灶台边缘不得小于 0.4m，距燃气热水器边缘不宜小于 0.2m。达不到此要求时，应有保护措施。

塑料给水管道不得与水加热器或热水炉直接连接，应有不小于 0.4m 的金属管段过渡。

3.5.14 室内给水管道上的各种阀门，宜装设在便于检修和便于操作的位置。

3.5.15 建筑物内埋地敷设的生活给水管与排水管之间的最小净距，平行埋设时不宜小于 0.50m；交叉埋设时不应小于 0.15m，且给水管应在排水管的上面。

3.5.16 给水管道的伸缩补偿装置，应按直线长度、管材的线胀系数、环境温度和管内水温的变化、管道节点的允许位移量等因素经计算确定。应利用管道自身的折角补偿温度变形。

3.5.17 当给水管道结露会影响环境，引起装饰、物品等受损害时，给水管道应做防结露保冷层，防结露保冷层的计算和构造，可按现行国家标准《设备及管道保冷技术通则》GB/T 11790 执行。

3.5.18 给水管道暗设时，应符合下列要求：

1 不得直接敷设在建筑物结构层内；

2 干管和立管应敷设在吊顶、管井、管窿内，支管宜敷设在楼（地）面内的垫层内或沿墙敷设在管槽内；

3 敷设在垫层或墙体管槽内的给水支管的外径不宜大于 25mm；

4 敷设在垫层或墙体管槽内的给水管管材宜采用塑料、金属与塑料复合管材或耐腐蚀的金属管材；

5 敷设在垫层或墙体管槽内的管材，不得有卡套式或卡环式接口，柔性管材宜采用分水器向各卫生器具配水，中途不得有连接配件，两端接口应明露。

3.5.19 管道井的尺寸，应根据管道数量、管径大小、排列方式、维修条件，结合建筑平面和结构形式等合理确定。需进人维修管道的管井，其维修人员的工作通道净宽度不宜小于 0.6m。管道井应每层设外开检修门。

管道井的井壁和检修门的耐火极限和管道井的竖向防火隔断应符合消防规范的规定。

3.5.20 给水管道应避免穿越人防地下室，必须穿越时应按现行国家标准《人民防空地下室设计规范》GB 50038 的要求设置防护阀门等措施。

3.5.21 需要泄空的给水管道，其横管宜设有 0.002～0.005 的坡度坡向泄水装置。

3.5.22 给水管道穿越下列部位或接管时，应设置防水套管：

1 穿越地下室或地下构筑物的外墙处；

2 穿越屋面处；

注：有可靠的防水措施时，可不设套管。

3 穿越钢筋混凝土水池（箱）的壁板或底板连接管道时。

3.5.23 明设的给水立管穿越楼板时，应采取防水措施。

3.5.24 在室外明设的给水管道，应避免受阳光直接照射，塑料给水管还应有有效保护措施；在结冻地区应做保温层，保温层的外壳应密封防渗。

3.5.25 敷设在有可能结冻的房间、地下室及管井、管沟等处的给水管道应有防冻措施。

3.6 设计流量和管道水力计算

3.6.1 居住小区的室外给水管道的设计流量应根据管段服务人数、用水定额及卫生器具设置标准等因素确定，并应符合下列规定：

1 服务人数小于等于表 3.6.1 中数值的室外给水管段，其住宅应按本规范第 3.6.3、3.6.4 条计算管段流量；居住小区内配套的文体、餐饮娱乐、商铺及市场等设施应按本规范第 3.6.5 条、第 3.6.6 条的规定计算节点流量；

2 服务人数大于表 3.6.1 中数值的给水干管，住宅按本规范第 3.1.9 条的规定计算最大时用水量为管段流量；居住小区内配套的文体、餐饮娱乐、商铺及市场等设施的生活给水设计流量，应按本规范第 3.1.10 计算最大时用水量为节点流量；

表 3.6.1 居住小区室外给水管道设计流量计算人数

每户 N_g $q_L K_h$	3	4	5	6	7	8	9	10
350	10200	9600	8900	8200	7600	—	—	—
400	9100	8700	8100	7600	7100	6650	—	—
450	8200	7900	7500	7100	6650	6250	5900	—
500	7400	7200	6900	6600	6250	5900	5600	5350
550	6700	6700	6400	6200	5900	5600	5350	5100
600	6200	6100	6000	5800	5550	5300	5050	4850
650	5700	5700	5600	5400	5250	5000	4800	4650
700	5200	5300	5200	5100	4950	4800	4600	4450

注：1 当居住小区内含多种住宅类别及户内人 N_g 不同时，可采用加权平均法计算。
   2 表内数据可用内插法。

3 居住小区内配套的文教、医疗保健、社区管理等设施，以及绿化和景观用水、道路及广场洒水、公共设施用水等，均以平均时用水量计算节点流量。

注：凡不属于居住小区配套的公共建筑均应另计。

3.6.1A 小区室外直供给水管道应按本规范第 3.6.1 条、第 3.6.5 条、第 3.6.6 条计算管段流量；当建筑设有水箱（池）时，应以建筑引入管设计流量作为室外计算给水管段节点流量。

3.6.1B 小区的给水引入管的设计流量，应符合下列要求：

1 小区给水引入管的设计流量应按本规范第 3.6.1 条、第 3.6.1A 条的规定计算，并应考虑未预计水量和管网漏失量；

2 不少于两条引入管的小区室外环状给水管网，当其中一条发生故障时，其余的引入管应能保证不小于 70% 的流量；

3 当小区室外给水管网为支状布置时，小区引入管的管径不应小于室外给水干管的管径；

4 小区环状管道宜管径相同。

3.6.2 居住小区的室外生活、消防合用给水管道，应按本规范第 3.6.1 条规定计算设计流量（淋浴用水量可按 15% 计算，绿化、道路及广场浇洒用水量可不计算在内），再叠加区内一次火灾的最大消防流量（有消防贮水和专用消防管道供水的部分应扣除），并应对管道进行水力计算校核，管道末梢的室外消火栓从地面算起的水压，不得低于 0.1MPa。

设有室外消火栓的室外给水管道，管径不得小于 100mm。

3.6.3 建筑物的给水引入管的设计流量，应符合下列要求：

1 当建筑物内的生活用水全部由室外管网直接供水时，应取建筑物内的生活用水设计秒流量；

2 当建筑物内的生活用水全部自行加压供给时，引入管的设计流量应为贮水调节池的设计补水量；设计补水量不宜大于建筑物最高日最大时用水量，且不得小于建筑物最高日平均时用水量；

3 当建筑物内的生活用水既有室外管网直接供水，又有自行加压供水时，应按本条第 1、2 款计算设计流量后，将两者叠加作为引入管的设计流量。

3.6.4 住宅建筑的生活给水管道的设计秒流量，应按下列步骤和方法计算：

1 根据住宅配置的卫生器具给水当量、使用人数、用水定额、使用时数及小时变化系数，可按式(3.6.4-1)计算出最大用水时卫生器具给水当量平均出流概率：

$$U_0 = \frac{100q_L m K_h}{0.2 \cdot N_g \cdot T \cdot 3600}(\%) \quad (3.6.4-1)$$

式中：U_0——生活给水管道的最大用水时卫生器具给水当量平均出流概率(%)；

q_L——最高用水日的用水定额，按本规范表3.1.9取用；

m——每户用水人数；

K_h——小时变化系数，按本规范表3.1.9取用；

N_g——每户设置的卫生器具给水当量数；

T——用水时数(h)；

0.2——一个卫生器具给水当量的额定流量(L/s)。

2 根据计算管段上的卫生器具给水当量总数，可按式(3.6.4-2)计算得出该管段的卫生器具给水当量的同时出流概率：

$$U = 100 \frac{1 + \alpha_c (N_g - 1)^{0.49}}{\sqrt{N_g}}(\%) \quad (3.6.4-2)$$

式中：U——计算管段的卫生器具给水当量同时出流概率(%)；

α_c——对应于不同U_0的系数，查本规范附录C中表C；

N_g——计算管段的卫生器具给水当量总数。

3 根据计算管段上的卫生器具给水当量同时出流概率，可按式(3.6.4-3)计算该管段的设计秒流量：

$$q_g = 0.2 \cdot U \cdot N_g \quad (3.6.4-3)$$

式中：q_g——计算管段的设计秒流量(L/s)。

注：1 为了计算快速、方便，在计算出U_0后，即可根据计算管段的N_g值从附录E的计算表中直接查得给水设计秒流量q_g，该表中可用内插法。

2 当计算管段的卫生器具给水当量总数超过表E中的最大值时，其设计流量应取最大时用水量。

4 给水干管有两条或两条以上具有不同最大用水时卫生器具给水当量平均出流概率的给水支管时，该管段的最大用水时卫生器具给水当量平均出流概率应按式(3.6.4-4)计算：

$$\overline{U}_0 = \frac{\sum U_{oi} N_{gi}}{\sum N_{gi}} \quad (3.6.4-4)$$

式中：$\overline{U}_0$——给水干管的卫生器具给水当量平均出流概率；

U_{oi}——支管的最大用水时卫生器具给水当量平均出流概率；

N_{gi}——相应支管的卫生器具给水当量总数。

3.6.5 宿舍(Ⅰ、Ⅱ类)、旅馆、宾馆、酒店式公寓、医院、疗养院、幼儿园、养老院、办公楼、商场、图书馆、书店、客运站、航站楼、会展中心、中小学教学楼、公共厕所等建筑的生活给水设计秒流量，应按下式计算：

$$q_g = 0.2\alpha \sqrt{N_g} \quad (3.6.5)$$

式中：q_g——计算管段的给水设计秒流量(L/s)；

N_g——计算管段的卫生器具给水当量总数；

α——根据建筑物用途而定的系数，应按表3.6.5采用。

注：1 如计算值小于该管段上一个最大卫生器具给水额定流量时，应采用一个最大的卫生器具给水额定流量作为设计秒流量；

2 如计算值大于该管段上按卫生器具给水额定流量累加所得流量值时，应按卫生器具给水额定流量累加所得流量值采用；

3 有大便器延时自闭冲洗阀的给水管段，大便器延时自闭冲洗阀的给水当量均以0.5计，计算得到的q_g附加1.20L/s的流量后，为该管段的给水设计秒流量；

4 综合楼建筑的α值应按加权平均法计算。

表3.6.5 根据建筑物用途而定的系数值(α值)

建筑物名称	α值
幼儿园、托儿所、养老院	1.2
门诊部、诊疗所	1.4

续表3.6.5

建筑物名称	α值
办公楼、商场	1.5
图书馆	1.6
书店	1.7
学校	1.8
医院、疗养院、休养所	2.0
酒店式公寓	2.2
宿舍(Ⅰ、Ⅱ类)、旅馆、招待所、宾馆	2.5
客运站、航站楼、会展中心、公共厕所	3.0

3.6.6 宿舍(Ⅲ、Ⅳ类)、工业企业的生活间、公共浴室、职工食堂或营业餐馆的厨房、体育场馆、剧院、普通理化实验室等建筑的生活给水管道的设计秒流量，应按下式计算：

$$q_g = \sum q_0 n_0 b \quad (3.6.6)$$

式中：q_g——计算管段的给水设计秒流量(L/s)；

q_0——同类型的一个卫生器具给水额定流量(L/s)；

n_0——同类型卫生器具数；

b——同类型卫生器具的同时给水百分数，按本规范表3.6.6-1～表3.6.6-3采用。

注：1 如计算值小于该管段上一个最大卫生器具给水额定流量时，应采用一个最大的卫生器具给水额定流量作为设计秒流量；

2 大便器自闭式冲洗阀应单列计算，当单列计算值小于1.2L/s时，以1.2L/s计；大于1.2L/s时，以计算值计。

表3.6.6-1 宿舍(Ⅲ、Ⅳ类)、工业企业生活间、公共浴室、影剧院、体育场馆等卫生器具同时给水百分数(%)

卫生器具名称	宿舍(Ⅲ、Ⅳ类)	工业企业生活间	公共浴室	影剧院	体育场馆
洗涤盆(池)		33	15	15	15
洗手盆		50	50	50	70(50)
洗脸盆、盥洗槽水嘴	5～100	60～100	60～100	50	80
浴盆			50		
无间隔淋浴器	20～100	100	100		100
有间隔淋浴器	5～80	80	60～80	(60～80)	(60～100)
大便器冲洗水箱	5～70	30	20	50(20)	70(20)
大便槽自动冲洗水箱	100	100	100	100	100
大便器自闭式冲洗阀	1～2	2	2	10(2)	5(2)
小便器自闭式冲洗阀	2～10	10	50	50(10)	70(10)
小便器(槽)自动冲洗水箱		100	100	100	100
净身盆		33			
饮水器		30～60	30	30	30
小卖部洗涤盆			50	50	50

注：1 表中括号内的数值系电影院、剧院的化妆间，体育场馆的运动员休息室使用；

2 健身中心的卫生间，可采用本表体育场馆运动员休息室的同时给水百分率。

表3.6.6-2 职工食堂、营业餐馆厨房设备同时给水百分数(%)

厨房设备名称	同时给水百分数
洗涤盆(池)	70
煮锅	60
生产性洗涤机	40
器皿洗涤机	90
开水器	50
蒸汽发生器	100
灶台水嘴	30

注：职工或学生饭堂的洗碗台水嘴，按100%同时给水，但不与厨房用水叠加。

表3.6.6-3 实验室化验水嘴同时给水百分数(%)

化验水嘴名称	同时给水百分数	
	科研教学实验室	生产实验室
单联化验水嘴	20	30
双联或三联化验水嘴	30	50

3.6.7 建筑物内生活用水最大小时用水量,应按本规范表3.1.9和表3.1.10的规定计算确定。

3.6.8 住宅的入户管,公称直径不宜小于20mm。

3.6.9 生活给水管道的水流速度,宜按表3.6.9采用。

表3.6.9 生活给水管道的水流速度

公称直径(mm)	15~20	25~40	50~70	≥80
水流速度(m/s)	≤1.0	≤1.2	≤1.5	≤1.8

3.6.10 给水管道的沿程水头损失可按下式计算:

$$i=105C_h^{-1.85}d_j^{-4.87}q_g^{1.85} \quad (3.6.10)$$

式中:i——管道单位长度水头损失(kPa/m);
d_j——管道计算内径(m);
q_g——给水设计流量(m^3/s);
C_h——海澄—威廉系数。
各种塑料管、内衬(涂)塑管$C_h=140$;
铜管、不锈钢管$C_h=130$;
内衬水泥、树脂的铸铁管$C_h=130$;
普通钢管、铸铁管$C_h=100$。

3.6.11 生活给水管道的配水管的局部水头损失,宜按管道的连接方式,采用管(配)件当量长度法计算。当管道的管(配)件当量长度资料不足时,可按下列管件的连接状况,按管网的沿程水头损失的百分数取值:

1 管(配)件内径与管道内径一致,采用三通分水时,取25%~30%;采用分水器分水时,取15%~20%;

2 管(配)件内径略大于管道内径,采用三通分水时,取50%~60%;采用分水器分水时,取30%~35%;

3 管(配)件内径小于管道内径,管(配)件的插口插入管口内连接,采用三通分水时,取70%~80%;采用分水器分水时,取35%~40%。

注:阀门和螺纹管件的摩阻损失可按附录D确定。

3.6.12 水表的水头损失,应按选用产品所给定的压力损失值计算。在未确定具体产品时,可按下列情况取用:

1 住宅入户管上的水表,宜取0.01MPa;

2 建筑物或小区引入管上的水表,在生活用水工况时,宜取0.03MPa;在校核消防工况时,宜取0.05MPa。

3.6.13 比例式减压阀的水头损失,阀后动水压宜按阀后静水压的80%~90%采用。

3.6.14 管道过滤器的局部水头损失,宜取0.01MPa。

3.6.15 倒流防止器、真空破坏器的局部水头损失,应按相应产品测试参数确定。

3.7 水塔、水箱、贮水池

3.7.1 小区采用水塔作为生活用水的调节构筑物时,应符合下列规定:

1 水塔的有效容积应经计算确定;

2 有冻结危险的水塔应有保温防冻措施。

3.7.2 小区生活用贮水池设计应符合下列规定:

1 小区生活用贮水池的有效容积应根据生活用水调节量和安全贮水量等确定,并应符合下列规定:

1)生活用水调节量应按流入量和供出量的变化曲线经计算确定,资料不足时可按小区最高日生活用水量的15%~20%确定;

2)安全贮水量应根据城镇供水制度、供水可靠程度及小区对供水的保证要求确定;

3)当生活用水贮水池贮存消防用水时,消防贮水量应按国家现行的有关消防规范执行。

2 贮水池宜分成容积基本相等的两格。

3.7.3 建筑物内的生活用水低位贮水池(箱)应符合下列规定:

1 贮水池(箱)的有效容积应按进水量与用水量变化曲线经计算确定;当资料不足时,宜按建筑物最高日水量的20%~25%确定;

2 池(箱)外壁与建筑本体结构墙面或其他池壁之间的净距,应满足施工或装配的要求,无管道的侧面,净距不宜小于0.7m;安装有管道的侧面,净距不宜小于1.0m,且管道外壁与建筑本体墙面之间的通道宽度不宜小于0.6m;设有人孔的池顶,顶板面与上面建筑本体板底的净空不应小于0.8m;

3 贮水池(箱)不宜毗邻电气用房和居住用房或在其下方;

4 贮水池内宜设有水泵吸水坑,吸水坑的大小和深度,应满足水泵或水泵吸水管的安装要求。

3.7.4 无调节要求的加压给水系统,可设置吸水井,吸水井的有效容积不应小于水泵3min的设计流量。吸水井的其他要求应符合本规范第3.7.3条的规定。

3.7.5 生活用水高位水箱应符合下列规定:

1 由城镇给水管网夜间直接进水的高位水箱的生活用水调节容积,宜按用水人数和最高日用水定额确定;由水泵联动提升进水的水箱的生活用水调节容积,不宜小于最大用水时水量的50%;

2 高位水箱箱壁与水箱间墙壁及箱顶与水箱间顶面的净距应符合本规范第3.7.3条第2款的规定,箱底与水箱间地面板的净距,当有管道敷设时不宜小于0.8m;

3 水箱的设置高度(以底板面计)应满足最高层用户的用水水压要求,当达不到要求时,宜采取管道增压措施。

3.7.6 建筑物贮水池(箱)应设置在通风良好、不结冻的房间内。

3.7.7 水塔、水池、水箱等构筑物应设进水管、出水管、溢流管、泄水管和信号装置,并应符合下列要求:

1 水池(箱)设置和管道布置应符合本规范第3.2.9~3.2.13条有关防止水质污染的规定;

2 进、出水管宜分别设置,并应采取防止短路的措施;

3 当利用城镇给水管网压力直接进水时,应设置自动水位控制阀,控制阀直径应与进水管管径相同,当采用直接作用式浮球阀时不宜少于两个,且进水管标高应一致;

4 当水箱采用水泵加压进水时,应设置水箱水位自动控制水泵开、停的装置。当一组水泵供给多个水箱进水时,在进水管上宜装设电讯号控制阀,由水位监控设备实现自动控制;

5 溢流管宜采用水平喇叭口集水。喇叭口下的垂直管段不宜小于4倍溢流管管径。溢流管的管径,应能排泄水塔(池、箱)的最大入流量确定,并宜比进水管管径大一级;

6 泄水管的管径,应按水池(箱)泄空时间和泄水受体排泄能力确定。当水池(箱)中的水不能以重力自流泄空时,应设置移动或固定的提升装置。

7 水塔、水池应设水位监视和溢流报警装置,水箱宜设置水位监视和溢流报警装置。信息应传至监控中心。

3.7.8 生活用水中途转输水箱的转输调节容积宜取转输水泵5min~10min的流量。

3.8 增压设备、泵房

3.8.1 选择生活给水系统的加压水泵,应遵守下列规定:

1 水泵的Q~H特性曲线,应是随流量的增大,扬程逐渐下降的曲线;

注:对Q~H特性曲线存在有上升段的水泵,应分析在运行工况中不会出现不稳定工作时方可采用。

2 应根据管网水力计算进行选泵,水泵应在其高效区内运行;

3 生活加压给水系统的水泵机组应备用泵,备用泵的供水能力不应小于最大一台运行水泵的供水能力。水泵宜自动切换交替运行。

3.8.2 小区的给水加压泵站,当给水管网无调节设施时,宜采用调速泵组或额定转速泵编组运行供水。泵组的最大出水量不应小于小区生活给水设计流量,生活与消防合用给水管道系统还应按本规范第3.6.2条以消防工况校核。

3.8.3 建筑物内采用高位水箱调节的生活给水系统时,水泵的最大出水量不应小于最大小时用水量。

3.8.4 生活给水系统采用调速泵组供水时,应按系统最大设计流量选泵,调速泵在额定转速时的工作点,应位于水泵高效区的末端。

3.8.4A 变频调速泵组电源应可靠,并宜采用双电源或双回路供电方式。

3.8.5 生活给水系统采用气压给水设备供水时,应符合下列规定:

1 气压水罐内的最低工作压力,应满足管网最不利处的配水点所需水压;

2 气压水罐内的最高工作压力,不得使管网最大水压处配水点的水压大于0.55MPa;

3 水泵(或泵组)的流量(以气压水罐内的平均压力计,其对应的水泵扬程的流量),不应小于给水系统最大小时用水量的1.2倍;

4 气压水罐的调节容积应按下式计算:

$$V_{q2} = \frac{\alpha_a q_b}{4 n_q} \quad (3.8.5-1)$$

式中:V_{q2}——气压水罐的调节容积(m^3);

q_b——水泵(或泵组)的出流量(m^3/h);

α_a——安全系数,宜取1.0~1.3;

n_q——水泵在1h内的启动次数,宜采用6次~8次。

5 气压水罐的总容积应按下式计算:

$$V_q = \frac{\beta V_{q1}}{1 - \alpha_b} \quad (3.8.5-2)$$

式中:V_q——气压水罐总容积(m^3);

V_{q1}——气压水罐的水容积(m^3),应大于或等于调节容积;

α_b——气压水罐内的工作压力比(以绝对压力计),宜采用0.65~0.85;

β——气压水罐的容积系数,隔膜式气压水罐取1.05。

3.8.6 水泵宜自灌吸水,卧式离心泵的泵顶放气孔、立式多级离心泵吸水端第一级(段)泵体可置于最低设计水位标高以下,每台水泵宜设置单独从水池吸水的吸水管。吸水管内的流速宜采用1.0m/s~1.2m/s;吸水管口应设置喇叭口,喇叭口宜向下,低于水池最低水位不宜小于0.3m;当达不到此要求时,应采取防止空气被吸入的措施。

吸水管喇叭口至池底的净距,不应小于0.8倍吸水管管径,且不应小于0.1m;吸水管喇叭口边缘与池壁的净距不小于1.5倍吸水管管径;吸水管与吸水管之间的净距不宜小于3.5倍吸水管管径(管径以相邻两者的平均值计)。

注:当水池水位不能满足水泵自灌启动水位时,应有防止水泵空载启动的保护措施。

3.8.7 当每台水泵单独从水池吸水有困难时,可采用单独从吸水总管上自灌吸水,吸水总管应符合下列规定:

1 吸水总管伸入水池的引水管不宜少于2条,当一条引水管发生故障时,其余引水管应能通过全部设计流量。每条引水管上应设闸门;

注:水池有独立的两个及以上的分格,每格有一条引水管,可视为有两条以上引水管。

2 引水管宜设向下的喇叭口,喇叭口的设置应符合本规范第3.8.6条中吸水管喇叭口的相应规定,但喇叭口低于水池最低水位的距离不宜小于0.3m;

3 吸水总管内的流速应小于1.2m/s;

4 水泵吸水管与吸水总管的连接,应采用管顶平接,或高出管顶连接。

3.8.8 自吸式水泵每台应设置独立从水池吸水的吸水管。水泵以水池最低水位计算的允许安装高度,应根据当地的大气压力、最高水温时的饱和蒸汽压、水泵的汽蚀余量、水池最低水位和吸水管路的水头损失,经计算确定,并应有安全余量。安全余量应不小于0.3m。

3.8.9 每台水泵的出水管上,应装设压力表、止回阀和阀门(符合多功能阀安装条件的出水管,可用多功能阀取代止回阀和阀门),必要时应设置水锤消除装置。自灌式吸水的水泵吸水管上应装设阀门,并宜装设管道过滤器。

3.8.10 小区独立设置的水泵房,宜靠近用水大户。水泵机组的运行噪声应符合现行国家标准《城市区域环境噪声标准》GB 3096的要求。

3.8.11 民用建筑物内设置的生活给水泵房不应毗邻居住用房或在其上层或下层,水泵机组宜设在水池的侧面、下方,单台水泵可设于水池内或管道内,其运行噪声应符合现行国家标准《民用建筑隔声设计规范》GB 10070的规定。

3.8.12 建筑物内的给水泵房,应采用下列减振防噪措施:

1 应选用低噪声水泵机组;

2 吸水管和出水管上应设置减振装置;

3 水泵机组的基础应设置减振装置;

4 管道支架、吊架和管道穿墙、楼板处,应采用防止固体传声措施;

5 必要时,泵房的墙壁和天花应采取隔音吸音处理。

3.8.13 设置水泵的房间,应设排水设施;通风应良好,不得结冻。

3.8.14 水泵机组的布置,应符合表3.8.14规定。

表3.8.14 水泵机组外轮廓面与墙和相邻机组间的间距

电动机额定功率(kW)	水泵机组外轮廓面与墙面之间最小间距(m)	相邻水泵机组外轮廓面之间最小距离(m)
≤22	0.8	0.4
>22~<55	1.0	0.8
≥55~≤160	1.2	1.2

注:1 水泵侧面有管道时,外轮廓面计至管道外壁面。
2 水泵机组是指水泵与电动机的联体件,或已安装在金属座架上的多台水泵组合体。

3.8.15 水泵基础高出地面的高度应便于水泵安装,不应小于0.10m;泵房内管道管外底距地面或管沟底面的距离,当管径小于等于150mm时,不应小于0.20m;当管径大于等于200mm时,不应小于0.25m。

3.8.16 泵房内宜有检修水泵的场地,检修场地尺寸宜按水泵或电机外形尺寸四周有不小于0.7m的通道确定。泵房内配电柜和控制柜前面通道宽度不宜小于1.5m。泵房内宜设置手动起重设备。

3.9 游泳池与水上游乐池

3.9.1 (此条删除)

3.9.2 游泳池和水上游乐池的池水水质应符合我国现行标准《游泳池水质标准》CJ 244的要求。

3.9.2A 世界级比赛用和有特殊要求的游泳池的池水水质标准，除应满足本规范第 3.9.2 条的要求外，还应符合国际游泳协会（FINA）的相关要求。

3.9.3 游泳池和水上游乐池的初次充水和使用过程中的补充水水质，应符合现行国家标准《生活饮用水卫生标准》GB 5749 的要求。

3.9.4 游泳池和水上游乐池的淋浴等生活用水水质，应符合现行国家标准《生活饮用水卫生标准》GB 5749 的要求。

3.9.5 游泳池和水上游乐池水应循环使用。游泳池和水上游乐池的池水循环周期应根据池的类型、用途、池水容积、水深、游泳负荷等因数确定，可按表 3.9.5 采用。

表 3.9.5　游泳池和水上游乐池的循环周期

序号	类　型	用　途	循环周期(h)
1	专用游泳池	比赛池	4～5
2		花样游泳池	6～8
3		跳水池	8～10
4		训练池	4～6
5	公共游泳池	成人池	4～6
6		儿童池	1～2
7	水上游乐池	戏水池 成人池	4
8		戏水池 幼儿池	<1
9		造浪池	2
10		滑道跌落池	6
11	家庭游泳池		6～8

注：池水的循环次数可按每日使用时间与循环周期的比值确定。

3.9.6 不同使用功能的游泳池应分别设置各自独立的循环系统。水上游乐池循环水系统应根据水质、水温、水压和使用功能等因素，设计成一个或若干个独立的循环系统。

3.9.7 循环水应经过滤、加药和消毒等净化处理，必要时还应进行加热。

3.9.8 循环水的预净化应在循环水泵的吸水管上装设毛发聚集器。

3.9.8A 循环水净化工艺流程应根据游泳池和水上游乐池的用途、水质要求、游泳负荷、消毒方法等因素经技术经济比较后确定。

3.9.9 水上游乐池滑道润滑水系统的循环水泵，必须设置备用泵。

3.9.10 循环水过滤宜采用压力过滤器，压力过滤器应符合下列要求：

　　1 过滤器的滤速应根据泳池的类型、滤料种类确定。专用游泳池、公共游泳池、水上游乐池等宜采用滤速 15m/h～25m/h 石英砂中速过滤器或硅藻土低速过滤器；

　　2 过滤器的个数及单个过滤器面积，应根据循环流量的大小、运行维护等情况，通过技术经济比较确定，且不宜少于两个；

　　3 过滤器宜采用水进行反冲洗，石英砂过滤器宜采用气、水组合反冲洗。过滤器反冲洗宜采用游泳池水；当采用生活饮用水时，冲洗管道不得与利用城镇给水管网水压的给水管道直接连接。

3.9.11 循环水在净化过程中应投加下列药剂：

　　1 过滤前应投加混凝剂；

　　2 根据消毒剂品种，宜在消毒前投加 pH 值调节剂；

　　3 应根据气候条件和池水水质变化，不定期间断式投加除藻剂；

　　4 应根据池水的 pH 值、总碱度、钙硬度、总溶解固体等水质参数，投加水质平衡药剂。

3.9.12 游泳池和水上游乐池的池水必须进行消毒杀菌处理。

3.9.13 消毒剂的选用应符合下列要求：

　　1 杀菌消毒能力强，并有持续杀菌功能；

　　2 不造成水和环境污染，不改变池水水质；

　　3 对人体无刺激或刺激性很小；

　　4 对建筑结构、设备和管道无腐蚀或轻微腐蚀；

　　5 费用低，且能就地取材。

3.9.14 使用瓶装氯气消毒时，氯气必须采用负压自动投加方式，严禁将氯直接注入游泳池水中的投加方式。加氯间应设置防毒、防火和防爆装置，并应符合国家现行有关标准的规定。

3.9.15 游泳池和水上游乐池的池水设计温度应根据池的类型按表 3.9.15 确定。

表 3.9.15　游泳池和水上游乐池的池水设计温度

序号	场所	池的类型	池的用途	池水设计温度(℃)
1	室内池	专用游泳池	比赛池、花样游泳池	25～27
2			跳水池	27～29
3			训练池	25～27
4		公共游泳池	成人池	27～29
5			儿童池	28～29
6		水上游乐池	成人池	27～29
7			幼儿池	29～30
8			滑道跌落池	27～29
9	室外池		有加热设备	26～28
10			无加热设备	≥23

3.9.16 游泳池和水上游乐池水加热所需热量应经计算确定，加热方式宜采用间接式。并应优先采用余热和废热、太阳能等天然热能作为热源。

3.9.17 游泳池和水上游乐池的初次充水时间，应根据使用性质、城镇给水条件等确定，游泳池不宜超过 48h；水上游乐池不宜超过 72h。

3.9.18 游泳池和水上游乐池的补充水量可按表 3.9.18 确定。大型游泳池和水上游乐池应采用平衡池或补充水箱间接补水。

表 3.9.18　游泳池和水上游乐池的补充水量

序号	池的类型和特征		每日补充水量占池水容积的百分数(%)
1	比赛池、训练池、跳水池	室内	3～5
		室外	5～10
2	公共游泳池、水上游乐池	室内	5～10
		室外	10～15
3	儿童游泳池、幼儿戏水池	室内	≥15
		室外	≥20
4	家庭游泳池	室内	3
		室外	5

注：游泳池和水上游乐池的最小补充水量应保证一个月内池水全部更新一次。

3.9.18A 家庭游泳池等小型游泳池当采用生活饮用水直接补(充)水时，补充水管应采取有效的防止回流污染的措施。

3.9.19 顺流式、混合式循环给水方式的游泳池和水上游乐池宜设置平衡水位的平衡水池；逆流式循环给水方式的游泳池和水上游乐池应设置平衡水量的均衡水池。

3.9.20 游泳池和水上游乐池进水口、回水口的数量应满足循环流量的要求，设置位置应使游泳池内水流均匀、不产生涡流和短流。

3.9.20A 游泳池和水上游乐池的进水口、池底回水口和泄水口的格栅孔隙的大小，应防止卡入游泳者手指、脚趾。泄水口的数量应满足不会产生负压造成对人体的伤害。

3.9.20B 采用池底回水的游泳池和水上游乐池的回水口数量，不应少于 2 个/座。其格栅孔隙的水流速度不应大于 0.2m/s。

3.9.21 游泳池和水上游乐池的泄水口，应设置在池底的最低处。游泳池应设置池岸式溢流水槽。

3.9.22 进入公共游泳池和水上游乐池的通道，应设置浸脚消毒池。

3.9.23 游泳池和水上游乐池的管道、设备、容器和附件，均应采用耐腐蚀材质或内壁涂衬耐腐蚀材料。其材质与涂衬材料应符合有关卫生标准要求。

3.9.24 比赛用跳水池必须设置水面制波和喷水装置。

3.9.25 跳水池的水面波浪应为均匀波纹小浪，浪高宜为 25mm

3—19

~40mm。

3.9.25A 跳水池起泡制波和安全保护气浪采用的压缩空气,应低温、洁净、不含杂质、无油污和异味。

3.9.26 (此条删除)。

3.9.27 (此条删除)。

3.10 循环冷却水及冷却塔

3.10.1 设计循环冷却水系统时应符合下列要求:

1 循环冷却水系统宜采用敞开式,当需采用间接换热时,可采用密闭式;

2 对于水温、水质、运行等要求差别较大的设备,循环冷却水系统宜分开设置;

3 敞开式循环冷却水系统的水质应满足被冷却设备的水质要求;

4 设备、管道设计时应能使循环系统的余压充分利用;

5 冷却水的热量宜回收利用;

6 当建筑物内有需要全年供冷的区域,在冬季气候条件适宜时宜利用冷却塔作为冷源提供空调用冷水。

3.10.2 冷却塔设计计算所选用的空气干球温度和湿球温度,应与所服务的空调等系统的设计空气干球温度和湿球温度相吻合,应采用历年平均不保证50h的干球温度和湿球温度。

3.10.3 冷却塔位置的选择应根据下列因素综合确定:

1 气流应通畅,湿热空气回流影响小,且应布置在建筑物的最小频率风向的上风侧;

2 冷却塔不应布置在热源、废气和烟气排放口附近,不宜布置在高大建筑物中间的狭长地带上;

3 冷却塔与相邻建筑物之间的距离,除满足塔的通风要求外,还应考虑噪声、飘水对建筑物的影响。

3.10.4 选用成品冷却塔时,应符合下列要求:

1 按生产厂家提供的热力特性曲线选定,设计循环水量不宜超过冷却塔的额定水量;当循环水量达不到额定水量的80%时,应对冷却塔的配水系统进行校核;

2 冷却塔应冷效高、能源省、噪声低、重量轻、体积小、寿命长、安装维护简单、飘水少;

3 材料应为阻燃型,并应符合防火要求;

4 数量宜与冷却水用水设备的数量、控制运行相匹配;

5 塔的形状应按建筑要求,占地面积及设置地点确定;

6 当冷却塔的布置不能满足本规范第3.10.3条的规定时,应采取相应的技术措施,并对塔的热力性能进行校核。

3.10.4A 当可能有冻结危险时,冬季运行的冷却塔应采取防冻措施。

3.10.5 冷却塔的布置,应符合下列要求:

1 冷却塔宜单排布置;当需多排布置时,塔排之间的距离应保证塔排同时工作时的进风量;

2 单侧进风塔的进风面宜面向夏季主导风向;双侧进风塔的进风面宜平行夏季主导风向;

3 冷却塔进风侧离建筑物的距离,宜大于塔进风口高度的2倍;冷却塔的四周除满足通风要求及管道安装位置外,还应留有检修通道,通道净距不宜小于1.0m。

3.10.6 冷却塔应设置在专用的基础上,不得直接设置在楼板或屋面上。

3.10.7 环境对噪声要求较高时,冷却塔可采取下列措施:

1 冷却塔的位置宜远离对噪声敏感的区域;

2 应采用低噪声型或超低噪声型冷却塔;

3 进水管、出水管、补充水管上应设置隔振防噪装置;

4 冷却塔基础应设置隔振装置;

5 建筑上应采取隔声吸音屏障。

3.10.8 循环水泵的台数宜与冷水机组相匹配。循环水泵的出水量应按冷却水循环水量确定,扬程应按设备和管网循环水压要求确定,并应复核水泵泵壳承压能力。

3.10.9 冷却塔循环水管道的流速,宜采用下列数值:

1 循环干管管径小于等于250mm时,应为1.5m/s~2.0m/s;管径大于250mm、小于500mm时,应为2.0m/s~2.5m/s;管径大于等于500mm时,应为2.5m/s~3.0m/s;

2 当循环水泵从冷却塔集水池中吸水时,吸水管的流速宜采用1.0m/s~1.2m/s;当循环水泵直接从循环水管道吸水,且吸水管直径小于等于250mm时,流速宜为1.0m/s~1.5m/s;当吸水管直径大于250mm时,流速宜为1.5m/s~2.0m/s。水泵出水管的流速可采用循环干管下限流速。

3.10.10 冷却塔集水池的设计,应符合下列要求:

1 集水池容积应按下列第1)项、第2)项因素的水量之和确定,并应满足第3)项的要求:

 1)布水装置和淋水填料的附着水量,宜按循环水量的1.2%~1.5%确定;

 2)停泵时因重力流入的管道水容量;

 3)水泵吸水口所需最小淹没深度应根据吸水管内流速确定,当流速小于等于0.6m/s时,最小淹没深度不应小于0.3m;当流速为1.2m/s时,最小淹没深度不应小于0.6m。

2 当选用成品冷却塔时,应按本条第1款的规定,对其集水盘的容积进行核算,当不满足要求时,应加大集水盘深度或另设集水池。

3 不设集水池的多台冷却塔并联使用时,各塔的集水盘宜设连通管;当无法设置连通管时,回水横干管的管径应放大一级;连通管、回水管与各塔出水管的连接应为管顶平接;塔的出水口应采取防止空气吸入的措施。

4 每台(组)冷却塔应分别设置补充水管、泄水管、排污及溢流管;补水方式宜采用浮球阀或补水水箱。

当多台冷却塔共用集水池时,可设置一套补充水管、泄水管、排污及溢流管。

3.10.11 冷却塔补充水量可按下式计算:

$$q_{bc} = q_z \frac{N_n}{N_n - 1} \quad (3.10.11)$$

式中:q_{bc}——补充水水量(m^3/h);

q_z——蒸发损失水量(m^3/h);

N_n——浓缩倍数,设计浓缩倍数不宜小于3.0。

注:对于建筑物空调、冷冻设备的补充水量,应按冷却水循环水量的1%~2%确定。

3.10.11A 冷却塔补充水总管上应设置水表等计量装置。

3.10.12 建筑空调系统的循环冷却水系统应有过滤、缓蚀、阻垢、杀菌、灭藻等水处理措施。

3.10.13 旁流处理水量可根据去除悬浮物或溶解固体分别计算。当采用过滤处理去除悬浮物时,过滤水量宜为冷却水循环水量的1%~5%。

3.11 水 景

3.11.1 水景的水质应符合相关的水景的水质标准。当无法满足时,应进行水质净化处理。

3.11.2 水景用水应循环使用。循环系统的补充水量应根据蒸发、飘失、渗漏、排污等损失确定,室内工程宜取循环水流量的1%~3%;室外工程宜取循环水流量的3%~5%。

3.11.3 水景工程应根据喷头造型分组布置喷头。喷泉每组独立运行的喷头,其规格宜相同。

3.11.4 (此条删除)

3.11.5 水景工程循环水泵宜采用潜水泵,并应直接设置于水池底。娱乐性水景的供人涉水区域,不应设置水泵。

水景工程循环水泵宜按不同特性的喷头、喷水系统分开设置。水景工程循环水泵的流量和扬程应按所选喷头形式、喷水高度、喷嘴直径和数量,以及管道系统的水头损失等经计算确定。

3.11.6 当水景水池采用生活饮用水作为补充水时,应采取防止回流污染的措施,补水管上应设置用水计量装置。

3.11.7 有水位控制和补水要求的水景水池应设置补充水管、溢流管、泄水管等管道。在池的周围宜设排水设施。

3.11.8 水景工程的运行方式可根据工程要求设计成手控、程控或声控。控制柜应按电气工程要求,设置于控制室内。控制室应干燥、通风。

3.11.9 瀑布、涌泉、溪流等水景工程设计,应符合下列要求:
  1 设计循环流量应为计算流量的1.2倍;
  2 水池设置应符合本规范第3.11.6条和第3.11.7条的要求;
  3 电器控制可设置于附近小室内。

3.11.10 水景工程宜采用不锈钢等耐腐蚀管材。

4 排　水

4.1 系统选择

4.1.1 小区排水系统应采用生活排水与雨水分流制排水。

4.1.2 建筑物内下列情况下宜采用生活污水与生活废水分流的排水系统:
  1 建筑物使用性质对卫生标准要求较高时;
  2 生活废水量较大,且环卫部门要求生活污水需经化粪池处理后才能排入城镇排水管道时;
  3 生活废水需回收利用时。

4.1.3 下列建筑排水应单独排水至水处理或回收构筑物:
  1 职工食堂、营业餐厅的厨房含有大量油脂的洗涤废水;
  2 机械自动洗车台冲洗水;
  3 含有大量致病菌,放射性元素超过排放标准的医院污水;
  4 水温超过40℃的锅炉、水加热器或加热设备排水;
  5 用作回用水水源的生活排水;
  6 实验室有害有毒废水。

4.1.4 建筑物雨水排水管道应单独设置,雨水回收利用可按现行国家标准《建筑与小区雨水利用技术规范》GB 50400执行。

4.2 卫生器具及存水弯

4.2.1 卫生器具的设置数量,应符合现行的有关设计标准、规范或规定的要求。

4.2.2 卫生器具的材质和技术要求,均应符合现行的有关产品标准的规定。

4.2.3 大便器选用应根据使用对象、设置场所、建筑标准等因素确定,且均应选用节水型大便器。

4.2.4 (此条删除)

4.2.5 (此条删除)

4.2.6 当构造内无存水弯的卫生器具与生活污水管道或其他可能产生有害气体的排水管道连接时,必须在排水口以下设水弯。存水弯的水封深度不得小于50mm。严禁采用活动机械密封替代水封。

4.2.7 医疗卫生机构内门诊、病房、化验室、试验室等处不在同一房间内的卫生器具不得共用存水弯。

4.2.7A 卫生器具排水管段上不得重复设置水封。

4.2.8 卫生器具的安装高度可按表4.2.8确定。

表4.2.8 卫生器具的安装高度

序号	卫生器具名称	卫生器具边缘离地高度(mm)	
		居住和公共建筑	幼儿园
1	架空式污水盆(池)(至上缘)	800	800
2	落地式污水盆(池)(至上缘)	500	500
3	洗涤盆(池)(至上缘)	800	800
4	洗手盆(至上边缘)	800	500
5	洗脸盆(至上边缘)	800	500
6	盥洗槽(至上边缘)	800	500
7	浴　盆(至上边缘)	480	—
	残障人用浴盆(至上边缘)	450	—
	按摩浴盆(至上边缘)	450	—
	淋浴盆(至上边缘)	100	—
8	蹲、坐式大便器(从台面至高水箱底)	1800	1800
9	蹲式大便器(从台面至低水箱底)	900	900
10	坐式大便器(至低水箱底)		
	外露排出式	510	—
	虹吸喷射式	470	370
	冲落式	510	—
	旋涡连体式	250	—
11	坐式大便器(至上边缘)		
	外露排出式	400	—
	旋涡连体式	360	—
	残障人用	450	—
12	蹲便器(至上边缘)		
	2踏步	320	
	1踏步	200～270	
13	大便槽(从台阶面至冲洗水箱底)	不低于2000	
14	立式小便器(至上边缘)	100	—
15	挂式小便器(至受水部分上边缘)	600	450
16	小便槽(至台面沿)	200	150
17	化验盆(至上边缘)	800	
18	净身盆(至上边缘)	360	
19	饮水器(至上边缘)	1000	

4.3 管道布置和敷设

4.3.1 小区排水管的布置应根据小区规划、地形标高、排水方向,按管线短、埋深小、尽可能自流排出的原则确定。当排水管道不能以重力自流排入市政排水管道时,应设置排水泵房。

注:特殊情况下,经技术经济比较合理时,可采用真空排水系统。

4.3.2 小区排水管道最小覆土深度应根据道路的行车等级、管材受压强度、地基承载力等因素经计算确定,并应符合下列要求:
  1 小区干道和小区组团道路下的管道,其覆土深度不宜小于0.70m;
  2 生活污水接户管道埋设深度不得高于土壤冰冻线以上0.15m,且覆土深度不宜小于0.30m。

注:当采用埋地塑料管道时,排出管埋设深度可不高于土壤冰冻线以上0.50m。

4.3.3 建筑物内排水管道布置应符合下列要求:
  1 自卫生器具至排出管的距离应最短,管道转弯应最少;
  2 排水立管宜靠近排水量最大的排水点;
  3 排水管道不得敷设在对生产工艺或卫生有特殊要求的生产厂房内,以及食品和贵重商品仓库、通风小室、电气机房和电梯机房内;
  4 排水管道不得穿过沉降缝、伸缩缝、变形缝、烟道和风道;当排水管道必须穿过沉降缝、伸缩缝和变形缝时,应采取相应技术措施;
  5 排水埋地管道,不得布置在可能受重物压坏处或穿越生产设备基础;
  6 排水管道不得穿越住宅客厅、餐厅,并不宜靠近与卧室相邻的内墙;
  7 排水管道不宜穿越橱窗、壁柜;
  8 塑料排水立管应避免布置在易受机械撞击处;当不能避免时,应采取保护措施;

9 塑料排水管应避免布置在热源附近；当不能避免，并导致管道表面受热温度大于60℃时，应采取隔热措施；塑料排水立管与家用灶具边净距不得小于0.4m。

10 当排水管道外表面可能结露时，应根据建筑物性质和使用要求，采取防结露措施。

4.3.3A 排水管道不得穿越卧室。

4.3.4 排水管道不得穿越生活饮用水池部位的上方。

4.3.5 室内排水管道不得布置在遇水会引起燃烧、爆炸的原料、产品和设备的上面。

4.3.6 排水横管不得布置在食堂、饮食业厨房的主副食操作、烹调和备餐的上方。当受条件限制不能避免时，应采取防护措施。

4.3.6A 厨房间和卫生间的排水立管应分别设置。

4.3.7 排水管道宜在地下或楼板填层中埋设或在地面上、楼板下明敷。当建筑有要求时，可在管槽、管道井、管廊、管沟或吊顶、架空层内暗设，但应便于安装和检修。在气温较高、全年不结冻的地区，可沿建筑物外墙敷设。

4.3.8 下列情况下卫生器具排水横支管应设置同层排水：

 1 住宅卫生间的卫生器具排水管要求不穿越楼板进入他户时；

 2 按本规范第4.3.3A条～第4.3.6条的规定受条件限制时。

4.3.8A 住宅卫生间同层排水形式应根据卫生间空间、卫生器具布置、室外环境气温等因素，经技术经济比较确定。

4.3.8B 同层排水设计应符合下列要求：

 1 地漏设置应符合本规范第4.5.7条～第4.5.10A条的要求；

 2 排水管道管径、坡度和最大设计充满度应符合本规范第4.4.9、4.4.10、4.4.12条的要求；

 3 器具排水横支管布置和设置标高不得造成排水滞留、地漏冒溢；

 4 埋设于填层中的管道不得采用橡胶圈密封接口；

 5 当排水横支管设置在沟槽内时，回填材料、面层应能承载器具、设备的荷载；

 6 卫生间地坪应采取可靠的防渗漏措施。

4.3.9 室内管道的连接应符合下列规定：

 1 卫生器具排水管与排水横支管垂直连接，宜采用90°斜三通；

 2 排水管道的横管与立管连接，宜采用45°斜三通或45°斜四通和顺水三通或顺水四通；

 3 排水立管与排出管端部的连接，宜采用两个45°弯头、弯曲半径不小于4倍管径的90°弯头或90°变径弯头；

 4 排水立管应避免轴线偏置；当受条件限制时，宜用乙字管或两个45°弯头连接；

 5 当排水支管、排水立管接入横干管时，应在横干管管顶或其两侧45°范围内采用45°斜三通接入。

4.3.10 塑料排水管应根据其管道的伸缩量设置伸缩节，伸缩节宜设置在汇合配件处。排水横管应设置专用伸缩节。

 注：1 排水管道采用橡胶密封配件时，可不设伸缩节。
     2 室内、外埋地管道可不伸缩节。

4.3.11 当建筑塑料排水管穿越楼层、防火墙、管道井井壁时，应根据建筑物性质、管径和设置条件以及穿越部位防火等级等要求设置阻火装置。

4.3.12 靠近排水立管底部的排水支管连接，应符合下列要求：

 1 排水立管最低排水横支管与立管连接处距排水立管管底垂直距离不得小于表4.3.12的规定。

表4.3.12 最低横支管与立管连接处至立管管底的最小垂直距离

立管连接卫生器具的层数	垂直距离(m)	
	仅设伸顶通气	设通气立管
≤4	0.45	按配件最小安装尺寸确定
5～6	0.75	
7～12	1.20	
13～19	3.00	0.75
≥20	3.00	1.20

注：单根排水立管的排出管宜与排水立管相同管径。

 2 排水支管连接在排出管或排水横干管上时，连接点距立管底部下游水平距离不得小于1.5m。

 3 横支管接入横干管竖直转向段时，连接点距转向处以下不得小于0.6m。

 4 下列情况下底层排水支管应单独排至室外检查井或采取有效的防反压措施：

  1) 当靠近排水立管底部的排水支管的连接不能满足本条第1、2款的要求时；

  2) 在距排水立管底部1.5m距离之内的排出管、排水横管有90°水平转弯管段时。

4.3.12A 当排水立管采用内螺旋管时，排水管底部宜采用长弯变径接头，且排出管管径宜放大一号。

4.3.13 下列构筑物和设备的排水管不得与污废水管道系统直接连接，应采取间接排水的方式：

 1 生活饮用水贮水箱（池）的泄水管和溢流管；

 2 开水器、热水器排水；

 3 医疗灭菌消毒设备的排水；

 4 蒸发式冷却器、空调设备冷凝水的排水；

 5 贮存食品或饮料的冷藏库房的地面排水和冷风机溶霜水盘的排水。

4.3.14 设备间接排水宜排入邻近的洗涤盆、地漏。无法满足时，可设置排水明沟、排水漏斗或容器。间接排水的漏斗或容器不得产生溅水、溢流，并应布置在容易检查、清洁的位置。

4.3.15 间接排水口最小空气间隙，宜按表4.3.15确定。

表4.3.15 间接排水口最小空气间隙

间接排水管管径(mm)	排水口最小空气间隙(mm)
≤25	50
32～50	100
>50	150

注：饮料用贮水箱的间接排水口最小空气间隙，不得小于150mm。

4.3.16 生活废水在下列情况下，可采用有盖的排水沟排除：

 1 废水中含有大量悬浮物或沉淀物需经常冲洗；

 2 设备排水支管很多，用管道连接有困难；

 3 设备排水点的位置不固定；

 4 地面需要经常冲洗。

4.3.17 当废水中可能夹带纤维或有大块物体时，应在排水管道连接处设置格栅或带网筐地漏。

4.3.18 室外排水管的连接应符合下列要求：

 1 排水管与排水管之间的连接，应设检查井连接；

 2 室外排水管，除有水流跌差以外，宜管顶平接；

 3 排出管管顶标高不得低于室外接户管管顶标高。

4 连接处的水流偏转角不得大于90°。当排水管管径小于等于300mm且跌落差大于0.3m时,可不受角度的限制。

4.3.19 室内排水沟与室外排水管道连接处,应设水封装置。

4.3.20 排水管穿过地下室外墙或地下构筑物的墙壁处,应采取防水措施。

4.3.21 当建筑物沉降可能导致排出管倒坡时,应采取防倒坡措施。

4.3.22 排水管道在穿越楼层设套管且立管底部架空时,应在立管底部设支墩或其他固定措施。地下室立管与排水横管转弯处也应设置支墩或固定措施。

4.4 排水管道水力计算

4.4.1 小区生活排水系统排水定额宜为其相应的生活给水系统用水定额的85%~95%。

小区生活排水系统小时变化系数应与其相应的生活给水系统小时变化系数相同,按本规范第3.1.2条和第3.1.3条确定。

4.4.2 公共建筑生活排水定额和小时变化系数应与公共建筑生活给水用水定额和小时变化系数相同按本规范第3.1.10条规定确定。

4.4.3 居住小区内生活排水的设计流量应按住宅生活排水最大小时流量与公共建筑生活排水最大小时流量之和确定。

4.4.4 卫生器具排水的流量、当量和排水管的管径应按表4.4.4确定。

表4.4.4 卫生器具排水的流量、当量和排水管的管径

序号	卫生器具名称	排水流量(L/s)	当量	排水管管径(mm)
1	洗涤盆、污水盆(池)	0.33	1.00	50
2	餐厅、厨房洗菜盆(池)			
	单格洗涤盆(池)	0.67	2.00	50
	双格洗涤盆(池)	1.00	3.00	50
3	盥洗槽(每个水嘴)	0.33	1.00	50~75
4	洗手盆	0.10	0.30	32~50
5	洗脸盆	0.25	0.75	32~50
6	浴盆	1.00	3.00	50
7	淋浴器	0.15	0.45	50
8	大便器			
	冲洗水箱	1.50	4.50	100
	自闭式冲洗阀	1.20	3.60	100
9	医用倒便器	1.50	4.50	100
10	小便器			
	自闭式冲洗阀	0.10	0.30	40~50
	感应式冲洗阀	0.10	0.30	40~50
11	大便槽			
	≤4个蹲位	2.50	7.50	100
	>4个蹲位	3.00	9.00	150
12	小便槽(每米长)			
	自动冲洗水箱	0.17	0.50	—
13	化验池(无塞)	0.20	0.60	40~50
14	净身器	0.10	0.30	40~50
15	饮水器	0.05	0.15	25~50
16	家用洗衣机	0.50	1.50	50

注:家用洗衣机下排水软管直径为30mm,上排水软管内径为19mm。

4.4.5 住宅、宿舍(Ⅰ、Ⅱ类)、旅馆、宾馆、酒店式公寓、医院、疗养院、幼儿园、养老院、办公楼、商场、图书馆、书店、客运中心、航站楼、会展中心、中小学教学楼、食堂或营业餐厅等建筑生活排水管道设计秒流量,应按下式计算:

$$q_p = 0.12\alpha \sqrt{N_p} + q_{max} \quad (4.4.5)$$

式中:q_p——计算管段排水设计秒流量(L/s);
N_p——计算管段的卫生器具排水当量总数;
α——根据建筑物用途而定的系数,按表4.4.5确定;
q_{max}——计算管段最大一个卫生器具的排水流量(L/s)。

表4.4.5 根据建筑物用途而定的系数α值

建筑物名称	宿舍(Ⅰ、Ⅱ类)、住宅、宾馆、酒店式公寓、医院、疗养院、幼儿园、养老院的卫生间	旅馆和其他公共建筑的盥洗室和厕所间
α值	1.5	2.0~2.5

注:当计算所得流量大于该管段上按卫生器具排水流量累加值时,应按卫生器具排水流量累加值计。

4.4.6 宿舍(Ⅲ、Ⅳ类)、工业企业生活间、公共浴室、洗衣房、职工食堂或营业餐厅的厨房、实验室、影剧院、体育场(馆)等建筑的生活管道排水设计秒流量,应按下式计算:

$$q_v = \sum q_0 n_0 b \quad (4.4.6)$$

式中:q_0——同类型的一个卫生器具排水流量(L/s);
n_0——同类型卫生器具数;
b——卫生器具的同时排水百分数,按本规范第3.6.6条采用。冲洗水箱大便器的同时排水百分数应按12%计算。

注:当计算排水流量小于一个大便器排水流量时,应按一个大便器的排水流量计算。

4.4.7 排水横管的水力计算,应按下列公式计算:

$$q_p = A \cdot v \quad (4.4.7-1)$$

$$v = \frac{1}{n} R^{2/3} I^{1/2} \quad (4.4.7-2)$$

式中:A——管道在设计充满度的过水断面(m^2);
v——速度(m/s);
R——水力半径(m);
I——水力坡度,采用排水管的坡度;
n——粗糙系数。铸铁管为0.013;混凝土、钢筋混凝土管为0.013~0.014;钢管为0.012;塑料管为0.009。

4.4.8 小区室外生活排水管道最小管径、最小设计坡度和最大设计充满度宜按表4.4.8确定。

表4.4.8 小区室外生活排水管道最小管径、最小设计坡度和最大设计充满度

管别	管材	最小管径(mm)	最小设计坡度	最大设计充满度
接户管	埋地塑料管	160	0.005	
支管	埋地塑料管	160	0.005	0.5
干管	埋地塑料管	200	0.004	

注:1 接户管管径不得小于建筑物排出管管径。
2 化粪池与其连接的第一个检查井的污水管最小设计坡度取值:管径150mm宜为0.010~0.012;管径200mm宜为0.010。

4.4.9 建筑物内生活排水铸铁管道的最小坡度和最大设计充满度,宜按表4.4.9确定。

表4.4.9 建筑物内生活排水铸铁管道的最小坡度和最大设计充满度

管径(mm)	通用坡度	最小坡度	最大设计充满度
50	0.035	0.025	
75	0.025	0.015	0.5
100	0.020	0.012	
125	0.015	0.010	
150	0.010	0.007	0.6
200	0.008	0.005	

4.4.10 建筑排水塑料管粘接、熔接连接的排水横支管的标准坡度应为0.026。胶圈密封连接排水横管的坡度可按本规范表4.4.10调整。

表 4.4.10 建筑排水塑料管排水横管的最小坡度、通用坡度和最大设计充满度

外径(mm)	通用坡度	最小坡度	最大设计充满度
50	0.025	0.0120	0.5
75	0.015	0.0070	0.5
110	0.012	0.0040	0.5
125	0.010	0.0035	0.5
160	0.007	0.0030	0.5
200	0.005	0.0030	0.6
250	0.005	0.0030	0.6
315	0.005	0.0030	0.6

4.4.11 生活排水立管的最大设计排水能力，应按表4.4.11确定。立管管径不得小于所连接的横支管管径。

表 4.4.11 生活排水立管最大设计排水能力

排水立管系统类型			最大设计排水能力(L/s) 排水立管管径(mm)				
			50	75	100(110)	125	150(160)
伸顶通气	立管与横支管连接配件	90°顺水三通	0.8	1.3	3.2	4.0	5.7
		45°斜三通	1.0	1.7	4.0	5.2	7.4
专用通气	专用通气管75mm	结合通气管每层连接	—	—	5.5	—	—
		结合通气管隔层连接	—	3.0	4.4	—	—
	专用通气管100mm	结合通气管每层连接	—	—	8.8	—	—
		结合通气管隔层连接	—	—	4.8	—	—
	主、副通气立管＋环形通气管		—	—	11.5	—	—
自循环通气	专用通气形式		—	—	4.4	—	—
	环形通气形式		—	—	5.9	—	—
特殊单立管	混合器		—	—	—	—	—
	内螺旋管＋旋流器	普通型	—	1.7	3.5	—	8.0
		加强型	—	—	6.3	—	—

注：排水层数在15层以上时，宜乘0.9系数。

4.4.12 大便器排水管最小管径不得小于100mm。
4.4.13 建筑内排出管最小管径不得小于50mm。
4.4.14 多层住宅厨房间的立管管径不宜小于75mm。
4.4.15 下列场所设置排水横管时，管径的确定应符合下列要求：
 1 当建筑底层无通气的排水管道与其楼层管道分开单独排出时，其排水横支管管径可按表4.4.15确定；

表 4.4.15 无通气的底层单独排出的排水支管最大设计排水能力

排水横支管管径(mm)	50	75	100	125	150
最大设计排水能力(L/s)	1.0	1.7	2.5	3.5	4.8

 2 当公共食堂厨房内的污水采用管道排除时，其管径应比计算管径大一级，但干管管径不得小于100mm，支管管径不得小于75mm；
 3 医院污物洗涤盆(池)和污水盆(池)的排水管管径，不得小于75mm；
 4 小便槽或连接3个及3个以上的小便器，其污水支管管径不宜小于75mm；
 5 浴池的泄水管宜采用100mm。

4.5 管材、附件和检查井

4.5.1 排水管材选择应符合下列要求：
 1 小区室外排水管道，应优先采用埋地排水塑料管；
 2 建筑内部排水管道应采用建筑排水塑料管及管件或柔性接口机制排水铸铁管及相应管件；
 3 当连续排水温度大于40℃时，应采用金属排水管或耐热塑料排水管；
 4 压力排水管道可采用耐压塑料管、金属管或钢塑复合管。
4.5.2 室外排水管道的连接在下列情况下应设置检查井：
 1 在管道转弯和连接处；
 2 在管道的管径、坡度改变处。
4.5.2A 小区生活排水检查井应优先采用塑料排水检查井。

4.5.3 室外生活排水管道管径小于等于160mm时，检查井间距不宜大于30m；管径大于等于200mm时，检查井间距不宜大于40m。
4.5.4 生活排水管道不宜在建筑物内设检查井。当必须设置时，应采取密封措施。
4.5.5 检查井的内径应根据所连接的管道管径、数量和埋设深度确定。
4.5.6 生活排水管道的检查井内应有导流槽。
4.5.7 厕所、盥洗室等需经常从地面排水的房间，应设置地漏。
4.5.8 地漏应设置在易溅水的器具附近地面的最低处。
4.5.8A 住宅套内应按洗衣机位置设置洗衣机排水专用地漏或洗衣机排水存水弯，排水管道不得接入室内雨水管道。
4.5.9 带水封的地漏水封深度不得小于50mm。
4.5.10 地漏的选择应符合下列要求：
 1 应优先采用具有防涸功能的地漏；
 2 在无安静要求和无须设置环形通气管、器具通气管的场所，可采用多通道地漏；
 3 食堂、厨房和公共浴室等排水宜设置网框式地漏。
4.5.10A 严禁采用钟罩(扣碗)式地漏。
4.5.11 淋浴室内地漏的排水负荷，可按表4.5.11确定。当用排水沟排水时，8个淋浴器可设置一个直径为100mm的地漏。

表 4.5.11 淋浴室地漏管径

淋浴器数量(个)	地漏管径(mm)
1～2	50
3	75
4～5	100

4.5.12 在生活排水管道上，应按下列规定设置检查口和清扫口：
 1 铸铁排水立管上检查口之间的距离不宜大于10m，塑料排水立管宜每六层设置一个检查口；但在建筑物最低层和设有卫生器具的二层以上建筑物的最高层，应设置检查口，当立管水平拐弯或有乙字管时，在该层立管拐弯处和乙字管的上部应设检查口。
 2 在连接2个及2个以上的大便器或3个及3个以上卫生器具的铸铁排水横管上，宜设置清扫口；
 在连接4个及4个以上的大便器的塑料排水横管上宜设清扫口。
 3 在水流偏转角大于45°的排水横管上，应设检查口或清扫口。
 注：可采用带清扫口的转角配件替代。
 4 当排水立管底部或排出管上的清扫口至室外检查井中心的最大长度大于表4.5.12-1的数值时，应在排出管上设清扫口。

表 4.5.12-1 排水立管或排出管上的清扫口至室外检查井中心的最大长度

管径(mm)	50	75	100	100 以上
最大长度(m)	10	12	15	20

 5 排水横管的直线管段上检查口或清扫口之间的最大距离，应符合表4.5.12-2的规定。

表 4.5.12-2 排水横管的直线管段上检查口或清扫口之间的最大距离

管径(mm)	清扫设备种类	距离(m)	
		生活废水	生活污水
50～75	检查口	15	12
	清扫口	10	8
100～150	检查口	20	15
	清扫口	15	10
200	检查口	25	20

4.5.13 在排水管道上设置清扫口，应符合下列规定：
 1 在排水横管上设清扫口，宜将清扫口设置在楼板或地坪上，且与地面相平；排水横管起点的清扫口与其端部相垂直的墙面的距离不得小于0.2m。
 注：当排水横管悬吊在转换层或地下室顶板下设置清扫口有困难时，可用检查口替代清扫口。

2 排水管起点设置堵头代替清扫口时，堵头与墙面应有不小于 0.4m 的距离；

注：可利用带检口弯头配件代替清扫口。

3 在管径小于 100mm 的排水管道上设置清扫口，其尺寸应与管道口径；管径等于或大于 100mm 的排水管道上设置清扫口，应采用 100mm 直径清扫口。

4 铸铁排水管道设置的清扫口，其材质应为铜质；硬聚氯乙烯管道上设置的清扫口应与管道相同材质；

5 排水横管连接清扫口的连接管及管件应与清扫口同径，并采用 45°斜三通和 45°弯头或由两个 45°弯头组合的管件。

4.5.14 在排水管上设置检查口应符合下列规定：

1 立管上设置检查口，应在地（楼）面以上 1.00m，并应高于该层卫生器具上边缘 0.15m；

2 埋地横管上设置检查口时，检查口应在砖砌的井内；

注：可采用密闭塑料排水检查井替代检查口。

3 地下室立管上设置检查口时，检查口应设置在立管底部之上；

4 立管上检查口检查盖应面向便于检查清扫的方位；横干管上的检查口应垂直向上。

4.6 通 气 管

4.6.1 生活排水管道的立管顶端，应设置伸顶通气管。

4.6.1A 当遇特殊情况，伸顶通气管无法伸出屋面时，可设置下列通气方式：

1 当设置侧墙通气时，通气管口应符合本规范第 4.6.10 条第 2 款的要求；

2 在室内设置成汇合通气管后应在侧墙伸出延伸至屋面以上；

3 当本条第 1、2 款无法实施时，可设置自循环通气管道系统。

4.6.2 下列情况下应设置通气立管或特殊配件单立管排水系统：

1 生活排水立管所承担的卫生器具排水设计流量，当超过本规范表 4.4.11 中仅设伸顶通气管的排水立管最大设计排水能力时；

2 建筑标准要求较高的多层住宅、公共建筑，10 层及 10 层以上高层建筑卫生间的生活污水立管应设置通气立管。

4.6.3 下列排水管段应设置环形通气管：

1 连接 4 个及 4 个以上卫生器具且横支管的长度大于 12m 的排水横支管；

2 连接 6 个及 6 个以上大便器的污水横支管；

3 设有器具通气管。

4.6.4 对卫生、安静要求较高的建筑物内，生活排水管道宜设置器具通气管。

4.6.5 建筑物内各层的排水管道上设有环形通气管时，应设置连接各层环形通气管的主通气立管或副通气立管。

4.6.6 （此条删除）

4.6.7 通气立管不得接纳器具污水、废水和雨水，不得与风道和烟道连接。

4.6.8 在建筑物内不得设置吸气阀替代通气管。

4.6.9 通气管和排水管的连接，应遵守下列规定：

1 器具通气管应设在存水弯出口端；在横支管上设环形通气管时，应在其最始端的两个卫生器具之间接出，并应在排水支管中心线以上与排水支管呈垂直或 45°连接。

2 器具通气管、环形通气管应在卫生器具上边缘以上不小于 0.15m 处按不小于 0.01 的上升坡度与通气立管相连；

3 专用通气立管和主通气立管的上端可在最高层卫生器具上边缘以上不小于 0.15m 或检查口以上与排水立管通气部分以斜三通连接；下端应在最低排水横支管以下与排水立管以斜三通连接；

4 结合通气管宜每层或隔层与专用通气立管、排水立管连接，与主通气立管、排水立管连接不宜多于 8 层；结合通气管下端宜在排水横支管以下与排水立管以斜三通连接；上端可在卫生器具上边缘以上不小于 0.15m 处与通气立管以斜三通连接；

5 当用 H 管件替代结合通气管时，H 管与通气管的连接点应设在卫生器具上边缘以上不小于 0.15m 处；

6 当污水立管与废水立管合用一根通气管时，H 管配件可隔层分别与污水立管和废水立管连接；但最低横支管连接点以下应装设结合通气管。

4.6.9A 自循环通气系统，当采取专用通气立管与排水立管连接时，应符合下列要求：

1 顶端应在卫生器具上边缘以上不小于 0.15m 处采用两个 90°弯头相连；

2 通气立管应每层按本规范第 4.6.9 条第 4、5 款的规定与排水立管相连；

3 通气立管下端应在排水横干管或排出管上采用倒顺水三通或倒斜三通相接。

4.6.9B 自循环通气系统，当采取环形通气管与排水横支管连接时，应符合下列要求：

1 通气立管的顶端应按本规范第 4.6.9A 条第 1 款的要求连接；

2 每层排水支管下游端接出环形通气管，应在高出卫生器具上边缘不小于 0.15m 与通气立管相接；横支管连接卫生器具较多且横支管较长并符合本规范第 4.6.3 条设置环形通气管的要求时，应在横支管上按本规范第 4.6.9 条第 1、2 款的要求连接环形通气管；

3 结合通气管的连接应符合本规范第 4.6.9 条第 4 款的要求；

4 通气立管底部应按本规范第 4.6.9A 条第 3 款的要求连接。

4.6.9C 建筑物设置自循环通气的排水系统时，宜在其室外接户管的起始检查井上设置管径不小于 100mm 的通气管。

当通气管延伸至建筑物外壁时，通气管口应符合本规范第 4.6.10 条第 2 款的要求；当设置在其他隐蔽部位时，应高出地面不小于 2m。

4.6.10 高出屋面的通气管设置应符合下列要求：

1 通气管高出屋面不得小于 0.3m，且应大于最大积雪厚度，通气管顶端应装设风帽或网罩；

注：屋顶有隔热层时，应从隔热层板面算起。

2 在通气管口周围 4m 以内有门窗时，通气管口应高出窗顶 0.6m 或引向无门窗一侧；

3 在经常有人停留的平屋面上，通气管应高出屋面 2m，当伸顶通气管为金属管材时，应根据防雷要求设置防雷装置；

4 通气管口不宜设在建筑物挑出部分（如屋檐檐口、阳台和雨篷等）的下面。

4.6.11 通气管的最小管径不宜小于排水管管径的 1/2，并可按表 4.6.11 确定。

表 4.6.11 通气管最小管径

通气管名称	排水管管径(mm)				
	50	75	100	125	150
器具通气管	32	—	50	50	—
环形通气管	32	40	50	50	—
通气立管	40	50	75	100	100

注：1 表中通气立管系指专用通气立管、主通气立管、副通气立管。
2 自循环通气立管管径应与排水立管管径相等。

4.6.12 通气立管长度在 50m 以上时，其管径应与排水立管管径相同。

4.6.13 通气立管长度小于等于50m且两根及两根以上排水立管同时与一根通气立管相连，应以最大一根排水立管按本规范表4.6.11确定通气立管管径，且其管径不宜小于其余任何一根排水立管管径。

4.6.14 结合通气管的管径不宜小于与其连接的通气立管管径。

4.6.15 伸顶通气管管径应与排水立管管径相同。但在最冷月平均气温低于－13℃的地区，应在室内平顶或吊顶以下0.3m处将管径放大一级。

4.6.16 当两根或两根以上污水立管的通气管汇合连接时，汇合通气管的断面积应为最大一根通气管的断面积加其余通气管断面积之和的0.25倍。

4.6.17 通气管的管材，可采用塑料管、柔性接口排水铸铁管等。

4.7 污水泵和集水池

4.7.1 污水泵房应建成单独构筑物，并应有卫生防护隔离带。泵房设计应按现行国家标准《室外排水设计规范》GB 50014执行。

4.7.2 建筑物地下室生活排水应设置污水集水池和污水泵提升排至室外检查井。地下室地坪排水应设集水坑和提升装置。

4.7.3 污水泵宜设置排水管单独接至室外，排出管的横管段应有坡度坡向出口。当2台或2台以上水泵共用一条出水管时，应在每台水泵出水管上装设阀门和止回阀；单台水泵排水有可能产生倒灌时，应设置止回阀。

4.7.4 公共建筑内应以每个生活污水集水池为单元设置一台备用泵。

注：地下室、设备机房、车库冲洗地面的排水，当有2台或2台以上排水泵时可不设备用泵。

4.7.5 当集水池不能设事故排出管时，污水泵应有不间断的动力供应。

注：当能关闭污水进水管时，可不设不间断动力供应。

4.7.6 污水水泵的启闭，应设置自动控制装置。多台水泵可并联交替或分段投入运行。

4.7.7 污水水泵流量、扬程的选择应符合下列规定：
 1 小区污水水泵的流量应按小区最大小时生活排水流量选定；
 2 建筑物内的污水水泵的流量应按生活排水设计秒流量选定；当有排水量调节时，可按生活排水最大小时流量选定；
 3 当集水池接纳水池溢流水、泄空水时，应按水池溢流量、泄流量与排入集水池的其他排水量中大者选择水泵机组；
 4 水泵扬程应按提升高度、管路系统水头损失，另附加2m～3m流出水头计算。

4.7.8 集水池设计应符合下列规定：
 1 集水池有效容积不宜小于最大一台污水泵5min的出水量，且污水泵每小时启动次数不宜超过6次；
 2 集水池除满足有效容积外，还应满足水泵设置、水位控制器、格栅等安装、检查要求；
 3 集水池设计最低水位，应满足水泵吸水要求；
 4 当污水集水池设置在室内地下室时，池盖应密封，并通气管系；室内有敞开的污水集水池时，应设强制通风装置；
 5 集水池底宜有不小于0.05坡度坡向泵位；集水坑的深度及平面尺寸，应按水泵类型而定；
 6 集水池底宜设置自冲管；
 7 集水池应设置水位指示装置，必要时应设置超警戒水位报警装置，并将信号引至物业管理中心。

4.7.9 生活排水调节池的有效容积不得小于6h生活排水平均小时流量。

4.7.10 污水泵、阀门、管道等应选择耐腐蚀、大流通量、不易堵塞的设备器材。

4.8 小型生活污水处理

4.8.1 职工食堂和营业餐厅的含油污水，应经除油装置后方许排入污水管道。

4.8.2 隔油池设计应符合下列规定：
 1 污水流量应按设计秒流量计算；
 2 含食用油污水在池内的流速不得大于0.005m/s；
 3 含食用油污水在池内停留时间宜为2min～10min；
 4 人工除油的隔油池内存油部分的容积，不得小于该池有效容积的25％；
 5 隔油池应设活动盖板；进水管应考虑有清通的可能；
 6 隔油池出水管底至池底的深度，不得小于0.6m。

4.8.2A 隔油器设计应符合下列规定：
 1 隔油器内应有拦截固体残渣装置，并便于清理；
 2 容器内宜设置气浮、加热、过滤等油水分离装置；
 3 隔油器应设置超越管，超越管管径与进水管管径应相同；
 4 密闭式隔油器应设置通气管，通气管应单独接至室外；
 5 隔油器设置在设备间时，设备间应有通风排气装置，且换气次数不宜小于15次/时。

4.8.3 降温池的设计应符合下列规定：
 1 温度高于40℃的排水，应优先考虑将所含热量回收利用，如不可能或回收不合理时，在排入城镇排水管道之前应设降温池；降温池应设置于室外；
 2 降温宜采用较高温度排水与冷水在池内混合的方法进行。冷却水应尽量利用低温废水；所需冷却水量应按热平衡方法计算；
 3 降温池的容积应按下列规定确定：
  1)间断排放污水时，应按一次最大排水量与所需冷却水量的总和计算有效容积；
  2)连续排放污水时，应保证污水与冷却水能充分混合。
 4 降温池管道设置应符合下列要求：
  1)有压高温污水进水管宜装设消音设施，有两次蒸发时，管口应露出水面向上并应采取防止烫伤人的措施；无两次蒸发时，管口宜插进水中深度200mm以上；
  2)冷却水与高温水混合可采用穿孔管喷洒，当采用生活饮用水做冷却水时，应采取防回流污染措施；
  3)降温池虹吸排水管口应设在水池底部；
  4)应设通气管，通气管排出口设置位置应符合安全、环保要求。

4.8.4 化粪池距离地下取水构筑物不得小于30m。

4.8.5 化粪池的设置应符合下列要求：
 1 化粪池宜设置在接户管的下游端，便于机动车清掏的位置；
 2 化粪池外壁距建筑物外墙不宜小于5m，并不得影响建筑物基础。

注：当受条件限制化粪池设于建筑物内时，应采取通气、防臭和防爆措施。

4.8.6 化粪池有效容积应为污水部分和污泥部分容积之和，并宜按下列公式计算：

$$V = V_w + V_n \quad (4.8.6\text{-}1)$$

$$V_w = \frac{m \cdot b_f \cdot q_w \cdot t_w}{24 \times 1000} \quad (4.8.6\text{-}2)$$

$$V_n = \frac{m \cdot b_f \cdot q_n \cdot t_n \cdot (1-b_x) \cdot M_s \times 1.2}{(1-b_n) \times 1000} \quad (4.8.6\text{-}3)$$

式中：V_w——化粪池污水部分容积(m³)；
 V_n——化粪池污泥部分容积(m³)；
 q_w——每人每日计算污水量(L/人·d)见表4.8.6-1；

表 4.8.6-1　化粪池每人每日计算污水量

分类	生活污水与生活废水合流排入	生活污水单独排入
每人每日污水量(L)	(0.85~0.95)用水量	15~20

t_w——污水在池中停留时间(h),应根据污水量确定,宜采用 12h~24h;

q_n——每人每日计算污泥量(L/人·d),见表 4.8.6-2;

表 4.8.6-2　化粪池每人每日计算污泥量(L)

建筑物分类	生活污水与生活废水合流排入	生活污水单独排入
有住宿的建筑物	0.7	0.4
人员逗留时间大于4h并小于等于10h的建筑物	0.3	0.2
人员逗留时间小于等于4h的建筑物	0.1	0.07

t_n——污泥清掏周期应根据污水温度和当地气候条件确定,宜采用(3~12)个月;

b_x——新鲜污泥含水率可按 95% 计算;

b_n——发酵浓缩后的污泥含水率可按 90% 计算;

M_s——污泥发酵后体积缩减系数宜取 0.8;

1.2——清掏后遗留 20% 的容积系数;

m——化粪池服务总人数;

b_f——化粪池实际使用人数占总人数的百分数,可按表 4.8.6-3确定。

表 4.8.6-3　化粪池使用人数百分数

建筑物名称	百分数(%)
医院、疗养院、养老院、幼儿园(有住宿)	100
住宅、宿舍、旅馆	70
办公楼、教学楼、试验楼、工业企业生活间	40
职工食堂、餐饮业、影剧院、体育场(馆)、商场和其他场所(按座位)	5~10

4.8.7 化粪池的构造,应符合下列要求:

1 化粪池的长度与深度、宽度的比例应按污水中悬浮物的沉降条件和积存数量,经水力计算确定。但深度(水面至池底)不得小于1.30m,宽度不得小于0.75m,长度不得小于1.00m,圆形化粪池直径不得小于1.00m。

2 双格化粪池第一格的容量宜为计算总容量的 75%;三格化粪池第一格的容量宜为总容量的 60%,第二格和第三格各宜为总容量的 20%;

3 化粪池格与格、池与连接井之间应设通气孔洞;

4 化粪池进水口、出水口应设置连接井与进水管、出水管相接;

5 化粪池进水管口应设导流装置,出水口处及格与格之间应设拦截污泥浮渣的设施;

6 化粪池池壁和池底,应防止渗漏;

7 化粪池顶板上应设有人孔和盖板。

4.8.8 医院污水必须进行消毒处理。

4.8.8A 医院污水处理后的水质,按排放条件应符合现行国家标准《医疗机构水污染物排放标准》GB 18466 的有关规定。

4.8.9 医院污水处理流程应根据污水性质、排放条件等因素确定,当排入终端已建有正常运行的二级污水处理厂的城市下水道时,宜采用一级处理;直接或间接排入地表水体或海域时,应采用二级处理。

4.8.10 医院污水处理构筑物与病房、医务室、住宅等之间应设置卫生防护隔离带。

4.8.11 传染病房的污水经消毒处理后方可与普通病房污水进行合并处理。

4.8.12 当医院污水排入下列水体时,除应符合本规范第4.8.8A 条规定外,还应根据受水体的要求进行深度水处理:

1 现行国家标准《地表水环境质量标准》GB 3838 中规定的Ⅰ、Ⅱ类水域和Ⅲ类水域的饮用水保护区和游泳区;

2 现行国家标准《海水水质标准》GB 3097 中规定的一、二类海域;

3 经消毒处理后的污水,当排入娱乐和体育用水水体、渔业用水水体时,还应符合国家现行有关标准要求。

4.8.13 化粪池作为医院污水消毒前的预处理时,化粪池的容积宜按污水在池内停留时间 24h~36h 计算,污泥清掏周期宜为 0.5a~1.0a。

4.8.14 医院污水消毒宜采用氯消毒(成品次氯酸钠、氯片、漂白粉、漂粉精或液氯)。当运输或供应困难时,可采用现场制备次氯酸钠、化学法制备二氧化氯消毒方式。

当有特殊要求并经技术经济比较合理时,可采用臭氧消毒法。

4.8.14A 采用氯消毒后的污水,当直接排入地表水体和海域时,应进行脱氯处理,处理后的余氯应小于 0.5mg/L。

4.8.15 医院建筑物含放射性物质、重金属及其他有毒、有害物质的污水,当不符合排放标准时,需进行单独处理达标后,方可排入医院污水处理站或城市排水管道。

4.8.16 医院污水处理系统的污泥,宜由城市环卫部门按危险废物集中处置。当城镇无集中处置条件时,可采用高温堆肥或石灰消化方法处理。

4.8.17 生活污水处理设施的工艺流程应根据污水性质、回用或排放要求确定。

4.8.18 生活污水处理设施的设置应符合下列要求:

1 宜靠近接入市政管道的排放点;

2 建筑小区处理站的位置宜在常年最小频率的上风向,且应用绿化带与建筑物隔开;

3 处理站宜设置在绿地、停车坪及室外空地的地下;

4 处理站当布置在建筑地下室时,应有专用隔间;

5 处理站与给水泵站及清水池水平距离不得小于 10m。

4.8.19 设置生活污水处理设施的房间或地下室应有良好的通风系统,当处理构筑物为敞开式时,每小时换气次数不宜小于 15 次,当处理设施有盖板时,每小时换气次数不宜小于 5 次。

4.8.19A 生活污水处理设施应设超越管。

4.8.20 生活污水处理应设置排臭系统,其排放口位置应避免对周围人、畜、植物造成危害和影响。

4.8.20A 医院污水处理站排臭系统宜进行除臭、除味处理。处理后应达到现行国家标准《医疗机构水污染物排放标准》GB 18466 中规定的处理站周边大气污染物最高允许浓度。

4.8.21 生活污水处理构筑物机械运行噪声不得超过现行国家标准《城市区域环境噪声标准》GB 3096 和《民用建筑隔声设计规范》GB 10070 的有关要求。对建筑物内运行噪声较大的机械应设独立隔间。

4.9　雨　水

4.9.1 屋面雨水排水系统应迅速、及时地将屋面雨水排至室外雨水管渠或地面。

4.9.2 设计雨水流量应按下式计算:

$$q_y = \frac{q_j \Psi F_w}{10000} \quad (4.9.2)$$

式中:q_y——设计雨水流量(L/s);

q_j——设计暴雨强度(L/s·hm²);

Ψ——径流系数;

F_w——汇流面积(m²)。

注:当采用天沟集水且沟檐溢水会流入室内时,设计暴雨强度应乘以 1.5 的系数。

4.9.3 设计暴雨强度应按当地或相邻地区暴雨强度公式计算确定。

4.9.4 建筑屋面、小区的雨水管道的设计降雨历时,可按下列规定确定：

1 屋面雨水排水管道设计降雨历时应按5min计算；

2 小区雨水管道设计降雨历时应按下式计算：

$$t = t_1 + Mt_2 \qquad (4.9.4)$$

式中：t——降雨历时(min)；

t_1——地面集水时间(min)，视距离长短、地形坡度和地面铺盖情况而定，可选用 5min～10min；

M——折减系数，小区支管和接户管：$M=1$；小区干管：暗管 $M=2$，明沟 $M=1.2$；

t_2——排水管内雨水流行时间(min)。

4.9.5 屋面雨水排水管道的排水设计重现期应根据建筑物的重要程度、汇水区域性质、地形特点、气象特征等因素确定，各种汇水区域的设计重现期不宜小于表4.9.5的规定值。

表4.9.5 各种汇水区域的设计重现期量

汇水区域名称		设计重现期(a)
室外场地	小区	1～3
	车站、码头、机场的基地	2～5
	下沉式广场、地下车库坡道出入口	5～50
屋面	一般性建筑物屋面	2～5
	重要公共建筑屋面	≥10

注：1 工业厂房屋面雨水排水设计重现期应根据生产工艺、重要程度等因素确定。
   2 下沉式广场设计重现期应根据广场的构造、重要程度、短期积水即可引起较严重后果等因素确定。

4.9.6 各种屋面、地面的雨水径流系数可按表4.9.6采用。

表4.9.6 径流系数

屋面、地面种类	Ψ
屋面	0.90～1.00
混凝土和沥青路面	0.90
块石路面	0.60
级配碎石路面	0.45
干砖及碎石路面	0.40
非铺砌地面	0.30
公园绿地	0.15

注：各种汇水面积的综合径流系数应加权平均计算。

4.9.7 雨水汇水面积应按地面、屋面水平投影面积计算。高出屋面的毗邻侧墙，应附加其最大受雨面正投影的一半作为有效汇水面积计算。窗井、贴近高层建筑外墙的地下汽车库出入口坡道应附加其高出部分侧墙面积的1/2。

4.9.8 建筑屋面雨水排水工程应设置溢流口、溢流堰、溢流管系等溢流设施。溢流排水不得危害建筑设施和行人安全。

4.9.9 一般建筑的重力流屋面雨水排水工程与溢流设施的总排水能力不应小于10年重现期的雨水量。重要公共建筑、高层建筑的屋面雨水排水工程与溢流设施的总排水能力不应小于其50年重现期的雨水量。

4.9.10 建筑屋面雨水管道设计流态宜符合下列状态：

1 檐沟外排水宜按重力流设计；

2 长天沟外排水宜按满管压力流设计；

3 高层建筑屋面雨水排水宜按重力流设计；

4 工业厂房、库房、公共建筑的大型屋面雨水排水宜按满管压力流设计。

4.9.11 高层建筑裙房屋面的雨水应单独排放。

4.9.12 高层建筑阳台排水系统应单独设置，多层建筑阳台雨水宜单独设置。阳台雨水立管底部应间接排水。

注：当生活阳台设有生活排水设备及地漏时，可不另设阳台雨水排水地漏。

4.9.13 当屋面雨水排水管道按满管压力流排水设计时，同一系统的雨水斗宜在同一水平面上。

4.9.14 屋面排水系统应设置雨水斗。不同设计排水流态、排水特征的屋面雨水排水系统应选用相应的雨水斗。

4.9.15 雨水斗的设置位置应根据屋面汇水情况并结合建筑结构承载、管系敷设等因素确定。

4.9.16 雨水斗的设计排水负荷应根据各种雨水斗的特性，并结合屋面排水条件等情况设计确定，可按表4.9.16选用。

表4.9.16 屋面雨水斗的最大泄流量(L/s)

雨水斗规格(mm)		50	75	100	125	150
重力流排水系统	重力流雨水斗泄流量	—	5.6	10.0	—	23.0
	87型雨水斗泄流量	—	8.0	12.0	—	26.0
满管压力流排水系统	雨水斗泄流量	6.0～18.0	12.0～32.0	25.0～70.0	60.0～120.0	100.0～140.0

注：满管压力流雨水斗应根据不同型号的具体产品确定其最大泄流量。

4.9.17 天沟布置应以伸缩缝、沉降缝、变形缝为分界。

4.9.18 天沟坡度不宜小于0.003。

注：金属屋面的水平金属长天沟可无坡度。

4.9.19 小区内雨水口的布置应根据地形、建筑物位置，沿道路布置。下列部位宜布置雨水口：

1 道路交汇处和路面最低点；

2 建筑物单元出入口与道路交汇处；

3 建筑雨落水管附近；

4 小区空地、绿地的低洼点；

5 地下坡道入口处(结合带格栅的排水沟一并处理)。

4.9.20 重力流屋面雨水排水管系的悬吊管应按非满流设计，其充满度不宜大于0.8，管内流速不宜小于0.75m/s。

4.9.21 重力流屋面雨水排水管系的埋地管可按满流排水设计，管内流速不宜小于0.75m/s。

4.9.22 重力流屋面雨水排水立管的最大设计泄流量，应按表4.9.22确定。

表4.9.22 重力流屋面雨水排水立管的泄流量

铸铁管		塑料管		钢管	
公称直径(mm)	最大泄流量(L/s)	公称外径×壁厚(mm)	最大泄流量(L/s)	公称外径×壁厚(mm)	最大泄流量(L/s)
75	4.30	75×2.3	4.50	108×4	9.40
100	9.50	90×3.2	7.40	133×4	17.10
		110×3.2	12.80		
125	17.00	125×3.5	18.30	159×4.5	27.80
		125×3.7	18.00	168×6	30.80
150	27.80	160×4.0	35.50	219×6	65.50
		160×4.7	34.70		
200	60.00	200×4.9	64.60	245×6	89.80
		200×5.9	62.80		
250	108.00	250×6.2	117.00	273×7	119.10
		250×7.3	114.70		
300	176.00	315×7.7	217.00	325×7	194.00
		315×9.2	211.00		

4.9.22A 满管压力流屋面雨水排水管道管径应经过计算确定。

4.9.23 小区雨水管道宜按满管重力流设计，管内流速不宜小于0.75m/s。

4.9.24 满管压力流屋面雨水排水管道应符合下列规定：

1 悬吊管中心线与雨水斗出口的高差不宜大于1.0m；

2 悬吊管设计流速不宜小于1m/s，立管设计流速不宜大于10m/s；

3 雨水排水管道总水头损失与流出水头之和不得大于雨水管进、出口的几何高差；

4 悬吊管水头损失不得大于80kPa；

5 满管压力流排水管系各节点的上游不同支路的计算水头损失之差，在管径小于等于DN75时，不应大于10kPa；在管径大于等于DN100时，不应大于5kPa；

6 满管压力流排水管系出口应放大管径，其出口水流速度不宜大于1.8m/s，当其出口水流速度大于1.8m/s时，应采取消能措施。

4.9.25 各种雨水管道的最小管径和横管的最小设计坡度宜按表4.9.25确定。

表4.9.25 雨水管道的最小管径和横管的最小设计坡度

管 别	最小管径 (mm)	横管最小设计坡度	
		铸铁管、钢管	塑料管
建筑外墙雨落水管	75(75)	—	—
雨水排水立管	100(110)	—	—
重力流排水悬吊管、埋地管	100(110)	0.01	0.0050
满管压力流屋面排水悬吊管	50(50)	0.00	0.0000
小区建筑物周围雨水接户管	200(225)	—	0.0030
小区道路下干管、支管	300(315)	—	0.0015
13#沟头的雨水口的连接管	150(160)	—	0.0100

注：表中铸铁管管径为公称直径，括号内数据为塑料管外径。

4.9.26 雨水排水管材选用应符合下列规定：

1 重力流排水系统多层建筑宜采用建筑排水塑料管，高层建筑宜采用耐腐蚀的金属管、承压塑料管；

2 满管压力流排水系统宜采用内壁较光滑的带内衬的承压排水铸铁管、承压塑料管和钢塑复合管等，其管材工作压力应大于建筑物净高度产生的静水压。用于满管压力流排水的塑料管，其管材抗环变形外压力应大于0.15MPa；

3 小区雨水排水系统可选用埋地塑料管、混凝土管或钢筋混凝土管、铸铁管等。

4.9.27 建筑屋面各汇水范围内，雨水排水立管不宜少于2根。

4.9.28 重力流屋面雨水排水管系，悬吊管管径不得小于雨水斗连接管的管径，立管管径不得小于悬吊管的管径。

4.9.29 满管压力流屋面雨水排水管系，立管管径应经计算确定，可小于上游横管管径。

4.9.30 屋面雨水排水管的转向处宜作顺水连接。

4.9.31 屋面排水管系应根据管道直线长度、工作环境、选用管材等情况设置必要的伸缩装置。

4.9.32 重力流雨水排水系统中长度大于15m的雨水悬吊管，应设检查口，其间距不宜大于20m，且应布置在便于维修操作处。

4.9.33 有埋地排出管的屋面雨水排出管系，立管底部宜设检查口。

4.9.34 雨水检查井的最大间距可按表4.9.34确定。

表4.9.34 雨水检查井的最大间距

管 径(mm)	最大间距（m）
150(160)	30
200~300(200~315)	40
400(400)	50
≥500(500)	70

注：括号内数据为塑料管外径。

4.9.35 寒冷地区，雨水立管宜布置在室内。

4.9.36 雨水管应牢固地固定在建筑物的承重结构上。

4.9.36A 下沉式广场地面排水、地下车库出入口的明沟排水，应设置雨水集水池和排水泵提升排至室外雨水检查井。

4.9.36B 雨水集水池和排水泵设计应符合下列要求：

1 排水泵的流量应按排入集水池的设计雨水量确定；

2 排水泵不应少于2台，不宜大于8台，紧急情况下可同时使用；

3 雨水排水泵应有不间断的动力供应；

4 下沉式广场地面排水集水池的有效容积，不应小于最大一台排水泵30s的出水量；

5 地下车库出入口的明沟排水集水池的有效容积，不应小于最大一台排水泵5min的出水量。

5 热水及饮水供应

5.1 用水定额、水温和水质

5.1.1 热水用水定额根据卫生器具完善程度和地区条件，应按表5.1.1-1确定。

表5.1.1-1 热水用水定额

序号	建筑物名称	单位	最高日用水定额(L)	使用时间(h)
1	住宅 有自备热水供应和沐浴设备 有集中热水供应和沐浴设备	每人每日 每人每日	40~80 60~100	24 24
2	别墅	每人每日	70~110	24
3	酒店式公寓	每人每日	80~100	24
4	宿舍 Ⅰ类、Ⅱ类 Ⅲ类、Ⅳ类	每人每日 每人每日	70~100 40~80	24 或定时供应
5	招待所、培训中心、普通旅馆 设公用盥洗室 设公用盥洗室、淋浴室 设公用盥洗室、淋浴室、洗衣室 设单独卫生间、公用洗衣室	每人每日 每人每日 每人每日 每人每日	25~40 40~60 50~80 60~100	24 或定时供应
6	宾馆客房 旅客 员工	每床位每日 每人每日	120~160 40~50	24
7	医院住院部 设公用盥洗室 设公用盥洗室、淋浴室 设单独卫生间 医务人员 门诊部、诊疗所 疗养院、休养所住房部	每床位每日 每床位每日 每床位每日 每人每班 每病人每次 每床位每日	60~100 70~130 110~200 70~130 7~13 100~160	24 8 24
8	养老院	每床位每日	50~70	24
9	幼儿园、托儿所 有住宿 无住宿	每儿童每日 每儿童每日	20~40 10~15	24 10
10	公共浴室 淋浴 淋浴、浴盆 桑拿浴(淋浴、按摩池)	每顾客每次 每顾客每次 每顾客每次	40~60 60~80 70~100	12
11	理发室、美容院	每顾客每次	10~15	12
12	洗衣房	每公斤干衣	15~30	8
13	餐饮业 营业餐厅 快餐店、职工及学生食堂 酒吧、咖啡厅、茶座、卡拉OK房	每顾客每次 每顾客每次 每顾客每次	15~20 7~10 3~8	10~12 12~16 8~18
14	办公楼	每人每班	5~10	8
15	健身中心	每人每次	15~25	12
16	体育场(馆) 运动员淋浴	每人每次	17~26	4
17	会议厅	每座位每次	2~3	4

注：1 热水温度按60℃计。
　　2 表中所列用水定额均已包括在本规范3.1.9、表3.1.10中。
　　3 本表以60℃热水水温为计算温度，卫生器具的使用水温见表5.1.1-2。

卫生器具的一次和小时热水用水量和水温应按表5.1.1-2确定。

表 5.1.1-2　卫生器具的一次和小时热水用水定额及水温

序号	卫生器具名称		一次用水量(L)	小时用水量(L)	使用水温(℃)
1	住宅、旅馆、别墅、宾馆、酒店式公寓				
		带有淋浴器的浴盆	150	300	40
		无淋浴器的浴盆	125	250	40
		淋浴器	70~100	140~200	37~40
		洗脸盆、盥洗槽水嘴	3	30	30
		洗涤盆(池)	—	180	50
2	宿舍、招待所、培训中心				
		淋浴器:有淋浴小间	70~100	210~300	37~40
		无淋浴小间	—	450	37~40
		盥洗槽水嘴	3~5	50~80	30
3	餐饮业				
		洗涤盆(池)	—	250	50
		洗脸盆:工作人员用	3	60	30
		顾客用	—	120	30
		淋浴器	40	400	37~40
4	幼儿园、托儿所				
		浴盆:幼儿园	100	400	35
		托儿所	30	120	35
		淋浴器:幼儿园	30	180	35
		托儿所	15	90	35
		盥洗槽水嘴	15	25	30
		洗涤盆(池)	—	180	50
5	医院、疗养院、休养所				
		洗手盆	—	15~25	35
		洗涤盆(池)	—	300	50
		淋浴器	—	200~300	37~40
		浴盆	125~150	250~300	40
6	公共浴室				
		浴盆	125	250	40
		淋浴器:有淋浴小间	100~150	200~300	37~40
		无淋浴小间	—	450~540	37~40
		洗脸盆	5	50~80	35
7	办公楼　洗手盆		—	50~100	35
8	理发室　美容院　洗脸盆		—	35	35
9	实验室				
		洗脸盆	—	60	50
		洗手盆	—	15~30	30
10	剧场				
		淋浴器	60	200~400	37~40
		演员用洗脸盆	5	80	35
11	体育场馆　淋浴器		30	300	35
12	工业企业生活间				
		淋浴器:一般车间	40	360~540	37~40
		脏车间	60	180~480	40
		洗脸盆或盥洗槽水嘴:一般车间	3	90~120	30
		脏车间	5	100~150	35
13	净身器		10~15	120~180	30

注:一般车间指现行国家标准《工业企业设计卫生标准》GBZ 1中规定的3、4级卫生特征的车间,脏车间指该标准中规定的1、2级卫生特征的车间。

5.1.2 生活热水水质的水质指标,应符合现行国家标准《生活饮用水卫生标准》GB 5749 的要求。

5.1.3 集中热水供应系统的原水的水处理,应根据水质、水量、水温、水加热设备的构造、使用要求等因素经技术经济比较按下列规定确定:

1 当洗衣房日用热水量(按 60℃ 计)大于或等于 10m³ 且原水总硬度(以碳酸钙计)大于 300mg/L 时,应进行水质软化处理;原水总硬度(以碳酸钙计)为 150mg/L~300mg/L 时,宜进行水质软化处理;

2 其他生活日用热水量(按 60℃ 计)大于 10m³ 且原水总硬度(以碳酸钙计)大于 300mg/L 时,宜进行水质软化或阻垢缓蚀处理;

3 经软化处理后的水质总硬度宜为:
　1)洗衣房用水:50mg/L~100mg/L;
　2)其他用水:75mg/L~150mg/L;

4 水质阻垢缓蚀处理应根据水的硬度、适用流速、温度、作用时间或有效长度及工作电压等选择合适的物理处理或化学稳定剂处理方法;

5 当系统对溶解氧控制要求较高时,宜采取除氧措施。

5.1.4 冷水的计算温度,应以当地最冷月平均水温资料确定。当无水温资料时,可按表 5.1.4 采用。

表 5.1.4　冷水计算温度(℃)

区域	省、市、自治区、行政区		地面水	地下水	区域	省、市、自治区、行政区		地面水	地下水
东北	黑龙江		4	6~10	东南	江苏	偏北	4	10~15
	吉林		4	6~10			大部	5	15~20
	辽宁	大部	4	6~10		江西	大部	5	15~20
		南部	4	10~15		安徽	大部	5	15~20
华北	北京		4	10~15			北部	5	15~20
	天津		4	10~15		福建	南部	10~15	20
	河北	北部	4	6~10		台湾		10~15	20
		大部	4	10~15	中南	河南	北部	4	10~15
	山西	北部	4	6~10			南部	5	15~20
		大部	4	10~15		湖北	东部	5	15~20
	内蒙古		4	6~10			西部	7	15~20
西北	陕西	偏北	4	6~10		湖南	东部	5	15~20
		大部	4	10~15			西部	7	15~20
		秦岭以南	7	15~20		广东、港澳		10~15	20
	甘肃	南部	4	10~15		海南		15~20	17~22
		秦岭以南	7	15~20	西南	重庆		7	15~20
	青海	偏东	5	10~15		贵州		7	15~20
			4	6~10		四川	大部	7	15~20
	宁夏	偏东	4	6~10			西部	4	10~15
		南部	4	10~15		云南		10~15	20
	新疆	北疆	5	10~11					
		南疆	12						
		乌鲁木齐		12					
东南	山东		4	10~15		广西	大部	10~15	20
	上海		5	15~20			偏北	7	15~20
	浙江		5	15~20		西藏			5

5.1.5 直接供应热水的热水锅炉、热水机组或水加热器出口的最高水温和配水点的最低水温可按表 5.1.5 采用。

表 5.1.5　直接供应热水的热水锅炉、热水机组或水加热器出口的最高水温和配水点的最低水温(℃)

水质处理情况	热水锅炉、热水机组或加热器出口的最高水温	配水点的最低水温
原水水质无需软化处理,原水水质需水质处理	75	50
原水水质需水质处理但未进行水质处理	60	50

5.1.5A 设置集中热水供应系统的住宅,配水点的水温不应低于 45℃。

5.2 热水供应系统选择

5.2.1 热水供应系统的选择,应根据使用要求、耗热量及用水点分布情况,结合热源条件确定。

5.2.2 集中热水供应系统的热源,宜首先利用工业余热、废热、地热。

注:1　利用废热锅炉制备热媒时,引入其内的废气、烟气温度不宜低于400℃。
　2　当以地热为热源时,应按地热水的水温、水质和水压,采取相应的技术措施。

5.2.2A 当日照时数大于 1400h/年且年太阳辐射量大于 4200MJ/m² 及年极端最低气温不低于-45℃的地区,宜优先采用太阳能作为热水供应热源。

5.2.2B 具备可再生低温能源的下列地区可采用热泵热水供应系统:

1 在夏热冬暖地区,宜采用空气源热泵热水供应系统;

2 在地下水源充沛、水文地质条件适宜,并能保证回灌的地区,宜采用地下水源热泵热水供应系统;

3 在沿江、沿海、沿湖、地表水源充足,水文地质条件适宜,及有条件利用城市污水、再生水的地区,宜采用地表水源热泵热水供应系统。

注:当采用地下水源和地表水源时,应经当地水务主管部门批准,必要时应进行生

态环境、水质卫生方面的评估。

5.2.3 当没有条件利用工业余热、废热、地热或太阳能等自然热源时，宜优先采用能保证全年供热的热力管网作为集中热水供应的热媒。

5.2.4 当区域性锅炉房或附近的锅炉房能充分供给蒸汽或高温水时，宜采用蒸汽或高温水作集中热水供应系统的热媒。

5.2.5 当本规范第5.2.2～5.2.4条所述热源无可利用时，可设燃油(气)热水机组或电蓄热设备等供给集中热水供应系统的热源或直接供给热水。

5.2.6 局部热水供应系统的热源宜采用太阳能及电能、燃气、蒸汽等。

5.2.7 升温后的冷却水，当其水质符合本规范第5.1.2条规定的要求时，可作为生活用热水。

5.2.8 利用废热(废气、烟气、高温无毒废液等)作热媒时，应采取下列措施：
  1 加热设备应防腐，其构造应便于清理水垢和杂物；
  2 应采取措施防止热媒管道渗漏而污染水质；
  3 应采取措施消除废气压力波动和除油。

5.2.9 采用蒸汽直接通入水中或采取汽水混合设备的加热方式时，宜用于开式热水供应系统，并应符合下列要求：
  1 蒸汽中不得含油质及有害物质；
  2 加热时应采用消声混合器，所产生的噪声应符合现行国家标准《城市区域环境噪声标准》GB 3096 的要求；
  3 当不回收凝结水经技术经济比较合理时；
  4 应采取防止热水倒流至蒸汽管道的措施。

5.2.10 集中热水供应系统应设热水循环管道，其设置应符合下列要求：
  1 热水供应系统应保证干管和立管中的热水循环；
  2 要求随时取得不低于规定温度的热水的建筑物，应保证支管中的热水循环，或保证支管中热水温度的措施；
  3 循环系统应设循环泵，并应采用机械循环。

5.2.10A 设有三个或三个以上卫生间的住宅、别墅的局部热水供应系统当采用共用水加热设备时，宜设热水回水管及循环泵。

5.2.11 建筑物内集中热水供应系统的热水循环管道宜采用同程布置的方式；当采用同程布置困难时，应采取保证干管和立管循环效果的措施。

5.2.11A 居住小区内集中热水供应系统的热水循环管道宜根据建筑物的布置、各单体建筑物内热水循环管道布置的差异等，采取保证循环效果的适宜措施。

5.2.12 设有集中热水供应系统的建筑物中，用水量较大的浴室、洗衣房、厨房等，宜设单独的热水管网。热水为定时供应且个别用户对热水供应时间有特殊要求时，宜设置单独的热水管网或局部加热设备。

5.2.13 高层建筑热水系统的分区，应遵循如下原则：
  1 应与给水系统的分区一致，各区水加热器、贮水罐的进水均应由同区的给水系统专管供应；当不能满足时，应采取保证系统冷、热水压力平衡的措施；
  2 当采用减压阀分区时，除应满足本规范第3.4.10条的要求外，尚应保证各分区热水的循环。

5.2.14 当给水管道的水压变化较大且用水点要求水压稳定时，宜采用开式热水供应系统或采取稳压措施。

5.2.15 当卫生设备设有冷热水混合器或混合龙头时，冷、热水供应系统在配水点处应有相近的水压。

5.2.16 公共浴室淋浴器出水水温应稳定，并宜采取下列措施：
  1 采用开式热水供应系统；
  2 给水额定流量较大的用水设备的管道，应与淋浴配水管道分开；
  3 多于3个淋浴器的配水管道，宜布置成环形；
  4 成组淋浴器的配水管的沿程水头损失，当淋浴器少于或等于6个时，可采用每米不大于300Pa；当淋浴器多于6个时，可采用每米不大于350Pa。配水管不宜变径，且其最小管径不得小于25mm；
  5 工业企业生活间和学校的淋浴室，宜采用单管热水供应系统。单管热水供应系统应采取保证热水水温稳定的技术措施。

注：公共浴室不宜采用公用浴池沐浴的方式；当必须采用时，则应设循环水处理系统及消毒设备。

5.2.16A 养老院、精神病医院、幼儿园、监狱等建筑的淋浴和浴盆设备的热水管道应采取防烫伤措施。

5.3 耗热量、热水量和加热设备供热量的计算

5.3.1 设计小时耗热量的计算应符合下列要求：
  1 设有集中热水供应系统的居住小区的设计小时耗热量应按下列规定计算：
    1) 当居住小区内配套公共设施的最大用水时时段与住宅的最大用水时时段一致时，应按两者的设计小时耗热量叠加计算；
    2) 当居住小区内配套公共设施的最大用水时时段与住宅的最大用水时时段不一致时，应按住宅的设计小时耗热量加配套公共设施的平均小时耗热量叠加计算。
  2 全日供应热水的宿舍(Ⅰ、Ⅱ类)、住宅、别墅、酒店式公寓、招待所、培训中心、旅馆、宾馆的客房(不含员工)、医院住院部、养老院、幼儿园、托儿所(有住宿)、办公楼等建筑的集中热水供应系统的设计小时耗热量应按下式计算：

$$Q_h = K_h \frac{m q_r C (t_r - t_l) \rho_r}{T} \quad (5.3.1\text{-}1)$$

式中：Q_h——设计小时耗热量(kJ/h)；
  m——用水计算单位数(人数或床位数)；
  q_r——热水用水定额(L/人·d 或 L/床·d)，按本规范表5.1.1采用；
  C——水的比热，$C = 4.187 (kJ/kg \cdot ℃)$；
  t_r——热水温度，$t_r = 60(℃)$；
  t_l——冷水温度，按本规范表5.1.4选用；
  ρ_r——热水密度(kg/L)；
  T——每日使用时间(h)，按本规范表5.1.1采用；
  K_h——小时变化系数，可按表5.3.1采用。

表5.3.1 热水小时变化系数 K_h 值

类别	住宅	别墅	酒店式公寓	宿舍(Ⅰ、Ⅱ类)	招待所培训中心、普通旅馆	宾馆	医院、疗养院	幼儿园托儿所	养老院
热水用水定额[L/人(床)·d]	60～100	70～110	80～100	70～100	25～50 40～60 50～80 60～100	120～160	60～100 70～130 110～200 100～160	20～40	50～70
使用人(床)数	≤100～>6000	≤100～>6000	≤150～>1200	≤150	≤150～>1200	≤150～>1200	≤50～>1000	≤50～>1000	≤50～>1000
K_h	4.8～2.75	4.21～2.47	4.00～2.58	4.80～3.00	3.84～3.00	3.33～2.60	3.63～2.56	4.80～3.20	3.20～2.74

注：1 K_h 应根据热水用水定额高低、使用人(床)数多少取值，当热水用水定额高、使用人(床)数多时取低值，反之取高值。使用人(床)数小于等于下限值及大于等于上限值，K_h 就取下限值及上限值，中间值可用内插法求得。
2 设有全日集中热水供应系统的办公楼、公共浴室等表中未列入的其他类建筑的 K_h 可按本规范表 3.1.10 给水的小时变化系数选值。

3 定时供应热水的住宅、旅馆、医院及工业企业生活间、公共浴室、宿舍（Ⅲ、Ⅳ类）、剧院化妆间、体育馆（场）运动员休息室等建筑的集中热水供应系统的设计小时耗热量应按下式计算：

$$Q_h = \sum q_h(t_r - t_l)\rho_r n_o bC \qquad (5.3.1-2)$$

式中：Q_h——设计小时耗热量(kJ/h)；
  q_h——卫生器具热水的小时用水定额(L/h)，按本规范表5.1.1-2采用；
  C——水的比热，$C=4.187(kJ/kg \cdot ℃)$；
  t_r——热水温度(℃)，按本规范表5.1.1-2采用；
  t_l——冷水温度(℃)，按本规范表5.1.4采用；
  ρ_r——热水密度(kg/L)；
  n_o——同类型卫生器具数；
  b——卫生器具的同时使用百分数：住宅、旅馆、医院、疗养院病房卫生间内浴盆或淋浴器可按70%~100%计，其他器具不计，但定时连续供水时间应大于等于2h。工业企业生活间、公共浴室、学校、剧院、体育馆（场）等的浴室内的淋浴器和洗脸盆均按100%计。住宅一户设有多个卫生间时，可按一个卫生间计算。

4 具有多个不同使用热水部门的单一建筑或具有多种使用功能的综合性建筑，当其热水由同一热水供应系统供应时，设计小时耗热量，可按同一时间内出现用水高峰的主要用水部门的设计小时耗热量加其他用水部门的平均小时耗热量计算。

5.3.2 设计小时热水量可按下式计算：

$$q_{rh} = \frac{Q_h}{(t_r - t_l)C\rho_r} \qquad (5.3.2)$$

式中：q_{rh}——设计小时热水量(L/h)；
  Q_h——设计小时耗热量(kJ/h)；
  t_r——设计热水温度(℃)；
  t_l——设计冷水温度(℃)。

5.3.3 全日集中热水供应系统中，锅炉、水加热设备的设计小时供热量应根据日热水用量小时变化曲线、加热方式及锅炉、水加热设备的工作制度经积分曲线计算确定。当无条件时，可按下列原则确定：

1 容积式水加热器或贮热容积与其相当的水加热器、燃油(气)热水机组应按下式计算：

$$Q_g = Q_h - \frac{\eta V_r}{T}(t_r - t_l)C\rho_r \qquad (5.3.3)$$

式中：Q_g——容积式水加热器(含导流型容积式水加热器)的设计小时供热量(kJ/h)；
  Q_h——设计小时耗热量(kJ/h)；
  η——有效贮热容积系数；容积式水加热器 $\eta=0.7\sim0.8$，导流型容积式水加热器 $\eta=0.8\sim0.9$；
  第一循环系统为自然循环时，卧式贮热水罐 $\eta=0.80\sim0.85$，立式贮热水罐 $\eta=0.85\sim0.90$；
  第一循环系统为机械循环时，卧、立式贮热水罐 $\eta=1.0$；
  V_r——总贮热容积(L)；
  T——设计小时耗热量持续时间(h)，$T=2h\sim4h$；
  t_r——热水温度(℃)，按设计水加热器出水温度或贮水温度计算；
  t_l——冷水温度(℃)，按本规范表5.1.4采用。
  注：当Q_g计算值小于平均小时耗热量时，Q_g应取平均小时耗热量。

2 半容积式水加热器或贮热容积与其相当的水加热器、燃油(气)热水机组的设计小时供热量应按设计小时耗热量计算。

3 半即热式、快速式水加热器及其他无贮热容积的水加热设备的设计小时供热量应按设计秒流量所需耗热量计算。

5.4 水的加热和贮存

5.4.1 水加热设备应根据使用特点、耗热量、热源、维护管理及卫生防菌等因素选择，并应符合下列要求：

1 热效率高，换热效果好，节能、节省设备用房；

2 生活热水侧阻力损失小，有利于整个系统冷、热水压力的平衡；

3 安全可靠、构造简单、操作维修方便。

5.4.2 选用水加热设备还应遵循下列原则：

1 当采用自备热源时，宜采用直接供应热水的燃油(气)热水机组，亦可采用间接供应热水的自带换热器的燃油(气)热水机组或外配容积式、半容积式加热器的燃油(气)热水机组；

2 燃油(气)热水机组除应满足本规范第5.4.1条的要求之外，还应具备燃料燃烧完全、消烟除尘、机组水套通大气、自动控制水温、火焰感应、自动报警等功能；

3 当采用蒸气、高温水为热媒时，应结合用水的均匀性、给水水质硬度、热媒的供应能力、系统对冷热水压力平衡稳定的要求及设备所带温控安全装置的灵敏度、可靠性等经综合技术经济比较后选择间接水加热设备；

4 当热源为太阳能时，其水加热系统应根据冷水水质硬度、气候条件、冷热水压力平衡要求、节能、节水、维护管理等经技术经济比较确定；

5 在电源供应充沛的地方可采用电热水器。

5.4.2A 太阳能加热系统的设计应符合下列要求：

1 太阳能集热器应符合下列要求：

 1) 太阳能集热器的设置应与建筑专业统一规划协调，并在满足水加热系统要求的同时不得影响结构安全和建筑美观；

 2) 集热器的安装方位、朝向、倾角和间距等应符合现行国家标准《民用建筑太阳能热水系统应用技术规范》GB 50364的要求；

 3) 集热器总面积应根据日用水量、当地年平均日太阳辐照量和集热器集热效率等因素按下列公式计算：

直接加热供水系统的集热器总面积可按下式计算：

$$A_{jz} = \frac{q_r mC\rho_r(t_r - t_l)f}{J_r \eta_j(1-\eta_l)} \qquad (5.4.2A-1)$$

式中：A_{jz}——直接加热集热器总面积(m²)；
  q_r——设计日用热水量(L/d)，按不高于本规范表5.1.1-1热水用水定额中下限取值；
  m——用水单位数；
  t_r——热水温度(℃)，$t_r=60℃$；
  t_l——冷水温度(℃)，按本规范表5.1.4采用；
  J_r——集热器采光面上年平均日太阳辐照量(kJ/m²·d)；
  f——太阳能保证率，根据系统使用期内的太阳辐照量、系统经济性和用户要求等因素综合考虑后确定，取30%~80%；
  η_j——集热器年平均集热效率，按集热器产品实测数据确定，经验值为45%~50%；
  η_l——贮水箱和管路的热损失率，取15%~30%。

间接加热供水系统的集热器总面积可按下式计算：

$$A_{jj} = A_{jz}\left(1 + \frac{F_R U_L \cdot A_{jz}}{K \cdot F_{jr}}\right) \qquad (5.4.2A-2)$$

式中：A_{jj}——间接加热集热器总面积(m²)；
  $F_R U_L$——集热器热损失系数[kJ/(m²·℃·h)]；
  平板型可取14.4[kJ/(m²·℃·h)]~21.6[kJ/(m²·℃·h)]；
  真空管型可取3.6[kJ/(m²·℃·h)]~7.2[kJ/(m²·℃·h)]，具体数值根据集热器产品的实测结果确定；
  K——水加热器传热系数[kJ/(m²·℃·h)]；
  F_{jr}——水加热器加热面积(m²)。

4）太阳能集热系统贮热水箱有效容积可按下式计算：

$$V_{rx} = q_{rjd} \cdot A_j \quad (5.4.2A-3)$$

式中：V_{rx}——贮热水箱有效容积(L)；
A_j——集热器总面积(m^2)；
q_{rjd}——集热器单位采光面积平均每日产热水量[L/($m^2 \cdot d$)]，根据集热器产品的实测结果确定。无条件时，根据当地太阳辐照量、集热器集热性能、集热面积的大小等因素按下列原则确定：直接供水系统 $q_{rjd} = 40L/(m^2 \cdot d) \sim 100L/(m^2 \cdot d)$；间接供水系统 $q_{rjd} = 30L/(m^2 \cdot d) \sim 70L/(m^2 \cdot d)$。

2 强制循环的太阳能集热系统应设循环泵。循环泵的流量扬程计算应符合下列要求：

1）循环泵的流量可按下式计算：

$$q_x = q_{gz} \cdot A_j \quad (5.4.2A-4)$$

式中：q_x——集热系统循环流量(L/s)；
q_{gz}——单位采光面积集热器对应的工质流量[L/($s \cdot m^2$)]，按集热器产品实测数据确定。无条件时，可取0.015 L/($s \cdot m^2$) ～0.020L/($s \cdot m^2$)。

2）开式直接加热太阳能集热系统循环泵的扬程应按下式计算：

$$H_x = h_{jx} + h_j + h_z + h_f \quad (5.4.2A-5)$$

式中：H_x——循环泵扬程(kPa)；
h_{jx}——集热系统循环管道的沿程与局部阻力损失(kPa)；
h_j——循环流量流经集热器的阻力损失(kPa)；
h_z——集热器顶与贮热水箱最低水位之间的几何高差(kPa)；
h_f——附加压力(kPa)，取20kPa～50kPa。

3）闭式间接加热太阳能集热系统循环泵的扬程应按下式计算：

$$H_x = h_{jx} + h_e + h_j + h_f \quad (5.4.2A-6)$$

式中：h_e——循环流量经集热水加热器的阻力损失(MPa)。

3 集热水加热器的水加热面积应按本规范式(5.4.6)计算确定，其中热媒与被加热水的计算温度差 Δt_j 可按 5℃～10℃取值；

4 太阳能热水供应系统应设辅助热源及其加热设施。其设计计算应符合下列要求：

1）辅助能源宜因地制宜选择城市热力管网、燃气、燃油、电、热泵等；
2）辅助热源的供热量应按本规范第5.3.3条设计计算；
3）辅助热源及其水加热设施应结合热源条件、系统型式及太阳能供热的不稳定状态等因素，经技术经济比较后合理选择、配置；
4）辅助热源加热设备应根据热源种类及其供水水质、冷热水系统型式等选用直接加热或间接加热设备；
5）辅助热源的控制应在保证充分利用太阳能集热量的条件下，根据不同的热水供应方式采用手动控制、全日自动控制或定时自动控制。

5.4.2B 当采用热泵机组供应热水时，其设计应符合下列要求：

1 水源热泵热水供应系统设计应符合下列要求：

1）水源热泵宜优先考虑以空调冷却水等水质较好、水温较高且水量、水温稳定的废水为热源；
2）水源总水量应按供热量、水源温度和热泵机组性能等综合因素确定；
3）水源热泵的设计小时供热量应按下式计算：

$$Q_g = k_1 \frac{mq_rC(t_r-t_l)\rho_r}{T_1} \quad (5.4.2B-1)$$

式中：Q_g——水源热泵设计小时供热量(kJ/h)；
q_r——热水用水定额(L/人·d 或 L/床·d)，按不高于本规范表5.1.1-1和表5.1.1-2中用水定额中下限取值；
m——用水计算单位数(人数或床位数)；
t_r——热水温度，$t_r=60$(℃)；
t_l——冷水温度，按本规范表5.1.4选用；
T_1——热泵机组设计工作时间(h/d)，取12h～20h；
k_1——安全系数，$k_1=1.05\sim1.10$。

4）水源水质应满足热泵机组或换热器的水质要求，当其不满足时，应采取有效的过滤、沉淀、灭藻、阻垢、缓蚀等处理措施。当以污废水为水源时，应作相应污水、废水处理；
5）水源热泵制备热水可根据水质硬度、冷水和热水供应系统的型式等经技术经济比较后采用直接供水或作热媒间接换热供水；
6）水源热泵热水供应系统应设置贮热水箱(罐)，其总贮热水容积为：全日制集中热水供应系统贮热水箱(罐)总容积，应根据日耗热量、热泵持续工作时间及热泵工作时间内耗热量等因素确定，当此因素不确定时宜按下式计算：

$$V_r = k_2 \frac{(Q_h-Q_g)T}{\eta(t_r-t_l)C\rho_r} \quad (5.4.2B-2)$$

式中：Q_h——设计小时耗热量(kJ/h)；
Q_g——设计小时供热量(kJ/h)；
V_r——贮热水箱(罐)总容积(L)；
T——设计小时耗热量持续时间(h)；
η——有效贮热容积系数，贮热水箱、卧式贮热水罐 $\eta=0.80\sim0.85$，立式贮热水罐 $\eta=0.85\sim0.90$；
k_2——安全系数，$k_2=1.10\sim1.20$。

定时热水供应系统的贮热水箱(罐)的有效容积宜为定时供应最大时段的全部耗水量；

7）水源热泵换热系统设计应符合现行国家标准《地源热泵系统工程技术规范》GB 50366 的相关规定。

2 空气源热泵热水供应系统设计应符合下列要求：

1）空气源热泵热水供应系统设置辅助热源应下列原则确定：

最冷月平均气温不小于10℃的地区，可不设辅助热源；
最冷月平均气温小于10℃且不小于0℃时，宜设置辅助热源；

2）空气源热泵辅助热源应就地获取，经过经济技术比较后，选用投资省、低能耗热源；

注：经技术经济比较合理时，采暖季节宜用燃煤(气)锅炉、热力管网的高温水或电力作为热水供应辅助热源。

3）空气源热泵的供热量可按本规范式(5.4.2B-1)计算确定；当设辅助热源时，宜按当地气历春分、秋分所在月的平均气温和冷水供水温度计算；当不设辅助热源时，应按当地最冷月平均气温和冷水供水温度计算；
4）空气源热泵水加热贮热设备的有效容积，可根据制备热水的方式按本条第1款第6)项确定。

5.4.3 医院热水供应系统的锅炉或水加热器不得少于2台，其他建筑的热水供应系统的水加热设备不宜少于2台，一台检修时，其余各台的总供热能力不得少于设计小时耗热量的50%。

医院建筑不得采用有滞水区的容积式水加热器。

5.4.4 当选用局部热水供应设备时，应符合下列要求：

1 选用设备应综合考虑热源条件、建筑物性质、安装位置、安全要求及设备性能特点等因素；

2 需同时供给多个卫生器具或设备热水时，宜选用带贮热容积的加热设备；

3 当地太阳能资源充足时，宜选用太阳能热水器或太阳能辅以电加热的热水器；

4 热水器不应安装在易燃物堆放或对燃气管、表或电气设备产生影响及有腐蚀性气体和灰尘多的地方。

5.4.5 燃气热水器、电热水器必须带有保证使用安全的装置。严禁在浴室内安装直接排气式燃气热水器等在使用空间内积聚有害气体的加热设备。

5.4.6 水加热器的加热面积，应按下式计算：

$$F_{jr} = \frac{C_r Q_g}{\varepsilon K \Delta t_j} \tag{5.4.6}$$

式中：F_{jr}——水加热器的加热面积（m^2）；
　　　Q_g——设计小时供热量（kJ/h）；
　　　K——传热系数[kJ/($m^2 \cdot ℃ \cdot h$)]；
　　　ε——由于水垢和热媒分布不均匀影响传热效率的系数，采用 0.6～0.8；
　　　Δt_j——热媒与被加热水的计算温度差（℃），按本规范第5.4.7条的规定确定；
　　　C_r——热水供应系统的热损失系数，取 1.10～1.15。

5.4.7 水加热器热媒与被加热水的计算温度差应按下列公式计算：

1 容积式水加热器、导流型容积式水加热器、半容积式水加热器：

$$\Delta t_j = \frac{t_{mc} + t_{mz}}{2} - \frac{t_c + t_z}{2} \tag{5.4.7-1}$$

式中：Δt_j——计算温度差（℃）；
　　　t_{mc}、t_{mz}——热媒的初温和终温（℃）；
　　　t_c、t_z——被加热水的初温和终温（℃）。

2 快速式水加热器、半即热式水加热器

$$\Delta t_j = \frac{\Delta t_{max} - \Delta t_{min}}{\ln \frac{\Delta t_{max}}{\Delta t_{min}}} \tag{5.4.7-2}$$

式中：Δt_j——计算温度差（℃）；
　　　Δt_{max}——热媒与被加热水在水加热器一端的最大温度差（℃）；
　　　Δt_{min}——热媒与被加热水在水加热器另一端的最小温度差（℃）。

5.4.8 热媒的计算温度应符合下列规定：

1 热媒为饱和蒸汽时的热媒初温、终温的计算：

热媒的初温 t_{mc}：当热媒为压力大于 70kPa 的饱和蒸汽时，t_{mc} 按饱和蒸汽温度计算；压力小于或等于 70kPa 时，t_{mc} 按 100℃计算；

热媒的终温 t_{mz}：应由经热工性能测定的产品提供；可取：容积式水加热器的 $t_{mz} = t_{mc}$；导流型容积式水加热器、半容积式水加热器、半即热式水加热器的 $t_{mz} = 50℃～90℃$。

2 热媒为热水时，热媒的初温应按热媒供水的最低温度计算；热媒的终温应由经热工性能测定的产品提供；当热媒初温 $t_{mc}=70℃～100℃$ 时，其终温可按：容积式水加热器的 $t_{mz}=60℃～85℃$；导流型容积式水加热器、半容积式水加热器、半即热式水加热器的 $t_{mz}=50℃～80℃$；

3 热媒为热力管网的热水时，热媒的计算温度应按热力管网供回水的最低温度计算，但热媒的初温与被加热水的终温的温度差，不得小于 10℃。

5.4.9 容积式水加热器或加热水箱的容积附加系数应符合下列规定：

1 容积式水加热器、导流型容积式水加热器、贮水箱的计算容积的附加系数应按本规范式(5.3.3)中的有效贮热容积系数 η 计算；

2 当采用半容积式水加热器或带有强制罐内水循环装置的容积式水加热器时，其计算容积可不附加。

5.4.10 集中热水供应系统的贮水器容积应根据日用热水小时变化曲线及锅炉、水加热器的工作制度和供热能力以及自动温度控制装置等因素按积分曲线计算确定，并应符合下列规定：

1 容积式水加热器或加热水箱、半容积式水加热器的贮热量不得小于表 5.4.10 的要求；

表 5.4.10　水加热器的贮热量

加热设备	以蒸汽和95℃以上的热水为热媒时		以≤95℃的热水为热媒时	
	工业企业淋浴室	其他建筑物	工业企业淋浴室	其他建筑物
容积式水加热器或加热水箱	≥30minQ_h	≥45minQ_h	≥60minQ_h	≥90minQ_h
导流型容积式水加热器	≥20minQ_h	≥30minQ_h	≥30minQ_h	≥40minQ_h
半容积式水加热器	≥15minQ_h	≥15minQ_h	≥15minQ_h	≥20minQ_h

注：1　燃油(气)热水机组所配贮能器，贮热量宜根据热媒供应情况按导流型容积式水加热器或半容积式水加热器确定。

2　表中 Q_h 为设计小时耗热量(kJ/h)。

2 半即热式、快速式水加热器，当热媒按设计秒流量供应且有完善可靠的温度自动控制装置时，可不设贮水器；当其不具备上述条件时，应设贮水器；贮热量宜根据热媒供应情况按导流型容积式水加热器或半容积式水加热器确定；

3 太阳能热水供应系统的水加热器、贮热水箱(罐)的贮热水量可按本规范式(5.4.2A-3)计算确定，水源、空气源热泵热水供应系统的水加热器、贮热水箱(罐)的贮热水量可按本规范第5.4.2B条第1款第6)项确定。

5.4.11 在设有高位加热贮热水箱的连续加热的热水供应系统中，应设置冷水补给水箱。

注：当有冷水箱可补给热水供应系统冷水时，可不另设冷水补给水箱。

5.4.12 冷水补给水箱的设置高度(以水箱底计算)应保证最不利处的配水点所需水压。

5.4.13 冷水补给水管的设置，应符合下列要求：

1 冷水补给水管的管径，应按热水供应系统的设计秒流量确定；

2 冷水补给水管除供给加热设备、加热水箱、热水贮水器外，不宜再供其他用水；

3 有第一循环的热水供应系统，冷水补给水管应接入热水贮水罐，不得接入第一循环的回水管、锅炉或热水机组。

5.4.14 热水箱应加盖，并应设溢流管、泄水管和引出室外的通气管。热水箱溢流水位应超出冷水补水箱的水位高度，应按热水膨胀量计算。泄水管、溢流管不得与排水管道直接连接。

5.4.15 水加热设备和贮热设备罐体，应根据水质情况及使用要求采用耐腐蚀材料制作或在钢制罐体内表面作衬、涂、镀防腐材料处理。

5.4.16 水加热设备的布置，应符合下列要求：

1 容积式、导流型容积式、半容积式水加热器的一侧应有净宽不小于 0.7m 的通道，前端应留有抽出加热盘管的位置；

2 水加热器上部附件的最高点至建筑结构最低点的净距，应满足检修的要求，并不得小于 0.2m，房间净高不得低于 2.2m。

5.4.16A 热泵机组布置应符合下列规定：

1 水源热泵机组布置应符合下列要求：

1)热泵机房应合理布置设备和运输通道，并预留安装孔、洞；
2)机组离墙的净距不宜小于 1.0m，机组之间及机组与其他设备之间的净距不宜小于 1.2m，机组与配电柜之间净距不宜小于 1.5m；
3)机组与其上方管道、烟道或电缆桥架的净距不宜小于 1.0m；
4)机组应按产品要求在其一端留有不小于蒸发器、冷凝器长度的检修位置。

2 空气源热泵机组布置应符合下列要求：

1)机组不得布置在通风条件差、环境噪声控制严及人员密集的场所；

2) 机组进风面距遮挡物宜大于 1.5m,控制面距墙宜大于 1.2m,顶部出风的机组,其上部净空宜大于 4.5m;
3) 机组进风面相对布置时,其间距宜大于 3.0m。
注:小型机组布置时,本款第 2)项、第 3)项中尺寸要求可适当减少。

5.4.17 燃油(气)热水机组机房的布置应符合下列要求:
1 燃油(气)热水机组机房宜与其他建筑物分离独立设置。当机房设在建筑物内时,不应设置在人员密集场所的上、下或贴邻,并应设对外的安全出口;
2 机房的布置应满足设备的安装、运行和检修要求,其前方应留不少于机组长度 2/3 的空间,后方留 0.8m~1.5m 的空间,两侧通道宽度应为机组宽度,且不应小于 1.0m。机组最上部部件(烟囱除外)至机房顶板梁底净距不宜小于 0.8m;
3 机房与燃油(气)机组配套的日用油箱、贮油罐等的布置和供油、供气管道的敷设均应符合有关消防、安全的要求。

5.4.18 设置锅炉、燃油(气)热水机组、水加热器、贮热器的房间,应便于泄水、防止污水倒灌,并应有良好的通风和照明。

5.4.19 在设有膨胀管的开式热水供应系统中,膨胀管的设置应符合下列要求:
1 当热水系统由生活饮用高位水箱补水时,可将膨胀管引至同一建筑物的非生活饮用水箱的上空,其高度应按下式计算:

$$h = H\left(\frac{\rho_l}{\rho_r} - 1\right) \quad (5.4.19-1)$$

式中:h——膨胀管高出生活饮用高位水箱水面的垂直高度(m);
H——锅炉、水加热器底部至生活饮用高位水箱水面的高度(m);
ρ_l——冷水密度(kg/m³);
ρ_r——热水密度(kg/m³)。
膨胀管出口离接入水箱水面的高度不应少于 100mm。

2 当热水供应系统上设置膨胀水箱时,膨胀水箱水面高出系统冷水补给水面的高度应按式(5.4.19-1)计算,其容积应按下式计算:

$$V_p = 0.0006 \Delta t V_s \quad (5.4.19-2)$$

式中:V_p——膨胀水箱有效容积(L);
Δt——系统内水的最大温差(℃);
V_s——系统内的水容量(L)。
注:按 5.4.19-1 式计算时,h 为膨胀水箱水面高出系统冷水补给水面的垂直高度(m)。

3 当膨胀管有冻结可能时,应采取保温措施;
4 膨胀管的最小管径应按表 5.4.19 确定。

表 5.4.19 膨胀管的最小管径

锅炉或水加热器的传热面积 (m²)	<10	≥10 且<15	≥15 且<20	≥20
膨胀管最小管径(mm)	25	32	40	50

注:对多台锅炉或水加热器,宜分设膨胀管。

5.4.20 膨胀管上严禁装设阀门。

5.4.21 在闭式热水供应系统中,应设置压力式膨胀罐、泄压阀,并应符合下列要求:
1 日用热水量小于等于 30m³ 的热水供应系统可采用安全阀等泄压的措施;
2 日用热水量大于 30m³ 的热水供应系统应设置压力式膨胀罐;膨胀罐的总容积应按下式计算:

$$V_e = \frac{(\rho_f - \rho_r) P_2}{(P_2 - P_1) \rho_r} V_s \quad (5.4.21)$$

式中:V_e——膨胀罐的总容积(m³);
ρ_f——加热前加热、贮热设备内水的密度(kg/m³),定时供应热水的系统宜按冷水温度确定;全日集中热水供应系统宜按回水温度确定;
ρ_r——热水的密度(kg/m³);
P_1——膨胀罐处管内水压力(MPa,绝对压力),为管内工作压力加 0.1(MPa);
P_2——膨胀罐处管内最大允许压力(MPa,绝对压力),其数值可取 $1.10 P_1$;
V_s——系统内热水总容积(m³)。
注:应校核 P_2 值,并不应大于水加热器的额定工作压力。

3 膨胀罐宜设置在加热设备的热水循环回水管上。

5.4.21A 太阳能集中热水供应系统,应采取可靠的防止集热器和贮热水箱(罐)贮水过热的措施。在闭式系统中,应设置膨胀罐、安全阀,有冰冻可能的系统还应采取可靠的集热系统防冻措施。

5.5 管网计算

5.5.1 设有集中热水供应系统的居住小区室外热水干管的设计流量可按本规范第 3.6.1 条的规定计算确定。
建筑物的热水引入管应按该建筑物相应热水供水系统总干管的设计秒流量确定。

5.5.2 建筑物内热水供水管网的设计秒流量可分别按本规范第 3.6.4 条、第 3.6.5 和第 3.6.6 条计算。

5.5.3 卫生器具热水给水额定流量、当量、支管管径和最低工作压力,应符合本规范第 3.1.14 条的规定。

5.5.4 热水管网的水头损失计算应遵守下列规定:
1 单位长度水头损失,应按本规范第 3.6.10 条确定,但管道的计算内径 d_j 应考虑结垢和腐蚀引起的过水断面缩小的因素;
2 局部水头损失,可按本规范第 3.6.11 条的规定计算。

5.5.5 全日热水供应系统的热水循环流量应按下式计算:

$$q_x = \frac{Q_s}{C \rho_r \Delta t} \quad (5.5.5)$$

式中:q_x——全日供应热水的循环流量(L/h);
Q_s——配水管道的热损失(kJ/h),经计算确定,可按单体建筑:(3%~5%)Q_h;小区:(4%~6%)Q_h。
Δt——配水管道的热水温度差(℃),按系统大小确定。可按单体建筑 5℃~10℃;小区 6℃~12℃。

5.5.6 定时热水供应系统的热水循环流量可按循环管网中的水每小时循环 2 次~4 次计算。

5.5.7 热水供应系统中,锅炉或加热器的出水温度与配水点的最低水温的温度差,单体建筑不得大于 10℃,建筑小区不得大于 12℃。

5.5.8 热水管道的流速,宜按表 5.5.8 选用。

表 5.5.8 热水管道的流速

公称直径(mm)	15~20	25~40	≥50
流速(m/s)	≤0.8	≤1.0	≤1.2

5.5.9 热水供应系统的循环回水管管径,应按管路的循环流量经水力计算确定。

5.5.10 机械循环的热水供应系统,其循环水泵的确定应遵守下列规定:
1 水泵的出水量应为循环流量;
2 水泵的扬程应按下式计算:

$$H_b = h_p + h_x \quad (5.5.10)$$

式中:H_b——循环水泵的扬程(kPa);
h_p——循环水量通过配水管网的水头损失(kPa);
h_x——循环水量通过回水管网的水头损失(kPa)。
注:当采用半即热式水加热器或快速水加热器时,水泵扬程尚应计算水加热器的水头损失。

3 循环水泵应选用热水泵,水泵壳体承受的工作压力不得小于其所承受的静水压力加水泵扬程;
4 循环水泵宜设备用泵,交替运行;
5 全日制热水供应系统的循环水泵应由泵前回水管的温度控制开停。

5.5.11 热水加压泵的布置应符合本规范第 3.8 节的要求。

3—35

5.5.12 第一循环管的自然压力值,应按下式计算:
$$H_{xr}=10 \cdot \Delta h(\rho_1-\rho_2) \quad (5.5.12)$$
式中: H_{xr}——第一循环管的自然压力值(Pa);
  Δh——锅炉或水加热器中心与贮水器中心的标高差(m);
  ρ_1——贮水器回水的密度(kg/m³);
  ρ_2——锅炉或水加热器出水的密度(kg/m³)。

5.6 管材、附件和管道敷设

5.6.1 热水系统采用的管材和管件,应符合现行有关产品的国家标准和行业标准的要求。管道的工作压力和工作温度不得大于产品标准标定的允许工作压力和工作温度。

5.6.2 热水管道应选用耐腐蚀和安装连接方便可靠的管材,可采用薄壁铜管、薄壁不锈钢管、塑料热水管、塑料和金属复合热水管等。
当采用塑料热水管或塑料和金属复合热水管材时应符合下列要求:
  1 管道的工作压力应按相应温度下的许用工作压力选择;
  2 设备机房内的管道不应采用塑料热水管。

5.6.3 热水管道系统,应有补偿管道热胀冷缩的措施。

5.6.4 上行下给式系统配水干管最高点应设排气装置,下行上给式配水系统,可利用最高配水点放气,系统最低点应设泄水装置。

5.6.5 当下行上给式系统设有循环管道时,其回水立管可在最高配水点以下(约0.5m)与配水立管连接。上行下给式系统可将循环管道与各立管连接。

5.6.6 热水系统上各类阀门的材质及阀型应符合本规范第3.4.4条、第3.4.5条、第3.4.7条、第3.4.9条、第3.4.10条的规定。

5.6.7 热水管网应在下列管段上装设阀门:
  1 与配水、回水干管连接的分干管;
  2 配水立管和回水立管;
  3 从立管接出的支管;
  4 室内热水管道向住户、公用卫生间等接出的配水管的起端;
  5 与水加热设备、水处理设备及温度、压力等控制阀件连接处的管段上按其安装要求配置阀门。

5.6.8 热水管网上在下列管段上,应装止回阀:
  1 水加热器或贮水罐的冷水供水管;
  注:当水加热器或贮水罐的冷水供水管上安装倒流防止器时,应采取保证系统冷热水供水压力平衡的措施。
  2 机械循环的第二循环系统回水管;
  3 冷热水混合器的冷、热水供水管。

5.6.9 水加热设备的出水温度应根据其有无贮热调节容积分别采用不同温级精度要求的自动温度控制装置。

5.6.10 水加热设备的上部、热媒进出口管上、贮热水罐和冷热水混合器上应装温度计、压力表;热水循环的进水管上应装温度计及控制循环泵开停的温度传感器;热水箱应装温度计、水位计;压力容器设备应装安全阀,安全阀的接管直径应经计算确定,并应符合锅炉及压力容器的有关规定,安全阀的泄水管应引至安全处且在泄水管上不得装设阀门。

5.6.11 当需计量热水总用水量时,可在水加热设备的冷水供水管上装冷水表,对成组和个别用水点可在专供支管上装设热水水表。有集中供应热水的住宅应装设分户热水水表。水表的选型、计算及设置应符合本规范第3.4.17条~第3.4.19条的规定。

5.6.12 热水横管的敷设坡度不宜小于0.003。

5.6.13 塑料热水管宜暗设,明设时立管宜布置在不受撞击处,不能避免时,应在管外加保护措施。

5.6.14 热水锅炉、燃油(气)热水机组、水加热设备、贮水器、分(集)水器、热水输(配)水、循环水干(立)管应做保温,保温层厚度应经计算确定。

5.6.15 热水管穿越建筑物墙壁、楼板和基础处应加套管,穿越屋面及地下室外墙时应加防水套管。

5.6.16 热水管道的敷设还应按本规范第3.5节中有关条款执行。

5.6.17 用蒸汽作热媒间接加热的水加热器、开水器的凝结水回水管上应每台设备设疏水器,当水加热器的换热能确保凝结水回水温度小于等于80℃时,可不装疏水器。蒸汽立管最低处、蒸汽管下凹处的下部宜设疏水器。

5.6.18 疏水器口径应经计算确定,其前应装过滤器,其旁不宜附设旁通阀。

5.7 饮水供应

5.7.1 饮水定额及小时变化系数,根据建筑物的性质和地区的条件,应按表5.7.1确定。

表5.7.1 饮水定额及小时变化系数

建筑物名称	单位	饮水定额(L)	K_h
热车间	每人每班	3~5	1.5
一般车间	每人每班	2~4	1.5
工厂生活间	每人每班	1~2	1.5
办公楼	每人每班	1~2	1.5
宿舍	每人每日	1~2	1.5
教学楼	每学生每日	1~2	2.0
医院	每病床每日	2~3	1.5
影剧院	每观众每场	0.2	1.5
招待所、旅馆	每客人每日	2~3	1.5
体育馆(场)	每观众每场	0.2	1.0

注:小时变化系数系指饮水供应时间内的变化系数。

5.7.2 设有管道直饮水的建筑最高日管道直饮水定额可按表5.7.2采用。

表5.7.2 最高日直饮水定额

用水场所	单位	最高日直饮水定额
住宅楼	L/(人·日)	2.0~2.5
办公楼	L/(人·班)	1.0~2.0
教学楼	L/(人·日)	1.0~2.0
旅馆	L/(床·日)	2.0~3.0

注:1 此定额仅为饮用水量。
  2 经济发达地区的居民住宅楼可提高至4L/(人·日)~5L/(人·日)。
  3 最高日管道直饮水定额亦可根据用户要求确定。

5.7.3 管道直饮水系统应满足下列要求:
  1 管道直饮水应对原水进行深度净化处理,其水质应符合国家现行标准《饮用净水水质标准》CJ 94的规定;
  2 管道直饮水水嘴额定流量宜为0.04L/s~0.06L/s,最低工作压力不得小于0.03MPa;
  3 管道直饮水系统必须独立设置;
  4 管道直饮水宜采用调速泵组直接供水或处理设备置于屋顶的水箱重力式供水方式;
  5 高层建筑管道直饮水系统应竖向分区,各分区最低处配水点的静水压:住宅不宜大于0.35MPa;办公楼不宜大于0.40MPa,且最不利配水点的水压,应满足水水压的要求;
  6 管道直饮水应设循环管道,其供、回水管网宜同程布置,循环管网内水的停留时间不应超过12h;从立管至配水龙头的支管管段长度不宜大于3m;
  7 管道直饮水系统配水管的设计秒流量应按下式计算:
$$q_g=mq_o \quad (5.7.3)$$
式中:q_g——计算管段的设计秒流量(L/s);
  q_o——饮水水嘴额定流量,$q_o=0.04L/s$~0.06L/s;
  m——计算管段上同时使用饮水水嘴的数量,根据其水嘴数量可按本规范附录F确定。

8 管道直饮水系统配水管的水头损失,应按本规范第3.6.10条、第3.6.11条的规定计算。

5.7.4 开水供应应满足下列要求:

1 开水计算温度应按100℃计算,冷水计算温度应符合本规范第5.1.4条的规定;

2 开水器的通气管应引至室外;

3 配水水嘴宜为旋塞;

4 开水器应装设温度计和水位计,开水锅炉应装设温度计,必要时还应装设沸水箱或安全阀。

5.7.5 当中小学校、体育场(馆)等公共建筑设饮水器时,应符合下列要求:

1 以温水或自来水为源水的直饮水,应进行过滤和消毒处理;

2 应设循环管道,循环回水应经消毒处理;

3 饮水器的喷嘴应倾斜安装并设有防护装置,喷嘴孔的高度应保证排水管堵塞时不被淹没;

4 应使同组喷嘴压力一致;

5 饮水器应采用不锈钢、铬镀铬或瓷质、搪瓷制品,其表面应光洁易于清洗。

5.7.6 饮水管道应选用耐腐蚀、内表面光滑、符合食品级卫生要求的薄壁不锈钢管、薄壁铜管、优质塑料管。开水管道应选用许用工作温度大于100℃的金属管材。

5.7.7 阀门、水表、管道连接件、密封材料、配水水嘴等选用材质均应符合食品级卫生要求,并与管材匹配。

5.7.8 饮水供应点的设置,应符合下列要求:

1 不得设在易污染的地点,对于经常产生有害气体或粉尘的车间,应设在不受污染的生活间或小室内;

2 位置应便于取用、检修和清扫,并应保证良好的通风和照明;

3 楼房内饮水供应点的位置,可根据实际情况加以选定。

5.7.9 开水间、饮水处理间应设给水管、排污排水用地漏。给水管管径可按设计小时饮水量计算。开水器、开水炉排污、排水管道应采用金属排水管或耐热塑料排水管。

附录A 回流污染的危害程度及防回流设施选择

A.0.1 生活饮用水回流污染危害程度应符合表A.0.1的规定。

表A.0.1 生活饮用水回流污染危害程度

生活饮用水与之连接场所、管道、设备	回流污染危害程度		
	低	中	高
贮存有害有毒液体的罐区	—	—	√
化学液槽生产流水线	—	—	√
含放射性材料加工及核反应堆	—	—	√
加工或制造毒性化学物的车间	—	—	√
化学、病理、动物试验室	—	—	√
医疗机构医疗器械清洗间	—	—	√
尸体解剖、屠宰车间	—	—	√
其他有毒有害污染场所和设备	—	—	√
消防	消火栓系统	—	√	—
	湿式喷淋系统、水喷雾灭火系统	—	√	—
	简易喷淋系统	√	—	—
	泡沫灭火系统	—	—	√
	软管卷盘	√	—	—
	消防水箱(池)补水	√	—	—
	消防水泵直接吸水	—	√	—

续表A.0.1

生活饮用水与之连接场所、管道、设备	回流污染危害程度		
	低	中	高
中水、雨水等再生水水箱(池)补水	—	√	—
生活饮用水水箱(池)补水	√	—	—
小区生活饮用水引入管	√	—	—
生活饮用水有温、有压容器	√	—	—
叠压供水	√	—	—
卫生器具、洗涤设备给水	—	√	—
游泳池补水、水上游乐池等	—	√	—
循环冷却水集水池等	—	—	√
水景补水	—	√	—
注入杀虫剂等药剂喷灌系统	—	—	√
无注入任何药剂的喷灌系统	—	√	—
畜禽饮水系统	—	√	—
冲洗道路、汽车冲洗软管	—	√	—
垃圾中转站冲洗给水栓	—	√	—

A.0.2 防回流设施应按表A.0.2选择。

表A.0.2 防回流设施选择

防回流设施	回流污染危害程度					
	低		中		高	
	虹吸回流	背压回流	虹吸回流	背压回流	虹吸回流	背压回流
空气间隙	√	√	√	√	√	√
减压型倒流防止器	√	√	√	√	√	√
低阻力倒流防止器	√	√	√	√	—	—
双止回阀倒流防止器	—	—	—	—	—	—
压力型真空破坏器	√	—	√	—	√	—
大气型真空破坏器	√	—	√	—	√	—

附录B 居住小区地下管线(构筑物)间最小净距

表B 居住小区地下管线(构筑物)间最小净距

种类 种类 净距(m)	给水管		污水管		雨水管	
	水平	垂直	水平	垂直	水平	垂直
给水管	0.5~1.0	0.10~0.15	0.8~1.5	0.10~0.15	0.8~1.5	0.10~0.15
污水管	0.8~1.5	0.10~0.15		0.10~0.15		0.10~0.15
雨水管	0.8~1.5	0.10~0.15		0.10~0.15		0.10~0.15
低压煤气管	0.5~1.0	0.10~0.15	1.0	0.10~0.15	1.0	0.10~0.15
直埋式热水管	1.0	0.10~0.15	1.5	0.10~0.15	1.5	0.10~0.15
热力管沟	0.5~1.5	—	1.0	—	1.0	—
乔木中心	1.0		1.5		1.5	
电力电缆	1.0	直埋0.50 穿管0.25	1.0	直埋0.50 穿管0.25	1.0	直埋0.50 穿管0.25
通信电缆	1.0	直埋0.50 穿管0.15	1.0	直埋0.50 穿管0.15	1.0	直埋0.50 穿管0.15
通信及照明电缆	0.5		1.0		1.0	

注:**1** 净距指管外壁距离,管道交叉设套管时指套管外壁距离,直埋式热力管指保温管壳外壁距离;

2 电力电缆在道路的东侧(南北方向的路)或南侧(东西方向的路);通信电缆在道路的西侧或北侧。均应在人行道下。

附录C 给水管段卫生器具给水当量同时出流概率计算式 α_c 系数取值表

表C $U_o \sim \alpha_c$ 值对应表

U_o(%)	α_c
1.0	0.00323
1.5	0.00697
2.0	0.01097
2.5	0.01512
3.0	0.01939
3.5	0.02374
4.0	0.02816
4.5	0.03263
5.0	0.03715
6.0	0.04629
7.0	0.05555
8.0	0.06489

附录D 阀门和螺纹管件的摩阻损失的折算补偿长度

表D 阀门和螺纹管件的摩阻损失的折算补偿长度

管件内径(mm)	各种管件的折算管道长度(m)						
	90°标准弯头	45°标准弯头	标准三通90°转角流	三通直向流	闸板阀	球阀	角阀
9.5	0.3	0.2	0.5	0.1	0.1	2.4	1.2
12.7	0.6	0.4	0.9	0.2	0.1	4.6	2.4
19.1	0.8	0.5	1.2	0.2	0.2	6.1	3.6
25.4	0.9	0.5	1.5	0.3	0.2	7.6	4.6
31.8	1.2	0.7	1.8	0.4	0.2	10.6	5.5
38.1	1.5	0.9	2.1	0.5	0.3	13.7	6.7
50.8	2.1	1.2	3.0	0.6	0.4	16.7	8.5
63.5	2.4	1.5	3.6	0.8	0.5	19.8	10.3
76.2	3.0	1.8	4.6	0.9	0.6	24.3	12.2
101.6	4.3	2.4	6.4	1.2	0.8	38.0	16.7
127	5.2	3.0	7.6	1.4	1.0	42.6	21.3
152.4	6.1	3.6	9.1	1.8	1.2	50.2	24.3

注:本表的螺纹接口是指管件无凹口的螺纹,即管件与管道在连接点内径有突变,管件内径大于管道内径。当管件为凹口螺纹,或管件与管道为等径焊接,其折算补偿长度取本表值的1/2。

附录E 给水管段设计秒流量计算表

表E-1 给水管段设计秒流量计算表[U(%); q(L/s)]

续表E-1

U_o	1.0		1.5		2.0		2.5	
N_g	U	q	U	q	U	q	U	q
1	100.00	0.20	100.00	0.20	100.00	0.20	100.00	0.20
2	70.94	0.28	71.20	0.28	71.49	0.29	71.78	0.29
3	58.00	0.35	58.30	0.35	58.62	0.35	58.96	0.35
4	50.28	0.40	50.60	0.40	50.94	0.41	51.32	0.41
5	45.01	0.45	45.34	0.45	45.69	0.46	46.06	0.46
6	41.10	0.49	41.45	0.50	41.81	0.50	42.18	0.51
7	38.09	0.53	38.43	0.54	38.79	0.54	39.17	0.55
8	35.65	0.57	35.99	0.58	36.36	0.58	36.74	0.59
9	33.63	0.61	33.98	0.61	34.35	0.62	34.73	0.63
10	31.92	0.64	32.27	0.65	32.64	0.65	33.03	0.66
11	30.45	0.67	30.80	0.68	31.17	0.69	31.56	0.69
12	29.17	0.70	29.52	0.71	29.89	0.72	30.28	0.73
13	28.04	0.73	28.39	0.74	28.76	0.75	29.15	0.76
14	27.03	0.76	27.38	0.77	27.76	0.78	28.15	0.79
15	26.12	0.78	26.48	0.79	26.85	0.81	27.24	0.82
16	25.30	0.81	25.66	0.82	26.03	0.83	26.42	0.85
17	24.56	0.83	24.91	0.85	25.29	0.86	25.68	0.87
18	23.88	0.86	24.23	0.87	24.61	0.89	25.00	0.90
19	23.25	0.88	23.60	0.90	23.98	0.91	24.37	0.93
20	22.67	0.91	23.02	0.92	23.40	0.94	23.79	0.95
22	21.63	0.95	21.98	0.97	22.36	0.98	22.75	1.00
24	20.72	0.99	21.07	1.01	21.45	1.03	21.85	1.05
26	19.92	1.04	21.27	1.05	20.65	1.07	21.05	1.09
28	19.21	1.08	19.56	1.10	19.94	1.12	20.33	1.14
30	18.56	1.11	18.92	1.14	19.30	1.16	19.69	1.18
32	17.99	1.15	18.34	1.17	18.72	1.20	19.12	1.22
34	17.46	1.19	17.81	1.21	18.19	1.24	18.59	1.26
36	16.97	1.22	17.33	1.25	17.71	1.28	18.11	1.30
38	16.53	1.26	16.89	1.28	17.27	1.31	17.66	1.34
40	16.12	1.29	16.48	1.32	16.86	1.35	17.25	1.38
42	15.74	1.32	16.09	1.35	16.47	1.38	16.87	1.42
44	15.38	1.35	15.74	1.39	16.12	1.42	16.51	1.45
46	15.05	1.38	15.41	1.42	15.79	1.45	16.18	1.49
48	14.74	1.42	15.10	1.45	15.48	1.49	15.87	1.52
50	14.45	1.45	14.81	1.48	15.19	1.52	15.58	1.56
55	13.79	1.52	14.15	1.56	14.53	1.60	14.92	1.64
60	13.22	1.59	13.57	1.63	13.95	1.67	14.35	1.72
65	12.71	1.65	13.07	1.70	13.45	1.75	13.84	1.80
70	12.26	1.72	12.62	1.77	13.00	1.82	13.39	1.87
75	11.85	1.78	12.21	1.83	12.59	1.89	12.99	1.95
80	11.49	1.84	11.84	1.89	12.22	1.96	12.62	2.02
85	11.05	1.90	11.51	1.96	11.89	2.02	12.28	2.09
90	10.85	1.95	11.20	2.02	11.58	2.09	11.98	2.16
95	10.57	2.01	10.92	2.08	11.30	2.15	11.70	2.22
100	10.31	2.06	10.66	2.13	11.05	2.21	11.44	2.29
110	9.84	2.17	10.20	2.24	10.58	2.33	10.97	2.41
120	9.44	2.26	9.79	2.35	10.17	2.44	10.56	2.54
130	9.08	2.36	9.43	2.45	9.81	2.55	10.21	2.65
140	8.76	2.45	9.11	2.55	9.49	2.66	9.89	2.77

续表 E-1

U_0	1.0		1.5		2.0		2.5	
N_g	U	q	U	q	U	q	U	q
150	8.47	2.54	8.83	2.65	9.20	2.76	9.60	2.88
160	8.21	2.63	8.57	2.74	8.94	2.86	9.34	2.99
170	7.98	2.71	8.33	2.83	8.71	2.96	9.10	3.09
180	7.76	2.79	8.11	2.92	8.49	3.06	8.89	3.20
190	7.56	2.87	7.91	3.01	8.29	3.15	8.69	3.30
200	7.38	2.95	7.73	3.09	7.11	3.24	8.50	3.40
220	7.05	3.10	7.40	3.26	7.78	3.42	8.17	3.60
240	6.76	3.25	7.11	3.41	7.49	3.60	6.88	3.78
260	6.51	3.28	6.86	3.57	7.24	3.76	6.63	3.97
280	6.28	3.52	6.63	3.72	7.01	3.93	6.40	4.15
300	6.08	3.65	6.43	3.86	6.81	4.08	6.20	4.32
320	5.89	3.77	6.25	4.00	6.62	4.24	6.02	4.49
340	5.73	3.89	6.08	4.13	6.46	4.39	6.85	4.66
360	5.57	4.01	5.93	4.27	6.30	4.54	6.69	4.82
380	5.43	4.13	5.79	4.40	6.16	4.68	6.55	4.98
400	5.30	4.24	5.66	4.52	6.03	4.83	6.42	5.14
420	5.18	4.35	5.54	4.65	5.91	4.96	6.30	5.29
440	5.07	4.46	5.42	4.77	5.80	5.10	6.19	5.45
460	4.97	4.57	5.32	4.89	5.69	5.24	6.08	5.60
480	4.87	4.67	5.22	5.01	5.59	5.37	5.98	5.75
500	4.78	4.78	5.13	5.13	5.50	5.50	5.89	5.89
550	4.57	5.02	4.92	5.41	5.29	5.82	5.68	6.25
600	4.39	5.26	4.74	5.68	5.11	6.13	5.50	6.60
650	4.23	5.49	4.58	5.95	4.95	6.43	5.34	6.94
700	4.08	5.72	4.43	6.20	4.81	6.73	5.19	7.27
750	3.95	5.93	4.30	6.46	4.68	7.02	5.07	7.60
800	3.84	6.14	4.19	6.70	4.56	7.30	4.95	7.92
850	3.73	6.34	4.08	6.94	4.45	7.57	4.84	8.23
900	3.64	6.54	3.98	7.17	4.36	7.84	4.75	8.54
950	3.55	6.74	3.90	7.40	4.27	8.11	4.66	8.85
1000	3.46	6.93	3.81	7.63	4.19	8.37	4.57	9.15
1100	3.32	7.30	3.66	8.06	4.04	8.88	4.42	9.73
1200	3.09	7.65	3.54	8.49	3.91	9.38	4.29	10.31
1300	3.07	7.99	3.42	8.90	3.79	9.86	4.18	10.87
1400	2.97	8.33	3.32	9.30	3.69	10.34	4.08	11.42
1500	2.88	8.65	3.23	9.69	3.60	10.80	3.99	11.96
1600	2.80	8.96	3.15	10.07	3.52	11.26	3.90	12.49
1700	2.73	9.27	3.07	10.45	3.44	11.71	3.83	13.02
1800	2.66	9.57	3.00	10.81	3.37	12.15	3.76	13.53
1900	2.59	9.86	2.94	11.17	3.31	12.58	3.70	14.04
2000	2.54	10.14	2.88	11.53	3.25	13.01	3.64	14.55
2200	2.43	10.70	2.78	12.22	3.15	13.85	3.53	15.54
2400	2.34	11.23	2.69	12.89	3.06	14.67	3.44	16.51
2600	2.26	11.75	2.61	13.55	2.97	15.47	3.36	17.46
2800	2.19	12.26	2.53	14.19	2.90	16.25	3.29	18.40
3000	2.12	12.75	2.47	14.81	2.84	17.03	3.22	19.33
3200	2.07	13.22	2.41	15.43	2.78	17.79	3.16	20.24
3400	2.01	13.69	2.36	16.03	2.73	18.54	3.11	21.14
3600	1.96	14.15	2.13	16.62	2.68	19.27	3.06	22.03
3800	1.92	14.59	2.26	17.21	2.63	20.00	3.01	22.91
4000	1.88	15.03	2.22	17.78	2.59	20.72	2.97	23.78

续表 E-1

U_0	1.0		1.5		2.0		2.5	
N_g	U	q	U	q	U	q	U	q
4200	1.84	15.46	2.18	18.35	2.55	21.43	2.93	24.64
4400	1.80	15.88	2.15	18.91	2.52	22.14	2.90	25.50
4600	1.77	16.30	2.12	19.46	2.48	22.84	2.86	26.35
4800	1.74	16.71	2.08	20.00	2.45	13.53	2.83	27.19
5000	1.71	17.11	2.05	20.54	2.42	24.21	2.80	28.03
5500	1.65	18.10	1.99	21.87	2.35	25.90	2.74	30.09
6000	1.59	19.05	1.93	23.16	2.30	27.55	2.68	32.12
6500	1.54	19.97	1.88	24.43	2.24	29.18	2.63	34.13
7000	1.49	20.88	1.83	25.67	2.20	30.78	2.58	36.11
7500	1.45	21.76	1.79	26.88	2.16	32.36	2.54	38.06
8000	1.41	22.62	1.76	28.08	2.12	33.92	2.50	40.00
8500	1.38	23.46	1.72	29.26	2.09	35.47	—	—
9000	1.35	24.29	1.69	30.43	2.06	36.99	—	—
9500	1.32	25.1	1.66	31.58	2.03	38.50	—	—
10000	1.29	25.9	1.64	32.72	2.00	40.00	—	—
11000	1.25	27.46	1.59	34.95	—	—	—	—
12000	1.21	28.97	1.55	37.14	—	—	—	—
13000	1.17	30.45	1.51	39.29	—	—	—	—
14000	1.14	31.89	$N_g=13333$					
15000	1.11	33.33	$U=1.50$					
16000	1.08	34.69	$q=40.00$					
17000	1.06	36.05						
18000	1.04	37.39						
19000	1.02	38.70						
20000	1.00	40.00						

表 E-2 给水管段设计秒流量计算表[U(%);q(L/s)]

U_0	3.0		3.5		4.0		4.5	
N_g	U	q	U	q	U	q	U	q
1	100.00	0.20	100.00	0.20	100.00	0.20	100.00	0.20
2	72.08	0.29	72.39	0.29	72.70	0.29	73.02	0.29
3	59.31	0.36	59.66	0.36	60.02	0.36	60.38	0.36
4	51.66	0.41	52.03	0.42	52.41	0.42	52.80	0.42
5	46.43	0.46	46.82	0.47	47.21	0.47	47.60	0.48
6	42.57	0.51	42.96	0.52	43.35	0.52	43.76	0.53
7	39.56	0.55	39.96	0.56	40.36	0.57	40.76	0.57
8	37.13	0.59	37.53	0.60	37.94	0.61	38.35	0.61
9	35.12	0.63	35.53	0.64	35.93	0.65	36.35	0.65
10	33.42	0.67	33.83	0.68	34.24	0.68	34.65	0.69
11	31.96	0.70	32.36	0.71	32.77	0.72	33.19	0.73
12	30.68	0.74	31.09	0.75	31.50	0.76	31.92	0.77
13	29.55	0.77	29.96	0.78	30.37	0.79	30.79	0.80
14	28.55	0.80	28.96	0.81	29.37	0.82	29.79	0.83
15	27.64	0.83	28.05	0.84	28.47	0.85	28.89	0.87
16	26.83	0.86	27.24	0.87	27.65	0.88	28.08	0.90
17	26.08	0.89	26.49	0.90	26.91	0.91	27.33	0.93
18	25.40	0.91	25.81	0.93	26.23	0.94	26.65	0.96
19	24.77	0.94	25.19	0.96	25.60	0.97	26.03	0.99
20	24.20	0.97	24.61	0.98	25.03	1.00	25.45	1.02
22	23.16	1.02	23.57	1.04	23.99	1.06	24.41	1.07
24	22.25	1.07	22.66	1.09	23.08	1.11	23.51	1.13
26	21.45	1.12	21.87	1.14	22.29	1.16	22.71	1.18
28	20.74	1.16	21.15	1.18	21.57	1.21	22.00	1.23

续表 E-2

U_o	3.0		3.5		4.0		4.5	
N_g	U	q	U	q	U	q	U	q
30	20.10	1.21	20.51	1.23	20.93	1.26	21.36	1.28
32	19.52	1.25	19.94	1.28	20.36	1.30	20.78	1.33
34	18.99	1.29	19.41	1.32	19.83	1.35	20.25	1.38
36	18.51	1.33	18.93	1.36	19.35	1.39	19.77	1.42
38	18.07	1.37	18.48	1.40	18.90	1.44	19.33	1.47
40	17.66	1.41	18.07	1.45	18.49	1.48	18.92	1.51
42	17.28	1.45	17.69	1.49	18.11	1.52	18.54	1.56
44	16.92	1.49	17.34	1.53	17.76	1.56	18.18	1.60
46	16.59	1.53	17.00	1.56	17.43	1.60	17.85	1.64
48	16.28	1.56	16.69	1.60	17.11	1.54	17.54	1.68
50	15.99	1.60	16.40	1.64	16.82	1.68	17.25	1.73
55	15.33	1.69	15.74	1.73	16.17	1.78	16.59	1.82
60	14.76	1.77	15.17	1.82	15.59	1.87	16.02	1.92
65	14.25	1.85	14.66	1.91	15.08	1.96	15.51	2.02
70	13.80	1.93	14.21	1.99	14.63	2.05	15.06	2.11
75	13.39	2.01	13.81	2.07	14.23	2.13	14.65	2.20
80	13.02	2.08	13.44	2.15	13.86	2.22	14.28	2.29
85	12.69	2.16	13.10	2.23	13.52	2.30	13.95	2.37
90	12.38	2.23	12.80	2.30	13.22	2.38	13.64	2.46
95	12.10	2.30	12.52	2.38	12.94	2.46	13.36	2.54
100	11.84	2.37	12.26	2.45	12.68	2.54	13.10	2.62
110	11.38	2.50	11.79	2.59	12.21	2.69	12.63	2.78
120	10.97	2.63	11.38	2.73	11.80	2.83	12.23	2.93
130	10.61	2.76	11.02	2.87	11.44	2.98	11.87	3.09
140	10.29	2.88	10.70	3.00	11.12	3.11	11.55	3.23
150	10.00	3.00	10.42	3.12	10.83	3.25	11.26	3.38
160	9.74	3.12	10.16	3.25	10.57	3.38	11.00	3.52
170	9.51	3.23	9.92	3.37	10.34	3.51	10.76	3.66
180	9.29	3.34	9.70	3.49	10.12	3.64	10.54	3.80
190	9.09	3.45	9.50	3.61	9.92	3.77	10.34	3.93
200	8.91	3.56	9.32	3.73	9.74	3.89	10.16	4.06
220	8.57	3.77	8.99	3.95	9.40	4.14	9.83	4.32
240	8.29	3.98	8.70	4.17	9.12	4.38	9.54	4.58
260	8.03	4.18	8.44	4.39	8.86	4.61	9.28	4.83
280	7.81	4.37	8.22	4.60	8.63	4.83	9.06	5.07
300	7.60	4.56	8.01	4.81	8.43	5.06	8.85	5.31
320	7.42	4.75	7.83	5.02	8.24	5.28	8.67	5.55
340	7.25	4.93	7.66	5.21	8.08	5.49	8.50	5.78
360	7.10	5.11	7.51	5.40	7.92	5.70	8.34	6.01
380	6.95	5.29	7.36	5.60	7.78	5.91	8.20	6.23
400	6.82	5.46	7.23	5.79	7.65	6.12	8.07	6.46
420	6.70	5.63	7.11	5.97	7.53	6.32	7.95	6.68
440	6.59	5.80	7.00	6.16	7.41	6.52	7.83	6.89
460	6.48	5.97	6.89	6.34	7.31	6.72	7.73	7.11
480	6.39	6.13	6.79	6.52	7.21	6.92	7.63	7.32
500	6.29	6.29	6.70	6.70	7.12	7.12	7.54	7.54

续表 E-2

U_o	3.0		3.5		4.0		4.5	
N_g	U	q	U	q	U	q	U	q
550	6.08	6.69	6.49	7.14	6.91	7.60	7.32	8.06
600	5.90	7.08	6.31	7.57	6.72	8.07	7.14	8.57
650	5.74	7.46	6.15	7.99	6.56	8.53	6.98	9.08
700	5.59	7.83	6.00	8.40	6.42	8.98	6.83	9.57
750	5.46	8.20	5.87	8.81	6.29	9.43	6.70	10.06
800	5.35	8.56	5.75	9.21	6.17	9.87	6.59	10.54
850	5.24	8.91	5.65	9.60	6.06	10.30	6.48	11.01
900	5.14	9.26	5.55	9.99	5.96	10.73	6.38	11.48
950	5.05	9.60	5.46	10.37	5.87	11.16	6.29	11.95
1000	4.97	9.94	5.38	10.75	5.79	11.58	6.21	12.41
1100	4.82	10.61	5.23	11.50	5.64	12.41	6.06	13.32
1200	4.69	11.26	5.10	12.23	5.51	13.22	5.93	14.22
1300	4.58	11.90	4.98	12.95	5.39	14.02	5.81	15.11
1400	4.48	12.53	4.88	13.66	5.29	14.81	5.71	15.98
1500	4.38	13.15	4.79	14.36	5.20	15.60	5.61	16.84
1600	4.30	13.76	4.70	15.05	5.11	16.37	5.53	17.70
1700	4.22	14.36	4.63	15.74	5.04	17.13	5.45	18.54
1800	4.16	14.96	4.56	16.41	4.97	17.89	5.38	19.38
1900	4.09	15.55	4.49	17.08	4.90	18.64	5.32	20.21
2000	4.03	16.13	4.44	17.74	4.85	19.38	5.26	21.04
2200	3.93	17.28	4.33	19.05	4.74	20.85	5.15	22.67
2400	3.83	18.41	4.24	20.34	4.65	22.30	5.06	24.29
2600	3.75	19.52	4.16	21.61	4.56	23.73	4.98	25.88
2800	3.68	20.61	4.08	22.86	4.49	25.15	4.90	27.46
3000	3.62	21.69	4.02	24.10	4.42	26.55	4.84	29.02
3200	3.56	22.76	3.96	25.33	4.36	27.94	4.78	30.58
3400	3.50	23.81	3.90	26.54	4.31	29.31	4.72	32.12
3600	3.45	24.86	3.85	27.75	4.26	31.68	4.67	33.64
3800	3.41	25.90	3.81	28.94	4.22	32.03	4.63	35.16
4000	3.37	26.92	3.77	30.13	4.17	33.38	4.58	36.67
4200	3.33	27.94	3.73	31.30	4.13	34.72	4.54	38.17
4400	3.29	28.95	3.69	32.47	4.10	36.05	4.51	39.67
4600	3.26	29.96	3.66	33.64	4.06	37.37	$N_g=4444$ $U=4.50$ $q=40.00$	
4800	3.22	30.95	3.62	34.79	4.03	38.69		
5000	3.19	31.95	3.59	35.94	4.00	40.40		
5500	3.13	34.40	3.53	38.79	—	—	—	—
6000	3.07	36.82	$N_g=5714$ $U=3.50$ $q=40.00$					
6500	3.02	39.21			—	—	—	—
6667	3.00	40.00			—	—	—	—

表 E-3 给水管段设计秒流量计算表 [U(%);q(L/s)]

U_0	5.0		6.0		7.0		8.0	
N_g	U	q	U	q	U	q	U	q
1	100.00	0.20	100.00	0.20	100.00	0.20	100.00	0.20
2	73.33	0.29	73.98	0.30	74.64	0.30	75.30	0.30
3	60.75	0.36	61.49	0.37	62.24	0.37	63.00	0.38
4	53.18	0.43	53.97	0.43	54.76	0.44	55.56	0.44
5	48.00	0.48	48.80	0.49	49.62	0.50	50.45	0.50
6	44.16	0.53	44.98	0.54	45.81	0.55	46.65	0.56
7	41.17	0.58	42.01	0.59	42.85	0.60	43.70	0.61
8	38.76	0.62	39.60	0.63	40.45	0.65	41.31	0.66
9	36.76	0.66	37.61	0.68	38.46	0.69	39.33	0.71
10	35.07	0.70	35.92	0.72	36.78	0.74	37.65	0.75
11	33.61	0.74	34.46	0.76	35.33	0.78	36.20	0.80
12	32.34	0.78	33.19	0.80	34.06	0.82	34.93	0.84
13	31.22	0.81	32.07	0.83	32.94	0.96	33.82	0.88
14	30.22	0.85	31.07	0.87	31.94	0.89	32.82	0.92
15	29.32	0.88	30.18	0.91	31.05	0.93	31.93	0.96
16	28.50	0.91	29.36	0.94	30.23	0.97	31.12	1.00
17	27.76	0.94	28.62	0.97	29.50	1.00	30.38	1.03
18	27.08	0.97	27.94	1.01	28.82	1.04	29.70	1.07
19	26.45	1.01	27.32	1.04	28.19	1.07	29.08	1.10
20	25.88	1.04	26.74	1.07	27.62	1.10	28.50	1.14
22	24.84	1.09	25.71	1.13	26.58	1.17	27.47	1.21
24	23.94	1.15	24.80	1.19	25.68	1.23	26.57	1.28
26	23.14	1.20	24.01	1.25	24.98	1.29	25.77	1.34
28	22.43	1.26	23.30	1.30	24.18	1.35	25.06	1.40
30	21.79	1.31	22.66	1.36	23.54	1.41	24.43	1.47
32	21.21	1.36	22.08	1.41	22.96	1.47	23.85	1.53
34	20.68	1.41	21.55	1.47	22.43	1.53	23.32	1.59
36	20.20	1.45	21.07	1.52	21.95	1.58	22.84	1.64
38	19.76	1.50	20.63	1.57	21.51	1.63	22.40	1.70
40	19.35	1.55	20.22	1.62	21.10	1.69	21.99	1.76
42	18.97	1.59	19.84	1.67	20.72	1.74	21.61	1.82
44	18.61	1.64	19.48	1.71	20.36	1.79	21.25	1.87
46	18.28	1.68	19.15	1.76	21.03	1.84	20.92	1.92
48	17.97	1.73	18.84	1.81	19.72	1.89	20.61	1.98
50	17.68	1.77	18.55	1.86	19.43	2.94	20.32	2.03
55	17.02	1.87	17.89	1.97	18.77	2.07	19.66	2.16
60	16.45	1.97	17.32	2.08	18.20	2.18	19.08	2.29
65	15.94	2.07	16.81	2.19	17.69	2.30	18.58	2.42
70	15.49	2.17	16.36	2.29	17.24	2.41	18.13	2.54
75	15.08	2.26	15.95	2.39	16.83	2.52	17.72	2.66
80	14.71	2.35	15.58	2.49	16.46	2.63	17.35	2.78
85	14.38	2.44	15.25	2.59	16.13	2.74	17.02	2.89
90	14.07	2.53	14.94	2.69	15.82	2.85	16.71	3.01
95	13.79	2.62	14.66	2.79	15.54	3.95	16.43	3.12
100	13.53	2.71	14.40	2.88	15.28	3.06	16.17	3.23
110	13.06	2.87	13.93	3.06	14.81	3.26	15.70	3.45
120	12.66	3.04	13.52	3.25	14.40	3.46	15.29	3.67
130	12.30	3.20	13.16	3.42	14.04	3.65	14.93	3.88
140	11.97	3.35	12.84	3.60	13.72	3.84	14.61	4.09
150	11.69	3.51	12.55	3.77	13.43	4.03	14.32	4.30

续表 E-3

U_0	5.0		6.0		7.0		8.0	
N_g	U	q	U	q	U	q	U	q
160	11.43	3.66	12.29	3.93	13.17	4.21	14.06	4.50
170	11.19	3.80	12.05	4.10	12.93	4.40	13.82	4.70
180	10.97	3.95	11.84	4.26	12.71	4.58	13.60	4.90
190	10.77	4.09	11.64	4.42	12.51	4.75	13.40	5.09
200	10.59	4.23	11.45	4.58	12.33	4.93	13.21	5.28
220	10.25	4.51	11.12	4.89	11.99	5.28	12.88	5.67
240	9.96	4.78	10.83	5.20	11.70	5.62	12.59	6.04
260	9.71	5.05	10.57	5.50	11.45	5.95	12.33	6.41
280	9.48	5.31	10.34	5.79	11.22	6.28	12.10	6.78
300	9.28	5.57	10.14	6.08	11.01	6.61	11.89	7.14
320	9.09	5.82	9.95	6.37	10.83	6.93	11.71	7.49
340	8.92	6.07	9.78	6.65	10.66	7.25	11.54	7.84
360	8.77	6.31	9.63	6.93	10.56	7.56	11.38	8.19
380	8.63	6.56	9.49	7.21	10.36	7.87	11.24	8.54
400	8.49	6.80	9.35	7.48	10.23	8.18	11.10	8.88
420	8.37	7.03	9.23	7.76	10.10	8.49	10.98	9.22
440	8.26	7.27	9.12	8.02	9.99	8.79	10.87	9.56
460	8.15	7.50	9.01	8.29	9.88	9.09	10.76	9.90
480	8.05	7.73	9.91	8.56	9.78	9.39	10.66	10.23
500	7.96	7.96	8.82	8.82	9.69	9.69	10.56	10.56
550	7.75	8.52	8.61	9.47	9.47	10.42	10.35	11.39
600	7.56	9.08	8.42	10.11	9.29	11.15	10.16	12.20
650	7.40	9.62	8.26	10.74	9.12	11.86	10.00	13.00
700	7.26	10.16	8.11	11.36	8.98	12.57	9.85	13.79
750	7.13	10.69	7.98	11.97	8.85	13.27	9.72	14.58
800	7.01	11.21	7.86	12.58	8.73	13.96	9.60	15.36
850	6.90	11.73	7.75	13.18	8.62	14.65	9.49	16.14
900	6.80	12.24	7.66	13.78	8.52	15.34	9.39	16.91
950	6.71	12.75	7.56	14.37	8.43	16.01	9.30	17.67
1000	6.63	12.26	7.48	14.96	8.34	16.69	9.22	18.43
1100	6.48	14.25	7.33	16.12	8.19	18.02	9.06	19.94
1200	6.35	15.23	7.20	17.27	8.06	19.34	8.93	21.43
1300	6.23	16.20	7.08	18.41	7.94	20.65	8.81	22.91
1400	6.13	17.15	6.98	19.53	7.84	21.95	8.71	24.38
1500	6.03	18.10	6.88	20.65	7.74	23.23	8.61	25.84
1600	5.95	19.04	6.80	21.76	7.66	24.51	8.53	27.28
1700	5.87	19.97	6.72	22.85	7.58	25.77	8.45	28.72
1800	5.80	10.89	6.65	23.94	7.51	27.03	8.38	30.15
1900	5.74	21.80	6.59	25.03	7.44	28.29	8.31	31.58
2000	5.68	22.71	6.53	26.10	7.38	29.53	8.25	33.00
2200	5.57	24.51	6.42	28.24	7.27	32.01	8.14	35.81
2400	5.48	26.29	6.32	30.35	7.18	34.46	8.04	38.60
2600	5.39	28.05	6.24	32.45	7.10	36.89	$N_g=2500$	
2800	5.32	29.80	6.17	34.52	7.02	39.31	$U=8.00$	
3000	5.25	31.35	6.10	36.59	$N_g=2857$		$q=40.00$	
3200	5.19	33.24	6.04	38.64	$U=7.00$		—	—
3400	5.14	34.95	$N_g=3333$		$q=40.00$			
3600	5.09	36.64	$U=6.00$		—		—	
3800	5.04	38.33	$q=40.00$					
4000	5.00	40.00	—	—				

附录 F 饮用水嘴同时使用数量计算

F.0.1 当计算管段上饮水水嘴数量 $n_0 \leqslant 24$ 个时，同时使用数量 m 可按表 F.0.1 取值。

表 F.0.1 计算管段上饮水水嘴数量 $n_0 \leqslant 24$ 个时的 m 值

水嘴数量 n_0 (个)	1	2	3~8	9~24
使用数量 m (个)	1	2	3	4

F.0.2 当计算管段上饮水水嘴数量 $n_0 > 24$ 个时，同时使用数量 m 按表 F.0.2 取值。

表 F.0.2 计算管段上饮水水嘴数量 $n_0 > 24$ 个时的 m 值(个)

n_0 \ P_0	0.010	0.015	0.020	0.025	0.030	0.035	0.040	0.045	0.050	0.055	0.060	0.065	0.070	0.075	0.080	0.085	0.090	0.095	0.100
25	—	—	—	4	4	4	4	5	5	5	5	6	6	6	6	6	6	6	6
50	—	—	4	4	5	6	6	7	7	7	8	8	8	9	9	9	10	10	10
75	—	4	5	6	7	8	9	9	10	10	11	12	12	13	13	14	14	14	14
100	4	5	6	7	8	9	10	11	12	13	13	14	15	15	16	16	17	17	18
125	4	6	7	8	10	11	12	13	14	15	16	17	18	18	19	19	20	20	21
150	5	6	8	9	11	12	14	15	16	17	18	19	20	21	22	22	23	23	24
175	5	8	10	11	13	14	15	16	17	19	20	21	22	23	24	25	26	26	27
200	6	8	11	12	14	15	17	18	20	21	22	23	25	26	27	28	29	29	30
225	6	9	12	14	16	18	19	21	22	24	25	27	28	29	31	32	32	33	34
250	7	9	11	13	16	17	21	23	24	26	27	29	31	32	34	35	35	36	37
275	7	9	12	14	15	17	19	23	25	28	30	31	33	35	36	38	38	39	40
300	7	10	12	14	16	18	21	26	28	30	32	34	35	37	39	41	42	43	43
325	8	11	13	15	18	20	22	24	26	30	32	34	36	38	40	42	44	44	46
350	8	11	14	16	19	21	23	25	28	30	34	36	38	40	42	44	45	47	49
375	9	12	14	17	20	22	24	27	29	32	34	38	40	42	44	45	47	49	51
400	9	12	15	18	21	22	26	28	30	33	36	38	40	44	46	48	50	52	53
425	10	13	16	19	22	24	27	30	32	35	37	40	42	45	48	50	52	54	57
450	10	13	17	20	23	26	28	31	34	37	39	42	45	47	50	53	55	57	60
475	10	14	17	21	24	27	30	33	35	38	41	44	47	50	52	55	58	61	63
500	11	14	18	21	25	28	31	34	37	40	43	46	49	52	55	58	60	63	66

注：P_0 为水嘴同时使用概率。

F.0.3 水嘴同时使用概率可按下式计算：

$$P_0 = \frac{\alpha q_d}{1800 n_0 q_0} \quad \text{(F.0.3)}$$

式中：α——经验系数，住宅楼取 0.22，办公楼取 0.27，教学楼取 0.45，旅馆取 0.15；

q_d——系统最高日直饮水量(L/d)；

n_0——水嘴数量(个)；

q_0——水嘴额定流量。

注：当 n_0 值与表中数据不符时，可用差值法求得 m。

本规范用词说明

1 为便于在执行本规范条文时区别对待，对要求严格程度不同的用词说明如下：

1) 表示很严格，非这样做不可的：
   正面词采用"必须"，反面词采用"严禁"；
2) 表示严格，在正常情况下均应这样做的：
   正面词采用"应"，反面词采用"不应"或"不得"；
3) 表示允许稍有选择，在条件许可时首先应这样做的：
   正面词采用"宜"，反面词采用"不宜"；
4) 表示有选择，在一定条件下可以这样做的，采用"可"。

2 条文中指明应按其他有关标准执行的写法为："应符合……的规定"或"应按……执行"。

引用标准名录

《室外排水设计规范》GB 50014
《建筑设计防火规范》GB 50016
《人民防空地下室设计规范》GB 50038
《高层民用建筑设计防火规范》GB 50045
《民用建筑太阳能热水系统应用技术规范》GB 50364
《地源热泵系统工程技术规范》GB 50366
《建筑与小区雨水利用技术规范》GB 50400
《城市区域环境噪声标准》GB 3096
《海水水质标准》GB 3097
《地表水环境质量标准》GB 3838
《生活饮用水卫生标准》GB 5749
《民用建筑隔声设计规范》GB 10070
《医疗机构水污染物排放标准》GB 18466
《工业企业设计卫生标准》GBZ 1
《设备及管道保冷技术通则》GB/T 11790
《城市污水再生利用 城市杂用水水质》GB/T 18920
《饮用净水水质标准》CJ 94
《节水型生活用水器具》CJ 164
《游泳池水质标准》CJ 244

中华人民共和国国家标准

建筑给水排水设计规范

GB 50015—2003

(2009年版)

条 文 说 明

目　次

1　总则 …………………………………… 3—45
3　给水 …………………………………… 3—45
　3.1　用水定额和水压 …………………… 3—45
　3.2　水质和防水质污染 ………………… 3—45
　3.3　系统选择 …………………………… 3—46
　3.4　管材、附件和水表 ………………… 3—47
　3.5　管道布置和敷设 …………………… 3—48
　3.6　设计流量和管道水力计算 ………… 3—49
　3.7　水塔、水箱、贮水池 ……………… 3—50
　3.8　增压设备、泵房 …………………… 3—51
　3.9　游泳池与水上游乐池 ……………… 3—52
　3.10　循环冷却水及冷却塔 ……………… 3—53
　3.11　水景 ………………………………… 3—54
4　排水 …………………………………… 3—54
　4.1　系统选择 …………………………… 3—54
　4.2　卫生器具及存水弯 ………………… 3—54
　4.3　管道布置和敷设 …………………… 3—55
　4.4　排水管道水力计算 ………………… 3—56
　4.5　管材、附件和检查井 ……………… 3—56
　4.6　通气管 ……………………………… 3—57
　4.7　污水泵和集水池 …………………… 3—58
　4.8　小型生活污水处理 ………………… 3—58
　4.9　雨水 ………………………………… 3—60
5　热水及饮水供应 ……………………… 3—61
　5.1　用水定额、水温和水质 …………… 3—61
　5.2　热水供应系统选择 ………………… 3—61
　5.3　耗热量、热水量和加热设备供热量
　　　的计算 ……………………………… 3—63
　5.4　水的加热和贮存 …………………… 3—63
　5.5　管网计算 …………………………… 3—67
　5.6　管材、附件和管道敷设 …………… 3—67
　5.7　饮水供应 …………………………… 3—69

1 总　　则

1.0.2 本条是原规范条文的修改，明确了本规范的适用范围。随着我国诸如会展区、金融区、高新科技开发区、大学城等兴建，形成以展馆、办公楼、教学楼等为主体，以为其配套的服务行业建筑为辅的公建区。公建小区给排水设计属于建筑给排水设计范畴，公建小区给排水设计亦应符合国家标准《建筑给水排水设计规范》的要求，为此，在规范局部修订之际，将公建小区给排水设计主要内容列入本规范。另雨水利用已有国家标准《建筑与小区雨水利用技术规范》GB 50400，本规范不重复其相关内容。

3 给　　水

3.1 用水定额和水压

3.1.4 目前各地为促进城市可持续发展、加强城市生态环境建设、创造良好的人居环境，以种植树木和植物造景为主，努力建成景观优美的绿地，建设山清水秀、自然和谐的山水园林城市。在各工程项目的设计中绿化浇灌用水量占有一定的比重。充分利用当地降水、采用节水浇灌技术是绿化浇灌节水的重要措施。确定绿化浇灌用水定额涉及的因素较多，本条提供的数据仅根据以往工程的经验提出，由于我国幅员辽阔，各地应根据当地不同的气候条件、种植的植物种类、土壤理化性状、浇灌方式和制度等因素综合确定。

3.1.10 表 3.1.10 中将宿舍单列。根据工程反馈的信息，宿舍用水时间特别集中，经收集到的论文和测试资料分析，供水不足的现象主要集中在宿舍设置集中或相对集中的盥洗间和卫生间，并且供水不足的原因不仅采用水疏散型平方根法流量计算公式，其用水定额 q_L、小时变化系数 K_h 偏小也是原因之一，为此作如下修订：

1 宿舍用水定额单列，并适当提高用水量标准和 K_h 值系数；

2 宿舍分类按国家现行标准《宿舍建筑设计规范》JGJ 36—2005 进行分类：

Ⅰ类——博士研究生、教师和企业科技人员，每居室 1 人，有单独卫生间；

Ⅱ类——高等院校的硕士研究生，每居室 2 人，有单独卫生间；

Ⅲ类——高等院校的本、专科学生，每居室 3 人～4 人，有相对集中卫生间；

Ⅳ类——中等院校的学生和工厂企业的职工，每居室 6 人～8 人，集中盥洗卫生间。

根据反馈意见在表 3.1.10 中增列了酒店式公寓、图书馆、书店、会展中心的用水定额。

3.1.13 传统的洗车方法用清水冲洗后，水就排入排水管道，既增加了洗车成本，又大量浪费水资源。近年来随着我国汽车工业的蓬勃发展和车辆的家庭普及，以及各地政府加强节约用水管理，一些既节水又环保的洗车方式纷纷出现。表 3.1.13 删除了消耗水量大的软管冲洗方式的用水定额，补充了微水冲洗、蒸汽冲洗等节水型冲洗方式的用水定额。

3.1.14 由于给水配件构造的改进与更新，出现了更舒适、更节水的卫生器具。当选用的卫生器具的给水额定流量和最低工作压力与本表不相符时，可按产品要求设计。故增加了表 3.1.14 注5。

3.1.14A 中华人民共和国城镇建设行业标准《节水型生活用水器具》CJ 164—2002 已于 2002 年 10 月 1 日起正式实施，节水型生活用水器具是指"满足相同的饮用、厨用、洁厕、洗浴、洗衣等用水功能的前提下，较同类常规产品能减少用水量的器件、用具"。针对水嘴（水龙头）、便器及便器系统、便器冲洗阀、淋浴器、家用洗衣机五种常用的生活用水器具的流量（或用水量）的上限作出了相应的规定。

3.1.14B、3.1.14C 洗手盆感应式水嘴和小便器感应式冲洗阀在离开使用状态后，在一定时间内会自动断水，用于公共场所的卫生间时不仅节水，而且卫生。洗手盆自闭式水嘴和小便器延时自闭式冲洗阀可限定每次给水量和给水时间的功能具有较好的节水性能。

3.2 水质和防水质污染

3.2.2 现行国家标准《城市污水再生利用　城市杂用水水质》GB/T 18920 是在原城镇建设行业标准《生活杂用水水质标准》CJ/T 48—1999 的基础上制定的，并在该标准实施之日起将原城镇建设行业标准 CJ/T 48—1999 同时废止。本条作相应修改。

3.2.3 所谓自备水源供水管道，即设计工程基地内设有一套从水源（非城镇给水管网，可以是地表水或地下水）取水，经水质处理后供基地内生活、生产和消防用水的供水系统。

城市给水管道（即城市自来水管道）严禁与用户的自备水源的供水管道直接连接，这是国际上通用的规定。当用户需要将城市给水作为自备水源的备用水或补充水时，只能将城市给水管道的水放入自备水源的贮水（或调节）池，经自备系统加压后使用。放水口与水池溢流水位之间必须有有效的空气隔断。

本规定与自备水源水质是否符合或优于城市给水水质无关。

3.2.3A 用生活饮用水作为中水、回用雨水补充水时，不应用管道连接（即使设倒流防止器也不允许），应补入中水、回用雨水贮存池内，且应有本规范第 3.2.4C 条规定的空气间隙。

3.2.4 造成生活饮用水管内回流的原因具体可分为虹吸回流和背压回流两种情况。虹吸回流是由于供水系统供水端压力降低或产生负压（真空或部分真空）而引起的回流。例如，由于附近管网救火、爆管、修理造成的供水中断。背压回流是由于供水系统的下游压力变化，用水端的水压高于供水端的水压，出现大于上游压力而引起的回流，可能出现在热水或压力供水等系统中。例如，锅炉的供水压力低于锅炉的运行压力时，锅炉内的水会回流入供水管道。因为回流现象的产生而造成生活饮用水系统的水质劣化，称之为回流污染，也称倒流污染。

防止回流污染产生的技术措施一般可采用空气隔断、倒流防止器、真空破坏器等措施和装置。

3.2.4A 本条文明确对于卫生器具或用水设备的防止回流污染要求。已经从配水口流出的并经洗涤过的污废水，不得因生活饮用水管产生负压而被吸回生活饮用水管道，使生活饮用水水质受到严重污染，这种事故是必须严格防止的。

3.2.4B 本条文明确了生活饮用水水池（箱）补水时的防止回流污染要求。本条文空气间隙仍以高出溢流边缘的高度来控制。对于管径小于 25mm 的进水管，空气间隙不能小于 25mm；对于管径在 25mm～150mm 的进水管，空气间隙等于管径；管径大于 150mm 的进水管，空气间隙可取 150mm，这是经过测算的，当进水管径为 350mm 时，喇叭口上的溢流水深约为 149mm。而建筑给水水池（箱）进水管管径大于 200mm 者已少见。生活饮用水水池（箱）进水管采用淹没出流的目的是为了降低进水的噪声，但如果进水管不采取相应的技术措施会产生虹吸回流。应在进水管顶安装真空破坏器。

3.2.4C 本条文明确了消防水、中水和雨水回用水池（箱）补水时的防止回流污染要求。贮存消防用水的贮水池（箱）内贮水的水质虽低于生活饮用水水池（箱），但与本规范第 3.2.4A 条中"卫生器具和用水设备"内的"液体"或"杂质"是有区别的，同时消防水池补水管的管径较大，因此进水管口的最低点高出溢流边缘的空气间隙高度控制在不小于 150mm。

3.2.5 本条的规定属城镇生活饮用水管道与小区或建筑物的生活饮用水管道连接。第 1 款补充了有两路进水的建筑物。第 2 款系针对叠压供水系统。第 3 款针对商用有温有压容器设备的，住宅户内使用的热水机组（含热水器、热水炉）不受本条款约束。如果建筑小区引入管上已设置了防回流设施（即空气间隙、倒流防止器），可不在小区内商用有温有压容器设备的进水管上重复设置。

3.2.5A 本条规定属于生活饮用水与消防用水管道的连接。第 1 款中接出消防管道不含室外生活饮用水给水管道接出的室外消火栓那一段短管。第 2 款是对小区生活用水与消防用水合用贮水池中抽水的消防水泵，由于倒流防止器阻力较大，水泵吸程有限，故倒流防止器可装在水泵的出水管上。

3.2.5B 本条为新增条文。属于生活饮用水与有害有毒污染的场所和设备的连接。第 1 款是关于与设备、设施的连接；第 2 款是关于有害有毒污染的场所。实施双重设防要求，目的是防止防护区域内交叉污染。

3.2.5C 本条为新增条文。生活饮用水给水管道中存在负压虹吸回流的可能，而解决方法就是设真空破坏器，消除管道内真空度而使其断流。在本条第 1 款～第 4 款所提到的场合中均存在负压虹吸回流的可能性。

3.2.5D 本条规定了倒流防止设施选择原则，系参考了国外回流污染危险等级，根据我国倒流防止器产品市场供应情况确定。

防止回流污染可采取空气间隙、倒流防止器、真空破坏器等措施和装置。选择防回流设施要考虑的因素：

1 回流性质：
1）虹吸回流，系正常供水出口端为自由出流（或末端有控制调节阀），由于供水端突然失压等原因产生一定真空度，使下游端的卫生器具或容器等使用过的水或被污染了的水回流到供水管道系统；
2）背压回流，由于水泵、锅炉、压力罐等增压设施或高位水箱等末端水压超过供水管道压力时产生的回流。

2 回流而造成危害程度。本规范参照国内外标准基础上确定低、中、高三档：
1）低危险级：回流造成损害不至于危害公众健康，对生活饮用水在感官上造成不利影响；
2）中危险级：回流造成对公众健康有潜在损害；
3）高危险级：回流造成对公众生命和健康产生严重危害。

生活饮用水回流污染危害程度划分和倒流防止设施的选择详见本规范附录表 A.0.1、A.0.2。

3.2.6 国家标准《二次供水设施卫生规范》GB 17051—1997 第 5.2 条规定："二次供水设施管道不得与大便器（槽）、小便斗直接连接，须采用冲洗水箱或用空气隔断冲洗阀。"本条文与该标准协调一致，严禁生活饮用水管道与大便器（槽）采用普通阀门直接连接冲洗。

3.2.7 主要针对生活饮用水水质安全的重要性而提出的规定。由于有毒污染的危害性较大，有毒污染区域内的环境情况较为复杂，一旦穿越有毒污染区域内的生活饮用水管道产生爆管、维修等情况，极有可能会影响与之连接的其他生活饮用水管道内的水质安全，在规划和设计过程中应尽量避开。当无法避免时，可采用独立明管铺设，加强管材强度和防腐蚀、防冻等级，避开道路设置等减少管道损坏和便于管理的措施；重点管理和监护。

3.2.8 本条局部修订只局限于供单体建筑生活水箱（池）与消防水箱（池）必须分开设置。

3.2.8A 本条为新增条文。规定了小区生活贮水池与消防水池合并设置的条件，两个条件必须同时满足方能合并。小区生活贮水池有效容积按本规范第 3.7.2 条第 1 款的要求确定。

3.2.9 国家标准《二次供水设施卫生规范》17051—1997 第 5.5 条规定："蓄水池周围 10m 以内不得有渗水坑和堆放的垃圾等污染源。水箱周围 2m 内不应有污水管线及污染物。"本条文与该标准协调一致。

3.2.10 本条对生活饮用水水池（箱）体结构要求：明确与建筑本体结构完全脱开，生活饮用水水池（箱）体不论什么材质均应与其他用水水池（箱）不共用分隔墙。本次局部修订删除了"隔墙与隔墙之间应有排水措施"的要求。

3.2.11 位于地下室的生活饮用水池设在专用房间内，有利于水池配管与仪表的保护，防止非管理人员误操作而引发事故。生活饮用水贮水池上方，应是洁净且干燥的用房，不应设置厕所、浴室、盥洗室、厨房、污水处理间等需经常冲洗地面的用房，以免楼板产生渗漏时污染生活饮用水水质。

3.2.12 本条贯彻执行现行国家标准《生活饮用水卫生标准》GB 5749，规定给水配件取水达标的要求。加强二次供水防污染措施，将水池（箱）的构造和配管的有关要求归纳后分别列出。

1 人孔的盖与盖座之间的缝隙是昆虫进入水池（箱）的主要通道，人孔盖与盖座要吻合和紧密，并用富有弹性的无毒发泡材料嵌在接缝处。暴露在外的人孔盖要有锁（外围有围护措施，已能防止非管理人员进入者除外）。

通气管口和溢流管是外界生物入侵的通道，所谓生物指空气中灰尘携带（细菌、病毒、孢子）、蚊子、爬虫、老鼠、麻雀等，这些是造成水箱（池）的水质污染因素之一，所以要采取过滤、隔断等防生物入侵的措施。

2 进水管要在高出水池（箱）溢流水位以上进入水池（箱），是为了防止进水管出现压力倒流或破坏进水管可能出现虹吸倒流时管内真空的需要。

以城市给水作为水源的消防贮水池（箱），除本条第 1 款只需防昆虫、老鼠等入侵外，第 2、3、5 款的规定也可适用。

设置在地下室中的水池，尤其是设置在地下二层或以下的水池，当池中的最高水位比建筑物的给水引入管管底低 300mm 以上时，此水池可被认为不会产生虹吸倒流。

3.2.13 水池（箱）内的水停留时间超过 48h，一般会认为水中的余氯已挥发完了，故应进行再消毒。本规范与现行国家标准《二次供水设施卫生规范》GB 17051 的要求一致。

3.2.14 这是为了防止误饮误用，国内外相关法规中都有此规定。一般做法是挂牌，牌上写上"非饮用水"、"此水不能喝"等字样，还应配有英文，如"No Drinking"或"Can't Drinking Water"。

3.3 系统选择

3.3.1A 合理地利用水资源，避免水的损失和浪费，是保证我国国民经济和社会发展的重要战略问题。建筑给水设计时应贯彻减量化、再利用、再循环的原则，综合利用各种水资源。

3.3.2 管网叠压供水设备是近年来发展起来的一种新的供水设备，具有可利用城镇给水管网的水压而节约能耗，设备占地较小，节省机房面积等优点，在工程中得到了一定的应用。但是作为供水设备的一种形式，叠压供水设备也是有其特定的使用条件和技术要求。

1 叠压供水设备在城镇给水管网能满足用户的流量要求，而不能满足所需的水压要求，设备运行后不会对管网的其他用户产生不利影响的地区使用。各地供水行政主管部门（如水务局）及供水部门（如自来水公司）会根据当地的供水情况提出使用条件要求，北京市、天津市等均有具体的规定和要求。中国工程建设协会标准《管网叠压供水技术规程》CECS 221 第 3.0.5 条对此也作了明确的规定："供水管网经常性停水的区域；供水管网可资利用水头过低的区域；供水管网供水压力波动过大的区域；使用管网叠压供水设备后，对周边现有(或规划)用户用水会造成严重影响的区域；现有供水管网供水总量不能满足用水需求的区域；供水管网管径偏小的区域；供水行政主管部门及供水部门认为不宜使用管网叠压供水设备的其他区域"等七种区域不得采用管网叠压供水技术。因此，当采用叠压供水设备直接从城镇给水管网吸水的设计方案时，要遵守当地供水行政主管部门及供水部门的有关规定，并将设计方案报请该部门批准认可。未经当地供水行政主管部门及供水部门的允许，不得擅自在城市供水管网中设置、使用管网叠压供水设备。

  2 由于城镇给水管网的压力是波动的，而小区供水系统的所需用水量也发生着变化，为保证管网叠压供水设备的节能效果，宜采用变频调速泵组加压供水。在确定叠压供水装置水泵扬程以城镇供水管网限定的最低水压为依据，此水压值各地供水部门都有规定，更不允许出现负压。叠压供水装置中设置许多保护装置，在受到城镇供水工况变化的影响，保护装置作用造成断水，这应该采取措施，避免供水中断。

  补充了注的规定。充分利用城镇供水的资用水头。

  3 为应对城镇供水工况变化的影响，当城镇给水管网压力下降至最低设定时，防止叠压供水设备对附近其他用户的影响及小区供水安全，部分叠压供水设备在水泵吸水管一侧设置调节水箱。由城镇给水管网接入的引入管，同时与水泵吸水口和调节水箱进水浮球阀连接，而水泵吸水口同时与城镇给水管网引入管和调节水箱连接。正常情况下水泵直接从城镇给水管网吸水加压后向小区给水系统供水，当城镇给水管网压力下降至最低设定值时，关闭城镇给水管网引入管上的阀门，水泵从调节水箱吸水加压后向室内系统供水，从而达到向小区给水系统不间断供水的要求。但是，在选用这类设备时，要注意水泵的实际工况对供水安全和节能效果的影响。如水泵从调节水箱吸水时，水泵的扬程必须满足最不利用水点的压力；而当城镇管网串联加压时，由于城镇管网的余压，变频调速泵组的实际扬程要比前者小。因此，叠压供水设备选型时变频调速泵组的扬程应以城镇供水最不利水压确定，同时应校核调节水箱的最低水位时变频调速泵组的工作点仍应在高效区内，并且关注叠压泵组对所需提升水压值不高的多层建筑供水系统运行时的安全性。同时，低位贮水池有效贮存容积为城镇供水管网限定的最低水压以下时段(不能叠压供水)小区所需用水量，以策安全供水。由于城镇供水工况变化莫测，低位贮水池的水可能得不到更新而变质，所以规定贮水在水箱中停留时间不得超过12h。

  4 由于叠压供水设备有其特定的使用条件和技术要求，应符合现行国家和行业标准的要求。

  3.3.3 建筑物内给水系统除要按不同使用性质或计费的给水系统在引入管后分成各自独立的给水管网，还要在条件许可时采用分质供水，充分利用中水、雨水回用等再生水资源；尽可能利用室外给水管网的水压直接供水；给水系统的竖向分区应根据建筑物用途、层数、使用要求、材料设备性能、维护管理、节约供水能耗等因素综合确定。

  3.3.5 高层建筑生活给水系统竖向分区要根据建筑物用途、建筑高度、材料设备性能等因素综合确定。分区供水的目的不仅为了防止损坏给水配件，同时可避免过高的供水压力造成用水不必要的浪费。

  对供水区域较大多层建筑的生活给水系统，有时也会出现超出本条分区压力的规定。一旦产生入户管压力、最不利点压力等超出本条规定时，也要为满足本条文的有关规定采取相应的技术措施。

  3.3.5A 本条为新增内容，系与国家标准《住宅建筑规范》GB 50368—2005 有关内容相协调。

  3.3.6 建筑高度不超过 100m 的高层建筑，一般低层部分采用市政水压直接供水，中区和高区优先采用加压至屋顶水箱(或分区水箱)，再自沉分区减压供水的方式，也可采用一组调速泵供水，这就是垂直分区并联供水系统，分区内再用减压阀局部调压。

  对建筑高度超过 100m 的高层建筑，若仍采用并联供水方式，其输水管道承压过大，存在不安全隐患，而串联供水可化解此矛盾。垂直串联供水可设中间转输水箱，也可不设中间转输水箱，在采用调速泵组供水的前提下，中间转输水箱已失去调节水量的功能，只剩下防止水压回传的功能，而此功能可用管道倒流防止器替代。不设中间转输水箱，又可减少一个水质污染的环节和节省建筑面积。

3.4 管材、附件和水表

3.4.1 在工程建设给水系统中使用的管材、管件，必须符合现行产品标准的要求。

  管件的允许工作压力，除取决于管材、管件的承压能力外，还与管道接口能承受的拉力有关。这三个允许工作压力中的最低者，为管道系统的允许工作压力。

3.4.2 埋地的给水管道，既要承受管内的水压力，又要承受地面荷载的压力。管内壁要耐水的腐蚀，管外壁要耐地下水及土壤的腐蚀。目前使用较多的有塑料给水管，球墨铸铁水管，有衬里的铸铁给水管。当必须使用钢管时，要特别注意钢管的内外防腐处理，防腐处理常见的有衬塑、涂塑或涂防腐涂料(注意：镀锌层不是防腐层，而是防锈层，所以镀锌钢管也必须做防腐处理)。

3.4.3 室内的给水管道，选用时应考虑其耐腐蚀性能，连接方便可靠，接口耐久不渗漏，管材的温度变形，抗老化性能等因素综合确定。当地主管部门对给水管材的采用有规定时，应予遵守。

  可用于室内给水管道的管材品种很多，纯塑料的塑料管和薄壁(或薄层)金属与塑料复合的复合管材均被视为塑料类管材。薄壁铜管，薄壁不锈钢管，衬(涂)塑钢管被视为金属管材。各种新型的给水管材，大多编制有推荐性技术规程，可为设计、施工安装和验收提供依据。

  根据工程实践经验，塑料给水管由于线胀系数大，又无消除线胀的伸缩节，用作高层建筑给水立管，在支管连接处累积变形大，容易断裂漏水。故立管推荐采用金属管或钢塑复合管。

3.4.4 给水管道上的阀门的工作压力等级，应等于或大于其所在管段的管道工作压力。阀门的材质，必须耐腐蚀，经久耐用。镀铜的铁杆、铁芯阀门，不应使用。

3.4.5 本条第 5 款中删除了关于在"配水支管上配水点在 3 个及 3 个以上时应设置"阀门的要求。本规范 2003 版第 3.4.5 条第 5 款的要求在住户、公用卫生间等接出的配水管起端，接有 3 个及 3 个以上配水点的支管上设置阀门，导致设置阀门过多。

3.4.6 调节阀是专门用于调节流量和压力的阀门，常用在需调节流量或水压的配水管段上。

  蝶阀，尤其是小口径的蝶阀，其阀瓣占据流道截面的比例较大，故水流阻力较大。且易挂积杂物和纤维。

  水泵吸水管的阻力大小对水泵的出水流量影响较大，故宜采用闸板阀。球阀和半球阀的过水断面为全口径，阻力最小。

  多功能阀兼有闸阀和止回的功能，故一般装在口径较大的水泵的出水管上。

  截止阀内的阀芯，有控制并截断水流的功能，故不能安装在双向流动的管段上。

3.4.7 止回阀只是引导水流单向流动的阀门，不是防止倒流污染的有效装置。此概念是选用止回阀还是选用管道倒流防止器的原则。管道倒流防止器具有止回阀的功能，而止回阀则不具备管道倒流防止器的功能，所以设有管道倒流防止器后，就不需再设止回阀。

  1 此款明确只在直接从城镇给水管接入的引入管上。

2 此款明确密闭的水加热器或用水设备的进水管上,应设置止回阀(如根据本规范3.2.5条已设置倒流防止器,不需再设止回阀)。由于住宅使用的热水机组容积均较小,无热水循环时发生倒流的可能性较小,故住宅户内没有设置热水循环的贮水容积不大于200L的热水机组,可不设止回阀。

4 此款明确了水箱、水塔当进出水管为一条时,为防止底部进水,在底部出水的管段上应装止回阀。

3.4.8 本条列出了选择止回阀阀型时应综合考虑的因素。

止回阀的开启压力与止回阀关闭状态时的密封性能有关,关闭状态密封性好的,开启压力就大,反之就小。

开启压力一般大于开启后水流正常流动时的局部水头损失。

速闭消声止回阀和阻尼缓闭止回阀都有削弱停泵水锤的作用,但两者削弱停泵水锤的机理不同,一般速闭消声止回阀用于小口径水泵,阻尼缓闭止回阀用于大口径水泵。

止回阀的阀瓣或阀芯,在水流停止流动时,应能在重力或弹簧力作用下自行关闭,也就是说重力或弹簧力的作用方向与阀瓣或阀芯的关闭运动方向要一致,才能使阀瓣或阀芯关闭。一般来说卧式升降式止回阀和阻尼缓闭止回阀及多功能阀只能安装在水平管上,立式升降式止回阀不能安装在水平管上,其他的止回阀均可安装在水平管上或水流方向自下而上的立管上。水流方向自上而下的立管,不应安装止回阀,因其阀瓣不能自行关闭,起不到止回作用。止回阀在使用中应满足在管网最小压力或水箱最低水位应能自动开启。

3.4.8A、3.4.8B 新增条文。正确的设置位置是保证管道倒流防止器和真空破坏器使用的重要保证条件。本条系引用国外标准中对倒流防止器和真空破坏器设置要求。从倒流防止器和真空破坏器本身安全卫生防护要求确定的。

3.4.9 本条规定是为了防止给水管网使用减压阀后可能出现的安全隐患。

1 限制比例式减压阀的减压比和可调式减压阀的减压差,是为了防止阀内产生汽蚀损坏减压阀和减少振动及噪声。本条第1款补充了减压比较大及减压差较大时采取的措施。

2 防止减压阀失效时,阀后卫生器具给水栓不受损坏。

3 阀前水压稳定,阀后水压才能稳定。

4 减压阀并联设置的作用只是为了当一个阀失效时,将其关闭检修,使管路不需停水检修。减压阀若设旁通管,因旁通管上的阀门渗漏会导致减压阀减压作用失效,故不得设置旁通管。

3.4.11 泄压阀的泄流量大,给水管网超压是因管网的用水量太少,使向管网供水的水泵的工作点上移而引起的,泄压阀的泄压动作压力比供水水泵的最高供水压力小,泄压时水泵仍不断将水供入管网,所以泄压阀动作时是要连续泄水,直到管网用水量等于泄水量时才停止泄水复位。泄压阀的泄水流量要按水泵H-Q特性曲线上泄压压力对应的流量确定。

生活给水管网出现超压的情况,只有在管网采用额定转速水泵直接供水时(尤其是直接串联供水时)出现。

泄压水排入非生活用水水池,既可利用水池存水功能,也可避免水的浪费;如直接排入雨水道,要有消能措施,以防止冲压连接管和检查井。

3.4.12 安全阀的泄流量很小,适用于压力容器因超温引起的超压泄压,容器的进水压力小于安全阀的泄压动作压力,故在泄压时没有补充水进入容器,所以安全阀只要泄走少量的水,容器内的压力即可下降恢复正常。泄压口接管将泄压水(汽)至安全地点排放,是为了防止高温水(汽)烫伤人。

3.4.15 给水管道系统如果串联重复设置管道过滤器,不仅增加工程费用,且增加了阻力需消耗更多的能耗。因此,当在减压阀、自动水位控制阀、温度调节阀等阀件前,已设置了管道过滤器,则水加热器的进水管和水泵吸水管等处的管道过滤器可不必再设置。

3.4.18 本条文删除了原第1款。水表直径的确定应按原第2款~第4款的计算结果,《建筑给水排水设计规范》97版第2.5.8A条也无此要求,如将"宜"放在第1款易造成误解,故删除。

国家产品标准《封闭满管道中水流量的测量饮用冷水水表和热水水表 第1部分:规范》GB/T 778.1—2007等效采用ISO 4064.1—2005的技术内容。其名词术语也与原GB 778—84不同。用"常用流量"替代原来"额定流量";"过载流量"替代"最大流量"。

常用流量系水表在正常工作条件即稳定或间隙流动下,最佳使用流量。对于用水量在计算时段用水量相对均匀的给水系统,如用水量相对集中的工业企业生活间、公共浴室、洗衣房、公共食堂、体育场等建筑物,用水密集,其设计秒流量与最大小时平均流量折算成秒流量相差不大,应以设计秒流量来选用水表的常用流量;而对于住宅、旅馆、医院等用水疏散型的建筑物,其设计秒流量系最大日最大时中某几分钟高峰用水时段的平均秒流量,如按此选用水表的常用流量,则水表很多时段均在比常用流量小和小得很多的情况下运行;且水表口径选得很大。为此,这类建筑宜按给水系统的设计秒流量选用水表的过载流量较合理。

居住小区由于人数多、规模大,虽然按设计秒流量计算,但已接近最大用水时的平均秒流量。以此流量选择小区引入管水表的常用流量。如引入管为2条及2条以上时,应按平均分摊流量。该生活给水设计流量还应按消防规范的要求叠加区内一次火灾的最大消防流量校核,不应大于水表的过载流量。

3.5 管道布置和敷设

3.5.1 将本条后半段有关引入管流量的规定移至3.6节归并。

3.5.2 居住小区室外管线要进行管线综合设计,管线与管线之间、管线与建筑物或乔木之间的最小水平净距,以及管线交叉敷设时的最小垂直净距,应符合附录B的要求。当小区内的道路宽度小,管线在道路下排列困难时,可将部分管线移至绿地内。

3.5.2A 本条系新增条文,根据国家标准《室外给水排水设计规范》GB 50013—2006第7.3.6条的规定,并根据小区道路狭窄的特点,不具体规定钢套管伸出与排水管交叉点的长度。

3.5.5 原条文关于"室内冷、热水管垂直平行敷设时,冷水管应在热水管右侧"的要求不够严谨,一些设计人员反映难以把握。因此本条文作了修改,明确为卫生器具进水接管时,冷水的连接管应在热水连接管的右侧。

3.5.8 本条规定室内给水管道敷设的位置不能由于管道的漏水或结露产生的凝结水造成对安全的严重隐患,产生对财物的重大损害。

遇水燃烧物质系指凡是能与水发生剧烈反应放出可燃气体,同时放出大量热量,使可燃气体温度猛升到自燃点,从而引起燃烧爆炸的物质,都称为遇水燃烧物质。遇水燃烧物质按遇水或受潮后发生反应的强烈程度及其危害的大小,划分为两个级别:

一级遇水燃烧物质,与水或酸反应时速度快,能放出大量的易燃气体,热量大,极易引起自燃或爆炸。如锂、钠、钾、铷、铯、铯、钡等金属及其氢化物等。

二级遇水燃烧物质,与水或酸反应时的速度比较缓慢,放出的热量也比较少,产生的可燃气体,一般需要有水源接触,才能发生燃烧或爆炸。如金属钙、氢化铝、硼氢化钾、锌粉等。

在实际生产、储存与使用中,将遇水燃烧物质都归为甲类火灾危险品。在储存危险品的仓库设计中,应避免将给水管道(含消防给水管道)布置在上述危险品堆放区域的上方。

3.5.12 塑料给水管道在室内明装敷设时易受碰撞而损坏,也发生过被人为割伤,尤其是设在公共场所的立管更易受此威胁,因此提倡在室内暗装。另一方面,在室内虽一般不受到阳光直射(除了位置不当),但暴露在光线下和流通的空气中仍比暗装时易老化。立管不在管井或管隧内敷设时,可在管外加套管,或覆盖铁丝网后用水泥砂浆封闭。户内支管可采用直埋在楼（地）面垫层或墙体管槽内。

3.5.13 塑料给水管道不得布置在灶台上边缘，是为了防止炉灶口喷出的火焰及辐射热损坏管道。燃气热水器虽无火焰喷出，但其燃烧部位外面仍有较高的辐射热，所以不应靠近。

塑料给水管道不应与加热器或热水炉直接连接，以防炉体或加热器的过热温度直接传给管道而损害管道，一般应经不少于0.4m的金属管过渡后再连接。

3.5.16 给水管道因温度变化而引起伸缩，必须予以补偿，过去因使用金属管材，其线膨胀系数较小，在管道直线长度不大的情况下，伸缩量不大而不被重视。在给水管道采用塑料管时，塑料管的线膨胀系数是钢管的7倍～10倍。因此必须予以重视，如无妥善的伸缩补偿措施，将会导致塑料管道的不规则拱起弯曲，甚至断裂等质量事故。常用的补偿方法就是利用管道自身的折角变形来补偿温度变形。

3.5.17 给水管道的防结露计算是比较复杂的问题，它与水温、管材的导热系数和壁厚、空气的温度和相对湿度，保冷层的材质和导热系数等有关。如资料不足时，可借用当地空调冷冻水小型支管的保冷层做法。

在采用金属给水管出现结露的地区，塑料给水管同样也会出现结露，仍需做保冷层。

3.5.18 给水管道不论管材是金属管还是塑料管（含复合管），均不得直接埋设在建筑结构层内。如一定要埋设时，必须在管外设置套管，这可以解决在套管内敷设和更换管道的技术问题，且要经结构工种的同意，确认埋在结构层内的套管不会降低建筑结构的安全可靠性。

小管径的配水支管，可以直接埋设在楼板面的垫层内，或在非承重墙体上开凿的管槽内（当墙体材料强度低不能开槽时，可将管道贴墙面安装后抹厚墙体）。这种直埋安装的管道外径，受垫层厚度或墙槽深度的限制，一般外径不宜大于25mm。

直埋敷设的管道，除管内壁要求具有优良的防腐性能外，其外壁还要具有抗水泥腐蚀的能力，以确保管道使用的耐久性。

采用卡套式或卡环式接口的交联聚乙烯管，铝塑复合管，为了避免直埋管因接口渗漏而维修困难，故要求直埋管段不应中途接驳或三通分水配水，应采用软态给水塑料管分水器集中配水，管接口均应明露在外，以便检修。

3.5.24 室外明设的管道，在结冻地区无疑要做保温层，在非结冻地区亦宜做保温层，以防止管道受阳光照射后管内水温高，导致用水时水温忽热忽冷，水温升高管内的水受到了"热污染"，还给细菌繁殖提供了良好的环境。

室外明设的塑料给水管道不需保温时，亦应有遮光措施，以防塑料老化缩短使用寿命。

3.6 设计流量和管道水力计算

3.6.1 原规范2003版设计流量计算存在下列问题：

1 3000人以上支状管道计算无依据；

2 3000人以下环状管道计算无依据；

3 在3000人前提下按设计秒流量式(3.6.4)计算和按最大小时平均流量计算得到两种结果；

4 居住小区给水支管按最大小时平均秒流量计算偏小，与住宅按概率法计算设计秒流量不能衔接；

5 公共建筑区给水管道计算无依据。

通过研究分析，对《建筑给水排水设计规范》GB 50015—2003版的居住小区给水管道设计秒流量概率公式和按最大小时平均流量计算方法进行比对，从而找到两种计算方法衔接点。此衔接点（即居住小区给水管道服务人数）与住宅最高日用水量定额q_L、用水小时变化系数K_h、每户卫生器具当量数N有关。为此确定居住小区给水管道设计流量计算准则，表3.6.1中的人数就是两种计算方法的衔接点：

1 居住小区给水管道服务人数小于等于衔接点（人数）时，住宅按3.6.4概率公式计算设计秒流量作为管段流量，居住小区配套设施（文体、餐饮娱乐、商铺及市场）按3.6.5平方根法公式和3.6.6同时用水百分数法公式计算设计秒流量作为节点流量；

2 居住小区给水干管服务人数大于衔接点（人数）时，住宅按最大小时平均流量计算作为管段流量，居住小区配套设施（文体、餐饮娱乐、商铺及市场）的规模与小区规模成正比，另一方面其最大用水时时段与住宅的最大用水时时段基本重合，故这部分流量按最大小时平均流量计算作为节点流量；

3 小区内配套的文教、医疗保健、社区管理等设施的用水时间（寄宿学校除外）与住宅的最大用水时并不重合，以及绿化和景观用水、道路及广场洒水、公共设施用水等都与住宅最大用水时不重合，均以平均小时流量计算节点流量是有安全余量的。

3.6.1A 本条系新增条文，规定了小区室外给水管道直供和非直供的计算方法。

3.6.1B 本条规定了小区引入管的计算原则。

1 此款的规定系与本规范第3.1.7条相呼应，漏失水量和未预见水量应在引入管计算流量基础上乘1.10～1.15系数。

2 此系由原第3.5.1条后半段移至本条。

3 此款规定是为了保证小区室外给水管网的供水能力，当支状布置时引入管的管径不应小于室外给水干管的管径。

4 此款规定小区环状管道管径相同，一是简化计算，二是安全供水。

3.6.2 居住小区的室外生活与消防合用给水管道，必须按国家标准《建筑设计防火规范》GB 50016—2006第8.1.4条规定，在最大用水时生活用水设计流量上叠加消防流量进行复核，复核结果应满足管网末梢的室外消火栓从地面算起的流出水头不低于0.10MPa。

本条规定的消防流量按小区内一次火灾的最大消防流量计，这是根据居住小区人口不大于15000人确定的，与现行国家标准《建筑设计防火规范》GB 50016中规定的，居住人口在2.5万人以下，火灾次数以一次计相对应。

3.6.3 高层建筑的室内给水系统，一般都是低层区由室外给水管网直接供水，室外给水管网水压供不上的楼层，由建筑物内的加压系统供水。加压系统设有调节贮水池，其补水量经计算确定，一般介于平均用水时流量与最大用水时流量之间。所以建筑物的给水引入管的设计秒流量，就由直接供水部分的设计秒流量加上加压部分的补水流量组成。

3.6.4 生活给水管道设计秒流量计算按用水特点分两种类型：一种为分散型，如住宅、宿舍（Ⅰ、Ⅱ类）、旅馆、酒店式公寓、医院、幼儿园、办公楼、学校等，其用水特点是用水时间长、用水设备使用情况不集中，卫生器具的同时出流百分数（出流率）随卫生器具的增加而减少；另一种是密集型，如宿舍（Ⅲ、Ⅳ类）、工业企业的生活间、公共浴室、洗衣房、公共食堂、实验室、影剧院、体育场等，采用同时给水百分数计算方法。而对分散型中的住宅的设计秒流量计算方法，采用了以概率法为基础的计算方法。对于公建部分，仍采用原规范平方根法计算。式3.6.4-1和式3.6.4-2分子中需乘以100，才与附录E中U和U_0相吻合。

由于概率法中的随机事件应是同一事件，也就是说应是每一种卫生器具分别计算，然后再计算它们的组合的概率，本条的计算法下将卫生器具给水当量作为随机事件是运用了"模糊"的概念，要求纳入计算的卫生器具的额定流量基本相等。因此大便器延迟自闭冲洗阀就不能将它的折算给水当量直接纳入计算，而只能将计算结果附加1.20L/s流量后作为设计流量。

式3.6.4-4是概率法中的一个基本公式，也就是加权平均法的基本公式，使用本公式时应注意：

1 本公式只适用于各支管的最大用水时发生在同一时段的给水管道。而对最大用水时并不发生在同一时段的给水管道,应将设计秒流量小的支管的平均用水时平均秒流量与设计秒流量大的支管的设计秒流量叠加成干管的设计秒流量。第3.6.1条的居住小区室外给水管道设计流量就是采用此原则。

2 本公式只适用于枝状管网的计算,不适用于环状管网的管段设计流量的确定。

3.6.6 将Ⅲ、Ⅳ类宿舍归为用水密集型建筑。

其卫生器具同时给水百分数随器具数增多而减少。实际应用中,需根据用水集中情况、冷热水是否有计费措施等情况选择上限或下限值。

对于Ⅲ类宿舍设有单独卫生间时,可按表1选用。对于Ⅳ类宿舍设置单独卫生间的情况由于并不合理,本表格未予列入。

表1 宿舍(Ⅲ类、单独卫生间)的卫生器具同时给水百分数(%)

卫生器具数量 卫生器具名称	1~30	31~50	51~100	101~250	251~500	501~1000	1001~3000	3000以上
洗脸盆、盥洗槽水嘴	60~100	45~60	35~45	25~35	20~25	15~17	5~15	
有间隔淋浴器	60~80	40~60	30~45	20~35	17~25	15~20	5~15	
大便器冲洗水箱	60~70	40~60	30~40	22~30	18~22	15~18	11~15	5~11

对于Ⅲ、Ⅳ类宿舍设有集中卫生间时,可按表2选用:

表2 宿舍(Ⅲ、Ⅳ类,集中卫生间)的卫生器具同时给水百分数(%)

卫生器具数量 卫生器具名称	1~30	31~50	51~100	101~200	201~500	501~1000	1000以上
洗涤盆(池)	—	—	—	—	—	—	—
洗手盆	—	—	—	—	—	—	—
洗脸盆、盥洗槽水嘴	80~100	75~80	70~75	55~70	45~55	40~45	20~40
浴盆	—	—	—	—	—	—	—
无间隔淋浴器	100	80~100	75~80	65~75	50~60	45~50	20~45
有间隔淋浴器	80	75~80	70~75	55~70	45~55	40~45	20~45
大便器冲洗水箱	70	65~70	55~65	45~55	35~45	25~35	10~25
大便槽自动冲洗水箱	100	100	100	100	100	100	100
大便器自闭式冲洗阀	2	2	2	1~2	1	1	1
小便槽自动冲洗水箱	100	100	100	100	100	100	100
小便器自闭式冲洗阀	10	9~10	8~9	7~8	5~7	4~5	2~4

3.6.7 规定了最大用水小时的用水量,按本规范表3.1.9和表3.1.10中用水定额、使用时数和小时变化系数经计算确定,以便确定调节设备的进水管径等。

3.6.8 住宅的入户管径不宜小于20mm,这是根据住宅户型和卫生器具配置标准经计算而得出的。

3.6.10 海澄—威廉公式是目前许多国家用于供水管道水力计算的公式。它的主要特点是,可以利用海澄—威廉系数的调整,适应不同粗糙系数管道的水力计算。

3.6.11 给水管道的局部水头损失,当管件的内径与管道的内径在接口处一致时,水流在接口处流线平滑无突变,其局部水头损失最小。当管件的内径大于或小于管道内径时,水流在接口处的流线都产生突然放大和突然缩小的突变,其局部水头损失约为内径无突变的光滑连接的2倍。所以本条只按连接条件区分,而不按管材区分。

本条提供的按沿程水头损失百分比取值,只适用于配水管,不适用于给水干管。

配水管采用分水器集中配水,既可减少接口及减小局部水头损失,又可削减卫生器具用水时的相互干扰,获得较稳定的出口水压。

3.6.15 倒流防止器的水头损失,应包括第一阀瓣开启压力和第二阀瓣开启压力加上水流通过倒流防止器过水通道的局部水头损失。由于各生产企业产品的参数不一,各种规格型号的产品局部水头损失都不一样,设计选用时要求提供经权威测试机构检测的倒流防止器的水头损失曲线。

真空破坏器的水头损失值,也应经权威测试机构检测的参数作为设计依据。

3.7 水塔、水箱、贮水池

3.7.2 本条第1款修订了原规范规定。将原"居住小区加压泵站的贮水池"改为对小区贮水池容积的规定。根据中国工程建设协会标准《居住小区给水排水设计规范》CECS 57∶94第3.7.6条的规定:"贮水池的有效容积,应根据居住小区生活用水的调蓄贮水量、安全贮水量和消防贮水量确定。"生活用水的调蓄贮水量仍保留原规范规定。安全贮水量考虑因素:一是最低水位不能见底,需留有一定水深的安全量,一般最低水位距池底不小于0.5m。二是市政管网供水可靠性。市政引入管根数、同侧引入与不同侧引入,可能发生事故时段的贮水量,如市政管道因爆管等原因,检修断水。三是小区建筑用水的重要程度,如医院院区,不允许断水的工业、科技园区等。安全贮水量一般由设计人员根据具体情况确定。在生活与消防合用的小区贮水池,消用水的贮水量依据现行的消防规范确定。

本条第2款规定贮水池宜分成容积基本相等的两格,是为了清洗水池时可不停止供水。

3.7.3 建筑物内的生活用水贮水池,不宜毗邻电气用房或居住用房或在其下方,除防止水池渗漏造成损害外,还考虑水池产生的噪声对周围房间的影响。所以其他有安静要求的房间,也不应与贮水池毗邻或在其下方。

3.7.6 本条提出不论所在地区冬季是否结冻,高位水箱应设置在水箱间。目的是为了改善水箱周围的卫生环境,保护水箱水质。在非结冻地区的不保温水箱,存在受阳光照射而水温升高的问题,将导致箱内水的余氯加速挥发,细菌繁殖加快,水质受到"热污染",一旦引发"军团病",就威胁到用户的生命安全。

3.7.7 高位水箱的进、出水管不宜采用一条管,即进水管不能兼做出水配水管,这种配管方式会造成水箱内死水区大,尤其是当进水压力基本可满足用户水压要求,进入水箱的水很少时,箱内的水得不到更新(如利用市政水压供水的调节水箱,夏季水压不足,冬季水压足够),水质恶化。当然这种配管在进水管起端必须安装管道倒流防止器。否则就产生倒流污染,甚至箱内的水会流空,用户没水用。

由于直接作用式浮球阀出口是进水断面40%,故需设置2个,且要求进水管标高一致,可避免2个浮球阀浮力不一致而容易损坏漏水的现象。

由于城市给水管网直接供给调节水池(箱)时,只能利用池(箱)的水位控制其启闭,水位控制阀能实现其启闭自动化。但对由单台加压设备向单个调节水箱供水的情况,则由水箱的水位通过液位感应信号控制加压设备的启闭,不应在水箱进水管上设置水位控制阀,否则造成控制阀冲击振动而损坏。对于一组水泵同时供给多个水箱的供水工况,损坏几率较高的是与水箱进水管相同管径的直接作用式浮球阀,而应在每个水箱中设置水位传感器,通过水位监控仪实现水位自动控制。这类阀门有电磁先导水力控制阀、电动阀等,故在条文中不强调一定要用电动阀。

溢流管的溢流量是随溢流水位升高而增加,一般常规做法是溢流管比水箱进水管管径大一级,管顶采用喇叭口(1∶1.5~1∶2.0喇叭口)集水,是有明显的溢流堰的水流特性,然后经垂直管段后转弯穿池壁出池外。

水池(箱)泄水出路有室外雨水检查井、地下室排水沟(应间接排水)、屋面雨水天沟等,其排泄能力有大小,不能一视同仁。一般情况比进水管小一级管径，至少不应小于 50mm。

当水池埋地较深，无法设置泄水管时，应采用潜水给水泵提升泄水。如配有水泵机组时，可利用增加水泵出水管管段接出泄水管的方法，工程中实为有效的办法。

在工程中由于自动水位控制阀失灵，水池（箱）溢水造成水资源浪费，特别是地下室的贮水池溢水造成财产损失的事故屡见不鲜。贮水构筑物设置水位监视、报警和控制仪器和设备很有必要，目前国内此类产品性能可靠，已广泛应用。地下有淹没可能的地下泵房，有的对水池的进水阀提出双重控制要求（如：先导阀采用浮球阀+电磁阀），同时，对泵房排水提出防淹没的排水能力要求。

报警水位与最高水位和溢流水位之间关系：报警水位应高出最高水位 50mm 左右，小水箱可小一些，大水箱可取大一些。报警水位距溢流水位一般约 50mm，如进水管径大，进水流量大，报警后需人工关闭或电动关闭时，应给予紧急关闭的时间，一般报警水位距溢流水位 250mm～300mm。

3.7.8 高层建筑采用垂直串联供水时，传统的做法是设置中途转输水箱。中途转输水箱有两个作用，一是调节初级泵与次级泵的流量差，一般都是初级泵的流量大于或等于次级泵的流量，为了防止初级泵每小时启动次数不大于 6 次，故中途转输水箱的容积宜取次级泵的 5min～10min 流量；二是防止次级泵停泵时，次级管网的水压回传（只要次级泵出口止回阀渗漏，静水压就回传）中途转输水箱可将回传水压消除，保护初级泵不受损害。

3.8 增压设备、泵房

3.8.1 选择生活给水系统的加压水泵时，必须对水泵的 Q-H 特性曲线进行分析，应选择特性曲线为随流量增大其扬程逐渐下降的水泵，这样的泵工作稳定，并联使用时可靠。Q-H 特性曲线存在有上升段（即零流量时的扬程不是最高扬程，随流量增大扬程也升高，扬程升至峰值后，流量再增大扬程又开始下降，Q-H 特性曲线的前段就出现一个向上拱起的弓形上升段的水泵）。这种泵单泵工作，且工作点扬程低于零流量扬程时，水泵可稳定工作。如工作点在上升段范围内，水泵工作就不稳定。这种水泵并联时，先启动的水泵工作正常，后启动的水泵往往出现有压无流的空转。因此本条规定，选择的水泵必须要能稳定工作。

生活给水的加压泵是长期不停地工作的，水泵产品的效率对节约能耗、降低运行费用起着关键作用。因此，选泵时应选择效率高的泵型，且管网特性曲线所要求的水泵工作点，应位于水泵效率曲线的高效区内。

在通常情况下，一个给水加压系统宜由同一型号的水泵组合并联工作。最大流量时由 2 台～3 台（时变化系数为 1.5～2.0 的系统可用 2 台；时变化系数 2.0～3.0 的系统用 3 台）水泵并联供水。若系统有持续较长的时段处于接近零流量状态时，可另配备小型泵用于此时段的供水。

水泵自动切换交替运行，可避免备用泵因长期不运行而泵内的水滞留变质或锈蚀卡死不转的问题。

3.8.2 小区的给水加压泵站，当给水管网无调节设施时，应采用由水泵功能来调节，以节约电耗。大多采用调速泵组供水方式。当泵站规模较大、供水的时变化系数不大时，或管网有一定容量的调节措施时，亦可采用额定转速工频水泵编组运行的供水方式。

小区的室外生活与消防合用给水管网的水量、水压，在消防时应满足消防车从室外消火栓取水灭火的要求。以最大用水时的生活用水量叠加消防流量，复核管网末梢的室外消火栓的水压，其水压应达到以地面标高算起的流出水头不小于 0.1MPa 的要求。如果计算结果为工作泵全部在额定转速下运行还达不到要求时，可采用更改水泵选型或增多水泵台数的办法。

3.8.3 建筑物内采用高位水箱调节供水的系统，水泵由高位水箱中的水位控制其启动或停止，当高位水箱的调节容量（启动泵时箱内的存水一般不小于 5min 用水量）不小于 0.5h 最大用水时水量的情况下，可按最大用水时流量选择水泵流量；当高位水箱的有效调节容量较小时，应大于最大用水时的平均流量选泵。

3.8.4 在本规范第 3.8.1 条的说明中已明确生活给水系统的调速泵组在最大供水量时是多台水泵并联供水的，本条规定在选择时，管网水力特性曲线与水泵为额定转速时的并联曲线的交点，即工作点，它所对应的泵组总出水量，应等于或略大于管网的最大设计流量。本次局部修订将"设计秒流量"改成"最大设计流量"，系根据本规范第 3.6.1 条规定，当小区规模大时，要按本规范第 3.1.9 条计算的最大用水时流量为设计流量。由于管网"最大设计流量"出现的几率相当小，水泵大部分运行工况在小于"最大设计流量"工作点，此总出水量对应的单泵工作点，应处于水泵高效区的末端（右端）。这样选泵才能使水泵在高效区内运行。

3.8.4A 因为变频调速泵供水没有调节、贮存容积，一旦停电水泵停转，即无法继续供水。因此，强调该供水方式的电源应可靠是十分必要的。

3.8.6 生活给水的加压水泵宜采用自灌吸水，非自灌吸水的水泵给自动控制带来困难，并使加压系统的可靠性差，应尽量避免采用。若需采用时，应有可靠的自动灌水或引水措施。

生活给水水泵的自灌吸水，并不要求水泵位于贮水池最低水位以下。自灌吸水水泵不可能在贮水池最低水位启动。因此，贮水池应按满足水泵自灌要求设定一个启泵水位，水位在启泵水位以上时，允许启动水泵，水位在启泵水位以下，不允许水泵启动，但已经在运行的水泵应继续运行，达到贮水池最低水位时自动停泵（只要吸程满足要求，甚至在最低水位之下还可继续运行）。因此，卧式离心泵的泵顶放气孔、立式多级离心泵吸水端第一级（段）泵体可置于最低设计水位标高以下。

贮水池的启泵水位，在一般情况下，宜取 1/3 贮水池总水深。

贮水池的最低水位是以水泵吸水管喇叭口的最小淹没水深确定的。淹没水深不足时，就产生空气旋涡漏斗，水面上的空气经旋涡漏斗被吸入水泵，对水泵造成损害。影响最小淹没水深的因素很多，目前尚无确切的计算方法，本条规定的吸水喇叭口的水深不宜小于 0.3m 是建筑给水系统中使用的水泵均不大，吸水管管径不大于 200mm 而定的，当吸水管管径大于 200mm 时，应相应加深水深，可按管径每增大 100mm，水深加深 0.1m 计。

对于吸水喇叭口上水深达不到 0.3m 的情况，常用的办法是在喇叭口缘加设水平防涡板，防涡板的直径为喇叭口缘直径的 2 倍，即吸水管管径为 1D，喇叭口缘直径为 2D，防涡板外径为 4D。

本条其他有关吸水管的安装尺寸要求，是为水泵工作时能正常吸水，并避免相邻水泵之间的互相干扰。

3.8.7 水泵从吸水总管吸水，吸水总管又伸入水池吸水，这种做法已被普遍采用，尤其是水池有独立的两格时，可增加水泵工作的灵活性，泵房内的管道布置也可简化和规则。

吸水总管伸入水池的引水管不少于 2 条，每条引水管通过全部设计流量，引水管上应设阀门，是从安全角度出发规定的。

为了水泵能正常自灌，且在运行过程中，吸水总管内勿积聚空气，保证水泵能正常和连续运行，吸水总管管顶低于水池启动水位，水泵吸水管与吸水总管的连接应采用管顶平接或高出管顶连接。

采用吸水总管，水泵的自灌条件不变，与单独吸水管时的条件相同。

采用吸水总管时，吸水总管喇叭口的最小淹没水深允许为 0.3m，是考虑吸水总管的口径比单独吸水管大，喇叭口处的趋近流速就有降低。但若在喇叭口按本规范第 3.8.6 条说明中的办法增设防涡板将会更好。

吸水总管中的流速不宜大，否则会引起水泵互相间的吸水干扰，但也不宜低于 0.8m/s，以免吸水总管过粗。

3.8.8 自吸式水泵或非自灌吸水的水泵,应进行允许安装高度的计算,是为了防止盲目设计引起事故。即使是自灌吸水的水泵,当启泵水位与最低水位相差较大时,也应作安装高度的校核计算。

3.8.16 本条文增加了泵房内靠墙安装的挂墙式、落地式配电柜和控制柜前面通道宽度要求,如采用的配电柜和控制柜是后开门检修形式的,配电柜和控制柜后面检修通道的宽度要求见相应电气规范的要求。

3.9 游泳池与水上游乐池

3.9.2～3.9.2A 我国原采用的游泳池水质标准为国家标准《游泳场所卫生标准》GB 9667—1996,是游泳池池水的最低卫生要求。实施以来反映指标过低,不能够满足大型游泳比赛的水质要求,与国外游泳池水质标准规定项目相差较大;但如完全执行国际泳联(FINA)水质卫生标准的要求,有些指标过高,不符合我国的国情。原建设部于2007年3月8日批准发布了城镇建设行业标准《游泳池水质标准》CJ 244—2007,于2007年10月1日起实施。该标准水质要求如下:

1 游泳池原水和补充水水质必须符合现行国家标准《生活饮用水卫生标准》GB 5749 的要求。

2 游泳池池水水质基本要求:池水的感官性状良好,池水中不能含有病原微生物,池水中所含化学物质不得危害人体健康。

3 游泳池池水水质检验项目及限值应符合表3的规定。

表3 游泳池池水水质常规检验项目及限值

序号	项目	限值
1	浑浊度	≤1NTU
2	pH 值	7.0～7.8
3	尿素	≤3.5mg/L
4	菌落总数(36℃±1℃,48h)	≤200CFU/mL
5	总大肠菌群(36℃±1℃,24h)	每100mL不得检出
6	游离性余氯	0.2mg/L～1.0mg/L
7	化合性余氯	≤0.4mg/L
8	臭氧(采用臭氧消毒时)	≤0.2mg/m³以下(水面上空气中)
9	水温	23℃～30℃

4 游泳池池水水质非常规检验项目及限值应符合表4的规定。

表4 游泳池池水水质非常规检验项目及限值

序号	项目	限值
1	溶解性总固体(TDS)	≤原水 TDS+1500mg/L
2	氧化还原电位(ORP)	≥650mV
3	氰尿酸	≤150mg/L
4	三卤甲烷(THM)	≤200μg/L

5 常规检验微生物超标或发生污染事故时,池水还应按当地卫生部门要求的附加水质检测内容和非常规微生物检测内容进行检测。

6 标准中未列入的消毒剂和消毒方式,其使用及检测应按当地卫生部门相关要求执行。但用作国际比赛的泳池还应符合国际游泳协会(FINA)关于游泳池池水水质卫生标准的规定。

3.9.5 游泳池的池水使用有定期换水、定期补水、直流供水、定期循环供水、连续循环供水等多种方式。由于水资源是十分宝贵的,节约用水是节约能源的一个重要组成部分,通常情况下游泳池水均应循环使用。

在一定水质标准要求下,影响游泳池和水上游乐池的池水循环周期的因素有池的类型(跳水、比赛、训练等)、用途(营业、内部、群众性、专业性)、池水容积、水深、使用时间、使用对象(运动员、成人、儿童)、游泳负荷(游泳负荷是指任何时间内游泳池内为保证游泳者舒适、安全所允许容纳的人数。现采用"游泳负荷"代替原条文中的"使用人数"更加贴切。)和游泳池的环境(室内、露天等)及经济条件等。在没有大量可靠的累计数据时,一般可按表3.9.5采用。

池水的循环周期决定游泳池的循环水量如下式(1):

$$Q = V/T \tag{1}$$

式中:V——池水容积(m^3);
T——循环周期(h)。

3.9.6 一个完善的水上游乐池不仅具有多种功能的运动休闲项目达到健身目的,还应利用各种特殊装置模拟自然水流形态增加趣味性,而且根据水上游乐池的艺术特征和特定的环境要求,因势就形,融入自然。要达到各项功能的预定效果,应根据各自的水质、水温和使用功能要求,设计成独立的循环系统和水质净化系统。

3.9.7 游泳池池水的净化工艺应包括预净化(设置毛发聚集器)和过滤两个部分。

3.9.8A 本条规定了确定泳池净化工艺要考虑的因素。

3.9.9 为滑道表面供水的目的是起到润滑作用,避免下滑游客因无水而擦伤皮肤发生安全事故,故循环水泵必须设置备用泵。

3.9.10 过滤是游泳池和水上游乐池池水净化的关键性工序。目前采用的过滤设备主要有石英砂压力过滤器、硅藻土过滤器、多层滤料过滤器等。石英砂滤料过滤器具有过滤效率高、纳污能力强、再生简单、滤料经易获得,且能适应公共游泳池和水上游乐池负荷变化幅度大等特点,故在国内、外得到广泛的应用。

过滤速度由滤料的组成和配比、滤料层厚度、出水水质等因素决定。本条根据公共游泳池和水上游乐池人数负荷不均匀、池水易脏等特点,规定采用中速过滤;比赛游泳池和专用游泳池虽然使用人数较少,人员相对稳定,但在非比赛和非训练期间一般都向公众开放,通过提高使用率而产生较好的社会效益和经济效益,因此也宜采用中速过滤;家庭游泳池由于人数负荷少,人员较稳定,为节省投资可选用较高的滤速。

滤池反冲洗强度有一定要求并实施自动化,由于市政给水管网水压有变化,利用其水压反冲洗,会影响冲洗效果。

3.9.12 消毒杀菌是游泳池水处理中极重要的步骤。游泳池水因循环使用,水中细菌会不断增加,必须投加消毒剂以减少水中细菌数量,使水质符合卫生要求。

3.9.13 消毒剂选择、消毒方法、投加量等应根据游泳池和水上乐池的使用性质确定。如公共游泳池与水上游乐池的人员构成复杂,有成人也有儿童,人们的卫生习惯也不相同;而家庭游泳池和家庭及宾馆客房的按摩池人员较单一,使用人数较少。两者在消毒剂选择、消毒方法等方面可能完全不同。本规范仅对消毒剂选择作了原则性的规定。

3.9.14 氯气是很有效的消毒剂。在我国,大型游泳池以往都采用氯气消毒,虽然保证了消毒效果,但也带来了一些难以克服的问题。氯气是有毒气体,在处理、贮存和使用的过程中必须注意安全问题。

氯气投加系统只有处于真空(即负压)状态下,才能保证氯气不会向外泄漏,保证人员的安全。

3.9.16 按照中央关于发展循环经济,建设节约型社会的要求,国家将可再生能源的开发利用列为能源发展的优先领域。根据此要求,本条增加了游泳池水加热时应优先采用再生能源的内容。同时,随着太阳能用于游泳池水加热技术的日益成熟,已被越来越多的用户接受。近几年来,在北京、上海、广东、浙江、福建、山西、昆明、南宁、哈尔滨等省市都有成功应用的实例。

3.9.18A 家庭游泳池等小型游泳池一般不设置平(均)衡水箱及补水水箱,通常采用生活饮用水直接补(充)水的方式。为防止污染城市自来水,规定直接用生活饮用水做补(充)水时要设倒流防止器等防止回流污染的措施。

3.9.20A 条文是关于进水口、回水口和泄水口的要求。它们对保证池水的有效循环和水净化处理效果十分重要。规定格栅空隙的宽度是考虑防止游泳者手指、脚趾被卡入造成伤害；控制回（泄）水口流速避免产生负压造成吸住幼儿四肢，发生安全事故。具体数值和要求可参考行业标准《游泳池给水排水工程技术规程》CJJ 122—2008 的有关规定。

3.9.22 为保证游泳池和水上游乐池的池水不被污染，防止池水产生传染病菌，必须在游泳池和水上游乐池的入口处设置浸脚消毒池，使每一位游泳者或游乐者在进入池子之前，对脚部进行洗净消毒。

3.9.24 跳水池的水表面利用人工方法制造一定高度的水波浪，是为了防止跳水池的水表面产生眩光，使跳水运动员从跳台（板）起跳后在空中完成各种动作的过程中，能准确地识别水面位置，从而保证空中动作的完成和不发生被水击伤或摔伤等现象。

3.9.25A 增加了跳水池制波和安全保护气浪采用压缩空气品质的原则要求。

3.9.26 戏水池的水深在建筑专业决定池体设计时是必需确定的，此处不宜再做要求，故将原条文删除。

3.9.27 原条文关于儿童游泳池的水深、不同年龄段所用池子合建时应用栏杆分隔等要求，均属于建筑专业设计要求，此处不宜再做要求，故将原条文删除。

3.10 循环冷却水及冷却塔

3.10.1

1 循环冷却水系统通常以循环水是否与空气直接接触而分为密闭式和敞开式系统，民用建筑空气调节系统一般可采用敞开式循环冷却水系统。当暖通专业采用内循环方式供冷（内部）供热（外部及新风）时（水гор泵），以及高档办公楼出租时需提供用于客户计算机房等常年供冷区域的各局部空调共用的冷却水系统（租户冷却水）等情况时，采用间接换热方式的冷却水系统，此时的冷却水系统通常采用密闭式。

5 随着我国对节能节水的日益重视，冷水机组的冷凝废热应通过冷却水尽可能加以利用，如夏季作为生活热水的预热热源。

3.10.2 民用建筑空调系统的冷却塔设计计算时所选用的空气干球温度和湿球温度，应与所服务的空调等系统的设计空气干球温度和湿球温度相吻合。本条规定依据：国家标准《采暖通风与空气调节设计规范》GB 50019—2003 第 3.2.7 条规定"夏季空气调节室外计算干球温度，应采用历年平均不保证 50h 的干球温度"，第 3.2.8 条规定"夏季空气调节室外计算湿球温度，应采用历年平均不保证 50h 的湿球温度"。

3.10.4 在实际工程设计中，由于受建筑物的约束，冷却塔的布置很可能不能满足第 3.10.3 条文的规定。当采用多台冷却塔双排布置时，不仅需考虑湿热空气回流对冷效的影响，还应考虑多台冷却塔及塔排之间的干扰影响（回流是指机械通风冷却塔运行时，从冷却塔排出的湿热空气，一部分又回到进风口，重新进入塔内；干扰是指进塔空气中掺入了一部分从其他冷却塔排出的湿热空气）。这时候，必须对选用的成品冷却器的热力性能进行校核，并采取相应的技术措施，如提高汽水比等。

3.10.4A 供暖室外计算温度在 0℃ 以下的地区，冬季运行的冷却塔应采取防冻措施。

3.10.8 设计中，通常采用冷却塔、循环水泵的台数与冷冻机组数量相匹配。

循环水泵的流量应按冷却水循环水量确定，水泵的扬程应根据冷冻机组和循环水管网的水压损失、冷却塔进水的水压要求、冷却水提升净高度之和确定。

当建筑物高度较高，且冷却塔设置在建筑物的屋顶上，循环水泵设置在地下室内，这时水泵所承受的静水压强远大于所选用的

循环水泵的扬程。由于水泵泵壳的耐压能力是根据水泵的扬程作为参数设计的，所以遇到上述情况时，必须复核水泵泵壳的承压能力。

3.10.10 不设集水池的多台冷却塔并联使用时，各塔的集水盘之间设置连通管是为了各集水盘的水位保持基本一致，防止空气进入循环水系统。在一些工程项目中由于受客观条件的限制，而无法设置连通管，此时应放大回水横干管的管径。

3.10.11 冷却水在循环过程中，共有三部分水量损失，即：蒸发损失水量、排污损失水量、风吹损失水量，在敞开式循环冷却水系统中，为维持系统的水量平衡，补充水量应等于上述三部分损失水量之和。

循环冷却水通过冷却塔时水分不断蒸发，因为蒸发掉的水中不含盐分，所以随着蒸发过程的进行，循环水中的溶解盐类不断被浓缩，含盐量不断增加。为了将循环水中含盐量维持在某一个浓度，必须排掉一部分冷却水，同时为维持循环过程的水量平衡，需不断地向系统内补充新鲜水。补充的新鲜水的含盐量和经浓缩过程的循环水的含盐量是不相同的，后者与前者的比值称为浓缩倍数 N_n。由于蒸发损失水量不等于零，N_n 值永远大于 1，即循环水的含盐量总大于补充新鲜水的含盐量。浓缩倍数 N_n 越大，在蒸发损失水量、风吹损失水量、排污损失水量越小的条件下，补充水量就越小。由此看来，提高浓缩倍数，可节约补充水量和减少排污水量；同时，也减少了随排污水量而流失的系统中的水质稳定药剂量。但是浓缩倍数也不能提得过高，如果采用过高的浓缩倍数，不仅水中有害离子氯根或垢离子钙、镁等将产生腐蚀或结垢倾向；而且浓缩倍数高了，增加了水在系统中的停留时间，不利于微生物的控制。因此，考虑节水、加药等多种因素，浓缩倍数必须控制在一个适当的范围内。一般建筑用冷却塔循环冷却水系统的设计浓缩倍数控制在 3.0 以上比较经济合理。

3.10.11A 本条系新增条文，贯彻执行国家标准《公共建筑节能设计标准》GB 50189—2005 的有关要求而规定。

3.10.12 民用建筑空调的敞开式循环冷却水系统中，影响循环水水质稳定的因素有：

1 在循环过程中，水在冷却塔内和空气充分接触，使水中的溶解氧得到补充，达到饱和；水中的溶解氧是造成金属电化学腐蚀的主要因素；

2 水在冷却塔内蒸发，使循环水中含盐量逐渐增加，加上水中二氧化碳在塔中解析逸散，使水中碳酸钙在传热面上结垢析出的倾向增加；

3 冷却水和空气接触，吸收了空气中大量的灰尘、泥沙、微生物及其孢子，使系统的污泥增加。冷却塔内的光照、适宜的温度、充足的氧和养分都有利于细菌和藻类的生长，从而使系统黏泥增加，在换热器内沉积下来，形成了黏泥的危害。

在敞开式循环冷却水系统中，冷却水吸收热量后，经冷却塔与大气直接接触，二氧化碳散逸，溶解氧和浊度增加，水中溶解盐类浓度增加以及工艺介质的泄漏等，使循环冷却水水质恶化，给系统带来结垢腐蚀、污泥和菌藻等问题。冷却水的循环对换热器带来的腐蚀、结垢和黏泥影响比采用直流系统严重得多。如果不加以处理，将发生换热设备的水流阻力加大，水泵的电耗增加，传热效率降低，造成换热器腐蚀并泄漏等。因此，民用建筑空调系统的循环冷却水应该进行水质稳定处理，主要任务是去除悬浮物、控制泥垢及结垢、控制腐蚀及微生物等四个方面。当循环冷却水系统达到一定规模时，除了必须配置的冷却塔、循环水泵、管网、放空装置、补水装置、温度计等外，还应配置水质稳定处理和杀菌灭藻、旁滤器等装置，以保证系统能够有效和经济地运行。

在密闭式循环冷却水系统中，水在系统中不与空气接触，不受阳光照射，结垢与微生物控制不是主要问题，但腐蚀问题仍然存在。可能产生的泄漏、补充水带入的氧气、各种不同金属材料引起

的电偶腐蚀,以及各种微生物(特别是在厌氧区微生物)的生长都将引起腐蚀。

3.10.13 旁流处理的目的是保持循环水水质,使循环冷却水系统在满足浓缩倍数条件下有效和经济地运行。旁流水就是取部分循环水量按要求进行处理后,仍返回系统。旁流处理方法可分去除悬浮固体和溶解固体两类,但在民用建筑空调系统中通常是去除循环水中的悬浮固体。因为从空气中带进系统的悬浮杂质以及微生物繁殖所产生的黏泥,补充水中的泥沙、黏土、难溶盐类,循环水中的腐蚀产物、菌藻、冷冻介质的渗漏等因素使循环水的浊度增加,仅依靠加大排污量是不能彻底解决的,也是不经济的。旁流处理的方法同一般给水处理的有关方法,旁流水量需根据去除悬浮物或溶解固体的对象而分别计算确定。当采用过滤处理去除悬浮物时,过滤水量宜为冷却水循环水量的1‰~5‰。

3.11 水 景

3.11.1 原国家标准《景观娱乐用水水质标准》GB 12941—91现已作废。我国于2007年6月发布了中国工程建设协会标准《水景喷泉工程技术规程》CECS 218:2007,该规程对水景工程的水源、充水、补水的水质根据其不同功能确定作了较明确的规定:

  1 人体非全身性接触的娱乐性景观环境用水水质,应符合国家标准《地表水环境质量标准》GB 3838—2002中规定的Ⅳ类标准;

  2 人体非直接接触的观赏性景观环境用水水质应符合国家标准《地表水环境质量标准》GB 3838—2002中规定的Ⅴ类标准;

  3 高压人工造雾系统水源水质应符合现行国家标准《生活饮用水卫生标准》GB 5749或《地表水环境质量标准》GB 3838规定;

  4 高压人工造雾设备的出水水质应符合现行国家标准《生活饮用水卫生标准》GB 5749的规定;

  5 旱泉、水旱泉的出水水质应符合现行国家标准《生活饮用水卫生标准》GB 5749的规定;

  6 在水资源匮乏地区,如采用再生水作为初次充水或补水水源,其水质不应低于现行国家标准《城市污水再生利用 景观环境用水水质》GB/T 18921的规定。

当水景工程的水质无法满足上述规定时,应进行水质净化处理。

3.11.2 本条确定了循环式供水的水景工程的补充水量标准,调整了室外工程循环水补充水量的上限值。对于非循环式供水的镜湖、珠泉等静水景观,建议每月排空放水1次~2次。

3.11.3 水景工程设计应根据具体工程的自然条件、周围环境及建筑艺术的综合要求确定,喷头的选型、数量及位置是实现水景花型构思的重要保证。采用不同造型的喷头分组布置,并配置恰当的水量、水压及控制要求,可使喷头姿态变幻莫测,此起彼伏,有条不紊。

3.11.4 由于喷头布置、水景造型设计、配管设计和施工,均由水景专业公司包揽,故删除本条。

3.11.5 水景循环水水泵常用的有卧式离心泵及潜水泵。由于潜水泵的微型化及喷泉花型的复杂化,越来越多的水景工程采用潜水泵直接设置于水池底部或更深的吸水坑内,就地供水。但娱乐性水景的供人涉水区域,不应设置水泵,这是出于安全考虑。大型水景亦可采用卧式离心泵及潜水泵联合供水,以满足不同的要求。

3.11.7 水景水池设置溢水口的目的是维持一定的水位和进行表面排污、保持水面清洁;大型水景设置一个溢水口不能满足要求时,可设若干个均匀布置在水池内。泄水口是为了水池便于清扫、检修和防止停用时水质腐败或结冰,应尽可能采用重力泄水。由于水在喷射过程中的飞溅和水滴被风吹失池外是不可能完全避免的,故在喷水池的周围应设排水设施。

3.11.8 为了改善水景的观赏效果,设计中往往采用各种不同的运行控制方法,通常有手动控制、程序控制和音响控制。简单的水景仅单纯变换水流的姿态,一般采用的方法有改变喷头前的进水压力、移动喷头的位置、改变喷头的方向等。随着控制技术的发展,水景不仅可以使水流姿态、照明颜色和照度不断变化,而且可使丰富多彩、变化莫测的水姿、照明随着音乐的旋律、节奏同步变化,这需要采用复杂的自动控制措施。

3.11.10 用于水景工程的管道通常直接敷设在水池内,故应选用耐腐蚀的管材。对于室外水景工程,采用不锈钢管和铜管是比较理想的,唯一的缺点是价格比较昂贵;用于室内水景工程和小型移动式水景可采用塑料给水管。

4 排 水

4.1 系统选择

4.1.1 新建小区采用分流制排水系统,是指生活排水与雨水排水系统分成两个排水系统。随着我国对水环境保护力度加大,城市污水处理率大大提高,市政污水管道系统亦日趋完善,为小区生活排水系统的建立提供了可靠的基础。但目前我国尚有城市还没有污水处理厂或小区生活污水尚不能纳入时,小区内的生活污水亦应建立生活排水管道系统,生活污水进行处理后排入城市雨水管道,待今后城市污水处理厂兴建和市政污水管道建造完善后,再接入。

4.1.2 在建筑物内把生活污水(大小便污水)与生活废水(洗涤废水)分成两个排水系统。由于生活污水特别是大便器排水是属瞬时洪峰流态,容易在排水管道中造成较大的压力波动,有可能在水封强度较为薄弱的洗脸盆、地漏等环节造成破坏水封,而相对来说洗涤废水排水属连续流,排水平稳。为防止窜臭味,故建筑标准较高时,宜生活污水与生活废水分流。

由于生活污水中的有机物比起生活废水中的有机物多得多,生活废水与生活污水分流的目的是提高粪便污水处理的效果,减小化粪池的容积,化粪池不仅起沉淀污物的作用,而且在厌氧菌的作用下起腐化发酵分解有机物的作用。如将大量生活废水排入化粪池,则不利于有机物厌氧分解的条件;但当生活废水量少时也不必将建筑物的排水系统设计成生活污水和生活废水分流系统。有的城镇虽有污水处理厂(站),但随着城镇建设发展已不堪重负,故环卫部门要求生活污水经化粪池处理后再排入市政管网,以减轻城镇污水处理的压力。

如小区或建筑物要建立中水系统,应优先采用优质生活废水,这些生活废水应用单独的排水系统收集作为中水的水源。各类建筑生活废水的排水量比例及水质可参见现行国家标准《建筑中水设计规范》GB 50336。

4.1.3 本条规定了在设置生活排水系统时,对局部受到油脂、致病菌、放射性元素、温度和有机溶剂等污染的排水应设置单独排水系统将其收集处理。机械自动洗车台冲洗水含有大量泥沙,经处理后的水循环使用。用作中水水源的生活排水,应设置单独排水系统排入中水原水集水池。

4.2 卫生器具及存水弯

4.2.2 本条规定要求设计人员在选用卫生器具及附件时应掌握和了解这些产品标准的要求,以便在工程中把握住产品质量,对保证工程质量将有很重要的意义。

4.2.3 大便器的节水是原建设部2007年第659号公告《建设事业"十一五"推广应用和限制禁止使用技术(第一批)》第79项在住

宅建筑中大力推广 6L 冲洗水量的大便器。

4.2.6 本规定是建筑给排水设计安全卫生的重要保证，必须严格执行。

从目前的排水管道运行状况证明，存水弯、水封盒、水封井等的水封装置能有效地隔断排水管道内的有害有毒气体窜入室内，从而保证室内环境卫生，保障人民身心健康，防止中毒窒息事故发生。

存水弯水封必须保证一定深度，考虑到水封蒸发损失、自虹吸损失以及管道内气压波动等因素，国外规范均规定卫生器具存水弯水封深度为 50mm～100mm。

水封深度不得小于 50mm 的规定是依据国际上对污水、废水、通气的重力排水管道系统（DWV）排水时内压波动不致于把存水弯水封破坏的要求。在工程中发现以活动的机械密封替代水封，这是十分危险的做法，一是活动的机械寿命问题，二是排水中杂物卡堵问题，保证不了"可靠密封"，为此以活动的机械密封替代水封的做法应予禁止。

4.2.7 本条规定的目的是防止两个不同病区或医疗室的空气通过器具排水管的连接互相串通，以致产生病菌传染。

4.2.7A 针对排水设计中的误区及工程运行反馈信息而做此规定。有人认为设置双水封能加强水封保护，隔绝排水管道中有害气体，结果适得其反，双水封会形成气塞，造成气阻现象，排水不畅且产生排水噪声。如排出管上加装水封，楼上卫生器具排水时，会造成下层卫生器具冒泡、泛溢、水封破坏等现象。

4.3 管道布置和敷设

4.3.1 本条规定了小区排水管道布置的原则。

本条增加了在不能按重力自流排水的场所，应设置提升泵站。注中规定可采用真空排水的方式。真空排水具有不受地形、埋深等因素制约，但真空机械、真空器具比较昂贵，故应进行技术经济比较。另在地下水位较高的地区，埋地管道和检查井应采取有效的防渗技术措施。

4.3.2 本条增加了一个第 2 款的注。本款规定是为防止混凝土排水管的刚性混凝土基础因冰冻而损坏，而埋地塑料排水管的基础是砂垫层柔性基础，具有抗冻性能。另外，塑料排水管具有保温性能，建筑排出管排水温度接近室温，在坡降 0.5m 的管段内，排水不会结冻。本条注系根据寒冷地带工程运行经验，可减少管道埋深，具有较好的经济效益。

4.3.3 本条第 4 款对排水管道穿越沉降缝、伸缩缝和变形缝的规定留有必须穿越的余地。工程中建筑布局造成排水管道非穿越沉降缝、伸缩缝和变形缝不可，随着橡胶密封排水管材、管件的开发及产品面市，将这些配件优化组合可适应建筑变形、沉降，但变形沉降后的排水管道不得平坡或倒坡。

本条第 6 款中补充了排水管不得穿越住宅客厅、餐厅的规定，排水管也包括雨管。客厅、餐厅也有卫生、安静要求，排水管穿厅的事例，群众投诉的案例时有发生，这是与建筑设计未协调好的缘故。

4.3.3A 卧室是住宅卫生、安静要求最高，故单列为强制性条文。排水管道不得穿越卧室任何部位，包括卧室内壁柜。

4.3.4 本条升为强制性条文。穿越水池上方的一般是悬吊在水池上方的排水横管。

4.3.5 本条为强制性条文。遇水燃烧物质系指凡是能与水发生剧烈反应放出可燃气体，同时放出大量热量，使可燃气体温度猛升到自燃点，从而引起燃烧爆炸的物质，都称为遇水燃烧物质。遇水燃烧物质按遇水或受潮后反应的强烈程度及其危害的大小，划分为两个级别。

一级遇水燃烧物质，与水或酸反应时速度快，能放出大量的易燃气体，热量大，极易自燃或爆炸。如锂、钠、钾、铷、铯、铯、钡等金属及其氢化物等。

二级遇水燃烧物质，与水或酸反应时的速度比较缓慢，放出的热量也比较少，产生的可燃气体，一般需要有水源接触，才能发生燃烧或爆炸。如金属钙、氢化铝、硼氢化钾、锌粉等。

在实际生产、储存与使用中，将遇水燃烧物质都归为甲类火灾危险品。

在储存危险品的仓库设计中，应避免将排水管道（含雨水管道）布置在上述危险品堆放区域的上方。

4.3.6 由于排水横管可能渗漏，和受厨房湿热空气影响，管外表易结露滴水，造成污染食品的安全卫生事故。因此，在设计方案阶段就应该避免卫生间布置在厨房间的主副食操作、烹调和备餐的上方。当建筑设计不能避免时，排水横支管设计成同层排水。改建的建筑设计，应在排水支管下方设防水隔离板或排水槽。

4.3.6A 本条引用现行国家标准《住宅建筑规范》GB 50368 的第 8.2.7 条。

4.3.8 本条规定了同层排水的适用条件。

4.3.8A 本条规定了同层排水形式选用的原则。目前同层排水形式有：装饰墙敷设、外墙敷设、局部降板填充层敷设、全降板填充层敷设、全降板架空层敷设。各种形式均有优缺点，设计人员可根据具体工程情况确定。

4.3.8B 本条规定了同层排水的设计原则。①地漏在同层排水中较难处理，为了排除地面积水，地漏应设置在易溅水的卫生器具附近，既要满足水封深度又要有良好的水力自清流速，所以只有在楼层全降板或局部降板以及立管外墙敷设的情况下才能做到。②排水通畅是同层排水的核心，因此排水管管径、坡度、设计充满度均应符合本规范有关条文规定，刻意地为少降板而放小坡度，甚至平坡，为日后管道埋下堵塞隐患。③埋设于填层中的管道接口应严密不得渗漏且能经受时间考验，粘接和熔接的管道连接方式应推荐采用。④卫生器具排水性能与其排水口至排水横支管之间落差有关，过小的落差会造成卫生器具排水滞留。如洗衣机排水排入地漏，地漏排水落差过小，则会产生泛溢，浴盆、淋浴盆排水落差过小，排水滞留积水。⑤本条第 5、6 款给排水专业人员向建筑、结构专业提要求。卫生间同层排水的地坪曾发生由于未考虑楼面负荷而塌陷，故楼面应考虑卫生器具静荷载（盛水浴盆）、洗衣机（尤其滚桶式）动荷载。楼面防水处理至关重要，特别对于局部降板和全降板，如处理不当，降板的填（架空）层变成蓄污层，造成污染。

4.3.9 本条规定的目的在于改善管道内水力条件，避免管道堵塞，方便使用。污水管道经常发生堵塞的部位一般在管道的拐弯或接口处，故对此连接作了规定。

4.3.10 塑料管伸缩节设置在水流汇合配件（如三通、四通）附近，可使横支管或器具排水管不因为立管或横支管的伸缩而产生错向位移，配件处的剪切应力很小，甚至可忽略不计，保证排水管道长时期运行。

排水管道如采用橡胶密封配件时，配件每个接口均可有伸缩余量，故无须再设伸缩节。

4.3.11 建筑塑料排水管穿越楼层设置阻火装置的目的是防止火灾蔓延，是根据我国模拟火灾试验和塑料管道贯穿孔洞的防火封堵耐火试验成果而确定。穿越楼层塑料排水管同时具备下列条件时才设阻火装置：①高层建筑；②管道外径大于等于 110mm 时；③立管明设，或立管虽暗设但管道井内不是每层防火封隔。

横管穿越防火墙时，不论高层建筑还是多层建筑，不论管径大小，不论明设还是暗设（一般暗设不具备防火功能）必须设置阻火装置。

阻火装置设置位置：立管的穿越楼板处的下方；管道井内是层防火封隔时，支管接入立管穿越管道井壁处；横管穿越防火墙的两侧。

建筑阻火圈的耐火极限应与贯穿部位的建筑构件的耐火极限相同。

4.3.12 根据国内外的科研测试证明,污水立管的水流流速大,而污水排出管的水流流速小,在立管底部管道内产生正压值,这个正压区能使靠近立管底部的卫生器具内的水封遭受破坏,卫生器具内发生冒泡、满溢现象,在许多工程中都出现上述情况,严重影响使用。立管底部的正压值与立管的高度、排水立管通气状况和排出管的阻力有关。为此,连接于立管的最低横支管或连接在排出管、排水横干管上的排水支管应与立管底部保持一定的距离,本条表4.3.12参照国外规范数据并结合我国工程设计实践确定。本次局部修订补充了有通气立管的情况下的最低横支管距立管底部最小距离。根据日本50m高的测试塔和在中国12层测试平台,对符合现行国家标准《建筑排水用硬聚氯乙烯(PVC-U)管材》GB/T 5836.1的平壁管材排水立管装置进行长流水和瞬间排水测试显示,立管底部、排出管放大管径后对底部正压改善甚微,盲目放大排出管的管径,适得其反,降低流速,减小管道内水流充满度,污物易淤积而造成堵塞,故表4.3.12的注删除放大管径的做法,推荐排出管与立管同径。

最低横支管单独排出是解决立管底部造成正压影响最低层卫生器具使用的最有效的方法。另外,最低横支管单独排出时,其排水能力受本规范第4.4.15条第1款的制约。

第2款条文只规定横支管连接在排出管或排水横干管上时,连接点距立管底部下游水平距离最低要求。

第4款第2)项系新增内容。根据对排水立管通水能力测试,在排出管上距立管底部1.5m范围内的管段如有90°拐弯增加了排出管的阻力,无论伸顶通气还是设有专用通气立管均在排水立管底部产生较大反压,在这个管段内不应再接入支管,故排出管宜径直排至室外检查井。

4.3.12A 本条系根据对内螺旋排水立管测试结果显示,由于在内螺旋管中水流旋转,造成在排出管中水流翻滚而产生较大正压,经放大排出管管径后,正压明显减弱。

4.3.13 本条参阅美国、日本规范并结合我国国情的要求对采取间接排水的设备或容器作了规定。所谓间接排水,即卫生设备或容器排出管与排水管道不直接连接,这样卫生器具或容器与排水管道系统不但有存水弯隔气,而且还有一段空气间隔。在存水弯水封可能被破坏的情况下也不致使卫生设备或容器与排水管道连通,而使污蚀气体进入设备或容器。采取这类安全卫生措施,主要针对贮存饮用水、饮料和食品等卫生要求高的设备或容器的排水。空调机冷凝水排水虽排至雨水系统,但雨水系统也存在有害气体和臭气,排水管道直接与雨水检查井连接,造成臭气窜入卧室,污染室内空气的工程事例不少。

4.3.18 本条第4款水流偏转角不得大于90°,才能保证畅通的水力条件,避免水流相互干扰。但当落差大于0.3m时,水流转弯角度的影响可不明显,故水流落差大于0.3m、管径小于等于300mm时,不受水流转角的影响。

4.3.19 室内排水沟与室外排水管道连接,往往忽视隔绝室外管道中有毒气体通过明沟窜入室内,污染室内环境卫生。有效的方法,就是设置水封井或存水弯。

4.3.22 本条规定排水立管底部架空设置支墩等固定措施。第一种情况下,由于立管穿越楼板设套管,属非固定支承,层间支承也属活动支承,管道有相当重量作用于立管底部,故必须坚固支承。第二种情况虽每层固定支承,但在地下室立管与排水横干管90°转弯,属悬臂管道,立管中污水下落在底部水流方向改变,产生冲击和横向分力,造成抖动,故需支承固定。立管与排水横干管三通连接或立管靠外墙内侧敷设,排出管悬臂段短时,则不必支承。

4.4 排水管道水力计算

4.4.1 小区生活排水系统的排水定额要比其相应的生活给水系统用水定额小,其原因是:蒸发损失,小区埋地管道渗漏。应考虑的因素是:大城市的小区取高值,小区埋地管采用塑料排水管、塑料检查井取高值,小区地下水位高取高值。

4.4.4 为便于计算,表4.4.4中"大便器冲洗水箱"的排水流量和当量统一为1.5L/s和4.5,因为给排水设计时,尚未知坐便器的类型,且各种品牌的坐便器的排水技术参数都有差异。节水型便器的应用,冲洗流量也有下降。

4.4.5、4.4.6 本次局部修订规范给水章节已将"集体宿舍"划为Ⅰ、Ⅱ类用水疏散型和Ⅲ、Ⅳ类用水集中型,故排水章节亦相应作调整。

4.4.8 根据原建设部2007年第659号公告《建设事业"十一五"推广应用和限制禁止使用技术(第一批)》规定:排水管管径小于500mm不得采用平口或企口承插的混凝土、钢筋混凝土管,故表4.4.8中删去混凝土管一栏的最小管径。增补本条注2系摘自中国工程建设协会标准《居住小区给水排水设计规范》CECS 57:94。

4.4.10 本条规定了建筑排水塑料管排水横支管、横干管的坡度。横支管的标准坡度由管件三通和弯头连接的管轴线夹角88.5°决定,换算成坡度为0.026,粘接系列承口的锥度只有30′,相当于坡度0.0087,硬性调坡会影响接口质量。而胶圈密封的接口允许有2°的角度偏转,相当于坡度0.0349,故可以调坡。横干管如按配件的轴线夹角而定,势必造成横干管坡度过大,在技术层布置困难,为此横干管可采用胶圈密封时调整坡度。表4.4.10中补充了de50mm、de75mm、de250mm、de315mm的横管的最小坡度、最大设计充满度;同时增加了各种管径的通用坡度,此参数取自现行国家标准《建筑给水排水及采暖工程施工质量验收规范》GB 50242。

4.4.11 本条根据"排水立管排水能力"的研究报告进行修订:以国内历次对排水立管排水能力的测试数据整理分析,确定±400Pa为排水立管气压最大值标准,引入与本规范生活排水管道设计秒流量计算公式相匹配的"设计排水能力"概念,以仅伸顶通气的DN100排水立管承担9层住宅排水当量88(每层大便器、浴盆、洗脸盆、洗衣机各一件)为边界条件,对各种通气模式下排水立管排水能力测试值进行比对,确定排水立管排水能力设计值。同时考虑对排水立管排水能力的影响因素,如通气立管管径、结合通气管的布置、排水支管接入排水立管连接配件的角度、立管管材及特殊配件、排水层高度等因素,将原规范表4.4.11-1~4.4.11-4归并成一个表。补充了自循环通气的两种通气模式(专用通气、环形通气)下的排水立管排水能力,删除了不通气立管排水能力参数。

普通型内螺旋管、旋流器是指螺旋管内壁有6根凸状螺旋筋,螺距约2m,旋流器无扩容;加强型内螺旋管螺旋肋数量是普通型的1.0倍~1.5倍,螺距缩小1/2以上,旋流器有扩容且有导流叶片。

4.4.14 根据工程经验,在住宅厨房排水中含杂物、油腻较多,立管容易堵塞,或通道弯窄,有时发生洗涤盆冒泡现象。适当放大立管管径,有利于排水、通气。

4.4.15 本条根据工程实践经验总结,对一些排水管道管径无须经过计算作适当放大。

第1款对底层无通气排水管道单独排出时所能承担的负荷值作了规定。本次局部修订调整了DN100、DN125、DN150的排水支管所能承担的负荷值,与本规范第4.6.3条第2款相协调。

4.5 管材、附件和检查井

4.5.1 本条第1款根据原建设部2007年第659号公告《建设事

业"十一五"推广应用和限制禁止使用技术(第一批)》中推广应用技术第128项"推广埋地塑料排水管";限制使用第18项"小于等于DN500mm排水管道限制使用混凝土管"的规定。故本条推荐在居住小区内采用埋地塑料排水管。

第4款是新增条文。

4.5.2A 本条系新增条文,根据原建设部2007年第659号公告《建设事业"十一五"推广应用和限制禁止使用技术(第一批)》第128项规定,优先采用塑料检查井。塑料检查井具有节地、节能、节材、环保以及施工快捷等优点,具有较好的经济效益、社会效益和环境效益。

4.5.3 本条按现行国家标准《室外排水设计规范》GB 50014 有关生活污水管道检查井间距的条文进行修改。

4.5.7 本次局部修订不强调在卫生间设地漏。在不经常从地面排水的场所设置地漏,地漏水封干涸丧失,易造成室内环境污染。住宅卫生间除设有洗衣机下排水时才设置地漏外,一般不经常从地面排水;公共建筑卫生间有专门清洁人员打扫,一般也不经常从地面排水。为消除卫生器具连接软管爆管的隐患,推荐采用不锈钢波纹连接管。

4.5.8A 本条针对在住宅工作阳台设置洗衣机的排水接入雨水地漏排入雨水管道的现象而规定。洗衣机排水地漏(包括洗衣机给水栓)设置位置的依据是建筑设计平面图,其排水应排入生活排水管道系统,而不应排入雨水管道系统,否则含磷的洗涤剂废水污染水体。为避免在工作阳台设置过多的地漏和排水立管,允许工作阳台洗衣机排水地漏纳入工作阳台雨水。工作阳台未表明设置洗衣机时,阳台地漏应按排除雨水设计,地漏排水排入雨水立管,并按本规范第4.9.12条的规定立管底部应间接排水。

4.5.9 本条规定了地漏的水封深度,是根据国外规范条文制定的。50mm水封深度是确定重力流排水系统的通气管管径和排水管管径的基础参数,是最小深度。

4.5.10 1 此款系根据原建设部建标标函[2006]第31号"关于请组织开展《建筑给水排水设计规范》等三项国家标准局部修订的函"重点推荐新型地漏的要求,即具有密封防涸功能的地漏。2003年非典流行,地漏存水弯水封蒸发干涸是传播非典病毒途径之一,目前研发的防涸地漏中,以磁性密封较为新颖实用,地面有排水时能利用水的重力打开排水,排完水后能利用永磁铁磁性自动恢复密封,且防涸性能好,故予以推荐。

2 此款系新增内容。补充了采用多通道地漏设置的条件。由于卫生器具排水使地漏水封不断地得到补充水,水封避免干涸,但由于卫生器具排水时在多通道地漏处产生排水噪声,因此这类地漏适合在安静要求不高的场所设置。

4.5.10A 本条系新增内容。美国规范早已将钟罩式地漏划为禁用之列,钟罩式地漏具有水力条件差、易淤积堵塞等弊端,为清通淤积泥沙垃圾,钟罩(扣碗)移位,水封干涸,下水道有害气体窜入室内,污染环境,损害健康,此类现象普遍,应予禁用。

4.5.13 本条第1款增加了注。排出管悬吊在地下室楼板下时,如按本条第1款要求设置清扫口,则清扫口设在底楼室内地坪,不便于设置和清通。故宜用检查口替代清扫口,但检查口的设置应符合本规范第4.5.14条第4款的要求。

4.6 通 气 管

4.6.1 设置伸顶通气管有两大作用:①排除室外排水管道中污浊的有害气体至大气中;②平衡管道内正负压,保护卫生器具水封。在正常情况下,每根排水立管应延伸至屋顶之上通大气。故在有条件伸顶通气时一定要设置。本条规定在特殊情况下,如体育场(馆)、剧院等屋顶特殊结构材料,通气管无法穿越屋面伸顶时,首先应采用侧墙通气和汇合通气,在上述通气方式仍无法实施时才采用自循环通气替代原规范的不通气立管。不通气立管排水能力小,不能满足要求,根据"排水立管排水能力研究报告"中测试数据显示,自循环通气的排水立管的排水能力大于伸顶通气的排水立管排水能力。

4.6.2 本条将原条文"设置专用通气立管"改成"设置通气立管",涵盖了设置主、副通气立管的内容。同时增加了特殊配件单立管排水系统。特殊单立管中的混合器(又称苏维脱)、加强型旋流器的单立管排水系统具有较大的通水能力,但单立管排水系统一般用于污废水合流,且无器具通气和环形通气的排水横支管的排水系统。

4.6.3~4.6.5 环形通气管,曾称辅助通气管,是参照日本、美国、英国规范移用过来的,一般在公共建筑集中的卫生间或盥洗室内横支管上承担的卫生器具数量超过允许负荷时才设置。设置环形通气管时,必须用主通气立管或副通气立管逐层将环形通气管连接。器具通气管一般在卫生和防噪要求较高的建筑物的卫生间设置。为明确起见特绘图(图1)说明几种典型的通气形式。

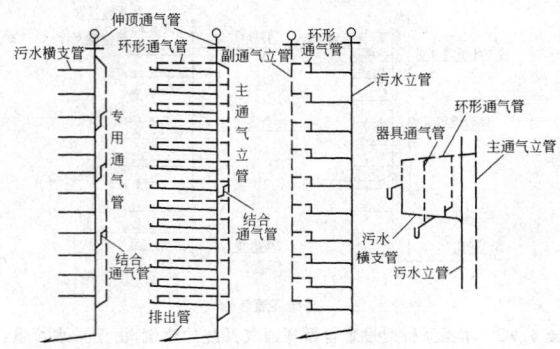

图1 几种典型的通气形式

主通气立管、副通气立管与专用通气立管效果一致,设置了环形通气管、主通气立管或副通气立管,就不必设置专用通气立管。

4.6.6 本条移至4.6.1条,侧墙通气和汇合通气,只是在伸顶通气管无法伸出屋顶时才设置。

4.6.7 通气管只能作通气用。如接纳其他排水,则会减小通气断面,还会对排水立管内造成新的压力波动。通气管与风道连接,通气管中污浊的气体通过通风管污染室内环境。通气管与烟道连接,将会使高温烟窜入通气管,损坏通气管。

4.6.8 通气管起到了保护水封的作用,且室内通气管道属全封闭固定密封。而吸气阀由于其密封材料采用塑料、橡胶之类材质,属活动机械密封且气密性不严,年久老化失灵将会导致排水管道中的有害气体窜入室内又无法察觉,存在安全隐患,同时失去排除室外排水管道中污浊的有害气体至大气中的功能,故吸气阀不能替代通气管。

4.6.9 本条规定了通气管与排水管道连接方式。

1 此款规定了器具通气管接在存水弯出口端,以防止排水支管可能产生自虹吸导致破坏器具存水弯的水封。环形通气管之所以在最始端两个卫生器具间的横支管上接出,是因为横支管的尽端要设置清扫口的缘故。同时规定凡通气管从横支管接出时,要在横支管中心线以上垂直或成45°范围内接出,目的是防止器具排水时,污废水倒流入通气管。

2 此款规定了通气支管与通气立管的连接处高于卫生器具上边缘0.15m,以便卫生器具横支管发生堵塞时能及时发现,同时不能让污水进入通气管。

3 此款规定了通气立管与排水立管最上端和最下端的连接要求。

4 此款规定了结合通气管与通气立管和排水立管连接要求,一般在进人的管道井中,应该按此连接方式。

5 此款规定了在空间狭小不进人的管廊内,用 H 管替代结合通气管,其连接点遵循原则与第 2 款一致。

4.6.9A 本条系新增条文,是自循环通气的连接方式之一。本条系根据"排水立管排水能力测试"的研究报告确定。测试数据显示:①自循环通气立管与排水立管每层连接比隔层连接的通水能力大;②自循环通气立管底部与排水立管按本规范 4.6.9 条的规定连接,其通水能力很小,相当于不通气立管的通水能力。自循环通气立管底部与排出管相连接,其通水能力大增,将立管底部的正压值和立管上部的负压值通过循环通气管把两者相互抵消。通气管与排出管以倒顺水三通和倒斜三通连接是为了顺自循环气流,减小气流在配件处的阻力。自循环通气形式见图 2。

4.6.9B 本条系新增条文,是自循环通气的连接方式之二。本条系根据"排水立管排水能力测试"的研究报告确定。测试数据显示:自循环通气立管相当于主通气立管通过环形通气管与排水横支管相连,其通水能力大于专用通气立管连接方式。

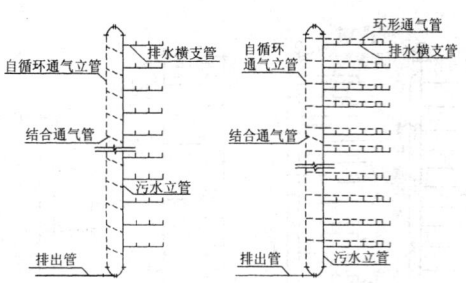

图 2 自循环通气形式

4.6.9C 本条系针对设置自循环通气系统的建筑,由于排水管道系统缺乏排除有害气体的功能而采取的弥补措施。

4.6.10 住宅有跃层设计,应特别注意通气管口距跃层窗口距离,防止空气污染。

4.6.11~4.6.16 规定了通气管管径的确定。包括伸顶通气管、通气立管、H 形通气管、器具通气管、结合通气管和汇合通气管。表 4.6.11 补充了注 2,自循环通气立管是补气主通道,缩小通气立管管径,其排水立管的排水能力大幅度下降。

4.7 污水泵和集水池

4.7.3 污水泵压出水管内呈有压流,不应排入室内生活排水重力管道内,应单独设置压力管道排至室外检查井。由于污水泵间断运行,停泵后积存在出户横管内的污水也应自流排出,避免积污。

4.7.4 水泵机组运转一定时间后应进行检修,一是避免发生运行故障,二是易损零件及时更换,为了不影响建筑排水,应设一台备用机组。备用机组是预先设计安装在泵房内还是置于仓库备用,要视工作水泵的台数、建筑物的重要性、企业或事业单位的维修力量等因素确定。一般应预先设计安装在泵房污水池内为妥。

公共建筑在地下室设置污水集水池,一般分散设置,故应在每个污水集水池设置提升泵和备用泵。由于地下室地面排水虽然有多个集水池,但均有排水沟连通,故不必在每个集水池中设置备用泵。

4.7.6 备用泵可每隔一定时间与工作泵交替或分段投入运行,防止备用机组由于长期搁置而锈蚀不能使用,失去备用意义。

4.7.7 本条增第 3 款,明确了集水池如接纳水池溢水、泄空水时,排水泵流量的确定原则。设于地下室的水池的溢流量视进水阀的可靠程度确定,如在液位水力控制阀前装电动阀等双串联控制,一旦液位水力控制阀失灵,水池中水位上升至报警水位时,电动阀启动关闭,水池的溢流量可不予考虑。如仅水力控制阀单阀控制,则水池溢流量即水池进水量。水池的泄流量可按水泵吸水最低水位确定。

4.7.8 本条第 1、2 款为确定集水池的有效容积。集水池容积不宜小于最大一台污水泵 5min 的出水量是下限值,一般设计时应比此值要大些,以策安全。集水池容积还要以水泵自动启闭次数不宜大于 6 次来校核。水泵启动过于频繁,影响电机电器的寿命。"不大于 6 次"的规定系原规范的条文。

除了上述内容外,还要考虑安装检修等方面的要求。

第 4 款的规定是环保要求。污水集水池中散发大量臭气等有害气体应及时排至高空。强制排风装置不应该造成对有人类活动的场所空气污染。

第 6 款冲洗管应利用污水泵出口的压力,返回集水池内进行冲洗;不得用生活饮用水管道接入集水池进行冲洗,否则容易造成污水回流污染饮用水水质。

4.7.9 生活排水调节池不是水处理构筑物,只起污水量贮存调节作用。本条规定目的是防止污水在集水池停留时间过长产生沉淀腐化。

4.8 小型生活污水处理

4.8.1、4.8.2 本条仅适用于室外隔油池的设计,不适用于产品化的隔油设备。

公共食堂、饮食业的食用油脂的污水排入下水道时,随着水温下降,污水挟带的油脂颗粒便开始凝固,并附着在管壁上,逐渐缩小管道断面,最后完全堵塞管道。如某大饭店曾发生油脂堵塞管道后污水从卫生器具处外溢的事故,不得不拆换管道。由此可见,设置隔油池是十分必要的。设置隔油池后还可回收废油脂,制造工业用油脂,变害为利。污水在隔油池内的流速控制在 0.005m/s 之内,有利于油脂颗粒上浮。污水在池内的停留时间的选择,可根据建筑物性质确定,用油量较多者取上限值,用油量较少者取下限值。参照实践经验,存油部分的容积不宜小于该池有效容积的 25%;隔油池的有效容积可根据厨房洗涤废水的流量和废水在池内停留时间决定,其有效容积是指隔油池出口管底标高以下的池容积。存油部分容积是指出水挡板的下端至水面油水分离室的容积。

4.8.2A 由于隔油器为成品,隔油器内设置固体残渣拦截、油水分离装置,隔油器的容积比隔油池的容积小许多,故隔油器可设置于室内,可根据油脂废水量按产品样本选用,本条新增了密闭式隔油器应设置通气管,通气管应单独接至室外,隔油器单独设置的设备间的通风换气次数的规定,目的是保持室内环境卫生。

4.8.3 根据现行行业标准《城市污水排入下水道水质标准》CJ 3083 的规定:"工业废水排入城市排水管道的污水温度小于 40℃"的要求而制订了本条文。当排水温度高于 40℃时,会蒸发大量气体,清理管道的操作劳动条件差,影响工人身体健康,故必须降温后才能排入城市下水道。根据排水的热熔量,通过技术经济比较确有回收价值时,应优先考虑。采用冷却水降温时所需冷水量按热平衡方法计算,即:

$$Q_{冷} \geq \frac{Q_{排}(t_{排}-40)}{40-t_{冷}} \tag{2}$$

式(2)为一般热平衡计算公式,故不列于规范正文。

4.8.4 本条系根据原国家标准《生活饮用水卫生标准》GB 5749—85 的规定"以地下水为水源时,水井周围 30m 的范围内,不得设置渗水厕所、渗水坑、粪坑、垃圾堆和废渣堆等污染源"。化粪池一般采用砖砌水泥浆液抹面,防渗性差,对于地下水取水构筑物而言亦属于污染源,故保留原规范强制性条文。

4.8.5 化粪池距建筑物距离不宜小于 5m,以保持环境卫生的最低要求。根据各地来函意见，一般都不能达到这一要求，主要原因是由于建筑用地有限，连5m距离都不能达到，考虑在化粪池挖掘土方时，以不影响已建房屋基础为准，应与土建专业协调，保证建筑安全，防止建筑基础产生不均匀沉陷。一些建筑物沿规划的红线建造，连化粪池设置的位置也没有，在这种情况下只能设于地下室或室内楼梯间底下，但一定要做好通气、防臭、防爆措施。

4.8.6 本条作如下修改：①补充了化粪池计算公式。②依据节水型器具推广应用，生活污水单独排入化粪池的每人每日计算污水量作相应调整；生活污废水合流的排水量按本规范第4.1.1条确定。③根据人员在建筑物中逗留的时间多少确定化粪池每人每日计算污泥量，使设计更合理。④对于职工食堂、餐饮业、影剧院、体育场（馆）、商场和其他场所的化粪池使用人数百分数由10%调整至5%～10%，人员多者取小值；人员少者取大值。

化粪池其余设计参数，如污水在化粪池内停留时间、化粪池的清掏周期等均保留原规范的规定。

4.8.7 化粪池的构造尺寸理论上与平流式沉淀池一样，根据水流速度、沉降速度通过水力计算就可以确定沉淀部分的空间，再考虑污泥积存的数量确定污泥占有空间，最终选择长、宽、高三者的比例。从水力沉降效果来说，化粪池浅些、狭长些沉淀效果更好，但这对施工带来不便，且化粪池单位空间材料耗量大。对于某些建筑物污水量少，算出的化粪池尺寸很小，无法施工。实际上污水在化粪池中的水流状态并非按常规沉淀池的沉淀曲线运行，水流非常复杂。故本条除规定化粪池的最小尺寸外，还要有一个长、宽、高的合适的比例。

化粪池入口处设置导流装置，格与格之间设置拦截污泥浮渣的措施，目的是保护污泥浮渣层厌氧功能不被破坏，保证污泥在缺氧的条件下腐化发酵，一般采用三通管件和乙字弯管件。化粪池的通气很重要，因为化粪池内有机物在腐化发酵过程中分解出各种有害气体和可燃性气体，如硫化氢、甲烷等，及时将这些气体通过管道排至室外大气中去，避免发生爆炸、燃烧、中毒和污染环境的事故发生。故本条规定不但化粪池格与格之间应设通气孔洞，而且在化粪池与连接井之间也应设置通气孔洞。

4.8.8 医院（包括传染病医院、综合医院、专科医院、疗养院）和医疗卫生研究机构等病原体（病毒、细菌、螺旋体和原虫等）污染了污水，如不经过消毒处理，会污染水源、传染疾病、危害很大。为了保护人民身体健康，医院污水必须进行消毒处理后才能排放。

4.8.9 本条规定医院污水选择处理流程的原则。医院污水与普通生活污水主要区别在于前者带有大量致病菌，其BOD_5与SS基本类似。如城市有污水处理厂且有城镇污水管道时，污水排入城镇污水管道前主要任务是消毒杀菌，除当地环保部门另有要求外，宜采用一级处理。当医院污水排至地表水体时，则根据排入水体的要求进行二级处理或深度处理。

4.8.10 医院污水处理构筑物在处理污水过程中有臭味、氯气等有害气体溢出的地方，如靠近病房、住宅等居住建筑的人口密集之处，对人们身心健康有影响，故应有一定防护距离。由于医院一般在城市市区，占地面积有限，有的医院甚至用地十分紧张，故防护距离具体数据不能规定，只作提示。所谓隔离带即为围墙、绿化带等。

4.8.11 传染病房的污水主要指肝炎、痢疾、肺结核病等污水。在现行国家标准《医疗机构水污染物排放标准》GB 18466中规定总余氯量、粪便大肠菌群数、采用氯化消毒时的接触时间均不同。如将一般污水与肠道病毒污水一同处理时，则加氯量均应按传染病污水处理的投加量，这样会增加医院污水处理经常运转费用。如果将传染病污水单独处理，这样既能保证传染病污水的消毒效果，又能节省经常运行费用，减轻消毒后造成的二次污染。当然这样也会增加医院污水处理构筑物的基建投资，故要进行经济技术的比较后方能确定。

4.8.12 本条补充引用现行国家标准《医疗机构水污染物排放标准》GB 18466中相关条文。

4.8.13 化粪池已广泛应用于医院污水消毒前的预处理。为改善化粪池出水水质，生活废水、医疗洗涤水，不能排入化粪池中，而应经筛网拦截杂物后直接排入调节池和消毒池消毒。据日本资料介绍：用作医院污水消毒处理的化粪池要比用于一般的生活污水处理的化粪池有效容积大2倍～3倍，本条规定是参照日本资料。

4.8.14 本条规定推荐医院污水消毒采用加氯法。由于氯的货源充沛、价格低、消毒效果好，消毒后污水中保持一定的余氯，能抑制和杀灭污水中残留的病菌，已广泛应用于医院污水的消毒。如有成品次氯酸钠供应，则应优先考虑采用，但应为成品次氯酸钠的运输和贮存创造一定的条件。液氯投配要求安全操作，如操作不慎，有泄漏时，可能会危及人身安全。但因其成本低、运行费省，已在大中型医院污水处理中广泛采用。漂白粉存在含氯量低、操作条件差、投加后有残渣等缺点，一般用于县级医院及乡镇卫生所的污水污物消毒处理；氯片和漂粉精具有投配方便、操作安全的特点，但价格贵，适用于小型的局部污水消毒处理；电解食盐溶液现场制备次氯酸钠和化学法制备二氧化氯消毒剂的方法与液氯投加法相比，比较安全，但因其消耗电能，经常运行费用比液氯贵。因此，只在某些地区，即液氯或成品次氯酸钠供应或运输有困难，或者消毒构筑物与居住建筑毗邻有安全要求时，才考虑使用。

氯化消毒法处理后的水含有余氯，余氯主要以有机氯化物形式存在，排入水体对生物有一定的毒害。因此，对于污水排放到要求高的水体时，应采用臭氧消毒法，臭氧是极强的氧化剂，它能杀灭氯所不能杀灭的病毒等病菌。消毒后的污水臭氧分解还原成氧气，对水体有增氧作用。

4.8.14A 本条补充引用现行国家标准《医疗机构水污染物排放标准》GB 18466中相关条文。

4.8.15 医院污水中除含有细菌、病毒、虫卵等致病的病原体外，还含有放射性同位素。如在临床医疗部门使用同位素药杯、注射器，高强度放射性同位素分装时的移液管、试管等器皿清洗的废水，以碘131、碘132为最多，放射性元素一般要经过处理后才能达到排放标准，一般的处理方法有衰变法、凝聚沉淀法、稀释法等。医院污水中含有的酚，来源于医院消毒剂采用煤酚皂，还有铬、汞、氰甲苯等重金属离子、有毒有害物质，这些物质大都来源于医院的检验室、消毒室废液，其处理方法包括将其收集专门处理或委托专门处理机构处理。

4.8.16 医院污水处理系统产生污泥中含有大量细菌和虫卵，必须进行处置，不应随意堆放和填埋，应由城市环卫部门统一集中处置。在城镇无条件集中处置时，采用高温堆肥和石灰消化法，实践证明也是有效的。

4.8.18～4.8.21 对生活污水处理构筑物的设置的环保要求。生活污水处理构筑物会产生以下污染：①空气污染；②污水渗透污染地下水池；③噪声污染。

生活污水处理站距给水泵站及清水池水平距离不得小于10m的规定，是按原国家标准《生活饮用水卫生标准》GB 5749—85要求确定。生活污水处理设施一般设置于建筑物地下室或绿地之下。设置于建筑物地下室的设施有成套产品，也有现浇混凝土构筑物。成套产品一般为封闭式，除设备本身有排气系统外，地下室本身应设置通风装置，换气次数参照污水泵房的通风要求；而现浇式混凝土构筑物一般为敞开式，其换气次数系根据实际运行工程中应用的参数。

由于生活污水处理设施置于地下室或建筑物邻近的绿地之下，为了保护周围环境的卫生，除臭系统不能缺少，目前既经济又解决问题的方法包括：①设置排风机和排风管，将臭气引至屋顶以上高空排放；②将臭气引至土壤层进行吸附除臭；采用臭氧装置除臭，除臭效果好，但投资大耗电量大。不论采取什么处理方法，处理后应达到现行国家标准《医疗机构水污染物排放标准》GB 18466中规定的处理站周边大气污染物最高允许浓度。

生活污水处理设施一般采用生物接触氧化,鼓风曝气。鼓风机运行过程中产生的噪声达100dB左右。因此,进行隔声降噪措施是必要的,一般安装鼓风机的房间要进行隔声设计。特别是进气口应应安装消声装置,才能达到现行国家标准《城市区域环境噪声标准》GB 3096和《民用建筑隔声设计规范》GB 10070中规定的数值。

4.9 雨 水

4.9.1 为减少屋面承载和渗漏,屋面不应积水,也不应考虑屋面有调蓄雨水的功能。

4.9.2 本次规范修订中采纳修改意见,增加了"当采用天沟集水且沟檐溢水会流入室内时,暴雨强度应乘以1.5的系数"的注,以策安全。1.5的系数是参照国家标准《建筑与小区雨水利用工程技术规范》GB 50400—2006第4.2.5条的有关规定。

4.9.5 原规范设计重现期为1年,是因为当时未能解决满管压力流排水问题,对于大型建筑物屋面排水,当选用的设计重现期超过一年时,工程实施存在困难。目前,满管压力流排水技术已基本成熟,通过上海浦东国际机场、北京机场四机位库、上海浦东科技城、江苏昆山科技博览中心等建筑屋面排水工程的实践及参照国外有关标准,提出了各类建筑屋面排水重现期的设计标准。

本次规范修订中,增加了下沉式广场和地下车库坡道出入口雨水排水的设计重现期。下沉式广场地势低,一旦暴雨降临容易产生积水,则呈水塘或者水池,殃及下沉式广场附属建筑和设施,故取较大重现期。重现期取值参照了国家标准《地铁设计规范》GB 50157—2003的有关规定。也可根据下沉式广场的结构构造、重要程度、短期积水可能引起较严重后果等因素确定其重现期。

对于一般性建筑物屋面、重要公共建筑屋面的划分,可参考建筑防火规范的相关内容。特别需要注意的是当下大雨或者屋面雨水排水系统阻塞,可能造成雨水溢入室内造成严重后果时,应取上限值。如:医院的手术室、重要的通信设施、受潮时会发生有毒或可燃烟气物质的贮藏库、收藏杰出艺术品的楼宇等。

4.9.6 本条补充了屋面径流系数1.0的内容。随着建筑材料的不断发展,建筑屋面的表面层材料多种多样,在现行国家标准《屋面工程技术规范》GB 50345中屋面分类有:卷材防水屋面、涂膜防水屋面、刚性防水屋面、保温隔热屋面、瓦屋面等。种植屋面类型的屋面有少量的渗水,径流系数可取0.9;金属板材屋面无渗水,径流系数可取1.0。

4.9.7 本条规定雨水汇水面积按屋面的汇水面积投影面积计算,还需考虑高层建筑高出裙房屋面的侧墙面(最大受雨面)的雨水排到裙房屋面上;窗井及高层建筑地下汽车库出入口的侧墙,由于风力吹动,造成侧墙兜水,因此,将此类侧墙面积的1/2纳入其下方屋面(地面)排水的汇水面积。

4.9.8 受经济条件限制,管系排水能力是相对按一定重现期设计的,因此,为建筑安全考虑,超设计重现期的雨水应有出路。目前的技术水平,设置溢流设施是最有效的。

4.9.9 按本规范第4.9.1条的原则,屋面不应积水,超设计重现期的雨水应由溢流设施排放。本条规定了屋面雨水管道的排水系统和溢流设施宣泄雨水能力,两者合计应具备的最小排水能力。

4.9.10 檐沟排水常用于多层住宅或建筑体量与之相似的一般民用建筑,其屋顶面积较小,建筑四周排水出路多,立管设置要服从建筑立面美观要求,故宜采用重力流排水。

长天沟外排水常用于多跨工业厂房,汇水面积大,厂房内生产工艺要求不允许设置雨水悬吊管,由于外排水立管设置数量少,只有采用压力流排水,方可利用其管系通水能力大的特点,将具有一定重现期的屋面雨水排除。

高层建筑,汇水面积较大,采用重力流排水,增加一根立管,便有可能成倍增加屋面的排水重现期,增大雨水管系的宣泄能力。因此,建议采用重力排水。

工业厂房、库房、公共建筑通常是汇水面积较大,可敷设立管的地方却较少,只有充分发挥每根立管的作用,方能较好地排除屋面雨水,因此,应积极采用满管压力流排水。

4.9.11 为杜绝高层建筑屋面雨水从裙房屋面溢出,裙房屋面排水管系应单独设置。

4.9.12 为杜绝屋面雨水从阳台溢出,阳台排水管系应单独设置。住宅屋面雨水排水立管虽都按重力流设计,但当遇超重现期的暴雨时,其立管上端会产生较大负压,可将与其连接的存水弯水封抽吸掉;其立管下端会产生较大正压,雨水可从阳台地漏中冒溢。只有在雨水立管每层设置雨水斗,阳台雨水排入漏斗,雨水立管底部自由出流的情况下,才可考虑屋面雨水与阳台雨水合流,但这可能产生雨水排水噪声的弊端。由于阳台雨水地漏不可能经常及时接纳阳台上的雨水,水封不能保证,而小区及城市雨水管道系统聚集臭味通过雨水管道扩散至阳台。为防止阳台地漏泛臭,阳台雨水排水系统不应与庭院雨水排水管渠直接相接,应采用间接排水。

当阳台设有洗衣机时,用作洗衣机排水的地漏排水管道应接入污水管,见本规范第4.5.8A条。这种情况下由于飘进阳台的雨水毕竟少量,故可不再另设雨水管和排除地面雨水的地漏,洗衣机排水地漏可以兼做地面排水地漏,可减少阳台的排水立管和地漏数量。

4.9.14~4.9.16 雨水斗是控制屋面排水状态的重要设备,屋面雨水排水系统应根据不同的系统采用相应的雨水斗。重力流排水系统应采用重力流雨水斗,不可用平篦或通气帽等替代雨水斗,避免造成排水不通畅或管道吸瘪的现象发生。我国65型和87型雨水斗基本上抄袭苏联BP型雨水斗,其构造必然形成掺气两相流,其掺气量和泄水量随管系变化而变化,不符合伯努里定律,属于不稳定无控流态,在多斗架空系统中,各斗泄流量无法实现平衡。我国经多次模拟试验推导的屋面雨水排水掺气两相流公式,不具备普遍性,本次修订将87型雨水斗归为重力流雨水斗,以策安全。满管压力流排水系统应采用专用雨水斗。

重力流雨水斗、满管压力流雨水斗最大泄水量取自国内产品测试数据,87型雨水斗最大泄水量数据摘自国家建筑标准设计图集09S302。

4.9.18 一般金属屋面采用金属长天沟,施工时金属钢板之间焊接连接。当建筑屋面构造有坡度时,天沟沟底顺建筑屋面的坡度可以做出坡度。当建筑屋面构造无坡度时,天沟沟底的坡度难以实施,故可无坡度,靠天沟水位差进行排水。

4.9.22 表4.9.22中数据是排水立管充水率为0.35的水膜重力流理论计算值。考虑到屋面重力流排水的安全因素,表中的最大泄流量修改为原最大泄流量的0.8倍。

4.9.24 本条是保障满管压力流排水状态的基本措施。

一场暴雨的降雨过程是由小到大,再由大到小,即使是满管压力流屋面雨水排水系统,在降雨初期仍是重力流,靠雨水斗出口到悬吊管中心线高差的水力坡降排水,故悬吊管中心线与雨水斗出口应有一定的高差,并应进行计算复核,避免造成屋面积水溢流,甚至发生屋面坍塌事故。

4.9.25 为防止屋面雨水管道堵塞和淤积,特别对最小管径和横管最小敷设坡度作出规定。

4.9.26 屋面设计排水能力是相对的,屋面溢流工程不能将超设计重现期的雨水及时排除时,屋面积水,斗前水深加大,重力流排水管系一定会转为满管压力流。因此,高层建筑屋面雨水排水管宜采用承压塑料管和耐腐蚀的金属管。

悬吊管是屋面雨水满管压力流排水的瓶颈,其排水动力为立管泄流产生的有限负压和雨水斗底与悬吊管的高差之和,选择内壁光滑的承压管,有利于提高排水管系的排水能力。

满管压力流排水系统抗负压的要求,具体为:

高密度聚乙烯管　　　$b \geq 0.039D$
聚丙烯管　　　　　　$b \geq 0.035D$
ABS管　　　　　　　$b \geq 0.032D$
聚氯乙烯管　　　　　$b \geq 0.026D$
（b——壁厚，D——管外径）

4.9.27　为避免一根排水立管发生故障，屋面排水系统瘫痪，建议屋面排水立管不得少于两根。

4.9.28　为使排水流畅，重力流排水管系下游管道管径不得小于上游管道管径。

4.9.29　在满管压力流屋面排水系统中，立管流速是形成管系压力流排水的重要条件之一，立管管径应经计算确定，且流速不应小于2.2m/s。

4.9.30　顺水连接有利于重力流排水顺畅，压力流排水阻力损失小，因此，屋面排水管的转向处，宜作顺水连接。

4.9.31　随着屋面排水管材选用范围的增大，屋面排水管道设计也应考虑管道的伸缩问题。

4.9.32、4.9.33　为使管道堵塞时能得到清通，屋面排水管道应设必要的检查口和清扫口。当屋面雨水排水采用重力流系统时，雨水立管的底部宜设检查口；当屋面雨水排水采用满管压力流排水时，按系统设计的要求设置检查口。立管检查口的位置，一般距离地（楼）面以上1.0m。

4.9.34　雨水检查井的最大间距，参照国家标准《室外排水设计规范》GB 50014—2006第4.4.2条进行修订。

4.9.36B　下沉式广场地面排水集水池的有效容积不小于最大一台排水泵30s的出水量，地下车库出入口的明沟排水集水池的有效容积不小于最大一台排水泵5min的出水量，参照了国家标准《室外排水设计规范》GB 50014—2006的有关规定。排水泵不间断动力供应，可以采用双电源或双回路供电。

5　热水及饮水供应

5.1　用水定额、水温和水质

5.1.1　我国是一个缺水的国家，尤其是北方地区严重缺水，因此，在考虑人民生活水平提高的同时，在满足基本使用要求的前提下，本规范热水定额编制中体现了"节水"这个重原则。由于热水定额的幅度较大，可以根据地区水资源情况，酌情选值，一般缺水地区应选定额的低值。本次局部修订与给水章表3.1.10相对应，将宿舍单列，补充了酒店式公寓的热水用水定额。

5.1.3　将原条文中的"水质稳定处理"改为"水质阻垢缓蚀处理"。国内目前用于生活热水系统水质处理的物理处理设备、设施或化学稳定剂，能达到稳定水质的效果者很少，同时为避免与国家标准《室外给水设计规范》GB 50013—2006中术语"水质稳定处理"的概念混淆。因此将原"水质稳定处理"改为"水质阻垢缓蚀处理"。

5.1.4　本条系将原表5.1.4重新修正编排整理，并补充了港澳、新疆和西藏等地区的冷水计算温度。

5.1.5　热水供水温度以控制在55℃～60℃之间为好，因温度大于60℃时，一是将加速设备与管道的结垢和腐蚀，二是系统热损失增大耗能，三是供水的安全性降低，而温度小于55℃时，则不易杀死滋生在温水中的各种细菌，尤其是军团菌之类致病菌。表5.1.5中最高温度75℃，是考虑一些个别情况下，如专供洗涤用（一般洗涤盆、洗涤池用水温度为50℃～60℃）的水加热设备的出口温度，在原水水质许可或有可靠水质处理措施的条件下，为满足特殊使用要求可适当提高。

5.1.5A　本条摘自现行国家标准《住宅建筑规范》GB 50368—2005。

5.2　热水供应系统选择

5.2.2　本条规定了集中供应系统热源选择的原则。

节约能源是我国的基本国策，在设计中应对工程基地附近进行调查研究，全面考虑热源的选择：

首先应考虑利用工业的余热、废热、地热和太阳能。如广州、福州等地均有利用地热水作为热水供应的水源。以太阳能为热源的集中热水供应系统，由于受日照时间和风雪雨露等气候影响，不能全天候工作，在要求热水供应不间断的场所，应另行增设辅助热源，用以辅助太阳能热水器的供应工况，使太阳能热水器在不能供热或供热不足时能予以补充。

地热在我国分布较广，是一项极有价值的资源，有条件时，应优先加以考虑。但地热水按其生成条件不同，其水温、水质、水量和水压有很大区别，应采取相应的各不相同的技术措施，如：

　1　当地热水的水质不符合生活热水水质要求应进行水质处理；

　2　当水质对钢材有腐蚀时，应对水泵、管道和贮水装置等采用耐腐蚀材料或采取防腐蚀措施；

　3　当水量不能满足设计秒流量或最大小时流量时，应采用贮存调节装置；

　4　当地热水不能满足用水点水压要求时，应采用水泵将地热水抽吸提升或加压输送至各用水点。

地热水的热、质利用应尽量充分，有条件时，应考虑综合利用，如先将地热水用于发电再用于采暖空调；或先用于理疗和生活用水再用作养殖业和农田灌溉等。

5.2.2A　太阳能是取之不尽用之不竭的能源，近年来太阳能的利用已有很大发展，在日照较长的地区取得的效果更佳。本条日照时数、年太阳辐射量参数摘自国家标准《民用建筑太阳能热水系统应用技术规范》GB 50364—2005中第三等级的"资源一般"区域。

5.2.2B　采用水源热泵、空气源热泵制备生活热水，近年来在国内有一些工程应用实例。它是一种新型能源，当合理应用该项技术时，节能效果显著。但选用这种热源时，应注意水源、空气源的适用条件及配备质量可靠的热泵机组。

5.2.3　热力网和区域性锅炉应是新规划区供热的方向，对节约能源和减少环境污染都有较大的好处，应予推广。

5.2.5　为保护环境，消除燃煤锅炉工作时产生的废气、废渣、烟尘对环境的污染，改善司炉工的操作环境，提高设备效率，燃油、燃气常压热水锅炉（又称燃油燃气热水机组）已在全国各地许多工程的集中生活热水系统中推广应用，取得了较好的效果。

用电能制备生活热水，最方便、最简洁，且无二氧化碳排放，但电的热功当量较低，而且我国总体的电力供应紧张，因此，除个别电源供应充沛的地方用于集中生活热水系统的热水制备外，一般用于太阳能等可再生能源局部热水供应系统的辅助能源。

5.2.6　局部热水供应系统的热源宜首先考虑无污染的太阳能热源，当地日照条件较差或其他条件限制采用太阳能热水器时，可视当地能源供应情况，在经技术经济比较后确定采用电能、燃气或蒸汽为热源。

5.2.8　规定了利用烟气、废气、高温无毒废液等作为热水供应系统的热媒时，应采取的技术措施。

5.2.9　蒸汽直接通入水中的加热方式，开口的蒸汽管直接插在水中，在加热时，蒸汽压力大于开式加热水箱的水头，蒸汽从开口的蒸汽管进入水箱，在不加热时，蒸汽管内压力骤降，为防止加热水箱内的水倒流至蒸汽管，应采取防止热水倒流的措施，如提高蒸汽管标高、设置止回装置等。

蒸汽直接通入水中的加热方式，会产生较高的噪声，影响人们的工作、生活和休息，如采用消声混合器，可大大降低加热时的噪声,将噪声控制在允许范围内,因此,条文明确提出要求。

采用汽-水混合设备的加热方式,将城市管网供给的蒸汽与冷水混合直接供给生活热水,较好地解决了大系统回收凝结水的难题,但采用这种水加热方式,必须保证稳定的蒸汽压力和供水压力,保证安全可靠的温度控制,否则,应在其后加贮热设备,以保证安全供水。

5.2.10 本条对集中热水供应系统设置回水循环管作出规定。

1 强调了凡集中热水供应系统考虑节水和使用的要求均应设热水回水管道,保证热水在管道中循环。

2 所有循环系统均应保证立管和干管中热水的循环。对于要求随时得到合适温度的热水的建筑物,则应保证支管中的热水循环,或有保证支管中热水温度的措施。保证支管中的热水循环问题,在工程设计中要真正实现支管循环,有很大的难度,一是计量问题,二是循环管的连接问题。解决支管中热水保温问题的另一途径是采用自控电伴热的方式。已有一些工程采用这种方法。

5.2.10A 设有多个卫生间的住宅、别墅采用一个热水器(机组)供给热水时,因热水支管不设热水循环管道,则每使用一次水要放走很多冷水,因此,本规范修订时,对此种局部热水供应系统保证循环效果予以强调。

5.2.11 集中热水供应系统采用管路同程布置的方式对于防止系统中热水短路循环,保证整个系统的循环效果,各用水点能随时取到所需温度的热水,对节水、节能有着重要的作用。

根据工程实践,小区集中热水供应系统循环管道采用同程布置很困难,因此,此局部修订时,将其限定为建筑物内的热水循环管道的布置要求。

采用同程布置的最终目的,是保证循环不短路,尽量减少开启水嘴时放冷水的时间。根据近年来的工程实践,在一定条件下采用温控阀、限流阀和导流三通等方法亦可达到保证循环效果的目的。因此,将原条文中的"应"改为"宜"采用同程布置的方式。但"应"改为"宜"并非降低标准,无论采用何种管道布置方式均须保证干管和立管的循环效果。

居住小区热水循环管道可采用分设小循环泵,在一定条件下设温控阀、限流阀、导流三通等措施保证循环效果。

设循环泵,强调采用机械循环,是保证系统中热水循环效果的另一重要措施。

5.2.12 对用水集中、用水量又大的部门,推荐采用设单独热水管网供水或采用局部加热设备。

在大型公共建筑中,一般均设有洗衣房、厨房、集中浴室等,这些部门用水量大,用水时间与其他用水点也不尽一致,且对热水供应系统的稳定性影响很大,故其供水管网宜与其他系统分开设置。

5.2.13 此条对高层建筑热水系统分区作了规定。

1 生活热水主要用于盥洗、淋浴,而这二者均是通过冷、热水混合后调到所需使用温度。因此,热水供水系统应与冷水系统竖向分区一致,保证系统内冷、热水的压力平衡,达到节水、节能、用水舒适的目的。

原则上,高层建筑设集中供应热水系统时应分区设水加热器,其进水均由相应分区的给水系统设专管供应,以保证热水系统压力的相对稳定。如确有困难时,有的单幢高层住宅的集中热水供应系统,只能采用一个或一组水加热器供整幢楼热水时,可相应地采用质量可靠的减压阀等管道附件来解决系统冷热水压力平衡的问题。

2 减压阀大量应用在给水热水系统上,对于简化给水热水系统起了很大作用,但在应用实践中也出了一些问题。当减压阀用于热水系统分区时,除满足本规范第3.4.9、3.4.10条要求之外,其密封部分材质应按热水温度要求选择,尤其要注意保证各区热水的循环问题。

图3为减压阀安装在热水系统的三个不同图式:

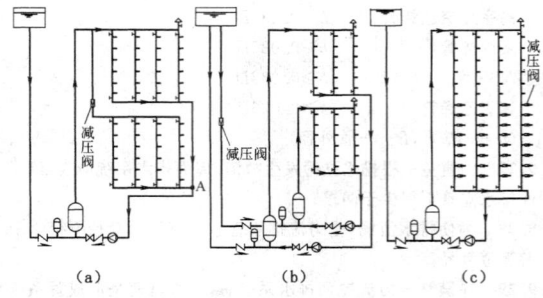

图3 减压阀设置

图3(a)为高低两区共用一加热供热系统,分区减压阀设在低区的热水供水立管上,这样高低区热水回水汇合至图中"A"点时,由于低区系统经过了减压,其压力将低于高区,即低区管网中的热水就循环不了。解决的办法只能在高区回水干管上也加一减压阀,减压值与低区供水干管上减压阀的减压值相同,然后再把循环泵的扬程加上系统所减掉的压力值。这样做固然可以实现整个系统的循环,但有意加大水泵扬程,即造成耗能不经济,也将造成系统运行的不稳定。

图3(b)为高低区分设水加热器的系统,两区水加热器均由高区冷水高位水箱供水,低区热水供水系统的减压阀设在低区水加热器的冷水供水管上。这种系统布置与减压阀设置形式是比较合适的。

图3(c)为高低区共用一集中热水供应系统的另一种图式。减压阀均设在分户支管上,不影响立管和干管的循环。这种图式相比图3(a)、(b)的优点是系统不需要另外采取措施就能保证循环系统正常工作。缺点是低区一家一户均需设减压阀,减压阀数量多,要求质量可靠。

5.2.14 开式热水供应系统即带高位热水箱的供水系统。系统的水压由高位热水箱的水位决定,不受市政供水管网压力变化及加热设备阻力变化等的影响,可保证系统水压的相对稳定和供水安全可靠。

减压稳压阀取代高位热水箱应用于集中热水供应系统中,将大大简化热水系统。

5.2.15 本条对热水配水点处水压作出了规定。

工程实际中,由于冷水热水管径不一致,管长不同,尤其是当用高位冷水箱通过设在地下室的水加热器再返上供给高区热水时,热水管路要比冷水管长得多。这样相应的阻力损失也就要比冷水管大。另外,热水还需附加通过水加热设备的阻力。因此,要做到冷水热水在同一点压力相同是不可能的。只能达到冷热水水压相近。

"相近"绝不意味着降低要求。因为供水系统内水压的不稳定,将使冷热水混合器或混合龙头的出水温度波动很大,不仅浪费水,使用不方便,有时还会造成烫伤事故。从国内一些工程实践看,条文中"相近"的含义一般以冷热水供水压差小于等于0.01MPa为宜。在集中热水供应系统的设计中要特别注意两点:一是热水供水管路的阻力损失要与冷水供水阻力损失平衡。二是水加热设备的阻力损失宜小于等于0.01MPa。

5.2.16 本条规定公共浴室热水供应的设计要求。

公共浴室热水供应设计,普遍存在两个问题:①热水来不及供应,使水温骤降;②淋浴器出水水温忽冷忽热,很难调节。

造成第一个问题的原因是在建筑设计时,设计的淋浴器数量过少,不能满足实际使用需要,因此,一般采用延长淋浴室开放时间和加大淋浴用水定额来解决,这样就造成加热设备供热出现供不应求的局面。造成第二个问题的原因是浴室管网设计不够合理。本条仅对集中浴室管网设计的问题提出四项措施,供设计中参照执行。

1 此款的规定,推荐采用开式热水供应系统,水压稳定,不受室外给水管网水压变化影响;便于调节冷热水混合水嘴的出水温度,避免水压高,造成淋浴器实际出水量大于设计水量,既浪费水量,又造成贮水器容积不够用而影响使用。

2 此款的规定,是为了避免因浴盆、浴池、洗涤池等用水量大的卫生器具启闭时,引起淋浴器管网的压力变化过大,以致造成淋浴器出水温度不稳定。

3 此款的规定,是为了在较多的淋浴器之间启闭阀门变化时减少相互影响,要求配水管布置成环状。

4 此款的规定,是为了使淋浴器在使用调节时不致造成管道内水头损失有明显的变化,影响淋浴器的使用。

5 此款规定,主要是为了从根本上解决淋浴器出水温度忽高忽低难于调节的问题,达到方便使用、节约用水的目的。由于出水温度不能随使用者的习惯自行调节,故不宜用于淋浴时间较长的公共浴室。而对工业企业生活间的淋浴室,由于工作人员下班后淋浴的目的是冲洗汗水、灰尘,淋浴时间较短,采用这种单管供水方式较适宜。

5.2.16A 针对弱势群体和特殊使用场所防烫伤要求而作此规定。

5.3 耗热量、热水量和加热设备供热量的计算

5.3.1 本条在下列方面进行了局部修订:

1 将原规范耗热量单位由"W"(即 J/s)改成"kJ/h",便于计算。

2 设计小时变化系数 K_h 的重新编制:

1)热水小时变化系数 K_h 存在的问题:

原规范中热水小时变化系数 K_h 存在与给水的小时变化系数不匹配及计算值偏大的问题,是热水部分多年来一直未解决的难题。原规范中给水的 K_h 是按用水定额大小变化取值的。且其值小变化范围小,如住宅(含别墅)$K_h=1.8\sim3.0$,而热水的 K_h 是按使用热水的人数或单位数的变化取值的,其值相对给水的 K_h 大,且变化范围也大,如住宅、别墅 $K_h=2.34\sim5.12$。这样在工程设计中,当使用热水的人数少或较少时,就会出现热水的设计小时用水量高于给水(含热水水量)的设计小时用水量,这显然是不合理的。

热水的 K_h 偏大带来的另一问题是热源、水加热、储热设备大,不经济,使用效率低,耗能。

2)此次编制中,对 K_h 的修编做了下述工作:

(1)通过对北京蓝堡小区、伯宁花园两个小区集中生活热水供应系统三个月的逐日逐时热水用水量实测,并经数据分析整理后得出该两个小区集中生活热水系统的实际 K_h 值。

(2)参考有关论文中对生活热水最大小时耗热量及修正现有 K_h 值的分析、推理,在设定给水小时变化系数 K_h 准确的基础上,对 K_h 进行了推导计算。其计算公式为:

$$K_h = \frac{q_L}{q_r}\alpha K_L \quad (3)$$

式中:K_h——热水小时变化系数;

q_L——给水用水定额(L/人·d 或 L/床·d);

q_r——热水用水定额(L/人·d 或 L/床·d);

α——60℃热水用水量占使用热水(使用水温为 37℃~40℃时热水)用水量的比值,$\alpha=0.43\sim0.64$;

K_L——给水小时变化系数,见本规范表 3.1.10。

(3)K_h 计算示例:

某医院设公用盥洗室、淋浴室采用全日集中热水供应系统,设有病床 800 张,60℃热水用水定额取 110L/床·d,试计算热水系统的 K_h 值。

计算步骤:

1 查表 5.3.1,医院的 $K_h=3.63\sim2.56$;

2 按 800 床位、110L/床·d 定额内插法计算系统的 K_h 值。

$$K_h = 3.63 - \left(\frac{800-50}{1000-50}\right)\left(\frac{110-70}{130-70}\right)\times(3.63-2.56)$$
$$= 3.63 - 0.79 \times 0.67 \times 1.07$$
$$= 3.06$$

3 将式(5.3.1-1)中的分母 86400 改为 T,是因为全日供应热水的时间不都是 24h,因此将 86400(=3600s/h×24h)改为 T(T 按本规范表 5.1.1 中的每日使用时间取值)更为准确。

5.3.3 本条对水加热设备的供热量(间接加热时所需热媒的供热量)作了如下具体规定:

1 容积式水加热器或贮热容积相当的水加热器、燃油(气)热水机组的供热量按式(4)计算:

$$Q_g = Q_h - \frac{\eta V_r}{T}(t_r-t_1)C\rho_r \quad (4)$$

该式是参照《美国 1989 年管道工程资料手册》《ASPE DataBook》的相关公式改写而成的。原公式为 $Q_t = R + \frac{MS_t}{d}$

式中:Q_t——可提供的热水流量(L/s);

R——水加热器加热的流量(L/s);

M——可以使用的热水占罐体容积之比;

S_t——总贮水容积(L);

d——高峰用水持续时间(h)。

对照美国公式,式(4)中的 Q_g、Q_h、T 分别相当于美国公式的 R、Q_t 和 d,而 η、V_r 则相当于美国公式的 MS_t。

式(4)的意义为,带有相当量贮热容积的水加热设备供热时,提供系统的设计小时耗热量由两部分组成:一部分是设计小时耗热量时间段内热媒的供热量 Q_g;一部分是供给设计小时耗热量前水加热设备内已贮存好的热量。即式(4)的后半部分:$\frac{\eta V_r}{T}(t_r-t_1)C\rho_r$。

采用这个公式比较合理地解决了热媒供热量,即锅炉容量与水加热贮热设备之间的搭配关系。即前者大,后者可小,或前者小后者可大。避免了以往设计中不管水加热设备的贮热容积有多大,锅炉均按设计小时耗热量来选择,从而引起锅炉和水加热设备两者均偏大,利用率低,不合理不经济的现象。但当 Q_g 计算值小于平均小时耗热量时,Q_g 按平均小时耗热量取值。

2 半容积式水加热器或贮热容积相当的水加热器、热水机组的供热量按设计小时耗热量计算。

由于半容积式水加热器的贮水容积只有容积式水加热器的 1/2~1/3,甚至更小些,主要起调节稳定温度的作用,防止设备出水时冷时热。在调节供水量方面,只能调节设计小时耗热量与设计秒流量之间的差值,即保证在 2min~5min 高峰秒流量时不断热水。而这部分贮热容积对于设计小时耗热量本身的调节作用很小,可以忽略不计。因此,半容积式水加热器的热媒供热量或贮热容积与其相当的水加热机组的供热量即按设计小时耗热量计算。

3 半即热式、快速式水加热器及其他无贮热容积的水加热设备的供热量按设计秒流量计算。

半即热式等水加热设备其贮热容积一般不足 2min 的设计小时耗热量所需的贮热容积,对于进入设备内的被加热水的温度和水量基本上起不到任何调节平衡作用。因此,其供热量应按设计秒流量所需的耗热量供给。

5.4 水的加热和贮存

5.4.1 该条为水加热设备提出下列三点基本要求:

1 热效率高,换热效果好,节能、节省设备用房。

这一款是对水加热设备的主要性能——热工性能提出一个总的要求。作为一个水加热换热设备,其首要条件当然应该是热效率高、换热效果好,节能。具体来说,对于热水机组其燃烧效率一般在 85%以上,烟气出口温度一般应在 200℃左右,烟气黑度等

应满足消烟除尘的有关要求。对于间接加热的水加热器在保证被加热水温度及设计流量工况下，当汽-水换热，且饱和蒸汽压力为0.2MPa～0.6MPa时，凝结水出水温度为50℃～70℃的条件下，传热系数 $K=5400kJ/(m^2 \cdot ℃ \cdot h) \sim 10800kJ/(m^2 \cdot ℃ \cdot h)$；当水-水换热时，且热媒为80℃～95℃的热水时，热媒温降为20℃～30℃，传热系数 $K=2160kJ/(m^2 \cdot ℃ \cdot h) \sim 4320kJ/(m^2 \cdot ℃ \cdot h)$。

这一款的另一点是提出水加热设备还必须体型小，节省设备用房。

2 生活热水侧阻力损失小，有利于整个系统冷、热水压力的平衡。

生活热水大部分用于沐浴与盥洗。而沐浴与盥洗都是通过冷热水混合器或混合龙头来实施的。其冷、热水压力需平衡、稳定的问题已在本规范第5.2.15条说明中作了详细说明。以往有不少工程因采用不合适的水加热设备出现了系统冷热水压力波动大的问题，耗水耗能且使用不舒适。个别工程出现了顶层热水上不去的问题。因此，建议水加热设备被加热水侧的阻力损失宜小于或等于0.01MPa。

3 安全可靠、构造简单、操作维修方便。

水加热设备的安全可靠性能包括两方面的内容，一是设备本身的安全，如不能承压的热水机组，承压后就成了锅炉。间接加热设备应按压力容器设计和加工，并有相应的安全装置。二是被加热水的温度必须得到有效可靠的控制，否则容易发生烫伤的事故。

构造简单、操作维修方便、生活热水侧阻力损失小是生活用水加热设备区别其他型式的换热设备的主要特点。

因为生活热水的源水一般是不经处理的自来水，具有一定硬度，近年来虽有各种物理的、化学的简易阻垢处理方法，但均不能保证其真正的使用效果。一些设备自称能自动除垢，既缺乏理论依据，又得不到实践的验证。而目前市场上一些水加热设备安装就位后，已很难有检修的余地，更有甚者，有的水加热设备的换热盘管根本无法拆卸更换，这些都将给使用者带来极大的麻烦，因此，本款特提出此要求。

5.4.2

1 当自备热源采用燃油(气)等燃料的热水机组制备生活用热水时，从提高换热效率、减少热损失和简化换热设备角度考虑，无疑是以采用直接供应热水的加热方式为佳。但燃油(气)热水机组直接供应热水时，一般均需配置调节贮热用的热水箱。加了贮热水箱的燃油(气)热水机组供应热水系统就可能变得复杂了。一是热水箱要有合适的位置安放。二是当无法在屋顶设热水箱采用重力供水系统时，热水箱一般随燃油(气)热水机组一起放在地下室或底层，这样热水系统无法利用冷水系统的供水压力，需另设热水加压系统，冷水、热水不同压力源，难以保证系统中冷热水压力的平衡。因此，本条后半部分补充了"亦可采用间接供应热水的自带换热器的燃油(气)热水机组或外配容积式、半容积式水加热器的燃油(气)热水机组"的内容。

间接供热的缺点是二次换热，增加了换热设备，增大了热损失，但对于无法设置屋顶热水箱的热水系统比较适用。它能利用冷水系统的供水压力，无须另设热水加压系统。有利于整个系统冷、热水压力的平衡。

2 此款从环境保护、消烟除尘、安全保证等方面对燃油(气)热水机组提出的几点要求。有关燃油(气)热水机组的一些技术要求等详见工程建设协会标准《燃油、燃气热水机组生活热水供应设计规程》CECS 134：2002。

3 此款是指选择间接水加热设备时应考虑的因素：

1) 用水的均匀性、热媒的供应能力直接影响水加热设备的换热、贮热能力的选择计算。用水较均匀，热媒供应能力充足，一般可选贮热容积较小的半容积式水加热器。反之，可选用导流型容积式水加热器等贮热容积较大的水加热设备。

2) 给水硬度对水加热设备的选择也有较大影响。我国北方地区都以地下水为水源，水质硬度大，而用作生活热水的源水一般不经软化处理。因此，不宜采用板式换热器之类的，板与板间隙太小，或其他换热管束之间间距小于等于10mm的快速水加热设备来制备生活热水。否则，阻力太大，且难于清垢。

3) 当用水器具主要为淋浴器及冷热水混合水嘴时，则系统对冷热水压力的平衡要求高，选用水加热设备时须充分考虑这一因素。

4) 设备所带温控、安全装置的灵敏度、可靠性是安全供水、安全使用设备的必要保证。国内曾发生过多次因温控阀质量不好出水温度过高而烫伤人的事故。尤其是在汽-水换热时，贮热容积小的快速水加热设备升温速度往往1min之内能上升20℃～30℃，没有高灵敏度、高可靠性的温控装置很难将这样的水加热设备用于热水供应系统中。

半即热式水加热器，其换热部分实质上是一个快速换热器。但它与普通快速换热器之根本区别在于它有一套完整、灵敏、可靠的温度安全控制装置，可保证安全供水。目前市场上有些同类产品，恰恰是温控这套最关键的装置达不到半即热式水加热器温控装置要求。因此，设计选用这种占地面积省、换热效果好的水加热设备时需注意如下三个使用条件：

一是热媒供应能满足热水设计秒流量供热量之要求。

二是有灵敏、可靠的温度压力控制装置，保证安全供水。应有验证的方法和保证的措施。

三是被加热水侧的阻力损失不影响系统的冷热水压力平衡和稳定。

4 本款为新增款项，在设计太阳能热水供应系统时，太阳能集热系统采用自然循环还是强制循环，是直接供水还是间接供水，应根据条文中所列条件进行技术经济比较，以确定合理可靠的热水供应系统。

5 本款规定在电源供应充沛的地方可采用电热水器。此款是补充条款，体现我国近年来 CO_2 减排、清洁能源发展利用趋势。

5.4.2A 本条第1款第1)项强调设计布置太阳能集热器时应和建筑、结构等专业密切配合。

本条第1款第3)、4)项和第2款第1)～3)项规定了太阳能热水供应系统的主要设计参数。太阳能热源具有低密度、不稳定、不可控制的特点，因此其供热量、贮热量及相应贮热设备、水加热器及循环泵等的设计计算均不能采用常规热源系统的设计参数。本条所提供的参数摘自国家标准《民用建筑太阳能热水系统应用技术规范》GB 50364—2005等技术文件。

本条第4款系针对太阳能热源的特点提出其设计辅助热源时应考虑的因素。

5.4.2B 本条第1款为设计水源热泵热水供应系统时的设计要素。

本条第1款第1)项的规定适合于春、夏、秋季均有制冷空调宾馆等，生活热水由热泵散热端(空调冷却水)制备热水。热泵热效率COP值最高，节能效果显著。具体设计应与空调专业结合，特别在冬季供暖期的辅助热源设计时，应供暖和热水供应综合考虑。

本条第1款第2)项为水源总水量的计算，水源充足且允许利用是设计水源热泵热水系统的前提条件。其总水量与水源热泵机组的供热量、贮热设备贮热量、水源的温度及机组的性能系数(COP)值等密切相关。

本条第1款第5)项指水源热泵制备的热水是直接供水，还是经水加热器换热间接供水，应按当地冷水水质硬度、冷水系统压力平衡、热泵机组出水温度以及相应的性能系数COP值等条件综合考虑确定。

本条第1款第6)项规定了水源热泵贮热水箱(罐)贮热水容积的计算。由于热泵机组一次投资费用高，适当增大贮热容积，采用较小型的机组，既经济又可减轻水源的供水、循环流量的要求。其比较合理的计算宜采用日耗热量减热泵日持续工作时间内的耗热量作为贮热水箱(罐)的贮热容积,如热泵利用谷电时段内制备热水,当这段时间用热水量接近于零时,则贮热容积等于日耗热量。当无法按此计算时,全日制集中热水供应系统的贮热水箱(罐)有效容积可按本规范式(5.4.2B-2)计算。对于定时热水供应系统的贮热水箱(罐)有效容积,则应为定时供应水的时段全部热水用量。

本条第2款第1)项规定了设计空气源热泵热水供应系统的主要原则。①适宜于冬暖夏热的地方应用;②炎热高温地区即最冷月平均气温大于等于10℃的地区,一般可不设辅助热源;最冷月平均气温位于10℃~0℃之间者宜设辅助热源;③空气源热泵的性能参数COP值受空气温度、湿度变化的影响大,因此无辅助热源者应按最不利条件即当地最冷月平均气温和冷水温度作为设计依据;有辅助热源者,则可按当地春分、秋分所在月的平均气温和冷水供水温度设计,以合理经济地选用热泵机组。

本条第2款第4)项规定了空气源热泵贮热水箱(罐)容积的确定,参照水源热泵的贮热水箱(罐)容积的计算方法。

5.4.3 规定医院的热水供应系统的锅炉或加热器不得少于2台,当一台检修时,其余各台的总供应能力不得小于设计小时耗热量的50%。

由于医院手术室、产房、器械洗涤等部门要求经常有热水供应,不能有意外的中断,否则将会影响正常的工作,而其他如盥洗、淋浴、门诊等部门的热水用水时间都比较集中,而且是有规律的,有的是早、中、晚;有的是在白天8h工作时间内。若只选用一台锅炉或加热器,当发生故障时,就无法供应热水,这对手术室、产房等有特殊要求的房间,就将影响工作的进行。如选用2台锅炉或加热器,当其中一台不能供应热水时,另一台仍能继续工作,保证个别有特殊要求的部门不致中断热水供应,故规定选择加热设备时应不得少于2台,主要考虑了互为备用的因素。

对于小型医院(指50床以下),由于热水量较小,设置的2台锅炉或水加热器,根据其构造情况,每台的供热能力可按设计小时耗热量计算。

医院建筑不得采用有滞水区的容积式水加热器,因为医院是各种致病细菌滋生繁殖最适宜的地方,带有滞水区的容积式水加热器,其滞水区的水温一般在20℃~30℃之间,是细菌繁殖生长最适宜的环境,国外早已有从这种带滞水区的容积式水加热器中发现过军团菌等致人体生命危险病菌的报道。

5.4.4

1 此款为选择局部加热设备的总原则。首要因地制宜按太阳能、电能、燃气等热源来选择局部加热设备,另外还要结合建筑物的性质、使用对象、操作管理条件,安装位置、采用燃气与电加热时的安全装置等因素综合考虑。

2 当局部加热器供给多个用水器同时使用时,宜带有贮热调节容积,以减少热源的瞬时负荷。尤其是电加热器,如果完全按即热即用没有一点贮热容积作用调节时,则供一个$q=0.15L/s$的标准淋浴器当冷水温度为10℃时的电热水器其功率约为18kW,显然作为局部热水器供多个器同时使用,没有调贮容积是很不合适的。

3 当以太阳能作热源时,为保证没有太阳的时候不断热水,应有辅助热源,而以用电热作辅助热源最为简便可行。

5.4.5 本条为强制性条文,特别强调采用燃气热水器和电热水器的安全问题。国内发生过多起燃气热水器漏气中毒致人身亡的事故,因此,选用这些局部加热设备时一定要按其产品标准,相关的安全技术通则,安装及验收规程等中的有关要求进行设计。

5.4.6 规定水加热器的加热面积的计算公式,该公式是计算水加热器的加热面积的通用公式。

公式中C_r为热水供应系统的热损失系数,设计中可根据设备的功率和系统的大小及保温效果选择,一般取1.10~1.15。

公式中ε考虑由于水垢等因素影响传热系数K值的附加系数。从调查资料看,水加热器结垢现象比较严重,在无简单、行之有效的水处理方法的情况下,加热管束要避免水垢的产生是很困难的,结垢的多少取决于水质及运行情况。由于水垢的导热性能很差[水垢的导热系数为$2.2kJ/(m^2·℃·h)~9.3kJ/(m^2·℃·h)$],因而加热器往往受水垢的影响导致加热器传热效率的降低。因此,在计算加热器的传热系数时应附加一个系数。

加热器传热系数K值的附加系数ε为0.6~0.8,是引用国外的资料。

5.4.7 本条规定热媒与被加热水的计算温度差的计算公式。

1 容积式水加热器、导流型容积式水加热器、半容积式水加热器的计算温度差是采用算术平均温度差计算的。因在容积式水加热器里,水温是逐渐、均匀的升高,主要是靠对流传热,即加热盘管设置在加热器的底部,冷水自下部受热上升,对流循环使加热器内的水全部加热,同时在容积式加热器内有一定的调节容积,计算温度差粗略一点影响不大。

2 快速式水加热器,半即热式水加热器的计算温度差是采用平均对数温度差的计算公式。因在快速式水加热器里,水主要是靠传导传热,水在加热器内是不停留的、无调节容积,因此,加热器的计算温差应精确些。

3 对快速水加热器式(5.4.7-2)的说明:

快速水加热器有逆流式和顺流式两种换热工况,前者比后者换热效果好,因此生活热水采用的快速水加热器或半即热式水加热器基本上均采用如图4所示的逆流式换热。

式(5.4.7-2)中的Δt_{max}(热媒与被加热水在水加热器一端的最大温度差)与Δt_{min}(热媒与被加热水在水加热器另一端的最小温度差)如图4所示。

$\Delta t_{max} = t_{mc} - t_z$ 或 $\Delta t_{max} = t_{mz} - t_c$;

$\Delta t_{min} = t_{mz} - t_c$ 或 $\Delta t_{min} = t_{mc} - t_z$。

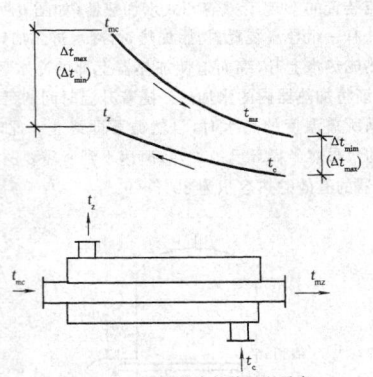

图4 快速换热器水加热工况示意

5.4.8 本条规定了热媒的计算温度。

热媒的初温和终温是决定水加热器加热面积大小的主要因素之一,从热工理论上讲,饱和蒸汽温度随蒸汽压力不同而相应改变。

当蒸汽压力(相对压力)小于等于70kPa时,蒸汽压力和蒸汽温度变化情况见表5。

表5 蒸汽压力和蒸汽温度变化表[蒸汽压力(相对压力)≤70kPa时]

蒸汽压力 (kPa)	10	20	30	40	50	60	70
饱和蒸汽 温度(℃)	101.7	104.25	106.56	108.74	110.79	112.73	114.57

当蒸汽压力大于70kPa时,蒸汽压力(相对压力)和蒸汽温度变化情况见表6。

表6 蒸汽压力和蒸汽温度变化表[蒸汽压力(相对压力)>70kPa时]

蒸汽压力 (kPa)	80	90	100	120	140	160	180	200
饱和蒸汽 温度(℃)	116.33	118.01	119.62	122.65	125.46	128.08	130.55	132.88

从以上数据可知,当蒸汽压力小于70kPa时,其温度变化差

值不大,而且在实际应用时,为了克服系统阻力将蒸汽送至用汽点并保证一定的压力,一般蒸汽压力都要保持在 30kPa～40kPa,这时的温度为 106.56℃ 和 108.74℃,与 100℃ 的差值仅为 6℃～8℃,也就是说对加热器的影响不大。为了简化计算,故统一按 100℃ 计算。

当蒸汽压力大于 70kPa 时,蒸汽温度应按饱和蒸汽温度计算,因高压蒸汽热焓值高,若也取 100℃ 为计算蒸汽温度,则计算加热面积偏大造成浪费。

热媒初温与被加热水终温的温差值是决定加热器加热面积的主要因素。当温差减小时,加热面积就要增加,两者成反比例的关系。当热媒为热力网的热水,应按热力网供、回水的最低温度计算的规定,是考虑最不利的情况,如北京市的热力网的供水温度冬季为 70℃～130℃;夏季为 40℃～70℃。规定热媒初温与被加热水的终温的温差不得小于 10℃ 是考虑了技术经济因素。本次局部修订对热媒初温、终温的计算作出了较具体的规定。条文中推荐的热媒为饱和蒸汽与热水时的热媒初温、终温的参数,均由经热工性能测定的产品所提供,可在设计计算中采用。

5.4.9 容积式水加热器、半容积式水加热器与加热水箱等水加热设备设置贮存调节容积之目的,就是为了保证系统达到设计小时流量与设计秒流量用水时均能平稳供给所需温度的热水,即系统的设计小时流量与设计秒流量是由热媒在这段时间内加热的热水量与贮热容器已贮存的热水量两者联合供给的。不同结构型式和加热工艺的水加热设备,其贮热容积部分贮热大致可以分下列两种情况:

1 传统的 U 型管式容积式水加热器,由于设备本身构造要求,加热 U 型盘管离容器底有相当一段高度(如图 5 所示)。当冷水由下进,热水从上出时,U 型盘管以下部分的水不能加热,存在 20%～30% 的冷水滞水区,即有效贮热容积为总容积的 70%～80%。

带导流装置的 U 型管式容积式水加热器(如图 6 所示),在 U 型管盘管外有一组导流装置,初始加热时,冷水进入加热器的导流筒内被加热成热水上升,继而迫使加热器上部的冷水返下形成自然循环,逐渐将加热器内的水加热。随着升温时间的延长,当加热器上部充满所需温度的热水时,自然循环即终止。此时,位于 U 型管下部的水虽然经循环已被加热,但达不到所需要的温度,按热量计算,容器的有效贮热容积为 80%～90%。

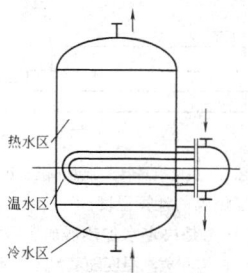

图 5 容积式水加热器

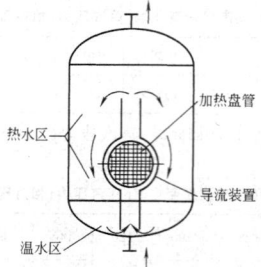

图 6 带导流装置的容积式水加热器

2 半容积式水加热器实质上是一个经改进的快速式水加热器插入一个贮热容器内组成的设备。它与容积式水加热器构造上最大的区别就是:前者的加热与贮热两部分是完全分开的,而后者的加热与贮热连在一起。半容积式水加热器的工作过程是:水加热器加热好的水经连通管输送至贮热容器内,因而,贮热容器内储存的全是所需温度的热水,计算水加热器容积时不需要考虑附加容积。

有的容积式水加热器为了解决底部存在冷水滞水区的问题,设备自设了一套体外循环泵,如图 7 所示,定时循环以消除其冷水滞水区达到全部贮存所需温度的热水的目的。

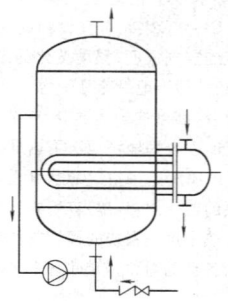

图 7 带外循环的容积式水加热器

浮动盘管为换热元件的水加热器的容积附加系数,可参照本条第 1 款的规定采用。

一般立式浮动盘管型容积式水加热器,盘管靠底布置时,其计算容积可按附加 5%～10% 考虑。

5.4.10 规定了水加热器的贮热量。

1 将"半即热式水加热器"的使用条件提到更为重要的位置,以杜绝和减少因此而发生的不安全事故。

2 贮水器的容积,理应根据日热水用水量小时变化曲线设计计算确定。由于目前很难取得这种曲线,所以设计计算时应根据热源品种,热源充沛程度、水加热设备的加热能力,以及用水均匀性、管理情况等因素综合考虑确定。若热源的供给与水加热设备的产热量能完全满足热水管网设计秒流量的要求,而且水加热设备有一套可靠、灵活的安全温度压力控制装置,能确保供水的绝对安全,则无须设贮热容积。

自动温度控制装置的可靠性与灵敏度是能否实现水加热设备不要贮热调节容积的关键附件。据国内外多种产品的实测,真正能达到此要求者甚少。因此,除个别已在国内外经长期使用考验的无贮热的水加热设备外,一般设计仍以考虑一定贮热容积为宜。

3 本规范表 5.4.10 划分为以蒸汽和 95℃ 以上的热水为热媒及以小于或等于 95℃ 热水为热媒两种换热工况,分别计算贮热量。

1)汽-水换热的效果要比水-水换热效果优越得多,相同换热面积的条件下,其换热量前者可为后者的 3 倍～9 倍。当热媒水温度高时与汽-水换热差距小一点,当热媒水温度低时(如有的热网水夏天供 70℃ 左右的水),则与汽-水换热差距大于 10 倍。在这种热媒条件差的条件下,本规范表 5.4.10 中容积式水加热器、半容积式水加热器的贮热量值已为最低值。

2)从传统型容积式水加热器的升温时间及国内导流型容积式水加热器、半容积式水加热器实测升温时间来看(见表 7),本规范表 5.4.10 中,"95℃"热水为热媒时贮热量数据并不算保守。

表 7 水加热器升温时间

加热设备	热媒水温度(℃)	升温时间(13℃ 升至 55℃)
容积式水加热器	70～80	>2h
导流型容积式水加热器	70～80	≈40min
U 型管式半容积式水加热器	70～80	20min～25min
浮动盘管式半容积式水加热器	70～80	≈20min

本条第 3 款为新增条款。针对非传统热源(太阳能、水源、空气源)热水供应系统的贮热容积计算方法,不能采用传统热源(蒸

汽、高温水)热水供应系统的贮热容积计算方法。

5.4.14 该条对贮热水箱配件的设置作了规定。热水箱加盖板是防止受空气中的尘土、杂物污染,并避免热气四溢。泄水管是为了在清洗、检修时泄水,将通气管引至室外是避免热气溢在室内。

5.4.15 水加热设备、贮热设备贮存有一定温度的热水,水中溶解氧析出较多,当加热设备、贮热设备采用钢板制作时,氧腐蚀比较严重,易恶化水质和污染卫生器具。这种情况在我国以水质较软的地面水为水源的南方地区更为突出。因此,水加热设备和贮热设备宜根据水质条件采用耐腐蚀材料(如不锈钢、不锈钢复合板)制作或作内表面的衬涂处理。当水中氯离子含量较高时宜采用钢板衬铜,或采用316L不锈钢壳体。衬涂处理时应注意两点,一是衬涂材质应符合现行有关卫生标准的要求,二是衬涂工艺必须符合相关规定,保证衬涂牢固。

5.4.16 本条文第1款只限定容积式、导流型容积式、半容积式水加热器这三种贮热容积的水加热器的一侧应有净宽不小于0.7m的通道,前端应留有抽出加热盘管的位置。理由是无贮热容积的半即热式、快速式水加热器一般体型比前者小得多,其加热盘管不一定从前端抽出,可以从上下两头抽出,也可以整体放倒或移出机房外检修(当然机房的布置还需考虑人行道及管道连接等的空间)。而容积式水加热器等带贮热容积的设备,体型一般均较高大,一般设备固定就很难整体移动,而水加热设备的核心部分加热盘管受水质、水温引起的结垢、腐蚀影响传热效果及制造加工不善出现问题是很难避免的,因此,在水加热器前端,即加热盘管装入水加热器的一侧必须留出能抽出加热盘管的距离,以供加热盘管清理水垢或检修之用。同时本款也提醒设计人员在选用这种带贮热容积的水加热设备时必须考察其加热盘管能否从侧面抽出来,是否具备清垢检修条件。

5.4.16A 本条对水源热泵机组的布置作出了规定,因机组体形大,需预留安装孔洞及运输通道,且应留有抽出蒸发器、冷凝器盘管的空间。第2款针对空气源热泵需要良好的气流条件,且风机噪声大的特点,提出了机组的布置要求,机组一般布置在屋顶或室外。

5.4.17 本条对燃油(气)热水机组的布置作了一些原则规定。

5.4.19 本条对膨胀管的设置作了具体规定。

1 设有高位冷水箱供水的热水系统设膨胀管时,不得将膨胀管返至高位冷水箱上空,目的是防止热水系统中的水体升温膨胀时,将膨胀的水量返至生活用冷水箱,引起该水箱内水体的热污染。解决的办法是将膨胀管引至其他非生活饮用水箱的上空。因一般多层、高层建筑大多有消防专用高位水箱,有的还有中水水箱等,这些非生活饮用水箱的上空都可接纳膨胀管的泄水。

在开式热水供应系统中,为防止热水箱的水因受热膨胀而流失,规定热水箱溢流水位超出冷水补给水箱的水位高度应按膨胀量确定(见图8),其高度 h 按式(5)计算:

$$h = H\left(\frac{\rho_l}{\rho_r} - 1\right) \quad (5)$$

式中:h——热水箱溢流水位超出补给水箱水面的高度(m);
ρ_l——冷水箱补给水箱内水的平均密度(kg/m³);
ρ_r——热水箱内热水平均密度(kg/m³);
H——热水箱箱底距冷水补给水箱水面的高度(m)。

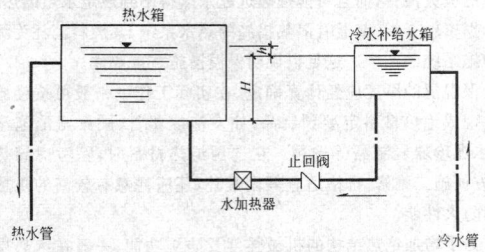

图8 热水箱与冷水补给水箱布置

2 本次局部修订,将原规范中式(5.4.19-3)中的 ρ_h 更正为 ρ_l,并取消该式,引用了式(5.4.19-1)。

5.4.20 膨胀管上严禁设置阀门是确保热水供应系统的安全措施。当开式热水供应系统有多台锅炉或水加热器时,为便于运行和维修亦应分别设置。

5.4.21

1 将第"1"、"2"款中日用热水量由 10m³ 改为 30m³。日用热水量为 10m³ 的集中热水供应系统为设计小时热水量只有 1.0m³/h~1.5m³/h 的小系统,其系统的膨胀水量亦少,以此作为是否设膨胀罐的标准,要求过高。因此将日用热水量 10m³ 提高到 30m³。

2 原式(5.4.21)中的 $P_2 = 1.05P_1$,是依据"压力容器"有关规定确定的。但在本规范试行三年多来,不少工程反映,按此计算,膨胀罐偏大,为此将其修正为 $P_2 = 1.10P_1$。经此修正,膨胀罐的容积将近减半。但在选用水加热、贮热容器时,应满足其工作压力 $(P_1-0.1)\times 1.1 < 1.05P_3$($P_3$ 为容器的设计工作压力,1.05系数是压力容器安全阀泄为设计工作压力1.05倍)的要求。例:选用水加热器的设计工作压力(相对压力)$P_3 = 0.6$MPa,则系统的工作压力(相对压力)应为:$(P_1-0.1)=(1.05/1.1)\times 0.6=0.573$MPa,故绝对压力 $P_1 \leq 0.673$MPa。

5.4.21A 据国外资料介绍,在阳光强烈的夏天,集热器及连接管道内的水温可能达到100℃~200℃,因此集热器、贮热水箱(罐)及相应管道、管件、阀门等均应采取防过热措施,一般采用遮阳、散热冷却和排泄高温水。选用相应的耐热材质,闭式系统则要设膨胀罐、安全阀等泄压、泄水的安全设施。有冰冻可能的系统应采用加防冻液或热循环等措施,保证系统安全使用。

5.5 管网计算

5.5.1 设有集中热水供应系统的小区室外热水干管管径设计流量计算,与小区给水的水力计算一致。而单幢建筑物的引入管需保证其系统的设计秒流量,即引入管应按该建筑物热水供水系统总干管的设计秒流量计算选择管径。

5.5.5 本条所列式5.5.5中的参数 Q_s 与 Δt 在原规范所列数值的基础上增加了小区配水管网的热损失比率。

5.5.6 本条对定时供应热水系统的循环流量的计算作了规定。定时供应热水系统的循环流量是按1h内循环管网中的水循环次数而定的。据调研,一般定时循环热水供应系统的循环泵大都在供应热水前半小时开始运转,直到把水加热至规定温度,循环泵即停止工作。固定时供应热水的情况下,用水较集中,故在供应热水时,不考虑热水循环。循环泵的选择可按每小时将管网中的水循环2次~4次计算,其上、下限的选择,可依系统的大小和水泵产品情况等而定。

5.5.10 本条对循环水泵的选用和设置作了规定。

1 本款为机械循环时,循环水泵流量的确定。

2 本款为机械循环时,循环水泵扬程的计算。

3 此款规定了循环水泵必须选用热水专用泵。另外,热水循环水泵的扬程只用于克服热水循环时的水头损失,热水循环流量很小,水泵扬程很低。但一般循环水泵和水加热设备一起均位于热水管网系统的最低处(即一般水加热设备机房位于底层或地下室),因此,循环水泵的扬程不大,但它所承受管网的静水压力值较大,尤其是高层建筑的热水系统更为突出。国内曾有一些工程使用的热水循环泵因其未考虑这部分静水压力而发生爆裂事故,所以热水循环水泵泵壳承受的工作压力一定要按其承受的静水压力加水泵扬程两部分叠加考虑。

5.6 管材、附件和管道敷设

5.6.2 本条对热水系统选用管材作了规定。

1 根据国家有关部门关于"在城镇新建住宅中,禁止使用冷镀锌钢管用于室内给水管道,并根据当地实际情况逐步限制禁止使用热镀锌钢管,推广应用铝塑复合管、交联聚乙烯(PE-X)管、三型无规共聚聚丙烯(PP-R)管、耐热聚乙烯管(PERT)等新型管材,有条件的地方也可推广应用铜管"的规定,本条推荐作为热水管道的管材排列顺序为:薄壁铜管、薄壁不锈钢管、塑料热水管、塑料和金属复合热水管等。

2 当选用塑料热水管或塑料和金属复合热水管材时,本条还作了下述规定:

1)第1款中管道的工作压力应按相应温度下的许用工作压力选择。塑料管材不同于钢管,能承受的压力受温度的影响很大。管内介质温度升高则其承受的压力骤降,因此,必须按相应介质温度下所能承受的工作压力来选择管材。

2)设备机房内的管道不应采用塑料热水管。

设备机房内的管道安装维修时,可能要经常碰撞,有时可能还要站人,一般塑料管材质脆怕撞击,所以不宜用作机房的连接管道。

此外还有两点需予以注意:

第一点,管件宜采用和管道相同的材质。不同的材料有不同的伸缩变形系数。塑料的伸缩系数一般比金属的伸缩系数要大得多。由于热水系统中水的冷热变化将引起塑料管道的较大伸缩,如采用的管件为金属材质,则由于管件、管道两者伸缩系数不同,而又未采取弥补措施,就可能在使用中出现接头处胀缩漏水的问题。因此,采用塑料时,管道与管件宜为相同材质。

第二点,定时供应热水不宜选用塑料热水管。定时供应热水不同于全日供应热水的地方,主要是系统内水温周期性冷热变化大,即周期性的引起管道伸缩变化大。这对于伸缩变化大的塑料管是不合适的。

5.6.3 热水管道因受热膨胀会产生伸长,如管道无自由伸缩的余地,则使管道内承受超过管道所许可的内应力,致使管道弯曲甚至破裂,并对管道两端固定支架产生很大推力。为了减释管道在膨胀时的内应力,设计时应尽量利用管道的自然转弯,当直线管段较长(含水平与垂直管段)不能依靠自然补偿来解决膨胀伸长量时,应设置伸缩器。铜管、不锈钢管及塑料管的膨胀系数均不相同,设计计算中应分别按不同管材在管道上合理布置伸缩器。

5.6.4 规定热水系统中应装设排气和泄水装置。

在热水系统中,由于热水在管道内不断析出气体(溶解氧及二氧化碳),会使管内积气,如不及时排除,不但阻碍管道内的水流还加速管道内壁的腐蚀。为了使热水供应系统能正常运行,故应在热水管道内积聚空气的地方装自动放气阀或带手动放气阀的集气罐。在下行上给式系统中,一般可利用最高配水点放气,不另设排气装置。

据调查,在上行下给式的系统中管道的腐蚀较严重。管道的腐蚀与系统中不及时排除空气有关。故建议把横干管的坡度增加到1‰,以加速水中析出的空气集中到集气器。若下行上给式系统当最高配水点不经常使用时,空气就回水立带到横干管中而引起管道腐蚀。

由此可见,热水系统的放气装置不但是为了防止气堵影响系统供水,也是防止管道腐蚀的一项措施。

在热水系统的最低点设泄水装置是为了放空系统中的水,以便维修。如系统的最低处有配水点时,则可利用最低配水点泄水而不另设泄水装置。

5.6.8 本条对止回阀在热水系统中的设置位置作了规定。

1 此款规定,是为了防止加热设备的升压或由于冷水管网水压降低产生倒流,使设备内热水回流至冷水管网产生生物污染和安全事故。第1款后加一个注,由于倒流防止器阻力大,如水加热贮热设备的冷水管上安装了倒流防止器,而不采取相应措施,将会产生用水点处冷热水压力的不平衡。一般工程中可采用冷热水系统均通过同一倒流防止器的方法解决此问题。

2 此款规定,是为了防止冷水进入热水系统,以保证配水点的供水温度。

3 此款规定,是为了防止冷、热水通过混合器相互串水而影响其他设备的正常使用。如设计成组混合器时,则止回阀可装在冷、热水的干管上。

5.6.9 本条对水加热器设置温度自动控制装置作了规定。

1 规定了所有水加热器均应设自动温度控制装置来控制调节出水温度。理由是为了节能节水,安全供水。人工控制温度,由于人工控制受人员素质、热媒、用水变化等多种因素之影响,水加热器出水水温得不到有效控制,尤其是汽—水换热设备,有的加热器内水温长期达80℃以上,设备用不到一年就报废。因此,本条规定凡水加热器均应装自动温度控制装置。

2 自动温度控制阀的温度探测部分(一般为温包)设置部位应视水加热器本身结构确定。对于容积式、半容积式水加热器,将温包放在出水口处是不合适的,因为当温包反应此处温度的变化时,罐体内的水温早已变了,自动温度控制阀再动作为时已晚。

3 自动温度控制阀应根据水加热器的类型,即有无贮存调节容积及容积的相对大小来确定相应的温度控制范围。根据半即热式水加热器产品标准等的规定,不同水加热器对自动温度控制阀的温度控制级别范围如表8所示。

表8 水加热器温度控制级别范围

水加热设备	自动温度控制阀温级范围(℃)
容积式水加热器、导流型容积式水加热器	±5
半容积式水加热器	±4
半即热式水加热器	±3

注:半即热式水加热器除自动温度控制阀外,还需有配套的其他温度调节与安全设备。

5.6.10 水加热设备的上部,热媒进出水管、贮热水罐和冷热水混合器上装温度计、压力表等,是便于操作人员观察设备及系统运行情况,做好运行记录,并可以减少、避免不安全事故。

承压容器上设安全阀是劳动部门和压力容器有关规定的要求,也是闭式热水系统上一项必要的安全措施。用于热水系统的安全阀可按泄掉系统温升膨胀产生的压力来计算,其开启压力一般可为热水系统最高工作压力的1.05倍。安全阀的型式一般可选用微启式弹簧安全阀。

5.6.11 热水系统上装设水表是为了节约用水及运行管理计费和累计用水量的要求。对于集中热水供应系统,为计量系统热水总用水量可用冷水表装在水加热设备的冷水进水管上,这是因为国内生产较大型的热水表的厂家较少,且品种不全,故用冷水表代替。但需在水加热器与冷水表之间装设止回阀,防止热水升温膨胀回流时损坏水表。

分户计量热水用水量时,则可使用热水表。

5.6.13 为适应建筑装修的要求,塑料热水管宜暗设。塑料热水管材材质较脆,怕撞击、怕紫外线照射,且其刚度(硬度)较差,不宜明装。对于外径D_e小于或等于25mm的聚丁烯管、改性聚丙烯管、交联聚乙烯管等柔性管一般可以将管道直埋在建筑垫层内,但不允许管道直接埋在钢筋混凝土结构墙板内。埋在垫层内的管道不应有接头。外径D_e大于或等于32mm的塑料热水管可敷设在管井或吊顶内。

5.6.14 热水系统的设备与管道若不采取保温措施,不仅会造成能源的极大浪费,而且可能使较远配水点得不到规定水温的热水。

据资料介绍,普通有隔热措施的热水系统,其燃料消耗为无隔热措施系统的一半。这足以说明保温措施之重要性。

保温层的厚度应经计算确定,在实际工作中一般可按经验数据或现成绝热材料定型预制品,如发泡橡塑管、硬聚氨酯泡沫塑料、水泥珍珠岩制品等选用。在选用绝热材料时,除考虑导热系数、方便施工维修、价格宜等因素外,还应注意有较高的机械强度和防火性能。

为了增加绝热结构的机械强度及防湿功能,一般在绝热层外都应做一保护层,以往的做法一般是用石棉水泥、麻刀灰、油毛毡、玻璃布、铝箔等作保护层。比较讲究的做法是用金属薄板作保护层。

5.6.15 热水管道穿越楼板时应加套管是为了防止管道膨胀伸缩移动造成管外壁四周出现缝隙,引起上层漏水至下层的事故。一般套管内径应比通过热水管的外径大 2 号~3 号,中间填不燃烧材料再用沥青油膏之类的软密封防水填料灌平。套管高出地面大于等于 20mm。

5.6.17 本条规定了用蒸汽作热媒的间接式水加热设备的凝结水回水管上应设疏水器。目的是保证热媒管道汽水分离,蒸汽畅通,不产生汽水撞击,延长设备使用寿命。

生活用水很不均匀,绝大部分时间,水加热器不在设计工况下工作,尤其是在水加热器初始升温或在很少用水的情况下升温时,由于一般温控装置难以根据水加热器内热水温升情况或被加热水流量大小来调节阀门开启度,因而此时的凝结水出水温度可能很高。对于这种用水不均匀又无灵敏可靠温控装置的水加热设备,当以饱和蒸汽为热媒时,均宜在凝结水出水管上设疏水器。

每台设备各自装疏水器是为了防止水加热器热媒阻力不同(即背压不同)相互影响疏水器工作的效果。

5.6.18 本条规定了疏水器的口径不能直接按凝结水管管径选择,应按其最大排水量、进、出口最大压差,附加系数三个因素计算确定。

为了保证疏水器的使用效果,应在其前加过滤器。不宜附设旁通管,目的是为了杜绝疏水器该维修时不维修,开启旁通,疏水器形同虚设。但对于只有偶尔情况下才出现大于等于 80℃ 高温凝结水(一般情况低于 80℃)的管路亦可设旁通,即正常运行时凝结水从旁通管路走,特殊情况下凝结水经疏水器走。

5.7 饮水供应

5.7.2、5.7.3、5.7.3A 依据行业标准《管道直饮水系统技术规程》CJJ 110—2006 相关内容进行了全面修正,与其协调一致,并将原条文中的"饮用净水系统"改为"管道直饮水系统"。

饮水主要用于人员饮用,也有的将其用于煮饭、淘米、洗涤瓜果蔬菜及冲洗餐具等。个人饮水量多少与经济水平、生活习惯、水嘴水流特性及当地气候条件等多项因素有关。

根据资料介绍,本条推荐住宅最高日直饮水定额为 2.0L/人·d~2.5L/人·d。北方地区可按低限取值,南方经济发达地区可按高限取值。办公楼为 1.0L/人·d~2.0L/人·d。

5.7.3 本条对直饮水系统的水质、水流流率、供水系统方式、循环管网的设置及设计秒流量计算等分别作了规定。

1 直饮水一般均以市政给水为原水,经过深度处理方法制备而成,其水质应符合国家现行标准《饮用净水水质标准》CJ 94 的要求。

管道直饮水系统水量小、水质要求高,目前常采用膜技术对其进行深度处理。膜处理又分成微滤(MF)、超滤(UF)、纳滤(NF)和反渗透膜(RO)四种方法。可视原水水质条件、工作压力、产品水的回收率及出水水质要求等因素进行选择。膜处理前设机械过滤器等前处理,膜处理后应进行消毒灭菌等后处理。

2 管道直饮水的用水量小,且其价格比一般生活给水贵得多,为了尽量避免饮水的浪费,直饮水不能采用一般额定流量大的水嘴,而宜采用额定流量为 0.04L/s 左右的专用水嘴,其最低工作压力相应为 0.03MPa。专用水嘴的流量、压力值是"建筑和居住小区优质饮水供应技术"课题组实测市场上一种不锈钢鹅颈水嘴后推荐的参数。

4 推荐管道直饮水系统采用变频机组直接供水的方式。其目的是避免采用高位水箱贮水难以保证循环效果和直饮水水质的问题,同时,采用变频机组供水,还可使所有设备均集中在设备间,便于管理控制。

5 高层建筑管道直饮水系统竖向分区,基本同生活给水分区。有条件时分区的范围宜比生活给水分区小一点,这样更有利于节水。

分区的方法可采用减压阀,因饮水水质好,减压阀前可不加截污器。

6 管道直饮水必须设循环管道,并应保证干管和立管中饮水的有效循环,其目的是防止管网中长时间滞流的饮水在管道接头、阀门等局部不光滑处由于细菌繁殖或微粒集聚等因素而产生水质污染和恶化的后果。循环回水系统一方面把系统中各种污染物及时去掉,控制水质的下降,同时又缩短了水在配水管网中的停留时间,借以抑制水中微生物的繁殖。关于循环流量的确定,国内设置管道直饮水系统的地方采用的参数均不相同。本条规定"循环管网内水的停留不应超过 12h"是根据国家现行标准《管道直饮水系统技术规程》CJJ 110—2006 的条文编写的。

循环管网应同程布置,保证整个系统的循环效果。

由于循环系统很难实现支管循环,因此,从立管接至配水龙头的支管管段长度应尽量短,一般不宜超过 3m。

7 饮用净水系统配水管的设计秒流量公式 $q_g = q_o m$ 是《管道直饮水系统技术规程》CJJ 110—2006 所推荐的公式。

式中 m 为计算管段上同时使用水嘴的数量。当水嘴数量在 24 个及 24 个以下时,m 值可按本规范附录 F 表 F.0.1 直接取值;当水嘴数量大于 24 个时,在按公式 F.0.2 计算取得水嘴使用概率 P 值后查附录 F 表 F.0.2 取值。

5.7.6 本条对饮水管的材质提出了具体要求,并首推薄壁不锈钢管作为饮水管管材。其理由是薄壁不锈钢管具有下列优点:①强度高且受温度变化的影响很小;②热传导率低,只有镀锌钢管的 1/4,铜管的 1/25;③耐腐蚀性能强;④管壁光滑卫生性能好,且阻力小。当然用不锈钢管材一般比其他管材贵,但据资料分析:薄壁型不锈钢管用于工程中,比 PP-R 或铝塑管只贵 10% 左右,比用铜管的价格低。因此,对于饮用水这种要求保证水质较严的管网系统,推荐采用薄壁不锈钢管是比较合适的。

中华人民共和国国家标准

城 镇 燃 气 设 计 规 范

Code for design of city gas engineering

GB 50028—2006

主编部门：中华人民共和国建设部
批准部门：中华人民共和国建设部
施行日期：２００６年１１月１日

中华人民共和国建设部
公　告

第 451 号

建设部关于发布国家标准
《城镇燃气设计规范》的公告

现批准《城镇燃气设计规范》为国家标准，编号为 GB 50028-2006，自 2006 年 11 月 1 日起实施。其中，第 3.2.1（1）、3.2.2、3.2.3、4.2.11（3）、4.2.12、4.2.13、4.3.2、4.3.15、4.3.23、4.3.26、4.3.27（8、10、11、12）、4.4.13、4.4.17、4.4.18（4）、4.5.13、5.1.4、5.3.4、5.3.6（7）、5.4.2（1、3）、5.11.8、5.12.5、5.12.17、5.14.1、5.14.2、5.14.3、5.14.4、6.1.6、6.3.1、6.3.2、6.3.3、6.3.8、6.3.11（2、4）、6.3.13、6.3.15（1、3）、6.4.4（2）、6.4.11、6.4.12、6.4.13、6.5.3、6.5.4、6.5.5（2、3、4）、6.5.7（5）、6.5.12（2、6）、6.5.13、6.5.19（1、2）、6.5.20、6.5.22、6.6.2（6）、6.6.3、6.6.10（2、5、7）、6.7.1、7.1.2、7.2.2、7.2.4、7.2.5、7.2.9、7.2.16、7.2.21、7.4.1（1）、7.4.3、7.5.1、7.5.3、7.5.4、7.6.1、7.6.4、7.6.8、8.2.2、8.2.9、8.2.11、8.3.7、8.3.8、8.3.9、8.3.10、8.3.12、8.3.14、8.3.15、8.3.19（1、2、4、6）、8.3.26、8.4.3、8.4.4、8.4.6、8.4.10、8.4.12、8.4.15、8.4.20、8.5.2、8.5.3、8.5.4、8.6.4、8.7.4、8.8.1、8.8.3、8.8.4、8.8.5、8.8.11（1、2、3）、8.8.12、8.9.1、8.10.2、8.10.4、8.10.8、8.11.1、8.11.3、9.2.4、9.2.5、9.2.10、9.3.2、9.4.2、9.4.13、9.4.16、9.5.5、9.6.3、10.2.1、10.2.7（3）、10.2.14（1）、10.2.21（3、4）、10.2.23、10.2.24、10.2.26、10.3.2（2）、10.4.2、10.4.4（4）、10.5.3（1、3、5）、10.5.7、10.6.2、10.6.6、10.6.7、10.7.1、10.7.3、10.7.6（1）条（款）为强制性条文，必须严格执行。原《城镇燃气设计规范》GB 50028-93 同时废止。

本规范由建设部标准定额研究所组织中国建筑工业出版社出版发行。

中华人民共和国建设部
2006 年 7 月 12 日

前　言

根据建设部《关于印发"2000 至 2001 年度工程建设国家标准制订、修订计划"的通知》（建标 [2001] 87 号）要求，由中国市政工程华北设计研究院会同有关单位共同对《城镇燃气设计规范》GB 50028-93 进行了修订。在修订过程中，编制组根据国家有关政策，结合我国城镇燃气的实际情况，进行了广泛的调查研究，认真总结了我国城镇燃气工程建设和规范执行十年来的经验，吸收了国际上发达国家的先进规范成果，开展了必要的专题研究和技术研讨，并广泛征求了全国有关单位的意见，最后由建设部会同有关部门审查定稿。

本规范共分 10 章和 6 个附录，其主要内容包括：总则、术语、用气量和燃气质量、制气、净化、燃气输配系统、压缩天然气供应、液化石油气供应、液化天然气供应和燃气的应用等。

本次修订的主要内容是：

1. 增加第 2 章术语，将原规范中"名词解释"改为"术语"，并作了补充与完善。

2. 第 3 章用气量和燃气质量中，取消了居民生活和商业用户用气量指标；增加了采暖用气量的计算原则。补充了天然气的质量要求、液化石油气与空气的混合气质量安全指标和燃气加臭的标准。

3. 第 4、5 章制气和净化中，增加了两段煤气（水煤气）发生炉制气、轻油制气、流化床水煤气、天然气改制、一氧化碳变换和煤气脱水，并对主要生产场所火灾及爆炸危险分类等级等条文进行了修订。

4. 第 6 章燃气输配系统中，提高了城镇燃气管道压力至 4.0MPa，吸收了美、英等发达国家的先进标准成果，增加了高压燃气管道敷设、管道结构设计和新型管材，补充了地上燃气管道敷设，门站、储配站设计和调压站设置形式、管道水力计算等。

5. 增加第7章压缩天然气供应,主要包括压缩天然气加气站、储配站、瓶组供气站及配套设施要求。

6. 第8章液化石油气供应,对液化石油气供应基地和混气站、气化站、瓶组气化站及瓶装供应站等补充了有关内容。

7. 增加第9章液化天然气供应,主要包括气化站储罐与站外建、构筑物的防火间距,站内总平面布置防火间距及配套设施等要求。

8. 第10章燃气的应用中,增加了新型管材,燃气管道和燃气用具在地下室、半地下室和地上密闭房间内的敷设,室内燃气管道的暗设以及燃气的安全监控设施等要求。

本规范由建设部负责管理和对强制性条文的解释,由中国市政工程华北设计研究院负责日常管理工作和具体技术内容的解释。

本规范在执行过程中,希望各单位结合工程实践,注意总结经验,积累资料,如发现对本规范需要修改和补充,请将意见和有关资料函寄:中国市政工程华北设计研究院 城镇燃气设计规范国家标准管理组(地址:天津市气象台路,邮政编码:300074),以便今后修订时参考。

本规范主编单位、参编单位及主要起草人:

主 编 单 位:中国市政工程华北设计研究院
参 编 单 位:上海燃气工程设计研究有限公司
　　　　　　香港中华煤气有限公司
　　　　　　北京市煤气热力工程设计院有限公司
　　　　　　沈阳市城市煤气设计研究院
　　　　　　成都市煤气公司
　　　　　　苏州科技学院
　　　　　　国际铜业协会(中国)
　　　　　　新奥燃气控股有限公司
　　　　　　深圳市燃气工程设计有限公司
　　　　　　天津市煤气工程设计院
　　　　　　北京市燃气工程设计公司
　　　　　　长春市燃气热力设计研究院
　　　　　　珠海市煤气集团有限公司
　　　　　　新兴铸管股份有限公司
　　　　　　亚大塑料制品有限公司
　　　　　　华创天元实业发展有限责任公司
　　　　　　佛山市日丰企业有限公司
　　　　　　北京中油翔科科技有限公司
　　　　　　上海飞奥燃气设备有限公司
　　　　　　宁波志清集团有限公司
　　　　　　宁波市华涛不锈钢管材料有限公司
　　　　　　华北石油钢管厂
　　　　　　沈阳光正工业有限公司
　　　　　　天津新科成套仪表有限公司
　　　　　　乐泰(中国)有限公司

主要起草人:金石坚　李颜强　徐　良　冯长海
　　　　　　王昌道　高　勇　陈云玉　顾　军
　　　　　　沈余生　孙欣华　李建勋　邵　山
　　　　　　曹开朗　王　启　李猷嘉　贾秋明
　　　　　　刘松林　应援农　沈仲棠　曹永根
　　　　　　杨永慧　吴　珊　樊金光　周也路
　　　　　　刘　正　郑海燕　田大栓　张　琳
　　　　　　王广柱　韩建平　徐　静　刘　军
　　　　　　吴国奇　李绍海　王　华　牛铭昌
　　　　　　张力平　边树奎　苏国荣　陈志清
　　　　　　缪德伟　王晓香　孟　光　孙建勋
　　　　　　沈伟康

目　次

1　总则 …………………………………… 4—6	6.8　监控及数据采集 …………………… 4—34
2　术语 …………………………………… 4—6	7　压缩天然气供应 ………………………… 4—34
3　用气量和燃气质量 ……………………… 4—8	7.1　一般规定 ……………………………… 4—34
3.1　用气量 ………………………………… 4—8	7.2　压缩天然气加气站 …………………… 4—34
3.2　燃气质量 ……………………………… 4—8	7.3　压缩天然气储配站 …………………… 4—36
4　制气 …………………………………… 4—8	7.4　压缩天然气瓶组供气站 ……………… 4—37
4.1　一般规定 ……………………………… 4—8	7.5　管道及附件 …………………………… 4—37
4.2　煤的干馏制气 ………………………… 4—9	7.6　建筑物和生产辅助设施 ……………… 4—38
4.3　煤的气化制气 ………………………… 4—11	8　液化石油气供应 ………………………… 4—38
4.4　重油低压间歇循环催化裂解制气 …… 4—13	8.1　一般规定 ……………………………… 4—38
4.5　轻油低压间歇循环催化裂解制气 …… 4—14	8.2　液态液化石油气运输 ………………… 4—38
4.6　液化石油气低压间歇循环催化裂解制气 ……………………………… 4—14	8.3　液化石油气供应基地 ………………… 4—40
4.7　天然气低压间歇循环催化改制制气 … 4—15	8.4　气化站和混气站 ……………………… 4—44
4.8　调峰 ………………………………… 4—15	8.5　瓶组气化站 …………………………… 4—46
5　净化 …………………………………… 4—16	8.6　瓶装液化石油气供应站 ……………… 4—47
5.1　一般规定 ……………………………… 4—16	8.7　用户 …………………………………… 4—48
5.2　煤气的冷凝冷却 ……………………… 4—16	8.8　管道及附件、储罐、容器和检测仪表 ………………………………… 4—48
5.3　煤气排送 ……………………………… 4—16	8.9　建、构筑物的防火、防爆和抗震 …… 4—49
5.4　焦油雾的脱除 ………………………… 4—17	8.10　消防给水、排水和灭火器材 ……… 4—49
5.5　硫酸吸收法氨的脱除 ………………… 4—17	8.11　电气 ………………………………… 4—50
5.6　水洗涤法氨的脱除 …………………… 4—17	8.12　通信和绿化 ………………………… 4—50
5.7　煤气最终冷却 ………………………… 4—18	9　液化天然气供应 ………………………… 4—51
5.8　粗苯的吸收 …………………………… 4—18	9.1　一般规定 ……………………………… 4—51
5.9　萘的最终脱除 ………………………… 4—18	9.2　液化天然气气化站 …………………… 4—51
5.10　湿法脱硫 …………………………… 4—18	9.3　液化天然气瓶组气化站 ……………… 4—53
5.11　常压氧化铁法脱硫 ………………… 4—19	9.4　管道及附件、储罐、容器、气化器、气体加热器和检测仪表 ……………… 4—53
5.12　一氧化碳的变换 …………………… 4—19	9.5　消防给水、排水和灭火器材 ………… 4—54
5.13　煤气脱水 …………………………… 4—20	9.6　土建和生产辅助设施 ………………… 4—54
5.14　放散和液封 ………………………… 4—20	10　燃气的应用 …………………………… 4—55
6　燃气输配系统 …………………………… 4—20	10.1　一般规定 …………………………… 4—55
6.1　一般规定 ……………………………… 4—20	10.2　室内燃气管道 ……………………… 4—55
6.2　燃气管道计算流量和水力计算 ……… 4—21	10.3　燃气计量 …………………………… 4—59
6.3　压力不大于1.6MPa的室外燃气管道 ……………………………… 4—21	10.4　居民生活用气 ……………………… 4—59
6.4　压力大于1.6MPa的室外燃气管道 … 4—24	10.5　商业用气 …………………………… 4—60
6.5　门站和储配站 ………………………… 4—27	10.6　工业企业生产用气 ………………… 4—60
6.6　调压站与调压装置 …………………… 4—30	10.7　燃烧烟气的排除 …………………… 4—61
6.7　钢质燃气管道和储罐的防腐 ………… 4—33	10.8　燃气的监控设施及防雷、防静电 …… 4—62

附录A 制气车间主要生产场所爆炸
　　　和火灾危险区域等级 ………… 4—63
附录B 煤气净化车间主要生产场所
　　　爆炸和火灾危险区域等级 …… 4—64
附录C 燃气管道摩擦阻力计算 ……… 4—65
附录D 燃气输配系统生产区域用
　　　电场所的爆炸危险区域等
　　　级和范围划分 ………………… 4—65
附录E 液化石油气站用电场所爆
　　　炸危险区域等级和范围划分 … 4—67
附录F 居民生活用燃具的同时工作
　　　系数 K ………………………… 4—68
本规范用词说明 ……………………… 4—69
条文说明 ……………………………… 4—70

1 总　则

1.0.1 为使城镇燃气工程设计符合安全生产、保证供应、经济合理和保护环境的要求，制定本规范。

1.0.2 本规范适用于向城市、乡镇或居民点供给居民生活、商业、工业企业生产、采暖通风和空调等各类用户作燃料用的新建、扩建或改建的城镇燃气工程设计。

注：1 本规范不适用于城镇燃气门站以前的长距离输气管道工程。

2 本规范不适用于工业企业自建供生产工艺用且燃气质量不符合本规范质量要求的燃气工程设计，但自建供生产工艺用且燃气质量符合本规范要求的燃气工程设计，可按本规范执行。工业企业内部自供燃气给居民使用时，供居民使用的燃气质量和工程设计应按本规范执行。

3 本规范不适用于海洋和内河轮船、铁路车辆、汽车等运输工具上的燃气装置设计。

1.0.3 城镇燃气工程设计，应在不断总结生产、建设和科学实验的基础上，积极采用行之有效的新工艺、新技术、新材料和新设备，做到技术先进，经济合理。

1.0.4 城镇燃气工程规划设计应遵循我国的能源政策，根据城镇总体规划进行设计，并应与城镇的能源规划、环保规划、消防规划等相结合。

1.0.5 城镇燃气工程设计，除应遵守本规范外，尚应符合国家现行的有关标准的规定。

2 术　语

2.0.1 城镇燃气　city gas

从城市、乡镇或居民点中的地区性气源点，通过输配系统供给居民生活、商业、工业企业生产、采暖通风和空调等各类用户公用性质的，且符合本规范燃气质量要求的可燃气体。城镇燃气一般包括天然气、液化石油气和人工煤气。

2.0.2 人工煤气　manufactured gas

以固体、液体或气体（包括煤、重油、轻油、液体石油气、天然气等）为原料经转化制得的，且符合现行国家标准《人工煤气》GB 13612 质量要求的可燃气体。人工煤气又简称为煤气。

2.0.3 居民生活用气　gas for domestic use

用于居民家庭炊事及制备热水等的燃气。

2.0.4 商业用气　gas for commercial use

用于商业用户（含公共建筑用户）生产和生活的燃气。

2.0.5 基准气　reference gas

代表某种燃气的标准气体。

2.0.6 加臭剂　odorant

一种具有强烈气味的有机化合物或混合物。当以很低的浓度加入燃气中，使燃气有一种特殊的、令人不愉快的警示性臭味，以便泄漏的燃气在达到其爆炸下限 20% 或达到对人体允许的有害浓度时，即被察觉。

2.0.7 直立炉　vertical retort

指武德式连续式直立炭化炉的简称。

2.0.8 自由膨胀序数　crucible swelling number

是表示煤的粘结性的指标。

2.0.9 葛金指数　Gray-King index

是表示煤的结焦性的指标。

2.0.10 罗加指数　Roga index

是表示煤的粘结能力的指标。

2.0.11 煤的化学反应性　chemical reactivity of coal

是表示在一定温度下，煤与二氧化碳相互作用，将二氧化碳还原成一氧化碳的反应能力的指标，是我国评价气化用煤的质量指标之一。

2.0.12 煤的热稳定性　thermal stability of coal

是指煤块在高温作用下（燃烧或气化）保持原来粒度的性质（即对热的稳定程度）的指标，是我国评价块煤质量指标之一。

2.0.13 气焦　gas coke

是焦炭的一种，其质量低于冶金焦或铸造焦，直立炉所生产的焦一般称为气焦，当焦炉大量配入气煤时，所产生的低质的焦炭也是气焦。

2.0.14 电气滤清器（电捕焦油器）　electric filter

用高压直流电除去煤气中焦油和灰尘的设备。

2.0.15 调峰气　peak shaving gas

为了平衡用气量高峰，供作调峰手段使用的辅助性气源和储气。

2.0.16 计算月　design month

指一年中逐月平均的日用气量中出现最大值的月份。

2.0.17 月高峰系数　maximum uneven factor of monthly consumption

计算月的平均日用气量和年的日平均用气量之比。

2.0.18 日高峰系数　maximum uneven factor of daily consumption

计算月中的日最大用气量和该月日平均用气量之比。

2.0.19 小时高峰系数　maximum uneven factor of hourly consumption

计算月中最大用气量日的小时最大用气量和该日平均小时用气量之比。

2.0.20 低压储气罐　low pressure gasholder

工作压力（表压）在 10kPa 以下，依靠容积变化储存燃气的储气罐。分为湿式储气罐和干式储气罐两种。

2.0.21 高压储气罐 high pressure gasholder
工作压力（表压）大于 0.4MPa，依靠压力变化储存燃气的储罐。又称为固定容积储气罐。

2.0.22 调压装置 regulator device
将较高燃气压力降至所需的较低压力调压单元总称。包括调压器及其附属设备。

2.0.23 调压站 regulator station
将调压装置放置于专用的调压建筑物或构筑物中，承担用气压力的调节。包括调压装置及调压室的建筑物或构筑物等。

2.0.24 调压箱（调压柜） regulator box
将调压装置放置于专用箱体，设于用气建筑物附近，承担用气压力的调节。包括调压装置和箱体。悬挂式和地下式箱称为调压箱，落地式箱称为调压柜。

2.0.25 重要的公共建筑 important public building
指性质重要、人员密集，发生火灾后损失大、影响大、伤亡大的公共建筑物。如省市级以上的机关办公楼、电子计算机中心、通信中心以及体育馆、影剧院、百货大楼等。

2.0.26 用气建筑的毗连建筑物 building adjacent to building supplied with gas
指与用气建筑物紧密相连又不属于同一个建筑结构整体的建筑物。

2.0.27 单独用户 individual user
指主要有一个专用用气点的用气单位，如一个锅炉房、一个食堂或一个车间等。

2.0.28 压缩天然气 compressed natural gas (CNG)
指压缩到压力大于或等于 10MPa 且不大于 25MPa 的气态天然气。

2.0.29 压缩天然气加气站 CNG fuelling station
由高、中压输气管道或气田的集气处理站等引入天然气，经净化、计量、压缩并向气瓶车或气瓶组充装压缩天然气的站场。

2.0.30 压缩天然气气瓶车 CNG cylinders truck transportation
由多个压缩天然气气瓶组合并固定在汽车挂车底盘上，具有压缩天然气加（卸）气系统和安全防护及安全放散等的设施。

2.0.31 压缩天然气瓶组 multiple CNG cylinder installations
具有压缩天然气加（卸）气系统和安全防护及安全放散等设施，固定在瓶筐上的多个压缩天然气瓶组合。

2.0.32 压缩天然气储配站 CNG stored and distributed station
具有将槽车、槽船运输的压缩天然气进行卸气、加热、调压、储存、计量、加臭，并送入城镇燃气输配管道功能的站场。

2.0.33 压缩天然气瓶组供应站 station for CNG multiple cylinder installations
采用压缩天然气瓶组作为储气设施，具有将压缩天然气卸气、调压、计量和加臭，并送入城镇燃气输配管道功能的设施。

2.0.34 液化石油气供应基地 liquefied petroleum gases (LPG) supply base
城镇液化石油气储存站、储配站和灌装站的统称。

2.0.35 液化石油气储存站 LPG stored station
储存液化石油气，并将其输送给灌装站、气化站和混气站的液化石油气储存站场。

2.0.36 液化石油气灌装站 LPG filling station
进行液化石油气灌装作业的站场。

2.0.37 液化石油气储配站 LPG stored and delivered station
兼有液化石油气储存站和灌装站两者全部功能的站场。

2.0.38 液化石油气气化站 LPG vaporizing station
配置储存和气化装置，将液态液化石油气转换为气态液化石油气，并向用户供气的生产设施。

2.0.39 液化石油气混气站 LPG-air (other fuel gas) mixing station
配置储存、气化和混气装置，将液态液化石油气转换为气态液化石油气后，与空气或其他可燃气体按一定比例混合配制成混合气，并向用户供气的生产设施。

2.0.40 液化石油气-空气混合气 LPG-air mixture
将气态液化石油气与空气按一定比例混合配制成符合城镇燃气质量要求的燃气。

2.0.41 全压力式储罐 fully pressurized storage tank
在常温和较高压力下盛装液化石油气的储罐。

2.0.42 半冷冻式储罐 semi-refrigerated storage tank
在较低温度和较低压力下盛装液化石油气的储罐。

2.0.43 全冷冻式储罐 fully refrigerated storage tank
在低温和常压下盛装液化石油气的储罐。

2.0.44 瓶组气化站 vaporizing station of multiple cylinder installations
配置 2 个以上 15kg、2 个或 2 个以上 50kg 气瓶，采用自然或强制气化方式将液态液化石油气转换为气态液化石油气后，向用户供气的生产设施。

2.0.45 液化石油气瓶装供应站 bottled LPG delivered station
经营和储存液化石油气气瓶的场所。

2.0.46 液化天然气 liquefied natural gas (LNG)
液化状况下的无色流体，其主要组分为甲烷。

2.0.47 液化天然气气化站 LNG vaporizing station
具有将槽车或槽船运输的液化天然气进行卸气、

储存、气化、调压、计量和加臭,并送入城镇燃气输配管道功能的站场。又称为液化天然气卫星站(LNG satellite plant)。

2.0.48 引入管 service pipe

室外配气支管与用户室内燃气进口管总阀门(当无总阀门时,指距室内地面1m高处)之间的管道。

2.0.49 管道暗埋 piping embedment

管道直接埋设在墙体、地面内。

2.0.50 管道暗封 piping concealment

管道敷设在管道井、吊顶、管沟、装饰层内。

2.0.51 钎焊 capillary joining

钎焊是一个接合金属的过程,在焊接时作为填充金属(钎料)是熔化的有色金属,它通过毛细管作用被吸入要被连接的两个部件表面之间的狭小空间中,钎焊可分为硬钎焊和软钎焊。

3 用气量和燃气质量

3.1 用 气 量

3.1.1 设计用气量应根据当地供气原则和条件确定,包括下列各种用气量:

1 居民生活用气量;
2 商业用气量;
3 工业企业生产用气量;
4 采暖通风和空调用气量;
5 燃气汽车用气量;
6 其他气量。

注:当电站采用城镇燃气发电或供热时,尚应包括电站用气量。

3.1.2 各种用户的燃气设计用气量,应根据燃气发展规划和用气量指标确定。

3.1.3 居民生活和商业的用气量指标,应根据当地居民生活和商业用气量的统计数据分析确定。

3.1.4 工业企业生产的用气量,可根据实际燃料消耗量折算,或按同行业的用气量指标分析确定。

3.1.5 采暖通风和空调用气量指标,可按国家现行标准《城市热力网设计规范》CJJ 34 或当地建筑物耗热量指标确定。

3.1.6 燃气汽车用气量指标,应根据当地燃气汽车种类、车型和使用量的统计数据分析确定。当缺乏用气量的实际统计资料时,可按已有燃气汽车城镇的用气量指标分析确定。

3.2 燃 气 质 量

3.2.1 城镇燃气质量指标应符合下列要求:

1 城镇燃气(应按基准气分类)的发热量和组分的波动应符合城镇燃气互换的要求;
2 城镇燃气偏离基准气的波动范围宜按现行的国家标准《城市燃气分类》GB/T 13611 的规定采用,并应适当留有余地。

3.2.2 采用不同种类的燃气做城镇燃气除应符合第3.2.1条外,还应分别符合下列第1~4款的规定:

1 天然气的质量指标应符合下列规定:
  1) 天然气发热量、总硫和硫化氢含量、水露点指标应符合现行国家标准《天然气》GB 17820 的一类气或二类气的规定;
  2) 在天然气交接点的压力和温度条件下:
    天然气的烃露点应比最低环境温度低5℃;
    天然气中不应有固态、液态或胶状物质。

2 液化石油气质量指标应符合现行国家标准《油气田液化石油气》GB 9052.1 或《液化石油气》GB 11174 的规定;

3 人工煤气质量指标应符合现行国家标准《人工煤气》GB 13612的规定;

4 液化石油气与空气的混合气做主气源时,液化石油气的体积分数应高于其爆炸上限的2倍,且混合气的露点温度应低于管道外壁温度5℃。硫化氢含量不应大于 $20mg/m^3$。

3.2.3 城镇燃气应具有可以察觉的臭味,燃气中加臭剂的最小量应符合下列规定:

1 无毒燃气泄漏到空气中,达到爆炸下限的20%时,应能察觉;

2 有毒燃气泄漏到空气中,达到对人体允许的有害浓度时,应能察觉;

对于以一氧化碳为有毒成分的燃气,空气中一氧化碳含量达到0.02%(体积分数)时,应能察觉。

3.2.4 城镇燃气加臭剂应符合下列要求:

1 加臭剂和燃气混合在一起后应具有特殊的臭味;

2 加臭剂不应对人体、管道或与其接触的材料有害;

3 加臭剂的燃烧产物不应对人体呼吸有害,并不应腐蚀或伤害与此燃烧产物经常接触的材料;

4 加臭剂溶解于水的程度不应大于2.5%(质量分数);

5 加臭剂应有在空气中应能察觉的加臭剂含量指标。

4 制 气

4.1 一 般 规 定

4.1.1 本章适用于煤的干馏制气、煤的气化制气与重、轻油催化裂解制气及天然气改制等工程设计。

4.1.2 各制气炉型和台数的选择,应根据制气原料的品种，供气规模及各种产品的市场需要，按不同炉型的特点，经技术经济比较后确定。

4.1.3 制气车间主要生产场所爆炸和火灾危险区域等级划分应符合本规范附录A的规定。

4.1.4 制气车间的"三废"处理要求除应符合本章有关规定外，还应符合国家现行有关标准的规定。

4.1.5 各类制气炉型及其辅助设施的场地布置除应符合本章有关规定外，还应符合现行国家标准《工业企业总平面设计规范》GB 50187的规定。

4.2 煤的干馏制气

4.2.1 煤的干馏炉装炉煤的质量指标，应符合下列要求：

1 直立炉：

挥发分（干基）	>25%；
坩埚膨胀序数	1½~4；
葛金指数	F~G₁；
灰分（干基）	<25%；
粒度	≤50mm（其中小于10mm的含量应小于75%）。

注：1 生产铁合金焦时，应选用低灰分、弱粘结的块煤。

灰分（干基）	<10%；
粒度	15~50mm；
热稳定性（TS）	>60%。

2 生产电石焦时，应采用灰分小于10%的煤种，粒度要求与直立炉装炉煤粒度相同。

3 当装炉煤质量不符合上述要求时，应做工业性的单炉试验。

2 焦炉：

挥发分（干基）	24%~32%；
胶质层指数（Y）	13~20mm；
焦块最终收缩度（X）	28~33mm；
粘结指数	58~72；
水分	<10%；
灰分（干基）	≤11%；
硫分（干基）	<1%；
粒度（<3mm的含量）	75%~80%。

注：1 指标仅给出范围，最终指标应按配煤试验结果确定。

2 采用焦炉炼制气焦时，其灰分（干基）可小于16%。

3 采用焦炉炼制冶金焦或铸造焦时，应按焦炭的质量要求决定配煤的质量指标。

4.2.2 采用直立炉制气的煤准备流程应设破碎和配煤装置。

采用焦炉制气的煤准备宜采取先配煤后粉碎流程。

4.2.3 原料煤的装卸和倒运应采用机械化运输设备。卸煤设备的能力，应按日用煤量、供煤不均衡程度和供煤协议的卸煤时间确定。

4.2.4 储煤场地的操作容量应根据来煤方式不同，宜按10~40d的用煤量确定。其操作容量系数，宜取65%~70%。

4.2.5 配煤槽和粉碎机室的设计，应符合下列要求：

1 配煤槽总容量，应根据日用煤量和允许的检修时间等因素确定；

2 配煤槽的个数，应根据采用的煤种数和配煤比等因素确定；

3 在粉碎装置前，必须设置电磁分离器；

4 粉碎机室必须设置除尘装置和其他防尘措施，室内含尘量应小于10mg/m³；

排入室外大气中的粉尘最高允许浓度标准为150mg/m³；

5 粉碎机应采用隔声、消声、吸声、减振以及综合控制噪声等措施，生产车间及作业场所的噪声A声级不得超过90dB。

4.2.6 煤准备流程的各胶带运输机及其相连的运转设备之间，应设连锁集中控制装置。

4.2.7 每座直立炉顶层的储煤仓总容量，宜按36h用煤量计算。辅助煤箱的总容量，应按2h用煤量计算。储焦仓的总容量，宜按一次加满四门炭化室的装焦量计算。

焦炉的储煤塔，宜按两座炉共用一个储煤塔设计，其总容量应按12~16h用煤量计算。

4.2.8 煤干馏的主要产品的产率指标，可按表4.2.8采用。

表4.2.8 煤干馏的主要产品的产率指标

主要产品名称	直立炉	焦炉
煤气	350~380m³/t	320~340m³/t
全焦	71%~74%	72%~76%
焦油	3.3%~3.7%	3.2%~3.7%
硫铵	0.9%	1.0%
粗苯	0.8%	1.0%

注：1 直立炉煤气其低热值为16.3MJ/m³；

2 焦炉煤气其低热值为17.9MJ/m³；

3 直立炉水分按7%的煤计；

4 焦炉按干煤计。

4.2.9 焦炉的加热煤气系统，宜采用复热式。

4.2.10 煤干馏炉的加热煤气，宜采用发生炉（含两段发生炉）或高炉煤气。

发生炉煤气热值应符合现行国家标准《发生炉煤气站设计规范》GB 50195的规定。

煤干馏炉的耗热量指标，宜按表4.2.10选用。

表4.2.10 煤干馏炉的耗热量指标 [kJ/kg（煤）]

加热煤气种类	焦炉	直立炉	适用范围
焦炉煤气	2340	—	作为计算生产消耗用
发生炉煤气	2640	3010	
焦炉煤气	2570	—	作为计算加热系统设备用
发生炉煤气	2850	—	

注：1 直立炉的指标系按炭化室长度为2.1m炉型所耗发生炉热煤气计算。
焦炉的指标系按炭化室有效容积大于20m³炉型所耗冷煤气计算。
2 水分按7%的煤计。

4.2.11 加热煤气管道的设计应符合下列要求：

1 当焦炉采用发生炉煤气加热时，加热煤气管道上宜设置混入回炉煤气装置；当焦炉采用回炉煤气加热时，加热煤气管道上宜设置煤气预热器；

2 应设置压力自动调节装置和流量计；

3 必须设置低压报警信号装置，其取压点应设在压力自动调节装置的蝶阀前的总管上。管道末端应设爆破膜；

4 应设置蒸汽清扫和水封装置；

5 加热煤气的总管的敷设，宜采用架空方式。

4.2.12 直立炉、焦炉桥管上必须设置低压氨水喷洒装置。直立炉的荒煤气管或焦炉集气管上必须设置煤气放散管，放散管出口应设点火燃烧装置。

焦炉上升管盖及桥管与水封阀承插处应采用水封装置。

4.2.13 炉顶荒煤气管，应设压力自动调节装置。调节阀前必须设置氨水喷洒设施。调节蝶阀与煤气鼓风机室应有联系信号和自控装置。

4.2.14 直立炉炉顶捣炉与炉底放焦之间应有联系信号。焦炉的推焦车、拦焦车、熄焦车的电机车之间宜设置可靠的连锁装置以及熄焦车控制推焦杆的事故刹车装置。

4.2.15 焦炉宜设上升管隔热装置和高压氨水消烟加煤装置。

4.2.16 氨水喷洒系统的设计，应符合下列要求：

1 低压氨水的喷洒压力，不应低于0.15MPa。氨水的总耗用量指标应按直立炉4m³/t（煤）、焦炉6~8m³/t（煤）选用；

2 直立炉的氨水总管，应布置成环形；

3 低压氨水应设事故用水管；

4 焦炉消烟装煤用高压氨水的总耗用量为低压氨水总耗用量的3.4%~3.6%，其喷洒压力应按1.5~2.7MPa设计。

注：1 直立炉水分按7%的煤计；
2 焦炉按干煤计。

4.2.17 直立炉废热锅炉的设置应符合下列规定：

1 每座直立炉的废热锅炉，应设置在废气总管附近；

2 废热锅炉的废气进口温度，宜取800~900℃，废气出口温度宜取200℃；

3 废热锅炉宜设置1台备用；

4 废热锅炉应有清灰与检修的空间；

5 废热锅炉的引风机应采取防振措施。

4.2.18 直立炉排焦和熄焦系统的设计应符合下列要求：

1 直立炉应采用连续的水熄焦，熄焦水的总管，应布置成环形。熄焦水应循环使用，其用水量宜按3~4m³/t（水分为7%的煤）计算；

2 排焦传动装置应采用调速电机控制；

3 排焦箱的容量，宜按4h的排焦量计算；采用弱粘结性煤时，排焦箱上应设排焦控制器；

4 排焦门的启闭，宜采用机械化装置；

5 排出的焦炭运出车间以前，应有大于80s的沥水时间。

4.2.19 焦炉可采用湿法熄焦和干法熄焦两种方式。当采用湿法熄焦时应设自动控制装置，在熄焦塔内应设置捕尘装置。

熄焦水应循环使用，其用水量宜按2m³/t（干煤）计算。熄焦时间宜为90~120s。

粉焦沉淀池的有效容积应保证熄焦水有足够的沉淀时间。清除粉焦沉淀池内的粉焦应采用机械化设施。

大型焦化厂有条件的应采用干法熄焦装置。

4.2.20 当熄焦使用生化尾水时，其水质应符合下列要求：

酚≤0.5mg/L；

CN^-≤0.5mg/L；

COD_{cr}≈350mg/L。

4.2.21 焦炉的焦台设计宜符合下列要求：

1 每两座焦炉宜设置1个焦台；

2 焦台的宽度，宜为炭化室高度的2倍；

3 焦台上焦炭的停留时间，不宜小于30min；

4 焦台的水平倾角，宜为28°。

4.2.22 焦炭处理系统，宜设置筛焦楼及其储焦场地或储焦设施。

筛焦楼内应设有除尘通风设施。

焦炭筛分设施，宜按筛分后的粒度大于40mm、40~25mm、25~10mm和小于10mm，共4级设计。

注：生产冶金、铸造焦时，焦炭筛分设施宜增加大于60mm或80mm的一级。生产铁合金焦时，焦炭筛分设施宜增加10~5mm和小于5mm两级。

4.2.23 筛焦楼内储焦仓总容量的确定，应符合下列要求：

1 直立炉的储焦仓，宜按10~12h产焦量计算；

2 焦炉的储焦仓，宜按6~8h产焦量计算。

4.2.24 储焦场的地面，应做人工地坪并应设排水设施。

4.2.25 独立炼焦制气厂储焦场的操作容量宜按焦炭销售运输方式不同采用15~20d产焦量。

4.2.26 自产的中、小块气焦，宜用于生产发生炉煤气。自产的大块气焦，宜用于生产水煤气。

4.3 煤的气化制气

4.3.1 本节适用于下列炉型的煤的气化制气：
1 煤气发生炉；两段煤气发生炉；
2 水煤气发生炉；两段水煤气发生炉；
3 流化床水煤气炉。

注：1 煤气发生炉、两段煤气发生炉为连续气化炉；水煤气发生炉、两段水煤气发生炉、流化床水煤气炉为循环气化炉。
2 鲁奇高压气化炉暂不包括在本规范内。

4.3.2 煤的气化制气宜作为人工煤气气源厂的辅助（加热）和掺混用气源。当作为城市的主气源时，必须采取有效措施，使煤气组分中一氧化碳含量和煤气热值等达到现行国家标准《人工煤气》GB 13612 质量标准。

4.3.3 气化用煤的主要质量指标宜符合表4.3.3的规定。

表 4.3.3 气化用煤主要质量指标

指标项目		煤气发生炉	两段煤气发生炉	水煤气发生炉	两段水煤气发生炉	流化床水煤气炉
粒度(mm)		—	—	—	—	—
1	无烟煤	6~13, 13~25, 25~50	—	25~100	—	0~13 其中1以下<10%, 大于13<15%
2	烟煤	—	20~40, 25~50, 30~60	—	20~40, 25~50, 30~60	
3	焦炭	6~10, 10~25, 25~40	—	25~100	—	
质量指标		—	—	—	—	—
1	灰分(干基)	<35%（气焦）	<25%（烟煤）	<33%（气焦）	25%（烟煤）	<35%（各煤）
		<24%（无烟煤）		<24%（无烟煤）		
2	热稳定性(TS)+6	>60%	>60%	>60%	>60%	>45%
3	抗碎强度（粒度大于25mm）	>60%	>60%	>60%	>60%	—
质量指标		—	—	—	—	—
4	灰熔点(ST)	>1200℃（冷煤气）	>1250℃	>1300℃	>1250℃	>1200℃
		>1250℃（热煤气）				
5	全硫(干基)	<1%	<1%	<1%	<1%	<1%
6	挥发分(干基)	—	>20%	<9%	>20%	—
7	罗加指数(R.I)	—	≤20	—	≤20	<45
8	自由膨胀序数(F.S.I)	—	≤2	—	≤2	—
9	煤的化学反应性(a)	—	—	—	—	>30%（1000℃时）

注：1 发生炉入炉的无烟煤或焦炭，粒度可放宽选用相邻两级。
2 两段煤气发生炉、两段水煤气发生炉用煤粒度限使用其中的一级。

4.3.4 煤场的储煤量，应根据煤源远近、供应的不均衡性和交通运输方式等条件确定，宜采用10～30d的用煤量；当作为辅助、调峰气源使用本厂焦炭时，宜小于1d的用焦量。

4.3.5 当气化炉按三班制时，储煤斗的有效储量应符合表4.3.5的要求。

表4.3.5 储煤斗的有效储量

备煤系统工作班制	储煤斗的有效储量
一班工作	20～22h 气化炉用煤量
二班工作	14～16h 气化炉用煤量

注：1 备煤系统不宜按三班工作。
    2 用煤量应按设计产量计算。

4.3.6 煤气化后的灰渣宜采用机械化处理措施并进行综合利用。

4.3.7 煤气化炉煤气低热值应符合下列规定：
1 煤气发生炉，不应小于 $5MJ/m^3$。
2 两段发生炉，上段煤气不应小于 $6.7MJ/m^3$；
    下段煤气不应大于 $5.44MJ/m^3$。
3 水煤气发生炉，不应小于 $10MJ/m^3$。
4 两段水煤气发生炉，上段煤气不应小于 $13.5MJ/m^3$；
    下段煤气不应大于 $10.8MJ/m^3$。
5 流化床水煤气炉，宜为 $9.4～11.3MJ/m^3$。

4.3.8 气化炉吨煤产气率指标，应根据选用的煤气发生炉炉型、煤种、粒度等因素综合考虑后确定。对曾用于气化的煤种，应采用其平均产气率指标；对未曾用于气化的煤种，应根据其气化试验报告的产气率确定。当缺乏条件时，可按表4.3.8选用。

表4.3.8 气化炉煤气产气率指标

原料	产气率（m³/t）（干基）					灰分含量
	煤气发生炉	两段煤气发生炉	水煤气发生炉	两段水煤气发生炉	流化床水煤气炉	
无烟煤	3000～3400	—	1500～1700	—	—	15%～25%
烟煤	—	2600～3000	—	800～1100	900～1000	18%～25%
焦炭	3100～3400	—	1500～1650	—	—	13%～21%
气焦	2600～3000	—	1300～1500	—	—	25%～35%

4.3.9 气化炉组工作台数每1～4台宜另设一台备用。

4.3.10 水煤气发生炉、两段水煤气发生炉，每3台宜编为1组；流化床水煤气炉每2台宜编为1组；合用一套煤气冷却系统和废气处理及鼓风设备。

4.3.11 循环气化炉的空气鼓风机的选择，应符合本规范第4.4.9条的要求。

4.3.12 循环气化炉的煤气缓冲罐宜采用直立式低压储气罐，其容积宜为0.5～1倍煤气小时产量。

4.3.13 循环气化炉的蒸汽系统中应设置蒸汽蓄能器，并宜设有备用的蒸汽系统。

4.3.14 煤气排送机和空气鼓风机的并联工作台数不宜超过3台，并应另设一台备用。

4.3.15 作为加热和掺混用的气化炉冷煤气温度宜小于35℃，**其灰尘和液态焦油等杂质含量应小于20mg/m³**；气化炉热煤气至用气设备前温度不应小于350℃，**其灰尘含量应小于300mg/m³**。

4.3.16 采用无烟煤或焦炭作原料的气化炉，煤气系统中的电气滤清器应设有冲洗装置或能连续形成水膜的湿式装置。

4.3.17 煤气的冷却宜采用直接冷却。
冷却用水和洗涤用水应采用封闭循环系统。
冷循环水进口温度不宜大于28℃，热循环水进口温度不宜小于55℃。

4.3.18 废热锅炉和生产蒸汽的水夹套，其给水水质应符合现行的国家标准《工业锅炉水质标准》GB 1576中关于锅壳锅炉水质标准的规定。

4.3.19 当水夹套中水温小于或等于100℃时，给水水质应符合现行的国家标准《工业锅炉水质标准》GB 1576中关于热水锅炉水质标准的规定。

4.3.20 煤气净化设备、废热锅炉及管道应设放散管和吹扫管接头，其位置应能使设备内的介质吹净；当净化设备相联处无隔断装置时，可仅在较高的设备上装设放散管。
设备和煤气管道放散管的接管上，应设取样嘴。

4.3.21 放散管管口高度应符合下列要求：
1 高出管道和设备及其走台4m，并距地面高度不小于10m；
2 厂房内或距厂房10m以内的煤气管道和设备上的放散管管口，应高出厂房顶4m。

4.3.22 煤气系统中应设置可靠的隔断煤气装置，并应设置相应的操作平台。

4.3.23 在电气滤清器上必须装有爆破阀。洗涤塔上宜设有爆破阀，其装设位置应符合下列要求：
1 装在设备薄弱处或易受爆破气浪直接冲击的位置；
2 离操作面的净空高度小于2m时，应设有防护措施；
3 爆破阀的泄压口不应正对建筑物的门或窗。

4.3.24 厂区煤气管道与空气管道应架空敷设。热煤气管道上应设有清灰装置。

4.3.25 空气总管末端应设有爆破膜。煤气排送机前的低压煤气总管上，应设爆破阀或泄压水封。

4.3.26 煤气设备水封的高度，不应小于表4.3.26的规定。

表4.3.26 煤气设备水封有效高度

最大工作压力(Pa)	水封的有效高度(mm)
<3000	最大工作压力(以Pa表示)×0.1+150，但不得小于250
3000~10000	最大工作压力(以Pa表示)×0.1×1.5
>10000	最大工作压力(以Pa表示)×0.1+500

注：发生炉煤气钟罩阀的放散水封的有效高度应等于煤气发生炉出口最大工作压力（以Pa表示）乘0.1加50mm。

4.3.27 生产系统的仪表和自动控制装置的设置应符合下列规定：

1 宜设置空气、蒸汽、给水和煤气等介质的计量装置；
2 宜设置气化炉进口空气压力检测仪表；
3 宜设置循环气化炉鼓风机的压力、温度测量仪表；
4 宜设置连续气化炉进口饱和空气温度及其自动调节；
5 宜设置气化炉进口蒸汽和出口煤气的温度及压力检测仪表；
6 宜设置两段炉上段出口煤气温度自动调节；
7 应设置汽包水位自动调节；
8 应设置循环气化炉的缓冲气罐的高、低位限位器分别与自动控制机和煤气排送机连锁装置，并应设报警装置；
9 应设置循环气化炉的高压水罐压力与自动控制机连锁装置，并应设报警装置；
10 应设置连续气化炉的煤气排送机（或热煤气直接用户如直立炉的引风机）与空气总管压力或空气鼓风机连锁装置，并应设报警装置；
11 应设置当煤气中含氧量大于1%（体积）或电气滤清器的绝缘箱温度低于规定值、或电气滤清器出口煤气压力下降到规定值时，能立即切断高压电源装置，并应设报警装置；
12 应设置连续气化炉的低压煤气总管压力与煤气排送机连锁装置，并应设报警装置；
13 应设置气化炉的加煤的自动控制、除灰加煤的相互连锁及报警装置；
14 循环气化系统应设置自动程序控制装置。

4.4 重油低压间歇循环催化裂解制气

4.4.1 重油制气用原料油的质量，宜符合下列要求：

碳氢比　　　(C/H)　　<7.5；
残炭　　　　　　　　<12%；
开口闪点　　　　　　>120℃；
密度　　　　　　　　900~970kg/m³

4.4.2 原料重油的储存量，宜按15~20d的用油量计算，原料重油的储罐数量不应少于2个。

4.4.3 重油低压间歇循环制气应采用催化裂解工艺，其炉型宜采用三筒炉。

4.4.4 重油低压间歇循环催化裂解制气工艺主要设计参数宜符合下列要求：

1 反应器液体空间速度：0.60~0.65m³/(m³·h)；
2 反应器内催化剂层高度：0.6~0.7m；
3 燃烧室热强度：5000~7000MJ/(m³·h)；
4 加热油用量占总用油量比例：小于16%；
5 过程蒸汽量与制气油量之比值：1.0~1.2（质量比）；
6 循环时间：8min；
7 每吨重油的催化裂解产品产率可按下列指标采用：

煤气：1100~1200m³（低热值按21MJ/m³计）；
粗苯：6%~8%；
焦油：15%左右；

8 选用含镍量为3%~7%的镍系催化剂。

4.4.5 重油间歇循环催化裂解装置的烟气系统应设置废热回收和除尘设备。

4.4.6 重油间歇循环催化裂解装置的蒸汽系统应设置蒸汽蓄能器。

4.4.7 每2台重油制气炉应编为1组，合用1套冷却系统和鼓风设备。

冷却系统和鼓风设备的能力应按1台炉的瞬时流量计算。

4.4.8 煤气冷却宜采用间接式冷却设备或直接—间接—直接三段冷却流程。冷却后的燃气温度不应大于35℃，冷却水应循环使用。

4.4.9 空气鼓风机的选择，应符合下列要求：

1 风量应按空气瞬时最大用量确定；
2 风压应按油制气炉加热期的空气废气系统阻力和废气出口压力之和确定；
3 每1~2组炉应设置1台备用的空气鼓风机；
4 空气鼓风机应有减振和消声措施。

4.4.10 油泵的选择，应符合下列要求：

1 流量应按瞬时最大用量确定；
2 压力应按输油系统的阻力和喷嘴的要求压力之和确定；
3 每1~3台油泵应另设1台备用。

4.4.11 输油系统应设置中间油罐，其容量宜按1d的用油量确定。

4.4.12 煤气系统应设置缓冲罐，其容量宜按0.5~

1.0h 的产气量确定。缓冲气罐的水槽，应设置集油、排油装置。

4.4.13 在炉体与空气系统连接管上应采取防止炉内燃气窜入空气管道的措施，并应设防爆装置。

4.4.14 油制气炉宜露天布置。主烟囱和副烟囱高出油制气炉炉顶高度不应小于 4m。

4.4.15 控制室不应与空气鼓风机室布置在同一建筑物内。控制室应布置在油制气区夏季最大频率风向的上风侧。

4.4.16 油水分离池应布置在油制气区夏季最小频率风向的上风侧。对油水分离池及焦油沟，应采取减少挥发性气体散发的措施。

4.4.17 重油制气厂应设污水处理装置，污水排放应符合现行国家标准《污水综合排放标准》GB 8978 的规定。

4.4.18 自动控制装置的程序控制系统设计，应符合下列要求：
1 能手动和自动切换操作；
2 能调节循环周期和阶段百分比；
3 设置循环中各阶段比例和阀门动作的指示信号；
4 主要阀门应设置检查和连锁装置，在发生故障时应有显示和报警信号，并能恢复到安全状态。

4.4.19 自动控制装置的传动系统设计，应符合下列要求：
1 传动系统的形式应根据程序控制系统的形式和本地区具体条件确定；
2 应设置储能设备；
3 传动系统的控制阀、自动阀和其他附件的选用或设计，应能适应工艺生产的特点。

4.5 轻油低压间歇循环催化裂解制气

4.5.1 轻油制气用的原料为轻质石脑油，质量宜符合下列要求：
1 相对密度（20℃）0.65～0.69；
2 初馏点＞30℃；终馏点＜130℃；
3 直链烷烃＞80%（体积分数），芳香烃＜5%（体积分数），烯烃＜1%（体积分数）；
4 总硫含量 $1×10^{-4}$（质量分数），铅含量 $1×10^{-7}$（质量分数）；
5 碳氢比（质量）5～5.4；
6 高热值 47.3～48.1MJ/kg。

4.5.2 原料石脑油储存应采用内浮顶式油罐，储罐数量不应少于 2 个，原料油的储存量宜按 15～20d 的用油量计算。

4.5.3 轻油低压间歇循环催化裂解制气装置宜采用双筒炉和顺流式流程。加热室宜设置两个主火焰监视器，燃烧室应采取防止爆燃的措施。

4.5.4 轻油低压间歇循环催化裂解制气工艺主要设计参数宜符合下列要求：
1 反应器液体空间速度：0.6～0.9m³/(m³·h)；
2 反应器内催化剂高度：0.8～1.0m；
3 加热油用量与制气用油量比例，小于 29/100；
4 过程蒸汽量与制气油量之比值为 1.5～1.6（质量比）；有 CO 变换时比值增加为 1.8～2.2（质量比）；
5 循环时间：2～5min；
6 每吨轻油的催化裂解煤气产率：2400～2500m³（低热值按 15.32～14.70MJ/m³ 计）；
7 催化剂采用镍系催化剂。

4.5.5 制气工艺宜采用 CO 变换方案，两台制气炉合用一台变换设备。

4.5.6 轻油制气增热流程宜采用轻质石脑油热增热方案，增热程度宜限制在比燃气烃露点低 5℃。

4.5.7 轻油制气炉应设置废热回收设备，进行 CO 变换时应另设置废热回收设备。

4.5.8 轻油制气炉应设置蒸汽蓄能器，不宜设置生产用汽锅炉。

4.5.9 每 2 台轻油制气炉应编为一组，合用一套冷却系统和鼓风设备。

冷却系统和鼓风设备的能力应按瞬时最大流量计算。

4.5.10 煤气冷却宜采用直接式冷却设备。冷却后的燃气温度不宜大于 35℃，冷却水应循环使用。

4.5.11 空气鼓风机的选择，应符合本规范第 4.4.9 条的要求，宜选用自产蒸汽来驱动透平风机，空气鼓风机入口宜设空气过滤装置。

4.5.12 原料泵的选择，应符合本规范第 4.4.10 条的要求，宜设置断流保护装置及连锁。

4.5.13 轻油制气炉宜设置防爆装置，在炉体与空气系统连接管上应采用防止炉内燃气窜入空气管道的措施，并应设防爆装置。

4.5.14 轻油制气炉应露天布置。

烟囱高出制气炉炉顶高度不应小于 4m。

4.5.15 控制室不应与空气鼓风机布置在同一建筑物内。

4.5.16 轻油制气厂可不设工业废水处理装置。

4.5.17 自动控制装置的程序控制系统设计，应符合本规范第 4.4.18 条的要求，宜采用全冗余，且宜设置手动紧急停车装置。

4.5.18 自动控制装置的传动系统设计，应符合本规范第 4.4.19 条的要求。

4.6 液化石油气低压间歇循环催化裂解制气

4.6.1 液化石油气制气用的原料，宜符合本规范第

3.2.2条第2款的规定，其中不饱和烃含量应小于15%（体积分数）。

4.6.2 原料液化石油气储存宜采用高压球罐，球罐数量不应小于2个，储存量宜按15～20d的用气量计算。

4.6.3 液化石油气低压间歇循环催化裂解制气工艺主要设计参数宜符合下列要求：

1 反应器液体空间速度：$0.6\sim0.9m^3/(m^3\cdot h)$；

2 反应器内催化剂高度：0.8～1.0m；

3 加热油用量与制气用油量比例：小于29/100；

4 过程蒸汽量与制气油量之比为1.5～1.6（质量比），有CO变换时比值增加为1.8～2.2（质量比）；

5 循环时间：2～5min；

6 每吨液化石油气的催化裂解煤气产率：2400～2500m^3（低热值按15.32～14.70MJ/m^3计算）；

7 催化剂采用镍系催化剂。

4.6.4 液化石油气宜采用液态进料，开关阀宜设置在喷枪前端。

4.6.5 制气工艺中CO变换工艺的设计应符合本规范第4.5.5条的要求。

4.6.6 制气炉后应设置废热回收设备，选择CO变换时，在制气后和变换后均应设置废热回收设备。

4.6.7 液化石油气制气炉应设置蒸汽蓄能器，不宜设置生产用汽锅炉。

4.6.8 冷却系统和鼓风设备的设计应符合本规范第4.5.9条的要求。

煤气冷却设备的设计应符合本规范第4.5.10条的要求。

空气鼓风机的选择，应符合本规范第4.5.11条的要求。

4.6.9 原料泵的选择，应符合本规范第4.5.12条的要求。

4.6.10 炉子系统防爆设施的设计，应符合本规范第4.5.13条的要求。

4.6.11 制气炉的露天布置应符合本规范第4.5.14条的要求。

4.6.12 控制室不应与空气鼓风机室布置在同一建筑物内。

4.6.13 液化石油气催化裂解制气厂可不设工业废水处理装置。

4.6.14 自动控制装置的程序控制系统设计，应符合本规范第4.4.18条的要求。

4.6.15 自动控制装置的传动系统设计应符合本规范第4.4.19条的要求。

4.7 天然气低压间歇循环催化改制制气

4.7.1 天然气改制制气用的天然气质量，应符合现行国家标准《天然气》GB 17820二类气的技术指标。

4.7.2 在各个循环操作阶段，天然气进炉总管压力的波动值宜小于0.01MPa。

4.7.3 天然气低压间歇循环催化改制制气装置宜采用双筒炉和顺流式流程。

4.7.4 天然气低压间歇循环催化改制制气工艺主要设计参数宜符合下列要求：

1 反应器内改制用天然气空间速度：500～600$m^3/(m^3\cdot h)$；

2 反应器内催化剂高度：0.8～1.2m；

3 加热用天然气用量与制气用天然气用量比例：小于29/100；

4 过程蒸汽量与改制用天然气量之比值：1.5～1.6（质量比）；

5 循环时间：2～5min；

6 每千立方米天然气的催化改制煤气产率：

改制炉出口煤气：2650～2540m^3（高热值按12.56～13.06MJ/m^3计）。

4.7.5 天然气改制煤气增热流程宜采用天然气掺混方案，增热程度应根据煤气热值、华白指数和燃烧势的要求确定。

4.7.6 天然气改制炉应设置废热回收设备。

4.7.7 天然气改制炉应设置蒸汽蓄热器，不宜设置生产用汽锅炉。

4.7.8 冷却系统和鼓风设备的设计应符合本规范第4.5.9条的要求。

天然气改制流程中的冷却设备的设计应符合本规范第4.5.10条的要求。

空气鼓风机的选择，应符合本规范第4.5.11条的要求。

4.7.9 天然气改制炉宜设置防爆装置，并应符合本规范第4.5.13条的要求。

4.7.10 天然气改制炉的露天布置应符合本规范第4.5.14条的要求。

4.7.11 控制室不应与空气鼓风机布置在同一建筑物内。

4.7.12 天然气改制厂可不设工业废水处理装置。

4.7.13 自动控制装置的程序控制系统设计应符合本规范第4.4.18条的要求。

4.7.14 自动控制装置的传动系统设计，应符合本规范第4.4.19条的要求。

4.8 调　峰

4.8.1 气源厂应具有调峰能力，调峰气量应与外部调峰能力相配合，并应根据燃气输配要求确定。

在选定主气源炉型时，应留有一定余量的产气能力以满足用气高峰负荷需要。

4.8.2 调峰装置必须具有快开、快停能力，调度灵活，投产后质量稳定。

4.8.3 气源厂的原料和产品的储量应满足用气高峰

负荷的需要。

4.8.4 气源厂设计时,各类管线的口径应考虑用气高峰时的处理量和通过量。混合前、后的出厂煤气,均应设置煤气计量装置。

4.8.5 气源厂应设置调度室。

4.8.6 季节性调峰出厂燃气组分宜符合现行国家标准《城市燃气分类》GB/T 13611 的规定。

5 净 化

5.1 一般规定

5.1.1 本章适用于煤干馏制气的净化工艺设计。煤炭气化制气及重油裂解制气的净化工艺设计可参照采用。

5.1.2 煤气净化工艺的选择,应根据煤气的种类、用途、处理量和煤气中杂质的含量,并结合当地条件和煤气掺混情况等因素,经技术经济方案比较后确定。

煤气净化主要有煤气冷凝冷却、煤气排送、焦油雾脱除、氨脱除、粗苯吸收、萘最终脱除、硫化氢及氰化氢脱除、一氧化碳变换及煤气脱水等工艺。各工段的排列顺序根据不同的工艺需要确定。

5.1.3 煤气净化设备的能力,应按小时最大煤气处理量和其相应的杂质含量确定。

5.1.4 煤气净化装置的设计,应做到当净化设备检修和清洗时,出厂煤气中杂质含量仍能符合现行的国家标准《人工煤气》GB 13612 的规定。

5.1.5 煤气净化工艺设计,应与化工产品回收设计相结合。

5.1.6 煤气净化车间主要生产场所爆炸和火灾危险区域等级应符合本规范附录 B 的规定。

5.1.7 煤气净化工艺的设计应充分考虑废水、废气、废渣及噪声的处理,符合国家现行有关标准的规定,并应防止对环境造成二次污染。

5.1.8 煤气净化车间应提高计算机自动监测控制系统水平,降低劳动强度。

5.2 煤气的冷凝冷却

5.2.1 煤气的冷凝冷却宜采用间接式冷凝冷却工艺。也可采用先间接式冷凝冷却,后直接式冷凝冷却工艺。

5.2.2 间接式冷凝冷却工艺的设计,宜符合下列要求:

　1 煤气经冷凝冷却后的温度,当采用半直接法回收氨以制取硫铵时,宜低于 35℃;当采用洗涤法回收氨时,宜低于 25℃;

　2 冷却水宜循环使用,对水质宜进行稳定处理;

　3 初冷器台数的设置原则,当其中 1 台检修时,其余各台仍能满足煤气冷凝冷却的要求;

　4 采用轻质焦油除去管壁上的萘。

5.2.3 直接式冷凝冷却工艺的设计,宜符合下列要求:

　1 煤气经冷却后的温度,低于 35℃;

　2 开始生产及补充用冷却水的总硬度,小于 0.02mmol/L;

　3 洗涤水循环使用。

5.2.4 焦油氨水分离系统的工艺设计,应符合下列要求:

　1 煤气的冷凝冷却为直接式冷凝冷却工艺时,初冷器排出的焦油氨水和荒煤气管排出的焦油氨水,宜采用分别澄清分离系统;

　2 煤气的冷凝冷却为间接式冷凝冷却工艺时,初冷器排出的焦油氨水和荒煤气管排出的焦油氨水的处理:当脱氨为硫酸吸收法时,可采用混合澄清分离系统;当脱氨为水洗涤法时,可采用分别澄清分离系统;

　3 剩余氨水应除油后再进行溶剂萃取脱酚和蒸氨;

　4 焦油氨水分离系统的排放气应设置处理装置。

5.3 煤气排送

5.3.1 煤气鼓风机的选择,应符合下列要求:

　1 风量应按小时最大煤气处理量确定;

　2 风压应按煤气系统的最大阻力和煤气罐的最高压力的总和确定;

　3 煤气鼓风机的并联工作台数不宜超过 3 台。每 1~3 台,宜另设 1 台备用。

5.3.2 离心式鼓风机宜设置调速装置。

5.3.3 煤气循环管的设置,应符合下列要求:

　1 当采用离心式鼓风机时,必须在鼓风机的出口煤气总管至初冷器前的煤气总管间设置大循环管。数台风机并联时,宜在鼓风机的进出口煤气总管间设置小循环管;

　注:当设有调速装置,且风机转速的变化能适应输气量的变化时可不设小循环管。

　2 当采用容积式鼓风机时,每台鼓风机进出口的煤气管道上,必须设置旁通管。数台风机并联时,应在风机出口的煤气总管至初冷器前的煤气总管间设置大循环管,并应在风机的进出口煤气总管间设置小循环管。

5.3.4 用电动机带动的煤气鼓风机,其供电系统应符合现行的国家标准《供配电系统设计规范》GB 50052 的"二级负荷"设计的规定;电动机应采取防爆措施。

5.3.5 离心式鼓风机应设有必要的连锁和信号装置。

5.3.6 鼓风机的布置,应符合下列要求:

　1 鼓风机房安装高度,应能保证进口煤气管道内冷凝液排出通畅。当采用离心式鼓风机时，鼓风机进口煤气的冷凝液排出口与水封槽满流口中心高差不应小于2.5m（以水柱表示）。

2 鼓风机机组之间和鼓风机与墙之间的通道宽度，应根据鼓风机的型号、操作和检修的需要等因素确定。

3 鼓风机机组的安装位置，应能使鼓风机前阻力最小，并使各台初冷器阻力均匀。

4 鼓风机房宜设置起重设备。

5 鼓风机应设置单独的仪表操作间；仪表操作间可毗邻鼓风机房的外墙设置，但应用耐火极限不低于3h的非燃烧体实墙隔开，并应设置能观察鼓风机运转的隔声耐火玻璃窗。

6 离心鼓风机用的油站宜布置在底层，楼板面上留出检修孔或安装孔。油站的安装高度应满足鼓风机主油泵的吸油高度。鼓风机应设置事故供油装置。

7 鼓风机房应设煤气泄漏报警及事故通风设备。

8 鼓风机房应做不发火花地面。

5.4 焦油雾的脱除

5.4.1 煤气中焦油雾的脱除设备，宜采用电捕焦油器。电捕焦油器不得少于2台，并应并联设置。

5.4.2 电捕焦油器设计，应符合下列要求：

1 电捕焦油器应设置泄爆装置、放散管和蒸汽管，负压回收流程可不设泄爆装置；

2 电捕焦油器宜设有煤气含氧量的自动测量仪；

3 当干馏煤气中含氧量大于1%（体积分数）时应进行自动报警，当含氧量达到2%或电捕焦油器的绝缘箱温度低于规定值时，应有能立即切断电源的措施。

5.5 硫酸吸收法氨的脱除

5.5.1 采用硫酸吸收进行氨的脱除和回收时，宜用半直接法。当采用饱和器时，其设计应符合下列要求：

1 煤气预热器的煤气出口温度，宜为60～80℃；

2 煤气在饱和器环形断面内的流速，应为0.7～0.9m/s；

3 饱和器出口煤气中含氨量应小于30mg/m³；

4 循环母液的小时流量，不应小于饱和器内母液容积的3倍；

5 氨水中的酚宜回收。酚的回收可在蒸氨工艺之前进行；蒸氨后的废氨水中含氨量，应小于300mg/L。

5.5.2 硫铵工段布置应符合下列要求：

1 硫铵工段可由硫铵、吡啶、蒸氨和酸碱储槽等组成，其布置应考虑运输方便；

2 硫铵工段应设置现场分析台；

3 吡啶操作室应与硫铵操作室分开布置，可用楼梯间隔开；

4 蒸氨设备宜露天布置并布置在吡啶装置一侧。

5.5.3 饱和器机组布置宜符合下列要求：

1 饱和器中心与主厂房外墙的距离，应根据饱和器直径确定，并宜符合表5.5.3-1的规定；

2 饱和器中心间的最小距离，应根据饱和器直径确定，并宜符合表5.5.3-2的规定；

表5.5.3-1 饱和器中心与主厂房外墙的距离

饱和器直径（mm）	6250	5500	4500	3000	2000
饱和器中心与主厂房外墙距离（m）	>12	>10	7～10		

表5.5.3-2 饱和器中心间的最小距离

饱和器直径（mm）	6250	5500	4500	3000
饱和器中心距（m）	12	10	9	7

3 饱和器锥形底与防腐地坪的垂直距离应大于400mm；

4 泵宜露天布置。

5.5.4 离心干燥系统设备的布置宜符合下列要求。

1 硫铵操作室的楼层标高，应满足下列要求：

1）由结晶槽至离心机母液能顺利自流；

2）离心机分离出母液能自流入饱和器。

2 2台连续式离心机的中心距不宜小于4m。

5.5.5 蒸氨和吡啶系统的设计应符合下列要求：

1 吡啶生产应负压操作；

2 各溶液的流向应保证自流。

5.5.6 硫铵系统设备的选用和设置应符合下列要求：

1 饱和器机组必须设置备品，其备品率为50%～100%；

2 硫铵系统宜设置2个母液储槽；

3 硫铵结晶的分离应采用耐腐蚀的连续离心机，并应设置备品；

4 硫铵系统必须设置粉尘捕集器。

5.5.7 设备和管道中硫酸浓度小于75%时，应采取防腐蚀措施。

5.5.8 离心机室的墙裙、各操作室的地面、饱和器机组母液储槽的周围地坪和可能接触腐蚀性介质的地方，均应采取防腐蚀措施。

5.5.9 对酸焦油、废酸液等应分别处理。

5.6 水洗涤法氨的脱除

5.6.1 煤气进入洗氨塔前，应脱除焦油雾和萘。进入洗氨塔的煤气含萘量应小于500mg/m³。

5.6.2 洗氨塔出口煤气含氨量应小于100mg/m³。

5.6.3 洗氨塔出口煤气温度，宜为25～27℃。

5.6.4 新洗涤水的温度应低于25℃；总硬度不宜大

于 0.02mmol/L。

5.6.5 水洗涤法脱氨的设计宜符合下列要求：

    1 洗涤塔不得少于 2 台，并应串联设置；

    2 两相邻塔间净距不宜小于 2.5m；当塔径超过 5m 时，塔间净距宜取塔径的一半；当采用多段循环洗涤塔时，塔间净距不宜小于 4m；

    3 洗涤泵房与塔群间净距不宜小于 5m；

    4 蒸氨和黄血盐系统除泵、离心机和碱、铁刨花、黄血盐等储存库外，其余均宜露天布置；

    5 当采用废氨水洗氨时，废氨水冷却器宜设置在洗涤部分。

5.6.6 富氨水必须妥善处理，不得造成二次污染。

5.7 煤气最终冷却

5.7.1 煤气最终冷却宜采用间接式冷却。

5.7.2 煤气经最终冷却后，其温度宜低于 27℃。

5.7.3 当煤气最终冷却采用横管式间接式冷却时，其设计应符合下列要求：

    1 煤气在管间宜自上向下流动，冷却水在管内宜自下向上流动。在煤气侧宜有清除管壁上萘的设施；

    2 横管内冷却水可分为两段，其下段水入口温度，宜低于 20℃；

    3 冷却器煤气出口处宜设捕雾装置。

5.8 粗苯的吸收

5.8.1 煤气中粗苯的吸收，宜采用溶剂常压吸收法。

5.8.2 吸收粗苯用的洗油，宜采用焦油洗油。

5.8.3 洗油循环量，应按煤气中粗苯含量和洗油的种类等因素确定。循环洗油中含萘量宜小于 5%。

5.8.4 采用不同类型的洗苯塔时，应符合下列要求：

    1 当采用木格填料塔时，不应少于 2 台，并应串联设置；

    2 当采用钢板网填料塔或塑料填料塔时，宜采用 2 台并宜串联设置；

    3 当煤气流量比较稳定时，可采用筛板塔。

5.8.5 洗苯塔的设计参数，应符合下列要求：

    1 木格填料塔：煤气在木格间有效截面的流速，宜取 1.6～1.8m/s；吸收面积宜按 1.0～1.1m^2/(m^3·h)（煤气）计算；

    2 钢板网填料塔：煤气的空塔流速，宜取 0.9～1.1m/s；吸收面积宜按 0.6～0.7m^2/(m^3·h)（煤气）计算；

    3 筛板塔：煤气的空塔流速，宜取 1.2～2.5m/s。每块湿板的阻力，宜取 200Pa。

5.8.6 系统必须设置相应的粗苯蒸馏装置。

5.8.7 所有粗苯储槽的放散管皆应装设呼吸阀。

5.9 萘的最终脱除

5.9.1 萘的最终脱除，宜采用溶剂常压吸收法。

5.9.2 洗萘用的溶剂宜采用直馏轻柴油或低萘焦油洗油。

5.9.3 最终洗萘塔，宜采用填料塔，可不设备用。

5.9.4 最终洗萘塔，宜分为两段。第一段可采用循环溶剂喷淋；第二段应采用新鲜溶剂喷淋，并设定时定量控制装置。

5.9.5 当进入最终洗萘塔的煤气中含萘量小于 400mg/m^3 和温度低于 30℃ 时，最终洗萘塔的设计参数宜符合下列要求：

    1 煤气的空塔流速 0.65～0.75m/s；

    2 吸收面积按大于 0.35m^2/(m^3·h)（煤气）计算。

5.10 湿法脱硫

5.10.1 以煤或重油为原料所产生的人工煤气的脱硫脱氰宜采用氧化再生法。

5.10.2 氧化再生法的脱硫液，应选用硫容量大、副反应小、再生性能好、无毒和原料来源比较方便的脱硫液。

5.10.3 当采用氧化再生法脱硫时，煤气进入脱硫装置前，应脱除油雾。

    当采用氨型的氧化再生法脱硫时，脱硫装置应设在氨的脱除装置之前。

5.10.4 当采用蒽醌二磺酸钠法常压脱硫时，其吸收部分的设计应符合下列要求：

    1 脱硫液的硫容量，应根据煤气中硫化氢的含量，并按照相似条件下的运行经验或试验资料确定；

    注：当无资料时，可取 0.2～0.25kg(硫)/m^3(溶液)。

    2 脱硫塔宜采用木格填料塔或塑料填料塔；

    3 煤气在木格填料塔内空塔流速，宜取 0.5m/s；

    4 脱硫液在反应槽内停留时间，宜取 8～10min；

    5 脱硫塔台数的设置原则，应在操作塔检修时，出厂煤气中硫化氢含量仍能符合现行的国家标准《人工煤气》GB 13612 的规定。

5.10.5 蒽醌二磺酸钠法常压脱硫再生设备，宜采用高塔式或喷射再生槽式。

    1 当采用高塔式再生设备时，其设计应符合下列要求：

      1）再生塔吹风强度宜取 100～130m^3/(m^2·h)。空气耗量可按 9～13m^3/kg(硫)计算；

      2）脱硫液在再生塔内停留时间，宜取 25～30min；

      3）再生塔液位调节器的升降控制器，宜设在硫泡沫槽处；

      4）宜设置专用的空气压缩机。入塔的空气应除油。

    2 当采用喷射再生设备时，其设计宜符合下列要求：

      1）再生槽吹风强度，宜取 80～145m^3/(m^2·

h）；空气耗量可按 3.5～4m³/m³（溶液）计算；

   2) 脱硫液在再生槽内停留时间，宜取 6～10min。

5.10.6 脱硫液加热器的设置位置，应符合下列要求：

   1 当采用高塔式再生时，加热器宜位于富液泵与再生塔之间。

   2 当采用喷射再生槽时，加热器宜位于贫液泵与脱硫塔之间。

5.10.7 蒽醌二磺酸钠法常压脱硫中硫磺回收部分的设计，应符合下列要求：

   1 硫泡沫槽不应少于 2 台，并轮流使用。硫泡沫槽内应设有搅拌装置和蒸汽加热装置；

   2 硫磺成品种类的选择，应根据煤气种类、硫磺产量并结合当地条件确定；

   3 当生产熔融硫时，可采用硫膏在熔硫釜中脱水工艺。熔硫釜宜采用夹套罐式蒸汽加热。

   硫渣和废液应分别回收集中处理，并应设废气净化装置。

5.10.8 事故槽的容量，应按系统中存液量大的单台设备容量设计。

5.10.9 煤气脱硫脱氰溶液系统中副产品回收设备的设置，应按煤气种类及脱硫副反应的特点进行设计。

5.11 常压氧化铁法脱硫

5.11.1 脱硫剂可选择成型脱硫剂、也可选用藻铁矿、钢厂赤泥、铸铁屑或与铸铁屑有同样性能的铁屑。

   藻铁矿脱硫剂中活性氧化铁含量宜大于 15%。当采用铸铁屑或铁屑时，必须经氧化处理。

   配制脱硫剂用的疏松剂宜采用木屑。

5.11.2 常压氧化铁法脱硫设备可采用箱式或塔式。

5.11.3 当采用箱式常压氧化铁法时，其设计应符合下列要求：

   1 当煤气通过脱硫设备时，流速宜取 7～11mm/s；当进口煤气中硫化氢含量小于 1.0g/m³ 时，其流速可适当提高；

   2 煤气与脱硫剂的接触时间，宜取 130～200s；

   3 每层脱硫剂的厚度，宜取 0.3～0.8m；

   4 氧化铁法脱硫剂需用量不应小于下式的计算值：

$$V = \frac{1637\sqrt{C_s}}{f \cdot \rho} \quad (5.11.3)$$

式中 V——每小时 1000m³ 煤气所需脱硫剂的容积（m³）；

C_s——煤气中硫化氢含量（体积分数）；

f——新脱硫剂中活性氧化铁含量，可取 15%～18%；

ρ——新脱硫剂密度（t/m³）。当采用藻铁矿或铸铁屑脱硫剂时，可取 0.8～0.9。

   5 常压氧化铁法脱硫设备的操作设计温度，可取 25～35℃。每个脱硫设备应设置蒸汽注入装置。寒冷地区的脱硫设备，应有保温措施；

   6 每组脱硫箱（或塔），宜设一个备用。连通每个脱硫箱间的煤气管道的布置，应能依次向后轮环输气。

5.11.4 脱硫箱宜采用高架式。

5.11.5 箱式和塔式脱硫装置，其脱硫剂的装卸，应采用机械设备。

5.11.6 常压氧化铁法脱硫设备，应设有煤气安全泄压装置。

5.11.7 常压氧化铁法脱硫工段应设有配制和堆放脱硫剂的场地；场地应采用混凝土地坪。

5.11.8 **脱硫剂采用箱内再生时，掺空气后煤气中含氧量应由煤气中硫化氢含量确定。但出箱时煤气中含氧量应小于 2%（体积分数）。**

5.12 一氧化碳的变换

5.12.1 本节适用于城镇煤气制气厂中对两段炉煤气、水煤气、半水煤气、发生炉煤气及其混合气体等人工煤气降低煤气中一氧化碳含量的工艺设计。

5.12.2 煤气一氧化碳变换可根据气质情况选择全部变换或部分变换工艺。

5.12.3 煤气的一氧化碳变换工艺宜采用常压变换工艺流程，根据煤气工艺生产情况也可采用加压变换工艺流程。

5.12.4 用于进行一氧化碳变换的煤气应为经过净化处理后的煤气。

5.12.5 **用于进行一氧化碳变换的煤气，应进行煤气含氧量监测，煤气中含氧量（体积分数）不应大于 0.5%。当煤气中含氧量达 0.5%～1.0%时应减量生产，当含氧量大于 1%时应停车置换。**

5.12.6 变换炉的设计应力求做到触媒能得到最有效的利用、结构简单、阻力小、热损失小、蒸汽耗量低。

5.12.7 一氧化碳变换反应宜采用中温变换，中温变换反应温度宜为 380～520℃。

5.12.8 一氧化碳变换工艺的主要设计参数宜符合下列要求：

   1 饱和塔入塔热水与出塔煤气的温度差宜为：3～5℃；

   2 出饱和塔煤气的饱和度宜为：70%～90%；

   3 饱和塔进、出水温度宜为：85～65℃；

   4 热水塔进、出水温度宜为：65～80℃；

   5 触媒层温度宜为：350～500℃；

   6 进变换炉蒸汽与煤气比宜为：0.8～1.1（体积分数）；

7 变换炉进口煤气温度宜为：320～400℃；

8 进变换炉煤气中氧含量应≤0.5%；

9 饱和塔、热水塔循环水杂质含量应≤5×10⁻⁴；

10 一氧化碳变换系统总阻力宜≤0.02MPa；

11 一氧化碳变换率宜为：85%～95%。

5.12.9 常压变换系统中热水塔应叠放在饱和塔之上。

5.12.10 一氧化碳变换工艺所用热水应采用封闭循环系统。

5.12.11 一氧化碳变换系统宜设预腐蚀器除酸。

5.12.12 循环水量应保证完成最大限度地传递热量，应满足喷淋密度的要求，并应使设备结构和运行费用经济合理。

5.12.13 一氧化碳变换炉、热水循环泵及冷却水泵宜设置为一开一备。

5.12.14 变换炉内触媒宜分为三段装填。

5.12.15 一氧化碳变换工艺过程中所产生的热量应进行回收。

5.12.16 一氧化碳工艺生产过程应设置必要的自动监控系统。

5.12.17 一氧化碳变换炉应设置超温报警及连锁控制。

5.13 煤气脱水

5.13.1 煤气脱水宜采用冷冻法进行脱水。

5.13.2 煤气脱水工段宜设在压送工段后。

5.13.3 煤气脱水宜采用间接换热工艺。

5.13.4 工艺过程中的冷量应进行充分回收。

5.13.5 煤气脱水后的露点温度应低于最冷月地面下1m处平均地温3～5℃。

5.13.6 换热器的结构设计应易于清理内部杂质。

5.13.7 制冷机组应选用变频机组。

5.13.8 煤气冷凝水应集中处理。

5.14 放散和液封

5.14.1 严禁在厂房内放散煤气和有害气体。

5.14.2 设备和管道上的放散管管口高度应符合下列要求：

1 当放散管直径大于150mm时，放散管管口应高出厂房顶面、煤气管道、设备和走台4m以上。

2 当放散管直径小于或等于150mm时，放散管管口应高出厂房顶面、煤气管道、设备和走台2.5m以上。

5.14.3 煤气系统中液封槽液封高度应符合下列要求：

1 煤气鼓风机出口处，应为鼓风机全压（以Pa表示）乘0.1加500mm；

2 硫铵工段满流槽内的液封高度和水封槽内液封高度应满足煤气鼓风机全压（以Pa表示）乘0.1要求；

3 其余处均应为最大操作压力（以Pa表示）乘0.1加500mm。

5.14.4 煤气系统液封槽的补水口严禁与供水管道直接相接。

6 燃气输配系统

6.1 一般规定

6.1.1 本章适用于压力不大于4.0MPa（表压）的城镇燃气（不包括液态燃气）室外输配工程的设计。

6.1.2 城镇燃气输配系统一般由门站、燃气管网、储气设施、调压设施、管理设施、监控系统等组成。城镇燃气输配系统设计，应符合城镇燃气总体规划。在可行性研究的基础上，做到远、近期结合，以近期为主，并经技术经济比较后确定合理的方案。

6.1.3 城镇燃气输配系统压力级制的选择，以及门站、储配站、调压站、燃气干管的布置，应根据燃气供应来源、用户的用气量及其分布、地形地貌、管材设备供应条件、施工和运行等因素，经过多方案比较，择优选取技术经济合理、安全可靠的方案。

城镇燃气干管的布置，应根据用户用量及其分布，全面规划，并宜按逐步形成环状管网供气进行设计。

6.1.4 采用天然气作气源时，城镇燃气逐月、逐日的用气不均匀性的平衡，应由气源方（即供气方）统筹调度解决。

需气方对城镇燃气用户应做好用气量的预测，在各类用户全年的综合用气负荷资料的基础上，制定逐月、逐日用气量计划。

6.1.5 在平衡城镇燃气逐月、逐日的用气不均匀性基础上，平衡城镇燃气逐小时的用气不均匀性，城镇燃气输配系统尚应具有合理的调峰供气措施，并应符合下列要求：

1 城镇燃气输配系统的调峰气总容量，应根据计算月平均日用气总量、气源的可调量大小、供气和用气不均匀情况和运行经验等因素综合确定。

2 确定城镇燃气输配系统的调峰气总容量时，应充分利用气源的可调量（如主气源的可调节供气能力和输气干线的调峰能力等）。采用天然气做气源时，平衡小时的用气不均所需调峰气量宜由供气方解决，不足时由城镇燃气输配系统解决。

3 储气方式的选择应因地制宜，经方案比较，择优选取技术经济合理、安全可靠的方案。对来气压力较高的天然气输配系统宜采用管道储气的方式。

6.1.6 城镇燃气管道的设计压力（P）分为7级，并应符合表6.1.6的要求。

表 6.1.6 城镇燃气管道设计压力（表压）分级

名　　称		压力（MPa）
高压燃气管道	A	$2.5 < P \leqslant 4.0$
	B	$1.6 < P \leqslant 2.5$
次高压燃气管道	A	$0.8 < P \leqslant 1.6$
	B	$0.4 < P \leqslant 0.8$
中压燃气管道	A	$0.2 < P \leqslant 0.4$
	B	$0.01 \leqslant P \leqslant 0.2$
低压燃气管道		$P < 0.01$

6.1.7 燃气输配系统各种压力级别的燃气管道之间应通过调压装置相连。当有可能超过最大允许工作压力时，应设置防止管道超压的安全保护设备。

6.2　燃气管道计算流量和水力计算

6.2.1 城镇燃气管道的计算流量，应按计算月的小时最大用气量计算。该小时最大用气量应根据所有用户燃气用气量的变化叠加后确定。

独立居民小区和庭院燃气支管的计算流量宜按本规范第 10.2.9 条规定执行。

6.2.2 居民生活和商业用户燃气小时计算流量（0℃和 101.325kPa），宜按下式计算：

$$Q_h = \frac{1}{n} Q_a \qquad (6.2.2\text{-}1)$$

$$n = \frac{365 \times 24}{K_m K_d K_h} \qquad (6.2.2\text{-}2)$$

式中　Q_h——燃气小时计算流量（m³/h）；
　　　Q_a——年燃气用气量（m³/a）；
　　　n——年燃气最大负荷利用小时数（h）；
　　　K_m——月高峰系数，计算月的日平均用气量和年的日平均用气量之比；
　　　K_d——日高峰系数，计算月中的日最大用气量和该月日平均用气量之比；
　　　K_h——小时高峰系数，计算月中最大用气量日的小时最大用气量和该日小时平均用气量之比。

6.2.3 居民生活和商业用户用气的高峰系数，应根据该城镇各类用户燃气用量（或燃料用量）的变化情况，编制成月、日、小时用气负荷资料，经分析研究确定。

工业企业和燃气汽车用户燃气小时计算流量，宜按每个独立用户生产的特点和燃气用量（或燃料用量）的变化情况，编制成月、日、小时气负荷资料确定。

6.2.4 采暖通风和空调所需燃气小时计算流量，可按国家现行的标准《城市热力网设计规范》CJJ 34 有关热负荷规定并考虑燃气采暖通风和空调的热效率折算确定。

6.2.5 低压燃气管道单位长度的摩擦阻力损失应按下式计算：

$$\frac{\Delta P}{l} = 6.26 \times 10^7 \lambda \frac{Q^2}{d^5} \rho \frac{T}{T_0} \qquad (6.2.5)$$

式中　ΔP——燃气管道摩擦阻力损失（Pa）；
　　　λ——燃气管道摩擦阻力系数，宜按式（6.2.6-2）和附录 C 第 C.0.1 条第 1、2 款计算；
　　　l——燃气管道的计算长度（m）；
　　　Q——燃气管道的计算流量（m³/h）；
　　　d——管道内径（mm）；
　　　ρ——燃气的密度（kg/m³）；
　　　T——设计中所采用的燃气温度（K）；
　　　T_0——273.15（K）。

6.2.6 高压、次高压和中压燃气管道的单位长度摩擦阻力损失，应按式（6.2.6-1）计算：

$$\frac{P_1^2 - P_2^2}{L} = 1.27 \times 10^{10} \lambda \frac{Q^2}{d^5} \rho \frac{T}{T_0} Z \qquad (6.2.6\text{-}1)$$

$$\frac{1}{\sqrt{\lambda}} = -2 \lg \left[\frac{K}{3.7d} + \frac{2.51}{Re\sqrt{\lambda}} \right] \qquad (6.2.6\text{-}2)$$

式中　P_1——燃气管道起点的压力（绝对压力，kPa）；
　　　P_2——燃气管道终点的压力（绝对压力，kPa）；
　　　Z——压缩因子，当燃气压力小于 1.2MPa（表压）时，Z 取 1；
　　　L——燃气管道的计算长度（km）；
　　　λ——燃气管道摩擦阻力系数，宜按式（6.2.6-2）计算；
　　　K——管壁内表面的当量绝对粗糙度（mm）；
　　　Re——雷诺数（无量纲）。

注：当燃气管道的摩擦阻力系数采用手算时，宜采用附录 C 公式。

6.2.7 室外燃气管道的局部阻力损失可按燃气管道摩擦阻力损失的 5%～10% 进行计算。

6.2.8 城镇燃气低压管道从调压站到最远燃具管道允许阻力损失，可按下式计算：

$$\Delta P_d = 0.75 P_n + 150 \qquad (6.2.8)$$

式中　ΔP_d——从调压站到最远燃具的管道允许阻力损失（Pa）；
　　　P_n——低压燃具的额定压力（Pa）。

注：ΔP_d 含室内燃气管道允许阻力损失，室内燃气管道允许阻力损失应按本规范第 10.2.11 条确定。

6.3　压力不大于 1.6MPa 的室外燃气管道

6.3.1 中压和低压燃气管道宜采用聚乙烯管、机械接口球墨铸铁管、钢管或钢骨架聚乙烯塑料复合管，并应符合下列要求：

1 聚乙烯燃气管道应符合现行的国家标准《燃气

用埋地聚乙烯管材》GB 15558.1和《燃气用埋地聚乙烯管件》GB 15558.2的规定；

2 机械接口球墨铸铁管道应符合现行的国家标准《水及燃气管道用球墨铸铁管、管件和附件》GB/T 13295的规定；

3 钢管采用焊接钢管、镀锌钢管或无缝钢管时，应分别符合现行的国家标准《低压流体输送用焊接钢管》GB/T 3091、《输送流体用无缝钢管》GB/T 8163的规定；

4 钢骨架聚乙烯塑料复合管道应符合国家现行标准《燃气用钢骨架聚乙烯塑料复合管》CJ/T 125和《燃气用钢骨架聚乙烯塑料复合管件》CJ/T 126的规定。

6.3.2 次高压燃气管道应采用钢管。其管材和附件应符合本规范第6.4.4条的要求。地下次高压B燃气管道也可采用钢号Q235B焊接钢管，并应符合现行国家标准《低压流体输送用焊接钢管》GB/T 3091的规定。

次高压钢质燃气管道直管段计算壁厚应按式（6.4.6）计算确定。最小公称壁厚不应小于表6.3.2的规定。

表 6.3.2 钢质燃气管道最小公称壁厚

钢管公称直径 DN（mm）	公称壁厚（mm）
DN100～150	4.0
DN200～300	4.8
DN350～450	5.2
DN500～550	6.4
DN600～700	7.1
DN750～900	7.9
DN950～1000	8.7
DN1050	9.5

6.3.3 地下燃气管道不得从建筑物和大型构筑物（不包括架空的建筑物和大型构筑物）的下面穿越。

地下燃气管道与建筑物、构筑物或相邻管道之间的水平和垂直净距，不应小于表6.3.3-1和表6.3.3-2的规定。

表 6.3.3-1 地下燃气管道与建筑物、构筑物或相邻管道之间的水平净距（m）

项 目		地下燃气管道压力（MPa）				
		低压<0.01	中压B≤0.2	中压A≤0.4	次高压B 0.8	次高压A 1.6
建筑物	基础	0.7	1.0	1.5	—	—
	外墙面（出地面处）	—	—	—	5.0	13.5
给水管		0.5	0.5	0.5	1.0	1.5
污水、雨水排水管		1.0	1.2	1.2	1.5	2.0

续表 6.3.3-1

项 目		地下燃气管道压力（MPa）				
		低压<0.01	中压B≤0.2	中压A≤0.4	次高压B 0.8	次高压A 1.6
电力电缆（含电车电缆）	直埋	0.5	0.5	0.5	1.0	1.5
	在导管内	1.0	1.0	1.0	1.0	1.5
通信电缆	直埋	0.5	0.5	0.5	1.0	1.5
	在导管内	1.0	1.0	1.0	1.0	1.5
其他燃气管道	DN≤300mm	0.4	0.4	0.4	0.4	0.4
	DN>300mm	0.5	0.5	0.5	0.5	0.5
热力管	直埋	1.0	1.0	1.0	1.5	2.0
	在管沟内（至外壁）	1.0	1.5	1.5	2.0	4.0
电杆（塔）的基础	≤35kV	1.0	1.0	1.0	1.0	1.0
	>35kV	2.0	2.0	2.0	5.0	5.0
通信照明电杆（至电杆中心）		1.0	1.0	1.0	1.0	1.0
铁路路堤坡脚		5.0	5.0	5.0	5.0	5.0
有轨电车钢轨		2.0	2.0	2.0	2.0	2.0
街树（至树中心）		0.75	0.75	0.75	1.2	1.2

表 6.3.3-2 地下燃气管道与构筑物或相邻管道之间垂直净距（m）

项 目		地下燃气管道（当有套管时，以套管计）
给水管、排水管或其他燃气管道		0.15
热力管、热力管的管沟底（或顶）		0.15
电缆	直埋	0.50
	在导管内	0.15
铁路（轨底）		1.20
有轨电车（轨底）		1.00

注：1 当次高压燃气管道压力与表中数不相同时，可采用直线方程内插法确定水平净距。

2 如受地形限制不能满足表6.3.3-1和表6.3.3-2时，经与有关部门协商，采取有效的安全防护措施后，表6.3.3-1和表6.3.3-2规定的净距，均可适当缩小，但低压管道不应影响建（构）筑物和相邻管道基础的稳固性，中压管道距建筑物基础不应小于0.5m且距建筑物外墙面不应小于1m，次高压燃气管道距建筑物外墙面不应小于3.0m。其中对次高压A燃气管道采取有效的安全防护措施或当管道壁厚不小于9.5mm时，管道距建筑物外墙面不应小于6.5m；当管壁厚度不小于11.9mm时，管道距建筑物外墙面不应小于3.0m。

3 表6.3.3-1和表6.3.3-2规定除地下燃气管道与热力管的净距不适于聚乙烯燃气管道和钢骨架聚乙烯塑料复合管外，其他规定均适用于聚乙烯燃气管道和钢骨架聚乙烯塑料复合管道。聚乙烯燃气管道与热力管道的净距应按国家现行标准《聚乙烯燃气管道工程技术规程》CJJ 63执行。

4 地下燃气管道与电杆（塔）基础之间的水平净距，还应满足本规范表6.7.5地下燃气管道与交流电力线接地体的净距规定。

6.3.4 地下燃气管道埋设的最小覆土厚度（路面至管顶）应符合下列要求：

 1 埋设在机动车道下时，不得小于 0.9m；

 2 埋设在非机动车车道（含人行道）下时，不得小于 0.6m；

 3 埋设在机动车不可能到达的地方时，不得小于 0.3m；

 4 埋设在水田下时，不得小于 0.8m。

 注：当不能满足上述规定时，应采取有效的安全防护措施。

6.3.5 输送湿燃气的燃气管道，应埋设在土壤冰冻线以下。

 燃气管道坡向凝水缸的坡度不宜小于 0.003。

6.3.6 地下燃气管道的基础宜为原土层。凡可能引起管道不均匀沉降的地段，其基础应进行处理。

6.3.7 地下燃气管道不得在堆积易燃、易爆材料和具有腐蚀性液体的场地下面穿越，并不宜与其他管道或电缆同沟敷设。当需要同沟敷设时，必须采取有效的安全防护措施。

6.3.8 地下燃气管道从排水管（沟）、热力管沟、隧道及其他各种用途沟槽内穿过时，应将燃气管道敷设于套管内。套管伸出构筑物外壁不应小于表 6.3.3-1 中燃气管道与该构筑物的水平净距。套管两端应采用柔性的防腐、防水材料密封。

6.3.9 燃气管道穿越铁路、高速公路、电车轨道或城镇主要干道时应符合下列要求：

 1 穿越铁路或高速公路的燃气管道，应加套管。

 注：当燃气管道采用定向钻穿越并取得铁路或高速公路部门同意时，可不加套管。

 2 穿越铁路的燃气管道的套管，应符合下列要求：

  1）套管埋设的深度：铁路轨底至套管顶不应小于 1.20m，并应符合铁路管理部门的要求；

  2）套管宜采用钢管或钢筋混凝土管；

  3）套管内径应比燃气管道外径大 100mm 以上；

  4）套管两端与燃气管的间隙应采用柔性的防腐、防水材料密封，其一端应装设检漏管；

  5）套管端部距路堤坡脚外的距离不应小于 2.0m。

 3 燃气管道穿越电车轨道或城镇主要干道时宜敷设在套管或管沟内；穿越高速公路的燃气管道的套管、穿越电车轨道或城镇主要干道的套管或管沟，应符合下列要求：

  1）套管内径应比燃气管道外径大 100mm 以上，套管或管沟两端应密封，在重要地段的套管或管沟端部宜安装检漏管；

  2）套管或管沟端部距电车道边轨不应小于 2.0m；距道路边缘不应小于 1.0m。

 4 燃气管道宜垂直穿越铁路、高速公路、电车轨道或城镇主要干道。

6.3.10 燃气管道通过河流时，可采用穿越河底或采用管桥跨越的形式。当条件许可时，可利用道路桥梁跨越河流，并应符合下列要求：

 1 随桥梁跨越河流的燃气管道，其管道的输送压力不应大于 0.4MPa。

 2 当燃气管道随桥梁敷设或采用管桥跨越河流时，必须采取安全防护措施。

 3 燃气管道随桥梁敷设，宜采取下列安全防护措施：

  1）敷设于桥梁上的燃气管道应采用加厚的无缝钢管或焊接钢管，尽量减少焊缝，对焊缝进行 100%无损探伤；

  2）跨越通航河流的燃气管道管底标高，应符合通航净空的要求，管架外侧应设置护桩；

  3）在确定管道位置时，与随桥敷设的其他管道的间距应符合现行国家标准《工业企业煤气安全规程》GB 6222 支架敷管的有关规定；

  4）管道应设置必要的补偿和减振措施；

  5）对管道应做较高等级的防腐保护；对于采用阴极保护的埋地钢管与随桥管道之间应设置绝缘装置；

  6）跨越河流的燃气管道的支座（架）应采用不燃烧材料制作。

6.3.11 燃气管道穿越河底时，应符合下列要求：

 1 燃气管道宜采用钢管；

 2 燃气管道至河床的覆土厚度，应根据水流冲刷条件及规划河床确定。对不通航河流不应小于 0.5m；对通航的河流不应小于 1.0m，还应考虑疏浚和投锚深度；

 3 稳管措施应根据计算确定；

 4 在埋设燃气管道位置的河流两岸上、下游应设立标志。

6.3.12 穿越或跨越重要河流的燃气管道，在河流两岸均应设置阀门。

6.3.13 在次高压、中压燃气干管上，应设置分段阀门，并应在阀门两侧设置放散管。在燃气支管的起点处，应设置阀门。

6.3.14 地下燃气管道上的检测管、凝水缸的排水管、水封阀和阀门，均应设置护罩或护井。

6.3.15 室外架空的燃气管道，可沿建筑物外墙或支柱敷设，并应符合下列要求：

 1 中压和低压燃气管道，可沿建筑耐火等级不低于二级的住宅或公共建筑的外墙敷设；

次高压 B、中压和低压燃气管道，可沿建筑耐火等级不低于二级的丁、戊类生产厂房的外墙敷设。

2 沿建筑物外墙的燃气管道距住宅或公共建筑物中不应敷设燃气管道的房间门、窗洞口的净距：中压管道不应小于 0.5m，低压管道不应小于 0.3m。燃气管道距生产厂房建筑物门、窗洞口的净距不限。

3 架空燃气管道与铁路、道路、其他管线交叉时的垂直净距不应小于表 6.3.15 的规定。

表 6.3.15 架空燃气管道与铁路、道路、其他管线交叉时的垂直净距

建筑物和管线名称		最小垂直净距（m）	
		燃气管道下	燃气管道上
铁路轨顶		6.0	—
城市道路路面		5.5	—
厂区道路路面		5.0	—
人行道路路面		2.2	—
架空电力线，电压	3kV 以下	—	1.5
	3~10kV	—	3.0
	35~66kV	—	4.0
其他管道，管径	≤300mm	同管道直径，但不小于 0.10	同左
	>300mm	0.30	0.30

注：1 厂区内部的燃气管道，在保证安全的情况下，管底至道路路面的垂直净距可取 4.5m；管底至铁路轨顶的垂直净距，可取 5.5m。在车辆和行人道以外的地区，可在从地面到管底高度不小于 0.35m 的低支柱上敷设燃气管道。
2 电气机车铁路除外。
3 架空电力线与燃气管道的交叉垂直净距尚应考虑导线的最大垂度。

4 输送湿燃气的管道应采取排水措施，在寒冷地区还应采取保温措施。燃气管道坡向凝水缸的坡度不宜小于 0.003。

5 工业企业内燃气管道沿支柱敷设时，尚应符合现行的国家标准《工业企业煤气安全规程》GB 6222 的规定。

6.4 压力大于 1.6MPa 的室外燃气管道

6.4.1 本节适用于压力大于 1.6MPa（表压）但不大于 4.0MPa（表压）的城镇燃气（不包括液态燃气）室外管道工程的设计。

6.4.2 城镇燃气管道通过的地区，应按沿线建筑物的密集程度划分为四个管道地区等级，并依据管道地区等级作出相应的管道设计。

6.4.3 城镇燃气管道地区等级的划分应符合下列规定：

1 沿管道中心线两侧各 200m 范围内，任意划分为 1.6km 长并能包括最多供人居住的独立建筑物数量的地段，作为地区分级单元。

注：在多单元住宅建筑物内，每个独立住宅单元按一个供人居住的独立建筑物计算。

2 管道地区等级应根据地区分级单元内建筑物的密集程度划分，并应符合下列规定：

  1）一级地区：有 12 个或 12 个以下供人居住的独立建筑物。

  2）二级地区：有 12 个以上，80 个以下供人居住的独立建筑物。

  3）三级地区：介于二级和四级之间的中间地区。有 80 个或 80 个以上供人居住的独立建筑物但不够四级地区条件的地区、工业区或距人员聚集的室外场所 90m 内铺设管线的区域。

  4）四级地区：4 层或 4 层以上建筑物（不计地下室层数）普遍且占多数、交通频繁、地下设施多的城市中心城区（或镇的中心区域等）。

3 二、三、四级地区的长度应按下列规定调整：

  1）四级地区垂直于管道的边界线距最近地上 4 层或 4 层以上建筑物不应小于 200m。

  2）二、三级地区垂直于管道的边界线距该级地区最近建筑物不应小于 200m。

4 确定城镇燃气管道地区等级，宜按城市规划为该地区的今后发展留有余地。

6.4.4 高压燃气管道采用的钢管和管道附件材料应符合下列要求：

1 燃气管道所用钢管、管道附件材料的选择，应根据管道的使用条件（设计压力、温度、介质特性、使用地区等）、材料的焊接性能等因素，经技术经济比较后确定。

2 燃气管道选用的钢管，应符合现行国家标准《石油天然气工业 输送钢管交货技术条件 第 1 部分：A 级钢管》GB/T 9711.1（L175 级钢管除外）、《石油天然气工业 输送钢管交货技术条件 第 2 部分：B 级钢管》GB/T 9711.2 和《输送流体用无缝钢管》GB/T 8163 的规定，或符合不低于上述三项标准相应技术要求的其他钢管标准。三级和四级地区高压燃气管道材料钢级不应低于 L245。

3 燃气管道所采用的钢管和管道附件应根据选

用的材料、管径、壁厚、介质特性、使用温度及施工环境温度等因素，对材料提出冲击试验和（或）落锤撕裂试验要求。

4 当管道附件与管道采用焊接连接时，两者材质应相同或相近。

5 管道附件中所用的锻件，应符合国家现行标准《压力容器用碳素钢和低合金钢锻件》JB 4726、《低温压力容器用低合金钢锻件》JB 4727 的有关规定。

6 管道附件不得采用螺旋焊缝钢管制作，严禁采用铸铁制作。

6.4.5 燃气管道强度设计应根据管段所处地区等级和运行条件，按可能同时出现的永久荷载和可变荷载的组合进行设计。当管道位于地震设防烈度7度及7度以上地区时，应考虑管道所承受的地震荷载。

6.4.6 钢质燃气管道直管段计算壁厚应按式(6.4.6)计算，计算所得到的厚度应按钢管标准规格向上选取钢管的公称壁厚。最小公称壁厚不应小于表6.3.2的规定。

$$\delta = \frac{PD}{2\sigma_s \phi F} \quad (6.4.6)$$

式中 δ——钢管计算壁厚（mm）；
P——设计压力（MPa）；
D——钢管外径（mm）；
σ_s——钢管的最低屈服强度（MPa）；
F——强度设计系数，按表6.4.8和表6.4.9选取；
ϕ——焊缝系数。当采用符合第6.4.4条第2款规定的钢管标准时取1.0。

6.4.7 对于采用经冷加工后又经加热处理的钢管，当加热温度高于320℃（焊接除外）或采用经过冷加工或热处理的钢管煨弯成弯管时，则在计算该钢管或弯管壁厚时，其屈服强度应取该管材最低屈服强度(σ_s)的75%。

6.4.8 城镇燃气管道的强度设计系数（F）应符合表6.4.8的规定。

表6.4.8 城镇燃气管道的强度设计系数

地区等级	强度设计系数（F）
一级地区	0.72
二级地区	0.60
三级地区	0.40
四级地区	0.30

6.4.9 穿越铁路、公路和人员聚集场所的管道以及门站、储配站、调压站内管道的强度设计系数，应符合表6.4.9的规定。

表6.4.9 穿越铁路、公路和人员聚集场所的管道以及门站、储配站、调压站内管道的强度设计系数（F）

管道及管段	一	二	三	四
有套管穿越Ⅲ、Ⅳ级公路的管道	0.72	0.6		
无套管穿越Ⅲ、Ⅳ级公路的管道	0.6	0.5		
有套管穿越Ⅰ、Ⅱ级公路、高速公路、铁路的管道	0.6	0.6	0.4	0.3
门站、储配站、调压站内管道及其上、下游各200m管道，截断阀室管道及其上、下游各50m管道（其距离从站和阀室边界线起算）	0.5	0.5		
人员聚集场所的管道	0.4	0.4		

6.4.10 下列计算或要求应符合现行国家标准《输气管道工程设计规范》GB 50251 的相应规定：

1 受约束的埋地直管段轴向应力计算和轴向应力与环向应力组合的当量应力校核；

2 受内压和温差共同作用下弯头的组合应力计算；

3 管道附件与没有轴向约束的直管段连接时的热膨胀强度校核；

4 弯头和弯管的管壁厚度计算；

5 燃气管道径向稳定校核。

6.4.11 一级或二级地区地下燃气管道与建筑物之间的水平净距不应小于表6.4.11的规定。

表6.4.11 一级或二级地区地下燃气管道与建筑物之间的水平净距（m）

燃气管道公称直径 DN (mm)	地下燃气管道压力（MPa）		
	1.61	2.50	4.00
900<DN≤1050	53	60	70
750<DN≤900	40	47	57
600<DN≤750	31	37	45
450<DN≤600	24	28	35
300<DN≤450	19	23	28
150<DN≤300	14	18	22
DN≤150	11	13	15

注：1 当燃气管道强度设计系数不大于0.4时，一级或二级地区地下燃气管道与建筑物之间的水平净距可按表6.4.12确定。

2 水平净距是指管道外壁到建筑物出地面处外墙面的距离。建筑物是指平常有人的建筑物。

3 当燃气管道压力与表中数不相同时，可采用直线方程内插法确定水平净距。

6.4.12 三级地区地下燃气管道与建筑物之间的水平净距不应小于表 6.4.12 的规定。

表 6.4.12 三级地区地下燃气管道与建筑物之间的水平净距（m）

燃气管道公称直径和壁厚 δ (mm)	地下燃气管道压力（MPa）		
	1.61	2.50	4.00
A 所有管径 $\delta<9.5$	13.5	15.0	17.0
B 所有管径 $9.5\leqslant\delta<11.9$	6.5	7.5	9.0
C 所有管径 $\delta\geqslant 11.9$	3.0	5.0	8.0

注：1 当对燃气管道采取有效的保护措施时，$\delta<9.5mm$ 的燃气管道也可采用表中 B 行的水平净距。
  2 水平净距是指管道外壁到建筑物出地面处外墙面的距离。建筑物是指平常有人的建筑物。
  3 当燃气管道压力与表中数不相同时，可采用直线方程内插法确定水平净距。

6.4.13 高压地下燃气管道与构筑物或相邻管道之间的水平和垂直净距，不应小于表 6.3.3-1 和 6.3.3-2 次高压 A 的规定。但高压 A 和高压 B 地下燃气管道与铁路路堤坡脚的水平净距分别不应小于 8m 和 6m；与有轨电车钢轨的水平净距分别不应小于 4m 和 3m。

注：当达不到本条净距要求时，采取有效的防护措施后，净距可适当缩小。

6.4.14 四级地区地下燃气管道输配压力不宜大于 1.6MPa（表压）。其设计应遵守本规范 6.3 节的有关规定。

  四级地区地下燃气管道输配压力不应大于 4.0MPa（表压）。

6.4.15 高压燃气管道的布置应符合下列要求：

 1 高压燃气管道不宜进入四级地区；当受条件限制需要进入或通过四级地区时，应遵守下列规定：

  1）高压 A 地下燃气管道与建筑物外墙面之间的水平净距不应小于 30m（当管壁厚度 $\delta\geqslant 9.5mm$ 或对燃气管道采取有效的保护措施时，不应小于 15m）；

  2）高压 B 地下燃气管道与建筑物外墙面之间的水平净距不应小于 16m（当管壁厚度 $\delta\geqslant 9.5mm$ 或对燃气管道采取有效的保护措施时，不应小于 10m）；

  3）管道分段阀门应采用遥控或自动控制。

 2 高压燃气管道不应通过军事设施、易燃易爆仓库、国家重点文物保护单位的安全保护区、飞机场、火车站、海（河）港码头。当受条件限制管道必须在本款所列区域内通过时，必须采取安全防护措施。

 3 高压燃气管道宜采用埋地方式敷设。当个别地段需要采用架空敷设时，必须采取安全防护措施。

6.4.16 当管道安全评估中危险性分析证明，可能发生事故的次数和结果合理时，可采用与表 6.4.11、表 6.4.12 和 6.4.15 条不同的净距和采用与表 6.4.8、表 6.4.9 不同的强度设计系数（F）。

6.4.17 焊接支管连接口的补强应符合下列规定：

 1 补强的结构形式可采用增加主管道或支管道壁厚或同时增加主、支管道壁厚、或三通、或拔制扳边式接口的整体补强形式，也可采用补强圈补强的局部补强形式。

 2 当支管道公称直径大于或等于 1/2 主管道公称直径时，应采用三通。

 3 支管道的公称直径小于或等于 50mm 时，可不作补强计算。

 4 开孔削弱部分按等面积补强，其结构和数值计算应符合现行国家标准《输气管道工程设计规范》GB 50251 的相应规定。其焊接结构还应符合下述规定：

  1）主管道和支管道的连接焊缝应保证全焊透，其角焊缝腰高应大于或等于 1/3 的支管道壁厚，且不小于 6mm；

  2）补强圈的形状应与主管道相符，并与主管道紧密贴合。焊接和热处理时补强圈上开一排气孔，管道使用期间应将排气孔堵死，补强圈宜按国家现行标准《补强圈》JB/T 4736 选用。

6.4.18 燃气管道附件的设计和选用应符合下列规定：

 1 管件的设计和选用应符合国家现行标准《钢制对焊无缝管件》GB 12459、《钢板制对焊管件》GB/T 13401、《钢制法兰管件》GB/T 17185、《钢制对焊管件》SY/T 0510 和《钢制弯管》SY/T 5257 等有关标准的规定。

 2 管法兰的选用应符合国家现行标准《钢制管法兰》GB/T 9112～GB/T 9124、《大直径碳钢法兰》GB/T 13402 或《钢制法兰、垫片、紧固件》HG 20592～HG 20635 的规定。法兰、垫片和紧固件应考虑介质特性配套选用。

 3 绝缘法兰、绝缘接头的设计应符合国家现行标准《绝缘法兰设计技术规定》SY/T 0516 的规定。

 4 非标钢制异径接头、凸形封头和平封头的设计，可参照现行国家标准《钢制压力容器》GB 150 的有关规定。

 5 除对焊管件之外的焊接预制单体（如集气管、清管器接收筒等），若其所用材料、焊缝及检验不同于本规范所列要求时，可参照现行国家标准《钢制压力容器》GB 150 进行设计、制造和检验。

 6 管道与管件的管端焊接接头形式宜符合现行国家标准《输气管道工程设计规范》GB 50251 的有关规定。

 7 用于改变管道走向的弯头、弯管应符合现行国家标准《输气管道工程设计规范》GB 50251 的有关规定，且弯曲后的弯管其外侧减薄处厚度应不小于按式（6.4.6）计算得到的计算厚度。

6.4.19 燃气管道阀门的设置应符合下列要求：

1 在高压燃气干管上，应设置分段阀门；分段阀门的最大间距：以四级地区为主的管段不应大于8km；以三级地区为主的管段不应大于13km；以二级地区为主的管段不应大于24km；以一级地区为主的管段不应大于32km。

2 在高压燃气支管的起点处，应设置阀门。

3 燃气管道阀门的选用应符合国家现行有关标准，并应选择适用于燃气介质的阀门。

4 在防火区内关键部位使用的阀门，应具有耐火性能。需要通过清管器或电子检管器的阀门，应选用全通径阀门。

6.4.20 高压燃气管道及管件设计应考虑日后清管或电子检管的需要，并宜预留安装电子检管器收发装置的位置。

6.4.21 埋地管线的锚固件应符合下列要求：

1 埋地管线上弯管或迂回管处产生的纵向力，必须由弯管处的锚固件、土壤摩阻或管子中的纵向应力加以抵消。

2 若弯管处不用锚固件，则靠近推力起源点处的管子接头处应设计成能承受纵向拉力。若接头未采取此种措施，则应加装适用的拉杆或拉条。

6.4.22 高压燃气管道的地基、埋设的最小覆土厚度、穿越铁路和电车轨道、穿越高速公路和城镇主要干道、通过河流的形式和要求等应符合本规范6.3节的有关规定。

6.4.23 市区外地下高压燃气管道沿线应设置里程桩、转角桩、交叉和警示牌等永久性标志。

市区内地下高压燃气管道应设立管位警示标志。在距管顶不小于500mm处应埋设警示带。

6.5 门站和储配站

6.5.1 本节适用于城镇燃气输配系统中，接受气源来气并进行净化、加臭、储存、控制供气压力、气量分配、计量和气质检测的门站和储配站的工程设计。

6.5.2 门站和储配站站址选择应符合下列要求：

1 站址应符合城镇总体规划的要求；

2 站址应具有适宜的地形、工程地质、供电、给水排水和通信等条件；

3 门站和储配站应少占农田、节约用地并注意与城镇景观等协调；

4 门站站址应结合长输管线位置确定；

5 根据输配系统具体情况，储配站与门站可合建；

6 储配站内的储气罐与站外的建、构筑物的防火间距应符合现行国家标准《建筑设计防火规范》GB 50016的有关规定。站内露天燃气工艺装置与站外建、构筑物的防火间距应符合甲类生产厂房与厂外建、构筑物的防火间距的要求。

6.5.3 储配站内的储气罐与站内的建、构筑物的防火间距应符合表6.5.3的规定。

表6.5.3 储气罐与站内的建、构筑物的防火间距（m）

储气罐总容积（m³）	≤1000	>1000~≤10000	>10000~≤50000	>50000~≤200000	>200000
明火、散发火花地点	20	25	30	35	40
调压室、压缩机室、计量室	10	12	15	20	25
控制室、变配电室、汽车库等辅助建筑	12	15	20	25	30
机修间、燃气锅炉房	15	20	25	30	35
办公、生活建筑	18	20	25	30	35
消防泵房、消防水池取水口	20				
站内道路（路边）	10	10	10	10	10
围墙	15	15	15	15	18

注：1 低压湿式储气罐与站内的建、构筑物的防火间距，应按本表确定。
2 低压干式储气罐与站内的建、构筑物的防火间距，当可燃气体的密度比空气大时，应按本表增加25%；比空气小或等于时，可按本表确定。
3 固定容积储气罐与站内的建、构筑物的防火间距应按本表的规定执行。总容积按其几何容积（m³）和设计压力（绝对压力，10²kPa）的乘积计算。
4 低压湿式或干式储气罐的水封室、油泵房和电梯间等附属设施与该储气罐的间距按工艺要求确定；
5 露天燃气工艺装置与储气罐的间距按工艺要求确定。

6.5.4 储气罐或罐区之间的防火间距，应符合下列要求：

1 湿式储气罐之间、干式储气罐之间、湿式储气罐与干式储气罐之间的防火间距，不应小于相邻较大罐的半径；

2 固定容积储气罐之间的防火间距，不应小于相邻较大罐直径的2/3；

3 固定容积储气罐与低压湿式或干式储气罐之间的防火间距，不应小于相邻较大罐的半径；

4 数个固定容积储气罐的总容积大于200000m³时，应分组布置。组与组之间的防火间距：卧式储罐，不应小于相邻较大罐长度的一半；球形储罐，不应小于相邻较大罐的直径，且不应小于20.0m；

5 储罐与液化石油气罐之间防火间距应符合现行国家标准《建筑设计防火规范》GB 50016的有关规定。

6.5.5 门站和储配站总平面布置应符合下列要求：

1 总平面应分区布置，即分为生产区（包括储罐区、调压计量区、加压区等）和辅助区。

2 站内的各建构筑物之间以及与站外建构筑物之间的防火间距应符合现行国家标准《建筑设计防火规范》GB 50016的有关规定。站内建筑物的耐火等级不应低于现行国家标准《建筑设计防火规范》GB 50016 "二级"的规定。

3 站内露天工艺装置区边缘距明火或散发火花地点不应小于20m，距办公、生活建筑不应小于18m，距围墙不应小于10m。与站内生产建筑的间距按工艺要求确定。

4 储配站生产区应设置环形消防车通道，消防车通道宽度不应小于3.5m。

6.5.6 当燃气无臭味或臭味不足时，门站或储配站内应设置加臭装置。加臭量应符合本规范第3.2.3条的有关规定。

6.5.7 门站和储配站的工艺设计应符合下列要求：

1 功能应满足输配系统输气调度和调峰的要求；

2 站内应根据输配系统调度要求分组设置计量和调压装置，装置前应设过滤器；门站进站总管上宜设置分离器；

3 调压装置应根据燃气流量、压力降等工艺条件确定设置加热装置；

4 站内计量调压装置和加压设备应根据工作环境要求露天或在厂房内布置，在寒冷或风沙地区宜采用全封闭式厂房；

5 进出站管线应设置切断阀门和绝缘法兰；

6 储配站内进罐管线上宜设置控制进罐压力和流量的调节装置；

7 当长输管道采用清管工艺时，其清管器的接收装置宜设置在门站内；

8 站内管道上应根据系统要求设置安全保护及放散装置；

9 站内设备、仪表、管道等安装的水平间距和标高均应便于观察、操作和维修。

6.5.8 站内宜设置自动化控制系统，并宜作为输配系统的数据采集监控系统的远端站。

6.5.9 站内燃气计量和气质的检验应符合下列要求：

1 站内设置的计量仪表应符合表6.5.9的规定；

2 宜设置测定燃气组分、发热量、密度、湿度和各项有害杂质含量的仪表。

表6.5.9 站内设置的计量仪表

进、出站参数	功能		
	指示	记录	累计
流量	+	+	+
压力	+	+	—
温度	+	+	—

注：表中"+"表示应设置。

6.5.10 燃气储存设施的设计应符合下列要求：

1 储配站所建储罐容积应根据输配系统所需储气总容量、管网系统的调度平衡和气体混配要求确定；

2 储配站的储气方式及储罐形式应根据燃气进站压力、供气规模、输配管网压力等因素，经技术经济比较后确定；

3 确定储罐单体或单组容积时，应考虑储罐检修期间供气系统的调度平衡；

4 储罐区宜设有排水设施。

6.5.11 低压储气罐的工艺设计，应符合下列要求：

1 低压储气罐宜分别设置燃气进、出气管，各管应设置关闭性能良好的切断装置，并宜设置水封阀，水封阀的有效高度应取设计工作压力（以Pa表示）乘0.1加500mm。燃气进、出气管的设计应能适应气罐地基沉降引起的变形；

2 低压储气罐应设储气量指示器。储气量指示器应具有显示储量及可调节的高低限位声、光报警装置；

3 储气罐高度超越当地有关的规定时应设高度障碍标志；

4 湿式储气罐的水封高度应经过计算后确定；

5 寒冷地区湿式储气罐的水封应设有防冻措施；

6 干式储气罐密封系统，必须能够可靠地连续运行；

7 干式储气罐应设置紧急放散装置；

8 干式储气罐应配有检修通道。稀油密封干式储气罐外部应设置检修电梯。

6.5.12 高压储气罐工艺设计，应符合下列要求：

1 高压储气罐宜分别设置燃气进、出气管，不需要起混气作用的高压储气罐，其进、出气管也可合为一条；燃气进、出气管的设计宜进行柔性计算；

2 高压储气罐应分别设置安全阀、放散管和排污管；

3 高压储气罐应设置压力检测装置；

4 高压储气罐宜减少接管开孔数量；

5 高压储气罐宜设置检修排空装置；

6 当高压储气罐罐区设置检修用集中放散装置时，集中放散装置的放散管与站外建、构筑物的防火间距不应小于表 6.5.12-1 的规定；集中放散装置的放散管与站内建、构筑物的防火间距不应小于表 6.5.12-2 的规定；放散管管口高度应高出距其 25m 内的建构筑物 2m 以上，且不得小于 10m；

7 集中放散装置宜设置在站内全年最小频率风向的上风侧。

表6.5.12-1 集中放散装置的放散管与站外建、构筑物的防火间距

项 目		防火间距 (m)
明火、散发火花地点		30
民用建筑		25
甲、乙类液体储罐，易燃材料堆场		25
室外变、配电站		30
甲、乙类物品库房，甲、乙类生产厂房		25
其他厂房		20
铁路（中心线）		40
公路、道路（路边）	高速，Ⅰ、Ⅱ级，城市快速	15
	其他	10
架空电力线（中心线）	>380V	2.0 倍杆高
	≤380V	1.5 倍杆高
架空通信线（中心线）	国家Ⅰ、Ⅱ级	1.5 倍杆高
	其他	1.5 倍杆高

表 6.5.12-2 集中放散装置的放散管与站内建、构筑物的防火间距

项 目	防火间距 (m)
明火、散发火花地点	30
办公、生活建筑	25
可燃气体储罐	20
室外变、配电站	30
调压室、压缩机室、计量室及工艺装置区	20
控制室、配电室、汽车库、机修间和其他辅助建筑	25
燃气锅炉房	25
消防泵房、消防水池取水口	20
站内道路（路边）	2
围墙	2

6.5.13 站内工艺管道应采用钢管。燃气管道设计压力大于 0.4MPa 时，其管材性能应分别符合现行国家标准《石油天然气工业输送钢管交货技术条件》GB/T 9711、《输送流体用无缝钢管》GB/T 8163 的规定；设计压力不大于 0.4MPa 时，其管材性能应符合现行国家标准《低压流体输送用焊接钢管》GB/T 3091 的规定。

阀门等管道附件的压力级别不应小于管道设计压力。

6.5.14 燃气加压设备的选型应符合下列要求：

1 储配站燃气加压设备应结合输配系统总体设计采用的工艺流程、设计负荷、排气压力及调度要求确定；

2 加压设备应根据吸排气压力、排气量选择机型。所选用的设备应便于操作维护、安全可靠，并符合节能、高效、低振和低噪声的要求；

3 加压设备的排气能力应按厂方提供的实测值为依据。站内加压设备的形式应一致，加压设备的规格应满足运行调度要求，并不宜多于两种。

储配站内装机总台数不宜过多。每 1～5 台压缩机宜另设 1 台备用。

6.5.15 压缩机室的工艺设计应符合下列要求：

1 压缩机宜按独立机组配置进、出气管及阀门、旁通、冷却器、安全放散、供油和供水等各项辅助设施；

2 压缩机的进、出气管道宜采用地下直埋或管沟敷设，并宜采取减振降噪措施；

3 管道设计应设有能满足投产置换，正常生产维修和安全保护所必需的附属设备；

4 压缩机及其附属设备的布置应符合下列要求：

  1）压缩机宜采取单排布置；

  2）压缩机之间及压缩机与墙壁之间的净距不宜小于 1.5m；

  3）重要通道的宽度不宜小于 2m；

  4）机组的联轴器及皮带传动装置应采取安全防护措施；

  5）高出地面 2m 以上的检修部位应设置移动或可拆卸式的维修平台或扶梯；

  6）维修平台及地坑周围应设防护栏杆；

5 压缩机室宜根据设备情况设置检修用起吊设备；

6 当压缩机采用燃气为动力时，其设计应符合现行国家标准《输气管道工程设计规范》GB 50251 和《石油天然气工程设计防火规范》GB 50183 的有关规定；

7 压缩机组前必须设有紧急停车按钮。

6.5.16 压缩机的控制室宜设在主厂房一侧的中部或主厂房的一端。控制室与压缩机室之间应设有能观察各台设备运转的隔声耐火玻璃窗。

6.5.17 储配站控制室内的二次检测仪表及操作调节装置宜按表 6.5.17 规定设置。

表 6.5.17 储配站控制室内二次检测仪表及调节装置

参数名称		现场显示	控制室显示	控制室记录或累计	控制室报警连锁
压缩机室进气管压力		—	+	—	+
压缩机室出气管压力		—	+	+	+
机组	吸气压力	+	—	—	—
	吸气温度	+	—	—	—
	排气压力	+	+	—	+
	排气温度	+	+	—	—
压缩机室	供电电压	—	+	—	—
	电流	—	+	—	—
	功率因数	—	+	—	—
	功率	—	+	—	—
机组	电压	+	+	—	—
	电流	+	+	—	—
	功率因数	+	+	—	—
	功率	+	+	—	—
压缩机室	供水温度	—	+	—	—
	供水压力	—	+	—	+
机组	供水温度	+	+	—	—
	回水温度	+	+	—	—
	水流状态	+	+	—	—
润滑油	供油压力	+	+	—	—
	供油温度	+	+	—	—
	回油温度	+	+	—	—
电机防爆通风系统排风压力		—	+	—	+

注：表中"+"表示应设置。

6.5.18 压缩机室、调压计量室等具有爆炸危险的生产用房应符合现行国家标准《建筑设计防火规范》GB 50016 的"甲类生产厂房"设计的规定。

6.5.19 门站和储配站内的消防设施设计应符合现行国家标准《建筑设计防火规范》GB 50016 的规定，并符合下列要求：

1 储配站在同一时间内的火灾次数应按一次考虑。储罐区的消防用水量不应小于表 6.5.19 的规定。

表 6.5.19 储罐区的消防用水量

储罐容积（m³）	>500 ~ ≤10000	>10000 ~ ≤50000	>50000 ~ ≤100000	>100000 ~ ≤200000	>200000
消防用水量（L/s）	15	20	25	30	35

注：固定容积的可燃气体储罐以组为单位，总容积按其几何容积（m³）和设计压力（绝对压力，10^2kPa）的乘积计算。

2 当设置消防水池时，消防水池的容量应按火灾延续时间 3h 计算确定。当火灾情况下能保证连续向消防水池补水时，其容量可减去火灾延续时间内的补水量。

3 储配站内消防给水管网应采用环形管网，其给水干管不应少于 2 条。当其中一条发生故障时，其余的进水管应能满足消防用水总量的供给要求。

4 站内室外消火栓宜选用地上式消火栓。

5 门站的工艺装置区可不设消防给水系统。

6 门站和储配站内建筑物灭火器的配置应符合现行国家标准《建筑灭火器配置设计规范》GB 50140 的有关规定。储配站内储罐区应配置干粉灭火器，配置数量按储罐台数每台设置 2 个；每组相对独立的调压计量等工艺装置区应配置干粉灭火器，数量不少于 2 个。

注：1 干粉灭火器指 8kg 手提式干粉灭火器。
2 根据场所危险程度可设置部分 35kg 手推式干粉灭火器。

6.5.20 门站和储配站供电系统设计应符合现行国家标准《供配电系统设计规范》GB 50052 的"二级负荷"的规定。

6.5.21 门站和储配站电气防爆设计符合下列要求：

1 站内爆炸危险场所的电力装置设计应符合现行国家标准《爆炸和火灾危险环境电力装置设计规范》GB 50058 的规定。

2 其爆炸危险区域等级和范围的划分宜符合本规范附录 D 的规定。

3 站内爆炸危险厂房和装置区内应装设燃气浓度检测报警装置。

6.5.22 储气罐和压缩机室、调压计量室等具有爆炸危险的生产用房应有防雷接地设施，其设计应符合现行国家标准《建筑物防雷设计规范》GB 50057 的"第二类防雷建筑物"的规定。

6.5.23 门站和储配站的静电接地设计应符合国家现行标准《化工企业静电接地设计规程》HGJ 28 的规定。

6.5.24 门站和储配站边界的噪声应符合现行国家标准《工业企业厂界噪声标准》GB 12348 的规定。

6.6 调压站与调压装置

6.6.1 本节适用于城镇燃气输配系统中不同压力级别管道之间连接的调压站、调压箱（或柜）和调压装置的设计。

6.6.2 调压装置的设置应符合下列要求：

1 自然条件和周围环境许可时，宜设置在露天，但应设置围墙、护栏或车挡；

2 设置在地上单独的调压箱（悬挂式）内时，对居民和商业用户燃气进口压力不应大于 0.4MPa；对工业用户（包括锅炉房）燃气进口压力不应大于 0.8MPa；

3 设置在地上单独的调压柜（落地式）内时，

对居民、商业用户和工业用户（包括锅炉房）燃气进口压力不宜大于 1.6MPa；

  4 设置在地上单独的建筑物内时，应符合本规范第 6.6.12 条的要求；

  5 当受到地上条件限制，且调压装置进口压力不大于 0.4MPa 时，可设置在地下单独的建筑物内或地下单独的箱体内，并应分别符合本规范第 6.6.14 条和第 6.6.5 条的要求；

  6 液化石油气和相对密度大于 0.75 燃气的调压装置不得设于地下室、半地下室内和地下单独的箱体内。

6.6.3 调压站（含调压柜）与其他建筑物、构筑物的水平净距应符合表 6.6.3 的规定。

表 6.6.3 调压站（含调压柜）与其他建筑物、构筑物水平净距（m）

设置形式	调压装置入口燃气压力级制	建筑物外墙面	重要公共建筑、一类高层民用建筑	铁路（中心线）	城镇道路	公共电力变配电柜
地上单独建筑	高压(A)	18.0	30.0	25.0	5.0	6.0
	高压(B)	13.0	25.0	20.0	4.0	6.0
	次高压(A)	9.0	18.0	15.0	3.0	4.0
	次高压(B)	6.0	12.0	10.0	3.0	4.0
	中压(A)	6.0	12.0	10.0	2.0	4.0
	中压(B)	6.0	12.0	10.0	2.0	4.0
调压柜	次高压(A)	7.0	14.0	12.0	2.0	4.0
	次高压(B)	4.0	8.0	8.0	2.0	4.0
	中压(A)	4.0	8.0	8.0	1.0	4.0
	中压(B)	4.0	8.0	8.0	1.0	4.0
地下单独建筑	中压(A)	3.0	6.0	6.0	—	3.0
	中压(B)	3.0	6.0	6.0	—	3.0
地下调压箱	中压(A)	3.0	6.0	6.0	—	3.0
	中压(B)	3.0	6.0	6.0	—	3.0

注：**1** 当调压装置露天设置时，则指距离装置的边缘；
  2 当建筑物（含重要公共建筑）的某外墙为无门、窗洞口的实体墙，且建筑物耐火等级不低于二级时，燃气进口压力级别为中压 A 或中压 B 的调压柜一侧或两侧（非平行），可贴靠上述外墙设置；
  3 当达不到上表净距要求时，采取有效措施，可适当缩小净距。

6.6.4 地上调压箱和调压柜的设置应符合下列要求：
  1 调压箱（悬挂式）
   1）调压箱的箱底距地坪的高度宜为 1.0～1.2m，可安装在用气建筑物的外墙壁上或悬挂于专用的支架上；当安装在用气建筑物的外墙上时，调压器进出口管径不宜大于 $DN50$；
   2）调压箱到建筑物的门、窗或其他通向室内的孔槽的水平净距应符合下列规定：
    当调压器进口燃气压力不大于 0.4MPa 时，不应小于 1.5m；
    当调压器进口燃气压力大于 0.4MPa 时，不应小于 3.0m；
    调压箱不应安装在建筑物的窗下和阳台下的墙上；不应安装在室内通风机进风口墙上；
   3）安装调压箱的墙体应为永久性的实体墙，其建筑物耐火等级不应低于二级；
   4）调压箱上应有自然通风孔。
  2 调压柜（落地式）
   1）调压柜应单独设置在牢固的基础上，柜底距地坪高度宜为 0.30m；
   2）距其他建筑物、构筑物的水平净距应符合表 6.6.3 的规定；
   3）体积大于 $1.5m^3$ 的调压柜应有爆炸泄压口，爆炸泄压口不应小于上盖或最大柜壁面积的 50%（以较大者为准）；爆炸泄压口宜设在上盖上；通风口面积可包括在计算爆炸泄压口面积内；
   4）调压柜上应有自然通风口，其设置应符合下列要求：
    当燃气相对密度大于 0.75 时，应在柜体上、下各设 1% 柜底面积通风口；调压柜四周应设护栏；
    当燃气相对密度不大于 0.75 时，可仅在柜体上部设 4% 柜底面积通风口；调压柜四周宜设护栏。
  3 调压箱（或柜）的安装位置应能满足调压器安全装置的安装要求。
  4 调压箱（或柜）的安装位置应使调压箱（或柜）不被碰撞，在开箱（或柜）作业时不影响交通。

6.6.5 地下调压箱的设置应符合下列要求：
  1 地下调压箱不宜设置在城镇道路下，距其他建筑物、构筑物的水平净距应符合本规范表 6.6.3 的规定；
  2 地下调压箱上应有自然通风口，其设置应符合本规范第 6.6.4 条第 2 款 4）项规定；
  3 安装地下调压箱的位置应能满足调压器安全装置的安装要求；
  4 地下调压箱设计应方便检修；
  5 地下调压箱应有防腐保护。

6.6.6 单独用户的专用调压装置除按本规范第 6.6.2 和 6.6.3 条设置外，尚可按下列形式设置，但应符合下列要求：
  1 当商业用户调压装置进口压力不大于 0.4MPa，或工业用户（包括锅炉）调压装置进口压力不大于 0.8MPa 时，可设置在用气建筑物专用单层毗连建筑物内：

  1）该建筑物与相邻建筑应用无门窗和洞口的防火墙隔开，与其他建筑物、构筑物水平净距应符合本规范表 6.6.3 的规定；

  2）该建筑物耐火等级不应低于二级，并应具有轻型结构屋顶爆炸泄压口及向外开启的门窗；

  3）地面应采用撞击时不会产生火花的材料；

  4）室内通风换气次数每小时不应小于 2 次；

  5）室内电气、照明装置应符合现行的国家标准《爆炸和火灾危险环境电力装置设计规范》GB 50058 的"1 区"设计的规定。

 2 当调压装置进口压力不大于 0.2MPa 时，可设置在公共建筑的顶层房间内：

  1）房间应靠建筑物外墙，不应布置在人员密集房间的上面或贴邻，并满足本条第 1 款 2）、3）、5）项要求；

  2）房间内应设有连续通风装置，并能保证通风换气次数每小时不小于 3 次；

  3）房间内应设置燃气浓度检测监控仪表及声、光报警装置。该装置应与通风设施和紧急切断阀连锁，并将信号引入该建筑物监控室；

  4）调压装置应设有超压自动切断保护装置；

  5）室外进口管道应设有阀门，并能在地面操作；

  6）调压装置和燃气管道应采用钢管焊接和法兰连接。

 3 当调压装置进口压力不大于 0.4MPa，且调压器进出口管径不大于 DN100 时，可设置在用气建筑物的平屋顶上，但应符合下列条件：

  1）应在屋顶承重结构受力允许的条件下，且该建筑物耐火等级不应低于二级；

  2）建筑物应有通向屋顶的楼梯；

  3）调压箱、柜（或露天调压装置）与建筑物烟囱的水平净距不应小于 5m。

 4 当调压装置进口压力不大于 0.4MPa 时，可设置在生产车间、锅炉房和其他工业生产用气房间内，或当调压装置进口压力不大于 0.8MPa 时，可设置在独立、单层建筑的生产车间或锅炉房内，但应符合下列条件：

  1）应满足本条第 1 款 2）、4）项要求；

  2）调压器进出口管径不应大于 DN80；

  3）调压装置宜设不燃烧体护栏；

  4）调压装置除在室内设进口阀门外，还应在室外引入管上设置阀门。

 注：当调压器进出口管径大于 DN80 时，应将调压装置设置在用气建筑物的专用单层房间内，其设计应符合本条第 1 款的要求。

6.6.7 调压箱（柜）或调压站的噪声应符合现行国家标准《城市区域环境噪声标准》GB 3096 的规定。

6.6.8 设置调压器场所的环境温度应符合下列要求：

 1 当输送干燃气时，无采暖的调压器的环境温度应能保证调压器的活动部件正常工作；

 2 当输送湿燃气时，无防冻措施的调压器的环境温度应大于 0℃；当输送液化石油气时，其环境温度应大于液化石油气的露点。

6.6.9 调压器的选择应符合下列要求：

 1 调压器应能满足进口燃气的最高、最低压力的要求；

 2 调压器的压力差，应根据调压器前燃气管道的最低设计压力与调压器后燃气管道的设计压力之差值确定；

 3 调压器的计算流量，应按该调压器所承担的管网小时最大输送量的 1.2 倍确定。

6.6.10 调压站（或调压箱或调压柜）的工艺设计应符合下列要求：

 1 连接未成环低压管网的区域调压站和供连续生产使用的用户调压装置宜设置备用调压器，其他情况下的调压器可不设备用。

  调压器的燃气进、出口管道之间应设旁通管，用户调压箱（悬挂式）可不设旁通管。

 2 高压和次高压燃气调压站室外进、出口管道上必须设置阀门；

  中压燃气调压站室外进口管道上，应设置阀门。

 3 调压站室外进、出口管道上阀门距调压站的距离：

  当为地上单独建筑时，不宜小于 10m，当为毗连建筑物时，不宜小于 5m；

  当为调压柜时，不宜小于 5m；

  当为露天调压装置时，不宜小于 10m；

  当通向调压站的支管阀门距调压站小于 100m 时，室外支管阀门与调压站进口阀门可合为一个。

 4 在调压器燃气入口处应安装过滤器。

 5 在调压器燃气入口（或出口）处，应设防止燃气出口压力过高的安全保护装置（当调压器本身带有安全保护装置时可不设）。

 6 调压器的安全保护装置宜选用人工复位型。安全保护（放散或切断）装置必须设定启动压力值并具有足够的能力。启动压力应根据工艺要求确定，当工艺无特殊要求时应符合下列要求：

  1）当调压器出口为低压时，启动压力应使与低压管道直接相连的燃气用具处于安全工作压力以内；

  2）当调压器出口压力小于 0.08MPa 时，启动压力不应超过出口工作压力上限的 50%；

3）当调压器出口压力等于或大于 0.08MPa，但不大于 0.4MPa 时，启动压力不应超过出口工作压力上限 0.04MPa；

4）当调压器出口压力大于 0.4MPa 时，启动压力不应超过出口工作压力上限的 10%。

7 调压站放散管管口应高出其屋檐 1.0m 以上。调压柜的安全放散管管口距地面的高度不应小于 4m；设置在建筑物墙上的调压箱的安全放散管管口应高出该建筑物屋檐 1.0m；

地下调压站和地下调压箱的安全放散管管口也应按地上调压柜安全放散管管口的规定设置。

注：清洗管道吹扫用的放散管、指挥器的放散管与安全水封放散管属于同一工作压力时，允许将它们连接在同一放散管上。

8 调压站内调压器及过滤器前后均应设置指示式压力表，调压器后应设置自动记录式压力仪表。

6.6.11 地上调压站内调压器的布置应符合下列要求：

1 调压器的水平安装高度应便于维护检修；

2 平行布置 2 台以上调压器时，相邻调压器外缘净距、调压器与墙面之间的净距和室内主要通道的宽度均宜大于 0.8m。

6.6.12 地上调压站的建筑物设计应符合下列要求：

1 建筑物耐火等级不应低于二级；

2 调压室与毗连房间之间应用实体隔墙隔开，其设计应符合下列要求：

1）隔墙厚度不应小于 24cm，且应两面抹灰；

2）隔墙内不得设置烟道和通风设备，调压室的其他墙壁也不得设有烟道；

3）隔墙有管道通过时，应采用填料密封或将墙洞用混凝土等材料填实。

3 调压室及其他有漏气危险的房间，应采取自然通风措施，换气次数每小时不应小于 2 次；

4 城镇无人值守的燃气调压室电气防爆等级应符合现行国家标准《爆炸和火灾危险环境电力装置设计规范》GB 50058 "1区"设计的规定（见附录图 D-7）；

5 调压室内的地面应采用撞击时不会产生火花的材料；

6 调压室应有泄压措施，并应符合现行国家标准《建筑设计防火规范》GB 50016 的有关规定；

7 调压室的门、窗应向外开启，窗应设防护栏和防护网；

8 重要调压室宜设保护围墙；

9 设于空旷地带的调压站或采用高架遥测天线的调压站应单独设置避雷装置，其接地电阻值应小于 10Ω。

6.6.13 燃气调压站采暖应根据气象条件、燃气性质、控制测量仪表结构和人员工作的需要等因素确定。当需要采暖时严禁在调压室内用明火采暖，但可采用集中供热或在调压站内设置燃气、电气采暖系统，其设计应符合下列要求：

1 燃气采暖锅炉可设在与调压器室毗连的房间内；

调压器室的门、窗与锅炉室的门、窗不应设置在建筑的同一侧；

2 采暖系统宜采用热水循环式；

采暖锅炉烟囱排烟温度严禁大于 300℃；烟囱出口与燃气安全放散管出口的水平距离应大于 5m；

3 燃气采暖锅炉应有熄火保护装置或设专人值班管理；

4 采用防爆式电气采暖装置时，可对调压器室或单体设备用电加热采暖。电采暖设备的外壳温度不得大于 115℃。电采暖设备应与调压设备绝缘。

6.6.14 地下调压站的建筑物设计应符合下列要求：

1 室内净高不应低于 2m；

2 宜采用混凝土整体浇筑结构；

3 必须采取防水措施；在寒冷地区应采取防寒措施；

4 调压室顶盖上必须设置两个呈对角位置的人孔，孔盖应能防止地表水浸入；

5 室内地面应采用撞击时不产生火花的材料，并应在一侧人孔下的地坪设置集水坑；

6 调压室顶盖应采用混凝土整体浇筑。

6.6.15 当调压站内、外燃气管道为绝缘连接时，调压器及其附属设备必须接地，接地电阻应小于 100Ω。

6.7 钢质燃气管道和储罐的防腐

6.7.1 钢质燃气管道和储罐必须进行外防腐。其防腐设计应符合国家现行标准《城镇燃气埋地钢质管道腐蚀控制技术规程》CJJ 95 和《钢质管道及储罐腐蚀控制工程设计规范》SY 0007 的有关规定。

6.7.2 地下燃气管道防腐设计，必须考虑土壤电阻率。对高、中压输气干管宜沿燃气管道途经地段选点测定其土壤电阻率。应根据土壤的腐蚀性、管道的重要程度及所经地段的地质、环境条件确定其防腐等级。

6.7.3 地下燃气管道的外防腐涂层的种类，根据工程的具体情况，可选用石油沥青、聚乙烯防腐胶带、环氧煤沥青、聚乙烯防腐层、氯磺化聚乙烯、环氧粉末喷涂等。当选用上述涂层时，应符合国家现行有关标准的规定。

6.7.4 采用涂层保护埋地敷设的钢质燃气干管应同时采用阴极保护。

市区外埋地敷设的燃气干管，当采用阴极保护时，宜采用强制电流方式，并应符合国家现行标准《埋地钢质管道强制电流阴极保护设计规范》SY/T 0036 的有关规定。

市区内埋地敷设的燃气干管，当采用阴极保护时，宜采用牺牲阳极法，并应符合国家现行标准《埋地钢质管道牺牲阳极阴极保护设计规范》SY/T 0019的有关规定。

6.7.5 地下燃气管道与交流电力线接地体的净距不应小于表6.7.5的规定。

表6.7.5 地下燃气管道与交流电力线接地体的净距（m）

电压等级（kV）	10	35	110	220
铁塔或电杆接地体	1	3	5	10
电站或变电所接地体	5	10	15	30

6.8 监控及数据采集

6.8.1 城市燃气输配系统，宜设置监控及数据采集系统。

6.8.2 监控及数据采集系统应采用电子计算机系统为基础的装备和技术。

6.8.3 监控及数据采集系统应采用分级结构。

6.8.4 监控及数据采集系统应设主站、远端站。主站应设在燃气企业调度服务部门，并宜与城市公用数据库连接。远端站宜设置在区域调压站、专用调压站、管网压力监测点、储配站、门站和气源厂等。

6.8.5 根据监控及数据采集系统拓扑结构设计的需求，在等级系统中可在主站与远端站之间设置通信或其他功能的分级站。

6.8.6 监控及数据采集系统的信息传输介质及方式应根据当地通信系统条件、系统规模和特点、地理环境，经全面的技术经济比较后确定。信息传输宜采用城市公共数据通信网络。

6.8.7 监控及数据采集系统所选用的设备、器件、材料和仪表应选用通用性产品。

6.8.8 监控及数据采集系统的布线和接口设计应符合国家现行有关标准的规定，并具有通用性、兼容性和可扩性。

6.8.9 监控及数据采集系统的硬件和软件应有较高可靠性，并应设置系统自身诊断功能，关键设备应采用冗余技术。

6.8.10 监控及数据采集系统宜配备实时瞬态模拟软件，软件应满足系统进行调度优化、泄漏检测定位、工况预测、存量分析、负荷预测及调度员培训等功能。

6.8.11 监控及数据采集系统远端站应具有数据采集和通信功能，并对需要进行控制或调节的对象点，应有对选定的参数或操作进行控制或调节功能。

6.8.12 主站系统设计应具有良好的人机对话功能，宜满足及时调整参数或处理紧急情况的需要。

6.8.13 远端站数据采集等工作信息的类型和数量应按实际需要予以合理地确定。

6.8.14 设置监控和数据采集设备的建筑应符合现行国家标准《计算站场地技术要求》GB 2887和《电子计算机机房设计规范》GB 50174以及《计算机机房用活动地板技术条件》GB 6550的有关规定。

6.8.15 监控及数据采集系统的主站机房，应设置可靠性较高的不间断电源设备及其备用设备。

6.8.16 远端站的防爆、防护应符合所在地点防爆、防护的相关要求。

7 压缩天然气供应

7.1 一 般 规 定

7.1.1 本章适用于下列工作压力不大于25.0MPa（表压）的城镇压缩天然气供应工程设计：
1 压缩天然气加气站；
2 压缩天然气储配站；
3 压缩天然气瓶组供气站。

7.1.2 压缩天然气的质量应符合现行国家标准《车用压缩天然气》GB 18047的规定。

7.1.3 压缩天然气可采用汽车载运气瓶组或气瓶车运输，也可采用船载运输。

7.2 压缩天然气加气站

7.2.1 压缩天然气加气站站址选择应符合下列要求：
1 压缩天然气加气站宜靠近气源，并应具有适宜的交通、供电、给水排水、通信及工程地质条件。
2 在城镇区域内建设的压缩天然气加气站站址应符合城镇总体规划的要求。

7.2.2 压缩天然气加气站与天然气储配站合建时，站内的天然气储罐与气瓶车固定车位的防火间距不应小于表7.2.2的规定。

7.2.3 压缩天然气加气站与天然气储配站的合建站，当天然气储罐区设置检修用集中放散装置时，集中放散装置的放散管与站内、外建、构筑物的防火间距不应小于本规范第6.5.12条的规定。集中放散装置的放散管与气瓶车固定车位的防火间距不应小于20m。

表7.2.2 天然气储罐与气瓶车固定车位的防火间距（m）

储罐总容积（m³）		≤50000	>50000
气瓶车固定车位最大储气容积（m³）	≤10000	12.0	15.0
	>10000~≤30000	15.0	20.0

注：1 储罐总容积按本规范表6.5.3注3计算；
2 气瓶车在固定车位最大储气总容积（m³）为在固定车位储气的各气瓶车总几何容积（m³）与其最高储气压力（绝对压力 10^2 kPa）乘积之和，并除以压缩因子；
3 天然气储罐与气瓶车固定车位的防火间距，除符合本表规定外，还不应小于较大罐直径。

7.2.4 气瓶车固定车位与站外建、构筑物的防火间距不应小于表 7.2.4 的规定。

表 7.2.4 气瓶车固定车位与站外建、构筑物的防火间距（m）

项目		气瓶车在固定车位最大储气总容积(m³)	
		>4500~≤10000	>10000~≤30000
明火、散发火花地点、室外变、配电站		25.0	30.0
重要公共建筑		50.0	60.0
民用建筑		25.0	30.0
甲、乙、丙类液体储罐，易燃材料堆场，甲类物品库房		25.0	30.0
其他建筑	耐火等级 一、二级	15.0	20.0
	三级	20.0	25.0
	四级	25.0	30.0
铁路(中心线)		40.0	
公路、道路(路边)	高速，I、Ⅱ级、城市快速	20.0	
	其他	15.0	
架空电力线(中心线)		1.5 倍杆高	
架空通信线(中心线)	I、Ⅱ级	20.0	
	其他	1.5 倍杆高	

注：1 气瓶车在固定车位最大储气总容积按本规范表 7.2.2 注 2 计算；
　　2 气瓶车在固定车位储气总几何容积不大于 18m³，且最大储气总容积不大于 4500m³ 时，应符合现行国家标准《汽车加油加气站设计与施工规范》GB 50156 的规定。

7.2.5 气瓶车固定车位与站内建、构筑物的防火间距不应小于表 7.2.5 的规定。

表 7.2.5 气瓶车固定车位与站内建、构筑物的防火间距（m）

名称		气瓶车在固定车位最大储气总容积(m³)	
		>4500~≤10000	>10000~≤30000
明火、散发火花地点		25.0	30.0
压缩机室、调压室、计量室		10.0	12.0
变、配电室、仪表室、燃气热水炉室、值班室、门卫		15.0	20.0
办公、生活建筑		20.0	25.0
消防泵房、消防水池取水口		20.0	
站内道路(路边)	主要	10.0	
	次要	5.0	
围墙		6.0	10.0

注：1 气瓶车在固定车位最大储气总容积按本规范表 7.2.2 注 2 计算。
　　2 变、配电室、仪表室、燃气热水炉室、值班室、门卫等用房的建筑耐火等级不应低于现行国家标准《建筑设计防火规范》GB 50016 中"二级"规定。
　　3 露天的燃气工艺装置与气瓶车固定车位的间距可按工艺要求确定。
　　4 气瓶车在固定车位储气总几何容积不大于 18m³，且最大储气总容积不大于 4500m³ 时，应符合现行国家标准《汽车加油加气站设计与施工规范》GB 50156 的规定。

7.2.6 站内应设置气瓶车固定车位，每个气瓶车的固定车位宽度不应小于 4.5m，长度宜为气瓶车长度，在固定车位场地上应标有各车位明显的边界线，每台车位宜对应 1 个加气嘴，在固定车位前应留有足够的回车场地。

7.2.7 气瓶车应停靠在固定车位处，并应采取固定措施，在充气作业中严禁移动。

7.2.8 气瓶车在固定车位最大储气总容积不应大于 30000m³。

7.2.9 加气柱宜设在固定车位附近，距固定车位 2~3m。加气柱距站内天然气储罐不应小于 12m，距围墙不应小于 6m，距压缩机室、调压室、计量室不应小于 6m，距燃气热水炉室不应小于 12m。

7.2.10 压缩天然气加气站的设计规模应根据用户的需求量与天然气气源的稳定供气能力确定。

7.2.11 当进站天然气硫化氢含量超过本规范第 7.1.2 条的规定时，应进行脱硫。当进站天然气水量超过本规范第 7.1.2 条规定时，应进行脱水。

天然气脱硫和脱水装置设计应符合现行国家标准《汽车加油加气站设计与施工规范》GB 50156 的有关规定。

7.2.12 进入压缩机的天然气含尘量不应大于 5mg/m³，微尘直径应小于 10μm；当天然气含尘量和微尘直径超过规定值时，应进行除尘净化。进入压缩机的天然气质量还应符合选用的压缩机的有关要求。

7.2.13 在压缩机前应设置缓冲罐，天然气在缓冲罐内停留的时间不宜小于 10s。

7.2.14 压缩天然气加气站总平面应分区布置，即分为生产区和辅助区。压缩天然气加气站宜设 2 个对外出入口。

7.2.15 进压缩天然气加气站的天然气管道上应设切断阀；当气源为城市高、中压输配管道时，还应在切断阀后设安全阀。切断阀和安全阀应符合下列要求：

　　1 切断阀应设置在事故情况下便于操作的安全地点；

　　2 安全阀应为全启封闭式弹簧安全阀，其开启压力应为站外天然气输配管道最高工作压力；

　　3 安全阀采用集中放散时，应符合本规范第 6.5.12 条第 6 款的规定。

7.2.16 压缩天然气系统的设计压力应根据工艺条件确定，且不应小于该系统最高工作压力的 1.1 倍。

向压缩天然气储配站和压缩天然气瓶组供气站运送压缩天然气的气瓶车和气瓶组，在充装温度为 20℃ 时，充装压力不应大于 20.0MPa（表压）。

7.2.17 天然气压缩机应根据进站天然气压力、脱水工艺及设计规模进行选型，型号宜选择一致，并应有备用机组。压缩机排气压力不应大于 25.0MPa（表压）；多台并联运行的压缩机单台排气量，应按公称容积流量的 80%~85% 进行计算。

7.2.18 压缩机动力宜选用电动机，也可选用天然气发动机。

7.2.19 天然气压缩机应根据环境和气候条件露天设

置或设置于单层建筑物内，也可采用橇装设备。压缩机宜单排布置，压缩机室主要通道宽度不宜小于1.5m。

7.2.20 压缩机前总管中天然气流速不宜大于15m/s。

7.2.21 压缩机进口管道上应设置手动和电动（或气动）控制阀门。压缩机出口管道上应设置安全阀、止回阀和手动切断阀。出口安全阀的泄放能力不应小于压缩机的安全泄放量；安全阀放散管管口应高出建筑物2m以上，且距地面不应小于5m。

7.2.22 从压缩机轴承等处泄漏的天然气，应汇总后由管道引至室外放散，放散管管口的设置应符合本规范第7.2.21条的规定。

7.2.23 压缩机组的运行管理宜采用计算机控制装置。

7.2.24 压缩机应设有自动和手动停车装置，各级排气温度大于限定值时，应报警并人工停车。在发生下列情况之一时，应报警并自动停车：
 1 各级吸、排气压力不符合规定值；
 2 冷却水（或风冷鼓风机）压力和温度不符合规定值；
 3 润滑油压力、温度和油箱液位不符合规定值；
 4 压缩机电机过载。

7.2.25 压缩机卸载排气宜通过缓冲罐回收，并引入进站天然气管道内。

7.2.26 从压缩机排出的冷凝液处理应符合如下规定：
 1 严禁直接排入下水道。
 2 采用压缩机前脱水工艺时，应在每台压缩机前排出冷凝液的管路上设置压力平衡阀和止回阀。冷凝液汇入总管后，应引至室外储罐，储罐的设计压力应为冷凝系统最高工作压力的1.2倍。
 3 采用压缩机后脱水或中段脱水工艺时，应设置在压缩机运行中能自动排出冷凝液的设施。冷凝液汇总后应引至室外密闭水封塔，释放气放散管管口的设置应符合本规范第7.2.21条的规定；塔底冷凝水应集中处理。

7.2.27 从冷却器、分离器等排出的冷凝液，应按本章第7.2.26条第3款的要求处理。

7.2.28 压缩天然气加气站检测和控制调节装置宜按表7.2.28规定设置。

表7.2.28 压缩天然气加气站检测和控制调节装置

参 数 名 称	现场显示	控制室 显示	控制室 记录或累计	控制室 报警连锁
天然气进站压力	+	+	+	—
天然气进站流量	—	+	+	—

续表7.2.8

	参 数 名 称	现场显示	控制室 显示	控制室 记录或累计	控制室 报警连锁
压缩机室	调压器出口压力	+	+	+	—
压缩机室	过滤器出口压力	+	+	+	—
压缩机室	压缩机吸气总管压力	+	+	+	—
压缩机室	压缩机排气总管压力	+	+	+	—
压缩机室	冷却水：供水压力	+	+	—	+
压缩机室	供水温度	+	+	+	+
压缩机室	回水温度	+	+	+	+
压缩机室	润滑油：供油压力	+	+	—	+
压缩机室	供油温度	+	+	+	+
压缩机室	回油温度	+	+	+	+
压缩机室	供电：电压	+	+	—	—
压缩机室	电流	+	+	—	—
压缩机室	功率因数	+	+	—	—
压缩机室	功率	+	+	—	—
压缩机组	压缩机各级：吸气、排气压力	+	+	—	+
压缩机组	排气温度	+	+	—	+（手动）
压缩机组	冷却水：供水压力	+	+	—	+
压缩机组	供水温度	+	+	—	+
压缩机组	回水温度	+	+	—	+
压缩机组	润滑油：供油压力	+	+	—	+
压缩机组	供油温度	+	+	—	+
压缩机组	回油温度	+	+	—	+
脱水装置	出口总管压力	+	+	+	—
脱水装置	加热用气：压力	+	+	—	—
脱水装置	温度	+	+	+	—
脱水装置	排气温度	+	+	—	—

注：表中"+"表示应设置。

7.2.29 压缩天然气加气站天然气系统的设计，应符合本规范第6.5节的有关规定。

7.3 压缩天然气储配站

7.3.1 压缩天然气储配站站址选择应符合下列要求：
 1 符合城镇总体规划的要求；
 2 应具有适宜的地形、工程地质、交通、供电、给水排水及通信条件；
 3 少占农田、节约用地并注意与城市景观协调。

7.3.2 压缩天然气储配站的设计规模应根据城镇各

类天然气用户的总用气量和供应本站的压缩天然气加气站供气能力及气瓶车运输条件等确定。

7.3.3 压缩天然气储配站的天然气总储气量应根据气源、运输和气候等条件确定，但不应小于本站计算月平均日供气量的1.5倍。

压缩天然气储配站的天然气总储气量包括停靠在站内固定车位的压缩天然气气瓶车的总储气量。当储配站天然气总储气量大于30000m^3时，除采用气瓶车储气外应建天然气储罐等其他储气设施。

注：有补充或替代气源时，可按工艺条件确定。

7.3.4 压缩天然气储配站内天然气储罐与站外建、构筑物的防火间距应符合现行国家标准《建筑设计防火规范》GB 50016的规定。站内露天天然气工艺装置与站外建、构筑物的防火间距按甲类生产厂房与厂外建、构筑物的防火间距执行。

7.3.5 压缩天然气储配站内天然气储罐与站内建、构筑物的防火间距应符合本规范第6.5.3条的规定。

7.3.6 天然气储罐或罐区之间的防火间距应符合本规范第6.5.4条的规定。

7.3.7 当天然气储罐区设置检修用集中放散装置时，集中放散装置的放散管与站内、外建、构筑物的防火间距应符合本规范第7.2.3条的规定。

7.3.8 气瓶车固定车位与站外建、构筑物的防火间距应符合本规范第7.2.4条的规定。

7.3.9 气瓶车固定车位与站内建、构筑物的防火间距应符合本规范第7.2.5条的规定。

7.3.10 气瓶车固定车位的设置和气瓶车的停靠应符合本规范第7.2.6条和7.2.7条的规定。卸气柱的设置应符合本规范第7.2.9条有关加气柱的规定。

7.3.11 压缩天然气储配站总平面应分区布置，即分为生产区和辅助区。压缩天然气储配站宜设2个对外出入口。

7.3.12 当压缩天然气储配站与液化石油气混气站合建时，站内天然气储罐及固定车位与液化石油气储罐的防火间距应符合现行国家标准《建筑设计防火规范》GB 50016的规定。

7.3.13 压缩天然气系统的设计压力应符合本章第7.2.16条的规定。

7.3.14 压缩天然气应根据工艺要求分级调压，并应符合下列要求：

1 在一级调压器进口管道上应设置快速切断阀。

2 调压系统应根据工艺要求设置自动切断和安全放散装置。

3 在压缩天然气调压过程中，应根据工艺条件确定对调压器前压缩天然气进行加热，加热量应能保证设备、管道及附件正常运行。加热介质管道或设备应设超压泄放装置。

4 在一级调压器进口管道上宜设置过滤器。

5 各级调压器系统安全阀的安全放散管宜汇总至集中放散管，集中放散管管口的设置应符合本规范第7.2.21条的规定。

7.3.15 通过城市天然气输配管道向各类用户供应的天然气无臭味或臭味不足时，应在压缩天然气储配站内进行加臭，加臭量应符合本规范第3.2.3条的规定。

7.3.16 压缩天然气储配站的天然气系统，应符合本规范第6.5节的有关规定。

7.4 压缩天然气瓶组供气站

7.4.1 瓶组供气站的规模应符合下列要求：

1 气瓶组最大储气总容积不应大于1000m^3，气瓶组总几何容积不应大于4m^3。

2 气瓶组储气总容积应按1.5倍计算月平均日供气量确定。

注：气瓶组最大储气总容积为各气瓶组总几何容积（m^3）与其最高储气压力（绝对压力10^2kPa）乘积之和，并除以压缩因子。

7.4.2 压缩天然气瓶组供气站宜设置在供气小区边缘，供气规模不宜大于1000户。

7.4.3 气瓶组应在站内固定地点设置。气瓶组及天然气放散管管口、调压装置至明火散发火花的地点和建、构筑物的防火间距不应小于表7.4.3的规定。

表7.4.3 气瓶组及天然气放散管管口、调压装置至明火散发火花的地点和建、构筑物的防火间距（m）

项目	名称	气瓶组	天然气放散管管口	调压装置
明火、散发火花地点		25	25	25
民用建筑、燃气热水炉间		18	18	12
重要公共建筑、一类高层民用建筑		30	30	24
道路（路边）	主要	10	10	10
	次要	5	5	5

注：本表以外的其他建、构筑物的防火间距应符合国家现行标准《汽车用燃气加气站技术规范》CJJ 84中天然气加气站三级站的规定。

7.4.4 气瓶组可与调压计量装置设置在一起。

7.4.5 气瓶组的气瓶应符合国家有关现行标准的规定。

7.4.6 气瓶组供气站的调压应符合本规范第7.3节的规定。

7.5 管道及附件

7.5.1 压缩天然气管道应采用高压无缝钢管，其技术性能应符合现行国家标准《高压锅炉用无缝钢管》

GB 5310、流体输送用《不锈钢无缝钢管》GB/T 14976 或《化肥设备用高压无缝钢管》GB 6479 的规定。

7.5.2 钢管外径大于 28mm 时压缩天然气管道宜采用焊接连接，管道与设备、阀门的连接宜采用法兰连接；小于或等于 28mm 的压缩天然气管道及其与设备、阀门的连接可采用双卡套接头、法兰或锥管螺纹连接。双卡套接头应符合现行国家标准《卡套管接头技术条件》GB 3765 的规定。管接头的复合密封材料和垫片应适应天然气的要求。

7.5.3 压缩天然气系统的管道、管件、设备与阀门的设计压力或压力级别不应小于系统的设计压力，其材质应与天然气介质相适应。

7.5.4 压缩天然气加气柱和卸气柱的加气、卸气软管应采用耐天然气腐蚀的气体承压软管；软管的长度不应大于 6.0m，有效作用半径不应小于 2.5m。

7.5.5 室外压缩天然气管道宜采用埋地敷设，其管顶距地面的埋深不应小于 0.6m，冰冻地区应敷设在冰冻线以下。当管道采用支架敷设时，应符合本规范第 6.3.15 条的规定。埋地管道防腐设计应符合本规范第 6.7 节的规定。

7.5.6 室内压缩天然气管道宜采用管沟敷设。管底与管沟底的净距不应小于 0.2m。管沟应用干砂填充，并应设活动门及通风口。室外管沟盖板应按通行重载汽车负荷设计。

7.5.7 站内天然气管道的设计，应符合本规范第 6.5.13 条的有关规定。

7.6 建筑物和生产辅助设施

7.6.1 压缩天然气加气站、压缩天然气储配站和压缩天然气瓶组供气站的生产厂房及其他附属建筑物的耐火等级不应低于二级。

7.6.2 在地震烈度为 7 度或 7 度以上地区建设的压缩天然气加气站、压缩天然气储配站和压缩天然气瓶组供气站的建、构筑物抗震设计，应符合现行国家标准《构筑物抗震设计规范》GB 50191 和《建筑物抗震设计规范》GB 50011 的有关规定。

7.6.3 站内具有爆炸危险的封闭式建筑应采取良好的通风措施；在非采暖地区宜采用敞开式或半敞开式建筑。

7.6.4 压缩天然气加气站、压缩天然气储配站在同一时间内的火灾次数应按一次考虑，消防用水量按储罐区及气瓶车固定车位（总储气容积按储罐区储气总容积与气瓶车在固定车位最大储气容积之和计算）的一次消防用水量确定。

7.6.5 压缩天然气加气站、压缩天然气储配站内的消防设施设计应符合国家现行标准《建筑设计防火规范》GB 50016 的规定，并应符合本规范第 6.5.19 条第 1、2、3、6 款的要求。

7.6.6 压缩天然气加气站、压缩天然气储配站的废油水、洗罐水等应回收集中处理。

7.6.7 压缩天然气加气站的供电系统设计应符合现行国家标准《供配电系统设计规范》GB 50052 "三级负荷"的规定。但站内消防水泵用电应为"二级负荷"。

7.6.8 压缩天然气储配站的供电系统设计应符合现行国家标准《供配电系统设计规范》GB 50052 "二级负荷"的规定。

7.6.9 压缩天然气加气站、压缩天然气储配站和压缩天然气瓶组供气站站内爆炸危险场所和生产用房的电气防爆、防雷和静电接地设计及站边界的噪声控制应符合本规范第 6.5.21 条至第 6.5.24 条的规定。

7.6.10 压缩天然气加气站、压缩天然气储配站和压缩天然气瓶组供气站应设置燃气浓度检测报警系统。

燃气浓度检测报警器的报警浓度应取天然气爆炸下限的 20%（体积分数）。

燃气浓度检测报警器及其报警装置的选用和安装，应符合国家现行标准《石油化工企业可燃气体和有毒气体检测报警设计规范》SH 3063 的规定。

8 液化石油气供应

8.1 一般规定

8.1.1 本章适用于下列液化石油气供应工程设计：
1 液态液化石油气运输工程；
2 液化石油气供应基地（包括：储存站、储配站和灌装站）；
3 液化石油气气化站、混气站、瓶组气化站；
4 瓶装液化石油气供应站；
5 液化石油气用户。

8.1.2 本章不适用于下列液化石油气工程和装置设计：
1 炼油厂、石油化工厂、油田、天然气气体处理装置的液化石油气加工、储存、灌装和运输工程；
2 液化石油气全冷冻式储存、灌装和运输工程（液化石油气供应基地的全冷冻式储罐与基地外建、构筑物的防火间距除外）；
3 海洋和内河的液化石油气运输；
4 轮船、铁路车辆和汽车上使用的液化石油气装置。

8.2 液态液化石油气运输

8.2.1 液态液化石油气由生产厂或供应基地至接收站可采用管道、铁路槽车、汽车槽车或槽船运输。运输方式的选择应经技术经济比较后确定。条件接近时，宜优先采用管道输送。

8.2.2 液态液化石油气输送管道应按设计压力（P）分为3级，并应符合表8.2.2的规定。

8.2.3 输送液态液化石油气管道的设计压力应高于管道系统起点的最高工作压力。管道系统起点最高工作压力可按下式计算：

表 8.2.2 液态液化石油气输送管道设计压力（表压）分级

管道级别	设计压力（MPa）
Ⅰ 级	$P > 4.0$
Ⅱ 级	$1.6 < P \leq 4.0$
Ⅲ 级	$P \leq 1.6$

$$P_q = H + P_s \quad (8.2.3)$$

式中 P_q——管道系统起点最高工作压力（MPa）；
　　 H——所需泵的扬程（MPa）；
　　 P_s——始端储罐最高工作温度下的液化石油气饱和蒸气压力（MPa）。

8.2.4 液态液化石油气采用管道输送时，泵的扬程应大于公式（8.2.4）的计算值。

$$H_j = \Delta P_Z + \Delta P_Y + \Delta H \quad (8.2.4)$$

式中 H_j——泵的计算扬程（MPa）；
　　 ΔP_Z——管道总阻力损失，可取 $1.05 \sim 1.10$ 倍管道摩擦阻力损失（MPa）；
　　 ΔP_Y——管道终点进罐余压，可取 $0.2 \sim 0.3$（MPa）；
　　 ΔH——管道终、起点高程差引起的附加压力（MPa）。

注：液态液化石油气在管道输送过程中，沿途任何一点的压力都必须高于其输送温度下的饱和蒸气压力。

8.2.5 液态液化石油气管道摩擦阻力损失，应按下式计算：

$$\Delta P = 10^{-6} \lambda \frac{L u^2 \rho}{2d} \quad (8.2.5)$$

式中 ΔP——管道摩擦阻力损失（MPa）；
　　 L——管道计算长度（m）；
　　 u——液态液化石油气在管道中的平均流速（m/s）；
　　 d——管道内径（m）；
　　 ρ——平均输送温度下的液态液化石油气密度（kg/m³）；
　　 λ——管道的摩擦阻力系数，宜按本规范第 6.2.6 条中公式（6.2.6-2）计算。

注：平均输送温度可取管道中心埋深处，最冷月的平均地温。

8.2.6 液态液化石油气在管道内的平均流速，应经技术经济比较后确定，可取 $0.8 \sim 1.4$ m/s，最大不应超过3m/s。

8.2.7 液态液化石油气输送管线不得穿越居住区、村镇和公共建筑群等人员集聚的地区。

8.2.8 液态液化石油气管道宜采用埋地敷设，其埋设深度应在土壤冰冻线以下，且应符合本规范第 6.3.4 条的有关规定。

8.2.9 地下液态液化石油气管道与建、构筑物或相邻管道之间的水平净距和垂直净距不应小于表 8.2.9-1 和表 8.2.9-2 的规定。

表 8.2.9-1 地下液态液化石油气管道与建、构筑物或相邻管道之间的水平净距（m）

项目		管道级别		
		Ⅰ级	Ⅱ级	Ⅲ级
特殊建、构筑物（军事设施、易燃易爆物品仓库、国家重点文物保护单位、飞机场、火车站和码头等）		100		
居民区、村镇、重要公共建筑		50	40	25
一般建、构筑物		25	15	10
给水管		1.5	1.5	1.5
污水、雨水排水管		2	2	2
热力管	直埋	2	2	2
	在管沟内（至外壁）	4	4	4
其他燃料管道		2	2	2
埋地电缆	电力线（中心线）	2	2	2
	通信线（中心线）	2	2	2
电杆（塔）的基础	≤35kV	2	2	2
	>35kV	5	5	5
通信照明电杆（至电杆中心）		2	2	2
公路、道路（路边）	高速，Ⅰ、Ⅱ级，城市快速	10	10	10
	其他	5	5	5
铁路（中心线）	国家线	25	25	25
	企业专用线	10	10	10
树木（至树中心）		2	2	2

注：1 当因客观条件达不到本表规定时，可按本规范第 6.4 节的有关规定降低管道强度设计系数，增加管道壁厚和采取有效的安全保护措施后，水平净距可适当减小；

2 特殊建、构筑物的水平净距应从其划定的边界线算起；

3 当地下液态液化石油气管道或相邻地下管道中的防腐采用外加电流阴极保护时，两相邻地下管道（缆线）之间的水平净距尚应符合国家现行标准《钢质管道及储罐腐蚀控制工程设计规范》SY 0007 的有关规定。

表 8.2.9-2 地下液态液化石油气管道与构筑物或地下管道之间的垂直净距（m）

项　目		地下液态液化石油气管道（当有套管时，以套管计）
给水管，污水、雨水排水管（沟）		0.20
热力管、热力管的管沟底（或顶）		0.20
其他燃料管道		0.20
通信线、电力线	直埋	0.50
	在导管内	0.25
铁路（轨底）		1.20
有轨电车（轨底）		1.00
公路、道路（路面）		0.90

注：1 地下液化石油气管道与排水管（沟）或其他有沟的管道交叉时，交叉处应加套管。
　　2 地下液化石油气管道与铁路、高速公路、Ⅰ级或Ⅱ级公路交叉时，尚应符合本规范第 6.3.9 条的有关规定。

8.2.10 液态液化石油气输送管道通过的地区，应按其沿线建筑密集程度划分为 4 个地区等级，地区等级的划分和管道强度设计系数选取、管道及其附件的设计应符合本规范第 6.4 节的有关规定。

8.2.11 在下列地点液态液化石油气输送管道应设置阀门：
　　1 起、终点和分支点；
　　2 穿越铁路国家线、高速公路、Ⅰ级或Ⅱ级公路、城市快速路和大型河流两侧；
　　3 管道沿线每隔约 5000m 处。
　　注：管道分段阀门之间应设置放散阀，其放散管管口距地面不应小于 2.5m。

8.2.12 液态液化石油气管道上的阀门不宜设置在地下阀门井内。如确需设置，井内应填满干砂。

8.2.13 液态液化石油气输送管道采用地上敷设时，除应符合本节管道埋地敷设的有关规定外，尚应采取有效的安全措施。地上管道两端应设置阀门。两阀门之间应设置管道安全阀，其放散管管口距地面不应小于 2.5m。

8.2.14 地下液态液化石油气管道的防腐应符合本规范第 6.7 节的有关规定。

8.2.15 液态液化石油气输送管线沿途应设置里程桩、转角桩、交叉桩和警示牌等永久性标志。

8.2.16 液化石油气铁路槽车和汽车槽车应符合国家现行标准《液化气体铁路槽车技术条件》GB 10478 和《液化石油气汽车槽车技术条件》HG/T 3143 的规定。

8.3 液化石油气供应基地

8.3.1 液化石油气供应基地按其功能可分为储存站、储配站和灌装站。

8.3.2 液化石油气供应基地的规模应以城镇燃气专业规划为依据，按其供应用户类别、户数和用气量指标等因素确定。

8.3.3 液化石油气供应基地的储罐设计总容量宜根据其规模、气源情况、运输方式和运距等因素确定。

8.3.4 液化石油气供应基地储罐设计总容量超过 3000m³ 时，宜将储罐分别设置在储存站和灌装站。灌装站的储罐设计容量宜取 1 周左右的计算月平均日供应量，其余为储存站的储罐设计容量。

储罐设计总容量小于 3000m³ 时，可将储罐全部设置在储配站。

8.3.5 液化石油气供应基地的布局应符合城市总体规划的要求，且应远离城市居住区、村镇、学校、影剧院、体育馆等人员集聚的场所。

8.3.6 液化石油气供应基地的站址宜选择在所在地区全年最小频率风向的上风侧，且应是地势平坦、开阔、不易积存液化石油气的地段。同时，应避开地震带、地基沉陷和废弃矿井等地段。

8.3.7 液化石油气供应基地的全压力式储罐与基地外建、构筑物、堆场的防火间距不应小于表 8.3.7 的规定。

半冷冻式储罐与基地外建、构筑物的防火间距可按表 8.3.7 的规定执行。

表 8.3.7 液化石油气供应基地的全压力式储罐与基地外建、构筑物、堆场的防火间距（m）

项目 \ 单罐容积（m³） \ 总容积（m³）	≤50 / ≤20	>50～≤200 / ≤50	>200～≤500 / ≤100	>500～≤1000 / ≤200	>1000～≤2500 / ≤400	>2500～≤5000 / ≤1000	>5000 / —
居住区、村镇和学校、影剧院、体育馆等重要公共建筑（最外侧建、构筑物外墙）	45	50	70	90	110	130	150
工业企业（最外侧建、构筑物外墙）	27	30	35	40	50	60	75
明火、散发火花地点和室外变、配电站	45	50	55	60	70	80	120

续表 8.3.7

项目 \ 单罐容积(m³) / 总容积(m³)	≤50 / ≤20	>50~≤200 / ≤50	>200~≤500 / ≤100	>500~≤1000 / ≤200	>1000~≤2500 / ≤400	>2500~≤5000 / ≤1000	>5000 / —
民用建筑，甲、乙类液体储罐，甲、乙类生产厂房，甲、乙类物品仓库，稻草等易燃材料堆场	40	45	50	55	65	75	100
丙类液体储罐，可燃气体储罐，丙、丁类生产厂房，丙、丁类物品仓库	32	35	40	45	55	65	80
助燃气体储罐、木材等可燃材料堆场	27	30	35	40	50	60	75
其他建筑 耐火等级 一、二级	18	20	22	25	30	40	50
其他建筑 耐火等级 三级	22	25	27	30	40	50	60
其他建筑 耐火等级 四级	27	30	35	40	50	60	75
铁路（中心线）国家线	60	70	70	80	80	100	100
铁路（中心线）企业专用线	25	30	30	35	35	40	40
公路、道路（路边）高速，Ⅰ、Ⅱ级，城市快速	20	25	25	25	25	30	30
公路、道路（路边）其他	15	20	20	20	20	25	25
架空电力线（中心线）	1.5倍杆高	1.5倍杆高	1.5倍杆高	1.5倍杆高	1.5倍杆高	1.5倍杆高，但35kV以上架空电力线不应小于40	1.5倍杆高，但35kV以上架空电力线不应小于40
架空通信线（中心线）Ⅰ、Ⅱ级	30	30	30	40	40	40	40
架空通信线（中心线）其他	1.5倍杆高						

注：1 防火间距应按本表储罐总容积或单罐容积较大者确定，间距的计算应以储罐外壁为准；
   2 居住区、村镇系指1000人或300户以上者，以下者按本表民用建筑执行；
   3 当地下储罐单罐容积小于或等于50m³，且总容积小于或等于400m³时，其防火间距可按本表减少50%；
   4 与本表规定以外的其他建、构筑物的防火间距，应按现行国家标准《建筑设计防火规范》GB 50016执行。

8.3.8 液化石油气供应基地的全冷冻式储罐与基地外建、构筑物、堆场的防火间距不应小于表8.3.8的规定。

表 8.3.8 液化石油气供应基地的全冷冻式储罐与基地外建、构筑物、堆场的防火间距（m）

项 目	间 距
明火、散发火花地点和室外变配电站	120
居住区、村镇和学校、影剧院、体育场等重要公共建筑（最外侧建、构筑物外墙）	150
工业企业（最外侧建、构筑物外墙）	75
甲、乙类液体储罐，甲、乙类生产厂房，甲、乙类物品仓库，稻草等易燃材料堆场	100
丙类液体储罐，可燃气体储罐，丙、丁类生产厂房，丙、丁类物品仓库	80

续表 8.3.8

项 目	间 距
助燃气体储罐、可燃材料堆场	75
民用建筑	100
其他建筑 耐火等级 一级、二级	50
其他建筑 耐火等级 三级	60
其他建筑 耐火等级 四级	75
铁路（中心线）国家线	100
铁路（中心线）企业专用线	40
公路、道路（路边）高速，Ⅰ、Ⅱ级，城市快速	30
公路、道路（路边）其他	25
架空电力线（中心线）	1.5倍杆高，但35kV以上架空电力线应大于40

续表 8.3.8

项　目		间　距
架空通信线（中心线）	Ⅰ、Ⅱ级	40
	其他	1.5倍杆高

注：1 本表所指的储罐为单罐容积大于5000m³，且设有防液堤的全冷冻式液化石油气储罐。当单罐容积等于或小于5000m³时，其防火间距可按本规范表8.3.7条中总容积相对应的全压力式液化石油气储罐的规定执行；
  2 居住区、村镇系指1000人或300户以上者，以下者按本表民用建筑执行；
  3 与本表规定以外的其他建、构筑物的防火间距，应按现行国家标准《建筑设计防火规范》GB50016执行。
  4 间距的计算应以储罐外壁为准。

8.3.9 液化石油气供应基地的储罐与基地内建、构筑物的防火间距应符合下列规定：

　　1 全压力式储罐的防火间距不应小于表8.3.9的规定；

　　2 半冷冻式储罐的防火间距可按表8.3.9的规定执行；

　　3 全冷冻式储罐与基地内道路和围墙的防火间距可按表8.3.9的规定执行。

8.3.10 全冷冻式液化石油气储罐与全压力式液化石油气储罐不得设置在同一罐区内，两类储罐之间的防火间距不应小于相邻较大储罐的直径，且不应小于35m。

表8.3.9　液化石油气供应基地的全压力式储罐与基地内建、构筑物的防火间距（m）

项目	总容积(m³)	≤50	>50～≤200	>200～≤500	>500～≤1000	>1000～≤2500	>2500～≤5000	>5000
	单罐容积(m³)	≤20	≤50	≤100	≤200	≤400	≤1000	—
明火、散发火花地点		45	50	55	60	70	80	120
办公、生活建筑		25	30	35	40	50	60	75
灌瓶间、瓶库、压缩机室、仪表间、值班室		18	20	22	25	30	35	40
汽车槽车库、汽车槽车装卸台柱(装卸口)、汽车衡及其计量室、门卫		18	20	22	25	30		40
铁路槽车装卸线(中心线)		—			20			30
空压机室、变配电室、柴油发电机房、新瓶库、真空泵房、库房		18	20	22	25	30	35	40
汽车库、机修间		25	30		35		40	50
消防泵房、消防水池(罐)取水口				40			50	60
站内道路(路边)	主要	10			15			20
	次要	5			10			15
围墙		15			20			25

注：1 防火间距应按本表总容积或单罐容积较大者确定；间距的计算应以储罐外壁为准；
  2 地下储罐单罐容积小于或等于50m³，且总容积小于或等于400m³时，其防火间距可按本表减少50%；
  3 与本表规定以外的其他建、构筑物的防火间距应按现行国家标准《建筑设计防火规范》GB 50016执行。

8.3.11 液化石油气供应基地总平面必须分区布置，即分为生产区（包括储罐区和灌装区）和辅助区；

　　生产区宜布置在站区全年最小频率风向的上风侧或上侧风侧；

　　灌瓶间的气瓶装卸平台前应有较宽敞的汽车回车场地。

8.3.12 液化石油气供应基地的生产区应设置高度不低于2m的不燃烧体实体围墙。辅助区可设置不燃烧体非实体围墙。

8.3.13 液化石油气供应基地的生产区应设置环形消防车道。消防车道宽度不应小于4m。当储罐总容积小于500m³时，可设置尽头式消防车道和面积不应小于12m×12m的回车场。

8.3.14 液化石油气供应基地的生产区和辅助区至少应各设置1个对外出入口。当液化石油气储罐总容积超过1000m³时，生产区应设置2个对外出入口，其间距不应小于50m。

　　对外出入口宽度不应小于4m。

8.3.15 液化石油气供应基地的生产区内严禁设置地下和半地下建、构筑物（寒冷地区的地下式消火栓和储罐区的排水管、沟除外）。

　　生产区内的地下管（缆）沟必须填满干砂。

8.3.16 基地内铁路引入线和铁路槽车装卸线的设计应符合现行国家标准《工业企业标准轨距铁路设计规范》GBJ 12 的有关规定。

供应基地内的铁路槽车装卸线应设计成直线，其终点距铁路槽车端部不应小于20m，并应设置具有明显标志的车档。

8.3.17 铁路槽车装卸栈桥应采用不燃烧材料建造，其长度可取铁路槽车装卸车位数与车身长度的乘积，宽度不宜小于1.2m，两端应设置宽度不小于0.8m的斜梯。

8.3.18 铁路槽车装卸栈桥上的液化石油气装卸鹤管应设置便于操作的机械吊装设施。

8.3.19 全压力式液化石油气储罐不应少于2台，其储罐区的布置应符合下列要求：

  1 地上储罐之间的净距不应小于相邻较大罐的直径；

  2 数个储罐的总容积超过3000m³时，应分组布置。组与组之间相邻储罐的净距不应小于20m；

  3 组内储罐宜采用单排布置；

  4 储罐组四周应设置高度为1m的不燃烧体实体防护墙；

  5 储罐与防护墙的净距：球形储罐不宜小于其半径，卧式储罐不宜小于其直径，操作侧不宜小于3.0m；

  6 防护墙内储罐超过4台时，至少应设置2个过梯，且应分开布置。

8.3.20 地上储罐应设置钢梯平台，其设计宜符合下列要求：

  1 卧式储罐组宜设置联合钢梯平台。当组内储罐超过4台时，宜设置2个斜梯；

  2 球形储罐组宜设置联合钢梯平台。

8.3.21 地下储罐宜设置在钢筋混凝土槽内，槽内应填充干砂。储罐罐顶与槽盖内壁净距不宜小于0.4m；各储罐之间宜设置隔墙，储罐与隔墙和槽壁之间的净距不宜小于0.9m。

8.3.22 液化石油气储罐与所属泵房的间距不应小于15m。当泵房面向储罐一侧的外墙采用无门窗洞口的防火墙时，其间距可减少至6m。液化石油气泵露天设置在储罐区内时，泵与储罐之间的距离不限。

8.3.23 液态液化石油气泵的安装高度应保证不使其发生气蚀，并采取防止振动的措施。

8.3.24 液态液化石油气泵进、出口管段上阀门及附件的设置应符合下列要求：

  1 泵进、出口管应设置操作阀和放气阀；

  2 泵进口管应设置过滤器；

  3 泵出口管应设置止回阀，并宜设置液相安全回流阀。

8.3.25 灌瓶间和瓶库与站外建、构筑物之间的防火间距，应按现行国家标准《建筑设计防火规范》GB 50016 中甲类储存物品仓库的规定执行。

8.3.26 灌瓶间和瓶库与站内建、构筑物的防火间距不应小于表8.3.26的规定。

表 8.3.26 灌瓶间和瓶库与站内建、构筑物的防火间距（m）

项 目	总存瓶量（t） ≤10	>10～≤30	>30
明火、散发火花地点	25	30	40
办公、生活建筑	20	25	30
铁路槽车装卸线（中心线）	20	25	30
汽车槽车库、汽车槽车装卸台柱（装卸口）、汽车衡及其计量室、门卫	15	18	20
压缩机室、仪表间、值班室	12	15	18
空压机室、变配电室、柴油发电机房	15	18	20
机修间、汽车库	25	30	40
新瓶库、真空泵房、备件库等非明火建筑	12	15	18
消防泵房、消防水池（罐）取水口	25	30	
站内道路（路边） 主要	10		
站内道路（路边） 次要	5		
围墙	10	15	

注：1 总存瓶量应按实瓶存放个数和单瓶充装质量的乘积计算；

  2 瓶库与灌瓶间之间的距离不限；

  3 计算月平均日灌瓶量小于700瓶的灌瓶站，其压缩机室与灌瓶间可合建成一幢建筑物，但其间应采用无门、窗洞口的防火墙隔开；

  4 当计算月平均日灌瓶量小于700瓶时，汽车槽车装卸柱可附设在灌瓶间或压缩机室山墙的一侧，山墙应是无门、窗洞口的防火墙。

8.3.27 灌瓶间内气瓶存放量宜取1～2d的计算月平均日供应量。当总存瓶量（实瓶）超过3000瓶时，宜另外设置瓶库。

灌瓶间和瓶库内的气瓶应按实瓶区、空瓶区分组布置。

8.3.28 采用自动化、半自动化灌装和机械化运瓶的灌瓶作业线上应设置灌瓶质量复检装置，且应设置检漏装置或采取检漏措施。

采用手动灌瓶作业时，应设置检斤秤，并应采取检漏措施。

8.3.29 储配站和灌装站应设置残液倒空和回收装置。

8.3.30 供应基地内液化石油气压缩机设置台数不宜少于2台。

8.3.31 液化石油气压缩机进、出口管道上阀门及附

件的设置应符合下列要求:
　　1　进、出口应设置阀门;
　　2　进口应设置过滤器;
　　3　出口应设置止回阀和安全阀;
　　4　进、出口管之间应设置旁通管及旁通阀。

8.3.32　液化石油气压缩机室的布置宜符合下列要求:
　　1　压缩机机组间的净距不宜小于1.5m;
　　2　机组操作侧与内墙的净距不宜小于2.0m;其余各侧与内墙的净距不宜小于1.2m;
　　3　气相阀门组宜设置在与储罐、设备及管道连接方便和便于操作的地点。

8.3.33　液化石油气汽车槽车库与汽车槽车装卸台柱之间的距离不应小于6m。
　　当邻向装卸台柱一侧的汽车槽车库山墙采用无门、窗洞口的防火墙时,其间距不限。

8.3.34　汽车槽车装卸台柱的装卸接头应采用与汽车槽车配套的快装接头,其接头与装卸管之间应设置阀门。装卸管上宜设置拉断阀。

8.3.35　液化石油气储配站和灌装站宜配置备用气瓶,其数量可取总供应户数的2%左右。

8.3.36　新瓶库和真空泵房应设置在辅助区。新瓶和检修后的气瓶首次灌瓶前应将其抽至80kPa真空度以上。

8.3.37　使用液化石油气或残液做燃料的锅炉房,其附属储罐设计总容积不大于10m³时,可设置在独立的储罐室内,并应符合下列规定:
　　1　储罐室与锅炉房之间的防火间距不应小于12m,且面向锅炉房一侧的外墙应采用无门、窗洞口的防火墙。
　　2　储罐室与站内其他建、构筑物之间的防火间距不应小于15m。
　　3　储罐室内储罐的布置可按本规范第8.4.10条第1款的规定执行。

8.3.38　设置非直火式气化器的气化间可与储罐室毗连,但其间应采用无门、窗洞口的防火墙。

8.4　气化站和混气站

8.4.1　液化石油气气化站和混气站的储罐设计总容量应符合下列要求:
　　1　由液化石油气生产厂供气时,其储罐设计总容量宜根据供气规模、气源情况、运输方式和运距等因素确定;
　　2　由液化石油气供应基地供气时,其储罐设计总容量可按计算月平均日3d左右的用气量计算确定。

8.4.2　气化站和混气站站址的选择宜按本规范第8.3.6条的规定执行。

8.4.3　气化站和混气站的液化石油气储罐与站外建、构筑物的防火间距应符合下列要求:

　　1　总容积等于或小于50m³且单罐容积等于或小于20m³的储罐与站外建、构筑物的防火间距不应小于表8.4.3的规定。
　　2　总容积大于50m³或单罐容积大于20m³的储罐与站外建、构筑物的防火间距不应小于本规范第8.3.7条的规定。

表8.4.3　气化站和混气站的液化石油气储罐与站外建、构筑物的防火间距 (m)

项目		总容积 (m³) 单罐容积 (m³)	≤10 —	>10~≤30 —	>30~≤50 ≤20
居民区、村镇和学校、影剧院、体育馆等重要公共建筑,一类高层民用建筑 (最外侧建、构筑物外墙)			30	35	45
工业企业 (最外侧建、构筑物外墙)			22	25	27
明火、散发火花地点和室外变配电站			30	35	45
民用建筑,甲、乙类液体储罐,甲、乙类生产厂房,甲、乙类物品库房,稻草等易燃材料堆场			27	32	40
丙类液体储罐,可燃气体储罐,丙、丁类生产厂房,丙、丁类物品库房			25	27	32
助燃气体储罐、木材等可燃材料堆场			22	25	27
其他建筑	耐火等级	一、二级	12	15	18
		三级	18	20	22
		四级	22	25	27
铁路 (中心线)		国家线	40	50	60
		企业专用线	25		
公路、道路 (路边)		高速,Ⅰ、Ⅱ级,城市快速	20		
		其他	15		
架空电力线 (中心线)			1.5倍杆高		
架空通信线 (中心线)			1.5倍杆高		

注:　1　防火间距应按本表总容积或单罐容积较大者确定;间距的计算应以储罐外壁为准;
　　2　居住区、村镇系指1000人或300户以上者,以下者按本表民用建筑执行;
　　3　当采用地下储罐时,其防火间距可按本表减少50%;
　　4　与本表规定以外的其他建、构筑物的防火间距应按现行国家标准《建筑设计防火规范》GB 50016执行;
　　5　气化装置气化能力不大于150kg/h的瓶组气化混气站的瓶组间、气化混气间与建、构筑物的防火间距可按本规范第8.5.3条执行。

8.4.4　气化站和混气站的液化石油气储罐与站内建、构筑物的防火间距不应小于表8.4.4的规定。

表 8.4.4 气化站和混气站的液化石油气储罐与站内建、构筑物的防火间距（m）

项目 \ 单罐容积(m³) / 总容积(m³)	≤10 / —	>10~≤30 / —	>30~≤50 / ≤20	>50~≤200 / ≤50	>200~≤500 / ≤100	>500~≤1000 / ≤200	>1000 / —
明火、散发火花地点	30	35	45	50	55	60	70
办公、生活建筑	18	20	25	30	35	40	50
气化间、混气间、压缩机室、仪表间、值班室	12	15	18	20	22	25	30
汽车槽车库、汽车槽车装卸台柱(装卸口)、汽车衡及其计量室、门卫	15	15	18	20	22	25	30
铁路槽车装卸线(中心线)	—	—	20	20	20	20	20
燃气热水炉间、空压机室、变配电室、柴油发电机房、库房	15	15	18	20	22	25	30
汽车库、机修间	25	25	25	30	30	35	40
消防泵房、消防水池(罐)取水口	30	30	40	40	40	40	50
站内道路(路边) 主要	10	10	10	10	15	15	15
站内道路(路边) 次要	5	5	5	5	10	10	10
围墙	15	15	15	15	20	20	20

注： 1 防火间距应按本表总容积或单罐容积较大者确定，间距的计算应以储罐外壁为准；
2 地下储罐单罐容积小于或等于 50m³，且总容积小于或等于 400m³ 时，其防火间距可按本表减少 50%；
3 与本表规定以外的其他建、构筑物的防火间距应按现行国家标准《建筑设计防火规范》GB 50016 执行；
4 燃气热水炉间是指室内设置微正压室燃式燃气热水炉的建筑。当设置其他燃烧方式的燃气热水炉时，其防火间距不应小于 30m；
5 与空温式气化器的防火间距，从地上储罐区的防护墙或地下储罐室外侧算起不应小于 4m。

8.4.5 液化石油气气化站和混气站总平面应按功能分区进行布置，即分为生产区（储罐区、气化、混气区）和辅助区。

生产区宜布置在站区全年最小频率风向的上风侧或上侧风侧。

8.4.6 液化石油气气化站和混气站的生产区应设置高度不低于 2m 的不燃烧体实体围墙。

辅助区可设置不燃烧体非实体围墙。

储罐总容积等于或小于 50m³ 的气化站和混气站，其生产区与辅助区之间可不设置分区隔墙。

8.4.7 液化石油气气化站和混气站内消防车道、对外出入口的设置应符合本规范第 8.3.13 条和第 8.3.14 条的规定。

8.4.8 液化石油气气化站和混气站内铁路引入线、铁路槽车装卸线和铁路槽车装卸栈桥的设计应符合本规范第 8.3.16～8.3.18 条的规定。

8.4.9 气化站和混气站的液化石油气储罐不应少于 2 台。液化石油气储罐和储罐区的布置应符合本规范第 8.3.19～8.3.21 条的规定。

8.4.10 工业企业内液化石油气气化站的储罐总容积不大于 10m³ 时，可设置在独立建筑物内，并应符合下列要求：

1 储罐之间及储罐与外墙的净距，均不应小于相邻较大罐的半径，且不应小于 1m；

2 储罐室与相邻厂房之间的防火间距不应小于表 8.4.10 的规定；

3 储罐室与相邻厂房的室外设备之间的防火间距不应小于 12m；

4 设置非直火式气化器的气化间可与储罐室毗连，但应采用无门、窗洞口的防火墙隔开。

表 8.4.10 总容积不大于 10m³ 的储罐室与相邻厂房之间的防火间距

相邻厂房的耐火等级	一、二级	三级	四级
防火间距（m）	12	14	16

8.4.11 气化间、混气间与站外建、构筑物之间的防火间距应符合现行国家标准《建筑设计防火规范》GB 50016 中甲类厂房的规定。

8.4.12 气化间、混气间与站内建、构筑物的防火间距不应小于表 8.4.12 的规定。

表 8.4.12 气化间、混气间与站内建、构筑物的防火间距

项　目	防火间距（m）
明火、散发火花地点	25
办公、生活建筑	18
铁路槽车装卸线（中心线）	20
汽车槽车库、汽车槽车装卸台柱（装卸口）、汽车衡及其计量室、门卫	15
压缩机室、仪表间、值班室	12
空压机室、燃气热水炉间、变配电室、柴油发电机房、库房	15
汽车库、机修间	20
消防泵房、消防水池（罐）取水口	25
站内道路（路边）　主要	10
站内道路（路边）　次要	5
围墙	10

注：1　空温式气化器的防火间距可按本表规定执行；
　　2　压缩机室可与气化间、混气间合建成一幢建筑物，但其间应采用无门、窗洞口的防火墙隔开；
　　3　燃气热水炉间的门不得面向气化间、混气间。柴油发电机伸向室外的排烟管管口不得面向具有火灾爆炸危险的建、构筑物一侧；
　　4　燃气热水炉间是指室内设置微正压室燃式燃气热水炉的建筑。当采用其他燃烧方式的热水炉时，其防火间距不应小于 25m。

8.4.13　液化石油气储罐总容积等于或小于 100m³ 的气化站、混气站，其汽车槽车装卸台柱可设置在压缩机室山墙一侧，其山墙应是无门、窗洞口的防火墙。

8.4.14　液化石油气汽车槽车库和汽车槽车装卸台柱之间的防火间距可按本规范第 8.3.33 条执行。

8.4.15　**燃气热水炉间与压缩机室、汽车槽车库和汽车槽车装卸台柱之间的防火间距不应小于 15m。**

8.4.16　气化、混气装置的总供气能力应根据高峰小时用气量确定。

当设有足够的储气设施时，其总供气能力可根据计算月最大日平均小时用气量确定。

8.4.17　气化、混气装置配置台数不应少于 2 台，且至少应有 1 台备用。

8.4.18　气化间、混气间可合建成一幢建筑物。气化、混气装置亦可设置在同一房间内。

　1　气化间的布置宜符合下列要求：
　　1）气化器之间的净距不宜小于 0.8m；
　　2）气化器操作侧与内墙的净距不宜小于 1.2m；
　　3）气化器其余各侧与内墙的净距不宜小于 0.8m。
　2　混气间的布置宜符合下列要求：
　　1）混合器之间的净距不宜小于 0.8m；
　　2）混合器操作侧与内墙的净距不宜小于 1.2m；
　　3）混合器其余各侧与内墙的净距不宜小于 0.8m。
　3　调压、计量装置可设置在气化间或混气间内。

8.4.19　液化石油气可与空气或其他可燃气体混合配制成所需的混合气。混气系统的工艺设计应符合下列要求：

　1　液化石油气与空气的混合气体中，液化石油气的体积百分含量必须高于其爆炸上限的 2 倍。
　2　混合气作为城镇燃气主气源时，燃气质量应符合本规范第 3.2 节的规定；作为调峰气源、补充气源和代用其他气源时，应与主气源或代用气源具有良好的燃烧互换性。
　3　混气系统中应设置当参与混合的任何一种气体突然中断或液化石油气体积百分含量接近爆炸上限的 2 倍时，能自动报警并切断气源的安全连锁装置。
　4　混气装置的出口总管上应设置检测混合气热值的取样管。其热值仪宜与混气装置连锁，并能实时调节其混气比例。

8.4.20　热值仪应靠近取样点设置在混气间内的专用隔间或附属房间内，并应符合下列要求：

　1　热值仪应设有直接通向室外的门，且与混气间之间的隔墙应是无门、窗洞口的防火墙；
　2　采取可靠的通风措施，使室内可燃气体浓度低于其爆炸下限的 20%；
　3　热值仪与混气间门、窗之间的距离不应小于 6m；
　4　热值仪间的室内地面应比室外地面高出 0.6m。

8.4.21　采用管道供应气态液化石油气或液化石油气与其他气体的混合气时，其露点应比管道外壁温度低 5℃ 以上。

8.5　瓶组气化站

8.5.1　瓶组气化站气瓶的配置数量宜符合下列要求：

　1　采用强制气化方式供气时，瓶组气瓶的配置数量可按 1～2d 的计算月最大日用气量确定。
　2　采用自然气化方式供气时，瓶组宜由使用瓶组和备用瓶组组成。使用瓶组的气瓶配置数量应根据高峰用气时间内平均小时用气量、高峰用气持续时间和高峰用气时间内单瓶小时自然气化能力计算确定。

备用瓶组的气瓶配置数量宜与使用瓶组的气瓶配置数量相同。当供气户数较少时，备用瓶组可采用临

时供气瓶组代替。

8.5.2 当采用自然气化方式供气,且瓶组气化站配置气瓶的总容积小于 1m³ 时,瓶组间可设置在与建筑物(住宅、重要公共建筑和高层民用建筑除外)外墙毗连的单层专用房间内,并应符合下列要求:

  1 建筑物耐火等级不应低于二级;
  2 应通风良好,并设有直通室外的门;
  3 与其他房间相邻的墙应为无门、窗洞口的防火墙;
  4 应配置燃气浓度检测报警器;
  5 室温不应高于 45℃,且不应低于 0℃。
  注:当瓶间独立设置,且面向相邻建筑的外墙为无门、窗洞口的防火墙时,其防火间距不限。

8.5.3 当瓶组气化站配置气瓶的总容积超过 1m³ 时,应将其设置在高度不低于 2.2m 的独立瓶组间内。

  独立瓶组间与建、构筑物的防火间距不应小于表 8.5.3 的规定。

表 8.5.3 独立瓶组间与建、构筑物的防火间距(m)

气瓶总容积(m³) 项 目	≤2	>2~≤4
明火、散发火花地点	25	30
民用建筑	8	10
重要公共建筑、一类高层民用建筑	15	20
道路(路边) 主要	10	
道路(路边) 次要	5	

  注:1 气瓶总容积应按配置气瓶个数与单瓶几何容积的乘积计算。
   2 当瓶组间的气瓶总容积大于 4m³ 时,宜采用储罐,其防火间距按本规范第 8.4.3 和第 8.4.4 条的有关规定执行。
   3 瓶组间、气化间与值班室的防火间距不限。当两者毗连时,应采用无门、窗洞口的防火墙隔开。

8.5.4 瓶组气化站的瓶组间不得设置在地下室和半地下室内。

8.5.5 瓶组气化站的气化间宜与瓶组间合建一幢建筑,两者间的隔墙不得开门窗洞口,且隔墙耐火极限不应低于 3h。瓶组间、气化间与建、构筑物的防火间距应按本规范第 8.5.3 条的规定执行。

8.5.6 设置在露天的空温式气化器与瓶组间的防火间距不限,与明火、散发火花地点和其他建、构筑物的防火间距可按本规范第 8.5.3 条气瓶总容积小于或等于 2m³ 一档的规定执行。

8.5.7 瓶组气化站的四周宜设置非实体围墙,其底部实体部分高度不应低于 0.6m。围墙应采用不燃烧材料。

8.5.8 气化装置的总供气能力应根据高峰小时用气量确定。气化装置的配置台数不应少于 2 台,且应有 1 台备用。

8.6 瓶装液化石油气供应站

8.6.1 瓶装液化石油气供应站应按其气瓶总容积 V 分为三级,并应符合表 8.6.1 的规定。

表 8.6.1 瓶装液化石油气供应站的分级

名 称	气瓶总容积(m³)
Ⅰ级站	6<V≤20
Ⅱ级站	1<V≤6
Ⅲ级站	V≤1

  注:气瓶总容积按实瓶个数和单瓶几何容积的乘积计算。

8.6.2 Ⅰ、Ⅱ级液化石油气瓶装供应站的瓶库宜采用敞开或半敞开式建筑。瓶库内的气瓶应分区存放,即分为实瓶区和空瓶区。

8.6.3 Ⅰ级瓶装供应站出入口一侧的围墙可设置高度不低于 2m 的不燃烧体非实体围墙,其底部实体部分高度不应低于 0.6m,其余各侧应设置高度不低于 2m 的不燃烧体实体围墙。

  Ⅱ级瓶装液化石油气供应站的四周宜设置非实体围墙,其底部实体部分高度不应低于 0.6m。围墙应采用不燃烧材料。

8.6.4 Ⅰ、Ⅱ级瓶装供应站的瓶库与站外建、构筑物的防火间距不应小于表 8.6.4 的规定。

表 8.6.4 Ⅰ、Ⅱ级瓶装供应站的瓶库与站外建、构筑物的防火间距(m)

名 称 气瓶总容积(m³) 项 目	Ⅰ级站		Ⅱ级站	
	>10~≤20	>6~≤10	>3~≤6	>1~≤3
明火、散发火花地点	35	30	25	20
民用建筑	15	10	8	6
重要公共建筑、一类高层民用建筑	25	20	15	12
道路(路边) 主要	10		8	
道路(路边) 次要	5		5	

  注:气瓶总容积按实瓶个数与单瓶几何容积的乘积计算。

8.6.5 Ⅰ级瓶装液化石油气供应站的瓶库与修理间或生活、办公用房的防火间距不应小于 10m。

  管理室可与瓶库的空瓶区侧毗连,但应采用无门、窗洞口的防火墙隔开。

8.6.6 Ⅱ级瓶装液化石油气供应站由瓶库和营业室组成。两者宜合建成一幢建筑,其间应采用无门、窗洞口的防火墙隔开。

8.6.7 Ⅲ级瓶装液化石油气供应站可将瓶库设置在与建筑物（住宅、重要公共建筑和高层民用建筑除外）外墙毗连的单层专用房间内，并应符合下列要求：

1 房间的设置应符合本规范第8.5.2条的规定；

2 室内地面的面层应是撞击时不发生火花的面层；

3 相邻房间应是非明火、散发火花地点；

4 照明灯具和开关应采用防爆型；

5 配置燃气浓度检测报警器；

6 至少应配置8kg干粉灭火器2具；

7 与道路的防火间距应符合本规范第8.6.4条中Ⅱ级瓶装供应站的规定；

8 非营业时间瓶库内存有液化石油气气瓶时，应有人值班。

8.7 用 户

8.7.1 居民用户使用的液化石油气气瓶应设置在符合本规范第10.4节规定的非居住房间内，且室温不应高于45℃。

8.7.2 居民用户室内液化石油气气瓶的布置应符合下列要求：

1 气瓶不得设置在地下室、半地下室或通风不良的场所；

2 气瓶与燃具的净距不应小于0.5m；

3 气瓶与散热器的净距不应小于1m，当散热器设置隔热板时，可减少到0.5m。

8.7.3 单户居民用户使用的气瓶设置在室外时，宜设置在贴邻建筑物外墙的专用小室内。

8.7.4 商业用户使用的气瓶组严禁与燃气燃烧器具布置在同一房间内。瓶组间的设置应符合本规范第8.5节的有关规定。

8.8 管道及附件、储罐、容器和检测仪表

8.8.1 液态液化石油气管道和设计压力大于0.4MPa的气态液化石油气管道应采用钢号10、20的无缝钢管，并应符合现行国家标准《输送流体用无缝钢管》GB/T 8163的规定，或符合不低于上述标准相应技术要求的其他钢管标准的规定。

设计压力不大于0.4MPa的气态液化石油气、气态液化石油气与其他气体的混合气管道可采用钢号Q235B的焊接钢管，并应符合现行国家标准《低压流体输送用焊接钢管》GB/T 3091的规定。

8.8.2 液化石油气站内管道宜采用焊接连接。管道与储罐、容器、设备及阀门可采用法兰或螺纹连接。

8.8.3 液态液化石油气输送管道和站内液化石油气储罐、容器、设备、管道上配置的阀门及附件的公称压力（等级）应高于其设计压力。

8.8.4 液化石油气储罐、容器、设备和管道上严禁采用灰口铸铁阀门及附件，在寒冷地区应采用钢质阀门及附件。

注：1 设计压力不大于0.4MPa的气态液化石油气、气态液化石油气与其他气体的混合气管道上设置的阀门和附件除外。

2 寒冷地区系指最冷月平均最低气温小于或等于—10℃的地区。

8.8.5 液化石油气管道系统上采用耐油胶管时，最高允许工作压力不应小于6.4MPa。

8.8.6 站内室外液化石油气管道宜采用单排低支架敷设，其管底与地面的净距宜为0.3m。

跨越道路采用支架敷设时，其管底与地面的净距不应小于4.5m。

管道埋地敷设时，应符合本规范第8.2.8条的规定。

8.8.7 液化石油气储罐、容器及附件材料的选择和设计应符合现行国家标准《钢制压力容器》GB150、《钢制球形容器》GB 12337和国家现行《压力容器安全技术监察规程》的规定。

8.8.8 液化石油气储罐的设计压力和设计温度应符合国家现行《压力容器安全技术监察规程》的规定。

8.8.9 液化石油气储罐最大设计允许充装质量应按下式计算：

$$G = 0.9\rho V_h \quad (8.8.9)$$

式中 G——最大设计允许充装质量（kg）；

ρ——40℃时液态液化石油气密度（kg/m³）；

V_h——储罐的几何容积（m³）。

注：采用地下储罐时，液化石油气密度可按当地最高地温计算。

8.8.10 液化石油气储罐第一道管法兰、垫片和紧固件的配置应符合国家现行《压力容器安全技术监察规程》的规定。

8.8.11 液化石油气储罐接管上安全阀件的配置应符合下列要求：

1 必须设置安全阀和检修用的放散管；

2 液相进口管必须设置止回阀；

3 储罐容积大于或等于50m³时，其液相出口管和气相管必须设置紧急切断阀；储罐容积大于20m³，但小于50m³时，宜设置紧急切断阀；

4 排污管应设置两道阀门，其间应采用短管连接。并应采取防冻措施。

8.8.12 液化石油气储罐安全阀的设置应符合下列要求：

1 必须选用弹簧封闭全启式，其开启压力不应大于储罐设计压力。安全阀的最小排气截面积的计算应符合国家现行《压力容器安全技术监察规程》的规定。

2 容积为100m³或100m³以上的储罐应设置2个或2个以上安全阀。

3 安全阀应设置放散管，其管径不应小于安全阀的出口管径；

地上储罐安全阀放散管管口应高出储罐操作平台2m以上，且应高出地面5m以上；

地下储罐安全阀放散管管口应高出地面2.5m以上。

4 安全阀与储罐之间应装设阀门，且阀口应全开，并应铅封或锁定。

注：当储罐设置2个或2个以上安全阀时，其中1个安全阀的开启压力应按本条第1款的规定执行，其余安全阀的开启压力可适当提高，但不得超过储罐设计压力的1.05倍。

8.8.13 储罐检修用放散管的管口高度应符合本规范第8.8.12条第3款的规定。

8.8.14 液化石油气气液分离器、缓冲罐和气化器可设置弹簧封闭式安全阀。

安全阀应设置放散管。当上述容器设置在露天时，其管口高度应符合本规范第8.8.12条第3款的规定。设置在室内时，其管口应高出屋面2m以上。

8.8.15 液化石油气储罐仪表的设置应符合下列要求：

1 必须设置就地指示的液位计、压力表；

2 就地指示液位计宜采用能直接观测储罐全液位的液位计；

3 容积大于 $100m^3$ 的储罐，应设置远传显示的液位计和压力表，且应设置液位上、下限报警装置和压力上限报警装置；

4 宜设置温度计。

8.8.16 液化石油气气液分离器和容积式气化器等应设置直观式液位计和压力表。

8.8.17 液化石油气泵、压缩机、气化、混气和调压、计量装置的进、出口应设置压力表。

8.8.18 爆炸危险场所应设置燃气浓度检测报警器，报警器应设在值班室或仪表间等有值班人员的场所。检测报警系统的设计应符合国家现行标准《石油化工企业可燃气体和有毒气体检测报警设计规范》SH 3063 的有关规定。

瓶组气化站和瓶装液化石油气供应站可采用手提式燃气浓度检测报警器。

报警器的报警浓度值应取其可燃气体爆炸下限的20%。

8.8.19 地下液化石油气储罐外壁除采用防腐层保护外，尚应采用牺牲阳极保护。地下液化石油气储罐牺牲阳极保护设计应符合国家现行标准《埋地钢质管道牺牲阳极阴极保护设计规范》SY/T 0019 的规定。

8.9 建、构筑物的防火、防爆和抗震

8.9.1 具有爆炸危险的建、构筑物的防火、防爆设计应符合下列要求：

1 建筑物耐火等级不应低于二级；

2 门、窗向外开；

3 封闭式建筑应采取泄压措施，其设计应符合现行国家标准《建筑设计防火规范》GB 50016 的有关规定；

4 地面面层应采用撞击时不产生火花的材料，其技术要求应符合现行国家标准《建筑地面工程施工质量验收规范》GB 50209 的规定。

8.9.2 具有爆炸危险的封闭式建筑应采取良好的通风措施。事故通风量每小时换气不应少于12次。

当采用自然通风时，其通风口总面积按每平方米房屋地面面积不应少于 $300cm^2$ 计算确定。通风口不应少于2个，并应靠近地面设置。

8.9.3 非采暖地区的灌瓶间及附属瓶库、汽车槽车库、瓶装供应站的瓶库等宜采用敞开或半敞开式建筑。

8.9.4 具有爆炸危险的建筑，其承重结构应采用钢筋混凝土或钢框架、排架结构。钢框架和钢排架应采用防火保护层。

8.9.5 液化石油气储罐应牢固地设置在基础上。

卧式储罐的支座应采用钢筋混凝土支座。球形储罐的钢支柱应采用不燃烧隔热材料保护层，其耐火极限不应低于2h。

8.9.6 在地震烈度为7度和7度以上的地区建设液化石油气站时，其建、构筑物的抗震设计应符合现行国家标准《建筑抗震设计规范》GB 50011 和《构筑物抗震设计规范》GB 50191 的规定。

8.10 消防给水、排水和灭火器材

8.10.1 液化石油气供应基地、气化站和混气站在同一时间内的火灾次数应按一次考虑，其消防用水量应按储罐区一次最大小时消防用水量确定。

8.10.2 液化石油气储罐区消防用水量应按其储罐固定喷水冷却装置和水枪用水量之和计算，并应符合下列要求：

1 储罐总容积大于 $50m^3$ 或单罐容积大于 $20m^3$ 的液化石油气储罐、储罐区和设置在储罐室内的小型储罐应设置固定喷水冷却装置。固定喷水冷却装置的用水量应按储罐的保护面积与冷却水供水强度的乘积计算确定。着火储罐的保护面积按其全表面积计算；距着火储罐直径（卧式储罐按其直径和长度之和的一半）1.5倍范围内（范围的计算应以储罐的最外侧为准）的储罐按其全表面积的一半计算；

冷却水供水强度不应小于 $0.15L/(s·m^2)$。

2 水枪用水量不应小于表8.10.2的规定。

3 地下液化石油气储罐可不设置固定喷水冷却装置，其消防用水量应按水枪用水量确定。

表 8.10.2 水枪用水量

总容积（m³）	≤500	>500～2500	>2500
单罐容积（m³）	≤100	≤400	>400
水枪用水量（L/s）	20	30	45

注：1 水枪用水量应按本表储罐总容积或单罐容积较大者确定。
　　2 储罐总容积小于或等于 50m³，且单罐容积小于或等于 20m³ 的储罐或储罐区，可单独设置固定喷水冷却装置或移动式水枪，其消防用水量应按水枪用水量计算。

8.10.3 液化石油气供应基地、气化站和混气站的消防给水系统应包括：消防水池（罐或其他水源）、消防水泵房、给水管网、地上式消火栓和储罐固定喷水冷却装置等。

　　消防给水管网应布置成环状，向环状管网供水的干管不应少于两根。当其中一根发生故障时，其余干管仍能供给消防总用水量。

8.10.4 消防水池的容量应按火灾连续时间 6h 所需最大消防用水量计算确定。当储罐总容积小于或等于 220m³，且单罐容积小于或等于 50m³ 的储罐或储罐区，其消防水池的容量可按火灾连续时间 3h 所需最大消防用水量计算确定。当火灾情况下能保证连续向消防水池补水时，其容量可减去火灾连续时间内的补水量。

8.10.5 消防水泵房的设计应符合现行国家标准《建筑设计防火规范》GB 50016 的有关规定。

8.10.6 液化石油气球形储罐固定喷水冷却装置宜采用喷雾头。卧式储罐固定喷水冷却装置宜采用喷淋管。储罐固定喷水冷却装置的喷雾头或喷淋管的管孔布置，应保证喷水冷却时将储罐表面全覆盖（含液位计、阀门等重要部位）。

　　液化石油气储罐固定喷水冷却装置的设计和喷雾头的布置应符合现行国家标准《水喷雾灭火系统设计规范》GB 50219 的规定。

8.10.7 储罐固定喷水冷却装置出口的供水压力不应小于 0.2MPa。水枪出口的供水压力：对球形储罐不应小于 0.35MPa，对卧式储罐不应小于 0.25MPa。

8.10.8 液化石油气供应基地、气化站和混气站生产区的排水系统应采取防止液化石油气排入其他地下管道或低洼部位的措施。

8.10.9 液化石油气站内干粉灭火器的配置除应符合表 8.10.9 的规定外，还应符合现行国家标准《建筑灭火器配置设计规范》GB 50140 的规定。

表 8.10.9 干粉灭火器的配置数量

场所	配置数量
铁路槽车装卸栈桥	按槽车车位数，每车位设置 8kg、2 具，每个设置点不宜超过 5 具

续表 8.10.9

场所	配置数量
储罐区、地下储罐组	按储罐台数，每台设置 8kg、2 具，每个设置点不宜超过 5 具
储罐室	按储罐台数，每台设置 8kg、2 具
汽车槽车装卸台柱（装卸口）	8kg 不应少于 2 具
灌瓶间及附属瓶库、压缩机室、烃泵房、汽车槽车库、气化间、混气间、调压计量间、瓶组间和瓶装供应站的瓶库等爆炸危险性建筑	按建筑面积，每 50m² 设置 8kg、1 具，且每个房间不应少于 2 具，每个设置点不宜超过 5 具
其他建筑（变配电室、仪表间等）	按建筑面积，每 80m² 设置 8kg、1 具，且每个房间不应少于 2 具

注：1 表中 8kg 指手提式干粉型灭火器的药剂充装量。
　　2 根据场所具体情况可设置部分 35kg 手推式干粉灭火器。

8.11 电　气

8.11.1 液化石油气供应基地内消防水泵和液化石油气气化站、混气站的供电系统设计应符合现行国家标准《供配电系统设计规范》GB 50052 "二级负荷" 的规定。

8.11.2 液化石油气供应基地、气化站、混气站、瓶装供应站等爆炸危险场所的电力装置设计应符合现行国家标准《爆炸和火灾危险环境电力装置设计规范》GB 50058 的规定。其用电场所爆炸危险区域等级和范围的划分宜符合本规范附录 E 的规定。

8.11.3 液化石油气供应基地、气化站、混气站、瓶装供应站等具有爆炸危险的建、构筑物的防雷设计应符合现行国家标准《建筑物防雷设计规范》GB 50057 中 "第二类防雷建筑物" 的有关规定。

8.11.4 液化石油气供应基地、气化站、混气站、瓶装供应站等静电接地设计应符合国家现行标准《化工企业静电接地设计规程》HGJ 28 的规定。

8.12 通信和绿化

8.12.1 液化石油气供应基地、气化站、混气站内至少应设置 1 台直通外线的电话。

　　年供应量大于 10000t 的液化石油气供应基地和供应居民 50000 户以上的气化站、混气站内宜设置电话机组。

8.12.2 在具有爆炸危险场所使用的电话应采用防爆型。

8.12.3 液化石油气供应基地、气化站、混气站内的绿化应符合下列要求：
　　1 生产区内严禁种植易造成液化石油气积存的植物；
　　2 生产区四周和局部地区可种植不易造成液化石油气积存的植物；
　　3 生产区围墙2m以外可种植乔木；
　　4 辅助区可种植各类植物。

9 液化天然气供应

9.1 一般规定

9.1.1 本章适用于液化天然气总储存容积不大于2000m³的城镇液化天然气供应站工程设计。

9.1.2 本章不适用于下列液化天然气工程和装置设计：
　　1 液化天然气终端接收基地；
　　2 油气田的液化天然气供气站和天然气液化工厂（站）；
　　3 轮船、铁路车辆和汽车等运输工具上的液化天然气装置。

9.2 液化天然气气化站

9.2.1 液化天然气气化站的规模应符合城镇总体规划的要求，根据供应用户类别、数量和用气量指标等因素确定。

9.2.2 液化天然气气化站的储罐设计总容积应根据其规模、气源情况、运输方式和运距等因素确定。

9.2.3 液化天然气气化站站址选择应符合下列要求：
　　1 站址应符合城镇总体规划的要求。
　　2 站址应避开地震带、地基沉陷、废弃矿井等地段。

9.2.4 液化天然气气化站的液化天然气储罐、集中放散装置的天然气放散总管与站外建、构筑物的防火间距不应小于表9.2.4的规定。

9.2.5 液化天然气气化站的液化天然气储罐、集中放散装置的天然气放散总管与站内建、构筑物的防火间距不应小于表9.2.5的规定。

表9.2.4 液化天然气气化站的液化天然气储罐、天然气放散总管与站外建、构筑物的防火间距（m）

名称\项目	储罐总容积(m³) ≤10	>10~≤30	>30~≤50	>50~≤200	>200~≤500	>500~≤1000	>1000~≤2000	集中放散装置的天然气放散总管
居住区、村镇和影剧院、体育馆、学校等重要公共建筑(最外侧建、构筑物外墙)	30	35	45	50	70	90	110	45
工业企业(最外侧建、构筑物外墙)	22	25	27	30	35	40	50	20
明火、散发火花地点和室外变、配电站	30	35	45	50	55	60	70	30
民用建筑，甲、乙类液体储罐，甲、乙类生产厂房，甲、乙类物品仓库，稻草等易燃材料堆场	27	32	40	45	50	55	65	25
丙类液体储罐，可燃气体储罐，丙、丁类生产厂房，丙、丁类物品仓库	25	27	32	35	40	45	55	20
铁路（中心线）国家线	40	50	60	70	80	80	80	40
铁路（中心线）企业专用线	25	25	30	30	35	35	35	30
公路、道路（路边）高速，Ⅰ、Ⅱ级，城市快速	20	20	20	25	25	25	25	15
公路、道路（路边）其他	15	15	15	20	20	20	20	10
架空电力线（中心线）	1.5倍杆高	1.5倍杆高	1.5倍杆高	1.5倍杆高	1.5倍杆高，但35kV以上架空电力线不应小于40m	1.5倍杆高，但35kV以上架空电力线不应小于40m	1.5倍杆高，但35kV以上架空电力线不应小于40m	2.0倍杆高
架空通信线（中心线）Ⅰ、Ⅱ级	1.5倍杆高	1.5倍杆高	30	30	40	40	40	1.5倍杆高
架空通信线（中心线）其他	1.5倍杆高	1.5倍杆高	1.5倍杆高	1.5倍杆高	1.5倍杆高	1.5倍杆高	1.5倍杆高	1.5倍杆高

注：1 居住区、村镇系指1000人或300户以上者，以下者按本表民用建筑执行；
　　2 与本表规定以外的其他建、构筑物的防火间距应按现行国家标准《建筑设计防火规范》GB 50016执行；
　　3 间距的计算应以储罐的最外侧为准。

表 9.2.5 液化天然气气化站的液化天然气储罐、天然气放散总管与站内建、构筑物的防火间距（m）

项目 \ 名称	储罐总容积（m³）							集中放散装置的天然气放散总管
	≤10	>10~≤30	>30~≤50	>50~≤200	>200~≤500	>500~≤1000	>1000~≤2000	
明火、散发火花地点	30	35	45	50	55	60	70	30
办公、生活建筑	18	20	25	30	35	40	50	25
变配电室、仪表间、值班室、汽车槽车库、汽车衡及其计量室、空压机室 汽车槽车装卸台柱（装卸口）、钢瓶灌装台	15	15	18	20	22	25	30	25
汽车库、机修间、燃气热水炉间	25	25	30	30	35	35	40	25
天然气（气态）储罐	20	24	26	28	30	31	32	20
液化石油气全压力式储罐	24	28	32	34	36	38	40	25
消防泵房、消防水池取水口	30	30	40	40	40	50	50	20
站内道路（路边） 主要	10	10	10	15	15	15	15	2
站内道路（路边） 次要	5	5	5	10	10	10	10	2
围墙	15	15	15	20	20	25	25	2
集中放散装置的天然气放散总管	25	25	25	25	25	25	25	—

注：1 自然蒸发气的储罐（BOG罐）与液化天然气储罐的间距按工艺要求确定；
2 与本表规定以外的其他建、构筑物的防火间距应按现行国家标准《建筑设计防火规范》GB 50016 执行；
3 间距的计算应以储罐的最外侧为准。

9.2.6 站内兼有灌装液化天然气钢瓶功能时，站区内设置储存液化天然气钢瓶（实瓶）的总容积不应大于 2m³。

9.2.7 液化天然气气化站内总平面应分区布置，即分为生产区（包括储罐区、气化及调压等装置区）和辅助区。

生产区宜布置在站区全年最小频率风向的上风侧或上侧风侧。

液化天然气气化站应设置高度不低于 2m 的不燃烧体实体围墙。

9.2.8 液化天然气气化站生产区应设置消防车道，车道宽度不应小于 3.5m。当储罐总容积小于 500m³ 时，可设置尽头式消防车道和面积不应小于 12m×12m 的回车场。

9.2.9 液化天然气气化站的生产区和辅助区至少各设 1 个对外出入口。当液化天然气储罐总容积超过 1000m³ 时，生产区应设置 2 个对外出入口，其间距不应小于 30m。

9.2.10 液化天然气储罐和储罐区的布置应符合下列要求：

1 储罐之间的净距不应小于相邻储罐直径之和的 1/4，且不应小于 1.5m；储罐组内的储罐不应超过两排；

2 储罐组四周必须设置周边封闭的不燃烧体实体防护墙，防护墙的设计应保证在接触液化天然气时不应被破坏；

3 防护墙内的有效容积（V）应符合下列规定：

　1）对因低温或因防护墙内一储罐泄漏着火而可能引起防护墙内其他储罐泄漏，当储罐采取了防止措施时，V 不应小于防护墙内最大储罐的容积；

　2）当储罐未采取防止措施时，V 不应小于防护墙内所有储罐的总容积；

4 防护墙内不应设置其他可燃液体储罐；

5 严禁在储罐区防护墙内设置液化天然气钢瓶灌装口；

6 容积大于 0.15m³ 的液化天然气储罐（或容器）不应设置在建筑物内。任何容积的液化天然气容器均不应永久地安装在建筑物内。

9.2.11 气化器、低温泵设置应符合下列要求：

1 环境气化器和热流媒体为不燃烧体的远程间接加热气化器、天然气气体加热器可设置在储罐区内，与站外建、构筑物的防火间距应符合现行国家标准《建筑设计防火规范》GB 50016 中甲类厂房的规定。

2 气化器的布置应满足操作维修的要求。

3 对于输送液体温度低于−29℃的泵，设计中应有预冷措施。

9.2.12 液化天然气集中放散装置的汇集总管，应经加热将放散物加热成比空气轻的气体后方可排入放散总管；放散总管管口高度应高出距其 25m 内的建、构筑物 2m 以上，且距地面不得小于 10m。

9.2.13 液化天然气气化后向城镇管网供应的天然气应进行加臭，加臭量应符合本规范第 3.2.3 条的规定。

9.3 液化天然气瓶组气化站

9.3.1 液化天然气瓶组气化站采用气瓶组作为储存及供气设施，应符合下列要求：

1 气瓶组总容积不应大于 4m³。

2 单个气瓶容积宜采用 175L 钢瓶，最大容积不应大于 410L，灌装量不应大于其容积的 90%。

3 气瓶组储气容积宜按 1.5 倍计算月最大日供气量确定。

9.3.2 气瓶组应在站内固定地点露天（可设置罩棚）设置。气瓶组与建、构筑物的防火间距不应小于表 9.3.2 的规定。

表 9.3.2 气瓶组与建、构筑物的防火间距（m）

项目		气瓶总容积（m³）	
		≤2	>2~≤4
明火、散发火花地点		25	30
民用建筑		12	15
重要公共建筑、一类高层民用建筑		24	30
道路（路边）	主要	10	10
	次要	5	5

注：气瓶总容积应按配置气瓶个数与单瓶几何容积的乘积计算。单个气瓶容积不应大于 410L。

9.3.3 设置在露天（或罩棚下）的空温式气化器与气瓶组的间距应满足操作的要求，与明火、散发火花地点或其他建、构筑物的防火间距应符合本规范第 9.3.2 条气瓶总容积小于或等于 2m³ 一档的规定。

9.3.4 气化装置的总供气能力应根据高峰小时用气量确定。气化装置的配置台数不应少于 2 台，且应有 1 台备用。

9.3.5 瓶组气化站的四周宜设置高度不低于 2m 的不燃烧体实体围墙。

9.4 管道及附件、储罐、容器、气化器、气体加热器和检测仪表

9.4.1 液化天然气储罐、设备的设计温度应按 -168℃ 计算，当采用液氮等低温介质进行置换时，应按置换介质的最低温度计算。

9.4.2 对于使用温度低于 -20℃ 的管道应采用奥氏体不锈钢无缝钢管，其技术性能应符合现行的国家标准《流体输送用不锈钢无缝钢管》GB/T 14976 的规定。

9.4.3 管道宜采用焊接连接。公称直径不大于 50mm 的管道与储罐、容器、设备及阀门可采用法兰、螺纹连接；公称直径大于 50mm 的管道与储罐、容器、设备及阀门连接应采用法兰或焊接连接；法兰连接采用的螺栓、弹性垫片等紧固件应确保连接的紧密度。阀门应能适用于液化天然气介质，液相管道应采用加长阀杆和能在线检修结构的阀门（液化天然气钢瓶自带的阀门除外），连接宜采用焊接。

9.4.4 管道应根据设计条件进行柔性计算，柔性计算的范围和方法应符合现行国家标准《工业金属管道设计规范》GB 50316 的规定。

9.4.5 管道宜采用自然补偿的方式，不宜采用补偿器进行补偿。

9.4.6 管道的保温材料应采用不燃烧材料，该材料应具有良好的防潮性和耐候性。

9.4.7 液态天然气管道上的两个切断阀之间必须设置安全阀，放散气体宜集中放散。

9.4.8 液化天然气卸车口的进液管道应设置止回阀。液化天然气卸车软管应采用奥氏体不锈钢波纹软管，其设计爆裂压力不应小于系统最高工作压力的 5 倍。

9.4.9 液化天然气储罐和容器本体及附件的材料选择和设计应符合现行国家标准《钢制压力容器》GB 150、《低温绝热压力容器》GB 18442 和国家现行《压力容器安全技术监察规程》的规定。

9.4.10 液化天然气储罐必须设置安全阀，安全阀的开启压力及阀口总通过面积应符合国家现行《压力容器安全技术监察规程》的规定。

9.4.11 液化天然气储罐安全阀的设置应符合下列要求：

1 必须选用奥氏体不锈钢弹簧封闭全启式；

2 单罐容积为 100m³ 或 100m³ 以上的储罐应设置 2 个或 2 个以上安全阀；

3 安全阀应设置放散管，其管径不应小于安全阀出口的管径。放散管宜集中放散；

4 安全阀与储罐之间应设置切断阀。

9.4.12 储罐应设置放散管，其设置要求应符合本规范第 9.2.12 条的规定。

9.4.13 储罐进出液管必须设置紧急切断阀，并与储罐液位控制连锁。

9.4.14 液化天然气储罐仪表的设置，应符合下列要求：

1 应设置两个液位计，并应设置液位上、下限报警和连锁装置。

注：容积小于 3.8m³ 的储罐和容器，可设置一个液位计（或固定长度液位管）。

2 应设置压力表，并应在有值班人员的场所设置高压报警显示器，取压点应位于储罐最高液位以上。

3 采用真空绝热的储罐，真空层应设置真空表接口。

9.4.15 液化天然气气化器的液体进口管道上宜设置紧急切断阀，该阀门应与天然气出口的测温装置连锁。

9.4.16 液化天然气气化器或其出口管道上必须设置安全阀，安全阀的泄放能力应满足下列要求：

1 环境气化器的安全阀泄放能力必须满足在1.1倍的设计压力下，泄放量不小于气化器设计额定流量的1.5倍。

2 加热气化器的安全阀泄放能力必须满足在1.1倍的设计压力下，泄放量不小于气化器设计额定流量的1.1倍。

9.4.17 液化天然气气化器和天然气体加热器的天然气出口应设置测温装置并应与相关阀门连锁；热媒的进口应设置能遥控和就地控制的阀门。

9.4.18 对于有可能受到土壤冻结或冻胀影响的储罐基础和设备基础，必须设置温度监测系统并应采取有效保护措施。

9.4.19 储罐区、气化装置区域或有可能发生液化天然气泄漏的区域内应设置低温检测报警装置和相关的连锁装置，报警显示器应设置在值班室或仪表室等有值班人员的场所。

9.4.20 爆炸危险场所应设置燃气浓度检测报警器。报警浓度应取爆炸下限的20%，报警显示器应设置在值班室或仪表室等有值班人员的场所。

9.4.21 液化天然气气化站内应设置事故切断系统，事故发生时，应切断或关闭液化天然气或可燃气体来源，还应关闭正在运行可能使事故扩大的设备。

液化天然气气化站内设置的事故切断系统应具有手动、自动或手动自动同时启动的性能，手动启动器应设置在事故时方便到达的地方，并与所保护设备的间距不小于15m。手动启动器应具有明显的功能标志。

9.5 消防给水、排水和灭火器材

9.5.1 液化天然气气化站在同一时间内的火灾次数应按一次考虑，其消防水量应按储罐区一次消防用水量确定。

液化天然气储罐消防用水量应按其储罐固定喷淋装置和水枪用水量之和计算，其设计应符合下列要求：

1 总容积超过$50m^3$或单罐容积超过$20m^3$的液化天然气储罐或储罐区应设置固定喷淋装置。喷淋装置的供水强度不应小于$0.15L/(s·m^2)$。着火储罐的保护面积按其全表面积计算，距着火储罐直径（卧式储罐按其直径和长度之和的一半）1.5倍范围内（范围的计算应以储罐的最外侧为准）的储罐按其表面积的一半计算。

2 水枪宜采用带架水枪。水枪用水量不应小于表9.5.1的规定。

表9.5.1 水枪用水量

总容积（m^3）	≤200	>200
单罐容积（m^3）	≤50	>50
水枪用水量（L/s）	20	30

注：1 水枪用水量应按本表总容积和单罐容积较大者确定。
2 总容积小于$50m^3$且单罐容积小于等于$20m^3$的液化天然气储罐或储罐区，可单独设置固定喷淋装置或移动水枪，其消防水量应按水枪用水量计算。

9.5.2 液化天然气立式储罐固定喷淋装置应在罐体上部和罐顶均匀分布。

9.5.3 消防水池的容量应按火灾连续时间6h计算确定。但总容积小于$220m^3$且单罐容积小于或等于$50m^3$的储罐或储罐区，消防水池的容量应按火灾连续时间3h计算确定。当火灾情况下能保证连续向消防水池补水时，其容量可减去火灾连续时间内的补水量。

9.5.4 液化天然气气化站的消防给水系统中的消防泵房，给水管网和供水压力要求等设计应符合本规范第8.10节的有关规定。

9.5.5 液化天然气气化站生产区防护墙内的排水系统应采取防止液化天然气流入下水道或其他以顶盖密封的沟渠中的措施。

9.5.6 站内具有火灾和爆炸危险的建、构筑物、液化天然气储罐和工艺装置区应设置小型干粉灭火器，其设置数量除应符合表9.5.6的规定外，还应符合现行国家标准《建筑灭火器配置设计规范》GB 50140的规定。

表9.5.6 干粉灭火器的配置数量

场所	配置数量
储罐区	按储罐台数，每台储罐设置8kg和35kg各1具
汽车槽车装卸台（柱、装卸口）	按槽车车位数，每个车位设置8kg，2具
气瓶灌装台	设置8kg不少于2具
气瓶组（≤$4m^3$）	设置8kg不少于2具
工艺装置区	按区域面积，每$50m^2$设置8kg，1具，且每个区域不少于2具

注：8kg和35kg分别指手提式和手推式干粉型灭火器的药剂充装量。

9.6 土建和生产辅助设施

9.6.1 液化天然气气化站建、构筑物的防火、防爆

和抗震设计，应符合本规范第8.9节的有关规定。

9.6.2 设有液化天然气工艺设备的建、构筑物应有良好的通风措施。通风量按房屋全部容积每小时换气次数不应小于6次。在蒸发气体比空气重的地方，应在蒸发气体聚集最低部位设置通风口。

9.6.3 液化天然气气化站的供电系统设计应符合现行国家标准《供配电系统设计规范》GB 50052"二级负荷"的规定。

9.6.4 液化天然气气化站爆炸危险场所的电力装置设计应符合现行国家标准《爆炸和火灾危险环境电力装置设计规范》GB 50058的有关规定。

9.6.5 液化天然气气化站的防雷和静电接地设计，应符合本规范第8.11节的有关规定。

10 燃气的应用

10.1 一般规定

10.1.1 本章适用于城镇居民、商业和工业企业用户内部的燃气系统设计。

10.1.2 燃气调压器、燃气表、燃烧器具等，应根据使用燃气类别及其特性、安装条件、工作压力和用户要求等因素选择。

10.1.3 燃气应用设备铭牌上规定的燃气必须与当地供应的燃气相一致。

10.2 室内燃气管道

10.2.1 用户室内燃气管道的最高压力不应大于表10.2.1的规定。

表10.2.1 用户室内燃气管道的最高压力（表压 MPa）

燃气用户		最高压力
工业用户	独立、单层建筑	0.8
	其他	0.4
商业用户		0.4
居民用户（中压进户）		0.2
居民用户（低压进户）		<0.01

注：1 液化石油气管道的最高压力不应大于0.14MPa；
  2 管道井内的燃气管道的最高压力不应大于0.2MPa；
  3 室内燃气管道压力大于0.8MPa的特殊用户设计应按有关专业规范执行。

10.2.2 燃气供应压力应根据用户设备燃烧器的额定压力及其允许的压力波动范围确定。

民用低压用气设备的燃烧器的额定压力宜按表10.2.2采用。

表10.2.2 民用低压用气设备燃烧器的额定压力（表压 kPa）

燃烧器 \ 燃气	人工煤气	天然气		液化石油气
		矿井气	天然气、油田伴生气、液化石油气混空气	
民用燃具	1.0	1.0	2.0	2.8 或 5.0

10.2.3 室内燃气管道宜选用钢管，也可选用铜管、不锈钢管、铝塑复合管和连接用软管，并应分别符合第10.2.4～10.2.8条的规定。

10.2.4 室内燃气管道选用钢管时应符合下列规定：

  1 钢管的选用应符合下列规定：

    1）低压燃气管道应选用热镀锌钢管（热浸镀锌），其质量应符合现行国家标准《低压流体输送用焊接钢管》GB/T 3091的规定；

    2）中压和次高压燃气管道宜选用无缝钢管，其质量应符合现行国家标准《输送流体用无缝钢管》GB/T 8163的规定；燃气管道的压力小于或等于0.4MPa时，可选用本款第1）项规定的焊接钢管。

  2 钢管的壁厚应符合下列规定：

    1）选用符合GB/T 3091标准的焊接钢管时，低压宜采用普通管，中压应采用加厚管；

    2）选用无缝钢管时，其壁厚不得小于3mm，用于引入管时不得小于3.5mm；

    3）当屋面上的燃气管道和高层建筑沿外墙架设的燃气管道，在避雷保护范围以外时，采用焊接钢管或无缝钢管时其管道壁厚均不得小于4mm。

  3 钢管螺纹连接时应符合下列规定：

    1）室内低压燃气管道（地下室、半地下室等部位除外）、室外压力小于或等于0.2MPa的燃气管道，可采用螺纹连接；管道公称直径大于DN100时不宜选用螺纹连接。

    2）管件选择应符合下列要求：
管道公称压力PN≤0.01MPa时，可选用可锻铸铁螺纹管件；
管道公称压力PN≤0.2MPa时，应选用钢或铜合金螺纹管件。

    3）管道公称压力PN≤0.2MPa时，应采用现行国家标准《55°密封螺纹第2部分：圆锥内螺纹与圆锥外螺纹》GB/T 7306.2规定的螺纹（锥/锥）连接。

    4）密封填料，宜采用聚四氟乙烯生料带、

尼龙密封绳等性能良好的填料。

4 钢管焊接或法兰连接可用于中低压燃气管道（阀门、仪表处除外），并应符合有关标准的规定。

10.2.5 室内燃气管道选用铜管时应符合下列规定：

1 铜管的质量应符合现行国家标准《无缝铜水管和铜气管》GB/T 18033 的规定。

2 铜管道应采用硬钎焊连接，宜采用不低于 1.8% 的银（铜—磷基）焊料（低银铜磷钎料）。铜管接头和焊接工艺可按现行国家标准《铜管接头》GB/T 11618 的规定执行。

铜管道不得采用对焊、螺纹或软钎焊（熔点小于 500℃）连接。

3 埋入建筑物地板和墙中的铜管应是覆塑铜管或带有专用涂层的铜管，其质量应符合有关标准的规定。

4 燃气中硫化氢含量小于或等于 $7mg/m^3$ 时，中低压燃气管道可采用现行国家标准《无缝铜水管和铜气管》GB/T 18033 中表 3-1 规定的 A 型管或 B 型管。

5 燃气中硫化氢含量大于 $7mg/m^3$ 而小于 $20mg/m^3$ 时，中压燃气管道应选用带耐腐蚀内衬的铜管；无耐腐蚀内衬的铜管只允许在室内的低压燃气管道中采用；铜管类型可按本条第 4 款的规定执行。

6 铜管必须有防外部损坏的保护措施。

10.2.6 室内燃气管道选用不锈钢管时应符合下列规定：

1 薄壁不锈钢管：

　1）薄壁不锈钢管的壁厚不得小于 0.6mm（DN15 及以上），其质量应符合现行国家标准《流体输送用不锈钢焊接钢管》GB/T 12771 的规定；

　2）薄壁不锈钢管的连接方式，应采用承插氩弧焊式管件连接或卡套式管件机械连接，并宜优先选用承插氩弧焊式管件连接。承插氩弧焊式管件和卡套式管件应符合有关标准的规定。

2 不锈钢波纹管：

　1）不锈钢波纹管的壁厚不得小于 0.2mm，其质量应符合国家现行标准《燃气用不锈钢波纹软管》CJ/T 197 的规定；

　2）不锈钢波纹管应采用卡套式管件机械连接，卡套式管件应符合有关标准的规定。

3 薄壁不锈钢管和不锈钢波纹管必须有防外部损坏的保护措施。

10.2.7 室内燃气管道选用铝塑复合管时应符合下列规定：

1 铝塑复合管的质量应符合现行国家标准《铝塑复合压力管　第 1 部分：铝管搭接焊式铝塑管》GB/T 18997.1 或《铝塑复合压力管　第 2 部分：铝管对接焊式铝塑管》GB/T 18997.2 的规定。

2 铝塑复合管应采用卡套式管件或承插式管件机械连接，承插式管件应符合国家现行标准《承插式管接头》CJ/T 110 的规定，卡套式管件应符合国家现行标准《卡套式管接头》CJ/T 111 和《铝塑复合管用卡压式管件》CJ/T 190 的规定。

3 **铝塑复合管安装时必须对铝塑复合管材进行防机械损伤、防紫外线（UV）伤害及防热保护，并应符合下列规定：**

　1）环境温度不应高于 60℃；

　2）工作压力应小于 10kPa；

　3）在户内的计量装置（燃气表）后安装。

10.2.8 室内燃气管道采用软管时，应符合下列规定：

1 燃气用具连接部位、实验室用具或移动式用具等处可采用软管连接。

2 中压燃气管道上应采用符合现行国家标准《波纹金属软管通用技术条件》GB/T 14525、《液化石油气（LPG）用橡胶软管和软管组合件　散装运输用》GB/T 10546 或同等性能以上的软管。

3 低压燃气管道上应采用符合国家现行标准《家用煤气软管》HG 2486 或国家现行标准《燃气用不锈钢波纹软管》CJ/T 197 规定的软管。

4 软管最高允许工作压力不应小于管道设计压力的 4 倍。

5 软管与家用燃具连接时，其长度不应超过 2m，并不得有接口。

6 软管与移动式的工业燃具连接时，其长度不应超过 30m，接口不应超过 2 个。

7 软管与管道、燃具的连接处应采用压紧螺帽（锁母）或管卡（喉箍）固定。在软管的上游与硬管的连接处应设阀门。

8 橡胶软管不得穿墙、顶棚、地面、窗和门。

10.2.9 室内燃气管道的计算流量应按下列要求确定：

1 居民生活用燃气计算流量可按下式计算：

$$Q_h = \sum kNQ_n \qquad (10.2.9)$$

式中　Q_h——燃气管道的计算流量（m^3/h）；

　　　k——燃具同时工作系数，居民生活用燃具可按附录 F 确定；

　　　N——同种燃具或成组燃具的数目；

　　　Q_n——燃具的额定流量（m^3/h）。

2 商业用和工业企业生产用燃气计算流量应按所有用气设备的额定流量并根据设备的实际使用情况确定。

10.2.10 商业和工业用户调压装置及居民楼栋调压装置的设置形式应符合本规范第 6.6.2 条和第 6.6.6 条的规定。

10.2.11 当由调压站供应低压燃气时，室内低压燃气管道允许的阻力损失，应根据建筑物和室外管道等情况，经技术经济比较后确定。

10.2.12 室内燃气管道的阻力损失，可按本规范第6.2.5条和第6.2.6条的规定计算。

室内燃气管道的局部阻力损失宜按实际情况计算。

10.2.13 计算低压燃气管道阻力损失时，对地形高差大或高层建筑立管应考虑因高程差而引起的燃气附加压力。燃气的附加压力可按下式计算：

$$\Delta H = 9.8 \times (\rho_k - \rho_m) \times h \quad (10.2.13)$$

式中 ΔH——燃气的附加压力（Pa）；
ρ_k——空气的密度（kg/m³）；
ρ_m——燃气的密度（kg/m³）；
h——燃气管道终、起点的高程差（m）。

10.2.14 燃气引入管敷设位置应符合下列规定：

1 燃气引入管不得敷设在卧室、卫生间、易燃或易爆品的仓库、有腐蚀性介质的房间、发电间、配电间、变电室、不使用燃气的空调机房、通风机房、计算机房、电缆沟、暖气沟、烟道和进风道、垃圾道等地方。

2 住宅燃气引入管宜设在厨房、外走廊、与厨房相连的阳台内（寒冷地区输送湿燃气时阳台应封闭）等便于检修的非居住房间内。当确有困难，可从楼梯间引入（高层建筑除外），但应采用金属管道且引入管阀门宜设在室外。

3 商业和工业企业的燃气引入管宜设在使用燃气的房间或燃气表间内。

4 燃气引入管宜沿外墙地面上穿墙引入。室外露明管段的上端弯曲处应加不小于DN15清扫用三通和丝堵，并做防腐处理。寒冷地区输送湿燃气时应保温。

引入管可埋地穿过建筑物外墙或基础引入室内。当引入管穿过墙或基础进入建筑物后应在短距离内出室内地面，不得在室内地面下水平敷设。

10.2.15 燃气引入管穿墙与其他管道的平行净距应满足安装和维修的需要，当与地下管沟或下水道距离较近时，应采取有效的防护措施。

10.2.16 燃气引入管穿过建筑物基础、墙或管沟时，均应设置在套管中，并应考虑沉降的影响，必要时应采取补偿措施。

套管与基础、墙或管沟等之间的间隙应填实，其厚度应为被穿过结构的整个厚度。

套管与燃气引入管之间的间隙应采用柔性防腐、防水材料密封。

10.2.17 建筑物设计沉降量大于50mm时，可对燃气引入管采取如下补偿措施：

1 加大引入管穿墙处的预留洞尺寸。

2 引入管穿墙前水平或垂直弯曲2次以上。

3 引入管穿墙前设置金属柔性管或波纹补偿器。

10.2.18 燃气引入管的最小公称直径应符合下列要求：

1 输送人工煤气和矿井气不应小于25mm；

2 输送天然气不应小于20mm；

3 输送气态液化石油气不应小于15mm。

10.2.19 燃气引入管阀门宜设在建筑物内，对重要用户还应在室外另设阀门。

10.2.20 输送湿燃气的引入管，埋设深度应在土壤冰冻线以下，并宜有不小于0.01坡向室外管道的坡度。

10.2.21 地下室、半地下室、设备层和地上密闭房间敷设燃气管道时，应符合下列要求：

1 净高不宜小于2.2m。

2 应有良好的通风设施，房间换气次数不得小于3次/h；并应有独立的事故机械通风设施，其换气次数不应小于6次/h。

3 应有固定的防爆照明设备。

4 应采用非燃烧体实体墙与电话间、变配电室、修理间、储藏室、卧室、休息室隔开。

5 应按本规范第10.8节规定设置燃气监控设施。

6 燃气管道应符合本规范第10.2.23条要求。

7 当燃气管道与其他管道平行敷设时，应敷设在其他管道的外侧。

8 地下室内燃气管道末端应设放散管，并应引出地上。放散管的出口位置应保证吹扫放散时的安全和卫生要求。

注：地上密闭房间包括地上无窗或窗仅用作采光的密闭房间等。

10.2.22 液化石油气管道和烹调用液化石油气燃烧设备不应设置在地下室、半地下室内。当确需要设置在地下一层、半地下室时，应针对具体条件采取有效的安全措施，并进行专题技术论证。

10.2.23 敷设在地下室、半地下室、设备层和地上密闭房间以及竖井、住宅汽车库（不使用燃气，并能设置钢套管的除外）的燃气管道应符合下列要求：

1 管材、管件及阀门、阀件的公称压力应按提高一个压力等级进行设计；

2 管道应采用钢号为10、20的无缝钢管或具有同等及同等以上性能的其他金属管材；

3 除阀门、仪表等部位和采用加厚管的低压管道外，均应焊接和法兰连接；应尽量减少焊缝数量，钢管道的固定焊口应进行100%射线照相检验，活动焊口应进行10%射线照相检验，其质量不得低于现行国家标准《现场设备、工业管道焊接工程施工及验收规范》GB 50236-98中的Ⅲ级；其他金属管材的焊接质量应符合相关标准的规定。

10.2.24 燃气水平干管和立管不得穿过易燃易爆品仓库、配电间、变电室、电缆沟、烟道、进风道和电梯井等。

10.2.25 燃气水平干管宜明设，当建筑设计有特殊美观要求时可敷设在能安全操作、通风良好和检修方便的吊顶内，管道应符合本规范第10.2.23条的要求；当吊顶内设有可能产生明火的电气设备或空调回风管时，燃气干管宜设在与吊顶底平的独立密封∩型管槽内，管槽底宜采用可卸式活动百叶或带孔板。

燃气水平干管不宜穿过建筑物的沉降缝。

10.2.26 燃气立管不得敷设在卧室或卫生间内。立管穿过通风不良的吊顶时应设在套管内。

10.2.27 燃气立管宜明设，当设在便于安装和检修的管道竖井内时，应符合下列要求：

1 燃气立管可与空气、惰性气体、上下水、热力管道等设在一个公用竖井内，但不得与电线、电气设备或氧气管、进风管、回风管、排气管、排烟管、垃圾道等共用一个竖井；

2 竖井内的燃气管道应符合本规范第10.2.23条的要求，并尽量不设或少设阀门等附件。竖井内的燃气管道的最高压力不得大于0.2MPa；燃气管道应涂黄色防腐识别漆；

3 竖井应每隔2~3层做相当于楼板耐火极限的不燃烧体进行防火分隔，且应设法保证平时竖井内自然通风和火灾时防止产生"烟囱"作用的措施；

4 每隔4~5层设一燃气浓度检测报警器，上、下两个报警器的高度差不应大于20m；

5 管道竖井的墙体应为耐火极限不低于1.0h的不燃烧体，井壁上的检查门应采用丙级防火门。

10.2.28 高层建筑的燃气立管应有承受自重和热伸缩推力的固定支架和活动支架。

10.2.29 燃气水平干管和高层建筑立管应考虑工作环境温度下的极限变形，当自然补偿不能满足要求时，应设置补偿器；补偿器宜采用Π形或波纹管形，不得采用填料型。补偿量计算温差可按下列条件选取：

1 有空气调节的建筑物内取20℃；

2 无空气调节的建筑物内取40℃；

3 沿外墙和屋面敷设时可取70℃。

10.2.30 燃气支管宜明设。燃气支管不宜穿过起居室（厅）。敷设在起居室（厅）、走道内的燃气管道不宜有接头。

当穿过卫生间、阁楼或壁柜时，燃气管道应采用焊接连接（金属软管不得有接头），并应设在钢套管内。

10.2.31 住宅内暗埋的燃气支管应符合下列要求：

1 暗埋部分不宜有接头，且不应有机械接头。暗埋部分宜有涂层或覆塑等防腐蚀措施。

2 暗埋的管道应与其他金属管道或部件绝缘，暗埋的柔性管道宜采用钢盖板保护。

3 暗埋管道必须在气密性试验合格后覆盖。

4 覆盖层厚度不应小于10mm。

5 覆盖层面上应有明显标志，标明管道位置，或采取其他安全保护措施。

10.2.32 住宅内暗封的燃气支管应符合下列要求：

1 暗封管道应设在不受外力冲击和暖气烘烤的部位。

2 暗封部位应可拆卸，检修方便，并应通风良好。

10.2.33 商业和工业企业室内暗设燃气支管应符合下列要求：

1 可暗埋在楼层地板内；

2 可暗封在管沟内，管沟应设活动盖板，并填充干砂；

3 燃气管道不得暗封在可以渗入腐蚀性介质的管沟中；

4 当暗封燃气管道的管沟与其他管沟相交时，管沟之间应密封，燃气管道应设套管。

10.2.34 民用建筑室内燃气水平干管，不得暗埋在地下土层或地面混凝土层内。

工业和实验室的室内燃气管道可暗埋在混凝土地面中，其燃气管道的引入和引出处应设钢套管。钢套管应伸出地面5~10cm。钢套管两端应采用柔性的防水材料密封；管道应有防腐绝缘层。

10.2.35 燃气管道不应敷设在潮湿或有腐蚀性介质的房间内。当确需敷设时，必须采取防腐蚀措施。

输送湿燃气的燃气管道敷设在气温低于0℃的房间或输送气相液化石油气管道处的环境温度低于其露点温度时，其管道应采取保温措施。

10.2.36 室内燃气管道与电气设备、相邻管道之间的净距不应小于表10.2.36的规定。

表10.2.36 室内燃气管道与电气设备、相邻管道之间的净距

管道和设备		与燃气管道的净距(cm)	
		平行敷设	交叉敷设
电气设备	明装的绝缘电线或电缆	25	10(注)
	暗装或管内绝缘电线	5（从所做的槽或管子的边缘算起）	1
	电压小于1000V的裸露电线	100	100
	配电盘或配电箱、电表	30	不允许
	电插座、电源开关	15	不允许
相邻管道		保证燃气管道、相邻管道的安装和维修	2

注：1 当明装电线加绝缘套管且套管的两端各伸出燃气管道10cm时，套管与燃气管道的交叉净距可降至1cm。

2 当布置确有困难，在采取有效措施后，可适当减小净距。

10.2.37 沿墙、柱、楼板和加热设备构件上明设的燃气管道应采用管支架、管卡或吊卡固定。

管支架、管卡、吊卡等固定件的安装不应妨碍管道的自由膨胀和收缩。

10.2.38 室内燃气管道穿过承重墙、地板或楼板时必须加钢套管。套管内管道不得有接头，套管与承重墙、地板或楼板之间的间隙应填实，套管与燃气管道之间的间隙应采用柔性防腐、防水材料密封。

10.2.39 工业企业用气车间、锅炉房以及大中型用气设备的燃气管道上应设放散管，放散管管口应高出屋脊（或平屋顶）1m以上或设置在地面上安全处，并应采取防止雨雪进入管道和放散物进入房间的措施。

当建筑物位于防雷区之外时，放散管的引线应接地，接地电阻应小于 10Ω。

10.2.40 室内燃气管道的下列部位应设置阀门：
　1　燃气引入管；
　2　调压器前和燃气表前；
　3　燃气用具前；
　4　测压计前；
　5　放散管起点。

10.2.41 室内燃气管道阀门宜采用球阀。

10.2.42 输送干燃气的室内燃气管道可不设坡度。输送湿燃气（包括气相液化石油气）的管道，其敷设坡度不宜小于 0.003。

燃气表前后的湿燃气水平支管应分别坡向立管和燃具。

10.3　燃气计量

10.3.1 燃气用户应单独设置燃气表。

燃气表应根据燃气的工作压力、温度、流量和允许的压力降（阻力损失）等条件选择。

10.3.2 用户燃气表的安装位置，应符合下列要求：
　1　宜安装在不燃或难燃结构的室内通风良好和便于查表、检修的地方。
　2　严禁安装在下列场所：
　　1）卧室、卫生间及更衣室内；
　　2）有电源、电器开关及其他电器设备的管道井内，或有可能滞留泄漏燃气的隐蔽场所；
　　3）环境温度高于 45℃ 的地方；
　　4）经常潮湿的地方；
　　5）堆放易燃易爆、易腐蚀或有放射性物质等危险的地方；
　　6）有变、配电等电器设备的地方；
　　7）有明显振动影响的地方；
　　8）高层建筑中的避难层及安全疏散楼梯间内。
　3　燃气表的环境温度，当使用人工煤气和天然气时，应高于 0℃；当使用液化石油气时，应高于其露点 5℃ 以上。
　4　住宅内燃气表可安装在厨房内，当有条件时也可设置在户门外。

住宅内高位安装燃气表时，表底距地面不宜小于 1.4m；当燃气表装在燃气灶具上方时，燃气表与燃气灶的水平净距不得小于 30cm；低位安装时，表底距地面不得小于 10cm。
　5　商业和工业企业的燃气表宜集中布置在单独房间内，当设有专用调压室时可与调压器同室布置。

10.3.3 燃气表保护装置的设置应符合下列要求：
　1　当输送燃气过程中可能产生尘粒时，宜在燃气表前设置过滤器；
　2　当使用加氧的富氧燃烧器或使用鼓风机向燃烧器供给空气时，应在燃气表后设置止回阀或泄压装置。

10.4　居民生活用气

10.4.1 居民生活的各类用气设备应采用低压燃气，用气设备前（灶前）的燃气压力应在 $0.75 \sim 1.5 P_n$ 的范围内（P_n 为燃具的额定压力）。

10.4.2 居民生活用气设备严禁设置在卧室内。

10.4.3 住宅厨房内宜设置排气装置和燃气浓度检测报警器。

10.4.4 家用燃气灶的设置应符合下列要求：
　1　燃气灶应安装在有自然通风和自然采光的厨房内。利用卧室的套间（厅）或利用与卧室连接的走廊作厨房时，厨房应设门并与卧室隔开。
　2　安装燃气灶的房间净高不宜低于 2.2m。
　3　燃气灶与墙面的净距不得小于 10cm。当墙面为可燃或难燃材料时，应加防火隔热板。

燃气灶的灶面边缘和烤箱的侧壁距木质家具的净距不得小于 20cm，当达不到时，应加防火隔热板。
　4　放置燃气灶的灶台应采用不燃烧材料，当采用难燃材料时，应加防火隔热板。
　5　厨房为地上暗厨房（无直通室外的门或窗）时，应选用带有自动熄火保护装置的燃气灶，并应设置燃气浓度检测报警器、自动切断阀和机械通风设施，燃气浓度检测报警器应与自动切断阀和机械通风设施连锁。

10.4.5 家用燃气热水器的设置应符合下列要求：
　1　燃气热水器应安装在通风良好的非居住房间、过道或阳台内；
　2　有外墙的卫生间内，可安装密闭式热水器，但不得安装其他类型热水器；
　3　装有半密闭式热水器的房间，房间门或墙的下部应设有效截面积不小于 $0.02m^2$ 的格栅，或在门与地面之间留有不小于 30mm 的间隙；
　4　房间净高宜大于 2.4m；

5 可燃或难燃烧的墙壁和地板上安装热水器时，应采取有效的防火隔热措施；

6 热水器的给排气筒宜采用金属管道连接。

10.4.6 单户住宅采暖和制冷系统采用燃气时，应符合下列要求：

1 应有熄火保护装置和排烟设施；

2 应设置在通风良好的走廊、阳台或其他非居住房间内；

3 设置在可燃或难燃烧的地板和墙壁上时，应采取有效的防火隔热措施。

10.4.7 居民生活用燃具的安装应符合国家现行标准《家用燃气燃烧器具安装及验收规程》CJJ 12 的规定。

10.4.8 居民生活用燃具在选用时，应符合现行国家标准《燃气燃烧器具安全技术条件》GB 16914 的规定。

10.5 商业用气

10.5.1 商业用气设备宜采用低压燃气设备。

10.5.2 商业用气设备应安装在通风良好的专用房间内；商业用气设备不得安装在易燃易爆物品的堆存处，亦不应设置在兼做卧室的警卫室、值班室、人防工程等处。

10.5.3 商业用气设备设置在地下室、半地下室（液化石油气除外）或地上密闭房间内时，应符合下列要求：

1 燃气引入管应设手动快速切断阀和紧急自动切断阀；停电时紧急自动切断阀必须处于关闭状态；

2 用气设备应有熄火保护装置；

3 用气房间应设置燃气浓度检测报警器，并由管理室集中监视和控制；

4 宜设烟气一氧化碳浓度检测报警器；

5 应设置独立的机械送排风系统；通风量应满足下列要求：

　1）正常工作时，换气次数不应小于 6 次/h；事故通风时，换气次数不应小于 12 次/h；不工作时换气次数不应小于 3 次/h；

　2）当燃烧所需的空气由室内吸取时，应满足燃烧所需的空气量；

　3）应满足排除房间热力设备散失的多余热量所需的空气量。

10.5.4 商业用气设备的布置应符合下列要求：

1 用气设备之间及用气设备与对面墙之间的净距应满足操作和检修的要求；

2 用气设备与可燃或难燃的墙壁、地板和家具之间应采取有效的防火隔热措施。

10.5.5 商业用气设备的安装应符合下列要求：

1 大锅灶和中餐炒菜灶应有排烟设施，大锅灶的炉膛或烟道处应设爆破门；

2 大型用气设备的泄爆装置，应符合本规范第 10.6.6 条的规定。

10.5.6 商业用户中燃气锅炉和燃气直燃型吸收式冷（温）水机组的设置应符合下列要求：

1 宜设置在独立的专用房间内；

2 设置在建筑物内时，燃气锅炉房宜布置在建筑物的首层，不应布置在地下二层及二层以下；燃气常压锅炉和燃气直燃机可设置在地下二层；

3 燃气锅炉房和燃气直燃机不应设置在人员密集场所的上一层、下一层或贴邻的房间内及主要疏散口的两旁；不应与锅炉和燃气直燃机无关的甲、乙类及使用可燃液体的丙类危险建筑贴邻；

4 燃气相对密度（空气等于 1）大于或等于 0.75 的燃气锅炉和燃气直燃机，不得设置在建筑物地下室和半地下室；

5 宜设置专用调压站或调压装置，燃气经调压后供应机组使用。

10.5.7 商业用户中燃气锅炉和燃气直燃型吸收式冷（温）水机组的安全技术措施应符合下列要求：

1 燃烧器应是具有多种安全保护自动控制功能的机电一体化的燃具；

2 应有可靠的排烟设施和通风设施；

3 应设置火灾自动报警系统和自动灭火系统；

4 设置在地下室、半地下室或地上密闭房间时应符合本规范第 10.5.3 条和 10.2.21 条的规定。

10.5.8 当需要将燃气应用设备设置在靠近车辆的通道处时，应设置护栏或车挡。

10.5.9 屋顶上设置燃气设备时应符合下列要求：

1 燃气设备应能适用当地气候条件。设备连接件、螺栓、螺母等应耐腐蚀；

2 屋顶应能承受设备的的荷载；

3 操作面应有 1.8m 宽的操作距离和 1.1m 高的护栏；

4 应有防雷和静电接地措施。

10.6 工业企业生产用气

10.6.1 工业企业生产用气设备的燃气用量，应按下列原则确定：

1 定型燃气加热设备，应根据设备铭牌标定的用气量或标定热负荷，采用经当地燃气热值折算的用气量；

2 非定型燃气加热设备应根据热平衡计算确定；或参照同类型用气设备的用气量确定；

3 使用其他燃料的加热设备需要改用燃气时，可根据原燃料实际消耗量计算确定。

10.6.2 当城镇供气管道压力不能满足用气设备要求，需要安装加压设备时，应符合下列要求：

1 在城镇低压和中压 B 供气管道上严禁直接安装加压设备。

2 在城镇低压和中压B供气管道上间接安装加压设备时应符合下列规定：

1）加压设备前必须设低压储气罐。其容积应保证加压时不影响地区管网的压力工况；储气罐容积应按生产量较大者确定；

2）储气罐的起升压力应小于城镇供气管道的最低压力；

3）储气罐进出口管道上应设切断阀，加压设备应设旁通阀和出口止回阀；由城镇低压管道供气时，储罐进口处的管道上应设止回阀；

4）储气罐应设上、下限位的报警装置和储量下限位与加压设备停机和自动切断阀连锁。

3 当城镇供气管道压力为中压A时，应有进口压力过低保护装置。

10.6.3 工业企业生产用气设备的燃烧器选择，应根据加热工艺要求、用气设备类型、燃气供给压力及附属设施的条件等因素，经技术经济比较后确定。

10.6.4 工业企业生产用气设备的烟气余热宜加以利用。

10.6.5 工业企业生产用气设备应有下列装置：

1 每台用气设备应有观察孔或火焰监测装置，并宜设置自动点火装置和熄火保护装置。

2 用气设备上应有热工检测仪表，加热工艺需要和条件允许时，应设置燃烧过程的自动调节装置。

10.6.6 工业企业生产用气设备燃烧装置的安全设施应符合下列要求：

1 燃气管道上应安装低压和超压报警以及紧急自动切断阀；

2 烟道和封闭式炉膛，均应设置泄爆装置，泄爆装置的泄压口应设在安全处；

3 鼓风机和空气管道应设静电接地装置。接地电阻不应大于100Ω；

4 用气设备的燃气总阀门与燃烧器阀门之间，应设置放散管。

10.6.7 燃气燃烧需要带压空气和氧气时，应有防止空气和氧气回到燃气管路和回火的安全措施，并应符合下列要求：

1 燃气管路上应设背压式调压器，空气和氧气管路上应设泄压阀。

2 在燃气、空气或氧气的混气管路与燃烧器之间应设阻火器；混气管路的最高压力不应大于$0.07MPa$。

3 使用氧气时，其安装应符合有关标准的规定。

10.6.8 阀门设置应符合下列规定：

1 各用气车间的进口和燃气设备前的燃气管道上均应单独设置阀门，阀门安装高度不宜超过1.7m；燃气管道阀门与用气设备之间应设放散管；

2 每个燃烧器的燃气接管上，必须单独设置有启闭标记的燃气阀门；

3 每个机械鼓风的燃烧器，在风管上必须设置有启闭标记的阀门；

4 大型或并联装置的鼓风机，其出口必须设置阀门；

5 放散管、取样管、测压管前必须设置阀门。

10.6.9 工业企业生产用气设备应安装在通风良好的专用房间内。当特殊情况需要设置在地下室、半地下室或通风不良的场所时，应符合本规范第10.2.21条和第10.5.3条的规定。

10.7 燃烧烟气的排除

10.7.1 燃气燃烧所产生的烟气必须排出室外。设有直排式燃具的室内容积热负荷指标超过$207W/m^3$时，必须设置有效的排气装置将烟气排至室外。

注：有直通洞口（哑口）的毗邻房间的容积也可一并作为室内容积计算。

10.7.2 家用燃具排气装置的选择应符合下列要求：

1 灶具和热水器（或采暖炉）应分别采用竖向烟道进行排气。

2 住宅采用自然换气时，排气装置应按国家现行标准《家用燃气燃烧器具安装及验收规程》CJJ 12-99中A.0.1的规定选择。

3 住宅采用机械换气时，排气装置应按国家现行标准《家用燃气燃烧器具安装及验收规程》CJJ 12-99中A.0.3的规定选择。

10.7.3 浴室用燃气热水器的给排气口应直接通向室外，其排气系统与浴室必须有防止烟气泄漏的措施。

10.7.4 商业用户厨房中的燃具上方应设排气扇或排气罩。

10.7.5 燃气用气设备的排烟设施应符合下列要求：

1 不得与使用固体燃料的设备共用一套排烟设施；

2 每台用气设备宜采用单独烟道；当多台设备合用一个总烟道时，应保证排烟时互不影响；

3 在容易积聚烟气的地方，应设置泄爆装置；

4 应设有防止倒风的装置；

5 从设备顶部排烟或设置排烟罩排烟时，其上部应有不小于0.3m的垂直烟道方可接水平烟道；

6 有防倒风排烟罩的用气设备不得设置烟道闸板；无防倒风排烟罩的用气设备，在至总烟道的每个支管上应设置闸板，闸板上应有直径大于15mm的孔；

7 安装在低于0℃房间的金属烟道应做保温。

10.7.6 水平烟道的设置应符合下列要求：

1 水平烟道不得通过卧室；

2 居民用气设备的水平烟道长度不宜超过5m，

弯头不宜超过 4 个（强制排烟式除外）；

商业用户用气设备的水平烟道长度不宜超过 6m；工业企业生产用气设备的水平烟道长度，应根据现场情况和烟囱抽力确定；

　　3　水平烟道应有大于或等于 0.01 坡向用气设备的坡度；

　　4　多台设备合用一个水平烟道时，应顺烟气流动方向设置导向装置；

　　5　用气设备的烟道距难燃或不燃顶或墙的净距不应小于 5cm；距燃烧材料的顶棚或墙的净距不应小于 25cm。

　　注：当有防火保护时，其距离可适当减小。

10.7.7　烟囱的设置应符合下列要求：

　　1　住宅建筑的各层烟气排出可合用一个烟囱，但应有防止串烟的措施；多台燃具共用烟囱的烟气进口处，在燃具停用时的静压值应小于或等于零；

　　2　当用气设备的烟囱伸出室外时，其高度应符合下列要求：

　　　　1）当烟囱离屋脊小于 1.5m 时（水平距离），应高出屋脊 0.6m；

　　　　2）当烟囱离屋脊 1.5～3.0m 时（水平距离），烟囱可与屋脊等高；

　　　　3）当烟囱离屋脊的距离大于 3.0m 时（水平距离），烟囱应在屋脊水平线下 10°的直线上；

　　　　4）在任何情况下，烟囱应高出屋面 0.6m；

　　　　5）当烟囱的位置临近高层建筑时，烟囱应高出沿高层建筑物 45°的阴影线；

　　3　烟囱出口的排烟温度应高于烟气露点 15℃以上；

　　4　烟囱出口应有防止雨雪进入和防倒风的装置。

10.7.8　用气设备排烟设施的烟道抽力（余压）应符合下列要求：

　　1　热负荷 30kW 以下的用气设备，烟道的抽力（余压）不应小于 3Pa；

　　2　热负荷 30kW 以上的用气设备，烟道的抽力（余压）不应小于 10Pa；

　　3　工业企业生产用气工业炉窑的烟道抽力，不应小于烟气系统总阻力的 1.2 倍。

10.7.9　排气装置的出口位置应符合下列规定：

　　1　建筑物内半密闭自然排气式燃具的竖向烟囱出口应符合本规范第 10.7.7 条第 2 款的规定。

　　2　建筑物壁装的密闭式燃具的给排气口距上部窗口和下部地面的距离不得小于 0.3m。

　　3　建筑物壁装的半密闭强制排气式燃具的排气口距门窗洞口和地面的距离应符合下列要求：

　　　　1）排气口在窗的下部和门的侧部时，距相邻卧室的窗和门的距离不得小于 1.2m，距地面的距离不得小于 0.3m。

　　　　2）排气口在相邻卧室的窗的上部时，距窗的距离不得小于 0.3m。

　　　　3）排气口在机械（强制）进风口的上部，且水平距离小于 3.0m 时，距机械进风口的垂直距离不得小于 0.9m。

10.7.10　高海拔地区安装的排气系统的最大排气能力，应按在海平面使用时的额定热负荷确定，高海拔地区安装的排气系统的最小排气能力，应按实际热负荷（海拔的减小额定值）确定。

10.8　燃气的监控设施及防雷、防静电

10.8.1　在下列场所应设置燃气浓度检测报警器：

　　1　建筑物内专用的封闭式燃气调压、计量间；

　　2　地下室、半地下室和地上密闭的用气房间；

　　3　燃气管道竖井；

　　4　地下室、半地下室引入管穿墙处；

　　5　有燃气管道的管道层。

10.8.2　燃气浓度检测报警器的设置应符合下列要求：

　　1　当检测比空气轻的燃气时，检测报警器与燃具或阀门的水平距离不得大于 8m，安装高度应距顶棚 0.3m 以内，且不得设在燃具上方。

　　2　当检测比空气重的燃气时，检测报警器与燃具或阀门的水平距离不得大于 4m，安装高度应距地面 0.3m 以内。

　　3　燃气浓度检测报警器的报警浓度应按国家现行标准《家用燃气泄漏报警器》CJ 3057 的规定确定。

　　4　燃气浓度检测报警器宜与排风扇等排气设备连锁。

　　5　燃气浓度检测报警器宜集中管理监视。

　　6　报警器系统应有备用电源。

10.8.3　在下列场所宜设置燃气紧急自动切断阀：

　　1　地下室、半地下室和地上密闭的用气房间；

　　2　一类高层民用建筑；

　　3　燃气用量大、人员密集、流动人口多的商业建筑；

　　4　重要的公共建筑；

　　5　有燃气管道的管道层。

10.8.4　燃气紧急自动切断阀的设置应符合下列要求：

　　1　紧急自动切断阀应设在用气场所的燃气入口管、干管或总管上；

　　2　紧急自动切断阀宜设在室外；

　　3　紧急自动切断阀前应设手动切断阀；

　　4　紧急自动切断阀宜采用自动关闭、现场人工开启型。

10.8.5　燃气管道及设备的防雷、防静电设计应符合下列要求：

1 进出建筑物的燃气管道的进出口处，室外的屋面管、立管、放散管、引入管和燃气设备等处均应有防雷、防静电接地设施；

2 防雷接地设施的设计应符合现行国家标准《建筑物防雷设计规范》GB 50057 的规定；

3 防静电接地设施的设计应符合国家现行标准《化工企业静电接地设计规程》HGJ 28 的规定。

10.8.6 燃气应用设备的电气系统应符合下列规定：

1 燃气应用设备和建筑物电线、包括地线之间的电气连接应符合有关国家电气规范的规定。

2 电点火、燃烧器控制器和电气通风装置的设计，在电源中断情况下或电源重新恢复时，不应使燃气应用设备出现不安全工作状况。

3 自动操作的主燃气控制阀、自动点火器、室温恒温器、极限控制器或其他电气装置（这些都是和燃气应用设备一起使用的）使用的电路应符合随设备供给的接线图的规定。

4 使用电气控制器的所有燃气应用设备，应当让控制器连接到永久带电的电路上，不得使用照明开关控制的电路。

附录 A 制气车间主要生产场所爆炸和火灾危险区域等级

表 A 制气车间主要生产场所爆炸和火灾危险区域等级

项目及名称	场所及装置		生产类别	耐火等级	易燃或可燃物质释放源、级别	等级		说 明
						室内	室外	
备煤及焦处理	受煤、煤场（棚）		丙	二	固体状可燃物	22 区	23 区	
	破碎机、粉碎机室		乙	二	煤尘	22 区		
	配煤室、煤库、焦炉煤塔顶		丙	二	煤尘	22 区		
	胶带通廊、转运站（煤、焦），水煤气独立煤斗室		丙	二	煤尘、焦尘	22 区		
	煤、焦试样室、焦台		丙	二	焦尘、固状可燃物	22 区	23 区	
	筛焦楼、储焦仓		丙	二	焦尘	22 区		
	制气主厂房储煤层	封闭建筑且有煤气漏入	乙	二	煤气、二级	2 区		包括直立炉、水煤气、发生炉等顶上的储煤层
		敞开、半敞开建筑或无煤气漏入	乙	二	煤尘	22 区		
焦炉	焦炉地下室、煤气水封室、封闭煤气预热器室		甲	二	煤气、二级	1 区		通风不好
	焦炉分烟道走廊、炉端台底层		甲	二	煤气、二级	无		通风良好，可使煤气浓度不超过爆炸下限值的10%
	煤塔底层计量室		甲	二	煤气、二级	1 区		变送器在室内
	炉间台底层		甲	二	煤气、二级	2 区		
直立炉	直立炉顶部操作层		甲	二	煤气、二级	1 区		
	其他空间及其他操作层		甲	二	煤气、二级	2 区		
水煤气炉、两段水煤气炉、流化床水煤气炉	煤气生产厂房		甲	二	煤气、二级	1 区		
	煤气排送机间		甲	二	煤气、二级	2 区		
	煤气管道排水器间		甲	二	煤气、二级	1 区		
	煤气计量器室		甲	二	煤气、二级	1 区		
	室外设备		甲	二	煤气、二级		2 区	
发生炉、两段发生炉	煤气生产厂房		乙	二	煤气、二级	无		
	煤气排送机间		乙	二	煤气、二级	2 区		
	煤气管道排水器间		乙	二	煤气、二级	2 区		
	煤气计量器室		乙	二	煤气、二级	2 区		
	室外设备		乙	二	煤气、二级		2 区	

续表 A

项目及名称	场所及装置	生产类别	耐火等级	易燃或可燃物质释放源、级别	等级 室内	等级 室外	说明
重油制气	重油制气排送机房	甲	二	煤气、二级	2区		
重油制气	重油泵房	丙	二	重油	21区		
重油制气	重油制气室外设备			煤气、二级		2区	
轻油制气	轻油制气排送机房	甲	二	煤气、二级	2区		天然气改制,可参照执行。当采用LPG为原料时,还必须执行本规范第8章中相应的安全条文
轻油制气	轻油泵房、轻油中间储罐	甲	二	轻油蒸气、二级	1区	2区	
轻油制气	轻油制气室外设备			煤气、二级		2区	
缓冲气罐	地上罐体			煤气、二级		2区	
缓冲气罐	煤气进出口阀门室				1区		

注: 1 发生炉煤气相对密度大于0.75,其他煤气相对密度均小于0.75。
2 焦炉为一利用可燃气体加热的高温设备,其辅助土建部分的建筑物可化为单元,对其爆炸和火灾危险等级进行划分。
3 直立炉、水煤气炉等建筑物高度满足不了甲类要求,仍按工艺要求设计。
4 从释放源向周围辐射爆炸危险区域的界限应按现行国家标准《爆炸和火灾危险环境电力装置设计规范》GB 50058执行。

附录 B 煤气净化车间主要生产场所爆炸和火灾危险区域等级

表 B-1 煤气净化车间主要生产场所生产类别

生产场所或装置名称	生产类别
煤气鼓风机室室内、粗苯(轻苯)泵房、溶剂脱酚的溶剂泵房、吡啶装置室内	甲
1 初冷器、电捕焦油器、硫铵饱和器、终冷、洗氨、洗苯、脱硫、终脱萘、脱水、一氧化碳变换等室外煤气区; 2 粗苯蒸馏装置、吡啶装置、溶剂脱酚装置等的室外区域; 3 冷凝泵房、洗苯洗萘泵房; 4 无水氨(液氨)泵房、无水氨装置的室外区域; 5 硫磺的熔融、结片、包装区及仓库	乙
化验室和鼓风机冷凝的焦油罐区	丙

表 B-2 煤气净化车间主要生产场所爆炸和火灾危险区域等级

生产场所或装置名称	区域等级
煤气鼓风机室室内、粗苯(轻苯)泵房、溶剂脱酚的溶剂泵房、吡啶装置室内、干法脱硫箱室内	1区

续表 B-2

生产场所或装置名称	区域等级
1 初冷器、电捕焦油器、硫铵饱和器、终冷、洗氨、洗苯、脱硫、终脱萘、脱水、一氧化碳变换等室外煤气区; 2 粗苯蒸馏装置、吡啶装置、溶剂脱酚装置等的室外区域; 3 无水氨(液氨)泵房、无水氨装置的室外区域; 4 浓氨水(≥8%)泵房、浓氨水生产装置的室外区域; 5 粗苯储槽、轻苯储槽	2区
脱硫剂再生装置	10区
硫磺仓库	11区
焦油氨水分离装置及焦油储槽、焦油洗油泵房、洗苯洗萘泵房、洗油储槽、轻柴油储槽、化验室	21区
稀氨水(<8%)储槽、稀氨水泵房、硫铵厂房、硫铵包装设施及仓库、酸碱泵房、磷铵溶液泵房	非危险区

注:1 所有室外区域不应整体划分某级危险区,应按现行国家标准《爆炸和火灾危险环境电力装置设计规范》GB 50058,以释放源和释放半径划分爆炸危险区域。本表中所列室外区域的危险区域等级均指释放半径内的爆炸危险区域等级,未被划入的区域则均为非危险区。
2 当本表中所列21区和非危险区被划入2区的释放源释放半径内时,则此区应划为2区。

附录 C 燃气管道摩擦阻力计算

C.0.1 低压燃气管道：

根据燃气在管道中不同的运动状态，其单位长度的摩擦阻力损失采用下列各式计算：

1 层流状态：$Re \leqslant 2100$ $\lambda = 64/Re$

$$\frac{\Delta P}{l} = 1.13 \times 10^{10} \frac{Q}{d^4} \nu \rho \frac{T}{T_0} \quad (C.0.1-1)$$

2 临界状态：$Re = 2100 \sim 3500$

$$\lambda = 0.03 + \frac{Re - 2100}{65Re - 10^5}$$

$$\frac{\Delta P}{l} = 1.9 \times 10^6 \left(1 + \frac{11.8Q - 7 \times 10^4 d\nu}{23Q - 10^5 d\nu}\right)$$

$$\frac{Q^2}{d^5} \rho \frac{T}{T_0} \quad (C.0.1-2)$$

3 湍流状态：$Re > 3500$

1) 钢管：

$$\lambda = 0.11 \left(\frac{K}{d} + \frac{68}{Re}\right)^{0.25}$$

$$\frac{\Delta P}{l} = 6.9 \times 10^6 \left(\frac{K}{d} + 192.2 \frac{d\nu}{Q}\right)^{0.25}$$

$$\frac{Q^2}{d^5} \rho \frac{T}{T_0} \quad (C.0.1-3)$$

2) 铸铁管：

$$\lambda = 0.102236 \left(\frac{1}{d} + 5158 \frac{d\nu}{Q}\right)^{0.284}$$

$$\frac{\Delta P}{l} = 6.4 \times 10^6 \left(\frac{1}{d} + 5158 \frac{d\nu}{Q}\right)^{0.284}$$

$$\frac{Q^2}{d^5} \rho \frac{T}{T_0} \quad (C.0.1-4)$$

式中 Re——雷诺数；
ΔP——燃气管道摩擦阻力损失（Pa）；
λ——燃气管道的摩擦阻力系数；
l——燃气管道的计算长度（m）；
Q——燃气管道的计算流量（m³/h）；
d——管道内径（mm）；
ρ——燃气的密度（kg/m³）；
T——设计中所采用的燃气温度（K）；
T_0——273.15（K）；
ν——0℃和101.325kPa时燃气的运动黏度（m²/s）；
K——管壁内表面的当量绝对粗糙度，对钢管：输送天然气和气态液化石油气时取0.1mm；输送人工煤气时取0.15mm。

C.0.2 次高压和中压燃气管道：

根据燃气管道不同材质，其单位长度摩擦阻力损失采用下列各式计算：

1 钢管：

$$\lambda = 0.11 \left(\frac{K}{d} + \frac{68}{Re}\right)^{0.25}$$

$$\frac{P_1^2 - P_2^2}{L} = 1.4 \times 10^9 \left(\frac{K}{d} + 192.2 \frac{d\nu}{Q}\right)^{0.25}$$

$$\frac{Q^2}{d^5} \rho \frac{T}{T_0} \quad (C.0.2-1)$$

2 铸铁管：

$$\lambda = 0.102236 \left(\frac{1}{d} + 5158 \frac{d\nu}{Q}\right)^{0.284}$$

$$\frac{P_1^2 - P_2^2}{L} = 1.3 \times 10^9 \left(\frac{1}{d} + 5158 \frac{d\nu}{Q}\right)^{0.284}$$

$$\frac{Q^2}{d^5} \rho \frac{T}{T_0} \quad (C.0.2-2)$$

式中 L——燃气管道的计算长度（km）。

C.0.3 高压燃气管道的单位长度摩擦阻力损失，宜按现行的国家标准《输气管道工程设计规范》GB 50251 有关规定计算。

注：除附录C所列公式外，其他计算燃气管道摩擦阻力系数（λ）的公式，当其计算结果接近本规范式(6.2.6-2)时，也可采用。

附录 D 燃气输配系统生产区域用电场所的爆炸危险区域等级和范围划分

D.0.1 本附录适用于运行介质相对密度小于或等于0.75的燃气。相对密度大于0.75的燃气爆炸危险区域等级和范围的划分宜符合本规范附录E的有关规定。

D.0.2 燃气输配系统生产区域用电场所的爆炸危险区域等级和范围划分应符合下列规定：

1 燃气输配系统生产区域所有场所的释放源属第二级释放源。存在第二级释放源的场所可划为2区，少数通风不良的场所可划为1区。其区域的划分宜符合以下典型示例的规定：

1) 露天设置的固定容积储气罐的爆炸危险区域等级和范围划分见图 D-1。

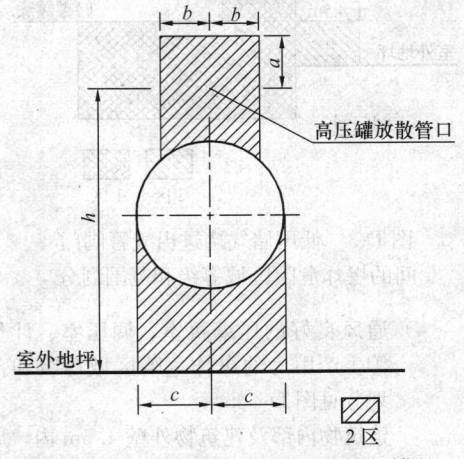

图 D-1 露天设置的固定容积储气罐的爆炸危险区域等级和范围划分

以储罐安全放散阀放散管管口为中心，当管口高度 h 距地坪大于4.5m时，半径 b 为3m，顶部距管口 a 为5m（当管口高度 h 距地坪小于等于4.5m时，半径 b 为5m，顶部距管口 a 为7.5m）以及管口到地坪以上的范围为2区。

储罐底部至地坪以上的范围（半径 c 不小于4.5m）为2区。

2）露天设置的低压储气罐的爆炸危险区域等级和范围划分见图 D-2(a) 和 D-2(b)。

干式储气罐内部活塞或橡胶密封膜以上的空间为1区。

储气罐外部罐壁外4.5m内，罐顶（以放散管管口计）以上7.5m内的范围为2区。

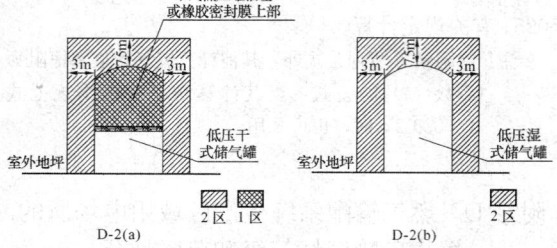

图 D-2　露天设置的低压储气罐的爆炸危险
区域等级和范围划分

3）低压储气罐进出气管阀门间的爆炸危险区域等级和范围划分见图 D-3。

阀门间内部的空间为1区。

阀门间外壁4.5m内，屋顶（以放散管管口计）7.5m内的范围为2区。

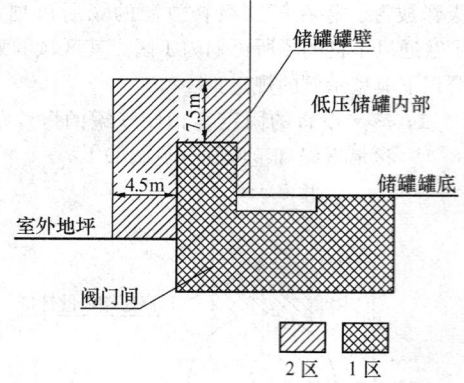

图 D-3　低压储气罐进出气管阀门
间的爆炸危险区域等级和范围划分

4）通风良好的压缩机室、调压室、计量室等生产用房的爆炸危险区域等级和范围划分见图 D-4。

建筑物内部及建筑物外壁4.5m内，屋顶（以放散管管口计）以上7.5m内的范围为2区。

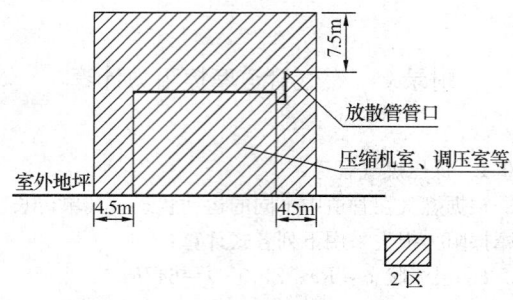

图 D-4　通风良好的压缩机室、调压室、
计量室等生产用房的爆炸危险区域
等级和范围划分

5）露天设置的工艺装置区的爆炸危险区域等级和范围的划分见图 D-5。

工艺装置区边缘外4.5m内，放散管管口（或最高的装置）以上7.5m内范围为2区。

6）地下调压室和地下阀室的爆炸危险区域等级和范围划分见图 D-6。

地下调压室和地下阀室内部的空间为1区。

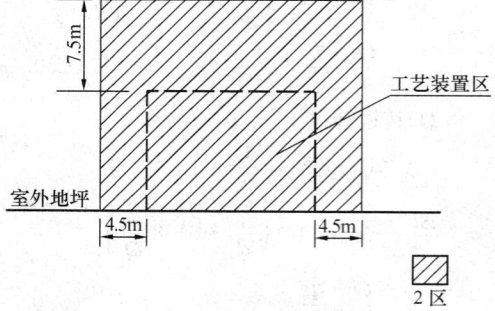

图 D-5　露天设置的工艺装置区的爆炸
危险区域等级和范围划分

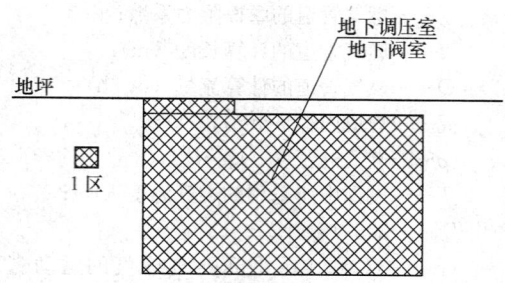

图 D-6　地下调压室和地下阀室的爆炸
危险区域等级和范围划分

7）城镇无人值守的燃气调压室的爆炸危险区域等级和范围划分见图 D-7。

调压室内部的空间为1区。调压室建筑物外壁4.5m内，屋顶（以放散管管口计）以上7.5m内的范围为2区。

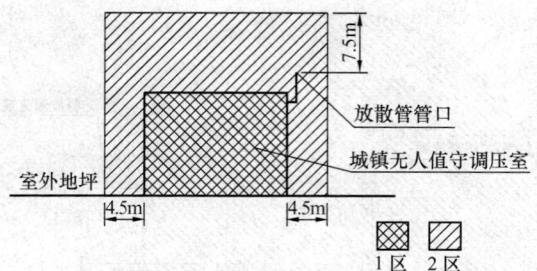

图 D-7 城镇无人值守的燃气调压室的爆炸危险区域等级和范围划分

2 下列用电场所可划分为非爆炸危险区域：
   1) 没有释放源，且不可能有可燃气体侵入的区域；
   2) 可燃气体可能出现的最高浓度不超过爆炸下限的 10% 的区域；
   3) 在生产过程中使用明火的设备的附近区域，如燃气锅炉房等；
   4) 站内露天设置的地上管道区域。但设阀门处应按具体情况确定。

附录 E 液化石油气站用电场所爆炸危险区域等级和范围划分

E.0.1 液化石油气站生产区用电场所的爆炸危险区域等级和范围划分宜符合下列规定：

1 液化石油气站内灌瓶间的气瓶灌装嘴、铁路槽车和汽车槽车装卸口的释放源属第一级释放源，其余爆炸危险场所的释放源属第二级释放源。

2 液化石油气站生产区各用电场所爆炸危险区域的等级，宜根据释放源级别和通风等条件划分。
   1) 根据释放源的级别划分区域等级。存在第一级释放源的区域可划为 1 区，存在第二级释放源的区域可划为 2 区。
   2) 根据通风等条件调整区域等级。当通风条件良好时，可降低爆炸危险区域等级；当通风不良时，宜提高爆炸危险区域等级。有障碍物、凹坑和死角处，宜局部提高爆炸危险区域等级。

3 液化石油气站用电场所爆炸危险区域等级和范围划分宜符合第 E.0.2 条～第 E.0.6 条典型示例的规定。

注：爆炸危险性建筑的通风，其空气流量能使可燃气体很快稀释到爆炸下限的 20% 以下时，可定为通风良好。

E.0.2 通风良好的液化石油气灌瓶间、实瓶库、压缩机室、烃泵房、气化间、混气间等生产性建筑的爆炸危险区域等级和范围划分见图 E.0.2，并宜符合下列规定：

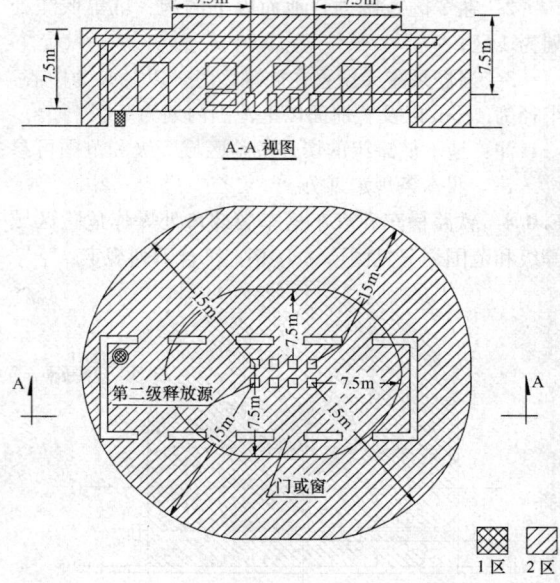

图 E.0.2 通风良好的生产性建筑爆炸危险区域等级和范围划分

1 以释放源为中心，半径为 15m，地面以上高度 7.5m 和半径为 7.5m，顶部与释放源距离为 7.5m 的范围划为 2 区；

2 在 2 区范围内，地面以下的沟、坑等低洼处划为 1 区。

E.0.3 露天设置的地上液化石油气储罐或储罐区的爆炸危险区域等级和范围的划分见图 E.0.3，并宜符合下列规定：

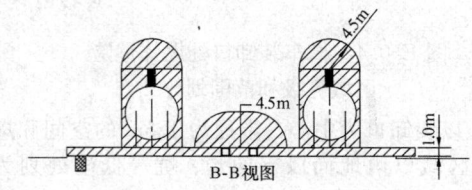

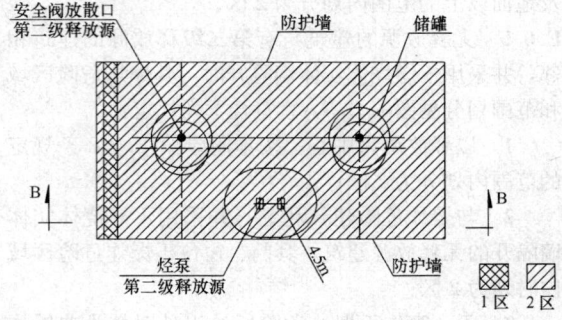

图 E.0.3 地上液化石油气储罐区爆炸危险区域等级和范围划分

1 以储罐安全阀放散管管口为中心，半径为 4.5m，以及至地面以上的范围内和储罐区防护墙以内，防护墙顶部以下的空间划为 2 区；

2 在 2 区范围内，地面以下的沟、坑等低洼处划为 1 区；

3 当烃泵露天设置在储罐区时，以烃泵为中心，半径为 4.5m 以及至地面以上范围内划为 2 区。

注：地下储罐组的爆炸危险区域等级和范围可参照本条规定划分。

E.0.4 铁路槽车和汽车槽车装卸口处爆炸危险区域等级和范围划分见图 E.0.4，并宜符合下列规定：

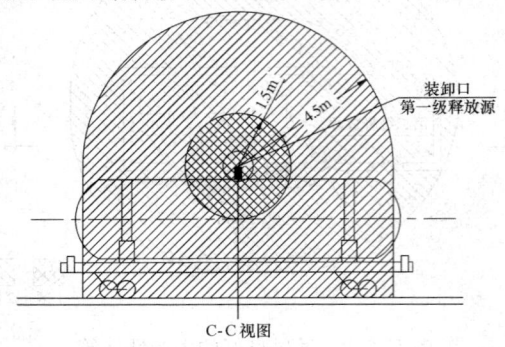

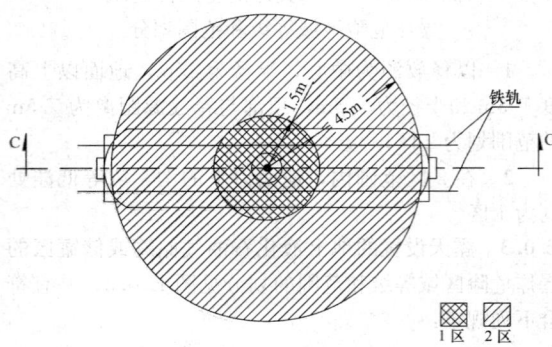

图 E.0.4 槽车装卸口处爆炸危险
区域等级和范围划分

1 以装卸口为中心，半径为 1.5m 的空间和爆炸危险区域以内地面以下的沟、坑等低洼处划为 1 区；

2 以装卸口为中心，半径为 4.5m，1 区以外以及地面以上的范围内划分为 2 区。

E.0.5 无释放源的建筑与有第二级释放源的建筑相邻，并采用不燃烧体实体墙隔开时，其爆炸危险区域和范围划分见图 E.0.5，宜符合下列规定：

1 以释放源为中心，按本附录第 E.0.2 条规定的范围内划分为 2 区；

2 与爆炸危险建筑相邻，并采用不燃烧体实体墙隔开的无释放源建筑，其门、窗位于爆炸危险区域内时划为 2 区；

3 门、窗位于爆炸危险区域以外时划为非爆炸危险区。

E.0.6 下列用电场所可划为非爆炸危险区域：

1 没有释放源，且不可能有液化石油气或液化石油气和其他气体的混合气侵入的区域；

2 液化石油气或液化石油气和其他气体的混合

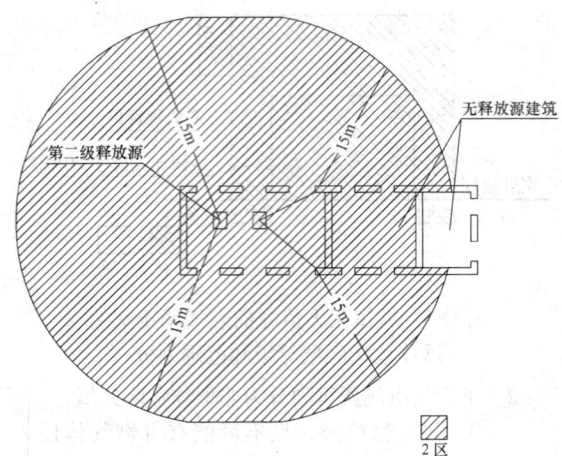

图 E.0.5 与具有第二级释放源的建筑物相邻，
并采用不燃烧体实体墙隔开时，其爆
炸危险区域和范围划分

气可能出现的最高浓度不超过其爆炸下限 10% 的区域；

3 在生产过程中使用明火的设备或炽热表面温度超过区域内可燃气体着火温度的设备附近区域。如锅炉房、热水炉间等；

4 液化石油气站生产区以外露天设置的液化石油气和液化石油气与其他气体的混合气管道，但其阀门处视具体情况确定。

附录 F 居民生活用燃具的同时工作系数 K

表 F 居民生活用燃具的同时工作系数 K

同类型燃具数目 N	燃气双眼灶	燃气双眼灶和快速热水器	同类型燃具数目 N	燃气双眼灶	燃气双眼灶和快速热水器
1	1.000	1.000	40	0.390	0.180
2	1.000	0.560	50	0.380	0.178
3	0.850	0.440	60	0.370	0.176
4	0.750	0.380	70	0.360	0.174
5	0.680	0.350	80	0.350	0.172
6	0.64	0.310	90	0.345	0.171
7	0.600	0.290	100	0.340	0.170
8	0.580	0.270	200	0.310	0.160
9	0.560	0.260	300	0.300	0.150
10	0.540	0.250	400	0.290	0.140
15	0.480	0.220	500	0.280	0.138
20	0.450	0.210	700	0.260	0.134
25	0.430	0.200	1000	0.250	0.130
30	0.400	0.190	2000	0.240	0.120

注：**1** 表中"燃气双眼灶"是指一户居民装设一个双眼灶的同时工作系数；当每一户居民装设两个单眼灶时，也可参照本表计算。

2 表中"燃气双眼灶和快速热水器"是指一户居民装设一个双眼灶和一个快速热水器的同时工作系数。

3 分散采暖系统的采暖装置的同时工作系数可参照国家现行标准《家用燃气燃烧器具安装及验收规程》CJJ 12—99 中表 3.3.6-2 的规定确定。

本规范用词说明

1 为便于在执行本规范条文时区别对待，对要求严格程度不同的用词说明如下：

 1）表示很严格，非这样做不可的用词：
  正面词采用"必须"；
  反面词采用"严禁"。

 2）表示严格，在正常情况下均这样做的用词：
  正面词采用"应"；
  反面词采用"不应"或"不得"。

 3）表示允许稍有选择，在条件许可时首先应这样做的用词：
  正面词采用"宜"或"可"；
  反面词采用"不宜"。

 表示有选择，在一定条件下可以这样做的用词，采用"可"。

2 条文中指定应按其他有关标准、规范执行时，写法为"应符合……的规定"或"应按……执行"。

中华人民共和国国家标准

城 镇 燃 气 设 计 规 范

GB 50028—2006

条 文 说 明

前 言

根据建设部建标〔2001〕87号文的要求，由建设部负责主编，具体由中国市政工程华北设计研究院会同有关单位共同对《城镇燃气设计规范》GB 50028-93进行了修订，经建设部2006年7月12日以中华人民共和国建设部公告第451号批准发布。

为便于广大设计、施工、科研、学校等有关单位人员在使用本规范时能正确理解和执行条文规定，《城镇燃气设计规范》编制组根据建设部关于编制工程标准、条文说明的统一规定，按《城镇燃气设计规范》的章、节、条的顺序，编制了本条文说明，供本规范使用者参考。在使用中如发现本条文说明有欠妥之处，请将意见函寄：天津市气象台路，中国市政工程华北设计研究院城镇燃气设计规范国家标准管理组（邮政编码：300074）。

目　次

1 总则 ················· 4—73
2 术语 ················· 4—73
3 用气量和燃气质量 ················· 4—73
　3.1 用气量 ················· 4—73
　3.2 燃气质量 ················· 4—73
4 制气 ················· 4—76
　4.1 一般规定 ················· 4—76
　4.2 煤的干馏制气 ················· 4—76
　4.3 煤的气化制气 ················· 4—82
　4.4 重油低压间歇循环催化裂解制气 ················· 4—86
　4.5 轻油低压间歇循环催化裂解制气 ················· 4—88
　4.6 液化石油气低压间歇循环催化裂解制气 ················· 4—90
　4.7 天然气低压间歇循环催化改制制气 ················· 4—90
5 净化 ················· 4—90
　5.1 一般规定 ················· 4—90
　5.2 煤气的冷凝冷却 ················· 4—91
　5.3 煤气排送 ················· 4—93
　5.4 焦油雾的脱除 ················· 4—94
　5.5 硫酸吸收法氨的脱除 ················· 4—95
　5.6 水洗涤法氨的脱除 ················· 4—96
　5.7 煤气最终冷却 ················· 4—97
　5.8 粗苯的吸收 ················· 4—98
　5.9 萘的最终脱除 ················· 4—99
　5.10 湿法脱硫 ················· 4—99
　5.11 常压氧化铁法脱硫 ················· 4—101
　5.12 一氧化碳的变换 ················· 4—103
　5.13 煤气脱水 ················· 4—104
　5.14 放散和液封 ················· 4—104
6 燃气输配系统 ················· 4—104
　6.1 一般规定 ················· 4—104
　6.2 燃气管道计算流量和水力计算 ················· 4—106
　6.3 压力不大于 1.6MPa 的室外燃气管道 ················· 4—108
　6.4 压力大于 1.6MPa 的室外燃气管道 ················· 4—112
　6.5 门站和储配站 ················· 4—116
　6.6 调压站与调压装置 ················· 4—117
　6.7 钢质燃气管道和储罐的防腐 ················· 4—118
　6.8 监控及数据采集 ················· 4—119
7 压缩天然气供应 ················· 4—120
　7.1 一般规定 ················· 4—120
　7.2 压缩天然气加气站 ················· 4—121
　7.3 压缩天然气储配站 ················· 4—122
　7.4 压缩天然气瓶组供气站 ················· 4—123
　7.5 管道及附件 ················· 4—123
　7.6 建筑物和生产辅助设施 ················· 4—123
8 液化石油气供应 ················· 4—123
　8.1 一般规定 ················· 4—123
　8.2 液态液化石油气运输 ················· 4—124
　8.3 液化石油气供应基地 ················· 4—126
　8.4 气化站和混气站 ················· 4—133
　8.5 瓶组气化站 ················· 4—134
　8.6 瓶装液化石油气供应站 ················· 4—136
　8.7 用户 ················· 4—137
　8.8 管道及附件、储罐、容器和检测仪表 ················· 4—137
　8.9 建、构物的防火、防爆和抗震 ················· 4—138
　8.10 消防给水、排水和灭火器材 ················· 4—138
　8.11 电气 ················· 4—139
9 液化天然气供应 ················· 4—139
　9.1 一般规定 ················· 4—139
　9.2 液化天然气气化站 ················· 4—139
　9.3 液化天然气瓶组气化站 ················· 4—141
　9.4 管道及附件、储罐、容器、气化器、气体加热器和检测仪表 ················· 4—141
　9.5 消防给水、排水和灭火器材 ················· 4—141
　9.6 土建和生产辅助设施 ················· 4—141
10 燃气的应用 ················· 4—142
　10.1 一般规定 ················· 4—142
　10.2 室内燃气管道 ················· 4—142
　10.3 燃气计量 ················· 4—146
　10.4 居民生活用气 ················· 4—146
　10.5 商业用气 ················· 4—147
　10.6 工业企业生产用气 ················· 4—147
　10.7 燃烧烟气的排除 ················· 4—149
　10.8 燃气的监控设施及防雷、防静电 ················· 4—149

1 总　则

1.0.1 提出使城镇燃气工程设计符合安全生产、保证供应、经济合理、保护环境的要求，这是结合城镇燃气特点提出的。

由于燃气是公用的，它具有压力，又具有易燃易爆和有毒等特性，所以强调安全生产是非常必要的。

保证供应这个要求是与安全生产密切联系的。要求城镇燃气在质量上要达到一定的质量指标，同时，在量的方面要能满足任何情况下的需要，做到持续、稳定的供气，满足用户的要求。

1.0.2 本规范适用范围明确为"城镇燃气工程"。所谓城镇燃气，是指城市、乡镇或居民点中，从地区性的气源点，通过输配系统供给居民生活、商业、工业企业生产、采暖通风和空调等各类用户公用性质的，且符合本规范燃气质量要求的气体燃料。

1.0.3 积极采用行之有效的新技术、新工艺、新材料和新设备，早日改变城镇燃气落后面貌，把我国建设成为社会主义的现代化强国，需要在设计方面加以强调，故作此项规定。

1.0.4 城镇燃气工程牵涉到城市能源、环保、消防等的全面布局，城镇燃气管道、设备建设后，也不应轻易更换，应有一个经过全面系统考虑过的城镇燃气规划作指导，使当前建设不致于盲目进行，避免今后的不合理或浪费。因而提出应遵能源政策，根据城镇总体规划进行设计，并应与城镇能源规划、环保规划、消防规划等相结合。

2 术　语

本章所列术语，其定义及范围，仅适用于本规范。

3 用气量和燃气质量

3.1 用 气 量

3.1.1 供气原则是一项与很多重大设计原则有关联的复杂问题，它不仅涉及到国家的能源政策，而且和当地具体情况、条件密切有关。从我国已有煤气供应的城市来看，例如在供给工业和民用用气的比例上就有很大的不同。工业和民用用气的比例是受城市发展包括燃料资源分配、环境保护和市场经济等多因素影响形成的，不能简单作出统一的规定。故本规范对供气原则不作硬性规定。在确定气量分配时，一般应优先发展民用用气，同时也要发展一部分工业用气，两者要兼顾，这样做有利于提高气源厂的效益，减少储气容积，减轻高峰负荷，增加售气收费，有利于节假日负荷的调度平衡等。那种把城镇燃气单纯地看成是民用用气是片面的。

采暖通风和空调用气量，在气源充足的条件下，可酌情纳入。燃气汽车用气量仅指以天然气和液化石油气为气源时才考虑纳入。

其他气量中主要包括了两部分内容：一部分是管网的漏损量；另一部分是因发展过程中出现没有预见到的新情况而超出了原计算的设计供气。其他气量中的前一部分是有规律可循的，可以从调查统计资料中得出参考性的指标数据；后一部分则当前还难掌握其规律，暂不能作出规定。

3.1.3 居民生活和商业的用气量指标，应根据当地居民生活和商业用气量的统计数据分析确定。这样做更加切合当地的实际情况，由于燃气已普及，故一般均具备了统计的条件。对居民用户调查时：

1 要区分用户有无集中采暖设备。有集中采暖设备的用户一般比无集中采暖设备用户的用气量要高一些，这是因为无集中采暖设备的用户在采暖期采用煤火炉采暖兼烧水、做饭，因而减少了燃气用量。一般每年差10%～20%，这种差别在采暖期比较长的城市表现得尤为明显；

2 一般瓶装液化石油气居民用户比管道供燃气的居民用户用气量指标要低10%～15%；

3 根据调研表明，居民用户用气量指标增加是非常缓慢的，个别还有下降的情况，平均每年的增长率小于1%，因而在取用气量指标时，不必对今后发展考虑过多而加大用气量指标。

3.2 燃 气 质 量

3.2.1 城镇燃气是供给城镇居民生活、商业、工业企业生产、采暖通风和空调等做燃料用的，在燃气的输配、储存和应用的过程中，为了保证城镇燃气系统和用户的安全，减少腐蚀、堵塞和损失，减少对环境的污染和保障系统的经济合理性，要求城镇燃气具有一定的质量指标并保持其质量的相对稳定是非常重要的基础条件。

为保证燃气用具在其允许的适应范围内工作，并提高燃气的标准化水平，便于用户对各种不同燃具的选用和维修，便于燃气用具产品的国内外流通等，各地供应的城镇燃气（应按基准气分类）的发热量和组分应相对稳定，偏离基准气的波动范围不应超过燃气用具适应性的允许范围，也就是要符合城镇燃气互换的要求。具体波动范围，根据燃气类别宜按现行的国家标准《城市燃气分类》GB/T 13611 的规定采用并应适当留有余地。

现行的国家标准《城市燃气分类》GB/T 13611，详见表1（华白数按燃气高发热量计算）。

以常见的天然气 10T 和 12T 为例（相当于国际联盟标准的 L 类和 H 类），其成分主要由甲烷和少量惰性气体组成，燃烧特性比较类似，一般可用单一参数（华白数）判定其互换性。表1中所列华白数的范围是指 GB/T 13611-92 规定的最大允许波动范围，但作为商品天然气供给作城镇燃气时，应适当留有余地，参考英国规定，是留有3%～5%的余量，则10T和12T作城镇燃气商品气时华白数波动范围如表2，可作为确定商品气波动范围的参考。

表1 GB/T 13611-92 城市燃气的分类
（干，0℃，101.3kPa）

类别		华白数 W, MJ/m³ (kcal/m³)		燃烧势 CP	
		标准	范围	标准	范围
人工煤气	5R	22.7 (5430)	21.1(5050)～24.3(5810)	94	55～96
	6R	27.1 (6470)	25.2(6017)～29.0(6923)	108	63～110
	7R	32.7 (7800)	30.4(7254)～34.9(8346)	121	72～128
天然气	4T	18.0 (4300)	16.7(3999)～19.3(4601)	25	22～57
	6T	26.4 (6300)	24.5(5859)～28.2(6741)	29	25～65
	10T	43.8 (10451)	41.2(9832)～47.3(11291)	33	31～34
	12T	53.5 (12768)	48.1(11495)～57.8(13796)	40	36～88
	13T	56.5 (13500)	54.3(12960)～58.8(14040)	41	40～94
液化石油气	19Y	81.2 (19387)	76.9(18379)～92.7(22152)	48	42～49
	20Y	84.2 (20113)	76.9(18379)～92.7(22152)	46	42～49
	22Y	92.7 (22152)	76.9(18379)～92.7(22152)	42	42～49

注：6T为液化石油气混空气，燃烧特性接近天然气。

表2 10T和12T天然气华白数波动范围（MJ/m³）

类别	标准（基准气）	GB/T 13611-92 范围	城镇燃气商品气范围
10T	43.8	41.2～47.3 −5.94%～+8%	42.49～45.99 −3%～+5%
12T	53.5	48.1～57.8 −10.1%～+8%	50.83～56.18 −5%～+5%

3.2.2 本条对作为城镇燃气且已有产品标准的燃气引用了现行的国家标准，并根据城镇燃气要求作了适当补充；对目前尚无产品标准的燃气提出了质量安全指标要求。

1 天然气的质量技术指标国家现行标准《天然气》GB 17820-1999的一类气或二类气的规定，详见表3。

表3 天然气的技术指标

项目	一类	二类	三类	试验方法
高位发热量，MJ/m³	>31.4			GB/T 11062
总硫（以硫计），mg/m³	≤100	≤200	≤460	GB/T 11061
硫化氢，mg/m³	≤6	≤20	≤460	GB/T 11060.1
二氧化碳，%（体积分数）	≤3.0			GB/T 13610
水露点，℃	在天然气交接点的压力和温度条件下，天然气的水露点应比最低环境温度低5℃			GB/T 17283

注：1 标准中气体体积的标准参比条件是101.325kPa，20℃；
2 取样方法按 GB/T 13609。

本规范历史上对燃气中硫化氢的要求为小于或等于20mg/m³，因而符合二类气的要求是允许的；但考虑到今后户内燃气管的暗装等要求，进一步降低 H₂S 含量以减少腐蚀，也是适宜的。故在此提出应符合一类气或二类气的规定；应补充说明的是：一类或二类天然气对二氧化碳的要求为小于或等于3%（体积分数），作为燃料用的城镇燃气对这一指标要求是不高的，其含量应根据天然气的类别而定，例如对10T天然气，二氧化碳加氮等惰性气体之和不应大于14%，故本款对惰性气体含量未作硬性规定。对于含惰性气体较多、发热量较低的天然气，供需双方可在协议中另行规定。

3 人工煤气的质量技术指标中关于通过电捕焦油器时氧含量指标和规模较小的人工煤气工程煤气发热量等需要适当放宽的问题，于正在进行修订中的《人工煤气》GB 13621标准中表达，故本规范在此采用引用该标准。

4 采用液化石油气与空气的混合气做主气源时，液化石油气的体积分数应高于其爆炸上限的2倍（例如液化石油气爆炸上限如按10%计，则液化石油气与空气的混合气做主气源时，液化石油气的体积分数应高于20%），以保证安全，这是根据原苏联建筑法规的规定制定的。

3.2.3 本条规定了燃气具有臭味的必要及其标准。

1 关于空气—燃气中臭味"应能察觉"的含义

"应能察觉"与空气中的臭味强度和人的嗅觉能力有关。臭味的强度等级国际上燃气行业一般采用 Sales 等级,是按嗅觉的下列浓度分级的:

0 级——没有臭味;
0.5 级——极微小的臭味(可感点的开端);
1 级——弱臭味;
2 级——臭味一般,可由一个身体健康状况正常且嗅觉能力一般的人识别,相当于报警或安全浓度;
3 级——臭味强;
4 级——臭味非常强;
5 级——最强烈的臭味,是感觉的最高极限。超过这一级,嗅觉上臭味不再有增强的感觉。

"应能察觉"的含义是指嗅觉能力一般的正常人,在空气—燃气混合物臭味强度达到 2 级时,应能察觉空气中存在燃气。

2 对无毒燃气加臭剂的最小用量标准

美国和西欧等国,对无毒燃气(如天然气、气态液化石油气)的加臭剂用量,均规定在无毒燃气泄漏到空气中,达到爆炸下限的 20% 时,应能察觉。故本规范也采用这个规定。在确定加臭剂用量时,还应结合当地燃气的具体情况和采用加臭剂种类等因素,有条件时,宜通过试验确定。

据国外资料介绍,空气中的四氢噻吩(THT)为 $0.08 mg/m^3$ 时,可达到臭味强度 2 级的报警浓度。以爆炸下限为 5% 的天然气为例,则 $5\% \times 20\% = 1\%$,相当于在天然气中应加 THT $8mg/m^3$,这是一个理论值。实际加入量应考虑管道长度、材质、腐蚀情况和天然气成分等因素,取理论值的 2~3 倍。以下是国外几个国家天然气加臭剂量的有关规定:

1) 比利时　加臭剂为四氢噻吩(THT)
　　　　　　　　　　　　　　$18 \sim 20 mg/m^3$
2) 法国　　加臭剂为四氢噻吩(THT)
　　　低热值天然气　　$20 mg/m^3$
　　　高热值天然气　　$25 mg/m^3$

当燃气中硫醇总量大于 $5mg/m^3$ 时,可以不加臭。

3) 德国　　加臭剂为四氢噻吩(THT)
　　　　　　　　　　　　　　$17.5 mg/m^3$
　　　加臭剂为硫醇(TBH)
　　　　　　　　　　　　　　$4 \sim 9 mg/m^3$
4) 荷兰　　加臭剂为四氢噻吩(THT)
　　　　　　　　　　　　　　$18 mg/m^3$

据资料介绍,北京市天然气公司、齐齐哈尔市天然气公司也采用四氢噻吩(THT)作为加臭剂,加入量北京为 $18mg/m^3$,齐齐哈尔为 $16 \sim 20 mg/m^3$。

根据上述国内外加臭剂用量情况,对于爆炸下限为 5% 的天然气,取加臭剂用量不宜小于 $20mg/m^3$。并以此作为推论,当不具备试验条件时,对于几种常见的无毒燃气,在空气中达到爆炸下限的 20% 时应能察觉的加臭剂用量,不宜小于表 4 的规定,可做确定加臭剂用量的参考。

表 4　几种常见的无毒燃气的加臭剂用量

燃　气　种　类	加臭剂用量 (mg/m^3)
天然气(天然气在空气中的爆炸下限为 5%)	20
液化石油气(C_3 和 C_4 各占一半)	50
液化石油气与空气的混合气(液化石油气:空气=50:50;液化石油气成分为 C_3 和 C_4 各占一半)	25

注:1　本表加臭剂按四氢噻吩计。
　　2　当燃气成分与本表比例不同时,可根据燃气在空气中的爆炸下限,对比爆炸下限为 5% 的天然气的加臭剂用量,按反比计算出燃气所需加臭剂用量。

3 对有毒燃气加臭剂的最少用量标准

有毒燃气一般指含 CO 的可燃气体。CO 对人体毒性极大,一旦漏入空气中,尚未达到爆炸下限 20% 时,人体早就中毒,故对有毒燃气,应按在空气中达到对人体允许的有害浓度之时应能察觉来确定加臭剂用量。关于人体允许的有害浓度的含义,根据"一氧化碳对人体影响"的研究,其影响取决于空气中 CO 含量、吸气持续时间和呼吸的强度。为了防止中毒死亡,必须采取措施保证在人体血液中决不能使碳氧血红蛋白浓度达到 65%,因此,在相当长的时间内吸入的空气中 CO 浓度不能达到 0.1%。当然这个标准是一个极限程度,空气中 CO 浓度也不应升高到足以使人产生严重症状才发现,因而空气中 CO 报警标准的选取应比 0.1% 低很多,以确保留有安全余量。

含有 CO 的燃气漏入室内,室内空气中 CO 浓度的增长是逐步累计的,但其增长开始时快而后逐步变缓,最后室内空气中 CO 浓度趋向于一个最大值 X,并可用下式表示:

$$X = \frac{V \cdot K}{I} \% \qquad (1)$$

式中　V——漏出的燃气体积(m^3/h);
　　　K——燃气中 CO 含量(%)(体积分数);
　　　I——房间的容积(m^3)。

此式是在时间 $t \to \infty$,自然换气次数 $n=1$ 的条件下导出的。

对应于每一个最大值 X,有一个人体血液中碳氧血红蛋白浓度值,其关系详见表 5。

表5 空气中不同的CO含量与血液中最大的
碳氧血红蛋白浓度的关系

空气中CO含量 X(%)（体积分数）	血液中最大的碳氧血红蛋白浓度(%)	对人影响
0.100	67	致命界限
0.050	50	严重症状
0.025	33	较重症状
0.018	25	中等症状
0.010	17	轻度症状

德、法和英等发达国家，对有毒燃气的加臭剂用量，均规定为在空气中一氧化碳含量达到0.025%（体积分数）时，臭味强度应达到2级，以便嗅觉能力一般的正常人能察觉空气中存在燃气。

从表5可以看到，采用空气中CO含量0.025%为标准，达到平衡时人体血液中碳氧血红蛋白最高只能到33%，对人一般只能产生头痛、视力模糊、恶心等，不会产生严重症状。据此可理解为，空气中CO含量0.025%作为燃气加臭理论的"允许的有害浓度"标准，在实际操作运行中，还应留有安全余量，本规范推荐采用0.02%。

一般含有CO的人工煤气未经深度净化时，本身就有臭味，是否应补充加臭，有条件时，宜通过试验确定。

3.2.4 本条1~4款对加臭剂的要求是按美国联邦法规第49号192部分和美国联邦标准ANSI/ASME B31.8规定等效采用的。其中"加臭剂不应对人体有害"是指按本规范第3.2.3条要求加入微量加臭剂到燃气中后不应对人体有害。

4 制 气

4.1 一般规定

4.1.1 本章节内容属人工制气气源，其工艺是成熟的，运行安全可靠，所采用的炉型有焦炉、直立炉、煤气发生炉、两段煤气发生炉、水煤气发生炉、两段水煤气发生炉、流化床水煤气炉与三筒式重油裂解炉、二筒式轻油裂解炉等。国内外虽还有新的工艺、新的炉型，但由于在国内城镇燃气方面尚未普遍应用，因此未在本规范中编写此类内容。

4.1.2 本条文规定了炉型选择原则。

目前我国人工制气厂有大、中、小规模70余家，大都由上述某单一炉型或多种炉型互相配组成。其中小气源厂制气规模为 $10×10^4 \sim 5×10^5 m^3/d$，有的

大型气源厂制气规模达到 $5×10^5 \sim 10×10^5 m^3/d$ 以上。

各制气炉型的选择，主要应根据制气原料的品种：如取得合格的炼焦煤，且冶金焦有销路，则选择焦炉作制气炉型；当取得气煤或肥气煤时，则采用直立炉作为制气炉型，副产气焦，一般作为煤气发生炉、水煤气发生炉的原料生产低热值煤气供直立炉加热和调峰用；其他炉型选择条件，可详见本章有关条文。

焦炉及煤气发生炉的工艺设计，除本章内结合城镇燃气设计特点重点列出的条文以外，还可参照《炼焦工艺设计技术规定》YB 9069-96及《发生炉煤气站设计规范》GB 50195-94。

4.1.3 附录A是根据《建筑设计防火规范》GBJ 16-97、《爆炸和火灾危险环境电力装置设计规范》GB 50058-92和制气生产工艺特殊要求编制的。

4.2 煤的干馏制气

4.2.1 本条提出了煤干馏炉煤的质量要求。

1 直立炉装炉煤的坩埚膨胀序数，葛金指数等指标规定的理由：

因直立炉是连续干馏制气炉型，它的装炉煤要求与焦炉有所不同。装炉煤的粘结性和结焦性的化验指标习惯上均采用国际上通用的指标。在坩埚膨胀序数和葛金指数方面，从我国各直立炉煤气厂几十年的生产经验来看，装炉煤的坩埚膨胀序数以在"$1\frac{1}{2} \sim 4$"之间为好，特别是"3~4"时更适用于直立炉的生产。此时煤斤行速正常、操作顺利，生产的焦炭块度大小适当。其中块度为25~50mm的焦炭较多。但煤的粘结性和结焦性所表达的内容还有所不同，故还必须得到煤的葛金指数。葛金指数中A、B、C型表明是不粘结或粘结性差的，所产焦块松碎。这种煤装入炉内将使生产操作不正常，容易脱焦，甚至造成炉子爆炸的恶性事故。某煤气厂就因此发生过事故，死伤数人。其主要原因就是煤不合要求（当时使用的主要煤种是阜新煤，其坩埚膨胀序数为$1\frac{1}{2}$，葛金指数为B，颗粒小于10mm的煤占重量的80%以上）。因此，对连续式直立炉的装炉煤的质量指标作本条规定。葛金指数必须在$F \sim G_1$的范围，以保证直立炉的安全生产。

经过十余年的运行管理与科学研究，通过排焦机械装置的改进，可以扩大直立炉使用的煤种，生产焦炭新品种。鞍山热能研究所与大连煤气公司、大同矿务局与杨树浦煤气厂在不同时间，不同地点相继对弱粘结性的大同煤块在直立炉中作了多次成功的试验，炼制出合格的高质量铁合金焦。因此对炼制铁合金焦时的直立炉装炉煤质安全指标在注中明确煤种可选用

弱粘结煤，但煤的粒度应为15～50mm块煤。灰分含量应小于10%，并具有热稳定性大于60%的煤种。目前大同矿务局连续直立式炭化炉，采用大同煤块炼制优质铁合金焦，运行良好。

直立炉的装炉煤粒度定为小于50mm，是防止过大的煤块堵塞辅助煤箱上的煤阀进口。

2 焦炉装炉煤的各项主要指标是由其中各单种煤的性质及配比决定的。目前我国炼焦工业的配煤大多数立足本省、本区域的煤炭资源，在满足生产工艺要求的范围内，要求充分利用我国储量较多，具有一定粘结性的高挥发量煤（如肥气煤）进行配煤，因此冶金工业中炼焦煤的挥发分（干基）已达到了24%～31%，胶质层指数（Y）在14～20mm。（详：《炼焦工艺设计技术规定》YB 9069）。

对于城市煤气厂，为了不与冶金炼焦争原料，装炉煤的气、肥气煤种的配入量要多一些，一般到70%～80%。很多炼焦制气厂装炉煤挥发分高达32%～34%，而胶质指数（Y）甚至低到13mm。

结合上述因素，在制定本条文时，考虑到冶金、城建等各方面的炼焦工业，对装炉煤挥发分规定为"24%～32%"及胶质层指数（Y）规定为13～20mm。

配煤粘结指数（G）的提出，是由于单用胶质层指数（Y）这项指标有其局限性，即对瘦煤和肥煤的试验条件不易掌握，因此就必须采用我国煤炭学会正式选定的烟煤粘结指数G与Y值共同决定炼焦用煤的粘结性。焦炉用煤的灰分、硫分、粒度等指标均是为了保证焦炭的质量。

灰分指标对冶金工业和煤气厂（站）都很重要，炼焦原煤灰分越高，焦炭的灰分越大，则高炉焦比增加，致使高炉利用系数和生产效率降低。焦炭的灰分过高，焦炭的强度也会下降，耐磨性变坏，关系到高炉生产能力，所以规定装炉煤的灰分含量小于或等于11%（对1000～4000m^3高炉应为9%～10%，对大于4000m^3高炉应小于或等于9%）。用于水煤气、发生炉作气化原料的焦炭，由于所产焦为气焦，原料煤中的灰分可放宽到16%。

原料煤中60%～70%的硫残留在焦炭中，焦炭硫含量高，在高炉炼铁时，易使生铁变脆，降低生铁质量。所以规定煤中硫含量应小于1%（对1000～4000m^3高炉应为0.6%～0.8%，对大于4000m^3高炉应小于0.6%）。原料煤的粒度，决定装炉煤的堆积密度，装炉煤的堆积密度越大，焦炭的质量越好，但原料煤粉碎过细或过粗都会使煤的堆积密度变化。因此本条文根据实际生产经验总结规定炼焦装炉煤粒度小于3mm的含量为75%～80%。各级别高炉对焦炭质量要求见表6（重庆钢铁设计院编制的"炼铁工艺设计技术规定"）。

表6　各级别高炉对焦炭质量要求

炉容级别(m^3) \ 焦炭质量	300	750	1200	2000	2500～3000	>4000
焦炭强度 M40(%)	≥74	≥75	≥76	≥78	≥80	≥82
M10(%)	≤9	≤9	≤8.5	≤8	≤8	≤7
焦炭灰分(%)	≤14	≤13	≤13	≤13	≤13	≤12
焦炭硫分(%)	≤0.7	≤0.7	≤0.7	≤0.7	≤0.7	≤0.6
焦炭粒度(mm)	75～15	75～15	75～20	75～20	75～20	75～25
>75mm(%)	≤10	≤10	≤10	≤10	≤10	≤10

装炉煤的各质量指标的测定应按国家煤炭试验标准方法进行（见表7）。

表7　装炉煤质量指标的测定方法

序号	质量指标	国家煤炭试验标准	标准号
1	水分、灰分、挥发分	煤的工业分析方法	GB 212
2	坩埚膨胀序数(F, S, I)	烟煤自由膨胀序数(亦称坩埚膨胀)测定方法	GB 5448
3	葛金指数	煤的葛金低温干馏试验方法	GB 1341
4	胶质层指数(Y)焦块最终收缩度(X)	烟煤胶质层指数测定方法	GB 479
5	粘结指数(G)	烟煤粘结指数测定方法	GB 5447
6	全硫(St. d)	煤中全硫的测定方法	GB 214
7	热稳定性(TS+6)	煤的热稳定性测定方法	GB 1573
8	抗碎强度(>25mm)	煤的抗碎强度测定方法	GB 15459
9	灰熔点(ST)	煤灰熔融性的测定方法	GB 219
10	罗加指数(RI)	烟煤罗加指数测定方法	GB 5449
11	煤的化学反应性(a)	煤对二氧化碳化学反应性的测定方法	GB 220
12	粒度分级	煤炭粒度分级	GB 189

4.2.2 直立炉对所使用装炉煤的粒度大小及其级配含量有一定要求，目的在于保证生产。直立炉使用煤粒度最低标准为：粒度小于50mm，粒度小于10mm的含量小于75%。所以在煤准备流程中应设破碎装置。

直立炉一般采用单种煤干馏制气，当煤种供应不稳定时，不得不采用一些粘结性差的煤，为了安全生产，必须配以强粘结性的煤种；有时为适应高峰供气的需要，也可适当增加一定配比的挥发物含量大于

30%的煤种。因此直立炉车间应设置配煤装置。例：葛金指数为0的统煤，可以1：1G_3的煤种或配以1：2G_2的煤种，使混配后的混合煤葛金指数接近F～G_1。

对焦炉制气用煤的准备，工艺流程基本上有两种，其根本区别在于是先配煤后粉碎（混合粉碎），还是先粉碎后配煤（分级粉碎），就相互比较而言各有特点。先配后粉碎工艺流程是我国目前普遍采用的一种流程，具有过程简单、布置紧凑、使用设备少、操作方便、劳动定员少、投资和操作费用低等优点。但不能根据不同煤种进行不同的粉碎细度处理，因此这种流程只适用于煤质较好，且均匀的煤种。当煤料粘结性较差，且煤质不均则宜采用先粉碎后配煤的工艺流程，也就是将组成炼焦煤料各单种煤先根据其性质（不同硬度）进行不同细度的分别粉碎，再按规定的比例配合、混匀，这对提高配煤的准确度、多配弱粘结性煤和改善焦炭质量有好处。因此目前国内有些焦化厂采用了这种流程。但该流程较复杂，基建投资也较多，配煤成本高。对于城市煤气厂，目前大量使用的是气煤，所得焦炭一般符合气化焦的质量指标，生产的煤气的质量不会因配煤工艺不同而异，因此煤准备宜采用先配煤后粉碎的流程。由于炼焦进厂煤料为洗精煤，粒度较小，无需设置破碎煤的装置。

4.2.3 原料煤的装卸和倒运作业量很大，如果不实行机械化作业，势必占用大量的劳动力并带来经营费用高、占地面积大、煤料损失多、积压车辆等问题。因此，无论大、中、小煤气厂原料煤受煤、卸煤、储存、倒运均应采用机械化设备，使机械化程序达到80%～90%以上。机械化程度可按下式评定：

$$\theta = \left(1 - \frac{n_1}{n_2}\right) \times 100\% \qquad (2)$$

式中 θ——机械化程度（%）；
n_1——采用某种机械化设备后，作业实需定员（人）；
n_2——全部人工作业时需要的定员（人）。

4.2.4 本条文规定了储煤场场地确定原则。

1 影响储煤量大小的因素是很多的，与工厂的性质和规模、距供煤基地的远近、运输情况、使用的煤种数等因素都有关系。其中以运输方式为主要因素。因此储煤场操作容量：当由铁路来煤时，宜采用10～20d的用煤量；当由水路来煤时，宜采用15～30d的用煤量；当采用公路来煤时，宜采用30～40d的用煤量。

2 煤堆高度的确定，直接影响储煤场地的大小，应根据机械设备工作高度确定，目前煤场各种机械设备一般堆煤高度如下：

推煤机	7～9m
履带抓斗、起重机	7m
扒煤机	7～9m
桥式抓斗起重机	一般7～9m
门式抓斗起重机	一般7～9m
装卸桥	9m
斗轮堆取料机	10～12m

由于机械设备在不断革新，设计时应按厂家提供的堆煤高度技术参数为准。

3 储煤场操作容量系数

储煤场操作容量系数即储煤场的操作容量（即有效容量）和总容量之比。储煤场的机械装备水平直接影响其操作容量系数的大小。根据某些机械化储煤场，来煤供应比较及时的情况下的实际生产数据分析，储煤场操作容量系数一般可按0.65～0.7进行选用。

根据操作容量、堆煤高度和操作容量系数可以大致确定煤场的储煤面积和总面积：

$$F_H = \frac{W}{KH_m r_0} \qquad (3)$$

式中 F_H——煤场的储煤面积（m^2）；
W——操作容量（t）；
H_m——实际可能的最大堆煤高度（m）；
K——与堆煤形状有关的系数：梯形断面的煤堆 $K=0.75$～0.8；三角形断面的煤堆 $K=0.45$；
r_0——煤的堆积密度（t/m^3）。

煤场的总面积F（m^2）可按下式计算

$$F = \frac{F_H}{0.65 \sim 0.7} \qquad (4)$$

4.2.5 本条规定了关于配煤槽和粉碎机室的设计要求。

1 配煤槽设计容量的正确合理，对于稳定生产和提高配煤质量都有很大的好处。如容量过小，就使得配煤前的机械设备的允许检修时间过短，适应不了生产上的需要，甚至影响正常生产，所以应根据煤气厂具体条件来确定。

2 配煤槽个数如果少了就不能适应生产上的需要，也不能保证配煤的合理和准确。如果个数太多并无必要且增加投资和土建工程量。因此，各厂应根据本身具体条件按照所用的煤种数目、配煤比以及清扫倒换等因素来决定配煤槽个数。

3 煤料中常混有或大或小的铁器，如铁块、铁棒、钢丝之类，这类东西如不除去，影响粉碎机的操作，熔蚀炉墙，损害炉体，故必须设置电磁分离器。

4 粉碎机运转时粉尘大，从安全和工业卫生要求必须有除尘装置。

5 粉碎机运转时噪声较大，从职工卫生和环境的要求，必须采取综合控制噪声的措施，按《工业企业噪声控制设计规范》GBJ 87要求设计。

4.2.6 煤准备系统中各工段生产过程的连续性是很强的,全部设备的启动或停止都必须按一定的顺序和方向来操作。在生产中各机械设备均有出现故障或损坏的可能。当某一设备发生故障时就破坏了整个工艺生产的连续性,进而损坏设备,故作本条规定以防这一恶性事故的发生。应设置带有模拟操作盘的连锁集中控制装置。

4.2.7 直立炉的储煤仓位于炉体的顶层,其形状受到工艺条件的限制及相互布置上的约束而设计为方形。这就造成了下煤时出现"死角"现象,实际下煤的数量只有全仓容量的 1/2~2/3(现也有在煤仓底部的中间增加锥形的改进设计)。直立炉的上煤设备检修时间一般为 8h。综合以上两项因素,储煤仓总容量按 36h 用量设计一般均能满足了。某地新建直立炉储煤仓按 32h 设计,一般情况下操作正常,但当原煤中水分较大不易下煤时操作就较为紧张。所以在本条中推荐储煤仓总容量按 36h 用煤量计算。

规定辅助煤箱的总容量按 2h 用煤量计算。这就是说,每生产 1h 只用去箱内存煤量的一半,保证还余下一半煤可起密封作用,用以在炉顶微正压的条件下防止炉内煤气外窜,并保证直立炉的安全正常操作。

直立炉正常操作中每日需轮换两门炭化室停产烧空炉,以便烧去炉内石墨(俗称烧垢),保证下料通畅。烧垢后需先加焦,然后才能加煤投入连续生产。另外,在直立炉的全年生产过程中,往往在供气量减少时安排停产检修,在这种情况下,为了适应开工投产的需要,故规定"储焦仓总容量按一次加满四门炭化室的装焦量计算"。

对于焦炉储煤塔总容量的设计规定,基本上是依据鞍山焦耐院多年来从设计到生产实践的经验总结。炭化室有效容积大于 20m³ 焦炉总容量一般都是按 16h 用煤量计算的,有的按 12h 用煤量计算。焦炉储煤塔容量的大小与备煤系统的机械化水平有很大的关系,因此规定储煤塔的容量均按 12~16h 用量计算,主要是为了保证备煤系统中的设备有足够的允许检修时间。

4.2.8 煤干馏制气产品产率的影响因素很多,有条件时应作煤种配煤试验来确定。但在考虑设计方案而缺乏实测数据时可采用条文中的规定。

因为煤气厂要求的主要产品是煤气,气煤配入量一般较多,配煤中挥发分也相应增加,因而单位煤气发生量一般比焦化厂要大。根据多年操作实践证明,配煤挥发分与煤气发生量之间有如下关系:

根据一些焦化厂的生产统计数据证明:当配煤挥发分在"28%~30%"时,煤气发生量平均值为"345m³/t"。但南方一些煤气厂和焦化厂操作条件有所不同,即使在配煤情况相近时,煤气发生量也不相同,因此只能规定其波动范围(见表 8)。

表 8 焦炉煤气的产率

挥发分(V_f,%)	27	28	29	30
煤气生产量(m³/t)	324	326	348	360

全焦产率随配煤挥发分增加相应要减少,焦炭中剩余挥发分的多少也影响全焦率的大小。在正常情况下,全焦率的波动范围较小,实际全焦率大于理论全焦率,其差值称为校正系数"a"。煤料的初次产物(荒煤气)遇到灼热的焦炭裂解时会生成石墨沉积于焦炭表面;挥发分越高,其裂解机会越多,"a"值也就越大。

全焦率计算公式:

$$B_{焦} = \frac{100 - V_{干煤}}{100 - V_{干焦}} \times 100 + a \quad (5)$$

$$a = 47.1 - 0.58 \frac{100 - V_{干煤}}{100 - V_{干焦}} \times 100 \quad (6)$$

式中 $B_{焦}$——全焦率(%);
  $V_{干煤}$——配煤的挥发分(干基)(%);
  $V_{干焦}$——焦炭中的挥发分(干基)(%)。

本规范所定全焦率指标就是根据此公式计算的。

此公式经焦化厂验证,实际全焦率与理论计算值是比较接近的。生产统计所得校正系数"a"相差不超过 1%。

直立炉所产的煤气及气焦的产率与挥发分、水分、灰分、煤的粒度及操作条件有关,条文中所规定各项指标也都是根据历年生产统计资料制定的。

4.2.9 焦炉的结构有单热式和复热式两种。焦炉的加热煤气耗用量一般要达到自身产气量的 45%~60%。如果利用其他热值较低的煤气来代替供加热用的优质回炉煤气,不但能提高出厂焦炉气的产量达 1 倍左右,而且也有利于焦炉的调火操作。各地煤气公司就是采用这种办法。此外,城市煤气的供应在 1 年中是不均衡的。在南方地区一般是寒季半年里供气量较大。此时焦炉可用热值低的煤气加热;而在暑季的半年里供气量较小,此时又可用回炉煤气加热。所以针对煤气厂的条件来看以采用复热式的炉型较为合适。

4.2.10 本条规定了加热煤气耗热量指标。

当采用热值较低的煤气作为煤干馏炉的加热煤气以顶替回炉煤气时,以使用机械发生炉(含两段机械发生炉或高炉)煤气最为相宜,因为它具有燃烧火焰长,可用自产的中小块气焦(弱粘结烟煤)来生产等项优点。上海、长春、昆明、天津、北京、南京等煤气公司加热煤气都是采用机械发生炉(或两段机械发生炉)煤气。

煤干馏炉的加热煤气的耗热量指标是一项综合性的指标。焦炉的耗热量指标是按鞍山焦耐院多年来的经验总结资料制定的。对炭化室有效容积大于 20m³ 的焦炉。用焦炉煤气加热时规定耗热量指标为

2340kJ/kg。而根据实测数据，当焦炉的均匀系数和安定系数均在 0.95 以上时，3 个月平均耗热量为 2260kJ/kg；当全年的均匀系数和安定系数均在 0.90 以上时，耗热量为 2350kJ/kg。这说明本条规定的指标是符合实际情况的。

根据国务院国办〔2003〕10 号文件及国家经贸委第 14 号令的精神：今后所建焦炉炭化室高度应在 4m 以上（折合容积大于 20m^3）。因此炭化室容积约为 10m^3 和小于 6m^3 的焦炉耗热量指标不再编入本条正文中。故在此条文说明中保留，以供现有焦炉生产、改建时参考（见表 9）。

表 9　焦炉耗热量指标〔kJ/kg（煤）〕

加热煤气种类	炭化室有效容积（m^3）		适用范围
	约 10	<6	
焦炉煤气	2600	2930	作为计算生产消耗用
发生炉煤气	2930	3260	作为计算生产消耗用
焦炉煤气	2850	3180	作为计算加热系统设备用
发生炉煤气	3140	3470	作为计算加热系统设备用

直立炉的加热使用机械发生炉热煤气，由于热煤气难于测定煤气流量，在制定本条规定时只能根据生产上使用发生炉所耗的原料量的实际数据（每吨煤经干馏需要耗用 180～210kg 的焦），经换算耗热量为 2590～3010kJ/kg。考虑影响耗热量的因素较多，故指标按上限值规定为 3010kJ/kg。

上面所提到的耗热量是作为计算生产消耗时使用的指标。在设计加热系统时，还需稍留余地，应考虑增加一定的富裕量。根据鞍山焦耐院的总结资料，作为生产消耗指标与作为加热系统计算指标的耗热量之间相差为 210～250kJ/kg。本条规定的加热系统计算用的耗热量指标就是根据这一数据制定的。

4.2.11　本条规定了加热煤气管道的设计要求。

1　要求发生炉煤气加热的管道上设置混入回炉煤气的装置，其目的是稳定加热煤气的热值，防止炉温波动。在回炉煤气加热总管上装设预热器，其目的是以防止煤气中的焦油、萘冷凝下来堵塞管件，并使入炉煤气温度稳定。

2　在加热煤气系统中设压力自动调节装置是为了保证煤气压力的稳定，从而使进入炉内的煤气流量维持不变，以满足加热的要求。

3　整个加热管道中必须经常保持正压状态，避免由于出现负压而窜入空气，引起爆炸事故。因此必须规定在加热煤气管道上设煤气的低压报警信号装置，并在管道末端设置爆破膜，以减少爆破时损坏程度。

5　加热煤气管道一般都是采用架空方式，这主要是考虑到便于排出冷凝物和清扫管道。

4.2.12　直立炉、焦炉桥管设置低压氨水喷洒，主要是使氨水蒸发，吸收荒煤气显热，大幅度降低煤气温度。

直立炉荒煤气或焦炉集气管上设置煤气放散管是由于直立炉与焦炉均为砖砌结构，不能承受较高的煤气压力，炉顶压力要求基本上为±0 大气压，防止砖缝由于炉内煤气压力过高而受到破坏，导致泄漏而缩短炉体寿命并影响煤气产率和质量。制气厂的生产工艺过程极为复杂，各种因素也较多，如偶尔逢电气故障、设备事故、管道堵塞时，干馏炉生产的煤气无法确保安全畅通地送出，而制气设备仍在连续不断地生产；同时，产气量无法瞬时压缩减产，因此必须采取紧急放散以策安全。放散出来的煤气为防止污染环境，必须燃烧后排出。放散管出口应设点火装置。

4.2.13　本条规定了干馏炉顶荒煤气管的设计要求。

1　荒煤气管上设压力自动调节装置的主要理由如下：

1) 煤干馏炉的荒煤气的导出流量是不均匀的，其中焦炉的气量波动更大，需要设该项装置以稳定压力；否则将影响焦炉及净化回收设备的正常生产。

2) 正常操作时要求炭化室始终保持微正压，同时还要求尽量降低炉顶空间的压力，使荒煤气尽快导出。这样才能达到减轻煤气二次裂解，减少石墨沉积，提高煤气质量和增加化工产品的产量和质量等目的，因此需要设置压力调节装置。

3) 为了维持炉体的严密性也需要设置压力调节装置以保持炉内的一定压力。否则空气窜入炉内，造成炉体漏损严重、裂纹增加，将大大降低炉体寿命。

2　因为煤气中含有大量焦油，为了保证调节蝶阀动作灵活就要防止阀上粘结焦油，因此必须采取氨水喷洒措施。

3　由于煤气产量不够稳定，煤气总管蝶阀或节阀的自动控制调节是很重要的安全措施。尤其是当排送机室、鼓风机室或调节阀失常时，必须加强联系并密切注意，相互配合。当调节阀用人工控制调节时，更应加强信号联系。

4.2.14　捣炉与放焦的时间，在同一碳化炉上应绝对错开。捣炉或放焦时，炉顶或炉底的压力必须保持正常。任何一操作都会影响炉顶或炉底的压力，当炉顶与炉底压力不正常，偶尔空气渗入时，煤气与空气混合成爆炸性混合气遇火源发生爆炸，从而使操作人员受到伤害。因此捣炉与放焦之间应有联系信号，应避免在一个炉子上同时操作。

焦炉的推焦车、拦焦车、熄焦车在出焦过程中有密切的配合关系，因此在该设备中设计有连锁、控制装置，以防发生误操作。

4.2.15　设置隔热装置是为了减少上升管散发出来的热量，便于操作工人的测温和调火。

首钢、鞍钢为了改善焦炉的生产环境污染和节约能源，从1981年开始使用以高压氨水代替高压蒸汽进行消烟装煤生产以来，各地焦炉相继采用这项技术，已有20多年的历史了，对减少焦炉冒烟，降低初冷的负荷和冷凝酚水量取得了行之有效的结果，并经受了长时间的考验。

4.2.16 焦炉氨水耗量指标，多年来经过实践是适用的。总结各类焦炉生产情况该指标为 $6\sim 8m^3/t$（煤），焦炉当采用双集气管时取大值，单集气管时取小值。

直立炉的氨水耗量主要是总结了实际生产数据。指标定为"$4m^3/t$（煤）"比焦炉低，这是因为直立炉系中温干馏，荒煤气出口温度较低的原因。

高压氨水的耗量一般为低压氨水总耗量的1/30（即 $3.4\%\sim 3.6\%$）左右。这个数据是一个生产消耗定额，是以一个炭化室每吨干煤所需要的量。当选择高压氨水泵的小时流量时应考虑氨水喷嘴的孔径及焦炉加煤和平煤所需的时间。高压氨水压力应随焦炉炭化室容积不同而不同，这次规范修改是根据1999年焦化行业协会，与会专家一致认为4.3m以下焦炉高压氨水压力1.8～2.5MPa，6m以下焦炉高压氨水压力为1.8～2.7MPa，完全可以满足焦炉的无烟装置操作，结合焦耐设计院近几年设计高压氨水多采用2.2MPa，压力过高影响焦油、氨水质量（煤粉含量高）的意见，因此对高压氨水压力调整为1.5～2.7MPa。每个工程设计在决定高压氨水泵压力时还应考虑焦炉氨水喷嘴安装位置的几何标高。氨水喷嘴的构造形式以及管线阻力等因素。

该条文中所规定的高压氨水的压力和流量指标均以当前几种常用的喷嘴为依据。如果喷嘴形式有较大变化，若设计时将高、低压氨水合用一个喷嘴，那么喷嘴的设计性能既要满足高压氨水喷射消烟除尘要求，又要保证低压氨水喷洒冷却的效果。

低压氨水应设事故用水，其理由是一旦氨水供应出问题，不致影响桥管中荒煤气的降温。事故用水一般是由生产所要求设置的清水管来供应的，为了避免氨水倒流进清水管系统腐蚀管件，该两管不应直接连接。

直立炉氨水总管以环网形连通安装，可避免管道末端氨水压力降得太多而使流量减少。

4.2.17 废热锅炉的设置地点与锅炉的出力有很大关系。同样形式的两台废热锅炉由于安装高度不一样，结果在产气量上有明显差别（见表10）。

表10 废热锅炉产气量的比较

放置地点	废气进口温度、产气量		蒸气压力（MPa）	引风机功率（kW）
	℃	t/h		
+14m标高处	900	6～7	0.637	23
±0m标高处	800	5～6	0.558	55

注：废气总管标高为+8.5m处。

废热锅炉有卧式、立式、水管式与火管式、高压与低压等种类。采用火管式废热锅炉时，应留有足够的周围场地与清灰的措施，有利于清灰。

在定期检修或抢修期间，检修动力机械设备、各种类型的泵、调换火管等工作要求周围必须留有富裕的场地，便于吊装，有利于改善工作环境，并缩短检修周期。一般每一台废热锅炉的安全运行期为6个月，82英寸30门直立炉附属废热锅炉的每小时蒸汽产量可达6t左右。

采用钢结构时，结构必须牢固，在运行中不应有振动，防止机械设备损坏，影响使用寿命或造成环境噪声。

4.2.18 本条规定了直立炉熄焦系统的设计要求。

1 本款规定主要是保证熄焦水能够连续（排焦是连续的）均衡供应。从三废处理角度出发，熄焦水中含酚水应循环使用，以减少外排的含酚污水量。

2 排焦传动装置采用调速电机控制，可达到无级变速，有利于准确地控制煤斤行速。

3 当焦炭运输设备一旦发生故障而停止运转进行抢修1～2h时，还能保持直立炉的生产正常进行。因此，排焦箱容量须按4h排焦量计算。

采用弱粘结性块煤时，为防止炉底排焦轴失控，造成脱煤、行速不均匀甚至造成爆炸的事故，炉底排焦箱内必须设置排焦控制器。现国内外已在W-D连续直立炉的排焦箱内推广应用。

4 为了减轻劳动强度、减少定员，人工放焦应改成液压机械排焦。为此，本款规定排焦门的启闭宜采用机械化设备，这是必要和可能的。

5 熄焦过程是在排焦箱内不断地利用循环水进行喷淋，每2h放焦一次，焦内含水量一般在15%左右。当焦中含水分过高、含屑过多时，筛焦设备在分筛统焦过程中就会遇到困难，不易按级别分筛完善，不利于气化生产的原料要求与保证出售商品焦的质量。因此，不论采取什么运输方式，在运输过程中应有一段沥水的过程，以便逐步减少统焦中的水分，一般应考虑80s的沥水时间，从而有利于分筛。80s系某厂三组炭化炉自放焦、吊焦至筛焦的实测沥水时间的平均值。

4.2.19 湿法熄焦是目前焦化工业普遍采用的方法。载有赤热焦炭的熄焦车开进熄焦塔内，熄焦水泵自动（靠电机车压合极限开关或采用无触点的接近开关）喷水熄焦。并能按熄焦时间自动停止。熄焦时散发出含尘蒸汽是污染源，因此熄焦塔内应设置捕尘装置，效果尚好。熄焦用水量与熄焦时间是长期实践总结出的生产指标，可作为熄焦水泵选择的依据。

熄焦后的水经过沉淀池将粉焦沉淀下来，澄清后的水继续循环使用。因此沉淀池的长、宽尺寸应能满足粉焦的完全沉降，以及考虑粉焦抓斗在池内操作，以降低工人体力劳动强度。

提出大型焦化厂应采用干法熄焦。由于大型焦炉产量高，如100万t/a规模的焦化厂每小时出焦量114t，并根据宝钢干熄焦生产经验，1t红焦可产生压力4.6MPa，温度为450℃的中压蒸汽0.45t，是节能、改善焦炭质量和环境保护的有效措施；但由于基建投资高，资金回收期长，所以只有大型焦化厂采用。

4.2.20 在熄焦过程中蒸发的水量为0.4m³/t干煤，最好是由清水进行补充，但为了减少生产污水的外排量，可以使用生化处理后符合指标要求的生化尾水补充。

4.2.21 焦台设计各项数据是根据鞍山焦耐院对放焦过程的研究资料，以及该院对各厂的生产实践归纳出来的经验和数据而做出的。经测定及生产经验得知，运焦皮带能承受的温度一般是70~80℃，因此要求焦炭在焦台上须停留30min以上，以保证焦炭温度由100~130℃降至70~80℃。

4.2.22 熄焦后的焦炭是多级粒度的混合焦，根据用户的需要须设筛焦楼，将混合焦粒度分级。综合冶金、化工、机械等行业的需要，焦炭筛分的设施按直接筛分后焦炭粒度大于40mm、40~25mm、25~10mm和小于10mm，共4级设计。为满足铁合金的需要，有些焦化厂还将小于10mm级的焦炭筛分为10~5mm和小于5mm两级，前者可用于铁合金。也有焦化厂为了供铸造使用，将大于60~80mm筛出。(详见《冶金焦炭质量标准》GB 1996，《铸造焦炭质量标准》GB 8729)。有利于经济效益和综合利用。

城市煤气厂生产的焦炭必须要有储存场地以保证正常的生产。对于采用直立炉的制气厂，厂内一般都设置配套的水煤气炉和发生炉设施。故中、小块以及大块焦都直接由本厂自用，经常存放在储焦场地上的仅为低谷生产任务时的大块焦和一部分中、小块焦。因此储焦场地的容量为"按3~4d"产焦量计算就够了。

采用炭化室有效容积大于20m³焦炉的制气厂焦炭总产量中很大部分是供给某一固定钢铁企业用户的。一般是按计划定期定量地采用铁路运输方式由制气厂向钢铁企业直接输送焦炭。

筛分设备在运行时，振动扬尘很大，从安全和工业卫生要求必须有除尘通风设施。

4.2.23 在筛焦楼内设有储焦仓，对于直立炉的储焦仓容量规定按10~12h产焦量确定。这是根据目前生产厂的生产实践经验提出的。80门直立炉二座筛焦楼，其储焦仓容量约为11h产焦量，从历年生产情况看已能满足要求。

焦炉的储焦仓容量按6~8h产焦量的规定，基本上是按照鞍山焦耐院历年来对各厂的生产总结资料确定的。生产实践证明不会影响焦炉的正常操作。

4.2.24 储焦场地应平整光洁，对倒运焦炭有利。

4.2.25 独立炼焦制气厂在铁路或公路运输周转不开的情况下，才需要将必须落地的焦炭存放在储焦场内。储焦场的操作容量，当铁路运输时，宜采用15d产焦量；当采用公路运输时，宜采用20d产焦量。

4.2.26 直立炉的气焦用于制气时一般可采用两种工艺：一为生产发生炉煤气，二为生产水煤气。发生炉的原料要求使用中、小块气焦，既有利于加焦，又有利于气化，另外成本也较低，因此将自产气焦制作发生炉煤气是较为合理的。水煤气的原料要求一般是大块焦。用它生产的水煤气成本高，作为城市煤气的主气源是不经济和不安全的。所以规定这部分生产的水煤气只供作为调峰掺混气，以适应不经常的短期高峰用气的要求。

注：大块焦为40~60mm，中、小块焦为25~40mm和25~10mm。

4.3 煤的气化制气

4.3.1 煤的气化制气的炉型，本次规范修编由原有煤气发生炉、水煤气发生炉2种炉型基础上，又增加了两段煤气发生炉、两段水煤气发生炉和流化床水煤气炉等3种炉型，共5种炉型。

1 两段煤气发生炉和两段水煤气发生炉的特点是在煤气发生炉或水煤气发生炉的上部。增设了一个干馏段，这就可以广泛使用弱粘性烟煤，所产煤气，不但比常规的发生炉煤气、水煤气的发热量高，而且可以回收煤中的焦油。1980年以来两段煤气发生炉，在我国的机械、建材、冶金、轻工、城建等行业作为工业加热能源广泛地被采用。粗略的统计有近千台套，两段水煤气发生炉已被采用作为城镇燃气的主气源（如：秦皇岛市、阜新市、威海市、保定市、白银市、汉阳市、安亭县等），但该煤气供居民用CO指标不合格，应采取有效措施降低CO含量。

这两种炉型，国内开始采用时，是从波兰、意大利、法国、奥地利等国引进技术，(国外属20世纪40年代技术)后通过中国市政工程华北设计研究院、机械部设计总院、北京轻工设计院等单位消化吸收，按照中国的国情设计出整套设备和工艺图纸，一些设备厂家也成功地按图制造出合格的产品，满足了国内市场的需要。取得了各种生产数据，达到预想的结果。所以该工艺在技术上是成熟的，在运行时是安全可靠的。

2 流化床水煤气炉，是我国自行研制的一种炉型，是由江苏理工大学（江苏大学）研究发明：1985年承担国家计委节能局"沸腾床粉煤制气技术研究"课题（节科8507号）建立 ϕ500mm 小型试验装置，1989年通过机电部组织的部级鉴定（机械委〈88〉教民005号）；1989年又提出流化床间歇制气工艺，并通过 ϕ200mm 实验装置的小试，1990年在镇江市灯头厂建立 ϕ400mm 的流化床水煤气试验示范站，日产气3000m³，为工业化提供了可靠的技术数据及放大经验，并获国家发明专利（专利号ZL90105680.4）。1996年郑州永泰能源新设备有限公司从江苏理工大学购置粉煤流化床水煤气炉发明专利的实施权，经过开发1998年完成φ1.6m气化炉的工业装置成套设备，并建成郑州金城煤气站3×φ1.6m炉，日供煤气量48000m³，向金城房地产公司居民小区供气，经过生产运行，气化炉的各技术指标达到设计要求。同年由国家经贸委委托河南省经贸委组织中国工程院院士岑可法教授等12位专家对"常压流化床水煤气炉"进行了新产品（新技术）鉴定（鉴定验收证号、豫经贸科鉴字1999/039）；河南省南阳市建设5×φ1.6m气化炉煤制气厂，日产煤气10万m³（采用沼气、LPG增热），1999年9月向市区供气。该产品被国家经贸委、国经贸技术（1999）759号文列为1999年度国家重点新产品。

郑州永泰能源新设备有限公司，在此基础上又进行多项改进，并放大成φ2.5m炉，逐步推广到工业用气领域。

近年来上海沃和拓新科技有限公司购买了该技术实施权从事流化床水煤气站工程建设。目前采用该技术的厂家有：文登开润曲轴有限公司、南阳市沼气公司、鲁西化工；正在兴建的有高平铸管厂、二汽襄樊基地第二动力分厂、贵州毕节市、新余恒新化工、兴义市等。

总的说来该炉型号以粉煤作原料，采用鼓泡型流化床技术，根据水煤气制气工艺原理，制取中热值煤气，工艺流程短、产品单一。经过开发、制造、建设、运行，取得了可靠成熟的经验，可作为我国利用粉煤制气的城市（或工业）煤气气源。

2002年国家科学技术部批准江苏大学为《国家科技成果重点推广计划》项目"常压循环流化床水煤气炉"的技术依托单位[项目编号2002EC000198]。

4.3.2 煤的气化制气，所产煤气一般是热值较低，煤气组分中一氧化碳含量较高，如要作为城市煤气主气源，前者涉及煤气输配的经济性，后者与煤气使用安全强制性要求指标（CO含量应小于20%）相抵触，因此提出必须采取有效措施使气质达到现行国家标准《人工煤气》GB 13612的要求。

4.3.3 气化用煤的主要质量指标的要求是根据《煤炭粒度分级》GB 189、《发生炉煤气站设计规范》GB 50195、《常压固定床煤气发生炉用煤质量标准》GB 9143以及现有煤气站实际生产数据总结而编写的。

1 根据气化原理，要求气化炉内料层的透气性均匀，为此选用的粒度应相差不太悬殊，所以在条文中发生炉煤气燃料粒度不得超过两级。

当发生炉、水煤气作为煤气厂辅助气源时，从煤气厂整体经济利益考虑并结合两种气化炉对粒度的实际要求，粒度25mm以上的焦炭用于水煤气炉，而不用于发生炉。当煤气厂自身所产焦炭或气焦，其粒度能平衡时发生炉也可使用大于25mm的焦炭或气焦。其粒度的上、下限可放宽选用相邻两级。

煤的质量指标：

灰分：《固定床煤气发生炉用煤质量标准》GB 9143规定，发生炉用煤中含灰分的要求小于24%。由于煤气厂采用直立炉作气源时，要求煤中含灰分小于25%，制成半焦后，其灰分上升至33%。从煤气厂总体经济利益出发，这种高灰分半焦应由厂内自身平衡，做水煤气炉和发生炉的原料。由于中块以上的焦供水煤气炉，小块焦供发生炉，条文中规定水煤气炉用焦含灰分小于33%；发生炉用焦含灰分小于35%。

灰熔点（ST）：在煤气厂中，发生炉热煤气的主要用途是作直立炉的加热燃料气，加热火道中的调节砖温度约1200℃，热煤气中含尘量较高，当灰熔点低于1250℃，灰渣在调节砖上熔融，造成操作困难。所以在条文中规定，当发生炉生产热煤气时，灰熔点（ST）应大于1250℃。

2 两段煤气（水煤气）发生炉如果炉内煤块大小相差悬殊，会使大块中挥发分干馏不透，影响了干馏和气化效果，因此条文中规定用煤粒度限使用其中的一级。所使用的煤种主要是弱粘结性烟煤，为了提高煤气热值，并扩大煤源，条文中规定干基挥发分大于、等于20%。煤中干基灰分定为小于、等于25%，其理由是两段炉干馏段内半焦产率约为75%~80%，则进入气化段的半焦灰分不致高于33%。

煤的自由膨胀序数（F.S.I）和罗加指标（R.I）代表烟煤的粘结性指标（GB 5447，GB 5449），两个指标起互补作用。本条文规定的指标数值对保证炉子的安全生产有很大的意义，如果指标过高，煤熔融的粘结性（膨胀量）超过干馏段的锥度，则煤层与炉壁粘附导致不能均匀下降，此时必须采取打钎操作，这样不但造成煤层不规则的大幅度下降，而且钎头多次打击炉壁，而使炉膛损坏。我国两段炉大都使用大同煤、阜新煤、神府煤等（F.S.I）均小于2，（R.I）小于20。

两段炉使用弱粘结性烟煤，其热稳定性优于无烟煤，因此仍采用一段炉对煤种热稳定性指标大于60%。

两段炉加煤时，煤的落差较一段炉小，但两段炉标高较高，煤提升高度大，因此对用煤抗碎强度的规定不应低于一般炉的60%的要求。

根据我国煤资源情况提出煤灰熔融性软化温度大于、等于1250℃，是能达到的，满足了两段炉生产的要求，不会产生结渣现象。

3 流化床水煤气炉对煤的粒度要求，最好是采用粒度（1~13mm）均匀的煤。目前实际供应的末煤小于13mm或小于25mm的较多，为了防止煤气的带

4—83

出物过多，使灰渣含碳量降低，对1mm以下，大于13mm以上煤分别规定为小于10%和小于15%的要求。当使用烟煤作原料时，要求罗加指数小于45，以防流化床气化时产生煤干馏粘结。流化床气化，气化速度比固定床煤气化反应时间短，速度要高得多，故提出要求煤的化学反应性（a）大于30%。

4 各气化用煤的含硫量均控制在1%以内，是当前我国的环境保护政策的要求，高硫煤不准使用。

5 气化用煤的各质量指标的测定应按国家煤炭试验标准方法进行（详见表7）。

4.3.5 本条文是按气化炉为三班连续运行规定的，否则，煤斗中有效储量相应减少。

按《发生炉煤气站设计规范》GB 50195规定，运煤系统为一班制工作时，储煤斗的有效储量为气化炉18～20h耗煤量；运煤系统为两班制工作时，储煤斗的有效储量为气化炉12～14h耗煤量；而本条文的有效储煤量的上、下限分别增加2h。因为在煤气厂中干馏炉、气化炉和锅炉等四大炉的上煤系统基本是共用的，在运煤系统前端运输带出故障修复后，四大炉需要依次供煤，排在最后供煤系统的气化炉，煤斗容量应适当增大。

备煤系统不宜按三班工作的理由是为了留有设备的充裕的检修时间。

4.3.7 各种煤气化炉煤气低热值指标的规定与炉型，工艺特点，煤的质量（气化用煤主要质量指标见表4.3.3）操作条件都有关。本条文提出的指标在正常操作条件下，一般是可以达到的，如果用户有较高的要求，可采用热值增富方法（如富氧气化或掺入LPG等）。

4.3.8 气化炉吨煤产气率指标与选用的炉型有关，如W-G型炉比D型炉产气量要高，煤的质量与气化率也有密切的关系，如大同煤的气化率较高。煤的粒度大小与均匀性也直接影响气化炉的产气率。所以，本条文写明要把各种因素综合加以考虑。对已用于煤气站气化的煤种，应采用平均产气率指标（指在正常、稳定生产条件下所达到的指标）。对未曾用于气化的煤种，要根据气化试验报告的产气率确定。本条文提出的产气率指标是在缺乏上述条件时，供设计人员参考。表4.3.8中的数据，由中国市政工程华北设计研究院、中元国际工程设计研究院、郑州永泰能源新设备有限公司等单位提供。

4.3.9 本条文规定气化炉每1～4台以下宜另设一台备用，主要是城市煤气厂供气不允许间断，设备的完好率要求高。根据城市煤气厂（设有煤干馏炉、水煤气、发生炉）气化炉的检修率一般在25%左右，对于流化床水煤气炉，该设备无转动机械部件，检修、开停方便，其设备备用率，目前尚无实践总结资料，故本条文暂按固定床气化炉情况确定。

4.3.10 对水煤气发生炉、两段水煤气发生炉，以3台编为一组再备用1台最佳，因为鼓风阶段约占1/3时间。3台炉共用1台鼓风机比较合理。而流化床水煤气的鼓风（或制气）阶段约为1/2时间，因此建议2台编为一组。由于这些气化炉均属于间歇式制气采用上述编制方法，可以保持气量均衡，这样可以合用一套煤气冷却和废气处理及鼓风设备，对于节约投资，方便管理，都有好处，实践证明是经济合理的。

目前流化床水煤气炉鼓风气温度较高，在高温阀门国内尚未解决前，其废热锅炉与气化炉应按一对一布置，便于生产切换。

4.3.12 一般循环制气炉的缓冲气罐，由于气量变化频繁，罐的上下位置移动大，若采用小型螺旋气罐易于卡轨，很多煤气厂均有反映，不得不改为直立式低压储气罐。该罐的容积定为0.5～1倍煤气小时产气量，完全满足需要。

4.3.13 循环制气炉因系间歇制气，作为气化剂的蒸汽也是间歇供应的，但锅炉是连续生产的。而气化炉使用蒸汽是间歇的，故应设置蒸汽蓄能器，作为蒸汽的缓冲容器。由于蒸汽蓄能器不设备用，其系统中配套装置与仪表一旦破坏，就无法向煤气炉供应蒸汽。因此，煤气站宜另设一套备用的蒸汽系统，以保证正常生产。

4.3.14 由于并联工作台数过多，其不稳定因素增加，且造成阻力损失，本条文规定并联工作台数不宜超过3台。

4.3.15 在煤气厂中，水煤气一般作为掺混气，掺混量约1/3。与干馏气掺混后经过脱硫才能供居民使用，而干法脱硫的最佳操作温度为25～30℃，极限温度为45℃。在煤气厂内干馏煤气在干法脱硫箱前将煤气冷却至25℃左右，与35℃的水煤气混合后的温度约28.3℃，仍在脱硫最佳操作温度的范围内。

在煤气厂中发生炉冷煤气除作干馏气的掺混气外，主要作焦炉的加热气。如果发生炉煤气的温度增高，将影响煤气排送机的输送能力和煤气热量的利用，最终将影响焦炉加热火道的温度，造成燃料的浪费，故规定冷煤气温度不宜超过35℃。

热煤气在煤气厂中用作直立炉的加热气，发生炉燃料多采用直立炉的半焦，焦油含量少，故规定热煤气不低于350℃（近年来，煤气厂发生炉煤气站多选用W-G型炉，其出口温度约300～400℃）。

煤气厂中发生炉冷煤气作为焦炉加热，并通过焦炉的蓄热室进行预热，为防止蓄热室被堵塞，故该煤气中的灰尘和焦油雾，应小于20mg/m³。

煤气厂的热煤气一般供直立炉加热，而热煤气目前只能作到一级除尘（旋风除尘器除尘），所以煤气中含尘量仍很高，约300mg/m³。因此，在设计煤气管道时沿管道应设置灰斗和清灰口，以便清除灰尘。

4.3.16 煤气厂中的发生炉煤气站一般采用无烟煤或本厂所产焦炭、半焦作原料，所得焦油流动性极差。

当煤气通过电气滤清器时，焦油与灰尘沉降在沉淀极上结成岩石状物，不易流动，很难清理。所以本条文规定发生炉煤气站中电气滤清器应采用有冲洗装置或能连续形成水膜的湿式装置。如上海浦东煤气厂的气化炉以焦炭为原料，采用这种形式的电气滤清器已运转多年，电气滤清器本身无焦油灰尘沉淀积块，管道无堵塞现象。

4.3.17 煤气厂中，煤气站基本采用焦炭和半焦为原料，所产焦油流动性极差，如用间接冷却器冷却，焦油和灰尘沉积在间冷器的管壁上，使冷却效果大大降低，且这种沉积物坚如岩石，很难清除，故本条规定煤气的冷却与洗涤宜采用直接式。

按本规范第4.3.15规定冷煤气温度不应高于35℃。因此，作为煤气站最终冷却的冷循环水，其进口温度不宜高于28℃，这个条件对煤气厂来说是做得到的，因为煤气厂主气源的冷却系统基本设有制冷设备，适当增加制冷设备容量在夏季煤气站的冷循环水进口水温即可满足不高于28℃的要求。

热循环水主要供竖管净化冷却煤气用，水温高时，水的蒸发系数大，热水在煤气中蒸发，吸热达到降温作用，再有水中焦油黏度小，水系统堵塞的机会少，而且其表面张力小，较易润湿灰尘，便于除尘。故规定热循环水温度不应低于55℃。热循环水系统除了由冷循环水补充的部分冷水及自然冷却降温外，没有冷却设备，在正常情况下，热平衡的温度均不小于55℃。

4.3.21 放散管管口的高度应考虑放散时排出的煤气对放散操作的工人及周围人员影响，防止中毒事故的发生。因此，规定必须高出煤气管道和设备及走台4m，并离地面不小于10m。

本条文还规定厂房内或距离厂房10m以内的煤气管道和设备上的放散管管口必须高出厂房顶部4m，这也是考虑在煤气放散时，屋面上的人员不致因排出的煤气中毒，煤气也不会从建筑物天窗、侧窗侵入室内。

4.3.22 为适应煤气净化设备和煤气排送机检修的需要，应在系统中设置可靠的隔断煤气措施，以防止煤气漏入检修设备而发生中毒事故，所以在条文中作出了这方面的规定。

4.3.23 电气滤清器内易产生火花，操作上稍有不慎即有爆炸危险，根据《发生炉煤气设计规范》GB 50195编制组所调查的65个电气滤清器均设有爆破阀，生产工厂也确认电气滤清器的爆破阀在爆炸时起到了保护设备或减轻设备损伤的作用。所以本条文规定电气滤清器必须装设爆破阀。《发生炉煤气设计规范》GB 50195编制组调查中，多数工厂单级洗涤塔设有爆破阀，但在某些工厂发生了几起由于误操作或动火时不按规定造成严重爆炸事件，故条文中规定"宜设有爆破阀"以防止误操作时发生爆炸事故。

4.3.24 本条文规定厂区煤气管道与空气管道应架空敷设，其理由如下：

1 水煤气与发生炉煤气一氧化碳含量很高，前者高达37%，后者约23%～27%，毒性大且地下敷设漏气不易察觉，容易引起中毒事故。

2 水煤气与发生炉煤气中杂质含量较高，冷煤气的凝结水量较大，地下敷设不便于清理、试压和维修，容易引起管道堵塞，影响生产。

3 地下敷设基本费用较高，而维护检修的费用更高。

因此，厂区煤气管道和空气管道采用架空敷设既安全又经济，在技术上完全能够做到。

由于热煤气除采用旋风除尘器外，无其他更有效的除尘设备，而旋风除尘器的效率约70%。当产量降低时，除尘器的效率更低，因此旋风除尘器后的热煤气管道沿线应设有清灰装置，以便定时清除沿线积灰，保证管道畅通。

4.3.25 爆破膜作为空气管道爆炸时泄压之用，其安装位置应在空气流动方向管道末端，因为管末端是薄弱环节，爆破时所受冲击力较大。

关于煤气排送机前的低压煤气总管是否要设置爆破阀或泄压水封的问题，根据《发生炉煤气设计规范》GB 50195编制组调查：因停电或停制气时，易有空气渗漏至低压煤气管内形成爆炸性混合气体，故本条文提出应设爆破阀和泄压水封。

4.3.26 根据我国煤气站几十年的经验，本条文规定的水封高度是能达到安全生产要求的。

热煤气站使用的湿式盘阀水封高度有低于本规范表4.3.26中第一项的规定，这种盘阀之所以允许采用，有下列几种原因：

1 由于大量的热煤气经过湿式盘阀，要考虑清理焦油渣的方便；为了经常掏除数量较多的渣，水封不能太高；

2 热煤气站煤气的压力比较稳定，一般不产生负压，水封安全高度低一些，也不致进入空气引起爆炸；

3 湿式盘阀只能装在室外，不允许装在室内，以防止炉出口压力过高时水封被突破，大量煤气逸出引起事故。

这种盘阀的有效水封高度不受表4.3.26的限制，但应等于最大工作压力（以Pa表示）乘0.1加50mm水柱。由于这种盘阀只能在室外安装，允许降低其水封高度，并限于在热煤气系统中使用，所以在本条文中加注。

4.3.27 本条规定了设置仪表和自动控制的要求。

1 设置空气、蒸汽、给水和煤气等介质计量装置，是经济运行和核算成本所必须的。

4 饱和空气温度是发生炉气化的重要参数，采用自动调节，可以保证饱和空气温度的稳定，使其能控制在±0.5℃范围内，从而保证了煤气的质量。特别是在煤气负荷变化较大时，有利于炉子的正常运行。

6 两段炉上段出口煤气温度，一般控制在120℃左右。控制方式是调节两段炉下段出口煤气量。

7 汽包水位自动调节，是防止汽包满水和缺水的事故发生。

8 气化炉缓冲柜位于气化装置与煤气排送机之间，缓冲柜到高限位时，如不停止自动控制机运转将有顶翻缓冲柜的危险。所以本条文规定煤气缓冲柜的高位限位器应与自动控制机连锁。当煤气缓冲柜下降到低限位时，如果不停止煤气排送机的运转将发生抽空缓冲柜的事故。因此规定循环气化炉缓冲柜的低位限位器与煤气排送机连锁。

9 循环制气煤气站高压水泵出口设有高压水罐，目的是保持稳定的压力，供自动控制机正常工作，但当压力下降到规定值时，便无法开启和关闭有关水压阀门，将导致危险事故发生。因此规定高压水罐的压力应与自动控制机连锁。

10 空气总管压力过低或空气鼓风机停车，必须自动停止煤气排送机，以保证煤气站内整个气体系统正压安全运行。所以两者之间设计连锁装置。

11 电气滤清器内易产生火花，操作上稍有不慎即有爆炸危险，因此为防止在电气滤清器内形成负压从外面吸入空气引起爆炸事故，特规定该设备出口煤气压力下降至规定值（小于50Pa），或气化煤气含氧量达到1%时即能自动立即切断电源；对于设备绝缘箱温度值的限制是因为煤气温度达到露点时，会析出水分，附着在瓷瓶表面，致使瓷瓶耐压性能降低、易发生击穿事故。所以一般规定绝缘保温箱的温度不应低于煤气入口温度加25℃（《工业企业煤气安全规程》GB 6222），否则立即切断电源。

12 低压煤气总管压力过低，必须自动停止煤气排送机，以保证煤气系统正压安全运行，压力的设计值和允许值应根据工艺系统的具体要求确定。

13 气化炉自动加煤一般依据炉内煤位高度、炉出口煤气温度及炉内火层情况，设置自动加煤机构，保持炉内的煤层稳定。气化炉出灰都是自动的，但在某一质量的煤种的条件下，在正常生产时煤、灰量之比是一定的。因此自动加煤机构和自动出灰机构一定要互相协调连锁。

14 本条是为循环制气的要求而编制的。循环气化炉（水煤气发生炉、两段水煤气发生炉、流化床水煤气炉）的生产过程：水煤气炉是"吹风—吹净—制气—吹净"（每个循环约420s），流化床水煤气是"吹风—制气—吹风"（每个循环约150s）周而复始进行，在各阶段中有几十个阀门都要循环动作，这就需要设置程序控制器指挥自动控制机的传动系统按预先所规定的次序自动操作运行。

4.4 重油低压间歇循环催化裂解制气

4.4.1 本条规定了重油的质量要求。

我国虽然规定了商品重油的各种牌号及质量标准，但实际供应的重油质量不稳定，有时甚至是几种不同油品的混合物。为了满足工艺生产的要求，本条文中针对作为裂解原料的重油规定了几项必要的质量指标要求。

对条文的规定分别说明如下：

1 碳氢比（C/H）指标：绝大多数厂所用重油的C/H指标都在7.5以下，C/H越低，产气率越高，越适合作为制气原料。根据上述情况，作出"C/H宜小于7.5"的规定。

2 残炭指标：残炭量的大小决定积炭量的多少，如果积炭量多就会降低催化剂的效果，并提高焦油产品中游离碳的含量，造成处理上的困难。一般说来残炭值比较低的重油适宜于造气。故对残炭的上限值有所限制，规定了"小于12%"的指标要求。

4.4.2 确定原料油储存量的因素较多，总的来说要根据原料油的供应情况、运输方式、运距以及用油的不均衡性等条件进行综合分析后确定。

炼油厂的检修期一般为15d左右，在这一期间制气厂的原料用油只能由自己的储存能力来解决。储存能力的大小既要考虑满足生产需要，又要考虑占地与基建投资的节约。综合以上因素，确定为："一般按15～20d的用油量计算"。

4.4.3 本条规定了工艺和炉型的选择要求。

重油催化裂解制气工艺所生产的油制气组分与煤干馏制取的城市燃气组分较为接近，可适应目前使用的煤干馏气灶具。且由于催化裂解制气的产气量较大，粗苯质量较好，所以经济效果也是比较好的。另外，副产焦油含水较低，这对综合利用提供了有利条件。因此用于城市燃气的生产应采用催化裂解制气工艺。

采用催化裂解制气工艺时，要求催化剂床温度均匀，上下层温度差应在±100℃范围内，不宜再大；同时要求催化剂表面尽量少积炭，以防止局部温度升高；也不允许温度低的蒸汽直接与催化剂接触。以上这些要求是一般单、双筒炉难以达到的，而三筒炉则容易满足。

4.4.4 本条规定了重油低压间歇循环催化裂解制气工艺主要设计参数。

1 反应器的液体空间速度。

反应器液体空间速度的选取对确定炉体的大小有着直接关系。催化裂解炉实际液体空间速度与工艺计算选用的液体空间速度一般相差不大，根据国内几个厂的实际液体空间速度的数据，规定催化裂解制气的液体空间速度为 $0.6 \sim 0.65 m^3/(m^3 \cdot h)$。

4 关于加热油用量占总用油量的比例。加热油量占总用油量的比例与炉子大小有关，也与操作管理水平有关。现有厂的加热油量占总用油量的实际比例在15%～16%。

5 过程蒸汽量与制气油量之比值。

重油裂解主要产物为燃气和焦油，它受到裂解温度、液体空间速度和过程蒸汽量等较多条件和因素的综合影响，如处理不好就会增加积炭。因此不能孤立地确定水蒸气与油量之比值，它要受裂解温度、液体空间速度和催化床厚度等具体条件的约束，应综合考虑燃气热值和产气率的相互关系，随着过程蒸汽量与油量之比值的增加将会提高裂解炉的得热，同时对煤气的组成也有很大的影响。采用过程蒸汽的目的是促进炉内产生水煤气反应，同时要控制油在炉内停留时间以保证正常生产。

据国外资料报道：日本北港厂建的13.2万m^3/(d·台)蓄热式裂解炉，从平衡含氢物质的计算中推算出过程蒸汽中水蒸气分解率仅为23%，可说明在一般情况下，过程蒸汽在炉内之作用和控制在炉内停留时间二者间的数量关系；根据日本冈崎建树所作的"油催化裂解实验的曲线"中可看出随着水蒸气和油比例的增加而气化率直线增加，热值直线下降，而总热量则以缓慢的二次曲线的坡度增加。其中：H_2增加最明显；CO的增加极少；CO_2几乎不变；CH_4和重烃类的组分有降低。说明了水蒸气和碳反应生成的H_2和CO都不多，主要是热分解促进了H_2的生成。所以过多的水蒸气对炉内温度、油的停留时间都不利。一般蒸汽与油的比值应为1.0～1.2范围，实际多取1.1～1.2较为适宜。

7 关于每吨重油催化裂解产品产率。煤气产率要根据产品气的热值确定。产品气的热值高，煤气产率低，相反，产品气的热值低，煤气产率就高，一般煤气低热值按21MJ/m^3时，煤气产率约为1100～1200m^3。

8 我国有催化剂的专业性生产厂，其含镍量可根据重油裂解制气工艺要求而不同。目前使用的催化剂含镍量为3%～7%。

4.4.5 重油制气炉在加热期产生的燃烧废气温度较高，对余热应加以利用。对于1台10万m^3/d的油制气装置，废气温度如按550℃计，每小时大约可生产2.3t蒸汽（饱和蒸汽压力为0.4MPa）。鼓风期产生的燃烧废气中含有的热量大约相当于燃烧时所用加热油热量的80%。如2台油制气炉设1台废热锅炉，则其产生的蒸汽可满足过程蒸汽需要量的一半，因此这部分相当可观的热量应该予以回收和利用。

因重油制气炉生产过程中会散出大量的尘粒（炭粒）污染周围环境，根据环境保护的要求应设置除尘装置。重油制气装置在不同操作阶段排放出不同性质的废气。在一加热、二加热和烧炭阶段中，烟囱排出的是燃烧废气，其中除了有二氧化碳外，还夹带着大量的烟尘炭粒。通过旋风除尘和水膜除尘设备或其他有效的除尘设备后，使含尘量小于1g/m^3，再通过30m以上的烟囱排放以符合环保要求。

4.4.6 重油循环催化裂解装置生产是间歇的，生产过程中蒸汽的需要也是间歇的，而且瞬时用汽量较大，而锅炉则是连续生产的，因此应设蒸汽蓄能器作为蒸汽的缓冲容器。

4.4.7 油制气炉的生产系间歇式制气，为了保持产气均衡、节约投资、管理方便，所以规定每2台炉编为一组，合用一套煤气冷却系统和动力设备，这种布置已经在实践中证明是经济合理的。

4.4.8 重油制气的冷却在开发初期一直选用煤气直接式冷却的方法。直接式冷却对焦油和萘的洗涤、冷凝都是有利的，可以洗下大量焦油和萘，减少净化系统的负荷及管道堵塞现象。考虑到污染的防治，设计中改用了间接冷却方法，效果较好，减少了大量的污水，同时也消除了水冷却过程中的二次污染现象，至于采用间冷工艺后管道堵塞问题，可以采取措施解决。如北京751厂的运行经验，在设备上用加热循环水喷淋，冬季进行定期的蒸汽吹扫，没有发生因堵塞而停止运行。如上海吴淞制气厂在1992年60万m^3/d重油制气工程中，兼顾了直冷和间冷的优点，采用了直冷—间冷—直冷流程，取得了很好的效果。

4.4.9 本条规定了空气鼓风机的选择。

空气鼓风机的风压应按空气、燃烧废气通过反应器、蒸汽蓄热器、废热锅炉等设备的阻力损失和炉子出口压力之和来确定。也就是应按加热期系统的全部阻力确定。

4.4.11 本条规定是根据现有各厂的实际情况确定的。一般规模的厂原料油系统除设置总的储油罐外，均设中间油罐。原料油经中间油罐升温至80℃，再经预热器进入炉内，这样既保证了入炉前油温符合要求，也节省了加热用的蒸汽量。对于规模小的输油系统也有个别不设中间油罐，而直接从总储油罐处将重油加热到入炉要求的温度。

4.4.12 设置缓冲气罐的主要目的是为了保证煤气排送机安全正常运转，起到稳定煤气压力的作用，有利于整个生产系统的操作。缓冲气罐的容积各厂不一，其容量相当于20min到1h产气量的范围。根据各地调查，从历年生产经验来看，该罐不是用作储存煤气，而是仅作缓冲用的，因此容量不应太大。一般按0.5～1.0h产气量计算已能满足生产要求。

据沈阳、上海等厂的实际生产情况，都发现进入缓冲气罐的煤气杂质较多，有大量的油（包括轻、重油）沉积在气罐底部，故应设集油、排油装置。

4.4.14 油制气炉的操作人员经常都在仪表控制室内进行工作，很少在炉体部分直接操作，因此没有必要将炉体设备安设在厂房内。采取露天设置后的主要问题是解决自控传送介质的防冻问题，例如在严寒地区若采用水压控制系统时，就必须同时考虑水的防冻措施（如加入防冻剂等）。

国内现有的油制气炉一般都布置在露天，根据近年来的生产实践均感到在厂房内的操作条件较差，尤其是夏季，厂房很热，焦油蒸气的气味很大，同时还增加了不少投资。因此除有特殊要求外，炉体设备不建厂房，所以本条规定："宜露天布置"。

4.4.15 本条规定"控制室不应与空气鼓风机室布置在同一建筑物内"。这是由于空气鼓风机的振动和噪声很大，对仪表的正常运行及使用寿命都有影响，对操作人员的身体健康也有影响。有的厂空气鼓风机室设在控制室的楼下，振动和噪声的影响很大。上海吴淞煤气制气公司、北京751厂的空气鼓风机室是单独设置的，与控制室不在同一建筑物内，就减少了这种影响，效果较好。

条文中规定了"控制室应布置在油制气区夏季最大频率风向的上风侧"，主要是防止油制气炉生产时排出的烟尘、焦油蒸气等影响控制室的仪表和控制装置。

4.4.16 焦油分离池经常散发焦油蒸气，气味很大，而且在分离池附近还进行外运焦油、掏焦油渣作业，使周围环境很脏。故规定"应布置在油制气区夏季最小频率风向的上风侧"，以尽量减少对相邻设置的污染和影响。

4.4.17 重油制气污水主要来自制气生产过程中燃气洗涤、冷却设备中冷凝下来的污水和燃气冷却系统循环水经补充后的排放污水，每台10万m^3/d制气炉的污水排放量估计在30～35t/h，其水质为：pH：7.5，COD 1000～2000mg/L，BOD 200～500mg/L，油类250～600mg/L，挥发酚10～65mg/L，CN 10～40mg/L，硫化物5～40mg/L，NH_3 40mg/L，可见重油制气厂应设污水处理装置，污水经处理达到国家现行标准《污水综合排放标准》GB 8978 的规定。

4.4.18 本条规定了自动控制装置程序控制系统设计的技术要求

各种程序控制系统具有不同的特点，各地的具体条件也互不相同，不宜于统一规定采用程序控制系统的形式，因此本条仅规定工艺对程序控制系统的基本技术要求。

1 油制气炉生产过程是"加热—吹扫—制气—吹扫—加热……"周而复始进行的，在各阶段中许多阀门都要循环动作，就需要设置程序控制器自动操作运行。又因在生产过程中有时需要单独进入某一操作阶段（如升温、烧炭等），故程序控制器还应能手动操作。

2 生产操作上要求能够根据运行条件灵活调节每一循环时间和每阶段百分比分配。例如催化裂解制气的每一循环时间可在6～8min内调节；每循环中各阶段时间的分配可在一定范围内调节。

3 重油制气工艺过程在按照预定的程序自动或手动连续进行操作，为保证生产过程的安全，还需要对操作完成的正确性进行检查。故规定了"应设置循环中各阶段比例和阀门动作的指示信号"。

4 主要阀门如空气阀、油阀、煤气阀等应设置"检查和连锁装置"，以达到防止因阀门误动作而造成爆炸和其他意外事故，在控制系统的设计上还规定了"在发生故障时应有显示和报警信号，并能恢复到安全状态"，使操作人员能及时处理故障。

4.4.19 本条规定了设计自控装置的传动系统设计技术要求。

1 国内现采用的传动系统有气压、水压、油压式几种，各有其优缺点，在设计前应考虑所建的地区、炉子大小、厂地条件、程序控制器形式等综合条件合理选择。

2 在传动系统中设置储能设备，既是安全上的技术措施，又是节省动能的手段。储能设备是传送介质管理系统的缓冲机构，其中储备一部分能量以适应在启闭大容量装置的阀门时压力急剧变化的需要，满足大负荷容量，减少传动泵功率。当传动泵发生故障或停电时，储能设备还可起到应急的动力能源作用，使油制气炉处于安全状态。

3 由于重油制气炉是间歇循环生产的，生产过程中的流量瞬时变化大、阀门换向频繁，因此传动系统中采用的控制阀、工作缸、自动阀和附件等应和这种特点相适应，使生产过程能顺利进行。

4.5 轻油低压间歇循环催化裂解制气

4.5.1 生产煤气所用的石脑油随装置和催化剂而异，一般性质为相对密度0.65～0.69，含硫量小于10^{-4}，终馏点低于130℃，石蜡烃含量高于80%，芳香烃含量低于5%，采用这种性质的原料，其目的在于气化后：①燃气中含硫少，不需要净化装置；②不会生成焦油等副产品，所以不需要处理设备；③无烟尘及污水公害，不需要设置污水处理装置；④气化效率高。

原料油中石蜡烃高，产物中焦油和炭生成量就少，气体生成量就多，而且生成气中烃类多而氢气少，一般热值也高，当原料油中环状化合物多时，产物中焦油和炭生成量就多，气体生成量就少，而且气体含氢量多，烃类少，热值就低。原料中烯烃、芳香烃的增加会形成积炭，这些都可能导致催化剂失活。

根据国内外生产实践，本规范推荐如条文所列的对轻质石脑油的各种要求。从目前国外进口的轻质石脑油看，一般能满足上述要求，国产石脑油目前没有能满足此要求的品牌油，一般终馏点高于130℃，但在140℃以内尚能顺利操作，超过140℃时要谨慎操作。

4.5.2 内浮顶罐是在固定顶油罐和浮顶罐的基础上发展起来的。为了减少油品损耗和保持油品的性质，内浮顶罐的顶部采用拱顶与浮顶的结合，外部为拱顶，内部为浮顶。内部浮顶可减少油品的蒸发损耗，使蒸发损失很小。而外部拱顶又可避免雨水、尘土等异物从环形空间进入罐内污染油品。轻油制气原料油为终馏点小于130℃的轻质石脑油，属易挥发烃类，故选用内浮顶罐储存轻油。

确定原料油储存量的因素较多，总的来说要根据原料油的供应情况、运输方式、运距以及用油的不均衡性等条件进行分析后确定。如采用国外进口油，要根据来船大小和来船周期考虑，采用国产油则要考虑运距大小、运输方式和炼油厂的检修周期，经综合分析，一般认为按15～20d的用油量储存，南京轻油制气厂设计考虑采用国外油时按20d储存量。

4.5.3 轻油间歇循环催化裂解制气装置是顺流式反应装置，它不同于重油逆流反应装置，当使用重质原料时，由于制气阶段沉积在催化剂层的炭多，利用这些炭可以补充热量，相比之下，采用石脑油为原料因沉积在催化剂层的炭很少，气体中也无液态产物，故对保持蓄热式装置的反应温度反而不利，因此采用能对吸热量最大的催化剂层进行直接加热的顺流式装置。同时裂化石脑油时，相对重油裂解而言，需要热量较少，生产能力和蒸汽用量就会大，高温气流的显热很大，鼓风阶段的空气相对用量却不多，用大量的高温气流显热去预热少量空气是不经济的，所以不设空气蓄热器，只需两筒炉，有的甚至采用单筒炉。

南京和大连进口装置的加热室均为一个火焰监视器，投产后发现其监视范围窄，后增加了一个火焰监视器，使操作可靠性增加。

4.5.4 本条文规定了轻油间歇循环催化裂解制气工艺主要设计参数：

1 反应器液体空间速度

推荐的液体空间速度为0.6～0.9m^3/($m^3 \cdot h$)。这个数据和炉型、催化剂、循环时间均有关，一般说UGI-CCR炉直径较小，循环时间短，其液体空间速度可取高值，而Onia-Gagi炉直径较大，循环时间长，其液体空间速度可取低值。

3 关于加热油用量与制气油用量的比例

由于用于加热的轻油在燃烧时和重油制气中燃烧的重油相比，燃烧热量和效率相差不大，而用于气化的轻油却比重油制气中的气化原料重油的可用量却大得多，因而加热用油量与制气用油量的比值要比重油制气的这个参数高一些，根据国外介绍的材料和南京投产后的实际情况，推荐设计值为29/100。

4 过程蒸汽量与制气油量比值

由于原料质量好，轻油制气比重油制气可用碳量大，因而过程蒸汽量与制气油量之比值要大于重油制气的比值1.1～1.2。一般过程蒸汽和轻油的重量比应高于1.5，低于1.5时会析出炭并吸附在催化剂气孔上，造成氧化铝载体碎裂，当炭和氧化铝的膨胀系数相差10%即会产生这种现象。根据南京轻油制气厂实际数据，提出此比值宜取1.5～1.6。

5 循环时间

循环时间2～5min是针对不同的轻油制气炉型操作的一个范围，对于UGI-C.C.R炉炉子直径较小，采用的循环时间短，一般在2～3min之间调节，南京轻油制气厂采用这种炉型，其循环时间为2min，它的特点是炉温波动较小，生成的燃气组成比较均匀。而Onia-Gagi炉，炉子设计直径较大，采用的循环时间较长，一般在4～5min之间调节，香港马头角轻油制气厂采用Onia-Gagi炉，其循环时间为5min，一个周期内炉温波动较大，产生的气体组成前后差别较大，但完全能满足燃料气质量要求，使阀门等设备的机械磨损可以降低。

4.5.5 石油系原料的气化装置，不管是连续式还是间歇式，生成的气体中均含有15%～20%的一氧化碳，根据我国城市燃气对人工制气质量的规定，要求气体中CO含量宜小于10%，对于CO含量多的燃气发生装置，要求设立CO变换装置，我国大连煤气厂采用的LPG改质装置上设置了CO变换装置，使出口燃气中CO含量小于5%。

CO变换设备设置时，应考虑CO变换器能维持正常化学反应工况，如果炉子为调峰操作，时开时停，则CO变换效果不会太理想。

4.5.6 本条文对轻油制气采用石脑油增热时推荐的增热方式以及对燃气烃露点的限制。

所谓烃露点就是将饱和蒸汽加压或降低温度时发生液化并开始产生液滴的温度。用石脑油增热后的气体，将这种气体冷却或置于较低外界气温，在达到某一温度时，气体中的一部分石脑油就液化，这个温度就称为露点。

城市燃气管道一般埋地铺设，并铺于冰冻线以下，为此规定石脑油增热程度限制在比燃气烃露点温度低5℃，使燃气在管道中不致发生结露。

4.5.7 轻油制气炉采用顺流式流程，由制气炉出来的700～750℃高温烟气或燃气均通过同一台废热锅炉回收余热，在加热期，将烟气温度降至250℃，烟气通过30m高烟囱排至大气，在制气期，将燃气温度也降至250℃后进入后冷却系统。以1台25万m^3/d的轻油制气装置为例，每小时可生产8.5t蒸汽（压力以1.6MPa表压计），它可以经过蒸汽过热器过热至320℃后进入蒸汽透平，驱动空气鼓风机后汇入低压蒸汽缓冲罐，作制气炉制气用汽或吹扫用汽，也可以不经蒸汽透平，产生较低压力的蒸汽汇入低压蒸汽缓冲罐后使用。

如果采用CO变换流程，其余热回收要分成两部分，需要设置2个废热锅炉，一个在CO变换器前，称为主废热锅炉，用于全部烟气和部分燃气的余热回收；另一个在CO变换器后，用于全部燃气的余热回收，经燃气部分旁通进入CO变换器的温度为330℃，由于CO变换为放热反应，燃气离开CO变换器进入变换废热锅炉的温度为420℃，经二次余热回收后以1台17.5万 m^3/d 的装置为例，每小时可生产6t蒸汽。

4.5.8 轻油制气装置的生产属间歇循环性质，生产过程中使用蒸汽也是间歇的，而且瞬时用汽量较大，故需要设置蒸汽蓄能器作为缓冲储能以保持输出的蒸汽压力比较稳定。

轻油制气流程中烟气和燃气均通过同一台废热锅炉回收余热，产汽基本连续，蒸汽完全可能自给，除满足自给的蒸汽需要量外还可以有少量外供，因此轻油制气厂可以不设生产用汽锅炉房。开工时的蒸汽可以采用外来蒸汽供应方式，也可以先加热废热锅炉自产供给。

4.5.9 本条文关于2台炉子编组的说明参照重油低压间歇循环催化裂解4.4.7条文说明。

4.5.10 轻油制气不同于重油制气，轻油制气所得到的为洁净燃气，燃气中无炭黑、无焦油、无萘，因而燃气的冷却宜采用直接式冷却设备，一是效果好，二是对环保有利，洗涤后的废水可以直接排放，三是投资省，冷却设备可以采用空塔或填料塔。

4.5.14 轻油制气炉的操作人员经常都在仪表控制室内进行工作，很少在炉体部分直接操作，因此没有必要将炉体设备安设在厂房内。由于以轻油为原料，其属易燃易爆物质，构成甲类火灾危险性区域，为此本条文规定"轻油制气炉应露天布置"。

4.5.15 本条文控制室与鼓风机布置关系的说明参照重油低压间歇循环催化裂解制气4.4.15条文中关于"控制室不应与空气鼓风机布置在同一建筑物内"的说明。

4.5.16 轻油制气炉出来的气体经余热回收后进入水封式洗涤塔中，采用循环水冷却。根据工业循环水加入部分新鲜水起调节作用的要求，以50万 m^3/d 产气量为例，经水量平衡后，每天约需排放多余的水500t，其排放水的水质根据国内外资料其数据如下：pH6～8，BOD 20mg/L，COD 10～100mg/L，重金属：无，颜色：清，油脂：无，悬浮物小于30mg/L，硫化物1mg/L，从上述可见，直接排放的废水已基本上达到我国污水排放一级标准，可见，轻油制气厂可不设污水处理装置。我国南京轻油制气厂、大连LPG改质厂均没有设置工业废水处理装置，香港马头角轻油制气厂也没有设置工业废水处理装置。

4.6 液化石油气低压间歇循环催化裂解制气

4.6.1 本条规定了制气用液化石油气的质量要求。

液化石油气制气用原料的不饱和烃含量要求小于15%是基于不饱和烃量的增加会形成积炭，将会导致催化剂失活。理想的液化石油气原料是 C_3 和 C_4 烷烃，不饱和烃含量15%是根据大连实际操作经验的上限。

4.6.3 本条规定了液化石油气低压间歇循环催化裂解制气工艺主要设计参数。

4 轻油或液化石油气间歇循环催化裂解制气工艺流程中若采用CO变换方案时，根据反应平衡的要求，提高水蒸气量，CO变换率上升。为此，过程蒸汽量与制气油量的比例将从1.5～1.6（重量比）上升为1.8～2.2，过量的增加没有必要，不但浪费蒸汽，还将增加后系统的冷却负荷。

4.7 天然气低压间歇循环催化改制制气

4.7.2 本条文主要对天然气进炉压力的波动作出规定，进炉压力一般在0.15MPa，其波动值应小于7%，以维持炉子的稳定操作，可采用增加炉前天然气的管道的直径和管道长度的方法，也可以采用储罐稳压的方法，但一般以前者方法可取。

4.7.4 本条文规定了天然气低压间歇循环催化改制制气工艺主要设计参数。

1 反应器改制用天然气催化床空间速度，其推荐值为500～600 $m^3/(m^3 \cdot h)$，这个数据和炉型、催化剂、循环时间均有关，UGI-CCR炉炉子直径小，循环时间短，其气体空间速度可取高值，而Onia-Gagi炉炉子直径较大，循环时间长，其气体空间速度可取低值。

4 过程蒸汽量与改制用天然气量之比值

由于天然气为洁净原料，可用碳量大，因而过程蒸汽量与改制用天然气量之比值和轻油制气类似，一般过程蒸汽和改制用天然气的重量比应高于1.5，低于1.5时会析出碳，并吸附在催化剂气孔上，使催化剂能力降低甚至破坏催化剂。根据上海吴淞煤气制气有限公司的实际操作，提出此比值取1.5～1.6。

5 净 化

5.1 一般规定

5.1.1 本章内容是为了满足本规范第3.2.2条规定的人工煤气质量要求，所需进行的净化工艺设计内容而作出的相应规定，并不包括天然气或液化石油气等属于外部气源的净化工艺设计内容。

5.1.2 本章增加了一氧化碳变换及煤气脱水工艺，考虑到一氧化碳变换过程的主要目的是降低煤气中的有毒气体一氧化碳的含量，而煤气脱水的主要目的是为除去煤气中的水分，都属于净化煤气的工艺过程，因此将一氧化碳变换及煤气脱水工艺加入到煤气净化工艺中。

5.1.4 本章对煤气初冷器、电捕焦油器、硫铵饱和器等主要设备的有关备用设计问题都已分别作了具体规定。但是对于泵、机及槽等一般设备则没有一一作出有关备用的规定，以避免过于繁琐。净化设备的类型繁多，并且各种设备都需有清洗、检修等问题，所以本规定要求"应"指的是在设计中对净化设备的能力和台数要本着经济合理的原则适当考虑"留有余地"，也允许必要时可以利用另一台的短时间超负荷、强化操作来做到出厂煤气的杂质含量仍能符合《人工煤气》GB 13612 的规定要求。

5.1.5 煤气的净化是将煤气中的焦油雾、氨、萘、硫化氢等主要杂质脱除至允许含量以下，以保证外供煤气的质量符合指标要求，在此同时还生成一些化工产品，这些产品的生成是与煤气净化相辅相成的，所以煤气净化有时也通称为"净化与回收"。

事实上，在有些净化工艺过程中，往往因未考虑回收副反应所生成的化工产品而使正常的运行难以维持，因此煤气净化设计必须与化工产品回收设计相结合。这里所指的化工产品实质上包括两种：一种是净化过程中直接生成的化工产品如硫铵、焦油等；另一种是由于副反应所生成的化工产品如硫代硫酸钠、硫氰酸钠等。

5.1.6 本条所列之爆炸和火灾区域等级是根据《爆炸和火灾危险环境电力装置设计规范》GB 50058 并按该篇原则结合煤气净化各部分情况确定。

附录表 B-1 中鼓风机室室内、粗苯（轻苯）泵房、溶剂脱酚的溶剂泵房、吡啶装置室内应划为甲类生产场所，详见《建筑设计防火规范》GBJ 16 附录三。初冷器、电捕焦油器、硫铵饱和器、终冷、洗氨、洗苯、脱硫、终脱萘等煤气区和粗苯蒸馏装置、吡啶装置、溶剂脱酚装置的室外区域均为敞开的建构筑物，通风良好，虽然处理的介质为易燃易爆介质，但塔器、管道等密封性好，不易泄漏。按照《建筑设计防火规范》GBJ 16 生产的火灾危险性分类注①，应划为乙类生产场所。

附录表 B-2 煤气净化车间主要生产场所爆炸和火灾危险区域等级。

当粗苯洗涤泵房、氨水泵房未被划入以煤气为释放源划分为 2 区内时，应划为非危险区；当粗苯洗涤泵房、氨水泵房被划入以煤气为释放源划分的 2 区内时，则应划为 2 区。

理由：洗苯富油的闪点为 45～60℃，洗苯的操作温度低于 30℃；氨气的爆炸极限为 15.7%～27.4%，与氨水相平衡的气相中氨气的浓度达不到此爆炸极限，都不符合《爆炸和火灾危险环境电力装置设计规范》GB 50058 中第 2.1.1 条中的条件，所以富油和氨水都不应作为释放源划分危险区，因此当粗苯洗涤泵房、氨水泵房未被划入以煤气为释放源划分的 2 区内时应划为非危险区。当粗苯洗涤泵房、氨水泵房被划入以煤气为释放源划分的 2 区内时，则划为 2 区。此外，根据《爆炸和火灾危险环境电力装置设计规范》GB 50058，所有室外区域不应整体划为某类危险区，应以释放源和释放半径划分危险区，这是比较科学准确的，且与国际接轨。

《焦化安全规程》GB 12710 是在《爆炸和火灾危险环境电力装置设计规范》GB 50058 之前根据老规范制定的，此时仅以区域划分爆炸和火灾危险类别，没有释放源的划分概念。在 GB 50058 制定后，GB 12710 中的爆炸和火灾危险区域的划分有些内容不符合 GB 50058 中的规定，因此《焦化安全规程》中的有些内容未被引用到本规范中。

5.1.7 一些老的、简单的净化工艺往往只考虑以煤气净化达标为目的，对于那些从煤气中回收下来的废水、废渣和在煤气净化过程中所产生的废水、废渣、废气及噪声往往没有进行进一步的处理，因而对环境造成二次污染。随着我国对环境保护要求的提高，在净化工艺设计中应对煤气净化生产工艺过程产生的三废及噪声进行防治处理，并满足现行国家有关的环境保护的规范、标准的要求。

5.1.8 目前工业自动化水平已发展得越来越快，提高煤气净化工艺的自动化监控水平，是提高生产效率，改善劳动条件，降低成本，保障安全生产的重要措施。

5.2 煤气的冷凝冷却

5.2.1 煤干馏气的冷凝冷却工艺形式，在我国少数制气厂、焦化厂（如镇江焦化厂、南沙河焦化厂、上海吴淞炼焦制气厂等）曾经采用直接冷凝冷却工艺。这些工厂处理的煤气量一般较少（多为 5000m³/h），故煤气中氨的脱除采用水洗涤法。

水洗涤法直接冷却煤气工艺的优点是，洗涤水在冷却煤气的同时，还起到冲刷煤气中萘的作用，其缺点是，制取的浓氨水销售不畅，增加了废气和废水的处理负荷。所以，煤干馏气的冷凝冷却一般推荐间接冷凝冷却工艺。

高于 50℃的粗煤气宜采用间接冷却，此阶段放出的热量主要是为水蒸汽冷凝热，传热效率高，萘不会凝结造成设备堵塞。当粗煤气低于 50℃时，水汽量减少，间冷传热效率低，萘易凝结，此阶段宜采用直接冷却。日本川铁千叶工厂首创了"间-直混冷工艺"；1979 年石家庄焦化厂建成了间直混冷的试验装置。上海宝山钢铁厂焦化分厂的焦炉煤气就依据上述原理采用间冷和直冷相结合的初冷工艺。煤气进入横管式间接冷却器被冷却到 50～55℃，再进入直冷空喷塔冷却到 25～35℃。在直冷空喷塔内向上流动的煤气与分两段喷洒下来的氨水焦油混合液密切接触而得到冷却。循环液经沉淀析出除去固体杂质后，并用螺旋板换热器冷却到 25℃左右，再送到直冷空喷塔上、中两段喷洒。由于采用闭路液流系统，故减少了环境的污染。

5.2.2 为了保证煤气净化设备的正常操作和减轻煤气鼓风机的负荷，要求在冷却煤气时尽可能多地把萘、焦油等杂质冷凝下来并从系统中排出。为了达到这一目的就需对初冷器后煤气温度有一定的限制，一般控制在 20～25℃ 为好。如石家庄东风焦化厂因为采取了严格控制初冷器出口温度为（20±2）℃范围之内的措施，进入各净化设备之前煤气中萘含量就很少，保证了净化设备的正常运行，见表 11。

表 11 某焦化厂各净化设备后煤气中萘含量

取样点	萘含量 (mg/m³)	温度 (℃)	备注
鼓风机后	1088	>25（煤气）	
2 洗氨塔后	651		
终冷塔后	353	18～21	终冷水上温度 (15℃)

1 冷却后煤气的温度。当氨的脱除是采用硫酸吸收法时，一般来说煤气处理量往往较大（大于或等于 10000m³/h）。在这种情况下，若要求初冷器出口煤气温度太低（25℃），则需要大量低温水（23～24t/1000m³ 干煤气），这是十分困难的（尤其对南方地区）。再则煤气在进入饱和器之前还需通过预热器把煤气加热到 70～80℃。故在工艺允许范围内初冷器出口煤气温度可适当提高。

当氨的脱除是采用水洗涤法时，一般来说煤气处理量往往较少（一般为 5000m³/h），需要的冷却水量不太多，故欲得相应量的低温水而把煤气冷却到 25℃ 是有可能的。再如若初冷时不把煤气冷却到 25℃，则当洗氨时也仍须把煤气冷却到 25℃ 左右，而这样做是十分不合理的（因煤气中萘和焦油会将洗氨塔堵塞）。故要求初冷器出口煤气温度应小于 25℃。

初冷器的冷却水出口温度。为了防止初冷器内水垢生成，又要照顾到对冷却水的暂时硬度不宜要求过分严格（否则导致水的软化处理投资过高），因此需要控制初冷器出口水的温度。排水温度与水的硬度有关。见表 12。

表 12 排水温度与水硬度关系

碳酸盐硬度 (mmol/L) (me/L)	排水温度 (℃)
≤2.5（5）	45
3（6）	40
3.5（7）	35
5（10）	30

在实际操作中一般控制小于 50℃。在设计时应权衡冷却水的暂时硬度大小及通过水量这两项因素，选取一经济合理的参数，而不宜做硬性的规定。

2 本款制定原则是根据节约用水角度出发的。我国许多制气厂、焦化厂的初冷器冷却水是采用循环使用的。例如大连煤气公司、鞍钢化工总厂、南京梅山焦化厂等均采用凉水架降温，循环使用皆有一定效果。但我国地域广大，各地气象条件不一，尤其南方气温高，湿度大，凉水架降温作用较差。

在冷却水循环使用过程中，由于蒸发浓缩水中可溶解性的钙盐、镁盐等盐类和悬浮物的浓度会逐渐增大，容易导致换热设备和管路的内壁结垢或腐蚀，甚至菌藻类生物的生长。为了消除换热设备和管路内壁结垢堵塞或减弱腐蚀被损坏，延长设备使用寿命，提高水的循环利用率，国内外大多在循环水中投加药剂进行水质的稳定处理。

不同地区的水质不尽相同，因此在循环水中投加的药剂品种和数量亦不相同，可选用的阻垢缓蚀的药剂举例如下：

1) 有机磷酸盐：如氨基三甲叉磷酸盐（ATMP），羟基乙叉磷酸盐（HEDP），能与成垢离子 Ca^{2+}、Mg^{2+} 等形成稳定的化合物或络合物，这样提高了钙、镁离子在水中的溶解度，促使产生一些易被水冲掉的非结晶颗粒，抑制 $CaCO_3$、$MgCO_3$ 等晶格的生长，从而阻止了垢物的生成；

2) 聚磷酸盐：如六偏磷酸钠，添入循环水中，既有阻垢作用也有缓蚀作用；

3) 聚羧酸类：如聚丙烯酸钠（TS-604）添入循环水中也有阻垢作用和缓蚀作用。

循环水中投加阻垢缓蚀的药剂，一般是复合配制的。

在设计中，如初冷器的循环冷却水系统中，一般有加药装置，配好的药剂由泵送入冷却器的出水管中，加药后的冷却水再流入吸水池内，再用循环水泵抽送入初冷器中循环使用。

循环冷却水中添加适宜的药剂，都有良好的阻垢和缓腐蚀作用。例如平顶山焦化厂对初冷器循环水的稳定处理进行了标定总结：循环水量 1050m³/h，加药运行阶段用的药剂为羟基乙叉磷酸盐（HEDP）、聚丙烯酸钠（TS-604）及六偏磷酸钠等，运行取得了良好的效果，阻垢率达 99%，腐蚀速度小于 0.01mm/年，循环水利用率为 97%，达到国内外同类循环水处理技术的先进水平。又如，上海宝钢焦化厂循环冷却水采用了水质稳定的处理技术，投产数年后，初冷器水管内壁几乎光亮如初，获得了显著的阻垢和缓蚀效果。

5.2.3 本条规定了直接冷凝冷却工艺的设计要求。

1 冷却后煤气的温度。洗涤水与煤气直接接触过程中，除起冷却煤气的作用外，还同时能起到洗萘与洗焦油雾的作用。如果把煤气冷却到同一温度时，直接式冷凝冷却工艺的洗萘、洗焦油雾的效果比间接式冷凝冷却工艺的效果好。如在脱氨工艺都是水洗涤法时，在基本保证煤气净化设备的正常操作前提下，可以允许直接式初冷塔出口煤气温度比间接式初冷器出口煤气温度高10℃左右，间冷和直冷在初冷后煤气中萘含量基本相当。

2 含有氨的煤气在直接与水接触过程中，氨会促使水中的碳酸盐发生反应，加速水垢的生成而容易堵塞初冷塔。故对水的硬度应加以规定，但又不宜要求太高。所以本条规定的洗涤水的硬度指标采用了锅炉水的标准，即《工业锅炉水质标准》GB 1576规定的不大于0.03mmol/L。

3 本款是执行现行国家标准《室外给水设计规范》和《室外排水设计规范》的有关规定。

5.2.4 本条规定了焦油氨水分离系统的设计要求。

1、2 当采用水洗涤法脱氨时，为了保证剩余氨水中氨的浓度，不论初冷方式采用直接式或间接式冷凝冷却工艺，对初冷器排出的焦油氨水均应单独进行处理，而不宜与从荒煤气管排出的焦油氨水合并在一起处理，其原因有二：

　　1) 当初冷工艺为间接式时，其冷凝液中氨浓度为6~7g/L，而当与荒煤气管排出的焦油氨水混合后则氨的浓度降为1.5~2.5g/L（本溪钢铁公司焦化厂分析数据）。

　　2) 当初冷工艺为直接式时，出初冷塔的洗涤水温度小于60℃，为了保证集气管喷淋氨水温度大于75℃，则两者也不宜掺混。

所以规定宜"分别澄清分离"。

采用硫酸吸收法脱氨时，初冷工艺一般采用间接式冷凝冷却工艺，则初冷器排出的焦油氨水与荒煤气管排出的焦油氨水可采用先混合后分离系统。其原因是，间接式初冷器排出的焦油氨水冷凝液较少，且含有$(NH_4)_2S$、NH_4CN、$(NH_4)_2CO_3$等挥发氨盐，而荒煤气管排出的焦油氨水冷凝液中含有NH_4Cl、NH_4CNS、$(NH_4)_2S_2O_3$等固定氨盐，其浓度为30~40g/L。若将两者分别分离则焦油中固定氨盐浓度较大，必须引起焦油在进一步加工时严重腐蚀设备。如将两者先混合后分离，则可以保持焦油中固定氨盐浓度为2~5g/L左右，在焦油进一步加工时，对设备内腐蚀程度可以大大减轻。

3 含油剩余氨水进行溶剂萃取脱酚容易乳化溶剂，增加萃取脱酚的溶剂消耗。含油剩余氨水进入蒸氨塔蒸氨，容易堵塞蒸氨塔内的塔板或填料。剩余氨水除油的方法，一般为澄清分离法或过滤法。剩余氨水澄清分离法除油需要较长的停留时间，需要建造大容积澄清槽，投资额和占地面积都较大，而且氨水中的轻油和乳化油也不能用澄清法除去。许多煤气厂都采用焦炭过滤器过滤剩余氨水，除油效果较好但至少需半年调换焦炭一次，此项工作既脏又累。

4 焦油氨水分离系统的澄清槽、分离槽、储槽等都会散发有害气体（如氰化氢、硫化氢、轻质吡啶等等）而污染大气、妨碍职工身体健康。为此，应将焦油氨水分离系统的槽体封闭，把所有的放散管集中，使放散气进入洗涤塔处理，洗涤塔后用引风机使之负压操作，洗涤水掺入工业污水进行生化处理。上海宝钢焦化厂的焦油氨水分离系统的排放气处理装置的运行状况良好。

5.3 煤气排送

5.3.1 本条规定了煤气鼓风机的选择原则。

1 当若干台鼓风机并联运行时，其风量因受并联影响而有所减少，在实际操作中，两台容积式鼓风机并联时的流量损失约为10%，两台离心式鼓风机并联时的流量损失则大于10%。

鼓风机并联时流量损失值取决于下列三个因素：

　　1) 管路系统阻力（管路特性曲线）；
　　2) 鼓风机本身特性（风机特性曲线）；
　　3) 并联风机台数。

所以在设计时应从经济角度出发，一般将流量损失控制在20%内较为合理。

3 关于备用鼓风机的设置。大型焦化厂中，煤气的排送一般采用离心式鼓风机，每2台鼓风机组成一输气系统，其中1台备用。煤制气厂采用容积式鼓风机，往往是每2~4台组成一输气系统（内设1台备用）。考虑到各厂规模大小不同，对煤气鼓风机备用要求也不同，故本条规定台数的幅度较大。

5.3.2 本条规定了离心式鼓风机宜设置调速装置的要求。

上海市浦东煤气厂和大连市第二煤气厂的冷凝鼓风工段，在离心式鼓风机上配置了调速装置。生产实践表明，不仅能使风机便于启动、噪声低、运转稳定可靠，而且不用"煤气小循环管"即能适应煤气产量的变化，节约大量的电能。调速装置的应用可延长鼓风机的检修周期，又便于煤气生产的调度，因此有明显的综合效益。

调速装置一般可采用液力偶合器。

5.3.3 本条规定了煤气循环管的设置要求。由于输送的煤气种类不同，鼓风机构造不同，所要求设置循环管的形式也不相同。

1 离心式鼓风机在其转速一定的情况下，煤气的输送量与其总压头有关。对应于鼓风机的最高运行压力，煤气输送量有一临界值，输送量大于临界值，则鼓风机的运行处于稳定操作范围；输送量小于临界值，则鼓风机操作将出现"喘振"现象。

另外，为了保证煤干馏制气炉炉顶吸气管内压力稳定，可以采用鼓风机煤气进口管阀门的开度调节，也可用鼓风机进出口总管之间的循环管（小循环器）

来调节，但此法只适宜在循环量少时使用。

目前大连煤气公司选用D250-42离心式鼓风机，配置了调速装置，调速范围1～5，所以本条注规定只有在风机转速变化能适应流量变化时，才可不设小循环管。

当煤干馏制气炉刚开工投产或者因故需要延长结焦时间时的煤气发生量较少，为了保证鼓风机操作的稳定，同时又不使煤气温上升过高，通常采用煤气"大循环"的方法调节，即将鼓风机压出的一部分煤气返回送至初冷器前的煤气总管道中。虽然这种调节方法将增加鼓风机能量的无效消耗，还会增加初冷器处理负荷和冷却水用量，但是能保证循环煤气温度保持在鼓风机允许的温度范围之内，各厂（例如南京煤气厂、青岛煤气厂等）的实际经验说明了这个"大循环管道"设置的必要性。

2 当冷凝鼓风工段的煤气处理量较小时，一般可选用容积式鼓风机。

5.3.4 本规范将"用电动机带动的煤气鼓风机的供电系统设计"由"一级负荷"调整为"二级负荷"，主要考虑按一级负荷设计实施起来难度往往很大，而且按照《供配电系统设计规范》GB 50052关于电力负荷分级规定，用电动机带动的煤气鼓风机其供电系统对供电可靠性要求程度及中断供电后可能会造成的影响进行分级，其供电负荷等级应确定为二级负荷。

二级负荷的供电系统要求应满足《供配电系统设计规范》GB 50052的有关规定。

人工煤气厂中除发生炉煤气工段之外，皆属"甲类生产"，所以带动鼓风机的电动机应采取防爆措施。如鼓风机的排送煤气量大，无防爆电机可配备时，国内目前采用主电机配置通风系统来解决。

5.3.5 离心式鼓风机机组运行要求的电气连锁及信号系统如下：

1 鼓风机的主电机与电动油泵连锁。当电动油泵启动，油压达到正常稳定后，主电机才能开始合闸启动；当主电机达到额定转数主油泵正常工作后，电动油泵停车；主电机停车时，电动油泵自启运转；

2 机组的轴承温度达到65℃时，发出声、光预告信号；轴承温度达到75℃时，发出声光紧急信号，鼓风机主电机自动停车；

3 轴承润滑系统主进油管油压低于0.06MPa时，发出声光预告信号，电动油泵自启运转；当主进油管压降至鼓风机机组润滑系统规定的最低允许油压时，发出声、光紧急信号，鼓风机的主电机自动停车；鼓风机转子的轴向位移达到规定允许的低限值时，发出声、光预告信号；当达到规定允许的高限值时，发出声光紧急信号，鼓风机主电机自动停车；

4 润滑油油箱中的油位下降到比低位线高100mm时，发出声、光信号；

5 鼓风机的主电机与其通风机连锁。当通风机正常运转后，进风压力达到规定值时，主电机再合闸启动；

6 鼓风机主电机通风系统。当进口风压降至400Pa或出口风压降至200Pa时发出声、光信号。

5.3.6 本条规定了鼓风机房的布置要求。

1 规定对鼓风机机组安装高度要求，是对鼓风机正常运转的必要措施。如果冷凝液不能畅通外排时，会引起机内液量增多，从而会破坏鼓风机的正常操作，产生严重事故。《煤气设计手册》规定，当采用离心鼓风机时，煤气管底部标高在3m以上，机前煤气吸入管阀门后的冷凝液排出口与水封槽满流口中心高差应大于2.5m，就是考虑到鼓风机的最大吸力，防止水封液被吸入煤气管和鼓风机内所需要的高度差；

2 鼓风机机组之间和鼓风机与墙之间的距离，应根据操作和检查的需要确定，一般设计尺寸见表13。

表13 鼓风机之间距离

鼓风机型号	D1250-22	D750-23	D250-23	D60×4.8-120/3500
机组中心距(m)	12	8	8	6
厂房跨距(m)	15	12	12	9

5 规定"应设置单独的仪表操作间"是为了改善工人操作条件和保持一个比较安静的生产操作环境，便于与外界联系工作。在以往设计中，凡仪表间与鼓风机房设在同一房间内且无隔墙分开的，鼓风机运转时，其噪声大大超过人的听力保护标准及语言干扰标准，长期在这样的环境中操作对工人健康和工作均不利。

按照《建筑设计防火规范》要求，压缩机室与控制室之间应耐火极限不低于3h的非燃烧墙。但是为了便于观察设备运转应设有生产必需的隔声玻璃窗。本条文与《工业企业煤气安全规程》GB 6222第5.2.1条要求是一致的。

5.4 焦油雾的脱除

5.4.1 煤气中的焦油雾在冷凝冷却过程中，除大部进入冷凝液中外，尚有一部分焦油雾以焦油气泡或粒径1～7μm的焦油雾滴悬浮于煤气气流中。为保证后续净化系统的正常运行，在冷凝鼓风工段设计中，应选用电捕焦油器清除煤气中的焦油雾。

电捕焦油器按沉淀极的结构形式分为管式、同心圆（环板）式和板式三种。我国通常采用的是前两种电捕焦油器。

虽然可以采用机捕焦油器捕除煤气中的焦油雾，但效率不甚理想，目前国内新建煤气厂中已不采用。

本条文规定"电捕焦油器不得少于 2 台"，是为了当其中 1 台检修时仍能保证有效地脱除焦油雾的要求。

各厂实践证明，设有 3 台及 3 台以上并联的电捕焦油器时，在实际操作中可以不设置备品。电捕焦油器具有操作弹性较大的特点。例如，煤气在板式电捕焦油器内流速为 0.4～1m/s，停留时间为 3～6s；煤气在板式电捕焦油器内流速为 1～1.5m/s，停留时间为 2～4s；故只要在设计时充分运用这一特点，虽然不设备品仍能维持正常生产。

5.4.2 不同煤气的爆炸极限各不相同，我们通常所说的爆炸极限是指煤气在空气中的体积百分比，而煤气中的含氧量是指氧气在煤气中的体积百分比。由于煤气中的氧气主要是由于煤气生产操作过程中吸入或掺进了空气造成的，因此可考虑把煤气中的氧含量理解为是掺入了一定量的空气，这样就可计算出煤气中氧的体积百分比或空气的体积百分比为多少时达到爆炸极限。各种人工煤气的爆炸极限范围见表 14。

由表 14 可看出，各种燃气的爆炸上限最大为 70%，这时空气所占比例即为 30%，则氧含量大于 6%，这样越过换终止点的 20% 的安全系数时，此时氧含量可达 4.8%，因此生产中要求氧含量指标小于 1% 是有点过于保守了。

表 14 各种人工煤气爆炸极限表（体积百分比）

序号	名称	煤气空气混合物中煤气（体积百分比）		煤气空气混合物中空气（体积百分比）		煤气空气混合物中氧气（体积百分比）	
		上限	下限	上限	下限	上限	下限
1	焦炉煤气	35.8	4.5	64.2	95.5	13.5	20.1
2	直立炉煤气	40.9	4.9	59.1	95.1	12.4	20.0
3	发生炉煤气	67.5	21.5	32.5	79.5	6.8	16.5
4	水煤气	70.4	6.2	29.6	93.8	6.2	19.7
5	油制气	42.9	4.7	57.1	95.3	12.0	20.0

从表 14 可看出：正常生产情况下，煤气中的空气量不可能达到如此高浓度，没有必要控制煤气中氧含量一定要低于 1%。实际生产过程中由于控制煤气中含氧量小于 1% 很难进行操作，许多企业采用含氧量小于或等于 1% 切断电源的控制，经常发生断电停车，影响后续工段的正常生产。国内大部分企业都反映很难将电捕焦油器含氧量控制在小于或等于 1%，一般控制在 2%～4%，同时国内国际经过几十年的实际生产运行，没有发生电捕焦油器爆炸的情况。国外一些国家将煤气中含氧量设定为 4%，个别企业甚至达到 6%。因此采用控制煤气中含氧量小于或等于 2%（体积分数）并经上海吴淞煤气厂实践证明是很安全的，从爆炸极限角度分析是完全可行的。

5.5 硫酸吸收法氨的脱除

5.5.1 塔式硫酸吸收法脱除煤气中的氨，这种装置在我国已有多家工厂在运行。如上海宝山钢铁总厂焦化分厂、天津第二煤气厂等。不过，半直接法采用饱和器生产硫酸铵已是我国各煤气厂、焦化厂普遍采用的成熟工艺，这不仅回收煤气中的氨，而且也能回收煤气冷凝水中的氨，所以本规范目前仍推荐这一工艺。

1 确定进入饱和器前的煤气温度的指标为"60～80℃"。这是根据饱和器内水平衡的要求，总结了各厂实践经验而确定的。《煤气设计手册》及《焦化设计参考资料》的数据均为"60～70℃"。这一指标与蒸氨塔气分缩器出气温度的控制有关。

3 凡采用硫酸铵工艺的，饱和器出口煤气含氨量都能达到小于 30mg/m³ 的要求，例如沈阳煤气二厂、上海杨树浦煤气厂、鞍钢化工总厂等。

4 母液循环量是影响饱和器内母液搅拌的一个重要因素，特别是当气量不稳定时尤其突出。在以往设计中采用的小时母液循环量一般为饱和器内母液量的 2 倍，实践证明这是不能满足生产要求的，会引起饱和器内酸度不均、硫铵颗粒小、饱和器底部结晶、结块等现象，故目前各厂在生产实践中逐步增大了母液循环量，例如上海杨树浦煤气厂将母液循环量由 2 倍改为 3 倍，丹东煤气公司为 5 倍，均取得良好效果。但随着母液循环量的增大，动力消耗也相应增大，所以应在满足生产基础上选择一个适当值，一般来说规定循环量为饱和器内母液量 3 倍已能满足生产的要求。

5 煤气厂一般对含酚浓度高的废水多采取溶剂萃取法回收酚，效果较为理想。故条文规定"氨水中的酚宜回收"。

先回收酚后蒸氨的生产流程有下列优点：

  1) 可避免在蒸氨过程中挥发酚的损失，减少氨类产品受酚的污染。
  2) 氨水中轻质焦油进入脱酚溶剂中，能减轻轻质焦油对蒸氨塔的堵塞。但也有认为这项工艺的蒸汽消耗量稍大；氨气用于提取吡啶对吡啶质量有影响。因此条文规定"酚的回收宜在蒸氨之前进行"。

废氨水中含氨量的规定是按照既要尽可能多回收氨，又要合理使用蒸汽，而且还应能达到此项指标的要求等项原则而制定的。表 15 列举各厂蒸氨后的废氨水中含氨量。

5.5.2 本条规定了硫铵工段的工艺布置要求。

3 吡啶生产虽然属于硫铵工段的一个组成部分，但不宜由硫铵的泵工和卸料工来兼任，宜由专职的吡啶生产工人进行操作，并切实加强防毒、防泄漏、防火工作，设单独操作室为宜。

表15　废氨水中含氨量

脱氨工艺	厂名	蒸氨塔塔型	原料氨水含氨（%）	废氨水含氨（%）
硫铵	北京焦化厂	泡罩	0.08~0.09	0.02
硫铵	上海杨树浦煤气厂	瓷环	0.3	0.03
硫铵	上海焦化厂	浮阀	0.1~0.15	<0.01
硫铵	梅山焦化厂	瓷环	0.18	0.005
硫铵	鞍钢化工总厂二回收	泡罩	0.126~0.1398	0.01~0.012
硫铵	鞍钢化工总厂三回收	泡罩	0.21~0.238	0.008~0.01
硫铵	鞍钢化工总厂四回收	泡罩	0.086~0.156	0.019~0.014
水洗氨	桥西焦化厂	泡罩	0.82	0.03
水洗氨	东风焦化厂一回收	栅板	0.5	0.007
水洗氨	东风焦化厂二回收	栅板	0.3	0.0435
水洗氨	东风焦化厂一回收	泡罩	0.795	0.0097

4 蒸氨塔的位置应尽量靠近吡啶装置，方便吡啶生产操作。

5.5.3 本条规定了饱和器机组的布置。

1、2 规定饱和器与主厂房的距离和饱和器中心距之间的距离，考虑到检修设备应留有一定的回转余地。

3 规定锥形底与防腐地坪的垂直距离，以便于饱和器底部敷设保温层。冲洗地坪时，尽可能避免溅湿饱和器底部。

4 为防止硫酸和硫铵母液的输送泵在故障或检修时，流散或溅出的液体腐蚀建筑物或构筑物，故硫铵工段的泵类宜集中布置在露天。对于寒冷地区则可将泵成组设置在泵房内。

5.5.4 本条规定了离心干燥系统设备的布置要求。

2 规定2台连续式离心机的中心距是考虑到结晶槽的安装距离，并能使结晶料浆直接通畅地进入离心机，同时也保证了设备的检修和安装所需的空间。

5.5.5 吡啶蒸气有毒，含硫化氢、氰化氢等有毒气体，故吡啶系统皆应在负压下进行操作。中和器内吸力保持500~2000Pa为宜。其方法可将轻吡啶设备的放散管集中在一起接到鼓风机前的负压煤气管道上，即可达到轻吡啶设备的负压状态。

5.5.6 本条规定了硫铵系统的设备要求。

1 饱和器机组包括饱和器、满流槽、除酸器、母液循环泵、结晶液泵、硫酸泵、结晶槽、离心分离机等。由于皆易损坏，为在检修时能维持正常生产，故都需要设置备品。以各厂的实践经验来看，二组中一组生产一组备用，或三组中二组生产一组备用是可行的。而结晶液泵和母液循环泵的管线设计安装中，也可互为通用。

2 硫铵工段设置的两个母液储槽，一个是为满流槽溢流接受母液用的；另一个是必须能容纳一个饱和器机组的全部母液，作为待抢修饱和器抽出母液储存用。

3 规定了硫铵结晶的分离方法。

4 国内已普遍采用沸腾床干燥硫酸铵结晶，效果良好，上海市杨树浦煤气厂、上海市浦东煤气厂和上海焦化厂都建有这种装置。

硫铵工段的沸腾干燥系统都配备有结晶粉尘的收集和热风洗涤装置，运行效果都较好。

5.5.7 从上海市杨树浦煤气厂和上海焦化厂的生产实践来看，紫铜管、防酸玻璃钢制成的满流槽、中央管、泡沸伞和结晶槽的耐腐蚀效果较好；用普通不锈钢的泵管和连续式离心机的筛网，损坏较快。92%以上的浓硫酸用硅钢翼片泵和碳钢管其使用寿命较长。

5.5.8 上海杨树浦煤气厂硫铵厂房改造时，以花岗岩石块用耐酸胶泥勾缝做成室内外地坪，防腐涂料做成室内墙面，防腐蚀效果良好。

5.5.9 硫铵工段的酸焦油尚无妥善处理方法，一般当燃料使用。包钢焦化厂硫铵工段的酸焦油，曾经配入精苯工段的酸焦油中，作为橡胶的胶粘剂。

废酸液是指饱和器机组周围的漏失酸液和洗刷设备、地坪的含酸废水，流经地沟汇总在地下槽里，作为补充循环母液的水分而重复使用。在国外某些炼油制气厂里，连雨水也汇总经过沉淀处理除去杂质，如有害物质的含量超过排放标准，则也要掺入有害物质浓度较高的废水中去活性污泥处理。因此硫铵工段的含氨并呈酸性的废水不能任意排放。

5.6　水洗涤法氨的脱除

5.6.1 煤气中焦油雾和萘是使洗氨塔堵塞的主要因素。例如石家庄东风焦化厂、首钢焦化厂等洗氨塔木格填料曾经被焦油等杂质堵塞，每年都需清扫一次，而且清扫不易彻底。而长春煤气公司在洗氨塔前设置了电捕焦油器，故木格填料连续操作两年多还未发生堵塞现象。为了保证木格塔的洗氨除萘效果，故规定"煤气进入洗氨塔前，应脱除焦油雾和萘"。

按本规范规定脱除焦油雾最好是采用电捕焦油器，但也有不采用电捕焦油器脱油的。例如唐山焦化厂和石家庄原桥西焦化厂等厂未设置电捕焦油器时期，是利用低温水使初冷器出口煤气温度降低到25℃以下，使大量焦油和萘在初冷器中被冲洗下来，再通过机械脱焦油器脱焦油，这样处理也能保证正常操作。脱除萘是指水洗萘或油洗萘。一般规模小的生产厂均采用水洗萘，这样可与洗氨水合在一起，减少一个油洗系统。水中的萘还需人工捞出，但操作环境很差，对环境污染较大；规模较大的生产厂一般采用油洗萘流程，在这方面莱芜焦化厂、攀钢焦化厂等均有成功的经验，油洗萘后煤气中萘含量均能达到本条要求的"小于500mg/m³"的指标。还需说明的是：当采用洗萘时应在终冷洗氨塔中同时洗萘和洗氨，以达到小于500mg/m³的指标。

5.6.2 这是因为煤气中的氨在洗苯塔中会少量地溶入洗油中，容易使洗油老化。当溶解有氨的富油升温蒸馏时，氨将析出腐蚀粗苯蒸馏设备。所以要求尽量减少进入洗苯塔煤气中的含氨量，以保证最大程度地减轻氨对粗苯蒸馏设备的腐蚀和洗油的老化。为此，在洗氨塔的最后一段要设置净化段，用软水进一步洗涤粗煤气中的氨。

5.6.3 本条规定"洗氨塔出口煤气温度，宜为25～27℃"的根据如下：

1 与煤气初冷器煤气出口温度相适应，从而避免大量萘的析出而堵塞木格填料；

2 便于煤气中氨能充分地被洗涤水吸收下来。塔后煤气温度若高于27℃，则会使煤气中含氨量增加，以使粗苯吸收工段的蒸馏部分设备腐蚀。

5.6.4 本条规定了洗涤水的水质要求。

在一定的洗涤水量条件下水温低些对氨吸收有利，这是早经理论与实践证实的一条经验。从上海吴淞炼焦制气厂的生产实践表明：随着水温从21℃上升到33～35℃则洗氨塔后煤气中含氨量从"50～120mg/m³"上升为"250～500mg/m³"。详见表16。

表16 洗涤水温度与塔后煤气中含氨量关系

冷却水种类	冷却后废水温度（℃）	2号终洗氨塔后煤气温度（℃）	煤气中含氨量（g/m³）		
			1号终洗氨塔前	1号终洗氨塔后	2号终洗氨塔后
深井水（21℃）	21～23	23～25	1～2	0.15～0.5	0.05～0.12
制冷水（23～25℃）	25～28	28～30	2.5～5	0.3～0.7	0.2～0.4
黄浦江水（33～35℃）	35～38	38～40	2.5～5	0.45～1.5	0.25～0.5

临汾钢铁厂的《氨洗涤工艺总结》中指出，"只有控制洗涤水温度在25℃左右时，才能依靠调节水量来保证塔后煤气中含氨量小于30mg/m³，从降温水获得的可能性来说也是以25℃为宜，否则成本太高"。

过去对洗涤水中硬度指标无明确规定，但从实践中了解到，含氨煤气会促使洗涤水生成水垢，堵塞管道和塔填料，故有些工厂（例如临汾钢铁厂）采用软化水作为洗涤水，经过长期运转未发现有水垢堵塞现象，确定水的软化程度需从技术和经济两个方面来考虑，目前很难得出确切的结论。因为洗涤水是循环使用的，所以补充水量不大，故对小型煤气厂来说，为了节约软化设备投资，采取从锅炉房中获得如此少量的软化水是可能的。因此本条规定对软化水指标即按锅炉用水最低一级标准，即《工业锅炉水质标准》GB 1576中水总硬度不大于0.03mmol/L。

5.6.5 本条规定了水洗涤法脱氨的设计要求。

1 规定了洗氨塔的设置不得少于2台，并应串联设置，这是为了当其中一台清扫时，其余各台仍能起洗氨作用，从而保证了后面工序能顺利进行。

5.6.6 当采用水洗涤法回收煤气中的氨时，有的厂将全部洗氨水进行蒸馏（如莱芜焦化厂、上海吴淞煤气厂等）。这种流程中原料富氨水中含氨量可达5g/L左右。也有的厂将部分洗氨水蒸馏回收氨，而将净化段之洗涤水直接排放（如以前的桥西焦化厂、攀钢焦化厂等），这种流程中原料富氨水中含氨量可达8～10g/L，也有少数煤气厂由于氨产量少没有加工成化肥（如以前的北京751厂、大连煤气一厂等），曾将洗氨水直接排放。煤气的洗氨水中，含有大量的氨、氰、硫、酚和COD等成分，严重污染环境，故必须经过处理，达到排放标准后才能外排。

在洗氨的同时，煤气中的氰化物也同时被洗下来，如上海吴淞煤气厂的洗氨水中含氰化物250～400mg/L；石家庄东风焦化厂一回收工段的洗氨水含氰化物约300mg/L，二回收工段的洗氨水含氰化物200～600mg/L，鉴于目前从氨水中回收黄血盐的工艺已经成熟，故在本条中明确规定"不得造成二次污染"。

5.7 煤气最终冷却

5.7.1 由于采用直接式冷却煤气的工艺进行煤气的最终冷却将产生一定量的废水、废气，特别是在用水直接冷却煤气时，水会将煤气中的氰化氢等有毒气体洗涤下来，而在水循环换热的过程中这些有毒气体将挥发出来散布到空气中造成二次污染，这种煤气最终冷却工艺已逐步淘汰，目前国内新建的项目已不考虑采用直接式冷却工艺，许多已建的直接式冷却工艺也逐步改为间接式冷却工艺，因此本规范不再采用直接式冷却工艺。

5.7.2 终冷器出口煤气温度的高低，是决定煤气中萘在终冷器内净化和粗苯在洗涤塔中被吸收的效果的极重要因素。苯的脱除与煤气出终冷器的温度有关。其温度越低，终冷后煤气中苯含量就越少。而对粗苯而言，煤气温度越高，吸收效率越差。由于吸苯洗油温度与煤气温度差是一定值，在表17洗油温度与吸苯效率关系中反映了终冷后煤气温度高低对吸苯效率的影响。

表17 洗油温度与吸苯效率的关系

洗油温度（℃）	20	25	30	35	40	45
吸苯效率 η（%）	96.4	95.15	93.96	87.7	83.7	69.6

当然终冷后温度太低（如低于15℃）也会导致洗油性质变化，而使吸苯效率降低，且温度低会影响横管冷却器内喷洒的轻质焦油冷凝液的流动性。

现在规定的"宜低于27℃"是参照上海吴淞炼焦制气厂在出塔煤气温度为25～27℃时洗苯塔运行良好，塔后煤气中萘含量小于400mg/m³而定的。

5.7.3 本条规定了煤气最终冷却采用横管式间接冷却的设计要求。

1 采用煤气自上而下流动使煤气与冷凝液同向流动便于冷凝液排出，条文中所列"在煤气侧宜有清除管壁上萘的设施"。目前国内设计及使用的有轻质焦油喷洒来脱除管壁上萘，但考虑喷洒焦油后会有焦油雾进入洗苯工段，故也可采用喷富油来脱除管壁上萘的措施。

2 冷却水可分两段，上段可用凉水架冷却水，下段需用低温水目的是减少低温水的消耗量。

3 冷却器煤气出口设捕雾装置可将喷洒液的雾状液滴及随煤气冷却后在煤气中未被冲刷下去的杂质捕集，一些厂选用旋流板捕雾器效果较好。

5.8 粗苯的吸收

5.8.1 对于煤气中粗苯的吸收，国内外有固体吸附法、溶剂常压吸收法及溶剂压力吸收法。

溶剂压力吸收法吸收效率较高、设备较小，但国内的煤气净化系统一般均为常压，若再为提高效率增加压力在经济上就不合理了。固体吸附国内有活性炭法，此法适用于小规模而且脱除苯后净化度较高的单位，此法成本较高。

5.8.2 洗苯用洗油目前可以采用焦油洗油和石油洗油两种。我国绝大多数煤气厂、焦化厂是采用焦油洗油，该法十分成熟；有少数厂使用石油洗油。例如北京751厂，但洗苯效果不理想而且再生困难。过去我国煤气厂大量发展仅依赖于焦化厂生产的洗油，出现了洗油供不应求的状况。故在本条中用"宜"表示对没有焦油洗油来源的厂留有余地。

5.8.3 本条规定了洗油循环量和其质量要求。

在相同的吸收温度条件下，影响循环洗油量的主要因素有以下两项：一是煤气中粗苯含量，其二是洗油种类。循环洗油量大小与上述两方面的因素有关。

一般情况下对煤干馏气焦油洗油循环量取为1.6～1.8L/m³（煤气），石油洗油2.1～2.2L/m³（煤气），油制气（催化裂解）为2L/m³（煤气）。

"循环洗油中含萘量宜小于5%"是为了使洗苯塔后煤气含萘量可以达到"小于400mg/m³"的指标要求，从而减少了最终除萘塔轻柴油的喷淋量。

从平衡关系资料可知，当操作温度为30℃、洗油中含萘为5%时，焦油洗油洗萘则与之相平衡的煤气含萘量为150～200mg/m³，石油洗油则为200～250mg/m³。当然实际操作与平衡状态是有一定差距的，但400mg/m³还是能达到。国内各厂中已采用循环洗油含萘小于5%者均能使煤气含萘量小于400mg/m³。

5.8.4 本条规定了洗苯塔形式的选择。

1 木格填料塔是吸苯的传统设备，它操作稳定，弹性大，因而为我国大多数制气厂、焦化厂所采用。但木格填料塔设备庞大，需要消耗大量的木材，多年来有一些工厂先后采用筛板塔、钢板网塔、塑料填料塔成功地代替了木格填料塔。木格填料塔的木格清洗、检修时间较长，一般应设置不小于2台并且应串联设置。

2 钢板网填料塔在国内一些厂经过一段时间使用有了一定的经验。塑料填料塔以聚丙烯花形填料为主的填料塔，近年来逐渐得到广泛的应用。该两种填料塔都具有操作稳定、设备小、节约木材之优点。但该设备要求进塔煤气中焦油雾的含量少，否则会造成填料塔堵塞，需要经常清扫。为考虑1台检修时能继续洗苯宜设2台串联使用。当1台检修时另1台可强化操作。

3 筛板塔比木格填料塔及钢板网填料塔有节约木材、钢材之优点。清扫容易，检修方便，但要求煤气流量比较稳定，而且塔的阻力大（约为4000Pa），在煤气鼓风机压头计算时应予以考虑。

5.8.5 本条规定了洗苯塔的设计参数要求。

1 所列木格填料塔的各项设计参数是长期操作经验积累数据所得，比较可靠。

2 钢板网填料塔设计参数是经"吸苯用钢板网填料塔经验交流座谈会"上，9个使用工厂和设计单位共同确定的。

3 本条所列数据是近年来筛板塔设计及实践操作经验的总结，一般认为是合适的。各厂筛板塔的空塔流速见表18。

表18 各厂筛板塔的煤气空塔流速表

厂　名	空塔流速（m/s）
大连煤气公司一厂	1
吉林电石厂	2～2.5
沈阳煤气公司二厂	1.3
本规范推荐值	1.2～2.5

5.8.6 粗苯蒸馏装置是获得符合质量要求的循环洗油和回收粗苯必不可少的装置，它与吸苯装置有机结成一体不可分割。因此本系统必须设置相应的粗苯蒸馏装置，其具体设计参数应遵守有关专业设计规范的规定。

5.9 萘的最终脱除

5.9.1 萘的最终脱除方法，一般采用的是溶剂常压吸收法。此外也可用低温冷却法，即使煤气温度降低脱除其中的萘，低温冷却法由于生产费用较高，国内尚未推广。

5.9.2 最终洗涤用油在实际应用中以直馏轻柴油为好。一般新鲜的直馏轻柴油无萘，吸收效果较好。而且在使用过程中不易聚合生成胶状物质防止堵塞设备及管道。近年来有些直立炉干馏气厂考虑直馏轻柴油的货源以及价格问题，经比较效益较差。因此也有用直立炉的焦油蒸馏制取低萘洗油作为最终洗萘用油。此法脱萘效果较无萘直馏轻柴油差，但也可以使用，故本规范规定，宜用直馏轻柴油或低萘焦油洗油。

直馏轻柴油之型号视使用厂所在地区之寒冷程度，一般选用 0 号或 −10 号直馏轻柴油。

5.9.3 最终除萘塔可不设备品，因为进入最终除萘塔时的煤气其杂质已很少，一般不易堵塔，而且在操作制度上，每年冬季当洗苯塔操作良好时，可以允许最终除萘塔暂时停止生产，进行清扫而不影响煤气净化效果。当最终除萘为独立工段时，一般将单塔改为双塔，此时，最终除萘可一塔检修另外一塔操作。

5.9.4 轻柴油喷淋方式在国外采用塔中部循环，塔顶定时、定量喷淋，国内有的厂仅有塔顶定时喷淋不设中部循环，也有的厂设有中部循环，顶部定时、定量喷淋甚至将洗萘塔变换为两个串联的塔，前塔用轻柴油循环喷淋，后塔用塔顶定时、定量喷淋。

塔顶定时、定量喷淋是在洗油喷淋量较少，又能保证填料湿润均匀而采取的措施。一般电器对泵启动采取定时控制装置。

5.9.5 本条规定了最终除萘塔设计参数和指标要求。上海吴淞炼焦制气厂控制进入最终除萘塔煤气中含萘量（即出洗苯塔煤气中含萘量）小于 400mg/m^3，以便在可能条件下达到降低轻柴油耗量的目的，上海焦化厂也采用类似的做法。因为目前吸萘后的轻柴油出路尚未很好解决，而以低价出售做燃料之用，经济亏损较大。日本一般是把吸萘后的轻柴油做裂化原料，而我国尚未应用。所以当吸萘后的轻柴油尚无良好出路之前，设计时应贯彻尽可能降低进入最终除萘塔前煤气中的含萘量的原则。

最终除萘塔的设计参数是按上海吴淞炼焦制气厂实践操作经验总结得出的。

5.10 湿法脱硫

5.10.1 常用的湿法脱硫有直接氧化法、化学吸收法和物理吸收法。由于煤或重油为原料的制气厂一般操作压力为常压，而化学吸收法和物理吸收法在压力下操作适宜，因此本规范规定宜采用氧化再生脱硫工艺。当采用鲁奇炉等压力下制气工艺时可采用物理或化学吸收法脱硫工艺。

5.10.2 目前国内直接氧化法脱硫方法较多，因此本规范作了一般原则性规定，希望脱硫液硫容量大、副反应小、再生性能好、原料来源方便以及脱硫液无毒等。

目前国内使用较多的直接氧化法是改良蒽醌（改良 A.D.A）法、栲胶法、苦味酸法及萘醌法等在一些厂也有较广泛的应用。

5.10.3 焦油雾的带入会使脱硫液及产品受污染并且使填料表面积降低，因此无论哪一种脱硫方法都希望将焦油雾除去。

直接氧化法有氨型和钠型两种，当采用氨型（如氨型的苦味酸法及萘醌法）时必须充分利用煤气中的氨，因此必须设在氨脱除之前。

原规范本条规定采用蒽醌二磺酸钠法常压脱硫时煤气进入脱硫装置前应脱除苯类，本条不用明确规定。由于仅仅是油煤气未经脱苯进入蒽醌法脱硫装置内含有部分轻油带入脱硫液中使脱硫液产生恶臭。但大多数的煤气厂该现象不明显，所以国内有一些厂已将蒽醌二磺酸钠法常压脱硫放在吸苯之前。

5.10.4 本条规定了蒽醌二磺酸钠法常压脱硫吸收部分的设计要求：

1 硫容量是设计脱硫液循环量的主要依据。影响硫容量的因素不仅是硫化氢的浓度、脱硫效率、还有脱硫液的成分和操作控制条件等。

上海及四川几个厂的不同煤气及不同气量的硫容量数据约为 0.17～0.26kg/m^3（溶液）。设计过程中如有条件在设计前根据运行情况进行试验，则应按试验资料确定硫容量进行计算选型。如果没有条件进行试验则应从实际出发，其硫容量可根据煤气中硫化氢含量按照相似条件下的运行经验数据，在 0.2～0.25kg/m^3（溶液）中选取。

2 国内蒽醌法脱硫的脱硫塔普遍采用木格填料塔，个别厂采用旋流板塔、喷射塔以及空塔等。木格填料塔具有操作稳定、弹性大之优点，但需要消耗大量木材。为此有些厂采用竹格以及其他材料来代替木格。在上海宝山钢铁厂和天津第二煤气厂所采用的萘醌法和苦味酸法脱硫中脱硫塔填料均采用了塑料填料，因此本条文只提"宜采用填料塔"，这就不排除今后新型塔的选用。

3 空塔速度采用 0.5m/s，经实践证明是合理指标。

4 反应槽内停留时间的长短是影响到脱硫液中氢硫化物的含量能否全部转化为硫的一个关键。国内各制气厂均认为槽内停留时间不宜太短。表19是各厂蒽醌法脱硫液在反应槽内的停留时间。

表19 脱硫液在反应槽内停留时间

厂名	上海杨树浦煤气厂	上海吴淞炼焦制气厂	四川化工厂	衢州化工厂	上海焦化厂
停留时间（min）	8	10～12	3.9～11	6～10	10

按国外资料报道，对于不同硫容量和反应时间消耗氢硫化物的百分比见图1。

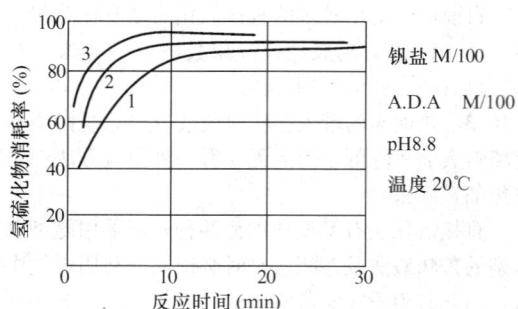

图1 不同硫容量和反应时间消耗氢硫化物的百分比图

硫容量：1—0.33kg/m³；2—0.25kg/m³；3—0.20kg/m³

因此规定采用"在反应槽内的停留时间一般取8～10min"。

5 原规范中考虑木格清洗时间较长，规定宜设置1台备用塔，本条中没写此项。考虑常压木格填料塔都比较庞大，木材用量也大，因此基建投资费用较高，平时闲置1台备品的必要性应在设计中予以考虑。是设置1台备用塔还是设计中做成2塔同时生产，在检修时一个塔加大喷淋强化操作，由设计时统一考虑。因此本条文中未加规定。

5.10.5 喷射再生槽在国内已有大量使用。但高塔式再生在国内使用时间较长，为较成熟可靠之设备。故本规范对两者均加以肯定。

1 条文中规定采用9～13m³/kg（硫）的空气用量指标，来源于目前国内几个设计院所采用的经验数据。

空气在再生塔内的吹风强度定为100～130m³/(m²·h)是参考"南京化工公司化工研究院合成氨气体净化调查组"在总结对鲁南、安阳、宣化、盘锦、本溪等地化肥厂的蒽醌法脱硫实地调查后所确定的。

由表20可见"再生塔内的停留时间，一般取25～30min"是可行的。

表20 脱硫液在再生塔内的停留时间统计表

厂名	上海杨树浦煤气厂	上海吴淞炼焦制气厂	四川化工厂	衢州化工厂	上海焦化厂
停留时间（min）	24	25～30	36	29～42	32

"宜设置专用的空气压缩机"是根据大多数煤气厂和焦化厂的操作经验制定的。湿法脱硫工段如果没有专用的空气压缩机而与其他工段合用时，则容易出现空气压力的波动，引起再生塔内液面不稳定现象，因而硫泡沫可能进入脱硫塔内。例如南化公司合成氨气体净化组有下列报告记载："安阳、宣化等化肥厂其压缩空气要供仪表、变换、触媒等部门使用，因此进入再生塔的空气很不稳定，再生的硫不能及时排出，大量沉积于循环槽及脱硫塔内造成堵塔"。在编制规范的普查中，很多煤气厂都反映发生过类似情况。

规定"入塔的空气应除油"的理由在于避免油质带入脱硫液与硫粘合后堵塞脱硫塔内的木格填料，所以一般都设有除油器。如采用无油润滑的空气压缩机就没有设置除油装置的必要了。

2 蒽醌二磺酸法常压脱硫再生部分的设计中对喷射再生设备的选用已逐渐增多，本条所列举数据是根据广西大学以及广西、浙江的化肥厂使用经验汇总的。喷射再生槽在制气厂、焦化厂已被普遍采用，经实际使用效果良好。

5.10.6 脱硫液的加热器除与脱硫系统的反应温度有关以外还取决于系统中水平衡的需要。

在以往采用高塔再生时该加热器宜设于富液泵与再生塔之间。而再生塔与脱硫塔之间的溶液靠液体之高差，由再生塔自流入脱硫塔，若在此间设加热器，一则设置的位置不好放置（在较高的平台上），二则由于自流速度较小使其传热效率较低。

当采用喷射再生槽时该加热器可以设于贫脱硫液泵与脱硫塔之间或富液泵与喷射再生槽之间，由于喷射再生槽目前大多是自吸空气型，则要求泵出口压力比脱硫液泵出口压力高。在富液泵后设加热器还应增加泵的扬程，故不经济。另外加热器设于富液管道系统较设于贫液管道上容易堵塞加热器，因此加热器宜设于贫脱硫液泵与脱硫塔之间。

5.10.7 本条规定了蒽醌二磺酸钠法常压脱硫回收部分的设计要求。

1 设置两台硫泡沫槽的目的是可以轮流使用，即使在硫泡沫槽中修、大修的时候，也不致影响蒽醌脱硫正常运行；

2 煤干馏气、水煤气、油煤气等硫化氢含量各不相同，处理气量也有多有少，所以不宜对生产粉硫或融熔硫作硬性规定。在气量少且硫化氢含量低的地方以及如机械发生炉煤气中所含焦油在前工序较难脱除，因此不宜生产融熔硫；

3 多年来上海焦化厂等厂采用了取消真空过滤器而硫膏的脱水工作在熔硫釜中进行，先脱水后将水在压力下排放并半连续加料最后再熔硫，这样在不增加能耗情况下可简化一个工序，提高设备利用率。

由于对废液硫渣的处理方法很多，因此在本条中仅规定"硫渣和废液应分别回收并应设废气净化装置"。

5.10.9 各种煤气含氰化氢、氧等杂质浓度不同，并且操作温度也不相同，所以副反应的生成速度不同。有的必须设置回收硫代硫酸钠、硫氰酸钠等副产品的设备，以保持脱硫液中杂质含量不致过高而影响脱硫效果和正常操作。有的副反应速度缓慢，则可不设置回收副产品的装置。

在设置中对硫代硫酸钠、硫氰酸钠等副产品的加工深度应是以保护煤气厂或焦化厂的脱硫液为主，一般加工到粗制产品即可，至于进一步的加工或精制品应随市场情况因地制宜确定。

5.11 常压氧化铁法脱硫

5.11.1 常压氧化铁法脱硫（下简称干法脱硫）常用的脱硫剂有藻铁矿（来自伊春、蓟县、怀柔等地）、氧化铸铁屑、钢厂赤泥等等。

天然矿如藻铁矿由于不同地区及矿井，其活性氧化铁的含量是有差异的，脱硫效果不同，钢厂赤泥也随着不同的钢厂其活性也有差异，再则脱硫工场与矿或钢厂地理位置不同，有交通运输等各种问题。因此干法脱硫剂的选择强调要根据当地条件，因地制宜选用。

氧化铸铁屑是较常用的脱硫剂，有的厂认为氧化后的钢屑也有较好的脱硫性能。氧化后的铸铁屑一般控制在 Fe_2O_3/FeO 大于 1.5 作为氧化合格的指标。条文只原则的提出"当采用铸铁屑或铁屑时，必须经过氧化处理"。

由于不同的脱硫剂或即使相同品种的脱硫剂产地不同，脱硫剂的品位也会有较大的差异。因此本条只原则规定脱硫剂中活性氧化铁重量含量应大于15%。

疏松剂可用木屑、小木块、稻糠等等，由于考虑表面积的大小以及吸水性能，本条规定为"宜采用木屑"。

关于其他新型高效脱硫剂暂不列入规范。

5.11.2 常压氧化铁法脱硫设备目前大多采用箱式脱硫设备。而箱式脱硫设备中又以铸铁箱比钢板箱使用得多。目前国内个别厂使用塔式脱硫设备，该设备在装、卸脱硫剂时机械化程度较高脱硫效率较高，随着新型、高效脱硫剂的使用，塔式脱硫设备正逐渐得到推广。因此本条定为"可采用箱式和塔式两种"。

5.11.3 本条规定了采用箱式常压氧化铁法的设计要求。

1 煤气通过干法脱硫箱的气速，本条规定宜取7～11mm/s，参考了美国的数据 $u=7\sim16mm/s$，英国的数据 $u=7mm/s$，日本的数据 $u=6.6mm/s$ 而定的。

当处理的煤气中硫化氢含量低于 $1g/m^3$ 时，如仍采用7～11mm/s就过于保守了，事实上无论国内与国外的实践证明，当硫化氢含量较低时可以适当提高流速而不影响脱硫效率，如日本的4个煤气厂箱内流速分别为 16.2mm/s、28.6mm/s、37.7mm/s、47.4mm/s，上海杨树浦煤气厂箱内流速为20.5mm/s（见表21）。

表21 几个进箱硫化氢含量低的生产实况表

厂名 干箱	甲煤气厂	乙煤气厂	日本(1)厂	日本(2)厂	日本(3)厂	日本(4)厂
长×宽 (m²) 高 (m)	148.8 2.13	2.5×3.5 3.0	13.0×8.0 4.0	15.0×11.0 4.1	15.0×11.0 4.1	6.0×7.0 4.0
使用箱数	二组分8箱	3（一箱备用）	2	3	2	4
气流方式	每组串联	串联	串联	并联	串联	串联
每箱内脱硫剂 (m³)	208	17.55	208	330	396	100
每箱脱硫剂层数	2	5	2	2	4	8
每层脱硫剂厚度 (mm)	700	400	1000	1000	600	300
处理煤气种类	直立炉煤气 水煤气 油煤气	立箱炉气	发生炉煤气	发生炉煤气及油煤气	煤煤气	发生炉煤气
处理量 (m³/h)	22000	2400	14100	22000及7000	17000	7170
煤气在箱内流速 (mm/s)	20.5	76.5	37.7	16.2	28.6	47.4
接触时间 (s)	272	79	106	123	168	200
进口 H_2S (g/m³)	0.3～0.5	0.8～1.4	0.147	0.509	0.5	0.13
出口 H_2S (g/m³)	<0.008	<0.02	<0.02	<0.02	<0.04	0.0

2 煤气与脱硫剂的接触时间，本规定为宜取130～200s，这是参考了国内外一些厂的数据综合的。如原苏联为130～200s，日本四个厂为106～200s，国内一些厂最小的为45.5s，最多的为382s，一般为130～200s之间的脱硫效率都较高（见表22）。

表22 脱硫箱内气速和接触时间实况表

厂名	进口 H_2S (g/m^3)	出口 H_2S (g/m^3)	箱内气速 (mm/s)	接触时间 (s)
上海吴淞炼焦制气厂	0.02～1.0	<0.008	13	115
上海焦化厂	0.3	0.01	7.4	324
北京751厂[①]	0.8～1.4	<0.02	76.5	79
大连煤气二厂[②]	2.0～4.0	0.02	8.6	210
鞍山煤气公司化工厂	4.0	0.02	6.3	382
沈阳煤气二厂	2.2	0.008～0.48	9.8	1.33
鞍山煤气公司铁西厂	4.0	0.2～0.3	62.5	103
大连煤气厂[②]	0.4～1.0	0.2～0.8	13.1	92.5

注：① 使用天然活性铁泥。
② 使用颜料厂的下脚铁泥。其余各厂都使用人工氧化铁脱硫剂。

3 每层脱硫剂厚度

日本《都市煤气工业》介绍脱硫剂厚度为0.3～1.0m，但根据北京、鞍山、沈阳、大连、丹东、上海等煤气公司的实况，多数使用脱硫剂高度在0.4～0.7m之间，所以将这一指标制定为"0.3～0.8m"之间。

4 干法脱硫剂量的计算公式

干法脱硫剂量的计算公式较多，可供参考的有如下四个公式：

1）米特公式：

一组四个脱硫箱，每箱内脱硫剂 $3'6''～4'$，每个箱最小截面积是：

当 H_2S 量500～700格令/100立方英尺时为 0.5平方英尺/（1000立方英尺·d）

当 H_2S 量小于200格令/100立方英尺时为 0.4平方英尺/（1000立方英尺·d）

注：1格令/100立方英尺＝22.9mg/m^3

2）爱佛里公式

$$R = \frac{每小时煤气通过量(立方英尺)}{一个干箱内的氧化铁脱硫剂量(立方英尺)} \quad (7)$$

$R=25\sim30$（箱式）

$R>30$（塔式）

3）斯蒂尔公式：

$$A = \frac{GS}{3000(D+C)} \quad (8)$$

式中 A——煤气经过一组串联箱中任一箱内截面积（平方英尺）；

G——需要脱硫的最大煤气量（标准立方英尺/时）；

S——进口煤气中 H_2S 含量的校正系数；

当煤气中 H_2S 含量为 4.5～23g/m^3 时 S 值为 480～720；

D——气体通过干箱组的氧化铁脱硫剂总深度（英尺）；

C——系数，对2、3、4个箱时分别为4、8、10。

4）密尔本公式：

$$V = \frac{1673\sqrt{C_s}}{f\rho} \quad (9)$$

式中 V——每小时处理 1000m^3 煤气所需脱硫剂（m^3）；

C_s——煤气中 H_2S 含量（体积％）；

f——新脱硫剂中活性三氧化二铁重量含量（％）；

ρ——新脱硫剂的密度（t/m^3）。

以上四个公式比较，米特和爱佛里公式较粗糙，而且不考虑煤气中 H_2S 含量的变化，故不宜推荐。斯蒂尔公式虽在 S 校正系数中考虑了 H_2S 的变化，但 S 值仅是 H_2S 在 4.5～23g/m^3 间才适用，对干法脱硫箱常用的低 H_2S 值时就不能适用了，经过一系列公式演算和实际情况对照认为密尔本公式较为适宜。

按《焦炉气及其他可燃气体的脱硫》一书说明，密尔本公式只适用于 H_2S 含量小于0.8％体积比（相当于12g/m^3 左右），这符合一般人工煤气的范围。

5 脱硫箱的设计温度。根据一般资料介绍，干箱的煤气出口温度宜在28～30℃，温度过低时将使硫化反应速度缓慢，煤气中的水分大量冷凝造成脱硫剂过湿，煤气与氧化铁接触不良，脱硫效率明显下降。这里规定了"25～35℃"的操作温度，即说明在设计时对于寒冷地区的干箱需要考虑保温。至于应采取哪些保温措施则需视具体情况决定，不作硬性规定。

规定"每个干箱宜设计蒸汽注入装置"是在必要时可以增加脱硫剂的水分和保持脱硫反应温度，有利于提高和保持脱硫效率。

6 规定每组干法脱硫设备宜设置一个备用箱是从实际出发的,考虑到我国幅员辽阔,生产条件各不相同。干法脱硫剂的配制、再生的时间也各不相同,为保证顺利生产,应设置备用箱,以做换箱时替代用。

条文中规定了连接每个脱硫箱间的煤气管道的布置应能依次向后轮换输气。向后轮换输气是指Ⅰ、Ⅱ、Ⅲ、Ⅳ→Ⅳ、Ⅰ、Ⅱ、Ⅲ→Ⅲ、Ⅳ、Ⅰ、Ⅱ→Ⅱ、Ⅲ、Ⅳ、Ⅰ(Ⅰ、Ⅱ、Ⅲ、Ⅳ代表干箱之号)。

煤气换向依次向后轮换输气之优点:

1)保证在第Ⅰ、Ⅱ箱内保持足够的反应条件;
2)煤气将渐渐冷却,由于后面箱中氧仍能发挥作用使硫化铁能良好再生;
3)可有效避免脱硫剂着火的危险。

上海杨树浦煤气厂、北京751厂等均是向后轮换输气的,操作情况良好。

当采用赤泥时,虽然赤泥干法脱硫剂具有含活性氧化铁量较藻铁矿高,通过脱硫剂的气速可以较藻铁矿大,与脱硫剂的接触时间可以缩短以及通过脱硫剂的阻力降比藻铁矿的小等优点,但由于该脱硫剂在国内使用的不少厂仅仅停留在能较好替换原藻铁矿等,而该脱硫剂对一些生产参数尚需做进一步的工作。本规定赤泥脱硫剂仍可按公式(5.11.3)设计。但由于其密度为 $0.3\sim0.5t/m^3$ 会造成计算后需用脱硫剂体积增加,这与实际情况有差异,因此在设计中可取脱硫剂厚度的上限、停留时间的下限从而提高箱内气速。

5.11.4 干法脱硫箱有高架式、半地下式及地下式等形式。高架式便于脱硫剂的卸料也可用机械设备较半地下式及地下式均优越。本条规定宜采用高架式。

5.11.5 塔式的干法脱硫设备同样宜用机械设备装卸,从而减少劳动强度和改善工人劳动环境。

5.11.6 为安全生产,干法脱硫箱应有安全泄压装置,其安装位置为:

1 在箱前或箱后的煤气管道上安装水封筒;
2 在箱的顶盖上设泄压安全阀。

5.11.7 干法脱硫工段应有配制、堆放脱硫剂的场地。除此之外该场地还应考虑脱硫剂再生时翻晒用的场地。一般该场地宜为干箱总面积的2~3倍。

5.11.8 当采用脱硫剂箱内再生时,根据煤气中硫化氢的含量来确定煤气中氧的增加量,但从安全角度出发,一般出箱煤气中含氧量不应大于2%(体积分数)。

5.12 一氧化碳的变换

5.12.1 一氧化碳与水蒸气在催化剂的作用下发生变换反应生成氢和二氧化碳的过程很早就用于合成氨工业,以后并用于制氢。在合成甲醇等生产中用来调整水煤气中一氧化碳和氢的比例,以满足工艺上的要求。多年来各国为了降低城市煤气中的一氧化碳的含量,也采用了一氧化碳变换装置,在降低城市煤气的毒性方面得到了广泛的应用,并取得了良好的效果。煤气中一氧化碳与水蒸气的变换反应可用下式表示:

$$CO + H_2O = CO_2 + H_2 + 热量$$

5.12.2 全部变换工艺是指将全部煤气引入一氧化碳变换工段进行处理,而部分变换工艺是指将一部分煤气引入一氧化碳变换工段进行一氧化碳变换处理,选择全部变换或部分变换工艺主要根据煤气中一氧化碳的含量确定,无论采用哪种工艺,其目的都是为降低煤气中一氧化碳的含量,使其达到规范规定的浓度标准。根据不同的催化剂的工艺条件,煤气中的一氧化碳含量可以降低至2%~4%或0.2%~0.4%。由于一氧化碳变换工艺是一个耗能降热值的工艺过程,因此可以选择将一部分煤气进行一氧化碳变换后与未进行一氧化碳变换的人工煤气进行掺混,使煤气中一氧化碳含量达到标准要求,采取部分变换工艺的主要目的是为了减少能耗,降低成本,减少煤气热值的降低。

5.12.3 一氧化碳变换工艺有常压和加压两种工艺流程,选择何种工艺流程主要是根据煤气生产工艺来确定,当制气工艺为常压生产工艺时,一氧化碳变换工艺宜采用常压变换流程,当制气工艺为加压气化工艺时宜考虑采用加压变换流程。

5.12.4 人工煤气中各种杂质较多,如不进行脱除硫化氢,焦油等净化处理,将会造成变换炉中的触媒污染和中毒,影响变换效果。触媒是一氧化碳变换反应的催化剂,它对硫化氢较为敏感,如果煤气中硫化氢含量过高将造成触媒中毒;如果煤气中焦油含量高,将会污染触媒的表面,从而降低反应效率。

5.12.5 由于一氧化碳变换的反应温度较高,最高可达520℃以上,接近或高于煤气的理论着火温度(例如氢的着火温度为400℃,一氧化碳的着火温度为605℃,甲烷的着火温度为540℃),因此在有氧气的情况下就会首先引起煤气中的氢气发生燃烧,进而引燃煤气,如果局部达到爆炸极限还会引起爆炸。严格控制氧含量的目的主要是为安全生产考虑。

5.12.9 一氧化碳常压变换工艺流程中,热水塔通常都被叠装在饱和塔之上,热水靠自身位差经水加热器进入饱和塔,饱和塔的出水由水泵压回热水塔。

而在一氧化碳加压变换的工艺流程中,饱和塔叠装于热水塔之上,饱和塔出水自流入热水塔,加热后的热水用泵压入水加热器后再进入饱和塔。

5.12.10 一氧化碳变换工段热水用量较大,设计时应充分考虑节水、节能及环境保护的需要,采用封闭循环系统减少用水量,节省动力消耗,减少污水排放。

5.12.12 变换系统中设置了饱和热水塔，利用水为媒介将变换气的余热传递给煤气。因此在饱和塔与热水塔之间循环使用的水量必须保证能最大限度地传递热量。若水量太小则不能保证将变换气的热量最大限度地吸收下来，或最大限度地把热量传给煤气。在满足喷淋密度的情况下还要控制循环水量不能过大，水量偏大时，饱和塔推动力大，对饱和塔有利，而热水塔推动力小，对热水塔不利。同样水量偏小时，饱和塔推动力小对饱和塔不利，热水塔推动力大对热水塔有利，但两种情况都不利于生产，因此必须选择一合适水量，使饱和塔和热水塔都在合理范围之内。

对于填料塔，每 1000m³ 煤气约需循环水量 15m³，对于穿流式波纹塔，常压变换操作下循环热水流量是气体重量的 13～15 倍。在加压变换操作下每 1000m³ 煤气需循环水量 10m³。

5.12.14 一氧化碳变换反应是放热反应，随着反应的进行，变换气的温度不断升高，它将使反应温度偏离最适宜的反应温度，甚至损坏催化剂，因此在设计中应采用分段变换的方法，在反应中间移走部分热量，使反应尽可能在接近最适宜的温度下进行。变换炉中的催化剂一般可设置 2～3 层，故通常称之为两段变换或三段变换。在变换炉上部的第一段一般是在较高的温度下进行近乎绝热的变换反应，然后对一段变换气进行中间冷却，再进入第二、三段，在较低温度下进行变换反应。这样既提高了反应速度也提高了催化剂的利用率。

5.13 煤气脱水

5.13.1 煤气脱水可以采用冷冻法、吸附法、化学反应等方法进行，目前国内外在人工煤气生产领域中，普遍采用冷冻法脱除煤气中的水分。采用吸附法脱水需要增加相当多的吸附剂；采用化学方法脱水需要增加化学反应剂。冷冻法脱水有工艺流程简单、成本低、无污染、处理量大等特点。

5.13.2 煤气脱水工段一般情况下应设在压送工段后，主要有三个方面原因：一是考虑脱水工段的换热设备多，因此系统阻力损失较大，放在压送工段后可以满足系统阻力要求；二是脱水效果好，煤气压力提高后其所含水分的饱和蒸汽分压相应提高，有利于冷冻脱水；三是煤气加压后体积变小，使煤气脱水设备的体积都相应的减小。

5.13.5 煤气脱水的技术指标主要是控制煤气的露点温度，脱水的目的是为了降低煤气的露点温度，当环境温度高于煤气的露点温度时，煤气不会有水析出。当环境温度低于煤气的露点温度时煤气中的水分就会部分冷凝出来。由于煤气输配过程中，用于输送煤气的中、低压管网的平均覆土深度一般为地下 1m 左右，根据多年的生产运行情况看，在环境温度比煤气露点温度高 3～5℃时，煤气中的水分不会析出，因此将煤气的露点温度控制在低于最冷月地下平均地温 3℃以上时就能保证煤气在输送过程中管道中不会有水析出。

5.13.6 由于煤气中的焦油、灰尘、萘等杂质在生产操作过程中会析出，粘结在换热设备的内壁上，从而影响换热效率，特别是冷却煤气的换热器。由于是采用冷水间接冷却煤气的工艺，当煤气中的萘遇冷时会在换热器的管壁析出，煤焦油及灰尘也会在管壁上逐渐地粘结，影响换热效果，因此需要定期清理这些换热器。国内现有清洗换热器的方法是用蒸汽吹扫，同时也采用人工清理的方式将换热器内的污垢除去。所以在进行换热器的结构设计时应考虑其内部结构便于清理及拆装。

5.13.7 冷冻法煤气脱水工段的主要动力消耗是制冷机组的电力消耗，由于城镇煤气供应量具有高、低峰值，选用变频制冷机组可以适应这种高低峰变化要求，并大大节省动力消耗，降低生产成本。

5.14 放散和液封

5.14.2 设备和管道上的放散管管口高度应考虑放散出有害气体对操作人员有危害及对环境有污染。《工业企业煤气安全规程》GB 6222 中第 4.3.1.2 条中规定放散管管口高度必须高出煤气管道、设备和走台 4m 并且离地面不小于 10m。本规定考虑对一些小管径的放散管高出 4m 后其稳定性较差，因此本规定中按管径给予分类，公称直径大于 150mm 的放散管定为高出 4m，不大于 150mm 的放散管按惯例设计定为 2.5m 而 GB 6222 规定离地不小于 10m，所以在本规定中就不作硬性规定，应视现场具体情况而定，原则是考虑人员及环境的安全。

5.14.3 煤气系统中液封槽高度在《工业企业煤气安全规程》GB 6222 中第 4.2.2.1 条规定水封的有效高度为煤气计算压力加 500mm。本规定中根据气源厂内各工段情况做出的具体规定，其中第 2 款硫铵工段由于满流槽中是酸液，其密度大，液封高度相应较小，而且酸液漏出会造成腐蚀。因此该液封高度按习惯做法定为鼓风机的全压。

5.14.4 煤气系统液封槽、溶解槽等需补水的容器，在设计时都应注意其补水口严禁与供水管道直接相连，防止在操作失误、设备失灵或特殊情况下造成倒流，污染供水系统。

煤气厂供水系统被污染在国内已经发生过。由于煤气厂内许多化学物质皆为有毒物质，一旦发生水质污染，极易造成严重后果。

6 燃气输配系统

6.1 一般规定

6.1.1 城镇燃气管道压力范围是根据长输高压天然

气的到来和参考国外城市燃气经验制定的。

据西气东输长输管道压力工况，压缩机出口压力为10.0MPa，压缩机进口压力为8.0MPa，这样从输气干线引支线到城市门站，在门站前能达到6.0MPa左右，为城镇提供了压力高的气源。提高输配管道压力，对节约管材，减少能量损失有好处；但从分配和使用的角度看，降低管道压力有利于安全。为了适应天然气用气量显著增长和节约投资、减少能量损失的需要，提高城市输配干管压力是必然趋势；但面对人口密集的城市过多提高压力也不适宜，适当地提高压力以适应输配燃气的要求，又能从安全上得到保障，使二者能很好地结合起来应是要点。参考和借鉴发达国家和地区的经验是一途径。一些发达国家和地区的城市有关长输管道和城市燃气输配管道压力情况如表23。

表23 燃气输配管道压力（MPa）

城市名称	长输管道	地区或外环高压管道	市 区 次高压管道	中压管道	低压管道
洛杉矶	5.93～7.17	3.17	1.38	0.138～0.41	0.0020
温哥华	6.62	3.45	1.20	0.41	0.0028 或 0.0069 或 0.0138
多伦多	9.65	1.90～4.48	1.20	0.41	0.0017
香 港	—	3.50	A. 0.40～0.70 B. 0.24～0.40	0.0075～0.24	0.0075 或 0.0020
悉 尼	4.50～6.35	3.45	1.05	0.21	0.0075
纽 约	5.50～7.00	2.80		0.10～0.40	0.0020
巴 黎	6.80（一环以外整个法兰西岛地区）	4.00（巴黎城区向外10～15km的一环）	0.4～1.9	A. ≤0.40 B. ≤0.04 （老区）	0.0020
莫斯科	5.5	2.0	0.3～1.2	A. 0.1～0.3 B. 0.005～0.1	≤0.0050
东 京	7.0	4.0	1.0～2.0	A. 0.3～1.0 B. 0.01～0.3	<0.0100

从上述九个特大城市看，门站后高压输气管道一般成环状或支状分布在市区外围，其压力为2.0～4.48MPa不等，一般不需敷设压力大于4.0MPa的管道，由此可见，门站后城市高压输气管道的压力为4.0MPa已能满足特大城市的供气要求，故本规范把门站后燃气管道压力适用范围定为不大于4.0MPa。

但不是说城镇中不允许敷设压力大于4.0MPa的管道。对于大城市如经论证在工艺上确实需要且在技术、设备和管理上有保证，在门站后也可敷设压力大于4.0MPa的管道，另外门站前肯定会需要和敷设压力大于4.0MPa的管道。城镇敷设压力大于4.0MPa的管道设计宜按《输气管道工程设计规范》GB 50251并参照本规范高压A（4.0MPa）管道的有关规定执行。

6.1.3 "城镇燃气干管的布置，宜按逐步形成环状管网供气进行设计"，这是为保证可靠供应的要求，否则在管道检修和新用户接管安装时，影响用户用气的面就太大了。城镇燃气都是逐步发展的，故在条文中只提"逐步形成"，而不是要求每一期工程都必须完成环状管网；但是要求每一期工程设计都宜在一项最后"形成干线环状管网"的总体规划指导下进行，以便最后形成干线环状管网。

6.1.4、6.1.5 城镇各类用户的用气量是不均匀的，随月、日、小时而变化，平衡这种变化，需要有调峰措施（调度供气措施）。以往城镇燃气公司一般统管气源、输配和应用，平衡用气的不均匀性由当地燃气公司统筹调度解决。在天然气来到之后，城镇燃气属于整个天然气系统的下游（需气方），长输管道为中游，天然气开采净化为上游（中游和上游可合称为城镇燃气的供气方）。上、中、下游有着密切的联系，应作为一个系统工程对待，调峰问题作为整个系统中的问题，需从全局来解决，以求得天然气系统的优化，达到经济合理的目的。

6.1.4条所述逐月、逐日的用气不均匀性，主要表现在采暖和节假日等日用气量的大幅度增长，其日用量可为平常的2～3倍，平衡这样大的变化，除了改变天然气田采气量外，国外一般采用天然气地下储气库和液化天然气储库。液化天然气受经济规模限制，我国一般在沿海液化天然气进口地附近才有可能采用；而天然气地下库受地质条件限制也不可能在每个城市兴建，由于受用气城市分布和地质条件因素影响，本条规定应由供气方统筹调度解决（在天然气地下库规划分区基础上）。

为了做好对逐月、逐日的用气量不均匀性的平衡，城镇燃气部门（需气方），应经调查研究和资料积累，在完成各类用户全年综合用气负荷资料（含计划中缓冲用户安排）的基础上，制定逐月、逐日用气量计划并应提前与供气方签订合同，据国外经验这个合同在实施中可根据近期变化进行调整，地下储气库和天然气气井可以用来平衡逐日用气量的变化，如果地下储气库距离城市近，还可以用来平衡逐小时用气量的变化，这些做法经国外的实践表明是可行的。

6.1.5 条所述平衡逐小时的用气量不均匀性，采用天然气做气源时，一般要考虑利用长距离输气干管的储气条件和地下储气库的利用条件、输气干管向城镇小时供气量的允许调节幅度和安排等，本规范规定宜由供气方解决，在发挥长距离输气干管和地下储气库等设施的调节作用基础上，不足时由城镇燃气部门解决。

储气方式多种多样，本条强调应因地制宜，经方案比较确定。高压罐的储气方式在很多发达国家（包括以前采用高压罐较多的原苏联）已不再建于天然气工程，应引起我们的重视。

6.1.6 本条规定了城镇燃气管道按设计压力的分级

1 根据现行的国家标准《管道和管路附件的公称压力和试验压力》GB 1048，将高压管道分为 $2.5 < P \leqslant 4.0$ MPa；和 $1.6 < P \leqslant 2.5$ MPa 两档，以便于设计选用。

2 把低压管道的压力由小于或等于 0.005MPa 提高到小于 0.01MPa。这是考虑为今后提高低压管道供气系统的经济性和为高层建筑低压管道供气解决高程差的附加压头问题提供方便。

低压管道压力提高到小于 0.01MPa 在发达国家和地区是成熟技术，发达国家和地区低压燃气管道采用小于 0.01MPa 的有：比利时、加拿大、丹麦、西德、匈牙利、瑞典、日本等；采用 0.0070～0.0075MPa 有英国、澳大利亚、中国香港等。由于管道压力比原先低压管道压力提高不多，故仍可在室内采用钢管丝扣连接；此系统需要在用户燃气表前设置低—低压调压器，用户燃具前压力被稳定在较佳压力下，也有利于提高热效率和减少污染。

3 城镇燃气输配系统压力级制选择应在本条所规定的范围内进行，这里应说明的是：

1) 不是必须全部用上述压力级制，例如：
   一种压力的单级低压系统；
   二种压力的：中压 B—低压两级系统；中压 A—低压两级系统；
   三种压力的：次高压 B—中压 A—低压系统；次高压 A—中压 A—低压系统；
   四种或四种以上压力的多级系统等都是可以采用的。各种不同的系统有其各自的适用对象，我们不能笼统地说哪种系统好或坏，而只能说针对某一具体城镇，选用哪种系统更好一些。

2) 也不是说在设计中所确定的压力上限值必须等于本条所规定的上限值。一般在某一个压力级范围内还应做进一步的分析与比较。例如中压 B 的取值可以在 0.010～0.2MPa 中选择，这应根据当地情况做技术经济比较后才能确定。

6.2 燃气管道计算流量和水力计算

6.2.1 为了满足用户小时最大用气量的需要，城镇燃气管道的计算流量，应按计算月的小时最大用气量计算。即对居民生活和商业用户宜按第 6.2.2 条计算，对工业用户和燃气汽车用户宜按第 6.2.3 条计算。

对庭院燃气支管和独立的居民点，由于所接用具的种类和数量一般为已知，此时燃气管道的计算流量宜按本规范第 10.2.9 条规定计算，这样更加符合实际情况。

6.2.4 燃气作为建筑物采暖通风和空调的能源时，其热负荷与采用热水（或蒸汽）供热的热负荷是基本一致的，故可采用《城市热力网设计规范》CJJ 34 中有关热负荷的规定，但生活热水的热负荷不计在内，因为生活热水的热负荷在燃气供应中已计入用户的用气量指标中。

6.2.5、6.2.6 本条以柯列勃洛克公式替代原来的阿里特苏里公式。柯氏公式是至今为世界各国在众多专业领域中广泛采用的一个经典公式，它是普朗特半经验理论发展到工程应用阶段的产物，有较扎实的理论和实验基础，在规范的正文中作这样的改变，符合中国加入 WTO 以后技术上和国际接轨的需要，符合今后广泛开展国际合作的需要。

柯列勃洛克公式是个隐函数公式，其计算上产生的困难，在计算机技术得到广泛应用的今天已经不难解决，但考虑到使用部门的实际情况，给出一些形式简单便于计算的显函数公式仍是需要的，在附录 C 中列出了原规范中的阿里特苏里公式，阿氏公式和柯式公式比较偏差值在 5% 以内，可认为其计算结果是基本一致的。

公式中的当量粗糙度 K，反映管道材质、制管工艺、施工焊接、输送气体的质量、管材存放年限和条件等诸多因素使摩阻系数值增大的影响，因此采用旧钢管的 K 值。

对于我国使用的焊接钢管，其新钢管当量粗糙度多数国家认定为 $K=0.045$mm 左右，1990 年的燃气设计规范专题报告中，引用了二组新钢管实测数据，计算结果与 $K=0.045$mm 十分接近。在实际工程设计中参照其他国家规范对天然气管道采用当量粗糙度的情况，取 $K=0.1$mm 较合适。取 $K=0.1$mm 比新钢管取 $K=0.045$mm，其 λ 值平均增大 10.24%。

考虑到人工煤气气质条件，比天然气容易造成污塞和腐蚀，根据 1990 年的燃气设计规范专题报告中的二组旧钢管实测数据，反推当量粗糙度 K 为 $0.14\sim0.18mm$。

本规范对人工煤气使用钢管时取 $K=0.15mm$，它比新钢管 $K=0.045mm$，λ 值平均增大 18.58%。

6.2.8 本条所述的低压燃气管道是指和用户燃具直接相接的低压燃气管道（其中间不经调压器）。我国目前大多采用区域调压站，出口燃气压力保持不变，由低压分配管网供应到户就是这种情况。

1 国内几个有代表性城市低压燃气管道计算压力降的情况见表24。燃具额定压力 P_n 为 800Pa 时，燃具前的最低压力为 600Pa，约为 P_n 的 $600/800=75\%$。低压管道总压力降取值：北京较低、沈阳较高、上海居中。这有种种原因，如北京为 1958 年开始建设的，对今后的发展留有较大余地；又如沈阳是沿用旧的管网，由于用户在不断增加，要求不断提高输气能力，不得不把调压站出口压力向上提，这是迫不得已采取的一种措施；上海市的情况界于上述两城市之间，其压力降为 900Pa，约为 P_n 的 1.0 倍。

表24 几个城市低压管道压力降（Pa）

城市 项目	北京 （人工煤气）	上海 （人工煤气）	沈阳 （人工煤气）	天津 （天然气）
燃具的额定压力 P_n	800	900	800	2000
调压站出口压力	1100～1200	1500	1800～2000	3150
燃具前最低压力	600	600	600	1500
低压管道总压力降 ΔP	550	900	1300	1650
其中：干管	150	500	1000	1100
支管	200	200	100	300
户内管	100	80	80	100
煤气表	100	120	120	150

2 原苏联建筑法规《燃气供应、室内外燃气设备设计规范》对低压燃气管道的计算压力降规定如表25，其总压力降约为燃具额定压力的 90%。

表25 低压燃气管道的计算压力降（Pa）

所用燃气种类及燃具额定压力	从调压站到最远燃具的总压力降	管道中包括	
		街区	庭院和室内
天然气、油田气、液化石油气与空气的混合气以及其他低热值为 33.5～41.8MJ/m³ 的燃气，民用燃气燃具前额定压力为 2000Pa 时	1800	1200	600
同上述燃气民用燃气燃具前额定压力为 1300Pa 时	1150	800	350

续表25

所用燃气种类及燃具额定压力	从调压站到最远燃具的总压力降	管道中包括	
		街区	庭院和室内
低热值为 14.65～18.8MJ/m³ 的人工煤气与混合气，民用燃气燃具前额定压力为 1300Pa 时	1150	800	350

3 从我国有关部门对居民用的人工煤气、天然气、液化石油气燃具所做的测定表明，当燃具前压力波动为 $0.5P_n\sim1.5P_n$ 时，燃烧器的性能达到燃具质量标准的要求，燃具的这种性能，在我国的《家用燃气灶具标准》GB 16410 中已有明确规定。

但不少代表提出，在实际使用中不宜把燃具长期置于 $0.5P_n$ 下工作，因为这样不合乎中国人炒菜的要求，且使做饭时间加长，参照表24 的情况，可见取 $0.75P_n$ 是可行的。这样一个压力相当于燃气灶热负荷比额定热负荷仅仅降低了 13.4%，是能基本满足用户使用要求的，而且这只是对距调压站最远用户而言，在一年中也仅仅是在计算月的高峰时出现，对广大用户不会产生影响。

综上所述燃气灶具前的实际压力允许波动范围取为 $0.75P_n\sim1.5P_n$ 是比较合适的。

4 因低压燃气管道的计算压力降必须根据民用燃气灶具压力允许的波动范围来确定，则有 $1.5P_n-0.75P_n=0.75P_n$。

按最不利情况即当用气量最小时，靠近调压站的最近用户处有可能达到压力的最大值，但由调压站到此用户之间最小仍有约 150Pa 的阻力（包括煤气表阻力和干、支管阻力），故低压燃气管道（包括室内和室外）总的计算压力降最少还可加大的 150Pa，故 $\Delta P_d=0.75P_n+150$

5 根据本条规定，低压管道压力情况如表26。

表26 低压燃气管道压力数值表（Pa）

燃气种类	人工煤气		天然气
燃气灶额定压力 P_n	800	1000	2000
燃气灶前最大压力 P_{max}	1200	1500	3000
燃气灶前最小压力 P_{min}	600	750	1500
调压站出口最大压力	1350	1650	3150
低压燃气管道总的计算压力降（包括室内和室外）	750	900	1650

6 应当补充说明的是，本条所给出的只是低压燃气管道的总压力降，至于其在街区干管、庭院管和室内管中的分配，还应根据情况进行技术经济分析比较后确定。作为参考，现将原苏联建筑法规推荐的数

值列如表27。

表27　《原苏联建筑法规》规定的低压燃气管道压力降分配表（Pa）

燃气种类及燃具额定压力	总压力降 ΔP	街区	单层建筑		多层建筑	
			庭院	室内	庭院	室内
人工煤气1300	1150	800	200	150	100	250
天然气2000	1800	1200	350	250	250	350

对我国的一般情况参照原苏联建筑法规，列出的数值如表28可供参考。

表28　低压燃气管道压力降分配参考表（Pa）

燃气种类及燃具额定压力	总压力降 ΔP	街区	单层建筑		多层建筑	
			庭院	室内	庭院	室内
人工煤气1000	900	500	200	200	100	300
天然气2000	1650	1050	300	300	200	400

6.3　压力不大于1.6MPa的室外燃气管道

6.3.1　中、低压燃气管道因内压较低，其可选用的管材比较广泛，其中聚乙烯管由于质轻、施工方便、使用寿命长而被广泛使用在天然气输送上。机械接口球墨铸铁管是近年来开发并得到广泛应用的一种管材，它替代了灰口铸铁管，这种管材由于在铸铁熔炼时在铁水中加入少量球化剂，使铸铁中石墨球化，使其比灰口铸铁管具有较高的抗拉、抗压强度，其冲击性能为灰口铸铁管10倍以上。钢骨架聚乙烯塑料复合管是近年我国新开发的一种新型管材，其结构为内外两层聚乙烯层，中间夹以钢丝缠绕的骨架，其刚度较纯聚乙烯管好，但开孔接新管比较麻烦，故只作输气干管使用。根据目前产品标准的压力适应范围和工程实践，本规范将上述三种管材均列于中、低压燃气管道之列。

6.3.2　次高压燃气管道一般在城镇中心区或其附近地区埋设，此类地区人口密度相对较大，房屋建筑密集，而次高压燃气管道输送的是易燃、易爆气体且管道中积聚了大量的弹性压缩能，一旦发生破裂，材料的裂纹扩展速度极快，且不易止裂，其断裂长度也很长，后果严重。因此必须采用具有良好的抗脆性破坏能力和良好的焊接性能的钢管，以保证输气管道的安全。

对次高压燃气管道的管材和管件，应符合本规范第6.4.4条的要求（即高压燃气管材和管件的要求）。但对于埋入地下的次高压B燃气管道，其环境温度在0℃以上，据了解在竣工和运行的城镇燃气管道中，有不少地下次高压燃气管道（设计压力0.4～

1.6MPa）采用了钢号Q235B的《低压流体输送用焊接钢管》，并已有多年使用的历史。考虑到城镇燃气管道位于人口密度较大的地区，为保障安全在设计中对压力不大于0.8MPa的地下次高压B燃气管道采用钢号Q235B的《低压流体输送用焊接钢管》也是适宜的。（经对钢管制造厂调研，Q235A材料成分不稳定，故不宜采用）。

最小公称壁厚是考虑满足管道在搬运和挖沟过程中所需的刚度和强度要求，这是参照钢管标准和有关国内外标准确定的，并且该厚度能满足在输送压力0.8MPa，强度系数不大于0.3时的计算厚度要求。例如在设计压力为0.8MPa，选用L245级钢管时，对应$DN100\sim1050$最小公称壁厚的强度设计系数为$0.05\sim0.19$。详见表29。

表29　L245级钢管、设计压力P为0.8MPa、1.6MPa对应的强度设计系数F

DN（D）	δ_{min}	$F\left(=\dfrac{PD}{2\sigma_s\delta_{min}}\right)$	
		$P=0.8$MPa	$P=1.6$MPa
100（114.3）	4.0	0.05	0.10
150（168.3）		0.07	0.14
200（219.1）	4.8	0.07	0.14
300（323.9）		0.11	0.22
350（355.6）		0.11	0.22
400（406.4）	5.2	0.13	0.26
450（457）		0.14	0.28
500（508）		0.13	0.26
550（559）	6.4	0.14	0.28
600（610）		0.14	0.28
700（711）	7.1	0.16	0.32
750（762）		0.16	0.32
900（914）	7.9	0.19	0.38
950（965）		0.18	0.36
1000（1016）	8.7	0.19	0.38
1050（1067）	9.5	0.18	0.36

注：如果选用L210级钢管，强度设计系数F'为表中F值乘1.167。

6.3.3　本条规定了敷设地下燃气管道的净距要求。

地下燃气管道在城市道路中的敷设位置是根据当地远、近期规划综合确定的，厂区内煤气管道的敷设也应根据类似的原则，按工厂的规划和其他工种管线布置确定。另外，敷设地下燃气管道还受许多因素限制，例如：施工、检修条件、原有道路宽度与路面的种类、周围已建和拟建的各类地下管线设施情况、所用管材、管接口形式以及所输送的燃气压力等。在敷设燃气管道时需要综合考虑，正确处理以上所提供的要求和条件。本条规定的水平净距和垂直净距是在参考各地燃气公司和有关其他地下管线规范以及实践经验后，在保证施工和检修时互不影响及适当考虑燃气输送压力影响的情况下而确定的，基本沿用原规范数据，现补充说明如下：

1 与建筑物及地下构筑物的净距

长期实践经验与燃气管道漏气中毒事故的统计资料表明，压力不高的燃气管道漏气中毒事故的发生在一定范围内并不与燃气管道与建筑物的净距有必然关系，采用加大管道与房屋的净距的办法并不能完全避免事故的发生，相反会增加设计时管位选择的困难或使工程费用增加（如迁移其他管道或绕道等方法来达到规定的要求）。实践经验证明，地下燃气管道的安全运行与提高工程施工质量、加强管理密切相关。考虑到中、低压管道是市区中敷设最多的管道，故本次修订中将原规定的中压管道与建筑物净距予以适当减小，在吸收了香港的经验并采取有效的防护措施后，把次高、中、低压管道与建筑物外墙面净距，分别降至应不小于 3m、1m（距建筑物基础 0.5m）和不影响基础的稳固性。有效的防护措施是指：

1）增加管壁厚度，钢管可按表 6.3.2 酌情增加，但次高压 A 管道与建筑物外墙面为 3m 时，管壁厚度不应小于 11.9mm；对于聚乙烯管、球墨铸铁管和钢骨架聚乙烯塑料复合管可不采取增加厚度的办法；

2）提高防腐等级；

3）减少接口数量；

4）加强检验（100%无损探伤）等。

以上措施根据管材种类不同可酌情采用。

本条原规范是指到建筑物基础的净距，考虑到基础在管道设计时不便掌握，且次高压管道到建筑物净距要求较大，不会碰到建筑物基础，为方便管道布置，故改为到建筑物外墙面；中、低压管道净距要求较小，有可能碰到建筑物的基础，故规定仍指到建筑物基础的净距。

应该说明的是，本规范规定的至建筑物净距综合了南北各地情况，低压管取至建筑物基础的净距为 0.7m，对于北方地区，考虑到在开挖管沟时不至于对建筑物基础产生影响，应根据管道埋深适当加大与建筑物基础的净距。并不是要求一律按表 6.3.3-1 水平净距进行设计，在条件许可时（如在比较宽敞的道路上敷设燃气管道）宜加大管道到建筑物基础的净距。

2 地下燃气管道与相邻构筑物或管道之间的水平净距与垂直净距

1）水平净距：基本上是采用原规范规定，与现行的国家标准《城市工程管线综合规划规范》GB 50289－98 基本相同。

2）垂直净距：与现行的国家标准《城市工程管线综合规划规范》GB 50289－98 完全一致。

6.3.4 对埋深的规定是为了避免因埋设过浅使管道受到过大的集中轮压作用，造成设计浪费或出现超出管道负荷能力而损坏。

按我国铸铁管的技术标准进行验算，条文中所规定的覆土深度，对于一般管径的铸铁管，其强度都是能适应的。如上海地区在车行道下最小覆土深度为 0.8m 的铸铁管，经长期的实践运行考验，情况良好。此次修编中将埋在车行道下的最小覆土深度由 0.8m 改为 0.9m，主要是考虑到今后车行道上的荷载将会有所增加。对埋设在庭院内地下燃气管道的深度同埋设在非车行道下的燃气管道深度早先的规定是均不能小于 0.6m。但在我国土壤冰冻线较浅的南方地区，埋设在街坊内泥土下的小口径管道（指口径 50mm 以下的）的覆土厚度一般为 0.30m，这个深度同时也满足砌筑排水明沟的要求，参照中南地区、上海市煤气公司与四川省城市煤气设计施工规程，在修订中增加了对埋设在机动车不可能到达地方的地下燃气管道覆土厚度为 0.3m 的规定，以节约工程投资。"机动车道"或"非机动车道"分别是指机动车能或不能通行的道路，这对于城市道路是容易区分的，对于居民住宅区内道路，按如下区分掌握：如果是机动车以正常行驶速度通行的主要道路则属于机动车道；住宅区内由上述主要道路到住宅楼门之间的次要道路，机动车只是缓行进入或停放的，可视为非机动车道。目前国内外有关燃气管道埋设深度的规定如表 30 所示。

6.3.5 规定燃气管道敷设于冻土层以下，是防止燃气中冷凝液被冻结堵塞管道，影响正常供应。但在燃气中有些是干气，如长输的天然气等，故只限于湿气时才须敷设在冻土层以下。但管道敷设在地下水位高于输气管道敷设高度的地区时，无论是对湿气还是干气，都应考虑地下水从管道不严密处或施工时灌入的可能，故为防止地下水在管内积聚也应敷设有坡度，使水容易排除。

表 30　国内外燃气管道的埋设深度（至管顶）(m)

地点	条件	埋设深度	最大冻土深度	备注
北京	主干道 干线	≥1.20	0.85	北京市《地下煤气管道设计施工验收技术规定》
	支线	≥1.00		
	非车行道	≥0.80		
上海	机动车道	1.00	0.06	上海市标准《城市煤气、天然气管道工程技术规程》DGJ 08－10
	车道	0.80		
	人行道	0.60		
	街坊	0.60		
	引入管	0.30		

续表30

地点	条件	埋设深度	最大冻土深度	备注
大连		≥1.00	0.93	《煤气管道安全技术操作规程》
鞍山		1.40	1.08	
沈阳	DN250mm以下 DN250mm以上	≥1.20 ≥1.00		
长春		1.80	1.69	
哈尔滨	向阳面 向阴面	1.80 2.30	1.97	
中南地区	车行道 非车行道 水田下 街坊泥土路	≥0.80 ≥0.60 ≥0.60 ≥0.40		《城市煤气管道工程设计、施工、验收规程》（城市煤气协会中南分会）
四川省	车行道 直埋 套管 非车行道 郊区旱地 郊区水田 庭院	0.80 0.60 0.60 0.60 0.80 0.40		《城市煤气输配及应用工程设计、安装、验收技术规程》
美国	一级地区 二、三、四级地区 （正常土质/岩石）	0.762/0.457 0.914/0.610		美国联邦法规49-192《气体管输最低安全标准》
日本	干管 特殊情况 供气管： 车行道 非车行道	1.20 0.60 ≥0.60 ≥0.30		道路施行法第12条及本支管指针（设计篇）；供给管、内管指针（设计篇）
原苏联	高级路面 非高级路面 运输车辆不通行之地	≥0.80 ≥0.90 0.60		《燃气供应建筑法规》CHnⅡ-37
原东德	一般 采取特别防护措施	0.8～1.0 0.6		DINZ 470

为了排除管内燃气冷凝水，要求管道保持一定的坡度。国内外有关燃气管道坡度的规定如表31，地下燃气管道的坡度国内外一般所采用的数值大部分都不小于0.003。但在很多旧城市中的地下管一般都比较密集，往往有时无法按规定坡度敷设，在这种情况下允许局部管段坡度采取小于0.003的数值，故本条规范用词为"不宜"。

表31 国内外室外地下燃气管道的坡度

地点	管别	坡度	备注
北京	干管、支管 干管、支管（特殊情况下）	≥0.0030 ≥0.0015	北京市《地下煤气管道设计施工验收技术规定》
上海	中压管 低压管 引入管	≥0.003 ≥0.005 ≥0.010	上海市标准《城市煤气、天然气管道工程技术规程》DGJ 08-10
沈阳	干管、支管	0.003～0.005	
长春	干管	≥0.003	
大连	干管、支管： 逆气流方向 顺气流方向 引入管	≥0.003 ≥0.002 ≥0.010	《煤气管道安全技术操作规程》
天津		≥0.003	天津市《煤气化工程管道安装技术规定》
中南地区		≥0.003	《城市煤气管道工程设计、施工、验收规程》（城市煤气协会中南分会）
四川省		≥0.003	《城市煤气输配及应用工程设计、安装、验收技术规程》
英国	配气干管 支管	0.003 0.005	《配气干管规程》IGE/TD/3 《煤气支管规程》IGE/TD/4
日本		0.001～0.003	本支管指针（设计篇）
原苏联	室外地下煤气管道	≥0.002	《燃气供应建筑法规》CHnⅡ2.04.08

6.3.7 地下燃气管道在堆积易燃、易爆材料和具有腐蚀性液体的场地下面通过时，不但增加管道负荷和容易遭受侵蚀，而且当发生事故时相互影响，易引起次生灾害。

燃气管道与其他管道或电缆同沟敷设时，如燃气管道漏气易引起燃烧或爆炸，此时将影响同沟敷设的其他管道或电缆使其受到损坏；又如电缆漏电时，使燃气管道带电，易产生人身安全事故。故对燃气管道说来不宜采取和其他管道或电缆同沟敷设；而把同沟敷设的做法视为特殊情况，必须提出充足的理由并采取良好的通风和防爆等防护措施才允许采用。

6.3.8 地下燃气管道不宜穿过地下构筑物，以免相互产生不利影响。当需要穿过时，穿过构筑物内的地下燃气管应敷设在套管内，并将套管两端密封，其一是为了防止燃气管被损或腐蚀而造成泄漏的气体沿沟槽向四周扩散，影响周围安全；其二若周围泥土流入安装后的套管内后，不但会导致路面沉陷，而且燃气管的防腐层也会受到损伤。

关于套管伸出构筑物外壁的长度原规范规定为不小于 0.1m，考虑到套管与构筑物的交接处形成薄弱环节，并且由于伸出构筑物外壁长度较短，构筑物在维修或改建时容易影响燃气管道的安全，且对套管与构筑物之间采取防水渗漏措施的操作较困难，故修订时将套管伸出构筑物外壁的长度由原来的 0.1m 改为表 6.3.3-1 燃气管道与该构筑物的水平净距，其目的是为了更好地保护套管内的燃气管道和避免相互影响。

6.3.9 本条规定了燃气管道穿越铁路、高速公路、电车轨道或城镇主要干道时敷设要求。

套管内径裕量的确定应考虑所穿入的燃气管根数及其防腐层的防护带或导轮的外径、管道的坡度、可能出现的偏弯以及套管材料与顶管方法等因素。套管内径比燃气管道外径大 100mm 以上的规定系参照：①加拿大燃气管线系统规程中套管口径的规定：燃气管外径小于 168.3mm 时，套管内径应大于燃气管外径 50mm 以上；燃气管外径大于或等于 168.3mm 时，套管内径应大于燃气管外径 75mm 以上；②原苏联建筑法规关于套管直径应比燃气管道直径大 100mm 以上的规定；③我国西南地区的《城市煤气输配及应用工程设计、安装、验收技术规定》中关于套管内径应大于输气管外径 100mm 的规定等，是结合施工经验而定的。

燃气管道不应在高速公路下平行敷设，但横穿高速公路是允许的，应将燃气管道敷设在套管中，这在国外也常采用。

套管端部距铁路堤坡脚的距离要求是结合各地经验并参照"石油天然气管道保护条例第五章第二节第 4 条"的规定编制的。

6.3.10 燃气管道通过河流时，目前采用的有穿越河底、敷设在桥梁上或采用管桥跨越等三种形式。一般情况下，北方地区由于气温较低，采用穿越河底者较多，其优点是不需保温与经常维修，缺点是施工费用高，损坏时修理困难。南方地区则采用敷设在桥梁上或采用管桥跨越形式者较多，例如上海市煤气和天然气管道通过河流采用敷设于桥梁上的方式很多。南京、广州、湘潭和四川亦有很多燃气管道采用敷设于桥梁上，其输气压力为 0.1～1.6MPa。上述敷设于桥梁上的燃气管道在长期（有的已达百年）的运行过程中没有出现什么问题。利用桥梁敷设形式的优点是工程费用低，便于检查和维修。

上述敷设在桥梁上通过河流的方式实践表明有着较大的优点，但与《城市桥梁设计准则》原规定燃气管道不得敷设于桥梁上有矛盾。为此 2001 年 6 月 5 日由建设部标准定额研究所召开有建设部城市建设研究院、《城镇燃气设计规范》主编单位中国市政工程华北设计研究院和《城市桥梁设计准则》主编单位上海市政工程设计研究院，以及北京市政工程设计研究院、部分城市煤气公司、市政工程设计和管理部门等参加的协调会，与会专家经过讨论达成如下共识，一致认为"两个标准的局部修订协调应遵循以下三个原则：①安全适用、技术先进、经济合理；②必须符合国家有关法律、法规的规定；③必须采取具体的安全防护措施。确定条文改为：当条件许可，允许利用道路桥梁跨越河流时，必须采取安全防护措施。并限定燃气管道输送压力不应大于 0.4MPa"。

本条文是按上述协调会结论和会后协调修订的，并补充了安全防护措施规定。

6.3.11 原规范规定燃气管道穿越河底时，燃气管道至规划河底的覆土深度只提出应根据水流冲刷条件确定并不小于 0.5m，但水流冲刷条件的提法不具体又很难界定，此次修订增加了对通航河流及不通航河流分别规定了不同的覆土深度，目的是不使管道裸露于河床上。另外根据有关河、港监督部门的意见，以往有些河管道埋于河底，因未满足疏浚和投锚深度要求，往往受到破坏，故规定"对通航的河流还应考虑疏浚和投锚深度"。

6.3.12 对于穿越和跨越重要河流的燃气管道，从船舶运行与水流冲刷的条件看，要预计到它受到损坏的可能性，且损坏之后修复时间较长，而重要河流必然担负着运输等项重大任务，不能允许受到燃气管道破坏时的影响，为了当一旦燃气管道破坏时便于采取紧急措施，故规定在河流两侧均应设置阀门。

6.3.13 本条规定了阀门的布置要求。

在次高压、中压燃气干管上设置分段阀门，是为了便于在维修或接新管操作或事故时切断气源，其位置应根据具体情况而定，一般要掌握当两个相邻阀门关闭后受它影响而停气的用户数不应太多。

将阀门设置在支管上的起点处，当切断该支管供应气时，不致影响干管停气；当新支管与干管连接时，在新支管上的起点处所设置的阀门，也可起到减少干管停气时间的作用。

在低压燃气管道上，切断燃气可以采用橡胶球阻塞等临时措施，故装设阀门的作用不大，且装设阀门增加投资、增加产生漏气的机会和日常维修工作。故对低压管道是否设置阀门不作硬性规定。

6.3.14 地下管道的检测管、凝水缸的排水管均设在燃气管道上方，且在车行道部分的燃气管经常遭受车辆的重压，由于检测和排水管口径较小，如不进行有效保护，容易受损，因此应在其上方设置护罩。并且管口在护罩内也便于检测和排水时的操作。

水封阀和阀门由于在检修和更换时人员往往要至地下操作，设置护井可方便维修人员操作。

6.3.15 燃气管道沿建筑物外墙敷设的规定，是参照苏联建筑法规《燃气供应》CH_nⅡ2.04.08-87 确定。其中"不应敷设燃气管道的房间"见本规范第 10.2.14 条。

与铁路、道路和其他管线交叉时的最小垂直净距是按《工业企业煤气安全规程》GB 6222 和上海市的规定而定；与架空电力线最小垂直净距是按《66kV 及以下架空电力线路设计规范》GB 50061-97 的规定而定。

6.4 压力大于 1.6MPa 的室外燃气管道

6.4.2、6.4.3 我国城镇燃气管道的输送压力均不高，本规范原规定的压力范围为小于或等于 1.6MPa，保证管道安全除对管道强度、严密性有一定要求外，主要是控制管道与周围建筑物的距离，在实践中管道选线有时遇到困难。随着长输天然气的到来，输气压力必然提高，如果单纯保证距离则难以实施。在规范的修订中，吸收和引用了国外发达国家和我国 GB 50251 规范的成果，采取以控制管道自身的安全性主动预防事故的发生为主，但考虑到城市人员密集，交通频繁，地下设施多等特殊环境以及我国的实际情况，规定了适当控制管道与周围建筑物的距离（详见本规范第 6.4.11 和 6.4.12 条说明），一旦发生事故时使恶性事故减少或将损失控制在较小的范围内。

控制管道自身的安全性，如美国联邦法规 49 号 192 部分《气体管输最低安全标准》、美国国家标准 ANSI/ASME B31.8 和英国气体工程师学会标准 IGE/TD/1 等，采用控制管道及构件的强度和严密性，从管材设备选用、管道设计、施工、生产、维护到更新改造的全过程都要保障好，是一个质量保障体系的系统工程。其中保障管道自身安全的最重要设计方法，是在确定管壁厚度时按管道所在地区不同级别，采用不同的强度设计系数（计算采用的许用应力值取钢管最小屈服强度的系数）。因此，管道位置的地区等级如何划分，各级地区采用多大的强度设计系数，就是问题要点。

管道地区等级的划分方法英国、美国有所不同，但大同小异。美国联邦法规和美国国家标准 ANSI/ASME B31.8 是按不同的独立建筑物（居民户）密度将输气管道沿线划分为四个地区等级，其划分方法是以管道中心线两侧各 220 码（约 200m）范围内，任意划分为 1 英里（约 1.6km）长并能包括最多供人居住独立建筑物（居民户）数量的地段，以此计算出该地段的独立建筑物（居民户）密度，据此确定管道地区等级；我国国家标准《输气管道工程设计规范》GB 50251 的划分方法与美国法规和 ANSI/ASME B31.8 标准相同，但分段长度为 2km；英国气体工程师学会标准 IGE/TD/1 是按不同的居民人数密度将输气管道沿线划分为三个地区等级，其划分方法是以管道中心线两侧各 4 倍管道距建筑物的水平净距（根据压力和管径查图）范围内，任意划分为 1 英里（约 1.6km）长并能包括最多数量居民的地段，以此计算出该地段每公顷面积上的居民密度，并据此确定管道地区等级。从以上划分方法看，美国法规和标准划分合理，简单清晰，容易操作，故本规范管道地区等级的划分方法采用美国法规规定。

几个国家和地区管道地区分级标准和强度设计系数 F 详见表 32。

表 32 管道地区分级标准和强度设计系数 F

标准及使用地	一级地区	二级地区	三级地区	四级地区
美国联邦法规 49-192 和标准 ANSI/ASME B31.8	户数≤10 F=0.72	10<户数<46 F=0.6	户数≥46 F=0.5	4 层或 4 层以上建筑占多数的地区 F=0.4
英国气体工程师学会 IGE/TD/1 标准（第四版）	户数<54[注] F≤0.72		中间地区 F=0.3	人口密度大，多层建筑多，交通频繁和地下设施多的城市或镇的中心区域 管道压力≤1.6MPa
法国燃料气管线安全规程	户数≤4 F=0.73	4<户数<40 F=0.6		户数≥40 F=0.4
我国《输气管道工程设计规范》GB 50251	户数≤12[注] F=0.72	12<户数<80[注] F=0.6	户数≥80[注] F=0.5	4 层或 4 层以上建筑普遍集中、交通频繁、地下设施多的地区 F=0.4
香港中华煤气公司	户数<54[注] F≤0.72		中间地区 F=0.3	本岛区管道压力≤0.7MPa
多伦多燃气公司				多伦多市市区 F=0.3
洛杉矶南加州燃气公司	没有人住的地区 F=0.72		低层建筑（≤3 层）为主的地区 F=0.5	多层建筑为主的地区 F=0.4
本规范采用值	户数≤12 F=0.72	12<户数<80 F=0.6	户数≥80 的中间地区 F=0.4	4 层或 4 层以上建筑普遍占多数、交通频繁、地下设施多的城市中心城区（或镇的中心区域等）。F=0.3

注：为了便于对比，我们均按美国标准要求计算，即折算为沿管道两边宽各 200m，长 1600m 面积内（64×10⁴ m²）的户数计算（多单元住宅中，每一个独立单元按 1 户计算，每 1 户按 3 人计算）。表中的"户数"在各标准中表达略有不同，有"居民户数"、"居住建筑数"和"供人居住的独立建筑物数"等。

从表32可知，各标准对各级地区范围密度指数和描述是不尽相同的。在第6.4.3条第2款地区等级的划分中：

1、2项从美国、英国、法国和我国GB 50251标准看，一级和二级地区的范围密度指数相差不大，（其中GB 50251的二级地区密度指数相比国外标准差别稍大一些，这是编制该规范时根据我国农村实际情况确定的）。本规范根据上述情况，对一级和二级地区的范围密度指数取与GB 50251相同。

3 三级地区是介于二级和四级之间的中间地区。指供人居住的建筑物户数在80或80以上，但又不够划分为四级地区的任一地区分级单元。

另外，根据美国标准 ANSI/ASME B31.8，工业区应划为三级地区；根据美国联邦法规49-192，对距人员聚集的室外场所100码（约91m）范围也应定为三级地区；本规范均等效采用（取为90m），人员聚集的室外场所是指运动场、娱乐场、室外剧场或其他公共聚集场所等。

4 根据英国标准 IGE/TD/1（第四版）对燃气管道的T级地区（相当于本规范的四级地区）规定为"人口密度大，多层建筑多，交通频繁和地下服务设施多的城市或镇的中心区域"。并规定燃气管道的压力不大于1.6MPa，强度设计系数 F 一般不大于0.3等，更加符合城镇的实际情况和有利于安全，因而本规范对四级地区的规定采用英国标准。其中"多层建筑多"的含义明确为4层或4层以上建筑物（不计地下室层数）普遍且占多数；"城市或镇的中心区域"的含义明确为"城市中心城区（或镇的中心区域等）"。从而将4层或4层以上建筑物普遍且占多数的地区分为：城市的中心城区（或镇的中心区域等）和城市管辖的（或镇管辖的）其他地区两种情况，区别对待。在此需要进一步说明的是：

1）管道经过城市的中心城区（或镇的中心区域等）且4层或4层以上建筑物普遍且占多数同时具备才被划入管道的四级地区。

2）此处除指明包括镇的中心区域在内外，凡是与镇相同或比镇大的新城区、卫星城的中心区域等是否属于管道的四级地区，也应根据四级地区的地区等级划分原则确定。

3）对于城市的非中心城区（或镇的非中心区域等）地上4层或4层以上建筑物普遍且占多数的燃气管道地区，应划入管道的三级地区，其强度设计系数 $F=0.4$，这与《输气管道设计规范》GB 50251中的燃气管道四级地区强度系数 F 是相同的。

4）城市的中心城区（不包括郊区）的范围宜按城市规划并应由当地城市规划部门确定。据了解：例如：上海市的中心城区规划在外环道路以内（不包括外环道路红线内）。又如：杭州市的中心城区规划在距外环道路内侧最少100m以内。

5）"4层或4层以上建筑物普遍且占多数"可按任一地区分级单元中燃气管道任一单侧4层或4层以上建筑物普遍且占多数，即够此项条件掌握。建筑物层数的计算除不计地下室层数外，顶层为平常没有人的美观装饰观赏间、水箱间等时可不计算在建筑物层数内。

第6.4.3条第4款，关于今后发展留有余地问题，其中心含义是在确定地区等级划分时，应适当考虑地区今后发展的可能性，如果在设计一条新管道时，看到这种将来的发展足以改变该地区的等级，则这种可能性应在设计时予以考虑。至于这种将来的发展考虑多远，是远期、中期或近期规划，应根据具体项目和条件确定，不作统一规定。

6.4.4 本条款是对高压燃气管道的材料提出的要求。

2 钢管标准《石油天然气工业输送钢管交货技术条件第1部分：A级钢管》GB/T 9711.1中L175级钢管有三种与相应制造工艺对应的钢管：无缝钢管、连续炉焊钢管和电阻焊钢管。其中连续炉焊钢管因其焊缝不进行无损检测，其焊缝系数仅为0.6，并考虑到175级钢管强度较低，不适用于高压燃气管道，因此规定高压燃气管道材料不应选用GB/T 9711.1标准中的L175级钢管。为便于管材的设计选用，将该条款规定的标准钢管的最低屈服强度列于表33。

表33 钢管的最低屈服强度

钢级或钢号				最低屈服强度[①] σ_s ($R_{t0.5}$) (MPa)
GB/T 9711.1	GB/T 9711.2	ANSI/API5L[②]	GB/T 8163	
L210		A		210
L245	L245…	B		245
L290	L290…	X42		290
L320		X46		320
L360	L360…	X52		360
L390		X56		390
L415	L415…	X60		415
L450	L450…	X65		450
L485	L485…	X70		485
L555	L555…	X80		555
			10	205
			20	245

续表33

钢级或钢号				最低屈服强度[1] σ_s ($R_{t0.5}$), (MPa)
GB/T 9711.1	GB/T 9711.2	ANSI/API5L[2]	GB/T 8163	
			Q295	295(S>16时,285)[3]
			Q345	325(S>16时,315)

注：[1] GB/T9711.1、GB/T9711.2标准中，最低屈服强度即为规定总伸长应力 $R_{t0.5}$。
[2] 在此列出与GB/T 9711.1、GB/T 9711.2对应的ANSI/API5L类似钢级，引自标准GB/T 9711.1、GB/T 9711.2标准的附录。
[3] S为钢管的公称壁厚。

3 材料的冲击试验和落锤撕裂试验是检验材料韧性的试验。冲击试验和落锤撕裂试验可按照《石油天然气工业输送钢管交货技术条件第1部分：A级钢管》GB/T 9711.1标准中的附录D补充要求SR3和SR4或《石油天然气工业输送钢管交货技术条件第2部分：B级钢管》GB/T 9711.2标准中的相应要求进行。GB/T 9711.2标准将韧性试验作为规定性要求，GB/T 9711.1将其作为补充要求（由订货协议确定），GB/T 8163未提这方面要求。试验温度应考虑管道使用时和压力试验（如果用气体）时预测的最低金属温度，如果该温度低于标准中的试验温度（GB/T 9711.1为10℃，GB/T 9711.2为0℃），则试验温度应取该较低温度。

6.4.5 管道的抗震计算可参照国家现行标准《输油(气)钢质管道抗震设计规范》SY/T 0450。

6.4.6 直管段的计算壁厚公式与《输气和配气管线系统》ASMEB31.8、《输气管道工程设计规范》GB 50251等规范中的壁厚计算式是一致的。该公式是采用弹性失效准则，以最大剪应力理论推导得出的壁厚计算公式。因城镇燃气温度范围时对管材强度没有影响，故不考虑温度折减系数。在确定管道公称壁厚时，一般不必考虑壁厚附加量。对于钢管标准允许的壁厚负公差，在确定强度设计系数时给予了适当考虑并加了裕量；对于腐蚀裕量，因本规范中对外壁防腐设计提出了要求，因此对外壁腐蚀裕量不必考虑，对于内壁腐蚀裕量可视介质含水分多少和燃气质量酌情考虑。

6.4.7 经冷加工的管子又经热处理加热到一定温度后，将丧失其应变强化性能，按国内外有关规范和资料，其屈服强度降低约25%，因此在进行该类管道壁厚计算或允许最高压力计算时应予以考虑。条文中冷加工是指为使管子符合标准规定的最低屈服强度而进行的冷加工（如冷扩径等），即指利用了冷加工过程所提高强度的情况。管子揻弯的加热温度一般为800~1000℃，对于热处理状态管子，热弯过程会使其强度有不同程度的损失，根据ASME B31.8及一些热弯管机械性能数据，强度降低比率按25%考虑。

6.4.8 强度设计系数F，根据管道所在地区等级不同而不同。并根据各国国情（如地理环境、人口等）其取值也有所不同。几个国家管道地区分级标准和强度设计系数F的取值情况详见表32。

1 从美国、英国、法国和我国GB 50251标准看，对一级和二级地区的强度设计系数的取值基本相同，本规范也取为0.72和0.60，与上述标准相同。

2 对三级地区，英国标准比法国、美国和我国GB 50251标准控制严，其强度设计系数依次分别为0.3、0.4、0.5、0.5。考虑到对于城市的非中心城区（或镇的非中心区域等）地上4层或4层以上建筑物普遍且占多数的燃气管道地区，已划入管道的三级地区；对于城市的中心城区（或镇的中心区域等）三级和四级地区的分界线主要是以4层或4层以上建筑是否普遍且占多数为标准，而我国每户平均住房面积比发达国家要低很多，同样建筑面积的一幢4层楼房，我国的住户数应比发达国家多，而其他小于或等于3层的低层建筑，在发达国家大多是独门独户，我国则属多单元住宅居多，因而当我国采用发达国家这一分界线标准时，不少划入三级地区的地段实际户数已相当于进入发达国家四级地区规定的户数范围（地区分级主要与户数有关，但为了统计和判断方便又常以住宅单元建筑物数为尺度）；参考英国、法国、美国标准和多伦多、香港等地的规定，本规范对三级地区强度设计系数取为0.4。

3 对四级地区英国标准比法国、美国和我国GB 50251标准控制更严，这是由于英国标准提出四级地区是指城市或镇的中心区域且多层建筑多的地区（本规范已采用），同时又规定燃气管道压力不应超过1.6MPa（最近该标准第四版已由0.7MPa改为1.6MPa）。由于管道敷设有最小壁厚的规定，按L245级钢管和设计压力1.6MPa时反算强度设计系数约为0.10~0.38，一般比其他标准0.4低很多。香港采用英国标准，多伦多燃气公司市区燃气管道强度设计系数采用0.3。我国是一个人口众多的大国，城市人口（特别是四级地区）普遍比较密集，多层和高层建筑较多，交通频繁，地下设施多，高压燃气管道一旦破坏，对周围危害很大，为了提高安全度，保障安全，故要适当降低强度设计系数，参考英国标准和多伦多燃气公司规定，本规范对四级地区取为0.3。

6.4.9 本条根据美国联邦法规49-192和我国GB 50251标准并结合第6.4.8条规定确定。

6.4.11、6.4.12 关于地下燃气管道到建筑物的水平净距。

控制管道自身安全是从积极的方面预防事故的发生，在系统各个环节都按要求做到的条件下可以保障管道的安全。但实际上管道难以做到绝对不会出现事故，从国内和国外的实践看也是如此，造成事故的主要原因是：外力作用下的损坏，管材、设备及焊接缺陷，管道腐蚀，操作失误及其他原因。外力作用下的损坏常常和法制不健全、管理不严有关，解决尚难到位；管材、设备和施工中的缺陷以及操作中的失误应该避免，但也很难杜绝；管道长期埋于地下，目前城镇燃气行业对管内、外的腐蚀情况缺乏有效的检测手段和先进设备，管道在使用后的质量得不到有效及时的监控，时间一长就会给安全带来隐患；而城市又是人群集聚之地，交通频繁、地下设施复杂，燃气管道压力越来越高，一旦破坏、危害甚大。因此，适当控制高压燃气管道与建筑物的距离，是当发生事故时将损失控制在较小范围，减少人员伤亡的一种有效手段。在条件允许时要积极去实施，在条件不允许时也可采取增加安全措施适当减少距离，为了处理好这一问题，结合国情，在本规范第 6.4.11 条、6.4.12 条等效采用了英国气体工程师学会 IGE/TD/1《高压燃气输送钢管》标准的成果。

  1 从表 6.4.11 可见，由于高压燃气管道的弹性压缩能量主要与压力和管径有关，因而管道到建筑物的水平净距根据压力和管径确定。

  2 三级地区房屋建筑密度逐渐变大，采用表 6.4.11 的水平净距有困难，此时强度设计系数应取 0.4（IGE/TD/1 标准取 0.3），即可采用表 6.4.12（此时在一、二区也可采用）。其中：

   1）采取行之有效的保护措施，表 6.4.12 中 A 行管壁厚度小于 9.5mm 的燃气管道可采用 B 行的水平净距。据 IGE/TD/1 标准介绍，"行之有效的保护措施"是指沿燃气管道的上方设置加强钢筋混凝土板（板应有足够宽度以防侧面侵入）或增加管壁厚度等措施，可以减少管道被破坏，或当管壁厚度达到 9.5mm 以上后可取得同样效果。因此在这种条件下，可缩小高压燃气管道到建筑物的水平净距。对于采用 B 行的水平净距有困难的局部地段，可将管壁厚度进一步加厚至不小于 11.9mm 后可采用 C 行的水平净距。

   2）据英国气体工程师学会人员介绍：经实验证明，在三级地区允许采用的挖土机，不会对强度设计系数不大于 0.3（本规范取为 0.4）管壁厚度不小于 11.9mm 的钢管造成破坏，因此采用强度设计系数不大于 0.3（本规范为 0.4）管壁厚度不小于 11.9mm 的钢管（管道材料钢级不低于 L245），基本上不需要安全距离，高压燃气管道到建筑物 3m 的最小要求，是考虑挖土机的操作规定和日常维修管道的

需要以及避免以后建筑物拆建对管道的影响。如果采用更高强度的钢管，原则上可以减少管壁的厚度（采用比 11.9mm 小），但采用前，应反复对它防御挖土机破坏管道的能力作出验证。

  6.4.14、6.4.15 这两条对不同压力级别燃气管道的宏观布局作了规定，以便创造条件减少事故及危害。规定四级地区地下燃气管道输配压力不宜大于 1.6MPa，高压燃气管道不宜进入四级地区，不应从军事设施、易燃易爆仓库、国家重点文物保证区、机场、火车站、码头通过等，都是从有利于安全上着眼。但以上要求在受到条件限制时也难以实施（例如有要求燃气压力为高压 A 的用户就在四级地区，不得不从此通过，否则就不能供气或非常不合理等）。故本规范对管道位置布局只是提倡但不作硬性限制，对这些个别情况应从管道的设计、施工、检验、运行管理上加强安全防护措施，例如采用优质钢管、强度设计系数不大于 0.3、防腐等级提高、分段阀门采用遥控或自动控制、管道到建筑物的距离予以适当控制、严格施工检验、管道投产后对管道的运行状况和质量监控检查相对多一些等。

  "四级地区地下燃气管道输配压力不应大于 4.0MPa（表压）"这一规定，在一般情况下应予以控制，但对于大城市，如经论证在工艺上确实需要且在技术、设备和管理上有保证，并经城市建设主管部门批准，压力大于 4.0MPa 的燃气管道也可进入四级地区，其设计宜按《输气管道工程设计规范》GB 50251 并参照本规范 4.0MPa 燃气管道的有关规定执行（有关规定主要指：管道强度设计系数、管道距建筑物的距离等）。

  第 6.4.15 条中高压 A 燃气管道到建筑物的水平净距 30m 是参考温哥华、多伦多市的规定确定的。几个城市高压燃气管道到建筑物的净距见表 34。

表 34 几个城市高压燃气管道到建筑物的水平净距

城市	管道压力、管径与到建筑物的水平净距	备注
温哥华	管道输气压力 3.45MPa 至建筑物净距约为 30m（100 英尺）	经过市区
多伦多	管道输气压力小于或等于 4.48MPa 至建筑物净距约为 30m（100 英尺）	经过市区
洛杉矶	管道输气压力小于或等于 3.17MPa 至建筑物净距约为 6～9m（20～30 英尺）	洛杉矶市区 90%以上为三级地区（估计）

续表 34

城市	管道压力、管径与到建筑物的水平净距	备注
香港	管道输气压力 3.5MPa，采用 AP15LX42 钢材，管径 DN700，壁厚 12.7mm。至建筑物净距最小为 3m	在三级或三级以下地区敷设，不进入居民点和四级地区

本条中所述"对燃气管道采取行之有效的保护措施"，是指沿燃气管道的上方设置加强钢筋混凝土板（板应有足够宽度以防侧面侵入）或增加管壁厚度等措施。

6.4.16 在特殊情况下突破规范的设计今后可能会遇到，本条等效采用英国 IGE/TD/1 标准，对安全评估予以提倡，以利于我国在这方面制度和机构的建设。承担机构应具有高压燃气管道评估的资质、并由国家有关部门授权。

6.4.18 管道附件的国家标准目前还不全，为便于设计选用，列入了有关行业标准。

6.4.19 本条对高压燃气管道阀门的设置提出了要求。

1 分段阀门的最大间距是等效采用美国联邦法规 49-192 的规定。

6.4.20 对于管道清管装置工程设计中已普遍采用。而电子检管目前国内很少见。电子检管现在发达国家已日益普遍，已被证实为一有效的管道状况检查方法，且无需挖掘或中断燃气供应。对暂不装设电子检管装置的高压燃气管道，宜预留安装电子检管器收发装置的位置。

6.5 门站和储配站

6.5.1 本节规定了门站和储配站的设计要求。

在城镇输配系统中，门站和储配站根据燃气性质、供气压力、系统要求等因素，一般具有接收气源来气，控制供气压力、气量分配、计量等功能。当接收长输管线来气并控制供气压力、计量时，称之为门站。当具有储存燃气功能并控制供气压力时，称之为储配站。两者在设计上有许多共同的相似之处，为使规范简洁起见，本次修改将原规范第 5.4 节和 5.5 节合并。

站内若设有除尘、脱萘、脱硫、脱水等净化装置，液化石油气储存，增热等设施时，应符合本规范其他章节相应的规定。

6.5.2 门站和储配站站址的选择应征得规划部门的同意并批准。在选址时，如果对站址的工程地质条件以及与邻近地区景观协调等问题注意不够，往往增大了工程投资又破坏了城市的景观。

6 国家标准《建筑设计防火规范》GB 50016 规定了有关要求。

6.5.3 为了使本规范的适用性和针对性更强，制定了表 6.5.3。此表的规定与《建筑设计防火规范》的规定是基本一致的。表中的储罐容积是指公称容积。

6.5.4 本条的规定与《建筑设计防火规范》的规定是一致的。

5 《建筑设计防火规范》GB 50016 规定了有关要求。

6.5.5 本条规定了站区总图布置的相关要求。

6.5.7 本条规定了门站和储配站的工艺设计要求。

3 调压装置流量和压差较大时，由于节流吸热效应，导致气体温度降低较多，常常引起管壁外结露或结冰，严重时冻坏装置，故规定应考虑是否设置加热装置。

7 本条系指门站作为长输管道的末站时，将清管的接收装置与门站相结合时布置紧凑，有利于集中管理，是比较合理的，故予以推荐。但如果在长输管道到城镇的边上，由长输管道部门在城镇边上又设有调压计量站时，则清管器的接收装置就应设在长输管道部门的调压计量站，而不应设在城镇的门站。

8 当放散点较多且放散量较大时，可设置集中放散装置。

6.5.10 本条规定了燃气储存设施的设计要求。

2 鉴于储罐造价较高而各型储罐造价差异也较大，因此在确定储气方式及储罐型式时应进行技术经济比较。

3 各种储罐的技术指标随单体容积增加而显著改善。在确定各期工程建罐的单体容积时，应考虑储罐停止运行（检修）时供气系统的调度平衡，以防止片面追求增加储罐单体容积。

4 罐区排水设施是指储罐地基下沉后应能防止罐区积水。

6.5.11 本条规定了低压储气罐的工艺设计要求。

2 为预防出现低压储气罐顶部塌陷而提出此要求。

4 湿式储气罐水封高度一般规定应大于最大工作压力（以 Pa 表示）的 1.5 倍，但实际证明这一数值不能满足运行要求，故本规范提出应经计算确定。

7 干式储气罐由于无法在罐顶直接放散，故要求另设紧急放散装置。

8 为方便干式储气罐检修，规定此条要求。

6.5.12 本条规定了高压储气罐的工艺设计要求。

1 由于进、出气管受温度、储罐沉降、地震影响较大，故规定宜进行柔性计算。

4 高压储气罐开孔影响罐体整体性能。

5 高压储罐检修时，由于工艺所限，罐内余气较多，故规定本条要求。可采用引射器等设备尽量排空罐内余气。

6 大型球罐（3000m³ 以上）检修时罐内余气较

多，为排除罐内余气，可设置集中放散装置。表 6.5.12-1 中的"路边"对公路是指用地界，对城市道路是指道路红线。

6.5.14 本条规定了燃气加压设备选型的要求。

　　3 规定压缩机组设置备用是为了保证安全和正常供气。"每 1～5 台燃气压缩机组宜另设 1 台备用"。这是根据北京、上海、天津与沈阳等地的备用机组的设置情况而规定的。如北京东郊储配站第一压缩车间的 8 台压缩机组中有 2 台为备用；天津千米桥储配站设计的 14 台压缩机组中有 3 台备用；上海水电路储配站的 6 台压缩机中有 1 台为备用等。从多年实际运行经验来看，上述各地备用数量是能适应生产要求的。

6.5.15 本条规定了压缩机室的工艺设计要求。

　　1、3 系针对工艺管道施工设计有时缺少投产置换及停产维修时必需的管口及管件而作出此规定。

　　4 规定"压缩机宜采取单排布置"，这样机组之间相互干扰少，管理维修方便，通风也较好。但考虑新建、扩建时压缩机室的用地条件不尽相同，故规定"宜"。

6.5.16 按照《建筑设计防火规范》GB 50016 要求，压缩机室与控制室之间应设耐火极限不低于 3h 的非燃烧墙。但是为了便于观察设备运转应设有生产必需的隔声玻璃窗。本条文与《工业企业煤气安全规程》GB 6222-86 第 5.2.1 条要求是一致的。

6.5.19 **1** 此款与《建筑设计防火规范》GB 50016 的规定是一致的。

　　储配站内设置的燃气气体储罐类型一般按压力分为两大类，即常压罐（压力小于 10kPa）和压力罐（压力通常为 0.5～1.6MPa）。常压罐按密封形式可分为湿式和干式储气罐，其储气几何容积是变化的，储气压力变化很小。压力罐的储气容积是固定的，其储气量随储气压力变化而变化。

　　从燃气介质的性质来看，与液态液化石油气有较大的差别。气体储罐为单相介质储存，过程无相变。火灾时，着火部位对储罐内的介质影响较小，其温度、压力不会有较大的变化。从实际使用情况看，气体储罐无大事故发生。因此，气体储罐可以不设置固定水喷淋冷却装置。

　　由于储罐的类型和规格较多，消防保护范围也不尽相同，表 6.5.19 的消防用水量，系指消火栓给水系统的用水量，是基本安全的用水量。

6.5.20 原规范规定门站储配站为"一级负荷"主要是为了提高供气的安全可靠性。实际操作中，要达到"一级负荷"（应由两个电源供电，当一个电源发生故障时，另一个电源不应同时受到损坏）的电源要求十分困难，投资很大。"二级负荷"（由两回线路供电）的电源要求从供电可靠性上完全满足燃气供气安全的需要，当采用两回线路供电有困难时，可另设燃气或燃油发电机等自备电源，且可以大大节省投资，可操作性强。

6.5.21 本条是在《爆炸和火灾危险环境电力装置设计规范》GB 50058 的基础上，结合燃气输配工程的特点和工程实践编制的。根据 GB 50058 的有关内容，本次修订将原规范部分爆炸危险环境属"1 区"的区域改为"2 区"。由于爆炸危险环境区域的确定影响因素很多，设计时应根据具体情况加以分析确定。

6.6 调压站与调压装置

6.6.2 调压装置的设置形式多种式样，设计时应根据当地具体情况，因地制宜地选择采用，本条对调压装置的设置形式（不包括单独用户的专用调压装置设置形式）及其条件作了一般规定。调压装置宜设在地上，以利于安全和运行、维护。其中：

　　1 在自然条件和周围环境条件许可时，宜设在露天。这是较安全和经济的形式。对于大、中型站其优点较多。

　　2、3 在环境条件较差时，设在箱子内是一种较经济适用的形式。分为调压箱（悬挂式）和调压柜（落地式）两种。对于中、小型站优点较多。具体做法见第 6.6.4 条。

　　4 设在地上单独的建筑物内是我国以往用得较多的一种形式（与采用人工煤气需防冻有关）。

　　5、6 当受到地上条件限制燃气相对密度不大于 0.75，且压力不高时才可设置在地下，这是一种迫不得已才采用的形式。但相对密度大于 0.75 时，泄漏的燃气易集聚，故不得设于地下室、半地下室和地下箱内。

6.6.3 本条调压站（含调压柜）与其他建、构筑物水平净距的规定，是参考了荷兰天然气调压站建设经验和规定，并结合我国实践，对原规范进行了补充和调整。表 6.6.3 中所列净距适用于按规范建设与改造的城镇，对于无法达到该表要求又必须建设的调压站（含调压柜），本规范留有余地，提出采取有效措施，可适当缩小净距。有效措施是指：有效的通风，换气次数每小时不小于 3 次；加设燃气泄漏报警器；有足够的防爆泄压面积（泄爆方向有必要时还应加设隔爆墙）；严格控制火源等。各地可根据具体情况与有关部门协调解决。表 6.6.3 中的"一类高层民用建筑"详见现行国家标准《高层民用建筑设计防火规范》GB 50045-95 第 3.0.1 条（2005 年版）。

6.6.4 本条是调压箱和调压柜的设置要求。其中体积大于 1.5m³ 调压柜爆炸泄压口的面积要求，是等效采用英国气体工程师学会标准 IGE/TD/10 和香港中华煤气公司的规定，当爆炸时能使柜内压力不超过 3.5kPa，并不会对柜内任何部分（含仪表）造成损坏。

　　调压柜自然通风口的面积要求，是等效采用荷兰天然气调压站（含调压柜）的建设经验和规定。

6.6.6 "单独用户的专用调压装置"系指该调压装置主要供给一个专用用气点（如一个锅炉房、一个食堂或一个车间等），并由该用气点兼管调压装置，经常有人照看，且一般用气量较小，可以设置在用气建筑物的毗连建筑物内或设置在生产车间、锅炉房及其他生产用气厂房内。对于公共建筑也可设在建筑物的顶层内，这些做法在国内外都有成熟的经验，修订时根据国内的实践经验，补充了设在用气建筑物的平屋顶上的形式。

6.6.8 我国最早使用调压器（箱）的省份都在南方，其环境温度影响较小。北方省份使用调压箱时，则环境温度的影响是不可低估的。对于输送干燃气应主要考虑环境温度，介质温度对调压器皮膜及活动部件的影响；而对于输送湿燃气，应防止冷凝水的结冻；对于输送气态液化石油气，应防止液化石油气的冷凝。

6.6.10 本条规定了调压站（或调压箱或调压柜）的工艺设计要求。

1 调压站的工艺设计主要应考虑该调压站在确保安全的条件下能保证对用户的供气。有些城市的区域调压站不分情况均设置备用调压器，这就加大了一次性建设投资。而有些城市低压管网不成环，其调压器也不设旁通管，一旦发生故障只能停止供气，更是不可取的。对于低压管网不成环的区域调压站和连续生产使用的用户调压装置宜设置备用调压器，比之旁通管更安全、可靠。

2、3 调压器的附属设备较多，其中较重要的是阀门，各地对于调压站外设不设阀门有所争议。本条根据多数意见并参考国外规范，对高压和次高压室外燃气管道使用"必须"用语，而对中压室外进口燃气管道使用"应"的用语给予强调。并对阀门设置距离提出要求，以便在出现事故时能在室外安全操作阀门。

6 调压站的超压保护装置种类很多，目前国内主要采用安全水封阀，适用于放散量少的情况，一旦放散量较多时对环境的污染及周围建筑的火灾危险性是不容忽视的，一些管理部门反映，在超压放散的同时，低压管道压力仍然有可能超过5000Pa，造成一些燃气表损坏漏气事故，说明放散法并不绝对安全，设计宜考虑使用能快速切断的安全阀或其他防止超压的设备。调压的安全保护装置提倡选用人工复位型，在人工复位后应对调压器后的管道设备进行检查，防止发生意外事故。

本款对安全保护装置（切断或放散）的启动压力规定，是等效采用美国联邦法规49-192《气体管输最低安全标准》的规定。

6.6.12 本条规定了地上式调压站的建筑物设计要求。

3 关于地上式调压站的通风换气次数，曾有过不同规定。北京最初定为每小时6次，但冬季感到通风面积太大，操作人员自动将进风孔堵上；后改为3次，但仍然认为偏大。上海地上调压站室内通风换气次数为2次，他们认为是能够满足运行要求的，冬季最冷的时候，调压器皮膜虽稍感有些僵硬，但未影响使用。《原苏联建筑法规》对地上调压站室内通风换气定为每小时3次。

原上海市煤气公司曾用"臭敏检漏仪"对调压站室内煤气（人工煤气）浓度进行测定，在正常情况下（通风换气为每小时2次），地上调压站室内空气中的煤气含量是极少的，详见表35。

综上所述，对地上式调压站室内通风换气次数规定为每小时不应小于2次。

表35 上海市部分调压站室内煤气浓度的测定记录（体积分数）

调压站地址 \ 时间 煤气浓度	刚打开时	5min后	10min后	15min后	调压站形式
宜川四村	0	0	0	0	地上式
大陆机器厂光复西路	0	0	0	0	地上式
横滨路、四川北路	0.2/1000	0	0	0	地上式
常熟路、淮海中路	80/1000	18/1000	12/1000	4/1000	地下式
江西中路、武昌路	2.4/1000	2/1000	2/1000	1.4/1000	地下式

6.6.13 我国北方城镇燃气调压站采暖问题不易解决，所以本条规定了使用燃气锅炉进行自给燃气式的采暖要求，以期在无法采用集中供热时用此办法解决实际问题，对于中、低调压站，宜采用中压燃烧器自给燃气式采暖锅炉的燃烧器，可以防止调压器故障引起停止供热事故。

调压器室与锅炉室门、窗开口不应设置在建筑物的同一侧；烟囱出口与燃气安全放散管出口的水平距离应大于5m；这些都是防止发生事故的措施，应予以保证。

6.6.14 本条给出地下式调压站的建筑要求。设计中还应提出调压器进、出口管道与建筑本身之间的密封要求，以防地下水渗漏事故。

6.6.15 当调压站内外燃气管道为绝缘连接时，室内静电无法排除，极易产生火花引起事故，因此必须妥善接地。

6.7 钢质燃气管道和储罐的防腐

6.7.1 金属的腐蚀是一种普遍存在的自然现象，它给人类造成的损失和危害是十分巨大的。据国家科委腐蚀科学学科组对 200 多个企业的调查表明，腐蚀损失平均值占总产值的 3.97%。某市一条 ϕ325 输气干管，输送混合气（天然气与发生炉煤气），使用仅 4 年曾 3 次爆管，从爆管的部位查看，管内壁下部严重腐蚀，腐蚀麻坑直径 5~14mm，深度达 2mm，严重的腐蚀是引起爆管的直接原因。

设法减缓和防止腐蚀的发生是保证安全生产的根本措施之一，对于城镇燃气输配系统的管线、储罐、场站设备等都需要采用优质的防腐材料和先进的防腐技术加以保护。对于内壁腐蚀防治的根本措施是将燃气净化或选择耐腐蚀的材料以及在气体中加入缓蚀剂；对于净化后的燃气，则主要考虑外壁腐蚀的防护。本条明确规定了对钢质燃气管道和储罐必须进行外防腐，其防腐设计应符合《城镇燃气埋地钢质管道腐蚀控制技术规程》CJJ 95 和《钢质管道及储罐腐蚀控制工程设计规范》SY 0007 的规定。

6.7.2 关于土壤的腐蚀性，我国还没有一种统一的方法和标准来划分。目前国内外对土壤的研究和统计指出，土壤电阻率、透气性、湿度、酸度、盐分、氧化还原电位等都是影响土壤腐蚀性的因素，而这些因素又是相互联系和互相影响的，但又很难找出它们之间直接的、定量的相关性。所以，目前许多国家和我国也基本上采用土壤电阻率来对土壤的腐蚀性进行分级，表 36 列出的分级标准可供参考。

表 36　土壤腐蚀等级划分参考表

国别 \ 电阻率（Ω/m）\ 等级	极强	强	中	弱	极弱
美国	<20	20~45	45~60	60~100	
原苏联	<5	5~10	10~20	20~100	>100
中国		<20		20~50	>50

注：中国数据摘自 SY 0007 规范。

土壤电阻率和土壤的地质、有机质含量、含水量、含盐量等有密切关系，它是表示土壤导电能力大小的重要指标。测定土壤电阻率从而确定土壤腐蚀性等级，这为选择防腐蚀涂层的种类和结构提供了依据。

6.7.3 随着科学技术的发展，地下金属管道防腐材料已从初期单一的沥青材料发展成为以有机高分子聚合物为基础的多品种、多规格的材料系列，各种防腐蚀涂层都具有自身的特点及使用条件，各类新型材料也具有很大的竞争力。条文中提出的外防腐涂层的种类，在国内应用较普遍。因它们具有技术成熟、性能较稳定，材料来源广，施工方便，防腐效果好等优点，设计人员可视工程具体情况选用。另外也可采用其他行之有效的防腐措施。

6.7.4 地下燃气管道的外防腐涂层一般采用绝缘层防腐，但防腐层难免由于不同的原因而造成局部损坏，对于防腐层已被损坏了的管道，防止电化学腐蚀则显得更为重要。美国、日本等国都明确规定了采用绝缘防腐涂层的同时必须采用阴极保护。石油、天然气长输管道也规定了同时采用阴极保护。实践证明，采取这一措施都取得了较好的防护效果。阴极保护法已被推广使用。

阴极保护的选择受多种因素的制约，外加电流阴极保护和牺牲阳极保护法各自又具有不同的特性和使用条件。从我国当前的实际情况考虑，长输管道采用外加电流阴极保护技术上是比较成熟的，也积累了不少的实践经验；而对于城镇燃气输配系统，由于地下管道密集，外加电流阴极保护对其他金属管构筑物干扰大、互相影响，技术处理较难，易造成自身受益，他家受害的局面。而牺牲阳极保护法的主要优点在于此管道与其他不需要保护的金属管道或构筑物之间没有通电性，互相影响小，因此提出城市市区内埋地敷设的燃气干管宜选用牺牲阳极保护。

6.7.5 接地体是埋入地中并直接与大地接触的金属导体。它是电力装置接地设计主要内容之一，是电力装置安全措施之一。其埋设地位置和深度、形式不仅关系到电力装置本身的安全问题，而且对地下金属构筑物都有较大的影响，地下钢质管道必须受其影响，交流输电线路正常运行时，对与它平行敷设的管道将产生干扰电压。据资料介绍，对管道的每 10V 交流干扰电压引起的腐蚀，相当于 0.5V 的直流电造成的腐蚀。在高压配电系统中，甚至可产生高达几十伏的干扰电压。另外，交流电力线发生故障时，对附近地下金属管道也可产生高压感应电压，虽是瞬间发生，也会威胁人身安全，也可击穿管道的防腐涂层，故对此作了这一规定。

6.8　监控及数据采集

6.8.1 城市燃气输配系统的自动化控制水平，已成为城市燃气现代化的主要标志。为了实现城市燃气输配系统的自动化运行，提高管理水平，城市燃气输配系统有必要建设先进的控制系统。

6.8.2 电子计算机的技术发展很快。作为城市燃气输配系统的自动化控制系统，必须跟上技术进步的步伐，与同期的电子技术水平同步。

6.8.4 监控及数据采集（SCADA）系统一般由主站（MTU）和远端站（RTU）组成，远端站一般由微处理机（单板机或单片机）加上必要的存储器和输入/输出接口等外围设备构成，完成数据采集或控制调节功能，有数据通信能力。所以，远端站是一种前端功能单元，应该按照气源点、储配站、调压站或管网监测点的不同参数测、控或调节需要确定其硬件和软件设计。主站一般由微型计算机（主机）系统为基础构成，特别对图像显示部分的功能应有新扩展，以使主站适合于管理监视的要求。在一些情况下，主机配有专用键盘更便于操作和控制。主站还需有打印机设备输出定时记录报表、事件记录和键盘操作命令记录，提供完善的管理信息。

6.8.5 SCADA系统的构成（拓扑结构）与系统规模、城镇地理特征、系统功能要求、通信条件有很密切的关系，同时也与软件的设计互相关联。SCADA系统中的MTU与RTU结点的联系可看成计算机网络，但是其特点是在RTU之间可以不需要互相通信，只要求各RTU能与MTU进行通信联系。在某些情况下，尤其是系统规模很大时在MTU与RTU之间增设中间层次的分级站，减少MTU的连接通道，节省通信线路投资。

6.8.6 信息传输是监控和数据采集系统的重要组成部分。信息传输可以采用有线及无线通信方式。由于国内城市公用数据网络的建设发展很快，且租用价格呈下降趋势，所以充分利用已有资源来建设监控和数据采集系统是可取的。

6.8.8 达到标准化的要求有利于通用性和兼容性，也是质量的一个重要方面。标准化的要求指对印刷电路板、接插件、总线标准、输入/输出信号、通信协议、变送器仪表等等逻辑的或物理的技术特性，凡属有标准可循的都要做到标准化。

6.8.9 SCADA是一种连续运转的管理技术系统。借助于它，城镇燃气供应企业的调度部门和运行管理人员得以了解整个输配系统的工艺。因此，可靠性是第一位的要求，这要求SCADA系统从设计、设备器件、安装、调试各环节都达到高质量，提高系统的可靠性。从设计环节看，提高可靠性要从硬件设计和软件设计两方面都采取相应措施。硬件设计的可靠性可以通过对关键部件设备（如主机、通信系统、CRT操作接口、调节或控制单元、各极电源）采取双重化（一台运转一台备用），故障自诊断，自动备用方式（通过监视单元Watch Dog Unit）控制等实现。此外，提高系统的抗干扰能力也属于提高系统可靠性的范畴。在设计中应该分析干扰的种类、来源和传播途径，采取多种办法降低计算机系统所处环境的干扰电屏。如采用隔离、屏蔽、改善接地方式和地点等，改进通信电缆的敷设方法等。在软件设计方面也要采取措施提高程序的可靠性。在软件中增加数字滤波也有利于提高计算机控制系统的抗干扰能力。

6.8.10 系统的应用软件水平是系统功能水平高低的主要标志。采用实时瞬态模拟软件可以实时反映系统运行工况，进行调度优化，并根据分析和预测结果对系统采取相应的调度控制措施。

6.8.11 SCADA系统中每一个RTU的最基本功能要求是数据采集和与主站之间的通信。对某些端点应根据工艺和管理的需要增加其他功能，如对调压站可以增设在远端站建立对调压器的调节和控制回路，对压缩车间运行进行监视或设置由远端站进行的控制和调节。

随着SCADA技术应用的推广及设计、运行经验的积累，SCADA的功能设计可以逐渐丰富和完善。

从参数方面看，对燃气输配系统最重要的是压力与流量。在某些场合需要考虑温度、浓度以及火灾或人员侵入报警信号。具体哪些参数列入SCADA的范围，要因工程而异。

6.8.12 一般的SCADA系统都应有通过键盘CRT进行人机对话的功能。在需经由主站控制键盘对远端的调节控制单元组态或参数设置或紧急情况进行处理和人工干预时，系统应从硬件及软件设计上满足这些功能要求。

7 压缩天然气供应

7.1 一般规定

7.1.1 本条规定了压缩天然气供应工程设计的适用范围。

压缩天然气供应是城镇天然气供应的一种方式。目前我国天然气输气干线密度较小，许多城市还不具备由输气干线供给天然气的条件，对于一些距气源（气田或天然气输气干线等）不太远（一般在200km以内），用气量较少的城镇，可以采用气瓶车（气瓶组）运输天然气到城镇供给居民生活、商业、工业及采暖通风和空调等各类用户作燃料使用，并在城镇区域内建设城镇天然气输配管道或工业企业供气管道。在选择压缩天然气供应方式时，应与城市其他燃气供应方式进行技术经济比较后确定。

1 本条提出的工作压力限值（25.0MPa）是指天然气压缩后系统、气瓶车（气瓶组）加气系统及卸气系统（至一级调压器前）的压力限值。

2 压缩天然气加气站的主要供应对象是城镇的压缩天然气储配站和压缩天然气瓶组供气站；与汽车用天然气加气母站不同，它可以远离城市而且供气规模较大，可以同时供应数个城镇的用气。压缩天然气加气站也可兼有向汽车用天然气加气子站供气的能力。

对每次只向1辆气瓶车加气，在加气完毕后气瓶车即离站外运的压缩天然气加气站，可按现行国家标准《汽车加油加气站设计与施工规范》GB 50156执行。

7.1.2 压缩天然气采用气瓶车（气瓶组）运输，必须考虑硫化物在高压下对钢瓶的应力腐蚀，则应严格控制天然气中硫化氢和水分含量。压缩天然气需在储配站中下调为城镇天然气管道的输送压力（一般为中低压系统），调压过程是节流降压吸热过程，为防止温度过低影响设备、设施及管道和附件的使用，保证安全运行，则应对天然气进行加热，也应控制天然气中不饱和烃类含量。所以规定了压缩天然气的质量应符合《车用压缩天然气》GB 18047 的规定。

7.2 压缩天然气加气站

7.2.1 本条规定对压缩天然气加气站站址的基本要求：

1 必须有稳定、可靠的气源条件，宜尽量靠近气源。

交通、供电、给水排水及工程地质等条件不仅影响建设投资，而且对运行管理和供气成本也有较大影响，是选择站址应考虑的条件，与用户（各城镇的压缩天然气储配站和压缩天然气瓶组供气站等）间的交通条件尤为重要。

2 压缩天然气加气站多与油气田集气处理站、天然气输气干线的分输站和城市天然气门站、储配站毗邻。在城镇区域内建设压缩天然气加气站应符合城市总体规划的要求，并应经城市规划主管部门批准。

7.2.2 气瓶车固定车位应在场地上标志明显的边界线；在总平面布置中确定气瓶车固定车位的位置时，天然气储罐与气瓶车固定车位防火间距应从气瓶车固定车位外边界线计算。

7.2.4 气瓶车在压缩天然气加气站内加气用时较长，以及因运输调度的需要，实车（已加完气的气瓶车）可能在站内较长时间停留，从全站安全管理考虑，应将停靠在固定车位的实车在安全防火方面视同储罐对待。气瓶车固定车位与站内外建、构筑物的防火间距，应从固定车位外边界线计算。为保证安全运行和管理，气瓶车在固定车位的最大储气总容积不应大于 30000m^3。

气瓶车固定车位储气总几何容积不大于 18m^3（最大储气总容积不大于 4500m^3）符合国家标准《汽车加油加气站设计与施工规范》GB 50156 中压缩天然气储气设施总容积小于等于 18m^3 的规定，应执行其有关规定。

7.2.6 为保证停靠在固定车位的气瓶车之间有足够的间距，各固定车位的宽度不应小于 4.5m。为操作方便和控制加气软管的长度，每个固定车位对应设置 1 个加气嘴是适宜的。

气瓶车进站后需要在固定车位前的回车场地上进行调整，需倒车进入其固定车位，要求在固定车位前有较宽敞的回车场地。

7.2.7 气瓶车在固定车位停靠对中后，可采用车带固定支柱等设施进行固定，固定设施必须牢固可靠，在充装作业中严禁移动以确保充装安全。

7.2.8 控制气瓶车在固定车位的最大储气总容积，即控制气瓶车在充装完毕后的实车停靠数量（气瓶车一般充装量为 4500m^3/辆），是安全管理的需要。

7.2.9 加气软管的长度不大于 6m，根据气瓶车加气操作要求，气瓶车与加气柱间距 2～3m 为宜。

7.2.10 天然气压缩站的供应对象是周边的城镇用户，确定其设计规模应进行用户用气量的调查。

7.2.11 进站天然气含硫超过标准则应在进入压缩机前进行脱硫，可以保护压缩机。进站天然气中含有游离水应脱除。

天然气脱硫、脱水装置的设计在国家现行标准《汽车加油加气站设计与施工规范》GB 50156 作了规定。

7.2.12 控制进入压缩机天然气的含尘量、微尘直径是保护压缩机，减少对活塞、缸体等磨损的措施。

7.2.13 为保证压缩机的平稳运行在压缩机前设置缓冲罐，并应保证天然气在缓冲罐内有足够的停留时间。

7.2.14 压缩天然气系统运行压力高，气瓶数量多、接头多，其发生天然气泄漏的概率较高，为便于运行管理和安全管理，在压缩站采用生产区和辅助区分区布置是必要的。压缩站宜设 2 个对外出入口可便于车辆运行、消防和安全疏散。

7.2.15 在进站天然气管道上设置切断阀，并且对于以城市高、中压输配管道为气源时，还应在切断阀后设安全阀；是在事故状态下的一种保护措施，避免事故扩大。

1 切断阀的安全地点应在事故情况便于操作，又要离开事故多发区，并且能快速切断气源。

2 安全阀的开启压力应不大于来气的城市高、中压输配管道的最高工作压力，以避免天然气压缩系统高压的天然气进入城市高中压输配管道后，造成管道压力升高而危及附近用户的使用安全。

7.2.16 压缩天然气系统包括系统中所有的设备、管道、阀门及附件的设计压力不应小于系统设计压力。系统中设有的安全阀开启压力不应大于系统的设计压力。这是与国内外有关标准的规定相一致的。

在压缩天然气储配站及瓶组供气站内停靠的气瓶车或气瓶组，具备运输、储存和供气功能，在站内停留时间较长，在炎热季节气瓶车或瓶组受日晒或环境温度影响，将导致气瓶内压缩天然气压力升高。为控制储存、供气系统压缩天然气的工作压力小于 25.0MPa，则应控制气瓶车或气瓶组的充装压力。一般地区在充装温度为 20℃ 时，充装压力不应大于 20.0MPa。对高温地区或充装压力较高的情况，应考虑在固定车位或气瓶组停放区加罩棚等措施。

7.2.17 本条规定了压缩机的选型要求。选用型号相同的压缩机便于运行管理和维护及检修。根据运行经验，多台并联压缩机的总排气量为各单机台称排气量总和的 80%～85%。设置备用机组是保证不间断供气的措施。

7.2.18 有供电条件的压缩天然气加气站，压缩机动力选择电动机可以节省投资，运行操作及维护都比较方便；对没有供电条件的压缩站也可选用天然气发动机。

7.2.20 控制压缩机进口管道中天然气的流速是保证压缩机平稳工作、减少振动的措施。

7.2.21 本条规定了压缩机进、出口管道设置阀门等保护措施要求。

    1 进口管道设置手动阀和电动控制阀门（电磁阀），控制阀门可以与压缩机的电气开关连锁。

    2 在出口管道上设置止回阀可以避免邻机运行干扰，设置安全阀对压缩机实施超压保护。

    3 安全阀放散管口的设置必须符合要求，应避免天然气窜入压缩机室和邻近建筑物。

7.2.22 由压缩机轴承等处泄漏的天然气量很少，不宜引到压缩机入口等处，以保证运行的安全。

7.2.23 压缩机组采用计算机集中控制，可以提高机组运行的安全可靠程度及运行管理水平。

7.2.24 本条规定了压缩机的控制及保护措施。

    1 受运行和环境温度的影响而发生排气温度大于限定值（冷却水温度达不到规定值）时，压缩机应报警并人工停车，操作及管理人员应根据实际发生的情况进行处理。

    2 如果发生各级吸、排气压力不符合规定值、冷却水（或风冷鼓风机）压力或温度不符合规定值、润滑油的压力和温度及油箱液位不符合规定值、电动机过载等情况应视为紧急情况，应报警及自动停车，以便采取紧急措施。

7.2.25 压缩机停车后应卸载，然后方可启动。压缩卸载排气量较多，为使卸载天然气安全回收，天然气应通过缓冲罐等处理后，再引入压缩机进口管道。

7.2.26 本条规定了对压缩机排出的冷凝液处理要求。

    1 压缩机排出的冷凝液中含有压缩后易液化的天然气中的 C_3、C_4 等组分，若直接排入下水道会造成危害。

    2 采用压缩机前脱水时，压缩机排出的冷凝液中可能含有较多的 C_3、C_4 等组分，应引至室外储罐进行分离回收。

    3 采用压缩机后脱水或中段脱水时，压缩机排出的冷凝液中含有的 C_3、C_4 等组分较少，应引至室外密封水塔，经露天储槽放掉冷凝液中溶解的可燃气体（释放气）后，方可集中处理。

7.2.27 从冷却器、分离器等排出的冷凝液，溶解少量的可燃气体，可引至室外密封水塔，经露天储槽放掉溶解的可燃气体后，方可排放冷凝液。

7.2.28 为防止误操作，预防事故发生，本条规定了天然气压缩站检测和控制装置的要求。一些重要参数除设置就地显示外，宜在控制室设置二次仪表和自动、手动控制开关。

7.3 压缩天然气储配站

7.3.1 压缩天然气储配站选址时应符合城镇总体规划的要求，并应经当地规划主管部门批准。为了靠近用户，储配站一般离城镇中心区域较近，选址应考虑环保及城镇景观的要求。

7.3.2 压缩天然气储配站首先应落实气源（压缩天然气加气站）的供气能力，对气瓶车的运输道路应作实地考察、调研（可以用其他车辆运输作参考），并在对用户用气情况的调研基础上，进行技术经济分析确定设计规模。

7.3.3 压缩天然气储配站应有必要的天然气储存量，以保证在特殊的气候和交通条件（如：洪水、暴雨、冰雪、道路及气源距离等）下造成气瓶车运输中断的紧急情况时，可以连续稳定的向用户供气。一般地区的储配站至少应备有相当于其计算月平均日供气量的1.5倍储气量。对有补充、替代气源（如：液化石油气混空气等）及气候与交通条件特殊的情况，应按实际情况确定储气能力。

    压缩天然气储配站通常是由停靠在站内固定车位的气瓶车供气，气瓶车经卸气、调压等工艺将天然气通过城镇天然气输配管道供给各类用户。气瓶车在站内是一种转换型的供气设施，一车气用完后转由另一车供气。未供气的气瓶车则起储存作用。因此压缩天然气储配站的天然气总储气量包括停靠在站内固定车位气瓶车压缩天然气的储量和站内天然气储罐的储量。气瓶车在站内应采取转换式的供气、储气方式，避免气瓶车在站内储气时间（停靠时间）过长，应转换使用（运输、供气、储存按管理顺序转换）。气瓶车是一种活动式的储气设施，储气量过大，停靠在固定车位的气瓶车数量过多会给安全管理、运行管理带来不便，增加事故发生概率；根据我国已投产和在建的压缩天然气储配站实际情况调研，确定气瓶车在固定车位的最大储气能力不大于 30000m³ 是比较适宜的。

    当储配站天然气总储量大于 30000m³ 时，除可采用气瓶车储气外，应设置天然气储罐等其他储气设施。

7.3.4 现行国家标准《建筑设计防火规范》GB 50016 规定了有关要求。

7.3.11 压缩天然气储配站有高压运行的压缩天然气系统，气瓶车运输频繁，其总平面布置应分为生产区和辅助区，宜设2个对外出入口。

7.3.12 一些规模较大的压缩天然气储配站选用液化石油气混空气设置作为替代气源，以减少天然气储量，也有的压缩天然气储配站是在原液化石油气混气站、储配站站址内扩建的，这种合建站内天然气储罐（包括气瓶车固定车位）与液化石油气储罐的防火间距应符合现行国家标准《建筑设计防火规范》GB 50016 的有关规定。

7.3.14 本条规定了压缩天然气调压工艺要求。

1 在一级调压器进口管道上设置快速切断阀，是在事故状态下快速切断气源（气瓶车）的保护措施，其安装地点应便于操作。

2 为保证调压系统安全、稳定运行，保护设备、管道及附件，必须严格控制各级调压器的出口压力，在出现调压器出口压力异常，并达到规定值（切断压力值）时，紧急切断阀应切断调压器进口。调压器出口压力过低时，也应有切断措施。

各级调压器后管道上设置的安全放散阀是对调压器出口压力异常的紧急状况的第二级保护设施。安全放散阀是在调压出口压力达到紧急切断压力值后，紧急切断阀的切断功能失效而出口压力继续升高时，达到安全阀开启值，安全放散天然气，以保护调压系统。所以安全放散阀的开启压力高于该级调压器紧急切断压力。

3 对压差较大，流量较大的压缩天然气调压过程，吸热量需求很大，会造成系统运行温度过低，危及设备、管道、阀门及附件，所以必须加热天然气。在加热介质管道或设备设超压泄放装置是为了在发生压缩天然气泄漏时，保护加热介质管道和设备。

7.4 压缩天然气瓶组供气站

7.4.1 压缩天然气瓶组供气站一般设置在用气用户附近，为保证安全管理和安全运行，应限制其储气量和供应规模。

7.4.4 压缩天然气瓶组供气站的气瓶组储气量小，且调压、计量、加臭装置为气瓶组的附属设施，可设置在一起。

天然气放散管为气瓶组及调压设施的附属装置，应设置在气瓶组及调压装置处。

7.5 管道及附件

7.5.1 压缩天然气管道的材质是由压缩天然气系统的压力和环境温度确定的，必须按规定选用。

7.5.2 本条规定是根据压缩天然气系统的最高工作力可达 25.0MPa，其设计压力不应小于 25.0MPa，根据卡套式锥管螺纹管接头的使用范围，对公称压力为 40.0MPa 时为 $DN28$；公称压力为 25.0MPa 时为 $DN42$，在本规范中考虑压缩天然气的性质以及压缩天然气系统在本章中的设计压力规定范围，所以限定外径小于或等于 28mm 的钢管采用卡套连接是比较安全的、可靠的。

7.5.4 本条对充气、卸气软管的选用作了规定，是安全使用的需要。

7.5.6 本条规定了采用双卡套接头连接和室内的压缩天然气管道宜采用管沟敷设，是为了便于维护、检修。

7.6 建筑物和生产辅助设施

7.6.1 压缩天然气加气站、压缩天然气储配站和压缩天然气瓶组供气站站内建筑物的耐火等级均不应低于现行国家标准《建筑设计防火规范》GB 50016 中"二级"的规定，是由于站内生产介质天然气的性质确定的，可以在事故状态下降低火灾的危害性和次生灾害。

7.6.3 敞开式、半敞开式厂房有利于天然气的扩散、消防及人员的撤离。

7.6.4 本条与现行国家标准《建筑设计防火规范》GB 50016 的有关规定是一致的，气瓶车在加气站、储配站起储存天然气作用，在计算消防用水量时应按天然气储罐对待。在站内气瓶车及储罐均储存的是气体燃气，气体储罐可以不设固定水喷淋装置。对每次只向 1 辆气瓶车加气，在加气完毕后气瓶车即离站外运的压缩天然气加气站，可执行现行国家标准《汽车加油加气站设计与施工规范》GB 50156 的规定。

7.6.6 废油水、洗罐水应回收集中处理，是环保和安全的要求，集中处理可以节省投资。

7.6.7 压缩天然气加气站的生产用电可以暂时中断，依靠其用户——各城镇的压缩天然气储配站或瓶组供气站的储气量保证稳定和不间断供应，因此其用电负荷属于现行国家标准《供配电系统设计规范》GB 50052 "三级"负荷。但该站消防水泵用电负荷为"二级"负荷，应采用两回线路供电，有困难时可自备燃气或燃油发电机等，既满足要求，又可节约投资。

7.6.8 压缩天然气储配站不能间断供应，生产用电负荷及消防水泵用电负荷均属现行国家标准《供配电系统设计规范》GB 50052 "二级"负荷。

7.6.10 设置可燃气体检测及报警装置，可以及时发现非正常的超量泄漏，以便操作和管理人员及时处理。

8 液化石油气供应

8.1 一般规定

8.1.1 规定了本章的适用范围。这里要说明的是新建工程应严格执行本章规定，扩建和改建工程执行本章规定确有困难时，可采取有效的安全措施，并与当地有关主管部门协商后，可适当降低要求。

8.1.2 规定了本章不适用的液化石油气工程和装置设计，其原因是：

1 炼油厂、石油化工厂、油气田、天然气气体处理装置的液化石油气加工、储存、灌装和运输是指这些企业内部的工艺过程，应遵循有关专业规范。

2 世界各发达国家对液化石油气常温压力储存和低温常压储存分别称全压力式储存和全冷冻式储存，故本次规范修订采用国际通用命名。

液化石油气全冷冻式储存在国外早就使用，且有成熟的设计、施工和管理经验。我国虽在深圳、太仓、张家港和汕头等地已建成液化石油气全冷冻式储存基地，但尚缺乏设计经验，故暂未列入本规范。由于各地有关部门对全冷冻式储罐与基地外建、构筑物之间的防火间距希望作明确规定，故仅将这部分的规定纳入本规范。

3 目前在广州、珠海、深圳等东南部沿海和长江中下游等地区，采用全压力式槽船运输液化石油气，并积累一定运行经验，但属水上运输和码头装卸作业，其设计应执行有关专业规范。

4 在轮船、铁路车辆和汽车上使用的液化石油气装置设计，应执行有关专业规范。

8.2 液态液化石油气运输

8.2.1 液化石油气由生产厂或供应基地至接收站（指储存站、储配站、灌装站、气化站和混气站）可采用管道、铁路槽车、汽车槽车和槽船运输。在进行液化石油气接收站方案设计和初步设计时，运输方式的选择是首先要解决的问题之一。运输方式主要根据接收站的规模、运距、交通条件等因素，经过基建投资和常年运行管理费用等方面的技术经济比较择优确定。当条件接近时，宜优先采用管道输送。

1 管道输送：这种运输方式一次投资较大、管材用量多（金属耗量大），但运行安全、管理简单、运行费用低。适用于运输量大的液化石油气接收站，也适用于虽运输量不大，但靠近气源的接收站。

2 铁路槽车运输：这种运输方式的运输能力较大、费用较低。当接收站距铁路线较近、具有较好接轨条件时，可选用。而当距铁路线较远、接轨投资较大、运距较远、编组次数多，加之铁路槽车检修频繁、费用高，则应慎重选用。

3 汽车槽车运输：这种运输方式虽然运输量小、常年费用较高，但灵活性较大，便于调度，通常广泛用于各类中、小型液化石油气站。同时也可作为大中型液化石油气供应基地的辅助运输工具。

在实际工程中液化石油气供应基地通常采用两种运输方式，即以一种运输方式为主，另一种运输方式为辅。中小型液化石油气灌装站和气化站、混气站采用汽车槽车运输为宜。

8.2.2 液态液化石油气管道按设计压力 P（表压）分为：小于或等于 1.6MPa、大于 1.6～4.0MPa 和大于 4.0MPa 三级，其根据有二：

1 符合目前我国各类管道压力级别划分；

2 符合目前我国液化石油气输送管道设计压力级别的现状。

8.2.3 原规定输送液态液化石油气管道的设计压力应按管道系统起点最高工作压力确定不妥。在设计时应按公式（8.2.3）计算管道系统起点最高工作压力后，再圆整成相应压力作为管道设计压力，故改为管道设计压力应高于管道系统起点的最高工作压力。

8.2.4 液态液化石油气采用管道输送时，泵的扬程应大于按公式（8.2.4）的计算扬程。关于该公式说明如下：

1 管道总阻力损失包括摩擦阻力损失和局部阻力损失。在实际工作中可不详细计算每个阀门及附件的局部阻力损失，而根据设计经验取 5%～10% 的摩擦阻力损失。当管道较长时取较小值，管道较短时取较大值。

2 管道终点进罐余压是指液态液化石油气进入接收站储罐前的剩余压力（高于罐内饱和蒸气压力的差值）。为保证一定的进罐速度，根据运行经验取 0.2～0.3MPa。

3 计算管道终、起点高程差引起的附加压头是为了保证液态液化石油气进罐压力。

"注"中规定管道沿线任何一点压力都必须高于其输送温度下的饱和蒸气压力，是为了防止液态液化石油气在输送过程发生气化而降低管道输送能力。

8.2.5 液态液化石油气管道摩擦阻力损失计算公式中的摩擦阻力系数 λ 值宜按本规范第 6.2.6 条中公式（6.2.6-2）计算。手算时，可按本规范附录 C 中第 C.0.2 条给定的 λ 公式计算。

8.2.6 液态液化石油气在管道中的平均流速取 0.8～1.4m/s，是经济流速。

管道内最大流速不应超过 3m/s 是安全流速，以确保液态液化石油气在管道内流动过程中所产生的静电有足够的时间导出，防止静电电荷集聚和电位增高。

国内外有关规范规定的烃类液体在管道内的最大流速如下：

美国《烃类气体和液体的管道设计》规定为 2.3～2.4m/s；

原苏联建筑法规《煤气供应、室内外燃气设备设计规范》规定最大流速不应超过 3m/s。

《输油管道工程设计规范》GB 50253 中规定与本规范相同。

《石油化工厂生产中静电危害及其预防止》规定油品管道最大允许流速为 3.5～4m/s。

据此，本规范规定液态液化石油气在管道中的最大允许流速不应超过 3m/s。

8.2.7 液态液化石油气输送管道不得穿越居住区、村镇和公共建筑群等人员集聚的地区，主要考虑公共安全问题。因为液态液化石油气输送管道工作压力较高，一旦发生断裂引起大量液化石油气泄漏，其危险性较一般燃气管道危险性和破坏性大得多。因此在国内外这类管线都不得穿越居住区、村镇和公共建筑群等人员集聚的地区。

8.2.8 本条推荐液态液化石油气输送管道采用埋地敷设，且应埋设在冰冻线以下。

因为管道沿线环境情况比较复杂，埋地敷设相对安全。同时，液态液化石油气能溶解少量水分，在输送过程中，当温度降低时其溶解水将析出，为防止析出水结冻而堵塞管道，应将其埋设在冰冻线以下。此外，还要考虑防止外部动荷载破坏管道，故应符合本规范第6.3.4条规定的管道最小覆土深度。

8.2.9 本条表8.2.9-1和8.2.9-2按不同压力级别，分三个档次分别规定了地下液态液化石油气管道与建、构筑物和相邻管道之间的水平和垂直净距，其依据如下：

1 关于地下液态液化石油气管道与建、构筑物或相邻管道之间的水平净距。

  1）国内现状。我国一些城市敷设的地下液态液化石油气管道与建、构筑物的水平净距见表37。

表37 我国一些城市地下液态液化石油气管道与建、构筑物的水平净距（m）

城市名称	北京	天津	南京	武汉	宁波
一般建、构筑物	15	15	25	15	25
铁路干线	15	25	25	25	10
铁路支线	10	20	10	10	10
公路	10	10	10	10	10
高压架空电力线	1～1.5倍杆高	10	10	10	—
低压架空电力线	2	2	—	1	—
埋地电缆	2	2.5	—	1	—
其他管线	2	1	—	2.5	—
树木	2	1.5	—	1.5	—

  2）现行国家标准《输油管道工程设计规范》GB 50253的规定见表38。

表38 液态液化石油气管道与建、构筑物的间距

项　目		间　距（m）
军工厂、军事设施、易燃易爆仓库、国家重点文物保护单位		200
城镇居民点、公共建筑		75
架空电力线		1倍杆高，且≥10
国家铁路线（中心线）	干线	25
	支线（单线）	10
公路	高速、Ⅰ、Ⅱ级	10
	Ⅲ、Ⅳ级	5

  3）在美国和英国等发达国家敷设输气管道时，按建筑物密度划定地区等级，以此确定管道结构和试压方法。计算管道壁厚时，则按地区等级采取不同强度设计系数（F）求出所需的壁厚以此保证安全。美国标准对管道安全间距无明确规定。

  4）考虑管道断裂后大量液化石油气泄漏到大气中，遇到点火源发生爆炸并引起火灾时，其辐射热对人的影响。火焰热辐射对人的影响主要与泄漏量、地形、风向和风速等因素有关。一般情况下，火焰辐射热强度可视为半球形分布，随距离的增加其强度减弱。当辐射热强度为22000kJ/(h·m²)时，人在3s后感觉到灼痛。为了安全不应使人受到大于16000kJ/(h·m²)的辐射热强度，故应让人有足够的时间跑到安全地点。计算表明，当安全距离为15m时，相当于每小时有1.5t液态液化石油气从管道泄漏，全部气化而着火，这是相当大的事故。因此，液态液化石油气管道与居住区、村镇、重要公共建筑之间的防火间距规定要大些，而与有人活动的一般建、构筑物的防火间距规定的小些。

  5）与给水排水、热力及其他燃料管道的水平净距不小于1.5m和2m（根据《热力网设计规范》CJJ 34 设在管沟内时为4m），主要考虑施工和检修时互不干扰和防止液化石油气进入管沟的危害，同时也考虑设置阀门井的需要。

  6）与埋地电力线之间的水平净距主要考虑施工和检修时互不干扰。

  对架空电力线主要考虑不影响电杆（塔）的基础，故与小于或等于35kV和大于35kV的电杆基础分别不小于2m和5m。

  7）与公路和铁路线的水平间距是参照《中华人民共和国公路管理条例》和国家现行标准《铁路工程设计防火规范》TB 10063等有关规范确定的。

  8）与树木的水平净距主要考虑管道施工时尽可能不伤及树木根系，因液化石油气管道直径较小，故规定不应小于2m。

表8.2.9-1注1采取行之有效的保护措施见本规范第6.4.12条条文说明。

注3考虑两相邻地下管道中有采用外加电流阴极保护时，为避免对其相邻管道的影响，故两者的水平和垂直净距尚应符合国家现行标准《钢质管道及储罐

腐蚀控制工程设计规范》SY 0007 的有关规定。

  2 地下液态液化石油气管道与构筑物或相邻管道之间的垂直净距。

   1) 与给水排水、热力及其他燃料管道交叉时的垂直净距不小于 0.2m，主要考虑管道沉降的影响。

   2) 与电力线、通信线交叉时的垂直净距均规定不小于 0.5m 和 0.25m（在导管内）是参照国家现行标准《城市电力规划规范》GB 50293 的有关规定确定的。

   3) 与铁路交叉时，管道距轨底垂直净距不小于 1.2m 是考虑避免列车动荷载的影响。

   4) 与公路交叉时，管道与路面的垂直净距不小于 0.9m 是考虑避免汽车动荷载的影响。

8.2.10 本条是新增加的，主要参照本规范第 6.4 节和现行国家标准《输油管道工程设计规范》GB 50253 的有关规定，以保证管道自身安全性为基本出发点确定的。

8.2.11 液态液化石油气输送管道阀门设置数量不宜过多。阀门的设置主要根据管段长度、各管段位置的重要性和检修的需要，并考虑发生事故时能及时将有关管段切断。

  管路沿线每隔 5000m 左右设置一个阀门，是根据国内现状确定的。

8.2.12 液态液化石油气管道上的阀门不宜设置在地下阀门井内，是为了防止发生泄漏时，窝存液化石油气。若设置在阀门井内时，井内应填满干砂。

8.2.13 液态液化石油气输送管道采用地上敷设较地下敷设危险性大些，一般情况下不推荐采用地上敷设。当采用地上敷设时，除应符合本规范第 8.2 节管道地下敷设时的有关规定外，尚应采取行之有效的安全措施。如：采用较高级的管道材料、提高焊缝无损探伤的抽查率、加强日常检查和维护等。同时规定了两端应设置阀门。

  两阀门之间设置管道安全阀是为了防止因太阳辐射热使其压力升高造成管道破裂。管道安全阀应从管顶接出。

8.2.15 增加本条的规定是为了便于日常巡线和维护管理。

8.2.16 本条规定设计时选用的铁路槽车和汽车槽车性能应符合条文中相应技术条件的要求，以保证槽车的安全运行。

8.3 液化石油气供应基地

8.3.1 使用液化石油气供应基地这一用语，其目的为便于本节条文编写。

  液化石油气供应基地按其功能可分为储存站、储配站和灌装站。各站功能如下：

  储存站即液化石油气储存基地，其主要功能是储存液化石油气，同时进行灌装槽车作业，并将其转输给灌装站、气化站和混气站。

  灌装站 即液化石油气灌瓶基地，其主要功能是进行灌瓶作业，并将其送至瓶装供应站或用户。同时，也可灌装汽车槽车，并将其送至气化站和混气站。

  储配站 兼有储存站和灌装站的全部功能，是储存站和灌装站的统称。

8.3.2 对液化石油气供应基地规模的确定做了原则性规定。其中居民用户液化石油气用气量指标应根据当地居民用气量指标统计资料确定。当缺乏这方面资料时，可根据当地居民生活水平、生活习惯、气候条件、燃料价格等因素并参考类似城市居民用气量指标确定。

  我国一些城市居民用户液化石油气实际用气量指标见表 39。

表 39　我国一些城市居民用户液化石油气实际用气量指标

城市名称	北京	天津	上海	沈阳	长春	桂林	青岛	南京	济南	杭州
每户用气指标 kg/(户·月)	9.6~10.76	9.65~10.8	13~14	10.5~11	10.4~11.5	10.23~10.3	10.0	15~17	10.5	10.0
每人用气指标 kg/(人·月)	2.4~2.69	2.4~2.69	3.25~3.5	2.6~2.75	2.6~3.25	2.55~3.07	2.50	3.75~4.25	2.6	2.50

  根据上表并考虑生活水平逐渐提高的趋势，北方地区可取 15kg/(月·户)，南方地区可取 20kg/(月·户)。

8.3.3 关于液化石油气供应基地储罐设计总容量仅作了原则性的规定。主要考虑如下：

  1 20 世纪 80 年代以来，我国各大、中城市建成的液化石油气储配站储罐容积多为 35~60d 的用气量。

  近年来我国液化石油气供销已实现市场经济模式运作，因此，其供应基地的储罐设计总容量不宜过大，应根据建站所在地区的具体情况确定。

  2 2000 年我国液化石油气年产量为 870 万 t，

进口液化石油气约570万t，年总消耗量达1440万t，基本满足市场需要。

3 目前我国已建成一批液化石油气全冷冻式储存基地（一级站），在我国东南沿海、长江中下游和内地等地区已有大型全压力式储存站（二级站）近百座。总储存能力可满足国内市场需要。

8.3.4 液化石油气供应基地储罐设计总容量分配问题

本条规定了液化石油气供应基地储罐设计总容量超过3000m³时，宜将储罐分别设置在储存站和灌装站，主要是考虑城市安全问题。

灌装站的储罐设计总容量宜取一周左右计算月平均日供应量，其余为储存站的储罐设计总容量，主要依据如下：

1 国内外液化石油气火灾和爆炸事故实例表明，其单罐容积和总容积越大，发生事故时所殃及的范围和造成的损失越大。

2 世界各液化石油气发达国家，如：美国、日本、原苏联、法国、西班牙等国的液化石油气分为三级储存，即一、二、三级储存基地。一级储存基地是国家或地区级的储存基地，通常采用全冷冻式储罐或地下储库储存，其储存量达数万吨级以上。二级储存量基地其储存量次之，通常采用全压力式储存，单罐容积和总容积较大。三级储存基地即灌装站，其储存量和单罐容积较小，储罐总容量一般为1~3d的计算月平均日供应量。

3 我国一些大城市，如：北京、天津、南京、杭州、武汉、济南、石家庄等地采用两级储存，即分为储存站和灌装站两级储存。

一些城市液化石油气储存量及分储情况见表40。

表40　一些城市液化石油气储存量及分储情况表

	城市	北京	天津	南京	杭州	济南	石家庄
总计	储罐总容量(m³)	17680	9992	7680	2398	约4000	5020
	总储存天数(d)	21.8	52.4	36.4	70	43.9	77
储存站	储罐总容量(m³)	15600	7600	5600	2000	3200	4000
	储存天数(d)	17.3	37.2	24.4	59	36	56
灌装站	储罐总容量(m³)	2080	2392	2080	398	约800	1020
	储存天数(d)	4.5	15.2	12	11	约7.9	11

注：本表为1987年统计资料。

从上表可见，灌装站储罐设计容量定为计算月平均日供气量的一周左右是符合我国国情的。

8.3.5 因为液化石油气供应基地是城市公用设施重要组成部分之一，故其布局应符合城市总体规划的要求。

液化石油气供应基地的站址应远离居住区、村镇、学校、影剧院、体育馆等人员集中的地区是为了保证公共安全，以防止万一发生像墨西哥和我国吉林那样的恶性事故给人们带来巨大的生命财产损失和长期精神上的恐惧。

8.3.6 本条规定了液化石油气供应基地选址的基本原则

1 站址推荐选择在所在地区全年最小频率风向的上风侧，主要考虑站内储罐或设备泄漏而发生事故时，避免和减少对保护对象的危害；

2 站址应是地势平坦、开阔、不易积存液化石油气的地带，而不应选择在地势低洼，地形复杂，易积存液化石油气的地带，以防止一旦液化石油气泄漏，因积存而造成事故隐患。同时也考虑减少土石方工程量，节省投资；

3 避开地震带、地基沉陷和废弃矿井等地段是为防止万一发生自然灾害而造成巨大损失。

8.3.7 本条规定了液化石油气供应基地全压力式储罐与站外建、构筑物的防火间距。

条文中表8.3.7按储罐总容积和单罐容积大小分为七个档次，分别规定不同的防火间距要求。

第一、二档指小型灌装站；

第三、四档指中型灌装站；

第五、六档指大型储存站、灌装站和储配站；

第七档指特大型储存站。

表8.3.7规定的防火间距主要依据如下：

1 根据国内外液化石油气爆炸和火灾事故实例。当储罐、容器或管道破裂引起大量液化石油气泄漏与空气混合遇到点火源发生爆炸和火灾时，殃及范围和造成的损失与单罐容积、总容积、破坏程度、泄漏量大小、地理位置、气温、风向、风速等条件，以及安全消防设施和扑救等因素有关。

当储罐容积较大，且发生破裂时，其爆炸和火灾事故的殃及范围通常在100~300m甚至更远（根据资料记载最远可达1500m）。

当储罐容积较小，泄漏量不大时，其爆炸和火灾事故的殃及范围近者为20~30m，远者可达50~60m。

在此应说明，像我国吉林和墨西哥那样的恶性事故不作为本条编制依据，因为这类事故仅靠防火间距确保安全既不经济，也不可行。

2 国内有关规范

1）本规范在修订过程中曾与现行国家标准《建筑设计防火规范》GB 50016国家标准管理组多次协调。两规范规定的储罐与站外建、构筑物之间的防火间距协调一致。

2）国内其他有关规范规定的液化石油气储罐与站外建、构筑物之间的防火间距见表41。

表 41 国内有关规范规定的储罐与站外建、构筑物的防火间距（m）

项目 \ 储罐容积 \ 规范名称	《石油化工企业设计防火规范》GB 50160 液化烃罐组	《原油和天然气工程设计防火规范》GB 50183 液化石油气和天然气凝液厂、站、库(m^3)				
		≤200	201～1000	1001～2500	2501～5000	>5000
居住区、公共福利设施、村庄	120	50	60	80	100	120
相邻工厂（围墙）	120	50	60	80	100	120
国家铁路线(中心线)	55	40	50	50	60	60
厂外企业铁路线(中心线)	45	35	40	45	50	55
国家或工业区铁路编组站(铁路中心线或建筑物)	55	—	—	—	—	—
厂外公路(路边)	25	20	25	25	30	30
变配电站(围墙)	80	50	60	70	80	80
架空电力线(中心线) 35kV 以下	1.5 倍杆高	1.5 倍杆高				
架空电力线(中心线) 35kV 以上	1.5 倍杆高，且≥30	40				
架空通信线(中心线) Ⅰ、Ⅱ级	50	40				
架空通信线(中心线) 其他	—	1.5 倍杆高				
通航江、河、海岸边	25					

注：1 居住区、公共福利设施和村庄在 GB 50183 中指 100 人以上。
　　2 变配电站一栏 GB 50183 指 35kV 及以上的变电所，且单台变压器在 10000kV·A 及以上者，单台变压器容量小于 10000kV·A 者可减少 25%。

3 国外有关规范

1) 美国有关规范的规定

美国国家消防协会《液化石油气规范》NFPA58（1998 年版）规定的储罐（单罐容积）与重要建筑、建筑群的防火间距见表 42。

表 42 美国消防协会《液化石油气规范》NFPA58（1998 年版）规定的全压力式储罐与重要公共建筑、建筑群的防火间距

每个储罐的水容积 加仑(m^3) \ 间距 英尺（m）安装形式	覆土储罐或地下储罐	地上储罐
<125(0.5)	—	—
125～250(>0.5～1.0)	10(3)	10(3)
251～500(>1.0～1.9)	10(3)	10(3)
501～2000(>1.9～7.6)	10(3)	25(7.6)
2001～30000(>7.6～114)	50(15)	50(15)
30001～70000(>114～265)	50(15)	75(23)

续表 42

每个储罐的水容积 加仑(m^3) \ 间距 英尺（m）安装形式	覆土储罐或地下储罐	地上储罐
70001～90000(>265～341)	50(15)	100(30)
90001～120000(>341～454)	50(15)	125(38)
120001～200000(>454～757)	50(15)	200(61)
200001～1000000(>757～3785)	50(15)	300(91)
>1000000(>3785)	50(15)	400(122)

美国国家消防协会《公用供气站内液化石油气储存和装卸标准》NFPA59（1998 年版）规定的全压力式储罐与液化石油气站无关的重要建筑、建筑群或可以用于建设的相邻地产之间的距离与 NFPA58 的规定基本相同，故不另列表。

美国石油协会《LPG 设备的设计与制造》API2510（1995 年版）规定的全压力式储罐（单罐容积）与建、构筑物的防火间距见表 43。

表43 美国石油协会《LPG设备设计和制造》API 2510（1995年版）规定的全压力式储罐与建、构筑物的防火间距

每个储罐的水容量 加仑（m³）	与可能开发的相邻地界线 英尺（m）
2000~30000(7.6~114)	50(15)
30000~70000(>114~265)	75(23)
70001~90000(>265~341)	100(30)
90001~120000(>341~454)	125(38)
>120001(>454)	200(61)

注：1 与储罐无关建筑的水平间距100英尺（30m）。
  2 与火炬或其他外露火焰装置的水平间距100英尺（30m）。
  3 与架空电力线和变电站的水平间距50英尺（15m）。
  4 与船运水路、码头和桥礅的水平间距100英尺（30m）。

美国以上三个标准中的储罐均指单罐，当其水容积在12000加仑（45.4m³）或以上时，规定一组储罐台数不应超过6台，组间距不应小于50英尺（15m）。当设置固定水炮时，可减至25英尺（7.6m）。当设置水喷雾系统或绝热屏障时，一组储罐不应超过9台，组间距不应小于25英尺（7.6m）。

 2）澳大利亚标准《LPG-储存和装卸》AS1596-1989规定的地上储罐与建、构筑物的防火间距见表44。

表44 澳大利亚标准《LPG-储存和装卸》AS 1596-1989规定的地上储罐与建、构筑物的防火间距

储罐储存能力（m³）	与公共场所或铁路线的最小距离（m）	与保护场所的最小间距（m）
20	9	15
50	10	18
100	11	20
200	12	25
500	22	45
750	30	60
1000	40	75
2000	50	100
3000	60	120
4000及以上	65	130

注：1 保护场所包括以下任何一种场所：
  住宅、礼拜堂、公共建筑、学校、医院、剧院以及人们习惯聚集的任何建筑物；
  工厂、办公楼、商店、库房以及雇员工作的建筑物；
  可燃物存放地，其类型和数量足以在发生火灾时产生巨大的辐射热而危及液化石油气储罐；位于固定泊锚设施的船舶。
  2 公共场所指不属于私人财产的任何为公众开放的场所，包括街道和公路。

 3）《日本液化石油气安全规则》和《JLPA001一般标准》（1992年）规定。

第一类居住区（指居民稠密区）严禁设置液化石油气储罐，其他区域对储罐容量作了如表45的规定。

表45 液化石油气储罐设置容量的限制表

所在区域	一般居住区	商业区	准工业区	工业区或工业专用用地
储罐容量（t）	3.5	7.0	35	不限

液化石油气储罐与站外一级保护对象或二级保护对象之间的防火间距分别按公式（10）、（11）计算确定。

$$L_1 = 0.12\sqrt{x+10000} \quad (10)$$

$$L_4 = 0.08\sqrt{x+10000} \quad (11)$$

式中 L_1——储罐与一级保护对象的防火间距（m）；当按此式计算结果超过30m时，取不小于30m；
  L_4——储罐与二级保护对象的防火间距（m）；当按此式计算结果超过20m时，取不小于20m；
  x——储罐总容量（kg）。

注：1 一级保护对象指居民区、学校、医院、影剧院、托幼保育院、残疾人康复中心、博物院、车站、机场、商店等公共建筑及设施。
  2 二级保护对象指一级保护对象以外的供居住用建筑物。

当储罐与保护对象不能满足上述公式计算得出的防火间距时，可按《JLPA001一般标准》中的规定，采用埋地、防火墙或水喷雾装置加防火墙等安全措施后，按该标准中规定的相应的公式计算确定。

此外，当单罐容量超过20t时，与保护对象的防火间距不应小于50m，且不应小于按公式 $x = 0.480\sqrt[3]{328 \times 10^3 \times W}$ [式中：W 为储存能力（t）的平方根] 计算得出的间距值。例如：当储存能力为1000t时，其防火间距不应小于104m。可见日本对单罐容积超过20t时，其防火间距要求较大，主要是考虑公共安全。

4 原规范执行情况和局部修订情况

原规范（1993年版）规定的全压力式液化石油气储罐与基地外建、构筑物之间的防火间距是根据20世纪80年代国内情况制订的。原规范1993年颁布以来大都反映表6.3.7中第一、二项规定的防火间距偏大，选址比较困难。据此本规范国家标准管理组根据当时我国液化石油气行业水平，参考国外有关规范，会同有关部门认真讨论，在1998年进行了局部修订，将储罐与居住区、村镇和学校、影剧院、体育馆等重要公共建筑的防火间距，按罐容大小改定为

60～200m；将储罐与工业区的防火间距改定为50～180m。并于1998年10月1日起以局部修订（1998年版）颁布实施。

5 本次修订情况

20世纪90年代以来在我国东南沿海和长江中下游地区先后建成数十座大型液化石油气全压力式储存基地。这些基地的建成带动了我国液化石油气行业的发展，其技术和装备、施工安装、运行管理和员工素质等均有较大提高。有些方面接近或达到世界先进水平。据此，本次修订本着逐步与先进国家同类规范接轨的原则，在1998年局部修订的基础上对原规范第6.3.7条作了修订：

1) 与居住区、村镇和学校、影剧院、体育馆等重要公共建筑的防火间距，按储罐总容积和单罐容积大小由60～200m减少至45～150m。

　本项中，学校、影剧院和体育馆（场）人员流动量大，且集中，故其防火间距应从围墙算起。

2) 将工业区改为工业企业，其防火间距由50～180m减少至27～75m。必须注意，当液化石油气储罐与相邻的建、构筑物不属于本表所列建、构筑物时，方按工业企业的防火间距执行。

3) 本表第3项至第7项是新增加的。根据各项建、构筑物危险性大小和万一发生事故时，与液化石油气储罐之间的相互影响程度，其防火间距与现行国家标准《建筑设计防火规范》GB 50016的规定协调一致。

4) 架空电力线的防火间距做了调整后，与《建筑设计防火规范》的规定一致。

5) 与Ⅰ、Ⅱ级架空通信线的防火间距不变，增加了与其他级架空通信线的防火间距不应小于1.5倍杆高的规定。

表8.3.7中注2　居住区和村镇指1000人或300户以上者是参照现行国家标准《城市居住区规划设计规范》GB 50180规定的居住区分级控制规模中组团一级为1000～3000人和300～700户的下限确定的。

注3　地下液化石油气储罐因其地温比较稳定，故罐内液化石油气饱和蒸气压力较地上储罐稳定，且较低，相对安全些。参照美国、日本和原苏联等国家有关规范，并与公安部七局和《建筑设计防火规范》国家管理组多次协商，规定其单罐容积小于或等于50m³，且总容积小于或等于400m³时，防火间距可按表8.3.7减少50%。

8.3.8 规定了液化石油气供应基地全冷冻式储罐与基地外建、构筑物的防火间距。主要依据如下。

1　国外有关规范

1) 美国、日本和德国等国家标准规定的液化石油气储罐与站外建、构筑物的防火间距与储存规模、单罐容积、安装形式等因素有关，而与储存方式无关，故全冷冻式或全压力式储罐与建、构筑物的防火间距规定相同。

2) 美国消防协会标准NFPA58-1998、NFPA59-1998均规定，按单罐容积大小分档提出不同的防火间距要求。例如：单罐容积大于1000000加仑（3785m³）时，不论采用哪种储存方式，与重要建筑物、可燃易燃液体储罐和可以进行建设的相邻地产界线的距离均不小于122m。

美国石油协会标准API2510-1995规定单罐容积大于454m³时，其防火间距不应小于61m。如果相邻地界有住宅、公共建筑、集会广场或工业用地时，应采用较大距离或增加安全防护措施。

3) 日本《石油密集区域灾害防止法》规定，大型综合油气基地与人口密集区域（学校、医院、剧场、影院、重要文化遗产建筑、日流动人口2万以上车站、建筑面积2000m²以上的商店、酒店等）的安全距离不小于150m；与上述区域以外的居民居住建筑的安全距离不小于80m。

《日本液化石油气安全规则》规定大于或等于990t的全冷冻式储罐与第一种保护对象的防火间距不应小于120m，与第二种保护对象不应小于80m。

4) 德国TRB810规定有防液堤的全冷冻式液化石油气单罐容积大于3785m³时与建筑物距离不小于60m。

2　国内情况

近年来为适应我国液化石油气市场需要先后在深圳、太仓、汕头和张家港等地区已建成一批大型全冷冻式液化石油气储存基地。这些基地的建设大都引进国外技术，与基地外建、构筑物之间的防火间距是参照国外有关规范和《建筑设计防火规范》，并结合当地情况与安全主管部门协商确定的。

3　全冷冻式液化石油气储罐是借助罐壁保冷、可靠的制冷系统和自动化安全保护措施保证安全运行。这种储存方式是比较安全的，目前未曾发生重大事故。

我国已建成的全冷冻式液化石油气供应基地虽然积累了一定的设计、施工和运行管理经验，但根据我国国情表8.3.8中第1～3项的防火间距取与本规范第8.3.7条罐容大于5000m³一档规定相同，略大于国外有关规范的规定。

表8.3.8中第4项以后的各项的防火间距主要是参照本规范第8.3.7条罐容大于5000m³一档和《建

筑设计防火规范》中的有关规定确定的。

表8.3.8注1 本表所指的储罐为单罐容积大于5000m³的全冷冻式储罐。根据有关部门的统计资料，目前我国每年进口液化石油气约600万t，预测以后逐年将以10%的速度增加。从技术、安全和经济等方面考虑，这种储存基地的建设应以大型为主，故对单罐容积大于5000m³储罐与站外建、构筑物的防火间距作了具体规定。当单罐容积小于或等于5000m³时，其防火间距按本规范表8.3.7中总容积相对应档的全压力式液化石油气储罐的规定执行。

注2 说明同8.3.7条注2。

8.3.9 本条规定的液化石油气供应基地全压力式储罐与站内建、构筑物的防火间距主要依据与本规范第8.3.7条类同，并本着内外有别的原则确定其防火间距，即与站内建、构筑物的间距较与站外小些。本条规定自颁布以来，工程建设实践证明基本是可行的。在本条修订过程中与《建筑设计防火规范》国家标准管理组进行了认真协调。同时对原规范按建、构筑物功能和危险类别进行排序，并对防火间距做了适当调整。

8.3.10 全冷冻式和全压力式液化石油气储罐不得设置在同一储罐区内，主要防止其中一种形式储罐发生事故时殃及另一种形式储罐。特别是当全压力式储罐发生火灾时导致全冷冻式储罐的保冷绝热层遭到破坏，是十分危险的。各国有关规范均如此规定。

关于两者防火间距 美国石油协会标准API2510-95规定不应小于相邻较大储罐直径的3/4，且不应小于30m。《日本石油密集区域灾害防止法》规定不应小于35m。据此，本条规定取较大值，即两者间距不应小于相邻较大罐的直径，且不应小于35m。

8.3.11 本条规定了液化石油气供应基地的总平面布置基本要求。

1 液化石油气供应基地必须分区布置。首先将其分为生产区和辅助区，其次按功能和工艺路线分小区布置。主要考虑：有利按本规范规定的防火间距大小顺序进行总图布置，节约用地；便于安全管理和生产管理；储罐区布置在边侧有利发展等。

2 生产区宜布置在站区全年最小频率风向上风侧或上侧风侧，主要考虑液化石油气泄漏和发生事故时减少对辅助区的影响，故有条件时推荐按本款规定执行。

3 灌瓶间的气瓶装卸台前应留有较宽敞的汽车回车场地是为了便于运瓶汽车回车的需要。场地宽度根据日灌瓶量和运瓶车往返的频繁程度确定，一般不宜小于30m。大型灌瓶站应宽敞一些，小型灌站可窄一些。

8.3.12 液化石油气供应基地的生产区和生产区与辅助区之间应设置高度不低于2m的不燃烧体实体围墙，主要是考虑安全防范的需要。

辅助区的其他各侧围墙改为可设置不燃烧体非实体墙，因为辅助区没有爆炸危险性建、构筑物，同时有利辅助区进行绿化和美化。

8.3.13 关于消防车道设置的规定是根据液化石油气储罐总容量大小区分的。储罐总容积大于500m³时，生产区应设置环形消防车道。小于500m³时，可设置尽头式消防车道和面积不小于12m×12m的回车场，这是消防扑救的基本要求。

8.3.14 液化石油气供应基地出入口设置的规定，除生产需要外还考虑发生火灾时保证消防车畅通。

8.3.15 因为气态液化石油气密度约为空气的2倍，故生产区内严禁设置地下、半地下建、构筑物，以防积存液化石油气酿成事故隐患。

同时，规定生产区内设置地下管沟时，必须填满干砂。

8.3.18 铁路槽车装卸栈桥上的液化石油气装卸鹤管应设置便于操作的机械吊装设施，主要考虑防止进行装卸作业时由于鹤管回弹而打伤操作人员和减轻劳动强度。

8.3.19 全压力式液化石油气储罐不应少于2台的规定是新增加的，主要考虑储罐检修时不影响供气，及发生事故时，适应倒罐的要求。

本条同时规定了地上液化石油气储罐和储罐区的布置要求。

1 储罐之间的净距主要是考虑施工安装、检修和运行管理的需要，故规定不应小于相邻较大罐的直径。

2 数个储罐总容积超过3000m³时应分组布置。

国外有关规范对一组储罐的台数作了规定。如美国NFPA58-1998、NFPA59-1998和API2510-1995规定单罐容积大于或等于12000加仑（45.4m³）时，一组储罐不应多于6台，增加安全消防措施后可设置9台，主要考虑组内储罐台数太多事故概率大，且管路系统复杂，维修管理麻烦，也不经济。本条虽对组内储罐台数未作规定，但设计时一组储罐台数不宜过多。

组与组之间的距离不应小于20m，主要考虑发生事故时便于扑救和减少对相邻储罐组的殃及。

3 组内储罐宜采用单排布置，主要防止储罐一旦破裂时对邻排储罐造成严重威胁，乃至破坏而造成二次事故。

国外有关规范不允许储罐轴向面对建、构筑物布置，值得我们设计时借鉴。

4 储罐组四周应设置高度为1m的不燃烧体实体防护墙是防止储罐或管道发生破坏时，液态液化石油气外溢而造成更大的事故。吉林事故的实例证明了设置防护墙的必要性。此外，防护墙高度为1m不会使储罐区因通风不良而窝气。

8.3.21 地下储罐设置方式有：直埋式、储槽式（填砂、充水或机械通风）和覆盖式（采用混凝土或其他材料将储罐覆盖）等。在我国多采用储槽式，即将地下储罐置于钢筋混凝土槽内，并填充干砂，比较安全、切实可行，故推荐这种设置方式。

储罐罐顶与槽盖内壁间距不宜小于0.4m，主要考虑使其液温（罐内压力）比较稳定。

储罐与隔墙或槽壁之间的净距不宜小于0.9m主要是考虑安装和检修的需要。

此外，尚应注意在进行钢筋混凝土槽设计和施工时，应采取防水和防漂浮的措施。

8.3.22 本条规定与《建筑设计防火规范》一致。

当液化石油气泵设置在泵房时，应能防止不发生气蚀，保证正常运行。

当液化石油气泵露天设置在储罐区内时，宜采用屏蔽泵。

8.3.23 正确地确定液化石油气泵安装高度（以储罐最低液位为准，其安装高度为负值）是防止泵运行时发生汽蚀，保证其正常运行的基本条件，故设计时应予以重视。

1 为便于设计时参考，给出离心式烃泵安装高度计算公式。

$$H_b \geq \frac{102 \times 10^3}{\rho} \sum \Delta P + \Delta h + \frac{u^2}{2g} \quad (12)$$

式中 H_b——储罐最低液面与泵中心线的高程差（m）；

$\sum \Delta P$——储罐出口至泵入口管段的总阻力损失（MPa）；

Δh——泵的允许气蚀余量（m）；

u——液态液化石油气在泵入口管道中的平均流速，可取小于1.2（m/s）；

g——重力加速度（m/s²）；

ρ——液态液化石油气的密度（kg/m³）。

2 容积式泵（滑片泵）的安装要求根据产品样本确定。当样本未给出安装要求时，储罐最低液位与泵中心线的高程差可取不小于0.6m，烃泵吸入管段的水平长度可取不大于3.6m，且应尽量减少阀门和管件数量，并尽量避免管道采用向上竖向弯曲。

8.3.26 本条防火间距的编制依据与第8.3.9条类同。

因为灌瓶间和瓶库内储存一定数量实瓶，参照《建筑设计防火规范》中甲类库房和厂房与建筑物防火间距的规定，按其总存瓶量分为≤10t、>10～≤30t和>30t（分别相当于储存15kg实瓶为≤700瓶、>700瓶～≤2100瓶和>2100瓶）三个档次分别提出不同的防火间距要求。同时，对原规范按建、构筑物功能、危险类别调整排序，并对防火间距进行了局部调整后列于表8.3.26。

1 因为生活、办公用房与明火、散发火花地点不属同类性质场所，故将其单列在第2项，其防火间距为20～30m，比原规定减少5～10m。

2 汽车槽车库、汽车槽车装卸台（柱）、汽车衡及其计量室关系密切均列入第4项，其防火间距改为15～20m。

3 空压机室、变配电室列于第6项，并增加了柴油发电机房，其防火间距调整为15～20m。

4 因机修间、汽车库有时有明火作业列为第7项，其防火间距规定同本表第1项。

5 其余各项不变。

表8.3.26中注2 瓶库系灌瓶间的附属建筑，考虑便于配置机械化运瓶设施和瓶车装卸气瓶作业，故其间距不限。

注3 为减少占地面积和投资，计算月平均日灌瓶量小于700瓶的中、小型灌装站的压缩机室可与灌瓶间合建成一幢建筑物，为保证安全，防止和减少发生事故时相互影响，两者之间应采用防火墙隔开。

注4 计算月平均日灌瓶量小于700瓶的中、小型灌装站（供应量小于3000t/a，供应居民小于10000户），1～2d一辆汽车槽车送液化石油气即可满足供气需要。为减少占地面积和节约投资可将汽车槽车装卸柱附设在灌瓶间或压缩机室山墙的一侧。为保证安全，其山墙应是无门、窗洞口的防火墙。

8.3.27 灌瓶间内气瓶存放量（实瓶）是根据各地燃气公司实际运行情况确定的。一些灌装站的实际气瓶存放情况见表46。

从上表可以看出，存瓶量取1～2d的计算月平均日灌瓶量是可以保证连续供气的。

灌瓶间和瓶库内气瓶应按实瓶区和空瓶区分组布置，主要考虑便于有序管理和充分利用其有效的建筑面积。

表46 一些灌装站气瓶实际储存情况

站名	津二灌瓶站	宁第一灌瓶厂	沪国权路灌瓶站	沈灌瓶站	汉灌瓶站	长春站
平均日灌瓶量（个/d）	约3000	7000～8000	1300～1400	1500	1500～1600	1500
储存瓶数（个）	3000～4000	8000	6000～7000	1000	4000	4500
储存天数（d）	>1	约1	约4	0.67	2.7	约3

8.3.28 本条规定是为了保证液化石油气的灌瓶质量，即灌装量应保证在允许误差范围内和瓶体各部位不应漏气。

8.3.33 液化石油气汽车槽车车库和汽车槽车装卸台（柱）属同一性质的建、构筑物，且两者关系密切，故规定其间距不应小于 6m。当邻向装卸台（柱）一侧的汽车槽车库外墙采用无门、窗洞口的防火墙时，其间距不限，可节约用地。

8.3.34 汽车槽车装卸台（柱）的快装接头与装卸管之间应设置阀门是为了减少装卸车完毕后液化石油气排放量。

推荐在汽车槽车装卸柱的装卸管上设置拉断阀是防止万一发生误操作将其管道拉断而引起大量液化石油气泄漏。

8.3.35 液化石油气储配站、灌装站备用新瓶数量可取总供应户数的 2% 左右，是根据各站实际运行经验确定的。

8.3.36 新瓶和检修后的气瓶首次灌瓶前将其抽至 80.0kPa 真空度以上，可保证灌装完毕后，其瓶内气相空间的氧气含量控制在 4% 以下，以防止燃气用具首次点火时发生爆鸣声。

8.3.37 本条规定主要考虑有 3 点：

1 限制储罐总容积不大于 10m³，为减少发生事故时造成损失。

2 设置在储罐室内以减少液化石油气泄漏时向锅炉房一侧扩散。

3 储罐室与锅炉房的防火间距不应小于 12m，是根据《建筑设计防火规范》中甲类厂房的防火间距确定的。面向锅炉房一侧的储罐室外墙应采用无门、窗洞口的防火墙是安全防火措施。

8.3.38 设置非直火式气化器的气化间可与储罐室毗连，可减少送至锅炉房的气态液化石油气管道长度，防止再液化。为保证安全，还规定气化间与储罐室之间采用无门、窗洞口的防火墙隔开。

8.4 气化站和混气站

8.4.1 气化站和混气站储罐设计总容量根据液化石油气来源的不同做了原则性规定。

为保证安全供气和节约投资。由生产厂供应时，其储存时间长些，储罐容积较大；由供应基地供气时其储存时间短些，储罐容积较小。

8.4.2 气化站和混气站站址选择原则宜按本规范第 8.3.6 条执行。这是选址的基本要求。

8.4.3 本条是新增加的。因为近年来随着我国城市现代化建设发展的需要，气化站和混气站建站数量渐多，规模也有所增大，有些站的供气规模已达供应居民（10～20）万户，同时还供应商业和小型工业用户等。本条编制依据与第 8.3.7 条类同。

1 表 8.4.3 将储罐总容积小于或等于 50m³，且单罐容积小于或等于 20m³ 的储罐共分三档，分别提出不同的防火间距要求。这类气化站和混气站属小型站，相当于供应居民 10000 户以下，为节约投资和便于生产管理宜靠近供气负荷区选址建站。

2 储罐总容积大于 50m³ 或单罐容积大于 20m³ 的储罐，与站外建、构筑物之间的防火间距按本规范第 8.3.7 条的规定执行，根据储罐确定是合理的。

8.4.4 本条是在原规范的基础上按储罐总容积和单罐容积扩展后分七档，分别提出不同的防火间距要求。

第一至三档指小型气化站和混气站，相当于供应居民 10000 户以下；

第四、五档指中型气化站和混气站，相当于供应居民 10000～50000 户；

第六、七档指大型气化站和混气站相当于供应居民 50000 户以上；

本条表 8.4.4 规定的防火间距与第 8.3.9 条基本类同，其编制依据亦类同。

表 8.4.4 注 4 中燃气热水炉是指微正压室燃式燃气热水炉。这种燃气热水炉燃烧所需空气完全由鼓风机送入燃烧室，其燃烧过程是全封闭的，在微正压下燃烧无外露火焰，其燃烧过程实现自动化，并配有安全连锁装置，故该燃气热水炉间可不视为明火、散发火花地点，其防火间距按罐容不同分别规定为 15～30m。当采用其他燃烧方式的燃气热水炉时，该建筑视为明火、散发火花地点，其防火间距不应小于 30m。

注 5 是新增加的。空温式气化器通常露天就近储罐区（组）设置，两者的距离主要考虑安装和检修需要，并参考国外有关规范确定的。

8.4.5 本条规定与第 8.3.11 条的规定基本一致。

8.4.6 本条规定与第 8.3.12 条的规定基本一致，但对储罐总容积等于或小于 50m³ 的小型气化站和混气站，为节约用地，其生产区和辅助区之间可不设置分区隔墙。

8.4.10 工业企业内液化石油气气化站的储罐总容积不大于 10m³ 时，可将其设置在独立建筑物内是为了保证安全，并节约用地。同时，对室内储罐布置和与其他建筑物的防火间距作了具体规定。

1 室内储罐布置主要考虑安装、运行和检修的需要。

2、3 储罐室与相邻厂房和相邻厂房室外设备之间的防火间距分别不应小于表 8.4.10 和 12m 的规定是按《建筑设计防火规范》中甲类厂房的防火间距规定确定的。

4 气化间可与储罐室毗连是考虑工艺要求和节省投资。但设置直火式气化器的气化间不得与储罐室毗连是防止一旦储罐泄漏而发生事故。

8.4.11 本条是新增加的。主要考虑执行本规范时的可操作性。

8.4.12 本条是在原规范基础上修订的。具体内容和防火间距的规定与表 8.4.4 中储罐总容积小于或等于 10m³ 一档的规定基本相同，个别项目低于前表的规定。

注 1 空温式气化器气化方式属降压强制气化,其气化压力较低,虽设置在露天,其防火间距按表 8.4.12 的规定执行是可行的。

注 2 压缩机室与气化间和混气间属同一性质建筑,将其合建可节省投资、节约用地和便于管理。

注 3 燃气热水炉间的门不得面向气化间、混气间是从安全角度考虑,以防止气化间、混气间有可燃气体泄漏时,窜入燃气热水炉间。柴油发电机伸向室外的排气管管口不得面向具有爆炸危险性建筑物一侧,是为了防止排放的废气带火花时对其构成威胁。

注 4 见本规范表 8.4.4 注 4 说明。

8.4.13 储罐总容积小于或等于 100m³ 的气化站和混气站,日用气量较小,一般 2~3d 来一次汽车槽车向站内卸液化石油气,故允许将其装卸柱设置在压缩机室的山墙一侧。山墙采用无门、窗洞口的防火墙是为保证安全运行。

8.4.15 本条是新增加的。燃气热水炉间与压缩机室、汽车槽车库和装卸台(柱)的防火间距规定不应小于 15m,与本规范表 8.4.12 气化间和混气间与燃气热水炉间的防火间距规定相同。

8.4.16 本条是在原规范的基础上修订的。

1 气化、混气装置的总供气能力应根据高峰小时用气量确定,并合理地配置气化、混气装置台数和单台装置供气能力,以适应用气负荷变化需要。

2 当设有足够的储气设施时,可根据计算月最大日平均小时用气量确定总供气能力以减少装置配置台数和单台装置供气能力。

8.4.18 气化间和混气间关系密切将其合建成一幢建筑,节省投资和用地,且便于工艺布置和运行管理。

8.4.19 本条是对液化石油气混气系统工艺设计提出的基本要求。

1 液化石油气与空气的混合气体中,液化石油气的体积百分含量必须高于其爆炸上限的 2.0 倍,是安全性指标,这是根据原苏联建筑法规的规定确定的。

2 混合气作为调峰气源、补充气源和代用其他气源时,应与主气源或代用气源具有良好的燃烧互换性是为了保证燃气用具具有良好的燃烧性能和卫生要求。

3 本款规定是保证混气系统安全运行的重要安全措施。

4 本款是新增加的。规定在混气装置出口总管上设置混合气热值取样管,并推荐采用热值仪与混气装置连锁,实时调节混气比和热值,以保证燃器具稳定燃烧。

8.4.20 本条是新增加的。

热值仪应靠近取样点设置在混气间内的专用隔间或附属房间内是根据运行经验和仪表性能要求确定的,以减少信号滞后。此外,因为热值仪带有常明小火,为保证安全运行对热值仪间的安全防火设计要求作了具体规定。

8.4.21 本条规定是为了防止液态液化石油气和液化石油气与其他气体的混合气在管内输送过程中产生再液化而堵塞管道或发生事故。

8.5 瓶组气化站

8.5.1 本条是在原规范基础上修订的。修订后分别对两种气化方式的瓶组气化站气瓶的配置数量作了相应的规定。

1 采用强制气化方式时,主要考虑自气瓶组向气化器供气只是部分气瓶运行,其余气瓶备用。根据运行经验,气瓶数量按 1~2d 的计算月最大日用气量配置可以保证连续向用户供气。

2 采用自然气化方式时,在用气时间内使用瓶组的气瓶,吸收环境大气热量而自然气化向用户供气。使用瓶组气瓶通常是同时运行的。为保证连续向用户供气,故推荐备用瓶组的气瓶配置数量与使用瓶组相同。当供气户数较少时,根据具体情况可采用临时供气瓶组代替备用瓶组,以保证在更换气瓶时正常向用户供气。

采用自然气化方式时,其使用瓶组、备用瓶组(或临时供气瓶组)气瓶配置数量参照日本有关资料和我国实际情况给出下列计算方法,供设计时参考。

1) 使用瓶组的气瓶配置数量可按公式(13)计算确定。

$$N_s = \frac{Q_f}{\omega} + N_y \quad (13)$$

式中 N_s——使用瓶组的气瓶配置数量(个);

Q_f——高峰用气时间内平均小时用气量。可参照本规范第 10.2.9 条公式计算或根据统计资料得出高峰月高峰日小时用气量变化表,确定高峰用气持续时间和高峰用气时间内平均小时用气量(kg/h);

ω——高峰用气持续时间内单瓶小时自然气化能力。此值与液化石油气组分,环境温度和高峰用气持续时间等因素有关。不带和带有自动切换装置的 50kg 气瓶组单瓶自然气化能力可参照表 47 和 48 确定(kg/h);

N_y——相当于 1d 左右计算月平均日用气量所需气瓶数量(个)。

2) 备用瓶组气瓶配置数量 N_b 和使用瓶组气瓶配置数量 N_s 相同,即:

$$N_b = N_s \quad (14)$$

表47 不带自动切换装置的50kg气瓶组单瓶自然气化能力

高峰用气持续时间(h)	1		2		3		4	
气温(℃)	5	0	5	0	5	0	5	0
高峰小时单瓶气化能力(kg/h)	1.14	0.45	0.79	0.39	0.67	0.34	0.62	0.32
非高峰小时单瓶气化能力(kg/h)	0.26	0.26	0.26	0.26	0.26	0.26	0.26	0.26

表48 带有自动切换装置的50kg气瓶组单瓶自然气化能力

高峰用气持续时间(h)	1		2		3		4	
气温(℃)	5	0	5	0	5	0	5	0
高峰小时单瓶气化能力(kg/h)	2.29	1.37	1.50	0.99	1.30	0.88	1.18	0.79
非高峰小时单瓶气化能力(kg/h)	0.41	0.41	0.41	0.41	0.41	0.41	0.41	0.41

3) 当采用临时瓶组代替备用瓶组供气时,其气瓶配置数量可根据更换使用瓶组所需要的时间、高峰用气时间内平均小时用气量和临时供气时间内单瓶小时自然气化能力计算确定。

临时供气瓶组的气瓶配置数量可按公式(15)计算确定。

$$N_L = \frac{Q_f}{\omega_L} \qquad (15)$$

式中 N_L——临时供气瓶组的气瓶配置数量(个);
Q_f——同公式(13);
ω_L——更换气瓶时,临时供气瓶组的单瓶自然气化能力,可参照表49确定(kg/h)。

4) 总气瓶配置数量

①瓶组供应系统的总气瓶配置数量按公式(16)计算。

$$N_Z = N_s + N_b = 2N_s \qquad (16)$$

式中 N_Z——总气瓶配置数量(个);

其余符号同前。

②采用临时供气瓶组代替备用瓶组时,其瓶组供应系统总气瓶配置数量按公式(17)计算。

$$N_Z = N_s + N_L \qquad (17)$$

式中 N_Z——总气瓶配置数量(个);
N_L——临时供气瓶组的气瓶配置数量(个);
其余符号同前。

表49 临时供气的50kg气瓶组单瓶自然气化能力(kg/h)

更换气瓶时间	2d			1d			1h			30min		
气温(℃)	5	0	−5	5	0	−5	5	0	−5	5	0	−5
高峰用气持续时间4h	1.8	1.0	0.2	2.5	1.7	0.9	—					
高峰用气持续时间3h	2.3	1.3	0.3	3.0	2.0	1.0	8.0	6.8	4.8	14.8	11.8	8.7
高峰用气持续时间2h	3.3	2.1	1.0	4.1	2.9	1.7	—					
高峰用气持续时间1h	6.4	4.4	2.5	7.1	5.1	4.2	—					

8.5.2 采用自然气化方式供气,且瓶组气化站的气瓶总容积不超过1m³(相当于8个50kg气瓶)时,允许将其设置在与建筑物(重要公共建筑和高层民用建筑除外)外墙毗连的单层专用房间内。为了保证安全运行,同时提出相应的安全防火设计要求。

本条"注"是新增加的。根据工程实践,当瓶组间独立设置,且面向相邻建筑物的外墙采用无门、窗洞口的防火墙时,其防火间距不限,是合理的。

8.5.3 当瓶组气化站的气瓶总容积超过1m³时,对瓶组间的设置提出了较高的要求,即应将其设置在独立房间内。同时,规定其房间高度不应低于2.2m。

表8.5.3对瓶组间与建、构筑物的防火间距分两档提出不同要求,其依据与本规范第8.6.4条的依据类同,但较其同档瓶库的防火间距的规定略大些。

注2 当瓶组间的气瓶总容积大于4m³时,气瓶数量较多,其连接支管和管件过多,漏气概率大,操作管理也不方便,故超过此容积时,推荐采用储罐。

注3 瓶组间和气化间与值班室的间距不限,可节省投资、节约用地和便于管理。但当两者毗连时,应采用无门、窗洞口的防火墙隔开,且值班室内的用电设备应采用防爆型。

8.5.4 本条是新加的。明确规定瓶组气化站的气瓶不得设置在地下和半地下室内,以防因泄漏、窝气而发生事故。

8.5.5 瓶组气化站采用强制气方式供气时,其气化间和瓶组间属同一性质的建筑,考虑接管方便,利于管理和省投资,故推荐两者合建成一幢建筑物,但其间应设置不开门、窗洞口的隔墙。隔墙的耐火极限不应低于 3h,是按《建筑设计防火规范》GB 50016 确定。

8.5.6 本条是新增加的。目前有些地区采用空温式气化器,并将其设置在室外,为接管方便,宜靠近瓶组间。参照国外规范的有关规定,两者防火间距不限。空温式气化器的气化温度和气化压力均较低,故与明火、散发火花地点和建、构筑物的防火间距可按本规范第 8.5.3 条气瓶总容积小于或等于 2m³ 一档的规定执行。

8.5.7 对瓶组气化站,考虑安全防护和管理需要,并兼顾与小区景观协调,故推荐其四周设置非实体围墙,但其底部实体部分高度不应低于 0.6m。围墙应采用不燃烧材料砌筑,上部可采用不燃烧体装饰墙或金属栅栏。

8.6 瓶装液化石油气供应站

8.6.1 本条原规定的瓶装液化石油气供应站的供应范围(规模)和服务半径较大,用户换气不够方便,与站外建、构筑物的防火间距要求较大,建设用地多,站址选择比较困难。新建瓶装供应站选址只有纳入城市总体规划或居住区详规,才能得以实现。近年来随着市场经济的发展,这种服务半径较大的供应方式已不能满足市场需要。因此,在全国各城镇,特别是东南沿海和经济发达地区纷纷涌现了存瓶量较小和设施简陋的各种形式售瓶商店(代客充气服务站、分销店、代销店等)。这类商店在一些大中城市已达数百家之多。例如:在广东省除广州市原有 5 座瓶装供应站外,其余各城市多采用售瓶商店的方式向客户供气。长沙市有各类售瓶商店达 500 多家,天津市有 200 多家。这类售瓶商店虽然对活跃市场、方便用户起到积极作用,但因无序发展,环境比较复杂,设施比较简陋,规范经营者较少,不同程度上存在事故隐患,威胁自身和环境安全。为了规范市场,有序管理,更好地为客户服务,一些城市燃气行业管理部门多次提出,为解决瓶装液化石油气供应站选址困难,为适应市场需要,建议采用多元化的供应方式,瓶装液化石油气采用物流配送方式供应各类客户用气。物流配送供应方式是以电话、电脑等工具作交易平台,由配送中心、配送站、分销(代销)点、流动配送车辆等组成配送服务网络,实行现代化经营,可安全优质地为客户服务。并对原规范进行修订。

考虑燃气行业管理部门的上述意见,为适应市场经济发展的需要和体现规范可操作性的原则,故将瓶装液化石油气供应站按其供应范围(规模)和气瓶总容积分为:Ⅰ、Ⅱ、Ⅲ级站。

1 Ⅰ级站相当于原规范的瓶装供应站,其供应范围(规模)一般为 5000~7000 户,少数为 10000 户左右。这类供应站大都设置在城市居民区附近,考虑经营管理、气瓶和燃器具维修、方便客户换气和环境安全等,其供应范围不宜过大,以 5000~10000 户较合适,气瓶总容积不宜超过 20m³(相当于 15kg 气瓶 560 瓶左右)。

2 Ⅱ级站供应范围宜为 1000~5000 户,相当于现行国家标准《城市居住区规划设计规范》GB 50180 规定的 1~2 个组团的范围。该站可向Ⅲ级站分发气瓶,也可直接供应客户。气瓶总容积不宜超过 6m³(相当于 15kg 气瓶 170 瓶左右)。

3 Ⅲ级站供应范围不宜超过 1000 户,因为这类站数量多,所处环境复杂,故限制气瓶总容积不得超过 1m³(相当于 15kg 气瓶 28 瓶)。

8.6.2 液化石油气气瓶严禁露天存放,是为防止因受太阳辐射热致使其压力升高而发生气瓶爆炸事故。

Ⅰ、Ⅱ级瓶装供应站的瓶库推荐采用敞开和半敞开式建筑,主要考虑利于通风和有足够的防爆泄压面积。

8.6.3 Ⅰ级瓶装供应站的瓶库一般距面向出入口一侧居住区的建筑相对远一些,考虑与周围环境协调,故面向出入口一侧可设置高度不低于 2m 的不燃烧体非实体围墙,且其底部实体部分高度不应低于 0.6m,其余各侧应设置高度不低于 2m 的不燃烧体实体围墙。

Ⅱ级瓶装供应站瓶库内的存瓶较少,故其四周设置非实体围墙即可,但其底部实体部分高度不应低于 0.6m。围墙应采用不燃烧材料。主要考虑与居住区景观协调。

8.6.4 Ⅰ、Ⅱ级瓶装供应站的瓶库与站外建、构筑物之间的防火间距按其级别和气瓶总容积分为四档,提出不同的防火间距要求。

Ⅰ级瓶装供应瓶库内气瓶的危险性较同容积的储罐危险性小些,故其防火间距较本规范第 8.4.3 条和第 8.4.4 条气化站、混气站中第一、二档储罐规定的防火间距小些。

同理,Ⅱ级瓶装供应站瓶库的防火间距较本规范第 8.5.3 条同容积瓶组间规定的防火间距小些。

8.6.5 Ⅰ级瓶装供应站内一般配置修理间,以便进行气瓶和燃器具等简单维修作业,生活、办公建筑的室内时有炊事用火,故瓶库与两者的间距不应小于 10m。

营业室可与瓶库的空瓶区一侧毗连以便于管理,其间采用防火墙隔开是考虑安全问题。

8.6.6 Ⅱ级瓶装供应站由瓶库和营业室组成。站内不宜进行气瓶和燃器具维修作业。推荐两者连成一幢建筑，有利选址，节省用地和投资。

8.6.7 Ⅲ级瓶装供应站俗称售瓶点或售瓶商店。这种站随市场需要，其数量较多，为规范管理，保证安全供气，故采用积极引导的思路，对其设置条件和应采取的安全措施给予明确规定。

8.7 用 户

8.7.1 居民使用的瓶装液化石油气供应系统由气瓶、调压器、管道及燃器具等组成。

设置气瓶的非居住房间室温不应超过45℃，主要是为保证安全用气，以防止因气瓶内液化石油气饱和蒸气压升高时，超过调压器进口最高允许工作压力而发生事故。

8.7.2 居民使用的气瓶设置在室内时，对其布置提出的要求主要考虑保证安全用气。

8.7.3 单户居民使用的气瓶设置在室外时，推荐设置在贴邻建筑物外墙的专用小室内，主要是针对别墅规定的。小室应采用不燃烧材料建造。

8.7.4 商业用户使用的50kg液化石油气气瓶组，严禁与燃烧器具布置在同一房间内是防止事故发生的基本措施。同时，规定了根据气瓶组的气瓶总容积大小按本规范第8.5节的有关规定进行瓶组间的设置。

8.8 管道及附件、储罐、容器和检测仪表

8.8.1 本条规定了液化石油气管道材料应根据输送介质状态和设计压力选择，其技术性能应符合相应的现行国家标准和其他有关标准的规定。

8.8.3 液态液化石油气输送管道和站内液化石油气储罐、容器、设备、管道上配置的阀门和附件的公称压力（等级）应高于其设计压力是根据《压力容器安全技术监察规程》和《工业金属管道设计规范》GB 50316的有关规定，以及液化石油气行业多年的工程实践经验确定的。

8.8.4 根据各地运行经验，参照《压力容器安全技术监察规程》和国外有关规范，本条规定液化石油气储罐、容器、设备和管道上严禁采用灰口铸铁阀门及附件。在寒冷地区应采用钢质阀门及附件，主要是防止因低温脆断引起液化石油气泄漏而酿成爆炸和火灾事故。

8.8.5 本条规定用于液化石油气管道系统上采用耐油胶管时，其公称工作压力不应小于6.4MPa是参照国外有关规范和国内实践确定的。

8.8.6 本条对站区室外液化石油气管道敷设的方式提出基本要求。

站区室外管道推荐采用单排低支架敷设，其管底与地面净距取0.3m左右。这种敷设方式主要是便于管道施工安装、检修和运行管理，同时也节省投资。

管道跨越道路采用支架敷设时，其管底与地面净距不应小于4.5m，是根据消防车的高度确定的。

8.8.9 液化石油气储罐最大允许充装质量是保证其安全运行的最重要参数。参照国家现行《压力容器安全技术监察规程》、美国国家消防协会标准NFPA58-1998、NFPA59-1998和《日本JLPA001一般标准》等有关规范的规定，并根据我国液化石油气站的运行经验，本条采用《日本JLPA001一般标准》相同的规定。

液化石油气储罐最大允许充装质量应按公式$G=0.9\rho V_h$计算确定。

式中：系数0.9的含义是指液温为40℃时，储罐最大允许体积充装率为90%。液化石油气储罐在此规定值下运行，可保证罐内留有足够的剩余空间（气相空间），以防止过量灌装。同时，按本规范第8.8.12条规定确定的安全阀开启压力值，可保证其放散前，罐内尚有3%～5%的气相空间。0.9是保证储罐正常运行的重要安全系数。

ρ是指40℃时液态液化石油气的密度。该密度应按其组分计算确定。当组分不清时，按丙烷计算。组分变化时，按最不利组分计算。

8.8.10 根据国家现行《压力容器安全技术监察规程》第37条的规定，设计盛装液化石油气的储存容器，应参照行业标准HG20592～20635的规定，选取压力等级高于设计压力的管法兰、垫片和紧固件。液化石油气储罐接管使用法兰连接的第一个法兰密封面，应采用高颈对焊法兰，金属缠绕垫片（带外环）和高强度螺栓组合。

8.8.11 本条对液化石油气储罐接管上安全阀件的配置作了具体规定，以保证储罐安全运行。

容积大于或等于50m³储罐液相出口管和气相管上必须设置紧急切断阀，同时还应设置能手动切断的装置。

排污管阀门处应防水冻结，并应严格遵守排污操作规程，防止因关不住排污阀门而产生事故。

8.8.12 本条规定了液化石油气储罐安全阀的设置要求。

1 安全阀的结构形式必须选用弹簧封闭全启式。选用封闭式，可防止气体向周围低空排放。选用全启式，其排放量较大。安全阀的开启压力不应高于储罐设计压力是根据《压力容器安全技术监察规程》的规定确定的。

2 容积为100m³和100m³以上的储罐容积较大，故规定设置2个或2个以上安全阀。此时，其中一个安全阀的开启压力按本条第1款的规定取值，其余可略高些，但不得超过设计压力的1.05倍。

3 为保证安全阀放散时气流畅通，规定其放散管管径不应小于安全阀的出口直径。地上储罐放散管管口应高出操作平台2m和地面5m以上，地下储罐应高出地面2.5m以上，是为了防止气体排放时，操

作人员受到伤害。

4 美国标准NFPA58规定液化石油气储罐与安全阀之间不允许安装阀门，国家现行标准《压力容器安全技术监察规程》规定不宜设置阀门，但考虑目前国产安全阀开启后回座有时不能保证全关闭，且规定安全阀每年至少进行一次校验，故本款规定储罐与安全阀之间应设置阀门。同时规定储罐运行期间该阀门应全开，且应采用铅封或锁定（或拆除手柄）。

8.8.15 本条规定了液化石油气储罐上仪表的设置要求。

在液化石油气储罐测量参数中，首要的是液位，其次是压力，再次是液温。因此其仪表设置根据储罐容积的大小作了相应的规定。

储罐不分容积大小均必须设置就地指示的液位计、压力表。

单罐容积大于100m³的储罐除设置前述的就地指示仪表外，尚应设置远传显示液位计、压力表和相应的报警装置。

同时，推荐就地指示液位计采用能直接观测储罐全液位的液位计。因为这种液位计最直观，比较可靠，适于我国国情。

8.8.18 液化石油气站内具有爆炸危险的场所应设置可燃气体浓度检测报警器。检测器设置在现场，报警器应设置在有值班人员的场所。报警器的报警浓度应取液化石油气爆炸下限的20%。此值是参考国内外有关规范确定的。"20%"是安全警戒值，以警告操作人员迅速采取排险措施。瓶装供应站和瓶组气化站等小型液化石油气站危险性小些，也可采用手提式可燃气体浓度检测报警器。

8.9 建、构筑物的防火、防爆和抗震

8.9.1 为防止和减少具有爆炸危险的建、构筑物发生火灾和爆炸事故时造成重大损失，本条对其耐火等级、泄压措施、门窗和地面做法等防火、防爆设计提出了基本要求。

8.9.2 具有爆炸危险的封闭式建筑物应采取良好的通风措施。设计可根据建筑物具体情况确定通风方式。采用强制通风时，事故通风能力是按现行国家标准《采暖通风和空气调节设计规范》GB 50019的有关规定确定的。采用自然通风时，通风口的面积和布置是参照日本规范确定的，其通风次数相当于3次/h。

8.9.3 本条所列建筑物在非采暖地区推荐采用敞开式或半敞开式建筑，主要是考虑利于通风。同时也加大了建筑物的泄压比。

8.9.4 对具爆炸危险的建筑，其承重结构形式的规定是参照现行国家标准《建筑设计防火规范》GB 50016有关规定确定的，以防止发生事故时建筑倒塌。

8.9.5 根据调查资料，有的液化石油气站将储罐置于砖砌或枕木等制作的支座上，没有良好的紧固措施，一旦发生地震或其他灾害十分危险，故本条规定储罐应牢固地设置在基础上。

对卧式储罐应采用钢筋混凝土支座。

球形储罐的钢支柱应采用不燃烧隔热材料保护层，其耐火极限不应低于2h，以防止储罐直接受火过早失去支撑能力而倒塌。耐火极限不低于2h是参照美国规范NFPA58-98的规定确定的。

8.10 消防给水、排水和灭火器材

8.10.1 本条是根据现行国家标准《建筑设计防火规范》中有关规定确定的。

8.10.2 液化石油气储罐和储罐区是站内最危险的设备和区域，一旦发生事故其后果不堪设想。液化石油气储罐区一旦发生火灾时，最有效的办法之一是向着火和相邻储罐喷水冷却，使其温度、压力不致升高。具体办法是利用固定喷水冷却装置对着火储罐和相邻储罐喷水将其全覆盖进行降温保护，同时利用水枪进行辅助灭火和保护，故其总用水量应按储罐固定喷水冷却装置和水枪用水量之和计算，具体说明如下。

1 本款规定的液化石油气储罐固定喷水冷却装置的设置范围及其用水量的计算方法，（保护面积和冷却水供水强度）与《建筑设计防火规范》GB 50016的规定一致。

液化石油气储罐区的消防用水量具体计算方法如下。

$$Q = Q_1 + Q_2 \quad (18)$$

式中 Q——储罐区消防用水量（m³/h）；
Q_1——储罐固定喷水冷却装置用水量（m³/h），按公式（19）计算；
Q_2——水枪用水量（m³/h）。

$$Q_1 = 3.6F \cdot q + 1.8 \sum_{i=1}^{n} F_i \cdot q \quad (19)$$

式中 F——着火罐的全表面积（m²）；
F_i——距着火罐直径（卧式罐按直径和长度之和的一半）1.5倍范围内各储罐中任一储罐全表面积（m²）；
q——储罐固定喷水冷却装置的供水强度，取0.15L/(s·m²)。

2 水枪用水量按不同罐容分档规定，与《建筑设计防火规范》的规定一致。

本款注2储罐总容积小于或等于50m³，且单罐容积小于或等于20m³的储罐或储罐区，其危险性小些，故可设置固定喷水冷却装置或移动式水枪，其消防水量按表8.10.2规定的水枪用水量计算。

3 本款是新增加的。因为地下储罐发生火灾时，其罐体不会直接受火，故可不设固定水喷淋装置，其消防水量按水枪用水量确定。

8.10.4 消防水池（罐）容量的确定与《建筑设计防

火规范》的规定一致。

8.10.6 因为固定喷水冷却装置采用喷雾头,对其储罐冷却效果较好,故对球形储罐推荐采用。卧式储罐的喷水冷却装置可采用喷淋管。

储罐固定喷水冷却装置的喷雾头或喷淋管孔的布置应保证喷水冷却时,将其储罐表面全覆盖,这是对其设计的基本要求。同时,对储罐液位计、阀门等重要部位也应采取喷水保护。

8.10.7 储罐固定喷水冷却装置出口的供水压力不应小于0.2MPa是根据现行国家标准《水喷雾灭火系统设计规范》GB 50219规定确定的。水枪供水压力是根据国内外有关规范确定的。

8.10.9 液化石油气站内具有火灾和爆炸危险的建、构筑物应设置干粉灭火器,其配置数量和规格根据场所的危险情况和现行国家标准《建筑灭火器配置设计规范》GB 50140的有关规定确定。因为液化石油气火灾爆炸危险性大,初期发生火灾如不及时扑救,将使火势扩大而造成巨大损失。故本条规定的干粉灭火器的配置数量和规格较《建筑灭火器配置设计规范》的规定大一些。

8.11 电 气

8.11.1 本条规定了液化石油气供应基地、气化站和混气站的用电负荷等级。

液化石油气供应基地停电时,不会影响供气区域内用户正常用气,其供电系统用电负荷等级为"三级"即可。但消防水泵用电,应为"二级"负荷,以保证火灾时正常运行。

液化石油气气化站和混气站是采用管道向各类用户供气,为保证用户安全用气,不允许停电,并应保证消防用电需要,故规定其用电负荷等级为"二级"。

8.11.2 本条中的附录E是根据现行国家标准《爆炸和火灾环境电力装置设计规范》GB 50058,并考虑液化石油气站内运行介质特性、工艺过程特征、运行经验和释放源情况等因素进行释放源等级划分。在划定释放源等级后,根据其级别和通风等条件再进行爆炸危险区域等级和范围的划分。

爆炸危险区域范围的划分与诸多因素有关,如:可燃气体的泄放量、释放速度、浓度、爆炸下限、闪点、相对密度、通风情况、有无障碍物等。因此,具体爆炸危险区域范围划分的规定在世界各国还是一个长期没有得到妥善解决的问题。目前美国电工委员会(IEC)对爆炸危险区域范围的划分仅做原则性规定。GB 50058规定的具体尺寸是推荐性的等效采用了国际上广泛采用的美国石油学会API-RP-500和美国国家消防协会(NFPA)的有关规定。本规范在此也作了推荐性的规定。具体设计时,需要结合液化石油气站用电场所的实际情况妥善地进行爆炸危险区域范围的划分和相应的设计才能保证安全,切忌生搬硬套。

9 液化天然气供应

9.1 一 般 规 定

9.1.1 本条规定了本章适用范围。

液化天然气(LNG)气化站(又称LNG卫星站),是城镇液化天然气供应的主要站场,是一种小型LNG的接收、储存、气化站,LNG来自天然气液化工厂或LNG终端接收基地或LNG储配站,一般通过专用汽车槽车或专用气瓶运来,在气化站内设有储罐(或气瓶)、装卸装置、泵、气化器、加臭装置等,气化后的天然气可用做中小城镇或小区、或大型工业、商业用户的主气源,也可用做城镇调节用气不均匀的调峰气源。

规定液化天然气总储存量不大于2000m³,主要考虑国内目前液化天然气生产基地数量和地理位置的实际情况以及安全性,现有的液化天然气气化站的储存天数较长(一般在7d内)等因素而确定的,该总储存量可以满足一般中小城镇的需要。

9.1.2 由于本章不适用的工程和装置设计,在规模上和使用环境、性质上均与本规范有较大差异,因此应遵守其他有关的相应规范。

9.2 液化天然气气化站

9.2.4 本条规定了液化天然气气化站的液化天然气储罐、天然气放散总管与站外建、构筑物的防火间距。

1 液化天然气是以甲烷为主要组分的烃类混合物,从液化石油气(LPG)与液化天然气的主要特性对比(见表50)中可见,LNG的自燃点、爆炸极限均比LPG高;当高于-112℃时,LNG蒸气比空气轻,易于向高处扩散;而LPG蒸气比空气重,易于在低处集聚而引发事故;以上特点使LNG在运输、储存和使用上比LPG要安全些。

表50 液化石油气与液化天然气的主要特性对比

项　　目	液化石油气(商品丙烷)	液化天然气
在1大气压力下初始沸腾点(℃)	-42	-162
15.6℃时,每立方米液体变成蒸气后的体积(m³)	271	约600
蒸气在空气中的爆炸极限(%)	2.15~9.60	5.00~15.00
自燃点(℃)	493	650
蒸气的低发热值(kJ/m³)	93244	约35900

4—139

续表50

项 目	液化石油气（商品丙烷）	液化天然气
蒸气的相对密度（空气为1）	15.6℃时为1.50	纯甲烷在高于−112℃时比15.6℃的空气轻
蒸气压力（表压 kPa）	37.8℃时不大于1430	在常温下放置，液态储罐的蒸气压力将不断增加
15.6℃时，每立方米液体的质量（kg/m³）	504	430～470

从燃烧发出的热量大小看，可以反映出对周围辐射热影响的大小。同样1m³的LNG或LPG（以商品丙烷为例）变化为气体后，燃烧所产生的热量LNG比LPG要小一些，对周围辐射热影响也小些，采用表50数据经计算燃烧所产生的热量如下：

液化天然气　35900×600=2154×10⁴kJ
商品丙烷气　93244×271=2527×10⁴kJ

2 综上所述，在防火间距和消防设施上对于小型LNG气化站的要求可比LPG气化站降低一些，但考虑到LNG气化站在我国尚处于初期发展阶段，采用与LPG气化站基本相同的防火间距和消防设施也是适宜的。

表9.2.4中LNG储罐与站外建、构筑物的防火间距，是参考我国LPG气化站的实践经验和本规范LPG气化站的有关规定编制的。

3 表9.2.4中集中放散装置的天然气放散总管与站外建、构筑物的防火间距，是参照本规范天然气门站、储配站的集中放散装置放散管的有关规定编制的。

9.2.5 本条规定了液化天然气气化站的液化天然气储罐、天然气放散总管与站内建、构筑物的防火间距。

1 本条的编制依据与第9.2.4条类同。

美国消防协会《液化天然气生产、储存和装卸标准》NFPA59A（2001年版）规定的液化天然气储罐拦蓄区与建筑物和建筑红线的间距见表51。

表51 拦蓄区到建筑物和建筑红线的间距

储罐水容量（m³）	从拦蓄区或储罐排水系统边缘到建筑物和建筑红线最小距离（m）	储罐之间最小距离（m）
<0.5	0	0
0.5～1.9	3	1
1.9～7.6	4.6	1.5

续表51

储罐水容量（m³）	从拦蓄区或储罐排水系统边缘到建筑物和建筑红线最小距离（m）	储罐之间最小距离（m）
7.6～56.8	7.6	1.5
56.8～114	15	1.5
114～265	23	相邻罐直径之和的1/4但不小于1.5m
>265	0.7倍罐直径，但不小于30m	相邻罐直径之和的1/4但不小于1.5m

表9.2.5中LNG储罐与站内建、构筑物的防火间距，是参考我国LPG气化站的实践经验、本规范LPG气化站的有关规定和NFPA59A的有关规定编制的。

2 表9.2.5中集中放散装置的天然气放散总管与站内建、构筑物的防火间距，是参照本规范天然气门站、储配站的集中放散装置放散管的有关规定编制的。

9.2.10 本条规定了液化天然气储罐和储罐区的布置要求。

1 储罐之间的净距要求是参照NFPA59A（见表51）编制的。

2～4 款是参照NFPA59A（2001年版）编制的，其中第3款的"防护墙内的有效容积"是指防护墙内的容积减去积雪、其他储罐和设备等占有的容积和裕量。

5 是保障储罐区安全的需要。

6 是参照NFPA57《液化天然气车（船）载燃料系统规范》（1999年版）的规定编制的。容器容积太大，遇有紧急情况时，在建筑物内不便于搬运。而长期放置在建筑物内的装有液化天然气的容器，将会使容器压力不断上升或经安全阀排放天然气，造成事故或浪费能源、污染环境。

9.2.11 本条规定了气化器、低温泵的设置要求。

1 参照NFPA59A标准，气化器分为加热、环境和工艺等三类。

1）加热气化器是指从燃料的燃烧、电能或废热取热的气化器。又分为整体加热气化器（热源与气化换热器为一体）和远程加热气化器（热源与气化换热器分离，通过中间热媒流体作传热介质）两种。

2）环境气化器是指从天然热源（如大气、海水或地热水）取热的气化器。本规范中将从大气取热的气化器称为空温式气化器。

3）工艺气化器是指从另一个热力或化学过

程取热，或储备或利用 LNG 冷量的气化器。

2 环境气化器、远程加热气化器（当采用的热媒流体为不燃烧流体时），可设置在储罐区内，是参照 NFPA57（1999 年版）的规定编制的。

设在储罐区的天然气气体加热器也应具备上述环境式或远程加热气化器（当采用的热媒流体为不燃烧流体时）的结构条件。

9.2.12 液化天然气集中放散装置的汇集总管，应经加热将放散物天然气加热成比空气轻的气体后方可放散，是使天然气易于向上空扩散的安全措施，放散总管距其 25m 内的建、构筑物的高度要求是参照本规范天然气门站、储配站的放散总管的高度规定编制的。

天然气的放散是迫不得已采取的措施，对于储罐经常出现的 LNG 自然蒸发气（BOG 气）应经储罐收集后接到向外供应天然气的管道上，供用户使用。

9.3 液化天然气瓶组气化站

9.3.1 液化天然气瓶组气化站供应规模的确定主要依据如下：

液化天然气瓶组气化站主要供应城镇小区，气瓶组总容积 $4m^3$ 可以满足 2000～2500 户居民的使用要求，同时从安全角度考虑供应规模不宜过大。

为便于装卸、运输、搬运和安装，单个气瓶容积宜采用 175L，最大不应大于 410L，是根据实践和国内产品规格编制的。

9.3.2 本条编制依据与第 9.2.4 条类同。

LNG 气瓶组与建、构筑物的防火间距是参考本规范中液化石油气瓶间组至建、构筑物的防火间距编制的，但考虑到液化石油气的最大气瓶为 50kg（容积 118L），而 LNG 气瓶最大为 410L，因而对气瓶组至民用建筑或重要公共建筑的防火间距规定，LNG 气瓶组比液化石油气气瓶间要大一些。

关于液化天然气气瓶上的安全阀是否要汇集后集中放散的问题，目前存在不同做法，只要是能保证系统的安全运行，可由设计人员根据实际情况确定，本规范不作硬性统一的规定。当需要设放散管时，放散口应引到安全地点。

9.4 管道及附件、储罐、容器、气化器、气体加热器和检测仪表

9.4.1 本条规定了液化天然气储罐和设备的设计温度，是参照 NFPA59A 标准编制的。

9.4.3 本条规定了液化天然气管道连接和附件的设计要求，是参照 NFPA59A 标准编制的。

9.4.7 液态天然气管道上两个切断阀之间设置安全阀是为了防止因受热使其压力升高而造成管道破裂。

9.4.8 本条规定了液化天然气卸车软管和附件的设计要求，是参照 NFPA59A 标准编制的。

9.4.14 本条规定了液化天然气储罐仪表设置的设计要求，是参照 NFPA59A 标准编制的。

9.4.15 本条规定了气化器的液体进口紧急切断阀的设计要求，是参照 NFPA59A 标准编制的。

9.4.16 本条规定了气化器安全阀的设计要求，是参照 NFPA59A 标准编制的。安全阀可以设在气化器上，也可设在紧接气化器的出口管道上。

9.4.17～9.4.19 此三条规定是参照 NFPA59A 标准编制的。

9.4.21 本条规定了液化天然气气化站紧急关闭系统的设计要求，是参照 NFPA59A 标准编制的。

9.5 消防给水、排水和灭火器材

9.5.1～9.5.4 此四条规定了液化天然气气化站消防给水的设计要求。

1 根据欧洲标准《液化天然气设施与设备 陆上设施的设计》BSEN1473-1997 的有关说明，在液化天然气气化站内消防水有着与其他消防系统不同的用途，水既不能控制也不能熄灭液化天然气液池火灾，水在液化天然气中只会加速液化天然气的气化，进而增加其燃烧速度，对火灾的控制只会产生相反的结果。在液化天然气气化站内消防水大量用于冷却受到火灾热辐射的储罐和设备或可能以其他方式加剧液化天然气火灾的任何被火灾吞灭的结构，以减少火灾升级和降低设备的危险。

2 条文制定的原则是根据 NFPA58 和 NFPA59A 中有关消防系统的制订原则而确定的。根据 NFPA58 和 NFPA59A 的有关液化石油气和液化天然气站区的消防系统设计要求是基本一致的情况，因此编制的液化天然气气化站的消防系统设计的要求和本规范中的液化石油气供应的消防系统设计有关要求基本一致。

9.5.5 本条规定是参照 NFPA59A 标准编制的。

9.5.6 液化天然气气化站内具有火灾和爆炸危险的建、构筑物、液化天然气储罐和工艺装置设置小型干粉灭火器，对初期扑灭失火避免火势扩大，具有重要作用，故应设置。根据《建筑灭火器配置设计规范》GB 50140 的规定，站内液化天然气储罐或工艺装置区应按严重危险级配置灭火器材。

9.6 土建和生产辅助设施

9.6.2 本条规定了液化天然气工艺设备的建、构筑物的通风设计要求，是参照 NFPA59A 标准编制的。

9.6.3 液化天然气气化站承担向城镇或小区大量用户或大型用户等供气的重要任务，电力的保证是气化站正常运行的必备条件，其用电负荷及其供配电系统设计应符合《供配电系统设计规范》GB 50052 "二级"负荷的有关规定。

10 燃气的应用

10.1 一般规定

10.1.1 燃气系统设计指的是工艺设计。对于土建、公用设备等项设计还应按其他标准、规范执行。

10.2 室内燃气管道

10.2.1 本条规定了室内燃气管道的最高压力，主要参照原苏联和美国的规范编制的。

1 原苏联《燃气供应标准》(1991年版)5.29条规定：安装在厂房内或住宅及非生产性公共建筑外墙上的组合式调压器的燃气进口压力不应超过下列规定：
　　住宅和非生产性公共建筑——0.3MPa；
　　工业（包括锅炉房）和农业企业——1.2MPa。

2 美国规范 ASME B31.8 输气和配气系统第845.243条对送给家庭、小商业和小工业用户的燃气压力做了如下限定：
　　用户调压器的进口压力应小于或等于60磅/平方英寸（0.41MPa），如超压时应自动关闭并人工复位；
　　用户调压器的进口压力小于或等于125磅/平方英寸（0.86MPa）时，除调压器外还应设置一个超压向室外放空的泄压阀，或在上游设辅助调压器，使通到用户的燃气压力不超过最大安全值。

3 我国燃气中压进户的情况。
　　四川、北京、天津等有高、中压燃气供应的城市中，有一部分锅炉房和工业车间内燃气的供应压力已达到0.4MPa，然后由专用调压器调至0.1MPa以下供用气设备使用；
　　北京、成都、深圳等市早已开展了中压进户的工作，详见表52。

表 52　我国部分城市中压进户的使用情况表

地点	燃气种类	厨房内调压器入口压力（MPa）	使用时间（年）
北京	人工煤气	0.1	20以上
成都	天然气	0.2	20以上
深圳	液化石油气	0.07	20以上

4 国外中压进户表前调压的入户压力在第十五届世界煤气会议上曾有过报导，其入户的允许压力值详见表53。

表 53　国外中压进户的燃气压力值

国别	户内表前最高允许压力（MPa）	国别	户内表前最高允许压力（MPa）
美国	0.05	法国	0.4
英国	0.2	比利时	0.5

5 中压进厨房的限定压力为0.2MPa，主要是根据我国深圳等地多年运行经验和参照国外情况制定的，为保证运行安全，故将进厨房的燃气压力限定为0.2MPa。

6 本条的表注1为等同美国国家燃气规范 ANSIZ 223.1-1999规定。

10.2.2 本条规定了用气设备燃烧器的燃气额定压力。

1 燃气额定压力是燃烧器设计的重要参数。为了逐步实现设备的标准化、系列化，首先应对燃气额定压力进行规定。

2 一个城市低压管网压力是一定的，它同时供应几种燃烧方式的燃烧器（如引射式、机械鼓风的混合式、扩散式等），当低压管网的压力能满足引射式燃烧器的要求时，则更能满足另外两种燃烧器的要求（另外两种燃烧器对压力要求不太严格），故对所有低压燃烧器的额定压力以满足引射式燃烧器为准而作了统一的规定，这样就为低压管网压力确定创造了有利条件。

3 国内低压燃气燃烧器的额定压力值如下：
　　人工煤气：1.0kPa；天然气：2.0kPa；液化石油气：2.8kPa（工业和商业可取5.0kPa）。

4 国外民用低压燃气燃烧器的额定压力值如下：
　　1）人工煤气：日本 1.0kPa（煤气用具检验标准）；原苏联 1.3kPa（《建筑法规》-1977）；美国 1.5kPa（ASAZ21.1.1-1964）。
　　2）天然气：法国 2.0kPa（法国气体燃料用具的鉴定）；原苏联 2.0kPa（《建筑法规》-1977）；美国 1.75kPa（ASAZ21.1.1-1964）。
　　3）液化石油气：原苏联 3.0kPa（《建筑法规》-1977）；日本 2.8kPa（日本 JIS）；美国 2.75kPa（ASAZ21.1.1）。

10.2.3 本条将原规范应采用镀锌钢管，改为宜采用钢管。对规范规定的其他管材，在有限制条件下可采用。

10.2.4 对钢管螺纹连接的规定的依据如下：

1 管道螺纹连接适用压力上限定为0.2MPa是参照澳大利亚标准，但澳大利亚在此压力下，一般用于室外调压器之前，我国螺纹标准编制说明中也指出，采用圆锥内螺纹与圆锥外螺纹（锥/锥）连接时，可适用更高的介质压力。但考虑到室内管量大、面广、管件质量难保证、缺乏经常性维护、与用户安全关系密切等，故本规范对压力小于或等于0.2MPa时只限在室外采用，室内螺纹连接只用于低压。

2 美国国家燃气规范 ANSIZ223.1-1999，对室内燃气管螺纹规定采用（锥/锥）连接，最高压力可用于0.034MPa。

我国国产螺纹管件一般为锥管螺纹。故本规范对室内燃气管螺纹规定采用（锥/锥）连接。

10.2.5 本条规定了铜管用做燃气管的使用条件。

1 城镇燃气中硫化氢含量的限定：

GB 17820-1999《天然气》标准附录 A 规定，金属材料无腐蚀的含量为小于或等于 $6mg/m^3$（湿燃气）。

美国《燃气规范》ANSIZ 223.1-1999 规定，对铜材允许的含量为小于或等于 $7mg/m^3$（湿燃气）。

原苏联《燃气规范》和我国《天然气》标准规定，对钢材允许的含量为小于或等于 $20mg/m^3$（湿燃气）。

本规范对铜管采用的是小于或等于 $7mg/m^3$ 的要求。

2 几个国家户内常用的铜管类型和壁厚见表 54。据此本规范对燃气用铜管选用为 A 型或 B 型。

3 我国已有铜管国家标准，上海、佛山等城市使用铜管用于燃气已有 4～5 年，明装和暗埋的均有，但以暗埋敷设的为主。

表 54 几个国家户内常用的铜管类型及壁厚

通径 (mm)	中国 类型、壁厚 (mm)			澳大利亚 类型、壁厚 (mm)				美国 壁厚 (mm)
	A	B	C	A	B	C	D	—
5	1.0	0.8	0.6	—	—	—	—	—
6	1.0	0.8	0.6	0.91	0.71	—	—	—
8	1.0	0.8	0.6	0.91	0.71	—	—	—
10	1.2	0.8	0.6	1.02	0.91	0.71	—	—
15	1.2	1.0	0.7	1.02	0.91	0.71	—	1.06
—	1.2	1.0	0.8	1.22	1.02	0.91	—	1.07
20	1.5	1.2	—	1.42	1.22	—	—	1.14
25	1.5	1.2	—	1.63	1.22	0.91	—	1.27
32	2.0	1.5	1.2	1.63	1.22	—	0.91	1.40
40	2.0	1.5	1.2	1.63	1.22	—	0.91	1.52

注：1 澳大利亚燃气安装标准 AS5601-2000/AG601-2000，规定燃气用户选用的铜管应为 A 型或 B 型。

2 美国联邦法规 49-192(2000)，规定了如上表所列燃气用户铜管的最小壁厚。

3 我国现行国家标准《天然气》GB17820-1999 附录 A 中规定：燃气中 $H_2S \leq 6mg/m^3$ 时，对金属无腐蚀；$H_2S \leq 20mg/m^3$ 时，对钢材无明显腐蚀。

4 根据美国西南研究院（SWRI）和天然气研究院（GRI），关于"天然气成分对铜腐蚀作用的试验评估"（1993 年 3 月）：

1）试验分析表明，天然气中硫化氢、氧气和水的浓度在规定范围内（水：$112mg/m^3$，硫化氢：$5.72～22.88mg/m^3$，总硫：$229～458mg/m^3$，二氧化碳 2.0%～3.0%，氧气：0.5%～1.0%），铜管 20 年的最大的穿透值为 0.23mm，一般铜管的壁厚为 0.90mm 以上，所以铜管不会因腐蚀而穿透。

2）试验表明，天然气中硫化氢、氧气和水的浓度在规定范围内，腐蚀产物可能在铜管内形成，并可能脱落阻塞下游设备的喷嘴；可通过设过滤器除去腐蚀产物的碎片，以减少设备的堵塞；也可选用内壁衬锡的铜管，以防止铜管的内腐蚀。

10.2.6 对不锈钢管规定的根据如下：

1 薄壁不锈钢管的壁厚不得小于 0.6mm（DN15 及以上），按 GB/T 12771 标准，一般 DN15 及以上（外径≥13mm）管子的壁厚≥0.6mm，而外径 8～12mm 管子壁厚为 0.3～0.5mm，比波纹管壁厚大。

管道连接方式一般可分以下六大类：螺纹连接、法兰连接、焊接连接、承插连接、粘结连接、机械连接（如胀接、压接、卡压、卡套等）。螺纹连接等前四种属传统的应用面较普遍的连接方式。粘结连接具有局限性。机械连接一般指较灵活的、现场可组装的，即安装较简便的连接方式。

薄壁不锈钢管采用承插氩弧焊式管件属无泄漏接头连接，与卡压、卡套等机械连接相比较具有明显优点，故推荐选用。

2 不锈钢波纹管的壁厚不得小于 0.2mm，是目前国内产品的一般要求。

3 薄壁不锈钢管和不锈钢波纹管必须有防外部损坏的保护措施，是参照美国、荷兰和欧洲燃气规范编制的。

10.2.7 本条规定了铝塑复合管用做燃气管的使用条件。

1 目前国外用于燃气的铝塑复合管的国家有荷兰（NPR3378-10，2001）和澳大利亚（AS5601-2004）等，本条规定的根据主要来源于澳大利亚燃气安装标准（2004 年版），该标准规定有铝塑管不允许暴露在 60℃ 以上的温度下，最高使用压力为 70kPa 等要求。

2 防阳光直射（防紫外线），防机械损伤等是对聚乙烯管的一般要求，由于铝塑复合管的内、外均为聚乙烯，因而也应有此要求。欧洲（BSEN1775-1998）、美国法规 49-192(2000)、荷兰（NPR3378-10，2001）等国外《燃气规范》对室内用的 PE 和 PE/Al/PE 等塑料管均有上述规定要求。

3 铝塑复合管我国已有国家标准，长春、福州等城市使用铝塑复合管用于燃气已有 7～8 年，主要采用明装且限用于住宅单元内的燃气表后。考虑到铝塑复合管不耐火和塑料老化问题，故本规范限制只允许在户内燃气表后采用。

10.2.9 关于居民生活使用的燃具同时工作系数（简

称"系数"），是由上海煤气公司综合了上海、北京、沈阳、成都等地区的测定资料，经过整理、计算、验证后推荐的数据，详见附录F。由于"系数"的测定验证仅限于四个城市，就我国广大地区而言，尚有一定的局限性，故条文用词采用"可"。

10.2.11 低压燃气管道的计算总压力降可按本规范第6.2.8条确定，至于其在街区干管、庭院管和室内管中的分配，应根据建筑物等情况经技术经济比较后确定。当调压站供应压力不大于5kPa的低压燃气时，对我国一般情况，参照原苏联《建筑法规》并作适当调整，推荐表55作为室内低压燃气管道压力损失控制值，可供设计时参考。

表55 室内低压燃气管道允许的阻力损失参考表

燃气种类	从建筑物引入管至管道末端阻力损失（Pa）	
	单层	多层
人工煤气、矿井气	200	300
天然气、油田伴生气、液化石油气混空气	300	400
液化石油气	400	500

注：1 阻力损失包括计量装置的损失。
  2 当由楼幢调压箱供应低压燃气时，室内低压燃气管道允许的阻力损失，也可按本规范第6.2.8条计算确定。

推荐表55中室内燃气管道允许的阻力损失的参考值理由如下：

1 原苏联的住宅中一般不设燃气计量装置。

 1）原苏联《室内燃气设备设计标准》（建筑法规Ⅱ）-62规定：当有使用气体燃料的采暖用具（炉子、小型采暖炉、壁炉）时，居住建筑的住宅中不设燃气表。

 2）原苏联《建筑法规》-77规定，室内压降的分配没提到燃气表的压力降。

 3）原苏联《建筑法规》-77规定：为了计量供给工业企业、公用生活企业和锅炉房的燃气流量应规定设置流量计（注：住宅计量没有规定）。

2 家用膜式燃气表的阻力损失。

 1）在原TJ 28-78《城市煤气设计规范》规定：低压计量装置的压力损失：当流量等于或小于$3m^3/h$时，不应大于120Pa；当流量大于$3m^3/h$，等于或小于$100m^3/h$时，不应大于200Pa；当流量大于$100m^3/h$时，应根据所选的表型确定。

 2）在GB/T 6968-1997《膜式煤气表》的表5中规定：煤气表的最大流量值Q_{max}为$1\sim 10m^3/h$时，总压力损失最大值为200Pa。

 3）综上所述，家用燃气表的阻力损失一般为：流量小于或等于$3m^3/h$时，阻力损失可取120Pa；大于$3m^3/h$而小于或等于$10m^3/h$，或在1.5倍额定流量下使用时，阻力损失可取200Pa。

3 室内燃气管道阻力损失的参考值。

因原苏联住宅厨房内不设置煤气表，故供气系统的阻力损失值不能等同采用原苏联《建筑法规》中的数值（详见本规范条文说明表27），故作适当调整（见表55和表28）。

10.2.14 本条规定的目的是为了保证用气的安全和便于维修管理。

1 人工煤气引入管管段内，往往容易被萘、焦油和管道内腐蚀铁锈所堵塞，检修时要在引入管阀门处进行人工疏通管道的工作，需要带气作业。此外阀门本身也需要经常维修保养。因此，凡是检修人员不便进入的房间和处所都不能敷设燃气引入管。

2 规定燃气引入管应设在厨房或走廊等便于检修的非居住房间内的根据是：

原苏联1977年《建筑法规》第8.21条规定：住房内燃气立管规定设在厨房、楼梯间或走廊内；

我国的实际情况也是将燃气引入管设在厨房、楼梯间或走廊内。

10.2.16 规定燃气引入管"穿过建筑物基础、墙或管沟时，应设置在套管中"，前者是防止当房屋沉降时压坏燃气管道，以及在管道大修时便于抽换管道；后者是防止燃气管道漏气时沿管沟扩散而发生事故。

对于高层建筑等沉降量较大的地方，仅采取将燃气管道设在套管中的措施是不够的，还应采取补偿措施，例如，在穿过基础的地方采用柔性接ება或波纹补偿器等更有效的措施，用以防止燃气管道损坏。

10.2.18 燃气引入管的最小公称直径规定理由如下：

1 当输送人工煤气或矿井气时，我国多数燃气公司根据多年生产实践经验，规定最小公称直径为DN25。国外有关资料如英国、美国、法国等国家也规定了最小公称直径为DN25。为了防止造成浪费，又要防止管道堵塞，根据国内外情况，将输送人工煤气或矿井气的引入管最小公称直径定为DN25。

2 当输送天然气或液化石油气时，因这类燃气中杂质较少，管道不易堵塞，且燃气热值高，因此引入管的管径不需过大。故将引入管的最小公称直径规定为：天然气DN20，液化石油气DN15。

10.2.19 本条规定了引入管阀门布置的要求。

规定"对重要用户应在室外另设置阀门"。这是为了万一在用气房间发生事故时，能在室外比较安全地带迅速切断燃气，有利于保证用户的安全。重要用户一般系指：国家重要机关、宾馆、大会堂、大型火车站和其他重要建筑物等，具体设计时还应听取当地主管部门的意见予以确定。

10.2.21 本条规定了地下室、半地下室、设备层和地上密闭房间敷设燃气管道时应具备的安全条件。

10.2.22 地下室和半地下室一般通风较差，比空气重的液化石油气泄漏后容易集聚达到爆炸极限并发生事故，故规定上述地点不应设置液化石油气管道和设备。当确需设置在上述地点时，参考美国、日本和我国深圳市的经验，建议采取下述安全措施，经专题技术论证并经建设、消防主管部门批准后方可实施。

  1 只限地下一层靠外墙部位使用的厨房烹调设备采用，其装机热负荷不应大于 0.75MW（58.6kg/h 的液化石油气）；

  2 应使用低压管道液化石油气，引入管上应设紧急自动切断阀，停电时应处于关闭状态；

  3 应有防止燃气向厨房相邻房间泄漏的措施；

  4 应设置独立的机械送排风系统，通风换气次数：正常工作不应小于 6 次/h，事故通风时不应小于 12 次/h；

  5 厨房及液化石油气管道经过的场所应设置燃气浓度检测报警器，并由管理室集中监视；

  6 厨房靠外墙处应有外窗并经过竖井直通室外，外窗应为轻质泄压型；

  7 电气设备应采用防爆型；

  8 燃气管道敷设应符合本规范第 10.2.21、10.2.23 条规定等。

10.2.23 本条规定了在地下室、管道井等危险部位敷设燃气管道时的具体安全措施。

  1 管道提高一个压力等级的含义是指：低压提高到 0.1MPa；中压 B 提高到 0.4MPa；中压 A 提高到 0.6MPa。

  3 管道焊缝射线照相检验，主要是根据现行国家标准《工业金属管道工程施工及验收规范》GB 50235-1997 中 7.4.3.1 条的规定和我国燃气管道焊接的实际情况确定的。

10.2.25 室内燃气管道一般均应明设，这是为了便于检修、检漏并保证使用安全；同时明设作法也较节约。在特殊情况下（例如考虑美观要求而不允许设明管或明管有可能受特殊环境影响而遭受损坏时）允许暗设，但必须便于安装和检修，并达到通风良好的条件（通风换气次数大于 2 次/h），例如装在具有百页盖板的管槽内等。

燃气管道暗设在建筑物的吊顶或密封的Ⅱ形管槽内，为上海市推荐做法及规定。

室内水平干管尽量不穿建筑物的沉降缝，但有时不可避免，故规定为不宜。穿时应采取防护措施。

10.2.27 本条规定了燃气管道井的安全措施。燃气管道与下水管等设在同一竖井内为国内、以及澳大利亚住宅管道井的普遍做法，多年运行没发生什么问题。管道井防火、通风措施是根据国内管道井的普遍做法。主要是根据国家《建筑设计防火规范》、美国《燃气规范》和国内实际做法规定的。

10.2.28 高层建筑立管的自重和热胀冷缩产生的推力，在管道固定支架和活动支架设计、管道补偿等设计上是必须要考虑的，否则燃气管道可能出现变形、折断等安全问题。

10.2.29 室内燃气管道在设计时必须考虑工作环境温度下的极限变形，否则会使管道热胀冷缩造成扭曲、断裂，一般可以用室内管道的安装条件做自然补偿，当自然条件不能调节时，必须采用补偿器补偿；室内管道宜采用波纹补偿器；因波纹补偿器安装方便，调节安装误差的幅度大，造型也轻巧美观。

补偿量计算温度为国内设计计算时的推荐数据。

10.2.31 本条规定了住宅内暗埋燃气管道的安全要求，为澳大利亚、荷兰等国外标准规定和我国上海等地的习惯做法。

机械接头指胀接、压接、卡压、卡套等连接方式用的接头，管螺纹连接未列入机械连接中。

10.2.32 住宅内暗封的燃气管道指隐蔽在柜橱、吊顶、管沟等部位的燃气管道。

10.2.33 为了使商业和工业企业室内暗设的燃气管便于安装和检修，并能延长使用年限达到安全可靠的目的，条文提出了敷设方式及措施。

10.2.34 民用建筑室内水平干管不应埋设在地下和地面混凝土层内主要为防腐蚀和便于检修。工业和实验室用的燃气管道可埋设在混凝土地面中为参照原苏联《建筑法规》的规定。

10.2.36 本条规定电表、电插座、电源开关与燃气管道的净距为我国上海、香港等地的实践经验，其他为原苏联《建筑法规》的规定。

10.2.38 为了防止当房屋沉降时损坏燃气管道及管道大修时便于抽换管道，以及因室内温度变化燃气管道随温度变化而有伸缩的情况，条文规定燃气管道穿过承重墙、地板或楼板时"必须"安装在套管中。

10.2.39 设置放散管的目的是为工业企业车间、锅炉房以及大中型用气设备首次使用或长时间不用又再次使用时，用来吹扫积存的燃气管道中的空气、杂质。当停炉时，如果总阀门关闭不严，漏到管道中的燃气可以通过放散管放散出去，以免燃气进入炉膛和烟道发生事故。

原苏联《建筑法规》规定：放散管应当服务于从离开引入地点最远的燃气管段开始引至最后一个阀门（按燃气流动方向）前面的每一机组的支管为止。具有相同的燃气压力的燃气管道的放散管可以连接起来。放散管的直径不应小于 20mm。放散管应设有为了能够确定放散程度而用的带有转心门或旋塞的取样管。

放散管要高出屋脊 1m 以上或地面上安全处设置

是为了防止由放散管放散出的燃气进入屋内。使燃气能尽快飘散在大气中。

为了防止雨水进入放散管，管口要加防雨帽或将管道撅一个向下的弯。对于设在屋脊为不耐火材料、周围建筑物密集、容易窝风地区的放散管，管口距屋脊应更高，以便燃气尽快扩散至大气中。

因为放散管是建筑物的最高点，若处在防雷区之外时，容易遭到雷击而引起火灾或燃气爆炸。所以放散管必须设接地引线。根据《中华人民共和国爆炸危险场所电气安全规程》的规定，确定引线接地电阻应小于10Ω。

10.2.40 燃气阀门是重要的安全切断装置，燃气设备停用或检修时必须关断阀门，本条规定的部位应设置阀门是目前国内外的普遍做法。

10.2.41 选用能快速切断的球阀做室内燃气管道的切断装置是目前国内的普遍做法，安全性较好。

10.3 燃气计量

10.3.1 为减少浪费，合理使用燃气，搞好成本核算，各类用户按户计量是不可缺少的措施。目前，已充分认识到这一点，改变了过去按人收费和一表多户按户收费等不正常现象。

燃气表应按燃气的最大工作压力和允许的压力降（阻力损失）等条件选择为参照美国《燃气规范》的规定。

10.3.2 本条规定了用户燃气表安装设计要求。

1 "通风良好"是燃气表的保养和用气安全所需要的条件，各地煤气公司对要求"通风良好"均作了规定。如果使用差压式流量计则仅对二次仪表有通风良好的要求。

2 禁止安装燃气表的房间、处所的规定是根据上海市煤气公司的实践经验和规定提出的，这主要是为了安全。因为燃气表安装在卫生间内，外壳容易受环境腐蚀影响；安装在卧室则当表内发生故障时既不便于检修，又极易发生事故；在危险品和易燃物品堆存处安装煤气表，一旦出现漏气时更增加了易燃、易爆品的危险性，万一发生事故时必然加剧事故的灾情，故规定为"严禁安装"。

3 目前输配管道内燃气一般都含有水分。燃气经过燃气表时还有散热降温作用。如环境温度低于燃气露点温度或低于0℃时，燃气表内会出现冷凝或冻结现象，从而影响计量装置的正常运转，故各地燃气公司对环境温度均有规定。

4 煤气表一般在灶具的上方，煤气表与灶具、热水器等燃烧设备的水平净距应大于30cm是参照北京、上海等地标准的规定制定的。

规定当有条件时燃气表也可设在户门外，设置在门外楼梯间等部位应考虑漏气、着火后对消防疏散的影响，要有安全措施，如设表前切断阀、对燃气表的保护和加强自然通风等。

5 商业和工业企业用气的计量装置，目前多数用户都是安装在毗邻的或隔开的调压站内或单独的房间内，并设有测压、旁通等设施，计量装置本身体积也较大，故占地较大，为了管理方便，宜布置在单独房间内。

10.3.3 本条规定设置计量保护装置的技术条件。

1 输送过程中产生的尘埃来自没有保护层的钢管遇到燃气中的氧、水分、硫化氢等杂质而分别形成的氧化铁或硫化铁。四川省成都市和重庆市的天然气站或计量装置前安装过滤器来除去硫化铁及其他固体尘粒取得了实际效果。天津市因所用石油伴生气中杂质较少，其计量装置前没有装设过滤器。东北各地则普遍发现黑铁管内壁和计量装置内均有严重积垢和腐蚀现象，但没有定性定量分析资料，从外表观察积垢实物，估计是焦油、萘、硫化铁、氧化铁等的混合物。

原苏联ГОСТ5364《家用燃气表技术要求》规定"表内应有护网防杂质进入机构"；英国标准没有规定；我国各地生产的燃气表也不附带过滤器。

我们认为并非所有的计量装置都需要安装过滤器，不必把它作为计量装置的固定附件，而应根据输送燃气的具体情况和当地实践经验来决定是否需要安装。

2 对于机械鼓风助燃的用气设备，当燃气或空气因故突然降低压力和或者误操作时，均会出现燃气、空气窜混现象，导致燃烧器回火产生爆炸事故，造成燃气表、调压器、鼓风机等设备损坏。设置泄压装置是为了防止一旦发生爆炸时，不至于损坏设备。

上海彭浦机器厂曾发生过加热炉爆炸事故，由于设了止回阀而保护了阀前的调压器。沈阳压力开关厂和华光灯泡厂原来在计量装置后未装防爆膜，曾发生过因回火爆炸而损坏燃气表的事故；在增加防爆膜后，当再次回火发生爆炸时则未造成损失。燃气压力较高时宜设止回阀，压力较低时宜设防爆膜。

10.4 居民生活用气

10.4.1 目前国内的居民生活用气设备，如燃气灶、热水器、采暖器等都使用5kPa以下的低压燃气，主要是为了安全，即使中压进户（中压燃气进入厨房）也是通过调压器降至低压后再进入计量装置和用气设备的。

10.4.2 居民生活用气设备严禁安装在卧室内的理由：

1 原苏联《建筑法规》规定：居住建筑物内的燃气灶具应装在厨房内。采暖用容积式热水器和小型燃气采暖锅炉必须设在非居住房间内；

2 燃气红外线采暖器和火道（炕、墙）式燃气采暖装置在我国一些地区的卧室使用后，都曾发生过多起人身中毒和爆炸事故。

根据国内、国外情况，故规定燃气用具严禁在卧室内安装。

10.4.3 为保证室内的卫生条件，当设置在室内的直排式燃具，其容积热负荷指标不超过本规范第10.7.1条规定的207W/m³时，也宜设置排气扇、吸油烟机等机械排烟设施；为保证室内的用气安全，非密闭的一般用气房间也宜设置可燃气体浓度检测报警器。

10.4.4 燃气灶安装位置的规定理由如下：

1 在通风良好的厨房中安装燃气灶是普遍的安装形式，当条件不具备时，也可安装在其他单独的房间内，如卧室的套间、走廊等处，为了安全和卫生，故规定要有门与卧室隔开。

2 一般新住宅的净高为2.4～2.8m，为了照顾已有建筑并考虑到燃烧产生的废气层能够略高于成年人头部，以减少对人的危害，故规定燃气灶安装房间的净高不宜低于2.2m；当低于2.2m时，应限制室内燃气灶眼数量，并应采取措施保证室内较好的通风条件。

3 燃气灶或烤箱灶侧壁距木质家具的净距不小于20cm，比原苏联标准大5cm，主要是因我国灶具的热负荷比原苏联大，烤箱的温度（$t=280℃$）也比国外高，有可能造成烤箱外壁温度较高。另外，我国使用的锅型也较大，考虑到安全和使用的方便而作了上述规定。

10.4.5 燃气热水器安装位置的规定理由如下：

1 通风良好条件一般应采用机械换气的措施来解决，设置在阳台时应有防冻、防风雨的措施。

2 规定除密闭式热水器外其他类型热水器严禁安装在卫生间内，主要是防止因倒烟和缺氧而产生事故，国内外均有这方面的安全事故，故作此规定。

密闭式热水器燃烧需要的空气来自室外，燃烧后的烟气排至室外，在使用过程中不影响室内的卫生条件，故可以安装在卫生间内。

3 安装半密闭式热水器的房间的门或墙的下部设有不小于0.02m²的格栅或在门与地面之间留有不小于30mm的间隙，是参照原苏联规范的规定，目的在于增加房间的通风，以保证燃烧所需空气的供给。

4 房间净高宜大于2.4m是8L/min以上大型快速热水器在墙上安装时的需要高度。

5 大量使用的快速热水器都安装在墙上，不耐火的墙壁应采取有效的隔热措施。容积式热水器安装时也有同样的要求。

10.4.6 住宅单户分散采暖系统，由于使用时间长，通风换气条件一般较差，故规定应具备熄火保护和排烟设施等条件。

10.5 商业用气

10.5.1 商业用气设备宜采用低压燃气设备。对于在地下室、半地下室等危险部位使用时，应尽量选用低压燃气设备，否则应经有关部门批准方可选用中压燃气设备。

10.5.2 本条规定的通风良好的专用房间主要是考虑安全而规定的。

10.5.3 本条对地下室等危险部位使用燃气时的安全技术要求进行了规定，主要依据我国上海、深圳等城市的经验。

10.5.5 大锅灶热负荷较大，所以都设有炉膛和烟道，为保证安全，在这些容易聚集燃气的部位应设爆破门。

10.5.6、10.5.7 对商业用户中燃气锅炉和燃气直燃型吸收式冷（温）水机组的设置作了规定，主要依据《建筑设计防火规范》GB 50016、《高层民用建筑设计防火规范》GB 50045和我国上海等地的实际运行经验。

10.6 工业企业生产用气

10.6.1 用气设备的燃气用量是燃气应用设计的重要资料，由于影响工业燃气用量的因素很多，现在所掌握的统计分析资料还达不到提出指标数据的程度，故本条只作出定性规定。

非定型用气设备的燃气用量，应由设计单位收集资料，通过分析确定计算依据，然后通过详细的热平衡计算确定。当资料数据不全，进行热平衡计算有困难时，可参照同类型用气设备的用气指标确定。

在实际生产中，影响炉子（用气设备）用气量的因素很多，如炉子的生产量、燃气及其助燃用空气的预热温度、燃烧过剩空气系数及燃烧效果的好坏、烟气的排放温度等。燃气用量指标是在一定的设备和生产条件下总结的经验数据，因此在选择运用各类经验耗热指标时，要注意分析对比，条件不同时要加以修正。

原有加热设备使用"其他燃料"，主要指的是使用固体和液体燃料的加热设备改烧气体燃料（城市燃气）的问题。在确定燃气用量时，不但要考虑不同热值因素的折算，还要考虑不同热效率因素的折算。

10.6.2 关于在供气管网上直接安装升压装置的情况在实际中已存在，由于安装升压装置的用户用气量大，影响了供气管网的稳定，尤其是对低压和中压B管网影响较大，造成其他用户燃气压力波动范围加大，降低了灶具燃烧的稳定性，增加了不安全因素。因此，条文规定"严禁"在低压和中压B供气管道上"直接"安装加压设备，并主要根据上海等地的经验规定了当用户用气压力需要升压时必须采取的相应措施，以确保供气管网安全稳定供气。

10.6.4 为了提高加热设备的燃烧温度、改善燃烧性能、节约燃气用量、提高炉子热效率，其有效的办法之一是搞好余热利用。

废热中余热的利用形式主要是预热助燃用的空气，当加热温度要求在1400℃以上时，助燃用空气必须预热，否则不能达到所要求的温度。如有些高温焙烧窑，当把助燃用的空气预热到1200℃时窑温可达到1800℃。

根据上海的经验和一些资料介绍，采用余热利用装置后，一般可节省燃气10%～40%。当不便于预热助燃用空气时，也宜设置废热锅炉来回收废热。

10.6.5 规定了工业用气设备的一般工艺要求。

1 用气设备应有观察孔或火焰监测装置，并宜设置自动点火装置和熄火保护装置是对用气设备的一般技术要求。

由于工业用气设备用气量大、燃烧器的数量多，且因受安装条件的限制，使人工点火和观火比较困难；通过调查不少用气设备由于在点火阶段的误操作而发生爆炸事故。当用气设备装有自动点火和熄火保护装置后，对设备的点火和熄火起到安全监测作用，从而保证了设备的安全、正常运转。

2 用气设备的热工检测仪表是加热工艺应有的，不论是手动控制的还是自动控制的用气设备都应有热工检测仪表，包括有检测下述各方面的仪表：

1) 燃气、空气（或氧气）的压力、温度、流量直观式仪表；
2) 炉膛（燃烧室）的温度、压力直观式仪表；
3) 燃烧产物成分检测仪表（测定烟气中CO、CO_2、O_2含量）；
4) 排放烟气的温度、压力直观式仪表；
5) 被加热对象的温度、压力直观式仪表。

上述五个方面的热工检测仪表并不要求全部安装，而应根据不同加热工艺的具体要求确定；但对其中检测燃气、空气的压力和炉膛（燃烧室）温度、排烟温度等两个方面应有直观的指示仪表。

用气设备是否设燃烧过程的自动调节，应根据加热工艺需要和条件的可能确定。燃烧过程的自动调节主要是指对燃烧温度和燃烧气氛的调节。当加热工艺要求要有稳定的加热温度和燃烧气氛，只允许有很小的波动范围，而靠手动控制不能满足要求时，应设燃烧过程的自动调节。当加热工艺对燃烧后的炉气压力有要求时，还可设置炉气压力的自动调节装置。

10.6.6 规定了工业生产用气设备应设置的安全设施。

1 使用机械鼓风助燃的用气设备，在燃气总管上应设置紧急自动切断阀，一般是一台或几台设备装一个紧急自动切断阀，其目的是防止当燃气或空气压力降低（如突然停电）时，燃气和空气窜混而发生回火事故。

2 用气设备的防爆设施主要是根据各单位的实践经验而制定的。从调查中，各单位均认为用气设备的水平烟道应设置爆破门或起防爆作用的检查人孔。过去有些单位没有设置或设置了之后泄压面积不够，曾出现过炸坏烟道、烟囱的事故。

锅炉、间接式加热等封闭式的用气设备，其炉膛应设置爆破门，而非封闭式的用气设备，如果炉门和进出料口能满足防爆要求时则可不另设爆破门。

关于爆破门的泄压面积按什么标准确定，现在还缺乏这方面的充分依据。例如北京、上海等地习惯作法，均按每$1m^3$烟道或炉膛的体积其泄压面积不小于$250cm^2$设计。又如原苏联某《安全规程》中规定："每个锅炉，燃烧室、烟道及水平烟道都应设爆破门"。"设计单位改装采暖锅炉时，一般采用爆破门的总面积是每$1m^3$的燃烧室、主烟道或水平烟道的体积不小于$250cm^2$"。

根据以上情况，本条规定用气设备的烟道和封闭式炉膛应设爆破门，爆破门的泄压面积指标，暂不作规定。

3 鼓风机和空气管道静电接地主要是防止当燃气泄漏窜入鼓风机和空气管道后静电引起的爆炸事故。

4 设置放散管的目的是在用气设备首次使用或长时间不用再次使用时，用来吹扫积存在燃气管道中的空气。另外，当停炉时，总阀门关闭不严漏出的燃气可利用放散管放出，以免进入炉膛和烟道而引发事故。

10.6.7 本条参照美国《燃气规范》的规定，根据有关技术资料说明如下：

1 背压式调压器（例如我国上海劳动阀门二厂等生产的GQT型大气压调压器）其工作原理如下：

在大气压调压器结构中，膜片、阀杆、阀瓣系统的自重为调压弹簧的反作用力所平衡，阀门通常保持"闭"的状态。即使当进口侧有气体压力输入时，阀门仍不致开启，出口侧压力保持零的状态。

当外部压力由控制孔进入上部隔膜室，致使压力升高时，或当下游气路中混合器动作抽吸管路中气体，下部隔膜室压力形成负压时，由于主隔膜存在上下压差，阀门向下开启，燃气由出口侧输出。并可使燃气与空气保持恒定的混合比。

此种调压器结构合理，灵敏度高，可在气路中组成吸气式、均压式、溢流式等多种用途，是自动控制出口压力、气体流量的机械式自动控制器，对提高燃气热效率、节约能源、简化燃烧装置的操作管理均有很好作用。其安装要求参见该产品说明书。

2 混气管路中的阻火器及其压力的限制：

1) 防回火的阻火器，其阻火网的孔径必须在回火的临界孔径之内。
2) 混合管路中的压力不得大于0.07MPa，其目的主要是当发生回火时，降低破坏力；另外，混气压力大于一般喷嘴的临界压力（0.08MPa左右）已无使用意义。

10.7 燃烧烟气的排除

10.7.1 本条规定的室内容积热负荷指标是参照美国《燃气规范》ANSI 223.1-1999 的规定。

有效的排气装置一般指排气扇、排油烟机等机械排烟设施。

10.7.2 规定住宅内排气装置的选择原则。

1 烟气应尽量通过住宅的竖向烟道排至室外；20m 以下高度的住宅可选用自然排气的独立烟道或共用烟道，灶具和热水器（或采暖炉）的烟道应分开设置；20m 以上的高层住宅可选用机械抽气（屋顶风机）的负压共用烟道，但不均匀抽气问题还有待解决。

2 排烟设施应符合《家用燃气燃烧器具安装及验收规程》CJJ 12-99 的规定。

10.7.5 为保证燃烧设备安全、正常使用而对排烟设备作了具体规定。

1 使用固体燃料时，加热设备的排烟设施一般没有防爆装置，停止使用时也可能有明火存在，所以它和用气设备不得共用一套排烟设施，以免相互影响发生事故。

2 多台设备合用一个烟道时，为防止排烟时的互相影响，一般都设置单独的闸板（带防倒风排烟罩者除外），不用时关闭。另外，每台设备的分烟道与总烟道连接位置，以及它们之间的水平和垂直距离都将影响排烟，这是设计时一定要考虑的。

3 防倒风排烟罩：在现行国家标准《家用燃气快速热水器》GB 6932-2001 中 3.22 中的名称为"防倒风排气罩"，其定义为：装在热水器烟气出口处，用于减少倒风对燃器燃烧性能影响的装置。

10.7.6～10.7.8 根据原苏联《建筑法规》、《燃气在城乡中的应用》等标准和资料确定的。

10.7.9 参照美国《燃气规范》ANSI Z 223.1-1999 和我国香港《住宅式气体热水炉装置规定》2001 年的规定编制。

10.7.10 参照美国《燃气规范》ANSI Z 223.1-1999 的规定编制。

10.8 燃气的监控设施及防雷、防静电

10.8.1 本条规定了在地上密闭房间、地下室、燃气管道竖井等通风不良场所应设置燃气浓度检测报警器，以策安全。

10.8.2 规定了燃气浓度检测报警器的安装要求，是参照《燃气燃烧器具安全技术通则》GB 16914-97 和日本《燃具安装标准》的规定。

10.8.3 本条规定用燃气的危险部位和重要部位宜设紧急自动切断阀。

国内目前使用紧急自动切断阀的经验表明，该产品易出现误动作或不动作，国内深圳市已有将其拆除或停用的情况，故不作强行设置的规定。

10.8.5 本条规定了燃气管道和设备的防雷、防静电要求。目前高层建筑的室外立管、屋面管、以及燃气引入管等部位均要求有防雷、防静电接地，工业企业用的燃气、空气（氧气）混气设备也要求有静电接地。故规定燃气应用设计时要考虑防雷、防静电的安全接地问题，其工艺设计应严格按照防雷、防静电的有关规范执行。

10.8.6 本条是参照美国《燃气规范》ANSI Z 223.1-1999 的规定。

中华人民共和国国家标准

供配电系统设计规范

Code for design electric power supply systems

GB 50052—2009

主编部门：中 国 机 械 工 业 联 合 会
批准部门：中华人民共和国住房和城乡建设部
施行日期：２０１０ 年 ７ 月 １ 日

中华人民共和国住房和城乡建设部
公　告

第 437 号

关于发布国家标准《供配电系统设计规范》的公告

现批准《供配电系统设计规范》为国家标准，编号为 GB 50052—2009，自 2010 年 7 月 1 日起实施。其中，第 3.0.1、3.0.2、3.0.3、3.0.9、4.0.2 条为强制性条文，必须严格执行。原《供配电系统设计规范》GB 50052—95 同时废止。

本规范由我部标准定额研究所组织中国计划出版社出版发行。

中华人民共和国住房和城乡建设部
二〇〇九年十一月十一日

前　言

本规范是根据原建设部《关于印发〈二〇〇一～二〇〇二年度工程建设国家标准制订、修订计划〉的通知》（建标〔2002〕85 号）要求，由中国联合工程公司会同有关设计研究单位共同修订完成的。

在修订过程中，规范修订组在研究了原规范内容后，经广泛调查研究、认真总结实践经验，并参考了有关国际标准和国外先进标准，先后完成了初稿、征求意见稿、送审稿和报批稿等阶段，最后经有关部门审查定稿。

本规范共分 7 章，主要内容包括：总则，术语，负荷分级及供电要求，电源及供电系统，电压选择和电能质量，无功补偿，低压配电等。

修订的主要内容有：

1. 对原规范的适用范围作了调整；

2. 增加了"有设置分布式电源的条件，能源利用效率高、经济合理时"作为设置自备电源的条件之一；"当有特殊要求，应急电源向正常电源转换需短暂并列运行时，应采取安全运行的措施"；660V 等级的低压配电电压首次列入本规范；

3. 对保留的各章所涉及的主要技术内容也进行了补充、完善和必要的修改。

本规范中以黑体字标志的条文为强制性条文，必须严格执行。

本规范由住房和城乡建设部负责管理和对强制性条文的解释，中国机械工业联合会负责日常管理工作，中国联合工程公司负责具体技术内容的解释。本规范在执行过程中，请各单位注意总结经验，积累资料，随时将有关意见和有关资料寄送至中国联合工程公司（地址：浙江省杭州市石桥路 338 号，邮政编码：310022，E-mail：lusx@chinacuc.com 或 chenjl@chinacuc.com），以供今后修订时参考。

本规范组织单位、主编单位、参编单位、主要起草人和主要审查人员名单：

组 织 单 位： 中国机械工业勘察设计协会
主 编 单 位： 中国联合工程公司
参 编 单 位： 中国寰球工程公司
　　　　　　　中国航空工业规划设计研究院
　　　　　　　中国电力工程顾问集团西北电力设计院
　　　　　　　中建国际（深圳）设计顾问有限公司
主要起草人： 吕适翔　陈文良　陈济良
　　　　　　　熊　延　高凤荣　陈有福
　　　　　　　钱丽辉　丁　杰　弓普站
　　　　　　　徐　辉
主要审查人员： 田有连　杜克俭　钟景华
　　　　　　　　王素英　陈众励　李道本
　　　　　　　　曾　涛　张文才　高小平
　　　　　　　　杨　彤　李　平

目　次

1 总则 ······················· 5—5
2 术语 ······················· 5—5
3 负荷分级及供电要求 ········ 5—5
4 电源及供电系统 ············ 5—6
5 电压选择和电能质量 ········ 5—6
6 无功补偿 ··················· 5—7
7 低压配电 ··················· 5—7
本规范用词说明 ··············· 5—7
引用标准名录 ·················· 5—8
附：条文说明 ·················· 5—9

Contents

1 General provisions .... 5—5
2 Terms .... 5—5
3 Load classification and power supply requirement .... 5—5
4 Power source and power supply system .... 5—6
5 Voltage selection and quality of electric energy .... 5—6
6 Reactive power compensation .... 5—7
7 LV distribution .... 5—7
Explanation of wording in this code ...... 5—7
List of quoted standards .... 5—8
Addition: Explanation of provisions ...... 5—9

1 总 则

1.0.1 为使供配电系统设计贯彻执行国家的技术经济政策,做到保障人身安全、供电可靠、技术先进和经济合理,制定本规范。

1.0.2 本规范适用于新建、扩建和改建工程的用户端供配电系统的设计。

1.0.3 供配电系统设计应按照负荷性质、用电容量、工程特点和地区供电条件,统筹兼顾,合理确定设计方案。

1.0.4 供配电系统设计应根据工程特点、规模和发展规划,做到远近期结合,在满足近期使用要求的同时,兼顾未来发展的需要。

1.0.5 供配电系统设计应采用符合国家现行有关标准的高效节能、环保、安全、性能先进的电气产品。

1.0.6 本规范规定了供配电系统设计的基本技术要求。当本规范与国家法律、行政法规的规定相抵触时,应按国家法律、行政法规的规定执行。

1.0.7 供配电系统设计除应遵守本规范外,尚应符合国家现行有关标准的规定。

2 术 语

2.0.1 一级负荷中特别重要的负荷 vital load in first grade load
中断供电将发生中毒、爆炸和火灾等情况的负荷,以及特别重要场所的不允许中断供电的负荷。

2.0.2 双重电源 duplicate supply
一个负荷的电源是由两个电路提供的,这两个电路就安全供电而言被认为是互相独立的。

2.0.3 应急供电系统(安全设施供电系统) electric supply systems for safety services
用来维持电气设备和电气装置运行的供电系统,主要是:为了人体和家畜的健康和安全,和/或为避免对环境或其他设备造成损失以符合国家规范要求。

注:供电系统包括电源和连接到电气设备端子的电气回路。在某些场合,它也可以包括负荷。

2.0.4 应急电源(安全设施电源) electric source for safety services
用作应急供电系统组成部分的电源。

2.0.5 备用电源 stand-by electric source
当正常电源断电时,由于非安全原因用来维持电气装置或其某些部分所需的电源。

2.0.6 分布式电源 distributed generation
分布式电源主要是指布置在电力负荷附近,能源利用效率高与环境兼容,可提供电、热(冷)的发电装置,如微型燃气轮机、太阳能光伏发电、燃料电池、风力发电和生物质能发电等。

2.0.7 逆调压方式 inverse voltage regulation mode
逆调压方式就是负荷大时电网电压向高调,负荷小时电网电压向低调,以补偿电网的电压损失。

2.0.8 基本无功功率 basic reactive power
当用电设备投入运行时所需的最小无功功率。如该用电设备有空载运行的可能,则基本无功功率即为其空载无功功率。如其最小运行方式为轻负荷运行,则基本无功功率为此轻负荷情况下的无功功率。

2.0.9 隔离电器 isolator

在执行工作、维修、故障测定或更换设备之前,为人提供安全的电器设备。

2.0.10 TN系统 TN system
电力系统有一点直接接地,电气装置的外露可导电部分通过保护线与该接地点相连接。根据中性导体(N)和保护导体(PE)的配置方式,TN系统可分为如下三类:
1 TN-C系统,整个系统的N、PE线是合一的。
2 TN-C-S系统,系统中有一部分线路的N、PE线是合一的。
3 TN-S系统,整个系统的N、PE线是分开的。

2.0.11 TT系统 TT system
电力系统有一点直接接地,电气装置的外露可导电部分通过保护线接至与电力系统接地点无关的接地极。

2.0.12 IT系统 IT system
电力系统与大地间不直接连接,电气装置的外露可导电部分通过保护接地线与接地极连接。

3 负荷分级及供电要求

3.0.1 电力负荷应根据对供电可靠性的要求及中断供电在对人身安全、经济损失上所造成的影响程度进行分级,并应符合下列规定:
1 符合下列情况之一时,应视为一级负荷。
 1)中断供电将造成人身伤害时。
 2)中断供电将在经济上造成重大损失时。
 3)中断供电将影响重要用电单位的正常工作。
2 在一级负荷中,当中断供电将造成人员伤亡或重大设备损坏或发生中毒、爆炸和火灾等情况的负荷,以及特别重要场所的不允许中断供电的负荷,应视为一级负荷中特别重要的负荷。
3 符合下列情况之一时,应视为二级负荷。
 1)中断供电将在经济上造成较大损失时。
 2)中断供电将影响较重要用电单位的正常工作。
4 不属于一级和二级负荷者应为三级负荷。

3.0.2 一级负荷应由双重电源供电,当一电源发生故障时,另一电源不应同时受到损坏。

3.0.3 一级负荷中特别重要的负荷供电,应符合下列要求:
1 除应由双重电源供电外,尚应增设应急电源,并严禁将其他负荷接入应急供电系统。
2 设备的供电电源的切换时间,应满足设备允许中断供电的要求。

3.0.4 下列电源可作为应急电源:
1 独立于正常电源的发电机组。
2 供电网络中独立于正常电源的专用的馈电线路。
3 蓄电池。
4 干电池。

3.0.5 应急电源应根据允许中断供电的时间选择,并应符合下列规定:
1 允许中断供电时间为15s以上的供电,可选用快速自启动的发电机组。
2 自投装置的动作时间能满足允许中断供电时间的,可选用带有自动投入装置的独立于正常电源之外的专用馈电线路。
3 允许中断供电时间为毫秒级的供电,可选用蓄电池静止型不间断供电装置或柴油机不间断供电装置。

3.0.6 应急电源的供电时间,应按生产技术上要求的允许停车过程时间确定。

3.0.7 二级负荷的供电系统,宜由两回线路供电。在负荷较小或地区供电条件困难时,二级负荷可由一回6kV及以上专用的架空线路供电。

3.0.8 各级负荷的备用电源设置可根据用电需要确定。

3.0.9 备用电源的负荷严禁接入应急供电系统。

4 电源及供电系统

4.0.1 符合下列条件之一时，用户宜设置自备电源：
1 需要设置自备电源作为一级负荷中的特别重要负荷的应急电源时或第二电源不能满足一级负荷的条件时；
2 设置自备电源比从电力系统取得第二电源经济合理时；
3 有常年稳定余热、压差、废弃物可供发电，技术可靠、经济合理时；
4 所在地区偏僻，远离电力系统，设置自备电源经济合理时；
5 有设置分布式电源的条件，能源利用效率高、经济合理时。

4.0.2 应急电源与正常电源之间，应采取防止并列运行的措施。当有特殊要求，应急电源向正常电源转换需短暂并列运行时，应采取安全运行的措施。

4.0.3 供配电系统的设计，除一级负荷中的特别重要负荷外，不应按一个电源系统检修或故障的同时另一电源又发生故障进行设计。

4.0.4 需要两回电源线路的用户，宜采用同级电压供电。但根据各级负荷的不同需要及地区供电条件，亦可采用不同电压供电。

4.0.5 同时供电的两回及以上供配电线路中，当有一回中断供电时，其余线路应能满足全部一级负荷及二级负荷。

4.0.6 供配电系统应简单可靠，同一电压等级的配电级数高压不宜多于两级；低压不宜多于三级。

4.0.7 高压配电系统宜采用放射式。根据变压器的容量、分布及地理环境等情况，亦可采用树干式或环式。

4.0.8 根据负荷的容量和分布，配变电所应靠近负荷中心。当配电电压为35kV时，亦可采用直降至低压配电电压。

4.0.9 在用户内部邻近的变电所之间，宜设置低压联络线。

4.0.10 小负荷的用户，宜接入地区低压电网。

5 电压选择和电能质量

5.0.1 用户的供电电压应根据用电容量、用电设备特性、供电距离、供电线路的回路数、当地公共电网现状及其发展规划等因素，经技术经济比较确定。

5.0.2 供电电压大于等于35kV时，用户的一级配电电压宜采用10kV；当6kV用电设备的总容量较大，选用6kV经济合理时，宜采用6kV；低压配电电压宜采用220V/380V，工矿企业亦可采用660V；当安全需要时，应采用小于50V电压。

5.0.3 供电电压大于等于35kV，当能减少变配电级数、简化结线及技术经济合理时，配电电压宜采用35kV或相应等级电压。

5.0.4 正常运行情况下，用电设备端子处电压偏差允许值宜符合下列要求：
1 电动机为±5%额定电压。
2 照明：在一般工作场所为±5%额定电压；对于远离变电所的小面积一般工作场所，难以满足上述要求时，可为+5%、−10%额定电压；应急照明、道路照明和警卫照明等为+5%、−10%额定电压。

3 其他用电设备当无特殊规定时为±5%额定电压。

5.0.5 计算电压偏差时，应计入采取下列措施后的调压效果：
1 自动或手动调整并联补偿电容器、并联电抗器的接入容量。
2 自动或手动调整同步电动机的励磁电流。
3 改变供配电系统运行方式。

5.0.6 符合下列情况之一的变电所中的变压器，应采用有载调压变压器：
1 大于35kV电压的变电所中的降压变压器，直接向35kV、10kV、6kV电网送电时。
2 35kV降压变电所的主变压器，在电压偏差不能满足要求时。

5.0.7 10、6kV配电变压器不宜采用有载调压变压器；但在当地10、6kV电源电压偏差不能满足要求，且用户有对电压要求严格的设备，单独设置调压装置技术经济不合理时，亦可采用10、6kV有载调压变压器。

5.0.8 电压偏差应符合用电设备端电压的要求，大于等于35kV电网的有载调压宜实行逆调压方式。逆调压的范围为额定电压的0～+5%。

5.0.9 供配电系统的设计为减小电压偏差，应符合下列要求：
1 应正确选择变压器的变压比和电压分接头。
2 应降低系统阻抗。
3 应采取补偿无功功率措施。
4 宜使三相负荷平衡。

5.0.10 配电系统中的波动负荷产生的电压变动和闪变在电网公共连接点的限值，应符合现行国家标准《电能质量 电压波动和闪变》GB 12326 的规定。

5.0.11 对波动负荷的供电，除电动机启动时允许的电压下降情况外，当需要降低波动负荷引起的电网电压波动和电压闪变时，宜采取下列措施：
1 采用专线供电。
2 与其他负荷共用配电线路时，降低配电线路阻抗。
3 较大功率的波动负荷或波动负荷群与对电压波动、闪变敏感的负荷，分别由不同的变压器供电。
4 对于大功率电弧炉的炉用变压器，由短路容量较大的电网供电。
5 采用动态无功补偿装置或动态电压调节装置。

5.0.12 配电系统中的谐波电压和在公共连接点注入的谐波电流允许限值，宜符合现行国家标准《电能质量 公用电网谐波》GB/T 14549 的规定。

5.0.13 控制各类非线性用电设备所产生的谐波引起的电网电压正弦波形畸变率，宜采取下列措施：
1 各类大功率非线性用电设备变压器，由短路容量较大的电网供电。
2 对大功率静止整流器，采用增加整流变压器二次侧的相数和整流器的整流脉冲数，或采用多台相数相同的整流装置，并使流变压器的二次侧有适当的相角差，或按谐波次数装设分流滤波器。
3 选用D,yn11接线组别的三相配电变压器。

5.0.14 供配电系统中在公共连接点的三相电压不平衡度允许限值，宜符合现行国家标准《电能质量 三相电压允许不平衡度》GB/T 15543 的规定。

5.0.15 设计低压配电系统时，宜采取下列措施，降低三相低压配电系统的不对称度：
1 220V 或 380V 单相用电设备接入 220V/380V 三相系统时，宜使三相平衡。
2 由地区公共低压电网供电的 220V 负荷，线路电流小于等于 60A 时,可采用 220V 单相供电;大于 60A 时,宜采用 220V/380V 三相四线制供电。

6 无功补偿

6.0.1 供配电系统设计中应正确选择电动机、变压器的容量,并应降低线路感抗。当工艺条件允许时,宜采用同步电动机或选用带空载切除的间歇工作制设备。

6.0.2 当采用提高自然功率因数措施后,仍达不到电网合理运行要求时,应采用并联电力电容器作为无功补偿装置。

6.0.3 用户端的功率因数值,应符合国家现行标准的有关规定。

6.0.4 采用并联电力电容器作为无功补偿装置时,宜就地平衡补偿,并符合下列要求:
    1 低压部分的无功功率,应由低压电容器补偿。
    2 高压部分的无功功率,宜由高压电容器补偿。
    3 容量较大,负荷平稳且经常使用的用电设备的无功功率,宜单独就地补偿。
    4 补偿基本无功功率的电容器组,应在配变电所内集中补偿。
    5 在环境正常的建筑物内,低压电容器宜分散设置。

6.0.5 无功补偿容量,宜按无功功率曲线或按以下公式确定:
$$Q_C = P(\tan\Phi_1 - \tan\Phi_2) \quad (6.0.5)$$
式中:Q_C——无功补偿容量(kvar);
    P——用电设备的计算有功功率(kW);
    $\tan\Phi_1$——补偿前用电设备自然功率因数的正切值;
    $\tan\Phi_2$——补偿后用电设备功率因数的正切值,取 $\cos\Phi_2$ 不于 0.9 值。

6.0.6 基本无功补偿容量,应符合以下表达式的要求:
$$Q_{Cmin} < P_{min}\tan\Phi_{1min} \quad (6.0.6)$$
式中:Q_{Cmin}——基本无功补偿容量(kvar);
    P_{min}——用电设备最小负荷时的有功功率(kW);
    $\tan\Phi_{1min}$——用电设备在最小负荷下,补偿前功率因数的正切值。

6.0.7 无功补偿装置的投切方式,具有下列情况之一时,宜采用手动投切的无功补偿装置:
    1 补偿低压基本无功功率的电容器组。
    2 常年稳定的无功功率。
    3 经常投入运行的变压器或每天投切次数少于三次的高压电动机及高压电容器组。

6.0.8 无功补偿装置的投切方式,具有下列情况之一时,宜装设无功自动补偿装置:
    1 避免过补偿,装设无功自动补偿装置在经济上合理时。
    2 避免在轻载时电压过高,造成某些用电设备损坏,而装设无功自动补偿装置在经济上合理时。
    3 只有装设无功自动补偿装置才能满足在各种运行负荷的情况下的电压偏差允许值时。

6.0.9 当采用高、低压自动补偿装置效果相同时,宜采用低压自动补偿装置。

6.0.10 无功自动补偿的调节方式,宜根据下列要求确定:
    1 以节能为主进行补偿时,宜采用无功功率参数调节;当三相负荷平衡时,亦可采用功率因数参数调节。
    2 提供维持电网电压水平所必要的无功功率及以减少电压偏差为主进行补偿时,应按电压参数调节,但已采用变压器自动调压者除外。
    3 无功功率随时间稳定变化时,宜按时间参数调节。

6.0.11 电容器分组时,应满足下列要求:
    1 分组电容器投切时,不应产生谐振。
    2 应适当减少分组组数和加大分组容量。
    3 应与配套设备的技术参数相适应。
    4 应符合满足电压偏差的允许范围。

6.0.12 接在电动机控制设备侧电容器的额定电流,不应超过电动机励磁电流的 0.9 倍;过电流保护装置的整定值,应按电动机-电容器组的电流确定。

6.0.13 高压电容器组宜根据预期的涌流采取相应的限流措施。低压电容器组宜加大投切容量且采用专用投切器件。在受谐波量较大的用电设备影响的线路上装设电容器组时,宜串联电抗器。

7 低压配电

7.0.1 带电导体系统的型式,宜采用单相二线制、两相三线制、三相三线制和三相四线制。
    低压配电系统接地型式,可采用 TN 系统、TT 系统和 IT 系统。

7.0.2 在正常环境的建筑物内,当大部分用电设备为中小容量,且无特殊要求时,宜采用树干式配电。

7.0.3 当用电设备为大容量或负荷性质重要,或在有特殊要求的建筑物内,宜采用放射式配电。

7.0.4 当部分用电设备距供电点较远,而彼此相距很近、容量很小的次要用电设备,可采用链式配电,但每一回路环链设备不宜超过 5 台,其总容量不宜超过 10kW。容量较小用电设备的插座,采用链式配电时,每一条环链回路的设备数量可适当增加。

7.0.5 在多层建筑物内,由总配电箱至楼层配电箱宜采用树干式配电或分区树干式配电。对于容量较大的集中负荷或重要用电设备,应从配电室以放射式配电;楼层配电箱至用户配电箱应采用放射式配电。
    在高层建筑物内,向楼层各配电点供电时,宜采用分区树干式配电;由楼层配电间或竖井内配电箱至用户配电箱的配电,应采取放射式配电;对部分容量较大的集中负荷或重要用电设备,应从变电所低压配电室以放射式配电。

7.0.6 平行的生产流水线或互为备用的生产机组,应根据生产要求,宜由不同的回路配电;同一生产流水线的各用电设备,宜由同一回路配电。

7.0.7 在低压电网中,宜选用 D,yn11 接线组别的三相变压器作为配电变压器。

7.0.8 在系统接地型式为 TN 及 TT 的低压电网中,当选用 Y,yn0 接线组别的三相变压器时,其由单相不平衡负荷引起的中性线电流不得超过低压绕组额定电流的 25%,且其一相的电流在满载时不得超过额定电流值。

7.0.9 当采用 220V/380V 的 TN 及 TT 系统接地型式的低压电网时,照明和电力设备宜由同一台变压器供电,必要时亦可单独设置照明变压器供电。

7.0.10 由建筑物外引入的配电线路,应在室内分界点便于操作维护的地方装设隔离电器。

本规范用词说明

1 为便于在执行本规范条文时区别对待,对要求严格程度不同的用词说明如下:

1）表示很严格，非这样做不可的：
    正面词采用"必须"，反面词采用"严禁"；
2）表示严格，在正常情况下均应这样做的：
    正面词采用"应"，反面词采用"不应"或"不得"；
3）表示允许稍有选择，在条件许可时首先应这样做的：
    正面词采用"宜"，反面词采用"不宜"；
4）表示有选择，在一定条件下可以这样做的，采用"可"。
2 条文中指明应按其他有关标准执行的写法为："应符合……的规定"或"应按……执行"。

引用标准名录

《电能质量 电压波动和闪变》GB 12326
《电能质量 公用电网谐波》GB/T 14549
《电能质量 三相电压允许不平衡度》GB/T 15543

中华人民共和国国家标准

供配电系统设计规范

GB 50052—2009

条 文 说 明

修 订 说 明

根据建设部建标〔2002〕85号文的要求，由中国联合工程公司主编，与中国寰球工程公司等有关设计研究单位共同修订完成的《供配电系统设计规范》GB 50052—2009 经住房和城乡建设部 2009 年 11 月 11 日以 437 号公告批准、发布。

本规范修订遵循的主要原则：1）贯彻现行国家法律、法规；2）涉及人身及生产安全的使用强制性条文；3）采用行之有效的新技术，做到技术先进、经济合理、安全实用；4）积极采用国际标准和国外先进标准，并且符合中国国情；5）广泛征求意见，通过充分协商，共同确定；6）执行现行国家关于工程建设标准编制规定，确保可操作性；7）按"统一、协调、简化、优选"的原则严格把关，并注意与国家有关工程建设标准内容之间的协调。

本规范修订开展的主要工作：1）筹建《供配电系统设计规范》修订编制组，制定《供配电系统设计规范》修订工作大纲；2）编制《供配电系统设计规范》初稿和专题调研报告大纲；3）编制《供配电系统设计规范》征求意见稿，并经历了起草、汇总、互审、专题技术会议讨论定稿，以及征求意见稿征求意见的整理、汇总、分析等程序；4）制编《供配电系统设计规范》送审稿，以及完成送审稿专家审查意见的修改；5）完成《供配电系统设计规范》报批稿。

本规范修订，与上次规范比较在内容方面变化的主要情况及原规范编制单位、主要起草人名单：1）引入了"双重电源"术语；2）对本规范的适用范围进行了修改；3）取消了原规范第 3.0.5 条；4）增加了分布式能源作为自备电源的条文；5）修改了应急电源与正常电源之间并列运行、配电级数、低压配电电压、由地区公共低压电网供电的 220V 负荷的容量等内容；6）原规范主编单位：机械工业部第二设计研究院；原规范参加单位：上海市电力工业局、化工部中国环球化工工程公司、中国航空工业规划设计研究院；原规范主要起草人：瞿元龙、章长东、郑祖煌、陈乐珊、徐永根、王厚余、陈文良、黄幼珍、刘汉云、包伟民。

为便于广大设计、施工、科研、学校等单位的有关人员在使用本标准时能正确理解和执行条文规定，《供配电系统设计规范》修订组按章、条顺序编制了本规范的条文说明，供使用者参考。

目 次

1 总则 …………………………………… 5—12
3 负荷分级及供电要求 ………………… 5—12
4 电源及供电系统 ……………………… 5—13
5 电压选择和电能质量 ………………… 5—14
6 无功补偿 ……………………………… 5—18
7 低压配电 ……………………………… 5—21

1 总 则

1.0.2 由于工业用电负荷增大,有些企业内部设有110kV电压等级的变电所,甚至有些企业(如石化、钢铁行业)已建220kV电压等级用户终端变电所。本规范原规定其适用范围为110kV及以下的供配电系统,与目前适用状况已显示出一定的局限性,且在现有的标准中也没有任何关于强制要求公用供电部门保证安全供电的条文,公用供电部门为实现和用户签订的合同可靠供电,自然会按实际需要考虑到用哪一级的供电电压。为此,本规范修订为:适用于新建、扩建和改建工程的用户端供配电系统的设计。

民用建筑供电电压大多采用35kV、10kV、220V/380V电压等级。

针对新建、扩建和改建工程应与相关电气专业强制性规范相协调。

1.0.3 一个地区的供配电系统如果没有一个全面的规划,往往造成资金浪费、能耗增加等不合理现象。因此,在供配电系统设计中,应由供电部门与用户全面规划,从国家整体利益出发,判别供配电系统合理性。

1.0.5 2005年10月原建设部、科技部颁发的"绿色建筑技术导则"在前言中明确指出:推进绿色建设是发展节能、节地型住宅和公共建筑的具体实践。党的十六大报告指出:我国要实现"可持续发展能力不断增强,生态环境得到改善,资源利用效率显著提高,促进人与自然的和谐,推动整个社会走上生产发展,生活富裕,生态良好的文明发展道路。"采用符合国家现行有关标准的高效节能、性能先进、环保、安全可靠的电气产品,也是电气供配电系统设计可持续发展的要求。

时下健康环保、绿色空间成为人们越来越关注的焦点,"人与自然"是永恒的主题。2005年8月13日欧盟各国完成了两项关于电子垃圾的立法,并于2006年7月1日正式启动。这两项指令分别为"关于报废电子、电器设备指令"(WEEE)和"关于在电子、电器设备中禁止使用某些有害物质指令"(ROHS),涉及的产品包括十大类近20万种,几乎涉及所有的电子信息产品,"两指令"实际上是一个非常典型的"绿色环保壁垒"。

因此,对企业应不断加大力度研究新工艺,开发新产品,本条规定采用环保安全的电气产品,也是符合社会发展的需求。

供配电系统设计时所选用的设备,必须经国家主管部门认定的鉴定机构鉴定合格的产品,积极采用成熟的新技术、新设备,严禁采用国家已公布的淘汰产品。

3 负荷分级及供电要求

3.0.1 用电负荷分级的意义,在于正确地反映它对供电可靠性要求的界限,以便恰当地选择符合实际水平的供电方式,提高投资的经济效益,保护人员生命安全。负荷分级主要是从安全和经济损失两个方面来确定。安全包括了人身生命安全和生产过程、生产装备的安全。

确定负荷特性的目的是为了确定其供电方案。在目前市场经济的大环境下,政府应该只对涉及人身和生产安全的问题采取强制性的规定,而对于停电造成的经济损失的评价主要应该取决于用户所能接受的能力。规范中对特别重要负荷及一、二、三级负荷的供电要求是最低要求,工程设计中用户可以根据其本身的特点确定其供电方案。由于各个行业的负荷特性不一样,本规范只能对负荷的分级作原则性规定,各行业可以依据本规范的分级规定,确定用电设备或用户的负荷级别。

停电一般分为计划检修停电和事故停电,由于计划检修停电事通知用电部门,故可采取措施避免损失或将损失减少至最低限度。条文中是按事故停电的损失来确定负荷的特性。

政治影响程度难以衡量。个别特殊的用户有特别的要求,故不在条文中表述。

1 对于中断供电将会产生人身伤亡及危及生产安全的用电负荷视为特别重要负荷,在生产连续性较高行业,当生产装置工作电源突然中断时,为确保安全停车,避免引起爆炸、火灾、中毒、人员伤亡,而必须保证的负荷,为特别重要负荷,例如中压及以上的锅炉给水泵,大型压缩机的润滑油泵等;或者事故一旦发生能够及时处理,防止事故扩大,保证工作人员的抢救和撤离,而必须保证的用电负荷,亦为特别重要负荷。在工业生产中,如正常电源中断时处理安全停产所必须的应急照明、通信系统;保证安全停产的自动控制装置等。民用建筑中,如大型金融中心的关键电子计算机系统和防盗报警系统;大型国际比赛场馆的记分系统以及监控系统等。

2 对于中断供电将会在经济上产生重大损失的用电负荷视为一级负荷。例如:使生产过程或生产设备处于不安全状态、重大产品报废、用重要原料生产的产品大量报废、生产企业的连续生产过程被打乱需要长时间才能恢复等将在经济上造成重大损失,则其负荷特性为一级负荷。大型银行营业厅的照明、一般银行的防盗系统;大型博物馆、展览馆的防盗信号电源、珍贵展品室的照明电源,一旦中断供电可能会造成珍贵文物和珍贵展品被盗,因此其负荷特性为一级负荷。在民用建筑中,重要的交通枢纽、重要的通信枢纽、重要宾馆、大型体育场馆,以及经常用于重要活动的大量人员集中的公共场所等,由于电源突然中断造成正常秩序严重混乱的用电负荷为一级负荷。

3 中断供电使得主要设备损坏、大量产品报废、连续生产过程被打乱需较长时间才能恢复、重点企业大量减产等将在经济上造成较大损失,则其负荷特性为二级负荷。中断供电将影响较重要用电单位的正常工作,例如:交通枢纽、通信枢纽等用电单位中的重要电力负荷,以及中断供电将造成大型影剧院、大型商场等较多人员集中的重要的公共场所秩序混乱,因此其负荷特性为二级负荷。

4 在一个区域内,当用电负荷中一级负荷占大多数时,本区域的负荷作为一个整体可以认为是一级负荷;在一个区域内,当用电负荷中一级负荷所占的数量和容量都较少时,而二级负荷所占的数量和容量较大时,本区域的负荷作为一个整体可以认为是二级负荷。在确定一个区域的负荷特性时,应分别统计特别重要负荷,一、二、三级负荷的数量和容量,并研究在电源出现故障时需向该区域保证供电的程度。

在工程设计中,特别是对大型的工矿企业,有时对某个区域的负荷定性比确定单个的负荷特性更具有可操作性。按照用电负荷在生产使用过程中的特性,对一个区域的用电负荷在整体上进行确定,其目的是确定整个区域的供电方案以及作为向外申请用电的依据。如在一个生产装置中只有少量的用电设备生产连续性要求高,不允许中断供电,其负荷为一级负荷,而其他的用电设备可以断电,其性质为三级负荷,则整个生产装置的用电负荷可以确定为三级负荷;如果生产装置区的大部分用电设备生产的连续性要求很高,停电将会造成重大的经济损失,则可以确定本装置的负荷特性为一级负荷。如果区域负荷的特性为一级负荷,则应该按照一级负荷的供电要求对整个区域供电;如果区域负荷特性是二级负荷,则整个区域按照二级负荷的供电要求进行供电,对其中少量的特别重要负荷按照规定供电。

3.0.2 条文采用的"双重电源"一词引用了《国际电工词汇》IEC 60050.601—1985 第601章中的术语第601-02-19条"duplicate supply"。因地区大电力网在主网电压上部是并网的,用电部门无论从电网取几回电源进线,也无法得到严格意义上的两个独立电源。所以这里指的双重电源可以是分别来自不同电网的电源,或者来自同一电网但在运行时电路互相之间联系很弱,或者来自同一个电网但其间的电气距离较远,一个电源系统任意一处出现异常运行时或发生短路故障时,另一个电源仍能不中断供电,这样的电源都可视为双重电源。

一级负荷的供电应由双重电源供电,而且不能同时损坏,只有必须满足这两个基本条件,才可能维持其中一个电源继续供电。双重电源可一用一备,亦可同时工作,各供一部分负荷。

3.0.3 一级负荷中特别重要的负荷的供电除由双重电源供电外,尚需增加应急电源。由于在实际中很难得到两个真正独立的电源,电网的各种故障都可能引起全部电源进线同时失去电源,造成停电事故。对特别重要负荷要由与电网不并列的、独立的应急电源供电。

工程设计中,对于其他专业提出的特别重要负荷,应仔细研究,凡能采取非电气保安措施者,应尽可能减少特别重要负荷的负荷量。

3.0.4 多年来实际运行经验表明,电气故障是无法限制在某个范围内部的,电力部门从未保证过供电不中断,即使供电中断也不罚款。因此,应急电源应是与电网在电气上独立的各式电源,例如:蓄电池、柴油发电机等。供电网络中有效地独立于正常电源的专用的馈电线路即是指保证两个供电线路不大可能同时中断供电的线路。

正常与电网并联运行的自备电站不宜作为应急电源使用。

3.0.5 应急电源类型的选择,应根据特别重要负荷的容量、允许中断供电的时间,以及要求的电源为交流或直流等条件来进行。由于蓄电池装置供电稳定、可靠、无切换时间、投资较少,故凡允许停电时间为毫秒级,且容量不大的特别重要负荷,可采用直流电源的,应由蓄电池装置作为应急电源。若特别重要负荷要求交流电源供电,允许停电时间为毫秒级,且容量不大,可采用静止型不间断供电装置。若有需要驱动的电动机负荷,且负荷不大,可以采用静止型应急电源,负荷较大,允许停电时间为15s以上的可采用快速启动的发电机组,这是考虑快速启动的发电机组一般启动时间在10s以内。

大型企业中,往往同时使用几种应急电源,为了使各种应急电源设备密切配合,充分发挥作用,应急电源接线示例见图1(以蓄电池、不间断供电装置、柴油发电机同时使用为例)。

3.0.7 由于二级负荷停电造成的损失较大,且二级负荷包括的范围也比一级负荷广,其供电方式的确定,如能根据供电费用及供配电系统停电几率所带来的停电损失等综合比较来确定是合理的。目前条文中对二级负荷的供电要求是根据本规范的负荷分级原则和当前供电情况确定的。

对二级负荷的供电方式,因其停电影响还是比较大的,故应由两回线路供电。两回线路与双重电源略有不同,二者都要求线路有两个独立部分,而后者还强调电源的相对独立。

只有当负荷较小或地区供电条件困难时,才允许由一回6kV及以上的专用架空线供电。这点主要考虑电缆发生故障后有时检查故障点和修复需时较长,而一般架空线路修复方便(此点和电缆的故障率无关)。当线路自配电所引出采用电缆线路时,应采用两回线路。

3.0.9 备用电源与应急电源是两个完全不同用途的电源。备用电源是当正常电源断电时,由于非安全原因用来维持电气装置或其某些部分所需的电源;而应急电源,又称安全设施电源,是用作应急供电系统组成部分的电源,是为了人体和家畜的健康和安全,以及避免对环境或其他设备造成损失的电源。本条文从安全角度考虑,其目的是为了防止其他负荷接入应急供电系统,与第3.0.3条1款相一致。

4 电源及供电系统

4.0.1 电力系统所属大型电厂单位容量的投资少,发电成本低,而用户一般的自备中小型电厂则相反。分布式电源与一般意义上的中小型电厂有本质的区别,除了供电之外,还同时供热供冷,是多联产系统,实现对能源的梯级利用,能够提高能源的综合利用效率,环境负面影响小,经济效益好。故在原规范条文第1款至第4款的基础上增加了第5款条文,在条文各款规定的情况下,用户宜设置自备电源。

第1款对一级负荷中特别重要负荷的供电,是按本规范第3.0.3条第1款"尚应增设应急电源"的要求因而需要设置自备电源。为了保证一级负荷的供电条件也需要设置自备电源的。

第2款、第4款设置自备电源需要经过技术经济比较后可定。

第3款设置自备电源的型式是一项挖掘工厂企业潜力、解决电力供需矛盾的技术措施。但各企业是否建自备电站,需经过全面技术经济比较确定。利用常年稳定的余热、压差、废弃物进行发电,技术经济指标优越,并能充分利用能源,还可减少温室气体和其他污染物的排放。废弃物是指可以综合利用的废弃资源,如煤矸石、煤泥、煤层气、焦化煤气等。

第5款设置自备电源的型式是未来大型电网的有力补充和有效支撑。分布式电源的一次能源包括风能、太阳能、水力、海洋能、地热和生物质能等可再生能源,也包括天然气等不可再生的清洁能源;二次能源为分布在用户端的热电冷联产,实现以直接满足用户多种需求的能源梯级利用。当今技术比较成熟、世界上应用较广的最主要方式是燃气热电冷联产,它利用十分先进的燃气轮机或燃气内燃机燃烧清净的天然气发电,对做功后的余热进一步回收,用来制冷、供暖和供生活热水。从而实现对能源的梯级利用,提高能源的综合利用效率。这种系统尤其适用于宾馆、饭店、高档写字楼、高级公寓、学校、机关、医院以及电力品质和安全系数要求较高及电力供应不足的用户。

分布式电源所发电力应以就近消化为主,原则上不允许向电网反送功率,但利用可再生能源发电的分布式电源除外。用户大部分用电可以自己解决,不足部分由大电网补充,可以显著降低对大电网的依赖性,提高供电可靠性。分布式电源一般产生电、热、

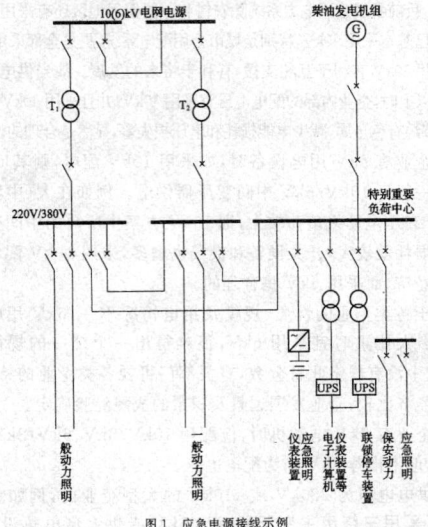

图1 应急电源接线示例

冷或热电联产,热力和电力不外销,与外购电和外购热相比具有经济性。

4.0.2 应急电源与正常电源之间应采取可靠措施防止并列运行,目的在于保证应急电源的专用性,防止正常电源系统故障时应急电源向正常电源系统负荷送电而失去作用,例如应急电源原动机的启动命令必须由正常电源主开关的辅助接点发出,而不是由继电器的接点发出,因为继电器有可能误动而造成与正常电源误并网。有个别用户在应急电源向正常电源转换时,为了减少电源转换对应急设备的影响,将应急电源与正常电源短暂并列运行,并列完成后立即将应急电源断开。当需要并列操作时,应符合下列条件:①应取得供电部门的同意;②应急电源需设置频率、相位和电压的自动同步系统;③正常电源应设置逆功率保护;④并列及不并列运行时故障情况的短路保护、电击保护都应得到保证。

具有应急电源蓄电池组的静止不间断电源装置,其正常电源是经整流环节变为直流才与蓄电池组并列运行的,在对蓄电池组进行浮充储能的同时经逆变环节提供交流电源,当正常电源系统故障时,利用蓄电池组直流储能放电而自动经逆变环节不间断地提供交流电源,但由于整流环节的存在因而蓄电池组不会向正常电源进线侧反馈,也就保证了应急电源的专用性。

国际标准 IEC 60364-5-551:第 551.7 条 发电设备可能与公用电网并列运行时,对电气装置的附加要求,也有相关的规定。

4.0.3 多年运行经验证明,变压器和线路都是可靠的供电元件,用户在一个电源检修或事故的同时另一电源又发生事故的情况是极少的,而且这种事故往往都是由于误操作造成,在加强维修管理,健全必要的规章制度后是可以避免的,如果不提高维护水平,只在供配电系统上层层层保险,过多地建设电源线路和变电所,不但造成大量浪费而且事故也终难避免。

4.0.4 两回电源线路采用同级电压可以互相备用,提高设备利用率,如能满足一级和二级负荷用电要求时,亦可采用不同电压供电。

4.0.5 一级和二级负荷在突然停电后将造成不同程度的严重损失,因此在做供配电系统设计时,当确定线路通过容量时,应考虑事故情况下一回路中断供电时,其余线路应能满足本规范第3.0.2条、第3.0.3条和第3.0.7条规定的一级负荷和二级负荷用电的要求。

4.0.6 如果供配电系统接线复杂,配电层次过多,不仅管理不便、操作繁琐,而且由于串联元件过多,因元件故障和操作错误而产生事故的可能性也随之增加。所以复杂的供配电系统导致可靠性下降,不受运行和维修人员的欢迎;配电级数过多,继电保护整定时限的级数也随之增多,而电力系统容许继电保护的时限级数对10kV来说正常也只限于两级;如配电级数出现三级,则中间一级势必要与下一级或上一级之间无选择性。

高压配电系统同一电压的配电级数为两级,例如由低压侧为10kV的总变电所或地区变电所配电至10kV配电所,再从该配电所以 10kV 配电给配电变压器,则认为10kV配电级数为两级。

低压配电系统的配电级数为三级,例如从低压侧为380V的变电所低压配电屏至配电室分配电屏,由分配电屏至动力配电箱,由动力配电箱至终端用电设备,则认为380V配电级数为三级。

4.0.7 配电系统采用放射式则供电可靠性高,便于管理,但线路和高压开关柜数量多,而对辅助生产区,多属三级负荷,供电可靠性要求较低,可用树干式,线路数量少,投资也少。负荷较大的高层建筑,多属二级和一级负荷,可用分区树干式或环式,减少配电电缆线路和高压开关柜数量,从而相应少占电缆竖井和高压配电室的面积。住宅区多属三级负荷,也有高层二级和一级负荷,因此以环式或树干式为主,但根据线路径路等情况也可用放射式。

4.0.8 将总变电所、配电所、变电所建在靠近负荷中心位置,可以节省线材、降低电能损耗,提高电压质量,这是供配电系统设计的一条重要原则。至于对负荷较大的大型建筑和高层建筑分散设置变电所,这也是将变电所建在靠近各自低压负荷中心位置的一种形式。郊区小化肥厂等用电单位,如用电负荷均为低压又较集中,当供电电压为35kV时可用35kV直降至低压配电电压,这样既简化供配电系统,又节省投资和电能,提高电压质量。又如铁路、轨道交通的供电特点是用电点的负荷均为低压,小而集中,但用电点多而又远离,当高压配电电压为35kV时,各变电所亦可采用35kV直降至低压配电系统。

4.0.9 一般动力和照明负荷是由同一台变压器供电,在节假日或周期性、季节性轻负荷时,将变压器退出运行并把所带负荷切换到其他变压器上,可以减少变压器的空载损耗。当变压器定期检修或故障时,可利用低压联络线来保证该变电所的检修照明及其所供的一部分负荷继续供电,从而提高了供电可靠性。

4.0.10 当小负荷在低压供电合理的情况下,其用电应由供电部门统一规划,尽量由公共的 220V/380V 低压网络供电,使地区配电变压器和线路得到充分利用。各地供电部门对低压供电的容量有不同的要求。根据原电力工业部令第 8 号《供电营业规则》第二章第八条规定:"用户单相用电设备总容量不足10kW的可采用低压 220V 供电。"第二章第九条规定:"用户用电设备容量在100kW以下或需用变压器容量在 50kV·A 及以下者,可采用低压三相四线制供电,特殊情况亦可采用高压供电。用电负荷密度较高的地区,经过技术经济比较,采用低压供电的技术经济性明显优于高压供电时,低压供电的容量界限可适当提高。"

上海市电力公司《供电营业细则》第二章第九条第(2)款规定:"非居民用户:用户单相用电设备总容量10kW 及以下的,可采用低压单相 220V 供电。用户用电设备容量在 350kW 以下或最大需量在 150kW 以下的,采用低压三相四线 380V 供电。"

5 电压选择和电能质量

5.0.1 用户需要的功率大,供电电压应相应提高,这是一般规律。

选择供电电压和输送距离有关,也和供电线路的回路数有关。输送距离长,为降低线路电压损失,宜提高供电电压等级。供电线路的回路多,则每回路的送电容量相应减少,可以降低供电电压等级。用电设备特性,例如波动负荷大,宜由容量大的电网供电,也就是要提高供电电压的等级。还要看用户所在地点的电网提供什么电压方便和经济。所以,供电电压的选择,不易找出统一的规律,只能定原则。

5.0.2 目前我国公用电力系统除农村和一些偏远地区还有采用3kV和6kV外,已基本采用10kV,特别是城市公用配电系统,更是全部采用10kV。因此,采用10kV有利于互相支援,有利于将来的发展。故当供电电压为35kV及以上时,企业内部的配电电压宜采用10kV;并且采用10kV配电电压可以节约有色金属,减少电能损耗和电压损失等,显然是合理的。

当企业有 6kV 用电设备时,如采用 10kV 配电,则其 6kV 用电设备一般经 10kV/6kV 中间变压器供电。例如在大、中型化工厂,6kV 高压电动机负荷较大,则10kV方案所需的中间变压器容量及损耗就较大,开关设备和投资也增多,采用 10kV 配电电压反而不经济,而采用 6kV 是合理的。

由于各类企业的性质、规模及用电情况不一,6kV 用电负荷究竟占多大比重时宜采用6kV,很难得出一个统一的规律。因此,条文中没有规定此百分数,有关部门可视各类企业的特点,根据技术经济比较,企业发展远景及积累的成熟经验确定。

当企业有 3kV 电动机时,应配用 10kV/3kV、6kV/3kV 专用变压器,但不推荐3kV作为配电电压。

在供电电压为 220kV 或 110kV 的大型企业内,例如重型机器厂,可采用三绕组主变压器,以 35kV 专供大型电热设备,以

10kV 作为动力和照明配电电压。

660V 电压目前在国内煤矿、钢铁等行业已有应用,国内开关、电机等配套设备制造技术也已逐渐成熟。660V 电压与传统的 380V 电压相比绝缘水平相差不大,两者电机设备费用也大体相当。从工业生产方面看,采用 660V 电压,可将原采用 10kV、6kV 供电的部分设备改用 660V 供电,从而降低工程设备投资,同时,将低压供电电压由 380V 提高到 660V,又可改善供电质量。但从安全方面讲,电压越低,使用越安全。由于目前国内大多数行业仍习惯于 380V/220V 电压,因此,本标准提出对工矿企业也可采用 660V 电压。

在内科诊疗术室、手术室等特殊医疗场所和对电磁干扰有特殊要求的精密电子设备室等场所,为防止误触及电气系统部件而造成人身伤害,或因电磁干扰较大引起控制功能丧失或混乱从而造成重大设备损毁或人身伤亡,可采用安全电压进行配电。安全电压通常可采用 42、36、24、12、6V。

5.0.3 随着经济的发展,企业的规模在不断变大,在一些特大型的化工、钢铁等企业,企业内车间用电负荷非常大,采用 10kV 电压已难以满足用电负荷对电压降的要求,而采用 35kV 或以上电压作为一级配电电压既能满足企业的用电要求,也比采用较低电压能减少变电级数、简化接线。因此,采用 35kV 或以上电压作为配电电压对这类用户更为合理。对这类用户,可采用若干个 35kV 或相应供电电压等级的降压变电所分别设在车间旁的负荷中心位置,并以 35kV 或相应供电电压等级的电压线路直接在厂区配电,而不采用设置大容量总降压变电所以较低的电压配电。这样可以大大缩短低压线路,降低有色金属和电能消耗量。

又如某些企业其负荷不大但较集中,均为低压用电负荷,因工厂位于郊区取得 10、6kV 电源困难,当采用 35kV 供电,并经 35kV/0.38kV 降压变压器对低压负荷配电,这样可以减少变电级数,从而可以节省电能和投资,并可提高电能质量,此时,宜采用 35kV 电压作为配电电压。

当然,35kV 以上电压作为企业内直配电压,投资高、占地多,而且还受到设备、线路走廊、环境条件的影响,因此宜慎重确定。

5.0.4 电压偏差问题是普遍关系到全国工业和生活用户利益的问题,并非仅关系某一部门。从政策角度来看,则是贯彻节能方针和逐步实现技术现代化的问题。为使用电设备正常运行并具有合理的使用寿命,设计供配电系统时应算用电设备对电压偏差的要求。

在各用户和用户设备的受电端都存在一定的电压偏差范围。同时,由于用户和用户本身负荷的变化,此一偏差范围往往会增大。因此,在供配电系统设计中,应了解电源电压和本单位负荷变化的情况,进行本单位电动机、照明等用电设备电压偏差的计算。

条文中的电压偏差允许值,电动机系根据现行国家标准《旋转电机 定额和性能》GB 755 的有关规定确定的;照明系根据现行国家标准《建筑照明设计标准》GB 50034 中的有关规定确定的。

对于其他用电设备,其允许电压偏差的要求应符合用电设备制造标准的规定;当无特殊规定时,根据一般运行经验及考虑与电动机、照明对允许电压偏差基本一致,故条文规定为 ±5% 额定电压。

用电设备,尤其是用的最多的异步电动机,端子电压如偏离现行国家标准《旋转电机 定额和性能》GB 755 规定的允许电压偏差范围,将导致它们的性能变劣,寿命降低,及在不合理运行下增加运行费用,故要求验算端电压。

对于少数距电源较远的电动机,如电动机端电压低于额定值的 95% 时,仍能保证电动机温升符合现行国家标准《旋转电机 定额和性能》GB 755 的规定,且堵转转矩、最小转矩、最大转矩均能满足传动要求时,则电动机的端电压可低于 95%,但不得低于 90%,即电动机的额定功率适当选择大些,使其经常处于轻载状态,这时电动机的效率比满载时低,但要增加电网的无功负荷。

下面列举国外这方面的数据以供比较:

美国标准——美国电动机的标准(NEMA 标准)规定电动机允许电压偏差范围为 ±10%,美国供电标准也为 ±10%,参见第 5.0.6 条说明。

英国标准 BS4999 第 31 部分规定:电动机在电压为 95%~105% 额定电压范围内应能提供额定功率;在英国本土(UK)使用的电动机,按供电规范的要求,其范围应为 94%~106%(供电规范中规定 ±6%)。

澳大利亚标准与英国基本一样,为 ±6%。

在我国,根据现行国家标准《电能质量 供电电压允许偏差》GB/T 12325,各级电压的供电电压允许偏差也有一定规定,这些数值是指供电部门电网对用户供电处的数值,也是根据我国电网目前水平所制定的标准,当然与设备制造标准有差异、有矛盾。因而在上述标准内也增加了第(4)条内容,即"对供电电压允许偏差有特殊要求的用户,由供用电双方协议确定"。

5.0.5 产生电压偏差的主要因素是系统滞后的无功负荷所引起的系统电压损失。因此,当负荷变化时,相应调整电容器的接入容量就可以改变系统中的电压损失,从而在一定程度上缩小电压偏差的范围。调整无功功率后,电压损失的变化可按下式计算:

对于线路:
$$\Delta U_1' = \Delta Q_C \frac{X_1}{10 U_k^2} \%\tag{1}$$

对于变压器:
$$\Delta U_T' = \Delta Q_C \frac{E_k}{S_T} \%\tag{2}$$

式中:ΔQ_C——增加或减少的电容器容量(kvar);
　　　X_1——线路电抗(Ω);
　　　E_k——变压器短路电压(%);
　　　U_k——线路电压(kV);
　　　S_T——变压器容量(kV·A)。

并联电抗器的投入量可以看作是并联电容器的切除量。计算式同上。

并联电抗器在 35kV 以上区域变电所或大型企业的变电所内有时装设,用于补偿各级电压上并联电容器过多投入和电缆电容等形成的超前电流,抑制轻负荷时电压过高效果也很好,中小型企业的变电所无此装置。

同样,与调整电容器和电抗器容量的原理相同,如调整同步电动机的励磁电流,使同步电动机超前和滞后运行,藉以改变同步电动机产生或消耗的无功功率,也同样可以达到电压调整的目的。

一班制、二班制或以二班制为主的工厂,白天高峰负荷时电压偏低,因此将变压器抽头调在"-5%"位置上,但到夜间负荷轻时电压就过高,这时切断部分负载的变压器,改用低压联络线供电,增加变压器和线路中的电压损耗,就可以降低用电设备的过高电压。在调查中不乏这样的实例。他们在轻载时切断部分变压器,既降低了变压器的空载损耗,又起到电压调整的作用。

5.0.6 图 2 表示供电端按逆调压、稳压(顺调压)和不调压三种运行方式用电设备端电压的比较。

图上设定逆调压和不调压时 35kV 母线电压变动范围为额定电压的 0~+5%;各用户的重负荷和轻负荷出现的时间大体上一致;最大负荷为最小负荷的 4 倍,与此相应供电元件的电压损失近似地取为 4 倍;35kV、10kV 和 380V 线路在重负荷时电压损失分别为 4%、2% 和 5%;35kV/10kV 及 10kV/0.38kV 变压器分接头各提升电压 2.5% 及 5%。

由图可知,用电设备上的电压偏差在逆调压方式下可控制在 +3.2%~-4.9%,在稳压方式下为 +3.2%~-9.9%,不调压时则为 +8.2%~-9.9%。根据此分析,在电力系统合理设计和用户负荷曲线大体一致的条件下,只在 110kV 区域变电所实行逆调压,大部分用户的电压质量要求就可满足。因此条文规定了"大于 35kV 电压的变电所中的降压变压器,直接向 35、10、6kV 电网送电时"应采用有载调压变压器,变电所一般是公用的区域变电所,也有大企业的总变电所。反之,如果中小企业都装置有载调压变压器,不仅增加投资和维护工作量,还将影响供电可靠性,从国家整体利益看,是很不合理的。

少数用户可能因其负荷曲线特殊,或距区域变电所过远等原因,在采用地区集中调压方式后,还不能满足电压质量要求,此时,可在35kV变电所也采用有载变压器。

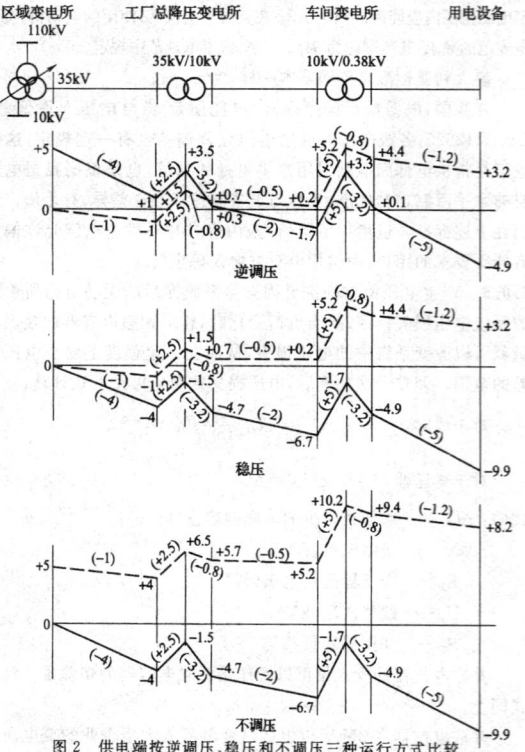

图2 供电端按逆调压、稳压和不调压三种运行方式比较

注:实线表示重负荷时的情况,虚线表示轻负荷时的情况;括号内数字为供电元件的电压损失,无括号数字为电压偏差。

以下列出美国标准处理调压问题的资料,以供借鉴。但应注意美国电动机标准为±10%,不是±5%。从美国标准中也可以看出,他们也是从整体上考虑调压,而不是"各自为政"。

美国电压标准(ANSI C84-1a-1980)的规定:

1 供电系统设计要按"范围A"进行,出现"范围B"的电压偏差范围应是极少见的,出现后应即采取措施设法达到"范围A"的要求。

2 "范围A"的要求:
115V~120V系统:
  有照明时:用电设备处 110V~125V;
       供电点 114V~126V。
  无照明时:用电设备处 108V~125V;
       供电点 114V~126V。
460V~480V系统(包括480V/277V三相四线制系统):
  有照明时:用电设备处 440V~500V;
       供电点 456V~504V。
  无照明时:用电设备处 432V~500V;
       供电点 456V~504V。
13200V系统:供电点 12870V~13860V。

3 电动机额定电压:115,230,460V等。
照明额定电压:120,240V等。

从美国电压标准中计算出的电压偏差百分数:
对电动机:用电设备处(电机端子)无照明时+8.7%、-6%;
有照明时+8.7%、-4.4%。
    供电点+9.6%、-0.9%。
对照明:用电设备处+4.2%、-8.3%。
    供电点+5%、-5%。
对高压电源(额定电压按13200V):照明+5%、-2.5%;电动机+9.6%、-1.7%。

5.0.7 基于第5.0.6条所述原因,10、6kV变电所的变压器不必有载调压。条文中指出,在符合更严格的条件时,10、6kV变电所才可有载调压。

5.0.8 在区域变电所实行逆调压方式可使用电设备的受电电压偏差得到改善,详见本规范第5.0.6条说明。但只采用有载调压变压器和逆调压是不够的,同时应在有载调压后的电网中装设足够的可调整的无功电源(电力电容器、调相机等)。因为当变电所调高输送电压后,线路中原来的有功负荷和无功负荷都相应增加,尤其是因网路的电抗相当大,网路中的变压器电压损失和线路电压损失的增加量均与无功负荷增加量成正比,可以抵消变压器调高电压的效果,所以在回路中应设置无功电源以减小无功负荷,并应可调,方能达到预期的调压效果。计算电压损失变化的公式见本规范第5.0.5条说明。

逆调压的范围规定为0~+5%,本规范第5.0.6条文说明图中证用电设备端子上已能达到电压偏差为±5%的要求。我国现行的变压器有载调压分接头,220、110、63kV均为±8×1.25%,35kV为±3×2.5%,10、6kV为±4×2.5%。

5.0.9 在供配电系统设计中,正确选择供电元件和系统结构,就可以在一定程度上减少电压偏差。

由于电网各点的电压水平高低不一,合理选择变压器的变比和电压分接头,即可将供配电系统的电压调整在合理的水平上。但这只能改变电压水平而不能缩小偏差范围。

供电元件的电压损失与其阻抗成正比,在技术经济合理时,减少变压级数,增加线路截面,采用电缆供电,或改变系统运行方式,可以减少电压损失,从而缩小电压偏差范围。

合理补偿无功功率可以缩小电压偏差范围,见本规范5.0.5说明。若因过补偿而多支出费用,也是不合理的。

在三相四线制中,如三相负荷分布不均(相线对中性线),将产生零序电压,使零点移位,一相电压降低,另一相电压升高,增大了电压偏差,如图3所示。由于Y,yn0接线变压器零序阻抗较大,不对称情况较严重,因此应尽量使三相负荷分布均匀。

同样,线间负荷不平衡,则引起线电压间不平衡,增大了电压偏差。

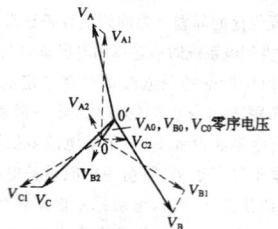

图3 不对称电压向量图

5.0.11 电弧炉等波动负荷引起的电压波动和闪变对其他用电设备影响甚大,如照明闪烁,显像管图像变形,电动机转速不均,电子设备、自控设备或某些仪器工作不正常,从而影响正常生产,因而应积极采取措施加以限制。

1、2 这两款是考虑线路阻抗的作用。

3 本款是考虑变压器阻抗的作用。波动负荷以弧焊机为例,机器制造厂焊接车间或工段的弧焊机群总容量很大时,宜由专用配电变压器供电。当然,对电压波动和闪变比较敏感的负荷也可以采用第5款的措施。

4 有关炼钢电弧炉引起电压波动的标准,在我国,现行国家标准《电热设备电力装置设计规范》GB 50056对电弧炉工作短路引起的供电母线的电压波动值作了限制的规定。本款规定"对于大功率电弧炉的炉用变压器,由短路容量较大的电网供电",一般就是由更高电压等级的电网供电。但在电压波动能满足限制要求时,应选用一次电压较低的变压器,有利于保证断路器的频繁操作性能。当然也可以采取其他措施,例如:

1)采用电抗器,限制工作短路电流不大于电炉变压器额定电流的 3.5 倍(将降低钢产量)。

2)采用静止补偿装置。静止补偿装置对大功率电弧炉或其他大功率波动性负荷引起的电压波动和闪变以及产生的谐波有很好的补偿作用,但它的价格昂贵,故在条文中不直接推荐。

5 采用动态补偿或调节装置,直接对波动电压和电压闪变进行动态补偿或调解,以达到快速改善电压的目的。

为使人们了解静止补偿装置(SVC,static var compensator)、动态无功补偿装置和动态电压调节装置,现将其使用状况作简要介绍。

1 静止补偿装置(SVC)。

国际上在 20 世纪 60 年代就采用 SVC,近几年发展很快,在输电工程和工业上都有应用。SVC 的类型有:

PC/TCR(固定电容器/晶闸管控制电抗器)型;

TSC(晶闸管投切电容器)型;

TSC/TCR 型;

SR(自饱和电抗器)型。

其中 PC/TCR 型是用的较多的一种。

TCR 和 TSC 本身产生谐波,都附有消除设施。

自饱和电抗器型 SVC 的特点有:

1)可靠性高。第四届国际交流与直流输出会议于 1985 年 9 月在伦敦英国电机工程师学会(IEE)召开,SVC 是会议的三个中心议题之一。会议上专家介绍,自饱和电抗器式与晶闸管式 SVC 的事故率之比为 1:7。

2)反映速度更快。

3)维护方便,维护费用低。

4)过载能力强。会议上专家又介绍实例,容量为 192Mvar 的 SVC,可过载到 800Mvar(大于 4 倍),持续 0.5s 而无问题。如晶闸管式 SVC 要达到这样大的过载能力,需大大放大阀片的尺寸,从而大幅度提高了成本。

5)自饱和电抗器有其独特的结构特点,例如:三相的用 9 个芯柱,线圈的连接也比较特殊,目的是自身平衡 5 次、7 次等高次谐波,还采用一个小型的 3 柱网形电抗器(Mesh Reactor)来减少更高次谐波的影响。但其制造工艺和电力变压器是相同的,所以一般电力变压器厂的生产设备、制造工艺和试验设备都有条件制造这种自饱和电抗器。

6)自饱和电抗器的噪音水平约为 80dB,需要装在隔音室内。

7)成套的 SVC 没有一定的标准,但组成 SVC 的各项部件则有各自的标准,如自饱和电抗器的标准大部分和电力变压器相同,只是饱和曲线的斜率、谐波和噪声水平等的规定有所不同。

由于自饱和电抗器的可靠性高、电子元件少、维护方便,同时我国有一定条件的电力变压器厂都能制造,所以我国应迅速发展自饱和电抗器式的 SVC。

我国原能源部电力科学研究院研制成功的两套自饱和电抗器式 SVC 已用于轧机波动负荷的补偿。

2 动态无功补偿装置。

动态无功补偿装置是在原静止无功补偿装置的基础上,采用成熟、可靠的晶闸管控制电抗器和固定电容器组,即 TCR+FC 的典型结构,准确迅速地跟踪电网或负荷的动态波动,对变化的无功功率进行动态补偿。动态无功补偿装置克服了传统的静态无功补偿装置响应速度慢及机械触点经常烧损等缺点,动态响应速度小于 20ms,控制灵活,能进行连续、分相和近似线性的无功功率调节,具有提高功率因数、降低损耗、稳定负载电压、增加变压器带载能力及抑制谐波等功能。

3 动态电压调节装置。

动态电压调节装置(DVR,dynamic voltage regulator),也称作动态电压恢复装置(dynamic voltage restorer),是一种基于柔性交流输电技术(Flexible AC Transmission System,简称 FACTS)原理的新型电能质量调节装置,主要用于补偿供电电网产生的电压跌落、闪变和谐波等,有效抑制电网电压波动对敏感负载的影响,从而保证电网的供电质量。

串联型动态电压调节器是配电网络电能质量控制调节设备中的代表。DVR 装置串联在系统与敏感负荷之间,当供电电压波形发生畸变时,DVR 装置迅速输出补偿电压,使合成的电压动态维持恒定,保证敏感负荷感受不到系统电压波动,确保对敏感负荷的供电质量。

与以往的无功补偿装置如自动投切电容器组装置和 SVC 相比具有如下特点:

1)响应时间更快。以往的无功补偿装置响应时间为几百毫秒至数秒,而 DVR 为毫秒级。

2)抑制电压闪变或跌落,对畸变输入电压有很强的抑制作用。

3)抑制电网产生的谐波。

4)控制灵活简便,电压控制精准,补偿效果好。

5)具有自适应功能,既可以断续调节,也可以连续调节被控系统的参数,从而实现了动态补偿。

国外对 DVR 技术的研究开展得较早,形成了一系列的产品并得到广泛应用。西屋(Westinghouse)公司于 1996 年 8 月为美国电科院(EPRI)研制了世界上第一台 DVR 装置并成功投入工业应用;随后 ABB、西门子等公司也相继推出了自己的产品,由 ABB 公司为以色列一家半导体制造厂生产的容量为 2×22.5MV·A、世界上最大的 DVR 于 2000 年投入运行。

我国在近几年也开展了对 DVR 技术的研究工作,并相继推出了不少产品,但目前产品还主要集中于低压配电网络,高压供电网络中的产品还较少。

5.0.12 谐波对电力系统的危害一般有:

1 交流发电机、变压器、电动机、线路等增加损耗;

2 电容器、电缆绝缘损坏;

3 电子计算机失控、电子设备误触发、电子元件测试无法进行;

4 继电保护误动作或误动;

5 感应型电度表计量不准确;

6 电力系统干扰通信线路。

关于电力系统的谐波限制,各工业化国家由于考虑问题不同,所采取的指标类型、限值有很大的差别。如谐波次数、低次一般取 2 次,最高次则取 19、25、40、50 次不等。有些国家不作限制,而德国只取 5、7、11、13 次。在所用指标上,有的只规定一个指标,如前苏联只规定了总的电压畸变值不大于 5%,而美国就不同电压等级和供电系统分别规定了电压畸变值,英国则规定三级限制标准等。近期各国正在对谐波的限制不断制订更完善和严格的要求,但还没有国际公认的推荐标准。

我国对谐波的限值标准已经制定。现行国家标准《电能质量 公用电网谐波》GB/T 14549,对交流额定频率为 50Hz,标称电压 110kV 及以下的公用电网谐波的允许值已给出了明确的限制要求。

国外一些国家的谐波限值的具体规定如下:

1 英国电气委员会工程技术导则 G5/3。

第一级规定:按表 1 规定,供电部门可不必考虑谐波电流的产生情况。

第二级规定:设备容量如超过第一级规定,但满足下列规定时,允许接入电力系统。

1)用户全部设备在安装处任何相上所产生的谐波电流都不超过表 2 中所列的数值;

2)新负荷接入系统之前在公共点的谐波电压不超过表 3 值的

75%;

3) 短路容量不是太小。

第三级规定:接上新负载后的电压畸变不应超过表3的规定。

2 美国国家标准 ANSI/IEEE Std 519 静止换流器谐波控制和无功补偿导则,其电力系统电压畸变限值见表4及表5。

3 日本电力会社的规定。其高次谐波电压限值见表6。

4 德国 VDEN 标准。其电压畸变限值见表7。

表1 第一级规定中换流器和交流调压器最大容量

供电电压 (kV)	三相换流器(kV·A)			三相交流调压器(kV·A)	
	3脉冲	6脉冲	12脉冲	6组可控硅	3组可控硅3组二极管
0.415	8	12	—	14	10
6.6和11	85	130	250	150	100

表2 第二级规定的用户接入系统处谐波电流允许值

供电电压 (kV)	谐波电流次数及限值(有效值 A)									
	2	3	4	5	6	7	9	11	13	15	17	19
0.415	48	34	22	59	11	40	9	22	18	6	13	10
6.6和11	13	9	6	16	4	11	3	6	5	2	4	3
33	11	7	5	14	3	9	2	5	4	1	3	2
132	5	3	2	6	1	4	1	2	2	1	1	1

表3 供电系统任何点的谐波电压最大允许值

供电电压 (kV)	谐波电压总值 (%)	单独的谐波电压(%)	
		奇次	偶次
0.415	5	4	2
6.6和11	4	3	1.75
33	3	2	1
132	1.5	1	0.5

表4 中压和高压电力系统谐波电压畸变限值

供电电压(kV)	专线系统(%)	一般系统(%)
2.4~69	8	5
115 及以上	1.5	1.5

表5 460V 低压系统的谐波电压畸变限值

系统类别	ρ	$A_N(V\mu s)$	电压畸变(%)
特殊场合	10	16400	3
一般系统	5	22800	5
专线系统	2	36500	10

注:1 ρ为总阻抗/整流器支路的阻抗。
   2 A_N 为整流槽面积。
   3 特殊场合指整流器从一相转到另一相时出现的槽降电压变化速度会引起误触发事故的场合。一般系统指静止整流器与一般用电设备合用的电力系统。专线系统指专供静止整流器对电压波形畸变不敏感负荷的电力系统。

表6 高次谐波电压限值

电压等级(kV)	各高次谐波电压(%)	总畸变电压(%)
66 及以下	1	2
154 及以上	0.5	1

表7 电压畸变限值

电压畸变限值 \ 谐波次数	5		11	13
中压线路	5次+7次=5%		11次+13次=3%	
中压线路上的变换装置	3%	3%	2%	2%

5.0.13 条文提出对降低电网电压正弦波形畸变率的措施,说明如下:

1 由短路容量较大的电网供电,一般指由电压等级高的电网

供电和由主变压器大的电网供电。电网短路容量大,则承受非线性负荷的能力高。

2 ①整流变压器的相数多,整流脉冲数也随之增多。也可由安排整流变压器二次侧的接线方式来增加整流脉冲数。例如有一台整流变压器,二次侧有△和Y三相线圈各一组,各接三相桥式整流器,把这两个整流器的直流输出串联或并联(加平衡电抗)接到直流负荷,即可得到十二脉冲整流电路。整流脉冲数越高,次数低的谐波被削去,变压器一次谐波含量越小。②例如有两台Y/△、Y整流变压器,若将其中一台加移相线圈,使两台变压器的一次侧主线圈有15°相角差,两台的综合效应在理论上可大大改善向电力系统注入谐波。③因静止整流器的直流负荷一般不经常波动,谐波的次数和含量不经常变更,故应按谐波次数装设分流滤波器。滤波器由 L-C-R 电路组成,系列用串联谐振原理,各调谐在谐振频率为需要消除的谐波的次数。有的还装有一组高通滤波器,以消除更高次数的谐波。这种方法设备费用和占地面积较多,设计时应注意。

3 参看本规范第7.0.7条说明。

5.0.15

1 本款是一般设计原则。

2 本款是向设计人员提供具体的准则,设计由公共电网供电的220V负荷时,在什么情况下可以单相供电。

根据供电部门对每个民用用户分户计量的原则,每个民用用户单独作为一个进线点。随着人民物质生活水平的提高,家庭用电设备逐渐增多,引起民用用户的用电负荷逐渐增大。根据建设部民用小康住宅设计规范,推荐民用住宅每户按4kW~8kW设计(根据不同住房面积进行负荷功率配置);根据各省市建设规划部门推荐的民用住宅电气设计要求,上海市每户约9kW,江苏省每户约8kW,陕西省每户约6kW~8kW,福建省每户约4kW~10kW,其中200m²以上别墅类民用住宅每户甚至达到约12kW。

随着技术的发展,配电变压器和配电终端产品的质量有了很大提高,能够承受一定程度的三相负荷不平衡。因此,作为一个前瞻性的设计规范,本规范将60A作为低压负荷单相、三相供电的分界,负荷线路电流小于等于60A时,可采用220V单相供电,负荷线路电流大于60A时,宜以220V/380V三相四线制供电。

6 无功补偿

6.0.1 在用电单位中,大量的用电设备是异步电动机、电力变压器、电阻炉、电弧炉、照明等,前两项用电设备在电网中的滞后无功功率的比重最大,有的可达全厂负荷的80%,甚至更大。因此在设计中正确选用电动机、变压器等容量,可以提高负荷率,对提高自然功率因数具有重要意义。

用电设备中的电弧炉、矿热炉、电渣重熔炉等短网流过的电流很大,而且容易产生很大的涡流损失,因此在布置和安装上采取适当措施减少电抗,可提高自然功率因数。在一般工业企业与民用建筑中,线路的感抗也占一定的比重,设法降低线路损耗,也是提高自然功率因数的一个重要环节。

此外,在工艺条件允许时,采用同步电动机超前运行,选用带有自动空载切除装置的电焊机和其他间隙工作制的生产设备,均可提高用电单位的自然功率因数。从节能和提高自然功率因数的条件出发,对于间歇式工作的生产设备应大量生产内藏式空载切除装置,并大力推广使用。

6.0.2 当采取6.0.1条的各种措施进行提高自然功率因数后,尚不能达到电网合理运行的要求时,应采用人工补偿无功功率。

人工补偿无功功率,经常采用两种方法,一种是同步电动机超

前运行,一种是采用电容器补偿。同步电动机价格贵,操作控制复杂,本身损耗也较大,不仅采用小容量同步电动机不经济,即使容量较大而且长期连续运行的同步电动机也正为异步电动机加电容器补偿所代替,同时操作工人往往担心同步电动机超前运行会增加维修工作量,经常将设计中的超前运行同步电动机作滞后运行,丧失了采用同步电动机的优点。因此,除上述工艺条件适当者外,不宜选用同步电动机。当然,通过技术经济比较,当采用同步电动机作为无功补偿装置确实合理时,也可采用同步电动机作为无功补偿装置。

工业与民用建筑中所用的并联电容器价格便宜,便于安装,维修工作量、损耗都比较小,可以制成各种容量,分组容易,扩建方便,既能满足目前运行要求,又能避免由于考虑将来的发展使目前装设的容量过大,因此应采用并联电力电容器作为人工补偿的主要设备。

6.0.3 根据《全国供用电规则》和《电力系统电压和无功电力技术导则》,均要求电力用户的功率因数应达到下列规定:高压供电的工业用户和高压供电装有带负荷调整电压装置的电力用户,其用户交接点处的功率因数为 0.9 以上;其他 100kV·A(kW) 及以上电力用户和大、中型电力排灌站,其用户交接点处的功率因数为 0.85 以上。而《国家电网公司电力系统无功补偿配置技术原则》中则规定:100kV·A 及以上高压供电的电力用户,在用户高峰时变压器高压侧功率因数不宜低于 0.95;其他电力用户,功率因数不宜低于 0.90。

根据现行国家标准《并联电容器装置设计规范》GB 50227—2008 中第 3.0.2 条的要求,变电站的电容器安装容量,应根据本地区电网无功规划和国家现行标准中有关规定经计算后确定,也可根据有关规定按变压器容量进行估算。当不具备设计计算条件时,电容器安装容量可按变压器容量的 10%~30% 确定。

据有关资料介绍,全国各地区 220kV 的变电所中电容器安装容量均在 10%~30% 之间,因此,如没有进行调相调压计算,一般情况下,电容器安装容量可按上述数据确定,这与《电力系统电压和无功电力技术导则》中的规定也是一致的。

6.0.4 为了尽量减少线损和电压降,宜采用就地平衡无功功率的原则来装设电容器。目前国内生产的自愈式低压并联电容器,体积小、重量轻、功耗低、容量稳定;配有电感线圈和放电电阻,断电后 3min 内端电压下降到 50V 以下,抗涌流能力强;装有专门设计的过压力保护和熔丝保护装置,使电容器能在电流过大或内部压力超常时,把电容器单元从电路中断开;独特的结构设计使电容器的每个元件都具有良好的通风散热条件,因而电容器能在较高的环境温度 50℃下运行;允许 300 倍额定电流的涌流 1000 次。因此在低压侧完全由低压电容器补偿是比较合理的。

为了防止低压部分过补偿产生的不良效果,因此高压部分应由高压电容器补偿。

无功率单独就地补偿就是将电容器安装在电气设备的附近,可以最大限度地减少线损和释放系统容量,在某些情况下还可以缩小馈电线路的截面积,减少有色金属消耗。但电容器的利用率往往不高,初次投资及维护费用增加。从提高电容器的利用率和避免遭致损坏的观点出发,宜用于以下范围:

选择长期运行的电气设备,为其配置单独补偿电容器。由于电气设备长期运行,电容器的利用率高,在其运行时,电容器正好接在线路上,如空压机、风机、水泵等。

首先在容量较大的用电设备上装设单独补偿电容器,对于大容量的电气设备,电容器容易获得比较好的效益,而且相对地减少涌流。

由于每千乏电容器箱的价格随电容器容量的增加而减少,也就是电容器容量小时,其电容器箱的价格相对比较大,因此目前最好只考虑 5kvar 及以上的电容器进行单独就地补偿,这样可以完全采用干式低压电容器。目前生产的干式低压电容器每个单元内

装有限流线圈,可有效地限制涌流;同时每个单元还装有过热保护装置,当电容器温升超过额定值时,能自动地将电容器从线路中切除;此外每个单元内均装有放电电阻,当电容器从电源断开后,可在规定时间内,将电容器的残压降到安全值以内。由于这种电容器有比较多的功能,电容器箱内不需再增加元件,简化了线路,提高了可靠性。

由于基本无功功率相对稳定,为便于维护管理,应在配变电所内集中补偿。

低压电容器分散布置在建筑物内可以补偿线路无功功率,相应地减少电能损耗及电压损失。国内调查结果说明,电容器运行的损耗率只有 0.25%,但不适用于环境恶劣的建筑物。因此,在正常环境的建筑物内,在进行就地补偿以后,宜在无功功率不大且相对集中的地方分散布置。在民用公共建筑中,宜按楼层分散布置;住宅小区宜在每幢或每单元底层设置配电小间,在其内考虑设置低压无功补偿装置。

当考虑在上述场所安装就地补偿柜后,管井或配电小间应留有装设这些设备的位置。

6.0.5 对于工业企业中的工厂或车间以及整幢的民用建筑物或其一层需要进行无功补偿时,宜根据负荷运行情况绘制无功功率曲线,根据该曲线及无功补偿要求,决定补偿容量。国内外类似工厂和高层民用建筑都有负荷运行曲线,可利用这些类似建筑的资料计算无功补偿的容量。

当无法取得无功功率曲线时,可按条文中提供的常用公式计算无功补偿容量。

6.0.7 高压电容器由于专用的断路器和自动投切装置尚未形成系列,虽然也有些产品,但质量还不稳定。鉴于这种情况,凡可不用自动补偿或采用自动补偿效果不大的地方均不宜装设自动无功补偿装置。这条所列的基本无功功率是当用电设备投入运行时所需的最小无功功率,常年稳定的无功功率及在运行期间恒定的无功功率均不需自动补偿。对于投切次数甚少的电容器组,按我国移相电容器机械行业标准《电热电容器 移相电容器》JB 1629—75 中 A.5.3 条规定的次数为每年允许不超过 1000 次,在这些情况下都宜采用手动投切的无功功率补偿装置。

6.0.8 因为过补偿要罚款,如果无功功率不稳定,且变化较大,采用自动投切可获得合理的经济效果时,宜装设无功自动补偿装置。

装有电容器的电网,对于有些对电压敏感的用电设备,在轻载时由于电容器的作用,线路电压往往升得更高,会造成这种用电设备(如灯泡)的损坏或严重影响寿命及使用效能,如能避免设备损坏,且经经济比较,认为合理时,宜装设无功自动补偿装置。

为了满足电压偏差允许值的要求,在各种负荷下有不同的无功功率调整值,如果在各种运行状态下都需要不超过电压偏差允许值,只有采用自动补偿才能满足时,就必须采用无功自动补偿装置。当经济条件许可时,宜采用动态无功功率补偿装置。

6.0.9 由于高压无功自动补偿装置对切换元件的要求比较高,且价格较高,检修维护也较困难,因此当补偿效果相同时,宜优先采用低压无功自动补偿装置。

6.0.10 根据我国现有设备情况及运行经验,当采用自动无功补偿装置时,宜根据本条提出的三种方式加以选用。

如果以节能为主,首要的还是节约电费,应以补偿无功功率参数来调节。目前按功率因数补偿的甚多,但根据电网运行经验,功率因数只反应相位,不反应无功功率,而且目前大部分自动补偿装置的信号只取一相参数,这样可能会出现过补偿或负补偿,并且当三相不平衡时,功率因数值就不准确,负荷不平衡度越大,误差也越大,因此只有三相负荷平衡时才可采用功率因数参数调节。

电网的电压水平与无功功率有着密切的关系,采用调压减少电压偏差,必须有足够的可调整的无功功率,否则将导致电网其他部分电压下降。且在工业企业与民用建筑中造成电容器端子电压升高的原因很多,如电容器装置接入电网后引起的电网电压升高,

5—19

轻负荷引起的电压升高,系统电压波动所引起的电压升高。近年来,由于采用大容量的整流装置日益增加,高次谐波引起的电网电压升高。根据 IEC 标准《电力电容器》第 15.1 条规定:"电容器适用于端子间电压有效值升到不超过 1.10 倍额定电压值下连续运行"。国内多数制造厂规定:电容器只允许在不超过 1.05 倍额定电压下长期运行,只能在 1.1 倍额定电压(瞬时过电压除外)下短期运行(一昼夜)。当电网电压过高时,将引起电容器内部有功功率损耗显著增加,使电容器介质遭受热力击穿,影响其使用寿命。另外电网电压过高时,除了电容器过载外,还会引起邻近电器的铁芯磁通过饱和,从而产生高次谐波对电容器更不利。有些用电设备,对电压波动很敏感,例如白炽灯,当电压升高 5% 时,寿命将缩短 50%,白炽灯由于电压升高烧毁灯泡的事已屡见不鲜。此外,由于工艺需要,必须减少电压偏差值的,也需要按电压参数调节无功功率。如供电变压器已采用自动电压调节,则不能再采用以电压为主参数的自动无功补偿装置,避免造成振荡。

目前,国内已有厂家开发研制分相无功功率自动补偿控制器,它采集三相电参数,经微处理器运算,判断各相是否需要切投补偿电容器,然后控制接触器,使每相的功率因数均得到最佳补偿,该控制器可根据需要设置中性线电压偏移保护功能,当中性线电压偏移大于 50V 时,自动使进线断路器跳闸,保护设备和人身安全;具有过电压保护功能,当电网相电压大于 250V 时,控制器能在 30s 内将补偿电容自动逐个全部切除。

对于按时间为基准,有一定变化规律的无功功率,可以根据这种变化规律进行调节,线路简单,价格便宜,根据运行经验,效果良好。

6.0.11 在工业企业中,电容器的装接容量有的也比较大,一些大型的冶金化工、机械等行业都装有较多容量的电容器,因此应按补偿无功和调节电压的需要分组切。

由于目前工业企业中采用大型整流及变流装置的设备越来越多,民用建筑中采用变频调速的水泵、风机也很普遍,以致造成电网中的高次谐波的百分比很高。高次谐波的允许值必须满足现行国家标准《电能质量 公用电网谐波》GB/T 14549 中所列的允许值,当分组切投大容量电容器组时,由于其容抗的变化范围较大,如果系统的谐波感抗与系统的谐波容抗相匹配,就会发生高次谐波谐振,造成过电压和过电流,严重危及系统及设备的安全运行,所以必须避免。

根据现行国家标准《并联电容器装置设计规范》GB 50227,因电容器参数的分散性,其配套设备的额定电流按大于电容器组额定电流的 1.35 倍考虑。由于投入电容器时合闸涌流甚大,而且容量愈小,相对的涌流倍数愈大,以 1000kV·A 变压器低压侧安装的电容器组为例,仅投切一台 12kvar 电容器则涌流可达其额定电流的 56.4 倍,如投切一组 300kvar 电容器,则涌流仅为其额定电流的 12.4 倍。所以电容器在分组时,应考虑配套设备,如接触器或自动开关在开断电容器时产生重击穿过电压及电弧重击穿现象。

根据目前国内设备制造情况,对于 10kV 电容器,断路器允许的配置容量为 10000kvar,氧化锌避雷器允许的配置容量为 8000kvar,这些是防止电容器爆炸的最大允许电容器并联容量,但根据一些设计重工业和大型化工企业设计院的习惯做法,10kV 电容器的分组容量一般为 2000kvar~3000kvar。为了节约设备、方便操作,宜减少分组,加大分组容量。

根据调查了解,无载调压分接开关的调压范围是额定电压的 2.5% 或 5%,有载调压开关的调压范围为额定电压的 1.25% 或 2.5%,所以当用电容器组的切投来调节母线电压时,调节范围宜限制在额定电压的 2.5% 以内,但对经常投送而很少切除的电容器组以及从经济性出发考虑的电容器组,可允许超过这个范围,因此本条文仅说明"应符合满足电压偏差的允许范围",未提出具体电压偏差值。

6.0.12 当对电动机进行就地补偿时,应选用长期连续运行且容量较大的电动机配用电容器。电容器额定电流的选择,按照 IEC 出版物 831 电容器篇中的安装使用条件:"为了防止电动机在电源切断后继续运行时,由于电容器产生自激可能转为发电状态,以致造成过电压,以不超过电动机励磁电流的 90% 为宜"。

起重机或电梯等在重物下降时,电动机运行于第四象限,为避免过电压,不宜单独用电容器补偿。对于多速电动机,如不停电进行变压及变速,也容易产生过电压,也不宜单独用电容器补偿。如对这些用电设备需要采用电容器单独补偿,应为电容器单独设置控制设备,操作时先停再进行切换,避免产生过电压。

当电容器装在电动机控制设备的负荷侧时,流过过电流装置的电流小于电动机本身的电流,电流减少的百分数近似值可用下式计算:

$$\Delta I = 100(1-\cos\phi_1/\cos\phi_2) \tag{3}$$

式中:ΔI——减少的线路电流百分数(%);
$\cos\phi_1$——安装电容器前的功率因数;
$\cos\phi_2$——安装电容器后的功率因数。

设计时应考虑电动机经常在接近实际负荷下使用,所以保护电器的整定值应按加装电容器的电动机-电容器组的电流来确定,保护电器壳体、馈电线的允许载流量仍按电动机容量来确定。

6.0.13 IEC 出版物 831 电容器篇中电容器投入时涌流的计算公式如下:

$$I_s = I_n \sqrt{\frac{2S}{Q}} \tag{4}$$

式中:I_s——电容器投入时的涌流(A);
I_n——电容器组额定电流(A);
S——安装电容器处的短路功率(MV·A);
Q——电容器容量(Mvar)。

在高压电容器回路中,S 比较大,根据计算,如 I_s 大于控制开关所允许的投入电流值,则宜采用串联电抗器加以限制。

在低压电容器回路中,首先宜在合理范围内(见 6.0.11 条)加大投切的电容器容量,如计算而得的 I_s 尚大于控制电器的投入电流,则宜采用专用电容器投切器件。国内目前生产的有 CJR 及 CJ16 型接触器,前者在三相中每相均串有 1.5Ω 电阻,后者在三相中的两相内串有 1.5Ω 电阻,两者投入电流均可达额定电流的 20 倍,待电容器充电到 80% 左右容量时,才将电阻短接,电容器才正式投入运行。根据计算和试验,这类接触器能符合投入涌流的要求,并且价格较低,应用较广泛,这种方式对于投切不频繁的地方,只要选用质量较好的接触器,还是可以满足补偿要求的。现在市场上新投放的产品有晶闸管投切方式,该方式采用双向可控硅作投切单元,通过晶闸管过零投切,避免了电容器投入时的"浪涌电流"的产生,无机械动作,补偿快速,特别适用于投切频繁的场所。该投切方式采用的投切器为晶闸管,价格较高,由于晶闸管在投入及运行时有一定的压降,平均为 1V 左右,需消耗一定的有功功率,并且发热量较大,需对其实施相应的散热措施,以避免晶闸管损坏。还有一种接触器与晶闸管结合的投切方式,它集以上两种方式的优点,采用由晶闸管投切、接触器运行的投切方式。该方式由于采用晶闸管"过零"投切,因此在电容器投切过程中不会产生"浪涌电流",有效提高了电容器的使用寿命;在电容器运行时,用接触器代替晶闸管作为运行开关,避免了晶闸管在运行时的有功损耗和发热,提高了晶闸管的使用寿命。这种方式是近年来农网改造中普遍应用的方式。

由于电容器回路是一个 LC 电路,对某些谐波容易产生谐振,造成谐波放大,使电流增加和电压升高,如串联一定感抗值的电抗器可以避免谐振,如串入电抗器的百分比为 K,当电网中 5 次谐波电压较高,而 3 次谐波电压不太高时,K 宜采用 4.5%;如 3 次谐波电压较高时,K 宜采用 12%,当电网中谐波电压不大时,K 宜采用 0.5%。

7 低压配电

7.0.1 根据国际电工委员会 IEC 标准(出版物 60364-3、第二版、1993)配电系统的类型有两个特征,即带电导体系统的类型和系统接地的类型。而带电导体的类型分为交流系统:单相二线制、单相三线制、二相三线制、二相五线制、三相三线制及三相四线制;直流系统:二线制、三线制。本次修订考虑按我国常用方式列入,如图 4 所示。

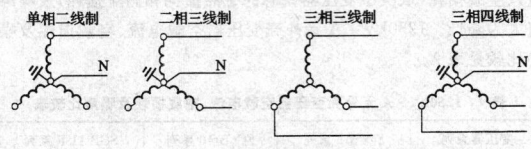

图 4 交流系统带电导体类型

低压配电系统接地型式有以下三种:

1 TN 系统。

电力系统有一点直接接地,电气装置的外露可导电部分通过保护线与该接地点相连接。根据中性导体(N)和保护导体(PE)的配置方式,TN 系统可分为如下三类:

1)TN-C 系统。整个系统的 N、PE 线是合一的。如图 5 所示。

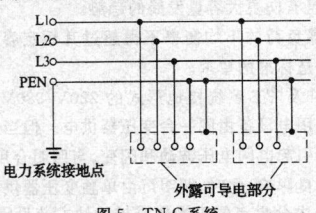

图 5 TN-C 系统

2)TN-C-S 系统。系统中有一部分线路的 N、PE 线是合一的。如图 6 所示。

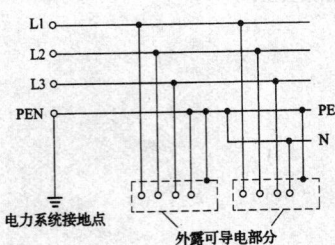

图 6 TN-C-S 系统

3)TN-S 系统。整个系统的 N、PE 线是分开的。如图 7 所示。

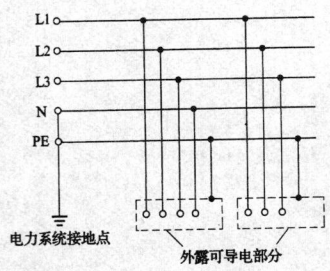

图 7 TN-S 系统

2 TT 系统。

电力系统有一点直接接地,电气设备的外露可导电部分通过保护线接至与电力系统接地点无关的接地极。如图 8 所示。

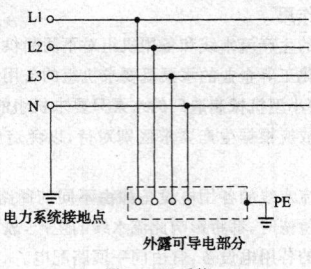

图 8 TT 系统

3 IT 系统。

电力系统与大地间不直接连接,电气装置的外露可导电部分通过保护接地线与接地极连接。如图 9 所示。

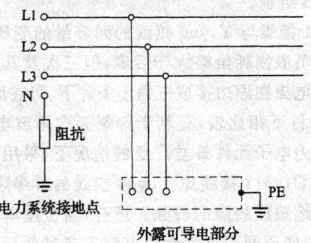

图 9 IT 系统

对于民用建筑的低压配电系统应采用 TT、TN-S 或 TN-C-S 接地型式,并进行等电位连接。为保证民用建筑的用电安全,不宜采用 TN-C 接地型式;有总等电位连接的 TN-S 接地型式系统建筑物内的中性线不需要隔离;对 TT 接地型式系统的电源进线开关应隔离中性线,漏电保护器必须隔离中性线。

7.0.2 树干式配电包括变压器干线式及不附变电所的车间或建筑物内干线式配电。其推荐理由如下:

1 我国各工厂对采用树干式配电已有相当长时间,积累了一定的运行经验。绝大部分车间的运行电工没有对此配电方式提出否定的意见。

2 树干式配电的主要优点是结构简单,节省投资和有色金属用量。

3 目前国内普遍使用的插接式母线和预分支电缆,根本不存在线路的接头不可靠问题,其供电可靠性很高。从调查的用户反映,此配电方式很受用户欢迎,完全能满足生产的要求。

4 干线的维修工作量是不大的,正常的维修工作一般一年仅二三次,大多数工厂均可能在一天内全部完成。如能统一安排就不需要分批或分段进行维修工作。

综上所述,树干式配电与放射式配电相比较,树干式配电由于结构简单,能节约一定数量的配电设备和线路,可不设专用的低压配电室,这时在其供电可靠性和维护工作上的缺点并不严重。因此,推荐树干式配电,但树干式配电方式并不包括由配电箱接至用电设备的配电。

7.0.3 特殊要求的建筑物是指有潮湿、腐蚀性环境或有爆炸和火灾危险场所等建筑物。

7.0.4 供给容量较小用电设备的插座,采用链式配电时,其环链数量可适当增加。此规定给出容量较小的用电设备系对携带型的用电设备容量在 1kW 以下,主要考虑用插座供电限制在 1kW 以下时,可以在满负荷情况下经常合闸,用插座供电的设备因容量较小可以不受此条上述数量的限制,其数量可以适当增加。另外插座的配电回路一般都配置了带漏电保护功能的断路器,安全可靠性得以保证。

7.0.5 较大容量的集中负荷和重要用电设备主要是指电梯、消防水泵、加压水泵等负荷。

7.0.6 平行的生产流水线和互为备用的生产机组如由同一回路配电,则当此回路停止供电时,将使数条流水线都停止生产或备用机组不起备用作用。

各类企业的生产流水线和备用机组对不间断供电的要求不一（如一般冶金、化工等企业的水泵既要求机组的备用也要求回路的备用，而某些中小型机械制造厂的水泵只要求机组的备用，不要求回路的备用），故应根据生产要求区别对待，以免造成设备和投资的浪费。

同一生产流水线的各用电设备如由不同的回路配电，则当任一母线或线路检修时，都将影响此流水线的生产，故本条文规定同一生产流水线的各用电设备，宜由同一回路配电。

7.0.7 我国工业与民用建筑中在相当长一段时间内，对1000kV·A及以下容量电压为10kV/(0.4～0.23)kV、6kV/(0.4～0.23)kV的配电变压器，几乎全部采用Y,yn0接线组别，但目前大都采用了D,yn11接线组别。

以D,yn11接线与Y,yn0接线的同容量的变压器相比较，前者空载损耗与负载损耗虽略大于后者，但三次及其整数倍以上的高次谐波激磁电流在原边接成三角形条件下，可在原边环流，与原边接成Y形条件下相比较，有利于抑制高次谐波电流，这在当前电网中接用电力电子元件日益广泛的情况下，采用三角形接线是有利的。另外D,yn11接线比Y,yn0接线的零序阻抗要小得多，有利于单相接地短路故障的切除。还有，当接用单相不平衡负荷时，Y,yn0接线变压器要求中性线电流不超过低压绕组额定电流的25%，严重地限制了接用单相负荷的容量，影响了变压器设备能力的充分利用。因而在低压电网中，推荐采用D,yn11接线组别的配电变压器。

目前配电变压器的发展趋势呈现如下特点：

铁芯结构——变压器铁芯由插接式铁芯向整条硅钢片环绕，并已开始研究且生产非晶合金节能变压器。

绝缘特性——变压器采用环氧树脂浇铸，向采用性能更好的绝缘材料发展（如美国NOMEX绝缘材料），大大提高了变压器安全运行能力，且在变压器运行中无污染，对温度、灰尘不敏感。

体积、重量——体积向更小，重量向不断递减的趋势发展。1250kV·A无外壳的变压器外形尺寸及重量比较见表8。

表8 1250kV·A无外壳的变压器外形尺寸及重量比较表

变压器系列	SC(B)9 系列	SC(B)10 系列	SGB 11-R 系列
外形尺寸 $L×B×H$(mm)	2350×1500×2150	1610×1270×1700	1480×1270×1565
重量(kg)	3940	3330	3030

变压器性能——采用优质的硅钢片整条环绕的变压器其空载电流（取决于变压器铁芯的磁路结构，硅钢片质量以及变压器容量）、空载损耗（取决于变压器铁芯的磁滞损耗和涡流损耗）及噪声将大为降低。1250kV·A无外壳变压器空载电流、空载损耗及噪声比较见表9。

表9 1250kV·A无外壳变压器空载电流、空载损耗及噪声比较表

变压器系列	SC(B)9 系列	SC(B)10 系列	SGB 11-R 系列
空载电流(%)	0.8	0.8	0.2
空载损耗(W)	2350	2080	1785
噪声(dB)	55～65	55～65	49

变压器容量——目前生产的变压器容量自30kV·A～2500kV·A，且有向更大容量发展的趋势。

7.0.8 变压器负荷的不均衡率不得超过其额定容量的25%，是根据变压器制造标准的要求。

7.0.9 在TN及TT系统接地形式的220V/380V电网中，照明一般都和其他用电设备由同一台变压器供电。但当接有较大功率的冲击性负荷引起电网电压波动和闪变，与照明合用变压器时，将对照明产生不良影响，此时，照明可由单独变压器供电。

7.0.10 在室内分界点便于操作维护的地方装设隔离电器，是为了便于检修室内线路或设备时可明显表达电源的切断，有明显表达电源切断状况的断路器也可作为隔离电器。但在具体操作时，应挂警示牌，以策安全。

中华人民共和国国家标准

住宅设计规范

Design code for residential buildings

GB 50096—2011

主编部门：中华人民共和国住房和城乡建设部
批准部门：中华人民共和国住房和城乡建设部
施行日期：２０１２年８月１日

中华人民共和国住房和城乡建设部
公 告

第 1093 号

关于发布国家标准《住宅设计规范》的公告

现批准《住宅设计规范》为国家标准，编号为GB 50096-2011，自2012年8月1日起实施。其中，第 5.1.1、5.3.3、5.4.4、5.5.2、5.5.3、5.6.2、5.6.3、5.8.1、6.1.1、6.1.2、6.1.3、6.2.1、6.2.2、6.2.3、6.2.4、6.2.5、6.3.1、6.3.2、6.3.5、6.4.1、6.4.7、6.5.2、6.6.1、6.6.2、6.6.3、6.6.4、6.7.1、6.9.1、6.9.6、6.10.1、6.10.4、7.1.1、7.1.3、7.1.5、7.2.1、7.2.2、7.3.1、7.3.2、7.4.1、7.4.2、7.5.3、8.1.1、8.1.2、8.1.3、8.1.4、8.1.7、8.2.1、8.2.2、8.2.6、8.2.10、8.2.11、8.2.12、8.3.2、8.3.3、8.3.4、8.3.6、8.3.12、8.4.1、8.4.3、8.4.4、8.5.3、8.7.3、8.7.4、8.7.5、8.7.9条为强制性条文，必须严格执行。原《住宅设计规范》GB 50096-1999（2003年版）同时废止。

本规范由我部标准定额研究所组织中国建筑工业出版社出版发行。

中华人民共和国住房和城乡建设部

2011年7月26日

前 言

本规范是根据住房和城乡建设部《关于印发〈2008年工程建设标准规范制订、修订计划（第一批）〉的通知》（建标［2008］102）号的要求，中国建筑设计研究院会同有关单位共同对《住宅设计规范》GB 50096-1999（2003年版）进行修订而成。

本规范在修订过程中，修订组广泛调查研究，认真总结实践经验，参考有关国际标准和国外先进标准，并在充分征求意见的基础上，经多次讨论修改，最后经审查定稿。

本规范共分8章，主要技术内容是：总则；术语；基本规定；技术经济指标计算；套内空间；共用部分；室内环境；建筑设备。

本规范修订的主要内容是：

1. 修订了住宅套型分类及各房间最小使用面积，技术经济指标计算，楼、电梯及信报箱的设置等；

2. 增加了术语；

3. 扩展了节能、室内环境、建筑设备和排气道的内容。

本规范中以黑体字标志的条文为强制性条文，必须严格执行。

本规范由住房和城乡建设部负责管理和对强制性条文的解释，由中国建筑设计研究院负责具体技术内容的解释。本规范在执行过程中如发现需要修改和补充之处，请将意见和有关资料寄送中国建筑设计研究院国家住宅工程中心（北京市西城区车公庄大街19号，邮政编码：100044），以供今后修订时参考。

本规范主编单位：中国建筑设计研究院
本规范参编单位：中国中建设计集团有限公司
中国建筑科学研究院
北京市建筑设计研究院
中南建筑设计院股份有限公司
上海建筑设计研究院有限公司
中国城市规划设计研究院
清华大学建筑设计研究院有限公司
哈尔滨工业大学建筑学院
湖南省建筑科学研究院
广东省建筑科学研究院
重庆大学建筑城规学院
重庆市设计院
本规范参加单位：天津市城市规划设计研究院

国际铜业协会（中国）

大连九洲建设集团有限公司

本规范主要起草人员：林建平　赵冠谦　薛　峰
　　　　　　　　　　王　贺　曾　捷　孙敏生
　　　　　　　　　　林　莉　陈华宁　刘燕辉
　　　　　　　　　　仲继寿　李耀培　朱昌廉
　　　　　　　　　　张菲菲　叶茂煦　李桂文
　　　　　　　　　　周湘华　赵文凯　李正春
　　　　　　　　　　王连顺　胡荣国　李逢元
　　　　　　　　　　文　彪　朱显泽　曾　雁
　　　　　　　　　　张　磊　焦　燕　张广宇
　　　　　　　　　　满孝新　龙　灏　钟开健
　　　　　　　　　　张　播　桑　棋

本规范主要审查人员：徐正忠　窦以德　陈永江
　　　　　　　　　　陈玉华　储兆佛　符培勇
　　　　　　　　　　高　勇　洪声扬　路　红
　　　　　　　　　　罗文兵　毛姚增　戎向阳
　　　　　　　　　　伍小亭　杨德才　章海峰
　　　　　　　　　　张学洪　郑志宏　周晓红

目 次

1 总则 …………………………………… 6—6
2 术语 …………………………………… 6—6
3 基本规定 ……………………………… 6—6
4 技术经济指标计算 …………………… 6—7
5 套内空间 ……………………………… 6—7
　5.1 套型 ……………………………… 6—7
　5.2 卧室、起居室（厅）……………… 6—7
　5.3 厨房 ……………………………… 6—7
　5.4 卫生间 …………………………… 6—8
　5.5 层高和室内净高 ………………… 6—8
　5.6 阳台 ……………………………… 6—8
　5.7 过道、贮藏空间和套内楼梯 …… 6—8
　5.8 门窗 ……………………………… 6—8
6 共用部分 ……………………………… 6—9
　6.1 窗台、栏杆和台阶 ……………… 6—9
　6.2 安全疏散出口 …………………… 6—9
　6.3 楼梯 ……………………………… 6—9
　6.4 电梯 ……………………………… 6—9
　6.5 走廊和出入口 …………………… 6—10
　6.6 无障碍设计要求 ………………… 6—10
　6.7 信报箱 …………………………… 6—10
　6.8 共用排气道 ……………………… 6—10
　6.9 地下室和半地下室 ……………… 6—11
　6.10 附建公共用房 ………………… 6—11
7 室内环境 ……………………………… 6—11
　7.1 日照、天然采光、遮阳 ………… 6—11
　7.2 自然通风 ………………………… 6—11
　7.3 隔声、降噪 ……………………… 6—11
　7.4 防水、防潮 ……………………… 6—12
　7.5 室内空气质量 …………………… 6—12
8 建筑设备 ……………………………… 6—12
　8.1 一般规定 ………………………… 6—12
　8.2 给水排水 ………………………… 6—12
　8.3 采暖 ……………………………… 6—13
　8.4 燃气 ……………………………… 6—13
　8.5 通风 ……………………………… 6—13
　8.6 空调 ……………………………… 6—13
　8.7 电气 ……………………………… 6—14
本规范用词说明 ………………………… 6—14
附：条文说明 …………………………… 6—15

Contents

1 General Provisions ·············· 6—6
2 Terms ······························ 6—6
3 Basic Requirement ············· 6—6
4 Calculation of Technical and
  Economic Indicators ············ 6—7
5 Spaces Within the Dwelling
  Unit ································ 6—7
  5.1 Dwelling Unit ················ 6—7
  5.2 Bed Room and Living Room
      (Hall) ························ 6—7
  5.3 Kitchen ······················· 6—7
  5.4 Toilet ························· 6—8
  5.5 Storey Height and Interior Net
      Storey Height ················ 6—8
  5.6 Balcony ······················· 6—8
  5.7 Passage, Store Space and Interior
      Stairs ························· 6—8
  5.8 Doors and Windows ········ 6—8
6 Common Facilities ·············· 6—9
  6.1 Windowsill and Railings ···· 6—9
  6.2 Emergency Evacuation ····· 6—9
  6.3 Stairs ························· 6—9
  6.4 Elevator ······················ 6—9
  6.5 Gallery and Entrance ······ 6—10
  6.6 Requirement About Barrier-free
      Design ························ 6—10
  6.7 Post Box ····················· 6—10
  6.8 Common Exhaust Pipe ···· 6—10
  6.9 Basement and Semi-basement ········· 6—11
  6.10 Accessorial Public Rooms ········· 6—11
7 Interior Environment ············ 6—11
  7.1 Sunlight, Natural Lighting and
      Shading ······················· 6—11
  7.2 Natural Ventilation ········· 6—11
  7.3 Sound Insulation and Noise
      Reduction ···················· 6—11
  7.4 Moistureproof ················ 6—12
  7.5 Interior Air Quality ········· 6—12
8 Building Equipments ············ 6—12
  8.1 General Requirement ······· 6—12
  8.2 Water Supply and Sewerage ······· 6—12
  8.3 Heating ······················· 6—13
  8.4 Gas ···························· 6—13
  8.5 Ventilation ··················· 6—13
  8.6 Air Conditioning ············ 6—13
  8.7 Electric ······················· 6—14
Explanation of Wording in This
  Code ································ 6—14
Addition: Explanation of
  Provisions ·························· 6—15

1 总 则

1.0.1 为保障城镇居民的基本住房条件和功能质量，提高城镇住宅设计水平，使住宅设计满足安全、卫生、适用、经济等性能要求，制定本规范。

1.0.2 本规范适用于全国城镇新建、改建和扩建住宅的建筑设计。

1.0.3 住宅设计必须执行国家有关方针、政策和法规，遵守安全卫生、环境保护、节约用地、节约能源资源等有关规定。

1.0.4 住宅设计除应符合本规范外，尚应符合国家现行有关标准的规定。

2 术 语

2.0.1 住宅 residential building
供家庭居住使用的建筑。

2.0.2 套型 dwelling unit
由居住空间和厨房、卫生间等共同组成的基本住宅单位。

2.0.3 居住空间 habitable space
卧室、起居室（厅）的统称。

2.0.4 卧室 bed room
供居住者睡眠、休息的空间。

2.0.5 起居室（厅） living room
供居住者会客、娱乐、团聚等活动的空间。

2.0.6 厨房 kitchen
供居住者进行炊事活动的空间。

2.0.7 卫生间 bathroom
供居住者进行便溺、洗浴、盥洗等活动的空间。

2.0.8 使用面积 usable area
房间实际能使用的面积，不包括墙、柱等结构构造的面积。

2.0.9 层高 storey height
上下相邻两层楼面或楼面与地面之间的垂直距离。

2.0.10 室内净高 interior net storey height
楼面或地面至上部楼板底面或吊顶底面之间的垂直距离。

2.0.11 阳台 balcony
附设于建筑物外墙设有栏杆或栏板，可供人活动的空间。

2.0.12 平台 terrace
供居住者进行室外活动的上人屋面或由住宅底层地面伸出室外的部分。

2.0.13 过道 passage
住宅套内使用的水平通道。

2.0.14 壁柜 cabinet
建筑室内与墙壁结合而成的落地贮藏空间。

2.0.15 凸窗 bay-window
凸出建筑外墙面的窗户。

2.0.16 跃层住宅 duplex apartment
套内空间跨越两个楼层且设有套内楼梯的住宅。

2.0.17 自然层数 natural storeys
按楼板、地板结构分层的楼层数。

2.0.18 中间层 middle-floor
住宅底层、入口层和最高住户入口层之间的楼层。

2.0.19 架空层 open floor
仅有结构支撑而无外围护结构的开敞空间层。

2.0.20 走廊 gallery
住宅套外使用的水平通道。

2.0.21 联系廊 inter-unit gallery
联系两个相邻住宅单元的楼、电梯间的水平通道。

2.0.22 住宅单元 residential building unit
由多套住宅组成的建筑部分，该部分内的住户可通过共用楼梯和安全出口进行疏散。

2.0.23 地下室 basement
室内地面低于室外地平面的高度超过室内净高的 1/2 的空间。

2.0.24 半地下室 semi-basement
室内地面低于室外地平面的高度超过室内净高的 1/3，且不超过 1/2 的空间。

2.0.25 附建公共用房 accessory assembly occupancy building
附于住宅主体建筑的公共用房，包括物业管理用房、符合噪声标准的设备用房、中小型商业用房、不产生油烟的餐饮用房等。

2.0.26 设备层 mechanical floor
建筑物中专为设置暖通、空调、给水排水和电气的设备和管道施工人员进入操作的空间层。

3 基 本 规 定

3.0.1 住宅设计应符合城镇规划及居住区规划的要求，并应经济、合理、有效地利用土地和空间。

3.0.2 住宅设计应使建筑与周围环境相协调，并应合理组织方便、舒适的生活空间。

3.0.3 住宅设计应以人为本，除应满足一般居住使用要求外，尚应根据需要满足老年人、残疾人等特殊群体的使用要求。

3.0.4 住宅设计应满足居住者所需的日照、天然采光、通风和隔声的要求。

3.0.5 住宅设计必须满足节能要求，住宅建筑应能合理利用能源。宜结合各地能源条件，采用常规能源与可再生能源结合的供能方式。

3.0.6 住宅设计应推行标准化、模数化及多样化，并应积极采用新技术、新材料、新产品，积极推广工业化设计、建造技术和模数应用技术。

3.0.7 住宅的结构设计应满足安全、适用和耐久的要求。

3.0.8 住宅设计应符合相关防火规范的规定，并应满足安全疏散的要求。

3.0.9 住宅设计应满足设备系统功能有效、运行安全、维修方便等基本要求，并应为相关设备预留合理的安装位置。

3.0.10 住宅设计应在满足近期使用要求的同时，兼顾今后改造的可能。

4 技术经济指标计算

4.0.1 住宅设计应计算下列技术经济指标：
——各功能空间使用面积（m^2）；
——套内使用面积（m^2/套）；
——套型阳台面积（m^2/套）；
——套型总建筑面积（m^2/套）；
——住宅楼总建筑面积（m^2）。

4.0.2 计算住宅的技术经济指标，应符合下列规定：
1 各功能空间使用面积应等于各功能空间墙体内表面所围合的水平投影面积；
2 套内使用面积应等于套内各功能空间使用面积之和；
3 套型阳台面积应等于套内各阳台的面积之和；阳台的面积均应按其结构底板投影净面积的一半计算；
4 套型总建筑面积应等于套内使用面积、相应的建筑面积和套型阳台面积之和；
5 住宅楼总建筑面积应等于全楼各套型总建筑面积之和。

4.0.3 套内使用面积计算，应符合下列规定：
1 套内使用面积应包括卧室、起居室（厅）、餐厅、厨房、卫生间、过厅、过道、贮藏室、壁柜等使用面积的总和；
2 跃层住宅中的套内楼梯应按自然层数的使用面积总和计入套内使用面积；
3 烟囱、通风道、管井等均不应计入套内使用面积；
4 套内使用面积应按结构墙体表面尺寸计算；有复合保温层时，应按复合保温层表面尺寸计算；
5 利用坡屋顶内的空间时，屋面板下表面与楼板地面的净高低于1.20m的空间不应计算使用面积，净高在1.20m～2.10m的空间应按1/2计算使用面积，净高超过2.10m的空间应全部计入套内使用面积；坡屋顶无结构顶层楼板，不能利用坡屋顶空间时不应计算其使用面积；

6 坡屋顶内的使用面积应列入套内使用面积中。

4.0.4 套型总建筑面积计算，应符合下列规定：
1 应按全楼各层外墙结构外表面及柱外沿所围合的水平投影面积之和求出住宅楼建筑面积，当外墙设外保温层时，应按保温层外表面计算；
2 应以全楼总套内使用面积除以住宅楼建筑面积得出计算比值；
3 套型总建筑面积应等于套内使用面积除以计算比值所得面积，加上套型阳台面积。

4.0.5 住宅楼的层数计算应符合下列规定：
1 当住宅楼的所有楼层的层高不大于3.00m时，层数应按自然层数计；
2 当住宅和其他功能空间处于同一建筑物内时，应将住宅部分的层数与其他功能空间的层数叠加计算建筑层数。当建筑中有一层或若干层的层高大于3.00m时，应对大于3.00m的所有楼层按其高度总和除以3.00m进行层数折算，余数小于1.50m时，多出部分不应计入建筑层数，余数大于或等于1.50m时，多出部分应按1层计算；
3 层高小于2.20m的架空层和设备层不应计入自然层数；
4 高出室外设计地面小于2.20m的半地下室不应计入地上自然层数。

5 套内空间

5.1 套 型

5.1.1 住宅应按套型设计，每套住宅应设卧室、起居室（厅）、厨房和卫生间等基本功能空间。

5.1.2 套型的使用面积应符合下列规定：
1 由卧室、起居室（厅）、厨房和卫生间等组成的套型，其使用面积不应小于30m^2；
2 由兼起居的卧室、厨房和卫生间等组成的最小套型，其使用面积不应小于22m^2。

5.2 卧室、起居室（厅）

5.2.1 卧室的使用面积应符合下列规定：
1 双人卧室不应小于9m^2；
2 单人卧室不应小于5m^2；
3 兼起居的卧室不应小于12m^2。

5.2.2 起居室（厅）的使用面积不应小于10m^2。

5.2.3 套型设计时应减少直接开向起居厅的门的数量。起居室（厅）内布置家具的墙面直线长度宜大于3m。

5.2.4 无直接采光的餐厅、过厅等，其使用面积不宜大于10m^2。

5.3 厨 房

5.3.1 厨房的使用面积应符合下列规定：

1 由卧室、起居室（厅）、厨房和卫生间等组成的住宅套型的厨房使用面积，不应小于 4.0m²；

2 由兼起居的卧室、厨房和卫生间等组成的住宅最小套型的厨房使用面积，不应小于 3.5m²。

5.3.2 厨房宜布置在套内近入口处。

5.3.3 厨房应设置洗涤池、案台、炉灶及排油烟机、热水器等设施或为其预留位置。

5.3.4 厨房应按炊事操作流程布置。排油烟机的位置应与炉灶位置对应，并应与排气道直接连通。

5.3.5 单排布置设备的厨房净宽不应小于 1.50m；双排布置设备的厨房其两排设备之间的净距不应小于 0.90m。

5.4 卫 生 间

5.4.1 每套住宅应设卫生间，应至少配置便器、洗浴器、洗面器三件卫生设备或为其预留设置位置及条件。三件卫生设备集中配置的卫生间的使用面积不应小于 2.50m²。

5.4.2 卫生间可根据使用功能要求组合不同的设备。不同组合的空间使用面积应符合下列规定：

1 设便器、洗面器时不应小于 1.80m²；

2 设便器、洗浴器时不应小于 2.00m²；

3 设洗面器、洗浴器时不应小于 2.00m²；

4 设洗面器、洗衣机时不应小于 1.80m²；

5 单设便器时不应小于 1.10m²。

5.4.3 无前室的卫生间的门不应直接开向起居室（厅）或厨房。

5.4.4 卫生间不应直接布置在下层住户的卧室、起居室（厅）、厨房和餐厅的上层。

5.4.5 当卫生间布置在本套内的卧室、起居室（厅）、厨房和餐厅的上层时，均应有防水和便于检修的措施。

5.4.6 每套住宅应设置洗衣机的位置及条件。

5.5 层高和室内净高

5.5.1 住宅层高宜为 2.80m。

5.5.2 卧室、起居室（厅）的室内净高不应低于 2.40m，局部净高不应低于 2.10m，且局部净高的室内面积不应大于室内使用面积的 1/3。

5.5.3 利用坡屋顶内空间作卧室、起居室（厅）时，至少有 1/2 的使用面积的室内净高不应低于 2.10m。

5.5.4 厨房、卫生间的室内净高不应低于 2.20m。

5.5.5 厨房、卫生间内排水横管下表面与楼面、地面净距不得低于 1.90m，且不得影响门、窗扇开启。

5.6 阳 台

5.6.1 每套住宅宜设阳台或平台。

5.6.2 阳台栏杆设计必须采用防止儿童攀登的构造，栏杆的垂直杆件间净距不应大于 0.11m，放置花盆处必须采取防坠落措施。

5.6.3 阳台栏板或栏杆净高，六层及六层以下不应低于 1.05m；七层及七层以上不应低于 1.10m。

5.6.4 封闭阳台栏板或栏杆也应满足阳台栏板或栏杆净高要求。七层及七层以上住宅和寒冷、严寒地区住宅宜采用实体栏板。

5.6.5 顶层阳台应设雨罩，各套住宅之间毗连的阳台应设分户隔板。

5.6.6 阳台、雨罩均应采取有组织排水措施，雨罩及开敞阳台应采取防水措施。

5.6.7 当阳台设有洗衣设备时应符合下列规定：

1 应设置专用给、排水管线及专用地漏，阳台楼、地面应做防水；

2 严寒和寒冷地区应封闭阳台，并应采取保温措施。

5.6.8 当阳台或建筑外墙设置空调室外机时，其安装位置应符合下列规定：

1 应能通畅地向室外排放空气和自室外吸入空气；

2 在排出空气一侧不应有遮挡物；

3 应为室外机安装和维护提供方便操作的条件；

4 安装位置不应对室外人员形成热污染。

5.7 过道、贮藏空间和套内楼梯

5.7.1 套内入口过道净宽不宜小于 1.20m；通往卧室、起居室（厅）的过道净宽不应小于 1.00m；通往厨房、卫生间、贮藏室的过道净宽不应小于 0.90m。

5.7.2 套内设于底层或靠外墙、靠卫生间的壁柜内部应采取防潮措施。

5.7.3 套内楼梯当一边临空时，梯段净宽不应小于 0.75m；当两侧有墙时，墙面之间净宽不应小于 0.90m，并应在其中一侧墙面设置扶手。

5.7.4 套内楼梯的踏步宽度不应小于 0.22m；高度不应大于 0.20m，扇形踏步转角距扶手中心 0.25m 处，宽度不应小于 0.22m。

5.8 门 窗

5.8.1 窗外没有阳台或平台的外窗，窗台距楼面、地面的净高低于 0.90m 时，应设置防护设施。

5.8.2 当设置凸窗时应符合下列规定：

1 窗台高度低于或等于 0.45m 时，防护高度从窗台面起算不应低于 0.90m；

2 可开启窗扇窗洞口底距窗台面的净高低于 0.90m 时，窗洞口处应有防护措施。其防护高度从窗台面起算不应低于 0.90m；

3 严寒和寒冷地区不宜设置凸窗。

5.8.3 底层外窗和阳台门、下沿低于 2.00m 且紧靠走廊或共用上人屋面上的窗和门，应采取防卫措施。

5.8.4 面临走廊、共用上人屋面或凹口的窗，应避免视线干扰，向走廊开启的窗扇不应妨碍交通。

5.8.5 户门应采用具备防盗、隔声功能的防护门。向外开启的户门不应妨碍公共交通及相邻户门开启。

5.8.6 厨房和卫生间的门应在下部设置有效截面积不小于 0.02m² 的固定百叶，也可距地面留出不小于 30mm 的缝隙。

5.8.7 各部位门洞的最小尺寸应符合表 5.8.7 的规定。

表 5.8.7 门洞最小尺寸

类别	洞口宽度（m）	洞口高度（m）
共用外门	1.20	2.00
户（套）门	1.00	2.00
起居室（厅）门	0.90	2.00
卧室门	0.90	2.00
厨房门	0.80	2.00
卫生间门	0.70	2.00
阳台门（单扇）	0.70	2.00

注：1 表中门洞口高度不包括门上亮子高度，宽度以平开门为准。

2 洞口两侧地面有高低差时，以高地面为起算高度。

6 共用部分

6.1 窗台、栏杆和台阶

6.1.1 楼梯间、电梯厅等共用部分的外窗，窗外没有阳台或平台，且窗台距楼面、地面的净高小于 0.90m 时，应设置防护设施。

6.1.2 公共出入口台阶高度超过 0.70m 并侧面临空时，应设置防护设施，防护设施净高不应低于 1.05m。

6.1.3 外廊、内天井及上人屋面等临空处的栏杆净高，六层及六层以下不应低于 1.05m，七层及七层以上不应低于 1.10m。防护栏杆必须采用防止儿童攀登的构造，栏杆的垂直杆件间净距不应大于 0.11m。放置花盆处必须采取防坠落措施。

6.1.4 公共出入口台阶踏步宽度不宜小于 0.30m，踏步高度不宜大于 0.15m，并不宜小于 0.10m，踏步高度应均匀一致，并应采取防滑措施。台阶踏步数不应少于 2 级，当高差不足 2 级时，应按坡道设置；台阶宽度大于 1.80m 时，两侧宜设置栏杆扶手，高度应为 0.90m。

6.2 安全疏散出口

6.2.1 十层以下的住宅建筑，当住宅单元任一层的建筑面积大于 650m²，或任一套房的户门至安全出口的距离大于 15m 时，该住宅单元每层的安全出口不应少于 2 个。

6.2.2 十层及十层以上且不超过十八层的住宅建筑，当住宅单元任一层的建筑面积大于 650m²，或任一套房的户门至安全出口的距离大于 10m 时，该住宅单元每层的安全出口不应少于 2 个。

6.2.3 十九层及十九层以上的住宅建筑，每层住宅单元的安全出口不应少于 2 个。

6.2.4 安全出口应分散布置，两个安全出口的距离不应小于 5m。

6.2.5 楼梯间及前室的门应向疏散方向开启。

6.2.6 十层以下的住宅建筑的楼梯间宜通至屋顶，且不应穿越其他房间。通向平屋面的门应向屋面方向开启。

6.2.7 十层及十层以上的住宅建筑，每个住宅单元的楼梯均应通至屋顶，且不应穿越其他房间。通向平屋面的门应向屋面方向开启。各住宅单元的楼梯间宜在屋顶相连通。但符合下列条件之一的，楼梯可不通至屋顶：

1 十八层及十八层以下，每层不超过 8 户、建筑面积不超过 650m²，且设有一座共用的防烟楼梯间和消防电梯的住宅；

2 顶层设有外部联系廊的住宅。

6.3 楼梯

6.3.1 楼梯梯段净宽不应小于 1.10m，不超过六层的住宅，一边设有栏杆的梯段净宽不应小于 1.00m。

6.3.2 楼梯踏步宽度不应小于 0.26m，踏步高度不应大于 0.175m。扶手高度不应小于 0.90m。楼梯水平段栏杆长度大于 0.50m 时，其扶手高度不应小于 1.05m。楼梯栏杆垂直杆件间净空不应大于 0.11m。

6.3.3 楼梯平台净宽不应小于楼梯梯段净宽，且不得小于 1.20m。楼梯平台的结构下缘至人行通道的垂直高度不应低于 2.00m。入口处地坪与室外地面应有高差，并不应小于 0.10m。

6.3.4 楼梯为剪刀梯时，楼梯平台的净宽不得小于 1.30m。

6.3.5 楼梯井净宽大于 0.11m 时，必须采取防止儿童攀滑的措施。

6.4 电梯

6.4.1 属下列情况之一时，必须设置电梯：

1 七层及七层以上住宅或住户入口层楼面距室外设计地面的高度超过 16m 时；

2 底层作为商店或其他用房的六层及六层以下住宅，其住户入口层楼面距该建筑物的室外设计地面高度超过 16m 时；

3 底层做架空或贮存空间的六层及六层以下住宅，其住户入口层楼面距该建筑物的室外设计地面高度超过 16m 时；

4 顶层为两层一套的跃层住宅时，跃层部分不计层数，其顶层住户入口层楼面距该建筑物室外设计地面的高度超过16m时。

6.4.2 十二层及十二层以上的住宅，每栋楼设置电梯不应少于两台，其中应设置一台可容纳担架的电梯。

6.4.3 十二层及十二层以上的住宅每单元只设置一部电梯时，从第十二层起应设置与相邻住宅单元联通的联系廊。联系廊可隔层设置，上下联系廊之间的间隔不应超过五层。联系廊的净宽不应小于1.10m，局部净高不应低于2.00m。

6.4.4 十二层及十二层以上的住宅由二个及二个以上的住宅单元组成，且其中有一个或一个以上住宅单元未设置可容纳担架的电梯时，应从第十二层起设置与可容纳担架的电梯联通的联系廊。联系廊可隔层设置，上下联系廊之间的间隔不应超过五层。联系廊的净宽不应小于1.10m，局部净高不应低于2.00m。

6.4.5 七层及七层以上住宅电梯应在设有户门和公共走廊的每层设站。住宅电梯宜成组集中布置。

6.4.6 候梯厅深度不应小于多台电梯中最大轿箱的深度，且不应小于1.50m。

6.4.7 电梯不应紧邻卧室布置。当受条件限制，电梯不得不紧邻兼起居的卧室布置时，应采取隔声、减振的构造措施。

6.5 走廊和出入口

6.5.1 住宅中作为主要通道的外廊宜作封闭外廊，并应设置可开启的窗扇。走廊通道的净宽不应小于1.20m，局部净高不应低于2.00m。

6.5.2 位于阳台、外廊及开敞楼梯平台下部的公共出入口，应采取防止物体坠落伤人的安全措施。

6.5.3 公共出入口处应有标识，十层及十层以上住宅的公共出入口应设门厅。

6.6 无障碍设计要求

6.6.1 七层及七层以上的住宅，应对下列部位进行无障碍设计：
1 建筑入口；
2 入口平台；
3 候梯厅；
4 公共走道。

6.6.2 住宅入口及入口平台的无障碍设计应符合下列规定：
1 建筑入口设台阶时，应同时设置轮椅坡道和扶手；
2 坡道的坡度应符合表6.6.2的规定；

表6.6.2 坡道的坡度

坡度	1:20	1:16	1:12	1:10	1:8
最大高度（m）	1.50	1.00	0.75	0.60	0.35

3 供轮椅通行的门净宽不应小于0.8m；
4 供轮椅通行的推拉门和平开门，在门把手一侧的墙面，应留有不小于0.5m的墙面宽度；
5 供轮椅通行的门扇，应安装视线观察玻璃、横执把手和关门拉手，在门扇的下方应安装高0.35m的护门板；
6 门槛高度及门内外地面高差不应大于0.015m，并应以斜坡过渡。

6.6.3 七层及七层以上住宅建筑入口平台宽度不应小于2.00m，七层以下住宅建筑入口平台宽度不应小于1.50m。

6.6.4 供轮椅通行的走道和通道净宽不应小于1.20m。

6.7 信 报 箱

6.7.1 新建住宅应每套配套设置信报箱。

6.7.2 住宅设计应在方案设计阶段布置信报箱的位置。信报箱宜设置在住宅单元主要入口处。

6.7.3 设有单元安全防护门的住宅，信报箱的投递口应设置在门禁以外。当通往投递口的专用通道设置在室内时，通道净宽应不小于0.60m。

6.7.4 信报箱的投取信口设置在公共通道位置时，通道的净宽应从信报箱的最外缘起算。

6.7.5 信报箱的设置不得降低住宅基本空间的天然采光和自然通风标准。

6.7.6 信报箱设计应选用信报箱定型产品，产品应符合国家有关标准。选用嵌墙式信报箱时应设计洞口尺寸和安装、拆卸预埋件位置。

6.7.7 信报箱的设置宜利用共用部位的照明，但不得降低住宅公共照明标准。

6.7.8 选用智能信报箱时，应预留电源接口。

6.8 共用排气道

6.8.1 厨房宜设共用排气道，无外窗的卫生间应设共用排气道。

6.8.2 厨房、卫生间的共用排气道应采用能够防止各层回流的定型产品，并应符合国家有关标准。排气道断面尺寸应根据层数确定，排气道接口部位应安装支管接口配件，厨房排气道接口直径应大于150mm，卫生间排气道接口直径应大于80mm。

6.8.3 厨房的共用排气道应与灶具位置相邻，共用排气道与排油烟机连接的进气口应朝向灶具方向。

6.8.4 厨房的共用排气道与卫生间的共用排气道应分别设置。

6.8.5 竖向排气道屋顶风帽的安装高度不应低于相邻建筑砌筑体。排气道的出口设置在上人屋面、住户平台上时，应高出屋面或平台地面2m；当周围4m之内有门窗时，应高出门窗上皮0.6m。

6.9 地下室和半地下室

6.9.1 卧室、起居室（厅）、厨房不应布置在地下室；当布置在半地下室时，必须对采光、通风、日照、防潮、排水及安全防护采取措施，并不得降低各项指标要求。

6.9.2 除卧室、起居室（厅）、厨房以外的其他功能房间可布置在地下室，当布置在地下室时，应对采光、通风、防潮、排水及安全防护采取措施。

6.9.3 住宅的地下室、半地下室做自行车库和设备用房时，其净高不应低于2.00m。

6.9.4 当住宅的地上架空层及半地下室做机动车停车位时，其净高不应低于2.20m。

6.9.5 地上住宅楼、电梯间宜与地下车库连通，并宜采取安全防盗措施。

6.9.6 直通住宅单元的地下楼、电梯间入口处应设置乙级防火门，严禁利用楼、电梯间为地下车库进行自然通风。

6.9.7 地下室、半地下室应采取防水、防潮及通风措施，采光井应采取排水措施。

6.10 附建公共用房

6.10.1 住宅建筑内严禁布置存放和使用甲、乙类火灾危险性物品的商店、车间和仓库，以及产生噪声、振动和污染环境卫生的商店、车间和娱乐设施。

6.10.2 住宅建筑内不应布置易产生油烟的餐饮店。当住宅底层商业网点布置有产生刺激性气味或噪声的配套用房，应做排气、消声处理。

6.10.3 水泵房、冷热源机房、变配电机房等公共机电用房不宜设置在住宅主体建筑内，不宜设置在与住户相邻的楼层内，在无法满足上述要求贴临设置时，应增加隔声减振处理。

6.10.4 住户的公共出入口与附建公共用房的出入口应分开布置。

7 室内环境

7.1 日照、天然采光、遮阳

7.1.1 每套住宅应至少有一个居住空间能获得冬季日照。

7.1.2 需要获得冬季日照的居住空间的窗洞开口宽度不应小于0.60m。

7.1.3 卧室、起居室（厅）、厨房应有直接天然采光。

7.1.4 卧室、起居室（厅）、厨房的采光系数不应低于1%；当楼梯间设置采光窗时，采光系数不应低于0.5%。

7.1.5 卧室、起居室（厅）、厨房的采光窗洞口的窗地面积比不应低于1/7。

7.1.6 当楼梯间设置采光窗时，采光窗洞口的窗地面积比不应低于1/12。

7.1.7 采光窗下沿离楼面或地面高度低于0.50m的窗洞口面积不应计入采光面积内，窗洞口上沿距地面高度不宜低于2.00m。

7.1.8 除严寒地区外，居住空间朝西外窗应采取外遮阳措施，居住空间朝东外窗宜采取外遮阳措施。当采用天窗、斜屋顶窗采光时，应采取活动遮阳措施。

7.2 自然通风

7.2.1 卧室、起居室（厅）、厨房应有自然通风。

7.2.2 住宅的平面空间组织、剖面设计、门窗的位置、方向和开启方式的设置，应有利于组织室内自然通风。单朝向住宅宜采取改善自然通风的措施。

7.2.3 每套住宅的自然通风开口面积不应小于地面面积的5%。

7.2.4 采用自然通风的房间，其直接或间接自然通风开口面积应符合下列规定：

1 卧室、起居室（厅）、明卫生间的直接自然通风开口面积不应小于该房间地板面积的1/20；当采用自然通风的房间外设置阳台时，阳台的自然通风开口面积不应小于采用自然通风的房间和阳台地板面积总和的1/20；

2 厨房的直接自然通风开口面积不应小于该房间地板面积的1/10，并不得小于0.60m²；当厨房外设置阳台时，阳台的自然通风开口面积不应小于厨房和阳台地板面积总和的1/10，并不得小于0.60m²。

7.3 隔声、降噪

7.3.1 卧室、起居室（厅）内噪声级，应符合下列规定：

1 昼间卧室内的等效连续A声级不应大于45dB；

2 夜间卧室内的等效连续A声级不应大于37dB；

3 起居室（厅）的等效连续A声级不应大于45dB。

7.3.2 分户墙和分户楼板的空气声隔声性能应符合下列规定：

1 分隔卧室、起居室（厅）的分户墙和分户楼板，空气声隔声评价量（R_W+C）应大于45dB；

2 分隔住宅和非居住用途空间的楼板，空气声隔声评价量（R_W+C_{tr}）应大于51dB。

7.3.3 卧室、起居室（厅）的分户楼板的计权规范化撞击声压级宜小于75dB。当条件受到限制时，分户楼板的计权规范化撞击声压级应小于85dB，且应在楼板上预留可供今后改善的条件。

7.3.4 住宅建筑的体形、朝向和平面布置应有利于噪声控制。在住宅平面设计时,当卧室、起居室(厅)布置在噪声源一侧时,外窗应采取隔声降噪措施;当居住空间与可能产生噪声的房间相邻时,分隔墙和分隔楼板应采取隔声降噪措施;当内天井、凹天井中设置相邻户间窗口时,宜采取隔声降噪措施。

7.3.5 起居室(厅)不宜紧邻电梯布置。受条件限制起居室(厅)紧邻电梯布置时,必须采取有效的隔声和减振措施。

7.4 防水、防潮

7.4.1 住宅的屋面、地面、外墙、外窗应采取防止雨水和冰雪融化水侵入室内的措施。

7.4.2 住宅的屋面和外墙的内表面在设计的室内温度、湿度条件下不应出现结露。

7.5 室内空气质量

7.5.1 住宅室内装修设计宜进行环境空气质量预评价。

7.5.2 在选用住宅建筑材料、室内装修材料以及选择施工工艺时,应控制有害物质的含量。

7.5.3 住宅室内空气污染物的活度和浓度应符合表7.5.3的规定。

表7.5.3 住宅室内空气污染物限值

污染物名称	活度、浓度限值
氡	≤200（Bq/m³）
游离甲醛	≤0.08（mg/m³）
苯	≤0.09（mg/m³）
氨	≤0.2（mg/m³）
TVOC	≤0.5（mg/m³）

8 建筑设备

8.1 一般规定

8.1.1 住宅应设置室内给水排水系统。

8.1.2 严寒和寒冷地区的住宅应设置采暖设施。

8.1.3 住宅应设置照明供电系统。

8.1.4 住宅计量装置的设置应符合下列规定:
 1 各类生活供水系统应设置分户水表;
 2 设有集中采暖(集中空调)系统时,应设置分户热计量装置;
 3 设有燃气系统时,应设置分户燃气表;
 4 设有供电系统时,应设置分户电能表。

8.1.5 机电设备管线的设计应相对集中、布置紧凑、合理使用空间。

8.1.6 设备、仪表及管线较多的部位,应进行详细的综合设计,并应符合下列规定:

 1 采暖散热器、户配电箱、家居配线箱、电源插座、有线电视插座、信息网络和电话插座等,应与室内设施和家具综合布置;
 2 计量仪表和管道的设置位置应有利于厨房灶具或卫生间卫生器具的合理布局和接管;
 3 厨房、卫生间内排水横管下表面与楼面、地面净距应符合本规范第5.5.5条的规定;
 4 水表、热量表、燃气表、电能表的设置应便于管理。

8.1.7 下列设施不应设置在住宅套内,应设置在共用空间内:

 1 公共功能的管道,包括给水总立管、消防立管、雨水立管、采暖(空调)供回水总立管和配电和弱电干线(管)等,设置在开敞式阳台的雨水立管除外;
 2 公共的管道阀门、电气设备和用于总体调节和检修的部件,户内排水立管检修口除外;
 3 采暖管沟和电缆沟的检查孔。

8.1.8 水泵房、冷热源机房、变配电室等公共机电用房应采用低噪声设备,且应采取相应的减振、隔声、吸声、防止电磁干扰等措施。

8.2 给水排水

8.2.1 住宅各类生活供水系统水质应符合国家现行有关标准的规定。

8.2.2 入户管的供水压力不应大于0.35MPa。

8.2.3 套内用水点供水压力不宜大于0.20MPa,且不应小于用水器具要求的最低压力。

8.2.4 住宅应设置热水供应设施或预留安装热水供应设施的条件。生活热水的设计应符合下列规定:

 1 集中生活热水系统配水点的供水水温不应低于45℃;
 2 集中生活热水系统应在套内热水表前设置循环回水管;
 3 集中生活热水系统热水表后或户内热水器不循环的热水供水支管,长度不宜超过8m。

8.2.5 卫生器具和配件应采用节水型产品。管道、阀门和配件应采用不易锈蚀的材质。

8.2.6 厨房和卫生间的排水立管应分别设置。排水管道不得穿越卧室。

8.2.7 排水立管不应设置在卧室内,且不宜设置在靠近与卧室相邻的内墙;当必须靠近与卧室相邻的内墙时,应采用低噪声管材。

8.2.8 污废水排水横管宜设置在本层套内;当敷设于下一层的套内空间时,其清扫口应设置在本层,并应进行夏季管道外壁结露验算和采取相应的防止措施。污废水排水立管的检查口宜每层设置。

8.2.9 设置淋浴器和洗衣机的部位应设置地漏,设置洗衣机的部位宜采用能防止溢流和干涸的专用地漏。洗衣机设置在阳台上时，其排水不应排入雨水管。

8.2.10 无存水弯的卫生器具和无水封的地漏与生活排水管道连接时，在排水口以下应设存水弯；存水弯和有水封地漏的水封高度不应小于50mm。

8.2.11 地下室、半地下室中低于室外地面的卫生器具和地漏的排水管，不应与上部排水管连接，应设置集水设施用污水泵排出。

8.2.12 采用中水冲洗便器时，中水管道和预留接口应设明显标识。坐便器安装洁身器时，洁身器应与自来水管连接，严禁与中水管连接。

8.2.13 排水通气管的出口，设置在上人屋面、住户平台上时，应高出屋面或平台地面2.00m；当周围4.00m之内有门窗时，应高出门窗上口0.60m。

8.3 采 暖

8.3.1 严寒和寒冷地区的住宅宜设集中采暖系统。夏热冬冷地区住宅采暖方式应根据当地能源情况，经技术经济分析，并根据用户对设备运行费用的承担能力等因素确定。

8.3.2 除电力充足和供电政策支持，或建筑所在地无法利用其他形式的能源外，严寒和寒冷地区、夏热冬冷地区的住宅不应设计直接电热作为室内采暖主体热源。

8.3.3 住宅采暖系统应采用不高于95℃的热水作为热媒，并应有可靠的水质保证措施。热水温度和系统压力应根据管材、室内散热设备等因素确定。

8.3.4 住宅集中采暖的设计，应进行每一个房间的热负荷计算。

8.3.5 住宅集中采暖的设计应进行室内采暖系统的水力平衡计算，并应通过调整环路布置和管径，使并联管路（不包括共同段）的阻力相对差额不大于15%；当不满足要求时，应采取水力平衡措施。

8.3.6 设置采暖系统的普通住宅的室内采暖计算温度，不应低于表8.3.6的规定。

表8.3.6 室内采暖计算温度

用 房	温度（℃）
卧室、起居室（厅）和卫生间	18
厨房	15
设采暖的楼梯间和走廊	14

8.3.7 设有洗浴器并有热水供应设施的卫生间宜按沐浴时室温为25℃设计。

8.3.8 套内采暖设施应配置室温自动调控装置。

8.3.9 室内采用散热器采暖时，室内采暖系统的制式宜采用双管式；如采用单管式，应在每组散热器的进出水支管之间设置跨越管。

8.3.10 设计地面辐射采暖系统时，宜按主要房间划分采暖环路。

8.3.11 应采用体型紧凑、便于清扫、使用寿命不低于钢管的散热器，并宜明装，散热器的外表面应刷非金属性涂料。

8.3.12 采用户式燃气采暖热水炉作为采暖热源时，其热效率应符合现行国家标准《家用燃气快速热水器和燃气采暖热水炉能效限定值及能效等级》GB 20665中能效等级3级的规定值。

8.4 燃 气

8.4.1 住宅管道燃气的供气压力不应高于0.2MPa。住宅内各类用气设备应使用低压燃气，其入口压力应在0.75倍～1.5倍燃具额定范围内。

8.4.2 户内燃气立管应设置在有自然通风的厨房或与厨房相连的阳台内，且宜明装设置，不得设置在通风排气竖井内。

8.4.3 燃气设备的设置应符合下列规定：
 1 燃气设备严禁设置在卧室内；
 2 严禁在浴室内安装直接排气式、半密闭式燃气热水器等在使用空间内积聚有害气体的加热设备；
 3 户内燃气灶应安装在通风良好的厨房、阳台内；
 4 燃气热水器等燃气设备应安装在通风良好的厨房、阳台内或其他非居住房间。

8.4.4 住宅内各类用气设备的烟气必须排至室外。排气口应采取防风措施，安装燃气设备的房间应预留安装位置和排气孔洞位置；当多台设备合用竖向排气道排放烟气时，应保证互不影响。户内燃气热水器、分户设置的采暖或制冷燃气设备的排气管不得与燃气灶排油烟机的排气管合并接入同一管道。

8.4.5 使用燃气的住宅，每套的燃气用量应根据燃气设备的种类、数量和额定燃气量计算确定，且应至少按一个双眼灶和一个燃气热水器计算。

8.5 通 风

8.5.1 排油烟机的排气管道可通过竖向排气道或外墙排向室外。当通过外墙直接排至室外时，应在室外排气口设置避风、防雨和防止污染墙面的构件。

8.5.2 严寒、寒冷、夏热冬冷地区的厨房，应设置供厨房房间全面通风的自然通风设施。

8.5.3 无外窗的暗卫生间，应设置防止回流的机械通风设施或预留机械通风设置条件。

8.5.4 以煤、薪柴、燃油为燃料进行分散式采暖的住宅，以及以煤、薪柴为燃料的厨房，应设烟囱；上下层或相邻房间合用一个烟囱时，必须采取防止串烟的措施。

8.6 空 调

8.6.1 位于寒冷（B区）、夏热冬冷和夏热冬暖地区的住宅，当不采用集中空调系统时，主要房间应设置空调设施或预留安装空调设施的位置和条件。

8.6.2 室内空调设备的冷凝水应能有组织地排放。

8.6.3 当采用分户或分室设置的分体式空调器时，室外机的安装位置应符合本规范第 5.6.8 条的规定。

8.6.4 住宅计算夏季冷负荷和选用空调设备时，室内设计参数宜符合下列规定：

　　1 卧室、起居室室内设计温度宜为 26℃；

　　2 无集中新风供应系统的住宅新风换气宜为 1 次/h。

8.6.5 空调系统应设置分室或分户温度控制设施。

8.7 电　气

8.7.1 每套住宅的用电负荷应根据套内建筑面积和用电负荷计算确定，且不应小于 2.5kW。

8.7.2 住宅供电系统的设计，应符合下列规定：

　　1 应采用 TT、TN-C-S 或 TN-S 接地方式，并应进行总等电位联结；

　　2 电气线路应采用符合安全和防火要求的敷设方式配线，套内的电气管线应采用穿管暗敷设方式配线。导线应采用铜芯绝缘线，每套住宅进户线截面不应小于 10mm²，分支回路截面不应小于 2.5mm²；

　　3 套内的空调电源插座、一般电源插座与照明应分路设计，厨房插座应设置独立回路，卫生间插座宜设置独立回路；

　　4 除壁挂式分体空调电源插座外，电源插座回路应设置剩余电流保护装置；

　　5 设有洗浴设备的卫生间应作局部等电位联结；

　　6 每幢住宅的总电源进线应设剩余电流动作保护或剩余电流动作报警。

8.7.3 每套住宅应设置户配电箱，其电源总开关装置应采用可同时断开相线和中性线的开关电器。

8.7.4 套内安装在 1.80m 及以下的插座均应采用安全型插座。

8.7.5 共用部位应设置人工照明，应采用高效节能的照明装置和节能控制措施。当应急照明采用节能自熄开关时，必须采取消防时应急点亮的措施。

8.7.6 住宅套内电源插座应根据住宅套内空间和家用电器设置，电源插座的数量不应少于表 8.7.6 的规定。

表 8.7.6　电源插座的设置数量

空　间	设置数量和内容
卧室	一个单相三线和一个单相二线的插座两组
兼起居的卧室	一个单相三线和一个单相二线的插座三组

续表 8.7.6

空　间	设置数量和内容
起居室（厅）	一个单相三线和一个单相二线的插座三组
厨房	防溅水型一个单相三线和一个单相二线的插座两组
卫生间	防溅水型一个单相三线和一个单相二线的插座一组
布置洗衣机、冰箱、排油烟机、排风机及预留家用空调器处	专用单相三线插座各一个

8.7.7 每套住宅应设有线电视系统、电话系统和信息网络系统，宜设置家居配线箱。有线电视、电话、信息网络等线路宜集中布线，并应符合下列规定：

　　1 有线电视系统的线路应预埋到住宅套内。每套住宅的有线电视进户线不应少于 1 根，起居室、主卧室、兼起居的卧室应设置电视插座；

　　2 电话通信系统的线路应预埋到住宅套内。每套住宅的电话通信进户线不应少于 1 根，起居室、主卧室、兼起居的卧室应设置电话插座；

　　3 信息网络系统的线路宜预埋到住宅套内。每套住宅的进户线不应少于 1 根，起居室、卧室或兼起居室的卧室应设置信息网络插座。

8.7.8 住宅建筑宜设置安全防范系统。

8.7.9 当发生火警时，疏散通道上和出入口处的门禁应能集中解锁或能从内部手动解锁。

本规范用词说明

1 为便于在执行本规范条文时区别对待，对要求严格程度不同的用词，说明如下：

　　1）表示很严格，非这样做不可的用词：

　　　　正面词采用"必须"，反面词采用"严禁"；

　　2）表示严格，在正常情况下均应这样做的用词：

　　　　正面词采用"应"，反面词采用"不应"或"不得"；

　　3）表示允许稍有选择，在条件许可时首先应这样做的用词：

　　　　正面词采用"宜"，反面词采用"不宜"；

　　4）表示有选择，在一定条件下可以这样做的用词，采用"可"。

2 本规范中指明应按其他有关标准执行的写法为："应符合……的规定"或"应按……执行"。

中华人民共和国国家标准

住宅设计规范

GB 50096—2011

条文说明

制 定 说 明

《住宅设计规范》GB 50096-2011，经住房和城乡建设部 2011 年 7 月 26 日以第 1093 号公告批准、发布。

为便于广大设计、施工、科研、学校等单位的有关人员在使用本规范时能正确理解和执行条文规定，《住宅设计规范》编制组按章、节、条顺序编制了本规范条文说明，对条文的目的、依据以及执行中需注意的有关事项进行了说明。但是，本条文说明不具备与规范正文同等的法律效力，仅供使用者作为理解和把握规范规定的参考。在使用中如发现本条文说明有不妥之处，请将意见函寄中国建筑设计研究院。

目 次

1 总则 ·· 6—18
2 术语 ·· 6—18
3 基本规定 ···································· 6—19
4 技术经济指标计算 ························ 6—19
5 套内空间 ···································· 6—20
   5.1 套型 ···································· 6—20
   5.2 卧室、起居室（厅） ·················· 6—21
   5.3 厨房 ···································· 6—21
   5.4 卫生间 ································· 6—22
   5.5 层高和室内净高 ····················· 6—22
   5.6 阳台 ···································· 6—23
   5.7 过道、贮藏空间和套内楼梯 ······ 6—23
   5.8 门窗 ···································· 6—24
6 共用部分 ···································· 6—24
   6.1 窗台、栏杆和台阶 ·················· 6—24
   6.2 安全疏散出口 ······················· 6—25
   6.3 楼梯 ···································· 6—25
   6.4 电梯 ···································· 6—26
   6.5 走廊和出入口 ······················· 6—26
   6.6 无障碍设计要求 ····················· 6—27
   6.7 信报箱 ································· 6—27
   6.8 共用排气道 ·························· 6—27
   6.9 地下室和半地下室 ·················· 6—28
   6.10 附建公共用房 ······················ 6—28
7 室内环境 ···································· 6—28
   7.1 日照、天然采光、遮阳 ············· 6—28
   7.2 自然通风 ······························ 6—29
   7.3 隔声、降噪 ··························· 6—29
   7.4 防水、防潮 ··························· 6—30
   7.5 室内空气质量 ······················· 6—30
8 建筑设备 ···································· 6—31
   8.1 一般规定 ······························ 6—31
   8.2 给水排水 ······························ 6—31
   8.3 采暖 ···································· 6—33
   8.4 燃气 ···································· 6—34
   8.5 通风 ···································· 6—35
   8.6 空调 ···································· 6—35
   8.7 电气 ···································· 6—35

1 总 则

1.0.1 城镇住宅建设量大面广，关系到广大城镇居民的切身利益，同时，住宅建设要求投入大量资金、土地和建材等资源，如何根据我国国情合理地使用有限的资金和资源，以满足广大人民对住房的要求，保障居民最低限度的居住条件，提高城镇住宅功能质量，使住宅设计符合适用、安全、卫生、经济等基本要求，是制定本规范的目的。

《住宅设计规范》GB 50096－1999（以下简称原规范）自1999年起施行至今已超过10年，2003年版完成局部修订，执行至今也已有7年，在我国住房商品化的全过程中发挥了巨大作用。但是，随着我国住房市场快速发展，住宅品质有了很大变化，部分条文已不适应当前情况，需要修改并补充新的内容；近年来新颁布或修订的相关法规，在表述和指标方面有所发展变化，需要对本规范的相应条文进行调整，避免执行中的矛盾；为落实国家建设节能省地型住宅的要求，贯彻高度重视民生与住房保障问题的精神，本规范也应进行修订，正确引导中小套型住宅设计与开发建设。

本次修订扩充了原来各章节的内容，修改了部分经济技术指标的低限要求和计算方法，以便进一步保证住宅设计质量，促进城镇住宅建设健康发展。

1.0.2 目前我国城镇住宅形式多样，但基本功能及安全、卫生要求是一样的，本规范对这些设计的基本要求作了明确的规定，故本规范适用于全国城镇新建、改建和扩建的各种类型的住宅设计。

1.0.3 住宅建设关系到民生以及社会和谐，国家对住宅建设非常重视，制定了一系列方针政策和法规，住宅设计时必须严格贯彻执行。本条阐述了住宅设计的基本原则，重点突出了保证安全卫生、节约资源、保护环境的要求，住宅设计时必须统筹考虑，全面协调，在我国城镇住宅建设可持续发展方面发挥其应有的作用。

1.0.4 住宅设计涉及建筑、结构、防火、热工、节能、隔声、采光、照明、给排水、暖通空调、电气等各种专业，各专业已有规范规定的内容，除必要的重申外，本规范不再重复，因此设计时除执行本规范外，尚应符合国家现行的有关标准的规定，主要有：

《民用建筑设计通则》GB 50352
《建筑设计防火规范》GB 50016
《高层民用建筑设计防火规范》GB 50045
《住宅建筑规范》GB 50368
《城市居住区规划设计规范》GB 50180
《建筑工程建筑面积计算规范》GB/T 50353
《安全防范工程技术规范》GB 50348
《建筑抗震设计规范》GB 50011
《建筑采光设计标准》GB/T 50033
《民用建筑隔声设计规范》GB 50118
《住宅信报箱工程技术规范》GB 50631
《民用建筑工程室内环境污染控制规范》GB 50325
《城镇燃气设计规范》GB 50028
《建筑给水排水设计规范》GB 50015
《城市道路和建筑物无障碍设计规范》JGJ 50
《严寒和寒冷地区居住建筑节能设计标准》JGJ 26
《夏热冬冷地区居住建筑节能设计标准》JGJ 134
《夏热冬暖地区居住建筑节能设计标准》JGJ 75
《电梯主要参数及轿厢、井道、机房的型式与尺寸》GB/T 7025.1

2 术 语

2.0.1 本定义提出了住宅的两个关键概念："家庭"和"房子"。申明"房子"的设计规范主要是按照"家庭"的居住使用要求来规定的。未婚的或离婚后的单身男女以及孤寡老人作为家庭的特殊形式，居住在普通住宅中时，其居住使用要求与普通家庭是一致的。作为特殊人群，居住在单身公寓或老年公寓时，则应另行考虑其特殊居住使用要求，在《住宅设计规范》GB 50096 中不需予以特别考虑。因为除了有《住宅设计规范》GB 50096 外，还有《老年人居住建筑标准》GB/T 50340 和《宿舍建筑设计规范》JGJ 36，这也是公寓和宿舍设计可以不执行《住宅设计规范》GB 50096 的原因之一。

由于本规范的条文没有出现"公寓"一词，所以本规范没有对公寓进行定义，但是规范执行中经常有关于如何区别"住宅"和"公寓"的疑问，在此作以下说明：

公寓一般指为特定人群提供独立或半独立居住使用的建筑，通常以栋为单位配套相应的公共服务设施。

公寓经常以其居住者的性质冠名，如学生公寓、运动员公寓、专家公寓、外交人员公寓、青年公寓、老年公寓等。公寓中的居住者的人员结构相对住宅中的家庭结构简单，而且在使用周期中较少发生变化。住宅的设施配套标准是以家庭为单位配套的，而公寓一般以栋为单位甚至可以以楼群为单位配套。例如，不必每套公寓设厨房、卫生间、客厅等空间，而且可以采用共用空调、热水供应等计量系统。但是不同公寓之间的某些标准差别很大，如老年公寓在电梯配置、无障碍设计、医疗和看护系统等方面的要求，要比运动员公寓高得多。目前，我国尚未编制通用的公寓设计标准。

2.0.12 本条所指的平台是住宅里常见的上人屋面，

或由住宅底层地面伸出的供人们室外活动的平台。不同于楼梯平台、设备平台、非上人屋面等情况。

2.0.15 凸窗既作为窗，在设计和使用时就应有别于地板（楼板）的延伸，也就是说不能把地板延伸出去而仍称之为凸窗。凸窗的窗台应只是墙面的一部分且距地面应有一定高度。凸窗的窗台防护高度要求与普通窗台一样，应按本规范的相关规定进行设计。

2.0.16 跃层住宅的主要特征就是一户人家的户内居住面积跨越两层楼面，此时连接上下层的楼梯就是户内楼梯，在楼梯的设计及消防要求上均有别于公共楼梯。跃层住宅可以位于楼房的下部、中部，也可设置于顶层。

3 基本规定

3.0.1 本规范只对住宅单体工程设计作出规定，但住宅与居住区规划密不可分，住宅的日照、朝向、层数、防火等与规划的布局、建筑密度、建筑容积率、道路系统、竖向设计等都有内在的联系。我国人口多土地少，合理节约用地是住宅建设中日益突出的重要课题。通过住宅单体设计和群体布置中的节地措施，可显著提高土地利用率，因此必须在设计时给予充分重视。

3.0.2 通过住宅设计，使"人、建筑、环境"三要素紧密联系在一起，共同形成一个良好的居住环境。同时因地制宜地创造可持续发展的生态环境，为居住区创造既便于邻里交往又赏心悦目的生活环境，是满足人居住活动中生理、心理的双重需要。

3.0.3 住宅是供人使用的，因此住宅设计处处要以人为本。本条文要求住宅设计在满足一般居住者的使用要求外，还要兼顾老年人、残疾人等特殊群体的使用要求。

3.0.4 居住者大部分时间是在住宅室内度过的，因此使住宅室内具有良好的通风、充足的日照、明亮的采光和安静私密的声环境是住宅设计的重要任务。

3.0.5 节能、环保是一件关乎国计民生的大事，世界各国都相当关注。我国政府高度重视资源环境问题，实施可持续发展战略，把节约资源、保护环境作为基本国策，努力建设资源节约型和环境友好型社会。随着我国城镇化步伐的加快，人民生活水平的持续提高，对住宅功能、舒适度等方面的要求越来越高，如果延续传统的建设模式，我国的土地、能源、资源和环境都将难以承受。因此住宅设计要注意满足节能要求，并合理利用能源，各地住宅建设可根据当地能源条件，积极采用常规能源与可再生能源结合的供能系统与设备。

3.0.6 我国住宅建筑量大面广，工业化与产业化是住宅发展的趋势，只有推行建筑主体、建筑设备与建筑构配件的标准化、模数化，才能适应工业化生产。

目前建筑新技术、新产品、新材料层出不穷，国家正在实行住宅产业现代化的政策，提高住宅产品质量。因此，住宅设计人员有责任在设计中积极采用新技术、新材料、新产品。

3.0.7 随着住房市场的发展，住宅建筑的形式也不断创新，对住宅结构设计也提出了更高的要求。本条要求住宅设计在保证结构安全、可靠的同时，要满足建筑功能需求，使住宅更加安全、适用、耐久。

3.0.8 进入21世纪以来，全球城市火灾问题日益严重，其中居民住宅火灾发生率显著增加。住宅火灾不仅威胁人民生命安全，造成严重经济损失，而且给家庭带来巨大伤害，影响社会和谐稳定。因此，住宅设计符合防火要求是最重要且基本的要求之一，具有重要意义。住宅防火设计的主要依据是《建筑设计防火规范》GB 50016 和《高层民用建筑设计防火规范》GB 50045。除防火之外，避震、防空、突发事件等的安全疏散要求也要予以满足。

3.0.9 本条要求建筑设计专业和建筑设备设计的各专业进行协作设计，综合考虑建筑设备和管线的配置，并提供必要的设置空间和检修条件。同时要求建筑设备设计也要树立建筑空间合理布局的整体观念。

3.0.10 住宅物质寿命一般不少于50年，而生活水平的提高，家庭结构的变化，人口老龄化的趋势，新技术和产品的不断涌现，又会对住宅提出各种新的功能要求，这将会导致对旧住宅的更新改造。如果在设计时充分考虑建筑和居住者全生命周期的使用需求，兼顾当前使用和今后改造的可能，将大大延长住宅的使用寿命，比新建住宅节省大量投资和材料。

4 技术经济指标计算

4.0.1 在住宅设计阶段计算的各项技术经济指标，是住宅从计划、规划到施工、管理各阶段技术文件的重要组成部分。本条要求计算的5项主要经济指标，必须在设计中明确计算出来并标注在图纸中。本次修编由原规范的7项经济指标简化为5项，并对其计算方法进行了部分修改，其主要目的是避免矛盾、体现公平、统一标准，反映客观实际。

4.0.2 住宅设计经济指标的计算方法有多种，本条要求采用统一的计算规则，这有利于方案竞赛、工程投标、工程立项、报建、验收、结算以及销售、管理等各环节的工作，可有效避免各种矛盾。本次修编针对本条的修改主要为以下几个方面。

　　1 原规范的"各功能空间使用面积"和"套内使用面积"两项指标的概念及其计算方法受到广大设计人员的普遍认同，本次修编未作修改。

　　2 本次修编取消了原规范中"住宅标准层使用面积系数"这项指标。该指标过去主要用于方案设计阶段的指标比较，其结果与工程设计实践中以栋为单位计算建筑面积存在一定误差。因此，本次不再继续使用。

3 根据现行国家标准《建筑工程建筑面积计算规范》GB/T 50353 中有关阳台面积计算方法，对原规范中套型阳台面积的计算方法进行了修改，明确规定其计算方法为：无论阳台为凹阳台、凸阳台、封闭阳台和不封闭阳台均按其结构底板投影净面积一半计算。

4 本次修编明确了套型总建筑面积的构成要素是套内使用面积、相应的建筑面积和套型阳台面积，保证了住宅楼总建筑面积与全楼各套型总建筑面积之和不会产生数值偏差。"套型总建筑面积"不同于原规范中的"套型建筑面积"指标，原规范中"套型建筑面积"反映的是标准层各种要素的计算结果；本次修编的"套型总建筑面积"反映的是整栋楼各种要素的计算结果。

5 本次修编增加了"住宅楼总建筑面积"这项指标，便于规划设计工作中经济指标的计算和数值的统一。

4.0.3 套内使用面积计算是计算住宅设计技术经济指标的基础，本条明确规定了计算范围：

1 套内使用面积指每套住宅户门内独自使用的面积，包括卧室、起居室（厅）、餐厅、厨房、卫生间、过厅、过道、贮藏室等各种功能空间，以及壁柜等使用空间的面积。根据本规范 2.0.14 条，壁柜定义为"建筑室内与墙壁结合而成的落地贮藏空间"，因此其使用面积应只计算落地部分的净面积，并计入套内使用面积。套型阳台面积单独计算，不列入套内使用面积之中。

2 跃层住宅的套内使用面积包括其室内楼梯，并将其按自然层数计入使用面积。

3 本条规定烟囱、排气道、管井等均不计入使用面积，反映了使用面积是住户真正能够使用的面积。该条规定，尤其对厨房、卫生间等小空间面积分析时更具准确性，能够正确反映设计的合理性。

4 正常的墙体按结构体表面尺寸计算使用面积，粉刷层可以简略，遇有各种复合保温层时，要将复合层视为结构墙体厚度扣除后再计算。

5 利用坡屋顶内作为使用空间时，对低于 1.20m 净高的不予计入使用面积；对 1.20m~2.10m 的计入 1/2；超过 2.10m 全部计入。坡屋顶无结构顶层楼板，不能利用坡屋顶空间时不计算其使用面积。

6 本次修编对原条文进行了修改，本条规定将坡屋顶内的使用面积列入套内使用面积中，加大了计算比值，将利用坡屋顶所获得的使用面积惠及全楼各套型，更好地体现公平性。同时，可以准确计算出参与公共面积分摊后的该套型总建筑面积。

4.0.4 原规范没有要求计算套型的总建筑面积，不能直观地反映一套住宅所涵盖的建筑面积到底是多少，本次修编对此给予明确：

1 原规范的套型面积计算方法是利用住宅标准层使用面积系数反求套型建筑面积，其计算参数以标准层为计算参数。本次修编以住宅整栋楼建筑面积为计算参数，该参数包括了本栋住宅楼地上的全部住宅建筑面积，但不包括本栋住宅楼的套型阳台面积总和，这样更能够体现准确性和合理性，保证各套型总建筑面积之和与住宅楼总建筑面积一致。

本栋住宅楼地上全部住宅建筑面积包括了供本栋住宅楼使用的地上机房和设备用房建筑面积，以及当住宅和其他功能空间处于同一建筑物内时，供本栋住宅楼使用的单元门厅和相应的交通空间建筑面积，不包括本栋住宅楼地下室和半地下室建筑面积。

2 本次修编以全楼总套内使用面积除以住宅楼建筑面积（包括本栋住宅楼地上的全部住宅建筑面积，但不包括本栋住宅楼的套型阳台面积），得出一个用来计算套型总建筑面积的计算比值。与原规范采用的住宅标准层使用面积系数含义不同，该计算比值相当于全楼的使用面积系数，采用该计算比值可避免同一套型出现不同建筑面积的现象。

3 利用计算比值的计算方法明确了套型总建筑面积为套内使用面积、通过计算比值反算出的相应的建筑面积和套型阳台面积之和。

4.0.5 本条规定了住宅楼层数的计算依据，主要用于明确住宅楼的层数，便于执行本规范的相关规定。

1 本条规定考虑到与现行相关防火规范和现行国家标准《住宅建筑规范》GB 50368 的衔接，以层数作为衡量高度的指标，并对层高较大的楼层规定了计算和折算方法。建筑层数应包括住宅部分的层数和其他功能空间的层数。住宅建筑的高度和面积直接影响到火灾时建筑内人员疏散的难易程度、外部救援的难易程度以及火灾可能导致财产损失的大小，住宅建筑的防火与疏散，因此要求与建筑高度和面积直接相关联。对不同建筑高度和建筑面积的住宅区别对待，可解决安全性和经济性的矛盾。

2 本条考虑到与现行国家标准《房产测量规范 第1单元：房产测量规定》GB/T 17986.1 的衔接，规定了高出室外地坪小于 2.20m 的半地下室和层高小于 2.20m 的架空层和设备层不计入自然层数。

5 套内空间

5.1 套　型

5.1.1 住宅按套型设计是指每套住宅的分户界限应明确，必须独门独户，每套住宅至少包含卧室、起居室（厅）、厨房和卫生间等基本功能空间。本条要求将这些基本功能空间设计于户门之内，不得与其他套型共用或合用。这里要进一步说明的是：基本功能空间不等于房间，没有要求独立封闭，有时不同的功能空间会部分地重合或相互"借用"。当起居功能空间和卧室功能空间合用时，称为兼起居的卧室。

5.1.2 本次修编删除了原规范对住宅套型的分类。经过对原规范一类套型最小使用面积的论证和适当减小，重新规定了套型最小使用面积分别不应小于30m²和22m²，主要依据如下：

1 本条明确了设计规范主要是按照"家庭"的居住使用要求来规定的。本条规定的低限标准为统一要求，不因地区气候条件、墙体材料等不同而有差异。

2 套型最小使用面积，不应是各个最小房间面积的简单组合。即使在工程设计理论和实践中，可能设计出更小的套型，但是这种套型是不能满足最低使用要求的。此外，未婚的或离婚后的单身男女以及孤寡老人作为家庭的特殊形式，居住在普通住宅中时，其居住使用要求与普通家庭是一致的。作为特殊人群，居住在单身公寓或老年公寓时，则应另行考虑其特殊居住使用要求，由其他相关规范作出规定。

3 原规范规定的由卧室、起居室（厅）、厨房和卫生间等组成的住宅套型，虽然组成空间数不变，但因为综合考虑我国中小套型住房建设的国策，以及住宅部品技术产业化、集成化和家电设备技术更新等因素，各种住宅部品及家电尺寸有所减小，对各功能空间尺度的要求也相应减小。所以将原规范规定不应小于34m²下调为不应小于30m²。其具体测算方法是：

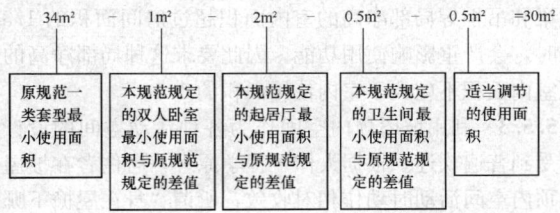

4 明确了基本功能空间不等于房间，没有要求独立封闭，有时不同的功能空间会部分地重合或相互"借用"。当起居功能空间和卧室功能空间合用时，称为兼起居的卧室等概念以后，提出了采用兼起居的卧室的最小套型，不应小于22m²。其具体测算方法是：

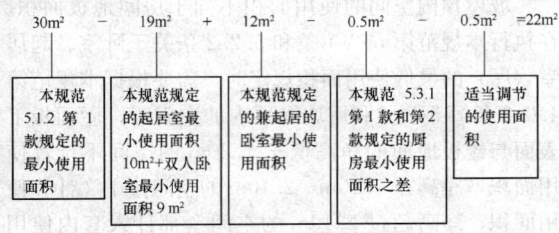

5.2 卧室、起居室（厅）

5.2.1 卧室的最小面积是根据居住人口、家具尺寸及必要的活动空间确定的。原规范规定双人卧室不小于10m²，单人卧室不小于6m²，本次修编分别减小

为9m²和5m²。其依据为：

1 本规范综合考虑我国中小套型住房建设的国策，以及住宅部品技术产业化、集成化和家电设备技术更新等因素，各种住宅部品及家电尺寸有所减小，对各功能空间尺度的要求也相应减小。所以将原规范规定的双人及单人卧室的使用面积分别减小1m²。

2 在小套型住宅设计中，允许采用一种兼有起居活动功能空间和睡眠功能空间为一室的"卧室"，这种兼起居的卧室需要在双人卧室的面积基础上至少增加一组沙发和摆设一个小餐桌的面积（3m²）才能保证家具的布置，所以规定兼起居的卧室为12m²。

5.2.2 起居室（厅）是住宅套型中的基本功能空间，由于本规范5.2.1第1款的条文说明所列的原因，将起居室（厅）的使用面积最小值由原规范的12m²减小为10m²。

5.2.3 起居室（厅）的主要功能是供家庭团聚、接待客人、看电视之用，常兼有进餐、杂物、交通等作用。除了应保证一定的使用面积以外，应减少交通干扰，厅内门的数量如果过多，不利于沿墙面布置家具。根据低限度尺度研究结果，3m以上直线墙面保证可布置一组沙发，使起居室（厅）中能有一相对稳定的使用空间。

5.2.4 较大的套型中，起居室（厅）以外的过厅或餐厅可无直接采光，但其面积不能太大，否则会降低居住生活标准。

5.3 厨 房

5.3.1 本次修编厨房的使用面积不再进行分类规定，而是规定其使用面积分别不应小于4m²和3.5m²。其依据是：根据对全国新建住宅小区的调查统计，厨房使用面积普遍能达到4m²以上，所以本次修编对由卧室、起居室（厅）、厨房和卫生间等组成的住宅套型的厨房使用面积未进行修改，仍明确其最小使用面积为4m²。对由兼起居的卧室、厨房和卫生间等组成的住宅套型的厨房面积则规定为3.5m²。

5.3.2 厨房布置在套内近入口处，有利于管线布置及厨房垃圾清运，是套型设计时达到洁污分区的重要保证，应尽量做到。

5.3.3 厨房应设置洗涤池、案台、炉灶及排油烟机等设施或为其预留位置，才能保证住户正常炊事功能要求。

现行国家标准《城镇燃气设计规范》GB 50028规定，设有直排式燃具的室内容积热负荷指标超过0.207kW/m³时，必须设置有效的排气装置，一个双眼灶的热负荷约为（8～9）kW，厨房体积小于39m³时，体积热负荷就超过0.207kW/m³。一般住宅厨房的体积均达不到39m³（约大于16m²），因此均必须设置排油烟机等机械排气装置。

5.3.4 厨房设计时若不按操作流程合理布置，住户实际使用时或改造时都将带来极大不便。排油烟机的位置只有与炉灶位置对应并与排气道直接连通，才能最有效地发挥排气效能。

5.3.5 单排布置的厨房，其操作台最小宽度为 0.50m，考虑操作人下蹲打开柜门、抽屉所需的空间或另一人从操作人身后通过的极限距离，要求最小净宽为 1.50m。双排布置设备的厨房，两排设备之间的距离按人体活动尺度要求，不应小于 0.90m。

5.4 卫生间

5.4.1 本次修编不再进行分类和规定设置卫生间的个数，仅规定了每套住宅应配置的卫生设备的种类和件数，强调至少应配置便器、洗浴器、洗面器三件卫生设备或为其预留设置位置及条件，以保证基本生活需求。

本次修编明确规定集中配置便器、洗浴器、洗面器三件卫生设备的卫生间使用面积不应小于 2.50m²，比原规范规定数值减小 0.5m²。其修改依据是：由于住宅集成化技术的不断成熟，设备成套技术的不断推广，提高了卫生间面积的利用效率。

5.4.2 本条规定了卫生设备分室设置时几种典型设备组合的最小使用面积。卫生间设计时除应符合本条规定外，还应符合本规范 5.4.1 条对每套住宅卫生设备种类和件数的规定。为适应卫生间成套设备集成技术和卫生设备组合多样化的要求，本次修编增加了两种空间划分类型，并规定了最小使用面积。由不同设备组合而成的卫生间，其最小面积的规定依据是：以卫生设备低限尺度以及卫生活动空间计算最低面积；对淋浴空间和盆浴空间作综合考虑，不考虑便器使用与淋浴活动的空间借用；卫生间面积要适当考虑无障碍设计要求和为照顾儿童使用时留有余地。

5.4.3 无前室的卫生间，其门直接开向厅或厨房的这种布置方法问题突出，诸如"交通干扰"、"视线干扰"、"不卫生"等，本条规定要求杜绝出现这种设计。

5.4.4 卫生间的地面防水层，因施工质量差而发生漏水的现象十分普遍，同时管道噪声、水管冷凝水下滴等问题也很严重。因此，本条规定不得将卫生间直接布置在下层住户的卧室、起居室（厅）、厨房和餐厅的上层。

5.4.5 在跃层住宅设计中允许将卫生间布置在本套内的卧室、起居室（厅）、厨房或餐厅的上层，尽管在使用上无可非议，对其他套型也毫无影响，但因布置了多种设备和管线，容易损坏或漏水，所以本条要求采取防水和便于检修的措施，减少或消除对下层功能空间的不良影响。

5.4.6 洗衣为基本生活需求，洗衣机是普遍使用的家用设备，属于卫生设备，通常设置在卫生间内。但是在实际使用中有时设置在阳台、厨房、过道等位置。本条文强调，在住宅设计时，应明确设计出洗衣机的位置及专用给排水接口和电插座等条件。

5.5 层高和室内净高

5.5.1 把住宅层高控制在 2.80m 以下，不仅是控制投资的问题，更重要的是关系到住宅节地、节能、节水、节材和环保。把层高相对统一，在当前住宅产业化发展的初期阶段很有意义，例如对发展住宅专用电梯、通风排气竖管、成套橱柜等均有现实意义，有一个明确的层高，这类产品的主要参数就可以确定。

2.80m 层高的规定，在全国执行已有多年，对于普通住宅更需进一步要求控制层高，以便节能。

5.5.2 卧室和起居室（厅）是住宅套内活动最频繁的空间，也是大型家具集中的场所，本条要求其室内净高不低于 2.40m，以保证基本使用要求。在国际上，把室内净高定位 2.40m 的国家很多，如：美国、英国、日本和我国的香港地区，参照这些国家和地区的标准，室内净高定为 2.40m 是可行的。

另外，据对空气洁净度测试的有关资料分析，不同层高的住宅中，冬季室内空气中的 CO_2 的浓度值没有明显变化。

卧室、起居室（厅）的室内局部净高不应低于 2.10m，是指室内梁底处的净高、活动空间上部吊柜的柜底与地面的距离等，只有控制在 2.10m 或以上，才能保证居民的基本活动并具有安全感。

在一间房间中，当低于 2.40m、高于 2.10m 的梁和吊柜等局部净高的室内面积超过房间面积的 1/3 时，会严重影响使用功能。因此要求这种局部净高的室内面积不应大于室内使用面积的 1/3。

5.5.3 利用坡屋顶内空间作为各种活动空间的设计受到普遍欢迎。根据人体工程学原理，居住者在坡屋顶内空间活动时动作相对收敛，所谓"身在屋檐下哪能不低头"，因此，室内净高要求略低于普通房间的净高要求。但是利用坡屋顶内空间作卧室、起居室（厅）时，仍然应有一定的高度要求，特别是需要直立活动的部位，如果净高低于 2.10m 的空间超过一半时，使用困难。

坡屋顶内空间的使用面积不同于房间地板面积。在执行本规范第 5.2.1 条和 5.2.2 条关于卧室、起居室（厅）的最低使用面积规定时，需要根据本规范第 4.0.3 条第 5 款"利用坡屋顶内的空间时，屋面板下表面与楼板地面的净高低于 1.20m 的空间不计算使用面积，净高在 1.20m～2.10m 的空间按 1/2 计算使用面积，净高超过 2.10m 的空间全部计入套内使用面积"的规定，保证卧室、起居室（厅）的最小使用面积标准符合要求。

5.5.4 厨房和卫生间人流交通较少，室内净高可比卧室和起居室（厅）低。但有关燃气设计安装规范要求厨房不低于 2.20m；卫生间从空气容量、通风排气的高度要求等考虑也不应低于 2.20m。另外从厨、卫设备的发展看，室内净高低于 2.20m 不利于设备及管线的布置。

5.5.5 厨房、卫生间面积较小，顶板下的排水横管即使靠墙设置，其管底（特别是存水弯）的底部距楼、地面净距若太低，常常造成碰撞并且妨碍门、窗户开启。本条对此作出相关规定。

5.6 阳 台

5.6.1 阳台是室内与室外之间的过渡空间，在城镇居住生活中发挥了越来越重要的作用。本条要求每套住宅宜设阳台，住宅底层和退台式住宅的上人屋面层可设平台。

5.6.2 阳台是儿童活动较多的地方，栏杆（包括栏板的局部栏杆）的垂直杆件间距若设计不当，容易造成事故。根据人体工程学原理，栏杆垂直净距应小于 0.11m，才能防止儿童钻出。同时为防止因栏杆上放置花盆而坠落伤人，本条要求可搁置花盆的栏杆必须采取防止坠落措施。

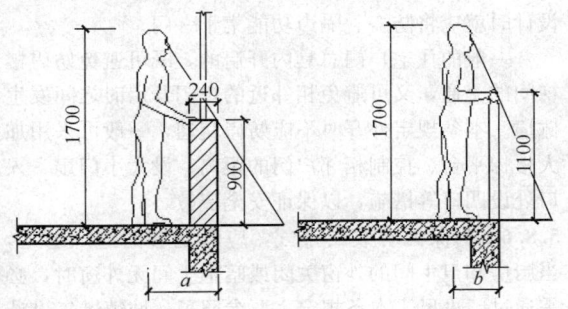

图 1 窗台与阳台的防护高度要求不同

5.6.3 阳台栏杆的防护高度是根据人体重心稳定和心理要求确定的，应随建筑高度增高而增高。阳台（包括封闭阳台）栏杆或栏板的构造一般与窗台不同，且人站在阳台前比站在窗前有更加靠近悬崖的眩晕感，如图 1 所示，人体距离建筑外边沿的距离 b 明显小于 a，其重心稳定性和心理安全要求更高。所以本条规定阳台栏杆的净高不应按窗台高度设计。

此外，强调封闭阳台栏杆的高度不同于窗台高度的另一理由是本规范相关条文一致性的需要。封闭阳台也是阳台，本规范在"面积计算"、"采光、通风窗地比指标要求"、"隔声要求"、"节能要求"、"日照间距"等方面的规定，都是不同于对窗户的规定的。

本次修编还对原规范中关于建筑层数的定义进行了修改，使之与现行国家标准《住宅建筑规范》GB 50368 相一致，在本条文中不再出现"高层住宅"、"中高层住宅"等词。

5.6.4 七层及七层以上住宅以及寒冷、严寒地区住宅的阳台采用实体栏板，可以防止冷风从阳台灌入室内，还可防止物品从过高处的栏杆缝隙处坠落伤人。

5.6.5 由于住宅部品生产技术的不断成熟，现在已有大量成熟的晾衣部品，在其安装时不会造成漏水、滴水现象。实态调查表明，居民多数将施工过程中安装的晒衣架拆除，造成浪费。所以本次修编不再要求"设置晾晒衣物的设施"。

顶层住宅阳台若没有雨罩，就会给晾晒衣物带来不便。同时，阳台上的雨水、积水容易流入室内，故规定顶层阳台应设置雨罩。

各套住宅之间毗邻的阳台分隔板是套与套之间明确的分界线，对居民的领域感起保证作用，对安全防范也有重要作用，在设计时明确分隔，可减少管理上的矛盾。

5.6.6 实态调查表明，由于阳台及雨罩排水组织不当，造成上下层的干扰十分严重，如上层浇花、冲洗阳台而弄脏下层晾晒的衣服甚至浇淋到他人身上的事故常常引发邻里矛盾，故阳台、雨罩均应做有组织排水。本次修编将本条修改为"应采取防水措施"，主要是针对容易漏水的关键节点要求采取防水措施。

5.6.7 当阳台设置洗衣机设备时，为方便使用要求设置专用给排水管线、接口和插座等，并要求设置专用地漏，减少溢水的可能。在这种情况下，阳台是用水较多的地方。如出现洗衣设备跑漏水现象，容易造成阳台漏水。所以，本条规定该类阳台楼地面应做防水。为防止严寒和寒冷地区冬季将给排水管线冻裂。本条规定应封闭阳台，并应采取保温措施，防止以上现象的发生。

5.6.8 当阳台设置空调室外机时，如安装措施不当，会降低空调室外机排热效果，降低制冷工效，会对居民在阳台上的正常活动以及对室外和其他住户环境造成影响。因此，本条对阳台或建筑外墙空调室外机的设置作出了具体规定。其中本条第 2 款规定在排出空气一侧不应有遮挡物，不包括百叶。但空调室外机所设置的百叶仅是装饰物，叶片间距太小，会影响空调室外机散热，因此在满足一定的视线遮挡效果时，叶片间距越大越好。

5.7 过道、贮藏空间和套内楼梯

5.7.1 套内入口的过道，常起门斗的作用，既是交通要道，又是更衣、换鞋和临时搁置物品的场所，是搬运大型家具的必经之路。在大型家具中沙发、餐桌、钢琴等尺度较大，本条规定在一般情况下，过道净宽不宜小于 1.20m。

通往卧室、起居室（厅）的过道要考虑搬运写字台、大衣柜等的通过宽度，尤其在入口处有拐弯时，门的两侧应有一定余地，故本条规定该过道不应小于 1.00m。通往厨房、卫生间、贮藏室的过道净宽可适当减小，但也不应小于 0.90m。

5.7.2 套内合理设置贮藏空间或位置对提高居室空间利用率，使室内保持整洁起到很大作用。居住实态调查资料表明，套内壁柜常因通风防潮不良造成贮藏物霉烂，本条规定对设置于底层或靠外墙、靠卫生间等容易受潮的壁柜应采取防潮措施。

5.7.3 套内楼梯一般在两层住宅和跃层内作垂直交通使用。本条规定套内楼梯的净宽，当一边临空时，其净宽不应小于 0.75m；当两侧有墙面时，墙面之间净宽不应小于 0.90m（见图 2），此规定是搬运家具和日常手提东西上下楼梯最小宽度。

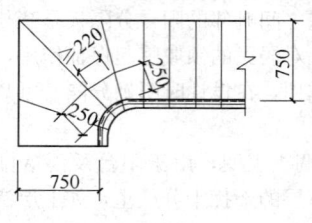

(a) 一边临空扇形楼梯

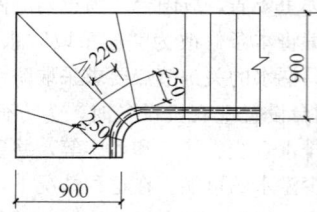

(b) 两边墙面扇形楼梯

图 2 一边临空与两侧有墙的楼梯
净宽要求不同

此外，当两侧有墙时，为确保居民特别是老人、儿童上下楼梯的安全，本条规定应在其中一侧墙面设置扶手。

5.7.4 扇形楼梯的踏步宽度离内侧扶手中心 0.25m 处的踏步宽度不应小于 0.22m，是考虑人上下楼梯时，脚踏扇形踏步的部位，如图 2 所示。

5.8 门 窗

5.8.1 没有邻接阳台或平台的外窗窗台，如距地面净高较低，容易发生儿童坠落事故。本条规定当窗台低于 0.90m 时，采取防护措施。有效的防护高度应保证净高 0.90m，距离楼（地）面 0.45m 以下的台面、横栏杆等容易造成无意识攀登的可踏面，不应计入窗台净高。

5.8.2 本条规定的依据是：

1 窗台净高低于或等于 0.45m 的凸窗台面，容易造成无意识攀登，其有效防护高度应从凸窗台面起算，高度不应低于净高 0.90m；

2 实态调查表明，当出现可开启窗扇执手超出一般成年人正常站立所能触及的范围，就会出现攀登至凸窗台面关闭窗扇的情况，如可开启窗扇窗洞口底距凸窗台面的净高小于 0.90m，容易发生坠落事故。所以本条规定可开启窗扇窗洞口底距窗台面的净高低于 0.90m 时，窗洞口处应有防护措施，其防护高度从窗台面起算不应低于 0.90m；

3 实态调查表明，严寒和寒冷地区凸窗的挑板或两侧壁板，在实际工程中由于施工困难，普遍未采取保温措施，会形成热桥，对节能非常不利。所以本条规定严寒和寒冷地区不宜设置凸窗。

5.8.3 从安全防范和满足住户安全感的角度出发，底层住宅的外窗和阳台门均应有一定防卫措施，紧邻走廊或共用上人屋面的窗和门同样是安全防范的重点部位，应有防卫措施。

5.8.4 住宅凹口的窗和面临走廊、共用上人屋面的窗常因设计不当，引起住户的强烈不满，本条规定采取措施避免视线干扰。面向走廊的窗、窗扇不应向走廊开启，否则应保证一定高度或加大走廊宽度，以免妨碍交通。

5.8.5 为保证居住的安全性，本次修编明确规定住宅户门应具备防盗、隔声功能。住宅实态调查发现，由于原规范中"安全防卫门"概念模糊未明确其应具有防盗功能，普遍被住户加装一层防盗门，而加装的防盗门只能向外开启，妨碍楼梯间的交通，本条规定设计时就应将防盗、隔声功能集于一门。

一般的住宅户门总是内开启的，既可避免妨碍楼梯间的交通，又可避免相邻近的户门开启时之间发生碰撞。本条规定外开时不应妨碍交通，一般可采用加大楼梯平台、控制相邻户门的距离、设大小门扇、入口处设凹口等措施，以保证安全疏散。

5.8.6 为保证有效的排气，应有足够的进风通道，当厨房和卫生间的外窗关闭或暗卫生间无外窗时，必需通过门进风。本条规定主要参照了《城镇燃气设计规范》GB 50028 对设有直接排气式或烟道排气式燃气热水器房间的规定。厨房排油烟机的排气量一般为 $300m^3/h \sim 500m^3/h$，有效进风截面积不小于 $0.02m^2$，相当于进风风速 $4m/s \sim 7m/s$，由于排油烟机有较大风压，基本可以满足要求。卫生间排风机的排气量一般为 $80m^3/h \sim 100m^3/h$，虽风压较小，但有效进风截面积不小于 $0.02m^2$，相当于进风风速 $1.1m/s \sim 1.4m/s$，也可以满足要求。

5.8.7 本次修编根据住宅实态调查数据仅将户门洞口宽度增大为 1.00m，其余未作改动。住宅各部位门洞的最小尺寸是根据使用要求的最低标准结合普通材料构造提出的，未考虑门的材料构造过厚或有特殊要求。

6 共 用 部 分

6.1 窗台、栏杆和台阶

6.1.1 公共部分的楼梯间、电梯厅等处是交通和疏散的重要通道，没有邻接阳台或平台的外窗窗台如距地面净高较低，容易发生儿童坠落事故。原规范只在

"套内空间"规定了本条文，执行中发现有理解为住宅共用部分的窗台栏杆高度执行《民用建筑设计通则》GB 50352的情况，本条特别提出共用部分的窗台栏杆也应执行本规范。

6.1.2 公共出入口台阶高度超过0.70m且侧面临空时，人易跌伤，故需采取防护措施。

6.1.3 外廊、内天井及上人屋面等处一般都是交通和疏散通道，人流较集中，特别在紧急情况下容易出现拥挤现象，因此临空处栏杆高度应有安全保障。根据国家标准《中国成年人人体尺寸》GB/T 10000资料，换算成男子人体直立状态下的重心高度为1006.80mm，穿鞋后的重心高度为1006.80mm+20mm=1026.80mm，因此对栏杆的最低安全高度确定为1.05m。对于七层及七层以上住宅，由于人们登高和临空俯视时会产生恐惧的心理，而产生不安全感，适当提高栏杆高度将会增加人们心理的安全感，故比六层及六层以下住宅的要求提高了0.05m，即不应低于1.10m。对栏杆的开始计算部位应从栏杆下部可踏部位起计，以确保安全高度。栏杆间距等设计要求与本规范5.6.2条的规定一致。

6.1.4 公共出入口的台阶是老年人、儿童等摔伤事故的多发地点，本条对台阶踏步宽度、高度等作出的相关规定，保证了老人、儿童行走在公共出入口时的安全。

6.2 安全疏散出口

6.2.1～6.2.3 根据不同的建筑层数，对安全出口设置数量作出的相关规定，兼顾了住宅建筑安全性和经济性的要求。关于剪刀梯作为疏散口的设计要求，应执行《高层民用建筑设计防火规范》GB 50045的规定。

6.2.4 在同一建筑中，若两个楼梯出口之间距离太近，会导致疏散人流不均而产生局部拥挤，还可能因出口同时被烟堵住，使人员不能脱离危险而造成重大伤亡事故。因此，建筑安全疏散出口应分散布置并保持一定距离。

6.2.5 若门的开启方向与疏散人流的方向不一致，当遇有紧急情况时，不易推开，会导致出口堵塞，造成人员伤亡事故。

6.2.6 对于住宅建筑，根据实际疏散需要，规定设置的楼梯间能通向屋面，并强调楼梯间通屋顶的门要易于开启，而不应采取上锁或钉牢等不易打开的做法，以利于人员的安全疏散。

6.2.7 十层及十层以上的住宅建筑，除条文里规定的两种情况外，每个住宅单元的楼梯间均应通至屋顶，各住宅单元的楼梯间宜在屋顶相连通，以便于疏散到屋顶的人，能够经过另一座楼梯到达室外，及时摆脱灾害威胁。对于楼层层数不同的单元，则不在本条的规定范围内，其安全疏散设计则应执行其他规范。

6.3 楼 梯

6.3.1 楼梯梯段净宽系指墙面装饰面至扶手中心之间的水平距离。梯段最小净宽是根据使用要求、模数标准、防火规范的规定等综合因素加以确定的。这里需要说明，将六层及六层以下住宅梯段最小净宽定为1.00m的原因是：①为满足防火规范规定的楼梯段最小宽度为1.10m，一般采用2.70m或2.60m（不符合3模）开间楼梯间，楼梯面积较大。如采用2.40m开间楼梯间，每套可增加1.00m²左右使用面积，但楼梯宽度只能做到1m左右；②2.40m开间符合3模，与3模其他参数能协调成系列，在平面布置中不出现半模数，与3.60m等参数可组成扩大模数系列，有利于减少构件，也有利于工业化制作，平面布置也比较适用、灵活；③据分析，只要保证楼梯平台宽度能搬运家具，2.40m是能符合使用要求的；④参照国内外有关规范，1999年经与公安部协调，在《建筑设计防火规范》GB 50016中规定了"不超过六层的单元式住宅中，一边设有栏杆的疏散楼梯，其最小净宽可不小于1m"。但其他的住宅楼梯梯段最小净宽仍为1.10m。

6.3.2 踏步宽度不应小于0.26m，高度不应大于0.175m时，坡度为33.94°，这接近舒适性标准，在设计中也能做到。按层高2.80m计，正好设16步。

6.3.3 楼梯平台净宽系指墙面装饰面至扶手中心之间的水平距离。实际调查证明，楼梯平台的宽度是影响搬运家具的主要因素，如平台上有暖气片、配电箱等凸出物时，平台宽度要从凸出面起算。楼梯平台的结构下缘至人行通道的垂直高度系指结构梁（板）的装饰面至地面装饰面的垂直距离。调查中发现有的住宅入口楼梯平台的垂直高度在1.90m左右，行人经过时容易碰头，很不安全。

规定入口处地坪与室外设计地坪的高差不应小于0.10m，第一是考虑到建筑物本身的沉陷；第二是为了保证雨水不会侵入室内。当住宅建筑带有半地下室、地下室时，更要严防雨水倒灌。此外，本条对楼梯平台净宽、楼梯平台的结构下缘至人行通道的垂直高度都作出了相关规定。

6.3.4 我国目前大多数住宅的剪刀梯平台普遍过于狭窄，日常搬运大型家具困难，特别是急救时担架难以水平回转；高层建筑虽有电梯，但往往一栋楼只有一部能容纳普通担架，需要通过联系廊和疏散楼梯搬运伤病员。因此，本条文从保障居民生命安全的角度，要求住宅剪刀梯休息平台进深加大到1.30m。

6.3.5 楼梯井宽度过大，儿童往往会在楼梯扶手上做滑梯游戏，容易产生坠落事故，因此规定楼梯井宽度大于0.11m，必须采取防止儿童攀滑的措施。

6.4 电 梯

6.4.1 电梯是七层及七层以上住宅的主要垂直交通工具。多少层开始设置电梯是个居住标准的问题，各国标准不同。在欧美一些国家，一般规定四层起应设置电梯，原苏联、日本及我国台湾省的规范规定六层起应设置电梯。我国 1954 年《建筑设计规范》中规定："居住房间在五层以上或最高层的楼板面高出地平线在 17 公尺以上时，应有电梯设备"。1987 年，《住宅建筑设计规范》GBJ 96 规定了七层（含七层）以上应设置电梯。我国已步入老龄化社会，应该对老年群体给予更多的关注，为此，本规范中规定"住户入口层楼面距室外地面的高度超过 16m 的住宅必须设置电梯"。本次修订特别对三种工程设计中没有严格执行设置电梯规定的情况进一步明确限定。其理由是：

1 如底层为层高 4.50m 的商店或其他用房，以 2.80m 层高的住宅计算，(2.80m×4)（最高住户入口层楼面标高）＋4.50m（底层用房层高）＋0.30m（室外高差）＝16m。也就是说，上部的住宅只能作五层。此时以 16m 作为是否设置电梯的限值。

2 当设置一个架空层时，如六层住宅采用 2.70m 层高，即：2.20m（架空层）＋0.10m（室内外高差）＋（2.70m×5）＝15.80m＜16m，可以不设置电梯。如六层住宅采用 2.80m 层高并架空层时，若不采取一定措施则不能控制在 16m 的规定范围内，即 2.20m（架空层）＋0.10m（室内外高差）＋（2.80m×5）＝16.30m＞16m。本规范对有架空层或储存空间的住宅严格规定，不设置电梯的住宅，其住户入口层楼面距该建筑物室外地面的高度不得超过 16m。

3 在住宅建筑顶层若布置两层一套的跃层住宅（设置户内楼梯者），跃层部分的入口处距该建筑物室外地面的高度若超过 16m。实践证明，顶层住户的一次室内登高超出了规定的范围，所以必须设置电梯。

除了以上三种情况外，原规范允许山地、台地住宅的中间层有直通室外地面入口，如果该入口具有消防通道作用时，其层数由该中间层起计算。由于这种情况正在逐步减少，同时涉及如何设消防通道和消防电梯等问题，由防火规范统一规定，本规范不再放宽条件。

6.4.2 十二层及十二层以上的住宅，每栋楼设置电梯不应少于两台，主要考虑到其中的一台电梯进行维修时，居民可通过另一部电梯通行。住宅要适应多种功能需要，因此，电梯的设置除考虑日常人流垂直交通需要外，还要考虑保障病人安全、能满足紧急运送病人的担架乃至较大型家具等需要。

6.4.3、6.4.4 十二层及十二层以上的住宅每个住宅单元只设置一部电梯时，在电梯维修期间，会给居民带来极大不便，只能通过联系廊或屋顶连通的方式从其他单元的电梯通行。当一栋楼只有一部能容纳担架的电梯时，其他单元只能通过联系廊到达这电梯运输担架。在两个住宅单元之间设置联系廊并非推荐做法，只是一种过渡做法。在实际操作中，联系廊的设计会带来视线干扰、安全防范、使部分居室厨房失去自然通风和直接采光等问题，此种设置电梯的方法虽较经济，但属低水平。所以，理想的方案是设置两台电梯，且其中一台可以容纳担架。

对于一栋十二层的住宅，各单元联通的屋面可以视为联系廊；对于一栋十八层的住宅，联系廊的设置可有两种方案：方案一，在十二层设置第一个联系廊，根据联系廊的间隔不能超过五层的规定，十七层必须设置第二个联系廊；方案二，在十四层设置第一个联系廊，各单元的联通屋面即可以视为第二个联系廊。

近来，有些一梯两户的方案将十二层以上相邻单元的两户住宅北阳台连通，这种做法也能起到紧急疏散的目的，但需要相关住户之间认可。这种做法从设计上不属于联系廊的做法。

6.4.5 为了使用方便，高层住宅电梯应在设有户门或公共走廊的每层设站。隔一层或更多层设站的方式，既不合理，对居民也不公平。

6.4.6 电梯是人们使用频繁和理想的垂直通行设施，根据国家标准《电梯主参数及轿厢、井道、机房的型式与尺寸》GB/T 7025.1 的规定："单台电梯或多台并列成排布置的电梯，候梯厅深度不应小于最大的轿箱深度"。近几年来部分六层及以下住宅设置了电梯，电梯厅的深度不小于 1.50m，即可满足载重量为 630kg 的电梯对候梯厅深度的要求。

6.4.7 本条对电梯在住宅单元平面布局中的位置，提出了相关的限定条件。电梯机房设备产生的噪声、电梯井道内产生的振动、共振和撞击声对住户干扰很大，尤其对最需要安静的卧室的干扰就更大。

原规范要求"电梯不应与卧室、起居室（厅）紧邻布置"，本次修编考虑到我国中小套型住宅建设的实际情况，在小套型住宅单元平面设计时，满足这一要求确有一定困难。特别是，在做由兼起居的卧室、厨房和卫生间等组成的最小套型组合时，当受条件限制，电梯不得不紧邻兼起居的卧室布置的情况很多。考虑到"兼起居的卧室"实际上有部分起居空间，可以尽量在起居空间部分相邻电梯，并采取双层分户墙或同等隔声效果的构造措施。因此，在广泛征求意见基础上，本条适当放宽了特定条件。

6.5 走廊和出入口

6.5.1 外廊是指居民日常必经之主要通道，不包括单元之间的联系廊等辅助外廊。从调查来看，严寒和寒冷地区由于气候寒冷、风雪多，外廊型住宅都做成封闭外廊（有的外廊在墙上开窗户，也有的做成玻璃窗全封闭的挑廊）；另夏热冬冷地区，因冬季很冷，风雨较多，设计标准也规定设封闭外廊。故本条规定在住宅中作为主要通道的外廊宜做封闭外廊。由于沿外廊一侧通常布置厨房、卫生间，封闭外廊需要良好通风，还要考虑防火排烟，故规定封闭外廊要有能开启的窗扇或通风排烟设施。

6.5.2 为防止阳台、外廊及开敞楼梯平台物品下坠伤人，要求设在下部的公共出入口采取安全措施。

6.5.3 在住宅建筑设计中，有的对出入口门头处理很简单，各栋住宅出入口没有自己的特色，形成千篇一律，以至于住户不易识别自己的家门。本条规定要求出入口设计上要有醒目的标识，包括建筑装饰、建筑小品、单元门牌编号等。按照防火规范的规定，十层及十层以上定为高层住宅，其入口人流相对较大，同时信报箱等公共设施需要一定的布置空间，因此对十层及十层以上住宅作出了设置入口门厅的规定。

6.6 无障碍设计要求

6.6.1 本条系根据行业标准《城市道路和建筑物无障碍设计规范》JGJ 50 第 5.2.1 条制订，列出了七层及七层以上的住宅应进行无障碍设计的部位。该标准对七层及七层以上住宅要求进行无障碍设计的部位还包括电梯轿厢。由于该规定对住宅强制执行存在现实问题，本条未将电梯轿厢列入强制条款。对六层及六层以下设置电梯的住宅，也不列为强制执行无障碍设计的对象。此外原来规定的无障碍设计的部位还包括无障碍住房，由于本规范仅针对住宅单体建筑设计，故不要求对每栋住宅都做无障碍住房设计。

6.6.2 七层及七层以上住宅入口设置台阶时，必须按照无障碍设计的要求设置轮椅坡道和扶手。

6.6.3 为保证轮椅使用者与正常人流能同时进行并避免交叉干扰，提出本规定。

6.6.4 本条列出了供轮椅通行的走道和通道的最小净宽限值。

6.7 信报箱

6.7.1 目前全国有些地区的住宅信报箱发展滞后，安装率低，使得人们的基本通信权利无法得到保障。自 2009 年 10 月 1 日起施行的《中华人民共和国邮政法》在第二章第十条对信报箱的设置提出了具体要求。同年，住房和城乡建设部发布建标［2009］88 号文，开始组织《住宅信报箱工程技术规范》的编制工作，该规范已经批准发布，编号为 GB 50631－2010。本规范编制组与《住宅信报箱工程技术规范》编制组协调后，新增了本节内容。信报箱作为住宅的必备设施，其设置应满足每套住宅均有信报箱的基本要求。

6.7.2 在住宅设计时，根据信报箱的安装形式留出必要的安装空间，能避免后期安装时占用消防通道和对建筑结构造成破坏。将信报箱设置于地面层主要步行入口处，既方便投递、保证邮件安全，又便于住户收取。

6.7.3 根据实态调查，大多数住宅楼的门禁系统将邮递员拒之门外，造成了投递到户的困难。因此要求将信报箱设置在门禁系统外。同时要求充分考虑信报箱使用空间尺度，满足信报投递、收取等功能需求。

6.7.4 通道的净宽系指通道墙面装饰面至信报箱表面的最外缘的水平距离。因此，当通道墙面及信报箱上有局部突出物时，仍要求保证通道的净宽。

6.7.5 信报箱的设置，无论在住宅室内或室外，都需要避免遮挡住宅基本空间的门窗洞口。

6.7.6 信报箱的质量受使用材料、加工工艺等因素的影响，其使用年限、防火等级、抗震等差别很大，因此要求选用符合国家现行有关标准规定的定型产品。由于嵌入式信报箱需与墙体结合，设计时应根据选用的产品种类，生产厂家提供的安装说明文件，预留安装条件。

6.7.7 信报箱可借用公共照明，但不能遮挡公共照明。

6.7.8 智能信报箱需要连接电源，因此必须预留电源接口，既避免给后期安装带来不便和增加成本，又不会影响室内美观和结构安全。

6.8 共用排气道

6.8.1 我国的城镇住宅大多数是集合式住宅，密度高、排气量大，采用共用竖向排气系统更有利于高空排放，减少污染。

6.8.2 为保证排气道的工程质量，要求选择排气道产品时特别注意其排气量、防回流构造、严密性等性能指标。我国目前住宅使用的共用排气道，一般是竖向排气道，利用各层住户的排油烟机向管道增压排气。由于各层住户的排油烟机输出压力不相等，容易产生上下层之间的回流。因此，应采用能够防止各层回流的定型产品。同时，层数越多的住宅，要求排气道的截面越大，如果排气管道截面太小，竖向排气道中的压力大于支管压力，也容易产生回流。因此，断面尺寸应根据层数确定。排气道支管及其接口直径太小，会造成管道局部压力过大，产生回流。所以提出最小直径要求。

6.8.3 在进行厨房设计以及排气道安装时，需正确安排共用排气道的位置和接口方向，以保证排气管的正确接入和排气顺畅。

6.8.4 厨房和卫生间的烟气性质不同，合用排气道会互相串味。另外，由于厨房和卫生间气体成分不同，分别设置也可避免互相混合产生的危险。

6.8.5 风帽既要满足气流排放的要求，又要避免产生排气道进水造成的渗、漏等现象。如在可上人屋面或邻近门窗位置设置竖向通风道的出口，可能对周围环境产生影响，本条参考了对排水通气管的有关规定，对出口高度提出要求。

6.9 地下室和半地下室

6.9.1 住宅建筑中的地下室由于通风、采光、日照、防潮、排水等条件差，对居住者健康不利，故规定住宅建筑中的卧室、起居室、厨房不应布置在地下室。但半地下室有对外开启的窗户，条件相对较好，若采取采光、通风、日照、防潮、排水、安全防护措施，可布置卧室、起居室（厅）、厨房。

6.9.2 住宅建筑中地下室及半地下室可以布置其他如贮藏间、卫生间、娱乐室等房间。

6.9.3 住宅的地下车库和设备用房，其净高至少应与公共走廊净高相等，所以不能低于2.00m。

6.9.4 当住宅地上架空层及半地下室做机动车停车位时，应符合行业标准《汽车库建筑设计规范》JGJ 100的相关规定。考虑到住宅的空间特性，以及住宅周围以停放的小型汽车为主，本条规定参照了《汽车库建筑设计规范》JGJ 100中对小型汽车的净空的规定。

6.9.5 考虑到住户使用方便，便于搬运家具等大件物品，地上住宅楼、电梯宜与地下车库相连通。此外，目前从地下室进入住户层的门安全监控不够健全，存在安全隐患，因此要求采取防盗措施。

6.9.6 地下车库在通风、采光方面条件差，且集中存放的汽车中储存有大量汽油，本身易燃、易爆，故规定要设置防火门。且汽车库中存在的汽车尾气等有害气体可能超标，如果利用楼、电梯间为地下车库自然通风，将严重污染住宅室内环境，必须加以限制。

6.9.7 住宅的地下室包括车库、储存间，一般含有污水和采暖系统的干管，采取防水措施必不可少。此外，采光井、采光天窗处，都要做好防水排水措施，防止雨水倒流进入地下室。

6.10 附建公共用房

6.10.1 在住宅区内，为了节约用地，增加绿化面积和公共活动场地面积，方便居民生活等，往往在住宅主体建筑底层或适当部位布置商店及其他公共服务设施。今后在住宅建筑中附建为居住区（甚至为整个地区）服务的公共设施会日益增多，可以允许布置居民日常生活必需的商店、邮政、银行、餐馆、修理行业、物业管理等公共用房。所以，附建公共用房是住宅主体建筑的组成部分，但不包括大型公共建筑。为保障住户的安全，防止火灾、爆炸灾害的发生，要严格禁止布置存放和使用火灾危险性为甲、乙类物品的商店、车间和仓库，如石油化工商店、液化石油气钢瓶贮存库等。根据防护要求，还应按建筑设计防火规范的有关规定在住宅建筑中布置产生噪声、振动和污染环境的商店、车间和娱乐设施加以限制。

6.10.2 住宅建筑内布置易产生油烟的餐饮店，使宅内进出人员复杂，其营业时间与居民的生活作息习惯矛盾较大，不便管理，且产生的气味及噪声也对邻近住户产生不良影响，因此，本条作出了相关规定。

6.10.3 水泵房、冷热源机房、变配电机房等公共机电用房都会产生较大的噪声，故不宜设置于住户相邻楼层内，也不宜设置在住宅主体建筑内；当受到条件限制必须设置在主体建筑内时，可设置在架空楼层或不与住宅套内房间直接相邻的空间内，并需作好减振、隔声措施，其隔声性能应符合本规范第7.3.1条和第7.3.2条的要求。

6.10.4 要求住户的公共出入口与附建公共用房的出入口分开布置，是为了解决使用功能完全不同的用房在一起时产生的人流交叉干扰的矛盾，使住宅的防火和安全疏散有了确实保障。

7 室内环境

7.1 日照、天然采光、遮阳

7.1.1 日照对人的生理和心理健康都非常重要，但是住宅的日照又受地理位置、朝向、外部遮挡等许多外部条件的限制，很不容易达到比较理想的状态。尤其是在冬季，太阳的高度角较小，在楼与楼之间的间距不足的情况下更加难以满足要求。由于住宅日照受外界条件和住宅单体设计两个方面的影响，本条规定是在住宅单体设计环节为有利于日照而要求达到的基本物质条件，是一个最起码的要求，必须满足。事实上，除了外界严重遮挡的情况外，只要不将一套住宅的居住空间都朝北布置，就应能满足这条要求。

本条文规定"每套住宅至少应有一个居住空间能获得冬季日照"，没有规定室内在某特定日子里一定要达到的理论日照时数，这是因为本规范主要针对住宅单体设计时的定性分析提出要求，而日照的时数、强度、角度、质量等量化指标受室外环境影响更大，因此，住宅的日照设计，应执行《城市居住区规划设计规范》GB 50180等其他相关规范、标准提出的具体指标规定。

7.1.2 为保证居住空间的日照质量，确定为获得冬季日照的居住空间的窗洞不宜过小。一般情况下住宅所采用的窗都能符合要求，但在特殊情况下，例如建筑凹槽内的窗、转角窗的主要朝向面等，都要注意避免因窗洞开口宽度过小而降低日照质量。工程设计实践中，由于强调满窗日照，反而缩小窗洞开口宽度的例子时有发生。因此，需要对最小窗洞尺寸作出规定。

7.1.3 卧室和起居室（厅）具有天然采光条件是居住者生理和心理健康的基本要求，有利于降低人工照明能耗；同时，厨房具有天然采光条件可保证基本的炊事操作的照明需求，也有利于降低人工照明能耗；因此条文对三类空间是否有天然采光提出了相应要求。

7.1.4～7.1.6 由于居住者对于卧室、起居室（厅）、厨房、楼梯间等不同空间的采光需求不同，条文对住宅中不同的空间分别提出了不同要求，条文中对于楼梯间采光系数和窗地面积比的要求是以设置采光窗为前提的。

住宅采光以"采光系数"最低值为标准，条文中采光系数的规定为最低值。采光系数的计算位置以及计算方法等相关规定按现行国标《建筑采光设计标准》GB/T 50033执行。条文中采光系数和窗地面积比值是按Ⅲ类光气候区单层普通玻璃钢窗为计算标准，其他光气候区或采用其他类型窗的采光系数最低值和窗地面积比按现行国家标准《建筑采光设计标准》GB/T 50033执行。

用采光系数评价住宅是否获得了足够的天然采光比较科学，但由于采光系数需要通过直接测量或复杂的计算才能得到。在一般情况下，住宅各房间的采光系数与窗地面积比密切相关，为了与《住宅建筑规范》相关条款的协调，本条文中给出了'采光系数'的同时，也规定了窗地面积比的限值。

7.1.7 由于在原规范中，该条文以表格"注"的方式表达，要求不够明确，因此，本次修编时将相关要求编入了条文。

7.1.8 住宅采用侧窗采光时，西向或东向外窗采取外遮阳措施能有效减少夏季射入室内的太阳辐射对夏季空调负荷的影响和避免眩光，因此条文中作了相关规定。同时在制定本条款时，还参考了《民用建筑热工设计规范》GB 50176以及寒冷地区、夏热冬冷地区和夏热冬暖地区相关"居住建筑节能设计标准"对于外窗遮阳的规定和把握尺度，因此条文中的相关规定是最低要求，设计时可执行相应的国家标准或地方标准。

由于住宅采用天窗、斜屋顶窗采光时，太阳辐射更为强烈，夏季空调负荷也将更大，同时兼顾采光和遮阳要求，活动的遮阳装置效果会比较好。因此条文作了相关规定。

7.2 自然通风

7.2.1 卧室和起居室（厅）具有自然通风条件是居住者的基本需求。通过对夏热冬暖地区典型城市的气象数据进行分析，从5月到10月，有的地区室外平均温度不高于28℃的天数占每月总天数高达60%～70%，最热月也能达到10%左右，对应时间段的室外风速大多能达到1.5m/s左右。当室外温度不高于28℃时，室内良好的自然通风，能保证室内人员的热舒适性，减少房间空调设备的运行时间，节约能源，同时也可以有效改善室内空气质量，有助于健康。因此，本条文对卧室和起居室（厅）作了相关规定。

由于厨房具有自然通风条件可以保证炊事人员基本操作时和炊事用可燃气体泄露时所需的通风换气。根据居住实态调查结果分析，90%以上的住户仅在炒菜时启动排油烟机，其他作业如煮饭、烧水等基本靠自然通风，因此，条文对厨房作了相关规定。

7.2.2 室内外之间自然通风既可以是相对外墙窗之间形成的对流的穿堂风，也可以是相邻外墙窗之间形成的流通的转角风。将室外风引入室内，同时将室内空气引导至室外，需要合理的室内平面设计、室内空间合理的组织以及门窗位置与大小的精细化设计。因此，本条文提出了相关要求。

当住宅设计条件受限制，不得已采用单朝向住宅套型时，可以采取户门上方设通风窗、下方设通风百叶等有效措施，最大限度地保证卧室、起居室（厅）内良好的自然通风条件。在实践过程中，有的单朝向住宅安装了带有通风口的防盗门或防盗户门，这样也可以通过开启门上的通风口，在不同的时间段获得较好的自然通风，改善室内环境。当单朝向住宅户门一侧为防火墙和防火门时，在户门或防火墙上开设自然通风口有一定困难，因此，对于单朝向住宅改善自然通风的措施，要求的尺度确定为"宜"。

7.2.3 本条规定是对整套住宅总的自然通风开口面积的要求，与《住宅建筑规范》GB 50368相关规定一致。使用时，既要保证整套住宅总的自然通风开口面积，也要保证有自然通风要求房间的自然通风开口面积。

7.2.4 本条文基本为原规范的保留条文。条文中通风开口面积是最低要求。为避免有自然通风要求房间开向室外的自然通风开口面积或开向阳台的自然通风开口面积不够，影响自然通风效果，条文对有自然通风要求房间的直接自然通风开口面积提出了要求；同时为避免设置在有自然通风要求房间外的阳台或封闭阳台的外窗的自然通风开口面积不够，影响自然通风效果，条文对阳台或封闭阳台外窗的自然通风开口面积也提出了要求。

7.3 隔声、降噪

7.3.1 本条文规定的室内允许噪声级标准是在关窗条件下测量的指标，包括了对起居室（厅）的等效连续A声级的在昼间和夜间的要求。

住宅应给居住者提供一个安静的室内生活环境，但是在现代城镇中，尤其是大中城市中，大部分住宅的室外环境均比较嘈杂，特别是邻近主要街道的住宅，交通噪声的影响较为严重。同时住宅的内部各种设备机房动力设备的振动会传递到住宅房间，动力设备振动所产生的低频噪声也会传递到住宅房间，这都会严重影响居住质量。特别是动力设备的振动产生的低频噪声往往难以完全消除。因此，住宅设计时，不仅针对室外环境噪声要采取有效的隔声和防噪声措施，而且卧室、起居室（厅）也要布置在远离可能产生噪声的设备机房（如水泵房、冷热机房等）的位置，且做到结构相互独立也是十分必要的措施。

7.3.2 为便于设计人员在设计中选择相应的构造、部品、产品和做法，条文中规定的分户墙和分户楼板的空气声隔声性能指标是计权隔声量＋粉红噪声频谱修正量（R_W+C），该指标是实验室测量的空气声隔声性能。条文中规定的分隔住宅和非住宅用途空间的楼板空气声隔声性能指标是计权隔声量＋交通噪声频谱修正量（R_W+C_{tr}），该指标也是实验室测量的空气声隔声性能。

7.3.3 原规范采用的计权标准化撞击声压级标准是现场综合各种因素后的现场测量指标，设计人员在设计时采用计权标准化撞击声压级标准设计难以把握最终的隔声效果。为便于设计人员在设计中选择相应的构造、部品、产品和做法，条文中对楼板的撞击声隔声性能采用了计权规范化撞击声压级作为控制指标，该指标是实验室测量值。

7.3.4 本条文中所指噪声源为室外噪声。条文中所指隔声降噪措施为加大窗间距、设置隔声窗、设置隔声板等措施。在住宅设计时，居住空间与可能产生噪声的房间相邻布置，分隔墙或楼板采取隔声降噪措施十分必要。同时卧室与卫生间相邻布置时，排水管道、卫生器具等设备设施在使用时也会产生很大噪声，因此除选用噪声更小的产品外，将排水管道、卫生器具等设备设施布置在远离卧室一侧会对减少噪声起到较好的作用。

7.3.5 由于电梯机房设备产生的噪声以及电梯井道内产生的振动和撞击声对住户有很大干扰，因此在住宅设计时尽量避免起居室（厅）紧邻电梯井道和电梯机房布置十分必要。当受条件限制起居室（厅）紧邻电梯井道、电梯机房布置时，需要采取提高电梯井壁隔声量的有效的隔声、减振技术措施，需要采取提高电梯机房与起居室（厅）之间隔墙和楼板隔声量的有效的隔声、减振技术措施，需要采取电梯轨道和井壁之间设置减振垫等有效的隔声、减振技术措施。

7.4 防水、防潮

7.4.1 防止渗漏是住宅建筑屋面、外墙、外窗的基本要求。为防止渗漏，在设计、施工、使用阶段均应采取相应措施。住宅防水不仅仅地下室要采取措施，地上也要采取措施，原规范仅在共用部分对地下室和半地下室有防水要求，不够全面。此次规范修编与《住宅建筑规范》GB 50368 协调，加入了相关规定。

7.4.2 住宅室内表面（屋面和外墙的内表面）长时间的结露会滋生霉菌，对居住者的健康造成有害的影响。室内表面出现结露最直接的原因是表面温度低于室内空气的露点温度。另外，表面空气的不流通也助长了结露现象的发生。因此，住宅设计时，要核算室内表面可能出现的最低温度是否高于露点温度，并尽量避免通风死角。但是，要杜绝内表面的结露现象有时非常困难。例如，在我国南方的雨季，空气非常潮湿，空气所含的水蒸气接近饱和，除非紧闭门窗，空气经除湿后再送入室内，否则短时间的结露现象是不可避免的。因此，本条规定在"设计的室内温度、湿度条件下"（即在正常条件下）不应出现结露。

7.5 室内空气质量

7.5.1~7.5.3 因使用的室内装修材料、施工辅助材料以及施工工艺不合规范，造成建筑物建成后室内环境污染长期难以消除，是目前较为普遍的问题。为杜绝此类问题，严格按照《民用建筑工程室内环境污染控制规范》GB 50325 和现行国家标准关于室内建筑装饰装修材料有害物质限量的相关规定，选用合格的装修材料及辅助材料十分必要。同时，鼓励选用比国家标准更健康环保的材料，鼓励改进施工工艺。

保障室内空气质量是一个综合性的问题，其中设计阶段是一个关键环节。第 7.5.1 条、7.5.2 条和 7.5.3 条这三个条款存在相互的逻辑关系，第 7.5.1 条是设计阶段要进行的工作，第 7.5.2 条是工作内容中要关注的几个主要方面，第 7.5.3 条是工作的目标。第 7.5.3 条的控制标准摘自《民用建筑工程室内环境污染控制规范》GB 50325 的相关规定。

调查表明，室内空气污染物中主要的有毒有害气体（氡气污染除外）一般是装修材料及其辅料和家具等释放出的，其中，板材、涂料、油漆以及各种胶粘剂均释放出甲醛气体、非甲烷类挥发性有机气体。氨气主要来源于混凝土外加剂中，其次源于室内装修材料中的添加剂和增白剂。同时由于使用的建筑材料、施工辅助材料以及施工工艺不合规范，也会使建筑室内环境的污染长期难以消除。

另外，室内装修时，即使使用的各种装修材料均满足各自的污染物环保标准，但是如果过度装修使装修材料中的污染大量累积时，室内空气污染物浓度依然会超标。为解决这一问题，在室内装修设计阶段及主体建筑设计阶段进行室内环境质量预评价十分必要。预评价时可综合考虑室内装修设计方案和空间承载量、装修材料的使用量、建筑材料、施工辅助材料、施工工艺、室内新风量等诸多影响室内空气质量的因素，对最大限度能够使用的各种装修材料的数量作出预算，也可根据工程项目设计方案的内容，分析和预测该工程项目建成后存在的危害室内环境质量因素的种类和危害程度，并提出科学、合理和可行的技术对策，作为工程项目改善设计方案和项目建筑材料供应的主要依据，从而根据预评价的结果调整装修设计方案。

其次，住宅室内空气污染物中的氡主要来源于无机建筑材料和建筑物地基（土壤和岩石）。对于室内氡的污染，只要建筑材料和装修材料符合国家限值要求，由建筑材料和装修材料释放出的氡，就不会使其含量超过规定限值。然而建筑物地基（土壤和岩石）中的氡会长期通过地下室外墙和地板的缝隙向室内渗透，因此科学的选址以及环境评价十分重要。同时在建筑物地基有氡污染的地区，建筑物地板和地下室外墙的设计可以采取一些隔绝和建立主动或被动式的通风系统等措施防止土壤中的氡进入建筑内部。

8 建筑设备

8.1 一般规定

8.1.1～8.1.3 给水排水系统、严寒和寒冷地区的住宅采暖设施和照明供电系统，是有利于居住者身体健康的最基本居住生活设施，是现代居家生活的重要组成部分，因此规定应予设置。

8.1.4 按户分别设置计量仪表是节能节水的重要措施。设置的分户水表包括冷水表、中水表、集中热水供应时的热水表、集中直饮水供应时的水表等。

根据现行行业标准《供热计量技术规程》JGJ 173，对于集中采暖和集中空调的居住建筑，其水系统提供的热量既可以按楼栋设置热量表作为热量结算点，楼内住户按户进行热量分摊，每户需有相应的装置作为对整栋楼的耗热量进行户间分摊的依据；也可以在每户安装热量表作为热量结算点。无论是按户分摊还是每户安装热量表结算，均统称为分户热计量。

8.1.5 建筑设备设计应有建筑空间合理布局的整体观念。设计时首先由建筑设计专业按本规范第 3.0.9 条要求综合考虑建筑设备和管线的配置，并提供必要的空间条件，尤其是公共管道和设备、阀门等部件的设置空间和管理检修条件，以及强弱电竖井等。

需要建筑设计预留安装位置的户内机电设备有：采用地板采暖时的分集水器、燃气热水器、分户设置的燃气采暖炉或制冷设备、户配电箱、家居配线箱等。

8.1.6 本条提出了应进行详细综合设计的主要部位和需进行综合布置的主要设施。

计量仪表的选择和安装的原则是安全可靠、便于读表、检修和减少扰民。需人工读数的仪表（如分户计量的水表、热计量表、电能表等）一般设置在户外。对设置在户内的仪表（如厨房燃气表、厨房卫生间等就近设置生活热水立管的热水表等）可考虑优先采用可靠的远传电子计量仪表，并注意其位置有利于保证安全，且不影响其他器具或家具的布置及房间的整体美观。

8.1.7 公共的管道和设备、部件如设置在住宅套内，不仅占用套内空间的面积、影响套内空间的使用，住户装修时往往将管道等加以隐蔽，给维修和管理带来不便，且经常发生无法进入户内进行维护的实例，因此本条规定不应设置在住宅套内。

雨水立管指建筑物屋面等公共部位的雨水排水管，不包括仅为各户敞开式阳台服务的各层共用雨水立管。屋面雨水管如设置在室内（包括封闭阳台和卫生间或厨房的管井内），使公共共用管道占据了某些住户的室内空间，下雨时还有噪声扰民等问题，因此规定不应设置在住宅套内。但考虑到为减少首层地面下的水平雨水管坡度占据的空间，往往需要在靠建筑物外墙就近排出室外，且敞开式阳台已经不属于室内，对住户影响不大，因此将设置在此处的屋面公共雨水立管排除在规定之外。当阳台设置屋面雨水管时，还应注意按《建筑给水排水设计规范》GB 50015 的规定单独设置，不能与阳台雨水管合用。

当给水、生活热水采用远传水表或 IC 水表时，立管设置在套内卫生间或厨房，但立管检修阀一般设置在共用部分（例如管道层的横管上），而不设置在套内立管的部分。

采暖（空调）系统用于总体调节和检修的部件设置举例如下：环路检修阀门设置在套外公共部分；立管检修阀设置在设备层或管沟内；共用立管的分户独立采暖系统，与共用立管相连接的各分户系统的入口装置（检修调节阀、过滤器、热量表等）设置在公共管井内。

配电干线、弱电干线（管）和接线盒设置在电气管井中便于维护和检修。当管线较少或没有条件设置电气管井时，宜将电气立管和设备设置在共用部分的墙体上，确有困难时，可在住宅的分户墙内设置电气暗管和暗箱，但箱体的门或接线盒应设置在共用部分的空间内。

采暖管沟和电缆沟的检查孔不得设置在套内，除考虑维修和管理因素外，还考虑了安全问题。

8.1.8 设置在住宅楼内的机电设备用房产生的噪声、振动、电磁干扰，对住户的休息和生活影响很大，也是居民投诉的热点。本规范的第 6.10.3 条也有相关规定。

8.2 给水排水

8.2.1 住宅各类生活供水系统的水源，无论来自市政管网还是自备水源井，生食品的洗涤、烹饪，盥洗、淋浴、衣物的洗涤以及家具的擦洗用水水质都要符合国家现行标准《生活饮用水卫生标准》GB 5749、《城市供水水质标准》CJ/T 206 的规定。当采用二次供水设施来保证住宅正常供水时，二次供水设施的水质卫生标准要符合现行国家标准《二次供水设施卫生规范》GB 17051 的规定。生活热水系统的水质要求与生活给水系统的水质相同。管道直饮水水质要符合行业标准《饮用净水水质标准》CJ 94 的规定。

生活杂用水指用于便器冲洗、绿化浇洒、室内车库地面和室外地面冲洗的水,可使用建筑中水或市政再生水,其水质要符合国家现行标准《城市污水再生利用 城市杂用水水质》GB/T 18920、《城市污水再生利用 景观环境用水水质》GB/T 18921 的相关规定。

8.2.2、8.2.3 入户管的给水压力的最大限值规定为 0.35MPa,为强制性条文,与现行国家标准《住宅建筑规范》GB 50368 一致,并严于现行国家标准《建筑给水排水设计规范》GB 50015 的相关规定。推荐用水器具规定的最低压力不宜大于 0.20MPa,与现行国家标准《民用建筑节水设计标准》GB 50555 一致,其目的都是要通过限制供水的压力,避免无效出流状况造成水的浪费。超过压力限值,则要根据条文规定的严格程度采取系统分区、支管减压等措施。

提出最低给水水压的要求,是为了确保居民正常用水条件,可根据《建筑给水排水设计规范》GB 50015 提供的卫生器具最低工作压力确定。

8.2.4 住宅设置热水供应设施,以满足居住者洗浴的需要,是提高生活水平的必要措施,也是居住者的普遍要求。由于热源状况和技术经济条件不尽相同,可采用多种加热方式和供应系统,如:集中热水供应系统、分户燃气热水器、太阳能热水器和电热水器等。当不设计热水供应系统时,也需预留安装热水供应设施的条件,如预留安装热水器的位置、预留管道、管道接口、电源插座等。条件适宜时,可设计太阳能热水系统或为安装太阳能热水设施预留接口条件。

配水点水温是指打开用水龙头约 15s 内的得到的水温。为避免使用热水时需要放空大量冷水而造成水和能源的浪费,集中生活热水系统应在分户热水表前设置循环加热系统,无循环的供水支管长度不宜超过 8m,这与协会标准《小区集中生活热水供应设计规程》CECS 222-2007 的规定一致,但略有放宽(该规程认为不循环支管的长度应控制在 5m~7m)。当热水用水点距水表或热水器较远时,需采取其他措施,例如:集中热水供水系统在用水点附近增加热水和回水立管并设置热水表;户内采用燃气热水器时,在较远的卫生间预留另设电热水器的条件,或设置户内热水循环系统。循环水泵控制可以采用用水前手动控制或定时控制方式。

8.2.5 采用节水型卫生器具和配件是住宅节水的重要措施。节水型卫生器具和配件包括:总冲洗用水量不大于 6L 的坐便器,两档式便器水箱及配件,陶瓷片密封水龙头、延时水嘴、红外线节水开关、脚踏阀等。住宅内不得使用明令淘汰的螺旋升降式铸铁水龙头、铸铁截止阀、进水阀低于水面的卫生洁具水箱配件、上导向直落式便器水箱配件等。建设部公告第 218 号《关于发布〈建设部推广应用和限制禁止使用技术〉的公告》中规定:对住宅建筑,推广应用节水型坐便器(不大于 6L),禁止使用冲水量大于等于 9L 的坐便器。

管道、阀门和配件应采用铜质等不易锈蚀的材料,以保证检修时能及时可靠关闭,避免渗漏。

8.2.6 为防止卫生间排水管道内的污浊有害气体串至厨房内,对居住者卫生健康造成影响,因此本条规定当厨房与卫生间相邻布置时,不应共用一根排水立管,而应分别设置各自的立管。

为避免排水管道漏水、噪声或结露产生凝结水影响居住者卫生健康,损坏财产,因此排水管道(包括排水立管和横管)均不得穿越卧室空间。

8.2.7 排水立管的设置位置需避免噪声对卧室的影响,本条规定排水立管不应布置在卧室内,也包含利用卧室空间设置排水立管管井的情况。普通塑料排水管噪声较大,有消声功能的管材指橡胶密封圈柔性接口机制的排水铸铁管、双壁芯层发泡塑料排水管、内螺旋消声塑料排水管等。

8.2.8 推荐住宅的污废水排水横管设置于本层套内以及每层设置污废水排水立管的检查口,是为了检修和疏通管道时避免影响下层住户。同层排水系统的具体做法,可参考协会标准《建筑同层排水系统技术规程》CECS 247-2008。

排水横管必须敷设于下一层套内空间时,只有采取相应的技术措施,才能在排水管道发生堵塞时,在本层内疏通,而不影响下层住户,例如可采用能代替浴缸存水弯、并可在本层清掏的多通道地漏等。此外,有些地区在有些季节会出现管道外壁结露滴水,需采取防止的措施。

8.2.9 本条规定了必须设置地漏的部位和对洗衣机地漏的性能的要求。洗衣机设置在阳台上时,如洗衣废水排入阳台雨水管,雨水管在首层地面排至散水,漫流至室外地面或绿地,会造成污染、影响植物的生长。

8.2.10 在工程实践中,尤其是二次装修的住宅工程,经常忽略洗盆等卫生器具存水弯的设置。实际上,在设计中即便采用无水封的直通地漏(包括密封型地漏)时,也需在下部设置存水弯。本条针对此问题强调了存水弯的设置,并针对污水管内臭味外溢的常见现象,强调无论是有水封的地漏,还是管道设置的存水弯,都要保证水封高度不小于 50mm。

8.2.11 低于室外地面的卫生间器具和地漏的排水管,不与上部排水管合并而设置集水设施,用污水泵单独排出,是为了确保当室外排水管道满流或发生堵塞时不造成倒灌。

8.2.12 使用中水冲厕具有很好的节水效益。我国水资源短缺的形势非常严峻,缺水城镇的住宅应推广使用中水冲厕。中水的水质要求低于生活饮用水,因此为了保障用水安全,在中水管道上和预留接口部位应设明显标识,主要是为了防止洁身器用水与中水管误接，对健康产生不良影响。

8.2.13 在有错层设计的住宅时，顶层住户有可上人的平台或其窗下为下一层的屋面，如这些位置设置排水通气管的出口，可能对住户环境产生影响，实践中有不少为此问题而投诉的实例。本条参考了《建筑给水排水设计规范》GB 50015 对排水通气管的有关规定，增加了对顶层用户平台通气管要求，对其出口高度作出了规定。

8.3 采 暖

8.3.1 "采暖设施"包括集中采暖系统和分户或分室设置的采暖系统或采暖设备。"集中采暖"系指热源和散热设备分别设置，由集中热源通过管道向各个建筑物或各户供给热量的采暖方式。

严寒和寒冷地区以城市热网、区域供热厂、小区锅炉房或单幢建筑物锅炉房为热源的集中采暖方式，从节能、采暖质量、环保、消防安全和住宅的卫生条件等方面，都是严寒和寒冷地区采暖方式的主体。即使某些地区具备设置燃油或燃用天然气分散式采暖方式的条件，但除较分散的低层住宅以外，仍推荐采用集中采暖系统。

夏热冬冷地区的采暖要求引自《夏热冬冷地区居住建筑节能设计标准》JGJ 134。该区域冬季湿冷、夏季酷热，随着经济发展，人民生活水平的不断提高，对采暖的需求逐年上升。对于居住建筑选择设计集中采暖（空调）系统方式，还是分户采暖（空调）方式，应根据当地能源、环保等因素，通过仔细的技术经济分析来确定。同时，因为该地区的居民采暖所需设备及运行费用全部由居民自行支付，所以，还应考虑用户对设备及运行费用的承担能力。因此，没有对该地区设置采暖设施作出硬性规定，但最低标准是按本规范第 8.6.1 条的规定，在主要房间预留设置分体式空调器的位置和条件，空调器一般具有制热供暖功能，较适合用于夏热冬冷地区供暖。

8.3.2 本条引自《严寒和寒冷地区居住建筑节能设计标准》JGJ 26 和《夏热冬冷地区居住建筑节能设计标准》JGJ 134。直接电热采暖，与采用以电为动力的热泵采暖，以及利用电网低谷时段的电能蓄热、在电网高峰或平峰时段采暖有较大区别。

用高品位的电能直接转换为低品位的热能进行采暖，热效率较低，不符合节能原则。火力发电不仅对大气环境造成严重污染，还产生大量温室气体（CO_2），对保护地球、抑制全球气候变暖不利，因此它并不是清洁能源。

严寒、寒冷、夏热冬冷地区采暖能耗占有较高比例。因此，应严格限制应用直接电热进行集中采暖的方式。但并不限制居住者在户内自行配置电热采暖设备，也不限制卫生间等设置"浴霸"等非主体的临时电采暖设施。

8.3.3 住宅采暖系统包括集中热源和各户设置分散热源的采暖系统，不包括以电能为热源的分散式采暖设备。采用散热器或地板辐射采暖，以不高于 95℃ 的热水作为采暖热媒，从节能、温度均匀、卫生和安全等方面，均比直接采用高温热水和蒸汽合理。

长期以来，热水采暖系统中管道、阀门、散热器经常出现被腐蚀、结垢和堵塞现象。尤其是住宅设置热计量表和散热器恒温控制阀后，对水质的要求更高。除热源系统的水质处理外，对于住宅室内采暖系统的水质保证措施，主要是指建筑物采暖入口和分户系统入口设置过滤设备、采用塑料管材时对管材的阻气要求等。

金属管材、热塑性塑料管、铝塑复合管等，其可承受的长期工作温度和允许工作压力均不相同，不同类型的散热器能够承受的压力也不同。采用低温辐射地板采暖时，从卫生、塑料管材寿命和管壁厚度等方面考虑，要求的水温要低于散热器采暖系统。因此，采暖系统的热水温度和系统压力应根据各种因素综合确定。

8.3.4 根据《严寒和寒冷地区居住建筑节能设计标准》JGJ 26 的有关规定，本条特别强调房间的热负荷计算，是为了避免采用估算数值作为集中采暖系统施工图的依据，导致房间的冷热不均、建设费用和能源的浪费。同时，负荷计算结果还可为管道水力平衡计算提供依据。

8.3.5 系统的热力失匀和水力失调是影响房间舒适和采暖系统节能的关键。本条强调进行水力平衡计算，力求通过调整环路布置和管径达到系统水力平衡。当确实不能满足水力平衡要求时，也应通过计算才能正确选用和设置水力平衡装置。

水力平衡措施除调整环路布置和管径外，还包括设置平衡装置（包括静态平衡阀和动态平衡阀等），这些要根据工程标准、系统特性正确选用，并在适当的位置正确设置，例如当设置两通恒温控制阀的双管系统为变流量系统时，各并联支环路就不应采用自力式流量控制阀（也称定流量阀或动态平衡阀）。

8.3.6 本条规定了采暖最低计算温度，根据《住宅建筑规范》GB 50368，本条为强制性条文。其中楼梯间和走廊温度，为有采暖设施时的计算数值，如不采暖则无最低计算温度要求。根据《严寒和寒冷地区居住建筑节能设计标准》JGJ 26，严寒（A）区和严寒（B）区楼梯间宜采暖。

8.3.7 随着生活水平的提高，经常的热水供应（包括集中热水供应和设置燃气或电热水器）在有洗浴器的卫生间越来越普遍，沐浴时室温应相应提高，因此推荐有洗浴器的卫生间室温能够达到浴室温度。但如按 25℃ 设置热水采暖设施，不沐浴时室温偏高，既不舒适也不节能。当采用散热器采暖时，可利用散热器支管的恒温控制阀随时调节室温。当采用低温热水地面辐射采暖时，由于采暖地板热惰性较大，难以快速调节室温，且设计室温过高、负荷过大，加热管也难以敷设。因此，可以按一般卧室室温要求设计热水采暖设施，另设置"浴霸"等电暖设施在沐浴时临时使用。

8.3.8 套内采暖设施配置室温自动调控装置是节能和保证舒适的重要手段之一。这与《严寒和寒冷地区居住建筑节能设计标准》JGJ 26 和《供热计量技术规程》JGJ 173 的相关规定一致。根据户内采暖系统的类型、分户热计量（分摊）方式和调控标准，可选择分室温控或分户总体温控两种方法。

对于散热器采暖，除户内采用具有整体控温功能的通断时间面积法进行分户热计量（分摊）外，一般采用在每组散热器设置恒温控制阀（又称温控阀、恒温器等）的方式。恒温控制阀是一种自力式调节控制阀，可自主调节室温，满足不同人群的舒适要求，同时可以利用房间内获得的自由热，实现自动恒温功能。安装恒温控制阀不仅保持了适宜的室温，同时达到节能目的。

对于热水地面辐射供暖系统，各环路的调控阀门一般集中在分水器处，在各房间设置自力式恒温控制阀较困难。一般可采用各房间设置温度控制器设定，监测室内温度，对各支路的电热阀进行控制，保持房间的设定温度；或选择在有代表性的部位（如起居室），设置房间温度控制器，控制分水器前总进水管上的电动或电热两通阀的开度。

8.3.9 条文中对室内采暖系统制式的推荐，与《严寒和寒冷地区居住建筑节能设计标准》JGJ 26 的相关规定一致。

住宅集中采暖设置分户热计量设施时，一般采用共用立管的分户独立循环的双管或单管系统。采用散热器热分配计法等进行分户热计量时，可以采用垂直双管或单管系统。住宅各户设置独立采暖热源时，分户独立系统可以是水平双管或单管式。

无论何种形式，双管系统各组散热器的进出口温差大，恒温控制阀的调节性能好（接近线性），而单管系统串联的散热器越多，各组散热器的进出口温差越小，恒温控制阀的调节性能越差（接近快开阀）。双管系统能形成变流量水系统，循环水泵可采用变频调节，有利于节能。设置散热器恒温控制阀时，双管系统应采用高阻力型可利于系统的水力平衡，因此，推荐采用双管式系统。

当采用单管系统时，为了改善恒温控制阀的调节性能，应设跨越管，减少散热器流量、增大温差。但减小流量使散热器平均温度降低，则需增加散热器面积，也是单管系统的缺点之一。单管系统本身阻力较大，各组散热器之间无水力平衡问题，因此采用散热器恒温控制阀时应采用低阻力型。

8.3.10 地面辐射供暖系统推荐按主要房间划分地面辐射采暖的环路，与《严寒和寒冷地区居住建筑节能设计标准》JGJ 26 的相关规定一致。其目的是能够对主要房间进行分室调节和温控。当采用发热电缆地面辐射采暖时，采暖环路则是指发热电缆回路。

8.3.11 要求采用体型紧凑的散热器，是为了少占用住宅户内的使用空间。为改善卫生条件，散热器要便于清扫。针对部分钢制散热器的腐蚀穿孔，在住宅中采用后造成漏水的问题，本条强调了采用散热器耐腐蚀的使用寿命，应不低于钢管。

8.3.12 本规范提出了户式燃气采暖热水炉设计选用时对热效率的要求，表1引自《家用燃气快速热水器和燃气采暖热水炉能效限定值及能效等级》GB 20665，该标准第 4.2 条规定了热水器和采暖炉能效限定值为表1中能效等级的3级。

表 1 热水器和采暖炉能效等级

类 型		热 负 荷	最低热效率值（%）		
			能效等级		
			1	2	3
热水器		额定热负荷	96	88	84
		≤50%额定热负荷	94	84	—
采暖炉（单采暖）		额定热负荷	94	88	84
		≤50%额定热负荷	92	84	—
热采暖炉（两用型）	供暖	额定热负荷	94	88	84
		≤50%额定热负荷	92	84	—
	热水	额定热负荷	96	88	84
		≤50%额定热负荷	94	84	—

8.4 燃 气

8.4.1 本条引自现行国家标准《城镇燃气设计规范》GB 50028。

8.4.2 考虑到除燃气灶外，热水器等用气设备也可能设置在厨房或与厨房相连的阳台内，因此，户内燃气立管设置在燃气灶和燃气设备旁可减少支管长度，要尽量避免穿越其他房间，对于保持户内美观和安全都有好处，实际工程也都如此，本条对此作出了相应规定。住宅立管明装设置是指不宜设置在不便于检查的水管管井等密闭空间内，更不允许设置在通风排气道内。如必须设置在水管管井内，管井还需设置燃气浓度监测报警设施等，见现行国家标准《城镇燃气设计规范》GB 50028。

8.4.3 本条根据现行国家标准《城镇燃气设计规范》GB 50028 整理。考虑到浴室使用热水器时门窗较密闭，一旦有燃气发生泄漏等事故，难以及时发现，很不安全，因此浴室内不允许设置有可能积聚有害气体的设备。要求厨房等安装燃气设备的房间"通风良好"，是指能符合本规范第 5.3 节的规定，有直接采光和自然通风，且燃气灶和其他燃气设备能符合本规范第 8.5 节的规定。允许安装燃气设备的"其他非居住房间"，是指一些大户型住宅、别墅等为燃气设备等单独设置的、有与其他空间分隔的门、有自然通风且确实能保证无人居住的设备间等，不包括目前一般住宅中不能保证无人居住的起居室、餐厅以及与之相通的过道等。

8.4.4 根据现行国家标准《城镇燃气设计规范》GB 50028 的有关规定整理。

8.4.5 本条规定了住宅每套的燃气用量和最低设计燃气用量的确定原则，即使设有集中热水供应系统，也应预留住户选择采用单户燃气热水器的条件。

8.5 通　　风

8.5.1 本条给出排油烟机排气的两种出路。通过外墙直接排至室外，可节省设置排气道的空间并不会产生各层互相串烟，但不同风向时可能倒灌，且对墙体可能有不同程度的污染，因此应采取相应措施。当通过共用排气道排出屋面时，本规范第 6.8.5 条另有规定。

8.5.2 房间"全面通风"是相对于炉灶排油烟机等"局部排风"而言。严寒地区、寒冷地区和夏热冬冷地区的厨房，在冬季关闭外窗和非炊事时间排油烟机不运转的条件下，应有向室外排除厨房内燃气或烟气的自然排气通路。厨房不开窗时全面通风装置应保证开启，因此应采用最安全和节能的自然通风。自然通风装置指有避风、防雨构造的外墙通风口或通风器等。

8.5.3 当卫生间不采用机械通风，仅设置自然通风的竖向通气道时，主要依靠室内外空气温差形成的热压，室外气温越低热压越大。但在室内气温低于室外气温的季节（如夏季），就不能形成自然通风所需的作用力，因此要求设置机械通风设施或预留机械通风（一般为排气扇）条件。

8.5.4 燃气设备的烟气排放，已经在本章第 8.4 节和本节作出了明确规定。煤、薪柴、燃油等燃烧时，产生气体更加有害，也需有排烟设施。除了在外墙上开洞通过设备的排烟管道直接向室外排放外，一般应设置竖向烟囱。

烟囱有两种做法：一种是每户独用一个排气孔道直出屋面，这种做法比较安全，使用效果也较好，但占用面积较多；另一种做法是各层合用一个排气道，这种做法较省面积，但也可能串烟，发生事故。最好采用由主次烟气道组合的排气道，它占用面积较少，并能防止串烟。因此，本条规定必须采取防止串烟的措施。

8.6 空　　调

8.6.1 随着人民生活水平的提高，包括北方寒冷（B）区在内，夏季使用空调设备已经非常普及，参考各地区居住建筑节能设计标准的有关条文，本条规定至少要在主要房间设置空调设施或预留设置空调设施的位置和条件。

8.6.2 室内空调设备的冷凝水可以采用专用排水管或就近间接排入附近污水或雨水地面排水口（地漏）等方式，有组织地排放，以免无组织排放的凝水影响室外环境。

8.6.3 住宅内各用户对夏季空调的运行时间和全日间歇运行要求差距很大。采用分散式空调器的节能潜力较大，且机电一体化的分体式空调器（包括风管机和多联机）自动控制水平较高，根据有关调查研究，它比集中空调更加节能和控制灵活。另外，当采用集中空调系统分户计量时，还应考虑电价因素，以免给日后的物业管理造成难度。因此目前住宅采用分户或分室设置的分体式空调器较多。

室外机的安装位置直接涉及节能、安全，以及对室外和其他住户环境的影响问题，因此暖通专业应按本规范第 5.6.7 条的设置原则向建筑专业提出或校核建筑专业确定的空调室外机的设置位置，使其达到最佳。

8.6.4 26℃ 和新风换气次数只是一个计算参数，在设备选择时计算空调负荷，在进行围护结构热工性能综合判断时用来计算空调能耗，并不等同于实际的室内热环境。实际的室温和通风换气是由住户自己控制的。

8.6.5 室温控制是分户计量和保证舒适的前提。采用分室或分户温度控制可根据采用的空调方式确定。一般集中空调系统的风机盘管可以方便地设置室温控制设施，分体式空调器（包括多联机）的室内机也均具有能够实现分室温控的功能。风管机需调节各房间风量才能实现分室温控，有一定难度。因此，也可将温度传感器设置在有代表性房间或监测回风的平均温度，粗略地进行户内温度的整体控制。

8.7 电　　气

8.7.1 每套住宅的用电负荷因套内建筑面积、建设标准、采暖（或过渡季采暖）和空调的方式、电炊、洗浴热水等因素而有很大的差别。本规范仅提出必须达到的下限值。每套住宅用电负荷中应包括：照明、插座、小型电器等，并为今后发展留有余地。考虑家用电器的特点，用电设备的功率因数按 0.9 计算。

8.7.2 本条强调了住宅供电系统设计的安全要求。

1 在 TN 系统中，壁挂空调的插座回路可不设置剩余电流保护装置，但在 TT 系统中所有插座回路均应设置剩余电流保护装置。

2 导线采用铜芯绝缘线，是指每套住宅的进户线和户内分支回路，对干线的选材未作规定。每套住宅进户线是限定每套住宅最大用电量的关键参数，综合考虑每套住宅的基本用电需求、适当留有发展余地、住宅进户线一般为暗管一次敷设到位难以改造等因素，提出每套住宅进户线的最小截面。

3 住宅套内线路分路分类配线，是为了减小线路温升，满足用电需求、保证用电安全和减少电气火灾的危险。

5 "总等电位联结"是用来均衡电位，降低人体受到电击时的接触电压的，是接地保护的一项重要措施。"局部等电位联结"，是为了防止出现危险的接触电压。

局部等电位联结包括卫生间内金属给排水管、金属浴盆、金属采暖管以及建筑物钢筋网和卫生间电源插座的 PE 线，可不包括金属地漏、扶手、浴巾架、肥皂盒等孤立金属物。尽管住宅卫生间目前多采用铝塑管、PPR 等非金属管，但考虑住宅施工中管材更换、住户二次装修等因素，还是要求设置局部等电位接地或预留局部等电位接地端子盒。

6 为了避免接地故障引起的电气火灾，住宅建筑要采取可靠的措施。由于防火剩余电流动作值不宜大于 500mA，为减少误报和误动作，设计中要根据线路容量、线路长短、敷设方式、空气湿度等因素，确定在电源进线处或配电干线的分支处设置剩余电流动作保护或报警装置。当住宅建筑物面积较小，剩余电流检测点较少时，可采用剩余电流动作保护装置或独立型防火剩余电流动作报警器。当有集中监测要求时，可将报警信号连至小区消防控制室。当剩余电流检测点较多时，也可采用电气火灾监控系统。

8.7.3 为保证安全和便于管理，本条对每套住宅的电源总断路器提出了相应要求。

8.7.4 为了避免儿童玩弄插座发生触电危险，本条规定安装高度在 1.8m 及以下的插座采用安全型插座。

8.7.5 原规范规定公共部分照明采用节能自熄开关，以实现人在灯亮，人走灯灭，达到节电目的。但在应用中也出现了一些新问题：如夜间漆黑一片，对住户不方便；在设置安防摄像场所（除采用红外摄像机外），达不到摄像机对环境的最低照度要求；较大声响会引起大面积公共照明自动点亮，如在夜间经常有重型货车通过时频繁亮灭，使灯具寿命缩短，也达不到节能效果；具体工程中，楼梯间、电梯厅有无外窗

的条件也不相同。此外，应用于住宅建筑的节能光源的声光控制和应急启动技术也在不断发展和进步。因此，本条强调住宅公共照明要选择高效节能的照明装置和节能控制。设计中要具体分析，因地制宜，采用合理的节能控制措施，并且要满足消防控制的要求。

8.7.6 电源插座的设置应满足家用电器的使用要求，尽量减少移动插座的使用。但住宅家用电器的种类和数量很多，因套内空间、面积等因素不同，电源插座的设置数量和种类差别也很大，我国尚未有统一的家用电器电源线长度的统一标准，难以统一规定插座之间的间距。为方便居住者安全用电，本条规定了电源插座的设置数量和部位的最低标准，这是对应本规范第 5.1.2 条的最小套型提出的。

8.7.7 住宅的信息网络系统可以单独设置，也可利用有线电视系统或电话系统来实现。三网融合是今后的发展方向，IPTV、ADSL 等技术可利用有线电视系统和电话系统来实现信息通信，住宅建筑电话通信系统的设置需与当地电信业务经营者提供的运营方式相结合。住宅建筑信息网络系统的设计要与当地信息网络的现有水平及发展规划相互协调一致，根据当地公共通信网络资源的条件决定是否与有线电视或电话通信系统合一。

每套住宅设置家居配线箱应是今后的发展方向，但对于较小住宅套型设置有电视、电话和信息网络线路即可，因此提出"宜设置"家居配线箱。

8.7.8 根据《安全防范工程技术规范》GB 50348，对于建筑面积在 50000m² 以上的住宅小区，要根据建筑面积、建设投资、系统规模、系统功能和安全管理要求等因素，设置基本型、提高型、先进型的安全防范系统。在有小区集中管理时，可根据工程具体情况，将呼救信号、紧急报警和燃气报警等纳入访客对讲系统。

8.7.9 门禁系统必须满足紧急逃生时人员疏散的要求。当发生火警或需紧急疏散时，住宅楼疏散门的防盗门锁能集中解除或现场顺疏散方向手动解除，使人员能迅速安全疏散。设有火灾自动报警系统或联网型门禁系统时，在确认火情后，须在消防控制室集中解除相关部位的门禁。当不设火灾自动报警系统或联网型门禁系统时，要求能在火灾时不需使用任何工具就能从内部徒手打开出口门，以便于人员的逃生。

中华人民共和国国家标准

城市用地分类与规划建设用地标准

Code for classification of urban land use and
planning standards of development land

GB 50137—2011

主编部门：中华人民共和国住房和城乡建设部
批准部门：中华人民共和国住房和城乡建设部
施行日期：２０１２年１月１日

中华人民共和国住房和城乡建设部
公　告

第 880 号

关于发布国家标准《城市用地分类与规划建设用地标准》的公告

现批准《城市用地分类与规划建设用地标准》为国家标准，编号为GB 50137-2011，自 2012 年 1 月 1 日起实施。其中，第 3.2.2、3.3.2、4.2.1、4.2.2、4.2.3、4.2.4、4.2.5、4.3.1、4.3.2、4.3.3、4.3.4、4.3.5 条为强制性条文，必须严格执行。原《城市用地分类与规划建设用地标准》GBJ 137-90 同时废止。

本标准由我部标准定额研究所组织中国建筑工业出版社出版发行。

中华人民共和国住房和城乡建设部
2010 年 12 月 24 日

前　言

根据住房和城乡建设部《关于印发〈2008 年工程建设标准规范制订、修订计划（第一批）〉的通知》（建标[2008]102 号）的要求，标准编制组广泛调查研究，认真总结实践经验，参考有关国内外标准，并在广泛征求意见的基础上，修订本标准。

本标准修订的主要技术内容是：增加城乡用地分类体系；调整城市建设用地分类体系；调整规划建设用地的控制标准，包括规划人均城市建设用地面积标准、规划人均单项城市建设用地面积标准以及规划城市建设用地结构三部分；并对相关条文进行了补充修改。

本标准中以黑体字标志的条文为强制性条文，必须严格执行。

本标准由住房和城乡建设部负责管理和对强制性条文的解释，由中国城市规划设计研究院负责具体技术内容的解释。执行过程中如有意见或建议，请寄送中国城市规划设计研究院《城市用地分类与规划建设用地标准》修订组（地址：北京市车公庄西路 5 号，邮政编码：100044）。

本标准主编单位：中国城市规划设计研究院
本标准参编单位：上海同济城市规划设计研究院
北京大学城市与区域规划系（城市规划设计中心）
北京市城市规划设计研究院
浙江省城乡规划设计研究院
辽宁省城乡建设规划设计院
四川省城乡规划设计研究院

本标准主要起草人员：王　凯　赵　民　林　坚
　　　　　　　　　　张　菁　靳东晓　徐　泽
　　　　　　　　　　楚建群　李新阳　徐　颖
　　　　　　　　　　谢　颖　顾　浩　邵　波
　　　　　　　　　　张立鹏　韩　华　鹿　勤
　　　　　　　　　　张险峰　张文奇　刘贵利
　　　　　　　　　　张　播　高　捷　程　遥
　　　　　　　　　　汪　军　乐　芸　张书海
　　　　　　　　　　苗春蕾　田　刚　陈　宏
　　　　　　　　　　詹　敏　洪　明　赵书鑫

本标准主要审查人员：董黎明　王静霞　任世英
　　　　　　　　　　邹德慈　李　先　范耀邦
　　　　　　　　　　徐　波　耿慧志　谭纵波
　　　　　　　　　　潘一玲

目次

1 总则 ·· 7—5
2 术语 ·· 7—5
3 用地分类 ······································ 7—5
　3.1 一般规定 ·································· 7—5
　3.2 城乡用地分类 ······························ 7—5
　3.3 城市建设用地分类 ·························· 7—7
4 规划建设用地标准 ······························ 7—11
　4.1 一般规定 ·································· 7—11
　4.2 规划人均城市建设用地面积
　　　标准 ······································ 7—11
　4.3 规划人均单项城市建设用地
　　　面积标准 ·································· 7—12
　4.4 规划城市建设用地结构 ······················ 7—12
附录A 城市总体规划用地统计表
　　　统一格式 ·································· 7—12
附录B 中国建筑气候区划图 ···················· 插页
本标准用词说明 ···································· 7—13
引用标准名录 ······································ 7—13
附：条文说明 ······································ 7—14

Contents

1　General Provision ················ 7—5
2　Terms ································· 7—5
3　Land Use Classes ················ 7—5
　3.1　General Requirement ········ 7—5
　3.2　Town and Country Land Use
　　　Classes ·························· 7—5
　3.3　Urban Development Land Use
　　　Classes ·························· 7—7
4　Planning Standards of Deve-
　　lopment Land ···················· 7—11
　4.1　General Requirement ········ 7—11
　4.2　Standard of Urban Development
　　　Land Area Per Capita ········ 7—11
　4.3　Standard of Single-category Urban
　　　Development Land Area Per
　　　Capita ··························· 7—12
　4.4　Composition of Urban Developm-
　　　ent Land ······················· 7—12
Appendix A　Format for Statistics in
　　　　　　Urban Comprehensive
　　　　　　Planning ··············· 7—12
Appendix B　Building Climate Zones
　　　　　　in China ··············· 插页
Explanation of Wording in This
　　Standard ···························· 7—13
List of Quoted Standard ············ 7—13
Addition: Explanation of
　　Provisions ························· 7—14

1 总 则

1.0.1 依据《中华人民共和国城乡规划法》，为统筹城乡发展，集约节约、科学合理地利用土地资源，制定本标准。

1.0.2 本标准适用于城市、县人民政府所在地镇和其他具备条件的镇的总体规划和控制性详细规划的编制、用地统计和用地管理工作。

1.0.3 编制城市（镇）总体规划和控制性详细规划除应符合本标准外，尚应符合国家现行有关标准的规定。

2 术 语

2.0.1 城乡用地 town and country land

指市（县、镇）域范围内所有土地，包括建设用地（development land）与非建设用地（non-development land）。建设用地包括城乡居民点建设用地、区域交通设施用地、区域公用设施用地、特殊用地、采矿用地以及其他建设用地，非建设用地包括水域、农林用地以及其他非建设用地。城乡用地内各类用地的术语见本标准表3.2.2。

2.0.2 城市建设用地 urban development land

指城市（镇）内居住用地（residential）、公共管理与公共服务设施用地（administration and public services）、商业服务业设施用地（commercial and business）、工业用地（industrial, manufacturing）、物流仓储用地（logistics and warehouse）、道路与交通设施用地（road, street and transportation）、公用设施用地（public utilities）、绿地与广场用地（green space and square）的统称。城市建设用地内各类用地的术语见本标准表3.3.2。城市建设用地规模指上述用地之和，单位为 hm^2。

2.0.3 人口规模 population

人口规模分为现状人口规模与规划人口规模，人口规模应按常住人口进行统计。常住人口指户籍人口数量与半年以上的暂住人口数量之和，单位为万人。

2.0.4 人均城市建设用地面积 urban development land area per capita

指城市（镇）内的城市建设用地面积除以该范围内的常住人口数量，单位为 $m^2/人$。

2.0.5 人均单项城市建设用地面积 single-category urban development land area per capita

指城市（镇）内的居住用地、公共管理与公共服务设施用地、道路与交通设施用地以及绿地与广场用地等单项用地面积除以城市建设用地范围内的常住人口数量，单位为 $m^2/人$。

2.0.6 人均居住用地面积 residential land area per capita

指城市（镇）内的居住用地面积除以城市建设用地内的常住人口数量，单位为 $m^2/人$。

2.0.7 人均公共管理与公共服务设施用地面积 administration and public services land area per capita

指城市（镇）内的公共管理与公共服务设施用地面积除以城市建设用地范围内的常住人口数量，单位为 $m^2/人$。

2.0.8 人均道路与交通设施用地面积 road, street and transportation land area per capita

指城市（镇）内的道路与交通设施用地面积除以城市建设用地范围内的常住人口数量，单位为 $m^2/人$。

2.0.9 人均绿地与广场用地面积 green space and square area per capita

指城市（镇）内的绿地与广场用地面积除以城市建设用地范围内的常住人口数量，单位为 $m^2/人$。

2.0.10 人均公园绿地面积 park land area per capita

指城市（镇）内的公园绿地面积除以城市建设用地范围内的常住人口数量，单位为 $m^2/人$。

2.0.11 城市建设用地结构 composition of urban development land

指城市（镇）内的居住用地、公共管理与公共服务设施用地、工业用地、道路与交通设施用地以及绿地与广场用地等单项用地面积除以城市建设用地面积得出的比重，单位为%。

2.0.12 气候区 climate zone

指根据《建筑气候区划标准》GB 50178-93，以1月平均气温、7月平均气温、7月平均相对湿度为主要指标，以年降水量、年日平均气温低于或等于5℃的日数和年日平均气温高于或等于25℃的日数为辅助指标而划分的七个一级区。

3 用地分类

3.1 一般规定

3.1.1 用地分类包括城乡用地分类、城市建设用地分类两部分，应按土地使用的主要性质进行划分。

3.1.2 用地分类采用大类、中类和小类3级分类体系。大类应采用英文字母表示，中类和小类应采用英文字母和阿拉伯数字组合表示。

3.1.3 使用本分类时，可根据工作性质、工作内容及工作深度的不同要求，采用本分类的全部或部分类别。

3.2 城乡用地分类

3.2.1 城乡用地共分为2大类、9中类、14小类。

3.2.2 城乡用地分类和代码应符合表3.2.2的规定。

表 3.2.2 城乡用地分类和代码

类别代码			类别名称	内容
大类	中类	小类		
H			建设用地	包括城乡居民点建设用地、区域交通设施用地、区域公用设施用地、特殊用地、采矿用地及其他建设用地等
	H1		城乡居民点建设用地	城市、镇、乡、村庄建设用地
		H11	城市建设用地	城市内的居住用地、公共管理与公共服务设施用地、商业服务业设施用地、工业用地、物流仓储用地、道路与交通设施用地、公用设施用地、绿地与广场用地
		H12	镇建设用地	镇人民政府驻地的建设用地
		H13	乡建设用地	乡人民政府驻地的建设用地
		H14	村庄建设用地	农村居民点的建设用地
	H2		区域交通设施用地	铁路、公路、港口、机场和管道运输等区域交通运输及其附属设施用地，不包括城市建设用地范围内的铁路客货运站、公路长途客货运站以及港口客运码头
		H21	铁路用地	铁路编组站、线路等用地
		H22	公路用地	国道、省道、县道和乡道用地及附属设施用地
		H23	港口用地	海港和河港的陆域部分，包括码头作业区、辅助生产区等用地
		H24	机场用地	民用及军民合用的机场用地，包括飞行区、航站区等用地，不包括净空控制范围用地
		H25	管道运输用地	运输煤炭、石油和天然气等地面管道运输用地，地下管道运输规定的地面控制范围内的用地应按其地面实际用途归类
	H3		区域公用设施用地	为区域服务的公用设施用地，包括区域性能源设施、水工设施、通信设施、广播电视设施、殡葬设施、环卫设施、排水设施等用地
	H4		特殊用地	特殊性质的用地
		H41	军事用地	专门用于军事目的的设施用地，不包括部队家属生活区和军民共用设施等用地
		H42	安保用地	监狱、拘留所、劳改场所和安全保卫设施等用地，不包括公安局用地
	H5		采矿用地	采矿、采石、采沙、盐田、砖瓦窑等地面生产用地及尾矿堆放地
	H9		其他建设用地	除以上之外的建设用地，包括边境口岸和风景名胜区、森林公园等的管理及服务设施等用地

续表 3.2.2

类别代码			类别名称	内容
大类	中类	小类		
E			非建设用地	水域、农林用地及其他非建设用地等
	E1		水域	河流、湖泊、水库、坑塘、沟渠、滩涂、冰川及永久积雪
		E11	自然水域	河流、湖泊、滩涂、冰川及永久积雪
		E12	水库	人工拦截汇集而成的总库容不小于 10 万 m^3 的水库正常蓄水位岸线所围成的水面
		E13	坑塘沟渠	蓄水量小于 10 万 m^3 的坑塘水面和人工修建用于引、排、灌的渠道
	E2		农林用地	耕地、园地、林地、牧草地、设施农用地、田坎、农村道路等用地
	E9		其他非建设用地	空闲地、盐碱地、沼泽地、沙地、裸地、不用于畜牧业的草地等用地

3.3 城市建设用地分类

3.3.1 城市建设用地共分为 8 大类、35 中类、42 小类。

3.3.2 城市建设用地分类和代码应符合表 3.3.2 的规定。

表 3.3.2 城市建设用地分类和代码

类别代码			类别名称	内容
大类	中类	小类		
R			居住用地	住宅和相应服务设施的用地
	R1		一类居住用地	设施齐全、环境良好,以低层住宅为主的用地
		R11	住宅用地	住宅建筑用地及其附属道路、停车场、小游园等用地
		R12	服务设施用地	居住小区及小区级以下的幼托、文化、体育、商业、卫生服务、养老助残、公用设施等用地,不包括中小学用地
	R2		二类居住用地	设施较齐全、环境良好,以多、中、高层住宅为主的用地
		R21	住宅用地	住宅建筑用地(含保障性住宅用地)及其附属道路、停车场、小游园等用地
		R22	服务设施用地	居住小区及小区级以下的幼托、文化、体育、商业、卫生服务、养老助残、公用设施等用地,不包括中小学用地
	R3		三类居住用地	设施较欠缺、环境较差,以需要加以改造的简陋住宅为主的用地,包括危房、棚户区、临时住宅等用地
		R31	住宅用地	住宅建筑用地及其附属道路、停车场、小游园等用地
		R32	服务设施用地	居住小区及小区级以下的幼托、文化、体育、商业、卫生服务、养老助残、公用设施等用地,不包括中小学用地

续表 3.3.2

类别代码			类别名称	内容
大类	中类	小类		
A			公共管理与公共服务设施用地	行政、文化、教育、体育、卫生等机构和设施的用地,不包括居住用地中的服务设施用地
	A1		行政办公用地	党政机关、社会团体、事业单位等办公机构及其相关设施用地
	A2		文化设施用地	图书、展览等公共文化活动设施用地
		A21	图书展览用地	公共图书馆、博物馆、档案馆、科技馆、纪念馆、美术馆和展览馆、会展中心等设施用地
		A22	文化活动用地	综合文化活动中心、文化馆、青少年宫、儿童活动中心、老年活动中心等设施用地
	A3		教育科研用地	高等院校、中等专业学校、中学、小学、科研事业单位及其附属设施用地,包括为学校配建的独立地段的学生生活用地
		A31	高等院校用地	大学、学院、专科学校、研究生院、电视大学、党校、干部学校及其附属设施用地,包括军事院校用地
		A32	中等专业学校用地	中等专业学校、技工学校、职业学校等用地,不包括附属于普通中学内的职业高中用地
		A33	中小学用地	中学、小学用地
		A34	特殊教育用地	聋、哑、盲人学校及工读学校等用地
		A35	科研用地	科研事业单位用地
	A4		体育用地	体育场馆和体育训练基地等用地,不包括学校等机构专用的体育设施用地
		A41	体育场馆用地	室内外体育运动用地,包括体育场馆、游泳场馆、各类球场及其附属的业余体校等用地
		A42	体育训练用地	为体育运动专设的训练基地用地
	A5		医疗卫生用地	医疗、保健、卫生、防疫、康复和急救设施等用地
		A51	医院用地	综合医院、专科医院、社区卫生服务中心等用地
		A52	卫生防疫用地	卫生防疫站、专科防治所、检验中心和动物检疫站等用地
		A53	特殊医疗用地	对环境有特殊要求的传染病、精神病等专科医院用地
		A59	其他医疗卫生用地	急救中心、血库等用地
	A6		社会福利用地	为社会提供福利和慈善服务的设施及其附属设施用地,包括福利院、养老院、孤儿院等用地
	A7		文物古迹用地	具有保护价值的古遗址、古墓葬、古建筑、石窟寺、近代代表性建筑、革命纪念建筑等用地。不包括已作其他用途的文物古迹用地
	A8		外事用地	外国驻华使馆、领事馆、国际机构及其生活设施等用地
	A9		宗教用地	宗教活动场所用地

续表 3.3.2

类别代码			类别名称	内 容
大类	中类	小类		
B			商业服务业设施用地	商业、商务、娱乐康体等设施用地，不包括居住用地中的服务设施用地
	B1		商业用地	商业及餐饮、旅馆等服务业用地
		B11	零售商业用地	以零售功能为主的商铺、商场、超市、市场等用地
		B12	批发市场用地	以批发功能为主的市场用地
		B13	餐饮用地	饭店、餐厅、酒吧等用地
		B14	旅馆用地	宾馆、旅馆、招待所、服务型公寓、度假村等用地
	B2		商务用地	金融保险、艺术传媒、技术服务等综合性办公用地
		B21	金融保险用地	银行、证券期货交易所、保险公司等用地
		B22	艺术传媒用地	文艺团体、影视制作、广告传媒等用地
		B29	其他商务用地	贸易、设计、咨询等技术服务办公用地
	B3		娱乐康体用地	娱乐、康体等设施用地
		B31	娱乐用地	剧院、音乐厅、电影院、歌舞厅、网吧以及绿地率小于65%的大型游乐等设施用地
		B32	康体用地	赛马场、高尔夫、溜冰场、跳伞场、摩托车场、射击场，以及通用航空、水上运动的陆域部分等用地
	B4		公用设施营业网点用地	零售加油、加气、电信、邮政等公用设施营业网点用地
		B41	加油加气站用地	零售加油、加气、充电站等用地
		B49	其他公用设施营业网点用地	独立地段的电信、邮政、供水、燃气、供电、供热等其他公用设施营业网点用地
	B9		其他服务设施用地	业余学校、民营培训机构、私人诊所、殡葬、宠物医院、汽车维修站等其他服务设施用地
M			工业用地	工矿企业的生产车间、库房及其附属设施用地，包括专用铁路、码头和附属道路、停车场等用地，不包括露天矿用地
	M1		一类工业用地	对居住和公共环境基本无干扰、污染和安全隐患的工业用地
	M2		二类工业用地	对居住和公共环境有一定干扰、污染和安全隐患的工业用地
	M3		三类工业用地	对居住和公共环境有严重干扰、污染和安全隐患的工业用地
W			物流仓储用地	物资储备、中转、配送等用地，包括附属道路、停车场以及货运公司车队的站场等用地
	W1		一类物流仓储用地	对居住和公共环境基本无干扰、污染和安全隐患的物流仓储用地
	W2		二类物流仓储用地	对居住和公共环境有一定干扰、污染和安全隐患的物流仓储用地
	W3		三类物流仓储用地	易燃、易爆和剧毒等危险品的专用物流仓储用地

续表 3.3.2

类别代码			类别名称	内容
大类	中类	小类		
S			道路与交通设施用地	城市道路、交通设施等用地，不包括居住用地、工业用地等内部的道路、停车场等用地
	S1		城市道路用地	快速路、主干路、次干路和支路等用地，包括其交叉口用地
	S2		城市轨道交通用地	独立地段的城市轨道交通地面以上部分的线路、站点用地
	S3		交通枢纽用地	铁路客货运站、公路长途客运站、港口客运码头、公交枢纽及其附属设施用地
	S4		交通场站用地	交通服务设施用地，不包括交通指挥中心、交通队用地
		S41	公共交通场站用地	城市轨道交通车辆基地及附属设施，公共汽（电）车首末站、停车场（库）、保养场，出租汽车场站设施等用地，以及轮渡、缆车、索道等的地面部分及其附属设施用地
		S42	社会停车场用地	独立地段的公共停车场和停车库用地，不包括其他各类用地配建的停车场和停车库用地
	S9		其他交通设施用地	除以上之外的交通设施用地，包括教练场等用地
U			公用设施用地	供应、环境、安全等设施用地
	U1		供应设施用地	供水、供电、供燃气和供热等设施用地
		U11	供水用地	城市取水设施、自来水厂、再生水厂、加压泵站、高位水池等设施用地
		U12	供电用地	变电站、开闭所、变配电所等设施用地，不包括电厂用地。高压走廊下规定的控制范围内的用地应按其地面实际用途归类
		U13	供燃气用地	分输站、门站、储气站、加气母站、液化石油气储配站、灌瓶站和地面输气管廊等设施用地，不包括制气厂用地
		U14	供热用地	集中供热锅炉房、热力站、换热站和地面输热管廊等设施用地
		U15	通信用地	邮政中心局、邮政支局、邮件处理中心、电信局、移动基站、微波站等设施用地
		U16	广播电视用地	广播电视的发射、传输和监测设施用地，包括无线电收信区、发信区以及广播电视发射台、转播台、差转台、监测站等设施用地
	U2		环境设施用地	雨水、污水、固体废物处理等环境保护设施及其附属设施用地
		U21	排水用地	雨水泵站、污水泵站、污水处理、污泥处理厂等设施及其附属的构筑物用地，不包括排水河渠用地
		U22	环卫用地	生活垃圾、医疗垃圾、危险废物处理（置），以及垃圾转运、公厕、车辆清洗、环卫车辆停放修理等设施用地
	U3		安全设施用地	消防、防洪等保卫城市安全的公用设施及其附属设施用地
		U31	消防用地	消防站、消防通信及指挥训练中心等设施用地
		U32	防洪用地	防洪堤、防洪枢纽、排洪沟渠等设施用地
	U9		其他公用设施用地	除以上之外的公用设施用地，包括施工、养护、维修等设施用地

续表 3.3.2

类别代码			类别名称	内容
大类	中类	小类		
G			绿地与广场用地	公园绿地、防护绿地、广场等公共开放空间用地
	G1		公园绿地	向公众开放，以游憩为主要功能，兼具生态、美化、防灾等作用的绿地
	G2		防护绿地	具有卫生、隔离和安全防护功能的绿地
	G3		广场用地	以游憩、纪念、集会和避险等功能为主的城市公共活动场地

4 规划建设用地标准

4.1 一般规定

4.1.1 用地面积应按平面投影计算。每块用地只可计算一次，不得重复。

4.1.2 城市（镇）总体规划宜采用 1/10000 或 1/5000 比例尺的图纸进行建设用地分类计算，控制性详细规划宜采用 1/2000 或 1/1000 比例尺的图纸进行用地分类计算。现状和规划的用地分类计算应采用同一比例尺。

4.1.3 用地的计量单位应为万平方米（公顷），代码为"hm^2"。数字统计精度应根据图纸比例尺确定，1/10000 图纸应精确至个位，1/5000 图纸应精确至小数点后一位，1/2000 和 1/1000 图纸应精确至小数点后两位。

4.1.4 城市建设用地统计范围与人口统计范围必须一致，人口规模应按常住人口进行统计。

4.1.5 城市（镇）总体规划应统一按附录 A 附表的格式进行用地汇总。

4.1.6 规划建设用地标准应包括规划人均城市建设用地面积标准、规划人均单项城市建设用地面积标准和规划城市建设用地结构三部分。

4.2 规划人均城市建设用地面积标准

4.2.1 规划人均城市建设用地面积指标应根据现状人均城市建设用地面积指标、城市（镇）所在的气候区以及规划人口规模，按表 4.2.1 的规定综合确定，并应同时符合表中允许采用的规划人均城市建设用地面积指标和允许调整幅度双因子的限制要求。

表 4.2.1 规划人均城市建设用地面积指标（m^2/人）

气候区	现状人均城市建设用地面积指标	允许采用的规划人均城市建设用地面积指标	允许调整幅度		
			规划人口规模 ≤20.0万人	规划人口规模 20.1～50.0万人	规划人口规模 >50.0万人
Ⅰ、Ⅱ、Ⅵ、Ⅶ	≤65.0	65.0～85.0	>0.0	>0.0	>0.0
	65.1～75.0	65.0～95.0	+0.1～+20.0	+0.1～+20.0	+0.1～+20.0
	75.1～85.0	75.0～105.0	+0.1～+20.0	+0.1～+20.0	+0.1～+15.0
	85.1～95.0	80.0～110.0	+0.1～+20.0	-5.0～+20.0	-5.0～+15.0
	95.1～105.0	90.0～110.0	-5.0～+15.0	-10.0～+15.0	-10.0～+10.0
	105.1～115.0	95.0～115.0	-10.0～-0.1	-15.0～-0.1	-20.0～-0.1
	>115.0	≤115.0	<0.0	<0.0	<0.0
Ⅲ、Ⅳ、Ⅴ	≤65.0	65.0～85.0	>0.0	>0.0	>0.0
	65.1～75.0	65.0～95.0	+0.1～+20.0	+0.1～20.0	+0.1～+20.0
	75.1～85.0	75.0～100.0	-5.0～+20.0	-5.0～+20.0	-5.0～+15.0
	85.1～95.0	80.0～105.0	-10.0～+15.0	-10.0～+15.0	-10.0～+10.0
	95.1～105.0	85.0～105.0	-15.0～+10.0	-15.0～+10.0	-15.0～+5.0
	105.1～115.0	90.0～110.0	-20.0～-0.1	-20.0～-0.1	-25.0～-5.0
	>115.0	≤110.0	<0.0	<0.0	<0.0

注：1 气候区应符合《建筑气候区划标准》GB 50178-93 的规定，具体应按本标准附录 B 执行。
2 新建城市（镇）、首都的规划人均城市建设用地面积指标不适用本表。

4.2.2 新建城市（镇）的规划人均城市建设用地面积指标宜在（85.1～105.0）m²/人内确定。

4.2.3 首都的规划人均城市建设用地面积指标应在（105.1～115.0）m²/人内确定。

4.2.4 边远地区、少数民族地区城市（镇）以及部分山地城市（镇）、人口较少的工矿业城市（镇）、风景旅游城市（镇）等，不符合表4.2.1规定时，应专门论证确定规划人均城市建设用地面积指标，且上限不得大于150.0m²/人。

4.2.5 编制和修订城市（镇）总体规划应以本标准作为规划城市建设用地的远期控制标准。

4.3 规划人均单项城市建设用地面积标准

4.3.1 规划人均居住用地面积指标应符合表4.3.1的规定。

表4.3.1 人均居住用地面积指标（m²/人）

建筑气候区划	Ⅰ、Ⅱ、Ⅵ、Ⅶ气候区	Ⅲ、Ⅳ、Ⅴ气候区
人均居住用地面积	28.0～38.0	23.0～36.0

4.3.2 规划人均公共管理与公共服务设施用地面积不应小于5.5m²/人。

4.3.3 规划人均道路与交通设施用地面积不应小于12.0m²/人。

4.3.4 规划人均绿地与广场用地面积不应小于10.0m²/人，其中人均公园绿地面积不应小于8.0m²/人。

4.3.5 编制和修订城市（镇）总体规划应以本标准作为规划单项城市建设用地的远期控制标准。

4.4 规划城市建设用地结构

4.4.1 居住用地、公共管理与公共服务设施用地、工业用地、道路与交通设施用地和绿地与广场用地五大类主要用地规划占城市建设用地的比例宜符合表4.4.1的规定。

表4.4.1 规划城市建设用地结构

用地名称	占城市建设用地比例（%）
居住用地	25.0～40.0
公共管理与公共服务设施用地	5.0～8.0
工业用地	15.0～30.0
道路与交通设施用地	10.0～25.0
绿地与广场用地	10.0～15.0

4.4.2 工矿城市（镇）、风景旅游城市（镇）以及其他具有特殊情况的城市（镇），其规划城市建设用地结构可根据实际情况具体确定。

附录A 城市总体规划用地统计表统一格式

A.0.1 城市（镇）总体规划城乡用地应按表A.0.1进行汇总。

表A.0.1 城乡用地汇总表

用地代码		用地名称	用地面积（hm²）		占城乡用地比例（%）	
			现状	规划	现状	规划
		建设用地				
H		城乡居民点建设用地				
	其中	区域交通设施用地				
		区域公用设施用地				
		特殊用地				
		采矿用地				
		其他建设用地				
E		非建设用地				
	其中	水域				
		农林用地				
		其他非建设用地				
		城乡用地			100	100

A.0.2 城市（镇）总体规划城市建设用地应按表A.0.2进行平衡。

表A.0.2 城市建设用地平衡表

用地代码		用地名称	用地面积（hm²）		占城市建设用地比例（%）		人均城市建设用地面积（m²/人）	
			现状	规划	现状	规划	现状	规划
R		居住用地						
A		公共管理与公共服务设施用地						
	其中	行政办公用地						
		文化设施用地						
		教育科研用地						
		体育用地						
		医疗卫生用地						
		社会福利用地						
		……						
B		商业服务业设施用地						
M		工业用地						
W		物流仓储用地						
S		道路与交通设施用地						
		其中：城市道路用地						
U		公用设施用地						
G		绿地与广场用地						
		其中：公园绿地						
H11		城市建设用地			100	100		

备注：_____年现状常住人口_____万人
_____年规划常住人口_____万人

本标准用词说明

1 为便于在执行本标准条文时区别对待，对要求严格程度不同的用词说明如下：

1）表示很严格，非这样做不可的用词：
正面词采用"必须"，反面词采用"严禁"；

2）表示严格，在正常情况均应这样做的用词：
正面词采用"应"，反面词采用"不应"或"不得"；

3）表示允许稍有选择，在条件许可时首先应这样做的用词：
正面词采用"宜"，反面词采用"不宜"；

4）表示有选择，在一定条件下可以这样做的用词，采用"可"。

2 条文中指明应按其他有关标准、规范执行的写法为："应符合……的规定"或"应按……执行"。

引用标准名录

1 《建筑气候区划标准》GB 50178-93

中华人民共和国国家标准

城市用地分类与规划建设用地标准

GB 50137—2011

条 文 说 明

修 订 说 明

《城市用地分类与规划建设用地标准》GB 50137-2011（以下简称本标准），经住房和城乡建设部2010年12月24日以第880号公告批准、发布。

本标准是在《城市用地分类与规划建设用地标准》GBJ 137-90（以下简称原标准）的基础上修订而成，上一版的主编单位是中国城市规划设计研究院，参编单位是北京市城市规划设计研究院、上海市城市规划设计院、四川省城乡规划设计研究院、辽宁省城乡建设规划设计院、湖北省城市规划设计研究院、陕西省城乡规划设计院、同济大学城市规划系，主要起草人员是蒋大卫、范耀邦、沈福林、吴今露、罗希、赵崇仁、潘家莹、沈肇裕、石如玾、王继勉、兰继中、吕光琪、曹连群、吴明伟、吴载权、何善权。本次修订的主要技术内容是：1. 增加城乡用地分类体系；2. 调整城市建设用地分类体系；3. 调整规划建设用地的控制标准；4. 对相关条文进行了补充修改。

本标准修订过程中，编制组根据《关于加快进行〈城市用地分类与规划建设用地标准〉修订的函》（建规城函[2008]008号）的要求，参考了大量国内外已有的相关法规、技术标准，征求了专家、相关部门和社会各界对于原标准以及标准修订的意见，并与相关国家标准相衔接。

为便于广大规划设计、管理、科研、学校等有关单位人员在使用本标准时能正确理解和执行条文规定，《城市用地分类与规划建设用地标准》编制组按章、节、条顺序编制了本标准的条文说明，对条文规定的目的、依据以及执行中需注意的有关事项进行了说明，还着重对强制性条文的强制性理由作了解释。但是，本条文说明不具备与标准正文同等的法律效力，仅供使用者作为理解和把握标准规定的参考。

目　次

1 总则 …………………………………… 7—17
3 用地分类 ……………………………… 7—17
　3.1 一般规定 ………………………… 7—17
　3.2 城乡用地分类 …………………… 7—17
　3.3 城市建设用地分类 ……………… 7—18
4 规划建设用地标准 ………………… 7—19
　4.1 一般规定 ………………………… 7—19
　4.2 规划人均城市建设用地面积
　　　标准 ……………………………… 7—19
　4.3 规划人均单项城市建设用地面积
　　　标准 ……………………………… 7—20
　4.4 规划城市建设用地结构 ………… 7—21

1 总 则

1.0.1 1990年颁布的原标准作为城市规划编制与管理工作的一项重要技术规范施行了21年，它在统一全国的城市用地分类和计算口径、合理引导不同城市建设布局等方面发挥了积极作用。为适应我国城乡发展宏观背景的变化，落实2008年1月颁布实施的《中华人民共和国城乡规划法》以及国家对新时期城市发展应"节约集约用地，从严控制城市用地规模"的要求，对原标准作出修订。

1.0.2 由于县人民政府所在地镇的管理体制不同于一般镇，城镇建设目标与标准也与一般镇有所区别，其规划与建设应按城市标准执行；其他具备条件的镇指人口规模、经济发展水平已达到设市城市标准，但管理体制仍保留镇的行政建制。因此，这两类镇与城市一并作为本标准的适用对象。

3 用地分类

3.1 一般规定

3.1.1 为贯彻《中华人民共和国城乡规划法》有关城乡统筹的新要求，本标准设立"城乡用地"分类。"城乡用地"分类的地类覆盖市域范围内所有的建设用地和非建设用地，以满足市域土地使用的规划编制、用地统计、用地管理等工作需求。

本标准提出的"城市建设用地"基于原标准在大类上做了调整，主要包括：为强调城市（镇）政府对基础民生需求服务的保障，合理调控市场行为，将原标准"公共设施用地"分为"公共管理与公共服务设施用地"（A）和"商业服务业设施用地"（B）；为反映城市（镇）生活的基本职能要求，将原标准涉及区域服务的"对外交通用地"和不仅仅为本城市（镇）使用的"特殊用地"等归入城乡用地分类；为体现城市规划的公共政策属性，在"居住用地"中强调了保障性住宅用地。

本标准的用地分类按土地实际使用的主要性质或规划引导的主要性质进行划分和归类，具有多种用途的用地应以其地面使用的主导设施性质作为归类的依据。如高层多功能综合楼用地，底层是商店，2～15层为商务办公室，16～20层为公寓，地下室为车库，其使用的主要性质是商务办公，因此归为"商务用地"（B2）。若综合楼使用的主要性质难以确定时，按底层使用的主要性质进行归类。

3.1.2 本标准用地分类体系为保证分类良好的系统性、完整性和连续性，采用大、中、小3级分类，在图纸中同一地类的大、中、小类代码不能同时出现使用。

3.2 城乡用地分类

3.2.1 "城乡用地分类"在同等含义的地类上尽量与《土地利用现状分类》GB/T 21010-2007衔接，并充分对接《中华人民共和国土地管理法》中的农用地、建设用地和未利用地"三大类"用地，以利于城乡规划在基础用地调查时可高效参照土地利用现状调查资料（表1）。

表1 城乡用地分类与《中华人民共和国土地管理法》"三大类"对照表

《中华人民共和国土地管理法》三大类	城乡用地分类类别		
	大类	中类	小类
农用地	E 非建设用地	E1 水域	E13 坑塘沟渠
		E2 农林用地	—
建设用地	H 建设用地	H1 城乡居民点建设用地	H11 城市建设用地
			H12 镇建设用地
			H13 乡建设用地
			H14 村庄建设用地
		H2 区域交通设施用地	H21 铁路用地
			H22 公路用地
			H23 港口用地
			H24 机场用地
			H25 管道运输用地
		H3 区域公用设施用地	—
		H4 特殊用地	H41 军事用地
			H42 安保用地
		H5 采矿用地	
		H9 其他建设用地	
	E 非建设用地	E1 水域	E12 水库
		E9 其他非建设用地	E9 中的空闲地
未利用地	E 非建设用地	E1 水域	E11 自然水域
		E9 其他非建设用地	E9 中除去空闲地以外的用地

3.2.2 本条文属于强制性条文。表3.2.2"城乡用地分类和代码"已就每类用地的含义作了简要解释，现按大类排列顺序作若干补充说明：

1 建设用地

（1）"城乡居民点建设用地"（H1）与《中华人

民共和国城乡规划法》中规划编制体系的市、镇、乡、村规划层级相对应，满足市域用地规划管理的需求。

（2）"公路用地"（H22）的内容与《土地利用现状分类》GB/T 21010-2007衔接，采用国道、省道、县道、乡道作为划分标准。"机场用地"（H24）净空控制范围内的用地应按其地面实际用途归类。

（3）"区域公用设施用地"（H3）与城市建设用地分类中的"公用设施用地"和"商业服务业设施用地"不重复。其中，水工设施指人工修建的闸、坝、堤路林、水电厂房、扬水站等常水位岸线以上的设施，与《土地利用现状分类》GB/T 21010-2007中的二级类"水工建筑用地"内容基本对应。

（4）"特殊用地"（H4）中"安保用地"（H42）不包括公安局，该用地应归入"行政办公用地"（A1）。

（5）"采矿用地"（H5）与《土地利用现状分类》GB/T 21010-2007中的二级类"采矿用地"内容统一，其中，露天矿虽然一般开采后均作回填处理改作他用，并不是土地的最终形式，但是其用地具有开发建设性质，故将其纳入"采矿用地"。

2 非建设用地

（1）"水域"（E1）包括《土地利用现状分类》GB/T 21010-2007一级地类"水域及水利设施用地"除去"水工建筑用地"的地类。

（2）"农林用地"（E2）包括《土地利用现状分类》GB/T 21010-2007一级地类"耕地"、"园地"、"林地"与二级地类"天然牧草地"、"人工牧草地"、"设施农用地"、"田坎"、"农村道路"。其中，"农村道路"指公路以外的南方宽度不小于1m，北方宽度不小于2m的村间、田间道路（含机耕道）。

（3）"其他非建设用地"（E9）包括《土地利用现状分类》GB/T 21010-2007一级地类"其他土地"中的空闲地、盐碱地、沼泽地、沙地、裸地和一级地类"草地"中的其他草地。

自然保护区、风景名胜区、森林公园等范围内的"非建设用地"（E）按土地实际用途归入"水域"（E1）、"农林用地"（E2）和"其他非建设用地"（E9）的一种或几种。

3.3 城市建设用地分类

3.3.1 本标准的"城市建设用地"与城乡用地分类中的"H11城市建设用地"概念完全衔接。

3.3.2 本条文属于强制性条文。表3.3.2"城市建设用地分类和代码"已就每类用地的含义作了简要解释，现按大类排列顺序作若干补充说明：

1 居住用地

本标准将住宅和相应服务配套设施看作一个整体，共同归为"居住用地"（R）大类，包括单位内的职工生活区（含有住宅、服务设施等用地）。为加强民生保障、便于行政管理，本标准将中小学用地划入"教育科研用地"（A3）。

本标准结合我国的实际情况，将居住用地（R）按设施水平、环境质量和建筑层数等综合因素细分为3个中类，满足城市（镇）对不同类型居住用地提出不同的规划设计及规划管理要求。其中：

"一类居住用地"（R1）包括别墅区、独立式花园住宅、四合院等。

"二类居住用地"（R2）强调了保障性住宅，进一步体现国家关注中低收入群众住房问题的公共政策要求。

"三类居住用地"（R3）在现状居住用地调查分类时采用，以便于制定相应的旧区更新政策。

2 公共管理与公共服务设施用地

"公共管理与公共服务设施用地"（A）是指政府控制以保障基础民生需求的服务设施，一般为非营利的公益性设施用地。其中：

"教育科研用地"（A3）包括附属于院校和科研事业单位的运动场、食堂、医院、学生宿舍、设计院、实习工厂、仓库、汽车队等用地。

"文物古迹用地"（A7）的内容与《历史文化名城保护规划规范》GB 50357-2005相衔接。已作其他用途的文物古迹用地应按其地面实际用途归类，如北京的故宫和颐和园均是国家级重点文物古迹，但故宫用作博物院，颐和园用作公园，因此应分别归到"图书展览用地"（A21）和"公园绿地"（G1），而不是归为"文物古迹用地"（A7）。

为了保证"公共管理与公共服务设施用地"（A）的土地供给，"行政办公用地"（A1）、"文化设施用地"（A2）、"教育科研用地"（A3）、"体育用地"（A4）、"医疗卫生用地"（A5）、"社会福利用地"（A6）等中类应在用地平衡表中列出。

3 商业服务业设施用地

"商业服务业设施用地"（B）是指主要通过市场配置的服务设施，包括政府独立投资或合资建设的设施（如剧院、音乐厅等）用地。其中：

"其他商务用地"（B29）包括在市场经济体制下逐步转轨为商业性办公的企业管理机构（如企业总部等）和非事业科研设计机构用地。

4 工业用地

"工业用地"（M）包括为工矿企业服务的办公室、仓库、食堂等附属设施用地。

本标准按工业对居住和公共环境的干扰污染程度将"工业用地"（M）细分为3个中类。界定工业对周边环境干扰污染程度的主要衡量因素包括水、大气、噪声等，应依据工业具体条件及国家有关环境保护的规定与指标确定中类划分，建议参考以下标准执行（表2）。

7—18

表2 工业用地的分类标准

	水	大气	噪声
参照标准	《污水综合排放标准》GB 8978-1996	《大气污染物综合排放标准》GB 16297-1996	《工业企业厂界环境噪声排放标准》GB 12348-2008
一类工业企业	低于一级标准	低于二级标准	低于1类声环境功能区标准
二类工业企业	低于二级标准	低于二级标准	低于2类声环境功能区标准
三类工业企业	高于二级标准	高于二级标准	高于2类声环境功能区标准

5 物流仓储用地

由于物流、仓储与货运功能之间具有一定的关联性与兼容性，本标准设立"物流仓储用地"（W），并按其对居住和公共环境的干扰污染程度分为3个中类。界定物流仓储对周边环境干扰污染程度的主要衡量因素包括交通运输量、安全、粉尘、有害气体、恶臭等。

6 道路与交通设施用地

"城市道路用地"（S1）不包括支路以下的道路，旧城区小街小巷、胡同等分别列入相关的用地内。为了保障城市（镇）交通的基本功能，应在用地平衡表中列出该中类。

"城市轨道交通用地"（S2）指地面以上（包括地面）部分且不与其他用地重合的城市轨道交通线路、站点用地，以满足城市轨道交通发展建设的需要。

"交通枢纽用地"（S3）包括枢纽内部用于集散的广场等附属用地。

"交通场站用地"（S4）不包括交通指挥中心、交通队用地，该用地应归入"行政办公用地"（A1）。"社会停车场用地"（S42）不包括位于地下的社会停车场，该用地应按其地面实际用途归类。

7 公用设施用地

"供电用地"（U12）不包括电厂用地，该用地应归入"工业用地"（M）。"供燃气用地"（U13）不包括制气厂用地，该用地应归入"工业用地"（M）。"通信用地"（U15）仅包括以邮政函件、包件业务为主的邮政局、邮件处理和储运场所等用地，不包括独立地段的邮政汇款、报刊发行、邮政特快、邮政代办、电信服务、水电气热费用收缴等经营性邮政网点用地，该用地应归入"其他公用设施营业网点用地"（B49）。"环卫用地"（U22）包括废旧物品回收处理设施等用地。

8 绿地与广场用地

由于满足市民日常公共活动需求的广场与绿地功能相近，本标准将绿地与广场用地合并设立大类。

"公园绿地"（G1）的名称、内容与《城市绿地分类标准》CJJ/T 85-2002统一，包括综合公园、社区公园、专类公园、带状公园、街旁绿地。位于城市建设用地范围内以文物古迹、风景名胜点（区）为主形成的具有城市公园功能的绿地属于"公园绿地"（G1），位于城市建设用地范围以外的其他风景名胜区则在"城乡用地分类"中分别归入"非建设用地"（E）的"水域"（E1）、"农林用地"（E2）以及"其他非建设用地"（E9）中。为了保证市民的基本游憩生活需求，应在用地平衡表中列出该中类。

"防护绿地"（G2）的名称、内容与《城市绿地分类标准》CJJ/T 85-2002统一，包括卫生隔离带、道路防护绿地、城市高压走廊绿带、防风林、城市组团隔离带等。

"广场用地"（G3）不包括以交通集散为主的广场用地，该用地应归入"交通枢纽用地"（S3）。

园林生产绿地以及城市建设用地范围外基础设施两侧的防护绿地，按照实际使用用途纳入城乡建设用地分类"农林用地"（E2）。

4 规划建设用地标准

4.1 一般规定

4.1.4 城市建设用地在现状调查时按现状建成区范围统计，在编制规划时按规划建设用地范围统计。多组团分片布局的城市（镇）可分片计算用地，再行汇总。

4.2 规划人均城市建设用地面积标准

4.2.1 本条文属于强制性条文。通过各项因素对人均城市建设用地面积指标的影响分析，发现人口规模、气候区划两个因素对于人均城市建设用地面积的影响最为显著，因此本标准选择人口规模、气候区划两个因素进一步细分城市（镇）类别并分别进行控制。

本标准气候区参考《城市居住区规划设计规范》GB 50180-93（2002年版）的相关规定，结合全国现有城市（镇）特点，分为Ⅰ、Ⅱ、Ⅵ、Ⅶ以及Ⅲ、Ⅳ、Ⅴ两类。

本标准的人均城市建设用地面积指标采用"双因子"控制，"双因子"是指"允许采用的规划人均城市建设用地面积指标"和"允许调整幅度"，确定人均城市建设用地面积指标时应同时符合这两个控制因素。其中，前者规定了在不同气候区中不同现状人均城市建设用地面积指标城市（镇）可采用的取值上下限区间，后者规定了不同规模城市（镇）的规划人均城市建设用地面积指标比现状人均城市建设用地面积指标增加或减少的可取数值。

基于现状用地统计资料的分析，依据节约集约用地的原则，本标准将位于Ⅰ、Ⅱ、Ⅵ、Ⅶ气候区的城市（镇）规划人均城市建设用地面积指标的上下限幅度定为（65.0～115.0）m²/人，将位于Ⅲ、Ⅳ、Ⅴ气候区的城市（镇）规划人均城市建设用地面积指标的上下限幅度定为（65.0～110.0）m²/人。

本标准确定"允许调整幅度"总体控制在（-25.0～+20.0）m²/人范围内，未来人均城市建设用地面积除少数新建城市（镇）外，大多数城市（镇）只能有限度地增减。在具体确定调整幅度时，应本着节约集约用地和保障、改善民生的原则，根据各城市（镇）具体条件优化调整用地结构，在规定幅度内综合各因素合理增减，而非盲目选取极限幅度。

以下是举例详细说明：

（1）西北某市所处地域为Ⅱ气候区，现状人均城市建设用地面积指标64.1m²/人，规划期末常住人口规模为50.0万人。对照本标准表4.2.1，规划人均城市建设用地面积取值区间为（65.0～85.0）m²/人，允许调整幅度为＞0.0 m²/人，因此规划人均城市建设用地面积指标可选（65.0～85.0）m²/人。

（2）华南某市所处地域为Ⅳ气候区，现状人均城市建设用地面积指标95.0m²/人，规划期末常住人口规模为95.0万人。对照本标准表4.2.1，规划人均城市建设用地面积取值区间为（85.0～105.0）m²/人，允许调整幅度为（-10.0～10.0）m²/人，因此规划人均城市建设用地面积指标可选（85.0～105.0）m²/人。

（3）华东某市所处地域为Ⅲ气候区，现状人均城市建设用地面积指标119.2m²/人，规划期末常住人口规模为75.0万人。对照本标准表4.2.1，规划人均城市建设用地面积取值区间为≤110.0 m²/人，允许调整幅度为＜0.0m²/人，因此规划人均城市建设用地面积指标不能大于110.0m²/人。

4.2.2 本条文属于强制性条文。新建城市（镇）是指新开发城市（镇），应保证按合理的用地标准进行建设。新建城市（镇）的规划人均城市建设用地面积指标宜在（95.1～105.0）m²/人内确定，如果该城市（镇）不能满足以上指标要求时，也可以在（85.1～95.0）m²/人内确定。

4.2.3 本条文属于强制性条文。由于首都的行政管理、对外交往、科研文化等功能较突出，用地较多，因此，人均城市建设用地面积指标应适当放宽。

4.2.4 本条文属于强制性条文。我国幅员辽阔，城市（镇）之间的差异性较大。既有边远地区及少数民族地区中不少城市（镇），地多人少，经济水平低，具有不同的民族生活习俗；也有一些山地城市（镇），地少人多；还存在个别特殊原因的城市（镇），如人口较少的工矿及工业基地、风景旅游城市（镇）等。这些城市（镇）可根据实际情况，本着"合理用地、节约用地、保证用地"的原则确定其规划人均城市建设用地面积指标。

4.2.5 本条文属于强制性条文。对规划人均城市建设用地指标提出远期控制标准，是为了保障城市（镇）社会经济发展、人口增长与土地开发建设之间的长期协调性，促进城市（镇）节约集约使用土地，防止城市（镇）用地的盲目扩张，而且对于节省城市（镇）基础设施的投资，节约能源，减少运输和整个城市（镇）的经营管理费用，都具有重要意义。

4.3 规划人均单项城市建设用地面积标准

4.3.1 本条文属于强制性条文。本标准人均居住用地面积指标按照Ⅰ、Ⅱ、Ⅵ、Ⅶ气候区以及Ⅲ、Ⅳ、Ⅴ气候区分为两类分别控制。人均居住用地面积水平主要与人均住房水平及住宅建筑面积密度有关。参照住房和城乡建设部政策研究中心《全面建设小康社会居住目标研究》中2020年城镇人均住房建筑面积35.0m²/人的标准，根据《城市居住区规划设计规范》GB 50180-93（2002年版）关于住宅建筑密度、住宅用地比例的相关规定，推导归纳Ⅰ、Ⅱ、Ⅵ、Ⅶ气候区的人均居住区用地面积最低值为（30.0～40.0）m²/人，Ⅲ、Ⅳ、Ⅴ气候区的人均居住区用地面积最低值为（25.0～38.0）m²/人。

在此基础上，由于"居住用地"（R）不包括中小学用地，根据《城市居住区规划设计规范》GB 50180-93（2002年版）中人均教育用地（1.0～2.4）m²/人的要求，本标准综合确定Ⅰ、Ⅱ、Ⅵ、Ⅶ气候区的人均居住用地面积指标为（28.0～38.0）m²/人，Ⅲ、Ⅳ、Ⅴ气候区的人均居住用地面积指标为（23.0～36.0）m²/人。

4.3.2 本条文属于强制性条文。本标准基于《城市公共设施规划规范》GB 50442-2008关于原标准"行政办公用地"、"商业金融用地"、"文化娱乐用地"、"体育用地"、"医疗卫生用地"、"教育科研设计用地"、"社会福利用地"人均指标的相关规定以及《城市居住区规划设计规范》GB 50180-93（2002年版）关于人均教育用地指标的规定，综合确定人均公共管理与公共服务设施用地面积不低于5.5m²/人。

4.3.3 本条文属于强制性条文。"道路与交通设施用地"（S）的人均指标由"城市道路用地"（S1）、"城市轨道交通用地"（S2）、"交通枢纽用地"（S3）、"交通场站用地"（S4）以及"其他交通设施用地"（S9）5部分人均指标组成。本标准根据近年来国内52个城市（镇）总体规划用地资料的分析研究，参考相关交通规范综合确定人均道路与交通设施用地面积最低不应小于12.0m²/人，具体细分指标为：人均城市道路用地面积最低按10m²/人控制，人均交通枢纽用地最低按0.2m²/人控制，人均交通场站用地最低按1.8m²/人控制。

对于人口规模较大的城市（镇），由于公共交通比例较高，高等级道路比例相对较高，人均道路与交通设施用地面积指标低限应在此基础上酌情提高。

4.3.4 本条文属于强制性条文。《国家园林城市标准》规定园林城市人均公共绿地最低值在（6.0～8.0）m^2/人之间。2007年制定的《国家生态园林城市标准》提出人均公共绿地 12m^2/人应该是今后城市（镇）努力要达到的一个目标。本标准确定以 10m^2/人作为人均绿地与广场用地面积控制的低限，为了维护好城市（镇）良好的生态环境，并提出人均公园绿地面积控制的低限为 8m^2/人。

4.3.5 本条文属于强制性条文。对居住用地、公共管理与公共服务用地、道路与交通设施用地、绿地与广场用地的单项人均城市建设用地指标提出低限标准的规定，是为了使得每个居民所必需的基本居住、公共服务、交通、绿化权利得到保障。

4.4 规划城市建设用地结构

4.4.1 "城市建设用地结构"是指城市（镇）各大类用地与建设用地的比例关系。对城市（镇）各项用地资料统计表明，"居住用地"（R）、"公共管理与公共服务设施用地"（A）、"工业用地"（M）、"道路与交通设施用地"（S）、"绿地与广场用地"（G）5大类用地占城市建设用地的比例具有一般规律性，本标准综合研究确定比例关系，对城市（镇）规划编制、管理具有指导作用，在实际工作中可参照执行。其中，规模较大城市（镇）的"道路与交通设施用地"（S）占城市建设用地的比例宜比规模较小城市（镇）高。

4.4.2 工矿城市（镇）、风景旅游城市（镇）等由于工矿业用地、景区用地比重大，其用地结构应体现出该类城市（镇）的专业职能特色。

中华人民共和国国家标准

城市居住区规划设计规范

GB 50180—93

（2016 年版）

主编部门：中华人民共和国建设部
批准部门：中华人民共和国建设部
施行日期：１９９４年２月１日

中华人民共和国住房和城乡建设部公告

第 1190 号

住房城乡建设部关于发布国家标准《城市居住区规划设计规范》局部修订的公告

现批准《城市居住区规划设计规范》GB 50180—93（2002年版）局部修订的条文，经此次修改的原条文同时废止。

局部修订的条文及具体内容，将刊登在我部有关网站和近期出版的《工程建设标准化》刊物上。

中华人民共和国住房和城乡建设部

2016年6月28日

修订说明

本次局部修订是根据住房和城乡建设部《关于请组织开展城市排水相关标准制修订工作的函》（建标标函2013〔46〕号）的要求，由中国城市规划设计研究院会同有关单位对《城市居住区规划设计规范》GB 50180—93（2012年版）进行修订而成。

本次修订的主要技术内容是：增补符合低影响开发的建设要求，对地下空间使用、绿地与绿化设计、道路设计、竖向设计等内容进行了调整和补充；进一步完善道路规划和停车场库配置要求。

本规范中下划线表示修改的内容；用黑体字表示的条文为强制性条文，必须严格执行。

本规范由住房和城乡建设部负责管理和对强制性条文的解释，由中国城市规划设计研究院负责具体技术内容的解释。执行过程中如有意见或建议，请寄送至中国城市规划设计研究院《城市居住区规划设计规范》国家标准管理组（地址：北京市海淀区车公庄西路5号，邮编：100044）。

本次局部修订的主编单位、参编单位、主要审查人员：

主编单位：中国城市规划设计研究院
参编单位：中国建筑技术研究院
　　　　　北京市城市规划设计研究院
主要审查人员：张辰　包琦玮　赵锂
　　　　　　　白伟岚　李俊奇　任心欣

工程建设标准局部修订公告

第 31 号

关于国家标准《城市居住区规划设计规范》局部修订的公告

根据建设部《关于印发〈一九九八年工程建设国家标准制订、修订计划（第一批）〉的通知》（建标〔1998〕94号）的要求，中国城市规划设计研究院会同有关单位对《城市居住区规划设计规范》GB 50180—93进行了局部修订。我部组织有关单位对该规范局部修订的条文进行了共同审查，现予批准，自2002年4月1日起施行。其中，1.0.3、3.0.1、3.0.2、3.0.3、5.0.2（第1款）、5.0.5（第

2 款)、5.0.6（第 1 款)、6.0.1、6.0.3、6.0.5、7.0.1、7.0.2（第 3 款)、7.0.4（第 1 款的第 5 项)、7.0.5 为强制性条文，必须严格执行。该规范经此次修改的原条文规定同时废止。

中华人民共和国建设部
2002 年 3 月 11 日

关于发布国家标准《城市居住区规划设计规范》的通知

建标 〔1993〕 542 号

根据国家计委计综（1987）250 号文的要求，由建设部会同有关部门共同制订的《城市居住区规划设计规范》已经有关部门会审，现批准《城市居住区规划设计规范》GB 50180—93 为强制性国家标准，自一九九四年二月一日起执行。

本标准由建设部负责管理，具体解释等工作由中国城市规划设计研究院负责，出版发行由建设部标准定额研究所负责组织。

中华人民共和国建设部
1993 年 7 月 16 日

前　言

根据建设部建标〔1998〕94 号文件《关于印发"一九九八年工程建设标准制定、修订计划"的通知》要求，对现行国家标准《城市居住区规划设计规范》（以下简称规范）进行局部修订。

本次规范修订主要包括以下几个方面：增补老年人设施和停车场(库)的内容；对分级控制规模、指标体系和公共服务设施的部分内容进行了适当调整；进一步调整完善住宅日照间距的有关规定；与相关规范或标准协调，加强了措辞的严谨性。

修订工作针对我国社会经济发展和市场经济改革中出现的新问题，在原有框架基础上对规范进行了补充调整，部分标准有所提高，对涉及法律纠纷较多的条款提出了严格的限定条件，在使用规范过程中需特别加以注意。

本规范由国家标准《城市居住区规划设计规范》管理组负责解释。在实施过程中如发现有需要修改和补充之处，请将意见和有关资料寄送国家标准《城市居住区规划设计规范》管理组（北京市海淀区三里河路 9 号 中国城市规划设计研究院，邮政编码 100037）。

本规范主编单位：中国城市规划设计研究院。

本规范参编单位：北京市城市规划设计研究院、中国建筑技术研究院。

主要起草人员：涂英时、吴晟、刘燕辉、杨振华、赵文凯、张播

其他参加工作人员：刘国园

目 次

1 总则 ·· 8—5
2 术语、代号 ······························ 8—5
3 用地与建筑 ······························ 8—6
4 规划布局与空间环境 ················ 8—7
5 住宅 ·· 8—7
6 公共服务设施 ··························· 8—8
7 绿地与绿化 ······························ 8—9
8 道路 ·· 8—10
9 竖向 ·· 8—11
10 管线综合 ································· 8—12
11 综合技术经济指标 ··················· 8—14
附录 A 附图及附表 ······················ 8—15
附录 B 本规范用词说明 ··············· 8—21
附加说明 ·· 8—21
条文说明 ·· 8—23

1 总　则

1.0.1 为确保居民基本的居住生活环境，经济、合理、有效地使用土地和空间，提高居住区的规划设计质量，制定本规范。

1.0.2 本规范适用于城市居住区的规划设计。

1.0.3 居住区按居住户数或人口规模可分为居住区、小区、组团三级。各级标准控制规模，应符合表1.0.3的规定。

表 1.0.3　居住区分级控制规模

	居住区	小区	组团
户数（户）	10000～16000	3000～5000	300～1000
人口（人）	30000～50000	10000～15000	1000～3000

1.0.3a 居住区的规划布局形式可采用居住区-小区-组团、居住区-组团、小区-组团及独立式组团等多种类型。

1.0.4 居住区的配建设施，必须与居住人口规模相对应。其配建设施的面积总指标，可根据规划布局形式统一安排、灵活使用。

1.0.5 居住区的规划设计，应遵循下列基本原则：

　1.0.5.1 符合城市总体规划的要求；

　1.0.5.2 符合统一规划、合理布局、因地制宜、综合开发、配套建设的原则；

　1.0.5.3 符合所在地经济社会发展水平，民族习俗和传统风貌，气候特点与环境条件；

　1.0.5.3a 符合低影响开发的建设要求，充分利用河湖水域，促进雨水的自然积存、自然渗透、自然净化；

　1.0.5.4 适应居民的活动规律，综合考虑日照、采光、通风、防灾、配建设施及管理要求，创造安全、卫生、方便、舒适和优美的居住生活环境；

　1.0.5.5 为老年人、残疾人的生活和社会活动提供条件；

　1.0.5.6 为工业化生产、机械化施工和建筑群体空间环境多样化创造条件；

　1.0.5.7 为商品化经营、社会化管理及分期实施创造条件；

　1.0.5.8 充分考虑社会、经济和环境三方面的综合效益。

1.0.6 居住区规划设计除符合本规范外，尚应符合国家现行的有关法律、法规和强制性标准的规定。

2　术语、代号

2.0.1　城市居住区

一般称居住区，泛指不同居住人口规模的居住生活聚居地和特指城市干道或自然分界线所围合，并与居住人口规模（30000～50000人）相对应，配建有一整套较完善的、能满足该区居民物质与文化生活所需的公共服务设施的居住生活聚居地。

2.0.2　居住小区

一般称小区，是指被城市道路或自然分界线所围合，并与居住人口规模（10000～15000人）相对应，配建有一套能满足该区居民基本的物质与文化生活所需的公共服务设施的居住生活聚居地。

2.0.3　居住组团

一般称组团，指一般被小区道路分隔，并与居住人口规模（1000～3000人）相对应，配建有居民所需的基层公共服务设施的居住生活聚居地。

2.0.4　居住区用地（R）

住宅用地、公建用地、道路用地和公共绿地等四项用地的总称。

2.0.5　住宅用地（R01）

住宅建筑基底占地及其四周合理间距内的用地（含宅间绿地和宅间小路等）的总称。

2.0.6　公共服务设施用地（R02）

一般称公建用地，是与居住人口规模相对应配建的、为居民服务和使用的各类设施的用地，应包括建筑基底占地及其所属场院、绿地和配建停车场等。

2.0.7　道路用地（R03）

居住区道路、小区路、组团路及非公建配建的居民汽车地面停放场地。

2.0.8　居住区（级）道路

一般用以划分小区的道路。在大城市中通常与城市支路同级。

2.0.9　小区（级）路

一般用以划分组团的道路。

2.0.10　组团（级）路

上接小区路、下连宅间小路的道路。

2.0.11　宅间小路

住宅建筑之间连接各住宅入口的道路。

2.0.12　公共绿地（R04）

满足规定的日照要求、适合于安排游憩活动设施的、供居民共享的集中绿地，包括居住区公园、小游园和组团绿地及其他块状带状绿地等。

2.0.13　配建设施

与人口规模或与住宅规模相对应配套建设的公共服务设施、道路和公共绿地的总称。

2.0.14　其他用地（E）

规划范围内除居住区用地以外的各种用地，应包括非直接为本区居民配建的道路用地、其他单位用地、保留的自然村或不可建设用地等。

2.0.15　公共活动中心

配套公建相对集中的居住区中心、小区中心和组团中心等。

2.0.16 道路红线

城市道路（含居住区级道路）用地的规划控制线。

2.0.17 建筑线

一般称建筑控制线，是建筑物基底位置的控制线。

2.0.18 日照间距系数

根据日照标准确定的房屋间距与遮挡房屋檐高的比值。

2.0.19 建筑小品

既有功能要求，又具有点缀、装饰和美化作用的、从属于某一建筑空间环境的小体量建筑、游憩观赏设施和指示性标志物等的统称。

2.0.20 住宅平均层数

住宅总建筑面积与住宅基底总面积的比值（层）。

2.0.21 高层住宅（大于等于10层）比例

高层住宅总建筑面积与住宅总建筑面积的比率（%）。

2.0.22 中高层住宅（7～9层）比例

中高层住宅总建筑面积与住宅总建筑面积的比率（%）。

2.0.23 人口毛密度

每公顷居住区用地上容纳的规划人口数量（人/hm²）。

2.0.24 人口净密度

每公顷住宅用地上容纳的规划人口数量（人/hm²）。

2.0.25 住宅建筑套密度（毛）

每公顷居住区用地上拥有的住宅建筑套数（套/hm²）。

2.0.26 住宅建筑套密度（净）

每公顷住宅用地上拥有的住宅建筑套数（套/hm²）。

2.0.27 住宅建筑面积毛密度

每公顷居住区用地上拥有的住宅建筑面积（万m²/hm²）。

2.0.28 住宅建筑面积净密度

每公顷住宅用地上拥有的住宅建筑面积（万m²/hm²）。

2.0.29 建筑面积毛密度

也称容积率，是每公顷居住区用地上拥有的各类建筑的建筑面积（万m²/hm²）或以居住区总建筑面积（万m²）与居住区用地（万m²）的比值表示。

2.0.30 住宅建筑净密度

住宅建筑基底总面积与住宅用地面积的比率（%）。

2.0.31 建筑密度

居住区用地内，各类建筑的基底总面积与居住区用地面积的比率（%）。

2.0.32 绿地率

居住区用地范围内各类绿地面积的总和占居住区用地面积的比率（%）。

居住区内绿地应包括：公共绿地、宅旁绿地、公共服务设施所属绿地和道路绿地（即道路红线内的绿地），其中包括满足当地植树绿化覆土要求、方便居民出入的地下或半地下建筑的屋顶绿地，不应包括其他屋顶、晒台的人工绿地。

2.0.32a 停车率

指居住区内居民汽车的停车位数量与居住户数的比率（%）。

2.0.32b 地面停车率

居民汽车的地面停车位数量与居住户数的比率（%）。

2.0.33 拆建比

拆除的原有建筑总面积与新建的建筑总面积的比值。

2.0.34 （取消该条）

2.0.35 （取消该条）

3 用地与建筑

3.0.1 居住区规划总用地，应包括居住区用地和其他用地两类。其各类、项用地名称可采用本规范第2章规定的代号标示。

3.0.2 居住区用地构成中，各项用地面积和所占比例应符合下列规定：

3.0.2.1 居住区用地平衡表的格式，应符合本规范附录A，第A.0.5条的要求。参与居住区用地平衡的用地应为构成居住区用地的四项用地，其他用地不参与平衡；

3.0.2.2 居住区内各项用地所占比例的平衡控制指标，应符合表3.0.2的规定。

表3.0.2 居住区用地平衡控制指标（%）

用地构成	居住区	小区	组团
1. 住宅用地（R01）	50～60	55～65	70～80
2. 公建用地（R02）	15～25	12～22	6～12
3. 道路用地（R03）	10～18	9～17	7～15
4. 公共绿地（R04）	7.5～18	5～15	3～6
居住区用地（R）	100	100	100

3.0.3 人均居住区用地控制指标，应符合表3.0.3

规定。

表 3.0.3 人均居住区用地控制指标 （m²/人）

居住规模	层 数	建筑气候区划		
		Ⅰ、Ⅱ、Ⅵ、Ⅶ	Ⅲ、Ⅴ	Ⅳ
居住区	低 层	33~47	30~43	28~40
	多 层	20~28	19~27	18~25
	多层、高层	17~26	17~26	17~26
小 区	低 层	30~43	28~40	26~37
	多 层	20~28	19~26	18~25
	中高层	17~24	15~22	14~20
	高 层	10~15	10~15	10~15
组 团	低 层	25~35	23~32	21~30
	多 层	16~23	15~22	14~20
	中高层	14~20	13~18	12~16
	高 层	8~11	8~11	8~11

注：本表各项指标按每户3.2人计算。

3.0.4 居住区内建筑应包括住宅建筑和公共服务设施建筑（也称公建）两部分；在居住区规划用地内的其他建筑的设置，应符合无污染不扰民的要求。

4 规划布局与空间环境

4.0.1 居住区的规划布局，应综合考虑周边环境、路网结构、公建与住宅布局、群体组合、地下空间、绿地系统及空间环境等的内在联系，构成一个完善的、相对独立的有机整体，并应遵循下列原则：

4.0.1.1 方便居民生活，有利安全防卫和物业管理；

4.0.1.2 组织与居住人口规模相对应的公共活动中心，方便经营、使用和社会化服务；

4.0.1.3 合理组织人流、车流和车辆停放，创造安全、安静、方便的居住环境；

4.0.1.4 适度开发利用地下空间，合理控制建设用地的不透水面积，留足雨水自然渗透、净化所需的生态空间。

4.0.2 居住区的空间与环境设计，应遵循下列原则：

4.0.2.1 规划布局和建筑应体现地方特色，与周围环境相协调；

4.0.2.2 合理设置公共服务设施，避免烟、气（味）、尘及噪声对居民的污染和干扰；

4.0.2.3 精心设置建筑小品，丰富与美化环境；

4.0.2.4 注重景观和空间的完整性，市政公用站点等宜与住宅或公建结合安排；供电、电讯、路灯等管线宜地下埋设；

4.0.2.5 公共活动空间的环境设计，应处理好建筑、道路、广场、院落、绿地和建筑小品之间及其与人的活动之间的相互关系。

4.0.3 便于寻访、识别和街道命名。

4.0.4 在重点文物保护单位和历史文化保护区保护规划范围内进行住宅建设，其规划设计必须遵循保护规划的指导；居住区内的各级文物保护单位和古树名木必须依法予以保护；在文物保护单位的建设控制地带内的新建建筑和构筑物，不得破坏文物保护单位的环境风貌。

5 住 宅

5.0.1 住宅建筑的规划设计，应综合考虑用地条件、选型、朝向、间距、绿地、层数与密度、布置方式、群体组合、空间环境和不同使用者的需要等因素确定。

5.0.1A 宜安排一定比例的老年人居住建筑。

5.0.2 住宅间距，应以满足日照要求为基础，综合考虑采光、通风、消防、防灾、管线埋设、视觉卫生等要求确定。

5.0.2.1 住宅日照标准应符合表5.0.2-1规定；对于特定情况还应符合下列规定：

（1）老年人居住建筑不应低于冬至日日照2小时的标准；

（2）在原设计建筑外增加任何设施不应使相邻住宅原有日照标准降低；

（3）旧区改建的项目内新建住宅日照标准可酌情降低，但不应低于大寒日日照1小时的标准。

表 5.0.2-1 住宅建筑日照标准

建筑气候区划	Ⅰ、Ⅱ、Ⅲ、Ⅶ气候区		Ⅳ气候区		Ⅴ、Ⅵ气候区
	大城市	中小城市	大城市	中小城市	
日照标准日	大 寒 日				冬 至 日
日照时数(h)	≥2	≥3			≥1
有效日照时间带(h)	8~16				9~15
日照时间计算起点	底 层 窗 台 面				

注：①建筑气候区划应符合本规范附录A第A.0.1条的规定。
②底层窗台面是指距室内地坪0.9m高的外墙位置。

5.0.2.2 正面间距，可按日照标准确定的不同方位的日照间距系数控制，也可采用表5.0.2-2不同方位间距折减系数换算。

表 5.0.2-2 不同方位间距折减换算表

方位	0°~15°(含)	15°~30°(含)	30°~45°(含)	45°~60°(含)	>60
折减值	1.00L	0.90L	0.80L	0.90L	0.95L

注：①表中方位为正南向（0°）偏东、偏西的方位角。
②L为当地正南向住宅的标准日照间距（m）。
③本表指标仅适用于无其他日照遮挡的平行布置条式住宅之间。

5.0.2.3 住宅侧面间距，应符合下列规定：

（1）条式住宅，多层之间不宜小于6m；高层与各种层数住宅之间不宜小于13m；

（2）高层塔式住宅、多层和中高层点式住宅与侧面有窗的各种层数住宅之间应考虑视觉卫生因素，适当加大间距。

5.0.3 住宅布置，应符合下列规定：

5.0.3.1 选用环境条件优越的地段布置住宅，其布置应合理紧凑；

5.0.3.2 面街布置的住宅，其出入口应避免直接开向城市道路和居住区级道路；

5.0.3.3 在Ⅰ、Ⅱ、Ⅵ、Ⅶ建筑气候区，主要应利于住宅冬季的日照、防寒、保温与防风沙的侵袭；在Ⅲ、Ⅳ建筑气候区，主要应考虑住宅夏季防热和组织自然通风、导风入室的要求；

5.0.3.4 在丘陵和山区，除考虑住宅布置与主导风向的关系外，尚应重视因地形变化而产生的地方风对住宅建筑防寒、保温或自然通风的影响；

5.0.3.5 老年人居住建筑宜靠近相关服务设施和公共绿地。

5.0.4 住宅的设计标准，应符合现行国家标准《住宅设计规范》GB 50098—99的规定，宜采用多种户型和多种面积标准。

5.0.5 住宅层数，应符合下列规定：

5.0.5.1 根据城市规划要求和综合经济效益，确定经济的住宅层数与合理的层数结构；

5.0.5.2 无电梯住宅不应超过六层。在地形起伏较大的地区，当住宅分层入口时，可按进入住宅后的单程上或下的层数计算。

5.0.6 住宅净密度，应符合下列规定：

5.0.6.1 住宅建筑净密度的最大值，不应超过表5.0.6-1规定；

表5.0.6-1 住宅建筑净密度控制指标（％）

住宅层数	建筑气候区划		
	Ⅰ、Ⅱ、Ⅵ、Ⅶ	Ⅲ、Ⅴ	Ⅳ
低 层	35	40	43
多 层	28	30	32
中高层	25	28	30
高 层	20	20	22

注：混合层取两者的指标值作为控制指标的上、下限值。

5.0.6.2 住宅建筑面积净密度的最大值，不宜超过表5.0.6-2规定。

表5.0.6-2 住宅建筑面积净密度控制指标（万m²/hm²）

住宅层数	建筑气候区别		
	Ⅰ、Ⅱ、Ⅵ、Ⅶ	Ⅲ、Ⅴ	Ⅳ
低 层	1.10	1.20	1.30
多 层	1.70	1.80	1.90
中高层	2.00	2.20	2.40
高 层	3.50	3.50	3.50

注：①混合层取两者的指标值作为控制指标的上、下限值；
②本表不计入地下层面积。

6 公共服务设施

6.0.1 居住区公共服务设施（也称配套公建），应包括：教育、医疗卫生、文化体育、商业服务、金融邮电、社区服务、市政公用和行政管理及其他八类设施。

6.0.2 居住区配套公建的配建水平，必须与居住人口规模相对应。并应与住宅同步规划、同步建设和同时投入使用。

6.0.3 居住区配套公建的项目，应符合本规范附录A第A.0.6条规定。配建指标，应以表6.0.3规定的千人总指标和分类指标控制，并应遵循下列原则：

6.0.3.1 各地应按表6.0.3中规定所确定的本规范附录A第A.0.6条中有关项目及其具体指标控制；

6.0.3.2 本规范附录A第A.0.6条和表6.0.3在使用时可根据规划布局形式和规划用地四周的设施条件，对配建项目进行合理的归并、调整，但不应少于与其居住人口规模相对应的千人总指标；

6.0.3.3 当规划用地内的居住人口规模界于组团和小区之间或小区和居住区之间时，除配建下一级应配建的项目外，还应根据所增人数及规划用地周围的设施条件，增配高一级的有关项目及增加有关指标；

6.0.3.4 （取消该款）

6.0.3.5 （取消该款）

6.0.3.6 旧区改建和城市边缘的居住区，其配建项目与千人总指标可酌情增减，但应符合当地城市规划行政主管部门的有关规定；

6.0.3.7 凡国家确定的一、二类人防重点城市均应按国家人防部门的有关规定配建防空地下室，并应遵循平战结合的原则，与城市地下空间规划相结合，统筹安排。将居住区使用部分的面积，按其使用性质纳入配套公建；

表 6.0.3 公共服务设施控制指标（m²/千人）

类别	居住规模	居住区		小区		组团	
		建筑面积	用地面积	建筑面积	用地面积	建筑面积	用地面积
总指标		1668～3293 (2228～4213)	2172～5559 (2762～6329)	968～2397 (1338～2977)	1091～3835 (1491～4585)	362～856 (703～1356)	488～1058 (868～1578)
其中	教育	600～1200	1000～2400	330～1200	700～2400	160～400	300～500
	医疗卫生（含医院）	78～198 (178～398)	138～378 (298～548)	38～98	78～228	6～20	12～40
	文体	125～245	225～645	45～75	65～105	18～24	40～60
	商业服务	700～910	600～940	450～570	100～600	150～370	100～400
	社区服务	59～464	76～668	59～292	76～328	19～32	16～28
	金融邮电（含银行、邮电局）	20～30	25～50 (60～80)	16～22	22～34	—	—
	市政公用（含居民存车处）	40～150 (460～820)	70～360 (500～960)	30～140 (400～720)	50～140 (450～760)	9～10 (350～510)	20～30 (400～550)
	行政管理及其他	46～96	37～72	—	—	—	—

注：①居住区级指标含小区和组团级指标，小区级含组团级指标；
②公共服务设施总用地的控制指标应符合表 3.0.2 规定；
③总指标未含其他类，使用时应根据规划设计要求确定本类面积指标；
④小区医疗卫生类未含门诊所；
⑤市政公用类未含锅炉房，在采暖地区应自选确定。

6.0.3.8 居住区配套公建各项目的设置要求，应符合本规范附录 A 第 A.0.7 条的规定。对其中的服务内容可酌情选用。

6.0.4 居住区配套公建各项目的规划布局，应符合下列规定：

6.0.4.1 根据不同项目的使用性质和居住区的规划布局形式，应采用相对集中与适当分散相结合的方式合理布局。并应利于发挥设施效益，方便经营管理、使用和减少干扰；

6.0.4.2 商业服务与金融邮电、文体等有关项目宜集中布置，形成居住区各级公共活动中心；

6.0.4.3 基层服务设施的设置应方便居民，满足服务半径的要求；

6.0.4.4 配套公建的规划布局和设计应考虑发展需要。

6.0.5 居住区内公共活动中心、集贸市场和人流较多的公共建筑，必须相应配建公共停车场（库），并应符合下列规定：

6.0.5.1 配建公共停车场（库）的停车位控制指标，应符合表 6.0.5 规定；

表 6.0.5 配建公共停车场（库）停车位控制指标

名称	单位	自行车	机动车
公共中心	车位/100m² 建筑面积	≥7.5	≥0.45
商业中心	车位/100m² 营业面积	≥7.5	≥0.45
集贸市场	车位/100m² 营业场地	≥7.5	≥0.30

续表 6.0.5

名称	单位	自行车	机动车
饮食店	车位/100m² 营业面积	≥3.6	≥0.30
医院、门诊所	车位/100m² 建筑面积	≥1.5	≥0.30

注：①本表机动车停车车位以小型汽车为标准当量表示；
②其他各型车辆停车位的换算办法，应符合本规范第 11 章中有关规定。

6.0.5.2 配建公共停车场（库）应就近设置，并宜采用地下或多层车库。

7 绿地与绿化

7.0.1 居住区内绿地，应包括公共绿地、宅旁绿地、配套公建所属绿地和道路绿地，其中包括了满足当地植树绿化覆土要求、方便居民出入的地下或半地下建筑的屋顶绿地。

7.0.2 居住区内绿地应符合下列规定：

7.0.2.1 一切可绿化的用地均应绿化，并宜发展垂直绿化；

7.0.2.2 宅间绿地应精心规划与设计；宅间绿地面积的计算办法应符合本规范第 11 章中有关规定；

7.0.2.3 绿地率：新区建设不应低于 30%；旧区改建不宜低于 25%。

7.0.3 居住区内的绿地规划，应根据居住区的规划布局形式、环境特点及用地的具体条件，采用集中与分散相结合，点、线、面相结合的绿地系统。并宜保留和利用规划范围内的已有树木和绿地。

7.0.4 居住区内的公共绿地,应根据居住区不同的规划布局形式设置相应的中心绿地,以及老年人、儿童活动场地和其他的块状、带状公共绿地等,并应符合下列规定:

7.0.4.1 中心绿地的设置应符合下列规定:

(1) 符合表 7.0.4-1 规定,表内"设置内容"可视具体条件选用;

(2) 至少应有一个边与相应级别的道路相邻;

(3) 绿化面积(含水面)不宜小于 70%;

表 7.0.4-1　各级中心绿地设置规定

中心绿地名称	设置内容	要求	最小规模 (hm²)
居住区公园	花木草坪、花坛水面、凉亭雕塑、小卖茶座、老幼设施、停车场地和铺装地面等	园内布局应有明确的功能划分	1.00
小游园	花木草坪、花坛水面、雕塑、儿童设施和铺装地面等	园内布局应有一定的功能划分	0.40
组团绿地	花木草坪、桌椅、简易儿童设施等	灵活布局	0.04

(4) 便于居民休憩、散步和交往之用,宜采用开敞式,以绿篱或其他通透式院墙栏杆作分隔;

(5) 组团绿地的设置应满足有不少于 1/3 的绿地面积在标准的建筑日照阴影线范围之外的要求,并便于设置儿童游戏设施和适于成人游憩活动。其中院落式组团绿地的设置还应同时满足表 7.0.4-2 中的各项要求,其面积计算起止界应符合本规范第 11 章中有关规定。

表 7.0.4-2　院落式组团绿地设置规定

封闭型绿地		开敞型绿地	
南侧多层楼	南侧高层楼	南侧多层楼	南侧高层楼
$L \geqslant 1.5L_2$ $L \geqslant 30m$	$L \geqslant 1.5L_2$ $L \geqslant 50m$	$L \geqslant 1.5L_2$ $L \geqslant 30m$	$L \geqslant 1.5L_2$ $L \geqslant 50m$
$S_1 \geqslant 800m^2$	$S_1 \geqslant 1800m^2$	$S_1 \geqslant 500m^2$	$S_1 \geqslant 1200m^2$
$S_2 \geqslant 1000m^2$	$S_2 \geqslant 2000m^2$	$S_2 \geqslant 600m^2$	$S_2 \geqslant 1400m^2$

注:① L——南北两楼正面间距 (m);

L_2——当地住宅的标准日照间距 (m);

S_1——北侧为多层楼的组团绿地面积 (m²);

S_2——北侧为高层楼的组团绿地面积 (m²)。

② 开敞型院落式组团绿地应符合本规范附录 A 第 A.0.4 条规定。

7.0.4.2 其他块状带状公共绿地应同时满足宽度不小于 8m、面积不小于 400m² 和本条第 1 款 (2)、

(3)、(4) 项及第 (5) 项中的日照环境要求;

7.0.4.3 公共绿地的位置和规模,应根据规划用地周围的城市级公共绿地的布局综合确定。

7.0.5 居住区内公共绿地的总指标,应根据居住人口规模分别达到:组团不少于 0.5m²/人,小区(含组团)不少于 1m²/人,居住区(含小区与组团)不少于 1.5m²/人,并应根据居住区规划布局形式统一安排、灵活使用。

旧区改建可酌情降低,但不得低于相应指标的 70%。

7.0.6 居住区的绿地应结合场地雨水规划进行设计,可根据需要因地制宜地采用兼有调蓄、净化、转输功能的绿化方式。

7.0.7 小游园、小广场等应满足透水要求。

8　道　路

8.0.1 居住区的道路规划,应遵循下列原则:

8.0.1.1 根据地形、气候、用地规模、用地四周的环境条件、城市交通系统以及居民的出行方式,应选择经济、便捷的道路系统和道路断面形式;

8.0.1.2 小区内道路应满足消防、救护等车辆的通行要求;

8.0.1.3 有利于居住区内各类用地的划分和有机联系,以及建筑物布置的多样化;

8.0.1.4 当公共交通线路引入居住区级道路时,应减少交通噪声对居民的干扰;

8.0.1.5 在地震烈度不低于六度的地区,应考虑防灾救灾要求;

8.0.1.6 满足居住区的日照通风和地下工程管线的埋设要求;

8.0.1.7 城市旧区改建,其道路系统应充分考虑原有道路特点,保留和利用有历史文化价值的街道;

8.0.1.8 应便于居民汽车的通行,同时保证行人、骑车人的安全便利;

8.0.1.9 (取消该款)

8.0.2 居住区内道路可分为:居住区道路、小区路、组团路和宅间小路四级。其道路宽度,应符合下列规定:

8.0.2.1 居住区道路:红线宽度不宜小于 20m;

8.0.2.2 小区路:路面宽 6~9m,建筑控制线之间的宽度,需敷设供热管线的不宜小于 14m;无供热管线的不宜小于 10m;

8.0.2.3 组团路:路面宽 3~5m;建筑控制线之间的宽度,需敷设供热管线的不宜小于 10m;无供热管线的不宜小于 8m;

8.0.2.4 宅间小路:路面宽不宜小于 2.5m;

8.0.2.5 在多雪地区,应考虑堆积清扫道路积雪的面积,道路宽度可酌情放宽,但应符合当地城市规

划行政主管部门的有关规定。

8.0.3 居住区内道路纵坡规定，应符合下列规定：

8.0.3.1 居住区内道路纵坡控制指标应符合表8.0.3的规定；

表8.0.3 居住区内道路纵坡控制指标（%）

道路类别	最小纵坡	最大纵坡	多雪严寒地区最大纵坡
机动车道	≥0.2	≤8.0 L≤200m	≤5.0 L≤600m
非机动车道	≥0.2	≤3.0 L≤50m	≤2.0 L≤100m
步行道	≥0.2	≤8.0	≤4.0

注：L为坡长（m）。

8.0.3.2 机动车与非机动车混行的道路，其纵坡宜按非机动车道要求，或分段按非机动车道要求控制。

8.0.4 山区和丘陵地区的道路系统规划设计，应遵循下列原则：

8.0.4.1 车行与人行宜分开设置自成系统；

8.0.4.2 路网格式应因地制宜；

8.0.4.3 主要道路宜平缓；

8.0.4.4 路面可酌情缩窄，但应安排必要的排水边沟和会车位，并应符合当地城市规划行政主管部门的有关规定。

8.0.5 居住区内道路设置，应符合下列规定：

8.0.5.1 小区内主要道路至少应有两个出入口；居住区内主要道路至少应有两个方向与外围道路相连；机动车道对外出入口间距不应小于150m。沿街建筑物长度超过150m时，应设不小于4m×4m的消防车通道。人行出口间距不宜超过80m，当建筑物长度超过80m时，应在底层加设人行通道；

8.0.5.2 居住区内道路与城市道路相接时，其交角不宜小于75°；当居住区内道路坡度较大时，应设缓冲段与城市道路相接；

8.0.5.3 进入组团的道路，既应方便居民出行和利于消防车、救护车的通行，又应维护院落的完整性和利于治安保卫；

8.0.5.4 在居住区内公共活动中心，应设置为残疾人通行的无障碍通道。通行轮椅车的坡道宽度不应小于2.5m，纵坡不应大于2.5%；

8.0.5.5 居住区内尽端式道路的长度不宜大于120m，并应在尽端设不小于12m×12m的回车场地；

8.0.5.6 当居住区内用地坡度大于8%时，应辅以梯步解决竖向交通，并宜在梯步旁附设推行自行车的坡道；

8.0.5.7 在多雪严寒的山坡地区，居住区内道路路面应考虑防滑措施；在地震设防地区，居住区内的主要道路，宜采用柔性路面；

8.0.5.8 居住区内道路边缘至建筑物、构筑物的最小距离，应符合表8.0.5规定；

表8.0.5 道路边缘至建、构筑物最小距离（m）

与建、构筑物关系	道路级别	居住区道路	小区路	组团路及宅间小路
建筑物面向道路	无出入口 高层	5.0	3.0	2.0
	无出入口 多层	3.0	3.0	2.0
	有出入口	—	5.0	2.5
建筑物山墙面向道路	高层	4.0	2.0	1.5
	多层	2.0	2.0	1.5
围墙面向道路		1.5	1.5	1.5

注：居住区道路的边缘指红线；小区路、组团路及宅间小路的边缘指路面边线。当小区路设有人行便道时，其道路边缘指便道边线。

8.0.5.9 （取消该款）

8.0.6 居住区内必须配套设置居民汽车（含通勤车）停车场、停车库，并应符合下列规定：

8.0.6.1 居民汽车停车率不应小于10%；

8.0.6.2 居住区内地面停车率（居住区内居民汽车的停车位数量与居住户数的比率）不宜超过10%；

8.0.6.3 居民停车场、库的布置应方便居民使用，服务半径不宜大于150m；

8.0.6.4 居民停车场、库的布置应留有必要的发展余地。

8.0.6.5 新建居民区配建停车位应预留充电基础设施安装条件。

8.0.7 居住区内的道路在满足路面路基强度和稳定性等道路的功能性要求前提下，路面宜满足透水要求。地面停车场应满足透水要求。

9 竖 向

9.0.1 居住区的竖向规划，应包括地形地貌的利用、确定道路控制高程和地面排水规划等内容。

9.0.2 居住区竖向规划设计，应遵循下列原则：

9.0.2.1 合理利用地形地貌，减少土方工程量；

9.0.2.2 各种场地的适用坡度，应符合表9.0.2规定；

表9.0.2 各种场地的适用坡度（%）

场地名称	适用坡度
密实性地面和广场	0.3～3.0
广场兼停车场	0.2～0.5
室外场地 1.儿童游戏场	0.3～2.5
2.运动场	0.2～0.5
3.杂用场地	0.3～2.9
绿 地	0.5～1.0
湿陷性黄土地面	0.5～7.0

9.0.2.3 满足排水管线的埋设要求；
9.0.2.4 避免土壤受冲刷；
9.0.2.5 有利于建筑布置与空间环境的设计；
9.0.2.6 对外联系道路的高程应与城市道路标高相衔接；
9.0.2.7 满足防洪设计要求；
9.0.2.8 满足内涝灾害防治、面源污染控制及雨水资源化利用的要求。

9.0.3 当自然地形坡度大于8%，居住区地面连接形式宜选用台地式，台地之间应用挡土墙或护坡连接。

9.0.4 居住区内地面水的排水系统，应根据地形特点设计。在山区和丘陵地区还必须考虑排洪要求。地面水排水方式的选择，应符合以下规定：

9.0.4.1 居住区内应采用暗沟（管）排除地面水；
9.0.4.2 在埋设地下暗沟（管）极不经济的陡坎、岩石地段，或在山坡冲刷严重，管沟易堵塞的地段，可采用明沟排水。

10 管线综合

10.0.1 居住区内应设置给水、污水、雨水和电力管线，在采用集中供热居住区内还应设置供热管线，同时还应考虑燃气、通讯、电视公用天线、闭路电视、智能化等管线的设置或预留埋设位置。

10.0.2 居住区内各类管线的设置，应编制管线综合规划确定，并应符合下列规定：

10.0.2.1 必须与城市管线衔接；
10.0.2.2 应根据各类管线的不同特性和设置要求综合布置。各类管线相互间的水平与垂直净距，宜符合表10.0.2-1和表10.0.2-2的规定；

表 10.0.2-1 各种地下管线之间最小水平净距（m）

管线名称		给水管	排水管	燃气管③			热力管	电力电缆	电信电缆	电信管道
				低压	中压	高压				
排水管		1.5	1.5	—	—	—	—	—	—	—
燃气管③	低压	0.5	1.0	—	—	—	—	—	—	—
	中压	1.0	1.5	—	—	—	—	—	—	—
	高压	1.5	2.0	—	—	—	—	—	—	—
热力管		1.5	1.5	1.0	1.5	2.0	—	—	—	—
电力电缆		0.5	0.5	0.5	1.0	1.5	2.0	—	—	—
电信电缆		1.0	1.0	0.5	1.0	1.5	1.0	0.5	—	—
电信管道		1.0	1.0	1.0	1.0	2.0	1.0	1.2	0.2	—

注：①表中给水管与排水管之间的净距适用于管径小于或等于200mm，当管径大于200mm时应大于或等于3.0m；
②大于或等于10kV的电力电缆与其他任何电力电缆之间应大于或等于0.25m，如加套管，净距可减至0.1m；小于10kV电力电缆之间应大于或等于0.1m；
③低压燃气管的压力为小于或等于0.005MPa，中压为0.005～0.3MPa，高压为0.3～0.8MPa。

表 10.0.2-2 各种地下管线之间最小垂直净距（m）

管线名称	给水管	排水管	燃气管	热力管	电力电缆	电信电缆	电信管道
给水管	0.15	—	—	—	—	—	—
排水管	0.40	0.15	—	—	—	—	—
燃气管	0.15	0.15	0.15	—	—	—	—
热力管	0.15	0.15	0.15	0.15	—	—	—
电力电缆	0.15	0.50	0.50	0.50	0.50	—	—
电信电缆	0.20	0.50	0.50	0.15	0.50	0.25	0.25
电信管道	0.10	0.15	0.15	0.15	0.50	0.25	0.25
明沟沟底	0.50	0.50	0.50	0.50	0.50	0.50	0.50
涵洞基底	0.15	0.15	0.15	0.15	0.50	0.20	0.25
铁路轨底	1.00	1.20	1.00	1.20	1.00	1.00	1.00

10.0.2.3 宜采用地下敷设的方式。地下管线的走向，宜沿道路或与主体建筑平行布置，并力求线型顺直、短捷和适当集中，尽量减少转弯，并应使管线之间及管线与道路之间尽量减少交叉；

10.0.2.4 应考虑不影响建筑物安全和防止管线受腐蚀、沉陷、震动及重压。各种管线与建筑物和构筑物之间的最小水平间距，应符合表10.0.2-3规定；

表 10.0.2-3 各种管线与建、构筑物之间的最小水平间距（m）

管线名称		建筑物基础	地上杆柱（中心）			铁 路（中心）	城市道路侧石边缘	公路边缘
			通信、照明及<10kV	≤35kV	>35kV			
给水管		3.00	0.50	3.00		5.00	1.50	1.00
排水管		2.50	0.50	1.50		5.00	1.50	1.00
燃气管	低压 1.50	1.00	1.00	5.00		3.75	1.50	1.00
	中压 2.00					3.75	1.50	1.00
	高压 4.00					5.00	2.50	1.00
热力管		直埋 2.5 / 地沟 0.5	1.00	2.00	3.00	3.75	1.50	1.00
电力电缆		0.60	0.60	0.60	0.60	3.75	1.50	1.00
电信电缆		0.60	0.50	0.60	0.60	3.75	1.50	1.00
电信管道		1.50	1.00	1.00	1.00	3.75	1.50	1.00

注：①表中给水管与城市道路侧石边缘的水平间距1.00m适用于管径小于或等于200mm，当管径大于200mm时应大于或等于1.50m；
②表中给水管与围墙或篱笆的水平间距1.50m是适用于管径小于或等于200mm，当管径大于200mm时应大于或等于2.50m；
③排水管与建筑物基础的水平间距，当埋深浅于建筑物基础时应大于或等于2.50m；
④表中热力管与建筑物基础的最小水平间距对于管沟敷设的热力管道为0.50m，对于直埋闭式热力管道管径小于或等于250mm时为2.50m，管径大于或等于300mm时为3.00m对于直埋开式热力管道为5.00m。

10.0.2.5 各种管线的埋设顺序应符合下列规定：
（1）离建筑物的水平排序，由近及远宜为：电力管线或电信管线、燃气管、热力管、给水管、雨水管、污水管；
（2）各类管线的垂直排序，由浅入深宜为：电信管线、热力管、小于10kV电力电缆、大于10kV电力电缆、燃气管、给水管、雨水管、污水管。

10.0.2.6 电力电缆与电信管、缆宜远离，并按照电力电缆在道路东侧或南侧、电信电缆在道路西侧或北侧的原则布置；

10.0.2.7 管线之间遇到矛盾时，应按下列原则处理：
（1）临时管线避让永久管线；
（2）小管线避让大管线；
（3）压力管线避让重力自流管线；
（4）可弯曲管线避让不可弯曲管线。

10.0.2.8 地下管线不宜横穿公共绿地和庭院绿地。与绿化树种间的最小水平净距，宜符合表10.0.2-4中的规定。

表 10.0.2-4 管线、其他设施与绿化树种间的最小水平净距（m）

管线名称	最小水平净距	
	至乔木中心	至灌木中心
给水管、闸井	1.5	1.5
污水管、雨水管、探井	1.5	1.5
燃气管、探井	1.2	1.2
电力电缆、电信电缆	1.0	1.0
电信管道	1.5	1.0
热力管	1.5	1.5
地上杆柱（中心）	2.0	2.0
消防龙头	1.5	1.2
道路侧石边缘	0.5	0.5

11 综合技术经济指标

11.0.1 居住区综合技术经济指标的项目应包括必要指标和可选用指标两类,其项目及计量单位应符合表11.0.1规定。

表11.0.1 综合技术经济指标系列一览表

项　目	计量单位	数值	所占比重(％)	人均面积(m²/人)
居住区规划总用地	hm²	▲	—	—
1. 居住区用地（R）	hm²	▲	—	▲
①住宅用地（R01）	hm²	▲	▲	▲
②公建用地（R02）	hm²	▲	▲	▲
③道路用地（R03）	hm²	▲	▲	▲
④公共绿地（R04）	hm²	▲	▲	▲
2. 其他用地	hm²	▲	—	—
居住户（套）数	户（套）	▲	—	—
居住人数	人	▲	—	—
户均人口	人/户	▲	—	—
总建筑面积	万 m²	▲	—	—
1. 居住区用地内建筑总面积	万 m²	▲	100	▲
①住宅建筑面积	万 m²	▲	▲	▲
②公建面积	万 m²	▲	▲	▲
2. 其他建筑面积	万 m²	△	—	—
住宅平均层数	层	▲	—	—
高层住宅比率	％	△	—	—
中高层住宅比率	％	△	—	—
人口毛密度	人/hm²	▲	—	—
人口净密度	人/hm²	△	—	—
住宅建筑套密度（毛）	套/hm²	▲	—	—
住宅建筑套密度（净）	套/hm²	▲	—	—
住宅建筑面积毛密度	万 m²/hm²	▲	—	—
住宅建筑面积净密度	万 m²/hm²	▲	—	—
居住区建筑面积毛密度（容积率）	万 m²/hm²	▲	—	—

续表11.0.1

项　目	计量单位	数值	所占比重(％)	人均面积(m²/人)
停车率	％	▲	—	—
停车位	辆	▲	—	—
地面停车率	％	▲	—	—
地面停车位	辆	▲	—	—
住宅建筑净密度	％	▲	—	—
总建筑密度	％	▲	—	—
绿地率	％	▲	—	—
拆建比	—	△	—	—
年径流总量控制率	％	▲	—	—

注：▲必要指标；△选用指标。

11.0.2 各项指标的计算,应符合下列规定:

11.0.2.1 规划总用地范围应按下列规定确定:

（1）当规划总用地周界为城市道路、居住区(级)道路、小区路或自然分界线时,用地范围划至道路中心线或自然分界线;

（2）当规划总用地与其他用地相邻,用地范围划至双方用地的交界处。

11.0.2.2 底层公建住宅或住宅公建综合楼用地面积应按下列规定确定:

（1）按住宅和公建各占该幢建筑总面积的比例分摊用地,并分别计入住宅用地和公建用地;

（2）底层公建突出于上部住宅或占有专用场院或因公建需要后退红线的用地,均应计入公建用地。

11.0.2.3 底层架空建筑用地面积的确定,应按底层及上部建筑的使用性质及其各占该幢建筑总建筑面积的比例分摊用地面积,并分别计入有关用地内;

11.0.2.4 绿地面积应按下列规定确定:

（1）宅旁（宅间）绿地面积计算的起止界应符合本规范附录A第A.0.2条的规定：绿地边界对宅间路、组团路和小区路算到路边,当小区路设有人行便道时算到便道边,沿居住区路、城市道路则算到红线；距房屋墙脚1.5m;对其他围墙、院墙算到墙脚；

（2）道路绿地面积计算,以道路红线内规划的绿地面积为准进行计算；

（3）院落式组团绿地面积计算起止界应符合本规范附录A第A.0.3条的规定：绿地边界距宅间路、组团路和小区路路边1.0m;当小区路有人行便道时,算到人行便道边；临城市道路、居住区级道路时算到道路红线；距房屋墙脚1.5m;

（4）开敞型院落组团绿地,应符合本规范表7.0.4-2要求；至少有一个面面向小区路,或向建筑

控制线宽度不小于10m的组团级主路敞开,并向其开设绿地的主要出入口和满足本规范附录A第A.0.4条的规定;

(5) 其他块状、带状公共绿地面积计算的起止界同院落式组团绿地。沿居住区(级)道路、城市道路的公共绿地算到红线。

11.0.2.5 居住区用地内道路用地面积应按下列规定确定:

(1) 按与居住人口规模相对应的同级道路及其以下各级道路计算用地面积,外围道路不计入;

(2) 居住区(级)道路,按红线宽度计算;

(3) 小区路、组团路,按路面宽度计算。当小区路设有人行便道时,人行便道计入道路用地面积;

(4) 居民汽车停放场地,按实际占地面积计算;

(5) 宅间小路不计入道路用地面积。

11.0.2.6 其他用地面积应按下列规定确定:

(1) 规划用地外围的道路算至外围道路的中心线;

(2) 规划用地范围内的其他用地,按实际占用面积计算。

11.0.2.7 停车场车位数的确定以小型汽车为标准当量表示,其他各型车辆的停车位,应按表11.0.2中相应的换算系数折算。

表 11.0.2 各型车辆停车位换算系数

车　　型	换算系数
微型客、货汽车机动三轮车	0.7
卧车、两吨以下货运汽车	1.0
中型客车、面包车、2~4t货运汽车	2.0
铰接车	3.5

附录A 附图及附表

A.0.1 附图A.0.1 中国建筑气候区划图

A.0.2 附图A.0.2 宅旁(宅间)绿地面积计算起止界示意图

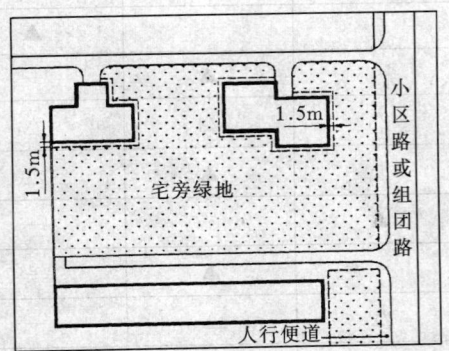

附图 A.0.2 宅旁(宅间)绿地面积计算起止界示意图

A.0.3 附图A.0.3 院落式组团绿地面积计算起止界示意图

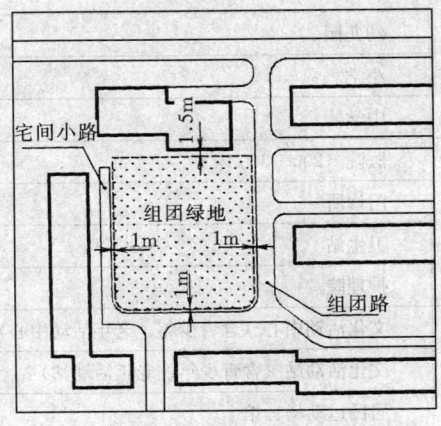

附图 A.0.3 院落式组团绿地面积计算起止界示意图

A.0.4 附图A.0.4 开敞型院落式组团绿地示意图

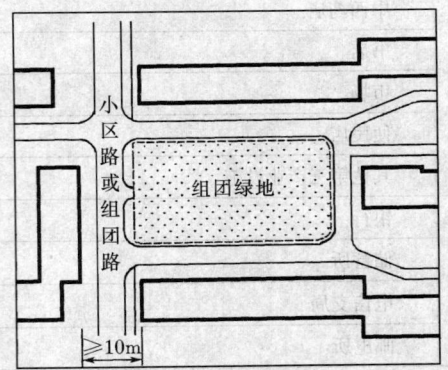

附图 A.0.4 开敞型院落式组团绿地示意图

A.0.5 附表A.0.1 居住区用地平衡表
A.0.6 附表A.0.2 公共服务设施项目分级配建表
A.0.7 附表A.0.3 公共服务设施各项目的设置规定

附表 A.0.1 居住区用地平衡表

项　　目		面积(公顷)	所占比例(%)	人均面积(m²/人)
一、居住区用地(R)		▲	100	▲
1	住宅用地(R01)	▲	▲	▲
2	公建用地(R02)	▲	▲	▲
3	道路用地(R03)	▲	▲	▲
4	公共绿地(R04)	▲	▲	▲
二、其他用地(E)		△	—	—
居住区规划总用地		△	—	—

注:"▲"为参与居住区用地平衡的项目。

附表 A.0.2 公共服务设施分级配建表

类别	项目	居住区	小区	组团
教育	托儿所	—	▲	△
教育	幼儿园	—	▲	—
教育	小学	—	▲	—
教育	中学	▲	—	—
医疗卫生	医院（200—300床）	▲	—	—
医疗卫生	门诊所	▲	—	—
医疗卫生	卫生站	—	▲	—
医疗卫生	护理院	△	—	—
文化体育	文化活动中心（含青少年、老年活动中心）	▲	—	—
文化体育	文化活动站（含青少年、老年活动站）	—	▲	—
文化体育	居民运动场、馆	△	—	—
文化体育	居民健身设施（含老年户外活动场地）	—	▲	△
商业服务	综合食品店	▲	▲	—
商业服务	综合百货店	▲	▲	—
商业服务	餐饮	▲	▲	—
商业服务	中西药店	▲	△	—
商业服务	书店	▲	△	—
商业服务	市场	▲	△	—
商业服务	便民店	—	—	▲
商业服务	其他第三产业设施	▲	▲	—
金融邮电	银行	△	—	—
金融邮电	储蓄所	—	▲	—
金融邮电	电信支局	△	—	—
金融邮电	邮电所	—	▲	—
社区服务	社区服务中心（含老年人服务中心）	—	▲	—
社区服务	养老院	△	—	—
社区服务	托老所	—	△	—
社区服务	残疾人托养所	△	—	—
社区服务	治安联防站	—	—	▲
社区服务	居（里）委会（社区用房）	—	—	▲
社区服务	物业管理	—	▲	—
市政公用	供热站或热交换站	—	△	△
市政公用	变电室	—	▲	△
市政公用	开闭所	▲	—	—
市政公用	路灯配电室	—	▲	—
市政公用	燃气调压站	△	△	—
市政公用	高压水泵房	—	—	△
市政公用	公共厕所	▲	▲	△

续附表 A.0.2

类别	项目	居住区	小区	组
市政公用	垃圾转运站	△	△	—
	垃圾收集点	—	—	▲
	居民存车处	—	—	▲
	居民停车场、库	△	△	△
	公交始末站	△	△	—
	消防站	△	—	—
	燃料供应站	△	△	—
行政管理及其他	街道办事处	▲	—	—
	市政管理机构（所）	▲	—	—
	派出所	▲	—	—
	其他管理用房	▲	△	—
	防空地下室	△②	△②	△②

注：①▲为应配建的项目；△为宜设置的项目。
②在国家确定的一、二类人防重点城市，应按人防有关规定配建防空地下室。

附表 A.0.3　公共服务设施各项目的设置规定

类别	项目名称	服务内容	设 置 规 定	每处一般规模 建筑面积（m²）	每处一般规模 用地面积（m²）
教育	(1) 托儿所	保教小于3周岁儿童	(1) 设于阳光充足，接近公共绿地，便于家长接送的地段 (2) 托儿所每班按25座计；幼儿园每班按30座计 (3) 服务半径不宜大于300m；层数不宜高于3层 (4) 三班和三班以下的托、幼园所，可混合设置，也可附设于其他建筑，但应有独立院落和出入口，四班和四班以上的托、幼园所，其用地均应独立设置 (5) 八班和八班以上的托、幼园所，其用地应分别按每座不小于7m²或9m²计 (6) 托、幼建筑宜布置于可挡寒风的建筑物的背风面，但其生活用房应满足底层满窗冬至日不小于3h的日照标准 (7) 活动场地应有不少于1/2的活动面积在标准的建筑日照阴影线之外	—	4班≥1200 6班≥1400 8班≥1600
	(2) 幼儿园	保教学龄前儿童		—	4班≥1500 6班≥2000 8班≥2400
	(3) 小学	6～12周岁儿童入学	(1) 学生上下学穿越城市道路时，应有相应的安全措施 (2) 服务半径不宜大于500m (3) 教学楼应满足冬至日不小于2h的日照标准	—	12班≥6000 18班≥7000 24班≥8000
	(4) 中学	12～18周岁青少年入学	(1) 在拥有3所或3所以上中学的居住区内，应有一所设置400m环行跑道的运动场 (2) 服务半径不宜大于1000m (3) 教学楼应满足冬至日不小于2h的日照标准	—	18班≥11000 24班≥12000 30班≥14000

续附表 A.0.3

类别	项目名称	服务内容	设 置 规 定	每处一般规模 建筑面积（m²）	每处一般规模 用地面积（m²）
医疗卫生	（5）医院	含社区卫生服务中心	(1) 宜设于交通方便，环境较安静地段 (2) 10万人左右则应设一所300~400床医院 (3) 病房楼应满足冬至日不小于2h的日照标准	12000~18000	15000~25000
医疗卫生	（6）门诊所	或社区卫生服务中心	(1) 一般3~5万人设一处，设医院的居住区不再设独立门诊 (2) 设于交通便捷、服务距离适中的地段	2000~3000	3000~5000
医疗卫生	（7）卫生站	社区卫生服务站	1~1.5万人设一处	300	500
医疗卫生	（8）护理院	健康状况较差或恢复期老年人日常护理	(1) 最佳规模为100~150床位 (2) 每床位建筑面积≥30m² (3) 可与社区卫生服务中心合设	3000~4500	—
文化体育	（9）文化活动中心	小型图书馆、科普知识宣传与教育；影视厅、舞厅、游艺厅、球类、棋类活动室；科技活动、各类艺术训练班及青少年和老年人学习活动场地、用房等	宜结合或靠近同级中心绿地安排	4000~6000	8000~12000
文化体育	（10）文化活动站	书报阅览、书画、文娱、健身、音乐欣赏、茶座等主要供青少年和老年人活动	(1) 宜结合或靠近同级中心绿地安排 (2) 独立性组团也应设置本站	400~600	400~600
文化体育	（11）居民运动场、馆	健身场地	宜设置60~100m直跑道和200m环形跑道及简单的运动设施	—	10000~15000
文化体育	（12）居民健身设施	篮、排球及小型球类场地，儿童及老年人活动场地和其他简单运动设施等	宜结合绿地安排	—	—
商业服务	（13）综合食品店	粮油、副食、糕点、干鲜果品等	(1) 服务半径：居住区不宜大于500m；居住小区不宜大于300m (2) 地处山坡地的居住区，其商业服务设施的布点，除满足服务半径的要求外，还应考虑上坡空手，下坡负重的原则	居住区：1500~2500 小 区：800~1500	—
商业服务	（14）综合百货店	日用百货、鞋帽、服装、布匹、五金及家用电器等		居住区：2000~3000 小 区：400~600	
商业服务	（15）餐饮	主食、早点、快餐、正餐等		—	—

续附表 A.0.3

类别	项目名称	服务内容	设置规定	每处一般规模 建筑面积（m²）	用地面积（m²）
商业服务	(16) 中西药店	汤药、中成药及西药等	(1) 服务半径：居住区不宜大于500m；居住小区不宜大于300m (2) 地处山坡地的居住区，其商业服务设施的布点，除满足服务半径的要求外，还应考虑上坡空手，下坡负重的原则	200～500	—
	(17) 书店	书刊及音像制品		300～1000	—
	(18) 市场	以销售农副产品和小商品为主	设置方式应根据气候特点与当地传统的集市要求而定	居住区：1000～1200 小 区：500～1000	居住区：1500～2000 小 区：800～1500
	(19) 便民店	小百货、小日杂	宜设于组团的出入口附近	—	—
	(20) 其他第三产业设施	零售、洗染、美容美发、照相、影视文化、休闲娱乐、洗浴、旅店、综合修理以及辅助就业设施等	具体项目、规模不限	—	—
金融邮电	(21) 银行	分理处	宜与商业服务中心结合或邻近设置	800～1000	400～500
	(22) 储蓄所	储蓄为主		100～150	—
	(23) 电信支局	电话及相关业务等	根据专业规划需要设置	1000～2500	600～1500
	(24) 邮电所	邮电综合业务包括电报、电话、信函、包裹、兑汇和报刊零售等	宜与商业服务中心结合或邻近设置	100～150	—
社区服务	(25) 社区服务中心	家政服务、就业指导、中介、咨询服务、代客定票、部分老年人服务设施等	每小区设置一处，居住区也可合并设置	200～300	300～500
	(26) 养老院	老年人全托式护理服务	(1) 一般规模为150～200床位 (2) 每床位建筑面积≥40m²	—	—
	(27) 托老所	老年人日托（餐饮、文娱、健身、医疗保健等）	(1) 一般规模为30～50床位 (2) 每床位建筑面积20m² (3) 宜靠近集中绿地安排，可与老年活动中心合并设置	—	—

续附表 A.0.3

类别	项目名称	服务内容	设置规定	每处一般规模 建筑面积（m²）	每处一般规模 用地面积（m²）
社区服务	(28) 残疾人托养所	残疾人全托式护理	—	—	—
社区服务	(29) 治安联防站	—	可与居（里）委会合设	18～30	12～20
社区服务	(30) 居（里）委会（社区用房）	—	300～1000 户设一处	30～50	
社区服务	(31) 物业管理	建筑与设备维修、保安、绿化、环卫管理等		300～500	300
市政公用	(32) 供热站或热交换站	—		根据采暖方式确定	
市政公用	(33) 变电室	—	每个变电室负荷半径不应大于 250m；尽可能设于其他建筑内	30～50	—
市政公用	(34) 开闭所	—	1.2～2.0 万户设一所；独立设置	200～300	≥500
市政公用	(35) 路灯配电室	—	可与变电室合设于其他建筑内	20～40	—
市政公用	(36) 燃气调压站	—	按每个中低调压站负荷半径 500m 设置；无管道燃气地区不设	50	100～120
市政公用	(37) 高压水泵房	—	一般为低水压区住宅加压供水附属工程	40～60	
市政公用	(38) 公共厕所	—	每 1000～1500 户设一处；宜设于人流集中处	30～60	60～100
市政公用	(39) 垃圾转运站	—	应采用封闭式设施，力求垃圾存放和转运不外露，当用地规模为 0.7～1km² 设一处，每处面积不应小于 100m²，与周围建筑物的间隔不应小于 5m		
市政公用	(40) 垃圾收集点	—	服务半径不应大于 70m，宜采用分类收集	—	—
市政公用	(41) 居民存车处	存放自行车、摩托车	宜设于组团内或靠近组团设置，可与居（里）委会合设于组团的入口处	1～2 辆/户；地上 0.8～1.2m²/辆；地下 1.5～1.8m²/辆	

续附表 A.0.3

类别	项目名称	服务内容	设置规定	每处一般规模 建筑面积（m²）	每处一般规模 用地面积（m²）
市政公用	（42）居民停车场、库	存放机动车	服务半径不宜大于150m	—	—
市政公用	（43）公交始末站	—	可根据具体情况设置	—	—
市政公用	（44）消防站	—	可根据具体情况设置	—	—
市政公用	（45）燃料供应站	煤或罐装燃气	可根据具体情况设置	—	—
行政管理及其他	（46）街道办事处	—	3～5万人设一处	700～1200	300～500
行政管理及其他	（47）市政管理机构（所）	供电、供水、雨污水、绿化、环卫等管理与维修	宜合并设置	—	—
行政管理及其他	（48）派出所	户籍治安管理	3～5万人设一处；应有独立院落	700～1000	600
行政管理及其他	（49）其他管理用房	市场、工商税务、粮食管理等	3～5万人设一处；可结合市场或街道办事处设置	100	—
行政管理及其他	（50）防空地下室	掩蔽体、救护站、指挥所等	在国家确定的一、二类人防重点城市中，凡高层建筑下设满堂人防，另以地面建筑面积2%配建。出入口宜设于交通方便的地段，考虑平战结合	—	—

附录B 本规范用词说明

B.0.1 为便于在执行本规范条文时区别对待，对要求严格程度不同的用词说明如下：

B.0.1.1 表示很严格，非这样不可的：

正面词采用"必须"；

反面词采用"严禁"。

B.0.1.2 表示严格，在正常情况下均应这样做的：

正面词采用"应"；

反面词采用"不应"或"不得"。

B.0.1.3 表示允许稍有选择，在条件许可时首先应这样做的：

正面词采用"宜"或"可"；

反面词采用"不宜"。

B.0.2 条文中指定应按其他有关标准、规范执行时，写法为"应符合……的规定"。

附加说明

本规范主编单位、参加单位和主要起草人名单

主编单位：中国城市规划设计研究院

参加单位：北京市城市规划设计研究院

上海市城市规划设计研究院

湖北省城市规划设计研究院

武汉市城市规划设计研究院

黑龙江省城市规划设计研究院

唐山市规划局

重庆市城市规划设计院

常州市规划局

同济大学城市规划设计研究所

主要起草人：王玮华　吴晟　颜望馥　杨振华
　　　　　　涂英时

主要修编单位：中国城市规划设计研究院

参加修编单位：北京市城市规划设计研究院
　　　　　　中国建筑技术研究院
主要起草人：涂英时　吴晟　杨振华　刘燕辉
　　　　　　赵文凯　张播
参　加　人　员：刘国园

中华人民共和国国家标准

城市居住区规划设计规范

GB 50180—93

（2002年版）

条 文 说 明

前 言

根据建设部建标〔1998〕94号文的要求,《城市居住区规划设计规范》由建设部中国城市规划设计研究院负责修编,会同北京市城市规划设计研究院、中国建筑技术研究院共同修订而成。经建设部2002年3月11日以工程建设标准局部修订公告第31号文批准发布。

为便于广大规划、设计、施工、科研、学校和管理等有关单位人员以及城市居民在使用本规范时能正确理解和执行条文规定,《城市居住区规划设计规范》修编小组在原基础上,根据修编内容修订了本规范《条文说明》,供国内有关部门和单位参考。在使用中如发现本条文有欠妥之处请将意见反馈到中国城市规划设计研究院规范办公室,以供今后修改时参考。(通讯地址:北京市三里河路九号,邮政编码:100037)。

建设部

2000年3月

目 次

1 总则 ……………………………… 8—26
2 术语、代号 ……………………… 8—27
3 用地与建筑 ……………………… 8—28
4 规划布局与空间环境 …………… 8—29
5 住宅 ……………………………… 8—30
6 公共服务设施 …………………… 8—33
7 绿地与绿化 ……………………… 8—35
8 道路 ……………………………… 8—37
9 竖向 ……………………………… 8—40
10 管线综合 ………………………… 8—41
11 综合技术经济指标 ……………… 8—41

1 总　则

1.0.1　我国居住区（小区）的实践，始于20世纪50年代后期，1964年原国家经委和1980年原国家建委，在先后颁布的有关城市规划的文件中，对居住区规划的部分定额指标作了规定，1994年第一部正式的《城市居住区规划设计规范》颁布实施。为适应我国社会经济发展、城市居住水平明显提高和住宅市场化逐步完善的新形势，于2000年对本规范进行局部修订，针对实际问题，对原《规范》有所修改和增减条款。

　　编制本规范的目的，是在总结建国以来已建居住区规划与建设经验的基础上，吸取国外经验，在居住区规划范围的有限空间里，确保居民基本的居住条件与生活环境，经济、合理、有效地使用土地和空间；统一规划内容、统一词解涵义与计算口径等，以提高居住区规划设计的科学性、适用性、先进性与可比性。体现社会、经济和环境三个方面的综合效益。

1.0.2　本规范的适用范围，是城市的居住区规划设计工作，并主要适用于新建区。理由是，城市新建区的规划具有基本统一的规划前提条件，可按统一的口径与要求进行本规范的编制工作，可制定适用性强、覆盖面大的规划原则和基本要求，定性及定量的有关标准，可比、可行又易于掌握，而城市旧城区的居住街坊改造规划与新建区的居住区规划相比，就城市居民对基本的物质与文化生活的要求而言是一致的，对道路及工程管线的敷设的基本要求也有许多共同点，但由于旧城区因所在城市性质、所负职能和复杂的现状条件各异，致使改造规划的前提条件悬殊，要制定全面的有关规定，难度很大。本规范限于人力和具体条件，仅在个别章节里制定了城市旧城区具有共性的若干规定。

1.0.3　居住区根据居住人口规模进行分级配套是居住区规划的基本原则。分级的主要目的是配置满足不同层次居民基本的物质与文化生活所需的相关设施，配置水平的主要依据是人口（户）规模。现行的分级规模符合配套设施的经营和管理的经济合理性。

　　经对全国大中小城市已建居住区的调查分析，根据与居住人口规模相对应的配套关系，将居住区划分为居住区（30000～50000人、10000～16000户）、小区（10000～15000人、3000～5000户）、组团（1000～3000人、300～1000户）三级规模，科学合理，符合国情。主要依据是：

　　一、能满足居民基本生活中三个不同层次的要求，即对基层服务设施的要求（组团级），如组团绿地、便民店、停（存）车场库等；对一套基本生活设施的要求（小区级），如小学、社区服务等；对一整套物质与文化生活所需设施的要求（居住区级）如百货商场、门诊所、文化活动中心等；

　　二、能满足配套设施的设置及经营要求，即配套公建的设置，对自身规模和服务人口数均有一定的要求。本规范的分级规模基本与公建设置要求一致，如一所小学服务人口为一万人以上，正好与小区级人口规模对应等；

　　三、能与现行的城市的行政管理体制相协调。即组团级居住人口规模与居（里）委会的管辖规模1000～3000人一致，居住区级居住人口规模与街道办事处一般的管辖规模30000～50000人一致，既便于居民生活组织管理，又利于管理设施的配套设置。

1.0.3a　居住区规划布局形式是包括配套含义在内的规划布局结构形式，是属规划设计手法。因而，在满足与人口规模相对应的配建设施总要求的前提下，其规划布局形式，还可采用除本规范所述的其他多种形式，使居住区的规划设计更加丰富多彩、各具特色。

　　经过大中小城市已建居住区的调研，要合理选用居住区规划布局形式，应综合考虑城市大小、住宅建设量、用地条件与所在区位及配套设施的经营管理要求等因素后确定，切忌不顾当地情况简单套用分级规模的模式。传统的居住区规划模式是按规划组织结构分级划分居住区，一般分为居住区—小区—组团三级结构、居住区—组团和小区—组团两级结构及相对独立的组团等基本类型。实践中，居住区规划的布局形式受各种因素影响，并不都是固定的模式，传统的组织结构今后仍可能会被一些城市采用，新的布局形式也在不断探索中。在满足配套的前提下，鼓励因地制宜、采用灵活规划布局形式以适应城市建设发展的需要。

　　居住区的分级规模与规划布局形式，是既相关又有区别的两个不同概念。居住区的分级是为了配建与居住人口规模相对应的设施，以满足居民物质与文化生活不同层次的要求，是综合配套意义上的居住区、小区、组团，与实际开发中的地域概念（如小区、花园、街坊等）有区别。

1.0.4　不同居住人口规模的居住区，应配置不同层次的配套设施，才能满足居民基本的物质与文化生活不同层次的要求，因而，配套设施的配建水平与指标必须与居住人口规模相对应，这是对不同规模居住区规划设计的共同要求。在规划布局形式上，则可根据居住区所处城市区位、周围环境和自身规划条件等具体情况灵活掌握。

　　实际应用中，居住区级配套往往通过上一层次规划来进行控制，如在总体规划、分区规划和控制性详细规划中将与人口规模对应的配建设施总指标根据环境特点、服务范围和规划布局形式进行布置，确定主要公共设施、绿地系统和道路交通组织，形成完整的分级配套体系。

1.0.5 本条是编制居住区规划设计必须遵循的基本原则：

一、居住区是城市的重要组成部分，因而必须根据城市总体规划要求，从全局出发考虑居住区具体的规划设计。

二、居住区规划设计应坚持《城市规划法》提出的"统一规划、合理布局、因地制宜、综合开发、配套建设的原则"。

三、居住区规划设计是在一定的规划用地范围内进行，对其各种规划要素的考虑和确定，如日照标准、房屋间距、密度、建筑布局、道路、绿化和空间环境设计及其组成有机整体等，均与所在城市的特点、所处建筑气候分区、规划用地范围内的现状条件及社会经济发展水平密切相关。在规划设计中应充分考虑、利用和强化已有特点和条件，为整体提高居住区规划设计水平创造条件。

四、城市居民的一生中，约有三分之二以上的时间是在居住区内度过，因而居住区的规划设计必须研究居民的行为轨迹与活动要求，综合考虑居民对物质与文化、生理和心理的需求及确保居民安全的防灾、避灾措施等，以便为居民创造良好的居住生活环境。

五、人口老龄化、人口年龄结构中老年人口比例逐年增长和残疾人占有一定比重，是我国在相当时期内的现实状况。老年人的活动范围随年龄增大逐年缩小，是人生的自然规律；残疾人的活动范围不如健康的人，是生理缺陷所致。因而，为残疾人就近提供工作条件，为老年人和残疾人提供活动、社交的场所，相应的服务设施和方便、安全的居住生活条件，使老人能欢度晚年，使残疾人能与正常人一样享受国家、社会给予的生活保障，应是居住区规划设计中不容忽略的重要问题。

六、住宅建筑标准化，是建筑工业化、施工机械化和促进住宅产业化发展的重要条件，也是加快居住区建设的重要措施之一。但也易因此而造成住宅形体整齐划一、平淡单调。因而，在规划设计中，应充分考虑建筑标准化与施工机械化的要求，同时也要结合规划用地特点，对建筑单体的选型、体量、色调等提出要求，并通过不同的布局手法、群体空间设计等，为建筑群体多样化创造条件。

七、社会、经济、环境三个方面综合效益的高低，应是衡量和评价居住区规划设计优劣的综合标准，也是居住区规划能否付诸实施、居住区基本的居住生活环境能否得到保障的关键所在。而提高三个方面综合效益的基础环节，就是经济、合理、有效地使用规划范围内的土地和空间。统一规划、综合开发、配套建设也是提高三个效益的重要环节。同时，还应考虑适应分期建设的要求，并为商品化经营和社会化管理创造条件。

八、为提升城市在适应环境变化和应对自然灾害等方面具有良好的"弹性"，提升城市生态系统功能和减少城市洪涝灾害的发生，居住区规划应充分结合现状地形地貌进行场地设计与建筑布局，保护并合理利用场地内原有的湿地、坑塘、沟渠，更多地利用自然力量排水；同时控制面源污染，采用渗、滞、蓄、净、用、排等措施，落实自然存积、自然渗透、自然净化的海绵城市的建设要求。

2 术语、代号

术语，是本规范的重要组成部分，也是制定本规范的前提条件之一。

本章内容是对本规范涉及的基本词汇给予统一用词，统一词解或将使用成熟的词汇纳入、肯定，以利于对本规范内容的正确理解和使用。

一、统一用词、统一涵义。就是将尚无统一规定，而需要做有规定的术语给予确切的名称和内涵。

如对本规范的命名，即对"城市居民聚居地"的称呼有称"住宅区"的，也有称"居民区"或"居住区"的均有。几幢住宅或成片住宅，有配套设施的或无配套设施的均可以用以上某一词代之，用词混乱、涵义不清。经分析，要满足城市居民居住生活的基本需要，除住宅外，还必须配建与居住人口规模相对应的公建、道路和公共绿地等设施。从这一基本观点出发，本规范认为，"居住区"一词较其他用词更能准确地反映以居住为主的，有相应配套设施的居住生活聚居地的真实涵义。因此，本规范将需要进行统一规划的不同居住人口规模的城市居民居住生活聚居地统称居住区，并对其涵义给予统一规定。

又如，对居住区用地内的"四项用地"的总称有的称生活居住用地，有的称居住区用地、居住用地、新村用地、新村小区用地等，对第一项用地（住宅建设用地）有的称居住用地，有的称住宅用地。由于称呼混乱、计算口径也不统一，造成规划方案的技术数据可比性差，对方案评审带来困难。本规范根据我国多数地区的使用习惯，并考虑体现用地性质的确切性，把四项用地的总称定为居住区用地，既具有概括居住生活所需的多项功能的涵义，又有别于包含"其他用地"在内的居住区规划总用地和《城市用地分类与规划建设用地标准》中的居住用地。把第一项用地称为住宅用地，则具有明显的单一性，不易混淆。

再如，对反映绿化效果有关的指标用词，以往常用的是"绿化覆盖率"，也有用"绿地率"的，涵义不同，效果不一。经分析，"绿化覆盖率"仅强调规划树木成材后树冠覆盖下的用地面积，而不管其占地面积的实际用途，而所占用地与使用性质还往往不一致。因而，本规范规定统一采用"绿地率"。

此外，居住区用地、其他用地、容积率等均属此类。

二、对成熟的术语纳入、肯定。如住宅建筑密度、住宅建筑面积密度、道路红线、停车率、地面停车率、建筑线等属此类。

三、为便于在居住区规划设计图纸中对规划范围内不同类别用地的标注，特规定了居住区用地平衡表中各类、各项用地的代号，以利于计算和统计。

3 用地与建筑

3.0.1 居住区是城市居民的居住生活聚居地，其用地构成，按功能可分为住宅用地、为本区居民配套建设的公共服务设施用地（也称公建用地）、公共绿地以及把上述三项用地联成一体的道路用地等四项用地，总称居住区用地。在居住区外围的道路用地（如独立组团外围的小区路、独立小区外围的居住区级道路或城市道路、居住区外围的城市干道）或按照城市总体规划要求在居住区规划用地范围内安排的非为居住区配建的公建用地或与居住区功能无直接关系的各类建筑和设施用地，以及保留的单位和自然村及不可建设等用地，统称其他用地。所以，居住区规划总用地包括居住区用地和"其他用地"两部分。这一划分的原则与方法同我国大多数城市的现行办法相一致，也与原国家建委（80）建发城字492号文件的规定基本吻合。

本规范中的"居住区用地"含住宅用地及包括居住区级在内的各级配套的公建用地、公共绿地和道路用地。这是因为居住区、小区、组团是一个完整的体系，构成居住区用地的四项用地均与有关的居住区、小区和组团的居住人口规模相对应，并必须在规划中统一安排、统一核算用地平衡及技术经济指标。

3.0.2、3.0.3 构成居住区用地的四项用地具有一定的比例关系。这一比例关系的合理性以及每一居民平均占有居住区用地面积的数量（人均用地水平），是衡量居住区规划设计是否科学、合理和经济的重要标志，必须在规划设计文件中反映出来。

一、本规范采用"居住区用地平衡表"格式（正文附表A.0.1），与各地现行格式基本一致。但具体平衡内容各地口径不一，如有的将"其他用地"纳入用地平衡，有的不参与平衡等。考虑到"其他用地"既与居住区用地功能无直接关系，也与居住区用地之间无相关规律性，更无可比性，因而不能用来衡量居住区规划设计的合理性与规划水平。据此，本规范采用的用地平衡表，以构成居住区用地的四项用地作平衡因子。人均用地亦只计算居住区用地及其所属各单项用地。"其他用地"不参与用地平衡，也不计入人均用地指标，只在居住区规划总用地中统计其用地数量。

在具体使用"居住区用地平衡表"（正文附表A.0.1）时，要按居住区的实际规模确定表名及相关用地的名称。如规模为小区，则表名相应为"小区用地平衡表"，"一"为"小区用地"，最后一项为"小区规划总用地"。

二、居住区用地平衡控制指标（正文表3.0.2），即居住区中住宅用地、公建用地、道路用地和公共绿地分别占居住区用地的百分比的控制数。影响该指标的因素很多，它与居住区的居住人口规模、所在城市的城市规模，城市经济发展水平以及城市用地紧张状况等都有密切关系。本表（正文表3.0.2）是根据全国不同地区37个大、中、小城市70年代以来规划建设的（含在建的）140余个不同规模居住区和90年代全国不同地区70余个不同规模居住区的调查资料进行综合分析而制订的，并根据90年代全国不同地区70余个不同规模居住区的调查资料进行了修订。

1. 居住区人口规模因直接关系到公共服务设施的配套等级、道路等级和公共绿地等级，且具有规律性，是决定各项用地指标的关键因素。故作为"居住区用地平衡控制指标"的分类依据将其列于表中，即以居住区、小区、组团不同规模表示。

2. 由于各城市的规模、经济发展水平和用地紧张状况不同，致使居住区各项用地指标也不一样。如大城市和一些经济发展水平较高的中小城市要求居住区公共服务设施的标准较高，该项占地的比例相应就高一些；某些中小城市用地条件较好，居住区公共绿地的指标也相应高一些等等。此外，同一城市中也因各居住区所处位和内、外环境条件、居住区建设标准的不同，各项用地比例也有一定差距。本表综合考虑了这些因素，每一栏的指标数据都确定了一个合理幅度，供各地城市在规划工作中根据具体情况选用。

3. 本表仅考虑了在一般情况下影响控制指标的因素。对某些特殊情况，如因相邻地段缺中小学，需由本区增设，或相邻地段的学校有富余，本小区可不另设学校等。这对本小区（或居住区，或组团）的用地平衡指标影响很大。但这类既无规律性也非由本区自身所决定的特殊因素，本表未予考虑。在使用本规范时，应根据实际情况对某项或某几项指标做酌情增减。

三、人均居住区用地控制指标（正文表3.0.3）即每人平均占有居住区用地面积的控制指标。

1. 本规范综合分析了各种因素后，确定由建筑气候分区、居住区分级规模（居住区、小区、组团三级）和住宅层数等三项主要因素综合控制。理由是，根据90年代全国70余个不同规模居住区资料的分析表明，决定人均居住区用地指标的主要因素，一是建筑气候分区。居住区所处建筑气候分区及地理纬度所决定的日照间距要求的大小不同，对居住密度和相应的人均占地面积也有明显影响；二是居住区居住人口规模。因涉及公共服务设施、道路和公共绿地的配套设置等级不同，一般人均占地，居住区高于小区，小区高于组团；三是住宅层数。一般若住宅层数较高，所能达到的居住密度相应较高，人均所需居住区用地相应就低一些。以上三个因素一般具有明显的规律性，是决定人均居住区用地控制指标的基本因素，为此本规范将它们作为"人均居住区用地控制指标"的分类依据，列于表中。

通过对近十年来不同规模城市的居住区指标分析，大、中、小城市的人均居住区用地指标差异已不如十年前明显，因此，调整后的指标不再将其作为影响因素，指标中的幅度考虑了不同发展水平的差异。

2. 进入90年代后期，很多大中城市的居住区建设较多的采用了配有电梯的中高层住宅，因此，本规范列入相应的用地指标。

3. 表中的住宅层数按层数类型划分为低层、多层、中高层、高层，对各种层数混合形式的居住区、小区、组团等，可采用相应的接近指标。

4. 本表的控制指标对居住区用地具有一定控制作用，一是控制低层，对低层住宅的用地指标，上限不宜太高，以限制建过多的低层特别是平房住宅。二是中高层住宅上下限指标扣得较紧，以限制只有在要求达到一定的密度而多层住宅又达不到所要求的密度时，才考虑建中高层住宅。

5. 表中各项数据都有一个幅度。在使用本表和具体选用指标幅度的数据时，要考虑住宅日照间距、住宅层数或层数结构、住宅建筑面积标准以及该城市的用地紧张程度等主要因素。一般在地理纬度较高的地区（日照间距要求较大）采用上限或接近上限指标，纬度较低的地区采用下限或接近下限指标；住宅建筑面积标准较高的居住区采用上限或接近上限指标；住宅建筑面积标准较低的居住区采用下限或接近下限指标。

3.0.4 这一条仅考虑本章条文内容的完整性，并对第五、第六章的住宅和公共服务设施两章具有承上启下的作用。故本条内容较为概括，仅阐明居住区内建筑的构成，即由居住区自身功能所要求的住宅建筑和为居民生活配建的公共服务设施建筑两部分组成。对居住区规划范围内非属居住区自身功能要求安排或现状保留利用的其他建筑，则提出应符合"无污染、不扰民"为原则的要求，也即应符合城市对居住区用地内的适建建筑的制约性规定，以不影响居民的居住生活环境质量。各部分建筑的详细规定则分别在有关章节中讲述。

4 规划布局与空间环境

4.0.1 居住区规划布局的目的，是要求将规划构思及规划因子：住宅、公建、道路和绿地等，通过不同的规划手法和处理方式，将其全面、系统地组织、安排、落实到规划范围内的恰当位置，使居住区成为有机整体，为居民创造良好的居住生活环境。因而，规划布局的优劣，直接反映规划水平的高低。要提高规划布局水平，就应根据条文中的原则，综合考虑各种因素。除充分利用、合理有效地使用土地和处理好四项用地之间的布局关系外，还应处理好建筑、道路、绿地和空间环境等各方面相互间的关系，以适应居民物质与文化、生理和心理、动和静的要求以及体现地方特色。同时要重视地下空间的开发利用，其是节约集约利用土地的有效方法，但应统一规划、适度开发，为雨水的自然渗透与地下水的补给、减少径流外排留足相应的透水空间。

4.0.2 千人一面、南北不分、平淡无味是许多已建居住区的通病；只讲平面布置，不思空间环境与整体面貌及片面强调住房建设，不求环境质量，也是相当一部分居住区规划与建设存在的主要问题。因而，远远不能适应居民因生活水平与文化素养提高，对居住生活环境质量的要求。为此，本规范特提出了空间与环境设计的问题，即从城市设计角度，结合居住区规划设计特点，提出了创特色和搞好空间与环境设计的五项基本要求：

一、建筑设计和群体布置多样化，是居住区规划设计中应考虑的重要内容。要达到多样化的目的，首先要重视、体现地方特色和建筑物本身的个性，如对建筑单体的选用，南方宜通透，北方宜封闭；对群体的布置，南方宜开敞，以利通风降温，北方宜南敞北闭，以利太阳照射升温和防止北面风沙的侵袭；其次，要根据居住区规划的整体构思，单体结合群体，造型结合色调，平面结合空间综合进行考虑；第三，多样化和空间层次丰富，并不单纯体现在型体多、颜色多和群体组合花样多等方面，还必须强调在协调的前提下，求多样、求丰富、求变化的基本原则，否则只能得到杂乱无章、面貌零乱的效果。

二、公共服务设施是为满足居民生活基本所需而配建的，但若设置不当，将会给居民带来不便或不同程度地影响居民正常的居住与生活。如在住宅楼的底层设置有敲打的修补作业或餐馆，对上部居民的居住与生活将是十分不利的。

三、不注重户外空间，特别是宅间庭院的完整性，是目前居住区规划中经常忽略的问题，如用自行车棚、菜窖、变电室等小建筑塞满了宅间庭院，既影响住户，尤其是老人、儿童户外活动，又使空间面貌极不美观。因而，宜将车棚等小建筑结合住宅或公建安排，或利用地下室或组织在楼内或附帖于楼侧设置，以及力求管线地下埋设等，以保持户外适宜的活动空间及良好景观。

四、居住区中的各种规划因素均有其内在联系，而内在联系的核心就是居民，因而要从满足居民居住生活的要求出发，考虑、安排和处理好建筑、道路、广场、院落、绿地、建筑小品之间及其与人的活动之间，在户外空间的相互关系，使居住区成为有机的整体和空间层次协调丰富的群体。

4.0.3 经调查，在居住区内常常出现老人或小孩外出归家找不到家门，或来访者很难寻找等情况，主要原因是建筑或布局本身无识别标志。因此，在居住区规划布局形式上应有利于街道命名。合理设置建筑小品是增强识别力的有效方法之一，也是美化环境的饰物。但应注意其体型和大小应与周围建筑、庭院尺度相协调。

4.0.4 在重点文物保护单位和历史文化保护区保护规划范围内的住宅建设，包括新建、扩建和改建，其规划设计需要有保护规划的指导，保护规划应是已批准的、具有法律效力的规划文件。居住区内的各级文物保护单位和古树名木必须依照《中华人民共和国文物保护法》和《城市绿化条例》予以保护，居住区应按法规要求进行规划设计。

5 住 宅

5.0.1 本条主要是在居住区分级规模和居住区外部环境条件确定的基础上，对在住宅用地上进行住宅建筑规划提出原则性要求。

住宅用地的条件（如地形、地貌、地物等自然环境条件和当地的用地紧张状况以及对住宅层数与密度的要求）、住宅选型（主要指平面形状、形体和户型）、当地住宅朝向、日照间距标准要求和不同使用者的需要等自然环境因素与客观条件及要求，对住宅建筑的布置方式、组团间的组合方式和大小空间、层次的组织创作都有密切的关系，且互相制约，在规划设计中必须综合考虑。这在正文第5.0.2～5.0.6条中作了具体规定。

5.0.1a 随着人口老龄化的发展，老年人居住建筑应成为现代居住区的一个重要组成部分，由于各地情况的差异，本规范仅提出原则性的规定，各地应结合实际情况，由地方城市规划行政主管部门提出具体指标要求和方式。

5.0.2 住宅建筑间距分正面间距和侧面间距两个方面。凡泛称的住宅间距，系指正面间距。决定住宅建筑间距的因素很多，根据我国所处地理位置与气候状况，以及我国居住区规划实践，说明绝大多数地区只要满足日照要求，其他要求基本都能达到。仅少数地区如纬度低于北纬25°的地区，则将通风、视线干扰等问题作为主要因素。因此，本规范确定住宅建筑间距，仍以满足日照要求为基础，综合考虑采光、通风、消防、管线埋设和视觉卫生与空间环境等要求为原则，这符合我国大多数地区的情况，也考虑了局部地区的其他制约因素。

根据这一原则，本规范确定住宅建筑和公共服务设施中的托、幼、学校、医院病房楼等建筑的正面间距均以日照标准的要求为基本依据，并作了具体规定。侧面间距则以其他因素为主，提出了规定性要求。

一、住宅建筑日照标准

决定居住区住宅建筑日照标准的主要因素，一是所处地理纬度及其气候特征，二是所处城市的规模大小。我国地域广大，南北方纬度差约50余度，同一日照标准的正午影长率相差3～4倍之多，所以在高纬度的北方地区，日照间距要比纬度低的南方地区大得多，达到日照标准的难度也就大得多。

大城市人口集中，因此城市用地紧张的矛盾比一般中小城市要大，这是一个普遍性规律。由此，同一地理纬度的同一日照标准，小城市能达到的中等城市不一定能达到，中等城市能达到的大城市可能很难达到。从全国140余个居住区的调查表明，北纬25°及以南地区如昆明、南宁等城市，现行住宅日照间距已达到或接近冬至日日照1h的标准；北纬30°上下、长江沿岸一带第Ⅱ、Ⅲ建筑气候区的南京、杭州、常州、武汉、沙市、重庆等城市的现行日照间距则仅接近大寒日日照1h；而北纬40°以上、第Ⅰ建筑气候区的长春、沈阳、哈尔滨、牡丹江、齐齐哈尔、佳木斯等城市的现行日照间距则连大寒日日照1h也未能达到。根据我国的这一实情，本规范日照标准的确定，以综合考虑地理纬度与建筑气候区划和城市规模（大城市与小城市有别）两大因素为基础，考虑实际与可能，以多数地区适当提高日照标准，少数地区（主要是第Ⅴ气候区和纬度较低地区已达到冬至日日照1h的城市）不降低现行日照标准，即以分地区分标准为基本原则。同时，在建筑日照标准的计量办法上也力求提高科学性与合理性。本规定较原有标准有几点改进：

1. 改变过去全国各地一律以冬至日为日照标准日，而采用冬至日与大寒日两级标准日。过去，我国有关文件曾规定"冬至日住宅底层日照不少于一小时"。从表1反映的实施情况看全国绝大多数地区的大、中、小城市均未达到这个标准。大多数城市的住宅，冬至日前后首层有一个月至两个月无日照，东北地区大多数城市的住宅，冬至日照遮挡到三层、四层。这些城市若适当提高日照标准，仍不可能达到首层住宅冬至日有日照的要求，更达不到冬至日日照标准，因而，无法以冬至日为标准日，而只能采用第二档次即大寒日为标准日。据此，本规范采用冬至日和大寒日两级标准。

国际上许多国家也都按其国情采用不同的日照标准日：原苏联北纬58°以北的北部地区以清明（4月5日）为日照标准日（清明日照3小时），北纬48°～58°的中部地区以春分、秋分日（3月21日、9月23日）为标准日，北纬48°以南的南部地区采用雨水日

(2月19日)为标准日(参照前苏联建筑规范 СНИП Ⅱ-6075);原西德的标准日相当于雨水日;欧美、伦敦采用的标准日为3月1日(低于雨水日,高于春、秋分日)等。所以,采用冬至日与大寒日两级标准日,既从国情出发,也符合国际惯例。

2. 随着日照标准日的改变,有效日照时间带也由冬至日的9时至15时一档,相应增加大寒日8时至16时的一档。有效日照时间带系根据日照强度与日照环境效果所确定。实际观察表明,在同样的环境下大寒日上午8时的阳光强度和环境效果与冬至日上午9时相接近。故此,凡以大寒日为日照标准日,有效日照时间带均采用8时至16时;以冬至日为标准日,有效日照时间带均为9时至15时。

有效日照时间带在国际上也不统一,一般均与日照标准日相对应,如原苏联南部地区以雨水日为日照标准日,有效日照时间带为7时至17时;日本的北海道则采用9时至15时,其他地区8时至16时。

综上所述,本规定按建筑气候分区和城市规模大小将日照标准分为三个档次,即第Ⅰ、Ⅱ、Ⅲ、Ⅶ气候区的大城市不低于大寒日日照2h,第Ⅰ、Ⅱ、Ⅲ、Ⅶ气候区的中小城市和第Ⅳ气候区的大城市不低于大寒日日照3h,第Ⅳ气候区的中小城市和第Ⅴ、Ⅵ气候区的各级城市不低于冬至日日照1h。据此规定,比较各地现行日照间距,(表1)第Ⅱ、Ⅲ气候区的大中城市大多由现行的接近大寒日日照1h提高到大寒日日照2h,难度不大;第Ⅳ气候区大城市的日照标准有的保持现行水平,有的略有提高,难度也不大。中小城市的日照标准提高的幅度与大城市提高的幅度有的相当,有的略高一些;第Ⅴ、Ⅵ、Ⅶ气候区的现行日照间距已达到或接近本标准。提高幅度较多的是第Ⅰ气候区中北纬45°以北的哈尔滨、齐齐哈尔等大城市和一些中等城市,其中大城市难度较大一些,但据调查反映,现行日照标准过低,居民反应较大,本规范仅作适当提高是完全必要的,通过努力是可以达到的。

3. 老年人的生理机能、生活规律及其健康需求决定了其活动范围的局限性和对环境的特殊要求,因此,为老年人服务的各项设施要有更高的日照标准,在执行本规定时不附带任何条件。

4. 针对建筑装修和城市商业活动出现的问题,如增设空调机、建筑小品、雕塑、户外广告等已批准的原规划设计中没有的室外固定设施,规范要求其不能使相邻住宅楼、相邻住户的日照标准降低,但栽植的树木不在其列。

5. 旧区改建难是我国城市建设中面临的一大突出问题,正文条文中规定各地旧区改建的日照标准可酌情降低,是指在旧区改建时确实难以达到规定标准才能这样做。为避免在旧区改建中执行本规范时可能出现的偏差,同时也是为了保障居民的切身利益,无论在什么情况下,降低后的日照标准都不得低于大寒日一小时。此外,可酌情降低的规定只适用于各申请建设项目内的新建住宅本身,任何其他情况下的住宅建筑日照标准仍须符合表5.0.3-1的规定。

6. 不同方位的日照间距折减指以日照时数为标准,按不同方位布置的住宅折算成不同日照间距,通常应用于条式平行布置的新建住宅之间。本表作为推荐指标供规划设计人员参考,对于精确的日照间距和复杂的建筑布置形式须另作测算。

表1 全国主要城市不同日照标准的间距系数

序号	城市名称	纬度(北纬)	冬 至 日		大 寒 日				现行采用标准
			正午影长率	日照1h	正午影长率	日照1h	日照2h	日照3h	
1	漠 河	53°00′	4.14	3.88	3.33	3.11	3.21	3.33	—
2	齐齐哈尔	47°20′	2.86	2.68	2.43	2.27	2.32	2.43	1.8~2.0
3	哈尔滨	45°45′	2.63	2.46	2.25	2.10	2.15	2.24	1.5~1.8
4	长 春	43°54′	2.39	2.24	2.07	1.93	1.97	2.06	1.7~1.8
5	乌鲁木齐	43°47′	2.38	2.22	2.06	1.92	1.96	2.04	
6	多 伦	42°12′	2.21	2.06	1.92	1.79	1.83	1.91	—
7	沈 阳	41°46′	2.16	2.02	1.88	1.76	1.80	1.87	1.7
8	呼和浩特	40°49′	2.07	1.93	1.81	1.69	1.73	1.80	
9	大 同	40°00′	2.00	1.87	1.75	1.63	1.67	1.74	
10	北 京	39°57′	1.99	1.86	1.75	1.63	1.67	1.74	1.6~1.7
11	喀 什	39°32′	1.96	1.83	1.72	1.60	1.64	1.71	
12	天 津	39°06′	1.92	1.80	1.69	1.58	1.61	1.68	1.2~1.5
13	保 定	38°53′	1.91	1.78	1.67	1.56	1.60	1.66	
14	银 川	38°29′	1.87	1.75	1.65	1.54	1.58	1.64	1.7~1.8

续表1

序号	城市名称	纬度（北纬）	冬至日		大寒日				现行采用标准
			正午影长率	日照 1h	正午影长率	日照 1h	日照 2h	日照 3h	
15	石家庄	38°04′	1.84	1.72	1.62	1.51	1.55	1.61	1.5
16	太原	37°55′	1.83	1.71	1.61	1.50	1.54	1.60	1.5～1.7
17	济南	36°41′	1.74	1.62	1.54	1.44	1.47	1.53	1.3～1.5
18	西宁	36°35′	1.73	1.62	1.53	1.43	1.47	1.52	—
19	青岛	36°04′	1.70	1.58	1.50	1.40	1.44	1.50	—
20	兰州	36°03′	1.70	1.58	1.50	1.40	1.44	1.49	1.1～1.2;1.4
21	郑州	34°40′	1.61	1.50	1.43	1.33	1.36	1.42	—
22	徐州	34°19′	1.58	1.48	1.41	1.31	1.35	1.40	—
23	西安	34°18′	1.58	1.48	1.41	1.31	1.35	1.40	1.0～1.2
24	蚌埠	32°57′	1.50	1.40	1.34	1.25	1.28	1.34	—
25	南京	32°04′	1.45	1.36	1.30	1.21	1.24	1.30	1.0;1.1～1.8
26	合肥	31°51′	1.44	1.35	1.29	1.20	1.23	1.29	1.2
27	上海	31°12′	1.41	1.32	1.26	1.17	1.21	1.26	0.9～1.1
28	成都	30°40′	1.38	1.29	1.23	1.15	1.18	1.24	1.1
29	武汉	30°38′	1.38	1.29	1.23	1.15	1.18	1.24	0.7～0.9 1.0～1.1
30	杭州	30°19′	1.36	1.27	1.22	1.14	1.17	1.22	0.9～1.0 1.1～1.2
31	拉萨	29°42′	1.33	1.25	1.19	1.11	1.15	1.20	—
32	重庆	29°34′	1.33	1.24	1.19	1.11	1.14	1.19	0.8～1.1
33	南昌	28°40′	1.28	1.20	1.15	1.07	1.11	1.16	—
34	长沙	28°12′	1.26	1.18	1.13	1.06	1.09	1.14	1.0～1.1
35	贵阳	26°35′	1.19	1.11	1.07	1.00	1.03	1.08	
36	福州	26°05′	1.17	1.10	1.05	0.98	1.01	1.07	
37	桂林	25°18′	1.14	1.07	1.02	0.96	0.99	1.04	0.7～0.8;1.0
38	昆明	25°02′	1.13	1.06	1.01	0.95	0.98	1.03	0.9～1.0
39	厦门	24°27′	1.11	1.03	0.99	0.93	0.96	1.01	—
40	广州	23°08′	1.06	0.99	0.95	0.89	0.92	0.97	0.5～0.7
41	南宁	22°49′	1.04	0.98	0.94	0.88	0.91	0.96	1.0
42	湛江	21°02′	0.98	0.92	0.88	0.83	0.86	0.91	
43	海口	20°00′	0.95	0.89	0.85	0.80	0.83	0.88	

注：① 本表按沿纬向平行布置的六层条式住宅（楼高18.18m，首层窗台距室外地面1.35m）计算。
② "现行采用标准"为90年代初调查数据。

二、住宅建筑侧面间距，除考虑日照因素外，通风、采光、消防，特别是视觉卫生以及管线埋设等要求往往是主要的影响因素。这些因素的情况比较复杂，许多城市都按照自己的情况作了一些规定，但规定的标准和要求差距很大。如高层塔式住宅，其侧面有窗且往往具有正面的功能，故视觉卫生因素所要求的间距比消防要求的最小间距13m大得多。北方一些城市对视觉卫生问题较注重，要求高，一般认为不小于20m较合理，而南方特别是广州等城市因用地紧张难以考虑视觉卫生问题，长此以久也就比较习惯了，未作主要因素考虑，只要满足消防要求即可。中高、多层点式住宅也有类似情况。同时，侧面间距大小对居住区的居住密度影响较大，大多数地区都卡得较紧，因此难以定出一个较为合理而各地又都能接受的规定。

根据上述情况，本规范仅按照国内现行的一般规律，对条式住宅侧面间距做出具体规定；对高层塔式住宅、多层、中高层点式住宅同侧面有窗的各种层数住宅之间的侧面间距，仅提出"应考虑视觉卫生因素，适当加大间距"的原则性要求。具体指标由各城市城市规划行政主管部门自行掌握。

5.0.3 对住宅建筑的规划布置主要从五个方面作了原则性规定。其中面街布置的住宅，主要考虑居民，特别是儿童的出入安全和不干扰城市交通，规定其出入口不得直接开向城市道路或居住区级道路，即住宅出入口与城市道路之间要求有一定的缓冲或分隔，当面街住宅有若干出入口时，可通过宅前小路集中开设出入口。

另外，根据调查老年人的一般独立出行的适宜距离小于300m，因此，在安排老年人住宅时应尽量靠近绿地和相应的设施。

5.0.4 对住宅的户型及面积标准，考虑到为适应住宅商品化发展要求和满足不同层次的居民对不同户型标准的需求，是居住区规划中不可回避的问题，故正文条文中提出，住宅建筑"宜采用多种户型和多种面积标准，并以一般面积标准为主"的原则性要求。

5.0.5、5.0.6 本条对住宅建筑的层数与密度分别做出了规定：

一、住宅层数影响到土地开发强度、利用率以及空间环境。由于本规范是对城市局部地段的居住区而言，而不是针对整个城市，因此，规范要求居住区规划考虑住宅层数指标，而经济的住宅层数与合理的层数结构由各城市根据本规定的原则自行确定。

二、住宅建筑净密度越大，即住宅建筑基底占地面积的比例越高，空地率就越低，绿化环境质量也相应降低。所以本指标是决定居住区居住密度和居住环境质量的重要因素，必须合理确定。决定住宅建筑净密度的主要因素是层数和决定日照间距的地理纬度与建筑气候区划。正文表5.0.6-1由建筑气候区划和住宅层数两个因素作为指标的分类依据，其中建筑气候区划按照地理纬度关系分成三组。

鉴于目前我国居住区规划建设中存在建筑密度日趋增高的倾向，而几乎不存在建筑密度过低的现象，为使居住区用地内有合理的空间，以确保居住生活环境质量，故本指标仅对住宅建筑净密度最大值提出控制。对最低值的控制，既缺少标准依据，实际意义也不大，故未作规定。

正文表5.0.6-1中的指标是在对全国140余个居住区的统计资料分类和分析的基础上，综合考虑了国家对城市绿化的有关规定（见第七章）而确定的。

三、住宅建筑面积净密度，是决定居住区居住密度（住宅建筑面积毛密度或人口毛密度）的重要指标。由于居住区用地中，住宅用地具有一定的比例，因而在一定的住宅用地上，住宅建筑面积净密度高，该居住区的居住密度相应也高，反之，居住密度相应越低。

1. 住宅建筑面积净密度的决定因素主要是住宅层数和决定日照间距的地理纬度与建筑气候区。正文表5.0.6-2即由这两项因素作为指标的分类依据。

2. 根据我国居住区规划建设中目前存在的问题和倾向，主要是提高密度以最大可能地提高经济效益，而不顾居住区环境质量。因此，本规范只做出住宅建筑面积净密度最大值的控制指标。同上款理由，也未对最低值作规定。

3. 住宅建筑面积净密度最大值的确定依据：一是不同层数住宅在不同建筑气候区所能达到的最大值。二是考虑居住区基本环境质量要求。正文表5.0.6-2中的低层、多层与中高层三栏的数值，就是根据全国140余个居住区的资料综合分析的基础上，以正文表5.0.6-1中规定为准，再与理论计算值验核后提出的。但高层住宅一栏的指标则主要是根据环境容量确定。虽然住宅建筑面积净密度并不能全面地反映居住区综合环境状况，但却直接反映住宅用地上的、环境容量中的建筑量和人口量。显然，住宅建筑面积净密度过大，就是住宅用地上的环境容量过大，即建房过多、住人过挤，就会影响居住区环境质量——包括空间环境效果和生态环境状况。本规范所定指标系根据北京、上海和广州等大城市的有关规定和实际效果确定，即各建筑气候区的全高层居住小区或组团的住宅建筑面积净密度均不宜超过每公顷3.5万 m^2。

6 公共服务设施

6.0.1 公共服务设施是居住区配建设施的总称。原国家建委1980年颁发的《城市规划定额指标暂行规定》中把居住区公共服务设施分成教育、经济、医卫、文体、商业服务、行政管理、其他等七类，但在实际工作中全国各地在分类上差别也很大，有的分成四类，有的分成七、八类；在项目的归类上也不一致，有的将邮电、银行归入商业服务类，有的归入行政管理类，而今市政公用设施配套日趋完善，一般都已把它独立成一类，也有的仍归入其他类；配建的防空地下室、伤残人福利工厂等还没有纳入配套。因此，对居住区规划设计有关公共服务设施的配建水平上难以评审、比较，也无法反映商业服务、教育等某一类的配建水平。为此，在公共服务设施的分类上有必要进行统一。原规范在原国家建委分成七类的基础上，将市政公用设施从其他一类中独立出来，而把防空地下室等归入其他类而成八类。并在分类的名称上，根据习惯直观地把商业、饮食、服务、修理称为商业服务类，把医疗、卫生、保健称为医疗卫生类，把邮电、银行称为金融邮电类，把变电室、高压水泵房等称为市政公用类，把不能归类的合并成一类，称为其他类，即分成教育、医疗卫生、文体、商业服务、金融邮电、市政公用、行政管理和其他八类。随着配套项目的发展和90年代社区建设的推进，在本次修编中，把居委会、社区服务中心、老年设施等称为社区服务类，把其他类与行政管理合称为行政管理及其他类，调整后分成教育、医疗卫生、文化体育、商业服务、金融邮电、社区服务、市政公用、行政管理及其他八类。

6.0.2、6.0.3 居住区公共服务设施的配建，主要反映在配建的项目和面积指标两个方面。而这两个方面的确定依据，主要是考虑居民在物质与文化生活方面的多层次需要，以及公共服务设施项目对自身经营管理的要求，即配建项目和面积与其服务的人口规模相对应时，才能方便居民使用和发挥项目最大的经济效益，如一个街道办事处为3万至5万居民服务，一所小学为1万至1.5万居民服务，一个居委会为300户至1000户居民服务。

根据各地居住区规划的实践，为满足3万至5万居民要有一整套完善的日常生活需要的公共服务设施，应配建派出所、街道办、具有一定规模的综合商业服务、文化活动中心、门诊所等；为满足1万至1.5万居民要有一套基本生活需要的公共服务设施，应配建托幼、学校、综合商业服务、文化活动站、社区服务等；为满足300户至1000户居民要有一套基层生活需要的公共服务设施，应配建居委会、居民存车处、便民店等（见正文附表A.0.2）。

正文附表A.0.2是与居住区、小区、组团对应配建的公建项目，也有由于所处地位独立，兼为附近居民服务等可增设的项目。

当居住区的居住人口规模大于组团、小区或居住区时，公共服务设施配建的项目或面积也要相应增加。根据各地的建设实践，当居住人口规模大于组团小于小区时，一般增配相应的小区级配套设施等，使从满足居民基层生活需要经增配若干项目后能满足基本需要；当居住人口规模大于小区小于居住区时，一般增配门诊所和相应的居住区级配套设施等，使从满足居民基本生活需要经增配若干项目后能较完善地满足日常生活的需要；当居住人口规模大于居住区时，可增配医院、银行分理处、邮电支局等，以满足居民多方面日益增长的基本需要。

居住区的公共服务设施不配或少配会给居民生活带来不便，晚建了也会给居民生活造成困难，如不及时配建小学，小学生要回原居住地上学，长途往返十分不便。晚建了派出所就没有地方办理户口迁移等手续或至本区外兼管的派出所去办理，造成管理和使用的不便。因此，满足居民多层次需求的公共服务设施，应按配建的要求进行统一规划，统一建设和统一投入使用，才能达到居民使用方便和经营管理合理的要求。有时因分期建设的需要，初期建设规模不大时，可把有关设施的内容合并，暂设在某一个规划项目内过渡解决，待建成后再恢复正常使用。

当规划用地周围有设施可使用时，配建的项目和面积可酌情减少；当周围的设施不足，需兼为附近居民服务时，配建的项目和面积可相应增加；当处在公交转乘站附近、流动人口多的地方，可增加百货、食品、服装等项目或扩大面积，以兼为流动顾客服务；在严寒地区由于是封闭式的营业或各项目之间有暖廊相连，配建的项目和面积就有所增加。在山地，由于地形的限制，配建的项目或面积也会稍有增加。因此，居住区的公共服务设施可根据现状条件及居住区周围现有的设施情况以及本地的特点可在配建水平上相应增减。

国家一、二类人防重点城市应根据人防规定，结合民用建筑修建防空地下室，应贯彻平战结合原则，战时能防空，平时能民用，如作居民存车或作第三产业用房等，并将其使用部分分别纳入配套公建面积或相关面积之中，以提高投资效益。

公共服务设施各有其自身的专业特点，其设置要求，有的可参考有关的设计手册，如锅炉房、变电室、燃气站等。有的已有国标、行标，可按其要求执行，如中小学建筑设计标准等。但在居住区公共服务设施中大量是小而内容多样的小型项目，虽有一定规律，但还未标准化，因此本条对其设置的规定仅提出一般性的要求，如多少户设置一处，对服务半径、环境、交通的要求、宜独立或与什么项目结合设置等，以便作公共服务设施布点参考（正文附表A.0.3）。

居住区公共服务设施的配建水平应以每千居民所需的建筑和用地面积（简称千人指标）作控制指标，由于它是一个包含了多种影响因素的综合性指标，因此具有很高的总体控制作用。正文表6.0.3是综合分析了不同居住人口、不同配建水平的已建居住区实例，并剔除了不合理因素和特殊情况后制定的。因此，它可以起到总体的控制作用。并可根据居住区、小区、组团不同居住人口规模估算出需配建的公共服务设施总面积，也可对大于组团或小区的居住人口规模所需的配套设施面积进行插入法计算。同时，由于各地的情况千差万别，因而各地在根据自身的经营习惯、需要水平、气候及地形等因素制定本地居住区应配建的公共服务设施具体项目、内容、面积和千人指标的具体规定或实施细则时，应满足本规定对项目和千人总控制指标的要求。

行政管理及其他类中的"其他"是前七类和行政管理设施以外的宜设置的项目，如国家确定的一、二类人防重点城市应配建的防空地下室或由于体制改革，经营管理的发展，今后会出现的其他应配、宜配建的新项目，不能归入上述七类，可暂统归入其他类，但由于各城市应配、宜配建的"其他"项目、面积差异大而目前又难以统计，也无一定规律，故没有确定其控制指标，分类指标和总控制指标中也未包括"其他"指标，在执行时应另加，以便切合实际地指导本地的居住区建设。

在正文附表 A.0.3 中列了各公建的一般规模，这是根据各项目自身的经营管理及经济合理性决定的，供有关项目独立配建时参考。

6.0.4 居住区内公共服务设施是为区内不同年龄和不同职业的居民使用或服务的，因此公建的布局要适应儿童、老人、残疾人、学生、职工等居民的不同要求。同时各公共服务设施又有其自身设置的经济性和要求、方便居民使用等共同特点，从而可将有利经营、互不干扰的有关项目相对集中形成各级公共活动中心。一般由百货商店、专业商店等商业服务项目和银行（储蓄所）、邮电支局（邮政所）等金融邮电项目，文化活动中心等文体建筑组成。根据居民生活需要有的项目要适当分散，符合服务半径、交通方便、安全等要求，如医院、幼托、学校、便民店、居民存车处等。对于可兼为外来人流服务的设施宜设置于内外人流的交汇点附近，以方便使用和提高经济效益。

公共服务设施的布局是与规划布局结构、组团划分、道路和绿化系统反复调整、相互协调后的结果。为此，其布局因规划用地所处的周围物质条件、自身的规模、用地的特征等因素而各具特色。对公共活动中心，可将可连带销售、又互不干扰的项目组合在一个综合体（楼）内，以利综合经营、方便居民和节约用地。

6.0.5 停车场、库属于静态交通设施，它的合理设置与道路网的规划具有同样意义。正文表 6.0.5 中配建停车位控制指标均是最小的配建数值，有条件的地区宜多设一些，以适应居住区内车辆交通的发展需要。

正文表 6.0.5 中的机动车停车位控制指标，是以小型汽车为标准当量表示的。其他各种车型的停车车位数应按正文表 6.0.5 中算出的机动车车位数除以正文表 11.0.2 中相关车型的换算系数，即得出实际停放的机动车车位数。例如，按正文表 6.0.5 的配建停车位指标，应安排 10 辆卧车停车位。若停放微型客货车，可停放 $10 \div 0.7 = 14.3$ 辆；若停放中型客车，则可停放 $10 \div 2 = 5$ 辆。

配建停车场的设置位置要尽量靠近相关的主体建筑或设施，以方便使用及减少对道路上车辆交通的干扰。

为节约用地，在用地紧张地区或楼层较高的公共建筑地段，应尽可能地采用多层停车楼或地下停车库。

7 绿地与绿化

7.0.1～7.0.3 该三条总结分析了我国居住区规划的实际经验和存在的涵义不清、计算口径不一等问题，对居住区内绿地组成（分类）、绿地规划的一般要求及规划布局原则和绿地面积的计算方法等作出规定。其中：公共绿地、宅旁绿地、公共服务设施所属绿地和道路绿地等四类绿地（包括满足当地植树绿化覆土要求、方便居民出入的地下建筑或半地下建筑的屋顶绿地）面积的总和占居住区用地总面积的比率即绿地率，是衡量居住区环境质量的重要标志。

确定绿地率指标的主要依据是：(1) 根据我国各地居住区规划实践，达到本指标可确保有较好的空间环境效果；(2) 与原城乡建设环境保护部 1982 年颁发的《城市园林绿化管理暂行条例》的规定"城市新建区的绿化用地，应不低于总用地面积的 30%；旧城改建区的绿化用地，应不低于总用地面积的 25%"相一致；(3) 综合分析了本规范确定的居住区层数、密度、房屋间距等相关指标，本规范的绿地率指标是可行的。

7.0.4 对居住区公共绿地的分级规模、规划要求、有关标准及面积计算办法等做出了规定。其中：

一、按照居住区分级规模及其规划布局形式，设置相应的中心绿地的原则，是按照集中与分散相结合的公共绿地系统的布局构思确定的。这样，既方便居民日常不同层次的游憩活动需要，又利于创造居住区内大小结合、层次丰富的公共活动空间，可取得较好的空间环境效果。

各级中心绿地一般规模的确定，主要考虑一是人流容量，如居住区级中心绿地即居住区公园应考虑 3 万～5 万人的居住区，日常去公园出游的居民量（详见第 7.0.5 条）；二是安排与其规模相应的功能设施所需的场地和游憩空间要求，如居住区级中心绿地中，要为满足明确的功能划分和相应的游憩活动设施所需的用地作安排（正文表7.0.4-1）。

二、各级中心绿地除应有相应的规模和设施外，其位置也要与其级别相称，即应与其同级的道路相邻，并向其开设主要出入口，以便于居民使用。据此规定，小区级的小游园应与小区级道路相邻，居住区公园应与居住区级道路相邻。而设在组团内、四面邻组团路的绿地，面积再大也只能属组团级的"大绿地"，而不能成为小区或居住区级中心绿地，否则势将吸引本组团外的超量人流穿越组团甚至居民院落，这样既不便居民游憩活动，且严重干扰组团内居民的安宁环境。

三、正文条文规定各级公共绿地一般应采用"开敞式"。这里有两层意思：其一，居住区各级公共绿地是本区居民的日常游憩共享空间，应方便居民游憩活动并直接为居民使用，应是"福利型"，而不应成为"经营型"。其二，居住区各级公共绿地是居住区空间环境的重要组成部分，应里外浑然一体，在居民视野高度内不能"隔断"。如设院墙也应以绿篱或其他空透式栏杆作分隔，以确保里外通透。

四、组团绿地的设置标准与面积计算办法是目前我国居住区规划中存在的主要问题之一。本规范分析了我国一些城市居住区中居住组团的不同类型、特点和组团绿地的设置方式与存在的问题，对组团绿地的设置标准与面积计算办法做出了规定。

确定组团绿地（包括其他块状、带状绿地）面积标准的基本要素：一要满足日照环境的基本要求，即"应有不少于1/3的绿地面积在当地标准的建筑日照阴影线范围之外"；二要满足功能要求，即"要便于设置儿童游戏设施和适于老年人、成人游憩活动"而不干扰居民生活；第三，同时要考虑空间环境的因素，即绿地四邻建筑物的高度及绿地空间的形式——是开敞型还是封闭型等。正文表7.0.4-2根据以上三要素对不同类型院落式组团绿地的面积标准的计算做出了规定。

开敞型与封闭型院落式组团绿地的主要区别是，后者四面被住宅建筑围合空间较封闭，故要求其平面与空间尺度应适当加大，而前者则至少有一个面，面向小区路或建筑控制线不小于10m的组团路，空间较开敞，故要求的平面与空间尺度可小一些。

五、其他块状、带状公共绿地，如街头绿地、儿童游戏场和设于组团之间的绿地等，一般均为开敞式，四邻空间环境较好，面积可比组团内绿地略小，但根据实践经验，欲满足上述三要素要求，其最小面积不宜小于$400m^2$；用地宽度不应小于8m。否则难以设置活动设施和满足基本功能的要求。

7.0.5 确定居住区人均公共绿地面积指标的主要依据是：

一、根据人多地少的国情，特别是在各城市人口不断增长，城市用地日趋紧张的情况下，原国家建委(80)492号文件中规定的人均公共绿地指标，小区级$1\sim 2m^2$，居住区级$1\sim 2m^2$，在执行中实现的少，因而居住区公共绿地现行指标一般较低，甚至没有。从调查的全国120余个居住区、小区实例分析，有40%以上人均公共绿地不足$1m^2$，如去掉其中不合标准的公共绿地，其比例更高。但近年来许多城市从提高环境质量出发，已强化了绿地要求，有些城市做出了指标规定，一般是：小区不低于$1m^2$/人，居住区$1\sim 2m^2$/人左右。据此，本规范根据综合分析后规定：组团绿地不少于$0.5m^2$/人、小区绿地（含组团）不少于$1m^2$/人、居住区绿地（含小区、组团）不少于$1.5m^2$/人。此标准与一些城市的规定和原国家建委规定接近，但比许多城市现行水平有提高。

二、据1983年北京市的调查，服务半径为500m以内的居住区各级公共绿地，居民（高峰）总出游率为11%。考虑到人口老龄化的增长和儿童比例递减等综合因素，居住区内公共绿地的出游率今后会有所增长。为此，本规范确定居住区各级公共绿地居民总出游率，按不小于15%考虑，可适应全国大多数城市中、远期规划的要求。

另据调查，居住区公共绿地（居住区公园、小游园）周转系数为3；每游人占公园面积$30m^2$，则居住区公共绿地人均指标为：

$$(15\% \times 30)/3 = 1.5 (m^2/人)$$

据此，本规范规定，居住区（含小区、组团级）公共绿地人均指标不小于$1.5m^2$。

三、根据居住区分级规模及按正文表7.0.4-1分级设置中心绿地的要求确定的各级指标，分别占总指标的1/3左右，即：

1. 组团级指标人均不小于$0.5m^2$，可满足300～700户设置一个面积500～$1000m^2$以上的组团绿地的要求。

2. 小区级指标人均不小于$0.5m^2$（即1～$0.5m^2$），可满足每小区设置一个面积4000～$6000m^2$以上的小区级中心绿地（小游园）的要求；

3. 同理，居住区级公园指标人均不小于$0.5m^2$（即1.5～$1.0m^2$），可达到每居住区设置一个面积$15000m^2$以上的居住区级公园的要求。

根据我国一些城市的居住区规划建设实践，居住区级公园用地在$10000m^2$以上，即可建成具有较明确的功能划分、较完善的游憩设施和容纳相应规模的出游人数的基本要求；用地$4000m^2$以上的小游园，可以满足有一定的功能划分、一定的游憩活动设施和容纳相应的出游人数的基本要求。所以，正文条文规定居住区级公园一般规模不小于$1hm^2$，小区级小游园不小于$0.4hm^2$。

公共绿地指标的具体使用，还应按照所采用的居住区规划组织结构类型确定。如采用居住区—组团两级组织结构的居住区，可在总指标的控制下设置居住区公园和组团绿地两级，也可在两级的基础上增设若干中型（相当于小区级）公共绿地；组团绿地的设置也应按组团布局形式灵活安排。

旧区改建由于用地紧张等因素，可酌情降低，但不得低于相应指标的 70%，以保证基本的环境要求。

7.0.6 城市居住区的绿化用地应结合海绵城市建设的"渗、滞、蓄、净、用、排"等低影响开发措施进行设计、建造或改造。居住区规划、建设应充分结合现状条件，对区内雨水的收集与排放进行统筹设计，如充分利用场地原有的坑塘、沟渠、水面，设计为适宜居住区使用的景观水体；采用下凹式绿地、浅草沟、渗透塘、湿塘等绿化方式，但必须注意，承担调蓄功能的绿地应种植抗涝、耐旱性强的植物。这些具有调蓄功能的绿化方式，即可美化居住环境，又可在暴雨时起到调蓄雨水、减少和净化雨水径流的作用，同时提高了居住区绿化用地的综合利用效率。

7.0.7 小游园、小广场等硬质空间应通过设计满足透水要求，实现雨水下渗至土壤或通过疏水、导水设施导入土壤，减少建设行为对自然生态系统的损害。小游园、小广场宜采用透水砖和透水混凝土铺装；小游园或绿地中的步行路还可采用鹅卵石、碎石等透水铺装。

8 道 路

8.0.1 居住区要为居民提供方便、安全、舒适和优美的居住生活环境，道路规划设计在很大程度上影响到居民出行方便和安全，因而，对此提出了应遵循的基本原则：

一、影响居住区交通组织的因素是多方面的，而其中主要的是居住区的居住人口规模、规划布局形式、用地周围的交通条件、居民出行的方式与行为轨迹和本地区的地理气候条件，以及城市交通系统特征、交通设施发展水平等。在确定道路网的规划中，应避免不顾当地的客观条件，主观地画定不切实际的图形或机械套用某种模式。同时还要综合考虑居住区内各项建筑及设施的布置要求，以使路网分隔的各个地块能合理地安排下不同功能要求的建设内容。

二、居住区内的主要道路应满足：

1. 线型尽可能顺畅，以方便消防、救护、搬家、清运垃圾等机动车辆的转弯和出入；

2. 要使住宅楼的布局与内部道路有密切联系，以利于道路的命名及有规律地编排楼门号，这样就能有效地减少外部人员在寻亲访友中的往返奔波；

3. 良好的道路网应该是在满足交通功能的前提下，尽可能地用最低限度的道路长度和道路用地。因为，方便的交通并不意味着必须有众多横竖交叉的道路，而是需要一个既符合交通要求又结构简明的路网。

三、居住区内部道路担负着分隔地块及联系不同功能用地的双重职能。良好的道路骨架，不仅能为各种设施的合理安排提供适宜的地块，也可为建筑物、公共绿地等的布置及创造有特色的环境空间提供有利条件。同时，公共绿地、建筑及设施的合理布局又必然会反过来影响到道路网的形成。所以，在规划设计中，道路网的规划与建筑、公共绿地及各类设施的布局往往彼此制约、互为因果，只有经过若干次的往复才能确定最佳的道路网格式。

四、随着国民经济的发展，改善城市生活环境已成为大家日益关注的课题。应合理设置公交停靠站，道路两侧的建筑物，尤其是住宅和教育设施等的布置还要尽量减少交通噪声对它们的干扰，通过细致的交通管理创造安全、安宁的居住生活环境。

五、道路规划要与抗震防灾规划相结合。在抗震设防城市的居住区内道路规划必须保证有通畅的疏散通道，并在因地震诱发的如电气火灾、水管破裂、煤气泄漏等次生灾害时，能保证消防、救护、工程救险等车辆的出入。

六、居住区内部道路的走向对通风及日照有很大影响。道路是通风的走廊，合理的道路骨架有利于创造良好的居住卫生环境。经调查，当夏季主导风向对住宅正向入射角不小于 15°时，有利于住宅内部通风。同时，居住区内的地上及地下管线一般都顺着道路走向敷设。所以，道路骨架基本上能决定市政管线系统的形成。完善的道路系统不仅利于市政管线的布置，而且能简化管线结构和缩短管线长度。

七、在旧区改建区，道路网的规划要综合考虑旧城市的地上地下建筑及市政条件，避免大拆大改而增加改建投资，对于需重点保护的历史文化名城及有历史价值的传统风貌地段，必须尽量保留原有道路的格局，包括道路宽度和线型、广场出入口、桥涵等，并结合规划要求，使传统的道路格局与现代化城市交通组织及设施（机动车交通、停车场库、立交桥、地铁出入口等）相协调。

8.0.2 居住区内各级道路的宽度，主要根据交通方式、交通工具、交通量及市政管线的敷设要求而定，对于重要地段，还要考虑环境及景观的要求。

居住区级道路是整个居住区内的主干道，要考虑城市公共电、汽车的通行，两边应分别设置有非机动车道及人行道，并应设置一定宽度的绿地种植行道树和草坪花卉（图 1），按各种组成部分的合理宽度，居住区级道路的最小宽度不宜小于 20m，有条件的地区宜采用 30m。机动车道与非机动车道在一般情况下采用混行方式。

小区级道路车行道的最小宽度为 6m，如两侧各安排一条宽度为 1.5m 的人行路，总宽度为 9m，即可满足一般功能需要。同时，小区级道路往往又是市政管线埋设的通道，在无供热管线的居住区内，按六

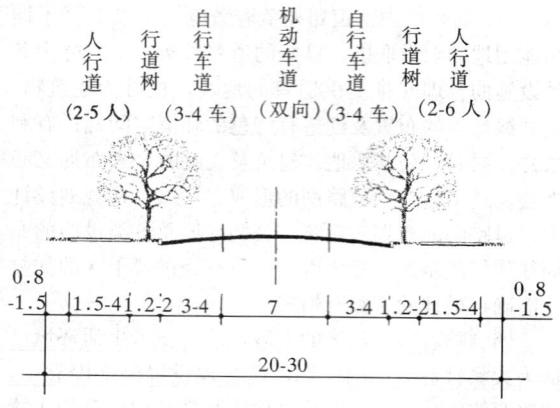

图 1　居住区级道路一般断面（m）

种基本管线的最小水平间距，它们在建筑线之间的最小极限宽度约为 10m（图 2），此距离与小区级道路交通车行、人行所需宽度基本一致。

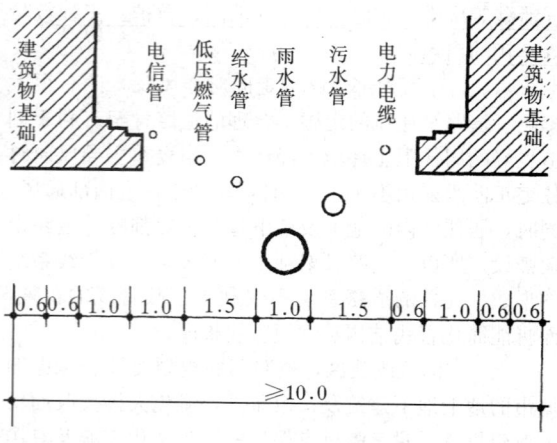

图 2　无供热管线居住区小区级道路市政管线最小埋设走廊宽度（m）

在需敷设供热管线的居住区内，由于要有暖气沟的埋设位置及其左右间距，建筑控制线的最小极限宽度约为 14m。

组团级道路是进出组团的主要通道，路面人车混行，一般按一条自行车道和一条人行带双向计算，路面宽度为 4m。在用地条件有限的地区，最低限度为 3m。在利用路面排水、两侧要砌筑道牙的特殊要求下，路面宽度就要加宽至 5m。这样，在有机动车出入时不影响自行车或行人的正常通行。对组团级道路的地下空间也要满足大部分地下管线的埋设要求，无供热管线的居住区一般要求建筑控制线之间应有 8m 宽度，需敷设供热管线的居住区至少应有 10m 的宽度。

宅间小路为进出住宅的最末一级道路，这一级道路平时主要供居民出入，基本是自行车及人行交通，并要满足清运垃圾、救护和搬运家具等需要。按照居住区内部有关车辆低速缓行的通行宽度要求，轮距宽

度在 2～2.5m 之间。所以，宅间小路路面宽度一般为 2.5～3m，最低极限宽度为 2m。这样，正好能容纳双向一辆自行车的交会或一辆中型机动车（如 130 型搬家货车、救护车等）通行。为兼顾必要时大货车、消防车的通行，路面两边至少还要各留出宽度不小于 1m 的路肩。

8.0.3　正文表 8.0.3 中的数据是依据有关道路设计手册，并参考了部分城市实践经验而制定的，其道路最大坡度控制指标是为保证车辆安全行驶的极限值，在一般情况下最好尽量少出现，尤其是在多冰雪地区、地形起伏大及海拔高于 3000m 等地区要严格控制，并要尽量避免出现孤立的道路陡坡。

机动车道的最大纵坡及相应的限制坡长规定，为的是保障司机的正常驾驶状态而不至产生心理紧张，防止事故的产生。据测试，不同纵坡相应的坡长限制值如表 2：

表 2　不同纵坡相应坡长限制值

纵坡（%）	限制坡长（m）	纵坡（%）	限制坡长（m）
5.0～6.0	800	7.0～8.0	300
6.0～7.0	400	8.0～9.0	150

而正文表 8.0.3 中机动车的最大纵坡值 8% 是根据居住区内车速一般为 20～30km/h 情况下的最大适宜数值，如地形允许，要尽量采用更平缓的纵坡或更短的坡长。

关于非机动车道的纵坡限制，主要是根据自行车交通要求确定，它对于我国大部分城市是极为重要的，因为在现阶段，自行车对一般居民来说不仅是出行代步的交通工具，而且也是运载日常物品的运输工具。据普查数据，往往城市越小和公共交通不发达的地区，自行车出行量在全部出行量中所占的比重也越高（山区城市除外），例如：北京 54.0%，唐山 71.2%，延安 82.9%。

根据调查测试，自行车道适用的纵坡及相应的坡长限制值如表 3。

表 3　不同纵坡相应坡长限制值

纵坡（%）	坡长限制(m) 行驶方式 连续行驶	骑行与推行结合
<0.6	不限制	不限制
0.6～1	130～600	不限制
1～2	50～130	110～250
2～3	<50	40～100

正文表 8.0.3 采用的自行车道最大纵坡值及相应

的限制坡长即是据此得出的。

需要补充说明的是，在一些专题研究材料及有关的技术规范中，常出现如下的自行车道纵坡及坡长控制数值（表4）：

表4　不同纵坡相应坡长控制值

纵坡 (％)	推荐坡长 (m)	限制坡长 (m)	极限坡长 (m)
2.0	200	400	—
2.5	150	300	—
3.0	120	240	—
3.5	100	200	—
5.0	50	100	200
7.0	—	60	120
9.0	—	30	60

这与正文表8.0.3中数值有较大差距。据了解，表4中的数值大多是以年轻人为主测试而得出。因此考虑到居住区内骑自行车出行对象的年龄包括老、中、青各类居民，所以对于居住区内部的自行车道，应有更大的适应范围。

关于道路最小纵坡值，从驾驶车辆角度出发，道路愈平愈好，但纵坡的最低限还必须保证顺利地排除地面水。不同的路面材料所适用的最小纵坡也是不同的：水泥及沥青混凝土路面不小于0.3％，整齐块石路面不小于0.4％，其他低级路面不小于0.5％。正文表8.0.3是以《城市用地竖向规划规范》（CJJ83—99）为依据提出的。

8.0.4　在山区、丘陵区等地形起伏较大的居住区道路系统的规划要密切注意结合地形，这样才可达到合理、安全、经济的综合效益。

一、由于人行道的适用纵坡范围与车行道是不一样的，在地势起伏大的情况下，人行道可以更容易随坡就势，如与车行道分设，就能更便捷和减少道路工程的土石方量。

二、山区、丘陵区的道路一般都要求顺等高线设置，所以，道路网的格式与平原地区是大不一样的。但是，道路用地面积也会因之适当增加，一般指标可按照正文中表3.0.2中的高限值选用；

三、主要道路因为通行的车辆和行人较多，交通量较大，所以纵坡应尽可能小些，而次要的道路等级较低，为减少土石方量，可以在允许的纵坡范围内取较大的控制值；

四、由于在山区或丘陵区修建道路工程量较大，道路的宽度和建筑控制线之间的宽度，可采用正文中第8.0.2条规定的下限值。但如要设置排水边沟，则必然会加宽道路用地，增加的这部分宽度一般不属于上述条文中规定的道路宽度控制值范围内。设置会车避让路面和排水边沟的具体要求，另参照有关技术规范。

8.0.5　本条对居住区内道路设置作了规定。

一、本条款对居住区与外部联系的出入口数作了原则性规定。规定了出入口数不能太少，是为了保证居住区与城市有良好的交通联系。小区对外出入口不少于两个，为的是不使小区级道路呈尽端式格局，以保证消防、救灾、疏散等的可靠性，但两个出入口可以是两个方向，也可以在同一个方向与外部连接，而居住区的对外出入口要求是不少于两个方向，这是考虑到居住区用地规模较大，必须有两个方向与城市干道相连（含次干道及城市支路）。有关车行和人行出入口的最大间距是依据消防规范的有关条款作出的。正文条文中对人行出口间距规定"当建筑物长度超过80m时，应在底层加设人行通道"，这里提到的人行通道，可以是楼房底层专设的供行人穿行的洞口。如果小区、组团等实施独立管理，也应按规定设置出入口，供应急时使用。

二、居住区道路与城市道路交接时应尽量采用正交，以简化路口的交通组织。按道路设计规定，交叉角度不宜小于75°就是这个意思。当居住区道路与城市道路的交角在90°±15°范围内可视为正交型路口。条文中关于道路相接时的交角超出上述范围时，可在居住区道路的出口路段增设平曲线弯道来满足要求。在山区或用地有限制地区，才允许出现交角小于75°的交叉口，但必须对路口作必要的处理。

三、目前，我国残疾人约占总人口的4.7％，老年人也达总人口的10％左右。为此，居住区内有必要在商业服务中心、文化娱乐中心、老年人活动站及老年公寓等主要地段设置无障碍通行设施。无障碍交通规划设计的主要依据是满足轮椅和盲人的出行需要，具体技术规定详见《为方便残疾人使用的城市道路和建筑设计规范》（JGJ50—88）。

四、过长的尽端路会影响行车视线，使车辆交会前不能及早采取避让措施，并影响到自行车与行人的正常通行，对消防、急救等车辆的紧急出入尤为不利。所以在正文条文中对居住区内尽端式道路长度作了规定，其最大长度一般为120m，尽端回车场尺寸，正文条文中提出的12m×12m是最小的控制值，用地有条件时最好按不同的回车方式安排相应规模的回车场（见图3）。

五、条文中提到在地震区，居住区内的主要道路宜采用柔性路面，这是道路工程技术设计的原则规定，与正文第8.0.1条第五款对道路规划的防灾救灾要求不是一个概念。以道路本身技术设计的要求而言，抗震设计设防基本烈度起点为八度；对于地基为软性土层、可液化土层或易发生滑坡的地区，道路抗震设计起点烈度为七度。所谓柔性路面，指的是用沥青混凝土为面层的道路。

六、道路边缘至建筑物、构筑物要保持一定距

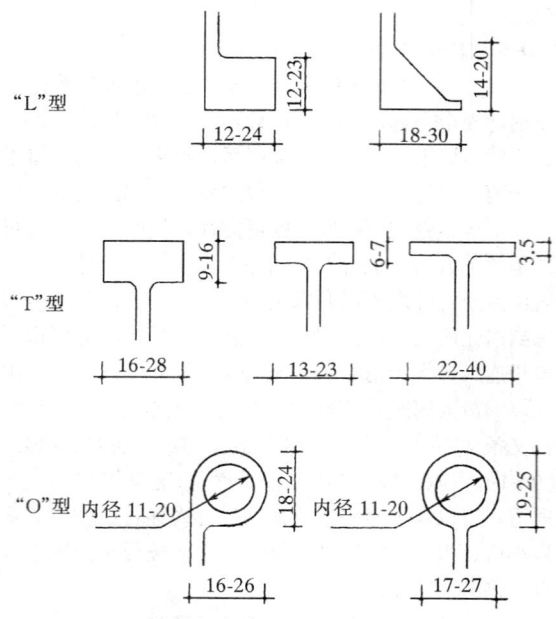

图 3 回车场的一般规模（m）

注：图中下限值适用于小汽车（车长5m，最小转弯半径5.5m）

上限值适用于大汽车（车长8～9m，最小转弯半径10m）

离，主要是考虑在建筑底层开窗开门和行人出入时不影响道路的通行及一旦楼上掉下物品也不影响路上行人和车辆的安全及有利安排地下管线、地面绿化及减少对底层住户的视线干扰等因素而提出的。对有出入口的一面要保持较宽的间距，为的是在人进出建筑物时可以有个缓冲地方，并可在门口临时停放车辆以保障道路的正常交通。

8.0.6 本条对居住区内的居民停车场、库的设置做了规定。

一、我国居民小汽车的使用比例有很快的提高，居住区内居民小汽车的停放已成为普遍问题，居住区居民小汽车包括通勤车、出租汽车及个体运输机动车等的停放场地日益成为居住区内部停车的一个重要组成部分。由于各地经济发展水平不同，生活方式存在较大差异，居民小汽车拥有量相差较大，本规范从全国角度出发，只对一般情况提出指导性指标，控制下限，即停车率≥10%。对于上限指标不做具体规定，可根据实际需要增加，具体指标由地方城市规划行政主管部门制订。在确定停车率较低时，应考虑要留有发展余地。

二、地面停车率是指居民汽车的地面停车位数量与居住户数的比率（%）。有些地方地面停车采用立体方式，对于节约用地具有明显作用。但本规范对地面停车率的控制主要是出于对地面环境的考虑，控制地面停车数量，提出地面停车率不宜超过10%的控制指标，停车率高于10%时，其余部分可采用地下、半地下停车或多层停车楼等方式。因此，地面停车率计算，无论是采用单层还是立体停车方式，均以单层停车数量计算。当采用停车楼的方式时，可在其他用地中平衡指标。

三、停车场（库）的布局应考虑使用方便，服务半径不宜超过150m。通勤车、出租汽车及个体运输机动车等的停放位置一般安排在居住小区或组团出入口附近，以维持小区或组团内部的安全及安宁。

四、为落实国家发改能源［2015］1454号《关于印发〈电动汽车充电基础设施发展指南（2015—2020）〉的通知》要求，增设本条款。考虑我国各城市机动化发展阶段差异较大，电动汽车发展增速状况不同，建议结合地方实际需求情况，新建居住区内的住宅配建停车位优先考虑预留充电基础设施安装条件，按需建设充电基础设施。

8.0.7 城市居住区内的道路应优先考虑道路交通的使用功能，在保证路面路基强度及稳定性等安全性要求的前提下，路面设计宜满足透水功能要求，尽可能采用透水铺装，增加场地透水面积。透水铺装可根据城市地理环境与气候条件选择适宜的做法，例如人行道及车流量和荷载较小的道路、宅间小路可采用透水沥青混凝土铺装，停车场可采用嵌草砖。

9 竖 向

9.0.1、9.0.2 竖向规划设计应综合利用地形地貌及地质条件，因坡就势合理布局道路、建筑、绿地，及顺畅地排除地面水，而不能把竖向规划当作是平整土地、改造地形的简单过程。

居住区内的道路骨架与地势起伏关系很大，往往因此能决定道路线型及走向。建筑物的布局也往往因地形地质的制约而影响其朝向、间距及平面组合，在地形变化较大的地区，一般要求建筑物的长边尽可能顺等高线布置，力争不要过分改变现状等高线的分布规律，而只是局部改变建筑物周围的自然地形。

市政管线，特别是重力自流类管线（如雨水管、污水管、暖气管沟等）与地形高低的关系密切，力求与道路一样顺坡定线。居住区的平面布局只有与竖向规划在方案编制过程中不断彼此配合互相校核，才能使整个居住区的规划方案更切实际逐趋完善。

良好的竖向规划设计方案，必须建立在对现状水系周密的调查研究基础之上。一般在山区或丘陵地带，必须根据居住区所在地域的地面排水系统，确定居住区内规划排水体系，以确保建设地区地面水的排除及安全排洪。

正文表9.0.2中适用坡度是参照有关技术规范及手册编制的。下限值为满足排水要求的最小坡度。

对于广场及场地的竖向设计坡度，往往因使用功能不同或地面材料不同而分别采用适宜的控制值。当广场兼作停车场时，停车区内的坡度不宜过大，以防溜车。据测试，小汽车在不拉手闸的情况下发生溜滑的临界坡度为0.5%。

居住区内场地的高程设计应利于场地雨水的收集与排放，应充分结合建筑布局及雨水利用、排洪防涝进行设计，形成低影响开发雨水系统。

9.0.3 当居住区内的地面坡度超过8%时，地面水对地表土壤及植被的冲刷就严重加剧，行人上下步行也产生困难，就必须整理地形，以台阶式来缓解上述矛盾。无论是坡地式还是台阶式，建筑物的布局及设计、道路和管线的设计都应作好相应的工程处理。

10 管线综合

10.0.1 本条规定了居住区必须统一规划安排四种（无集中供热居住区）至五种（集中供热居住区）基本的工程管线，因为工程管线的埋设都有各自的技术要求，如在规划阶段不留出位置，今后再要增设困难是很大的，即使可以增设，也会影响整个管线系统的合理布局，并增加不必要的投资。在居住区的道路和建筑控制线之间的宽度确定时，都已考虑了这几种基本管线的敷设要求。

在某些地区由于当前的经济条件及生活水平、外部市政配套条件等因素的制约，近期建设中可暂考虑雨污合流排放、分散供热或电力线架空等，但在管线综合中仍要分别把相应的管线及设施一并考虑在内，并预留其埋设位置，以便为今后的发展创造有利条件。随着城市基础设施的不断完善和生活水平的逐步提高，在有条件的地区，还应敷设或预留燃气、通讯等管线甚至热水管、智能化线路等埋设位置。

10.0.2 管线综合是居住区规划设计中必不可少的组成部分。管线综合的目的就是在符合各种管线的技术规范前提下，统筹安排好各自的合理空间，解决诸管线之间或与建筑物、道路和绿化之间的矛盾，使之各得其所，并为各管线的设计、施工及管理提供良好条件。

居住区的管线布局，凡属压力管线均与城市干线网有密切关系，如城市给水管、电力管线、燃气管、暖气管等，管线要与城市干管相衔接；凡重力自流的管线与地区排水方向及城市雨污水干管相关。在进行管线综合时，应与周围的城市市政条件及本区的竖向规划设计互相配合，多加校验，才能使管线综合方案切合实际。

管线的合理间距是根据施工、检修、防压、避免相互干扰及管道表井、检查井大小等因素而决定的。我们综合了有关规划和设计部门编制的管线综合资料，并参考了几个城市的城市规划管理文件，制定了条文中的四个关于管线间距的最小净距表。在不利的地形地质条件、施工条件等地区，亦可用稍宽一些的间距。

正文表10.0.2-1、10.0.2-2中的栏目，除注明者外，水平净距均指外壁的净距。垂直净距指下面管线的外顶与上面管线的基础底或外壁之间的净距。表中数字在采取充分措施（如结构措施）之后可以减小。具体规定可参见各专业规范说明。

管线埋深和交叉时的相互垂直净距，一般要考虑下列因素：
1. 保证管线受到荷载而不受损伤；
2. 保证管体不冻坏或管内液体不冻凝；
3. 便于与城市干线连接；
4. 符合有关的技术规范的坡度要求；
5. 符合竖向规划要求；
6. 有利避让需保留的地下管线及人防通道；
7. 符合管线交叉时垂直净距的技术要求。

正文条文中关于管线的埋设要求还出于下列考虑：
1. 电力电缆与电信管、缆宜远离，为的是减小电力、尤其是高中压电力对电信的干扰，一般将电力电缆布置在道路的东侧或南侧，电信管、缆在道路的西侧或北侧。这样既可简化管线综合方案，又能减少管线交叉时的相互冲突。
2. 地下管线一般应避免横贯或斜穿公共绿地，以避免限制绿地种植和建筑小品的布置。某些管线的埋设还会影响绿化效果，如暖气管会烤死树木，而树根的生长又往往会使有些管线的管壁破裂。如确因规划需要管线必须穿越时，要注意尽量从绿地边缘通过，不要破坏公共绿地的完整性。

11 综合技术经济指标

11.0.1 技术经济指标是从量的方面衡量和评价规划质量和综合效益的重要依据，有现状和规划之分。

目前居住区的技术经济指标一般由两部分组成：土地平衡及主要技术经济指标，但各地现行的技术经济指标的表格不统一，项目有多有少，有的基本数据不全，有的计算依据没有注明。环境质量方面的指标不多。因此，本规范要规定统一的列表格式、内容、必要的指标和计算中采用的标准。

正文表11.0.1为综合技术经济指标表，有必要指标和选用指标之分。即反映基本数据和习惯上要直接引用的数据为必要指标；习惯上较少采用的数据或根据规划需要有可能出现的内容列为可选用指标。

居住区用地包括住宅用地、公共服务设施用地（也称公建用地）、道路用地和公共绿地四项，它们之间存有一定的比例关系，主要反映土地使用的合理性与经济性，它们之间的比例关系及每人平均用地水平是必要的基本指标。在规划范围内还包括一些与居住区没有直接配套关系的其他用地，如外围道路或保留的企事业单位、不能建设的用地、城市级公建用地、城市干道、自然村等，这些都不能参与用地平衡，否则无可比性。但"其他用地"在居住区规划中也必定存在（外围道路），因此它也是一个基本指标。居住区用地加"其他用地"即为居住区规划总用地。

反映居住区规模有用地、建筑与人口（户、套）三个方面内容，除用地外，人口（户、套）、住宅和配建公共服务设施的建筑面积及其总量也是基本数据为必要指标。非配套的其他建筑面积是或有或无，因此，是一个可选用的指标。

平均层数与住宅建筑密度关系密切，是基本数据，属必要指标，高、中高层住宅比例也是住宅建设中的控制标准属必要指标；毛密度由于反映居住区用地中的总指标，反映了在总体上相对的经济合理性，所以它对开发的经济效益，征地的数量等具有很重要的控制作用。住宅建筑套密度是一个日渐被人认识、重视的指标，在详细规划的实施阶段根据户型的比例、标准的要求等去选定住宅类型后，可以通过居住区用地、住宅用地等基本数据计算；住宅建筑面积净密度是与居住区的用地条件、建筑气候分区、日照要求、住宅层数等因素对住宅建设进行控制的指标，是一个实用性强、习惯上也是控制居住区环境质量的重要指标之一，属必要指标；建筑面积毛密度是每公顷居住区用地内住宅和公建的建筑面积之和，它可由居住区用地内的总建筑面积推算出来。由于公建在控制性详细规划阶段还没有进行单体设计而是按指标估算，因配建的公建与住宅建筑面积有一定的比例关系，即住宅是基数，住宅量一确定，配建公建量也相应确定，因而以住宅建筑面积的毛、净密度、建筑面积毛密度（也称容积率）为常用的基本指标。

环境质量主要反映在空地率和绿地率等指标上。与住宅环境最密切的是住宅周围的空地率，习惯上以住宅建筑净密度来反映，即以住宅用地为单位1.00，空地率＝1－住宅建筑净密度。居住区的空地率习惯上以建筑毛密度反映，即居住区的空地率＝1－建筑（毛）密度。住宅建筑净密度和建筑毛密度越低其对应的空地率就越高，为环境质量的提高提供了更多的用地条件。绿地率是反映居住区内可绿化的土地比率，它为搞好环境设计、提高环境质量创造了物质条件，为此都属必要指标。

居住区建筑密度，是居住区内各类建筑的基底总面积与居住区用地面积的比率（％）。是居住区重要的环境指标，属必要指标。

由于旧区改建规划范围内一般都有拆迁，因此"拆建比"在一定程度上可反映开发的经济效益，是旧区改建中的一个必要的指标，在新建居住区中不作为必要的指标。

为了可比及数值的一定精度，除户、套和人口数及其对应的密度数值外，其余数值均采用小数点后两位。

在居住区规划设计中，如采用的统计口径不准确（如把住宅正常间距内的小绿地计入公共绿地）或计算口径不统一，则不能如实地反映规划水平及其经济合理性，也难核实、审评和比较。为此，正文条文是对各类各项用地范围的划定、面积和相关指标的计算口径作出规定。

根据《国务院办公厅关于推进海绵城市建设的指导意见》（国办发［2015］75号）和《住房城乡建设部关于印发海绵城市专项规划编制暂行规定的通知》（建规［2016］50号）要求，"编制城市总体规划、控制性详细规划以及道路、绿地、水等相关专项规划时，要将雨水年径流总量控制率作为其刚性控制指标"。编制或修改控制性详细规划时，应依据海绵城市专项规划中确定的雨水年径流总量控制率等要求，并根据《海绵城市建设设计指南》有关要求，结合所在地实际情况，落实雨水年径流总量控制率等指标。

中华人民共和国国家标准

镇 规 划 标 准

Standard for planning of town

GB 50188—2007

主编部门：中华人民共和国建设部
批准部门：中华人民共和国建设部
施行日期：２００７年５月１日

中华人民共和国建设部
公　告

第 553 号

建设部关于发布国家标准
《镇规划标准》的公告

现批准《镇规划标准》为国家标准，编号为 GB 50188—2007，自 2007 年 5 月 1 日起实施。其中，第 3.1.1、3.1.2、3.1.3、4.1.3、4.2.2、5.1.1、5.1.3、5.2.1、5.2.2、5.2.3、5.4.4、5.4.5、6.0.4、7.0.4、7.0.5、8.0.1 (3) (4)、8.0.2 (3) (4)、9.2.3、9.2.5 (1) (2)、9.3.3、10.2.5 (4)、10.3.6、10.4.6、11.2.2、11.2.6、11.3.4、11.3.6、11.3.7、11.4.4、11.4.5、11.5.4、12.4.3、13.0.1、13.0.4、13.0.5、13.0.6、13.0.7 条（款）为强制性条文，必须严格执行。原《村镇规划标准》GB 50188—2006 同时废止。

本规范由建设部标准定额研究所组织中国建筑工业出版社出版发行。

中华人民共和国建设部
2007 年 1 月 16 日

前　言

根据建设部建标〔1999〕308 号文件的通知要求，标准编制组广泛调查研究，认真总结实践经验，参考有关国际标准和国外先进标准，并在广泛征求意见的基础上，修订了本标准。

本标准的主要内容是：1. 总则；2. 术语；3. 镇村体系和人口预测；4. 用地分类和计算；5. 规划建设用地标准；6. 居住用地规划；7. 公共设施用地规划；8. 生产设施和仓储用地规划；9. 道路交通规划；10. 公用工程设施规划；11. 防灾减灾规划；12. 环境规划；13. 历史文化保护规划；14. 规划制图。

修订的主要技术内容是：在原标准 9 章的基础上增设了术语、防灾减灾规划、环境规划、历史文化保护规划和规划制图等 5 章；重点调整了镇村体系和规模分级、规划建设用地标准、公共设施项目配置；公用工程设施规划中增加了燃气工程、供热工程、工程管线综合等 3 节；并对原有其他各章也作了补充修改。

本标准以黑体字标志的条文为强制性条文，必须严格执行。

本标准由建设部负责管理和对强制性条文的解释，由主编单位负责具体技术内容的解释。

本标准主编单位：中国建筑设计研究院（北京市西直门外车公庄大街 19 号，邮政编码：100044）。

本标准参编单位：天津市城市规划设计研究院

吉林省城乡规划设计研究院
浙江省城乡规划设计研究院
浙江东华城镇规划建筑设计公司
武汉市城市规划设计研究院
四川省城乡规划设计研究院
宁夏自治区小城镇协会
北京市市政工程科学技术研究所
中国城市规划设计研究院
国家环境保护总局环境规划院

本标准主要起草人：任世英　赵柏年　寿　民
赵保中　孙蕴山　杨斌辉
邓竟成　郑向阳　傅芳生
刘学功　崔招女　胡　桃
乔　兵　沈　纹　徐詠九
刘志刚　陈定外　潘顺昌
赵中枢　何建清　王　宁
赵　辉　冯新刚　卢比志
宗羽飞　吴俊勤　汪　䰲
樊　晟　屈　扬　张燕霞
邵爱云　杨金田

目 次

1 总则 ………………………………………… 9—4
2 术语 ………………………………………… 9—4
3 镇村体系和人口预测 ……………………… 9—4
  3.1 镇村体系和规模分级 ………………… 9—4
  3.2 规划人口预测 ………………………… 9—4
4 用地分类和计算 …………………………… 9—5
  4.1 用地分类 ……………………………… 9—5
  4.2 用地计算 ……………………………… 9—6
5 规划建设用地标准 ………………………… 9—6
  5.1 一般规定 ……………………………… 9—6
  5.2 人均建设用地指标 …………………… 9—7
  5.3 建设用地比例 ………………………… 9—7
  5.4 建设用地选择 ………………………… 9—7
6 居住用地规划 ……………………………… 9—7
7 公共设施用地规划 ………………………… 9—8
8 生产设施和仓储用地规划 ………………… 9—9
9 道路交通规划 ……………………………… 9—9
  9.1 一般规定 ……………………………… 9—9
  9.2 镇区道路规划 ………………………… 9—9
  9.3 对外交通规划 ………………………… 9—10
10 公用工程设施规划 ………………………… 9—10
  10.1 一般规定 ……………………………… 9—10
  10.2 给水工程规划 ………………………… 9—10
  10.3 排水工程规划 ………………………… 9—11
  10.4 供电工程规划 ………………………… 9—11
  10.5 通信工程规划 ………………………… 9—12
  10.6 燃气工程规划 ………………………… 9—12
  10.7 供热工程规划 ………………………… 9—12
  10.8 工程管线综合规划 …………………… 9—13
  10.9 用地竖向规划 ………………………… 9—13
11 防灾减灾规划 ……………………………… 9—13
  11.1 一般规定 ……………………………… 9—13
  11.2 消防规划 ……………………………… 9—13
  11.3 防洪规划 ……………………………… 9—13
  11.4 抗震防灾规划 ………………………… 9—14
  11.5 防风减灾规划 ………………………… 9—14
12 环境规划 …………………………………… 9—14
  12.1 一般规定 ……………………………… 9—14
  12.2 生产污染防治规划 …………………… 9—14
  12.3 环境卫生规划 ………………………… 9—15
  12.4 环境绿化规划 ………………………… 9—15
  12.5 景观规划 ……………………………… 9—15
13 历史文化保护规划 ………………………… 9—15
14 规划制图 …………………………………… 9—16
附录 A 用地计算表 ………………………… 9—16
附录 B 规划图例 …………………………… 9—17
附录 C 用地名称和规划图例中
      英文词汇对照表 …………………… 9—28
本标准用词说明 ……………………………… 9—28
附：条文说明 ………………………………… 9—29

1 总 则

1.0.1 为了科学地编制镇规划,加强规划建设和组织管理,创造良好的劳动和生活条件,促进城乡经济、社会和环境的协调发展,制定本标准。

1.0.2 本标准适用于全国县级人民政府驻地以外的镇规划,乡规划可按本标准执行。

1.0.3 编制镇规划,除应符合本标准外,尚应符合国家现行有关标准的规定。

2 术 语

2.0.1 镇 town
经省级人民政府批准设置的镇。

2.0.2 镇域 administrative region of town
镇人民政府行政的地域。

2.0.3 镇区 seat of government of town
镇人民政府驻地的建成区和规划建设发展区。

2.0.4 村庄 village
农村居民生活和生产的聚居点。

2.0.5 县域城镇体系 county seat, town and township system of county
县级人民政府行政地域内,在经济、社会和空间发展中有机联系的城、镇(乡)群体。

2.0.6 镇域镇村体系 town and village system of town
镇人民政府行政地域内,在经济、社会和空间发展中有机联系的镇区和村庄群体。

2.0.7 中心镇 key town
县域城镇体系规划中的各分区内,在经济、社会和空间发展中发挥中心作用的镇。

2.0.8 一般镇 common town
县域城镇体系规划中,中心镇以外的镇。

2.0.9 中心村 key village
镇域镇村体系规划中,设有兼为周围村服务的公共设施的村。

2.0.10 基层村 basic-level village
镇域镇村体系规划中,中心村以外的村。

3 镇村体系和人口预测

3.1 镇村体系和规模分级

3.1.1 镇域镇村体系规划应依据县(市)域城镇体系规划中确定的中心镇、一般镇的性质、职能和发展规模进行制定。

3.1.2 镇域镇村体系规划应包括以下主要内容:

1 调查镇区和村庄的现状,分析其资源和环境等发展条件,预测一、二、三产业的发展前景以及劳力和人口的流向趋势;

2 落实镇区规划人口规模,划定镇区用地规划发展的控制范围;

3 根据产业发展和生活提高的要求,确定中心村和基层村,结合村民意愿,提出村庄的建设调整设想;

4 确定镇域内主要道路交通、公用工程设施、公共服务设施以及生态环境、历史文化保护、防灾减灾防疫系统。

3.1.3 镇区和村庄的规划规模应按人口数量划分为特大、大、中、小型四级。

在进行镇区和村庄规划时,应以规划期末常住人口的数量按表3.1.3的分级确定级别。

表3.1.3 规划规模分级(人)

规划人口规模分级	镇 区	村 庄
特 大 型	>50000	>1000
大 型	30001~50000	601~1000
中 型	10001~30000	201~600
小 型	≤10000	≤200

3.2 规划人口预测

3.2.1 镇域总人口应为其行政地域内常住人口,常住人口应为户籍、寄住人口数之和,其发展预测宜按下式计算:

$$Q = Q_0(1+K)^n + P$$

式中 Q——总人口预测数(人);
Q_0——总人口现状数(人);
K——规划期内人口的自然增长率(%);
P——规划期内人口的机械增长数(人);
n——规划期限(年)。

3.2.2 镇区人口规模应以县域城镇体系规划预测的数量为依据,结合镇区具体情况进行核定;村庄人口规模应在镇域镇村体系规划中进行预测。

3.2.3 镇区人口的现状统计和规划预测,应按居住状况和参与社会生活的性质进行分类。镇区规划期内的人口分类预测,宜按表3.2.3的规定计算。

表3.2.3 镇区规划期内人口分类预测

人口类别		统计范围	预测计算
常住人口	户籍人口	户籍在镇区规划用地范围内的人口	按自然增长和机械增长计算
	寄住人口	居住半年以上的外来人口;寄宿在规划用地范围内的学生	按机械增长计算
通勤人口		劳动、学习在镇区内,住在规划范围外的职工、学生等	按机械增长计算
流动人口		出差、探亲、旅游、赶集等临时参与镇区活动的人员	根据调查进行估算

3.2.4 规划期内镇区人口的自然增长应按计划生育的要求进行计算，机械增长宜考虑下列因素进行预测：

1 根据产业发展前景及土地经营情况预测劳力转移时，宜按劳力转化因素对镇域所辖地域范围的土地和劳力进行平衡，预测规划期内劳力的数量，分析镇区类型、发展水平、地方优势、建设条件和政策影响以及外来人口进入情况等因素，确定镇区的人口数量。

2 根据镇区的环境条件预测人口发展规模时，宜按环境容量因素综合分析当地的发展优势、建设条件、环境和生态状况等因素，预测镇区人口的适宜规模。

3 镇区建设项目已经落实、规划期内人口机械增长比较稳定的情况下，可按带眷情况估算人口发展规模；建设项目尚未落实的情况下，可按平均增长预测人口的发展规模。

4 用地分类和计算

4.1 用地分类

4.1.1 镇用地应按土地使用的主要性质划分为：居住用地、公共设施用地、生产设施用地、仓储用地、对外交通用地、道路广场用地、工程设施用地、绿地、水域和其他用地 9 大类、30 小类。

4.1.2 镇用地的类别应采用字母与数字结合的代号，适用于规划文件的编制和用地的统计工作。

4.1.3 镇用地的分类和代号应符合表 4.1.3 的规定。

表 4.1.3 镇用地的分类和代号

类别代号		类别名称	范 围
大类	小类		
R		居住用地	各类居住建筑和附属设施及其间距和内部小路、场地、绿化等用地；不包括路面宽度等于和大于 6m 的道路用地
	R1	一类居住用地	以一～三层为主的居住建筑和附属设施及其间距内的用地，含宅间绿地、宅间路用地；不包括宅基地以外的生产性用地
	R2	二类居住用地	以四层和四层以上为主的居住建筑和附属设施及其间距、宅间路、组群绿化用地
C		公共设施用地	各类公共建筑及其附属设施、内部道路、场地、绿化等用地
	C1	行政管理用地	政府、团体、经济、社会管理机构等用地
	C2	教育机构用地	托儿所、幼儿园、小学、中学及专科院校、成人教育及培训机构等用地

续表 4.1.3

类别代号		类别名称	范 围
大类	小类		
C	C3	文体科技用地	文化、体育、图书、科技、展览、娱乐、度假、文物、纪念、宗教等设施用地
	C4	医疗保健用地	医疗、防疫、保健、休疗养等机构用地
	C5	商业金融用地	各类商业服务业的店铺，银行、信用、保险等机构，及其附属设施用地
	C6	集贸市场用地	集市贸易的专用建筑和场地；不包括临时占用街道、广场等设摊用地
M		生产设施用地	独立设置的各种生产建筑及其设施和内部道路、场地、绿化等用地
	M1	一类工业用地	对居住和公共环境基本无干扰、无污染的工业，如缝纫、工艺品制作等工业用地
	M2	二类工业用地	对居住和公共环境有一定干扰和污染的工业，如纺织、食品、机械等工业用地
	M3	三类工业用地	对居住和公共环境有严重干扰、污染和易燃易爆的工业，如采矿、冶金、建材、造纸、制革、化工等工业用地
	M4	农业服务设施用地	各类农产品加工和服务设施用地；不包括农业生产建筑用地
W		仓储用地	物资的中转仓库、专业收购和储存建筑、堆场及其附属设施、道路、场地、绿化等用地
	W1	普通仓储用地	存放一般物品的仓储用地
	W2	危险品仓储用地	存放易燃、易爆、剧毒等危险品的仓储用地
T		对外交通用地	镇对外交通的各种设施用地
	T1	公路交通用地	规划范围内的路段、公路站场、附属设施等用地
	T2	其他交通用地	规划范围内的铁路、水路及其他对外交通路段、站场和附属设施等用地

续表 4.1.3

类别代号		类别名称	范围
大类	小类		
S		道路广场用地	规划范围内的道路、广场、停车场等设施用地，不包括各类用地中的单位内部道路和停车场地
	S1	道路用地	规划范围内路面宽度等于和大于 6m 的各种道路、交叉口等用地
	S2	广场用地	公共活动广场、公共使用的停车场用地，不包括各类用地内部的场地
U		工程设施用地	各类公用工程和环卫设施以及防灾设施用地，包括其建筑物、构筑物及管理、维修设施等用地
	U1	公用工程用地	给水、排水、供电、邮政、通信、燃气、供热、交通管理、加油、维修、殡仪等设施用地
	U2	环卫设施用地	公厕、垃圾站、环卫站、粪便和生活垃圾处理设施等用地
	U3	防灾设施用地	各项防灾设施的用地，包括消防、防洪、防风等
G		绿地	各类公共绿地、防护绿地；不包括各类用地内部的附属绿化用地
	G1	公共绿地	面向公众、有一定游憩设施的绿地，如公园、路旁或临水宽度等于和大于 5m 的绿地
	G2	防护绿地	用于安全、卫生、防风等的防护绿地
E		水域和其他用地	规划范围内的水域、农林用地、牧草地、未利用地、各类保护区和特殊用地等
	E1	水域	江河、湖泊、水库、沟渠、池塘、滩涂等水域；不包括公园绿地中的水面

续表 4.1.3

类别代号		类别名称	范围
大类	小类		
E	E2	农林用地	以生产为目的的农林用地，如农田、菜地、园地、林地、苗圃、打谷场以及农业生产建筑等
	E3	牧草和养殖用地	生长各种牧草的土地及各种养殖场用地等
	E4	保护区	水源保护区、文物保护区、风景名胜区、自然保护区等
	E5	墓地	
	E6	未利用地	未使用和尚不能使用的裸岩、陡坡地、沙荒地等
	E7	特殊用地	军事、保安等设施用地；不包括部队家属生活区等用地

4.2 用地计算

4.2.1 镇的现状和规划用地应统一按规划范围进行计算。

4.2.2 规划范围应为建设用地以及因发展需要实行规划控制的区域，包括规划确定的预留发展、交通设施、工程设施等用地，以及水源保护区、文物保护区、风景名胜区、自然保护区等。

4.2.3 分片布局的规划用地应分片计算用地，再进行汇总。

4.2.4 现状及规划用地应按平面投影面积计算，用地的计算单位应为公顷（hm²）。

4.2.5 用地面积计算的精确度应按制图比例尺确定。1：10000、1：25000、1：50000 的图纸应取值到个位数；1：5000 的图纸应取值到小数点后一位数；1：1000、1：2000 的图纸应取值到小数点后两位数。

4.2.6 用地计算表的格式应符合本标准附录 A 的规定。

5 规划建设用地标准

5.1 一 般 规 定

5.1.1 建设用地应包括本标准表 4.1.3 用地分类中的居住用地、公共设施用地、生产设施用地、仓储用地、对外交通用地、道路广场用地、工程设施用地和绿地 8 大类用地之和。

5.1.2 规划的建设用地标准应包括人均建设用地指标、建设用地比例和建设用地选择三部分。

5.1.3 人均建设用地指标应为规划范围内的建设用地面积除以常住人口数量的平均数值。人口统计应与用地统计的范围相一致。

5.2 人均建设用地指标

5.2.1 人均建设用地指标应按表 5.2.1 的规定分为四级。

表 5.2.1 人均建设用地指标分级

级别	一	二	三	四
人均建设用地指标（m²/人）	>60~≤80	>80~≤100	>100~≤120	>120~≤140

5.2.2 新建镇区的规划人均建设用地指标应按表 5.2.1 中第二级确定；当地处现行国家标准《建筑气候区划标准》GB 50178 的Ⅰ、Ⅶ建筑气候区时，可按第三级确定；在各建筑气候区内均不得采用第一、四级人均建设用地指标。

5.2.3 对现有的镇区进行规划时，其规划人均建设用地指标应在现状人均建设用地指标的基础上，按表 5.2.3 规定的幅度进行调整。第四级用地指标可用于Ⅰ、Ⅶ建筑气候区的现有镇区。

表 5.2.3 规划人均建设用地指标

现状人均建设用地指标（m²/人）	规划调整幅度（m²/人）
≤60	增 0~15
>60~≤80	增 0~10
>80~≤100	增、减 0~10
>100~≤120	减 0~10
>120~≤140	减 0~15
>140	减至 140 以内

注：规划调整幅度是指规划人均建设用地指标对现状人均建设用地指标的增减数值。

5.2.4 地多人少的边远地区的镇区，可根据所在省、自治区人民政府规定的建设用地指标确定。

5.3 建设用地比例

5.3.1 镇区规划中的居住、公共设施、道路广场、以及绿地中的公共绿地四类用地占建设用地的比例宜符合表 5.3.1 的规定。

表 5.3.1 建设用地比例

类别代号	类别名称	占建设用地比例（%）	
		中心镇镇区	一般镇镇区
R	居住用地	28~38	33~43

续表 5.3.1

类别代号	类别名称	占建设用地比例（%）	
		中心镇镇区	一般镇镇区
C	公共设施用地	12~20	10~18
S	道路广场用地	11~19	10~17
G1	公共绿地	8~12	6~10
	四类用地之和	64~84	65~85

5.3.2 邻近旅游区及现状绿地较多的镇区，其公共绿地所占建设用地的比例可大于所占比例的上限。

5.4 建设用地选择

5.4.1 建设用地的选择应根据区位和自然条件、占地的数量和质量、现有建筑和工程设施的拆迁和利用、交通运输条件、建设投资和经营费用、环境质量和社会效益以及具有发展余地等因素，经过技术经济比较，择优确定。

5.4.2 建设用地宜选在生产作业区附近，并应充分利用原有用地调整挖潜，同土地利用总体规划相协调。需要扩大用地规模时，宜选择荒地、薄地，不占或少占耕地、林地和牧草地。

5.4.3 建设用地宜选在水源充足，水质良好，便于排水、通风和地质条件适宜的地段。

5.4.4 建设用地应符合下列规定：
　　1 应避开河洪、海潮、山洪、泥石流、滑坡、风灾、发震断裂等灾害影响以及生态敏感的地段；
　　2 应避开水源保护区、文物保护区、自然保护区和风景名胜区；
　　3 应避开有开采价值的地下资源和地下采空区以及文物埋藏区。

5.4.5 在不良地质地带严禁布置居住、教育、医疗及其他公众密集活动的建设项目。因特殊需要布置本条严禁建设以外的项目时，应避免改变原有地形、地貌和自然排水体系，并应制订整治方案和防止引发地质灾害的具体措施。

5.4.6 建设用地应避免被铁路、重要公路、高压输电线路、输油管线和输气管线等所穿越。

5.4.7 位于或邻近各类保护区的镇区，宜通过规划，减少对保护区的干扰。

6 居住用地规划

6.0.1 居住用地占建设用地的比例应符合本标准 5.3 的规定。

6.0.2 居住用地的选址应有利生产，方便生活，具有适宜的卫生条件和建设条件，并应符合下列规定：
　　1 应布置在大气污染源的常年最小风向频率的下风侧以及水污染源的上游；

2 应与生产劳动地点联系方便，又不相互干扰；

3 位于丘陵和山区时，应优先选用向阳坡和通风良好的地段。

6.0.3 居住用地的规划应符合下列规定：

1 应按照镇区用地布局的要求，综合考虑相邻用地的功能、道路交通等因素进行规划；

2 根据不同的住户需求和住宅类型，宜相对集中布置。

6.0.4 居住建筑的布置应根据气候、用地条件和使用要求，确定建筑的标准、类型、层数、朝向、间距、群体组合、绿地系统和空间环境，并应符合下列规定：

1 应符合所在省、自治区、直辖市人民政府规定的镇区住宅用地面积标准和容积率指标，以及居住建筑的朝向和日照间距系数；

2 应满足自然通风要求，在现行国家标准《建筑气候区划标准》GB 50178 的Ⅱ、Ⅲ、Ⅳ气候区，居住建筑的朝向应符合夏季防热和组织自然通风的要求。

6.0.5 居住组群的规划应遵循方便居民使用、住宅类型多样、优化居住环境、体现地方特色的原则，应综合考虑空间组织、组群绿地、服务设施、道路系统、停车场地、管线敷设等的要求，区别不同的建设条件进行规划，并应符合下列规定：

1 新建居住组群的规划，镇区住宅宜以多层为主，并应具有配套的服务设施；

2 旧区居住街巷的改建规划，应因地制宜体现传统特色和控制住户总量，并应改善道路交通、完善公用工程和服务设施，搞好环境绿化。

7 公共设施用地规划

7.0.1 公共设施按其使用性质分为行政管理、教育机构、文体科技、医疗保健、商业金融和集贸市场六类，其项目的配置应符合表7.0.1的规定。

表 7.0.1 公共设施项目配置

类 别	项 目	中心镇	一般镇
一、行政管理	1. 党政、团体机构	●	●
	2. 法庭	○	—
	3. 各专项管理机构	●	●
	4. 居委会	●	●
二、教育机构	5. 专科院校	○	—
	6. 职业学校、成人教育及培训机构	○	○
	7. 高级中学	●	○
	8. 初级中学	●	●
	9. 小学	●	●
	10. 幼儿园、托儿所	●	●

续表 7.0.1

类 别	项 目	中心镇	一般镇
三、文体科技	11. 文化站（室）、青少年及老年之家	●	●
	12. 体育场馆	●	○
	13. 科技站	●	○
	14. 图书馆、展览馆、博物馆	●	○
	15. 影剧院、游乐健身场	●	○
	16. 广播电视台（站）	●	●
四、医疗保健	17. 计划生育站（组）	●	●
	18. 防疫站、卫生监督站	●	●
	19. 医院、卫生院、保健站	●	●
	20. 休疗养院	○	—
	21. 专科诊所	○	○
五、商业金融	22. 百货店、食品店、超市	●	●
	23. 生产资料、建材、日杂商店	●	●
	24. 粮油店	●	●
	25. 药店	●	●
	26. 燃料店（站）	●	●
	27. 文化用品店	●	●
	28. 书店	●	●
	29. 综合商店	●	●
	30. 宾馆、旅店	●	○
	31. 饭店、饮食店、茶馆	●	●
	32. 理发馆、浴室、照相馆	●	●
	33. 综合服务站	●	●
	34. 银行、信用社、保险机构	●	○
六、集贸市场	35. 百货市场	●	●
	36. 蔬菜、果品、副食市场	●	●
	37. 粮油、土特产、畜禽、水产市场	根据镇的特点和发展需要设置	
	38. 燃料、建材家具、生产资料市场		
	39. 其他专业市场		

注：表中 ● ——应设的项目；○ ——可设的项目。

7.0.2 公共设施的用地占建设用地的比例应符合本标准5.3的规定。

7.0.3 教育和医疗保健机构必须独立选址,其他公共设施宜相对集中布置,形成公共活动中心。

7.0.4 学校、幼儿园、托儿所的用地,应设在阳光充足、环境安静、远离污染和不危及学生、儿童安全的地段,距离铁路干线应大于300m,主要入口不应开向公路。

7.0.5 医院、卫生院、防疫站的选址,应方便使用和避开人流和车流量大的地段,并应满足突发灾害事件的应急要求。

7.0.6 集贸市场用地应综合考虑交通、环境与节约用地等因素进行布置,并应符合下列规定:

　　1 集贸市场用地的选址应有利于人流和商品的集散,并不得占用公路、主要干路、车站、码头、桥头等交通量大的地段;不应布置在文体、教育、医疗机构等人员密集场所的出入口附近和妨碍消防车辆通行的地段;影响镇容环境和易燃易爆的商品市场,应设在集镇的边缘,并应符合卫生、安全防护的要求。

　　2 集贸市场用地的面积应按平集规模确定,并应安排好大集时临时占用的场地,休集时应考虑设施和用地的综合利用。

8 生产设施和仓储用地规划

8.0.1 工业生产用地应根据其生产经营的需要和对生活环境的影响程度进行选址和布置,并应符合下列规定:

　　1 一类工业用地可布置在居住用地或公共设施用地附近;

　　2 二、三类工业用地应布置在常年最小风向频率的上风侧及河流的下游,并应符合现行国家标准《村镇规划卫生标准》GB 18055的有关规定;

　　3 新建工业项目应集中建设在规划的工业用地中;

　　4 对已造成污染的二类、三类工业项目必须迁建或调整转产。

8.0.2 镇区工业用地的规划布局应符合下列规定:

　　1 同类型的工业用地应集中分类布置,协作密切的生产项目应邻近布置,相互干扰的生产项目应予分隔;

　　2 应紧凑布置建筑,宜建设多层厂房;

　　3 应有可靠的能源、供水和排水条件,以及便利的交通和通信设施;

　　4 公用工程设施和科技信息等项目宜共建共享;

　　5 应设置防护绿带和绿化厂区;

　　6 应为后续发展留有余地。

8.0.3 农业生产及其服务设施用地的选址和布置应符合下列规定:

　　1 农机站、农产品加工厂等的选址应方便作业、运输和管理;

　　2 养殖类的生产厂(场)等的选址应满足卫生和防疫要求,布置在镇区和村庄常年盛行风向的侧风位和通风、排水条件良好的地段,并应符合现行国家标准《村镇规划卫生标准》GB 18055的有关规定;

　　3 兽医站应布置在镇区的边缘。

8.0.4 仓库及堆场用地的选址和布置应符合下列规定:

　　1 应按存储物品的性质和主要服务对象进行选址;

　　2 宜设在镇区边缘交通方便的地段;

　　3 性质相同的仓库宜合并布置,共建服务设施;

　　4 粮、棉、油类、木材、农药等易燃易爆和危险品仓库严禁布置在镇区人口密集区,与生产建筑、公共建筑、居住建筑的距离应符合环保和安全的要求。

9 道路交通规划

9.1 一般规定

9.1.1 道路交通规划主要应包括镇区内部的道路交通、镇域内镇区和村庄之间的道路交通以及对外交通的规划。

9.1.2 镇的道路交通规划应依据县域或地区道路交通规划的统一部署进行规划。

9.1.3 道路交通规划应根据镇用地的功能、交通的流向和流量,结合自然条件和现状特点,确定镇区内部的道路系统,以及镇域内镇区和村庄之间的道路交通系统,应解决好与区域公路、铁路、水路等交通干线的衔接,并应有利于镇区和村庄的发展、建筑布置和管线敷设。

9.2 镇区道路规划

9.2.1 镇区的道路应分为主干路、干路、支路、巷路四级。

9.2.2 道路广场用地占建设用地的比例应符合本标准5.3的规定。

9.2.3 镇区道路中各级道路的规划技术指标应符合表9.2.3的规定。

表9.2.3 镇区道路规划技术指标

规划技术指标	道路级别			
	主干路	干路	支路	巷路
计算行车速度(km/h)	40	30	20	—
道路红线宽度(m)	24~36	16~24	10~14	—

续表 9.2.3

规划技术指标	道路级别			
	主干路	干路	支路	巷路
车行道宽度（m）	14~24	10~14	6~7	3.5
每侧人行道宽度（m）	4~6	3~5	0~3	0
道路间距（m）	≥500	250~500	120~300	60~150

9.2.4 镇区道路系统的组成应根据镇的规模分级和发展需求按表9.2.4确定。

表 9.2.4 镇区道路系统组成

规划规模分级	道路级别			
	主干路	干路	支路	巷路
特大、大型	●	●	●	●
中型	○	●	●	●
小型	—	○	●	●

注：表中●——应设的级别；○——可设的级别。

9.2.5 镇区道路应根据用地地形、道路现状和规划布局的要求，按道路的功能性质进行布置，并应符合下列规定：

1 连接工厂、仓库、车站、码头、货场等以货运为主的道路不应穿越镇区的中心地段；

2 文体娱乐、商业服务等大型公共建筑出入口处应设置人流、车辆集散场地；

3 商业、文化、服务设施集中的路段，可布置为商业步行街，根据集散要求应设置停车场地，紧急疏散出口的间距不得大于160m；

4 人行道路宜布置无障碍设施。

9.3 对外交通规划

9.3.1 镇域内的道路交通规划应满足镇区与村庄间的车行、人行以及农机通行的需要。

9.3.2 镇域的道路系统应与公路、铁路、水运等对外交通设施相互协调，并应配置相应的站场、码头、停车场等设施，公路、铁路、水运等用地及防护地段应符合国家现行的有关标准的规定。

9.3.3 高速公路和一级公路的用地范围应与镇区建设用地范围之间预留发展所需的距离。

规划中的二、三级公路不应穿过镇区和村庄内部，对于现状穿过镇区和村庄的二、三级公路应在规划中进行调整。

10 公用工程设施规划

10.1 一般规定

10.1.1 公用工程设施规划主要应包括给水、排水、供电、通信、燃气、供热、工程管线综合和用地竖向规划。

10.1.2 镇的公用工程设施规划应依据县域或地区公用工程设施规划的统一部署进行规划。

10.2 给水工程规划

10.2.1 给水工程规划中的集中式给水主要应包括确定用水量、水质标准、水源及卫生防护、水质净化、给水设施、管网布置；分散式给水主要应包括确定用水量、水质标准、水源及卫生防护、取水设施。

10.2.2 集中式给水的用水量应包括生活、生产、消防、浇洒道路和绿化用水量，管网漏水量和未预见水量，并应符合下列规定：

1 生活用水量的计算：

1）居住建筑的生活用水量可根据现行国家标准《建筑气候区划标准》GB 50178 的所在区域按表10.2.2进行预测；

表 10.2.2 居住建筑的生活用水量指标（L/人·d）

建筑气候区划	镇区	镇区外
Ⅲ、Ⅳ、Ⅴ区	100~200	80~160
Ⅰ、Ⅱ区	80~160	60~120
Ⅵ、Ⅶ区	70~140	50~100

2）公共建筑的生活用水量应符合现行国家标准《建筑给水排水设计规范》GB 50015 的有关规定，也可按居住建筑生活用水量的8%~25%进行估算。

2 生产用水量应包括工业用水量、农业服务设施水量，可按所在省、自治区、直辖市人民政府的有关规定进行计算。

3 消防用水量应符合现行国家标准《建筑设计防火规范》GB 50016 的有关规定。

4 浇洒道路和绿地的用水量可根据当地条件确定。

5 管网漏失水量及未预见水量可按最高日用水量的15%~25%计算。

10.2.3 给水工程规划的用水量也可按表10.2.3中人均综合用水量指标预测。

表 10.2.3 人均综合用水量指标（L/人·d）

建筑气候区划	镇区	镇区外
Ⅲ、Ⅳ、Ⅴ区	150~350	120~260
Ⅰ、Ⅱ区	120~250	100~200
Ⅵ、Ⅶ区	100~200	70~160

注：1 表中为规划期最高日用水量指标，已包括管网漏失及未预见水量；

2 有特殊情况的镇区，应根据用水实际情况，酌情增减用水量指标。

10.2.4 生活饮用水的水质应符合现行国家标准《生活饮用水卫生标准》GB 5749 的有关规定。

10.2.5 水源的选择应符合下列规定：

 1 水量应充足，水质应符合使用要求；

 2 应便于水源卫生防护；

 3 生活饮用水、取水、净水、输配水设施应做到安全、经济和具备施工条件；

 4 选择地下水作为给水水源时，不得超量开采；选择地表水作为给水水源时，其枯水期的保证率不得低于90%；

 5 水资源匮乏的镇应设置天然降水的收集贮存设施。

10.2.6 给水管网系统的布置和干管的走向应与给水的主要流向一致，并应以最短距离向用水大户供水。给水干管最不利点的最小服务水头，单层建筑物可按 10～15m 计算，建筑物每增加一层应增压 3m。

10.3 排水工程规划

10.3.1 排水工程规划主要应包括确定排水量、排水体制、排放标准、排水系统布置、污水处理设施。

10.3.2 排水量应包括污水量、雨水量，污水量应包括生活污水量和生产污水量。排水量可按下列规定计算：

 1 生活污水量可按生活用水量的 75%～85% 进行计算；

 2 生产污水量及变化系数可按产品种类、生产工艺特点和用水量确定，也可按生产用水量的 75%～90% 进行计算；

 3 雨水量可按邻近城市的标准计算。

10.3.3 排水体制宜选择分流制；条件不具备可选择合流制，但在污水排入管网系统前应采用化粪池、生活污水净化沼气池等方法预处理。

10.3.4 污水排放应符合现行国家标准《污水综合排放标准》GB 8978 的有关规定；污水用于农田灌溉应符合现行国家标准《农田灌溉水质标准》GB 5084 的有关规定。

10.3.5 布置排水管渠时，雨水应充分利用地面径流和沟渠排除；污水应通过管道或暗渠排放，雨水、污水的管、渠均应按重力流设计。

10.3.6 污水采用集中处理时，污水处理厂的位置应选在镇区的下游，靠近受纳水体或农田灌溉区。

10.3.7 利用中水应符合现行国家标准《建筑中水设计规范》GB 50336 和《污水再生利用工程设计规范》GB 50335 的有关规定。

10.4 供电工程规划

10.4.1 供电工程规划主要应包括预测用电负荷，确定供电电源、电压等级、供电线路、供电设施。

10.4.2 供电负荷的计算应包括生产和公共设施用电、居民生活用电。

用电负荷可采用现状年人均综合用电指标乘以增长率进行预测。

规划期末年人均综合用电量可按下式计算：

$$Q = Q_1(1+K)^n$$

式中 Q——规划期末年人均综合用电量(kWh/人·a)；

 Q_1——现状年人均综合用电量(kWh/人·a)；

 K——年人均综合用电量增长率（%）；

 n——规划期限（年）。

K 值可依据人口增长和各产业发展速度分阶段进行预测。

10.4.3 变电所的选址应做到线路进出方便和接近负荷中心。变电所规划用地面积控制指标可根据表 10.4.3 选定。

表 10.4.3 变电所规划用地面积指标

变压等级（kV）一次电压/二次电压	主变压器容量 [kVA/台(组)]	变电所结构形式及用地面积（m²）	
		户外式用地面积	半户外式用地面积
110（66/10）	20～63/2～3	3500～5500	1500～3000
35/10	5.6～31.5/2～3	2000～3500	1000～2000

10.4.4 电网规划应符合下列规定：

 1 镇区电网电压等级宜定为 110、66、35、10kV 和 380/220V，采用其中 2～3 级和二个变压层次；

 2 电网规划应明确分层分区的供电范围，各级电压、供电线路输送功率和输送距离应符合表 10.4.4 的规定。

表 10.4.4 电力线路的输送功率、输送距离及线路走廊宽度

线路电压（kV）	线路结构	输送功率（kW）	输送距离（km）	线路走廊宽度（m）
0.22	架空线	50 以下	0.15 以下	—
	电缆线	100 以下	0.20 以下	—
0.38	架空线	100 以下	0.50 以下	—
	电缆线	175 以下	0.60 以下	—
10	架空线	3000 以下	8～15	
	电缆线	5000 以下	10 以下	
35	架空线	2000～10000	20～40	12～20
66、110	架空线	10000～50000	50～150	15～25

10.4.5 供电线路的设置应符合下列规定：

 1 架空电力线路应根据地形、地貌特点和网络

规划，沿道路、河渠和绿化带架设；路径宜短捷、顺直，并应减少同道路、河流、铁路的交叉；

　　2 设置35kV及以上高压架空电力线路应规划专用线路走廊（表10.4.4），并不得穿越镇区中心、文物保护区、风景名胜区和危险品仓库等地段；

　　3 镇区的中、低压架空电力线路应同杆架设，镇区繁华地段和旅游景区宜采用埋地敷设电缆；

　　4 电力线路之间应减少交叉、跨越，并不得对弱电产生干扰；

　　5 变电站出线宜将工业线路和农业线路分开设置。

10.4.6 重要工程设施、医疗单位、用电大户和救灾中心应设专用线路供电，并应设置备用电源。

10.4.7 结合地区特点，应充分利用小型水力、风力和太阳能等能源。

10.5 通信工程规划

10.5.1 通信工程规划主要应包括电信、邮政、广播、电视的规划。

10.5.2 电信工程规划应包括确定用户数量、局（所）位置、发展规模和管线布置。

　　1 电话用户预测应在现状基础上，结合当地的经济社会发展需求，确定电话用户普及率（部/百人）；

　　2 电信局（所）的选址宜设在环境安全和交通方便的地段；

　　3 通信线路规划依据发展状况确定，宜采用埋地管道敷设，电信线路布置应符合下列规定：

　　　1）应避开易受洪水淹没、河岸塌陷、土坡塌方以及有严重污染的地区；

　　　2）应便于架设、巡察和检修；

　　　3）宜设在电力线走向的道路另一侧。

10.5.3 邮政局（所）址的选择应利于邮件运输、方便用户使用。

10.5.4 广播、电视线路应与电信线路统筹规划。

10.6 燃气工程规划

10.6.1 燃气工程规划主要应包括确定燃气种类、供气方式、供气规模、供气范围、管网布置和供气设施。

10.6.2 燃气工程规划应根据不同地区的燃料资源和能源结构的情况确定燃气种类。

　　1 靠近石油或天然气产地、原油炼制地、输气管沿线以及焦炭、煤炭产地的镇，宜选用天然气、液化石油气、人工煤气等矿物质气；

　　2 远离石油或天然气产地、原油炼制地、输气管线、煤炭产地的镇区和村庄，宜选用沼气、农作物秸秆制气等生物质气。

10.6.3 矿物质气中的集中式燃气用气量应包括居住建筑（炊事、洗浴、采暖等）用气量、公共设施用气量和生产用气量。

　　1 居住建筑和公共设施的用气量应根据统计数据分析确定；

　　2 生产用气量可根据实际燃料消耗量折算，也可按同行业的用气量指标确定。

10.6.4 液化石油气供应基地的规模应根据供应用户类别、户数等用气量指标确定；每个瓶装供应站一般供应5000～7000户，不宜超过10000户。

　　供应基地的站址应选择在地势平坦开阔和全年最小频率风向的上风侧，并应避开地震带和雷区等地段。

　　供应基地和瓶装供应站的位置与镇区各项用地和设施的安全防护距离应符合现行国家标准《城镇燃气设计规范》GB 50028的有关规定。

10.6.5 选用沼气或农作物秸秆制气应根据原料品种与产气量，确定供应范围，并应做好沼水、沼渣的综合利用。

10.7 供热工程规划

10.7.1 供热工程规划主要应包括确定热源、供热方式、供热量，布置管网和供热设施。

10.7.2 供热工程规划应根据采暖地区的经济和能源状况，充分考虑热能的综合利用，确定供热方式。

　　1 能源消耗较多时可采用集中供热；

　　2 一般地区可采用分散供热，并应预留集中供热的管线位置。

10.7.3 集中供热的负荷应包括生活用热和生产用热。

　　1 建筑采暖负荷应符合国家现行标准《采暖通风与空气调节设计规范》GB 50019、《公共建筑节能设计标准》GB 50189、《民用建筑节能设计标准（采暖居住建筑部分）》JGJ 26的有关规定，并应符合所在省、自治区、直辖市人民政府有关建筑采暖的规定；

　　2 生活热水负荷应根据当地经济条件、生活水平和生活习俗计算确定；

　　3 生产用热的供热负荷应依据生产性质计算确定。

10.7.4 集中供热规划应根据各地的情况选择锅炉房、热电厂、工业余热、地热、热泵、垃圾焚化厂等不同方式供热。

10.7.5 供热工程规划，应充分考虑以下可再生能源的利用：

　　1 日照充足的地区可采用太阳能供热；

　　2 冬季需采暖、夏季需降温的地区根据水文地质条件可设置地源热泵系统。

10.7.6 供热管网的规划可按现行行业标准《城市热力网设计规范》CJJ 34的有关规定执行。

10.8 工程管线综合规划

10.8.1 镇区工程管线综合规划可按现行国家标准《城市工程管线综合规划规范》GB 50289 的有关规定执行。

10.9 用地竖向规划

10.9.1 镇区建设用地的竖向规划应包括下列内容：
1 应确定建筑物、构筑物、场地、道路、排水沟等的规划控制标高；
2 应确定地面排水方式及排水构筑物；
3 应估算土石方挖填工程量，进行土方初平衡，合理确定取土和弃土的地点。

10.9.2 建设用地的竖向规划应符合下列规定：
1 应充分利用自然地形地貌，减少土石方工程量，宜保留原有绿地和水面；
2 应有利于地面排水及防洪、排涝，避免土壤受冲刷；
3 应有利于建筑布置、工程管线敷设及景观环境设计；
4 应符合道路、广场的设计坡度要求。

10.9.3 建设用地的地面排水应根据地形特点、降水量和汇水面积等因素，划分排水区域，确定坡向和坡度及管沟系统。

11 防灾减灾规划

11.1 一般规定

11.1.1 防灾减灾规划主要应包括消防、防洪、抗震防灾和防风减灾的规划。

11.1.2 镇的防灾减灾规划应依据县域或地区防灾减灾规划的统一部署进行规划。

11.2 消防规划

11.2.1 消防规划主要应包括消防安全布局和确定消防站、消防给水、消防通信、消防车通道、消防装备。

11.2.2 消防安全布局应符合下列规定：
1 生产和储存易燃、易爆物品的工厂、仓库、堆场和储罐等应设置在镇区边缘或相对独立的安全地带；
2 生产和储存易燃、易爆物品的工厂、仓库、堆场、储罐以及燃油、燃气供应站等与居住、医疗、教育、集会、娱乐、市场等建筑之间的防火间距不应小于50m；
3 现状中影响消防安全的工厂、仓库、堆场和储罐等应迁移或改造，耐火等级低的建筑密集区应开辟防火隔离带和消防车通道，增设消防水源。

11.2.3 消防给水应符合下列规定：
1 具备给水管网条件时，其管网及消火栓的布置、水量、水压应符合现行国家标准《建筑设计防火规范》GB 50016 的有关规定；
2 不具备给水管网条件时应利用河湖、池塘、水渠等水源规划建设消防给水设施；
3 给水管网或天然水源不能满足消防用水时，宜设置消防水池，寒冷地区的消防水池应采取防冻措施。

11.2.4 消防站的设置应根据镇的规模、区域位置和发展状况等因素确定，并应符合下列规定：
1 特大、大型镇区消防站的位置应以接到报警5min内消防队到辖区边缘为准，并应设在辖区内的适中位置和便于消防车辆迅速出动的地段；消防站的建设用地面积、建筑及装备标准可按《城市消防站建设标准》的规定执行；消防站的主体建筑距离学校、幼儿园、托儿所、医院、影剧院、集贸市场等公共设施的主要疏散口的距离不应小于50m。
2 中、小型镇区尚不具备建设消防站时，可设置消防值班室，配备消防通信设备和灭火设施。

11.2.5 消防车通道之间的距离不宜超过160m，路面宽度不得小于4m，当消防车通道上空有障碍物跨越道路时，路面与障碍物之间的净高不得小于4m。

11.2.6 镇区应设置火警电话。特大、大型镇区火警线路不应少于两对，中、小型镇区不应少于一对。

镇区消防站应与县级消防站、邻近地区消防站，以及镇区供水、供电、供气等部门建立消防通信联网。

11.3 防洪规划

11.3.1 镇域防洪规划应与当地江河流域、农田水利、水土保持、绿化造林等的规划相结合，统一整治河道，修建堤坝、圩埝和蓄、滞洪区等工程防洪措施。

11.3.2 镇域防洪规划应根据洪灾类型（河洪、海潮、山洪和泥石流）选用相应的防洪标准及防洪措施，实行工程防洪措施与非工程防洪措施相结合，组成完整的防洪体系。

11.3.3 镇域防洪规划应按现行国家标准《防洪标准》GB 50201 的有关规定执行；镇区防洪规划除应执行本标准外，尚应符合现行行业标准《城市防洪工程设计规范》CJJ 50 的有关规定。

邻近大型或重要工矿企业、交通运输设施、动力设施、通信设施、文物古迹和旅游设施等防护对象的镇，当不能分别进行设防时，应按就高不就低的原则确定设防标准及设置防洪设施。

11.3.4 修建围埝、安全台、避水台等就地避洪安全设施时，其位置应避开分洪口、主流顶冲和深水区，其安全超高值应符合表11.3.4 的规定。

表 11.3.4 就地避洪安全设施的安全超高

安全设施	安置人口（人）	安全超高(m)
围埝	地位重要、防护面大、人口≥10000 的密集区	≥2.0
围埝	≥10000	2.0～1.5
围埝	1000～<10000	1.5～1.0
围埝	<1000	1.0
安全台、避水台	≥1000	1.5～1.0
安全台、避水台	<1000	1.0～0.5

注：安全超高是指在蓄、滞洪时的最高洪水位以上，考虑水面浪高等因素，避洪安全设施需要增加的富余高度。

11.3.5 各类建筑和工程设施内设置安全层或建造其他避洪设施时，应根据避洪人员数量统一进行规划，并应符合现行国家标准《蓄滞洪区建筑工程技术规范》GB 50181 的有关规定。

11.3.6 易受内涝灾害的镇，其排涝工程应与排水工程统一规划。

11.3.7 防洪规划应设置救援系统，包括应急疏散点、医疗救护、物资储备和报警装置等。

11.4 抗震防灾规划

11.4.1 抗震防灾规划主要应包括建设用地评估和工程抗震、生命线工程和重要设施、防止地震次生灾害以及避震疏散的措施。

11.4.2 在抗震设防区进行规划时，应符合现行国家标准《中国地震动参数区划图》GB 18306 和《建筑抗震设计规范》GB 50011 等的有关规定，选择对抗震有利的地段，避开不利地段，严禁在危险地段规划居住建筑和人员密集的建设项目。

11.4.3 工程抗震应符合下列规定：
  1 新建筑物、构筑物和工程设施应按国家和地方现行有关标准进行设防；
  2 现有建筑物、构筑物和工程设施应按国家和地方现行有关标准进行鉴定，提出抗震加固、改建和拆迁的意见。

11.4.4 生命线工程和重要设施，包括交通、通信、供水、供电、能源、消防、医疗和食品供应等应进行统筹规划，并应符合下列规定：
  1 道路、供水、供电等工程应采取环网布置方式；
  2 镇区人员密集的地段应设置不同方向的四个出入口；
  3 抗震防灾指挥机构应设置备用电源。

11.4.5 生产和贮存具有发生地震的次生灾害源，包括产生火灾、爆炸和溢出剧毒、细菌、放射物等单位，应采取以下措施：

  1 次生灾害严重的，应迁出镇区和村庄；
  2 次生灾害不严重的，应采取防止灾害蔓延的措施；
  3 人员密集活动区不得建有次生灾害源的工程。

11.4.6 避震疏散地应根据疏散人口的数量规划，疏散场地应与广场、绿地等综合考虑，并应符合下列规定：
  1 应避开次生灾害严重的地段，并应具备明显的标志和良好的交通条件；
  2 镇区每一疏散场地的面积不宜小于 4000m²；
  3 人均疏散场地面积不宜小于 3m²；
  4 疏散人群至疏散场地的距离不宜大于 500m；
  5 主要疏散场地应具备临时供电、供水并符合卫生要求。

11.5 防风减灾规划

11.5.1 易形成风灾地区的镇区选址应避开与风向一致的谷口、山口等易形成风灾的地段。

11.5.2 易形成风灾地区的镇区规划，其建筑物的规划设计除应符合现行国家标准《建筑结构荷载规范》GB 50009 的有关规定外，尚应符合下列规定：
  1 建筑物宜成组成片布置；
  2 迎风地段宜布置刚度大的建筑物，体型力求简洁规整，建筑物的长边应同风向平行布置；
  3 不宜孤立布置高耸建筑物。

11.5.3 易形成风灾地区的镇区应在迎风方向的边缘选种密集型的防护林带。

11.5.4 易形成台风灾害地区的镇区规划应符合下列规定：
  1 滨海地区、岛屿应修建抵御风暴潮冲击的堤坝；
  2 确保风后暴雨及时排除，应按国家和省、自治区、直辖市气象部门提供的年登陆台风最大降水量和日最大降水量，统一规划建设排水体系；
  3 应建立台风预报信息网，配备医疗和救援设施。

11.5.5 宜充分利用风力资源，因地制宜地利用风能建设能源转换和能源储存设施。

12 环境规划

12.1 一般规定

12.1.1 环境规划主要应包括生产污染防治、环境卫生、环境绿化和景观的规划。

12.1.2 镇的环境规划应依据县域或地区环境规划的统一部署进行规划。

12.2 生产污染防治规划

12.2.1 生产污染防治规划主要应包括生产的污染控

制和排放污染物的治理。

12.2.2 新建生产项目应相对集中布置，与相邻用地间设置隔离带，其卫生防护距离应符合现行国家标准《村镇规划卫生标准》GB 18055 和本标准第 8 章的有关规定。

12.2.3 空气环境质量应符合现行国家标准《环境空气质量标准》GB 3095 的有关规定。

12.2.4 地表水环境质量应符合现行国家标准《地表水环境质量标准》GB 3838 的有关规定，并应符合本标准 10.3.4～10.3.6 的规定。

12.2.5 地下水质量应符合现行国家标准《地下水质量标准》GB/T 14848 的有关规定。

12.2.6 土壤环境质量应符合现行国家标准《土壤环境质量标准》GB 15618 的有关规定。

12.2.7 生产中的固体废弃物的处理场设置应进行环境影响评价，并宜逐步实现资源化和综合利用。

12.3 环境卫生规划

12.3.1 环境卫生规划应符合现行国家标准《村镇规划卫生标准》GB 18055 的有关规定。

12.3.2 垃圾转运站的规划宜符合下列规定：
  1 宜设置在靠近服务区域的中心或垃圾产量集中和交通方便的地方；
  2 生活垃圾日产量可按每人 1.0～1.2kg 计算。

12.3.3 镇区应设置垃圾收集容器（垃圾箱），每一收集容器（垃圾箱）的服务半径宜为 50～80m。镇区垃圾应逐步实现分类收集、封闭运输、无害化处理和资源化利用。

12.3.4 居民粪便的处理应符合现行国家标准《粪便无害化卫生标准》GB 7959 的有关规定。

12.3.5 镇区主要街道两侧、公共设施以及市场、公园和旅游景点等人群密集场所宜设置节水型公共厕所。

12.3.6 镇区应设置环卫站，其规划占地面积可根据规划人口每万人 0.10～0.15hm² 计算。

12.4 环境绿化规划

12.4.1 镇区环境绿化规划应根据地形地貌、现状绿地的特点和生态环境建设的要求，结合用地布局，统一安排公共绿地、防护绿地、各类用地中的附属绿地，以及镇区周围环境的绿化，形成绿地系统。

12.4.2 公共绿地主要应包括镇区级公园、街区公共绿地，以及路旁、水旁宽度大于 5m 的绿带，公共绿地在建设用地中的比例宜符合本标准 5.3 的规定。

12.4.3 防护绿地应根据卫生和安全防护功能的要求，规划布置水源保护区防护绿地、工矿企业防护带、养殖业的卫生隔离带、铁路和公路防护绿带、高压电力线路走廊绿化和防风林带等。

12.4.4 镇区建设用地中公共绿地之外的各类用地中的附属绿地宜结合用地中的建筑、道路和其他设施布置的要求，采取多种绿地形式进行规划。

12.4.5 对镇区生态环境质量、居民休闲生活、景观和生物多样性保护有影响的邻近地域，包括水源保护区、自然保护区、风景名胜区、文物保护区、观光农业区、垃圾填埋场地应统筹进行环境绿化规划。

12.4.6 栽植树木花草应结合绿化功能选择适于本地生长的品种，并应根据其根系、高度、生长特点等，确定与建筑物、工程设施以及地面上下管线间的栽植距离。

12.5 景观规划

12.5.1 景观规划主要应包括镇区容貌和影响其周边环境的规划。

12.5.2 镇区景观规划应充分运用地形地貌、山川河湖等自然条件，以及历史形成的物质基础和人文特征，结合现状建设条件和居民审美需求，创造优美、清新、自然、和谐、富于地方特色和时代特征的生活和工作环境，体现其协调性和整体性。

12.5.3 镇区景观规划应符合下列规定：
  1 应结合自然环境、传统风格、创造富于变化的空间布局，突出地方特色；
  2 建筑物、构筑物、工程设施的群体和个体的形象、风格、比例、尺度、色彩等应相互协调；
  3 地名及其标志的设置应规范化；
  4 道路、广场、建筑的标志和符号、杆线和灯具、广告和标语、绿化和小品，应力求形式简洁、色彩和谐、易于识别。

13 历史文化保护规划

13.0.1 镇、村历史文化保护规划必须体现历史的真实性、生活的延续性、风貌的完整性，贯彻科学利用、永续利用的原则。

13.0.2 镇、村历史文化保护规划应依据县域规划的基本要求和原则进行编制。

13.0.3 镇、村历史文化保护规划应纳入镇、村规划。镇区的用地布局、发展用地选择、各项设施的选址、道路与工程管网的选线，应有利于镇、村历史文化的保护。

13.0.4 镇、村历史文化保护规划应结合经济、社会和历史背景，全面深入调查历史文化遗产的历史和现状，依据其历史、科学、艺术等价值，确定保护的目标、具体保护的内容和重点，并应划定保护范围：包括核心保护区、风貌控制区、协调发展区三个层次，制订不同范围的保护管制措施。

13.0.5 镇、村历史文化保护规划的主要内容应包括：
  1 历史空间格局和传统建筑风貌；

    2 与历史文化密切相关的山体、水系、地形、地物、古树名木等要素；

    3 反映历史风貌的其他不可移动的历史文物，体现民俗精华、传统庆典活动的场地和固定设施等。

13.0.6 划定镇、村历史文化保护范围的界线应符合下列规定：

    1 确定文物古迹或历史建筑的现状用地边界应包括：

    　1）街道、广场、河流等处视线所及范围内的建筑用地边界或外观界面；

    　2）构成历史风貌与保护对象相互依存的自然景观边界。

    2 保存完好的镇区和村庄应整体划定为保护范围。

13.0.7 镇、村历史文化保护范围内应严格保护该地区历史风貌，维护其整体格局及空间尺度，并应制定建筑物、构筑物和环境要素的维修、改善与整治方案，以及重要节点的整治方案。

13.0.8 镇、村历史文化保护范围的外围应划定风貌控制区的边界线，并应严格控制建筑的性质、高度、体量、色彩及形式。根据需要并划定协调发展区的界线。

13.0.9 镇、村历史文化保护范围内增建设施的外观和绿化布局必须严格符合历史风貌的保护要求。

13.0.10 镇、村历史文化保护范围内应限定居住人口数量，改善居民生活环境，并应建立可靠的防灾和安全体系。

14 规 划 制 图

14.0.1 规划图纸绘制应符合下列规定：

    1 规划图纸应标注图题、图界、指北针和风象玫瑰、比例和比例尺、规划期限、图例、署名、编制日期和图标等内容。

    2 规划图例宜按本标准附录B"规划图例"的规定绘制。

附录 A 用地计算表

附表 A 用地计算表

类别代号	用地名称	现状年人			规划年人		
		面积(hm²)	比例(%)	人均(m²/人)	面积(hm²)	比例(%)	人均(m²/人)
R							
R1							
R2							

续附表 A

类别代号	用地名称	现状年人			规划年人		
		面积(hm²)	比例(%)	人均(m²/人)	面积(hm²)	比例(%)	人均(m²/人)
C							
C1							
C2							
C3							
C4							
C5							
C6							
M							
M1							
M2							
M3							
M4							
W							
W1							
W2							
T							
T1							
T2							
S							
S1							
S2							
U							
U1							
U2							
U3							
G							
G1							
G2							
建设用地			100			100	
E							
E1							
E2							
E3							
E4							
E5							
E6							
E7							
规划范围面积(hm²)							

附录B 规划图例

附表 B.0.1 用地图例

代号	项　目	单色	彩色
R	居住用地	□	▨ 51
R1	一类居住用地	加注代码 R1	
R2	二类居住用地	加注代码 R2	
C	公共设施用地	▤	■ 10
C1	行政管理用地	C加注符号	
	居委、村委、政府	居 村 ★	居 村 ★ 10
C2	教育机构用地	▤	▨ 31
	幼儿园、托儿所	C2加注 幼	幼
	小学	小	小
	中学	中	中
	大、中专、技校	大 专 技	大 专 技
C3	文体科技用地	C加注符号	
	文化、图书、科技	文 科 图	文 科 图
	影剧院、展览馆	影 展	影 展
	体育场（依实际比例绘出）	⬭	⬛ 102

9—17

续附表 B.0.1

代号	项 目	单 色	彩 色
C4	医疗保健用地	C 加注符号	
	医院、卫生院	⊕	⊕ 10
	休、疗养院	休 疗	休 疗
C5	商业金融用地	▭	▭ 10
C6	集贸市场用地	C 加注 集	C 加注 集
M	生产设施用地	▭	▭ 34
M1	一类工业用地	加注代码 M1	
M2	二类工业用地	加注代码 M2	
M3	三类工业用地	加注代码 M3	
M4	农业服务设施用地	加注代码 M4 或符号	
	兽医站	兽	兽 32
W	仓储用地		
W1	普通仓储用地	▭	▭ 181
W2	危险品仓储用地	加注符号 W2	
T	对外交通用地	▭	▭ 253
T1	公路交通用地	加注符号	
	汽车站	⊗	⊗
T2	其他交通用地		
	铁路站场	⊢╱╱╱┤	⊢╱╱╱┤
	水运码头	⊤	⊤
S	道路广场用地	┼	┼ 8

9—18

续附表 B.0.1

代号	项 目	单 色	彩 色
	停车场	P	P 8
U	工程设施用地	▢	■ 153
U1	公用工程用地	加注符号	
	自来水厂	◐	◐ 131
	泵站、污水泵站	⊗ ⊗	⊗ 131 ⊗ 34
	污水处理场	◐	◐ 34
	供、变电站（所）	⚡	⚡ 10
	邮政、电信局（所）	邮 电	邮 电
	广播、电视站	📡	📡
	气源厂、汽化站	m — mₐ	m — mₐ
	沼气池	⊙	⊙
	热力站	▭	▭
	风能站	↑	↑
	殡仪设施	⚱	⚱
	加油站	⛽	⛽
U2	环卫设施用地	加注符号	
	公共厕所	WC	WC
	环卫站、垃圾收集点、转运站	H ▲ ◩	H ▲ ◩ 34
	垃圾处理场	⋈	⋈ 34

续附表 B.0.1

代号	项目		单色	彩色
U3	防灾设施用地		加注符号	
		消防站	⑪⑨	⑪⑨
		防洪堤、围埝		
G	绿地			
G1		公共绿地		72
G2		防护绿地		80
E	水域和其他用地			
E1		水域		131
		水产养殖		130
		盐田、盐场		130
E2		农林用地		
		旱地		60
		水田		60
		菜地		60
		果园		60
		苗圃		60
		林地		60
		打谷场		60

续附表 B.0.1

代号	项 目	单 色	彩 色
E3	牧草和养殖用地		61
	饲养场	加注〈鸡〉〈猪〉〈牛〉等符号	
E4	保护区		64
E5	墓地		60
E6	未利用地		
E7	特殊用地		64

附表 B.0.2 建筑图例

代号	项 目	现 状	规 划
B	建筑物及质量评定	注：字母 a、b、c 表示建筑质量好、中、差，数字表示建筑层数，写在右下角	注：数字表示建筑层数，平房不需表示，写在左下角
B1	居住建筑	a2 / a2 40	2 / 2 40
B2	公共建筑	a4 / a4 10	4 / 4 10
B3	生产建筑	a2 / a2 34	2 / 2 34
B4	仓储建筑	a / 190	/ 190
F	篱、墙及其他		
F1	围墙		
F2	栅栏		

9—21

续附表 B.0.2

代号	项 目	现 状	规 划
F3	篱笆	—·—·—·—·—	
F4	灌木篱笆	○·○·○·○·○·○	
F5	挡土墙	▬ ▬ ▬ ▬	
F6	文物古迹		
	古建筑	🏛	应标明古建名称
	古遗址	[××遗址]	应标明遗址名称
	保护范围	(文保)	指文物本身的范围
F7	古树名木	🌳	

附表 B.0.3 道路交通及工程设施图例

代号	项 目	现 状	规 划
S0	道路工程		
S11	道路平面 红线、车行道、中心线、中心点坐标、标高、纵坡	i=%	x= y= ——h
S12	道路平曲线	$\alpha=$; $x=$ ——h $R=$; $y=$ 注：α—转折角度；$\frac{x}{y}$—折点坐标 R—平曲线半径（m）；h—折点标高	
S13	道路交叉口 红线、车行道、中心线、交叉口坐标及标高、缘石半径		x= y= ——h R=
T0	对外交通		
T11	高速公路	≡≡≡ (未建成)	▬▬▬
T12	公路	东山市→	东山市→
T13	乡村土路	— — — —	

续附表 B.0.3

代号	项 目	现 状	规 划
T14	人行小路		
T15	路堤		
T16	路堑		
T17	公路桥梁		
T18	公路涵洞、涵管		
T19	公路隧道		
T21	铁路线		
T22	铁路桥		
T23	铁路隧道		
T24	铁路涵洞、涵管		
T31	公路铁路 平交道口		
T32	公路铁路跨线桥 公路上行		
T33	公路铁路跨线桥 公路下行		
T34	公路跨线桥		
T35	铁路跨线桥		
T41	港口		
T42	水运航线		
T51	航空港、机场		

续附表 B.0.3

代号	项目	现状	规划
U11	给水工程		
	水源地	131	130
	地上供水管线	DN200　140	DN200　140
	地下供水管线	DN/200　140	DN/200　140
	输水槽（渡槽）	140	
	消火栓	140	140
	水井	140	140
	水塔	140	140
	水闸	140	140
U12	排水工程		
	排水明沟 流向、沟底纵坡	6‰　6‰　3	6‰　6‰　3
	排水暗沟 流向、沟底纵坡	6‰　6‰　3	6‰　6‰　3
	地下污水管线	34	D400　D400　34
	地下雨水管线	3	D500　D500　3
U13	供电工程		

9—24

续附表 B.0.3

代号	项 目	现 状	规 划
	高压电力线走廊		110kV 110kV
	架空高压电力线		10kV / 10kV
	架空低压电力线		
	地下高压电缆		
	地下低压电缆		
	变压器		
U14	通信工程		
	架空电信电缆		
	地下电信电缆		
U15	其他管线工程		
	供热管线		
	工业管线		
	燃气管线		
	石油管线		

附表 B.0.4 地域图例

代号	项　目	单色/彩色	
L	边界线		
L1	国界	(国界线图示) 200	
L2	省级界	(省级界线图示) 200	
L3	地级界	(地级界线图示) 200	
L4	县级界	(县级界线图示) 200	
L5	镇（乡）界	(镇乡界线图示) 200	
L6	村界	(村界线图示) 200	
L7	保护区界	——×——×——×—— 加注名称 ——×——×——×—— 74	
L8	镇区规划界	(单色图示)	(彩色图示) 221
L9	村庄规划界	(单色图示)	(彩色图示) 221
L10	用地发展方向	⇧	⬆ 221
A	居民点层次、人口及用地		
A1	中心城市	★ ★ 北京市 　　10	(人)/(hm²)
A2	县（市）驻地	★ ★ 甘泉县 　　10	(人)/(hm²)
A3	中心镇	● ● 太和镇 　　10	(人)/(hm²)
A4	一般镇	○ ○ 赤湖镇 　　10	(人)/(hm²)

续附表 B.0.4

代号	项 目	单色/彩色	
A5	中心村	● ● 梅竹村 47	(人) (hm²)
A6	基层村	○ ○ 杨庄 47	(人) (hm²)
Z	区域用地与资源分析		
Z1	适于修建的用地		70
Z2	需采取工程措施的用地		31
Z3	不适于修建的用地		45
Z4	土壤耐压范围	>20kN/m² <20kN/m²	>20kN/m² <20kN/m² 23+40
Z5	地下水等深范围	0.8m 1.5m	0.8m 1.5m 160
Z6	洪水淹没范围 (100年、50年、20年) 及标高	洪50年 ▽	洪50年 ▽ 140+10
Z7	滑坡范围		虚线内为滑坡范围
Z8	泥石流范围		小点之内为泥石流边界
Z9	地下采空区		小点围合内为地下采空区范围
Z10	地面沉降区		小点围合内为地面沉降范围
Z11	金属矿藏	Fe	框内注明资源成分

9—27

续附表 B.0.4

代号	项目	单色/彩色	
Z12	非金属矿藏	Si	框内注明资源成分
Z13	地热	60℃	圈内注明地热温度
Z14	石油井、天然气井		
Z15	火电站、水电站		21+10 130+10

附录 C 用地名称和规划图例中英文词汇对照表

附表 C 用地名称和规划图例中英文词汇对照表

代号 Codes	中文名称 Chinese	英文同（近）义词 English
R	居住用地	Residential land
C	公共设施用地	Public facilities
M	生产设施用地	Industry and agriculture manufacturing facilities land
W	仓储用地	Warehouse land
T	对外交通用地	Transportation land
S	道路广场用地	Roads and Squares
U	工程设施用地	Municipal utilities
G	绿地	Green space
E	水域和其他用地	Waters and miscellaneous
A	居民点层次	Settlement administrative levels
B	房屋建筑	Building
F	篱、墙	Fence, Wall
L	边界线	Boundary line
Z	区域用地与资源分析	Analysis for zonal land and resources

本标准用词说明

1 为便于在执行本标准条文时区别对待，对要求严格程度不同的用词说明如下：

1) 表示很严格，非这样做不可的：
正面词采用"必须"，反面词采用"严禁"；

2) 表示严格，在正常情况下均应这样做的：
正面词采用"应"，反面词采用"不应"或"不得"；

3) 表示允许稍有选择，在条件许可时首先应这样做的：
正面词采用"宜"，反面词采用"不宜"；
表示有选择，在一定条件下可以这样做的，采用"可"。

2 条文中指明应按其他有关标准执行时的写法为：
"应符合……规定"或"应按……执行"。

中华人民共和国国家标准

镇 规 划 标 准

GB 50188—2007

条 文 说 明

前 言

《镇规划标准》GB 50188—2007 经建设部 2007 年 1 月 16 日以第 553 号公告批准发布。

本标准第一版《村镇规划标准》GB 50188—93 的主编单位是：中国建筑技术发展研究中心村镇规划设计研究所，参编单位是：四川省城乡规划设计研究院、吉林省城乡规划设计研究院、天津市城乡规划设计院、武汉市城市规划设计研究院、浙江省村镇建设研究会、陕西省村镇建设研究会。

为便于广大设计、施工、科研、学校等有关单位有关人员在使用本标准时能正确理解和执行条文规定，《镇规划标准》编制组按章、节、条顺序编制了本标准的条文说明，供使用者参考。在使用中如发现本标准条文和说明有不妥之处，请将意见函寄中国建筑设计研究院城镇规划设计研究院（北京市西直门外车公庄大街 19 号，邮政编码：100044）。

目　次

1　总则 ·· 9—32
3　镇村体系和人口预测 ······························ 9—32
　　3.1　镇村体系和规模分级 ····················· 9—32
　　3.2　规划人口预测 ································ 9—32
4　用地分类和计算 ···································· 9—33
　　4.1　用地分类 ······································ 9—33
　　4.2　用地计算 ······································ 9—34
5　规划建设用地标准 ································· 9—35
　　5.1　一般规定 ······································ 9—35
　　5.2　人均建设用地指标 ·························· 9—35
　　5.3　建设用地比例 ································ 9—35
　　5.4　建设用地选择 ································ 9—37
6　居住用地规划 ······································· 9—37
7　公共设施用地规划 ································· 9—37
8　生产设施和仓储用地规划 ······················· 9—37
9　道路交通规划 ······································· 9—37
　　9.2　镇区道路规划 ································ 9—37
　　9.3　对外交通规划 ································ 9—38
10　公用工程设施规划 ······························· 9—38
　　10.2　给水工程规划 ······························ 9—38
　　10.3　排水工程规划 ······························ 9—38
　　10.4　供电工程规划 ······························ 9—38
　　10.6　燃气工程规划 ······························ 9—39
　　10.7　供热工程规划 ······························ 9—39
　　10.9　用地竖向规划 ······························ 9—39
11　防灾减灾规划 ····································· 9—39
　　11.2　消防规划 ···································· 9—39
　　11.3　防洪规划 ···································· 9—39
　　11.4　抗震防灾规划 ······························ 9—40
　　11.5　防风减灾规划 ······························ 9—40
12　环境规划 ·· 9—40
　　12.2　生产污染防治规划 ······················· 9—40
　　12.3　环境卫生规划 ······························ 9—40
　　12.4　环境绿化规划 ······························ 9—40
　　12.5　景观规划 ···································· 9—40
13　历史文化保护规划 ······························· 9—41
14　规划制图 ·· 9—41

1 总　　则

1.0.1 系统制订和不断完善有关镇规划的标准，是加强镇规划建设工作，使之科学化、规范化的一项重要内容。

这次修订是在总结《村镇规划标准》GB 50188—93颁布十多年来我国村镇规划建设事业发展变化的基础上，特别是镇的数量迅速增加和建设质量不断提高，镇的发展变化对于改变农村面貌和推进农村的现代化建设，加速我国城镇化的进程，日益显示出其重要性，而进行修编的。

规划是建设的先导，提高镇的规划水平，目的是为广大居民创造良好的生活和生产环境。为此，这次修订，除完善了已有的规划标准外，同时增补了有关内容，从而为规划编制和组织管理工作提供更为全面和更加严格的技术标准，以促进我国城乡经济、社会和环境的协调发展。

1.0.2 为适应镇的建设发展形势，本标准的名称改为镇规划标准，其适用范围为全国县级人民政府驻地以外的镇的规划，乡的规划可按本标准执行。

由于县级人民政府驻地镇与其他镇虽同为镇建制，但两者从其管辖的地域规模、性质职能、机构设置和发展前景来看却截然不同，两者并不处在同一层次，因此，本标准不适用于县级人民政府驻地镇。

乡规划可按本标准执行，是由于我国的镇与乡同为我国基层政权机构，且都实行以镇（乡）管村的行政体制，随着我国乡村城镇化的进展、体制的改革，使编制的规划得以延续，避免因行政建制的变更而重新进行规划。

1.0.3 本标准是一项综合性的通用标准，内容涉及多种专业，这些专业都颁布了相应的专业标准和规范。因此，编制镇规划时，除应执行本标准的规定外，还应遵守国家现行有关标准的规定。

3 镇村体系和人口预测

3.1 镇村体系和规模分级

3.1.1 镇的发展建设与其周围地域特别是县级人民政府行政地域（以下简称县域）的经济、社会发展具有密切的联系，因而必须依据县域范围的城镇体系规划，对其性质职能及发展规模合理进行定位与定量，划分为中心镇和一般镇。

3.1.2 镇村体系是县域以下一定地域内相互联系和协调发展的聚居点群体。这些聚居点在政治、经济、文化、生活等方面是相互联系和彼此依托的群体网络系统。随着行政体制的改革，商品经济的发展，科学文化的提高，镇与村之间的联系和影响将会日益增强。部分公共设施、公用工程设施和环境建设等也将做到城乡统筹、共建共享，以取得更好的经济、社会、环境效益。

本条规定了镇域镇村体系规划的主要内容。

综合各地有关镇域镇村体系层次的划分情况，自上而下依次可分为中心镇、一般镇、中心村和基层村等四个层次。

1 镇与村在体系中的职能，既有行政职能，也有经济与社会职能。

2 就一个县域的范围而言，上述镇村的四个层次，一般是齐全的。在一个镇所辖地域范围内，一般只有一个中心镇或一个一般镇，即两者不同时存在；中心村和基层村也有类似的情况，例如在北方平原地区，村庄人口聚集的规模较大，每个村庄都设有中心村级的基本生活设施，全部划定为中心村，而可以没有基层村这一层次。在规划中各地要根据镇与村的职能和特征进行具体分析，因地制宜地划分层次。

3.1.3 在镇、村层次划分的基础上，进一步按人口规模进行分级，为镇、村规划中确定各类建筑和设施的配置、建设的规模和标准，规划的编制程序、方法和要求等提供依据。表3.1.3所列镇区和村庄人口规模分级的要点是：

1 根据镇村体系中的居民点类别，对镇区、村庄的现状与发展趋势，分别按其规划人口的规模划分为特大、大、中、小型四级，以便确定其各项规划指标、建设项目和基础设施的配置等。

2 为统一计算口径，表中的人口规模均以每个镇区或村庄的规划范围内的规划期末常住人口数为准，而非其所辖地域范围内所有居民点的人口总和。

由于行政区划调整、镇乡合并等情况，根据规划的要求，如镇区采取组团式布局时，其镇区人口规模应为各组团的人口之和。

3 依据全国人口的统计资料和规划发展前景以及各省、自治区、直辖市对镇区和村庄人口规模分级情况，通过对不同的分级方案进行比较，确定了常住人口规模分级的定量数值。人口规模分级采用1、3、5和2、6、10的等差级数，数字系列简明，镇区规模符合全国各地的规划情况，村庄规模的现状平均值位于中型的中位值附近。考虑到我国的地域差异，镇区规模不再区分中心镇与一般镇，村庄规模不再区分中心村与基层村。同时，规定了小型的镇区和村庄的人口规模不封底，特大型的镇区和村庄的人口规模不封顶，以适应我国不同地区的镇区和村庄人口规模相差悬殊和发展不平衡的特点。

3.2 规划人口预测

3.2.1 规划期间人口规模的发展预测，主要是依据发展前景的需要，分析建设条件的可能，考虑人口的自然增长、机械增长和富余劳动力等情况，对到达规划期末的人口进行测算。规划人口规模预测的内容，包括对镇域总人口、镇区和各个村庄人口规模进行预测，目的是为确定建设用地、设施配置等各项规划内容提供依据。

镇域总人口是指该镇所辖地域范围内所有常住人口的总和，根据国家统计部门的规定，常住人口包括户籍人口和寄住半年以上的外来人口。本标准提出的采用综合分析法作为人口发展预测的方法，是目前各地进行镇和村规划普遍采用的一种比较符合实际的计算方法。其特点是，在计算人口时，将自然增长和机械增长两部分叠加。采取这种方法预测人口规模，符合我国镇和村人口的实际情况。

计算公式中的自然增长率 K 和机械增长数 P 可以是负值，即负增长。

关于人口自然增长率的取值，不仅要根据当地的计划生育规划指标，还要考虑用地人口年龄与性别的构成情况加以校核，以使预测结果更加符合实际。

关于人口机械增长的数值，要根据本地区的具体情况确定。一般来说，在自然资源、地理位置、建设条件等具有较大优势、经济发展较快的镇，有可能接纳外地人员进入本镇工作；对于靠近城市、工矿区、耕地较少的镇，则可能有部分劳动力进入城市或转入工矿区，甚至部分转至外地工作。

3.2.2 规定了镇区人口规模要依据县域城镇体系规划中预测的数值，结合镇区情况加以核定。村庄人口应在镇域镇村体系规划中预测。

3.2.3 不同类型的人口，对各类用地和设施有着不同的需求和影响。为了反映镇村人口类型的实际情况，在规划中进行现状人口统计和规划人口预测时，本条规定了镇区人口按其居住的状况和参与社会生活的性质进行分类计算。

根据镇区人口的特点，常住人口都是居住的主体。其中包括本镇区户籍的居民和寄住半年以上的外来人口以及寄宿学生。参与镇区内社会生活的还有定时进入镇区的通勤工人、学生，差旅和探亲的流动人口，以及数量可观的赶集人员。为了统一概念，便于统计，镇区人口分为常住人口、通勤人口和流动人口三类。

1 常住人口是指户籍人口、居住半年以上的外来人口和寄宿学生。常住人口是镇区人口的主体。常住人口的数量决定了居住用地面积，也是确定建设用地规模和基础设施配置的主要依据。

2 通勤人口是指劳动、学习在镇区规划范围内，而户籍和居住在镇区外的职工和学生。这部分人对镇区内的部分公共建筑、基础设施以及生产设施的规模有较大的影响。

3 流动人口是指出差、旅游、探亲和赶集等临时参与镇区社会活动的人员。这部分人对一些公共设施、集贸市场、道路交通都有影响。

为使镇区人口规模的预测更加符合当地实际情况，规定了按人口类别分别计算其自然增长、机械增长和估算发展变化，以利于进一步分别计算各类用地规模。表3.2.3提出了各类人口预测的计算内容：

1 人口自然增长的计算，包括规划范围内的户籍人口，不包括居住半年以上的外来人口。

2 人口机械增长的计算，包括规划范围内的常住人口和通勤人口，但由于其情况的不同可分别计算。

3 流动人口的发展变化要分别进行计算或估算。虽然不作为人口规模的基数，由于影响用地的规模和设施的配置，也是确定人均建设用地指标的因素。

3.2.4 关于镇区人口机械增长的预测，总结各地的经验，本标准提出了根据劳力转化、环境容量、职工带眷或平均增长等因素进行预测，各地在进行村镇规划时，要结合当地的具体情况选择一种或多种因素进行综合分析。其中环境容量因素，需要充分分析当地的发展优势，并综合考虑建设条件（包括用地、供水、能源等）以及生态环境状况等客观制约条件，预测远景的合理发展规模，以避免造成建设的"超载"现象。

4 用地分类和计算

4.1 用地分类

4.1.1 针对各地在编制镇规划时，用地的分类和名称不一，计算差异较大，导致数据与指标可比性差，不利于规范规划和管理工作，本标准统一了用地的分类和名称，共分9大类、30小类，这一分类具有以下特点：

1 概念明确、系统性强、易于掌握。

2 既同城市用地分类方法大致相同，又具有镇用地的特点。

3 有利于用地的定量分析，便于制订定额指标。

4 既同国家建设主管部门颁布的有关规定的精神一致，又同各地编制的镇规划以及制订的定额指标的分类基本相符。

以下就使用中的几种情况加以说明：

1 土地使用性质单一时，可明确归类。

2 一个单位的用地内，兼有两种以上性质的建筑和用地时，要分清主从关系，按其主要使用性能归类。如工厂内附属的办公、招待所等，则划为工业用地；如中学运动场，晚间、假日为居民使用，仍划为中学用地；又如镇属体育场兼为中小学使用，则划为文体科技用地小类。

3 一幢建筑内具有多种功能，该建筑用地具有多种使用性质时，要按其主要功能的性质归类。

4 一个单位或一幢建筑具有两种使用性质，而不分主次，如在平面上可划分地段界线时分别归类；若在平面上相互重叠，不能划分界线时，要按地面层的主要使用性能，作为用地分类的依据。

为适应镇区规划深度的要求，规定了将9大类用地按项目的功能再划分为30小类。

4.1.2 关于用地的分类代号的使用规定。类别代号中的大类以英文同（近）义词的字头表示，小类则在字头右边附加阿拉伯数字表示，供绘制图纸和编制文件时使用，也便于国际交流。

4.1.3 表4.1.3用地的分类和代号，对各类用地的范围均作了明确规定。现就有关用地分类的一些问题说明如下：

1 关于居住用地

为了区别不同类型的居住用地标准，有利于在规划中节约用地，本次修订根据近年来的实践进行了局部调整，将居住用地划分为一类居住用地和二类居住用地两小类。

2 关于公共设施用地

鉴于各地对公共设施的小类划分差别较大，现统一分为行政管理、教育机构、文体科技、医疗保健、商业金融和集贸市场六小类。

由于教育机构在公共建筑用地中占的比例较大，且与人口年龄构成以及提高人口素质密切相关，因而单独设小类。

集贸市场虽属商业性质，但与一般商业机构有较大不同，在用地布局和道路交通等方面具有不同要求，其用地规模与常住人口规模无直接关系，并在不同镇区的集贸市场的经营内容与方式，占地数量与选址等都有很大差异，因此单独设小类。

医疗保健的内容包括医疗、防疫、保健、休疗养等机构用地。

公用事业中的变电所、电信局（所）、公共厕所、垃圾站、消防站等设施均划入工程设施用地大类之中，不作为居住用地的配套公建，也不在公共建筑中设小类，而是将其归入工程设施用地。

考虑到民族习俗和国际惯例，将宗教用地划入公共设施用地中的文体科技小类。

位于大型风景名胜区内的文物古迹，同风景名胜区一起划入水域和其他用地大类。

3 生产设施用地

工业用地按其对居住和公共环境的干扰与污染程度分为三小类，以利于规划中的用地布局，并单设农业服务设施用地小类。包括镇区中的农业服务设施用地，如各类农产品加工包装厂、农机站、兽医站等，而不包括农业中直接进行生产的用地，如育秧房、打谷场、各类种植和养殖厂（场）等，将其归入农林用地之中，不参与建设用地的平衡。

4 关于仓储用地

将仓储用地分为普通仓储用地和危险品仓储用地两小类。

5 关于对外交通用地

对外交通用地分为公路交通用地和其他交通用地两小类。

6 关于道路广场用地

道路广场用地，包括道路用地和广场用地两小类。为兼顾镇区内不同的道路情况和规划深度的要求，作了如下规定：

对于路面宽度等于和大于6m的道路，均计入道路用地，路面宽度小于6m的小路，不计入道路用地，而计入该小路所服务的用地之中，以利于用地布局中各类用地面积的计算。

对于兼有公路和镇区道路双重功能时，可将其用地面积的各半，分别计入对外交通用地和道路广场用地。

7 工程设施用地，根据其功能不同划分为公用工程、环卫设施和防灾设施三小类用地。其中公用工程用地中的殡仪设施，包括殡仪馆、火化场、骨灰堂，不包括墓地。

8 绿地

绿地分为公共绿地和防护绿地两类，而不包括苗木、花圃等，因其属于农林生产用地，不参与建设用地平衡。考虑到镇与村中称公共绿地更为贴切，本次修订中未参照《城市绿地分类标准》CJJ/T 85采用"公园绿地"一词。

9 水域和其他用地

包括不参与建设用地平衡的水域、农林用地、牧草和养殖用地、各类保护区、墓地、未利用地、特殊用地共7小类。

4.2 用 地 计 算

4.2.1 现状用地和规划用地，规定统一按规划范围进行统计，以利于分析比较在规划期内土地利用的变化，既增强了用地统计工作的科学性，又便于比较在规划期内土地利用的变化，也便于规划方案的比较和选定。应该说明，以往在统计用地时，现状用地多按建成区范围统计，而规划用地则按规划范围统计。两者统计范围不一致，只能了解两者的不同数值，而不知新增建设用地的原来使用功能的变化情况。在规划图中，将规划范围明确用一条封闭的点画线表示出来，这个范围既是统计范围，也是用地规划的工作范围。

4.2.2 规定了规划用地范围是建设用地以及因发展需要实行规划控制的区域。

4.2.3 规定了分片布置的镇区用地的计算方法。

4.2.4 规定了镇区用地面积的计算要求和计量单位，要按平面图进行量算。山丘、斜坡均按平面投影面积计算，而不按表面面积计算。

4.2.5 规定了根据图纸比例尺确定统计的精确度。

4.2.6 规定了镇区用地计算的统一表式，以利于不同镇用地间的对比分析。由于该表包括了建设用地平衡和规划范围统计两部分内容，因此表名定为用地计算表。

5 规划建设用地标准

5.1 一般规定

5.1.1 镇建设用地是指参与建设用地平衡和指标计算的用地，即镇用地分类表4.1.3中前八大类用地之和。第九大类"水域和其他用地"，不属于建设用地的范围，不参与建设用地的平衡和指标的计算。

5.1.2 为了节约用地、合理用地、节约投资、优化环境，对规划建设用地制订了严格的控制标准。

镇规划建设用地的标准包括数量和质量两个方面的内容，具体分为人均建设用地指标、建设用地比例和建设用地选择三项。

5.1.3 规定计算建设用地标准时的人口数量以规划范围内的常住人口为准。人口统计范围必须与用地统计范围一致。镇区规划范围内的常住人口包括户籍和寄住两种人口的人数。

需要说明，镇区的通勤人口和流动人口虽然对建设用地规模和构成有影响，但同常住人口相比，对建设用地的影响仍然是局部的、暂时的。为简化计算起见，对于这部分流动性强、变化幅度大的人数，要根据实际情况，除对某些公共建筑、生产建筑和基础设施用地予以考虑外，可在确定规划建设用地的指标级别的幅度中，适当提高取值或调整用地比例予以解决。

5.2 人均建设用地指标

5.2.1 我国幅员辽阔，自然环境、生产条件、风俗习惯多样，致使现状人均用地水平差异很大，难于在规划期内合理调整到位，这就决定了在规划中，需要制订不同的用地标准。具体情况如下：

根据有关部门提供的统计资料，一些省、自治区、直辖市（以下简称省）之间1991年的镇区现状人均用地幅度相差约10倍（64～647m^2/人），2001年人均用地幅度减少到约6倍（84～509m^2/人），2005年则减少到5倍多（72.4～387m^2/人）。这一情况表明，镇区人均建设用地偏小的省人均用地有所增加，用地偏大的省人均用地则在减少，其发展趋势是合理的。其中，全国约70%的省的镇区现状人均建设用地为80～160m^2/人。再从开展镇规划的情况看，全国大多数省制订的镇建设用地指标和规划建设实例都能控制在80～120m^2/人之间。基于这一情况，本着严格控制建设用地的原则，这次修订将原标准规定的用地指标总区间值50～150m^2/人内划分的五个级别，取消了其中的50～60m^2/人和大于150m^2/人的指标。将标准的总区间调整为60～140m^2/人内，划分为四个级别。

5.2.2 由于大型工程项目等的兴建，需要选址新建的镇区，在条件许可时，本着既合理又节约的原则进行规划，人均建设用地指标可在表5.2.1中第二级（80～100m^2/人）的范围内确定。在纬度偏北的Ⅰ、Ⅶ建筑气候区，建筑日照要求建筑间距大，用地标准可按第三级（100～120m^2/人）范围内确定。在各建筑气候分区内，新建镇区均不得采用第一、四级人均建设用地指标。[附"中国建筑气候区划图"。摘自《建筑气候区划标准》GB 50178]

5.2.3 考虑到在10～20年的规划期限内，各地镇区的发展建设主要是在现状的基础上进行的。因此，在编制规划时，要以现状人均建设用地水平为基础，通过调整逐步达到合理。为严格控制用地，按表5.2.3及本条的规定，在确定规划建设用地指标时，该指标要同时符合指标级别和允许调整幅度的两项规定要求。

关于人均建设用地指标调整的原则如下：①对于现状用地偏紧、小于60m^2/人的应增加；②对于现状用地在60～80m^2/人区间的，各地根据土地的状况，可适当增加；③对于现状用地在80～100m^2/人区间的，可适当增加或减少；④对于现状用地在100～140m^2/人区间的，可适当压缩；⑤对于现状用地大于140m^2/人的，要压缩到140m^2/人以内。

第四级用地指标，只能用于Ⅰ、Ⅶ建筑气候区的现有镇区。

有关现状人均建设用地及其可采用的规划人均建设用地指标和相应地允许现状调整幅度，均在表5.2.3中作了规定。总的调整幅度一般控制在－15～+15m^2/人范围内，主要是考虑到在10～20年规划期间，一般建设用地指标不可能大幅度增减，而是根据本镇区的具体条件，逐步调整达到合理。

5.2.4 考虑到边远地区地多人少的镇区用地现状，不做出具体规定，可根据所在省、自治区制定的地方性标准确定。

5.3 建设用地比例

5.3.1 建设用地比例是人均建设用地标准的辅助指标，是反映规划用地内部各项用地数量的比例是否合理的重要标志。因此，在编制规划时，要调整各类建设用地的比例，使其用地达到合理。表5.3.1中确定的居住、公共设施、道路广场和公共绿地四类用地占建设用地的比例是总结多年来进行镇区规划建设的一些实例，并参照各地制订的用地比例标准的基础上提出的。通过对镇用地资料的分析表明，上述四类用地所占的比例具有一定的规律性，规定的幅度基本上可

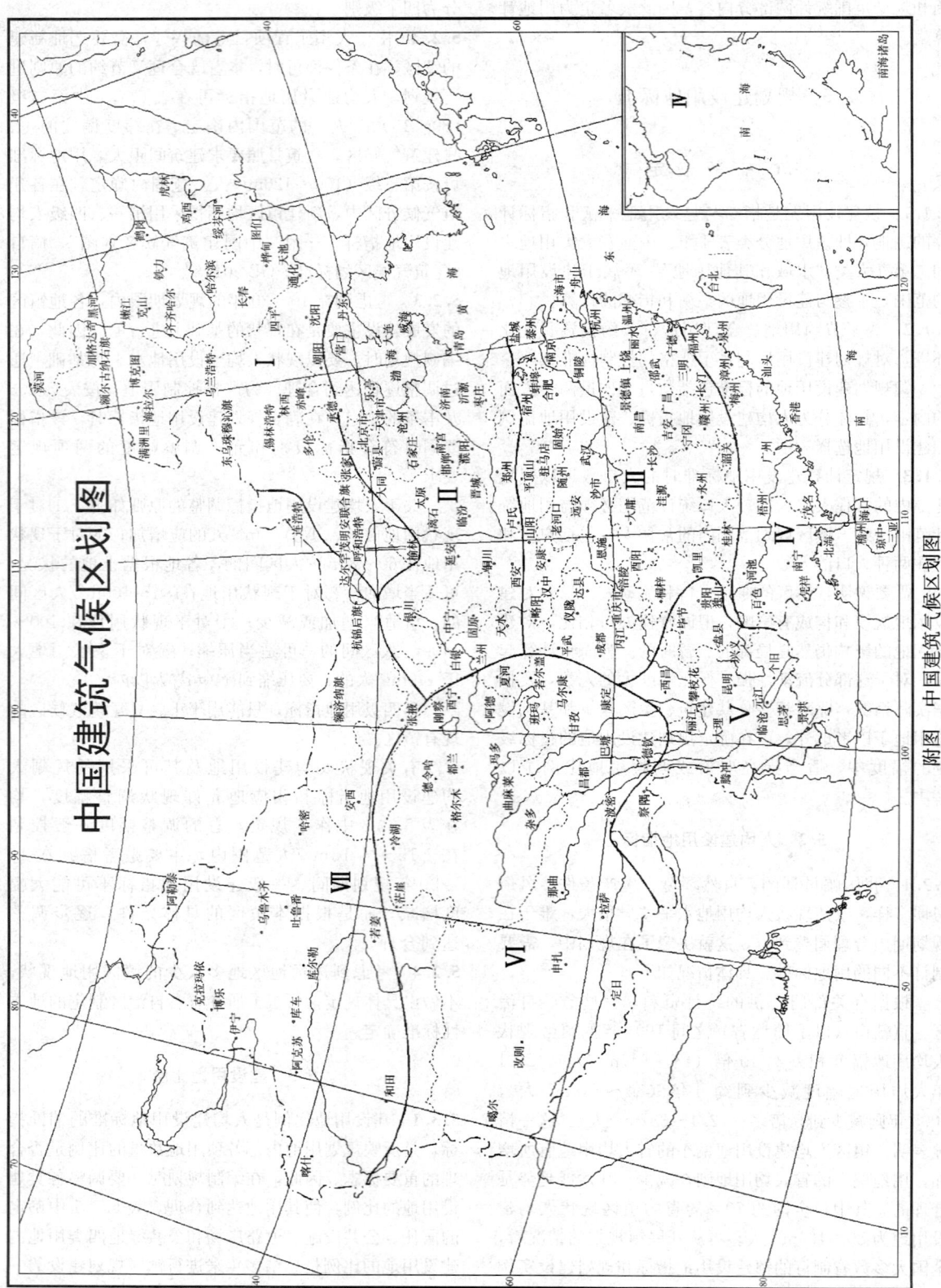

附图 中国建筑气候区划图

以达到用地结构的合理，而其他类的用地比例，由于不同类型的镇区的生产设施、对外交通等用地的情况相差极为悬殊，其建设条件差异又较大，可按具体情况因地制宜加以确定，本标准不作规定。

对于通勤人口和流动人口较多的中心镇的镇区，其公共设施用地所占比例宜选取规定幅度内的较大值。

表 5.3.1 规定了居住、公共设施、道路广场和公共绿地四类用地总在建设用地中的适宜比例。需要说明，规划四类用地的比例要结合实际加以确定，不能同时取上限或下限。

5.3.2 本条是对某些具有特殊建设要求的镇区，在选用表 5.3.1 中的建设用地比例时，作出的一些特殊规定。

5.4 建设用地选择

本节提出了选择建设用地要遵守的规定。其中 5.4.4 所述的生态敏感的地段是指生态敏感与脆弱的地区，如沙尘暴源区、荒漠中的绿洲、严重缺水地区、珍稀动植物栖息地或特殊生态系统、天然林、热带雨林、红树林、珊瑚礁、鱼虾产卵场、重要湿地和天然渔场等。5.4.5 所指的不良地质地带是指对建设项目具有直接危害和潜在威胁的滑坡、泥石流、崩塌以及岩溶、土洞的发育地段等。

6 居住用地规划

6.0.1 为适应我国各地镇区居住建筑差别的特点，居民住宅用地的面积标准，应在符合本标准 5.3 建设用地比例的规定范围内。

6.0.2～6.0.4 关于居住用地的选址和规划布置中要遵守的规定。根据各省、自治区、直辖市对本辖区范围内不同地区、不同类别的住户制定的用地面积、容积率指标、朝向、间距等标准结合本镇区的具体情况予以确定。

6.0.5 本次修订提出了"居住组群"规划的要求，是针对镇区居住用地规模与城市居住区相比要小得多，一次性建设开发的规模相对也小。"居住组群"是为了适应镇区发展建设要求，按不同居住人口规模而建设的居住建筑群体，其规模及组织形式具有因地制宜的特点。在居住用地规划中，根据方便居民使用、优化居住环境、集约利用资源、住宅类型多样、体现地方特色等原则，结合不同的地区、周围环境和建设条件，组织住宅空间，配置服务设施，以及布置绿地、道路交通和管线等，以提高居住用地的规划水平。

7 公共设施用地规划

7.0.1 镇区公共设施项目的配置，主要依据镇的层次和类型，并充分发挥其地位职能的作用而定。本标准按照分级配置的原则，在综合各地规划建设实践的基础上，参照近年来一些省、自治区、直辖市对镇公建项目配置的有关规定，调整制定了表 7.0.1 的项目内容。表中按镇的层次，提出了配置的项目，按其使用性质分为行政管理、教育机构、文体科技、医疗保健、商业金融、集贸市场六类，共 39 个项目。考虑到镇区的地位、层次的不同，规定了应设置和可设置的项目，供各地在规划时选定。

7.0.2 镇区公共设施的用地面积指标应在符合本标准 5.3 建设用地比例的规定范围内，考虑到各地建设情况的差异，在保证配置基本设施的前提下，逐步加以完善。

7.0.3～7.0.6 对各类公共设施用地的选址和规划的基本要求。其中 7.0.6 有关集贸市场的场地布置、市场选型应符合现行行业标准《乡镇集贸市场规划设计标准》CJJ/T 87 的有关规定。

8 生产设施和仓储用地规划

8.0.1 对工业生产用地的选址和布置的要求。按照生产经营的特点和对生活环境的影响程度，分别对无污染、轻度污染和严重污染三类情况，规定了选址要求。

根据工业应逐步向镇区工业用地集中的原则，对现有工业布局应进行必要的调整，规定了新建和扩建的二、三类工业应按规划的要求向工业用地集中。

对已造成污染的工厂规定了必须迁建或调整转产等的要求。

8.0.2 对镇区工业用地的规划布局和技术要求。包括：集约布置、节约和合理用地，一些基础设施的共建共享，环境绿化，以及预留发展用地等。

8.0.3 对一些农业生产和服务设施用地的选择和布置的要求。

1 规定农机站、农产品加工厂等的选址要求。

2 规定畜禽、水产等养殖类的生产厂（场）的选址，必须达到卫生防疫要求，并严格防止对生活环境的污染和干扰。

3 规定兽医站要布置在镇区的边缘，并应满足卫生和防疫的要求等。

8.0.4 对仓库及堆场用地的选址和布置的技术要求。对易燃易爆和危险品的仓库选址，应符合防火、环保、卫生和安全的有关规定。

9 道路交通规划

9.2 镇区道路规划

9.2.1 将镇区的道路按使用功能和通行能力划分为

主干路、干路、支路、巷路，不再称为一、二、三、四级，以避免与公路等级名称相混淆。

9.2.3 表9.2.3规定了镇区道路规划技术指标为计算行车速度、道路红线宽度、车行道宽度、人行道宽度及道路间距等五项设计指标。其中主干路的道路红线宽度由原标准的24～32m调整为24～36m，理由是：①考虑镇区发展需要和"节地"要求适当增加；②与《城市道路交通规划设计规范》GB 50220的规定基本协调。

9.2.4 规划镇区道路系统，要根据镇区的规模按表9.2.4的规定进行配置。表中应设的级别，是指在一般情况下，应该设置道路的级别；可设的级别是指在必要的情况下，可以设置的道路级别。

9.3 对外交通规划

9.3.1 镇域内道路规划的要求。

9.3.2 镇域的道路规划要与对外交通的各项设施协调配置，统筹安排客运和货运的站场、码头，以及为其服务的广场和停车场等设施。依据的主要标准包括：《公路工程技术标准》JTJ 001、《公路路线设计规范》JTJ 011、《公路环境保护设计规范》JTJ/T 006、《汽车客运站建筑设计规范》JGJ 60、《铁路线路设计规范》GB 50090、《铁路车站及枢纽设计规范》GB 50091、《铁路旅客车站建筑设计规范》GB 50226、《河港工程设计规范》GB 50192、《港口客运站建筑设计规范》JGJ 86等。

9.3.3 公路穿过镇区、村庄，影响通行能力，易造成安全事故，规划中应对穿过镇区和村庄的不同等级的公路进行调整。

10 公用工程设施规划

10.2 给水工程规划

10.2.2 给水工程规划中的集中式给水包括的内容和用水量计算的要求。镇区规划用水量应包括生活、生产、消防、浇洒道路和绿化用水量，管网漏失水和未预见水量。其中，生活用水包括居住建筑和公共建筑的生活用水，生产用水包括工业用水和农业服务设施用水。各部分用水量，分别按以下要求计算：

1 生活用水量的计算：
  1) 居住建筑生活用水量，按表10.2.2进行预测。表10.2.2、表10.2.3中"镇区外"一栏系指规划范围内给水设施统建共享的村庄用水量指标。
  2) 公共建筑的生活用水量。由于镇区公共建筑与城市公共建筑的功能、设施及要求等，没有实质性差别，所以可按现行国家标准《建筑给水排水设计规范》GB 50015的有关规定执行。为了便于规划操作，公共建筑的生活用水量也可按居住建筑生活用水量的8%～25%计算。

2 生产用水量的计算：
工业和农业服务设施用水量可按所在省、自治区、直辖市人民政府的有关规定进行计算。

3 消防用水量按现行国家标准《建筑设计防火规范》GB 50016的有关规定计算。

4 浇洒道路和绿化用水量。由于我国各地镇区的经济条件、建设标准、规模等差异很大，其用水量可按当地条件确定，不作具体规定。

5 在计算最高日用水量（即设计供水能力）时，要充分考虑管网漏失因素和未预见因素。管网漏失水量和未预见水量可按最高日用水量的15%～25%合并计算。

10.2.6 规定了给水干管布置走向要与给水的主要流向一致，并以最短距离向用水大户供水，以便降低工程投资，提高供水的保证率。本条还规定了给水干管的最小服务水头的要求。

10.3 排水工程规划

10.3.2 规定了排水工程规划包括的内容和排水量计算的要求。

排水分为生活污水、生产污水、径流的雨水和冰雪融化水，后者可统称雨水。

生活污水量可按生活用水量的75%～85%估算。

生产污水量及变化系数，要根据工业产品的种类、生产工艺特点和用水量确定。为便于操作，也可按生产用水量的75%～90%进行估算。水的重复利用率高的工业取下限值。

雨水量与当地自然条件、气候特征有关，可按邻近城市的相应标准计算。

10.3.3 排水体制选择的技术要求。

排水体制宜选择分流制。条件不具备的镇区可选择合流制。为保护环境，减少污染，污水排入管网系统前，要采用化粪池、生活污水净化沼气池等进行预处理。

对现有排水系统的改造，可创造条件，逐步向分流制过渡。

10.3.6 本条是对污水处理厂厂址选择的要求。

10.4 供电工程规划

10.4.2 镇所辖地区内的用电负荷，因其地理位置、经济社会发展与建设水平、人口规模及居民生活水平的不同，可采用现状人均综合用电指标乘以增长率进行预测较为实际。增长率应根据历年来增长情况并考虑发展趋势等因素加以确定。K值为年综合用电增长率，一般为5%～8%，位于发达地区的镇可取较小值，地处发展地区的镇可取较大值，K值也可根据规划期内的发展速度分阶段进行预测。同时还可根据当地实际情况，采用其他预测方法进行校核。

10.4.4 供配电系统如果结线复杂、层次过多，不仅管理不便、操作复杂，而且由于串联元件过多，元件故障和操作错误而产生事故的可能性也随之增加，因此要求合理地确定电压等级、输送距离，划分用电分区范围，以减少变电层次，优化网络结构。本条还规定了高压线路走廊宽度，表 10.4.4 中未列入的 220kV、330kV、500kV 电压，其线路走廊宽度分别为 30～40m、35～45m、60～75m。

10.4.7 本条要求结合地方条件，因地制宜地确定电源，实行能源互补，开发小水电、风力和太阳能发电等能源。

10.6 燃气工程规划

10.6.2 目前常用燃气主要有矿物质气和生物质气两大类：矿物质气主要有天然气、液化石油气、焦炉煤气等。生物质气主要包括沼气和秸秆制气等。

矿物质气品质好、质量稳定，供应可靠，但要求具有一定的规模以及较高的资金投入和运行管理。生物质气燃烧放热值较低、质量不稳定，均为可再生资源，且资金投入少，运行管理要求不高，适合小规模建设。燃气工程的规划应根据资源情况确定燃气种类。

10.6.5 沼气的制备需要一定的条件，如温度对沼气的产生量有很大的影响，许多地区建设的沼气设施不能保证全年有效供应。农作物秸秆制气，也受秸秆数量、存放条件等的限制，因此在规划中应考虑与其他能源的互补，同时还应考虑制气后所产生的沼液、沼渣、炭灰等的综合利用。

10.7 供热工程规划

10.7.2 集中供热具有热效率高、对环境影响小、供热稳定、品质高的优点，但其初投资和运行管理费用较高；分散供热的热效率低、对环境影响较大，可按需分别设置，管理运行较简单，因此采暖地区应根据不同经济发展情况确定供热方式。

10.9 用地竖向规划

10.9.1、10.9.2 规定了建设用地竖向规划的内容和基本要求。其中在进行土方平衡时，要确定取土和弃土的地点，以避免乱挖乱弃，防止毁损农田、破坏自然地貌、造成水土流失。

10.9.3 规定了建设用地中，组织地面排水的一些要求。

11 防灾减灾规划

11.2 消防规划

11.2.2 提出了用地布局中满足消防安全的基本要求。

1 对生产和储存易燃、易爆物品的工厂、仓库、堆场等设施的布置要求。

2 对现状中影响消防安全的工厂、仓库、堆场和储罐等要迁移或改造，并对耐火等级低的建筑和居民密集区提出了改善消防安全条件的要求。

3 规定了生产和储存易燃、易爆物品的工厂、仓库、堆场储罐以及燃油、燃气供应站等与居住、医疗、教育、集会、娱乐、市场等大量人流活动设施的防火最小距离。

11.2.3 规定了消防给水的要求：

1 对具备给水管网的镇，提出了建设消防给水的要求。

2 对不具备给水管网的镇，提出了解决消防给水的办法。

3 对天然水源或给水管网不能满足消防给水以及对寒冷地区消防给水的要求。

11.2.4 对不同规模的镇，设置消防站、消防值班室、义务消防队的具体要求，按《城市消防站建设标准》中对消防站的责任区面积、建设用地所作的规定：标准型普通消防站的责任区面积不应大于 $7km^2$，建设用地面积 $2400～4500m^2$；小型普通消防站的责任区面积不应大于 $4km^2$，建设用地面积 $400～1400m^2$。

11.3 防洪规划

11.3.2 防洪措施要根据洪水类型确定。按洪灾成因可分为河洪、海潮、山洪和泥石流等类型。河洪一般应以堤防为主，配合水库、分（滞）洪、河道整治等措施组成防洪体系；海潮则以堤防、挡潮闸为主，配合排涝措施组成防洪体系；山洪和泥石流工程措施要同水土保持措施相结合等。

防洪措施要体现综合治理的原则，实行工程防洪措施与非工程防洪措施相结合。

11.3.3 在现行国家标准《防洪标准》GB 50201 中，对于城镇、乡村分别规定了不同等级的防洪标准，城镇防洪规划要根据所在地区的具体情况，按照规定的防洪标准设防。镇如果靠近大型或重要工矿企业、交通运输设施、动力设施、通信设施、文物古迹和旅游设施等防护对象，并且又不能分别进行防护时，该防护区的防洪标准要按其中较高者加以确定。同时，镇区防洪规划尚应符合现行行业标准《城市防洪工程设计规范》CJJ 50 的有关规定。

11.3.4 位于易发生洪灾地区的镇，设置就地避洪安全设施，要根据镇域防洪规划的需要，按其地位的重要程度以及安置人口的数量，因地制宜地选择修建围埝、安全台、避水台等不同类型的就地避洪安全设施，本条对就地设置的避洪安全设施的位置选择和安全超高提出了要求。该安全超高的数值要按蓄、滞洪时的最高洪水位，考虑水面的浪高及设施的重要程度等因素按表11.3.4确定。

11.3.5 在各项建筑和工程设施内，根据镇域防洪规划需要设置安全层作为避洪时，要根据避洪人员数量进行统筹规划，并应符合现行国家标准《蓄滞洪区建筑工程技术规范》GB 50181的有关规定。

11.3.6 在易发生内涝灾害的地区，既要注重镇域的防洪，又要重视镇区的防涝问题。为确保建设区内能够迅速排除涝水，需要综合规划和整治排水体系。

11.4 抗震防灾规划

11.4.2 规定在处于地震设防区内进行镇的规划，必须遵守现行国家标准《中国地震动参数区划图》GB 18306和《建筑抗震设计规范》GB 50011的有关规定，选择对抗震有利的地段，避开不利地段，严禁在危险地段布置人口密集的项目。

11.4.3

1 在工程抗震规划中规定了对新建建筑物、构筑物和工程设施要按国家现行的有关抗震标准进行设防。依据的主要标准包括：《建筑抗震设计规范》GB 50011、《构筑物抗震设计规范》GB 50191、《室外给水排水和燃气热力工程抗震设计规范》GB 50032，以及有关电力、通信、水运、铁路、公路等工程抗震设计规范。

同时，还要遵守所在省、自治区、直辖市现行的有关工程抗震设计标准的规定。

2 在工程抗震规划中规定了对现有建筑物、构筑物和工程设施要按国家现行的有关标准进行鉴定，并提出抗震加固、改建和拆迁的意见。依据的主要标准包括：《建筑抗震鉴定标准》GB 50023、《工业构筑物抗震鉴定标准》GBJ 117、《室外给水排水工程设施抗震鉴定标准》GBJ 43、《室外煤气热力工程设施抗震鉴定标准》GBJ 44、《建筑抗震设防分类标准》GB 50223，以及有关其他工程设施鉴定和设防分类标准。

同时，还要遵守所在省、自治区、直辖市现行的有关工程鉴定和设防分类标准的规定。

11.4.4 规定了抗震防灾的生命线工程和重要设施要进行统筹规划，并要符合本条规定的各项具体要求。

11.4.5 提出了生产和储存具有产生地震次生灾害源的单位及其预防措施，并根据次生灾害的严重程度，规定了必须采取的具体措施。

11.5 防风减灾规划

11.5.1 规定了易形成风灾的地区，镇区建设用地要避开同风向一致的天然谷口、山口等容易形成风灾的地段，因大风气流被突然压缩，急剧增大风速，会造成巨大风压或风吸力而形成灾害。

11.5.2 规定了对建筑的规划设计要遵守的各项要求，以尽量减少强大风速的袭击，降低建筑物本身受到的风压或风吸力。

11.5.3 在易形成风灾地区的镇区边缘种植密集型防护林带，防止被风拔起，需要加大树种的根基深度。同时，处于逆风向的电线杆、电线塔和其他高耸构筑物，均易被风拔起、折断和刮倒。因此，在易形成风灾地区的镇区规划建设，必须考虑加强对风的抗侧拉、抗折和抗拔力。

11.5.4 为抵御台风引起的海浪、狂风和暴雨，对处于台风袭击地区的镇区规划，应在滨海、岛屿地区首先考虑修建抵御风暴潮的堤坝，统一规划排水体系，及时排除台风带来的暴雨水。同时，要建立台风预报信息网，配备必要的救援设施。

11.5.5 规定了充分利用风力资源，因地制宜地建设能源转换和储存设施，是节约能源、推广清洁能源、实行能源互补的重要手段。

12 环境规划

12.2 生产污染防治规划

12.2.1～12.2.7 分别规定了生产污染防治中关于生产项目布置、空气环境质量、地表水环境质量、地下水环境质量、土壤环境质量、固体废弃物处理等应执行的国家现行标准。

12.3 环境卫生规划

12.3.2 规定了垃圾转运站设置的要求。转运站的位置宜靠近服务区域的中心或垃圾产量多和交通方便的地方。生活垃圾日产量可按每人1.0～1.2kg计算。

12.3.3 规定了镇区生活垃圾收集、运输、处理和利用的要求。

12.3.4 由于粪便中含有危害人群健康的病菌、病毒和寄生虫卵，规定了对居民粪便的处理要符合现行国家标准《粪便无害化卫生标准》GB 7959的要求。

12.3.5 规定了镇区设置公共厕所的地点，并宜设置节水型公共厕所。

12.4 环境绿化规划

12.4.1～12.4.4 对镇区绿化规划的原则和各项绿地规划的具体要求。

12.4.5 对于镇区建设用地以外的水域和其他用地中对镇区环境产生影响的部分，也应统筹进行环境绿化规划，以达到优化生态环境的目标。

12.5 景观规划

12.5.1 镇的景观是展示镇形象的重要组成部分，规划内容包括镇区内的容貌和影响镇貌的周边环境的规划。

12.5.2 镇区景观规划的要求主要是充分运用自然条

件和历史形成的物质基础以及人文特征，结合现实建设的条件和居民审美要求，进行综合考虑和统一规划，为居民塑造具有时代特征、富有地方特色、体现优美和谐的生活和工作环境。

13 历史文化保护规划

13.0.1 本条确定保护规划应遵循的原则。

13.0.2 镇、村历史文化保护规划应依据县域规划的基本要求和原则进行编制。

13.0.3 本条说明了镇、村历史文化保护规划是镇、村规划不可分割的部分，在镇、村规划中的每个环节都与历史文化保护是密不可分。对于确认为历史文化名镇（村）的应严格按本章进行规划。

13.0.4 镇、村历史文化保护规划要结合经济、社会和历史背景，全面深入调查历史文化遗产的历史和现状，依据其历史、科学、艺术等价值，遵循保护历史真实载体，保护历史环境，科学利用、永续利用的原则，确定保护目标、保护内容、保护重点和保护措施，以利于从整体上保护风貌特色和文化特征。

13.0.5 镇、村历史文化保护规划的内容主要包括：

  1 历史空间格局和传统建筑风貌；

  2 与历史发展和文化传统形成有联系的自然和人文环境景观要素，如山体、水系、地形、地物、古树名木等；

  3 反映传统风貌的不可移动的历史文物，体现民俗精华、传统庆典活动的场地和固定设施等。

13.0.6 镇、村历史文化保护范围的具体边界应因地制宜进行划定：一是文物古迹或历史建筑现状的用地边界，在保护对象的主要视线景观通道的主要观景点向外眺望时，其视线可及处的建筑应被划入保护范围，包括街道、广场、河流等处视线所及范围内的建筑用地边界和外观边界；二是与保护对象的整体风貌相互依存的自然景观和环境，如山体、树木、林地、水体、河道和农田等，也应划入保护范围。

对保存完好的镇区和村庄的整体风貌，应当将其整体划为保护范围。

13.0.7 镇、村历史文化保护的主要目标是保护它的整体风貌、历史格局和空间尺度。保护规划应对保护对象制订相应的保护原则和保护要求。对与其风貌有冲突的建筑物、构筑物和环境要素提出在外观、材料、色彩、高度和体量等方面的整治要求。对其重要节点、建筑物、构筑物以及公共空间提出保护与整治规划。

13.0.8 镇、村历史文化保护范围的外围划出一定范围的风貌控制区的具体边界，是为了确保历史文化保护范围内风貌的完整。在风貌控制区内，为了避免在保护范围边界两侧形成两种截然不同甚至相互冲突的形象，有必要对保护区周围的建设活动进行严格的控制管理。

13.0.9 在镇、村历史文化保护范围内增建的设施，应该从尺度、形式、色彩、材料、风格等方面同历史文化协调一致，绿化的布局应符合当地的历史传统。

13.0.10 镇、村历史文化保护范围多数是居民日常生活的场所，普遍存在居住人口密集和基础设施不完善的状况。为了确保在保护范围内环境的协调，需要限定居住人口的数量，并逐步完善基础设施和公共服务设施，改善居民的生活环境，满足居民现代生活的需要。同时，为了保护历史文化遗产的安全，应建立可靠的防灾和安全体系。

14 规划制图

14.0.1 为使镇的规划图纸达到完整、准确、清晰、美观，提高制图质量与效率，利于计算机制图软件研制，满足规划设计和建设管理等要求，规定了规划图纸绘制应标注的内容，以及规划使用的图例。其各项规定是在总结各地镇域和镇区规划图纸绘制的基础上，参照现行行业标准《城市规划制图标准》CJJ/T 97 和有关专业的制图标准，结合镇规划的特点而编制的。

  附录 B "规划图例"内容包括：

  1 用地图例——主要用于镇区用地布局规划；

  2 建筑图例——主要用于建筑质量调查和近期建设的详细规划；

  3 道路交通及工程设施图例——主要用于各项工程设施规划；

  4 地域图例——主要用于区位分析、镇村体系规划、用地分析等。

  根据不同图纸的绘制要求，图例分为单色和彩色两种，并按计算机制图的要求，在图例的右下角标注了采用"Auto CAD"中 256 种颜色的色标数字作为参考。

中华人民共和国国家标准

公共建筑节能设计标准

Design standard for energy efficiency of public buildings

GB 50189—2015

主编部门：中华人民共和国住房和城乡建设部
批准部门：中华人民共和国住房和城乡建设部
施行日期：２０１５年１０月１日

中华人民共和国住房和城乡建设部
公 告

第 739 号

住房城乡建设部关于发布国家标准《公共建筑节能设计标准》的公告

现批准《公共建筑节能设计标准》为国家标准，编号为 GB 50189-2015，自 2015 年 10 月 1 日起实施。其中，第 3.2.1、3.2.7、3.3.1、3.3.2、3.3.7、4.1.1、4.2.2、4.2.3、4.2.5、4.2.8、4.2.10、4.2.14、4.2.17、4.2.19、4.5.2、4.5.4、4.5.6 条为强制性条文，必须严格执行。原《公共建筑节能设计标准》GB 50189-2005 同时废止。

本标准由我部标准定额研究所组织中国建筑工业出版社出版发行。

中华人民共和国住房和城乡建设部
2015 年 2 月 2 日

前　　言

根据住房和城乡建设部《关于印发〈2012 年工程建设标准规范制订、修订计划〉的通知》（建标[2012] 5 号）的要求，标准编制组经广泛调查研究，认真总结实践经验，参考有关国际标准和国外先进标准，并在广泛征求意见的基础上，修订本标准。

本标准的主要技术内容是：1. 总则；2. 术语；3. 建筑与建筑热工；4. 供暖通风与空气调节；5. 给水排水；6. 电气；7. 可再生能源应用。

本标准修订的主要技术内容是：1. 建立了代表我国公共建筑特点和分布特征的典型公共建筑模型数据库，在此基础上确定了本标准的节能目标；2. 更新了围护结构热工性能限值和冷源能效限值，并按建筑分类和建筑热工分区分别作出规定；3. 增加了围护结构权衡判断的前提条件，补充细化了权衡计算软件的要求及输入输出内容；4. 新增了给水排水系统、电气系统和可再生能源应用的有关规定。

本标准中以黑体字标志的条文为强制性条文，必须严格执行。

本标准由住房和城乡建设部负责管理和对强制性条文的解释，由中国建筑科学研究院负责具体技术内容的解释。执行过程中如有意见或建议，请寄送中国建筑科学研究院《公共建筑节能设计标准》编制组（地址：北京市北三环东路 30 号，邮政编码 100013）。

本标准主编单位：中国建筑科学研究院

本标准参编单位：北京市建筑设计研究院有限公司

中国建筑设计研究院

上海建筑设计研究院有限公司

中国建筑西南设计研究院

天津市建筑设计院

同济大学建筑设计研究院（集团）有限公司

中国建筑西北设计研究院有限公司

中国建筑东北设计研究院

同济大学中德工程学院

深圳市建筑科学研究院

上海市建筑科学研究院

新疆建筑设计研究院

中建国际设计顾问有限公司

山东省建筑设计研究院

中南建筑设计院股份有限公司

华南理工大学建筑设计研究院

仲恺农业工程学院

同方泰德国际科技（北京）有限公司

开利空调销售服务（上海）有限公司

特灵空调系统（中国）有

限公司
大金（中国）投资有限公司
江森自控楼宇设备科技（无锡）有限公司
北京金易格新能源科技发展有限公司
西门子西伯乐斯电子有限公司
北京绿建（斯维尔）软件有限公司
珠海格力电器股份有限公司
深圳市方大装饰工程有限公司
欧文斯科宁（中国）投资有限公司
曼瑞德集团有限公司
广东艾科技术股份有限公司
河北奥润顺达窗业有限公司
北京振利节能环保科技股份有限公司

本标准主要起草人员：徐　伟　邹　瑜　徐宏庆
万水娥　潘云钢　寿炜炜
陈　琪　徐　凤　冯　雅
顾　放　车学娅　柳　澎
王　谦　金丽娜　龙惟定
赵晓宇　刘明明　刘　鸣
毛红卫　周　辉　于晓明
马友才　陈祖铭　丁力行
刘俊跃　陈　曦　孙德宇
杨利明　施敏琪　钟　鸣
施　雯　班广生　邵康文
刘启耀　陈　进　曾晓武
田　辉　陈立楠　李飞龙
魏贺东　黄振利　王碧玲
刘宗江

本标准主要审查人员：郎四维　孙敏生　金鸿祥
徐华东　赵　锂　戴德慈
吴雪岭　张　旭　赵士怀
职建民　王素英

目 次

1 总则 ………………………………………… 10—6
2 术语 ………………………………………… 10—6
3 建筑与建筑热工 …………………………… 10—6
  3.1 一般规定 ……………………………… 10—6
  3.2 建筑设计 ……………………………… 10—7
  3.3 围护结构热工设计 …………………… 10—8
  3.4 围护结构热工性能的权衡判断 ……… 10—11
4 供暖通风与空气调节 ……………………… 10—12
  4.1 一般规定 ……………………………… 10—12
  4.2 冷源与热源 …………………………… 10—12
  4.3 输配系统 ……………………………… 10—16
  4.4 末端系统 ……………………………… 10—19
  4.5 监测、控制与计量 …………………… 10—19
5 给水排水 …………………………………… 10—20
  5.1 一般规定 ……………………………… 10—20
  5.2 给水与排水系统设计 ………………… 10—20
  5.3 生活热水 ……………………………… 10—21
6 电气 ………………………………………… 10—21
  6.1 一般规定 ……………………………… 10—21
  6.2 供配电系统 …………………………… 10—21
  6.3 照明 …………………………………… 10—21
  6.4 电能监测与计量 ……………………… 10—22
7 可再生能源应用 …………………………… 10—22
  7.1 一般规定 ……………………………… 10—22
  7.2 太阳能利用 …………………………… 10—22
  7.3 地源热泵系统 ………………………… 10—22
附录 A 外墙平均传热系数的计算 ………… 10—23
附录 B 围护结构热工性能的权衡
       计算 ………………………………… 10—23
附录 C 建筑围护结构热工性能权
       衡判断审核表 ……………………… 10—26
附录 D 管道与设备保温及保冷
       厚度 ………………………………… 10—27
本标准用词说明 ……………………………… 10—29
引用标准名录 ………………………………… 10—29
附：条文说明 ………………………………… 10—30

Contents

1 General Provisions .... 10—6
2 Terms .... 10—6
3 Building and Envelope Thermal Design .... 10—6
  3.1 General Requirements .... 10—6
  3.2 Architectural Design .... 10—7
  3.3 Building Envelope Thermal Design .... 10—8
  3.4 Building Envelope Thermal Performance Trade-off .... 10—11
4 Heating, Ventilation and Air Conditioning .... 10—12
  4.1 General Requirements .... 10—12
  4.2 Heating and Cooling Source .... 10—12
  4.3 Transmission and Distribution System .... 10—16
  4.4 Terminal System .... 10—19
  4.5 Monitor, Control and Measure .... 10—19
5 Water Supply and Drainage .... 10—20
  5.1 General Requirements .... 10—20
  5.2 Water Supply and Drainage System .... 10—20
  5.3 Service Water Heating .... 10—21
6 Electric .... 10—21
  6.1 General Requirements .... 10—21
  6.2 Power Supply and Distribution System .... 10—21
  6.3 Lighting .... 10—21
  6.4 Electric Power Supervision and Measure .... 10—22
7 Renewable Energy Application .... 10—22
  7.1 General Requirements .... 10—22
  7.2 Solar Energy Application .... 10—22
  7.3 Ground Source Heat Pump System .... 10—22
Appendix A Calculation of Mean Heat Transfer Coefficient of Walls .... 10—23
Appendix B Building Envelope Thermal Performance Trade-off .... 10—23
Appendix C Building Envelope Thermal Performance Compliance Form .... 10—26
Appendix D Insulation Thickness of Pipes, Ducts and Equipments .... 10—27
Explanation of Wording in This Standard .... 10—29
List of Quoted Standards .... 10—29
Addition: Explanation of Provisions .... 10—30

1 总 则

1.0.1 为贯彻国家有关法律法规和方针政策,改善公共建筑的室内环境,提高能源利用效率,促进可再生能源的建筑应用,降低建筑能耗,制定本标准。

1.0.2 本标准适用于新建、扩建和改建的公共建筑节能设计。

1.0.3 公共建筑节能设计应根据当地的气候条件,在保证室内环境参数条件下,改善围护结构保温隔热性能,提高建筑设备及系统的能源利用效率,利用可再生能源,降低建筑暖通空调、给水排水及电气系统的能耗。

1.0.4 当建筑高度超过150m或单栋建筑地上建筑面积大于200000m²时,除应符合本标准的各项规定外,还应组织专家对其节能设计进行专项论证。

1.0.5 施工图设计文件中应说明该工程项目采取的节能措施,并宜说明其使用要求。

1.0.6 公共建筑节能设计除应符合本标准的规定外,尚应符合国家现行有关标准的规定。

2 术 语

2.0.1 透光幕墙 transparent curtain wall

可见光可直接透射入室内的幕墙。

2.0.2 建筑体形系数 shape factor

建筑物与室外空气直接接触的外表面积与其所包围的体积的比值,外表面积不包括地面和不供暖楼梯间内墙的面积。

2.0.3 单一立面窗墙面积比 single facade window to wall ratio

建筑某一个立面的窗户洞口面积与该立面的总面积之比,简称窗墙面积比。

2.0.4 太阳得热系数(SHGC) solar heat gain coefficient

通过透光围护结构(门窗或透光幕墙)的太阳辐射室内得热量与投射到透光围护结构(门窗或透光幕墙)外表面上的太阳辐射量的比值。太阳辐射室内得热量包括太阳辐射通过辐射透射的得热量和太阳辐射被构件吸收再传入室内的得热量两部分。

2.0.5 可见光透射比 visible transmittance

透过透光材料的可见光光通量与投射在其表面上的可见光光通量之比。

2.0.6 围护结构热工性能权衡判断 building envelope thermal performance trade-off

当建筑设计不能完全满足围护结构热工设计规定指标要求时,计算并比较参照建筑和设计建筑的全年供暖和空气调节能耗,判定围护结构的总体热工性能是否符合节能设计要求的方法,简称权衡判断。

2.0.7 参照建筑 reference building

进行围护结构热工性能权衡判断时,作为计算满足标准要求的全年供暖和空气调节能耗用的基准建筑。

2.0.8 综合部分负荷性能系数(IPLV) integrated part load value

基于机组部分负荷时的性能系数值,按机组在各种负荷条件下的累积负荷百分比进行加权计算获得的表示空气调节用冷水机组部分负荷效率的单一数值。

2.0.9 集中供暖系统耗电输热比(EHR-h) electricity consumption to transferred heat quantity ratio

设计工况下,集中供暖系统循环水泵总功耗(kW)与设计热负荷(kW)的比值。

2.0.10 空调冷(热)水系统耗电输冷(热)比 [$EC(H)R\text{-}a$] electricity consumption to transferred cooling (heat) quantity ratio

设计工况下,空调冷(热)水系统循环水泵总功耗(kW)与设计冷(热)负荷(kW)的比值。

2.0.11 电冷源综合制冷性能系数(SCOP) system coefficient of refrigeration performance

设计工况下,电驱动的制冷系统的制冷量与制冷机、冷却水泵及冷却塔净输入能量之比。

2.0.12 风道系统单位风量耗功率(W_s) energy consumption per unit air volume of air duct system

设计工况下,空调、通风的风道系统输送单位风量(m³/h)所消耗的电功率(W)。

3 建筑与建筑热工

3.1 一般规定

3.1.1 公共建筑分类应符合下列规定:

1 单栋建筑面积大于300m²的建筑,或单栋建筑面积小于或等于300m²但总建筑面积大于1000m²的建筑群,应为甲类公共建筑;

2 单栋建筑面积小于或等于300m²的建筑,应为乙类公共建筑。

3.1.2 代表城市的建筑热工设计分区应按表3.1.2确定。

表3.1.2 代表城市建筑热工设计分区

气候分区及气候子区		代表城市
严寒地区	严寒A区	博克图、伊春、呼玛、海拉尔、满洲里、阿尔山、玛多、黑河、嫩江、海伦、齐齐哈尔、富锦、哈尔滨、牡丹江、大庆、安达、佳木斯、二连浩特、多伦、大柴旦、阿勒泰、那曲
	严寒B区	

续表3.1.2

气候分区及气候子区		代表城市
严寒地区	严寒C区	长春、通化、延吉、通辽、四平、抚顺、阜新、沈阳、本溪、鞍山、呼和浩特、包头、鄂尔多斯、赤峰、额济纳旗、大同、乌鲁木齐、克拉玛依、酒泉、西宁、日喀则、甘孜、康定
寒冷地区	寒冷A区	丹东、大连、张家口、承德、唐山、青岛、洛阳、太原、阳泉、晋城、天水、榆林、延安、宝鸡、银川、平凉、兰州、喀什、伊宁、阿坝、拉萨、林芝、北京、天津、石家庄、保定、邢台、济南、德州、兖州、郑州、安阳、徐州、运城、西安、咸阳、吐鲁番、库尔勒、哈密
	寒冷B区	
夏热冬冷地区	夏热冬冷A区	南京、蚌埠、盐城、南通、合肥、安庆、九江、武汉、黄石、岳阳、汉中、安康、上海、杭州、宁波、温州、宜昌、长沙、南昌、株洲、永州、赣州、韶关、桂林、重庆、达县、万州、涪陵、南充、宜宾、成都、遵义、凯里、绵阳、南平
	夏热冬冷B区	
夏热冬暖地区	夏热冬暖A区	福州、莆田、龙岩、梅州、兴宁、英德、河池、柳州、贺州、泉州、厦门、广州、深圳、湛江、汕头、南宁、北海、梧州、海口、三亚
	夏热冬暖B区	
温和地区	温和A区	昆明、贵阳、丽江、会泽、腾冲、保山、大理、楚雄、曲靖、泸西、屏边、广南、兴义、独山
	温和B区	瑞丽、耿马、临沧、澜沧、思茅、江城、蒙自

3.1.3 建筑群的总体规划应考虑减轻热岛效应。建筑的总体规划和总平面设计应有利于自然通风和冬季日照。建筑的主朝向宜选择本地区最佳朝向或适宜朝向,且宜避开冬季主导风向。

3.1.4 建筑设计应遵循被动节能措施优先的原则,充分利用天然采光、自然通风,结合围护结构保温隔热和遮阳措施,降低建筑的用能需求。

3.1.5 建筑体形宜规整紧凑,避免过多的凹凸变化。

3.1.6 建筑总平面设计及平面布置应合理确定能源设备机房的位置,缩短能源供应输送距离。同一公共建筑的冷热源机房宜位于或靠近冷热负荷中心位置集中设置。

3.2 建筑设计

3.2.1 严寒和寒冷地区公共建筑体形系数应符合表3.2.1的规定。

表3.2.1 严寒和寒冷地区公共建筑体形系数

单栋建筑面积A(m²)	建筑体形系数
300<A≤800	≤0.50
A>800	≤0.40

3.2.2 严寒地区甲类公共建筑各单一立面窗墙面积比(包括透光幕墙)均不宜大于0.60;其他地区甲类公共建筑各单一立面窗墙面积比(包括透光幕墙)均不宜大于0.70。

3.2.3 单一立面窗墙面积比的计算应符合下列规定:
    1 凸凹立面朝向应按其所在立面的朝向计算;
    2 楼梯间和电梯间的外墙和外窗均应参与计算;
    3 外凸窗的顶部、底部和侧墙的面积不应计入外墙面积;
    4 当外墙上的外窗、顶部和侧面为不透光构造的凸窗时,窗面积应按窗洞口面积计算;当凸窗顶部和侧面透光时,外凸窗面积应按透光部分实际面积计算。

3.2.4 甲类公共建筑单一立面窗墙面积比小于0.40时,透光材料的可见光透射比不应小于0.60;甲类公共建筑单一立面窗墙面积比大于等于0.40时,透光材料的可见光透射比不应小于0.40。

3.2.5 夏热冬暖、夏热冬冷、温和地区的建筑各朝向外窗(包括透光幕墙)均应采取遮阳措施;寒冷地区的建筑宜采取遮阳措施。当设置外遮阳时应符合下列规定:
    1 东西向宜设置活动外遮阳,南向宜设置水平外遮阳;
    2 建筑外遮阳装置应兼顾通风及冬季日照。

3.2.6 建筑立面朝向的划分应符合下列规定:
    1 北向应为北偏西60°至北偏东60°;
    2 南向应为南偏西30°至南偏东30°;
    3 西向应为西偏北30°至西偏南60°(包括西偏北30°和西偏南60°);
    4 东向应为东偏北30°至东偏南60°(包括东偏北30°和东偏南60°)。

3.2.7 甲类公共建筑的屋顶透光部分面积不应大于屋顶总面积的20%。当不能满足本条的规定时,必须按本标准规定的方法进行权衡判断。

3.2.8 单一立面外窗(包括透光幕墙)的有效通风换气面积应符合下列规定:
    1 甲类公共建筑外窗(包括透光幕墙)应设可开启窗扇,其有效通风换气面积不宜小于所在房间外墙面积的10%;当透光幕墙受条件限制无法设置可开启窗扇时，应设置通风换气装置。

　　2 乙类公共建筑外窗有效通风换气面积不宜小于窗面积的30%。

3.2.9 外窗（包括透光幕墙）的有效通风换气面积应为开启扇面积和窗开启后的空气流通界面面积的较小值。

3.2.10 严寒地区建筑的外门应设置门斗；寒冷地区建筑面向冬季主导风向的外门应设置门斗或双层外门，其他外门宜设置门斗或应采取其他减少冷风渗透的措施；夏热冬冷、夏热冬暖和温和地区建筑的外门应采取保温隔热措施。

3.2.11 建筑中庭应充分利用自然通风降温，并可设置机械排风装置加强自然补风。

3.2.12 建筑设计应充分利用天然采光。天然采光不能满足照明要求的场所，宜采用导光、反光等装置将自然光引入室内。

3.2.13 人员长期停留房间的内表面可见光反射比宜符合表3.2.13的规定。

表3.2.13　人员长期停留房间的内表面可见光反射比

房间内表面位置	可见光反射比
顶棚	0.7～0.9
墙面	0.5～0.8
地面	0.3～0.5

3.2.14 电梯应具备节能运行功能。两台及以上电梯集中排列时，应设置群控措施。电梯应具备无外部召唤且轿厢内一段时间无预置指令时，自动转为节能运行模式的功能。

3.2.15 自动扶梯、自动人行步道应具备空载时暂停或低速运转的功能。

3.3　围护结构热工设计

3.3.1 根据建筑热工设计的气候分区，甲类公共建筑的围护结构热工性能应分别符合表3.3.1-1～表3.3.1-6的规定。当不能满足本条的规定时，必须按本标准规定的方法进行权衡判断。

表3.3.1-1　严寒A、B区甲类公共建筑围护结构热工性能限值

围护结构部位	体形系数≤0.30	0.30<体形系数≤0.50
	传热系数 K [W/(m²·K)]	
屋面	≤0.28	≤0.25
外墙（包括非透光幕墙）	≤0.38	≤0.35
底面接触室外空气的架空或外挑楼板	≤0.38	≤0.35
地下车库与供暖房间之间的楼板	≤0.50	≤0.50
非供暖楼梯间与供暖房间之间的隔墙	≤1.2	≤1.2

续表3.3.1-1

围护结构部位		体形系数≤0.30	0.30<体形系数≤0.50
		传热系数 K [W/(m²·K)]	
单一立面外窗（包括透光幕墙）	窗墙面积比≤0.20	≤2.7	≤2.5
	0.20<窗墙面积比≤0.30	≤2.5	≤2.3
	0.30<窗墙面积比≤0.40	≤2.2	≤2.0
	0.40<窗墙面积比≤0.50	≤1.9	≤1.7
	0.50<窗墙面积比≤0.60	≤1.6	≤1.4
	0.60<窗墙面积比≤0.70	≤1.5	≤1.4
	0.70<窗墙面积比≤0.80	≤1.4	≤1.3
	窗墙面积比>0.80	≤1.3	≤1.2
屋顶透光部分（屋顶透光部分面积≤20%）		≤2.2	
围护结构部位		保温材料层热阻 R [(m²·K)/W]	
周边地面		≥1.1	
供暖地下室与土壤接触的外墙		≥1.1	
变形缝（两侧墙内保温时）		≥1.2	

表3.3.1-2　严寒C区甲类公共建筑围护结构热工性能限值

围护结构部位		体形系数≤0.30	0.30<体形系数≤0.50
		传热系数 K [W/(m²·K)]	
屋面		≤0.35	≤0.28
外墙（包括非透光幕墙）		≤0.43	≤0.38
底面接触室外空气的架空或外挑楼板		≤0.43	≤0.38
地下车库与供暖房间之间的楼板		≤0.70	≤0.70
非供暖楼梯间与供暖房间之间的隔墙		≤1.5	≤1.5
单一立面外窗（包括透光幕墙）	窗墙面积比≤0.20	≤2.9	≤2.7
	0.20<窗墙面积比≤0.30	≤2.6	≤2.4
	0.30<窗墙面积比≤0.40	≤2.3	≤2.1
	0.40<窗墙面积比≤0.50	≤2.0	≤1.7
	0.50<窗墙面积比≤0.60	≤1.7	≤1.5
	0.60<窗墙面积比≤0.70	≤1.7	≤1.5
	0.70<窗墙面积比≤0.80	≤1.5	≤1.4
	窗墙面积比>0.80	≤1.4	≤1.3
屋顶透光部分（屋顶透光部分面积≤20%）		≤2.3	
围护结构部位		保温材料层热阻 R [(m²·K)/W]	
周边地面		≥1.1	
供暖地下室与土壤接触的外墙		≥1.1	
变形缝（两侧墙内保温时）		≥1.2	

表 3.3.1-3 寒冷地区甲类公共建筑围护结构热工性能限值

围护结构部位		体形系数≤0.30		0.30＜体形系数≤0.50	
		传热系数 $K[W/(m^2·K)]$	太阳得热系数SHGC（东、南、西向/北向）	传热系数 $K[W/(m^2·K)]$	太阳得热系数SHGC（东、南、西向/北向）
屋面		≤0.45	—	≤0.40	—
外墙（包括非透光幕墙）		≤0.50	—	≤0.45	—
底面接触室外空气的架空或外挑楼板		≤0.50	—	≤0.45	—
地下车库与供暖房间之间的楼板		≤1.0	—	≤1.0	—
非供暖楼梯间与供暖房间之间的隔墙		≤1.5	—	≤1.5	—
单一立面外窗（包括透光幕墙）	窗墙面积比≤0.20	≤3.0	—	≤2.8	—
	0.20＜窗墙面积比≤0.30	≤2.7	≤0.52/—	≤2.5	≤0.52/—
	0.30＜窗墙面积比≤0.40	≤2.4	≤0.48/—	≤2.2	≤0.48/—
	0.40＜窗墙面积比≤0.50	≤2.2	≤0.43/—	≤1.9	≤0.43/—
	0.50＜窗墙面积比≤0.60	≤2.0	≤0.40/—	≤1.7	≤0.40/—
	0.60＜窗墙面积比≤0.70	≤1.9	≤0.35/0.60	≤1.7	≤0.35/0.60
	0.70＜窗墙面积比≤0.80	≤1.6	≤0.35/0.52	≤1.5	≤0.35/0.52
	窗墙面积比＞0.80	≤1.5	≤0.30/0.52	≤1.4	≤0.30/0.52
屋顶透光部分（屋顶透光部分面积≤20%）		≤2.4	≤0.44	≤2.4	≤0.35

围护结构部位	保温材料层热阻 $R[(m^2·K)/W]$
周边地面	≥0.60
供暖、空调地下室外墙（与土壤接触的墙）	≥0.60
变形缝（两侧墙内保温时）	≥0.90

表 3.3.1-4 夏热冬冷地区甲类公共建筑围护结构热工性能限值

围护结构部位		传热系数 $K[W/(m^2·K)]$	太阳得热系数SHGC（东、南、西向/北向）
屋面	围护结构热惰性指标 D≤2.5	≤0.40	—
	围护结构热惰性指标 D＞2.5	≤0.50	—
外墙（包括非透光幕墙）	围护结构热惰性指标 D≤2.5	≤0.60	—
	围护结构热惰性指标 D＞2.5	≤0.80	—
底面接触室外空气的架空或外挑楼板		≤0.70	—
单一立面外窗（包括透光幕墙）	窗墙面积比≤0.20	≤3.5	—
	0.20＜窗墙面积比≤0.30	≤3.0	≤0.44/0.48
	0.30＜窗墙面积比≤0.40	≤2.6	≤0.40/0.44
	0.40＜窗墙面积比≤0.50	≤2.4	≤0.35/0.40
	0.50＜窗墙面积比≤0.60	≤2.2	≤0.35/0.40
	0.60＜窗墙面积比≤0.70	≤2.2	≤0.30/0.35
	0.70＜窗墙面积比≤0.80	≤2.0	≤0.26/0.35
	窗墙面积比＞0.80	≤1.8	≤0.24/0.30
屋顶透明部分（屋顶透明部分面积≤20%）		≤2.6	≤0.30

表 3.3.1-5 夏热冬暖地区甲类公共建筑围护结构热工性能限值

围护结构部位		传热系数 K [W/(m²·K)]	太阳得热系数 SHGC (东、南、西向/北向)
屋面	围护结构热惰性指标 D≤2.5	≤0.50	—
	围护结构热惰性指标 D>2.5	≤0.80	—
外墙(包括非透光幕墙)	围护结构热惰性指标 D≤2.5	≤0.80	—
	围护结构热惰性指标 D>2.5	≤1.5	—
底面接触室外空气的架空或外挑楼板		≤1.5	—
单一立面外窗(包括透光幕墙)	窗墙面积比≤0.20	≤5.2	≤0.52/—
	0.20<窗墙面积比≤0.30	≤4.0	≤0.44/0.52
	0.30<窗墙面积比≤0.40	≤3.0	≤0.35/0.44
	0.40<窗墙面积比≤0.50	≤2.7	≤0.35/0.40
	0.50<窗墙面积比≤0.60	≤2.5	≤0.26/0.35
	0.60<窗墙面积比≤0.70	≤2.5	≤0.24/0.30
	0.70<窗墙面积比≤0.80	≤2.5	≤0.22/0.26
	窗墙面积比>0.80	≤2.0	≤0.18/0.26
屋顶透光部分(屋顶透光部分面积≤20%)		≤3.0	≤0.30

表 3.3.1-6 温和地区甲类公共建筑围护结构热工性能限值

围护结构部位		传热系数 K [W/(m²·K)]	太阳得热系数 SHGC (东、南、西向/北向)
屋面	围护结构热惰性指标 D≤2.5	≤0.50	—
	围护结构热惰性指标 D>2.5	≤0.80	—
外墙(包括非透光幕墙)	围护结构热惰性指标 D≤2.5	≤0.80	—
	围护结构热惰性指标 D>2.5	≤1.5	—
单一立面外窗(包括透光幕墙)	窗墙面积比≤0.20	≤5.2	—
	0.20<窗墙面积比≤0.30	≤4.0	≤0.44/0.48
	0.30<窗墙面积比≤0.40	≤3.0	≤0.40/0.44
	0.40<窗墙面积比≤0.50	≤2.7	≤0.35/0.40
	0.50<窗墙面积比≤0.60	≤2.5	≤0.35/0.40
	0.60<窗墙面积比≤0.70	≤2.5	≤0.30/0.35
	0.70<窗墙面积比≤0.80	≤2.5	≤0.26/0.35
	窗墙面积比>0.80	≤2.0	≤0.24/0.30
屋顶透光部分(屋顶透光部分面积≤20%)		≤3.0	≤0.30

注：传热系数 K 只适用于温和 A 区，温和 B 区的传热系数 K 不作要求。

3.3.2 乙类公共建筑的围护结构热工性能应符合表 3.3.2-1 和表 3.3.2-2 的规定。

表 3.3.2-1 乙类公共建筑屋面、外墙、楼板热工性能限值

围护结构部位	传热系数 K[W/(m²·K)]				
	严寒 A、B 区	严寒 C 区	寒冷地区	夏热冬冷地区	夏热冬暖地区
屋面	≤0.35	≤0.45	≤0.55	≤0.70	≤0.90
外墙(包括非透光幕墙)	≤0.45	≤0.50	≤0.60	≤1.0	≤1.5

续表 3.3.2-1

围护结构部位	传热系数 $K[W/(m^2 \cdot K)]$				
	严寒A、B区	严寒C区	寒冷地区	夏热冬冷地区	夏热冬暖地区
底面接触室外空气的架空或外挑楼板	≤0.45	≤0.50	≤0.60	≤1.0	—
地下车库和供暖房间与之间的楼板	≤0.50	≤0.70	≤1.0		

表 3.3.2-2 乙类公共建筑外窗(包括透光幕墙)热工性能限值

围护结构部位	传热系数 $K[W/(m^2 \cdot K)]$					太阳得热系数 SHGC		
外窗(包括透光幕墙)	严寒A、B区	严寒C区	寒冷地区	夏热冬冷地区	夏热冬暖地区	寒冷地区	夏热冬冷地区	夏热冬暖地区
单一立面外窗（包括透光幕墙）	≤2.0	≤2.2	≤2.5	≤3.0	≤4.0	—	≤0.52	≤0.48
屋顶透光部分（屋顶透光部分面积≤20%）	≤2.0	≤2.2	≤2.5	≤3.0	≤4.0	≤0.44	≤0.35	≤0.30

3.3.3 建筑围护结构热工性能参数计算应符合下列规定：

1 外墙的传热系数应为包括结构性热桥在内的平均传热系数，平均传热系数应按本标准附录A的规定进行计算；

2 外窗（包括透光幕墙）的传热系数应按现行国家标准《民用建筑热工设计规范》GB 50176 的有关规定计算；

3 当设置外遮阳构件时，外窗（包括透光幕墙）的太阳得热系数应为外窗（包括透光幕墙）本身的太阳得热系数与外遮阳构件的遮阳系数的乘积。外窗（包括透光幕墙）本身的太阳得热系数和外遮阳构件的遮阳系数应按现行国家标准《民用建筑热工设计规范》GB 50176 的有关规定计算。

3.3.4 屋面、外墙和地下室的热桥部位的内表面温度不应低于室内空气露点温度。

3.3.5 建筑外门、外窗的气密性分级应符合国家标准《建筑外门窗气密、水密、抗风压性能分级及检测方法》GB/T 7106-2008 中第4.1.2条的规定，并应满足下列要求：

1 10层及以上建筑外窗的气密性不应低于7级；

2 10层以下建筑外窗的气密性不应低于6级；

3 严寒和寒冷地区外门的气密性不应低于4级。

3.3.6 建筑幕墙的气密性应符合国家标准《建筑幕墙》GB/T 21086-2007 中第5.1.3条的规定且不应低于3级。

3.3.7 当公共建筑入口大堂采用全玻幕墙时，全玻幕墙中非中空玻璃的面积不应超过同一立面透光面积（门窗和玻璃幕墙）的15%，且应按同一立面透光面积（含全玻幕墙面积）加权计算平均传热系数。

3.4 围护结构热工性能的权衡判断

3.4.1 进行围护结构热工性能权衡判断前，应对设计建筑的热工性能进行核查；当满足下列基本要求时，方可进行权衡判断：

1 屋面的传热系数基本要求应符合表 3.4.1-1 的规定。

表 3.4.1-1 屋面的传热系数基本要求

传热系数 K $[W/(m^2 \cdot K)]$	严寒A、B区	严寒C区	寒冷地区	夏热冬冷地区	夏热冬暖地区
	≤0.35	≤0.45	≤0.55	≤0.70	≤0.90

2 外墙（包括非透光幕墙）的传热系数基本要求应符合表 3.4.1-2 的规定。

表 3.4.1-2 外墙（包括非透光幕墙）的传热系数基本要求

传热系数 K $[W/(m^2 \cdot K)]$	严寒A、B区	严寒C区	寒冷地区	夏热冬冷地区	夏热冬暖地区
	≤0.45	≤0.50	≤0.60	≤1.0	≤1.5

3 当单一立面的窗墙面积比大于或等于0.40时，外窗（包括透光幕墙）的传热系数和综合太阳得热系数基本要求应符合表 3.4.1-3 的规定。

表 3.4.1-3　外窗（包括透光幕墙）的传热系数和太阳得热系数基本要求

气候分区	窗墙面积比	传热系数 K [W/(m²·K)]	太阳得热系数 $SHGC$
严寒A、B区	0.40＜窗墙面积比≤0.60	≤2.5	—
	窗墙面积比＞0.60	≤2.2	—
严寒C区	0.40＜窗墙面积比≤0.60	≤2.6	—
	窗墙面积比＞0.60	≤2.3	—
寒冷地区	0.40＜窗墙面积比≤0.70	≤2.7	—
	窗墙面积比＞0.70	≤2.4	—
夏热冬冷地区	0.40＜窗墙面积比≤0.70	≤3.0	≤0.44
	窗墙面积比＞0.70	≤2.6	≤0.44
夏热冬暖地区	0.40＜窗墙面积比≤0.70	≤4.0	≤0.44
	窗墙面积比＞0.70	≤3.0	≤0.44

3.4.2　建筑围护结构热工性能的权衡判断，应首先计算参照建筑在规定条件下的全年供暖和空气调节能耗，然后计算设计建筑在相同条件下的全年供暖和空气调节能耗，当设计建筑的供暖和空气调节能耗小于或等于参照建筑的供暖和空气调节能耗时，应判定围护结构的总体热工性能符合节能要求。当设计建筑的供暖和空气调节能耗大于参照建筑的供暖和空气调节能耗时，应调整设计参数重新计算，直至设计建筑的供暖和空气调节能耗不大于参照建筑的供暖和空气调节能耗。

3.4.3　参照建筑的形状、大小、朝向、窗墙面积比、内部的空间划分和使用功能应与设计建筑完全一致。当设计建筑的屋顶透光部分的面积大于本标准第3.2.7条的规定时，参照建筑的屋顶透光部分的面积应按比例缩小，使参照建筑的屋顶透光部分的面积符合本标准第3.2.7条的规定。

3.4.4　参照建筑围护结构的热工性能参数取值应按本标准第3.3.1条的规定取值。参照建筑的外墙和屋面的构造应与设计建筑一致。当本标准第3.3.1条对外窗（包括透光幕墙）太阳得热系数未作规定时，参照建筑外窗（包括透光幕墙）的太阳得热系数应与设计建筑一致。

3.4.5　建筑围护结构热工性能的权衡计算应符合本标准附录B的规定，并应按本标准附录C提供相应的原始信息和计算结果。

4　供暖通风与空气调节

4.1　一　般　规　定

4.1.1　甲类公共建筑的施工图设计阶段，必须进行热负荷计算和逐项逐时的冷负荷计算。

4.1.2　严寒A区和严寒B区的公共建筑宜设热水集中供暖系统，对于设置空气调节系统的建筑，不宜采用热风末端作为唯一的供暖方式；对于严寒C区和寒冷地区的公共建筑，供暖方式应根据建筑等级、供暖期天数、能源消耗量和运行费用等因素，经技术经济综合分析比较后确定。

4.1.3　系统冷热媒温度的选取应符合现行国家标准《民用建筑供暖通风与空气调节设计规范》GB 50736的有关规定。在经济技术合理时，冷媒温度宜高于常用设计温度，热媒温度宜低于常用设计温度。

4.1.4　当利用通风可以排除室内的余热、余湿或其他污染物时，宜采用自然通风、机械通风或复合通风的通风方式。

4.1.5　符合下列情况之一时，宜采用分散设置的空调装置或系统：

　　1　全年所需供冷、供暖时间短或采用集中供冷、供暖系统不经济；

　　2　需设空气调节的房间布置分散；

　　3　设有集中供冷、供暖系统的建筑中，使用时间和要求不同的房间；

　　4　需增设空调系统，而难以设置机房和管道的既有公共建筑。

4.1.6　采用温湿度独立控制空调系统时，应符合下列要求：

　　1　应根据气候特点，经技术经济分析论证，确定高温冷源的制备方式和新风除湿方式；

　　2　宜考虑全年对天然冷源和可再生能源的应用措施；

　　3　不宜采用再热空气处理方式。

4.1.7　使用时间不同的空气调节区不应划分在同一个定风量全空气风系统中。温度、湿度等要求不同的空气调节区不宜划分在同一个空气调节风系统中。

4.2　冷源与热源

4.2.1　供暖空调冷源与热源应根据建筑规模、用途、建设地点的能源条件、结构、价格以及国家节能减排和环保政策的相关规定，通过综合论证确定，并应符合下列规定：

　　1　有可供利用的废热或工业余热的区域，热源宜采用废热或工业余热。当废热或工业余热的温度较高、经技术经济论证合理时，冷源宜采用吸收式冷水机组。

　　2　在技术经济合理的情况下，冷、热源宜利用浅层地能、太阳能、风能等可再生能源。当采用可再生能源受到气候等原因的限制无法保证时，应设置辅助冷、热源。

　　3　不具备本条第1、2款的条件，但有城市或区域热网的地区，集中式空调系统的供热热源宜优先采用城市或区域热网。

4 不具备本条第1、2款的条件,但城市电网夏季供电充足的地区,空调系统的冷源宜采用电动压缩式机组。

5 不具备本条第1款~第4款的条件,但城市燃气供应充足的地区,宜采用燃气锅炉、燃气热水机供热或燃气吸收式冷(温)水机组供冷、供热。

6 不具备本条第1款~5款条件的地区,可采用燃煤锅炉、燃油锅炉供热,蒸汽吸收式冷水机组或燃油吸收式冷(温)水机组供冷、供热。

7 夏季室外空气设计露点温度较低的地区,宜采用间接蒸发冷却冷水机组作为空调系统的冷源。

8 天然气供应充足的地区,当建筑的电力负荷、热负荷和冷负荷能较好匹配、能充分发挥冷、热、电联产系统的能源综合利用效率且经济技术比较合理时,宜采用分布式燃气冷热电三联供系统。

9 全年进行空气调节,且各房间或区域负荷特性相差较大,需要长时间地向建筑同时供热和供冷,经技术经济比较合理时,宜采用水环热泵空调系统供冷、供热。

10 在执行分时电价、峰谷电价差较大的地区,经技术经济比较,采用低谷电能够明显起到对电网"削峰填谷"和节省运行费用时,宜采用蓄能系统供冷、供热。

11 夏热冬冷地区以及干旱缺水地区的中、小型建筑宜采用空气源热泵或土壤源地源热泵系统供冷、供热。

12 有天然地表水等资源可供利用,或者有可利用的浅层地下水且能保证100%回灌时,可采用地表水或地下水地源热泵系统供冷、供热。

13 具有多种能源的地区,可采用复合式能源供冷、供热。

4.2.2 除符合下列条件之一外,不得采用电直接加热设备作为供暖热源:

1 电力供应充足,且电力需求侧管理鼓励用电时;

2 无城市或区域集中供热,采用燃气、煤、油等燃料受到环保或消防限制,且无法利用热泵提供供暖热源的建筑;

3 以供冷为主、供暖负荷非常小,且无法利用热泵或其他方式提供供暖热源的建筑;

4 以供冷为主、供暖负荷小,无法利用热泵或其他方式提供供暖热源,但可以利用低谷电进行蓄热,且电锅炉不在用电高峰和平段时间启用的空调系统;

5 利用可再生能源发电,且其发电量能满足自身电加热用电量需求的建筑。

4.2.3 除符合下列条件之一外,不得采用电直接加热设备作为空气加湿热源:

1 电力供应充足,且电力需求侧管理鼓励用电时;

2 利用可再生能源发电,且其发电量能满足自身加湿用电量需求的建筑;

3 冬季无加湿用蒸汽源,且冬季室内相对湿度控制精度要求高的建筑。

4.2.4 锅炉供暖设计应符合下列规定:

1 单台锅炉的设计容量应以保证其有长时间较高运行效率的原则确定,实际运行负荷率不宜低于50%;

2 在保证锅炉具有长时间较高运行效率的前提下,各台锅炉的容量宜相等;

3 当供暖系统的设计回水温度小于或等于50℃时,宜采用冷凝式锅炉。

4.2.5 名义工况和规定条件下,锅炉的热效率不应低于表4.2.5的数值。

表4.2.5 名义工况和规定条件下锅炉的热效率(%)

锅炉类型及燃料种类		锅炉额定蒸发量 D (t/h) /额定热功率 Q (MW)				
		$D<1$ / $Q<0.7$	$1{\leqslant}D{\leqslant}2$ / $0.7{\leqslant}Q{\leqslant}1.4$	$2<D{\leqslant}6$ / $1.4<Q{\leqslant}4.2$	$6<D{\leqslant}8$ / $4.2<Q{\leqslant}5.6$	$8<D{\leqslant}20$ / $5.6<Q{\leqslant}14.0$	$D>20$ / $Q>14.0$
燃油燃气锅炉	重油	86			88		
	轻油	88			90		
	燃气	88			90		
层状燃烧锅炉		75	78	80		81	82
抛煤机链条炉排锅炉	Ⅲ类烟煤	—	—	—		82	83
流化床燃烧锅炉		—	—	—		84	

4.2.6 除下列情况外，不应采用蒸汽锅炉作为热源：

    1 厨房、洗衣、高温消毒以及工艺性湿度控制等必须采用蒸汽的热负荷；

    2 蒸汽热负荷在总热负荷中的比例大于70%且总热负荷不大于1.4MW。

4.2.7 集中空调系统的冷水（热泵）机组台数及单机制冷量（制热量）选择，应能适应负荷全年变化规律，满足季节及部分负荷要求。机组不宜少于两台，且同类型机组不宜超过4台；当小型工程仅设一台时，应选调节性能优良的机型，并能满足建筑最低负荷的要求。

4.2.8 电动压缩式冷水机组的总装机容量，应按本标准第4.1.1条的规定计算的空调冷负荷值直接选定，不得另作附加。在设计条件下，当机组的规格不符合计算冷负荷的要求时，所选择机组的总装机容量与计算冷负荷的比值不得大于1.1。

4.2.9 采用分布式能源站作为冷热源时，宜采用由自身发电驱动、以热电联产产生的废热为低位热源的热泵系统。

4.2.10 采用电机驱动的蒸气压缩循环冷水（热泵）机组时，其在名义制冷工况和规定条件下的性能系数（COP）应符合下列规定：

    1 水冷定频机组及风冷或蒸发冷却机组的性能系数（COP）不应低于表4.2.10的数值；

    2 水冷变频离心式机组的性能系数（COP）不应低于表4.2.10中数值的0.93倍；

    3 水冷变频螺杆式机组的性能系数（COP）不应低于表4.2.10中数值的0.95倍。

表4.2.10 名义制冷工况和规定条件下冷水（热泵）机组的制冷性能系数（COP）

类型		名义制冷量 CC (kW)	性能系数 COP (W/W)					
			严寒 A、B区	严寒 C区	温和地区	寒冷地区	夏热冬冷地区	夏热冬暖地区
水冷	活塞式/涡旋式	$CC \leq 528$	4.10	4.10	4.10	4.10	4.20	4.40
	螺杆式	$CC \leq 528$	4.60	4.70	4.70	4.70	4.80	4.90
		$528 < CC \leq 1163$	5.00	5.00	5.00	5.10	5.20	5.30
		$CC > 1163$	5.20	5.30	5.40	5.50	5.60	5.60
	离心式	$CC \leq 1163$	5.00	5.00	5.10	5.20	5.30	5.40
		$1163 < CC \leq 2110$	5.30	5.40	5.40	5.50	5.60	5.70
		$CC > 2110$	5.70	5.70	5.70	5.80	5.90	5.90
风冷或蒸发冷却	活塞式/涡旋式	$CC \leq 50$	2.60	2.60	2.60	2.60	2.70	2.80
		$CC > 50$	2.80	2.80	2.80	2.80	2.90	2.90
	螺杆式	$CC \leq 50$	2.70	2.70	2.70	2.80	2.90	2.90
		$CC > 50$	2.90	2.90	2.90	3.00	3.00	3.00

4.2.11 电机驱动的蒸气压缩循环冷水（热泵）机组的综合部分负荷性能系数（IPLV）应符合下列规定：

    1 综合部分负荷性能系数（IPLV）计算方法应符合本标准第4.2.13条的规定；

    2 水冷定频机组的综合部分负荷性能系数（IPLV）不应低于表4.2.11的数值；

    3 水冷变频离心式冷水机组的综合部分负荷性能系数（IPLV）不应低于表4.2.11中水冷离心式冷水机组限值的1.30倍；

    4 水冷变频螺杆式冷水机组的综合部分负荷性能系数（IPLV）不应低于表4.2.11中水冷螺杆式冷水机组限值的1.15倍。

表4.2.11 冷水（热泵）机组综合部分负荷性能系数（IPLV）

类型		名义制冷量 CC (kW)	综合部分负荷性能系数 $IPLV$					
			严寒 A、B区	严寒 C区	温和地区	寒冷地区	夏热冬冷地区	夏热冬暖地区
水冷	活塞式/涡旋式	$CC \leq 528$	4.90	4.90	4.90	4.90	5.05	5.25
	螺杆式	$CC \leq 528$	5.35	5.45	5.45	5.45	5.55	5.65
		$528 < CC \leq 1163$	5.75	5.75	5.75	5.85	5.90	6.00
		$CC > 1163$	5.85	5.95	6.10	6.20	6.30	6.30

续表 4.2.11

类型		名义制冷量 CC (kW)	综合部分负荷性能系数 IPLV					
			严寒 A、B区	严寒 C区	温和 地区	寒冷 地区	夏热冬 冷地区	夏热冬 暖地区
水冷	离心式	CC≤1163	5.15	5.15	5.25	5.35	5.45	5.55
		1163<CC≤2110	5.40	5.50	5.55	5.60	5.75	5.85
		CC>2110	5.95	5.95	5.95	6.10	6.20	6.20
风冷或蒸发冷却	活塞式/涡旋式	CC≤50	3.10	3.10	3.10	3.10	3.20	3.20
		CC>50	3.35	3.35	3.35	3.35	3.40	3.45
	螺杆式	CC≤50	2.90	2.90	2.90	3.00	3.10	3.10
		CC>50	3.10	3.10	3.10	3.20	3.20	3.20

4.2.12 空调系统的电冷源综合制冷性能系数（SCOP）不应低于表 4.2.12 的数值。对多台冷水机组、冷却水泵和冷却塔组成的冷水系统，应将实际参与运行的所有设备的名义制冷量和耗电功率综合统计计算，当机组类型不同时，其限值应按冷量加权的方式确定。

表 4.2.12 空调系统的电冷源综合制冷性能系数（SCOP）

类型		名义制冷量 CC (kW)	综合制冷性能系数 SCOP (W/W)					
			严寒 A、B区	严寒 C区	温和 地区	寒冷 地区	夏热冬 冷地区	夏热冬 暖地区
水冷	活塞式/涡旋式	CC≤528	3.3	3.3	3.3	3.3	3.4	3.6
	螺杆式	CC≤528	3.6	3.6	3.6	3.6	3.6	3.7
		528<CC<1163	4	4	4	4	4.1	4.1
		CC≥1163	4	4.1	4.2	4.4	4.4	4.4
	离心式	CC≤1163	4	4	4	4.4	4.4	4.4
		1163<CC<2110	4.1	4.2	4.2	4.4	4.4	4.5
		CC≥2110	4.5	4.5	4.5	4.5	4.6	4.6

4.2.13 电机驱动的蒸气压缩循环冷水（热泵）机组的综合部分负荷性能系数（IPLV）应按下式计算：

$$IPLV = 1.2\% \times A + 32.8\% \times B + 39.7\% \times C + 26.3\% \times D \quad (4.2.13)$$

式中：A——100%负荷时的性能系数（W/W），冷却水进水温度 30℃/冷凝器进气干球温度 35℃；

B——75%负荷时的性能系数（W/W），冷却水进水温度 26℃/冷凝器进气干球温度 31.5℃；

C——50%负荷时的性能系数（W/W），冷却水进水温度 23℃/冷凝器进气干球温度 28℃；

D——25%负荷时的性能系数（W/W），冷却水进水温度 19℃/冷凝器进气干球温度 24.5℃。

4.2.14 采用名义制冷量大于 7.1kW、电机驱动的单元式空气调节机、风管送风式和屋顶式空气调节机组时，其在名义制冷工况和规定条件下的能效比（EER）不应低于表 4.2.14 的数值。

表 4.2.14 名义制冷工况和规定条件下单元式空气调节机、风管送风式和屋顶式空气调节机组能效比（EER）

类型		名义制冷量 CC (kW)	能效比 EER (W/W)					
			严寒 A、B区	严寒 C区	温和 地区	寒冷 地区	夏热冬 冷地区	夏热冬 暖地区
风冷	不接风管	7.1<CC≤14.0	2.70	2.70	2.70	2.75	2.80	2.85
		CC>14.0	2.65	2.65	2.65	2.70	2.75	2.75

续表 4.2.14

类型		名义制冷量 CC (kW)	能效比 EER (W/W)					
			严寒A、B区	严寒C区	温和地区	寒冷地区	夏热冬冷地区	夏热冬暖地区
风冷	接风管	7.1<CC≤14.0	2.50	2.50	2.50	2.55	2.60	2.60
		CC>14.0	2.45	2.45	2.45	2.50	2.55	2.55
水冷	不接风管	7.1<CC≤14.0	3.40	3.45	3.45	3.50	3.55	3.55
		CC>14.0	3.25	3.30	3.30	3.35	3.40	3.45
	接风管	7.1<CC≤14.0	3.10	3.10	3.15	3.20	3.25	3.25
		CC>14.0	3.00	3.00	3.05	3.10	3.15	3.20

4.2.15 空气源热泵机组的设计应符合下列规定：

 1 具有先进可靠的融霜控制，融霜时间总和不应超过运行周期时间的20%；

 2 冬季设计工况下，冷热风机组性能系数（COP）不应小于1.8，冷热水机组性能系数（COP）不应小于2.0；

 3 冬季寒冷、潮湿的地区，当室外设计温度低于当地平衡点温度时，或当室内温度稳定性有较高要求时，应设置辅助热源；

 4 对于同时供冷、供暖的建筑，宜选用热回收式热泵机组。

4.2.16 空气源、风冷、蒸发冷却式冷水（热泵）式机组室外机的设置，应符合下列规定：

 1 应确保进风与排风通畅，在排出空气与吸入空气之间不发生明显的气流短路；

 2 应避免污浊气流的影响；

 3 噪声和排热应符合周围环境要求；

 4 应便于对室外机的换热器进行清扫。

4.2.17 采用多联式空调（热泵）机组时，其名义制冷工况和规定条件下的制冷综合性能系数 IPLV(C) 不应低于表4.2.17的数值。

表4.2.17 名义制冷工况和规定条件下多联式空调（热泵）机组制冷综合性能系数 IPLV(C)

名义制冷量 CC (kW)	制冷综合性能系数 IPLV(C)					
	严寒A、B区	严寒C区	温和地区	寒冷地区	夏热冬冷地区	夏热冬暖地区
CC≤28	3.80	3.85	3.85	3.90	4.00	4.00
28<CC≤84	3.75	3.80	3.80	3.85	3.95	3.95
CC>84	3.65	3.70	3.70	3.75	3.80	3.80

4.2.18 除具有热回收功能型或低温热泵型多联机系统外，多联机空调系统的制冷剂连接管等效长度应满足对应制冷工况下满负荷时的能效比（EER）不低于2.8的要求。

4.2.19 采用直燃型溴化锂吸收式冷（温）水机组时，其在名义工况和规定条件下的性能参数应符合表4.2.19的规定。

表4.2.19 名义工况和规定条件下直燃型溴化锂吸收式冷（温）水机组的性能参数

名义工况		性能参数	
冷（温）水进/出口温度（℃）	冷却水进/出口温度（℃）	性能系数（W/W）	
		制冷	供热
12/7（供冷）	30/35	≥1.20	—
—/60（供热）	—	—	≥0.90

4.2.20 对冬季或过渡季存在供冷需求的建筑，应充分利用新风降温；经技术经济分析合理时，可利用冷却塔提供空气调节冷水或使用具有同时制冷和制热功能的空调（热泵）产品。

4.2.21 采用蒸汽为热源，经技术经济比较合理时，应回收用汽设备产生的凝结水。凝结水回收系统应采用闭式系统。

4.2.22 对常年存在生活热水需求的建筑，当采用电动蒸汽压缩循环冷水机组时，宜采用具有冷凝热回收功能的冷水机组。

4.3 输配系统

4.3.1 集中供暖系统应采用热水作为热媒。

4.3.2 集中供暖系统的热力入口处及供水或回水管的分支管路上，应根据水力平衡要求设置水力平衡装置。

4.3.3 在选配集中供暖系统的循环水泵时，应计算集中供暖系统耗电输热比（EHR-h），并应标注在施工图的设计说明中。集中供暖系统耗电输热比应按下式计算：

$$EHR\text{-}h = 0.003096\sum(G \times H/\eta_\text{b})/Q$$
$$\leqslant A(B+\alpha\sum L)/\Delta T \quad (4.3.3)$$

式中：$EHR\text{-}h$——集中供暖系统耗电输热比；

  G——每台运行水泵的设计流量（m^3/h）；

H——每台运行水泵对应的设计扬程（mH₂O）；

η_b——每台运行水泵对应的设计工作点效率；

Q——设计热负荷（kW）；

ΔT——设计供回水温差（℃）；

A——与水泵流量有关的计算系数，按本标准表4.3.9-2选取；

B——与机房及用户的水阻力有关的计算系数，一级泵系统时B取17，二级泵系统时B取21；

$\sum L$——热力站至供暖末端（散热器或辐射供暖分集水器）供回水管道的总长度（m）；

α——与$\sum L$有关的计算系数；

当$\sum L \leqslant 400$m时，$\alpha = 0.0115$；

当400m$<\sum L<1000$m时，$\alpha = 0.003833 + 3.067/\sum L$；

当$\sum L \geqslant 1000$m时，$\alpha = 0.0069$。

4.3.4 集中供暖系统采用变流量水系统时，循环水泵宜采用变速调节控制。

4.3.5 集中空调冷、热水系统的设计应符合下列规定：

1 当建筑所有区域只要求按季节同时进行供冷和供热转换时，应采用两管制空调水系统；当建筑内一些区域的空调系统需全年供冷、其他区域仅要求按季节进行供冷和供热转换时，可采用分区两管制空调水系统；当空调水系统的供冷和供热工况转换频繁或需同时使用时，宜采用四管制空调水系统。

2 冷水水温和供回水温差要求一致且各区域管路压力损失相差不大的中小型工程，宜采用变流量一级泵系统；单台水泵功率较大时，经技术经济比较，在确保设备的适应性、控制方案和运行管理可靠的前提下，空调冷水可采用冷水机组和负荷侧均变流量的一级泵系统，且一级泵应采用调速泵。

3 系统作用半径较大、设计水流阻力较高的大型工程，空调冷水宜采用变流量二级泵系统。当各环路的设计水温一致且设计水流阻力接近时，二级泵宜集中设置；当各环路的设计水流阻力相差较大或各系统水温或温差要求不同时，宜按区域或系统分别设置二级泵，且二级泵应采用调速泵。

4 提供冷源设备集中且用户分散的区域供冷的大规模空调冷水系统，当二级泵的输送距离较远且各用户管路阻力相差较大，或者水温（温差）要求不同时，可采用多级泵系统，且二级泵等负荷侧各级泵应采用调速泵。

4.3.6 空调水系统布置和管径的选择，应减少并联环路之间压力损失的相对差额。当设计工况下并联环路之间压力损失的相对差额超过15%时，应采取水力平衡措施。

4.3.7 采用换热器加热或冷却的二次空调水系统的循环水泵宜采用变速调节。

4.3.8 除空调冷水系统和空调热水系统的设计流量、管网阻力特性及水泵工作特性相近的情况外，两管制空调水系统应分别设置冷水和热水循环泵。

4.3.9 在选配空调冷（热）水系统的循环水泵时，应计算空调冷（热）水系统耗电输冷（热）比$[EC(H)R\text{-}a]$，并应标注在施工图的设计说明中。空调冷（热）水系统耗电输冷（热）比计算应符合下列规定：

1 空调冷（热）水系统耗电输冷（热）比应按下式计算：

$$EC(H)R\text{-}a = 0.003096\sum(G \times H/\eta_b)/Q$$
$$\leqslant A(B + \alpha\sum L)/\Delta T \quad (4.3.9)$$

式中：$EC(H)R\text{-}a$——空调冷（热）水系统循环水泵的耗电输冷（热）比；

G——每台运行水泵的设计流量（m³/h）；

H——每台运行水泵对应的设计扬程（mH₂O）；

η_b——每台运行水泵对应的设计工作点效率；

Q——设计冷（热）负荷（kW）；

ΔT——规定的计算供回水温差（℃），按表4.3.9-1选取；

A——与水泵流量有关的计算系数，按表4.3.9-2选取；

B——与机房及用户的水阻力有关的计算系数，按表4.3.9-3选取；

α——与$\sum L$有关的计算系数，按表4.3.9-4或表4.3.9-5选取；

$\sum L$——从冷热机房出口至该系统最远用户供回水管道的总输送长度（m）。

表 4.3.9-1 ΔT 值（℃）

冷水系统	热水系统			
	严寒	寒冷	夏热冬冷	夏热冬暖
5	15	15	10	5

表 4.3.9-2 A 值

设计水泵流量 G	$G \leqslant 60$m³/h	60m³/h$<G \leqslant 200$m³/h	$G > 200$m³/h
A 值	0.004225	0.003858	0.003749

表4.3.9-3 B值

系统组成		四管制单冷、单热管道B值	两管制热水管道B值
一级泵	冷水系统	28	—
	热水系统	22	21
二级泵	冷水系统	33	—
	热水系统	27	25

表4.3.9-4 四管制冷、热水管道系统的α值

系统	管道长度ΣL范围（m）		
	ΣL≤400m	400m<ΣL<1000m	ΣL≥1000m
冷水	α=0.02	α=0.016+1.6/ΣL	α=0.013+4.6/ΣL
热水	α=0.014	α=0.0125+0.6/ΣL	α=0.009+4.1/ΣL

表4.3.9-5 两管制热水管道系统的α值

系统	地区	管道长度ΣL范围（m）		
		ΣL≤400m	400m<ΣL<1000m	ΣL≥1000m
热水	严寒	α=0.009	α=0.0072+0.72/ΣL	α=0.0059+2.02/ΣL
	寒冷			
	夏热冬冷	α=0.0024	α=0.002+0.16/ΣL	α=0.0016+0.56/ΣL
	夏热冬暖	α=0.0032	α=0.0026+0.24/ΣL	α=0.0021+0.74/ΣL
冷水		α=0.02	α=0.016+1.6/ΣL	α=0.013+4.6/ΣL

2 空调冷（热）水系统耗电输冷（热）比计算参数应符合下列规定：

1) 空气源热泵、溴化锂机组、水源热泵等机组的热水供回水温差应按机组实际参数确定；直接提供高温冷水的机组，冷水供回水温差应按机组实际参数确定。

2) 多台水泵并联运行时，A值应按较大流量选取。

3) 两管制冷水管道的B值应按四管制单冷管道的B值选取；多级泵冷水系统，每增加一级泵，B值可增加5；多级泵热水系统，每增加一级泵，B值可增加4。

4) 两管制冷水系统α计算式应与四管制冷水系统相同。

5) 当最远用户为风机盘管时，ΣL应按机房出口至最远端风机盘管的供回水管道总长度减去100m确定。

4.3.10 当通风系统使用时间较长且运行工况（风量、风压）有较大变化时，通风机宜采用双速或变速风机。

4.3.11 设计定风量全空气空气调节系统时，宜采取实现全新风运行或可调新风比的措施，并宜设计相应的排风系统。

4.3.12 当一个空气调节风系统负担多个使用空间时，系统的新风量应按下列公式计算：

$$Y = X/(1 + X - Z) \quad (4.3.12\text{-}1)$$
$$Y = V_{ot}/V_{st} \quad (4.3.12\text{-}2)$$
$$X = V_{on}/V_{st} \quad (4.3.12\text{-}3)$$
$$Z = V_{oc}/V_{sc} \quad (4.3.12\text{-}4)$$

式中：Y——修正后的系统新风量在送风量中的比例；
V_{ot}——修正后的总新风量（m^3/h）；
V_{st}——总送风量，即系统中所有房间送风量之和（m^3/h）；
X——未修正的系统新风量在送风量中的比例；
V_{on}——系统中所有房间的新风量之和（m^3/h）；
Z——新风比需求最大的房间的新风比；
V_{oc}——新风比需求最大的房间的新风量（m^3/h）；
V_{sc}——新风比需求最大的房间的送风量（m^3/h）。

4.3.13 在人员密度相对较大且变化较大的房间，宜根据室内CO_2浓度检测值进行新风需求控制，排风量也宜适应新风量的变化以保持房间的正压。

4.3.14 当采用人工冷、热源对空气调节系统进行预热或预冷运行时，新风系统应能关闭；当室外空气温度较低时，应尽量利用新风系统进行预冷。

4.3.15 空气调节内、外区应根据室内进深、分隔、朝向、楼层以及围护结构特点等因素划分。内、外区宜分别设置空气调节系统。

4.3.16 风机盘管加新风空调系统的新风宜直接送入各空气调节区，不宜经过风机盘管机组后再送出。

4.3.17 空气过滤器的设计选择应符合下列规定：

1 空气过滤器的性能参数应符合现行国家标准《空气过滤器》GB/T 14295 的有关规定；

2 宜设置过滤器阻力监测、报警装置，并应具备更换条件；

3 全空气空气调节系统的过滤器应能满足全新风运行的需要。

4.3.18 空气调节风系统不应利用土建风道作为送风道和输送冷、热处理后的新风风道。当受条件限制利用土建风道时，应采取可靠的防漏风和绝热措施。

4.3.19 空气调节冷却水系统设计应符合下列规定：

1 应具有过滤、缓蚀、阻垢、杀菌、灭藻等水处理功能;

2 冷却塔应设置在空气流通条件好的场所;

3 冷却塔补水总管上应设置水流量计量装置;

4 当在室内设置冷却水集水箱时,冷却塔布水器与集水箱设计水位之间的高差不应超过8m。

4.3.20 空气调节系统送风温差应根据焓湿图表示的空气处理过程计算确定。空气调节系统采用上送风气流组织形式时,宜加大夏季设计送风温差,并应符合下列规定:

1 送风高度小于或等于5m时,送风温差不宜小于5℃;

2 送风高度大于5m时,送风温差不宜小于10℃。

4.3.21 在同一个空气处理系统中,不宜同时有加热和冷却过程。

4.3.22 空调风系统和通风系统的风量大于10000m³/h时,风道系统单位风量耗功率(W_s)不宜大于表4.3.22的数值。风道系统单位风量耗功率(W_s)应按下式计算:

$$W_s = P/(3600 \times \eta_{CD} \times \eta_F) \quad (4.3.22)$$

式中:W_s——风道系统单位风量耗功率[W/(m³/h)];

P——空调机组的余压或通风系统风机的风压(Pa);

η_{CD}——电机及传动效率(%),η_{CD}取0.855;

η_F——风机效率(%),按设计图中标注的效率选择。

表4.3.22 风道系统单位风量耗功率W_s[W/(m³/h)]

系统形式	W_s限值
机械通风系统	0.27
新风系统	0.24
办公建筑定风量系统	0.27
办公建筑变风量系统	0.29
商业、酒店建筑全空气系统	0.30

4.3.23 当输送冷媒温度低于其管道外环境温度且不允许冷媒温度有升高,或当输送热媒温度高于其管道外环境温度且不允许热媒温度有降低时,管道与设备应采取保温保冷措施。绝热层的设置应符合下列规定:

1 保温层厚度应按现行国家标准《设备及管道绝热设计导则》GB/T 8175中经济厚度计算方法计算;

2 供冷或冷热共用时,保冷层厚度应按现行国家标准《设备及管道绝热设计导则》GB/T 8175中经济厚度和防止表面结露的保冷层厚度方法计算,并取大值;

3 管道与设备绝热层厚度及风管绝热层最小热阻可按本标准附录D的规定选用;

4 管道和支架之间,管道穿墙、穿楼板处应采取防止"热桥"或"冷桥"的措施;

5 采用非闭孔材料保温时,外表面应设保护层;采用非闭孔材料保冷时,外表面应设隔汽层和保护层。

4.3.24 严寒和寒冷地区通风或空调系统与室外相连接的风管和设施上应设置可自动连锁关闭且密闭性能好的电动风阀,并采取密封措施。

4.3.25 设有集中排风的空调系统经技术经济比较合理时,宜设置空气-空气能量回收装置。严寒地区采用时,应对能量回收装置的排风侧是否出现结霜或结露现象进行核算。当出现结霜或结露时,应采取预热等保温防冻措施。

4.3.26 有人员长期停留且不设置集中新风、排风系统的空气调节区或空调房间,宜在各空气调节区或空调房间分别安装带热回收功能的双向换气装置。

4.4 末端系统

4.4.1 散热器宜明装;地面辐射供暖面层材料的热阻不宜大于0.05m²·K/W。

4.4.2 夏季空气调节室外计算湿球温度低、温度日较差大的地区,宜优先采用直接蒸发冷却、间接蒸发冷却或直接蒸发冷却与间接蒸发冷却相结合的二级或三级蒸发冷却的空气处理方式。

4.4.3 设计变风量全空气空气调节系统时,应采用变频自动调节风机转速的方式,并应在设计文件中标明每个变风量末端装置的最小送风量。

4.4.4 建筑空间高度大于等于10m且体积大于10000m³时,宜采用辐射供暖供冷或分层空气调节系统。

4.4.5 机电设备用房、厨房热加工间等发热量较大的房间的通风设计应满足下列要求:

1 在保证设备正常工作前提下,宜采用通风消除室内余热。机电设备用房夏季室内计算温度取值不宜低于夏季通风室外计算温度。

2 厨房热加工间宜采用补风式油烟排气罩。采用直流式空调送风的区域,夏季室内计算温度取值不宜低于夏季通风室外计算温度。

4.5 监测、控制与计量

4.5.1 集中供暖通风与空气调节系统,应进行监测与控制。建筑面积大于20000m²的公共建筑使用全空气调节系统时,宜采用直接数字控制系统。系统功能及监测控制内容应根据建筑功能、相关标准、系统类型等通过技术经济比较确定。

4.5.2 锅炉房、换热机房和制冷机房应进行能量计量,能量计量应包括下列内容:

1 燃料的消耗量;

2 制冷机的耗电量；
　　3 集中供热系统的供热量；
　　4 补水量。

4.5.3 采用区域性冷源和热源时，在每栋公共建筑的冷源和热源入口处，应设置冷量和热量计量装置。采用集中供暖空调系统时，不同使用单位或区域宜分别设置冷量和热量计量装置。

4.5.4 锅炉房和换热机房应设置供热量自动控制装置。

4.5.5 锅炉房和换热机房的控制设计应符合下列规定：
　　1 应能进行水泵与阀门等设备连锁控制；
　　2 供水温度应能根据室外温度进行调节；
　　3 供水流量应能根据末端需求进行调节；
　　4 宜能根据末端需求进行水泵台数和转速的控制；
　　5 应能根据需求供热量调节锅炉的投运台数和投入燃料量。

4.5.6 供暖空调系统应设置室温调控装置；散热器及辐射供暖系统应安装自动温度控制阀。

4.5.7 冷热源机房的控制功能应符合下列规定：
　　1 应能进行冷水（热泵）机组、水泵、阀门、冷却塔等设备的顺序启停和连锁控制；
　　2 应能进行冷水机组的台数控制，宜采用冷量优化控制方式；
　　3 应能进行水泵的台数控制，宜采用流量优化控制方式；
　　4 二级泵应能进行自动变速控制，宜根据管道压差控制转速，且压差宜能优化调节；
　　5 应能进行冷却塔风机的台数控制，宜根据室外气象参数进行变速控制；
　　6 应能进行冷却塔的自动排污控制；
　　7 宜能根据室外气象参数和末端需求进行供水温度的优化调节；
　　8 宜能按累计运行时间进行设备的轮换使用；
　　9 冷热源主机设备 3 台以上的，宜采用机组群控方式；当采用群控方式时，控制系统应与冷水机组自带控制单元建立通信连接。

4.5.8 全空气空调系统的控制应符合下列规定：
　　1 应能进行风机、风阀和水阀的启停连锁控制；
　　2 应能按使用时间进行定时启停控制，宜对启停时间进行优化调整；
　　3 采用变风量系统时，风机应采用变速控制方式；
　　4 过渡季宜采用加大新风比的控制方式；
　　5 宜根据室外气象参数优化调节室内温度设定值；
　　6 全新风系统送风末端宜采用设置人离延时关闭控制方式。

4.5.9 风机盘管应采用电动水阀和风速相结合的控制方式，宜设置常闭式电动通断阀。公共区域风机盘管的控制应符合下列规定：
　　1 应能对室内温度设定值范围进行限制；
　　2 应能按使用时间进行定时启停控制，宜对启停时间进行优化调整。

4.5.10 以排除房间余热为主的通风系统，宜根据房间温度控制通风设备运行台数或转速。

4.5.11 地下停车库风机宜采用多台并联方式或设置风机调速装置，并宜根据使用情况对通风机设置定时启停(台数)控制或根据车库内的一氧化碳浓度进行自动运行控制。

4.5.12 间歇运行的空气调节系统，宜设置自动启停控制装置。控制装置应具备按预定时间表、服务区域是否有人等模式控制设备启停的功能。

5 给水排水

5.1 一般规定

5.1.1 给水排水系统的节水设计应符合现行国家标准《建筑给水排水设计规范》GB 50015 和《民用建筑节水设计标准》GB 50555 有关规定。

5.1.2 计量水表应根据建筑类型、用水部门和管理要求等因素进行设置，并应符合现行国家标准《民用建筑节水设计标准》GB 50555 的有关规定。

5.1.3 有计量要求的水加热、换热站室，应安装热水表、热量表、蒸汽流量计或能源计量表。

5.1.4 给水泵应根据给水管网水力计算结果选型，并应保证设计工况下水泵效率处在高效区。给水泵的效率不宜低于现行国家标准《清水离心泵能效限定值及节能评价值》GB 19762 规定的泵节能评价值。

5.1.5 卫生间的卫生器具和配件应符合现行行业标准《节水型生活用水器具》CJ/T 164 的有关规定。

5.2 给水与排水系统设计

5.2.1 给水系统应充分利用城镇给水管网或小区给水管网的水压直接供水。经批准可采用叠压供水系统。

5.2.2 二次加压泵站的数量、规模、位置和泵组供水水压应根据城镇给水条件、小区规模、建筑高度、建筑的分布、使用标准、安全供水和降低能耗等因素合理确定。

5.2.3 给水系统的供水方式及竖向分区应根据建筑的用途、层数、使用要求、材料设备性能、维护管理和能耗等因素综合确定。分区压力要求应符合现行国家标准《建筑给水排水设计规范》GB 50015 和《民用建筑节水设计标准》GB 50555 的有关规定。

5.2.4 变频调速泵组应根据用水量和用水均匀性等

因素合理选择搭配水泵及调节设施,宜按供水需求自动控制水泵启动的台数,保证在高效区运行。

5.2.5 地面以上的生活污、废水排水宜采用重力流系统直接排至室外管网。

5.3 生活热水

5.3.1 集中热水供应系统的热源,宜利用余热、废热、可再生能源或空气源热泵作为热水供应热源。当最高日生活热水量大于 5m³ 时,除电力需求侧管理鼓励用电,且利用谷电加热的情况外,不应采用直接电加热热源作为集中热水供应系统的热源。

5.3.2 以燃气或燃油作为热源时,宜采用燃气或燃油机组直接制备热水。当采用锅炉制备生活热水或开水时,锅炉额定工况下热效率不应低于本标准表 4.2.5 中的限定值。

5.3.3 当采用空气源热泵热水机组制备生活热水时,制热量大于 10kW 的热泵热水机在名义制热工况和规定条件下,性能系数(COP)不宜低于表 5.3.3 的规定,并应有保证水质的有效措施。

表 5.3.3 热泵热水机性能系数(COP)(W/W)

制热量 H(kW)	热水机型式		普通型	低温型
$H \geq 10$	一次加热式		4.40	3.70
	循环加热	不提供水泵	4.40	3.70
		提供水泵	4.30	3.60

5.3.4 小区内设有集中热水供应系统的热水循环管网服务半径不宜大于 300m 且不应大于 500m。水加热、热交换站室宜设置在小区的中心位置。

5.3.5 仅设有洗手盆的建筑不宜设计集中生活热水供应系统。设有集中热水供应系统的建筑中,日热水用量设计值大于等于 5m³ 或定时供应热水的用户宜设置单独的热水循环系统。

5.3.6 集中热水供应系统的供水分区宜与用水点处的冷水分区同区,并应采取保证用水点处冷、热水供水压力平衡和保证循环管网有效循环的措施。

5.3.7 集中热水供应系统的管网及设备应采取保温措施,保温层厚度应按现行国家标准《设备及管道绝热设计导则》GB/T 8175 中经济厚度计算方法确定,也可按本标准附录 D 的规定选用。

5.3.8 集中热水供应系统的监测和控制宜符合下列规定:

 1 对系统热水耗量和系统总供热量宜进行监测;

 2 对设备运行状态宜进行检测及故障报警;

 3 对每日用水量、供水温度宜进行监测;

 4 装机数量大于等于 3 台的工程,宜采用机组群控方式。

6 电 气

6.1 一般规定

6.1.1 电气系统的设计应经济合理、高效节能。

6.1.2 电气系统宜选用技术先进、成熟、可靠,损耗低、谐波发射量少、能效高、经济合理的节能产品。

6.1.3 建筑设备监控系统的设置应符合现行国家标准《智能建筑设计标准》GB 50314 的有关规定。

6.2 供配电系统

6.2.1 电气系统的设计应根据当地供电条件,合理确定供电电压等级。

6.2.2 配变电所应靠近负荷中心、大功率用电设备。

6.2.3 变压器应选用低损耗型,且能效值不应低于现行国家标准《三相配电变压器能效限定值及能效等级》GB 20052 中能效标准的节能评价值。

6.2.4 变压器的设计宜保证其运行在经济运行参数范围内。

6.2.5 配电系统三相负荷的不平衡度不宜大于 15%。单相负荷较多的供电系统,宜采用部分分相无功自动补偿装置。

6.2.6 容量较大的用电设备,当功率因数较低且离配变电所较远时,宜采用无功功率就地补偿方式。

6.2.7 大型用电设备、大型可控硅调光设备、电动机变频调速控制装置等谐波源较大设备,宜就地设置谐波抑制装置。当建筑中非线性用电设备较多时,宜预留滤波装置的安装空间。

6.3 照 明

6.3.1 室内照明功率密度(LPD)值应符合现行国家标准《建筑照明设计标准》GB 50034 的有关规定。

6.3.2 设计选用的光源、镇流器的能效不宜低于相应能效标准的节能评价值。

6.3.3 建筑夜景照明的照明功率密度(LPD)限值应符合现行行业标准《城市夜景照明设计规范》JGJ/T 163 的有关规定。

6.3.4 光源的选择应符合下列规定:

 1 一般照明在满足照度均匀度条件下,宜选用单灯功率较大、光效较高的光源,不宜选用荧光高压汞灯,不应选用自镇流荧光高压汞灯;

 2 气体放电灯用镇流器应选用谐波含量低的产品;

 3 高大空间及室外作业场所宜选用金属卤化物灯、高压钠灯;

 4 除需满足特殊工艺要求的场所外,不应选用白炽灯;

 5 走道、楼梯间、卫生间、车库等无人长期逗留的场所，宜选用发光二极管(LED)灯；

　　6 疏散指示灯、出口标志灯、室内指向性装饰照明等宜选用发光二极管(LED)灯；

　　7 室外景观、道路照明应选择安全、高效、寿命长、稳定的光源，避免光污染。

6.3.5 灯具的选择应符合下列规定：

　　1 使用电感镇流器的气体放电灯应采用单灯补偿方式，其照明配电系统功率因数不应低于0.9；

　　2 在满足眩光限制和配光要求条件下，应选用效率高的灯具，并应符合现行国家标准《建筑照明设计标准》GB 50034 的有关规定；

　　3 灯具自带的单灯控制装置宜预留与照明控制系统的接口。

6.3.6 一般照明无法满足作业面照度要求的场所，宜采用混合照明。

6.3.7 照明设计不宜采用漫射发光顶棚。

6.3.8 照明控制应符合下列规定：

　　1 照明控制应结合建筑使用情况及天然采光状况，进行分区、分组控制；

　　2 旅馆客房应设置节电控制型总开关；

　　3 除单一灯具的房间，每个房间的灯具控制开关不宜少于2个，且每个开关所控的光源数不宜多于6盏；

　　4 走廊、楼梯间、门厅、电梯厅、卫生间、停车库等公共场所的照明，宜采用集中开关控制或就地感应控制；

　　5 大空间、多功能、多场景场所的照明，宜采用智能照明控制系统；

　　6 当设置电动遮阳装置时，照度控制宜与其联动；

　　7 建筑景观照明应设置平时、一般节日、重大节日等多种模式自动控制装置。

6.4 电能监测与计量

6.4.1 主要次级用能单位用电量大于等于10kW 或单台用电设备大于等于100kW 时，应设置电能计量装置。公共建筑宜设置用电能耗监测与计量系统，并进行能效分析和管理。

6.4.2 公共建筑应按功能区域设置电能监测与计量系统。

6.4.3 公共建筑应按照明插座、空调、电力、特殊用电分项进行电能监测与计量。办公建筑宜将照明和插座分项进行电能监测与计量。

6.4.4 冷热源系统的循环水泵耗电量宜单独计量。

7 可再生能源应用

7.1 一般规定

7.1.1 公共建筑的用能应通过对当地环境资源条件和技术经济的分析，结合国家相关政策，优先应用可再生能源。

7.1.2 公共建筑可再生能源利用设施应与主体工程同步设计。

7.1.3 当环境条件允许且经济技术合理时，宜采用太阳能、风能等可再生能源直接并网供电。

7.1.4 当公共电网无法提供照明电源时，应采用太阳能、风能等发电并配置蓄电池的方式作为照明电源。

7.1.5 可再生能源应用系统宜设置监测系统节能效益的计量装置。

7.2 太阳能利用

7.2.1 太阳能利用应遵循被动优先的原则。公共建筑设计宜充分利用太阳能。

7.2.2 公共建筑宜采用光热或光伏与建筑一体化系统；光热或光伏与建筑一体化系统不应影响建筑外围护结构的建筑功能，并应符合国家现行标准的有关规定。

7.2.3 公共建筑利用太阳能同时供热供电时，宜采用太阳能光伏光热一体化系统。

7.2.4 公共建筑设置太阳能热利用系统时，太阳能保证率应符合表7.2.4 的规定。

表 7.2.4　太阳能保证率 f (%)

太阳能资源区划	太阳能热水系统	太阳能供暖系统	太阳能空气调节系统
Ⅰ资源丰富区	≥60	≥50	≥45
Ⅱ资源较富区	≥50	≥35	≥30
Ⅲ资源一般区	≥40	≥30	≥25
Ⅳ资源贫乏区	≥30	≥25	≥20

7.2.5 太阳能热利用系统的辅助热源应根据建筑使用特点、用热量、能源供应、维护管理及卫生防菌等因素选择，并宜利用废热、余热等低品位能源和生物质、地热等其他可再生能源。

7.2.6 太阳能集热器和光伏组件的设置应避免受自身或建筑本体的遮挡。在冬至日采光面上的日照时数，太阳能集热器不应少于4h，光伏组件不宜少于3h。

7.3 地源热泵系统

7.3.1 公共建筑地源热泵系统设计时，应进行全年动态负荷与系统取热量、释热量计算分析，确定地热能交换系统，并宜采用复合热交换系统。

7.3.2 地源热泵系统设计应选用高能效水源热泵机组，并宜采取降低循环水泵输送能耗等节能措施，提高地源热泵系统的能效。

7.3.3 水源热泵机组性能应满足地热能交换系统运行参数的要求，末端供暖供冷设备选择应与水源热泵机组运行参数相匹配。

7.3.4 有稳定热水需求的公共建筑,宜根据负荷特点,采用部分或全部热回收型水源热泵机组。全年供热水时,应选用全部热回收型水源热泵机组或水源热水机组。

附录A 外墙平均传热系数的计算

A.0.1 外墙平均传热系数应按现行国家标准《民用建筑热工设计规范》GB 50176的有关规定进行计算。

A.0.2 对于一般建筑,外墙平均传热系数也可按下式计算:

$$K = \varphi K_P \quad (A.0.2)$$

式中:K——外墙平均传热系数[$W/(m^2 \cdot K)$];
K_P——外墙主体部位传热系数[$W/(m^2 \cdot K)$];
φ——外墙主体部位传热系数的修正系数。

A.0.3 外墙主体部位传热系数的修正系数 φ 可按表A.0.3取值。

表A.0.3 外墙主体部位传热系数的修正系数 φ

气候分区	外保温	夹心保温(自保温)	内保温
严寒地区	1.30	—	—
寒冷地区	1.20	1.25	—
夏热冬冷地区	1.10	1.20	1.20
夏热冬暖地区	1.00	1.05	1.05

附录B 围护结构热工性能的权衡计算

B.0.1 建筑围护结构热工性能权衡判断应采用能自动生成符合本标准要求的参照建筑计算模型的专用计算软件,软件应具有下列功能:
1 全年8760h逐时负荷计算;
2 分别逐时设置工作日和节假日室内人员数量、照明功率、设备功率、室内温度、供暖和空调系统运行时间;
3 考虑建筑围护结构的蓄热性能;
4 计算10个以上建筑分区;
5 直接生成建筑围护结构热工性能权衡判断计算报告。

B.0.2 建筑围护结构热工性能权衡判断应以参照建筑与设计建筑的供暖和空气调节总耗电量作为其能耗判断的依据。参照建筑与设计建筑的供暖耗煤量和耗气量应折算为耗电量。

B.0.3 参照建筑与设计建筑的空气调节和供暖能耗应采用同一软件计算,气象参数均应采用典型气象年数据。

B.0.4 计算设计建筑全年累计耗冷量和累计耗热量时,应符合下列规定:
1 建筑的形状、大小、朝向、内部的空间划分和使用功能、建筑构造尺寸、建筑围护结构传热系数、做法、外窗(包括透光幕墙)太阳得热系数、窗墙面积比、屋面开窗面积应与建筑设计文件一致;
2 建筑空气调节和供暖应按全年运行的两管制风机盘管系统设置。建筑功能区除设计文件明确为非空调区外,均应按设置供暖和空气调节计算;
3 建筑的空气调节和供暖系统运行时间、室内温度、照明功率密度值及开关时间、房间人均占有的使用面积及在室率、人员新风量及新风机组运行时间表、电气设备功率密度及使用率应按表B.0.4-1~表B.0.4-10设置。

表B.0.4-1 空气调节和供暖系统的日运行时间

类别	系统工作时间	
办公建筑	工作日	7:00~18:00
	节假日	—
宾馆建筑	全年	1:00~24:00
商场建筑	全年	8:00~21:00
医疗建筑-门诊楼	全年	8:00~21:00
学校建筑-教学楼	工作日	7:00~18:00
	节假日	—

表B.0.4-2 供暖空调区室内温度(℃)

建筑类别	运行时段	运行模式	下列计算时刻(h)供暖空调区室内设定温度(℃)											
			1	2	3	4	5	6	7	8	9	10	11	12
办公建筑、教学楼	工作日	空调	37	37	37	37	37	37	37	28	26	26	26	26
		供暖	5	5	5	5	5	5	12	18	20	20	20	20
	节假日	空调	37	37	37	37	37	37	37	37	37	37	37	37
		供暖	5	5	5	5	5	5	5	5	5	5	5	5
宾馆建筑、住院部	全年	空调	25	25	25	25	25	25	25	25	25	25	25	25
		供暖	22	22	22	22	22	22	22	22	22	22	22	22
商场建筑、门诊楼	全年	空调	37	37	37	37	37	37	37	28	26	26	26	25
		供暖	5	5	5	5	5	5	5	12	18	18	18	18

建筑类别	运行时段	运行模式	下列计算时刻(h)供暖空调区室内设定温度(℃)											
			13	14	15	16	17	18	19	20	21	22	23	24
办公建筑、教学楼	工作日	空调	26	26	26	26	26	26	37	37	37	37	37	37
		供暖	20	20	20	20	20	18	12	5	5	5	5	5
	节假日	空调	37	37	37	37	37	37	37	37	37	37	37	37
		供暖	5	5	5	5	5	5	5	5	5	5	5	5

续表 B.0.4-2

建筑类别	运行时段	运行模式	下列计算时刻(h)供暖空调区室内设定温度(℃)											
			13	14	15	16	17	18	19	20	21	22	23	24
宾馆建筑、住院部	全年	空调	25	25	25	25	25	25	25	25	25	25	25	25
		供暖	22	22	22	22	22	22	22	22	22	22	22	22
商场建筑、门诊楼	全年	空调	25	25	25	25	25	25	37	37	37	37		
		供暖	18	18	18	18	18	18	12	5	5	5		

表 B.0.4-3 照明功率密度值(W/m²)

建筑类别	照明功率密度
办公建筑	9.0
宾馆建筑	7.0
商场建筑	10.0
医院建筑-门诊楼	9.0
学校建筑-教学楼	9.0

表 B.0.4-4 照明开关时间(%)

建筑类别	运行时段	下列计算时刻(h)照明开关时间(%)											
		1	2	3	4	5	6	7	8	9	10	11	12
办公建筑、教学楼	工作日	0	0	0	0	0	0	0	10	50	95	95	80
	节假日	0	0	0	0	0	0	0	0	0	0	0	0
宾馆建筑、住院部	全年	10	10	10	10	10	10	30	30	30	30	30	30
商场建筑、门诊楼	全年	10	10	10	10	10	10	10	50	60	60	60	60

建筑类别	运行时段	下列计算时刻(h)照明开关时间(%)											
		13	14	15	16	17	18	19	20	21	22	23	24
办公建筑、教学楼	工作日	80	95	95	95	80	30	0	0	0	0	0	0
	节假日	0	0	0	0	0	0	0	0	0	0	0	0
宾馆建筑、住院部	全年	30	30	30	50	50	60	90	90	80	20	10	10
商场建筑、门诊楼	全年	60	60	60	60	80	90	100	100	100	10	10	10

表 B.0.4-5 不同类型房间人均占有的建筑面积(m²/人)

建筑类别	人均占有的建筑面积
办公建筑	10
宾馆建筑	25
商场建筑	8
医院建筑-门诊楼	8
学校建筑-教学楼	6

表 B.0.4-6 房间人员逐时在室率(%)

建筑类别	运行时段	下列计算时刻(h)房间人员逐时在室率(%)											
		1	2	3	4	5	6	7	8	9	10	11	12
办公建筑、教学楼	工作日	0	0	0	0	0	0	0	10	50	95	95	80
	节假日	0	0	0	0	0	0	0	0	0	0	0	0
宾馆建筑、住院部	全年	70	70	70	70	70	70	70	70	50	50	50	50
	全年	95	95	95	95	95	95	95	95	95	95	95	95
商场建筑、门诊楼	全年	0	0	0	0	0	0	0	20	50	80	80	80
	全年	0	0	0	0	0	0	0	20	50	95	80	40

建筑类别	运行时段	下列计算时刻(h)房间人员逐时在室率(%)											
		13	14	15	16	17	18	19	20	21	22	23	24
办公建筑、教学楼	工作日	80	95	95	95	80	30	30	0	0	0	0	0
	节假日	0	0	0	0	0	0	0	0	0	0	0	0
宾馆建筑、住院部	全年	50	50	50	50	50	70	70	70	70	70	70	70
	全年	95	95	95	95	95	95	95	95	95	95	95	95
商场建筑、门诊楼	全年	80	80	80	80	80	80	70	50	0	0	0	0
	全年	20	50	60	20	20	0	0	0	0	0	0	0

表 B.0.4-7 不同类型房间的人均新风量 [m³/(h·人)]

建筑类别	新风量
办公建筑	30
宾馆建筑	30
商场建筑	30
医院建筑-门诊楼	30
学校建筑-教学楼	30

表 B.0.4-8 新风运行情况
(1表示新风开启,0表示新风关闭)

建筑类别	运行时段	下列计算时刻(h)新风运行情况											
		1	2	3	4	5	6	7	8	9	10	11	12
办公建筑、教学楼	工作日	0	0	0	0	0	0	0	1	1	1	1	1
	节假日	0	0	0	0	0	0	0	0	0	0	0	0
宾馆建筑、住院部	全年	1	1	1	1	1	1	1	1	1	1	1	1
	全年	1	1	1	1	1	1	1	1	1	1	1	1
商场建筑、门诊楼	全年	0	0	0	0	0	0	0	0	1	1	1	1
	全年	0	0	0	0	0	0	0	0	1	1	1	1

建筑类别	运行时段	下列计算时刻(h)新风运行情况											
		13	14	15	16	17	18	19	20	21	22	23	24
办公建筑、教学楼	工作日	1	1	1	1	1	1	0	0	0	0	0	0
	节假日	0	0	0	0	0	0	0	0	0	0	0	0
宾馆建筑、住院部	全年	1	1	1	1	1	1	1	1	1	1	1	1
	全年	1	1	1	1	1	1	1	1	1	1	1	1
商场建筑、门诊楼	全年	1	1	1	1	1	1	1	0	0	0	0	0
	全年	1	1	1	1	1	1	1	0	0	0	0	0

表 B.0.4-9 不同类型房间电器设备功率密度(W/m²)

建筑类别	电器设备功率
办公建筑	15
宾馆建筑	15
商场建筑	13
医院建筑-门诊楼	20
学校建筑-教学楼	5

表 B.0.4-10 电气设备逐时使用率(%)

建筑类别	运行时段	下列计算时刻(h)电气设备逐时使用率											
		1	2	3	4	5	6	7	8	9	10	11	12
办公建筑、教学楼	工作日	0	0	0	0	0	0	0	10	50	95	95	50
	节假日	0	0	0	0	0	0	0	0	0	0	0	0
宾馆建筑、住院部	全年	95	95	95	95	95	95	95	95	95	95	95	95
商场建筑、门诊楼	全年	0	0	0	0	0	0	0	0	30	80	80	80
	全年	0	0	0	0	0	0	0	0	20	50	80	40

建筑类别	运行时段	下列计算时刻(h)电气设备逐时使用率											
		13	14	15	16	17	18	19	20	21	22	23	24
办公建筑、教学楼	工作日	50	95	95	95	95	30	30	0	0	0	0	0
	节假日	0	0	0	0	0	0	0	0	0	0	0	0
宾馆建筑、住院部	全年	0	0	0	0	80	80	80	80	80	0	0	0
	全年	95	95	95	95	95	95	95	95	95	95	95	95
商场建筑、门诊楼	全年	80	80	80	80	80	80	70	50	0	0	0	0
	全年	20	50	60	60	20	20	0	0	0	0	0	0

B.0.5 计算参照建筑全年累计耗冷量和累计耗热量时,应符合下列规定:

1 建筑的形状、大小、朝向、内部的空间划分和使用功能、建筑构造尺寸应与设计建筑一致;

2 建筑围护结构做法应与建筑设计文件一致,围护结构热工性能参数取值应符合本标准第3.3节的规定;

3 建筑空气调节和供暖系统的运行时间、室内温度、照明功率密度及开关时间、房间人均占有的使用面积及在室率、人员新风量及新风机组运行时间表、电气设备功率密度及使用率应与设计建筑一致;

4 建筑空气调节和供暖应采用全年运行的两管制风机盘管系统。供暖和空气调节区的设置应与设计建筑一致。

B.0.6 计算设计建筑和参照建筑全年供暖和空调总耗电量时,空气调节系统冷源应采用电驱动冷水机组;严寒地区、寒冷地区供暖系统热源应采用燃煤锅炉;夏热冬冷地区、夏热冬暖地区、温和地区供暖系统热源应采用燃气锅炉,并应符合下列规定:

1 全年供暖和空调总耗电量应按下式计算:

$$E = E_H + E_C \quad (B.0.6-1)$$

式中:E——全年供暖和空调总耗电量(kWh/m²);
E_C——全年空调耗电量(kWh/m²);
E_H——全年供暖耗电量(kWh/m²)。

2 全年空调耗电量应按下式计算:

$$E_C = \frac{Q_C}{A \times SCOP_T} \quad (B.0.6-2)$$

式中:Q_C——全年累计耗冷量(通过动态模拟软件计算得到)(kWh);
A——总建筑面积(m²);
$SCOP_T$——供冷系统综合性能系数,取2.50。

3 严寒地区和寒冷地区全年供暖耗电量应按下式计算:

$$E_H = \frac{Q_H}{A\eta_1 \, q_1 q_2} \quad (B.0.6-3)$$

式中:Q_H——全年累计耗热量(通过动态模拟软件计算得到)(kWh);
η_1——热源为燃煤锅炉的供暖系统综合效率,取0.60;
q_1——标准煤热值,取8.14 kWh/kgce;
q_2——发电煤耗(kgce/kWh)取0.360kgce/kWh。

4 夏热冬冷、夏热冬暖和温和地区全年供暖耗电量应按下式计算:

$$E_H = \frac{Q_H}{A\eta_2 \, q_3 q_2}\varphi \quad (B.0.6-4)$$

式中:η_2——热源为燃气锅炉的供暖系统综合效率,取0.75;
q_3——标准天然气热值,取9.87 kWh/m³;
φ——天然气与标煤折算系数,取1.21kgce/m³。

附录 C 建筑围护结构热工性能权衡判断审核表

表 C 建筑围护结构热工性能权衡判断审核表

项目名称						
工程地址						
设计单位						
设计日期				气候区域		
采用软件				软件版本		
建筑面积		m^2		建筑外表面积		m^2
建筑体积		m^3		建筑体形系数		
	设计建筑窗墙面积比			屋顶透光部分与屋顶总面积之比 M		M 的限值
	立面 1	立面 2	立面 3	立面 4		
						20%

围护结构部位	设计建筑		参照建筑		是否符合标准规定限值
	传热系数 K W/(m^2·K)	太阳得热系数 $SHGC$	传热系数 K W/(m^2·K)	太阳得热系数 $SHGC$	
屋顶透光部分					
立面 1 外窗（包括透光幕墙）					
立面 2 外窗（包括透光幕墙）					
立面 3 外窗（包括透光幕墙）					
立面 4 外窗（包括透光幕墙）					
屋面		—		—	
外墙（包括非透光幕墙）		—		—	
底面接触室外空气的架空或外挑楼板					
非供暖房间与供暖房间的隔墙与楼板					

围护结构部位	设计建筑	参照建筑	是否符合标准规定限值
	保温材料层热阻 R [(m^2·K)/W]	保温材料层热阻 R [(m^2·K)/W]	
周边地面			
供暖地下室与土壤接触的外墙			
变形缝（两侧墙内保温时）			

权衡判断基本要求判定	围护结构传热系数基本要求 K [W/(m^2·K)]		设计建筑是否满足基本要求
	屋面		
	外墙（包括非透光幕墙）		

续表C

权衡判断基本要求判定	围护结构传热系数基本要求 K [W/(m²·K)]		设计建筑是否满足基本要求
	外窗（包括透光幕墙）		
	太阳得热系数 SHGC		
	围护结构是否满足基本要求	是 / 否	
权衡计算结果	设计建筑（kWh/m²）		参照建筑（kWh/m²）
全年供暖和空调总耗电量			
权衡判断结论	设计建筑的围护结构热工性能合格 / 不合格		

附录 D 管道与设备保温及保冷厚度

D.0.1 热管道经济绝热层厚度可按表 D.0.1-1～表 D.0.1-3 选用。热设备绝热层厚度可按最大口径管道的绝热层厚度再增加 5mm 选用。

表 D.0.1-1 室内热管道柔性泡沫橡塑经济绝热层厚度（热价 85 元/GJ）

最高介质温度（℃）	绝热层厚度（mm）						
	25	28	32	36	40	45	50
60	≤DN20	DN25~DN40	DN50~DN125	DN150~DN400	≥DN450	—	—
80	—	—	≤DN32	DN40~DN70	DN80~DN125	DN150~DN450	≥DN500

表 D.0.1-2 热管道离心玻璃棉经济绝热层厚度（热价 35 元/GJ）

	最高介质温度（℃）	绝热层厚度（mm）							
		25	30	35	40	50	60	70	80	90
室内	60	≤DN40	DN50~DN125	DN150~DN1000	≥DN1100	—	—	—	—	—
	80	—	≤DN32	DN40~DN80	DN100~DN250	≥DN300	—	—	—	—
	95	—	—	≤DN40	DN50~DN100	DN125~DN1000	≥DN1100	—	—	—
	140	—	—	—	≤DN25	DN32~DN80	DN100~DN300	≥DN350	—	—
	190	—	—	—	—	≤DN32	DN40~DN80	DN100~DN200	DN250~DN900	≥DN1000
室外	60	—	≤DN40	DN50~DN100	DN125~DN450	≥DN500	—	—	—	—
	80	—	—	≤DN40	DN50~DN100	DN125~DN1700	≥DN1800	—	—	—
	95	—	—	≤DN25	DN32~DN50	DN70~DN250	≥DN300	—	—	—
	140	—	—	—	≤DN20	DN25~DN70	DN80~DN200	DN250~DN1000	≥DN1100	—
	190	—	—	—	—	≤DN25	DN32~DN70	DN80~DN150	DN200~DN500	≥DN600

表 D.0.1-3　热管道离心玻璃棉经济绝热层厚度（热价 85 元/GJ）

最高介质温度(℃)		绝热层厚度（mm）								
		40	50	60	70	80	90	100	120	140
室内	60	≤DN50	DN70～DN300	≥DN350	—	—	—	—	—	—
	80	≤DN20	DN25～DN70	DN80～DN200	≥DN250	—	—	—	—	—
	95	—	≤DN40	DN50～DN100	DN125～DN300	DN350～DN2500	≥DN3000	—	—	—
	140	—	—	≤DN32	DN40～DN70	DN80～DN150	DN200～DN300	DN350～DN900	≥DN1000	—
	190	—	—	—	≤DN32	DN40～DN50	DN70～DN100	DN125～DN150	DN200～DN700	≥DN800
室外	60	—	≤DN80	DN100～DN250	≥DN300	—	—	—	—	—
	80	—	≤DN40	DN50～DN100	DN125～DN250	DN300～DN1500	≥DN2000	—	—	—
	95	—	≤DN25	DN32～DN70	DN80～DN150	DN200～DN400	DN500～DN2000	≥DN2500	—	—
	140	—	—	≤DN25	DN32～DN50	DN70～DN100	DN125～DN200	DN250～DN450	≥DN500	—
	190	—	—	—	≤DN25	DN32～DN50	DN70～DN80	DN100～DN150	DN200～DN450	≥DN500

D.0.2　室内空调冷水管道最小绝热层厚度可按表 D.0.2-1、表 D.0.2-2 选用；蓄冷设备保冷厚度可按对应介质温度最大口径管道的保冷厚度再增加 5mm～10mm 选用。

表 D.0.2-1　室内空调冷水管道最小绝热层厚度（介质温度≥5℃）(mm)

地区	柔性泡沫橡塑		玻璃棉管壳	
	管径	厚度	管径	厚度
较干燥地区	≤DN40	19	≤DN32	25
	DN50～DN150	22	DN40～DN100	30
	≥DN200	25	DN125～DN900	35
较潮湿地区	≤DN25	25	≤DN25	25
	DN32～DN50	28	DN32～DN80	30
	DN70～DN150	32	DN100～DN400	35
	≥DN200	36	≥DN450	40

表 D.0.2-2　室内空调冷水管道最小绝热层厚度（介质温度≥-10℃）(mm)

地区	柔性泡沫橡塑		聚氨酯发泡	
	管径	厚度	管径	厚度
较干燥地区	≤DN32	28	≤DN32	25
	DN40～DN80	32	DN40～DN150	30
	DN100～DN200	36	≥DN200	35
	≥DN250	40	—	—
较潮湿地区	≤DN50	40	≤DN50	35
	DN70～DN100	45	DN70～DN125	40
	DN125～DN250	50	DN150～DN500	45
	DN300～DN2000	55	≥DN600	50
	≥DN2100	60	—	—

D.0.3　室内生活热水管经济绝热层厚度可按表 D.0.3-1、表 D.0.3-2 选用。

表 D.0.3-1 室内生活热水管道经济绝热层厚度

（室内5℃全年≤105天）

绝热材料 介质温度	离心玻璃棉		柔性泡沫橡塑	
	公称管径（mm）	厚度（mm）	公称管径（mm）	厚度（mm）
≤70℃	≤DN25	40	≤DN40	32
	DN32～DN80	50	DN50～DN80	36
	DN100～DN350	60	DN100～DN150	40
	≥DN400	70	≥DN200	45

表 D.0.3-2 室内生活热水管道经济绝热层厚度

（室内5℃全年≤150天）

绝热材料 介质温度	离心玻璃棉		柔性泡沫橡塑	
	公称管径（mm）	厚度（mm）	公称管径（mm）	厚度（mm）
≤70℃	≤DN40	50	≤DN50	40
	DN50～DN100	60	DN70～DN125	45
	DN125～DN300	70	DN150～DN300	50
	≥DN350	80	≥DN350	55

D.0.4 室内空调风管绝热层最小热阻可按表 D.0.4 选用。

表 D.0.4 室内空调风管绝热层最小热阻

风管类型	适用介质温度（℃）		最小热阻 $R[(m^2·K)/W]$
	冷介质最低温度	热介质最高温度	
一般空调风管	15	30	0.81
低温风管	6	39	1.14

本标准用词说明

1 为便于在执行本标准条文时区别对待，对要求严格程度不同的用词说明如下：

　1）表示很严格，非这样做不可的：

　　正面词采用"必须"，反面词采用"严禁"；

　2）表示严格，在正常情况下均应这样做的：

　　正面词采用"应"，反面词采用"不应"或"不得"；

　3）表示允许稍有选择，在条件许可时首先应这样做的：

　　正面词采用"宜"，反面词采用"不宜"；

　4）表示有选择，在一定条件下可以这样做的采用"可"。

2 条文中指明应按其他有关标准执行的写法为："应符合……的规定"或"应按……执行"。

引用标准名录

1 《建筑给水排水设计规范》GB 50015
2 《建筑照明设计标准》GB 50034
3 《民用建筑热工设计规范》GB 50176
4 《智能建筑设计标准》GB 50314
5 《民用建筑节水设计标准》GB 50555
6 《民用建筑供暖通风与空气调节设计规范》GB 50736
7 《建筑外门窗气密、水密、抗风压性能分级及检测方法》GB/T 7106
8 《设备及管道绝热设计导则》GB/T 8175
9 《空气过滤器》GB/T 14295
10 《清水离心泵能效限定值及节能评价值》GB 19762
11 《三相配电变压器能效限定值及能效等级》GB 20052
12 《建筑幕墙》GB/T 21086
13 《城市夜景照明设计规范》JGJ/T 163
14 《节水型生活用水器具》CJ/T 164

中华人民共和国国家标准

公共建筑节能设计标准

GB 50189—2015

条 文 说 明

修 订 说 明

《公共建筑节能设计标准》GB 50189-2015 经住房和城乡建设部 2015 年 2 月 2 日以第 739 号公告批准、发布。

本标准是在《公共建筑节能设计标准》GB 50189-2005 的基础上修订而成。上一版的主编单位是中国建筑科学研究院和中国建筑业协会建筑节能专业委员会，参编单位是中国建筑西北设计研究院、中国建筑西南设计研究院、同济大学、中国建筑设计研究院、上海建筑设计研究院有限公司、上海市建筑科学研究院、中南建筑设计院、中国有色工程设计研究总院、中国建筑东北设计研究院、北京市建筑设计研究院、广州市设计院、深圳市建筑科学研究院、重庆市建设技术发展中心、北京振利高新技术公司、北京金易格幕墙装饰工程有限责任公司、约克（无锡）空调冷冻科技有限公司、深圳市方大装饰工程有限公司、秦皇岛耀华玻璃股份有限公司、特灵空调器有限公司、开利空调销售服务（上海）有限公司、乐意涂料（上海）有限公司、北京兴立捷科技有限公司，主要起草人是郎四维、林海燕、涂逢祥、陆耀庆、冯雅、龙惟定、潘云钢、寿炜炜、刘明明、蔡路得、罗英、金丽娜、卜一秋、郑爱军、刘俊跃、彭志辉、黄振利、班广生、盛萍、曾晓武、鲁大学、余中海、杨利明、张盐、周辉、杜立。

本次修订的主要技术内容包括：1. 根据国家统计局建筑类型分布数据和国内典型公共建筑调研信息，建立了代表我国公共建筑特点和分布特征的典型公共建筑模型数据库，并确定本标准节能目标；2. 采用收益投资比（SIR）组合优化筛选法，通过模拟计算分析并结合国内产业现状和工程实际更新了围护结构热工性能限值和冷热源能效限值；围护结构热工性能限值和冷源能效限值均按照建筑热工分区分别作出规定；3. 增加了窗墙面积比大于 0.70 时围护结构热工性能限值，增加了围护结构进行权衡判断建筑物热工性能所需达到的基本要求，补充细化了权衡计算的输入输出内容和对权衡计算软件的要求；4. 增加了建筑分类和建筑设计的有关规定；5. 将原第三章室内环境节能设计计算参数移入附录 B 围护结构热工性能的权衡计算；6. 增加了不同气候区空调系统的电冷源综合制冷性能系数限值，修订了空调冷（热）水系统耗电输冷（热）比、集中供暖系统耗电输热比、风道系统单位风量耗功率的计算方法及限值；7. 新增了给水排水系统、电气系统和可再生能源应用的相关规定；8. 增加了对超高超大建筑的节能设计复核要求。

为便于广大设计、施工、科研、学校等单位有关人员在使用本标准时能正确理解和执行条文规定，《公共建筑节能设计标准》编制组按章、节、条顺序编制了本标准的条文说明，对条文规定的目的、依据以及执行中需要注意的有关事项进行说明，且着重对强制性条文的强制性理由作出解释。本条文说明不具备与标准正文同等的法律效力，仅供使用者作为理解和把握标准规定的参考。

目 次

1 总则 …………………………………… 10—33
2 术语 …………………………………… 10—34
3 建筑与建筑热工 ……………………… 10—35
　3.1 一般规定 ………………………… 10—35
　3.2 建筑设计 ………………………… 10—36
　3.3 围护结构热工设计 ……………… 10—39
　3.4 围护结构热工性能的权衡判断 … 10—41
4 供暖通风与空气调节 ………………… 10—42
　4.1 一般规定 ………………………… 10—42
　4.2 冷源与热源 ……………………… 10—44
　4.3 输配系统 ………………………… 10—52
　4.4 末端系统 ………………………… 10—58
　4.5 监测、控制与计量 ……………… 10—58
5 给水排水 ……………………………… 10—61
　5.1 一般规定 ………………………… 10—61
　5.2 给水与排水系统设计 …………… 10—62
　5.3 生活热水 ………………………… 10—63
6 电气 …………………………………… 10—64
　6.1 一般规定 ………………………… 10—64
　6.2 供配电系统 ……………………… 10—64
　6.3 照明 ……………………………… 10—65
　6.4 电能监测与计量 ………………… 10—65
7 可再生能源应用 ……………………… 10—66
　7.1 一般规定 ………………………… 10—66
　7.2 太阳能利用 ……………………… 10—66
　7.3 地源热泵系统 …………………… 10—67
附录 A 外墙平均传热系数的计算 …… 10—67
附录 B 围护结构热工性能的权衡
　　　　计算 ………………………… 10—68
附录 D 管道与设备保温及保冷
　　　　厚度 ………………………… 10—69

1 总 则

1.0.1 我国建筑用能约占全国能源消费总量的27.5%，并将随着人民生活水平的提高逐步增加到30%以上。公共建筑用能数量巨大，浪费严重。制定并实施公共建筑节能设计标准，有利于改善公共建筑的室内环境，提高建筑用能系统的能源利用效率，合理利用可再生能源，降低公共建筑的能耗水平，为实现国家节约能源和保护环境的战略，贯彻有关政策和法规作出贡献。

1.0.2 建筑分为民用建筑和工业建筑。民用建筑又分为居住建筑和公共建筑。公共建筑则包括办公建筑（如写字楼、政府办公楼等），商业建筑（如商场、超市、金融建筑等），酒店建筑（如宾馆、饭店、娱乐场所等），科教文卫建筑（如文化、教育、科研、医疗、卫生、体育建筑等），通信建筑（如邮电、通讯、广播用房等）以及交通运输建筑（如机场、车站等）。目前中国每年建筑竣工面积约为 25 亿 m^2，其中公共建筑约有 5 亿 m^2。在公共建筑中，办公建筑、商业建筑、酒店建筑、医疗卫生建筑、教育建筑等几类建筑存在许多共性，而且其能耗较高，节能潜力大。

在公共建筑的全年能耗中，供暖空调系统的能耗约占40%~50%，照明能耗约占 30%~40%，其他用能设备约占 10%~20%。而在供暖空调能耗中，外围护结构传热所导致的能耗约占 20%~50%（夏热冬暖地区大约 20%，夏热冬冷地区大约 35%，寒冷地区大约 40%，严寒地区大约 50%）。从目前情况分析，这些建筑在围护结构、供暖空调系统、照明、给水排水以及电气等方面，有较大的节能潜力。

对全国新建、扩建和改建的公共建筑，本标准从建筑与建筑热工、供暖通风与空气调节、给水排水、电气和可再生能源应用等方面提出了节能设计要求。其中，扩建是指保留原有建筑，在其基础上增加另外的功能、形式、规模，使得新建部分成为与原有建筑相关的新建建筑；改建是指对原有建筑的功能或者形式进行改变，而建筑的规模和建筑的占地面积均不改变的新建建筑。不包括既有建筑节能改造。新建、扩建和改建的公共建筑的装修工程设计也应执行本标准。不设置供暖供冷设施的建筑的围护结构热工参数可不强制执行本标准，如：不设置供暖空调设施的自行车库和汽车库、城镇农贸市场、材料市场等。

宗教建筑、独立公共卫生间和使用年限在 5 年以下的临时建筑的围护结构热工参数可不强制执行本标准。

1.0.3 公共建筑的节能设计，必须结合当地的气候条件，在保证室内环境质量，满足人们对室内舒适度要求的前提下，提高围护结构保温隔热能力，提高供暖、通风、空调和照明等系统的能源利用效率；在保证经济合理、技术可行的同时实现国家的可持续发展和能源发展战略，完成公共建筑承担的节能任务。

本次标准的修订参考了发达国家建筑节能标准编制的经验，根据我国实际情况，通过技术经济综合分析，确定我国不同气候区典型城市不同类型公共建筑的最优建筑节能设计方案，进而确定在我国现有条件下公共建筑技术经济合理的节能目标，并将节能目标逐项分解到建筑围护结构、供暖空调、照明等系统，最终确定本次标准修订的相关节能指标要求。

本次修订建立了代表我国公共建筑使用特点和分布特征的典型公共建筑模型数据库。数据库中典型建筑模型通过向国内主要设计院、科研院所等单位征集分析确定，由大型办公建筑、小型办公建筑、大型酒店建筑、小型酒店建筑、大型商场建筑、医院建筑及学校建筑等七类模型组成，各类建筑的分布特征是在国家统计局提供数据的基础上研究确定。

以满足国家标准《公共建筑节能设计标准》GB 50189-2005 要求的典型公共建筑模型作为能耗分析的"基准建筑模型"，"基准建筑模型"的围护结构、供暖空调系统、照明设备的参数均按国家标准《公共建筑节能设计标准》GB 50189-2005 规定值选取。通过建立建筑能耗分析模型及节能技术经济分析模型，采用年收益投资比组合优化筛选法对基准建筑模型进行优化设计。根据各项节能措施的技术可行性，以单一节能措施的年收益投资比（简称 SIR 值）为分析指标，确定不同节能措施选用的优先级，将不同节能措施组合成多种节能方案；以节能方案的全寿命周期净现值（NPV）大于零为指标对节能方案进行筛选分析，进而确定各类公共建筑模型在既定条件下的最优投资与收益关系曲线，在此基础上，确定最优节能方案。根据最优节能方案中的各项节能措施的 SIR 值，确定本标准对围护结构、供暖空调系统以及照明系统各相关指标的要求。年收益投资比 SIR 值为使用某项建筑节能措施后产生的年节能量（单位：kgce/a）与采用该项节能措施所增加的初投资（单位：元）的比值，即单位投资所获得的年节能量（单位：kgce/（年·元））。

基于典型公共建筑模型数据库进行计算和分析，本标准修订后，与 2005 版相比，由于围护结构热工性能的改善，供暖空调设备和照明设备能效的提高，全年供暖、通风、空气调节和照明的总能耗减少约 20%~23%。其中从北方至南方，围护结构分担节能率约 6%~4%；供暖空调系统分担节能率约 7%~10%；照明设备分担节能率约 7%~9%。该节能率仅体现了围护结构热工性能、供暖空调设备及照明设备能效的提升，不包含热回收、全新风供冷、冷却塔供冷、可再生能源等节能措施所产生的节能效益。由于给水排水、电气和可再生能源应用的相关内容为本次修订新增内容，没有比较基准，无法计算此部分所产生的节能率，所以未包括在内。该节能率是考虑不同气候区、不同建筑类型加权后的计算值，反映的是本标准修订并执行后全国公共建筑的整体节能水平，并不代表某单体建筑的节能率。

1.0.4 随着建筑技术的发展和建设规模的不断扩大，超高超大的公共建筑在我国各地日益增多。1990年，国内高度超过200m的建筑物仅有5栋。截至2013年，国内超高层建筑约有2600栋，数量远远超过了世界上其他任何一个国家，其中，在全球建筑高度排名前20的超高层建筑中，国内就占有10栋。特大型建筑中，城市综合体发展较快，截至2011年，我国重点城市的城市综合体存量已突破8000万m²，其中北京就达到1684万m²。超高超大类建筑多以商业用途为主，在建筑形式上追求特异，不同于常规建筑类型，且是耗能大户，如何加强对此类建筑能耗的控制，提高能源系统应用方案的合理性，选取最优方案，对建筑节能工作尤其重要。

因而要求除满足本标准的要求外，超高超大建筑的节能设计还应通过国家建设行政主管部门组织的专家论证，复核其建筑节能设计特别是能源系统设计方案的合理性，设计单位应依据论证会的意见完成本项目的节能设计。

此类建筑的节能设计论证，除满足本规范要求外，还需对以下内容进行论证，并提交分析计算书等支撑材料：

1 外窗有效通风面积及有组织的自然通风设计；
2 自然通风的节能潜力计算；
3 暖通空调负荷计算；
4 暖通空调系统的冷热源选型与配置方案优化；
5 暖通空调系统的节能措施，如新风量调节、热回收装置设置、水泵与风机变频、计量等；
6 可再生能源利用计算；
7 建筑物全年能耗计算。

此外，这类建筑通常存在着多种使用功能，如商业、办公、酒店、居住、餐饮等，建筑的业态比例、作息时间等参数会对空调能耗产生较大影响，因而此类建筑的节能设计论证材料中应提供建筑的业态比例、作息时间等基本参数信息。

1.0.5 设计达到节能要求并不能保证建筑做到真正的节能。实际的节能效益，必须依靠合理运行才能实现。

就目前我国的实际情况而言，在使用和运行管理上，不同地区、不同建筑存在较大的差异，相当多的建筑实际运行管理水平不高、实际运行能耗远远大于设计时对运行能耗的评估值，这一现象是严重阻碍了我国建筑节能工作的正常进行。设计文件应为工程运行管理方提供一个合理的、符合设计思想的节能措施使用要求。这既是各专业的设计师在建筑节能方面应尽的义务，也是保证工程按照设计思想来取得最优节能效果的必要措施之一。

节能措施及其使用要求包括以下内容：

1 建筑设备及被动节能措施（如遮阳、自然通风等）的使用方法，建筑围护结构采取的节能措施及做法；

2 机电系统（暖通空调、给排水、电气系统等）的使用方法和采取的节能措施及其运行管理方式，如：

（1）暖通空调系统冷源配置及其运行策略；
（2）季节性（包括气候季节以及商业方面的"旺季"与"淡季"）使用要求与管理措施；
（3）新（回）风风量调节方法，热回收装置在不同季节使用方法，旁通阀使用方法，水量调节方法，过滤器的使用方法等；
（4）设定参数（如：空调系统的最大及最小新（回）风风量表）；
（5）对能源的计量监测及系统日常维护管理的要求等。

需要特别说明的是：尽管许多大型公建的机电系统设置了比较完善的楼宇自动控制系统，在一定程度上为合理使用提供了相应的支持。但从目前实际使用情况来看，自动控制系统尚不能完全替代人工管理。因此，充分发挥管理人员的主动性依然是非常重要的节能措施。

1.0.6 本标准对公共建筑的建筑、热工以及暖通空调、给水排水、电气以及可再生能源应用设计中应该控制的、与能耗有关的指标和应采取的节能措施作出了规定。但公共建筑节能涉及的专业较多，相关专业均制定了相应的标准，并作出了节能规定。在进行公共建筑节能设计时，除应符合本标准外，尚应符合国家现行的有关标准的规定。

2 术　语

2.0.3 本标准中窗墙面积比均是以单一立面为对象，同一朝向不同立面不能合并计算窗墙面积比。

2.0.4 通过透光围护结构（门窗或透光幕墙）成为室内得热量的太阳辐射部分是影响建筑能耗的重要因素。目前 ASHARE 90.1 等标准均以太阳得热系数（SHGC）作为衡量透光围护结构性能的参数。主流建筑能耗模拟软件中也以太阳得热系数（SHGC）作为衡量外窗的热工性能的参数。为便于工程设计人员使用并与国际接轨，本次标准修订将太阳得热系数作为衡量透光围护结构（门窗或透光幕墙）性能的参数。人们最关心的也是太阳辐射进入室内的部分，而不是被构件遮挡的部分。

太阳得热系数（SHGC）不同于本标准2005版中的遮阳系数（SC）值。2005版标准中遮阳系数（SC）的定义为通过透光围护结构（门窗或透光幕墙）的太阳辐射室内得热量，与相同条件下通过相同面积的标准玻璃（3mm 厚的透明玻璃）的太阳辐射室内得热量的比值。标准玻璃太阳得热系数理论值为 0.87。因此可按 SHGC 等于 SC 乘以 0.87 进行换算。

随着太阳照射时间的不同，建筑实际的太阳得热系数也不同。但本标准中透光围护结构的太阳得热系数是指根据相关国家标准规定的方法测试、计算确定的产品固有属性。新修订的《民用建筑热工设计规范》GB 50176 给出了 SHGC 的计算公式，如式（1）所示，其中外表面对流换热系数 α_e 按夏季条件确定。

$$SHGC = \frac{\sum g \cdot A_g + \sum \rho \cdot \frac{K}{\alpha_e} A_f}{A_w} \quad (1)$$

式中：SHGC——门窗、幕墙的太阳得热系数；
$\quad g$——门窗、幕墙中透光部分的太阳辐射总透射比，按照国家标准 GB/T 2680 的规定计算；
$\quad \rho$——门窗、幕墙中非透光部分的太阳辐射吸收系数；
$\quad K$——门窗、幕墙中非透光部分的传热系数 [W/(m²·K)]；
$\quad \alpha_e$——外表面对流换热系数 [W/(m²·K)]；
$\quad A_g$——门窗、幕墙中透光部分的面积 (m²)；
$\quad A_f$——门窗、幕墙中非透光部分的面积 (m²)；
$\quad A_w$——门窗、幕墙的面积 (m²)。

2.0.6 围护结构热工性能权衡判断是一种性能化的设计方法。为了降低空气调节和供暖能耗，本标准对围护结构的热工性能提出了规定性指标。当设计建筑无法满足规定性指标时，可以通过调整设计参数并计算能耗，最终达到设计建筑全年的空气调节和供暖能耗之和不大于参照建筑能耗的目的。这种方法在本标准中称之为权衡判断。

2.0.7 参照建筑是一个达到本标准要求的节能建筑，进行围护结构热工性能权衡判断时，用其全年供暖和空调能耗作为标准来判断设计建筑的能耗是否满足本标准的要求。

参照建筑的形状、大小、朝向以及内部的空间划分和使用功能与设计建筑完全一致，但其围护结构热工性能等主要参数应符合本标准的规定性指标。

2.0.11 电冷源综合制冷性能系数（SCOP）是电驱动的冷源系统单位耗电量所能产出的冷量，反映了冷源系统效率的高低。

电冷源综合制冷性能系数（SCOP）可按下列方法计算：

$$SCOP = \frac{Q_c}{E_e} \quad (2)$$

式中：Q_c——冷源设计供冷量（kW）；
$\quad E_e$——冷源设计耗电功率（kW）。

对于离心式、螺杆式、涡旋/活塞式水冷式机组，E_e 包括冷水机组、冷却水泵及冷却塔的耗电功率。

对于风冷式机组，E_e 包括放热侧冷却风机消耗的电功率；对于蒸发冷却式机组 E_e 包括水泵和风机消耗的电功率。

3 建筑与建筑热工

3.1 一般规定

3.1.1 本条中所指单栋建筑面积包括地下部分的建筑面积。对于单栋建筑面积小于等于 300m² 的建筑如传达室等，与甲类公共建筑的能耗特性不同。这类建筑的总量不大，能耗也较小，对全社会公共建筑的总能耗量影响很小，同时考虑到减少建筑节能设计工作量，故将这类建筑归为乙类，对这类建筑只给出规定性节能指标，不再要求作围护结构权衡判断。对于本标准中没有注明建筑分类的条文，甲类和乙类建筑应统一执行。

3.1.2 本标准与现行国家标准《民用建筑热工设计规范》GB 50176 的气候分区一致。

3.1.3 建筑的规划设计是建筑节能设计的重要内容之一，它是从分析建筑所在地区的气候条件出发，将建筑设计与建筑微气候、建筑技术和能源的有效利用相结合的一种建筑设计方法。分析建筑的总平面布置、建筑平、立、剖面形式、太阳辐射、自然通风等对建筑能耗的影响，也就是说在冬季最大限度地利用日照，多获得热量，避开主导风向，减少建筑物外表面热损失；夏季和过渡季最大限度地减少得热并利用自然能来降温冷却，以达到节能的目的。因此，建筑的节能设计应考虑日照、主导风向、自然通风、朝向等因素。

建筑总平面布置和设计应避免大面积围护结构外表面朝向冬季主导风向，在迎风面尽量少开门窗或其他孔洞，减少作用在围护结构外表面的冷风渗透，处理好窗口和外墙的构造型式与保温措施，避免风、雨、雪的侵袭，降低能源的消耗。尤其是严寒和寒冷地区，建筑的规划设计更应有利于日照并避开冬季主导风向。

夏季和过渡季强调建筑平面规划具有良好的自然风环境主要有两个目的，一是为了改善建筑室内热环境，提高热舒适标准，体现以人为本的设计思想；二是为了提高空调设备的效率。因为良好的通风和热岛强度的下降可以提高空调设备冷凝器的工作效率，有利于降低设备的运行能耗。通常设计时注重利用自然通风的布置形式，合理地确定房屋开口部分的面积与位置、门窗的装置与开启方法、通风的构造措施等，注重穿堂风的形成。

建筑的朝向、方位以及建筑总平面设计应综合考虑社会历史文化、地形、城市规划、道路、环境等多方面因素，权衡分析各个因素之间的得失轻重，优化建筑的规划设计，采用本地区建筑最佳朝向或适宜的朝向，尽量避免东西向日晒。

3.1.4 建筑设计应根据场地和气候条件，在满足建筑功能和美观要求的前提下，通过优化建筑外形和内部空间布局，充分利用天然采光以减少建筑的人工照明需求，适时合理利用自然通风以消除建筑余热余湿，同时通过围护结构的保温隔热和遮阳措施减少通过围护结构形成的建筑冷热负荷，达到减少建筑用能需求的目的。

建筑物屋顶、外墙常用的隔热措施包括：
1 浅色光滑饰面（如浅色粉刷、涂层和面砖等）；
2 屋顶内设置贴铝箔的封闭空气间层；
3 用含水多孔材料做屋面层；
4 屋面遮阳；
5 屋面有土或无土种植；
6 东、西外墙采用花格构件或爬藤植物遮阳。

3.1.5 合理地确定建筑形状，必须考虑本地区气候条件，冬、夏季太阳辐射强度、风环境、围护结构构造等各方面的因素。应权衡利弊，兼顾不同类型的建筑造型，对严寒和寒冷地区尽可能地减少房间的外围护结构面积，使体形不要太复杂，凹凸面不要过多，避免因此造成的体形系数过大；夏热冬暖地区也可以利用建筑的凹凸变化实现建筑的自身遮阳，以达到节能的目的。但建筑物过多的凹凸变化会导致室内空间利用效率下降，造成材料和土地的浪费，所以应综合考虑。

通常控制体形系数的大小可采用以下方法：
1 合理控制建筑面宽，采用适宜的面宽与进深比例；
2 增加建筑层数以减小平面展开；
3 合理控制建筑体形及立面变化。

3.1.6 在建筑设计中合理确定冷热源和风动力机房的位置，尽可能缩短空调冷（热）水系统和风系统的输送距离是实现本标准中对空调冷（热）水系统耗电输冷（热）比（$EC(H)R$-a）、集中供暖系统耗电输热比（EHR-h）和风道系统单位风量耗功率（W_s）等要求的先决条件。

对同一公共建筑尤其是大型公建的内部，往往有多个不同的使用单位和空调区域。如果按照不同的使用单位和空调区域分散设置多个冷热源机房，虽然能在一定程度上避免或减少房地产开发商（或业主）对空调系统运行维护管理以及向用户缴纳空调用费等方面的麻烦，但是却造成了机房占地面积、土建投资以及运行维护管理人员的增加；同时，由于分散设置多个机房，各机房中空调冷热源主机等设备必须按其所在空调系统的最大冷热负荷进行选型，这势必会加大整个建筑冷热源设备和辅助设备以及变配电设施的装机容量和初投资，增加电力消耗和运行费用，给业主和国家带来不必要的经济损失。因此，本标准强调对同一公共建筑的不同使用单位和空调区域，宜集中设置一个冷热源机房（能源中心）。对于不同的用户和区域，可通过设置各自的冷热量计量装置来解决冷热费的收费问题。

集中设置冷热源机房后，可选用单台容量较大的冷热源设备。通常设备的容量越大，高能效设备的选择空间越大。对于同一建筑物内各用户区域的逐时冷热负荷曲线差异性较大，且各同时使用率比较低的建筑群，采用同一集中冷热源机房，自动控制系统合理时，集中冷热源共用系统的总装机容量小于各分散机房装机容量的叠加值，可以节省设备投资和供冷、供热的设备房面积。而专业化的集中管理方式，也可以提高系统能效。因此集中设置冷热源机房具有装机容量低、综合能效高的特点。但是集中机房系统较大，如果其位置设置偏离冷热负荷中心较远，同样也可能导致输送能耗增加。因此，集中冷热源机房宜位于或靠近冷热负荷中心位置设置。

在实际工程中电线电缆的输送损耗也十分可观，因此应尽量减小高低压配电室与用电负荷中心的距离。

3.2 建 筑 设 计

3.2.1 强制性条文。严寒和寒冷地区建筑体形的变化直接影响建筑供暖能耗的大小。建筑体形系数越大，单位建筑面积对应的外表面面积越大，热损失越大。但是，体形系数的确定还与建筑造型、平面布局、采光通风等条件相关。随着公共建筑的建设规模不断增大，采用合理的建筑设计方案的单栋建筑面积小于 $800m^2$，其体形系数一般不会超过 0.50。研究表明，2 层～4 层的低层建筑的体形系数基本在 0.40 左右，5 层～8 层的多层建筑体形系数在 0.30 左右，高层和超高层建筑的体形系数一般小于 0.25，实际工程中，单栋面积 $300m^2$ 以下的小规模建筑，或者形状奇特的极少数建筑有可能体形系数超过 0.50。因此根据建筑体形系数的实际分布情况，从降低建筑能耗的角度出发，对严寒和寒冷地区建筑的体形系数进行控制，制定本条文。

在夏热冬冷和夏热冬暖地区，建筑体形系数对空调和供暖能耗也有一定的影响，但由于室内外的温差远不如严寒和寒冷地区大，尤其是对部分内部发热量很大的商场类建筑，还存在夜间散热问题，所以不对体形系数提出具体的要求，但也应考虑建筑体形系数对能耗的影响。

因此建筑师在确定合理的建筑形状时，必须考虑本地区的气候条件，冬、夏季太阳辐射强度、风环境、围护结构构造等多方面因素，综合考虑，兼顾不同类型的建筑造型，尽可能地减少房间的外围护结构，使体形不要太复杂，凹凸面不要过多，以达到节能的目的。

在本条中，建筑面积应按各层外墙外包线围成的平面面积的总和计算，包括半地下室的面积，不包括地下室的面积；建筑体积应按与计算建筑面积所对应的建筑物外表面和底层外地面所围成的体积计算。

3.2.2 窗墙面积比的确定要综合考虑多方面的因素，其中最主要的是不同地区冬、夏季日照情况（日照时间长短、太阳总辐射强度、阳光入射角大小）、季风影响、室外空气温度、室内采光设计标准以及外窗开窗面积与建筑能耗等因素。一般普通窗户（包括阳台门的透光部分）的保温隔热性能比外墙差很多，窗墙面积比越大，供暖和空调能耗也越大。因此，从降低建筑能耗的角度出发，必须限制窗墙面积比。

我国幅员辽阔，南北方、东西部地区气候差异很大。窗、透光幕墙对建筑能耗高低的影响主要有两个方面，一是窗和透光幕墙的热工性能影响到冬季供暖、夏季空调室内外温差传热；二是窗和幕墙的透光材料（如玻璃）受太阳辐射影响而造成的建筑室内的得热。冬季通过窗口和透光幕墙进入室内的太阳辐射有利于建筑的节能，因此，减小窗和透光幕墙的传热系数抑制温差传热是降低窗口和透光幕墙热损失的主要途径之一；夏季通过窗口和透光幕墙进入室内的太阳辐射成为空调冷负荷，因此，减少进入室内的太阳辐射以及减小窗或透光幕墙的温差传热都是降低空调能耗的途径。由于不同纬度、不同朝向的墙面太阳辐射的变化很复杂，墙面日辐射强度和峰值出现的时间是不同的，因此，不同纬度地区窗墙面积比也应有所差别。

近年来公共建筑的窗墙面积比有越来越大的趋势，这是由于人们希望公共建筑更加通透明亮，建筑立面更加美观，建筑形态更为丰富。但为防止建筑的窗墙面积比过大，本条规定要求严寒地区各单一立面窗墙面积比均不宜超过 0.60，其他地区的各单一立面窗墙面积比均不宜超过 0.70。

与非透光的外墙相比，在可接受的造价范围内，透光幕墙的热工性能要差很多。因此，不宜提倡在建筑立面上大面积应用玻璃（或其他透光材料）幕墙。如果希望建筑的立面有玻璃的质感，可使用非透光的玻璃幕墙，即玻璃的后面仍然是保温隔热材料和普通墙体。

3.2.4 玻璃或其他透光材料的可见光透射比直接影响到天然采光的效果和人工照明的能耗，因此，从节约能源的角度，除非一些特殊建筑要求隐蔽性或单向透射以外，任何情况下都不应采用可见光透射比过低的玻璃或其他透光材料。目前，中等透光率的玻璃可见光透射比都可达到 0.4 以上。根据最新公布的建筑常用的低辐射镀膜隔热玻璃的光学热工参数中，无论传热系数、太阳得热系数的高低，无论单银、双银还是三银镀膜玻璃的可见光透光率均可保持在 45%~85%，因此，本标准要求建筑在白昼更多利用自然光，透光围护结构的可见光透射当窗墙面积比较大时，不应小于 0.4，当窗墙面积比较小时，不应小于 0.6。

3.2.5 对本条所涉及的建筑，通过外窗透光部分进入室内的热量是造成夏季室温过热使空调能耗上升的主要原因，因此，为了节约能源，应对窗口和透光幕墙采取遮阳措施。

遮阳设计应根据地区的气候特点、房间的使用要求以及窗口所在朝向。遮阳设施遮挡太阳辐射热量的效果除取决于遮阳形式外，还与遮阳设施的构造、安装位置、材料与颜色等因素有关。遮阳装置可以设置成永久性或临时性。永久性遮阳装置包括在窗口设置各种形式的遮阳板等；临时性的遮阳装置包括在窗口设置轻便的窗帘、各种金属或塑料百叶等。永久性遮阳设施可分为固定式和活动式两种。活动式的遮阳设施可根据一年中季节的变化，一天中时间的变化和天空的阴暗情况，调节遮阳板的角度。遮阳措施也可以采用各种热反射玻璃和镀膜玻璃、阳光控制膜、低发射率膜玻璃等。

夏热冬暖、夏热冬冷、温和地区的建筑以及寒冷地区冷负荷大的建筑，窗和透光幕墙的太阳辐射得热夏季增大了冷负荷，冬季则减小了热负荷，因此遮阳措施应根据负荷特性确定。一般而言，外遮阳效果比较好，有条件的建筑应提倡活动外遮阳。

本条对严寒地区未提出遮阳要求。在严寒地区，阳光充分进入室内，有利于降低冬季供暖能耗。这一地区供暖能耗在全年建筑总能耗中占主导地位，如果遮阳设施阻挡了冬季阳光进入室内，对自然能源的利用和节能是不利的。因此，遮阳措施一般不适用于严寒地区。

夏季外窗遮阳在遮挡阳光直接进入室内的同时，可能也会阻碍窗口的通风，设计时要加以注意。

3.2.7 强制性条文。夏季屋顶水平面太阳辐射强度最大，屋顶的透光面积越大，相应建筑的能耗也越大，因此对屋顶透明部分的面积和热工性能应予以严格的限制。

由于公共建筑形式的多样化和建筑功能的需要，许多公共建筑设计有室内中庭，希望在建筑的内区有一个通透明亮，具有良好的微气候及人工生态环境的公共空间。但从目前已经建成工程来看，大量的建筑中庭热环境不理想且能耗很大，主要原因是中庭透光围护结构的热工性能较差，传热损失和太阳辐射得热过大。夏热冬暖地区某公共建筑中庭进行测试结果显示，中庭四层内走廊气温达到 40℃ 以上，平均热舒适值 $PMV \geqslant 2.63$，即使采用空调室内也无法达到人们所要求的舒适温度。

对于需要视觉、采光效果而加大屋顶透光面积的建筑，如果所设计的建筑满足不了规定性指标的要

10—37

求，突破了限值，则必须按本标准第 3.4 节的规定对该建筑进行权衡判断。权衡判断时，参照建筑的屋顶透光部分面积应符合本条的规定。

透光部分面积是指实际透光面积，不含窗框面积，应通过计算确定。

3.2.8 公共建筑一般室内人员密度比较大，建筑室内空气流动，特别是自然、新鲜空气的流动，是保证建筑室内空气质量符合国家有关标准的关键。无论在北方地区还是在南方地区，在春、秋季节和冬、夏季节的某些时段普遍有开窗加强房间通风的习惯，这也是节能和提高室内热舒适性的重要手段。外窗的可开启面积过小会严重影响建筑室内的自然通风效果，本条规定是为了使室内人员在较好的室外气象条件下，可以通过开启外窗通风来获得热舒适性和良好的室内空气品质。

近来有些建筑为了追求外窗的视觉效果和建筑立面的设计风格，外窗的可开启率有逐渐下降的趋势，有的甚至使外窗完全封闭，导致房间自然通风不足，不利于室内空气流通和散热，不利于节能。现行国家标准《民用建筑设计通则》GB 50352 中规定：采用直接自然通风的房间……生活、工作的房间的通风开口有效面积不应小于该房间地板面积的 1/20。这是民用建筑通风开口面积需要满足的最低规定。通过对我国南方地区建筑实测调查与计算机模拟表明：当室外干球温度不高于 28℃，相对湿度 80% 以下，室外风速在 1.5m/s 左右时，如果外窗的有效开启面积不小于所在房间地面面积的 8%，室内大部分区域基本能达到热舒适性水平；而当室内通风不畅或关闭外窗，室内干球温度 26℃，相对湿度 80% 左右时，室内人员仍然感到有些闷热。人们曾对夏热冬暖地区典型城市的气象数据进行分析，从 5 月到 10 月，室外平均温度不高于 28℃ 的天数占每月总天数，有的地区高达 60%～70%，最热月也能达到 10% 左右，对应时间段的室外风速大多能达到 1.5m/s 左右。所以做好自然通风气流组织设计，保证一定的外窗可开启面积，可以减少房间空调设备的运行时间，节约能源，提高舒适性。

甲类公共建筑大多内区较大，且设计时各层房间分隔情况并不明确，因此以房间地板面积为基数规定通风开口面积会出现无法执行的情况；而以外区房间地板面积计算，会造成通风开口面积过小，不利于节能。以平层 40m×40m 的高层办公建筑为例，有效使用面积按 67% 计，即为 1072m²，有效通风面积为该层地板面积 5% 时，相当于外墙面积的 9.3%；有效通风面积为该层地板面积的 8% 时，相当于外墙面积的 15%。考虑对于甲类建筑过大的有效通风换气面积会给建筑设计带来较大难度，因此取较低值，开启有效通风面积不小于外墙面积的 10% 对 100m 以下的建筑设计均可做到。当条件允许时应适当增加有效通风开口面积。

自然通风作为节能手段在体量较小的乙类建筑中能发挥更大作用，因此推荐较高值。房间面积 6m（长）×8m（进深）层高 3.6m 的公共建筑，有效通风面积为房间地板面积的 8% 时，相当于外墙面积的 17%。以窗墙比 0.5 计，为外窗面积的 34%；以窗墙比 0.6 计，为外窗面积的 28%。

3.2.9 目前 7 层以下建筑窗户多为内外平开、内悬内平开及推拉窗形式；高层建筑窗户则多为内悬内平开或推拉窗开启；高层建筑的玻璃幕墙开启扇大多为外上悬开启扇，目前也有极少数外平推扇开启方式。

对于推拉窗，开启扇有效通风换气面积是窗面积的 50%；

对于平开窗（内外），开启扇有效通风换气面积是窗面积的 100%。

内悬窗和外悬窗开启扇有效通风换气面积具体分析如下：

根据现行行业标准《玻璃幕墙工程技术规范》JGJ 102 的要求："幕墙开启窗的设置，应满足使用功能和立面效果要求，并应启闭方便，避免设置在梁、柱、隔墙等位置。开启扇的开启角度不宜大于 30°，开启距离不宜大于 300mm。"这主要是出于安全考虑。

以扇宽 1000mm，高度分别为 500mm、800mm、1000mm、1200mm、1500mm、1800mm、2000mm、2500mm 的外上悬扇计算空气流通界面面积，如表 1 所示。不同开窗角度下有效通风面积见图 1。

表 1　悬扇的有效通风面积计算

开启扇面积 (m²)	扇高 (mm)	15°开启角度		30°开启角度	
		空气界面 (m²)	下缘框扇间距 (mm)	空气界面 (m²)	下缘框扇间距 (mm)
0.5	500	0.19	130	0.38	260
0.8	800	0.37	200	0.73	400
1.0	1000	0.52	260	1.03	520
1.2	1200	0.67	311	1.34	622
1.5	1500	0.95	388	1.90	776
1.8	1800	1.28	466	2.55	932
2.0	2000	1.53	520	3.05	1040
2.5	2500	2.21	647	4.41	1294

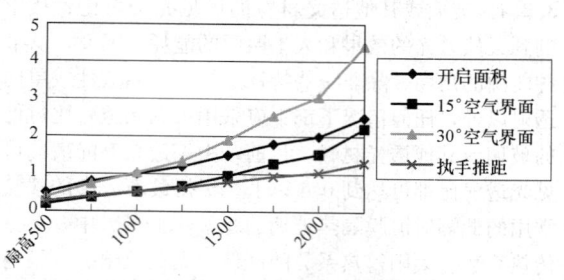

图 1　不同开窗角度下有效通风面积

由表1中可以看出，开启距离不大于300mm时，"有效通风换气面积"小于开启扇面积，仅为窗面积的19%~67%。当幕墙、外窗开启时，空气将经过两个"洞口"，一个是开启扇本身的固定洞口，一个是开启后的空气界面洞口。因此决定空气流量的是较小的洞口。如果以开启扇本身的固定洞口作为有效通风换气面积进行设计，将会导致实际换气量不足，这也是目前市场反映通风量不够的主要原因。另一方面，内开悬窗开启角度更小，约15°左右，换气量更小。

3.2.10 公共建筑的性质决定了它的外门开启频繁。在严寒和寒冷地区的冬季，外门的频繁开启造成室外冷空气大量进入室内，导致供暖能耗增加。设置门斗可以避免冷风直接进入室内，在节能的同时，也提高门厅的热舒适性。除了严寒和寒冷地区之外，其他气候区也存在类似的现象，因此也应该采取各种可行的节能措施。

3.2.11 建筑中庭空间高大，在炎热的夏季，太阳辐射将会使中庭内温度过高，大大增加建筑物的空调能耗。自然通风是改善建筑热环境，节约空调能耗最为简单、经济，有效的技术措施。采用自然通风能提供新鲜、清洁的自然空气（新风），降低中庭内过高的空气温度，减少中庭空调的负荷，从而节约能源。而且中庭通风改善了中庭热环境，提高建筑中庭的舒适度，所以中庭通风应充分考虑自然通风，必要时设置机械排风。

由于自然风的不稳定性，或受周围高大建筑或植被的影响，许多情况下在建筑周围无法形成足够的风压，这时就需要利用热压原理来加强自然通风。它是利用建筑中庭高大空间内部的热压，即平常所讲的"烟囱效应"，使热空气上升，从建筑上部风口排出，室外新鲜的冷空气从建筑底部被吸入。室内外空气温度差越大，进排风口高度差越大，则热压作用越强。

利用风压和热压来进行自然通风往往是互为补充、密不可分的。但是，热压和风压综合作用下的自然通风非常复杂，一般来说，建筑进深小的部位多利用风压来直接通风，进深较大的部位多利用热压来达到通风的效果。风的垂直分布特性使得高层建筑比较容易实现自然通风。但对于高层建筑来说，焦点问题往往会转变为建筑内部（如中庭、内天井）及周围区域的风速是否会过大或造成紊流，新建高层建筑对于周围风环境特别是步行区域有什么影响等。在公共建筑中利用风压和热压来进行自然通风的实例是非常多的，它利用中庭的高大空间，外围护结构为双层通风玻璃幕墙，在内部的热压和外表面太阳辐射作用下，即平常所讲的"烟囱效应"热空气上升，形成良好的自然通风。

对于一些大型体育馆、展览馆、商业设施等，由于通风路径（或管道）较长，流动阻力较大，单纯依靠自然的风压，热压往往不足以实现自然通风。而对于空气和噪声污染比较严重的大城市，直接自然通风会将室外污浊的空气和噪声带入室内，不利于人体健康，在上述情况下，常采用机械辅助式自然通风系统，如利用土壤预冷、预热、深井水换热等，此类系统有一套完整的空气循环通道，并借助一定的机械方式来加速室内通风。

由于建筑朝向、形式等条件的不同，建筑通风的设计参数及结果会大相径庭；周边建筑或植被会改变风速、风向；建筑的女儿墙，挑檐，屋顶坡度等也会影响建筑围护结构表面的气流。因此建筑中庭通风设计必须具体问题具体分析，并且与建筑设计同步进行（而不是等到建筑设计完成之后再做通风设计）。

因此，若建筑中庭空间高大，一般应考虑在中庭上部的侧面开一些窗口或其他形式的通风口，充分利用自然通风，达到降低中庭温度的目的。必要时，应考虑在中庭上部的侧面设置排风机加强通风，改善中庭热环境。尤其在室外空气的焓值小于建筑室内空气的焓值时，自然通风或机械排风能有效地带走中庭内的散热量和散湿量，改善室内热环境，节约建筑能耗。

3.2.12 应优先利用建筑设计实现天然采光。当利用建筑设计实现的天然采光不能满足照明要求时，应根据工程的地理位置、日照情况进行经济、技术比较，合理的选择导光或反光装置。可采用主动式或被动式导光系统。主动式导光系统采光部分实时跟踪太阳，以获得更好的采光效果，该系统效率较高，但机械、控制较复杂，造价较高。被动式导光系统采光部分固定不动，其系统效率不如主动式系统高，但结构、控制较简单，造价低廉。自然光导光、反光系统只能用于一般照明的补充，不可用于应急照明。当采用天然光导光、反光系统时，宜采用照明控制系统对人工照明进行自动控制，有条件时可采用智能照明控制系统对人工照明进行调光控制。

3.2.13 房间内表面反射比高，对照度的提高有明显作用。可参照国家标准《建筑采光设计标准》GB 50033的相关规定执行。

3.2.14 设置群控功能，可以最大限度地减少等候时间，减少电梯运行次数。轿厢内一段时间无预置指令时，电梯自动转为节能方式主要是关闭部分轿厢照明。高速电梯可考虑采用能量再生电梯。

在电梯设计选型时，宜选用采用高效电机或具有能量回收功能的节能型电梯。

3.3 围护结构热工设计

3.3.1、3.3.2 强制性条文。采用热工性能良好的建筑围护结构是降低公共建筑能耗的重要途径之一。我国幅员辽阔，气候差异大，各地区建筑围护结构的设计应因地制宜。在经济合理和技术可行的前提下，提高我国公共建筑的节能水平。根据建筑物所处的气候特点和技术情况，确定合理的建筑围护结构热工性能参数。

本标准修订时，建筑围护结构的热工性能参数是根据不同类型、不同气候区的典型建筑模型的最优节能方案确定的。并将同一气候区不同类型的公共建筑限值按其分布特征加权，得到该气候区公共建筑围护结构热工性能限值，再经过专家论证分析最终确定。

围护结构热工性能与投资增量经济模型的准确性是经济、技术分析的关键。非透光围护结构（外墙、屋顶）的热工性能主要以传热系数来衡量。编制组通过调研，确定了目前最常用的保温材料价格，经统计分析建立传热系数与投资增量的数学模型。对于透光围护结构，传热系数 K 和太阳得热系数 $SHGC$ 是衡量外窗、透光幕墙热工性能的两个主要指标。外窗造价与其传热系数和太阳得热系数的经济分析模型是通过对调研数据进行统计分析确定的。

外墙的传热系数采用平均传热系数，主要考虑围护结构周边混凝土梁、柱、剪力墙等"热桥"的影响，以保证建筑在冬季供暖和夏季空调时，围护结构的传热量不超过标准的要求。

本次修订以太阳得热系数（$SHGC$）作为衡量透光围护结构性能的参数，一方面在名称上更贴近人们关心的太阳辐射进入室内得热量，另一方面国外标准及主流建筑能耗模拟软件中也是以太阳得热系数（$SHGC$）作为衡量窗户或透光幕墙等透光围护结构热工性能的参数。

由于严寒A区的公共建筑面积仅占全国公共建筑的0.24%，该气候区的公共建筑能耗特点和严寒B区相近，因此，对严寒A区和B区提出相同要求，以规定性指标作为节能设计的主要依据。严寒和寒冷地区冬季室内外温差大、供暖期长，建筑围护结构传热系数对供暖能耗影响很大，供暖期室内外温差传热的热量损失占主导地位。因此，在严寒、寒冷地区主要考虑建筑的冬季保温，对围护结构传热系数的限值要求相对高于其他气候区。在夏热冬暖和夏热冬冷地区，空调期太阳辐射得热是建筑能耗的主要原因，因此，对窗和幕墙的玻璃（或其他透光材料）的太阳得热系数的要求高于北方地区。

夏热冬冷地区要同时考虑冬季保温和夏季隔热，不同于北方供暖建筑主要考虑单向的传热过程。能耗分析结果表明，在该气候区改变围护结构传热系数时，随着 K 值的减少，能耗并非按线性规律变化：提高屋顶热工性能总是能带来更好的节能效果，但是提高外墙的热工性能时，全年供冷能耗量增加，供热能耗量减少，变化幅度接近，导致节能效果不明显。但是考虑到随着人们生活水平的日益提高，该地区对室内环境热舒适度的要求越来越高，因此对该地区围护结构保温性能的要求也作出了相应的提高。

目前以供冷为主的南方地区越来越多的公共建筑采用轻质幕墙结构，其热工性能与重型墙体差异较大。本次修订分析了轻型墙体和重型墙体结构对建筑全年能耗的影响，结果表明，建筑全年能耗随着墙体热惰性指标 D 值增大而减小。这说明，采用轻质幕墙结构时，只对传热系数进行要求，难以保证墙体的节能性能。通过调查分析，常用轻质幕墙结构的热惰性指标集中在2.5以下，故以 $D=2.5$ 为界，分别给出传热系数限值，通过热惰性指标和传热系数同时约束。

夏热冬暖地区主要考虑建筑的夏季隔热。该地区太阳辐射通过透光围护结构进入室内的热量是夏季冷负荷的主要成因，所以对该地区透光围护结构的遮阳性能要求较高。

当建筑师追求通透、大面积使用透光幕墙时，要根据建筑所处的气候区和窗墙面积比选择玻璃（或其他透光材料），使幕墙的传热系数和玻璃（或其他透光材料）的热工性能符合本标准的规定。为减少做权衡判断的机会，方便设计，本次修订对窗墙面积比大于0.70的情况，也做了节能性等效的热工权衡计算，并给出其热工性能限值。当采用较大的窗墙面积比时，其透光围护结构的热工性能所要达到的要求也更高，需要付出的经济代价也更大。但正常情况下，建筑应采用合理的窗墙面积比，尽量避免采用大窗墙面积比的设计方案。通常，窗墙面积比不宜大于0.7。乙类建筑的建筑面积小，其能耗总量也小，可适当放宽对该类建筑的围护结构热工性能要求，以简化该类建筑的节能设计，提高效率。

在严寒和寒冷地区，如果建筑物地下室外墙的热阻过小，墙的传热量会很大，内表面尤其是墙角部位容易结露。同样，如果与土壤接触的地面热阻过小，地面的传热量也会很大，地表面也容易结露或产生冻脚现象。因此，从节能和卫生的角度出发，要求这些部位必须达到防止结露或产生冻脚的热阻值。因此对地面和地下室外墙的热阻作出了规定。为方便计算本标准只对保温材料层的热阻性能提出要求，不包括土壤和混凝土地面。周边地面是指室内距外墙内表面2m以内的地面。

温和地区气候温和，近年来，为满足旅游业和经济发展的需要，主要公共建筑都配置了供暖空调设施，公共建筑能耗逐年呈上升趋势。目前国家在大力推广被动建筑，提出被动优先、主动优化的原则，而在温和地区，被动技术是最适宜的技术，因此，从控制供暖空调能耗和室内热环境角度，对围护结构提出一定的保温、隔热性能要求有利于该地区建筑节能工作，也符合国家提出的可持续发展理念。

温和A区的采暖度日数与夏热冬冷地区一致，温和B区的采暖度日数与夏热冬暖地区一致，因此，对于温和A区，从控制供暖能耗角度，其围护结构保温性能宜与具有相同采暖度日数的地区一致，一方面可以有效降低供暖能耗，另一方面围护结构热工性能的提升也将有效改善室内热舒适性，有利于减少供暖系统的设置和使用。温和地区空调度日数远小于夏热冬冷地区，但温和地区所处地理位置普遍海拔高、纬度低，太阳高度角较高、辐射强，空气透明度大，多数地区太阳年日照小时数为 2100h～2300h，年太阳能总辐照量 4500MJ/m² ～ 6000MJ/m²，太阳辐射是导致室内过热的主要原因。因此，要求其遮阳性能分别与相邻气候区一致，不仅能有效降低能耗，而且可以明显改善夏季室内热环境，为采用通风手段满足室内热舒适度、尽量减少空调系统的使用提供可能。但考虑到该地区经济社会发展水平相对滞后、能源资源条件有限，且温和地区建筑能耗总量占比较低，因此，本标准对温和 A 区围护结构保温性能的要求低于相同采暖度日数的夏热冬冷地区；对温和 B 区，也只对其遮阳性能提出要求，而对围护结构保温性能不作要求。

由于温和地区的乙类建筑通常不设置供暖和空调系统，因此未对其围护结构热工性能作出要求。

3.3.3 本条是对本标准第 3.3.1 条和 3.3.2 条中热工性能参数的计算方法进行规定。建筑围护结构热工性能参数是本标准衡量围护结构节能性能的重要指标。计算时应符合现行国家标准《民用建筑热工设计规范》GB 50176 的有关规定。

围护结构设置保温层后，其主断面的保温性能比较容易保证，但梁、柱、窗口周边和屋顶突出部分等结构性热桥的保温通常比较薄弱，不经特殊处理会影响建筑的能耗，因此本标准规定的外墙传热系数是包括结构性热桥在内的平均传热系数，并在附录 A 对计算方法进行了规定。

外窗（包括透光幕墙）的热工性能，主要指传热系数和太阳得热系数，受玻璃系统的性能、窗框（或框架）的性能以及窗框（或框架）和玻璃系统的面积比例等影响，计算时应符合《民用建筑热工设计规范》GB 50176 的规定。

外遮阳构件是改善外窗（包括透光幕墙）太阳得热系数的重要技术措施。有外遮阳时，本标准第 3.3.1 条和 3.3.2 条中外窗（包括透光幕墙）的遮阳性能应为由外遮阳构件和外窗（包括透光幕墙）组成的外窗（包括透光幕墙）系统的综合太阳得热系数。外遮阳构件的遮阳系数计算应符合《民用建筑热工设计规范》GB 50176 的规定。需要注意的是，外窗（包括透光幕墙）的太阳得热系数的计算不考虑内遮阳构件的影响。

3.3.4 围护结构中窗过梁、圈梁、钢筋混凝土抗震柱、钢筋混凝土剪力墙、梁、柱、墙体和屋面及地面相接触部位的传热系数远大于主体部位的传热系数，形成热流密集通道，即为热桥。对这些热工性能薄弱的环节，必须采取相应的保温隔热措施，才能保证围护结构正常的热工状况和满足建筑室内人体卫生方面的基本要求。

热桥部位的内表面温度规定要求的目的主要是防止冬季供暖期间热桥内外表面温差小，内表面温度容易低于室内空气露点温度，造成围护结构热桥部位内表面产生结露，使围护结构内表面材料受潮、长霉，影响室内环境。因此，应采取保温措施，减少围护结构热桥部位的传热损失。同时也可避免夏季空调期间这些部位传热过大导致空调能耗增加。

3.3.5 公共建筑一般对室内环境要求较高，为了保证建筑的节能，要求外窗具有良好的气密性能，以抵御夏季和冬季室外空气过多地向室内渗漏，因此对外窗的气密性能要有较高的要求。根据国家标准《建筑外门窗气密、水密、抗风压性能分级及检测方法》GB/T 7106-2008，建筑外门窗气密性 7 级对应的分级指标绝对值为：单位缝长 $1.0 \geq q_1 [m^3/(m \cdot h)] > 0.5$，单位面积 $3.0 \geq q_2 [m^3/(m^2 \cdot h)] > 1.5$；建筑外门窗气密性 6 级对应的分级指标绝对值为：单位缝长 $1.5 \geq q_1 [m^3/(m \cdot h)] > 1.0$，单位面积 $4.5 \geq q_2 [m^3/(m^2 \cdot h)] > 3.0$。建筑外门窗气密性 4 级对应的分级指标绝对值为：单位缝长 $2.5 \geq q_1 [m^3/(m \cdot h)] > 2.0$，单位面积 $7.5 \geq q_2 [m^3/(m^2 \cdot h)] > 6.0$。

3.3.6 目前国内的幕墙工程，主要考虑幕墙围护结构的结构安全性、日光照射的光环境、隔绝噪声、防止雨水渗透以及防火安全等方面的问题，较少考虑幕墙围护结构的保温隔热、冷凝等热工节能问题。为了节约能源，必须对幕墙的热工性能作出明确的规定。这些规定已经体现在第 3.3.1、3.3.2 条中。

由于透光幕墙的气密性能对建筑能耗也有较大的影响，为了达到节能目标，本条文对透光幕墙的气密性也作了明确的规定。根据国家标准《建筑幕墙》GB/T 21086-2007，建筑幕墙开启部分气密性 3 级对应指标为 $1.5 \geq q_L [m^3/(m \cdot h)] > 0.5$，建筑幕墙整体气密性 3 级对应指标为 $1.2 \geq q_A [m^3/(m^2 \cdot h)] > 0.5$。

3.3.7 强制性条文。由于功能要求，公共建筑的入口大堂可能采用玻璃肋式的全玻幕墙，这种幕墙形式难于采用中空玻璃，为保证设计师的灵活性，本条仅对入口大堂的非中空玻璃构成的全玻幕墙进行特殊要求。为了保证围护结构的热工性能，必须对非中空玻璃的面积加以控制，底层大堂非中空玻璃构成的全玻幕墙的面积不应超过同一立面的门窗和透光幕墙总面积的 15%，加权计算得到的平均传热系数应符合本标准第 3.3.1 条和第 3.3.2 条的要求。

3.4 围护结构热工性能的权衡判断

3.4.1 为防止建筑物围护结构的热工性能存在薄弱环节，因此设定进行建筑围护结构热工性能权衡判断计算的前提条件。除温和地区以外，进行权衡判断的甲类公共建筑首先应符合本标准表3.4.1的性能要求。当不符合时，应采取措施提高相应热工设计参数，使其达到基本条件后方可按照本节规定进行权衡判断，满足本标准节能要求。建筑围护结构热工性能判定逻辑关系如图2所示。

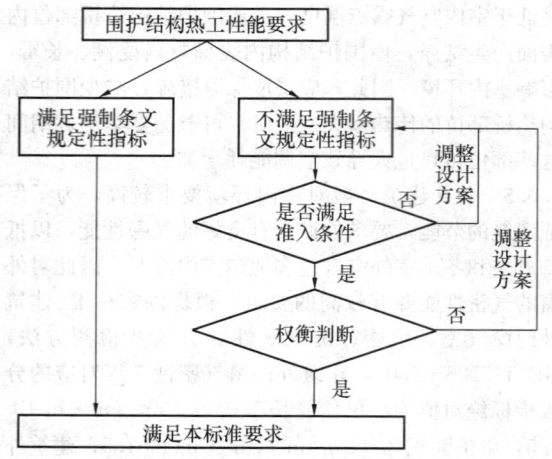

图 2　围护结构热工性能判定逻辑关系

根据实际工程经验，与非透光围护结构相比，外窗（包括透光幕墙）更容易成为建筑围护结构热工性能的薄弱环节，因此对窗墙面积比大于0.4的情况，规定了外窗（包括透光幕墙）的基本要求。

3.4.2　公共建筑的设计往往着重考虑建筑外形立面和使用功能，有时由于建筑外形、材料和施工工艺条件等的限制难以完全满足本标准第3.3.1条的要求。因此，使用建筑围护结构热工性能权衡判断方法在确保所设计的建筑能够符合节能设计标准的要求的同时，尽量保证设计方案的灵活性和建筑师的创造性。权衡判断不拘泥于建筑围护结构各个局部的热工性能，而是着眼于建筑物总体热工性能是否满足节能标准的要求。优良的建筑围护结构热工性能是降低建筑能耗的前提，因此建筑围护结构的权衡判断只针对建筑围护结构，允许建筑围护结构热工性能的互相补偿（如建筑设计方案中的外墙热工性能达不到本标准的要求，但外窗的热工性能高于本标准要求，最终使建筑物围护结构的整体性能达到本标准的要求），不允许使用高效的暖通空调系统对不符合本标准要求的围护结构进行补偿。

自2005版标准使用建筑围护结构权衡判断方法以来，该方法已经成为判定建筑物围护结构热工性能的重要手段之一，并得到了广泛地应用，保证了标准的有效性和先进性。但经过几年来的大规模应用，该方法也暴露出一些不完善之处。主要体现在设计师对方法的理解不够透彻，计算中一些主要参数的要求不够明确，工作量大，导致存在通过权衡判断的建筑的围护结构整体热工性能达不到标准要求的情况。本次修订通过软件比对、大量算例计算，对权衡判断方法

进行了完善和补充，提高了方法的可操作性和有效性。

3.4.3　权衡判断是一种性能化的设计方法，具体做法就是先构想出一栋虚拟的建筑，称之为参照建筑，然后分别计算参照建筑和实际设计的建筑全年供暖和空调能耗，并依照这两个能耗的比较结果作出判断。当实际设计的建筑能耗大于参照建筑的能耗时，调整部分设计参数（例如提高窗户的保温隔热性能、缩小窗户面积等等），重新计算设计建筑的能耗，直至设计建筑的能耗不大于参照建筑的能耗为止。

每一栋实际设计的建筑都对应一栋参照建筑。与实际设计的建筑相比，参照建筑除了在实际设计建筑不满足本标准的一些重要规定之处作了调整以满足本标准要求外，其他方面都相同。参照建筑在建筑围护结构的各个方面均应完全符合本标准的规定。

3.4.4　参照建筑是进行围护结构热工性能权衡判断时，作为计算满足标准要求的全年供暖和空气调节能耗用的基准建筑。所以参照建筑围护结构的热工性能参数应按本标准第3.3.1条的规定取值。

建筑外墙和屋面的构造、外窗（包括透光幕墙）的太阳得热系数都与供暖和空调能耗直接相关，因此参照建筑的这些参数必须与设计建筑完全一致。

3.4.5　权衡计算的目的是对围护结构的整体热工性能进行判断，是一种性能化评价方法，判断的依据是在相同的外部环境、相同的室内参数设定、相同的供暖空调系统的条件下，参照建筑和设计建筑的供暖、空调的总能耗。用动态方法计算建筑的供暖和空调能耗是一个非常复杂的过程，很多细节都会影响能耗的计算结果。因此，为了保证计算的准确性，本标准在附录B对权衡计算方法和参数设置等作出具体的规定。

需要指出的是，进行权衡判断时，计算出的是某种"标准"工况下的能耗，不是实际的供暖和空调能耗。本标准在规定这种"标准"工况时尽量使它合理并接近实际工况。

权衡判断计算后，设计人员应按本标准附录C提供计算依据的原始信息和计算结果，便于审查及判定。

4　供暖通风与空气调节

4.1　一般规定

4.1.1　强制性条文。为防止有些设计人员错误地利用设计手册中供方案设计或初步设计时估算用的单位建筑面积冷、热负荷指标，直接作为施工图设计阶段确定空调的冷、热负荷的依据，特规定此条为强制要求。用单位建筑面积冷、热负荷指标估算时，总负荷计算结果偏大，从而导致了装机容量偏大、管道直径

偏大、水泵配置偏大、末端设备偏大的"四大"现象。其直接结果是初投资增高、能量消耗增加，给国家和投资人造成巨大损失。热负荷、空调冷负荷的计算应符合国家标准《民用建筑供暖通风与空气调节设计规范》GB 50736-2012 的有关规定，该标准中第 5.2 节和第 7.2 节分别对热负荷、空调冷负荷的计算进行了详细规定。

需要说明的是，对于仅安装房间空气调节器的房间，通常只做负荷估算，不做空调施工图设计，所以不需进行逐项逐时的冷负荷计算。

4.1.2 严寒 A 区和严寒 B 区供暖期长，不论在降低能耗或节省运行费用方面，还是提高室内舒适度、兼顾值班供暖等方面，通常采用热水集中供暖系统更为合理。

严寒 C 区和寒冷地区公共建筑的冬季供暖问题涉及很多因素，因此要结合实际工程通过具体的分析比较、优选后确定是否另设置热水集中供暖系统。

4.1.3 提倡低温供暖、高温供冷的目的：一是提高冷热源效率，二是可以充分利用天然冷热源和低品位热源，尤其在利用可再生能源的系统中优势更为明显，三是可以与辐射末端等新型末端配合使用，提高房间舒适度。本条实施的一个重要前提是分析系统设计的技术经济性。例如，对于集中供暖系统，使用锅炉作为热源的供暖系统采用低温供暖不一定能达到节能的目的；单纯提高冰蓄冷系统供水温度不一定合理，需要考虑投资和节能的综合效益。此外，低温供热或高温供冷通常会导致投资的增加，因而在方案选择阶段进行经济技术比较后确定热媒温度是十分必要的。

4.1.4 建筑通风被认为是消除室内空气污染、降低建筑能耗的最有效手段。当采用通风可以满足消除余热余湿要求时，应优先使用通风措施，可以大大降低空气处理的能耗。自然通风主要通过合理适度地改变建筑形式，利用热压和风压作用形成有组织气流，满足室内通风要求、减少能耗。复合通风系统与传统通风系统相比，最主要的区别在于通过智能化的控制与管理，在满足室内空气品质和热舒适的前提下，使一天的不同时刻或一年的不同季节交替或联合运行自然或机械通风系统以实现节能。

4.1.5 分散设置的空调装置或系统是指单一房间独立设置的蒸发冷却方式或直接膨胀式空调系统（或机组），包括为单一房间供冷的水环热泵系统或多联机空调系统。直接膨胀式与蒸发冷却式空调系统（或机组）的冷、热源的原理不同：直接膨胀式采用的是冷媒通过制冷循环而得到需要的空调冷、热源或空调冷、热风；而蒸发冷却式则主要依靠天然的干燥冷空气或天然的低温冷水来得到需要的空调冷、热源或空调冷、热风，在这一过程中没有制冷循环的过程。直接膨胀式又包括了风冷式和水冷式两类。这种分散式的系统更适宜应用在部分时间部分空间供冷的场所。

当建筑全年供冷需求的运行时间较少时，如果采用设置冷水机组的集中供冷空调系统，会出现全年集中供冷系统设备闲置时间长的情况，导致系统的经济性较差；同理，如果建筑全年供暖需求的时间少，采用集中供暖系统也会出现类似情况。因此，如果集中供冷、供暖的经济性不好，宜采用分散式空调系统。从目前情况看：建议可以以全年供冷运行季节时间 3 个月（非累积小时）和年供暖运行季节时间 2 个月，来作为上述的时间分界线。当然，在有条件时，还可以采用全年负荷计算与分析方法，或者通过供冷与供暖的"度日数"等方法，通过经济分析来确定。分散设置的空调系统，虽然设备安装容量下的能效比低于集中设置的冷（热）水机组或供热、换热设备，但其使用灵活多变，可适应多种用途、小范围的用户需求。同时，由于它具有容易实现分户计量的优点，能对行为节能起到促进作用。

对于既有建筑增设空调系统时，如果设置集中空调系统，在机房、管道设置方面存在较大的困难时，分散设置空调系统也是一个比较好的选择。

4.1.6 温湿度独立控制空调系统将空调区的温度和湿度的控制与处理方式分开进行，通常是由干燥的新风来负担室内的湿负荷，用高温末端来负担室内的显热负荷，因此空气除湿后无需再热升温，消除了再热能耗。同时，降温所需要的高温冷源可由多种方式获得，其冷媒温度高于常规冷却除湿联合进行时的冷媒温度要求，即使采用人工冷源，系统制冷能效比也高于常规系统，因此冷源效率得到了大幅提升。再者，夏季采用高温末端之后，末端的换热能力增大，冬季的热媒温度可明显低于常规系统，这为使用可再生能源等低品位能源作为热源提供了条件。但目前处理潜热的技术手段还有待提高，设计不当则会导致投资过高或综合节能效益不佳，无法体现温湿度独立控制系统的优势。因此，温湿度独立控制空调系统的设计，需注意解决好以下问题：

1 除湿方式和高温冷源的选择

1）对于我国的潮湿地区［空气含湿量高于 $12g/(kg·干空气)$］，引入的新风应进行除湿处理，达到设计要求的含湿量之后再送入房间。设计者应通过对空调区全年温湿度要求的分析，合理采用各种除湿方式。如果空调区全年允许的温、湿度变化范围较大，冷却除湿能够满足使用要求，也是可应用的除湿方式之一。对于干燥地区，将室外新风直接引入房间（干热地区可能需要适当的降温，但不需要专门的除湿措施），即可满足房间的除湿要求。

2）人工制取高温冷水、高温冷媒系统、蒸发冷却等方式或天然冷源（如地表水、地下水等），都可作为温湿度独立控制系统的高温冷源。因此应对建筑所在地的气候特点进行分析论证后合理采用，主要的原则是：尽可能减少人工冷源的使用。

2 考虑全年运行工况，充分利用天然冷源

1）由于全年室外空气参数的变化，设计采用人工冷源的系统，在过渡季节也可直接应用天然冷源或可再生能源等低品位能源。例如：在室外空气的湿球温度较低时，应采用冷却塔制取的16℃～18℃高温冷水直接供冷；与采用7℃冷水的常规系统相比，前者全年冷却塔供冷的时间远远多于后者，从而减少了冷水机组的运行时间。

2）当冬季供热与夏季供冷采用同一个末端设备时，例如夏季采用干式风机盘管或辐射末端设备，一般冬季采用同一末端时的热水温度在30℃/40℃即可满足要求，如果有低品位可再生热源，则应在设计中充分考虑和利用。

3 不宜采用再热方式

温湿度独立控制空调系统的优势即为温度和湿度的控制与处理方式分开进行，因此空气处理时通常不宜采用再热升温方式，避免造成能源的浪费。在现有的温湿度独立控制系统的设备中，有采用热泵蒸发器冷却除湿后，用冷凝热再热的方式。也有采用表冷器除湿后用排风、冷却水等进行再热的措施。它们的共同特点是：再热利用的是废热，但会造成冷量的浪费。

4.1.7 温湿度要求不同的空调区不应划分在同一个空调风系统中是空调风系统设计的一个基本要求，这也是多数设计人员都能够理解和考虑到的。但在实际工程设计中，一些设计人员忽视了不同空调区在使用时间等要求上的区别，出现了把使用时间不同的空气调节区划分在同一个定风量全空气风系统中的情况，不仅给运行与调节造成困难，同时也增大了能耗，为此强调应根据使用要求来划分空调风系统。

4.2 冷源与热源

4.2.1 冷源与热源包括冷热水机组、建筑内的锅炉和换热设备、蒸发冷却机组、多联机、蓄热设备等。

建筑能耗占我国能源总消费的比例已达27.5%，在建筑能耗中，暖通空调系统和生活热水系统能耗比例接近60%。公共建筑中，冷、热源的能耗占空调系统能耗40%以上。当前，各种机组、设备类型繁多，电制冷机组、溴化锂吸收式机组及蓄冷蓄热设备等各具特色，地源热泵、蒸发冷却等利用可再生能源或天然冷源的技术应用广泛。由于使用这些机组和设备时会受到能源、环境、工程状况、使用时间及要求等多种因素的影响和制约，因此应客观全面地对冷热源方案进行技术经济比较分析，以可持续发展的思路确定合理的冷热源方案。

1 热源应优先采用废热或工业余热，可变废为宝，节约资源和能耗。当废热或工业余热的温度较高、经技术经济论证合理时，冷源宜采用吸收式冷水机组，可以利用废热或工业余热制冷。

2 面对全球气候变化，节能减排和发展低碳经济成为各国共识。我国政府于2009年12月在丹麦哥本哈根举行的《联合国气候变化框架公约》大会上，提出2020年我国单位国内生产总值二氧化碳排放比2005年下降40%～45%。随着《中华人民共和国可再生能源法》、《中华人民共和国节约能源法》、《民用建筑节能条例》、《可再生能源中长期发展规划》等一系列法规的出台，政府一方面利用大量补贴、税收优惠政策来刺激清洁能源产业发展；另一方面也通过法规，帮助能源公司购买、使用可再生能源。因此，地源热泵系统、太阳能热水器等可再生能源技术应用的市场发展迅猛，应用广泛。但是，由于可再生能源的利用与室外环境密切相关，从全年使用角度考虑，并不是任何时候都可以满足应用需求，因此当不能保证时，应设置辅助冷、热源来满足建筑的需求。

3 发展城镇集中热源是我国北方供暖的基本政策，发展较快，较为普遍。具有城镇或区域集中热源时，集中式空调系统应优先采用。

4 电动压缩式机组具有能效高、技术成熟、系统简单灵活、占地面积小等特点，因此在城市电网夏季供电充足的区域，冷源宜采用电动压缩式机组。

5 对于既无城市热网，也没有较充足的城市供电的地区，采用电能制冷会受到较大的限制，如果其城市燃气供应充足的话，采用燃气锅炉、燃气热水机作为空调供热的热源和燃气吸收式冷（温）水机组作为空调冷源是比较合适的。

6 既无城市热网，也无燃气供应的地区，集中空调系统只能采用燃煤或者燃油来提供空调热源和冷源。采用燃油时，可以采用燃油吸收式冷（温）水机组。采用燃煤时，则只能通过设置吸收式冷水机组来提供空调冷源。这种方式应用时，需要综合考虑燃油的价格和当地环保要求。

7 在高温干燥地区，可通过蒸发冷却方式直接提供用于空调系统的冷水，减少了人工制冷的能耗，符合条件的地区应优先推广采用。通常来说，当室外空气的露点温度低于15℃时，采用间接式蒸发冷却方式，可以得到接近16℃的空调冷水来作为空调系统的冷源。直接水冷式系统包括水冷式蒸发冷却、冷却塔冷却、蒸发冷凝等。

8 从节能角度来说，能源应充分考虑梯级利用，例如采用热、电、冷联产的方式。《中华人民共和国节约能源法》明确提出："推广热电联产、集中供热，提高热电机组的利用率，发展热能梯级利用技术，

热、电、冷联产技术和热、电、煤气三联供技术，提高热能综合利用率。"大型热电冷联产是利用热电系统发展供热、供电和供冷为一体的能源综合利用系统。冬季用热电厂的热源供热，夏季采用溴化锂吸收式制冷机供冷，使热电厂冬夏负荷平衡，高效经济运行。

9 水环热泵空调系统是用水环路将小型的水/空气热泵机组并联在一起，构成一个以回收建筑物内部余热为主要特点的热泵供暖、供冷的空调系统。需要长时间向建筑物同时供热和供冷时，可节省能源和减少向环境排热。

水环热泵空调系统具有以下优点：

1) 实现建筑内部冷、热转移；
2) 可独立计量；
3) 运行调节比较方便，在需要长时间向建筑同时供热和供冷时，能够减少建筑外提供的供热量而节能。

但由于水环热泵系统的初投资相对较大，且因为分散设置后每个压缩机的安装容量较小，使得 COP 值相对较低，从而导致整个建筑空调系统的电气安装容量相对较大，因此，在设计选用时，需要进行较细的分析。从能耗上看，只有当冬季建筑物内存在明显可观的冷负荷时，才具有较好的节能效果。

10 蓄能系统的合理使用，能够明显提高城市或区域电网的供电效率，优化供电系统，转移电力高峰，平衡电网负荷。同时，在分时电价较为合理的地区，也能为用户节省全年运行电费。为充分利用现有电力资源，鼓励夜间使用低谷电，国家和各地区电力部门制定了峰谷电价差政策。

11 热泵系统属于国家大力提倡的可再生能源的应用范围，有条件时应积极推广。但是，对于缺水、干旱地区，采用地表水或地下水存在一定的困难，因此，中、小型建筑宜采用空气源或土壤源热泵系统为主（对于大型工程，由于规模等方面的原因，系统的应用可能会受到一些限制）；夏热冬冷地区，空气源热泵的全年能效比较好，因此推荐使用；而当采用土壤源热泵系统时，中、小型建筑空调冷、热负荷的比例比较容易实现土壤全年的热平衡，因此也推荐使用。对于水资源严重短缺的地区，不但地表水或地下水的使用受到限制，集中空调系统的冷却水在全年运行过程中，水量消耗较大的缺点也会凸现出来，因此，这些地区不应采用消耗水资源的空调系统形式和设备（例如冷却塔、蒸发冷却等），而宜采用风冷式机组。

12 当天然水可以有效利用或浅层地下水能够确保 100% 回灌时，也可以采用地表水或地下水源地源热泵系统，有效利用可再生能源。

13 由于可供空气调节的冷热源形式越来越多，节能减排的形势要求下，出现了多种能源形式向一个空调系统供能的状况，实现能源的梯级利用、综合利用、集成利用。当具有电、城市供热、天然气、城市煤气等多种人工能源以及多种可能利用的天然能源形式时，可采用几种能源合理搭配作为空调冷热源，如"电＋气"、"电＋蒸汽"等。实际上很多工程都通过技术经济比较后采用了复合能源方式，降低了投资和运行费用，取得了较好的经济效益。城市的能源结构若是几种共存，空调也可适应城市的多元化能源结构，用能源的峰谷季节差价进行设备选型，提高能源的一次能效，使用户得到实惠。

4.2.2 强制性条文。合理利用能源、提高能源利用率、节约能源是我国的基本国策。我国主要以燃煤发电为主，直接将燃煤发电生产出的高品位电能转换为低品位的热能进行供暖，能源利用效率低，应加以限制。考虑到国内各地区的具体情况，只有在符合本条所指的特殊情况时方可采用。

1 随着我国电力事业的发展和需求的变化，电能生产方式和应用方式均呈现出多元化趋势。同时，全国不同地区电能的生产、供应与需求也是不相同的，无法做到一刀切的严格规定和限制。因此如果当地电能富裕、电力需求侧管理从发电系统整体效率角度，有明确的供电政策支持时，允许适当采用直接电热。

2 对于一些具有历史保护意义的建筑，或者消防及环保有严格要求无法设置燃气、燃油或燃煤区域的建筑，由于这些建筑通常规模都比较小，在迫不得已的情况下，也允许适当地采用电进行供热，但应在征求消防、环保等部门的批准后才能进行设计。

3 对于一些设置了夏季集中空调供冷的建筑，其个别局部区域（例如：目前在一些南方地区，采用内、外区合一的变风量系统且加热量非常低时——有时采用窗边风机及低容量的电热加热、建筑屋顶的局部水箱间为了防冻需求等）有时需要加热，如果为这些要求专门设置空调热水系统，难度较大或者条件受到限制或者投入非常高。因此，如果所需要的直接电能供热负荷非常小（不超过夏季空调供冷时冷源设备电气安装容量的 20%）时，允许适当采用直接电热方式。

4 夏热冬暖或部分夏热冬冷地区冬季供热时，如果没有区域或集中供热，热泵是一个较好的方案。但是，考虑到建筑的规模、性质以及空调系统的设置情况，某些特定的建筑，可能无法设置热泵系统。当这些建筑冬季供热设计负荷较小，当地电力供应充足，且具有峰谷电差政策时，可利用夜间低谷电蓄热方式进行供暖，但电锅炉不得在用电高峰和平段时间启用。为了保证整个建筑的变压器装机容量不因冬季采用电热方式而增加，要求冬季直接电能供热负荷不超过夏季空调供冷负荷的 20%，且单位建筑面积的直接电能供热总安装容量不超过 20W/m²。

5 如果建筑本身设置了可再生能源发电系统（例如利用太阳能光伏发电、生物质能发电等），且发电量能够满足建筑本身的电热供暖需求，不消耗市政电能时，为了充分利用其发电的能力，允许采用这部分电能直接用于供暖。

4.2.3 强制性条文。在冬季无加湿用蒸汽源，但冬季室内相对湿度的要求较高且对加湿器的热惰性有工艺要求（例如有较高恒温恒湿要求的工艺性房间），或对空调加湿有一定的卫生要求（例如无菌病房等），不采用蒸汽无法实现湿度的精度要求时，才允许采用电极（或电热）式蒸汽加湿器。

4.2.4 本条中各款提出的是选择锅炉时应注意的问题，以便能在满足全年变化的热负荷前提下，达到高效节能运行的要求。

1 供暖及空调热负荷计算中，通常不计入灯光设备等得热，而将其作为热负荷的安全余量。但灯光设备等得热远大于管道热损失，所以确定锅炉房容量时无需计入管道热损失。负荷率不低于50%即锅炉单台容量不低于其设计负荷的50%。

2 燃煤锅炉低负荷运行时，热效率明显下降，如果能使锅炉的额定容量与长期运行的实际负荷接近，会得到较高的热效率。作为综合建筑的热源往往长时间在很低的负荷率下运行，由此基于长期热效率高的原则确定单台锅炉容量很重要，不能简单地等容量选型。但在保证较高的长期热效率的前提下，又以等容量选型最佳，因为这样投资节约、系统简洁、互备性好。

3 冷凝式锅炉即在传统锅炉的基础上加设冷凝式热交换受热面，将排烟温度降到40℃～50℃，使烟气中的水蒸气冷凝下来并释放潜热，可以使热效率提高到100%以上（以低位发热量计算），通常比非冷凝式锅炉的热效率至少提高10%～12%。燃料为天然气时，烟气的露点温度一般在55℃左右，所以当系统回水温度低于50℃，采用冷凝式锅炉可实现节能。

4.2.5 强制性条文。中华人民共和国国家质量监督检验检疫总局颁布的特种设备安全技术规范《锅炉节能技术监督管理规程》TSG G0002-2010 中，工业锅炉热效率指标分为目标值和限定值，达到目标值可以作为评价工业锅炉节能产品的条件之一。条文表中数值为该规程规定限定值，选用设备时必须要满足。

4.2.6 与蒸汽相比，热水作为供热介质的优势早已被实践证明，所以强调优先以水为锅炉供热介质的理念。但当蒸汽热负荷比例大，而总热负荷不大时，分设蒸汽供热与热水供热系统，往往导致系统复杂、投资偏高、锅炉选型困难，而且节能效果有限，所以此时统一供热介质，技术经济上往往更合理。

超高层建筑采用蒸汽供暖弊大于利，其优点在于比水供暖所需的管道尺寸小，换热器经济性更好，但由于介质温度高，竖向长距离输送，汽水管道易腐蚀等因素，会带来安全、管理的诸多困难。

4.2.7 在大中型公共建筑中，或者对于全年供冷负荷变化幅度较大的建筑，冷水（热泵）机组的台数和容量的选择，应根据冷（热）负荷大小及变化规律确定，单台机组制冷量的大小应合理搭配，当单机容量调节下限的制冷量大于建筑物的最小负荷时，可选一台适合最小负荷的冷水机组，在最小负荷时开启小型制冷系统满足使用要求，这种配置方案已在许多工程中取得很好的节能效果。如果每台机组的装机容量相同，此时也可以采用一台或多台变频调速机组的方式。

对于设计冷负荷大于528kW以上的公共建筑，机组设置不宜少于两台，除可提高安全可靠性外，也可达到经济运行的目的。因特殊原因仅能设置一台时，应选用可靠性高，部分负荷能效高的机组。

4.2.8 强制性条文。从目前实际情况来看，舒适性集中空调建筑中，几乎不存在冷源的总供冷量不够的问题，大部分情况下，所有安装的冷水机组一年中同时满负荷运行的时间没有出现过，甚至一些工程所有机组同时运行的时间也很短或者没有出现过。这说明相当多的制冷站房的冷水机组总装机容量过大，实际上造成了投资浪费。同时，由于单台机组装机容量也同时增加，还导致了其在低负荷工况下运行，能效降低。因此，对设计的装机容量作出了本条规定。

目前大部分主流厂家的产品，都可以按照设计冷量的需求来提供冷水机组，但也有一些产品采用"系列化或规格化"生产。为了防止冷水机组的装机容量选择过大，本条对总容量进行了限制。

对于一般的舒适性建筑而言，本条规定能够满足使用要求。对于某些特定的建筑必须设置备用冷水机组时（例如某些工艺要求必须24h保证供冷的建筑等），其备用冷水机组的容量不统计在本条规定的装机容量之中。

应注意：本条提到的比值不超过1.1，是一个限制值。设计人员不应理解为选择设备时的"安全系数"。

4.2.9 分布式能源站作为冷热源时，需优先考虑使用热电联产产生的废热，综合利用能源，提高能源利用效率。热电联产如果仅考虑如何用热，而电力只是并网上网，就失去了分布式能源就地发电（site generation）的意义，其综合能效还不及燃气锅炉，在现行上网电价条件下经济效益也很差，必须充分发挥自身产生电力的高品位能源价值。

采用热泵后综合一次能效理论上可以达到2.0以上，经济收益也可提高1倍左右。

4.2.10、4.2.11 第4.2.10条是强制性条文。随着人民生活水平的不断提高，建筑业的持续发展，公共建筑中空调的使用进一步普及，我国已成为冷水机组的制造大国,也是冷水机组的主要消费国,直接推动了冷水机组的产品性能和质量的提升。

冷水机组是公共建筑集中空调系统的主要耗能设备,其性能很大程度上决定了空调系统的能效。而我国地域辽阔,南北气候差异大,严寒地区公共建筑中的冷水机组夏季运行时间较短,从北到南,冷水机组的全年运行时间不断延长,而夏热冬暖地区部分公共建筑中的冷水机组甚至需要全年运行。在经济和技术分析的基础上,严寒寒冷地区冷水机组性能适当提升,建筑围护结构性能作较大幅度的提升;夏热冬冷和夏热冬暖地区,冷水机组性能提升较大,建筑围护结构热工性能作小幅提升。保证全国不同气候区达到一致的节能率。因此,本次修订根据冷水机组的实际运行情况及其节能潜力,对各气候区提出不同的限值要求。

实际运行中,冷水机组绝大部分时间处于部分负荷工况下运行,只选用单一的满负荷性能指标来评价冷水机组的性能不能全面地体现冷水机组的真实能效,还需考虑冷水机组在部分负荷运行时的能效。发达国家也多将综合部分负荷性能系数(IPLV)作为冷水机组性能的评价指标,美国供暖、制冷与空调工程师学会(ASHRAE)标准 ASHARE90.1-2013 以 COP 和 IPLV 作为评价指标,提供了 Path A 和 Path B 两种等效的办法,并给出了相应的限值。因此,本次修订对冷水机组的满负荷性能系数(COP)以及水冷冷水机组的综合部分负荷性能系数(IPLV)均作出了要求。

编制组调研了国内主要冷水机组生产厂家,获得不同类型、不同冷量和性能水平的冷水机组在不同城市的销售数据,对冷水机组性能和价格进行分析,确定我国冷水机组的性能模型和价格模型,以此作为分析的基准。以最优节能方案中冷水机组的节能目标与年收益投资比(SIR 值)作为目标,确定冷水机组的性能系数(COP)限值和综合部分负荷性能系数(IPLV)限值。

2005 版标准中只对水冷螺杆和离心式冷水机组的综合部分负荷性能系数(IPLV)提出要求,而未对风冷机组和水冷活塞或水冷涡旋式机组作出要求,本次修订增加了这部分要求。同时根据不同制冷量冷水机组的销售数据及性能特点对冷水机组的冷量分级进行了调整。

2006 年~2011 年的销售数据显示,目前市场上的离心式冷水机组主要集中于大冷量,冷量小于 528kW 的离心式冷水机组的生产和销售已基本停止,而冷量 528kW~1163kW 的冷水机组也只占到了离心式冷水机组总销售量的 0.1%。因此在本次修订过程中,对于小冷量的离心式冷水机组只按照小于 1163kW 冷量范围作统一要求;而对大冷量的离心式冷水机组进行了进一步的细分,分别对制冷量在 1163kW~2110kW、2110kW~5280kW,以及大于 5280kW 的离心机的销售数据和性能进行了分析,同时参考国内冷水机组的生产情况,冷量大于 1163kW 的离心机按照冷量范围在 1163kW~2110kW 和大于等于 2110kW 的机组分别作出要求。

水冷活塞/涡旋式冷水机组,冷量主要分布在小于 528kW、528kW~1163kW 的机组只占到该类型总销售量的 2%左右,大于 1163kW 的机组已基本停止生产,并且根据该类型机组的性能特点,大容量的水冷活塞/涡旋式冷水机组与相同的螺杆式或离心式相比能效相差较大,当所需容量大于 528kW 时,不建议选用该类型机组,因此本标准对容量小于 528kW 的水冷活塞/涡旋式冷水机组作出统一要求。水冷螺杆式和风冷机组冷量分级不变。

现行国家标准《冷水机组能效限定值及能源效率等级》GB 19577 和《单元式空气调节机能效限定值及能源效率等级》GB 19576 为本标准确定能效最低值提供了参考。表 2 为摘自现行国家标准《冷水机组能效限定值及能源效率等级》GB 19577 中的能源效率等级指标。图 3 为摘自《中国用能产品能效状况白皮书(2012)》中公布的冷水机组总体能效等级分布情况。

表 2 冷水机组能效限定值及能源效率等级

类型	名义制冷量 CC(kW)	能效等级 COP				
		1	2	3	4	5
风冷式或蒸发冷却式	CC≤50	3.20	3.00	2.80	2.60	2.40
	CC>50	3.40	3.20	3.00	2.80	2.60
水冷式	CC≤528	5.00	4.70	4.40	4.10	3.80
	528<CC≤1163	5.50	5.10	4.70	4.30	4.00
	CC>1163	6.10	5.60	5.10	4.60	4.20

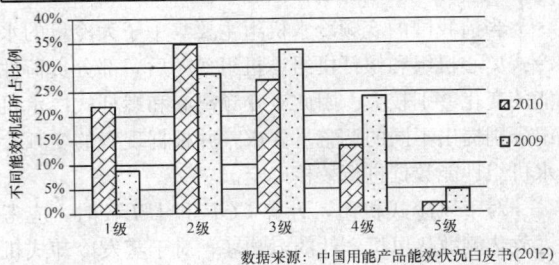

数据来源:中国用能产品能效状况白皮书(2012)

图 3 冷水机组总体能效等级分布

2005 版标准中的限值是根据能效等级中的三级(离心)、四级(螺杆)和五级(活塞)分别作出要求的。根据《中国用能产品能效状况白皮书 2012》中的数据显示,2011 年我国销售的各类型冷水机组中,四级和五级能效产品占总量的 16%,三级及以上产品占 84%,其中节能产品(一级和二级能效)则占到了总量的 57%。此外,根据调研得到的数据显示,当前主要厂家生产的主流冷水机组性能系数与 2005

版标准限值相比，高出比例大致为3.6%～42.3%，平均高出19.7%。可见，当前我国冷水机组的性能已经有了较大幅度的提升。

本标准修订后，表4.2.10中规定限值与2005版标准相比，各气候区能效限值提升比例，从严寒A、B区到夏热冬暖地区，各类型机组限值提升比例大致为4%～23%，其中应用较多、容量较大的螺杆和离心机组，限值提升也较多。根据各类型销量数据以及各气候区分布加权后，全国综合平均提升比例为12.9%，冷水机组能效提升所带来的空调系统节能率约为4.5%。将主要厂家主流产品性能与表4.2.10中规定限值进行对比，目前市场上有一部分产品性能将无法满足要求，各类产品应用在不同气候区，性能需要改善的产品所占比例，从北到南为11.5%～36.3%，全国加权平均后约有27.9%的冷水机组性能需要改善才能满足要求。

根据当前冷水机组市场价格，按照表4.2.10中规定限值要求，则气候区各类型冷水机组初投资成本增量比例，从北到南为11%～21.7%，全国加权平均增量成本比例约为19.1%，静态投资回收期约为4年～5年。

随着变频冷水机组技术的不断发展和成熟，自2010年起，我国变频冷水机组的应用呈不断上升的趋势。冷水机组变频后，可有效地提升机组部分负荷的性能，尤其是变频离心式冷水机组，变频后其综合部分负荷性能系数IPLV通常可提升30%左右；但由于变频器功率损耗及电抗器、滤波器损耗，变频后机组的满负荷性能会有一定程度的降低。因此，对于变频机组，本标准主要基于定频机组的研究成果，根据机组加变频后其满负荷和部分负荷性能的变化特征，对变频机组的COP和IPLV限值要求在其对应定频机组的基础上分别作出调整。

当前我国的变频冷水机组主要集中于大冷量的水冷式离心机组和螺杆机组，机组变频后，部分负荷性能的变化差别较大。因此对变频离心和螺杆式冷水机组分别提出不同的调整量要求，并根据现有的变频冷水机组性能数据进行校核确定。

对于风冷式机组，计算COP和IPLV时，应考虑放热侧散风机消耗的电功率；对于蒸发冷却式机组，计算COP和IPLV时，机组消耗的功率应包括放热侧水泵和风机消耗的电功率。双工况制冷机组制造时需照顾到两个工况工作条件下的效率，会比单工况机组低，所以不强制执行本条规定。

名义工况应符合现行国家标准《蒸气压缩循环冷水（热泵）机组 第1部分：工业或商业用及类似用途的冷水（热泵）机组》GB/T 18430.1的规定，即：

    1 使用侧：冷水出口水温7℃，水流量为0.172m³/(h·kW)；

    2 热源侧（或放热侧）：水冷式冷却水进口水温30℃，水流量为0.215m³/(h·kW)；

    3 蒸发器水侧污垢系数为0.018m²·℃/kW，冷凝器水侧污垢系数0.044m²·℃/kW。

目前我国的冷机设计工况大多为冷凝侧温度为32℃/37℃，而国标中的名义工况为30℃/35℃。很多时候冷水机组样本上只给出了相应的设计工况（非名义工况）下的COP和NPLV值，没有统一的评判标准，用户和设计人员很难判断机组性能是否达到相关标准的要求。

因此，为给用户和设计人员提供一个可供参考方法，编制组基于我国冷水机组名义工况下满负荷性能参数及非名义工况下机组满负荷性能参数，拟合出适用于我国离心式冷水机组的设计工况（非名义工况）下的COP_n和NPLV限值修正公式供设计人员参考。

水冷离心式冷水机组非名义工况修正可参考以下公式：

$$COP = COP_n / K_a \quad (3)$$
$$IPLV = NPLV / K_a \quad (4)$$
$$K_a = A \times B \quad (5)$$
$$A = 0.000000346579568 \times (LIFT)^4 - 0.00121959777$$
$$\times (LIFT)^2 + 0.0142513850 \times (LIFT)$$
$$+ 1.33546833 \quad (6)$$
$$B = 0.00197 \times LE + 0.986211 \quad (7)$$
$$LIFT = LC - LE \quad (8)$$

式中：COP——名义工况下离心式冷水（热泵）机组的性能系数；

    COP_n——设计工况（非名义工况）下离心式冷水（热泵）机组的性能系数；

    IPLV——名义工况下离心式冷水（热泵）机组的性能系数；

    NPLV——设计工况（非名义工况）下离心式冷水（热泵）机组的性能系数；

    LC——冷水（热泵）机组满负荷时冷凝器出口温度（℃）；

    LE——冷水（热泵）机组满负荷时蒸发器出口温度（℃）。

上述满负荷COP值和NPLV值的修正计算方法仅适用于水冷离心式机组。

4.2.12 目前，大型公共建筑中，空调系统的能耗占整个建筑能耗的比例约为40%～60%，所以空调系统的节能是建筑节能的关键，而节能设计是空调系统节能的基础条件。

在现有的建筑节能标准中，只对单一空调设备的能效相关参数限值作了规定，例如规定冷水（热泵）机组制冷性能系数（COP）、单元式机组能效比等，却没有对整个空调冷源系统的能效水平进行规定。实际上，最终决定空调系统耗电量的是包含空调冷热源、输送系统和空调末端设备在内整个空调系统，整体更优才能达到节能的最终目的。这里，提出引入空调系统电冷源综合制冷性能系数（SCOP）这个参数，保证空调冷源部分的节能设计整体更优。

通过对公共建筑集中空调系统的配置及实测能耗数据的调查分析，结果表明：

1 在设计阶段，对电冷源综合制冷性能系数（SCOP）进行要求，在一定范围内能有效促进空调系统能效的提升，SCOP若太低，空调系统的能效必然也低，但实际运行并不是SCOP越高系统能效就一定越好。

2 电冷源综合制冷性能系数（SCOP）考虑了机组和输送设备以及冷却塔的匹配性，一定程度上能够督促设计人员重视冷源选型时各设备之间的匹配性，提高系统的节能性；但仅从SCOP数值的高低并不能直接判断机组的选型及系统配置是否合理。

3 电冷源综合制冷性能系数（SCOP）中没有包含冷水泵的能耗，一方面考虑到标准中对冷水泵已经提出了输送系数指标要求，另一方面由于系统的大小和复杂程度不同，冷水泵的选择变化较大，对SCOP绝对值的影响相对较大，故不包括冷水泵可操作性更强。

电冷源综合制冷性能系数（SCOP）的计算应注意以下事项：

1 制冷机的名义制冷量、机组耗电功率应采用名义工况运行条件下的技术参数；当设计与此不一致时，应进行修正。

2 当设计设备表上缺乏机组耗电功率，只有名义制冷性能系数（COP）数值时，机组耗电功率可通过名义制冷量除以名义性能系数获得。

3 冷却水流量按冷却水泵的设计流量选取，并应核对其正确性。由于水泵选取时会考虑富裕系数，因此核对流量时可考虑1~1.1的富裕系数。

4 冷却水泵扬程按设计设备表上的扬程选取。

5 水泵效率按设计设备表上水泵效率选取。

6 名义工况下冷却塔水量是指室外环境湿球温度28℃，进出水塔水温为37℃、32℃工况下该冷却塔的冷却水流量。确定冷却塔名义工况下的水量后，可根据冷却塔样本查对风机配置功率。

7 冷却塔风机配置电功率，按实际参与运行冷却塔的电机配置功率计入。

8 冷源系统的总耗电量按主机耗电量、冷却水泵耗电量及冷却塔耗电量之和计算。

9 电冷源综合制冷性能系数（SCOP）为名义制冷量（kW）与冷源系统的总耗电量（kW）之比。

10 根据现行国家标准《蒸气压缩循环冷水（热泵）机组 第1部分：工业或商业用及类似用途的冷水（热泵）机组》GB/T 18430.1的规定，风冷机组的制冷性能系数（COP）计算中消耗的总电功率包括了放热侧冷却风机的电功率，因此风冷机组名义工况下的制冷性能系数（COP）值即为其综合制冷性能系数（SCOP）值。

11 本条文适用于采用冷却塔冷却、风冷或蒸发冷却的冷源系统，不适用于通过换热器换热得到的冷却水的冷源系统。利用地表水、地下水或地埋管中循环水作为冷却水时，为了避免水质或水压等各种因素对系统的影响而采用了板式换热器进行系统隔断，这时会增加循环水泵，整个冷源的综合制冷性能系数（SCOP）就会下降；同时对于地源热泵系统，机组的运行工况也不同，因此，不适用于本条文规定。

4.2.13 冷水机组在相当长的运行时间内处于部分负荷运行状态，为了降低机组部分负荷运行时的能耗，对冷水机组的部分负荷时的性能系数作出要求。

IPLV是对机组4个部分负荷工况条件下性能系数的加权平均值，相应的权重综合考虑了建筑类型、气象条件、建筑负荷分布以及运行时间，是根据4个部分负荷工况的累积负荷百分比得出的。

相对于评价冷水机组满负荷性能的单一指标COP而言，IPLV的提出提供了一个评价冷水机组部分负荷性能的基准和平台，完善了冷水机组性能的评价方法，有助于促进冷水机组生产厂商对冷水机组部分负荷性能的改进，促进冷水机组实际性能水平的提高。

受IPLV的计算方法和检测条件所限，IPLV具有一定适用范围：

1 IPLV只能用于评价单台冷水机组在名义工况下的综合部分负荷性能水平；

2 IPLV不能用于评价单台冷水机组实际运行工况下的性能水平，不能用于计算单台冷水机组的实际运行能耗；

3 IPLV不能用于评价多台冷水机组综合部分负荷性能水平。

IPLV在我国的实际工程应用中出现了一些误区，主要体现在以下几个方面：

1 对IPLV公式中4个部分负荷工况权重理解存在偏差，认为权重是4个部分负荷对应的运行时间百分比；

2 用IPLV计算冷水机组全年能耗，或者用IPLV进行实际项目中冷水机组的能耗分析；

3 用IPLV评价多台冷水机组系统中单台或者冷机系统的实际运行能效水平。

IPLV的提出完善了冷水机组性能的评价方法，但是计算冷水机组及整个系统的效率时，仍需要利用实际的气象资料、建筑物的负荷特性、冷水机组的台数及配置、运行时间、辅助设备的性能进行全面分析。

从2005年至今，我国公共建筑的分布情况以及空调系统运行水平发生了很大变化，这些都会导致IPLV计算公式中权重系数的变化，为了更好地反映我国冷水机组的实际使用条件，本次标准修订对

IPLV 计算公式进行了更新。

本次标准修订建立了我国典型公共建筑模型数据库，数据库包括了各类型典型公共建筑的基本信息、使用特点及分布情况，同时调研了主要冷水机组生产厂家的冷机性能及销售等数据，为建立更完善的 IPLV 计算方法提供了数据基础。根据对国内主要冷水机组生产厂家提供的销售数据的统计分析结果，选取我国 21 个典型城市进行各类典型公共建筑的逐时负荷计算。这些城市的冷机销售量占到了统计期（2006 年～2011 年）销售总量的 94.8%，基本覆盖我国冷水机组的实际使用条件。

编制组对我国各气候区内 21 个典型城市的 6 类常用冷水机组作为冷源的典型公共建筑分别进行了 IPLV 公式的计算，以各城市冷机销售数据、不同气候区内不同类型公共建筑面积分布为权重系数进行统计平均，确定全国统一的 IPLV 计算公式。

IPLV 规定的工况为现行国家标准《蒸气压缩循环冷水（热泵）机组 第 1 部分：工业或商业用及类似用途的冷水（热泵）机组》GB/T 18430.1 中标准测试工况，即蒸发器出水温度为 7℃，冷凝器进水温度为 30℃，冷凝器的水流量为 0.215m³/(h·kW)；在非名义工况（即不同于 IPLV 规定的工况）下，其综合部分负荷性能系数即 NPLV 也应按公式（4.2.13）计算，但 4 种部分负荷率条件下的性能系数的测试工况，应满足 GB/T 18430.1 中 NPLV 的规定工况。

4.2.14 强制性条文。现行国家标准《单元式空气调节机》GB/T 17758 已经开始采用制冷季节能效比 SEER、全年性能系数 APF 作为单元机的能效评价指标，但目前大部分厂家尚无法提供其机组的 SEER、APF 值，现行国家标准《单元式空气调节机能效限定值及能源效率等级》GB 19576 仍采用 EER 指标，因此，本标准仍然沿用 EER 指标。EER 为名义制冷工况下，制冷量与消耗的电量的比值，名义制冷工况应符合现行国家标准《单元式空调机组》GB/T 17758 的有关规定。

4.2.15 空气源热泵机组的选型原则。

1 空气源热泵的单位制冷量的耗电量较水冷冷水机组大，价格也高，为降低投资成本和运行费用，应选用机组性能系数较高的产品。此外，先进科学的融霜技术是机组冬季运行的可靠保证。机组在冬季制热运行时，室外空气侧换热盘管低于露点温度时，换热翅片上就会结霜，会大大降低机组运行效率，严重时无法运行，为此必须除霜。除霜的方法有很多，最佳的除霜控制应判断正确，除霜时间短，融霜修正系数高。近年来各厂家为此都进行了研究，对于不同气候条件采用不同的控制方法。设计选型时应对此进行了解，比较后确定。

2 空气源热泵机组比较适合于不具备集中热源的夏热冬冷地区。对于冬季寒冷、潮湿的地区使用时必须考虑机组的经济性和可靠性。室外温度过低会降低机组制热量；室外空气过于潮湿使得融霜时间过长，同样也会降低机组的有效制热量，因此设计师必须计算冬季设计状态下机组的 COP，当热泵机组失去节能上的优势时就不应采用。对于性能上相对较有优势的空气源热泵冷热水机组的 COP 限定为 2.0；对于规格较小、直接膨胀的单元式空调机组限定为 1.8。冬季设计工况下的机组性能系数应为冬季室外空调或供暖计算温度条件下，达到设计需求参数时的机组供热量（W）与机组输入功率（W）的比值。

3 空气源热泵的平衡点温度是该机组的有效制热量与建筑物耗热量相等时的室外温度。当这个温度高于建筑物的冬季室外计算温度时，就必须设置辅助热源。

空气源热泵机组在融霜时机组的供热量就会受到影响，同时会影响到室内温度的稳定度，因此在稳定度要求高的场合，同样应设置辅助热源。设置辅助热源后，应注意防止冷凝温度和蒸发温度超出机组的使用范围。辅助加热装置的容量应根据在冬季室外计算温度情况下空气源热泵机组有效制热量和建筑物耗热量的差值确定。

4 带有热回收功能的空气源热泵机组可以把原来排放到大气中的热量加以回收利用，提高了能源利用效率，因此对于有同时供冷、供热要求的建筑应优先采用。

4.2.16 空气源热泵或风冷制冷机组室外机设置要求。

1 空气源热泵机组的运行效率，很大程度上与室外机的换热条件有关。考虑主导风向、风压对机组的影响，机组布置时避免产生热岛效应，保证室外机进、排风的通畅，一般出风口方向 3m 内不能有遮挡。防止进、排风短路是布置室外机时的基本要求。当受位置条件等限制时，应创造条件，避免发生明显的气流短路；如设置排风帽，改变排风方向等方法，必要时可以借助于数值模拟方法辅助气流组织设计。此外，控制进、排风的气流速度也是有效避免短路的一种方法；通常机组进风气流速度宜控制在 1.5m/s～2.0m/s，排风口的排气速度不宜小于 7m/s。

2 室外机除了避免自身气流短路外，还应避免含有热量、腐蚀性物质及油污微粒等排放气体的影响，如厨房油烟排气和其他室外机的排风等。

3 室外机运行会对周围环境产生热污染和噪声污染，因此室外机应与周围建筑物保持一定的距离，以保证热量有效扩散和噪声自然衰减。室外机对周围建筑产生的噪声干扰，应符合现行国家标准《声环境质量标准》GB 3096 的要求。

4 保持室外机换热器清洁可以保证其高效运行，因此为清扫室外机创造条件很有必要。

4.2.17 强制性条文。近年来多联机在公共建筑中的应用越来越广泛，并呈逐年递增的趋势。相关数据显示，2011年我国集中空调产品中多联机的销售量已经占到了总量的34.8%（包括直流变频和数码涡旋机组），多联机已经成为我国公共建筑中央空调系统中非常重要的用能设备。数据显示，到2011年市场上的多联机产品已经全部为节能产品（1级和2级），而1级能效产品更是占到了总量的98.8%，多联机产品的广阔市场推动了其技术的迅速发展。

现行国家标准《多联式空调（热泵）机组》GB/T 18837正在修订中，而现行国家标准《多联式空调（热泵）机组能效限定值及能源效率等级》GB 21454中以$IPLV(C)$作为其能效考核指标。因此，本标准采用制冷综合性能指标$IPLV(C)$作为能效评价指标。名义制冷工况和规定条件应符合现行国家标准《多联式空调（热泵）机组》GB/T 18837的有关规定。

表3为摘录自现行国家标准《多联式空调（热泵）机组能效限定值及能源效率等级》GB 21454中多联式空调（热泵）机组的能源效率等级限值要求。

表3　多联式空调（热泵）机组的能源效率等级限值

制冷量CC （kW）	制冷综合性能系数				
	1	2	3	4	5
CC≤28	3.60	3.40	3.20	3.00	2.80
28＜CC≤84	3.55	3.35	3.15	2.95	2.75
CC＞84	3.50	3.30	3.10	2.90	2.70

对比上述要求，表4.2.17中规定的制冷综合性能指标限值均达到该标准中的一级能效要求。

4.2.18　多联机空调系统是利用制冷剂（冷媒）输配能量的，在系统设计时必须考虑制冷剂连接管（配管）内制冷剂的重力与摩擦阻力对系统性能的影响。因此，设计系统时应根据系统的制冷量和能效比衰减程度来确定每个系统的服务区域大小，以提高系统运行时的能效比。设定因管长衰减后的主机制冷能效比（EER）不小于2.8，也体现了对制冷剂连接管合理长度的要求。"制冷剂连接管等效长度"是指室外机组与最远室内机之间的气体管长度与该管路上各局部阻力部件的等效长度之和。

本标准相比国家现行标准《多联机空调系统工程技术规程》JGJ 174及《民用建筑供暖通风与空气调节设计规范》GB 50736中的相应条文减少了"当产品技术资料无法满足核算要求时，系统冷媒管等效长度不宜超过70m"的要求。这是因为随着多联机行业的不断发展及进步，各厂家均能提供齐全的技术资料，不存在无法核算的情况。

制冷剂连接管越长，多联机系统的能效比损失越大。目前市场上的多联机通常采用R410A制冷剂，由于R410A制冷剂的黏性和摩擦阻力小于R22制冷剂，故在相同的满负荷制冷能效比衰减率的条件下，其连接管允许长度比R22制冷剂系统长。根据厂家技术资料，当R410A系统的制冷剂连接管实际长度为90m～100m或等效长度在110m～120m时，满负荷时的制冷能效比（EER）下降13%～17%，制冷综合性能系数$IPLV(C)$下降10%以内。而目前市场上优良的多联机产品，其满负荷时的名义制冷能效比可达到3.30，连接管增长后其满负荷时的能效比（EER）为2.74～2.87。设计实践表明，多联机空调系统的连接管等效长度在110m～120m，已能满足绝大部分大型建筑室内外机位置设置的要求。然而，对于一些特殊场合，则有可能超出该等效长度，故采用衰减后的主机制冷能效比（EER）限定值（不小于2.8）来规定制冷剂连接管的最大长度具有科学性，不仅能适应特殊场合的需求，而且有利于产品制造商提升技术，一方面继续提高多联机的能效比，另一方面探索减少连接管长度对性能衰减影响的技术途径，以推动多联机企业的可持续发展。

此外，现行国家标准《多联式空调（热泵）机组》GB/T 18837及《多联式空调（热泵）机组能效限定值及能源效率等级》GB 21454均以综合制冷性能系数[$IPLV(C)$]作为多联机的能效评价指标，但由于计算连接管长度时[$IPLV(C)$]需要各部分负荷点的参数，各厂家很少能提供该数据，且计算方法较为复杂，对设计及审图造成困难，故本条使用满负荷时的制冷能效比（EER）作为评价指标，而不使用[$IPLV(C)$]指标。

4.2.19　强制性条文。本条规定的性能参数略高于现行国家标准《溴化锂吸收式冷水机组能效限定值及能效等级》GB 29540中的能效限定值。表4.2.19中规定的性能参数为名义工况的能效限定值。直燃机性能系数计算时，输入能量应包括消耗的燃气（油）量和机组自身的电力消耗两部分，性能系数的计算应符合现行国家标准《直燃型溴化锂吸收式冷（温）水机组》GB/T 18362的有关规定。

4.2.20　对于冬季或过渡季需要供冷的建筑，当条件合适时，应考虑采用室外新风供冷。当建筑物室内空间有限，无法安装风管，或新风、排风口面积受限制等原因时，在室外条件许可时，也可采用冷却塔直接提供空调冷水的方式，减少全年运行冷水机组的时间。通常的系统做法是：当采用开式冷却塔时，用被冷却塔冷却后的水作为一次水，通过板式换热器提供二次空调冷水（如果是闭式冷却塔，则不通过板式换热器，直接提供），再由阀门切换到空调冷水系统之中向空调机组供冷水，同时停止冷水机组的运行。不管采用何种形式的冷却塔，都应按当地过渡季或冬季的气候条件，计算空调末端需求的供水温度及冷却水能够提供的水温，并得出增加投资和回收期等数据，当技术经济合理时可以采用。也可考虑采用水环热泵等可同时具有制冷和制热功能的系统，实现能量的回收利用。

4.2.21 目前一些供暖空调用汽设备的凝结水未采取回收措施或由于设计不合理和管理不善，造成大量的热量损失。为此应认真设计凝结水回收系统，做到技术先进，设备可靠，经济合理。凝结水回收系统一般分为重力、背压和压力凝结水回收系统，可按工程的具体情况确定。从节能和提高回收率考虑，应优先采用闭式系统即凝结水与大气不直接相接触的系统。

回收利用有两层含义：

1 回到锅炉房的凝结水箱；

2 作为某些系统（例如生活热水系统）的预热在换热机房就地换热后再回到锅炉房。后者不但可以降低凝结水的温度，而且充分利用了热量。

4.2.22 制冷机在制冷的同时需要排除大量的冷凝热，通常这部分热量由冷却系统通过冷却塔散发到室外大气中。宾馆、医院、洗浴中心等有大量的热水需求，在空调供冷季节也有较大或稳定的热水需求，采用具有冷凝热回收（部分或全部）功能的机组，将部分冷凝热或全部冷凝热进行回收予以有效利用具有显著的节能意义。

冷凝热的回收利用要同时考虑质（温度）和量（热量）的因素。不同形式的冷凝热回收机组（系统）所提供的冷凝器出水最高温度不同，同时，由于冷凝热回收的负荷特性与热水的使用在时间上存在差异，因此，在系统设计中需要采用蓄热装置和考虑是否进行必要的辅助加热装置。是否采用冷凝热回收技术和采用何种形式的冷凝热回收系统需要通过技术经济比较确定。

强调"常年"二字，是要求注意到制冷机组具有热回收的时段，主要是针对夏季和过渡季制冷机需要运行的季节，而不仅仅限于冬季需要。此外生活热水的范围比卫生热水范围大，例如可以是厨房需要的热水等。

4.3 输配系统

4.3.1 采用热水作为热媒，不仅对供暖质量有明显的提高，而且便于调节。因此，明确规定散热器供暖系统应采用热水作为热媒。

4.3.2 在供暖空调系统中，由于种种原因，大部分输配环路及热（冷）源机组（并联）环路存在水力失调，使得流经用户及机组的流量与设计流量不符。加上水泵选型偏大，水泵运行在不合适的工作点处，导致水系统大流量、小温差运行，水泵运行效率低、热量输送效率低。并且各用户处室温不一致，近热源处室温偏高，远热源处室温偏低。对热源来说，机组达不到其额定出力，使实际运行的机组台数超过按负荷要求的台数。造成了能耗高，供热品质差。

设置水力平衡装置后，可以通过对系统水力分布的调整与设定，保持系统的水力平衡，提高系统输配效率，保证获得预期的供暖效果，达到节能的目的。

4.3.3 规定集中供暖系统耗电输热比（EHR-h）的目的是为了防止采用过大的循环水泵，提高输送效率。公式（4.3.3）同时考虑了不同管道长度、不同供回水温差因素对系统阻力的影响。本条计算思路与《严寒和寒冷地区居住建筑节能设计标准》JGJ 26-2010 第 5.2.16 条一致，但根据公共建筑实际情况对相关参数进行了调整。

居住建筑集中供暖时，可能有多幢建筑，存在供暖外网的可能性较大，但公共建筑的热力站大多数建在自身建筑内，因此，在确定公共建筑耗电输热比（EHR-h）时，需要考虑一定的区别，即重点不是考虑外网的长度，而是热力站的供暖半径。这样，原居住建筑计算时考虑的室内干管部分，在这里统一采用供暖半径即热力站至供暖末端的总长度替代了，并同时对 B 值进行了调整。

考虑室内干管比摩阻与 $\sum L \leqslant 400 m$ 时室外管网的比摩阻取值差距不大，为了计算方便，本标准在 $\sum L \leqslant 400 m$ 时，全部按照 $\alpha = 0.0115$ 来计算。与现行行业标准《严寒和寒冷地区居住建筑节能设计标准》JGJ 26 相比，此时略微提高了要求，但对于公共建筑是合理的。

4.3.4 对于变流量系统，采用变速调节，能够更多地节省输送能耗，水泵调速技术是目前比较成熟可靠的节能方式，容易实现且节能潜力大，调速水泵的性能曲线宜为陡降型。一般采用根据供回水管上的压差变化信号，自动控制水泵转速调节的控制方式。

4.3.5 集中空调冷（热）水系统设计原则。

1 工程实践已充分证明，在季节变化时只是要求相应作供冷/供暖空调工况转换的空调系统，采用两管制水系统完全可以满足使用要求，因此予以推荐。

建筑内存在需全年供冷的区域时（不仅限于内区），这些区域在非供冷季首先应该直接采用室外新风做冷源，例如全空气系统增大新风比、独立新风系统增大新风量。只有在新风冷源不能满足供冷量需求时，才需要在供热季设置为全年供冷区域单独供冷水的管路，即分区两管制系统。对于一般工程，如仅在理论上存在一些内区，但实际使用时发热量常比夏季采用的设计数值小且不长时间存在，或这些区域面积或总冷负荷很小，冷源设备无法为之单独开启，或这些区域冬季即使短时间温度较高也不影响使用，如为此采用相对复杂投资较高的分区两管制系统，工程中常出现不能正常使用的情况，甚至在冷负荷小于热负荷时房间温度过低而无供热手段的情况。因此工程中应考虑建筑是否真正存在面积和冷负荷较大的需全年供应冷水的区域，确定最经济和满足要求的空调管路制式。

2 变流量一级泵系统包括冷水机组定流量、冷水机组变流量两种形式。冷水机组定流量、负荷侧变流量的一级泵系统形式简单，通过末端用户设置的两通阀自动控制各末端的冷水量需求，同时，系统的运行水量也处于实时变化之中，在一般情况下均能较好地满足要求，是目前应用最广泛、最成熟的系统形式。当系统作用半径较大或水流阻力较高时，循环水泵的装机容量较大，由于水泵为定流量运行，使得冷水机组的供回水温差随着负荷的降低而减少，不利于在运行过程中水泵的运行节能，因此一般适用于最远环路总长度在 500m 之内的中小型工程。通常大于 55kW 的单台水泵应调速变流量，大于 30kW 的单台水泵宜调速变流量。

随着冷水机组性能的提高，循环水泵能耗所占比例上升，尤其当单台冷水机组所需流量较大时或系统阻力较大时，冷水机组变流量运行水泵的节能潜力较大。但该系统涉及冷水机组允许变化范围，减少水量对冷机性能系数的影响，对设备、控制方案和运行管理等的特殊要求等，因此应经技术和经济比较，与其他系统相比，节能潜力较大并确有技术保障的前提下，可以作为供选择的节能方案。

系统设计时，应重点考虑以下两个方面：

（1）冷水机组对变水量的适应性：重点考虑冷水机组允许的变流量范围和允许的流量变化速率；

（2）设备控制方式：需要考虑冷水机组的容量调节和水泵变速运行之间的关系，以及所采用的控制参数和控制逻辑。

冷水机组应能适应水泵变流量运行的要求，其最低流量应低于 50% 的额定流量，其最高流量应高于额定流量；同时，应具备至少每分钟 30% 流量变化的适应能力。一般离心式机组宜为额定流量的 30%～130%，螺杆式机组宜为额定流量的 40%～120%。从安全角度来讲，适应冷水流量快速变化的冷水机组能承受每分钟 30%～50% 的流量变化率；从对供水温度的影响角度来讲，机组允许的每分钟流量变化率不低于 10%（具体产品有一定区别）。流量变化会影响机组供水温度，因此机组还应有相应的控制功能。本处所提到的额定流量指的是供回水温差为 5℃时蒸发器的流量。

水泵的变流量运行，可以有效降低运行能耗，还可以根据年运行小时数量来降低冷水输配侧的管径，达到降低初投资的目的。美国 ANSI/ASHRAE/IES Standard 90.1-2004 就有此规定，但只是要求 300kPa、37kW 以上的水泵变流量运行，而到 ANSI/ASHRAE/IES Standard 90.1-2010 出版时，有了更严格的要求。ANSI/ASHRAE/IES Standard 90.1-2010 中规定，当末端采用两通阀进行开关量或模拟量控制负荷，只设置一台冷水泵且其功率大于 3.7kW 或冷水泵超过一台且总功率大于 7.5kW 时，水泵必须变流量运行，并且其流量能够降到设计流量的 50% 或以下，同时其运行功率低于 30% 的设计功率；当冷水机组不能适应变流量运行且冷水泵总功率小于 55kW 时，或者末端虽然有采用两通阀进行开关量或模拟量控制负荷，但是其数量不超过 3 个时，冷水泵可不作变流量运行。

3 二级泵系统的选择设计

（1）机房内冷源侧阻力变化不大，多数情况下，系统设计水流阻力较高的原因是系统的作用半径造成的，因此系统阻力是推荐采用二级泵或多级泵系统的充要条件。当空调系统负荷变化很大时，首先应通过合理设置冷水机组的台数和规格解决小负荷运行问题，仅用靠增加负荷侧的二级泵台数无法解决根本问题，因此"负荷变化大"不列入采用二级泵或多级泵的条件。

（2）各区域水温一致且阻力接近时完全可以合用一组二级泵，多台水泵根据末端流量需要进行台数和变速调节，大大增加了流量调解范围和各水泵的互为备用性。且各区域末端的水路电动阀自动控制水量和通断，即使停止运行或关闭检修也不会影响其他区域。以往工程中，当各区域水温一致且阻力接近，仅使用时间等特性不同，也常按区域分别设置二级泵，带来如下问题：

一是水泵设置总台数多于合用系统，有的区域流量过小采用一台水泵还需设置备用泵，增加投资；

二是各区域水泵不能互为备用，安全性差；

三是各区域最小负荷小于系统总最小负荷，各区域水泵台数不可能过多，每个区域泵的流量调节范围减少，使某些区域在小负荷时流量过大、温差过小，不利于节能。

（3）当系统各环路阻力相差较大时，如果分区分环路按阻力大小设置和选择二级泵，有可能比设置一组二级泵更节能。阻力相差"较大"的界限推荐值可采用 0.05MPa，通常这一差值会使得水泵所配电机容量规格变化一档。

（4）工程中常有空调冷热水的一些系统与冷热源供水温度的水温或温差要求不同，又不单独设置冷热源的情况。可以采用再设换热器的间接系统，也可以采用设置二级混水泵和混水阀旁通调节水温的直接串联系统。后者相对于前者有不增加换热器的投资和运行阻力，不需再设置一套补水定压膨胀设施的优点。因此增加了当各环路水温要求不一致时按系统分设二级泵的推荐条件。

4 对于冷水机组集中设置且各单体建筑用户分散的区域供冷等大规模空调冷水系统，当输送距离较远且各用户管路阻力相差非常悬殊的情况下，即使采用二级泵系统，也可能导致二级泵的扬程很高，运行能耗的节省受到限制。这种情况下，在冷源侧设置定流量运行的一级泵，为共用输配干管设置变流量运行的二级泵，各用户或用户内的各系统分别设置变流量运行的三级泵或四级泵的多级泵系统,可降低二级泵的设计扬程,也有利于单体建筑的运行调节。如用户所需水温或温差与冷源不同,还可通过三级(或四级)泵和混水阀满足要求。

4.3.7 一般换热器不需要定流量运行,因此推荐在换热器二次水侧的二次循环泵采用变速调节的节能措施。

4.3.8 由于冬夏季空调水系统流量及系统阻力相差很大,两管制系统如冬夏季合用循环水泵,一般按系统的供冷运行工况选择循环泵,供热时系统和水泵工况不吻合,往往水泵不在高效区运行,且系统为小温差大流量运行,浪费电能;即使冬季改变系统的压力设定值,水泵变速运行,水泵冬季在设计负荷下也可能长期低速运行,降低效率,因此不允许合用。

如冬夏季冷热负荷大致相同,冷热水温差也相同(例如采用直燃机、水源热泵等),流量和阻力基本吻合,或者冬夏不同的运行工况与水泵特性相吻合时,从减少投资和机房占用面积的角度出发,也可以合用循环泵。

值得注意的是,当空调热水和空调冷水系统的流量和管网阻力特性及水泵工作特性相吻合而采用冬、夏共用水泵的方案时,应对冬、夏两个工况情况下的水泵轴功率要求分别进行校核计算,并按照轴功率要求较大者配置水泵电机,以防止水泵电机过载。

4.3.9 空调冷(热)水系统耗电输冷(热)比反映了空调水系统中循环水泵的耗电与建筑冷热负荷的关系,对此值进行限制是为了保证水泵的选择在合理的范围,降低水泵能耗。

与本标准 2005 版相比,本条文根据实际情况对计算公式及相关参数进行了调整:

1 本标准 2005 版中,系统阻力以一个统一规定的水泵的扬程 H 来代替,而实际工程中,水系统的供冷半径差距较大,如果用一个规定的水泵扬程(标准规定限值为 36m)并不能完全反映实际情况,也会给实际工程设计带来一些困难。因此,本条文在修订过程中的一个思路就是:系统半径越大,允许的限值也相应增大。故把机房及用户的阻力和管道系统长度引起的阻力分别计算,以 B 值反映了系统内除管道之外的其他设备和附件的水流阻力,$\alpha \sum L$ 则反映系统管道长度引起的阻力。同时也解决了管道长度阻力 α 在不同长度时的连续性问题,使得条文的可操作性得以提高。公式中采用设计冷(热)负荷计算,避免了由于应用多级泵和混水泵造成的水温差和水流量难以确定的状况发生。

2 温差的确定。对于冷水系统,要求不低于 5℃的温差是必需的,也是正常情况下能够实现的。在这里对四个气候区的空调热水系统分别作了最小温差的限制,也符合相应气候区的实际情况,同时考虑到了空调自动控制与调节能力的需要。对非常规系统

应按机组实际参数确定。

A 值是反映水泵效率影响的参数,由于流量不同,水泵效率存在一定的差距,因此 A 值按流量取值,更符合实际情况。根据现行国家标准《清水离心泵能效限定值及节能评价值》GB 19762 中水泵的性能参数,并满足水泵工作在高效区的要求,当水泵水流量≤60m³/h 时,水泵平均效率取 63%;当 60m³/h <水泵水流量≤200m³/h 时,水泵平均效率取 69%;当水泵水流量>200m³/h 时,水泵平均效率取 71%。

当最远用户为空调机组时,$\sum L$ 为从机房出口至最远端空调机组的供回水管道总长度;当最远用户为风机盘管时,$\sum L$ 应减去 100m。

4.3.10 随着工艺需求和气候等因素的变化,建筑对通风量的要求也随之改变。系统风量的变化会引起系统阻力更大的变化。对于运行时间较长且运行中风量、风压有较大变化的系统,为节省系统运行费用,宜考虑采用双速或变速风机。通常对于要求不高的系统,为节省投资,可采用双速风机,但要对双速风机的工况与系统的工况变化进行校核。对于要求较高的系统,宜采用变速风机,采用变速风机的系统节能性更加显著,采用变速风机的通风系统应配备合理的控制措施。

4.3.11 空调系统设计时不仅要考虑到设计工况,而且应考虑全年运行模式。在过渡季,空调系统采用全新风或增大新风比运行,都可以有效地改善空调区内空气的品质,大量节省空气处理所需消耗的能量,应该大力推广应用。但要实现全新风运行,设计时必须认真考虑新风取风口和新风管所需的截面积,妥善安排好排风出路,并应确保室内必须满足正压值的要求。

应明确的是:"过渡季"指的是与室内外空气参数相关的一个空调工况分区范围,其确定的依据是通过室内外空气参数的比较而定的。由于空调系统全年运行过程中,室外参数总是不断变化,即使是夏天,在每天的早晚也有可能出现"过渡季"工况(尤其是全天 24h 使用的空调系统),因此,不要将"过渡季"理解为一年中自然的春、秋季节。

在条件合适的地区应充分利用全空气空调系统的优势,尽可能利用室外天然冷源,最大限度地利用新风降温,提高室内空气品质和人员的舒适度,降低能耗。利用新风免费供冷(增大新风比)工况的判别方法可采用固定温度法、温差法、固定焓法、电子焓法、焓差法等。从理论分析,采用焓差法的节能性最好,然而该方法需要同时检测温度和湿度,且湿度传感器误差大、故障率高,需要经常维护,数年来在国内、外的实施效果不够理想。而固定温度和温差法,在工程中实施最为简单方便。因此,本条对变新风比控制方法不作限定。

4.3.12 本条文系参考美国供暖制冷空调工程师学会

标准《Ventilation for Acceptable Indoor Air Quality》ASHRAE 62.1 中第 6 章的内容。考虑到一些设计采用新风比最大的房间的新风比作为整个空调系统的新风比，这将导致系统新风比过大，浪费能源。采用上述计算公式将使得各房间在满足要求的新风量的前提下，系统的新风比最小，因此本条规定可以节约空调风系统的能耗。

举例说明式（4.3.12）的用法：假定一个全空气空调系统为表 4 中的几个房间送风：

表 4　案例计算表

房间用途	在室人数	新风量 (m^3/h)	总风量 (m^3/h)	新风比 (%)
办公室	20	680	3400	20
办公室	4	136	1940	7
会议室	50	1700	5100	33
接待室	6	156	3120	5
合计	80	2672	13560	20

如果为了满足新风量需求最大（新风比最大的房间）的会议室，则须按该会议室的新风比设计空调风系统。其需要的总新风量变成：$13560 \times 33\% = 4475$（m^3/h），比实际需要的新风量（$2672m^3/h$）增加了 67%。

现用式（4.3.12）计算，在上面的例子中，V_{ot} = 未知；$V_{st} = 13560 m^3/h$；$V_{on} = 2672 m^3/h$；$V_{oc} = 1700 m^3/h$；$V_{sc} = 5100 m^3/h$。因此可以计算得到：

$Y = V_{ot}/V_{st} = V_{ot}/13560$

$X = V_{on}/V_{st} = 2672/13560 = 19.7\%$

$Z = V_{oc}/V_{sc} = 1700/5100 = 33.3\%$

代入方程 $Y = X/(1+X-Z)$ 中，得到

$V_{ot}/13560 = 0.197/(1+0.197-0.333) = 0.228$

可以得出 $V_{ot} = 3092 m^3/h$。

4.3.13　根据二氧化碳浓度控制新风量设计要求。二氧化碳并不是污染物，但可以作为评价室内空气品质的指标，现行国家标准《室内空气质量标准》GB/T 18883 对室内二氧化碳的含量进行了规定。当房间内人员密度变化较大时，如果一直按照设计的较大人员密度供应新风，将浪费较多的新风处理用冷、热量。我国有的建筑已采用了新风需求控制，要注意的是，如果只变新风量、不变排风量，有可能造成部分时间室内负压，反而增加能耗，因此排风量也应适应新风量的变化以保持房间的正压。在技术允许条件下，二氧化碳浓度检测与 VAV 变风量系统相结合，同时满足各个区域新风与室内温度要求。

4.3.14　新风系统的节能。采用人工冷、热源进行预热或预冷运行时新风系统应能关闭，其目的在于减少处理新风的冷、热负荷，降低能量消耗；在夏季的夜间或室外温度较低的时段，直接采用室外温度较低的空气对建筑进行预冷，是一项有效的节能方法，应该推广应用。

4.3.15　建筑外区和内区的负荷特性不同。外区由于与室外空气相邻，围护结构的负荷随季节改变有较大的变化；内区则由于无外围护结构，室内环境几乎不受室外环境的影响，常年需要供冷。冬季内、外区对空调的需求存在很大的差异，因此宜分别设计和配置空调系统。这样，不仅方便运行管理，易于获得最佳的空调效果，而且还可以避免冷热抵消，降低能源的消耗，减少运行费用。

对于办公建筑而言，办公室内、外区的划分标准与许多因素有关，其中房间分隔是一个重要的因素，设计中需要灵活处理。例如，如果在进深方向有明确的分隔，则分隔处一般为内、外区的分界线；房间开窗的大小、房间朝向等因素也对划分有一定影响。在设计没有明确分隔的大开间办公室时，根据国外有关资料介绍，通常可将距外围护结构 3m～5m 的范围内划为外区，其所包围的为内区。为了满足不同的使用需求，也可以将上述从 3m～5m 的范围作为过渡区，在空调负荷计算时，内、外区都计算此部分负荷，这样只要分隔线在 3m～5m 之间变动，都是能够满足要求的。

4.3.16　如果新风经过风机盘管后送出，风机盘管的运行与否对新风量的变化有较大影响，易造成能源浪费或新风不足。

4.3.17　粗、中效空气过滤器的性能应符合现行国家标准《空气过滤器》GB/T 14295 的有关规定：

1　粗效过滤器的初阻力小于或等于 50Pa（粒径大于或等于 2.0μm，效率不大于 50% 且不小于 20%）；终阻力小于或等于 100Pa；

2　中效过滤器的初阻力小于或等于 80Pa（粒径大于或等于 0.5μm，效率小于 70% 且不小于 20%）；终阻力小于或等于 160Pa；

由于全空气空调系统要考虑到空调过渡季全新风运行的节能要求，因此其过滤器应能满足全新风运行的需要。

4.3.18　由于种种原因一些工程采用了土建风道（指用砖、混凝土、石膏板等材料构成的风道）。从实际调查结果来看，这种方式带来了相当多的隐患，其中最突出的问题就是漏风严重，而且由于大部分是隐蔽工程无法检查，导致系统不能正常运行，处理过的空气无法送到设计要求的地点，能量浪费严重。因此作出较严格的规定。

在工程设计中，有时会因受条件限制或为了结合建筑的需求，存在一些用砖、混凝土、石膏板等材料构成的土建风道、回风竖井的情况；此外，在一些下送风方式（如剧场等）的设计中，为了管道的连接及与室内设计配合，有时也需要采用一些局部的土建式封闭空腔作为送风静压箱。因此本条文对这些情况不

作严格限制。

　　同时由于混凝土等墙体的蓄热量大，没有绝热层的土建风道会吸收大量的送风能量，严重影响空调效果，因此当受条件限制不得已利用土建风道时，对这类土建风道或送风静压箱提出严格的防漏风和绝热要求。

4.3.19　做好冷却水系统的水处理，对于保证冷却水系统尤其是冷凝器的传热，提高传热效率有重要意义。

　　在目前的一些工程设计中，片面考虑建筑外立面美观等原因，将冷却塔安装区域用建筑外装修进行遮挡，忽视了冷却塔通风散热的基本要求，对冷却效果产生了非常不利的影响，导致了冷却能力下降，冷水机组不能达到设计的制冷能力，只能靠增加冷水机组的运行台数等非节能方式来满足建筑空调的需求，加大了空调系统的运行能耗。因此，强调冷却塔的工作环境应在空气流通条件好的场所。

　　冷却塔的"飘水"问题是目前一个较为普遍的现象，过多的"飘水"导致补水量的增大，增加了补水能耗。在补水总管上设置水流量计量装置的目的就是要通过对补水量的计量，让管理者主动地建立节能意识，同时为政府管理部门监督管理提供一定的依据。

　　在室内设置水箱存在占据室内面积、水箱和冷却塔的高差增加水泵电能等缺点，因此是否设置应根据具体工程情况确定，且应尽量减少冷却塔和集水箱高差。

4.3.20　空调系统的送风温度应以 h-d 图的计算为准。对于湿度要求不高的舒适性空调而言，降低湿度要求，加大送风温差，可以达到很好的节能效果。送风温差加大一倍，送风量可减少一半左右，风系统的材料消耗和投资相应可减少 40% 左右，风机能耗则下降 50% 左右。送风温差在 4℃～8℃ 之间时，每增加 1℃，送风量可减少 10%～15%。而且上送风气流在到达人员活动区域时已与房间空气进行了比较充分的混合，温差减小，可形成较舒适环境，该气流组织形式有利于大温差送风。由此可见，采用上送风气流组织形式空调系统时，夏季的送风温差可以适当加大。

4.3.21　在空气处理过程中，同时有冷却和加热过程出现，肯定是既不经济也不节能的，设计中应尽量避免。对于夏季具有高温高湿特征的地区来说，若仅用冷却过程处理，有时会使相对湿度超出设定值，如果时间不长，一般是可以允许的；如果对相对湿度的要求很严格，则宜采用二次回风或淋水旁通等措施，尽量减少加热用量。但对于一些散湿量较大、热湿比很小的房间等特殊情况，如室内游泳池等，冷却后再热可能是必要的方式之一。

　　对于置换通风方式，由于要求送风温差较小，当采用一次回风系统时，如果系统的热湿比较小，有可能会使处理后的送风温度过低，若采用再加热显然降低利用置换通风方式所带来的节能效益。因此，置换通风方式适用于热湿比较大的空调系统，或者可采用二次回风的处理方式。

　　采用变风量系统（VAV）也通常使用热水盘管对冷空气进行再加热。

4.3.22　在执行过程中发现，本标准 2005 版中风机的单位耗功率的规定中对总效率 η_t 和风机全压的要求存在一定的问题：

1　设计人员很难确定实际工程的总效率 η_t；

2　对于空调机组，由于内部组合的变化越来越多，且设计人员很难计算出其所配置的风机的全压要求。这些都导致实际执行和节能审查时存在一定的困难。因此进行修改。

　　由于设计人员并不能完全掌控空调机组的阻力和内部功能附件的配置情况。作为节能设计标准，规定 W_s 的目的是要求设计师对常规的空调、通风系统的管道系统在设计工况下的阻力进行一定的限制，同时选择高效的风机。

　　近年来，我国的机电产品性能取得了较大的进步，风机效率和电机效率得到了较大的提升。本次修订按照新的风机和电机能效等级标准的规定来重新计算了风道系统的 W_s 限值。在计算过程中，将传动效率和电机效率合并后，作为后台计算数据，这样就不需要暖通空调的设计师再对此进行计算。

　　首先要明确的是，W_s 指的是实际消耗功率而不是风机所配置的电机的额定功率。因此不能用设计图（或设备表）中的额定电机容量除以设计风量来计算 W_s。设计师应在设计图中标明风机的风压（普通的机械通风系统）或机组余压（空调风系统）P，以及对风机效率 η_F 的最低限值要求。这样即可用上述公式来计算实际设计系统的 W_s，并和表 4.3.23 对照来评判是否达到了本条文的要求。

4.3.23　本标准附录 D 是管道与设备绝热厚度。该附录是从节能角度出发，按经济厚度和防结露的原则制定。但由于全国各地的气候条件差异很大，对于保冷管道防结露厚度的计算结果也会相差较大，因此除了经济厚度外，还必须对冷管道进行防结露厚度的核算，对比后取其大值。

　　为了方便设计人员选用，本标准附录 D 针对目前建筑常用管道的介质温度和最常使用、性价比高的两种绝热材料制定，并直接给出了厚度。如使用条件不同或绝热材料不同，设计人员应结合供应厂家提供的技术资料自行计算确定。

　　按照本标准附录 D 的绝热厚度的要求，在最长管路为 500m 的空调供回水系统中，设计流速状态下计算出来的冷水温升在 0.25℃ 以下。对于超过 500m 的系统管路中，主要增加的是大口径的管道，这些管道设计流速状态下的每百米温升都在 0.004℃ 以下，因此完全可以将整个系统的管内冷水的温升控制在0.3℃（对于热水温降控制在0.6℃）以内，也就是不超过常用的供、回水温差的6%左右。但是，对于超过500m的系统管道，其绝热层表面冷热量损失的绝对值是不容忽视的，尤其是区域能源供应管道，往往长达一千多米。当系统低负荷运行时，绝热层表面冷热量损失相对于整个系统的输送能量的比例就会上升，会大大降低能源效率，其绝热层厚度应适当加厚。

保冷管道的绝热层外的隔汽层是防止凝露的有效手段，保证绝热效果。空气调节保冷管道绝热层外设置保护层主要作用有两个：

1 防止外力，如车辆碰撞、经常性踩踏对隔汽层的物理损伤；

2 防止外部环境，如紫外线照射对于隔汽层的老化、气候变化—雨雪对隔汽层的腐蚀和由于刮风造成的负风压对隔汽层的损坏。

实际上，空气调节保冷管道绝热层在室外部分是必须设置保护层的；在室内部分，由于外界气候环境比较稳定，无紫外线照射，温湿度变化并不剧烈，也没有负风压的危险。另外空气调节保冷管道所处的位置也很少遇到车辆碰撞或者经常性的踩踏，所以在室内的空气调节保冷管道一般都不设置保护层。这样既节省了施工成本，也方便室内的维修。

4.3.24 与风道的气密性要求类似，通风空调系统即使在停用期间，室内外空气的温湿度相差较大，空气受压力作用流出或流入室内，都将造成大量热损失。为减少热损失，靠近外墙或外窗设置的电动风阀设计上应采用漏风量不大于0.5%的密闭性阀门。随着风机的启停，自动开启或关闭，通往室外的风道外侧与土建结构间也应密封可靠。否则，常会造成大量隐蔽的热损失，严重的甚至会结露、冻裂水管。

4.3.25 空气—空气能量回收过去习惯称为空气热回收。空调系统中处理新风所需的冷热负荷占建筑物总冷热负荷的比例很大，为有效地减少新风冷热负荷，宜采用空气—空气能量回收装置回收空调排风中的热量和冷量，用来预热和预冷新风，可以产生显著地节能效益。

现行国家标准《空气—空气能量回收装置》GB/T 21087将空气热回收装置按换热类型分为全热回收型和显热回收型两类，同时规定了内部漏风率和外部漏风率指标。由于热回收原理和结构特点的不同，空气热回收装置的处理风量和排风泄漏量存在较大的差异。当排风中污染物浓度较大或污染物种类对人体有害时，在不能保证污染物不泄漏到新风送风中时，空气热回收装置不应采用转轮式空气热回收装置，同时也不宜采用板式或板翅式空气热回收装置。

在进行空气能量回收系统的技术经济比较时，应充分考虑当地的气象条件、能量回收系统的使用时间等因素。在满足节能标准的前提下，如果系统的回收期过长，则不宜采用能量回收系统。

在严寒地区和夏季室外空气比焓低于室内空气设计比焓而室外空气温度又高于室内空气设计温度的温和地区，宜选用显热回收装置；在其他地区，尤其是夏热冬冷地区，宜选用全热回收装置。空气热回收装置的空气积灰对热回收效率的影响较大，设计中应予以重视，并考虑热回收装置的过滤器设置问题。

对室外温度较低的地区（如严寒地区），如果不采取保温、防冻措施，冬季就可能冻结而不能发挥应有的作用，因此，要求对热回收装置的排风侧是否出现结霜或结露现象进行核算，当出现结霜或结露时，应采取预热等措施。

常用的空气热回收装置性能和适用对象参见表5。

表5 常用空气热回收装置性能和适用对象

项目	热回收装置形式					
	转轮式	液体循环式	板式	热管式	板翅式	溶液吸收式
热回收形式	显热或全热	显热	显热	显热	全热	全热
热回收效率	50%~85%	55%~65%	50%~80%	45%~65%	50%~70%	50%~85%
排风泄漏量	0.5%~10%	0	0~5%	0~1%	0~5%	0
适用对象	风量较大且允许排风与新风间有适量渗透的系统	新风与排风热回收点较多且比较分散的系统	仅需回收显热的系统	含有轻微灰尘或温度较高的通风系统	需要回收全热且空气较清洁的系统	需回收全热并对空气有过滤的系统

4.3.26 采用双向换气装置，让新风与排风在装置中进行显热或全热交换，可以从排出空气中回收50%以上的热量和冷量，有较大的节能效果，因此应该提倡。人员长期停留的房间一般是指连续使用超过3h的房间。

当安装带热回收功能的双向换气装置时，应注意：

1 热回收装置的进、排风入口过滤器应便于清洗；

2 风机停止使用时，新风进口、排风出口设置的密闭风阀应同时关闭，以保证管道气密性。

4.4 末端系统

4.4.1 散热器暗装在罩内时，不但散热器的散热量会大幅度减少；而且，由于罩内空气温度远远高于室内空气温度，从而使室内墙体的温差传热损失大大增加。为此，应避免这种错误做法，规定散热器宜明装。

面层热阻的大小，直接影响到地面的散热量。实测证明，在相同的供暖条件和地板构造的情况下，在同一个房间里，以热阻为 0.02 $[m^2 \cdot K/W]$ 左右的花岗石、大理石、陶瓷砖等做面层的地面散热量，比以热阻为 0.10 $[m^2 \cdot K/W]$ 左右的木地板为面层时要高 30%～60%，比以热阻为 0.15 $[m^2 \cdot K/W]$ 左右的地毯为面层时高 60%～90%。由此可见，面层材料对地面散热量的巨大影响。为了节省能耗和运行费用，采用地面辐射供暖供冷方式时，要尽量选用热阻小于 0.05 $[m^2 \cdot K/W]$ 的材料做面层。

4.4.2 蒸发冷却空气处理过程不需要人工冷源，能耗较少，是一种节能的空调方式。对于夏季湿球温度低、温度日较差（即一日内最高温度与最低温度之差值）大的地区，宜充分利用其干燥、夜间凉爽的气候条件，优先考虑采用蒸发冷却技术或与人工冷源相结合的技术，降低空调系统的能耗。

4.4.3 风机的变风量途径和方法很多，通常变频调节通风机转速时的节能效果最好，所以推荐采用。本条中提到的风机是指空调机组内的系统送风机（也可能包括回风机）而不是变风量末端装置内设置的风机。对于末端装置所采用的风机来说，若采用变频方式应采取可靠的防止对电网造成电磁污染的技术措施。变风量空调系统在运行过程中，随着送风量的变化，送至空调区的新风量也相应改变。为了确保新风量能符合卫生标准的要求，同时为了使初调试能够顺利进行，根据满足最小新风量的原则，应在设计文件中标明每个变风量末端装置必需的最小送风量。

4.4.4 公共建筑采用辐射为主的供暖供冷方式，一般有明显的节能效果。分层空调是一种仅对室内下部人员活动区进行空调，而不对上部空间空调的特殊空调方式，与全室性空调方式相比，分层空调夏季可节省冷量30%左右，因此，能节省运行能耗和初投资。

4.4.5 发热量大房间的通风设计要求。

1 变配电室等发热量较大的机电设备用房如夏季室内计算温度取值过低，甚至低于室外通风温度，既没有必要，也无法充分利用室外空气消除室内余热，需要耗费大量制冷能量。因此规定夏季室内计算温度取值不宜低于室外通风计算温度，但不包括设备需要较低的环境温度才能正常工作的情况。

2 厨房的热加工间夏季仅靠机械通风不能保证人员对环境的温度要求，一般需要设置空气处理机组对空气进行降温。由于排除厨房油烟所需风量很大，需要采用大风量的不设热回收装置的直流式送风系统。如计算室温取值过低，供冷能耗大，直流系统使得温度较低的室内空气直接排走，不利于节能。

4.5 监测、控制与计量

4.5.1 为了降低运行能耗，供暖通风与空调系统应进行必要的监测与控制。20世纪80年代后期，直接数字控制（DDC）系统开始进入我国，经过20多年的实践，证明其在设备及系统控制、运行管理等方面具有较大的优越性且能够较大地节约能源，在大多数工程项目的实际应用中都取得了较好的效果。就目前来看，多数大、中型工程也是以此为基本的控制系统形式的。但实际情况错综复杂，作为一个总的原则，设计时要求结合具体工程情况通过技术经济比较确定具体的控制内容。能源计量总站宜具有能源计量报表管理及趋势分析等基本功能。监测控制的内容可包括参数检测、参数与设备状态显示、自动调节与控制、工况自动转换、能量计量以及中央监控与管理等。

4.5.2 强制性条文。加强建筑用能的量化管理，是建筑节能工作的需要，在冷热源处设置能量计量装置，是实现用能总量量化管理的前提和条件，同时在冷热源处设置能量计量装置利于相对集中，也便于操作。

供热锅炉房应设燃煤或燃气、燃油计量装置。制冷机房内，制冷机组能耗是大户，同时也便于计量，因此要求对其单独计量。直燃型机组应设燃气或燃油计量总表，电制冷机组总用电量应分别计量。《民用建筑节能条例》规定，实行集中供热的建筑应当安装供热系统调控装置、用热计量装置和室内温度调控装置，因此，对锅炉房、换热机房总供热量应进行计量，作为用能量化管理的依据。

目前水系统"跑冒滴漏"现象普遍，系统补水造成的能源浪费现象严重，因此对冷热源站总补水量也应采用计量手段加以控制。

4.5.3 集中空调系统的冷量和热量计量和我国北方地区的供热热计量一样，是一项重要的建筑节能措施。设置能量计量装置不仅有利于管理与收费，用户也能及时了解和分析用能情况，加强管理，提高节能意识和节能的积极性，自觉采取节能措施。目前在我国出租型公共建筑中，集中空调费用多按照用户承租建筑面积的大小，用面积分摊方法收取，这种收费方法的效果是用与不用一个样、用多用少一个样，使用户产生"不用白不用"的心理，使室内过热或过冷，造成能源浪费，不利于用户健康，还会引起用户与管理者之间的矛盾。公共建筑集中空调系统，冷、热量的计量也可作为收取空调使用费的依据之一，空调按用户实际用量收费是未来的发展趋势。它不仅能够降低空调运行能耗，也能够有效地提高公共建筑的能源管理水平。

我国已有不少单位和企业对集中空调系统的冷热量计量原理和装置进行了广泛的研究和开发，并与建筑自动化（BA）系统和合理的收费制度结合，开发了一些可用于实际工程的产品。当系统负担有多栋建筑时，应针对每栋建筑设置能量计量装置。同时，为了加强对系统的运行管理，要求在能源站房（如冷冻机房、热交换站或锅炉房等）应同样设置能量计量装置。但如果空调系统只是负担一栋独立的建筑，则能量计量装置可以只设于能源站房内。当实际情况要求并且具备相应的条件时，推荐按不同楼层、不同室内区域、不同用户或房间设置冷、热量计量装置的做法。

4.5.4 强制性条文。本条文针对公共建筑项目中自建的锅炉房及换热机房的节能控制提出了明确的要求。供热量控制装置的主要目的是对供热系统进行总体调节，使供水水温或流量等参数在保持室内温度的前提下，随室外空气温度的变化进行调整，始终保持锅炉房或换热机房的供热量与建筑物的需热量基本一致，实现按需供热，达到最佳的运行效率和最稳定的供热质量。

气候补偿器是供暖热源常用的供热量控制装置，设置气候补偿器后，可以通过在时间控制器上设定不同时间段的不同室温节省供热量；合理地匹配供水流量和供水温度，节省水泵电耗，保证散热器恒温阀等调节设备正常工作；还能够控制一次水回水温度，防止回水温度过低而减少锅炉寿命。

虽然不同企业生产的气候补偿器的功能和控制方法不完全相同，但气候补偿器都具有能根据室外空气温度或负荷变化自动改变用户侧供（回）水温度或对热媒流量进行调节的基本功能。

4.5.5 供热量控制调节包括质调节（供水温度）和量调节（供水流量）两部分，需要根据室外气候条件和末端需求变化进行调节。对于未设集中控制系统的工程，设置气候补偿器和时间控制器等装置来实现本条第2款和第3款的要求。

对锅炉台数和燃烧过程的控制调节，可以实现按需供热，提高锅炉运行效率，节省运行能耗并减少大气污染。锅炉的热水温度、烟气温度、烟道片角度、大火、中火、小火状态等能效相关的参数应上传至建筑能量管理系统，根据实际需求供热量调节锅炉的投运台数和投入燃料量。

4.5.6 强制性条文。《中华人民共和国节约能源法》第三十七条规定：使用空调供暖、制冷的公共建筑应当实行室内温度控制制度。用户能够根据自身的用热需求，利用空调供暖系统中的调节阀主动调节和控制室温，是实现按需供热、行为节能的前提条件。

除末端只设手动风量开关的小型工程外，供暖空调系统均应具备室温自动调控功能。以往传统的室内供暖系统中安装使用的手动调节阀，对室内供暖系统的供热量能够起到一定的调节作用，但因其缺乏感温元件及自力式动作元件，无法对系统的供热量进行自动调节，从而无法有效利用室内的自由热，降低了节能效果。因此，对散热器和辐射供暖系统均要求能够根据室温设定值自动调节。对于散热器和地面辐射供暖系统，主要是设置自力式恒温阀、电热阀、电动通断阀等。散热器恒温控制阀具有感受室内温度变化并根据设定的室内温度对系统流量进行自力式调节的特性，有效利用室内自由热从而达到节省室内供热量的目的。

4.5.7 冷热源机房的控制要求。

1 设备的顺序启停和连锁控制是为了保证设备的运行安全，是控制的基本要求。从大量工程应用效果看，水系统"大流量小温差"是个普遍现象。末端空调设备不用时水阀没有关闭，为保证使用支路的正常水流量，导致运行水泵台数增加，建筑能耗增大。因此，该控制要求也是运行节能的前提条件。

2 冷水机组是暖通空调系统中能耗最大的单体设备，其台数控制的基本原则是保证系统冷负荷要求，节能目标是使设备尽可能运行在高效区域。冷水机组的最高效率点通常位于该机组的某一部分负荷区域，因此采用冷量控制方式有利于运行节能。但是，由于监测冷量的元器件和设备价格较高，因此在有条件时（如采用了DDC控制系统时），优先采用此方式。对于一级泵系统冷机定流量运行时，冷量可以简化为供回水温差；当供水温度不作调节时，也可简化为总回水温度来进行控制，工程中需要注意简化方法的使用条件。

3 水泵的台数控制应保证系统水流量和供水压力/供回水压差的要求，节能目标是使设备尽可能运行在高效区域。水泵的最高效率点通常位于某一部分流量区域，因此采用流量控制方式有利于运行节能。对于一级泵系统冷机定流量运行时和二级泵系统，一级泵台数与冷机台数相同，根据连锁控制即可实现；而一级泵系统冷机变流量运行时的一级泵台数控制和二级泵系统中的二级泵台数控制推荐采用此方式。由于价格较高且对安装位置有一定要求，选择流量和冷量的监测仪表时应统一考虑。

4 二级泵系统水泵变速控制才能保证符合节能要求，二级泵变速调节的节能目标是减少设备耗电量。实际工程中，有压力/压差控制和温差控制等不同方式，温差的测量时间滞后较长，压差方式的控制效果相对稳定。而压差测点的选择通常有两种：(1)取水泵出口主供、回水管道的压力信号。由于信号点的距离近，易于实施。(2)取二级泵环路中最不利末端回路支管上的压差信号。由于运行调节中最不利末端会发生变化，因此需要在有代表性的分支管道上各设置一个，其中有一个压差信号未能达到设定要求时，提高二次泵的转速，直到满足为止；反之，如所有的压差信号都超过设定值，则降低转速。显然，方法(2)所得到的供回水压差更接近空调末端设备的使用要求，因此在保证使用效果的前提下，它的运行节能效果较前一种更好，但信号传输距离远，要有可靠的技术保证。但若压差传感器设置在水泵出口并采用定压差控制，则与水泵定速运行相似，因此，推荐优先采用压差设定值优化调节方式以发挥变速水泵的节能优势。

5 关于冷却水的供水温度，不仅与冷却塔风机能耗相关，更会影响到冷机能耗。从节能的观点来看，较低的冷却水进水温度有利于提高冷水机组的能效比，但会使冷却塔风机能耗增加，因此对于冷却侧能耗有个最优化的冷却水温度。但为了保证冷水机组能够正常运行，提高系统运行的可靠性，通常冷却水进水温度有最低水温限制的要求。为此，必须采取一定的冷却水水温控制措施。通常有三种做法：(1)调节冷却塔风机运行台数；(2)调节冷却塔风机转速；(3)供、回水总管上设置旁通电动阀，通过调节旁通流量保证进入冷水机组的冷却水温高于最低限值。在(1)、(2)两种方式中，冷却塔风机的运行总能耗也得以降低。

6 冷却水系统在使用时，由于水分的不断蒸发，水中的离子浓度会越来越高。为了防止由于高离子浓度带来的结垢等种种弊病，必须及时排污。排污方法通常有定期排污和控制离子浓度排污。这两种方法都可以采用自动控制方法，其中控制离子浓度排污方法在使用效果与节能方面具有明显优点。

7 提高供水温度会提高冷水机组的运行能效，但会导致末端空调设备的除湿能力下降、风机运行能耗提高，因此供水温度需要根据室外气象参数、室内环境和设备运行情况，综合分析整个系统的能耗进行优化调节。因此，推荐在有条件时采用。

8 设备保养的要求，有利于延长设备的使用寿命，也属于广义节能范畴。

9 机房群控是冷、热源设备节能运行的一种有效方式，水温和水量等调节对于冷水机组、循环水泵和冷却塔风机等运行能效有不同的影响，因此机房总能耗是总体的优化目标。冷水机组内部的负荷调节等都由自带控制单元完成，而且其传感器设置在机组内部管路上，测量比较准确和全面。采用通信方式，可以将其内部监测数据与系统监控结合，保证第 2 款和第 7 款的实现。

4.5.8 全空气空调系统的节能控制要求。

1 风阀、水阀与风机连锁启停控制，是一项基本控制要求。实践中发现很多工程没有实现，主要是由于冬季防冻保护需要停风机、开水阀，这样造成夏季空调机组风机停时往往水阀还开，冷水系统"大流量，小温差"，造成冷水泵输送能耗增加、冷机效率下降等后果。需要注意在需要防冻保护地区，应设置本连锁控制与防冻保护逻辑的优先级。

2 绝大多数公共建筑中的空调系统都是间歇运行的，因此保证使用期间的运行是基本要求。推荐优化启停时间即尽量提前系统运行的停止时间和推迟系统运行的启动时间，这是节能的重要手段。

3 室内温度设定值对空调风系统、水系统和冷热源的运行能耗均有影响。根据相关文献，夏季室内温度设定值提高 1℃，空调系统总体能耗可下降 6%左右。因此，推荐根据室外气象参数优化调节室内温度设定值，这既是一项节能手段，同时也有利于提高室内人员舒适度。

6 新建建筑、酒店、高等学校等公共建筑同时使用率相对较低，不使用的房间在空调供冷/供暖期，一般只关闭水系统，过渡季节风系统不会主动关闭，造成能源浪费。

4.5.9 推荐设置常闭式电动通断阀，风机盘管停止运行时能够及时关断水路，实现水泵的变流量调节，有利于水系统节能。

通常情况下，房间内的风机盘管往往采用室内温控器就地控制方式。根据《民用建筑节能条例》和《公共机构节能条例》等法律法规，对公共区域风机盘管的控制功能提出要求，采用群控方式都可以实现。

1 由于室温设定值对能耗有影响和响应政府对空调系统夏季运行温度的号召，要求对室温设定值进行限制，可以从监控机房统一设定温度。

2 风机盘管可以采用水阀通断/调节和风机分档/变速等不同控制方式。采用温控器控制水阀可保证各末端能够"按需供水"，以实现整个水系统为变水量系统。

考虑到对室温控制精度要求很高的场所会采用电动调节阀，严寒地区在冬季夜间维持部分流量进行值班供暖等情况，不作统一限定。

4.5.10 对于排除房间余热为主的通风系统，根据房间温度控制通风设备运行台数或转速，可避免在气候凉爽或房间发热量不大的情况下通风设备满负荷运行的状况发生，既可节约电能，又能延长设备的使用年限。

4.5.11 对于车辆出入明显有高峰时段的地下车库，采用每日、每周时间程序控制风机启停的方法，节能效果明显。在有多台风机的情况下，也可以根据不同的时间启停不同的运行台数的方式进行控制。

采用CO浓度自动控制风机的启停（或运行台数），有利于在保持车库内空气质量的前提下节约能源，但由于CO浓度探测设备比较贵，因此适用于高峰时段不确定的地下车库在汽车开、停过程中，通过对其主要排放污染物CO浓度的监测来控制通风设备的运行。国家相关标准规定一氧化碳8h时间加权平均允许浓度为20mg/m³，短时间接触允许30mg/m³。

4.5.12 对于间歇运行的空调系统，在保证使用期间满足要求的前提下，应尽量提前系统运行的停止时间和推迟系统运行的启动时间，这是节能的重要手段。在运行条件许可的建筑中，宜使用基于用户反馈的控制策略（Request-Based Control），包括最佳启动策略（Optimal Start）和分时再设及反馈策略（Trim and Respond）。

5 给水排水

5.1 一般规定

5.1.1 节水与节能是密切相关的，为节约能耗、减少水泵输送的能耗，应合理设计给水、热水、排水系统、计算用水量及水泵等设备，通过节约用水达到节能的目的。

工程设计时，建筑给水排水的设计中有关"用水定额"计算仍按现行国家标准《建筑给水排水设计规范》GB 50015的有关规定执行。公共建筑的平均日生活用水定额、全年用水量计算、非传统水源利用率计算等按国家现行标准《民用建筑节水设计标准》GB 50555有关规定执行。

5.1.2 现行国家标准《民用建筑节水设计标准》GB 50555对设置用水计量水表的位置作了明确要求。冷却塔循环冷却水、游泳池和游乐设施、空调冷（热）水系统等补水管上需要设置用水计量表；公共建筑中的厨房、公共浴室、洗衣房、锅炉房、建筑物引入管等有冷水、热水量计量要求的水管上都需要设置计量水表，控制用水量，达到节水、节能要求。

5.1.3 安装热媒或热源计量表以便控制热媒或热源的消耗，落实到节约用能。

水加热、热交换站室的热媒水仅需要计量用量时，在热媒管道上安装热水表，计量热媒水的使用量。

水加热、热交换站室的热媒水需要计量热媒水耗热量时，在热媒管道上需要安装热量表。热量表是一种适用于测量在热交换环路中，载热液体所吸收或转换热能的仪器。热量表是通过测量热媒流量和焓差值来计算出热量损耗，热量损耗一般以"kJ或MJ"表示，也有采用"kWh"表示。在水加热、换热器的热媒进水管和热媒回水管上安装温度传感器，进行热量消耗计量。热水表可以计量热水使用量，但是不能计量热量的消耗量，故热水表不能替代热量表。

热媒为蒸汽时，在蒸汽管道上需要安装蒸汽流量计进行计量。水加热的热源为燃气或燃油时，需要设燃气计量表或燃油计量表进行计量。

5.1.4 水泵是耗能设备，应该通过计算确定水泵的流量和扬程，合理选择通过节能认证的水泵产品，减少能耗。水泵节能产品认证书由中国节能产品认证中心颁发。

给水泵节能评价值是按现行国家标准《清水离心泵能效限定值及节能评价值》GB 19762的规定进行计算、查表确定的。泵节能评价值是指在标准规定测试条件下，满足节能认证要求应达到的泵规定点的最低效率。为方便设计人员选用给水泵时了解泵的节能评价值，参照《建筑给水排水设计手册》中IS型单级单吸水泵、TSWA型多级单吸水泵和DL型多级单吸水泵的流量、扬程、转速数据，通过计算和查表，得出给水泵节能评价值，见表6～表8。通过计算发现，同样的流量、扬程情况下，2900r/min的水泵比1450r/min的水泵效率要高2%～4%，建议除对噪声有要求的场合，宜选用转速2900r/min的水泵。

表6 IS型单级单吸给水泵节能评价值

流量 （m³/h）	扬程 （m）	转速 （r/min）	节能评价值 （%）
12.5	20	2900	62
	32	2900	56
15	21.8	2900	63
	35	2900	57
	53	2900	51
25	20	2900	71
	32	2900	67
	50	2900	61
	80	2900	55
30	22.5	2900	72
	36	2900	68
	53	2900	63
	84	2900	57
	128	2900	52
50	20	2900	77
	32	2900	75
	50	2900	71
	80	2900	65

续表6

流量 (m³/h)	扬程 (m)	转速 (r/min)	节能评价值 (%)
50	125	2900	59
60	24	2900	78
60	36	2900	76
60	54	2900	73
60	87	2900	67
60	133	2900	60
100	20	2900	80
100	32	2900	80
100	50	2900	78
100	80	2900	74
100	125	2900	68
120	57.5	2900	79
120	87	2900	75
120	132.5	2900	70
200	50	2900	82
200	80	2900	81
200	125	2900	76
240	44.5	2900	83
240	72	2900	82
240	120	2900	79

注：表中列出节能评价值大于50%的水泵规格。

表7 TSWA型多级单吸离心给水泵节能评价值

流量 (m³/h)	单级扬程 (m)	转速 (r/min)	节能评价值 (%)
15	9	1450	56
18	9	1450	58
22	9	1450	60
30	11.5	1450	62
36	11.5	1450	64
42	11.5	1450	65
62	15.6	1450	67
69	15.6	1450	68
72	21.6	1450	66
80	15.6	1450	70
90	21.6	1450	69
108	21.6	1450	70
115	30	1480	72
119	30	1480	68
191	30	1480	74

表8 DL多级离心给水泵节能评价值

流量 (m³/h)	单级扬程 (m)	转速 (r/min)	节能评价值 (%)
9	12	1450	43
12.6	12	1450	49
15	12	1450	52
18	12	1450	54
30	12	1450	61
32.4	12	1450	62
35	12	1450	63
50.4	12	1450	67
65.16	12	1450	69
72	12	1450	70
100	12	1450	71
126	12	1450	71

泵节能评价值计算与水泵的流量、扬程、比转速有关，故当采用其他类型的水泵时，应按现行国家标准《清水离心泵能效限定值及节能评价值》GB 19762的规定进行计算、查表确定泵节能评价值。

水泵比转速按下式计算：

$$n_s = \frac{3.65n\sqrt{Q}}{H^{3/4}} \quad (9)$$

式中：Q——流量（m³/s）（双吸泵计算流量时取$Q/2$）；

H——扬程（m）（多级泵计算取单级扬程）；

n——转速（r/min）；

n_s——比转速，无量纲。

按现行国家标准《清水离心泵能效限定值及节能评价值》GB 19762的有关规定，计算泵规定点效率值、泵能效限定值和节能评价值。

工程项目中所应用的给水泵节能评价值应由给水泵供应商提供，并不能小于现行国家标准《清水离心泵能效限定值及节能评价值》GB 19762的限定值。

5.2 给水与排水系统设计

5.2.1 为节约能源，减少生活饮用水水质污染，除了有特殊供水安全要求的建筑以外，建筑物底部的楼层应充分利用城镇给水管网或小区给水管网的水压直接供水。当城镇给水管网或小区给水管网的水压和（或）水量不足时，应根据卫生安全、经济节能的原则选用储水调节和（或）加压供水方案。在征得当地供水行政主管部门及供水部门批准认可时，可采用直接从城镇给水管网吸水的叠压供水系统。

5.2.2 本条依据国家标准《建筑给水排水设计规范》GB 50015-2003（2009年版）第3.3.2条的规定。加压站位置与能耗也有很大的关系，如果位置设置不合理，会造成浪费能耗。

5.2.3 为避免因水压过高引起的用水浪费，给水系统应竖向合理分区，每区供水压力不大于0.45MPa，合理采取减压限流的节水措施。

5.2.4 当给水流量大于$10m^3/h$时，变频组工作水泵由2台以上水泵组成比较合理，可以根据公共建筑的用水量、用水均匀性合理选择大泵、小泵搭配，泵组也可以配置气压罐，供小流量用水，避免水泵频繁启动，以降低能耗。

5.2.5 除在地下室的厨房含油废水隔油器（池）排水、中水源水、间接排水以外，地面以上的生活污、废水排水采用重力流系统直接排至室外管网，不需要动力，不需要能耗。

5.3 生活热水

5.3.1 余热包括工业余热、集中空调系统制冷机组排放的冷凝热、蒸汽凝结水热等。

当采用太阳能热水系统时，为保证热水温度恒定和保证水质，可优先考虑采用集热与辅热设备分开设置的系统。

由于集中热水供应系统采用直接电加热会耗费大量电能；若当地供电部门鼓励采用低谷时段电力，并给予较大的优惠政策时，允许采用利用谷电加热的蓄热式电热水炉，但必须保证在峰时段与平时段不使用，并设有足够热容量的蓄热装置。以最高日生活热水量$5m^3$作为限定值，是以酒店生活热水用量进行了测算，酒店一般最少15套客房，以每套客房2床计算，取最高日用水定额160L/（床·日），则最高日热水量为$4.8m^3$，故当最高日生活热水量大于$5m^3$时，尽可能避免采用直接电加热作为主热源或集中太阳能热水系统的辅助热源，除非当地电力供应富裕、电力需求侧管理从发电系统整体效率角度，有明确的供电政策支持时，允许适当采用直接电热。

根据当地电力供应状况，小型集中热水系统宜采用夜间低谷电直接电加热作为集中热水供应系统的热源。

5.3.2 集中热水供应系统除有其他用蒸汽要求外，不宜采用燃气或燃油锅炉制备高温、高压蒸汽再进行热交换后供应生活热水的热源方式，是因为蒸汽的热焓比热水要高得多，将水由低温状态加热至高温、高压蒸汽再通过热交换转化为生活热水是能量的高质低用，造成能源浪费，应避免采用。医院的中心供应中心（室）、酒店的洗衣房等有需要用蒸汽的要求，需要设蒸汽锅炉，制备生活热水可以采用汽—水热交换器。其他没有用蒸汽要求的公共建筑可以利用工业余热、废热、太阳能、燃气热水炉等方式制备生活热水。

5.3.3 为了有效地规范国内热泵热水机（器）市场，加快设备制造厂家的技术进步，现行国家标准《热泵热水机（器）能效限定值及能效等级》GB 29541将热泵热水机能源效率分为1、2、3、4、5五个等级，1级表示能源效率最高，2级表示达到节能认证的最小值，3、4级代表了我国多联机的平均能效水平，5级为标准实施后市场准入值。表5.3.3中能效等级数据是依据现行国家标准《热泵热水机（器）能效限定值及能效等级》GB 29541中能效等级2级编制，在设计和选用空气源热泵热水机组时，推荐采用达到节能认证的产品。摘录自现行国家标准《热泵热水机（器）能效限定值及能效等级》GB 29541中热泵热水机（器）能源效率等级见表9。

表9 热泵热水机（器）能源效率等级指标

制热量（kW）	形式	加热方式		能效等级 COP（W/W）				
				1	2	3	4	5
$H<10kW$	普通型	一次加热式、循环加热式		4.60	4.40	4.10	3.90	3.70
		静态加热式		4.20	4.00	3.80	3.60	3.40
	低温型	一次加热式、循环加热式		3.80	3.60	3.40	3.20	3.00
$H\geqslant10kW$	普通型	一次加热式		4.60	4.40	4.10	3.90	3.70
		循环加热	不提供水泵	4.60	4.40	4.10	3.90	3.70
			提供水泵	4.50	4.30	4.00	3.80	3.60
	低温型	一次加热式		3.90	3.70	3.50	3.30	3.10
		循环加热	不提供水泵	3.90	3.70	3.50	3.30	3.10
			提供水泵	3.80	3.60	3.40	3.20	3.00

空气源热泵热水机组较适用于夏季和过渡季节总时间长地区；寒冷地区使用时需要考虑机组的经济性与可靠性，在室外温度较低的工况下运行，致使机组制热COP太低，失去热泵机组节能优势时就不宜采用。

一般用于公共建筑生活热水的空气源热泵热水机型大于10kW，故规定制热量大于10kW的热泵热水机在名义制热工况和规定条件下，应满足性能系数

(COP) 限定值的要求。

选用空气源热泵热水机组制备生活热水时应注意热水出水温度，在节能设计的同时还要满足现行国家标准对生活热水的卫生要求。一般空气源热泵热水机组热水出水温度低于 60℃，为避免热水管网中滋生军团菌，需要采取措施抑制细菌繁殖。如定期每隔 1 周~2 周采用 65℃ 的热水供水一天，抑制细菌繁殖生长，但必须有用水时防止烫伤的措施，如设置混水阀等，或采取其他安全有效的消毒杀菌措施。

5.3.4 本条对水加热、热交换站室至最远建筑或用水点的服务半径作了规定，限制热水循环管网服务半径，一是减少管路上热量损失和输送动力损失；二是避免管线过长，管路末端温度降低，管网内容易滋生军团菌。

要求水加热、热交换站室位置尽可能靠近热水用水量较大的建筑或部位，以及设置在小区的中心位置，可以减少热水管线的敷设长度，以降低热损耗，达到节能目的。

5.3.5 《建筑给水排水设计规范》GB 50015 中规定，办公楼集中盥洗室仅设有洗手盆时，每人每日热水用水定额为 5L~10L，热水用量较少，如设置集中热水供应系统，管道长，热损失大，为保证热水出水温度还需要设热水循环泵，能耗较大，故限定仅设有洗手盆的建筑，不宜设计集中生活热水供应系统。办公建筑内仅有集中盥洗室的洗手盆供应热水时，可采用小型储热容积式电加热热水器供应热水。

对于管网输送距离较远、用水量较小的个别热水用户（如需要供应热水的洗手盆），当距离集中热水站室较远时，可以采用局部、分散加热方式，不需要为个别的热水用户敷设较长的热水管道，避免造成热水在管道输送过程中的热损失。

热水用量较大的用户，如浴室、洗衣房、厨房等，宜设计单独的热水回路，有利于管理与计量。

5.3.6 使用生活热水需要通过冷、热水混合后调整到所需要的使用温度。故热水供应系统需要与冷水系统分区一致，保证系统内冷水、热水压力平衡，达到节水、节能和用水舒适的目的，要求按照现行国家标准《建筑给水排水设计规范》GB 50015 和《民用建筑节水设计标准》GB 50555 有关规定执行。

集中热水供应系统要求采用机械循环，保证干管、立管的热水循环，支管可以不循环，采用多设立管的形式，减少支管的长度，在保证水点使用温度的同时也需要注意节能。

5.3.7 本条规定了热水管道绝热计算的基本原则，生活热水管的保温设计应从节能角度出发减少散热损失。

5.3.8 控制的基本原则是：(1) 让设备尽可能高效运行；(2) 让相同型号的设备的运行时间尽量接近以保持其同样的运行寿命（通常优先启动累计运行小时数最少的设备）；(3) 满足用户侧低负荷运行的需求。

设备运行状态的监测及故障报警是系统监控的一个基本内容。

集中热水系统采用风冷或水源热泵作为热源时，当装机数量多于 3 台时采用机组群控方式，有一定的优化运行效果，可以提高系统的综合能效。

由于工程的情况不同，本条内容可能无法完全包含一个具体工程中的监控内容，因此设计人还需要根据项目具体情况确定一些应监控的参数和设备。

6 电 气

6.1 一般规定

6.1.3 建筑设备监控系统可以自动控制建筑设备的启停，使建筑设备工作在合理的工况下，可以大量节约建筑物的能耗。现行国家标准《智能建筑设计标准》GB 50314 对设置有详细规定。

6.2 供配电系统

6.2.2 不但配变电所要靠近负荷中心，各级配电都要尽量减少供电线路的距离。"配变电所位于负荷中心"，一直是一个概念，提倡配变电所位于负荷中心是电气设计专业的要求，但建筑设计需要整体考虑，配变电所设置位置也是电气设计与建筑设计协商的结果，考虑配变电所位于负荷中心主要是考虑线缆的电压降不满足规范要求时，需加大线缆截面，浪费材料资源，同时，供电距离长，线损大，不节能。《2009 全国民用建筑工程设计技术措施——电气》第 3.1.3 条第 2 款规定："低压线路的供电半径应根据具体供电条件，干线一般不超过 250m，当供电容量超过 500kW（计算容量），供电距离超过 250m 时，宜考虑增设变电所"。且 IEC 标准也在考虑"当建筑面积 > 20000m²、需求容量 > 2500kVA 时，用多个小容量变电所供电"。故以变电所到末端用电点的距离不超过 250m 为宜。

在公共建筑中大功率用电设备，主要指制冷的冷水机组。

6.2.3 低损耗变压器即空载损耗和负载损耗低的变压器。现行配电变压器能效标准国标为《三相配电变压器能效限定值及能效等级》GB 20052。

6.2.4 电力变压器经济运行计算可参照现行国家标准《电力变压器经济运行》GB/T 13462。配电变压器经济运行计算可参照现行行业标准《配电变压器能效技术经济评价导则》DL/T 985。

6.2.5 系统单相负荷达到 20% 以上时，容易出现三相不平衡，且各相的功率因数不一致，故采用部分分相补偿无功功率。

6.2.6 容量较大的用电设备一般指单台 AC380V 供

电的250kW及以上的用电设备，功率因数较低一般指功率因数低于0.8，离配变电所较远一般指距离在150m左右。

6.2.7 大型用电设备、大型可控硅调光设备一般指250kW及以上的设备。

6.3 照 明

6.3.1 现行国家标准《建筑照明设计标准》GB 50034对办公建筑、商店建筑、旅馆建筑、医疗建筑、教育建筑、博览建筑、会展建筑、交通建筑、金融建筑的照明功率密度值的限值进行了规定，提供了现行值和目标值。照明设计时，照明功率密度限值应符合该标准规定的现行值。

6.3.2 目前国家已对5种光源和3种镇流器制定了能效限定值、节能评价值及能效等级。相关现行国家标准包括：《单端荧光灯能效限定值及节能评价值》GB 19415、《普通照明用双端荧光灯能效限定值及能效等级》GB 19043、《普通照明用自镇流荧光灯能效限定值及能效等级》GB 19044、《高压钠灯能效限定值及能效等级》GB 19573、《金属卤化物灯能效限定值及能效等级》GB 20054、《管型荧光灯镇流器能效限定值及能效等级》GB 17896、《高压钠灯用镇流器能效限定值及节能评价值》GB 19574、《金属卤化物灯用镇流器能效限定值及能效等级》GB 20053。

6.3.3 夜景照明是建筑景观的一大亮点，也是节能的重点。

6.3.4 光源的选择原则。

1 通常同类光源中单灯功率较大者，光效高，所以应选单灯功率较大的，但前提是应满足照度均匀度的要求。对于直管荧光灯，根据现今产品资料，长度为1200mm左右的灯管光效比长度600mm左右（即T8型18W，T5型14W）的灯管效率高，再加上其镇流器损耗差异，前者的节能效果十分明显。所以除特殊装饰要求者外，应选用前者（即28W～45W灯管），而不应选用后者（14W～18W灯管）。

与其他高强气体放电灯相比，荧光高压汞灯光效较低，寿命也不长，显色指数也不高，故不宜采用。自镇流荧光高压汞灯光效更低，故不应采用。

2 按照现行国家标准《电磁兼容 限值 谐波电流发射限值（设备每相输入电流≤16A）》GB 17625.1对照明设备（C类设备）谐波限值的规定，对功率大于25W的放电灯的谐波限值规定较严，不会增加太大能耗；而对≤25W的放电灯规定的谐波限值很宽（3次谐波可达86%），将使中性线电流大大增加，超过相线电流达2.5倍以上，不利于节能和节材。所以≤25W的放电灯选用的镇流器宜满足下列条件之一：(1) 谐波限值符合现行国家标准《电磁兼容 限值 谐波电流发射限值（设备每相输入电流≤16A）》GB 17625.1规定的功率大于25W照明设备的谐波限值；(2) 次谐波电流不大于基波电流的33%。

7 室外景观照明不应采用高强投光灯、大面积霓虹灯、彩灯等高亮度、高能耗灯具，应优先采用高效、长寿、安全、稳定的光源，如高频无极灯、冷阴极荧光灯、发光二极管（LED）照明灯等。

6.3.5 当灯具功率因数低于0.85时，均应采取灯内单灯补偿方式。

6.3.6 一般照明保障一般均匀性，局部照明保障使用照度，但要两者相差不能太大。通道和其他非作业区域的一般照明的照度值不宜低于作业区域一般照明照度值的1/3。

6.3.7 漫射发光顶棚的照明方式光损失较严重，不利于节能。

6.3.8 集中开、关控制有许多种类，如建筑设备监控（BA）系统的开关控制、接触器控制、智能照明开、关控制系统等，公共场所照明集中开、关控制有利于安全管理。适宜的场所宜采用就地感应控制包括红外、雷达、声波等探测器的自动控制装置，可自动开关实现节能控制，通常推荐采用。但医院的病房大楼、中小学校及其学生宿舍、幼儿园（未成年使用场所）、老年公寓、酒店等场所，因病人、小孩、老年人等不具备完全行为能力人，在灯光明暗转换期间极易发生踏空等安全事故；酒店走道照明出于安全监控考虑需保证一定的照度，因此上述场所不宜采用就地感应控制。

人员聚集大厅主要指报告厅、观众厅、宴会厅、航空客运站、商场营业厅等外来人员较多的场所。智能照明控制系统包括开、关型或调光型控制，两者都可以达到节能的目的，但舒适度、价格不同。

当建筑考虑设置电动遮阳设施时，照度宜可以根据需要自动调节。

建筑红线范围内的建筑物设置景观照明时，应采取集中控制方式，并设置平时、一般节日、重大节日等多种模式。

6.4 电能监测与计量

6.4.1 参照现行国家标准《用能单位能源计量器具配备和管理通则》GB 17167要求，次级用能单位为用能单位下属的能源核算单位。

电能自动监测系统是节能控制的基础，电能自动监测系统至少包括各层、各区域用电量的统计、分析。2007年中华人民共和国建设部与财政部联合发布的《关于加强国家机关办公建筑和大型公共建筑节能管理工作的实施意见》（建科[2007]245号）对国家机关办公建筑提出了具体要求。

2008年6月住房和城乡建设部发布了《国家机关办公建筑和大型公共建筑能耗监测系统分项能耗数据采集技术导则》，对能耗监测提出了具体要求。

6.4.2 建筑功能区域主要指锅炉房、换热机房等设备机房、公共建筑各使用单位、商店各租户、酒店各独立核算单位、公共建筑各楼层等。

6.4.3 照明插座用电是指建筑物内照明、插座等室内设备用电的总称。包括建筑物内照明灯具和从插座取电的室内设备，如计算机等办公设备、厕所排气扇等。

办公类建筑建议照明与插座分项监测，其目的是监测照明与插座的用电情况，检查照明灯具及办公设备的用电指标。当未分项计量时，不利于建筑各类系统设备的能耗分布统计，难以发现能耗不合理之处。

空调用电是为建筑物提供空调、采暖服务的设备用电的统称。常见的系统主要包括冷水机组、冷冻泵（一次冷冻泵、二次冷冻泵、冷冻水加压泵等）、冷却泵、冷却塔风机、风冷热泵等和冬季采暖循环泵（采暖系统中输配热量的水泵；对于采用外部热源、通过板换供热的建筑，仅包括板换二次泵；对于采用自备锅炉的，包括一、二次泵）、全空气机组、新风机组、空调区域的排风机、变冷媒流量多联机组。

若空调系统末端用电不可单独计量，空调系统末端用电应计算在照明和插座子项中，包括220V排风扇、室内空调末端（风机盘管、VAV、VRV末端）和分体式空调等。

电力用电是集中提供各种电力服务（包括电梯、非空调区域通风、生活热水、自来水加压、排污等）的设备（不包括空调采暖系统设备）用电的统称。电梯是指建筑物中所有电梯（包括货梯、客梯、消防梯、扶梯等）及其附属的机房专用空调等设备。水泵是指除空调采暖系统和消防系统以外的所有水泵，包括自来水加压泵、生活热水泵、排污泵、中水泵等。通风机是指除空调采暖系统和消防系统以外的所有风机，如车库通风机，厕所屋顶排风机等。特殊用电是指不属于建筑物常规功能的用电设备的耗电量，特殊用电的特点是能耗密度高、占总电耗比重大的用电区域及设备。特殊用电包括信息中心、洗衣房、厨房餐厅、游泳池、健身房、电热水器等其他特殊用电。

6.4.4 循环水泵耗电量不仅是冷热源系统能耗的一部分，而且也反映出输送系统的用能效率，对于额定功率较大的设备宜单独设置电计量。

7 可再生能源应用

7.1 一般规定

7.1.1 《中华人民共和国可再生能源法》规定，可再生能源是指风能、太阳能、水能、生物质能、地热能、海洋能等非化石能源。目前，可在建筑中规模化使用的可再生能源主要包括浅层地热能和太阳能。《民用建筑节能条例》规定：国家鼓励和扶持在新建建筑和既有建筑节能改造中采用太阳能、地热能等可再生能源。在具备太阳能利用条件的地区，应当采取有效措施，鼓励和扶持单位、个人安装使用太阳能热水系统、照明系统、供热系统、供暖制冷系统等太阳能利用系统。

在进行公共建筑设计时，应根据《中华人民共和国可再生能源法》和《民用建筑节能条例》等法律法规，在对当地环境资源条件的分析与技术经济比较的基础上，结合国家与地方的引导与优惠政策，优先采用可再生能源利用措施。

7.1.2 《民用建筑节能条例》规定：对具备可再生能源利用条件的建筑，建设单位应当选择合适的可再生能源，用于供暖、制冷、照明和热水供应等；设计单位应当按照有关可再生能源利用的标准进行设计。建设可再生能源利用设施，应当与建筑主体工程同步设计、同步施工、同步验收。

目前，公共建筑的可再生能源利用的系统设计（例如太阳能热水系统设计），与建筑主体设计脱节严重，因此要求在进行公共建筑设计时，其可再生能源利用设施也应与主体工程设计同步，从建筑及规划开始即应涵盖有关内容，并贯穿各专业设计全过程。供热、供冷、生活热水、照明等系统中应用可再生能源时，应与相应各专业节能设计协调一致，避免出现因节能技术的应用而浪费其他资源的现象。

7.1.3 利用可再生能源应本着"自发自用，余量上网，电网调节"的原则。要根据当地日照条件考虑设置光伏发电装置。直接并网供电是指无蓄电池，太阳能光电并网直接供给负荷，并不送至上级电网。

7.1.5 提出计量装置设置要求，适应节能管理与评估工作要求。现行国家标准《可再生能源建筑应用工程评价标准》GB/T 50801对可再生能源建筑应用的评价指标及评价方法均作出了规定，设计时宜设置相应计量装置，为节能效益评估提供条件。

7.2 太阳能利用

7.2.2 太阳能利用与建筑一体化是太阳能应用的发展方向，应合理选择太阳能应用一体化系统类型、色泽、矩阵形式等，在保证光热、光伏效率的前提下，应尽可能做到与建筑物的外围护结构从建筑功能、外观形式、建筑风格、立面色调等协调一致，使之成为建筑的有机组成部分。

太阳能应用一体化系统安装在建筑屋面、建筑立面、阳台或建筑其他部位，不得影响该部位的建筑功能。太阳能应用一体化构件作为建筑围护结构时，其传热系数、气密性、遮阳系数等热工性能应满足相关标准的规定；建筑光热或光伏系统组件安装在建筑透光部位时，应满足建筑物室内采光的最低要求；建筑物之间的距离应符合系统有效吸收太阳光的要求，并降低二次辐射对周边环境的影响；系统组件的安装不应影响建筑通风换气的要求。

太阳能与建筑一体化系统设计时除做好光热、光伏部件与建筑结合外，还应符合国家现行相关标准的规定，保证系统应用的安全性、可靠性和节能效益。目前，国家现行相关标准主要有：《民用建筑太阳能热水系统应用技术规范》GB 50364、《太阳能供热采暖工程技术规范》GB 50495、《民用建筑太阳能空调工程技术规范》GB 50787、《民用建筑太阳能光伏系统应用技术规范》JGJ 203。

7.2.3 太阳能光伏光热系统可以同时为建筑物提供电力和热能，具有较高的效率。太阳能光伏光热一体化不仅能够有效降低光伏组件的温度，提高光伏发电效率，而且能够产生热能，从而大大提高了太阳能光伏的转换效率，但会导致供热能力下降，对热负荷大的建筑并不一定能满足用户的用热需求，因而在具体工程应用中应结合实际情况加以分析。另一方面，光伏光热建筑减少了墙体得热，一定程度上减少了室内空调负荷。

光伏光热建筑一体化（BIPV/T）系统的两种主要模式：水冷却型和空气冷却型系统。

7.2.4 太阳能保证率是衡量太阳能在供热空调系统所能提供能量比例的一个关键参数，也是影响太阳能供热采暖系统经济性能的重要指标。实际选用的太阳能保证率与系统使用期内的太阳辐照、气候条件、产品与系统的热性能、供热采暖负荷、末端设备特点、系统成本和开发商的预期投资规模等因素有关。太阳能保证率影响常规能源替代量，进而影响造价、节能、环保和社会效益。本条规定的保证率取值参考现行国家标准《可再生能源建筑应用工程评价标准》GB/T 50801 的有关规定。

7.2.5 太阳能是间歇性能源，在系统中设置其他能源辅助加热/换热设备，其目的是保证太阳能供热系统稳定可靠运行的同时，降低系统的规模和投资。

辅助热源应根据当地条件，尽可能利用工业余热、废热等低品位能源或生物质燃料等可再生能源。

7.2.6 太阳能集热器和光伏组件的位置设置不当，受到前方障碍物的遮挡，不能保证采光面上的太阳光照时，系统的实际运行效果和经济性会受到影响，因而对放置在建筑外围护结构上太阳能集热器和光伏组件采光面上的日照时间作出规定。冬至日太阳高度角最低，接收太阳光照的条件最不利，因此规定冬至日日照时间为最低要求。此时采光面上的日照时数，是综合考虑系统运行效果和围护结构实际条件而提出的。

7.3 地源热泵系统

7.3.1 全年冷、热负荷不平衡，将导致地埋管区域岩土体温度持续升高或降低，从而影响地埋管换热器的换热性能，降低运行效率。因此，地埋管换热系统设计应考虑全年冷热负荷的影响。当两者相差较大时，宜通过技术经济比较，采用辅助散热（增加冷却塔）或辅助供热的方式来解决，一方面经济性较好，另一方面也可避免因吸热与释热不平衡导致的系统运行效率降低。

带辅助冷热源的混合式系统可有效减少埋管数量或地下（表）水流量或地表水换热盘管的数量，同时也是保障地埋管系统吸释热量平衡的主要手段，已成为地源热泵系统应用的主要形式。

7.3.2 地源热泵系统的能效除与水源热泵机组能效密切相关外，受地源侧及用户侧循环水泵的输送能耗影响很大，设计时应优化地源侧环路设计，宜采用根据负荷变化调节流量等技术措施。

对于地埋管系统，配合变流量措施，可采用分区轮换间歇运行的方式，使岩土体温度得到有效恢复，提高系统换热效率，降低水泵系统的输送能耗。对于地下水系统，设计时应以提高系统综合性能为目标，考虑抽水泵与水源热泵机组能耗间的平衡，确定地下水的取水量。地下水流量增加，水源热泵机组性能系数提高，但抽水泵能耗明显增加；相反地下水流量较少，水源热泵机组性能系数较低，但抽水泵能耗明显减少。因此地下水系统设计应在两者之间寻找平衡点，同时考虑部分负荷下两者的综合性能，计算不同工况下系统的综合性能系数，优化确定地下水流量。该项工作能有效降低地下水系统运行费用。

表10摘自现行国家标准《可再生能源建筑应用工程评价标准》GB/T 50801 对地源热泵系统能效比的规定，设计时可参考。

表 10　地源热泵系统性能级别划分

工况	1级	2级	3级
制热性能系数 COP	$COP \geq 3.5$	$3.0 \leq COP < 3.5$	$2.6 \leq COP < 3.0$
制冷能效比 EER	$EER \geq 3.9$	$3.4 \leq EER < 3.9$	$3.0 \leq EER < 3.4$

7.3.3 不同地区岩土体、地下水或地表水水温差别较大，设计时应按实际水温参数进行设备选型。末端设备应采用适合水源热泵机组供、回水温度的特点的低温辐射末端，保证地源热泵系统的应用效果，提高系统能源利用率。

附录 A　外墙平均传热系数的计算

A.0.2、A.0.3 在建筑外围护结构中，墙角、窗间墙、凸窗、阳台、屋顶、楼板、地板等处形成热桥，称为结构性热桥。热桥的存在一方面增大了墙体的传热系数，造成通过建筑围护结构的热流增加，会加大供暖空调负荷；另一方面在北方地区冬季热桥部位的内表面温度可能过低，会产生结露现象，导致建筑构件发霉，影响建筑的美观和室内环境。

国际标准"Thermal bridges in building construction-Heat flows and surface temperatures-Detailed calculations" ISO 10211：2007 中，热桥部位的定义为：非均匀的建筑围护结构部分，该处的热阻被明显改变，由于建筑围护结构被另一种不同导热系数的材料完全或部分穿透；或结构的厚度改变；或内外表面及不同，如墙体、地板、顶棚连接处。现行国家标准《民用建筑热工设计规范》GB 50176 中热桥的定义为：围护结构单元中热流强度明显大于平壁部分的节点。也曾称为冷桥。围护结构的热桥部位包括嵌入墙体的混凝土或金属梁、柱、墙体和屋面板中的混凝土肋或金属构件，装配式建筑中的板材接缝以及墙角、屋顶檐口、墙体勒脚、楼板与外墙、内隔墙与外墙连接处等部位。

公共建筑围护结构受结构性热桥的影响虽然不如居住建筑突出，但公共建筑的热桥问题应当在设计中得到充分的重视和妥善的解决，在施工过程中应当对热桥部位做重点的局部处理。

对外墙平均传热系数的计算方法，本标准 2005 版中采用的是现行国家标准《民用建筑热工设计规范》GB 50176 规定的面积加权的计算方法。这一方法是将二维温度场简化为一维温度场，然后按面积加权平均法求得外墙的平均传热系数。面积加权平均法计算外墙平均传热系数的基本思路是将外墙主体部位和周边热桥部位的一维传热系数按其对应的面积加权平均，结构性热桥部位主要包括楼板、结构柱、梁、内隔墙等部位。按这种计算方法求得的外墙平均传热系数一般要比二维温度场模拟的计算结果偏小。随着建筑节能技术的发展，围护结构材料的更新和保温水平不断提高。该方法的误差大、计算能力差等局限性逐渐显现，如无法计算外墙和窗连接处等热桥位置。

经过近 20 年的发展，国际标准中引入热桥线传热系数的概念计算外墙的平均传热系数，热桥线传热系数通过二维计算模型确定。现行行业标准《严寒和寒冷地区居住建筑节能设计标准》JGJ 26 以及现行国家标准《民用建筑热工设计规范》GB 50176 中也采用该方法。对于定量计算线传热系数的理论问题已经基本解决，理论上只要建筑的构造设计完成了，建筑中任何形式的热桥对建筑外围护结构的影响都能够计算。但对普通设计人员而言，这种计算工作量较大，因此上述两个标准分别提供了二维热桥稳态传热模拟软件和平均传热系数计算软件，用于分析实际工程中热桥对外墙平均传热系数的影响。热桥线传热系数的计算要通过人工建模的方式完成。

对于公共建筑，围护结构对建筑能耗的影响小于居住建筑，受热桥影响也较小，在热桥的计算上可做适当简化处理。为了提高设计效率，简化计算流程，本次标准修订提供一种简化的计算方法。经对公共建筑不同气候区典型构造类型热桥进行计算，整理得到外墙主体部位传热系数的修正系数值 φ，φ 受到保温类型、墙主体部位传热系数，以及结构性热桥节点构造等因素的影响，由于对于特定的建筑气候分区，标准中的围护结构限值是固定的，相应不同气候区通常也会采用特定的保温方式。

需要特别指出的是，由于结构性热桥节点的构造做法多种多样，墙体中又包含多个结构性热桥，组合后的类型更是数量巨大，难以一一列举。表 A.0.3 的主要目的是方便计算，表中给出的只是针对一般建筑的节点构造。如设计中采用了特殊构造节点，还应采用现行国家标准《民用建筑热工设计标准》GB 50176 中的精确计算方法计算平均传热系数。

附录 B　围护结构热工性能的权衡计算

B.0.1　为了提高权衡计算的准确性提出上述要求，权衡判断专用计算软件指参照建筑围护结构性能指标应按本标准要求固化到软件中，计算软件可以根据输入的设计建筑的信息自动生成符合本标准要求的参照建筑模型，用户不能更改。

权衡判断专用计算软件应具备进行全年动态负荷计算的基本功能，避免使用不符合动态负荷计算方法要求的、简化的稳态计算软件。

建筑围护结构热工性能权衡判断计算报告应该包含设计建筑和参照建筑的基本信息，建筑面积、层数、层高、地点以及窗墙面积比、外墙传热系数、外窗传热系数、太阳得热系数等详细参数和构造，照明功率密度、设备功率密度、人员密度、建筑运行时间表、房间供暖设定温度、房间供冷设定温度等室内计算参数等初始信息，建筑累计热负荷、累计冷负荷、全年供热能耗量、空调能耗量、供热和空调总耗电量、权衡判断结论等。

B.0.2　建筑围护结构的权衡判断的核心是在相同的外部条件和使用条件下，对参照建筑和所设计的建筑的供暖能耗和空调能耗之和进行比较并作出判断。建筑围护热工性能的权衡判断是为了判断建筑物围护结构整体的热工性能，不涉及供暖空调系统的差异，由于提供热量和冷量的系统效率和所使用的能源品位不同，为了保证比较的基准一致，将设计建筑和参照建筑的累计耗热量和累计耗冷量按照规定方法统一折算到所消耗的能源，将除电力外的能源统一折算成电力，最终以参照建筑与设计建筑的供暖和空气调节总耗电量作为权衡判断的依据。具体折算方法详见本标准第 B.0.6 条。

B.0.3 准确分析建筑热环境性能及其能耗需要代表当地平均气候状况的逐时典型气象年数据。典型气象年是以累年气象观测数据的平均值为依据,从累年气象观测数据中,选出与平均值最接近的 12 个典型气象月的逐时气象参数组成的假想年。

B.0.4 表 B.0.4-2 空调区室内温度所规定的温度为建筑围护结构热工性能权衡判断时的室内计算温度,并不代表建筑物内的实际温度变化。目前建筑能耗模拟软件计算时,一般通过室内温度的设定完成供暖空调系统的运行控制,即当室内温度为 37℃时空调系统停止工作,室内温度为 5℃时为值班供暖,保证室内温度。

为保证建筑围护结构的热工性能权衡判断计算的基础数据一致,规定权衡判断计算节假日的设置应按照 2013 年国家法定节假日进行设置。学校的暑假假期为 7 月 15 日至 8 月 25 日,寒假假期为 1 月 15 日至 3 月 1 日。

室内人体、照明和设备的散热中对流和辐射的比例也是影响建筑负荷计算结果的因素,进行建筑围护结构热工性能权衡判断计算时可按表 11 选择。人员的散热量可按照表 12 选取。

表 11 人体、照明、设备散热中对流和辐射的比例

热源	辐射比例(%)	对流比例(%)
照明	67	33
设备	30	70
人体显热	40	60

表 12 人员的散热量和散湿量

类别	显热(W)	潜热(W)	散湿量(g/h)
教学楼	67	41	61
办公建筑、酒店建筑、住院部	66	68	102
商场建筑、门诊楼	64	117	175

B.0.5 围护结构的做法对围护结构的传热系数、热惰性等产生影响。当计算建筑物能耗时采用相同传热系数,不同做法的围护结构其计算结果会存在一定的差异。因此规定参照建筑的围护结构做法应与设计建筑一致,参照建筑的围护结构的传热系数应采用与设计建筑相同的围护结构做法并通过调整围护结构保温层的厚度以满足本标准第 3.3 节的要求。

B.0.6 由于提供冷量和热量所消耗能量品位以及供冷系统和供热系统能源效率的差异,因此以建筑物供冷和供热能源消耗量作为权衡判断的依据。在建筑能耗模拟计算中,如果通过动态计算的方法,根据建筑逐时负荷计算建筑能耗,涉及末端、输配系统、冷热源的效率,存在一定的难度,需要耗费较大的精力和时间,也难于准确计算。建筑物围护结构热工性能的权衡判断着眼于建筑物围护结构的热工性能,供暖空调系统等建筑能源系统不参与权衡判断。为消除无关因素影响、简化计算、减低计算难度,本标准采用统一的系统综合效率简化计算供暖空调系统能耗。

本条的目的在于使用相同的系统效率将设计建筑和参照建筑的累计耗热量和累计耗冷量计算成设计建筑和参照建筑的供暖耗电量和供冷耗电量,为权衡判断提供依据。

本条针对不同气候区的特点约定了不同的标准供暖系统和供冷系统形式。空气调节系统冷源统一采用电驱动冷水机组;严寒地区、寒冷地区供暖系统热源采用燃煤锅炉;夏热冬冷地区、夏热冬暖地区、温和地区供暖系统热源采用燃气锅炉。

需要说明的是,进行权衡判断计算时,计算的并非实际的供暖和空调能耗,而是在标准规定的工况下的能耗,是用于权衡判断的依据,不能用作衡量建筑的实际能耗。

附录 D 管道与设备保温及保冷厚度

D.0.1 热价 35 元/GJ 相当于城市供热;热价 85 元/GJ 相当于天然气供热。表 D.0.1 的制表条件为:

1 按经济厚度计算,还贷期 6 年,利息 10%,使用期 120d (2880h)。

2 柔性泡沫橡塑导热系数按下式计算:
$$\lambda = 0.034 + 0.00013 t_m \quad (10)$$
式中:λ——导热系数[W/(m·K)];
t_m——绝热层平均温度℃。

3 离心玻璃棉导热系数按下式计算:
$$\lambda = 0.031 + 0.00017 t_m \quad (11)$$

4 室内环境温度 20℃,风速 0m/s。

5 室外环境温度 0℃,风速 3m/s;当室外温度非 0℃时,实际采用的绝热厚度按下式修正:
$$\delta' = [(T_0 - T_w)/T_0]^{0.36} \cdot \delta \quad (12)$$
式中:δ——室外环境温度 0℃时的查表厚度(mm);
T_0——管内介质温度(℃);
T_w——实际使用期室外平均环境温度(℃)。

D.0.2 较干燥地区,指室内机房环境温度不高于 31℃、相对湿度不大于 75%;较潮湿地区,指室内机房环境温度不高于 33℃、相对湿度不大于 80%;各城市或地区可对照使用。表 D.0.2 的制表条件为:

1 按同时满足经济厚度和防结露要求计算绝热厚度。冷价 75 元/GJ,还贷期 6 年,利息 10%;使用期 120d (2880h)。

2 柔性泡沫橡塑、离心玻璃棉导热系数计算公式应符合本标准第 D.0.1 条规定;聚氨酯发泡导热系数应按下式计算：
$$\lambda = 0.0275 + 0.00009 t_m \quad (13)$$

D.0.3 表 D.0.3 的制表条件为：

1 柔性泡沫橡塑、离心玻璃棉导热系数计算公式同式（10）、式（11）；

2 环境温度 5℃，热价 85 元/GJ，还贷期 6 年，利息 10%。

D.0.4 表 D.0.4 的制表条件为：

1 室内环境温度：供冷风时，26℃；供暖风时，温度 20℃；

2 冷价 75 元/GJ，热价 85 元/GJ。

中华人民共和国国家标准

城市道路交通规划设计规范

Code for transport planning on urban road

GB 50220—95

主编部门：中华人民共和国建设部
批准部门：中华人民共和国建设部
施行日期：1995年9月1日

关于发布国家标准《城市道路交通规划设计规范》的通知

建标〔1994〕808号

根据国家计委计综（1986）250号文的要求，由建设部会同有关部门共同制订的《城市道路交通规划设计规范》已经有关部门会审，现批准《城市道路交通规划设计规范》GB 50220—95为强制性国家标准，自一九九五年九月一日起施行。

本标准由建设部负责管理，具体解释等工作由上海同济大学负责，出版发行由建设部标准定额研究所负责组织。

中华人民共和国建设部
一九九五年一月十四日

目 次

1 总则 ················ 11—4
2 术语 ················ 11—4
3 城市公共交通 ········· 11—4
　3.1 一般规定 ········· 11—4
　3.2 公共交通线路网 ···· 11—5
　3.3 公共交通车站 ······ 11—5
　3.4 公共交通场站设施 ··· 11—5
4 自行车交通 ··········· 11—6
　4.1 一般规定 ········· 11—6
　4.2 自行车道路 ········ 11—6
　4.3 自行车道路的宽度和通行能力 ··· 11—6
5 步行交通 ············· 11—6
　5.1 一般规定 ········· 11—6
　5.2 人行道、人行横道、人行天桥、人行地道 ··· 11—6
　5.3 商业步行区 ········ 11—7
6 城市货运交通 ········· 11—7
　6.1 一般规定 ········· 11—7
　6.2 货运方式 ········· 11—7
　6.3 货物流通中心 ······ 11—7
　6.4 货运道路 ········· 11—7
7 城市道路系统 ········· 11—7
　7.1 一般规定 ········· 11—7
　7.2 城市道路网布局 ···· 11—8
　7.3 城市道路 ········· 11—9
　7.4 城市道路交叉口 ···· 11—9
　7.5 城市广场 ········· 11—10
8 城市道路交通设施 ····· 11—10
　8.1 城市公共停车场 ···· 11—10
　8.2 公共加油站 ········ 11—10
附录 A 车型换算系数 ···· 11—10
附录 B 本规范用词说明 ··· 11—11
附加说明 ··············· 11—11
附：条文说明 ··········· 11—12

1 总 则

1.0.1 为了科学、合理地进行城市道路交通规划设计,优化城市用地布局,提高城市的运转效能,提供安全、高效、经济、舒适和低公害的交通条件,制定本规范。

1.0.2 本规范适用于全国各类城市的城市道路交通规划设计。

1.0.3 城市道路交通规划应以市区内的交通规划为主,处理好市际交通与市内交通的衔接、市域范围内的城镇与中心城市的交通联系。

1.0.4 城市道路交通规划必须以城市总体规划为基础,满足土地使用对交通运输的需求,发挥城市道路交通对土地开发强度的促进和制约作用。

1.0.5 城市道路交通规划应包括城市道路交通发展战略规划和城市道路交通综合网络规划两个组成部分。

1.0.6 城市道路交通发展战略规划应包括下列内容:

    1.0.6.1 确定交通发展目标和水平;

    1.0.6.2 确定城市交通方式和交通结构;

    1.0.6.3 确定城市道路交通综合网络布局、城市对外交通和市内的客货运设施的选址和用地规模;

    1.0.6.4 提出实施城市道路交通规划过程中的重要技术经济对策;

    1.0.6.5 提出有关交通发展政策和交通需求管理政策的建议。

1.0.7 城市道路交通综合网络规划应包括下列内容:

    1.0.7.1 确定城市公共交通系统、各种交通的衔接方式、大型公共换乘枢纽和公共交通场站设施的分布和用地范围;

    1.0.7.2 确定各级城市道路红线宽度、横断面形式、主要交叉口的形式和用地范围,以及广场、公共停车场、桥梁、渡口的位置和用地范围;

    1.0.7.3 平衡各种交通方式的运输能力和运量;

    1.0.7.4 对网络规划方案作技术经济评估;

    1.0.7.5 提出分期建设与交通建设项目排序的建议。

1.0.8 城市客运交通应按照市场经济的规律,结合城市社会经济发展水平,优先发展公共交通,组成公共交通、个体交通优势互补的多种方式客运网络,减少市民出行时耗。

1.0.9 城市货运交通宜向社会化、专业化、集装化的联合运输方式发展。

1.0.10 城市道路交通规划设计除应执行本规范的规定外,尚应符合国家现行的有关标准、规范的规定。

2 术 语

2.0.1 标准货车

以载重量4~5t的汽车为标准车,其它型号的载重汽车,按其车型的大小分别乘以相应的换算系数,折算成标准货车,其换算系数宜按本规范附录A.0.1的规定取值。

2.0.2 乘客平均换乘系数

衡量乘客直达程度的指标,其值为乘车出行人次与换乘人次之和除以乘车出行人次。

2.0.3 存车换乘

将自备车辆存放后,改乘公共交通工具而到达目的地的交通方式。

2.0.4 出行时耗

居民从甲地到乙地在交通行为中所耗费的时间。

2.0.5 当量小汽车

以4~5座的小客车为标准车,作为各种型号车辆换算道路交通量的当量车种。其换算系数宜按本规范附录A.0.2取值。

2.0.6 道路红线

规划道路的路幅边界线。

2.0.7 港湾式停靠站

在道路车行道外侧,采取局部拓宽路面的公共交通停靠站。

2.0.8 公共交通线路网密度

每平方公里城市用地面积上有公共交通线路经过的道路中心线长度,单位为km/km²。

2.0.9 公共交通线路重复系数

公共交通线路总长度与线路网长度之比。

2.0.10 公共交通标准车

以车身长度7~10m的640型单节公共汽车为标准车。其它各种型号的车辆,按其不同的车身长度,分别乘以相应的换算系数,折算成标准车数。换算系数宜按附录A.0.3取值。

2.0.11 公共停车场

为社会公众存放车辆而设置的免费或收费的停车场地,也称社会停车场。

2.0.12 货物流通中心

将城市货物的储存、批发、运输组合在一起的机构。

2.0.13 货物周转量

在某一时间(年或日)内,各种货物重量与该货物从出发到目的地的距离乘积之和,单位为t·km。

2.0.14 交通方式

从甲地到乙地完成出行目的所采用的交通手段。

2.0.15 交通结构

居民出行采用步行、骑车、乘公共交通、出租汽车等交通方式,由这些方式分别承担出行量在总量中所占的百分比。

2.0.16 交通需求管理

抑制城市交通总量的政策性措施。

2.0.17 客运能力

公共交通工具在单位时间(h)内所能运送的客位数。单位为人次/h。

2.0.18 快速轨道交通

以电能为动力,在轨道上行驶的快速交通工具的总称。通常可按每小时运送能力是否超过3万人次,分为大运量快速轨道交通和中运量快速轨道交通。

2.0.19 路抛制

出租汽车不设固定的营业站,而在道路上流动,招揽乘客,采取招手即停的服务方式。

2.0.20 线路非直线系数

公共交通线路首末站之间实地距离与空间直线距离之比。环行线的非直线系数按主要集散点之间的实地距离与空间直线距离之比。

2.0.21 运送速度

衡量公共交通服务质量的指标。公共交通车辆在线路首末站之间的行程时间(包括各站间的行驶时间与各站停站时间)除行程长度所得的平均速度,单位为km/h。

3 城市公共交通

3.1 一般规定

3.1.1 城市公共交通规划,应根据城市发展规模、用地布局和道路网规划,在客流预测的基础上,确定公共交通方式、车辆数、线路网、换乘枢纽和场站设施用地等,并应使公共交通的客运能力满足高峰客流的需求。

3.1.2 大、中城市应优先发展公共交通，逐步取代远距离出行的自行车；小城市应完善市区至郊区的公共交通线路网。

3.1.3 城市公共交通规划应在客运高峰时，使95%的居民乘用下列主要公共交通方式时，单程最大出行时耗应符合表3.1.3的规定。

不同规模城市的最大出行时耗和主要公共交通方式　　表3.1.3

城市规模		最大出行时耗(min)	主要公共交通方式
大	>200万人	60	大、中运量快速轨道交通 公共汽车　电车
	100~200万人	50	中运量快速轨道交通 公共汽车　电车
	<100万人	40	公共汽车　电车
中		35	公共汽车
小		25	公共汽车

3.1.4 城市公共汽车和电车的规划拥有量，大城市应每800~1000人一辆标准车，中、小城市应每1200~1500人一辆标准车。

3.1.5 城市出租汽车规划拥有量根据实际情况确定，大城市每千人不宜少于2辆；小城市每千人不宜少于0.5辆；中等城市可在其间取值。

3.1.6 规划城市人口超过200万人的城市，应控制预留设置快速轨道交通的用地。

3.1.7 选择公共交通方式时，应使其客运能力与线路上的客流量相适应。常用的公共交通方式单向客运能力宜符合表3.1.7的规定。

公共交通方式单向客运能力　　表3.1.7

公共交通方式	运送速度 (km/h)	发车频率 (车次/h)	单向客运能力 (千人次/h)
公共汽车	16~25	60~90	8~12
无轨电车	15~20	50~60	8~10
有轨电车	14~18	40~60	10~15
中运量快速轨道交通	20~35	20~60	15~30
大运量快速轨道交通	30~40	20~30	30~60

3.2 公共交通线路网

3.2.1 城市公共交通线路网应综合规划。市区线、近郊线和远郊线应紧密衔接。各线的客运能力应与客流量相协调。线路的走向应与客流的主流向一致；主要客流的集散点应设置不同交通方式的换乘枢纽，方便乘客停车与换乘。

3.2.2 在市中心区规划的公共交通线路网的密度，应达到3~4km/km²；在城市边缘地区应达到2~2.5km/km²。

3.2.3 大城市乘客平均换乘系数不应大于1.5；中、小城市不应大于1.3。

3.2.4 公共交通线路非直线系数不应大于1.4。

3.2.5 市区公共汽车与电车主要线路的长度宜为8~12km；快速轨道交通的线路长度不宜大于40min的行程。

3.3 公共交通车站

3.3.1 公共交通的站距应符合表3.3.1的规定。

3.3.2 公共交通站服务面积，以300m半径计算，不得小于城市用地面积的50%；以500m半径计算，不得小于90%。

3.3.3 无轨电车终点站与快速轨道交通折返站的折返能力，应同

公共交通站距　　表3.3.1

公共交通方式	市区线(m)	郊区线(m)
公共汽车与电车	500~800	800~1000
公共汽车大站快车	1500~2000	1500~2500
中运量快速轨道交通	800~1000	1000~1500
大运量快速轨道交通	1000~1200	1500~2000

线路的通过能力相匹配；两条及两条线路以上无轨电车共用一对架空触线的路段，应使其发车频率与车站通过能力、交叉口架空触线的通过能力相协调。

3.3.4 公共交通车站的设置应符合下列规定：

3.3.4.1 在路段上，同向换乘距离不应大于50m，异向换乘距离不应大于100m；对置设站，应在车辆前进方向迎面错开30m；

3.3.4.2 在道路平面交叉口和立体交叉口上设置的车站，换乘距离不宜大于150m，并不得大于200m；

3.3.4.3 长途客运汽车站、火车站、客运码头主要出入口50m范围内应设公共交通车站；

3.3.4.4 公共交通车站应与快速轨道交通车站换乘。

3.3.5 快速轨道交通车站和轮渡站应设自行车存车换乘停车场（库）。

3.3.6 快速路和主干路及郊区的双车道公路，公共交通停靠站不应占用车行道。停靠站应采用港湾式布置，市区的港湾式停靠站长度，应至少有两个停车位。

3.3.7 公共汽车和电车的首末站应设置在城市道路以外的用地上，每处用地面积可按1000~1400m²计算。有自行车存车换乘的，应另外附加面积。

3.3.8 城市出租汽车采用营业站定点服务时，营业站的服务半径不宜大于1km，其用地面积为250~500m²。

3.3.9 城市出租汽车采用路抛制服务时，在商业繁华地区、对外交通枢纽和人流活动频繁的集散地附近，应在道路上设出租汽车停车道。

3.4 公共交通场站设施

3.4.1 公共交通停车场、车辆保养场、整流站、公共交通车辆调度中心等的场站设施应与公共交通发展规模相匹配，用地有保证。

3.4.2 公共交通场站布局，应根据公共交通的车种车数、服务半径和所在地区的用地条件设置。公共交通停车场宜大、中、小相结合，分散布置；车辆保养场布局应使高级保养集中，低级保养分散，并与公共交通停车场相结合。

3.4.3 公共交通车辆保养场用地面积指标宜符合表3.4.3的规定。

保养场用地面积指标　　表3.4.3

保养场规模 (辆)	每辆车的保养场用地面积(m²/辆)		
	单节公共汽车和电车	铰接式公共汽车和电车	出租小汽车
50	220	280	44
100	210	270	42
200	200	260	40
300	190	250	38
400	180	230	36

3.4.4 无轨电车和有轨电车整流站的规模应根据其所服务的车辆型号和车数确定。整流站的服务半径宜为 1～2.5km。一座整流站的用地面积不应大于 1000m²。

3.4.5 大运量快速轨道交通车辆段的用地面积，应按每节车厢 500～600m² 计算，并不得大于每双线千米 8000m²。

3.4.6 公共交通车辆调度中心的工作半径不应大于 8km；每处用地面积可按 500m² 计算。

4 自行车交通

4.1 一般规定

4.1.1 计算自行车交通出行时耗时，自行车行程速度宜按 11～14km/h 计算。交通拥挤地区和路况较差的地区，其行程速度宜取低限值。

4.1.2 自行车最远的出行距离，在大、中城市应按 6km 计算，小城市应按 10km 计算。

4.1.3 在城市居民出行总量中，使用自行车与公共交通的比值，应控制在表 4.1.3 规定的范围内。

不同规模城市的居民使用自行车与
公共交通出行量的比值　　　表 4.1.3

城市规模		自行车出行量：公共交通出行量
大城市	>100 万人	1:1～3:1
	≤100 万人	3:1～9:1
中等城市		9:1～16:1
小城市		不控制

4.2 自行车道路

4.2.1 自行车道路网规划应由单独设置的自行车专用路、城市干路两侧的自行车道、城市支路和居住区内的道路共同组成一个能保证自行车连续交通的网络。

4.2.2 大、中城市干路网规划设计时，应使自行车与机动车分道行驶。

4.2.3 自行车单向流量超过 10000 辆/h 时的路段，应平行道路分流。在交叉口，当每个路口进入的自行车流量超过 5000 辆/h 时，应在道路网规划中采取自行车的分流措施。

4.2.4 自行车道路网密度与道路间距，宜按表 4.2.4 规定采用。

自行车道路网密度与道路间距　　表 4.2.4

自行车道路与机动车道的分隔方式	道路网密度 (km/km²)	道路间距 (m)
自行车专用路	1.5～2.0	1000～1200
与机动车道间用设施隔离	3～5	400～600
路面划线	10～15	150～200

4.2.5 自行车道路与铁路相遇下列三种情况之一时，应设分离式立体交叉：

4.2.5.1 与Ⅰ级铁路正线相交、高峰小时自行车双向流量超过 10000 辆；

4.2.5.2 与Ⅰ级铁路正线相交、高峰小时自行车双向流量超过 6000 辆；

4.2.5.3 火车调车作业中断自行车专用路的交通，日均累计 2h 以上，且在交通高峰时中断交通 15min 以上。

4.2.6 自行车专用路应按设计速度 20km/h 的要求进行线型设计。

4.2.7 自行车道路的交通环境设计，应设置安全、照明、遮荫等设施。

4.3 自行车道路的宽度和通行能力

4.3.1 自行车道路路面宽度应按车道数的倍数计算，车道数应按自行车高峰小时交通量确定。自行车道路每条车道宽度宜为 1m，靠路边的和靠分隔带的一条车道侧向净宽度应加 0.25m。自行车道路双向行驶的最小宽度宜为 3.5m，混有其它非机动车的，单向行驶的最小宽度应为 4.5m。

4.3.2 自行车道路的规划通行能力的计算应符合下列规定：

4.3.2.1 路段每条车道的规划通行能力按 1500 辆/h 计算；平面交叉口每条车道的规划通行能力应按 1000 辆/h 计算。

4.3.2.2 自行车专用路每条车道的规划通行能力应按第 4.3.2.1 条的规定乘以 1.1～1.2；

4.3.2.3 在自行车道内混有人力三轮车、板车等，应按本规范附录 A.0.4 的规定乘非机动车的换算系数，当这部分的车流量与总体车流量之比大于 30% 时，每条车道的规划通行能力应乘折减系数 0.4～0.7。

5 步行交通

5.1 一般规定

5.1.1 城市中规划步行交通系统应以步行人流的流量和流向为基本依据。并应因地制宜地采用各种有效措施，满足行人活动的要求，保障行人的交通安全和交通连续性，避免无故中断和任意缩减人行道。

5.1.2 人行道、人行天桥、人行地道、商业步行街、城市滨河步道或林荫道的规划，应与居住区的步行系统，与城市中车站、码头集散广场，城市游憩集会广场等的步行系统紧密结合，构成一个完整的城市步行系统。

5.1.3 步行交通设施应符合无障碍交通的要求。

5.2 人行道、人行横道、人行天桥、人行地道

5.2.1 沿人行道设置行道树、公共交通停靠站和候车亭、公用电话亭等设施时，不得妨碍行人的正常通行。

5.2.2 确定人行道通行能力，应按其可通行的人行步道实际净宽度计算。

5.2.3 人行道宽度应按人行带的倍数计算，最小宽度不得小于 1.5m。人行带的宽度和通行能力应符合表 5.2.3 的规定。

人行带宽度和最大通行能力　　表 5.2.3

所在地点	宽度 (m)	最大通行能力 (人/h)
城市道路上	0.75	1800
车站码头、人行天桥和地道	0.90	1400

5.2.4 在城市的主干路和次干路的路段上，人行横道或过街通道的间距宜为 250～300m。

5.2.5 当道路宽度超过四条机动车道时，人行横道应在车行道的中央分隔带或机动车道与非机动车道之间的分隔带上设置行人安全岛。

5.2.6 属下列情况之一时，宜设置人行天桥或地道：

5.2.6.1 横过交叉口的一个路口的步行人流量大于 5000 人次/h，且同时进入该路口的当量小汽车交通量大于 1200 辆/h 时；

5.2.6.2 通过环形交叉口的步行人流总量达 18000 人次/h，同时进入环形交叉的当量小汽车交通量达到 2000 辆/h 时；

5.2.6.3 行人横过城市快速路时；

5.2.6.4 铁路与城市道路相交道口，因列车通过一次阻塞步行

人流超过1000人次或道口关闭的时间超过15min时。

5.2.7 人行天桥或地道设计应符合城市景观的要求，并与附近地上或地下建筑物密切结合；人行天桥或地道的出入口处应规划人流集散用地，其面积不宜小于50㎡。

5.2.8 地震多发地区的城市，人行立体过街设施宜采用地道。

5.3 商业步行区

5.3.1 商业步行区的紧急安全疏散出口间隔距离不得大于160m。区内道路网密度可采用13～18km/km²。

5.3.2 商业步行区的道路应满足送货车、清扫车和消防车通行的要求。道路的宽度可采用10～15m，其间可配置小型广场。

5.3.3 商业步行区内步行道路和广场的面积，可按每平方米容纳0.8～1.0人计算。

5.3.4 商业步行区距城市次干路的距离不宜大于200m；步行区进出口距公共交通停靠站的距离不宜大于100m。

5.3.5 商业步行区附近应有相应规模的机动车和非机动车停车场或多层停车库，其距步行区进出口的距离不宜大于100m，并不得大于200m。

6 城市货运交通

6.1 一般规定

6.1.1 城市货运交通量预测应以城市经济、社会发展规划和城市总体规划为依据。

6.1.2 城市货运交通应包括过境货运交通、出入市货运交通与市内货运交通三个部分。

6.1.3 货运车辆场站的规模与布局宜采用大、中、小相结合的原则。大城市宜采用分散布点；中、小城市宜采用集中布点。场站选址应靠近主要货源点，并与货物流通中心相结合。

6.2 货运方式

6.2.1 城市货运方式的选择应符合节约用地、方便用户、保护环境的要求，并应结合城市自然地理和环境特征，合理选择道路、铁路、水运和管道等运输方式。

6.2.2 企业运量大于5万t/年的大宗散装货物运输，宜采用铁路或水运方式。

6.2.3 运输线路固定的气体、液化燃料和液化化工产品，运量大于50万t/年时，宜采用管道运输方式。

6.2.4 当城市对外货物运输距离小于200km时，宜采用公路运输方式。

6.2.5 大、中城市的零担货物，宜采用专用货车或厢式货车运输，适当发展集装箱运输。

6.2.6 城市货运汽车的需求量应根据规划的年货物周转量计算确定，或按规划城市人口每30～40人配置一辆标准货车估算。

6.2.7 大、中城市货运车辆的车型比例应结合货物特征，经过比选确定。大、中、小车型的比例，大城市可采用1:2:2～1:5:6；中、小城市可根据实际情况确定。

6.3 货物流通中心

6.3.1 货运交通规划应组织储、运、销为一体的社会化运输网络，发展货物流通中心。

6.3.2 货物流通中心应根据其业务性质及服务范围划分为地区性、生产性和生活性三种类型，并应合理确定规模与布局。

6.3.3 货物流通中心用地总面积不宜大于城市规划用地总面积的2%。

6.3.4 大城市的地区性货物流通中心应布置在城市边缘地区，其数量不宜少于两处；每处用地面积宜为50万～60万㎡。中、小城市货物流通中心的数量和规模宜根据实际货运需要确定。

6.3.5 生产性货物流通中心，应与工业区结合，服务半径宜为3～4km。其用地规模应根据储运货物的工作量计算确定，或宜按每处6万～10万㎡估算。

6.3.6 生活性货物流通中心的用地规模，应根据其服务的人口数量计算确定，但每处用地面积不宜大于5万㎡，服务半径宜为2～3km。

6.4 货运道路

6.4.1 货运道路应能满足城市货运交通的要求，以及特殊运输、救灾和环境保护的要求，并与货流流向相结合。

6.4.2 当城市道路上高峰小时货运交通量大于600辆标准货车，或每天货运交通量大于5000辆标准货车时，应设置货运专用车道。

6.4.3 货运专用车道，应满足特大货物运输的要求。

6.4.4 大、中城市的重要货源点与集散点之间应有便捷的货运道路。

6.4.5 大型工业区的货运道路，不宜少于两条。

6.4.6 当昼夜过境货运车辆大于5000辆标准货车时，应在市区边缘设置过境货运专用车道。

7 城市道路系统

7.1 一般规定

7.1.1 城市道路系统规划应满足客、货车流和人流的安全与畅通；反映城市风貌、城市历史和文化传统；为地上地下工程管线和其它市政公用设施提供空间；满足城市救灾避难和日照通风的要求。

7.1.2 城市道路交通规划应符合人与车交通分行，机动车与非机动交通分道的要求。

7.1.3 城市道路应分为快速路、主干路、次干路和支路四类。

大、中城市道路网规划指标　表7.1.6-1

项目	城市规模与人口（万人）	快速路	主干路	次干路	支路
机动车设计速度（km/h）	大城市 >200	80	60	40	30
	大城市 ≤200	60～80	40～60	40	30
	中等城市		40	40	30
道路网密度（km/km²）	大城市 >200	0.4～0.5	0.8～1.2	1.2～1.4	3～4
	大城市 ≤200	0.3～0.4	0.8～1.2	1.2～1.4	3～4
	中等城市		1.0～1.2	1.2～1.4	3～4
道路中机动车车道条数（条）	大城市 >200	6～8	6～8	4～6	3～4
	大城市 ≤200	4～6	4～6	4～6	2
	中等城市		4	2～4	2
道路宽度（m）	大城市 >200	40～45	45～55	40～50	15～30
	大城市 ≤200	35～40	40～50	30～45	15～20
	中等城市	—	35～45	30～40	15～20

7.1.4 城市道路用地面积应占城市建设用地面积的8%～15%。对规划人口在200万以上的大城市，宜为15%～20%。

7.1.5 规划城市人口人均占有道路用地面积宜为7～15m²。其中：道路用地面积宜为6.0～13.5m²/人，广场面积宜为0.2～0.5m²/人，公共停车场面积宜为0.8～1.0m²/人。

7.1.6 城市道路中各类道路的规划指标应符合表7.1.6-1和表7.1.6-2的规定。

小城市道路网规划指标　　　表7.1.6-2

项　目	城市人口（万人）	干路	支路
机动车设计速度（km/h）	>5	40	20
	1～5	40	20
	<1	40	20
道路网密度（km/km²）	>5	3～4	3～5
	1～5	4～5	4～6
	<1	5～6	6～8
道路中机动车车道条数（条）	>5	2～4	2
	1～5	2～4	2
	<1	2～3	2
道路宽度（m）	>5	25～35	12～15
	1～5	25～35	12～15
	<1	25～30	12～15

7.2 城市道路网布局

7.2.1 城市道路网规划应适应城市用地扩展，并有利于向机动化和快速交通的方向发展。

7.2.2 城市道路网的形式和布局，应根据土地使用、客货交通源和集散点的分布、交通流量流向，并结合地形、地物、河流走向、铁路布局和原有道路系统，因地制宜地确定。

7.2.3 各类城市道路网的平均密度应符合表7.1.6-1和7.1.6-2中规定的指标要求。土地开发的容积率应与交通网的运输能力和道路网的通行能力相协调。

7.2.4 分片区开发的城市，各相邻片区之间至少应有两条道路相贯通。

7.2.5 城市主要出入口每个方向应有两条对外放射的道路。七度地震设防的城市每个方向应有不少于两条对外放射的道路。

7.2.6 城市环路应符合以下规定：

7.2.6.1 内环路应设置在老城区或市中心区的外围；

7.2.6.2 外环路宜设置在城市用地的边界内1～2km处，当城市放射的干路与外环路相交时，应规划好交叉口上的左转交通；

7.2.6.3 大城市的外环路应是汽车专用道路，其它车辆应在环路外的道路上行驶；

7.2.6.4 环路设置，应根据城市地形、交通的流量流向确定，可采用半环或全环；

7.2.6.5 环路的等级不宜低于主干路。

7.2.7 河网地区城市道路网应符合下列规定：

7.2.7.1 道路宜平行或垂直于河道布置；

7.2.7.2 对跨越通航河道的桥梁，应满足桥下通航净空要求，并应与滨河路的交叉口相协调；

7.2.7.3 城市桥梁的车行道和人行道宽度应与道路的车行道和人行道等宽。在有条件的地方，城市桥梁可建双层桥，将非机动车道、人行道和管线设置在桥的下层通过；

7.2.7.4 客货流集散码头和渡口应与城市道路统一规划。码头附近的民船停泊和岸上农贸市场的人流集散和公共停车场车辆出入，均不得干扰城市干路的交通。

7.2.8 山区城市道路网规划应符合下列规定：

7.2.8.1 道路网应平行于等高线设置，并应考虑防洪要求。主干路宜设在谷地或坡面上。双向交通的道路宜分别设置在不同的标高上；

7.2.8.2 地形高差特别大的地区，宜设置人、车分开的两套道路系统。

7.2.8.3 山区城市道路网的密度宜大于平原城市，并应采用表7.1.6-1、表7.1.6-2中规定的上限值。

7.2.9 当旧城道路网改造时，在满足道路交通的情况下，应兼顾旧城的历史文化、地方特色和原有道路网形成的历史；对有历史文化价值的街道应适当加以保护。

7.2.10 市中心区的建筑容积率达到8时，支路网密度宜为12～16km/km²；一般商业集中地区的支路网密度宜为10～12km/km²。

7.2.11 次干路和支路网宜划成1:2～1:4的长方格；沿交通主流方向应加大交叉口的间距。

7.2.12 道路网节点上相交道路的条数宜为4条，并不得超过5条。道路宜垂直相交，最小夹角不得小于45°。

7.2.13 应避免设置错位的T字型路口。已有的错位T字型路口，在规划时应改造。

7.2.14 大、中、小城市道路交叉口的形式应符合表7.2.14-1和表7.2.14-2的规定。

大、中城市道路交叉口的形式　　表7.2.14-1

相交道路	快速路	主干路	次干路	支　路
快速路	A	A	A,B	—
主干路		A,B	B,C	B,D
次干路			C,D	C,D
支　路				D,E

注：A为立体交叉口；B为展宽式信号灯管理平面交叉口；C为平面环形交叉口；D为信号灯管理平面交叉口；E为不设信号灯的平面交叉口。

小城市的道路交叉口的形式　　表7.2.14-2

规划人口（万人）	相交道路	干路	支路
>5	干路	C,D,B	D,E
	支路		E
1～5	干路	C,D,E	E
	支路		E
<1	干路	D,E	E
	支路		E

注：同表7.2.14-1。

7.3 城市道路

7.3.1 快速路规划应符合下列要求：

7.3.1.1 规划人口在 200 万以上的大城市和长度超过 30km 的带形城市应设置快速路。快速路应与其它干路构成系统，与城市对外公路有便捷的联系；

7.3.1.2 快速路上的机动车道两侧不应设置非机动车道。机动车道应设置中央隔离带；

7.3.1.3 与快速路交汇的道路数量应严格控制。相交道路的交叉口形式应符合表 7.2.14-1 的规定；

7.3.1.4 快速路两侧不应设置公共建筑出入口。快速路穿过人流集中的地区，应设置人行天桥或地道。

7.3.2 主干路规划应符合下列要求：

7.3.2.1 主干路上的机动车与非机动车应分道行驶；交叉口之间分隔机动车与非机动车的分隔带宜连续；

7.3.2.2 主干路两侧不宜设置公共建筑物出入口。

7.3.3 次干路两侧可设置公共建筑物，并可设置机动车和非机动车的停车场、公共交通站点和出租汽车服务站。

7.3.4 支路规划应符合下列要求：

7.3.4.1 支路应与次干路和居住区、工业区、市中心区、市政公用设施用地、交通设施用地等内部道路相连接；

7.3.4.2 支路可与平行快速路的道路相接，但不得与快速路直接相接。在快速路两侧的支路需要联接时，应采用分离式立体交叉跨过或穿过快速路；

7.3.4.3 支路应满足公共交通线路行驶的要求；

7.3.4.4 在市区建筑容积率大于 4 的地区，支路网的密度应为表 7.1.6-1 和表 7.1.6-2 中所规定数值的一倍。

7.3.5 城市道路规划，应与城市防灾规划相结合，并应符合下列规定：

7.3.5.1 地震设防的城市，应保证震后城市道路和对外公路的交通畅通，并应符合下列要求：

(1)干路两侧的高层建筑应由道路红线向后退 10～15m；

(2)新规划的压力主干管不宜设在快速路和主干路的车行道下面；

(3)路面宜采用柔性路面；

(4)道路立体交叉口宜采用下穿式；

(5)道路网中宜设置小广场和空地，并应结合道路两侧的绿地，划定疏散避难用地。

7.3.5.2 山区或湖区定期受洪水侵害的城市，应设置通向高地的防灾疏散道路，并适当增加疏散方向的道路网密度。

7.4 城市道路交叉口

7.4.1 城市道路交叉口，应根据相交道路的等级、分向流量、公共交通站点的设置、交叉口周围用地的性质，确定交叉口的形式及其用地范围。

7.4.2 无信号灯和有信号灯管理的 T 字型和十字型平面交叉口的规划通行能力，可按表 7.4.2 的规定采用。

平面交叉口的规划通行能力(千辆/h)　　表 7.4.2

相交道路等级	交叉口形式			
	T 字型		十 字 型	
	无信号灯管理	有信号灯管理	无信号灯管理	有信号灯管理
主干路与主干路	—	3.3～3.7	—	4.4～5.0
主干路与次干路	—	2.8～3.3	—	3.5～4.4
次干路与次干路	1.9～2.2	2.2～2.7	2.5～2.8	2.8～3.4
次干路与支路	1.5～1.7	1.7～2.2	1.7～2.0	2.0～2.6
支路与支路	0.8～1.0	—	1.0～1.2	—

注：①表中相交道路的进口道车道条数：主干路为 3～4 条，次干路为 2～3 条，支路为 2 条；
②通行能力按当量小汽车计算。

7.4.3 道路交叉口的通行能力应与路段的通行能力相协调。

7.4.4 平面交叉口的进出口应设展宽段，并增加车道条数；每条车道宽度宜为 3.5m，并应符合下列规定：

7.4.4.1 进口道展宽段的宽度，应根据规划的交通量和车辆在交叉口进口停车排队的长度确定。在缺乏交通量的情况下，可采用下列规定，预留展宽段的用地。

(1)当路段单向三车道时，进口道至少四车道；

(2)当路段单向两车道或双向三车道时，进口道至少三车道；

(3)当路段单向一车道时，进口道至少两车道。

7.4.4.2 展宽段的长度，在交叉口进口道外侧自缘石半径的端点向后展宽 50～80m；

7.4.4.3 出口道展宽段的宽度，根据交通量和公共交通设站的需要确定，或与进口道展宽段的宽度相同；其展宽的长度在交叉口出口道外侧自缘石半径的端点向前延伸 30～60m。当出口道车道条数达 3 条时，可不展宽。

7.4.4.4 经展宽的交叉口应设置交通标志、标线和交通岛。

7.4.5 当城市道路网中整条道路实行联动的信号灯管理时，其间不应夹设环形交叉口。

7.4.6 中、小城市的干路与干路相交的平面交叉口，可采用环形交叉口。

7.4.7 平面环形交叉口设计应符合下列规定：

7.4.7.1 相交于环形交叉口的两相邻道路之间的交织段长度，其上行驶货运拖挂车和铰接式机动车的交织段长度不应小于 30m，只行驶非机动车的交织段长度不应小于 15m；

7.4.7.2 环形交叉口的中心岛直径小于 60m 时，环道的外侧缘石不应做成与中心岛相同的同心圆；

7.4.7.3 在交通繁忙的环形交叉口的中心岛，不宜建造小公园。中心岛的绿化不得遮挡交通的视线；

7.4.7.4 环形交叉口进出口道路中间应设置交通导向岛，并延伸到道路中央分隔带。

7.4.8 机动车与非机动车混行的环形交叉口，环道总宽度宜为 18～20m，中心岛直径宜取 30～50m，其规划通行能力宜按表 7.4.8 的规定采用。

环形交叉口的规划通行能力　　表 7.4.8

机动车的通行能力(千辆/h)	2.6	2.3	2.0	1.6	1.2	0.8	0.4
同时通过的自行车数(千辆/h)	1	4	7	11	15	18	21

注：机动车换算成当量小汽车数，非机动车换算成当量自行车数。换算系数应符合本规范附录 A 的规定。

7.4.9 规划交通量超过 2700 辆/h 当量小汽车数的交叉口不宜采用环形交叉口。环形交叉口上的任一交织段上，规划的交通量超过 1500 辆/h 当量小汽车数时，应改建交叉口。

7.4.10 城市道路平面交叉口的规划用地面积宜符合表 7.4.10 的规定：

平面交叉口规划用地面积(万 m²)　　表 7.4.10

城市人口（万人） 相交道路等级	T 字型交叉口			十字型交叉口			环形交叉口		
	>200	50～200	<50	>200	50～200	<50	中心岛直径(m)	环道宽度(m)	用地面积(万 m²)
主干路与主干路	0.60	0.50	0.45	0.80	0.65	0.60	—	—	—
主干路与次干路	0.50	0.40	0.35	0.65	0.55	0.50	40～60	20～40	1.0～1.5
次干路与次干路	0.40	0.30	0.25	0.55	0.45	0.40	30～50	20～40	0.8～1.2
次干路与支路	0.33	0.27	0.22	0.45	0.35	0.30	30～40	14～18	0.6～0.9
支路与支路	0.20	0.16	0.12	0.27	0.22	0.17	25～35	12～15	0.5～0.7

7.4.11 在原有道路网改造规划中,当交叉口的交通量达到其最大通行能力的80%时,应首先改善道路网,调低其交通量,然后在该处设立立体交叉口。

7.4.12 城市中建造的道路立体交叉口,应与相邻交叉口的通行能力和车速相协调。

7.4.13 在城市立体交叉口和跨河桥梁的坡道两端,以及隧道进出口外30m的范围内,不宜设置平面交叉口和非港湾式公共交通停靠站。

7.4.14 城市道路立体交叉口形式的选择,应符合下列规定:

　　7.4.14.1 在整个道路网中,立体交叉口的形式应力求统一,其结构形式应简单,占地面积少;

　　7.4.14.2 交通主流方向应走捷径,少爬坡和少绕行;非机动车应行驶在地面层上或路堑内;

　　7.4.14.3 当机动车与非机动车分开行驶时,不同的交通层面应相互套叠组合在一起,减少立体交叉口的层数和用地。

7.4.15 各种形式立体交叉口的用地面积和规划通行能力宜符合表7.4.15的规定:

立体交叉口规划用地面积和通行能力　　表7.4.15

立体交叉口层数	立体交叉口中匝道的基本形式	机动车与非机动车交通有无冲突点	用地面积(万m²)	通行能力(千辆/h) 当量小汽车	通行能力(千辆/h) 当量自行车
二	菱形	有	2.0～2.5	7～9	10～13
二	苜蓿叶形	有	6.5～12.0	6～13	16～20
二	环形	有	3.0～4.5	7～9	15～20
二	环形	无	2.5～3.0	3～4	12～15
三	十字路口形	无	4.0～5.0	11～14	13～16
三	环形	无	3.5～5.5	11～14	13～14
三	环形	无	4.5～5.5	8～10	13～14
三	苜蓿叶形与环形①	无	7.0～12.0	11～14	13～14
三	环形与苜蓿叶形②	无	5.0～6.0	11～14	20～30
四	环形	无	6.0～8.0	11～14	13～15

注:①三层立体交叉口中的苜蓿叶形为机动车匝道,环形为非机动车匝道。
　　②三层立体交叉口中的环形为机动车匝道,苜蓿叶形为非机动车匝道。

7.4.16 当道路与铁路平面交叉时,应将道路的上下行交通分开;道口的铺面宽度应与路段铺面(包括车行道、人行道,不包括绿带)等宽。

7.5　城市广场

7.5.1 全市车站、码头的交通集散广场用地总面积,可按规划城市人口每人0.07～0.10m²计算。

7.5.2 车站、码头前的交通集散广场的规模由聚集人流量决定,集散广场的人流密度宜为1.0～1.4人/m²。

7.5.3 车站、码头前的交通集散广场上供旅客上下车的停车点,距离进出口不宜大于50m;允许车辆短暂停留,但不得长时间存放。机动车和非机动车的停车场应设置在集散广场外围。

7.5.4 城市游憩集会广场用地的总面积,可按规划城市人口每人0.13～0.40m²计算。

7.5.5 城市游憩集会广场不宜太大。市级广场每处宜为4万～10万m²;区级广场每处宜为1万～3万m²。

8　城市道路交通设施

8.1　城市公共停车场

8.1.1 城市公共停车场应分为外来机动车公共停车场、市内机动车公共停车场和自行车公共停车场三类,其用地总面积可按规划城市人口每人0.8～1.0m²计算。其中:机动车停车场的用地宜为80%～90%,自行车停车场的用地宜为10%～20%。市区宜建停车楼或地下停车库。

8.1.2 外来机动车公共停车场,应设置在城市的外环路和城市入口道路附近,主要停放货运车辆。市内公共停车场应靠近主要服务对象设置,其场址选择应符合城市环境和车辆出入又不妨碍道路畅通的要求。

8.1.3 市内机动车公共停车场停车位数的分布:在市中心和分区中心地区,应为全部停车位数的50%～70%;在城市对外道路的出入口地区应为全部停车位数的5%～10%;在城市其它地区应为全部停车位数的25%～40%。

8.1.4 机动车公共停车场的服务半径,在市中心地区不应大于200m;一般地区不应大于300m;自行车公共停车场的服务半径宜为50～100m,并不得大于200m。

8.1.5 当计算市中心区公共停车场的停车位数时,机动车与自行车都应乘以高峰日系数1.1～1.3。

8.1.6 机动车每个停车位的存车量以一天周转3～7次计算;自行车每个停车位的存车量以一天周转5～8次计算。

8.1.7 机动车公共停车场用地面积,宜按当量小汽车停车位数计算。地面停车场用地面积,每个停车位宜为25～30m²;停车楼和地下停车库的建筑面积,每个停车位宜为30～35m²。摩托车停车用地面积,每个停车位宜为2.5～2.7m²。自行车公共停车场用地面积,每个停车位宜为1.5～1.8m²。

8.1.8 机动车公共停车场出入口的设置应符合下列规定:

　　8.1.8.1 出入口应符合行车视距的要求,并应右转出入车道;

　　8.1.8.2 出入口应距离交叉口、桥隧坡道起止线50m以远;

　　8.1.8.3 少于50个停车位的停车场,可设一个出入口,其宽度宜采用双车道;50～300个停车位的停车场,应设两个出入口;大于300个停车位的停车场,出口和入口应分开设置,两个出入口之间的距离应大于20m。

8.1.9 自行车公共停车场应符合下列规定:

　　8.1.9.1 长条形停车场宜分成15～20m长的段,每段应设一个出入口,其宽度不得小于3m;

　　8.1.9.2 500个车位以上的停车场,出入口数不得少于两个;

　　8.1.9.3 1500个车位以上的停车场,应分组设置,每组应设500个停车位,并应各设有一对出入口;

　　8.1.9.4 大型体育设施和大型文娱设施的机动车停车场和自行车停车场应分组布置。其停车场出口的机动车和自行车的流线不应交叉,并应与城市道路顺向衔接。

　　8.1.9.5 分场次活动的娱乐场所的自行车公共停车场,宜分成甲乙两个场地,交替使用,各有自己的出入口。

8.2　公共加油站

8.2.1 城市公共加油站的服务半径宜为0.9～1.2km。

8.2.2 城市公共加油站应大、中、小相结合,以小型站为主,其用地面积应符合表8.2.2的规定。

公共加油站的用地面积(万m²)　　表8.2.2

昼夜加油的车次数	300	500	800	1000
用地面积(万m²)	0.12	0.18	0.25	0.30

8.2.3 城市公共加油站的选址,应符合现行国家标准《小型石油库及汽车加油站设计规范》的有关规定。

8.2.4 城市公共加油站的进出口宜设在次干路上,并附设车辆等候加油的停车道。

8.2.5 附设机械化洗车的加油站,应增加用地面积160～200m²。

附录A　车型换算系数

A.0.1 标准货车换算系数宜符合表A.0.1的规定。

货运车型换算系数　　　表 A.0.1

车型大小	载重量(t)	换算系数
小	<0.6	0.3
小	0.6~3.0	0.5
中	3.1~9.0	1.0(标准货车)
中	9.1~15.0	1.5
大	>15	2.0
大	拖挂车	2.0

A.0.2 当量小汽车换算系数宜符合表 A.0.2 的规定。

当量小汽车换算系数　　　表 A.0.2

车　种	换算系数
自行车	0.2
二轮摩托	0.4
三轮摩托或微型汽车	0.6
小客车或小于 3t 的货车	1.0
旅行车	1.2
大客车或小于 9t 的货车	2.0
9~15t 货车	3.0
铰接客车或大平板拖挂货车	4.0

A.0.3 公共交通标准汽车换算系数宜符合表 A.0.3 的规定。

公共交通标准汽车换算系数　　　表 A.0.3

车　种	车长范围(m)	换算系数
微型汽车	≤3.5	0.3
出租小汽车	3.6~5.0	0.5
小公共汽车	5.1~7.0	0.6
640 型单节公共汽车	7.1~10.0	1.0(标准车)
650 型单节公共汽车	10.1~14.0	1.5
≥660 型铰接公共汽车	>14	2.0
双层公共汽车	10~12	1.8

注：无轨电车的换算系数与等长的公共汽车相同。

A.0.4 非机动车换算系数宜符合表 A.0.4 的规定。

非机动车换算系数　　　表 A.0.4

车　种	换算系数
自行车	1
三轮车	3
人力板车或畜力车	5

附录 B　本规范用词说明

B.0.1 为便于在执行本规范条文时区别对待，对要求严格程度不同的用词说明如下：

(1) 表示很严格，非这样做不可的：
　　正面词采用"必须"；
　　反面词采用"严禁"。
(2) 表示严格，在正常情况均应这样做的：
　　正面词采用"应"；
　　反面词采用"不应"或"不得"。
(3) 表示允许稍有选择，在条件许可时首先应这样做的：
　　正面词采用"宜"或"可"；
　　反面词采用"不宜"。

B.0.2 条文中指定应按其它有关标准、规范执行时，写法为"应符合……的规定"或"应按……执行"。

附加说明

本规范主编单位、参加单位和主要起草人名单

主 编 单 位： 同济大学城市规划设计研究所
参 加 单 位： 中国城市规划设计研究院
　　　　　　　　天津市建委城乡建设研究所
　　　　　　　　北京市城市规划设计研究院
主要起草人： 徐循初　倪学成　王宪臣　王绪安

中华人民共和国国家标准

城市道路交通规划设计规范

GB 50220—95

条 文 说 明

制 订 说 明

根据国家计委计标〔1987〕第39号文下达的编制任务要求，《城市道路交通规划设计规范》由上海同济大学城市规划设计研究所负责主编，并会同中国城市规划设计研究院、天津市建委城乡建设研究所、北京市城市规划设计研究院等共同编制而成。经建设部1995年1月14日以建标（1994）808号文批准发布。

为便于广大规划、设计、科研、学校等有关单位人员在使用本规范时能正确理解和执行条文规定，《城市道路交通规划设计规范》编制组根据国家计委关于编制标准、规范条文说明的统一要求，按《城市道路交通规划设计规范》的章、节、条的顺序，编制了规范条文说明，供国内有关部门和单位参考。在使用中如发现本条文说明有欠妥之处，请将意见函寄我部中国城市规划设计研究院城市规划标准归口办公室（通讯地址：北京市三里河路九号，邮政编码：100037），以供今后修改时参考。

建设部
1995年1月

目　次

1 总则 …………………………… 11—15
3 城市公共交通 ………………… 11—15
　3.1 一般规定 …………………… 11—15
　3.2 公共交通线路网 …………… 11—16
　3.3 公共交通车站 ……………… 11—16
　3.4 公共交通场站设施 ………… 11—16
4 自行车交通 …………………… 11—17
　4.1 一般规定 …………………… 11—17
　4.2 自行车道路 ………………… 11—17
　4.3 自行车道路的宽度和通行能力 … 11—17
5 步行交通 ……………………… 11—17
　5.2 人行道、人行横道、人行
　　　天桥、人行地道 …………… 11—17
　5.3 商业步行区 ………………… 11—17

6 城市货运交通 ………………… 11—17
　6.1 一般规定 …………………… 11—17
　6.2 货运方式 …………………… 11—18
　6.3 货物流通中心 ……………… 11—19
　6.4 货运道路 …………………… 11—19
7 城市道路系统 ………………… 11—19
　7.1 一般规定 …………………… 11—19
　7.2 城市道路网布局 …………… 11—20
　7.3 城市道路 …………………… 11—21
　7.4 城市道路交叉口 …………… 11—21
　7.5 城市广场 …………………… 11—23
8 城市道路交通设施 …………… 11—23
　8.1 城市公共停车场 …………… 11—23
　8.2 公共加油站 ………………… 11—24

1 总则

1.0.2 城市规模越大,城市道路交通类型和网络越复杂,交通问题也越多。大、中、小城市在编制城市总体规划和道路交通规划设计时,所考虑的内容、范围和深度是不同的。本规范适用于大、中、小城市。但小城市的城市人口规模和用地面积较小,对交通的需求,与大、中城市有明显的差别,所以对本规范所列的标准也有所区别。

1.0.3 城市是衔接全国铁路、公路、内河、海洋和航空运输线路的重要起讫点或交通枢纽,城市交通运输网络是全国大交通运输网络的一个重要组成部分。不同规模的城市根据其所处的地域范围,在交通运输方面分别起着不同的承上启下作用。因此,必须打破行政上块块分割的局面,相互协作,综合规划,综合建设和综合治理。处理好国际、市域和市内三个层次的交通衔接和协调,在城市道路交通中处理好过境交通、出入城交通和市内交通的关系。

1.0.4 城市用地往往是沿着城市交通发展轴而发展的。昔日以水运为主,沿河湖江海发展城市用地,继而沿铁路车站向外发展,如今汽车交通发展,城市用地将进一步沿城市道路、公路和高速公路发展。因此,城市交通规划必须与城市土地使用和土地开发的强度紧密结合,充分利用各种交通方式来诱导和促进城市的发展。对于城市因自然条件或人为因素所造成的用地布局欠合理之处,可以借助城市交通改善其时效,弥补其不足。与发达国家和有些发展中国家相比,我国城市道路的发展还刚起步。根据国内外实践经验总结,城市道路交通的增长速度比城市用地发展规模和人口增长速度快,交通的发展还经常受到政策的冲击,加上预测的技术还不很完善,难以准确地预见未来发展动态。因此,必须对城市交通发展留有弹性和余地。城市道路交通网络是城市的骨架、建筑物的依托,并为地下工程管线的埋设和交通设施布局提供了空间。道路交通网一旦形成,将随着历史的发展一直延续下去,即使遇到自然灾害或战争的破坏,在恢复和重建城市时,也不会有大的变化。况且,城市在发展壮大的过程中,道路交通网还要不断延伸、扩大,往往规划要在二三十年后才实现。因此,对城市道路交通网络的规划一定要与城市总体规划的用地发展紧密结合,并带有超前性。

1.0.5 城市道路交通规划工作的一般程序如图1所示。

1.0.6 城市道路交通发展战略规划,首先要分析影响城市道路交通发展的外部环境和内部环境,从社会经济发展、城市人口增长、有关政策制定和执行、建设资金的变化等方面,来确定城市交通发展的水平和目标,预估未来的城市客货流量、流向,确定城市对外交通和市内交通的各种交通网络的布局,及各种交通的用地规模和位置,并落实在规划图纸上。同时,还应提出保证交通规划实施的各项交通政策建议,因此,规划图纸和规划说明报告同等重要。

在旧城进行城市交通规划和制定交通政策时,为了使土地的开发强度、车辆数和交通量的增长能与城市道路、停车设施等所提供的交通容量相适应,可以进行交通需求管理,控制地块上的建筑容积率,以及采取各种措施,在一定的时间或空间范围内禁止或限制某种交通工具通行,鼓励和发展占用城市道路时空较少的交通工具。

1.0.7 城市道路交通综合网络规划的重点是在工程技术上下功夫,认真考虑实施规划的可能性。通过对城市的地形、地物,工程技术能力和水平,城市经济的发展和建设财力等多方面的深入调查研究、综合分析,结合各种规划构思,寻求多种适用、经济的方案,再经过技术、经济、环境等方面效益的评价比较,工程建设费用的估算,排出分期建设的序列,供决策者择优实施。

1.0.8 城市中使用的各种交通方式都有各自的优缺点,应本着扬长避短的精神,结合本城市的具体情况选择,切忌绝对化。对于城

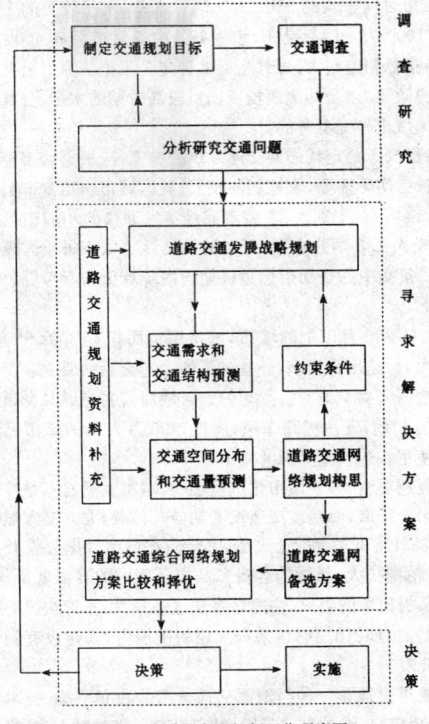

图1 城市道路交通规划工作程序图

市中的公共交通和个体交通(当前主要是自行车和摩托车)的发展,应视为一对互相补充的合作者,让市民在出行活动中掌握交通主动权,能自由选择和换乘各种交通工具,得到最方便、省时、经济的效果。从节约城市停车用地、节约交通能源、减少交通公害、方便交通弱者的出行等方面出发,应优先发展公共交通。

1.0.9 根据国内城市货运调查的资料表明,大量分散的、企事业单位的货运车辆,近年增加得很快,因为它能保证货物及时地运到目的地,但其运输效率很低,造成了许多不必要的道路交通量,而向社会开放服务的专业运输车辆的效率要高得多,广泛使用它,还可以避免一些社会弊端,因此,需要从政策和管理上大力支持其发展,并在规划中为社会化的货运市场创造用地条件。

3 城市公共交通

3.1 一般规定

3.1.1 在城市行政辖区内为本市居民和流动人口提供乘用的公共交通,包括定时定线行驶的公共汽车、无轨电车、有轨电车、中运量和大运量的快速轨道交通,以及小公共汽车、出租汽车、客轮渡、轨道缆车、索道缆车等。

城市公共交通规划应根据城市的发展规模、客流特点、自然地理环境,选择适用的交通方式。

3.1.2 长途骑车者改用其它交通方式,主要考虑节约时间。骑自行车者存车换乘公共交通方式,国内一些大城市已有实践,而且还有骑车者存车换乘通勤车的。说明这种交通方式对骑车人有吸引力,在城市交通规划中应力争取更多的远距离骑车者换乘公共交通,以减少道路上的自行车流量。

3.1.3 出行时耗是一项重要的综合性指标,公共交通方式选择、线路布局、站点布置、线路与线路的衔接方式、换乘方式等都应围绕缩短出行时耗的要求来考虑。

3.1.4 我国大、中、小城市公共汽车和电车的拥有量水平很不平

衡,全国城市目前平均约2500人一辆标准车,水平较高的个别大城市达到1000人一辆标准车,水平低的中等城市只有6000人一辆标准车,指标相差很大。规划指标的确定是根据国家对公共交通的投资倾斜政策,以公共交通投资比重较高时期的水平、公共交通服务较好的城市作为参考的。

3.1.5 出租汽车是定线公共交通系统的补充,应根据城市经济发展水平和社会实际需要,有控制的发展。我国城市出租汽车的发展很不平衡,据调查,个别大、中城市或经济发展快的小城市已达到或超过每千人2.5辆的水平,而经济发展慢的城市每千人还不到0.1辆车。条文中的规划指标是根据国内统计值和参考国外的数值确定的。

3.1.6 人口200万以上的城市,城市用地面积有200km²左右,客流总量大,长途出行者多,一些主要的公共交通线路上客流汇集量往往是地面公共交通难以承担的。且地面公共交通又受道路阻滞和站距的制约,无法提高车速,所以,200万人口的城市已经具备了有效使用快速轨道交通的基本条件。

从发展趋势看,各地城市化进程加快,城市发展已不是按照同心圆模式向外扩展,而是按交通发展轴向外伸展,尤其是大城市市中心区职能加强和大量拆迁改造,都转向在城市外围寻找开发空间;而市区范围扩大,新增的客流和向市区集中的客流就更多,对公共交通又提出新的要求。快速轨道交通运量大、车速快、准点,能保证居民的出行时耗控制在某一规定的范围内,其建设有利于城市土地的开发。

快速轨道交通是一种与地面交通分离的独立系统,技术要求高,建设费用较多,维护也较昂贵,城市没有一定的财力,是难以办到的。所以,只有在大城市客流量很大的线路上才值得使用。

3.1.7 公共交通线路的客运能力由投入该线路营运的车辆数、单车载客量和发车频率决定。单车载客量又与车上乘客密度相关。由于我国城市公共交通公司财力有限,而客流量增加又很快,客运能力供不应求现象十分严重,于是一些大、中城市采用站立式铰接车来提高客运能力,每车的载客量由90人增加到200人以上,发车频率也从每小时30次增加到90次。

无轨电车线路发车频率受架空触线和站点通过能力的限制,其客运能力比公共汽车略低。

3.2 公共交通线路网

3.2.1 在计划经济下,各种公共交通方式由于投资渠道和经营管理部门的不同,常为部门利益各搞一套,线路不相衔接,给居民乘车带来不便。在市场经济下,各种客运方式虽然相互竞争,但必须树立综合规划的思想,将自身融合在一个统一的公共交通网络系统中,使各条线路既分工又合作,把相互衔接的公共交通线路深入到城市的各区内,以满足居民乘车的需要,才能争取到乘客,以盈利。

3.2.2 公共交通线路网密度大小反映出居民接近线路的程度,按理论分析,其值全市以2.5km/km²为佳,在市中心可以加密些,城市边缘地区取值可小些。居民步行到公共交通车站的平均时间为4～5min。根据调查,沿公共交通线路两侧各300m范围内的居民是愿意乘公共交通车的,超出500m范围,绝大多数居民选择骑车,乘公共交通车的很少。由此证明了公共交通线路网的密度不能太稀。公共交通可以在支路上行驶。

许多城市由于适合布置公共交通线路的道路少,公共交通线路网稀,使乘客两端步行到站和离站总时间长达17～19min,再加换乘不便,候车时间长,累计非车内时间达25min左右,使公共交通丧失与自行车交通竞争能力。所以,保证公共交通行驶所需的道路网密度,是优先发展公共交通的前提。

3.2.3 大城市穿过市区的直径线路过长时,常分段设线,使乘客换乘次数增加,乘客平均换乘系数有高达1.8以上的,宜在主要集散点之间或近郊工业区与市中心之间线路上开大站快车,以减少乘客的换乘。

中小城市,线路长度常超过市区的直径,乘客乘一次车即可达目的地,所以换乘系数应小。

3.2.4 公共交通线路的非直线系数不宜过大,线路曲折,虽可扩大线路服务面,但使不少乘客增加了多余的行程和出行时间。

3.2.5 市区公共汽车、电车线路的单程长度用线路长度控制,主要考虑到城市道路交通状况欠佳,公共交通线路过长,车速不易稳定,行车难以准点,正常的行车间隔也难控制;市区线路驾驶员的劳动强度大,应在每个终点站上有短暂的休息。郊区线和大站线,站距大,车速较高,所以,用运送时间来控制。

3.3 公共交通车站

3.3.1 公共交通站距受交叉口间距和沿线客流集散点分布的影响,在整条线路上是不等的。市中心区客流密集,乘客乘距短,上下车频繁,站距宜小;城市边缘区,站距可大些;郊区线,乘客乘距长,站距可更大。快速轨道交通最小站距由设计速度决定。

3.3.4

3.3.4.1 一条道路上设有多条公共交通线路时,为方便换乘,尽可能合站。若候车乘客多,小时发车频率超过80次,在同一站址可分设两处停靠站,两站相距不超过50m。

3.3.4.2 鉴于国内城市已建的立体交叉口很少考虑公共交通乘客的换乘。公共交通站点设在立体交叉口范围以外,乘客换乘一次车一般约需步行1km,而且车站难找,这是很不合理的,也迫使乘客不愿再乘公共交通。国外的处理方法是让乘客直接在立体交叉桥上、下换乘,换乘步行距离很短。所以,根据国情,条文作了限制规定。

3.3.4.3 国内许多城市的对外交通车站、码头的出入口与公共交通车站的距离很远,使外来乘客换乘不便。近年来,一些城市已重视换乘,并在其出入口50m范围内建了公共交通车站,取得很好效果,所以,作此规定。

3.3.6 我国城市普遍采用路边设站方式,公共交通车辆停站时要占用车道,交通量小的道路,不致影响道路通行能力;快速路和主干路上,机动车流量大,公共交通车站占用车道,使道路通行能力受到损失,所以应做港湾式停靠站。

3.3.7 由于城市不断扩大,城市规划没有相应预留出公共交通所需的站场用地,占用道路作首末站的例子颇多,这对公共交通、对城市道路交通都没有好处,应改变这种被动局面。

首末站公共交通车回车和停车,另加乘客候车排队和小型调度用房,每处用地面积1000～1400m²已是营运的最低要求。在客流大的换乘枢纽站上,还要考虑存车的地方。

在城市中保证首末站这块空地,还有防灾避难用途。

3.3.8、3.3.9 出租汽车营业站面积,考虑停放20～50辆出租汽车。为路抛制服务方式所设的出租汽车停车道,供上下乘客和车辆周转停放用,可与公共交通的港湾式停靠站结合在一起布置。

3.4 公共交通场站设施

3.4.2 市区公共交通线路密,保养维修的车多,建造保养流水线,可提高效率,降低成本,因此,保养场和修理厂的规模宜大些。

在大城市的郊区,线路终端可建造例行保养和小修的小场,以免回城空驶里程过长,清早出车太早。

3.4.3 保养场200辆单节标准车规模,车辆的保修设备有较高的机械化和现代化水平,车辆进出空驶里程较短,可节约成本,职工的生活设施也比较完备。

表3.4.3的规划指标,是一些城市多年实践的经验数据。

4　自行车交通

4.1　一般规定

4.1.1　自行车道路上的交通状况可用道路服务水平来反映,如表1所示。

自行车道路服务水平　　　　表1

等级	行程车速 (km/h)	饱和度		交通状况
		路段	交叉口	
优	≥15	<0.5	<0.4	车速任意,自行车的横向空间不受限制,骑车自由
良	11~14	0.5~0.69	0.4~0.5	车速与自行车横向空间略受限制,行人能穿越
中	6~10	0.7~0.9	0.6~0.8	车流密,行人不易穿越,骑车时受到约束,不能自由骑,但能忍受
差	<6	>0.9	>0.8	拥挤或阻塞,行人不能穿越

分析道路上的交通情况时,采用等级为"良"的服务水平作为规划依据。

4.1.2　根据国内20个城市居民出行调查资料归纳分析,在公共交通发达的城市,居民出行距离6km,骑自行车与乘公共交通车所花费的时间差不多,约需30min,出行30min以上的骑车人数明显减少。若公共交通比较方便或有省时省力的交通工具可选择时,这部分骑车者有可能改乘其它交通工具。解决了自行车存车换乘公共交通,骑车者就不必长途跋涉。但根据小城市调查,在农村居住的工人,到城里的工厂去上班,由市郊到市区骑车一般可达10km左右。

4.1.3　国内除不适宜用自行车的城市外,城市中自行车的拥有量已达饱和状态,骑车年龄人口几乎每人一辆车,用途极其广泛。尽管各城市对自行车的政策方针有分歧,但在现阶段和今后相当长一个时期内,自行车仍将是城市居民近距离出行的合适工具,它的优点和用途在3km范围内是公共交通和其它交通工具无法替代的。

城市中自行车的出行量,一般要占居民出行总量的40%~60%。公共交通与自行车出行人次比,多数城市在1:9~1:12之间,有的达到1:28。城市小比差大,只有个别公共交通发达的大城市保持1:1~1:3。而近年来,中学生和高年级的小学生骑车人数正在迅速增加,使骑车的出行量占居民总出行量的比重进一步增加。

自行车无节制的发展不是大城市交通的发展方向,但对市区面积不大的小城市和一部分中等城市,有适宜的自行车活动条件。条文中所列的自行车出行量与公共交通客运量的比值,考虑了大中小城市的现状,也考虑了公共交通发展完善以后依靠步行和自行车的一部分人转化为公共交通乘客的可能。

4.2　自行车道路

4.2.1　随着机动车交通日益增长,为了确保自行车交通安全,并充分提高机动车交通的效率,机动车交通与自行车交通分流势在必行,各种解决自行车交通问题的做法,有从局部路段发展成网络的必然趋势。因此,交通规划应该有意识地将它纳入一个统一的网络系统中,分期实现。从自行车交通本身的要求和交通管理的要求出发,自行车道路也应有良好的交通环境和交通的连续性。沿自行车道路的生活服务设施设置情况,对吸引骑车人有重要的影响,在道路系统规划时应充分重视这一点。

4.2.3　当一条自行车道路上单向流量超过10000辆/h时,在高峰最大15min内,每分钟通过道路断面的流量将达240辆,若遇到平面交叉口,在6m宽的路口,被红灯拦下的自行车排队长度将达100m左右,这些车在一次绿灯时间内难以全部通过,会造成车队滞留,对交叉口上的机动车交通干扰严重,为此,要设平行道路共同分担其流量。

同样,在平面交叉口上,每个进口道上的自行车流量超过5000辆/h时,交叉口车辆间的相互干扰和交通延误十分突出。若建立体交叉口,造价高。根据国内成功的实例,先从路网调节分流,减少交叉口进口道的流量,能取得显著的效果。

4.3　自行车道路的宽度和通行能力

4.3.1　根据调查资料,城市道路在早晨上班高峰小时自行车出行人次约占其全日出行总人次的20%~25%,并且常集中在30min左右通过,最集中的15min自行车交通量约占高峰小时自行车交通量的1/3,其峰值很大,这点与机动车高峰情况不同,在设计自行车道路宽度时应注意这个特点。

自行车行驶的轨迹是蛇形的,据实测,左右摆动各0.2m,车把宽0.6m,每条车道宽取1m。靠边行驶的自行车,受道路的侧石、护栏、侧墙、雨水进水口、路面平整度和绿化植物的影响,车道宽度要求增加0.25m的安全距离。

4.3.2　为了使规划的自行车道路通行能力留有发展余地,本条文中各项数值的确定,采用等级为"良"的服务水平。

5　步行交通

5.2　人行道、人行横道、人行天桥、人行地道

5.2.3　一般一条人行带宽度为0.75m,步行速度取4km/h,人流密度取0.6人/m²,通行能力为1800人/h。车站码头、天桥、地道的一条人行带宽度0.9m,步行速度取3.7km/h,人流密度取0.5人/m²,通行能力为1400人/h。

5.2.4　为了保证行人交通安全,避免因行人随意横穿干路而影响干路的车速,宜在相邻两个交叉口的路段中间加设一条人行横道、人行天桥或人行地道。

5.2.8　地震区的人行立交设施若建于地面以上,灾害发生时很可能因其坍塌而堵塞地面交通,影响紧急救援。

5.3　商业步行区

5.3.1　商业步行区内道路网密度是根据消防紧急疏散的要求,并参考我国和国外老城商业区的道路网密度而定的。

5.3.3　根据观测,在道路和广场上的步行者,要求在漫步活动时,在其自身周围有一个安全保护圈,其半径为0.56~0.63m,即步行者向前跨出一步时不致于干扰别人或受别人的干扰,以此得出每个步行者所需的活动面积。

5.3.5　为了使商业步行区内的人流活动不受车辆干扰,车辆宜停在商业步行区外的停车场内,在地价高昂的商业步行区可建多层停车楼。根据我国已经形成的就近停车的习惯和实测的资料表明,停车场必须放得近才能发挥作用。

6　城市货运交通

6.1　一般规定

6.1.1　城市货运交通是城市经济、社会活动赖以生存和发展的基

本条件,而城市的经济发展水平直接地反映出对货运需求量的要求。不同的产业结构、产品结构、能源结构、消费水平等因素的变化,均将直接影响到货种、货运量、货运流向和货运方式的变化。建国以来,根据我国经济发展与货运量的变化规律分析,货运量与工业总产值和工业生产水平之间存在着较密切的关系。工业产值增加,货运量增加;工业生产水平提高,货运量减少。统计表明,工业生产水平每提高1%,货运量平均减少0.5%~0.6%,两者之间存在着一定的弹性关系。经济改革十年来的实践证明,公路货运量的增长与工农业总产值的增长速度基本上是同步的。

货运量的空间分布直接受城市布局的制约。城市土地开发利用的布局不同,不仅影响货物运输的种类和发生量,还直接影响到货物的流向与周转量。为此,在进行货运交通规划工作之前,需要对城市经济社会发展规划、土地开发利用规划进行深入的调查分析,掌握基本数据和情况,使货运交通规划方案更加符合实际,并留有余地。

6.1.2 城市货运交通的内容可分为三个层次:

一、过境货运交通:它与城市在地域内的位置有关,与城市的生产、生活关系较小,有些经过市区,有些经城市中转。一般规律是城市生产水平越高,则过境交通量越少;城市生产水平越低,则过境交通量越大,中小城市其过境交通量甚至大于市内交通量。为此,过境货运交通应布置在城市外围,避免对市区造成不必要的干扰。

二、出入市货运交通:它与城市对外辐射的活力有密切关系,一是中心城市与市辖范围内各县城之间的联系,二是市际间乃至国际间的联系。各种等级的城市在其经济区域内都有承上启下的功能。中心城市的职能越强,其出入市货运交通量就越大,规划建设好区域公路网对发挥中心城市的职能十分重要。

三、市内货运交通:它是和城市自身生产、生活和基本建设有关的货运。据国内一些大城市的调查资料,市内货运量中煤、石油燃料约占10%~15%,钢铁、机电、五金约占5%~10%,油粮、副食品和日常生活用品约占8%~15%,基本建设用的水泥、砂石等约占35%~45%,其余为纺织、化工和垃圾等。基建材料、燃料以及钢铁等货物的堆放其占地面积大,有些还有污染,因而应放在郊区,平均运距较大,约5~8km;市民日常生活用品以及设在市区内工厂的原料及产品一般就近分散存在全市各地,平均运距不大,中小城市约2~3km,大城市约4~5km。当大城市建成高速公路后,城市用地向外扩展,平均运距随之增加到数十公里。

不同性质、规模的城市其上述的数值也不相同。一般中小城市过境货运量大,而大城市是出入市及市内货运量大,因此,在做货运交通规划时,应视具体情况而有所侧重。

6.1.3 货运车辆场站是货运车辆停放、维修、保养和人员管理的基层单位。货运车场一般按所运货物种类的专业要求分类管理。如建材、燃料、石油、化工原料及制品、钢铁、粮食、农副产品和百货等货物的运输,均有不同的车种与车型要求,应分别设置,分散布置在全市各地,与主要货源点、货物集散点结合,以便就近配车,方便用户,减少空驶。但对于大型货场以及高级保养场,由于货车数量大、设备复杂、投资大,应适当集中设在城市边缘区,减少对城市的干扰和污染。为此,货运车辆的场站设施,宜采取大、中、小相结合,分散布置的原则。

此外,对于大城市中各行业系统的专业运输车场,其用地虽不属城市道路交通设施用地,但其产生的货流交通量对城市道路交通仍有一定的影响,在规划中应一并考虑。

6.2 货运方式

6.2.1 城市货运方式有道路(公路)、铁路、水运、航空和管道运输等。在组织货运时,应根据各种运输方式的特点和适用条件,以经济、便捷、灵活、安全为原则,充分发挥各种运输方式的优势,选择有效的联合运输方式,使货物在运输过程中尽可能实现门到门的直达运输,减少因中途多次转驳而造成的货损与时滞。

随着汽车运输和集装箱运输的发展,市内货运中汽车运输的比重越来越大,铁路运输的比重也开始减少,市内水运也明显衰退,管道运输正在兴起。城市货运交通规划中应考虑这一发展趋势,加强公路网和城市道路网的建设。

在商品的流通过程中,提高运输的质量与速度,将创造出新的附加产值,产生出新的经济效益。

货运方式的选择旨在降低运输成本,提高运输服务质量与效率,利用组织联合运输,节省工程建设费用。对道路、铁路、水运、航空及管道运输等方式应在充分发挥其优势的基础上,采用平衡点分析法进行合理的选择,它是按某种运输方式的固定投资加上其运输费用之和的总费用最少作为比较,选取最有效、经济的运输方式。

6.2.3 管道运输作为一种货运方式已被许多国家广泛采用,我国近年来也有较快发展,所运货物主要为原油、成品油、天然气和化工原料及成品。管道运输具有运量大、运行稳定、安全性好、污染小、耗料低、生产率高等优点。因此,城市中对于具备定向定点且年运量大于50万t的上述物资(相当于最小管径的经济输送能力),采取管道输送,不仅可降低运输费用、减少物资损耗,而且可净化城市环境。采取管道输送方式是经济有效的。

6.2.4 汽车运输的优点是门到门,运输灵活,减少中途转驳,时效高、货损少。虽然运输成本高于铁路和水运,但在200km内运输全过程的总费用,汽车运输仍是经济的。随着大型集装箱车运输的发展、高速公路的建设,其经济运距还能延长,这也是当前公路铁路分流运输的政策所规定的。根据国外城市建高速公路后的情况,城市货车平均运距从5km增加到70km,因此,在出入市货运规划中应予考虑。

6.2.5 大、中城市各种用户的零担货运,量少、品种繁杂、流向分散,若各家备车自运,可以达到及时运到的目的,但很不经济,又增加了大量空驶的交通量。有的城市在铁路零担货场前组织专门的车队送货上门,改变了原来货场前拥挤不堪、提高车辆阻塞交通的状况。因此,对社会上零星的货运需求,应开放货运市场,发展面向社会服务的专业运输方式,组织其货源,科学调度运输,将货车满载率由42%左右提高到55%~65%。

6.2.6 货运汽车的需求量一般应按城市货运周转量的需要进行计算,但在货运周转量难以确定时,亦可根据经验来估算。从一些国家或地区和我国一些城市的车辆配属情况看,美国为6.4人/车,日本为8.2人/车,西欧为30~40人/车,俄罗斯33.7人/车,北京为46人/车,天津为32.4人/车。因此,根据目前我国的情况,在货运周转量一时难以判定时,可按规划的常住人口每30~40人配置一辆货车来估算货运车辆。

6.2.7 我国城市货运市场开放竞争机制以后,城市原有的专业货运部门发展缓慢,难以适应社会需要,而社会上各企业事业单位的**货运车辆剧增**,城市货运机动车的年增长率平均为12%~15%,而货运量年增长率平均仅为6%~9%,已出现了运力大于运量的情况。车型构成上,城市缺少大型车、专用车和为居民服务的营业性小型货车,而中型载重汽车居多。据调查,大型集装箱车很少,为专业运输部门拥有,车辆满载利用率高;小型车不足,由中型车代替,普遍出现了大车小用的不合理现象,运输效率很低。有些城市现有车况较差,动力因素低,车速慢,制约了整个城市的交通速度,有待更新的车辆约占车辆总数的20%~25%。

随着工业水平的提高和产业结构的变化,货运车辆不适应运输要求的矛盾会更加突出。因此,为了加强宏观调控,在规范中提出了车型吨位结构的合理构成比例。货运车辆可按吨位划分,小于3t为小型货车,3~15t为中型货车,大于15t为大型货车。按大中、小型货车辆数的比值,大城市可按1:2:2~1:5:6进行宏观估算或控制,一般城市应根据城市货运特征及产业结构的变化,经论证后确定。

根据我国城市现有中型货运车辆比重过大的状况,为适应经济的发展,应适当发展大型车、小型车、专用车和集装箱车,适当控制中型车的增长,逐步形成较为合理的车辆结构,以适应货运结构变化的要求。

6.3 货物流通中心

6.3.2 货物流通中心是组织、转运、调节和管理物流的场所,是集城市货物储存、运输、商贸为一体的重要集散点,是为了加速物资流通而发展起来的新兴运输产业。按其功能和作用可分为集货、分货、配送、转运、储调、加工等组成部分,按其服务范围和性质,又可分为地区性货物流通中心、生产性货物流通中心、生活性货物流通中心三种类型:

地区性货物流通中心,主要服务于城市间或经济协作区内的货物集散运输,是城市对外流通的重要环节。

生产性货物流通中心,主要服务于城市的工业生产,是原材料与中间产品的储存、流通中心。

生活性货物流通中心,主要为城市居民生活服务,是居民生活物资的配送中心。

上述货物流通中心的规模与分布,应结合城市土地开发利用规划、人口分布和城市布局等因素,综合分析、比选确定。

6.3.3 货物流通中心的规划应贯彻节约用地、争取利用空间的原则。地区性、生产性、生活性及居民零星货物运输服务站的用地面积总和,不宜大于城市规划总用地面积的2%,此面积不包括工厂与企业内部仓储面积。城市货物流通中心的用地面积计入城市交通设施用地内。

6.3.4 地区性的货物流通中心,是城市对外交往的重要环节,规模较大,运输方式综合,应设置在城市边缘地区的货运干路附近。其数量视城市规模和经济发展水平而定,大城市一般至少应设两处,便于对外联系,以减轻市区交通压力。

地区性货物流通中心的规模,应根据货物流量、货物特征和用地环境的条件而确定。

6.3.5 生产性货物流通中心,是专用仓储设施向社会化发展的必然趋势,是将生产性物资与产品的运输、集散、储存、配送等功能有机地结合起来的货物流通综合服务设施,是城市生产的重要基础设施,对于节约用地、加速物资流通、提高运输效率、改善城市交通均有明显的经济效益与社会效益。由于生产性货物流通中心的货物种类与城市的产业结构、产品结构、城市工业布局有着密切的联系,因此,一般均具有明确的服务范围,规划选址应尽可能与工业区结合,服务半径不宜过大,一般采用3~4km,用地规模应根据需要处理的货物数量计算确定,新开发区可按每处6万~10万m²估算。

6.3.6 城市的生活性货物流通中心,一般是以行政区来划分服务范围的。生活性货物流通中心所需要处理的货物的种类与城市居民消费水平、生活方式密切相关,处理的货物数量与人口密度及服务的居民数量有关,服务范围和用地规模均不宜太大。大中城市的规划选址宜采用分散方式,小城市可适当集中。服务半径2~3km为宜,人口密度大的地区可适当减小服务半径。用地规模应根据需要处理的货物数量计算确定,新开发区可按每处3万~5万m²估算。

6.4 货运道路

6.4.1 城市货运道路是城市干路的重要组成部分。目前我国城市中货运机动车约占机动车总数的60%~70%,一些大城市和经济发展较快的地区,客运汽车多,货运机动车只占到50%左右。根据经济增长和汽车工业发展的趋势分析,我国在城市规划限内,可能会因各城市建设快速路或高速公路而增加运距,货运机动车的比例从50%回升到60%左右。由于货运车辆比客运车辆重、速度慢、交通量大、噪声振动污染严重,对道路通行能力、城市环境和行车安全影响极大,因此,在道路网规划中,要明确划分出货运道路,

使主要的货运车辆集中在几条干路上行驶。

6.4.3 城市货运道路是城市货物运输的重要通道,应满足城市自身的大型设备、产品以及抗灾物资的运输要求。其道路标准、桥梁荷载等级、净空界限等均应予以特殊考虑。目前道路桥梁设计荷载为汽—超20、挂—120、特—300、道路净空高5m,并且城市东西向和南北向都应有一条净空不受限制的道路。城市对外货运交通的出入口数,应根据城市土地使用、出入市货物流向和流量而定,一般不少于3个,并与对外公路网联系起来。若出入口数量太小,会使流量过分集中,使城乡结合部的道路不胜负担,这种现象在我国不少城市中已经出现,若道路发生交通事故或不幸灾害,则交通问题更加严重。这也是城市抗灾设防所必须具备的条件。

6.4.4 大、中城市的市内货运量约占全市货运量的50%~60%,据调查:北京市仅矿建、煤炭、工业原料三项的运量,就占全市总运量的60%~70%,上海市为71%。并且货运量大量集中在主要货源点与集散点之间的联络道路上。规划货源点与集散点之间的直接道路或货运干路,对缩短货运距离、改善城市交通环境、提高运输效率均具有重要作用。

6.4.6 大、中城市的过境货运车辆,大多是带拖挂车的机动车,大型集装箱车若穿过市区,无论是噪声、振动,或对市区道路交通的干扰,都是十分严重的。目前我国不少中等城市由于建设投资能力有限,跨越江河的大桥只在市区建造一座,结果引入了大量过境交通。也有些城市在市中心区外围未建环路或切线道路分流过境货运交通,结果使大量交通穿越市中心或居住区。上述情况在规划中都必须加以改善。

7 城市道路系统

7.1 一般规定

7.1.1 城市道路是多功能的,它们相互之间有时是矛盾的,在规划时,需按功能的主次进行协调。

7.1.2 城市道路的交通功能在城市道路诸功能中占有重要地位。为了确保交通安全,使它们发挥各自的效能,应采取不同的方法,对不同性质和不同速度的交通实行分流。目前国内用的三幅路,在路段上起了交通分流的作用,但在交叉口多方向的交叉和干扰仍集中在一起。解决这些矛盾需花费大量资金和用地,建造多层立体交叉口。因此,在新建地区宜从道路系统上实行交通分流。对旧城区、近年新建的地区和红线已作控制的规划地区,要将道路完全按系统实行交通分流难度较大,但这个交通分流的原则是必须在道路规划和改造中长期贯彻下去的。

7.1.3 不同规模的城市对交通方式的需求、乘车次数和乘车距离有很大的差异,反映在道路上的交通量也很不相同:大城市将城市道路分为四级;中等城市可分为三级,即主、次干路和支路;而小城市人们的出行活动,主要是步行和骑自行车,对道路交通和道路网的要求也不同于大城市。随着城市的发展,小城市现有主干路也只相当于大中城市的次干路或支路,因此只将道路分为两级。

7.1.4 城市道路用地面积占城市建设用地面积的百分率是根据国家标准《城市用地分类与建设用地标准》的规定确定的。由于大城市的交通要求比中小城市高得多,而且城市道路网骨架一旦形成又难以改动,因此,为适应大城市远期交通发展的需要,其道路用地面积率宜适量增加,预留发展余地。道路用地面积率中不含居住用地内的道路面积。其它道路,如自行车专用路、滨河步行路、商业步行街等均属城市支路。

7.1.5 人均道路和街道用地面积中不含居住用地中的人均道路面积;交叉口和广场面积是指大型立体交叉口、环形交叉口、各种交通集散广场和游憩集会广场等的面积。公共停车场地面积不含公共交通、出租汽车和货运交通场站设施的用地面积,其面积属于

交通设施用地（U_2）面积；也不包括各种建筑的配建停车场的用地面积，其面积属于公共建筑（C）用地面积。

7.1.6 规划的城市道路网等到分期实现，往往已是20年后的事。在这未来的20多年内，我国的国民经济和汽车交通事业将会有较大的发展。根据国内外的经验和教训，在城市道路网规划指标取值时，将比现在有较大的增加。

一、机动车设计速度对道路线形和交通组织的要求起着决定性作用。道路网骨架和线形一旦定局，将长期延续下去，即使遇到自然灾害或战争的破坏，在恢复和重建城市时，也较难改变。另外，对外开放的城市道路，设计速度不宜变化太大。目前国内不少城市对道路上的行驶车速作了自己的规定，外来车辆一进市区就很难适应，或违章或将车速降得很低，对城市交通效率的发挥很不利。为此，条文中对次干路和支路的设计速度，不论城市规模大小，均作了统一的规定，对于快速路和主干路才按城市规模作了区分。

二、道路网的密度，是指单位城市用地面积内平均所具有的各级道路的长度。快速路，对人口在50万以下的城市，其用地一般在7km×8km以下，市民活动基本是在骑30min自行车的范围内，没有必要设置快速路；对人口在200万以上的大城市，用地的长边常在20km以上，尤其在用地向外延伸的交通发展轴上，十分需要有快速路呈"井"字形或"廿"字形切入城市，将市区各主要组团，与郊区的卫星城镇、机场、工业区、仓库区和货物流通中心快速联系起来，缩短其间的时空；对人口在50万～200万的大城市，可根据城市用地的形状和交通需求确定是否建造快速路，一般快速路可呈"十"字形在城市中心区的外围切出。

快速路和主干路在城市交通中起"通"的作用，要求通过车辆快而多。次干路兼有"通"和"达"的作用，其上有大量沿街商店、文化服务设施，主要靠公共交通对居民服务。支路主要起"达"的作用，其上有较多的公共交通线路行驶，方便居民集散。支路的路网密度要求很密，表中所列的数值$3～4km/km^2$，是全市平均值，扣除工业区用地、公园绿地、水面、对外交通等用地，需要布置支路的用地面积不到城市用地总面积之半，加上部分居住区道路作为支路，因此，支路的实际道路网密度可达$6～8km/km^2$，在城市中心地区、商业繁华的步行区，其路网密度可高达$10～12km/km^2$，使该地区有较大的交通容量，以利于人流交通聚散。次干路和支路的路网密度不分大中小城市都一样的数值，目的是希望在组织居民生活和生产活动中，具有相似的交通可达性，也有利于用它来组织非机动车交通。小城市的干路和支路取值比大中城市的值大，因为它们承担了农村乡办企业货运和农民进城工作和生活活动的交通。

城市中支路密，用地划成小的地块，有利于分块出售、开发，也便于埋设地下上管线，开辟较多的公共交通线路，有利于提高城市基础设施的服务水平。目前国内许多城市的旧城地区，道路虽窄，但较密，可行驶小汽车的道路网密度达$18～20km/km^2$，每条道路所分担的交通量并不大，交叉口也容易组织交通；而在新建地区，道路很宽，但道路网很稀，有干路却缺少支路，使干路上各种车流和人流交通汇集量过大，加上近年来风行沿街马摊，使交通十分紧张。若支路多，即使占用一两条，对交通影响也不大；而缺乏支路的城市则交通问题和交通事故明显增多。对照国内外一些城市的实例和经验教训，在道路网中必须重视支路的规划。

道路网的密度反映了城市用地的各类道路间距。在规划各地块上的道路间距应比较均匀，才能使道路发挥网络的整体效益。目前国内有些城市验算全市人均道路面积和全市道路网密度均符合标准，但由于道路太宽、道路网疏密不均，例如，穿过方格道路网的河流上桥梁很少，使交通汇集在仅有的几座桥梁上，造成局部地区道路交通超负荷，高峰小时交通阻塞严重。

三、道路宽度。当道路的功能分清以后，有效地在不同的系统和地段组织车流和人流，道路的宽度就可定得较合理。根据国内一些城市的经验，在城市用地上宁愿道路条数多些，使车辆有较好的

可达性，也不要将道路定得太宽，使车流集中在几条干路上，使交叉口负荷过大。

道路宽度中包括人行道宽度与车行道宽度，不包括人行道外侧沿街的城市绿化用地宽度。

城市中其它道路不作具体指标规定，视城市交通需要而定，但其它道路用地可计入支路用地内。居住用地内的居住区道路，其功能作为城市支路，其道路面积计入居住用地面积（R_{13}, R_{23}, R_{33}, R_{43}）内。

7.2 城市道路网布局

7.2.1～7.2.2 城市用地扩展，城市道路网要能随之长大、向外延伸。目前国内有些城市为了追求轴线、视点，将干路正对着火车站或重要的公共建筑物，形成许多错位丁字路口，不仅不利于车流通行，而且改造困难，若要延伸道路，无论是地道下穿或者是高架桥跨越，都花费昂贵。因此，不应将干路建成尽端式道路。

7.2.3 城市土地开发的强度应与其上的交通网和道路网所提供的运送能力和通行能力相协调。在有些城市的售出土地上，建筑层数和土地开发的容积率不断提高，已经失控，而道路网并未作相应的调整，结果道路网超负荷运转，造成交通堵塞，反而会制约建筑功能的发挥。

7.2.4 各相邻片区之间至少有两条道路相通，可使城市发生突发事件或交通事故而堵塞道路时，仍有一条道路能通行。

7.2.5 城市对外联系的道路，主要是为市际交通和郊县交通服务的。为了确保在受地震等灾害后，外来救灾交通能畅通，或平时道路上发生交通事故、道路和桥梁维修时，交通不致受阻、中断，都要求城市每个方向至少有两条与外界相联系的道路。

7.2.6 城市的中心区一般是在旧城的基础上发展起来的，道路狭窄，交通密集，为避免不必要的交通穿越其间，建造内环路是十分需要的。环路与直径线比较，路程长，外环路离市中心越远，行程越长，为了使外环路对过境车辆有吸引力，必须提高车速，设置汽车专用道。城市中是否要设置中环路，应根据市内客货交通的需要和城市用地规模而定。

城市环路与放射路相交时，由于禁止车辆进入市中心地区，在交叉口上的左转车比重较高，在高峰小时机动车和自行车的交通量都很大时，往往会相互干扰，甚至切断对向车流，使道路通行能力明显下降。这在国内外的许多大城市都已发生。所以，规划时实行交通系统分流、处理好交叉口的左转交通，可使交叉简化，并提高道路通行能力。

7.2.7 我国的老城市大多濒临河流发展起来，在城外都有护城河，当城市用地向外扩展时有不同的布局方式，其中：平行发展、对置发展或向四面发展，对道路交通的负荷分布较均匀，较易处理；若用地对置错位发展，在两片用地有相邻连接部分，尤其是在方格网道路系统中，就经常会出现"蜂腰"地区，在这个地区内，道路较少，车辆交通集中，遇到跨过通航河道，桥梁净空高，道路坡度大，交通问题就更紧张，因此，在规划时要预见到日后可能出现的"蜂腰"地区，及早控制用地，理顺道路系统。

河网地区的城市道路网应与水系结合好，使道路平行和垂直河道，有利于架设桥梁，也有利于道路延伸和发展。但当城市河道多并十分曲折时，应力求理顺道路，即使为了照顾道路日照通风的要求，需要与河道保持一个角度时，也要使新规划的道路网走向与原有的道路网走向有个渐变的地段。否则会产生大量畸形交叉口，使交通组织极其困难。

7.2.9 改造旧城道路网时，对原有道路网的形成和发展过程必须充分研究，切勿随意改变道路走向。否则，大量支路与干路斜交，不仅难于组织平行道路以分担主干路的交通压力，反而会使干路上产生许多畸形交叉口，更增加了干路的交通负担。

7.2.10 市中心区商务和第三产业发达，每天吸引大量人流、机动车和非机动车流行驶和停放，因此，要求有稠密的道路网，以承受

和分担交通。居住区的支路密，有利于公共汽车线路伸入居住区，扩大服务面，吸引更多的居民乘车活动，也有利于埋设地下管线。

7.2.11 次干路和支路的道路网划成长方格，可使各个地块具有良好的可达性，又可减少许多交叉口。

7.2.12 道路交叉口相交道路条数多，或道路相交角度小，都不利于交叉口的交通组织。它减少了车辆通过的有效绿灯时间，降低了通行能力，使交叉口用地畸形，影响行车安全视距，加大行人过街距离。因此，条文作了规定，若交叉口上道路夹角小，需在路段上用较大转折角度将道路扭过来，使交叉口进口道之间的夹角放大，这种做法虽然在道路施工或埋设地下管线时会增添麻烦，但可改善道路交通，丰富城市道路景观。

7.3 城市道路

7.3.1 当前国内许多城市在规划或建设干路时，交叉口的间距控制得很严，但对沿路的建筑或用地的性质就控制不严。有的在快速机动车专用路两侧设置慢速的非机动车道，非机动车可以随意进入机动车道。有的用地拨给各使用单位后，他们可以随意沿路开出入口，任车辆左进右出，行人随意横穿道路，结果快速路有名无实。国外在时速达60～80km的城市道路上，无论在规划上或管理上都采取了严格的控制措施，以确保快速交通的安全和效能的发挥。横穿快速路的行人必须走人行天桥或地道。

城市快速路两侧成行种植乔木和高大灌木后，会产生晃眼的树影，也遮挡视线，有碍交通安全。只有中央分隔带上可种植修剪整齐的矮灌木丛，遮挡对向车辆的头灯灯光。快速路两侧不种树，在城市防灾中可起隔离火灾蔓延的作用。

7.3.2 我国习惯将主干路建设得很宽，中间车行道上的汽车和自行车交通量很大，在主干路的两旁设置大型商店和公共建筑，吸引大量人流。当道路上车辆交通量不大时，行人可利用车辆间空档穿梭；当车辆交通量日益增加，穿行的人流迫使车速下降，车流密度增加，反过来进一步降低车速；此外，沿街两侧建筑物前的自行车停车问题也日益严重。目前许多城市采用几道栅栏纵向分隔的办法，阻止行人穿越道路，来提高车速并保证交通安全，但对商店顾客和公共交通乘客形成很大不便。为此，希望将吸引人流多的商店和公共建筑设置在次干路上，使主干路主要发挥通行车辆的交通功能。国外也有沿主干路建造吸引大量人流公共建筑的经验，在离交叉口较远的路段中建设1～2座行人天桥，直接伸入沿路两侧的高层公共建筑或多层商店内，天桥下设公共交通停靠站，使市民的步行交通组织在另一个连续的层面内，穿越道路时不再干扰快速的车辆交通，也不再争夺交叉口的用地，交叉口四周也可以有较开阔的空间和宽畅的绿地。

7.3.5 城市可能遭受的灾害种类很多：如地震、水灾、火灾、风灾、瓦斯泄漏和其它突发性事故所造成的灾害。城市的防灾能力，除了加强建筑物本身抗灾能力外，灾害一发生，不外乎是消灭次生灾害和抢救受灾人员两个方面。城市道路在这紧急时刻能确保交通畅通，对抢险救灾和防止次生灾害蔓延起着极大的作用，例如：维生命线的各种主干管，若埋设在快速路和主干路下，一旦遭到破坏需要抢修，会影响甚至中断交通，对救灾工作极为不利；此外，当道路交通量增加，需要建造下穿式立体交叉时，要搬迁干管也很困难。又如：地震区采用刚性路面，受灾后路面板块翘曲、撕裂，接缝处高差达数十厘米至1m多；立体交叉的高架桥梁下坠，切断交通，且一时无法清除，严重影响抢救车辆的通行。条文中对城市道路规划所提出的要求，是用血的教训换来的，必须贯彻执行。

7.4 城市道路交叉口

7.4.1 在道路网布局基本确定后，重点确定交叉口的形式及其用地范围，为今后交叉口的实施和交通组织提供条件。因此应做交通流线分析，但不必做交叉口详细的几何设计。

一个规划设计得好的平面交叉口，其通行能力是很高的。目前国内一些城市平面交叉口的交通量并不很高，但由于路段单向车道数与交叉口进口道车道数相同(进口道可通行的时间只有路段的一半)，或由于交叉口交通组织不善而产生交通混乱或交通堵塞的状况，就提出要建造立体交叉口是欠妥的，这往往是由于城市道路网不完善，或路段和交叉口的通行能力不匹配所致。凡在道路系统上对交通重新组织，或展宽交叉口，能缓解该交叉口矛盾的，就尽量不要建大型立体交叉口。

7.4.2 表中所提供的数值是供规划交叉口时用的。为了使规划有一定的灵活性，表中的数值均换算成当量小汽车数。换算系数见条文附录A 非机动车(包括自行车和其它人力三轮车等)换算成当量小汽车的换算系数：当自行车占非机动车交通量的比例大于90%时，换算系数为0.2，比例为80%时，系数为0.23；比例为60%时，系数为0.3，比例为40%时，系数为0.37；比例为20%时，系数为0.45；比例小于10%时，系数为0.5。

表中数值的选用幅度是根据进口道是否对非机动车设置非机动车道和过街行人的多寡而定。进口道不设非机动车道或行人多者取下值，设非机动车道或行人少者取上值。若交叉口各进口道的交通量最大值与平均值之比超过1.5，或左转车超过交叉口交通量的25%时，可适当降低通行能力的标准。

7.4.3 交叉口是制约道路通行能力的咽喉。交叉口上，横向道路行驶的车辆、进入交叉口的左转车辆和横穿交叉口的行人，都要占用纵向车辆的行驶时间，使纵向道路的通行能力不及路段通行能力之半，为此，在城市道路网规划中，必须改变只建宽路不重视交叉口的旧观念。要展宽交叉口，增加通行空间以弥补通行时间的损失。

7.4.4 展宽式的交叉口能提高通行能力，主要是增加了进口道的车道条数，弥补由于横向道路通行车辆所损失的绿灯时间，使交叉口进口的通行能力与路段的通行能力相协调。条款所述展宽式交叉口增加的车道条数和展宽长度，是在交通量缺乏时，为预先控制交叉口用地而提出的。若进口道上的左转车很多，左转车与对向直行车在冲突点上合计的交通量达到或超过冲突点的通行能力1000辆/h时，可设置两条直行车道或两条左转车道，以提高其通行能力，缩短进口道车辆排队长度。但是，若允许自行车进入交叉口，则原来只有机动车通行的十字交叉口，在绿灯时间内由2个冲突点变为18个冲突点，其中10个冲突点是由自行车左转所引起的。自行车的交通量越大，车道越宽，冲突点的矛盾越大，整个交叉口的通行能力也降得越低。因此，在规划道路网时，宜将机动车与自行车等分别设在两个系统内。当条件不允许时，只能在交叉口上采取措施，渠化交叉口内的交通或者分层组织交通。

目前国内许多城市的交叉口只在进口道上划线，指示车道宽度、行车方向、停车线和人行横道的位置，而在交叉口内很少有标线，车辆一旦进入交叉口内，行车轨迹也十分自由，尤其当交叉口右转缘石半径大于30m时，车流游荡的现象十分严重。因此，在交叉口内的路面上，划出左转车、直行车和右转车的车道线，固定车辆的行驶轨迹，使车辆像渠道内流过。无车行驶的地方，则用高出路面的交通岛或在路面上用标线划出安全岛，对车流起导向作用或供过街行人停歇。经过渠化交叉口的交通，对提高交叉口车速和通行能力，保障交叉口的交通安全是十分有效的。

7.4.5 车辆通过环形交叉口时，在环道上车流的密度不能很大，最好是车头间隔在20m以上，使进出环道的车辆可以穿梭或交织通过，最忌稠密的长串车队在环道上相遇，这时，后到的一串车只能在环形交叉口进口道或环道上停车等候，让另一串车通过以后才能继续前进。进入环形交叉口的交通量过大，很容易在环道上造成堵车。而在整条道路上采用交通信号灯管理时，其间夹设一个环形交叉口，就正好人为地制造了这个矛盾。

7.4.7 环形交叉口环道的外侧缘石做成与中心岛相同的同心圆后，进入环道的车辆遇到两段反向曲线，不符合实际行车轨迹。结果右转车驶入交叉段，占用了环道上其它车辆的交织时间，降低了环形交叉口的通行能力。在环道中段的外侧无车行驶的路面就成了停车场和摊贩活动之地,增加了环形交叉口的交通混乱。新规划的环形交叉口应予改正。

环形交叉口的中心岛建造成公园,会吸引大量人流出入,切断环道上的车流,降低环形交叉口的通行能力,也不利于游人的安全。

环形交叉口进出的道路中间不设导向的交通岛,容易使不遵守交通规则的左转非机动车在环道上逆行酿成车祸,快速驶入环形交叉口的机动车稍有不慎,还会闯入中心岛。设置交通岛就可避免交通事故苗头。

7.4.9 环形交叉口的通行能力可以用总量来估算,但有时相交通路上的车流很不均匀,往往交通量并未达到最大通行能力,环道上已经堵塞。为此,条文中加了检验交织段上的交通量不超过交织点通行能力1500辆/h的规定。检验时,只要将与被检的某一环道交织段相连的进口道交通总量加出口交通总量减去该环道上右转车数的两倍,即可得到该交织段上通过的交通量。

7.4.12 城市中心建造立体交叉口一定要有全局观点,要与整条道路交叉口的通行能力和车速相协调,避免哪里交叉口堵塞哪里建立体交叉口的被动局面,避免花了钱却换来堵塞地点转移的现象。

7.4.13 在城市中建造重要的大型桥梁和隧道花费很大。所以,往往将其设计的车道条数控制很严,希望投入使用后每条车道都能发挥其最大交通效能,这是十分正确的。但现状中许多城市在这些重要桥隧的进出口并没有处理好交通组织,任意设置交叉口和左转出入口、设置占用车行道的公共交通停靠站等,使其上的通行能力锐减。一方面桥上或隧道内车辆稀少,通行能力未充分发挥;另一方面进口道车辆堵塞排长队,或出口道受阻,使桥隧内车流不畅甚至堵塞。因此,必须在桥隧两端做好规划和控制。

7.4.14 旧城市改造中,用地十分紧张,对原有道路网改造规划,首先要在系统上理顺,实现交通分流,简化交叉口的交通,即使要建造立体交叉口也应尽量使其形式简单。立体交叉口不是现代化交通的象征,更不是城市的点缀品,不能按照城市的规模来确定立体交叉口的数量,而应该根据道路的等级和交通的需求作系列的设置。对立体交叉口的形式,由于国外城市中建的立体交叉口都是通行机动车的,缺乏在立体交叉口上处理好机动车和自行车交通的经验,因此,国内一些城市在建造立体交叉口时,在各种形式上进行了多次探索。但今后城市间的交往会越来越多,立体交叉口的形式太复杂,不利于辨认行驶方向,应力求简单统一或定型化。

目前国内城市主干路大多采用了机动车与非机动车合在一个横断面内的三幅路做法,使平面交叉口或立体交叉口的交通组织变得很复杂,改造工程费用高,占地面积大。新规划的城市道路网应尽量在道路系统上实行快、慢交通分流,既可提高车速,保证交通安全,还能节约非机动车道的用地面积。当机动车和非机动车交通量都很大的道路相交时,双方没有互通的要求,只需建造分离式立体交叉口,将非机动车道在机动车道下穿过。

7.4.15 城市中各种立体交叉口形式,主要由处理左转交通的方式所决定。除了全定向立体交叉口外,归纳起来,基本上是由菱形、苜蓿叶形和环形三种及其变种所组成。根据机动车和非机动车交通混行或分行有无冲突点的要求进行各种组合,可分为双层、三层和四层式立体交叉口。层数越多,立体交叉口的用地面积和造价也越大。

从国内已建成的或提出的设计方案看,各种立体交叉口各有特点。

第一类:双层式立体交叉口

一、菱形立体交叉口:常用于主、次干路相交的交叉口上。这种立体交叉口形式常由展宽的平面交叉口改造而成,将主干路的机动车(有时也包括非机动车)从次干路下穿过,也有将主干路上的直行机动车由高架桥上跨越次干路。机动车和非机动车在次干路的交叉口上左转,并对次干路上直行机动车和非机动车产生干扰,但其交通量不多时,影响不大。菱形立体交叉口的用地较小,约2.0万~2.5万m²。

二、苜蓿叶形立体交叉口:机动车与非机动车均在同一横断面上分道行驶,直行车分上下层垂直通过,左转车按苜蓿叶形匝道绕行出入交叉口,左、右转机动车出入匝道对直行非机动车会有干扰,但由于转弯机动车交通量不大,使用效果尚好。若转弯的机动车与非机动车的干扰很大时,会引起车辆在冲突点阻滞排长队,则不宜采用这种立体交叉口。苜蓿叶形立体交叉口的桥梁工程很少,直行通行能力大,占地面积大,达8万~12万m²。长条苜蓿叶形立体交叉口,用地面积较小些,为6.5万m²。

三、环形立体交叉口:

1. 环形立体交叉口由平面环形交叉口改造而成,在直行交通量大的方向,将直行的机动车道和非机动车道从环形立体交叉口下穿过,使环形立体交叉口上的机动车与非机动车在混行交织时的干扰减少,通行能力得以明显提高,其用地面积约3.0万~4.5万m²;

2. 环形立体交叉口是由两层环形交叉口相叠而成,通常机动车在上层行驶,非机动车在下层行驶,取其净空高度低、交织长度小的特点,套在上层环道的内圈,有时还可将人行天桥套在两层环形交叉口之间,跨过非机动车道,这种环形立体交叉口机动车、非机动车和行人之间没有干扰,交通顺畅,用地较小,约为2.5万~3.0万m²。

第二类:三层式立体交叉口

一、十字形立体交叉口:直行机动车在上下两层垂直穿过,左、右转的机动车和所有的非机动车在中间一层十字交叉口上混行通过。若直行的非机动车很多时,可将地面层十字交叉口用信号灯管理,或者将直行的非机动车移到上、下两层机动车道外侧通过,地面层只通行左、右转的机动车和非机动车。这种立体交叉口的用地面积约为4.0万~5.0万m²。

二、环形立体交叉口:

1. 直行机动车在上、下层垂直穿过,左、右转的机动车和所有非机动车在中间一层环形交叉口上混行通过。若通过中间层的机动车和非机动车很多时,环形交叉口的交织段很容易堵塞;若有一条路的直行非机动车很多时,可以将它置于下层直行机动车道两侧通过。这种立体交叉口的通行能力主要决定于直行车道的条数。它还可适应分期建设,用地面积约为5.0万~5.5万m²;

2. 机动车和非机动车分别在上、下两层环形交叉口上行驶,直行交通量特别大的机动车道由环形交叉口的最下层穿过,若因地下管道限制,也可以从最上层跨越环形交叉口,但工程量和用地面积要增加许多。这种环形立体交叉口的用地面积为4.5万~5.5万m²。

三、苜蓿叶形与环形立体交叉口:机动车在苜蓿叶形立体交叉口上行驶,非机动车在另一层环形立体交叉口上行驶,后者套在前者用地内,置于前者构筑物之下。机动车和非机动车完全分流,互不干扰,非机动车环道的交织段长,使用效果好,但立体交叉口占地大,达7.0万~12.0万m²。若非机动车行驶的环形交叉口套在机动车行驶的长条形苜蓿叶形立体交叉口的中层,其用地虽节省不少,但若环形交叉口的交织段过短,不利于非机动车交织通过。

四、环形与苜蓿叶形立体交叉口:由一个两层式非机动车苜蓿叶形立体交叉口套在一个三层式机动车环形立体交叉口内组成。直行的非机动车道紧贴在两条相互垂直的直行机动车道的外侧,左、右转的非机动车在其间的苜蓿叶形匝道上转向,左、右转的机动车或超高度的车辆可在最上层的环道上转向或通过。这种立体交叉口各个方向的车流均没有干扰,只有少量左转自行车有绕行。其通行能力是所有立体交叉口中最大的,用地面积5.0万~6.0万m²。

第三类:四层式环形立体交叉口

由一个非机动车平面环形交叉口套在一个三层式机动车环形立体交叉口内组成。通常非机动车环形交叉口一层在地面，机动车环形交叉口一层在上层，相互垂直的直行的机动车道设置在最下层和最上层。该立交叉口的层数多，土建工程量大，用地面积约6.0万～8.0万 m²。这种立体交叉口的机动车和非机动车完全分流，但在非机动车交通流向很不均匀、环道上交通量超过交织点通行能力时，也会产生交通阻塞的现象。因此，宜将非机动车环道设置在机动车环道的外侧，增加交织段长度，提高非机动车环形交叉口的通行能力。

对表 7.4.15 中所列的规划通行能力，在估算时作了下列设定：

一、在立体交叉口进口道上单向机动车道的规划通行能力：一条车道为当量小汽车数 1500 辆/h，两条车道为当量小汽车数 2600 辆/h，三条车道为当量小汽车数 3300 辆/h。单向非机动车道，宽 5～7m，其规划通行能力为当量自行车数 6000～9000 辆/h。

二、在立体交叉口上采用苜蓿叶形立体交叉口，单向直行车道：机动车用 2～3 车道，非机动车道用 5～6m。左转车和右转车的比例各占总交通量的 10%，右转车匝道转弯半径：机动车用 20～25m，自行车用 10～15m。立体交叉口的通行能力：机动车为当量小汽车数 6000～13000 辆/h，非机动车为当量自行车数 16000～20000 辆/h，不受机动车干扰的，为当量自行车数 20000～30000 辆/h。

三、在立体交叉口上采用的环形交叉层，中心岛直径：机动车的，为 40～50m，非机动车的，25～30m；环道宽度：机动车只含左、右转车的为 8m，含左、右转车和在中心岛外侧 180°调头的为 12m，含左、右转车、直行车的为 12m，含左、右转、直行车和在中心岛外侧 180°调头的为 16m；非机动车的为 6～8m；机动车与非机动车混行的，只含左、右转车为 14～16m，含左、右转车和直行车的为 16～20m；环形交叉层的通行能力：机动车为当量小汽车数 600～800 辆/h（只含左、右转车），2800～3000 辆/h（含左、右转车和直行车）；在中心岛外侧 180°调头的回车道，每车道通行能力为当量小汽车数 1200 辆/h。非机动车为当量自行车数 12000～15000 辆/h；机动车与非机动车混行的，为当量小汽车数 800～1000 辆/h（只含左、右转车），1600～2800 辆/h（含左、右转车和直行车），或将混行车换算成当量自行车数 4000～6000 辆/h（只含左、右转车），13000～14000 辆/h（含左、右转车和直行车）。

根据这些设定，在不同的立体交叉口交通组织方式下，可以得出表中的规划通行能力数值。

7.4.16 铁路与城市道路相交的平面交叉道口是城市道路交通的卡口，严重时会影响城市交通的正常秩序。例如，城市在上班高峰时间内，铁路道口通过的列车次数多达 8～9 次/h，自行车双向交通量达 6000～11000 辆/h，加上当量小汽车双向交通为 500～600 辆/h，就会在每次列车到达关闭交通时，排成 400～500m 长的队伍，并且很难在道口开放后的时间内一次过完，于是骑车者常常不顾一切向前挤，甚至在整个栅栏宽度前排满，使双向车流相互顶住，待道口开放后，其疏散能力极差。若铁路道口宽度再缩小，交通受阻的情况就更严重。因此，须将道路上的双向交通用栅栏或分隔带隔开，使道口开放交通后，上下行交通的前方没有阻碍，能立刻驶出。若机动车与非机动车交通量都很大，道口前混行严重，则须将同向的机动车与非机动车交通也分隔开，以提高道口的通行能力。

7.5 城市广场

7.5.1 每个规划城市人口所需交通集散广场用地面积中，已包括外来暂住人口和流动人口的需求量。

7.5.2 交通集散广场的人流密度是按每个带物品的旅客在走动时要求对自身有一个安全保护圈而定的。

7.5.3 条文中所列的数值是根据国内外一些规划设计成功的实例归纳而得的。

7.5.4 城市游憩集会广场是市民的"起居室"，是城市接待外来旅游者的"客厅"，平时主要供市民在闲暇时间内生活游憩活动和供旅游者观光活动之用。城市游憩集会广场用地面积是按平均分摊到规划城市人口每 1～2 户有 1 人来参加活动计算的。

8 城市道路交通设施

8.1 城市公共停车场

8.1.1 城市公共停车场是指在道路外独立地段为社会机动车和自行车设置的露天或室内的公共停车场地。

公共建筑和住宅区的配建停车场也有兼为社会车辆服务的功能，但其用地面积应另行计算。

为保证城市道路交通正常运转，公共停车场的用地面积应列入城市道路用地总面积之中，但计算用地面积总指标的取值可由各城市根据建设用地宽紧情况决定。

目前，我国城市因停车用地太少，停车泊位不能满足实际需要，占用车行道、人行道停车的现象十分普遍，已严重削弱了道路的通行能力，降低了车辆的行驶速度。而另一方面，城市车辆数和道路交通流量的发展趋势在不断增长，停车难的问题会变得更严重，道路运转效益低下的状况是不能长久维持下去的。应趁旧城区的改造和城市规划布局调整的时机，使停车需求得到实际解决。

8.1.2 城市外来机动车公共停车场，主要为过境的和到城市来装卸货物的机动车停车而设，由于这些车辆所装载的货物品种较杂，其中有些是有毒、有气味、易燃、易污染的货物以及活牲畜等，为了城市安全防火和环境卫生，不宜入城。装完后发的货车也不宜在市区停放过夜，应停在城市外围。

8.1.3 市中心和分区中心地区停车的需求高于城市一般地区，且以客车为主，有 50%～70% 的机动车停车泊位，基本上可适应城市汽车拥有量达 10 人一辆车的要求。

8.1.4 公共停车场要与公共建筑布置相配合，要与火车站、长途汽车站、港口码头、机场等城市对外交通设施接驳，使从停车地点到目的地的步行距离要短，所以，公共停车场的服务半径不能太大。用户对公共停车场可达性好，吸引来此停放的车辆就多，反之，吸引停车量就少，不能很好地发挥作用。条文中的数值是根据调查和观测得到的。

8.1.5 公共停车场从星期一到星期日每天停车数是不均匀的，高峰日是一周中停车数最多的一天。高峰日系数是高峰日的停车数与一周平均的日停车数的比值。

8.1.6 停车位周转次数与服务的对象有关，办公机关附近的公共停车场，公务停车的时间较长，停车位周转次数取低值；商店购物停车，存取车较频繁，停车位周转次数取高值；体育和文娱设施的公共停车场，停车位的周转次数则取决于比赛和演出场次。

8.1.7 当量小汽车所需的停车位面积指标是考虑了各种汽车停放方式，综合了车辆停放面积、走道面积和必要的空地绿化面积后而确定的。

自行车停车位面积是一个计算的平均值，因自行车停车场不像汽车停车场划分停车位格子，据实测资料，停满自行车的停车场地，平均每辆车只有 0.7～0.9m²，一般为 1.2m² 左右，规划指标已适当放宽。

8.1.9

8.1.9.1 长条形的自行车公共停车场是沿路边停车方式的改进，一些城市将公共建筑前面、后退道路红线的空余地段作自行车停车用地，收到很好的效果。

8.1.9.5 影剧院的活动散场、入场几乎同时，自行车停车场要能容纳两场观众的停车，才能满足需要。国内有些城市采取分设两个自行车停车场的做法，取车、存车交替使用，秩序井然，疏散速度快，比起集中一个停车场的做法大有改进。

11—23

8.2 公共加油站

8.2.1 城市中公共加油站的数量过少,则汽车加油不便,在加油站前排队等候加油,影响城市道路交通;过多,则城市中储油过多,尤其是各单位或个人经营加油业务,设备又简陋,不利于城市防火。为此,参考香港、澳门、深圳等地的情况,作此规定。

8.2.2 由于我国汽车工业刚起步发展,汽车进入家庭以后,对汽车加油站的各种需求会不断增加,例如:今后燃料品种扩充(不同型号的汽油、柴油或天然气)、轮胎充气、小修等,因此,在加油站的用地上留有适当余地。

表中所列的用地面积包括:加油站建筑、加油站设施、车辆小修、车行道路、隔离绿地等。

中华人民共和国国家标准

城市给水工程规划规范

Code for urban water supply engineering planning

GB 50282—98

主编部门：中华人民共和国建设部
批准部门：中华人民共和国建设部
施行日期：1999年2月1日

关于发布国家标准《城市给水工程规划规范》的通知

建标［1998］14 号

根据原国家计委计综合［1992］490 号文附件二"1992 年工程建设标准制订修订计划"的要求，由我部会同有关部门共同制订的《城市给水工程规划规范》，已经有关部门会审。现批准《城市给水工程规划规范》GB 50282—98 为强制性国家标准，自 1999 年 2 月 1 日起施行。

本规范由我部负责管理，由浙江省城乡规划设计研究院负责具体解释工作。本规范由建设部标准定额研究所组织中国建筑工业出版社出版发行。

中华人民共和国建设部
1998 年 8 月 20 日

前　言

本规范是根据原国家计委计综合［1992］490 号文的要求，由建设部负责编制而成。经建设部 1998 年 8 月 20 日以建标［1998］14 号文批准发布。

在本规范编制过程中，规范编制组在总结实践经验和科研成果的基础上，主要对城市水资源及城市用水量、给水范围和规模、给水水质和水压、水源、给水系统、水厂和输配水等方面作了规定，并广泛征求了全国有关单位的意见，最后由我部会同有关部门审查定稿。

在本规范执行过程中，希望各有关单位结合工程实践和科学研究，认真总结经验，注意积累资料，如发现需要修改和补充之处，请将意见和有关资料寄交浙江省城乡规划设计研究院（通讯地址：杭州保俶路 224 号，邮政编码 310007），以供今后修订时参考。

主编单位：浙江省城乡规划设计研究院
参编单位：杭州市规划设计院，大连市规划设计院，陕西省城乡规划设计研究院
主要起草人：王　杉、张宛梅、周胜昔、吴兆申、肖玲群、曹世法、付文清、张　华、韩文斌、张明生

目 次

1 总则 ………………………………… 12—4
2 城市水资源及城市用水量 ………… 12—4
　2.1 城市水资源 ……………………… 12—4
　2.2 城市用水量 ……………………… 12—4
3 给水范围和规模 …………………… 12—5
4 给水水质和水压 …………………… 12—6
5 水源选择 …………………………… 12—6
6 给水系统 …………………………… 12—6
　6.1 给水系统布局 …………………… 12—6
　6.2 给水系统的安全性 ……………… 12—6
7 水源地 ……………………………… 12—6
8 水厂 ………………………………… 12—7
9 输配水 ……………………………… 12—7
附录A 生活饮用水水质指标 ………… 12—7
规范用词用语说明 …………………… 12—9
条文说明 ……………………………… 12—10

1 总则

1.0.1 为在城市给水工程规划中贯彻执行《城市规划法》、《水法》、《环境保护法》，提高城市给水工程规划编制质量，制定本规范。

1.0.2 本规范适用于城市总体规划的给水工程规划。

1.0.3 城市给水工程规划的主要内容应包括：预测城市用水量，并进行水资源与城市用水量之间的供需平衡分析；选择城市给水水源并提出相应的给水系统布局框架；确定给水枢纽工程的位置和用地；提出水资源保护以及开源节流的要求和措施。

1.0.4 城市给水工程规划期限应与城市总体规划期限一致。

1.0.5 城市给水工程规划应重视近期建设规划，且应适应城市远景发展的需要。

1.0.6 在规划水源地、地表水水厂或地下水水厂、加压泵站等工程设施用地时，应节约用地，保护耕地。

1.0.7 城市给水工程规划应与城市排水工程规划相协调。

1.0.8 城市给水工程规划除应符合本规范外，尚应符合国家现行的有关强制性标准的规定。

2 城市水资源及城市用水量

2.1 城市水资源

2.1.1 城市水资源应包括符合各种用水的水源水质标准的淡水（地表水和地下水）、海水及经过处理后符合各种用水水质要求的淡水（地表水和地下水）、海水、再生水等。

2.1.2 城市水资源和城市用水量之间应保持平衡，以确保城市可持续发展。在几个城市共享同一水源或水源在城市规划区以外时，应进行市域或区域、流域范围的水资源供需平衡分析。

2.1.3 根据水资源的供需平衡分析，应提出保持平衡的对策，包括合理确定城市规模和产业结构，并应提出水资源保护的措施。水资源匮乏的城市应限制发展用水量大的企业，并应发展节水农业。针对水资源不足的原因，应提出开源节流和水污染防治等相应措施。

2.2 城市用水量

2.2.1 城市用水量应由下列两部分组成：

第一部分应为规划期内由城市给水工程统一供给的居民生活用水、工业用水、公共设施用水及其他用水水量的总和。

第二部分应为城市给水工程统一供给以外的所有用水水量的总和。其中应包括：工业和公共设施自备水源供给的用水、河湖环境用水和航道用水、农业灌溉和养殖及畜牧业用水、农村居民和乡镇企业用水等。

2.2.2 城市给水工程统一供给的用水量应根据城市的地理位置、水资源状况、城市性质和规模、产业结构、国民经济发展和居民生活水平、工业回用水率等因素确定。

2.2.3 城市给水工程统一供给的用水量预测宜采用表2.2.3-1和表2.2.3-2中的指标。

表2.2.3-1 城市单位人口综合用水量指标

（万m³/（万人·d））

区域	城市规模			
	特大城市	大城市	中等城市	小城市
一区	0.8～1.2	0.7～1.1	0.6～1.0	0.4～0.8
二区	0.6～1.0	0.5～0.8	0.35～0.7	0.3～0.6
三区	0.5～0.8	0.4～0.7	0.3～0.6	0.25～0.5

注：1. 特大城市指市区和近郊区非农业人口100万及以上的城市；大城市指市区和近郊区非农业人口50万及以上不满100万的城市；中等城市指市区和近郊区非农业人口20万及以上不满50万的城市；小城市指市区和近郊区非农业人口不满20万的城市。

2. 一区包括：贵州、四川、湖北、湖南、江西、浙江、福建、广东、广西、海南、上海、云南、江苏、安徽、重庆；

二区包括：黑龙江、吉林、辽宁、北京、天津、河北、山西、河南、山东、宁夏、陕西、内蒙古河套以东和甘肃黄河以东的地区；

三区包括：新疆、青海、西藏、内蒙古河套以西和甘肃黄河以西的地区。

3. 经济特区及其他有特殊情况的城市，应根据用水实际情况，用水指标可酌情增减（下同）。

4. 用水人口为城市总体规划确定的规划人口数（下同）。

5. 本表指标为规划期最高日用水量指标（下同）。

6. 本表指标已包括管网漏失水量。

表2.2.3-2 城市单位建设用地综合用水量指标

（万m³/（km²·d））

区域	城市规模			
	特大城市	大城市	中等城市	小城市
一区	1.0～1.6	0.8～1.4	0.6～1.0	0.4～0.8
二区	0.8～1.2	0.6～1.0	0.4～0.7	0.3～0.6
三区	0.6～1.0	0.5～0.8	0.3～0.6	0.25～0.5

注：本表指标已包括管网漏失水量。

2.2.4 城市给水工程统一供给的综合生活用水量的预测，应根据城市特点、居民生活水平等因素确定。人均综合生活用水量宜采用表2.2.4中的指标。

表 2.2.4 人均综合生活用水量指标

(L/(人·d))

区域	城市规模			
	特大城市	大城市	中等城市	小城市
一区	300～540	290～530	280～520	240～450
二区	230～400	210～380	190～360	190～350
三区	190～330	180～320	170～310	170～300

注：综合生活用水为城市居民日常生活用水和公共建筑用水之和，不包括浇洒道路、绿地、市政用水和管网漏失水量。

2.2.5 在城市总体规划阶段，估算城市给水工程统一供水的给水干管管径或预测分区的用水量时，可按照下列不同性质用地用水量指标确定。

1 城市居住用地用水量应根据城市特点、居民生活水平等因素确定。单位居住用地用水量可采用表 2.2.5-1 中的指标。

表 2.2.5-1 单位居住用地用水量指标

(万 m³/(km²·d))

用地代号	区域	城市规模			
		特大城市	大城市	中等城市	小城市
R	一区	1.70～2.50	1.50～2.30	1.30～2.10	1.10～1.90
	二区	1.40～2.10	1.25～1.90	1.10～1.70	0.95～1.50
	三区	1.25～1.80	1.10～1.60	0.95～1.40	0.80～1.30

注：1. 本表指标已包括管网漏失水量。
  2. 用地代号引用现行国家标准《城市用地分类与规划建设用地标准》(GBJ137)（下同）。

2 城市公共设施用地用水量应根据城市规模、经济发展状况和商贸繁荣程度以及公共设施的类别、规模等因素确定。单位公共设施用地用水量可采用表 2.2.5-2 中的指标。

3 城市工业用地用水量应根据产业结构、主体产业、生产规模及技术先进程度等因素确定。单位工业用地用水量可采用表 2.2.5-3 中的指标。

表 2.2.5-2 单位公共设施用地用水量指标

(万 m³/(km²·d))

用地代号	用地名称	用水量指标
C	行政办公用地	0.50～1.00
	商贸金融用地	0.50～1.00
	体育、文化娱乐用地	0.50～1.00
	旅馆、服务业用地	1.00～1.50
	教育用地	1.00～1.50
	医疗、休疗养用地	1.00～1.50
	其他公共设施用地	0.80～1.20

注：本表指标已包括管网漏失水量。

表 2.2.5-3 单位工业用地用水量指标

(万 m³/(km²·d))

用地代号	工业用地类型	用水量指标
M1	一类工业用地	1.20～2.00
M2	二类工业用地	2.00～3.50
M3	三类工业用地	3.00～5.00

注：本表指标包括了工业用地中职工生活用水及管网漏失水量。

4 城市其他用地用水量可采用表 2.2.5-4 中的指标。

表 2.2.5-4 单位其他用地用水量指标

(万 m³/(km²·d))

用地代号	用地名称	用水量指标
W	仓储用地	0.20～0.50
T	对外交通用地	0.30～0.60
S	道路广场用地	0.20～0.30
U	市政公用设施用地	0.25～0.50
G	绿地	0.10～0.30
D	特殊用地	0.50～0.90

注：本表指标已包括管网漏失水量。

2.2.6 进行城市水资源供需平衡分析时，城市给水工程统一供水部分所要求的水资源供水量为城市最高日用水量除以日变化系数再乘上供水天数。各类城市的日变化系数可采用表 2.2.6 中的数值。

表 2.2.6 日变化系数

特大城市	大城市	中等城市	小城市
1.1～1.3	1.2～1.4	1.3～1.5	1.4～1.8

2.2.7 自备水源供水的工矿企业和公共设施的用水量应纳入城市用水量中，由城市给水工程进行统一规划。

2.2.8 城市河湖环境用水和航道用水、农业灌溉和养殖及畜牧业用水、农村居民和乡镇企业用水等的水量应根据有关部门的相应规划纳入城市用水量中。

3 给水范围和规模

3.0.1 城市给水工程规划范围应和城市总体规划范围一致。

3.0.2 当城市给水水源地在城市规划区以外时，水源地和输水管线应纳入城市给水工程规划范围。当输水管线途经的城镇需由同一水源供水时，应进行统一规划。

3.0.3 给水规模应根据城市给水工程统一供给的城

市最高日用水量确定。

3.0.4 城市中用水量大且水质要求低于现行国家标准《生活饮用水卫生标准》(GB 5749)的工业和公共设施，应根据城市供水现状、发展趋势、水资源状况等因素进行综合研究，确定由城市给水工程统一供水或自备水源供水。

4 给水水质和水压

4.0.1 城市统一供给的或自备水源供给的生活饮用水水质应符合现行国家标准《生活饮用水卫生标准》(GB 5749)的规定。

4.0.2 最高日供水量超过100万 m^3，同时是直辖市、对外开放城市、重点旅游城市，且由城市统一供给的生活饮用水供水水质，宜符合本规范附录A中表A.0.1-1的规定。

4.0.3 最高日供水量超过50万 m^3 不到100万 m^3 的其他城市，由城市统一供给的生活饮用水供水水质，宜符合本规范附录A中表A.0.1-2的规定。

4.0.4 城市统一供给的其他用水水质应符合相应的水质标准。

4.0.5 城市配水管网的供水水压宜满足用户接管点处服务水头28m的要求。

5 水源选择

5.0.1 选择城市给水水源应以水资源勘察或分析研究报告和区域、流域水资源规划及城市供水水源开发利用规划为依据，并应满足各规划区城市用水量和水质等方面的要求。

5.0.2 选用地表水为城市给水水源时，城市给水水源的枯水流量保证率应根据城市性质和规模确定，可采用90%~97%。建制镇给水水源的枯水流量保证率应符合现行国家标准《村镇规划标准》(GB 50188)的有关规定。当水源的枯水流量不能满足上述要求时，应采取多水源调节或调蓄等措施。

5.0.3 选用地表水为城市给水水源时，城市生活饮用水给水水源的卫生标准应符合现行国家标准《生活饮用水卫生标准》(GB 5749)以及国家现行标准《生活饮用水水源水质标准》(CJ 3020)的规定。当城市水源不符合上述各类标准，且限于条件必需加以利用时，应采取预处理或深度处理等有效措施。

5.0.4 符合现行国家标准《生活饮用水卫生标准》(GB 5749)的地下水宜优先作为城市居民生活饮用水水源。开采地下水应以水文地质勘察报告为依据，其取水量应小于允许开采量。

5.0.5 低于生活饮用水水源水质要求的水源，可作为水质要求低的其他用水的水源。

5.0.6 水资源不足的城市宜将城市污水再生处理后用作工业用水、生活杂用水及河湖环境用水、农业灌溉用水等，其水质应符合相应标准的规定。

5.0.7 缺乏淡水资源的沿海或海岛城市宜将海水直接或经处理后作为城市水源，其水质应符合相应标准的规定。

6 给水系统

6.1 给水系统布局

6.1.1 城市给水系统应满足城市的水量、水质、水压及城市消防、安全给水的要求，并应按城市地形、规划布局、技术经济等因素经综合评价后确定。

6.1.2 规划城市给水系统时，应合理利用城市已建给水工程设施，并进行统一规划。

6.1.3 城市地形起伏大或规划给水范围广时，可采用分区或分压给水系统。

6.1.4 根据城市水源状况、总体规划布局和用户对水质的要求，可采用分质给水系统。

6.1.5 大、中城市有多个水源可供利用时，宜采用多水源给水系统。

6.1.6 城市有地形可供利用时，宜采用重力输配水系统。

6.2 给水系统的安全性

6.2.1 给水系统中的工程设施不应设置在易发生滑坡、泥石流、塌陷等不良地质地区及洪水淹没和内涝低洼地区。地表水取水构筑物应设置在河岸及河床稳定的地段。工程设施的防洪及排涝等级不应低于所在城市设防的相应等级。

6.2.2 规划长距离输水管线时，输水管不宜少于两根。当其中一根发生事故时，另一根管线的事故给水量不应小于正常给水量的70%。当城市为多水源给水或具备应急水源、安全水池等条件时，亦可采用单管输水。

6.2.3 市区的配水管网应布置成环状。

6.2.4 给水系统主要工程设施供电等级应为一级负荷。

6.2.5 给水系统中的调蓄水量宜为给水规模的10%~20%。

6.2.6 给水系统的抗震要求应按国家现行标准《室外给水排水和煤气热力工程抗震设计规范》(TJ 32)及现行国家标准《室外给水排水工程设施抗震鉴定标准》(GBJ 43)执行。

7 水源地

7.0.1 水源地应设在水量、水质有保证和易于实施水源环境保护的地段。

7.0.2 选用地表水为水源时,水源地应位于水体功能区划规定的取水段或水质符合相应标准的河段。饮用水水源地应位于城镇和工业区的上游。饮用水水源地一级保护区应符合现行国家标准《地面水环境质量标准》(GB 3838)中规定的Ⅱ类标准。

7.0.3 选用地下水水源时,水源地应设在不易受污染的富水地段。

7.0.4 水源为高浊度江河时,水源地应选在浊度相对较低的河段或有条件设置避砂峰调蓄设施的河段,并应符合国家现行标准《高浊度水给水设计规范》(CJJ 40)的规定。

7.0.5 当水源为感潮江河时,水源地应选在氯离子含量符合有关标准规定的河段或有条件设置避咸潮调蓄设施的河段。

7.0.6 水源为湖泊或水库时,水源地应选在藻类含量较低、水位较深和水域开阔的位置,并应符合国家现行标准《含藻水给水处理设计规范》(CJJ 32)的规定。

7.0.7 水源地的用地应根据给水规模和水源特性、取水方式、调节设施大小等因素确定。并应同时提出水源卫生防护要求和措施。

8 水　厂

8.0.1 地表水水厂的位置应根据给水系统的布局确定。宜选择在交通便捷以及供电安全可靠和水厂生产废水处置方便的地方。

8.0.2 地表水水厂应根据水源水质和用户对水质的要求采取相应的处理工艺,同时应对水厂的生产废水进行处理。

8.0.3 水源为含藻水、高浊水或受到不定期污染时,应设置预处理设施。

8.0.4 地下水水厂的位置根据水源地的地点和不同的取水方式确定,宜选择在取水构筑物附近。

8.0.5 地下水中铁、锰、氟等无机盐类超过规定标准时,应设置处理设施。

8.0.6 水厂用地应按规划期给水规模确定,用地控制指标应按表8.0.6采用。水厂厂区周围应设置宽度不小于10m的绿化地带。

表 8.0.6　水厂用地控制指标

建设规模 (万 m³/d)	地表水水厂 (m²·d/m³)	地下水水厂 (m²·d/m³)
5~10	0.7~0.50	0.40~0.30
10~30	0.50~0.30	0.30~0.20
30~50	0.30~0.10	0.20~0.08

注：1. 建设规模大的取下限,建设规模小的取上限。
　　2. 地表水水厂建设用地按常规处理工艺进行,厂内设置预处理或深度处理构筑物以及污泥处理设施时,可根据需要增加用地。
　　3. 地下水水厂建设用地按消毒工艺进行,厂内设置特殊水质处理工艺时,可根据需要增加用地。
　　4. 本表指标未包括厂区周围绿化地带用地。

9 输 配 水

9.0.1 城市应采用管道或暗渠输送原水。当采用明渠时,应采取保护水质和防止水量流失的措施。

9.0.2 输水管(渠)的根数及管径(尺寸)应满足规划期给水规模和近期建设的要求,宜沿现有或规划道路铺设,并应缩短线路长度,减少跨越障碍次数。

9.0.3 城市配水干管的设置及管径应根据城市规划布局、规划期给水规模并结合近期建设确定。其走向应沿现有或规划道路布置,并宜避开城市交通主干道。管线在城市道路中的埋设位置应符合现行国家标准《城市工程管线综合规划规范》的规定。

9.0.4 输水管和配水干管穿越铁路、高速公路、河流、山体时,应选择经济合理线路。

9.0.5 当配水系统中需设置加压泵站时,其位置宜靠近用水集中地区。泵站用地应按规划期给水规模确定,其用地控制指标应按表9.0.5采用。泵站周围应设置宽度不小于10m的绿化地带,并宜与城市绿化用地相结合。

表 9.0.5　泵站用地控制指标

建设规模 (万 m³/d)	用地指标 (m²·d/m³)
5~10	0.25~0.20
10~30	0.20~0.10
30~50	0.10~0.03

注：1. 建设规模大的取下限,建设规模小的取上限。
　　2. 加压泵站设有大容量的调节水池时,可根据需要增加用地。
　　3. 本指标未包括站区周围绿化地带用地。

附录 A　生活饮用水水质指标

表 A.0.1-1　生活饮用水水质指标一级指标

项　目	指标值
色度	1.5Pt-Co mg/L
浊度	1NUT
臭和味	无
肉眼可见物	无
pH	6.5~8.5
总硬度	450mgCaCO₃/L
氯化物	250mg/L
硫酸盐	250mg/L
溶解性固体	1000mg/L
电导率	400(20℃)μs/cm
硝酸盐	20mgN/L
氟化物	1.0mg/L
阴离子洗涤剂	0.3mg/L
剩余氯	0.3,末 0.05mg/L

续表 A.0.1-1

项 目	指 标 值
挥发酚	0.002mg/L
铁	0.03mg/L
锰	0.1mg/L
铜	1.0mg/L
锌	1.0mg/L
银	0.05mg/L
铝	0.2mg/L
钠	200mg/L
钙	100mg/L
镁	50mg/L
硅	
溶解氧	
碱度	>30mgCaCO$_3$/L
亚硝酸盐	0.1mgNO$_2$/L
氨	0.5mgNH$_3$/L
耗氧量	5mg/L
总有机碳	
矿物油	0.01mg/L
钡	0.1mg/L
硼	1mg/L
氯仿	60μg/L
四氯化碳	3μg/L
氰化物	0.05mg/L
砷	0.05mg/L
镉	0.01mg/L
铬	0.05mg/L
汞	0.001mg/L
铅	0.05mg/L
硒	0.01mg/L
DDT	1μg/L
666	5μg/L
苯并（a）芘	0.01μg/L
农药（总）	0.5μg/L
敌敌畏	0.1μg/L
乐果	0.1μg/L
对硫磷	0.1μg/L
甲基对硫磷	0.1μg/L
除草醚	0.1μg/L
敌百虫	0.1μg/L
2,4,6-三氯酚	10μg/L
1,2-二氯乙烷	10μg/L
1,1-二氯乙烯	0.3μg/L
四氯乙烯	10μg/L

续表 A.0.1-1

项 目	指 标 值
三氯乙烯	30μg/L
五氯酚	10μg/L
苯	10μg/L
酚类：（总量）	0.002mg/L
苯酚	
间甲酚	
2,4-二氯酚	
对硝基酚	
有机氯：（总量）	1μg/L
二氯甲烷	
1,1,1-三氯乙烷	
1,1,2三氯乙烷	
1,1,2,2-四氯乙烷	
三溴甲烷	
对二氯苯	
六氯苯	0.01μg/L
铍	0.0002mg/L
镍	0.05mg/L
锑	0.01mg/L
钒	0.1mg/L
钴	1.0mg/L
多环芳烃（总量）	0.2μg/L
萘	
荧蒽	
苯并（b）荧蒽	
苯并（k）荧蒽	
苯并（1,2,3,4d）芘	
苯并（ghi）芘	
细菌总数 37℃	100个/mL
大肠杆菌群	3个/mL
粪型大肠杆菌	MPN<1/100mL 膜法 0/100mL
粪型链球菌	MPN<1/100mL 膜法 0/100mL
亚硫酸还原菌	MPN<1/100mL
放射性（总α）	0.1Bq/L
（总β）	1Bq/L

注：1. 指标取值自 EC（欧共体）；
2. 酚类总量中包括 2,4,6-三氯酚，五氯酚；
3. 有机氯总量中包括 1,2-二氯乙烷，1,1-二氯乙烯，四氯乙烯，三氯乙烯，不包括三溴甲烷及氯苯类；
4. 多环芳烃总量中包括苯并（a）芘；
5. 无指标值的项目作测定和记录，不作考核；
6. 农药总量中包括 DDT 和 666。

表 A.0.1-2　生活饮用水水质指标二级指标

项　　目	指　标　值
色度	1.5Pt-Co mg/L
浊度	2NUT
臭和味	无
肉眼可见物	无
pH	6.5～8.5
总硬度	450mgCaCO$_3$/L
氯化物	250mg/L
硫酸盐	250mg/L
溶解性固体	1000mg/L
硝酸盐	20mgN/L
氟化物	1.0mg/L
阴离子洗涤剂	0.3mg/L
剩余氯	0.3，末 0.05mg/L
挥发酚	0.002mg/L
铁	0.03mg/L
锰	0.1mg/L
铜	1.0mg/L
锌	1.0mg/L
银	0.05mg/L
铝	0.2mg/L
钠	200mg/L
氰化物	0.05mg/L
砷	0.05mg/L
镉	0.01mg/L
铬	0.05mg/L
汞	0.001mg/L
铅	0.05mg/L
硒	0.01mg/L
氯仿	60μg/L
四氯化碳	3μg/L
DDT	1μg/L
666	5μg/L
苯并（a）芘	0.01μg/L
2,4,6-三氯酚	10μg/L
1,2-二氯乙烷	10μg/L

续表 A.0.1-2

项　　目	指　标　值
1,1-二氯乙烯	0.3μg/L
四氯乙烯	10μg/L
三氯乙烯	30μg/L
五氯酚	10μg/L
苯	10μg/L
农药（总）	0.5μg/L
敌敌畏	0.1μg/L
乐果	0.1μg/L
对硫磷	0.1μg/L
甲基对硫磷	0.1μg/L
除草醚	0.1μg/L
敌百虫	0.1μg/L
细菌总数 37℃	100 个/mL
大肠杆菌群	3 个/mL
粪型大肠杆菌	MPN＜1/100mL 膜法 0/100mL
放射性（总α）	0.1Bq/L
（总β）	1Bq/L

注：1. 指标取值自 WHO（世界卫生组织）；
2. 农药总量中包括 DDT 和 666。

规范用词用语说明

1. 执行本规范条文时，对于要求严格程度的用词，说明如下，以便在执行中区别对待。
(1) 表示很严格，非这样做不可的用词：
正面词采用"必须"；反面词采用"严禁"。
(2) 表示严格，在正常情况下均应这样做的用词：
正面词采用"应"；反面词采用"不应"或"不得"。
(3) 表示允许稍有选择，在条件许可时，首先应这样做的用词：
正面词采用"宜"；反面词采用"不宜"。
(4) 表示有选择，在一定条件下可以这样做的，采用"可"。

2. 条文中指明应按其他有关标准和规范执行的写法为："应按……执行"或"应符合……要求或规定"。

中华人民共和国国家标准

城市给水工程规划规范

Code for Urban Water Supply Engineering Planning

GB 50282—98

条 文 说 明

目 次

1 总则 …………………………………… 12—12
2 城市水资源及城市用水量 …………… 12—13
　2.1 城市水资源 ……………………… 12—13
　2.2 城市用水量 ……………………… 12—13
3 给水范围和规模 ……………………… 12—15
4 给水水质和水压 ……………………… 12—15
5 水源选择 ……………………………… 12—16
6 给水系统 ……………………………… 12—17
　6.1 给水系统布局 …………………… 12—17
　6.2 给水系统的安全性 ……………… 12—17
7 水源地 ………………………………… 12—17
8 水厂 …………………………………… 12—18
9 输配水 ………………………………… 12—18

1 总 则

1.0.1 阐明编制本规范的宗旨。城市规划事业在近十几年来有了很大的发展，但是在城市规划各项法规、标准制定上明显落后于发展的需要。给水工程是城市基础设施的重要组成部分，是城市发展的保证，但在城市给水工程规划中，由于没有相应的国家标准可供参考，因此全国各地规划设计单位所作的给水工程规划内容和深度各不相同。这种情况，不利于城市给水工程规划水平的提高，不利于城市给水工程规划的统一评定和检查，同时也影响了城市给水工程规划作为城市发展政策性法规和后阶段设计工作指导性文件的严肃性。

随着《城市规划法》、《水法》、《环境保护法》、《水污染防治法》等一系列法规的颁布和《地面水环境质量标准》、《生活饮用水卫生标准》、《污水综合排放标准》等一系列标准的实施，人们的法制观念日渐加强，深感需要有城市给水工程规划方面的法规，以便在编制城市给水工程规划时有法可依，有章可循。

同时，本规范具体体现了国家在给水工程中的技术经济政策，保证了城市给水工程规划的先进性、合理性、可行性及经济性，是我国城市规划规范体系日益完善的表现。

1.0.2 规定本规范的适用范围。明确指出本规范适用于城市总体规划中的给水工程规划。

根据规划法，城市规划分为总体规划、详细规划两阶段。大中城市在总体规划基础上应编制分区规划。鉴于现行的各类给水规范其适用对象大都为具体工程设计，内容虽然详尽，但缺少宏观决策、总体布局等方面的内容。为此本规范的条文设置尽量避免与其他给水规范内容重复，为总体规划（含分区规划）的城市给水工程规划服务，编制城市给水工程详细规划时，可依照本规范和其他给水规范。

按照国家有关划分城乡标准的规定，设市城市和建制镇同属于城市的范畴，所以建制镇总体规划中的给水工程规划可按本规范执行。

由于农村给水的条件和要求与城市存在较大差异，因此无法归纳在同一规范中。

1.0.3 规定城市给水工程规划的主要任务和规划内容。

城市给水工程规划的内容是根据《城市规划编制办法实施细则》的有关要求确定的，同时又强调了水资源保护及开源节流的措施。

水是不可替代资源，对国计民生有着十分重要的作用。根据《饮用水水源保护区污染防治管理规定》和《生活饮用水水源水质标准》（CJ 3020）的规定，饮用水水源保护区的设置和污染防治应纳入当地的社会经济发展规划和水污染防治规划。水源的水质和给水工程紧密相关，因此对水源的卫生防护必须在给水工程规划中予以体现。

我国是一个水资源匮乏的国家，城市水资源不足已成为全国性问题，在一些水资源严重不足的城市已影响到社会的安定。针对水资源不足的城市，我们应从两方面采取措施解决，一方面是"开源"，积极寻找可供利用的水源（包括城市污水的再生利用），以满足城市发展的需要；另一方面是"节流"，贯彻节约用水的原则，采取各种行政、技术和经济的手段来节约用水，避免水的浪费。

1.0.4 城市总体规划的规划期限一般为20年。本条明确城市给水工程规划的规划期限应与城市总体规划的期限相一致。作为城市基础设施重要组成部分的给水工程关系着城市的可持续发展，城市的文明、安全和居民的生活质量，是创造良好投资环境的基石。因此，城市给水工程规划应有长期的时效以符合城市的要求。

1.0.5 本条对城市总体规划的给水工程规划处理好近期建设和远景发展的关系作了明确规定。编制城市总体规划的给水工程规划是和总体规划的规划期限一致的，但近期建设规划往往是马上要实施的。因此，近期建设规划应受到足够的重视，且应具有可行性和可操作性。由于给水工程是一个系统工程，为此应处理好城市给水工程规划和近期建设规划的关系及二者的衔接，否则将会影响给水工程系统技术上的优化决策，并会造成城市给水工程不断建设，重复建设的被动局面。

在城市给水工程规划中，宜对城市远景的给水规模及城市远景采用的给水水源进行分析。一则可对城市远景的给水水源尽早地进行控制和保护，二则对工业的产业结构起到导向作用。所以城市给水工程规划应适应城市远景发展的给水工程的要求。

1.0.6 明确规划给水工程用地的原则。由于城市不断发展，城市用水量亦会大幅度增加，随之各类给水工程设施的用地面积也必然增加。但基于我国人口多，可耕地面积少等国情，节约用地是我国的基本国策。在规划中体现节约用地是十分必要的。强调应做到节约用地，可以利用荒地的，不占用耕地，可以利用劣地的，不占用好地。

1.0.7 城市给水工程规划除应符合总体规划的要求外，尚应与其他各项规划相协调。由于与城市排水工程规划之间联系紧密，因此和城市排水工程规划的协调尤为重要。协调的内容包括城市用水量和城市排水量、水源地和城市排水受纳体、水厂和污水处理厂厂址、给水管道和排水管道的管位等方面。

1.0.8 提出给水工程规划，除执行《城市规划法》、《水法》、《环境保护法》、《水污染防治法》及本规范外，还需同时执行相关的标准、规范和规定。目前主要的有以下这些标准和规范：《生活饮用水卫生标准》、《生活杂用水水质标准》、《地面水环境质量标准》、《生活饮用水水源水质标准》、《饮用水水源保护区污染防治管理规定》、《供水水文地质勘察规范》、《室外给水设计规范》、《高浊度水给水设计规范》、《含藻水给水处理设计规范》、《饮用水除氟设计规程》、《建筑中水设计规范》、《污水综合排放标准》、《城市污水回用设计规范》等。

2 城市水资源及城市用水量

2.1 城市水资源

2.1.1 阐明城市水资源的内涵。凡是可用作城市各种用途的水均为城市水资源。包括符合各种用水水源水质标准的地表和地下淡水；水源水质不符合用水水源水质标准，但经处理可符合各种用水水质要求的地表和地下淡水；淡化或不淡化的海水以及将城市污水经过处理达到各种用水相应水质标准的再生水等。

2.1.2 城市水资源和城市用水量之间的平衡是指水质符合各项用水要求的水量之间的平衡。

根据中华人民共和国国务院令第158号《城市供水条例》第十条："编制城市供水水源开发利用规划，应当从城市发展的需要出发，并与水资源统筹规划和水长期供求规划相协调"。因此，当城市采用市域内本身的水资源时，应编制水资源统筹和利用规划，达到城市用水的供需平衡。

当城市本身水资源贫乏时，可以考虑外域引水。可以一个城市单独引水，也可几个城市联合引水。根据《水法》第二十一条："兴建跨流域引水工程，必须进行全面规划和科学论证，统筹兼顾引出和引入流域的用水需求，防止对生态环境的不利影响"。因此，当城市采用外域水源或几个城市共用一个水源时，应进行区域或流域范围的水资源综合规划和专项规划，并与国土规划相协调，以满足整个区域或流域的城市用水供需平衡。

2.1.3 本条指明应在水资源供需平衡的基础上合理确定城市规模和城市产业结构。由于水是一种资源，是城市赖以生存的生命线，因此应采取确保水资源不受破坏和污染的措施。水资源供需不平衡的城市应分析其原因并制定相应的对策。

造成城市水资源不足有多种原因，诸如：属于工程的原因、属于污染的原因、属于水资源匮乏的原因或属于综合性的原因等，可针对各种不同的原因采取相应措施。如建造水利设施拦蓄和收集地表径流；建造给水工程设施，扩大城市供水能力；强化对城市水资源的保护，完善城市排污系统，建设污水处理设施；采取分质供水、循环用水、重复用水、回用再生水、限制发展用水量大的产业及采用先进的农业节水灌溉技术等，在有条件时也可以从外域引水等。

2.2 城市用水量

2.2.1 说明城市用水量的组成。

城市的第一部分用水量指由城市给水工程统一供给的水量。包括以下内容：

居民生活用水量：城镇居民日常生活所需的用水量。

工业用水量：工业企业生产过程所需的用水量。

公共设施用水量：宾馆、饭店、医院、科研机构、学校、机关、办公楼、商业、娱乐场所、公共浴室等用水量。

其他用水量：交通设施用水、仓储用水、市政设施用水、浇洒道路用水、绿化用水、消防用水、特殊用水（军营、军事设施、监狱等）等水量。

城市的第二部分用水指不由城市给水工程统一供给的水量。包括工矿企业和大型公共设施的自备水，河湖为保持环境需要的各种用水，保证航运要求的用水，农业灌溉和水产养殖业、畜牧业用水，农村居民生活用水和乡镇企业的工业用水等水量。

2.2.2 说明预测城市用水量时应考虑的相关因素。用水量应结合城市的具体情况和本条文中的各项因素确定，并使预测的用水量尽量切合实际。一般地说，年均气温较高、居民生活水平较高、工业和经济比较发达的城市用水量较高。而水资源匮乏、工业和经济欠发达或年均气温较低的城市用水量较低。城市的流动和暂住人口对城市用水量也有一定影响，特别是风景旅游城市、交通枢纽城市和商贸城市，这部分人口的用水量更不可忽视。

2.2.3 提出城市用水量预测宜采用综合指标法，并提出了城市单位人口和单位建设用地综合用水量指标（见表2.2.3-1、2.2.3-2）。该两项指标主要根据1991～1994年《城市建设统计年报》中经选择的175个典型城市用水量（包括9885万用水人口，156亿m^3/年供水量，约占全国用水人口的68%和全国供水总量的73%，具有一定代表性）分析整理得出。此外，还对全国部分城市进行了函调，并将函调资料作为分析时的参考。

由于城市用水量与城市规模、所在地区气候、居民生活习惯有着不同程度的关系。按国家的《城市规划法》的规定，将城市规模分成特大城市、大城市、中等城市和小城市。同时为了和《室外给水设计规范》中城市生活用水定额的区域划分一致，故将该定额划分的三个区域用来作为本规范的城市综合用水量指标区域划分（见表2.2.3-1注）。

在选用本综合指标时有以下几点应加以说明：

（1）自备水源是城市用水量的重要组成部分，但分析《城市建设统计年报》中包括自备水源在内的统计数据时，各相似城市的用水量出入极大，没有规律，无法得出共性指标，因此只能在综合指标中舍去自备水源这一因素。故在确定城市用水量，进行城市水资源平衡时，应根据城市具体情况对自备水源的水量进行合理预测。

（2）综合指标是预测城市给水工程统一供给的用水量和确定给水工程规模的依据，它的适用年限延伸至2015年。制定本表时，已将至2015年城市用水的增长率考虑在指标内，为此近期建设规划采用的指标可酌情减少。若城市规划年限超过2015年，用水量指标可酌情增加。用水量年增长率一般为1.5%～3%，大城市趋于低值，小城市趋于高值。

（3）《城市建设统计年报》中所提供的用水人口未包括流动人员及暂住人口，反映在样本值中单位人口用水量就偏高。故在选用本指标时，要认真加以分析研究。

（4）由于我国城市情况十分复杂，对城市用水量的影响很大。故在分析整理数据时已将特殊情况删除，从而本综合指标只适用于一般性质的城市。对于那些特殊的城市，诸如：经济特区、纯旅游城市、水资源紧缺城市、一个城市就是一个大企业的城市（如：鞍钢、大庆）等，都需要按实际情况将综合指标予以修正采用。

采用综合指标法预测城市用水量后，可采用用水量递增法和相关比例法等预测方法对城市用水量进行复核，以确保水量预测的准确性。

2.2.4 本条规定了人均综合生活用水量指标，并提出了影响指标选择的因素。人均综合生活用水量系指城市居民生活用水和公共设施用水两部分的总水量。不包括工业用水、消防用水、市政用水、浇洒道路和绿化用水、管网漏失等水量。

表2.2.4系根据《室外给水设计规范》修订过程中"综合生活用水定额建议值"的成果推算，其年限延伸至2015年。在应用时应结合当地自然条件、城市规模、公共设施水平、居住水平和居民的生活水平来选择指标值。

城市给水工程统一供给的用水量中工业用水所占比重较大。而工业用水量因工业的产业结构、规模、工艺的先进程度等因素，各城市不尽相同。但同一城市的城市用水量与人均综合生活用水量之间往往有相对稳定的比例，因此可采用"人均综合生活用水量指标"结合两者之间的比例预测城市用水量。

2.2.5 总体规划阶段城市给水工程规划估算给水干管管径或预测分区的用水量时，宜采用表2.2.5-1～2.2.5-4中所列出的不同性质用地用水量指标。不同性质用地用水量指标为规划期内最高日用水量指标，指标值使用年限延伸至2015年。近期建设规划采用该指标值时可酌情减少。

1 城市单位居住用地用水量指标（表2.2.5-1）是根据《室外给水设计规范》修订过程中"居民生活用水定额"的成果，并结合《城市居住区规划设计规范》（GB 50180）中有关规定推算确定的。

居住用地用水量包括了居民生活用水及居住区内的区级公共设施用水、居住区内道路浇洒用水和绿化用水等用水量的总和。

由于在城市总体规划阶段对居住用地内的建筑层数和容积率等指标只作原则规定，故确定居住用地用水量是在假设居住区内的建筑以多层住宅为主的情况下进行的。选用本指标时，需根据居住用地实际情况，对指标加以调整。

2 城市公共设施用地用水量不仅与城市规模、经济发展和商贸繁荣程度等因素密切相关，而且公共设施随着类别、规模、容积率不同，用水量差异很大。在总体规划阶段，公共设施用地只分到大类或中类，故其用水量只能进行匡算。调查资料表明公共设施用地规划期最高日用水量指标一般采用0.50～1.50万 $m^3/(km^2 \cdot d)$。公共设施用地用水量可按不同的公共设施在表2.2.5-2中选用。

3 城市工业用地用水量不仅与城市性质、产业结构、经济发展程度等因素密切相关。同时，工业用地用水量随着主体工业、生产规模、技术先进程度不同，也存在很大差别。城市总体规划中工业用地以污染程度划分为一、二、三类，而污染程度与用水量多少之间对应关系不强。

为此，城市工业用水量宜根据城市的主体产业结构，现有工业用水量和其他类似城市的情况综合分析后确定。当地无资料又无类似城市可参考时可采用表2.2.5-3确定工业用地用水量。

4 根据调查，不同城市的仓储用地、对外交通、道路广场、市政用地、绿化及特殊用地等用水量变化幅度不大，而且随着规划年限的延伸增长幅度有限。在选用指标时，特大城市、大城市及南方沿海经济开放城市等可取上限值，北方城市及中小城市可取下限值。指标值见表2.2.5-4。

在使用不同性质用地用水量指标时，有以下几点说明：

（1）"不同性质用地用水量指标"适用于城市总体规划阶段。在总体规划中，城市建设用地分类一般只到大类，各类用地中各种细致分类或用地中具体功能还未规定，这与城市详细规划有明显差别。根据《城市规划法》的规定，城市详细规划应当在城市总体规划或者分区规划的基础上，对城市近期建设区域的各项建设作出具体规划。在详细规划中，城市建设用地分类至中、小类，而且由于在建设用地中的人口密度和建筑密度不同以及建设项目不同都会导致用水量指标有较大差异。因此详细规划阶段预测用水量时不宜采用本规范的"不同性质用地用水量指标"，而应根据实际情况和要求并结合已经落实的建设项目进行研究，选择合理的用水量指标进行计算。

（2）"不同性质用地用水量指标"是通用性指标。《城市给水工程规划规范》是一本通用规范。我国幅员辽阔，城市众多，由于城市性质、规模、地理位置、经济发达程度、居民生活习惯等因素影响，各城市的用水量指标差异很大。为使"不同性质用地用水量指标"成为全国通用性指标，我们首先将调查资料中特大及特小值舍去，在推荐用水量指标时都给于一定的范围，并给出选用原则。对于具有特殊情况或特殊需求的城市，应根据本规范提出的原则，结合城市的具体条件对用水量指标作出适当的调整。

（3）"不同性质用地用水量指标"是规划指标，不是工程设计指标。在使用本指标时，应根据各自城市的情况进行综合分析，从指标范围中选择比较适宜的值。且随着时间的推移，规划的不断修改（编），指标也应不断的修正，从而对规划实施起到指导作用。

2.2.6 城市水资源平衡系指所能提供的符合水质要求的水量和城市年用水总量之间的平衡。城市年用水总量为城市平均日用水量乘以年供水天数而得。城市给水工程规划所得的城市用水量为最高日用水量，最高日用水量和平均日用水量的比值称日变化系数，日变化系数随着城市规模的扩大而递减。表2.2.6中的数值是参照《室外给水设计规范》修编中大量的调查统计资料推算得出。在选择日变化系数时可结合城市性质、城市规模、工业水平、居民生活水平及气候等因素进行确定。

2.2.7 工矿企业和公共设施的自备水源用水是城市用水量的一部分，虽然不由城市给水工程统一供给，但对城市水资源的供需平衡有一定影响。因此，城市给水工程规划应对自备水源的取水水源、取水量等统一规划，提出明确的意见。

规划期内未经明确同意采用自备水源的企业应从严控制兴建自备水源。

2.2.8 除自备水源外的城市第二部分用水量应根据有关部门的相应规划纳入城市用水量，统一进行水资源平衡。

农村居民生活用水和乡镇工业用水一般属于城市第二部分用水，但有些城市周围的农村由于水源污染或水资源缺乏，无法自行解决生活、工业用水，在有关部门统一安排下可纳入城市统一供水范围。

3 给水范围和规模

3.0.1 按《城市规划法》规定：城市规划区是在总体规划中划定的。城市给水工程规划将城市建设用地范围作为工作重点，规划的主要内容应符合本规范1.0.3条的要求。对城市规划区内的其他地区，可提出水源选择，给水规模预测等方面的意见。

3.0.2 城市给水水源地距离城市较远且不在城市规划区范围内时，应把水源地及输水管划入给水工程规划范围内。当超出本市辖区范围时，应和有关部门进行协调。输水管沿线的城镇、工业区、开发区等需统一供水时，经与有关部门协调后可一并列入给水工程规划范围，但一般只考虑增加取水和输水工程的规模，不考虑沿线用户的水厂设置。

3.0.3 明确给水规模由城市给水工程统一供给的城市最高日用水量确定。根据给水规模可进行给水系统中各组成部分的规划设计。但给水规模中未包括水厂的自用水量和原水输水管线的漏失水量，因此取、输水工程的规模应增加上述两部分水量，净水工程应增加水厂自用水量。

城市给水工程规划的给水规模按规划期末城市所需的最高日用水量确定，是规划期末城市供水设施应具备的生产能力。规划给水规模和给水工程的建设规模含义不同。建设规模可根据规划给水规模的要求，在建设时间和建设周期上分期安排和实施。给水工程的建设规模应有一定的超前性。给水工程建成投产后，应能满足延续一个时段的城市发展的需求，避免刚建成投产又出现城市用水供不应求的情况的发生。

3.0.4 一般情况下工业用水和公共设施用水应由城市给水工程统一供给。绝大多数城市给水工程统一供给的水的水质符合现行国家标准《生活饮用水卫生标准》（GB 5749）的要求。但对于城市中用水量特别大，同时水质要求又低于现行国家标准《生活饮用水卫生标准》（GB 5749）的工矿企业和公共设施用水，应根据城市水资源和供水系统等的具体条件明确这部分水是纳入城市统一供水的范畴还是要求这些企业自建自备水源供水。如由城市统一供水，则应明确是供给城市给水工程同一水质的水，还是根据企业的水质要求分质供水。一般来说，当这些企业自成格局且附近有水质水量均符合要求的水源时，可自建自备水源；当城市水资源并不丰富，而城市给水工程设施有能力时，宜统一供水。

当自备水源的水质低于现行国家标准《生活饮用水卫生标准》时，企业职工的生活饮用水应纳入城市给水工程统一供水的范围。

当企业位置虽在城市规划建设用地范围内，目前城区未扩展到那里且距水厂较远，近期不可能为该企业单独铺设给水管时，也可建自备水源，但宜在规划中明确对该企业今后供水的安排。

4 给水水质和水压

4.0.1 《生活饮用水卫生标准》（GB 5749）是国家制定的关于生活饮用水水质的强制性法规。由城市统一供给和自备水源供给的生活饮用水水质均应符合该标准。

1996年7月9日建设部、卫生部第53号令《生活饮用水卫生监督管理办法》指出集中式供水、二次供水单位供应的生活饮用水必须符合国家《生活饮用水卫生标准》，并强调二次供水设施应保证不使生活饮用水水质受到污染，并有利于清洗和消毒。

由于我国的生活饮用水水质标准已逐渐与国际接轨，因此现行国家标准《生活饮用水卫生标准》是生活饮用水水质的最低标准。

4.0.2、4.0.3 生活饮用水水质标准在一定程度上代表了一个国家或地区的经济发展和文明卫生水平，为此对一些重要城市提高了生活饮用水水质标准。一般认为：欧洲共同体饮用水水质指令及美国安全用水法可作为国际先进水平；世界卫生组织执行的水质准则可理解为国际水平。

本规范附录A中列出了生活饮用水水质的一级指标和二级指标。二级指标参考世界卫生组织拟订的水质标准和我国国家环保局确定的"水中优先控制污染物黑名单"（14类68种），根据需要和可能增加16项水质目标；一级指标参考欧共体水质指令，并根据1991年底参加欧共体经济自由贸易协会国家的供水联合体提出的对欧共体水质标准修改的"建议书"以及我国"水中优先控制污染物黑名单"，按需要和可能增加水质目标38项。进行城市给水工程规划时，城市统一供给的生活饮用水水质，应按现行国家标准《生活饮用水卫生标准》执行。特大城市和大城市根据条文要求的城市统一供水的水量和城市性质，分别执行一级指标或二级指标。

4.0.4 本条所指城市统一供给的其他用水为非生活饮用水，这些用水的水质应符合相应的用水水质标准。

4.0.5 提出城市给水工程的供水水压目标。满足用户接管点处服务水头28m的要求，相当于将水送至6层建筑物所需的最小水头。用户接管点系配水管网上用户接点处。目前大部分城市的配水管网为生活、生产、消防合一的管网，供水水压为低压制，不少城市的多层建筑屋顶上设置水箱，对昼夜用水量的不均匀情况进行调节，以达到较低压力的条件下也能满足白天供水的目的。但屋顶水箱普遍存在着水质二次污染、影响城市和建筑景观以及不经济等缺点，为此本规范要求适当提高供水水压，以达到六层建筑由城市水厂直接供水或由管网中加压泵站加压供水，不再在多层建筑上设置水箱的目的。高层建筑所需的水压不宜作为城市的供水水压目标，仍需自设加压泵房加压供水，避免导致投资和运行费用的浪费。

5 水源选择

5.0.1 水源选择是给水工程规划的关键。在进行总体规划时应对水资源作充分的调查研究和现有资料的收集工作，以便尽可能使规划符合实际。若没有水源可靠性的综合评价，将会造成给水工程的失误。确保水源水量和水质符合要求是水源选择的首要条件。因此必须有可靠的水资源勘察或分析研究报告作依据。若报告内容不全，可靠性较差，无法作为给水工程规划的依据时，为防止对后续的规划设计工作和城市发展产生误导作用，应进行必要的水资源补充勘察。

根据《中华人民共和国水法》："水资源属于国家所有，即全民所有"。"开发利用水资源和防治水害，应当全面规划、统筹兼顾、综合利用、讲求效益，发挥水资源的综合功能"。因此，城市给水水源的选择应以区域或流域水资源规划及城市供水水源开发利用规划为依据，达到统筹兼顾、综合利用的目的。缺水地区，水质符合饮用水水源要求的水体往往是多个城市的供水水源。而各城市由于城市的发展而导致的用水量增加又会产生相互间的矛盾。因此，规划城市用水量的需求应与区域或流域水资源规划相吻合，应协调好与周围城市和地区的用水量平衡，各项用水应统一规划、合理分配、综合利用。

城市给水水源在水质和水量上应满足城市发展的需求，给水工程规划应紧扣城市总体规划中各个发展阶段的需水量，安排城市给水水源，若水源不足应提出解决办法。

5.0.2 明确选用地表水作为城市给水水源时，对水源水量的要求。

城市给水水源的枯水流量保证率可采用90%～97%，水资源较丰富地区及大中城市的枯水流量保证率宜取上限，干旱地区、山区（河流枯水季节径流量很小）及小城镇的枯水流量保证率宜取下限。当选择的水源枯水流量不能满足保证率要求时，应采取选择多个水源，增加水源调蓄设施，市域外引水等措施来保证满足供水要求。

5.0.3 明确选用地表水作为城市给水水源时，城市给水水源的卫生标准应符合现行国家标准《生活饮用水卫生标准》（GB 5749）中有关水源方面的规定和《生活饮用水水源水质标准》（CJ 3020）的规定。若水源水质不符合上述标准的要求，同时无其他水源可选时，在水厂的常规净水工艺前或后应设置预处理或深度处理设施，确保水厂的出水水质符合本规范第4.0.1、4.0.2、4.0.3条的规定。

5.0.4 贯彻优水优用的原则，符合《生活饮用水卫生标准》（GB 5749）的地下水应优先作为城市生活饮用水水源。为防止由于地下水超采造成地面沉陷和地下水源枯竭，强调取水量应小于允许开采量或采用回灌等措施。

5.0.5 本条强调水资源的利用。低于生活饮用水水源水质标准的原水，一般可作为城市第二部分用水（除农村居民生活用水外）的水源，原水水质应与各种用途的水质标准相符合。

5.0.6 提出水资源不足,但经济实力较强、技术管理水平较高的城市,宜设置城市回用水系统。城市回用水水质应符合《城市污水回用设计规范》(CECS61:94)、《生活杂用水水质标准》(CJ25.1)等法规和标准,用作相应的各种用水。

5.0.7 由于我国沿海和海岛城市往往淡水资源十分紧缺,为此提出可将海水经处理用于工业冷却和生活杂用水(有条件的城市可将海水淡化作居民饮用),以解决沿海城市和海岛城市缺乏淡水资源的困难。海水用于城市各项用水,其水质应符合各项用水相应的水质标准。

6 给水系统

6.1 给水系统布局

6.1.1 为满足城市供水的要求,给水系统应在水质、水量、水压三方面满足城市的需求。给水系统应结合城市具体情况合理布局。

城市给水系统一般由水源地、输配水管网、净(配)水厂及增压泵站等几部分组成,在满足城市用水各项要求的前提下,合理的给水系统布局对降低基建造价、减少运行费用、提高供水安全性、提高城市抗灾能力等方面是极为重要的。规划中应十分重视结合城市的实际情况,充分利用有利的条件进行给水系统合理的布局。

6.1.2 城市总体规划往往是在城市现状基础上进行的,给水工程规划必须对城市现有水源的状况、给水设施能力、工艺流程、管网布置以及现有给水设施有否扩建可能等情况有充分了解。给水工程规划应充分发挥现有给水系统的能力,注意使新老给水系统形成一个整体,做到既安全供水,又节约投资。

6.1.3 提出了在城市地形起伏大或规划范围广时可采用分区、分压给水系统。一般情况下供水区地形高差大且界线明确宜于分区时,可采用并联分压系统;供水区呈狭长带形,宜采用串联分压系统;大、中城市宜采用分区加压系统;在高层建筑密集区,有条件时宜采用集中局部加压系统。

6.1.4 提出了城市在一定条件下可采用分质给水系统。包括:将原水分别经过不同处理后供给对水质要求不同的用户;分设城市生活饮用水和污水回用系统,将处理后达到水质要求的再生水供给相应的用户;也可采用将不同的水源分别处理后供给相应用户。

6.1.5 大、中城市由于地域范围较广,其输配水管网投资所占的比重较大,当有多个水源可供利用时,多点向城市供水可减少配水管网投资,降低水厂水压,同时能提高供水安全性,因此宜采用多水源给水系统。

6.1.6 水厂的取、送水泵房的耗电量较大,要节约给水工程的能耗,往往首先从取、送水泵房着手。当城市有可供利用的地形时,可考虑重力输配水系统,以便充分利用水源势能,达到节约输配水能耗,减少管网投资,降低水厂运行成本的目的。

6.2 给水系统的安全性

6.2.1 提出了给水系统中工程设施的地质和防洪排涝要求。

给水系统的工程设施所在地的地质要求良好,如设置在地质条件不良地区(滑坡、泥石流、塌陷等),既影响设施的安全性,直接关系到整个城市的生产活动和生活秩序,又增加建设时的地基处理费用和基建投资。在选择地表水取水构筑物的设置地点时,应将取水构筑物设在河岸、河床稳定的地段,不宜设在冲刷、尤其是淤积严重的地段,还应避开漂浮物多、冰凌多的地段,以保证取水构筑物的安全。

给水工程为城市中的重要基础设施,在城市发生洪涝灾害时为减少损失,为避免疫情发生以及为救灾的需要,首先应恢复城市给水系统和供电系统,以保障人民生活,恢复生产。按照《城市防洪工程设计规范》(CJJ 50),给水系统主要工程设施的防洪排涝等级应不低于城市设防的相应等级。

6.2.2 提出了长距离输水管线的规划原则要求。同时可参照现行国家标准《室外给水设计规范》(GBJ 13)。

6.2.3 提出了市区配水管网布置的要求。为了配合城市和道路的逐步发展,管网工程可以分期实施,近期可先建成枝状,城市边远区或新开发区的配水管近期也可为枝状,但远期均应连接成环状网。

6.2.4 提出了主要给水工程设施的供电要求。

6.2.5 提出了给水系统中调蓄设施的容量要求。

6.2.6 提出了给水系统的抗震要求和设防标准。

7 水 源 地

7.0.1 提出水源地必须设置在能满足取水的水量、水质要求的地段,并易于实施环境保护。对于那些虽然可以作为水源地,但环保措施实施困难,或需大量投资才能达到目的的地段,应慎重考虑。

7.0.2 地表水水体具有作为城市给水水源、城市排水受纳体和泄洪、通航、水产养殖等多种功能。环保部门为有利于地表水水体的环境保护,发挥其多种功能的作用,协调水体上下游城市的关系,对地表水水体进行合理的功能区划,并报省、市、自治区人民政府批准颁布施行。当选用地表水作为城市给水水源时,水源地应位于水体功能区划规定的取水段。为防止水源地受城市污水和工业废水的污染,水源地的位置应选择在城镇和工业区的上游。

按现行的《生活饮用水卫生标准》(GB 5749)规定"生活饮用水的水源，必须设置卫生防护地带"。水源地一级保护区的环境质量标准应符合现行国家标准《地面水环境质量标准》(GB 3838)中规定的Ⅱ类标准。

7.0.3 提出地下水水源地的选择原则。

7.0.4 提出水源为高浊度江河时，水源地选择原则。同时应符合国家现行标准《高浊度水给水设计规范》(CJJ 40)的规定。

7.0.5 提出感潮江河作水源时，水源地的选择原则。

7.0.6 提出湖泊、水库作水源时，水源地的选择原则。同时应符合《含藻水给水处理设计规范》(CJJ 32)的规定。

7.0.7 本条提出了确定水源地用地的原则和应考虑的因素。水源地的用地因水源的种类（地表水、地下水、水库水等）、取水方式（岸边式、缆车式、浮船式、管井、大口井、渗渠等）、输水方式（重力式、压力式）、给水规模大小以及是否有专用设施（避砂峰、咸潮的调蓄设施）和是否有净水预处理构筑物等有关，需根据水源实际情况确定用地。同时应遵循本规范 1.0.7 条规定。

确定水源地的同时应提出水源地的卫生防护要求和采取的具体措施。

按《饮用水水源保护区污染防治管理规定》，饮用水水源保护区一般划分为一级保护区和二级保护区，必要时可增设准保护区。

饮用水地表水水源保护区包括一定的水域和陆域，其范围应按照不同水域特点进行水质定量预测，并考虑当地具体条件加以确定，保证在规划设计的水文条件和污染负荷下，当供应规划水量时，保护区的水质能达到相应的标准。饮用水地表水水源的一级和二级保护区的水质标准不得低于《地面水环境质量标准》(GB 3838)Ⅱ类和Ⅲ类标准。

饮用水地下水水源保护区应根据饮用水水源地所处地理位置、水文地质条件、供水量、开采方式和污染源的分布划定。一、二级保护区的水质均应达到《生活饮用水卫生标准》(GB 5749)的要求。

8 水 厂

8.0.1 提出对地表水水厂位置选择的原则要求。

水厂的位置应根据给水系统的布局确定，但水厂位置是否恰当则涉及给水系统布局的合理性，同时对工程投资、常年运行费用将产生直接的影响。为此，应对水厂位置的确定作多方面的比较，并考虑厂址所在地应不受洪水威胁，有良好的工程地质条件，交通便捷，供电安全可靠，生产废水处置方便，卫生环境好，利于设立防护带，少占良田等因素。

8.0.2 提出对地表水水厂净水工艺选择的规划原则要求。符合《生活饮用水水源水质标准》(CJ 3020)中规定的一级水源水，只需经简易净水工艺（如过滤），消毒后即可供生活饮用。符合《生活饮用水水源水质标准》(CJ 3020)中规定的二级水源水，说明水质受轻度污染，可以采用常规净水工艺（如絮凝、沉淀、过滤、消毒等）进行处理；水质比二级水源水差的水，不宜作为生活饮用水的水源。若限于条件需利用时，在毒理性指标没超过二级水源水标准的情况下，应采用相应的净化工艺进行处理（如在常规净水工艺前或后增加预处理或深度处理）。地表水水厂均宜考虑生产废水的处理和污泥的处置，防止对水体的二次污染。

8.0.3 提出了特殊原水应增加相应的处理设施。如含藻水和高浊度水可根据相应规范的要求增设预处理设施；原水存在不定期污染情况时，宜在常规处理前增加预处理设施或在常规处理后增加深度处理设施，以保证水厂的出水水质。

8.0.4 提出地下水水厂位置选择的原则要求。

8.0.5 提出当地下水中铁、锰、氟等无机盐类超过规定标准时应考虑除铁、除锰和除氟的处理设施。

8.0.6 提出地表水、地下水水厂的控制用地指标。此指标系《城市给水工程项目建设标准》中规定的净配水厂用地控制指标。

水厂周围设绿化带有利于水厂的卫生防护和降低水厂的噪声对周围的影响。

9 输 配 水

9.0.1 提出城市给水系统原水输水管（渠）的规划原则。由于原水在明渠中易受周围环境污染，又存在渗漏和水量不易保证等问题，所以不提倡用明渠输送城市给水系统的原水。

9.0.2、9.0.3 提出确定城市输配水管管径和走向的原则。因输、配水管均为地下隐蔽工程，施工难度和影响面大，因此，宜按规划期限要求一次建成。为结合近期建设，节省近期投资，有些输、配水管可考虑双管或多管，以便分期实施。给水工程中输水管道所占投资比重较大，因此城市输水管道应缩短长度，并沿现有或规划道路铺设以减少投资，同时也便于维修管理。

城市配水干管沿规划或现有道路布置既方便用户接管，又可以方便维修管理。但宜避开城市交通主干道，以免维修时影响交通。

9.0.4 输水管和配水干管穿越铁路、高速公路、河流、山体等障碍物时，选位要合理，应在方便操作维修的基础上考虑经济性。规划时可参照《室外给水设计规范》(GBJ 13)有关条文。

9.0.5 本条规定了泵站位置选择原则和用地控制

指标。

城市配水管网中的加压泵站靠近用水集中地区设置，可以节省能源，保证供水水压。但泵站的调节水池一般占地面积较大，且泵站在运行中可能对周围造成噪声干扰，因此宜和绿地结合。若无绿地可利用时，应在泵站周围设绿化带，既有利于泵站的卫生防护，又可降低泵站的噪声对周围环境的影响。

用地指标系《城市给水工程项目建设标准》中规定的泵站用地控制指标。

中华人民共和国国家标准

城市工程管线综合规划规范

Code for urban engineering pipelines
comprehensive planning

GB 50289—2016

主编部门：中华人民共和国住房和城乡建设部
批准部门：中华人民共和国住房和城乡建设部
施行日期：２０１６年１２月１日

中华人民共和国住房和城乡建设部
公 告

第 1099 号

住房城乡建设部关于发布国家标准《城市工程管线综合规划规范》的公告

现批准《城市工程管线综合规划规范》为国家标准，编号为 GB 50289-2016，自 2016 年 12 月 1 日起实施。其中，第 4.1.8、5.0.6、5.0.8、5.0.9 条为强制性条文，必须严格执行。原国家标准《城市工程管线综合规划规范》GB 50289-98 同时废止。

本规范由我部标准定额研究所组织中国建筑工业出版社出版发行。

中华人民共和国住房和城乡建设部
2016 年 4 月 15 日

前 言

根据住房和城乡建设部《关于印发〈2009 年工程建设标准规范制订、修订计划〉的通知》（建标[2009]88 号）的要求，规范编制组经广泛调查研究，认真总结实践经验，参考有关国际标准和国外先进标准，并在广泛征求意见的基础上，修订了本规范。

本规范主要技术内容是：1. 总则；2. 术语；3. 基本规定；4. 地下敷设；5. 架空敷设。

本规范修订的主要技术内容是：

1. 在管线种类上，新增了再生水工程管线，"电信"工程管线改为"通信"工程管线。

2. 增加了术语和基本规定章节。

3. 结合现行国家标准，对规范中部分工程管线的敷设方式进行了修改，区分了保护管敷设和管沟敷设。

4. 结合实际调研及国家现行标准，对工程管线的最小覆土深度、工程管线之间及其与建（构）筑物之间的最小水平净距、工程管线交叉时的最小垂直净距、架空管线之间及其与建（构）筑物之间的最小水平净距和交叉时的最小垂直净距局部进行了修订。

本规范中以黑体字标志的条文为强制性条文，必须严格执行。

本规范由住房和城乡建设部负责管理和对强制性条文的解释，由沈阳市规划设计研究院负责具体技术内容的解释。执行过程中如有意见或建议，请寄送沈阳市规划设计研究院《城市工程管线综合规划规范》管理组（地址：辽宁省沈阳市南三好街 1 号，邮编 110004）。

本 规 范 主 编 单 位：沈阳市规划设计研究院
本 规 范 参 编 单 位：昆明市规划设计研究院
本规范主要起草人员：檀 星　王建伟　周易冰
　　　　　　　　　　关增义　李少宇　李 亚
　　　　　　　　　　张俊宝
本规范主要审查人员：郝天文　徐承华　李颜强
　　　　　　　　　　王承东　张晓昕　高 斌
　　　　　　　　　　王恒栋　郑向阳　洪昌富
　　　　　　　　　　仝德良　韩玉鹤

目　次

1　总则 …………………………………… 13—5
2　术语 …………………………………… 13—5
3　基本规定 ……………………………… 13—5
4　地下敷设 ……………………………… 13—5
　　4.1　直埋、保护管及管沟敷设 ……… 13—5
4.2　综合管廊敷设 ………………………… 13—8
5　架空敷设 ………………………………… 13—8
本规范用词说明 …………………………… 13—9
引用标准名录 ……………………………… 13—9
附：条文说明 ……………………………… 13—10

Contents

1　General Provisions ································ 13—5
2　Terms ·· 13—5
3　Basic Requirements ································ 13—5
4　Underground Laying ······························· 13—5
　4.1　Direct Burying, Ducting
　　　and Trenching ·································· 13—5
　4.2　Utility Tunnel ···································· 13—8
5　Overhead Laying ···································· 13—8
Explanation of Wording in
　This Code ··· 13—9
List of Quoted Standards ························· 13—9
Addition: Explanation of
　Provisions ·· 13—10

1 总则

1.0.1 为合理利用城市用地，统筹安排工程管线在地上和地下的空间位置，协调工程管线之间以及工程管线与其他相关工程设施之间的关系，并为工程管线综合规划编制和管理提供依据，制定本规范。

1.0.2 本规范适用于城市规划中的工程管线综合规划和工程管线综合专项规划。

1.0.3 城市工程管线综合规划应近远期结合，考虑远景发展的需要，并结合城市的发展合理布置，充分利用地上、地下空间，与城市用地、城市交通、城市景观、综合防灾和城市地下空间利用等规划相协调。

1.0.4 城市工程管线综合规划除应符合本规范外，尚应符合国家现行有关标准的规定。

2 术语

2.0.1 工程管线 engineering pipeline

为满足生活、生产需要，地下或架空敷设的各种专业管道和缆线的总称，但不包括工业工艺性管道。

2.0.2 区域工程管线 regional engineering pipeline

在城市间或城市组团间主要承担输送功能的工程管线。

2.0.3 管线廊道 pipeline gallery

在城市规划中，为敷设地下或架空工程管线而控制的用地。

2.0.4 覆土深度 earth depth

工程管线顶部外壁到地表面的垂直距离。

2.0.5 水平净距 horizontal clearance

工程管线外壁（含保护层）之间或管线外壁与建（构）筑物外边缘之间的水平距离。

2.0.6 垂直净距 vertical clearance

工程管线外壁（含保护层）之间或管线外壁与建（构）筑物外边缘之间的垂直距离。

3 基本规定

3.0.1 城市工程管线综合规划的主要内容应包括：协调各工程管线布局；确定工程管线的敷设方式；确定工程管线敷设的排列顺序和位置，确定相邻工程管线的水平间距、交叉工程管线的垂直间距；确定地下敷设的工程管线控制高程和覆土深度等。

3.0.2 城市工程管线综合规划应能够指导各工程管线的工程设计，并应满足工程管线的施工、运行和维护的要求。

3.0.3 城市工程管线宜地下敷设，当架空敷设可能危及人身财产安全或对城市景观造成严重影响时应采取直埋、保护管、管沟或综合管廊等方式地下敷设。

3.0.4 工程管线的平面位置和竖向位置均应采用城市统一的坐标系统和高程系统。

3.0.5 工程管线综合规划应符合下列规定：

1 工程管线应按城市规划道路网布置；
2 各工程管线应结合用地规划优化布局；
3 工程管线综合规划应充分利用现状管线及线位；
4 工程管线应避开地震断裂带、沉陷区以及滑坡危险地带等不良地质条件区。

3.0.6 区域工程管线应避开城市建成区，且应与城市空间布局和交通廊道相协调，在城市用地规划中控制管线廊道。

3.0.7 编制工程管线综合规划时，应减少管线在道路交叉口处交叉。当工程管线竖向位置发生矛盾时，宜按下列规定处理：

1 压力管线宜避让重力流管线；
2 易弯曲管线宜避让不易弯曲管线；
3 分支管线宜避让主干管线；
4 小管径管线宜避让大管径管线；
5 临时管线宜避让永久管线。

4 地下敷设

4.1 直埋、保护管及管沟敷设

4.1.1 严寒或寒冷地区给水、排水、再生水、直埋电力及湿燃气等工程管线应根据土壤冰冻深度确定管线覆土深度；非直埋电力、通信、热力及干燃气等工程管线以及严寒或寒冷地区以外地区的工程管线应根据土壤性质和地面承受荷载的大小确定管线的覆土深度。

工程管线的最小覆土深度应符合表4.1.1的规定。当受条件限制不能满足要求时，可采取安全措施减少其最小覆土深度。

表4.1.1 工程管线的最小覆土深度（m）

管线名称		给水管线	排水管线	再生水管线	电力管线		通信管线		直埋热力管线	燃气管线	管沟
					直埋	保护管	直埋及塑料、混凝土保护管	钢保护管			
最小覆土深度	非机动车道（含人行道）	0.60	0.60	0.60	0.70	0.50	0.60	0.50	0.70	0.60	—
	机动车道	0.70	0.70	0.70	1.00	0.50	0.90	0.60	1.00	0.90	0.50

注：聚乙烯给水管线机动车道下的覆土深度不宜小于1.00m。

4.1.2 工程管线应根据道路的规划横断面布置在人行道或非机动车道下面。位置受限制时，可布置在机动车道或绿化带下面。

4.1.3 工程管线在道路下面的规划位置宜相对固定，分支线少、埋深大、检修周期短和损坏时对建筑物基础安全有影响的工程管线应远离建筑物。工程管线从道路红线向道路中心线方向平行布置的次序宜为：电力、通信、给水（配水）、燃气（配气）、热力、燃气（输气）、给水（输水）、再生水、污水、雨水。

4.1.4 工程管线在庭院内由建筑线向外方向平行布置的顺序，应根据工程管线的性质和埋设深度确定，其布置次序宜为：电力、通信、污水、雨水、给水、燃气、热力、再生水。

4.1.5 沿城市道路规划的工程管线应与道路中心线平行，其主干线应靠近分支管线多的一侧。工程管线不宜从道路一侧转到另一侧。

道路红线宽度超过 40m 的城市干道宜两侧布置配水、配气、通信、电力和排水管线。

4.1.6 各种工程管线不应在垂直方向上重叠敷设。

4.1.7 沿铁路、公路敷设的工程管线应与铁路、公路线路平行。工程管线与铁路、公路交叉时宜采用垂直交叉方式布置；受条件限制时，其交叉角宜大于 60°。

4.1.8 河底敷设的工程管线应选择在稳定河段，管线高程应按不妨碍河道的整治和管线安全的原则确定，并应符合下列规定：

1 在Ⅰ级～Ⅴ级航道下面敷设，其顶部高程应在远期规划航道底标高 2.0m 以下；

2 在Ⅵ级、Ⅶ级航道下面敷设，其顶部高程应在远期规划航道底标高 1.0m 以下；

3 在其他河道下面敷设，其顶部高程应在河道底设计高程 0.5m 以下。

4.1.9 工程管线之间及其与建（构）筑物之间的最小水平净距应符合本规范表 4.1.9 的规定。当受道路宽度、断面以及现状工程管线位置等因素限制难以满足要求时，应根据实际情况采取安全措施后减少其最小水平净距。大于 1.6MPa 的燃气管线与其他管线的水平净距应按现行国家标准《城镇燃气设计规范》GB 50028 执行。

表 4.1.9 工程管线之间及其与建（构）筑物之间的最小水平净距（m）

序号	管线及建（构）筑物名称		1 建（构）筑物	2 给水管线 $d\leq200$mm	2 给水管线 $d>200$mm	3 污水、雨水管线	4 再生水管线	5 燃气管线 低压	5 燃气管线 中压 B	5 燃气管线 中压 A	5 燃气管线 次高压 B	5 燃气管线 次高压 A	6 直埋热力管线	7 电力管线 直埋	7 电力管线 保护管	8 通信管线 直埋	8 通信管线 管道、通道	9 管沟	10 乔木	11 灌木	12 地上杆柱 通信照明及<10kV	12 地上杆柱 高压铁塔基础边 ≤35kV	12 地上杆柱 高压铁塔基础边 >35kV	13 道路侧石边缘	14 有轨电车钢轨	15 铁路钢轨（或坡脚）
1	建（构）筑物		—	1.0	3.0	2.5	1.0	0.7	1.5	1.5	5.0	13.5	3.0	0.6	1.0	1.0	1.5	0.5								
2	给水管线	$d\leq200$mm	1.0	—		1.0 1.5	0.5	0.5	1.0	1.5	1.5	1.5	1.5	0.5	1.0	1.0	1.5	1.5	1.0	0.5	3.0	1.5	2.0	5.0
		$d>200$mm	3.0																						
3	污水、雨水管线		2.5	1.0	1.5	—	0.5	1.0		1.2		1.5	2.0	1.5	0.5	1.0	1.0	1.5	1.5	1.0	0.5	1.5	1.5	1.5	2.0	5.0
4	再生水管线		1.0	0.5	0.5	0.5	—	0.5	1.0	1.0	1.5	1.5	1.5	0.5	1.0	1.0	1.5	1.0	1.0	0.5	1.5	1.5	1.5	2.0	5.0
5	燃气管线	低压 $P<0.01$MPa	0.7												1.0												
		中压 B 0.01MPa$\leq P\leq0.2$MPa	1.0	0.5			0.5										1.0					0.75		2.0	1.5		
		中压 A 0.2MPa$<P\leq0.4$MPa	1.5	1.2		1.2									DN≤300mm 0.4 DN>300mm 0.5			1.5					1.0	1.0			2.0	5.0
		次高压 B 0.4MPa$<P\leq0.8$MPa	5.0			1.5												2.0							5.0	2.5		
		次高压 A 0.8MPa$<P\leq1.6$MPa	13.5	1.5		2.0	1.5								2.0			1.5	2.0		4.0			1.2				
6	直埋热力管线		3.0	1.5		1.5	1.0			1.5		2.0		—			2.0			1.0	(3.0 >330kV 5.0)	1.5	1.5	2.0	5.0
7	电力管线	直埋	0.6	0.5	0.5	0.5	0.5								—	0.25 0.1	1.0	1.5	1.0	<35kV 0.5 ≥35kV 2.0	1.0	0.7		1.5	1.5	1.5	10.0（非电气化 3.0）
		保护管																			0.1 0.1						
8	通信管线	直埋	1.0	1.0		1.0	1.0				0.5			1.0			—			0.5	<35kV 0.5 ≥35kV 2.0	1.5	0.5	0.5	2.5	1.5	1.5	2.0
		管道、通道	1.5																									

续表 4.1.9

序号	管线及建(构)筑物名称		1 建(构)筑物	给水管线		3 污水、雨水管线	4 再生水管线	燃气管线					6 直埋热力管线	电力管线		通信管线		地上杆柱			13 道路侧石边缘	14 有轨电车钢轨	15 铁路钢轨(或坡脚)
				2 d≤200mm	2 d>200mm			低压	中压 B	中压 A	次高压 B	次高压 A		7 直埋	7 保护管	8 直埋	8 管道通道	9 管沟	10 乔木	11 灌木	12 通信照明及<10kV	12 高压铁塔基础边 ≤35kV	12 高压铁塔基础边 >35kV			
9	管沟		0.5	1.5	1.5	1.5	1.0	1.5		2.0		4.0	1.5	1.0	—	1.5	1.0	1.0			1.0	3.0		1.5	2.0	5.0
10	乔木			1.5	1.5		1.0	0.75		1.2			1.5	0.7		1.5	1.5							0.5		
11	灌木			1.0			1.0									1.0	1.0									
12	地上杆柱	通信照明及<10kV		0.5	0.5	0.5		1.0					1.0		0.5	0.5	1.0									
		高压铁塔基础边 ≤35kV	—			1.5			1.0					3.0(>330kV 5.0)	2.0			3.0						0.5		
		高压铁塔基础边 >35kV		3.0		1.5		3.0	2.0				5.0				2.5									
13	道路侧石边缘			1.5	1.5	1.5	1.5	1.5					1.5	1.5		1.5	1.5				0.5					
14	有轨电车钢轨			2.0	2.0	2.0		2.0					2.0	2.0												
15	铁路钢轨(或坡脚)			5.0	5.0	5.0		5.0					10.0(非电气化3.0)	5.0		2.0	3.0									

注：1 地上杆柱与建(构)筑物最小水平净距应符合本规范表 5.0.8 的规定；
2 管线距建筑物距离，除次高压燃气管道为其至外墙面外均为其至建筑物基础，当次高压燃气管道采取有效的安全防护措施或增加管壁厚度时，管道距建筑物外墙面不应小于 3.0m；
3 地下燃气管线与铁路基础边的水平净距，还应符合现行国家标准《城镇燃气设计规范》GB 50028 地下燃气管线和交流电力线接地体净距的规定；
4 燃气管线采用聚乙烯管材时，燃气管线与热力管线的最小水平净距应按现行行业标准《聚乙烯燃气管道工程技术规程》CJJ 63 执行；
5 直埋蒸汽管道与乔木最小水平间距为 2.0m。

4.1.10 工程管线与综合管廊最小水平净距应按现行国家标准《城市综合管廊工程技术规范》GB 50838 执行。

4.1.11 对于埋深大于建(构)筑物基础的工程管线，其与建(构)筑物之间的最小水平距离，应按下式计算，并折算成水平净距后与表 4.1.9 的数值比较，采用较大值。

$$L = \frac{(H-h)}{\tan\alpha} + \frac{B}{2} \quad (4.1.11)$$

式中：L——管线中心至建(构)筑物基础边水平距离(m)；
H——管线敷设深度(m)；
h——建(构)筑物基础底砌置深度(m)；
B——沟槽开挖宽度(m)；
α——土壤内摩擦角(°)。

4.1.12 当工程管线交叉敷设时，管线自地表面向下的排列顺序宜为：通信、电力、燃气、热力、给水、再生水、雨水、污水。给水、再生水和排水管线应按自上而下的顺序敷设。

4.1.13 工程管线交叉点高程应根据排水等重力流管线的高程确定。

4.1.14 工程管线交叉时的最小垂直净距，应符合本规范表 4.1.14 的规定。当受现状工程管线等因素限制难以满足要求时，应根据实际情况采取安全措施后减少其最小垂直净距。

表 4.1.14 工程管线交叉时的最小垂直净距(m)

序号	管线名称		给水管线	污水、雨水管线	热力管线	燃气管线	通信管线		电力管线		再生水管线
							直埋	保护管及通道	直埋	保护管	
1	给水管线		0.15								
2	污水、雨水管线		0.40	0.15							
3	热力管线		0.15	0.15	0.15						
4	燃气管线		0.15	0.15	0.15	0.15					
5	通信管线	直埋	0.50	0.50	0.25	0.50	0.25	0.25			
		保护管、通道	0.15	0.15	0.25	0.15	0.25	0.25			

续表 4.1.14

序号	管线名称		给水管线	污水、雨水管线	热力管线	燃气管线	通信管线		电力管线		再生水管线
							直埋	保护管及通道	直埋	保护管	
6	电力管线	直埋	0.50*	0.50*	0.50*	0.50*	0.50*	0.50*	0.50*	0.25	
		保护管	0.25	0.25	0.25	0.15	0.25	0.25	0.25	0.25	
7	再生水管线		0.50	0.40	0.15	0.15	0.15	0.15	0.15	0.15	
8	管沟		0.15	0.15	0.15	0.15	0.25	0.25	0.25	0.25	0.15
9	涵洞(基底)		0.15	0.15	0.15	0.15	0.25	0.25	0.50	0.50	0.15
10	电车(轨底)		1.00	1.00	1.00	1.00	1.00	1.00	1.00	1.00	1.00
11	铁路(轨底)		1.00	1.20	1.20	1.20	1.50	1.50	1.50	1.50	1.00

注：1 *用隔板分隔时不得小于0.25m；
2 燃气管线采用聚乙烯管材时，燃气管线与热力管线的最小垂直净距应按现行行业标准《聚乙烯燃气管道工程技术规程》CJJ 63 执行；
3 铁路为时速大于等于200km/h客运专线时，铁路(轨底)与其他管线最小垂直净距为1.50m。

4.2 综合管廊敷设

4.2.1 当遇下列情况之一时，工程管线宜采用综合管廊敷设。
1 交通流量大或地下管线密集的城市道路以及配合地铁、地下道路、城市地下综合体等工程建设地段；
2 高强度集中开发区域、重要的公共空间；
3 道路宽度难以满足直埋或架空敷设多种管线的路段；
4 道路与铁路或河流的交叉处或管线复杂的道路交叉口；
5 不宜开挖路面的地段。

4.2.2 综合管廊内可敷设电力、通信、给水、热力、再生水、天然气、污水、雨水管线等城市工程管线。

4.2.3 干线综合管廊宜设置在机动车道、道路绿化带下，支线综合管廊宜设置在绿化带、人行道或非机动车道下。综合管廊覆土深度应根据道路施工、行车荷载、其他地下管线、绿化种植以及设计冰冻深度等因素综合确定。

5 架空敷设

5.0.1 沿城市道路架空敷设的工程管线，其线位应根据规划道路的横断面确定，并不应影响道路交通、居民安全以及工程管线的正常运行。
5.0.2 架空敷设的工程管线应与相关规划结合，节约用地并减小对城市景观的影响。
5.0.3 架空线线杆宜设置在人行道上距路缘石不大于1.0m的位置，有分隔带的道路，架空线线杆可布置在分隔带内，并应满足道路建筑限界要求。
5.0.4 架空电力线与架空通信线宜分别架设在道路两侧。

5.0.5 架空电力线及通信线同杆架设应符合下列规定：
1 高压电力线可采用多回线同杆架设；
2 中、低压配电线可同杆架设；
3 高压与中、低压配电线同杆架设时，应进行绝缘配合的论证；
4 中、低压电力线与通信线同杆架设应采取绝缘、屏蔽等安全措施。

5.0.6 架空金属管线与架空输电线、电气化铁路的馈电线交叉时，应采取接地保护措施。

5.0.7 工程管线跨越河流时，宜采用管道桥或利用交通桥梁进行架设，并应符合下列规定：
1 利用交通桥梁跨越河流的燃气管线压力不应大于0.4MPa；
2 工程管线利用桥梁跨越河流时，其规划设计应与桥梁设计相结合。

5.0.8 架空管线之间及其与建（构）筑物之间的最小水平净距应符合表5.0.8的规定。

表 5.0.8 架空管线之间及其与建（构）筑物之间的最小水平净距（m）

名称		建（构）筑物（凸出部分）	通信线	电力线	燃气管道	其他管道
电力线	3kV以下边导线	1.0	1.0	2.5	1.5	1.5
	3kV~10kV边导线	1.5	2.0	2.5	2.0	2.0
	35kV~66kV边导线	3.0	4.0	5.0	4.0	4.0
	110kV边导线	4.0	4.0	5.0	4.0	4.0
	220kV边导线	5.0	5.0	7.0	5.0	5.0
	330kV边导线	6.0	6.0	9.0	6.0	6.0
	500kV边导线	8.5	8.0	13.0	7.5	6.5
	750kV边导线	11.0	10.0	16.0	9.5	9.5
通信线		2.0	—	—	—	—

注：架空电力线与其他管线及建（构）筑物的最小水平净距为最大计算风偏情况下的净距。

5.0.9 架空管线之间及其与建（构）筑物之间的最小垂直净距应符合表5.0.9的规定。

表5.0.9 架空管线之间及其与建（构）筑物之间的最小垂直净距（m）

名称		建（构）筑物	地面	公路	电车道（路面）	铁路(轨顶)		通信线	燃气管道 $P \leqslant 1.6MPa$	其他管道
						标准轨	电气轨			
电力线	3kV以下	3.0	6.0	6.0	9.0	7.5	11.5	1.0	1.5	1.5
	3kV~10kV	3.0	6.5	7.0	9.0	7.5	11.5	2.0	3.0	2.0
	35kV	4.0	7.0	7.0	10.0	7.5	11.5	3.0	4.0	3.0
	66kV	5.0	7.0	7.0	10.0	7.5	11.5	3.0	4.0	3.0
	110kV	5.0	7.0	7.0	10.0	7.5	11.5	3.0	4.0	3.0
	220kV	6.0	7.5	8.0	11.0	8.5	12.5	4.0	5.0	4.0
	330kV	7.0	8.5	9.0	12.0	9.5	13.5	5.0	6.0	5.0
	500kV	9.0	14.0	14.0	16.0	14.0	16.0	8.5	7.5	6.5
	750kV	11.5	19.5	19.5	21.5	19.5	21.5	12.0	9.5	8.5
通信线		1.5	(4.5) 5.5	(3.0) 5.5	9.0	7.5	11.5	0.6	1.5	1.0
燃气管道 $P \leqslant 1.6MPa$		0.6	5.5	5.5	9.0	6.0	10.5	1.5	0.3	0.3
其他管道		0.6	4.5	4.5	9.0	6.0	10.5	1.0	0.3	0.25

注：1 架空电力线及架空通信线与建(构)物及其他管线的最小垂直净距为最大计算弧垂情况下的净距；
2 括号内为特指与道路平行，但不跨越道路时的高度。

5.0.10 高压架空电力线路规划走廊宽度可按表5.0.10确定。

表5.0.10 高压架空电力线路规划走廊宽度
（单杆单回或单杆多回）

线路电压等级（kV）	走廊宽度（m）
1000（750）	90~110
500	60~75
330	35~45
220	30~40
66，110	15~25
35	15~20

5.0.11 架空燃气管线敷设除应符合本规范外，还应符合现行国家标准《城镇燃气设计规范》GB 50028的规定。

5.0.12 架空电力线敷设除应符合本规范外，还应符合现行国家标准《66kV及以下架空电力线路设计规范》GB 50061及《110kV~750kV架空输电线路设计规范》GB 50545的规定。

本规范用词说明

1 为便于在执行本规范条文时区别对待，对要求严格程度不同的用词说明如下：

1）表示很严格，非这样做不可的用词：
正面词采用"必须"，反面词采用"严禁"；

2）表示严格，在正常情况下均应这样做的用词：
正面词采用"应"，反面词采用"不应"或"不得"；

3）表示允许稍有选择，在条件许可时首先应这样做的用词：
正面词采用"宜"，反面词采用"不宜"；

4）表示有选择，在一定条件下可以这样做的用词，采用"可"。

2 条文中指明应按其他有关标准执行的写法为"应符合……的规定"或"应按……执行"。

引用标准名录

1 《城镇燃气设计规范》GB 50028
2 《66kV及以下架空电力线路设计规范》GB 50061
3 《110kV~750kV架空输电线路设计规范》GB 50545
4 《城市综合管廊工程技术规范》GB 50838
5 《聚乙烯燃气管道工程技术规程》CJJ 63

中华人民共和国国家标准

城市工程管线综合规划规范

GB 50289—2016

条 文 说 明

制 订 说 明

《城市工程管线综合规划规范》GB 50289-2016 经住房和城乡建设部 2016 年 4 月 15 日以第 1099 号公告批准、发布。

本规范是在《城市工程管线综合规划规范》GB 50289-98 的基础上修订而成，上一版的主编单位是沈阳市规划设计研究院，参编单位是昆明市规划设计研究院。主要起草人员是：关增义、刘绍治、王健、李美英、徐玉符。

本规范修订过程中，编制组参考了大量国内外已有的相关法规、技术标准，征求了专家、相关部门和社会各界对于原规范以及规范修订的意见，并与相关国家标准相衔接。

为便于广大规划编制、管理、科研、学校等有关单位人员在使用本规范时能正确理解和执行条文规定，《城市工程管线综合规划规范》编制组按章、节、条顺序编制了本规范的条文说明，对条文规定的目的、依据以及执行中需注意的有关事项进行了说明，还着重对强制性条文的强制性理由做了解释。但是，本条文说明不具备与规范正文同等的法律效力，仅供使用者作为理解和把握规范规定的参考。

目　次

1 总则 ·· 13—13
2 术语 ·· 13—13
3 基本规定 ··· 13—13
4 地下敷设 ··· 13—14
4.1 直埋、保护管及管沟敷设 ············ 13—14
4.2 综合管廊敷设 ······························· 13—15
5 架空敷设 ·· 13—15

1 总 则

1.0.1 城市工程管线种类很多，其功能和施工时间也不统一，在城市道路有限断面上需要综合安排、统筹规划，避免各种工程管线在平面和竖向空间位置上的互相冲突和干扰，保证城市功能的正常运转。编制本规范的目的就是在总结城市工程管线综合规划建设经验的基础上，充分吸收和借鉴国内外先进技术，为工程管线综合规划编制、管理制定统一技术标准，以提高城市工程管线综合规划的科学性、先进性和可操作性，合理利用城市用地。

1.0.2 本规范的编制以《中华人民共和国城乡规划法》为主要依据，适用于城市规划各阶段的工程管线综合规划和单独编制的工程管线综合专项规划，本规范也适用于镇规划的工程管线综合规划。

调研中发现，对于总体规划阶段是否需要编制工程管线综合规划各地存在不同的理解，本次修订去掉了原来提到的阶段，各地可根据实际情况编制某个阶段的工程管线综合规划。

工厂内部工艺性管线种类多、专业性强、敷设要求复杂，大多自成系统，较少涉及与城市工程管线交叉与衔接，不需要按本规范执行。但与厂区以外城市工程管线相接部分要严格遵循本规范有关规定执行。

1.0.3 工程管线综合规划要按规划期限合理确定管线种类、规模和位置，同时要考虑近期建设需要，并适度考虑远景规划以满足城市可持续、健康发展的要求。同时，地下、地上空间也是有限的，工程管线综合规划时应避免浪费空间。

另外，工程管线规划作为城市规划的重要组成部分，各规划阶段都有相应的给水、排水、再生水、电力、通信、热力和燃气等专业规划，工程管线综合规划是将这些专业规划中的线路工程在同一空间内进行综合。要满足各专业功能、容量等方面的要求和城市空间综合布置的要求，使工程管线正常运行，管线综合规划还要与城市用地、城市交通、城市景观、城市综合防灾和城市地下空间利用等规划相协调，使得规划更趋科学合理。

1.0.4 给水、排水、再生水、电力、通信、热力、燃气等工程，目前已有各自的规划或设计规范，工程管线综合规划除执行本规范外，还要遵循国家相关标准的规定。

2 术 语

本章术语是对本规范条文所涉及的城市工程管线综合规划基本技术术语给予统一定义和词解。

3 基本规定

3.0.1 本条是对工程管线综合规划主要内容做出说明，工程管线规划既要满足城市建设与发展中工业生产与人民生活的需要，又要结合城市特点因地制宜，合理规划。

3.0.2 本条是工程管线综合规划的基本原则，在特殊环境中的工程管线综合规划，如旧城区改造、历史街区改造等，必须采取可行的安全措施，才可以适当缩小最小水平净距和最小垂直净距以及最小覆土深度等参数。

3.0.3 城市工程管线采用地下敷设安全性相对较高，而且不会影响城市景观，但考虑经济因素和地区差异，地下敷设作为引导性要求，只是对于架空敷设可能危及人身财产安全或对城市景观要求高的地区，工程管线严格要求采用地下敷设。

3.0.4 采用城市统一的坐标系统和高程系统是为了避免工程管线在平面位置和竖向高程上系统之间的混乱和互不衔接。某些工厂厂区内或相对独立地区为了本身设计和施工的需要常自设坐标系统，但要取得不同坐标系统换算关系，保证在与城市工程管线系统连接处采用统一的坐标系统和高程系统，避免互不衔接问题。

3.0.5 本条对工程管线综合规划提出了一般要求：

1 工程管线按规划道路网布置，避免规划道路网与现状道路网不一致情况下工程管线的再次迁移或对用地的影响。

2 工程管线布局还要结合用地规划，综合优化各专业管线需求，既便于用户使用又节省地下空间。

3 对于原有管线满足不了要求需要改造的工程管线，应通过原线位抽换管线，充分利用地下空间。

4 工程管线在地震断裂带、沉陷区、滑坡危险地带等不良地质条件地区敷设时，随着地段地质的变化，可能会引起工程管线断裂等破坏事故，造成损失，引起危险事故发生。确实无法避开的工程管线，应采取安全措施并制定应急预案。

3.0.6 输水管线、输气管线、输油管线、电力高压走廊等需要规划专用管廊，对城市用地分隔较大，并且占用较多的城市建设用地，应与铁路、高速公路等城市对外交通廊道结合，将这些管线统一考虑规划管线廊道，与城市布局相协调。本条目的是为减少工程管线对城市的影响，节约用地，同时又有利于对区域工程管线用地的控制。输油、输气管线与其他管线间距应按现行国家标准《输油管道工程设计规范》GB 50253、《输气管道工程设计规范》GB 50251 等规定进行控制。

3.0.7 本条为工程管线交叉时的基本避让原则。

1 压力管线与重力流管线交叉发生冲突时，压力管线容易调整管线高程,以解决交叉时的矛盾。

  2 给水、热力、燃气等工程管线多使用易弯曲材质管道,可以通过一些弯曲方法来调整管线高程和坐标,从而解决工程管线交叉矛盾。

  3 主干管径较大,调整主干管线的弯曲度较难,另外过多地调整主干线的弯曲度将增加系统阻力,需提高输送压力,增加运行费用。

4 地下敷设

4.1 直埋、保护管及管沟敷设

4.1.1 确定地下工程管线覆土深度一般考虑下列因素:

  1 保证工程管线在荷载作用下不损坏,正常运行;

  2 在严寒、寒冷地区,保证管道内介质不冻结;

  3 满足竖向规划要求。

  我国地域广阔,各地区气候差异较大,严寒、寒冷地区土壤冰冻线较深,给水、排水、再生水、直埋电力、湿燃气等工程管线属深埋一类。热力、干燃气、非直埋电力、通信等工程管线不受冰冻影响,属浅埋一类。严寒、寒冷地区以外的地区冬季土壤不冰冻或者冰冻深度只有几十厘米,覆土深度不受此影响。

  表4.1.1中管沟包括电力、通信和热力管沟等,其在人行道下最小覆土深度根据各地实际情况和相关标准要求确定。如盖板上需要地面铺装时应为0.20m,盖板上需要种植时应加大覆土深度,在南方一些城市,也有盖板直接作为人行道路面的。

4.1.2 本条规定是为了减少工程管线在施工或日常维修时与城市道路交通相互影响,节省工程投资和日常维修费用。我国大多数城市在工程管线综合规划时,都考虑首先将工程管线敷设在人行道或非机动车道下面。当受道路断面限制,没有位置时,可将管线布置在车行道下面。在一些新规划区,由于绿化带较宽,可以在绿化带下敷设工程管线,但应注意在管线埋设深度和位置上与绿化相协调。

4.1.3、4.1.4 规定工程管线在城市道路、居住区综合布置时的排列次序所遵循的原则是为工程管线综合规划提供方便,为科学规划管理提供依据。需要说明的是并不是所有的城市路段和小区中都有这些种类的工程管线,如缺少某种管线时,在执行规范中各工程管线要按规定的次序去掉缺少的管线后依次排列。在本规范第4.1.3条中,将给水管道分为输水管道和配水管道,燃气管道分为输气管道和配气管道,是因其城市工程管线中承担的功能不同,管道有较大差别,在平面布置中的与其他管线的排列顺序有差别。

4.1.5 主干线靠近分支管线多的一侧是为了节省管线,减少交叉。

  过去我国城市道路上的工程管线多为单侧敷设,随着城市道路的加宽,道路两侧建筑量的增大,工程管线承担负荷的增多,单侧敷设工程管线势必增加工程管线在道路横向上的破路次数,随之带来支管线增加、支管线与主干线交叉增加。近几年各城市在拓宽城市道路的同时,通常将配水、配气、通信、电力和排水管线等沿道路两侧各规划建设一条,既便于连接用户和支管,也利于分期建设。道路下同时有综合管廊的,可根据综合管廊内敷设管线情况确定单侧还是双侧敷设直埋或保护管敷设的管线。

4.1.6 各专业工程管线权属单位不同,重叠敷设影响管线检修及运行安全。调研中发现,历史文化街区、旧城区等由于道路狭窄以及宽窄不一等特殊性,将工程管线引入这些地区,不能完全避免管线的重叠敷设,但要尽可能减少重叠的长度,并采取加套管、斜交等技术措施保证管线安全,利于维护。

4.1.7 工程管线与铁路、公路平行有利于高效利用土地,也便于管线的定位,交叉角的规定是为减少管线交叉长度。

4.1.8 本条为强制性条文。本条规定要求工程管线敷设在稳定的河道段,并提出了不同河道下敷设管线的高程要求,以保证河道疏浚或整治河道时与工程管线不相互影响,保证工程管线施工及运行安全。

4.1.9 本条是从城市建设中各工程管线综合规划统筹安排的角度,在分析和研究大量专业规范数据的基础上并兼顾工程管线、井、闸等构筑物尺寸来规定其合理的最小净距数据,对于受到各种制约条件限制,无法满足最小净距要求的情况,应采取相应措施,如增加管材强度、加设保护管、适当安装截断闸阀及增加管理措施等。

  根据现行行业标准《城市道路绿化规划与设计规范》CJJ 75的规定,对于当遇到特殊情况,树木与管线净距不能达到本规范表4.1.9规定的标准时,其绿化树木根茎中心至地下管线(除热力、燃气外)外缘的最小距离可采用本规范表4.1.9的规定。

4.1.10 现行国家标准《城市综合管廊工程技术规范》GB 50838规定了综合管廊与相邻地下构筑物和地下管线间的最小净距应根据地质条件和相邻构筑物性质确定,且不得小于表1规定的数值。管廊与地下管线水平最小净距的规定基于:明挖施工时为防止泥土塌方对沟槽进行支护所需最小净距。暗挖施工时为防止泥土挤压而影响相邻的管线或构筑物安全所需最小净距。

表1 综合管廊与地下管线和地下
构筑物的最小净距(m)

相邻情况	施工方法	明挖施工	非开挖施工
综合管廊与地下构筑物水平		1.0	综合管廊外径

续表 1

相邻情况 \ 施工方法	明挖施工	非开挖施工
综合管廊与地下管线平行	1.0	综合管廊外径
综合管廊与地下管线交叉穿越	0.5	1.0

4.1.11 对于埋深大于建(构)筑物基础的工程管线，还应计算其与建(构)筑物之间的最小水平距离。

土壤的内摩擦角应以地质勘测数据为准，正常密实度情况下的土壤内摩擦角可参考以下数值：黏性土 30°；砂类土 30°～35°；粗砂、卵砾石 35°～40°；碎石类土 40°～45°；碎石 45°～50°。

4.1.12 本条所提出的顺序为一般的顺序，规划时还应根据具体情况确定。但给水、再生水和排水管道交叉时，上下顺序应严格按规定执行。

4.1.13 本条规定为管线竖向规划时确定各管线高程的基础。

4.1.14 本条规定在综合各专业设计规范基础上进行了修订。

4.2 综合管廊敷设

4.2.1 本条规定了适合规划建设综合管廊的几种情况。

4.2.2 从国内外工程建设实例看，各种城市工程管线均可敷设在综合管廊内，但重力流管道是否进入综合管廊应根据经济技术比较后确定。燃气为天然气时，燃气管线可敷设在综合管廊内，但必须采取有效的安全保护措施。

4.2.3 综合管廊规划位置确定主要考虑对地下空间的集约利用及综合管廊的施工运行维护要求。设置在绿化带下利于人员出入口、吊装口和通风口等建设与使用，设置在机动车道下，可以在其他断面下敷设直埋管线。

5 架 空 敷 设

5.0.1 架空线路规划线位要避免对城市交通和居民安全的影响，并满足工程管线的运行和维护需要，同时也要与道路分隔带、绿化带、行道树等协调，避免造成相互影响。

5.0.2 架空敷设的工程管线与城市用地、交通、绿化和景观等规划相协调，既能集约用地又尽可能减少对景观的影响。

5.0.3 本条规定是为了减少架空线线杆对道路通行的影响。

5.0.4 电力架空杆线与通信架空杆线分别架设在道路两侧可以避免相互影响。

5.0.5 高压电力线指电压为 35kV 及以上，中压配电电压为 10kV、20kV，低压配电电压为 380/220V。一般情况下，高压线路尽量不与中、低压配电线路同杆架设。在线路路径确有困难不得不同杆架设时，应进行绝缘配合的计算，以充分考虑架设条件及安全因素。

5.0.6 本条为强制性条文。金属管线易导电，一旦输电线及电气化铁路的馈电线断线，触及金属管线上，会扩大事故范围，引起更大的事故，所以要求架空金属管线与架空输电线、电气化铁路的馈电线交叉时，架空金属管线应采取接地保护措施，保护人身和财产安全。

5.0.7 本条是对工程管线跨越河流时，采用管道桥或利用交通桥梁进行架设的要求。

5.0.8 本条为强制条文。本规范表 5.0.8 规定了架空管线之间及其与建(构)筑物之间的最小水平净距，以保障架空管线施工及运营安全。

5.0.9 本条为强制条文。本规范表 5.0.9 规定了架空管线之间及其与建(构)筑物之间的最小垂直净距，以保障架空管线施工及运营安全。

5.0.10 各城市可结合本规范表 5.0.10 的规定和当地实际情况确定。

5.0.11 《城镇燃气设计规范》GB 50028 对于架空敷设的燃气管线有相应规定。

5.0.12 《66kV 及以下架空电力线路设计规范》GB 50061 和《110kV～750kV 架空输电线路设计规范》GB 50545 对于架空电力线有相应规定。

中华人民共和国国家标准

城市电力规划规范

Code for planning of urban electric power

GB/T 50293—2014

主编部门：中华人民共和国住房和城乡建设部
批准部门：中华人民共和国住房和城乡建设部
施行日期：２０１５年５月１日

中华人民共和国住房和城乡建设部
公 告

第 520 号

住房城乡建设部关于发布国家标准《城市电力规划规范》的公告

现批准《城市电力规划规范》为国家标准，编号为 GB/T 50293-2014，自 2015 年 5 月 1 日起实施。原《城市电力规划规范》GB 50293-1999 同时废止。

本规范由我部标准定额研究所组织中国建筑工业出版社出版发行。

中华人民共和国住房和城乡建设部
2014 年 8 月 27 日

前 言

根据住房和城乡建设部《关于印发"2009 年工程建设标准规范制订、修订计划"的通知》建标 [2009] (88 号) 的要求，标准编制组广泛调查研究，认真总结实践经验，参考有关国内外标准，并在广泛征求意见的基础上，修订本规范。

本规范修订的主要技术内容是：1. 调整了电力规划编制的内容要求，将原第 3 章"城市电力规划编制基本要求"调改为"基本规定"；2. 在"城市供电设施"增加"环网单元"内容；3. 调整了电力规划负荷预测标准指标；4. 调整了变电站规划用地控制指标；5. 增加了超高压、新能源等相关内容；6. 增加了引用标准名录；7. 对相关条文进行了补充修改。

本规范由住房和城乡建设部负责管理，由中国城市规划设计研究院负责具体技术内容的解释。执行过程中如有意见和建议请寄送中国城市规划设计研究院（地址：北京市车公庄西路 5 号，邮编：100044）。

本规范主编单位：中国城市规划设计研究院

本规范参编单位：国家电网公司发展策划部
中国电力科学研究院
北京市城市规划设计研究院
上海市城市规划设计研究院
国网北京经济技术研究院
国网北京市电力公司

本规范主要起草人：洪昌富　侯义明　仝德良
王雅丽　夏　凉　刘海龙
韦　涛　崔　凯　魏保军
娄奇鹤　左向红　徐　俊
王立永　才　华　李红军
周启亮　贺　健　宋　毅

本规范主要审查人：王静霞　干银辉　王承东
檀　星　王永强　戴志伟
梁　峥　郑志宇　李朝顺
张国柱　和坤玲　杨秀华
高　斌

目次

1 总则 ·· 14—5
2 术语 ·· 14—5
3 基本规定 ··· 14—5
4 城市用电负荷 ······································· 14—5
  4.1 城市用电负荷分类 ························· 14—5
  4.2 城市用电负荷预测 ························· 14—6
  4.3 负荷预测指标 ································ 14—6
5 城市供电电源 ······································· 14—7
  5.1 城市供电电源种类和选择 ··············· 14—7
  5.2 电力平衡与电源布局 ······················ 14—7
  5.3 城市发电厂规划布局 ······················ 14—7
  5.4 城市电源变电站布局 ······················ 14—7
6 城市电网 ··· 14—7
  6.1 规划原则 ······································· 14—7
  6.2 电压等级和层次 ····························· 14—7
7 城市供电设施 ······································· 14—8
  7.1 一般规定 ······································· 14—8
  7.2 城市变电站 ···································· 14—8
  7.3 开关站 ··· 14—9
  7.4 环网单元 ······································· 14—9
  7.5 公用配电室 ···································· 14—9
  7.6 城市电力线路 ································ 14—9
本规范用词说明 ·· 14—10
引用标准名录 ·· 14—10
附：条文说明 ·· 14—11

Contents

1 General Provisions ·················· 14—5
2 Terms ·················· 14—5
3 Basic Requirements ·················· 14—5
4 Urban Electricity Load ·················· 14—5
   4.1 Urban electricity Load Classification ·················· 14—5
   4.2 Urban electricity Load Forecast ·················· 14—6
   4.3 Load Forecast Index ·················· 14—6
5 Urban Power Supply Sources ·················· 14—7
   5.1 Urban Power Supply Sources Type and Choice ·················· 14—7
   5.2 Power Balance and Power Source Layout ·················· 14—7
   5.3 Urban Power Plant Plan Layout Principle ·················· 14—7
   5.4 Urban Power Source Substation Layout Principle ·················· 14—7
6 Urban Power Network ·················· 14—7
   6.1 Plan Principle ·················· 14—7
   6.2 Voltage Rank and Level ·················· 14—7
7 Urban Power Supply Facility ·················· 14—8
   7.1 General Requirement ·················· 14—8
   7.2 Urban Substation ·················· 14—8
   7.3 Switching Station ·················· 14—9
   7.4 Ring Main Unit ·················· 14—9
   7.5 Public Distribution Room ·················· 14—9
   7.6 Urban Power Circuit ·················· 14—9
Explanation of Wording in This Code ·················· 14—10
List of Quoted Standards ·················· 14—10
Addition: Explanation of Provisions ·················· 14—11

1 总　则

1.0.1 为更好地贯彻执行国家城市规划、电力、能源的有关法规和方针政策，提高城市电力规划的科学性、合理性和经济性，确保规划编制质量，制定本规范。

1.0.2 本规范适用于城市规划的电力规划编制工作。

1.0.3 城市电力规划的主要内容应包括：预测城市电力负荷，确定城市供电电源、城市电网布局框架、城市重要电力设施和走廊的位置和用地。

1.0.4 城市电力规划应遵循远近结合、适度超前、合理布局、环境友好、资源节约和可持续发展的原则。

1.0.5 规划城市规划区内发电厂、变电站、开关站和电力线路等电力设施的地上、地下空间位置和用地时，应贯彻合理用地、节约用地的原则。

1.0.6 城市电力规划除应符合本规范的规定外，尚应符合国家现行有关标准的规定。

2 术　语

2.0.1 城市用电负荷　urban electricity load

城市内或城市规划片区内，所有用电户在某一时刻实际耗用的有功功率的总和。

2.0.2 负荷同时率　load coincidence factor

在规定的时间段内，电力系统综合最高负荷与所属各个子地区（或各用户、各变电站）各自最高负荷之和的比值。

2.0.3 负荷密度　load density

表征负荷分布密集程度的量化参数，以每平方公里的平均用电功率计量。

2.0.4 城市供电电源　urban power supply sources

为城市提供电能来源的发电厂和接受市域外电力系统电能的电源变电站的总称。

2.0.5 城市发电厂　urban power plant

在市域范围内规划建设需独立用地的各类发电设施。

2.0.6 城市变电站　urban substation

配置于城市区域中起变换电压、交换功率和汇集、分配电能的变电站及其配套设施。

2.0.7 城市电网　urban power network

城市区域内，为城市用户供电的各级电网的总称。

2.0.8 配电室　distribution room

主要为低压用户配送电能，设有中压配电进出线（可有少量出线）、配电变压器和低压配电装置，带有低压负荷的户内配电场所。

2.0.9 开关站　switching station

城网中设有高、中压配电进出线、对功率进行再分配的供电设施。可用于解决变电站进出线间隔有限或进出线走廊受限，并在区域中起到电源支撑的作用。

2.0.10 环网单元　ring main unit

用于10kV电缆线路分段、联络及分接负荷的配电设施。也称环网柜或开闭器。

2.0.11 箱式变电站　cabinet/pad-mounted distribution substation

由中压开关、配电变压器、低压出线开关、无功补偿装置和计量装置等设备共同安装于一个封闭箱体内的户外配电装置。

2.0.12 高压线走廊　high-tension line corridor

35kV及以上高压架空电力线路两边导线向外侧延伸一定安全距离所形成的两条平行线之间的通道。也称高压架空线路走廊。

3 基本规定

3.0.1 城市电力规划应符合地区电力系统规划总体要求，并应与城市总体规划相协调。

3.0.2 城市电力规划编制阶段、期限和范围应与城市规划相一致。

3.0.3 城市电力规划应根据所在城市的性质、规模、国民经济、社会发展、地区能源资源分布、能源结构和电力供应现状等条件，结合所在地区电力发展规划及其重大电力设施工程项目近期建设进度安排，由城市规划、电力部门通过协商进行编制。

3.0.4 城市变电站、电力线路等各类供电设施的设置应符合现行国家标准《电磁辐射防护规定》GB 8702和《环境电磁波卫生标准》GB 9175电磁环境的有关规定。

3.0.5 规划新建的各类电力设施运行噪声及废水、废气、废渣三废排放对周围环境的干扰和影响，应符合国家环境保护方面的法律、法规的有关规定。

3.0.6 城市电力规划编制过程中，应与道路交通、绿化、供水、排水、供热、燃气、通信等规划相协调，统筹安排，空间共享，妥善处理相互间影响和矛盾。

4 城市用电负荷

4.1 城市用电负荷分类

4.1.1 城市用电负荷按城市建设用地性质分类，应与现行国家标准《城市用地分类与规划建设用地标准》GB 50137所规定的城市建设用地分类相一致。城市用电负荷按产业和生活用电性质分类，可分为第一产业用电、第二产业用电、第三产业用电、城乡居民生活用电。

4.1.2 城市用电负荷按城市负荷分布特点，可分为一般负荷（均布负荷）和点负荷两类。

4.2 城市用电负荷预测

4.2.1 城市总体规划阶段的电力规划负荷预测宜包括下列内容：
　　1 市域及中心城区规划最大负荷；
　　2 市域及中心城区规划年总用电量；
　　3 中心城区规划负荷密度。

4.2.2 城市详细规划阶段电力规划负荷预测宜包括下列内容：
　　1 详细规划范围内最大负荷；
　　2 详细规划范围内规划负荷密度。

4.2.3 城市电力负荷预测应确定一种主要的预测方法，并应用其他预测方法进行补充、校核。

4.2.4 负荷同时率的大小，应根据各地区电网用电负荷特性确定。

4.2.5 城市电力负荷预测方法的选择宜符合下列规定：
　　1 城市总体规划阶段电力负荷预测方法，宜选用人均用电指标法、横向比较法、电力弹性系数法、回归分析法、增长率法、单位建设用地负荷密度法、单耗法等。
　　2 城市详细规划阶段的电力负荷预测，一般负荷（均布负荷）宜选用单位建筑面积负荷指标法等；点负荷宜选用单耗法，或由有关专业部门、设计单位提供负荷、电量资料。

4.3 负荷预测指标

4.3.1 当采用人均用电指标法或横向比较法预测城市总用电量时，其规划人均综合用电量指标宜符合表4.3.1的规定。

表4.3.1 规划人均综合用电量指标

城市用电水平分类	人均综合用电量[kWh/(人·a)]	
	现状	规划
用电水平较高城市	4501～6000	8000～10000
用电水平中上城市	3001～4500	5000～8000
用电水平中等城市	1501～3000	3000～5000
用电水平较低城市	701～1500	1500～3000

注：当城市人均综合用电量现状水平高于或低于表中规定的现状指标最高或最低限值的城市。其规划人均综合用电量指标的选取，应视其城市具体情况因地制宜确定。

4.3.2 当采用人均用电指标法或横向比较法预测居民生活用电量时，其规划人均居民生活用电量指标宜符合表4.3.2的规定。

表4.3.2 规划人均居民生活用电量指标

城市用电水平分类	人均居民生活用电量[kWh/(人·a)]	
	现状	规划
用电水平较高城市	1501～2500	2000～3000
用电水平中上城市	801～1500	1000～2000
用电水平中等城市	401～800	600～1000
用电水平较低城市	201～400	400～800

注：当城市人均居民生活用电量现状水平高于或低于表中规定的现状指标最高或最低限值的城市，其规划人均居民生活用电量指标的选取，应视其城市的具体情况，因地制宜确定。

4.3.3 当采用单位建设用地负荷密度法进行负荷预测时，其规划单位建设用地负荷指标宜符合表4.3.3的规定。

表4.3.3 规划单位建设用地负荷指标

城市建设用地类别	单位建设用地负荷指标（kW/hm²）
居住用地（R）	100～400
商业服务业设施用地（B）	400～1200
公共管理与公共服务设施用地（A）	300～800
工业用地（M）	200～800
物流仓储用地（W）	20～40
道路与交通设施用地（S）	15～30
公用设施用地（U）	150～250
绿地与广场用地（G）	10～30

注：超出表中建设用地以外的其他各类建设用地的规划单位建设用地负荷指标的选取，可根据所在城市的具体情况确定。

4.3.4 当采用单位建筑面积负荷密度指标法时，其规划单位建筑面积负荷指标宜符合表4.3.4的规定。

表4.3.4 规划单位建筑面积负荷指标

建筑类别	单位建筑面积负荷指标（W/m²）
居住建筑	30～70 4～16（kW/户）
公共建筑	40～150
工业建筑	40～120
仓储物流建筑	15～50
市政设施建筑	20～50

注：特殊用地及规划预留的发展备用地负荷密度指标的选取，可结合当地实际情况和规划供能要求，因地制宜确定。

5 城市供电电源

5.1 城市供电电源种类和选择

5.1.1 城市供电电源可分为城市发电厂和接受市域外电力系统电能的电源变电站。

5.1.2 城市供电电源的选择，应综合研究所在地区的能源资源状况、环境条件和可开发利用条件，进行统筹规划，经济合理地确定城市供电电源。

5.1.3 以系统受电或以水电供电为主的大城市，应规划建设适当容量的本地发电厂，以保证城市用电安全及调峰的需要。

5.1.4 有足够稳定的冷、热负荷的城市，电源规划宜与供热（冷）规划相结合，建设适当容量的冷、热、电联产电厂，并应符合下列规定：

　　1 以煤（燃气）为主的城市，宜根据热力负荷分布规划建设热电联产的燃煤（燃气）电厂，同时与城市热力网规划相协调。

　　2 城市规划建设的集中建设区或功能区，宜结合功能区规划用地性质的冷热电负荷特点，规划中小型燃气冷、热、电三联供系统。

5.1.5 在有足够再生资源的城市，可规划建设可再生能源电厂。

5.2 电力平衡与电源布局

5.2.1 电力平衡应根据城市总体规划和地区电力系统中长期规划，在负荷预测的基础上，考虑合理的备用容量，提出地区电力系统需要提供该城市的电力总容量，并应协调地区电力规划。

5.2.2 电源应根据所在城市的性质、人口规模和用地布局，合理确定城市电源点的数量和布局，大、中城市应组成多电源供电系统。

5.2.3 电源布局应根据负荷分布和电源点的连接方式，合理配置城市电源点，协调好电源布点与城市港口、机场、国防设施和其他工程设施之间的关系。

5.2.4 燃煤（气）电厂的布局应统筹考虑煤炭、燃气输送、环境影响、用地布局、电力系统需求等因素。

5.2.5 可再生能源电厂应依据资源条件布局并应与城市规划建设相协调。

5.3 城市发电厂规划布局

5.3.1 城市发电厂的规划布局，除应符合国家现行相关标准外，还应符合下列规定：

　　1 燃煤（气）电厂的厂址宜选用城市非耕地，并应符合现行国家标准《城市用地分类与规划建设用地标准》GB 50137 的有关要求。

　　2 大、中型燃煤电厂应安排足够容量的燃煤储存用地；燃气电厂应有稳定的燃气资源，并应规划设计相应的输气管道。

　　3 燃煤电厂选址宜在城市最小风频上风向，并应符合国家环境保护的有关规定。

　　4 供冷（热）电厂宜靠近冷（热）负荷中心，并与城市热力网设计相匹配。

5.3.2 燃煤电厂在规划厂址的同时应规划贮灰场和水灰管线等，贮灰场宜利用荒、滩地或山谷。

5.3.3 城市发电厂应根据发电厂与城网的连接方式规划出线走廊。

5.4 城市电源变电站布局

5.4.1 电源变电站的位置应根据城市总体规划布局、负荷分布及与外部电网的连接方式、交通运输条件、水文地质、环境影响和防洪、抗震要求等因素进行技术经济比较后合理确定。

5.4.2 规划新建的电源变电站，应避开国家重点保护的文化遗址或有重要开采价值的矿藏。

5.4.3 为保证可靠供电，应在城区外围建设高电压等级的变电站，以构成城市供电的主网架。

5.4.4 对用电量大、高负荷密度区，宜采用 220kV 及以上电源变电站深入负荷中心布置。

6 城 市 电 网

6.1 规 划 原 则

6.1.1 城市电网规划应分层分区，各分层分区应有明确的供电范围，并应避免重叠、交错。

6.1.2 城市电源应与城市电网同步规划，城市电网应根据地区发展规划和地区负荷密度，规划电源和走廊用地。

6.1.3 城市电网规划应满足结构合理、安全可靠、经济运行的要求，各级电网的接线宜标准化，并应保证电能质量，满足城市用电需求。

6.1.4 城市电网的规划建设应纳入城乡规划，应按城市规划布局和管线综合的要求，统筹安排、合理预留城网中各级电压变电站、开关站、电力线路等供电设施的位置和用地。

6.2 电压等级和层次

6.2.1 城市电网电压等级应符合现行国家标准《标准电压》GB/T 156 的规定。

6.2.2 城市电网应简化变压层级，优化配置电压等级序列，避免重复降压。城市电网的电压等级序列，应根据本地区实际情况和远景发展确定。

6.2.3 城市电网规划的目标电压等级序列以外的电压等级，应限制发展、逐步改造。

6.2.4 城市电网中的最高一级电压，应考虑城市电网发展现状，根据城市电网远期的规划负荷量和城市电网与外部电网的连接方式确定。

6.2.5 城市电网中各级电网容量应按一定的容载比配置，各电压等级城市电网容载比宜符合表6.2.5的规定。

表6.2.5 各电压等级城市电网容载比

年负荷平均增长率	小于7%	7%～12%	大于12%
500kV及以上	1.5～1.8	1.6～1.9	1.7～2.0
220kV～330kV	1.6～1.9	1.7～2.0	1.8～2.1
35kV～110kV	1.8～2.0	1.9～2.1	2.0～2.2

7 城市供电设施

7.1 一般规定

7.1.1 规划新建或改建的城市供电设施的建设标准、结构选型，应与城市现代化建设整体水平相适应。

7.1.2 设备选型应安全可靠、经济实用、兼顾差异，应用通用设备，选择技术成熟、节能环保和抗震性能好的产品，并应符合国家有关标准的规定。

7.1.3 规划新建的城市供电设施应根据其所处地段的地形地貌条件和环境要求，选择与周围环境景观相协调的结构形式与建筑外形。

7.1.4 在自然灾害多发地区和跨越铁路或桥梁等地段，应提高城市供电设施的设计标准。

7.1.5 供电设施规划时应考虑城市分布式能源、电动汽车充电站等布局、接入需要，适应智能电网发展。

7.2 城市变电站

7.2.1 城市变电站结构形式分类应符合表7.2.1的规定。

表7.2.1 城市变电站结构形式分类

大类	结构形式	小类	结构形式
1	户外式	1	全户外式
		2	半户外式
2	户内式	1	常规户内式
		2	小型户内式
3	地下式	1	半地下式
		2	全地下式
4	移动式	1	箱体式
		2	成套式

7.2.2 城市变电站按其一次侧电压等级可分为500kV、330kV、220kV、110（66）kV、35kV五类变电站。

7.2.3 城市变电站主变压器安装台（组）数宜为2台（组）～4台（组），单台（组）主变压器容量应标准化、系列化。35kV～500kV变电站主变压器单台（组）容量选择宜符合表7.2.3的规定。

表7.2.3 35kV～500kV变电站主变压器单台（组）容量表

变电站电压等级（kV）	单台（组）主变压器容量（MVA）
500	500、750、1000、1200、1500
330	120、150、180、240、360、500、750
220	90、120、150、180、240、360
110	20、31.5、40、50、63
66	10、20、31.5、40、50
35	3.15、6.3、10、20、31.5

7.2.4 城市变电站规划选址，应符合下列规定：

1 应与城市总体规划用地布局相协调；

2 应靠近负荷中心；

3 应便于进出线；

4 应方便交通运输；

5 应减少对军事设施、通信设施、飞机场、领（导）航台、国家重点风景名胜区等设施的影响；

6 应避开易燃、易爆危险源和大气严重污秽区及严重盐雾区；

7 220kV～500kV变电站的地面标高，宜高于100年一遇洪水位；35kV～110kV变电站的地面标高，宜高于50年一遇洪水位；

8 应选择良好地质条件的地段。

7.2.5 城市变电站出口应有（2～3）个电缆进出通道，应按变电站终期规模考虑变电站及其周边路网的电缆管沟规划以满足变电站进出线要求。

7.2.6 规划新建城市变电站的结构形式选择，宜符合下列规定：

1 在市区边缘或郊区，可采用布置紧凑、占地较少的全户外式或半户外式；

2 在市区内宜采用全户内式或半户外式；

3 在市中心地区可在充分论证的前提下结合绿地或广场建设全地下式或半地下式；

4 在大、中城市的超高层公共建筑群区、中心商务区及繁华、金融商贸街区，宜采用小型户内式；可建设附建式或地下变电站。

7.2.7 城市变电站的用地面积，应按变电站最终规模预留；规划新建的35kV～500kV变电站规划用地面积控制指标宜符合表7.2.7的规定。

表 7.2.7　35kV～500kV 变电站规划用地面积控制指标

序号	变压等级（kV）一次电压/二次电压	主变压器容量 [MVA/台（组）]	变电站结构形式及用地面积（m²）		
			全户外式用地面积	半户外式用地面积	户内式用地面积
1	500/220	750～1500/2～4	25000～75000	12000～60000	10500～40000
2	330/220 及 330/110	120～360/2～4	22000～45000	8000～30000	4000～20000
3	220/110（66，35）	120～240/2～4	6000～30000	5000～12000	2000～8000
4	110（66）/10	20～63/2～4	2000～5500	1500～5000	800～4500
5	35/10	5.6～31.5/2～3	2000～3500	1000～2600	500～2000

注：有关特高压变电站、换流站等设施建设用地，宜根据实际需求规划控制。本指标未包括厂区周围防护距离或绿化带用地，不含生活区用地。

7.3 开 关 站

7.3.1 高电压线路伸入市区，可根据电网需求，建设 110kV 及以上电压等级开关站。

7.3.2 当 66kV～220kV 变电站的二次侧 35kV 或 10（20）kV 出线走廊受到限制，或者 35kV 或 10（20）kV 配电装置间隔不足，且无扩建余地时，宜规划建设开关站。

7.3.3 10（20）kV 开关站应根据负荷的分布与特点布置。

7.3.4 10（20）kV 开关站宜与 10（20）kV 配电室联体建设，且宜考虑与公共建筑物混合建设。

7.3.5 10（20）kV 开关站规划用地面积控制指标宜符合表 7.3.5 的规定。

表 7.3.5　10（20）kV 开关站规划用地面积控制指标

序号	设施名称	规模及机构形式	用地面积（m²）
1	10（20）kV 开关站	2 进线 8～14 出线，户内不带配电变压器	80～260
2	10（20）kV 开关站	3 进线 12～18 出线，户内不带配电变压器	120～350
3	10（20）kV 开关站	2 进线 8～14 出线，户内带 2 台配电变压器	180～420

续表 7.3.5

序号	设施名称	规模及机构形式	用地面积（m²）
4	10（20）kV 开关站	3 进线 8～18 出线，户内带 2 台配电变压器	240～500

7.4 环网单元

7.4.1 10kV（20kV）环网单元宜在地面上建设，也可与用电单位的供电设施共同建设。与用电单位的建筑共同建设时，宜建在首层或地下一层。

7.4.2 10kV（20kV）环网单元每组开闭设备宜为 2 路进线（4～6）路馈出线。

7.5 公用配电室

7.5.1 规划新建公用配电室的位置，应接近负荷中心。

7.5.2 公用配电室宜按"小容量、多布点"原则规划设置，配电变压器安装台数宜为两台，单台配电变压器容量不宜超过 1000kVA。

7.5.3 在负荷密度较高的市中心地区，住宅小区、高层楼群、旅游网点和对市容有特殊要求的街区及分散的大用电户，规划新建的配电室宜采用户内型结构。

7.5.4 在公共建筑楼内规划新建的配电室，应有良好的通风和消防措施。

7.5.5 当城市用地紧张、现有配电室无法扩容且选址困难时，可采用箱式变电站，且单台变压器容量不宜超过 630kVA。

7.6 城市电力线路

7.6.1 城市电力线路分为架空线路和地下电缆线路两类。

7.6.2 城市架空电力线路的路径选择，应符合下列规定：

　　1 应根据城市地形、地貌特点和城市道路网规划，沿道路、河渠、绿化带架设，路径应短捷、顺直，减少同道路、河流、铁路等的交叉，并应避免跨越建筑物；

　　2 35kV 及以上高压架空电力线路应规划专用通道，并应加以保护；

　　3 规划新建的 35kV 及以上高压架空电力线路，不宜穿越市中心地区、重要风景名胜区或中心景观区；

　　4 宜避开空气严重污秽或有爆炸危险品的建筑物、堆场、仓库；

　　5 应满足防洪、抗震要求。

7.6.3 内单杆单回水平排列或单杆多回垂直排列的市区 35kV～1000kV 高压架空电力线路规划走廊宽度，

宜根据所在城市的地理位置、地形、地貌、水文、地质、气象等条件及当地用地条件，按表7.6.3的规定合理确定。

表7.6.3 市区35kV～1000kV高压架空电力线路规划走廊宽度

线路电压等级（kV）	高压线走廊宽度（m）
直流±800	80～90
直流±500	55～70
1000（750）	90～110
500	60～75
330	35～45
220	30～40
66，110	15～25
35	15～20

7.6.4 市区内高压架空电力线路宜采用占地较少的窄基杆塔和多回路同杆架设的紧凑型线路结构，多路杆塔宜安排在同一走廊。

7.6.5 高压架空电力线路与邻近通信设施的防护间距，应符合现行国家标准《架空电力线路与调幅广播收音台的防护间距》GB 7495的有关规定。

7.6.6 高压架空电力线路导线与建筑物之间的最小垂直距离、导线与建筑物之间的水平距离、导线与地面间最小垂直距离、导线与街道行道树之间最小垂直距离应符合现行国家标准《66kV及以下架空电力线路设计规范》GB 50061、《110kV～750kV架空输电线路设计规范》GB 50545、《1000kV架空输电线路设计规范》GB 50665的有关规定。

7.6.7 规划新建的35kV及以上电力线路，在下列情况下，宜采用地下电缆线路：

　　1 在市中心地区、高层建筑群区、市区主干路、人口密集区、繁华街道等；

　　2 重要风景名胜区的核心区和对架空导线有严重腐蚀性的地区；

　　3 走廊狭窄，架空线路难以通过的地区；

　　4 电网结构或运行安全的特殊需要线路；

　　5 沿海地区易受热带风暴侵袭的主要城市的重要供电区域。

7.6.8 城区中、低压配电线路应纳入城市地下管线统筹规划，其空间位置和走向应满足配电网需求。

7.6.9 城市地下电缆线路路径和敷设方式的选择，除应符合现行国家标准《电力工程电缆设计规范》GB 50217的有关规定外，尚应根据道路网规划，与道路走向相结合，并应保证地下电缆线路与城市其他市政公用工程管线间的安全距离，同时电缆通道的宽度和深度应满足电网发展需求。

本规范用词说明

1 为便于在执行本规范条文时区别对待，对要求严格程度不同的用词说明如下：

　　1）表示很严格，非这样做不可的用词：
　　　　正面词采用"必须"，反面词采用"严禁"；
　　2）表示严格，在正常情况下均应这样做的用词：
　　　　正面词采用"应"，反面词采用"不应"或"不得"；
　　3）表示允许稍有选择，在条件许可时首先应这样做的用词：
　　　　正面词采用"宜"，反面词采用"不宜"；
　　4）表示有选择，在一定条件下可以这样做的用词，采用"可"。

2 条文中指明应按其他有关标准执行的写法为："应符合……的规定"或"应按……执行"。

引用标准名录

1 《66kV及以下架空电力线路设计规范》GB 50061

2 《城市用地分类与规划建设用地标准》GB 50137

3 《电力工程电缆设计规范》GB 50217

4 《110kV～750kV架空输电线路设计规范》GB 50545

5 《1000kV架空输电线路设计规范》GB 50665

6 《标准电压》GB/T 156

7 《架空电力线路与调幅广播收音台的防护间距》GB 7495

8 《电磁辐射防护规定》GB 8702

9 《环境电磁波卫生标准》GB 9175

中华人民共和国国家标准

城市电力规划规范

GB/T 50293—2014

条 文 说 明

修 订 说 明

《城市电力规划规范》GB/T 50293-2014（以下简称本规范），经住房和城乡建设部2014年8月27日以第520号公告批准、发布。

本规范是在《城市电力规划规范》GB 50293-1999（以下简称原规范）的基础上修订而成，上一版的主编单位是中国城市规划设计研究院，参编单位是电力工业部安全生产监察司、国家电力调度中心、北京市城市规划设计研究院、北京供电局、上海市城市规划设计研究院、上海电力工业局、天津市城市规划设计研究院，主要起草人员是刘学珍、朱保哲、刘玉娟、孙轩、金文龙、屠三益、武绪敏、任年荣、仝德良、吕千。

本次修订的主要内容是：1. 调整简化了电力规划编制的内容要求，将原第3章"城市电力规划编制基本要求"调改为"基本规定"；2. 在"城市供电设施"增加"环网单元"内容；3. 调整了电力规划负荷预测标准指标；4. 调整了变电站规划用地控制指标；5. 增加了超高压、新能源等相关内容；6. 增加了引用标准名录；7. 对相关条文进行了补充修改。

本规范修订过程中，编制组进行了系统深入的调查研究，总结了我国城市电网规划建设的实践经验，同时参考了大量国内外已有的相关法规、技术标准，征求了专家、相关部门和社会各界对于原规范以及规范修订的意见，并与相关国家标准规范相衔接。

为了便于广大规划设计、施工、科研、学校等单位有关人员在使用本规范时能正确理解和执行条文规定，《城市电力规划规范》编制组按章、节、条顺序编制本规范的条文说明，对条文规定的目的，依据以及执行中需要注意的有关事项进行了说明。但是，本条文说明不具备与规范正文同等的法律效力，仅供使用者作为理解和把握规范的参考。

目 次

1 总则 ·· 14—14
2 术语 ·· 14—14
3 基本规定 ·· 14—14
4 城市用电负荷 ···································· 14—14
　4.1 城市用电负荷分类 ························ 14—14
　4.2 城市用电负荷预测 ························ 14—15
　4.3 负荷预测指标 ······························ 14—15
5 城市供电电源 ···································· 14—19
　5.1 城市供电电源种类和选择 ··············· 14—19
　5.2 电力平衡与电源布局 ····················· 14—19
　5.3 城市发电厂规划布局 ····················· 14—19
　5.4 城市电源变电站布局 ····················· 14—19
6 城市电网 ·· 14—19
　6.1 规划原则 ···································· 14—19
　6.2 电压等级和层次 ··························· 14—20
7 城市供电设施 ···································· 14—20
　7.1 一般规定 ···································· 14—20
　7.2 城市变电站 ································· 14—21
　7.3 开关站 ······································· 14—22
　7.4 环网单元 ···································· 14—22
　7.5 公用配电室 ································· 14—22
　7.6 城市电力线路 ······························ 14—22

1 总 则

1.0.1 条文中明确规定了本规范编制的目的和依据。城市电力规划是城市规划的重要组成部分，具有综合性、政策性和电力专业技术性较强的特点，贯彻执行国家城乡规划、电力、能源的有关法规和方针政策，可为城市电力规划的编制工作提供可靠的基础和法律保证，以确保规划的质量。城市规划、电力能源的有关国家法规，主要包括：《中华人民共和国城乡规划法》、《中华人民共和国电力法》、《中华人民共和国土地管理法》、《中华人民共和国环境保护法》、《中华人民共和国可再生能源法》和《中华人民共和国节约能源法》等。

1.0.2 本规范适用范围包括有两层含意：一是本规范适用于《中华人民共和国城乡规划法》所称的城市中的设市城市，也包括建制镇。但考虑我国建制镇数量很多，规模和发展水平差异较大，各地理位置、资源条件以及供电管理水平和电力设施装备水平相差悬殊，各建制镇可结合本地实际情况因地制宜地参照执行本规范。二是本规范的适用范围覆盖了《中华人民共和国城乡规划法》所规定的各层次规划阶段中的电力规划编制工作。对于电力行业相关主管部门组织编制的电力专项规划或电力发展规划，其主要内容应符合本规范的要求，其他内容可以根据电力行业发展的专业需要确定。

1.0.5 节约用地，十分珍惜和合理使用城市每一寸土地，是我国一项基本国策，尤其是在改革开放不断深入发展的今天更为必要。执行本条文需注意的是：节约用地应在以保证供电设施安全经济运行、方便维护为前提的条件下，依靠科学进步，采用新技术、新设备、新材料、新工艺，或者通过技术革新，改造原有设备的布置方式，达到缩小用地、实现节省占地的目的，而不能不考虑供电设施必要的技术条件和功能上的要求，硬性压缩用地。

2 术 语

本章主要将本规范中所涉及的城市电力规划基本技术用语，给以统一定义和词解；或对在其他标准、规范中尚未明确定义的专用术语，而在我国城市供用电领域中已成熟的惯用技术用语，加以肯定、纳入，以利于对本规范的正确理解和使用。

3 基本规定

3.0.1 城市电力规划是城市规划的重要组成部分，地区电力系统是城市重要的电源，是确定城网规模、布局的依据。因此，必须以城市规划、地区电力系统规划为依据，从全局出发，考虑城市电力规划的编制工作。

3.0.2 城市电力规划是城市规划的配套规划，规划阶段、期限和范围的划分，只有同城市规划相一致，才能使规划的内容、深度和实施进度做到与城市整体发展同步，使城市土地利用、环境保护及城市电力与其他工程设施之间的矛盾和影响得到有效的协调和解决，取得最佳的社会、经济、环境综合效益。

3.0.3 条文中提出的编制城市电力规划，尤其是编制城市总体规划阶段中的电力规划应由城市规划、电力两部门通过充分协商，密切合作进行编制的理由，主要是由城市电力规划所具有的综合协调性和电力专业技术性很强的双重性特点所决定的。在城市电力规划的编制工作中，要以城市总体规划为依据，统筹安排、综合协调各项电力设施在城市空间中的布局，为电力设施的建设提供必要的城市空间，同时城市的发展，也离不开电力能源的供应，两者之间是一种相互联系、相互制约的内涵关系。这种双重性特点在电力总体规划阶段体现得更为突出，如果在编制电力总体规划工作中，城市规划、电力两部门之间不能取得密切配合和协作，使制定的规划过分地偏重其双重性中的任何一个方面，都将不是一个全面完整的规划，也难以保证规划的质量和规划的实施。

3.0.4、3.0.5 这两条对城市电能生产、供应提出符合社会、经济、环境综合效益的具体要求。电力是一种先进的和使用方便的优质能源，它是国民经济发展的物质基础，是人民生活的必需品，是现代社会生活的重要标志。城市现代化程度越高，对电能的需求量就越大，但生产电能的发电厂所排出的废水、废气、粉尘、灰渣和承担输送电能任务的高压变电站和高压送、配电线路运行时所产生的电磁辐射、场强及噪声对城市的影响如果处理不当，都将会污染城市环境。因此，在规划阶段落实城市发电厂、高压变电站的位置和高压电力线路和路径时，既要考虑满足其靠近负荷中心的电力技术要求，也要充分考虑高压变电站和高压电力线路规划建设对周围环境的影响，并提出切实可行的防治措施。

3.0.6 城市电力、供水、排水、供热、燃气、通信工程管线，均属城市市政公用工程管线，一般沿城市道路两侧的地上、地下敷设。在编制规划过程中，城市电力规划如不能与其他工程规划之间很好地协调配合，势必将造成电力线路与树木之间、电力线路与其他工程管线相互间的影响和矛盾，进而影响电力规划的实施，并浪费国家资金。只有相互之间密切配合、统筹规划，使电力管线在城市空间占有合理的位置，才能保证电力规划得以顺利实施。

4 城市用电负荷

4.1 城市用电负荷分类

4.1.1 城市用电负荷分类的方法很多，从不同角度出发可以有不同的分类。本节中负荷分类的制订，主要从编制城市电力规划中的负荷预测工作需要出发，总结全国各城市编制城市电力规划的负荷预测工作经验，研究、分析不同规划阶段的负荷预测内容及其负荷特征、用电性质的区别，加以分别归类。

按用地性质进行负荷分类符合城市规划的技术特征，主要根据城市各类建设用地的用电性质不同加以区别，并依据现行国家标准《城市用地分类与规划建设用地标准》GB 50137中建设用地的符号、代码分类口径进行相应的规定。这种分类方法的主要优点是：比较直观，便于基础资料的收集，有较强的适用性和可操作性，能够较好的与城市规划衔接。在城市总体规划中按各类建设用地的功能、用电性质的区别来划分负荷类别进行负荷预测，是取得比较满意预测结果的主要负荷分类方法。

按产业用电分类则可以使负荷预测简便。产业用电与行业用电之间的关系：第一产业用电为农、林、牧、副、渔、水利业用电，第二产业用电为工业、建筑业用电，第三产业用电为第一、第二产业用电以外的其他产业用电，居民生活用电指住宅用电。

4.1.2 条文中的点负荷是指城市中用电量大，负荷集中的大用电户，如：大型工厂企业或大型公共建筑群。一般负荷（均布负荷）是指点负荷以外分布较分散的其他负荷，在负荷预测中，为预测简便，可将这些负荷看作是分布比较均匀的一般用电户。

4.2 城市用电负荷预测

4.2.3 采用多种方法预测，并相互补充、校核，可以做到尽可能多地考虑相关因素，弥补某一种预测方法的局限性，从而使预测结果能够比较全面地反映未来负荷的发展规律。采用多种方法预测时，还应考虑影响未来城市负荷发展的不可预见的因素，留有一定裕度，以提高预测的准确性和可靠性。

4.2.4 通常情况下，我们将一个电网按照不同的要求可以划分为若干个小的子网，负荷同时率就是在同一时刻，若干子网的最大负荷之和与整个电网的最大负荷的比值。由于一个地区电网内各类用户的负荷特征和用电性能不同，各自最大负荷的巅峰值出现的时间都不一样，故在一段规定的时间内，一个地区电网的综合最大负荷值往往是小于用户各自的最大负荷值之和的。从空间特性来看，一般在同一地区随着用户的增多及区域的扩大，电网负荷同时率变化是有规律的。一方面用户数越多、区域越大，负荷同时率越低；另一方面，供电区域面积越大，负荷同时率趋向于一个稳定的值。

4.2.5 条文中推荐的几种负荷预测方法，是在总结全国各城市编制城市电力规划进行负荷预测时常用的几种预测方法的经验基础上，吸收了城市用电水平预测的最新科研成果，并参考国家电网公司2006年制定的《城市电力网规划设计导则》中的有关规定，经分析、研究后提出的。

由于每一种预测方法都是在限定的条件下建立的预测模型，所以每一种预测方法的范围都有一定的局限性，如电力弹性系数法、增长率法、回归分析法，主要根据历史统计数据，进行分析而建立的预测数学模型，多用于宏观预测城市总用电负荷或校核中远期的规划负荷预测值，以上各种方法可以同时应用，并相互进行补充校核。而负荷密度法、单耗法则适用于分项分类的局部预测，用以上方法预测的负荷可用横向比较法进行校核、补充。而在城市详细规划阶段，对地域范围较小的居住区、工业区等局部范围的负荷预测则多采用单位建筑面积负荷指标法。近年来，城市经济的高速发展、居民生活用电水平的不断提高以及经济结构调整、节能减排带来的产业用电负荷的变化，给负荷预测带来许多不确定因素。为此，还需要全国广大电力规划工作者对电力负荷预测方法进行积极研究探索，除条文中推荐的几种预测方法外，尚需不断开发研究出一些新的预测方法，以使之充实完善。

4.3 负荷预测指标

4.3.1 人均综合用电量指标是衡量一个国家或城市经济发达程度的一个重要参数，也是编制城市电力总体规划时，校核城市远期用电量预测水平和宏观控制远期电力发展规模的重要指标。

规划负荷指标的确定，受一定规划期内的城市社会经济发展、人口规模、资源条件、人民物质文化生活水平、电力供应程度等因素的制约。规划时各类用电指标的选取应根据所在城市的性质、人口规模、地理位置、社会经济发展、国内生产总值、产业结构、地区能源资源和能源消费结构、电力供应条件、居民生活水平及节能措施等因素，以该城市的现状水平为基础，对照表4.3.1中相应指标分级内的幅值范围，进行综合研究分析、比较后，因地制宜选定。

由于我国城市数量多，各城市之间人均综合用电量水平差异悬殊，供电条件也不尽相同，条文中制定的规划人均综合用电量指标，主要根据近10多年来全国城市用电统计资料的整理、分析和对国内不同类型的大、中、小城市近年来用电现状调查，并参考国外23个城市的综合用电量水平，总结我国城市用电发展规律的特点而制定的。全国城市人均综合用电量幅度，大致可分为四个层次，即用电水平较高城市、用电水平中上城市、用电水平中等城市和用电水平较低城市。通过分析还可以看出，我国用电水平较高的城市，多为以石油煤炭、化工、钢铁、原材料加工为主的重工业型、能源型城市。而用电水平较低的城市，多为人口多、经济较不发达、能源资源贫乏的城市，或为电能供应条件差的边远山区。但人口多、经济较发达的直辖市、省会城市及地区中心城市的人均综合用电量水平则处于全国的中等或中上等用电水平。这种受城市的性质、产业结构、人口规模、电能供应条件、经济基础等因素制约的用电发展规律，是符合我国国情和各类城市的用电特点的，这种用电增长的变化趋势在今后将会保持相当长的一段时期。

4.3.2 城市居民生活用电水平是衡量城市生活现代化程度的重要指标之一，人均居民生活用电量水平的高低，主要受城市的地理位置、人口规模、经济发展水平、居民收入、居民家庭生活消费结构及家用电器的拥有量、气候条件、生活习惯、居民生活用电量占城市总用电量的比重、电能供应政策及电源条件等诸多因素的制约。调查资料表明，改革开放以来，随着城市经济的迅速发展，我国普通居民家庭经济收入得到提高，生活消费结构发生了改变，使得居民家庭生活用电量也出现了迅速增加的趋势，见表1。

表1 居民家用电器总量统计分析

家用电器	年份总量（万台）					平均增长速度（%）		
	1978	1990	2000	2008	2009	1979～2009	1991～2009	2001～2009
家用洗衣机	0.04	663	1443	4447	4974	46	11.2	14.7
家用电冰箱	2.8	463	1279	4800	5930	28	14.4	18.6
房间空气调节器	0.02	24	1827	8147	8078	51.7	35.8	18
彩色电视机	0.38	1033	3936	9187	9899	38.8	12.6	10.8

通过借鉴香港地区和国外城市的经验以及对我国70多个大、中、小城市居民生活的用电现状调查资料可以看出，随着城市现代化进程步伐的加快，我国城市居民生活消费水平已经上了一个大台阶，电力供应条件也有了较大的改善。我国城市的一般居民家庭除了少量用电容量较大、不具备在一般居民家庭中普及的家用电器〔如：电灶（6kW～8kW）、集中电采暖（10kW以上）、大容量电热水器（10kW）〕外，其他中、高档家用电器（如：家用空调器、电饭煲、微波炉、组合音响、录像机、保健美容器具、文化娱乐器具、智能化家用电器等）都有不同程度的普及，人均居民生活用电量在近年来有较大增加。条文4.3.2的规划人均居民生活用电量指标，适用于不含市辖市、县的市区范围。指标分级及其规划指标幅值，是依据近年全国人均居民生活用电量统计值（表2），并结合2012年国家电力规划研究中心发布的《我国中长期发电能力及电力需求发展预测》中的相关数据而制定的。2012年我国人均居民生活用电量大致在1000至3000kWh/（人·a）。

表2 1991～2010年我国城市人均居民生活用电量

序号	城市居民生活用电水平分级	1991年城市人均居民生活用电量指标 [kWh/（人·a）]	2010年城市人均居民生活用电量指标 [kWh/（人·a）]	1991～2010年人均居民生活用电量递增速度（%）
1	较高生活用电水平城市	400～201	2500～1501	9.60～10.57
2	中上生活用电水平城市	200～101	1500～801	10.60～10.91
3	中等生活用电水平城市	100～51	800～401	10.86～10.96
4	较低生活用电水平城市	50～20	400～200	10.96～12.20

4.3.3 表4.3.3规划单位建设用地负荷指标，主要适用于新兴城市或城市新建区、开发区的负荷预测。该指标的确定，一是调研了全国50多个城市新建区、经济技术开发区规划实施以来的各类建设用地用电指标的实测数据。进入20世纪90年代以后，上海、北京、广州等经济率先发展的城市，市内特别繁华区负荷密度迅速增加，已达到（30～80）MW/km²。根据相关资料，长沙市2010年的平均负荷密度已达到11.4MW/km²，城市中心区部分区域的负荷密度已达18MW/km²；广州市2010年的平均负荷密度已达到18.3MW/km²，市中心区的规划平均负荷密度约为35MW/km²以上。北京、上海及国外部分城市负荷密度参见表3、表4。到2010年，在上海市区供电公司的辖区范围内，平均负荷密度为3.8MW/km²，最密集地区高达38.3MW。二是参考了部分城市的现行指标或经验数据，综合分析了我国城市未来各类建设用地用电的发展趋势。广州、上海、陕西等地区规划参考指标见表5、表6、表7等。

表3 国外部分城市负荷密度统计表

城市	地区	供电面积（km²）	负荷密度（MW/km²）
东京（1995年）	东京都中心	613	22.7
	东京都	2155	8.25
	东京电力内环	12689	2.3
纽约（2004年）	纽约州	12420	2
	纽约市	671	14
	曼哈顿	59.6	79
巴黎（2000年）	市区	105	29.0

表4 国内部分城市2010年负荷密度统计表

城市	地区	供电面积（km²）	负荷密度（MW/km²）
北京	全市	16410	2.63
	城区	73.5	30.1
	亦庄	49.9	8.6
	朝阳	470	7.2
	海淀	431	5.92
上海	全市	6340	3.75
	浦东	1210	4.6
	奉贤	687	1.7
	金山	586	1.8
	嘉定	459	3.6

1）广州市基础设施规划指标

表5 广州市人均综合及人均居民生活用电量指标[kWh/(人·a)]

	规划近期	规划目标年
人均综合用电量指标	6000～7000	12000～13000
人均居民生活用电量	900～1000	1800～2000

表6 单位建设用地负荷指标（W/m²）

城市建设用地用电类别		负荷指标
公共设施用地用电	行政办公、金融贸易、商业、服务业、文化娱乐	90～100
	体育、医疗卫生、教育科研设施及其他	40～50
工业用地用电	一类工业	50～70
	二类工业	60～80
	三类工业	100～120
居住用地用电		40～50
对外交通用地用电	铁路站场	70
	机场飞行区、航站区及服务区	30
仓储用地用电		15
市政公用设施用地用电		10
其他事业用地用电		5

2）上海市控规技术准则

表7 各类建筑用电负荷指标表

用地性质		单位	中心城和新城	新市镇
居住		W/m²	平均50～60	
其中	90m²以下	W/m²	60	50
	90～140m²	W/m²	75	60
	140m²以上	W/m²	70	60
公共建筑		W/m²	平均80～90	
其中	办公金融	W/m²	100	80
	商业	W/m²	120	100
	医疗卫生	W/m²	90	80
	教育科研	W/m²	80	60
	文化娱乐	W/m²	90	80
市政设施		W/m²	35～40	
工业		W/m²	平均55～60	
其中	研发	W/m²	80～90	
	精细化工、生物医药	W/m²	90～100	
	电子信息	W/m²	55～80	
	精密机械、新型材料	W/m²	50～60	
仓储物流		W/m²	10～40	
公共绿地		MW/km²	2	
道路广场		MW/km²	2	

3）陕西省城乡规划设计院负荷预测指标

总体规划阶段：

单位用地负荷指标（kW/hm²），含居住用地、公共建筑用地和工业用地等三类。

城市：居住用地36kW/hm²、公共建筑用地70kW/hm²、工业用地80kW/hm²。

县城：居住用地27kW/hm²、公共建筑用地52kW/hm²、工业用地80kW/hm²。

详细规划阶段：

（1）各类用地的最高用电负荷（kW/m²，建筑面积）

住宅：80W/m²、办公金融90W/m²、商业100W/m²、医疗卫生70W/m²、教育科研50W/m²、文化娱乐80W/m²、市政设施90W/m²、仓储物流40W/m²、道路广场30W/m²。

（2）同时率的取值范围：0.5～0.7

选用表4.3.3规划指标时，需根据规划区中所包括的城市建设用地类别、规划内容的要求和各类建设用地的构成作适当修正，如：规划区中的居住用地，可以是高级住宅用地，也可以是普通住宅用地或别墅居住用地，还可以是几种住宅用地地块皆有。此时，各类居住用地负荷预测时所选用的规划单位居住用地负荷指标值应是不相同的，高级住宅用地地块的单位居住用地负荷指标值要高一些，普通住宅用地地块的规划单位居住用地负荷指标值则要低一些。公共设施用地的功能地块类别更加繁多、更加复杂些，其规划单位用地负荷指标值的选取应由各城市权衡确定。

4.3.4 城市建筑类别很多，各类建筑在不同城市、地区的规划内容不同，需要配置的用电设施标准和数量也有差别。现将各建筑类别及建设用地的负荷密度指标制定依据分述如下：

（1）居住建筑的单位建筑面积负荷大小与建筑性质、建筑标准和其所处城市中的位置、经济发展水平、供电条件、家庭能源消费构成、居民收入及居民家庭物质文化生活消费水平、气温、生活习惯、居住条件等因素有关。据对北京、上海、天津、广州、汕头、深圳、重庆、西安、延安等50多个城市已建居住小区的居住建筑用电现状典型调查及全国城市函调所得资料分析：一般经济较发达、居民家庭收入较高、气温高、热季长的南方沿海城市的普通居民家庭中的家用电器拥有量和家庭生活用电量比一般内地城市要高，单位建筑面积负荷指标值也偏大，如：广州 $50W/m^2$，深圳 $45W/m^2$，上海为 $55W/m^2$；而城市经济发展较慢、居民收入和生活消费水平较低、气温较低的我国西北地区城市或经济较贫困的山区城市的普通居民家庭对家用电器的需求量比南方城市相对要少，购买家用电器能力也较差，所以居民家庭用电量也较小，单位建筑面积负荷指标值也较低。本条文也参考国内一些城市居住建筑现行使用的规划单位建筑面积负荷地方标准（最高为 $70W/m^2$，最低为 $30W/m^2$）和国外一些城市及香港地区现行采用的居住建筑用电指标，考虑我国城市未来居民生活水平的提高和电能供应条件的改善因素，同时考虑了居民家庭生活能源消费的多能互补因素，进行综合分析研究后制定了居住建筑单位建筑面积负荷指标值。

（2）公共建筑单位建筑面积负荷指标值大小，主要取决于公共建筑的类别、功能、等级、规模和需要配置用电设备的完善程度，除此之外，公共建筑中的宾馆、饭店的单位建筑面积负荷值还与空调制冷形式的选用、综合性营业项目的多少（餐饮、娱乐、影剧等）有关，商贸建筑还与营业场地的大小、经营商品的档次、品种等有关。据对我国50多个城市已建公共建筑的用电现状调查分析，一般中高档宾馆、饭店的单位建筑面积负荷值约为 $(80\sim120)W/m^2$，一般经济性酒店的单位建筑面积负荷值约为 $(50\sim90)W/m^2$。商场的单位建筑面积负荷大致分为：大型商场 $(80\sim120)W/m^2$，中型商场 $(50\sim80)W/m^2$，例如：上海东方商厦 $85W/m^2$，友谊商城 $95W/m^2$，大润发 $80W/m^2$，百安居 $65W/m^2$，广州百货大楼则高达 $140W/m^2$。写字楼、行政办公楼的用电负荷比较稳定，单位建筑面积负荷值一般在 $(50\sim90)W/m^2$ 左右，其中行政办公负荷指标略低于商务写字楼，例如深圳海丰苑大厦 $70W/m^2$，日本世贸中心 $80W/m^2$，莘庄镇人民政府 $60W/m^2$。基础教育设施的单位建筑面积负荷值约为 $(20\sim40)W/m^2$，医疗卫生及设施服务设施的单位建筑面积负荷值约为 $(40\sim60)W/m^2$。以上调查研究所得数值和目前我国一般城市规划设计中采用的规划用电指标基本上是相吻合的，预计在今后相当长时间内，其负荷水平不会有太大变化，经上述综合分析比较后确定了表4.3.4中公共建筑规划指标值。

（3）工业建筑的规划单位建筑面积负荷指标值的确定主要根据上海、北京、西安、深圳、广州、天津、大连、汕头等50多个城市已规划实施的新建工业区和经济技术开发区中的工业标准厂房用电实测数据，以及上海、北京、西安、深圳等多个城市的城市规划部门现行使用的负荷密度指标值，并参考目前香港地区和内地一些城市的地方规定或经验数据及用电现状调查，经过综合分析研究后制定的。表4.3.4中工业建筑的规划单位建筑面积负荷指标，主要适用于以电子、纺织、轻工制品、机械制造、食品工业、医药制造等工业为主的综合工业标准厂房建筑。另外，根据我国城市现阶段的发展状况和经济结构调整的趋势，中心城及新城地区将逐步限制和取消高能耗的工业类型，因此城市建设区的工业用电负荷密度指标要低于城镇建设区。

（4）参考上海、北京、广州、深圳、西安等多个城市的规划部门现行使用的负荷密度指标值以及香港和内地一些城市的经验数据，经综合分析与比较后确定了表4.3.4中仓储物流建筑与市政设施建筑用电负荷密度指标值。

（5）近年来随着低碳节能、可持续发展理念在城市发展中得以体现，新能源技术及高效供能方式的应用成为新的趋势，尤其在部分南方城市。太阳能在示范性社区中得到规模应用，小型分布式风能用以补充地区照明等用电，而以多种能源集合高效利用的区域能源中心在城市新规划居住区、工业区以及CBD地区得到较大规模的应用和推广，例如广州大学城能源中心、江苏盐城海水源热泵、上海陈家镇实验生态社区、上海虹桥商务区一期能源中心、山西永济市地源热泵供能系统等，这些案例有一些属于示范性项目，有一些则已经较为成熟，是城市体现节能减排、转型发展的重要措施。而这些供能系统投运实现了能源的高效利用，是对传统大电网体制下用能方式的一种补充和革新，体现在用电负荷上必然是降低了用电需求量。因此在电力规划负荷预测时应当考虑这一用能新趋势，对于采用分布式功能系统的建筑或地区，在负荷预测指标的选取时，应根据空调冷热负荷的比重适当降低取值。能效比较低的建筑负荷密度指标调低幅度较大，能效比较高的建筑负荷密度指标调低幅度较小。例如：在上海市电力公司2011年完成的《上海市新虹桥医学园区高压配电网专业规划》中，由于考虑采用能源中心模式提供空调冷热负荷，在商办用地的负荷预测指标取值上降低了（20~30）W/m²。

5 城市供电电源

5.1 城市供电电源种类和选择

5.1.1 城市发电厂种类主要有：火电厂、水电厂、核电厂和其他电厂，如：太阳能发电厂、风力发电厂、潮汐发电厂、地热发电厂等。目前我国城市供电电源仍以火电厂和水电厂为主，核电厂尚处于起步阶段，其他电厂占的比例很小。

电源变电站，是指位于城网主干送电网上的变电站，主要接受区域电网电能，并提供城市电源。它也是区域电网的一部分，起转送电能的枢纽变电站作用。

5.1.3 以系统受电或以水电供电为主的城市，每年逢枯水期，电能供应量都将大幅度减少，遇到严重干旱缺水年份，还需实行限时、限量供应，有许多企业实行一星期供4停3，甚至供3停4，一些高耗能企业在缺电高峰期只能停产，居民生活拉闸限电，给国民经济造成很大损失，也给城乡居民带来极大不便。在以系统受电或以水电供电为主的城市，如结合自身条件建设适当比例的火电厂，则可以弥补因枯水期缺水造成供电紧张的局面。

5.1.4 热电冷联产系统有多方面的优势：（1）提高能源供应安全，在大型发电厂运行或供电中断时，小型热电联产/三联产机组接入电网，可保证继续供应终端用户；（2）增加电网稳定性，由于使用吸收循环取代目前普遍采用的制冷循环，故在盛夏时节，三联产机组大大缓解了电网的压力。鉴于夏季用电高峰时电力公司常启用备用机组，输电线路常处于超负荷状态，三联产机组可进一步提高电网稳定性，并提高系统效率。

燃气三联产技术的适用条件：第一，冷热电负荷相对稳定，运行时间较长；第二，较高的电价和相对较低的天然气价格；第三，对使用冷热电的收费有保证；第四，相对较为严格的环境保护要求；第五，需要有事故备用或备用电源，即对电源的可靠性要求较高。符合上述条件的行业主要是宾馆、医院、大型商用建筑、写字楼、机场、工厂等。

5.2 电力平衡与电源布局

5.2.1 电力平衡就是根据预测的规划城市总用电负荷量与城网内各类发电厂总容量进行平衡。具体表达为：

$$P_{总} = P_{用} + P_{送} + P_{备} + P_{损} + P_{厂} - P_{受} - P_{自}$$

（1）

式中：$P_{总}$——城网内各类发电厂总容量；

$P_{用}$——规划城市总用电负荷量；

$P_{送}$——城市发电厂向系统电网送出的发电容量；

$P_{受}$——城网接受系统送入的容量；

$P_{备}$——城市发电厂备用容量；

$P_{损}$——城网网损；

$P_{厂}$——城市发电厂厂用电；

$P_{自}$——城市大用电户自备电厂容量。

5.2.5 污水处理发电、沼气发电、光伏发电、光膜发电等要考虑与城市规划建筑进行总体设计。

5.3 城市发电厂规划布局

5.3.1 条文规定的城市发电厂布置原则，与国家现行标准《小型火力发电厂设计规范》GB 50049及《火力发电厂设计技术规程》DL 5000中厂址选择中的建厂外部条件的要求基本一致。

5.4 城市电源变电站布局

5.4.4 在高负荷密度的市中心地区采用高压深入供电方式，是缓解城市用地紧张矛盾，解决市中心缺电问题，并能保证电压质量、提高供电安全可靠性的行之有效的措施，也是世界城市供电发展的必然趋势。20世纪60年代，国外一些大、中城市（如日本东京、美国纽约、法国巴黎、英国伦敦等）中已出现220kV及以上电源深入市中心供电的实例。20世纪80年代我国上海市在市中心繁华地段的人民广场建成220kV地下变电站；2009年，国内首个500kV全地下变电站——世博500kV变电站在上海建成投运，该站深入市中心人口稠密区，且成为国内规模最大的地下变电站；而沈阳、武汉、广州等市也相继在市中心地区建成220kV户内变电站。这些城市都有效地解决了市中心大负荷用电问题。由于500kV、220kV电源变电站具有超高压、强电流、大容量供电的特点，对城市环境、安全消防都有较严格的要求，加之在用地十分紧张的市中心地区建设户内式或地下式500（220）kV电源变电站地价高、一次投资大，所以，对一个城市是否需要在市中心地区规划布置500（220）kV电源变电站，需根据我国现阶段的国情、国力，经技术经济比较和充分论证后合理确定。

6 城 市 电 网

6.1 规 划 原 则

6.1.1 贯彻"分层分区"原则，有利于城网安全、经济运行和合理供电。分层指按电压等级分层。分区指在分层下，按负荷和电源的地理分布特点来划分供电区。一个电压层可划分为一个供电区，也可划分为若干个供电区。

6.1.3 为避免城市电网发展过程频繁的改造，城市电网应在合理预测饱和负荷的基础上，确定目标网架，并以此依据指导近期电网建设，实现城市电网远近期发展的有效衔接。

考虑到我国地区之间的差异性，城市电网应根据负荷水平、供电可靠性要求和电网发展目标因地制宜地选择接线方式。

（1）特大型城市、省会城市、计划单列市等重点城市 220kV 及以上电网应按双环网标准建设，当不能形成地理上的环网时，可采用 C 形电气环网。

（2）城市人口、行政、经济、商业、交通集中的重点地区在电网结构上应满足供电安全 N-1 准则的要求，特别重要的地区应满足供电安全 N-1-1 准则的要求。

（3）城市重要用户除正常供电电源外，应有备用电源。如有需要，宜设应急保安电源。备用电源原则上应来自不同变电站（发电厂）或来自同一变电站（发电厂）的不同母线段。

6.1.4 电力供应是带有一定垄断性的社会公益性事业，电力供应设施是城市的重要基础设施之一。所以，城市供电设施的规划、建设应与城市规划建设同步配套，合理发展，做到优质服务，保证供电；同时，城市规划也应为城市电力建设创造条件，在规划阶段，根据建设需要，合理预留供电设施用地，保证其规划建设的空间环境。

6.2 电压等级和层次

6.2.1 城网确定的标准电压指电网受电端的额定电压，它是根据国家标准《标准电压》GB/T 156 确定的，包括：交流 1000、750、500、330、220、110(66)、35、10(20) kV 和 220/380V，直流±800、±500kV。条文所列的 11 种电压中，1000kV、750kV、500kV 属我国跨区域、跨省大电网采用的电压，其中 1000kV 属于特高压电压等级，已于 2009 年应用于晋东南—南阳—荆门 1000kV 特高压交流试验示范工程，并将逐步应用和推广至城网供电范围内。但目前，我国城网所采用的电压仍多为 220kV 及以下各级电压。随着城市规模的扩大和城市用电负荷的迅速增长，上海、北京、天津等特大型城市已在城市范围内建设 500kV 或更高电压等级的外环网，既承担区域电网输电网功能，同时也是城网的电源。

6.2.2、6.2.3 城市电网结构主要包括：点（发电厂、变电站、开关站、配电站）、线（电力线路）布置和接线方式，它在很大程度上取决于地区的负荷水平和负荷密度。城网结构是一个整体，城网中发、

输、变、配用电之间应有计划按比例协调发展。为了适应用电负荷持续增长、减少建设投资和节能等需要，城网必须简化电压等级，减少变压层次，优化网络结构。通过不断实施城网改造，我国电压等级已逐步走向标准化、规范化，但电压序列层级仍然偏多，部分城网供电区还存在 330（220）/110/35/10/0.4kV 电压序列。该电压序列在我国电网发展过程中，为解决大范围、低负荷密度地区 10kV 线路供电距离过长的问题提供了有效的手段，但由于 110kV 和 35kV 电压级差较小，客观上也造成了两级电压供电范围重叠较多，送变电设备容量重复，电网损耗较大。城市电网中电压等级过多，不利于城市电网的标准化建设和运行管理。因此，应根据城市现有实际情况和远景发展目标，确定城市电网的目标电压等级序列。

6.2.4 我国地域辽阔，城市数量多，城市性质、规模差异大，城市用电量和城网与区域电网连接的电压等级（即城网最高一级电压）也不尽相同。城市规模大，用电需求量也大，城网与区域电网连接的电压也就高。我国一般大、中城市城网的最高一级电压多为 220kV，次一级电压为 110（66、35）kV。小城市或建制镇电网的最高一级电压多为 110（66、35）kV，次一级电压则为 10kV。此外，一些特大城市（如：北京、上海、天津等）城网最高一级电压已为 500kV，次一级电压为 220kV。

6.2.5 变电容载比是某一供电区域，变电设备总容量（kVA）与对应的总负荷（kW）的比值。计算各级电压网变电容载比时，该电压等级发电厂的升压变压容量及直供负荷不应计入，该电压等级用户专用变电站的变压器容量和负荷也应扣除，另外，部分区域之间仅进行故障时功率交换的联络变压器容量，如有必要也应扣除。变电容载比是反映城网供电能力的重要技术经济指标之一，是宏观控制变电总容量的指标，也是规划设计时，确定城网中某一电压层网所配置的变电总容量是否适当的一个重要指标。对处于发展初期、快速发展期的地区，重点开发区或负荷较为分散的偏远地区，可适当提高容载比的取值；对于网络发展完善或规划期内负荷明确的地区，在满足用电需求和可靠性要求的前提下，可以适当降低容载比的取值。

7 城市供电设施

7.1 一般规定

7.1.1 城市供电设施是城市重要的基础设施。供电设施的建设标准、结构形式的选择直接影响城市土地利用的经济合理性和城市景观及环境质量，进而影响城市现代化的过程。

7.1.2、7.1.3 条文主要是根据城市人口密集、用地紧张的建设条件及环保要求，对规划新建的城市供电设施提出原则性要求的技术规定。

7.1.4 电网是国家重要的基础设施，是城市重要的生命线工程之一，电力设施的损坏、供电中断将给社会经济和人民生活造成重大损失，同时还可能引发次生灾害；提高电力设施的抗灾能力是社会经济发展的需要。在汶川地震之后，国家电网公司于2008年6月20日下发了《国家电网公司输变电工程抗震设计要点》，对工程选址、场地地震评价、岩土工程勘察、结构抗震设计、建筑非结构构件抗震设计、配电装置选型、设备选型、设备安装及地震次生灾害防治等方面均提出了明确的要求。并且对1996版《电力设施抗震设计规范》GB 50260进行修订，对原有条款中不满足《中华人民共和国防震减灾法》、《地震安全性评价管理条例》及未反映当前技术进步的内容进行了修订；贯彻了现行《建筑工程抗震设防分类标准》GB 50223、《建筑抗震设计规范》GB 50011及《工业企业电气设备抗震设计规范》GB 50556的新增内容；吸收了汶川地震电力设施及电力设备受损情况的经验和教训；借鉴了原国家电力公司重点科研项目"大型火电厂主厂房抗震设计试验研究"的成果，提高了电力设施的抗震设计标准。

7.2 城市变电站

7.2.3 条文中对35kV以上变电站主变压器容量和台数选择的规定，主要是从考虑电网的综合效益和技术条件出发的。主变压器单台容量小、台数少，需配置变电站的数量就要增多，占地及投资则相应要增大，不经济；增加主变压器台数可提高供电可靠性，但也不宜过多，台数过多则结线复杂，发生故障时，均匀转移符合困难；单台容量过大，会造成短路容量大和变电站出线过多，不易馈出等弊病。表7.2.3中35～500kV变电站主变压器单台（组）的规定，主要是通过对国内变压器生产厂家所生产的变压器规格、容量的调查了解得出的，与现行《城市电力网规划设计导则》中的有关要求也基本一致。

7.2.4 城市变电站是联结城网中各级电压网的中间环节，主要用以升降电压，汇集和分配电力。条文中城市变电站的规划选址规定，与国家现行标准《35kV～110kV变电站设计规范》GB 50059和《220kV～500kV变电站设计技术规程》DL/T 5218中选址要求基本一致。

7.2.6 条文针对深入市区规划新建的城市变电站位置所处城市地段的不同情况，分别对其结构形式的选择提出要求，分述如下：

随着城市用电量的急剧增加，市区负荷密度的迅速提高，66kV以上高压变电站已逐渐深入市区，且布点数量越来越多。而市区用地的日趋紧张，选址困难和环保要求，使得改变变电站过去通常选用的体积大、用地多的常规户外式结构形式，减少变电站占地和加强环保措施，已成为当前需要迫切解决的问题。国内外实践经验表明，在不影响电网安全运行和供电可靠性的前提下，实现变电站户内化、小型化，可以达到减少占地、改善环境质量的目的。近年来，采用紧凑型布置方式的户外型、半户外型、全户内型以及与其他建筑合建的结构形式变电站在我国城市市区已得到迅速发展。变电站的建设，力求做到了与周围环境的协调，使市区变电站不仅实现了减少占地，而且还尽可能地满足城市建筑的多功能要求，使其除了作为供应电能的工业建筑外，还作为城市建筑的有机组成部分，在立面造型风格上和使用功能上，充分体现了城市未来的发展，适应城市现代化建设需要。同时，在规划建设市区变电站时还需要考虑有良好的消防措施，按照安全消防标准的有关规范规定，适当提高变电站建筑的防火等级，配置有效的安全消防装置和报警装置，妥善地解决防火、防爆、防毒气及环保等问题；

在市中心区，尤其是在大、中城市的超高层公共建筑群区、中心商务区及繁华闹市区，土地极为珍贵，地价高昂。为了用好每一寸土地，充分发挥土地的使用价值，取得良好的社会、经济、环境综合效益，国外在20世纪60年代，国内在20世纪80年代初，一些大、中城市已开始发展小型化全户内变电站，有的还与其他建筑结合建设，或建设地下变电站，多年来都积累有丰富的运行经验，如：日本东京都，在20世纪80年代共建设变电站440座，其中地下变电站为130座，约占30%，地面户内式变电站大多数都和其他建筑或公共建筑楼群相结合，采用全封闭组合电器成套配电设备，有先进的消防措施和隔声装置，并有防爆管，以防故障引起火灾。其建筑立面造型，甚至色彩都考虑与周围建筑的协调。我国城市（如上海、广州、武汉、重庆等）都有在市中心地区或繁华街区建设地面全户内型变电站或地下式变电站的实例，运行经验表明，不仅可行而且都取得了较显著的社会、经济、环境综合效益。如：我国南方某市规划新建的一座220kV变电站，位于商业繁荣、建筑密集的闹市中心，为了节约用地，防止环境污染，他们选用线路·变压器组简化结线方案，220kV侧不设断路器，除主变压器外，所有电气设备均布置安装在综合大楼内，变电站最终规模为 $3 \times 180MVA$，110kV出线6回，35kV出线20回，综合大楼占地面积仅为 $714m^2$，大楼主体分为4层，一层安装35kV配电装置，二层安装110kV电缆层等，三层安装110kV六氟化硫全封闭组合电器成套配电装置，四层为控制室、会议室等，建筑物立面、色彩方面还做到了与周围建筑相协调。从投产运行后的实际效果看，无论在美观、平面布置的合理性和运行的安全稳定性等方面都取得了很好的效果。再如：南方的某一山城在市中心区新建的两座110kV变电站，一个采用国产常规设备，变电站的布置巧妙地利用了该区段狭窄复杂的高陡坡地形和地质条件，实现了内部空间合理布局和变电站内外交通流畅便捷。另一变电站引进国外小型电气设备，采用五层重叠设置，变电站有效用地面积700m²，大大节约了用地。为了发挥该变电站地块的效益，该变电站还合建了临街6层商业楼。再如：北方某地为解决市中心区负荷增长的用电需要，决定规划新建110kV变电站，然而因征地、拆迁工作困难，短期难以解决站址用地，他们利用城墙门门洞，在城墙内建设变电站，既节约了用地，又保留原有明朝城墙的风貌。

7.2.7 影响变电站占地面积的因素很多，如主结线方式、设备选型和变电站在城市中的位置等，其中以主结线方式影响最大。主结线方式包括：变电站的电压等级、进出线回路数、母线接线形式、主变压器台数和容量等。条文中表7.2.7所列（35～500）kV变电站规划用地面积控制指标，只考虑变电站围墙内的生产用地（含调相机用地），不包括职工生活用地。条文中表7.2.7所列（35～500）kV变电站规划用地面积控制指标归纳参考了国家电网公司变电站典型设计（2011年版），本次调整使规范与国网典型设计的用地指标基本一致；500kV户内、半户内站是参照北京市的城北、朝阳、海淀等站的建设实际情况选择确定。部分户内站用地面积较上一版规范有较大幅度上升，主要原因有两个方面，一是变电站变压器台数和总容量较原来有所增加，变压器体积和进出线规模都有较大幅度上升；二是消防安全等级提高，变电站要求布置消防环形通道及泵房等设施，用地范围需适度增加。值得注意的是，变电站由于其设备布局的特性，以规则的长方形（如70m×80m、180m×200m）用地效率较高，如果是三角地等异形地块，其边角还会造成用地浪费。

由于我国城市数量多，各城市的用地条件、经济基础、资金来源、供电管理技术水平不完全相同，规划时可结合本地实际情况因地制宜地选用表7.2.7的指标值。

7.3 开 关 站

7.3.1、7.3.2 规划建设开关站是缓解城市高压变电站出线回路数多、出线困难的有效方法，可以增强配电网的运行灵活性，提高供电可靠性。

7.3.4 10kV开关站与10kV配电所联体合建，可以节省占地，减少投资，提高供电可靠性。

7.4 环 网 单 元

7.4.1 环网单元是近年来广泛应用的配电开关设备，也称环网柜或开闭器，主要用于10kV（20kV）电缆线路分段、联络及分接负荷。按使用场所可分为户内环网单元和户外环网单元，是环网供电和终端供电的重要开关设备。随着大规模的城市建设，环网柜结构紧凑、占地面积小，运行安全可靠，维修量很小，运行费用低，可满足变配电设备无油化、集成化、小型化、智能化、模块化的要求，因此本次规范修编中首次把环网单元列入城市供电设施。为便于巡视、检修和维护，环网单元宜在地面上单独建设；但为更好地实现城市供电设施与城市景观的协调统一，当有景观协调或节约用地等特殊要求时，环网单元可考虑与用电单位的建筑共同建设；为便于故障检修、日常维护且防止设备受潮或进水，宜布置于地上首层或地下一层，而不能布置于底层。

7.4.2 环网单元的进出线规模可根据实际负荷大小和需求来选择，为体现环网单元结构紧凑、占地面积小的特点，环网单元的规模一般不超过2路进线6路出线。

7.5 公用配电室

7.5.1、7.5.2 条文是基于为保证各类终端负荷供电压质量、经济运行、节省电能而提出的。根据小容量、适度布点的原则。

7.5.3、7.5.4 条文规定主要是基于保证在负荷密度高、市容有特殊要求地区的环境质量，又要满足安全消防、节约用地要求等因素而提高的。

7.5.5 箱式变电站是把高压受电设备、配电变压器和低压配电屏，按一定接线方案集合成一体的工厂预制型户内外配电装置，它具有体积小、占地少、投资省、工期短等优点，近年来，在城网中应用逐渐增多，反映良好。使用中应注意的是，选用箱式变电站时需考虑箱体内的通风散热问题及防止有害物侵入问题。

7.6 城市电力线路

7.6.2 架空线路有造价低、投资省、施工简单、建设工期短、维护方便等优点；其缺点是占地多、易受外力破坏，与市容不协调、影响景观等。今后随着科学技术的不断发展及人们对城市空间环保意识的加强，城市电力线路是采用架空线路，还是地下电缆的问题，将越来越需要在城市电力规划中作出原则性的规定。条文中根据我国国情、国力及各地城网现状，借鉴国外城市经验，对城市中规划新建的各级电压架空电力线路的路径选择作出原则规定。

7.6.3 通过对全国50多个不同类型城市已建成的各级电压架空线路的走廊宽度现状调查和一些城市现行采用的地方规定或经验数据进行分析表明，不同地区、不同规模、不同用地条件的城市高压架空线走廊宽度要求是有差别的。一般来说，东北、西北地区的城市由于气温低、风力大、导线覆冰等原因而易受导线弧垂大、风偏大等因素的影响，使其高压线走廊宽度的规定比华东、中南等地区城市偏大些。大城市由于人口多，用地紧张，选择城市高压线走廊困难，其高压线走廊宽度的规定比中、小城市偏紧。山区、高原城市比一般内地城市的高压线走廊宽度的规定偏大些。表7.6.3市区（35～1000）kV高压架空线路规划走廊宽度的确定，是在调查研究的基础上，参考一些城市的现行地方规定及经验数据，借鉴国外城市经验，通过理论计算、分析、校核后确定的。由于我国地域辽阔，条件各异，各城市可结合表7.6.3的规定和本地实际用地条件因地制宜确定。表7.6.3的规定，只适用于单杆单回水平排列和单杆多回垂直排列的35kV及以上架空线路。

7.6.4 基于多年来的经验总结，规定与现行国标《66kV及以下架空电力线路设计规范》GB 50061、《110kV～750kV架空输电线路设计规范》GB 50545、《1000kV架空输电线路设计规范》GB 50665基本一致。

7.6.5 当前城市电网正向高电压、大容量发展，全国不少大、中城市均以高电压或超高压进城供电，深入市区的高压架空线路与邻近通信设施之间如不保持一定的安全防护距离，将会导致电磁干扰、危险影响及事故发生。为此，我国已制定颁发了有关标准规定，如：现行国家标准《架空电力线路与调幅广播收音台的防护间距》GB 7495、《架空电力线路、变电所对电视差转台、转播台无线干扰防护间距标准》GBJ 143、《电信线路遭受强电线路危险影响的容许值》GB 6830等。

7.6.6 现行国家标准《66kV及以下架空电力线路设计规范》GB 50061、《110kV～750kV架空输电线路设计规范》GB 50545、《1000kV架空输电线路设计规范》GB 50665对架空电力线路跨越或接近建筑物的最小距离、与地面、街道行道树之间最小垂直距离等安全要素作出了详细的规定和说明，为方便使用，我们将分述于三个规范的数据整理成以下四个表格（表8、表9、表10、表11）中。

表8 架空电力线路导线与建筑物之间的最小垂直距离

线路电压（kV）	1～10	35	110(66)	220	330	500	750	1000
垂直距离（m）	3.0	4.0	5.0	6.0	7.0	9.0	11.5	15.5

注：在导线最大计算弧垂情况下。

表9 架空电力线路边导线与建筑物之间的水平距离

线路电压（kV）	110(66)	220	330	500	750	1000
水平距离（m）	2.0	2.5	3.0	5.0	6.0	7.0

注：在无风情况下。

表10 架空电力线路导线与地面间最小垂直距离（m）

线路经过地区	<1	1～10	35～110	220	330	500	750	1000
居民区	6.0	6.5	7.5	7.5	8.5	14.0	19.5	27.0
非居民区	5.0	5.0	6.0	6.5	7.5	11.0	15.5	22.0
交通困难地区	4.0	4.5	5.0	5.5	6.5	8.5	11.0	19.0

注：在最大计算导线弧垂情况下。

表11 架空电力线路导线与街道行道树之间最小垂直距离

线路电压（kV）	<1	1～10	35～110	220	330	500	750	1000
最小垂直距离（m）	1.0	1.5	3.0	3.5	4.5	7.0	8.5	16

注：考虑树木自然生长高度。

7.6.7～7.6.9 城市电力线路电缆化是当今世界发展的必然趋势，地下电缆线路运行安全可靠性高，受外力破坏可能性小，不受大气条件等因素的影响，还可美化城市，具有许多架空线路替代不了的优点。许多发达国家的城市电网一直按电缆化的要求进行规划和建设，如：美国纽约有80%以上的电力线路采用地下电缆，日本东京使用地下电缆也很广泛，尤其是城市中心地区。从国内实践来看，许多城市已向10kV配电全面实现电缆化的方向发展，电力行业标准《城市中低压配电网改造技术导则》DL/T 599—2005中指出：城市道路网是城市配电网的依托，城市主、次干道均应留有电缆敷设的位置，有些干道还应留有电缆隧道位置。

中华人民共和国国家标准

智能建筑设计标准

Standard for design of intelligent building

GB 50314—2015

主编部门：中华人民共和国住房和城乡建设部
批准单位：中华人民共和国住房和城乡建设部
施行日期：２０１５年１１月１日

中华人民共和国住房和城乡建设部
公 告

第 778 号

住房城乡建设部关于发布国家标准《智能建筑设计标准》的公告

现批准《智能建筑设计标准》为国家标准，编号为 GB 50314—2015，自 2015 年 11 月 1 日起实施。其中，第 4.6.6、4.7.6 条为强制性条文，必须严格执行。原《智能建筑设计标准》GB/T 50314—2006 同时废止。

本规范由我部标准定额研究所组织中国计划出版社出版发行。

中华人民共和国住房和城乡建设部
2015 年 3 月 8 日

前 言

根据住房城乡建设部《关于印发〈2011 年工程建设国家标准制订、修订计划的通知〉》（建标〔2011〕17 号）的要求，由上海现代建筑设计（集团）有限公司会同有关单位编制完成。

在编制过程中，编制组经广泛调查研究，认真总结实践经验，参考有关国际标准和国外先进标准，并在广泛征求意见的基础上，对《智能建筑设计标准》GB/T 50314—2006 进行了修订。

本标准共分 18 章，主要技术内容是：总则、术语、工程架构、设计要素、住宅建筑、办公建筑、旅馆建筑、文化建筑、博物馆建筑、观演建筑、会展建筑、教育建筑、金融建筑、交通建筑、医疗建筑、体育建筑、商店建筑、通用工业建筑。

本标准修订的主要技术内容是：
(1) 根据智能建筑工程设计的需要，增加了第 3 章工程架构；
(2) 对智能建筑的分类作了相应调整；
(3) 对其他各章内容进行了适时的技术提升、补充完善和必要的修改。

本标准中以黑体字标志的条文为强制性条文，必须严格执行。

本标准由住房和城乡建设部负责管理和对强制性条文的解释，由上海现代建筑设计（集团）有限公司负责具体技术内容解释，执行过程中如有意见和建议，请寄送上海现代建筑设计（集团）有限公司（地址：上海市石门二路 258 号，邮政编码：200041）。

本标准主编单位、参编单位、主要起草人和主要审查人：

主 编 单 位：上海现代建筑设计（集团）有限公司

参 编 单 位：华东建筑设计研究院有限公司
上海建筑设计研究院有限公司
北京市建筑设计研究院
中国电子工程设计院
中国建筑设计研究院
中国建筑标准设计研究院
中国建筑东北设计研究院
新疆建筑设计研究院
中国移动通信集团设计院有限公司
江苏省土木建筑学会
公安部第一研究所
同方股份有限公司
上海国际商业机器工程技术有限公司
太极计算机股份有限公司
上海华东电脑系统工程有限公司
上海信业智能科技股份有限公司

主要起草人：赵济安 邵民杰 陈众励 孙 兰
谢 卫 吴悦明 洪劲飞 王小安
蔡增谊 王 晔 成红文 吴文芳
林海雄 涂 强 曹承属 瞿二澜
邓 清 李 军 陆振华 戴建国
钱克文 孙成群 张文才 李立晓
郭晓岩 张彦遒 管清宝 杨国胜
陈 易 吴雪芳 郑 锋 朱甫泉

主要审查人：陈汉民 万 力 耿望阳 孙鸢飞
熊泽祝 朱立彤 焦建欣 夏 林
马 健 洪友白 杨柱勇

目　次

1 总则 …………………………………… 15—5
2 术语 …………………………………… 15—5
3 工程架构 ……………………………… 15—5
　3.1 一般规定 ………………………… 15—5
　3.2 设计等级 ………………………… 15—5
　3.3 架构规划 ………………………… 15—5
　3.4 系统配置 ………………………… 15—6
4 设计要素 ……………………………… 15—6
　4.1 一般规定 ………………………… 15—6
　4.2 信息化应用系统 ………………… 15—6
　4.3 智能化集成系统 ………………… 15—6
　4.4 信息设施系统 …………………… 15—7
　4.5 建筑设备管理系统 ……………… 15—8
　4.6 公共安全系统 …………………… 15—8
　4.7 机房工程 ………………………… 15—9
5 住宅建筑 ……………………………… 15—10
6 办公建筑 ……………………………… 15—10
　6.1 一般规定 ………………………… 15—10
　6.2 通用办公建筑 …………………… 15—10
　6.3 行政办公建筑 …………………… 15—11
7 旅馆建筑 ……………………………… 15—12
8 文化建筑 ……………………………… 15—12
　8.1 一般规定 ………………………… 15—12
　8.2 图书馆 …………………………… 15—12
　8.3 档案馆 …………………………… 15—13
　8.4 文化馆 …………………………… 15—14
9 博物馆建筑 …………………………… 15—14
10 观演建筑 ……………………………… 15—15
　10.1 一般规定 ………………………… 15—15
　10.2 剧场 ……………………………… 15—15
　10.3 电影院 …………………………… 15—15
　10.4 广播电视业务建筑 ……………… 15—16
11 会展建筑 ……………………………… 15—17
12 教育建筑 ……………………………… 15—18
　12.1 一般规定 ………………………… 15—18
　12.2 高等学校 ………………………… 15—18
　12.3 高级中学 ………………………… 15—18
　12.4 初级中学和小学 ………………… 15—19
13 金融建筑 ……………………………… 15—20
14 交通建筑 ……………………………… 15—20
　14.1 一般规定 ………………………… 15—20
　14.2 民用机场航站楼 ………………… 15—20
　14.3 铁路客运站 ……………………… 15—21
　14.4 城市轨道交通站 ………………… 15—22
　14.5 汽车客运站 ……………………… 15—23
15 医疗建筑 ……………………………… 15—24
　15.1 一般规定 ………………………… 15—24
　15.2 综合医院 ………………………… 15—24
　15.3 疗养院 …………………………… 15—24
16 体育建筑 ……………………………… 15—25
17 商店建筑 ……………………………… 15—26
18 通用工业建筑 ………………………… 15—26
本标准用词说明 ………………………… 15—27
引用标准名录 …………………………… 15—27
附：条文说明 …………………………… 15—28

Contents

1 General provisions ·········· 15—5
2 Terms ·········· 15—5
3 Engineering architecture ·········· 15—5
   3.1 General requirements ·········· 15—5
   3.2 Standards established ·········· 15—5
   3.3 Architecture planning ·········· 15—5
   3.4 System configuration ·········· 15—6
4 Design factors ·········· 15—6
   4.1 General requirements ·········· 15—6
   4.2 Information application system ·········· 15—6
   4.3 Intelligent integration system ·········· 15—6
   4.4 Information facility system ·········· 15—7
   4.5 Building management system ·········· 15—8
   4.6 Public security system ·········· 15—8
   4.7 Engineering of electronic equipment plant ·········· 15—9
5 House ·········· 15—10
6 Office building ·········· 15—10
   6.1 General requirements ·········· 15—10
   6.2 Business office building ·········· 15—10
   6.3 Administrative office building ·········· 15—11
7 Hotel building ·········· 15—12
8 Cultural building ·········· 15—12
   8.1 General requirements ·········· 15—12
   8.2 Library ·········· 15—12
   8.3 Archives ·········· 15—13
   8.4 Cultural centers ·········· 15—14
9 Museum building ·········· 15—14
10 Theatrical building ·········· 15—15
   10.1 General requirements ·········· 15—15
   10.2 Theatre ·········· 15—15
   10.3 Cinema ·········· 15—15
   10.4 Radio and television building ·········· 15—16
11 Exhibition building ·········· 15—17
12 Educational building ·········· 15—18
   12.1 General requirements ·········· 15—18
   12.2 Regular institutions of higher education ·········· 15—18
   12.3 High school ·········· 15—18
   12.4 Junior high and elementary school ·········· 15—19
13 Financial architecture ·········· 15—20
14 Transportation building ·········· 15—20
   14.1 General requirements ·········· 15—20
   14.2 Airport terminal ·········· 15—20
   14.3 Railway passenger station ·········· 15—21
   14.4 Urban rail transit station ·········· 15—22
   14.5 Passenger transport station ·········· 15—23
15 Medical building ·········· 15—24
   15.1 General requirements ·········· 15—24
   15.2 Hospital building ·········· 15—24
   15.3 Sanatorium ·········· 15—24
16 Sports architecture ·········· 15—25
17 Store building ·········· 15—26
18 General industrial building ·········· 15—26
Explanation of wording in this standard ·········· 15—27
List of quoted standards ·········· 15—27
Addition: Explanation of provisions ·········· 15—28

1 总则

1.0.1 为规范智能建筑工程设计,提高智能建筑工程设计质量,制定本标准。

1.0.2 本标准适用于新建、扩建和改建的住宅、办公、旅馆、文化、博物馆、观演、会展、教育、金融、交通、医疗、体育、商店等民用建筑及通用工业建筑的智能化系统工程设计,以及多功能组合的综合体建筑智能化系统工程设计。

1.0.3 智能建筑工程设计应以建设绿色建筑为目标,做到功能实用、技术适时、安全高效、运营规范和经济合理。

1.0.4 智能建筑工程设计应增强建筑物的科技功能和提升智能化系统的技术功效,具有适用性、开放性、可维护性和可扩展性。

1.0.5 智能建筑工程设计除应符合本标准外,尚应符合国家现行有关标准的规定。

2 术语

2.0.1 智能建筑　intelligent building

以建筑物为平台,基于对各类智能化信息的综合应用,集架构、系统、应用、管理及优化组合为一体,具有感知、传输、记忆、推理、判断和决策的综合智慧能力,形成以人、建筑、环境互为协调的整合体,为人们提供安全、高效、便利及可持续发展功能环境的建筑。

2.0.2 工程架构　engineering architecture

以建筑物的应用需求为依据,通过对智能化系统工程的设施、业务及管理等应用功能作层次化结构规划,从而构成由若干智能化设施组合而成的架构形式。

2.0.3 信息化应用系统　information application system

以信息设施系统和建筑设备管理系统等智能化系统为基础,为满足建筑物的各类专业化业务、规范化运营及管理的需要,由多种类信息设施、操作程序和相关应用设备等组合而成的系统。

2.0.4 智能化集成系统　intelligent integration system

为实现建筑物的运营及管理目标,基于统一的信息平台,以多种类智能化信息集成方式,形成的具有信息汇聚、资源共享、协同运行、优化管理等综合应用功能的系统。

2.0.5 信息设施系统　information facility system

为满足建筑物的应用与管理对信息通信的需求,将各类具有接收、交换、传输、处理、存储和显示等功能的信息系统整合,形成建筑物公共通信服务综合基础条件的系统。

2.0.6 建筑设备管理系统　building management system

对建筑设备监控和公共安全系统等实施综合管理的系统。

2.0.7 公共安全系统　public security system

为维护公共安全,运用现代科学技术,具有以应对危害社会安全的各类突发事件而构建的综合技术防范或安全保障体系综合功能的系统。

2.0.8 应急响应系统　emergency response system

为应对各类突发公共安全事件,提高应急响应速度和决策指挥能力,有效预防、控制和消除突发公共安全事件的危害,具有应急技术体系和响应处置功能的应急响应保障机制或履行协调指挥职能的系统。

2.0.9 机房工程　engineering of electronic equipment plant

为提供机房内各智能化系统设备及装置的安置和运行条件,以确保各智能化系统安全、可靠和高效地运行与便于维护的建筑功能环境而实施的综合工程。

3 工程架构

3.1 一般规定

3.1.1 智能化系统工程架构的设计应包括设计等级、架构规划、系统配置等。

3.1.2 智能化系统工程的设计等级应根据建筑的建设目标、功能类别、地域状况、运营及管理要求、投资规模等综合因素确立。

3.1.3 智能化系统工程的架构规划应根据建筑的功能需求、基础条件和应用方式等作层次化结构的搭建设计,并构成由若干智能化设施组合的架构形式。

3.1.4 智能化系统工程的系统配置应根据智能化系统工程的设计等级和架构规划,选择配置相关的智能化系统。

3.2 设计等级

3.2.1 智能化系统工程设计等级的确立应符合下列规定:

1 应实现建筑的建设目标;

2 应适应工程建设的基础状况;

3 应符合建筑物运营及管理的信息化功能;

4 应为建筑智能化系统的运行维护提供服务条件和支撑保障;

5 应保证工程建设投资的有效性和合理性。

3.2.2 智能化系统工程设计等级的划分应符合下列规定:

1 应与建筑自身的规模或设计等级相对应;

2 应以增强智能化综合技术功效作为设计标准等级提升依据;

3 应采用适时和可行的智能化技术;

4 宜为智能化系统技术扩展及满足应用功能提升创造条件。

3.2.3 智能化系统工程设计等级的系统配置应符合下列规定:

1 应以智能化系统工程的设计等级为依据,选择配置相应的智能化系统;

2 符合建筑基本功能的智能化系统配置应作为应配置项目;

3 以应配置项目为基础,为实现建筑增强功能的智能化系统配置应作为宜配置项目;

4 以应配置项目和宜配置项目的组合为基础,为完善建筑保障功能的智能化系统配置应作为可配置项目。

3.3 架构规划

3.3.1 智能化系统工程的架构规划应符合下列规定:

1 应满足建筑物的信息化应用需求;

2 应支持各智能化系统的信息关联和功能汇聚;

3 应顺应智能化系统工程技术的可持续发展;

4 应适应智能化系统综合技术功效的不断完善;

5 综合体建筑的智能化系统工程应适应多功能类别组合建筑物态的形式,并应满足综合体建筑整体实施业务运营及管理模式的信息化应用需求。

3.3.2 智能化系统工程的设施架构搭建应符合下列规定:

1 应建设建筑信息化应用的基础设施层;

2 应建立具有满足运营和管理应用等综合支撑功能的信息服务设施层;

3 应形成展现信息应用和协同效应的信息化应用设施层。

3.3.3 智能化系统工程的架构规划分项应符合下列规定:

1 架构规划分项应按工程架构整体的层次化结构形式,分别以基础设施、信息服务设施及信息化应用设施展开;

2 基础设施应为公共环境设施和机房设施,其分项宜包括信息通信基础设施、建筑设备管理设施、公共安全设施、机房环境设

施和机房管理设施等;

　　3 信息服务设施应为应用信息服务设施的信息应用支撑设施部分,其分项宜包括语音应用支撑设施、数据应用支撑设施、多媒体应用支撑设施等;

　　4 信息化应用设施应为应用信息服务设施的应用设施部分,其分项宜包括公共应用设施、管理应用设施、业务应用设施、智能信息集成设施等。

3.4 系统配置

3.4.1 智能化系统工程的系统配置应符合下列规定:

　　1 应以设计等级为依据;

　　2 应与架构规划相对应;

　　3 应保障智能化系统综合技术功效;

　　4 宜适应按专业化分项实施的方式;

　　5 应按建筑基本条件和功能需求配置基础设施层的智能化系统;

　　6 应以基础设施层的智能化系统为支撑条件,按建筑功能类别配置信息服务设施层和信息化应用设施层的智能化系统。

3.4.2 智能化系统工程的系统配置分项应符合下列规定:

　　1 系统配置分项应分别以信息化应用系统、智能化集成系统、信息设施系统、建筑设备管理系统、公共安全系统、机房工程等设计要素展开;

　　2 应与基础设施层相对应,且基础设施的智能化系统分项宜包括信息接入系统、布线系统、移动通信室内信号覆盖系统、卫星通信系统、建筑设备监控系统、建筑能效监管系统、火灾自动报警系统、入侵报警系统、视频安防监控系统、出入口控制系统、电子巡查系统、访客对讲系统、停车库(场)管理系统、安全防范综合管理(平台)系统、应急响应系统及相配套的智能化系统机房工程;

　　3 应与信息服务设施层相对应,且信息服务设施的智能化系统分项宜包括用户电话交换系统、无线对讲系统、信息网络系统、有线电视系统、卫星电视接收系统、公共广播系统、会议系统、信息导引及发布系统、时钟系统等;

　　4 应与信息化应用设施层相对应,且信息化应用设施的智能化系统分项宜包括公共服务系统、智能卡系统、物业管理系统、信息设施运行管理系统、信息安全管理系统、通用业务系统、专业业务系统、智能化信息集成(平台)系统、集成信息应用系统。

3.4.3 综合体建筑智能化工程的系统配置应符合下列规定:

　　1 应以综合体建筑的业态形式、设计等级和架构规划为依据;

　　2 应按综合体建筑整体功能需求配置基础设施的智能化系统;

　　3 应以基础设施的智能化系统为支撑条件,配置满足不同功能类别单体或局部建筑的信息服务设施和信息化应用设施的智能化系统;

　　4 应以各单体或局部建筑的基础设施和信息服务设施整合为条件,配置满足综合体建筑实施整体运营和全局性管理模式需求的信息化应用设施的智能化系统。

4 设计要素

4.1 一般规定

4.1.1 智能化系统工程的设计要素应按智能化系统工程的设计等级、架构规划及系统配置等工程架构确定。

4.1.2 智能化系统工程的设计要素宜包括信息化应用系统、智能化集成系统、信息设施系统、建筑设备管理系统、公共安全系统、机房工程等。

4.1.3 智能化系统工程的设计要素应符合国家现行标准《火灾自动报警系统设计规范》GB 50116、《安全防范工程技术规范》GB 50348和《民用建筑电气设计规范》JGJ 16等的有关规定。

4.2 信息化应用系统

4.2.1 信息化应用系统功能应符合下列规定:

　　1 应满足建筑物运行和管理的信息化需要;

　　2 应提供建筑业务运营的支撑和保障。

4.2.2 信息化应用系统宜包括公共服务、智能卡应用、物业管理、信息设施运行管理、信息安全管理、通用业务和专业业务等信息化应用系统。

4.2.3 公共服务系统应具有访客接待管理和公共服务信息发布等功能,并宜具有将各类公共服务事务纳入规范运行程序的管理功能。

4.2.4 智能卡应用系统应具有身份识别等功能,并宜具有消费、计费、票务管理、资料借阅、物品寄存、会议签到等管理功能,且应具有适应不同安全等级的应用模式。

4.2.5 物业管理系统应具有对建筑的物业经营、运行维护进行管理的功能。

4.2.6 信息设施运行管理系统应具有对建筑物信息设施的运行状态、资源配置、技术性能等进行监测、分析、处理和维护的功能。

4.2.7 信息安全管理系统应符合国家现行有关信息安全等级保护标准的规定。

4.2.8 通用业务系统应满足建筑基本业务运行的需求。

4.2.9 专业业务系统应以建筑通用业务系统为基础,满足专业业务运行的需求。

4.3 智能化集成系统

4.3.1 智能化集成系统的功能应符合下列规定:

　　1 应以实现绿色建筑为目标,应满足建筑的业务功能、物业运营及管理模式的应用需求;

　　2 应采用智能化信息资源共享和协同运行的架构形式;

　　3 应具有实用、规范和高效的监管功能;

　　4 宜适应信息化综合应用功能的延伸及增强。

4.3.2 智能化集成系统构成应符合下列规定:

　　1 系统应包括智能化信息集成(平台)系统与集成信息应用系统;

　　2 智能化信息集成(平台)系统宜包括操作系统、数据库、集成系统平台应用程序、各纳入集成管理的智能化设施系统与集成互为关联的各类信息通信接口等;

　　3 集成信息应用系统宜由通用业务基础功能模块和专业业务运营功能模块等组成;

　　4 宜具有虚拟化、分布式应用、统一安全管理等整体平台的支撑能力;

　　5 宜顺应物联网、云计算、大数据、智慧城市等信息交互多元化和新应用的发展。

4.3.3 智能化集成系统通信互联应符合下列规定:

　　1 应具有标准化通信方式和信息交互的支持能力;

　　2 应符合国际通用的接口、协议及国家现行有关标准的规定。

4.3.4 智能化集成系统配置应符合下列规定:

　　1 应适应标准化信息集成平台的技术发展方向;

　　2 应形成对智能化相关信息采集、数据通信、分析处理等支持能力;

　　3 宜满足对智能化实时信息及历史数据分析、可视化展现的要求;

　　4 宜满足远程及移动应用的扩展需要;

　　5 应符合实施规范化的管理方式和专业化的业务运行程序;

　　6 应具有安全性、可用性、可维护性和可扩展性。

4.4 信息设施系统

4.4.1 信息设施系统功能应符合下列规定：
  1 应具有对建筑内外相关的语音、数据、图像和多媒体等形式的信息予以接受、交换、传输、处理、存储、检索和显示等功能；
  2 宜融合信息化所需的各类信息设施，并为建筑的使用者及管理者提供信息化应用的基础条件。

4.4.2 信息设施系统宜包括信息接入系统、布线系统、移动通信室内信号覆盖系统、卫星通信系统、用户电话交换系统、无线对讲系统、信息网络系统、有线电视及卫星电视接收系统、公共广播系统、会议系统、信息导引及发布系统、时钟系统等信息设施系统。

4.4.3 信息接入系统应符合下列规定：
  1 应满足建筑物内各类用户对信息通信的需求，并应将各类公共信息网和专用信息网引入建筑物内；
  2 应支持建筑物内各类用户所需的信息通信业务；
  3 宜建立以该建筑为基础的物理单元载体，并应具有对接智慧城市的技术条件；
  4 信息接入机房应统筹规划配置，并应具有多种类信息业务经营者平等接入的条件；
  5 系统设计应符合现行行业标准《有线接入网设备安装工程设计规范》YD/T 5139 等的有关规定。

4.4.4 布线系统应符合下列规定：
  1 应满足建筑物内语音、数据、图像和多媒体等信息传输的需求；
  2 应根据建筑物的业务性质、使用功能、管理维护、环境安全条件和使用需求等，进行系统布局、设备配置及缆线设计；
  3 应遵循集约化建设的原则，并应统一规划、兼顾差异、路由便捷、维护方便；
  4 应适应智能化系统的数字化技术发展和网络化融合趋势，并应成为建筑内整合各智能化系统信息传递的通道；
  5 应根据缆线敷设方式和安全保密的要求，选择满足相应安全等级的信息缆线；
  6 应根据缆线敷设方式和防火的要求，选择相应阻燃及耐火等级的缆线；
  7 应配置相应的信息安全管理保障技术措施；
  8 应具有灵活性、适应性、可扩展性和可管理性；
  9 系统设计应符合现行国家标准《综合布线系统工程设计规范》GB 50311 的有关规定。

4.4.5 移动通信室内信号覆盖系统应符合下列规定：
  1 应确保建筑物内部与外界的通信接续；
  2 应适应移动通信业务的综合性发展；
  3 对于室内需屏蔽移动通信信号的局部区域，应配置室内区域屏蔽系统；
  4 系统设计应符合现行国家标准《电磁环境控制限值》GB 8702 的有关规定。

4.4.6 卫星通信系统应符合下列规定：
  1 应按建筑的业务需求进行配置；
  2 应满足语音、数据、图像及多媒体等信息的传输要求；
  3 卫星通信系统天线、室外单元设备安装空间和天线基座基础、室外馈线引入的管线及卫星通信机房等应设置在满足卫星通信要求的位置。

4.4.7 用户电话交换系统应符合下列规定：
  1 应适应建筑物的业务性质、使用功能、安全条件，并应满足建筑内语音、传真、数据等通信需求；
  2 系统的容量、出入中继线数量及中继方式等应按使用需求和话务量确定，并应留有富裕量；
  3 应具有拓展电话交换系统与建筑内业务相关的其他增值应用的功能；
  4 系统设计应符合现行国家标准《用户电话交换系统工程设计规范》GB/T 50622 的有关规定。

4.4.8 无线对讲系统应符合下列规定：
  1 应满足建筑内管理人员互相通信联络的需求；
  2 应根据建筑的环境状况，设置天线位置、选择天线形式、确定天线输出功率；
  3 应利用基站信号，配置室内天馈线和系统无源器件；
  4 信号覆盖应均匀分布；
  5 应具有远程控制和集中管理功能，并应具有对系统语音和数据的管理能力；
  6 语音呼叫应支持个呼、组呼、全呼和紧急呼叫等功能；
  7 宜具有支持文本信息收发、GPS定位、遥测、对讲机检查、远程监听、呼叫提示、激活等功能；
  8 应具有先进性、开放性、可扩展性和可管理性。

4.4.9 信息网络系统应符合下列规定：
  1 应根据建筑的运营模式、业务性质、应用功能、环境安全条件及使用需求，进行系统组网的架构规划；
  2 应建立各类用户完整的公用和专用的信息通信链路，支撑建筑内多种类智能化信息的端到端传输，并应成为建筑内各类信息通信完全传递的通道；
  3 应保证建筑内信息传输与交换的高速、稳定和安全；
  4 应适应数字化技术发展和网络化传输趋向；对智能化系统的信息传输，应按信息类别的功能性区分、信息承载的负载量分析、应用架构形式优化等要求进行处理，并应满足建筑智能化信息网络实现的统一性要求；
  5 网络拓扑架构应满足建筑使用功能的构成状况、业务需求及信息传输的要求；
  6 应根据信息接入方式和网络子网划分等配置路由设备，并应根据用户工作业务特性、运行信息流量、服务质量要求和网络拓扑架构形式等，配置服务器、网络交换设备、信息通信链路、信息端口及信息网络系统等；
  7 应配置相应的信息安全保障设备和网络管理系统，建筑物内信息网络系统与建筑物外部的相关信息网互联时，应设置有效抵御干扰和入侵的防火墙等安全措施；
  8 宜采用专业化、模块化、结构化的系统架构形式；
  9 应具有灵活性、可扩展性和可管理性。

4.4.10 有线电视及卫星电视接收系统应符合下列规定：
  1 应向收视用户提供多种类电视节目源；
  2 应根据建筑使用功能的需要，配置卫星广播电视接收及传输系统；
  3 卫星广播电视系统接收天线、室外单元设备安装空间和天线基座基础、室外馈线引入的管线等应设置在满足接收要求的部位；
  4 宜拓展其他相应增值应用功能；
  5 系统设计应符合现行国家标准《有线电视系统工程技术规范》GB 50200 的有关规定。

4.4.11 公共广播系统应符合下列规定：
  1 应包括业务广播、背景广播和紧急广播；
  2 业务广播应根据工作业务及建筑物业管理的需要，按业务区域设置音源信号，分区控制呼叫及设定播放程序。业务广播宜播发的信息包括通知、新闻、信息、语音文件、寻呼、报时等；
  3 背景广播应向建筑内各功能区播送渲染环境气氛的音源信号。背景广播宜播发的信息包括背景音乐和背景音响等；
  4 紧急广播应满足应急管理的要求，紧急广播应播发的信息为依据相应安全区域划分规定的专用应急广播信令。紧急广播应优先于业务广播、背景广播；

 5 应适应数字化处理技术、网络化播控方式的应用发展；
 6 宜配置标准时间校正功能；
 7 声场效果应满足使用要求及声学指标的要求；
 8 宜拓展公共广播系统相应智能化应用功能；
 9 系统设计应符合现行国家标准《公共广播系统工程技术规范》GB 50526 的有关规定。

4.4.12 会议系统应符合下列规定：
 1 应按使用和管理等需求对会议场所进行分类，并分别按会议（报告）厅、多功能会议室和普通会议室等类别组合配置相应的功能。会议系统的功能宜包括音频扩声、图像信息显示、多媒体信号处理、会议讨论、会议信息录播、会议设施集中控制、会议信息发布等；
 2 会议（报告）厅宜根据使用功能，配置舞台机械及场景控制及其相关配套功能等；
 3 具有远程视频信息交互功能需求的会议场所，应配置视频会议系统终端（含内置多点控制单元）；
 4 当系统具有集中控制播放信息和集成运行交互功能要求时，宜采取会议设备集约化控制方式，对设备运行状况进行信息化交互式管理；
 5 应适应多媒体技术的发展，并应采用能满足视频图像清晰度要求的投射及显示技术和满足音频声场效果要求的传声及播放技术；
 6 宜采用网络化互联、多媒体场效互动及设备综合控制等信息集成化管理工作模式，并宜采用数字化系统技术和设备；
 7 宜拓展会议系统相应智能化应用功能；
 8 系统设计应符合现行国家标准《电子会议系统工程设计规范》GB 50799、《厅堂扩声系统设计规范》GB 50371、《视频显示系统工程技术规范》GB 50464 和《会议电视会场系统工程设计规范》GB 50635 的有关规定。

4.4.13 信息导引及发布系统应符合下列规定：
 1 应具有公共业务信息的接入、采集、分类和汇总的数据资源库，并在建筑公共区域向公众提供信息告示、标识导引及信息查询等多媒体信息发布功能；
 2 宜由信息播控中心、传输网络、信息发布显示屏或信息标识牌、信息导引设施或查询终端等组成，并应根据应用需要进行设备的配置及组合；
 3 应根据建筑物的管理需要，布置信息发布显示屏或信息导引标识屏、信息查询终端等，并应根据公共区域空间环境条件，选择信息显示屏和信息查询终端的技术规格、几何形态及安装方式等；
 4 播控中心宜设置专用的服务器和控制器，并宜配置信号采集和制作设备及相配套的应用软件；应支持多通道显示、多画面显示、多序列表播放和支持多种格式的图像、视频、文件显示，并应支持同时控制多台显示端设备。

4.4.14 时钟系统应符合下列功能：
 1 应按建筑使用功能需求配置时钟系统；
 2 应具有高精度标准校时功能，并应具备与当地标准时钟同步校准的功能；
 3 用于统一建筑公共环境时间的时钟系统，宜采用母钟、子钟的组网方式，且系统母钟应具有多形式系统对时的接口选择；
 4 应有故障报警等管理功能。

4.5 建筑设备管理系统

4.5.1 建筑设备管理系统功能应符合下列规定：
 1 应具有建筑设备运行监控信息互为关联和共享的功能；
 2 宜具有建筑设备能耗监测的功能；
 3 应实现对节约资源、优化环境质量管理的功能；
 4 宜与公共安全系统等其他关联构建建筑设备综合管理模式。

4.5.2 建筑设备管理系统宜包括建筑设备监控系统、建筑能效监管系统，以及需纳入管理的其他业务设施系统等。

4.5.3 建筑设备监控系统应符合下列规定：
 1 监控的设备范围宜包括冷热源、供暖通风和空气调节、给水排水、供配电、照明、电梯，并宜包括以自成控制体系方式纳入管理的专项设备监控系统等；
 2 采集的信息宜包括温度、湿度、流量、压力、压差、液位、照度、气体浓度、电量、冷热量等建筑设备运行基础状态信息；
 3 监控模式应与建筑设备的运行工艺相适应，并应满足对实时状况监控、管理方式及管理策略等进行优化的要求；
 4 应适应相关的管理需求与公共安全系统信息关联；
 5 宜具有向建筑内相关集成系统提供建筑设备运行、维护管理状态等信息的条件。

4.5.4 建筑能效监管系统应符合下列规定：
 1 能耗监测的范围宜包括冷热源、供暖通风和空气调节、给水排水、供配电、照明、电梯等建筑设备，且计量数据应准确，并应符合国家现行有关标准的规定；
 2 能耗计量的分项及类别宜包括电量、水量、燃气量、集中供热耗热量、集中供冷耗冷量等使用状态信息；
 3 根据建筑物业管理的要求及基于对建筑设备运行能耗信息化监管的需求，应能对建筑的用能环节进行相应适度调控及供能配置适时调整；
 4 应通过对纳入能效监管系统的分项计量及监测数据统计分析和处理，提升建筑设备协调运行和优化建筑综合性能。

4.5.5 建筑设备管理系统对支撑绿色建筑功效应符合下列规定：
 1 基于建筑设备监控系统，对可再生能源实施有效利用和管理；
 2 以建筑能效监管系统为基础，确保在建筑全生命期内对建筑设备运行具有辅助支撑的功能。

4.5.6 建筑设备管理系统应满足建筑物整体管理需求，系统宜纳入智能化集成系统。

4.5.7 系统设计应符合国家现行标准《建筑设备监控系统工程技术规范》JGJ/T 334 和《绿色建筑评价标准》GB/T 50378 的有关规定。

4.6 公共安全系统

4.6.1 公共安全系统应符合下列规定：
 1 应有效地应对建筑内火灾、非法侵入、自然灾害、重大安全事故等危害人们生命和财产安全的各种突发事件，并应建立应急及长效的技术防范保障体系；
 2 应以人为本、主动防范、应急响应、严实可靠。

4.6.2 公共安全系统宜包括火灾自动报警系统、安全技术防范系统和应急响应系统等。

4.6.3 火灾自动报警系统应符合下列规定：
 1 应安全适用、运行可靠、维护便利；
 2 应具有与建筑设备管理系统互联的信息通信接口；
 3 宜与安全技术防范系统实现互联；
 4 应作为应急响应系统的基础系统之一；
 5 宜纳入智能化集成系统；
 6 系统设计应符合现行国家标准《火灾自动报警系统设计规范》GB 50116 和《建筑设计防火规范》GB 50016 的有关规定。

4.6.4 安全技术防范系统应符合下列规定：
 1 应根据防护对象的防护等级、安全防范管理等要求，以建筑物自身物理防护为基础，运用电子信息技术、信息网络技术和安全防范技术等进行构建；
 2 宜包括安全防范综合管理（平台）和入侵报警、视频安防监控、出入口控制、电子巡查、访客对讲、停车库（场）管理系统等；

3 应适应数字化、网络化、平台化的发展,建立结构化架构及网络化体系;
4 应拓展和优化公共安全管理的应用功能;
5 应作为应急响应系统的基础系统之一;
6 宜纳入智能化集成系统;
7 系统设计应符合现行国家标准《安全防范工程技术规范》GB 50348、《入侵报警系统工程设计规范》GB 50394、《视频安防监控系统工程设计规范》GB 50395 和《出入口控制系统工程设计规范》GB 50396 的有关规定。

4.6.5 应急响应系统应符合下列规定:
　　1 应以火灾自动报警系统、安全技术防范系统为基础。
　　2 应具有下列功能:
　　　　1)对各类危及公共安全的事件进行就地实时报警;
　　　　2)采取多种通信方式对自然灾害、重大安全事故、公共卫生事件和社会安全事件实现就地报警和异地报警;
　　　　3)管辖范围内的应急指挥调度;
　　　　4)紧急疏散与逃生紧急呼叫和导引;
　　　　5)事故现场应急处置等。
　　3 宜具有下列功能:
　　　　1)接收上级应急指挥系统各类指令信息;
　　　　2)采集事故现场信息;
　　　　3)多媒体信息显示;
　　　　4)建立各类安全事件应急处理预案。
　　4 应配置下列设施:
　　　　1)有线/无线通信、指挥和调度系统;
　　　　2)紧急报警系统;
　　　　3)火灾自动报警系统与安全技术防范系统的联动设施;
　　　　4)火灾自动报警系统与建筑设备管理系统的联动设施;
　　　　5)紧急广播系统与信息发布与疏散导引系统的联动设施。
　　5 宜配置下列设施:
　　　　1)基于建筑信息模型(BIM)的分析决策支持系统;
　　　　2)视频会议系统;
　　　　3)信息发布系统等。
　　6 应急响应中心宜配置总控室、决策会议室、操作室、维护室和设备间等工作用房。
　　7 应纳入建筑物所在区域的应急管理体系。

4.6.6 总建筑面积大于 20000m² 的公共建筑或建筑高度超过 100m 的建筑所设置的应急响应系统,必须配置与上一级应急响应系统信息互联的通信接口。

4.7 机 房 工 程

4.7.1 智能化系统机房宜包括信息接入机房、有线电视前端机房、信息设施系统总配线机房、智能化总控室、信息网络机房、用户电话交换机房、消防控制室、安防监控中心、应急响应中心和智能化设备间(弱电间、电信间)等,并可根据工程具体情况独立配置或组合配置。

4.7.2 机房工程的建筑设计应符合下列规定:
　　1 信息接入机房宜设置在便于外部信息管线引入建筑物内的位置;
　　2 信息设施系统总配线机房宜设于建筑的中心区域位置,并应与信息接入机房、智能化总控室、信息网络机房及用户电话交换机房同步设计和建设;
　　3 智能化总控室、信息网络机房、用户电话交换机房等应按智能化设施的机房设计等级及设备的工艺要求进行设计;
　　4 当火灾自动报警系统、安全技术防范系统、建筑设备管理系统、公共广播系统等的中央控制设备集中设在智能化总控室内时,各系统应有独立工作区;
　　5 智能化设备间(弱电间、电信间)宜独立设置,且在满足信息传输要求情况下,设备间(弱电间、电信间)宜设置于工作区域相对中部的位置;对于以建筑物楼层为区域划分的智能化设备间(弱电间、电信间),上下位置宜垂直对齐;
　　6 机房面积应满足设备机柜(架)的布局要求,并应预留发展空间;
　　7 信息设施系统总配线机房、智能化总控室、信息网络机房、用户电话交换系统机房等不应与变配电室及电梯机房贴邻布置;
　　8 机房不应设在水泵房、厕所和浴室等潮湿场所的贴邻位置;
　　9 设备机房不宜贴邻建筑物的外墙;
　　10 与机房无关的管线不应从机房内穿越;
　　11 机房各功能区的净空高度及地面承重力应满足设备的安装要求和国家现行有关标准的规定;
　　12 机房应采取防水、降噪、隔音、抗震等措施。

4.7.3 机房工程的结构设计应符合下列规定:
　　1 机房主体结构宜采用大空间及大跨度柱网结构体系;
　　2 机房主体结构应具有防火、避免温度变形和抗不均匀沉降的性能,机房不应穿过变形缝和伸缩缝;
　　3 对于安置主机和存放数据存储设备的机房,主体结构抗震等级宜比该建筑物整体抗震等级提高一级;
　　4 对于改建或扩建的机房,应在对原建筑物进行结构检测和抗震鉴定后进行抗震设计。

4.7.4 机房工程的通风和空气调节系统设计应符合下列规定:
　　1 机房内的温度、湿度等应满足设备的使用要求;
　　2 应符合国家现行有关机房设计的等级标准;
　　3 当机房设置专用空气调节系统时,应设置具有可自动调节方式的控制装置,并应预留室外机组的安装位置;
　　4 宜为纳入机房综合管理系统预留条件。

4.7.5 机房工程的供配电系统设计应符合下列规定:
　　1 应满足机房设计等级及设备用电负荷等级的要求;
　　2 电源质量应符合国家现行有关标准的规定和所配置设备的要求;
　　3 设备的电源输入端应设防雷击电磁脉冲(LEMP)的保护装置;
　　4 宜为纳入机房综合管理系统预留条件。

4.7.6 机房工程紧急广播系统备用电源的连续供电时间,必须与消防疏散指示标志照明备用电源的连续供电时间一致。

4.7.7 机房工程的照明系统设计应符合下列规定:
　　1 应满足各工作区照度标准值的要求;
　　2 照明灯具应采用无眩光荧光灯具及节能灯具;
　　3 宜具有自动调节方式的控制装置;
　　4 宜为纳入机房综合管理系统预留条件。

4.7.8 机房工程接地设计应符合下列规定:
　　1 当机房采用建筑物共用接地装置时,接地电阻值应按接入设备中要求的最小值确定;
　　2 当机房采用独立接地时,接地电阻值应符合国家现行有关标准的规定和所配置设备的要求;
　　3 机房内应设专用局部等电位联结装置。

4.7.9 机房工程的防静电设计应符合下列规定:
　　1 机房的主机房和辅助工作区的地板或地面应设置具有静电泄放的接地装置;
　　2 电子信息系统机房内所有设备的金属外壳、各类金属管(槽)和构件等应进行等电位联结并接地。

4.7.10 机房工程的安全系统设计应符合下列规定:
　　1 应设置与机房安全管理相配套的火灾自动报警和安全技术防范设施;
　　2 应满足机房设计等级要求,并应符合国家现行有关标准的规定；
    3 宜为纳入机房综合管理系统预留条件。
4.7.11 信息网络机房、应急响应中心等机房宜根据建筑功能、机房规模、设备状况及机房的建设要求等，配置机房综合管理系统，并宜具备机房基础设施运行监控、环境设施综合管理、信息设施服务管理等功能。机房综合管理系统应符合下列规定：
    1 应满足机房设计等级的要求，对机房内能源、安全、环境等基础设施进行监控；
    2 应满足机房运营及管理的要求，对机房内各类设施的能耗及环境状态信息予以采集、分析等监管；
    3 应满足建筑业务专业功能的需求，并应对机房信息设施系统的运行进行监管等。
4.7.12 机房工程设计应符合现行国家标准《电子信息系统机房设计规范》GB 50174、《建筑电子信息系统防雷术规范》GB 50343、《电磁环境控制限值》GB 8702 的有关规定。

5 住宅建筑

5.0.1 住宅建筑智能化系统工程应符合下列规定：
    1 应适应生态、环保、健康的绿色居住需求；
    2 应营造以人为本，安全、便利的家居环境；
    3 应满足住宅建筑物业的规范化运营管理要求。
5.0.2 住宅建筑智能化系统应按表5.0.2的规定配置，并应符合现行行业标准《住宅建筑电气设计规范》JGJ 242 的有关规定。

表 5.0.2 住宅建筑智能化系统配置表

智能化系统		非超高层住宅建筑	超高层住宅建筑
信息化应用系统	公共服务系统	◎	◎
	智能卡应用系统	◎	◎
	物业管理系统	◎	●
智能化集成系统	智能化信息集成(平台)系统	◎	◎
	集成信息应用系统		
信息设施系统	信息接入系统	●	●
	布线系统	●	●
	移动通信室内信号覆盖系统	●	●
	无线对讲系统	◎	◎
	信息网络系统	●	●
	有线电视系统	●	●
	公共广播系统	◎	◎
	信息导引及发布系统	◎	◎
建筑设备管理系统	建筑设备监控系统	◎	◎
	建筑能效监管系统		◎
公共安全系统	火灾自动报警系统	按国家现行有关标准进行配置	
	安全技术防范系统 — 入侵报警系统		
	视频安防监控系统		
	出入口控制系统		
	电子巡查系统		
	访客对讲系统		
	停车库(场)管理系统	◎	◎

续表 5.0.2

智能化系统		非超高层住宅建筑	超高层住宅建筑
机房工程	信息接入机房	●	●
	有线电视前端机房	●	●
	信息设施系统总配线机房	●	●
	智能化总控室		●
	消防控制室	◎	●
	安防监控中心	●	●
	智能化设备间(弱电间)	●	●

注：1 超高层住宅建筑：建筑高度为100m或35层及以上的住宅建筑。
    2 ●—应配置；◎—宜配置；○—可配置。

5.0.3 住宅建筑信息化应用系统的配置应满足住宅建筑物业管理的信息化应用需求。
5.0.4 住宅建筑智能化集成系统宜为住宅物业提供完善的服务功能。
5.0.5 住宅建筑信息接入系统应采用光纤到户的方式，每套住户应配置家居配线箱。
5.0.6 当住宅小区或超高层住宅建筑设有物业管理系统时，宜配置无线对讲系统。
5.0.7 超高层住宅建筑应设置消防应急广播，消防应急广播可与公共广播系统合用，但应满足消防应急广播的要求。
5.0.8 当住宅建筑设有物业管理系统时，宜配置建筑设备管理系统。
5.0.9 超高层住宅建筑的消防控制室可与物业管理室合用，但应有独立的火灾自动报警系统工作区域。
5.0.10 当住宅建筑设有停车库(场)时，宜设置停车库(场)管理系统。

6 办公建筑

6.1 一般规定

6.1.1 办公建筑智能化系统工程应符合下列规定：
    1 应满足办公业务信息化的应用需求；
    2 应具有高效办公环境的基础保障；
    3 应满足办公建筑物业规范化运营管理的需要。

6.2 通用办公建筑

6.2.1 通用办公建筑智能化系统应按表6.2.1的规定配置。

表 6.2.1 通用办公建筑智能化系统配置表

智能化系统			普通办公建筑	商务办公建筑
信息化应用系统	公共服务系统		●	●
	智能卡应用系统		●	●
	物业管理系统		●	●
	信息设施运行管理系统		◎	●
	信息安全管理系统		◎	●
	通用业务系统	基本业务办公系统	按国家现行有关标准进行配置	
	专业业务系统	专用办公系统		
智能化集成系统	智能化信息集成(平台)系统		◎	●
	集成信息应用系统		◎	●
信息设施系统	信息接入系统		●	●
	布线系统		●	●
	移动通信室内信号覆盖系统		●	●

续表 6.2.1

智能化系统			普通办公建筑	商务办公建筑
信息设施系统	用户电话交换系统		⊙	⊙
	无线对讲系统		⊙	⊙
	信息网络系统		●	●
	有线电视系统		●	●
	卫星电视接收系统		○	⊙
	公共广播系统		●	●
	会议系统		●	●
	信息导引及发布系统		●	●
	时钟系统		○	⊙
建筑设备管理系统	建筑设备监控系统		●	●
	建筑能效监管系统		⊙	●
公共安全系统	火灾自动报警系统		按国家现行有关标准进行配置	
	安全技术防范系统	入侵报警系统		
		视频安防监控系统		
		出入口控制系统		
		电子巡查系统		
		访客对讲系统		
		停车库(场)管理系统	⊙	●
	安全防范综合管理(平台)系统		⊙	●
	应急响应系统		○	⊙
机房工程	信息接入机房		●	●
	有线电视前端机房		●	●
	信息设施系统总配线机房		●	●
	智能化总控室		●	●
	信息网络机房		⊙	●
	用户电话交换机房		⊙	●
	消防控制室		●	●
	安防监控中心		●	●
	应急响应中心		○	⊙
	智能化设备间(弱电间)		●	●
	机房安全系统		按国家现行有关标准进行配置	
	机房综合管理系统		⊙	●

注：●—应配置；⊙—宜配置；○—可配置。

6.2.2 信息化应用系统的配置应满足通用办公建筑办公业务运行和物业管理的信息化应用需求。

6.2.3 信息接入系统宜将各类公共信息网引入至建筑物办公区域或办公单元内，并应适应多家运营商接入的需求。

6.2.4 移动通信室内信号覆盖系统应做到公共区域无盲区。

6.2.5 用户电话交换系统应满足通用办公建筑内部语音通信的需求。

6.2.6 信息网络系统，当用于建筑物业管理系统时，宜独立配置；当用于出租或出售办公单元时，宜满足承租者或入驻用户的使用需求。

6.2.7 有线电视系统应向建筑内用户提供本地区有线电视节目源，可根据需要配置卫星电视接收系统。

6.2.8 会议系统应适应通用办公建筑的需要，宜适应会议室或会议设备的租赁使用及管理，并宜按会议场所的功能需求组合配置相关设备。

6.2.9 信息导引及发布系统应根据建筑物业管理的需要，在公共区域提供信息告示、标识导引及信息查询等服务。

6.2.10 建筑设备管理系统应满足通用办公建筑使用及管理的需求。

6.3 行政办公建筑

6.3.1 行政办公建筑智能化系统应按表 6.3.1 的规定配置。

表 6.3.1 行政办公建筑智能化系统配置表

智能化系统			其他职级办公建筑	地市级职能办公建筑	省部级及以上职能办公建筑
信息化应用系统	公共服务系统		⊙	●	●
	智能卡应用系统		●	●	●
	物业管理系统		⊙	●	●
	信息设施运行管理系统		●	●	●
	信息安全管理系统		●	●	●
	通用业务系统	基本业务办公系统	按国家现行有关标准进行配置		
	专业业务系统	行政工作业务系统			
智能化集成系统	智能化信息集成(平台)系统		○	⊙	●
	集成信息应用系统		○	⊙	●
信息设施系统	信息接入系统		●	●	●
	布线系统		●	●	●
	移动通信室内信号覆盖系统		●	●	●
	用户电话交换系统		●	●	●
	无线对讲系统		●	●	●
	信息网络系统		●	●	●
	有线电视系统		●	●	●
	公共广播系统		●	●	●
	会议系统		●	●	●
	信息导引及发布系统		⊙	●	●
建筑设备管理系统	建筑设备监控系统		●	●	●
	建筑能效监管系统		⊙	●	●
公共安全系统	火灾自动报警系统		按国家现行有关标准进行配置		
	安全技术防范系统	入侵报警系统			
		视频安防监控系统			
		出入口控制系统			
		电子巡查系统			
		访客对讲系统			
		停车库(场)管理系统	⊙	●	●
	安全防范综合管理(平台)系统		⊙	●	●
	应急响应系统		⊙	●	●
机房工程	信息接入机房		●	●	●
	有线电视前端机房		●	●	●
	信息设施系统总配线机房		●	●	●
	智能化总控室		●	●	●
	信息网络机房		⊙	●	●
	用户电话交换机房		⊙	●	●
	消防控制室		●	●	●
	安防监控中心		●	●	●
	应急响应中心		⊙	●	●
	智能化设备间(弱电间)		●	●	●
	机房安全系统		按国家现行有关标准进行配置		
	机房综合管理系统		⊙	●	●

注：●—应配置；⊙—宜配置；○—可配置。

6.3.2 信息化应用系统的配置应满足行政办公建筑办公业务运行和物业管理的信息化应用需求。

6.3.3 信息接入系统应根据办公业务的需要，将公共信息网及行政办公专用信息网引入行政办公建筑内。

6.3.4 行政办公建筑内应根据信息安全要求或其业务要求，建立区域移动通信信号覆盖或移动通信信号屏蔽系统。

6.3.5 用户电话交换系统应满足行政办公建筑内部的电话通信需求。
6.3.6 信息网络系统应满足行政办公业务信息传输安全、可靠、保密的要求,并应根据办公业务和办公人员的岗位职能需要,配置相应的信息端口。
6.3.7 有线电视系统应向会议、接待等功能区域提供本地区电视节目源。
6.3.8 会议系统应根据所确定的功能配置相关设备,并应满足安全保密要求。
6.3.9 建筑设备管理系统应满足行政办公建筑使用及管理的需求。

7 旅馆建筑

7.0.1 旅馆建筑智能化系统工程应符合下列规定:
　　1 应满足旅馆业务经营的需求;
　　2 应提升旅馆经营及服务的质量;
　　3 应满足旅馆建筑物业规范化运营管理的需要。
7.0.2 旅馆建筑智能化系统应按表7.0.2的规定配置。

表7.0.2 旅馆建筑智能化系统配置表

智能化系统		其他服务等级旅馆	三星及四星级服务等级旅馆	五星级及以上服务等级旅馆
信息化应用系统	公共服务系统	⊙	●	●
	智能卡应用系统	●	●	●
	物业管理系统	⊙	●	●
	信息设施运行管理系统	○	⊙	●
	信息安全管理系统	●	●	●
	通用业务系统 基本旅馆经营管理系统	按国家现行有关标准进行配置		
	专业业务系统 星级酒店经营管理系统			
智能化集成系统	智能化信息集成(平台)系统	⊙	●	●
	集成信息应用系统	○	⊙	●
信息设施系统	信息接入系统	●	●	●
	布线系统	●	●	●
	移动通信室内信号覆盖系统	●	●	●
	用户电话交换系统	●	●	●
	无线对讲系统	⊙	●	●
	信息网络系统	●	●	●
	有线电视系统	●	●	●
	卫星电视接收系统	○	⊙	●
	公共广播系统	●	●	●
	会议系统	○	⊙	●
	信息导引及发布系统	○	⊙	●
	时钟系统	○	⊙	●
建筑设备管理系统	建筑设备监控系统	⊙	●	●
	建筑能效监管系统	⊙	●	●
	客房集控系统			
公共安全系统	火灾自动报警系统			
	安全技术防范系统 入侵报警系统	按国家现行有关标准进行配置		
	视频安防监控系统			
	出入口控制系统			
	电子巡查系统			
	停车库(场)管理系统	⊙	●	●
	安全防范综合管理(平台)系统	○	⊙	●
	应急响应系统		○	⊙	●

续表7.0.2

智能化系统		其他服务等级旅馆	三星及四星级服务等级旅馆	五星级及以上服务等级旅馆
机房工程	信息接入机房	●	●	●
	有线电视前端机房	●	●	●
	信息设施系统总配线机房	●	●	●
	智能化总控室	●	●	●
	信息网络机房	⊙	●	●
	用户电话交换机房	●	●	●
	消防控制室	●	●	●
	安防监控中心	●	●	●
	应急响应中心	○	⊙	●
	智能化设备间(弱电间)	●	●	●
	机房安全系统	按国家现行有关标准进行配置		
	机房综合管理系统	○	⊙	●

注:●—应配置;⊙—宜配置;○—可配置。

7.0.3 信息化应用系统的配置应满足旅馆建筑业务运行和物业管理的信息化应用需求。
7.0.4 客房内应配置互联网的信息端口,并宜提供无线接入。公共区域、会议室、餐饮和供宾客休闲的场所等应提供无线接入。
7.0.5 用户电话交换系统应具有旅馆管理的功能。
7.0.6 旅馆经营业务信息网络系统宜独立设置。
7.0.7 餐厅、咖啡茶座等公共区域宜配置具有独立音源和控制装置的背景音响。
7.0.8 旅馆的会议中心、中小型会议室等场所宜根据不同使用需要配置相应的会议系统。
7.0.9 旅馆的公共区域、各楼层电梯厅等场所宜配置信息发布显示终端。旅馆的大厅、公共场所宜配置信息查询导引显示终端,并应满足无障碍的要求。
7.0.10 客房集控系统应根据经营服务的等级进行配置。
7.0.11 客房内宜配置视频点播装置。
7.0.12 智能卡应用系统应与旅馆信息管理系统联网。旅馆建筑内进入客房区的电梯宜配置电梯控制系统。

8 文化建筑

8.1 一般规定

8.1.1 文化建筑智能化系统工程应符合下列规定:
　　1 应满足文献资料信息的采集、加工、利用和安全防护等要求;
　　2 应具有为读者、公众提供文化学习和文化服务的能力;
　　3 应满足文化建筑物业规范化运营管理的需要。

8.2 图书馆

8.2.1 图书馆智能化系统应按表8.2.1的规定配置。

表8.2.1 图书馆智能化系统配置表

智能化系统		专门图书馆	科研图书馆	高等学校图书馆	公共图书馆
信息化应用系统	公共服务系统	⊙	●	●	●
	智能卡应用系统	●	●	●	●
	物业管理系统	⊙	⊙	●	●
	信息设施运行管理系统	⊙	●	●	●

续表 8.2.1

智能化系统			专门图书馆	科研图书馆	高等学校图书馆	公共图书馆
信息化应用系统	信息安全管理系统		●	●	●	●
	通用业务系统	基本业务办公系统	按相关管理等级要求配置			
	专业业务系统	图书馆数字化管理系统				
智能化集成系统	智能化信息集成(平台)系统		○	⊙	●	●
	集成信息应用系统		○	⊙	●	●
信息设施系统	信息接入系统		●	●	●	●
	布线系统		●	●	●	●
	移动通信室内信号覆盖系统		●	●	●	●
	用户电话交换系统		⊙	⊙	●	●
	无线对讲系统		⊙	⊙	●	●
	信息网络系统		●	●	●	●
	有线电视系统		●	●	●	●
	公共广播系统		●	●	●	●
	会议系统		⊙	⊙	●	●
	信息导引及发布系统		●	●	●	●
建筑设备管理系统	建筑设备监控系统		⊙	⊙	●	●
	建筑能效监管系统		⊙	⊙	●	●
公共安全系统	火灾自动报警系统		按国家现行有关标准进行配置			
	安全技术防范系统	入侵报警系统				
		视频安防监控系统				
		出入口控制系统				
		电子巡查系统				
		安全检查系统				
		停车库(场)管理系统	⊙	⊙	●	●
	安全防范综合管理(平台)系统					
机房工程	信息接入机房		●	●	●	●
	有线电视前端机房		●	●	●	●
	信息设施系统总配线机房		●	●	●	●
	智能化总控室		●	●	●	●
	信息网络机房		⊙	⊙	●	●
	用户电话交换机房		⊙	⊙	●	●
	消防控制室		●	●	●	●
	安防监控中心		●	●	●	●
	智能化设备间(弱电间)		●	●	●	●
	机房安全系统		按国家现行有关标准进行配置			
	机房综合管理系统		○	⊙	●	●

注:●—应配置;⊙—宜配置;○—可配置。

8.2.2 图书馆信息化应用系统的配置应满足图书馆业务运行和物业管理的信息化应用需求。

8.2.3 信息网络系统应满足图书阅览和借阅的需求,业务工作区、阅览室、公众服务区应设置信息端口,公共区域应配置公用电话和无障碍专用的公用电话。图书馆应设置借阅信息查询终端和无障碍信息查询终端。

8.2.4 会议系统应满足文化交流的需求,且具有国际交流活动需求的会议室或报告厅宜配置同声传译系统。

8.2.5 建筑设备管理系统应满足图书储藏库的通风、除尘过滤、温湿度等环境参数的监控要求。

8.2.6 安全技术防范系统应按图书馆的阅览、藏书、管理办公等划分不同防护区域,并应确定不同技术防范等级。

8.3 档 案 馆

8.3.1 档案馆智能化系统应按表8.3.1的规定配置。

表 8.3.1 档案馆智能化系统配置表

表 D.0.2 档案馆建筑智能化系统配置表智能化系统			乙级档案馆	甲级档案馆	特级档案馆
信息化应用系统	公共服务系统		⊙	●	●
	智能卡应用系统		⊙	●	●
	物业管理系统		○	⊙	●
	信息设施运行管理系统			⊙	●
	信息安全管理系统		⊙	●	●
	通用业务系统	基本业务办公系统	按相关管理等级要求配置		
	专业业务系统	档案工作业务系统			
智能化集成系统	智能化信息集成(平台)系统			⊙	●
	集成信息应用系统		○	⊙	●
信息设施系统	信息接入系统		●	●	●
	布线系统		●	●	●
	移动通信室内信号覆盖系统		●	●	●
	用户电话交换系统		⊙	●	●
	无线对讲系统		⊙	●	●
	信息网络系统		●	●	●
	有线电视系统		●	●	●
	公共广播系统		●	●	●
	会议系统		⊙	●	●
	信息导引及发布系统		⊙	●	●
建筑设备管理系统	建筑设备监控系统		⊙	●	●
	建筑能效监管系统		⊙	●	●
公共安全系统	火灾自动报警系统		按国家现行有关标准进行配置		
	安全技术防范系统	入侵报警系统			
		视频安防监控系统			
		出入口控制系统			
		电子巡查系统			
		安全检查系统			
		停车库(场)管理系统		⊙	●
	安全防范综合管理(平台)系统		○	⊙	●
机房工程	信息接入机房		●	●	●
	有线电视前端机房		●	●	●
	信息设施系统总配线机房		●	●	●
	智能化总控室			●	●
	信息网络机房		●	●	●
	用户电话交换机房		⊙	●	●
	消防控制室		●	●	●
	安防监控中心		●	●	●
	智能化设备间(弱电间)		●	●	●
	机房安全系统		按国家现行有关标准进行配置		
	机房综合管理系统			⊙	●

注:●—应配置;⊙—宜配置;○—可配置。

8.3.2 信息化应用系统的配置应满足档案馆业务运行和物业管理的信息化应用需求。

8.3.3 信息网络系统应满足档案馆管理的需求,并应满足安全、保密等要求。

8.3.4 建筑设备管理系统应满足档案资料防护的要求。
8.3.5 安全技术防范系统应根据档案馆的级别,采取相应的人防、技防配套措施。

8.4 文 化 馆

8.4.1 文化馆智能化系统应按表8.4.1的规定配置。

表8.4.1 文化馆智能化系统配置表

智能化系统		小型文化馆	中型文化馆	大型文化馆
信息化应用系统	公共服务系统	⊙	●	●
	智能卡应用系统	⊙	●	●
	物业管理系统	○	⊙	●
	信息设施运行管理系统	○	⊙	●
	信息安全管理系统	⊙	⊙	●
	通用业务系统 基本业务办公系统	按相关管理等级要求配置		
	专业业务系统 文化馆信息化管理系统			
智能化集成系统	智能化信息集成(平台)系统	○	⊙	●
	集成信息应用系统	○	⊙	●
信息设施系统	信息接入系统	●	●	●
	布线系统	●	●	●
	移动通信室内信号覆盖系统	●	●	●
	用户电话交换系统	⊙	⊙	●
	无线对讲系统	⊙	⊙	●
	信息网络系统	●	●	●
	有线电视系统	●	●	●
	公共广播系统	●	●	●
	会议系统	●	●	●
	信息引导及发布系统	●	●	●
建筑设备管理系统	建筑设备监控系统	⊙	⊙	●
	建筑能效监管系统	⊙	⊙	●
公共安全系统	火灾自动报警系统	按国家现行有关标准进行配置		
	安全技术防范系统 入侵报警系统			
	视频安防监控系统			
	出入口控制系统			
	电子巡查系统			
	安全检查系统			
	停车库(场)管理系统	○	⊙	●
	安全防范综合管理(平台)系统	○	⊙	●
机房工程	信息接入机房	●	●	●
	有线电视前端机房	●	●	●
	信息设施系统总配线机房	●	●	●
	智能化总控室	●	●	●
	信息网络机房	⊙	⊙	●
	用户电话交换机房	⊙	⊙	●
	消防控制室	●	●	●
	安防监控中心	●	●	●
	智能化设备间(弱电间)	●	●	●
	机房安全系统	按国家现行有关标准进行配置		
	机房综合管理系统	○	⊙	●

注:●—应配置;⊙—宜配置;○—可配置。

8.4.2 信息化应用系统的配置应满足文化馆业务运行和物业管理的信息化应用需求。
8.4.3 信息网络系统应适应文化馆内各活动功能区布局的需求,且公共活动区域宜提供无线接入。
8.4.4 建筑设备管理系统宜适应文化馆功能区局部使用及区域管理的需要,并宜按独立使用、配套管理、整体服务的运营方式配置。
8.4.5 安全技术防范系统应采取合理的人防、技防配套措施,并宜设置防暴安全检查系统。

9 博物馆建筑

9.0.1 博物馆建筑智能化系统工程应符合下列规定:
 1 应适应对文献和文物的展示、查阅、陈列、学研等应用需求;
 2 应适应博览物品向公众展示信息化的发展;
 3 应满足博物馆建筑物业规范化运营管理的需要。
9.0.2 博物馆智能化系统应按表9.0.2的规定配置。

表9.0.2 博物馆智能化系统配置表

智能化系统		小型博物馆	中型博物馆	大型博物馆
信息化应用系统	公共服务系统	⊙	●	●
	智能卡应用系统	⊙	●	●
	物业管理系统	○	⊙	●
	信息设施运行管理系统	○	⊙	●
	信息安全管理系统	⊙	⊙	●
	通用业务系统 基本业务办公系统	按相关管理等级要求配置		
	专业业务系统 博物馆业务信息化系统			
智能化集成系统	智能化信息集成(平台)系统	○	⊙	●
	集成信息应用系统	○	⊙	●
信息设施系统	信息接入系统	●	●	●
	布线系统	●	●	●
	移动通信室内信号覆盖系统	●	●	●
	用户电话交换系统	⊙	⊙	●
	无线对讲系统	⊙	⊙	●
	信息网络系统	●	●	●
	有线电视系统	●	●	●
	公共广播系统	●	●	●
	会议系统	⊙	●	●
	信息引导及发布系统	⊙	●	●
建筑设备管理系统	建筑设备监控系统	⊙	⊙	●
	建筑能效监管系统	⊙	⊙	●
公共安全系统	火灾自动报警系统	按国家现行有关标准进行配置		
	安全技术防范系统 入侵报警系统			
	视频安防监控系统			
	出入口控制系统			
	电子巡查系统			
	安全检查系统			
	停车库(场)管理系统	⊙	●	●
	安全防范综合管理(平台)系统	○	⊙	●
机房工程	信息接入机房	●	●	●
	有线电视前端机房	●	●	●
	信息设施系统总配线机房	●	●	●
	智能化总控室	●	●	●
	信息网络机房	○	⊙	●
	用户电话交换机房	⊙	●	●
	消防控制室	●	●	●
	安防监控中心	●	●	●
	智能化设备间(弱电间)	●	●	●
	机房安全系统	按国家现行有关标准进行配置		
	机房综合管理系统	○	⊙	●

注:●—应配置;⊙—宜配置;○—可配置。

9.0.3 信息化应用系统的配置应满足博物馆建筑业务运行和物业管理的信息化应用需求。

9.0.4 博物馆的公共服务系统宜配置触摸屏、多媒体播放屏、语音导览、多媒体导览器等设备,并宜配置手持式多媒体导览器。

9.0.5 博物馆的主要出入口和需控制人流密度的场所宜设置客流分析系统。

9.0.6 信息接入系统应满足博物馆管理人员远程及异地访问授权服务器的需要。

9.0.7 信息网络系统应满足博物馆内布展灵活、可扩展的需求。各业务工作区、陈列展览区、公众服务区应设置信息点,并宜满足远程信息接入与发布的需要。

9.0.8 博物馆宜根据展品成列状况配置视频显示终端。

9.0.9 当博物馆的会议系统具有国际交流功能时,应配置同声传译系统。

9.0.10 陈列展览区、公共服务区等场所宜设置信息查询终端和无障碍信息查询终端。

9.0.11 建筑设备管理系统应满足文物保存区环境的监控要求。

9.0.12 安全技术防范系统应符合国家现行有关标准的规定。

9.0.13 博物馆的观众主入口处宜设置安全检查系统。

10 观演建筑

10.1 一般规定

10.1.1 观演建筑智能化系统工程应符合下列规定:
1 应适应观演业务信息化运行的需求;
2 应具备观演建筑业务设施基础保障的条件;
3 应满足观演建筑物业规范化运营管理的需要。

10.2 剧 场

10.2.1 剧场智能化系统应按表 10.2.1 的规定配置。

表 10.2.1 剧场智能化系统配置表

智能化系统			小型剧场	中型剧场	大型剧场	特大型剧场
信息化应用系统	公共服务系统		◉	●	●	●
	智能卡应用系统		●	●	●	●
	物业管理系统		◉	◉	●	●
	信息设施运行管理系统		○	◉	●	●
	信息安全管理系统		○	◉	●	●
	通用业务系统	基本业务办公系统	按国家现行有关标准进行配置			
	专业业务系统	舞台监督通信指挥系统	按国家现行有关标准进行配置			
		舞台监视系统				
		票务管理系统				
		自助寄存系统				
智能化集成系统	智能化集成(平台)系统		○	◉	●	●
	集成信息应用系统		○	◉	●	●
信息设施系统	信息接入系统		●	●	●	●
	布线系统		●	●	●	●
	移动通信室内信号覆盖系统		●	●	●	●
	用户电话交换系统		○	◉	●	●
	无线对讲系统		●	●	●	●
	信息网络系统		●	●	●	●
	有线电视系统		●	●	●	●
	公共广播系统		●	●	●	●
	会议系统		◉	◉	●	●
	信息引导及发布系统		◉	●	●	●

续表 10.2.1

智能化系统		小型剧场	中型剧场	大型剧场	特大型剧场
建筑设备管理系统	建筑设备监控系统	○	◉	●	●
	建筑能效监管系统	○	◉	●	●
公共安全系统	火灾自动报警系统	按国家现行有关标准进行配置			
	安全技术防范系统 入侵报警系统				
	视频安防监控系统				
	出入口控制系统				
	电子巡查系统				
	安全检查系统				
	停车库(场)管理系统	○	◉	●	●
	安全防范综合管理(平台)系统				
机房工程	信息接入机房	●	●	●	●
	有线电视前端机房	●	●	●	●
	信息设施系统总配线机房	●	●	●	●
	智能化总控室	●	●	●	●
	信息网络机房	◉	◉	●	●
	用户电话交换机房	○	◉	●	●
	消防控制室	●	●	●	●
	安防监控中心	●	●	●	●
	智能化设备间(弱电间)	●	●	●	●
	机房安全系统	按国家现行有关标准进行配置			
	机房综合管理系统	○	◉	●	●

注:●—应配置;◉—宜配置;○—可配置。

10.2.2 信息化应用系统的配置应满足剧场业务运行和物业管理的信息化应用需求。

10.2.3 剧场的出入口、贵宾出入口以及化妆室等宜设置自助寄存系统,且系统应具有友好的操作界面,并宜具有语音提示功能。

10.2.4 剧场的公共区域应设置移动通信室内信号覆盖系统;观演厅宜设置移动通信信号屏蔽系统,并应具有根据实际需要进行控制和管理的功能。

10.2.5 信息网络系统应满足剧场的信息传输要求和大型音视频信号转播的需要,并应预留相应音视频信号与外部互联的接口。

10.2.6 有线电视系统应满足数字电视信号传输发展的需求,并可将剧场的节目以及现场采访的实况信息传输至电视前端室或节目制播机房。

10.2.7 候场室、化妆区等候场区域应设置信息显示系统,并应显示剧场、演播室的演播实况,且应具有演出信息播放、排片、票务、广告信息的发布等功能。

10.2.8 剧场宜预留音视频信号传输接口,并应满足现场音视频传输的需求。

10.2.9 建筑设备管理系统应满足剧(影)院的室内空气质量、温湿度、新风量等环境参数的监控要求,并应满足公共区的照明、室外环境照明、泛光照明、演播室、舞台、观众席、会议室等的管理要求。

10.2.10 视频安防监控系统应在剧场内、放映室、候场区和售票处等场所设置摄像机。

10.3 电 影 院

10.3.1 电影院智能化系统应按表 10.3.1 的规定配置。

表 10.3.1 电影院智能化系统配置表

智能化系统			小型电影院	中型电影院	大型电影院	特大型电影院
信息化应用系统	公共服务系统		⊙	●	●	●
	智能卡应用系统		●	●	●	●
	物业管理系统		⊙	●	●	●
	信息安全管理系统		○	⊙	●	●
	通用业务系统	基本业务办公系统	按国家现行有关标准进行配置			
	专业业务系统	票务管理系统				
		自助寄存系统				
智能化集成系统	智能化信息集成(平台)系统		○	⊙	●	●
	集成信息应用系统		○	⊙	●	●
信息设施系统	信息接入系统		●	●	●	●
	布线系统		●	●	●	●
	移动通信室内信号覆盖系统		●	●	●	●
	用户电话交换系统		○	⊙	●	●
	无线对讲系统		○	⊙	●	●
	信息网络系统		●	●	●	●
信息设施系统	有线电视系统		●	●	●	●
	公共广播系统		⊙	⊙	●	●
	信息导引及发布系统		●	●	●	●
建筑设备管理系统	建筑设备监控系统		○	⊙	●	●
	建筑能效监管系统		○	⊙	●	●
公共安全系统	火灾自动报警系统		按国家现行有关标准进行配置			
	安全技术防范系统	入侵报警系统				
		视频安防监控系统				
		出入口控制系统				
		电子巡查系统				
		安全检查系统				
		停车库(场)管理系统	○	⊙	●	●
	安全防范综合管理(平台)系统		○	⊙	●	●
机房工程	信息接入机房		●	●	●	●
	有线电视前端机房		●	●	●	●
	信息设施系统总配线机房		●	●	●	●
	智能化总控室		●	●	●	●
	信息网络机房		⊙	●	●	●
	用户电话交换机房		○	⊙	●	●
	消防控制室		●	●	●	●
	安防监控中心		●	●	●	●
	智能化设备间(弱电间)		●	●	●	●
	机房安全系统		按国家现行有关标准进行配置			
	机房综合管理系统		○	⊙	●	●

注:●—应配置;⊙—宜配置;○—可配置。

10.3.2 信息化应用系统的配置应满足电影院业务运行和物业管理的信息化应用需求。

10.3.3 电影院的公共区域应设置移动通信室内信号覆盖系统。观演厅宜设置移动通信信号屏蔽系统,并应具有根据实际需要进行控制和管理的功能。

10.3.4 信息网络系统应满足电影院建筑对信息传输的应用要求。

10.3.5 有线电视系统应满足数字电视信号传输发展的需求。

10.3.6 候场区域应设置信息导引及发布系统的显示终端,并应具有电影院信息播放、排片、票务、广告信息等发布等功能。

10.3.7 建筑设备管理系统应满足电影院的室内空气质量、温湿度、新风量等环境参数的监控要求,并应满足公共区的照明、室外环境照明、泛光照明、放映室、观看厅等的管理要求。

10.3.8 视频安防监控系统应在电影院的观看厅和放映室、候场区和售票处等场所设置摄像机。

10.4 广播电视业务建筑

10.4.1 广播电视业务建筑智能化系统应按表 10.4.1 的规定配置。

表 10.4.1 广播电视业务建筑智能化系统配置表

智能化系统			区、县级广电业务建筑	地、市级广电业务建筑	省部级及以上广电业务建筑
信息化应用系统	公共服务系统		⊙	●	●
	智能卡应用系统		●	●	●
	物业管理系统		⊙	●	●
	信息设施运行管理系统		○	⊙	●
	信息安全管理系统		⊙	●	●
	通用业务系统	基本业务办公系统	按国家现行有关标准进行配置		
	专业业务系统	广播、电视业务信息化系统			
		演播室内部通话系统			
		演播室内部监视系统			
		演播室内部监听系统			
智能化集成系统	智能化信息集成(平台)系统		⊙	●	●
	集成信息应用系统		⊙	●	●
信息设施系统	信息接入系统		●	●	●
	布线系统		●	●	●
	移动通信室内信号覆盖系统		●	●	●
	用户电话交换系统		⊙	●	●
	无线对讲系统		●	●	●
	信息网络系统		●	●	●
	有线电视系统		●	●	●
	卫星电视接收系统		⊙	●	●
	公共广播系统		●	●	●
	会议系统		●	●	●
	信息导引及发布系统		●	●	●
	时钟系统		●	●	●
建筑设备管理系统	建筑设备监控系统		●	●	●
	建筑能效监管系统		●	●	●
公共安全系统	火灾自动报警系统		按国家现行有关标准进行配置		
	安全技术防范系统	入侵报警系统			
		视频安防监控系统			
		出入口控制系统			
		电子巡查系统			
		访客对讲系统			
		停车库(场)管理系统	○	⊙	●
	安全防范综合管理(平台)系统		○	⊙	●
机房工程	信息接入机房		●	●	●
	有线电视前端机房		●	●	●
	信息设施系统总配线机房		●	●	●
	智能化总控室		●	●	●
	信息网络机房		●	●	●
	用户电话交换机房		⊙	●	●

续表 10.4.1

智能化系统		区、县级广电业务建筑	地、市级广电业务建筑	省部级及以上广电业务建筑
机房工程	消防控制室	●	●	●
	安防监控中心	●	●	●
	应急响应中心	○	⊙	●
	智能化设备间(弱电间)	●	●	●
	机房安全系统	按国家现行有关标准进行配置		
	机房综合管理系统	○	⊙	●

注：●—应配置；⊙—宜配置；○—可配置。

10.4.2 信息化应用系统的配置应满足广播电视业务建筑的业务运行和物业管理的信息化应用需求。

10.4.3 信息接入系统除应提供公用信息网接入的电缆、光缆外，还应预留接至电视发射信号传输的光缆，并宜预留接至国家新闻出版广电总局等的传输光缆接口。

10.4.4 公共区域应设置移动通信室内信号覆盖系统。演播室、直播室、录音室、配音室等业务用房宜设置移动通信信号屏蔽系统，并应具有根据实际需要进行控制和管理的功能。

10.4.5 信息网络系统宜在演播室、演员和导演休息厅、候播区、大开间办公区域、贵宾室、大会议室、阅览室和休息区域等处提供无线接入。

10.4.6 有线电视系统应满足数字电视信号传输发展的需求，系统应能将建筑内演播室的节目以及现场采访情况的实时信息传输至电视前端控制室或节目制播机房。系统应提供多种电视信号节目源。

10.4.7 信息导引及发布系统应具有公共信息发布、提示通知、形象宣传、客流疏导、广告发布等业务信息发布和内部交通导航的功能。

10.4.8 时钟系统宜以母钟为基准信号，在导控室、音控室、灯光控制室、演播区、设备机房等处设置数字显示子钟，系统时钟显示器可显示标准时间、正计时、倒计时，并可由人工设定。

10.4.9 视频安防监控系统应在演播室、开放式演播室、播出中心机房、导控室、主控机房、传输机房、候播区和资料库等处设置摄像机。

10.4.10 首层电梯出入口处宜设置速通门以及临时访客的发卡设备，应与出入口控制系统智能卡兼容。在导控室、演播室、传输机房、制作机房、新闻播出机房、主控机房、分控机房、通信中心机房、数据中心机房和节目库等处，宜设置与智能卡系统兼容的出入口控制系统。

10.4.11 应设置独立的广播电视工艺缆线的竖井，按功能分别预留垂直和水平的工艺线槽，制作和播控等技术用房内缆线宜采用地板下布线方式。

11 会展建筑

11.0.1 会展建筑智能化系统工程应符合下列规定：
 1 应适应对展区和展物的布设及展示、会务及交流等的需求；
 2 应适应信息化综合服务功能的发展；
 3 应满足会展建筑物业规范化运营管理的需要。

11.0.2 会展建筑智能化系统应按表 11.0.2 的规定配置，并应符合现行行业标准《会展建筑电气设计规范》JGJ 333 的有关规定。

表 11.0.2 会展建筑智能化系统配置表

智能化系统		小型会展中心	中型会展中心	大型会展中心	特大型会展中心
信息化应用系统	公共服务系统	⊙	●	●	●
	智能卡应用系统	●	●	●	●
	物业管理系统	⊙	●	●	●
	信息设施运行管理系统	⊙	●	●	●
	信息安全管理系统	⊙	●	●	●
	通用业务系统　基本业务办公系统	按国家现行有关标准进行配置			
	专业业务系统　会展建筑业务运营系统				
	售检票系统				
	自助寄存系统				
智能化集成系统	智能化信息集成(平台)系统	⊙	●	●	●
	集成信息应用系统	⊙	●	●	●
信息设施系统	信息接入系统	●	●	●	●
	布线系统	●	●	●	●
	移动通信室内信号覆盖系统	●	●	●	●
	用户电话交换系统	⊙	●	●	●
	无线对讲系统	●	●	●	●
	信息网络系统	●	●	●	●
	有线电视系统	●	●	●	●
	公共广播系统	●	●	●	●
	会议系统	⊙	●	●	●
	信息导引及发布系统	●	●	●	●
	时钟系统	○	⊙	●	●
建筑设备管理系统	建筑设备监控系统	●	●	●	●
	建筑能效监管系统	⊙	●	●	●
公共安全系统	火灾自动报警系统	按国家现行有关标准进行配置			
	安全技术防范系统　入侵报警系统				
	视频安防监控系统				
	出入口控制系统				
	电子巡查系统				
	安全检查系统				
	停车库(场)管理系统	○	⊙	●	●
	安全防范综合管理(平台)系统	⊙	●	●	●
	应急响应系统		⊙	●	●
机房工程	信息接入机房	●	●	●	●
	有线电视前端机房	●	●	●	●
	信息设施系统总配线机房	●	●	●	●
	智能化总控室	●	●	●	●
	信息网络机房	⊙	●	●	●
	用户电话交换机房	⊙	●	●	●
	消防控制室	●	●	●	●
	安防监控中心	●	●	●	●
	应急响应中心	○	⊙	●	●
	智能化设备间(弱电间)	●	●	●	●
	机房安全系统	按国家现行有关标准进行配置			
	机房综合管理系统	○	⊙	●	●

注：●—应配置；⊙—宜配置；○—可配置。

11.0.3 信息化应用系统的配置应满足会展建筑业务运行和物业管理的信息化应用需求。

11.0.4 公共区域应配置公用电话和无障碍专用的公用电话。
11.0.5 信息网络系统应适应灵活布展的需求，并宜根据展位分布情况配置信息端口。公共区域宜提供无线接入。
11.0.6 宜根据展位分布情况配置有线电视终端。
11.0.7 展厅的公共广播系统应根据面积、空间高度、扬声器的布局等，选择扬声器的类型及功率。
11.0.8 对于有多种语言讲解需求的会展建筑，宜设置电子语音或多媒体信息导览系统。
11.0.9 建筑设备管理系统应具有检测会展建筑的空气质量和调节新风量的功能。展厅宜设置智能照明控制系统，并应具有分区域就地控制、中央集中控制等方式。
11.0.10 安全技术防范系统应根据会展中心建筑客流大、展位多且展品开放式陈列的特点，采取人防与技术防范相配套的措施，并宜设置防暴安检和检票等系统。
11.0.11 火灾自动报警系统应适应展厅建筑面积大、空间高的结构特点，采取合适的火灾探测技术。

12 教育建筑

12.1 一般规定

12.1.1 教育建筑智能化系统工程应符合下列规定：
 1 应适应教育建筑教学业务的需求；
 2 应适应教学和科研的信息化发展；
 3 应满足教育建筑物业规范化运营管理的需求。

12.2 高等学校

12.2.1 高等学校智能化系统应按表 12.2.1 的规定配置，并应符合现行行业标准《教育建筑电气设计规范》JGJ 310 的有关规定。

表 12.2.1 高等学校智能化系统配置表

智能化系统			高等专科学校	综合性大学
信息化应用系统	公共服务系统		◎	●
	校园智能卡应用系统		●	●
	校园物业管理系统		◎	●
	信息设施运行管理系统		◎	●
	信息安全管理系统		●	●
	通用业务系统	基本业务办公系统	按国家现行有关标准进行配置	
	专业业务系统	校务数字化管理系统		
		多媒体教学系统		
		教学评估音视频观察系统		
		多媒体制作与播放系统		
		语音教学系统		
		图书馆管理系统		
智能化集成系统	智能化信息集成(平台)系统		◎	●
	集成信息应用系统		◎	●
信息设施系统	信息接入系统		●	●
	布线系统		●	●
	移动通信室内信号覆盖系统		●	●
	用户电话交换系统		●	●
	无线对讲系统		●	●
	信息网络系统		●	●
	有线电视系统		●	●
	公共广播系统		●	●
	会议系统		●	●
	信息导引及发布系统		●	●

续表 12.2.1

智能化系统		高等专科学校	综合性大学
建筑设备管理系统	建筑设备监控系统	◎	●
	建筑能效监管系统	◎	●
公共安全系统	火灾自动报警系统	按国家现行有关标准进行配置	
	安全技术防范系统 入侵报警系统		
	视频安防监控系统		
	出入口控制系统		
	电子巡查系统		
	停车库(场)管理系统	◎	●
	安全防范综合管理(平台)系统	○	●
机房工程	信息接入机房	●	●
	有线电视前端机房	●	●
	信息设施系统总配线机房	●	●
	智能化总控室	●	●
	信息网络机房	●	●
	用户电话交换机房	●	●
	消防控制室	●	●
机房工程	安防监控中心	●	●
	智能化设备间(弱电间)	●	●
	机房安全系统	按国家现行有关标准进行配置	
	机房综合管理系统	○	●

注：●—应配置；◎—宜配置；○—可配置。

12.2.2 信息化应用系统的配置应满足高等学校教学业务运行和物业管理的信息化应用需求。
12.2.3 信息接入系统应将校园外部的公共信息网和教育信息专网引入校园内。
12.2.4 信息网络系统应满足数字化多媒体教学、学校办公和管理的需求。
12.2.5 公共广播系统应满足学校内各单体建筑室内和室外不同播音内容的需要。
12.2.6 会议中心(厅)、大中会议室、重要接待室和报告厅等有关场所应配置会议系统。
12.2.7 多功能教室宜配置多媒体教学系统。
12.2.8 专业演播室或虚拟演播室内应配置电视摄录编辑及多媒体制作与播放系统。
12.2.9 学校的校门口处、教学楼、行政管理楼、图书馆、会议中心(厅)、体育场(馆)、游泳馆、学校宾馆或招待所等应配置信息导引及发布系统。

12.3 高级中学

12.3.1 高级中学智能化系统应按表 12.3.1 的规定配置，并应符合现行行业标准《教育建筑电气设计规范》JGJ 310 的有关规定。

表 12.3.1 高级中学智能化系统配置表

智能化系统			职业学校	普通高级中学
信息化应用系统	公共服务系统		◎	◎
	校园智能卡应用系统		●	●
	校园物业管理系统		◎	◎
	信息设施运行管理系统		○	◎
	信息安全管理系统		◎	●
	通用业务系统	基本业务办公系统	按国家现行有关标准进行配置	
	专业业务系统	校务数字化管理系统		
		多媒体教学系统		

续表 12.3.1

智能化系统			职业学校	普通高级中学
信息化应用系统	专业业务系统	教学评估音视频观察系统	按国家现行有关标准进行配置	●
		多媒体制作与播放系统		●
		语音教学系统		●
		图书馆管理系统		●
智能化集成系统	智能化信息集成(平台)系统		⊙	●
	集成信息应用系统		⊙	●
信息设施系统	信息接入系统		●	●
	布线系统		●	●
	移动通信室内信号覆盖系统		●	●
	用户电话交换系统		⊙	●
	无线对讲系统		⊙	⊙
	信息网络系统		●	●
	有线电视系统		●	●
	公共广播系统		●	●
	会议系统		●	●
	信息导引及发布系统		⊙	●
建筑设备管理系统	建筑设备监控系统		⊙	●
	建筑能效监管系统		⊙	●
公共安全系统	火灾自动报警系统		按国家现行有关标准进行配置	●
	安全技术防范系统	入侵报警系统		●
		视频安防监控系统		●
		出入口控制系统		●
		电子巡查系统		●
	安全防范综合管理(平台)系统		⊙	●
机房工程	有线电视系统		●	●
	公共广播系统		●	●
	信息设施系统总配线机房		●	●
	智能化总控室		●	●
	信息网络机房		●	●
	用户电话交换机房		⊙	●
	消防控制室		●	●
	安防监控中心		●	●
	智能化设备间(弱电间)		●	●
	机房安全系统		按国家现行有关标准进行配置	
	机房综合管理系统		○	⊙

注：●—应配置；⊙—宜配置；○—可配置。

12.3.2 信息化应用系统的配置应满足高级中学教学业务运行和物业管理的信息化应用需求。

12.3.3 信息接入系统应将校园外部的公共信息网和教育信息专网引入校园内。

12.3.4 信息网络系统应满足数字化多媒体教学、学校办公和管理的需求。

12.3.5 公共广播系统应满足学校单体建筑室内和室外不同播音内容的需求，且公共广播系统在室外公用操场播音时，应具有远距离控制播放进程的功能。

12.3.6 餐厅、体育场(馆)等有关场所内宜配置独立的音响扩声系统，并应与楼内的火灾自动报警系统关联。

12.3.7 教室内应配置教室教学扩声系统。

12.3.8 会议室、报告厅等场所应配置会议系统。

12.3.9 教室宜根据需要配置多媒体教学终端系统，并可在学校的专业演播室内配置远程电视教学接入、控制、播放等配套设备。

12.3.10 信息导引及发布系统应与学校信息发布网络管理和学校有线电视系统互联。

12.4 初级中学和小学

12.4.1 初级中学和小学智能化系统应按表12.4.1的规定配置，并应符合现行行业标准《教育建筑电气设计规范》JGJ 310 的有关规定。

表 12.4.1 初级中学和小学智能化系统配置表

智能化系统			小学	初级中学
信息化应用系统	公共服务系统		⊙	⊙
	校园智能卡应用系统		⊙	●
	校园物业管理系统		○	⊙
	信息安全管理系统		⊙	●
	通用业务系统	基本业务办公系统	按国家现行有关标准进行配置	
	专业业务系统	多媒体教学系统		
		教学评估音视频观察系统		
		语音教学系统		
智能化集成系统	智能化信息集成(平台)系统		○	⊙
	集成信息应用系统		○	⊙
信息设施系统	信息接入系统		●	●
	布线系统		●	●
	移动通信室内信号覆盖系统		●	●
	用户电话交换系统		○	⊙
	无线对讲系统		○	⊙
	信息网络系统		●	●
	有线电视系统		●	●
	公共广播系统		●	●
	会议系统		●	●
	信息导引及发布系统		⊙	●
建筑设备管理系统	建筑设备监控系统		○	⊙
	建筑能效监管系统		○	⊙
公共安全系统	火灾自动报警系统		按国家现行有关标准进行配置	
	安全技术防范系统	入侵报警系统		
		视频安防监控系统		
		出入口控制系统		
		电子巡查系统		
	安全防范综合管理(平台)系统		○	○
机房工程	信息接入机房		●	●
	有线电视前端机房		●	●
	信息设施系统总配线机房		●	●
	智能化总控室		●	●
	信息网络机房		○	⊙
	用户电话交换机房		○	⊙
	消防控制室		●	●
	安防监控中心		●	●
	智能化设备间(弱电间)		●	●

注：●—应配置；⊙—宜配置；○—可配置。

12.4.2 信息化应用系统的配置应满足初级中学和小学教学业务运行和物业管理的信息化应用需求。

12.4.3 信息接入系统应将校园外部的公共信息网和教育信息专网引入校园内。

12.4.4 信息网络系统应满足学校数字化多媒体教学、办公和管理的需求。

12.4.5 公共广播系统应满足学校单体建筑室内和校园室外不同播音内容的需求,系统在室外公用操场播音时,应具有远距离控制播放进程的管理功能。
12.4.6 教室内宜配置用于教学的无线扩声系统。
12.4.7 会议室等宜配置会议系统。
12.4.8 教室内宜根据需要配置多媒体教学终端系统,并在学校的电视演播室内配置远程电视教学接入、控制、播放等配套设备。
12.4.9 信息导引及发布系统应与学校信息发布网络管理和学校有线电视系统互联。

13 金融建筑

13.0.1 金融建筑智能化系统工程应符合下列规定:
1 应适应金融业务的需求;
2 应为金融业务运行提供基础保障;
3 应满足金融建筑物业规范化运营管理的需求。
13.0.2 金融建筑智能化系统应按表13.0.3的规定配置,并应符合现行行业标准《金融建筑电气设计规范》JGJ 284 的有关规定。

表 13.0.2 金融建筑智能化系统配置表

智能化系统			基本金融业务建筑	综合金融业务建筑
信息化应用系统	公共服务系统		●	●
	智能卡应用系统		●	●
	物业管理系统		◎	●
	信息设施运行管理系统		●	●
	信息安全管理系统		●	●
	通用业务系统	基本业务办公系统	按国家现行有关标准进行配置	
	专业业务系统	金融业务系统		
智能化集成系统	智能化信息集成(平台)系统		◎	●
	集成信息应用系统			●
信息设施系统	信息接入系统		●	●
	布线系统		●	●
	移动通信室内信号覆盖系统		●	●
	卫星通信系统		○	◎
	用户电话交换系统		●	●
	无线对讲系统		●	●
	信息网络系统		●	●
	有线电视系统		●	●
	公共广播系统		●	●
	会议系统		◎	●
	信息导引及发布系统		●	●
建筑设备管理系统	建筑设备监控系统			●
	建筑能效监管系统			●
公共安全系统	火灾自动报警系统		按国家现行有关标准进行配置	
	安全技术防范系统	入侵报警系统		
		视频安防监控系统		
		出入口控制系统		
		电子巡查系统		
		安全检查系统		
		停车库(场)管理系统	◎	●
	安全防范综合管理(平台)系统		◎	●
机房工程	信息接入机房		●	●
	有线电视前端机房		●	●

续表 13.0.2

智能化系统		基本金融业务建筑	综合金融业务建筑
机房工程	信息设施系统总配线机房	●	●
	智能化总控室		●
	信息网络机房	◎	●
	用户电话交换机房	●	●
	消防控制室	●	●
	安防监控中心	●	●
	智能化设备间(弱电间)	●	●
	机房安全系统	按国家现行有关标准进行配置	
	机房综合管理系统	◎	●

注:●—应配置;◎—宜配置;○—可配置。

13.0.3 信息化应用系统的配置应满足金融建筑业务运行和物业管理的信息化应用需求。
13.0.4 信息接入系统应根据业务的需要,将公共通信或金融业务专用信息网引入金融建筑内。金融业务专用信息网的接入宜采用双路由方式。
13.0.5 卫星通信系统应满足金融业务专用通信的信息实时性的需求。
13.0.6 信息网络系统应符合各类金融网络业务信息安全性和可靠性的要求。
13.0.7 设备管理系统应满足金融建筑的运行与管理需求。
13.0.8 安全技术防范系统应符合现行国家标准《安全防范工程技术规范》GB 50348 的有关规定。

14 交通建筑

14.1 一般规定

14.1.1 交通建筑智能化系统工程应符合下列规定:
1 应适应交通业务的应用需求;
2 应为交通运营业务环境设施提供基础保障;
3 应满足现代交通建筑物业规范化运营管理的需求。

14.2 民用机场航站楼

14.2.1 民用机场航站楼智能化系统应按表14.2.1的规定配置,并应符合现行行业标准《交通建筑电气设计规范》JGJ 243 的有关规定。

表 14.2.1 民用机场航站楼智能化系统配置表

智能化系统			支线航站楼	国际航站楼
信息化应用系统	公共服务系统		●	●
	智能卡应用系统		●	●
	物业管理系统		●	●
	信息设施运行管理系统		●	●
	信息安全管理系统		●	●
	通用业务系统	基本业务办公系统	按国家现行有关标准进行配置	
	专业业务系统	航站业务信息化管理系统		
		航班信息综合系统		
		离港系统		
		售检票系统		
		泊位引导系统		

续表 14.2.1

智能化系统		支线航站楼	国际航站楼
智能化集成系统	智能化信息集成(平台)系统	⊙	●
	集成信息应用系统	⊙	●
信息设施系统	信息接入系统	●	●
	布线系统	●	●
	移动通信室内信号覆盖系统	●	●
	用户电话交换系统	●	●
	无线对讲系统	●	●
	信息网络系统	●	●
	有线电视系统	●	●
	公共广播系统	●	●
	会议系统	⊙	●
	信息引导及发布系统	●	●
	时钟系统	●	●
建筑设备管理系统	建筑设备监控系统	●	●
	建筑能效监管系统	●	●
公共安全系统	火灾自动报警系统	按国家现行有关标准进行配置	
	安全技术防范系统	入侵报警系统	
		视频安防监控系统	
		出入口控制系统	
		电子巡查系统	
		安全检查系统	
	停车库(场)管理系统	⊙	●
	安全防范综合管理(平台)系统	●	●
	应急响应系统	●	●
机房工程	信息接入机房	●	●
	有线电视前端机房	●	●
	信息设施系统总配线机房	●	●
	智能化总控室	●	●
	信息网络机房	●	●
	用户电话交换机房	●	●
	消防控制室	●	●
	安防监控中心	●	●
	应急响应中心	⊙	●
	智能化设备间(弱电间)	●	●
	机房安全系统	按国家现行有关标准进行配置	
	机房综合管理系统		●

注：●—应配置；⊙—宜配置；○—可配置。

14.2.2 信息化应用系统的配置应满足各等级民用机场航站楼业务运行和物业管理的信息化应用需求。

14.2.3 信息接入系统应满足机场航站楼业务及海关、边防、检验检疫、公安、安全等进驻单位的信息通信需求。

14.2.4 移动通信室内信号覆盖系统应包含机场内集群通信等应用功能。

14.2.5 布线系统应支持电话、内通、离港、航显、网络、商业、安检信息、数字视频、泊位引导、行李控制等应用系统，并宜支持时钟、门禁、登机桥监控、电梯、自动扶梯及自动步梯监测、建筑设备管理等系统的信息传输。

14.2.6 用户电话交换系统宜采用建筑物归属地虚拟交换网方式或自建用户交换系统的方式，并应符合下列规定：

1 应具备业务调度指挥功能，满足航站楼内各运营岗位、现场值班室和调度岗位等有线调度对讲的需要；

2 应满足机场调度通信和候机楼设备维护管理使用的需求；

3 应满足海关、边防、检验检疫、候机楼管理、物业管理、公安、安全和航空公司等驻场单位的语音、数据通信需求。

14.2.7 用于离港系统、安全检查系统以及公安、海关、边防的信息网络系统，应采用专用网络系统。规模较大的视频安防监控系统宜采用专用网络系统。办票大厅、候机区、登机口、行李分拣厅、近机位、贵宾室、餐饮、商业区等场所宜提供无线接入。

14.2.8 有线电视接收系统节目源应包含航班动态显示信息。

14.2.9 公共广播系统应播放航班动态信息。

14.2.10 时钟系统应采用全球卫星定位系统校时，主机应采用一主一备的热备份方式，并宜采用母钟、二级母钟、子钟三级组网方式。母钟和二级母钟应向其他有时基要求的系统提供同步校时信号。航站楼内值机大厅、候机大厅、到达大厅、到达行李提取大厅应安装同步校时的子钟。航站楼内贵宾休息室、商场、餐厅和娱乐等处宜安装同步校时的子钟。

14.2.11 安检信息系统应对检查交运行李、超规定交运行李、团体交运行李和旅客手提行李所查验的图像提供本地辨识和中心控制机房辨识，且应摄录贮存旅客肖像信息并传送至离港系统。

14.2.12 值机大厅应设置离港终端，满足旅客自助值机和行李交运业务的需要。

14.2.13 建筑设备管理系统应具有对电梯、自动扶梯、自动步道工作状态进行监视，故障报警记录的功能。应对电梯、自动扶梯、自动步道运行参数进行统计报表分析。

14.2.14 安全技术防范系统应符合机场航站楼的运行及管理需求。

14.3 铁路客运站

14.3.1 铁路客运站智能化系统应按表 14.3.1 的规定配置，并应符合现行行业标准《交通建筑电气设计规范》JGJ 243 的有关规定。

表 14.3.1 铁路客运站智能化系统配置表

智能化系统			铁路客运三等站	铁路客运一等站、二等站	铁路客运特等站
信息化应用系统	公共服务系统		●	●	●
	智能卡应用系统		●	●	●
	物业管理系统		⊙	●	●
	信息设施运行管理系统		●	●	●
	信息安全管理系统		●	●	●
	通用业务系统	基本业务办公系统	按国家现行有关标准进行配置		
	专业业务系统	公共信息查询系统			
		旅客引导显示系统			
		售检票系统			
		旅客行包管理系统			
智能化集成系统	智能化信息集成(平台)系统		⊙	●	●
	集成信息应用系统		⊙	●	●
信息设施系统	信息接入系统		●	●	●
	用户电话交换机房		●	●	●
	布线系统		●	●	●
	移动通信室内信号覆盖系统		●	●	●
	用户电话交换系统		●	●	●
	无线对讲系统		●	●	●
	信息网络系统		●	●	●
	有线电视系统		●	●	●
	公共广播系统		●	●	●
	会议系统		⊙	⊙	●
	信息引导及发布系统		●	●	●
	时钟系统		●	●	●

续表 14.3.1

智能化系统		铁路客运三等站	铁路客运一等站、二等站	铁路客运特等站
建筑设备管理系统	建筑设备监控系统	⊙	●	●
	建筑能效监管系统	⊙	●	●
公共安全系统	火灾自动报警系统	按国家现行有关标准进行配置		
	安全技术防范系统 — 入侵报警系统			
	安全技术防范系统 — 视频安防监控系统			
	安全技术防范系统 — 出入口控制系统			
	安全技术防范系统 — 电子巡查系统			
	安全技术防范系统 — 安全检查系统			
	停车库(场)管理系统	⊙	●	●
	安全防范综合管理(平台)系统	⊙	●	●
	应急响应系统	⊙	●	●
机房工程	信息接入机房	●	●	●
	有线电视前端机房	●	●	●
	信息设施系统总配线机房	●	●	●
	智能化总控室	●	●	●
	信息网络机房	●	●	●
	用户电话交换机房	●	●	●
	消防控制室	●	●	●
	安防监控中心	●	●	●
	应急响应中心	⊙	●	●
	智能化设备间(弱电间)	●	●	●
	机房安全系统	按国家现行有关标准进行配置		
	机房综合管理系统	⊙	●	●

注：●—应配置；⊙—宜配置；○—可配置。

14.3.2 信息化应用系统的配置应满足各等级铁路客运站业务运行和物业管理的信息化应用需求。

14.3.3 信息接入系统应满足公共信息网和铁路专用信息网的接入要求。

14.3.4 信息网络系统应支持列车到发通告系统、售票及检票系统、旅客行包管理系统、旅客引导显示系统、车站应用服务系统等的运行，并应能满足车站各作业点、旅客候车区对信息通信的需求。

14.3.5 有线电视接收系统的节目源应能显示列车发送/到达动态信息。

14.3.6 公共广播系统应满足铁路客运业务的应用需求。

14.3.7 时钟系统应满足车站作业、旅客候车的需要，并应提供与智能化集成系统的接口。

14.3.8 公共查询系统应能查询列车到发信息、旅客行包信息、车站各种服务设施的信息。

14.3.9 电话问询系统应具有互动式语音功能，满足查询、咨询等需求，并应具有自动话务分配的功能，且接入中继线和客服座席数量应满足旅客信息查询服务的要求。

14.3.10 旅客引导显示系统应符合下列规定：
1 应为旅客提供综合信息显示服务；
2 宜作为客运站内客运组织作业的辅助显示设施；
3 应在进站、候车厅、检票口、站台、出站、天桥、廊道等设置显示相关业务信息的显示屏；
4 应在客运站运行过程中需要接收列车到发通告信息的场所配置接收终端；
5 系统主机应预留与上一级行车指挥信息系统联网的接口条件。

14.3.11 建筑设备管理系统应根据车辆运行时段，监控空调、照明、信息显示等设施。

14.3.12 安全技术防范系统应符合现行国家标准《安全防范工程技术规范》GB 50348 的有关规定。

14.4 城市轨道交通站

14.4.1 城市轨道交通站智能化系统应按表 14.4.1 的规定配置，并应符合现行行业标准《交通建筑电气设计规范》JGJ 243 的有关规定。

表 14.4.1 城市轨道交通站智能化系统配置表

智能化系统			一般轨道交通站	枢纽轨道交通站
信息化应用系统	公共服务系统		⊙	●
	智能卡应用系统		●	●
	物业管理系统		⊙	●
	信息设施运行管理系统		●	●
	通用业务系统	基本业务办公系统	按国家现行有关标准进行配置	
	专业业务系统	公共信息查询系统		
		旅客引导显示系统		
		售检票系统		
智能化集成系统	智能化信息集成(平台)系统		⊙	●
	集成信息应用系统		⊙	●
信息设施系统	信息接入系统		●	●
	布线系统		●	●
	移动通信室内信号覆盖系统		●	●
	用户电话交换系统		●	●
	无线对讲系统		●	●
	信息网络系统		●	●
	有线电视系统		●	●
	公共广播系统		●	●
	会议系统		⊙	●
	信息导引及发布系统		●	●
	时钟系统		⊙	●
建筑设备管理系统	建筑设备监控系统		●	●
	建筑能效监管系统		●	●
公共安全系统	火灾自动报警系统		按国家现行有关标准进行配置	
	安全技术防范系统	入侵报警系统		
		视频安防监控系统		
		出入口控制系统		
		电子巡查系统		
		安全检查系统		
	停车库(场)管理系统		⊙	●
	安全防范综合管理(平台)系统		●	●
	应急响应系统		⊙	●
机房工程	信息接入机房		●	●
	有线电视前端机房		●	●
	信息设施系统总配线机房		●	●
	智能化总控室		●	●
	信息网络机房		⊙	●
	用户电话交换机房		●	●
	消防控制室		●	●
	安防监控中心		●	●
	应急响应中心		⊙	●

续表 14.4.1

智能化系统		一般轨道交通站	枢纽轨道交通站
机房工程	智能化设备间(弱电间)	●	●
	机房安全系统	按国家现行有关标准进行配置	
	机房综合管理系统		

注：●—应配置；⊙—宜配置。

14.4.2 信息化应用系统的配置应满足各等级城市轨道交通站业务运行和物业管理的信息化应用需求。

14.4.3 公务与专用电话系统应与分组交换网、无线集群系统、公用市话网互联，应具有移动通信接入功能和无线接口，并应能与无线集群交换机相联。

14.4.4 用户电话交换系统应为独立或与轨道交通专用公务电话系统合设的专用调度电话系统，并应具有单呼、组呼、全呼、紧急呼叫和录音等功能。

14.4.5 信息网络系统应符合下列规定：
    1 应满足列车运行、运营管理、时钟同步、无线通信、公务联系和信息交换与传输等业务的需要；
    2 应具备中央级控制中心与车站及车辆段之间、车站与车站之间的信息传递和交换的功能；
    3 应能迅速可靠地传输语音、数据和图像等信息；
    4 应具有网络扩充和管理能力。

14.4.6 公共广播系统应保证控制中心调度员和车站值班员向乘客通告列车运行以及安全向导等服务信息，并应能向工作人员发布作业命令和通知。

14.4.7 时钟系统应为车站提供统一的标准时间信息，应为其他系统提供统一的基准时间，并应提供与智能化集成系统的接口。

14.4.8 信息发布系统应提供列车班次、换乘信息、路面交通、紧急通知、政府公告、紧急灾难等即时信息。

14.4.9 建筑设备监控系统应符合下列规定：
    1 应根据站内的空气质量对通风和空调进行控制，且当空气质量持续恶化时，系统应发出报警信号；
    2 应根据列车的运行时间、室内照度等进行照明监控，并监控室内标识、广告照明。

14.4.10 火灾自动报警系统应符合下列规定：
    1 应能接收火灾信息，并执行车站防烟和排烟模式控制；
    2 应能接收列车区间停车位置信号，并根据列车火灾部位信息，执行隧道防烟和排烟模式控制；
    3 应能接收列车区间阻隔信息，执行阻塞通风模式；
    4 应配备车控室紧急控制盘，作为火灾工况自动控制的后备措施。

14.5 汽车客运站

14.5.1 汽车客运站智能化系统应按表14.5.1的规定配置，并应符合现行行业标准《交通建筑电气设计规范》JGJ 243 的有关规定。

表14.5.1 汽车客运站智能化系统配置表

智能化系统		四级汽车客运站	三级汽车客运站	二级汽车客运站	一级汽车客运站
信息化应用系统	公共服务系统	⊙	⊙	●	●
	智能卡应用系统	○	⊙	⊙	●
	物业管理系统	○	⊙	⊙	●
	信息设施运行管理系统	○	⊙	●	●
	公共信息查询系统	⊙	⊙	●	●
	通用业务系统	基本业务办公系统	按国家现行有关标准进行配置		
	专业业务系统	旅客引导显示系统			
		售检票系统			

续表 14.5.1

智能化系统		四级汽车客运站	三级汽车客运站	二级汽车客运站	一级汽车客运站
智能化集成系统	智能化信息集成(平台)系统	○	⊙	⊙	●
	集成信息应用系统	○	⊙	⊙	●
信息设施系统	信息接入系统	⊙	●	●	●
	布线系统	●	●	●	●
	移动通信室内信号覆盖系统	●	●	●	●
	用户电话交换系统			●	●
	无线对讲系统	●	●	●	●
	信息网络系统	●	●	●	●
	有线电视系统	●	●	●	●
	公共广播系统	⊙	●	●	●
	会议系统			⊙	●
	信息导引及发布系统		⊙	●	●
建筑设备管理系统	建筑设备监控系统		⊙	●	●
	建筑能效监管系统		⊙	⊙	●
公共安全系统	火灾自动报警系统	按国家现行有关标准进行配置			
	安全技术防范系统	入侵报警系统			
		视频安防监控系统			
		出入口控制系统			
		电子巡查系统			
		安全检查系统			
	停车库(场)管理系统	⊙	⊙	●	●
	安全防范综合管理(平台)系统	○	⊙	⊙	●
	应急响应系统	○	⊙	●	●
机房工程	信息接入机房	⊙	●	●	●
	有线电视前端机房	⊙	●	●	●
	信息设施系统总配线机房	⊙	●	●	●
	智能化总控室		⊙	●	●
	信息网络机房		⊙	●	●
	用户电话交换机房			●	●
	消防控制室	●	●	●	●
	安防监控中心	●	●	●	●
	应急响应中心			⊙	●
	智能化设备间(弱电间)	●	●	●	●
	机房安全系统	按国家现行有关标准进行配置			
	机房综合管理系统	○	⊙	⊙	●

注：●—应配置；⊙—宜配置；○—可配置。

14.5.2 信息化应用系统的配置应满足各等级汽车客运站业务运行和物业管理的信息化应用需求。

14.5.3 旅客引导显示系统应在客运站的进站、候车厅、检票口等设置显示营运业务需要的信息显示屏，并应在客运站的广播室、客运值班室、售票室、客运计划室、检票口等处配置信息显示屏。

14.5.4 公共信息查询系统应具有多处问询亭同时占用时排队等待处理功能，其电话问询值班台应能对现场任一问询亭进行人工或半自动应答作业。

14.5.5 公共广播系统应具有接发车、旅客乘降及候车等全部客运作业广播的语音合成功能，并应按候车厅、站前广场、售票厅以及客运值班室等划分广播区域的语音分区功能。

15 医疗建筑

15.1 一般规定

15.1.1 医疗建筑智能化系统工程应符合下列规定：
   1 应适应医疗业务的信息化需求；
   2 应向医患者提供就医环境的技术保障；
   3 应满足医疗建筑物业规范化运营管理的需求。

15.2 综合医院

15.2.1 综合医院智能化系统应按表15.2.1的规定配置，并应符合现行行业标准《医疗建筑电气设计规范》JGJ 312的有关规定。

表15.2.1 综合医院智能化系统配置表

智能化系统			一级医院	二级医院	三级医院
信息化应用系统	公共服务系统		◉	●	●
	智能卡应用系统		◉	●	●
	物业管理系统		◉	●	●
	信息设施运行管理系统		○	●	●
	信息安全管理系统		◉	●	●
	通用业务系统	基本业务办公系统	按国家现行有关标准进行配置		
	专业业务系统	医疗业务信息化系统			
		病房探视系统			
		视频示教系统			
		候诊呼叫信号系统			
		护理呼应信号系统			
智能化集成系统	智能化信息集成(平台)系统		○	◉	●
	集成信息应用系统		○	◉	●
信息设施系统	信息接入系统		●	●	●
	布线系统		●	●	●
	移动通信室内信号覆盖系统		●	●	●
	用户电话交换系统		◉	●	●
	无线对讲系统		●	●	●
	信息网络系统		●	●	●
	有线电视系统		●	●	●
	公共广播系统		●	●	●
	会议系统		◉	●	●
	信息导引及发布系统		●	●	●
建筑设备管理系统	建筑设备监控系统		◉	●	●
	建筑能效监管系统		○	◉	●
公共安全系统	火灾自动报警系统		按国家现行有关标准进行配置		
	安全技术防范系统	入侵报警系统			
		视频安防监控系统			
		出入口控制系统			
		电子巡查系统			
		停车库(场)管理系统	○	◉	●
	安全防范综合管理(平台)系统		○	◉	●
	应急响应系统		○	◉	●
机房工程	信息接入机房		●	●	●
	有线电视前端机房		●	●	●
	信息设施系统总配线机房		●	●	●
	智能化总控室		●	●	●
	信息网络机房		◉	●	●
	用户电话交换机房		◉	●	●
	消防控制室		●	●	●
	安防监控中心		●	●	●
	智能化设备间(弱电间)		●	●	●
	应急响应中心		○	◉	●
	机房安全系统		按国家现行有关标准进行配置		
	机房综合管理系统		◉	●	●

注：●—应配置；◉—宜配置；○—可配置。

15.2.2 信息化应用系统的配置应满足综合医院业务运行和物业管理的信息化应用需求。

15.2.3 信息接入系统应满足医疗业务信息应用的需求。

15.2.4 移动通信室内信号覆盖系统的覆盖范围和信号功率应保证医疗设备的正常使用和患者的人身安全。

15.2.5 用户电话交换系统宜根据医院的业务需求，配置相应的无线寻呼系统或其他组群式的寻呼系统。

15.2.6 信息网络系统应为医疗业务信息化应用系统提供稳定、实用和安全的支撑条件，并应具备高宽带、大容量和高速率，宜具备系统升级的条件。

15.2.7 有线电视系统应提供本地有线电视节目或卫星电视及自制电视节目。

15.2.8 信息导引及发布系统应在医院大厅、挂号及药物收费处、门急诊候诊厅等公共场所配置发布各类医疗服务信息的显示屏和供患者查询的多媒体信息查询端机，并应与医院信息管理系统互联。

15.2.9 建筑设备管理系统应满足医院建筑的运行管理需求，并应根据医疗工艺要求，提供对医疗业务环境设施的管理功能。

15.2.10 安全技术防范系统应满足医院安全防范管理的要求。

15.3 疗养院

15.3.1 疗养院智能化系统应按表15.3.1的规定配置，并应符合现行行业标准《医疗建筑电气设计规范》JGJ 312的有关规定。

表15.3.1 疗养院智能化系统配置表

智能化系统			专科疗养院	综合性疗养院
信息化应用系统	公共服务系统		◉	●
	智能卡应用系统		●	●
	物业管理系统		◉	●
	信息设施运行管理系统		◉	◉
	信息安全管理系统		◉	◉
	通用业务系统	基本业务办公系统	按国家现行有关标准进行配置	
	专业业务系统	医疗业务信息化系统		
		医用探视系统		
		视频示教系统		
		候诊排队叫号系统		
		护理呼应信号系统		
智能化集成系统	智能化信息集成(平台)系统		○	◉
	集成信息应用系统		○	◉
信息设施系统	信息接入系统		●	●
	布线系统		●	●

续表 15.3.1

	智能化系统	专科疗养院	综合性疗养院
信息设施系统	移动通信室内信号覆盖系统	●	●
	用户电话交换系统	⊙	●
	无线对讲系统	⊙	●
	信息网络系统	●	●
	有线电视系统	●	●
	公共广播系统	●	●
	会议系统	⊙	⊙
	信息导引及发布系统	●	●
建筑设备管理系统	建筑设备监控系统	⊙	●
	建筑能效监管系统	○	⊙
公共安全系统	火灾自动报警系统	按国家现行有关标准进行配置	
	安全技术防范系统 — 入侵报警系统		
	视频安防监控系统		
	出入口控制系统		
	电子巡查系统		
	停车库(场)管理系统	○	⊙
	安全防范综合管理(平台)系统	○	⊙
	应急响应系统	○	○
机房工程	信息接入机房	●	●
	有线电视前端机房	●	●
	信息设施系统总配线机房	●	●
	智能化总控室	●	●
	信息网络机房	⊙	⊙
	用户电话交换机房	⊙	⊙
	消防控制室	●	●
	安防监控中心	●	●
	应急响应中心	○	○
	智能化设备间(弱电间)	●	●
	机房安全系统	按国家现行有关标准进行配置	
	机房综合管理系统	○	⊙

注:●—应配置;⊙—宜配置;○—可配置。

15.3.2 信息化应用系统的配置应满足疗养院业务运行和物业管理的信息化应用需求。

15.3.3 疗养院建筑智能化系统应满足疗养院智能化应用功能的要求,各单项医疗科别或护理区域等可按本标准第15.2节的相关规定执行。

16 体育建筑

16.0.1 体育建筑智能化系统工程应符合下列规定:
   1 应适应体育赛事业务信息化的需求;
   2 应具备体育赛事和其他多功能使用环境设施的基础保障;
   3 应满足体育建筑物业规范化运营管理的需求。

16.0.2 体育建筑智能化系统应按表16.0.2的规定配置,并应符合现行行业标准《体育建筑电气设计规范》JGJ 351 的有关规定。

表 16.0.2 体育建筑智能化系统配置表

	智能化系统		丙级体育建筑	乙级体育建筑	甲级体育建筑	特级体育建筑
信息化应用系统	公共服务系统		⊙	●	●	●
	智能卡应用系统		●	●	●	●

续表 16.0.2

	智能化系统		丙级体育建筑	乙级体育建筑	甲级体育建筑	特级体育建筑
信息化应用系统	物业管理系统		⊙	●	●	●
	信息设施运行管理系统		○	●	●	●
	信息安全管理系统		⊙	⊙	●	●
	通用业务系统	基本业务办公系统				
	专业业务系统	计时记分系统	按国家现行有关标准进行配置			
		现场成绩处理系统				
		售验票系统				
		电视转播和现场评论系统				
		升旗控制系统				
智能化集成系统	智能化信息集成(平台)系统		○	⊙	●	●
	集成信息应用系统		○	⊙	●	●
信息设施系统	信息接入系统		●	●	●	●
	布线系统		●	●	●	●
	移动通信室内信号覆盖系统		●	●	●	●
	用户电话交换系统		⊙	⊙	●	●
	无线对讲系统		●	●	●	●
	信息网络系统		●	●	●	●
	有线电视系统		●	●	●	●
	公共广播系统		●	●	●	●
	会议系统		●	●	●	●
	信息导引及发布系统		●	●	●	●
建筑设备管理系统	建筑设备监控系统		⊙	●	●	●
	建筑能效监管系统		●	●	●	●
公共安全系统	火灾自动报警系统		按国家现行有关标准进行配置			
	安全技术防范系统	入侵报警系统				
		视频安防监控系统				
		出入口控制系统				
		电子巡查系统				
		安全检查系统				
	停车库(场)管理系统		⊙	●	●	●
	安全防范综合管理(平台)系统		○	⊙	●	●
	应急响应系统		○	○	●	●
机房工程	信息接入机房		●	●	●	●
	有线电视前端机房		●	●	●	●
	信息设施系统总配线机房		●	●	●	●
	智能化总控室		●	●	●	●
	信息网络机房		●	●	●	●
	用户电话交换机房		●	●	●	●
	消防控制室		●	●	●	●
	安防监控中心		●	●	●	●
	应急响应中心		○	⊙	●	●
	智能化设备间(弱电间)		●	●	●	●
	机房安全系统		按国家现行有关标准进行配置			
	机房综合管理系统		○	⊙	●	●

注:●—应配置;⊙—宜配置;○—可配置。

16.0.3 信息化应用系统的配置应满足体育建筑业务运行和物业管理的信息化应用需求。

16.0.4 信息接入系统应满足体育建筑各类信息通信业务的

需求。

16.0.5 用户电话交换系统应满足体育赛事和其他应用功能对通信的需求,并应为观众、运动员、体育赛事主办者、新闻媒体等提供便捷、高效、可靠的通信服务。

16.0.6 信息网络系统应符合下列规定:
 1 应为体育赛事组委会、新闻媒体和场馆运营管理者等提供安全、有效的信息服务;
 2 应满足体育建筑内信息通信的要求;
 3 应兼顾场(馆)赛事期间使用和场(馆)赛后多功能应用的需求,并为场(馆)信息系统的发展创造条件。

16.0.7 有线电视系统应为体育赛事功能的电视转播、现场影像采集及回放、赛事统计等应用系统预留互联接口。

16.0.8 公共广播系统应在比赛场地和观众看台区外的公共区域和工作区等区域配置,宜与比赛场地和观众看台区的赛事扩声系统互相独立配置,公共广播系统与赛事扩声系统之间应实现互联,并可在需要时实现同步播音。

16.0.9 火灾自动报警系统对报警区域和探测区域的划分应满足体育赛事和其他活动功能分区的需要。

16.0.10 安全技术防范系统应与体育建筑的等级、规模相适应。

17 商店建筑

17.0.1 商店建筑智能化系统工程应符合下列规定:
 1 应适应商店业务经营及服务的需求;
 2 应满足商业经营及服务质量的需求;
 3 应满足商店建筑物业规范化运营管理的需求。

17.0.2 商店建筑智能化系统应按表 17.0.2 的规定配置。

表 17.0.2 商店建筑智能化系统配置表

智能化系统		小型商店	中型商店	大型商店
信息化应用系统	公共服务系统	⊙	●	●
	智能卡应用系统	○	●	●
	物业管理系统	⊙	●	●
	信息设施运行管理系统	○	⊙	●
	信息安全管理系统	○	⊙	●
	通用业务系统 基本业务办公系统	按国家现行有关标准配置		
	专业业务系统 商店经营业务系统			
智能化集成系统	智能化信息集成(平台)系统	○	○	●
	集成信息应用系统	○	⊙	●
信息设施系统	信息接入系统	●	●	●
	布线系统	●	●	●
	移动通信室内信号覆盖系统	●	●	●
	用户电话交换系统	○	⊙	●
	无线对讲系统	●	●	●
	信息网络系统	●	●	●
	有线电视系统	●	●	●
	公共广播系统	●	●	●
	会议系统	○	⊙	●
	信息导引及发布系统	●	●	●
建筑设备管理系统	建筑设备监控系统	⊙	⊙	●
	建筑能效监管系统	○	⊙	●
公共安全系统	火灾自动报警系统	按国家现行有关标准配置		
	安全技术防范系统 入侵报警系统			
	视频安防监控系统			
	出入口控制系统			

续表 17.0.2

智能化系统		小型商店	中型商店	大型商店
公共安全系统	安全技术防范系统 电子巡查系统	●	●	●
	停车库(场)管理系统	⊙	⊙	●
	安全防范综合管理(平台)系统	○	⊙	●
	应急响应系统	○	⊙	●
机房工程	信息接入机房	●	●	●
	有线电视前端机房	●	●	●
	信息设施系统总配线机房	●	●	●
	智能化总控室	●	●	●
	信息网络机房	○	⊙	●
	用户电话交换机房	○	⊙	●
	消防控制室	●	●	●
	安防监控中心	●	●	●
	应急响应中心	○	⊙	●
	智能化设备间(弱电间)	●	●	●
	机房安全系统	按国家现行有关标准进行配置		
	机房综合管理系统	○	⊙	●

注:●—应配置;⊙—宜配置;○—可配置。

17.0.3 信息化应用系统的配置应满足商店建筑业务运行和物业管理的信息化应用需求。

17.0.4 信息接入系统宜将各类公共通信网引入建筑内。

17.0.5 公共活动区域和供顾客休闲场所等处宜配置宽带无线接入网。

17.0.6 宜按商业经营模式和管理的需求配置用户电话交换系统。

17.0.7 经营业务信息网络系统宜独立设置。

17.0.8 有线电视系统应满足商业经营和顾客的收视需求。

17.0.9 餐厅、咖啡茶座等公共活动区域宜配置具有独立音源和控制装置的背景音乐系统。

17.0.10 公共区域宜配置信息发布显示屏,大厅及公共场所宜配置信息查询导引显示终端。

18 通用工业建筑

18.0.1 通用工业建筑智能化系统工程应符合下列规定:
 1 应满足通用工业建筑实现安全、节能、环保和降低生产成本的目标需求;
 2 应向生产组织、业务管理等提供保障业务信息化流程所需的基础条件;
 3 应实施对通用要求能源供给、作业环境支撑设施的智能化监控及建筑物业的规范化运营管理。

18.0.2 通用工业建筑智能化系统应按表 18.0.2 的规定配置。

表 18.0.2 通用工业建筑智能化系统配置表

智能化系统		辅助型作业环境	加工生产型作业环境
信息化应用系统	公共服务系统	⊙	●
	智能卡应用系统	⊙	●
	物业管理系统	⊙	●
	信息安全管理系统	⊙	●
	通用业务系统 基本业务办公系统	●	●
	专业业务系统 企业信息化管理系统	⊙	●
智能化集成系统	智能化信息集成(平台)系统	○	⊙
	集成信息应用系统	○	⊙
信息设施系统	信息接入系统	●	●
	布线系统	●	●
	移动通信室内信号覆盖系统	●	●
	用户电话交换系统	⊙	⊙

续表 18.0.2

智能化系统		辅助型作业环境	加工生产型作业环境
信息设施系统	无线对讲系统	●	●
	信息网络系统	●	●
	有线电视系统	●	●
	公共广播系统	●	●
	信息导引及发布系统	○	◎
建筑设备管理系统	建筑设备监控系统	●	●
	建筑能效监管系统	◎	●
公共安全系统	火灾自动报警系统	按国家现行有关标准进行配置	
	安全技术防范系统 入侵报警系统		
	视频安防监控系统		
	出入口控制系统		
	电子巡查系统		
	停车库(场)管理系统	◎	◎
	安全防范综合管理(平台)系统	○	◎
机房工程	信息接入机房	●	●
	有线电视前端机房	●	●
	信息设施系统总配线机房	●	●
	智能化总控室	●	●
	信息网络机房	●	●
	用户电话交换机房	◎	◎
	消防控制室	●	●
	安防监控中心	●	●
	智能化设备间(弱电间)	●	●
	机房安全系统	按国家现行有关标准进行配置	
	机房综合管理系统	○	◎

注：●—应配置；◎—宜配置；○—可配置。

18.0.3 信息化应用系统的配置应满足通用工业建筑生产及管理的信息化应用要求。

18.0.4 智能化集成系统应根据实际生产及管理的需要，实现对各智能化子系统的协同控制和对设施资源的综合管理。

18.0.5 用户电话交换系统宜采用先进的信息通信技术手段，满足生产指挥调度和经营、管理的需要。

18.0.6 信息网络系统应满足通用工业建筑生产管理信息安全、可靠传输的要求，并应根据工位布局、现场环境条件等特点，选择配置网络设备、缆线及机柜等配套设备。

18.0.7 公共广播系统应根据生产车间环境噪声、面积、空间高度等选择扬声器的类型、功率，满足扩声效果。

18.0.8 建筑设备管理系统应符合下列规定：
 1 应满足对生产、办公、生活所需的各种电源、热源、水源、气(汽)源等能源供应系统的监控和管理要求；
 2 应满足能源供应品质和节能要求；
 3 应满足对供暖通风和空气调节、给水排水和照明等建筑基础环境的监控和管理要求；
 4 应满足生产环境、职业安全与劳动保护的环境控制与运行可靠性要求；
 5 对生产废水、废气、废渣排放处理等环境保护系统的监控和管理应满足三废排放指标控制要求。

18.0.9 安全技术防范系统应满足通用工业生产区域人流和物流的受控范围和防护级别的要求。

18.0.10 火灾自动报警系统应根据生产厂房面积大、空间和结构复杂性等特点，采取合适的火灾探测方式及有效的灭火措施。

18.0.11 机房工程宜包括生产设备控制管理机房和企业网络及综合管理中心机房等。

本标准用词说明

1 为便于在执行本规范条文时区别对待，对要求严格程度不同的用词说明如下：
  1) 表示很严格，非这样做不可的：
     正面词采用"必须"，反面词采用"严禁"；
  2) 表示严格，在正常情况下均应这样做的：
     正面词采用"应"，反面词采用"不应"或"不得"；
  3) 表示允许稍有选择，在条件许可时首先应这样做的：
     正面词采用"宜"，反面词采用"不宜"；
  4) 表示有选择，在一定条件下可以这样做的，采用"可"。
2 条文中指明应按其他有关标准执行的写法为："应符合……的规定"或"应按……执行"。

引用标准名录

《建筑设计防火规范》GB 50016
《火灾自动报警系统设计规范》GB 50116
《电子信息系统机房设计规范》GB 50174
《有线电视系统工程技术规范》GB 50200
《综合布线系统工程设计规范》GB 50311
《建筑物电子信息系统防雷技术规范》GB 50343
《安全防范工程技术规范》GB 50348
《厅堂扩声系统设计规范》GB 50371
《绿色建筑评价标准》GB/T 50378
《入侵报警系统工程设计规范》GB 50394
《视频安防监控系统工程设计规范》GB 50395
《出入口控制系统工程设计规范》GB 50396
《视频显示系统工程技术规范》GB 50464
《公共广播系统工程技术规范》GB 50526
《用户电话交换系统工程设计规范》GB/T 50622
《会议电视会场系统工程设计规范》GB 50635
《电子会议系统设计规范》GB 50799
《电磁环境控制限值》GB 8702
《民用建筑电气设计规范》JGJ 16
《住宅建筑电气设计规范》JGJ 242
《交通建筑电气设计规范》JGJ 243
《金融建筑电气设计规范》JGJ 284
《教育建筑电气设计规范》JGJ 310
《医疗建筑电气设计规范》JGJ 312
《会展建筑电气设计规范》JGJ 333
《建筑设备监控系统工程技术规范》JGJ/T 334
《体育建筑电气设计规范》JGJ 351
《有线接入网设备安装工程设计规范》YD/T 5139

中华人民共和国国家标准

智能建筑设计标准

GB 50314—2015

条 文 说 明

修 订 说 明

《智能建筑设计标准》GB 50314—2015，经住房和城乡建设部 2015 年 3 月 8 日以第 778 号公告批准发布。

本标准是在《智能建筑设计标准》GB/T 50314—2006 的基础上修订而成的，上一版的主编单位是上海现代建筑设计（集团）有限公司、上海现代建筑设计（集团）有限公司技术中心、现代设计集团华东建筑设计研究院有限公司、现代设计集团上海建筑设计研究院有限公司，副主编单位是北京市建筑设计研究院、中国电子工程设计院，参编单位是中国建筑设计研究院、中国建筑标准设计研究院、中国建筑东北设计研究院、新疆建筑设计研究院、京移通信设计院有限公司、江苏省土木建筑学会、公安部科技局、广州复旦奥特科技股份有限公司、上海华东电脑股份有限公司、太极计算机股份有限公司、霍尼韦尔自动化控制系统集团、上海国际商业机器工程技术有限公司、上海江森自控有限公司、西门子楼宇科技（天津）有限公司、美国康普国际控股有限公司，主要起草人是温伯银、赵济安、邵民杰、吴文芳、瞿二澜、王小安、林海雄、成红文、陈众励、钱克文、徐钟芳、戴建国、李军、章文英、洪元颐、谢卫、张文才、李雪佩、孙兰、刘希清、郭晓岩、张宜、陆伟良、朱甫泉。

本次修订的主要技术内容包括：总则、术语、工程架构、设计要素、住宅建筑、办公建筑、旅馆建筑、文化建筑、博物馆建筑、观演建筑、会展建筑、教育建筑、金融建筑、交通建筑、医疗建筑、体育建筑、商店建筑、通用工业建筑。

本标准修订过程中，编制组进行了对上一版标准执行情况的调查研究，总结了我国工程建设智能建筑专业领域近年来的实践经验，同时参考了国外先进技术法规和标准。根据智能建筑工程设计的需要，增加了第 3 章工程架构；按照建筑电气设计标准体系，对智能建筑的分类作相应调整；对其他各章所涉及的主要内容进行了补充，完善和必要的修改。

为便于广大设计、施工、科研、学校等单位有关人员在使用本标准时能正确理解和执行条文规定，《智能建筑设计标准》编制组按章、节、条顺序编制了本标准的条文说明，对条文规定的目的、依据以及执行中需注意的有关事项进行了说明，还着重对强制性条文的强制性理由做了解释。但是，本条文说明不具备与标准正文同等的法律效力，仅供使用者作为理解和把握标准规定的参考。

目 次

1 总则 ·· 15—31
2 术语 ·· 15—31
3 工程架构 ·· 15—32
　3.1 一般规定 ······································· 15—32
　3.2 设计等级 ······································· 15—32
　3.3 架构规划 ······································· 15—32
　3.4 系统配置 ······································· 15—33
4 设计要素 ·· 15—33
　4.1 一般规定 ······································· 15—33
　4.2 信息化应用系统 ······························· 15—33
　4.3 智能化集成系统 ······························· 15—34
　4.4 信息设施系统 ·································· 15—35
　4.5 建筑设备管理系统 ··························· 15—36
　4.6 公共安全系统 ·································· 15—36
　4.7 机房工程 ······································· 15—37
5 住宅建筑 ·· 15—38
6 办公建筑 ·· 15—38
　6.2 通用办公建筑 ·································· 15—38
　6.3 行政办公建筑 ·································· 15—38
7 旅馆建筑 ·· 15—38
8 文化建筑 ·· 15—38
　8.2 图书馆 ·· 15—38
　8.3 档案馆 ·· 15—38
　8.4 文化馆 ·· 15—38
9 博物馆建筑 ··· 15—38
10 观演建筑 ·· 15—39
　10.2 剧场 ·· 15—39
　10.3 电影院 ··· 15—39
　10.4 广播电视业务建筑 ·························· 15—39
11 会展建筑 ·· 15—39
12 教育建筑 ·· 15—39
　12.2 高等学校 ······································ 15—39
　12.3 高级中学 ······································ 15—39
　12.4 初级中学和小学 ····························· 15—39
13 金融建筑 ·· 15—40
14 交通建筑 ·· 15—40
　14.2 民用机场航站楼 ····························· 15—40
　14.3 铁路客运站 ··································· 15—40
　14.4 城市轨道交通站 ····························· 15—41
　14.5 汽车客运站 ··································· 15—41
15 医疗建筑 ·· 15—41
　15.2 综合医院 ······································ 15—41
　15.3 疗养院 ··· 15—42
16 体育建筑 ·· 15—42
17 商店建筑 ·· 15—42
18 通用工业建筑 ···································· 15—42

1 总 则

1.0.1 为适应建筑智能化工程技术发展和建筑智能化系统工程建设的需要，使本标准具有适时性、适用性和可指导性，对本标准上一版进行了修订工作。本标准所定义的"智能建筑"术语，是延用了本标准上一版的提法，该提法已被行业认可。因智能建筑工程是以建筑物为对象展开的，因此根据本标准所涵盖"智能建筑"的实际具体内容，本次修订更清晰地明确了"智能建筑"的具体内容，即以智能化技术与建筑技术融合的"建筑智能化系统工程"。

1.0.2 为实现各类建筑智能化系统工程建设目标，本标准展示了各类建筑所应具有的智能化功能、设计标准等级和所需配置的智能化系统，增强了本标准实施的可操作性。在实际工程建设中，往往较多的是以多功能类别组合的综合体建筑物或以多单体建筑合成的群体建筑物等工程项目业态形式，该形式的项目应分别以单项功能建筑（或同一建筑物内的单项功能区域）的设计标准配置为基础，按照多功能合成的整体建筑物运营及管理的特征及要求合成配置进行实施，在本次修订工作中，均按建筑电气设计标准体系及已列入编制计划的分类，对本标准上一版中各建筑的功能类别及排列顺序进行相应调整。

1.0.3 以节约资源、保护环境为主题的绿色建筑是国家对建筑工程建设要求的基本导向，本标准规定了智能建筑建设应围绕这一目标，通过智能化技术与建筑技术的融合，有效提升建筑综合性能，同时，在本标准中，具体明确以应用功能为依据、运营规范为目标、技术适时为前提、经济合理为基础的智能化系统工程建设技术路线要求。

1.0.4 本标准规定建筑智能化系统工程设计应注重以智能化的科技功能与智能化系统工程的综合技术功效互为对应，突现以科学、务实的技术理念指导工程设计行为的必要性和树立以可实现的智能化技术功效印证智能化应用功能的目标性，从而规避确立智能化功能前提模糊、制订工程技术方案雷同或照搬的盲目性和简单化倾向，倡导以现代科技持续对应用现状推进导向的主动性，引导行业提升智能化系统工程技术的发展前景和拓展智能化系统的应用空间。本条中的可维护性，是明确要求在智能化系统工程建设完成后交付的使用期内，对建筑生命周期内不断提升智能化综合技术功效的持续完善和使之发挥更有效支撑作用的不断挖掘。

1.0.5 本标准所引用的国家现行相关建筑智能化系统工程的设计标准，是本标准在实施中应遵守的基础技术依据。在本标准中未注明该标准发布年号所被使用的标准，应是该标准实施中的有效版本。

2 术 语

2.0.1 在信息科技发展的推动下，以建筑物为载体，以数字化、网络化等信息化应用为显著技术特征的建筑智能化系统工程，集架构、系统、应用、管理及其优化组合，有效提升了各类智能化信息的综合应用功能，使建筑物逐步形成以人、建筑、环境互为协调的整合体，从而构成具有感知、传输、记忆、推理、判断和决策的物类化生命体综合效应的智慧能力，更贴切地适应并满足人们对工作和生活环境的建筑物具有安全、高效、便利、生态及可持续发展的现代功能需求，因此，对智能建筑应注入适时的内涵和提出新的建设要求。在本标准修订中，对于智能建筑设计，突现以各类智能化信息的深度挖掘、资源集聚和综合应用为前提，推导以信息网络统一化的工程架构规划程序，注重以信息集成平台的搭建和实施运行、运营及运维等信息化应用模式，以满足营造良好建筑功能环境和适应更优功能空间拓展的需求，并创造可持续完善的基础条件。

2.0.2 建筑智能化系统工程建设，是在建筑环境中以各类业务应用和设施运营及物业管理等功能验证要求和以相关信息流运动的网络化应用过程，是体现了建筑智能工程中内在的以信息形式关联的系统工程整体设施化的层次化结构和逻辑性分项展开的规律，本标准规定的智能化系统工程整体架构规划，是基于建筑本体物理组态的状况和对其实施功能的目标，以及提升建筑的"智能"以信息传递为导向的技术主线而渐进展开的，从而形成由若干智能化设施（系统）组合的工程架构形式。

2.0.5 信息设施系统包括：信息接入系统、布线系统、移动通信室内信号覆盖系统、卫星通信系统、用户电话交换系统、无线对讲系统、信息网络系统、有线电视及卫星电视接收系统、公共广播系统、会议系统、信息导引及发布系统、时钟系统及其他相关的信息设施系统等，各系统在智能化系统工程中分别具有的应用意义如下：

（1）信息接入系统：由外部信息引入建筑物并与建筑物内的信息设施系统进行信息关联和对接的电子信息系统。

（2）布线系统：能够支持智能化系统的信息电子设备相连的各种缆线、跳线、接插、软线和连接器件组成的系统，并对建筑物内信息传输系统以集约化方式整合为统一及融合的共享信息传输的物理层。

（3）移动通信室内信号覆盖系统：由移动通信信号的接受、发射和传输等设施组成的移动通信基站在室内设置形式的电子系统。

（4）卫星通信系统：以卫星作为中继站转发微波信号在多个地面站之间通信，实现对地面完整覆盖的微波通信系统。

（5）用户电话交换系统：供用户自建专用通信网和建筑内通信业务中使用，并与公网连接的用户电话交换系统。

（6）无线对讲系统：独立的以放射式的双频双向自动交互方式通信的系统，实现克服因使用通信范围或建筑结构等因素引起的通信信号无法覆盖盲区，确保畅通的对讲通信功能。

（7）信息网络系统：通过通信介质，由操作者、计算机及其他外围设备等组成且实现信息收集、传递、存贮、加工、维护和使用的系统。

（8）有线电视及卫星电视接收系统：由外部有线电视信息引入建筑物，用射频电缆、光缆、多路微波或其组合实现建筑物内传输、分配和交换声音、图像及数据信号的电视系统，前端信号并按需要可包括卫星电视信息前端接收装置。

（9）公共广播系统：为公共广播覆盖区服务的集公共广播设备、设施及公共广播覆盖区的声学环境所形成的电子系统。

（10）会议系统：集音频、通信、控制、多媒体等技术的整合实现会议应用功能的电子系统。

（11）信息导引及发布系统：应用网络实现远程多点分布式信息播放和集中管理控制的系统。

（12）时钟系统：应用网络实现以设定基准值的时钟，为纳入同一范围内智能化系统的统一基准时间同步的电子系统。

2.0.7 建筑智能化系统工程的公共安全系统应包括火灾自动报警系统、安全技术防范系统和应急响应系统。

安全技术防范系统宜包括：入侵报警系统、视频安防监控系统、出入口控制系统、电子巡查系统、访客对讲系统、停车库（场）管理系统，各系统在智能化系统工程中分别具有的应用意义解析如下：

（1）入侵报警系统：应用传感技术和电子信息技术探测并指示非法进入或试图非法进入设防区域的行为、处理报警信息、发出报警信息的电子系统。

（2）视频安防监控系统：应用视频探测技术监视设防区域并实

时显示、记录现场图像的电子系统。

(3)出入口控制系统:应用自定义符识别或/和模式识别技术对出入口目标进行识别并控制出入口执行机构启闭的电子系统。

(4)电子巡查系统:对保安巡查人员的巡查路线、方式及过程进行管理和控制的电子系统。

(5)访客对讲系统:应用网络实现建筑内用户与外部来访者间互为通话和互为可视功能的电子系统。

(6)停车库(场)管理系统:对车库(场)的车辆通行道口实施出入控制、监视、行车信号指示、停车计费及汽车防盗报警等综合管理的电子系统。

3 工程架构

3.1 一般规定

3.1.1 工程架构设计是智能化系统工程设计的基础工作环节,本标准对智能化系统工程功能架构的设计等级、架构规划、系统配置分别提出了规定,突显智能化工程的整体性、系统性、结构性、基础性等技术特征。

3.1.2 因建筑的类别、地域、业务、运营、投资等均有差异,因此,为满足本标准使用者在工程设计中适应不同建筑智能化工程设计的需要,并且在实施本标准时更具有可指导性,本标准分别按照建筑整体设计等级的划分方式,对各同功能类别建筑物,从智能化系统配置的综合技术功效,分别以不同选配组合方式列在各项建筑类别的系统配置表中。本标准为使用者提供了智能化系统工程设计等级定位的比照依据。

3.1.3 智能化系统工程之核心,是在建筑环境中,调配以各类业务应用和各类建筑设施运营及管理等为功能承载对象,以作共性规律运动的智能化信息流按网络化路径传递的应用过程,是体现建筑智能工程中完善内在信息关联的系统工程整体化架构造搭建,该体系架构应由基础设施条件、信息采集及关联、专业业务和运营及管理模式等智能化设施构成。本标准中规定的智能化系统工程整体架构规划的若干要点,是基于建筑本体物理组态的状况和实施运营及管理模式的功能目标,以及确立以提升建筑物智能功效以信息传导为导向的系统工程重要基础内涵。智能化系统工程整体架构的规划应以此为技术主线而渐进展开。

3.2 设计等级

智能化系统工程设计等级的确立应为智能化系统工程建设目标合理技术标准定位的基础依据之一,是智能化系统工程设计的首要技术要点之一。在工程建设中,为克服设计者常出现偏向较高设计等级靠的倾向,本标准从设计等级的确立、设计等级的划分、各等级的系统配置界定等规定,具体明确了各类建筑应分别对应于各单项建筑设计规范(其中包括国家现行标准《住宅设计规范》GB 50096、《办公建筑设计规范》JGJ 67、《旅馆建筑设计规范》JGJ 62、《图书馆建筑设计规范》JGJ 38、《档案馆建筑设计规范》JGJ 25、《文化馆建筑设计规范》JGJ 41、《博物馆建筑设计规范》JGJ 66、《剧场建筑设计规范》JGJ 57、《电影院建筑设计规范》JGJ 58、《展览建筑设计规范》JGJ 218、《交通建筑电气设计规范》JGJ 243、《综合医院建筑设计规范》JGJ 49、《疗养院建筑设计规范》JGJ 40、《体育建筑设计规范》JGJ 31、《商店建筑设计规范》JGJ 48等)中对各类建筑物整体分类和设计等级设档的规定,智能化系统工程设计标准需以智能化系统合成配置的综合功效划分等级,设计等级需与各业务领域对建筑的应用功能、运营及管理模式相适应,因此,本标准要求使用者应全面理解和领会本标准的技术内涵,在智能建筑设计中有效地把握工程整体建设目标,合理地确立智能化系统工程的设计的技术等级定位。

3.3 架构规划

3.3.1 智能化系统工程的架构规划应成为开展建筑智能化系统工程整体技术行为的顶层设计。智能建筑建设已经进入了信息化体系的发展时期,智能化系统工程正在形成网络化、服务化、配套化的发展形态,并逐步向泛在化、协同化的智能功效方向演进,由此,应把握信息化体系建设的基本规律,以科学的顶层设计方式,梳理建筑智能化系统工程信息化体系的理论与实践等系列问题。

建筑智能化系统工程的顶层设计,是以建筑的应用功能为起点,"由顶向下"并基于建筑物理形态和信息交互主线融合的整体设计,不仅是工程建设的系统化技术过程的依据,从而更清晰表达了基于工程建设目标的正向逻辑程序,而且是工程建设意图和项目实施之间的"基础蓝图"。因此,本标准中对智能化系统工程架构规划,系统地提出了属智能化系统工程建设顶层设计范畴的系统工程架构原则、系统工程设施架构形式、系统工程优化配置组合等具体要求,对实施本标准具有指导意义。

3.3.2 以建筑(单体或综合体)整体为对象,对智能化信息传递系统的全过程完整分析,适用于对智能化系统工程信息链路和过程的描述,从而引出建筑具有整体性和物类化的智能概念,是对建筑进行信息化管理和对各类基础信息使用能力和利用状况的综合性体现,该过程涵盖了智能化信息的采集和汇聚、分析和处理、交换和共享。智能化系统工程应基于应用目标的智能信息传递神经网络,并作为信息设施重要配置之一的信息通信网络系统,因此,应适应信息资源网络化集成之云计算方式需求趋向,有效地实现智能建筑的信息协同工作和信息资源共享,提升为建筑综合信息集成提供完善的数据信息资源共享的环境,从而实现建筑智能化信息一体化集成功能和提高建筑全局事件的监控和处理能力,以达到具有科学、综合、全面的智能化应用功效。

智能化系统工程的架构规划分项应按设施架构整体层次化的结构形式,分别以基础设施、信息服务设施及信息化应用设施为设施分项展开。与基础设施层相对应,基础设施为公共环境设施和机房设施;与信息服务层相对应,信息服务设施为应用信息服务设施的信息应用支撑设施部分;与信息化应用设施层相对应,信息化应用设施为应用信息服务设施的应用设施部分。

智能化系统工程设施架构图见图1。

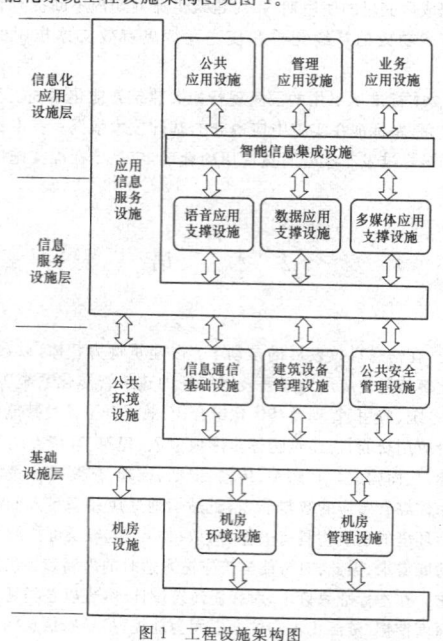

图1 工程设施架构图

3.4 系统配置

智能化系统工程的系统配置应以设计等级和架构规划为依据，形成以智能化系统工程应用为工程设计主导目标的各智能化系统的分项配置及整体构建的方式，并展现智能化系统工程从基础条件系统开始，"由底向上"的信息服务及信息化应用功能系统由前至后的逐渐完全的建设过程。

与信息设施架构相对应，智能化系统工程系统配置分项宜分别以信息化应用系统、智能化集成系统、信息设施系统、建筑设备管理系统、公共安全系统、机房工程为系统技术专业划分方式和设施建设模式进行展开，并作为后续设计要素分别作出技术要求的规定，智能化系统工程系统配置分项为：

（1）信息化应用系统，系统配置分项宜包括公共服务系统、智能卡系统、物业管理系统、信息设施运行管理系统、信息安全管理系统、通用业务系统、专业业务系统、满足相关应用功能的其他信息化应用系统等；

（2）智能化集成系统，系统配置分项宜包括智能化信息集成（平台）系统、集成信息应用系统；

（3）信息设施系统，系统配置分项宜包括信息接入系统、布线系统、移动通信室内信号覆盖系统、卫星通信系统、用户电话交换系统、无线对讲系统、信息网络系统、有线电视系统、卫星电视接收系统、公共广播系统、会议系统、信息导引及发布系统、时钟系统、满足需要的其他信息设施系统等；

（4）建筑设备管理系统，系统配置分项宜包括建筑设备监控系统、建筑能效监管系统等；

（5）公共安全系统，系统配置分项宜包括火灾自动报警系统、入侵报警系统、视频安防监控系统、出入口控制系统、电子巡查系统、访客对讲系统、停车库（场）管理系统、安全防范综合管理（平台）系统、应急响应系统、其他特殊要求的技术防范系统等；

（6）机房工程，智能化系统机房工程配置分项宜包括信息接入机房、有线电视前端机房、信息设施系统总配线机房、智能化总控室、信息网络机房、用户电话交换机房、消防控制室、安防监控中心、应急响应中心和智能化设备间（弱电间）、其他所需的智能化设备机房等。

与信息设施架构相对应，智能化系统工程的系统配置分项展开详见表1。

表1 智能化系统工程配置分项展开表

信息化应用设施	公共应用设施	信息化应用系统	公共服务系统
			智能卡应用系统
	管理应用设施		物业管理系统
			信息设施运行管理系统
			信息安全管理系统
	业务应用设施		通用业务系统
			专业业务系统
应用信息服务设施	智能信息集成设施	智能化集成系统	智能化信息集成（平台）系统
			集成信息应用系统
信息服务设施	语音应用支撑设施	信息设施系统	用户电话交换系统
			无线对讲系统
	数据应用支撑设施		信息网络系统
			有线电视系统
			卫星电视接收系统
	多媒体应用支撑设施		公共广播系统
			会议系统
			信息导引及发布系统
			时钟系统
基础设施	公共环境设施	信息通信基础设施	信息接入系统
			移动通信室内信号覆盖系统
			卫星通信系统
		建筑设备管理系统	建筑设备监控系统
			建筑能效监管系统

续表1

基础设施	公共环境设施	公共安全系统	火灾自动报警系统
			入侵报警系统
			视频安防监控系统
	公共安全管理设施	安全技术防范系统	出入口控制系统
			电子巡查系统
			访客对讲系统
			停车库（场）管理系统
			安全防范综合管理（平台）系统
			应急响应系统
	机房设施	机房工程	信息接入机房
			有线电视前端机房
			信息设施系统总配线机房
			智能化总控室
	机房环境设施		信息网络机房
			用户电话交换机房
			消防控制室
			安防监控中心
			智能化设备间（弱电间）
			应急响应中心
	机房管理设施		机房安全系统
			机房综合管理系统

智能化系统工程的设计标准，按建筑类别和以智能化系统配置的综合技术功效对各类建筑系统配置的选项予以区分的规定，因此，在本标准第5章～第18章中，按建筑功能类别列出了智能化系统配置表，为智能化系统工程设计提供了系统配置的比照依据，其中业务应用各分项系统在现行各类专项建筑电气设计规范或相关行业及业务管理中已有规定，均作为本标准执行的依据。

4 设 计 要 素

4.1 一 般 规 定

4.1.2 本标准完整地罗列了进行智能化系统工程设计中具有统一性、通用性、规范性、基础性的若干设计要素，适用于各类别功能建筑或多功能类别组合的综合体建筑的智能化系统工程设计需求，可作为使用者在进行具体工程设计时的基础性依据。

4.2 信息化应用系统

4.2.1 信息化应用系统应成为满足智能化系统工程应用需求及工程建设的主导目标。建立以实现信息化应用为有型导向的建筑智能化系统工程设计程序，能有效杜绝工程建设的盲目性和提升智能化功效的客观性，也具体地体现了工程实施后应交付或展示应达到的应用印证成果。

4.2.2 基于目前信息化应用系统的状况，本标准罗列了较普及并具有通用意义的若干信息化应用系统，随着信息科技的不断发展和信息化应用的持续挖掘的深入，将会研发和涌现出更多且日益完善的信息化新功能应用系统并被人们认识和采用，为人们开创出智能化系统工程更为优良的功能前景。

4.2.4 采用生物识别技术，是满足智能卡应用系统不同安全等级应用模式的主要技术方式之一，生物识别技术主要类型为指纹识别、掌纹识别、人脸识别、手指静脉识别等，均由于其特有的高仿伪特性已被高安全等级应用采纳。

4.2.6 为满足对建筑信息设施的规范化高效管理，信息设施运行管理系统应包括信息基础设施层、系统运行服务层、应用管理层及系统整体标准规范体系和安全保障体系等。

(1)设施层,是由基础硬件支撑平台(网络、服务器、存储备份等)和基础软件支撑平台(操作系统、中间件、数据库等)信息设施组成;

(2)服务层,是由信息设施运行综合分析数据库和若干相应的系统运行支撑服务模块组成:

①信息设施运行综合分析数据库涵盖应用系统信息点标识、交换机配置与端口信息、服务器配置运行信息和操作系统、中间件、数据库应用状态等配置信息及相互通讯状态信息;

②系统运行支撑服务模块宜包括资源配置、预警定位、系统巡检、风险控制、事态管理、统计分析、角色管理、权限验证等其他应用服务程序,为设施维护管理、系统运行管理及主管协调管理人员提供快速的信息系统运行监管的操作,对信息化基础设施中软、硬件资源的关键参数进行实时监测,监测包括网络链路、网络设备、服务器主机、存储备份设备、安全监控设备、操作系统、中间件、数据库系统、WWW服务、各类应用服务等。当出现故障或故障隐患时,通过语音、数字通信等方式及时通知相关运行维护人员,并且可以根据预先设置程序对故障进行迅速定位及原因分析、建议解决办法。

(3)应用层,是由设施维护管理、系统运行管理及主管协调管理人员,通过职能分工、权限分配规定等,提供系统面向业务的全面保障。

(4)系统整体标准规范和服务保障体系宜包括标准规范体系、安全管理体系:

①标准规范体系,是整个系统建设的技术依据,遵循国家相关技术标准及规范(ITIL),形成一套完整、统一的标准规范体系;

②安全管理体系,是整个系统建设的重要支柱,贯穿于整个体系架构各层的建设过程中。

该系统是支撑各类信息设施应用的有效保障,随着信息化应用功能的不断为人们所利用及对智能化系统运行安全性的强烈依赖,应实施对建筑信息设施的信息化高效管理。该系统所起到的支撑各类信息化系统应用的有效保障作用,将在更广泛的推行中被采用。

信息设施运行管理系统架构图见图2。在工程设计中宜根据项目实际状况采用合理的架构形式和配置相应的应用程序及应用软件模块。

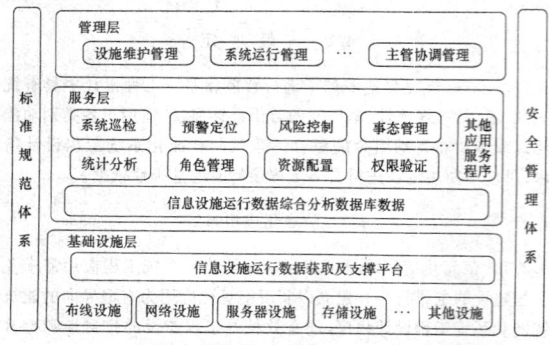

图2 信息设施运行管理系统架构

4.2.7 根据公安部《信息安全等级保护管理办法》(公通字〔2007〕43号)的要求,信息系统的安全保护等级分为下列五级:

第一级,信息系统受到破坏后,会对公民、法人和其他组织的合法权益造成损害,但不损害国家安全、社会秩序和公共利益。

第二级,信息系统受到破坏后,会对公民、法人和其他组织的合法权益产生严重损害,或者社会秩序和公共利益造成损害,但不损害国家安全。

第三级,信息系统受到破坏后,会对社会秩序和公共利益造成严重损害,或者对国家安全造成损害。

第四级,信息系统受到破坏后,会对社会秩序和公共利益造成特别严重损害,或者对国家安全造成严重损害。

第五级,信息系统受到破坏后,会对国家安全造成特别严重损害。

在智能建筑的信息系统建设过程中,需按国家现行标准《计算机信息系统安全保护等级划分准则》GB 17859、《信息安全技术 信息系统安全等级保护基本要求》GB/T 22239、《信息安全技术 信息系统通用安全技术要求》GB/T 20271、《信息安全技术 网络基础安全技术要求》GB/T 20270、《信息安全技术 操作系统安全技术要求》GB/T 20272、《信息安全技术 数据库管理系统安全技术要求》GB/T 20273、《信息安全技术 服务器技术要求》GB/T 21028和《信息安全技术 终端计算机系统安全等级技术要求》GA/T 671等同步建设符合等级要求的信息安全设施。

4.2.8 通用业务系统是以符合该类建筑主体业务通用运行功能的应用系统;它运行在信息网络上,实现各类基本业务处理办公方式的信息化,具有存储信息、交换信息、加工信息及形成基于信息的科学决策条件等基本功能,并显现该类建筑物普遍具备基础运行条件的功能特征,它通常是以满足该类建筑物整体通用性业务条件状况功能的基本业务办公系统。

4.2.9 专业业务系统以该类建筑通用业务应用系统为基础(基本业务办公系统),实现该建筑物的专业业务的运营、服务和符合相关业务管理规定的设计标准等级,叠加配置若干支撑专业业务功能的应用系统。它通常是以各种类信息设备、操作程序和相关应用设施等组具有特定功能的应用系统。其系统配置应符合相关的规范、管理的规定或满足相关应用的需要。

4.3 智能化集成系统

4.3.1 智能化集成系统应为建筑智能化系统工程展现智能化信息合成应用和具有优化综合功效的支撑设施。智能化集成系统功能的要求以绿色建筑目标及建筑物自身使用功能为依据,满足建筑业务需求与实现智能化综合服务平台应用功效,确保信息资源共享和优化管理及实施综合管理功能等。本标准明确了对智能化集成系统清晰和具体的内涵要求。

4.3.2 关于智能化集成系统架构要求,应以满足第4.3.1条的要求为基础,采用合理的系统架构形式和配置相应的平台应用程序及应用软件模块,实现智能化系统信息集成平台和信息化应用程序运行的建设目标,智能化集成系统架构从以下展开:

(1)集成系统平台,包括设施层、通信层、支撑层:

①设施层:包括各纳入集成管理的智能系统设施及相应运行程序等;

②通信层:包括采取标准化、非标准化、专用协议的数据库接口,用于与基础设施或集成系统的数据通信;

③支撑层:提供应用支撑框架和底层通用服务,包括:数据管理基础设施(实时数据库、历史数据库、资产数据库)、数据服务(统一资源管理服务、访问控制服务、应用服务)、基础应用服务(数据访问服务、报警事件服务、信息访问门户服务等)、基础应用(集成开发工具、数据分析和展现等)。

(2)集成信息应用系统,包括应用层、用户层:

①应用层:是以应用支撑平台和基础应用构件为基础,向最终用户提供通用业务处理功能的基础应用系统,包括信息集中监视、事件处理、控制策略、数据集中存储、图表查询分析、权限验证、统一管理等。管理模块具有通用性、标准化的统一监测、存储、统计、分析及优化等应用功能,例如:电子地图(可按系统类型、地理空间细分)、报警管理、事件管理、联动管理、信息管理、安全管理、短信报警管理、系统资源管理等。

②用户层:以应用支撑平台和通用业务应用构件为基础,具有满足建筑主体业务专业需求功能及符合规范化运营及管理应用功能,一般包括:综合管理、公共服务、应急管理、设备管理、物业管理、运维管理、能源管理等,例如:面向公共安全的安防综合管理系统、面向运维的设备管理系统、面向办公服务的信息发布系统、决策分析系统等,面向企业经营的ERP业务监管系统等。

(3)系统整体标准规范和服务保障体系,包括标准规范体系、安全管理体系：
①标准规范体系，是整个系统建设的技术依据；
②安全管理体系，是整个系统建设的重要支柱，贯穿于整个体系架构各层的建设过程中，该体系包含权限、应用、数据、设备、网络、环境和制度等。运维管理系统包含组织/人员、流程、制度和工具平台等层面的内容。

智能化集成系统架构图见图3。在工程设计中宜根据项目实际状况采用合理的架构形式和配置相应的应用程序及应用软件模块。

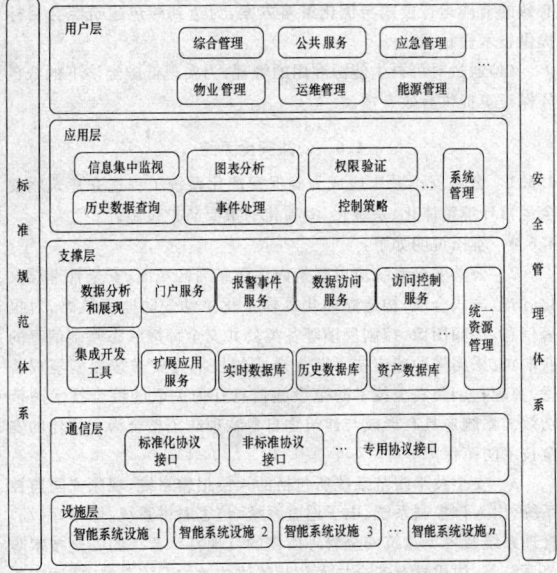

图3 智能化集成系统架构图

4.3.3 关于智能化集成系统通信互联的要求，应以满足第4.3.2条的要求为基础，确保纳入集成的多种类智能化系统按集成确定的内容和接口类型提供标准化和准确的数据通信接口，实现智能化系统信息集成平台和信息化应用的整体建设目标。通信接口程序可包括实时监控数据接口、数据库互联数据接口、视频图像数据接口等类别，实时监控数据接口应支持RS232/485、TCP/IP、API等通信形式，支持BACNet、OPC、Modbus、SNMP等国际通用通信协议；数据库互联数据接口应支持ODBC、API等通信形式；视频图像数据接口应支持API、控件等通信形式，支持HAS、RTSP/RTP、HLS等流媒体协议。当采用专用接口协议时，接口界面的各项技术指标均应符合相关要求，由智能化集成系统进行接口协议转换以实现统一集成。通信内容应满足智能化集成系统的业务管理需求，包括实施对建筑设备各项重要运行参数以及故障报警的监视和相应控制，对信息系统定时数据汇集和积累，对视频系统实时监视和控制与录像回放等。

4.3.4 关于智能化集成系统的架构规划、信息集成、数据分析和功能展示方式等，应以智能化集成系统功能的要求为依据，以智能化集成系统构建和智能化集成系统接口的要求为基础，确定技术架构、应用功能和性能指标规定，实现智能化集成系统信息集成平台和信息化应用程序的具体目标。

4.4 信息设施系统

4.4.1 信息设施系统应为建筑智能化系统工程提供信息资源整合，并应具有综合服务功能的基础支撑设施。依据现有信息设施的技术状况，本标准对建筑内的各类信息化应用功能需要的信息设施所涵盖的系统做了罗列，并以智能化系统工程设计标准、架构规划、系统配置为依据，分别从信息通信基础设施（信息接入系统、布线系统、移动通信室内信号覆盖系统、卫星通信系统）、语音应用支撑设施（用户电话交换系统、无线对讲系统）、数据应用支撑设施（信息网络系统）、多媒体应用支撑设施（有线电视及卫星电视接收系统、公共广播系统、会议系统、信息导引及发布系统、时钟系统）等，对各系统提出满足建筑智能化系统工程设计所需的要求。各系统应适应数字技术发展及网络化传输的必然趋势，推行以信息网络融合及资源集聚共享的方式作全局性统一性规划和系统建设。

在本标准第5章～第18章的各类建筑智能化系统配置表中的信息设施系统，均按照信息接入系统、布线系统、移动通信室内信号覆盖系统、卫星通信系统、用户电话交换系统、无线对讲系统、信息网络系统、有线电视及卫星电视接收系统、公共广播系统、会议系统、信息导引及发布系统、时钟系统、满足需要的其他信息设施系统的排序方式进行展开。

4.4.3 物联网以信息的统一、网络的融合、资源的共享、应用的互通以及终端的互兼等方式，实现相关的信息服务融合在一起。信息接入系统是外部信息引入建筑物及建筑内的信息融入建筑外部更大信息环境的前端结合环节，本标准对信息接入系统满足信息通信的功能及采用有线和无线的接入方式等提出了要求，同时规定应以建筑物（或群体建筑）作为基础物理单元载体，并应具有对接智慧城市信息架构的技术条件，并适应发挥信息资源更大化功效的云计算方式等，这是符合现代智能技术应用发展的趋势要求。

4.4.4 综合布线系统宜配置相应的管理系统。

4.4.8 无线对讲系统应防止信号泄露和防范外界信号干扰。

4.4.9 本条说明如下：

1 信息网络系统是遍及于智能建筑自身体内传递各类智能化信息的神经系统，本标准对该系统设计提出了为实现智能化系统工程新的应用功能，应适应智能化技术数字化发展和网络化传输趋势的要求，并需对建筑内各智能化系统信息传输作各信息类别的功能性区分、信息承载负载量的分析、符合应用合理构建形式的优化等综合处理的规定，同时，宜注重对各类智能化系统网络作融合的统一性规划等。

2 智能化系统工程的信息网络系统，根据承载业务的需要一般划分为业务信息网和智能化设施信息网，其中智能化设施信息网用于承载公共广播、信息引导及发布、视频安防监控、出入口控制、建筑设备监控等智能化系统设施信息，该信息网可采用单独组网或统一组网的系统架构，并根据各系统的业务流量状况等，通过VLAN、QoS等保障策略提供可靠、实时和安全的传输承载服务。

信息网络系统应包括物理线缆层、链路交换层、网络交换层、安全及安全管理系统、运行维护管理系统五个部分的设计及其部署实施。系统应支持建筑内语音、数据、图像等多种类信息的端到端传输，并确保安全管理、服务质量（QoS）管理、系统的运行维护管理等。

各类建筑或综合体建筑，核心设备应设置在中心机房；汇聚和接入设备宜设置在弱电（电信）间，核心、汇聚（若有）、接入等设备之间宜采用光纤布线。终端设备可以采用有线、无线或混合方式连接。

信息网络系统外联到其他系统，出口位置宜采用具有安全防护功能和路由功能的设备。系统网络拓扑架构应满足各类别建筑使用功能的构成状况、业务需求特征及信息传输要求。系统中的IP相关设备应同时支持IPv4和IPv6协议。系统中的IP相关设备应支持通过标准协议将自身的各种运行信息传送到信息设施管理系统。系统参考模型见图4。

3～6 各类业务信息网涉及等级保护的要求，设计时需根据系统应用的等级规定，严格遵照现行国家标准《信息安全技术 信息系统安全等级保护基本要求》GB/T 22239相应等级的网络安全要求。

7 现代建筑的业务运行、运营及管理等与信息化管理核心设施的安全密切相关，如运行信息不能及时流通，或者被篡改、增删破坏或窃用等造成的信息丢失、通信中断、业务瘫痪等,将会带来无法弥补的业务重大危害和巨大的经济损失等。而对于政府、金融等建筑,当今业务运行与信息化设施的不可分割的依赖性而愈加显现,因此,加强网络安全建设的意义甚至关系到政府办公职能的信息安全、国家和人民的金融秩序等,对此应高度重视及严格管理。由此,在进行建筑智能化系统与建筑物外部城市信息网互联时,必须设置防御屏障,确保信息设施系统安全、稳定和可靠。

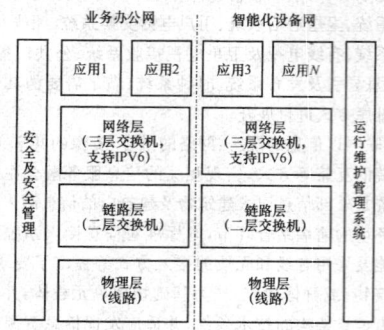

图 4　信息网络系统模型图

9　系统应支持通过标准协议将自身运行信息纳入信息设施运行管理系统。

4.4.11　公共广播系统已成为各类建筑应用信息服务设施建设的基本配置,系统提高技术性能的相关功能包括:分区播放、分区语音寻呼、分区及全区紧急广播、消防信号联动、多级音源优先级设定的功能,还包括:系统功放热备份、开放通信协议、网络化音频信号和控制信号的传输、音频网络化传输及控制、图形化操作界面、集中控制与分散控制相兼容、分区音频信号处理、可编程多音源播放列表,还包括:多路分区并行总线能力、远程监控、时钟协议同步、自动生成日志文件、环境噪声监测及自动音量补偿、中心音源与本地音源可路由调配、设备故障报警等功能。

消防应急广播是紧急广播中的一种形式。

4.4.12　会议系统的功能包括:音频扩声、会议讨论、视频显示等,还包括会议表决、摄像跟踪、集中控制、电子白板、视频会议、灯光辅助等,还包括会议录播、同声传译、会议签到等功能。

4.4.13　信息导引及发布系统设计应符合现行国家标准《视频显示系统工程技术规范》GB 50464 的有关规定。

4.5　建筑设备管理系统

4.5.1　建筑设备管理系统是确保建筑设备运行稳定、安全及满足物业管理的需求,实现对建筑设备运行优化管理及提升建筑用能功效,并且达到绿色建筑的建设目标。系统应成为建筑智能化系统工程营造建筑物运营条件的基础保障设施。本标准所指建筑设备均与建筑智能化系统相关,包括采取信息技术方式实现管理的纳入信息化应用范围的业务设施。任何不纳入建筑设备监控范围的建筑设备或不归入信息化业务的设备或装置,均不属于本标准建筑设备规定范畴的对象。

4.5.3　建筑内的冷热源、供暖通风和空气调节、给水排水、供配电、照明、电梯等建筑设备以及可再生能源系统等其他建筑设备,当采用自成独立体系的专业化监控系统形式时,应以标准化通信方式纳入建筑设备管理系统。

4.5.4　建筑能效监管系统设计应符合现行行业标准《公共建筑耗远程监测系统技术规程》JGJ/T 285 的有关规定。

4.5.5　建筑设备管理系统实现建筑绿色环境综合功效的若干要点说明如下:

(1)基于建筑设备监控系统的信息平台,实现对建筑进行综合能效监管,提升建筑设备系统协调运行和优化建筑综合性能,为实现绿色建筑提供辅助保障。

(2)基于建筑内测控信息网络等基础设施,对建筑设备系统运行信息进行积累,并基于对历史数据规律及趋势进行分析,使设备系统在优化的管理策略下运行,以形成在更优良品质的信息化环境测控体系调控下,具有获取、处理、再生等运用建筑内外环境信息的综合智能,建立绿色建筑高效、便利和安全的功能条件。

(3)通过对能耗系统分项计量及监测数据统计分析和研究,对系统能量负荷平衡进行优化核算及运行趋势预测,从而建立科学有效的节能运行模式与优化策略方案,为达到绿色建筑综合目标提供技术途径。

(4)通过对可再生能源利用的管理,为实现低碳经济下的绿色环保建筑提供有效支撑。

4.6　公共安全系统

4.6.1　公共安全系统应成为确保智能化系统工程建立建筑物安全运营环境整体化、系统化、专项化的重要防护设施。

4.6.4　本条说明如下:

2　公共安全系统应以建筑内平面布局区域面、安全管理层次化、防范方式合成,构造立体化等体系化主动安防监管策略,对报警信息、视频图像、控制反馈等各类公共安全环境状态基础信息的获取,宜采用多种感应技术互为合成的技术方式或智能型集成装置,突现与相关安全技术防范设施信息互为关联的综合技术防范功效。系统应具有形成与建筑物自身物理防范整合为一体化的安全技术防范保障。

3　安全技术防范系统所包括的入侵报警系统、视频安防监控系统、出入口控制系统、电子巡查系统、访客对讲系统、停车库(场)管理系统及各类建筑安全管理所需的其他特殊要求的安全技术防范系统等,构成具有安全技术防范整体功效的设施系统,应适应各分项系统数字化技术的发展走向,宜采用网络化信息采集、平台化信息汇集、数字化信息存储及实施专业程序化综合监管的整体解决方案。

4　安全防范综合管理系统应以安防信息集约化监管为集成平台,对各种类技术防范设施及不同形式的安全基础信息互为主动关联共享,实现信息资源价值的深度挖掘应用,以实施公共安全防范整体化、系统化的技术防范系列化策略。

4.6.5　应急响应系统应成为公共建筑、综合体建筑、具有承担地域性安全管理职能的各类管理机构有效地应对各种安全突发事件的综合防范保障。应急响应中心是应急指挥体系处置公共安全事件的核心,在处置公共安全应急事件时,应急响应中心的机房设施需向在指挥场所内参与指挥的指挥者与专家提供多种方式的通信与信息服务,监测并分析预测事件进展,为决策提供依据和支持。按照国家有关规划,应急响应指挥系统节点将拓展至县级行政系统,建立必要的移动应急指挥平台,以实现对各级各类突发公共事件应急管理的统一协调指挥,实现公共安全应急数据及时准确、信息资源共享、指挥决策高效。同时,随着信息化建设的不断推进,公共安全事件应急响应指挥系统作为重要的公共安全业务应用系统,将在各地区域信息平台互联,实现与上一级信息系统、监督信息系统、人防信息系统的互联互通和信息共享等方面发挥重要的作用。因此,应急响应系统是对消防、安防等建筑智能化系统基础信息关联、资源整合共享、功能互动合成,形成更有效的提升各类建筑安全防范功效和强化系统化安全管理的技术方式之一,已被具有高安全性环境要求和实施高标准运营及管理模式的智能建筑中采用。

以统一的指挥方式和采用专业化预案(丰富的相关数据资源支撑)的应急指挥系统,是目前在大中城市和大型公共建筑建设中需建立的项目,本标准列举了基本功能的系统配置,设计者宜根据工程项目的建筑类别、建设规模、使用性质及管理要求等实际情况,确定选择配置应急响应系统相关的功能及相应的辅助系统,以满足使用的需要。

4.6.6 本条与国家工程建设标准《安全防范工程技术规范》GB 50348—2004 中的强制性条文第 3.13.1 条相对应。

《安全防范工程技术规范》GB 50348—2004 第 3.13.1 条:"监控中心应设置为禁区,应有保证自身安全的防护措施和进行内外联络的通讯手段,并应设置紧急报警装置和留有向上一级接处警中心报警的通信接口。"

由于总建筑面积大于 20000m² 的公共建筑,人员密集、社会影响面大、公共灾害受威胁突出;建筑高度超过 100m 的超高层建筑,在紧急状态下不便人流及时疏散,因此,为适建筑物公共安全的实际需求现状和强化管理措施落实,有效防范威胁民生的恶性突发事件对人们生命财产造成重大危害和巨大经济损失,本条以第 4.6.5 条为基础提出规定:总建筑面积大于 20000m² 的公共建筑或建筑高度超过 100m 的建筑所设置的应急响应系统,必须配置与建筑物相应属地的上一级应急响应体系机构的信息互联通信接口,确保该建筑内所设置的应急响应系统实时、完整、准确地与上一级应急响应系统全局性可靠地对接,提升当危及建筑内人员生命遇到重大风险时及时预警发布和有序引导疏散的应急抵御能力,由此避免重大人员伤亡或缓解危及生命祸害、减少经济损失,同时,使建筑物属地的与国家和地方应急指挥体系相配套的地震检测机构、防灾救灾指挥中心监测到的自然灾害、重大安全事故、公共卫生事件、社会安全事件、其他各类重大、突发事件的预报及预期警示信息,通过城市应急响应体系信息通信网络可靠地下达,起到启动处置预案更迅速的响应保障。

4.7 机房工程

4.7.1 机房工程应成为智能化系统工程中向各类智能化系统设备及装置提供安全、可靠和高效地运行及便于维护的基础条件设施。本标准依据建筑智能化系统的应用状况,对建筑物内各智能化系统的监控、管理室或设备装置机房提出所包括的具体范围,一般包括信息接入机房、有线电视前端机房、信息设施系统总配线机房、智能化总控室、信息网络机房、用户电话交换设备机房、消防控制室、安防监控中心、应急响应中心、智能化设备间(弱电间、电信间)等其他所需的智能化系统设备机房等。本标准提出该类机房设施可根据工程中具体情况独立配置或组合配置,符合建筑智能化系统集约化建设和管理及建筑空间有效利用的原则。

智能化设备间(弱电间)是指建筑物内区域或楼层智能化设备安装间,智能化设备安装间内包括各智能化系统的分部设备或信息传输设备及缆线系统等。

机房工程设计包括建筑(包括室内装饰)、结构、机房通风和空调、配电、照明、接地、防静电、安全、机房综合管理系统等。

4.7.2 信息接入(含移动通信室内覆盖接入)机房宜设在建筑首层,当该建筑物有地下层时,可设在地下一层。卫星通信(包括卫星电视)天线等安装于建筑物顶部的接入机房,宜设在便于信息收发及信息缆线接入的合理部位。

4.7.3 机房工程主体结构的柱网布局等应综合规划设计,适应建筑平面布局和空间划分的灵活性要求。

4.7.4 现行国家标准《电子信息系统机房设计规范》GB 50174 对机房工程确定了设计等级的规定,机房工程的通风和空气调节系统设计均应满足相应设计等级的规定。

4.7.5 机房设备电源输入端防雷击电磁脉冲(LEMP)的保护宜采取智能型监控系统的保护技术方式。

4.7.6 紧急广播系统是建筑物中最基本的紧急疏散设施之一,是建筑物中各类安全信息指令发布和传播最直接、最广泛、最有效的重要技术方式之一。为了确保紧急广播系统在大规模、超高层的建筑中可靠运行,本条提出了强化安全性能的规定。对该类建筑与公共安全相配套的紧急广播系统(包括与火灾自动报警系统相配套的应急广播系统),要求其备用电源的连续供电时间必须与消防疏散指示标志照明备用电源的连续供电时间一致,有效地健全建筑公共安全系统的配套设施,提高建筑物自身抵御灾害的能力。

4.7.11 机房综合管理系统应作为机房工程设计中保障高技术性能的重要配置选项之一。其中符合机房运行技术等级的建设要求,是确立机房工程设计标准首要依据之一,是实现高功效能源条件、高性能环境质量、高可靠安全保障等机房基础设施而进行监控及管理策略展开的出发点,从而确保各类设施系统建设的安全性、可靠性和可维护性;其次是设定对机房整体运营及管理的目标,是衡量机房使用状况的重要依据,现行相关的技术规范均对机房运营和管理提出了具体要求,在机房工程设计中,应响应机房运营和管理的设定目标,采取相应的技术方式,其中包括合理机房的功能布局、优化的用能体系、实施有效的绿色环境能效监管方式等,确保使该机房综合性能指标符合相应的规定值。

本标准对机房综合管理系统提出架构要求,系统宜包括设施层、支撑层、服务层、应用层、用户层及系统整体标准规范体系和安全保障体系等。

设施层宜包括机房内的空调和配电等能源设施、照明设施(满足机房不间断可视性)和安全设施(技术防范和消防系统满足机房安全运行需求)等环境设施、IT 基础设施(IT 业务持续运营的包括服务器、网络设备、存储设备、机架和对外管理的相关信息关联设备)等。

支撑层宜采用标准化的现场总线等通信方式传输数据,应支持标准、非标准和专用通信协议,并具备基础数据的管理。

服务层宜包括平台服务、应用服务、事件处理和分发、配置服务、报表服务、权限验证和应用程序接口(API)。

应用层是建立于服务层基础之上,根据机房管理对象特征和应用场合可分为设施运行监控、环境设施综合管理和信息设施服务管理。设施运行管理宜包括配电系统、空调系统、照明系统和安全系统,对机房动力和环境基础设施进行远程实时数据监测和设备控制,实时监管各个设备和子系统的运行状态。环境质量综合管理宜包括资产管理、变更管理、能效管理、容量管理、供电管理、热管理、告警管理、远程访问等。

用户层是机房综合管理系统的显示和操作层,定义用户交互界面和系统应用程序接口,其终端用户通常包括 Web 用户、桌面用户、移动用户、云计算用户等。

机房综合管理系统架构图见图 5。在工程设计中宜根据工程项目的实际状况采用合理的系统架构形式和配置相应的平台应用程序及应用软件模块。

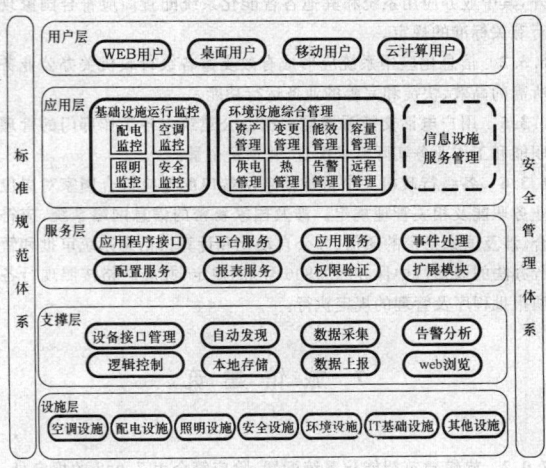

图 5 机房综合管理系统架构图

5 住宅建筑

5.0.2 住宅建筑智能化系统配置除应符合本标准表 5.0.2 的规定外,还需要根据工程规模、建筑标准、配套设施、住户需求、维护管理条件等实际情况综合确定。现行行业标准《住宅建筑电气设计规范》JGJ 242 对住宅建筑智能化系统的设计做出了明确规定,配置时也需要遵守。

5.0.5 现行国家标准《住宅区和住宅建筑内光纤到户通信设施工程设计规范》GB 50846 对住宅光纤到户提出了明确的要求,新建住宅建筑的通信设施设计需遵照执行。采用光纤到户建设方式前提是,公用电信网络已经实现了光纤传输到所建住宅建筑的区县。每套住宅配置家居配线箱是确保电话、电视、信息网络等系统功能、规范住户内线路敷设的重要措施。住宅内配置的信息端口类别和数量需根据工程项目实际情况确定。

5.0.6 对于无线对讲系统的配置,本标准表 5.0.2 规定的是"宜配置",本条是对"宜配置"的前提条件进一步明确,即设有物业管理系统。

5.0.7 紧急广播(包括消防应急广播)需按消防应急广播的要求进行设置。

5.0.8 建筑设备管理系统通常监控公共照明系统、给排水系统。水表、电表、燃气表、热能(有供暖地区)表一般具有计量、抄收及远传功能,通常采用兼容通信接口与公用事业管理部门系统联网。

5.0.9 多栋超高层住宅建筑可根据实际工程情况,合建一个消防控制室。

6 办公建筑

6.2 通用办公建筑

6.2.1 通用办公建筑智能化系统配置,除应符合表 6.2.1 的规定外,其中业务应用系统和其他各智能化系统配置尚应符合国家现行有关标准的规定。

6.3 行政办公建筑

6.3.1 行政办公建筑智能化系统配置,除应符合表 6.3.1 的规定外,其中业务应用系统和其他各智能化系统配置尚应符合国家现行有关标准的规定。

6.3.2 信息化应用系统应形成有效支撑各级行政机关办公业务所需的高效、快捷和完善的业务运行功能。

6.3.5 用户电话交换系统应根据办公建筑中各工作部门的管理职能和工作业务实际需求配置,并预留裕量。

6.3.6 各级行政机关中特殊信息网端口配置应符合国家对岗位业务职能及相关管理规定。涉及国家秘密的信息网络系统,应符合《涉及国家秘密的通信、办公自动化和计算机信息系统审批和暂行办法的通知》(中保办〔1998〕6 号)的规定,并应严格按照现行各项报批程序及管理的规定执行。

7 旅馆建筑

7.0.2 旅馆建筑智能化系统配置,除应符合表 7.0.2 的规定外,其中业务应用系统和其他各智能化系统配置尚应符合国家现行有关标准的规定。

7.0.5 应在旅馆内总服务台、办公管理区域和会议区域处配置内线电话和直线电话,客房、客人电梯厅、商场、餐饮、机电设备机房等区域处宜配置内线电话,在底层大厅等公共场所部位应配置公用直线和内线电话及无障碍使用方式的电话。

8 文化建筑

8.2 图书馆

8.2.1 图书馆智能化系统配置,除应符合表 8.2.1 的规定外,其中业务应用系统和其他各智能化系统配置尚应符合国家现行有关标准的规定。

图书馆智能化系统工程应根据图书馆建筑设计分类及建设标准,选配相关的智能化系统。按照现行行业标准《图书馆建筑设计规范》JGJ 38 的规定及设计标准,图书馆分为公共图书馆、高等学校图书馆、科学研究图书馆及各类专门图书馆。公共图书馆是指具备收藏、管理、流通等一整套使用空间和技术设备用房,面向社会大众服务的各级图书馆;高等学校图书馆是指为教学和科研服务,具有服务性和学术性强的大专院校和专科学校以及成人高等学校的图书馆;科研图书馆是指具有馆藏专业性强,信息敏感程度高,采用开架的管理方式和广泛使用计算机和网络技术等先进的服务手段的各类科学研究院、所的图书馆。专门图书馆是指专门收藏某一学科或某一类文献资料,为专业人员服务的图书馆。

8.2.5 建筑设备管理系统应满足对图书资料保存的需求,应具有对善本书库、珍藏书库、古籍书库、音像制品、光盘库房等场所温湿度及空气质量的监控功能。

8.3 档案馆

8.3.1 档案馆智能化系统配置,除应符合表 8.3.1 的规定外,其中业务应用系统和其他各智能化系统配置尚应符合国家现行有关标准的规定。

档案馆智能化系统工程应根据档案馆建筑设计分级及设计标准,选配相关的智能化系统。按照现行行业标准《档案馆建筑设计规范》JGJ 25 的规定及设计标准,档案馆可分为特级、甲级、乙级。特级为中央级档案馆,甲级为省、自治区、直辖市、计划单列市、副省级市档案馆,乙级为地(市)及县(市)级档案馆。

8.4 文化馆

8.4.1 文化馆智能化系统配置,除应符合表 8.4.1 的规定外,其中业务应用系统和其他各智能化系统配置尚应符合国家现行有关标准的规定。

按照现行行业标准《文化馆建筑设计规范》JGJ 41 的规定及设计标准,文化馆建筑根据其建筑面积规模划分为大型馆、中型馆和小型馆 3 种类型。大型馆:建筑面积大于或等于 6000m² 的文化馆;中型馆:建筑面积大于或等于 4000m² 且小于 6000m² 的文化馆;小型馆:建筑面积大于或等于 800m² 且小于 4000m² 的文化馆。

8.4.5 安全技术防范系统应按文化馆客流大的特点进行配置,确保良好公共秩序及安全。

9 博物馆建筑

9.0.2 博物馆建筑智能化系统配置,除应符合表 9.0.2 的规定外,其中业务应用系统和其他各智能化系统配置尚应符合国家现行有关标准的规定。

博物馆智能化系统工程应根据博物馆建筑设计分类及建设标准,选配相关的智能化系统,按照现行国家标准《博物馆建筑设计规范》JGJ 66 的规定及设计标准。博物馆建筑根据其建筑面积规模划分为大型馆、中型馆和小型馆三种类型。大型馆：建筑规模大于 10000m²，适用于中央各部委直属博物馆和各省、自治区、直辖市博物馆；中型馆：建筑规模为 4000m²～10000m²，适用于各系统的省厅（局）直属博物馆和省辖市（地）博物馆；小型馆：建筑规模小于 4000m²，适用于各系统的市（地）、县（县级市）局直属博物馆和县（县级市）博物馆。

9.0.7 博物馆信息网络系统应满足考古人员在外作业期间，可通过有线或无线网络与博物馆取得联系，也可以通过虚拟专用网络获得博物馆信息库中的相关资料，同时通过信息网络系统将现场的资料和信息发送到博物馆。

9.0.11 建筑设备管理系统应对文物熏蒸、清洗、干燥等处理、文物修复等工作区的各种有害气体浓度实时监控，避免腐蚀性物质、CO_2、温度、湿度、风化、光照和灰尘等对文物的影响。应确保对展品的保护，减少照明系统各种光辐射的损害。

9.0.12 应符合现行国家标准《安全防范工程技术规范》GB 50348—2004 第 4.2 节和《文物系统博物馆安全防范工程设计规范》GB/T 16571 的有关规定。系统应按照博物馆的特点，将建筑内区域划分为库区、展厅、公众活动区和办公区。

10 观演建筑

10.2 剧 场

10.2.1 剧（影）智能化系统配置，除应符合表 10.2.1 的规定外，其中业务应用系统和其他各智能化系统配置尚应符合国家现行有关标准的规定。

按照现行行业标准《剧场建筑设计规范》JGJ 57 的规定及设计标准，剧场可根据使用性质及观演条件、建筑规模、观众容量分为特大型、大型、中型和小型。特大型：1601 座以上；大型：1201 座～1600 座；中型：801 座～1200 座；小型：300 座～800 座。

10.2.5 信息网络系统系统应在舞台、舞台监督、声控室、灯控室、放映室、资料室、各类技术用房、化妆间、票务室和售票室等处设置信息端口。

10.2.7 信息显示系统的终端宜设置在入口大堂、售票处和等候区。

10.2.9 建筑设备管理系统宜具有多种场景控制方式，包括就地控制、遥控、中央管理室的集中控制，根据光线的变化、现场模式需求及客流情况的自动控制等控制方式。

10.3 电 影 院

10.3.1 电影院的智能化系统配置，除应符合表 10.3.1 的规定外，其中业务应用系统和其他智能化系统配置还应符合国家现行有关标准的规定。

按照现行行业标准《电影院建筑设计规范》JGJ 58 的规定及设计标准，电影院建筑根据其建筑面积规模划分为特大型、大型、中型和小型。特大型：总座位数应大于 1800 个，观众厅不宜少于 11 个；大型：总座位数宜为 1201 个～1800 个，观众厅宜为 8 个～10 个；中型：总座位数宜为 701 个～1200 个，观众厅宜为 5 个～7 个；小型：总座位数宜小于或等于 700 个，观众厅不宜少于 4 个。

10.4 广播电视业务建筑

10.4.1 广播电视业务建筑智能化系统配置，除应符合表 10.4.1 的规定外，其中业务应用系统和其他智能化系统配置尚应符合国家现行有关标准的规定。

10.4.5 信息网络系统应在演播室、导控室、音控室、配音间、灯光控制室、立柜机房、主控机房、播出机房、制作机房、传输机房、录音棚、化妆室、资料室和微波机房等技术用房处设置信息端口。

10.4.6 有线电视系统的卫星电视节目应取自播出机房。有线电视系统应在演播室、导控室、音控室、配音间、主控机房、播出机房、制作机房、传输机房、录音棚、化妆室、资料室和候播区等技术用房处设置电视终端。

10.4.7 信息导引及发布系统信息显示终端宜设置在入口大堂、底层电梯厅、电梯转换层、候播区和参观通道。

11 会展建筑

11.0.2 会展建筑智能化系统配置，除应符合表 11.0.2 的规定外，其中业务应用系统和其他各智能化系统配置尚应符合现行行业标准《会展建筑电气设计规范》JGJ 333 和国家现行有关标准的规定。

按照现行行业标准《展览建筑设计规范》JGJ 218 的规定及设计标准，展览建筑规模可按基地以内的总展览面积划分为特大型、大型、中型和小型。特大型馆：总展览面积大于 100000m²；大型馆：总展览面积 30000m²～100000m²；中型馆：总展览面积 10000m²～30000m²；小型馆：总展览面积小于 10000m²。

11.0.11 在单一型火灾探测器不能有效探测火灾的场所，可采用复合型火灾探测器。

12 教育建筑

12.2 高等学校

12.2.1 高等学校智能化系统配置，除应符合表 12.2.1 的规定外，其中业务应用系统和其他各智能化系统配置尚应符合国家现行有关标准的规定。

12.2.3 学校教学楼、行政管理楼、图文信息中心、会议中心（厅）、体育场（馆）、学生宿舍、餐厅、校园休闲和流动人员较密集的公共区域等有关所处，应配置与公用互联网或学校信息网络相联的宽带无线网络接入设备，应满足信息设备信号数字化传输质量和管理的要求，后勤物业管理系统宜运行在学校信息专用网络上。

12.2.5 在学校的餐厅、招待所等有关所处内，应配置独立的背景音乐设备，以满足各场所对背景音乐和公共广播的需求。

12.2.9 信息导引及发布系统用于远程视频会议的专用会议室内时，应配置远程电视会议接入、视频显示、音频扩声、控制等配套设备。

12.3 高级中学

12.3.1 高级中学智能化系统配置，除应符合表 12.3.1 的规定外，其中业务应用系统和其他各智能化系统配置尚应符合国家现行有关标准的规定。

12.3.3 学校教学及教学辅助用房、行政办公用房、图文信息中心、会议接待室、体育场（馆）和校园室内外休闲所等处，宜配置与学校信息网络或公用互联网相联的宽带无线网络接入设备。

12.3.10 信息导引及发布系统端口宜设置在学校的大门口处、各教学楼、行政办公楼、图文信息中心、体育场（馆）、游泳馆、会议接待室、餐厅、教师或学生宿舍等单体建筑室内。

12.4 初级中学和小学

12.4.1 初级中学和小学智能化系统配置，除应符合表 12.4.1 的规定外，其中业务应用系统和其他各智能化系统配置尚应符合国家现行有关标准的规定。

12.4.9 信息导引及发布系统系统端口宜设置在学校的大门口

处、各教学楼、行政办公楼、图书阅览室、室外操场、室内体育馆、游泳馆、餐厅、教师或学生宿舍等单体建筑室内。

13 金融建筑

13.0.2 金融建筑智能化系统配置，除应符合表 13.0.2 的规定外，其中业务应用系统和其他各智能化系统配置尚应符合现行行业标准《金融建筑电气设计规范》JGJ 284 和国家现行有关标准的规定。

14 交通建筑

14.2 民用机场航站楼

14.2.1 民用机场航站楼智能化系统配置，除应符合表 14.2.1 的规定外，其中业务应用系统和其他各智能化系统配置尚应符合现行行业标准《交通建筑电气设计规范》JGL 243 和国家现行有关标准的规定。

14.2.2 航班信息综合系统应完成季度航班计划、短期航班计划、次日航班计划。向需获得航班计划的系统发布送信息，应按时发布次日航班计划信息。及时修正日航班计划并即时发布修正信息。统计、存储、查询日航班计划数据并形成报表。具有机位桥/登机门分配、到达行李转盘分配、值机柜台分配与出发行李分检转盘分配功能。

值机大厅应设置能提供引导旅客值机的航班动态信息显示屏；值机柜台上方应设置能提供值机航班信息的显示屏；中转柜台应设置能提供中转航班动态信息的显示屏；登机口柜台上方应设置能提供登机航班信息的显示屏；候机大厅应设置能提供出发候机航班动态信息的显示屏；餐饮、商业区宜设置能提供进出港航班动态信息的显示屏；到达行李提取厅应设置能提供引导行李转盘航班动态信息的显示屏；行李转盘应设置能提供本转盘到达行李航班信息显示屏；行李分拣大厅每条出发行李转盘上应设置能提供本转盘出发的行李航班信息的显示屏；行李分拣大厅每条到达行李转盘上应设置能提供本转盘到达的行李航班信息显示屏；到达接客大厅应设置能提供到达航班动态信息的显示屏；联检区域应设置信息公告显示屏等。

14.2.3 信息接入系统应符合现行行业标准《有线接入网设备安装工程设计规范》YD/T 5139 的有关规定。

14.2.4 移动通信室内信号覆盖系统系统应满足室内移动通信用户利用蜂窝室内分布系统实现语音及数据通信的业务；系统宜采用合路的方式，将多家移动通信业务运营商和机场内集群通信等的频段信号纳入一套系统中；航站楼中应在海关、边防、公安、安全和行李分拣等场所设置无线集群通信系统。

14.2.5 布线系统应在航站楼内旅客活动区域安装公用电话、无障碍公用电话或语音求助终端。

14.2.6 用户电话交换系统应支持 ITU-T G.722 标准要求；终端音频（包括终端语音和中继语音）应满足宽带语音要求，音频带宽应达到 300Hz~10kHz；有线调度对讲系统应支持与广播系统的互联，实现本地的广播功能。

14.2.8 有线电视接收系统在候机厅、贵宾厅、公务机厅、办公室、值班室等处宜设置有线电视终端。

14.2.9 公共广播系统宜采用自动广播为主、本地广播为辅的设置原则，本地广播优先级应高于自动广播，且广播系统宜具备自由文本转语音功能及存储转发功能。国内航班应采用普通话与英语两种语言播放信息。国际航班应采用三种语言以上（含三种语言）播放信息，宜采用普通话、英语和目的地国的语言播放信息。

广播区域划分宜按最小本地广播区域划分。宜配置背景噪声监测设备。广播系统的功率放大器应按 N+1 的方式进行热备用，且系统应具有功放自动检测倒换功能。

14.2.11 旅客的值机信息应传送至安检信息系统。旅客的交运行李信息应传送至行李控制系统。在候机大厅应能通过离港闸口登机牌阅读机对旅客登机牌进行登机确认；宜采取离港工作站调用安检信息系统的方式，在安检验证柜台对采集的旅客肖像信息进行旅客身份确认。在值机柜台离港终端和登机口柜台应能触发航班信息显示和广播。国内离港系统应具有本地备份离港信息的功能。离港系统宜支持网上值机和手机值机等新兴值机模式，并应支持二维条码的使用。系统应符合现行行业标准《民用航空运输机场安全检查信息管理系统技术规范》MH/T 7010 的规定。

14.2.13 建筑设备管理系统应结合航站楼内办票厅、候机厅、到达厅等不同区域的空间及空调特点，选择合适的控制技术。根据不同区域空调的送风形式及风量调节方式进行送风控制，同时要针对公共区域客流量变化大的特点，特别重视根据空气质量进行新回风比例控制，提高室内综合空气品质，体现人性化服务质量。

应根据建筑及相应公共服务区域的采光特点、室内照度、室内标识、广告照明进行监控。应能接收航班信息，并根据航班时间实现对相关场所的空调、照明等的控制。

应对行李传输系统的运行进行监测，对航班显示、时钟系统电源、安全检查系统电源、400Hz 机用电源、机用空调机电源、飞机引导系统电源状态等进行监测，对航站楼内各租用单元进行电能计量。

应对停机坪高杆照明灯进行监控；当设有单独坪照明灯监控系统时，所有系统的监控信息应实时传入建筑设备监控系统。

应根据公共服务区域的采光特点、室内外照度及航班运行时间进行照明监控，对室内标识、广告照明进行监控；当设有单独照明管理系统时，可由照明管理系统实施。

14.2.14 安全技术防范应符合现行行业标准《民用航空运输机场安全保卫设施建设标准》MH/T 7003 的相关规定。

14.3 铁路客运站

14.3.1 铁路客运站智能化系统配置，除应符合表 14.3.1 的规定外，其中业务应用系统和其他各智能化系统配置尚应符合现行行业标准《交通建筑电气设计规范》JGL 243 和国家现行有关标准的规定。

14.3.6 公共广播系统应满足铁路旅客车站客运广播的要求，并应满足紧急情况下紧急广播的功能需求。应与铁路客运作业需求相一致，在候车厅、进站大厅、站台、站前广场、行包房、出站厅、售票厅以及客运值班室等不同功能区进行系统分区划分。系统的语音合成设备应完成发车接客、旅客乘降及候车的全部客运技术作业广播。系统应具有接入旅客引导显示系统、列车到发通告系统等通告显示网的接口条件。

14.3.8 公共信息查询系统宜包括多媒体查询、电话问询和 Web 网站查询等。系统应在进站大厅、各候车厅、售票厅、各行包房等场所设置旅客查询终端，并应设置无障碍旅客查询终端。

14.3.10 旅客引导显示系统的显示屏应设于进站大厅、出站大厅、车站商场和餐厅等旅客集中活动场所。应具有动态信息显示的功能，应能显示列车发车、列车到达、客票票务及其他多媒体等信息。进站集中显示屏应明确显示列车车次、始发站、终到站、到发时刻、候车地点、列车停靠站台、晚点变更、检票状态等信息。候车厅显示屏应显示列车车次、往继站、到发时刻、列车停靠站台、晚点变更和检票状态等信息。检票口显示屏应显示列车车次、检票状态和发车时刻等信息。站台牌应显示列车车次、到发线路、到发时刻、开往地点和晚点变更等信息。出站台牌应显示列车车次、始发站、到发时刻、列车停靠站台和晚点变更等信息。天桥、廊道显示屏应显示列车车次和列车停靠站台等信息。

14.3.12 安全技术防范系统应结合铁路旅客车站管理的特点,采取各种有效的技术防范手段,满足铁路作业、旅客运转的安全机制的要求。铁路旅客车站的旅客主要进站口、行包托运厅等应设置探测设备。

14.4 城市轨道交通站

14.4.1 城市轨道交通站楼智能化系统配置,除应符合表14.4.1的规定外,其中业务应用系统和其他各智能化系统配置尚应符合现行行业标准《交通建筑电气设计规范》JGL 243和国家现行有关标准的规定。

14.4.4 用户电话交换系统应满足车站(车辆段)值班员与本站(段)其他有关人员直接通话的要求。值班员可任意实现单呼、组呼和全呼方式。站内分机应能直接呼叫本站值班员。邻车站值班员及车辆段值班员与相邻车站值班员间应能通过站间行车电话进行直接通话。站间电话应能直接呼叫上行或下行车站值班员,具有紧急呼叫及邻站呼入显示功能,不应出现占线或通道被其他用户占用等情况。隧道区间及道岔区段的有关作业人员应能通过轨旁电话与相邻站车站值班员通话,并可采用切换方式与公务电话用户通信。

车站的控制室应设置行车调度分机,防灾中心与设备监控调度分机,各变电所的主控制室和低压配电室应设置电力调度分机,警务室应设置公安调度分机。系统建设时宜配置有线调度对讲分系统,各车控室、旅客服务中心、值班员室、半自动售票机室、站长室、票据室、环控室、电控室及警务室等处,宜设调度对讲终端,并应在自动售票机旁设置旅客求助终端。中央级控制中心各调度员与各站值班员之间应能直接(无阻塞)通话。控制中心各调度员之间应能直接通话。

14.4.6 公共广播系统的车站广播控制台应对本站管区内进行选路广播,负荷区宜按站台层、站厅层、出入口与与行车直接有关的办公区域等进行划分,广播语言宜为中文和英语。

14.4.7 时钟系统应为各线、各车站提供统一的标准时间信息,并为其他各系统提供统一的基准时间。站厅层、站台层、车控室、环控室、电控室、站长室、警务室及其他与行车直接有关的办公室等处所应设置子钟;当站厅层、站台层等处设有乘客信息系统(PIS)系统显示终端时,子钟宜与PIS系统显示终端合并设置。

11.4.10 火灾自动报警系统应采取中央总级级和分车站级的二级监控方式,对公共轨道交通全线进行火灾探测和报警。

14.5 汽车客运站

14.5.1 汽车客运站楼智能化系统配置,除应符合表14.5.1的规定外,其中业务应用系统和其他各智能化系统配置尚应符合现行行业标准《交通建筑电气设计规范》JGL 243和国家现行有关标准的规定。

按照《交通客运站建筑设计规范》JGJ/T 60—2012的规定及设计标准,汽车客运站建筑等级可分为一级、二级、三级、四级,分别按发车位和年平均日旅客发送量(人次)划分。一级:20车位~24车位(10000人次~25000人次);二级:13车位~19车位(5000人次~9999人次);三级:7车位~12车位(1000人次~4999人次);四级:6车位以下(1000人次以下)。

14.5.3 旅客引导显示系统的进站集中显示牌应明确显示汽车车次、始发站、终到站、到发时刻、候车地点、汽车停靠站台、晚点变更、检票状态等信息。候车厅显示屏应显示汽车车次、开往站、到发时刻、汽车停靠站台、晚点变更和检票状态等信息。检票口牌应显示汽车车次、检票状态和发车时刻等信息。

应在客运站运行过程中需要汽车到发通告信息的场所配置接收终端或联网工作站。汽车到发通告系统应在广播室、客运值班室、售票室、客运计划室、检票口及其他必要的相关处所配置接收终端或联网工作站。汽车到发通告系统主机应预留与上一级车辆运行指挥信息系统联网的接口条件。检票终端应有脱网后独立工作的功能。

14.5.4 大型汽车客运站旅客公共场所宜设置多媒体自助查询系统,问询亭侧宜采用触摸屏式旅客自助查询机,且多媒体自助查询系统应接入公共信息查询网络。

15 医疗建筑

15.2 综合医院

15.2.1 综合性医院智能化系统配置,除应符合表15.2.1的规定外,其中业务应用系统和其他各智能化系统配置尚应符合国家现行有关标准的规定。

综合医院的技术等级,按一级至三级进行智能化系统配置的技术标准定位展开。基层医院,如街道和村镇级医院,因规模较小,可选择部分内容或适当降低配置标准。专科医院,如儿科、妇产科、胸科、骨科、眼科、耳鼻喉科、口腔科、皮肤科医院等,特殊病院;如传染病院、精神病院、结核病院、肿瘤医院等,均按规模参照同等级使用。

15.2.2 信息化应用系统包括医院信息系统(HIS)、临床信息系统(CIS)、医学影像系统(PACS)、放射信息系统(RIS)、远程医疗系统等医院其他信息化应用系统,因此,信息网络系统应具备高宽带、大容量和高速率,并具备适应将来扩容和带宽升级的条件。

15.2.8 有线电视系统应向需收看电视节目的病员、医护人员提供本地有线电视节目或医院自制电视节目,应能在部分患者收看时不影响其他患者的休息。

15.2.10 建筑设备管理系统宜根据医疗工艺要求配置,系统的监控功能包括:对氧气、笑气、氮气、压缩空气、真空吸引等医疗用气的使用进行监视和控制;对医院污水处理的各项指标进行监视,并对其工艺流程进行控制和管理;对有空气污染源的区域的通风系统进行监视和负压控制。

15.2.11 安全技术防范系统应符合医院建筑的业务特征及安全管理要求:

(1)入侵报警系统:

①宜在医院计算机机房、实验室、财务室、现金结算处、药库、医疗纠纷会议室、同位素室及同位素物料区、太平间等贵重物品存放处及其他重要场所配置手动报警按钮或其他人员探测装置;

②报警装置应与视频探测摄像机和照明系统联动,在发生报警时同步进行图像记录。

(2)出入口控制系统:

①应根据医疗工艺对区域划分的要求,在行政办公区域、财务室、计算机机房、医技区、实验室、药库、血库、各放射治疗区、同位素室及同位素物料区以及传染病院的清洁区、半污染区和污染区等处配置出入口控制系统。

②系统应有可靠的电源以确保系统的正常使用;应与消防报警系统联动,当发生火灾时应确保开启相应区域的疏散门和通道;宜采用非接触式智能卡。

(3)电子巡查系统宜结合出入口控制系统进行配置。

(4)医疗纠纷会谈室宜配置独立的图像监控、语音录音系统。系统宜具有视频、音频信息的显示和存储、图像信息与时间和字符叠加的功能。

(5)医院的消防安全保卫控制室内,宜建立应急联动指挥的功能模块,以预防和处置突发事件。

15.3 疗养院

15.3.1 疗养院智能化系统配置,除应符合表15.3.1的规定外,其中业务应用系统和其他各智能化系统配置尚应符合现行行业标准《医疗建筑电气设计规范》JGJ 312和国家现行有关标准的规定。

按照现行行业标准《疗养院建筑设计规范》JGJ 40的规定及设计标准,疗养院建筑可分为综合性疗养院和专科疗养院。疗养院主要包括疗养、理疗、医技等业务区域;养员活动室、营养食堂等。

16 体育建筑

16.0.1 体育建筑智能化系统工程设计应统筹规划、综合利用,充分兼顾体育建筑赛后的多功能使用和满足体育建筑运营发展,因此,在满足体育竞赛业务信息化应用和体育建筑的信息化管理的需要同时,应具备其他多功能使用环境设施的基础保障。

16.0.2 体育建筑智能化系统配置,除应符合表16.0.2的规定外,其中业务应用系统和其他各智能化系统配置尚应符合国家现行有关标准的规定。

体育建筑智能化系统工程应根据体育建筑设计等级及设计标准,选配相关的智能化系统。按照现行行业标准《体育建筑设计规范》JGJ 31的规定及设计标准,体育建筑可分为特级、甲级、乙级、丙级。特级:举办国际级综合赛事;甲级:举办全国性和单项国际赛事;乙级:举办地区性和全国单项赛事;丙级:举办地方性、群众性赛事。

16.0.8 公共广播系统应根据功能分区、防火分区、赛事信息广播控制、应急广播控制和广播线路路由等因素确定系统的输出分路。应根据体育建筑的功能、规模、形状和混响时间要求等,合理布置扬声器,确保竞赛内场、观众席的音响效果达到有关规定的要求。

16.0.9 火灾自动报警系统对报警区域和探测区域的划分应结合体育场(馆)赛事期间功能分区,对于高大空间的竞赛、训练场(馆)、新闻发布厅等不同的空间特点,选用不同的、行之有效的火灾探测方式,确保其安全可靠性。系统应采取声光报警方式。

16.0.10 安全技术防范系统应配置安防信息综合管理、安防专用通信、入侵报警、视频安防监控、出入口控制、停车库(场)管理和电子巡查管理等系统。

17 商店建筑

17.0.2 商店建筑智能化系统配置,除应符合表17.0.2的规定外,其中业务应用系统和其他各智能化系统配置尚应符合国家现行有关标准的规定。

商店建筑智能化系统工程应根据商店建筑设计分类及设计标准,选配相关的智能化系统。按照现行行业标准《商店建筑设计规范》JGJ 48—2014的规定及设计标准,可根据其使用类别、建筑面积分为大、中、小型。其中百货店、购物中心,大型:建筑面积大于15000m^2;中型:建筑面积为3000m^2～15000m^2;小型:建筑面积小于3000m^2。本标准以百货店、购物中心为示范案例作出智能化配置选项表。其他超级市场、菜市场、专业店均可对应分类参照施行。

17.0.6 用户电话交换系统,应在商店建筑内总服务台、办公管理区域和各商业经营席位宜配置内线电话和直线电话,在公共区域的适当部位应配置公用直线和内线电话及无障碍电话。

18 通用工业建筑

18.0.2 本章对满足通用工业建筑的通用性生产业务运营需要的智能化系统建设做出规定,通用工业建筑智能化系统配置,除应符合表18.0.2的规定外,其中业务应用系统和其他各智能化系统配置尚应符合国家现行有关标准的规定。

18.0.8 建筑设备管理系统应确保生产所需的各种能源供应的品质和可靠性,提高产品质量及合格率。

中华人民共和国国家标准

城市排水工程规划规范

Code of urban wastewater engineering planning

GB 50318—2000

主编部门：中华人民共和国建设部
批准部门：中华人民共和国建设部
施行日期：2001年6月1日

关于发布国家标准
《城市排水工程规划规范》的通知

建标 [2000] 282 号

根据国家计委《一九九二年工程建设标准制订、修订计划》（计综合 [1992] 490 号）的要求，由我部会同有关单位共同制订的《城市排水工程规划规范》，经有关部门会审，批准为国家标准，编号为 GB 50318—2000，自 2001 年 6 月 1 日起施行。

本规范由我部负责管理，陕西省城乡规划设计研究院负责具体解释工作，建设部标准定额研究所组织中国建筑工业出版社出版发行。

中华人民共和国建设部
2000 年 12 月 21 日

前　言

本规范是根据国家计委计综合 [1992] 490 号文件《一九九二年工程建设标准制订、修订计划》的要求，由建设部负责编制而成。经建设部 2000 年 12 月 21 日以建标 [2000] 282 号文批准发布。

在本规范的编制过程中，规范编制组在总结实践经验和科研成果的基础上，主要对城市排水规划范围和排水体制、排水量和规模、排水系统布局、排水泵站、污水处理厂、污水处理与利用等方面作了规定，并广泛征求了全国有关单位的意见，最后由我部会同有关部门审查定稿。

在本规范执行过程中，希望各有关单位结合工程实践和科学研究，认真总结经验、注意积累资料，如发现需要修改和补充之处，请将意见和有关资料寄交陕西省城乡规划设计研究院（通信地址：西安市金花北路 8 号，邮编 710032），以供今后修订时参考。

本规范主编单位：陕西省城乡规划设计研究院
参 编 单 位：浙江省城乡规划设计研究院
　　　　　　　大连市规划设计研究院
　　　　　　　昆明市规划设计研究院
主要起草人：韩文斌　张明生　李小林　潘伯堂
　　　　　　赵　萍　曹世法　付文清　张　华
　　　　　　刘绍治　李美英

目 次

1 总则 ·················· 16—4
2 排水范围和排水体制 ·············· 16—4
　2.1 排水范围 ················ 16—4
　2.2 排水体制 ················ 16—4
3 排水量和规模 ················ 16—4
　3.1 城市污水量 ··············· 16—4
　3.2 城市雨水量 ··············· 16—5
　3.3 城市合流水量 ·············· 16—5
　3.4 排水规模 ················ 16—5
4 排水系统 ·················· 16—5
　4.1 城市废水受纳体 ············· 16—5
　4.2 排水分区与系统布局 ··········· 16—5
　4.3 排水系统的安全性 ············ 16—6
5 排水管渠 ·················· 16—6
6 排水泵站 ·················· 16—6
7 污水处理与利用 ··············· 16—6
　7.1 污水利用与排放 ············· 16—6
　7.2 污水处理 ················ 16—6
　7.3 城市污水处理厂 ············· 16—6
　7.4 污泥处置 ················ 16—7
本规范用词说明 ················ 16—7
附：条文说明 ·················· 16—8

1 总　　则

1.0.1 为在城市排水工程规划中贯彻执行国家的有关法规和技术经济政策，提高城市排水工程规划的编制质量，制定本规范。

1.0.2 本规范适用于城市总体规划的排水工程规划。

1.0.3 城市排水工程规划期限应与城市总体规划期限一致。在城市排水工程规划中应重视近期建设规划，且应考虑城市远景发展的需要。

1.0.4 城市排水工程规划的主要内容应包括：划定城市排水范围、预测城市排水量、确定排水体制、进行排水系统布局；原则确定处理后污水污泥出路和处理程度；确定排水枢纽工程的位置、建设规模和用地。

1.0.5 城市排水工程规划应贯彻"全面规划、合理布局、综合利用、保护环境、造福人民"的方针。

1.0.6 城市排水工程设施用地应按规划期规模控制，节约用地，保护耕地。

1.0.7 城市排水工程规划应与给水工程、环境保护、道路交通、竖向、水系、防洪以及其他专业规划相协调。

1.0.8 城市排水工程规划除应符合本规范外，尚应符合国家现行的有关强制性标准的规定。

2 排水范围和排水体制

2.1 排水范围

2.1.1 城市排水工程规划范围应与城市总体规划范围一致。

2.1.2 当城市污水处理厂或污水排出口设在城市规划区范围以外时，应将污水处理厂或污水排出口及其连接的排水管渠纳入城市排水工程规划范围。涉及邻近城市时，应进行协调，统一规划。

2.1.3 位于城市规划区范围以外的城镇，其污水需要接入规划城市污水系统时，应进行统一规划。

2.2 排水体制

2.2.1 城市排水体制应分为分流制与合流制两种基本类型。

2.2.2 城市排水体制应根据城市总体规划、环境保护要求，当地自然条件（地理位置、地形及气候）和废水受纳体条件，结合城市污水的水质、水量及城市原有排水设施情况，经综合分析比较确定。同一个城市的不同地区可采用不同的排水体制。

2.2.3 新建城市、扩建新区、新开发区或旧城改造地区的排水系统应采用分流制。在有条件的城市可采用截流初期雨水的分流制排水系统。

2.2.4 合流制排水体制应适用于条件特殊的城市，且应采用截流式合流制。

3 排水量和规模

3.1 城市污水量

3.1.1 城市污水量应由城市给水工程统一供水的用户和自备水源供水的用户排出的城市综合生活污水量和工业废水量组成。

3.1.2 城市污水量宜根据城市综合用水量（平均日）乘以城市污水排放系数确定。

3.1.3 城市综合生活污水量宜根据城市综合生活用水量（平均日）乘以城市综合生活污水排放系数确定。

3.1.4 城市工业废水量宜根据城市工业用水量（平均日）乘以城市工业废水排放系数，或由城市污水量减去城市综合生活污水量确定。

3.1.5 污水排放系数应是在一定的计量时间（年）内的污水排放量与用水量（平均日）的比值。

按城市污水性质的不同可分为：城市污水排放系数、城市综合生活排放系数和城市工业废水排放系数。

3.1.6 当规划城市供水量、排水量统计分析资料缺乏时，城市分类污水排放系数可根据城市居住、公共设施和分类工业用地的布局，结合以下因素，按表3.1.6的规定确定。

　　1 城市污水排放系数应根据城市综合生活用水量和工业用水量之和占城市供水总量的比例确定。

　　2 城市综合生活污水排放系数应根据城市规划的居住水平、给水排水设施完善程度与城市排水设施规划普及率，结合第三产业产值在国内生产总值中的比重确定。

　　3 城市工业废水排放系数应根据城市的工业结构和生产设备、工艺先进程度及城市排水设施普及率确定。

表 3.1.6 城市分类污水排放系数

城市污水分类	污水排放系数
城市污水	0.70～0.80
城市综合生活污水	0.80～0.90
城市工业废水	0.70～0.90

注：工业废水排放系数不含石油、天然气开采业和煤炭与其他矿采选业以及电力蒸汽热水产供业废水排放系数，其数据应按厂、矿区的气候、水文地质条件和废水利用、排放方式确定。

3.1.7 在城市总体规划阶段城市不同性质用地污水量可按照《城市给水工程规划规范》（GB 50282）中不同性质用地用水量乘以相应的分类污水排放系数

确定。

3.1.8 当城市污水由市政污水系统或独立污水系统分别排放时，其污水系统的污水量应分别按其污水系统服务面积内的不同性质用地的用水量乘以相应的分类污水排放系数后相加确定。

3.1.9 在地下水位较高地区，计算污水量时宜适当考虑地下水渗入量。

3.1.10 城市污水量的总变化系数，应按下列原则确定：

1 城市综合生活污水量总变化系数，应按《室外排水设计规范》（GBJ 14）表2.1.2确定。

2 工业废水量总变化系数，应根据规划城市的具体情况，按行业工业废水排放规律分析确定，或参照条件相似城市的分析成果确定。

3.2 城市雨水量

3.2.1 城市雨水量计算应与城市防洪、排涝系统规划相协调。

3.2.2 雨水量应按下式计算确定：

$$Q = q \cdot \psi \cdot F \quad (3.2.2)$$

式中 Q——雨水量（L/s）；
q——暴雨强度（L/(s·ha)）；
ψ——径流系数；
F——汇水面积（ha）。

3.2.3 城市暴雨强度计算应采用当地的城市暴雨强度公式。当规划城市无上述资料时，可采用地理环境及气候相似的邻近城市的暴雨强度公式。

3.2.4 径流系数（ψ）可按表3.2.4确定。

表 3.2.4 径流系数

区 域 情 况	径流系数（ψ）
城市建筑密集区（城市中心区）	0.60～0.85
城市建筑较密集区（一般规划区）	0.45～0.60
城市建筑稀疏区（公园、绿地等）	0.20～0.45

3.2.5 城市雨水规划重现期，应根据城市性质、重要性以及汇水地区类型（广场、干道、居住区）、地形特点和气候条件等因素确定。在同一排水系统中可采用同一重现期或不同重现期。

重要干道、重要地区或短期积水能引起严重后果的地区，重现期宜采用3～5年，其他地区重现期宜采用1～3年。特别重要地区和次要地区或排水条件好的地区规划重现期可酌情增减。

3.2.6 当生产废水排入雨水系统时，应将其水量计入雨水量中。

3.3 城市合流水量

3.3.1 城市合流管道的总流量、溢流井以后管段的流量估算和溢流井截流倍数 n_0 以及合流管道的雨水量重现期的确定可参照《室外排水设计规范》（GBJ 14）"合流水量"有关条文。

3.3.2 截流初期雨水的分流制排水系统的污水干管总流量应按下列公式估算：

$$Q_z = Q_s + Q_g + Q_{cy} \quad (3.3.2)$$

式中 Q_z——总流量（L/s）；
Q_s——综合生活污水量（L/s）；
Q_g——工业废水量（L/s）；
Q_{cy}——初期雨水量（L/s）。

3.4 排 水 规 模

3.4.1 城市污水工程规模和污水处理厂规模应根据平均日污水量确定。

3.4.2 城市雨水工程规模应根据城市雨水汇水面积和暴雨强度确定。

4 排 水 系 统

4.1 城市废水受纳体

4.1.1 城市废水受纳体应是接纳城市雨水和达标排放污水的地域，包括水体和土地。

受纳水体应是天然江、河、湖、海和人工水库、运河等地面水体。

受纳土地应是荒地、废地、劣质地、湿地以及坑、塘、淀洼等。

4.1.2 城市废水受纳体应符合下列条件：

1 污水受纳水体应符合经批准的水域功能类别的环境保护要求，现有水体或采取引水增容后水体应具有足够的环境容量。

雨水受纳水体应有足够的排泄能力或容量。

2 受纳土地应具有足够的容量，同时不应污染环境、影响城市发展及农业生产。

4.1.3 城市废水受纳体宜在城市规划区范围内或跨区选择，应根据城市性质、规模和城市的地理位置、当地的自然条件，结合城市的具体情况，经综合分析比较确定。

4.2 排水分区与系统布局

4.2.1 排水分区应根据城市总体规划布局，结合城市废水受纳体位置进行划分。

4.2.2 污水系统应根据城市规划布局，结合竖向规划和道路布局、坡向以及城市污水受纳体和污水处理厂位置进行流域划分和系统布局。

城市污水处理厂的规划布局应根据城市规模、布局及城市污水系统分布，结合城市污水受纳体位置、环境容量和处理后污水、污泥出路，经综合评价后确定。

4.2.3 雨水系统应根据城市规划布局、地形，结合竖向规划和城市废水受纳体位置，按照就近分散、自流排放的原则进行流域划分和系统布局。

应充分利用城市中的洼地、池塘和湖泊调节雨水径流，必要时可建人工调节池。

城市排水自流排放困难地区的雨水，可采用雨水泵站或与城市排涝系统相结合的方式排放。

4.2.4 截流式合流制排水系统应综合雨、污水系统布局的要求进行流域划分和系统布局，并应重视截流干管（渠）和溢流井位置的合理布局。

4.3 排水系统的安全性

4.3.1 排水工程中的厂、站不宜设置在不良地质地段和洪水淹没、内涝低洼地区。当必须在上述地段设置厂、站时，应采取可靠防护措施，其设防标准不应低于所在城市设防的相应等级。

4.3.2 污水处理厂和排水泵站供电应采用二级负荷。

4.3.3 雨水管道、合流管道出水口当受水体水位顶托时，应根据地区重要性和积水所造成的后果，设置潮门、闸门或排水泵站等设施。

4.3.4 污水管渠系统应设置事故出口。

4.3.5 排水系统的抗震要求应按《室外给水排水和煤气热力工程抗震设计规范》（TJ 32）及《室外给水排水工程设施抗震鉴定标准》（GBJ 43）执行。

5 排水管渠

5.0.1 排水管渠应以重力流为主，宜顺坡敷设，不设或少设排水泵站。当排水管遇有翻越高地、穿越河流、软土地基、长距离输送污水等情况，无法采用重力流或重力流不经济时，可采用压力流。

5.0.2 排水干管应布置在排水区域内地势较低或便于雨、污水汇集的地带。

5.0.3 排水管宜沿规划城市道路敷设，并与道路中心线平行。

5.0.4 排水管道穿越河流、铁路、高速公路、地下建（构）筑物或其他障碍时，应选择经济合理路线。

5.0.5 截流式合流制的截流干管宜沿受纳水体岸边布置。

5.0.6 排水管道在城市道路下的埋设位置应符合《城市工程管线综合规划规范》（GB 50289）的规定。

5.0.7 城市排水管渠断面尺寸应根据规划期排水规划的最大秒流量，并考虑城市远景发展的需要确定。

6 排水泵站

6.0.1 当排水系统中需设置排水泵站时，泵站建设用地按建设规模、泵站性质确定，其用地指标宜按表 6.0.1-1 和 6.0.1-2 规定。

表 6.0.1-1 雨水泵站规划用地指标（$m^2 \cdot s/L$）

建设规模	雨 水 流 量（L/s）			
	20000 以上	10000～20000	5000～10000	1000～5000
用地指标	0.4～0.6	0.5～0.7	0.6～0.8	0.8～1.1

注：1. 用地指标是按生产必须的土地面积。
2. 雨水泵站规模按最大秒流量计。
3. 本指标未包括站区周围绿化带用地。
4. 合流泵站可参考雨水泵站指标。

表 6.0.1-2 污水泵站规划用地指标（$m^2 \cdot s/L$）

建设规模	污 水 流 量（L/s）				
	2000 以上	1000～2000	600～1000	300～600	100～300
用地指标	1.5～3.0	2.0～4.0	2.5～5.0	3.0～6.0	4.0～7.0

注：1. 用地指标是按生产必须的土地面积。
2. 污水泵站规模按最大秒流量计。
3. 本指标未包括站区周围绿化带用地。

6.0.2 排水泵站结合周围环境条件，应与居住、公共设施建筑保持必要的防护距离。

7 污水处理与利用

7.1 污水利用与排放

7.1.1 水资源不足的城市宜合理利用经处理后符合标准的污水作为工业用水、生活杂用水及河湖环境景观用水和农业灌溉用水等。

7.1.2 在制定污水利用规划方案时，应做到技术可靠、经济合理和环境不受影响。

7.1.3 未被利用的污水应经处理达标后排入城市废水受纳体，排入受纳水体的污水排放标准应符合《污水综合排放标准》（GB 8978）的要求。在条件允许的情况下，也可排入受纳土地。

7.2 污水处理

7.2.1 城市综合生活污水与工业废水排入城市污水系统的水质均应符合《污水排入城市下水道水质标准》（CJ 3082）的要求。

7.2.2 城市污水的处理程度应根据进厂污水的水质、水量和处理后污水的出路（利用或排放）确定。

污水利用应按用户用水的水质标准确定处理程度。

污水排入水体应视受纳水体水域使用功能的环境保护要求，结合受纳水体的环境容量，按污染物总量控制与浓度控制相结合的原则确定处理程度。

7.2.3 污水处理的方法应根据需要处理的程度确定，城市污水处理一般应达到二级生化处理标准。

7.3 城市污水处理厂

7.3.1 城市污水处理厂位置的选择宜符合下列要求：

1　在城市水系的下游并应符合供水水源防护要求；

　　2　在城市夏季最小频率风向的上风侧；

　　3　与城市规划居住、公共设施保持一定的卫生防护距离；

　　4　靠近污水、污泥的排放和利用地段；

　　5　应有方便的交通、运输和水电条件。

7.3.2　城市污水处理厂规划用地指标宜根据规划期建设规模和处理级别按照表7.3.2的规定确定。

表7.3.2　城市污水处理厂规划用地指标

($m^2 \cdot d/m^3$)

建设规模	污水量（m^3/d）				
	20万以上	10～20万	5～10万	2～5万	1～2万
用地指标	一级污水处理指标				
	0.3～0.5	0.4～0.6	0.5～0.8	0.6～1.0	0.6～1.4
	二级污水处理指标（一）				
	0.5～0.8	0.6～0.9	0.8～1.2	1.0～1.5	1.0～2.0
	二级污水处理指标（二）				
	0.6～1.0	0.8～1.2	1.0～2.5	2.5～4.0	4.0～6.0

注：1. 用地指标是按生产必须的土地面积计算。
　　2. 本指标未包括厂区周围绿化带用地。
　　3. 处理级别以工艺流程划分。
　　　一级处理工艺流程大体为泵房、沉砂、沉淀及污泥浓缩、干化处理等。
　　　二级处理（一），其工艺流程大体为泵房、沉砂、初次沉淀、曝气、二次沉淀及污泥浓缩、干化处理等。
　　　二级处理（二），其工艺流程大体为泵房、沉砂、初次沉淀、曝气、二次沉淀、消毒及污泥提升、浓缩、消化、脱水及沼气利用等。
　　4. 本用地指标不包括进厂污水浓度较高及深度处理的用地，需要时可视情况增加。

7.3.3　污水处理厂周围应设置一定宽度的防护距离，减少对周围环境的不利影响。

7.4　污泥处置

7.4.1　城市污水处理厂污泥必须进行处置，应综合利用、化害为利或采取其他措施减少对城市环境的污染。

7.4.2　达到《农用污泥中污染物控制标准》（GB 4282）要求的城市污水处理厂污泥，可用作农业肥料，但不宜用于蔬菜地和当年放牧的草地。

7.4.3　符合《城市生活垃圾卫生填埋技术标准》（CJJ 17）规定的城市污水处理厂污泥可与城市生活垃圾合并处置，也可另设填埋场单独处置，应经综合评价后确定。

7.4.4　城市污水处理厂污泥用于填充洼地、焚烧或其他处置方法，均应符合相应的有关规定，不得污染环境。

本规范用词说明

一、执行本规范条文时，对于要求严格程度的用词，说明如下，以便在执行中区别对待。

1. 表示很严格，非这样做不可的用词
　　正面词采用"必须"，反面词采用"严禁"；

2. 表示严格，在正常情况下均应这样做的用词
　　正面词采用"应"，反面词采用"不应"或"不得"；

3. 表示允许稍有选择，在条件许可时首先应这样做的用词
　　正面词采用"宜"，反面词采用"不宜"。

4. 表示有选择，在一定条件下可以这样的，采用"可"。

二、条文中指明必须按其他有关标准和规范执行的写法为："应按……执行"或"应符合……要求或规定"。

中华人民共和国国家标准

城市排水工程规划规范

GB 50318—2000

条 文 说 明

前 言

根据国家计委计综合［1992］490号文的要求，《城市排水工程规划规范》由建设部主编，具体由陕西省城乡规划设计研究院会同浙江省城乡规划设计研究院、大连市规划设计研究院、昆明市规划设计研究院等单位共同编制而成。经建设部2000年12月21日以建标［2000］282号文批准发布。

为便于广大城市规划的设计、管理、教学、科研等有关单位人员在使用本规范时能正确理解和执行本规范，《城市排水工程规划规范》编制组根据国家计委关于编制标准、规范条文说明的统一要求，按《城市排水工程规划规范》的章、节、条的顺序，编制了条文说明，供国内有关部门和单位参考。在使用中如发现有不够完善之处，请将意见函寄陕西省城乡规划设计研究院，以供今后修改时参考。

通信地址：西安市金花北路8号

邮政编码：710032。

本条文说明仅供部门和单位执行本标准时使用，不得翻印。

目　次

1　总则 ················ 16—11
2　排水范围和排水体制 ······ 16—12
　2.1　排水范围 ············ 16—12
　2.2　排水体制 ············ 16—12
3　排水量和规模 ·········· 16—13
　3.1　城市污水量 ·········· 16—13
　3.2　城市雨水量 ·········· 16—15
　3.3　城市合流水量 ········ 16—15
　3.4　排水规模 ············ 16—15
4　排水系统 ·············· 16—15
　4.1　城市废水受纳体 ······ 16—15
　4.2　排水分区与系统布局 ·· 16—15
　4.3　排水系统的安全性 ···· 16—16
5　排水管渠 ·············· 16—16
6　排水泵站 ·············· 16—17
7　污水处理与利用 ········ 16—17
　7.1　污水利用与排放 ······ 16—17
　7.2　污水处理 ············ 16—17
　7.3　城市污水处理厂 ······ 16—17
　7.4　污泥处置 ············ 16—18

1 总 则

1.0.1 阐明编制本规范的目的。20世纪80年代以来，我国城市规划事业发展迅速，积累了丰富的实践经验，但在制定城市规划各项法规、标准上起步较晚，明显落后于发展需要。由于没有相应的国家标准，全国各地城市规划设计单位在编制城市排水工程规划时出现内容、深度不一，这种状况不利于城市排水工程规划编制水平的提高，不利于排水工程规划的审查和管理工作，同时也影响了城市正常、有序的建设和发展。

随着国家《城市规划法》、《环境保护法》、《水污染防治法》等一系列法规的颁布和《污水综合排放标准》、《地面水环境质量标准》、《城市污水处理厂污水污泥排放标准》以及《生活杂用水水质标准》等一系列标准的实施，人们的法制观念日渐加强，城市规划相应法规的制定迫在眉睫；现在《城市给水工程规范》及其他专业规划规范都已陆续颁布实施，为完善城市规划法规体系，必须制定《城市排水工程规划规范》，以规范城市排水工程规划编制工作。

同时，本规范具体体现了国家在排水工程中的技术经济政策和保护环境、造福人民、实施城市可持续发展的基本国策，保证了排水工程规划的合理性、可行性、先进性和经济性，是为城市排水工程规划制定的一份法规性文件。

1.0.2 规定本规范的适用范围。本规范适用于设市城市总体规划阶段的排水工程规划。建制镇总体规划的排水工程规划可执行本规范。

本规范主要为整个城市的排水工程规划编制工作提供依据，在宏观决策、超前性以及对城市排水系统的总体布局等方面区别于现行的各类排水设计规范，在编制城市修建性详细规划时可参考设计规范进行。

1.0.3 城市排水工程规划的规划期限与城市总体规划期限相一致，设市城市一般为20年，建制镇一般为15～20年。

城市排水设施是城市基础设施的重要组成部分，是维护城市正常活动和改善生态环境，促进社会、经济可持续发展的必备条件。规划目标的实现和提高城市排水设施普及率、污水处理达标排放率等都不是一个短时期能解决的问题，需几个规划期才能完成。因此，城市排水工程规划应具有较长期的时效，以满足城市不同发展阶段的需要。本条明确规定了城市排水工程规划不仅要重视近期建设规划，而且还应考虑城市远景发展的需要。

城市排水工程近期建设规划是城市排水工程规划的重要组成部分，是实施排水工程规划的阶段性规划，是城市排水工程规划的具体化及其实施的必要步骤。通过近期建设规划，可以起到对城市排水工程规划进一步的修改和补充作用，同时也为城市近期建设和管理乃至详细规划和单项设计提供依据。

城市排水工程近期建设规划应以规划期规划目标为指导，对近期建设目标、发展布局以及城市近期需要建设项目的实施作出统筹安排。近期建设规划要有一定的超前性，并应注意城市排水系统的逐步形成，为城市污水处理厂的建成、使用创造条件。

排水工程规划要考虑城市发展、变化的需要，不但规划要近、远期结合，而且要考虑城市远景发展的需要。城市排水出口与污水受纳体的确定都不应影响下游城市或远景规划城市的建设和发展。城市排水系统的布局也应具有弹性，为城市远景发展留有余地。

1.0.4 规定城市排水工程规划的主要任务和规划内容。城市排水工程规划的内容是根据《城市规划编制办法实施细则》的有关要求确定的。

在确定排水体制、进行排水系统布局时，应拟定城市排水方案，确定雨、污水排除方式，提出对旧城原排水设施的利用与改造方案和在规划期限内排水设施的建设要求。

在确定污水排放标准时，应从污水受纳体的全局着眼，既符合近期的可能，又要不影响远期的发展。采取有效措施，包括加大处理力度、控制或减少污染物数量、充分利用受纳体的环境容量，使污水排放污染物与受纳水体的环境容量相平衡，达到保护自然资源、改善环境的目的。

1.0.5 本条规定在城市排水工程规划中应贯彻环境保护方面的有关方针，还应执行"预防为主，综合治理"以及环境保护方面的有关法规、标准和技术政策。

在城市总体规划时应根据规划城市的资源、经济和自然条件以及科技水平，优化产业结构和工业结构，并在用地规划时给以合理布局，尽可能减少污染源。在排水工程规划中应对城市所有雨、污水系统进行全面规划，对排水设施进行合理布局，对污水、污泥的处理、处置应执行"综合利用，化害为利，保护环境，造福人民"的原则。

在城市排水工程规划中，对"水污染防治七字技术要点"也可作为参考，其内容如下：

保——保护城市集中饮用水源；

截——完善城市排水系统，达到清、污分流，为集中合理和科学排放打下基础；

治——点源治理与集中治理相结合，以集中治理优先，对特殊污染物和地理位置不便集中治理的企业实行分散点源治理；

管——强化环境管理，建立管理制度，采取有力措施以管促治；

用——污水资源化，综合利用，节省水资源，减少污水排放；

引——引水冲污、加大水体流（容）量、增大环境容量，改善水质；

排——污水科学排放，污水经一级处理科学排海、排江，利用环境容量，减少污水治理费用。

1.0.6 规定了城市排水工程设施用地的规划原则。城市排水工程设施用地应按规划期规模一次规划，确定用地位置、用地面积，根据城市发展的需要分期建设。

排水设施用地的位置选择应符合规划要求，并考虑今后发展的可能；用地面积要根据规模和工艺流程、卫生防护的要求全面考虑，一次划定控制使用。

基于我国人口多，可耕地面积少的国情，排水设施用地从选址定点到确定用地面积都应贯彻"节约用地，保护耕地"的原则。

1.0.7 城市排水工程规划除应符合总体规划的要求外，并应与其他各项专业规划协调一致。

城市排水工程规划与城市给水工程规划之间关系紧密，排水工程规划的污水量、污水处理程度和受纳水体及污水出口应与给水工程规划的用水量、回用再生水的水质、水量和水源地及其卫生防护区相协调。

城市排水工程规划的受纳水体与城市水系规划、城市防洪规划相关，应与规划水系的功能和防洪的设计水位相协调。

城市排水工程规划的管渠多沿城市道路敷设，应与城市规划道路的布局和宽度相协调。

城市排水工程规划受纳水体、出水口应与城市环境保护规划水体的水域功能分区及环境保护要求相协调。

城市排水工程规划中排水管渠的布置和泵站、污水处理厂位置的确定应与城市竖向规划相协调。

城市排水工程规划除应与以上提到的几项专业规划协调一致外，与其他各项专业规划也应协调好。

1.0.8 提出排水工程规划除执行《城市规划法》、《环境保护法》、《水污染防治法》及本规范外，还需同时执行相关标准、规范的规定。目前主要的有以下这些标准和规范。

1. 《城市给水工程规划规范》GB 50282—98
2. 《污水综合排放标准》GB 8978—1996
3. 《地面水环境质量标准》GB 3838—88
4. 《城市污水处理厂污水污泥排放标准》CJ 3025—93
5. 《生活杂用水水质标准》GB 2501—89
6. 《景观娱乐用水水质标准》GB 12941—91
7. 《农田灌溉水质标准》GB 5084—85
8. 《海水水质标准》GB 3097—1997
9. 《农用污泥中污染物控制标准》GB 4282—84
10. 《室外排水设计规范》GBJ 14—87
11. 《给水排水基本术语标准》GBJ 125—89
12. 《城市用地分类与规划建设用地标准》GBJ 137—90
13. 《城市生活垃圾卫生填埋技术标准》CJJ 17—88
14. 《室外给水排水和煤气热力工程抗震设计规范》TJ 32—78
15. 《室外给水排水工程设施抗震鉴定标准》GBJ 43—82
16. 《城市工程管线综合规划规范》GB 50289—98
17. 《污水排入城市下水道水质标准》CJ 3082—1999
18. 《城市规划基本术语标准》GB/T 50280—98
19. 《城市竖向规划规范》CJJ 83—99

2 排水范围和排水体制

2.1 排水范围

2.1.1 城市总体规划包括的城市中心区及其各组团，凡需要建设排水设施的地区均应进行排水工程规划。其中雨水汇水面积因受地形、分水线以及流域水系出流方向的影响，确定时需与城市防洪、水系规划相协调，也可超出城市规划范围。

2.1.2、2.1.3 这两条明确规定设在城市规划区以外规划城市的排水设施和城市规划区以外的城镇污水需接入规划城市污水系统时，应纳入城市排水范围进行统一规划。

保护城市环境，防止污染水体应从全流域着手。城市水体上游的污水应就地处理达标排放，如无此条件，在可能的条件下可接入规划城市进行统一规划处理。规划城市产生的污水应处理达标后排入水体，但对水体下游的现有城市或远景规划城市也不应影响其建设和发展，要从全局着想，促进全社会的可持续发展。

2.2 排水体制

2.2.1 指出排水体制的基本分类。在城市排水工程规划中，可根据规划城市的实际情况选择排水体制。

分流制排水系统：当生活污水、工业废水和雨水、融雪水及其它废水用两个或两个以上的排水管渠来收集和输送时，称为分流制排水系统。其中收集和输送生活污水和工业废水（或生产污水）的系统称为污水排水系统；收集和输送雨水、融雪水、生产废水和其它废水的称雨水排水系统；只排除工业废水的称工业废水排水系统。

2.2.2 提出排水体制选择的依据。排水体制在城市的不同发展阶段和经济条件下，同一城市的不同地区，可采用不同的排水体制。经济条件好的城市，可采用分流制，经济条件差而自身条件好的可采用部分分流制、部分合流制，待有条件时再建完全分流制。

2.2.3 提出了新建城市、扩建新区、新开发区或旧城改造地区的排水系统宜采用分流制的要求；同时也提出了在有条件的城市可布设截流初期雨水的分流制排水系统的合理性，以适应城市发展的更高要求。

2.2.4 提出了合流制排水系统的适用条件。同时也提出了在旧城改造中宜将原合流制直泄式排水系统改造成截流式合流制。

采用合流制排水系统在基建投资、维护管理等方面可显示出其优越性，但其最大的缺点是增大了污水处理厂规模和污水处理的难度。因此，只有在具备了以下条件的地区和城市方可采用合流制排水系统。

1. 雨水稀少的地区。
2. 排水区域内有一处或多处水量充沛的水体，环境容量大，一定量的混合污水溢入水体后，对水体污染危害程度在允许范围内。
3. 街道狭窄，两侧建设比较完善，地下管线多，且施工复杂，没有条件修建分流制排水系统。
4. 在经济发达地区的城市，水体环境要求很高，雨、污水均需处理。

在旧城改造中，宜将原合流制排水系统改造为分流制。但是，由于将原直泄式合流制改为分流制，并非容易，改建投资大，影响面广，往往短期内很难实现。而将原合流制排水系统保留，沿河修建截流干管和溢流井，将污水和部分雨水送往污水处理厂，经处理达标后排入受纳水体。这样改造，其投资小，而且较容易实现。

3 排水量和规模

3.1 城市污水量

3.1.1 说明城市污水量的组成

城市污水量即城市全社会污水排放量，包括城市给水工程统一供水的用户和自备水源供水用户排出的污水量。

城市污水量主要包括城市生活污水量和工业废水量。还有少量其他污水（市政、公用设施及其他用水产生的污水）因其数量小和排除方式的特殊性无法进行统计，可忽略不计。

3.1.2 提出城市污水量估算方法。

城市污水量主要用于确定城市污水总规模。城市综合（平均日）用水量即城市供水总量，包括市政、公用设施及其他用水量及管网漏失水量。采用《城市给水工程规划规范》（GB 50282）表2.2.3-1或表2.2.3-2的"城市单位综合用水量指标"或"城市单位建设用地综合用水量指标"估算城市污水量时，应注意按规划城市的用水特点将"最高日"用水量换算成"平均日"用水量。

3.1.3 提出城市综合生活污水量的估算方法。

采用《城市给水工程规划规范》（GB 50282）表2.2.4的"人均综合生活用水量指标"估算城市综合生活污水量时，应注意按规划城市的用水特点将"最高日"用水量换算成"平均日"用水量。

3.1.4 提出工业废水量估算方法。

为城市平均日工业用水量（不含工业重复利用水量）即工业新鲜用水量或称工业补充水量。

在城市工业废水量估算中，当工业用水量资料不易取得时，也可采用将已经估算出的城市污水量减去城市综合生活污水量，可以得出较为接近的城市工业废水量。

3.1.5 解释污水排放系数的含义。

3.1.6 提出城市分类污水排放系数的取值原则，规定城市分类污水排放系数的取值范围，列于表3.1.6中供城市污水量预测时选用。

城市分类污水排放系数的推算是根据1991～1995年国家建设部《城市建设统计年报》中经选择的172个城市（城市规模、区域划分以及城市的选取均与《城市给水工程规划规范》（GB 50282）"综合用水指标研究"相一致，并增加了1995年资料）的有关城市用水量和污水排放量资料和1990年国家环境保护总局《环境统计年报》、1996年国家环境保护总局38个城市《环年综1表》（即《各地区"三废"排放及处理利用情况表》）的不同工业行业用新鲜水量与工业废水排放量资料以及1994年城市给水、排水工程规划规范编制组全国函调资料和国内外部分城市排水工程规划设计污水量预测采用的排放系数，经分析计算综合确定的。

分析计算成果显示，城市不同污水现状排放系数与城市规模、所在地区无明显规律，同时三种类型的工业废水现状排放系数也无明显规律。因此我们认为，影响城市分类污水排放系数大小的主要因素应是建筑室内排水设施的完善程度和各工业行业生产工艺、设备及技术、管理水平以及城市排水设施普及率。

城市排水设施普及率，在编制排水工程规划时都已明确，一般要求规划期末在排水工程规划范围内都应达到100%，如有规定达不到这一标准时，可按规划普及率考虑。

各工业行业生产工艺、设备和技术、管理水平，可根据规划城市总体规划的工业布局、要求及新、老工业情况进行综合评价，将其定为先进、较先进和一般三种类型，分别确定相应的工业废水排放系数。

城市综合生活污水排放系数可根据总体规划对居住、公共设施等建筑物室内给、排水设施水平的要求，结合保留的现状，对整个城市进行综合评价，确定出规划城市建筑室内排水设施完善程度，也可分区确定。

城市建筑室内排水设施的完善程度可分为三种类型：

建筑室内排水设施完善：用水设施齐全，排水设施配套，污水收集率高。

建筑室内排水设施较完善：用水设施较齐全，排水设施配套，污水收集率较高。

建筑室内排水设施一般：用水设施能满足生活的基本要求，排水设施配套，主要污水均能排入污水系统。

工业废水排放系数不含石油、天然气开采业和其他矿与煤炭采选业以及电力蒸汽热水产供业的工业废水排放系数，因以上三个行业生产条件特殊，其工业废水排放系数与其他工业行业出入较大，应根据当地厂、矿区的气候、水文地质条件和废水利用、排放合理确定，单独进行以上三个行业的工业废水量估算。再加入到前面估算的工业废水量中即为全部工业废水量。

城市污水量由于不包括其他污水量，因此在按城市供水总量估算城市污水量时其污水排放系数就应小于城市生活污水和工业废水的排放系数。其系数应结合城市生活用水量与工业用水量之和占城市供水总量的比例在表 3.2.3 数据范围内进行合理确定。

3.1.7 提出城市总体规划阶段不同性质用地污水量估算方法。在污水量估算时应将《城市给水工程规划规范》（GB 50282）中的不同性质用地的用水指标由最高日用水量转换成平均日用水量。

城市居住用地和公共设施用地污水量可按相应的用水量乘城市综合生活污水排放系数。

城市工业用地工业废水量可按相应用水量乘以工业废水排放系数。

其他用地污、废水量可根据用水性质、水量和产生污、废水的数量及其出路分别确定。

3.1.8 提出城市污水系统包括市政污水系统和独立污水系统以及污水系统污水量的计算方法。工矿企业或大型公共设施因其水质、水量特殊或其他原因不便利用市政污水系统时，可建独立污水系统，污水经处理达标后排入受纳水体。

污水系统计算污水量包括城市综合生活污水量和生产污水量（工业废水量减去排入雨水系统或直接排入水体的生产废水量）。

3.1.9 在地下水位较高地区，污水系统在水量估算时，宜考虑地下水渗入量。因当地土质、管道及其接口材料和施工质量等因素，一般均存在地下水渗入现象。但具体在不同情况下渗入量的确定国内尚无成熟资料，国外个别国家也只有经验数据。日本采用每人每日最大污水量 10%~20%。据专业杂志介绍，上海浦东城市化地区地下水渗入量采用 $1000 m^3/(km^2 \cdot d)$，具体规划时按计算污水量的 10% 考虑。因此，建议各规划城市应根据当地的水文地质情况，结合管道和接口采用的材料以及施工质量按当地经验确定。

3.1.10 该条规定出了城市综合污水、生活污水和工业废水量总变化系数的选值原则。

城市综合生活污水量总变化系数由于没有新的研究成果，应继续沿用《室外排水设计规范》（GBJ 14—87）（1997年局部修订）表 2.1.2-1 采用。为使用方便摘录如下：

表 2.1.2 生活污水量总变化系数

污水平均流量（L/s）	5	15	40	70	100	200	500	≥1000
总变化系数	2.3	2.0	1.8	1.7	1.6	1.5	1.4	1.3

城市工业废水量总变化系数：由于工业企业的工业废水量及总变化系数随各行业类型、采用的原料、生产工艺特点和管理水平等有很大的差异，我国一直没有统一规定。最新大专院校教材《排水工程》在论述工业废水量计算中提出一些数据供参考：工业废水量日变化系数为 1.0，时变化系数分六个行业提出不同值：

冶金工业：1.0~1.1　　纺织工业：1.5~2.0
制革工业：1.5~2.0　　化学工业：1.3~1.5
食品工业：1.5~2.0　　造纸工业：1.3~1.8

以上数据与我国 1958 年建筑工业出版社出版的《给水排水工程设计手册》（第二篇：排水工程）关于工业企业生产污水的变化系数一节中提出的时变化系数值基本一致（除纺织工业为 $K_{时}=1.0~1.15$ 不同外）。同时又提出如果有两个及两个以上工厂的生产污水排入同一个干管时，各厂最大污水量的排出时间、集中在同一个时间的可能性不大，并且各工厂距离干管的长度不一（系指总干管而言），故在计算中如无各厂详细变化资料，应将各工厂的污水量相加后再乘一折减系数 C。

工厂数目		C
2~3	约为：	0.95~1.00
3~4		0.85~0.95
4~5		0.80~0.85
5 以上		0.70~0.80

以上《给水排水工程设计手册》上的数据来源为前苏联资料。

工业用水量取决于工业企业对工业废水重复利用的方式；工业废水排放量取决于工业企业重复利用的程度。

随着环境保护要求的提高和人们对节水的重视，据国内外有关资料显示，工业企业对工业废水的重复利用率有达到 90% 以上的可能，工业废水有向零排放发展的趋势。因此，城市污水成分有以综合生活污水为主的可能。

3.2 城市雨水量

3.2.1 城市防洪、排涝系统是防止雨水径流危害城市安全的主要工程设施，也是城市废水排放的受纳水体。城市防洪工程是解决外来雨洪（河洪和山洪）对城市的威胁；城市排涝工程是解决城市范围内雨水过多或超标准暴雨以及外来径流注入，城市雨水工程无法解决而建造的规模较大的排水工程，一般属于农田排水或防洪工程范围。

如果城市防洪、排涝系统不完善，只靠城市排水工程解决不了城市遭受雨洪威胁的可能。因此应相互协调，按各自功能充分发挥其作用。

3.2.2 雨水量的估算，采用现行的常规计算办法，即各国广泛采用的合理化法，也称极限强度法。经多年使用实践证明，方法是可行的，成果是较可靠的，理论上有发展、实践上也积累了丰富的经验，只需在使用中注意采纳成功经验、合理地选用适合规划城市具体条件的参数。

3.2.3 城市暴雨强度公式，在城市雨水量估算中，宜采用规划城市近期编制的公式，当规划城市无上述资料时，可参照地理环境及气候相似的邻近城市暴雨强度公式。

3.2.4 径流系数，在城市雨水量估算中宜采用城市综合径流系数。全国不少城市都有自己城市在进行雨水径流量计算中采用的不同情况下的径流系数，我们认为在城市总体规划阶段的排水工程规划中宜采用城市综合径流系数，即按规划建筑密度将城市用地分为城市中心区、一般规划区和不同绿地等，按不同的区域，分别确定不同的径流系数。在选定城市雨水量估算综合径流系数时，应考虑城市的发展，以城市规划期末的建筑密度为准，并考虑到其他少量污水量的进入，取值不可偏小。

3.2.5 规定城市雨水管渠规划重现期的选定原则和依据

规划重现期的选定，根据规划的特点，宜粗不宜细。应根据城市性质的重要性，结合汇水地区的特点选定。排水标准确定应与城市政治、经济地位相协调，并随着地区政治、经济地位的变化不断提高。重要干道、重要地区或短期积水能引起严重后果的地区，重现期宜采用3～5年，其他地区可采用1～3年，在特殊地区还可采用更高的标准，如北京天安门广场的雨水管道，是按10年重现期设计的。在一些次要地区或排水条件好的地区重现期可适当降低。

3.2.6 指出当有生产废水排入雨水管渠时，应将排入的水量计算在管渠设计流量中。

3.3 城市合流水量

3.3.1 本条内容与《室外排水设计规范》（GBJ 14—87）（1997年局部修订）第二章第三节合流水量内容相似。其条文说明也可参照 GBJ 14—87（1997年局部修订）的本节说明。

3.3.2 提出了截流初期雨水的分流制污水管道总流量的估算方法。

初期雨水量主要指"雨水流量过程线"中从降雨开始至最大雨水流量形成之前涨水曲线中水量较小的一段时间的雨水量。估算此雨水流量的时段、重现期应根据规划城市的降雨特征、雨型并结合城市规划污水处理厂的承受能力和城市水体环境保护要求综合分析确定。初期雨水流量的确定，主要取决于形成初期雨水时段内的平均降雨强度和汇水面积。

3.4 排水规模

3.4.1 提出城市污水工程规模和污水处理厂规模的确定原则。

3.4.2 提出城市雨水工程规模确定的原则。

4 排水系统

4.1 城市废水受纳体

4.1.1 明确了城市雨水和达标排放的污水可以排入受纳水体，也可排入受纳土地。污水达标排入受纳水体的标准为水体环境容量或《污水综合排放标准》（GB 8978），排入受纳土地的标准为城市环境保护要求。

4.1.2 明确了城市废水受纳体应具备的条件。现有受纳水体的环境容量不能满足时，可采取一定的工程措施如引水增容等，以达到应有的环境容量。

受纳土地应具有足够的容量，并应全面论证，不可盲目决定；在蒸发、渗漏达不到年水量平衡时，还应考虑汇入水体的出路。

4.1.3 明确了城市废水受纳体选择的原则。能在城市规划区范围内解决的就不要跨区解决；跨区选定城市废水受纳体要与当地有关部门协商解决。城市废水受纳体的最后选定应充分考虑两种方案的有利条件和不利因素，经综合分析比较确定，受纳水体能够满足污水排放的需求，尽量不要使用受纳土地，如受纳土地需要部分污水，在不影响环境要求和城市发展的前提下，也可解决部分污水的出路。

达标排放的污水在城市环境允许的条件下也可排入平常水量不足的季节性河流，作为景观水体。

4.2 排水分区与系统布局

4.2.1 指出城市排水系统应分区布局。根据城市总体规划用地布局，结合城市废水受纳体位置将城市用地分为若干个分区（包括独立排水系统）进行排水系统布局，根据分区规模和废水受纳体分布，一个分区可以是一个排水系统，也可以是几个排水系统。

4.2.2 指出城市污水系统布局的原则和依据以及污水处理厂规划布局要求。

污水流域划分和系统布局都必须按地形变化趋势进行；地形变化是确定污水汇集、输送、排放的条件。小范围地形变化是划分流域的依据，大的地形变化趋势是确定污水系统的条件。

城市污水处理厂是分散布置还是集中布置，或者采用区域污水系统，应根据城市地形和排水分区分布，结合污水污泥处理后的出路和污水受纳体的环境容量通过技术经济比较确定。一般大中城市，用地布局分散，地形变化较大，宜分散布置；小城市布局集中，地形起伏不大，宜采用集中布置；沿一条河流布局的带状城市沿岸有多个组团（或小城镇），污水量都不大，宜集中在下游建一座污水处理厂，从经济、管理和环境保护等方面都是可取的。

4.2.3 提出城市雨水系统布局原则和依据以及雨水调节池在雨水系统中的使用要求。

城市雨水应充分利用排水分区内的地形，就近排入湖泊、排洪沟渠、水体或湿地和坑、塘、淀注等受纳体。

在城市雨水系统中设置雨水调节池，不仅可以缩小下游管渠断面，减小泵站规模，节约投资，还有利于改善城市环境。

4.2.4 提出截流式合流制排水系统布局的原则和依据，并对截流干管（渠）和溢流井位置的布局提出了要求。截流干管和溢流井位置布局的合理与否，关系到经济、实用和效果，应结合管渠系统布置和环境要求综合比较确定。

4.3 排水系统的安全性

4.3.1 城市排水工程是城市的重要基础设施之一，在选择用地时必须注意地质条件和洪水淹没或排水困难的问题，能避开的一定要避开，实在无法避开应采用可靠的防护措施，保证排水设施在安全条件下正常使用。

4.3.2 提出了城市污水处理厂和排水泵站的供电要求。《民用建筑电气设计规范》（JGJ/T16）规定：

电力负荷级别是根据供电可靠性及中断供电在政治、经济上所造成的损失或影响的程度确定的。

考虑到城市污水处理厂停电可能对该地区的政治、经济、生活和周围环境等造成不良影响而确定的。

排水泵站在中断供电后将会对局部地区、单位在政治、经济上造成较大的损失而确定的。

《室外排水设计规范》（GBJ14）和《城市污水处理项目建设标准》对城市污水处理厂和排水泵站的供电均采用二级负荷。

上述规范还规定：二级负荷的供电系统应做到当发生电力变压器故障或线路常见故障时不致中断供电（或中断后能迅速恢复）。在负荷较小或地区供电条件困难时，二级负荷可由一回 6kV 及其以上专用架空线供电。为防万一可设自备电源（油机或专线供电）。

4.3.3 提出雨水管道、合流管道出水口当受水体水位顶托时按不同情况设置潮门、闸门或排水泵站的规定。

污水处理厂、排水泵站设超越管渠和事故出口在《室外排水设计规范》（GBJ 14）中已有规定，可在设计时考虑。

4.3.4 城市长距离输送污水的管渠应在合适地段增设事故出口，以防下游管渠发生故障，造成污水漫溢，影响城市环境卫生。

4.3.5 提出排水系统的抗震要求和设防标准。在城市排水工程规划中选定排水设施用地时，应予以考虑，以保证在城市发生地震灾害中的正常使用。

5 排 水 管 渠

5.0.1 提出城市排水管渠应以重力流为主的要求和压力流使用的条件。

5.0.2 提出排水干管布置的要求。

5.0.3 提出排水管道宜沿规划道路敷设的要求。

污水管道通常布置在污水量大或地下管线较少一侧的人行道、绿化带或慢车道下，尽量避开快车道。

根据《城市工程管线综合规划规范》（GB 50289）中 2.2.5 规定，当规划道路红线宽度 $B \geqslant 50m$ 时，可考虑在道路两侧各设一条雨、污水管线，便于污水收集，减少管道穿越道路的次数，有利于管道维护。

5.0.4 明确了管渠穿越河流、铁路、高速公路、地下建（构）筑物或其他障碍物时，线路走向、位置的选择既要合理，又便于今后管理维修。

倒虹管规划应参照《室外排水设计规范》（GBJ 14）有关章节的规定。

5.0.5 提出截流式合流制截流干管设置的最佳位置。沿水体岸边敷设，既可缩短排水管渠的长度，使溢流雨水很快排入水体，同时又便于出水口的管理。为了减少污染，保护环境，溢流井的设置尽可能位于受纳水体的下游，截流倍数以采用 2~3 倍为宜，环境容量小的水体（水库或湖泊）其截流倍数可选大值；环境容量大的水体（海域或大江、大河）可选较小的值。具体布置应视管渠系统布局和环境要求，经综合比较确定。

5.0.6 提出排水管道在城市道路下的埋设位置应符合国家标准《城市工程管线综合规划规范》（GB 50289）的规定要求。

5.0.7 提出排水管渠断面尺寸确定的原则。既要满足排泄规划期排水规模的需要，并应考虑城市发展水量的增加，提高管渠的适用年限，尽量减少改造的次数。据有关资料介绍，近 30 年来我国许多城市的排水管道都出现超负荷运行现象，除注意在估算城市排水量时采用符合规划期实际情况的污水排放系数和雨水径流系数外,还应给城市发展及其他水量排入留有余地,因此应将最大充满度适当减小。

6 排水泵站

6.0.1 提出排水泵站的规划用地指标。此指标系《全国市政工程投资估算指标》(HGZ 47—102—96)中 4B-1-2 雨污水泵站综合指标规定的用地指标,分列于本规范表 6.0.1-1 和 6.0.2-2 中,供规划时选择使用。雨、污水合流泵站用地可参考雨水泵站指标。

1996 年发布的《全国市政工程投资估算指标》比 1988 年发布的《城市基础设施工程投资估算指标》在"排水泵站"用地指标有所增大,在使用中应结合规划城市的具体情况,按照排水泵站选址的水文地质条件和可想到的内部配套建(构)筑物布置的情况及平面形状、结构形式等合理选用用地指标。

6.0.2 提出排水泵站与规划居住、公共设施建筑保持必要的防护距离,并进行绿化的要求。

具体的距离量化应根据泵站性质、规模、污染程度以及施工及当地自然条件等因素综合确定。

中国建筑工业出版社 1984 年出版的《苏联城市规划设计手册》规定"泵站到住宅的距离应不小于 20 米";中国建筑工业出版社 1986 年出版的《给水排水设计手册》第 5 册(城市排水)规定泵站与住宅间距不得小于 30 米;洪嘉年高工主编的《给水排水常用规范详解手册》中谈到:"我国曾经规定泵站与居住房屋和公共建筑的距离一般不小于 25 米,但根据上海、天津等城市经验,在建成区内的泵站一般均未达到 25 米的要求,而周围居民也无不良反映"。

鉴于以上情况,现又无这方面的科研成果供采用,《室外排水设计规范》也无量化,经与有关环境保护部门的专家研究,认为"距离"的量化应视规划城市的具体条件、经环境评价后确定,在有条件的情况下可适当大些。

7 污水处理与利用

7.1 污水利用与排放

7.1.1 城市污水是一种资源,在水资源不足的城市宜合理利用污水经再生处理后作为城市用水的补充。根据城市的需要和处理条件确定其用途。

7.1.2 在制定污水回用方案时,应对技术可靠性、经济合理性和环境影响等情况进行全面论证和评价,做到稳妥可靠,不留后患,不得盲目行事。

7.1.3 对不能利用或利用不经济的城市污水应达标处理后排入城市污水受纳体。排入受纳土地的污水需经处理后达到二级生化标准或满足城市环境保护的要求。

7.2 污水处理

7.2.1 提出确定城市污水处理程度的依据。污水处理程度应根据进厂污水的水质、水量和处理后的出路分别确定。

受纳水体的环境容量因水体类型、水量大小和水力条件的不同各异。受纳水体的环境容量是一种自然资源,当环境容量大于污水排放污染物的要求时,应充分发挥这一自然资源的作用,以节省环保资金;当环境容量小于污水排放污染物的要求时,根据实际情况,采取相应的措施,包括削荷减污、加大处理力度以及用工程措施增大水体环境容量,使污水排放与受纳水体环境容量相平衡。城市污水处理厂的污水处理程度,应根据规划城市的具体情况,经技术经济比较确定。

7.2.2 《城市污水处理厂污水污泥排放标准》(CJ 3025—93)是国家建设部颁布的一项城镇建设行业标准,规定了城市污水处理厂排放污水、污泥标准及检测、排放与监督等要求,适用于全国各地城市污水处理厂。

全国各地城市污水处理厂应积极、严格执行该标准,按各城市的实际情况对污水进行处理达标排放,为城市的水污染防治,保护水资源,改变城市环境,促进城市可持续发展将起到有力的推动作用。

7.3 城市污水处理厂

7.3.1 提出城市污水处理厂位置选择的依据和应考虑的因素。

污水处理厂位置应根据城市污水处理厂的规划布局,结合规范条文提出的五项因素,按城市的实际情况综合选择确定。规范条文中提出的五项因素,不一定都能满足,在厂址选择中要抓住主要矛盾。当风向要求与河流下游条件有矛盾时,应先满足河流下游条件,再采取加强厂区卫生管理和适当加大卫生防护距离等措施来解决因风向造成污染的问题。

城市污水处理厂与规划居住、公共设施建筑之间的卫生防护距离影响因素很多,除与污水处理厂在河流上、下游和城市夏季主导风向有关外,还与污水处理采用的工艺、厂址是规划新址还是在建成区插建以及污染程度都有关系,总之关系复杂,很难量化,因此在本规范未作具体规定。

中国建筑工业出版社 1986 年出版的《给水排水设计手册》第 5 册(城市排水)及中国建筑工业出版社 1992 年出版的高等学校(城市规划专业学生用)试用教材《城市给水排水》(第二版)中均规定"厂址应与城镇工业区、居住区保持约 300 米以上距离"。

鉴于到目前为止,没有成熟和借鉴的指标供采用,《室外排水设计规范》也无量化。经与有关环境保护部门的专家研究，认为"距离"的量化应视规划城市的具体条件，经环境评价确定。在有条件的情况下可适当大些。

7.3.2 提出城市污水处理厂的规划用地指标。此指标系《全国市政工程估算指标》(HGZ 47—102—96)中 4B-1-1 污水处理厂综合指标规定的用地指标，列于本规范表 7.3.2 中，供规划时选择使用。在选择用地指标时应考虑规划城市具体情况和布局特点。

7.3.3 提出在污水处理厂周围应设置防护绿带的要求。

污水处理厂在城市中既是污染物处理的设施，同时在生产过程中也会产生一定的污染，除厂区在平面布置时应考虑生产区与生活服务区分别集中布置，采用以绿化等措施隔离开来，保证管理人员有良好的工作环境，增进职工的身体健康外，还应在厂区外围设置一定宽度（不小于 10 米）的防护绿带，以美化污水处理厂和减轻对厂区周围环境的污染。

7.4 污泥处置

7.4.1 提出了城市污水处理厂污泥处置的原则和要求。城市污水处理厂污泥应综合利用，化害为利，未被利用的污泥应妥善处置，不得污染环境。

7.4.2 提出了城市污水处理厂污泥用作农业肥料的条件和注意事项（详见《农用污泥中污染物控制标准》(GB 4282)）。

7.4.3 提出城市污水处理厂污泥填埋的要求。

7.4.4 提出城市污水处理厂污泥用于填充洼地、焚烧或其他处置方法应遵循的原则。

中华人民共和国国家标准

城市居民生活用水量标准

The standard of water quantity for city's residential use

GB/T 50331—2002

主编部门：中华人民共和国建设部
批准部门：中华人民共和国建设部
施行日期：２００２年１１月１日

中华人民共和国建设部
公 告

第 60 号

建设部关于发布国家标准
《城市居民生活用水量标准》的公告

现批准《城市居民生活用水量标准》为国家标准，编号为 GB/T 50331—2002，自 2002 年 11 月 1 日起实施。

本标准由建设部标准定额研究所组织中国建筑工业出版社出版发行。

中华人民共和国建设部
2002 年 9 月 16 日

前 言

本标准是根据国发［2000］36 号文件"国务院关于加强城市供水节水和水污染防治工作的通知"精神，以及建设部建标［2001］87 号文件要求，建设部城市建设司委托中国城镇供水协会组织上海、天津、沈阳、武汉、成都、深圳、北京七城市供水企业共同编制的。在编制过程中，编制组采集了 108 个城市自来水公司近三年居民生活用水数据，筛选了 87 个城市的有效数据。通过对大量国内外统计数据研究和分析，以及对国内居民生活用水状况的调查分析，广泛征求各方面意见的基础上编制而成。

本标准共分三章，包括总则、术语和用水量标准。为了有效缓解水资源短缺，制定《城市居民生活用水量标准》是我国节水工作中的一项基础性建设工作，对指导城市供水价格改革工作，建立以节水用水为核心的合理水价机制，将起到重要作用。

本标准由建设部负责管理，建设部城市建设司负责具体技术内容的解释。在执行过程中，希望各地政府、行政主管部门、供水企业等相关部门注意积累资料，总结经验，并请将意见和有关资料寄建设部城市建设司（北京市三里河路 9 号，邮编：100835 电话：010—68393160），供以后修订时参考。

本标准主编单位、参编单位和主要起草人

主编单位：建设部城市建设司
参编单位：中国城镇供水协会
中国城镇供水协会企业管理委员会
天津市自来水集团有限公司
上海市给水管理处
上海市自来水市南有限公司营业所
深圳市自来水集团有限公司
武汉市自来水公司
沈阳市自来水总公司
成都市自来水总公司
北京市自来水集团有限责任公司

主要起草人员：陈连祥　郭得铨　宁瑞珠
　　　　　　　郭　智　郑向盈　孙立人
　　　　　　　张嘉荣　周妙秋　李庆华
　　　　　　　赵明华　王贤兵　刘秀英
　　　　　　　谭　明　江照辉　黄小玲
　　　　　　　王自明

目　次

1　总则 …………………………… 17—4
2　术语 …………………………… 17—4
3　用水量标准 …………………… 17—4
本标准用词用语说明 …………… 17—4
条文说明 ………………………… 17—5

1 总则

1.0.1 为合理利用水资源，加强城市供水管理，促进城市居民合理用水、节约用水，保障水资源的可持续利用，科学地制定居民用水价格，制定本标准。

1.0.2 本标准适用于确定城市居民生活用水量指标。各地在制定本地区的城市居民生活用水量地方标准时，应符合本标准的规定。

1.0.3 城市居民生活用水量指标的确定，除应执行本标准外，尚应符合国家现行有关标准的规定。

2 术语

2.0.1 城市居民 city's residential

在城市中有固定居住地、非经常流动、相对稳定地在某地居住的自然人。

2.0.2 城市居民生活用水 water for city's residential use

指使用公共供水设施或自建供水设施供水的，城市居民家庭日常生活的用水。

2.0.3 日用水量 water quantity of per day, per person

每个居民每日平均生活用水量的标准值。

3 用水量标准

3.0.1 城市居民生活用水量标准应符合表3.0.1的规定。

表3.0.1 城市居民生活用水量标准

地域分区	日用水量（L/人·d）	适用范围
一	80～135	黑龙江、吉林、辽宁、内蒙古
二	85～140	北京、天津、河北、山东、河南、山西、陕西、宁夏、甘肃
三	120～180	上海、江苏、浙江、福建、江西、湖北、湖南、安徽

续表3.0.1

地域分区	日用水量（L/人·d）	适用范围
四	150～220	广西、广东、海南
五	100～140	重庆、四川、贵州、云南
六	75～125	新疆、西藏、青海

注：1 表中所列日用水量是满足人们日常生活基本需要的标准值。在核定城市居民用水量时，各地应在标准值区间内直接选定。

2 城市居民生活用水考核不应以日作为考核周期，日用水量指标应作为月度考核周期计算水量指标的基础值。

3 指标值中的上限值是根据气温变化和用水高峰月变化参数确定的，一个年度当中对居民用水可分段考核，利用区间值进行调整使用。上限值可作为一个年度当中最高月的指标值。

4 家庭用水人口的计算，由各地根据本地实际情况自行制定管理规则或办法。

5 以本标准为指导，各地视本地情况可制定地方标准或管理办法组织实施。

本标准用词用语说明

1 为便于在执行本标准条文时区别对待，对于要求严格程度不同的用词说明如下：

（1）表示很严格，非这样做不可的用词：

正面词采用"必须"；

反面词采用"严禁"。

（2）表示严格，在正常情况下均应这样做的用词：

正面词采用"应"；

反面词采用"不应"或"不得"。

（3）表示允许稍有选择，在条件许可时，首先应这样做的用词：

正面词采用"宜"或"可"；

反面词采用"不宜"。

2 标准中指定应按其他有关标准、规范执行时，写法为："应按…执行"或"应符合…的要求（或规定）"。

中华人民共和国国家标准

城市居民生活用水量标准

GB/T 50331—2002

条 文 说 明

前 言

《城市居民生活用水量标准》（GB/T 50331—2002），建设部于 2002 年 9 月 16 日以第 60 号公告批准发布，2002 年 11 月 1 日起实施。

本标准的主编单位是建设部城市建设司，标准编写的具体组织单位是中国城镇供水协会，参加编写的单位有：

中国城镇供水协会企业管理委员会
天津市自来水集团有限公司
上海市给水管理处
上海市自来水市南有限公司营业所
深圳市自来水集团有限公司
武汉市自来水公司
沈阳市自来水总公司
成都市自来水总公司
北京市自来水集团有限责任公司

为便于各地自来水公司和相关部门在使用本标准时能正确理解和执行条文规定或制定本地区标准，《城市居民生活用水量标准》编写组按章、节、条顺序编制了本标准的《条文说明》，供使用者参考。使用中如发现本标准条文说明有不妥之处，请将意见函寄至建设部城市建设司。

目　次

1　总则 …………………………………… 17—8
2　术语 …………………………………… 17—8
3　用水量标准 …………………………… 17—8

1 总 则

1.0.1 本条说明了标准编制的目的，是增强城市居民节约用水意识，促进节约用水和水资源持续利用，推动水价改革。

1 我国淡水资源日益短缺，进行合理开采、有效利用、节约控制，是今后水资源管理的重点内容。转变粗放型用水习惯，制定合理的居民用水标准，满足居民生活的基本用水需要，并建立核定与考核制度，使之不断完善，形成体系，是控制粗放型用水的基本手段，也是简单易行的有效方法。

2 以居民生活用水量标准为基础，为逐步建立符合社会主义市场经济发展要求的水价机制，进一步理顺城市供水价格创造条件。

1.0.2 本标准适用范围确定为"确定城市居民生活用水量指标"。在执行过程中，由于各地流动人口数量变化、供水状况及管理要求等情况不同，在执行本标准时，需要结合本地区的管理，计量方式等具体情况制定地方标准或办法推动实施。

1.0.3 本条规定了各地在执行本标准时，尚应符合国家现行的有关标准的规定。GBJ13—86《室外给水设计规范》1997年（修订版）对部分条文做了修订，其中区域分类方式和定值方法做了重大调整。修订后的标准将原来的五个分区变成了三个，以城市规模的大小划分了特大城市、大城市、中小城市三档，定额值取消了时变化系数的调整方法，直接给定了平均日和最高日定额值。这个规范是用于室外给水设计的文件，与本标准用途不同。本标准的指标值是城市居民日常生活用水指标，低于设计标准。

2 术 语

2.0.1 城市居民

本标准城市居民定义为有固定居住地的自然人，其含义是指在城市中居住的所有人，不分国籍和出生地，也不分职业和户籍情况。随着城乡差别的缩小，择业就业方式和观念的变化，户籍管理方式的改革，人口流动等情况将大大地增加，作为标准为增强其科学性和可操作性及能基本适应实际的使用情况，只有这样才能确定"城市居民"的内涵和外延。人口统计和管理非常复杂，各地差异也很大。在执行本标准或制定地方标准时城市居民的确认要结合本地具体情况来确定，本标准对城市居民只作一个定性的定义。

2.0.2 城市居民生活用水

1 本定义是指使用公共供水设施或自建供水设施供水的，城市居民家庭日常生活使用的自来水。其具体含义为用水人是城市居民；用水地是家庭；用水性质是维持日常生活使用的自来水。

2 在用本标准核定居民生活用水量时，对于家庭内部走亲访友流动人口可不作考虑，对户口地与居住地分离的，按居住地为准进行用水量核定或考核。

2.0.3 日用水量

1 每人每日居民生活用水量平均指标值计算单位。标准列表中此项指标值的单位用"L/人·d"，是一个阶段日期的平均数。此指标作为计算月度考核周期对居民用水总量的基础值。

2 以日用水量为基数，每个年度按365天计算，可按平均每个月为30.4天核算月度用水量，一年12个月中各月天数不一样，有大月和小月，如果以月度或季度作为用水量考核周期时，可用此平均天数计算，避免按实际天数核定的繁琐。

3 用水量标准

3.0.1 本条按照地域分区给出了城市居民生活用水（以下简称居民生活用水）量标准。

1 地域分区原则：我国地域辽阔，地区之间各种自然条件差异甚大。本标准在分区过程中参考了GB50178—93《建筑气候区划标准》，结合行政区划充分考虑地理环境因素，力求在同一区域内的城市经济水平、气象条件、降水多少，能够处于一个基本相同的数量级上，使分区分类具有较强的科学性和可操作性，因此划分成了六个区域。即：

第一区：黑龙江、吉林、辽宁、内蒙古

第二区：北京、天津、河北、山东、河南、山西、陕西、宁夏、甘肃

第三区：湖北、湖南、江西、安徽、江苏、上海、浙江、福建

第四区：广西、广东、海南

第五区：重庆、四川、贵州、云南

第六区：新疆、西藏、青海

本标准参照"GB50178—93标准"在一级区中将全国划为7个区，其中重点是将青海、西藏、四川西部、新疆南部划出一个区，新疆东部、甘肃北部、内蒙西部又划出一个区，其他五个区范围与本标准基本吻合。

2 标准值的确定

（1）数据调查结果

在数据采集过程中，分别由沈阳、天津、武汉、上海、深圳、成都六城市自来水公司作为组长单位对六个区的居民用水进行了用水情况调查。其中沈阳组负责第一区调查，天津组负责第二区调查，武汉组负责第三区（A）的湖北、湖南、江西、安徽四省的调查，上海组负责第三区（B）的上海、江苏、浙江、福建三省一市和第六区的调查，深圳组负责第四区的调查，成都组负责第五区的调查。调查工作分别用"四个调查表"采集了108个城市的1998、1999、

2000年三个整年度的居民用水数据；2000年12个月的分月数据；对一些住宅小区和不同用水设施的居民用户按A、B、C三类用水情况进行了典型调查。七个组对六个区的调查数据经过加工整理后数据汇总情况见表1及表2。

表1 居民生活用水数据采集调查情况分组汇总表

分区	调查总水量(万m³)	调查用水家庭人口(万人)	户数(户)	典型调查水量(m³)	户数(户)	人口(人)
一区	60948.80	1516.60	4550229	189681.20	17071	64565
二区	97323.25	2339.80	7183037	686305.75	53028	211057
三区(A)	92955.78	1519.29	3291860	134116.00	10700	32672
三区(B)	84870.16	1484.00	4692335	3483819.00	267372	928017
四区	111023.60	1174.01	3428338	471398.00	19934	71617
五区	33367.81	748.90	2333795	328702.00	32436	103518
六区	5814.54	165.46	570151	2588020.00	16090	860886
合计	486303.9	8948.06	26049745	7882042	416631	2272332

表2 居民生活用水人均日用水量区域分类统计表

分区	三年均值	2000年均值	A类均值	B类均值	C类均值	总均值
一区	110	107	46	104	155	101
二区	113	114	66	98	187	117
三区	157	154	122	152	249	174
四区	259	260	151	227	240	206
五区	122	126	67	112	135	105
六区	96	106	101	158	212	146
平均值	143	145	92	142	196	142

表2中调查的A、B、C三类用水户其定义为：A类系指室内有取水龙头，无卫生间等设施的居民用户；B类系指室内有上下水卫生设施的普通单元式住宅居民用户；C类系指室内有上下水洗浴等设施齐全的高档住宅用户。

表2中各列数据反映了不同用水设施和条件的三种类型，以及不同时期、最近一年整体居民、典型户居民的用水状况，具有较强的代表性，既反映了历史情况又反映了当前的实际状况。

(2) 其他城市居民生活用水调查情况

为使标准值的确定既能符合居民生活用水的实际水平，又能清楚反映与世界发达国家水平的关系。在标准编制过程中，编制组成员查阅了许多国内外有关居民生活用水的资料。从调查资料情况看，欧洲国家用水水平和我国的现状情况基本一致；台北、香港用水消耗与多数沿海和南部经济发达城市水平相当；美国多数城市用水消耗水平较高，反映了宽裕性的用水水平。如几个国家有代表性的城市用水状况见表3。

表3 典型城市居民生活用水量调查表

国别	城市名	居民生活用水量(L/人·d)	资料年份
中国	台北	188	1997
	香港	213	1996
日本	东京	190	1998
德国	柏林	117	1999
	法兰克福	171	1999
美国	洛杉矶	308	1996
	费城	341	1996

另据《城镇供水》杂志2001年第二期有关文章介绍，欧洲15个国家平均家庭生活其中包含住宅区小商业用水的水平是1980年154L/人·d；1991年161L/人·d；平均年递增0.41%。我国的居民用水水平高于比利时和西班牙，基本与芬兰、德国和匈牙利持平，略低于法国、英国和挪威，低于瑞士、奥地利、意大利、瑞典、卢森堡、荷兰、丹麦。

(3) 居民生活用水跟踪写实和用水推算情况

为进一步掌握居民不同用水设施、居住条件的用水情况，编制组组织了有关人员对一些用水器具、洗浴频率、用水内容进行了跟踪写实调查，在此基础上进行了用水量推算，以此对统计调查的数据作进一步的印证分析。调查情况见表4。

表4 居民家庭生活人均日用水量调查统计表（L/人·d）

分类	拘谨型	(%)	节约型	(%)	一般型	(%)
冲厕	30	34.8	35	32.1	40	29.1
淋浴	21.8	25.3	32.4	29.7	39.6	28.8
洗衣	7.23	8.4	8.55	7.8	9.32	6.8
厨用	21.38	24.80	25	23	29.6	21.5
饮用	1.8	2.1	2	1.8	3	2.2
浇花	2	2.3	3	2.8	8	5.8
卫生	2	2.3	3	2.8	8	5.8
其他						
合计(L/人·d)	86.21	100	108.95	100	137.52	100
m³/户·月	7.86		9.94		12.54	

注：1 平均月日数：30.4天/月。
2 家庭平均人口按3人/户计算。

从表4中所反映的数据是按照居民用水设施和必要的生活用水事项计算确定的，不包含实际使用过程当中的用水损耗、走亲访友在家庭内活动的用水增加等一些复杂情况的必要水量。因此，表中的水量值是一个不同生活水平的人员必不可少的水量消耗，所以调查值相对较低。表 2 中反映的 A、B、C 三种类型的各项数据是家庭生活用水的全貌，贴近生活实际。实际上跟踪调查的居民用水情况与整群抽样的典型户调查基本接近，与整年份的总体统计数据也大体吻合，说明此次数据采集的调查结果具有很好的使用价值。

（4）标准值的确定

综合以上数据本着节约用水，改变居民粗放型用水习惯，满足人们正常生活需要的原则，以 2000 年调查均值为核心采用[（2000 年均值＋A 类典型调查均值）/2 确定指标下限值，（2000 年均值＋B 类典型调查均值）/2×1.20 确定指标上限值]的计算方法，经过去零取整参考地域宽度确定了分区标准值。

这种标准值确定的理由是：①各组调查的 1998、1999、2000 年的三年均值与 2000 年均值近似相等，采用 2000 年均值既与我们现在的实际居民生活用水现状相接近，又能反映各类不同用水条件、各种不同用水水平、各类不同用水情形的综合状况；②上限值的确定用各组调查的高月用水变化系数平均值"1.20"对（2000 年均值＋B 类典型调查均值）/2 进行修订，既考虑了季节变化因素，对不同月份可以在指标值区间内选用，有灵活的可操作性也客观合理，又考虑了今后人民生活水平提高、用水条件改善、用水量上升客观要求；③在典型调查中 A 类的调查户占 10％，B 类占 76％，B 类用水水平家庭是城市中用水人群的主体，B 类典型调查均值为基点参加的上限值确定，具有较强的代表性，也是一个中等水平的用水标准。

深圳、广州由于流动人口多，居民生活用水量也高，其调查反映的三年均值和 2000 年均值，由于是使用城市户籍人口数计算的，故数值高于典型调查指标。而典型调查数据反映了该区域实际居民家庭生活用水状况。故标准值采用了 A 类和 B 类的典型调查值。

根据"征求意见稿"会议代表的意见，用北京市的调查数据 2000 年平均值为"127L/人·d"，B 类均值为"103L/人·d"，按照上限值的生成方法，（127＋103）/2×1.2＝138≈140L/人·d，确定了第二区上限值。

第六区即新疆、青海、西藏地区，这些地区由于地域广，城市少，数据源也少。而且，调查到的某些数据有些差异很大。故采用了比照的方法来确定指标值。一区的标准值，其区域分类汇总的数据和典型户分类汇总的数据以及调查汇总的数据基本反映了该地区居民的实际用水情况。所以，以第一区的 A 类均值"46L/人·d"和六区的三年均值"96L/人·d"以（96＋46）/2＝71≈75 的方法确定了下限值。用第六区调查汇总的 2000 均值数据"106L/人·d"乘变化系数 1.2 取整数确定了上限值。

中华人民共和国国家标准

污水再生利用工程设计规范

Code for design of wastewater reclamation and reuse

GB 50335—2002

主编部门：中华人民共和国建设部
批准部门：中华人民共和国建设部
施行日期：2003年03月01日

中华人民共和国建设部
公　　告

第 104 号

建设部关于发布国家标准
《污水再生利用工程设计规范》的公告

现批准《污水再生利用工程设计规范》为国家标准，编号为 GB 50335—2002，自 2003 年 3 月 1 日起实施。其中，第 1.0.5、5.0.6、5.0.10、5.0.12、6.2.3、7.0.3、7.0.5、7.0.6、7.0.7 条为强制性条文，必须严格执行。

本规范由建设部标准定额研究所组织中国建筑工业出版社出版发行。

中华人民共和国建设部
2003 年 1 月 10 日

前　　言

本规范是根据建设部建标〔2002〕85 号文的要求，由中国市政工程东北设计研究院、上海市政工程设计研究院会同有关设计研究单位共同编制而成的。

在规范的编制过程中，编制组进行了广泛的调查研究，认真总结了我国污水回用的科研成果和实践经验，同时参考并借鉴了国外有关法规和标准，并广泛征求了全国有关单位和专家的意见，几经讨论修改，最后由建设部组织有关专家审查定稿。

本规范主要规定的内容有：方案设计的基本规定，再生水水源，回用分类和水质控制指标，回用系统，再生处理工艺与构筑物设计，安全措施和监测控制。

本规范中以黑体字排版的条文为强制性条文，必须严格执行。本规范由建设部负责管理和对强制性条文的解释，中国市政工程东北设计研究院负责具体技术内容的解释。在执行过程中，希望各单位结合工程实践和科学研究，认真总结经验，注意积累资料。如发现需要修改和补充之处，请将意见和有关资料寄交中国市政工程东北设计研究院（地址：长春市工农大路 8 号，邮编：130021，传真：0431-5652579），以供今后修订时参考。

本规范编制单位和主要起草人名单
主编单位：中国市政工程东北设计研究院
副主编单位：上海市政工程设计研究院
参编单位：建设部城市建设研究院
　　　　　北京市市政工程设计研究总院
　　　　　中国市政工程华北设计研究院
　　　　　中国石化北京设计院
　　　　　国家电力公司热工研究院
主要起草人：周　彤　张　杰　陈树勤　姜云海
　　　　　　卜义惠　厉彦松　洪嘉年　朱广汉
　　　　　　吕士健　杭世珺　方先金　陈　立
　　　　　　范　洁　林雪芸　杨宝红　齐芳菲
　　　　　　陈立学

目　次

1 总则 ·················· 18—4
2 术语 ·················· 18—4
3 方案设计基本规定 ············ 18—4
4 污水再生利用分类和水质控制
　 指标 ·················· 18—4
　4.1 污水再生利用分类 ········· 18—4
　4.2 水质控制指标 ············ 18—5
5 污水再生利用系统 ············ 18—6
6 再生处理工艺与构筑物设计 ······ 18—6
　6.1 再生处理工艺 ············ 18—6
　6.2 构筑物设计 ············· 18—8
7 安全措施和监测控制 ··········· 18—8
本规范用词用语说明 ············· 18—8
条文说明 ···················· 18—9

1 总　则

1.0.1 为贯彻我国水资源发展战略和水污染防治对策，缓解我国水资源紧缺状况，促进污水资源化，保障城市建设和经济建设的可持续发展，使污水再生利用工程设计做到安全可靠，技术先进，经济实用，制定本规范。

1.0.2 本规范适用于以农业用水、工业用水、城镇杂用水、景观环境用水等为再生利用目标的新建、扩建和改建的污水再生利用工程设计。

1.0.3 污水再生利用工程设计以城市总体规划为主要依据，从全局出发，正确处理城市境外调水与开发利用污水资源的关系，污水排放与污水再生利用的关系，以及集中与分散、新建与扩建、近期与远期的关系。通过全面调查论证，确保经过处理的城市污水得到充分利用。

1.0.4 污水再生利用工程设计应做好对用户的调查工作，明确用水对象的水质水量要求。工程设计之前，宜进行污水再生利用试验，或借鉴已建工程的运转经验，以选择合理的再生处理工艺。

1.0.5 污水再生利用工程应确保水质水量安全可靠。

1.0.6 污水再生利用工程设计除应符合本规范外，尚应符合国家现行有关标准、规范的规定。

2 术　语

2.0.1 污水再生利用　wastewater reclamation and reuse, water recycling

污水再生利用为污水回收、再生和利用的统称，包括污水净化再用、实现水循环的全过程。

2.0.2 二级强化处理　upgraded secondary treatment

既能去除污水中含碳有机物，也能脱氮除磷的二级处理工艺。

2.0.3 深度处理　advanced treatment

进一步去除二级处理未能完全去除的污水中杂质的净化过程。深度处理通常由以下单元技术优化组合而成：混凝、沉淀（澄清、气浮）、过滤、活性炭吸附、脱氨、离子交换、膜技术、膜-生物反应器、曝气生物滤池、臭氧氧化、消毒及自然净化系统等。

2.0.4 再生水　reclamed water, recycled water

再生水系指污水经适当处理后，达到一定的水质指标，满足某种使用要求，可以进行有益使用的水。

2.0.5 再生水厂　water reclamation plant, water recycling plant

生产再生水的水处理厂。

2.0.6 微孔过滤　micro-porous filter

孔径为 $0.1 \sim 0.2 \mu m$ 的滤膜过滤装置的统称，简称微滤（MF）。

3 方案设计基本规定

3.0.1 污水再生利用工程方案设计应包括：
1 确定再生水水源；确定再生水用户、工程规模和水质要求；
2 确定再生水厂的厂址、处理工艺方案和输送再生水的管线布置；
3 确定用户配套设施；
4 进行相应的工程估算、投资效益分析和风险评价等。

3.0.2 排入城市排水系统的城市污水，可作为再生水水源。严禁将放射性废水作为再生水水源。

3.0.3 再生水水源的设计水质，应根据污水收集区域现有水质和预期水质变化情况综合确定。

再生水水源水质应符合现行的《污水排入城市下道水质标准》（CJ 3082）、《生物处理构筑物进水中有害物质允许浓度》（GBJ 14）和《污水综合排放标准》（GB 8978）的要求。

当再生水厂水源为二级处理出水时，可参照二级处理厂出水标准，确定设计水质。

3.0.4 再生水用户的确定可分为以下三个阶段：
1 调查阶段：收集可供再生利用的水量以及可能使用再生水的全部潜在用户的资料。
2 筛选阶段：按潜在用户的用水量大小、水质要求和经济条件等因素筛选出若干候选用户。
3 确定用户阶段：细化每个候选用户的输水线路和蓄水量等方面的要求，根据技术经济分析，确定用户。

3.0.5 污水再生利用工程方案中需提出再生水用户备用水源方案。

3.0.6 根据各用户的水量水质要求和具体位置分布情况，确定再生水厂的规模、布局，再生水厂的选址、数量和处理深度，再生水输水管线的布置等。再生水厂宜靠近再生水水源收集区和再生水用户集中地区。再生水厂可设在城市污水处理厂内或厂外，也可设在工业区内或某一特定用户内。

3.0.7 对回用工程各种方案应进行技术经济比选，确定最佳方案。技术经济比选应符合技术先进可靠、经济合理、因地制宜的原则，保证总体的社会效益、经济效益和环境效益。

4 污水再生利用分类和水质控制指标

4.1 污水再生利用分类

4.1.1 城市污水再生利用按用途分类见表4.1.1。

表 4.1.1 城市污水再生利用类别

序号	分类	范围	示例
1	农、林、牧、渔业用水	农田灌溉	种籽与育种、粮食与饲料作物、经济作物
		造林育苗	种籽、苗木、苗圃、观赏植物
		畜牧养殖	畜牧、家畜、家禽
		水产养殖	淡水养殖
2	城市杂用水	城市绿化	公共绿地、住宅小区绿化
		冲厕	厕所便器冲洗
		道路清扫	城市道路的冲洗及喷洒
		车辆冲洗	各种车辆冲洗
		建筑施工	施工场地清扫、浇洒、灰尘抑制、混凝土制备与养护、施工中的混凝土构件和建筑物冲洗
		消防	消火栓、消防水炮
3	工业用水	冷却用水	直流式、循环式
		洗涤用水	冲渣、冲灰、消烟除尘、清洗
		锅炉用水	中压、低压锅炉
		工艺用水	溶料、水浴、蒸煮、漂洗、水力开采、水力输送、增湿、稀释、搅拌、选矿、油田回注
		产品用水	浆料、化工制剂、涂料
4	环境用水	娱乐性景观环境用水	娱乐性景观河道、景观湖泊及水景
		观赏性景观环境用水	观赏性景观河道、景观湖泊及水景
		湿地环境用水	恢复自然湿地、营造人工湿地
5	补充水源水	补充地表水	河流、湖泊
		补充地下水	水源补给、防止海水入侵、防止地面沉降

4.2 水质控制指标

4.2.1 再生水用于农田灌溉时，其水质应符合国家现行的《农田灌溉水质标准》（GB 5084）的规定。

4.2.2 再生水用于工业冷却用水，当无试验数据与成熟经验时，其水质可按表4.2.2指标控制，并综合确定敞开式循环水系统换热设备的材质和结构型式、浓缩倍数、水处理药剂等。确有必要时，也可对再生水进行补充处理。

表 4.2.2 再生水用作冷却用水的水质控制指标

序号	项目 \ 分类 标准值		直流冷却水	循环冷却系统补充水
1	pH		6.0~9.0	6.5~9.0
2	SS (mg/L)	≤	30	—
3	浊度（NTU）	≤	—	5
4	BOD_5 (mg/L)	≤	30	10
5	COD_{cr} (mg/L)	≤	—	60
6	铁 (mg/L)	≤	—	0.3
7	锰 (mg/L)	≤	—	0.2
8	Cl^- (mg/L)	≤	300	250
9	总硬度（以$CaCO_3$计 mg/L）	≤	850	450
10	总碱度（以$CaCO_3$计 mg/L）	≤	500	350
11	氨氮 (mg/L)	≤	—	10①
12	总磷（以P计 mg/L）	≤	—	1
13	溶解性总固体 (mg/L)	≤	1000	1000
14	游离余氯 (mg/L)		末端0.1~0.2	末端0.1~0.2
15	粪大肠菌群（个/L）	≤	2000	2000

① 当循环冷却系统为铜材换热器时，循环冷却系统水中的氨氮指标应小于1mg/L。

4.2.3 再生水用于工业用水中的洗涤用水、锅炉用水、工艺用水、油田注水时，其水质应达到相应的水质标准。当无相应标准时，可通过试验、类比调查或参照以天然水为水源的水质标准确定。

4.2.4 再生水用于城市用水中的冲厕、道路清扫、消防、城市绿化、车辆冲洗、建筑施工等城市杂用水时，其水质可按表4.2.4指标控制。

表 4.2.4 城镇杂用水水质控制指标

序号	项目 指标	冲厕	道路清扫消防	城市绿化	车辆冲洗	建筑施工
1	pH	6.0~9.0				
2	色度（度） ≤	30				
3	嗅	无不快感				
4	浊度（NTU） ≤	5	10	10	5	20
5	溶解性总固体 (mg/L) ≤	1500	1500	1000	1000	—
6	五日生化需氧量 (BOD_5)(mg/L) ≤	10	15	20	10	15
7	氨氮(mg/L) ≤	10	10	20	10	20
8	阴离子表面活性剂 (mg/L) ≤	1.0	1.0	1.0	0.5	1.0

续表 4.2.4

序号	指标	冲厕	道路清扫消防	城市绿化	车辆冲洗	建筑施工
8	铁（mg/L）≤	0.3	—	—	0.3	—
9	锰（mg/L）≤	0.1	—	—	0.1	—
10	溶解氧（mg/L）≥	1.0				
11	总余氯（mg/L）	接触30min后≥1.0,管网末端≥0.2				
12	总大肠菌群（个/L）≤	3				

注：混凝土拌合用水还应符合 JGJ 63 的有关规定。

4.2.5 再生水作为景观环境用水时，其水质可按表4.2.5 指标控制。

表 4.2.5 景观环境用水的再生水水质控制指标（mg/L）

序号	项目	观赏性景观环境用水			娱乐性景观环境用水		
		河道类	湖泊类	水景类	河道类	湖泊类	水景类
1	基本要求	无漂浮物，无令人不愉快的嗅和味					
2	pH	6～9					
3	五日生化需氧量(BOD₅)≤	10	6		6		
4	悬浮物（SS）≤	20	10		—		
5	浊度（NTU）≤	—			5.0		
6	溶解氧 ≥	1.5			2.0		
7	总磷（以P计）≤	1.0	0.5		1.0	2.0	
8	总氮 ≤	15					
9	氨氮（以N计）≤	5					
10	粪大肠菌群（个/L）≤	10000	2000	500	不得检出		
11	余氯①	0.05					
12	色度（度）≤	30					
13	石油类 ≤	1.0					
14	阴离子表面活性剂 ≤	0.5					

① 氯接触时间不应低于30分钟的余氯。对于非加氯消毒方式无此项要求。

注：1 对于需要通过管道输送再生水的非现场回用情况必须加氯消毒；而对于现场回用情况不限制消毒方式。
2 若使用未经过除磷脱氮的再生水作为景观环境用水，鼓励使用本标准的各方在回用地点积极探索通过人工培养具有观赏价值水生植物的方法，使景观水体的氮磷满足表1 的要求，使再生水中的水生植物有经济合理的出路。

4.2.6 当再生水同时用于多种用途时，其水质标准应按最高要求确定。对于向服务区域内多用户供水的城市再生水厂，可按用水量最大的用户的水质标准确定；个别水质要求更高的用户，可自行补充处理，直至达到该水质标准。

5 污水再生利用系统

5.0.1 城市污水再生利用系统一般由污水收集、二级处理、深度处理、再生水输配、用户用水管理等部分组成，污水再生利用工程设计应按系统工程综合考虑。

5.0.2 污水收集系统应依靠城市排水管网进行，不宜采用明渠。

5.0.3 再生水处理工艺的选择及主要构筑物的组成，应根据再生水水源的水质、水量和再生水用户的使用要求等因素，宜按相似条件下再生水厂的运行经验，结合当地条件，通过技术经济比较综合研究确定。

5.0.4 出水供给再生水厂的二级处理的设计应安全、稳妥，并应考虑低温和冲击负荷的影响。当采用活性污泥法时，应有防止污泥膨胀措施。当再生水水质对氮磷有要求时，宜采用二级强化处理。

5.0.5 回用系统中的深度处理，应按照技术先进、经济合理的原则，进行单元技术优化组合。在单元技术组合中，过滤起保障再生水水质作用，多数情况下是必需的。

5.0.6 再生水厂应设置溢流和事故排放管道。当溢流排放排入水体时，应满足相应水体水质排放标准的要求。

5.0.7 再生水厂供水泵站内工作泵不得少于2台，并应设置备用泵。

5.0.8 水泵出口宜设置多功能水泵控制阀，以消除水锤和方便自动化控制。当供水量和水压变化大时，宜采取调控措施。

5.0.9 再生水厂产生的污泥，可由本厂自行处理，也可送往其他污水处理厂集中处理。

5.0.10 再生水厂应按相关标准的规定设置防爆、消防、防噪、抗震等设施。

5.0.11 污水处理厂和再生水厂厂内除职工生活用水外的自用水，应采用再生水。

5.0.12 再生水的输配水系统应建成独立系统。

5.0.13 再生水输配水管道宜采用非金属管道。当使用金属管道时，应进行防腐蚀处理。再生水用户的配水系统宜由用户自行设置。当水压不足时，用户可自行增建泵站。

5.0.14 再生水用户的用水管理，应根据用水设施的要求确定。当用于工业冷却时，一般包括水质稳定处理、菌藻处理和进一步改善水质的其他特殊处理，其处理程度和药剂的选择，可由用户通过试验或参照相似条件下循环水厂的运行经验确定。当用于城镇杂用水和景观环境用水时，应进行水质水量监测、补充消毒、用水设施维护等工作。

6 再生处理工艺与构筑物设计

6.1 再生处理工艺

6.1.1 城市污水再生处理，宜选用下列基本工艺：
 1 二级处理—消毒；
 2 二级处理—过滤—消毒；
 3 二级处理—混凝—沉淀（澄清、气浮）—过滤—消毒；
 4 二级处理—微孔过滤—消毒。

6.1.2 当用户对再生水水质有更高要求时，可增加深度处理其他单元技术中的一种或几种组合。其他单元技术有：活性炭吸附、臭氧-活性炭、脱氨、离子交换、超滤、纳滤、反渗透、膜-生物反应器、曝气生物滤池、臭氧氧化、自然净化系统等。

6.1.3 混凝、沉淀、澄清、气浮工艺的设计宜符合下列要求：

1 絮凝时间宜为 10～15min。

2 平流沉淀池沉淀时间宜为 2.0～4.0h，水平流流速可采用 4.0～10.0mm/s。

3 澄清池上升流速宜为 0.4～0.6mm/s。

4 当采用气浮池时，其设计参数，宜通过试验确定。

6.1.4 滤池的设计宜符合下列要求：

1 滤池的进水浊度宜小于10NTU。

2 滤池可采用双层滤料滤池、单层滤料滤池、均质滤料滤池。

3 双层滤料滤池滤料可采用无烟煤和石英砂。滤料厚度：无烟煤宜为 300～400mm，石英砂宜为 400～500mm。滤速宜为 5～10m/h。

4 单层石英砂滤料滤池，滤料厚度可采用 700～1000mm，滤速宜为 4～6m/h。

5 均质滤料滤池，滤料厚度可采用 1.0～1.2m，粒径 0.9～1.2mm，滤速宜为 4～7m/h。

6 滤池宜设气水冲洗或表面冲洗辅助系统。

7 滤池的工作周期宜采用 12～24h。

8 滤池的构造形式，可根据具体条件，通过技术经济比较确定。

9 滤池应备有冲洗滤池表面污垢和泡沫的冲洗水管。滤池设在室内时，应设通风装置。

6.1.5 当采用曝气生物滤池时，其设计参数可参照类似工程经验或通过试验确定。

6.1.6 混凝沉淀、过滤的处理效率和出水水质可参照国内外已建工程经验确定。

6.1.7 城市污水再生处理可采用微孔过滤技术，其设计宜符合下列要求：

1 微孔过滤处理工艺的进水宜为二级处理的出水。

2 微滤膜前根据需要可设置预处理设施。

3 微滤膜孔径宜选择 $0.2\mu m$ 或 $0.1～0.2\mu m$。

4 二级处理出水进入微滤装置前，应投加抑菌剂。

5 微滤出水应经过消毒处理。

6 微滤系统当设置自动气水反冲系统时，空气反冲压力宜为 600kPa，并宜用二级处理出水辅助表面冲洗。也可根据膜材料，采用其他冲洗措施。

7 微滤系统宜设在线监测微滤膜完整性的自动测试装置。

8 微滤系统宜采用自动控制系统，在线监测过膜压力，控制反冲洗过程和化学清洗周期。

9 当有除磷要求时宜在微滤系统前采用化学除磷措施。

10 微滤系统反冲洗水应回流至污水处理厂进行再处理。

6.1.8 污水经生物除磷工艺后，仍达不到再生水水质要求时，可选用化学除磷工艺，其设计宜符合下列要求：

1 化学除磷设计包括药剂和药剂投加点的选择，以及药剂投加量的计算。

2 化学除磷的药剂宜采用铁盐或铝盐或石灰。

3 化学除磷采用铁盐或铝盐时，可选用前置沉淀工艺、同步沉淀工艺或后沉淀工艺；采用石灰时，可选前置沉淀工艺或后沉淀工艺，并应调整 pH 值。

4 铁盐作为絮凝剂时，药剂投加量为去除 1 摩尔磷至少需要 1 摩尔铁（Fe），并应乘以 2～3 倍的系数，该系数宜通过试验确定。

5 铝盐作为絮凝剂时，药剂用量为去除 1 摩尔磷至少需 1 摩尔铝（Al），并应乘以 2～3 倍的系数，该系数宜通过试验确定。

6 石灰作为絮凝剂时，石灰用量与污水中碱度成正比，并宜投加铁盐作助凝剂。石灰用量与铁盐用量宜通过试验确定。

7 化学除磷设备应符合计量准确、耐腐蚀、耐用及不堵塞等要求。

6.1.9 污水处理厂二级出水经混凝、沉淀、过滤后，其出水水质仍达不到再生水水质要求时，可选用活性炭吸附工艺，其设计宜符合下列要求：

1 当选用粒状活性炭吸附处理工艺时，宜进行静态选炭及炭柱动态试验，根据被处理水水质和再生水水质要求，确定用炭量、接触时间、水力负荷与再生周期等。

2 用于污水再生处理的活性炭，应具有吸附性能好、中孔发达、机械强度高、化学性能稳定、再生后性能恢复好等特点。

3 活性炭使用周期，以目标去除物接近超标时为再生的控制条件，并应定期取炭样检测。

4 活性炭再生宜采用直接电加热再生法或高温加热再生法。

5 活性炭吸附装置可采用吸附池，也可采用吸附罐。其选择应根据活性炭吸附池规模、投资、现场条件等因素确定。

6 在无试验资料时，当活性炭采用粒状炭（直径 1.5mm）情况下，宜采用下列设计参数：

接触时间≥10min；

炭层厚度 1.0～2.5m；

滤速 7～10m/h；

水头损失 0.4～1.0m；

活性炭吸附池冲洗：经常性冲洗强度为 15～

20L/m²·s，冲洗历时 10～15min，冲洗周期 3～5天，冲洗膨胀率为 30%～40%；除经常性冲洗外，还应定期采用大流量冲洗；冲洗水可用砂滤水或炭滤水，冲洗水浊度<5NTU。

7 当无试验资料时，活性炭吸附罐宜采用下列设计参数：

　　接触时间 20～35min；

　　炭层厚度 4.5～6m；

　　水力负荷 2.5～6.8L/m²·s（升流式），2.0～3.3L/m²·s（降流式）；

　　操作压力每 0.3m 炭层 7kPa。

6.1.10 深度处理的活性炭吸附、脱氨、离子交换、折点加氯、反渗透、臭氧氧化等单元过程，当无试验资料时，去除效率可参照相似工程运行数据确定。

6.1.11 再生水厂应进行消毒处理。可以采用液氯、二氧化氯、紫外线等消毒。当采用液氯消毒时，加氯量按卫生学指标和余氯量控制，宜连续投加，接触时间应大于 30min。

6.2 构筑物设计

6.2.1 再生处理构筑物的生产能力应按最高日供水量加自用水量确定，自用水量可采用平均日供水量的 5%～15%。

6.2.2 各处理构筑物的个（格）数不应少于 2 个（格），并宜按并联系列设计。任一构筑物或设备进行检修、清洗或停止工作时，仍能满足供水要求。

6.2.3 各构筑物上面的主要临边通道，应设防护栏杆。

6.2.4 在寒冷地区，各处理构筑物应有防冻措施。

6.2.5 再生水厂应设清水池，清水池容积应按供和用水曲线确定，不宜小于日供水量的 10%。

6.2.6 再生水厂和工业用户，应设置加药间、药剂仓库。药剂仓库的固定储备量可按最大投药量的 30 天用量计算。

7 安全措施和监测控制

7.0.1 污水回用系统的设计和运行应保证供水水质稳定、水量可靠和用水安全。再生水厂设计规模宜为二级处理规模的 80% 以下。工业用水采用再生水时，应以新鲜水系统作备用。

7.0.2 再生水厂与各用户应保持畅通的信息传输系统。

7.0.3 再生水管道严禁与饮用水管道连接。再生水管道应有防渗防漏措施，埋地时应设置带状标志，明装时应涂上有关标准规定的标志颜色和"再生水"字样。闸门井井盖应铸上"再生水"字样。再生水管道上严禁安装饮水器和饮水龙头。

7.0.4 再生水管道与给水管道、排水管道平行埋设时，其水平净距不得小于 0.5m；交叉埋设时，再生水管道应位于给水管道的下面、排水管道的上面，其净距均不得小于 0.5m。

7.0.5 不得间断运行的再生水厂，其供电应按一级负荷设计。

7.0.6 再生水厂的主要设施应设故障报警装置。有可能产生水锤危害的泵站，应采取水锤防护措施。

7.0.7 在再生水水源收集系统中的工业废水接入口，应设置水质监测点和控制闸门。

7.0.8 再生水厂和用户应设置水质和用水设备监测设施，监测项目和监测频率应符合有关标准的规定。

7.0.9 再生水厂主要水处理构筑物和用户用水设施，宜设置取样装置，在再生水厂出厂管道和各用户进户管道上应设计计量装置。再生水宜采用仪表监测和自动控制。

7.0.10 回用系统管理操作人员应经专门培训。各工序应建立操作规程。操作人员应执行岗位责任制，并应持证上岗。

本规范用词用语说明

1 为便于在执行本规范条文时区别对待，对要求严格程度不同的用词说明如下：

　　1）表示很严格，非这样作不可的：正面词采用"必须"，反面词采用"严禁"。

　　2）表示严格，在正常情况下均应这样作的：正面词采用"应"；反面词采用"不应"或"不得"。

　　3）表示允许稍有选择，在条件许可时首先应这样作的：正面词采用"宜"或"可"；反面词采用"不宜"。

2 条文中指定应按其他有关标准执行的写法为："应符合……的规定"或"应按……执行"。

中华人民共和国国家标准

污水再生利用工程设计规范

GB 50335—2002

条 文 说 明

目 次

1 总则 …………………………………… 18—11
2 术语 …………………………………… 18—11
3 方案设计基本规定 …………………… 18—11
4 污水再生利用分类和水质控制
    指标 …………………………………… 18—12
    4.1 污水再生利用分类 ……………… 18—12
    4.2 水质控制指标 …………………… 18—13
5 污水再生利用系统 …………………… 18—14
6 再生处理工艺与构筑物设计 ………… 18—14
    6.1 再生处理工艺 …………………… 18—14
    6.2 构筑物设计 ……………………… 18—16
7 安全措施和监测控制 ………………… 18—16

1 总　　则

1.0.1 本条是编制本规范的宗旨。中国水资源总量为28000亿 m³，按1997年人口统计，人均水资源量为2220m³，预测2030年人口增至16亿时，人均水资源量将降到1760m³。按国际一般标准，人均水资源少于1700m³为用水紧张的国家。因此，我国未来水资源形势是非常严峻的。水已经成为制约国民经济发展和人民生活水平提高的重要因素。

一方面城市缺水十分严重，一方面大量的城市污水白白流失，既浪费了资源，又污染了环境，与城市供水量几乎相等的城市污水中，只有0.1%的污染物质，比海水3.5%的污染少得多，其余绝大部分是可再利用的清水。水在自然界中是惟一不可替代、也是惟一可以重复利用的资源。城市污水就近可得，易于收集。再生处理比海水淡化成本低廉，处理技术也比较成熟，基建投资比远距离引水经济得多。当今世界各国解决缺水问题时，城市污水被选为可靠的第二水源，在未被充分利用之前，禁止随意排到自然水体中去。

污水再生利用在国外规模很大，历史很长。我国近些年来，随着对水危机认识的提高，城市污水再生利用已被各级领导高度重视。今后污水再生利用工程会日渐增多，再生利用规模会越来越大，对污水再生利用工程设计规范的要求也日渐迫切。本规范的制订，是十分及时和必要的。本规范的编制原则是，立足当前，着眼未来，从具体国情出发，借鉴国外经验，提倡工艺成熟易于推广的技术。

1.0.2 本条是本规范的适用范围。污水再生利用的最大用户是农业用水。再生水农业灌溉是污水再生利用的重要方面，在我国有悠久历史，有成功经验也有失败教训，尚需进行科学总结。污水再生利用在城市的最大用户是工业，城市用水中80%是工业用水，工业用水中80%又是水质要求不高的冷却水。以再生水替代自来水用于工业冷却，在技术上和工程上都易于实现，在规模上又足以缓解城市供水紧张状况；其次是城市杂用水、景观环境用水等，随着城市建设的发展，这方面用水也会越来越多。污水再生利用的其他方面，如用再生水补充饮用水水源，作为生活饮用水直接或间接使用等；这些方面考虑到处理成本和人们心理障碍等因素，在一定时间内难以推广，故本规范未做规定。

1.0.3 本条强调应将处理后的再生水，应作为城市用水的一种潜在水源予以积极开发利用，并将再生水与天然水统一进行管理和调配。在解决城市缺水问题时，应优先考虑城市污水再生利用。污水再生利用方案未得到充分论证之前，不能舍近求远兴建远距离调水工程。水资源优化配置的顺序应是：本地天然水、再生水、雨水、境外引水、淡化海水。

1.0.4 作好再生水用户调查，取得用户理解和支持，使用户愿意接受再生水，是落实污水再生利用的重要环节。这样确定再生水设计水量和水质才能符合实际，最大限度地发挥污水再生利用工程的效益。

1.0.5 用水安全可靠作为总则的一条提出，引起设计人员重视。

1.0.5 再生处理技术，是跨学科技术，涉及给水处理和污水处理内容，与二者既有联系又有区别。本规范未尽事宜，可参照《室外排水设计规范》和《室外给水设计规范》。对于冷却水来说，可参照《工业循环冷却水处理设计规范》。当城市再生水厂出水供给建筑物或小区使用时，可参照《建筑中水设计规范》。

2 术　　语

2.0.2 二级强化处理通常指具有生物除磷，生物脱氮，生物脱氮除磷功能的工艺。

2.0.3 深度处理，也称作高级处理、三级处理，一般是污水再生必需的处理工艺。它是将二级处理出水再进一步进行物理化学处理，以更有效地去除污水中各种不同性质的杂质，从而满足用户对水质的使用要求。

2.0.4、2.0.5 长期以来，"污水"一词使人们心理上总是与"污浊的"、"肮脏的"词语相联系，无论处理得怎样好，也只能排放，不能回用。应该改变习惯叫法。这里把处理后的水叫"再生水"（回用水、回收水、中水），以污水再生利用为目的的污水处理厂叫"再生水厂"，这样一方面定义准确，另一方面也有利于树立人们的正确观念。

3 方案设计基本规定

3.0.1 污水再生利用工程的方案设计，是设计过程中的基础性工作。在我国污水再生利用的初期阶段，方案设计工作更显得重要。方案设计要详实可靠，特别要把用户落实工作做好，为工程审批提供充分依据。

风险评价主要是从卫生学、生态学和安全角度，就再生水对人体健康、生态环境、用户的设备和产品等方面的影响作出评价。

3.0.2 城市污水是排入城市排水管网的全部污水的统称。包括生活污水、部分工业废水和合流制管道截留的雨水。一般情况下，城市污水都可作为再生水水源。

再生水水源必须保证对后续再生利用不产生危害。生物处理和常规深度处理难以去除的氯化物、色度、高浓度氨氮、总溶解固体等，都会影响再生利用效果，排污单位必须搞好预处理，达到有关标准后才能进入市政排水系统，否则只能单独排放。

3.0.3 不同城市的城市污水水质差异很大，沿海城市的氯离子含量高，南方用水定额高的城市有机物含量低，节水型城市有机物含量高。表1列出了部分城市的污水水质，供参考。

表1　部分城市污水水质

城市	pH	色度	COD	BOD$_5$	氨氮	总磷	硬度	Cl$^-$	总固体	SS	总氮
大连	7.5	90	608	223	34	10	245	188	802	255	43
青岛	6.4~7.5		169~1293	223~704	19~96		230~550	200~2400	804~2134	244~809	
太原	7.9		332	243	35		265	57	725	116	
威海	6.9		482	246	48	12	—	800	—	194	51
天津	7.3	100	362	143	32	4	219	159	TDS 757	146	43
邯郸			183	134	22	9				160	50
广州	7.6		84~140	3.2~60	2~3					31~318	15~27
沈阳			442	167						206	37
长春	6.7~7.6		550~718	203~401	30	5~8		124	TDS 422~843	240~463	

注：除pH和色度外，单位为mg/L。

3.0.4 再生水用户的确定可分为调查、筛选和确定三个阶段。

1　调查阶段：主要工作是收集现状资料，确定可供再生利用的全部污水以及使用再生水的全部潜在用户。这一阶段需要和当地供水部门讨论主要潜在用户的情况。然后与这些用户联系。与供水部门和潜在用户建立良好的工作关系是很重要的。潜在用户关心再生水水质、供水可靠性、政府对使用再生水的规章制度，以及有无能力支付管线连接费或增加处理设施所需费用。

这阶段应予回答的问题主要有：

1) 再生水在当地有哪些潜在用户？
2) 与污水再生利用相关的公众健康问题，如何解决？
3) 污水再生利用有哪些潜在的环境影响？
4) 哪些法律、法规会影响污水再生利用？
5) 哪些机构将审查批准污水再生利用计划的实施？
6) 再生水供应商和用户有哪些法律责任？
7) 现在新鲜水的成本是多少？将来可能是多少？
8) 有哪些资金可支持污水再生利用计划？
9) 污水再生利用系统哪些部分会引起用户兴趣与支持？

2　筛选阶段：按用水量大小、水质要求、经济上的考虑对上阶段被确认的潜在用户分类排队，筛选出若干候选用户。筛选用户的主要标准应是：

1) 用水量大小，这是因为大用水户的位置常常决定再生水管线的走向和布置，甚至规模也可大致确定；

2) 用户分布情况，用户集中在一个区域内或一条输水管沿线会影响再生水厂选址和输水管布置；

3) 用户水质要求。通过分类排队可以发现一些明显有可能的用户。筛选时，除了比较各用户的总费用外，还应在技术可行性、再生水与新鲜水成本、能节约多少新鲜水水量、改扩建的灵活性、投加药剂和消耗能源水平等方面进行比较。经过上述比较，可从中挑选出若干最有价值的候选用户。

3　确定用户阶段：这个阶段应研究各个用户的输水线路和蓄水要求，修正对这些用户输送再生水所需的费用估算；对不同的筹资进行比较，确定用户使用成本；比较每个用户使用新鲜水和再生水的成本。需要处理的问题有：

1) 每个用户对再生水水质有何特殊要求？他们能容忍的水质变化幅度有多大？
2) 每个用户需水量的日、季变化情况。
3) 需水量的变化是用增大水泵能力，还是通过蓄水来解决？确定蓄水池大小及设置地点。
4) 如果需对再生水作进一步处理，谁拥有和管理这些增加的处理设施？
5) 区域内工业污染源控制措施如何？贯彻这些控制措施，能否简化再生水处理工艺？
6) 每个系统中潜在用户需水的"稳定性"如何？它们是否会搬迁？生产工艺会不会有变化，以致影响污水再生利用？
7) 农业用户使用再生水是否需改变灌溉方法？
8) 潜在资助机构进行资助的条件和要求是什么？
9) 在服务范围内的用户如何分摊全部费用？
10) 如用户必须投资建造处理构筑物等设施，他们可接受的投资回收期是多少年？每个系统中的用户须付多少连接再生水管的费用？

在进行上述技术经济分析后，可确定用户。

3.0.5 为使工程规模达到经济合理，很可能高峰时再生水需水量大于供水量，此时用户可用新鲜水补足；有时再生水不能满足用户水质要求，或发生设备事故停水时，仍需用户用新鲜水补足。

3.0.6 再生水生产设施可由已建成的城市污水厂改扩建，增加深度处理部分来实现；也可在新建污水处理厂中包括污水再生利用部分；或单独建设污水完全再生利用的再生水厂。从污水再生利用角度出发，再生水厂不宜过于集中，可根据城市规划，考虑到用户位置分散布局。

4　污水再生利用分类和水质控制指标

4.1　污水再生利用分类

4.1.1 污水再生利用分类是确定再生水水质控制指

标体系的依据，合理分类有助于科学安全用水。

4.2 水质控制指标

4.1.2 《农田灌溉水质标准》（GB 5084）已包括处理后的城市污水作为农田灌溉用水的水质要求。

4.2.2 这条提出了污水再生利用面广量大的冷却水水质控制指标。

在冷却用水中，再生水作为直流冷却水水质控制指标提出的依据见表2。

表2 再生水用作直流冷却水水质控制指标的依据

项 目	本规范规定	美国国家科学院	天津大学试验	大连示范工程	美国1992年建议
pH值	6.0~9.0	5.0~8.3	6.0~9.0	7~8	6.0~9.0
SS (mg/L)	30	—	10	6	30
BOD_5 (mg/L)	30	—	—	5	30
COD_{cr} (mg/L)	—	75	60	60	—
Cl^- (mg/L)	300	600	300	220	—
总硬度（以$CaCO_3$计 mg/L）	850	850	350	280	—
总碱度（以$CaCO_3$计 mg/L）	500	—	350	260	—
溶解性总固体 (mg/L)	1000	1000	803	906	—

主要依据美国1972年和1992年提出的水质标准，天津大学在"七·五"科技攻关中的试验数据，以及大连示范工程实际运行数据。一般来说，二级出水可基本上满足直流冷却水的水质要求，但为了保证输水管道和用水设备长期不淤塞和产生故障，二级出水宜再过滤和杀菌，然后用作直流冷则更为安全。

在冷却用水中，再生水作为循环冷却系统补充水水质控制指标提出的依据见表3。工业用水是城市污水再生利用的主要用途之一，特别是循环冷却系统补充水。冷却水与锅炉用水、工艺用水相比较，水质要求不高。日本、美国污水再生利用已有三十年的实践经验，至今经久不衰。这次规范的编制，是在总结国家"七五"、"八五"科技攻关经验基础上，参照国外相关标准导则对原规范进行修订的。这次增加了氮磷指标，对循环冷却水系统运行有利。考虑我国目前污水处理厂二级出水水质已有氮磷指标要求，该二项指标对于城市再生水厂来说，基本可以达到。表中卫生学指标只考虑再生水对环境的影响，而在循环系统内的杀菌要求，由用户自行解决。该控制指标能够保证用水设备在常用浓缩倍数情况下不产生腐蚀、结垢和微生物粘泥等障碍。用户可根据水质状况进行循环水系统管理，个别水质要求高的用户，也可针对个别指标作补充处理。

表3 再生水作为循环冷却系统补充水水质标准的依据

项目	本规范规定	美国国家科学院	日本东京工业水道	大连示范工程	天津大学试验	中石化研究院生产试验	燕山石化研究院试验	清华大学试验	生活饮用水标准
pH	6.0~9.0	—	6.4~7.0	7~8	6~9	7.5	6.6~8.5	6~8	6.5~8.5
浊度(NTU)	5	SS100	1~15	3	5~20	—	1	10	3
BOD_5 (mg/L)	10	—	—	5	—	—	5	—	—
COD_{cr} (mg/L)	60	75	—	60	40~60	50.6	20~56	80	—
铁 (mg/L)	0.3	0.5	0.13~0.67	0.1	—	—	—	—	0.3
锰 (mg/L)	0.2	—	0.1	—	—	—	—	—	0.1
Cl^-	250	500	96~960	220	300	108.1	58~116	200	250
总硬度（以$CaCO_3$计 mg/L）	450	650	131~344	280	200~350	74	152~227	150	450
总碱度（以$CaCO_3$计 mg/L）	350	350	—	260	150~350	115.8	90~360	—	—
氨氮	10	—	—	—	1~5	15	0.1~28	—	—
总磷（以P计）(mg/L)	1	—	—	—	—	0.8	0.1~1.3	—	—
溶解性总固体 (mg/L)	1000	500	名古屋930	903	—	461	423~1155	800	1000

4.2.3 再生水用于工业上生产工艺用水，目前很难提出众多行业的使用再生水的水质标准。因为工业部门各行业工艺条件差异很大，用水水质要求不同，需要在大量实践基础上才能编制出来。再生水用于锅炉用水，对硬度和含盐量要求很高，需增加软化或除盐处理，常采用离子交换或膜技术，其费用一般超过对天然水的处理费用。再生水用于锅炉用水的水质标准，应和以天然水作为水源的水质标准相一致。

4.2.4 再生水厂出水可以满足厂内杂用水需要，还可向周围建筑群和居民小区提供生活杂用水（中水）。随着城市建设的发展，市政建设用水，如冲厕、道路清扫、消防、城市绿化、车辆冲洗和建筑施工用水等也逐渐增多，城市再生水厂能够很好地提供这方面用水。

4.2.5 这条提出了再生水作为景观环境用的水质控制指标。

就景观水体而言，要严格考虑污染物对水体美学价值的影响，因此处理工艺在二级处理的基础上，必要时要考虑包括除磷、过滤、消毒等二级以上的处理。一方面降低有机污染负荷，防止水体发生黑臭，影响美学效果；另一方面控制富营养化的程度，提高水体的感观效果；还要满足卫生要求，保证人体健康。

4.2.6 以用水量最大的用户确定城市再生水厂的工艺流程是合理的。高于此标准的,可在用户内部作相应补充处理;低于此标准的,一方面水量不大,另方面使用较高标准的再生水效果会更好,而费用又增加不多。

5 污水再生利用系统

5.0.1 污水再生利用是个系统工程,它将排水和给水联系起来,实现水资源的良性循环,有利于促进城市水资源的动态循环。污水再生利用工程关联到公用、城建、工业和规划等多部门多行业,要统筹兼顾,综合实施。

5.0.3 再生工艺的选择是回用设计的核心,必须在试验或资料可靠基础上慎重进行选择,设计标准过高,会使投资增大,运行费用偏高,增加供水成本和用户负担;设计标准过低,会使再生水水质不能达标,影响用户使用。

5.0.4 活性污泥法的污泥膨胀会对后续再生处理造成严重影响,所以特别提出要有防止措施,如设立厌氧段抑制污泥膨胀。在二级处理中采用脱氮除磷工艺,对提高再生水水质有利。

5.0.5 深度处理技术中,采用了某些给水处理单元技术,虽然与给水形式上相似,但水源不同,设计中应充分注意以污水为水源和以天然水为水源的水质差异,深度处理设计不能简单套用给水设计。

5.0.8 多功能水泵控制阀具有水力自动控制、启泵时缓开,停泵时先快闭后缓开的特点,并兼有水泵出口处水锤消除器、闸(蝶)阀、止回阀三种产品的功能,是一种新型两阶段关闭的阀门。多功能水泵控制阀技术要求见城镇建设行业标准《多功能水泵控制阀》(CJ/T 167)。

5.0.11 污水处理厂和再生水厂的自用水量很大,如消泡、溶药、空压机冷却、脱水机冲洗、绿化和办公楼内杂用水等。厂内使用再生水既经济又方便。

5.0.14 再生水用户的用水管理也是非常重要的。例如在工业冷却用水上,选择合适的水质稳定剂,杀菌灭藻剂,确立恰当的运行工况,会减轻因使用再生水可能带来的负面影响。在污水再生利用工程设计中,对再生水用户应明确提出用水管理要求,再生水用水设施要和再生处理设施同时施工,同时投产。

6 再生处理工艺与构筑物设计

6.1 再生处理工艺

6.1.1 为了保证污水再生利用设计科学合理、经济可靠,这里根据国内外工程实例,提出了再生处理的基本工艺供选用。

1 二级处理加消毒工艺可以用于农灌用水和某些环境用水。

2 美国二级处理早已普及,现普遍在二级处理后增加过滤工艺。

3 二级处理加混凝、沉淀、过滤、消毒工艺,是国内外许多工程常用的再生工艺。日本名古屋、东京、大阪以及我国大连、北京等污水再生利用工程都是如此。

4 近年来微孔膜过滤技术开始应用,其出水效果比砂滤更好。

上述基本工艺可满足当前大多数用户的水质要求。

6.1.2 随着再生利用范围的扩大,优质再生水将是今后发展方向,深度处理技术,特别是膜技术的迅速发展展示了污水再生利用的广阔前景,补给给水水源也将会变为现实。污水再生的基本工艺也会随着改变。

6.1.3 本条设计参数是依据污水再生利用工程实际运行数据提出的。污水的絮凝时间较天然水絮凝时间短,形成的絮体较轻,不易沉淀,所以沉淀池和澄清池的设计参数与常规给水不同。

6.1.4 滤池是再生水水质把关的构筑物,其设计要注意稳妥,留有应变余地。凡在给水上可采用的各种池型或各种滤料,在深度处理上也可采用,但设计参数要通过试验取得。

滤池设置在室内时,应安装通风装置。应经常清洗滤池表面污垢。

6.1.5 曝气生物滤池近年来得到发展,将其列入本规范中。

6.1.6 为了便于污水再生利用工程设计计算,表4给出了深度处理常用的混凝沉淀、过滤的处理效率和出水水质。

表4 二级出水进行沉淀过滤的处理效率与出水水质

项目	处理效率(%)			出水水质(mg/L)
	混凝沉淀	过滤	综合	
浊度	50~60	30~50	70~80	3~5(NTU)
SS	40~60	40~60	70~80	5~10
BOD_5	30~50	25~50	60~70	5~10
COD_{cr}	25~35	15~25	35~45	40~75
总氮	5~15	5~15	10~20	—
总磷	40~60	30~40	60~80	1
铁	40~60	40~60	60~80	0.3

6.1.7 微孔过滤是一种较常规过滤更有效的过滤技术。微滤膜具有比较整齐、均匀的多孔结构。微滤的基本原理属于筛网状过滤,在静压差作用下,小于微

滤膜孔径的物质通过微滤膜，而大于微滤膜孔径的物质则被截留到微滤膜上，使大小不同的组分得以分离。

微孔过滤工艺在国外许多污水再生利用工程中得到了实际应用，例如：澳大利亚悉尼奥运村污水再生利用、新加坡务德区污水厂污水再生利用、日本索尼显示屏厂污水再生利用、美国West Basin市污水再生利用等工程。由于微滤技术属于高科技集成技术，因此，宜采用经过验证的微滤系统，设备生产商需有不少于3年的制作及系统运行经验。

1 二级处理出水应符合国家《污水综合排放标准》的要求。

2 微滤系统对进水中的悬浮物质虽有较好的适应性，但为了保证微滤系统更加高效运行，延长微滤膜的使用寿命，宜在微滤系统之前采用粗滤（一般孔径为$500\mu m$）装置。

3 由于微生物中一些细菌的大小只有$0.5\mu m$，故为了防止细菌穿透微滤膜，应选择孔径为$0.2\mu m$或$0.2\mu m$以下的微滤膜。

4 向二级出水中投加少量抑菌剂（如氯氨等）是为了抑制管路及膜组件内微生物的过分生长。

5 微滤膜虽然具有高效的除菌能力，并同时能减少采用大量液氯消毒时产生的致癌副产物，但为了确保再生水的安全性，在微滤系统之后仍然要采用必要的消毒处理措施，如采用臭氧、紫外线或液氯消毒。

6 采用空气反冲是指压缩空气由微滤膜内向外将附着在微滤膜上的杂质和沉积物冲掉，然后用二级出水进行微滤膜表面辅助冲洗。这种反冲方式能够在短时间内有效地去除微滤膜内外的杂质和沉积物，并能够再生微滤膜表层的过滤功能，延长微滤膜使用寿命，具有低耗能和反冲不需使用滤后水的特点。

7 微滤系统的膜完整性自动测试装置，只是需要较少的测试设备就可以在线监测到微滤膜的破损情况，预知故障的发生，监测结果准确，从而能够保证处理出水的水质。

8 微滤系统的过膜压力是指微滤膜前后的压力差，实际中可以通过设定的过膜压力来启动反冲系统；当过膜压力达到100kPa时，则需要对微滤膜进行化学清洗。

9 在有除磷要求时，可在微滤系统前采用化学除磷措施，通过投加化学絮凝剂来形成不溶性磷酸盐沉淀物，再利用微滤膜来截留所形成的不溶性磷酸盐沉淀物。

10 微滤系统反冲水是采用二级处理出水，反冲后不能直接排放，需要回流至污水处理厂前端汇入原污水中，与原污水一并进行处理。

6.1.8 当再生水水质对磷的指标要求较高，采用生物除磷不能达到要求时，应考虑增加化学除磷工艺。化学除磷是指向污水中投加无机金属盐药剂，与污水中溶解性磷酸盐混合后形成颗粒状非溶解性物质，使磷从污水中去除的方法。

1 化学除磷处理工艺设计必须具备设计所需的基础资料。基础资料应包括二级污水处理厂的设计污水量、再生水量及它们的变化系数，处理厂进出水中磷、碱度的含量，再生利用对磷及其他指标的要求等。

2 常用的铁盐絮凝剂有：硫酸亚铁、氯化硫酸铁和三氯化铁；常用铝盐絮凝剂有硫酸铝、氯化铝和聚合氯化铝；当污水中磷的含量较高时，宜采用石灰作为絮凝剂，并用铁盐作为助凝剂。

3 化学除磷工艺分为前置沉淀工艺、同步沉淀工艺和后沉淀工艺。前置沉淀工艺和同步沉淀工艺宜采用铁盐或铝盐作为絮凝剂；后沉淀工艺宜采用粒状高纯度石灰作为絮凝剂、采用铁盐作助凝剂。前置沉淀工艺将药剂加在污水处理厂沉砂池中，或加在沉淀池的进水渠中，形成的化学污泥在初沉池中与污水中的污泥一同排除。前置沉淀工艺常用药剂为铁盐或铝盐，其流程如下：

投药点（↓）（↓）
原污水→格栅→泵房→沉砂池→初沉池→曝气池→二沉池→出水
　　　　　　　　　　　混合污泥

化学除磷采用前置沉淀工艺时，若二级处理采用生物滤池，不允许使用Fe^{2+}。前置沉淀工艺特别适用于现有污水厂需增加除磷措施的改建工程。

同步沉淀工艺将药剂投加在曝气池进水、出水或二沉池进水中，形成的化学污泥同剩余生物污泥一起排除。同步沉淀工艺是使用最广泛的化学除磷工艺，其流程如下：

投药点（↓）
原污水→格栅→泵房→沉砂池→初沉池→曝气池→二沉池→出水

采用同步沉淀工艺会增加污泥产量。

后沉淀工艺药剂不是投加在污水处理厂的原构筑物中，而是在二沉池出水后另建混凝沉淀池，将药剂投在其中，形成单独的处理系统。石灰法除磷宜采用后沉淀工艺，其流程如下：

石灰、助凝剂↓　　　↓CO_2或硫酸
二沉池出水→一级混凝沉淀池→二级混凝沉淀池→滤池→出水
　　　　　　　　石灰泥脱水

石灰宜用高纯度粒状石灰；助凝剂宜用铁盐；CO_2可用烟道气、天然气、丙烷、燃料油和焦炭等燃料的燃烧产物，或液态商品二氧化碳。石灰泥浓缩脱水后可再生石灰或与生化处理污泥一起脱水作为它用。石灰作为絮凝剂时，石灰用量与污水中碱度成正比，与磷浓度无关。一般城市污水需投加400mg/L以上石灰，并应加25mg/L左右的铁盐作助凝剂，准确投加量宜通过试验确定。

7 本条对化学除磷专用设备的技术要求作出规定。化学除磷专用设备，主要有溶药装置、计量装

置、投药泵等。石灰法除磷，用 CO_2 酸化时需用 CO_2 气体压缩机等。

6.1.9 污水处理厂二级出水经物化处理后，其出水中的某些污染物指标仍不能满足再生利用水质要求时，则应考虑在物化处理后增设粒状活性炭吸附工艺。

1 因活性炭去除有机物有一定选择性，其适用范围有一定限制。当选用粒状活性炭吸附工艺时，需针对被处理水的水质、回用水要求、去除污染物的种类及含量等，通过活性炭滤柱试验确定工艺参数。

2 用于水处理的活性炭，其炭的规格、吸附特征、物理性能等均应符合《颗粒活性炭标准》的要求。

3 当活性炭使用一段时间后，其出水不能满足水质要求时，可从活性炭滤池的表层、中层、底层分层取炭样，测碘值和亚甲兰值，验证炭是否失效。失效炭指标见表5。

表 5 失效炭指标

测定项目	表层	中层	底层
碘吸附值（mg/L）	≤600	≤610	≤620
亚甲兰吸附值（mg/L）	≤85	—	≤90

4 活性炭吸附能力失效后，为了降低运行成本，一般需将失效的活性炭进行再生后继续使用。我国目前再生活性炭常用两种方法，一种是直接电加热，另一种是高温加热。活性炭再生处理可在现场进行，也可返回厂家集中再生处理。

6、7 活性炭吸附池和活性炭吸附罐设计参数的有关规定是参照相似水厂经验提出的，在无试验资料时，可作参考。

6.1.10 深度处理除了混凝沉淀和过滤外，其他单元技术的处理效率，参见表6。

表 6 其他单元过程的去除效率（%）

项 目	活性炭吸附	脱氨	离子交换	折点加氯	反渗透	臭氧氧化
BOD₅	40～60	—	25～50	—	≥50	20～30
CODcr	40～60	20～30	25～50	—	≥50	≥50
SS	60～70	—	—	—	≥50	—
氨氮	30～40	≥50	≥50	≥50	≥50	—
总磷	80～90	—	—	—	≥50	—
色度	70～80	—	—	—	≥50	≥70
浊度	70～80	—	—	—	≥50	—

6.1.11 为了保证用水安全，消毒是必须的。与给水处理不同的是投加量大，要保证消毒剂的货源充足和一定量的储备。

6.2 构筑物设计

6.2.2 供水稳定是水源安全保障的重要标志。污水厂变为再生水厂，标志着从为环境保护服务到为城市供水直接服务，因此在再生水厂的设计中，清水池、泵站等都应按城市供水考虑。

7 安全措施和监测控制

7.0.1 污水再生利用工程应精心设计，使用水有安全保障。污水厂二级处理能力应大于再生水厂处理能力，以此克服污水厂变动因素大的影响，提高供水保证率。工业用户采用再生水系统时，应备用新鲜水系统，这样可保证污水再生利用系统出事故时不中断供水。

7.0.2 再生水厂原水变化较大，事故停水、停电，或水量减少、水质变动等情况会时有发生。这时要及时通知用户，使用户采取应急措施。供水部门和用户之间应有便捷的通讯联系。

7.0.3 城市敷设再生水输配水管道时，严禁再生水管道与给水管道误接，防止污染生活饮用水系统，防止人们误饮误用。

7.0.4 输送不同水质的管道相互间距离，美国要求很严，考虑到我国实际情况，作了最小距离规定。

7.0.5 这是指向工业供水的再生水厂而言。

7.0.6 故障包括：正常供电断电、生物处理发生故障、消毒过程发生故障、混凝过程发生故障、过滤过程发生故障、其他特定过程发生故障。为克服水锤故障，应设水锤消除设施，如采用多功能水泵控制阀、缓闭止回阀等。

7.0.8 再生水厂和用户都要进行水质分析和利用效果检验。宜有连续测定装置。分析检验结果应做好记录和存档工作。

7.0.10 过去污水处理厂以达标排放为目的，转为再生水厂后，操作人员应进行专门技术培训，持证上岗，以保证污水再生利用系统正常运行。

中华人民共和国国家标准

城市环境卫生设施规划规范

Code for planning of urban environmental
sanitation facilities

GB 50337—2003

主编部门：中华人民共和国建设部
批准部门：中华人民共和国建设部
施行日期：２００３年１２月０１日

中华人民共和国建设部
公　告

第 178 号

建设部关于发布国家标准
《城市环境卫生设施规划规范》的公告

现批准《城市环境卫生设施规划规范》为国家标准，编号为 GB50337—2003，自 2003 年 12 月 1 日起实施。其中，第 3.2.2、3.2.3、3.2.6、3.3.1、3.3.4、4.2.3、4.5.1、4.5.2、4.5.3、5.3.1、5.3.2 条为强制性条文，必须严格执行。

本规范由建设部标准定额研究所组织中国建筑工业出版社出版发行。

中华人民共和国建设部
2003 年 9 月 10 日

前　言

根据建设部建标〔1999〕308 号文件《关于印发"一九九九年工程建设国家标准制订、修订计划"的通知》要求，《城市环境卫生设施规划规范》被列为国家标准制订计划，并确定成都市规划设计研究院负责主编，会同重庆市规划设计研究院、成都市市容环境卫生管理局、建设部城市建设研究院共同编制完成。

在本规范的编制过程中，规范编制组在总结国内外实践经验和科研成果的基础上，贯彻国家的环境保护和垃圾处理技术政策，对城市（含镇）的生活垃圾处理原则，对环境卫生公共设施、环境卫生工程设施及其他环境卫生设施的设置原则和要求，对在城市规划各阶段及城市环境卫生设施专业（专项）规划的主要内容要求等方面做出了规定，并广泛征求了全国有关单位的意见，最后由建设部会同有关部门审查定稿。

本规范中以黑体字标志的条文为强制性条文，必须严格执行。本规范由建设部负责管理和对强制性条文的解释，成都市规划设计研究院负责具体技术内容的解释。在执行过程中，请各单位结合工程实践，认真总结经验，如发现需要修改或补充之处，请将意见和建议寄成都市规划设计研究院（地址：成都市五丁路 2 号，邮政编码：610081）。

本规范主编单位：成都市规划设计研究院
本规范参编单位：重庆市规划设计研究院
　　　　　　　　成都市市容环境管理局
　　　　　　　　建设部城市建设研究院
本规范主要起草人：郑连勇　郭大忠　李万友
　　　　　　　　　桑　钢　杜小勇　黄国玎
　　　　　　　　　舒德文　秦晓燕　袁　舸
　　　　　　　　　曾光旭　陈　文　张　樵
　　　　　　　　　李　毅　徐文龙　徐海云
　　　　　　　　　邱书杰　马　勤

目 次

1 总则 ················· 19—4
2 术语 ················· 19—4
3 环境卫生公共设施 ········· 19—4
　3.1 一般规定 ············ 19—4
　3.2 公共厕所 ············ 19—4
　3.3 生活垃圾收集点 ········ 19—5
　3.4 废物箱 ·············· 19—5
　3.5 粪便污水前端处理设施 ··· 19—5
4 环境卫生工程设施 ········· 19—6
　4.1 一般规定 ············ 19—6
　4.2 生活垃圾转运站 ········ 19—6
　4.3 水上环境卫生工程设施 ··· 19—6
　4.4 粪便处理厂 ··········· 19—6
　4.5 生活垃圾卫生填埋场 ···· 19—6
　4.6 生活垃圾焚烧厂 ········ 19—7
　4.7 生活垃圾堆肥厂 ········ 19—7
　4.8 建筑垃圾填埋场 ········ 19—7
　4.9 其他固体废弃物处理厂、处置场 ··· 19—7
5 其他环境卫生设施 ········· 19—7
　5.1 车辆清洗站 ··········· 19—7
　5.2 环境卫生车辆停车场 ···· 19—7
　5.3 环境卫生车辆通道 ······ 19—7
　5.4 洒水车供水器 ········· 19—7
附录 A 生活垃圾日排出量及垃圾
　　　 容器设置数量计算 ····· 19—7
附录 B 生活垃圾转运量计算 ···· 19—8
附录 C 垃圾、粪便码头岸线计算 ··· 19—8
本规范用词说明 ·············· 19—8
条文说明 ···················· 19—9

1 总　则

1.0.1 为在城市环境卫生设施规划中贯彻执行国家城市规划、环境保护的有关法规和技术政策，提高城市环境卫生设施规划编制质量，满足城市环境卫生设施建设的需要，落实城市环境卫生设施规划用地，保持与城市发展协调，制定本规范。

1.0.2 本规范适用于城市总体规划、分区规划、详细规划及城市环境卫生设施专业（专项）规划。市（区、县）域城镇体系规划及乡村、独立工矿区、风景名胜区及经济技术开发区的相应规划可参照本规范执行。

1.0.3 城市环境卫生设施专业（专项）规划的期限和范围应与城市总体规划相一致，与城镇体系规划相协调。

1.0.4 城市环境卫生设施的规划设置必须从整体上满足城市生活垃圾收集、运输、处理和处置等功能，贯彻生活垃圾处理无害化、减量化和资源化原则，实现生活垃圾的分类收集、分类运输、分类处理和分类处置。

1.0.5 重大环境卫生工程设施的规划设置宜做到区域共享、城乡共享，实现环境卫生重大基础设施的优化配置。

1.0.6 在城市总体规划中应预测城市生活垃圾产量和成分，确定城市生活垃圾收集、运输、处理和处置方式，给出公共厕所布局原则及数量，并给出主要环境卫生工程设施的规划设置原则、类型、标准、数量、布局和用地范围。

分区规划在城市总体规划基础上适度深化，重点应确定主要环境卫生工程设施的位置和用地范围。

在城市环境卫生设施专业（专项）规划中，除满足上述要求外，尚应给出环境卫生公共设施的设置原则、类型、等级、数量和用地面积等指标，提出工艺、技术、建设等要求。

对其他环境卫生设施的规划要求，可根据其特点分别按对环境卫生公共设施或环境卫生工程设施的要求执行。

1.0.7 在详细规划中应确定各类环境卫生设施的种类、等级、数量、用地和建筑面积、定点位置等内容，满足环境卫生车辆通道要求。

1.0.8 城市环境卫生设施的设置应满足城市用地布局、环境保护、环境卫生和城市景观等要求。

1.0.9 城市生活垃圾以外的固体废弃物的收集、运输、处理和处置应符合国家现行的有关标准的规定。在城市总体规划阶段应根据此类固体废弃物的产生情况及城市诸方面条件，提出相应规划控制要求。

1.0.10 城市环境卫生设施规划除应符合本规范外，尚应符合国家现行的有关标准规范和强制性标准的规定。

2 术　语

2.0.1 环境卫生设施　environmental sanitation facilities

具有从整体上改善环境卫生、限制或消除生活废弃物危害功能的设备、容器、构筑物、建筑物及场地等的统称。

2.0.2 环境卫生公共设施　environmental sanitation public facilities

设置在公共场所等处，为社会公众提供直接服务的环境卫生设施。

2.0.3 环境卫生工程设施　environmental sanitation engineering facilities

具有生活废弃物转运、处理及处置功能的较大规模的环境卫生设施。

2.0.4 公共厕所　public lavatory

供社会公众使用，设置在道路旁或公共场所的厕所。公共厕所可分为独立式公共厕所和附属式公共厕所，附属式公共厕所是设置在其他建筑内、并向社会公众全天候开放的厕所。

2.0.5 粪便污水前端处理设施　wastewater treatment facilities for nightsoil sources

在粪便污水产生源对其进行处理的设施。

2.0.6 城市规划建成区　urban planning construction area

城市规划区内连片发展且市政公用设施和公共设施配套的城市规划建设用地。

3 环境卫生公共设施

3.1 一般规定

3.1.1 环境卫生公共设施应方便社会公众使用，满足卫生环境和城市景观环境要求；其中生活垃圾收集点、废物箱的设置还应满足分类收集的要求。

3.2 公共厕所

3.2.1 根据城市性质和人口密度，城市公共厕所平均设置密度应按每平方公里规划建设用地3～5座选取；人均规划建设用地指标偏低、居住用地及公共设施用地指标偏高的城市、旅游城市及小城市宜偏上限选取。

3.2.2 各类城市用地公共厕所的设置标准应采用表3.2.2的指标。

表 3.2.2　公共厕所设置标准

城市用地类别	设置密度（座/km²）	设置间距（m）	建筑面积（m²/座）	独立式公共厕所用地面积（m²/座）	备注
居住用地	3～5	500～800	30～60	60～100	旧城区宜取密度的高限，新区宜取密度的中、低限
公共设施用地	4～11	300～500	50～120	80～170	人流密集区域取高限密度、下限间距，人流稀疏区域取低限密度、上限间距。商业金融业用地宜取高限密度、下限间距。其他公共设施用地宜取中、低限密度，中、上限间距
工业用地仓储用地	1～2	800～1000	30	60	

注：1　其他各类城市用地的公共厕所设置可按：
　　　①结合周边用地类别和道路类型综合考虑，若沿路设置，可按以下间距：主干路、次干路、有辅道的快速路：500～800m；
　　　　支路、有人行道的快速路：800～1000m。
　　　②公共厕所建筑面积根据服务人数确定。
　　　③独立式公共厕所用地面积根据公共厕所建筑面积按相应比例确定。
　　2　用地面积中不包含与相邻建筑物间的绿化隔离带用地。

3.2.3　商业区、市场、客运交通枢纽、体育文化场馆、游乐场所、广场、大型社会停车场、公园及风景名胜区等人流集散场所附近应设置公共厕所。其他城市用地也应按需求设置相应等级和数量的公共厕所。

3.2.4　公共厕所位置应符合下列要求：

　　1　设置在人流较多的道路沿线、大型公共建筑及公共活动场所附近。

　　2　独立式公共厕所与相邻建筑物间宜设置不小于3m宽绿化隔离带。

　　3　附属式公共厕所应不影响主体建筑的功能，并设置直接通至室外的单独出入口。

　　4　公共厕所宜与其他环境卫生设施合建。

　　5　在满足环境及景观要求条件下，城市绿地内可以设置公共厕所。

3.2.5　公共厕所的粪便污水应排入城市污水管道；污水管网及污水处理设施不完善的地区，其公共厕所应配建粪便污水前端处理设施。

3.2.6　公共厕所建筑标准的确定：商业区、重要公共设施、重要交通客运设施、公共绿地及其他环境要求高的区域的公共厕所不低于一类标准；主、次干路及行人交通量较大的道路沿线的公共厕所不低于二类标准；其他街道及区域的公共厕所不低于三类标准。

3.3　生活垃圾收集点

3.3.1　生活垃圾收集点应满足日常生活和日常工作中产生的生活垃圾的分类收集要求，生活垃圾分类收集方式应与分类处理方式相适应。

3.3.2　生活垃圾收集点位置应固定，既要方便居民使用、不影响城市卫生和景观环境，又要便于分类投放和分类清运。

3.3.3　生活垃圾收集点的服务半径不宜超过70m，生活垃圾收集点可放置垃圾容器或建造垃圾容器间；市场、交通客运枢纽及其他产生生活垃圾量较大的设施附近应单独设置生活垃圾收集点。

3.3.4　医疗垃圾等固体危险废弃物必须单独收集、单独运输、单独处理。

3.3.5　生活垃圾收集点的垃圾容器或垃圾容器间容量按生活垃圾分类的种类、生活垃圾日排出量及清运周期计算，其计算方法见附录A。

3.4　废　物　箱

3.4.1　废物箱的设置应满足行人生活垃圾的分类收集要求，行人生活垃圾分类收集方式应与分类处理方式相适应。

3.4.2　在道路两侧以及各类交通客运设施、公共设施、广场、社会停车场等的出入口附近应设置废物箱。

3.4.3　设置在道路两侧的废物箱，其间距按道路功能划分：

　　商业、金融业街道：50～100m；

　　主干路、次干路、有辅道的快速路：100～200m；

　　支路、有人行道的快速路：200～400m。

3.5　粪便污水前端处理设施

3.5.1　城市污水管网和污水处理设施尚不完善的区域，可采用粪便污水前端处理设施；城市污水管网和污水处理设施较为完善的区域，可不设置粪便污水前端处理设施，应将粪便污水纳入城市污水处理厂统一处理。规划城市污水处理设施规模及污水管网流量时应将粪便污水负荷计入其中。

3.5.2 当粪便污水前端处理设施的出水排入环境水体、雨水系统或中水系统时，其出水水质必须达到相关标准的要求。

3.5.3 粪便污水前端处理设施距离取水构筑物不得小于30m，离建筑物净距不宜小于5m；粪便污水前端处理设施设置的位置应便于清掏和运输。

4 环境卫生工程设施

4.1 一般规定

4.1.1 环境卫生工程设施的选址应满足城市环境保护和城市景观要求，并应减少其运行时产生的废气、废水、废渣等污染物对城市的影响；生活垃圾处理、处置设施及二次转运站宜位于城市规划建成区夏季最小频率风向的上风侧及城市水系的下游，并符合城市建设项目环境影响评价的要求。

4.1.2 对环境卫生工程设施运行中产生的污染物应进行处理并达到有关环境保护标准的要求。

4.2 生活垃圾转运站

4.2.1 生活垃圾转运站宜靠近服务区域中心或生活垃圾产量多且交通运输方便的地方，不宜设在公共设施集中区域和靠近人流、车流集中地区。

4.2.2 当生活垃圾运输距离超过经济运距且运输量较大时，宜在城市建成区以外设置二次转运站并可跨区域设置。

4.2.3 生活垃圾转运站设置标准应符合表4.2.3的规定。

表4.2.3 生活垃圾转运站设置标准

转运量 (t/d)	用地面积 (m²)	与相邻建筑间距(m)	绿化隔离带宽度(m)
>450	≥8000	>30	≥15
150～450	2500～10000	≥15	≥8
50～150	800～3000	≥10	≥5
<50	200～1000	≥8	≥3

注：1 表内用地面积不包括垃圾分类和堆放作业用地。
2 用地面积中包含沿周边设置的绿化隔离带用地。
3 生活垃圾转运站的垃圾转运量可按附录B公式计算。
4 当选用的用地指标为两个档次的重合部分时，可采用下档次的绿化隔离带指标。
5 二次转运站宜偏上限选取用地指标。

4.2.4 采用非机动车收运方式时，生活垃圾转运站服务半径宜为0.4～1km；采用小型机动车收运方式时，其服务半径宜为2～4km；采用大、中型机动车收运的，可根据实际情况确定其服务范围。

4.3 水上环境卫生工程设施

4.3.1 垃圾码头的设置应符合下列规定：
1 在临近江河、湖泊、海洋和大型水面的城市，可根据需要设置以清除水生植物、漂浮垃圾和收集船舶垃圾为主要作业的垃圾码头以及为保证码头正常运转所需的岸线。
2 在水运条件优于陆路运输条件的城市，可设置以水上转运生活垃圾为主的垃圾码头和为保证码头正常运转所需的岸线。
3 垃圾码头应设置在人流活动较少及距居住区、商业区和客运码头等人流密集区较远的地方，不应设置在城市中心区域和用于旅游观光的主要水面，并注意与周围环境的协调。
4 垃圾码头综合用地按每米岸线配备不少于15～20m²的陆上作业场地，周边还应设置宽度不小于5m的绿化隔离带。其岸线计算方法见附录C。

4.3.2 粪便码头的设置应符合下列规定：
1 对于仍在采用集中收运粪便且水运条件便于粪便运输的城市可设置粪便码头和为保证码头正常运转所需要的岸线。
2 粪便码头规划选址条件同4.3.1条第3款。
3 粪便码头综合用地的陆上作业场地同4.3.1条第4款，绿化隔离带宽度不得小于10m。其岸线计算方法见附录C。

4.4 粪便处理厂

4.4.1 在污水处理率低、大量使用旱厕及粪便污水处理设施的城市可设置粪便处理厂。

4.4.2 粪便处理厂应设置在城市规划建成区边缘并宜靠近规划城市污水处理厂，其周边应设置宽度不小于10m的绿化隔离带，并与住宅、公共设施等保持不小于50m的间距，粪便处理厂用地面积根据粪便日处理量和处理工艺确定。

4.5 生活垃圾卫生填埋场

4.5.1 生活垃圾卫生填埋场应位于城市规划建成区以外、地质情况较为稳定、取土条件方便、具备运输条件、人口密度低、土地及地下水利用价值低的地区，并不得设置在水源保护区和地下蕴矿区内。

4.5.2 生活垃圾卫生填埋场距大、中城市城市规划建成区应大于**5km**，距小城市规划建成区应大于**2km**，距居民点应大于**0.5km**。

4.5.3 生活垃圾卫生填埋场用地内绿化隔离带宽度不应小于**20m**，并沿周边设置。

4.5.4 生活垃圾卫生填埋场四周宜设置宽度不小于100m的防护绿地或生态绿地。

4.5.5 生活垃圾卫生填埋场使用年限不应小于10年，填埋场封场后应进行绿化或其他封场手段。

4.6 生活垃圾焚烧厂

4.6.1 当生活垃圾热值大于5000kJ/kg且生活垃圾卫生填埋场选址困难时宜设置生活垃圾焚烧厂。

4.6.2 生活垃圾焚烧厂宜位于城市规划建成区边缘或以外。

4.6.3 生活垃圾焚烧厂综合用地指标采用50～200m^2/t·d，并不应小于1hm^2，其中绿化隔离带宽度应不小于10m并沿周边设置。

4.7 生活垃圾堆肥厂

4.7.1 生活垃圾中可生物降解的有机物含量大于40%时，可设置生活垃圾堆肥厂。

4.7.2 生活垃圾堆肥厂应位于城市规划建成区以外。

4.7.3 生活垃圾堆肥厂综合用地指标采用85～300m^2/t·d，其中绿化隔离带宽度应不小于10m并沿周边设置。

4.8 建筑垃圾填埋场

4.8.1 大、中城市可在城市规划建成区外设置建筑垃圾和工程渣土填埋场。

4.9 其他固体废弃物处理厂、处置场

4.9.1 城市固体危险废弃物不得与生活垃圾混合处理，必须在远离城市规划建成区和城市水源保护区的地点按国家有关标准和规定分类进行安全处理和处置，其中医疗垃圾应集中焚烧或作其他无害化处理，并在环境影响评价中重点预测其对城市的影响，保证城市安全。

4.9.2 根据不同城市的具体情况可在城市规划建成区外设置无毒无害工业垃圾处置场。

4.9.3 在城市规划建成区边缘可设置大件垃圾回收处理厂。

4.9.4 垃圾资源回收场所可结合其他环境卫生工程设施合并或单独设置；单独设置时，宜位于城市规划建成区边缘。

5 其他环境卫生设施

5.1 车辆清洗站

5.1.1 大、中城市的主要对外交通道路进城侧应设置进城车辆清洗站并宜设置在城市规划建成区边缘，用地宜为1000～3000m^2。

5.1.2 在城市规划建成区内应设置车辆清洗站，其选址应避开交通拥挤路段和交叉口，并宜与城市加油站、加气站及停车场等合并设置，服务半径一般为0.9～1.2km。

5.2 环境卫生车辆停车场

5.2.1 大、中城市应设置环境卫生车辆停车场，其他城市可根据自身情况决定是否设置环境卫生车辆停车场。

5.2.2 环境卫生车辆停车场的用地指标可按环境卫生作业车辆150m^2/辆选取，环境卫生车辆数量指标可采用2.5辆/万人。

5.2.3 环境卫生车辆停车场应设置在环境卫生车辆的服务范围内并避开人口稠密和交通繁忙区域。

5.3 环境卫生车辆通道

5.3.1 通向环境卫生设施的通道应满足环境卫生车辆进出通行和作业的需要；机动车通道宽度不得小于4m，净高不得小于4.5m；非机动车通道宽度不得小于2.5m，净高不得小于3.5m。

5.3.2 机动车回车场地不得小于12m×12m，非机动车回车场地不小于4m×4m，机动车单车道尽端式道路不应长于30m。

5.4 洒水车供水器

5.4.1 环境卫生洒水冲洗车可利用市政给水管网及地表水、地下水、中水作为水源，其水质应满足《城市污水再生利用 城市杂用水水质》（GB/T 18920—2002）；供水器宜设置在城市次干路和支路上，设置间距不宜大于1500m。

附录A 生活垃圾日排出量及垃圾容器设置数量计算

A.0.1 生活垃圾收集点收集范围内的生活垃圾日排出重量：

$$Q = RCA_1A_2 \quad (A.0.1)$$

式中 Q——生活垃圾日排出重量（t/d）；

R——收集范围内居住人口数量（人）；

C——预测的人均生活垃圾日排出重量（t/人·d）；

A_1——生活垃圾日排出重量不均匀系数 A_1=1.1～1.5；

A_2——居住人口变动系数 A_2=1.02～1.05。

A.0.2 生活垃圾收集点收集范围内的生活垃圾日排出体积：

$$V_{ave} = \frac{Q}{D_{ave}A_3} \quad (A.0.2\text{-}1)$$

$$V_{max} = KV_{ave} \quad (A.0.2\text{-}2)$$

式中 V_{ave}——生活垃圾平均日排出体积（m³/d）；
　　　A_3——生活垃圾密度变动系数 $A_3=0.7\sim0.9$；
　　　D_{ave}——生活垃圾平均密度（t/m³）；
　　　K——生活垃圾高峰日排出体积的变动系数 $K=1.5\sim1.8$；
　　　V_{max}——生活垃圾高峰日排出最大体积（m³/d）。

A.0.3 生活垃圾收集点所需设置的垃圾容器数量：

$$N_{ave}=\frac{V_{ave}A_4}{EB} \quad (A.0.3-1)$$

$$N_{max}=\frac{V_{max}A_4}{EB} \quad (A.0.3-2)$$

式中 N_{ave}——平时所需设置的垃圾容器数量；
　　　E——单只垃圾容器的容积（m³/只）；
　　　B——垃圾容器填充系数 $B=0.75\sim0.9$；
　　　A_4——生活垃圾清除周期（d/次）；A_4 当每日清除1次时，$A_4=1$时；每日清除2次，$A_4=0.5$时；每2日清除1次时，$A_4=2$，以此类推；
　　　N_{max}——生活垃圾高峰日所需设置的垃圾容器数量。

附录 B 生活垃圾转运量计算

B.0.1 生活垃圾转运量计算方法：

$$Q=\delta nq/1000 \quad (B.0.1)$$

式中 Q——转运站生活垃圾的日转运量（t/d）；
　　　n——服务区域内居住人口数；
　　　q——服务区域内生活垃圾人均日产量（kg/人·d）按当地实际资料采用，若无资料时，一般可采用 0.8~1.8kg/人·d；
　　　δ——生活垃圾产量变化系数按当地实际资料采用，若无资料时，一般可采用 1.3~1.4。

附录 C 垃圾、粪便码头岸线计算

C.0.1 垃圾、粪便码头所需要的岸线长度应根据装卸量、装卸生产率、船只吨位、河道允许船只停泊档数确定。码头岸线由停泊岸线和附加岸线组成。当日装卸量在300t以内时，按表C.0.1选取：

表 C.0.1 垃圾、粪便码头岸线计算表

船只吨位（t）	停泊档数	停泊岸线（m）	附加岸线（m）	岸线折算系数（m/t）
30	二	110	15~18	0.37
30	三	90	15~18	0.30
30	四	70	15~18	0.24
50	二	70	18~20	0.24
50	三	50	18~20	0.17
50	四	50	18~20	0.17

注：作业制按每日一班制；附加岸线系拖轮的停泊岸线。

当日装卸量超过300t时，码头岸线长度计算采用公式C.0.1，并与表C.0.1结合使用：

$$L=Qq+I \quad (C.0.1)$$

式中 L——码头岸线计算长度（m）；
　　　Q——码头垃圾或粪便日装卸量（t）；
　　　q——岸线折算系数（m/t），见表C.0.1；
　　　I——附加岸线长度（m），见表C.0.1。

本规范用词说明

1 为便于在执行本规范条文时区别对待，对要求严格程度不同的用词说明如下：
1）表示很严格，非这样不可的：
正面词采用"必须"；
反面词采用"严禁"。
2）表示严格，在正常情况下均应这样做的：
正面词采用"应"；
反面词采用"不应"或"不得"。
3）表示允许稍有选择，在条件许可时首先应这样做的；
正面词采用"宜"或"可"；
反面词采用"不宜"。

2 条文中指定应按其他有关标准、规范执行时，写法为"应符合……的规定"。

中华人民共和国国家标准

城市环境卫生设施规划规范

GB 50337—2003

条 文 说 明

目　次

1 总则 ·················· 19—11
2 术语 ·················· 19—12
3 环境卫生公共设施 ············ 19—12
　3.1 一般规定 ··············· 19—12
　3.2 公共厕所 ··············· 19—12
　3.3 生活垃圾收集点 ············ 19—13
　3.4 废物箱 ··············· 19—14
　3.5 粪便污水前端处理设施 ········· 19—14
4 环境卫生工程设施 ············ 19—14
　4.1 一般规定 ··············· 19—14
　4.2 生活垃圾转运站 ············ 19—14
　4.3 水上环境卫生工程设施 ········· 19—15
　4.4 粪便处理厂 ·············· 19—16
　4.5 生活垃圾卫生填埋场 ·········· 19—16
　4.6 生活垃圾焚烧厂 ············ 19—16
　4.7 生活垃圾堆肥厂 ············ 19—16
　4.8 建筑垃圾填埋场 ············ 19—17
　4.9 其他固体废弃物处理厂、处置场 ···· 19—17
5 其他环境卫生设施 ············ 19—17
　5.1 车辆清洗站 ·············· 19—17
　5.2 环境卫生车辆停车场 ·········· 19—17
　5.3 环境卫生车辆通道 ··········· 19—17
　5.4 洒水车供水器 ············· 19—18

1 总 则

1.0.1 本条说明了本规范编制依据及编制目的。《中华人民共和国城市规划法》、《中华人民共和国环境保护法》、《中华人民共和国固体废物污染环境防治法》、《城市规划编制办法》、《城市环境卫生设施设置标准》及相关规范、标准是本规范编制的主要依据。环境卫生设施种类繁多，与市民日常生活息息相关，是现代城市存在和发展的基本条件之一，也是城市现代化和体现城市文明的主要基础设施。长期以来，城市规划中的环境卫生设施规划内容较为欠缺，使规划实施缺乏依据，成为规划设计与规划管理中的一个薄弱环节。本规范给出了各类环境卫生设施指标，突出了落实环境卫生设施用地的要求，为城市规划设计及管理提供必要的依据。

1.0.2 我国城市规划法确定的城市范畴为按行政建制设立的直辖市、市、镇。本规范适用于城市范畴的城市规划各个阶段，各阶段的城市规划均应执行本规范确定的环境卫生设施内容及要求。市（县、区）域城镇体系规划、乡村规划及工矿区、风景名胜区、经济技术开发区规划因其规划对象的可比性及规划内容的相似性，可以参照执行。

1.0.3 城市环境卫生设施专业（专项）规划属于城市规划的专业或专项规划。当城市环境卫生设施专业（专项）规划与城市总体规划没有同步编制时，其规划期限和规划范围应一致。除此以外，由于重大环境卫生设施的区域性，导致其可能跨城市设置或多个城市共用，此时，城市环境卫生设施专业（专项）规划要与上一层次或更大区域的城镇体系规划相协调。

1.0.4 根据《中华人民共和国固体废物污染环境防治法》和《城市生活垃圾管理办法》的有关条款要求：城市生活垃圾应逐步做到分类收集、贮存、运输和处置；国家鼓励城市生活垃圾的回收利用，逐步实现城市生活垃圾治理的无害化、减量化和资源化，搞好综合利用。根据先进国家已基本实现生活垃圾分类收集、运输、处理、处置和无害化、减量化和资源化的实际情况，且我国也有一些城市开展了生活垃圾分类收集处理试点工作，2000年建设部亦正式确定8座城市（后增加到10座）作为此项工作的示范城市。纵观各国在城市生活垃圾处理方面的发展趋势及国家的有关法律法规和政策导向，本条所提各项原则是必要的。此外，从经济性角度，应大力提倡生活垃圾源头分类。

生活垃圾和人类粪便构成了生活废弃物。生活废弃物是指人类在日常生活及为生活提供服务的活动中产生的，对持有者没有继续保存和利用价值的废弃物质。生活垃圾是生活废弃物的固态及半固态部分，人类粪便是其流态部分。

生活垃圾处理是指对生活垃圾采用技术和工程手段进行物理、化学或生物加工的行为和过程，又称中间处理。

生活垃圾处置是指将生活垃圾置于符合环境保护规定要求的场所或设施并不再取回的行为，又称最终处理。

1.0.5 重大环境卫生工程设施主要指生活垃圾处理、处置设施。该类用地要求较为特殊，用地面积较大且对环境影响较大；在诸条件限制下，并不是所有城市都具备适宜的生活垃圾处理、处置场所，在进行经济和环境比较后，可能在一些区域的若干城市共同设置生活垃圾处理、处置设施较为有利，同时兼顾乡村等的生活垃圾处理、处置。

1.0.6 根据《城市规划编制办法实施细则》对城市环境卫生设施规划的内容要求，本条确定了城市总体规划和分区规划阶段环境卫生设施规划的内容要求，以满足规划的可操作性。至于城市环境卫生设施专业（专项）规划应在满足以上内容要求的基础上有所深化，如在技术和工艺等方面提出规划要求，甚至在建设标准、实施计划、投资安排等方面提出要求，内容及深度可根据具体情况，可有较大弹性。

特别要引起注意的是，在确定了城市的环境卫生系统尤其是生活垃圾收集、运输、处理、处置系统的前提下，方能在此规划阶段确定城市环境卫生设施的类型，大多数情况下一座城市可能并不需要本规范中所涉及到的所有环境卫生设施，如何因地制宜并有远见地确定环境卫生设施的类型是这类规划的一个重要内容。

其他环境卫生设施中的进城车辆清洗站及环境卫生车辆停车场等用地面积较大的设施，其规划要求可按环境卫生工程设施的要求执行；其他环境卫生设施中的用地很小或不需要单独用地的设施如洒水车供水器，其规划要求可按环境卫生公共设施的要求执行。

1.0.7 根据《城市规划编制办法实施细则》对控制性详细规划及修建性详细规划阶段市政设施规划的内容要求，重在解决规划的可操作性问题，落实环境卫生设施建设前的所有主要规划问题。

1.0.8 城市环境卫生设施对于现代城市而言是不可或缺的，但同时其本身在运行过程中也极易对城市产生种种不利影响，甚至造成环境污染和景观破坏。从公共厕所、生活垃圾收集点到生活垃圾转运站再到生活垃圾填埋场等各个设施，从生活垃圾收集、运输、转运、处理、处置等各个环节都极易产生空气污染、水体污染及固体污染，极易产生污染物混合后的次生污染，造成对城市卫生环境和景观的影响，对城市生活有一定的负面作用。因此应对环境卫生设施的设置在选址布局、环境保护、环境卫生及城市景观方面有所限制。

1.0.9 生活垃圾之外的固体废弃物种类繁多，情况复杂，不乏大量有害、有毒的垃圾，所涉及的环境保护及行业法规、标准众多，在本规范中无法一一做出具体的规定。目前该类垃圾一般不属于城市环境卫生部门管理，多为自产自清自运，甚至自寻填埋堆放场地，环境保护部门给予监督检查。此类垃圾对城市规划和环境影响较大，规划尤其是城市总体规划和城市环境卫生设施专业（专项）规划应对此类垃圾提出限制性原则要求。

2 术 语

本规范条文中所涉及的基本技术用语大部分已在《城市规划基本术语标准》（GB/T50280—98）、《市容环境卫生术语标准》（CJJ65—1995）等标准中给出。基于使用方便和不能重复引用的原则，对本规范条文中涉及到的部分关键术语，当其在相关专业术语标准中已有的，则不在本章中出现，而是放在其他章节的有关条文说明中做出解释；对于其他标准规范中尚未明确定义的专用术语，但在我国城市规划和城市环境卫生领域中已成熟的惯用技术用语，加以肯定、纳入，以利于对规范的正确理解和使用。

3 环境卫生公共设施

3.1 一 般 规 定

3.1.1 环境卫生设施是指具有从整体上改善环境卫生、限制或消除生活废弃物危害功能的设备、容器、构筑物和建筑物及场地等的统称；环境卫生公共设施则是指设置在公共场所，为公众提供服务的环境卫生设施。环境卫生公共设施是城市基础设施的重要内容之一，各类城市建设用地应按不同需求设置这些设施。除居住、公共设施、工业、仓储、公共绿地外，火车站、长途汽车站、港口、机场、公交首末站、大型停车场（库）、地铁站、轻轨站、广场、市政公用设施营业场所、旅游点、公园等人流集中地区均应设置环境卫生公共设施。

生活垃圾分类收集是实施生活垃圾无害化、减量化和资源化的一个十分重要步骤，很多发达国家经过多年实践已趋成熟，并已普遍开始实行分类收集，我国仅有部分城市进行试点。随着我国经济发展、垃圾处理水平的提高，生活垃圾分类收集管理体系的建立势在必行，尽管生活垃圾分类收集管理体系在现阶段全面实施存在一定困难，但新建生活垃圾收运设施应能满足分类收集功能要求或为今后分阶段实施留足条件。

3.2 公 共 厕 所

3.2.1 公共厕所是供社会公众使用、一般设置在道路旁或公共场所的厕所，不包括其他设在建筑物、场所和设施内部的供顾客、游客和内部人员使用的厕所；这里要强调的是可供所有的公众使用的厕所才是公共厕所。例如，规划中某区域按要求应设置1座公共厕所，而在该区域内仅在1座商店内配设了厕所2座，并可在营业时间内开放使用，但这座商店不是全天候营业，那么该区域内应视作没有公共厕所看待，而仍需设置1座公共厕所。

公共厕所的平均设置密度，各城市水平参差不齐，调研显示，100万人以下城市为 2.35座/km²；100万人以上城市为 4.09座/km²。经分析，其平均设置密度与人均建设用地指标、城市性质和规模有关。本条用于指导城市总体规划阶段对公共厕所总量的预测。

旅游城市的外来人员较多，造成城市实际人口大大超过常住（或正住）人口，其对公共厕所的需求较一般城市为高。而小城市的城市用地规模较小但功能尚全，居住、公共设施等用地及商业、交通、体育、文化、游乐休闲等设施均需设置公共厕所，会导致小城市的公共厕所密度偏高；小城市人们的出行半径较小，对公共厕所的需求是面积小而密度大。

3.2.2 现有的各种相关规范和标准中，对公共厕所的设置要求一般有3种指标，分别按人口、用地和间距进行控制。为便于城市规划特别是详细规划的实际操作，本条采用用地规模作基数的密度指标和设置间距指标。居住用地、公共设施用地、工业用地和仓储用地一般可按用地规模采用密度指标和设置间距指标相结合进行公共厕所布置。其他用地如对外交通用地、道路广场用地、市政公用设施用地、绿地等，可结合周围的用地类别综合考虑，或按道路类型沿路按间距设置公共厕所，表 3.2.2 注释内容给出了这类用地设置公共厕所的参考意见。

3.2.3 公众聚集和流动频繁场所对公共厕所的需求大，应从数量及等级上给予保证。

3.2.4 将公共厕所布置在地块纵深处不便于人员使用，一般情况应考虑在行人方便和行人较多的地点设置。

厕所有一定的气味污染，很多厕所还对周边景观环境有一定影响，独立式公共厕所设置绿化隔离带有助于改善这种状况。本条的绿化隔离带设置宽度不是指公共厕所与邻近建筑的设置间距。

鉴于公共厕所数量大、分布广，其设置要满足各城市各区域的复杂情况，作为公益性设施不宜提出过高要求，以增加实施难度。在特定情况下，独立式公厕有可能采取与其他建筑背靠背或无间距设置。对于独立式公共厕所与相邻建筑间距设置问题，本规范不做规定，使用中可执行当地有关规定。

附属式公共厕所依托主体建筑，但对外供公众使用，二者间在使用对象及功能上存在较大差异，要协调好二者关系，在方便公众能够昼夜使用且便于找寻的基础上，满足主体建筑的各方面要求。主体建筑内的配建厕所如果不能满足公众昼夜使用之功能的不能作为附属式公共厕所。

鉴于公共厕所实施时难度大，对环境有一定影响，与其他环卫设施合建则可避免或弱化上述问题，尚可节约用地。

将公共厕所设在绿地内，公共厕所建筑应与周围绿地景观相协调，对绿地的景观效果不造成较大影响，如果处理得当，还会增加绿化立体效果。当绿地连片且面积很大时，或当绿地沿城市道路平行并连续长距离布置时，在其内设置公共厕所以满足游人和行人之需很有必要。

3.2.5 公共厕所粪便污水的 BOD_5 含量非常高，如果不经处理排放至自然水体，对自然水体污染较重，要避免公共厕所污水未经处理排入水体。

我国一度普遍采用化粪池对粪便污水进行初级处理，虽然化粪池对减轻水体污染有一定作用，但随着环境保护要求越来越高和城市污水管网的完善，化粪池的缺陷越来越突出，如出水质量太差、运行不稳定、对后续集中处理不利、管理难度较大等，特别是化粪池的出水水质根本达不到直接排放自然水体的要求。相当多的城市将化粪池出水排入城市污水管道并进入污水处理厂再处理，这无疑加大了建设投资；同时，进入城市污水处理厂的污水 BOD_5 含量降低，污水处理厂运行效率也相应降低。鉴于以上等原因，不宜提倡全面使用化粪池，在一定条件下，还应限制使用。

粪便污水前端处理设施包括传统的化粪池、沼气化粪池、污水净化池及其他在粪便污水产生源对其进行处理的设施或装置，也包括采用新工艺的设备和装置。随着适用新技术的不断出现，将会出现种类越来越多、性能越来越好的粪便污水前端处理设施或装置。

对于城市污水管道系统很不完善的城市，公共厕所采用的粪便污水前端处理设施出水水质如果达不到排放标准，则该粪便污水前端处理设施只能作为临时性设施；只有其出水水质能够达到排放标准的，该粪便污水前端处理设施才可以作为永久性设施。

对于城市污水管道系统较为完善，但城市污水处理设施尚不完善的城市，是否设置粪便污水前端处理设施、特别是以传统的化粪池作为过渡性处理设施，目前各城市有不同的规定和要求，对于这种情况下的公共厕所是否配建粪便污水前端处理设施，不作硬性规定，使用中可根据各城市的具体规定和要求，并结合拟采用的粪便污水前端处理设施的处理水平做分析比较后确定。

3.2.6 公共厕所设置标准的确定主要考虑了景观环境要求及使用对象，景观环境要求高或使用对象以旅游者为主的厕所应选择较高标准的厕所。目前国内一些城市及旅游区很多公共厕所已超过一类标准，满足了不同群体的需要，公共厕所一类标准已不是最高标准，根据景观环境要求及服务对象可以选择超过一类标准的公共厕所。

3.3 生活垃圾收集点

3.3.1 由于我国的生活垃圾分类收集处于起步阶段，近期全面实行生活垃圾分类收集存在一定困难，但规划应高起点，对生活垃圾收集点的布点和用地面积的确定都应为生活垃圾分类收集留足条件。同时为了确保生活垃圾分类收集行之有效，还必须建立与之相适应的分类运输、分类处理方式。

2000年6月建设部在全国范围内选定了8座城市作为垃圾分类收集的示范城市，经过两年多的实践，已经取得了一些成果和经验。虽然受生活条件、生活习惯等因素的影响，各地在管理上有较大难度，但垃圾分类收集是实现垃圾处理可持续发展的必经之路。

这些示范城市根据各自特点，因地制宜，在生活垃圾的分类方面作了大量有效工作，示范城市由于收集的方式和综合利用程度不同，确定分类类别各不相同，如北京市把可回收利用的分为四类：废纸、塑料、废电池、金属；上海市将非焚烧类的生活垃圾分为有害垃圾、干垃圾、湿垃圾，焚烧类垃圾分为有害垃圾、废玻璃、其他垃圾；厦门市将生活垃圾分为可回收垃圾、不可回收垃圾、有害垃圾；深圳市将公共场所与窗口地带生活垃圾分为可回收垃圾（废纸、塑料橡胶、玻璃、金属）、不可回收垃圾，住宅区生活垃圾分为厨余垃圾、其他垃圾、废电池和大件垃圾；广州市和南京市将生活垃圾分为可回收垃圾、不可回收垃圾。

鉴于上述原因，对生活垃圾分类类别不作硬性规定，使用中根据各城市的具体情况，对生活垃圾进行分类，以便使生活垃圾的分类能够因地制宜、便于操作。

3.3.2 生活垃圾收集点一般设在居住区内或其他用地内，这时应满足其必要的交通运输条件；当设置在支路边时应满足城市景观环境要求，原则上不宜在干路边设置生活垃圾收集点。

3.3.3 生活垃圾收集点的服务半径不宜过大，以便于生活垃圾的收集和投放。本条推荐的服务半径70m是根据《城市居住区规划设计规范》的规定，并考虑居民投放生活垃圾尽量不穿过城市道路而确定的。

目前各城市的生活垃圾收集点类型不一，有的在生活垃圾收集点直接放置垃圾容器，有的在生活垃圾收集点建造垃圾容器间，也有个别城市设置有机垃圾生化处理设施，各城市采取的生活垃圾收集点具体形式可根据当地的环境条件、经济发展水平和生活习性而定。

3.3.4 尽管医疗垃圾等危险废弃物不属于生活垃圾，但其在城市里比较常见，极易混杂于生活垃圾里，更因其涉及到有害、有毒物质及病菌的污染和传播，对人的健康危害及环境污染较大，对公共卫生安全的威胁较大。因此，对其收集、运输、处理环节进行封闭隔离式作业，避免交叉污染尤为必要。

3.3.5 计算方法源自《城市环境卫生设施设置标准》（CJJ27—89）。

3.4 废物箱

3.4.1 废物箱主要是收集行人的生活垃圾，行人的生活垃圾与其他生活垃圾有一定差异，废物箱与生活垃圾收集点的垃圾容器也有一定差异，所以废物箱的分类可以与生活垃圾收集点的分类类别不完全一致，但还是要与生活垃圾分类处理方式相适应。

3.4.2 除了行人必经的道路外，在交通客运枢纽、公共建筑、广场、社会停车场等人流量较大的出入口处，对废物箱的需求程度也较高。

3.4.3 一般情况下，人流密度与道路的功能有关，快速路和支路人流量相对较少一些，商业金融业及客运公交设施附近的街道人流密度相对较高，因此本条对废物箱的设置间距按道路功能而给出不同值。废物箱的设置间距较《城市环境卫生设施设置标准》（CJJ27—89）有了较大提高，同时应适当增加废物箱的容积，这样更能适应实际需要并有利于改善街道卫生环境。有辅道的快速路一般均设置人行道，这样在快速路上将有机动车、非机动车及行人三类交通，其对废物箱的需求类似于主、次干路。快速路无辅道而有人行道，则只有机动车和行人交通，且人行交通量不会大，可以按支路对待。若快速路无人行道则不需设置废物箱。

3.5 粪便污水前端处理设施

3.5.1 本条主要针对粪便污水能够进入城市污水系统的规划区域制定。

对于城市污水管网及污水处理系统均不完善的城市，为减轻粪便污水对环境的直接污染，设置粪便污水前端处理设施是一种常用的选择。但考虑到城市今后的污水管网及污水处理系统将不断完善，在粪便污水前端处理设施的选择上应注意二个方面：其一，立足于今后城市污水系统完善后不再设置粪便污水前端处理设施，此种情况下可将粪便污水前端处理设施作为一种过渡性设施，从经济角度其标准不宜定得太高；其二，立足于永久使用，则必须满足环境保护的有关标准。

对于城市污水处理已趋于完善的城市，设置粪便污水前端处理设施无论从技术和经济角度还是城市污水处理系统运行角度均是不合理的，不应再提倡使用粪便污水前端处理设施。

3.5.2 在某些情况下，由于局部区域的粪便污水直接排入城市污水系统有一定难度而进入环境水体，或城市无污水处理厂造成城市污水直接进水环境水体等，此时粪便污水前端处理设施的出水若不能达标排放，会对水环境造成程度不同的影响。此时，即使粪便污水前端处理设施的出水是通过雨水系统等进入环境水体的，也应视做直接排放环境水体，应满足相应的环境保护标准。

3.5.3 由于粪便污水前端处理设施与化粪池的可类比性，本条采用了《建筑给水排水设计规范》（GB 50015—2003）里对化粪池设置要求。

4 环境卫生工程设施

4.1 一般规定

4.1.1 环境卫生工程设施在维护城市卫生环境的同时，不可避免要产生次生污染，尤其是生活垃圾卫生填埋场、生活垃圾焚烧厂、生活垃圾堆肥厂等处理、处置设施及生活垃圾二次转运站在运行过程中产生的废气、废渣、渗沥液等污染物和次生污染物对区域环境的影响比较大，选址时要充分考虑这种污染对城市的影响，并应在环境影响评价中对此种影响做出预测，为选址提供决策依据。

4.1.2 环境卫生工程设施运行中产生的污染物（含次生污染物）主要有渗沥液、填埋气、废气、冲洗水、残渣等，其处理要与其他污染物处理一视同仁，都应达到国家或地方的环境保护标准。

4.2 生活垃圾转运站

4.2.1 生活垃圾转运站在城市中大量存在，在运行过程中产生的异味、噪声、废水、飘尘等污染物对周围环境会产生影响。因此，在布点上要慎重选择，既要具备便捷的交通运输条件（包括水运）、合理的经济运距，也要满足环境保护及景观环境等要求。

4.2.2 在超过经济运距而生活垃圾量又比较大的情况下，为减少运输费用，避免大量中、小吨位环卫车辆远距离运输，可设置生活垃圾二次转运站。由于生活垃圾二次转运站一般占地较大，对周边环境影响也较大，同时又要便于生活垃圾中转和运输，一般可设置在城市建成区以外。在有条件的地方，应考虑生活垃圾二次转运站的区域共享和城乡共享。

4.2.3 生活垃圾转运站是保证城市清洁和市民生活环境卫生的一个重要市政设施。长期以来，由于种种原因，在城市规划和建设中，生活垃圾转运站用地未得到足够重视，由此带来一系列问题。通过大量调研，我们认为，必须首先从规划上对生活垃圾转运站的用地和卫生安全给予足够重视，并在规划中要予以落实，管理上要给予保证，采用强制性规定能较好达到这一目的。

本规范中对城市生活垃圾量的计算采用《城市垃圾转运站设计规范》(CJJ 47—91)中的计算公式。

根据我们对国内49个大中城市的调研，这些城市的人均生活垃圾日产量为0.73～2.31kg，平均为1.18kg。由于在计量中多数城市以垃圾车载重吨位计算，而生活垃圾密度很低，一般达不到载重吨位，亏吨现象较为普遍，即实际运量低于统计量。据调查，实际人均日产量是在0.7～2.0kg之间。这个值变化很大，它受城市地理条件、经济发展水平、居民消费水平、生活习惯和城市居民燃料结构等多种因素影响。考虑到目前情况及将来发展，本条推荐人均日产生活垃圾量 q 取值为0.8～1.8kg（见附录B）。特殊地区还可以根据具体情况分析、取值。

目前，国内生活垃圾转运站模式较多，差异也较大。由于各城市的规模、经济发展水平和用地条件等情况不同，对生活垃圾转运站的设置要求也各不相同。为适应国内城市差异较大的实际情况，便于与已颁布实施的《城市环境卫生设施设置标准》(CJJ27—89)中有关规定相协调，本条将生活垃圾转运站按生活垃圾转运量分为4档，并提出与之对应的用地标准。

条文中提出的用地指标是根据我们在国内作出的大量调研基础上，在增加了用地内的绿化隔离带，考虑了地区及城市的差异后确定的。目前，国内生活垃圾转运站的转运量大多在50t/d左右或以下，其净用地一般在100m²左右，在广州等地调查到的150t/d转运站，其净用地不超过300m²。由于受服务范围和收集方式的限制，大多数生活垃圾转运站设在市区的居住小区周围，其用地是比较紧张的。在中、小城市和经济欠发达地区，采用的系统和设备可能简陋一些，自动化和机械化程度可能低一些，造成用地指标可能偏大，为照顾我国地域辽阔、差异较大的实际情况，并考虑到二次转运站用地规模较一般转运站为高，本条用地指标的上下限幅度较《城市环境卫生设施设置标准》(CJJ27—89)为大。

本条中规定生活垃圾转运站沿周边设置绿化隔离带最小宽度分别为3m、5m、8m时，是考虑至少可分别种植1排、2排和3排乔木，是为了减少生活垃圾转运站在工作过程中散溢出来的臭味及产生的噪声对周边环境的影响，同时也是维护城市景观的需求，我们对小于50t/d、50～150t/d、150～450t/d的生活垃圾转运站中各种不同形状、不同规模的用地沿三边布置绿化隔离带的情况进行了大量分析，其绿地率分别在17%～36%、28%～40%、25%～43%之间，基本满足现有城市规划编制办法中对地块中绿地率应达到35%的规定，即使有所超出也不至于太多。当个别用地形状特殊、并处于两档用地的重合部分时绿地率可能偏大，但可通过调整场地布局保证生活垃圾转运站的建筑用地需求。

生活垃圾转运站的设置还必须保证与相邻建筑物有一定距离，以满足环境、通道、消防等要求。

相邻建筑间距的确定方法，在各地的建筑、规划管理规定中均有明确规定；若无此规定，一般可按建筑外墙之间距来确定。

表4.2.3中的与相邻建筑间距值是基本要求或最低要求，同时需满足当地建筑间距的有关规定。表中的最低间距值≥8m的确定主要依据以下情况：出于对垃圾转运站环境方面的考虑，其主体建筑宜后退用地红线5m左右，相邻建筑一般至少后退其用地红线2m以上，这样两者间距最少在7m以上，在留有一定余地后取为≥8m。

4.2.4 生活垃圾转运站的服务半径与使用的收运工具密切相关，从调研的城市来看，一般使用手推车、脚踏三轮车收集生活垃圾后送到生活垃圾转运站，距离大都在0.5km左右，一般不超过1km。当使用小型机动车时，则服务半径一般在2km以上。

鉴于我国城市之间差别太大，山地及丘陵城市中生活垃圾采用人力收运的，生活垃圾转运站服务半径不宜大于0.6km；平原城市采用人力收运的，服务半径不宜大于1km；对收运工具以机动车为主的地区，可以少设生活垃圾转运站，每个生活垃圾转运站的规模可大一些，服务半径相应增大，可以达到4km（小型机动车）或4km以上（大中型机动车）。

4.3 水上环境卫生工程设施

4.3.1 江河、湖泊、海洋等大型水面上的漂浮垃圾、有害水生植物及船舶垃圾会对环境和城市景观造成影响，引起水体水质恶化，因此有必要设置垃圾码头，对水上垃圾进行收运。

在各种运输方式中，水路运输是较为经济的，在水运条件好的城市，可以考虑设置以转运垃圾为主的垃圾码头。

垃圾码头在运行过程中，会给周边环境带来一定影响，其选址应有一定限制，主要是避开人流集中的区域。

垃圾码头综合用地包括垃圾装卸、清理、消毒、车辆通道、回车场和附属建筑等用地，考虑到垃圾码头对周边环境产生的不利影响，应在其周边设置一定宽度的绿化隔离带。

附录C中垃圾码头岸线计算采用《城市环境卫生设施设置标准》(CJJ 27—89)中的计算公式。

4.3.2 随着城市社会经济的发展，城市污水管网逐步完善，用吸粪车收运粪便的情况将逐渐减少，由于粪便收运量的减少和城市环境对粪便码头的限制要求，粪便码头有逐渐减少的趋势。在有粪便转运需求且水运条件好的城市可以考虑设置粪便码头。粪便码头对周边环境影响比垃圾码头更大,因此需设置更宽的绿化隔离带。

附录C中粪便码头岸线计算采用《城市环境卫生设施设置标准》(CJJ 27—89)中的计算公式。

4.4 粪便处理厂

4.4.1 随着城市社会经济的发展、城市排水系统的完善,多数城市已不或将不需要设置粪便处理厂。但在一定时期内,部分城市还将有旱厕和粪便污水处理设施存在,由于粪便处理方式的多样性,这些城市可设置粪便处理厂,一般用来处理旱厕粪便和粪便污水前端处理设施中的粪渣。本条仅对需要设置粪便处理厂的城市做原则性规定。

4.4.2 粪便处理厂在运行过程中会对周边环境造成较大的影响,因此它的选址应慎重。首先必须满足城市规划用地布局要求,其次应当尽量减轻它的负面影响。经粪便处理厂处理后的污水,其COD_5和BOD_5一般含量较高,进入城市污水处理厂与城市污水一并处理能增加污水的生化浓度,有利于提高污水处理效率和处理达标,因此在有条件的地方,粪便处理厂宜靠近规划城市污水处理厂设置。从保护环境、节约土地的角度出发,在规划设计中应采用先进设备和技术,减少用地,降低污染。从卫生环境和景观环境的要求出发,应设置绿化隔离带和防护间距,以美化环境和减弱臭味给人们带来的不适。

4.5 生活垃圾卫生填埋场

4.5.1 生活垃圾卫生填埋场在运行过程中产生的次生污染危害性较大,影响因素多、涉及面广、加之使用期限长,占地面积大,因此导致其选址困难。在有条件的地区应当综合分析各方面情况,充分考虑社会效益、环境效益、经济效益的统一,提倡生活垃圾卫生填埋场的区域共享。同时,生活垃圾卫生填埋场还需进行环境影响评价后才能确定场址。

4.5.2 由于生活垃圾卫生填埋场对城市环境和景观的影响很大,且选址困难,从城市环境的角度希望生活垃圾填埋场距城市尽可能远些,在很多情况下选址的经济性与环境要求间往往会产生矛盾。对此,我们应该有一个基本的要求,以保证生活垃圾卫生填埋场与城市规划建成区之间保持一个最低限度的间距。

《城市生活垃圾卫生填埋处理工程项目建设标准》(2001)有如下规定:"填埋场的选址,应符合城市总体规划……的要求"、"距人畜居栖点500m以外"。根据我们对部分城市的调研及有关资料,目前生活垃圾卫生填埋场距大城市建成区一般在10km以上,距中小城市一般在5km以上;考虑到城市规模的扩大,城市规划建成区与现状填埋场的间距有所减小,但也应保持一个合理的间距。至于规划的生活垃圾卫生填埋场则更应该考虑到这个问题,避免对城市环境安全等方面产生隐患。

该条文所提的数据的主要依据是:①我国城市生活垃圾填埋场现状;②区域共享,选址范围更广,间距要求较容易满足;③环境影响及安全性(曾有燃烧、爆炸事故记录);④城市规划的基本要求;⑤国家有关规定。

大、中城市生活垃圾产量大,生活垃圾卫生填埋场的规模及潜在污染的危害可能性也较大,而大、中城市的生态环境较为脆弱,更需要从外部给予更多的保护,更需要离污染源远一些。

4.5.3 由于生活垃圾卫生填埋场对周边景观环境影响大,为减轻影响,应在其周边设置较宽的绿化隔离带。

4.5.4 生活垃圾卫生填埋场设置在城市规划建成区以外,周边为非城市建设用地,将其周边一定范围的用地规划为防护绿地或生态绿地的目的是为了进一步降低生活垃圾卫生填埋场对周边的影响。

4.5.5 生活垃圾卫生填埋场选址较难,建设运营费用高,使用期限不能太短。根据调研资料,绝大多数生活垃圾卫生填埋场的使用年限都在10年以上,现行相关规范中也是这样确定的。当生活垃圾卫生填埋场封场后从技术上完全可以进行绿化,从环境角度上应该进行绿化。

4.6 生活垃圾焚烧厂

4.6.1 垃圾焚烧对垃圾的热值有要求,热值过低时需添加辅助燃料才能燃烧,增加处理成本。在选择建厂前应对城市生活垃圾热值作出鉴定。此外,在部分经济发达地区选择填埋场困难时,也可考虑选择建设垃圾焚烧厂。

4.6.2 生活垃圾焚烧厂在焚烧过程中可产生二恶英等有毒气体,会严重影响人们的身体健康。目前发达国家有把生活垃圾焚烧厂建在城市建成区的,它们采取的先进工艺和技术设备,使有毒气体的排放达到了当地的环境保护标准。鉴于我国的经济发展水平,同时考虑到生活垃圾焚烧厂可能产生的有毒气体的危害性,把生活垃圾焚烧厂设置在离城市建成区以外的地方,对城市居民的身体健康和城市环境都是有好处的。为节约能源,可利用生活垃圾焚烧产生的热能来发电或供热,做到资源的合理循环利用,若其向城市供热,则不宜距城市过远。

4.6.3 生活垃圾焚烧厂综合用地指标是参照现行《城市生活垃圾焚烧处理工程项目建设标准》中的相关指标换算后确定的,选用时应查看该标准。为减轻对环境的不利影响,本条明确要求设置绿化隔离带。

4.7 生活垃圾堆肥厂

4.7.1 城市生活垃圾成分复杂,适于生活垃圾堆肥的垃圾应含有较高的可生物降解的有机物,否则堆肥肥效差，从而影响堆肥产品的销售。

4.7.2 生活垃圾堆肥厂在运行过程产生大量废气并伴有异味，生活垃圾堆肥厂的堆肥产品主要是运往农村，为了减轻生活垃圾堆肥厂在运行过程中给城市环境带来的不利影响并便于产品运输，生活垃圾堆肥厂应设置在城市规划建成区以外。

4.7.3 本条中采用的生活垃圾堆肥厂用地指标参照现行《城市生活垃圾堆肥处理工程项目建设标准》中相关指标换算后确定。选用时应查看该标准，为减轻对环境的不利影响，本条明确要求设置绿化隔离带。

4.8 建筑垃圾填埋场

4.8.1 城市建设中产生的大量建筑垃圾和工程渣土虽然在一般情况下是无毒无害的，但若任其堆放仍会对城市环境造成不利影响，其填埋场也不宜设置在城市规划建成区内，其主要原因有：建筑垃圾和工程渣土的填埋作业必然会对周边环境产生不利影响；城市规划建设用地的潜在地价较高，从资源优化配置的角度不宜将这种用地作为填埋场地；建筑垃圾和工程渣土的可运输性较好，运距增加几公里，其运费的增加十分有限。

4.9 其他固体废弃物处理厂、处置场

4.9.1 城市固体危险废弃物主要包括医疗卫生垃圾、有毒有害的工业垃圾、含放射性物质或其他危险性较大的垃圾、病死畜等，涉及的单位和部门多，品类复杂，对城市环境危害大，监测和管理较困难，它的安全处理和处置对城市安全及保护生态环境是必要的。

4.9.2 无毒无害工业垃圾危害性不大，若不能回收或利用，一般应进行填埋处置；为保护城市景观和环境，在城市规划建成区以外对其进行处置是合理的。

4.9.3 随着城市的发展，将会出现较多的大件垃圾，如旧家具、废旧电器、炊具、汽车等。如何处理这些废旧物品是一个新的课题，我们参考国外的经验，原则上提出在城市规划建成区边缘设置专门的场所来处理这些物品。

4.9.4 变废为宝，实现垃圾资源化，是我国一项长期战略方针。垃圾资源回收场所的设置方式比较灵活，可以单独设置，也可以结合其他环境卫生工程设施如生活垃圾转运站、填埋场、焚烧厂等合并设置。同时资源回收场所也会对周边环境产生影响，单独设置时应对其选址做一定限制。广州市已建有现代化的资源回收中心，将垃圾进行分选，按类别进行回收，若垃圾量充足，则完全可以实现产业化发展。大、中城市设置城市垃圾资源回收场所尤其必要，有利于实现资源循环利用，促进社会可持续发展。

5 其他环境卫生设施

5.1 车辆清洗站

5.1.1 调查显示，目前从事入城车辆的清洗作业的车辆清洗站、点多数设备简陋、场地狭小，且没有对冲洗后含泥、含油污废水做达标处理即直接排入城市下水道或周边低洼地带，既污染环境又浪费水资源，也存在安全隐患。应提倡入城车辆清洗站的建设走规范化、集约化、规模化发展的道路。

5.1.2 为节约城市用地和方便车辆清洗，提倡城市车辆清洗站与加油站、加气站、停车场合并设置。车辆清洗站的服务半径参照加油站的服务半径确定。

5.2 环境卫生车辆停车场

5.2.1 本条是为了保证城市生活垃圾、粪便清运和城市道路清扫、冲洗、洒水、除雪及其他作业而提出的规划要求。环境卫生作业对专业车辆的依赖程度极高，管理、养护好车辆是环境卫生工作正常进行的基本保障。根据建设部《城市环境卫生专用车辆管理规定》中第一章第五条规定："城市环境卫生专用车辆一般应当由市集中管理，大城市可以实行两级分管。"

5.2.2 环境卫生车辆的用地包括绿化、车辆停放、场内通道、管理和维护设施等；环境卫生车辆一般为大型车辆，占用停车面积较大。环境卫生车辆停车场用地的现行指标为$200m^2$/辆（《城市环境卫生设施设置标准》CJJ 27—89）。据调查，现有的环境卫生停车场普遍达不到该指标。为提高城市土地利用率和增加可操作性，本条参照该指标并作了适当调整。

5.2.3 本条是为了减少环境卫生车辆停车场对城市交通和生活环境的影响并提高车辆的行驶效率。人口稠密区域是指居住、行政、文化和商业等区域；交通繁忙区域是指车辆流量大的道路和交叉路口附近区域。

5.3 环境卫生车辆通道

5.3.1 为了保证环境卫生车辆的通行要求，其通道宽度和净高必须予以满足。机动车通道宽度要求与《城市环境卫生设施设置标准》(CJJ 27—89)一致，净高要求采用《城市道路设计规范》(CJJ 37—90)的规定。对于非机动环境卫生车辆通道要求亦采用《城市道路设计规范》(CJJ 37—90)的非机动车通道有关规定。

5.3.2 为了保证环境卫生车辆的作业要求，对回车场地及尽端式道路的要求必须予以满足。机动车回车场地及倒车距离的要求按《城市环境卫生设施设置标准》(CJJ 27—89)执行。非机动车可实现原地转向，

对回车场地的尺寸要求较低。通向生活垃圾收集点及小型生活垃圾转运站的通道一般为尽端式，从安全角度出发，应对倒车距离或尽端式道路长度做出限制。

5.4 洒水车供水器

5.4.1 所列水源水质能够满足冲洗城市街道及绿化用水水质要求。冲洗城市街道及绿化用水水质要求不高，满足《城市污水再生利用城市杂用水水质》（GB/T 18920—2002）的水质即可。市区内可充分利用各种水资源，在满足基本间距要求的情况下设置供水器。鉴于大部分城市供水器数量按现行标准计算缺口较大，反映出可能存在着这么一个客观事实：现行标准偏高及可以利用的供水水源及供水方式多样化。《城市环境卫生设施设置标准》（CJJ 27—89）的供水器分档较多，设置密度较大，按其实施的可能性较小及必要性不足，自该标准实施以来各城市在供水器建设方面与标准的巨大差距从侧面反映出该标准的指标可能偏高。本条满足了该标准的最低要求。

供水器若设置在主干路、快速路上，作业时将对城市交通产生较大干扰；供水器设置在次干路或支路上，作业时对城市交通的影响程度要低一些。

中华人民共和国国家标准

老年人居住建筑设计标准

Code for design of residential building for the aged

GB/T 50340—2003

主编部门：中华人民共和国建设部
批准部门：中华人民共和国建设部
施行日期：２００３年９月１日

中华人民共和国建设部
公　告

第 149 号

建设部关于发布国家标准
《老年人居住建筑设计标准》的公告

现批准《老年人居住建筑设计标准》为国家标准，编号为 GB/T 50340—2003，自 2003 年 9 月 1 日起实施。

本标准由建设部标准定额研究所组织中国建筑工业出版社出版发行。

中华人民共和国建设部
2003 年 5 月 28 日

前　言

根据建设部建标标〔2000〕50 号文要求，本标准编制组在广泛调查研究，认真总结实践经验的基础上，参照有关国际标准和国外先进标准，并经充分征求意见，制定了本标准。

本标准的主要技术内容是：1. 总则；2. 术语；3. 基地与规划设计；4. 室内设计；5. 建筑设备；6. 室内环境。主要规定了老年人居住建筑设计时需要遵照执行的各项技术经济指标，着重提出老年人居住建筑设计中需要特别注意的室内设计技术措施，包括：用房配置和面积标准；建筑物的出入口、走廊、公用楼梯、电梯、户门、门厅、户内过道、卫生间、厨房、起居室、卧室、阳台等各种空间的设计要求。

本标准由中国建筑设计研究院负责具体解释，执行中如发现需要修改和补充之处，请将意见和有关资料寄送中国建筑设计研究院居住建筑与设备研究所（北京市车公庄大街 19 号，邮政编码 100044）。

本标准主编单位：中国建筑设计研究院
　　　　　　　　民政部社会福利和社会事务司
本标准参编单位：中国老龄科学研究中心
　　　　　　　　北京市建筑设计研究院
　　　　　　　　中国老龄协会调研部
　　　　　　　　上海市老龄科学研究中心
　　　　　　　　上海市老年用房研究会
　　　　　　　　上海市工程建设标准化办公室
　　　　　　　　同济大学建筑与城市规划学院
　　　　　　　　青岛建筑工程学院建筑系
　　　　　　　　河南省建筑设计研究院
本标准主要起草人员：刘燕辉　开　彦　林建平
　　　　　　　　　　王　贺　何少平　常宗虎
　　　　　　　　　　程　勇　刘克维　郭　平
　　　　　　　　　　马利中　叶忠良　王勤芬
　　　　　　　　　　张剑敏　王少华　郑志宏

目　次

1 总则 ························· 20—4
2 术语 ························· 20—4
3 基地与规划设计 ················ 20—4
　3.1 规模 ······················ 20—4
　3.2 选址与规划 ················ 20—4
　3.3 道路交通 ·················· 20—4
　3.4 场地设施 ·················· 20—5
　3.5 停车场 ···················· 20—5
　3.6 室外台阶、踏步和坡道 ······ 20—5
4 室内设计 ····················· 20—5
　4.1 用房配置和面积标准 ········ 20—5
　4.2 建筑物的出入口 ············ 20—6
　4.3 走廊 ······················ 20—6
　4.4 公用楼梯 ·················· 20—6
　4.5 电梯 ······················ 20—6
　4.6 户门、门厅 ················ 20—7
　4.7 户内过道 ·················· 20—7
　4.8 卫生间 ···················· 20—7
　4.9 公用浴室和卫生间 ·········· 20—7
　4.10 厨房 ····················· 20—7
　4.11 起居室 ··················· 20—7
　4.12 卧室 ····················· 20—7
　4.13 阳台 ····················· 20—7
5 建筑设备 ····················· 20—7
　5.1 给水排水 ·················· 20—7
　5.2 采暖、空调 ················ 20—8
　5.3 电气 ······················ 20—8
　5.4 燃气 ······················ 20—8
　5.5 安全报警 ·················· 20—8
6 室内环境 ····················· 20—8
　6.1 采光 ······················ 20—8
　6.2 通风 ······················ 20—8
　6.3 隔声 ······················ 20—8
　6.4 隔热、保温 ················ 20—9
　6.5 室内装修 ·················· 20—9
本规范用词说明 ·················· 20—9
附：条文说明 ···················· 20—10

1 总则

1.0.1 为适应我国人口年龄结构老龄化趋势，使今后建造的老年人居住建筑在符合适用、安全、卫生、经济、环保等要求的同时，满足老年人生理和心理两方面的特殊居住需求，制定本标准。

1.0.2 老年人居住建筑的设计应适应我国养老模式要求，在保证老年人使用方便的原则下，体现对老年人健康状况和自理能力的适应性，并具有逐步提高老年人居住质量及护理水平的前瞻性。

1.0.3 本标准适用于专为老年人设计的居住建筑，包括老年人住宅、老年人公寓及养老院、护理院、托老所等相关建筑设施的设计。新建普通住宅时，可参照本标准做潜伏设计，以利于改造。

1.0.4 老年人居住建筑设计除执行本标准外，尚应符合国家现行有关标准、规范的要求。

2 术语

2.0.1 老年人　the aged people
按照我国通用标准，将年满60周岁及以上的人称为老年人。

2.0.2 老年人居住建筑　residential building for the aged
专为老年人设计，供其起居生活使用，符合老年人生理、心理要求的居住建筑，包括老年人住宅、老年人公寓、养老院、护理院、托老所。

2.0.3 老年人住宅　house for the aged
供以老年人为核心的家庭居住使用的专用住宅。老年人住宅以套为单位，普通住宅楼栋中可配套设置若干套老年人住宅。

2.0.4 老年人公寓　apartment for the aged
为老年人提供独立或半独立家居形式的居住建筑。一般以栋为单位，具有相对完整的配套服务设施。

2.0.5 养老院　rest home
为老年人提供集体居住，并具有相对完整的配套服务设施。

2.0.6 护理院　nursing home
为无自理能力的老年人提供居住、医疗、保健、康复和护理的配套服务设施。

2.0.7 托老所　nursery for the aged
为老年人提供寄托性养老服务的设施，有日托和全托等形式。

3 基地与规划设计

3.1 规模

3.1.1 老年人住宅和老年人公寓的规模可按表3.1.1划分。

表 3.1.1　老年人住宅和老年人公寓的规模划分标准

规模	人数	人均用地指标
小型	50人以下	80～100m²
中型	51～150人	90～100m²
大型	151～200人	95～105m²
特大型	201人以上	100～110m²

3.1.2 新建老年人住宅和老年人公寓的规模应以中型为主，特大型老年人住宅和老年人公寓宜与普通住宅、其他老年人设施及社区医疗中心、社区服务中心配套建设，实行综合开发。

3.1.3 老年人居住建筑的面积标准不应低于表3.1.3的规定。

表 3.1.3　老年人居住建筑的最低面积标准

类型	建筑面积(m²/人)	类型	建筑面积(m²/人)
老年人住宅	30	托老所	20
老年人公寓	40	护理院	25
养老院	25		

注：本栏目的面积指居住部分建筑面积，不包括公共配套服务设施的建筑面积。

3.2 选址与规划

3.2.1 中小型老年人居住建筑基地选址宜与居住区配套设置，位于交通方便、基础设施完善、临近医疗设施的地段。大型、特大型老年人居住建筑可独立建设并配套相应设施。

3.2.2 基地应选在地质稳定、场地干燥、排水通畅、日照充足、远离噪声和污染源的地段，基地内不宜有过大、过于复杂的高差。

3.2.3 基地内建筑密度，市区不宜大于30%，郊区不宜大于20%。

3.2.4 大型、特大型老年人居住建筑基地用地规模应具有远期发展余地，基地容积率宜控制在0.5以下。

3.2.5 大型、特大型老年人居住建筑规划结构应完整，功能分区明确，安全疏散出口不应少于2个。出入口、道路和各类室外场地的布置，应符合老年人活动特点。有条件时，宜临近儿童或青少年活动场所。

3.2.6 老年人居住用房应布置在采光通风好的地段，应保证主要居室有良好的朝向，冬至日满窗日照不宜小于2小时。

3.3 道路交通

3.3.1 道路系统应简洁通畅，具有明确的方向感和可识别性,避免人车混行。道路应设明显的交通标志及夜间照明设施,在台阶处宜设置双向照明并设扶手。

3.3.2 道路设计应保证救护车能就近停靠在住栋的出入口。

3.3.3 老年人使用的步行道路应做成无障碍通道系统,道路的有效宽度不应小于0.90m;坡度不宜大于2.5%;当大于2.5%时,变坡点应予以提示,并宜在坡度较大处设扶手。

3.3.4 步行道路路面应选用平整、防滑、色彩鲜明的铺装材料。

3.4 场地设施

3.4.1 应为老年人提供适当规模的绿地及休闲场地,并宜留有供老人种植劳作的场地。场地布局宜动静分区,供老年人散步和休憩的场地宜设置健身器材、花架、座椅、阅报栏等设施,并避免烈日暴晒和寒风侵袭。

3.4.2 距活动场地半径100m内应有便于老年人使用的公共厕所。

3.4.3 供老年人观赏的水面不宜太深,深度超过0.60m时应设防护措施。

3.5 停车场

3.5.1 专供老年人使用的停车位应相对固定,并应靠近建筑物和活动场所入口处。

3.5.2 与老年人活动相关的各建筑物附近应设供轮椅使用者专用的停车位,其宽度不应小于3.50m,并应与人行通道衔接。

3.5.3 轮椅使用者使用的停车位应设置在靠停车场出入口最近的位置上,并应设置国际通用标志。

3.6 室外台阶、踏步和坡道

3.6.1 步行道路有高差处、入口与室外地面有高差处应设坡道。室外坡道的坡度不应大于1/12,每上升0.75m或长度超过9m时应设平台,平台的深度不应小于1.50m并应设连续扶手。

3.6.2 台阶的踏步宽度不宜小于0.30m,踏步高度不宜大于0.15m。台阶的有效宽度不应小于0.90m,并宜在两侧设置连续的扶手;台阶宽度在3m以上时,应在中间加设扶手。在台阶转换处应设明显标志。

3.6.3 独立设置的坡道的有效宽度不应小于1.50m;坡道和台阶并用时,坡道的有效宽度不应小于0.90m。坡道的起止点应有不小于1.50m×1.50m的轮椅回转面积。

3.6.4 坡道两侧至建筑物主要出入口宜安装连续的扶手。坡道两侧应设栏杆或护墙。

3.6.5 扶手高度应为0.90m,设置双层扶手时下层扶手高度宜为0.65m。坡道起止点的扶手端部宜水平延伸0.30m以上。

3.6.6 台阶、踏步和坡道应采用防滑、平整的铺装材料,不应出现积水。

3.6.7 坡道设置排水沟时,水沟盖不应妨碍通行轮椅和使用拐杖。

4 室内设计

4.1 用房配置和面积标准

4.1.1 老年人居住套型或居室宜设在建筑物出入口层或电梯停靠层。

4.1.2 老年人居室和主要活动房间应具有良好的自然采光、通风和景观。

4.1.3 老年人套型设计标准不应低于表4.1.3.1和表4.1.3.2的规定。

表4.1.3.1 老年人住宅和老年人公寓的最低使用面积标准

组合形式	老年人住宅	老年人公寓
一室套(起居、卧室合用)	25m²	22m²
一室一厅套	35m²	33m²
二室一厅套	45m²	43m²

表4.1.3.2 老年人住宅和老年人公寓各功能空间最低使用面积标准

房间名称	老年人住宅	老年人公寓
起居室	12m²	
卧室	12m²(双人)	10m²(单人)
厨房	4.5m²	
卫生间	4m²	
储藏	1m²	

4.1.4 养老院居室设计标准不应低于表4.1.4的规定

表4.1.4 养老院居室设计标准

类型	最低使用面积标准		
	居室	卫生间	储藏
单人间	10m²	4m²	0.5m²
双人间	16m²	5m²	0.6m²
三人以上房间	6m²/人	5m²	0.3m²/人

4.1.5 老年人居住建筑配套服务设施的配置标准不应低于表4.1.5的规定。

表 4.1.5 老年人居住建筑配套服务设施用房配置标准

用房		项目	配置标准
餐厅		餐位数	总床位的 60%～70%
		每座使用面积	2m²/人
医疗保健用房		医务、药品室	20～30m²
		观察、理疗室	总床位的 1%～2%
		康复、保健室	40～60m²
服务用房	公用	公用厨房	6～8m²
		公用卫生间（厕位）	总床位的 1%
		公用洗衣房	15～20m²
		公用浴室（浴位）（有条件时设置）	总床位的 10%
	公共	售货、饮食、理发	100 床以上设
		银行、邮电代理	200 床以上设
		客房	总床位的 4%～5%
		开水房、储藏间	10m²/层
休闲用房		多功能厅	可与餐厅合并使用
		健身、娱乐、阅览、教室	1m²/人

4.2 建筑物的出入口

4.2.1 出入口有效宽度不应小于 1.10m。门扇开启端的墙垛净尺寸不应小于 0.50m。

4.2.2 出入口内外应有不小于 1.50m×1.50m 的轮椅回转面积。

4.2.3 建筑物出入口应设置雨篷，雨篷的挑出长度宜超过台阶首级踏步 0.50m 以上。

4.2.4 出入口的门宜采用自动门或推拉门；设置平开门时，应设闭门器。不应采用旋转门。

4.2.5 出入口宜设交往休息空间，并设置通往各功能空间及设施的标识指示牌。

4.2.6 安全监控设备终端和呼叫按钮宜设在大门附近，呼叫按钮距地面高度为 1.10m。

4.3 走 廊

4.3.1 公用走廊的有效宽度不应小于 1.50m。仅供一辆轮椅通过的走廊有效宽度不应小于 1.20m，并应在走廊两端设有不小于 1.50m×1.50m 的轮椅回转面积。

4.3.2 公用走廊应安装扶手。扶手单层设置时高度为 0.80～0.85m，双层设置时高度分别为 0.65m 和 0.90m。扶手宜保持连贯。

4.3.3 墙面不应有突出物。灭火器和标识板等应设置在不妨碍使用轮椅或拐杖通行的位置上。

4.3.4 门扇向走廊开启时宜设置宽度大于 1.30m、深度大于 0.90m 的凹廊，门扇开启端的墙垛净尺寸不应小于 0.40m。

4.3.5 走廊转弯处的墙面阳角宜做成圆弧或切角。

4.3.6 公用走廊地面有高差时，应设置坡道并应设明显标志。

4.3.7 老年人居住建筑各层走廊宜增设交往空间，宜以 4～8 户老年人为单元设置。

4.4 公用楼梯

4.4.1 公用楼梯的有效宽度不应小于 1.20m。楼梯休息平台的深度应大于梯段的有效宽度。

4.4.2 楼梯应在内侧设置扶手。宽度在 1.50m 以上时应在两侧设置扶手。

4.4.3 扶手安装高度为 0.80～0.85m，应连续设置。扶手应与走廊的扶手相连接。

4.4.4 扶手端部宜水平延伸 0.30m 以上。

4.4.5 不应采用螺旋楼梯，不宜采用直跑楼梯。每段楼梯高度不宜高于 1.50m。

4.4.6 楼梯踏步宽度不应小于 0.30m，踏步高度不应大于 0.15m，不宜小于 0.13m。同一个楼梯梯段踏步的宽度和高度应一致。

4.4.7 踏步应采用防滑材料。当设防滑条时，不宜突出踏面。

4.4.8 应采用不同颜色或材料区别楼梯的踏步和走廊地面，踏步起终点应有局部照明。

4.5 电 梯

4.5.1 老年人居住建筑宜设置电梯。三层及三层以上设老年人居住及活动空间的建筑应设置电梯，并应每层设站。

4.5.2 电梯配置中，应符合下列条件：

 1 轿厢尺寸应可容纳担架。

 2 厅门和轿门宽度应不小于 0.80m；对额定载重量大的电梯，宜选宽度 0.90m 的厅门和轿门。

 3 候梯厅的深度不应小于 1.60m，呼梯按钮高度 0.90～1.10m。

 4 操作按钮和报警装置应安装在轿厢侧壁易于识别和触及处，宜横向布置，距地高度 0.90～1.20m，距前壁、后壁不得小于 0.40m。有条件时，可在轿厢两侧壁上都安装。

4.5.3 电梯额定速度宜选 0.63～1.0m/s；轿门开关时间应较长；应设置关门保护装置。

4.5.4 轿厢内两侧壁应安装扶手，距地高度 0.80～0.85m；后壁上设镜子；轿门宜设窥视窗；地面材料应防滑。

4.5.5 各种按钮和位置指示器数字应明显，宜配置轿厢报站钟。

4.5.6 呼梯按钮的颜色应与周围墙壁颜色有明显区别；不应设防水地坎；基站候梯厅应设座椅，其他层站有条件时也可设置座椅。

4.5.7 轿厢内宜配置对讲机或电话，有条件时可设置电视监控系统。

4.6 户门、门厅

4.6.1 户门的有效宽度不应小于1m。

4.6.2 户门内应设更衣、换鞋空间，并宜设置座凳、扶手。

4.6.3 户门内外不宜有高差。有门槛时，其高度不应大于20mm，并设坡面调节。

4.6.4 户门宜采用推拉门形式且门轨不应影响出入。采用平开门时，门上宜设置探视窗，并采用杆式把手，安装高度距离地面0.80～0.85m。

4.6.5 供轮椅使用者出入的门，距地面0.15～0.35m处宜安装防撞板。

4.7 户内过道

4.7.1 过道的有效宽度不应小于1.20m。

4.7.2 过道的主要地方应设置连续式扶手；暂不安装的，可设预埋件。

4.7.3 单层扶手的安装高度为0.80～0.85m，双层扶手的安装高度分别为0.65m和0.90m。

4.7.4 过道地面及其与各居室地面之间应无高差。过道地面应高于卫生间地面，标高变化不应大于20mm，门口应做小坡以不影响轮椅通行。

4.8 卫 生 间

4.8.1 卫生间与老年人卧室宜近邻布置。

4.8.2 卫生间地面应平整，以方便轮椅使用者，地面应选用防滑材料。

4.8.3 卫生间入口的有效宽度不应小于0.80m。

4.8.4 宜采用推拉门或外开门，并设透光窗及从外部可开启的装置。

4.8.5 浴盆、便器旁应安装扶手。

4.8.6 卫生洁具的选用和安装位置应便于老年人使用。便器安装高度不应低于0.40m；浴盆外缘距地高度宜小于0.45m。浴盆一端宜设坐台。

4.8.7 宜设置适合坐姿的洗面台，并在侧面安装横向扶手。

4.9 公用浴室和卫生间

4.9.1 公用卫生间和公用浴室入口的有效宽度不应小于0.90m，地面应平整并选用防滑材料。

4.9.2 公用卫生间中应至少有一个为轮椅使用者设置的厕位。公用浴室应设轮椅使用者专用的淋浴间或盆浴间。

4.9.3 坐便器安装高度不应低于0.40m，坐便器两侧应安装扶手。

4.9.4 厕位内宜设高1.20m的挂衣物钩。

4.9.5 宜设置适合轮椅坐姿的洗面器，洗面器高度不应高于0.80m，侧面宜安装扶手。

4.9.6 淋浴间内应设高0.45m的洗浴座椅，周边应设扶手。

4.9.7 浴盆端部宜设洗浴坐台。浴盆旁应设扶手。

4.10 厨 房

4.10.1 老年人使用的厨房面积不应小于4.5m²。供轮椅使用者使用的厨房，面积不应小于6m²，轮椅回转面积宜不小于1.50m×1.50m。

4.10.2 供轮椅使用者使用的台面高度不宜高于0.75m，台下净高不宜小于0.70m、深度不宜小于0.25m。

4.10.3 应选用安全型灶具。使用燃气灶时，应安装熄火自动关闭燃气的装置。

4.11 起 居 室

4.11.1 起居室短边净尺寸不宜小于3m。

4.11.2 起居室与厨房、餐厅连接时，不应有高差。

4.11.3 起居室应有直接采光、自然通风。

4.12 卧 室

4.12.1 老年人卧室短边净尺寸不宜小于2.50m，轮椅使用者的卧室短边净尺寸不宜小于3.20m。

4.12.2 主卧室宜留有护理空间。

4.12.3 卧室宜采用推拉门。采用平开门时，应采用杆式门把手。宜选用内外均可开启的锁具。

4.13 阳 台

4.13.1 老年人住宅和老年人公寓应设阳台，养老院、护理院、托老所的居室宜设阳台。

4.13.2 阳台栏杆的高度不应低于1.10m。

4.13.3 老年人设施的阳台宜作为紧急避难通道。

4.13.4 宜设便于老年人使用的晾衣装置和花台。

5 建 筑 设 备

5.1 给 水 排 水

5.1.1 老年人居住建筑应设给水排水系统，给水排水系统设备选型应符合老年人使用要求。宜采用集中热水供应系统，集中热水供应系统出水温度宜为40～50℃。

5.1.2 老年人住宅、老年人公寓应分套设置冷水表和热水表。

5.1.3 应选用节水型低噪声的卫生洁具和给排水配件、管材。

5.1.4 公用卫生间中，宜采用触摸式或感应式等形式的水嘴和便器冲洗装置。

5.2 采暖、空调

5.2.1 严寒地区和寒冷地区的老年人居住建筑应设集中采暖系统。夏热冬冷地区有条件时宜设集中采暖系统。

5.2.2 各种用房室内采暖计算温度不应低于表5.2.2的规定。

表5.2.2 各种用房室内采暖计算温度

用房	卧室起居室	卫生间	浴室	厨房	活动室	餐厅	医务用房	行政用房	门厅走廊	楼梯间
计算温度	20℃	20℃	25℃	16℃	20℃	20℃	20℃	18℃	18℃	16℃

5.2.3 散热器宜暗装。有条件时宜采用地板辐射采暖。

5.2.4 最热月平均室外气温高于和等于25℃地区的老年人居住建筑宜设空调降温设备，冷风不宜直接吹向人体。

5.3 电 气

5.3.1 老年人住宅和老年人公寓电气系统应采用埋管暗敷，应每套设电度表和配电箱并设置短路保护和漏电保护装置。

5.3.2 老年人居住建筑中医疗用房和卫生间应做局部等电位联结。

5.3.3 老年人居住建筑中宜采用带指示灯的宽板开关，长过道宜安装多点控制的照明开关，卧室宜采用多点控制照明开关，浴室、厕所可采用延时开关。开关离地高度宜为1.10m。

5.3.4 在卧室至卫生间的过道，宜设置脚灯。卫生间洗面台、厨房操作台、洗涤池宜设局部照明。

5.3.5 公共部位应设人工照明，除电梯厅和应急照明外，均应采用节能自熄开关。

5.3.6 老年人住宅和老年人公寓的卧室、起居室内应设置不少于两组的二极、三极插座；厨房内对应吸油烟机、冰箱和燃气泄漏报警器位置设置插座；卫生间内应设置不少于一组的防溅型三极插座。其他老年人设施中宜每床位设置一个插座。公用卫生间、公用厨房应对应用电器具位置设置插座。

5.3.7 起居室、卧室内的插座位置不应过低，设置高度宜为0.60～0.80m。

5.3.8 老年人住宅和老年人公寓应每套设置不少于一个电话终端出线口。其他老年人设施中宜每间卧室设一个电话终端出线口。

5.3.9 卧室、起居室、活动室应设置有线电视终端插座。

5.4 燃 气

5.4.1 使用燃气的老年人住宅和老年人公寓每套的燃气用量，至少按一台双眼灶具计算。每套设燃气表。

5.4.2 厨房、公用厨房中燃气管应明装。

5.5 安全报警

5.5.1 以燃气为燃料的厨房、公用厨房，应设燃气泄漏报警装置。宜采用户外报警式，将蜂鸣器安装在户门外或管理室等易被他人听到的部位。

5.5.2 居室、浴室、厕所应设紧急报警求助按钮，养老院、护理院等床头应设呼叫信号装置，呼叫信号直接送至管理室。有条件时，老年人住宅和老年人公寓中宜设生活节奏异常的感应装置。

6 室内环境

6.1 采 光

6.1.1 老年人居住建筑的主要用房应充分利用天然采光。

6.1.2 主要用房的采光窗洞口面积与该房间地面积之比，不宜小于表6.1.2的规定。

表6.1.2 主要用房窗地比

房间名称	窗地比
活动室	1/4
卧室、起居室、医务用房	1/6
厨房、公用厨房	1/7
楼梯间、公用卫生间、公用浴室	1/10

6.1.3 活动室必须光线充足，朝向和通风良好，并宜选择有两个采光方向的位置。

6.2 通 风

6.2.1 卧室、起居室、活动室、医务诊室、办公室等一般用房和走廊、楼梯间等应采用自然通风。

6.2.2 卫生间、公用浴室可采用机械通风；厨房和治疗室等应采用自然通风并设机械排风装置。

6.2.3 老年人住宅和老年人公寓的厨房、浴室、卫生间的门下部应设有效开口面积大于0.02m²的固定百叶或不小于30mm的缝隙。

6.3 隔 声

6.3.1 老年人居住建筑居室内的噪声级昼间不应大于50dB，夜间不应大于40dB，撞击声不应大于75dB。

6.3.2 卧室、起居室内的分户墙、楼板的空气声的计权隔声量应大于或等于45dB；楼板的计权标准撞击声压级应小于或等于75dB。

6.3.3 卧室、起居室不应与电梯、热水炉等设备间及公用浴室等紧邻布置。

6.3.4 门窗、卫生洁具、换气装置等的选定与安装部位，应考虑减少噪声对卧室的影响。

6.4 隔热、保温

6.4.1 老年人居住建筑应保证室内基本的热环境质量，采取冬季保温和夏季隔热及节能措施。夏热冬冷地区老年人居住建筑应符合《夏热冬冷地区居住建筑节能设计标准》JGJ134—2001 的有关规定。严寒和寒冷地区老年人居住建筑应符合《民用建筑节能设计标准（采暖居住建筑部分）》JGJ26 的有关规定。

6.4.2 老年人居住的卧室、起居室宜向阳布置，朝西外窗宜采取有效的遮阳措施。在必要时，屋顶和西向外墙应采取隔热措施。

6.5 室内装修

6.5.1 老年人居住建筑的室内装修宜采用一次到位的设计方式，避免住户二次装修。

6.5.2 室内墙面应采用耐碰撞、易擦拭的装修材料，色调宜用暖色。室内通道墙面阳角宜做成圆角或切角，下部宜作 0.35m 高的防撞板。

6.5.3 室内地面应选用平整、防滑、耐磨的装修材料。卧室、起居室、活动室宜采用木地板或有弹性的塑胶板；厨房、卫生间及走廊等公用部位宜采用清扫方便的防滑地砖。

6.5.4 老年人居住建筑的门窗宜使用无色透明玻璃，落地玻璃门窗应装配安全玻璃，并在玻璃上设有醒目标示。

6.5.5 老年人使用的卫生洁具宜选用白色。

6.5.6 养老院、护理院等应设老年人专用储藏室，人均面积 0.60m² 以上。卧室内应设每人分隔使用的壁柜，设置高度在 1.50m 以下。

6.5.7 各类用房、楼梯间、台阶、坡道等处设置的各类标志和标注应强调功能作用，应醒目、易识别。

本规范用词说明

1 为便于在执行本规范条文时区别对待，对要求严格程度不同的用词，说明如下：

1）表示很严格，非这样做不可的用词：

正面词采用"必须"；

反面词采用"严禁"。

2）表示严格，在正常情况下均应这样做的用词：

正面词采用"应"；

反面词采用"不应"或"不得"。

3）表示允许稍有选择，在条件许可时，首先应这样做的用词：

正面词采用"宜"；

反面词采用"不宜"。

表示有选择，在一定条件下可以这样做的，采用"可"。

2 条文中指定按其他有关标准、规范执行时，写法为"应符合……的规定"或"应按……执行"。

中华人民共和国国家标准

老年人居住建筑设计标准

GB/T 50340—2003

条 文 说 明

目 次

1 总则 …………………………………… 20—12
3 基地与规划设计 ……………………… 20—12
   3.1 规模 ……………………………… 20—12
   3.2 选址与规划 ……………………… 20—12
   3.3 道路交通 ………………………… 20—13
   3.4 场地设施 ………………………… 20—13
   3.5 停车场 …………………………… 20—13
   3.6 室外台阶、踏步和坡道 ………… 20—13
4 室内设计 ……………………………… 20—13
   4.1 用房配置和面积标准 …………… 20—13
   4.2 建筑物的出入口 ………………… 20—14
   4.3 走廊 ……………………………… 20—14
   4.4 公用楼梯 ………………………… 20—14
   4.5 电梯 ……………………………… 20—15
   4.6 户门、门厅 ……………………… 20—15
   4.7 户内过道 ………………………… 20—15
   4.8 卫生间 …………………………… 20—15
   4.9 公用浴室和卫生间 ……………… 20—16
   4.10 厨房 ……………………………… 20—16
   4.11 起居室 …………………………… 20—16
   4.12 卧室 ……………………………… 20—17
   4.13 阳台 ……………………………… 20—17
5 建筑设备 ……………………………… 20—17
   5.1 给水排水 ………………………… 20—17
   5.2 采暖、空调 ……………………… 20—17
   5.3 电气 ……………………………… 20—17
   5.4 燃气 ……………………………… 20—18
   5.5 安全报警 ………………………… 20—18
6 室内环境 ……………………………… 20—18
   6.1 采光 ……………………………… 20—18
   6.2 通风 ……………………………… 20—18
   6.3 隔声 ……………………………… 20—18
   6.4 隔热、保温 ……………………… 20—19
   6.5 室内装修 ………………………… 20—19

1 总 则

1.0.1 随着我国国民经济稳步发展，人民生活水平不断提高，人的寿命相应延长，同时，随着计划生育国策的实施，我国人口年龄结构发生变化，目前我国60岁以上的老年人口已大于1.32亿，老龄化发展趋势明显。为适应这种发展变化，适时编制老年人居住建筑设计标准，可及时满足社会发展需要，体现社会文明和进步，并为老年人居住建筑的建设提供依据。

1.0.2 我国传统的养老模式主要是以居家养老为主，设施养老为辅。目前，随着社会文明进步，家庭养老社会化趋向明显，同时，社会养老强调以人为本，为老年人提供家庭式服务。针对这种养老模式要求，本标准要求老年人居住建筑的设计，应充分考虑早期发挥健康老年人的自理能力，日后为方便护理老年人留有余地。

1.0.3 本标准适用于设计各类为老年人服务的居住建筑时遵照执行，包括老年人住宅、老年人公寓及养老院、护理院、托老所等。但不包括以上建筑的附属建筑如附属医院、办公楼等。根据国际经验，真正方便老年人的设计，应是在建造普通住宅时充分考虑人在不同生命阶段的各种需要，以便多数人能够在家中养老。因此本标准可供新建普通住宅时参照，在普通住宅做方便老年人的潜伏设计，以利于改造。

1.0.4 老年人居住建筑设计涉及建筑、结构、防火、热工、节能、隔声、采光、照明、给水排水、暖通空调、电气等多专业，对各专业已有规范规定，本标准除必要的重申外，不再重复，因此，设计时除执行本标准外，尚应符合国家现行有关标准、规范的要求。主要有：

《住宅设计规范》GB 50096—1999
《老年人建筑设计规范》JGJ 122—99
《综合医院建筑设计规范》JGJ 49—88
《疗养院建筑设计规范》JGJ 40—87
《建筑内部装修设计防火规范》GB 50222—95
《城市道路和建筑物无障碍设计规程》JGJ 50—2001
《民用建筑工程室内环境污染控制规范》GB 50325—2001
《夏热冬冷地区居住建筑节能设计标准》JGJ 134—2001

3 基地与规划设计

3.1 规 模

3.1.1 在老年人住宅和老年人公寓的基地选择与规划设计时需要确定规模，以便相应确定各项指标，本条将其划分为四种规模，便于规划设计时控制用地。对于以套为单位设置在普通住宅区中的老年人住宅，其指标不受本规定限制。

3.1.2 根据老年人居住生活实态调查，多数老年人不愿意生活在老年人过于集中的环境中，因此要求新建老年人住宅和老年人公寓的规模应以中型为主，以便与周围居住环境协调。我国近期正在开发的一些特大型老年人住宅和老年人公寓，往往自成体系，与周围的普通住宅、其他老年人设施及社区医疗中心、社区服务中心等重复建设，或者配套不完善，本条要求在条件允许时，实行综合开发。

3.1.3 老年人居住建筑的居住部分必须保证一定的面积标准，才能满足老年人的生活要求。根据国外相关资料分析统计及国内调查统计，确定了表3.1.3的最低面积标准规定。其中除老年人住宅以外，均为居住部分的平均建筑面积低限值。老年人住宅的最低面积标准指集中设置的老年人住宅中的单人套型面积。对于以套为单位设置在普通住宅区中的老年人住宅还应满足《住宅设计规范》的要求。

3.2 选址与规划

3.2.1 中小型老年人居住建筑一般直接为特定的居住区服务，因此基地选址宜与居住区配套设置，需选择在交通方便，基础设施完善，临近医疗点的地段。大型、特大型老年人居住建筑其服务半径经常放射到整个区域，可利用的设施较少，因此基地选址时从综合开发的角度出发，需为相应配套设施留有余地。

3.2.2 老年人是对抗自然环境侵害的弱势群体，因此其生活基地的选择需要特殊考虑，特别是日照、防止噪声干扰、场地条件等要优于一般居住区。

3.2.3 由于老年人对日照等的特殊要求，以及在专门建设的老年人社区中，老年人不愿意过分集中生活、老年人居住建筑层数不宜过高等原因，其基地内建筑密度应比一般居住区小，在郊区建设的老年人居住建筑更应提供良好条件。对于市镇改建、插建的老年人居住建筑，如受现状条件限制，其建筑密度应符合居住区规划设计规范的要求。

3.2.4 大型、特大型老年人居住建筑一般采用分期建设，其建设周期较长，根据国际同类建筑的建设经验，各种为老年人服务的配套设施要求越来越高，因此本条要求，在规划阶段对基地用地预留远期发展余地。

3.2.5 老年人居住建筑一般分为居住生活、医疗保健、辅助服务、休闲娱乐等功能分区，特别是大型、特大型老年人居住建筑，规划时要求结构完整，分区明确，注意安全疏散出口不应少于2个，以保证防灾疏散安全。老年人反应较迟钝，动作缓慢，因此供其使用的出入口、道路和各类室外场地的布置，应符合老年人的这些活动特点。同时，老年人特别需要老少同乐的生活气氛，国际上提倡建设老年人与青少年一起活动的"三明治"建筑,本条要求条件允许时,将老年人居住建筑临近布置在儿童或青少年活动场所周围。

3.2.6 阳光是人类生存和保障人体健康的基本要素之一,在居室内获得充足的日照是保证行动不便的老人身心健康的重要条件。因此,本条规定老年人居住用房应布置在采光通风好的地段,应保证主要居室有良好的朝向,冬至日满窗日照不宜小于2小时。

3.3 道路交通

3.3.1 根据老年人居住生活实态调查,多数老年人存在视力障碍、方向感减弱等困难,老年人迷失方向或发生交通事故的情况越来越多。因此要求道路系统简洁通畅,具有明确的方向感和可识别性,尽量人车分流,确保老年人步行安全。道路应设明显的交通标志及夜间照明设施,在台阶处宜设置双向照明。

3.3.2 老年人是发生高危疾病和各种家庭事故频率最高的人群,因此,要求老年人居住建筑区中的各种道路直接通达所有住栋的出入口,以保证救护车最大限度靠近事故地点。

3.3.3 老年人中使用轮椅代步的比例较高。因此,步行道路要求足够的有效宽度并符合无障碍通道系统设计要求。同时应照顾行动不便的老人,在步行道路出现高差时设缓坡,变坡点给予提示,并宜在坡度较大处设扶手。

3.3.4 对于老年人,在步行中摔倒是极其危险的,因此要求步行道路应选用平整、防滑的铺装材料,以保证老年人行动安全。

3.4 场地设施

3.4.1 在国内外资料综合分析中发现,绿地、水面、休闲、健身设施是老年人居住建筑室外环境的基本要素,本条要求充分考虑老年人活动特点,在场地布置时动静分区,一般将运动项目场地作为"动区",与供老年人散步、休憩的"静区"适当隔离,并要求在"静区"设置花架、座椅、阅报栏等设施,并避免烈日暴晒和寒风侵袭,以满足修身养性的需求。

3.4.2 根据老年人居住实态调查,室外活动时担心找厕所难的现象十分普遍,因此,从老年人生理和心理需求出发,在距活动场地半径100m内设置公共厕所十分必要。

3.4.3 老年人在低头观察事物时,发生昏厥导致事故的频率较高,因此本条规定,老年人居住区中供老年人观赏的水面不宜太深,当深度超过0.60m时,应设置栏杆、格栅、防护网等装置,保护老年人安全。

3.5 停车场

3.5.1 我国交通法规对老年人驾驶机动车的年龄限制已经放宽,根据国际经验,老年驾车者将越来越多,因此要求在老年人居住建筑的停车场中为其留有相对固定的停车位,一般在靠近建筑物和活动场所入口处。

3.5.2 老年人中的轮椅使用者乘车或驾车的机会明显增加,在老年人居住建筑中属于经常性活动,因此,要求与老年人活动相关的各建筑物附近设置供其专用的停车位,并保证足够的宽度方便上下车。

3.5.3 本条根据国际通用建筑物无障碍设计原则。

3.6 室外台阶、踏步和坡道

3.6.1 根据《城市道路和建筑物无障碍设计规范》JGJ50—2001规定,老年人居住建筑的步行道路有高差处、入口与室外地面有高差处应属无障碍设计范围,本条与其规定一致。

3.6.2 台阶是老年人发生摔伤事故的多发地,因此,通常采用加大踏步宽度,降低踏步高度的做法方便老年人蹬踏。同时,必须注意保证台阶的有效宽度大于普通通道,避免发生碰撞,特别是对持拐杖的老人,轻微的碰撞可能产生致命的危险。扶手不仅能协助轮椅使用者,也对持拐杖的老人、视力障碍老人等在台阶处的行走带来安全与方便。因此规定在台阶两侧设置连续的扶手;台阶宽度在3m以上时,宜在中间加设扶手。

3.6.3 老年人居住建筑的各种坡道应进行无障碍设计,特别是独立设置的坡道,其最小净宽应满足轮椅使用者要求;坡道和台阶并用时,要兼顾轮椅使用者和步行老人的安全与方便。因此,坡道的有效宽度不应小于0.90m。坡道的起止点应有不小于1.50m×1.50m的轮椅回转面积。

3.6.4 在坡道两侧安装连续的扶手,以便持拐杖的老人和轮椅使用者安全移动,并且保持重心稳定。坡道两侧设置护栏或护墙可防止拐杖头和轮椅前轮滑出栏杆外。

3.6.5 设置双层扶手,使在坡道上行走的老年人和轮椅使用者可以借助扶手使力,提高使用的方便性。

3.6.6 为了保证老年人行走安全,台阶、踏步和坡道还应采用防滑、平整的铺装材料,特别需要防止出现积水,积水除增加滑倒危险外,容易引起老年人为避开积水身体失去平衡的事故。

3.6.7 坡道或坡道转折处常设置排水沟,排水沟盖若处理不当,会卡住通行轮椅和拐杖头,造成行动不便或引发摔伤事故。

4 室内设计

4.1 用房配置和面积标准

4.1.1 老年人居住套型或居室应尽量安排在可以直

接通向室外的楼层或电梯停靠层，当没有电梯通达时，其位置不应高于三层。

4.1.2 老年人居室应保证阳光充足，空气清新卫生并有良好的景观，利于老年人颐养身心。

4.1.3 在《住宅设计规范》第3.1.2条中规定一类住宅，居室数量为2时，最小使用面积为34m^2。但考虑到目前我国平均居住水平和老年人住宅的发展现状，供单身老年人居住的，卧室、起居室合用的小户型住宅会成为一种发展方向。

各功能空间的使用面积标准均为最低标准，是在参照《住宅设计规范》规定的套内空间面积基础上，考虑到护理及使用轮椅的需要而制定的最小使用面积。

老年人公寓可以设置公用小厨房或公用餐厅等，因此对厨房最小面积不作规定。由于老年人的杂物比年轻人多，所以一定要在老年人套型内设计储物空间。

4.1.4 在养老院中，居室是老年人长时间居住的场所，因此生活空间不宜太小。储藏面积包括独立的储藏间面积及居室内壁柜所需面积。

4.1.5 老年人居住建筑中的配套服务设施应为老年人提供老有所养、老有所医、老有所乐、老有所学、老有所为的服务，因此要考虑餐厅、医疗用房、公共服务用房、健身活动用房及其他用房等。表4.1.5.1列举了各类用房应包括的主要空间和面积，设计时应根据具体情况补充。

4.2 建筑物的出入口

4.2.1 参照《住宅设计规范》第3.9.5条的规定，公用外门洞口最小宽度为1.2m。加装门扇开启后的最大有效宽度可达1.10m，可以满足轮椅使用者通过。预留0.50m宽的门垛可以保证轮椅使用者有足够的开关门空间。

4.2.2 为避免发生交通干扰，应在出入口门扇开启范围之外留出轮椅回转面积。

4.2.3 设置雨篷既可以防雨又可以防止出入口上部物体坠落伤人。雨篷覆盖范围应尽量大，保证出入口平台不积水。

4.2.4 采用推拉门既节省了门扇开启的空间，又减少了出入人流的交通干扰，特别方便于轮椅使用者和使用拐杖的人使用。当设置自动门时，要保证轮椅通过的时间。

4.2.5 出入口外部的形象设计要鲜明，易于识别。门厅是老年人从居室到室外的交通枢纽和集散地，因此可结合门厅设置休息空间，并设置保卫、传达、邮电等服务设施以及醒目易懂的指示标牌。

4.2.6 为方便老年人使用并便于管理，各种感应器、摄像头、呼叫和报警按钮宜相对集中地设在大门附近。

4.3 走 廊

4.3.1 公用走廊的宽度应保证老年人在使用轮椅和拐杖时能够安全通行。公用走廊的有效宽度在1.50m以上时可以保证轮椅转动180°以及轮椅和行人并行通过。当不能保证1.50m的有效宽度时，也可以设计为1.20m，但应在走廊的两端（防火分区的尽端）设置轮椅回转空间。

4.3.2 根据老年人的身体尺度和行为特点，应在走廊中可能造成不稳定姿势的地方设置扶手。设置双层扶手时，上层扶手的高度适合老年人站立和行走，下层扶手适合轮椅使用者和儿童使用。

4.3.3 灭火器和标识板等宜嵌墙安装，当墙面出现柱子和消火栓等突出物时，应采取相应措施保持扶手连贯并保证1.20m的有效宽度。

4.3.4 为防止给走廊上通行的人造成危险，平开门开向走廊时应设凹室，使门扇不在走廊内突出，同时应保证门扇开启端留有0.40m宽的墙垛，方便轮椅使用者使用。

4.3.5 走廊转弯处凸角部分要通过切角或圆弧来保证视线，并使轮椅容易转弯。

4.3.6 由于建筑用地等客观原因产生高差时，应设置平缓坡道。如果公用走廊宽度大于2.40m，可与坡道同时设置踏步。

4.3.7 受气候和身体条件的限制，老年人外出行动不便，社会交往减少，因此，应利用公用走廊增加老年人活动交往空间，创造融洽的邻里关系。

4.4 公用楼梯

4.4.1 考虑到老年人使用拐杖和在他人帮助下行走的情况，公用楼梯的有效宽度应比普通住宅适当加宽。

4.4.2 由于老年人使用楼梯扶手时的手臂用力方向不同，所以应在楼梯两侧设置扶手。

4.4.3 楼梯扶手的高度参照《住宅设计规范》第4.1.3条的规定，考虑到安全的要求，定位0.90m高。如果扶手在中途或端部突然断开，老年人就有可能发生踏空和羁绊等危险，所以扶手应连续设置，并应与走廊扶手相连接。

4.4.4 楼梯上下口的扶手和扶手端部都应保证有0.30m以上的水平部分，扶手端部应向下或向墙壁方向弯曲，以免挂住衣物，发生危险。

4.4.5 老年人的动作不灵活，采用螺旋楼梯或在梯段转折处加设踏步，会使老年人边旋转边上下走动，容易造成踩空等事故，应避免使用这种形式的楼梯。供老年人使用的楼梯每上升1.50m宜设休息平台。为缩短老年人从楼梯跌落时的距离，不宜采用直跑楼梯。

4.4.6 老年人使用的楼梯应比普通楼梯平缓，但踏步太高或太低都不好，（踏步高＋踏步宽×2）的值宜保持在0.70～0.85m之间。在同一楼梯中，如果踏步尺寸发生变化，会给老年人上下楼梯带来困难，也容易发生危险，所以同一楼梯梯段应保证踏步高度和进深一致。

4.4.7 楼梯地面应使用防滑材料，并在踏步边沿处设置防滑条。防滑条如果太厚会有羁绊的危险，因此防滑条和踏面应保持在同一平面上。

4.4.8 老年人视力下降，如果台阶处光线太暗或颜色模糊，会发生羁绊或踏空的危险。因此使用不同颜色和材料区别楼梯踏步和走廊地面，并设置局部照明，以便于看清楚。

4.5 电 梯

4.5.1 在多层住宅和公寓中，为使老年人上下楼方便，应设置电梯。老年人居住套型和老年人活动用房应设在电梯停靠层上。在单元式住宅中，如果每单元只设一部电梯，则应在老年人居住的楼层用联廊连通，便于互相交替使用。

4.5.2
 1 老年人在家中突发疾病的情况很多，需要及时救助，因此电梯轿厢尺寸应能满足搬运担架所需的最小尺寸。
 2 轮椅和担架的最小通过宽度为0.80m。
 3 应保证电梯厅有适当的空间，便于老年人和轮椅使用者出入电梯，尤其是当轿厢尺寸小于1.50m×1.50m时，轮椅需要在电梯厅内回转。另外，还要考虑搬运家具和担架等的需要。
 4 在轿厢侧壁横向安装的操作板便于坐在轮椅上的人使用。为方便上肢动作不便的老年人使用，最好在轿厢两侧同时安装操作板。

4.5.3 宜选用低速、变频电梯以减小运行中的眩晕感。老年人行动较慢，为避免电梯关门时给老年人造成恐慌和伤害，应采用延时按钮和感应式关门保护装置。

4.5.4 轿厢后壁上设置镜子可以让轮椅使用者不用转身就能看到身后的情况；轿厢上设置窥视窗可以让轿厢内外的人在开轿门之前互相看到。这两种措施都可以避免出入电梯的人流冲撞。

4.5.5 由于老年人视力下降，宜配置大型显示器和报层音响装置，用声音通报电梯升降方向和所达楼层。

4.5.6 防水地坎易使老年人出入电梯时发生羁绊，也会给轮椅的通行造成障碍，因此宜采取暗装的防水构造措施。

4.5.7 无论是在电梯出现故障时，还是轿厢内的老年人发生意外，都可通过监控和对讲设备及时发现并采取措施。

4.6 户门、门厅

4.6.1 户门是关系到老年人外出方便与否的重要部位，尤其是对于使用拐杖和轮椅的老年人，宽一些的户门可以方便出入。另外，对老年人实施护理、救助等行动时也需要宽一些的户门可以方便设备进出。

4.6.2 现在很多人有进门换鞋的习惯，因此在户门和门厅处有必要合理安排更衣、换鞋空间，并安装扶手、座凳。

4.6.3 由于住宅装修越来越普遍，常有因装修产生的材质和高差变化，为方便老年人出入，应尽量减少高差。

4.6.4 老年人常常需要外界的帮助和护理，安全性就显得比私密性更重要。老年人居住的套型户门上设置探视窗，可以使护理人员和邻里及时观察到户内的异常情况，从而及时救助。使用平开门时应选用杆式把手，避免选用球形把手。杆式把手应向内侧弯。

4.6.5 在出入户门时，轮椅的脚踏板常常会碰撞门扇，损伤户门，所以应在相应高度安装耐撞击的保护挡板。

4.7 户内过道

4.7.1 过道是连接房间之间的交通空间。老年人随着下肢及视力功能的下降，行动时需要各种辅助设施。为使老年人能借助拐杖、轮椅或他人看护行走，应保证足够的过道宽度。

4.7.2 为保证老年人行走的安全，过道应设连续的扶手。对于一些健康老年人，出于减少依赖性和心理负担的考虑，可以在建房时预留安装扶手的构造，并标明位置，以便在需要时安装。

4.7.3 在大多数情况下，单层设置的扶手就可以满足各类群体的需要。有条件时可设置双层扶手，上层扶手的高度适合老年人站立和行走，下层扶手适合轮椅使用者和儿童使用。

4.7.4 在过道与厨房、卫生间之间有高差时，应使用不同的颜色和材质予以区分，但应注意不要因高差和材质的变化导致羁绊和打滑等情况。

4.8 卫 生 间

4.8.1 老年人去卫生间的次数较一般人频繁，因此，卫生间应设置在距离老年人卧室近的地方。

4.8.2 老年人使用的卫生间应方便轮椅进出，地面不应有过高的地坎或门轨等突出物。卫生间的地面易积水，地面应采用防水、防滑材料。

4.8.3 轮椅的最小通过宽度为0.80m。

4.8.4 为使老年人在卫生间内发生意外时能得到及时的发现和救助，卫生间的门应能够顺利地打开，应采用推拉门或外开门，并安装可以从外部打开的锁。

4.8.5 扶手的安装位置因老年人衰老和病变的部位

不同而变化。如果预留扶手安装埋件时，埋件位置应留出可变余地（见图4.8.5-1、图4.8.5-2）。

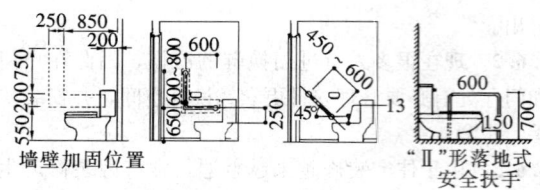

图4.8.5-1 坐便器扶手的预留及安装位置

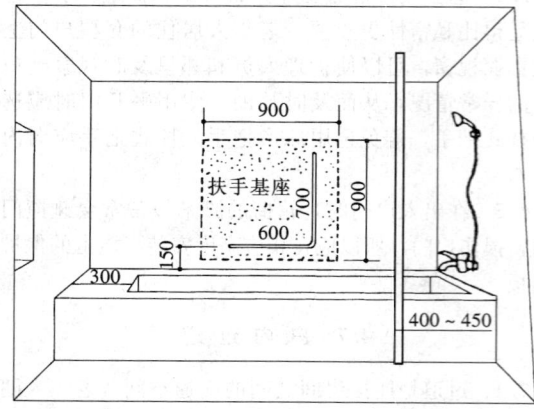

图4.8.5-2 浴盆扶手的预留及安装位置

4.8.6 由于老年人腰腿及腕力功能下降，应选用高度适当的便器和浴缸。浴缸边缘应加宽并设洗浴坐台。洗浴坐台可以固定设置，也可以使用活动装置，当老年人无法独自入浴时，可以较容易地在他人的帮助下洗浴。

4.8.7 洗面台的高度应适当降低，可以让老年人坐着洗脸。洗面台下应留有足够的腿部空间，即使轮椅使用者也可以方便地使用。在洗面台侧面应安装横向扶手，可同时用作毛巾撑杆。

4.9 公用浴室和卫生间

4.9.1 老年人身体机能下降，行动不灵活，公用浴室门口出入的人较多，如有高差和积水等情况，易发生摔倒等事故，因此门洞应适当加宽并选用平整防滑的地面材料。

4.9.2 现在使用轮椅的老年人越来越多，因此在公用浴室和卫生间中应设置供轮椅使用者使用的设施。

4.9.3 由于老年人的腰腿功能下降，因此老年人使用的公用卫生间不应设蹲便器。坐便器的高度应适当，并在坐便器两侧靠前位置设置易于抓握的扶手。

4.9.4 设置较低的挂衣钩适于坐姿的人和轮椅使用者取挂物品。

4.9.5 洗面器下部应留有足够的腿部空间，便于轮椅使用者使用。侧面安装扶手既可以帮助老年人行动，又可以挂放物品（见图4.9.5-1、图4.9.5-2）。

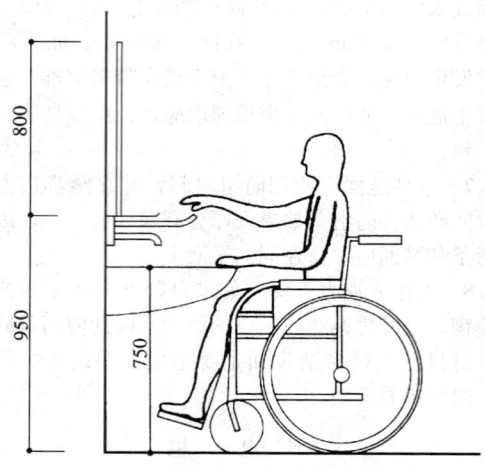

图4.9.5-1 轮椅使用者使用的洗面器

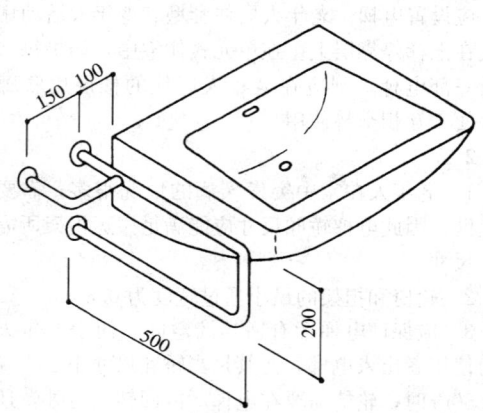

图4.9.5-2 洗面器侧面的扶手

4.9.6 老年人在洗浴时易摔倒，设置座椅和扶手可以使老年人安全舒适地洗浴。浴盆旁应设扶手，方便老年人跨越出入浴盆。

4.9.7 浴盆边缘宜适当加宽，老年人可以坐在浴盆边缘出入。浴盆端部应设洗浴坐台，可以使老年人在他人的帮助下洗浴。

4.10 厨 房

4.10.1 厨房中操作繁多，应充分考虑操作的安全性和方便性。老年人使用的厨房宜适当加大。轮椅使用者使用的厨房应留有轮椅回转面积。

4.10.2 应合理配置洗涤池、灶具、操作台的位置。操作台的安装尺寸以方便老年人和轮椅使用者使用为原则。

4.10.3 厨房中的燃气和明火是最危险的因素，老年人使用的厨房应设置自动报警、关闭燃气装置。

4.11 起 居 室

4.11.1 起居室（有时兼作餐厅）是全家团聚的中心场所，老年人一天中大部分时间在这里度过。为使全家人感觉舒适，应充分考虑布置家具和活动的空间。

4.11.2 老年人经常在起居室、餐厅和厨房之间活动，餐厅、厨房装修后的地面与起居室地面之间应保持平整，避免发生羁绊的危险。

4.11.3 参照《住宅设计规范》第3.2.2条的规定，起居室应能直接采光和自然通风，并宜有良好的视野景观。

4.12 卧 室

4.12.1 卧室是个人休息和放松的重要空间，应保证卧室的面积和舒适度。

4.12.2 随着机体的衰老，老年人行动不方便，常常会在卧室里接受医疗和护理，因此老年人的主卧室宜留有足够的护理空间。

4.12.3 推拉门对于轮椅使用者来说尤其方便。为使老年人在卧室中发生意外时能得到外界的救助，应选用可从外部开启的门锁。

4.13 阳 台

4.13.1 阳台是近在咫尺的户外活动空间，对丰富老年人的生活无疑是非常难得的，阳台作为放松和愉悦心情的空间，应保证其适当的面积。

4.13.2 为防止老年人产生眩晕，减少恐高心理，增加安全感，阳台栏杆的高度比一般住宅的要求略高。

4.13.3 在相邻两户阳台隔墙上宜设可开关的门，在发生紧急情况时老年人可以通过邻室逃生或救护人员可以通过邻室到老人家里救助。

4.13.4 阳台除了用于晾晒衣物以外，还可以用来种植花草和享受日光浴等户外生活。

5 建筑设备

5.1 给水排水

5.1.1 在居住建筑中老年人使用水的频率比其他年龄段的人高，应配备方便的给水排水系统及符合老年人生理、心理特征的设备系统。目前各种局部供热水设备的操作普遍比较复杂，不利于老年人使用，因此，一般情况下宜采用集中热水供应系统，并保证集中热水供应系统出水温度适合老年人简单操作即可使用。

5.1.2 老年人住宅和老年人公寓一般分套出售或者出租，从方便计量科学管理的角度出发，设计时应分别设置冷水表和热水表。

5.1.3 老年人一般睡眠不深，微小的响声都会影响睡眠，因此，应选用流速小、流量控制方便的节水型、低噪声的卫生洁具和给排水配件、管材。

5.1.4 老年人在公用卫生间中往往精神紧张，手忙脚乱。因此，公用卫生间中的水嘴和便器等宜采用触摸式或感应式等自动化程度较高、操作方便的型式，以减少负担。

5.2 采暖、空调

5.2.1 集中采暖系统是使用和管理上符合老年人特点和习惯的采暖系统，要求在老年人居住建筑应用。夏热冬冷地区采用临时局部采暖的情况较多，但使用不便而且容易引起事故，本条要求有条件时宜设集中采暖系统。

5.2.2 老年人体质较差，对室内温度要求较高，本条要求各种用房室内采暖计算温度应符合表5.2.2的规定。表中各项指标比一般居住建筑规定略高。

5.2.3 散热器常常成为房间中凸出的障碍物，造成老年人行动不便或者碰伤事故，因此主张暗装。地板采暖既没有凸出的散热器，而且暖气从脚下上升，符合老年人生理要求，有条件时宜采用。

5.2.4 参照《住宅设计规范》第6.4.5条的规定，最热月平均室外气温高于和等于25℃地区的老年人居住建筑应预留空调设备的位置和条件。由于老年人体质弱，抵抗气温变化能力差，本标准要求相应地区的老年人住宅应预留空调设备的位置和条件，其他老年人居住建筑的空调设备宜一次安装到位。老年人温度感知能力下降，冷风直接吹向人体会导致老年人受凉感冒或者引发关节疼痛，需在设计时注意。

5.3 电 气

5.3.1 用电安全是老年人住宅和老年人公寓设计中应特别注意的问题，明装电气系统容易受到各种破坏导致漏电，所以应采用埋管暗敷，应每套设电度表以便计量管理，分套设配电箱并设置短路保护有利于电路控制与维修，并且有效控制各种电气线路事故。

5.3.2 人体皮肤潮湿时阻抗下降，沿金属管道传导的较小电压即可引起电击伤亡事故。在老年人居住建筑中医疗用房和卫生间等房间做局部等电位联结，可使房间处于同一电位，防止出现危险的接触电压。

5.3.3 老年人因视力障碍和手脚不灵活等问题常常在寻找电气开关时发生困难或危险，因此需要采用带指示灯的宽板开关。当过道距离长时，安装多点控制开关可以避免老年人关灯后在黑暗的走廊中行走。在浴室、厕所采用延时开关可帮助老人安全返回卧室。开关离地高度在1.10m左右是老年人最顺手的地方。

5.3.4 脚灯作为夜间照明用灯，既不会产生眩光，又能使老年人在夜间活动时减少羁绊和摔倒等危险。在厨房操作台和洗涤池前常常会使用玻璃器皿和刀具，老年人的视力减弱，因此增加局部照明可以减少被划伤的危险。

5.3.5 老年人居住建筑公共部位的照明质量，关系到老年人行动方便与安全。一般的开关除了使用不便外容易产生"长明灯"，造成灯具寿命短，中断照明现象严重。因此除电梯厅和应急照明外，均应采用节能自熄开关。

5.3.6 老年人居住建筑中如果电气插座的数量和位置不合理，容易造成拉明线甚至出现妨碍老年人活动的各种"飞线"，是电气火灾或绊倒老年人的隐患。本条要求老年人住宅和老年人公寓的卧室、起居室内应设置足够数量的插座；卫生间内应设置不少于一组的防溅型三极插座。其他主要电气设备的对应位置应设置插座；其他老年人设施中宜每床位设置一个插座。公用卫生间、公用厨房应对应用电器具位置设置插座。

5.3.7 起居室和卧室内电器用具较多，一般插座距地 0.40m 左右，老年人弯腰使用有困难，因此应在较高的位置设置安全插座，方便老年人使用。

5.3.8 电话已经成为我国人民生活的必需品，特别是老年人行动不便，电话是其对外交流的重要工具，各方人士也可通过电话对老年人进行照顾，并提供各种服务，因此老年人住宅和老年人公寓应每套设置一个以上电话终端出线口。其他老年人设施中宜每间卧室设一个电话终端出线口。

5.3.9 有线电视在我国已经十分普及，根据老年人居住实态调查，在家中看电视是老年人居住生活中最重要的活动之一。本条要求卧室、起居室、活动室应设置有线电视终端插座。

5.4 燃 气

5.4.1 使用燃气烹饪最符合我国老年人家庭的饮食要求，预计在老年人住宅、老年人公寓中燃气将继续作为主要燃料，因此每套住宅或公寓至少按一台双眼灶具计算用量并设燃气表独立计量。

5.4.2 为了防止燃气泄漏并引起爆炸和火灾，要求老年人居住建筑的厨房、公用厨房中燃气管应明装。

5.5 安全报警

5.5.1 老年人由于操作燃具失误较多，而且反应迟钝，难以及时发现燃气泄漏，十分危险，因此要求以燃气为燃料的厨房、公用厨房，应设燃气泄漏报警装置。同时由于老年人反应能力和救险能力弱，因此要求燃气泄漏报警装置采用户外报警式，将蜂鸣器安装在户门外以便其他人员帮助。

5.5.2 及时发现老年人出现的各种突发事故并及时救助，是老年人居住建筑的重要功能，目前各种先进的手段越来越多，但最基本的是在居室、浴室、厕所内设紧急报警求助按钮以及在养老院、护理院等床头设呼叫信号装置，并把呼叫信号直接送至有关管理部门。有条件时，老年人住宅和老年人公寓中宜设生活节奏异常的感应装置，这种装置能及时反映老年人生活节奏异常，如上厕所间隔时间过长，在卧室时间过长等等，并立即报告有关人员，以便及时采取救助措施。

6 室内环境

6.1 采 光

6.1.1 老年人视力减退，睡眠时间减少，对时光极其珍惜，往往偏爱明亮的房间。因此，居住建筑的主要用房应充分利用天然采光，有益于身体健康，给老年人更多的光明和未来。

6.1.2 为了保证老年人居住建筑的主要用房有充分的天然采光，根据国内外相关资料，提出表 6.1.2 的规定，要求保证各房间的窗地比低限值。该比值比一般居住建筑要求略高。

6.1.3 根据 6.1.2 的规定，活动室的窗地比要求较高，同时活动室面积较大，一般的朝向和单向布置难以满足要求，因此宜选择有两个采光方向的位置。

6.2 通 风

6.2.1 老年人居住建筑中的卧室、起居室、活动室、医务诊室、办公室等用房和走廊、楼梯间等是老年经常活动的空间，因此，应采用自然通风，以便老年人在自然环境中自由呼吸空气。

6.2.2 受条件限制，卫生间、公用浴室等私密性较强的房间有时不能自然通风，所以允许采用机械通风；厨房和治疗室仅靠自然通风往往不能满足快速排除污染空气的要求，因此要求同时设机械排风装置。

6.2.3 老年人住宅、老年人公寓的厨房及采用机械通风的浴室、卫生间等在进行机械排气时，需要由门进风，以便保持负压，有利于整套房子的气流组织。因此要求这些房间的门下部应设有效开口面积大于 $0.02m^2$ 的固定百叶或不小于 30mm 的缝隙以利进风。

6.3 隔 声

6.3.1 老年人睡眠较轻，易受干扰，在休息时需要较安静的环境。因此，有效控制老年人居住建筑的环境噪声对老年人的健康是非常重要的。

6.3.2 《住宅设计规范》要求分户墙、楼板的空气声的计权隔声量应大于或等于40dB；本标准考虑老年人对空气噪声干扰的心理承受能力较弱，提高标准，定为大于或等于45dB。对楼板的计权标准撞击声压级的规定与《住宅设计规范》一致，要求小于或等于75dB。

6.3.3 电梯、热水炉等设备间及公用浴室等是老年人居住建筑中产生噪声最严重的地方，电梯的升降振动声音，热水炉的蒸汽排气声等对卧室、起居室的干扰极大地影响老年人的身心健康。一般的隔声、减震措施效果不佳。因此规定这些房间不应相互紧邻布置。

6.3.4 根据老年人居住实态调查，普遍反映受到门窗的开启声、卫生洁具给排水噪声、厨房或卫生间换气装置的振动声音等干扰。本条要求在选定门窗开启形式及其他设备时要选择低噪声的形式。同时对安装部位，应考虑减少噪声对卧室的影响，特别应远离睡眠区域。

6.4 隔热、保温

6.4.1 老年人居住建筑应保证室内基本的热环境质量，夏热冬冷地区除符合《夏热冬冷地区居住建筑节能设计标准》JGJ134—2001 的有关规定外，在设计中还应注重建筑布置向阳、避风，保证主要居室有充足的日照，以利于冬季保温；避免东、西晒，合理组织自然通风，以利夏季隔热、防热。严寒和寒冷地区除符合《民用建筑节能设计标准（采暖居住建筑部分）》JGJ26 的有关规定外，还应注重建筑节能设计，建筑体型应简洁，体型系数不宜大于 0.3。

6.4.2 阳光是保障老年人身心健康的重要条件，在具体设计中，应尽量选择好朝向、好的建筑平面布置以创造具有良好日照条件的居住空间。另外，从节能的原则出发，老年人居住建筑的卧室、起居室一般不宜朝西开窗，但在特殊场地或特殊建筑体型的情况下，西窗需采取遮阳和防寒措施。屋顶和西向外墙还应采取隔热措施，保证传热系数符合要求。

6.5 室内装修

6.5.1 与普通住宅不同，老年人居住建筑的室内装修设计需要专业设计，大量的装修项目关系到老年人的生命安全和生理、心理健康。而且室内装修设计必须与建筑设计统一协调，否则无法全面体现建筑对老年人关怀的思想，因此，要求采用一次到位的设计方式，不应采用提供空壳由住户二次装修的设计方案。

6.5.2 老年人行动不便，常常扶着墙走，搬动物体时由于年老体衰经常碰壁。所以室内墙面应采用耐碰撞、易擦拭的装修材料。同时室内通道阳角部位宜做成圆角或切角墙面，以免碰撞脱落。

6.5.3 老年人身体平衡功能较差，室内地面略有不平或太滑容易引起事故。卧室、起居室、活动室采用木地板或有弹性的塑胶板还可避免走动时发出噪声，特别是防止持拐杖者走路发出的声音对左邻右舍的影响；厨房、卫生间及走廊等公用部位用水频繁，而且经常需清扫，因此需采用清扫方便和防滑的地砖。

6.5.4 老年人视力减退，对光线的敏感度降低，有色玻璃或反光玻璃容易造成老年人的视觉误差，不利于老年人的身心健康。现在建筑设计中经常使用落地玻璃门窗，易造成错觉发生事故，因此落地玻璃门窗应装配安全玻璃，并在玻璃上设有醒目标示或图案。

6.5.5 老年人身体各方面机能衰退，多有疾病。机体出现异常或病变后，常常可以通过粪便等排出物的异常状况反映出来，因此，老年人使用的卫生洁具宜选用白色，易于及时发现老年人的病情，并易于清洁。

6.5.6 根据老年人居住实态调查，多数老人有保留某种旧物的习惯，而且存量较大，这些旧物对他人的生活会有不良影响，而对老人自己却十分宝贵，因此在养老院、护理院等采用集体居住的建筑中，应设老年人专用储藏室，并且保证人均有足够的面积。卧室内应设每人分隔使用的壁柜，设置高度应在 1.50m 以下，便于老年人频繁使用。

6.5.7 在老年人居住建筑的各类用房、楼梯间、台阶、坡道等处设置的各类标志和标注经常结合室内装修，过于突出装饰效果，不符合老年人生理、心理要求。本条要求强调功能作用，达到醒目、易识别，正确指引老人，方便生活的目的。

中华人民共和国国家标准

住宅建筑规范

Residential building code

GB 50368—2005

主编部门：中华人民共和国建设部
批准部门：中华人民共和国建设部
施行日期：２００６年３月１日

中华人民共和国建设部
公 告

第 385 号

建设部关于发布国家标准《住宅建筑规范》的公告

现批准《住宅建筑规范》为国家标准，编号为 GB 50368-2005，自 2006 年 3 月 1 日起实施。本规范全部条文为强制性条文，必须严格执行。

本规范由建设部标准定额研究所组织中国建筑工业出版社出版发行。

中华人民共和国建设部
2005 年 11 月 30 日

前 言

本规范根据建设部建标函［2005］84 号（关于印发《2005 年工程建设标准规范制订、修订计划（第一批）》的通知）的要求，由中国建筑科学研究院会同有关单位编制而成。

本规范是主要依据现行相关标准，总结近年来我国城镇住宅建设、使用和维护的实践经验和研究成果，参照发达国家通行做法制定的第一部以功能和性能要求为基础的全文强制的标准。

在编制过程中，广泛地征求了有关方面的意见，对主要问题进行了专题论证，对具体内容进行了反复讨论、协调和修改，并经审查定稿。

本规范的主要内容有：总则、术语、基本规定、外部环境、建筑、结构、室内环境、设备、防火与疏散、节能、使用与维护。

本规范由建设部负责管理和解释，由中国建筑科学研究院负责具体技术内容的解释。请各单位在执行过程中，总结实践经验，积累资料，随时将有关意见和建议反馈给中国建筑科学研究院（地址：北京市北三环东路 30 号；邮政编码：100013；E-mail：buildingcode@vip.sina.com）。

本规范主编单位：中国建筑科学研究院
参 加 单 位：中国建筑设计研究院
中国城市规划设计研究院
建设部标准定额研究所
建设部住宅产业化促进中心
公安部消防局
本规范主要起草人：袁振隆　王有为　童悦仲
　　　　　　　　　林建平　涂英时　陈国义
　　　　　　　　　（以下按姓氏笔画排列）
　　　　　　　　　王玮华　刘文利　孙成群
　　　　　　　　　张　播　李引擎　李娥飞
　　　　　　　　　沈　纹　林海燕　林常青
　　　　　　　　　郎四维　洪泰杓　胡荣国
　　　　　　　　　赵文凯　赵　锂　梁　锋
　　　　　　　　　黄小坤　曾　捷　程志军

目 次

1 总则 .... 21—4
2 术语 .... 21—4
3 基本规定 .... 21—4
4 外部环境 .... 21—5
5 建筑 .... 21—6
6 结构 .... 21—7
7 室内环境 .... 21—7
8 设备 .... 21—8
9 防火与疏散 .... 21—9
10 节能 .... 21—11
11 使用与维护 .... 21—13
附：条文说明 .... 21—14

1 总 则

1.0.1 为贯彻执行国家技术经济政策,推进可持续发展,规范住宅的基本功能和性能要求,依据有关法律、法规,制定本规范。

1.0.2 本规范适用于城镇住宅的建设、使用和维护。

1.0.3 住宅建设应因地制宜、节约资源、保护环境,做到适用、经济、美观,符合节能、节地、节水、节材的要求。

1.0.4 本规范的规定为对住宅的基本要求。当与法律、行政法规的规定抵触时,应按法律、行政法规的规定执行。

1.0.5 住宅的建设、使用和维护,尚应符合经国家批准或备案的有关标准的规定。

2 术 语

2.0.1 住宅建筑　residential building
供家庭居住使用的建筑(含与其他功能空间处于同一建筑中的住宅部分),简称住宅。

2.0.2 老年人住宅　house for the aged
供以老年人为核心的家庭居住使用的专用住宅。老年人住宅以套为单位,普通住宅楼栋中可设置若干套老年人住宅。

2.0.3 住宅单元　residential building unit
由多套住宅组成的建筑部分,该部分内的住户可通过共用楼梯和安全出口进行疏散。

2.0.4 套　dwelling space
由使用面积、居住空间组成的基本住宅单位。

2.0.5 无障碍通路　barrier-free passage
住宅外部的道路、绿地与公共服务设施等用地内的适合老年人、体弱者、残疾人、轮椅及童车等通行的交通设施。

2.0.6 绿地　green space
居住用地内公共绿地、宅旁绿地、公共服务设施所属绿地和道路绿地(即道路红线内的绿地)等各种形式绿地的总称,包括满足当地植树绿化覆土要求、方便居民出入的地下或半地下建筑的屋顶绿地,不包括其他屋顶、晒台的绿地及垂直绿化。

2.0.7 公共绿地　public green space
满足规定的日照要求、适合于安排游憩活动设施的、供居民共享的集中绿地。

2.0.8 绿地率　greening rate
居住用地内各类绿地面积的总和与用地面积的比率(%)。

2.0.9 入口平台　entrance platform
在台阶或坡道与建筑入口之间的水平地面。

2.0.10 无障碍住房　barrier-free residence
在住宅建筑中,设有乘轮椅者可进入和使用的住宅套房。

2.0.11 轮椅坡道　ramp for wheelchair
坡度、宽度及地面、扶手、高度等方面符合乘轮椅者通行要求的坡道。

2.0.12 地下室　basement
房间地面低于室外地平面的高度超过该房间净高的1/2者。

2.0.13 半地下室　semi-basement
房间地面低于室外地平面的高度超过该房间净高的1/3,且不超过1/2者。

2.0.14 设计使用年限　design working life
设计规定的结构或结构构件不需进行大修即可按其预定目的使用的时期。

2.0.15 作用　action
引起结构或结构构件产生内力和变形效应的原因。

2.0.16 非结构构件　non-structural element
连接于建筑结构的建筑构件、机电部件及其系统。

3 基本规定

3.1 住宅基本要求

3.1.1 住宅建设应符合城市规划要求,保障居民的基本生活条件和环境,经济、合理、有效地使用土地和空间。

3.1.2 住宅选址时应考虑噪声、有害物质、电磁辐射和工程地质灾害、水文地质灾害等的不利影响。

3.1.3 住宅应具有与其居住人口规模相适应的公共服务设施、道路和公共绿地。

3.1.4 住宅应按套型设计,套内空间和设施应能满足安全、舒适、卫生等生活起居的基本要求。

3.1.5 住宅结构在规定的设计使用年限内必须具有足够的可靠性。

3.1.6 住宅应具有防火安全性能。

3.1.7 住宅应具备在紧急事态时人员从建筑中安全撤出的功能。

3.1.8 住宅应满足人体健康所需的通风、日照、自然采光和隔声要求。

3.1.9 住宅建设的选材应避免造成环境污染。

3.1.10 住宅必须进行节能设计,且住宅及其室内设备应能有效利用能源和水资源。

3.1.11 住宅建设应符合无障碍设计原则。

3.1.12 住宅应采取防止外窗玻璃、外墙装饰及其他附属设施等坠落或坠落伤人的措施。

3.2 许可原则

3.2.1 住宅建设必须采用质量合格并符合要求的材

料与设备。

3.2.2 当住宅建设采用不符合工程建设强制性标准的新技术、新工艺、新材料时，必须经相关程序核准。

3.2.3 未经技术鉴定和设计认可，不得拆改结构构件和进行加层改造。

3.3 既有住宅

3.3.1 既有住宅达到设计使用年限或遭遇重大灾害后，需要继续使用时，应委托具有相应资质的机构鉴定，并根据鉴定结论进行处理。

3.3.2 既有住宅进行改造、改建时，应综合考虑节能、防火、抗震的要求。

4 外部环境

4.1 相邻关系

4.1.1 住宅间距，应以满足日照要求为基础，综合考虑采光、通风、消防、防灾、管线埋设、视觉卫生等要求确定。住宅日照标准应符合表 4.1.1 的规定；对于特定情况还应符合下列规定：

 1 老年人住宅不应低于冬至日日照 2h 的标准；

 2 旧区改建的项目内新建住宅日照标准可酌情降低，但不应低于大寒日日照 1h 的标准。

表 4.1.1 住宅建筑日照标准

建筑气候区划	Ⅰ、Ⅱ、Ⅲ、Ⅶ气候区		Ⅳ气候区		Ⅴ、Ⅵ气候区
	大城市	中小城市	大城市	中小城市	
日照标准日	大寒日				冬至日
日照时数(h)	≥2	≥3			≥1
有效日照时间带(h)（当地真太阳时）	8～16				9～15
日照时间计算起点	底层窗台面				

注：底层窗台面是指距室内地坪 0.9m 高的外墙位置。

4.1.2 住宅至道路边缘的最小距离，应符合表 4.1.2 的规定。

表 4.1.2 住宅至道路边缘最小距离（m）

与住宅距离	路面宽度		<6m	6～9m	>9m
住宅面向道路	无出入口	高层	2	3	5
		多层	2	3	3
	有出入口		2.5	5	—
住宅山墙面向道路		高层	1.5	2	4
		多层	1.5	2	2

注：1 当道路设有人行便道时，其道路边缘指便道边线；
 2 表中"—"表示住宅不应向路面宽度大于 9m 的道路开设出入口。

4.1.3 住宅周边设置的各类管线不应影响住宅的安全，并应防止管线腐蚀、沉陷、振动及受重压。

4.2 公共服务设施

4.2.1 配套公共服务设施（配套公建）应包括：教育、医疗卫生、文化、体育、商业服务、金融邮电、社区服务、市政公用和行政管理等 9 类设施。

4.2.2 配套公建的项目与规模，必须与居住人口规模相对应，并应与住宅同步规划、同步建设、同期交付。

4.3 道路交通

4.3.1 每个住宅单元至少应有一个出入口可以通达机动车。

4.3.2 道路设置应符合下列规定：

 1 双车道道路的路面宽度不应小于 6m；宅前路的路面宽度不应小于 2.5m；

 2 当尽端式道路的长度大于 120m 时，应在尽端设置不小于 12m×12m 的回车场地；

 3 当主要道路坡度较大时，应设缓冲段与城市道路相接；

 4 在抗震设防地区，道路交通应考虑减灾、救灾的要求。

4.3.3 无障碍通路应贯通，并应符合下列规定：

 1 坡道的坡度应符合表 4.3.3 的规定。

表 4.3.3 坡道的坡度

高度（m）	1.50	1.00	0.75
坡度	≤1:20	≤1:16	≤1:12

 2 人行道在交叉路口、街坊路口、广场入口处应设缘石坡道，其坡面应平整，且不应光滑。坡度应小于 1:20，坡宽应大于 1.2m。

 3 通行轮椅车的坡道宽度不应小于 1.5m。

4.3.4 居住用地内应配套设置居民自行车、汽车的停车场地或停车库。

4.4 室外环境

4.4.1 新区的绿地率不应低于 30%。

4.4.2 公共绿地总指标不应少于 1m²/人。

4.4.3 人工景观水体的补充水严禁使用自来水。无护栏水体的近岸 2m 范围内及园桥、汀步附近 2m 范围内，水深不应大于 0.5m。

4.4.4 受噪声影响的住宅周边应采取防噪措施。

4.5 竖 向

4.5.1 地面水的排水系统，应根据地形特点设计，地面排水坡度不应小于 0.2%。

4.5.2 住宅用地的防护工程设置应符合下列规定：

 1 台阶式用地的台阶之间应用护坡或挡土墙连

接，相邻台地间高差大于 1.5m 时，应在挡土墙或坡比值大于 0.5 的护坡顶面加设安全防护设施；

　　2　土质护坡的坡比值不应大于 0.5；

　　3　高度大于 2m 的挡土墙和护坡的上缘与住宅间水平距离不应小于 3m，其下缘与住宅间的水平距离不应小于 2m。

5　建　　筑

5.1　套内空间

5.1.1　每套住宅应设卧室、起居室（厅）、厨房和卫生间等基本空间。

5.1.2　厨房应设置炉灶、洗涤池、案台、排油烟机等设施或预留位置。

5.1.3　卫生间不应直接布置在下层住户的卧室、起居室（厅）、厨房、餐厅的上层。卫生间地面和局部墙面应有防水构造。

5.1.4　卫生间应设置便器、洗浴器、洗面器等设施或预留位置；布置便器的卫生间的门不应直接开在厨房内。

5.1.5　外窗窗台距楼面、地面的净高低于 0.90m 时，应有防护设施。六层及六层以下住宅的阳台栏杆净高不应低于 1.05m，七层及七层以上住宅的阳台栏杆净高不应低于 1.10m。阳台栏杆应有防护措施。防护栏杆的垂直杆件间净距不应大于 0.11m。

5.1.6　卧室、起居室（厅）的室内净高不应低于 2.40m，局部净高不应低于 2.10m，局部净高的面积不应大于室内使用面积的 1/3。利用坡屋顶内空间作卧室、起居室（厅）时，其 1/2 使用面积的室内净高不应低于 2.10m。

5.1.7　阳台地面构造应有排水措施。

5.2　公共部分

5.2.1　走廊和公共部位通道的净宽不应小于 1.20m，局部净高不应低于 2.00m。

5.2.2　外廊、内天井及上人屋面等临空处栏杆净高，六层及六层以下不应低于 1.05m；七层及七层以上不应低于 1.10m。栏杆应防止攀登，垂直杆件间净距不应大于 0.11m。

5.2.3　楼梯梯段净宽不应小于 1.10m。六层及六层以下住宅，一边设有栏杆的梯段净宽不应小于 1.00m。楼梯踏步宽度不应小于 0.26m，踏步高度不应大于 0.175m。扶手高度不应小于 0.90m。楼梯水平段栏杆长度大于 0.50m 时，其扶手高度不应小于 1.05m。楼梯栏杆垂直杆件间净距不应大于 0.11m。楼梯井净宽大于 0.11m 时，必须采取防止儿童攀滑的措施。

5.2.4　住宅与附建公共用房的出入口应分开布置。住宅的公共出入口位于阳台、外廊及开敞楼梯平台的下部时，应采取防止物体坠落伤人的安全措施。

5.2.5　七层以及七层以上的住宅或住户入口层楼面距室外设计地面的高度超过 16m 以上的住宅必须设置电梯。

5.2.6　住宅建筑中设有管理人员室时，应设管理人员使用的卫生间。

5.3　无障碍要求

5.3.1　七层及七层以上的住宅，应对下列部位进行无障碍设计：

　　1　建筑入口；

　　2　入口平台；

　　3　候梯厅；

　　4　公共走道；

　　5　无障碍住房。

5.3.2　建筑入口及入口平台的无障碍设计应符合下列规定：

　　1　建筑入口设台阶时，应设轮椅坡道和扶手；

　　2　坡道的坡度应符合表 5.3.2 的规定；

表 5.3.2　坡道的坡度

高度（m）	1.00	0.75	0.60	0.35
坡度	≤1:16	≤1:12	≤1:10	≤1:8

　　3　供轮椅通行的门净宽不应小于 0.80m；

　　4　供轮椅通行的推拉门和平开门，在门把手一侧的墙面，应留有不小于 0.50m 的墙面宽度；

　　5　供轮椅通行的门扇，应安装视线观察玻璃、横执把手和关门拉手，在门扇的下方应安装高 0.35m 的护门板；

　　6　门槛高度及门内外地面高差不应大于 15mm，并应以斜坡过渡。

5.3.3　七层及七层以上住宅建筑入口平台宽度不应小于 2.00m。

5.3.4　供轮椅通行的走道和通道净宽不应小于 1.20m。

5.4　地　下　室

5.4.1　住宅的卧室、起居室（厅）、厨房不应布置在地下室。当布置在半地下室时，必须采取采光、通风、日照、防潮、排水及安全防护措施。

5.4.2　住宅地下机动车库应符合下列规定：

　　1　库内坡道严禁将宽的单车道兼作双车道；

　　2　库内不应设置修理车位，并不应设置使用或存放易燃、易爆物品的房间；

　　3　库内车道净高不应低于 2.20m。车位净高不应低于 2.00m；

　　4　库内直通住宅单元的楼（电）梯间应设门，严禁利用楼（电）梯间进行自然通风。

5.4.3 住宅地下自行车库净高不应低于2.00m。

5.4.4 住宅地下室应采取有效防水措施。

6 结 构

6.1 一般规定

6.1.1 住宅结构的设计使用年限不应少于50年，其安全等级不应低于二级。

6.1.2 抗震设防烈度为6度及以上地区的住宅结构必须进行抗震设计，其抗震设防类别不应低于丙类。

6.1.3 住宅结构设计应取得合格的岩土工程勘察文件。对不利地段，应提出避开要求或采取有效措施；严禁在抗震危险地段建造住宅建筑。

6.1.4 住宅结构应能承受在正常建造和正常使用过程中可能发生的各种作用和环境影响。在结构设计使用年限内，住宅结构和结构构件必须满足安全性、适用性和耐久性要求。

6.1.5 住宅结构不应产生影响结构安全的裂缝。

6.1.6 邻近住宅的永久性边坡的设计使用年限，不应低于受其影响的住宅结构的设计使用年限。

6.2 材 料

6.2.1 住宅结构材料应具有规定的物理、力学性能和耐久性能，并应符合节约资源和保护环境的原则。

6.2.2 住宅结构材料的强度标准值应具有不低于95%的保证率；抗震设防地区的住宅，其结构用钢材应符合抗震性能要求。

6.2.3 住宅结构用混凝土的强度等级不应低于C20。

6.2.4 住宅结构用钢材应具有抗拉强度、屈服强度、伸长率和硫、磷含量的合格保证；对焊接钢结构用钢材，尚应具有碳含量、冷弯试验的合格保证。

6.2.5 住宅结构中承重砌体材料的强度应符合下列规定：

1 烧结普通砖、烧结多孔砖、蒸压灰砂砖、蒸压粉煤灰砖的强度等级不应低于MU10;

2 混凝土砌块的强度等级不应低于MU7.5;

3 砖砌体的砂浆强度等级，抗震设计时不应低于M5；非抗震设计时，对低于五层的住宅不应低于M2.5，对不低于五层的住宅不应低于M5；

4 砌块砌体的砂浆强度等级，抗震设计时不应低于Mb7.5；非抗震设计时不应低于Mb5。

6.2.6 木结构住宅中，承重木材的强度等级不应低于TC11（针叶树种）或TB11（阔叶树种），其设计指标应考虑含水率的不利影响；承重结构用胶的胶合强度不应低于木材顺纹抗剪强度和横纹抗拉强度。

6.3 地基基础

6.3.1 住宅应根据岩土工程勘察文件，综合考虑主体结构类型、地域特点、抗震设防烈度和施工条件等因素，进行地基基础设计。

6.3.2 住宅的地基基础应满足承载力和稳定性要求，地基变形应保证住宅的结构安全和正常使用。

6.3.3 基坑开挖及其支护应保证其自身及其周边环境的安全。

6.3.4 桩基础和经处理后的地基应进行承载力检验。

6.4 上部结构

6.4.1 住宅应避免因局部破坏而导致整个结构丧失承载能力和稳定性。抗震设防地区的住宅不应采用严重不规则的设计方案。

6.4.2 抗震设防地区的住宅，应进行结构、结构构件的抗震验算，并应根据结构材料、结构体系、房屋高度、抗震设防烈度、场地类别等因素，采取可靠的抗震措施。

6.4.3 住宅结构中，刚度和承载力有突变的部位，应采取可靠的加强措施。9度抗震设防的住宅，不得采用错层结构、连体结构和带转换层的结构。

6.4.4 住宅的砌体结构，应采取有效的措施保证其整体性；在抗震设防地区尚应满足抗震性能要求。

6.4.5 底部框架、上部砌体结构住宅中，结构转换层的托墙梁、楼板以及紧邻转换层的竖向结构构件应采取可靠的加强措施；在抗震设防地区，底部框架不应超过2层，并应设置剪力墙。

6.4.6 住宅中的混凝土结构构件，其混凝土保护层厚度和配筋构造应满足受力性能和耐久性要求。

6.4.7 住宅的普通钢结构、轻型钢结构构件及其连接应采取有效的防火、防腐措施。

6.4.8 住宅木结构构件应采取有效的防火、防潮、防腐、防虫措施。

6.4.9 依附于住宅结构的围护结构和非结构构件，应采取与主体结构可靠的连接或锚固措施，并应满足安全性和适用性要求。

7 室内环境

7.1 噪声和隔声

7.1.1 住宅应在平面布置和建筑构造上采取防噪声措施。卧室、起居室在关窗状态下的白天允许噪声级为50dB（A声级），夜间允许噪声级为40dB（A声级）。

7.1.2 楼板的计权标准化撞击声压级不应大于75dB。

应采取构造措施提高楼板的撞击声隔声性能。

7.1.3 空气声计权隔声量，楼板不应小于40dB（分隔住宅和非居住用途空间的楼板不应小于55dB），分户墙不应小于40dB，外窗不应小于30dB，户门不应小于25dB。

应采取构造措施提高楼板、分户墙、外窗、户门的空气声隔声性能。

7.1.4 水、暖、电、气管线穿过楼板和墙体时，孔洞周边应采取密封隔声措施。

7.1.5 电梯不应与卧室、起居室紧邻布置。受条件限制需要紧邻布置时，必须采取有效的隔声和减振措施。

7.1.6 管道井、水泵房、风机房应采取有效的隔声措施，水泵、风机应采取减振措施。

7.2 日照、采光、照明和自然通风

7.2.1 住宅应充分利用外部环境提供的日照条件，每套住宅至少应有一个居住空间能获得冬季日照。

7.2.2 卧室、起居室(厅)、厨房应设置外窗，窗地面积比不应小于1/7。

7.2.3 套内空间应能提供与其使用功能相适应的照度水平。套外的门厅、电梯前厅、走廊、楼梯的地面照度应能满足使用功能要求。

7.2.4 住宅应能自然通风，每套住宅的通风开口面积不应小于地面面积的5%。

7.3 防　潮

7.3.1 住宅的屋面、外墙、外窗应能防止雨水和冰雪融化水侵入室内。

7.3.2 住宅屋面和外墙的内表面在室内温、湿度设计条件下不应出现结露。

7.4 空气污染

7.4.1 住宅室内空气污染物的活度和浓度应符合表7.4.1的规定。

表7.4.1　住宅室内空气污染物限值

污染物名称	活度、浓度限值
氡	≤200Bq/m³
游离甲醛	≤0.08mg/m³
苯	≤0.09mg/m³
氨	≤0.2mg/m³
总挥发性有机化合物(TVOC)	≤0.5mg/m³

8　设　备

8.1　一般规定

8.1.1 住宅应设室内给水排水系统。

8.1.2 严寒地区和寒冷地区的住宅应设采暖设施。

8.1.3 住宅应设照明供电系统。

8.1.4 住宅的给水总立管、雨水立管、消防立管、采暖供回水总立管和电气、电信干线(管)，不应布置在套内。公共功能的阀门、电气设备和用于总体调节和检修的部件，应设在共用部位。

8.1.5 住宅的水表、电能表、热量表和燃气表的设置应便于管理。

8.2　给水排水

8.2.1 生活给水系统和生活热水系统的水质、管道直饮水系统的水质和生活杂用水系统的水质均应符合使用要求。

8.2.2 生活给水系统应充分利用城镇给水管网的水压直接供水。

8.2.3 生活饮用水供水设施和管道的设置，应保证二次供水的使用要求。供水管道、阀门和配件应符合耐腐蚀和耐压的要求。

8.2.4 套内分户用水点的给水压力不应小于0.05MPa，入户管的给水压力不应大于0.35MPa。

8.2.5 采用集中热水供应系统的住宅，配水点的水温不应低于45℃。

8.2.6 卫生器具和配件应采用节水型产品，不得使用一次冲水量大于6L的坐便器。

8.2.7 住宅厨房和卫生间的排水立管应分别设置。排水管道不得穿越卧室。

8.2.8 设有淋浴器和洗衣机的部位应设置地漏，其水封深度不得小于50mm。构造内无存水弯的卫生器具与生活排水管道连接时，在排水口以下应设存水弯，其水封深度不得小于50mm。

8.2.9 地下室、半地下室中卫生器具和地漏的排水管，不应与上部排水管连接。

8.2.10 适合建设中水设施和雨水利用设施的住宅，应按照当地的有关规定配套建设中水设施和雨水利用设施。

8.2.11 设有中水系统的住宅，必须采取确保使用、维修和防止误饮误用的安全措施。

8.3　采暖、通风与空调

8.3.1 集中采暖系统应采取分室(户)温度调节措施，并应设置分户(单元)计量装置或预留安装计量装置的位置。

8.3.2 设置集中采暖系统的住宅，室内采暖计算温度不应低于表8.3.2的规定：

表8.3.2　采暖计算温度

空　间　类　别	采暖计算温度
卧室、起居室(厅)和卫生间	18℃
厨　房	15℃
设采暖的楼梯间和走廊	14℃

8.3.3 集中采暖系统应以热水为热媒，并应有可靠的水质保证措施。

8.3.4 采暖系统应没有冻结危险，并应有热膨胀补

偿措施。

8.3.5 除电力充足和供电政策支持外，严寒地区和寒冷地区的住宅内不应采用直接电热采暖。

8.3.6 厨房和无外窗的卫生间应有通风措施，且应预留安装排风机的位置和条件。

8.3.7 当采用竖向通风道时，应采取防止支管回流和竖井泄漏的措施。

8.3.8 当选择水源热泵作为居住区或户用空调（热泵）机组的冷热源时，必须确保水源热泵系统的回灌水不破坏和不污染所使用的水资源。

8.4 燃 气

8.4.1 住宅应使用符合城镇燃气质量标准的可燃气体。

8.4.2 住宅内管道燃气的供气压力不应高于0.2MPa。

8.4.3 住宅内各类用气设备应使用低压燃气，其入口压力必须控制在设备的允许压力波动范围内。

8.4.4 套内的燃气设备应设置在厨房或与厨房相连的阳台内。

8.4.5 住宅的地下室、半地下室内严禁设置液化石油气用气设备、管道和气瓶。十层及十层以上住宅内不得使用瓶装液化石油气。

8.4.6 住宅的地下室、半地下室内设置人工煤气、天然气用气设备时，必须采取安全措施。

8.4.7 住宅内燃气管道不得敷设在卧室、暖气沟、排烟道、垃圾道和电梯井内。

8.4.8 住宅内设置的燃气设备和管道，应满足与电气设备和相邻管道的净距要求。

8.4.9 住宅内各类用气设备排出的烟气必须排至室外。多台设备合用一个烟道时不得相互干扰。厨房燃具排气罩排出的油烟不得与热水器或采暖炉排烟合用一个烟道。

8.5 电 气

8.5.1 电气线路的选材、配线应与住宅的用电负荷相适应，并应符合安全和防火要求。

8.5.2 住宅供配电应采取措施防止因接地故障等引起的火灾。

8.5.3 当应急照明在采用节能自熄开关控制时，必须采取应急时自动点亮的措施。

8.5.4 每套住宅应设置电源总断路器，总断路器应采用可同时断开相线和中性线的开关电器。

8.5.5 住宅套内的电源插座与照明，应分路配电。安装在1.8m及以下的插座均应采用安全型插座。

8.5.6 住宅应根据防雷分类采取相应的防雷措施。

8.5.7 住宅配电系统的接地方式应可靠，并应进行总等电位联结。

8.5.8 防雷接地应与交流工作接地、安全保护接地等共用一组接地装置，接地装置应优先利用住宅建筑的自然接地体，接地装置的接地电阻值必须按接入设备中要求的最小值确定。

9 防火与疏散

9.1 一般规定

9.1.1 住宅建筑的周围环境应为灭火救援提供外部条件。

9.1.2 住宅建筑中相邻套房之间应采取防火分隔措施。

9.1.3 当住宅与其他功能空间处于同一建筑内时，住宅部分与非住宅部分之间应采取防火分隔措施，且住宅部分的安全出口和疏散楼梯应独立设置。

经营、存放和使用火灾危险性为甲、乙类物品的商店、作坊和储藏间，严禁附设在住宅建筑中。

9.1.4 住宅建筑的耐火性能、疏散条件和消防设施的设置应满足防火安全要求。

9.1.5 住宅建筑设备的设置和管线敷设应满足防火安全要求。

9.1.6 住宅建筑的防火与疏散要求应根据建筑层数、建筑面积等因素确定。

注：1 当住宅和其他功能空间处于同一建筑内时，应将住宅部分的层数与其他功能空间的层数叠加计算建筑层数。
2 当建筑中有一层或若干层的层高超过3m时，应对这些层按其高度总和除以3m进行层数折算，余数不足1.5m时，多出部分不计入建筑层数；余数大于或等于1.5m时，多出部分按1层计算。

9.2 耐火等级及其构件耐火极限

9.2.1 住宅建筑的耐火等级应划分为一、二、三、四级，其构件的燃烧性能和耐火极限不应低于表9.2.1的规定。

表9.2.1 住宅建筑构件的燃烧性能和耐火极限（h）

构件名称		耐火等级			
		一级	二级	三级	四级
墙	防火墙	不燃性 3.00	不燃性 3.00	不燃性 3.00	不燃性 3.00
	非承重外墙、疏散走道两侧的隔墙	不燃性 1.00	不燃性 1.00	不燃性 0.75	难燃性 0.75
	楼梯间的墙、电梯井的墙、住宅单元之间的墙、住宅分户墙、承重墙	不燃性 2.00	不燃性 2.00	不燃性 1.50	难燃性 1.00
	房间隔墙	不燃性 0.75	不燃性 0.50	难燃性 0.50	难燃性 0.25

续表 9.2.1

构件名称	耐火等级			
	一级	二级	三级	四级
柱	不燃性 3.00	不燃性 2.50	不燃性 2.00	难燃性 1.00
梁	不燃性 2.00	不燃性 1.50	不燃性 1.00	难燃性 1.00
楼板	不燃性 1.50	不燃性 1.00	不燃性 0.75	难燃性 0.50
屋顶承重构件	不燃性 1.50	不燃性 1.00	难燃性 0.50	难燃性 0.25
疏散楼梯	不燃性 1.50	不燃性 1.00	不燃性 0.75	难燃性 0.50

注：表中的外墙指除外保温层外的主体构件。

9.2.2 四级耐火等级的住宅建筑最多允许建造层数为3层，三级耐火等级的住宅建筑最多允许建造层数为9层，二级耐火等级的住宅建筑最多允许建造层数为18层。

9.3 防火间距

9.3.1 住宅建筑与相邻建筑、设施之间的防火间距应根据建筑的耐火等级、外墙的防火构造、灭火救援条件及设施的性质等因素确定。

9.3.2 住宅建筑与相邻民用建筑之间的防火间距应符合表9.3.2的要求。当建筑相邻外墙采取必要的防火措施后，其防火间距可适当减少或贴邻。

表 9.3.2 住宅建筑与相邻民用建筑之间的防火间距（m）

建筑类别		10层及10层以上住宅或其他高层民用建筑		10层以下住宅或其他非高层民用建筑		
		高层建筑	裙房	耐火等级		
				一、二级	三级	四级
10层以下住宅	耐火等级 一、二级	9	6	6	7	9
	三级	11	7	7	8	10
	四级	14	9	9	10	12
10层及10层以上住宅		13	9	9	11	14

9.4 防火构造

9.4.1 住宅建筑上下相邻套房开口部位间应设置高度不低于0.8m的窗槛墙或设置耐火极限不低于1.00h的不燃性实体挑檐，其出挑宽度不应小于0.5m，长度不应小于开口宽度。

9.4.2 楼梯间窗口与套房窗口最近边缘之间的水平间距不应小于1.0m。

9.4.3 住宅建筑中竖井的设置应符合下列要求：

1 电梯井应独立设置，井内严禁敷设燃气管道，并不应敷设与电梯无关的电缆、电线等。电梯井井壁上除开设电梯门洞和通气孔洞外，不应开设其他洞口。

2 电缆井、管道井、排烟道、排气道等竖井应分别独立设置，其井壁应采用耐火极限不低于1.00h的不燃性构件。

3 电缆井、管道井应在每层楼板处采用不低于楼板耐火极限的不燃性材料或防火封堵材料封堵；电缆井、管道井与房间、走道等相连通的孔洞，其空隙应采用防火封堵材料封堵。

4 电缆井和管道井设置在防烟楼梯间前室、合用前室时，其井壁上的检查门应采用丙级防火门。

9.4.4 当住宅建筑中的楼梯、电梯直通住宅楼层下部的汽车库时，楼梯、电梯在汽车库出入口部位应采取防火分隔措施。

9.5 安全疏散

9.5.1 住宅建筑应根据建筑的耐火等级、建筑层数、建筑面积、疏散距离等因素设置安全出口，并应符合下列要求：

1 10层以下的住宅建筑，当住宅单元任一层的建筑面积大于650m²，或任一套房的户门至安全出口的距离大于15m时，该住宅单元每层的安全出口不应少于2个。

2 10层及10层以上但不超过18层的住宅建筑，当住宅单元任一层的建筑面积大于650m²，或任一套房的户门至安全出口的距离大于10m时，该住宅单元每层的安全出口不应少于2个。

3 19层及19层以上的住宅建筑，每个住宅单元每层的安全出口不应少于2个。

4 安全出口应分散布置，两个安全出口之间的距离不应小于5m。

5 楼梯间及前室的门应向疏散方向开启；安装有门禁系统的住宅，应保证住宅直通室外的门在任何时候能从内部徒手开启。

9.5.2 每层有2个及2个以上安全出口的住宅单元，套房门至最近安全出口的距离应根据建筑的耐火等级、楼梯间的形式和疏散方式确定。

9.5.3 住宅建筑的楼梯间形式应根据建筑形式、建筑层数、建筑面积以及套房户门的耐火等级等因素确定。在楼梯间的首层应设置直接对外的出口，或将对外出口设置在距楼梯间不超过15m处。

9.5.4 住宅建筑楼梯间顶棚、墙面和地面均应采用不燃性材料。

9.6 消防给水与灭火设施

9.6.1 8层及8层以上的住宅建筑应设置室内消防给水设施。

9.6.2 35层及35层以上的住宅建筑应设置自动喷水灭火系统。

9.7 消防电气

9.7.1 10层及10层以上住宅建筑的消防供电不应低于二级负荷要求。

9.7.2 35层及35层以上的住宅建筑应设置火灾自动报警系统。

9.7.3 10层及10层以上住宅建筑的楼梯间、电梯间及其前室应设置应急照明。

9.8 消防救援

9.8.1 10层及10层以上的住宅建筑应设置环形消防车道，或至少沿建筑的一个长边设置消防车道。

9.8.2 供消防车取水的天然水源和消防水池应设置消防车道，并满足消防车的取水要求。

9.8.3 12层及12层以上的住宅应设置消防电梯。

10 节 能

10.1 一般规定

10.1.1 住宅应通过合理选择建筑的体形、朝向和窗墙面积比，增强围护结构的保温、隔热性能，使用能效比高的采暖和空气调节设备和系统，采取室温调控和热量计量措施来降低采暖、空气调节能耗。

10.1.2 节能设计应采用规定性指标，或采用直接计算采暖、空气调节能耗的性能化方法。

10.1.3 住宅围护结构的构造应防止围护结构内部保温材料受潮。

10.1.4 住宅公共部位的照明应采用高效光源、高效灯具和节能控制措施。

10.1.5 住宅内使用的电梯、水泵、风机等设备应采取节电措施。

10.1.6 住宅的设计与建造应与地区气候相适应，充分利用自然通风和太阳能等可再生能源。

10.2 规定性指标

10.2.1 住宅节能设计的规定性指标主要包括：建筑物体形系数、窗墙面积比、各部分围护结构的传热系数、外窗遮阳系数等。各建筑热工设计分区的具体规定性指标应根据节能目标分别确定。

10.2.2 当采用冷水机组和单元式空气调节机作为集中式空气调节系统的冷源设备时，其性能系数、能效比不应低于表10.2.2-1和表10.2.2-2的规定值。

表10.2.2-1 冷水（热泵）机组制冷性能系数

类 型		额定制冷量（kW）	性能系数（W/W）
水冷	活塞式/涡旋式	<528 528～1163 >1163	3.80 4.00 4.20
	螺杆式	<528 528～1163 >1163	4.10 4.30 4.60
	离心式	<528 528～1163 >1163	4.40 4.70 5.10
风冷或蒸发冷却	活塞式/涡旋式	≤50 >50	2.40 2.60
	螺杆式	≤50 >50	2.60 2.80

表10.2.2-2 单元式空气调节机能效比

类 型		能效比（W/W）
风冷式	不接风管	2.60
	接风管	2.30
水冷式	不接风管	3.00
	接风管	2.70

10.3 性能化设计

10.3.1 性能化设计应以采暖、空调能耗指标作为节能控制目标。

10.3.2 各建筑热工设计分区的控制目标限值应根据节能目标分别确定。

10.3.3 性能化设计的控制目标和计算方法应符合下列规定：

1 严寒、寒冷地区的住宅应以建筑物耗热量指标为控制目标。

建筑物耗热量指标的计算应包含围护结构的传热耗热量、空气渗透耗热量和建筑物内部得热量三个部分，计算所得的建筑物耗热量指标不应超过表10.3.3-1的规定。

表10.3.3-1 建筑物耗热量指标（W/m²）

地 名	耗热量指标	地 名	耗热量指标
北京市	14.6	张家口	21.1
天津市	14.5	秦皇岛	20.8
河北省		保 定	20.5
石家庄	20.3	邯 郸	20.3

续表 10.3.3-1

地 名	耗热量指标	地 名	耗热量指标
唐 山	20.8	嫩 江	22.5
承 德	21.0	齐齐哈尔	21.9
丰 宁	21.2	富 锦	22.0
山西省		牡丹江	21.8
太 原	20.8	呼 玛	22.7
大 同	21.1	佳木斯	21.9
长 治	20.8	安 达	22.0
阳 泉	20.5	伊 春	22.4
临 汾	20.4	克 山	22.3
晋 城	20.4	江苏省	
运 城	20.3	徐 州	20.0
内蒙古		连云港	20.0
呼和浩特	21.3	宿 迁	20.0
锡林浩特	22.0	淮 阴	20.0
海拉尔	22.6	盐 城	20.0
通 辽	21.6	山东省	
赤 峰	21.3	济 南	20.2
满洲里	22.4	青 岛	20.2
博克图	22.2	烟 台	20.2
二连浩特	21.9	德 州	20.5
多 伦	21.8	淄 博	20.4
白云鄂博	21.6	兖 州	20.4
辽宁省		潍 坊	20.4
沈 阳	21.2	河南省	
丹 东	20.9	郑 州	20.0
大 连	20.6	安 阳	20.3
阜 新	21.3	濮 阳	20.3
抚 顺	21.4	新 乡	20.1
朝 阳	21.1	洛 阳	20.0
本 溪	21.2	商 丘	20.1
锦 州	21.0	开 封	20.1
鞍 山	21.1	四川省	
葫芦岛	21.0	阿 坝	20.8
吉林省		甘 孜	20.5
长 春	21.7	康 定	20.3
吉 林	21.8	西藏	
延 吉	21.5	拉 萨	20.2
通 化	21.6	噶 尔	21.2
双 辽	21.6	日喀则	20.4
四 平	21.5	陕西省	
白 城	21.8	西 安	20.2
黑龙江		榆 林	21.0
哈尔滨	21.9	延 安	20.7

续表 10.3.3-1

地 名	耗热量指标	地 名	耗热量指标
宝 鸡	20.1	宁 夏	
甘肃省		银 川	21.0
兰 州	20.8	中 宁	20.8
酒 泉	21.0	固 原	20.9
敦 煌	21.0	石嘴山	21.0
张 掖	21.0	新 疆	
山 丹	21.1	乌鲁木齐	21.8
平 凉	20.6	塔 城	21.4
天 水	20.3	哈 密	21.3
青海省		伊 宁	21.1
西 宁	20.9	喀 什	20.7
玛 多	21.5	富 蕴	22.4
大柴旦	21.4	克拉玛依	21.8
共 和	21.1	吐鲁番	21.1
格尔木	21.1	库 车	20.9
玉 树	20.8	和 田	20.7

2 夏热冬冷地区的住宅应以建筑物采暖和空气调节年耗电量之和为控制目标。

建筑物采暖和空气调节年耗电量应采用动态逐时模拟方法在确定的条件下计算。计算条件应包括：

1) 居室室内冬、夏季的计算温度；
2) 典型气象年室外气象参数；
3) 采暖和空气调节的换气次数；
4) 采暖、空气调节设备的能效比；
5) 室内得热强度。

计算所得的采暖和空气调节年耗电量之和，不应超过表 10.3.3-2 按采暖度日数 HDD18 列出的采暖年耗电量和按空气调节度日数 CDD26 列出的空气调节年耗电量的限值之和。

表 10.3.3-2 建筑物采暖年耗电量和空气调节年耗电量的限值

HDD18 (℃·d)	采暖年耗电量 E_h (kWh/m²)	CDD26 (℃·d)	空气调节年耗电量 E_c (kWh/m²)
800	10.1	25	13.7
900	13.4	50	15.6
1000	15.6	75	17.4
1100	17.8	100	19.3
1200	20.1	125	21.2
1300	22.3	150	23.0
1400	24.5	175	24.9
1500	26.7	200	26.8
1600	29.0	225	28.6
1700	31.2	250	30.5
1800	33.4	275	32.4

续表10.3.3-2

HDD18 (℃·d)	采暖年耗电量 E_h (kWh/m²)	CDD26 (℃·d)	空气调节年耗电量 E_c (kWh/m²)
1900	35.7	300	34.2
2000	37.9		
2100	40.1		
2200	42.4		
2300	44.6		
2400	46.8		
2500	49.0		

3 夏热冬暖地区的住宅应以参照建筑的空气调节和采暖年耗电量为控制目标。

参照建筑和所设计住宅的空气调节和采暖年耗电量应采用动态逐时模拟方法在确定的条件下计算。计算条件应包括：

1) 居室室内冬、夏季的计算温度；
2) 典型气象年室外气象参数；
3) 采暖和空气调节的换气次数；
4) 采暖、空气调节设备的能效比。

参照建筑应按下列原则确定：

1) 参照建筑的建筑形状、大小和朝向均应与所设计住宅完全相同；
2) 参照建筑的开窗面积应与所设计住宅相同，但当所设计住宅的窗面积超过规定性指标时，参照建筑的窗面积应减小到符合规定性指标；
3) 参照建筑的外墙、屋顶和窗户的各项热工性能参数应符合规定性指标。

11 使用与维护

11.0.1 住宅应满足下列条件，方可交付用户使用：

1 由建设单位组织设计、施工、工程监理等有关单位进行工程竣工验收，确认合格；取得当地规划、消防、人防等有关部门的认可文件或准许使用文件；在当地建设行政主管部门进行备案；

2 小区道路畅通，已具备接通水、电、燃气、暖气的条件。

11.0.2 住宅应推行社会化、专业化的物业管理模式。建设单位应在住宅交付使用时，将完整的物业档案移交给物业管理企业，内容包括：

1 竣工总平面图，单体建筑、结构、设备竣工图，配套设施和地下管网工程竣工图，以及相关的其他竣工验收资料；

2 设施设备的安装、使用和维护保养等技术资料；

3 工程质量保修文件和物业使用说明文件；

4 物业管理所必需的其他资料。

物业管理企业在服务合同终止时，应将物业档案移交给业主委员会。

11.0.3 建设单位应在住宅交付用户使用时提供给用户《住宅使用说明书》和《住宅质量保证书》。

《住宅使用说明书》应当对住宅的结构、性能和各部位（部件）的类型、性能、标准等做出说明，提出使用注意事项。《住宅使用说明书》应附有《住宅品质状况表》，其中应注明是否进行住宅性能认定，并应包括住宅的外部环境、建筑空间、建筑结构、室内环境、建筑设备、建筑防火和节能措施等基本信息和达标情况。

《住宅质量保证书》应当包括住宅在设计使用年限内和正常使用情况下各部位、部件的保修内容和保修期、用户报修的单位，以及答复和处理的时限等。

11.0.4 用户应正确使用住宅内电气、燃气、给水排水等设施，不得在楼面上堆放影响楼盖安全的重物，严禁未经设计确认和有关部门批准擅自改动承重结构、主要使用功能或建筑外观，不得拆改水、暖、电、燃气、通信等配套设施。

11.0.5 对公共门厅、公共走廊、公共楼梯间、外墙面、屋面等住宅的共用部位，用户不得自行拆改或占用。

11.0.6 住宅和居住区内按照规划建设的公共建筑和共用设施，不得擅自改变其用途。

11.0.7 物业管理企业应对住宅和相关场地进行日常保养、维修和管理；对各种共用设备和设施，应进行日常维护、按计划检修，并及时更新，保证正常运行。

11.0.8 必须保持消防设施完好和消防通道畅通。

中华人民共和国国家标准

住宅建筑规范

GB 50368—2005

条 文 说 明

目 次

1 总则 ………………………………… 21—16
3 基本规定 …………………………… 21—16
4 外部环境 …………………………… 21—16
5 建筑 ………………………………… 21—18
6 结构 ………………………………… 21—19
7 室内环境 …………………………… 21—23
8 设备 ………………………………… 21—24
9 防火与疏散 ………………………… 21—27
10 节能 ……………………………… 21—29
11 使用与维护 ……………………… 21—30

1 总 则

1.0.1～1.0.3 阐述制定本规范的目的、适用范围和住宅建设的基本原则。本规范适用于新建住宅的建设、建成之后的使用和维护及既有住宅的使用和维护。本规范重点突出了住宅建筑节能的技术要求。条文规定统筹考虑了维护公众利益、构建和谐社会等方面的要求。

1.0.4 本规范的规定为对住宅建筑的强制性要求。当本规范的规定与法律、行政法规的规定抵触时，应按法律、行政法规的规定执行。

1.0.5 本规范主要依据现行标准制定。本规范条文有些是现行标准的条文，有些是以现行标准条文为基础改写而成的，还有些是根据规范的系统性等需要新增的。本规范未对住宅的建设、使用和维护提出全面的、具体的要求。在住宅的建设、使用和维护过程中，尚应符合相关法律、法规和标准的要求。

3 基本规定

3.1 住宅基本要求

3.1.1～3.1.12 提出了住宅在规划、选址、结构安全、火灾安全、使用安全、室内外环境、建筑节能、节水、无障碍设计等方面的基本要求，体现了以人为本和建设资源节约型、环境友好型社会的政策要求。

3.2 许可原则

3.2.1 《建设工程勘察设计管理条例》（国务院令第293号）第二十七条规定：设计文件中选用的材料、构配件、设备，应当注明其规格、型号、性能等技术指标，其质量要求必须符合国家规定的标准。本条据此对住宅建设采用的材料和设备提出了要求。

3.2.2 依据《建设工程勘察设计管理条例》（国务院令第293号）第二十九条和"三新"核准行政许可，当工程建设采用不符合工程建设强制性标准的新技术、新工艺、新材料时，必须按照《"采用不符合工程建设强制性标准的新技术、新工艺、新材料核准"行政许可实施细则》（建标[2005]124号）的规定进行核准。

3.2.3 当需要对住宅建筑拆改结构构件或加层改造时，应经具有相应资质等级的检测、设计单位鉴定、校核后方可实施，以确保结构安全。

3.3 既有住宅

3.3.1 住宅的设计使用年限一般为50年。当住宅达到设计使用年限并需要继续使用时，应对其进行鉴定，并根据鉴定结论作相应处理。重大灾害（如火灾、风灾、地震等）对住宅的结构安全和使用安全造成严重影响或潜在危害。遭遇重大灾害后的住宅需要继续使用时，也应进行鉴定，并做相应处理。

3.3.2 改造、改建既有住宅时，应结合现行建筑节能、防火、抗震方面的标准规定实施，使既有住宅逐步满足节能、火灾安全和抗震要求。

4 外部环境

4.1 相邻关系

4.1.1 本条根据国家标准《城市居住区规划设计规范》GB 50180—93（2002年版）第5.0.2条制定。

住宅间距不但直接影响居住用地的建筑密度、开发强度和住宅室内外环境质量，更与人均建设用地指标及居民的阳光权益等密切相关，备受大众关注，是居住用地规划与建设中的关键性指标。根据国内外成熟经验，并结合我国实际情况，将住宅建筑日照标准（表4.1.1）作为确定住宅间距的基本指标。相关研究证实，采用此基本指标是可行的。根据我国所处地理位置与气候状况，以及居住区规划实践，除少数地区（如低于北纬25°的地区）由于气候原因，与日照要求相比更侧重于通风和视觉卫生，尚需作补充规定外，大多数地区只要满足本标准要求，其他如通风等要求基本能达到。

由于老年人的生理机能、生活规律及其健康需求决定了其活动范围的局限性和对环境的特殊要求，故规定老年人住宅不应低于冬至日日照2h的标准。执行本条规定时不附带任何条件。

"旧区改建的项目内新建住宅日照标准可酌情降低"，系指在旧区改建时确实难以达到规定的标准时才能这样做，且仅适用于新建住宅本身。同时，为保障居民的切身利益，规定降低后的住宅日照标准不得低于大寒日日照1h。

4.1.2 本条根据国家标准《城市居住区规划设计规范》GB 50180-93（2002年版）第8.0.5条制定。

为维护住宅建筑底层住户的私密性，保障过往行人和车辆的安全（不碰头、不被上部坠落物砸伤等），并利于工程管线的铺设，本条规定了住宅建筑至道路边缘应保持的最小距离。宽度大于9m的道路一般为城市道路，车流量较大，为此不允许住宅面向道路开设出入口。

4.1.3 本条根据国家标准《城市居住区规划设计规范》GB 50180-93（2002年版）第10.0.2条制定。

管线综合规划是住宅建设中必不可少的组成部分。管线综合的目的就是在符合各种管线技术规范的前提下，解决诸管线之间或与建筑物、道路和绿地之间的矛盾，统筹安排好各自的空间，使之得其所，并为各管线的设计、施工及管理提供良好条件。如果管线受腐蚀、沉陷、振动或受重压，不但使管线本身受到破坏，也将对住宅建筑的安全（如地基基础）和居住生活质量（如供水、供电）造成极不利的影响。为此，应处理好工程管线与建筑物之间、管线与管线之间的合理关系。

4.2 公共服务设施

4.2.1 本条根据国家标准《城市居住区规划设计规范》GB 50180-93（2002年版）第6.0.1条制定。

居住用地配套公建是构成和提高住宅外部环境质量的重要组成部分。本条将原条文中的"文化体育设施"分列为"文化设施"和"体育设施"，目的是体现"开展大众体育，增强人民体质"的政策要求，适应人民群众日益增长的对相关体育设施的迫切需求。

4.2.2 本条根据国家标准《城市居住区规划设计规范》GB 50180-93（2002年版）第6.0.2条制定。

对居住用地配套公建设置规模提出了"必须与人口规模相对应"的要求；考虑到入住者的生活需求，提出了配套公建"应与住宅同步规划、同步建设"的要求。同时，考虑到配套公建项目类别多样，主管和建设单位各异，要求同时投入使用有一定难度，为此，提出"应与住宅同期交付"的要求。配套公建项目与设置方式应结合周边相关的城市设施统筹考虑。

4.3 道路交通

4.3.1 国家标准《城市居住区规划设计规范》GB 50180-93（2002年版）第8.0.1条中规定，小区道路应适于消防车、救护车、商店货车和垃圾车等的通行，即要求做到适于机动车通行，但通行范围不够明确。

随着生活水平提高，老年人口增多，购物方式改变及居住密度增大，在实践中出现了很多诸如机动车能进入小区，但无法到达住宅单元的事例，对急救、消防及运输等造成不便，降低了居住的方便性、安全性，也损害了居住者的权益。为此，提出"每个住宅单元至少应有一个出入口可以通达机动车"的要求。执行本条规定时，为保障居民出入安全，应在住宅单元门前设置相应的缓冲地段，以利于各类车辆的临时停放且不影响居民出入。

4.3.2 本条根据国家标准《城市居住区规划设计规范》GB 50180-93（2002年版）第8章的相关规定制定。

为保证各类车辆的顺利通行，规定了双车道和宅前路路面宽度，对尽端式道路、内外道路衔接和抗震设防地区道路设置提出了相应要求。因居住用地内道路往往也是工程管线埋设的通道，为此，道路设置还应满足管线埋设的要求。当宅前路有兼顾大货车、消防车通行的要求时，路面两边应设置相应宽度的路肩。

4.3.3 本条根据行业标准《城市道路和建筑物无障碍设计规范》JGJ 50-2001的相关规定制定。

无障碍通路对老年人、残疾人、儿童和体弱者的安全通行极其重要，是住宅功能的外部延伸，故住宅外部无障碍通路应贯通。无障碍坡道、人行道及通行轮椅车的坡道应满足相应要求。

4.3.4 本条根据国家标准《城市居住区规划设计规范》GB 50180-93（2002年版）第8.0.6条制定，增加了自行车停车场地或停车库的要求。

自行车是常用的交通工具，具有轻便、灵活和经济的特点，且数量庞大。为此，本条提出居住用地应配置居民自行车停车场地或停车库的要求。执行本条时，尚应根据各城镇的经济发展水平、居民生活消费水平和居住用地的档次，合理确定机动车停车泊位、自行车停车位及其停车方式。

4.4 室外环境

4.4.1 本条根据国家标准《城市居住区规划设计规范》GB 50180-93（2002年版）第7.0.1条制定。

绿地率既是保证居住用地生态环境的主要指标，也是控制建筑密度的基本要求之一。为此，本条对新区的绿地率提出了要求。

4.4.2 本条根据国家标准《城市居住区规划设计规范》GB 50180-93（2002年版）第7.0.5条制定。

居住用地中的公共绿地总指标，以人均面积表示。本条规定的公共绿地总指标与国家标准《城市居住区规划设计规范》GB 50180-93（2002年版）中的小区级要求基本对应。

4.4.3 我国水资源总体贫乏，且分布不均衡，人均水资源占有量仅列世界第88位。目前，全国年缺水量约400亿立方米，用水形势相当严峻。为贯彻节水政策，杜绝不切实际地大量使用自来水作为人工景观水体补充水的不良行为，本条提出了"人工景观水体的补充水严禁使用自来水"的规定。常见的人工景观水体有人造水景的湖、小溪、瀑布及喷泉等，但属体育活动设施的游泳池不在此列。

为保障游人特别是儿童的安全，本条对无护栏的水体提出了相关要求。

4.4.4 噪声严重影响居民生活和环境质量，是目前备受各方关注的问题之一。对受噪声影响的住宅，应采取防噪措施，包括加强住宅窗户和围护结构的隔声性能，在住宅外部集中设置防噪装置等。

4.5 竖 向

4.5.1 本条根据国家标准《城市居住区规划设计规范》GB 50180-93（2002年版）第9.0.4条制定。

居住用地的排水系统如果规划不当，会造成地面积水，既污染环境，又使居民出行困难，还有可能造成地下室渗漏，并危及建筑地基基础的安全。为保证排水畅通，本条对地面排水坡度做出了规定。地面水的排水尚应符合国家标准《民用建筑设计通则》GB 50352-2005的相关规定。

4.5.2 本条根据行业标准《城市用地竖向规划规范》CJJ 83-99第5.0.3条、第9.0.3条制定。

本条提出了住宅用地的防护工程的相应控制指标，以确保建设基地内建筑物、构筑物、人、车以及防护工程自身的安全。

5 建 筑

5.1 套内空间

5.1.1 本条根据国家标准《住宅设计规范》GB 50096-1999（2003年版）第3.1.1条制定。明确要求每套住宅至少应设卧室、起居室（厅）、厨房和卫生间等四个基本空间。具体表现为独立门户，套型界限分明，不允许共用卧室、起居室（厅）、厨房及卫生间。

5.1.2 本条根据国家标准《住宅设计规范》GB 50096-1999（2003年版）第3.3.3条制定。要求厨房应设置相应的设施或预留位置，合理布置厨房空间。对厨房设施的要求各有侧重，如对案台、炉灶侧重于位置和尺寸，对洗涤池侧重于与给排水系统的连接，对排油烟机侧重于位置和通风口。

5.1.3 本条根据国家标准《住宅设计规范》GB 50096-1999（2003年版）第3.4.3条制定，增加了卫生间不应直接布置在下层住户的餐厅上层的要求，增加了局部墙面应有防水构造的要求。在近年房地产开发建设期间，开发单位常常要求设计者进行局部平面调整，此时如果忽视本规定，常会引起住户的不满和投诉。本条要求进一步严格区别套内外的界限。

5.1.4 本条根据国家标准《住宅设计规范》GB 50096-1999（2003年版）第3.4.1条、第3.4.2条制定。要求卫生间应设置相应的设施或预留位置。设置设施或预留位置时，应保证其位置和尺寸准确，并与给排水系统可靠连接。为了保证家庭饮食卫生，要求布置便器的卫生间的门不直接开在厨房内。

5.1.5 本条根据国家标准《住宅设计规范》GB 50096-1999（2003年版）第3.7.2条、第3.7.3条及第3.9.1条制定，集中表述对窗台、阳台栏杆的安全防护要求。

没有邻接阳台或平台的外窗窗台，应有一定高度才能防止坠落事故。我国近期因设置低窗台引起的法律纠纷时有发生。国家标准《住宅设计规范》GB 50096-1999（2003年版）明确规定："窗台的净高或防护栏杆的高度均应从可踏面起算，保证净高0.90m"。有效的防护高度应保证净高0.90m，距离楼（地）面0.45m以下的台面、横栏杆等容易造成无意识攀登的可踏面，不应计入窗台净高。当窗外有阳台或平台时，可不受此限。

根据人体重心稳定和心理要求，阳台栏杆应随建筑高度增高而增高。本条按住宅层数提出了不同的阳台栏杆净高要求。由于封闭阳台不改变人体重心稳定和心理要求，故封闭阳台栏杆也应满足阳台栏杆净高要求。

阳台栏杆设计应防止儿童攀登。根据人体工程学原理，栏杆的垂直杆件间净距不大于0.11m时，才能防止儿童钻出。

5.1.6 本条根据国家标准《住宅设计规范》GB 50096-1999（2003年版）第3.6.2条、第3.6.3条制定。

本条对住宅室内净高、局部净高提出要求，以满足居住活动的空间需求。根据普通住宅层高为2.80m的要求，不管采用何种楼板结构，卧室、起居室（厅）的室内净高不低于2.40m的要求容易达到。对住宅装修吊顶时，不应忽视此净高要求。局部净高是指梁底处的净高、活动空间上部吊柜的柜底与地面距离等。一间房间中低于2.40m的局部净高的使用面积不应大于该房间使用面积的1/3。

居住者在坡屋顶下活动的心理需求比在一般平屋顶下低。利用坡屋顶内空间作卧室、起居室（厅）时，若净高低于2.10m的使用面积超过该房间使用面积的1/2，将造成居住者活动困难。

5.1.7 本条根据国家标准《住宅设计规范》GB 50096-1999（2003年版）第3.7.5条制定。阳台是用水较多的地方，其排水处理好坏，直接影响居民生活。我国新建住宅中因上部阳台排水不当对下部住户造成干扰的事例时有发生，为此，要求阳台地面构造应有排水措施。

5.2 公共部分

5.2.1 本条根据国家标准《住宅设计规范》GB 50096-1999（2003年版）第4.1.4条、第4.2.2条制定。走廊和公共部位通道的净宽不足或局部净高过低将严重影响人员通行及疏散安全。本条根据人体工程学原理提出了通道净宽和局部净高的最低要求。

5.2.2 本条根据国家标准《住宅设计规范》GB 50096-1999（2003年版）第4.2.1条制定。外廊、内天井及上人屋面等处一般都是交通和疏散通道，人流较为集中，故临空处栏杆高度应能保障安全。本条按住宅层数提出了不同的栏杆净高要求。

5.2.3 本条根据国家标准《住宅设计规范》GB 50096-1999（2003年版）第4.1.2条、第4.1.3条、第4.1.5条制定，集中表述对楼梯的相关要求。楼梯梯段净宽系指墙面至扶手中心之间的水平距离。从安全防护的角度出发，本条提出了减缓楼梯坡度、加强栏杆安全性等要求。住宅楼梯梯段净宽不应小于1.10m的规定与国家标准《民用建筑设计通则》GB 50352-2005对楼梯梯段宽度按人流股数确定的一般规定基本一致。同时，考虑到实际情况，对六层及六层以下住宅中一边设有栏杆的梯段净宽要求放宽为不小于1.00m。

5.2.4 本条根据国家标准《住宅设计规范》GB 50096-1999(2003年版)第4.5.4条、第4.2.3条制定，提出住宅建筑出入口的设置及安全措施要求。

为了解决使用功能完全不同的用房在一起时产生的人流交叉干扰的矛盾，保证防火安全疏散，要求住宅与附建公共用房的出入口分开布置。分别设置出入口将造成建筑面积分摊量增加，这是正常情况，应在工程设计前期全面衡量，不可因此降低安全要求。

为防止阳台、外廊及开敞楼梯平台上坠物伤人，要求对其下部的公共出入口采取防护措施，如设置雨罩等。

5.2.5 本条根据国家标准《住宅设计规范》GB 50096-1999（2003年版）第4.1.6条制定。针对当前房地产开发中追求短期经济利益，牺牲居住者利益的现象，为了维护公众利益，保证居住者基本的居住条件，严格规定了住宅须设电梯的层数、高度要求。顶层为两层一套的跃层住宅时，若顶层住户入口层楼面距该住宅建筑室外设计地面的高度不超过16m，可不设电梯。

5.2.6 根据居住实态调查，随着居住生活模式变化，住宅管理人员和各种服务人员大量增加，若住宅建筑中不设相应的卫生间，将造成公共卫生难题。

5.3 无障碍要求

5.3.1 本条根据行业标准《城市道路和建筑物无障碍设计规范》JGJ 50-2001第5.2.1条制定，列出了七层及七层以上的住宅应进行无障碍设计的部位。该标准对高层、中高层住宅要求进行无障碍设计的部位还包括电梯轿厢。由于该规定对住宅强制执行存在现实问题，本条不予列入。对六层及六层以下设置电梯的住宅，也不列为强制执行无障碍设计的对象。

5.3.2 本条根据行业标准《城市道路和建筑物无障碍设计规范》JGJ 50-2001第7章相关规定制定。该规范规定高层、中高层居住建筑入口设台阶时，必须设轮椅坡道和扶手。本条规定不受住宅层数限制。本条按不同的坡道高度给出了最大坡度限值，并取消了坡道长度要求。

5.3.3 本条根据行业标准《城市道路和建筑物无障碍设计规范》JGJ 50-2001第7.1.3条制定。为避免轮椅使用者与正常人流的交叉干扰，要求七层及七层以上住宅建筑入口平台宽度不小于2.00m。

5.3.4 本条根据行业标准《城市道路和建筑物无障碍设计规范》JGJ 50-2001第7.3.1条制定，给出了供轮椅通行的走道和通道的最小净宽限值。

5.4 地下室

5.4.1 本条根据国家标准《住宅设计规范》GB 50096-1999（2003年版）第4.4.1条制定。住宅建筑中的地下室，由于通风、采光、日照、防潮、排水等条件差，对居住者健康不利，故规定住宅的卧室、起居室（厅）、厨房不应布置在地下室。其他房间如储藏间、卫生间、娱乐室等不受此限。由于半地下室有对外开启的窗户，条件相对较好，若采取采光、通风、日照、防潮、排水及安全防护措施，可布置卧室、起居室（厅）、厨房。

5.4.2 本条根据行业标准《汽车库建筑设计规范》JGJ 100-98的相关规定和住宅地下车库的实际情况制定。

汽车库内的单车道是按一条中心线确定坡度及转弯半径的，如果兼作双车道使用，即使有一定的宽度，汽车在坡道及其转弯处仍然容易发生相撞、刮蹭事故。因此，严禁将宽的单车道兼作双车道。

地下车库在通风、采光方面条件差，而集中存放的汽车由于其油箱储存大量汽油，本身是易燃、易爆因素。而且，地下车库发生火灾时扑救难度大。因此，设计时应排除其他可能产生火灾、爆炸事故的因素，不应将修理车位及使用或存放易燃、易爆物品的房间设置在地下车库内。

多项实例检测结果表明，住宅的地下车库中有害气体超标现象十分严重。如果利用楼（电）梯间为地下车库自然通风，将严重污染住宅室内环境，必须加以限制。

5.4.3 住宅的地下自行车库属于公共活动空间，其净高至少应与公共走廊净高相等，故规定其净高不应低于2.00m。

5.4.4 住宅的地下室包括车库、储藏间等，均应采取有效防水措施。

6 结 构

6.1 一般规定

6.1.1 本条根据国家标准《建筑结构可靠度设计统一标准》GB 50068-2001第1.0.5条、第1.0.8条制定。按该标准规定，住宅作为普通房屋，其结构的设计使用年限取为50年，安全等级取为二级。考虑到住宅结构的可靠性与居民的生命财产安全密切相关，且住宅已经成为最为重要的耐用商品之一，故本条规定住宅结构的设计使用年限应取50年或更长时间，其安全等级应取二级或更高。

6.1.2 本条根据国家标准《建筑抗震设计规范》GB 50011-2001第1.0.2条和国家标准《建筑工程抗震

设防分类标准》GB 50223-2004 第6.0.11条制定。

抗震设防烈度是按国家规定的权限批准作为一个地区抗震设防依据的地震烈度。抗震设防分类是根据建筑遭遇地震破坏后，可能造成人员伤亡、直接和间接经济损失、社会影响的程度及其在抗震救灾中的作用等因素，对建筑物所作的设防类别划分。

住宅建筑量大面广，抗震设计时，应综合考虑安全性、适用性和经济性要求，在保证安全可靠的前提下，节约结构造价，降低成本。本条将住宅建筑的抗震设防类别定为"不应低于丙类"，与国家标准《建筑工程抗震设防分类标准》GB 50223-2004 第6.0.11条的规定基本一致，但措辞更严格，意味着住宅建筑的抗震设防类别不允许划为丁类。

6.1.3 本条主要依据国家标准《岩土工程勘察规范》GB 50021-2001、《建筑地基基础设计规范》GB 50007-2002 和《建筑抗震设计规范》GB 50011-2001 的有关规定制定。

在住宅结构设计和施工之前，必须按基本建设程序进行岩土工程勘察。岩土工程勘察应按工程建设各阶段的要求，正确反映工程地质条件，查明不良地质作用和地质灾害，取得资料完整、评价正确的勘察报告，并依此进行住宅地基基础设计。住宅上部结构的选型和设计应兼顾对地基基础的影响。

住宅应优先选择建造在对结构安全有利的地段。对不利地段，应力求避开；当因客观原因而无法避开时，应仔细分析，并采取保证结构安全的有效措施。禁止在抗震危险地段建造住宅。条文中所指的"不利地段"既包括抗震不利地段，也包括一般意义上的不利地段（如岩溶、滑坡、崩塌、泥石流、地下采空区等）。

6.1.4 本条根据国家标准《建筑结构可靠度设计统一标准》GB 50068-2001 的有关规定制定。

住宅结构在建造和使用过程中可能发生的各种作用的取值、组合原则以及安全性、适用性、耐久性的具体设计要求等，根据不同材料结构的特点，应分别符合现行有关国家标准和行业标准的规定。

住宅结构在设计使用年限内应具有足够的安全性、适用性和耐久性，具体体现在：1) 在正常施工和正常使用时，能够承受可能出现的各种作用，如重力、风、地震作用以及非荷载效应（温度效应、结构材料的收缩和徐变、环境侵蚀和腐蚀等），即具有足够的承载能力；2) 在正常使用时具有良好的工作性能，满足适用性要求，如可接受的变形、挠度和裂缝等；3) 在正常维护条件下具有足够的耐久性能，即在规定的工作环境和预定的使用年限内，结构材料性能的恶化不应导致结构出现不可接受的失效概率；4) 在设计规定的偶然事件发生时和发生后，结构能保持必要的整体稳定性，即结构可发生局部损坏或失效但不应导致连续倒塌。

6.1.5 本条是第6.1.4条的延伸规定，主要针对当前某些材料结构（如钢筋混凝土结构、砌体结构、钢-混凝土混合结构等）中比较普遍存在的裂缝问题，提出"住宅结构不应产生影响结构安全的裂缝"的要求。钢结构构件在任何情况下均不允许产生裂缝。

对不同材料结构构件，"影响结构安全的裂缝"的表现形态多样，产生原因各异，应根据具体情况进行分析、判断。在设计、施工阶段，均应针对不同材料结构的特点，采取相应的可靠措施，避免产生影响结构安全的裂缝。

6.1.6 本条根据国家标准《建筑边坡工程技术规范》GB 50330-2002 第3.3.3条制定，对邻近住宅的永久性边坡的设计使用年限提出要求，以保证相邻住宅的安全使用。所谓"邻近"，应以边坡破坏后是否影响到住宅的安全和正常使用作为判断标准。

6.2 材　　料

6.2.1 结构材料性能直接涉及到结构的可靠性。当前，我国住宅结构采用的主要材料有建筑钢材（包括普通钢结构型材、轻型钢结构型材、板材和钢筋等）、混凝土、砌体材料（砖、砌块、砂浆等）、木材、铝型材和板材、结构粘结材料（如结构胶）等。这些材料的物理、力学性能和耐久性能等，应符合国家现行有关标准的规定，并满足设计要求。住宅建设量大面广，需要消耗大量的建筑材料，建筑材料的生产又消耗大量的能源、资源，同时给环境保护带来巨大压力。因此，住宅结构材料的选择应符合节约资源和保护环境的原则。

6.2.2 本条根据国家标准《建筑结构可靠度设计统一标准》GB 50068-2001 第5.0.3条和《建筑抗震设计规范》GB 50011-2001 第3.9.2条制定。

住宅结构设计采用以概率理论为基础的极限状态设计方法。材料强度标准值应以试验数据为基础，采用随机变量的概率模型进行描述，运用参数估计和概率分布的假设检验方法确定。随着经济、技术水平的提高和结构可靠度水平的提高，要求结构材料强度标准值具有不低于95%的保证率是必需的。

结构用钢材主要指型钢、板材和钢筋。抗震设计的住宅，对结构构件的延性性能有较高要求，以保证结构和结构构件有足够的塑性变形能力和耗能能力。

6.2.3 本条是住宅混凝土结构构件采用混凝土强度的最低要求。住宅用结构混凝土，包括基础、地下室、上部结构的混凝土，均应符合本条规定。

6.2.4 本条根据国家标准《建筑抗震设计规范》GB 50011-2001 第3.9.2条和《钢结构设计规范》GB 50017-2003 第3.3.3条制定，提出结构用钢材材质和力学性能的基本要求。

抗拉强度、屈服强度和伸长率，是结构用钢材的三项基本性能。硫、磷是钢材中的杂质，其含量多少对钢材力学性能（如塑性、韧性、疲劳、可焊性等）

有较大影响。碳素结构钢中，碳含量直接影响钢材强度、塑性、韧性和可焊性等；碳含量增加，钢材强度提高，但塑性、韧性、疲劳强度下降，同时恶化可焊性和抗腐蚀性。因此，应根据住宅结构用钢材的特点，要求钢型材、板材、钢筋等产品中硫、磷、碳元素的含量符合有关标准的规定。

冷弯试验值是检验钢材弯曲能力和塑性性能的指标之一，也是衡量钢材质量的一个综合指标。因此，焊接钢结构所采用的钢材以及混凝土结构用钢筋，均应有冷弯试验的合格保证。

6.2.5 本条根据国家标准《建筑抗震设计规范》GB 50011-2001第3.9.2条和《砌体结构设计规范》GB 50003-2001（2002年局部修订）第3.1.1、6.2.1条制定。

砌体结构是住宅中应用最多的结构形式。砌体由多种块体和砂浆砌筑而成。块体和砂浆的种类、强度等级是砌体结构设计的基本依据，也是达到规定的结构可靠度和耐久性的重要保证。根据新型砌体材料的特点和我国近年来工程应用中出现的一些涉及耐久性、安全或正常使用中比较敏感的裂缝等问题，结合我国对新型墙体材料产业政策的要求，本条明确规定了砌体结构应采用的块体、砂浆类别以及相应的强度等级要求。

其他类型的块体材料（如石材等）的强度等级及其砌筑砂浆的要求，应符合国家现行有关标准的规定；对住宅地面以下或防潮层以下及潮湿房屋的砌体，其块体和砂浆的要求，应有所提高，并应符合国家现行有关标准的规定。

6.2.6 本条根据国家标准《木结构设计规范》GB 50005-2003的有关规定制定。

木结构住宅设计时，应根据结构构件的用途、部位、受力状态选择相应的材质等级，所选木材的强度等级不应低于TC11（针叶树种）或TB11（阔叶树种）。对胶合木结构，除了胶合材自身的强度要求外，承重结构用胶的性能尤为重要。结构胶缝主要承受拉力、压力和剪力作用，胶缝的抗拉和抗剪能力是关键。因此，为了保证胶缝的可靠性，使可能的破坏发生在木材上，必须要求结构胶的胶合强度不得低于木材顺纹抗剪强度和横纹抗拉强度。

木材含水率过高时，会产生干缩和开裂，对结构构件的抗剪、抗弯能力造成不利影响，也可引起结构的连接松弛或变形增大，从而降低结构的安全度。因此，制作木结构构件时，应严格控制木材的含水率；当木材含水率超过规定值时，在确定木材的有关设计指标（如各种木材的横纹承压强度和弹性模量、落叶松木材的抗弯强度等）时，应考虑含水率的不利影响，并在结构构造设计中采取针对性措施。

6.3 地基基础

6.3.1 地基基础设计是住宅结构设计中十分重要的一个环节。我国幅员辽阔，各地的岩土工程特性、水文地质条件有很大的差异。因此，住宅地基基础的选型和设计要以岩土工程勘察文件为依据和基础，因地制宜，综合考虑住宅主体结构的特点、地域特点、施工条件以及是否抗震设防地区等因素。

6.3.2 住宅建筑地基基础设计应满足承载力、变形和稳定性要求。

过去，多数工程项目只考虑地基承载力设计，很少考虑变形设计。实际上，地基变形造成建筑物开裂、倾斜的事例屡见不鲜。因此，设计原则应当从承载力控制为主转变到重视变形控制。地基变形计算值，应满足住宅结构安全和正常使用要求。地基变形验算包括进行处理后的地基。

目前，由于抗浮设计考虑不周引起的工程事故也很多，应在承载力设计过程中引起重视。

有关地基基础承载力、变形、稳定性设计的原则应符合国家标准《建筑地基基础设计规范》GB 50007-2002第3.0.4条、第3.0.5条的规定；抗震设防地区的地基抗震承载力应取地基承载力特征值与地基抗震承载力调整系数的乘积，并应符合国家标准《建筑抗震设计规范》GB 50011-2001第4.2.3条的规定。

6.3.3 实践表明，在地基基础工程中，与基坑相关的事故最多。因此，本条从安全角度出发予以强调。"周边环境"包括住宅建筑周围的建筑物、构筑物、道路、桥梁，各种市政设施以及其他公共设施。

6.3.4 桩基础在我国很多地区有广泛应用。桩基础的承载力和桩身完整性是基本要求。无论是预制桩还是现浇混凝土或现浇钢筋混凝土桩，由于在地下施工，成桩后的质量和各项性能是否满足设计要求，必须按照规定的数量和方法进行检验。

地基处理是为提高地基承载力、改善其变形性能或渗透性能而采取的人工处理方法。地基处理后，应根据不同的处理方法，选择恰当的检验方法对地基承载力进行检验。

桩基础、地基处理的设计、施工、承载力检验要求和方法，应符合国家现行标准《建筑地基基础设计规范》GB 50007、《建筑桩基技术规范》JGJ 94、《建筑基桩检测技术规范》JGJ 106、《建筑地基处理技术规范》JGJ 79等的有关规定。

6.4 上部结构

6.4.1 本条对住宅结构体系提出基本概念设计要求。住宅结构的规则性要求和概念设计，应在建筑设计、结构设计的方案阶段得到充分重视，并应在结构施工图设计中体现概念设计要求的实施方法和措施。

抗震设计的住宅，对结构的规则性要求更加严格，不应采用严重不规则的建筑、结构设计方案。所谓严重不规则，对不同结构体系、不同结构材料、不同抗震设防烈度的地区，有不同的侧重点，很难细致地量化，但总体上是指：建筑结构体形复杂、多项实质性的控制指标超过有关规定或某一项指标大大超过规定，从而造成严重的抗震薄弱环节和明显的地震安全隐患，可能导致地震破坏的严重后果。

6.4.2 本条是对抗震设防地区住宅结构设计的总体要求。抗震设计的住宅，应首先确定抗震设防类别（不低于丙类），并根据抗震设防类别和抗震设防烈度确定总体抗震设防标准；其次，应根据抗震设防标准的要求，结合不同结构材料和结构体系的特点以及场地类别，确定适宜的房屋高度或层数限制、地震作用计算方法和结构地震效应分析方法、结构和结构构件的承载力与变形验算方法、与抗震设防目标相对应的抗震措施等。

6.4.3 无论是否抗震设计，住宅结构中刚度和承载力有突变的部位，对突变程度应加以控制，并应根据结构材料和结构体系的特点、抗震设防烈度的高低，采取可靠的加强措施，减少薄弱部位结构破坏的可能性。

错层结构、连体结构（立面有大开洞的结构）、带转换层的结构，由于其结构刚度、质量分布、承载力变化等不均匀，属于竖向布置不规则的结构；错层附近的竖向抗侧力构件、连体结构的连接体及其周边构件、带转换层结构的转换构件（如转换梁、框支柱、楼板）等，在地震作用下受力复杂，容易形成多处应力集中，造成抗震薄弱部位。鉴于此类结构的抗震设计理论和方法尚不完善，并且缺乏相应的工程实践经验，故规定9度抗震设计的住宅不应采用此类结构。

6.4.4 住宅砌体结构应设计为双向受力体系；无论计算模型是刚性方案、刚弹性方案还是弹性方案，均应采取有效的构造措施，保证结构的承载力和各部分的连接性能，从而保证其整体性，避免局部或整体失稳以致破坏、倒塌；抗震设计时，尚应采取措施保证其抗震承载能力和必要的延性性能，从而达到抗震设防目标要求。目前砌体结构以承载力设计为基础，以构造措施保证其变形能力等正常使用极限状态的要求，因此砌体结构的各项构造措施十分重要。

保证砌体结构整体性和抗震性能的主要措施，包括选择合格的砌体材料、合理的砌筑方法和工艺，限制建筑的体量，控制砌体墙（柱）的高宽比，控制承重墙体（抗震墙）的间距，在必要的部位采取加强措施（如在关键部位的灰缝内增设拉结钢筋，设置钢筋混凝土圈梁、构造柱、芯柱或采用配筋砌体等）。

6.4.5 底部框架、上部砌体结构住宅是我国目前经济条件下特有的一种结构形式，通过将上部部分砌体墙在底部变为框架而形成较大的空间，底部一般作为商业用房，上部仍然用作住宅。由于这种结构形式的变化，造成底部框架结构的侧向刚度比上部砌体结构的刚度小，且在结构转换层要通过转换构件（如托墙梁）将上部砌体墙承受的内力转移至下部的框架柱（框支柱），传力途径不直接。过渡层及其以下的框架结构是这种结构的薄弱部位，必需采取措施予以加强。根据理论分析和地震震害经验，这种结构在地震区应谨慎采用，故限制其底部大空间框架结构的层数不应超过2层，并应设置剪力墙。

底部框架-剪力墙、上部砌体结构住宅的设计应符合国家标准《建筑抗震设计规范》GB 50011-2001 第7.1节、第7.2节和第7.5节的有关规定。

6.4.6 混凝土结构构件，都应满足基本的混凝土保护层厚度和配筋构造要求，以保证其基本受力性能和耐久性。

混凝土保护层的作用主要是：对受力钢筋提供可靠的锚固，使其在荷载作用下能够与混凝土共同工作，充分发挥强度；使钢筋在混凝土的碱性环境中免受介质的侵蚀，从而确保在规定的设计使用年限内具有相应的耐久性。

混凝土构件的配筋构造是保证混凝土构件承载力、延性以及控制其破坏形态的基本要求。配筋构造通常包括钢筋的种类和性能要求、配筋形式、最小配筋率和最大配筋率、配筋间距、钢筋连接方式和连接区段（位置）、钢筋搭接和锚固长度、弯钩形式等。

6.4.7 钢结构的防火、防腐措施是保证钢结构住宅安全性、耐久性的基本要求。钢材不是可燃材料，但是在高温下其刚度和承载力会明显下降，导致结构失稳或产生过大变形，甚至倒塌。

住宅钢结构中，除不锈钢构件外，其他钢结构构件均应根据设计使用年限、使用功能、使用环境以及维护计划，采取可靠的防腐措施。

6.4.8 在木结构构件表面包覆（涂敷）防火材料，可达到规定的构件燃烧性能和耐火极限要求。此外，木结构住宅应符合防火间距、房屋层数的要求，并采取有效的消防措施。

调查表明，正常使用条件下，木结构的破坏多数是由于腐朽和虫蛀引起的，因此，木结构的防腐、防虫，在结构设计、施工和使用阶段均应当引起高度重视。防止木结构腐朽，应根据使用条件和环境条件在设计上采取防潮、通风等构造措施。

木结构住宅的防火、防腐、防潮、防虫措施，应符合国家标准《木结构设计规范》GB 50005-2003 的有关规定。

6.4.9 本条对住宅结构的围护结构和非结构构件提出要求。"围护结构"在不同专业领域的含义不同。本条中围护结构主要指直接面向建筑室外的非承重墙体、各类建筑幕墙（包括采光顶）等，相对于主体结构而言实际上属于"非结构构件"。围护结构和非结构构件的安全性和适用性应满足住宅建筑设计要求，并应符合国家现行有关标准的规定。对非结构构件的耐久性问题，由于材料性质、功能要求及更换的难易程度不同，未给出具体要求，但具体设计上应予以重视。

本条中非结构构件包括持久性的建筑非结构构件和附属机电设施。

长期以来，非结构构件的可靠性设计没有引起设计人员的充分重视。对非结构构件，应根据其重要性、破坏后果的严重性及其对建筑结构的影响程度，采取不同的设计要求和构造措施。对抗震设计的住宅，尚应对非结构构件采取抗震措施或进行必要的抗震计算。对不同功能的非结构构件，应满足相应的承载能力、变形能力（刚度和延性）要求，并应具有适应主体结构变形的能力；与主体结构的连接、锚固应牢固、可靠，要求锚固承载力大于连接件的承载力。

各类建筑幕墙的应用应符合国家现行标准《玻璃幕墙工程技术规范》JGJ 102、《金属与石材幕墙工程技术规范》JGJ 133、《建筑玻璃应用技术规程》JGJ 113等的规定。

7 室内环境

7.1 噪声和隔声

7.1.1 住宅应给居住者提供一个安静的室内生活环境，但是在现代城市中大部分住宅的外部环境均比较嘈杂，尤其是邻近主要街道的住宅，交通噪声的影响更为严重。因此，应在住宅的平面布置和建筑构造上采取有效的隔声和防噪声措施，例如尽可能使卧室和起居室远离噪声源，邻街的窗户采用隔声性能好的窗户等。

本条提出的卧室、起居室的允许噪声级是一般水平的要求，采取上述措施后不难达到。

7.1.2 楼板的撞击声隔声性能的优劣直接关系到上层居住者的活动对下层居住者的影响程度；撞击声压级越大，对下层居住者的影响就越大。计权标准化撞击声压级 75dB 是一个较低的要求，大致相当于现浇钢筋混凝土楼板的撞击声隔声性能。

为避免上层居住者的活动对下层居住者造成影响，应采取有效的构造措施，降低楼板的计权标准化撞击声压级。例如，在楼板的上表面敷设柔性材料，或采用浮筑楼板等。

7.1.3 空气声计权隔声量是衡量构件空气声隔声性能的指标。楼板、分户墙、户门和外窗的空气声计权隔声量的提高，可有效地衰减上下、左右邻室之间，及走廊、楼梯与室内之间的声音传递，并有效地衰减户外传入户内的声音。

本条规定的具体空气声计权隔声量都是较低的要求。为提高空气声隔声性能，应采取有效的构造措施，如采用更高隔声量的户门和外窗等。

外窗通常是隔声的薄弱环节，尤其是沿街住宅的外窗，应予以足够的重视。高隔声量的外窗对住宅满足本规范第7.1.1条的要求至关重要。

7.1.4 各种管线穿过楼板和墙体时，若孔洞周边不密封，声音会通过缝隙传递，大大降低楼板和墙体的隔声性能。对穿线孔洞的周边进行密封，属于施工细节问题，几乎不增加成本，但对提高楼板和墙体的空气声隔声性能很有好处。

7.1.5 电梯运行不可避免地会引起振动，这种振动对相邻房间的影响比较大，因此不应将卧室、起居室紧邻电梯井布置。但在住宅设计时，有时会受平面布局的限制，不得不将卧室、起居室紧邻电梯井布置。在这种情况下，为保证卧室、起居室的安静，应采取一些隔声和减振的技术措施，例如提高电梯井壁的隔声量、在电梯轨道和井壁之间设置减振垫等。

7.1.6 住宅建筑内的水泵房、风机房等都是噪声源、振动源，有时管道井也会成为噪声源。从源头入手是最有效的降低振动和治理噪声的方式。因此，给水泵、风机设置减振装置是降低振动、减弱噪声的有效措施。同时，还应注意水泵房、风机房以及管道井的有效密闭，提高水泵房、风机房和管道井的空气声隔声性能。

7.2 日照、采光、照明和自然通风

7.2.1 日照对居住者的生理和心理健康都非常重要。住宅的日照受地理位置、朝向、外部遮挡等外部条件的限制，常难以达到比较理想的状态。尤其是在冬季，太阳高度角较小，建筑之间的相互遮挡更为严重。

本条规定"每套住宅至少应有一个居住空间能获得冬季日照"，但未提出日照时数要求。

住宅设计时，应注意选择好朝向、建筑平面布置（包括建筑之间的距离、相对位置以及套内空间的平面布置），通过计算，必要时使用日照模拟软件分析计算，创造良好的日照条件。

7.2.2 充足的天然采光有利于居住者的生理和心理健康，同时也有利于降低人工照明能耗。用采光系数评价住宅是否获取了足够的天然采光比较科学，但采光系数需要通过直接测量或复杂的计算才能得到。一般情况下，住宅各房间的采光系数与窗地面积比密切相关，因此本条直接规定了窗地面积比的限值。

7.2.3 住宅套内的各个空间由于使用功能不同，其照度要求各不相同，设计时应区别对待。套外的门厅、电梯前厅、走廊、楼梯等公共空间的地面照度，应满足居住者的通行等需要。

7.2.4 自然通风可以提高居住者的舒适感，有助于健康，同时也有利于缩短夏季空调器的运行时间。住宅能否获取足够的自然通风与通风开口面积的大小密切相关。一般情况下，当通风开口面积与地面面积之

比不小于 1/20 时，房间可获得较好的自然通风。

实际上，自然通风不仅与通风开口面积的大小有关，还与通风开口之间的相对位置密切相关。在住宅设计时，除了满足最小的通风开口面积与地面面积之比外，还应合理布置通风开口的位置和方向，有效组织与室外空气流通顺畅的自然通风。

7.3 防　潮

7.3.1 防止渗漏是住宅建筑屋面、外墙、外窗的基本要求。为防止渗漏，在设计、施工、使用阶段均应采取相应措施。

7.3.2 住宅室内表面（屋面和外墙的内表面）长时间的结露会滋生霉菌，对居住者的健康造成有害的影响。

室内表面出现结露最直接的原因是表面温度低于室内空气的露点温度。另外，表面空气的不流通也助长了结露现象的发生。因此，住宅设计时，应核算室内表面可能出现的最低温度是否高于露点温度，并尽量避免通风死角。

但是，要杜绝内表面的结露现象有时非常困难。例如，在我国南方的雨季，空气非常潮湿，空气所含的水蒸气接近饱和，除非紧闭门窗，空气经除湿后再送入室内，否则短时间的结露现象是不可避免的。因此，本条规定在"室内温、湿度设计条件下"（即在正常条件下）不应出现结露。

7.4 空气污染

7.4.1 住宅室内空气中的氡、游离甲醛、苯、氨和总挥发性有机化合物（TVOC）等污染物对人体的健康危害很大，应对其活度、浓度加以控制。

氡的活度与住宅选址有关，其他几种污染物的浓度与建筑材料、装饰装修材料、家具以及住宅的通风条件有关。

8 设　备

8.1 一般规定

8.1.1~8.1.3 给水排水系统、采暖设施及照明供电系统是基本的居住生活条件，并有利于居住者身体健康，改善环境质量。采暖设施主要是指集中采暖系统，也包括单户采暖系统。

8.1.4 为便于给水总立管、雨水立管、消防立管、采暖供回水总立管和电气、电信干线（管）的维修和管理，不影响套内空间的使用，本条规定上述管线不应布置在套内。

实践中，公共功能的管道、阀门、设备或部件设在套内，住户在装修时加以隐蔽，给维修和管理带来不便；在其他住户发生事故需要关闭检修阀门时，因设置阀门的住户无人而无法进入，不能正常维护，这样的事例较多。本条据此规定上述设备和部件应设在公共部位。

给水总立管、雨水立管、消防立管、采暖供回水总立管和电气、电信干线（管）应设置在套外的管井内或公共部位。对于分区供水横干管，也应布置在其服务的住宅套内，而不应布置在与其毫无关系的套内；当采用远传水表或IC水表而将供水立管设在套内时，供检修用的阀门应设在公用部位的横管上，而不应设在套内的立管顶部。公共功能管道其他需经常操作的部件，还包括有线电视设备、电话分线箱和网络设备等。

8.1.5 计量仪表的选择和安装方式，应符合安全可靠、便于计量和减少扰民的原则。计量仪表的设置位置，与仪表的种类有关。住宅的分户水表宜相对集中读数，且宜设置在户外；对设置在户内的水表，宜采用远传水表或IC卡水表等智能化水表。其他计量仪表也宜设置在户外；当设置在户内时，应优先采用可靠的电子计量仪表。无论设置在户外还是户内，计量仪表的设置应便于直接读数、维修和管理。

8.2 给水排水

8.2.1 住宅生活给水系统的水源，无论采用市政管网，还是自备水源井，生食品的洗涤、烹饪、盥洗、淋浴、衣物的洗涤、家具的擦洗用水，其水质应符合国家现行标准《生活饮用水卫生标准》GB 5749、《城市供水水质标准》CJ/T 206 的要求。当采用二次供水设施来保证住宅正常供水时，二次供水设施的水质卫生标准应符合现行国家标准《二次供水设施卫生规范》GB 17051 的要求。生活热水系统的水质要求与生活给水系统的水质相同。管道直饮水具有改善居民饮用水水质，降低直饮水的成本，避免送桶装水引起的干扰，保障住宅小区安全的优点，在发达地区新建的住宅小区中已被普遍采用。其水质应满足行业标准《饮用净水水质标准》CJ 94 的要求。生活杂用水指用于便器冲洗、绿化浇洒、室内车库地面和室外地面冲洗的水，在住宅中一般称为中水，其水质应符合国家现行标准《城市污水再生利用　城市杂用水水质》GB/T 18920、《城市污水再生利用　景观环境用水水质》GB/T 18921 和《生活杂用水水质标准》CJ/T 48 的相关要求。

8.2.2 为节约能源，减少居民生活饮用水水质污染，住宅建筑底部的住户应充分利用市政管网水压直接供水。当设有管道倒流防止器时，应将管道倒流防止器的水头损失考虑在内。

8.2.3 当市政给水管网的水压、水量不足时，应设置二次供水设施：贮水调节和加压装置。二次供水设施的设置应符合现行国家标准《二次供水设施卫生规范》GB 17051 的要求。住宅生活给水管道的设置，应有防水质污染的措施。住宅生活给水管道、阀门及配件所涉及的材料必须达到饮用水卫生标准。供水管道（管材、管件）应符合现行产品标准的要求，其工作压力不得大于产品标准标称的允许工作压力。供水管道应选用耐腐蚀和安装连接方便可靠的管材。管道可采用塑料给水管、塑料和金属复合管、铜管、不锈钢管和球墨铸铁给水管等。阀门和配件的工作压力应大于或等于其所在管段的管道系统的工作压力，材质应耐腐蚀，经久耐用。阀门和配件应根据管径大小和所承受的压力等级及使用温度，采用全铜、全不锈钢、铁壳铜芯和全塑阀门等。

8.2.4 为确保居民正常用水条件，提高使用的舒适性，并节约用水，本条给出了套内分户用水点和入户管的给水压力限值。

国家标准《住宅设计规范》GB 50096－1999（2003 年版）第 6.1.2 条规定：套内分户水表前的给水静水压力不应小于 50kPa。但由于国家标准《建筑给水排水设计规范》GB 50015－2003 第 3.1.14 条中已将给水配件所需流出水头改为最低工作压力要求，如洗脸盆由原要求流出水头为 0.015MPa 改为最低工作压力为 0.05MPa，水表前最低工作压力为 0.05MPa 已满足不了卫生器具的使用要求，故改为对套内分户用水点的给水压力要求。当采用高位水箱或加压水泵和高位水箱供水时，水箱的设置高度应按最高层最不利套内分户用水点的给水压力不小于 0.05MPa 来考虑；当不能满足要求时，应设置增压给水设备。当采用变频调速给水加压设备时，水泵的供水压力也应按上述要求来考虑。

卫生器具正常使用的最佳水压为 0.20～0.30MPa。从节水、噪声控制和使用舒适考虑，当住宅入户管的水压超过 0.35MPa 时，应设减压或调压设施。

8.2.5 住宅设置热水供应设施，是提高生活水平的重要措施，也是居住者的普遍要求。由于热源状况和技术经济条件不尽相同，可采用多种热水加热方式和供应系统；如采用集中热水供应系统，应保证配水点的最低水温，满足居住者的使用要求。配水点的水温是指打开用水龙头在 15s 内得到的水温。

8.2.6 住宅采用节水型卫生器具和配件是节水的重要措施。节水型卫生器具和配件包括：总冲洗用水量不大于 6L 的坐便器系统，两档式便器水箱及配件，陶瓷片密封水龙头、延时水嘴、红外线节水开关、脚踏阀等。住宅内不得使用明令淘汰的螺旋升降式铸铁水龙头、铸铁截止阀、进水阀低于水面的卫生洁具水箱配件、上导向直落式便器水箱配件等。建设部第 218 号"关于发布《建设部推广应用和限制禁止使用技术》的公告"中规定：对住宅建筑，推广应用节水型坐便器系统（≤6L），禁止使用冲水量大于等于 9L 的坐便器。本条对此做了更为严格的规定。

8.2.7 为防止卫生间排水管道内的污浊有害气体串至厨房内，对居住者卫生健康造成影响，当厨房与卫生间相邻布置时，不应共用一根排水立管，而应在厨房内和卫生间内分别设立管。

为避免排水管道漏水、噪声或结露产生凝结水影响居住者卫生健康，损坏财产，排水管道（包括排水立管和横管）均不得穿越卧室。排水立管采用普通塑料排水管时，不应布置在靠近与卧室相邻的内墙；当必须靠近与卧室相邻的内墙时，应采用橡胶密封圈柔性接口机制的排水铸铁管、双臂芯层发泡塑料排水管、内螺旋消音塑料排水管等有消声措施的管材。

8.2.8 住宅内除在设淋浴器、洗衣机的部位设置地漏外，卫生间和厨房的地面可不设置地漏。地漏、存水弯的水封深度必须满足一定的要求，这是建筑给水排水设计安全卫生的重要保证。考虑到水封蒸发损失、自虹吸损失以及管道内气压变化等因素，国外规范均规定卫生器具存水弯水封深度为 50～100mm。水封深度不得小于 50mm，对应于污水、废水、通气的重力流排水管道系统排水时内压波动不致于破坏存水弯水封的要求。在住宅卫生间地面如设置地漏，应采用密闭地漏。洗衣机部位应采用能防止溢流和干涸的专用地漏。

8.2.9 本条的目的是为了确保当室外排水管道满流或发生堵塞时，不造成倒灌，以免污染室内环境，影响住户使用。地下室、半地下室中卫生器具和地漏的排水管低于室外地面，故不应与上部排水管道连接，而应设置集水坑，用污水泵单独排出。

8.2.10 适合建设中水设施的住宅，是指水量较大且集中，就地处理利用并能取得较好的技术经济效益的工程。雨水利用是指针对因建设屋顶、地面铺装等地面硬化导致区域内径流量增加的情况，而采取的对雨水进行就地收集、入渗、储存、利用等措施。

建设中水设施和雨水利用设施的住宅的具体规模应按所在地的有关规定执行，目前国家无统一的要求。例如，北京市"关于加强中水设施建设管理的通告"中规定："建筑面积 5 万 m² 以上，或可回收水量大于 150m³/d 的居住区必须建设中水设施"；"关于加强建设工程用地内雨水资源利用的暂行规定"中规定：凡在本市行政区域内，新建、改建、扩建工程（含各类建筑物、广场、停车场、道路、桥梁和其他构筑物等建设工程设施，以下统称为建设工程）均应进行雨水利用工程设计和建设。

地方政府应结合本地区的特点制定符合实际情况的中水设施和雨水利用工程的实施办法。雨水利用工程的设计和建设，应以建设工程硬化后不增加建设区域内雨水径流量和外排水总量为标准。雨水利用设施应因地制宜，采用就地入渗与储存利用等方式。

8.2.11 为确保住宅中水工程的使用、维修，防止误饮、误用，设计时应采取相应的安全措施。这是中水工程设计中应重点考虑的问题，也是中水在住宅中能否成功应用的关键。

8.3 采暖、通风与空调

8.3.1 本条根据国家标准《采暖通风与空气调节设计规范》GB 50019-2003第4.9.1条制定。集中采暖系统节能除应采用合理的系统制式外，还应使房间温度可调节，即应采取分室（户）温度调节措施。按户进行用热量计量和收费是推进建筑节能工作的重要配套措施之一。本条要求设置分户（单元）计量装置；当目前设置有困难时，应预留安装计量装置的位置。

8.3.2 本条根据国家标准《住宅设计规范》GB 50096-1999（2003年版）第6.2.2条制定，适用于所有设置集中采暖系统的住宅。考虑到居住者夜间衣着较少，卫生间采用与卧室相同的标准。

8.3.3 以热水为采暖热媒，在节能、温度均匀、卫生和安全等方面，均较为合理。

"可靠的水质保证措施"非常重要。长期以来，热水采暖系统的水质没有相关规定，系统中管道、阀门、散热器经常出现被腐蚀、结垢或堵塞的现象，造成暖气不热，影响系统正常运行。

8.3.4 本条根据国家标准《采暖通风与空气调节设计规范》GB 50019-2003第4.3.11条、第4.8.17条制定。当采暖系统设在可能冻结的场所，如不采暖的楼梯间时，应采取防冻结措施。对采暖系统的管道，应考虑由于热媒温度变化而引起的膨胀，采取补偿措施。

8.3.5 合理利用能源，提高能源利用效率，是当前的重要政策要求。用高品位的电能直接用于转换为低品位的热能进行采暖，热效率低，运行费用高，是不合适的。严寒、寒冷地区全年有4～6个月采暖期，时间长，采暖能耗大。近些年来由于空调、采暖用电所占比例逐年上升，致使一些省市冬夏季尖峰负荷迅速增长，电网运行困难，电力紧缺。盲目推广电锅炉、电采暖，将进一步劣化电力负荷特性，影响民众日常用电。因此，应严格限制应用直接电热进行集中采暖，但并不限制居住者选择直接电热方式进行分散形式的采暖。

8.3.6 本条根据国家标准《住宅设计规范》GB 50096-1999(2003年版)第6.4.2条、第6.4.3条制定。厨房和卫生间往往是住宅内的污染源，特别是无外窗的卫生间。本条的目的是为了改善厨房、无外窗的卫生间的空气品质。住宅建筑中设有竖向通风道，利用自然通风的作用排出厨房和卫生间的污染气体。但由于竖向通风道自然通风的作用力，主要依靠室内外空气温差形成的热压，以及排风帽处的风压作用，其排风能力受自然条件制约。为了保证室内卫生要求，需要安装机械排气装置，为此应留有安装排气机械的位置和条件。

8.3.7 目前，厨房中排油烟机的排气管的排气方式有两种：一种是通过外墙直接排至室外，可省空间并不会产生互相串烟，但不同风向时可能倒灌，且对周围环境可能有不同程度的污染；另一种方式是排入竖向通风道，在多台排油烟机同时运转的条件下，产生回流和泄漏的现象时有发生。这两种排出方式，都尚有待改进。从运行安全和环境质量等方面考虑，当采用竖向通风道时，应采取防止支管回流和竖井泄漏的措施。

8.3.8 水源热泵（包括地表水、地下水、封闭水环路式水源热泵）用水作为机组的热源（汇），可以采用河水、湖水、海水、地下水或废水、污水等。当水源热泵机组采用地下水为水源时，应采取可靠的回灌措施，回灌水不得对地下水资源造成破坏和污染。

8.4 燃 气

8.4.1 为了保证燃气稳定燃烧，减少管道和设备的腐蚀，防止漏气引起的人员中毒，住宅用燃气应符合城镇燃气质量标准。国家标准《城镇燃气设计规范》GB 50028-93（2002年版）第2.2节中，对燃气的发热量、组分波动、硫化氢含量及加臭剂等都有详细的规定。

应特别注意的是，不应将用于工业的发生炉煤气或水煤气直接引入住宅内使用。因为这类燃气的一氧化碳含量高达30%以上，一旦漏气，容易引起居住者中毒甚至死亡。

8.4.2 为了保证室内燃气管道的供气安全，应限制燃气管道的最高压力。目前，国内住宅的供气有集中调压低压供气和中压供气按户调压两种方式。两者在投资和安全方面各有优缺点。一般来说，低压供气方式比较安全，中压供气则省投资。当采用中压进户时，燃气管道的最高压力不得高于0.2MPa。

8.4.3 住宅内使用的各类用气设备应使用低压燃气，以保证安全。住宅内常用的燃气设备有燃气灶、热水器、采暖炉等，这些设备使用的都是5kPa以下的低压燃气。即使管道供气压力为中压，也应经过调压，降至低压后方可接入用气设备。低压燃气设备的额定压力是重要的参数，其值随燃气种类而不同。应根据不同燃气设备的额定压力，将燃气的入口压力控制在相应的允许压力波动范围内。

8.4.4 燃气灶应设置在厨房内，热水器、采暖炉等应设置在厨房或与厨房相连的阳台内。这样便于布置燃气管道，统一考虑用气空间的通风、排烟和其他安全措施，便于使用和管理。

8.4.5 液化石油气是住宅内常用的可燃气体之一。由于它比空气重（约为空气重度的1.5～2倍），且爆炸下限比较低（约为2%以下），因此一旦漏气，就会流向低处，若遇上明火或电火花，会导致爆炸或火灾事故。且由于地下室、半地下室内通风条件差，故不应在其内敷设液化石油气管道，当然更不能使用液化石油气用气设备、气瓶。高层住宅内使用可燃气体作燃料时，应采用管道供气，严禁直接使用瓶装液化石油气。

8.4.6 住宅用人工煤气主要指焦炉煤气，不包括发生炉煤气和水煤气。由于人工煤气、天然气比空气轻，一旦漏气将浮上房间顶部，易排出室外。因此，不同于对液化石油气的要求，在地下室、半地下室内可设置、使用这类燃气设备，但应采取相应的安全措施，以满足现行国家标准《城镇燃气设计规范》GB 50028的要求。

8.4.7 本条根据国家标准《城镇燃气设计规范》GB 50028-93（2002年版）第7.2节的相关规定制定。卧室是居住者休息的房间，若燃气漏气会使人中毒甚至死亡；暖气沟、排烟道、垃圾道、电梯井属于潮湿、高温、有腐蚀性介质及产生电火花的部位，若管道被腐蚀而漏气，易发生爆炸或火灾。因此，严禁在上述位置敷设燃气管道。

8.4.8 为了保证燃气设备、电气设备及其管道的检修条件和使用安全，燃气设备和管道应满足与电气设备和相邻管道的净距要求。该净距应综合考虑施工要求、检修条件及使用安全等因素确定。国家标准《城镇燃气设计规范》GB 50028-93（2002年版）第7.2.26条给出了相关要求。

8.4.9 本条根据国家标准《城镇燃气设计规范》GB 50028-93（2002年版）第7.7节的相关规定制定。为了保证用气设备的稳定燃烧和安全排烟，本条对住宅排烟提出相应要求。烟气必须排至室外，故直排式热水器不应用于住宅内。多台设备合用一个烟道时，不论是竖向还是横向连接，都不允许相互干扰和串烟。烹饪操作时，厨房燃具排气罩排出的烟气中含有油雾，若与热水器或采暖炉排出的高温烟气混合，可能引起火灾或爆炸事故，因此两者不得合用烟道。

8.5 电 气

8.5.1 为保证用电安全，电气线路的选材、配线应与住宅的用电负荷相适应。

8.5.2 为了防止因接地故障等引起的火灾，对住宅供配电应采取相应的安全措施。

8.5.3 出于节能的需要，应急照明可以采用节能自熄开关控制，但必须采取措施，使应急照明在应急状态下可以自动点亮，保证应急照明的使用功能。国家标准《住宅设计规范》GB 50096-1999（2003年版）第6.5.3条规定："住宅的公共部位应设人工照明，除高层住宅的电梯厅和应急照明外，均应采用节能自熄开关。"本条从节能角度对此进行了修改。

8.5.4 为保证安全和便于管理，本条对每套住宅的电源总断路器提出相应要求。

8.5.5 为了避免儿童玩弄插座发生触电危险，安装高度在1.8m及以下的插座应采用安全型插座。

8.5.6 住宅建筑应根据其重要性、使用性质、发生雷电事故的可能性和后果，分为第二类防雷建筑物和第三类防雷建筑物。预计雷击次数大于0.3次/a的住宅建筑应划为第二类防雷建筑物。预计雷击次数大于或等于0.06次/a，且小于或等于0.3次/a的住宅建筑，应划为第三类防雷建筑物。各类防雷建筑物均应采取防直击雷和防雷电波侵入的措施。

8.5.7 住宅建筑配电系统应采用 TT、TN-C-S 或 TN-S 接地方式，并进行总等电位联结。等电位联结是指为达到等电位目的而实施的导体联结，目的是当发生触电时，减少电击危险。

8.5.8 本条根据国家标准《建筑物电子信息系统防雷技术规范》GB 50343-2004 第5.2.5条、第5.2.6条制定，对建筑防雷接地装置做了相应规定。

9 防火与疏散

9.1 一般规定

9.1.1 本条对住宅建筑周围的外部灭火救援条件做了原则规定。住宅建筑周围设置适当的消防水源、扑救场地以及消防车和救援车辆易达道路等灭火救援条件，有利于住宅建筑火灾的控制和救援，保护生命和财产安全。

9.1.2 本条规定了相邻住户之间的防火分隔要求。考虑到住宅建筑的特点，从被动防火措施上，宜将每个住户作为一个防火单元处理，故本条对住户之间的防火分隔要求做了原则规定。

9.1.3 本条规定了住宅与其他建筑功能空间之间的防火分隔和住宅部分安全出口、疏散楼梯的设置要求，并规定了火灾危险性大的场所禁止附设在住宅建筑中。

当住宅与其他功能空间处在同一建筑内时，采取防火分隔措施可使各个不同使用空间具有相对较高的安全度。经营、存放和使用火灾危险性大的物品，容易发生火灾，引起爆炸，故该类场所不应附设在住宅建筑中。

本条中的其他功能空间指商业经营性场所，以及机房、仓储用房等，不包括直接为住户服务的物业管理办公用房和棋牌室、健身房等活动场所。

9.1.4 本条对住宅建筑的耐火性能、疏散条件以及消防设施的设置做了原则性规定。

9.1.5 本条原则规定了各种建筑设备和管线敷设的防火安全要求。

9.1.6 本条规定了确定住宅建筑防火与疏散要求时应考虑的因素。建筑层数应包括住宅部分的层数和其他功能空间的层数。

住宅建筑的高度和面积直接影响到火灾时建筑内

人员疏散的难易程度、外部救援的难易程度以及火灾可能导致财产损失的大小，住宅建筑的防火与疏散要求与建筑高度和面积直接相关联。对不同建筑高度和建筑面积的住宅区别对待，可解决安全性和经济性的矛盾。考虑到与现行相关防火规范的衔接，本规范以层数作为衡量高度的指标，并对层高较大的楼层规定了折算方法。

9.2 耐火等级及其构件耐火极限

9.2.1 本条将住宅建筑的耐火等级划分为四级。经综合考虑各种因素后，对适用于住宅的相关构件耐火等级进行了整合、协调，将构件燃烧性能描述为"不燃性"和"难燃性"，以体现构件的不同性能要求。考虑到目前轻钢结构和木结构等的发展需求，对耐火等级为三级和四级的住宅建筑构件的燃烧性能和耐火极限做了部分调整。

9.2.2 根据住宅建筑的特点，对不同建筑耐火等级要求的住宅的建造层数做了调整，允许四级耐火等级住宅建至3层，三级耐火等级住宅建至9层。考虑到住宅的分隔特点及其火灾特点，本规范强调住宅建筑户与户之间、单元与单元之间的防火分隔要求，不再对防火分区做出规定。

9.3 防火间距

9.3.1 本条规定了确定防火间距时应考虑的主要因素，即应从满足消防扑救需要和防止火势通过"飞火"、"热辐射"和"热对流"等方式向邻近建筑蔓延的要求出发，设置合理的防火间距。在满足防火安全条件的同时，尚应体现节约用地和与现实情况相协调的原则。

9.3.2 本条规定了住宅建筑与相邻民用建筑之间的防火间距要求以及防火间距允许调整的条件。

9.4 防火构造

9.4.1 本条对上下相邻住户间防止火灾竖向蔓延的外墙构造措施做了规定。适当的窗槛墙或防火挑檐是防止火灾发生竖向蔓延的有效措施。

9.4.2 为防止楼梯间受到住户火灾烟气的影响，本条对楼梯间窗口与套房窗口最近边缘之间的水平间距限值做了规定。楼梯间作为人员疏散的途径，保证其免受住户火灾烟气的影响十分重要。

9.4.3 本条对住宅建筑中电梯井、电缆井、管道井等竖井的设置做了规定。

电梯是重要的垂直交通工具，其井道易成为火灾蔓延的通道。为防止火灾通过电梯井蔓延扩大，规定电梯井应独立设置，且在其内不能敷设燃气管道以及敷设与电梯无关的电缆、电线等，同时规定了电梯井井壁上除开设电梯门和底部及顶部的通气孔外，不应开设其他洞口。

各种竖向管井均是火灾蔓延的途径，为了防止火灾蔓延扩大，要求电缆井、管道井、排烟道、排气道等竖井应单独设置，不应混设。为了防止火灾时将管井烧毁，扩大灾情，规定上述管道井壁应为不燃性构件，其耐火极限不低于1.00h。本条未对"垃圾道"做出规定，因为住宅中设置垃圾道不是主流做法，从健康、卫生角度出发，住宅不宜设置垃圾道。

为有效阻止火灾通过管井的竖向蔓延，本条对竖向管道井和电缆井层间封堵及孔洞封堵提出了要求。可靠的层间封堵及孔洞封堵是防止管道井和电缆井成为火灾蔓延通道的有效措施。

同样，为防止火灾竖向蔓延，本条还对住宅建筑中设置在防烟楼梯间前室和合用前室的电缆井和管道井井壁上检查门的耐火等级做了规定。

9.4.4 为防止火灾由汽车库竖向蔓延至住宅，本条对楼梯、电梯直通住宅下部汽车库时的防火分隔做了规定。

9.5 安全疏散

9.5.1 本条规定了设置安全出口应考虑的主要因素。考虑到当前住宅建筑形式趋于多样化，本条不具体界定建筑类型，但对各类住宅安全出口做了规定，总体兼顾了住宅的功能需求和安全需要。

本条根据不同的建筑层数，对安全出口设置数量做出规定，兼顾了安全性和经济性的要求。本条规定表明，在一定条件下，对18层及以下的住宅，每个住宅单元每层可仅设置一个安全出口。

19层及19层以上的住宅建筑，由于建筑层数多，高度大，人员相对较多，一旦发生火灾，烟和火易发生竖向蔓延且蔓延速度快，而人员疏散路径长，疏散困难。故对此类建筑，规定每个单元每层设置不少于两个安全出口，以利于建筑内人员及时逃离火灾场所。

建筑安全疏散出口应分散布置。在同一建筑中，若两个楼梯出口之间距离太近，会导致疏散人流不均而产生局部拥挤，还可能因出口同时被烟堵住，使人员不能脱离危险而造成重大伤亡事故。

若门的开启方向与疏散人流的方向不一致，当遇有紧急情况时，会使出口堵塞，造成人员伤亡事故。疏散用门具有不需要使用钥匙等任何器具即能迅速开启的功能，是火灾状态下对疏散门的基本安全要求。

9.5.2 本条规定了确定户门至最近安全出口的距离时应考虑的因素，其原则是在保证人员疏散安全的条件下，尽可能满足建筑布局和节约投资的需要。

9.5.3 本条规定了确定楼梯间形式时应考虑的因素及首层对外出口的设置要求。建筑发生火灾时，楼梯间作为人员垂直疏散的惟一通道，应确保安全可靠。楼梯间可分为防烟楼梯间、封闭楼梯间和室外楼梯等，具体形式应根据建筑形式、建筑层数、建筑面积以及套房户门的耐火等级等因素确定。

楼梯间在首层设置直通室外的出口，有利于人员在火灾时及时疏散；若没有直通室外的出口，应能保证人员在短时间内通过不会受到火灾威胁的门厅，但不允许设置需经其他房间再到达室外的出口形式。

9.5.4 本条对住宅建筑楼梯间顶棚、墙面和地面材料做了限制性规定。

9.6 消防给水与灭火设施

9.6.1 本条将设置室内消防给水设施的建筑层数界限统一调整为 8 层。对于建筑层数较高的各类住宅建筑，其火势蔓延较为迅速，扑救难度大，必须设置有效的灭火系统。室内消防给水设施包括消火栓、消防卷盘和干管系统等。水灭火系统具有使用方便、灭火效果好、价格便宜、器材简单等优点，当前采用的主要灭火系统为消火栓给水系统。

9.6.2 自动喷水灭火系统具有良好的控火及灭火效果，已得到许多火灾案例的实践检验。对于建筑层数为 35 层及 35 层以上的住宅建筑，由于建筑高度高，人员疏散困难，火灾危险性大，为保证人员生命和财产安全，规定设置自动喷水灭火系统是必要的。

9.7 消防电气

9.7.1 本条对 10 层及 10 层以上住宅建筑的消防供电做了规定。高层建筑发生火灾时，主要利用建筑物本身的消防设施进行灭火和疏散人员。合理地确定供电负荷等级，对于保障建筑消防用电设备的供电可靠性非常重要。

9.7.2 火灾自动报警系统由触发器件、火灾报警装置及具有其他辅助功能的装置组成，是为及早发现和通报火灾，并采取有效措施控制和扑灭火灾，而设置在建筑物中或其他场所的一种自动消防设施。在发达国家，火灾自动报警系统的设置已较为普及。考虑到现阶段国内的实际条件，规定 35 层及 35 层以上的住宅建筑应设置火灾自动报警系统。

9.7.3 本条对 10 层及 10 层以上住宅建筑的楼梯间、电梯间及其前室的应急照明做了规定。为防止人员触电和防止火势通过电气设备、线路扩大，在火灾时需要及时切断起火部位及相关区域的电源。此时若无应急照明，人员在惊慌之中势必产生混乱，不利于人员的安全疏散。

9.8 消防救援

9.8.1 本条对 10 层及 10 层以上的住宅建筑周围设置消防车道提出了要求，以保证外部救援的实施。

9.8.2 为保证在发生火灾时消防车能迅速开到附近的天然水源（如江、河、湖、水库、沟渠等）和消防水池取水灭火，本条规定了供消防车取水的天然水源和消防水池，均应设有消防车道，并便于取水。

9.8.3 为满足消防队员快速灭火救援的需要，综合考虑消防队员的体能状况和现阶段国内的实际条件，规定 12 层及 12 层以上的住宅建筑应设消防电梯。

10 节 能

10.1 一 般 规 定

10.1.1 在住宅建筑能耗中，采暖、空调能耗占有最大比例。降低采暖、空调能耗可以通过提高建筑围护结构的热工性能，提高采暖、空调设备和系统的用能效率来实现。本条列举了住宅建筑中与采暖、空调能耗直接相关的各个因素，指明了住宅设计时应采取的建筑节能措施。

10.1.2 进行住宅节能设计可以采取两种方法：第一种方法是规定性指标法，即对本规范第 10.1.1 条所列出的所有因素均规定一个明确的指标，设计住宅时不得突破任何一个指标；第二种方法是性能化方法，即不对本规范第 10.1.1 条所列出的所有因素都规定明确的指标，但对住宅在某种标准条件下采暖、空调能耗的理论计算值规定一个限值，所设计的住宅计算得到的采暖、空调能耗不得突破这个限值。

10.1.3 围护结构的保温、隔热性能的优劣对住宅采暖、空调能耗的影响很大，而围护结构的保温、隔热主要依靠保温材料来实现，因此必须保证保温材料不受潮。

设计住宅的围护结构时，应进行水蒸气渗透和冷凝计算；根据计算结果，判定在正常情况下围护结构内部保温材料的潮湿程度是否在可接受的范围内；必要时，应在保温材料层的表面设置隔汽层。

10.1.4 在住宅建筑能耗中，照明能耗也占有较大的比例，因此要注重照明节能。考虑到住宅建筑的特殊性，套内空间的照明受居住者的控制，不易干预，因此不对套内空间的照明做出规定。住宅公共场所和部位的照明主要受设计和物业管理的控制，因此本条明确要求采用高效光源和灯具并采取节能控制措施。

住宅建筑的公共场所和部位有许多是有天然采光的，例如大部分住宅的楼梯间都有外窗。在天然采光的区域为照明系统配置定时或光电控制设备，可以合理控制照明系统的开关，在保证使用的前提下同时达到节能的目的。

10.1.5 随着经济的发展，住宅的建造水准越来越高，住宅建筑内配置电梯、水泵、风机等机电设备已较为普遍。在提高居住者生活水平的同时，这些机电设备消耗的电能也很大，因此也应该注重这类机电设备的节电问题。

机电设备的节电潜力很大，技术也成熟，例如电梯的智能控制，水泵、风机的变频控制等都是可以采用的节电措施，并且能收到很好的效果。

10.1.6 建筑节能的目的是降低建筑在使用过程中的能耗，其中最主要的是降低采暖、空调和照明能耗。降低采暖、空调能耗有三条技术途径：一是提高建筑围护结构的热工性能；二是提高采暖、空调设备和系统的用能效率；三是利用可再生能源来替代常规能源。利用可再生能源是一种更高层次的"节能"技术途径。

在住宅建筑中，自然通风和太阳能热利用是最直接、最简单的可再生能源利用方式，因此在住宅建设中，提倡结合当地的气候条件，充分利用自然通风和太阳能。

10.2 规定性指标

10.2.1 本规范第10.1.2条规定进行住宅节能设计可以采取"规定性指标法"。建筑方面的规定性指标应包括建筑物的体形系数、窗墙面积比、墙体的传热系数、屋顶的传热系数、外窗的传热系数、外窗遮阳系数等。由于规定这些指标的目的是限制最终的采暖、空调能耗，而采暖、空调能耗又与建筑所处的气候密切相关，因此具体的指标值也应根据不同的建筑热工设计分区和最终允许的采暖、空调能耗来确定。各地的建筑节能设计标准都应依据此原则给出具体的指标。

10.2.2 随着建筑业的持续发展，空调应用进一步普及，中国已成为空调设备的制造大国。大部分世界级品牌都已在中国成立合资或独资企业，大大提高了机组的质量水平，产品已广泛应用于各类建筑。国家标准《冷水机组能效限定值及能源效率等级》GB 19577-2004、《单元式空气调节机能效限定值及能源效率等级》GB 19576-2004等将产品根据能源效率划分为5个等级，以配合我国能效标识制度的实施。能效等级的含义：1等级是企业努力的目标；2等级代表节能型产品的门槛（按最小寿命周期成本确定）；3、4等级代表我国的平均水平；5等级产品是未来淘汰的产品。确定能效等级能够为消费者提供明确的信息，帮助其进行选择，并促进高效产品的生产、应用。

表10.2.2-1冷水（热泵）机组制冷性能系数（COP）值和表10.2.2-2单元式空气调节机能效比（EER）值，是根据国家标准《公共建筑节能设计标准》GB 50189-2005第5.4.5条、第5.4.8条规定的能效限值。对于采用集中空调系统的居民小区，或者设计阶段已完成户式中央空调系统设计的住宅，其冷源的能效规定取为与公共建筑相同。具体来说，对照"能效限定值及能源效率等级"标准，冷水（热泵）机组取用标准GB 19577-2004"表2能源效率等级指标"中的规定值：活塞/涡旋式采用第5级，水冷离心式采用第3级，螺杆机则采用第4级；单元式空气调节机取用标准GB 19576-2004"表2能源效率等级指标"中的第4级。

10.3 性能化设计

10.3.1 本规范第10.1.2条规定进行住宅节能设计可以采取"性能化方法"。所谓性能化方法，就是直接对住宅在某种标准条件下的理论上的采暖、空调能耗规定一个限值，作为节能控制目标。

10.3.2 为了维持住宅室内一定的热舒适条件，建筑物的采暖、空调能耗与建筑所处的气候区密切相关，因此具体的采暖、空调能耗限值也应该根据不同的建筑热工设计分区和最终希望达到的节能程度确定。各地的建筑节能设计标准都应依据此原则给出具体的采暖、空调能耗限值。

10.3.3 住宅节能设计的性能化方法是对住宅在某种标准条件的理论上的采暖、空调能耗规定一个限值，所设计的住宅计算得到的采暖、空调能耗不得突破这个限值。采暖、空调能耗与建筑所处的气候密切相关，因此具体的限值应根据具体的气候条件确定。

目前，住宅节能设计的性能化方法的应用主要考虑三种不同的气候条件：第一种是北方严寒和寒冷地区的气候条件，在这种条件下只需要考虑采暖能耗；第二种是中部夏热冬冷地区的气候条件，在这种条件下不仅要考虑采暖能耗，而且也要考虑空调能耗；第三种是南方夏热冬暖地区的气候条件，在这种条件下主要考虑空调能耗。

性能化方法规定的采暖、空调能耗限值，是某种标准条件下的理论计算值。为了保证性能化方法的公正性和惟一性，应详细地规定标准计算条件。本条分别对在三种不同的气候条件下，计算采暖、空调能耗做了具体规定，并给出了采暖、空调能耗限值。这些规定和限值是进行住宅节能性能化设计时必须遵守的。

11 使用与维护

11.0.1 住宅竣工验收合格，取得当地规划、消防、人防等有关部门的认可文件或准许使用文件，并满足地方建设行政主管部门规定的备案要求，才能说明住宅已经按要求建成。在此基础上，住宅具备接通水、电、燃气、暖气等条件后，可交付使用。

11.0.2 物业档案是实行物业管理必不可少的重要资料，是物业管理区域内对所有房屋、设备、管线等进行正确使用、维护、保养和修缮的技术依据，因此必须妥为保管。物业档案的所有者是业主委员会。物业档案最初应由建设单位负责形成和建立，在物业交付使用时由建设单位移交给物业管理企业。每个物业管理企业在服务合同终止时，都应将物业档案移交给业主委员会，并保证其完好。

11.0.3 《住宅使用说明书》是指导用户正确使用住

宅的技术文件，所附《住宅品质状况表》不仅载明住宅是否已进行性能认定，还包括住宅各方面的基本性能情况，体现了对消费者知情权的尊重。

《住宅质量保证书》是建设单位按照政府统一规定提交给用户的住宅保修证书。在规定的保修期内，一旦出现属于保修范围内的质量问题，用户可以按照《住宅质量保证书》的提示获得保修服务。

11.0.4 用户正确使用住宅设备，不擅自改动住宅主体结构等，是保证正常安全居住的基本要求。鉴于住户擅自改动住宅主体结构、拆改配套设施等情况时有发生，本条对此做了严格限制。

11.0.5 不允许自行拆改或占用共用部位，既是为了维护公众居住权益，也是为了保证人员的生命安全。

11.0.6 住宅和居住区内按照规划建设的公共建筑和共用设施，是为广大用户服务的，若改变其用途，将损害公众权益。

11.0.7 对住宅和相关场地进行日常保养、维修和管理，对各种共用设备和设施进行日常维护、检修、更新，是保证物业正常使用所必需的，也是物业管理公司的重要工作内容。

11.0.8 近年来，居住小区消防设施完好率低和消防通道被挤占的情况比较普遍，尤其是小汽车大量进入家庭以来，停车占用消防通道的现象越来越多，一旦发生火灾，将给扑救工作带来巨大困难。本条据此规定必须保持消防设施完好和消防通道畅通。

中华人民共和国国家标准

绿色建筑评价标准

Assessment standard for green building

GB/T 50378—2014

主编部门：中华人民共和国住房和城乡建设部
批准部门：中华人民共和国住房和城乡建设部
施行日期：２０１５年１月１日

中华人民共和国住房和城乡建设部
公　　告

第 408 号

住房城乡建设部关于发布国家标准《绿色建筑评价标准》的公告

现批准《绿色建筑评价标准》为国家标准，编号为 GB/T 50378-2014，自 2015 年 1 月 1 日起实施。原《绿色建筑评价标准》GB/T 50378-2006 同时废止。

本标准由我部标准定额研究所组织中国建筑工业出版社出版发行。

中华人民共和国住房和城乡建设部
2014 年 4 月 15 日

前　　言

本标准是根据住房和城乡建设部《关于印发〈2011 年工程建设标准规范制订、修订计划〉的通知》（建标 [2011] 17 号）的要求，由中国建筑科学研究院和上海市建筑科学研究院（集团）有限公司会同有关单位在原国家标准《绿色建筑评价标准》GB/T 50378-2006 基础上进行修订完成的。

本标准在修订过程中，标准编制组开展了广泛的调查研究，总结了近年来《绿色建筑评价标准》GB/T 50378-2006 的实施情况和实践经验，参考了有关国外标准，开展了多项专题研究，广泛征求了有关方面的意见，对具体内容进行了反复讨论、协调和修改，最后经审查定稿。

本标准共分 11 章，主要技术内容是：总则、术语、基本规定、节地与室外环境、节能与能源利用、节水与水资源利用、节材与材料资源利用、室内环境质量、施工管理、运营管理、提高与创新。

本次修订的主要内容包括：

1. 将标准适用范围由住宅建筑和公共建筑中的办公建筑、商场建筑和旅馆建筑，扩展至各类民用建筑。

2. 将评价分为设计评价和运行评价。

3. 绿色建筑评价指标体系在节地与室外环境、节能与能源利用、节水与水资源利用、节材与材料资源利用、室内环境质量和运营管理六类指标的基础上，增加"施工管理"类评价指标。

4. 调整评价方法。对各类评价指标评分，并在每类评价指标评分项满足最低得分要求的前提下，以总得分确定绿色建筑等级。相应地，将《绿色建筑评价标准》GB/T 50378-2006 中的一般项和优选项合并改为评分项。

5. 增设加分项，鼓励绿色建筑技术、管理的提高和创新。

6. 明确多功能的综合性单体建筑的评价方式与等级确定方法。

7. 修改部分评价条文，并对所有评分项和加分项条文赋以评价分值。

本标准由住房和城乡建设部负责管理，由中国建筑科学研究院负责具体技术内容的解释。执行过程中如有意见或建议，请寄送中国建筑科学研究院标准规范处（地址：北京市北三环东路 30 号；邮政编码：100013）。

本 标 准 主 编 单 位：中国建筑科学研究院
　　　　　　　　　　　上海市建筑科学研究院（集团）有限公司

本 标 准 参 编 单 位：中国城市科学研究会绿色建筑与节能专业委员会
　　　　　　　　　　　中国城市规划设计研究院
　　　　　　　　　　　清华大学
　　　　　　　　　　　中国建筑工程总公司
　　　　　　　　　　　中国建筑材料科学研究总院
　　　　　　　　　　　中国市政工程华北设计研究总院
　　　　　　　　　　　深圳市建筑科学研究院有限公司
　　　　　　　　　　　城市建设研究院

　　　　　　　　住房和城乡建设部科技发展促进中心
　　　　　　　　同济大学
本标准参加单位：拜耳材料科技（中国）有限公司
　　　　　　　　长沙大家物联网络科技有限公司
　　　　　　　　方兴地产（中国）有限公司
　　　　　　　　圣戈班（中国）投资有限公司
　　　　　　　　中国建筑金属结构协会建筑钢结构委员会

本标准主要起草人员：林海燕　韩继红　程志军
　　　　　　　　　　曾　捷　王有为　王清勤
　　　　　　　　　　鹿　勤　林波荣　程大章
　　　　　　　　　　杨建荣　于震平　蒋　荃
　　　　　　　　　　陈　立　叶　青　徐海云
　　　　　　　　　　宋　凌　叶　凌
本标准主要审查人员：吴德绳　刘加平　杨　榕
　　　　　　　　　　李　迅　窦以德　郎四维
　　　　　　　　　　赵　锂　娄　宇　汪　维
　　　　　　　　　　徐永模　毛志兵　方天培

目 次

1 总则 ································· 22—6
2 术语 ································· 22—6
3 基本规定 ····························· 22—6
　3.1 一般规定 ························· 22—6
　3.2 评价与等级划分 ··················· 22—6
4 节地与室外环境 ······················ 22—7
　4.1 控制项 ··························· 22—7
　4.2 评分项 ··························· 22—7
5 节能与能源利用 ······················ 22—9
　5.1 控制项 ··························· 22—9
　5.2 评分项 ··························· 22—9
6 节水与水资源利用 ···················· 22—10
　6.1 控制项 ·························· 22—10
　6.2 评分项 ·························· 22—10
7 节材与材料资源利用 ·················· 22—12
　7.1 控制项 ·························· 22—12
　7.2 评分项 ·························· 22—12
8 室内环境质量 ························ 22—13
　8.1 控制项 ·························· 22—13
　8.2 评分项 ·························· 22—13
9 施工管理 ···························· 22—14
　9.1 控制项 ·························· 22—14
　9.2 评分项 ·························· 22—15
10 运营管理 ··························· 22—16
　10.1 控制项 ························· 22—16
　10.2 评分项 ························· 22—16
11 提高与创新 ························· 22—17
　11.1 一般规定 ······················· 22—17
　11.2 加分项 ························· 22—17
本标准用词说明 ························ 22—18
引用标准名录 ·························· 22—18
附：条文说明 ·························· 22—19

Contents

1 General Provisions ·················· 22—6
2 Terms ···································· 22—6
3 Basic Requirements ················ 22—6
  3.1 General Requirements ············ 22—6
  3.2 Assessment and Rating ·········· 22—6
4 Land Saving and Outdoor
   Environment ·························· 22—7
  4.1 Prerequisite Items ················ 22—7
  4.2 Scoring Items ······················ 22—7
5 Energy Saving and Energy
   Utilization ····························· 22—9
  5.1 Prerequisite Items ················ 22—9
  5.2 Scoring Items ······················ 22—9
6 Water Saving and Water Resource
   Utilization ···························· 22—10
  6.1 Prerequisite Items ··············· 22—10
  6.2 Scoring Items ····················· 22—10
7 Material Saving and Material
   Resource Utilization ··············· 22—12
  7.1 Prerequisite Items ··············· 22—12
  7.2 Scoring Items ····················· 22—12
8 Indoor Environment Quality ······· 22—13
  8.1 Prerequisite Items ··············· 22—13
  8.2 Scoring Items ····················· 22—13
9 Construction Management ········· 22—14
  9.1 Prerequisite Items ··············· 22—14
  9.2 Scoring Items ····················· 22—15
10 Operation Management ············ 22—16
  10.1 Prerequisite Items ·············· 22—16
  10.2 Scoring Items ···················· 22—16
11 Promotion and Innovation ········ 22—17
  11.1 General Requirements ········· 22—17
  11.2 Bonus Items ····················· 22—17
Explanation of Wording in This
   Standard ······························ 22—18
List of Quoted Standards ············· 22—18
Addition: Explanation of Provisions ······ 22—19

1 总 则

1.0.1 为贯彻国家技术经济政策,节约资源,保护环境,规范绿色建筑的评价,推进可持续发展,制定本标准。

1.0.2 本标准适用于绿色民用建筑的评价。

1.0.3 绿色建筑评价应遵循因地制宜的原则,结合建筑所在地域的气候、环境、资源、经济及文化等特点,对建筑全寿命期内节能、节地、节水、节材、保护环境等性能进行综合评价。

1.0.4 绿色建筑的评价除应符合本标准的规定外,尚应符合国家现行有关标准的规定。

2 术 语

2.0.1 绿色建筑 green building

在全寿命期内,最大限度地节约资源(节能、节地、节水、节材)、保护环境、减少污染,为人们提供健康、适用和高效的使用空间,与自然和谐共生的建筑。

2.0.2 热岛强度 heat island intensity

城市内一个区域的气温与郊区气温的差别,用二者代表性测点气温的差值表示,是城市热岛效应的表征参数。

2.0.3 年径流总量控制率 annual runoff volume capture ratio

通过自然和人工强化的入渗、滞蓄、调蓄和收集回用,场地内累计一年得到控制的雨水量占全年总降雨量的比例。

2.0.4 可再生能源 renewable energy

风能、太阳能、水能、生物质能、地热能和海洋能等非化石能源的统称。

2.0.5 再生水 reclaimed water

污水经处理后,达到规定水质标准、满足一定使用要求的非饮用水。

2.0.6 非传统水源 non-traditional water source

不同于传统地表水供水和地下水供水的水源,包括再生水、雨水、海水等。

2.0.7 可再利用材料 reusable material

不改变物质形态可直接再利用的,或经过组合、修复后可直接再利用的回收材料。

2.0.8 可再循环材料 recyclable material

通过改变物质形态可实现循环利用的回收材料。

3 基本规定

3.1 一般规定

3.1.1 绿色建筑的评价应以单栋建筑或建筑群为评价对象。评价单栋建筑时,凡涉及系统性、整体性的指标,应基于该栋建筑所属工程项目的总体进行评价。

3.1.2 绿色建筑的评价分为设计评价和运行评价。设计评价应在建筑工程施工图设计文件审查通过后进行,运行评价应在建筑通过竣工验收并投入使用一年后进行。

3.1.3 申请评价方应进行建筑全寿命期技术和经济分析,合理确定建筑规模,选用适当的建筑技术、设备和材料,对规划、设计、施工、运行阶段进行全过程控制,并提交相应分析、测试报告和相关文件。

3.1.4 评价机构应按本标准的有关要求,对申请评价方提交的报告、文件进行审查,出具评价报告,确定等级。对申请运行评价的建筑,尚应进行现场考察。

3.2 评价与等级划分

3.2.1 绿色建筑评价指标体系由节地与室外环境、节能与能源利用、节水与水资源利用、节材与材料资源利用、室内环境质量、施工管理、运营管理 7 类指标组成。每类指标均包括控制项和评分项。评价指标体系还统一设置加分项。

3.2.2 设计评价时,不对施工管理和运营管理 2 类指标进行评价,但可预评相关条文。运行评价应包括 7 类指标。

3.2.3 控制项的评定结果为满足或不满足;评分项和加分项的评定结果为分值。

3.2.4 绿色建筑评价应按总得分确定等级。

3.2.5 评价指标体系 7 类指标的总分均为 100 分。7 类指标各自的评分项得分 Q_1、Q_2、Q_3、Q_4、Q_5、Q_6、Q_7 按参评建筑该类指标的评分项实际得分值除以适用于该建筑的评分项总分值再乘以 100 分计算。

3.2.6 加分项的附加得分 Q_8 按本标准第 11 章的有关规定确定。

3.2.7 绿色建筑评价的总得分按下式进行计算,其中评价指标体系 7 类指标评分项的权重 $w_1 \sim w_7$ 按表 3.2.7 取值。

$$\Sigma Q = w_1 Q_1 + w_2 Q_2 + w_3 Q_3 + w_4 Q_4 + w_5 Q_5 + w_6 Q_6 + w_7 Q_7 + Q_8 \quad (3.2.7)$$

表 3.2.7 绿色建筑各类评价指标的权重

		节地与室外环境 w_1	节能与能源利用 w_2	节水与水资源利用 w_3	节材与材料资源利用 w_4	室内环境质量 w_5	施工管理 w_6	运营管理 w_7
设计评价	居住建筑	0.21	0.24	0.20	0.17	0.18	—	—
	公共建筑	0.16	0.28	0.18	0.19	0.19	—	—

续表 3.2.7

		节地与室外环境 w_1	节能与能源利用 w_2	节水与水资源利用 w_3	节材与材料资源利用 w_4	室内环境质量 w_5	施工管理 w_6	运营管理 w_7
运行评价	居住建筑	0.17	0.19	0.16	0.14	0.14	0.10	0.10
	公共建筑	0.13	0.23	0.14	0.15	0.15	0.10	0.10

注：1 表中"—"表示施工管理和运营管理两类指标不参与设计评价。
2 对于同时具有居住和公共功能的单体建筑，各类评价指标权重取为居住建筑和公共建筑所对应权重的平均值。

3.2.8 绿色建筑分为一星级、二星级、三星级3个等级。3个等级的绿色建筑均应满足本标准所有控制项的要求，且每类指标的评分项得分不应小于40分。当绿色建筑总得分分别达到 50 分、60 分、80 分时，绿色建筑等级分别为一星级、二星级、三星级。

3.2.9 对多功能的综合性单体建筑，应按本标准全部评价条文逐条对适用的区域进行评价，确定各评价条文的得分。

4 节地与室外环境

4.1 控 制 项

4.1.1 项目选址应符合所在地城乡规划，且应符合各类保护区、文物古迹保护的建设控制要求。

4.1.2 场地应无洪涝、滑坡、泥石流等自然灾害的威胁，无危险化学品、易燃易爆危险源的威胁，无电磁辐射、含氡土壤等危害。

4.1.3 场地内不应有排放超标的污染源。

4.1.4 建筑规划布局应满足日照标准，且不得降低周边建筑的日照标准。

4.2 评 分 项

Ⅰ 土地利用

4.2.1 节约集约利用土地，评价总分值为19分。对居住建筑，根据其人均居住用地指标按表4.2.1-1的规则评分；对公共建筑，根据其容积率按表4.2.1-2的规则评分。

表 4.2.1-1 居住建筑人均居住用地指标评分规则

居住建筑人均居住用地指标 A （m²）					得分
3层及以下	4～6层	7～12层	13～18层	19层及以上	
$35 < A \leq 41$	$23 < A \leq 26$	$22 < A \leq 24$	$20 < A \leq 22$	$11 < A \leq 13$	15

续表 4.2.1-1

居住建筑人均居住用地指标 A （m²）					得分
3层及以下	4～6层	7～12层	13～18层	19层及以上	
$A \leq 35$	$A \leq 23$	$A \leq 22$	$A \leq 20$	$A \leq 11$	19

表 4.2.1-2 公共建筑容积率评分规则

容积率 R	得 分
$0.5 \leq R < 0.8$	5
$0.8 \leq R < 1.5$	10
$1.5 \leq R < 3.5$	15
$R \geq 3.5$	19

4.2.2 场地内合理设置绿化用地，评价总分值为9分，并按下列规则评分：

1 居住建筑按下列规则分别评分并累计：
  1）住区绿地率：新区建设达到 30%，旧区改建达到 25%，得 2 分；
  2）住区人均公共绿地面积：按表 4.2.2-1 的规则评分，最高得 7 分。

表 4.2.2-1 住区人均公共绿地面积评分规则

住区人均公共绿地面积 A_g		得 分
新区建设	旧区改建	
$1.0 m^2 \leq A_g < 1.3 m^2$	$0.7 m^2 \leq A_g < 0.9 m^2$	3
$1.3 m^2 \leq A_g < 1.5 m^2$	$0.9 m^2 \leq A_g < 1.0 m^2$	5
$A_g \geq 1.5 m^2$	$A_g \geq 1.0 m^2$	7

2 公共建筑按下列规则分别评分并累计：

1）绿地率：按表 4.2.2-2 的规则评分，最高得 7 分；

表 4.2.2-2 公共建筑绿地率评分规则

绿地率 R_g	得 分
$30\% \leq R_g < 35\%$	2
$35\% \leq R_g < 40\%$	5
$R_g \geq 40\%$	7

2）绿地向社会公众开放，得 2 分。

4.2.3 合理开发利用地下空间，评价总分值为6分，按表4.2.3的规则评分。

表 4.2.3 地下空间开发利用评分规则

建筑类型	地下空间开发利用指标		得分
居住建筑	地下建筑面积与地上建筑面积的比率 R_r	$5\% \leq R_r < 15\%$	2
		$15\% \leq R_r < 25\%$	4
		$R_r \geq 25\%$	6

续表 4.2.3

建筑类型	地下空间开发利用指标		得分
公共建筑	地下建筑面积与总用地面积之比 R_{p1} 地下一层建筑面积与总用地面积的比率 R_{p2}	$R_{p1} \geqslant 0.5$	3
		$R_{p1} \geqslant 0.7$ 且 $R_{p2} < 70\%$	6

Ⅱ 室外环境

4.2.4 建筑及照明设计避免产生光污染，评价总分值为 4 分，并按下列规则分别评分并累计：
 1 玻璃幕墙可见光反射比不大于 0.2，得 2 分；
 2 室外夜景照明光污染的限制符合现行行业标准《城市夜景照明设计规范》JGJ/T 163 的规定，得 2 分。

4.2.5 场地内环境噪声符合现行国家标准《声环境质量标准》GB 3096 的有关规定，评价分值为 4 分。

4.2.6 场地内风环境有利于室外行走、活动舒适和建筑的自然通风，评价总分值为 6 分，并按下列规则分别评分并累计：
 1 在冬季典型风速和风向条件下，按下列规则分别评分并累计：
  1）建筑物周围人行区风速小于 5m/s，且室外风速放大系数小于 2，得 2 分；
  2）除迎风第一排建筑外，建筑迎风面与背风面表面风压差不大于 5Pa，得 1 分。
 2 过渡季、夏季典型风速和风向条件下，按下列规则分别评分并累计：
  1）场地内人活动区不出现涡旋或无风区，得 2 分；
  2）50%以上可开启外窗室内外表面的风压差大于 0.5Pa，得 1 分。

4.2.7 采取措施降低热岛强度，评价总分值为 4 分，并按下列规则分别评分并累计：
 1 红线范围内户外活动场地有乔木、构筑物等遮阴措施的面积达到 10%，得 1 分；达到 20%，得 2 分；
 2 超过 70% 的道路路面、建筑屋面的太阳辐射反射系数不小于 0.4，得 2 分。

Ⅲ 交通设施与公共服务

4.2.8 场地与公共交通设施具有便捷的联系，评价总分值为 9 分，并按下列规则分别评分并累计：
 1 场地出入口到达公共汽车站的步行距离不大于 500m，或到达轨道交通站的步行距离不大于 800m，得 3 分；
 2 场地出入口步行距离 800m 范围内设有 2 条及以上线路的公共交通站点（含公共汽车站和轨道交通站），得 3 分；
 3 有便捷的人行通道联系公共交通站点，得 3 分。

4.2.9 场地内人行通道采用无障碍设计，评价分值为 3 分。

4.2.10 合理设置停车场所，评价总分值为 6 分，并按下列规则分别评分并累计：
 1 自行车停车设施位置合理、方便出入，且有遮阳防雨措施，得 3 分；
 2 合理设置机动车停车设施，并采取下列措施中至少 2 项，得 3 分：
  1）采用机械式停车库、地下停车库或停车楼等方式节约集约用地；
  2）采用错时停车方式向社会开放，提高停车场（库）使用效率；
  3）合理设计地面停车位，不挤占步行空间及活动场所。

4.2.11 提供便利的公共服务，评价总分值为 6 分，并按下列规则评分：
 1 居住建筑：满足下列要求中 3 项，得 3 分；满足 4 项及以上，得 6 分：
  1）场地出入口到达幼儿园的步行距离不大于 300m；
  2）场地出入口到达小学的步行距离不大于 500m；
  3）场地出入口到达商业服务设施的步行距离不大于 500m；
  4）相关设施集中设置并向周边居民开放；
  5）场地 1000m 范围内设有 5 种及以上的公共服务设施。
 2 公共建筑：满足下列要求中 2 项，得 3 分；满足 3 项及以上，得 6 分：
  1）2 种及以上的公共建筑集中设置，或公共建筑兼容 2 种及以上的公共服务功能；
  2）配套辅助设施设备共同使用、资源共享；
  3）建筑向社会公众提供开放的公共空间；
  4）室外活动场地错时向周边居民免费开放。

Ⅳ 场地设计与场地生态

4.2.12 结合现状地形地貌进行场地设计与建筑布局，保护场地内原有的自然水域、湿地和植被，采取表层土利用等生态补偿措施，评价分值为 3 分。

4.2.13 充分利用场地空间合理设置绿色雨水基础设施，对大于 10hm² 的场地进行雨水专项规划设计，评价总分值为 9 分，并按下列规则分别评分并累计：
 1 下凹式绿地、雨水花园等有调蓄雨水功能的绿地和水体的面积之和占绿地面积的比例达到 30%，得 3 分；

2 合理衔接和引导屋面雨水、道路雨水进入地面生态设施，并采取相应的径流污染控制措施，得3分；

　3 硬质铺装地面中透水铺装面积的比例达到50%，得3分。

4.2.14 合理规划地表与屋面雨水径流，对场地雨水实施外排总量控制，评价总分值为6分。其场地年径流总量控制率达到55%，得3分；达到70%，得6分。

4.2.15 合理选择绿化方式，科学配置绿化植物，评价总分值为6分，并按下列规则分别评分并累计：

　1 种植适应当地气候和土壤条件的植物，采用乔、灌、草结合的复层绿化，种植区域覆土深度和排水能力满足植物生长需求，得3分；

　2 居住建筑绿地配植乔木不少于3株/100m²，公共建筑采用垂直绿化、屋顶绿化等方式，得3分。

5 节能与能源利用

5.1 控 制 项

5.1.1 建筑设计应符合国家现行相关建筑节能设计标准中强制性条文的规定。

5.1.2 不应采用电直接加热设备作为供暖空调系统的供暖热源和空气加湿热源。

5.1.3 冷热源、输配系统和照明等各部分能耗应进行独立分项计量。

5.1.4 各房间或场所的照明功率密度值不应高于现行国家标准《建筑照明设计标准》GB 50034中规定的现行值。

5.2 评 分 项

Ⅰ 建筑与围护结构

5.2.1 结合场地自然条件，对建筑的体形、朝向、楼距、窗墙比等进行优化设计，评价分值为6分。

5.2.2 外窗、玻璃幕墙的可开启部分能使建筑获得良好的通风，评价总分值为6分，并按下列规则评分：

　1 设玻璃幕墙且不设外窗的建筑，其玻璃幕墙透明部分可开启面积比例达到5%，得4分；达到10%，得6分。

　2 设外窗且不设玻璃幕墙的建筑，外窗可开启面积比例达到30%，得4分；达到35%，得6分。

　3 设玻璃幕墙和外窗的建筑，对其玻璃幕墙透明部分和外窗分别按本条第1款和第2款进行评价，得分取两项得分的平均值。

5.2.3 围护结构热工性能指标优于现行相关建筑节能设计标准的规定，评价总分值为10分，并按下列规则评分：

　1 围护结构热工性能比国家现行相关建筑节能设计标准规定的提高幅度达到5%，得5分；达到10%，得10分；

　2 供暖空调全年计算负荷降低幅度达到5%，得5分；达到10%，得10分。

Ⅱ 供暖、通风与空调

5.2.4 供暖空调系统的冷、热源机组能效均优于现行国家标准《公共建筑节能设计标准》GB 50189的规定以及现行有关国家标准能效限定值的要求，评价分值为6分。对电机驱动的蒸气压缩循环冷水（热泵）机组，直燃型和蒸汽型溴化锂吸收式冷（温）水机组，单元式空气调节机、风管送风式和屋顶式空调机组，多联式空调（热泵）机组，燃煤、燃油和燃气锅炉，其能效指标比现行国家标准《公共建筑节能设计标准》GB 50189规定值的提高或降低幅度满足表5.2.4的要求；对房间空气调节器和家用燃气热水炉，其能效等级满足现行有关国家标准的节能评价值要求。

表 5.2.4 冷、热源机组能效指标比现行国家标准《公共建筑节能设计标准》GB 50189 的提高或降低幅度

机组类型		能效指标	提高或降低幅度
电机驱动的蒸气压缩循环冷水（热泵）机组		制冷性能系数（COP）	提高6%
溴化锂吸收式冷水机组	直燃型	制冷、制热性能系数（COP）	提高6%
	蒸汽型	单位制冷量蒸汽耗量	降低6%
单元式空气调节机、风管送风式和屋顶式空调机组		能效比（EER）	提高6%
多联式空调（热泵）机组		制冷综合性能系数（IPLV(C)）	提高8%
锅炉	燃煤	热效率	提高3个百分点
	燃油燃气	热效率	提高2个百分点

5.2.5 集中供暖系统热水循环泵的耗电输热比和通风空调系统风机的单位风量耗功率符合现行国家标准《公共建筑节能设计标准》GB 50189等的有关规定，且空调冷热水系统循环水泵的耗电输冷（热）比比现

行国家标准《民用建筑供暖通风与空气调节设计规范》GB 50736 规定值低 20%，评价分值为 6 分。

5.2.6 合理选择和优化供暖、通风与空调系统，评价总分值为 10 分，根据系统能耗的降低幅度按表 5.2.6 的规则评分。

表 5.2.6 供暖、通风与空调系统能耗降低幅度评分规则

供暖、通风与空调系统能耗降低幅度 D_e	得分
$5\% \leqslant D_e < 10\%$	3
$10\% \leqslant D_e < 15\%$	7
$D_e \geqslant 15\%$	10

5.2.7 采取措施降低过渡季节供暖、通风与空调系统能耗，评价分值为 6 分。

5.2.8 采取措施降低部分负荷、部分空间使用下的供暖、通风与空调系统能耗，评价总分值为 9 分，并按下列规则分别评分并累计：
 1 区分房间的朝向，细分供暖、空调区域，对系统进行分区控制，得 3 分；
 2 合理选配空调冷、热源机组台数与容量，制定实施根据负荷变化调节制冷（热）量的控制策略，且空调冷源的部分负荷性能符合现行国家标准《公共建筑节能设计标准》GB 50189 的规定，得 3 分；
 3 水系统、风系统采用变频技术，且采取相应的水力平衡措施，得 3 分。

Ⅲ 照明与电气

5.2.9 走廊、楼梯间、门厅、大堂、大空间、地下停车场等场所的照明系统采取分区、定时、感应等节能控制措施，评价分值为 5 分。

5.2.10 照明功率密度值达到现行国家标准《建筑照明设计标准》GB 50034 中规定的目标值，评价总分值为 8 分。主要功能房间满足要求，得 4 分；所有区域均满足要求，得 8 分。

5.2.11 合理选用电梯和自动扶梯，并采取电梯群控、扶梯自动启停等节能控制措施，评价分值为 3 分。

5.2.12 合理选用节能型电气设备，评价总分值为 5 分，并按下列规则分别评分并累计：
 1 三相配电变压器满足现行国家标准《三相配电变压器能效限定值及能效等级》GB 20052 的节能评价值要求，得 3 分；
 2 水泵、风机等设备，及其他电气装置满足相关现行国家标准的节能评价值要求，得 2 分。

Ⅳ 能量综合利用

5.2.13 排风能量回收系统设计合理并运行可靠，评价分值为 3 分。

5.2.14 合理采用蓄冷蓄热系统，评价分值为 3 分。

5.2.15 合理利用余热废热解决建筑的蒸汽、供暖或生活热水需求，评价分值为 4 分。

5.2.16 根据当地气候和自然资源条件，合理利用可再生能源，评价总分值为 10 分，按表 5.2.16 的规则评分。

表 5.2.16 可再生能源利用评分规则

可再生能源利用类型和指标		得分
由可再生能源提供的生活用热水比例 R_{hw}	$20\% \leqslant R_{hw} < 30\%$	4
	$30\% \leqslant R_{hw} < 40\%$	5
	$40\% \leqslant R_{hw} < 50\%$	6
	$50\% \leqslant R_{hw} < 60\%$	7
	$60\% \leqslant R_{hw} < 70\%$	8
	$70\% \leqslant R_{hw} < 80\%$	9
	$R_{hw} \geqslant 80\%$	10
由可再生能源提供的空调用冷量和热量比例 R_{ch}	$20\% \leqslant R_{ch} < 30\%$	4
	$30\% \leqslant R_{ch} < 40\%$	5
	$40\% \leqslant R_{ch} < 50\%$	6
	$50\% \leqslant R_{ch} < 60\%$	7
	$60\% \leqslant R_{ch} < 70\%$	8
	$70\% \leqslant R_{ch} < 80\%$	9
	$R_{ch} \geqslant 80\%$	10
由可再生能源提供的电量比例 R_e	$1.0\% \leqslant R_e < 1.5\%$	4
	$1.5\% \leqslant R_e < 2.0\%$	5
	$2.0\% \leqslant R_e < 2.5\%$	6
	$2.5\% \leqslant R_e < 3.0\%$	7
	$3.0\% \leqslant R_e < 3.5\%$	8
	$3.5\% \leqslant R_e < 4.0\%$	9
	$R_e \geqslant 4.0\%$	10

6 节水与水资源利用

6.1 控 制 项

6.1.1 应制定水资源利用方案，统筹利用各种水资源。

6.1.2 给排水系统设置应合理、完善、安全。

6.1.3 应采用节水器具。

6.2 评 分 项

Ⅰ 节水系统

6.2.1 建筑平均日用水量满足现行国家标准《民用建筑节水设计标准》GB 50555 中的节水用水定额的

要求,评价总分值为 10 分,达到节水用水定额的上限值的要求,得 4 分;达到上限值与下限值的平均值要求,得 7 分;达到下限值的要求,得 10 分。

6.2.2 采取有效措施避免管网漏损,评价总分值为 7 分,并按下列规则分别评分并累计:

  1 选用密闭性能好的阀门、设备,使用耐腐蚀、耐久性能好的管材、管件,得 1 分;

  2 室外埋地管道采取有效措施避免管网漏损,得 1 分;

  3 设计阶段根据水平衡测试的要求安装分级计量水表;运行阶段提供用水量计量情况和管网漏损检测、整改的报告,得 5 分。

6.2.3 给水系统无超压出流现象,评价总分值为 8 分。用水点供水压力不大于 0.30MPa,得 3 分;不大于 0.20MPa,且不小于用水器具要求的最低工作压力,得 8 分。

6.2.4 设置用水计量装置,评价总分值为 6 分,并按下列规则分别评分并累计:

  1 按使用用途,对厨房、卫生间、空调系统、游泳池、绿化、景观等用水分别设置用水计量装置,统计用水量,得 2 分;

  2 按付费或管理单元,分别设置用水计量装置,统计用水量,得 4 分。

6.2.5 公用浴室采取节水措施,评价总分值为 4 分,并按下列规则分别评分并累计:

  1 采用带恒温控制和温度显示功能的冷热水混合淋浴器,得 2 分;

  2 设置用者付费的设施,得 2 分。

Ⅱ 节水器具与设备

6.2.6 使用较高用水效率等级的卫生器具,评价总分值为 10 分。用水效率等级达到 3 级,得 5 分;达到 2 级,得 10 分。

6.2.7 绿化灌溉采用节水灌溉方式,评价总分值为 10 分,并按下列规则评分:

  1 采用节水灌溉系统,得 7 分;在此基础上设置土壤湿度感应器、雨天关闭装置等节水控制措施,再得 3 分。

  2 种植无需永久灌溉植物,得 10 分。

6.2.8 空调设备或系统采用节水冷却技术,评价总分值为 10 分,并按下列规则评分:

  1 循环冷却水系统设置水处理措施;采取加大集水盘、设置平衡管或平衡水箱的方式,避免冷却水泵停泵时冷却水溢出,得 6 分;

  2 运行时,冷却塔的蒸发耗水量占冷却水补水量的比例不低于 80%,得 10 分;

  3 采用无蒸发耗水量的冷却技术,得 10 分。

6.2.9 除卫生器具、绿化灌溉和冷却塔外的其他用水采用节水技术或措施,评价总分值为 5 分。其他用水中采用节水技术或措施的比例达到 50%,得 3 分;达到 80%,得 5 分。

Ⅲ 非传统水源利用

6.2.10 合理使用非传统水源,评价总分值为 15 分,并按下列规则评分:

  1 住宅、办公、商店、旅馆类建筑:根据其按下列公式计算的非传统水源利用率,或者其非传统水源利用措施,按表 6.2.10 的规则评分。

$$R_u = \frac{W_u}{W_t} \times 100\% \quad (6.2.10\text{-}1)$$

$$W_u = W_R + W_r + W_s + W_o \quad (6.2.10\text{-}2)$$

式中:R_u——非传统水源利用率,%;

  W_u——非传统水源设计使用量(设计阶段)或实际使用量(运行阶段),m^3/a;

  W_R——再生水设计利用量(设计阶段)或实际利用量(运行阶段),m^3/a;

  W_r——雨水设计利用量(设计阶段)或实际利用量(运行阶段),m^3/a;

  W_s——海水设计利用量(设计阶段)或实际利用量(运行阶段),m^3/a;

  W_o——其他非传统水源利用量(设计阶段)或实际利用量(运行阶段),m^3/a;

  W_t——设计用水总量(设计阶段)或实际用水总量(运行阶段),m^3/a。

注:式中设计使用量为年用水量,由平均日用水量和用水时间计算得出。实际使用量应通过统计全年水表计量的情况计算得出。式中用水量计算不包含冷却水补水量和室外景观水体补水量。

表 6.2.10 非传统水源利用率评分规则

建筑类型	非传统水源利用率 有市政再生水供应	非传统水源利用率 无市政再生水供应	非传统水源利用措施 室内冲厕	非传统水源利用措施 室外绿化灌溉	非传统水源利用措施 道路浇洒	非传统水源利用措施 洗车用水	得分
住宅	8.0%	4.0%	—	●	●	●	5 分
住宅	—	8.0%	—	○	○	○	7 分
住宅	30.0%	30.0%	●	●	●	●	15 分
办公	10.0%	—	●	●	●	●	5 分
办公	—	8.0%	○	○	○	○	10 分
办公	50.0%	10.0%	●	●	●	●	15 分
商店	3.0%	—	●	●	●	●	2 分
商店	—	2.5%	○	○	○	○	10 分
商店	50.0%	3.0%	●	●	●	●	15 分
旅馆	2.0%	—	●	●	●	●	2 分
旅馆	—	1.0%	○	○	○	○	10 分
旅馆	12.0%	2.0%	●	●	●	●	15 分

注:"●"为有市政再生水供应时的要求;"○"为无市政再生水供应时的要求。

2 其他类型建筑：按下列规则分别评分并累计：
 1）绿化灌溉、道路冲洗、洗车用水采用非传统水源的用水量占其总用水量的比例不低于80%，得7分；
 2）冲厕采用非传统水源的用水量占其总用水量的比例不低于50%，得8分。

6.2.11 冷却水补水使用非传统水源，评价总分值为8分，根据冷却水补水使用非传统水源的量占总用水量的比例按表6.2.11的规则评分。

表6.2.11 冷却水补水使用非传统水源的评分规则

冷却水补水使用非传统水源的量占总用水量比例 R_{nt}	得分
$10\% \leq R_{nt} < 30\%$	4
$30\% \leq R_{nt} < 50\%$	6
$R_{nt} \geq 50\%$	8

6.2.12 结合雨水利用设施进行景观水体设计，景观水体利用雨水的补水量大于其水体蒸发量的60%，且采用生态水处理技术保障水体水质，评价总分值为7分，并按下列规则分别评分并累计：
 1 对进入景观水体的雨水采取控制面源污染的措施，得4分；
 2 利用水生动、植物进行水体净化，得3分。

7 节材与材料资源利用

7.1 控制项

7.1.1 不得采用国家和地方禁止和限制使用的建筑材料及制品。

7.1.2 混凝土结构中梁、柱纵向受力普通钢筋应采用不低于400MPa级的热轧带肋钢筋。

7.1.3 建筑造型要素应简约，且无大量装饰性构件。

7.2 评分项

Ⅰ 节材设计

7.2.1 择优选用建筑形体，评价总分值为9分。根据国家标准《建筑抗震设计规范》GB 50011-2010规定的建筑形体规则性评分，建筑形体不规则，得3分；建筑形体规则，得9分。

7.2.2 对地基基础、结构体系、结构构件进行优化设计，达到节材效果，评价分值为5分。

7.2.3 土建工程与装修工程一体化设计，评价总分值为10分，并按下列规则评分：
 1 住宅建筑土建与装修一体化设计的户数比例达到30%，得6分；达到100%，得10分。

 2 公共建筑公共部位土建与装修一体化设计，得6分；所有部位均土建与装修一体化设计，得10分。

7.2.4 公共建筑中可变换功能的室内空间采用可重复使用的隔断（墙），评价总分值为5分，根据可重复使用隔断（墙）比例按表7.2.4的规则评分。

表7.2.4 可重复使用隔断（墙）比例评分规则

可重复使用隔断（墙）比例 R_{rp}	得分
$30\% \leq R_{rp} < 50\%$	3
$50\% \leq R_{rp} < 80\%$	4
$R_{rp} \geq 80\%$	5

7.2.5 采用工业化生产的预制构件，评价总分值为5分，根据预制构件用量比例按表7.2.5的规则评分。

表7.2.5 预制构件用量比例评分规则

预制构件用量比例 R_{pc}	得分
$15\% \leq R_{pc} < 30\%$	3
$30\% \leq R_{pc} < 50\%$	4
$R_{pc} \geq 50\%$	5

7.2.6 采用整体化定型设计的厨房、卫浴间，评价总分值为6分，并按下列规则分别评分并累计：
 1 采用整体化定型设计的厨房，得3分；
 2 采用整体化定型设计的卫浴间，得3分。

Ⅱ 材料选用

7.2.7 选用本地生产的建筑材料，评价总分值为10分，根据施工现场500km以内生产的建筑材料重量占建筑材料总重量的比例按表7.2.7的规则评分。

表7.2.7 本地生产的建筑材料评分规则

施工现场500km以内生产的建筑材料重量占建筑材料总重量的比例 R_{lm}	得分
$60\% \leq R_{lm} < 70\%$	6
$70\% \leq R_{lm} < 90\%$	8
$R_{lm} \geq 90\%$	10

7.2.8 现浇混凝土采用预拌混凝土，评价分值为10分。

7.2.9 建筑砂浆采用预拌砂浆，评价总分值为5分。建筑砂浆采用预拌砂浆的比例达到50%，得3分；达到100%，得5分。

7.2.10 合理采用高强建筑结构材料，评价总分值为10分，并按下列规则评分：
 1 混凝土结构：
  1）根据400MPa级及以上受力普通钢筋的比

例，按表 7.2.10 的规则评分，最高得 10 分。

表 7.2.10　400MPa 级及以上受力普通钢筋评分规则

400MPa 级及以上受力普通钢筋比例 R_{sb}	得分
$30\% \leqslant R_{sb} < 50\%$	4
$50\% \leqslant R_{sb} < 70\%$	6
$70\% \leqslant R_{sb} < 85\%$	8
$R_{sb} \geqslant 85\%$	10

　　2）混凝土竖向承重结构采用强度等级不小于 C50 混凝土用量占竖向承重结构中混凝土总量的比例达到 50%，得 10 分。

　　2 钢结构：Q345 及以上高强钢材用量占钢材总量的比例达到 50%，得 8 分；达到 70%，得 10 分。

　　3 混合结构：对其混凝土结构部分和钢结构部分，分别按本条第 1 款和第 2 款进行评价，得分取两项得分的平均值。

7.2.11 合理采用高耐久性建筑结构材料，评价分值为 5 分。对混凝土结构，其中高耐久性混凝土用量占混凝土总量的比例达到 50%；对钢结构，采用耐候结构钢或耐候型防腐涂料。

7.2.12 采用可再利用材料和可再循环材料，评价总分值为 10 分，并按下列规则评分：

　　1 住宅建筑中的可再利用材料和可再循环材料用量比例达到 6%，得 8 分；达到 10%，得 10 分。

　　2 公共建筑中的可再利用材料和可再循环材料用量比例达到 10%，得 8 分；达到 15%，得 10 分。

7.2.13 使用以废弃物为原料生产的建筑材料，评价总分值为 5 分，并按下列规则评分：

　　1 采用一种以废弃物为原料生产的建筑材料，其占同类建材的用量比例达到 30%，得 3 分；达到 50%，得 5 分。

　　2 采用两种及以上以废弃物为原料生产的材料，每一种用量比例均达到 30%，得 5 分。

7.2.14 合理采用耐久性好、易维护的装饰装修建筑材料，评价总分值为 5 分，并按下列规则分别评分并累计：

　　1 合理采用清水混凝土，得 2 分；

　　2 采用耐久性好、易维护的外立面材料，得 2 分；

　　3 采用耐久性好、易维护的室内装饰装修材料，得 1 分。

8 室内环境质量

8.1 控 制 项

8.1.1 主要功能房间的室内噪声级应满足现行国家标准《民用建筑隔声设计规范》GB 50118 中的低限要求。

8.1.2 主要功能房间的外墙、隔墙、楼板和门窗的隔声性能应满足现行国家标准《民用建筑隔声设计规范》GB 50118 中的低限要求。

8.1.3 建筑照明数量和质量应符合现行国家标准《建筑照明设计标准》GB 50034 的规定。

8.1.4 采用集中供暖空调系统的建筑，房间内的温度、湿度、新风量等设计参数应符合现行国家标准《民用建筑供暖通风与空气调节设计规范》GB 50736 的规定。

8.1.5 在室内设计温、湿度条件下，建筑围护结构内表面不得结露。

8.1.6 屋顶和东、西外墙隔热性能应满足现行国家标准《民用建筑热工设计规范》GB 50176 的要求。

8.1.7 室内空气中的氨、甲醛、苯、总挥发性有机物、氡等污染物浓度应符合现行国家标准《室内空气质量标准》GB/T 18883 的有关规定。

8.2 评 分 项

Ⅰ 室内声环境

8.2.1 主要功能房间室内噪声级，评价总分值为 6 分。噪声级达到现行国家标准《民用建筑隔声设计规范》GB 50118 中的低限标准限值和高要求标准限值的平均值，得 3 分；达到高要求标准限值，得 6 分。

8.2.2 主要功能房间的隔声性能良好，评价总分值为 9 分，并按下列规则分别评分并累计：

　　1 构件及相邻房间之间的空气声隔声性能达到现行国家标准《民用建筑隔声设计规范》GB 50118 中的低限标准限值和高要求标准限值的平均值，得 3 分；达到高要求标准限值，得 5 分；

　　2 楼板的撞击声隔声性能达到现行国家标准《民用建筑隔声设计规范》GB 50118 中的低限标准限值和高要求标准限值的平均值，得 3 分；达到高要求标准限值，得 4 分。

8.2.3 采取减少噪声干扰的措施，评价总分值为 4 分，并按下列规则分别评分并累计：

　　1 建筑平面、空间布局合理，没有明显的噪声干扰，得 2 分；

　　2 采用同层排水或其他降低排水噪声的有效措施，使用率不小于 50%，得 2 分。

8.2.4 公共建筑中的多功能厅、接待大厅、大型会议室和其他有声学要求的重要房间进行专项声学设计，满足相应功能要求，评价分值为 3 分。

Ⅱ 室内光环境与视野

8.2.5 建筑主要功能房间具有良好的户外视野，评价分值为 3 分。对居住建筑，其与相邻建筑的直接间距超过18m；对公共建筑，其主要功能房间能通过外窗看到室外自然景观，无明显视线干扰。

8.2.6 主要功能房间的采光系数满足现行国家标准《建筑采光设计标准》GB 50033的要求，评价总分值为8分，并按下列规则评分：

    1 居住建筑：卧室、起居室的窗地面积比达到1/6，得6分；达到1/5，得8分。

    2 公共建筑：根据主要功能房间采光系数满足现行国家标准《建筑采光设计标准》GB 50033要求的面积比例，按表8.2.6的规则评分，最高得8分。

表8.2.6 公共建筑主要功能房间采光评分规则

面积比例 R_A	得 分
$60\% \leqslant R_A < 65\%$	4
$65\% \leqslant R_A < 70\%$	5
$70\% \leqslant R_A < 75\%$	6
$75\% \leqslant R_A < 80\%$	7
$R_A \geqslant 80\%$	8

8.2.7 改善建筑室内天然采光效果，评价总分值为14分，并按下列规则分别评分并累计：

    1 主要功能房间有合理的控制眩光措施，得6分；

    2 内区采光系数满足采光要求的面积比例达到60%，得4分；

    3 根据地下空间平均采光系数不小于0.5%的面积与首层地下室面积的比例，按表8.2.7的规则评分，最高得4分。

表8.2.7 地下空间采光评分规则

面积比例 R_A	得 分
$5\% \leqslant R_A < 10\%$	1
$10\% \leqslant R_A < 15\%$	2
$15\% \leqslant R_A < 20\%$	3
$R_A \geqslant 20\%$	4

Ⅲ 室内热湿环境

8.2.8 采取可调节遮阳措施，降低夏季太阳辐射得热，评价总分值为12分。外窗和幕墙透明部分中，有可控遮阳调节措施的面积比例达到25%，得6分；达到50%，得12分。

8.2.9 供暖空调系统末端现场可独立调节，评价总分值为8分。供暖、空调末端装置可独立启停的主要功能房间数量比例达到70%，得4分；达到90%，得8分。

Ⅳ 室内空气质量

8.2.10 优化建筑空间、平面布局和构造设计，改善自然通风效果，评价总分值为13分，并按下列规则评分：

    1 居住建筑：按下列2项的规则分别评分并累计：

        1）通风开口面积与房间地板面积的比例在夏热冬暖地区达到10%，在夏热冬冷地区达到8%，在其他地区达到5%，得10分；

        2）设有明卫，得3分。

    2 公共建筑：根据在过渡季典型工况下主要功能房间平均自然通风换气次数不小于2次/h的面积比例，按表8.2.10的规则评分，最高得13分。

表8.2.10 公共建筑过渡季典型工况下主要功能房间自然通风评分规则

面积比例 R_R	得 分
$60\% \leqslant R_R < 65\%$	6
$65\% \leqslant R_R < 70\%$	7
$70\% \leqslant R_R < 75\%$	8
$75\% \leqslant R_R < 80\%$	9
$80\% \leqslant R_R < 85\%$	10
$85\% \leqslant R_R < 90\%$	11
$90\% \leqslant R_R < 95\%$	12
$R_R \geqslant 95\%$	13

8.2.11 气流组织合理，评价总分值为7分，并按下列规则分别评分并累计：

    1 重要功能区域供暖、通风与空调工况下的气流组织满足热环境设计参数要求，得4分；

    2 避免卫生间、餐厅、地下车库等区域的空气和污染物串通到其他空间或室外活动场所，得3分。

8.2.12 主要功能房间中人员密度较高且随时间变化大的区域设置室内空气质量监控系统，评价总分值为8分，并按下列规则分别评分并累计：

    1 对室内的二氧化碳浓度进行数据采集、分析，并与通风系统联动，得5分；

    2 实现室内污染物浓度超标实时报警，并与通风系统联动，得3分。

8.2.13 地下车库设置与排风设备联动的一氧化碳浓度监测装置，评价分值为5分。

9 施工管理

9.1 控 制 项

9.1.1 应建立绿色建筑项目施工管理体系和组织机构，并落实各级责任人。

9.1.2 施工项目部应制定施工全过程的环境保护计划，并组织实施。

9.1.3 施工项目部应制定施工人员职业健康安全管理计划，并组织实施。

9.1.4 施工前应进行设计文件中绿色建筑重点内容的专项会审。

9.2 评 分 项

Ⅰ 环境保护

9.2.1 采取洒水、覆盖、遮挡等降尘措施，评价分值为6分。

9.2.2 采取有效的降噪措施。在施工场界测量并记录噪声，满足现行国家标准《建筑施工场界环境噪声排放标准》GB 12523 的规定，评价分值为6分。

9.2.3 制定并实施施工废弃物减量化、资源化计划，评价总分值为10分，并按下列规则分别评分并累计：

1 制定施工废弃物减量化、资源化计划，得3分；

2 可回收施工废弃物的回收率不小于80%，得3分；

3 根据每 10000m² 建筑面积的施工固体废弃物排放量，按表9.2.3 的规则评分，最高得4分。

表 9.2.3 施工固体废弃物排放量评分规则

每 10000m² 建筑面积施工固体废弃物排放量 SW_c	得 分
350t＜SW_c≤400t	1
300t＜SW_c≤350t	3
SW_c≤300t	4

Ⅱ 资源节约

9.2.4 制定并实施施工节能和用能方案，监测并记录施工能耗，评价总分值为8分，并按下列规则分别评分并累计：

1 制定并实施施工节能和用能方案，得1分；

2 监测并记录施工区、生活区的能耗，得3分；

3 监测并记录主要建筑材料、设备从供货商提供的货源地到施工现场运输的能耗，得3分；

4 监测并记录建筑施工废弃物从施工现场到废弃物处理/回收中心运输的能耗，得1分。

9.2.5 制定并实施施工节水和用水方案，监测并记录施工水耗，评价总分值为8分，并按下列规则分别评分并累计：

1 制定并实施施工节水和用水方案，得2分；

2 监测并记录施工区、生活区的水耗数据，得4分；

3 监测并记录基坑降水的抽取量、排放量和利用量数据，得2分。

9.2.6 减少预拌混凝土的损耗，评价总分值为6分。损耗率降低至 1.5%，得3分；降低至 1.0%，得6分。

9.2.7 采取措施降低钢筋损耗，评价总分值为8分，并按下列规则评分：

1 80%以上的钢筋采用专业化生产的成型钢筋，得8分。

2 根据现场加工钢筋损耗率，按表9.2.7的规则评分，最高得8分。

表 9.2.7 现场加工钢筋损耗率评分规则

现场加工钢筋损耗率 LR_{sb}	得 分
3.0%＜LR_{sb}≤4.0%	4
1.5%＜LR_{sb}≤3.0%	6
LR_{sb}≤1.5%	8

9.2.8 使用工具式定型模板，增加模板周转次数，评价总分值为10分，根据工具式定型模板使用面积占模板工程总面积的比例按表9.2.8 的规则评分。

表 9.2.8 工具式定型模板使用率评分规则

工具式定型模板使用面积占模板工程总面积的比例 R_{sf}	得 分
50%≤R_{sf}＜70%	6
70%≤R_{sf}＜85%	8
R_{sf}≥85%	10

Ⅲ 过程管理

9.2.9 实施设计文件中绿色建筑重点内容，评价总分值为4分，并按下列规则分别评分并累计：

1 进行绿色建筑重点内容的专项交底，得2分；

2 施工过程中以施工日志记录绿色建筑重点内容的实施情况，得2分。

9.2.10 严格控制设计文件变更，避免出现降低建筑绿色性能的重大变更，评价分值为4分。

9.2.11 施工过程中采取相关措施保证建筑的耐久性，评价总分值为8分，并按下列规则分别评分并累计：

1 对保证建筑结构耐久性的技术措施进行相应检测并记录，得3分；

2 对有节能、环保要求的设备进行相应检验并记录，得3分；

3 对有节能、环保要求的装修装饰材料进行相应检验并记录，得2分。

9.2.12 实现土建装修一体化施工，评价总分值为14分，并按下列规则分别评分并累计：

1 工程竣工时主要功能空间的使用功能完备，装修到位，得3分；

2 提供装修材料检测报告、机电设备检测报告、性能复试报告，得4分；
　　3 提供建筑竣工验收证明、建筑质量保修书、使用说明书，得4分；
　　4 提供业主反馈意见书，得3分。

9.2.13 工程竣工验收前，由建设单位组织有关责任单位，进行机电系统的综合调试和联合试运转，结果符合设计要求，评价分值为8分。

10 运营管理

10.1 控制项

10.1.1 应制定并实施节能、节水、节材、绿化管理制度。

10.1.2 应制定垃圾管理制度，合理规划垃圾物流，对生活废弃物进行分类收集，垃圾容器设置规范。

10.1.3 运行过程中产生的废气、污水等污染物应达标排放。

10.1.4 节能、节水设施应工作正常，且符合设计要求。

10.1.5 供暖、通风、空调、照明等设备的自动监控系统应工作正常，且运行记录完整。

10.2 评分项

Ⅰ 管理制度

10.2.1 物业管理机构获得有关管理体系认证，评价总分值为10分，并按下列规则分别评分并累计：
　　1 具有 ISO 14001 环境管理体系认证，得4分；
　　2 具有 ISO 9001 质量管理体系认证，得4分；
　　3 具有现行国家标准《能源管理体系 要求》GB/T 23331 的能源管理体系认证，得2分。

10.2.2 节能、节水、节材、绿化的操作规程、应急预案完善，且有效实施，评价总分值为8分，并按下列规则分别评分并累计：
　　1 相关设施的操作规程在现场明示，操作人员严格遵守规定，得6分；
　　2 节能、节水设施运行具有完善的应急预案，得2分。

10.2.3 实施能源资源管理激励机制，管理业绩与节约能源资源、提高经济效益挂钩，评价总分值为6分，并按下列规则分别评分并累计：
　　1 物业管理机构的工作考核体系中包含能源资源管理激励机制，得3分；
　　2 与租用者的合同中包含节能条款，得1分；
　　3 采用合同能源管理模式，得2分。

10.2.4 建立绿色教育宣传机制，编制绿色设施使用手册，形成良好的绿色氛围，评价总分值为6分，并按下列规则分别评分并累计：
　　1 有绿色教育宣传工作记录，得2分；
　　2 向使用者提供绿色设施使用手册，得2分；
　　3 相关绿色行为与成效获得公共媒体报道，得2分。

Ⅱ 技术管理

10.2.5 定期检查、调试公共设施设备，并根据运行检测数据进行设备系统的运行优化，评价总分值为10分，并按下列规则分别评分并累计：
　　1 具有设施设备的检查、调试、运行、标定记录，且记录完整，得7分；
　　2 制定并实施设备能效改进方案，得3分。

10.2.6 对空调通风系统进行定期检查和清洗，评价总分值为6分，并按下列规则分别评分并累计：
　　1 制定空调通风设备和风管的检查和清洗计划，得2分；
　　2 实施第1款中的检查和清洗计划，且记录保存完整，得4分。

10.2.7 非传统水源的水质和用水量记录完整、准确，评价总分值为4分，并按下列规则分别评分并累计：
　　1 定期进行水质检测，记录完整、准确，得2分；
　　2 用水量记录完整、准确，得2分。

10.2.8 智能化系统的运行效果满足建筑运行与管理的需要，评价总分值为12分，并按下列规则分别评分并累计：
　　1 居住建筑的智能化系统满足现行行业标准《居住区智能化系统配置与技术要求》CJ/T 174 的基本配置要求，公共建筑的智能化系统满足现行国家标准《智能建筑设计标准》GB/T 50314 的基础配置要求，得6分；
　　2 智能化系统工作正常，符合设计要求，得6分。

10.2.9 应用信息化手段进行物业管理，建筑工程、设施、设备、部品、能耗等档案及记录齐全，评价总分值为10分，并按下列规则分别评分并累计：
　　1 设置物业管理信息系统，得5分；
　　2 物业管理信息系统功能完备，得2分；
　　3 记录数据完整，得3分。

Ⅲ 环境管理

10.2.10 采用无公害病虫害防治技术，规范杀虫剂、除草剂、化肥、农药等化学品的使用，有效避免对土壤和地下水环境的损害，评价总分值为6分，并按下列规则分别评分并累计：
　　1 建立和实施化学品管理责任制，得2分；
　　2 病虫害防治用品使用记录完整，得2分；

3 采用生物制剂、仿生制剂等无公害防治技术，得2分。

10.2.11 栽种和移植的树木一次成活率大于90%，植物生长状态良好，评价总分值为6分，并按下列规则分别评分并累计：

1 工作记录完整，得4分；
2 现场观感良好，得2分。

10.2.12 垃圾收集站（点）及垃圾间不污染环境，不散发臭味，评价总分值为6分，并按下列规则分别评分并累计：

1 垃圾站（间）定期冲洗，得2分；
2 垃圾及时清运、处置，得2分；
3 周边无臭味，用户反映良好，得2分。

10.2.13 实行垃圾分类收集和处理，评价总分值为10分，并按下列规则分别评分并累计：

1 垃圾分类收集率达到90%，得4分；
2 可回收垃圾的回收比例达到90%，得2分；
3 对可生物降解垃圾进行单独收集和合理处置，得2分；
4 对有害垃圾进行单独收集和合理处置，得2分。

11 提高与创新

11.1 一般规定

11.1.1 绿色建筑评价时，应按本章规定对加分项进行评价。加分项包括性能提高和创新两部分。

11.1.2 加分项的附加得分为各加分项得分之和。当附加得分大于10分时，应取为10分。

11.2 加分项

Ⅰ 性能提高

11.2.1 围护结构热工性能比国家现行相关建筑节能设计标准的规定高20%，或者供暖空调全年计算负荷降低幅度达到15%，评价分值为2分。

11.2.2 供暖空调系统的冷、热源机组能效均优于现行国家标准《公共建筑节能设计标准》GB 50189的规定以及现行有关国家标准能效节能评价值的要求，评价分值为1分。对电机驱动的蒸气压缩循环冷（热泵）机组，直燃型和蒸汽型溴化锂吸收式冷（温）水机组，单元式空气调节机、风管送风式和屋顶式空调机组，多联式空调（热泵）机组，燃煤、燃油和燃气锅炉，其能效指标比现行国家标准《公共建筑节能设计标准》GB 50189规定值的提高或降低幅度满足表11.2.2的要求；对房间空气调节器和家用燃气热水炉，其能效等级满足现行有关国家标准规定的1级要求。

表11.2.2 冷、热源机组能效指标比现行国家标准《公共建筑节能设计标准》GB 50189的提高或降低幅度

机组类型		能效指标	提高或降低幅度
电机驱动的蒸气压缩循环冷水（热泵）机组		制冷性能系数（COP）	提高12%
溴化锂吸收式冷水机组	直燃型	制冷、供热性能系数（COP）	提高12%
	蒸汽型	单位制冷量蒸汽耗量	降低12%
单元式空气调节机、风管送风式和屋顶式空调机组		能效比（EER）	提高12%
多联式空调（热泵）机组		制冷综合性能系数[IPLV(C)]	提高16%
锅炉	燃煤	热效率	提高6个百分点
	燃油燃气	热效率	提高4个百分点

11.2.3 采用分布式热电冷联供技术，系统全年能源综合利用率不低于70%，评价分值为1分。

11.2.4 卫生器具的用水效率均达到国家现行有关卫生器具用水效率等级标准规定的1级，评价分值为1分。

11.2.5 采用资源消耗少和环境影响小的建筑结构，评价分值为1分。

11.2.6 对主要功能房间采取有效的空气处理措施，评价分值为1分。

11.2.7 室内空气中的氨、甲醛、苯、总挥发性有机物、氡、可吸入颗粒物等污染物浓度不高于现行国家标准《室内空气质量标准》GB/T 18883规定限值的70%，评价分值为1分。

Ⅱ 创新

11.2.8 建筑方案充分考虑建筑所在地域的气候、环境、资源，结合场地特征和建筑功能，进行技术经济分析，显著提高能源资源利用效率和建筑性能，评价分值为2分。

11.2.9 合理选用废弃场地进行建设，或充分利用尚可使用的旧建筑，评价分值为1分。

11.2.10 应用建筑信息模型（BIM）技术，评价总分值为2分。在建筑的规划设计、施工建造和运行维护阶段中的一个阶段应用，得1分；在两个或两个以

上阶段应用,得2分。

11.2.11 进行建筑碳排放计算分析,采取措施降低单位建筑面积碳排放强度,评价分值为1分。

11.2.12 采取节约能源资源、保护生态环境、保障安全健康的其他创新,并有明显效益,评价总分值为2分。采取一项,得1分;采取两项及以上,得2分。

本标准用词说明

1 为便于在执行本标准条文时区别对待,对要求严格程度不同的用词说明如下:
　　1)表示很严格,非这样做不可的:
　　　正面词采用"必须",反面词采用"严禁";
　　2)表示严格,在正常情况下均应这样做的:
　　　正面词采用"应",反面词采用"不应"或"不得";
　　3)表示允许稍有选择,在条件许可时首先应这样做的:
　　　正面词采用"宜",反面词采用"不宜";
　　4)表示有选择,在一定条件下可以这样做的,采用"可"。

2 条文中指明应按其他有关标准执行的写法为:"应符合……的规定"或"应按……执行"。

引用标准名录

1　《建筑抗震设计规范》GB 50011-2010
2　《建筑采光设计标准》GB 50033
3　《建筑照明设计标准》GB 50034
4　《民用建筑隔声设计规范》GB 50118
5　《民用建筑热工设计规范》GB 50176
6　《公共建筑节能设计标准》GB 50189
7　《智能建筑设计标准》GB/T 50314
8　《民用建筑节水设计标准》GB 50555
9　《民用建筑供暖通风与空气调节设计规范》GB 50736
10　《声环境质量标准》GB 3096
11　《建筑施工场界环境噪声排放标准》GB 12523
12　《室内空气质量标准》GB/T 18883
13　《三相配电变压器能效限定值及能效等级》GB 20052
14　《能源管理体系 要求》GB/T 23331
15　《城市夜景照明设计规范》JGJ/T 163
16　《居住区智能化系统配置与技术要求》CJ/T 174

中华人民共和国国家标准

绿色建筑评价标准

GB/T 50378—2014

条 文 说 明

修 订 说 明

《绿色建筑评价标准》GB/T 50378-2014，经住房和城乡建设部 2014 年 4 月 15 日以第 408 号公告批准、发布。

本标准是在国家标准《绿色建筑评价标准》GB/T 50378-2006 基础上修订完成的，标准上一版的主编单位是中国建筑科学研究院、上海市建筑科学研究院，参编单位是中国城市规划设计研究院、清华大学、中国建筑工程总公司、中国建筑材料科学研究院、国家给水排水工程技术中心、深圳市建筑科学研究院、城市建设研究院，主要起草人是王有为、韩继红、曾捷、杨建荣、方天培、汪维、王静霞、秦佑国、毛志兵、马眷荣、陈立、叶青、徐文龙、林海燕、郎四维、程志军、安宇、张蓓红、范宏武、王玮华、林波荣、赵平、于震平、郭兴芳、涂英时、刘景立。

为便于广大设计、施工、科研、学校等单位有关人员在使用本标准时能正确理解和执行条文规定，标准修订组按章、节、条顺序编制了本标准的条文说明，对条文规定的目的、依据以及执行中需要注意的有关事项进行了说明。但是，本条文说明不具备与标准正文同等的法律效力，仅供使用者作为理解和把握标准规定的参考。

目 次

1 总则 ………………………………… 22—22
3 基本规定 …………………………… 22—22
　3.1 一般规定 ……………………… 22—22
　3.2 评价与等级划分 ……………… 22—23
4 节地与室外环境 …………………… 22—24
　4.1 控制项 ………………………… 22—24
　4.2 评分项 ………………………… 22—25
5 节能与能源利用 …………………… 22—29
　5.1 控制项 ………………………… 22—29
　5.2 评分项 ………………………… 22—30
6 节水与水资源利用 ………………… 22—33
　6.1 控制项 ………………………… 22—33
　6.2 评分项 ………………………… 22—34
7 节材与材料资源利用 ……………… 22—38
　7.1 控制项 ………………………… 22—38
　7.2 评分项 ………………………… 22—38
8 室内环境质量 ……………………… 22—41
　8.1 控制项 ………………………… 22—41
　8.2 评分项 ………………………… 22—42
9 施工管理 …………………………… 22—45
　9.1 控制项 ………………………… 22—45
　9.2 评分项 ………………………… 22—45
10 运营管理 ………………………… 22—47
　10.1 控制项 ……………………… 22—47
　10.2 评分项 ……………………… 22—48
11 提高与创新 ……………………… 22—50
　11.1 一般规定 …………………… 22—50
　11.2 加分项 ……………………… 22—50

1 总 则

1.0.1 建筑活动消耗大量能源资源，并对环境产生不利影响。我国资源总量和人均资源量都严重不足，同时我国的消费增长速度惊人，在资源再生利用率上也远低于发达国家。而且我国正处于工业化、城镇化加速发展时期，能源资源消耗总量逐年迅速增长。在我国发展绿色建筑，是一项意义重大而十分迫切的任务。借鉴国际先进经验，建立一套适合我国国情的绿色建筑评价体系，制订并实施统一、规范的评价标准，反映建筑领域可持续发展理念，对积极引导绿色建筑发展，具有十分重要的意义。

本标准的前一版本《绿色建筑评价标准》GB/T 50378-2006（以下称本标准2006年版）是总结我国绿色建筑方面的实践经验和研究成果，借鉴国际先进经验制定的第一部多目标、多层次的绿色建筑综合评价标准。该标准明确了绿色建筑的定义、评价指标和评价方法，确立了我国以"四节一环保"为核心内容的绿色建筑发展理念和评价体系。自2006年发布实施以来，已经成为我国各级、各类绿色建筑标准研究和编制的重要基础，有效指导了我国绿色建筑实践工作。截至2012年底，累计评价绿色建筑项目742个，总建筑面积超过7500万m^2。

"十二五"以来，我国绿色建筑快速发展。随着绿色建筑各项工作的逐步推进，绿色建筑的内涵和外延不断丰富，各行业、各类别建筑践行绿色理念的需求不断提出，本标准2006年版已不能完全适应现阶段绿色建筑实践及评价工作的需要。因此，根据住房和城乡建设部的要求，由中国建筑科学研究院、上海市建筑科学研究院（集团）有限公司会同有关单位对其进行了修订。

1.0.2 建筑因使用功能不同，其能源资源消耗和对环境的影响存在较大差异。本标准2006年版编制时，考虑到我国当时建筑业市场情况，侧重于评价总量大的住宅建筑和公共建筑中能源资源消耗较多的办公建筑、商场建筑、旅馆建筑。本次修订，将适用范围扩展至覆盖民用建筑各主要类型，并兼具通用性和可操作性，以适应现阶段绿色建筑实践及评价工作的需要。

1.0.3 我国各地区在气候、环境、资源、经济社会发展水平与民俗文化等方面都存在较大差异；而因地制宜又是绿色建筑建设的基本原则。对绿色建筑的评价，也应综合考量建筑所在地域的气候、环境、资源、经济及文化等条件和特点。建筑物从规划设计到施工，再到运行使用及最终的拆除，构成一个全寿命期。本次修订，基本实现了对建筑全寿命期内各环节和阶段的覆盖。节能、节地、节水、节材和保护环境（四节一环保）是我国绿色建筑发展和评价的核心内容。绿色建筑要求在建筑全寿命期内，最大限度地节能、节地、节水、节材和保护环境，同时满足建筑功能要求。结合建筑功能要求，对建筑的四节一环保性能进行评价时，要综合考虑，统筹兼顾，总体平衡。

1.0.4 符合国家法律法规和相关标准是参与绿色建筑评价的前提条件。本标准重点在于对建筑的四节一环保性能进行评价，并未涵盖通常建筑物所应有的全部功能和性能要求，如结构安全、防火安全等，故参与评价的建筑尚应符合国家现行有关标准的规定。当然，绿色建筑的评价工作也应符合国家现行有关标准的规定。

3 基本规定

3.1 一般规定

3.1.1 建筑单体和建筑群均可以参评绿色建筑。绿色建筑的评价，首先应基于评价对象的性能要求。当需要对某工程项目中的单栋建筑进行评价时，由于有些评价指标是针对该工程项目设定的（如住区的绿地率），或该工程项目中其他建筑也采用了相同的技术方案（如再生水利用），难以仅基于该单栋建筑进行评价，此时，应以该栋建筑所属工程项目的总体为基准进行评价。

3.1.2 本标准2006年版规定绿色建筑的评价应在其投入使用一年后进行，侧重评价建筑的实际性能和运行效果。根据绿色建筑发展的实际需求，结合目前有关管理制度，本次修订将绿色建筑的评价分为设计评价和运行评价，增加了对建筑规划设计的四节一环保性能评价。

考虑大力发展绿色建筑的需要，同时也参考国外开展绿色建筑评价的情况，将绿色建筑评价明确划分为"设计评价"和"运行评价"。设计评价的重点在评价绿色建筑方方面面采取的"绿色措施"和预期效果上，而运行评价则不仅要评价"绿色措施"，而且要评价这些"绿色措施"所产生的实际效果。除此之外，运行评价还关注绿色建筑在施工过程中留下的"绿色足迹"，关注绿色建筑正常运行后的科学管理。简言之，"设计评价"所评的是建筑的设计，"运行评价"所评的是已投入运行的建筑。

3.1.3 申请评价方依据有关管理制度文件确定。本条对申请评价方的相关工作提出要求。绿色建筑注重全寿命期内能源资源节约与环境保护的性能，申请评价方应对建筑全寿命期内各个阶段进行控制，综合考虑性能、安全、耐久、经济、美观等因素，优化建筑技术、设备和材料选用，综合评估建筑规模、建筑技术与投资之间的总体平衡，并按本标准的要求提交相应分析、测试报告和相关文件。

3.1.4 绿色建筑评价机构依据有关管理制度文件确

定。本条对绿色建筑评价机构的相关工作提出要求。绿色建筑评价机构应按照本标准的有关要求审查申请评价方提交的报告、文档，并在评价报告中确定等级。对申请运行评价的建筑，评价机构还应组织现场考察，进一步审核规划设计要求的落实情况以及建筑的实际性能和运行效果。

3.2 评价与等级划分

3.2.1 本次修订增加了"施工管理"类评价指标，实现标准对建筑全寿命期内各环节和阶段的覆盖。本次修订将本标准 2006 年版中"一般项"和"优选项"改为"评分项"。为鼓励绿色建筑在节约资源、保护环境的技术、管理上的创新和提高，本次修订增设了"加分项"。"加分项"部分条文本可以分别归类到七类指标中，但为了将鼓励性的要求和措施与对绿色建筑的七个方面的基本要求区分开来，本次修订将全部"加分项"条文集中在一起，列成单独一章。

3.2.2 运行评价是最终结果的评价，检验绿色建筑投入实际使用后是否真正达到了四节一环保的效果，应对全部指标进行评价。设计评价的对象是图纸和方案，还未涉及施工和运营，所以不对施工管理和运营管理两类指标进行评价。但是，施工管理和运营管理的部分措施如能得到提前考虑，并在设计评价时预评，将有助于达到这两个阶段节约资源和环境保护的目的。

3.2.3 控制项的评价同本标准 2006 年版。评分项的评价，依据评价条文的规定确定得分或不得分，得分时根据需要对具体评分子项确定得分值，或根据具体达标程度确定得分值。加分项的评价，依据评价条文的规定确定得分或不得分。

本标准中评分项的赋分有以下几种方式：

1 一条条文评判一类性能或技术指标，且不需要根据达标情况不同赋以不同分值时，赋以一个固定分值，该评分项的得分为 0 分或固定分值，在条文主干部分表述为"评价总分值为某分"，如第 4.2.5 条；

2 一条条文评判一类性能或技术指标，需要根据达标情况不同赋以不同分值时，在条文主干部分表述为"评价总分值为某分"，同时在条文主干部分将不同得分值表述为"得某分"的形式，且从低分到高分排列，如第 4.2.14 条，对场地年径流总量控制率采用这种递进赋分方式；递进的档次特别多或者评分特别复杂的，则采用列表的形式表达，在条文主干部分表述为"按某表的规则评分"，如第 4.2.1 条；

3 一条条文评判一类性能或技术指标，但需要针对不同建筑类型或特点分别评判时，针对各种类型或特点按款或项分别赋以分值，各款或项得分均等于该条得分，在条文主干部分表述为"按下列规则评分"，如第 4.2.11 条；

4 一条条文评判多个技术指标，将多个技术指标的评判以款或项的形式表达，并按款或项赋以分值，该条得分为各款或项得分之和，在条文主干部分表述为"按下列规则分别评分并累计"，如第 4.2.4 条；

5 一条条文评判多个技术指标，其中某技术指标需要根据达标情况不同赋以不同分值时，首先按多个技术指标的评判以款或项的形式表达并按款或项赋以分值，然后考虑达标程度不同对其中部分技术指标采用递进赋分方式。如第 4.2.2 条，对住区绿地率赋以 2 分，对住区人均公共绿地面积赋以最高 7 分，其中住区人均公共绿地面积又按达标程度不同分别赋以 3 分、5 分、7 分；对公共建筑绿地率赋以最高 7 分，对"公共建筑的绿地向社会公众开放"赋以 2 分，其中公共建筑绿地率又按达标程度不同分别赋以 2 分、5 分、7 分。这种赋分方式是上述第 2、3、4 种方式的组合。

可能还会有少数条文出现其他评分方式组合。

本标准中评分项和加分项条文主干部分给出了该条文的"评价分值"或"评价总分值"，是该条可能得到的最高分值。各评价条文的分值，经广泛征求意见和试评价后综合调整确定。

3.2.4 与本标准 2006 年版依据各类指标一般项达标的条文数以及优选项达标的条文数确定绿色建筑等级的方式不同，本版标准依据总得分来确定绿色建筑的等级。考虑到各类指标重要性方面的相对差异，计算总得分时引入了权重。同时，为了鼓励绿色建筑技术和管理方面的提升和创新，计算总得分时还计入了加分项的附加得分。

设计评价的总得分为节地与室外环境、节能与能源利用、节水与水资源利用、节材与材料资源利用、室内环境质量五类指标的评分项得分经加权计算后与加分项的附加得分之和；运行评价的总得分为节地与室外环境、节能与能源利用、节水与水资源利用、节材与材料资源利用、室内环境质量、施工管理、运营管理七类指标的评分项得分经加权计算后与加分项的附加得分之和。

3.2.5 本次修订按评价总得分确定绿色建筑的等级。对于具体的参评建筑而言，它们在功能、所处地域的气候、环境、资源等方面客观上存在差异，对不适用的评分项条文不予评定。这样，适用于各参评建筑的评分项的条文数量和总分值可能不一样。对此，计算参评建筑某类指标评分项的实际得分值与适用于参评建筑的评分项总分值的比率，反映参评建筑实际采用的"绿色措施"和（或）效果占理论上可以采用的全部"绿色措施"和（或）效果的相对得分率。

3.2.7 本条对各类指标在绿色建筑评价中的权重作出规定。表 3.2.7 中给出了设计评价、运行评价时居住建筑、公共建筑的分项指标权重。施工管理和运营管理两类指标不参与设计评价。各类指标的权重经广泛征求意见和试评价后综合调整确定。

3.2.8 控制项是绿色建筑的必要条件。对控制项的要求同本标准 2006 年版。

本标准 2006 年版在确定绿色建筑等级时，对各等级绿色建筑各类指标的最低达标程度均进行了限制。本次修订基本沿用本标准 2006 年版的思路，规定了每类指标的最低得分要求，避免仅按总得分确定等级引起参评的绿色建筑可能存在某一方面性能过低的情况。

在满足全部控制项和每类指标最低得分的前提下，绿色建筑按总得分确定等级。评价得分及最终评价结果可按表 1 记录。

表 1 绿色建筑评价得分与结果汇总表

工程项目名称							
申请评价方							
评价阶段		□设计评价 □运行评价		建筑类型		□居住建筑　□公共建筑	
评价指标		节地与室外环境	节能与能源利用	节水与水资源利用	节材与材料资源利用	室内环境质量	施工管理	运营管理
控制项	评定结果	□满足	□满足	□满足	□满足	□满足	□满足	□满足
	说明							
评分项	权重 w_i							
	适用总分							
	实际得分							
	得分 Q_i							
加分项	得分 Q_8							
	说明							
总得分 ΣQ								
绿色建筑等级				□一星级　□二星级　□三星级				
评价结果说明								
评价机构				评价时间				

3.2.9 不论建筑功能是否综合，均以各个条/款为基本评判单元。对于某一条文，只要建筑中有相关区域涉及，则该建筑就受评并确定得分。在此后的具体条文及其说明中，有的已说明混合功能建筑的得分取多种功能分别评价结果的平均值；有的则已说明按各种功能用水量的权重，采用加权法调整计算非传统水源利用率的要求；等等。还有一些条文，下设两款分别针对居住建筑和公共建筑的（即本标准第 3.2.3 条条文说明中所指的第 3 种情况），所评价建筑如同时具有居住和公共功能，则需按这两种功能分别评价后再取平均值，标准后文中不再一一说明。最后需要强调的是，建筑整体的等级仍按本标准的规定确定。

4 节地与室外环境

4.1 控 制 项

4.1.1 本条适用于各类民用建筑的设计、运行评价。

本条沿用自本标准 2006 年版控制项第 4.1.1、5.1.1 条，有修改。《城乡规划法》第二条明确："本法所称城乡规划，包括城镇体系规划、城市规划、镇规划、乡规划和村庄规划"；第四十二条规定："城市规划主管部门不得在城乡规划确定的建设用地范围以外作出规划许可"。因此，任何建设项目的选址必须符合所在地城乡规划。

各类保护区是指受到国家法律法规保护、划定有明确的保护范围、制定有相应的保护措施的各类政策区，主要包括：基本农田保护区（《基本农田保护条例》）、风景名胜区（《风景名胜区条例》）、自然保护区（《自然保护区条例》）、历史文化名城名镇名村（《历史文化名城名镇名村保护条例》）、历史文化街区（《城市紫线管理办法》）等。

文物古迹是指人类在历史上创造的具有价值的不可移动的实物遗存，包括地面与地下的古遗址、古建筑、古墓葬、石窟寺、古碑石刻、近代代表性建筑、革命纪念建筑等，主要指文物保护单位、保护建筑和历史建筑。

本条的评价方法为：设计评价查阅项目区位图、

场地地形图以及当地城乡规划、国土、文化、园林、旅游或相关保护区等有关行政管理部门提供的法定规划文件或出具的证明文件；运行评价在设计评价方法之外还应现场核实。

4.1.2 本条适用于各类民用建筑的设计、运行评价。

本条沿用自本标准2006年版控制项第4.1.2、5.1.2条，有修改。本条对绿色建筑的场地安全提出要求。建筑场地与各类危险源的距离应满足相应危险源的安全防护距离等控制要求，对场地中的不利地段或潜在危险源应采取必要的避让、防护或控制、治理等措施，对场地中存在的有毒有害物质应采取有效的治理与防护措施进行无害化处理，确保符合各项安全标准。

场地的防洪设计符合现行国家标准《防洪标准》GB 50201及《城市防洪工程设计规范》GB/T 50805的规定；抗震防灾设计符合现行国家标准《城市抗震防灾规划标准》GB 50413及《建筑抗震设计规范》GB 50011的要求；土壤中氡浓度的控制应符合现行国家标准《民用建筑工程室内环境污染控制规范》GB 50325的规定；电磁辐射符合现行国家标准《电磁辐射防护规定》GB 8702的规定。

本条的评价方法为：设计评价查阅地形图，审核应对措施的合理性及相关检测报告或论证报告；运行评价在设计评价方法之外还应现场核实。

4.1.3 本条适用于各类民用建筑的设计、运行评价。

本条沿用自本标准2006年版控制项第4.1.7、5.1.4条，有修改。建筑场地内不应存在未达标排放或者超标排放的气态、液态或固态的污染源，例如：易产生噪声的运动和营业场所，油烟未达标排放的厨房，煤气或工业废气超标排放的燃煤锅炉房，污染物排放超标的垃圾堆等。若有污染源应积极采取相应的治理措施并达到无超标污染物排放的要求。

本条的评价方法为：设计评价查阅环评报告，审核应对措施的合理性；运行评价在设计评价方法之外还应现场核实。

4.1.4 本条适用于各类民用建筑的设计、运行评价。

本条由本标准2006年版控制项第4.1.4、5.1.3条整合得到，明确了建筑日照的评价要求。

建筑室内的环境质量与日照密切相关，日照直接影响居住者的身心健康和居住生活质量。我国对居住建筑以及幼儿园、医院、疗养院等公共建筑都制定有相应的国家标准或行业标准，对其日照、消防、防灾、视觉卫生等提出了相应的技术要求，直接影响着建筑布局、间距和设计。

如《城市居住区规划设计规范》GB 50180-93（2002年版）中第5.0.2.1规定了住宅的日照标准，同时明确：老年人居住建筑不应低于冬至日日照2小时的标准；在原设计建筑外增加任何设施不应使相邻住宅原有日照标准降低；旧区改建的项目内新建住宅日照标准可酌情降低，但不应低于大寒日日照1小时的标准。

如《托儿所、幼儿园建筑设计规范》JGJ 39-87中规定：托儿所、幼儿园的生活用房应布置在当地最好日照方位，并满足冬至日底层满窗日照不少于3h的要求，温暖地区、炎热地区的生活用房应避免朝西，否则应设遮阳设施；《中小学校设计规范》GB 50099-2011中对建筑物间距的规定是：普通教室冬至日满窗日照不应小于2h。因此，建筑的布局与设计应充分考虑上述技术要求，最大限度地为建筑提供良好的日照条件，满足相应标准对日照的控制要求；若没有相应标准要求，符合城乡规划的要求即为达标。

建筑布局不仅要求本项目所有建筑都满足有关日照标准，还应兼顾周边，减少对相邻的住宅、幼儿园生活用房等有日照标准要求的建筑产生不利的日照遮挡。条文中的"不降低周边建筑的日照标准"是指：(1) 对于新建项目的建设，应满足周边建筑有关日照标准的要求。(2) 对于改造项目分两种情况：周边建筑改造前满足日照标准的，应保证其改造后仍符合相关日照标准的要求；周边建筑改造前未满足日照标准的，改造后不可再降低其原有的日照水平。

本条的评价方法为：设计评价查阅相关设计文件和日照模拟分析报告；运行评价查阅相关竣工图和日照模拟分析报告，并现场核实。

4.2 评 分 项

Ⅰ 土 地 利 用

4.2.1 本条适用于各类民用建筑的设计、运行评价。本标准所指的居住建筑不包括国家明令禁止建设的别墅类项目。

本条在本标准2006年版控制项第4.1.3条基础上发展而来，并补充了对公共建筑容积率的要求。对居住建筑，人均居住用地指标是控制居住建筑节地的关键性指标，本标准根据国家标准《城市居住区规划设计规范》GB 50180-93（2002年版）第3.0.3条的规定，提出人均居住用地指标；15分或19分是根据居住建筑的节地情况进行赋值的，评价时要进行选择，可得0分、15分或19分。

对公共建筑，因其种类繁多，故在保证其基本功能及室外环境的前提下应按照所在地城乡规划的要求采用合理的容积率。就节地而言，对于容积率不可能高的建设项目，在节地方面得不到太高的评分，但可以通过精心的场地设计，在创造更高的绿地率以及提供更多的开敞空间或公共空间等方面获得更高的评分；而对于容积率较高的建设项目，在节地方面则更容易获得较高的评分。

本条的评价方法为：设计评价查阅相关设计文

件、计算书；运行评价查阅相关竣工图、计算书。

4.2.2 本条适用于各类民用建筑的设计、运行评价。

本条在本标准 2006 年版控制项第 4.1.6 条基础上发展而来，并将适用范围扩展至各类民用建筑。本标准所指住区包括不同规模居住用地构成的居住地区。绿地率指建设项目用地范围内各类绿地面积的总和占该项目总用地面积的比率（％）。绿地包括建设项目用地中各类用作绿化的用地。

合理设置绿地可起到改善和美化环境、调节小气候、缓解城市热岛效应等作用。绿地率以及公共绿地的数量则是衡量住区环境质量的重要指标之一。根据现行国家标准《城市居住区规划设计规范》GB 50180 的规定，绿地应包括公共绿地、宅旁绿地、公共服务设施所属绿地和道路绿地（道路红线内的绿地），包括满足当地植树绿化覆土要求的地下或半地下建筑的屋顶绿化。需要说明的是，不包括其他屋顶、晒台的人工绿地。

住区的公共绿地是指满足规定的日照要求、适合于安排游憩活动设施的、供居民共享的集中绿地，包括居住区公园、小游园和组团绿地及其他块状、带状绿地。集中绿地应满足的基本要求：宽度不小于 8m，面积不小于 400m²，并应有不少于 1/3 的绿地面积在标准的建筑日照阴影线范围之外。

为保障城市公共空间的品质、提高服务质量，每个城市对城市中不同地段或不同性质的公共设施建设项目，都制定有相应的绿地管理控制要求。本条鼓励公共建筑项目优化建筑布局，提供更多的绿化用地或绿化广场，创造更加宜人的公共空间；鼓励绿地或绿化广场设置休憩、娱乐等设施并定时向社会公众免费开放，以提供更多的公共活动空间。

本条的评价方法为：设计评价查阅相关设计文件、居住建筑平面日照等时线模拟图、计算书；运行评价查阅相关竣工图、居住建筑平面日照等时线模拟图、计算书，并现场核实。

4.2.3 本条适用于各类民用建筑的设计、运行评价。由于地下空间的利用受诸多因素制约，因此未利用地下空间的项目应提供相关说明。经论证，场地区位、地质等条件不适宜开发地下空间的，本条不参评。

本条在本标准 2006 年版一般项第 5.1.11 条、优选项第 4.1.17 条基础上发展而来。开发利用地下空间是城市节约集约用地的重要措施之一。地下空间的开发利用应与地上建筑及其他相关城市空间紧密结合、统一规划，但从雨水渗透及地下水补给、减少径流外排等生态环保要求出发，地下空间也应利用有度、科学合理。

本条的评价方法为：设计评价查阅相关设计文件、计算书；运行评价查阅相关竣工图、计算书，并现场核实。

Ⅱ 室 外 环 境

4.2.4 本条适用于各类民用建筑的设计、运行评价。非玻璃幕墙建筑，第 1 款直接得 2 分。

本条在本标准 2006 年版控制项第 5.1.3 条基础上发展而来，适用范围扩展至各类民用建筑。建筑物光污染包括建筑反射光（眩光）、夜间的室外夜景照明以及广告照明等造成的光污染。光污染产生的眩光会让人感到不舒服，还会使人降低对灯光信号等重要信息的辨识力，甚至带来道路安全隐患。

光污染控制对策包括降低建筑物表面（玻璃和其他材料、涂料）的可见光反射比，合理选配照明器具，采取防止溢光措施等。现行国家标准《玻璃幕墙光学性能》GB/T 18091－2000 将玻璃幕墙的光污染定义为有害光反射，对玻璃幕墙的可见光反射比作了规定，本条对玻璃幕墙可见光反射比较该标准中最低要求适当提高，取为 0.2。

室外夜景照明设计应满足《城市夜景照明设计规范》JGJ/T 163－2008 第 7 章关于光污染控制的相关要求，并在室外照明设计图纸中体现。

本条的评价方法为：设计评价查阅相关设计文件、光污染分析专项报告；运行评价查阅相关竣工图、光污染分析专项报告、相关检测报告，并现场核实。

4.2.5 本条适用于各类民用建筑的设计、运行评价。

本条沿用自本标准 2006 年版一般项第 4.1.11、5.1.6 条。绿色建筑设计应对场地周边的噪声现状进行检测，并对规划实施后的环境噪声进行预测，必要时采取有效措施改善环境噪声状况，使之符合现行国家标准《声环境质量标准》GB 3096 中对于不同声环境功能区噪声标准的规定。当拟建噪声敏感建筑不能避免临近交通干线，或不能远离固定的设备噪声源时，需要采取措施降低噪声干扰。

需要说明的是，噪声监测的现状值仅作为参考，需结合场地环境条件的变化（如道路车流量的增长）进行对应的噪声改变情况预测。

本条的评价方法为：设计评价查阅环境噪声影响测试评估报告、噪声预测分析报告；运行评价查阅环境噪声影响测试评估报告、现场测试报告。

4.2.6 本条适用于各类民用建筑的设计、运行评价。

本条沿用自本标准 2006 年版一般项第 4.1.13、5.1.7 条，有修改。

冬季建筑物周围人行区距地 1.5m 高处风速 $V<5m/s$ 是不影响人们正常室外活动的基本要求。建筑的迎风面与背风面风压差不超过 5Pa，可以减少冷风向室内渗透。

夏季、过渡季通风不畅在某些区域形成无风区和涡旋区，将影响室外散热和污染物消散。外窗室内外表面的风压差达到 0.5Pa 有利于建筑的自然通风。

利用计算流体动力学（CFD）手段通过不同季节

典型风向、风速可对建筑外风环境进行模拟，其中来流风速、风向为对应季节内出现频率最高的风向和平均风速，可通过查阅建筑设计或暖通空调设计手册中所在城市的相关资料得到。

本条的评价方法为：设计评价查阅相关设计文件、风环境模拟计算报告；运行评价查阅相关竣工图、风环境模拟计算报告，必要时可进行现场测试。

4.2.7 本条适用于各类民用建筑的设计、运行评价。

本条在本标准2006年版一般项第4.1.12条基础上发展而来，不仅扩展了适用范围，而且改变了评价指标。户外活动场地包括：步道、庭院、广场、游憩场和停车场。乔木遮阴面积按照成年乔木的树冠正投影面积计算；构筑物遮阴面积按照构筑物正投影面积计算。

本条的评价方法为：设计评价查阅相关设计文件；运行评价查阅相关竣工图、测试报告，并现场核实。

Ⅲ 交通设施与公共服务

4.2.8 本条适用于各类民用建筑的设计、运行评价。

本条沿用自本标准2006年版一般项第4.1.15、5.1.10条，有修改。优先发展公共交通是缓解城市交通拥堵问题的重要措施，因此建筑与公共交通联系的便捷程度很重要。为便于选择公共交通出行，在选址与场地规划中应重视建筑场地与公共交通站点的便捷联系，合理设置出入口。"有便捷的人行通道联系公共交通站点"包括：建筑外的平台直接通过天桥与公交站点相连，建筑的部分空间与地面轨道交通站点出入口直接连通，为减少到达公共交通站点的绕行距离设置了专用的人行通道，地下空间与地铁站点直接相连等。

本条的评价方法为：设计评价查阅相关设计文件；运行评价查阅相关竣工图，并现场核实。

4.2.9 本条适用于各类民用建筑的设计、运行评价。

本条为新增条文。场地内人行通道及场地内外联系的无障碍设计是绿色出行的重要组成部分，是保障各类人群方便、安全出行的基本设施。

本条的评价方法为：设计评价查阅相关设计文件；运行评价查阅相关竣工图，并现场核实。如果建筑场地外已有无障碍人行通道，场地内的无障碍通道必须与之联系才能得分。

4.2.10 本条适用于各类民用建筑的设计、运行评价。

本条为新增条文。本条鼓励使用自行车等绿色环保的交通工具，绿色出行。自行车停车场所应规模适度、布局合理，符合使用者出行习惯。机动车停车应符合所在地控制性详细规划要求，地面停车位应按照国家和地方有关标准适度设置，并科学管理、合理组织交通流线，不应对人行、活动场所产生干扰。

本条的评价方法为：设计评价查阅相关设计文件；运行评价查阅相关竣工图、有关记录，并现场核实。

4.2.11 本条适用于各类民用建筑的设计、运行评价。

本条在本标准2006年版一般项第4.1.9条基础上发展而来，并将适用范围扩展至各类民用建筑。根据《城市居住区规划设计规范》GB 50180-93（2002年版）相关规定，住区配套服务设施（也称配套公建）应包括：教育、医疗卫生、文化体育、商业服务、金融邮电、社区服务、市政公用和行政管理等八类设施。住区配套服务设施便利，可减少机动车出行需求，有利于节约能源、保护环境。设施集中布置、协调互补和社会共享可提高使用效率、节约用地和投资。

公共建筑集中设置，配套的设施设备共享，也是提高服务效率、节约资源的有效方法。兼容2种及以上主要公共服务功能是指主要服务功能在建筑内部混合布局，部分空间共享使用，如建筑中设有共用的会议设施、展览设施、健身设施以及交往空间、休息空间等；配套辅助设施设备是指建筑或建筑群的车库、锅炉房或空调机房、监控室、食堂等可以共用的辅助性设施设备；大学、独立学院和职业技术学院、高等专科学校等专用运动场所科学管理，在非校用时间向社会公众开放；文化、体育设施的室外活动场地错时向社会开放；办公建筑的室外场地在非办公时间向周边居民开放；高等教育学校的图书馆、体育馆等定时免费向社会开放等。公共空间的共享既可增加公众的活动场所，有利陶冶情操、增进社会交往，又可提高各类设施和场地的使用效率，是绿色建筑倡导和鼓励的建设理念。

本条的评价方法为：设计评价查阅相关设计文件；运行评价查阅相关竣工图、有关证明文件，并现场核实。如果参评项目为建筑单体，则"场地出入口"用"建筑主要出入口"替代。

Ⅳ 场地设计与场地生态

4.2.12 本条适用于各类民用建筑的设计、运行评价。

本条为新增条文。建设项目应对场地可利用的自然资源进行勘查，充分利用原有地形地貌，尽量减少土石方工程量，减少开发建设过程对场地及周边环境生态系统的改变，包括原有水体和植被，特别是大型乔木。在建设过程中确需改造场地内的地形、地貌、水体、植被等时，应在工程结束后及时采取生态复原措施，减少对原场地环境的改变和破坏。表层土含有丰富的有机质、矿物质和微量元素，适合植物和微生物的生长，场地表层土的保护和回收利用是土壤资源保护、维持生物多样性的重要方法之一。除此之外，根据场地实际状况，采取其他生态恢复或补偿措施，如对土壤进行生态处理，对污染水体进行净化和循环，对植被进行生态设计以恢复场地原有动植物生存环境等，也可作为得分依据。

本条的评价方法为：设计评价查阅相关设计文件、生态保护和补偿计划；运行评价查阅相关竣工图、生态保护和补偿报告，并现场核实。

4.2.13 本条适用于各类民用建筑的设计、运行评价。

本条在本标准2006年版一般项第4.1.16条、优选项第5.1.14条基础上发展而来。场地开发应遵循低影响开发原则，合理利用场地空间设置绿色雨水基础设施。绿色雨水基础设施有雨水花园、下凹式绿地、屋顶绿化、植被浅沟、雨水截流设施、渗透设施、雨水塘、雨水湿地、景观水体、多功能调蓄设施等。绿色雨水基础设施有别于传统的灰色雨水设施（雨水口、雨水管道等），能够以自然的方式控制城市雨水径流、减少城市洪涝灾害、控制径流污染、保护水环境。

当场地面积超过一定范围时，应进行雨水专项规划设计。雨水专项规划设计是通过建筑、景观、道路和市政等不同专业的协调配合，综合考虑各类因素的影响，对径流减排、污染控制、雨水收集回用进行全面统筹规划设计。通过实施雨水专项规划设计，能避免实际工程中针对某个子系统（雨水利用、径流减排、污染控制等）进行独立设计所带来的诸多资源配置和统筹衔接问题，避免出现"顾此失彼"的现象。具体评价时，场地占地面积大于10hm²的项目，应提供雨水专项规划设计，不大于10hm²的项目可不做雨水专项规划设计，但也应根据场地条件合理采用雨水控制利用措施，编制场地雨水综合利用方案。

利用场地的河流、湖泊、水塘、湿地、低注地作为雨水调蓄设施，或利用场地内设计景观（如景观绿地和景观水体）来调蓄雨水，可达到有限土地资源多功能开发的目标。能调蓄雨水的景观绿地包括下凹式绿地、雨水花园、树池、干塘等。

屋面雨水和道路雨水是建筑场地产生径流的重要源头，易被污染并形成污染源，故宜合理引导其进入地面生态设施进行调蓄、下渗和利用，并采取相应截污措施，保证雨水在滞蓄和排放过程中有良好的衔接关系，保障自然水体和景观水体的水质、水量安全。地面生态设施是指下凹式绿地、植草沟、树池等，即在地势较低的区域种植植物，通过植物截流、土壤过滤滞留处理小流量径流雨水，达到径流污染控制目的。

雨水下渗也是消减径流和径流污染的重要途径之一。本条"硬质铺装地面"指场地中停车场、道路和室外活动场地等，不包括建筑占地（屋面）、绿地、水面等。通常停车场、道路和室外活动场地等，有一定承载力要求，多采用石材、砖、混凝土、砾石等为铺地材料，透水性能较差，雨水无法入渗，形成大量地面径流，增加城市排水系统的压力。"透水铺装"是指采用如植草砖、透水沥青、透水混凝土、透水地砖等透水铺装系统，既能满足路用及铺地强度和耐久性要求，又能使雨水通过本身与铺装下基层相通的渗水路径直接渗入下部土壤的地面铺装。当透水铺装下为地下室顶板时，若地下室顶板设有疏水板及导水管等可将渗透雨水导入与地下室顶板接壤的实土，或地下室顶板上覆土深度能满足当地园林绿化部门要求时，仍可认定其为透水铺装地面。评价时以场地中硬质铺装地面中透水铺装所占的面积比例为依据。

本条的评价方法为：设计评价查阅地形图、相关设计文件、场地雨水综合利用方案或雨水专项规划设计（场地大于10hm²的应提供雨水专项规划设计，没有提供的本条不得分）、计算书；运行评价查阅地形图、相关竣工图、场地雨水综合利用方案或雨水专项规划设计（场地大于10hm²的应提供雨水专项规划设计，没有提供的本条不得分）、计算书，并现场核实。

4.2.14 本条适用于各类民用建筑的设计、运行评价。

本条在本标准2006年版一般项第4.3.6条基础上发展而来。

场地设计应合理评估和预测场地可能存在的水涝风险，尽量使场地雨水就地消纳或利用，防止径流外排到其他区域形成水涝和污染。径流总量控制同时包括雨水的减排和利用，实施过程中减排和利用的比例需依据场地的实际情况，通过合理的技术经济比较，来确定最优方案。

从区域角度看，雨水的过量收集会导致原有水体的萎缩或影响水系统的良性循环。要使硬化地面恢复到自然地貌的环境水平，最佳的雨水控制量应以雨水排放量接近自然地貌为标准，因此从经济性和维持区域性水环境的良性循环角度出发，径流的控制率也不宜过大而应有合适的量（除非具体项目有特殊的防洪排涝设计要求）。本条设定的年径流总量控制率不宜超过85%。

年径流总量控制率为55%、70%或85%时对应的降雨量（日值）为设计控制雨量，参见下表。设计控制雨量的确定要通过统计学方法获得。统计年限不同时，不同控制率下对应的设计雨量会有差异。考虑气候变化的趋势和周期性，推荐采用30年，特殊情况除外。

表2 年径流总量控制率对应的设计控制雨量

城市	年均降雨量（mm）	年径流总量控制率对应的设计控制雨量（mm）		
		55%	70%	85%
北京	544	11.5	19.0	32.5

续表2

城市	年均降雨量（mm）	年径流总量控制率对应的设计控制雨量（mm）		
		55%	70%	85%
长春	561	7.9	13.3	23.8
长沙	1501	11.3	18.1	31.0
成都	856	9.7	17.1	31.3
重庆	1101	9.6	16.7	31.0
福州	1376	11.8	19.3	33.9
广州	1760	15.1	24.4	43.0
贵阳	1092	10.1	17.0	29.9
哈尔滨	533	7.3	12.2	22.6
海口	1591	16.8	25.1	51.1
杭州	1403	10.4	16.5	28.2
合肥	984	10.5	17.2	30.2
呼和浩特	396	7.3	12.0	21.2
济南	680	13.8	23.4	41.3
昆明	988	9.3	15.0	25.9
拉萨	442	4.9	7.5	11.8
兰州	308	5.2	8.2	14.0
南昌	1609	13.5	21.8	37.4
南京	1053	11.5	18.9	34.2
南宁	1302	13.2	22.0	38.5
上海	1158	11.2	18.5	33.2
沈阳	672	10.5	17.0	29.1
石家庄	509	10.1	17.3	31.2
太原	419	7.6	12.5	22.5
天津	540	12.1	20.8	38.2
乌鲁木齐	282	4.2	6.9	11.8
武汉	1308	14.5	24.0	42.3
西安	543	7.3	11.6	20.0
西宁	386	4.7	7.4	12.2
银川	184	5.2	8.7	15.5
郑州	633	11.0	18.4	32.6

注：1 表中的统计数据年限为1977～2006年。
2 其他城市的设计控制雨量，可参考所列类似城市的数值，或依据当地降雨资料进行统计计算确定。

设计时应根据年径流总量控制率对应的设计控制雨量来确定雨水设施规模和最终方案，有条件时，可通过相关雨水控制利用模型进行设计计算；也可采用简单计算方法，结合项目条件，用设计控制雨量乘以场地综合径流系数、总汇水面积来确定项目雨水设施总规模，再分别计算滞蓄、调蓄和收集回用等措施实现的控制容积，达到设计控制雨量对应的控制规模要求，即达标。

本条的评价方法为：设计评价查阅当地降雨统计资料、相关设计文件、设计控制雨量计算书；运行评价查阅当地降雨统计资料、相关竣工图、设计控制雨量计算书、场地年径流总量控制报告，并现场核实。

4.2.15 本条适用于各类民用建筑的设计、运行评价。

本条由本标准2006年版控制项第4.1.5条、一般项第4.1.14、5.1.8、5.1.9条整合得到。绿化是城市环境建设的重要内容。大面积的草坪不但维护费用昂贵，其生态效益也远远小于灌木、乔木。因此，合理搭配乔木、灌木和草坪，以乔木为主，能够提高绿地的空间利用率、增加绿量，使有限的绿地发挥更大的生态效益和景观效益。鼓励各类公共建筑进行屋顶绿化和墙面垂直绿化，既能增加绿化面积，又可以改善屋顶和墙壁的保温隔热效果，还可有效截留雨水。

植物配置应充分体现本地区植物资源的特点，突出地方特色。合理的植物物种选择和搭配会对绿地植被的生长起到促进作用。种植区域的覆土深度应满足乔、灌木自然生长的需要，满足申报项目所在地有关覆土深度的控制要求。

本条的评价方法为：设计评价查阅相关设计文件、计算书；运行评价查阅相关竣工图、计算书，并现场核实。

5 节能与能源利用

5.1 控制项

5.1.1 本条适用于各类民用建筑的设计、运行评价。

本条基本集中了本标准2006年版"节能与能源利用"方面热工、暖通专业的控制项条文。建筑围护结构的热工性能指标、外窗和玻璃幕墙的气密性能指标、供暖锅炉的额定热效率、空调系统的冷热源机组能效比、分户（单元）热计量和分室（户）温度调节等对建筑供暖和空调能耗都有很大的影响。国家和行业的建筑节能设计标准都对这些性能参数提出了明确的要求，有的地方标准的要求比国家标准更高，而且这些要求都是以强制性条文的形式出现的。因此，将本条列为绿色建筑必须满足的控制项。当地方标准要求低于国家标准、行业标准时，应按国家标准、行业标准执行。

本条的评价方法为：设计评价查阅相关设计文件（含设计说明、施工图和计算书）；运行评价查阅相关竣工图、计算书、验收记录，并现场核实。

5.1.2 本条适用于集中空调或供暖的各类民用建筑的设计、运行评价。

本条沿用自本标准2006年版控制项第5.2.3条，有修改。合理利用能源、提高能源利用率、节约能源是我国的基本国策。高品位的电能直接用于转换为低品位的热能进行供暖或空调，热效率低，运行费用高，应限制这种"高质低用"的能源转换利用方式。

本条的评价方法为：设计评价查阅相关设计文件；运行评价查阅相关竣工图，并现场核实。

5.1.3 本条适用于公共建筑的设计、运行评价。

本条沿用自本标准2006年版控制项第5.2.5条、一般项第5.2.15条，适用范围有拓展。建筑能源消耗情况较复杂，主要包括空调系统、照明系统、其他动力系统等。当未分项计量时，不利于统计建筑各类系统设备的能耗分布，难以发现能耗不合理之处。为此，要求采用集中冷热源的建筑，在系统设计（或既有建筑改造设计）时必须考虑使建筑内各能耗环节如冷热源、输配系统、照明、热水能耗等都能实现独立分项计量。这有助于分析建筑各项能耗水平和能耗结构是否合理，发现问题并提出改进措施，从而有效地实施建筑节能。

本条的评价方法为：设计评价查阅相关设计文件；运行评价查阅相关竣工图、分项计量记录，并现场核实。

5.1.4 本条适用于各类民用建筑的设计、运行评价。

本条沿用自本标准2006年版控制项5.2.4条。国家标准《建筑照明设计标准》GB 50034规定了各类房间或场所的照明功率密度值，分为"现行值"和"目标值"。其中，"现行值"是新建建筑必须满足的最低要求，"目标值"要求更高，是努力的方向。本条将现行值列为绿色建筑必须满足的控制项。

本条的评价方法为：设计评价查阅相关设计文件、计算书；运行评价查阅相关竣工图、计算书，并现场核实。

5.2 评 分 项

Ⅰ 建筑与围护结构

5.2.1 本条适用于各类民用建筑的设计、运行评价。

本条沿用自本标准2006年版一般项第4.2.4、5.2.6条，有修改。建筑的体形、朝向、窗墙比、楼距以及楼群的布置都对通风、日照、采光以及遮阳有明显的影响，因而也间接影响建筑的供暖和空调能耗以及建筑室内环境的舒适性，应该给予足够的重视。本条所指优化设计包括体形、朝向、楼距、窗墙比等。

如果建筑的体形简单、朝向接近正南正北，楼间距、窗墙比也满足标准要求，可视为设计合理，本条直接得6分。体形等复杂时，应对体形、朝向、楼距、窗墙比等进行综合性优化设计。对于公共建筑，如果经过优化之后的建筑窗墙比都低于0.5，本条直接得6分。

本条的评价方法为：设计评价查阅相关设计文件、优化设计报告；运行评价查阅相关竣工图、优化设计报告，并现场核实。

5.2.2 本条适用于各类民用建筑的设计、运行评价。有严格的室内温湿度要求、不宜进行自然通风的建筑或房间，本条不参评。当建筑层数大于18层时，18层以上部分不参评。

本条在本标准2006年版一般项第5.2.7条基础上发展而来。窗户的可开启比例对室内的通风有很大的影响。对开推拉窗的可开启面积比例大致为40%~45%，平开窗的可开启面积比例更大。

玻璃幕墙的可开启部分比例对建筑的通风性能有很大的影响，但现行建筑节能标准未对其提出定量指标，而且大量的玻璃幕墙建筑确实存在幕墙可开启部分很小的现象。

玻璃幕墙的开启方式有多种，通风效果各不相同。为简单起见，可将玻璃幕墙活动窗扇的面积认定为可开启面积，而不再计算实际的或当量的可开启面积。

本条的玻璃幕墙系指透明的幕墙，背后有非透明实体墙的纯装饰性玻璃幕墙不在此列。

对于高层和超高层建筑，考虑到高处风力过大以及安全方面的原因，仅评判第18层及其以下各层的外窗和玻璃幕墙。

本条的评价方法为：设计评价查阅相关设计文件、计算书；运行评价查阅相关竣工图、计算书，并现场核实。

5.2.3 本条适用于各类民用建筑的设计、运行评价。

本条为新增条文。围护结构的热工性能指标对建筑冬季供暖和夏季空调的负荷和能耗有很大的影响，国家和行业的建筑节能设计标准都对围护结构的热工性能提出明确的要求。本条对优于国家和行业节能设计标准规定的热工性能指标进行评分。

对于第1款，要求对国家和行业有关建筑节能设计标准中外墙、屋顶、外窗、幕墙等围护结构主要部位的传热系数K和遮阳系数SC进一步降低。特别地，不同窗墙比情况下，节能标准对于透明围护结构的传热系数和遮阳系数数值要求是不一样的，需要在此基础上具体分析针对性地改善。具体说，要求围护结构的传热系数K和遮阳系数SC比标准要求的数值均降低5%得5分，均降低10%得10分。对于夏热冬暖地区，应重点比较透明围护结构遮阳系数的降低，围护结构的传热系数不做进一步降低的要求。对于严寒地区，应重点比较不透明围护结构的传热系数的降低，遮阳系数不做进一步降低的要求。对其他情况，要求同时比较传热系数和遮阳系数。有的地方建筑节能设计标准规定的建筑围护结构的热工性能已经比国家或行业标准规定有明显提升，按此设计的建筑在进行第 1 款的判定时有利于得分。

对于温和地区的建筑，或者室内发热量大的公共建筑（人员、设备和灯光等室内发热量累计超过 50W/m²），由于围护结构性能的继续提升不一定最有利于运行能耗的降低，宜按照第 2 款进行评价。

本条第 2 款的判定较为复杂，需要经过模拟计算，即需根据供暖空调全年计算负荷降低幅度分档评分，其中参考建筑的设定应该符合国家、行业建筑节能设计标准的规定。计算不仅要考虑建筑本身，而且还必须与供暖空调系统的类型以及设计的运行状态综合考虑，当然也要考虑建筑所处的气候区。应该做如下的比较计算：其他条件不变（包括建筑的外形、内部的功能分区、气象参数、建筑的室内供暖空调设计参数、空调供暖系统形式和设计的运行模式（人员、灯光、设备等）、系统设备的参数取同样的设计值），第一个算例取国家或行业建筑节能设计标准规定的建筑围护结构的热工性能参数，第二个算例取实际设计的建筑围护结构的热工性能参数，然后比较两者的负荷差异。

本条的评价方法为：设计评价查阅相关设计文件、计算分析报告；运行评价查阅相关竣工图、计算分析报告，并现场核实。

Ⅱ 供暖、通风与空调

5.2.4 本条适用于空调或供暖的各类民用建筑的设计、运行评价。对城市市政热源，不对其热源机组能效进行评价。

本条在本标准 2006 年版一般项第 4.2.6 条基础上发展而来，适用范围有拓展。国家标准《公共建筑节能设计标准》GB 50189-2005 强制性条文第 5.4.3、5.4.5、5.4.8、5.4.9 条，分别对锅炉额定热效率、电机驱动压缩机的蒸气压缩循环冷水（热泵）机组的性能系数（COP）、名义制冷量大于 7100W、采用电机驱动压缩机的单元式空气调节机、风管送风式和屋顶式空气调节机组的能效比（EER）、蒸汽、热水型溴化锂吸收式冷水机组及直燃型溴化锂吸收式冷（温）水机组的性能参数提出了基本要求。本条在此基础上，并结合《公共建筑节能设计标准》GB 50189-2005 的最新修订情况，以比其强制性条文规定值提高百分比（锅炉热效率则以百分点）的形式，对包括上述机组在内的供暖空调冷热源机组能源效率（补充了多联式空调（热泵）机组等）提出了更高要求。对于国家标准《公共建筑节能设计标准》GB 50189 中未予规定的情况，例如量大面广的住宅或小型公建中采用分体空调器、燃气热水炉等其他设备作为供暖空调冷热源（含热水炉同时作为供暖和生活热水热源的情况），可以《房间空气调节器能效限定值及能效等级》GB 12021.3、《转速可控型房间空气调节器能效限定值及能源效率等级》GB 21455、《家用燃气快速热水器和燃气采暖热水炉能效限定值及能效等级》GB 20665 等现行有关国家标准中的节能评价值作为判定本条是否达标的依据。

本条的评价方法为：设计评价查阅相关设计文件；运行评价查阅相关竣工图、主要产品型式检验报告，并现场核实。

5.2.5 本条适用于集中空调或供暖的各类民用建筑的设计、运行评价。

本条沿用自本标准 2006 年版一般项第 4.2.5、5.2.13 条，有修改。

1) 供暖系统热水循环泵耗电输热比满足现行国家标准《公共建筑节能设计标准》GB 50189 的要求。
2) 通风空调系统风机的单位风量耗功率满足现行国家标准《公共建筑节能设计标准》GB 50189 的要求。
3) 空调冷热水系统循环水泵的耗电输冷（热）比需要比《民用建筑供暖通风与空气调节设计规范》GB 50736 的规定值低 20% 以上。耗电输冷（热）比反映了空调水系统中循环水泵的耗电与建筑冷热负荷的关系，对此值进行限制是为了保证水泵的选择在合理的范围，降低水泵能耗。

本条的评价方法为：设计评价查阅相关设计文件、计算书；运行评价查阅相关竣工图、主要产品型式检验报告、计算书，并现场核实。

5.2.6 本条适用于进行供暖、通风或空调的各类民用建筑的设计、运行评价。

本条在本标准 2006 年版优选项第 4.2.10、5.2.16 条基础上发展而来。本条主要考虑暖通空调系统的节能贡献率。采用建筑供暖空调系统节能率为评价指标，被评建筑的参照系统与实际空调系统所对应的围护结构要求与第 5.2.3 条优化后实际情况一致。暖通空调系统节能措施包括合理选择系统形式，提高设备与系统效率，优化系统控制策略等。

对于不同的供暖、通风和空调系统形式，应根据现有国家和行业有关建筑节能设计标准统一设定参考系统的冷热源能效、输配系统和末端方式，计算并统计不同负荷率下的负荷情况，根据暖通空调系统能耗的降低幅度，判断得分。

设计系统和参考系统模拟计算时，包括房间的作息、室内发热量等基本参数的设置应与第 5.2.3 条的第 2 款一致。

本条的评价方法为：设计评价查阅相关设计文件、计算分析报告；运行评价查阅相关竣工图、主要产品型式检验报告、计算分析报告，并现场核实。

5.2.7 本条适用于各类民用建筑的设计、运行评价。

本条在本标准 2006 年版一般项第 5.2.11 条基础上发展而来。空调系统设计时不仅要考虑到设计工况，而且应考虑全年运行模式。尤其在过渡季，空调系统可以有多种节能措施，例如对于全空气系统，可以采用全新风或增大新风比运行，可以有效地改善空调区内空气的品质，大量节省空气处理所需消耗的能量。但要实现全新风运行，设计时必须认真考虑新风取风口和新风管所需的截面积，妥善安排好排风出路，并应确保室内合理的正压值。此外还有过渡季节改变新风送风温度、优化冷却塔供冷的运行时数、处理负荷及调整供冷温度等节能措施。

本条的评价方法为：设计评价查阅相关设计文件；运行评价查阅相关竣工图、运行记录，并现场核实。

5.2.8 本条适用于各类民用建筑的设计、运行评价。

本条在本标准 2006 年版一般项第 5.2.12 条基础上发展而来。多数空调系统都是按照最不利情况（满负荷）进行系统设计和设备选型的，而建筑在绝大部分时间内是处于部分负荷状况的，或者同一时间仅有一部分空间处于使用状态。针对部分负荷、部分空间使用条件的情况，如何采取有效的措施以节约能源，显得至关重要。系统设计中应考虑合理的系统分区、水泵变频、变风量、变水量等节能措施，保证在建筑物处于部分冷热负荷时和仅部分建筑使用时，能根据实际需要提供恰当的能源供给，同时不降低能源转换效率，并能够指导系统在实际运行中实现节能高效运行。

本条第 1 款主要针对系统划分及其末端控制，空调方式采用分体空调以及多联机的，可认定为满足（但前提是其供暖系统也满足本款要求，或没有供暖系统）。本条第 2 款主要针对系统冷热源，如热源为市政热源可不予考察（但小区锅炉房等仍应考察）；本条第 3 款主要针对系统输配系统，包括供暖、空调、通风等系统，如冷热源和末端一体化而不存在输配系统的，可认定为满足，例如住宅中仅设分体空调以及多联机。

本条的评价方法为：设计评价查阅相关设计文件、计算书；运行评价查阅相关竣工图、计算书、运行记录，并现场核实。

Ⅲ 照明与电气

5.2.9 本条适用于各类民用建筑的设计、运行评价。对于住宅建筑，仅评价其公共部分。

本条在本标准 2006 年版一般项第 4.2.7 条基础上发展而来。在建筑的实际运行过程中，照明系统的分区控制、定时控制、自动感应开关、照度调节等措施对降低照明能耗作用很明显。

照明系统分区需满足自然光利用、功能和作息差异的要求。公共活动区域（门厅、大堂、走廊、楼梯间、地下车库等）以及大空间应采取定时、感应等节能控制措施。

本条的评价方法为：设计评价查阅相关设计文件；运行评价查阅相关竣工图，并现场核实。

5.2.10 本条适用于各类民用建筑的设计、运行评价。对住宅建筑，仅评价其公共部分。

本条沿用自本标准 2006 年版优选项第 5.2.19 条，适用范围有拓展。现行国家标准《建筑照明设计标准》GB 50034 规定了各类房间或场所的照明功率密度值，分为"现行值"和"目标值"，其中"现行值"是新建建筑必须满足的最低要求，"目标值"要求更高，是努力的方向。

本条的评价方法为：设计评价查阅相关设计文件、计算书；运行评价查阅相关竣工图、计算书，并现场核实。

5.2.11 本条适用于各类民用建筑的设计、运行评价。对于仅设有一台电梯的建筑，本条中的节能控制措施不参评。对于不设电梯的建筑，本条不参评。

本条为新增条文。本标准 2006 年版并未对电梯节能作出明确规定。然而，电梯等动力用电也形成了一定比例的能耗，而目前也出现了包括变频调速拖动、能量再生回馈等在内的多种节能技术措施。因此，增加本条作为评分项。

本条的评价方法为：设计评价查阅相关设计文件、人流平衡计算分析报告；运行评价查阅相关竣工图，并现场核实。

5.2.12 本条适用于各类民用建筑的设计、运行评价。

本条为新增条文。2010 年，国家发改委发布《电力需求侧管理办法》（发改运行[2010]2643号）。虽然其实施主体是电网企业，但也需要建筑业主、用户等方面的积极参与。对照其中要求，本标准其他条文已对高效用电设备，以及变频、热泵、蓄冷蓄热等技术予以了鼓励，本条要求所用配电变压器满足现行国家标准《三相配电变压器能效限定值及能效等级》GB 20052 规定的节能评价值；水泵、风机（及其电机）等功率较大的用电设备满足相应的能效限定值及能源效率等级国家标准所规定的节能评价值。

本条的评价方法为：设计评价查阅相关设计文件；运行评价查阅相关竣工图、主要产品型式检验报告，并现场核实。

Ⅳ 能量综合利用

5.2.13 本条适用于进行供暖、通风或空调的各类民用建筑的设计、运行评价；对无独立新风系统的建筑，新风与排风的温差不超过 15℃ 或其他不宜设置排风能量回收系统的建筑，本条不参评。

本条沿用自本标准 2006 年版一般项第 4.2.8、5.2.10 条，有修改。参评建筑的排风能量回收满足下列两项之一即可：

1 采用集中空调系统的建筑，利用排风对新风进行预热（预冷）处理，降低新风负荷，且排风热回收装置（全热和显热）的额定热回收效率不低于60%；

2 采用带热回收的新风与排风双向换气装置，且双向换气装置的额定热回收效率不低于55%。

本条的评价方法为：设计评价查阅相关设计文件、计算分析报告；运行评价查阅相关竣工图、主要产品型式检验报告、运行记录、计算分析报告，并现场核实。

5.2.14 本条适用于进行供暖或空调的公共建筑的设计、运行评价。若当地峰谷电价差低于2.5倍或没有峰谷电价的，本条不参评。

本条沿用自本标准2006年版一般项第5.2.9条，有修改。蓄冷蓄热技术虽然从能源转换和利用本身来讲并不节约，但是其对于昼夜电力峰谷差异的调节具有积极的作用，能够满足城市能源结构调整和环境保护的要求。为此，宜根据当地能源政策、峰谷电价、能源紧缺状况和设备系统特点等选择采用。参评建筑的蓄冷蓄热系统满足下列两项之一即可：

1 用于蓄冷的电驱动蓄能设备提供的设计日的冷量达到30%；参考现行国家标准《公共建筑节能设计标准》GB 50189，电加热装置的蓄能设备能保证高峰时段不用电；

2 最大限度地利用谷电，谷电时段蓄冷设备全负荷运行的80%能全部蓄存并充分利用。

本条的评价方法为：设计评价查阅相关设计文件、计算分析报告；运行评价查阅相关竣工图、主要产品型式检验报告、运行记录、计算分析报告，并现场核实。

5.2.15 本条适用于各类民用建筑的设计、运行评价。若建筑无可用的余热废热源，或建筑无稳定的热需求，本条不参评。

本条沿用自本标准2006年版一般项第5.2.14条，有修改。生活用能系统的能耗在整个建筑总能耗中占有不容忽视的比例，尤其是对于有稳定热需求的公共建筑而言更是如此。用自备锅炉房满足建筑蒸汽或生活热水，不仅可能对环境造成较大污染，而且其能源转换和利用也不符合"高质高用"的原则，不宜采用。鼓励采用热泵、空调余热、其他废热等供应生活热水。在靠近热电厂、高能耗工厂等余热、废热丰富的地域，如果设计方案中很好地实现了回收排水中的热量，以及利用其他余热废热作为预热，可降低能源的消耗，同样也能够提高生活热水系统的用能效率。一般情况下的具体指标可取为：余热或废热提供的能量分别不少于建筑所需蒸汽设计日总量的40%、供暖设计日总量的30%、生活热水设计日总量的60%。

本条的评价方法为：设计评价查阅相关设计文件、计算分析报告；运行评价查阅相关竣工图、计算分析报告，并现场核实。

5.2.16 本条适用于各类民用建筑的设计、运行评价。

本条基于本标准2006年版涉及可再生能源的多条进行了整合完善。由于不同种类可再生能源的度量方法、品位和价格都不同，本条分三类进行评价。如有多种用途可同时得分，但本条累计得分不超过10分。

本条的评价方法为：设计评价查阅相关设计文件、计算分析报告；运行评价查阅相关竣工图、计算分析报告，并现场核实。

6 节水与水资源利用

6.1 控 制 项

6.1.1 本条适用于各类民用建筑的设计、运行评价。

本条沿用自本标准2006年版控制项第4.3.1、5.3.1条，有修改。在进行绿色建筑设计前，应充分了解项目所在区域的市政给排水条件、水资源状况、气候特点等实际情况，通过全面的分析研究，制定水资源利用方案，提高水资源循环利用率，减少市政供水量和污水排放量。

水资源利用方案包含下列内容：

1 当地政府规定的节水要求、地区水资源状况、气象资料、地质条件及市政设施情况等。

2 项目概况。当项目包含多种建筑类型，如住宅、办公建筑、旅馆、商店、会展建筑等时，可统筹考虑项目内水资源的综合利用。

3 确定节水用水定额、编制水量计算表及水量平衡表。

4 给排水系统设计方案介绍。

5 采用的节水器具、设备和系统的相关说明。

6 非传统水源利用方案。对雨水、再生水及海水等水资源利用的技术经济可行性进行分析和研究，进行水量平衡计算，确定雨水、再生水及海水等水资源的利用方法、规模、处理工艺流程等。

7 景观水体补水严禁采用市政供水和自备地下水井供水，可以采用地表水和非传统水源；取用建筑场地外的地表水时，应事先取得当地政府主管部门的许可；采用雨水和建筑中水作为水源时，水景规模应根据设计可收集利用的雨水或中水量确定。

本条的评价方法为：设计评价查阅水资源利用方案，核查其在相关设计文件（含设计说明、施工图、计算书）中的落实情况；运行评价查阅水资源利用方案、相关竣工图、产品说明书，查阅运行数据报告，并现场核实。

6.1.2 本条适用于各类民用建筑的设计、运行评价。

本条对本标准2006年版节水与水资源利用部分

多条控制项条文进行了整合、完善。合理、完善、安全的给排水系统应符合下列要求：

1 给排水系统的规划设计应符合相关标准的规定，如《建筑给水排水设计规范》GB 50015、《城镇给水排水技术规范》GB 50788、《民用建筑节水设计标准》GB 50555、《建筑中水设计规范》GB 50336 等。

2 给水水压稳定、可靠，各给水系统应保证以足够的水量和水压向所有用户不间断地供应符合要求的水。供水充分利用市政压力，加压系统选用节能高效的设备；给水系统分区合理，每区供水压力不大于 0.45MPa；合理采取减压限流的节水措施。

3 根据用水要求的不同，给水水质应达到国家、行业或地方标准的要求。使用非传统水源时，采取用水安全保障措施，且不得对人体健康与周围环境产生不良影响。

4 管材、管道附件及设备等供水设施的选取和运行不应对供水造成二次污染。各类不同水质要求的给水管线应有明显的管道标识。有直饮水供应时，直饮水应采用独立的循环管网供水，并设置水量、水压、水质、设备故障等安全报警装置。使用非传统水源时，应保证非传统水源的使用安全，设置防止误接、误用、误饮的措施。

5 设置完善的污水收集、处理和排放等设施。技术经济分析合理时，可考虑污废水的回收再利用，自行设置完善的污水收集和处理设施。污水处理率和达标排放率必须达到100%。

6 为避免室内重要物资和设备受潮引起的损失，应采取有效措施避免管道、阀门和设备的漏水、渗水或结露。

7 热水供应系统热水用水量较小且用水点分散时，宜采用局部热水供应系统；热水用水量较大、用水点比较集中时，应采用集中热水供应系统，并应设置完善的热水循环系统。设置集中生活热水系统时，应确保冷热水系统压力平衡，或设置混水器、恒温阀、压差控制装置等。

8 应根据当地气候、地形、地貌等特点合理规划雨水入渗、排放或利用，保证排水渠道畅通，减少雨水受污染的概率，且合理利用雨水资源。

本条的评价方法为：设计评价查阅相关设计文件；运行评价查阅相关竣工图、产品说明书、水质检测报告、运行数据报告等，并现场核实。

6.1.3 本条适用于各类民用建筑的设计、运行评价。

本条沿用自本标准 2006 年版控制项第 4.3.3、5.3.4 条。本着"节流为先"的原则，用水器具应选用中华人民共和国国家经济贸易委员会 2001 年第 5 号公告和 2003 年第 12 号公告《当前国家鼓励发展的节水设备（产品）》目录中公布的设备、器材和器具。根据用水场合的不同，合理选用节水水龙头、节水便器、节水淋浴装置等。所有生活用水器具应满足现行标准《节水型生活用水器具》CJ 164 及《节水型产品通用技术条件》GB/T 18870 的要求。

除特殊功能需求外，均应采用节水型用水器具。对土建工程与装修工程一体化设计项目，在施工图中应对节水器具的选用提出要求；对非一体化设计项目，申报方应提供确保业主采用节水器具的措施、方案或约定。

可选用以下节水器具：

1 节水龙头：加气节水龙头、陶瓷阀芯水龙头、停水自动关闭水龙头等；

2 坐便器：压力流防臭、压力流冲击式 6L 直排便器、3L/6L 两挡节水型虹吸式排水坐便器、6L 以下直排式节水型坐便器或感应式节水型坐便器，缺水地区可选用带洗手水龙头的水箱坐便器；

3 节水淋浴器：水温调节器、节水型淋浴喷嘴等；

4 营业性公共浴室淋浴器采用恒温混合阀、脚踏开关等。

本条的评价方法为：设计评价查阅相关设计文件、产品说明书等；运行评价查阅设计说明、相关竣工图、产品说明书或产品节水性能检测报告等，并现场核实。

6.2 评 分 项

Ⅰ 节 水 系 统

6.2.1 本条适用于各类民用建筑的运行评价。

本条为新增条文。计算平均日用水量时，应实事求是地确定用水的使用人数、用水面积等。使用人数在项目使用初期可能不会达到设计人数，如住宅的入住率可能不会很快达到100%，因此对与用水人数相关的用水，如饮用、盥洗、冲厕、餐饮等，应根据用水人数来计算平均日用水量；对使用人数相对固定的建筑，如办公建筑等，按实际人数计算；对浴室、商店、餐厅等流动人口较大且数量无法明确的场所，可按设计人数计算。

对与用水人数无关的用水，如绿化灌溉、地面冲洗、水景补水等，则根据实际水表计量情况进行考核。

根据实际运行一年的水表计量数据和使用人数、用水面积等计算平均日用水量，与节水用水定额进行比较来判定。

本条的评价方法为：运行评价查阅实测用水量计量报告和建筑平均日用水量计算书。

6.2.2 本条适用于各类民用建筑的设计、运行评价。

本条在本标准 2006 年版控制项第 4.3.2、5.3.3 条基础上发展而来。管网漏失水量包括：阀门故障漏水量，室内卫生器具漏水量、水池、水箱溢流漏水量，设备漏水量和管网漏水量。为避免漏损，可采取以下措施：

1 给水系统中使用的管材、管件，应符合现行产品标准的要求。

2 选用性能高的阀门、零泄漏阀门等。

3 合理设计供水压力，避免供水压力持续高压或压力骤变。

4 做好室外管道基础处理和覆土，控制管道埋深，加强管道工程施工监督，把好施工质量关。

5 水池、水箱溢流报警和进水阀门自动联动关闭。

6 设计阶段：根据水平衡测试的要求安装分级计量水表，分级计量水表安装率达100%。具体要求为下级水表的设置应覆盖上一级水表的所有出流量，不得出现无计量支路。

7 运行阶段：物业管理机构应按水平衡测试的要求进行运行管理。申报方应提供用水量计量和漏损检测情况报告，也可委托第三方进行水平衡测试。报告包括分级水表设置示意图、用水计量实测记录、管道漏损率计算和原因分析。申报方还应提供整改措施的落实情况报告。

本条的评价方法为：设计评价查阅相关设计文件（含分级水表设置示意图）；运行评价查阅设计说明、相关竣工图（含分级水表设置示意图）、用水量计量和漏损检测及整改情况的报告，并现场核实。

6.2.3 本条适用于各类民用建筑的设计、运行评价。

本条为新增条文。用水器具给水额定流量是为满足使用要求，用水器具给水配件出口在单位时间内流出的规定出水量。流出水头是保证给水配件流出额定流量，在阀前所需的水压。给水配件阀前压力大于流出水头，给水配件在单位时间内的出水量超过额定流量的现象，称超压出流现象，该流量与额定流量的差值，为超压出流量。给水配件超压出流，不但会破坏给水系统中水量的正常分配，对用水工况产生不良的影响，同时因超压出流量未产生使用效益，为无效用水量，即浪费的水量。因它在使用过程中流失，不易被人们察觉和认识，属于"隐形"水量浪费，应引起足够的重视。给水系统设计时应采取措施控制超压出流现象，应合理进行压力分区，并适当地采取减压措施，避免造成浪费。

当选用了恒定出流的用水器具时，该部分管线的工作压力满足相关设计规范的要求即可。当建筑因功能需要，选用特殊水压要求的用水器具时，如大流量淋浴喷头，可根据产品要求采用适当的工作压力，但应选用用水效率高的产品，并在说明中作相应描述。在上述情况下，如其他常规用水器具均能满足本条要求，可以评判其达标。

本条的评价方法为：设计评价查阅相关设计文件（含各层用水点用水压力计算表）；运行评价查阅设计说明、相关竣工图、产品说明书，并现场核实。

6.2.4 本条适用于各类民用建筑的设计、运行评价。

本条在本标准2006年版一般项第5.3.10条基础上发展而来。按使用用途、付费或管理单元情况，对不同用户的用水分别设置用水计量装置，统计用水量，并据此施行计量收费，以实现"用者付费"，达到鼓励行为节水的目的，同时还可统计各种用途的用水量和分析渗漏水量，达到持续改进的目的。各管理单元通常是分别付费，或即使是不分别付费，也可以根据用水计量情况，对不同管理单元进行节水绩效考核，促进行为节水。

对公共建筑中有可能实施用者付费的场所，应设置用者付费的设施，实现行为节水。

本条的评价方法为：设计评价查阅相关设计文件（含水表设置示意图）；运行评价查阅设计说明、相关竣工图（含水表设置示意图）、各类用水的计量记录及统计报告，并现场核实。

6.2.5 本条适用于设有公用浴室的建筑的设计、运行评价。无公用浴室的建筑不参评。

本条为新增条文。通过"用者付费"，鼓励行为节水。本条中"公用浴室"既包括学校、医院、体育场馆等建筑设置的公用浴室，也包含住宅、办公楼、旅馆、商店等为物业管理人员、餐饮服务人员和其他工作人员设置的公用浴室。

本条的评价方法为：设计评价查阅相关设计文件（含相关节水产品的设备材料表）；运行评价查阅设计说明（含相关节水产品的设备材料表）、相关竣工图、产品说明书或产品检测报告，并现场核实。

Ⅱ 节水器具与设备

6.2.6 本条适用于各类民用建筑的设计、运行评价。

本条为新增条文，并与本标准控制项第6.1.3条相呼应。卫生器具除按第6.1.3条要求选用节水器具外，绿色建筑还鼓励选用更高节水性能的节水器具。目前我国已对部分用水器具的用水效率制定了相关标准，如：《水嘴用水效率限定值及用水效率等级》GB 25501-2010、《坐便器用水效率限定值及用水效率等级》GB 25502-2010、《小便器用水效率限定值及用水效率等级》GB 28377-2012、《淋浴器用水效率限定值及用水效率等级》GB 28378-2012、《便器冲洗阀用水效率限定值及用水效率等级》GB 28379-2012，今后还将陆续出台其他用水器具的标准。

在设计文件中要注明对卫生器具的节水要求和相应的参数或标准。当存在不同用水效率等级的卫生器具时，按满足最低等级的要求得分。

卫生器具有用水效率相关标准的应全部采用，方可认定达标。今后当其他用水器具出台了相应标准时，按同样的原则进行要求。

对土建装修一体化设计的项目，在施工图设计中应对节水器具的选用提出要求；对非一体化设计的项目，申报方应提供确保业主采用节水器具的措施、方案或约定。

本条的评价方法为：设计评价查阅相关设计文件、产品说明书（含相关节水器具的性能参数要求）；运行评价查阅相关竣工图纸、设计说明、产品说明书或产品节水性能检测报告，并现场核实。

6.2.7 本条适用于各类民用建筑的设计、运行评价。

本条沿用自本标准 2006 年版一般项第 4.3.8、5.3.8 条，有修改。绿化灌溉应采用喷灌、微灌、渗灌、低压管灌等节水灌溉方式，同时还可采用湿度传感器或根据气候变化的调节控制器。可参照《园林绿地灌溉工程技术规程》CECS 243 中的相关条款进行设计施工。

目前普遍采用的绿化节水灌溉方式是喷灌，其比地面漫灌要省水 30%～50%。采用再生水灌溉时，因水中微生物在空气中极易传播，应避免采用喷灌方式。

微灌包括滴灌、微喷灌、涌流灌和地下渗灌，比地面漫灌省水 50%～70%，比喷灌省水 15%～20%。其中微喷灌射程较近，一般在 5m 以内，喷水量为（200～400）L/h。

无须永久灌溉植物是指适应当地气候，仅依靠自然降雨即可维持良好的生长状态的植物，或在干旱时体内水分丧失，全株呈风干状态而不死亡的植物。无须永久灌溉植物仅在生根时需进行人工灌溉，因而不需设置永久的灌溉系统，但临时灌溉系统应在安装后一年之内移走。

当 90% 以上的绿化面积采用了高效节水灌溉方式或节水控制措施时，方可判定本条得 7 分；当 50% 以上的绿化面积采用了无须永久灌溉植物，且其余部分绿化采用了节水灌溉方式时，方可判定本条得 10 分。当选用无须永久灌溉植物时，设计文件中应提供植物配置表，并说明是否属无须永久灌溉植物，申报方应提供当地植物名录，说明所选植物的耐旱性能。

本条的评价方法为：设计评价查阅相关设计图纸、设计说明（含相关节水灌溉产品的设备材料表）、景观设计图纸（含苗木表、当地植物名录等）、节水灌溉产品说明书；运行评价查阅相关竣工图纸、设计说明、节水灌溉产品说明书，并进行现场核查，现场核查包括实地检查节水灌溉设施的使用情况、查阅绿化灌溉用水制度和计量报告。

6.2.8 本条适用于各类民用建筑的设计、运行评价。不设置空调设备或系统的项目，本条得 10 分。第 2 款仅适用于运行评价。

本条为新增条文。公共建筑集中空调系统的冷却水补水量很大，甚至可能占据建筑物用水量的 30%～50%，减少冷却水系统不必要的耗水对整个建筑物的节水意义重大。

1 开式循环冷却水系统或闭式冷却塔的喷淋水系统受气候、环境的影响，冷却水水质比闭式系统差，改善冷却水系统水质可以保护制冷机组和提高换热效率。应设置水处理装置和化学加药装置改善水质，减少排污耗水量。

开式冷却塔或闭式冷却塔的喷淋水系统设计不当时，高于集水盘的冷却水管道中部分水量在停泵时有可能溢流排掉。为减少上述水量损失，设计时可采取加大集水盘、设置平衡管或平衡水箱等方式，相对加大冷却塔集水盘浮球阀至溢流口段的容积，避免停泵时的泄水和启泵时的补水浪费。

2 开式冷却水系统或闭式冷却塔的喷淋水系统的实际补水量大于蒸发耗水量的部分，主要由冷却塔飘水、排污和溢水等因素造成，蒸发耗水量所占的比例越高，不必要的耗水量越低，系统也就越节水；

本条文第 2 款从冷却补水节水角度出发，对于减少开式冷却塔和设有喷淋水系统的闭式冷却塔的不必要耗水，提出了定量要求，本款需要满足公式（1）方可得分：

$$\frac{Q_e}{Q_b} \geqslant 80\% \tag{1}$$

式中：Q_e——冷却塔年排出冷凝热所需的理论蒸发耗水量，kg；

Q_b——冷却塔实际年冷却水补水量（系统蒸发耗水量、系统排污量、飘水量等其他耗水量之和），kg。

排出冷凝热所需的理论蒸发耗水量可按公式（2）计算

$$Q_e = \frac{H}{r_0} \tag{2}$$

式中：Q_e——冷却塔年排出冷凝热所需的理论蒸发耗水量，kg；

H——冷却塔年冷凝排热量，kJ；

r_0——水的汽化热，kJ/kg。

集中空调制冷及其自控系统设备的设计和生产应提供条件，满足能够记录、统计空调系统的冷凝排热量的要求，在设计与招标阶段，对空调系统/冷水机组应有安装冷凝热计量设备的设计与招标要求；运行评价可以通过楼宇控制系统实测、记录与统计空调系统/冷水机组全年的冷凝热，据此计算出排出冷凝热所需要的理论蒸发耗水量。

3 本款所指的"无蒸发耗水量的冷却技术"包括采用分体空调、风冷式冷水机组、风冷式多联机、地源热泵、干式运行的闭式冷却塔等。风冷空调系统的冷凝排热以显热方式排到大气，并不直接耗费水资源，采用风冷方式替代水冷方式可以节省水资源消耗。但由于风冷方式制冷机组的 COP 通常较水冷方式的制冷机组低，所以需要综合评价工程所在地的水资源和电力资源情况，有条件时宜优先考虑风冷方式排出空调冷凝热。

本条的评价方法为：设计评价查阅相关设计文件、计算书、产品说明书；运行评价查阅相关竣工图纸、设计说明、产品说明，查阅冷却水系统的运行数据、蒸发量、冷却水补水量的用水计量报告和计算书，并现场核实。

6.2.9 本条适用于各类民用建筑的设计、运行评价。

本条为新增条文。除卫生器具、绿化灌溉和冷却塔以外的其他用水也应采用节水技术和措施，如车库和道路冲洗用的节水高压水枪、节水型专业洗衣机、循环用水洗车台，给水深度处理采用自用水量较少的处理设备和措施，集中空调加湿系统采用用水效率高的设备和措施。按采用了节水技术和措施的用水量占其他用水总水量的比例进行评分。

本条的评价方法为：设计评价查阅相关设计文件、计算书、产品说明书；运行评价查阅相关竣工图纸、设计说明、产品说明，查阅水表计量报告，并现场核查，现场核查包括实地检查设备的运行情况。

Ⅲ 非传统水源利用

6.2.10 本条适用于各类民用建筑的设计、运行评价。住宅、办公、商店、旅馆类建筑参评第 1 款，除养老院、幼儿园、医院之外的其他建筑参评第 2 款。养老院、幼儿园、医院类建筑本条不参评。项目周边无市政再生水利用条件，且建筑可回用水量小于 $100m^3/d$ 时，本条不参评。

本条对本标准 2006 年版中涉及非传统水源利用率的多条进行了整合、完善。根据《民用建筑节水设计标准》GB 50555 的规定，"建筑可回用水量"指建筑的优质杂排水和杂排水水量，优质杂排水指杂排水中污染程度较低的排水，如沐浴排水、盥洗排水、洗衣排水、空调冷凝水、游泳池排水等；杂排水指民用建筑中除粪便污水外的各种排水，除优质杂排水外还包括冷却排污水、游泳池排污水、厨房排水等。当一个项目中仅部分建筑申报时，"建筑可回用水量"应按整个项目计算。

评分时，既可根据表中的非传统水源利用率来评分，也可根据表中的非传统水源利用措施来评分；按措施评分时，非传统水源利用应具有较好的经济效益和生态效益。

计算设计年用水总量应由平均日用水量计算得出，取值详见《民用建筑节水设计标准》GB 50555-2010。运行阶段的实际用水量应通过统计全年水表计量的情况计算得出。

由于我国各地区气候和资源情况差异较大，有些建筑并没有冷却水补水和室外景观水体补水的需求，为了避免这些差异对评价公平性的影响，本条在规定非传统水源利用率的要求时，扣除了冷却水补水量和室外景观水体补水量。在本标准的第 6.2.11 条和第 6.2.12 条中对冷却水补水量和室外景观水体补水量提出了非传统水源利用的要求。

包含住宅、旅馆、办公、商店等不同功能区域的综合性建筑，各功能区域按相应建筑类型参评。评价时可按各自用水量的权重，采用加权法计算非传统水源利用率的要求。

本条中的非传统水源利用措施主要指生活杂用水，包括用于绿化浇灌、道路冲洗、洗车、冲厕等的非饮用水，但不含冷却水补水和水景补水。

第 2 款中的"非传统水源的用水量占其总用水量的比例"指采用非传统水源的用水量占相应的生活杂用水总用水量的比例。

本条的评价方法为：设计评价查阅相关设计文件、当地相关主管部门的许可、非传统水源利用计算书；运行评价查阅相关竣工图纸、设计说明，查阅用水计量记录、计算书及统计报告、非传统水源水质检测报告，并现场核实。

6.2.11 本条适用于各类民用建筑的设计、运行评价。没有冷却水补水系统的建筑，本条得 8 分。

本条为新增条文。使用非传统水源替代自来水作为冷却水补水水源时，其水质指标应满足《采暖空调系统水质》GB/T 29044 中规定的空调冷却水的水质要求。

全年来看，冷却水用水时段与我国大多数地区的降雨高峰时段基本一致，因此收集雨水处理后用于冷却水补水，从水量平衡上容易达到吻合。雨水的水质要优于生活污废水，处理成本较低、管理相对简单，具有较好的成本效益，值得推广。

条文中冷却水的补水量以年补水量计，设计阶段冷却塔的年补水量可按照《民用建筑节水设计标准》GB 50555 执行。

本条的评价方法为：设计评价查阅相关设计文件、冷却水补水量及非传统水源利用的水量平衡计算书；运行评价查阅相关竣工图纸、设计说明、计算书，查阅用水计量记录、计算书及统计报告、非传统水源水质检测报告，并现场核实。

6.2.12 本条适用于各类民用建筑的设计、运行评价。不设景观水体的项目，本条得 7 分。景观水体的补水没有利用雨水或雨水利用量不满足要求时，本条不得分。

本条为新增条文。《民用建筑节水设计标准》GB 50555-2010 中强制性条文第 4.1.5 条规定"景观用水水源不得采用市政自来水和地下井水"，全文强制的《住宅建筑规范》GB 50368-2005 第 4.4.3 条规定"人工景观水体的补充水严禁使用自来水。"因此设有水景的项目，水体的补水只能使用非传统水源，或在取得当地相关主管部门的许可后，利用临近的河、湖水。有景观水体，但利用临近的河、湖水进行补水的，本条不得分。

自然界的水体（河、湖、塘等）大都是由雨水汇集而成，结合场地的地形地貌汇集雨水，用于景观水体的补水，是节水和保护、修复水生态环境的最佳选择，因此设置本条的目的是鼓励将雨水控制利用和景观水体设计有机地结合起来。景观水体的补水应充分利用场地的雨水资源，不足时再考虑其他非传统水源的使用。

缺水地区和降雨量少的地区应谨慎考虑设置景观水体，景观水体的设计应通过技术经济可行性论证确定规模和具体形式。设计阶段应做好景观水体补水量和水体蒸发量逐月的水量平衡，确保满足本条的定量要求。

本条要求利用雨水提供的补水量大于水体蒸发量的 60%，亦即采用除雨水外的其他水源对景观水体补水的量不得大于水体蒸发量的 40%，设计时应做好景观水体补水量和水体蒸发量的水量平衡，在雨季和旱季降雨水差异较大时，可以通过水位或水面面积的变化来调节补水量的富余和不足，也可设计旱溪或干塘等来适应降雨量的季节性变化。景观水体的补水管应单独设置水表，不得与绿化用水、道路冲洗用水合用水表。

景观水体的水质应符合国家标准《城市污水再生利用 景观环境用水水质》GB/T 18921-2002 的要求。景观水体的水质保障应采用生态水处理技术，合理控制雨水面源污染，确保水质安全。本标准第 4.2.13 条也对控制雨水面源污染的相关措施提出了要求。

本条的评价方法为：设计评价查阅相关设计文件（含景观设计图纸）、水量平衡计算书；运行评价查阅相关竣工图纸、设计说明、计算书，查阅景观水体补水的用水计量记录及统计报告、景观水体水质检测报告，并现场核实。

7 节材与材料资源利用

7.1 控 制 项

7.1.1 本条适用于各类民用建筑的设计、运行评价。

本条为新增条文。一些建筑材料及制品在使用过程中不断暴露出问题，已被证明不适宜在建筑工程中应用，或者不适宜在某些地区的建筑中使用。绿色建筑中不应采用国家和当地有关主管部门向社会公布禁止和限制使用的建筑材料及制品。

本条的评价方法为：设计评价对照国家和当地有关主管部门向社会公布的限制、禁止使用的建材及制品目录，查阅设计文件，对设计选用的建筑材料进行核查；运行评价对照国家和当地有关主管部门向社会公布的限制、禁止使用的建材及制品目录，查阅工程材料决算材料清单，对实际采用的建筑材料进行核查。

7.1.2 本条适用于混凝土结构的各类民用建筑的设计、运行评价。

本条为新增条文。抗拉屈服强度达到 400MPa 级及以上的热轧带肋钢筋，具有强度高、综合性能优的特点，用高强钢筋替代目前大量使用的 335MPa 级热轧带肋钢筋，平均可节约钢材 12% 以上。高强钢筋作为节材节能环保产品，在建筑工程中大力推广应用，是加快转变经济发展方式的有效途径，是建设资源节约型、环境友好型社会的重要举措，对推动钢铁工业和建筑业结构调整、转型升级具有重大意义。

为了在绿色建筑中推广应用高强钢筋，本条参考国家标准《混凝土结构设计规范》GB 50010-2010 第 4.2.1 条之规定，对混凝土结构中梁、柱纵向受力普通钢筋提出强度等级和品种要求。

本条的评价方法为：设计评价查阅设计文件，对设计选用的梁、柱纵向受力普通钢筋强度等级进行核查；运行评价查阅竣工图纸，对实际选用的梁、柱纵向受力普通钢筋强度等级进行核查。

7.1.3 本条适用于各类民用建筑的设计、运行评价。

本条沿用本标准 2006 年版控制项第 4.4.2、5.4.2 条。设置大量的没有功能的纯装饰性构件，不符合绿色建筑节约资源的要求。而通过使用装饰和功能一体化构件，利用功能构件作为建筑造型的语言，可以在满足建筑功能的前提下表达美学效果，并节约资源。对于不具备遮阳、导光、导风、载物、辅助绿化等作用的飘板、格栅、构架和塔、球、曲面等装饰性构件，应对其造价进行控制。

本条的评价方法为：设计评价查阅设计文件，有装饰性构件的应提供其功能说明书和造价计算书；运行评价查阅竣工图和造价计算书，并现场核实。

7.2 评 分 项

Ⅰ 节 材 设 计

7.2.1 本条适用于各类民用建筑的设计、运行评价。

本条为新增条文。形体指建筑平面形状和立面、竖向剖面的变化。绿色建筑设计应重视其平面、立面和竖向剖面的规则性对抗震性能及经济合理性的影响，优先选用规则的形体。

建筑设计应根据抗震概念设计的要求明确建筑形体的规则性，抗震概念设计将建筑形体的规则性分为：规则、不规则、特别不规则、严重不规则。建筑形体的规则性应根据现行国家标准《建筑抗震设计规范》GB 50011-2010 的有关规定进行划分。为实现相同的抗震设防目标，形体不规则的建筑，要比形体规则的建筑耗费更多的结构材料。不规则程度越高，对结构材料的消耗量越多，性能要求越高，不利于节材。本条评分的两个档次分别对应抗震概念设计中建筑形体规则性分级的"规则"和"不规则";对形体"特别不规则"的建筑和"严重不规则"的建筑,本条不得分。

本条的评价方法为:设计评价查阅建筑图、结构施工图、建筑形体规则性判定报告;运行评价查阅竣工图、建筑形体规则性判定报告,并现场核实。

7.2.2 本条适用于各类民用建筑的设计、运行评价。

本条为新增条文。在设计过程中对地基基础、结构体系、结构构件进行优化,能够有效地节约材料用量。结构体系指结构中所有承重构件及其共同工作的方式。结构布置及构件截面设计不同,建筑的材料用量也会有较大的差异。

本条的评价方法为:设计评价查阅建筑图、结构施工图和地基基础方案论证报告、结构体系节材优化设计书和结构构件节材优化设计书;运行评价查阅竣工图、有关报告,并现场核实。

7.2.3 本条适用于各类民用建筑的设计、运行评价。对混合功能建筑,应分别对其住宅建筑部分和公共建筑部分进行评价,本条得分值取两者的平均值。

本条沿用自本标准 2006 年版一般项第 4.4.8、5.4.8 条,并作了细化。土建和装修一体化设计,要求对土建设计和装修设计统一协调,在土建设计时考虑装修设计需求,事先进行孔洞预留和装修面层固定件的预埋,避免在装修时对已有建筑构件打凿、穿孔。这样既可减少设计的反复,又可保证结构的安全,减少材料消耗,并降低装修成本。

本条的评价方法为:设计评价查阅土建、装修各专业施工图及其他证明材料;运行评价查阅土建、装修各专业竣工图及其他证明材料。

7.2.4 本条适用于公共建筑的设计、运行评价。

本条沿用自本标准 2006 年版一般项第 5.4.9 条,并作了细化。在保证室内工作环境不受影响的前提下,在办公、商店等公共建筑室内空间尽量多地采用可重复使用的灵活隔墙,或采用无隔墙只有矮隔断的大开间敞开式空间,可减少室内空间重新布置时对建筑构件的破坏,节约材料,同时为使用期间构配件的替换和将来建筑拆除后构配件的再利用创造条件。

除走廊、楼梯、电梯井、卫生间、设备机房、公共管井以外的地上室内空间均应视为"可变换功能的室内空间",有特殊隔声、防护及特殊工艺需求的空间不计入。此外,作为商业、办公用途的地下空间也应视为"可变换功能的室内空间",其他用途的地下空间可不计入。

"可重复使用的隔断(墙)"在拆除过程中应基本不影响与之相接的其他隔墙,拆卸后可进行再次利用,如大开间敞开式办公空间内的玻璃隔断(墙)、预制隔断(墙)、特殊节点设计的可分段拆除的轻钢龙骨水泥板或石膏板隔断(墙)和木隔断(墙)等。是否具有可拆卸节点,也是认定某隔断(墙)是否属于"可重复使用的隔断(墙)"的一个关键点,例如用砂浆砌筑的砌体隔墙不算可重复使用的隔墙。

本条中"可重复使用隔断(墙)比例"为:实际采用的可重复使用隔断(墙)围合的建筑面积与建筑中可变换功能的室内空间面积的比值。

本条的评价方法为:设计评价查阅建筑、结构施工图及可重复使用隔断(墙)的设计使用比例计算书;运行评价查阅建筑、结构竣工图及可重复使用隔断(墙)的实际使用比例计算书,并现场核实。

7.2.5 本条适用于各类民用建筑的设计、运行评价。

本条为新增条文。本条旨在鼓励采用工业化方式生产的预制构件设计、建造绿色建筑。本条所指"预制构件"包括各种结构构件和非结构构件,如预制梁、预制柱、预制墙板、预制阳台板、预制楼梯、雨棚、栏杆等。在保证安全的前提下,使用工厂化方式生产的预制构件,既能减少材料浪费,又能减少施工对环境的影响,同时可为将来建筑拆除后构件的替换和再利用创造条件。

预制构件用量比例取各类预制构件重量与建筑地上部分重量的比值。

本条的评价方法为:设计评价查阅施工图、工程材料用量概预算清单、计算书;运行评价查阅竣工图、工程材料用量决算清单、计算书。

7.2.6 本条适用于居住建筑及旅馆建筑的设计、运行评价。对旅馆建筑,本条第 1 款可不参评。

本条为新增条文。本条鼓励采用系列化、多档次的整体化定型设计的厨房、卫浴间。其中整体化定型设计的厨房是指按人体工程学、炊事操作工序、模数协调及管线组合原则,采用整体设计方法而建成的标准化厨房。整体化定型设计的卫浴间是指在有限的空间内实现洗面、沐浴、如厕等多种功能的独立卫生单元。

本条的评价方法为:设计评价查阅建筑设计或装修设计图或有关说明材料;运行评价查阅竣工图、工程材料用量决算表、施工记录。

Ⅱ 材 料 选 用

7.2.7 本条适用于各类民用建筑的运行评价。

本条沿用自本标准 2006 年版一般项第 4.4.3、5.4.3 条,并作了细化。建材本地化是减少运输过程资源和能源消耗、降低环境污染的重要手段之一。本条鼓励使用本地生产的建筑材料,提高就地取材制成的建筑产品所占的比例。运输距离指建筑材料的最后一个生产工厂或场地到施工现场的距离。

本条的评价方法为:运行评价核查材料进场记录、本地建筑材料使用比例计算书、有关证明文件。

7.2.8 本条适用于各类民用建筑的设计、运行评价。

本条沿用自本标准 2006 年版一般项第 4.4.4、

5.4.4条。我国大力提倡和推广使用预拌混凝土，其应用技术已较为成熟。与现场搅拌混凝土相比，预拌混凝土产品性能稳定，易于保证工程质量，且采用预拌混凝土能够减少施工现场噪声和粉尘污染，节约能源、资源，减少材料损耗。

预拌混凝土应符合现行国家标准《预拌混凝土》GB/T 14902的规定。

本条的评价方法为：设计评价查阅施工图及说明；运行评价查阅竣工图、预拌混凝土用量清单、有关证明文件。

7.2.9 本条适用于各类民用建筑的设计、运行评价。

本条为新增条文。长期以来，我国建筑施工用砂浆一直采用现场拌制砂浆。现场拌制砂浆由于计量不准确、原材料质量不稳定等原因，施工后经常出现空鼓、龟裂等质量问题，工程返修率高。而且，现场拌制砂浆在生产和使用过程中不可避免地会产生大量材料浪费和损耗，污染环境。

预拌砂浆是根据工程需要配制、由专业化工厂规模化生产的，砂浆的性能品质和均匀性能够得到充分保证，可以很好地满足砂浆保水性、和易性、强度和耐久性需求。

预拌砂浆按照生产工艺可分为湿拌砂浆和干混砂浆；按照用途可分为砌筑砂浆、抹灰砂浆、地面砂浆、防水砂浆、陶瓷砖粘结砂浆、界面砂浆、保温板粘结砂浆、保温板抹面砂浆、聚合物水泥防水砂浆、自流平砂浆、耐磨地坪砂浆和饰面砂浆等。

预拌砂浆与现场拌制砂浆相比，不是简单意义的同质产品替代，而是采用先进工艺的生产线拌制，增加了技术含量，产品性能得到显著增强。预拌砂浆尽管单价比现场拌制砂浆高，但是由于其性能好、质量稳定、减少环境污染、材料浪费和损耗小、施工效率高、工程返修率低，可降低工程的综合造价。

预拌砂浆应符合现行标准《预拌砂浆》GB/T 25181及《预拌砂浆应用技术规程》JGJ/T 223的规定。

本条的评价方法为：设计评价查阅施工图及说明；运行评价查阅竣工图及说明、砂浆用量清单等证明文件。

7.2.10 本条适用于各类民用建筑的设计、运行评价。砌体结构和木结构不参评。

本条沿用自本标准2006年版一般项第4.4.5、5.4.5条，并作了细化，与本标准控制项第7.1.2条相呼应。合理采用高强度结构材料，可减小构件的截面尺寸及材料用量，同时也可减轻结构自重，减小地震作用及地基基础的材料消耗。混凝土结构中的受力普通钢筋，包括梁、柱、墙、板、基础等构件中的纵向受力筋及箍筋。

混合结构指由钢框架或型钢（钢管）混凝土框架与钢筋混凝土筒体所组成的共同承受竖向和水平作用的高层建筑结构。

本条的评价方法为：设计评价查阅结构施工图及计算书；运行评价查阅竣工图、材料决算清单、计算书，并现场核实。

7.2.11 本条适用于混凝土结构、钢结构民用建筑的设计、运行评价。

本条由本标准2006年版一般项第4.4.5、5.4.5条发展而来。本条中"高耐久性混凝土"指满足设计要求下，性能不低于行业标准《混凝土耐久性检验评定标准》JGJ/T 193中抗硫酸盐侵蚀等级KS90，抗氯离子渗透性能、抗碳化性能及早期抗裂性能Ⅲ级的混凝土。其各项性能的检测与试验方法应符合《普通混凝土长期性能和耐久性能试验方法标准》GB/T 50082的规定。

本条中的耐候结构钢须符合现行国家标准《耐候结构钢》GB/T 4171的要求；耐候型防腐涂料须符合行业标准《建筑用钢结构防腐涂料》JG/T 224-2007中Ⅱ型面漆和长效型底漆的要求。

本条的评价方法为：设计评价查阅建筑及结构施工图、计算书；运行评价查阅建筑及结构竣工图、计算书，并现场核实。

7.2.12 本条适用于各类民用建筑的设计、运行评价。

本条由本标准2006年版一般项第4.4.7、5.4.7条、优选项第4.4.11、5.4.12条整合得到。建筑材料的循环利用是建筑节材与材料资源利用的重要内容。本条的设置旨在整体考量建筑材料的循环利用对节材与材料资源利用的贡献，评价范围是永久性安装在工程中的建筑材料，不包括电梯等设备。

有的建筑材料可以在不改变材料的物质形态情况下直接进行再利用，或经过简单组合、修复后可直接再利用，如有些材质的门、窗等。有的建筑材料需要通过改变物质形态才能实现循环利用，如难以直接回用的钢筋、玻璃等，可以回炉再生产。有的建筑材料则既可以直接再利用又可以回炉后再循环利用，例如标准尺寸的钢结构型材等。以上各类材料均可纳入本条范畴。

建筑中采用的可再循环建筑材料和可再利用建筑材料，可以减少生产加工新材料带来的资源、能源消耗和环境污染，具有良好的经济、社会和环境效益。

本条的评价方法为：设计评价查阅工程概预算材料清单和相关材料使用比例计算书，核查相关建筑材料的使用情况；运行评价查阅工程决算材料清单、计算书和相应的产品检测报告，核查相关建筑材料的使用情况。

7.2.13 本条适用于各类民用建筑的运行评价。

本条沿用自本标准2006年版一般项第4.4.9、5.4.10条，有修改。本条中的"以废弃物为原料生产的建筑材料"是指在满足安全和使用性能的前提下，使用废弃物等作为原材料生产出的建筑材料，其中废弃物主要包括建筑废弃物、工业废料和生活废弃物。

在满足使用性能的前提下，鼓励利用建筑废弃混凝土，生产再生骨料，制作成混凝土砌块、水泥制品或配制再生混凝土；鼓励利用工业废料、农作物秸秆、建筑垃圾、淤泥为原料制作成水泥、混凝土、墙体材料、保温材料等建筑材料；鼓励以工业副产品石膏制作成石膏制品；鼓励使用生活废弃物经处理后制成的建筑材料。

为保证废弃物使用量达到一定比例，本条要求以废弃物为原料生产的建筑材料重量占同类建筑材料总重量的比例不小于30%。以废弃物为原料生产的建筑材料，应满足相应的国家或行业标准的要求。

本条的评价方法为：运行评价查阅工程决算材料清单、以废弃物为原料生产的建筑材料检测报告和废弃物建材资源综合利用认定证书等证明材料，核查相关建筑材料的使用情况和废弃物掺量。

7.2.14 本条适用于各类民用建筑的运行评价。

本条为新增条文。为了保持建筑物的风格、视觉效果和人居环境，装饰装修材料在一定使用年限后会进行更新替换。如果使用易沾污、难维护及耐久性差的装饰装修材料，则会在一定程度上增加建筑物的维护成本，且施工也会带来有毒有害物质的排放、粉尘及噪声等问题。使用清水混凝土可减少装饰装修材料用量。

本条重点对外立面材料的耐久性提出了要求，详见下表。

表3 外立面材料耐久性要求

分类		耐久性要求
外墙涂料		采用水性氟涂料或耐候性相当的涂料
建筑幕墙	玻璃幕墙	明框、半隐框玻璃幕墙的铝型材表面处理符合《铝及铝合金阳极氧化膜与有机聚合物膜》GB/T 8013.1～8013.3规定的耐候性等级的最高级要求。硅酮结构密封胶耐候性优于标准要求
	石材幕墙	根据当地气候环境条件，合理选择石材含水率和耐冻融指标，并对其表面进行防护处理
	金属板幕墙	采用氟碳制品，或耐久性相当的其他表面处理方式的制品
	人造板幕墙	根据当地气候环境条件，合理选择含水率、耐冻融指标

对建筑室内所采用耐久性好、易维护的装饰装修材料应提供相关材料证明所采用材料的耐久性。

本条的评价方法为：运行评价查阅建筑竣工图纸、材料决算清单、材料检测报告或有关证明材料，并现场核实。

8 室内环境质量

8.1 控制项

8.1.1 本条适用于各类民用建筑的设计、运行评价。

本条在本标准2006年版控制项第4.5.3条基础上发展而来。本条所指的噪声控制对象包括室内自身声源和来自室外的噪声。室内噪声源一般为通风空调设备、日用电器等；室外噪声源则包括来自于建筑其他房间的噪声（如电梯噪声、空调设备噪声等）和来自建筑外部的噪声（如周边交通噪声、社会生活噪声、工业噪声等）。本条所指的低限要求，与国家标准《民用建筑隔声设计规范》GB 50118中的低限要求规定对应，如该标准中没有明确室内噪声级的低限要求，即对应该标准规定的室内噪声级的最低要求。

本条的评价方法为：设计评价查阅相关设计文件、环评报告或噪声分析报告；运行评价查阅相关竣工图、室内噪声检测报告。

8.1.2 本条适用于各类民用建筑的设计、运行评价。

本条在本标准2006年版控制项第4.5.3条、一般项第5.5.9条基础上发展而来。外墙、隔墙和门窗的隔声性能指空气声隔声性能；楼板的隔声性能除了空气声隔声性能之外，还包括撞击声隔声性能。本条所指的围护结构构件的隔声性能的低限要求，与国家标准《民用建筑隔声设计规范》GB 50118中的低限要求规定对应，如该标准中没有明确围护结构隔声性能的低限要求，即对应该标准规定的隔声性能的最低要求。

本条的评价方法为：设计评价查阅相关设计文件、构件隔声性能的实验室检验报告；运行评价查阅相关竣工图、构件隔声性能的实验室检验报告，并现场核实。

8.1.3 本条适用于各类民用建筑的设计、运行评价。对住宅建筑的公共部分及土建装修一体化设计的房间应满足本条要求。

本条沿用自本标准2006年版控制项第5.5.6条。室内照明质量是影响室内环境质量的重要因素之一，良好的照明不但有利于提升人们的工作和学习效率，更有利于人们的身心健康，减少各种职业疾病。良好、舒适的照明要求在参考平面上具有适当的照度水平，避免眩光，显色效果良好。各类民用建筑中的室内照度、眩光值、一般显色指数等照明数量和质量指标应满足现行国家标准《建筑照明设计标准》GB 50034的有关规定。

本条的评价方法为：设计评价查阅相关设计文

件、计算分析报告；运行评价查阅相关竣工图、计算分析报告、现场检测报告，并现场核实。

8.1.4 本条适用于集中供暖空调的各类民用建筑的设计、运行评价。

本条对本标准2006年版控制项第5.5.1、5.5.3条进行了整合、完善，并拓展了适用范围。通风以及房间的温度、湿度、新风量是室内热环境的重要指标，应满足现行国家标准《民用建筑供暖通风与空气调节设计规范》GB 50736中的有关规定。

本条的评价方法为：设计评价查阅相关设计文件；运行评价查阅相关竣工图、室内温湿度检测报告、新风机组竣工验收风量检测报告、二氧化碳浓度检测报告，并现场核实。

8.1.5 本条适用于各类民用建筑的设计、运行评价。

本条沿用自本标准2006年版控制项第5.5.2条、一般项第4.5.7条。房间内表面长期或经常结露会引起霉变，污染室内的空气，应加以控制。在南方的梅雨季节，空气的湿度接近饱和，要彻底避免发生结露现象非常困难，不属于本条控制范畴。另外，短时间的结露并不至于引起霉变，所以本条控制"在室内设计温、湿度"这一前提条件下不结露。

本条的评价方法为：设计评价查阅相关设计文件；运行评价查阅相关竣工图，并现场核实。

8.1.6 本条适用于各类民用建筑的设计、运行评价。

本条沿用自本标准2006年版一般项第4.5.8条，有修改。屋顶和东西外墙的隔热性能，对于建筑在夏季时室内热舒适度的改善，以及空调负荷的降低，具有重要意义。因此，除在本标准的第5章相关条文对于围护结构热工性能要求之外，增加对上述围护结构的隔热性能的要求作为控制项。

本条的评价方法为：设计评价查阅围护结构热工设计说明等图纸或文件，以及计算分析报告；运行评价查阅相关竣工文件，并现场核实。

8.1.7 本条适用于各类民用建筑的运行评价。

本条沿用自本标准2006年版控制项第4.5.5、5.5.4条，有修改。国家标准《民用建筑工程室内环境污染控制规范》GB 50325-2010（2013年版）第6.0.4条规定，民用建筑工程验收时必须进行室内环境污染物浓度检测；并对其中氡、甲醛、苯、氨、总挥发性有机物等五类物质污染物的浓度限量进行了规定。本条在此基础上进一步要求建筑运行满一年后，氨、甲醛、苯、总挥发性有机物、氡五类空气污染物浓度应符合现行国家标准《室内空气质量标准》GB/T 18883中的有关规定，详见下表。

表4 室内空气质量标准

污染物	标准值	备注
氨 NH_3	≤0.20mg/m³	1h均值
甲醛 HCHO	≤0.10mg/m³	1h均值

续表4

污染物	标准值	备注
苯 C_6H_6	≤0.11mg/m³	1h均值
总挥发性有机物 TVOC	≤0.60mg/m³	8h均值
氡 ^{222}Rn	≤400Bq/m³	年平均值

本条的评价方法为：运行评价查阅室内污染物检测报告，并现场核实。

8.2 评 分 项

Ⅰ 室内声环境

8.2.1 本条适用于各类民用建筑的设计、运行评价。

本条是在本标准控制项第8.1.1条要求基础上的提升。国家标准《民用建筑隔声设计规范》GB 50118-2010将住宅、办公、商业、医院等建筑主要功能房间的室内允许噪声级分"低限标准"和"高要求标准"两档列出。对于《民用建筑隔声设计规范》GB 50118-2010一些只有唯一室内噪声级要求的建筑（如学校），本条认定该室内噪声级对应数值为低限标准，而高要求标准则在此基础上降低5dB（A）。需要指出，对于不同星级的旅馆建筑，其对应的要求不同，需要一一对应。

本条的评价方法为：设计评价查阅相关设计文件、环评报告或噪声分析报告；运行评价查阅相关竣工图、室内噪声检测报告。

8.2.2 本条适用于各类民用建筑的设计、运行评价。

本条是在本标准控制项第8.1.2条要求基础上的提升。国家标准《民用建筑隔声设计规范》GB 50118-2010将住宅、办公、商业、旅馆、医院等类型建筑的墙体、门窗、楼板的空气声隔声性能以及楼板的撞击声隔声性能分"低限标准"和"高要求标准"两档列出。居住建筑、办公、旅馆、商业、医院等建筑宜满足《民用建筑隔声设计规范》GB 50118-2010中围护结构隔声标准的低限标准要求，但不包括开放式办公空间。对于《民用建筑隔声设计规范》GB 50118-2010只规定了构件的单一空气隔声性能的建筑，本条认定该构件对应的空气隔声性能数值为低限标准限值，而高要求标准限值则在此基础上提高5dB。本条采取同样的方式定义只有单一楼板撞击声隔声性能的建筑类型，并规定高要求标准限值为低限标准限值降低10dB。

对于《民用建筑隔声设计规范》GB 50118-2010没有涉及的类型建筑的围护结构构件隔声性能可对照相似类型建筑的要求评价。

本条的评价方法为：设计评价查阅相关设计文件、构件隔声性能的实验室检验报告；运行评价查阅相关竣工图、构件隔声性能的实验室检验报告，并现场核实。

8.2.3 本条适用于各类民用建筑的设计、运行评价。

本条在本标准2006年版一般项第5.5.10条基础上发展而来。

解决民用建筑内的噪声干扰问题首先应从规划设计、单体建筑内的平面布置考虑。这就要求合理安排建筑平面和空间功能，并在设备系统设计时就考虑其噪声与振动控制措施。变配电房、水泵房等设备用房的位置不应放在住宅或重要房间的正下方或正上方。此外，卫生间排水噪声是影响正常工作生活的主要噪声，因此鼓励采用包括同层排水、旋流弯头等有效措施加以控制或改善。

本条的评价方法为：设计评价查阅相关设计文件；运行评价查阅相关竣工图，并现场核实。

8.2.4 本条适用于各类公共建筑的设计、运行评价。

本条为新增条文。多功能厅、接待大厅、大型会议室、讲堂、音乐厅、教室、餐厅和其他有声学要求的重要功能房间的各项声学设计指标应满足有关标准的要求。

专项声学设计应将声学设计目标在相关设计文件中注明。

本条的评价方法为：设计评价查阅相关设计文件、声学设计专项报告；运行评价查阅声学设计专项报告、检测报告，并现场核实。

Ⅱ 室内光环境与视野

8.2.5 本条适用于各类民用建筑的设计、运行评价。

本条沿用自本标准2006年版一般项第4.5.6条，并进行了拓展。窗户除了有自然通风和天然采光的功能外，还起到沟通内外的作用，良好的视野有助于居住者或使用者心情舒畅，提高效率。

对于居住建筑，主要判断建筑间距。根据国外经验，当两幢住宅楼居住空间的水平视线距离不低于18m时即能基本满足要求。对于公共建筑本条主要评价，在规定的使用区域，主要功能房间都能看到室外自然环境，没有构筑物或周边建筑物造成明显视线干扰。对于公共建筑，非功能空间包括走廊、核心筒、卫生间、电梯间、特殊功能房间，其余的为功能房间。

本条的评价方法为：设计评价查阅相关设计文件；运行评价查阅相关竣工图，并现场核实。

8.2.6 本条适用于各类民用建筑的设计、运行评价。

本条在本标准2006年版控制项第4.5.2条、一般项第5.5.11条基础上发展而来。充足的天然采光有利于居住者的生理和心理健康，同时也有利于降低人工照明能耗。各种光源的视觉试验结果表明，在同样照度的条件下，天然光的辨认能力优于人工光，从而有利于人们工作、生活、保护视力和提高劳动生产率。

本条的评价方法为：设计评价查阅相关设计文件、计算分析报告；运行评价查阅相关竣工图、计算分析报告、检测报告，并现场核实。

8.2.7 本条适用于各类民用建筑的设计、运行评价。

本条沿用自本标准2006年版优选项第5.5.15条，有修改。天然采光不仅有利于照明节能，而且有利于增加室内外的自然信息交流，改善空间卫生环境，调节空间使用者的心情。建筑的地下空间和大进深的地上室内空间，容易出现天然采光不足的情况。通过反光板、棱镜玻璃窗、天窗、下沉庭院等设计手法或采用导光管技术，可以有效改善这些空间的天然采光效果。本条第1款，要求符合现行国家标准《建筑采光设计标准》GB 50033中控制不舒适眩光的相关规定。

第2款的内区，是针对外区而言的。为简化，一般情况下外区定义为距离建筑外围护结构5m范围内的区域。

三款可同时得分。如果参评建筑无内区，第2款直接得4分；如果参评建筑没有地下部分，第3款直接得4分。

本条的评价方法为：设计评价查阅相关设计文件、采光计算报告；运行评价查阅相关竣工图、采光计算报告、天然采光检测报告，并现场核实。

Ⅲ 室内热湿环境

8.2.8 本条适用于各类民用建筑的设计、运行评价。

本条沿用自本标准2006年版一般项第4.5.10条、优选项第5.5.13条，有修改。可调遮阳措施包括活动外遮阳设施、永久设施（中空玻璃夹层智能内遮阳）、固定外遮阳加内部高反射率可调节遮阳等措施。对没有阳光直射的透明围护结构，不计入面积计算。

本条的评价方法为：设计评价查阅相关设计文件、产品说明书、计算书；运行评价查阅相关竣工图、产品说明书、计算书，并现场核实。

8.2.9 本条适用于集中供暖空调的各类民用建筑的设计、运行评价。

本条沿用自本标准2006年版一般项第4.5.9、5.5.8条，有修改。本条文强调室内热舒适的调控性，包括主动式供暖空调末端的可调性及个性化的调节措施，总的目标是尽量地满足用户改善个人热舒适的差异化需求。对于集中供暖空调的住宅，由于本标准第5.1.1条的控制项要求，比较容易达到要求。对于采用供暖空调系统的公共建筑，应根据房间、区域的功能和所采取的系统形式，合理设置可调末端装置。

本条的评价方法为：设计评价查阅相关设计文件、产品说明书；运行评价查阅相关竣工图、产品说明书，并现场核实。

Ⅳ 室内空气质量

8.2.10 本条适用于各类民用建筑的设计、运行评价。

本条在本标准 2006 年版一般项第 4.5.4、5.5.7 条基础上发展而来。

第 1 款主要通过通风开口面积与房间地板面积的比值进行简化判断。此外，卫生间是住宅内部的一个空气污染源，卫生间开设外窗有利于污浊空气的排放。

第 2 款主要针对不容易实现自然通风的公共建筑（例如大进深内区、由于别的原因不能保证开窗通风面积满足自然通风要求的区域）进行了自然通风优化设计或创新设计，保证建筑在过渡季典型工况下平均自然通风换气次数大于 2 次/h（按面积计算。对于高大空间，主要考虑 3m 以下的活动区域）。本款可通过以下两种方式进行判断：

1 在过渡季节典型工况下，自然通风房间可开启外窗净面积不得小于房间地板面积的 4%，建筑内区房间若通过邻接房间进行自然通风，其通风开口面积应大于该房间净面积的 8%，且不应小于 2.3m²（数据源自美国 ASHRAE 标准 62.1）。

2 对于复杂建筑，必要时需采用多区域网络法进行多房间自然通风量的模拟分析计算。

本条的评价方法为：设计评价查阅相关设计文件、计算书、自然通风模拟分析报告；运行评价查阅相关竣工图、计算书、自然通风模拟分析报告，并现场核实。

8.2.11 本条适用于各类民用建筑的设计、运行评价。

本条为新增条文。

重要功能区域指的是主要功能房间，高大空间（如剧场、体育场馆、博物馆、展览馆等），以及对于气流组织有特殊要求的区域。

本条第 1 款要求供暖、通风或空调工况下的气流组织应满足功能要求，避免冬季热风无法下降，气流短路或制冷效果不佳，确保主要房间的环境参数（温度、湿度分布，风速，辐射温度等）达标。公共建筑的暖通空调设计图纸应有专门的气流组织设计说明，提供射流公式校核报告，末端风口设计应有充分的依据，必要时应提供相应的模拟分析优化报告。对于住宅，应分析分体空调室内机位置与起居室床的关系是否会造成冷风直接吹到居住者、分体空调室外机设计是否形成气流短路或恶化室外传热等问题；对于土建与装修一体化设计施工的住宅，还应校核室内空调供暖时卧室和起居室室内热环境参数是否达标。设计评价主要审查暖通空调设计图纸，以及必要的气流组织模拟分析或计算报告。运行阶段检查典型房间的抽样实测报告。

第 2 款要求卫生间、餐厅、地下车库等区域的空气和污染物避免串通到室内别的空间或室外活动场所。住区内尽量将厨房和卫生间设置于建筑单元（或户型）自然通风的负压侧，防止厨房或卫生间的气味因主导风反灌进入室内，而影响室内空气质量。同时，可以对于不同功能房间保证一定压差，避免气味散发量大的空间（比如卫生间、餐厅、地下车库等）的气味或污染物串通到室内别的空间或室外主要活动场所。卫生间、餐厅、地下车库等区域如设置机械排风，应保证负压，还应注意其取风口和排风口的位置，避免短路或污染。运行评价需现场核查或检测。

本条的评价方法为：设计评价查阅相关设计文件、气流组织模拟分析报告；运行评价查阅相关竣工图、气流组织模拟分析报告或检测报告，并现场核实。

8.2.12 本条适用于集中通风空调各类公共建筑的设计、运行评价。住宅建筑不参评。

本条在本标准 2006 年版一般项第 4.5.11 条、优选项第 5.5.14 条基础上发展而来。人员密度较高且随时间变化大的区域，指设计人员密度超过 0.25 人/m²，设计总人数超过 8 人，且人员随时间变化大的区域。

二氧化碳检测技术比较成熟、使用方便，但甲醛、氨、苯、VOC 等空气污染物的浓度监测比较复杂，使用不方便，有些简便方法不成熟，受环境条件变化影响大。对二氧化碳，要求检测进、排风设备的工作状态，并与室内空气污染监测系统关联，实现自动通风调节。对甲醛、颗粒物等其他污染物，要求可以超标实时报警。

本条包括对室内的要求二氧化碳浓度监控，即应设置与排风联动的二氧化碳检测装置，当传感器监测到室内 CO_2 浓度超过一定量值时，进行报警，同时自动启动排风系统。室内 CO_2 浓度的设定量值可参考国家标准《室内空气中二氧化碳卫生标准》GB/T 17094-1997（2000mg/m³）等相关标准的规定。

本条的评价方法为：设计评价查阅相关设计文件；运行评价查阅相关竣工图、运行记录，并现场核实。

8.2.13 本条适用于设地下车库的各类民用建筑的设计、运行评价。

本条在本标准 2006 年版一般项第 4.5.11 条、优选项第 5.5.14 条基础上发展而来。地下车库空气流通不好，容易导致有害气体浓度过大，对人体造成伤害。有地下车库的建筑，车库设置与排风设备联动的一氧化碳检测装置，超过一定的量值时需报警，并立刻启动排风系统。所设定的量值可参考国家标准《工作场所有害因素职业接触限值 第 1 部分：化学有害因素》GBZ 2.1-2007（一氧化碳的短时间接触容许浓度上限为 30mg/m³）等相关标准的规定。

本条的评价方法为：设计评价查阅相关设计文件；运行评价查阅相关竣工图、运行记录，并现场核实。

9 施工管理

9.1 控 制 项

9.1.1 本条适用于各类民用建筑的运行评价。

项目部成立专门的绿色建筑施工管理组织机构，完善管理体系和制度建设，根据预先设定的绿色建筑施工总目标，进行目标分解、实施和考核活动。比选优化施工方案，制定相应施工计划并严格执行，要求措施、进度和人员落实，实行过程和目标双控。项目经理为绿色施工第一责任人，负责绿色施工的组织实施及目标实现，并指定绿色建筑施工各级管理人员和监督人员。

本条的评价方法为查阅该项目组织机构的相关制度文件，在施工过程中各种主要活动的可证明记录，包括可证明时间、人物、事件的纸质和电子文件、影像资料等。

9.1.2 本条适用于各类民用建筑的运行评价。

建筑施工过程是对工程场地的一个改造过程，不但改变了场地的原始状态，而且对周边环境造成影响，包括水土流失、土壤污染、扬尘、噪声、污水排放、光污染等。为了有效减小施工对环境的影响，应制定施工全过程的环境保护计划，明确施工中各相关方应承担的责任，将环境保护措施落实到具体责任人；实施过程中开展定期检查，保证环境保护目标的实现。

本条的评价方法为查阅环境保护计划书、施工单位 ISO 14001 文件、环境保护实施记录文件（包括责任人签字的检查记录、照片或影像等）、可能有的当地环保局或建委等有关主管部门对环境影响因子如扬尘、噪声、污水排放评价的达标证明。

9.1.3 本条适用于各类民用建筑的运行评价。

建筑施工过程中应加强对施工人员的健康安全保护。建筑施工项目部应编制"职业健康安全管理计划"，并组织落实，保障施工人员的健康与安全。

本条的评价方法为查阅职业健康安全管理计划、施工单位 OHSAS 18000 职业健康与安全体系文件、现场作业危险源清单及其控制计划、现场作业人员个人防护用品配备及发放台账，必要时核实劳动保护用品或器具进货单。

9.1.4 本条适用于各类民用建筑的运行评价；也可在设计评价中进行预审。

施工建设将绿色设计转化成绿色建筑。在这一过程中，参建各方应对设计文件中绿色建筑重点内容正确理解与准确把握。施工前由参建各方进行专业会审时，应对保障绿色建筑性能的重点内容逐一进行。

本条的评价方法为运行评价查阅各专业设计文件、专项会审记录。设计评价预审时，查阅各专业设计文件说明。

9.2 评 分 项

Ⅰ 环境保护

9.2.1 本条适用于各类民用建筑的运行评价。

施工扬尘是最主要的大气污染源之一。施工中应采取降尘措施，降低大气总悬浮颗粒物浓度。施工中的降尘措施包括对易飞扬物质的洒水、覆盖、遮挡，对出入车辆的清洗、封闭，对易产生扬尘施工工艺的降尘措施等。在工地建筑结构脚手架外侧设置密目防尘网或防尘布，具有很好的扬尘控制效果。

本条的评价方法为查阅降尘计算书、降尘措施实施记录。

9.2.2 本条适用于各类民用建筑的运行评价。

施工产生的噪声是影响周边居民生活的主要因素之一，也是居民投诉的主要对象。国家标准《建筑施工场界环境噪声排放标准》GB 12523－2011 对噪声的测量、限值作出了具体的规定，是施工噪声排放管理的依据。为了减低施工噪声排放，应该采取降低噪声和噪声传播的有效措施，包括采用低噪声设备，运用吸声、消声、隔声、隔振等降噪措施，降低施工机械噪声。

本条的评价方法为查阅降噪计划书、场界噪声测量记录。

9.2.3 本条适用于各类民用建筑的运行评价。

目前建筑施工废弃物的数量很大，堆放或填埋均占用大量的土地；对环境产生很大的影响，包括建筑垃圾的淋滤液渗入土层和含水层，破坏土壤环境，污染地下水，有机物质发生分解产生有害气体，污染空气；同时建筑施工废弃物的产出，也意味着资源的浪费。因此减少建筑施工废弃物产出，涉及节地、节能、节材和保护环境这样一个可持续发展的综合性问题。施工废弃物减量化应在材料采购、材料管理、施工管理的全过程实施。施工废弃物应分类收集、集中堆放，尽量回收和再利用。

建筑施工废弃物包括工程施工产生的各类施工废料，有的可回收，有的不可回收，不包括基坑开挖的渣土。

本条的评价方法为查阅建筑施工废弃物减量化资源化计划，建筑施工废弃物回收单据，各类建筑材料进货单，各类工程量结算清单，统计计算的每 10000m^2 建筑施工固体废弃物排放量。

Ⅱ 资源节约

9.2.4 本条适用于各类民用建筑的运行评价。

施工过程中的用能，是建筑全寿命期能耗的组成部分。由于建筑结构、高度、所在地区等的不同，建成每平方米建筑的用能量有显著的差异。施工中应制定节能和用能方案，提出建成每平方米建筑能耗目标值，预算各施工阶段用电负荷，合理配置临时用电设备，尽量避免多台大型设备同时使用。合理安排工序，提高各种机械的使用率和满载率，降低各种设备的单位耗能。做好建筑施工能耗管理，包括现场耗能与运输耗能。为此应该做好能耗监测、记录，用于指导施工过程中的能源节约。竣工时提供施工过程能耗记录和建成每平方米建筑实际能耗值，为施工过程的能耗统计提供基础数据。

记录主要建筑材料运输耗能，是指有记录的建筑材料占所有建筑材料重量的 85% 以上。

本条的评价方法为查阅施工节能和用能方案，用能监测记录，统计计算的建成每平方米建筑能耗值，有关证明材料。

9.2.5 本条适用于各类民用建筑的运行评价。

施工过程中的用水，是建筑全寿命期水耗的组成部分。由于建筑结构、高度、所在地区等的不同，建成每平方米建筑的用水量有显著的差异。施工中应制定节水和用水方案，提出建成每平方米建筑水耗目标值。为此应该做好水耗监测、记录，用于指导施工过程中的节水。竣工时提供施工过程水耗记录和建成每平方米建筑实际水耗值，为施工过程的水耗统计提供基础数据。

基坑降水抽取的地下水量大，要合理设计基坑开挖，减少基坑水排放。配备地下水存储设备，合理利用抽取的基坑水。记录基坑降水的抽取量、排放量和利用量数据。对于洗刷、降尘、绿化、设备冷却等用水来源，应尽量采用非传统水源。具体包括工程项目中使用的中水、基坑降水、工程使用后收集的沉淀水以及雨水等。

本条的评价方法为查阅施工节水和用水方案，统计计算的用水监测记录，建成每平方米建筑水耗值，有关证明材料。

9.2.6 本条适用于各类民用建筑的运行评价；也可在设计评价中进行预审。对不使用预拌混凝土的项目，本条不参评。

减少混凝土损耗、降低混凝土消耗量是施工中节材的重点内容之一。我国各地方的工程量预算定额，一般规定预拌混凝土的损耗率是 1.5%，但在很多工程施工中超过了 1.5%，甚至达到了 2%～3%，因此有必要对预拌混凝土的损耗率提出要求。本条参考有关定额标准及部分实际工程的调查数据，对损耗率分档评分。

本条的评价方法为运行评价查阅混凝土用量结算清单、预拌混凝土进货单，统计计算的预拌混凝土损耗率。设计评价预审时，查阅减少损耗的措施计划。

9.2.7 本条适用于各类民用建筑的运行评价；也可在设计评价中进行预审。对不使用钢筋的项目，本条得 8 分。

钢筋是混凝土结构建筑的大宗消耗材料。钢筋浪费是建筑施工中普遍存在的问题，设计、施工不合理都会造成钢筋浪费。我国各地方的工程量预算定额，根据钢筋的规格不同，一般规定的损耗率为 2.5%～4.5%。根据对国内施工项目的初步调查，施工中实际钢筋浪费率约为 6%。因此有必要对钢筋的损耗率提出要求。

专业化生产是指将钢筋用自动化机械设备按设计图纸要求加工成钢筋半成品，并进行配送的生产方式。钢筋专业化生产不仅可以通过统筹套裁节约钢筋，还可减少现场作业、降低加工成本、提高生产效率、改善施工环境和保证工程质量。

本条参考有关定额及部分实际工程的调查数据，对现场加工钢筋损耗率分档评分。

本条的评价方法为运行评价查阅专业化生产成型钢筋用量结算清单、成型钢筋进货单，统计计算的成型钢筋使用率，现场钢筋加工的钢筋工程量清单、钢筋用量结算清单，钢筋进货单，统计计算的现场加工钢筋损耗率。设计评价预审时，查阅采用专业化加工的建议文件，如条件具备情况、有无加工厂、运输距离等。

9.2.8 本条适用于各类民用建筑的运行评价。对不使用模板的项目，本条得 10 分。

建筑模板是混凝土结构工程施工的重要工具。我国的木胶合板模板和竹胶合板模板发展迅速，目前与钢模板已成三足鼎立之势。

散装、散拆的木（竹）胶合板模板施工技术落后，模板周转次数少，费工费料，造成资源的大量浪费。同时废模板形成大量的废弃物，对环境造成负面影响。

工具式定型模板，采用模数制设计，可以通过定型单元，包括平面模板、内角、外角模板以及连接件等，在施工现场拼装成多种形式的混凝土模板。它既可以一次拼装，多次重复使用；又可以灵活拼装，随时变化拼装模板的尺寸。定型模板的使用，提高了周转次数，减少了废弃物的产出，是模板工程绿色技术的发展方向。

本条用定型模板使用面积占模板工程总面积的比例进行分档评分。

本条的评价方法为查阅模板工程施工方案，定型模板进货单或租赁合同，模板工程量清单，以统计计算的定型模板使用率。

Ⅲ 过程管理

9.2.9 本条适用于各类民用建筑的运行评价。

施工是把绿色建筑由设计转化为实体的重要过程，为此施工单位应进行专项交底，落实绿色建筑重点内容。

本条的评价方法为查阅施工单位绿色建筑重点内容的交底记录、施工日志。

9.2.10 本条适用于各类民用建筑的运行评价。

绿色建筑设计文件经审查后，在建造过程中往往可能需要进行变更，这样有可能使绿色建筑的相关指标发生变化。本条旨在强调在建造过程中严格执行审批后的设计文件，若在施工过程中出于整体建筑功能要求，对绿色建筑设计文件进行变更，但不显著影响该建筑绿色性能，其变更可按照正常的程序进行。设计变更应存留完整的资料档案，作为最终评审时的依据。

本条的评价方法为查阅各专业设计文件变更文件、洽商记录、会议纪要、施工日志记录。

9.2.11 本条适用于各类民用建筑的运行评价。

建筑使用寿命的延长意味着更好地节约能源资源。建筑结构耐久性指标，决定着建筑的使用年限。施工过程中，应根据绿色建筑设计文件和有关标准的要求，对保障建筑结构耐久性相关措施进行检测。检测结果是竣工验收及绿色建筑评价时的重要依据。

对绿色建筑的装修装饰材料、设备，应按照相应标准进行检测。

本条规定的检测，可采用实施各专业施工、验收规范所进行的检测结果。也就是说，不必专门为绿色建筑实施额外的检测。

本条的评价方法为查阅建筑结构耐久性施工专项方案和检测报告，有关装饰装修材料、设备的进场检验记录和有关的检测报告。

9.2.12 本条适用于住宅建筑的运行评价；也可在设计评价中进行预审。

土建装修一体化设计、施工，对节约能源资源有重要作用。实践中，可由建设单位统一组织建筑主体工程和装修施工，也可由建设单位提供菜单式的装修做法由业主选择，统一进行图纸设计、材料购买和施工。在选材和施工方面尽可能采取工业化制造，具备稳定性、耐久性、环保性和通用性的设备和装修装饰材料，从而在工程竣工验收时室内装修一步到位，避免破坏建筑构件和设施。

本条的评价方法为运行评价查阅主要功能空间竣工验收时的实景照片及说明、装修材料、机电设备检测报告、性能复试报告、建筑竣工验收证明、建筑质量保修书、使用说明书、业主反馈意见书。设计评价预审时，查阅土建装修一体化设计图纸、效果图。

9.2.13 本条适用于各类民用建筑的运行评价；也可在设计评价中进行预审。

随着技术的发展，现代建筑的机电系统越来越复杂。本条强调系统综合调试和联合试运转的目的，就是让建筑机电系统的设计、安装和运行达到设计目标，保证绿色建筑的运行效果。主要内容包括制定完整的机电系统综合调试和联合试运转方案，对通风空调系统、空调水系统、给排水系统、热水系统、电气照明系统、动力系统的综合调试过程以及联合试运转过程。建设单位是机电系统综合调试和联合试运转的组织者，根据工程类别、承包形式，建设单位也可以委托代建公司和施工总承包单位组织机电系统综合调试和联合试运转。

本条的评价方法为运行评价查阅设计文件中机电系统的综合调试和联合试运转方案、技术要点、施工日志、调试运转记录。设计评价预审时，查阅设计方提供的综合调试和联合试运转技术要点文件。

10 运营管理

10.1 控制项

10.1.1 本条适用于各类民用建筑的运行评价。

本条沿用自本标准 2006 年版控制项第 4.6.1、5.6.1 条。物业管理机构应提交节能、节水、节材与绿化管理制度，并说明实施效果。节能管理制度主要包括节能方案、节能管理模式和机制、分户分项计量收费等。节水管理制度主要包括节水方案、分户分类计量收费、节水管理机制等。耗材管理制度主要包括维护和物业耗材管理。绿化管理制度主要包括苗木养护、用水计量和化学药品的使用制度等。

本条的评价方法为查阅物业管理机构节能、节水、节材与绿化管理制度文件、日常管理记录，并现场核查。

10.1.2 本条适用于各类民用建筑的运行评价；也可在设计评价中进行预审。

本条沿用自本标准 2006 年版控制项第 4.6.3、4.6.4、5.6.3 条。建筑运行过程中产生的生活垃圾有家具、电器等大件垃圾，有纸张、塑料、玻璃、金属、布料等可回收利用垃圾；有剩菜剩饭、骨头、菜根菜叶、果皮等厨余垃圾；有含有重金属的电池、废弃灯管、过期药品等有害垃圾；还有装修或维护过程中产生的渣土、砖石和混凝土碎块、金属、竹木材等废料。首先，根据垃圾处理要求等确立分类管理制度和必要的收集设施，并对垃圾的收集、运输等进行整体的合理规划，合理设置小型有机厨余垃圾处理设施。其次，制定包括垃圾管理运行操作手册、管理设施、管理经费、人员配备及机构分工、监督机制、定期的岗位业务培训和突发事件的应急处理系统等内容的垃圾管理制度。最后，垃圾容器应具有密闭性能，其规格和位置应符合国家有关标准的规定，其数量、外观色彩及标志应符合垃圾分类收集的要求，并置于隐蔽、避风处，与周围景观相协调，坚固耐用，不易倾倒，防止垃圾无序倾倒和二次污染。

本条的评价方法为运行评价查阅建筑、环卫等专业的垃圾收集、处理设施的竣工文件，垃圾管理制度文件、垃圾收集、运输等的整体规划，并现场核查。设计评价预审时，查阅垃圾物流规划、垃圾容器设置等文件。

10.1.3 本条适用于各类民用建筑的运行评价。

本条沿用自本标准 2006 年版控制项第 5.6.2 条，将适用范围扩展至各类民用建筑，并扩展了污染物的范围。本标准中第 4.1.3 条虽有类似要求，但更侧重于规划选址、设计等阶段的考虑，本条则主要考察建筑的运行。除了本标准第 10.1.2 条已作出要求的固体污染物之外，建筑运行过程中还会产生各类废气和污水，可能造成多种有机和无机的化学污染，放射性等物理污染以及病原体等生物污染。此外，还应关注噪声、电磁辐射等物理污染（光污染已在第 4.2.4 条体现）。为此需要通过合理的技术措施和排放管理手段，杜绝建筑运行过程中相关污染物的不达标排放。相关污染物的排放应符合现行标准《大气污染物综合排放标准》GB 16297、《锅炉大气污染物排放标准》GB 13271、《饮食业油烟排放标准》GB 18483、《污水综合排放标准》GB 8978、《医疗机构水污染物排放标准》GB 18466、《污水排入城镇下水道水质标准》CJ 343、《社会生活环境噪声排放标准》GB 22337、《制冷空调设备和系统 减少卤代制冷剂排放规范》GB/T 26205 等的规定。

本条的评价方法为查阅污染物排放管理制度文件，项目运行期排放废气、污水等污染物的排放检测报告，并现场核查。

10.1.4 本条适用于各类民用建筑的运行评价。

本条为新增条文。绿色建筑设置的节能、节水设施，如热能回收设备、地源/水源热泵、太阳能光伏发电设备、太阳能热水设备、遮阳设备、雨水收集处理设备等，均应工作正常，才能使预期的目标得以实现。本标准中第 5.2.13、5.2.14、5.2.15、5.2.16、6.2.12 条等对相关设施虽有技术要求，但偏重于技术合理性，有必要考察其实际运行情况。

本条的评价方法是查阅节能、节水设施的竣工文件、运行记录，并现场核查设备系统的工作情况。

10.1.5 本条适用于各类民用建筑的运行评价；也可在设计评价中进行预审。

本条在本标准 2006 年版一般项第 5.6.9 条基础上发展而来，不仅适用范围扩展至各类民用建筑，而且强化为控制项。供暖、通风、空调、照明系统是建筑物的主要用能设备。本标准中第 5.2.7、5.2.8、5.2.9、8.2.9、8.2.12、8.2.13 条虽已要求采用自动控制措施进行节能和室内环境保障，但本条主要考察其实际工作正常，及其运行数据。因此，需对绿色建筑的上述系统及主要设备进行有效的监测，对主要运行数据进行实时采集并记录；并对上述设备系统按照设计要求进行自动控制，通过在各种不同运行工况下的自动调节来降低能耗。对于建筑面积 2 万 m^2 以下的公共建筑和建筑面积 10 万 m^2 以下的住宅区公共设施的监控，可以不设建筑设备自动监控系统，但应设简易有效的控制措施。

本条的评价方法是运行评价查阅设备自控系统竣工文件、运行记录，并现场核查设备及其自控系统的工作情况。设计评价预审时，查阅建筑设备自动监控系统的监控点数。

10.2 评 分 项

Ⅰ 管 理 制 度

10.2.1 本条适用于各类民用建筑的运行评价。

本条在本标准 2006 年版一般项第 4.6.9、5.6.5 条基础上发展而来。物业管理机构通过 ISO 14001 环境管理体系认证，是提高环境管理水平的需要，可达到节约能源，降低消耗，减少环保支出，降低成本的目的，减少由于污染事故或违反法律、法规所造成的环境风险。

物业管理具有完善的管理措施，定期进行物业管理人员的培训。ISO 9001 质量管理体系认证可以促进物业管理机构质量管理体系的改进和完善，提高其管理水平和工作质量。

《能源管理体系 要求》GB/T 23331 是在组织内建立起完整有效的、形成文件的能源管理体系，注重过程的控制，优化组织的活动、过程及其要素，通过管理措施，不断提高能源管理体系持续改进的有效性，实现能源管理方针和预期的能源消耗或使用目标。

本条的评价方法为查阅相关认证证书和相关的工作文件。

10.2.2 本条适用于各类民用建筑的运行评价。

本条为新增条文，是在本标准控制项第 10.1.1、10.1.4 条的基础上所提出的更高要求。节能、节水、节材、绿化的操作管理制度是指导操作管理人员工作的指南，应挂在各个操作现场的墙上，促使操作人员严格遵守，以有效保证工作的质量。

可再生能源系统、雨废水回用系统等节能、节水设施的运行维护技术要求高，维护的工作量大，无论是自行运维还是购买专业服务，都需要建立完善的管理制度及应急预案。日常运行中应做好记录。

本条的评价方法为查阅相关管理制度、操作规程、应急预案、操作人员的专业证书、节能节水设施的运行记录，并现场核查。

10.2.3 本条适用于各类民用建筑的运行评价。当被评价项目不存在租用者时，第 2 款可不参评。

本条在本标准 2006 年版优选项第 5.6.11 条基础上发展而来。管理是运行节约能源、资源的重要手段，必须在管理业绩上与节能、节约资源情况挂钩。因此要求物业管理机构在保证建筑的使用性能要求、投诉率低于规定值的前提下，实现其经济效益与建筑用能系统的耗能状况、水资源和各类耗材等的使用情况直接挂钩。采用合同能源管理模式更是节能的有效方式。

本条的评价方法为查阅物业管理机构的工作考核体系文件、业主和租用者以及管理企业之间的合同。

10.2.4 本条适用于各类民用建筑的运行评价。

本条为新增条文。在建筑物长期的运行过程中，用户和物业管理人员的意识与行为，直接影响绿色建筑的目标实现，因此需要坚持倡导绿色理念与绿色生活方式的教育宣传制度，培训各类人员正确使用绿色设施，形成良好的绿色行为与风气。

本条的评价方法为查阅绿色教育宣传的工作记录与报道记录，绿色设施使用手册。

Ⅱ 技术管理

10.2.5 本条适用于各类民用建筑的运行评价。

本条为新增条文，是在本标准控制项第10.1.4、10.1.5条的基础上所提出的更高要求。保持建筑物与居住区的公共设施设备系统运行正常，是绿色建筑实现各项目标的基础。机电设备系统的调试不仅限于新建建筑的试运行和竣工验收，而应是一项持续性、长期性的工作。因此，物业管理机构有责任定期检查、调试设备系统，标定各类检测器的准确度，根据运行数据，或第三方检测的数据，不断提升设备系统的性能，提高建筑物的能效管理水平。

本条的评价方法是查阅相关设备的检查、调试、运行、标定记录，以及能效改进方案等文件。

10.2.6 本条适用于采用集中空调通风系统的各类民用建筑的运行评价。

本条沿用自本标准2006年版一般项第5.6.7条，有修改。随着国民经济的发展和人民生活水平的提高，中央空调与通风系统已成为许多建筑中的一项重要设施。对于使用空调可能会造成疾病转播（如军团菌、非典等）的认识也不断提高，从而深刻意识到了清洗空调系统，不仅可节省系统运行能耗、延长系统的使用寿命，还可保证室内空气品质，降低疾病产生和传播的可能性。空调通风系统清洗的范围应包括系统中的换热器、过滤器、通风管道与风口等，清洗工作符合《空调通风系统清洗规范》GB 19210的要求。

本条的评价方法是查阅物业管理措施、清洗计划和工作记录。

10.2.7 本条适用于设置非传统水源利用设施的各类民用建筑的运行评价；也可在设计评价中进行预审。无非传统水源利用设施的项目不参评。

本条为新增条文，是在本标准控制项第10.1.4条的基础上所提出的更高要求。使用非传统水源的场合，其水质的安全性十分重要。为保证合理使用非传统水源，实现节水目标，必须定期对使用的非传统水源的水质进行检测，并对其水质和用水量进行准确记录。所使用的非传统水源应满足现行国家标准《城市污水再生利用　城市杂用水水质》GB/T 18920的要求。非传统水源的水质检测间隔不应大于1个月，同时，应提供非传统水源的供水量记录。

本条的评价方法为运行评价查阅非传统水源的检测、计量记录。设计评价预审时，查阅非传统水源的水表设计文件。

10.2.8 本条适用于各类民用建筑的运行评价；也可在设计评价中进行预审。

本条沿用自本标准2006年版一般项第4.6.6、5.6.8条。通过智能化技术与绿色建筑其他方面技术的有机结合，可望有效提升建筑综合性能。由于居住建筑/居住区和公共建筑的使用特性与技术需求差别较大，故其智能化系统的技术要求也有所不同；但系统设计上均要求达到基本配置。此外，还对系统工作运行情况也提出了要求。

居住建筑智能化系统应满足《居住区智能化系统配置与技术要求》CJ/T 174的基本配置要求，主要评价内容为居住区安全技术防范系统、住宅信息通信系统、居住区建筑设备监控管理系统、居住区监控中心等。

公共建筑的智能化系统应满足《智能建筑设计标准》GB/T 50314的基础配置要求，主要评价内容为安全技术防范系统、信息通信系统、建筑设备监控管理系统、安（消）防监控中心等。国家标准《智能建筑设计标准》GB/T 50314以系统合成配置的综合技术功效对智能化系统工程标准等级予以了界定，绿色建筑应达到其中的应选配置（即符合建筑基本功能的基础配置）的要求。

本条的评价方法运行评价为查阅智能化系统竣工文件、验收报告及运行记录，并现场核查。设计评价预审时，查阅安全技术防范系统、信息通信系统、建筑设备监控管理系统、监控中心等设计文件。

10.2.9 本条适用于各类民用建筑的运行评价。

本条为新增条文。信息化管理是实现绿色建筑物业管理定量化、精细化的重要手段，对保障建筑的安全、舒适、高效及节能环保的运行效果，提高物业管理水平和效率，具有重要作用。采用信息化手段建立完善的建筑工程及设备、能耗监管、配件档案及维修记录是极为重要的。本条第3款是在本标准控制项第10.1.5条的基础上所提出的更高一级的要求，要求相关的运行记录数据均为智能化系统输出的电子文档。应提供至少1年的用水量、用电量、用气量、用冷热量的数据，作为评价的依据。

本条的评价方法为查阅针对建筑物及设备的配件档案和维修的信息记录，能耗分项计量和监管的数据，并现场核查物业管理信息系统。

Ⅲ 环 境 管 理

10.2.10 本条适用于各类民用建筑的运行评价。

本条沿用自本标准 2006 年版一般项第 4.6.7 条，同时也是在本标准控制项第 10.1.1 条的基础上所提出的更高要求。无公害病虫害防治是降低城市及社区环境污染、维护城市及社区生态平衡的一项重要举措。对于病虫害，应坚持以物理防治、生物防治为主，化学防治为辅，并加强预测预报。因此，一方面提倡采用生物制剂、仿生制剂等无公害防治技术，另一方面规范杀虫剂、除草剂、化肥、农药等化学品的使用，防止环境污染，促进生态可持续发展。

本条的评价方法为查阅化学品管理制度文件病虫害防治用品的进货清单与使用记录，并现场核查。

10.2.11 本条适用于各类民用建筑的运行评价。

本条沿用自本标准 2006 年版一般项第 4.6.8 条。对绿化区做好日常养护，保证新栽种和移植的树木有较高的一次成活率。发现危树、枯死树木应及时处理。

本条的评价方法为查阅绿化管理制度、工作记录，并现场核实和用户调查。

10.2.12 本条适用于各类民用建筑的运行评价；也可在设计评价中进行预审。

本条沿用自本标准 2006 年版一般项第 4.6.5 条，略有修改。重视垃圾收集站点与垃圾间的景观美化及环境卫生问题，用以提升生活环境的品质。垃圾站（间）设冲洗和排水设施，并定期进行冲洗、消杀；存放垃圾能及时清运、并做到垃圾不散落、不污染环境、不散发臭味。本条所指的垃圾站（间），还应包括生物降解垃圾处理房等类似功能间。

本条评价方法为运行评价现场考察必要时开展用户抽样调查。设计评价评审时，查阅垃圾收集站点、垃圾间等冲洗、排水设施设计文件。

10.2.13 本条适用于各类民用建筑的运行评价。

本条由本标准 2006 年版一般项第 4.6.10 条和优选项第 4.6.12 条整合得到，同时也是在本标准控制项第 10.1.2 条的基础上所提出的更高一级的要求。垃圾分类收集就是在源头将垃圾分类投放，并通过分类的清运和回收使之分类处理或重新变成资源，减少垃圾的处理量，减少运输和处理过程中的成本。除要求垃圾分类收集率外，还分别对可回收垃圾、可生物降解垃圾（有机厨余垃圾）提出了明确要求。需要说明的是，对有害垃圾必须单独收集、单独运输、单独处理，这是《环境卫生设施设置标准》CJJ 27-2012 的强制性要求。

本条的评价方法为查阅垃圾管理制度文件、各类垃圾收集和处理的工作记录，并进行现场核查，必要时开展用户抽样调查。

11 提高与创新

11.1 一般规定

11.1.1 绿色建筑全寿命期内各环节和阶段，都有可能在技术、产品选用和管理方式上进行性能提高和创新。为鼓励性能提高和创新，在各环节和阶段采用先进、适用、经济的技术、产品和管理方式，本次修订增设了相应的评价项目。比照"控制项"和"评分项"，本标准中将此类评价项目称为"加分项"。

本次修订增设的加分项内容，有的在属性分类上属于性能提高，如采用高性能的空调设备、建筑材料、节水装置等，鼓励采用高性能的技术、设备或材料；有的在属性分类上属于创新，如建筑信息模型（BIM）、碳排放分析计算、技术集成应用等，鼓励在技术、管理、生产方式等方面的创新。

11.1.2 加分项的评定结果为某得分值或不得分。考虑到与绿色建筑总得分要求的平衡，以及加分项对建筑"四节一环保"性能的贡献，本标准对加分项附加得分作了不大于 10 分的限制。附加得分与加权得分相加后得到绿色建筑总得分，作为确定绿色建筑等级的最终依据。某些加分项是对前面章节中评分项的提高，符合条件时，加分项和相应评分项可都得分。

11.2 加 分 项

Ⅰ 性 能 提 高

11.2.1 本条适用于各类民用建筑的设计、运行评价。

本条是第 5.2.3 条的更高层次要求。围护结构的热工性能提高，对于绿色建筑的节能与能源利用影响较大，而且也对室内环境质量有一定影响。为便于操作，参照国家有关建筑节能设计标准的做法，分别提供了规定性指标和性能化计算两种可供选择的达标方法。

本条的评价方法为：设计评价查阅相关设计文件、计算分析报告；运行评价查阅相关竣工图、计算分析报告，并现场核实。

11.2.2 本条适用于各类民用建筑的设计、运行评价。

本条是第 5.2.4 条的更高层次要求，除指标数值以外的其他说明内容与第 5.2.4 条同。尚需说明的是对于住宅或小型公建中采用分体空调器、燃气热水炉等其他设备作为供暖空调冷热源的情况（包括同时作为供暖和生活热水热源的热水炉），可以《房间空气调节器能效限定值及能效等级》GB 12021.3、《转速可控型房间空气调节器能效限定值及能源效率等级》GB 21455、《家用燃气快速热水器和燃气采暖热水炉能效限定值及能效等级》GB 20665 等现行有关国家标准中的能效等级 1 级作为判定本条是否达标的依据。

本条的评价方法为：设计评价查阅相关设计文件；运行评价查阅相关竣工图、主要产品型式检验报告，并现场核实。

11.2.3 本条适用于各类公共建筑的设计、运行评价。

本条沿用自本标准 2006 年版优选项第 5.2.17 条，有修改。分布式热电冷联供系统为建筑或区域提供电力、供冷、供热（包括供热水）三种需求，实现能源的梯级利用。

在应用分布式热电冷联供技术时，必须进行科学论证，从负荷预测、系统配置、运行模式、经济和环保效益等多方面对方案做可行性分析，严格以热定电，系统设计满足相关标准的要求。

本条的评价方法为：设计评价查阅相关设计文件、计算分析报告（包括负荷预测、系统配置、运行模式、经济和环保效益等方面）；运行评价查阅相关竣工图、主要产品型式检验报告、计算分析报告，并现场核实。

11.2.4 本条适用于各类民用建筑的设计、运行评价。

本条是第 6.2.6 条的更高层次要求。绿色建筑鼓励选用更高节水性能的节水器具。目前我国已对部分用水器具的用水效率制定了相关标准，如：《水嘴用水效率限定值及用水效率等级》GB 25501-2010、《坐便器用水效率限定值及用水效率等级》GB 25502-2010、《小便器用水效率限定值及用水效率等级》GB 28377-2012、《淋浴器用水效率限定值及用水效率等级》GB 28378-2012、《便器冲洗阀用水效率限定值及用水效率等级》GB 28379-2012，今后还将陆续出台其他用水器具的标准。

在设计文件中要注明对卫生器具的节水要求和相应的参数或标准。卫生器具有用水效率相关标准的，应全部采用，方可认定达标。

本条的评价方法为：设计评价查阅相关设计文件、产品说明书；运行评价查阅相关竣工图、产品说明书、产品节水性能检测报告，并现场核实。

11.2.5 本条适用于各类民用建筑的设计、运行评价。

本条沿用自本标准 2006 年版中的两条优选项第 4.4.10 条和第 5.4.11 条。当主体结构采用钢结构、木结构，或预制构件用量比例不小于 60% 时，本条可得分。对其他情况，尚需经充分论证后方可得分。

本条的评价方法为：设计评价查阅相关设计文件、计算分析报告；运行评价查阅竣工图、计算分析报告，并现场核实。

11.2.6 本条适用于各类民用建筑的设计、运行评价。

本条为新增条文。主要功能房间主要包括间歇性人员密度较高的空间或区域（如会议室），以及人员经常停留空间或区域（如办公室的等）。空气处理措施包括在空气处理机组中设置中效过滤段、在主要功能房间设置空气净化装置等。

本条的评价方法为：设计评价查阅暖通空调专业设计图纸和文件空气处理措施报告；运行评价查阅暖通空调专业竣工图纸、主要产品型式检验报告、运行记录、室内空气品质检测报告等，并现场检查。

11.2.7 本条适用于各类民用建筑的运行评价。

本条是第 8.1.7 条的更高层次要求。以 TVOC 浓度为例，英国 BREEAM 新版文件的要求不大于 $300\mu g/m^3$，比我国现行国家标准要求（不大于 $600\mu g/m^3$）更为严格。甲醛浓度也是如此，多个国家的绿色建筑标准要求均在（50~60）$\mu g/m^3$ 的水平，也比我国现行国家标准要求（不大于 $0.10mg/m^3$）严格。进一步提高对于室内环境质量指标要求的同时，也适当考虑了我国当前的大气环境条件和装修材料工艺水平，因此，将现行国家标准规定值的 70% 作为室内空气品质的更高要求。

本条的评价方法为：运行评价查阅室内污染物检测报告（应依据相关国家标准进行检测），并现场检查。

Ⅱ 创 新

11.2.8 本条适用于各类民用建筑的设计、运行评价。

本条主要目的是为了鼓励设计创新，通过对建筑设计方案的优化，降低建筑建造和运营成本，提高绿色建筑性能水平。例如，建筑设计充分体现我国不同气候区对自然通风、保温隔热等节能特征的不同需求，建筑形体设计等与场地微气候结合紧密，应用自然采光、遮阳等被动式技术优先的理念，设计策略明显有利于降低空调、供暖、照明、生活热水、通风、电梯等的负荷需求、提高室内环境质量、减少建筑用能时间或促进运行阶段的行为节能，等等。

本条的评价方法为：设计评价查阅相关设计文件、分析论证报告；运行评价查阅相关竣工图、分析论证报告，并现场核实。

11.2.9 本条适用于各类民用建筑的设计、运行评价。

本条前半部分沿用自本标准 2006 年版中的优选项第 4.1.18 条和第 5.1.12 条，后半部分沿用自本标准 2006 年版中的一般项第 4.1.10 条和优选项第 5.1.13 条。虽然选用废弃场地、利用旧建筑具体技术存在不同，但同属于项目策划、规划前期均需考虑的问题，而且基本不存在两点内容可同时达标的情况，故进行了条文合并处理。

我国城市可建设用地日趋紧缺，对废弃地进行改造并加以利用是节约集约利用土地的重要途径之一。利用废弃场地进行绿色建筑建设，在技术难度、建设成本方面都需要付出更多努力和代价。因此，对于优先选用废弃地的建设理念和行为进行鼓励。本条所指的废弃场地主要包括裸岩、石砾地、盐碱地、沙荒地、废窑坑、废旧仓库或工厂弃置地等。绿色建筑可优先考虑合理利用废弃场地，采取改造或改良等治理措施，对土壤中是否含有有毒物质进行检测与再利用评估，确保场地利用不存在安全隐患，符合国家相关标准的要求。

本条所指的"尚可使用的旧建筑"系指建筑质量能保证使用安全的旧建筑，或通过少量改造加固后能保证使用安全的旧建筑。虽然目前多数项目为新建，且多为净地交付，项目方很难有权选择利用旧建筑。但仍需对利用"可使用的"旧建筑的行为予以鼓励，防止大拆大建。对于一些从技术经济分析角度不可行、但出于保护文物或体现风貌而留存的历史建筑，由于有相关政策或财政资金支持，因此不在本条中得分。

本条的评价方法为：设计评价查阅相关设计文件、环评报告、旧建筑使用专项报告；运行评价查阅相关竣工图、环评报告、旧建筑使用专项报告、检测报告，并现场核实。

11.2.10 本条适用于各类民用建筑的设计、运行评价。

建筑信息模型（BIM）是建筑业信息化的重要支撑技术。BIM是在CAD技术基础上发展起来的多维模型信息集成技术。BIM是集成了建筑工程项目各种相关信息的工程数据模型，能使设计人员和工程人员能够对各种建筑信息做出正确的应对，实现数据共享并协同工作。

BIM技术支持建筑工程全寿命期的信息管理和利用。在建筑工程建设的各阶段支持基于BIM的数据交换和共享，可以极大地提升建筑工程信息化整体水平，工程建设各阶段、各专业之间的协作配合可以在更高层次上充分利用各自资源，有效地避免由于数据不通畅带来的重复性劳动，大大提高整个工程的质量和效率，并显著降低成本。

本条的评价方法为：设计评价查阅规划设计阶段的BIM技术应用报告；运行评价查阅规划设计、施工建造、运行维护阶段的BIM技术应用报告。

11.2.11 本条适用于各类民用建筑的设计、运行评价。

建筑碳排放计算及其碳足迹分析，不仅有助于帮助绿色建筑项目进一步达到和优化节能、节水、节材等资源节约目标，而且有助于进一步明确建筑对于我国温室气体减排的贡献量。经过多年的研究探索，我国也有了较为成熟的计算方法和一定量的案例实践。在计算分析基础上，再进一步采取相关节能减排措施降低碳排放，做到有的放矢。绿色建筑作为节约资源、保护环境的载体，理应将此作为一项技术措施同步开展。

建筑碳排放计算分析包括建筑固有的碳排放量和标准运行工况下的资源消耗碳排放量。设计阶段的碳排放计算分析报告主要分析建筑的固有碳排放量，运行阶段主要分析在标准运行工况下建筑的资源消耗碳排放量。

本条的评价方法为：设计评价查阅设计阶段的碳排放计算分析报告，以及相应措施；运行评价查阅设计、运行阶段的碳排放计算分析报告，以及相应措施的运行情况。

11.2.12 本条适用于各类民用建筑的设计、运行评价。

本条主要是对前面未提及的其他技术和管理创新予以鼓励。对于不在前面绿色建筑评价指标范围内，但在保护自然资源和生态环境、节能、节材、节水、节地、减少环境污染与智能化系统建设等方面实现良好性能的项目进行引导，通过各类项目对创新项的追求以提高绿色建筑技术水平。

当某项目采取了创新的技术措施，并提供了足够证据表明该技术措施可有效提高环境友好性，提高资源与能源利用效率，实现可持续发展或具有较大的社会效益时，可参与评审。项目的创新点应较大地超过相应指标的要求，或达到合理指标但具备显著降低成本或提高工效等优点。本条未列出所有的创新项内容，只要申请方能够提供足够相关证明，并通过专家组的评审即可认为满足要求。

本条的评价方法为：设计评价时查阅相关设计文件、分析论证报告及相关证明材料；运行评价时查阅相关竣工图、分析论证报告及相关证明材料，并现场核实。

中华人民共和国国家标准

城市绿地设计规范

Code for the design of urban green space

GB 50420—2007
(2016年版)

主编部门：上海市建设和交通管理委员会
批准部门：中华人民共和国建设部
施行日期：2007年10月1日

中华人民共和国住房和城乡建设部
公　告

第 1192 号

住房城乡建设部关于发布国家标准《城市绿地设计规范》局部修订的公告

现批准《城市绿地设计规范》GB 50420—2007 局部修订的条文，经此次修改的原条文同时废止。

局部修订的条文及具体内容，将刊登在我部有关网站和近期出版的《工程建设标准化》刊物上。

中华人民共和国住房和城乡建设部
2016 年 6 月 28 日

修　订　说　明

本次局部修订是根据住房和城乡建设部《关于印发 2012 年工程建设标准规范制订修订计划的通知》（建标［2012］5 号）的要求，由上海市园林设计院有限公司会同有关单位对《城市绿地设计规范》GB 50420—2007 进行修订而成。

本次局部修订主要技术内容是：根据住房城乡建设部 2014 年颁布的《海绵城市建设技术指南——低影响开发雨水系统构建（试行）》的要求，对原规范中与海绵城市建设技术指南中的要求不协调的技术条文进行了修改，并增加了城市绿地海绵城市建设的原则和技术措施的条文。

本规范中下划线表示修改的内容；用黑体字表示的条文为强制性条文，必须严格执行。

本规范由住房和城乡建设部负责管理和对强制性条文的解释，上海市园林设计院有限公司负责具体技术内容的解释。执行过程中如有意见或建议，请寄送至上海市园林设计院有限公司《城市绿地设计规范》国家标准管理组（地址：上海市新乐路 45 号，邮政编码：200031）。

本次局部修订的主编单位、参编单位、主要起草人员和主要审查人员：

主编单位：上海市园林设计院有限公司
参编单位：中国城市建设研究院有限公司
主要起草人员：朱祥明　白伟岚　秦启宪
　　　　　　　茹雯美　杨　军　张希波
　　　　　　　王媛媛
主要审查人员：张　辰　包琦玮　赵　锂
　　　　　　　白伟岚　李俊奇　任心欣

中华人民共和国建设部
公告

第 642 号

建设部关于发布国家标准 《城市绿地设计规范》的公告

现批准《城市绿地设计规范》为国家标准，编号为 GB 50420—2007，自 2007 年 10 月 1 日起实施。其中，第 3.0.8、3.0.10、3.0.11、3.0.12、4.0.5、4.0.6、4.0.7、4.0.11、4.0.12、5.0.12、6.2.4、6.2.5、7.1.2、7.5.3、7.6.2、7.10.1、8.1.3、8.3.5 条为强制性条文，必须严格执行。

本规范由建设部标准定额研究所组织中国计划出版社出版发行。

中华人民共和国建设部
二〇〇七年五月二十一日

前 言

根据建设部建标〔2002〕85 号文《关于印发"二○○一～二○○二年度工程建设国家标准制订、修订计划"的通知》的要求，本规范由上海市绿化管理局会同有关单位制定。

本规范共 8 章。主要内容有：总则，术语，基本规定，竖向设计，种植设计，道路、桥梁，园林建筑、园林小品，给水、排水及电气。

本规范以黑体字标志的条文为强制性条文，必须严格执行。

本规范由建设部负责管理和对强制性条文的解释，由上海市绿化管理局负责具体技术内容的解释。请各单位在执行过程中注意总结经验，将有关意见和建议寄送上海市绿化管理局（地址：上海市胶州路 768 号，邮编：200040，电话：021-52567788，传真：52567558）。

本规范主编单位、参编单位和主要起草人：

主 编 单 位：上海市绿化管理局
参 编 单 位：上海市园林设计院
　　　　　　　上海市风景园林学会
　　　　　　　北京林业大学
　　　　　　　杭州市园林文物局
　　　　　　　大连市城市建设管理局
　　　　　　　深圳市人民政府行政执法局
　　　　　　　深圳市城市绿化管理处
主要起草人：吴振千　周在春　朱祥明　张文娟
　　　　　　孔庆惠　杨文悦　虞颂华　杨赉丽
　　　　　　施奠东　张诚贤　周远松　朱伟华
　　　　　　陈惠君　茹雯美　潘其昌　顾　炜
　　　　　　周乐燕

目　次

1 总则 …………………………… 23—5
2 术语 …………………………… 23—5
3 基本规定 ……………………… 23—5
4 竖向设计 ……………………… 23—6
5 种植设计 ……………………… 23—7
6 道路、桥梁 …………………… 23—7
　6.1 道路 ……………………… 23—7
　6.2 桥梁 ……………………… 23—7
7 园林建筑、园林小品 ………… 23—8
　7.1 园林建筑 ………………… 23—8
　7.2 围墙 ……………………… 23—8
　7.3 厕所 ……………………… 23—8
　7.4 园椅、废物箱、饮水器 … 23—8
　7.5 水景 ……………………… 23—8
　7.6 堆山、置石 ……………… 23—8
　7.7 园灯 ……………………… 23—8
　7.8 雕塑 ……………………… 23—9
　7.9 标识 ……………………… 23—9
　7.10 游戏及健身设施 ………… 23—9
8 给水、排水及电气 …………… 23—9
　8.1 给水 ……………………… 23—9
　8.2 排水 ……………………… 23—9
　8.3 电气 ……………………… 23—9
本规范用词说明 ………………… 23—9
附：条文说明 …………………… 23—11

1 总　　则

1.0.1 为促进城市绿地建设，改善生态和景观，保证城市绿地符合适用、经济、安全、健康、环保、美观、防护等基本要求，确保设计质量，制定本规范。

1.0.2 本规范适用于城市绿地设计。

1.0.3 城市绿地设计应贯彻人与自然和谐共存、可持续发展、经济合理等基本原则，创造良好生态和景观效果，促进人的身心健康。

1.0.4 城市绿地设计除应执行本规范外，尚应符合国家现行有关标准的规定。

2 术　　语

2.0.1 城市绿地　urban green space

以植被为主要存在形态，用于改善城市生态，保护环境，为居民提供游憩场地和绿化、美化城市的一种城市用地。

城市绿地包括公园绿地、生产绿地、防护绿地、附属绿地、其他绿地五大类。

2.0.2 季相　seasonal appearance of plant

植物及植物群落在不同季节表现出的外观面貌。

2.0.3 种植设计　planting design

按植物生态习性和绿地总体设计的要求，合理配置各种植物，发挥其功能和观赏特性的设计活动。

2.0.4 古树名木　historical tree and famous wood species

古树泛指树龄在百年以上的树木；名木泛指珍贵、稀有或具有历史、科学、文化价值以及有重要纪念意义的树木，也指历史和现代名人种植的树木，或具有历史事件、传说及其他自然文化背景的树木。

2.0.5 驳岸　revetment

保护水体岸边的工程设施。

2.0.6 土壤自然安息角　soil natural angle of repose

土壤在自然堆积条件下，经过自然沉降稳定后的坡面与地平面之间所形成的最大夹角。

2.0.7 标高　elevation

以大地水准面作为基准面，并作零点（水准原点）起算地面至测量点的垂直高度。

2.0.8 土方平衡　balance of cut and fill

在某一地域内挖方数量与填方数量基本相符。

2.0.9 护坡　slope protection

防止土体边坡变迁而设置的斜坡式防护工程。

2.0.10 挡土墙　retaining wall

防止土体边坡坍塌而修筑的墙体。

2.0.11 汀步　steps over water

在水中放置可让人步行过河的步石。

2.0.12 园林建筑　garden building

在城市绿地内，既有一定的使用功能又具有观赏价值，成为绿地景观构成要素的建筑。

2.0.13 特种园林建筑　special garden building

绿地内有特殊形式和功能的建筑，如动物笼舍、温室、地下建筑、水下建筑、游乐建筑等。

2.0.14 园林小品　small garden ornaments

园林中供休息、装饰、景观照明、展示和为园林管理及方便游人之用的小型设施。

2.0.15 绿墙　green wall

用枝叶茂密的植物或植物构架，形成高于人视线的园林设施。

2.0.16 假山　rockwork, artificial hill

用土、石等材料，以造景或登高揽胜为目的，人工建造的模仿自然山景的构筑物。

2.0.17 塑石　man-made rockery

用人工材料塑造成的仿真山石。

2.0.18 标识　sign or marker

绿地中设置的标志牌、指示牌、警示牌、说明牌、导游图等。

2.0.19 亲水平台　waterfront flat roof or terrace garden on water; platform

设置于湖滨、河岸、水际，贴近水面并可供游人亲近水体、观景、戏水的单级或多级平台。

2.0.19A 湿塘　wet basin

用来调蓄雨水并具有生态净化功能的天然或人工水塘，雨水是主要补给水源。

2.0.19B 雨水湿地　stormwater wetland

通过模拟天然湿地的结构和功能，达到对径流雨水水质和洪峰流量控制目的的湿地。

2.0.19C 植草沟　grass swale

用来收集、输送、削减和净化雨水径流的表面覆盖植被的明渠，可用于衔接海绵城市其他单项设施、城市雨水管渠和超标雨水径流排放系统。主要型式有转输型植草沟、渗透型干式植草沟和经常有水的湿式植草沟。

2.0.19D 生物滞留设施　bioretention system, bioretention cell

通过植物、土壤和微生物系统滞留、渗滤、净化径流雨水的设施。

2.0.19E 生态护岸　ecological slope protection

采用生态材料修建、能为河湖生境的连续性提供基础条件的河湖岸坡，以及边坡稳定且能防止水流侵袭、淘刷的自然堤岸的统称，包括生态挡墙和生态护坡。

3 基本规定

3.0.1 城市绿地设计内容应包括：总体设计、单项设计、单体设计等。

3.0.2 城市绿地设计应以批准的城市绿地系统规划为依据，明确绿地的范围和性质，根据其定性、定位作出总体设计。

3.0.3 城市绿地总体设计应符合绿地功能要求，因地制宜，发挥城市绿地的生态、景观、生产等作用，达到功能完善、布局合理、植物多样、景观优美的效果。

3.0.4 城市绿地设计应根据基地的实际情况，提倡对原有生态环境保护、利用和适当改造的设计理念。

3.0.5 城市绿地布局宜多样统一，简洁而不单调，各分区间应有机联系。城市绿地应与周围环境协调统一。

3.0.6 不同性质、类型的城市绿地内绿色植物种植面积占用地总面积（陆地）比例，应符合国家现行有关标准的规定。城市绿地设计应以植物为主要元素，植物配置应注重植物生态习性、种植形式和植物群落的多样性、合理性。

3.0.7 城市绿地范围内原有树木宜保留、利用。如因特殊需要在非正常移栽期移植，应采取相应技术措施确保成活，胸径在 250mm 以上的慢长树种，应原地保留。

3.0.8 城市绿地范围内的古树名木必须原地保留。

3.0.9 城市绿地的建筑应与环境协调，并符合以下规定：

　　1 公园绿地内建筑占地面积应按公园绿地性质和规模确定游憩、服务、管理建筑占用地面积比例，小型公园绿地不应大于 3%，大型公园绿地宜为 5%，动物园、植物园、游乐园可适当提高比例。

　　2 其他绿地内各类建筑占用地面积之和不得大于陆地总面积的 2%。

3.0.10 城市开放绿地的出入口、主要道路、主要建筑等应进行无障碍设计，并与城市道路无障碍设施连接。

3.0.11 地震烈度 6 度以上（含 6 度）的地区，城市开放绿地必须结合绿地布局设置专用防灾、救灾设施和避难场地。

3.0.12 城市绿地中涉及游人安全处必须设置相应警示标识。城市绿地中的大型湿塘、雨水湿地等设施必须设置警示标识和预警系统，保证暴雨期间人员的安全。

3.0.13 城市开放绿地应按游人行为规律和分布密度，设置座椅、废物箱和照明等服务设施。

3.0.14 城市绿地设计宜选用环保材料，宜采取节能措施，充分利用太阳能、风能以及雨水等资源。

3.0.15 城市绿地的设计宜采用源头径流控制设施，满足城市对绿地所在地块的年径流总量控制要求。

3.0.15A 海绵型城市绿地的设计应遵循经济性、适用性原则，依据区域的地形地貌、土壤类型、水文水系、径流现状等实际情况综合考虑并应符合下列规定：

　　1 海绵型城市绿地的设计应首先满足各类绿地自身的使用功能、生态功能、景观功能和游憩功能，根据不同的城市绿地类型，制定不同的对应方案；

　　2 大型湖泊、滨水、湿地等绿地宜通过渗、滞、蓄、净、用、排等多种技术措施，提高对径流雨水的渗透、调蓄、净化、利用和排放能力；

　　3 应优先使用简单、非结构性、低成本的源头径流控制设施；设施的设置应符合场地整体景观设计，应与城市绿地的总平面、竖向、建筑、道路等相协调；

　　4 城市绿地的雨水利用宜以入渗和景观水体补水与净化回用为主，避免建设维护费用高的净化设施。土壤入渗率低的城市绿地应以储存、回用设施为主；城市绿地内景观水体可作为雨水调蓄设施并与景观设计相结合；

　　5 应考虑初期雨水和融雪剂对绿地的影响，设置初期雨水弃流等预处理设施。

4 竖 向 设 计

4.0.1 城市绿地的竖向设计应以总体设计布局及控制高程为依据，营造有利于雨水就地消纳的地形并应与相邻用地标高相协调，有利于相邻其他用地的排水。

4.0.2 竖向设计应满足植物的生态习性要求，有利于雨水的排蓄，有利于创造多种地貌和多种园林空间，丰富景观层次。

4.0.3 基地内原有的地形地貌、植被、水系宜保护、利用，必要时可因地制宜作适当改造，宜就地平衡土方。

4.0.4 对原地表层适宜栽植的土壤，应加以保护并有效利用，不适宜栽植的土壤，应以客土更换。

4.0.5 在改造地形填挖土方时，应避让基地内的古树名木，并留足保护范围（树冠投影外 3~8m），应有良好的排水条件，且不得随意更改树木根颈处的地形标高。

4.0.6 绿地内山坡、谷地等地形必须保持稳定。当土坡超过土壤自然安息角呈不稳定时，必须采用挡土墙、护坡等技术措施，防止水土流失或滑坡。

4.0.7 土山堆置高度应与堆置范围相适应，并应做承载力计算，防止土山位移、滑坡或大幅度沉降而破坏周边环境。

4.0.8 若用填充物堆置土山时，其上部覆盖土厚度应符合植物正常生长的要求。

4.0.9 绿地中的水体应有充足的水源和水量，除雨、雪、地下水等水源外，小面积水体也可以人工补给水源。水体的常水位与池岸顶边的高差宜在 0.3m，并不宜超过 0.5m。水体可设闸门或溢水口以控制水位。

4.0.10 水体深度应随不同要求而定，栽植水生植物及营造人工湿地时，水深宜为 0.1~1.2m。

4.0.11 城市开放绿地内,水体岸边 2m 范围内的水深不得大于 0.7m;当达不到此要求时,必须设置安全防护设施。

4.0.12 未经处理或处理未达标的生活污水和生产废水不得排入绿地水体。在污染区及其邻近地区不得设置水体。

4.0.13 水体应以原土构筑池底并采用种植水生植物、养鱼等生物措施,促进水体自净。若遇漏水,应设防渗漏设施。

4.0.14 水体的驳岸、护坡,应确保稳定、安全,并宜栽种护岸植物。

5 种 植 设 计

5.0.1 种植设计应以绿地总体设计对植物布局的要求为依据,并应优先选择符合当地自然条件的适生植物。

5.0.2 设有生物滞留设施的城市绿地,应栽植耐水湿的植物。

5.0.3 种植设计中当选用外界引入新植物种类(品种)时,应避免有害物种入侵。

5.0.4 设计复层种植时,上下层植物应符合生态习性要求,并应避免相互产生不良影响。

5.0.5 应根据场地气候条件、土壤特性选择适宜的植物种类及配置模式。土壤的理化性状应符合当地有关植物种植的土壤标准,并应满足雨水渗透的要求。

5.0.6 种植配置应符合生态、游憩、景观等功能要求,并便于养护管理。

5.0.7 植物种植设计应体现整体与局部、统一与变化、主景与配景及基调树种、季相变化等关系。应充分利用植物的枝、花、叶、果等形态和色彩,合理配置植物,形成群落结构多种和季相变化丰富的植物景观。

5.0.8 种植设计应以乔木为主,并以常绿树与落叶树相结合,速生树与慢长树相结合,乔、灌、草相结合,使植物群落具有良好的景观与生态效益。

5.0.9 基地内原有生长较好的植物,应予保留并组合成景。新配植的树木应与原有树木相互协调,不得影响原有树木的生长。

5.0.10 种植设计应有近、远期不同的植物景观要求。重要地段应兼顾近、远期景观效果。

5.0.11 城市绿地的停车场宜配植庇荫乔木、绿化隔离带,并铺设植草地坪。

5.0.12 **儿童游乐区严禁配置有毒、有刺等易对儿童造成伤害的植物。**

5.0.13 屋顶绿化应根据屋面及建筑整体的允许荷载和防渗要求进行设计,不得影响建筑结构安全及排水。

5.0.14 屋顶绿化的土壤应采用轻型介质,其底层应设置性能良好的滤水层、排水层和防水层。

5.0.15 屋顶绿化乔木栽植位置应在柱顶或梁上,并采取抗风措施。

5.0.16 屋顶绿化应选择喜光、抗风、抗逆性强的植物。

5.0.17 开山筑路而形成的裸露坡面,可喷播草籽或设置攀缘绿化。

6 道路、桥梁

6.1 道　　路

6.1.1 城市绿地内道路设计应以绿地总体设计为依据,按游览、观景、交通、集散等需求,与山水、树木、建筑、构筑物及相关设施相结合,设置主路、支路、小路和广场,形成完整的道路系统。

6.1.2 城市绿地应设 2 个或 2 个以上出入口,出入口的选址应符合城市规划及绿地总体布局要求,出入口应与主路相通。出入口旁应设置集散广场和停车场。

6.1.3 绿地的主路应构成环道,并可通行机动车。主路宽度不应小于 3.00m。通行消防车的主路宽度不应小于 3.50m,小路宽度不应小于 0.80m。

6.1.4 绿地内道路应随地曲直、起伏。主路纵坡不宜大于 8%,山地主路纵坡不应大于 12%。支路、小路纵坡不宜大于 18%。当纵坡超过 18%时,应设台阶,台阶级数不应少于 2 级。

6.1.5 城市绿地内的道路应优先采用透水、透气型铺装材料及可再生材料。透水铺装除满足荷载、透水、防滑等使用功能和耐久性要求外,尚应符合下列规定:

　　1 透水铺装对道路路基强度和稳定性的潜在风险较大时,可采用半透水铺装结构;

　　2 土壤透水能力有限时,应在透水铺装的透水基层内设置排水管或排水板;

　　3 当透水铺装设置在地下室顶板上时,顶板覆土厚度不应小于 600mm 并应设置排水层。

6.1.5A 湿陷性黄土与冰冻地区的铺装材料应根据实际情况确定。

6.1.6 依山或傍水且对游人存在安全隐患的道路,应设置安全防护栏杆,栏杆高度必须大于 1.05m。

6.2 桥　　梁

6.2.1 桥梁设计应以绿地总体设计布局为依据,与周边环境相协调,并应满足通航的要求。

6.2.2 考虑重车较少,通行机动车的桥梁应按公路二级荷载的 80%计算,桥两端应设置限载标志。

6.2.3 人行桥梁,桥面活荷载应按 3.5kN/m² 计算,桥头设置车障。

6.2.4 **不设护栏的桥梁、亲水平台等临水岸边,必须设置宽2.00m以上的水下安全区,其水深不得超过**

0.70m。汀步两侧水深不得超过 0.50m。
6.2.5 通游船的桥梁，其桥底与常水位之间的净空高度不应小于 1.50m。

7 园林建筑、园林小品

7.1 园林建筑

7.1.1 园林建筑设计应以绿地总体设计为依据，景观、游览、休憩、服务性建筑除应执行相应建筑设计规范外，还应遵循下列原则：

  1 优化选址。遵循"因地制宜"、"精在体宜"、"巧于因借"的原则，选择最佳地址，建筑与山水、植物等自然环境相协调，建筑不应破坏景观。

  2 控制规模。除公园外，城市绿地内的建筑占用地面积不得超过陆地总面积的 2%。

  3 创造特色。园林建筑设计应运用新理念、新技术、新材料，充分利用太阳能、风能、热能等天然能源，利用当地的社会和自然条件，创造富有鲜明地方特点、民族特色的园林建筑。

7.1.2 动物笼舍、温室等特种园林建筑设计，必须满足动物和植物的生态习性要求，同时还应满足游人观赏视觉和人身安全要求，并满足管理人员人身安全及操作方便的要求。

7.1.2A 城市绿地内的建筑应充分考虑雨水径流的控制与利用。屋面坡度小于等于 15°的单层或多层建筑宜采用屋顶绿化。

7.1.2B 公园绿地应避免地下空间的过度开发，为雨水回补地下水提供渗透路径。

7.2 围 墙

7.2.1 城市绿地不宜设置围墙，可因地制宜选择沟渠、绿墙、花篱或栏杆等替代围墙。必须设置围墙的城市绿地宜采用透空花墙或围栏，其高度宜在 0.80~2.20m。

7.3 厕 所

7.3.1 城市开放绿地内厕所的服务半径不应超过 250m。节假日厕位不足时，可设活动厕所补充。厕所位置应便于游人寻找，厕所的外型应与环境相协调，不应破坏景观。

7.3.2 城市开放绿地内厕所的厕位数量应按男女各半或女多男少设计。宜以蹲式便器为主，并设拉手。每个厕所应有一个无障碍厕位及男女各一个坐式便器。男厕所内还宜设一个低位小便器。

7.3.3 城市绿地内厕所必须通风、通水、清洁、无臭。

7.3.4 厕所应设防滑地面，宜采用脚踏式或感应式节水水龙头。

7.3.5 厕所的污水不得直接排入江河湖海或景观水体，必须经净化处理达标后浇灌绿地，或排入市政污水管道。

7.4 园椅、废物箱、饮水器

7.4.1 城市开放绿地应按游人流量、观景、避风向阳、庇荫、遮雨等因素合理设置园椅或座凳，其数量可根据游人量调整，宜为 20~50 个/ha。

7.4.2 城市开放绿地的休息座椅旁应按不小于 10% 的比例设置轮椅停留位置。

7.4.3 城市绿地内应设置废物箱分类收集垃圾，在主路上每 100m 应设 1 个以上，游人集中处适当增加。

7.4.4 公园绿地宜设置饮水器，饮水器及水质必须符合饮用水卫生标准。

7.5 水 景

7.5.1 城市绿地的水景设计应以总体布局及当地的自然条件、经济条件为依据，因地制宜合理布局水景的种类、形式，水景应以天然水源为主。

7.5.2 喷泉设计应以每天运行为前提，合理确定其形式，并应与环境相协调。

7.5.3 景观水体必须采用过滤、循环、净化、充氧等技术措施，保持水质洁净。与游人接触的喷泉不得使用再生水。

7.5.4 城市绿地的水岸宜采用坡度为 1：2~1：6 的缓坡，水位变化比较大的水岸，宜设护坡或驳岸。绿地的水岸宜种植护岸且能净化水质的湿生、水生植物。

7.6 堆山、置石

7.6.1 城市绿地以自然地形为主，应慎重抉择大规模堆山、叠石。堆叠假山宜少而精。

7.6.2 人工堆叠假山应以安全为前提进行总体造型和结构设计，造型应完整美观、结构应牢固耐久。

7.6.3 叠石设计应对石质、色彩、纹理、形态、尺度有明确设计要求。

7.6.4 人工堆叠假山除应用天然山石外，也可采用人工塑石。

7.6.5 局部独立放置的景石宜少而精，并与环境协调。

7.7 园 灯

7.7.1 夜间开放的城市绿地应设置园灯。应根据实际需要适量合理选用庭园灯、草坪灯、泛光灯、地坪灯或壁灯等。

7.7.2 园灯设计应与周边环境相协调，使园灯成为景观的一部分。

7.7.3 绿地的照明灯，应采用节能灯具，并宜使用太阳能灯具。

7.8 雕 塑

7.8.1 城市绿地内雕塑的题材、形式、材料和体量应与所处环境相协调。

7.8.2 城市绿地应慎重选用纪念雕塑和大型主题雕塑，且应获得相关主管部门认可、核准。

7.9 标 识

7.9.1 指示标识应采用国家现行标准规定的公共信息图形。

7.10 游戏及健身设施

7.10.1 城市绿地内儿童游戏及成人健身设备及场地，必须符合安全、卫生的要求，并应避免干扰周边环境。

7.10.2 儿童游戏场地宜采用软质地坪或洁净的沙坑。沙坑周边应设防沙粒散失的措施。

8 给水、排水及电气

8.1 给 水

8.1.1 给水设计用水量应根据各类设施的生活用水、消防用水、浇洒道路和绿化用水、水景补水、管网渗漏水和未预见用水等确定总体用水量。

8.1.2 绿地内天然水或中水的水量和水质能满足绿化灌溉要求时，应首选天然水或中水。

8.1.3 绿地内生活给水系统不得与其他给水系统连接。确需连接时，应有生活给水系统防回流污染的措施。

8.1.4 绿化灌溉给水管网从地面算起最小服务水压应为0.10MPa，当绿地内有堆山和地势较高处需供水，或所选用的灌溉喷头和洒水栓有特定压力要求时，其最小服务水压应按实际要求计算。

8.1.5 给水管宜随地形敷设，在管路系统高凸处应设自动排气阀，在管路系统低凹处应设泄水阀。

8.1.6 景观水池应有补水管、放空管和溢水管。当补水管的水源为自来水时，应有防止给水管被回流污染的措施。

8.2 排 水

8.2.1 排水体制应根据当地市政排水体制、环境保护等因素综合比较后确定。

8.2.2 绿地排水宜采用雨水、污水分流制。污水不得直接排入水体，必须经处理达标后排入。

8.2.3 绿地中雨水排水设计应根据不同的绿地功能，选择相应的雨水径流控制和利用的技术措施。

8.2.4 化工厂、传染病医院、油库、加油站、污水处理厂等附属绿地以及垃圾填埋场等其他绿地，不应采用雨水下渗减排的方式。

8.2.5 绿地宜利用景观水体、雨水湿地、渗管/渠等措施就地储存雨水，应用于绿地灌溉、冲洗和景观水体补水，并应符合下列规定：

　1 有条件的景观水体应考虑雨水的调蓄空间，并应根据汇水面积及降水条件等确定调蓄空间的大小。

　2 种植地面可在汇水面低洼处设置雨水湿地、碎石盲沟、渗透管沟等集水设施，所收集雨水可直接排入绿地雨水储存设施中。

　3 建筑屋顶绿化和地下建筑及构筑物顶板上的绿地应有雨水排水措施，并应将雨水汇入绿地雨水储存设施中。

　4 进入绿地的雨水，其停留时间不得大于植物的耐淹时间，一般不得超过48小时。

8.2.6 绿地内的污水、废水处理工艺，宜根据进出水质、水量等要求，采用生物处理或生态处理技术。

8.3 电 气

8.3.1 绿地景观照明及灯光造景应考虑生态和环保要求，避免光污染影响，室外灯具上射逸出光不应大于总输出光通量的25%。

8.3.2 城市绿地用电应为三级负荷，绿地中游人较多的交通广场的用电应为二级负荷；低压配电宜采用放射式和树干式相结合的系统，供电半径不宜超过0.3km。

8.3.3 室外照明配电系统在进线电源处应装设具有检修隔离功能的四级开关。

8.3.4 城市绿地中的电气设备及照明灯具不应使用0类防触电保护产品。

8.3.5 安装在水池内、旱喷泉内的水下灯具必须采用防触电等级为Ⅲ类、防护等级为IPX8的加压水密型灯具，电压不得超过12V。旱喷泉内禁止直接使用电压超过12V的潜水泵。

8.3.6 喷水池的结构钢筋、进出水池的金属管道及其他金属件、配电系统的PE线应做局部等电位连接。

8.3.7 室外配电装置的金属构架、金属外壳、电缆的金属外皮、穿线金属管、灯具的金属外壳及金属灯杆，应与接地装置相连（接PE线）。

8.3.8 城市开放绿地内宜设置公用电话亭和有线广播系统。

本规范用词说明

1 为便于在执行本规范条文时区别对待，对要求严格程度不同的用词说明如下：

　1）表示很严格，非这样做不可的用词：

正面词采用"必须",反面词采用"严禁"。
2) 表示严格,在正常情况下均应这样做的用词:
正面词采用"应",反面词采用"不应"或"不得"。
3) 表示允许稍有选择,在条件许可时首先应这样做的用词:

正面词采用"宜",反面词采用"不宜";
表示有选择,在一定条件下可以这样做的用词,采用"可"。

2 本规范中指明应按其他有关标准、规范执行的写法为"应符合……的规定"或"应按……执行"。

中华人民共和国国家标准

城市绿地设计规范

GB 50420—2007

条文说明

目 次

1 总则 ····· 23—13
3 基本规定 ····· 23—13
4 竖向设计 ····· 23—13
5 种植设计 ····· 23—13
6 道路、桥梁 ····· 23—14
   6.1 道路 ····· 23—14
   6.2 桥梁 ····· 23—14
7 园林建筑、园林小品 ····· 23—14
   7.1 园林建筑 ····· 23—14
   7.3 厕所 ····· 23—14
   7.4 园椅、废物箱、饮水器 ····· 23—14
   7.7 园灯 ····· 23—14
   7.9 标识 ····· 23—15
   7.10 游戏及健身设施 ····· 23—15
8 给水、排水及电气 ····· 23—15
   8.1 给水 ····· 23—15
   8.2 排水 ····· 23—15
   8.3 电气 ····· 23—15

1 总　则

1.0.1　城市绿地设计要贯彻以人为本，达到人与自然和谐，城市与自然共存，有利人的身心健康，创造良好的生态、景观、游憩环境，设计要体现适用、经济、环保、美观的原则，同时要注意各种设施的安全。

1.0.2　本规范适用的范围：公园绿地、生产绿地、防护绿地、附属绿地及其他绿地。

1.0.4　绿地内各种建筑物、构筑物和市政设施等设计除执行本规范外，尚应符合现行有关设计标准的规定。

3　基本规定

3.0.1　城市绿地设计应在批准的城市总体规划和绿地系统规划的基础上进行，为区别"城市总体规划"和"绿地系统规划"，单项绿地的总体规划统一称为绿地总体设计。

3.0.2　绿地设计必须以城市规划为依据，其用地范围既不能超出总体规划范围，更不得被任何非绿地设施占用或变相占用；绿地的出入口设置要综合考虑城市道路的交通安全、流量、标高、附近人口密度、人流量等因素。

3.0.4、3.0.5　城市绿地设计是一项工程性与艺术性相结合的创作活动。要继承弘扬我国传统园林艺术精华，并借鉴吸收国内外绿地设计的先进理念和技艺，结合现代社会生活的要求和审美情趣，不断探索、创造具有中国特色、地方风格和个性特色的城市绿地。

3.0.6　居住用地、公共设施用地、工业用地、仓储用地、对外交通用地、道路广场用地、市政设施用地和特殊用地中的绿化用地面积占总用地比例必须符合法定比例。城市绿地内的水面大小差别很大，可因地制宜、合理设置。绿色植物种植面积采用按陆地面积大小确定比例。

3.0.7　本条款规定是为了保护、利用拟建绿地基地内的原有植物资源。在旧城改造中出现工厂迁移等基地改建为开放绿地时，更应充分考虑有效利用。

3.0.10　绿地设计要体现人性化设计，尤其要体现对弱势群体的关爱，要创造老人相互交流的空间，在道路及厕所设计中要考虑无障碍设计。

3.0.11　城市绿地兼有防灾、避灾的功能，绿地内水体、广场、草坪等在遇灾时均可供防灾避难使用。因此，在城市绿地设计时应充分考虑到防灾避难时的有效利用。

3.0.12　本条款的后半部分是结合海绵城市建设而新增的，明确了城市绿地内的所有海绵设施必须有相关安全保障措施，确保人身安全。

3.0.15　在城市绿地设计时应满足海绵城市专项规划对于绿地年径流总量的控制要求，协调落实好源头径流控制设施。

3.0.15A　城市绿地应该结合海绵城市建设的要求，根据各地区的自然经济实际情况，因地制宜地合理设置各类源头径流控制设施。

1　本款明确了城市绿地的海绵型设计，首先应该确保满足各类绿地自身的定位功能，避免本末倒置。不同的城市绿地类型应该根据基地的实际情况与需求采用与其相对应的低影响开发设施。

2　本款明确了大型湖泊、滨水、湿地等绿地除了满足生态景观功能以外，在设计时应根据基地的实际情况与需求提升对雨水排放、吸纳的能力。

3　绿地的海绵型设计应该贯彻实用、经济并与绿地的总体设计及相关专业相协调的原则。

4　雨水利用应满足节约型原则，应尽量使用生态自然的雨水收集方式，避免资源的浪费。本款也提出了土壤渗透率低的地方，对雨水收集利用的原则。提出了在满足绿地景观效果的同时，也可利用城市绿地的景观水体作为雨水调蓄设施。

5　在降雨初期及北方使用融雪剂的地区，雨水会夹杂着部分油污、化学剂等易污染物，流入绿地，不利于植物的正常生长，为了保证流入绿地内的雨水相对干净，需要在设计时考虑安装初期雨水弃流装置或弃流井，确保城市绿地不受污染。

4　竖向设计

4.0.1　本条提出在城市绿地的竖向设计时，既要考虑绿地内的功能需求及海绵型设计，同时也应该考虑绿地周边其他用地的排水。

4.0.2　竖向设计应在总图设计的基础上，除了创造一定的地形空间景观外，还应为植物种植设计和给排水设计创造良好的基础条件，为植物的良好生长和雨水的排蓄创造必要的条件。

4.0.3、4.0.4　此两条是为了保护、利用基地内的原有资源，尤其是自然水系、树木及农田耕作土壤。

4.0.5　本条主要是在地形设计中要确保古树名木的存活。

4.0.13　本条主要从水体生态角度考虑，提倡采用原土构筑池底，既节省工程造价，又有利水体自净。当然，遇到原土地基渗水过大时，则应采取必要的防水设施。

5　种植设计

5.0.1　按照绿地总体设计对植物布局、功能、空间、尺度、形态及主要树种的要求进行种植设计；根据海绵城市建设的要求，在绿地内选择抗逆性强、节水耐旱、抗污染、耐水湿的树种，可降低绿地建设管理过程中资源和能源消耗。

5.0.2 绿地生物滞留设施的植物种类选择应根据滞水深度、雨水渗透时间、种植土厚度、水污染物负荷及不同植物的耐水湿程度等条件确定。

5.0.4 种植设计除讲求构图、形式等艺术要求和文化寓意外，更重要的是满足植物的生态习性，考虑植物多样性、观赏性要求，使科学性与艺术性很好结合，形成合理的群落。

5.0.5 绿地土壤应满足雨水渗透的要求，不满足渗透要求的应进行土壤改良。土壤改良宜使用枯枝落叶等园林绿化废弃物、有机肥、草炭等有机介质，促进土壤团粒结构形成，增加土壤的渗透能力。土壤的理化性状指标可按现行行业标准《绿化种植土壤》CJ/T 340 的规定执行。

5.0.7 植物配置不仅要满足功能与植物生态的要求，还必须遵循特色植物景观构成的要求。

5.0.10 植物是逐年生长的，但其生长速度各有不同，种植设计时必须考虑到若干年后形成稳定的植物群落景观，为植物生长留足一定的空间。但在有些重要地段，为了兼顾到近期绿化景观效果，种植设计时，也可适当考虑提高种植密度或栽种速生快长植物。

6 道路、桥梁

6.1 道 路

6.1.1 城市绿地的道路除带状绿地设置单一通道外，均宜设置环形主干道，避免让游人走回头路。

6.1.2 城市绿地出入口的设计应倡导简朴、小巧，突出园林绿地特色，不宜单纯追求高大、气魄。大型绿地应设多个大门，且尽可能使游客与管理人员分门进出。

6.1.3 本条只对主路设置要求最小宽度3.00m，消防通道3.50m。大型园林绿地，主路宽度可大于3.00m；小型绿地，主路宽度3.00m即可满足使用要求。

6.1.5 透水铺装适用区域广、施工方便，可补充地下水并具有一定的峰值流量削减和雨水净化作用，在城市绿地内应优先考虑利用透水铺装消纳自身径流雨水，有条件的地区建议新建绿地内透水铺装率不低于50%，改建绿地内透水铺装率不低于30%；但透水铺装易堵塞，寒冷地区有被冻融破坏的风险，因此在城市绿地内使用透水铺装时，必须考虑其适用性，选用不同的材料和透水方式，并采取必要的措施以防止次生灾害或地下水污染的发生。透水铺装结构还应符合现行行业标准《透水砖路面技术规程》CJJ/T 188、《透水沥青路面技术规程》CJJ/T 190 和《透水水泥混凝土路面技术规程》CJJ/T 135 的规定。

6.2 桥 梁

6.2.4 绿地的水岸宜用防腐木、石材等构筑亲水平台，让游人亲近水面，观景、嬉水。亲水平台临水一侧必须采取安全措施：设置栏杆、链条，种植护岸水生植物，或者沿岸边设置水深不大于0.70m的浅水区。沿水岸还必须设置安全警示牌。

7 园林建筑、园林小品

7.1 园林建筑

7.1.2A 绿色屋顶可有效减少屋面径流总量和径流污染负荷，具有节能减排的作用。城市绿地内的建筑一般体量较小，以一、二层为主，功能较单一，有实施屋顶绿化的基础，同时还能结合景观环境一起设计，有利于建筑与景观的融合，因此城市绿地内有条件设置绿色屋顶的建筑宜优先考虑绿色屋顶。绿色屋顶的设计可参考现行行业标准《种植屋面工程技术规程》JGJ 155，同时应符合现行国家标准《屋面工程技术规范》GB 50345 的规定。

7.1.2B 根据住房城乡建设部2014年颁布的《海绵城市建设技术指南——低影响开发雨水系统构建（试行）》的要求，应限制地下空间的过度开发，为雨水回补地下水提供渗透路径。公园绿地是纳入城市建设用地平衡，向公众开放，以游憩为主要功能，兼具生态、美化、文化、教育、防灾等作用的绿地，在城市建设用地中的比例通常在12%左右。为此提出限制其地下空间开发的要求。

7.3 厕 所

7.3.2 一般城市开放绿地内的公厕按男女厕位1:1～1.5:1比例设置，男厕位多，女厕位少，游览高峰时有女厕排长队的现象。本条提出调整男女厕位比例，改为男女厕位相同，或女多男少。男厕位应把大、小便厕位一并计算。儿童乐园等儿童较集中场所中，可适当增加低厕位小便器。

7.3.3 城市绿地内厕所设计必须符合城市公共厕所卫生标准，保证通风、通水、清洁、无臭。

7.3.5 厕所污水净化处理，包括地下渗透处理、沼气池、化粪池、生物池处理或地埋式处理池（缸）等物理、生化处理方法。

7.4 园椅、废物箱、饮水器

7.4.1 园椅座位数包括正式的座椅、座凳，以及可供游人临时就座的花坛挡土墙。

7.7 园 灯

7.7.3 园灯设计应注重美观、适用，与节能相结合，并应防止产生光污染。

7.9 标　识

7.9.1 指示标识是城市绿地设计的组成部分，应在城市开放绿地设计中广泛采用，并加以完善。

7.10 游戏及健身设施

7.10.1 游戏机及健身设备应选用符合国家及地方安全卫生标准、有专业资质单位设计生产的合格产品。

8 给水、排水及电气

8.1 给　水

8.1.2 21世纪将成为水危机世纪，我国为贫水国家，人均拥有水量仅为世界人均占有量的五分之一。原国家经贸委办公厅在国经贸厅资源〔2000〕1015号文件中已明确指出：2000～2010年在工业增加值年均增长10%左右的情况下，取水量控制在1.2%。由此看来，对新水源的利用显得尤为重要。作为绿化灌溉、水景补水更有必要利用新水源，如雨水、中水、地表水等。由于目前经济条件的限制，有些小规模绿地的基地内外没有可利用的河水和中水，建造雨水收集处理再利用的设施，其初期投入较大。有条件时应同步建设，建造有困难时，可直接由市政给水管网供水。

8.2 排　水

8.2.1、8.2.2 绿地设计的排水体制应符合城市的排水制度要求。有条件时，绿地排水宜尽可能采用雨水、污水分流制，有利于市政排水体制提高时的分流接入及水资源的综合利用。

8.2.3 规定了绿地雨水排水设计的基本原则、方式。
2014年住房城乡建设部出台了《海绵城市建设技术指南》，用以指导各地在新型城镇化建设过程中，推广和应用低影响开发建设模式，加大城市径流雨水源头减排的刚性约束，优先利用自然排水系统，建设生态排水设施，充分发挥城市绿地、道路、水系等对雨水的吸纳、蓄渗和缓释作用，使城市开发建设后的水文特征接近开发前，有效缓解城市内涝、削减城市径流污染负荷、节约水资源、保护和改善城市生态环境，为建设具有自然积存、自然渗透、自然净化功能的海绵城市提供重要保障。绿地海绵城市建设所构建的低影响开发雨水系统，宜依据下渗减排和集蓄利用的原则，采用渗、滞、蓄、净、用、排等多种技术措施，使绿地年径流总量控制率不低于70%，年径流污染控制率不低于75%，雨水资源利用率不低于10%。各地应结合水环境现状、水文地质条件等特点，合理选择其中一项或多项目标作为设计控制目标。

8.2.4 径流总量控制途径包括雨水的下渗减排和直接集蓄利用。但是在径流污染严重的绿地为避免对地下水和周边水体造成污染，不应用下渗减排方式。

8.2.5 主要对绿地雨水集蓄利用做一些规定。实施过程中，雨水下渗减排和资源化利用的比例需依据实际情况，通过合理的技术经济比较来确定。缺水地区可结合实际情况制定基于直接集蓄利用的雨水资源化利用目标。

8.2.6 大型绿地内的污水处理工艺的选择，应与当地市政排水系统相协调，符合其环保和接纳水质要求。

8.3 电　气

8.3.1 城市绿地照明应倡导使用节能灯具，利用太阳能等天然资源。

8.3.2 城市绿地中人员较多的交通广场停电将给交通带来混乱，给人员造成危险，故规定为二级负荷。

8.3.4 电气设备按防触电的保护程度分为0、Ⅰ、Ⅱ、Ⅲ类，城市绿地中的电气设备游人易接触，0类电气设备只有基本绝缘作为防触电保护，为了保证人员的安全，故规定不应使用0类防触电产品。

8.3.5 旱喷泉内常有人游戏，景观水池内有时也有小孩玩水，超过12V低电压可能给人带来触电危险。

中华人民共和国国家标准

城镇老年人设施规划规范

Code for planning of city and town facilities for the aged

GB 50437—2007

主编部门：中华人民共和国建设部
批准部门：中华人民共和国建设部
施行日期：２００８年６月１日

中华人民共和国建设部
公　告

第 746 号

建设部关于发布国家标准
《城镇老年人设施规划规范》的公告

现批准《城镇老年人设施规划规范》为国家标准，编号为 GB 50437—2007，自 2008 年 6 月 1 日起实施。其中，第 3.2.2、3.2.3、5.3.1 条为强制性条文，必须严格执行。

本规范由建设部标准定额研究所组织中国计划出版社出版发行。

中华人民共和国建设部
二○○七年十月二十五日

前　言

本规范是根据建设部建标〔2002〕85 号文件《关于印发"2001~2002 年度工程建设国家标准制定、修订计划"的通知》的要求，由南京市规划设计研究院会同有关单位共同编制完成的。

本规范在编制过程中，认真总结实践经验，广泛调查研究，参考了有关国际标准和国外先进技术，并广泛征求了全国有关单位和专家的意见，最后经专家和有关部门审查定稿。

本规范的主要技术内容包括：总则、术语、分级、规模和内容、布局与选址、场地规划等。

本规范以黑体字标志的条文为强制性条文，必须严格执行。

本规范由建设部负责管理和对强制性条文的解释，南京市规划设计研究院负责具体技术内容的解释。本规范在执行过程中，请各有关单位结合规划实践，总结经验，并注意积累资料，随时将有关意见和建议反馈给南京市规划设计研究院（地址：南京市鼓楼区中山路 55 号新华大厦 36 楼；邮政编码：210005），以供今后修订时参考。

本规范主编单位、参编单位和主要起草人：

主 编 单 位：南京市规划设计研究院
参 编 单 位：大连市规划设计研究院
　　　　　　　江苏省民政厅
主要起草人：张正康　刘正平　贺　文　陶　韬
　　　　　　曹世法　曲　玮　凌　航　丁盛清

目 次

1 总则 ·································· 24—4
2 术语 ·································· 24—4
3 分级、规模和内容 ················· 24—4
 3.1 分级 ······························ 24—4
 3.2 配建指标及设置要求 ············ 24—4
4 布局与选址 ·························· 24—5
 4.1 布局 ······························ 24—5
 4.2 选址 ······························ 24—5
5 场地规划 ···························· 24—5
 5.1 建筑布置 ·························· 24—5
 5.2 场地与道路 ······················ 24—5
 5.3 场地绿化 ·························· 24—5
 5.4 室外活动场地 ···················· 24—5
本规范用词说明 ······················ 24—5
附:条文说明 ·························· 24—7

1 总则

1.0.1 为适应我国人口结构老龄化,加强老年人设施的规划,为老年人提供安全、方便、舒适、卫生的生活环境,满足老年人日益增长的物质与精神文化需要,制定本规范。

1.0.2 本规范适用于城镇老年人设施的新建、扩建或改建的规划。

1.0.3 老年人设施的规划,应符合下列要求:
  1 符合城镇总体规划及其他相关规划的要求;
  2 符合"统一规划、合理布局、因地制宜、综合开发、配套建设"的原则;
  3 符合老年人生理和心理的需求,并综合考虑日照、通风、防寒、采光、防灾及管理等要求;
  4 符合社会效益、环境效益和经济效益相结合的原则。

1.0.4 老年人设施规划除应执行本规范外,尚应符合国家现行的有关标准的规定。

2 术语

2.0.1 老年人设施 facilities for the aged
  专为老年人服务的居住建筑和公共建筑。

2.0.2 老年公寓 apartment for the aged
  专为老年人集中养老提供独立或半独立家居形式的居住建筑。一般以栋为单位,具有相对完整的配套服务设施。

2.0.3 养老院 home for the aged
  专为接待老年人安度晚年而设置的社会养老服务机构,设有起居生活、文化娱乐、医疗保健等多项服务设施。养老院包括社会福利院的老人部、护老院、护养院。

2.0.4 老人护理院 nursing home for the aged
  为无自理能力的老年人提供居住、医疗、保健、康复和护理的配套服务设施。

2.0.5 老年学校(大学) school for the aged
  为老年人提供继续学习和交流的专门机构和场所。

2.0.6 老年活动中心 center of recreation activities for the aged
  为老年人提供综合性文化娱乐活动的专门机构和场所。

2.0.7 老年服务中心(站) station of service for the aged
  为老年人提供各种综合性服务的社区服务机构和场所。

2.0.8 托老所 nursery for the aged
  为短期接待老年人托管服务的社区养老服务场所,设有起居生活、文化娱乐、医疗保健等多项服务设施,可分日托和全托两种。

3 分级、规模和内容

3.1 分级

3.1.1 老年人设施按服务范围和所在地区性质分为市(地区)级、居住区(镇)级、小区级。

3.1.2 老年人设施分级配建应符合表3.1.2的规定。

表 3.1.2 老年人设施分级配建表

项 目	市(地区)级	居住区(镇)级	小区级
老年公寓	▲	△	
养老院	▲	▲	
老人护理院	▲		
老年学校(大学)	▲	△	
老年活动中心	▲	▲	▲
老年服务中心(站)		▲	▲
托老所		△	▲

注:1 表中▲为应配建;△为宜配建。
  2 老年人设施配建项目可根据城镇社会发展进行适当调整。
  3 各级老年人设施配建数量、服务半径应根据城镇的具体情况确定。
  4 居住区(镇)级以下的老年活动中心和老年服务中心(站),可合并设置。

3.2 配建指标及设置要求

3.2.1 老年人设施中养老院、老年公寓与老人护理院配置的总床位数量,应按1.5~3.0床位/百老人的指标计算。

3.2.2 老年人设施新建项目的配建规模、要求及指标,应符合表3.2.2-1和表3.2.2-2的规定,并应纳入相关规划。

表 3.2.2-1 老年人设施配建规模、要求及指标

项目名称	基本配建内容	配建规模及要求	配建指标 建筑面积(m²/床)	用地面积(m²/床)
老年公寓	居家式生活起居,餐饮服务、文化娱乐、保健服务用房等	不应小于80床位	≥40	50~70
市(地区)级养老院	生活起居、餐饮服务、文化娱乐、医疗保健、健身用房及室外活动场地等	不应小于150床位	≥35	45~60
居住区(镇)级养老院	生活起居、餐饮服务、文化娱乐、医疗保健用房及室外活动场地等	不应小于30床位	≥30	40~50
老人护理院	生活护理、餐饮服务、医疗保健、康复用房等	不应小于100床位	≥35	45~60

注:表中所列各级老年公寓、养老院、老人护理院的每床位建筑面积及用地面积均为综合指标,已包括服务设施的建筑面积及用地面积。

表 3.2.2-2 老年人设施配建规模、要求及指标

项目名称	基本配建内容	配建规模及要求	配建指标 建筑面积（m^2/处）	配建指标 用地面积（m^2/处）
市(地区)级老年学校(大学)	普通教室、多功能教室、专业教室、阅览室及室外活动场地等	(1)应为5班以上；(2)市级应具有独立的场地、校舍	≥1500	≥3000
市(地区)级老年活动中心	阅览室、多功能教室、播放厅、舞厅、棋牌类活动室、休息室及室外活动场地等	应有独立的场地、建筑，并应设置适合老人活动的室外活动设施	1000～4000	2000～8000
居住区(镇)级老年活动中心	活动室、教室、阅览室、保健室、室外活动场地等	应设置大于300m^2的室外活动场地	≥300	≥600
居住区(镇)级老年服务中心	活动室、保健室、紧急援助、法律援助、专业服务等	镇老人服务中心应附设不小于50床位的养老设施；增加的建筑面积应按每床建筑面积不小于35m^2、每床用地面积不小于50m^2另行计算	≥200	≥400
小区老年活动中心	活动室、阅览室、保健室、室外活动场地等	应附设不小于150m^2的室外活动场地	≥150	≥300
小区级老年服务站	活动室、保健室、家政服务用房等	服务半径应小于500m	≥150	—
托老所	休息室、活动室、保健室、餐饮服务用房等	(1)不应小于10床位，每床建筑面积不小于20m^2；(2)应与老年服务站合并设置	≥300	—

注：表中所列各级老年公寓、养老院、老人护理院的每床位建筑面积及用地面积均为综合指标，已包括服务设施的建筑面积及用地面积。

3.2.3 城市旧城区老年人设施新建、扩建或改建项目的配建规模、要求应满足老年人设施基本功能的需要，其指标不应低于本规范表3.2.2-1和表3.2.2-2中相应指标的70%，并应符合当地主管部门的有关规定。

4 布局与选址

4.1 布　局

4.1.1 老年人设施布局应符合当地老年人口的分布特点，并宜靠近居住人口集中的地区布局。

4.1.2 市(地区)级的老人护理院、养老院用地应独立设置。

4.1.3 居住区内的老年人设施宜靠近其他生活服务设施，统一布局，但应保持一定的独立性，避免干扰。

4.1.4 建制镇老年人设施布局宜与镇区公共中心集中设置，统一安排，并宜靠近医疗设施与公共绿地。

4.2 选　址

4.2.1 老年人设施应选择在地形平坦、自然环境较好、阳光充足、通风良好的地段布置。

4.2.2 老年人设施应选择在具有良好基础设施条件的地段布置。

4.2.3 老年人设施应选择在交通便捷、方便可达的地段布置，但应避开对外公路、快速路及交通量大的交叉路口等地段。

4.2.4 老年人设施应远离污染源、噪声源及危险品的生产储运等用地。

5 场地规划

5.1 建筑布置

5.1.1 老年人设施的建筑应根据当地纬度及气候特点选择较好的朝向布置。

5.1.2 老年人设施的日照要求应满足相关标准的规定。

5.1.3 老年人设施场地内建筑密度不应大于30%，容积率不宜大于0.8。建筑宜以低层或多层为主。

5.2 场地与道路

5.2.1 老年人设施场地坡度不应大于3%。

5.2.2 老年人设施场地内应人车分行，并应设置适量的停车位。

5.2.3 场地内步行道路宽度不应小于1.8m，纵坡不宜大于2.5%并应符合国家标准的相关规定。当在步行道中设台阶时，应设轮椅坡道及扶手。

5.3 场地绿化

5.3.1 老年人设施场地范围内的绿化率：新建不应低于40%，扩建和改建不应低于35%。

5.3.2 集中绿地面积应按每位老年人不低于2m^2设置。

5.3.3 活动场地内的植物配置宜四季常青乔灌木、草地相结合，不应种植带刺、有毒及根茎易露出地面的植物。

5.4 室外活动场地

5.4.1 老年人设施应为老年人提供适当规模的休闲场地，包括活动场地及游憩空间，可结合居住区中心绿地设置，也可与相关设施合建。布局宜动静分区。

5.4.2 老年人游憩空间应选择在向阳避风处，并宜设置花廊、亭、榭、桌椅等设施。

5.4.3 老年人活动场地应有1/2的活动面积在标准的建筑日照阴影线以外，并应设置一定数量的适合老年人活动的设施。

5.4.4 室外临水面活动场地、踏步及坡道，应护栏、扶手。

5.4.5 集中活动场地附近应设置便于老年人使用的公共卫生间。

本规范用词说明

1 为便于在执行本规范条文时区别对待，对要求严格程度不

同的用词说明如下：
  1）表示很严格，非这样做不可的用词：
    正面词采用"必须"，反面词采用"严禁"。
  2）表示严格，在正常情况下均应这样做的用词：
    正面词采用"应"，反面词采用"不应"或"不得"。
  3）表示允许稍有选择，在条件许可时首先应这样做的用词：
    正面词采用"宜"，反面词采用"不宜"；
    表示有选择，在一定条件下可以这样做的用词，采用"可"。
  2 本规范中指明应按其他有关标准、规范执行的写法为"应符合……的规定"或"应按……执行"。

中华人民共和国国家标准

城镇老年人设施规划规范

GB 50437—2007

条 文 说 明

目 次

- 1 总则 ······ 24—9
- 2 术语 ······ 24—9
- 3 分级、规模和内容 ······ 24—9
  - 3.1 分级 ······ 24—9
  - 3.2 配建指标及设置要求 ······ 24—9
- 4 布局与选址 ······ 24—10
  - 4.1 布局 ······ 24—10
  - 4.2 选址 ······ 24—10
- 5 场地规划 ······ 24—10
  - 5.1 建筑布置 ······ 24—10
  - 5.2 场地与道路 ······ 24—10
  - 5.3 场地绿化 ······ 24—10
  - 5.4 室外活动场地 ······ 24—10

1 总 则

1.0.1 我国60岁以上人口占总人口数已超过10%，按联合国有关规定，我国已正式进入老年型社会。据预测，今后老年人口占总人口的比例还将继续增长。严峻的人口老龄化形势将给处于发展中的我国带来巨大的挑战。今天的社会应当关注老年人的生活需求，这些需求不仅包括"老有所养，老有所医"的基本物质需要，还应包括"老有所为，老有所学，老有所乐"等方面的精神需要。关心老年人，是社会文明和进步的标志之一，这个问题是否解决得好，关系到我国政治和社会的稳定和发展。

由于多方面的原因，我国未专门制定过有关老年人设施规划的技术性规范。将老年人设施纳入城市规划和建设的轨道，确保老年人设施的规划和建设质量，是编制本规范的根本目的。

1.0.2 我国已有不少城镇建起了一批老年人设施，在各种特定的条件限制下，这些设施普遍存在着数量不足、规模小、内容不全及设施简陋、环境质量差等问题，因此本规范明确提出不仅适用于新建，也适用于改建和扩建的要求。

1.0.3 老年人设施作为公共设施的一部分，应与城镇其他规划一样共同遵守总体规划及相关规划的要求。本条是老年人设施规划必须遵循的基本原则：

1 老年人设施规划也是城镇公共设施的一部分，因此应符合总体规划及其他相关规定。

2 在城市和乡镇规划区内进行老年人设施建设，必须遵守《中华人民共和国城市规划法》中提出的"统一规划、合理布局、因地制宜、综合开发、配套建设"的原则。

3 老年人由于生理机能衰退，出现年老体弱、行动迟缓、步履蹒跚等生理特点和内心孤独的心理特征，因此对环境的要求应比普通人更高，老年人设施的规划和建设必须符合老年人的特点。

4 过去老年人设施主要属于社会福利设施，经济效益考虑相对较少。我国现在和将来的老年人设施投资呈多元化趋势，老年人设施除了考虑社会和环境效益外，也需考虑经济效益。因此，提出"三个效益"相结合，以满足可持续发展的需要。

1.0.4 老年人设施规划涉及面广，因此除了符合本规范外，尚应符合和遵守其他相关规范的要求。

2 术 语

本章内容是对本规范涉及的基本词汇给予统一的定义，以利于本规范内容的正确理解和使用。

1 联合国规定：60岁及以上老年人占10%或65岁以上占7%的城市和社会称老龄化城市或老龄化社会。我国民政部和学术界基本上使用60岁作为老年人界限，因此本规范使用60岁作为老年人的标准。

2 由于老年人设施现有的名词很多，本规范术语应力求反映时代特点。如养老院这一名词实际上涵盖社会福利院中的老人部、护老院、敬老院等内容。在老年教育设施方面，虽然"老年教育"不属于学历教育，但考虑到从20世纪80年代开始，在一些城市中将市级老年教育设施称"老年大学"，区（县）级老年教育设施称"老年学校"，被老年教育界、民政界等多部门所接受，所以本规范对此类名词予以纳入、肯定。

3 现有的老年人设施内容很多，本次老年人设施内容的选定，一方面参照国际惯例，但更主要的是从国情考虑。如老年病医院，由于老年病医院专业性很强，一般规模的城市使用得很少，因此本规范不予考虑。还有如养老设施方面，主要根据老年人从60岁到临终不同阶段的生理特点及需求，确定了老年公寓、养老院及老人护理院等三种养老方式。

3 分级、规模和内容

3.1 分 级

3.1.1 老年人设施作为城市公共设施的一类，应当按照城市公共设施的分级序列相应地分级配置，分为三级：市（地区）级、居住区（镇）级、小区级。大、中城市由于城市规模大、人口多，应根据管理、服务需要在市级的下一层次增设地区级，由于市级、地区级功能相近，本规范合并为一级。建制镇的人口规模与居住区大致相同，对老年设施的需求近似于居住区要求，故规范中合并至居住区级。

根据以上原则分级，形成的老年人设施网络能够基本覆盖城镇各级居民点，满足老年人使用的需求；其分级的方式应与现行国家标准《城市居住区规划设计规范》GB 50180衔接，有利于不同层次的设施配套；在实际运作中可以和现有的以民政系统管理为主的老年保障网络相融合，如市级要求两者基本相同，本规范地区级则相当于后者规模较大、辐射范围较大的区级设施，而本规范居住区级则和街道办事处管辖规模3~5万人相一致，便于组织管理，在原有基础上进一步充实、深化。

3.1.2 本条对各级老年人设施应配建或宜配建项目做出了具体规定。表3.1.2中的规定是依据老年人的需求程度、使用频率、设施的服务内容、服务半径以及经济因素综合确定的。如养老院，提供长期综合社会养老服务，要求设施齐全，服务半径大，因而设在居住区（镇）级以上。而老年服务中心（站）为居家养老的老年人提供日常服务，使用频率高，设施相对简单，因而需就近在居住区、小区内设置。

我国地域辽阔，各区域中城镇的规模相差大，人口老龄化的程度亦不相同，所以老年人设施的配建规模、数量必须根据其具体的人口规模、人口老龄化程度等因素确定。此外，老年人设施目前多属公益设施，在城市新区建设中应当以本规范和相关规范为依据与其他设施同步规划，同步建设。

3.2 配建指标及设置要求

3.2.1 我国各区域经济水平差异较大，各地的养老观念和养老模式也不相同。世界平均养老床位为1.5床位/百老人，发达国家为4.0~7.0床位/百老人。我国现状还不到1.0床位/百老人，投资一张普通养老床位需3~5万元，故本规范将养老院、老年公寓与老人护理院配置的总床位数要求确定在1.5~3.0床位/百老人之间。各地可按实际情况确定具体的百老人床位数。

调查发现，各个城市老年人人口与本城市总人口关系不大。如新兴城市、工矿城市老年人人口不足7%，而老的城市则可达15%以上。因此，本规范养老机构床位数未采用千人指标。

3.2.2 本条对各级老年人设施的设置要求做出了具体规定。通过调研、国内外资料的对比，以及对各种规范的参考借鉴，表中量化了多数老年人设施的主要指标，如养老院的单床建筑面积，全国各地现状多为30~35m²/床之间，日本同类设施建议值为33m²，现行国家标准《城市居住区规划设计规范》GB 50180规定养老院单床建筑面积应大于等于40m²。现行国家标准《老年人居住建筑设计标准》GB/T 50340规定养老院人均建筑面积25m²。综合以上规定，本规范明确了相应指标。表3.2.2-1和表3.2.2-2中，设施的规模则是根据各项目自身经营管理及经济合理性决定的，如市（地区）级养老院，150床位规模是考虑到发挥其各类服务设作用比较经济。表中的用地规模则是根据建筑密度、容积率推算确定的。

1 市（地区）级老年机构对下级老年人设施具有业务上的示范和指导关系，有的还承担着培训老年人设施服务人员、认证其上岗资格的功能，因而在具体的设置规定中，用地面积、建筑面积等指标宜适当放宽，考虑到有些大城市中，城市或辖区人口多，老龄化程度高，该级设施应进行统一规划，可分若干期分步实施。

2 居住区（镇）级、小区级老年人设施对周围的老年人服务直接、频繁，因而在今后的新区建设中必须与住宅建设同步规划、同步实施，同时交付使用。

3.2.3 考虑到城市旧城区中，人口密度大，用地十分紧张，在旧城区中新建、扩建或改建老年人设施时，可酌情调整相关指标，但不应低于 3.2.2-1 和表 3.2.2-2 中相应指标的 70%，以满足基本功能需要。

4 布局与选址

4.1 布 局

4.1.1 根据调查结果显示，老年人口的分布情况不尽相同，表现在如下方面：东西部地区的差异、发达与不发达地区的差异、新城市与老城市的差异、不同规模的城市之间的差异、同一城市新区与旧区的差异。一般说来，城市老城区的老年人比例相对新城区要大。因此，老年人设施的布局应根据老年人在新旧城区的分布特点，并按照老年人设施规模合理配建。

4.1.2 市（地区）级的老人护理院、养老院等老年人设施，其服务对象不是为居家养老的老年人提供的，而是一种社会养老机构，尤其老人护理院是为生活已不能自理，特别是为需要临终关怀的老年人设立的，对环境的要求相对较高，因此这些机构应避开相同级别的其他公共设施而独立设置。

4.1.3 由于居住区内的老年人设施规模不大，服务内容和功能相对简单并相兼容，因此，为达到经济适用，社会效益明显，并方便老年人使用，规划时可集中设置，统一布局。

居住区内的老年人设施，属于居住区公共设施的组成部分，在满足老年人设施的一些特殊要求如安静、安全、避免干扰等条件的前提下，可以与其他的公共设施相对集中，方便使用，但应保证老年人设施具有一定的独立性。

4.1.4 由于一般建制镇的规模较小，老年人设施的布局可以与镇区其他公共设施综合考虑，并尽量与医疗保健、绿地、广场靠近，有利于方便使用、节约用地及设施的共享。但老年人设施应相对独立，确保老年人设施的安静、安全、避免干扰等特殊要求。

4.2 选 址

4.2.1 从生理和心理需求考虑，为有利于老年人的安全和体能的需要，老年人设施应选地形平坦的地段布置。老年人对自然，尤其是对阳光、空气有较高的要求，所以老年人设施应尽可能选择绿化条件较好，空气清新、接近河湖水面等环境的地段布置。

4.2.2 由于市级老年人设施如养老院、老人护理院等往往选在离市区较远的位置，因此除考虑用地本身所具备的基础设施条件外，还应考虑用地邻近地区中可利用的基础设施条件。

4.2.3 老年人设施的选址要考虑方便老年人的出行需要，尽量选择在交通便捷、方便可达的地段，以满足老年人由于体力不支和行动不便带来的乘车需求。特别是养老院、老年公寓等老年人设施，还要考虑子女与入住老年人探望联系的方便。从调查资料中分析，子女探望老人不但应有便捷和方便可达的交通，而且所花的路

途时间以不超过一小时左右为最佳，这对老年人设施的入住率具有重要影响。从安全和安静的角度出发，老年人设施也应避开邻近对外交通、快速干道及交通量大的交叉路口路段。

4.2.4 老年人身体素质一般较差，对环境的敏感度也很高，因此在对老年人设施选址时，应特别考虑周边环境情况，尽量远离污染源、噪声源及危险品生产及储运用地，并应处在以上不利因素的上风向。

5 场地规划

5.1 建筑布置

5.1.1 日照对老年人健康至关重要，因此，对建筑物的朝向首先应作具体规定。由于我国地域辽阔，南部有些省地处北回归线以南而东北有些市县却在北纬50°以北，气候差别较大，对朝向要求也不同。受地理位置影响，不宜明确要求具体方位，为此提示老年人建筑应选择较好朝向便于设计人员有切合实际的灵活选择。

5.1.2 关于老年人建筑的日照标准，在现行国家标准《老年人居住建筑设计标准》GB/T 50340 和《城市居住区规划设计规范》GB 50180已有明确指标，即老年人居住用房日照不应低于冬至日2小时的标准。此标准比普通住宅更高，体现了对老年人的关怀。

5.1.3 为保证老年人设施场地内有足够的活动空间，对建筑密度、容积率提出限制要求。另外，根据老年人的生理特点，提出建筑的高度应以低层或多层为主。三层及三层以上老年人建筑应设电梯的规定已在现行国家标准《老年人居住建筑设计标准》GB/T 50340中明确，本规范不再重复。

5.2 场地与道路

5.2.1 我国真正意义上的平原不多，中部有些丘陵地，西部更多为山地，老年人设施用地不大，因此，提出场地坡度不应大于3%，以方便老年人活动，特别是为能够自理的老年人行动提供更好的条件。

5.2.2 老年人设施场地内人行道、车行道应分设，防止老年人因行动迟缓，视力、听力差而发生意外事故。随着小汽车的发展，本着方便老年人使用的原则，在老年人设施场地内靠近入口处应考虑一定量的停车位。

5.2.3 对老年人设施场地内步行道宽度作出明确的宽度规定，是考虑到两辆轮椅交会加上陪护人员的宽度。老年人设施场地应符合国家现行标准《城市道路和建筑物无障碍设计规范》JGJ 50 的相关规定，主要是考虑轮椅行走方便，在步行道中遇有较大坡度需设台阶时，应在台阶一侧设轮椅坡度，并设扶手栏杆及提示标志。

5.3 场地绿化

5.3.1 对老年人设施场地内绿地率的指标数据，是根据老年人设施的建筑密度、容积率等要求提出的，应明显高于一般住居区。一般除建筑占地、道路、室外铺装地面等，均应绿化。

5.3.2 明确集中绿化面积的人均指标下限高于居住区人均1.5m²的指标，能有较大面积绿化环境效应和营造园艺气氛。

5.3.3 为营造良好的环境气氛，确保环境空气质量和较好的视觉效果，应精心考虑植物的配置，不应种植对老年人室外活动产生伤害的植物。

5.4 室外活动场地

5.4.1 室外活动场地内容应充分考虑老年人活动特点，场地布置时动静分区。一般将有活动器械或设施的场地作为"动区"，与供老年人休憩的"静区"适当隔离。

5.4.2 老年人户外空间要求比室内更严，冬日要有温暖阳光，夏

日要考虑遮阳。这类要求在选址时应考虑,有的还要在场地规划时做人为改造,诸如种树、建廊、遮阳等。花廊、亭、榭还应考虑更多功能,如两人闲谈,多人下棋等不同的需要,使老年人在这些场所相互交流,颐养天年。

5.4.3 老年人除了室内活动外更需要户外活动,户外活动是晒太阳、锻炼身体的需要,也是相互交流的方式。因此,本条提出室外活动场地的日照要求。室外活动场地应根据老年人的生理活动需求,设老年人活动设施,具体数量及内容按场地大小、经济实力和参与活动的老年人兴趣而定,本规范不做太具体的规定。

5.4.4 从安全角度考虑,凡老年人设施场地内的水面周围、室外踏步、坡道两侧均应设扶手、护栏,以保证老年人行动的方便和安全。

5.4.5 从老年人生理和心理特点出发,在活动场地附近设置公共卫生间十分必要。

中华人民共和国国家标准

地铁运营安全评价标准

Standard for the operation safety assessment of existing metro

GB/T 50438—2007

主编部门：中华人民共和国建设部
批准部门：中华人民共和国建设部
施行日期：２００８年５月１日

中华人民共和国建设部
公　告

第 743 号

建设部关于发布国家标准
《地铁运营安全评价标准》的公告

现批准《地铁运营安全评价标准》为国家标准，编号为 GB/T 50438-2007，自 2008 年 5 月 1 日起实施。

本标准由建设部标准定额研究所组织中国建筑工业出版社出版发行。

中华人民共和国建设部
2007 年 10 月 25 日

前　言

本标准是根据"关于印发《二〇〇五年工程建设国家标准制订、修订计划》的通知"（建标[2005]85 号）的要求，由北京市地铁运营有限公司会同相关单位共同编制。

在编制过程中，编制组经广泛调查研究，认真总结实践经验，参考有关国际标准和国外先进标准，并在广泛征求意见的基础上，通过反复讨论、修改和完善，最后经审查定稿。

本标准主要内容包括：1. 安全评价的一般要求和程序；2. 基础安全评价（其中包括：安全管理评价，运营组织与管理评价，设备设施评价和外界环境评价）；3. 事故风险水平评价。

本标准由建设部负责管理，由北京市地铁运营有限公司负责具体技术内容的解释。在执行过程中，请各单位结合实践，认真总结经验，如发现需要修改或补充之处，请将意见和建议寄北京市地铁运营有限公司（地址：北京市西直门外北河沿 2 号，邮政编码：100044），以供修订时参考。

本标准主编单位、参编单位和主要起草人：

主　编　单　位：北京市地铁运营有限公司
参　编　单　位：北京市劳动保护科学研究所
　　　　　　　　天津市地下铁道总公司
　　　　　　　　上海地铁运营有限公司
　　　　　　　　中国安全生产科学研究院
　　　　　　　　广州市地下铁道总公司
主要起草人员：蒋玉琨　王　娟　李广俊
　　　　　　　汪　彤　王淑敏　陈光华
　　　　　　　钟茂华　万宇辉　于和平
　　　　　　　谢　谦　代宝乾　赵　凯
　　　　　　　郑　雍　陆志雄　何　理
　　　　　　　陈晓东

目　次

1 总则 ································ 25—5
2 术语 ································ 25—5
3 基本规定 ·························· 25—5
　3.1 评价对象 ····················· 25—5
　3.2 评价体系 ····················· 25—5
　3.3 评价程序 ····················· 25—5
　3.4 评分方法 ····················· 25—6
4 安全管理评价 ····················· 25—6
　4.1 一般规定 ····················· 25—6
　4.2 安全管理机构与人员 ········ 25—6
　4.3 安全生产责任制 ············· 25—6
　4.4 安全管理目标 ················ 25—6
　4.5 安全生产投入 ················ 25—7
　4.6 事故应急救援体系 ·········· 25—7
　4.7 安全培训教育 ················ 25—8
　4.8 安全信息交流 ················ 25—8
　4.9 事故隐患管理 ················ 25—8
　4.10 安全作业规程 ··············· 25—9
　4.11 安全检查制度 ··············· 25—9
5 运营组织与管理评价 ············ 25—9
　5.1 一般规定 ····················· 25—9
　5.2 系统负荷 ····················· 25—9
　5.3 调度指挥 ····················· 25—9
　5.4 列车运行 ···················· 25—10
　5.5 客运组织 ···················· 25—10
6 车辆系统评价 ···················· 25—11
　6.1 一般规定 ···················· 25—11
　6.2 车辆 ·························· 25—11
　6.3 维修体系 ···················· 25—12
7 供电系统评价 ···················· 25—12
　7.1 一般规定 ···················· 25—12
　7.2 主变电站 ···················· 25—12
　7.3 牵引变电站 ·················· 25—13
　7.4 降压变电站 ·················· 25—14
　7.5 接触网（接触轨） ········· 25—14
　7.6 电力电缆 ···················· 25—15
　7.7 维修配件 ···················· 25—15
8 消防系统与管理评价 ··········· 25—15
　8.1 一般规定 ···················· 25—15
　8.2 消防系统与管理 ············ 25—15
9 线路及轨道系统评价 ··········· 25—17
　9.1 一般规定 ···················· 25—17
　9.2 线路及轨道系统 ············ 25—17
　9.3 维修体系 ···················· 25—17
10 机电设备评价 ·················· 25—18
　10.1 一般规定 ··················· 25—18
　10.2 自动扶梯、电梯与自动
　　　 人行道 ····················· 25—18
　10.3 屏蔽门系统与防淹门系统 · 25—18
　10.4 给水排水设备 ············· 25—19
　10.5 通风和空调设备 ··········· 25—19
　10.6 风亭 ························ 25—20
11 通信设备评价 ·················· 25—20
　11.1 一般规定 ··················· 25—20
　11.2 通信系统 ··················· 25—20
　11.3 维修体系 ··················· 25—21
12 信号设备评价 ·················· 25—21
　12.1 一般规定 ··················· 25—21
　12.2 信号系统 ··················· 25—21
　12.3 维修体系 ··················· 25—22
13 环境与设备监控系统评价 ····· 25—22
　13.1 一般规定 ··················· 25—22
　13.2 环境与设备监控系统 ····· 25—22
　13.3 安全防护标识 ············· 25—23
　13.4 维修体系 ··················· 25—23
14 自动售检票系统评价 ·········· 25—23
　14.1 一般规定 ··················· 25—23
　14.2 自动售检票系统（AFC） · 25—23
　14.3 维修体系 ··················· 25—23
15 车辆段与综合基地评价 ······· 25—24
　15.1 一般规定 ··················· 25—24
　15.2 车辆段与综合基地设施 ··· 25—24
　15.3 防灾设施 ··················· 25—24
16 土建评价 ························ 25—24
　16.1 一般规定 ··················· 25—24
　16.2 地下、高架结构与车站建筑 · 25—24
　16.3 车站设计 ··················· 25—24
17 外界环境评价 ·················· 25—25

 17.1 一般规定 ················ 25—25
 17.2 防自然灾害 ············ 25—25
 17.3 保护区 ···················· 25—26
18 基础安全风险水平 ········ 25—26
 18.1 一般规定 ················ 25—26
 18.2 基础安全评价总分计算 ···· 25—26
 18.3 基础安全风险水平 ···· 25—26
19 事故风险水平 ················ 25—26
 19.1 一般规定 ················ 25—26
 19.2 运营事故统计 ········ 25—26
 19.3 事故风险水平 ········ 25—27
附录A 安全管理评价表 ········ 25—28
附录B 运营组织与管理评价表 ···· 25—30
附录C 车辆系统评价表 ········ 25—31
附录D 供电系统评价表 ········ 25—33

附录E 消防系统与管理评价表 ···· 25—36
附录F 线路及轨道系统评价表 ···· 25—37
附录G 机电设备评价表 ········ 25—38
附录H 通信设备评价表 ········ 25—40
附录J 信号设备评价表 ········ 25—42
附录K 环境与设备监控系统
    评价表 ···················· 25—43
附录L 自动售检票系统评价表 ···· 25—43
附录M 车辆段与综合基地评
    价表 ························ 25—44
附录N 土建评价表 ·············· 25—44
附录P 外界环境评价表 ········ 25—45
本标准用词说明 ···················· 25—46
附：条文说明 ························ 25—47

1 总 则

1.0.1 为贯彻"安全第一,预防为主"的方针,加强对地铁系统安全运营的监督管理,科学地评价地铁系统安全运营的条件和能力以及安全运营的业绩,实现地铁系统运营安全现状评价工作的规范化和制度化,促进地铁系统安全运营管理水平的提高,制定本标准。

1.0.2 本标准适用于采用钢轮钢轨系统、线路全封闭、正式投入运营满一年及以上的地铁系统运营安全现状的评价。

1.0.3 对地铁系统进行安全现状评价时,除应执行本标准的规定外,尚应符合国家现行有关标准的规定。

2 术 语

2.0.1 地铁 metro; underground railway; subway
在城市中修建的快速、大运量、大众化、用电力牵引、线路全封闭的轨道交通。线路通常设在地下隧道内、地面和高架桥上。

2.0.2 车组 set of cars
编成固定基本行车单元、可在轨道上独立运行的车辆组合体。

2.0.3 安全 safety
没有不可接受的有害风险。

2.0.4 不可接受风险 unacceptable risk
除特殊情况外,无论如何不能被接受的风险。

2.0.5 可接受风险 acceptable risk
只有减小风险的耗资超过所获得的改进时,风险才是允许的。

2.0.6 可忽略风险 negligible risk
无需再采取改进措施的、可以被接受的风险。

3 基本规定

3.1 评价对象

3.1.1 本标准以相对独立的一条地铁运营线路为评价对象,地铁运营企业拥有多条线路的经营权时,应分别进行评价。

3.2 评价体系

3.2.1 地铁运营安全评价体系包括基础安全评价和事故风险水平评价。其中基础安全评价内容包括:安全管理评价,运营组织与管理评价,车辆系统评价,供电系统评价,消防系统与管理评价,线路及轨道系统评价,机电设备评价,通信设备评价,信号设备评价,环境与设备监控系统评价,自动售检票系统评价,车辆段与综合基地评价,土建评价,外界环境评价。

3.3 评价程序

3.3.1 评价组织由总体评价组和按评价单元划分的各专业评价小组组成,总体评价组组长对整个评价工作和评价结果总负责,各专业评价小组组长对本评价单元的评价负责。评价成员应由从事地铁安全管理的人员、从事地铁专业技术并具有高级职称的技术人员和具有安全评价资格的安全评价人员共同组成。

3.3.2 前期准备应符合下列要求:
1 制定评价方案。评价方案中应包括以下内容:
    1) 确定本次评价对象和范围;
    2) 根据评价对象的特点,确定本次评价工作的重点。
2 制定评价进度计划。
3 制定地铁运营企业需要提供的图纸、文件、资料、档案、数据目录。

3.3.3 定性、定量评价应符合下列要求:
1 评价小组应根据本标准第4~17章中的要求,确定相应的评价项目及其分值。
2 在调查了解各评价单元中的项目的类型、数量和运营状况的基础上,确定现场抽查样本选取数量。抽样数量不得小于公式(3.3.3)的规定。

$$n = 0.6\sqrt{N} \quad (3.3.3)$$

式中 n——抽样数;
N——总抽样规模。

3 根据已确定的评价项目及其分值进行定性、定量评价。
4 计算各评价单元的得分。

3.3.4 计算风险水平应符合下列要求:
1 根据本标准第18章的规定进行基础安全评价总分计算和风险水平划分;
2 根据本标准第19章的规定进行事故水平评价总分计算和风险水平划分。

3.3.5 根据各评价单元的评价结果和风险水平,对存在不可接受风险的项目提出整改意见和建议。

3.3.6 编制地铁运营安全评价报告应符合下列要求:
1 评价报告应内容全面、条理清楚、数据完整、提出建议可行、评价结论客观公正。
2 评价报告的主要内容应包括:
    1) 评价企业的基本情况、评价范围和评价重点;
    2) 基础安全和事故水平评价结果及风险水平;
    3) 整改意见和建议。
3 地铁运营安全评价报告宜采用纸质载体,辅助采用电子载体。

3.4 评分方法

3.4.1 各评价项目满分分值为 100 分。各评价项目的实得分应为相应评价分项实得分之和。

3.4.2 各评价分项的实得分不应采用负值，扣减分数总和不得超过该评价分项应得分值。

3.4.3 各评价分项评分应符合下列要求：
    1 评价内容符合要求时，得满分。
    2 评价内容部分符合要求或评价内容不符合要求，但有补救措施时，酌情扣分。
    3 评价内容不符合要求时，不得分。

3.4.4 评价项目有缺项的，其缺项评价项目的实得分应按公式（3.4.4）换算。

$$缺项评价项目的实得分 = \frac{可评项目的实得分之和}{可评项目的应得分之和} \times 100 \quad (3.4.4)$$

4 安全管理评价

4.1 一般规定

4.1.1 安全管理评价包括安全管理机构与人员、安全生产责任制、安全管理目标、安全生产投入、事故应急救援体系、安全培训教育、安全信息交流、安全生产宣传、事故隐患管理、安全作业规程、安全检查制度等 11 个评价项目，满分为 100 分。

4.1.2 安全管理评价可按附录 A 的格式确定评价内容及其分值，制定评价表。

4.2 安全管理机构与人员

4.2.1 安全管理机构与人员评价包括安全管理机构、安全管理专职和兼职人员、安全管理人员资质 3 个分项。

4.2.2 安全管理机构评价应符合下列要求：
    1 评价标准
    应设有专门的安全生产管理机构。
    2 评价方法
    查阅运营组织机构文件。

4.2.3 安全管理专职和兼职人员评价应符合下列要求：
    1 评价标准
    公司及部门应设有专职和兼职的安全管理人员。
    2 评价方法
    1）查阅安全管理机构的人员编制及安全管理机构档案。
    2）现场检查。

4.2.4 安全管理人员的资格评价应符合下列要求：
    1 评价标准
    1）应建立严格的资格准入标准。
    2）安全管理人员应通过上岗前考核合格且最新考核应在有效期内。
    2 评价方法
    1）查阅资格准入标准文件。
    2）检查安全管理人员的考核记录。

4.3 安全生产责任制

4.3.1 安全生产责任制评价包括主要负责人、安全管理人员、安全生产责任制档案管理 3 个分项。

4.3.2 主要负责人评价应符合下列要求：
    1 评价标准
    1）主要负责人应签订安全生产责任制。
    2）安全生产责任制应切实落实。
    2 评价方法
    查阅运营管理部门的主要负责人的安全生产责任制档案文件。

4.3.3 安全管理人员评价应符合下列要求：
    1 评价标准
    1）部门负责人应签订安全生产责任制并切实落实。
    2）一般安全管理人员应签订安全生产责任制并切实落实。
    3）其他从业人员应签订安全生产责任制并切实落实。
    2 评价方法
    查阅各部门安全管理人员和其他从业人员的安全生产责任制档案。

4.3.4 安全生产责任制责任档案管理评价应符合下列要求：
    1 评价标准
    应建立健全的安全生产责任制的档案。
    2 评价方法
    查阅安全生产责任制责任档案。

4.4 安全管理目标

4.4.1 安全管理目标评价包括安全生产控制指标、各级安全生产目标、目标实现所需要的资源 3 个分项。

4.4.2 安全生产控制指标评价应符合下列要求：
    1 评价标准
    1）应制定安全生产控制指标。
    2）应建立安全生产控制指标档案。
    2 评价方法
    查阅安全生产控制指标档案。

4.4.3 各级安全生产目标评价应符合下列要求：
    1 评价标准
    1）应建立各级安全生产目标。
    2）针对未能实现的安全生产目标应制定补救

措施。
3) 应配置实现安全生产目标所需要的资源。
2 评价方法
1) 查阅各级安全生产目标档案。
2) 现场检查为实现安全生产目标所配置的设备、设施。

4.5 安全生产投入

4.5.1 安全生产投入评价包括安全投入保障制度、安全投入落实、安全奖惩制度3个选项。

4.5.2 安全投入保障制度评价应符合下列要求：
1 评价标准
1) 应投入具备安全生产条件所必需的资金。
2) 决策机构、主要负责人或者个人经营的投资人应保证安全生产条件所必需的资金投入，并应对由于安全生产所必需的资金投入不足导致的后果承担责任。
2 评价方法
查阅本单位财务提供的安全投入、安全培训等的资金投入证明，财务安全资金投入账。

4.5.3 安全投入落实评价应符合下列要求：
1 评价标准
1) 应每年投入相当数量的安全专项资金。
2) 应安排用于配备劳动防护用品及进行安全生产培训的经费。
3) 应依法参加工伤社会保险。
2 评价方法
查阅本单位财务提供的安全投入、工伤保险、劳保用品、安全培训等的资金投入证明、财务安全资金投入账。

4.5.4 安全奖惩制度评价应符合下列要求：
1 评价标准
1) 应建立安全考核和奖惩制度。
2) 安全考核和奖惩制度应切实落实。
2 评价方法
查阅本单位财务提供的奖惩资金账。

4.6 事故应急救援体系

4.6.1 事故应急救援体系评价包括预案制定情况、应急救援组织机构、应急救援设备和应急救援人员配备情况及救援设备的维护体系、事故应急培训与应急救援演练、预案管理情况、当年紧急事故处置评价6个分项。

4.6.2 预案制定情况评价应符合下列要求：
1 评价标准
1) 应针对轨道交通运营线路发生火灾、列车脱轨、列车冲突、大面积停电、爆炸、自然灾害以及因设备故障、客流冲击、恐怖袭击等其他异常原因造成影响运营的非常情况制定相应的应急救援预案。
2) 在国家或地方发生突发公共事件时，应制定相应的应急预案。
2 评价方法
查阅对应各种非正常情况的应急救援预案。

4.6.3 应急救援组织机构评价应符合下列要求：
1 评价标准
1) 应建立事故应急救援组织机构。
2) 应急指挥系统应明确总公司和分公司的应急指挥系统的构成及其相关信息。
3) 应明确应急救援专家委员会的构成，确定应急救援专家委员会的负责人和组成人员。
2 评价方法
查阅事故应急救援组织机构档案。

4.6.4 应急救援设备和应急救援人员配备情况及救援设备的维护体系评价应符合下列要求：
1 评价标准
1) 各专业部门应根据自身应急救援业务需求，配备现场救援和抢险装备、器材，建立相应的维护、保养和调用等制度。
2) 应按照统一标准格式建立救援和抢险装备信息数据库并及时更新，保障应急指挥调度使用的准确性。
3) 应建立应急救援队伍。
4) 应急救援人员应掌握应急救援预案。
2 评价方法
1) 查阅应急救援设备和应急救援人员配备相关档案。
2) 现场检查。

4.6.5 事故应急培训与应急救援演练评价应符合下列要求：
1 评价标准
1) 应定期针对不同事故进行应急救援演练。
2) 对演练中发现的问题应及时整改。
3) 应有完整的应急救援演练记录。
4) 应对应急救援人员进行定期培训。
2 评价方法
查阅应急救援演练和培训记录。

4.6.6 预案管理情况评价应符合下列要求：
1 评价标准
1) 应依据我国有关应急的法律、法规和相关政策文件，地铁运营单位向市轨道指挥办公室（或类似职能部门）申请，经政府组织有关部门、专家对市轨道交通运营突发事件应急预案进行评审工作，并报市政府。
2) 地铁运营单位应向市轨道指挥办公室（或类似职能部门）申请，定期组织有关单位修订轨道交通运营突发事件应急预案，并上报市政府备案。
2 评价方法
查阅预案管理档案。

4.6.7 当年紧急事故处置评价应符合下列要求：
1 评价标准
1）发生紧急事故时，是否启动应急救援预案。
2）发生紧急事故后，是否对事故处置进行总结，是否对应急救援预案提出必要的整改意见。
2 评价方法
查阅当年紧急事故处置记录及档案。

4.7 安全培训教育

4.7.1 安全培训教育评价包括安全培训教育制度、特种作业人员安全培训、临时工安全培训、租赁承包人员安全培训4个分项。

4.7.2 安全培训教育制度评价应符合下列要求：
1 评价标准
1）应建立各级领导定期安全培训教育制度并切实落实。
2）应建立全体员工定期安全培训教育制度并切实落实。
3）应建立新员工岗前三级教育制度并切实落实。
4）应建立转、复岗人员上岗前培训制度并切实落实。
5）应建立教育培训记录的档案。
2 评价方法
1）查阅教育培训档案。
2）现场检查。

4.7.3 特种作业人员安全培训评价应符合下列要求：
1 评价标准
1）特种作业人员应持证上岗并定期考核。
2）特种作业人员应进行继续培训。
2 评价方法
1）查阅特种人员培训档案。
2）现场检查。

4.7.4 临时工安全培训评价应符合下列要求：
1 评价标准
应建立临时工安全培训考核制度并切实落实。
2 评价方法
1）查阅临时工培训档案。
2）现场检查。

4.7.5 租赁承包人员安全培训应符合下列要求：
1 评价标准
应建立租赁承包人员安全培训考核制度并切实落实。
2 评价方法

1）查阅租赁承包人员培训档案。
2）现场检查。

4.8 安全信息交流

4.8.1 安全信息交流评价包括信息交流机构、乘客意见反馈、员工意见处理3个分项。

4.8.2 信息交流机构评价应符合下列要求：
1 评价标准
1）应建立安全信息交流的渠道。
2）安全信息交流效果情况。
2 评价方法
1）查阅信息交流相关资料。
2）现场检查。

4.8.3 乘客意见反馈评价应符合下列要求：
1 评价标准
1）应建立乘客意见反馈管理程序。
2）乘客反馈意见的处理情况。
2 评价方法
1）查阅乘客意见相关资料。
2）现场检查。

4.8.4 员工意见处理评价应符合下列要求：
1 评价标准
1）应建立员工安全意见反馈管理程序。
2）员工安全建议的处理情况。
2 评价方法
1）查阅员工意见相关资料。
2）现场检查。

4.9 事故隐患管理

4.9.1 事故隐患管理评价包括事故隐患清查、隐患治理、隐患监控、事故隐患档案管理4个分项。

4.9.2 事故隐患清查评价应符合下列要求：
1 评价标准
1）应分类建立事故隐患统计表。
2）应建立事故隐患报告制度。
2 评价方法
查阅事故隐患管理相关档案和记录。

4.9.3 事故隐患治理评价应符合下列要求：
1 评价标准
1）应对事故隐患及时提出整改措施。
2）应对事故隐患采取防护措施。
2 评价方法
查阅事故隐患整改和防护措施档案。

4.9.4 事故隐患监控评价应符合下列要求：
1 评价标准
应配备相应的事故隐患监控设备。
2 评价方法
1）查阅事故隐患监控设备管理档案。
2）现场检查。

4.9.5 事故隐患档案管理评价应符合下列要求：
1 评价标准
  1）应建立事故隐患监控及整改的档案管理制度。
  2）应建立完整的事故隐患监控及整改的档案。
2 评价方法
  查阅事故隐患管理相关档案和记录。

4.10 安全作业规程

4.10.1 安全作业规程评价包括安全作业规程1个分项。

4.10.2 安全作业规程评价应符合下列要求：
1 评价标准
  1）制定各专业各工种安全作业规程。
  2）安全作业规程落实情况。
2 评价方法
  查阅各专业各工种的安全操作规程。

4.11 安全检查制度

4.11.1 安全检查制度评价包括安全检查制度和复检制度、安全检查档案管理2个分项。

4.11.2 安全检查制度和复检制度评价应符合下列要求：
1 评价标准
  1）应建立年度、季度、特殊时期、日常安全检查制度并切实落实。
  2）应建立安全检查复检制度并切实落实。
  3）安全检查出的问题应及时处理。
2 评价方法
  1）查阅安全检查制度文件。
  2）现场检查。

4.11.3 安全检查档案管理评价应符合下列要求：
1 评价标准
  1）应建立安全检查档案管理制度。
  2）安全检查档案应完整。
2 评价方法
  查阅安全检查档案和记录。

5 运营组织与管理评价

5.1 一般规定

5.1.1 运营组织与管理评价包括系统负荷、调度指挥、列车运行、客运组织4个评价项目，满分为100分。

5.1.2 分别评价被评价地铁运营线路上每个车站的设施负荷。

5.1.3 运营组织与管理评价可按附录B的格式确定评价内容及其分值，制定评价表。

5.2 系统负荷

5.2.1 系统负荷评价包括线路负荷、车站设施负荷2个分项。

5.2.2 线路负荷评价应符合下列要求：
1 评价标准
  1）线路负荷按照表5.2.2-1分为3类；

表5.2.2-1 线路负荷分类

类 别	1	2	3
乘客人次 [万人/(d·km)]	<1.5	1.5～2.5	>2.5

  2）行车密度按照表5.2.2-2分为3类；

表5.2.2-2 行车密度分类

类 别	1	2	3
最小行车间隔（min）	>5	5～3.1	≤3

  3）高峰小时断面车辆满载率按照表5.2.2-3分为4类；

表5.2.2-3 高峰小时断面车辆满载率分类

类 别	1	2	3	4
车辆满载率	<80%	80%～100%	>100%～超员	>超员

2 评价方法
  查阅客流量统计资料、车辆满载率统计资料、运行图。

5.2.3 车站设施负荷评价应符合下列要求：
1 评价标准
  1）站台高峰小时集散量应不大于站台设计最大能力。
  2）通道和楼梯每小时通过人数应不大于《地铁设计规范》GB 50157的有关规定。
  3）车站可随时通过AFC系统控制乘客流量。
2 评价方法
  1）查阅近期相关高峰小时统计资料或进行高峰小时客流调查。
  2）现场检查。

5.3 调度指挥

5.3.1 调度指挥评价包括调度规章、指挥系统、调度人员培训、调度人员素质4个分项。

5.3.2 调度规章评价应符合下列要求：
1 评价标准
  1）应具有相对独立、全面的行车组织规则或同等效力的规章文件。
  2）调度规章中应包括对运营设备故障和事故模式下的行车组织措施。

3）调度规章中应包括对突发事件的应对措施，并且切实可行。
2　评价方法
查阅调度规章文件。

5.3.3　指挥系统评价应符合下列要求：
1　评价标准
1）指挥系统应具备中央控制和车站控制两种控制模式，并在任何情况下都有一种模式起主导作用。
2）指挥系统应有自动闭塞或移动闭塞瘫痪的情况下，采用电话闭塞的考虑和能力。
2　评价方法
查阅相关技术文件。

5.3.4　调度人员培训评价应符合下列要求：
1　评价标准
1）应建立调度人员培训制度。
2）培训内容应包括正常业务流程和应急预案救援指挥。
3）培训方式应包括授课、实战演练或模拟演练。
2　评价方法
查阅控制中心调度人员培训记录、相关模拟演练记录。

5.3.5　调度人员素质评价应符合下列要求：
1　评价标准
1）调度人员应经过专业、系统的地铁运营调度指挥培训并取得相应的资格证书。
2）调度人员应具备正常情况下，熟练指挥调度和行车工作的能力。
3）调度人员应具备在紧急或事故情况下，沉着冷静、快速制定应对方案和组织救援的能力。
2　评价方法
1）查验调度人员资格证书。
2）现场检查。

5.4　列车运行

5.4.1　列车运行评价包括列车运用规章、列车操作规程、驾驶员培训、驾驶员素质4个分项。

5.4.2　列车运用规章评价应符合下列要求：
1　评价标准
1）应制定明确、顺畅的列车日常运用规章。
2）应制定故障列车下线和救援列车运用规章。
3）上述规章应与调度规章相协调。
2　评价方法
查阅相关列车规章文件。

5.4.3　列车操作规程评价应符合下列要求：
1　评价标准
1）应制定明确、实用的列车操作规程。
2）规程中应明确写出列车故障模式下的操作要点。
2　评价方法
查阅相关列车操作规程文件。

5.4.4　驾驶员培训评价应符合下列要求：
1　评价标准
1）应建立驾驶员培训制度。
2）培训内容应包括正常操作流程和故障情况下的操作要点。
3）培训方式应包括授课和实战演练或模拟演练。
2　评价方法
查阅列车驾驶员培训记录、相关模拟演练记录。

5.4.5　驾驶员素质评价应符合下列要求：
1　评价标准
1）驾驶员应经过专业、系统的列车驾驶培训并取得相应的资格证书。
2）驾驶员应具备正常情况下，熟练驾驶列车运行的能力。
3）驾驶员应熟悉各种可能的突发事件的基本应对流程。
4）驾驶员应具备事故情况下，沉着冷静，在区间组织疏散乘客的能力。
2　评价方法
1）查验驾驶员资格证书。
2）现场观看驾驶员操作。
3）抽考驾驶员对突发事件处理掌握情况。

5.5　客运组织

5.5.1　客运组织评价包括乘客安全管理、乘客安全监控系统、乘客安全宣传教育、站务人员培训、站务人员素质5个分项。

5.5.2　乘客安全管理评价应符合下列要求：
1　评价标准
1）服务标志系统应具有警示标志、禁止标志、紧急疏散指示标志。
2）在容易发生事故部位，应设置警示标志或有专人引导或设置安全防护设施。
3）应设置盲道、轮椅通道、垂直电梯等保证行动不便人士安全进出车站的引导设施。
2　评价方法
1）查阅相关文件。
2）现场检查。

5.5.3　乘客安全监控系统评价应符合下列要求：
1　评价标准
1）应至少设置中央和车站两级乘客安全监控系统。
2）乘客安全监控系统应能够监控车站所有客

流集中部位和意外情况易发部位。
   2 评价方法
     1) 查阅相关文件。
     2) 现场查验乘客安全监控系统。
5.5.4 乘客安全宣传教育评价应符合下列要求：
   1 评价标准
     1) 应对乘客进行安全乘车常识的宣传教育。
     2) 应对乘客进行紧急情况下正确疏散以及逃生自救知识的宣传。
   2 评价方法
     1) 查阅相关宣传教育材料。
     2) 现场检查。
5.5.5 站务人员培训评价应符合下列要求：
   1 评价标准
     1) 应建立站务人员培训制度。
     2) 培训内容应包括正常情况下的工作要点和突发状况应对措施。
     3) 培训方式应包括授课、实战演练或模拟演练。
   2 评价方法
   查阅站务人员培训记录、相关模拟演练记录。
5.5.6 站务人员素质评价应符合下列要求：
   1 评价标准
     1) 站务人员应经过客运组织培训并取得相应的资格证书。
     2) 站务人员应具备辨识危险品的基本方法和技巧。
     3) 站务人员应熟悉各种可能的突发事件的基本应对流程。
   2 评价方法
     1) 查验站务人员资格证书。
     2) 现场检查。

6 车辆系统评价

6.1 一般规定

6.1.1 车辆系统评价包括车辆、维修体系2个项目，满分为100分。
6.1.2 被评价的基本车辆单元为可在轨道上独立运行的车组。
6.1.3 被评价地铁运营线路上运行不同型号的地铁车辆时，按地铁车辆型号分别评价。
6.1.4 车辆超过使用年限时，该项目得0分。
6.1.5 车辆系统评价可按附录C的格式确定评价内容及其分值，制定评价表。

6.2 车　辆

6.2.1 车辆的评价包括车辆安全性能与安全防护设施、车辆防火性能、车辆可靠性3个分项。
6.2.2 车辆安全性能与安全防护设施评价应符合下列要求：
   1 评价标准
     1) 车辆应在使用年限内。
     2) 车辆防止脱轨的脱轨系数、轮重减载率、倾覆系数应符合《城市轨道交通车辆组装后的检查与试验规则》GB/T 14894 的有关规定。
     3) 列车两端的车辆可设置防意外冲撞的撞击能量吸收区。
     4) 地面或高架运行的列车两端可装设防爬装置。
     5) 动车转向架构架电机吊座与齿轮箱吊座应在寿命期内不发生疲劳裂纹。
     6) 客室车门应具有非零速自动关门的电气联锁及车门闭锁装置，行驶中确保门的锁闭无误。
     7) 客室车门处应设置紧急解锁开关。
     8) 司机台应设置紧急停车操纵装置和警惕按钮。
     9) 列车的制动系统应符合《地铁车辆通用技术条件》GB/T 7928 的有关规定。
     10) 前照灯在车辆前端紧急制停距离处照度应符合《地铁车辆通用技术条件》GB/T 7928 的有关规定。
     11) 在未设安全通道的线路上运行的列车两端应设紧急疏散门。
     12) 列车各车辆之间应设贯通道。
     13) 车门、车窗玻璃应采用一旦发生破坏时其碎片不会对人造成严重伤害的安全玻璃。
     14) 蓄电池应能够提供车辆在故障情况下的应急照明、外部照明、车载安全设备、广播、通信、应急通风等系统的电源，其工作时间应满足《地铁车辆通用技术条件》GB/T 7928 的有关规定。
     15) 车辆应有列车自动防护系统（ATP）或列车自动防护系统（ATP）与自动驾驶系统（ATO），以及可保证行车安全的通信联络装置。
     16) 电气设备过电压、过电流、过热保护功能应齐全。
     17) 采用受电弓受电的列车应设避雷装置。
     18) 对安装采暖设备部位的侧墙、地板及座椅等应进行安全隔热处理，车用电加热器罩板表面温度应符合《铁道客车电取暖器》TB/T 2704 的有关规定。
     19) 凡散发热量的电气设备，在其可能与乘客、乘务人员或行李发生接触时，应有隔热措施，其外壳或防护外罩外面的温度不得超过《电力机车防火和消防措施的规程》GB 6771 的有关规定。
    20）车厢内应设置乘客紧急按钮或与司机紧急对讲装置、应急照明灯、应急装备、消防器材。
    21）车辆应有各种警告标识：司机室内的紧急制动装置、带电高压设备、电器箱内的操作警示、消防器材、紧急按钮或与司机紧急对讲装置的位置与使用方法。
  2 评价方法
    1）查阅车辆使用年限档案和车辆技术文件。
    2）现场检查。
    3）查阅上级消防部门和企业安全监查部门的检查结论。

6.2.3 车辆防火性能评价应符合下列要求：
  1 评价标准
    1）车辆的车顶、侧板、内衬、顶棚、地板应使用不燃或阻燃材料。
    2）车厢地板上铺物、座椅、扶手、隔热隔声材料、装饰及广告材料等应使用不燃或阻燃材料。
    3）车厢内非金属材料应具有耐熔化滴落性能。
    4）各电路的电气设备连接导线和电缆应采用阻燃材料，所用材料在燃烧和热分解时不应产生有害和危险的烟气。
  2 评价方法
    1）查阅车辆技术文件。
    2）查阅上级消防部门和企业安全监查部门的检查结论。

6.2.4 车辆可靠性评价应符合下列要求：
  1 评价标准
    车辆由于故障退出服务统计不大于 0.1 次/万组公里。
  2 评价方法
    查阅车辆运营统计档案。

6.3 维 修 体 系

6.3.1 维修体系评价包括维修制度、维修人员、维修配件 3 个分项。

6.3.2 维修制度评价应符合下列要求：
  1 评价标准
    1）应建立车辆维修制度。
    2）应制定车辆各级检修规程。
    3）对车辆故障信息应有记录、分析、纠正和预防措施。
  2 评价方法

    1）查阅车辆维修制度文件和各级检修技术规程。
    2）查阅车辆故障信息管理文件。

6.3.3 维修人员评价应符合下列要求：
  1 评价标准
    1）车辆维修人员应持证上岗。
    2）应对车辆维修人员定期培训。
  2 评价方法
    查阅车辆维修人员的上岗资格文件和定期培训记录。

6.3.4 维修配件评价应符合下列要求：
  1 评价标准
    1）应选择有资格的维修配件供货商。
    2）应建立维修配件检验制度。
    3）对维修配件的质量信息应有记录、分析、纠正和预防措施。
  2 评价方法
    查阅维修配件相关档案、记录和文件。

7 供电系统评价

7.1 一 般 规 定

7.1.1 供电系统评价包括主变电站、牵引变电站、降压变电站、接触网（接触轨）、电力电缆、维修配件 6 个评价项目，满分为 100 分。

7.1.2 评价项目存在不同形式时，可分别评价。

7.1.3 设备超过使用年限时，该项目得 0 分。

7.1.4 供电系统评价可按附录 D 的格式确定评价内容及其分值，制定评价表。

7.2 主 变 电 站

7.2.1 主变电站评价包括主变电站设备、主变电站安全防护设施、运作与维护 3 个分项。

7.2.2 主变电站设备评价应符合下列要求：
  1 评价标准
    1）主变电站设备应在使用年限内。
    2）每座主变电站应有两路相互独立可靠的电源引入，并应设两台主变压器。当一路电源或一台主变压器故障或检修时，应由另一路电源或一台主变压器供电。当主变电站全站停用时，应由相邻主变电站供电，并应确保一、二级用电负荷。
    3）辅助主变电站应有一路专用电源供电，设置一台主变压器。
    4）在地下使用的电气设备及材料，应选用体积小、低损耗、低噪声、防潮、无易爆、低烟、无卤、阻燃或耐火的定型产品。
    5）变电站继电保护装置应满足可靠性、选择性、灵敏性和速动性的要求。
        6）接地电阻应符合要求。
    2 评价方法
        1）查阅主变电站设计文件及实验报告。
        2）现场检查。
7.2.3 主变电站安全防护设施评价应符合下列要求：
    1 评价标准
        1）应设置接地保护。
        2）主变电站周围建筑应设置避雷设施，并每年进行检测。
        3）应设置完善的过负荷、短路保护装置。
        4）应设置防灾报警装置，配置必要的消防设施、器材和应急装备。
        5）应设置应急照明。
        6）应设置安全操作警示标志和安全疏散指示标志。
    2 评价方法
        1）现场检查。
        2）查阅技术文件和检测报告。
        3）查阅上级消防部门和企业安全监查部门的检查结论。
7.2.4 运作与维护评价应符合下列要求：
    1 评价标准
        1）主变电站设备应定期进行预防性试验，试验合格后，才能继续使用。
        2）各供电设备及继电保护装置应定期检验，满足电力或地铁相关规范要求。
        3）供电试验使用的仪器仪表必须按照国家标准定期检测，试验单位和人员应具有相关专业资质和资格。
        4）主变电站值班或巡视维护人员和应急处理人员数量及结构应配置合理。
        5）主变电站操作人员应具有上岗资格。
        6）主变电站操作人员应定期进行培训。
        7）应建立主变电站的维护规程。
        8）对主变电站故障信息应有记录、分析、纠正和预防措施。
    2 评价方法
        1）现场检查。
        2）查阅技术文件、检验报告。
        3）核查操作人员上岗资格和培训记录。
        4）查阅维护文件、记录。

7.3 牵引变电站

7.3.1 牵引变电站评价包括牵引变电站设备、牵引变电站安全防护设施、运作与维护3个分项。
7.3.2 牵引变电站设备评价应符合下列要求：
    1 评价标准
        1）牵引变电站设备应在使用年限内。
        2）牵引变电站应有两路独立的电源供电，两路电源引自同一主变电站的不同母线段或不同主变电站母线段。
        3）牵引变电站应设置两台牵引整流机组，两台整流机组并列运行。
        4）牵引变电站中一台牵引整流机组退出运行时，另一台牵引整流机组在允许负荷的情况下继续供电。
        5）在其中一座牵引变电站退出运行时，相邻的两座牵引变电站应能分担其供电分区的牵引负荷。
        6）牵引变电站直流设备外壳应对地绝缘安装。
        7）接地电阻应符合要求。
    2 评价方法
        1）查阅牵引变电站设计文件及实验报告。
        2）现场检查。
7.3.3 牵引变电站安全防护设施评价应符合下列要求：
    1 评价标准
        1）应设置接地保护。
        2）牵引变电站及周围建筑应设置避雷设施，并每年进行检测。
        3）应设置完善的短路和过负荷继电保护装置。
        4）应设有防止大气过电压及操作过电压的保护设施。
        5）应设置防灾报警装置，配置必要的消防设施、器材和应急装备。
        6）应设置应急照明。
        7）无人值班的牵引变电站应设置监控系统。
        8）无人值班的牵引变电站所有设备故障信息和操作信息能与调度中心联网。
        9）应设置安全操作警示标志和安全疏散指示标志。
    2 评价方法
        1）现场检查。
        2）查阅技术文件和检测报告。
        3）查阅上级消防部门和企业安全监查部门的检查结论。
7.3.4 运作与维护评价应符合下列要求：
    1 评价标准
        1）牵引变电站设备应定期进行预防性试验，试验合格后，才能继续使用。
        2）各供电设备及继电保护装置应定期检验，满足电力或地铁相关规范要求。
        3）供电试验使用的仪器仪表必须按照国家标准定期检测，试验单位和人员应具有相关专业资质和资格。

4）牵引变电站值班或巡视维护人员和应急处理人员数量及结构应配置合理。
5）牵引变电站操作人员应具有上岗资格。
6）牵引变电站操作人员应定期进行培训。
7）应建立牵引变电站的维护规程。
8）对牵引变电站故障信息应有记录、分析、纠正和预防措施。

2 评价方法
1）现场检查。
2）查阅技术文件、检验报告。
3）核查操作人员上岗资格和培训记录。
4）查阅维护文件、记录。

7.4 降压变电站

7.4.1 降压变电站评价包括降压变电站设备、降压变电站安全防护设施、运作与维护3个分项。

7.4.2 降压变电站设备评价应符合下列要求：
1 评价标准
1）降压变电站设备应在使用年限内。
2）降压变电站应有两路独立的电源供电。
3）降压变电站应设置两台配电变压器。当一台配电变压器退出运行时，另一台配电变压器承担变电站的全部一、二级负荷。
4）配电变压器容量应按远期高峰小时考虑。
5）接地电阻应符合要求。

2 评价方法
1）查阅降压变电站设计文件及实验报告。
2）现场检查。

7.4.3 降压变电站安全防护设施评价应符合下列要求：
1 评价标准
1）应设置接地保护。
2）降压变电站周围建筑应设置避雷设施，并每年进行检测。
3）应设置完善的短路和过负荷继电保护装置。
4）应设有防止大气过电压及操作过电压的保护设施。
5）应设置防灾报警装置，配置必要的消防设施、器材和应急装备。
6）应设置应急照明。
7）无人值班的降压变电站应设置监控系统。
8）无人值班的降压变电站所有设备故障信息和操作信息应能与调度中心联网。
9）应设置安全操作警示标志和安全疏散指示标志。

2 评价方法
1）现场检查。
2）查阅技术文件和检测报告。
3）查阅上级消防部门和企业安全监查部门的检查结论。

7.4.4 运作与维护评价应符合下列要求：
1 评价标准
1）降压变电站设备应定期进行预防性试验，试验合格后，才能继续使用。
2）各供电设备及继电保护装置应定期检验，满足电力或地铁相关规范要求。
3）供电试验使用的仪器仪表必须按照国家标准定期检测，试验单位和人员应具有相关专业资质和资格。
4）降压变电站操作人员应具有上岗资格。
5）降压变电站操作人员应定期进行培训。
6）应建立降压变电站的维护规程。
7）对降压变电站故障信息应有记录、分析、纠正和预防措施。

2 评价方法
1）现场检查。
2）查阅技术文件、检验报告。
3）核查操作人员上岗资格和培训记录。
4）查阅维护文件、记录。

7.5 接触网（接触轨）

7.5.1 接触网（接触轨）评价包括接触网或接触轨、运作与维护2个分项。

7.5.2 接触网评价应符合下列要求：
1 评价标准
1）接触网应在使用年限内。
2）接触线的磨耗应在允许范围内。
3）牵引变电站直流快速断路器至正线接触网间应设置隔离开关。
4）接触网带电部分与结构体、车体之间的最小净距应符合《地铁设计规范》GB 50157的有关规定。
5）固定接触网的非带电金属支持结构物应与架空地线相连接，架空地线应引至牵引变电站接地装置。
6）在地面区段、高架区段，接触网应设置避雷设施。
7）车库线进口分段处应设置带接地刀闸的隔离开关。
8）洗车库内接触网与两端接触网绝缘分段，该接触网接地系统应可靠。

2 评价方法
1）查阅接触网的设计技术文件及实验报告。
2）查阅接触线的磨耗记录。
3）现场检查。

7.5.3 接触轨评价应符合下列要求：
1 评价标准

1）接触轨应在使用年限内。
2）接触轨对地应有良好的绝缘。
3）接触轨带电部分与结构体、车体之间的最小净距应符合《地铁设计规范》GB 50157 的有关规定。
4）当杂散电流腐蚀防护与接地有矛盾时，应以接地安全为主。
5）在地面区段、高架区段，接触轨应设置避雷设施。
6）接触轨应设防护罩和警示标志。
2 评价方法
1）查阅接触轨的设计技术文件及实验报告。
2）现场检查。

7.5.4 运作与维护评价应符合下列要求：
1 评价标准
1）检修人员应具有上岗资格。
2）检修人员应定期进行培训。
3）应建立接触网（接触轨）的维护规程。
4）对接触网（接触轨）故障信息应有记录、分析、纠正和预防措施。
2 评价方法
1）核查检修人员上岗资格和培训记录。
2）查阅维护文件、记录。

7.6 电 力 电 缆

7.6.1 电力电缆评价包括电力电缆、运作与维护 2 个分项。

7.6.2 电力电缆评价应符合下列要求：
1 评价标准
1）电缆应在使用年限内。
2）电缆在地下敷设时应采用低烟无卤阻燃电缆，在地上敷设时可采用低烟阻燃电缆。为应急照明、消防设施供电的电缆，明敷时应采用低烟无卤耐火铜芯电缆或矿物绝缘耐火电缆。
3）电缆贯穿隔墙、楼板的孔洞处，应实施阻火封堵。
2 评价方法
1）查阅电力电缆技术文件。
2）现场检查。

7.6.3 运作与维护评价应符合下列要求：
1 评价标准
1）检修人员应具有上岗资格。
2）检修人员应定期进行培训。
3）应建立电力电缆的维护规程。
4）对电力电缆故障信息应有记录、分析、纠正和预防措施。
2 评价方法
1）核查检修人员上岗资格和培训记录。
2）查阅维护文件、记录。

7.7 维 修 配 件

7.7.1 维修配件评价包括维修配件 1 个分项。

7.7.2 维修配件评价应符合下列要求：
1 评价标准
1）选择有资质的维修配件供货商。
2）建立维修配件检验制度。
3）对维修配件的质量信息有记录、分析、纠正和预防措施。
2 评价方法
查阅维修配件相关档案、记录和文件。

8 消防系统与管理评价

8.1 一 般 规 定

8.1.1 消防系统与管理评价包括 1 个评价项目，满分为 100 分。

8.1.2 消防设施不是由具备消防设备维保资质的单位进行定期维修保养，无法保证消防设施的正常运行的，相应分项得分为 0。

8.1.3 消防系统与管理评价可按附录 E 的格式确定评价内容及其分值，制定评价表。

8.2 消防系统与管理

8.2.1 消防系统与管理评价包括火灾自动报警系统（FAS）及联动控制、气体灭火系统、消防给水系统、应急照明及疏散指示、灭火器配置与管理、车站消防管理、消防值班人员与设备管理、建筑与附属设施防火 8 个分项。

8.2.2 火灾自动报警系统（FAS）及联动控制评价应符合下列要求：
1 评价标准
1）在车站控制室，FAS 系统应能按照预定模式控制地铁消防救灾设备的启、停，应能显示运行状态；消防联动盘应运行情况正常。
2）车站 FAS 系统必须显示气体自动灭火系统保护区的报警、放气、风机和风阀状态、手动/自动放气开关所处位置；FAS 系统主、备电源及其相互切换功能应正常，并应显示主、备电源状态。
3）站厅、站台、各种设备机房、库房、值班室、办公室、走廊、配电室、电缆隧道或夹层等处应设置火灾探测器；设置火灾探测器的场所应设置手动报警按钮；车站相应场所应设有消防对讲电话。
4）地铁中央控制中心应能控制消防救灾设备

的启、停，应能显示运行状态，消防联动系统应能正常运行。
2 评价方法
1）查阅相关资料、文件。
2）查阅上级消防部门和企业安全监查部门的检查结论。
3）现场检查。

8.2.3 气体灭火系统评价应符合下列要求：
1 评价标准
1）地下车站通信设备房、信号设备房、变电站、电控室等重要设备房应设置气体自动灭火装置。
2）设置气体灭火装置的房间应设置机械通风系统，所排除的气体必须直接排出地面。
2 评价方法
1）查阅相关资料、文件。
2）现场检查。

8.2.4 消防给水系统评价应符合下列要求：
1 评价标准
1）消火栓的设置应符合《地铁设计规范》GB 50157 的有关规定。
2）消火栓用水量应符合《地铁设计规范》GB 50157 的有关规定。
3）水泵结合器和室外消火栓应设有明显标志且便于操作。
4）消防主、备泵均应工作正常且出水压力符合要求。
2 评价方法
1）查阅相关资料、文件。
2）查阅上级消防部门和企业安全监查部门的检查结论。
3）现场检查。

8.2.5 应急照明及疏散指示评价应符合下列要求：
1 评价标准
1）站厅、站台、自动扶梯、自动人行道、楼梯口、疏散通道、安全出口、区间隧道、车站控制室、值班室变电站、配电室、信号机械室、消防泵房、公安用房等处应设置应急照明；应急照明的照度不小于正常照明照度的 10%。
2）应急照明的连续供电时间不应少于 1h。
3）站厅、站台、自动扶梯、自动人行道、楼梯口、人行疏散通道拐弯处、安全出口和交叉口等处沿通道长向每隔不大于 20m 处应设置醒目的疏散指示标志；疏散指示标志距地面高度应小于 1m。
4）区间隧道内应设置集中控制型疏散指示标志。
2 评价方法

1）查阅相关资料、文件。
2）查阅上级消防部门和企业安全监查部门的检查结论。
3）现场检查。

8.2.6 灭火器配置与管理评价应符合下列要求：
1 评价标准
1）地铁各相关场所应按《建筑灭火器配置设计规范》GB 50140 的有关规定选择、配置和设置灭火器，且灭火器应在使用期限内。
2）制定灭火器定期检测制度并切实落实。
2 评价方法
1）现场检查。
2）查阅上级消防部门和企业安全监查部门的检查结论。

8.2.7 车站消防管理评价应符合下列要求：
1 评价标准
1）车站、主变电站、地铁控制中心等消防重点部位应落实消防安全责任制，明确岗位消防安全职责。
2）车站在运营期间应至少每两小时进行一次防火巡查，在运营前和结束后，应对车站进行全面检查。
3）车站应填写消防安全检查记录，对消防设施的状况、存在火灾隐患以及火灾隐患的整改措施等有书面记录。
4）地铁运营企业应对所属消防设施进行定期检查和维护保养，建立记录档案；车站应建立消防安全检查记录档案。
5）定期组织消防演练。
2 评价方法
1）现场检查。
2）查阅相关制度文件、记录、档案。

8.2.8 消防值班人员与设备管理评价应符合下列要求：
1 评价标准
1）应建立消防控制室二十四小时值班制度，值班人员交接班时应填写值班记录。
2）消防控制室值班人员应持有"消防操作员"上岗证并能正确操作消防联动设备。
3）消防控制室内除操作设备外，不能存放其他物品。
4）应建立 FAS 系统及联动控制设备的检修制度，对 FAS 系统及联动控制设备的故障信息应有记录、分析、纠正和预防措施。
2 评价方法
1）核查消防控制室值班人员持证情况。
2）现场抽考操作人员操作消防联动设备的

能力。
3) 查阅值班文件和记录,查阅检修文件和记录。

8.2.9 建筑与附属设施防火评价应符合下列要求:
1 评价标准
1) 地铁与地下及地上商场等地下建筑物相连接时,必须采取防火分隔措施。
2) 车站内的墙、地、顶面、装饰装修材料以及座椅、服务标识牌、广告牌和设备设施所用材料应符合《地铁设计规范》GB 50157 的有关规定。
3) 车站站厅乘客疏散区、站台及疏散通道内不应设置商业场所。
4) 地下车站防火分区安全出口的设置应符合《地铁设计规范》GB 50157 的有关规定。
5) 地铁车站设备、管理用房区的安全出口、楼梯、疏散通道的最小净宽应符合《地铁设计规范》GB 50157 的有关规定。
2 评价方法
1) 现场检查。
2) 查阅相关文件、资料。
3) 查阅上级消防部门和企业安全监查部门的检查结论。

9 线路及轨道系统评价

9.1 一 般 规 定

9.1.1 线路及轨道系统评价包括线路及轨道系统、维修体系 2 个评价项目,满分为 100 分。
9.1.2 线路及轨道系统评价可按附录 F 的格式确定评价内容及其分值,制定评价表。

9.2 线路及轨道系统

9.2.1 线路及轨道系统评价包括 1 个分项。
9.2.2 线路及轨道系统评价应符合下列要求:
1 评价标准
1) 两条正线接轨应选择在车站内,并采取同向相接,避免车辆异向运行。
2) 辅助线与正线接轨时,宜在列车进入正线之前设置隔开设备。
3) 任何情况下,线路平面、纵断面的变动不得影响限界。
4) 位于正线上圆曲线及曲线间夹直线的最小长度应不小于一辆车辆的长度,困难情况下不小于车辆全轴距,夹直线长度还应满足超高顺坡和轨距加宽的要求。
5) 曲线地段严禁设置反超高。
6) 道岔应铺设在直线上,并应避免设在竖曲线上。
7) 轨道结构应坚固、耐久、稳定,应具有适当的弹性,保证列车运行平稳安全。
8) 正线及辅助线钢轨接头应符合有关规定。
9) 无缝线路联合接头距桥台边墙不小于 2m,铝热焊缝距轨枕边不得小于 40mm。
10) 正线、试车线及辅助线的末端应设置车挡,车挡应能承受不大于 15km/h 速度的列车水平冲击荷载。
11) 在小半径曲线地段、缓和曲线与竖曲线重叠地段、跨越河流、城市主要道路、铁路干线或重要建筑物地段,高架线路应设置防脱护轨装置。
12) 轨道交通线路应布设线路与信号标志,无缝线路地段应布设钢轨位移观测桩。
13) 轨道的路基应坚固、稳定,并满足防洪排水要求。
14) 地面及高架线路两旁应设置一定高度隔离栏,防止外来人员侵入。
2 评价方法
1) 查阅设计技术文件。
2) 现场检查。

9.3 维 修 体 系

9.3.1 维修体系评价包括管理与维护、维修配件 2 个分项。
9.3.2 管理与维护评价应符合下列要求:
1 评价标准
1) 应建立线路及轨道系统的保养制度、巡检制度。
2) 应建立线路及轨道系统保养、巡检的记录台账。
3) 检修人员应具有上岗资格。
4) 应对检修人员定期技术培训。
5) 对线路及轨道系统故障信息应有记录、分析、纠正和预防措施。
6) 轨道检测车、钢轨打磨车等维修设备应有质检合格证。
2 评价方法
查阅维护相关文件、档案、记录。
9.3.3 维修配件评价应符合下列要求:
1 评价标准
1) 选择有资质的维修配件供货商。
2) 建立维修配件检验制度。
3) 对维修配件的质量信息有记录、分析、纠正和预防措施。
2 评价方法
查阅维修配件相关文件、档案、记录。

10 机电设备评价

10.1 一般规定

10.1.1 机电设备评价包括自动扶梯、电梯与自动人行道、屏蔽门系统与防淹门系统、给水排水设备、通风和空调设备、风亭5个评价项目，满分为100分。

10.1.2 机电设备评价可按附录G的格式确定评价内容及其分值，制定评价表。

10.2 自动扶梯、电梯与自动人行道

10.2.1 自动扶梯、电梯与自动人行道评价包括自动扶梯、电梯与自动人行道设备、安全防护标识、管理与维护、维修配件4个分项。

10.2.2 自动扶梯、电梯与自动人行道设备评价应符合下列要求：
1 评价标准
  1）设备必须由法定质量技术监督部门出具电梯使用证。
  2）在用设备必须由法定特种设备检验检测机构检验合格并出具有效期内电梯验收检验报告和"安全检验合格"标志。
  3）地铁车站自动扶梯宜采用公共交通型重载扶梯，其传输设备及部件应采用不燃或难燃材料。
  4）设备的各项安全保护装置设置齐全，动作灵敏、可靠。
2 评价方法
  1）查阅相关文件、资料。
  2）现场检查。

10.2.3 安全防护标识评价应符合下列要求：
1 评价标准
  1）所有自动扶梯和自动人行道出入口处应贴图示警示标志，所有电梯内应贴电梯使用安全守则。
  2）对于穿越楼层和靠墙布置的自动扶梯，其扶手带中心至开孔边缘和墙面的净距应符合《地铁设计规范》GB 50157的有关规定。
2 评价方法
现场检查。

10.2.4 管理与维护评价应符合下列要求：
1 评价标准
  1）应建立维护、保养制度和检修规程及应急处理程序。
  2）检修人员应具有上岗资格。
  3）对检修人员应定期进行技术培训。
  4）对自动扶梯、电梯、自动人行道故障信息应有记录、分析、纠正和预防措施。
2 评价方法
查阅相关档案、记录。

10.2.5 维修配件评价应符合下列要求：
1 评价标准
  1）应选择有资质的维修配件供货商。
  2）应建立维修配件检验制度。
  3）对维修配件的质量信息应有记录、分析、纠正和预防措施。
2 评价方法
查阅维修配件相关档案、记录和文件。

10.3 屏蔽门系统与防淹门系统

10.3.1 屏蔽门系统和防淹门系统评价包括屏蔽门系统设备、防淹门系统设备、安全防护标识、管理与维护、维修配件5个分项。

10.3.2 屏蔽门系统设备评价应符合下列要求：
1 评价标准
  1）屏蔽门无故障使用次数应不小于100万次。
  2）屏蔽门应接地连接牢固，接地电阻在允许值内。
  3）屏蔽门应能与信号系统联动，实现屏蔽门的正常开/关功能。
  4）屏蔽门应急手动开门功能和站台级开/关门功能正常。
  5）ATP系统应为列车车门、屏蔽门等开闭提供安全监控信息。
  6）可设有应急门；应急门的位置应保证当列车与滑动门不能对齐时的乘客疏散。
2 评价方法
  1）查阅相关资料。
  2）现场检查。

10.3.3 防淹门系统设备评价应符合下列要求：
1 评价标准
  1）防淹门应能与信号系统联动，实现防淹门的正常开/关功能。
  2）防淹门机房及车站控制功能应正常。
  3）车站对防淹门系统所辖区间的水位应具备监视功能。
2 评价方法
  1）查阅相关资料。
  2）现场检查。

10.3.4 安全防护标识评价应符合下列要求：
1 评价标准
  1）屏蔽门应有明显的安全标志、使用标志和应急情况操作指示。
  2）防淹门应有明显的安全标志、使用标志和应急情况操作指示。

2 评价方法

现场检查。

10.3.5 管理与维护评价应符合下列要求：

1 评价标准

1）应建立维护、保养制度、检修规程及应急处理程序。

2）检修人员应具有上岗资格。

3）应对检修人员定期技术培训。

4）对屏蔽门故障信息应有记录、分析、纠正和预防措施。

2 评价方法

查阅相关档案、记录和文件。

10.3.6 维修配件评价应符合下列要求：

1 评价标准

1）应选择有资质的维修配件供货商。

2）应建立维修配件检验制度。

3）对维修配件的质量信息应有记录、分析、纠正和预防措施。

2 评价方法

查阅维修配件相关档案、记录和文件。

10.4 给水排水设备

10.4.1 给水排水设备评价包括给水系统、排水系统、管理与维护、维修配件 4 个分项。

10.4.2 给水系统评价应符合下列要求：

1 评价标准

1）生活用水设备和卫生器具的水压，应符合现行国家标准《建筑给水排水设计规范》GB 50015 的规定。

2）给水管不应穿过变电站、通信信号机房、控制室、配电室等房间。

2 评价方法

1）查阅相关文件、资料。

2）现场检查。

10.4.3 排水系统评价应符合下列要求：

1 评价标准

1）地铁车站及沿线的各排水泵站、排雨泵站、排污泵站应设危险水位报警装置。

2）各水位报警装置应运行正常。

2 评价方法

1）查阅相关资料。

2）现场检查。

10.4.4 管理与维护评价应符合下列要求：

1 评价标准

1）应建立维护、保养制度、检修规程及应急处理程序。

2）检修人员应具有上岗资格。

3）对检修人员应定期进行技术培训。

4）对给水排水设备故障信息应有记录、分析、纠正和预防措施。

2 评价方法

1）查阅相关档案、记录。

2）现场检查。

10.4.5 维修配件评价应符合下列要求：

1 评价标准

1）应选择有资质的维修配件供货商。

2）应建立维修配件检验制度。

3）对维修配件的质量信息应有记录、分析、纠正和预防措施。

2 评价方法

查阅维修配件相关档案、记录和文件。

10.5 通风和空调设备

10.5.1 通风和空调设备评价包括通风和空调设备、管理与维护、维修配件 3 个分项。

10.5.2 通风和空调设备评价应符合下列要求：

1 评价标准

1）空调系统设置的压力容器必须由国家认可资质的质量技术监督部门出具压力容器使用证，并必须由国家认可资质的特种设备监察检验部门检验合格并出具有效期内压力容器检验报告和"安全检验合格"标志。

2）防烟、排烟与事故通风系统应符合《地铁设计规范》GB 50157 的有关规定。

2 评价方法

1）查阅相关资料。

2）现场检查。

10.5.3 管理与维护评价应符合下列要求：

1 评价标准

1）应建立维护、保养制度、检修规程及应急处理程序，对应急排烟、通风功能定期检查并有检查记录。

2）检修人员应具有上岗资格。

3）应对检修人员定期技术培训。

4）对设备故障信息应有记录、分析、纠正和预防措施。

2 评价方法

1）查阅相关文件、档案、记录。

2）现场检查。

10.5.4 维修配件评价应符合下列要求：

1 评价标准

1）应选择有资质的维修配件供货商。

2）应建立维修配件检验制度。

3）对维修配件的质量信息应有记录、分析、纠正和预防措施。

2 评价方法

查阅维修配件相关档案、记录和文件。

10.6 风 亭

10.6.1 风亭评价包括风亭、管理与维护2个分项。

10.6.2 风亭评价应符合下列要求：
1 评价标准
  1) 进、排风亭口部距其他建筑物的距离应符合《地铁设计规范》GB 50157 的有关规定。
  2) 进风风亭应设在空气洁净的地方。
  3) 风亭出口处连接道口的3.5m宽的通道上禁止堆放物品。
2 评价方法
  1) 查阅相关资料。
  2) 现场检查。

10.6.3 管理与维护评价应符合下列要求：
1 评价标准
  1) 应建立维护、巡视制度。
  2) 应建立维护、巡视档案。
2 评价方法
查阅相关档案、记录。

11 通信设备评价

11.1 一 般 规 定

11.1.1 通信设备评价包括通信系统、维修体系2个评价项目，满分为100分。

11.1.2 通信设备评价可按附录H的格式确定评价内容及其分值，制定评价表。

11.2 通 信 系 统

11.2.1 通信系统评价包括通信系统技术、传输系统、公务电话系统、专用电话系统、无线通信系统、图像信息系统、广播系统、通信电源、通信系统接地9个分项。

11.2.2 通信系统技术评价应符合下列要求：
1 评价标准
  1) 通信系统应能安全、可靠地传递语音、数据、图像、文字等信息，并应具有网络监控、管理功能。
  2) 各轨道交通线路的通信系统应能互联互通，实现信息资源共享。
  3) 当出现紧急情况时，通信系统应能迅速及时地为防灾救援和事故处理的指挥提供通信联络。
  4) 通信系统各子系统应具有故障时降级使用功能，主要部件应具有冗余保护功能。
  5) 通信系统应具有防止电机牵引所产生的谐波电流、外界电磁波、静电等对通信系统的干扰功能，并采取必要的防护措施。
2 评价方法
查阅相关技术文件。

11.2.3 传输系统评价应符合下列要求：
1 评价标准
  1) 传输系统应是独立专用传输网络。
  2) 传输系统必须有自保护功能。
2 评价方法
查阅相关技术文件。

11.2.4 公务电话系统评价应符合下列要求：
1 评价标准
  1) 对特种业务呼叫应能自动转接到市话网的"119"、"110"、"120"，并可进行电话跟踪。
  2) 公务电话系统应具有在线维护管理、安全保护措施、故障诊断和定位功能。
2 评价方法
查阅相关技术文件。

11.2.5 专用电话系统评价应符合下列要求：
1 评价标准
  1) 专用电话系统宜由调度电话、区间电话、站间电话、站内集中电话、紧急电话、市内直线电话组成。
  2) 调度电话应具有优先级，并具有录音功能。
  3) 专用电话系统应具有在线维护管理、安全保护措施、故障诊断和定位功能。
2 评价方法
查阅相关技术文件。

11.2.6 无线通信系统评价应符合下列要求：
1 评价标准
  1) 无线通信系统应设置列车调度、事故及防灾、车辆综合基地管理及设备维护四个子系统，其容量和覆盖范围应满足轨道交通运营的要求。在地下车站及区间应设置公安、消防无线通信系统。
  2) 无线通信系统应具有选呼、组呼、全呼、紧急呼叫、呼叫优先级权限等功能，并具有存储、监测功能。
2 评价方法
  1) 查阅相关技术文件。
  2) 现场检查。

11.2.7 图像信息系统评价应符合下列要求：
1 评价标准
  1) 图像信息系统应满足各级控制中心调度员、车站值班员、列车司机对车站图像监视的功能要求。摄像机的安装部位应满足运营监视和公安监视的要求，并确保事故状态下摄像。

2) 车站图像信息系统设备应能对运营监视的图像进行录像,控制中心图像信息系统设备应能对各车站传来图像进行录像。

2 评价方法
1) 查阅相关技术文件。
2) 现场检查。

11.2.8 广播系统评价应符合下列要求:
1 评价标准
1) 控制中心和车站均应设置行车和防灾广播控制台。控制中心广播控制台可以对全线选站、选路广播;车站广播控制台可对本站管区内选路广播。
2) 行车和防灾广播的区域应统一设置。防灾广播应优先于行车广播。
3) 列车上应设置广播设备,并可以接受控制中心调度指挥员通过无线通信系统对运行列车中乘客的语音广播。
4) 防灾广播可根据应急事件事先录制或制定广播内容,且采用多语种。

2 评价方法
1) 查阅相关技术文件。
2) 现场检查。

11.2.9 通信电源评价应符合下列要求:
1 评价标准
1) 通信电源系统必须是独立的供电设备,并具有集中监控管理功能。
2) 通信电源系统应保证对通信设备不间断、无瞬变地供电。
3) 地铁通信设备应按一级负荷供电。由变电站接双电源双回路的交流电源至通信机房交流配电屏,当使用中的一路出现故障时,应能自动切换至另一路。
4) 控制中心、各车站及车辆段(停车场)的通信设备应按一类负荷供电,各通信机房应设置电源自动切换设备。
5) 交流供电电源电压波动范围不应大于±10%,交流供电容量应为各设备总额定容量的130%。
6) 不间断电源的蓄电池容量应保证向各通信设备连续供电不少于2h。

2 评价方法
查阅相关技术文件。

11.2.10 通信系统接地评价应符合下列要求:
1 评价标准
1) 接地电阻值应符合《地铁设计规范》GB 50157 的有关规定。
2) 车辆段(停车场)宜设置独立的通信接地体,作为通信系统的联合接地,其接地体与其他接地体的间隔应符合《地铁设计规范》GB 50157 的有关规定。

2 评价方法
查阅相关技术文件。

11.3 维修体系

11.3.1 维修体系评价包括管理与维护、维修配件2个分项。

11.3.2 管理与维护评价应符合下列要求:
1 评价标准
1) 应建立通信系统检修制度。
2) 应建立保养、巡检的记录台账。
3) 检修人员应具有上岗资格。
4) 应对检修人员定期技术培训。
5) 对通信系统故障信息应有记录、分析、纠正和预防措施。

2 评价方法
1) 查阅检修和培训档案、记录。
2) 现场检查。

11.3.3 维修配件评价应符合下列要求:
1 评价标准
1) 应选择有资质的维修配件供货商。
2) 应建立维修配件检验制度。
3) 对维修配件的质量信息应有记录、分析、纠正和预防措施。

2 评价方法
查阅维修配件相关档案、记录和文件。

12 信号设备评价

12.1 一般规定

12.1.1 信号设备评价包括信号系统、维修体系2个评价项目,满分为100分。

12.1.2 信号设备评价可按附录J的格式确定评价内容及其分值,制定评价表。

12.2 信号系统

12.2.1 信号系统评价包括信号系统技术、安全防护设施2个分项。

12.2.2 信号系统技术评价应符合下列要求:
1 评价标准
1) 运营线路上的车站应纳入 ATS(列车自动监控)系统监控范围,涉及行车安全的应直接控制,由车站办理,车辆段、停车场与正线衔接的出入段线应纳入监控范围。
2) 当信号系统设备发生故障时,ATC(列车自动控制)系统控制等级应遵循降级运行,按车站人工控制优先于控制中心人工控制、控制中心人工控制优先于控制中心的自动控制或车站自动控制的原则来确保运营安全。
3) 在ATC控制区域内使用列车驾驶限制模式或非限制模式时,应有破铅封、记录或特殊控制指令授权等技术措施。
4) 在需要进行折返作业的折返点,应提供完整的ATP(列车自动防护)功能。
5) 与列车运营安全有关的信号设备均应具备故障倒向安全的措施;应具有自检及故障报警功能,应具有冗余技术和双机自动转换功能。
6) 列车内信号应有列车实际运行速度、列车运行前方的目标速度两种速度显示报警装置和必要的切换装置,并设于两端司机室内。
7) ATP执行强迫停车控制时,应切断列车牵引,列车停车过程不得中途缓解。如需缓解,司机应在列车停车后履行一定的操作手续,列车方能缓解。
8) 为确保行车安全,在各线车站站台及车站控制室应设站台紧急关闭按钮,站台紧急关闭按钮电路应符合故障-安全原则。
9) 装有引导信号的信号机因故不能正常开放时,应通过引导信息实现列车的引导作业。
10) 各线的ATC系统控制区域与非ATC系统控制区域的分界处,应设驾驶模式转换区,转换区的信号设备应与正线信号设备一致。
11) 信号系统供电负荷等级应为一级,设两路独立电源。
12) 信号系统电缆宜采用阻燃、低毒、防腐蚀护套电缆。
2 评价方法
1) 查阅相关技术文件。
2) 现场检查。
12.2.3 安全防护设施评价应符合下列要求:
1 评价标准
1) 信号设备应设置接地保护。
2) 高架和地面线的室外信号设备与外线连接的室内信号设备必须具有雷电防护设施。
3) 转辙机及线路轨旁设备应有防进水设施。
2 评价方法
1) 查阅相关技术文件。
2) 现场检查。

12.3 维 修 体 系

12.3.1 维修体系评价包括管理与维护、维修配件2个分项。
12.3.2 管理与维护评价应符合下列要求:
1 评价标准
1) 应建立使用涉及行车安全的产品的审批制度。
2) 应建立信号系统的保养制度、巡检制度。
3) 应建立保养、巡检的记录台账。
4) 检修人员应具有上岗资格。
5) 应对检修人员定期技术培训。
6) 对信号系统故障信息应有记录、分析、纠正和预防措施。
2 评价方法
1) 查阅相关档案、记录。
2) 现场检查。
12.3.3 维修配件评价应符合下列要求:
1 评价标准
1) 应选择有资质的维修配件供货商。
2) 应建立维修配件检验制度。
3) 对维修配件的质量信息应有记录、分析、纠正和预防措施。
2 评价方法
查阅维修配件相关档案、记录和文件。

13 环境与设备监控系统评价

13.1 一 般 规 定

13.1.1 环境与设备监控系统评价包括环境与设备监控系统(BAS/EMCS)、安全防护标识、维修体系3个评价项目,满分为100分。
13.1.2 环境与设备监控系统评价可按附录K的格式确定评价内容及其分值,制定评价表。

13.2 环境与设备监控系统

13.2.1 环境与设备监控系统评价包括环境与设备监控系统1个分项。
13.2.2 环境与设备监控系统评价应符合下列要求:
1 评价标准
1) 环境与设备监控系统应具备机电设备监控、执行阻塞模式、环境监控与节能运行管理、环境和设备的管理功能。
2) 环境与设备监控系统应能接收火灾自动报警系统(FAS)车站火灾信息,执行车站防烟、排烟模式;接收列车区间停车位置信号,根据列车火灾部位信息,执行隧道防排烟模式;接收列车阻塞信息,执行阻塞通风模式;应能监控车站逃生指示系统和应急照明系统;应能监视各排水泵房危险水位。

3）车站应配置车站控制室紧急控制盘（IBP盘）作为BAS火灾工况自动控制的后备措施，其操作权高于车站和中央工作站，盘面应以火灾工况操作为主，操作程序应简便、直接。
2　评价方法
　　1）查阅相关资料。
　　2）现场检查。

13.3　安全防护标识

13.3.1　安全防护标识评价包括安全防护标识1个分项。

13.3.2　安全防护标识评价应符合下列要求：
1　评价标准
　　1）环境与设备监控设备应有明显的安全警示标志、使用标志和应急情况操作指示。
　　2）车站、车辆段、地铁控制中心、主变电站、冷站、冷却水塔和风亭等场所应设有减少和避免事故发生的安全警示标志。
2　评价方法
　　现场检查。

13.4　维修体系

13.4.1　维修体系评价包括管理与维护、维修配件2个分项。

13.4.2　管理与维护评价应符合下列要求：
1　评价标准
　　1）应建立维护、保养制度、检修规程及应急处理程序。
　　2）检修人员应持证上岗。
　　3）应对检修人员定期技术培训。
　　4）对环境与设备监控系统故障信息有记录、分析、纠正和预防措施。
2　评价方法
　　1）查阅相关资料、检修记录。
　　2）现场检查。

13.4.3　维修配件评价应符合下列要求：
1　评价标准
　　1）应选择有资质的维修配件供货商。
　　2）应建立维修配件检验制度。
　　3）对维修配件的质量信息应有记录、分析、纠正和预防措施。
2　评价方法
　　查阅维修配件相关档案、记录和文件。

14　自动售检票系统评价

14.1　一般规定

14.1.1　自动售检票系统评价包括自动售检票系统（AFC）、维修体系2个评价项目，满分为100分。

14.1.2　自动售检票系统评价可按附录L的格式确定评价内容及其分值，制定评价表。

14.2　自动售检票系统（AFC）

14.2.1　自动售检票系统评价包括自动售检票系统1个分项。

14.2.2　自动售检票系统评价应符合下列要求：
1　评价标准
　　1）车站售检票设备数量配置应按近期高峰客流量配置，并预留远期高峰客流量所需设备的供电，预埋套线及安装位置等条件。
　　2）检票口的通过能力应与相应的楼梯、自动扶梯的通过能力相适应，每个检票口的半单向检票机的数量应不少于2台。
　　3）在紧急疏散情况下，车站控制室应能控制所有检票机闸门开放，检票机工作状态显示应与之相匹配。
　　4）检票机对乘客应有明确、清晰、醒目的工作状态显示。
2　评价方法
　　1）查阅相关技术文件。
　　2）现场检查。

14.3　维修体系

14.3.1　维修体系评价包括管理与维护、维修配件2个分项。

14.3.2　管理与维护评价应符合下列要求：
1　评价标准
　　1）应建立维护、保养制度。
　　2）检修人员应具有上岗资格。
　　3）应对检修人员定期技术培训。
　　4）对自动售检票系统故障信息应有记录、分析、纠正和预防措施。
2　评价方法
　　1）查阅相关档案、记录。
　　2）现场检查。

14.3.3　维修配件评价应符合下列要求：
1　评价标准
　　1）应选择有资质的维修配件供货商。
　　2）应建立维修配件检验制度。
　　3）对维修配件的质量信息应有记录、分析、纠正和预防措施。
2　评价方法
　　查阅维修配件相关档案、记录和文件。

15 车辆段与综合基地评价

15.1 一般规定

15.1.1 车辆段与综合基地评价包括车辆段与综合基地设施、防灾设施2个项目,满分为100分。

15.1.2 车辆段与综合基地评价可按附录 M 的格式确定评价内容及其分值,制定评价表。

15.2 车辆段与综合基地设施

15.2.1 车辆段与综合基地设施评价包括车辆段与综合基地设施1个分项。

15.2.2 车辆段与综合基地设施评价应符合下列要求:
1 评价标准
  1)车辆段、停车场出入线的设计应符合《地铁设计规范》GB 50157 的有关规定。
  2)运用库根据车辆的受电方式设置架空接触网或地面接触轨时,应符合《地铁设计规范》GB 50157 的有关规定。
  3)车辆段与综合基地供电系统应符合《地铁设计规范》GB 50157 的有关规定。
  4)沿海或江河附近地区车辆段与综合基地的线路路肩设计高程应符合《地铁设计规范》GB 50157 的有关规定。
2 评价方法
  查阅车辆段与综合基地的平面布置图和相关技术文件。

15.3 防灾设施

15.3.1 防灾设施评价包括防灾设施1个分项。

15.3.2 防灾设施评价应符合下列要求:
1 评价标准
  1)车辆段与综合基地设计应有完善的消防设施。
  2)总平面布置、房屋设计和材料、设备的选用等应符合现行有关防火规范的规定。
  3)车辆段与综合基地内应有运输道路及消防道路,并应有不少于两个与外界道路相连通的出口。
  4)存放易燃品的仓库宜单独设置,并应符合《建筑设计防火规范》GB 50016 的有关规定。
  5)车辆段与综合基地应设救援办公室,受地铁控制中心指挥。
  6)车辆段、停车场应设火灾自动报警系统(FAS)。
  7)车辆段值班室应设置防灾无线通信设备。
  8)应保证消防路轨平交通道畅通。
2 评价方法
  1)查阅相关资料和上级消防部门及企业安全监查部门的检查结论。
  2)现场检查。

16 土建评价

16.1 一般规定

16.1.1 土建评价包括地下、高架结构与车站建筑和车站设计2个项目,满分为100分。

16.1.2 分别评价被评价地铁运营线路上的每个车站和区间隧道。

16.1.3 土建评价可按附录 N 的格式确定评价内容及其分值,制定评价表。

16.2 地下、高架结构与车站建筑

16.2.1 地下、高架结构与车站建筑评价包括地下、高架结构与车站建筑1个分项。

16.2.2 地下、高架结构与车站建筑评价应符合下列要求:
1 评价标准
  1)建立建筑结构设计缺陷(不符合现行建筑设计规范和防火规范)档案。
  2)建立维护和巡检制度,且切实落实。
  3)对建筑结构设计缺陷和劣化或破损有分析、监控、记录。
  4)针对建筑结构设计缺陷和劣化或破损制定对策措施。
2 评价方法
  1)查阅建筑结构设计缺陷档案。
  2)查阅维护和巡检记录、对策措施。

16.3 车站设计

16.3.1 车站设计评价应包括站台、楼梯与通道、车站出入口、对策措施4个分项。

16.3.2 站台评价应符合下列要求:
1 评价标准
  1)站台计算长度应采用远期列车编组长度加停车误差。
  2)站台宽度应符合《地铁设计规范》GB 50157 的有关规定。
  3)站台边缘设置安全线应符合《地铁设计规范》GB 50157 的有关规定。
  4)站台边缘距车辆外边之间的空隙应符合《地铁设计规范》GB 50157 的有关规定。

2 评价方法
  1) 查阅车站相关资料。
  2)现场检查。
16.3.3 楼梯与通道评价应符合下列要求：
1 评价标准
  1) 楼梯与通道的最大通过能力应满足《地铁设计规范》GB 50157 的有关规定。
  2) 楼梯与通道的最小宽度应满足《地铁设计规范》GB 50157 的有关规定。
  3) 人行楼梯和自动扶梯的总量布置应满足站台层的事故疏散时间不大于《地铁设计规范》GB 50157 的有关规定值。
2 评价方法
  1) 查阅车站相关资料。
  2) 现场检查。
16.3.4 车站出入口评价应符合下列要求：
1 评价标准
  1) 车站出入口的数量应符合《地铁设计规范》GB 50157 的有关规定。
  2) 地下车站出入口地面标高应高出室外地面，并应满足防洪要求。
2 评价方法
  1) 查阅车站相关资料。
  2) 现场检查。
16.3.5 对策措施评价应符合下列要求：
1 评价标准
  1) 建立车站设计缺陷档案。
  2) 针对车站设计缺陷制定对策措施。
2 评价方法
  1) 查阅车站设计缺陷档案。
  2) 查阅制定的对策措施

17 外界环境评价

17.1 一般规定

17.1.1 外界环境评价包括防自然灾害、保护区 2 个评价项目，满分为 100 分。
17.1.2 外界环境评价可按附录 P 的格式确定评价内容及其分值，制定评价表。

17.2 防自然灾害

17.2.1 防自然灾害评价包括防风灾、防雷电、防水灾、防冰雪、防地震、防地质灾害 6 个分项。
17.2.2 防风灾评价应符合下列要求：
1 评价标准
  1) 应分析地铁所在地的气象条件（风灾）及特点。
  2) 应针对风灾采取安全对策和措施。
  3) 风灾安全防护设备设施应完整、有效。
  4) 应建立风灾安全防护设备设施的定期检查记录。
2 评价方法
  1) 查阅防风灾安全对策措施及设备定期检查记录。
  2) 现场检查。
17.2.3 防雷电评价应符合下列要求：
1 评价标准
  1) 应分析地铁所在地的气象条件（雷电）及特点。
  2) 应针对雷电采取安全对策和措施。
  3) 雷电安全防护设备设施应完整、有效。
  4) 应建立雷电安全防护设备设施的定期检查记录。
2 评价方法
  1) 查阅防雷电安全对策措施及设备定期检查记录。
  2) 现场检查。
17.2.4 防水灾评价应符合下列要求：
1 评价标准
  1) 应分析地铁所在地的气象条件（水灾）及特点。
  2) 应针对水灾采取安全对策和措施。
  3) 水灾安全防护设备设施应完整、有效。
  4) 应建立水灾安全防护设备设施的定期检查记录。
2 评价方法
  1) 查阅防水灾安全对策措施及设备定期检查记录。
  2) 现场检查。
17.2.5 防冰雪评价应符合下列要求：
1 评价标准
  1) 应分析地铁所在地的气象条件（冰雪）及特点。
  2) 应针对冰雪危害采取安全对策和措施。
  3) 冰雪危害安全防护设备设施应完整、有效。
  4) 应建立冰雪危害安全防护设备设施的定期检查记录。
2 评价方法
  1) 查阅防冰雪安全对策措施及设备定期检查记录。
  2) 现场检查。
17.2.6 防地震评价应符合下列要求：
1 评价标准
  1) 应分析地铁所在地的地震统计情况及特点。
  2) 应针对地震危害采取安全对策和措施。

3) 地震危害安全防护设备（设施）应完整、有效。
4) 应建立地震危害安全防护设备（设施）的定期检查记录。

2 评价方法
1) 查阅防地震安全对策措施及定期检查记录。
2) 现场检查。

17.2.7 防地质灾害评价应符合下列要求：

1 评价标准
1) 应分析地铁所在地的地质条件及特点。
2) 应针对地质灾害采取安全对策和措施。
3) 应设立地质灾害监控系统。
4) 地质灾害监控系统设备应完整、有效。
5) 应对地质灾害监控记录情况进行分析。

2 评价方法
1) 查阅防地质灾害安全对策措施及监控记录。
2) 现场检查。

17.3 保 护 区

17.3.1 保护区评价包括保护区防护1个分项。

17.3.2 保护区防护评价应符合下列要求：

1 评价标准
1) 应建立保护区安全管理、监测办法与措施。
2) 应建立保护区安全监测记录。
3) 对于侵入保护区范围的事件应有反映和处理记录。

2 评价方法
1) 查阅保护区安全管理文件和监测记录。
2) 现场检查。

18 基础安全风险水平

18.1 一 般 规 定

18.1.1 地铁运营系统基础安全风险水平划分为不可接受、可接受及可忽略三个层次。

18.2 基础安全评价总分计算

18.2.1 基础安全评价总分＝∑（项目实得分×权重）

18.2.2 权重按照表18.2.2的规定确定。

表18.2.2 权重表

评价项目	权重
安全管理评价	0.25
运营组织评价	0.20

续表18.2.2

评价项目		权重
设备设施评价	车辆系统评价	0.07
	供电系统评价	0.07
	消防系统与管理评价	0.08
	线路及轨道系统评价	0.03
	机电设备评价	0.06
	通信设备评价	0.03
	信号设备评价	0.06
	环境与设备监控系统评价	0.03
	自动售检票系统评价	0.015
	车辆段与综合基地评价	0.015
	土建评价	0.04
外界环境评价		0.05

18.3 基础安全风险水平

18.3.1 基础安全风险水平按照表18.3.1的规定确定。

表18.3.1 基础安全风险水平表

风险水平	不可接受	可接受	可忽略
地铁运营系统基础安全评价总分	＜88	88～95	＞95

19 事故风险水平

19.1 一 般 规 定

19.1.1 事故风险水平评价依据年度事故发生率进行评价，事故风险水平划分为不可接受、可接受及可忽略三个层次。

19.2 运营事故统计

19.2.1 事故等级分类按照表19.2.1-1的规定确定。人身伤亡、直接经济损失、行车事故的定义按照表19.2.1-2的规定确定。

表19.2.1-1 事故等级分类表

事故等级 \ 危害程度	人身伤亡	直接经济损失	行车事故
特别重大事故	死亡30人及以上	1000万元及以上	—
重大事故	死亡3人以上或重伤5人及以上	500万元及以上	中断行车时间 $t \geq 180min$

续表 19.2.1-1

事故等级\危害程度	人身伤亡	直接经济损失	行车事故
大事故	死亡1~3人或重伤3人及以上	100~500万元	中断行车时间 60min≤t<180min
险性事故	—	—	1. 列车冲突、脱轨、分离或运行中重要部件脱落； 2. 列车冒进信号、擅自退行或溜车； 3. 向占用闭塞区段发车； 4. 列车错开车门、夹人走车、开门走车或运行中开启车门； 5. 线路或车辆超限界
一般事故	重伤1~2人	1万元及以上	中断行车时间 20min≤t<60min

注：1 危害程度同时满足其中两项或两项以上条件者取最严重的条件作为事故等级划分依据。
　　2 中断行车时间为20min≤t<40min时，计1起一般事故；40min≤t<60min时，计2起一般事故。
　　3 每次事故轻伤1人时计0.3起一般事故。

表 19.2.1-2　人身伤亡、直接经济损失、行车事故定义

人身伤亡	发生事故后24h内，履行地铁运营生产职务或车站服务的现场人员（救援人员除外）、持有有效乘车凭证的人员（包括乘客携带的享受免费乘车待遇的儿童）的伤亡
重伤	《企业职工伤亡事故分类标准》GB 6441
轻伤	《企业职工伤亡事故分类标准》GB 6441
运营正线中断行车	事故发生在区间或站内，在正线上造成堵塞阻隔状态，造成单线不能行车。由事故发生造成堵塞行车起，至实际恢复连续通行列车行车条件的时间止，为中断行车时间
直接经济损失	车辆、线路、桥隧、通信、信号、供电等技术设备损失费用及事故救援、伤亡人员处理费用（不含人身保险赔偿费用）

19.2.2　事故统计与计算应符合以下规定：

1 年度百万车公里等效事故率应按式（19.2.2-1）计算。

$$\text{年度百万车公里等效事故率} = \frac{\Sigma(\text{事故个数} \times \text{事故折算因子})}{\text{百万车公里}}$$

（19.2.2-1）

2 事故折算因子计算
　1）责任事故折算因子按照表19.2.2的规定确定。
　2）非地铁方全责的事故折算因子应按式（19.2.2-2）计算。

$$\text{非地铁方全责的事故折算因子} = \text{责任百分比} \times \text{相应责任事故折算因子}$$

（19.2.2-2）

　3）非责任事故折算因子应按式（19.2.2-3）计算。

$$\text{非责任事故折算因子} = 0.1 \times \text{相应责任事故折算因子}$$

（19.2.2-3）

表 19.2.2　事故折算因子表

事　故　等　级	责任事故折算因子
特别重大事故	100
重大事故	22
大事故	11
险性事故	3.5
一般事故	1

19.3　事故风险水平

19.3.1　事故风险水平按照表19.3.1的规定确定。

表 19.3.1　事故风险水平表

事故水平	不可接受	可接受	可忽略
年度百万车公里等效事故率	>0.65	0.65~0.2	<0.2

附录A 安全管理评价表

表A

评价项目及分值	分项及分值	子项序号	定性定量指标	分值
安全管理机构与人员（10）	安全管理机构(3)	A01	应设有专门的安全生产管理机构	3
	安全管理专职和兼职人员(3)	A02	公司及部门应设有专职和兼职的安全管理人员	3
	安全管理人员资格(4)	A03	应建立严格的资格准入标准	2
		A04	安全管理人员应通过上岗前考核合格且最新考核应在有效期内	2
安全生产责任制（10）	主要负责人(3)	A05	主要负责人应签订安全生产责任制	1
		A06	安全生产责任制应切实落实	2
	安全管理人员(6)	A07	部门负责人应签订安全生产责任制并切实落实	2
		A08	一般安全管理人员应签订安全生产责任制并切实落实	2
		A09	其他从业人员应签订安全生产责任制并切实落实	2
	安全生产责任制档案管理(1)	A10	应建立健全的安全生产责任制的档案	1
安全管理目标（10）	安全生产控制指标(4)	A11	应制定安全生产控制指标	3
		A12	应建立安全生产控制指标档案	1
	各级安全生产目标(6)	A13	应建立各级安全生产目标	2
		A14	针对未能实现的安全生产目标应制定补救措施	2
		A15	应配置实现安全生产目标所需要的资源	2
安全生产投入（10）	安全投入保障制度(4)	A16	应投入具备安全生产条件所必需的资金	2
		A17	决策机构、主要负责人或者个人经营的投资人应保证安全生产条件所必需的资金投入，并对由于安全生产所必需的资金投入不足导致的后果承担责任	2
	安全投入落实(4)	A18	应每年投入相当数量的安全专项资金	2
		A19	应安排用于配备劳动防护用品及进行安全生产培训的经费	1
		A20	应依法参加工伤社会保险	1
	安全奖惩制度(2)	A21	应建立安全考核和奖惩制度	1
		A22	安全考核和奖惩制度应切实落实	1
事故应急救援体系（20）	应急救援组织机构(3)	A23	应建立事故应急救援组织机构	1
		A24	应急指挥系统应明确总公司和分公司的应急指挥系统的构成及其相关信息	1
		A25	应明确应急救援专家委员会的构成，确定应急救援专家委员会的负责人和组成人员	1
	预案制定情况(4)	A26	针对轨道交通运营线路发生火灾、列车脱轨、列车冲突、大面积停电、爆炸、自然灾害以及因设备故障、客流冲击、恐怖袭击等其他异常原因造成影响运营的非正常情况时，地铁运营单位应制定相应的应急救援预案	3.5
		A27	在国家或地方发生突发公共事件时，应制定相应的应急预案	0.5
	预案管理情况(1)	A28	应依据我国有关应急的法律、法规和相关政策文件，地铁运营单位向市轨道指挥办公室(或类似职能部门)申请，经政府组织有关部门、专家对市轨道交通运营突发事件应急预案进行评审工作，并报市政府	0.5
		A29	地铁运营单位应向市轨道指挥办公室(或类似职能部门)申请，定期组织有关单位修订轨道交通运营突发事件应急预案，并上报市政府备案	0.5

续表 A

评价项目及分值	分项及分值	子项序号	定性定量指标	分值
事故应急救援体系(20)	应急救援设备和应急救援人员配备情况/救援设备的维护体系(6)	A30	各专业部门应根据自身应急救援业务需求,配备现场救援和抢险装备、器材,建立相应的维护、保养和调用等制度	2.5
		A31	应按照统一标准格式建立救援和抢险装备信息数据库并及时更新,保障应急指挥调度使用的准确性	0.5
		A32	建立应急救援队伍	1
		A33	应急救援人员应掌握应急救援预案	2
	事故应急培训与应急救援演练(4)	A34	应定期针对不同事故进行应急救援演练	2
		A35	对演练中发现的问题应及时整改	1
		A36	应有完整的应急救援演练记录	0.5
		A37	应对应急救援人员进行定期培训	0.5
	当年紧急事故处置(2)	A38	发生紧急事故后,是否启动应急救援预案	1
		A39	应急救援后,是否对事故处置进行总结,是否对应急救援预案提出必要的整改意见	1
安全培训教育(9)	安全培训教育制度(5)	A40	应建立各级领导定期安全培训教育制度并切实落实	1
		A41	应建立全体员工定期安全培训教育制度并切实落实	1
		A42	应建立新员工岗前三级教育制度并切实落实	1
		A43	应建立转、复岗人员上岗前培训制度并切实落实	1
		A44	应建立教育培训记录的档案	1
	特种作业人员安全培训(2)	A45	特种作业人员应持证上岗并定期考核	1
		A46	特种作业人员应进行继续培训	1
	临时工安全培训(1)	A47	应建立临时工安全培训考核制度并切实落实	1
	租赁承包人员安全培训(1)	A48	应建立租赁承包人员安全培训考核制度并切实落实	1
安全信息交流(3)	信息交流机构(1)	A49	应建立安全信息交流的渠道	0.5
		A50	安全信息交流渠道应畅通	0.5
	乘客意见反馈(1)	A51	应建立乘客意见反馈管理程序	0.5
		A52	乘客反馈意见的处理情况	0.5
	员工意见处理(1)	A53	应建立员工安全意见反馈管理程序	0.5
		A54	员工安全建议的处理情况	0.5
事故隐患管理(10)	事故隐患清查(1)	A55	应分类建立事故隐患统计表	0.5
		A56	应建立事故隐患报告制度	0.5
	事故隐患治理(4)	A57	应对事故隐患及时提出整改措施	1
		A58	对事故隐患应采取防护措施	3
	事故隐患监控(4)	A59	应配备相应的安全隐患监控设备	4
	事故隐患档案管理(1)	A60	应建立事故隐患监控及整改的档案管理制度	0.5
		A61	应建立完整的事故隐患监控及整改的档案	0.5
安全作业规程(11)	安全作业规程(11)	A62	应制定各专业各工种安全作业规程	5
		A63	安全作业规程落实情况	6
安全检查制度(7)	安全检查制度(6)	A64	应建立年度、季度、特殊时期、日常安全检查制度并切实落实	2
		A65	应建立安全检查复检制度并切实落实	2
		A66	安全检查出的问题应及时处理	2
	安全检查档案管理(1)	A67	应建立安全检查档案管理制度	0.5
		A68	安全检查档案应完整	0.5

附录B 运营组织与管理评价表

表 B

评价项目及分值	分项及分值	子项序号	定性定量指标			分值
系统负荷(20)	线路负荷(10)	B01	线路负荷	1类得3分，2类得2分，3类得1分		3
		B02	行车密度	1类得3分，2类得2分，3类得1分		3
		B03	高峰小时断面列车满载率	1类得4分，2类得3分，3类得2分，4类得1分		4
	车站设施负荷(10)	B04	站台高峰小时集散量不应大于站台设计最大能力			4
		B05	通道和楼梯每小时通过人数应不大于下表中的值 名称 / 每小时通过人数 1m宽楼梯 — 下行 4200；上行 3700；双向混行 3200 1m宽通道 — 单向 5000；双向混行 4000			4
		B06	车站可随时通过AFC系统控制乘客流量			2
调度指挥(28)	调度规章(5)	B07	应具有相对独立、全面的行车组织规则或同等效力的规章文件			1
		B08	调度规章中应包括对运营设备故障和事故模式下的行车组织措施			2
		B09	调度规章中应包括对突发事件的应对措施，并且切实可行			2
	指挥系统(5)	B10	指挥系统应具备中央控制和车站控制两种控制模式，并在任何情况下都有一种模式起主导作用			3
		B11	指挥系统应有自动闭塞或移动闭塞瘫痪的情况下，采用电话闭塞的考虑和能力			2
	调度人员培训(8)	B12	应建立调度人员培训制度			3
		B13	培训内容应包括正常业务流程和应急预案救援指挥			3
		B14	培训方式应包括授课、实战演练或模拟演练			2
	调度人员素质(10)	B15	调度人员应经过专业、系统的地铁运营调度指挥培训并取得相应的资格证书			4
		B16	调度人员应具备正常情况下，熟练指挥调度和行车工作的能力			3
		B17	调度人员应具备在紧急或事故情况下，沉着冷静、快速制定应对方案和组织救援的能力			3
列车运行(25)	列车运用规章(4)	B18	应制定明确、顺畅的列车日常运用规章			1.5
		B19	应制定故障列车下线和救援列车运用规章			1.5
		B20	上述规章与调度规章应相协调			1
	列车操作规程(6)	B21	应制定明确、实用的列车操作规程			4
		B22	规程中应明确写出列车故障模式下的操作要点			2
	驾驶员培训(6)	B23	应建立驾驶员培训制度			1
		B24	培训内容应包括正常操作流程和故障情况下的操作要点			3
		B25	培训方式应包括授课和实战演练或模拟演练			2

续表 B

评价项目及分值	分项及分值	子项序号	定性定量指标	分值
列车运行（25）	驾驶员素质（9）	B26	驾驶员应经过专业、系统的列车驾驶培训并取得相应的资格证书	3
		B27	驾驶员应具备正常情况下，熟练驾驶列车运行的能力	2
		B28	驾驶员应熟悉各种可能的突发事件的基本应对流程	2
		B29	驾驶员应具备事故情况下，沉着冷静，在区间组织疏散乘客的能力	2
客运组织（27）	乘客安全管理（10）	B30	服务标志系统应具有警示标志、禁止标志、紧急疏散指示标志	5
		B31	在容易发生事故部位，应设置警示标志或有专人引导或设置安全防护设施	4
		B32	应设置盲道、轮椅通道、垂直电梯等保证残障人士安全进出车站的引导设施	1
	乘客安全监控系统（3）	B33	应至少设置中央和车站两级乘客安全监控系统	1
		B34	乘客安全监控系统应能够监控车站所有客流集中部位和意外情况易发部位	2
	乘客安全宣传教育（4）	B35	应对乘客进行安全乘车常识的宣传教育	2
		B36	应对乘客进行紧急情况下正确疏散以及逃生自救知识的宣传	2
	站务人员培训（4）	B37	应建立站务人员培训制度	1
		B38	培训内容应包括正常情况下的工作要点和突发状况应对措施	2
		B39	培训方式应包括授课、实战演练或模拟演练	1
	站务人员素质（6）	B40	站务人员应经过客运组织培训并取得相应的资格证书	2
		B41	站务人员应具备辨识危险品的基本方法和技巧	2
		B42	站务人员应熟悉各种可能的突发事件的基本应对流程	2

附录 C 车辆系统评价表

表 C

评价项目及分值	分项及分值	子项序号	定性定量指标	分值
车辆（85）	车辆安全性能与安全防护设施（45）	C01	车辆的脱轨系数应小于 0.8；轮重减载率应小于 0.6；倾覆系数应小于 0.8	5
		C02	列车两端的车辆可设置防意外冲撞的撞击能量吸收区	1
		C03	地面或高架运行的列车两端可装设防爬装置	1
		C04	动车转向架构架电机吊座与齿轮箱吊座在寿命期内不发生疲劳裂纹	5
		C05	客室车门应具有非零速自动关门的电气联锁及车门闭锁装置，行驶中确保门的锁闭无误	2
		C06	客室车门处应设置紧急解锁开关	2
		C07	司机台应设置紧急停车操纵装置和警惕按钮	2
		C08	列车在平直道上实施紧急制动时，应能在规定的距离内停车	2
		C09	在列车意外分离时，应立刻自动实施紧急制动，保证分离的列车自动制动	2
		C10	列车应有两台或两台以上独立的电动空气压缩机组，当一台机组失效时，其余压缩机组的性能、排气量、供气质量和储风缸容积应均能满足整列车的供气要求；储风缸的容积应满足压缩机停止运转后列车三次紧急制动的用风量	2

续表 C

评价项目及分值	分项及分值	子项序号	定性定量指标	分值
车辆(85)	车辆安全性能与安全防护设施(45)	C11	前照灯在车辆前端紧急制停距离处照度不应小于2lx	1
		C12	在未设安全通道的线路上运行的列车两端应设紧急疏散门	2
		C13	列车各车辆之间应设贯通道	2
		C14	车门、车窗玻璃应采用一旦发生破坏时其碎片不会对人造成严重伤害的安全玻璃	1
		C15	蓄电池应能够满足车辆在故障情况下的应急照明、外部照明、车载安全设备、广播、通信、应急通风等系统工作不低于45min；地面与高架线路不低于30min	2
		C16	车辆应有列车自动防护系统(ATP)或列车自动防护系统(ATP)与自动驾驶系统(ATO)，以及可保证行车安全的通信联络装置	3
		C17	电气设备过电压、过电流、过热保护功能应齐全	2
		C18	采用受电弓受电的列车应设避雷装置	1
		C19	凡散发热量的电气设备，在其可能与乘客、乘务人员或行李发生接触时，应有隔热措施，其外壳或防护外罩外面的温度不得超过50℃	1
		C20	对安装采暖设备部位的侧墙、地板及座椅等应进行安全隔热处理，车用电加热器罩板表面温度不应大于68℃	1
		C21	车厢内应设置乘客紧急按钮或与司机紧急对讲装置、应急照明灯、应急装备、消防器材	3
		C22	车辆应有各种警告标识：司机室内的紧急制动装置、带电高压设备、电器箱内的操作警示、消防器材、紧急按钮或与司机紧急对讲装置的位置与使用方法	2
	车辆防火性能(30)	C23	车辆的车顶、侧板、内衬、顶棚、地板应使用不燃或阻燃材料	10
		C24	车厢地板上铺物、座椅、扶手、隔热隔声材料、装饰及广告材料等应使用不燃或阻燃材料	7
		C25	车厢内非金属材料应具有耐熔化滴落性能	3
		C26	各电路的电气设备连接导线和电缆应使用低烟、低卤阻燃材料	10
	车辆可靠性(10)	C27	车辆由于故障退出服务统计不大于0.1次/万组公里	10
维修体系(15)	维修制度(5)	C28	应建立车辆维修制度	2
		C29	应制定车辆各级检修规程	2
		C30	对车辆故障信息应有记录、分析、纠正和预防措施	1
	维修人员(5)	C31	车辆维修人员应持证上岗	3
		C32	应对车辆维修人员定期培训	2
	维修配件(5)	C33	应选择有资质的维修配件供货商	2
		C34	应建立维修配件检验制度	2
		C35	对维修配件的质量信息应有记录、分析、纠正和预防措施	1

附录 D 供电系统评价表

表 D

评价项目及分值	分项及分值	子项序号	定性定量指标	分值
主变电站(23)	主变电站设备(10)	D01	每座主变电站应有两路相互独立可靠的电源引入，并应设两台主变压器。当一路电源或一台主变压器故障或检修时，应由另一路电源或一台主变压器供电。当主变电站全站停用时，应由相邻主变电站供电，并应确保一、二级用电负荷	2
		D02	辅助主变电站应有一路专用电源供电，设置一台主变压器	1.5
		D03	在地下使用的电气设备及材料，应选用体积小、低损耗、低噪声、防潮、无自爆、低烟、无卤、阻燃或耐火的定型产品	2
		D04	变电站继电保护装置应满足可靠性、选择性、灵敏性和速动性的要求	2
		D05	接地电阻应符合要求	1.5
		D06	应设置接地保护	1
	主变电站安全防护设施(6)	D07	主变电站周围建筑应设置避雷设施，并每年进行检测	1
		D08	应设置完善的过负荷、短路保护装置	1
		D09	应设置防灾报警装置，配置必要的消防设施、器材和应急装备	1
		D10	应设置应急照明	1
		D11	应设置安全操作警示标志和安全疏散指示标志	1
		D12	主变电站设备应定期进行预防性试验，试验合格后，才能继续使用	1
	运作与维护(7)	D13	各供电设备及继电保护装置应定期检验，满足电力或地铁相关规范要求	1
		D14	供电试验使用的仪器仪表必须按照国家标准定期检测，试验单位和人员应具有相关专业资质和资格	1
		D15	主变电站值班或巡视维护人员和应急处理人员数量及结构应配置合理	1
		D16	主变电站操作人员应具有上岗资格	1
		D17	主变电站操作人员应定期进行培训	1
		D18	应建立主变电站的维护规程	1
		D19	对主变电站故障信息应有记录、分析、纠正和预防措施	1
牵引变电站(27)	牵引变电站设备(10)	D20	牵引变电站应有两路独立的电源供电，两路电源引自同一主变电站的不同母线段或不同主变电站母线段	2
		D21	牵引变电站应设置两台牵引整流机组，两台整流机组并列运行	2
		D22	牵引变电站中一台牵引整流机组退出运行时，另一台牵引整流机组在允许负荷的情况下继续供电	1.5
		D23	在其中一座牵引变电站退出运行时，相邻的两座牵引变电站应能分担其供电分区的牵引负荷	1.5
		D24	牵引变电站直流设备外壳应对地绝缘安装	1.5
		D25	接地电阻应符合要求	1.5
	牵引变电站安全防护设施(9)	D26	应设置接地保护	1
		D27	牵引变电站周围建筑应设置避雷设施，并每年进行检测	1
		D28	应设置完善的短路和过负荷继电保护装置	1
		D29	应设有防止大气过电压及操作过电压的保护设施	1

续表 D

评价项目及分值	分项及分值	子项序号	定性定量指标	分值
牵引变电站(27)	牵引变电站安全防护设施(9)	D30	设置防灾报警设施,配置必要的消防设施、器材和应急装备	1
		D31	设置应急照明	1
		D32	无人值班的牵引变电站应设置监控系统	1
		D33	无人值班的牵引变电站所有设备故障信息和操作信息能与调度中心联网	1
		D34	应设置安全操作警示标志和安全疏散指示标志	1
	运作与维护(8)	D35	牵引变电站设备应定期进行预防性试验,试验合格后,才能继续使用	1
		D36	各供电设备及继电保护装置应定期检验,满足电力或地铁相关规范要求	1
		D37	供电试验使用的仪器仪表必须按照国家标准定期检测,试验单位和人员应具有相关专业资质和资格	1
		D38	牵引变电站值班或巡视维护人员和应急处理人员数量及结构配置合理	1
		D39	牵引变电站操作人员应具有上岗资格	1
		D40	牵引变电站操作人员应定期进行培训	1
		D41	应建立牵引变电站的维护规程	1
		D42	对牵引变电站故障信息应有记录、分析、纠正和预防措施	1
降压变电站(23)	降压变电站设备(7)	D43	降压变电站应有两路独立的电源供电	2
		D44	降压变电站应设置两台配电变压器。一台配电变压器退出运行时,另一台配电变压器承担变电站的全部一、二级负荷	2
		D45	配电变压器容量应按远期高峰小时考虑	1.5
		D46	接地电阻应符合要求	1.5
	降压变电站安全防护设施(9)	D47	应设置接地保护	1
		D48	降压变电站周围建筑应设置避雷设施,并每年进行检测	1
		D49	应设置完善的短路和过负荷继电保护装置	1
		D50	应设有防止大气过电压及操作过电压的保护设施	1
		D51	应设置防灾报警装置,配置必要的消防设施、器材和应急装备	1
		D52	应设置应急照明	1
		D53	无人值班的降压变电站应设置监控系统	1
		D54	无人值班的降压变电站所有设备故障信息和操作信息应能与调度中心联网	1
		D55	应设置安全操作警示标志和安全疏散指示标志	1
	运作与维护(7)	D56	降压变电站设备应定期进行预防性试验,试验合格后,才能继续使用	1
		D57	各供电设备及继电保护装置应定期检验,满足电力或地铁相关规范要求	1
		D58	供电试验使用的仪器仪表必须按照国家标准定期检测,试验单位和人员应具有相关专业资质和资格	1
		D59	降压变电站操作人员应具有上岗资格	1
		D60	降压变电站操作人员应定期进行培训	1
		D61	应建立降压变电站的维护规程	1
		D62	对降压变电站故障信息应有记录、分析、纠正和预防措施	1

续表 D

评价项目及分值	分项及分值	子项序号	定性定量指标 接触网	分值	定性定量指标 接触轨	分值
接触网（接触轨）（9）	接触网（接触轨）（7）	D63	接触线的磨耗应在允许范围内	1	接触轨对地应有良好的绝缘	2
		D64	牵引变电站直流快速断路器至正线接触网间应设置隔离开关	1	接触轨应设防护罩和警示标志	1
		D65	接触网带电部分与结构体、车体之间的最小净距：标称电压1500V时，静态为150mm，动态为100mm；标称电压750V时，静态为25mm，动态为25mm	1	接触轨带电部分与结构体、车体之间的最小净距：标称电压1500V时，静态为150mm，动态为100mm；标称电压750V时，静态为25mm，动态为25mm	2
		D66	固定接触网的非带电金属支持结构物应与架空地线相连接，架空地线应引至牵引变电站接地装置	1	当杂散电流腐蚀防护与接地有矛盾时，应以接地安全为主	1
		D67	在地面区段、高架区段，接触网应设置避雷设施	1	在地面区段、高架区段，走行轨应设置避雷设施	1
		D68	车库线进口分段处应设置带接地刀闸的隔离开关	1		
		D69	洗车库内接触网与两端接触网绝缘分段，该接触网接地系统应可靠	1	—	—
	运作与维护（2）	D70	检修人员应具有上岗资格			0.5
		D71	检修人员应定期进行培训			0.5
		D72	应建立接触网（接触轨）的维护规程			0.5
		D73	对接触网（接触轨）故障信息应有记录、分析、纠正和预防措施			0.5
电力电缆（15）	电力电缆（11）	D74	电缆在地下敷设时应采用低烟无卤阻燃电缆，在地上敷设时应采用低烟阻燃电缆。为应急照明、消防设施供电的电缆，明敷时应采用低烟无卤耐火铜芯电缆或矿物绝缘耐火电缆			8
		D75	电缆贯穿隔墙、楼板的孔洞处，应实施阻火封堵			3
	运作与维护（4）	D76	检修人员应具有上岗资格			1
		D77	检修人员应定期进行培训			1
		D78	应建立电力电缆的维护规程			1
		D79	对电力电缆故障信息应有记录、分析、纠正和预防措施			1
维件修配（3）	维件修配（3）	D80	应选择有资质的维修配件供货商			1
		D81	应建立维修配件检验制度			1
		D82	对维修配件的质量信息应有记录、分析、纠正和预防措施			1

附录 E 消防系统与管理评价表

表 E

评价项目及分值	分项及分值	子项序号	定性定量指标	分值
消防系统与管理(100)	火灾自动报警系统(FAS)及联动控制(20)	E01	在车站控制室，FAS系统应能按照预定模式启、停，应能显示运行状态；消防联动盘应运行情况正常	5
		E02	车站FAS系统必须显示气体自动灭火系统保护区的报警、放气、风机和风阀状态、手动/自动放气开关所处位置；火灾自动报警系统主、备电及其相互切换功能应正常，并应显示主、备电状态	5
		E03	站厅、站台、各种设备机房、库房、值班室、办公室、走廊、配电室、电缆隧道或夹层等处应设火灾探测器；设置火灾探测器的场所应设置手动报警按钮；车站相应场所应设有消防对讲电话	5
		E04	地铁中央控制中心应能控制消防救灾设备的启、停，应能显示运行状态；消防联动系统应能正常运行	5
	气体灭火系统(15)	E05	设置气体灭火装置的房间应设置机械通风系统，所排除的气体必须直接排出地面	7
		E06	地下车站通信设备房、信号设备房、变电站、电控室等重要设备房应设置气体自动灭火装置	8
	消防给水系统(15)	E07	地下车站站厅、站台、设备及管理用房区域、人行通道、区间隧道应设室内消火栓，地面或高架车站室内消火栓应符合《建筑设计防火规范》GB 50016的有关规定	6
		E08	地下车站消火栓用水量应满足≥20L/s；地下折返线及地下区间隧道消火栓用水量应≥10L/s	3
		E09	水泵结合器和室外消火栓应设有明显标志且方便操作	1
		E10	消防主、备泵均应工作正常，出水压力符合要求	5
	应急照明及疏散指示(10)	E11	站厅、站台、自动扶梯、自动人行道、楼梯口、疏散通道、安全出口、区间隧道、车站控制室、值班室、变电站、配电室、信号机械室、消防泵房、公安用房等处应设置应急照明；应急照明的照度不小于正常照明照度的10%	4
		E12	应急照明的连续供电时间应≥1h	2
		E13	站厅、站台、自动扶梯、自动人行道、楼梯口、人行疏散通道拐弯处、安全出口和交叉口等处沿通道长向每隔≤20m处应设置醒目的疏散指示标志；疏散指示标志距地面应<1m	3
		E14	区间隧道内应设置集中控制型疏散指示标志	1
	灭火器配置与管理(9)	E15	地铁各相关场所选择、配置和设置的灭火器应符合《建筑灭火器配置设计规范》GB 50140的有关规定。灭火器应在使用期限内	6
		E16	制定灭火器定期检测制度并切实落实	3
	车站消防管理(10)	E17	车站、主变电站、地铁控制中心等消防重点部位应落实消防安全责任制，明确岗位消防安全职责	2
		E18	车站在运营期间至少每2h应进行一次防火巡查；在运营前和结束后，应对车站进行全面检查	2
		E19	车站应认真填写消防安全检查记录；对消防设施的状况、存在火灾隐患以及火灾隐患的整改措施等有书面记录，并存档	2
		E20	地铁运营企业应对所属消防设施进行定期检查和维护保养，建立记录档案；车站应建立消防安全检查记录档案	2
		E21	定期组织消防演练	2

续表 E

评价项目及分值	分项及分值	子项序号	定性定量指标	分值
消防系统与管理(100)	人员与设备管理(7)	E22	应建立消防控制室24小时值班制度,值班人员交接班时应填写值班记录	2
		E23	消防控制室值班人员应持有"消防操作员"上岗证并能正确操作消防联动设备	2
		E24	消防控制室内除操作设备外,不能存放其他物品	1
		E25	应建立FAS系统及联动控制设备的检修制度,对FAS系统及联动控制设备的故障信息应有记录、分析、纠正和预防措施	2
	建筑与附属设施防火(14)	E26	地铁与地下及地上商场等地下建筑物相连接处应采取防火分隔设施	2
		E27	车站内的墙、地、顶面、装饰装修材料及设备设施应采用不燃材料,不应采用石棉、玻璃纤维及塑料类制品	2
		E28	车站站厅乘客疏散区、站台及疏散通道内不应设置商业场所	2
		E29	车站站台和站厅防火分区安全出口的数量不应少于两个,应直通车站外部空间;其他各防火分区安全出口的数量也不应少于两个,应有一个安全出口直通外部空间	2
		E30	地铁车站设备、管理用房区安全出口及楼梯的最小净宽为1.0m;单面布置房间的疏散通道最小净宽为1.2m;双面布置房间的疏散通道最小净宽为1.5m	2
		E31	附设于设备及管理用房的门至最近安全出口的距离不得超过35m,位于尽端封闭的通道两侧或尽端的房间,其最大距离不得超过上述距离的1/2	2
		E32	地下车站中的座椅、服务标识牌、广告牌等设施应采用不燃材料	2

附录 F 线路及轨道系统评价表

表 F

评价项目及分值	分项及分值	子项序号	定性定量指标	分值
线路及轨道系统(70)	线路及轨道系统(70)	F01	两条正线接轨应选择在车站内,并采取同向相接,避免车辆异向运行	5
		F02	辅助线与正线接轨时,宜在列车进入正线之前设置隔开设备	5
		F03	任何情况下,线路平面、纵断面的变动不得影响限界	5
		F04	位于正线上圆曲线及曲线间夹直线的最小长度应不小于一辆车辆的长度,困难情况下不应小于车辆全轴距,夹直线长度还应满足超高顺坡和轨距加宽的要求	5
		F05	曲线地段严禁设置反超高	5
		F06	道岔应铺设在直线上,并应避免设在竖曲线上	5
		F07	轨道结构应坚固、耐久、稳定,应具有适当的弹性,保证列车运行平稳安全	5
		F08	正线及辅助线钢轨接头应符合有关规定	5
		F09	无缝线路联合接头距桥台边墙不小于2m,铝热焊缝距轨枕边不得小于40mm	5
		F10	正线、试车线及辅助线的末端应设置车挡,车挡应能承受不大于15km/h速度的列车水平冲击荷载	5
		F11	在小半径曲线地段、缓和曲线与竖曲线重叠地段、跨越河流、城市主要道路、铁路干线或重要建筑物地段,高架线路应设置防脱护轨装置	5

续表 F

评价项目及分值	分项及分值	子项序号	定性定量指标	分值
线路及轨道系统(70)	线路及轨道系统(70)	F12	轨道交通线路应布设线路与信号标志,无缝线路地段应布设钢轨位移观测桩	5
		F13	轨道的路基应坚固、稳定,并满足防洪、排水要求	5
		F14	地面及高架线路两旁应设置一定高度隔离栏,防止外来人员侵入	5
维修体系(30)	管理与维护(21)	F15	应建立线路及轨道系统的保养制度、巡检制度	3
		F16	应建立线路及轨道系统保养、巡检的记录台账	3
		F17	检修人员应具有上岗资格	5
		F18	应对检修人员定期技术培训	5
		F19	对线路及轨道系统故障信息应有记录、分析、纠正和预防措施	5
	维修配件(9)	F20	应选择有资质的维修配件供货商	3
		F21	应建立维修配件检验制度	2
		F22	对维修配件的质量信息应有记录、分析、纠正和预防措施	2
		F23	轨道检测车、钢轨打磨车等维修设备应有质检合格证	2

附录 G 机电设备评价表

表 G

评价项目及分值	分项及分值	子项序号	定性定量指标	分值
自动扶梯、电梯与自动人行道(17)	自动扶梯、电梯与自动人行道设备(8)	G01	设备必须由法定质量技术监督部门出具设备使用证	2
		G02	在用设备必须由法定特种设备检验检测机构检验合格并出具有效期内设备验收检验报告和"安全检验合格"标志	2
		G03	地铁车站自动扶梯宜采用公共交通型重载扶梯,其传输设备及部件应采用不燃或难燃材料	2
		G04	设备的各项安全保护装置设置齐全,动作灵敏、可靠	2
	安全防护标识(2)	G05	所有自动扶梯和自动人行道出入口处应贴图示警示标志,所有电梯内应贴电梯使用安全守则	1
		G06	对于穿越楼层的自动扶梯,其扶手带中心至开孔边缘的净距<400mm时,应设有防碰撞安全标志	1
	管理与维护(4)	G07	应建立维护、保养制度、检修规程及应急处理程序	1
		G08	检修人员应具有上岗资格	1
		G09	应对检修人员定期技术培训	1
		G10	对自动扶梯、电梯、自动人行道故障信息应有记录、分析、纠正和预防措施	1
	维修配件(3)	G11	应选择有资质的维修配件供货商	1
		G12	应建立维修配件检验制度	1
		G13	对维修配件的质量信息应有记录、分析、纠正和预防措施	1

续表 G

评价项目及分值	分项及分值	子项序号	定性定量指标	分值
屏蔽门系统与防淹门系统(30)	屏蔽门系统设备(14)	G14	屏蔽门无故障使用次数应≥100万次	3
		G15	屏蔽门应接地连接牢固，接地电阻在允许值内	1
		G16	屏蔽门应能与信号系统联动，实现屏蔽门的正常开/关功能	3
		G17	屏蔽门手动开门功能(应急)和站台级开/关门功能正常	3
		G18	ATP系统应为列车车门、屏蔽门等闭提供安全监控信息	2
		G19	可设有应急门；应急门的位置应保证当列车与滑动门不能对齐时的乘客疏散	2
	防淹门系统设备(8)	G20	防淹门应能与信号系统联动，实现防淹门的正常开/关功能	3
		G21	防淹门及车站控制功能应正常	3
		G22	车站对防淹门系统所辖区间的水位应具备监视功能	2
	安全防护标识(2)	G23	屏蔽门应设有明显的安全标志、使用标志和应急情况操作指示	1
		G24	防淹门应有明显的安全标志、使用标志和应急情况操作指示	1
	管理与维护(4)	G25	应建立维护、保养制度、检修规程及应急处理程序。对应急排烟、通风功能定期检查并有检查记录	2
		G26	检修人员应具有上岗资格	0.5
		G27	应对检修人员定期技术培训	0.5
		G28	对屏蔽门故障信息应有记录、分析、纠正和预防措施	1
	维修配件(2)	G29	应选择有资质的维修配件供货商	1
		G30	应建立维修配件检验制度	0.5
		G31	对维修配件的质量信息应有记录、分析、纠正和预防措施	0.5
给排水设备(13)	给水系统(2.5)	G32	生活用水设备和卫生器具的水压，应符合现行国家标准《建筑给水排水设计规范》GB 50015 的规定	1
		G33	给水管不应穿过变电站、通信信号机房、控制室、配电室等房间	1.5
	排水系统(6)	G34	地铁车站及沿线的各排水泵站、排雨泵站、排污泵站应设有危险水位报警装置	3
		G35	各水位报警装置应运行正常	3
	管理与维护(3)	G36	应建立维护、保养制度、检修规程及应急处理程序	1
		G37	检修人员应具有上岗资格	0.5
		G38	应对检修人员定期技术培训	0.5
		G39	对给排水设备故障信息应有记录、分析、纠正和预防措施	1
	维修配件(1.5)	G40	应选择有资质的维修配件供货商	0.5
		G41	应建立维修配件检验制度	0.5
		G42	对维修配件的质量信息应有记录、分析、纠正和预防措施	0.5
通风和空调设备(30)	通风和空调设备(21)	G43	空调系统设置的压力容器必须由国家认可资质的质量技术监督部门出具压力容器使用证，并必须由国家认可资质的特种设备监察检验部门检验合格并出具有效期内压力容器检验报告和"安全检验合格"标志	5
		G44	地下车站内站台发生火灾时，应保证站厅到站台的楼梯和扶梯口处具有不小于1.5m/s的向下气流。区间隧道发生火灾时，应能背着乘客疏散方向排烟，迎着乘客疏散方向送新风；单洞区间隧道断面排烟流速不小于2m/s且不大于11m/s	10
		G45	区间隧道排烟风机及烟气流经的辅助设备应保证在150℃时能连续有效工作1h。地下车站站厅、站台和设备及管理用房发生火灾时，应保证排烟风机及烟气流经的辅助设备在250℃时能连续有效工作1h	6

续表 G

评价项目及分值	分项及分值	子项序号	定性定量指标	分值
通风和空调设备（30）	管理与维护(5)	G46	应建立维护、保养制度、检修规程及应急处理程序	2
		G47	检修人员应具有上岗资格	1
		G48	应对检修人员定期技术培训	1
		G49	对设备故障信息应有记录、分析、纠正和预防措施	1
	维修配件(4)	G50	应选择有资质的维修配件供货商	2
		G51	应建立维修配件检验制度	1
		G52	对维修配件的质量信息应有记录、分析、纠正和预防措施	1
风亭(10)	风亭(8)	G53	地铁进、排风亭口部距其他任何建筑物的直线距离≥5m；当风亭高于路边时，风亭开口底距地面的高度≥2m	4
		G54	进风风亭应设在空气洁净的地方	2
		G55	风亭出口处连接道口的3.5m宽的通道上禁止堆放物品	2
	管理与维护(2)	G56	应建立维护、巡视制度	1
		G57	应建立维护、巡视档案	1

附录 H 通信设备评价表

表 H

评价项目及分值	分项及分值	子项序号	定性定量指标	分值
通信系统（87）	通信系统技术(15)	H01	通信系统应能安全、可靠地传递语音、数据、图像、文字等信息，并应具有网络监控、管理功能	3
		H02	各轨道交通线路的通信系统应能互联互通，实现信息资源共享	3
		H03	当出现紧急情况时，通信系统应能迅速及时地为防灾救援和事故处理的指挥提供通信联络	3
		H04	通信系统各子系统应具有故障时降级使用功能，主要部件应具有冗余保护功能	3
		H05	通信系统应具有防止电机牵引所产生的谐波电流、外界电磁波、静电等对通信系统的干扰功能，并采取必要的防护措施	3
	传统系统(6)	H06	传输系统应是独立专用传输网络	3
		H07	传输系统必须有自保护功能	3
	公务电话系统(6)	H08	对特种业务呼叫应能自动转接到市话网的"119"、"110"、"120"，并可进行电话跟踪	3
		H09	公务电话系统应具有在线维护管理、安全保护措施、故障诊断和定位功能	3
	专用电话系统(9)	H10	专用电话系统宜由调度电话、区间电话、站间电话、站内集中电话、紧急电话等组成	3
		H11	调度电话应具有优先级，并具有录音功能	3
		H12	专用电话系统应具有在线维护管理、安全保护措施、故障诊断和定位功能	3

续表 H

评价项目及分值	分项及分值	子项序号	定性定量指标	分值
通信系统（87）	无线通信系统（10）	H13	无线通信系统应设置列车调度、事故及防灾、车辆综合基地管理及设备维护四个子系统，其容量和覆盖范围应满足轨道交通运营的要求。在地下车站及区间应设置公安、消防无线通信系统，满足市公安、消防统一调度要求	6
		H14	无线通信系统设备应能平滑稳定地升级和扩容，不得中断正常的运营	4
	图像信息系统（12）	H15	图像信息系统应满足各级控制中心调度员、车站值班员、列车司机对车站图像监视的功能要求。摄像机的安装部位应满足运营监视和公安监视的要求，并确保事故状态下摄像	6
		H16	车站图像信息系统设备应能对运营监视的图像进行录像，控制中心图像信息系统设备应能对各车站传来图像进行录像	6
	广播系统（7）	H17	控制中心和车站均应设置行车和防灾广播控制台。控制中心广播控制台可以对全线选站、选路广播；车站广播控制台可对本站管区内选路广播	2
		H18	行车和防灾广播的区域应统一设置。防灾广播应优先于行车广播	2
		H19	列车上应设置广播设备，并可以接受控制中心调度指挥员通过无线通信系统对运行列车中乘客的语音广播	2
		H20	防灾广播可根据应急事件事先录制或制定广播内容，且采用多语种	1
	通信电源（18）	H21	通信电源系统必须是独立的供电设备，并具有集中监控管理功能	3
		H22	通信电源系统应保证对通信设备不间断、无瞬变地供电	3
		H23	地铁通信设备应按一级负荷供电。由变电站接双电源双回路的交流电源至通信机房交流配电屏，当使用中的一路出现故障时，应能自动切换至另一路	3
		H24	控制中心、各车站及车辆段(停车场)的通信设备应按一类负荷供电，各通信机房应设置电源自动切换设备	3
		H25	交流供电电源电压波动范围不应大于±10%，交流供电容量应为各设备总额定容量的130%	3
		H26	不间断电源的蓄电池容量应保证向各通信设备连续供电不少于2h	3
	通信系统接地（4）	H27	综合接地的接地电阻不大于1Ω，控制中心、各车站的综合接地宜与供电系统合设接地体	2
		H28	分设保护接地时，应采用供电系统的接地(TN-S制)，其接地电阻应不大于4Ω	1
		H29	车辆段(停车场)宜设置独立的通信接地体，作为通信系统的联合接地，其接地体应与其他接地体的间隔不小于20m	1
维修体系（13）	管理与维护（10）	H30	应建立检修制度	2
		H31	应建立保养、巡检的记录台账	2
		H32	检修人员应具有上岗资格	2
		H33	应对检修人员定期技术培训	2
		H34	应对通信系统故障信息有记录、分析、纠正和预防措施	2
	维修配件（3）	H35	应选择有资质的维修配件供货商	1
		H36	应建立维修配件检验制度	1
		H37	对维修配件的质量信息应有记录、分析、纠正和预防措施	1

附录 J 信号设备评价表

表 J

评价项目及分值	分项及分值	子项序号	定性定量指标	分值
信号系统 (85)	信号系统技术 (65)	J01	运营线路上的车站应纳入ATS系统监控范围，涉及行车安全的应直接控制，由车站办理，车辆段、停车场与正线衔接的出入段线应纳入监控范围	6
		J02	当信号系统设备发生故障时，ATC系统控制等级应遵循降级运行，按车站人工控制优先于控制中心人工控制、控制中心人工控制优先于控制中心的自动控制或车站自动控制的原则来确保运营安全	6
		J03	在ATC控制区域内使用列车驾驶限制模式或非限制模式时，应有破铅封、记录或特殊控制指令授权等技术措施	6
		J04	在需要进行折返作业的折返点，应提供完整的ATP功能	6
		J05	与列车运营安全有关的信号设备均应具备故障倒向安全的措施；应具有自检及故障报警功能，应具有冗余技术和双机自动转换功能	6
		J06	列车内信号应有列车实际运行速度、列车运行前方的目标速度两种速度显示报警装置和必要的切换装置，并设于两端司机室内	5
		J07	ATP执行强迫停车控制时，应切断列车牵引，列车停车过程不得中途缓解。如需缓解，司机应在列车停车后履行一定的操作手续，列车方能缓解	5
		J08	为确保行车安全，在各线车站站台及车站控制室应设站台紧急关闭按钮，站台紧急关闭按钮电路应符合故障－安全原则	5
		J09	装有引导信号的信号机因故不能正常开放时，应通过引导信息实现列车的引导作业	5
		J10	各线的ATC系统控制区域与非ATC系统控制区域的分界处，应设驾驶模式转换区，转换区的信号设备应与正线信号设备一致	5
		J11	信号系统供电负荷等级应为一级，设两路独立电源	5
		J12	信号系统电缆宜采用阻燃、低毒、防腐蚀护套电缆	5
	安全防护设施 (20)	J13	信号设备应设置接地保护	8
		J14	高架和地面线的室外信号设备与外线连接的室内信号设备必须具有雷电防护设施	7
		J15	转辙机及线路轨旁设备应有防进水设施	5
维修体系 (15)	管理与维护 (12)	J16	应建立使用涉及行车安全的产品的审批制度	2
		J17	应建立信号系统的保养制度、巡检制度	2
		J18	应建立保养、巡检的记录台账	2
		J19	检修人员应具有上岗资格	2
		J20	应对检修人员定期技术培训	2
		J21	对信号系统故障信息应有记录、分析、纠正和预防措施	2
	维修配件 (3)	J22	应选择有资质的维修配件供货商	1
		J23	应建立维修配件检验制度	1
		J24	对维修配件的质量信息应有记录、分析、纠正和预防措施	1

附录K 环境与设备监控系统评价表

表K

评价项目及分值	分项及分值	子项序号	定性定量指标	分值
BAS/EMCS系统（65）	BAS/EMCS系统（65）	K01	BAS/EMCS系统应具备机电设备监控、执行阻塞模式、环境监控与节能运行管理、环境和设备的管理功能	20
		K02	BAS/EMCS系统应能接收FAS系统车站火灾信息，执行车站防烟、排烟模式；执行隧道防排烟模式；执行阻塞通风模式；能监控车站逃生指示系统和应急照明系统；能监视各排水泵房危险水位	30
		K03	车站应配置车站控制室紧急控制盘（IBP盘）作为BAS火灾工况自动控制的后备措施，其操作权高于车站和中央工作站，盘面应以火灾工况操作为主，操作程序应简便、直接	15
安全防护标识（10）	安全防护标识（10）	K04	环境与设备监控设备应设有明显的安全警示标志、使用标志和应急情况操作指示	5
		K05	车站、车辆段、地铁控制中心、主变电站、冷站、冷却水塔和风亭等场所应设有减少和避免事故发生的安全警示标志	5
维修体系（25）	管理与维护（16）	K06	应建立维护、保养制度、检修规程及应急处理程序	4
		K07	检修人员应持证上岗	4
		K08	应对检修人员定期技术培训	4
		K09	对环境与设备监控系统故障信息应有记录、分析、纠正和预防措施	4
	维修配件（9）	K10	应选择有资质的维修配件供货商	3
		K11	应建立维修配件检验制度	3
		K12	对维修配件的质量信息应有记录、分析、纠正和预防措施	3

附录L 自动售检票系统评价表

表L

评价项目及分值	分项及分值	子项序号	定性定量指标	分值
自动售检票系统（60）	自动售检票系统（60）	L01	车站售检票设备数量配置应按近期高峰客流量配置，并预留远期高峰客流量所需设备的供电，预埋套线及安装位置等条件	20
		L02	检票口的通过能力应与相应的楼梯、自动扶梯的通过能力相适应，每个检票口的半单向检票机的数量应不少于2台	15
		L03	在紧急疏散情况下，车站控制室应能控制所有检票机闸门开放，检票机工作状态显示应与之相匹配	15
		L04	检票机对乘客应有明确、清晰、醒目的工作状态显示	10
维修体系（40）	管理与维护（20）	L05	应建立维护、保养制度	5
		L06	检修人员应具有上岗资格	5
		L07	对检修人员应定期技术培训	5
		L08	对自动售检票系统故障信息应有记录、分析、纠正和预防措施	5
	维修配件（20）	L09	应选择有资质的维修配件供货商	10
		L10	应建立维修配件检验制度	5
		L11	对维修配件的质量信息应有记录、分析、纠正和预防措施	5

附录 M 车辆段与综合基地评价表

表 M

评价项目及分值	分项及分值	子项序号	定性定量指标	分值
车辆段与综合基地（100）	车辆段与综合基地设施（40）	M01	车辆段出入线应按双线双向运行设计，并避免切割正线，有条件时可结合段型布置，实现列车调头转向功能	5
		M02	运用库根据车辆的受电方式设置架空接触网或地面接触轨时，地面接触轨应分段设置并加装安全防护罩，列检库和月检库的架空接触网列位之间和库前均应设置隔离开关或分段器，并均应设有送电时的信号显示或音响	10
		M03	车场牵引供电系统应根据作业和安全要求实行分区供电	10
		M04	当牵引供电采用接触轨方式时，车场线路的外侧应设安全防护网	10
		M05	沿海或江河附近地区车辆段与综合基地的线路路肩设计高程不小于 1/100 潮水位、波浪爬高值和安全高之和	5
	防灾设施（60）	M06	车辆段与综合基地设计应有完善的消防设施	10
		M07	总平面布置、房屋设计和材料、设备的选用等应符合现行有关防火规范的规定	10
		M08	车辆段与综合基地内应有运输道路及消防道路，并应有不少于两个与外界道路相连通的出口	5
		M09	存放易燃品的仓库宜单独设置，并应符合现行《建筑设计防火规范》GB 50016 的有关规定	5
		M10	车辆段与综合基地应设救援办公室，受地铁控制中心指挥	5
		M11	车辆段、停车场应设火灾自动报警系统（FAS）	15
		M12	车辆段值班室应设置防灾无线通信设备	5
		M13	在备有消防路轨两用车的车辆段，应保证消防路轨平交通道畅通	5

附录 N 土 建 评 价 表

表 N

评价项目及分值	分项及分值	子项序号	定性定量指标	分值
地下、高架结构与车站建筑（40）	地下、高架结构与车站建筑（40）	N01	建立建筑结构设计缺陷（不符合现行建筑设计规范和防火规范）档案	5
		N02	建立维护和巡检制度，且切实落实	10
		N03	对建筑结构设计缺陷和劣化或破损有分析、监控、记录	10
		N04	针对建筑结构设计缺陷和劣化或破损制定对策措施	15
车站设计（60）	站台（20）	N05	站台计算长度应采用远期列车编组长度加停车误差	3
		N06	站台宽度应按车站客流量计算确定，最小宽度并应满足下表： | 名　　称 | 最小宽度(m) | |---|---| | 岛式站台 | 8 | | 岛式站台的侧站台 | 2.5 | | 侧式站台(长向范围内设梯)的侧站台 | 2.5 | | 侧式站台(垂直于侧站台开通道口)的侧站台 | 3.5 |	10
		N07	距站台边缘 400mm 处设置不小于 80mm 宽的纵向醒目安全线。采用屏蔽门时不设安全线	3
		N08	站台边缘距车辆外边之间空隙，在直线段宜为 80～100mm，在曲线段应不大于 180mm	4

续表 N

评价项目及分值	分项及分值	子项序号	定性定量指标	分值
车站设计(60)	楼梯与通道(25)	N09	楼梯与通道的最大通过能力（每小时通过人数）应满足下表： | 名称		每小时通过人数
---	---	---
1m宽楼梯	下行	4200
	上行	3700
	双向混行	3200
1m宽通道	单向	5000
	双向混行	4000		8
		N10	楼梯与通道的最小宽度应满足下表： | 名称	最小宽度（m）
---	---
通道或天桥	2.4
单向公共区人行楼梯	1.8
双向公共区人行楼梯	2.4
与自动扶梯并列设置的人行楼梯	1.2
消防专用楼梯	0.9
站台至轨道区的工作梯（兼疏散梯）	1.1		8
		N11	人行楼梯和自动扶梯的总量布置应满足站台层的事故疏散时间不大于6min	9
	车站出入口(5)	N12	车站出入口的数量不少于2个	3
		N13	地下车站出入口地面标高应高出室外地面，并应满足防洪要求	2
	对策措施(10)	N14	建立车站设计缺陷档案	1
		N15	针对车站设计缺陷制定对策措施	9

附录 P 外界环境评价表

表 P

评价项目及分值	分项及分值	子项序号	定性定量指标	分值
防自然灾害(84)	防风灾(13)	P01	应分析地铁所在地的气象条件（风灾）及特点	3
		P02	应针对风灾采取安全对策和措施	5
		P03	风灾安全防护设备设施应完整、有效	4
		P04	应建立风灾安全防护设备设施的定期检查记录	1
	防雷电(13)	P05	应分析地铁所在地的气象条件（雷电）及特点	3
		P06	应针对雷电采取安全对策措施	5
		P07	雷电安全防护设备设施应完整、有效	4
		P08	应建立雷电安全防护设备设施的定期检查记录	1

续表 P

评价项目及分值	分项及分值	子项序号	定性定量指标	分值
防自然灾害(84)	防水灾(13)	P09	应分析地铁所在地的气象条件（水灾）及特点	3
		P10	应针对水灾采取安全对策措施	5
		P11	水灾安全防护设备设施应完整、有效	4
		P12	应建立水灾安全防护设备设施的定期检查记录	1
	防冰雪(13)	P13	应分析地铁所在地的气象条件（冰雪）及特点	3
		P14	应针对冰雪危害采取安全对策措施	5
		P15	冰雪危害安全防护设备设施应完整、有效	4
		P16	应建立冰雪危害安全防护设备设施的定期检查记录	1
	防地震(13)	P17	应分析地铁所在地的地震统计情况及特点	3
		P18	应针对地震危害采取安全对策和措施	5
		P19	地震危害安全防护设备（设施）应完整、有效	4
		P20	应建立地震危害安全防护设备（设施）的定期检查记录	1
	防地质灾害(19)	P21	应分析地铁所在地的地质条件及特点	3
		P22	应针对地质灾害采取安全对策和措施	4
		P23	应设立地质灾害监控系统	4
		P24	地质灾害监控系统设备应完整、有效	5
		P25	应对地质灾害监控记录情况进行分析	3
保护区(16)	保护区(16)	P26	应建立保护区安全管理、监测办法与措施	10
		P27	应建立保护区安全监测记录	1
		P28	对于侵入保护区范围的事件应有反映和处理记录	5

本标准用词说明

1 为便于在执行本标准条文时区别对待，对要求严格程度不同的用词说明如下：

　　1）表示很严格，非这样做不可的用词：
　　　　正面词采用"必须"，反面词采用"严禁"。
　　2）表示严格，在正常情况下均应这样做的用词：
　　　　正面词采用"应"，反面词采用"不应"或"不得"。
　　3）表示允许稍有选择，在条件许可时首先应这样做的用词：
　　　　正面词采用"宜"，反面词采用"不宜"；
　　　　表示有选择，在一定条件下可以这样做的用词，采用"可"。

2 本标准中指明应按其他有关标准、规范执行的写法为"应符合……的规定"或"应按……执行"。

中华人民共和国国家标准

地铁运营安全评价标准

GB/T 50438—2007

条 文 说 明

前　言

《地铁运营安全评价标准》（GB/T 50438—2007），经建设部 2007 年 10 月 25 日以第 743 号公告批准发布。

为便于广大设计、施工、科研、学校等单位有关人员在使用本标准时能正确理解和执行条文规定，编制组按章、节、条顺序编制了本标准的条文说明，供使用者参考。在使用中如发现本条文说明有不妥之处，请将意见函寄北京地铁运营有限公司（地址：北京市西直门外北河沿 2 号，邮政编码：100044）。

目　　次

1　总则 …………………………………… 25—50
3　基本规定 ……………………………… 25—50
　3.1　评价对象 ………………………… 25—50
　3.2　评价体系 ………………………… 25—50
　3.3　评价程序 ………………………… 25—50
　3.4　评分方法 ………………………… 25—51
4　安全管理评价 ………………………… 25—51
　4.1　一般规定 ………………………… 25—51
　4.2　安全管理机构与人员 …………… 25—51
　4.3　安全生产责任制 ………………… 25—51
　4.4　安全管理目标 …………………… 25—51
　4.5　安全生产投入 …………………… 25—51
　4.6　事故应急救援体系 ……………… 25—52
　4.7　安全培训教育 …………………… 25—52
　4.8　安全信息交流 …………………… 25—53
　4.9　事故隐患管理 …………………… 25—53
　4.10　安全作业规程 ………………… 25—53
　4.11　安全检查制度 ………………… 25—53
5　运营组织与管理评价 ………………… 25—53
　5.1　一般规定 ………………………… 25—53
　5.2　系统负荷 ………………………… 25—53
　5.3　调度指挥 ………………………… 25—54
　5.4　列车运行 ………………………… 25—55
　5.5　客运组织 ………………………… 25—55
6　车辆系统评价 ………………………… 25—56
　6.1　一般规定 ………………………… 25—56
　6.2　车辆 ……………………………… 25—56
　6.3　维修体系 ………………………… 25—57
7　供电系统评价 ………………………… 25—58
　7.2　主变电站 ………………………… 25—58
　7.3　牵引变电站 ……………………… 25—58
　7.4　降压变电站 ……………………… 25—58
　7.5　接触网（接触轨）……………… 25—58
　7.6　电力电缆 ………………………… 25—58
8　消防系统与管理评价 ………………… 25—58
　8.2　消防系统与管理 ………………… 25—58

9　线路及轨道系统评价 ………………… 25—59
　9.2　线路及轨道系统 ………………… 25—59
10　机电设备评价 ……………………… 25—59
　10.2　自动扶梯、电梯与自动
　　　　人行道 ………………………… 25—59
　10.3　屏蔽门系统与防淹门系统 …… 25—60
　10.4　给水排水设备 ………………… 25—60
　10.5　通风和空调设备 ……………… 25—60
　10.6　风亭 …………………………… 25—60
11　通信设备评价 ……………………… 25—60
　11.2　通信系统 ……………………… 25—60
12　信号设备评价 ……………………… 25—61
　12.2　信号系统 ……………………… 25—61
13　环境与设备监控系统评价 ………… 25—61
　13.2　环境与设备监控系统 ………… 25—61
　13.4　维修体系 ……………………… 25—61
14　自动售检票系统评价 ……………… 25—62
　14.2　自动售检票系统（AFC）…… 25—62
15　车辆段与综合基地评价 …………… 25—62
　15.2　车辆段与综合基地设施 ……… 25—62
　15.3　防灾设施 ……………………… 25—62
16　土建评价 …………………………… 25—62
　16.1　一般规定 ……………………… 25—62
　16.2　地下、高架结构与车站建筑 … 25—62
　16.3　车站设计 ……………………… 25—62
17　外界环境评价 ……………………… 25—62
　17.2　防自然灾害 …………………… 25—62
　17.3　保护区 ………………………… 25—63
18　基础安全风险水平 ………………… 25—63
　18.1　一般规定 ……………………… 25—63
　18.2　基础安全评价总分计算 ……… 25—63
　18.3　基础安全风险水平 …………… 25—63
19　事故风险水平 ……………………… 25—63
　19.1　一般规定 ……………………… 25—63
　19.2　运营事故统计 ………………… 25—63
　19.3　事故风险水平 ………………… 25—64

1 总 则

1.0.1 地铁运营安全是指通过常规的管理和维护，在运营的地铁线路上不发生死亡、撞车等重大事故，保证地铁乘客和设备设施一定标准的安全性。影响地铁安全运营的重大事件是：火灾、列车脱轨、列车撞车、自然灾害、大面积停电、突发大客流、中毒窒息等，本标准是以防范这些重大事件的发生为基础，对地铁系统运营的安全现状进行梳理、评价。地铁系统运营的安全现状评价包括三个方面：1. 安全运营条件；2. 安全运营能力；3. 安全运营业绩。其中包括安全管理水平、系统安全状况、系统和设备负荷状况、安全防护设施、防灾性能、设备可靠性、从业人员、维修体系、安全运营业绩等。

1.0.2 "地铁"是指设计运量在每小时3万人以上的轨道交通，本标准适用于采用钢轮钢轨的地铁系统，而不包括线性电机牵引地铁系统等其他地铁系统；本标准适用于安全现状的评价，因此，正式投入运营满一年及以上的地铁运营系统可采用本标准。

3 基本规定

3.1 评价对象

3.1.1 地铁运营企业的运营管理模式可能是多样的，可能拥有多条线路的经营权，其中各条线路的形式或设备可能有很大不同，因此评价对象应是相对独立的一条地铁运营线路。

3.2 评价体系

3.2.1 狭义的地铁运营系统是指地铁线路上运营公司管理的系统，包含土建工程、电动车辆和各种机电设备的系统。实际上，影响地铁安全的因素远远超出这个范围，还包括大量的地铁乘客、相关的外围技术系统和社会系统。地铁内部集多学科、多专业、多工种于一体；地铁外部情况的变化，能量流和信息流无时无刻不对地铁运营的效率和安全发生着影响。因此广义的地铁运营系统是复杂的系统。本标准以"人、设备、环境、管理"系统工程理论为指导，构造了由"基础安全评价"和"事故风险水平评价"两部分组成的地铁运营安全现状评价体系，以评价保障地铁安全运营的条件和地铁运营时的安全状态为基本着眼点。"基础安全评价"包括"管理、运营、设备、人、维修、环境"六要素，它们的共同点是其状态相对稳定，随时间变化缓慢；"事故风险水平评价"包括评价期间内发生的特别重大事故、重大事故、大事故、险性事故和一般事故等各类事故，事故发生的随机性

很大，但通过对事故数量和种类的梳理，可对运营线路整体风险水平有清晰的认识。

本标准侧重对地铁系统整体的综合评价，但不排除有特点的、有针对性的专项评价和其他技术评价方法。

3.3 评价程序

由于地铁系统复杂、评价内容繁多，因此有必要在评价前、评价中和评价后进行必要的工作，使评价顺利、有效、客观。

3.3.1 地铁系统涉及多学科、多专业、多工种，因此，评价小组要由有丰富实践经验的地铁安全管理人员和地铁各专业技术人员以及安全评价人员组成。

3.3.2 前期准备

1 制定评价方案。
  1）在全面了解被评价企业的经营规模后，确定本次评价的对象和范围；
  2）根据评价对象的地理、设备、经营状况、事故风险水平等特点，确定评价工作的重点。

2 根据评价的对象和范围，排出评价时间计划表。

3 在调查了解各评价单元的设备设施情况的基础上，根据本标准第4～17章定性、定量评价内容，制定地铁运营企业需要提供的图纸、文件、资料、档案、数据目录。

3.3.3 1 本标准第4～17章中的评价标准是依据当时颁布的标准和地铁技术发展水平制定的，随着技术的发展和引用标准的修订，需要增加、删除或修改评价标准，因此，需要编制《评价项目及分值表》（见附录A～附录P），为各评价单元进行定性和定量评价做准备。

2 由于地铁人员和设备较多，同一种设备和人员可能散落在地铁沿线多个地方，不可能全部现场检查，如：对司机技术能力的考察，不可能考察全部司机，只能按一定比例现场抽查，为了深入了解系统的实际情况，弥补纸质文件、记录的不足，应根据该评价单元对系统安全影响的大小，确定各评价单元的抽查样本选取数量。抽样方法为简单抽样法，参照了ISO 9001:2000多现场抽查标准，第一条样本规模，第一款每次审核最少访问场所数量，b项之规定：

监督访问：每年的样本规模y应为分场所数量x的平方根与系数0.6的乘积$y=0.6\sqrt{x}$。例如某运营线路有司机200名，则应现场检验的最低人数为$n=0.6\sqrt{200}=9$（人）。

本抽样检查方法不排斥有针对性的重点部位检查，对个别重要或有争议的项目可扩大抽样比例，抽检结果记入评价报告，重点问题记入整改意见和建议。

3 根据《评价项目及分值表》和评价方法,进行打分。

4 评价小组根据现场抽查和打分结果计算各评价单元的得分。

3.3.4 评价小组要计算基础安全评价总分和事故风险水平评价总分,然后分别与表18.3.1和表19.3.1进行对比,以确定风险水平。

3.3.5 计算评价总分和确定风险水平是对一条线路的运营安全状况的综合评价,为了避免对评价对象中不可接受风险内容的疏漏,需要对不符合要求且属于不可接受风险的全部内容明示并提出整改意见和建议。

3.3.6 在评价报告中,不但包括该运营企业运营安全状况的综合评价,而且包括对不可接受风险内容提出的整改意见。

3.4 评分方法

建议采用小组讨论或专家打分法进行各项目的评分,以保证评分结果公正,避免片面性。

3.4.3 2 "酌情扣分"即根据该项不符合要求的风险大小扣分。评价内容不符合要求,但有补救措施时,酌情扣分,但不能得满分。

3.4.4 此规定考虑了有些现有地铁没有"屏蔽门"、"自动售检票"等设备。

4 安全管理评价

4.1 一般规定

4.1.1 依据《中华人民共和国安全生产法》第三、四条:安全生产管理,坚持安全第一、预防为主的方针。生产经营单位必须遵守本法和其他有关安全生产的法律、法规,加强安全生产管理,建立、健全安全生产责任制度,完善安全生产条件,确保安全生产。

4.2 安全管理机构与人员

4.2.1 依据《国务院关于进一步加强安全生产工作的决定》(国发〔2004〕2号)第十条:生产经营单位要根据《安全生产法》等有关法律规定,设置安全生产管理机构或者配备专职(或兼职)安全生产管理人员。此外《城市轨道交通运营管理办法》(中华人民共和国建设部令第140号)第十五条也要求:城市轨道交通运营单位应当依法承担城市轨道交通运营安全责任,设置安全生产管理机构,配备专职安全生产管理人员。

4.3 安全生产责任制

4.3.1 安全生产责任制就是对各级领导、各个部门、各类人员所规定的在各自职责范围内对安全生产应负责的制度。依据《国务院关于进一步加强安全生产工作的决定》(国发〔2004〕2号)第十、十一条:依法加强和改进生产经营单位安全管理。强化生产经营单位安全生产主体地位,进一步明确安全生产责任,全面落实安全保障的各项法律法规。企业生产流程的各环节、各岗位要建立严格的安全生产质量责任制。生产经营活动和行为,必须符合安全生产有关法律法规和安全生产技术规范的要求,做到规范化和标准化。

4.3.2 城市轨道交通公司的主要负责人要与其主管部门签订安全生产责任书,对本企业的安全生产承担直接责任,并对本单位安全生产工作负有下列职责:

1 建立、健全本单位安全生产责任制;

2 组织制定本单位安全生产规章制度和操作规程;

3 保证本单位安全生产投入的有效实施;

4 督促、检查本单位的安全生产工作,及时消除生产安全事故隐患;

5 组织制定并实施本单位的安全生产事故应急预案;

6 及时、如实报告生产安全事故。

4.4 安全管理目标

4.4.1 安全管理目标是实现企业安全化的行动指南。目标管理是以各类事故及其资料为依据的一项长远管理方法,必须围绕经营目标和安全生产的要求,结合城市轨道交通特点,做科学的分析,并按如下原则制定安全目标:

1 突出重点,分清主次,不能平均分配、面面俱到。安全目标应突出重大事故,同时注意次要目标对重点目标的有效配合。

2 安全目标具有先进性,即目标的适用性和挑战性。也就是说制定的目标一般略高于实施者的能力和水平,使之经过努力可以完成。

3 使目标的预期结果做到具体化、定量化、数据化。

4 目标要有综合性,又有实现的可能性。制定的企业安全管理目标,既要保证上级下达指标的完成,又要考虑企业各部门、各项目部及每个职工承担目标的能力,目标的高低要有针对性和实现的可能性,以利各部门、各项目部及每个职工都能接受,努力去完成。

5 坚持安全目标与保证目标实现措施的统一性。为使目标管理具有科学性、针对性和有效性,在制定目标时必须有保证目标实现的措施,使措施为目标服务,以利目标的实现。

4.5 安全生产投入

4.5.2 依据《中华人民共和国安全生产法》第十八

条：生产经营单位应具备的安全生产条件所必需的资金投入，由生产经营单位的决策机构、主要负责人或个人经营的投资人予以保证，并对由于安全生产所必需的资金投入不足导致的后果承担责任。此外《国务院关于进一步加强安全生产工作的决定》（国发[2004]2号）中也要求：为保证安全生产所需资金投入，形成企业安全生产投入的长效机制，借鉴煤矿提取安全费用的经验，在条件成熟后，逐步建立对高危行业生产企业提取安全费用制度。企业安全费用的提取，要根据地区和行业的特点，分别确定提取标准，由企业自行提取，专户储存，专项用于安全生产。

4.5.3 依据《中华人民共和国安全生产法》第三十九条、第四十三条：生产经营单位应当安排用于配备劳动防护用品、进行安全生产培训的经费。生产经营单位必须依法参加工伤社会保险，为从业人员缴纳保险费。

4.6 事故应急救援体系

4.6.1 应急预案应当符合相关的法律、法规、规章和标准的要求，所规定和明确的组织、程序、资源、措施等应当具有针对性、科学性和可操作性，满足安全生产事故应急救援的需要。

4.6.2 依据《城市轨道交通运营管理办法》（中华人民共和国建设部令第140号）第二十四条、第二十五条的相关内容：城市轨道交通运营单位应当根据实际运营情况制定地震、火灾、浸水、停电、反恐、防爆等分专题的应急预案，并针对城市轨道交通车辆地面行驶中遇到沙尘、冰雹、雨、雪、雾、结冰等影响运营安全的气象条件时，制定相应的应急预案。依据《关于加强安全生产事故应急预案监督管理工作的通知》（国务院安全生产委员会办公室文件安委办字[2005]48号）：生产经营单位制定的应急预案应当包括以下主要内容：

1 应急预案的适用范围；
2 事故可能发生的地点和可能造成的后果；
3 事故应急救援的组织机构及其组成单位、组成人员、职责分工；
4 事故报告的程序、方式和内容；
5 发现事故征兆或事故发生后应当采取的行动和措施；
6 事故应急救援（包括事故伤员救治）资源信息，包括队伍、装备、物资、专家等有关信息的情况；
7 事故报告及应急救援有关的具体通信联系方式；
8 相关的保障措施；
9 与相关应急预案的衔接关系；
10 应急预案管理的措施和要求。

4.6.3、4.6.4 依据《城市轨道交通运营管理办法》（中华人民共和国建设部令第140号）第二十四条：城市轨道交通运营单位应建立应急救援组织，配备救援器材设备。

4.6.5 依据《关于加强安全生产事故应急预案监督管理工作的通知》（国务院安全生产委员会办公室文件安委办字[2005]48号）：应急预案制定单位应当对与实施应急预案有关的人员进行上岗前培训，使其熟悉相关的职责、程序，对本单位其他人员和相关群众进行培训和宣传教育，使其掌握事故发生后应当采取的自救和救援行动；要定期组织应急预案演习，并按照分级管理的原则向安全监管部门和其他有关部门提交演习的书面总结报告。生产经营单位还应当对从业人员进行岗位应急措施的培训。

4.6.6 依据《关于加强安全生产事故应急预案监督管理工作的通知》（国务院安全生产委员会办公室文件安委办字[2005]48号）：生产经营单位所属各级单位都应针对本单位可能发生的安全生产事故制定应急预案和有关作业岗位的应急措施。生产经营单位所属单位和部门制定的应急预案应当报经上一级管理单位审查。生产经营单位涉及核、城市公用事业、道路交通、火灾、铁路、民航、水上交通、渔业船舶水上安全以及特种设备、电网安全等事故的应急预案，依据有关规定报有关部门备案，并按照分级管理的原则抄报安全监督部门。

4.6.7 该项主要考察运营企业应急救援的实际效果。

4.7 安全培训教育

4.7.2 依据《中华人民共和国安全生产法》第二十一条：生产经营单位应对从业人员进行安全生产教育和培训，保证从业人员具备必要的安全生产知识，熟悉有关的安全生产规章制度和安全操作规程，掌握本岗位的安全操作技能。未经安全生产教育和培训合格的从业人员，不得上岗作业。

4.7.3 依据《中华人民共和国安全生产法》第二十三条：生产经营单位的特种作业人员必须按照国家有关规定经专门的安全作业培训，取得特种作业操作资格证书，方可上岗作业。

依据《关于特种作业人员安全技术培训考核工作的意见》（国家安全生产监督管理局文件，安监管人字[2002]124号）的要求：

1 特种作业操作证每2年由原考核发证部门复审一次，连续从事本工种10年以上的，经用人单位进行知识更新后，复审时间可延长至每4年一次。
2 培训、考核及用人单位应加强特种作业人员的管理，建立特种作业人员档案，做好申报、培训、考核、复审的组织工作和日常的检查工作。
3 特种作业及人员范围包括：
1）电工作业，含发电、送电、变电、配电

工，电气设备的安装、运行、检修（维修）、试验工，矿山井下电钳工；
2) 金属焊接、切割作业，含焊接工，切割工；
3) 起重机械（含电梯）作业，含起重机械（含电梯）司机，司索工，信号指挥工，安装与维修工；
4) 企业内机动车辆驾驶，含在企业内及码头、货场等生产作业区域和施工现场行驶的各类机动车辆的驾驶人员；
5) 登高架设作业，含2m以上登高架设、拆除、维修工，高层建（构）筑物表面清洗工；
6) 锅炉作业（含水质化验），含承压锅炉的操作工，锅炉水质化验工；
7) 压力容器作业，含压力容器罐装工、检验工、运输押运工，大型空气压缩机操作工；
8) 制冷作业，含制冷设备安装工、操作工、维修工；
9) 爆破作业，含地面工程爆破、井下爆破工；
10) 矿山通风作业，含主扇风机操作工，瓦斯抽放工，通风安全监测工，测风测尘工；
11) 矿山排水作业，含矿井主排水泵工，尾矿坝作业工；
12) 矿山安全检查作业，含安全检查工，瓦斯检验工，电器设备防爆检查工；
13) 矿山提升运输作业，含主提升机操作工，（上、下山）绞车操作工，固定胶带输送机操作工，信号工，拥罐（把钩）工；
14) 采掘（剥）作业，含采煤机司机，掘进机司机，耙岩机司机，凿岩机司机；
15) 矿山救护作业；
16) 危险物品作业，含危险化学品、民用爆炸品、放射性物品的操作工，运输押运工，储存保管员；
17) 经国家批准的其他作业。

4.7.4 依据《生产经营单位安全培训规定》（国家安全生产监督管理总局令第3号）第十三条：生产经营单位必须对新上岗的临时工、合同工、劳务工、换轮工、协议工等进行强制性安全培训，保证其具备本岗位安全操作、自救互救以及应急处置所需的知识和技能后，方能安排上岗作业。

4.8 安全信息交流

4.8.2 依据《城市轨道交通运营管理办法》（中华人民共和国建设部令第140号）第十九条：城市轨道交通运营单位应当采取多种形式向乘客宣传安全乘运的知识和要求。

4.9 事故隐患管理

4.9.1～4.9.5 依据《中国人民共和国安全生产法》第三十三条：生产经营单位对重大危险源应当登记建档，进行定期检测、评估、监控。依据《重大事故隐患管理规定》第七条：单位一旦发现事故隐患，应立即报告主管部门和当地人民政府，并申请对单位存在的事故隐患进行初步评估和分级。

4.10 安全作业规程

4.10.1 安全作业规程是安全管理体系文件的重要组成部分。它是在实际工作的基础上，采用科学的方法，对作业过程中的作业行为进行安全评价和分析，并进行优化优选，从而制定的行为规范。其目的是消除作业人员的不安全作业行为，维护作业人员的人身安全（同时也要保证被检设备的安全）。地铁运营单位应当根据实际情况制定完善的安全作业规程，地铁从业人员应熟悉有关的安全作业规程，掌握本岗位的安全操作技能。

4.11 安全检查制度

4.11.1 依据《中华人民共和国安全生产法》第三十八条：生产经营单位的安全生产管理人员应当根据本单位的生产经营特点，对安全生产状况进行经常性检查；对检查中发现的安全问题，应当立即处理；不能处理的，应当及时报告本单位的有关负责人。检查及处理情况应当记录在案。

5 运营组织与管理评价

5.1 一般规定

5.1.1 运营组织与管理是一个集系统、管理者、乘客、组织手段等多种因素于一体的复杂过程，既要考虑行车指挥，又要关注客运组织，而且还与诸多中间环节有着千丝万缕的联系。本部分除了评价调度指挥和客运组织以外，还评价系统负荷以及与乘客密切接触的列车运行两个方面。

5.2 系统负荷

5.2.1 从乘客乘坐地铁全过程的角度来讲，地铁系统可简单划分为线路和车站两个部分。因此，本部分就线路负荷和车站负荷作为评价内容。

5.2.2 作为运营中的地铁线路，其系统负荷主要表现在日运量、行车密度和车满载率。对各种负荷划分类别，类别越高，风险越大。

1 评价标准
　1）线路负荷指评价期间内最大周日均运量，即线路负荷 = $\dfrac{\text{线路日运量（万人次）}}{\text{线路运营里程（公里）}}$，日运量越大，风险越大。
　2）行车密度是指该线路图确定的最小行车间隔，间隔越小，风险越大。
　3）车辆满载率指列车在高峰小时最大断面的满载情况，不计算平均值。满载率越高，风险越大。

5.2.3 车站设施负荷可分解为不同公共区域的负荷，一旦这些区域满足负荷要求，车站负荷即可得到保证。此外，作为越来越多得到实际应用的 AFC 系统，其在客流组织方面不可替代的作用也应在车站负荷评价中得到充分体现。
1 评价标准
　1）站台是乘客在乘车流程当中车站范围的终点，也是列车范围的起点，是一个极易造成客流拥堵，形成安全隐患的区域。站台高峰小时集散量就是对这一因素的最有效的考量。
　2）通道和楼梯是一个客流过渡部分，而不是客流集散部分。然而一旦这个"通道"超负荷发生堵塞，将会形成客流"瓶颈"。此部分评价参考《地铁设计规范》GB 50157 中相关数据。
　3）正常情况下，AFC 系统闸机通道发挥楼梯、通道的作用。大客流或者突发情况下，其性能以及疏散能力直接影响客流流速。

5.3 调度指挥

5.3.1 调度指挥系统是地铁运营的大脑和中枢，在地铁运营安全方面发挥着极其关键的作用。此部分从规章、系统、人员和管理四方面来考虑对它的安全评价。

5.3.2 在调度规章的指引下，调度指挥人员实现对系统的管理和控制。
1 评价标准
　1）调度指挥系统的重要性及特殊性，需要有一个总的纲领或政策性文件作支撑。在一般地铁企业主要是《行车组织规则》或《技术管理规程》，或者具有同等效力的相对独立、全面的文件。
　2）调度规章要内容全面、丰富，便于调度人员在不同情况下的使用，包括在设备故障或事故模式下。
　3）地铁行业的特殊性，要求具备严密的突发事件应急救援体系，该体系区别于设备故障或事故模式。

5.3.3 指挥系统是调度人员实现管理的工具，要求具备较高的可行性、可操作性、可靠性，在系统出现异常时，不影响调度人员对全局的控制。
1 评价标准
　1）调度指挥系统应该具备中心和车站两级控制的能力，而且能够随意切换并满足任何条件下都有一套控制系统具备控制能力，这样才能够保证不失去对整个地铁系统的控制性。
　2）正常情况下，地铁调度指挥系统都采用自动化程度较高的移动闭塞、准移动闭塞等手段组织列车运行。地铁应该具备在该系统故障或瘫痪情况下，有其他基础手段如电话闭塞维持简单运营的能力，并能确保系统安全。

5.3.4 调度人员在地铁系统运营中发挥主观能动作用，并对系统产生直接、重要的影响。调度人员的培训为胜任工作岗位提供基础保证。
1 评价标准
　1）建立调度人员培训制度，是保证调度人员熟习岗位业务流程、具有一定指挥水平，进而保证地铁正常运营的保障之一。
　2）本条款针对培训内容。培训内容应全面、符合客观实际，不仅要有正常情况下的业务流程，也应对可能发生的故障、事故、灾害等有充足的应对能力。
　3）本条款针对培训方式。在培训方式的选择上应尽可能切合实际。鉴于有些地铁企业的特殊情况，可以考虑用模拟演练替代实际演练，但应达到类似实际演练的成效。

5.3.5 调度人员素质评价是对一名调度人员是否能够胜任工作岗位，高效、安全地进行调度指挥工作所进行的评价，调度人员的素质是地铁运营安全的潜在影响因素。
1 评价标准
　1）调度人员在上岗之前应当接受专业、系统的培训，并根据规定取得相应等级的资格证书，才能够具备调度指挥的权力，这是对一名调度人员的最基本要求。
　2）在熟习业务岗位流程的基础上，调度人员必须具备正常情况下的工作能力。
　3）在紧急或事故情况下，调度人员的素质对事件的处理与协调起着至关重要、不可替代的作用，应能够根据实际情况，在最短的时间内制定应对方案并组织实施，只有具备这种沉着冷静、快速反应的能力，才能为地铁运营提供最基础的安全保证。

5.4 列车运行

5.4.1 在乘客利用地铁出行的过程中，绝大多数时间花费在列车运行过程中。为了能够保证运营安全，列车运行的安全因素不容忽视。除了线路、车辆、供电系统等基础设备设施的可靠性以外，列车运行的安全很大程度上通过驾驶员及列车运用规章来保证。

5.4.2 对于列车使用应有严密的运用规章，该规章对与列车运行安全相关的因素有明确说明。

1 评价标准

1) 该规章对列车日常运用有详细说明，使驾驶员能够明确在正常情况下的各种安全操作与处理。

2) 对于在线运营列车来说，何种故障情况下会危及到乘客及行车安全，需求下线处理都应做出明确规定。对于故障列车的救援工作，也应在保证安全的前提下进行，既要保证救援列车与故障列车及列车上乘客的安全，又要保证系统中其他乘客的安全。

3) 列车运用规章应符合调度规章的指导原则，实现调度与被调度的关系，真正达成一体化。

5.4.3 列车是地铁最重要的系统之一，与乘客的安全密切相关，驾驶员对列车的操作应有统一的规范。

1 评价标准

1) 列车操作规程应满足明确、实用的要求，方便不同程度、级别驾驶员的使用。

2) 列车故障模式下，特别是事故模式下的操作至关重要，与乘客及系统安全息息相关，应全面而不繁琐，故有操作要点为最好。

5.4.4 驾驶员与调度人员同样属于地铁运营系统关键性岗位，对驾驶员的培训有必要做出充分的安全评价与分析。

1 评价标准

1) 建立驾驶员培训制度，是保证驾驶员熟习岗位业务、具有一定驾驶和处理故障水平，进而保证地铁正常运营的保障之一。

2) 本条款针对培训内容，培训内容应全面、符合客观实际，不仅要有正常情况下的业务流程，也应对可能发生的故障、事故、灾害等有充足的应对能力。

3) 驾驶员是一个操作性职业，培训方式除了授课之外，必须要考虑接受实际演练或模拟演练，但模拟演练应达到类似实际演练的成效。

5.4.5 鉴于驾驶员岗位的重要性，必须对其素质有高标准要求。

1 评价标准

1) 驾驶员在上岗之前应当经过专业、系统的培训，并根据规定取得相应等级的资格证书，才能够具备驾驶的权力。这是对一名驾驶员最基本要求。

2) 在熟习业务岗位流程的基础上，驾驶员必须具备正常情况下的工作能力。

3) 在出现突发事件的情况下，驾驶员处在第一现场，应能够具备独立、果断处理事件的能力。

4) 一旦出现意外情况需要在区间清客，必然要求驾驶员担当现场指挥的角色。因此，驾驶员应能够独立操作列车紧急疏散装置，并组织乘客有序疏散。

5.5 客运组织

5.5.1 相对于 5.4"列车运行"来说，本部分主要是从车站的角度来对安全进行总体评价，分为乘客安全管理、乘客安全监控系统、乘客安全宣传教育、站务人员培训、站务人员素质五个方面。

5.5.2 乘客安全管理是乘客在乘坐地铁出行过程中的一种辅助管理手段，能够很好地降低事故发生率，提高企业安全管理水平。

1 评价标准

1) 本条所述的服务标志系统主要侧重于安全标志，是对乘客的一种安全管理手段。

2) 在车站客流集中部位同时也是事故易发部位，设置提示标志或设置安全防护设施或进行重点安全防范考虑可有效抑制事故的发生。

3) 本条款主要考虑了对社会弱势乘客群体的关注，在体现人性化的同时也对提高地铁运营安全水平有很好的效果。

5.5.3 乘客安全监控系统可以用于对乘客安全的实时、集中监控。

1 评价标准

1) 两级管理的安全监控系统可以根据运营实际情况来随时调整监控区域，而且可以扩大整体监控范围。

2) 乘客安全监控系统应能够监控车站客流集中部位及事故易发部位，主要评价区域包括站台、出入口、楼梯、通道、售票处、闸机群等。

5.5.4 依据《城市轨道交通运营管理办法》（中华人民共和国建设部令第 140 号）第十九条：城市轨道交通运营单位应当采取多种形式向乘客宣传安全乘运的知识和要求。乘客是地铁最重要的参与主体，乘客的安全意识水平同样事关地铁运营安全，必须重视和加强对乘客的安全宣传教育。
1 评价标准
  1) 本条款主要评价地铁是否对乘客进行了安全乘车常识的宣传，即乘客在正常情况下乘坐地铁应注意哪些安全问题，形式不限。
  2) 本条款主要评价地铁是否对乘客进行了意外情况下安全乘车的宣传，根据地铁实际情况可重点评价火灾、区间疏散等情况，形式不限。

5.5.5 站务人员是零距离和乘客产生接触的地铁工作人员，对乘客的安全引导和组织起着直接的重要作用。
1 评价标准
  1) 建立站务人员培训制度，是保证站务人员熟习岗位业务流程、具有一定站务工作水平，进而保证地铁正常运营的保障之一。
  2) 本条款针对培训内容，培训内容应包括正常情况下的工作要点，以及突发事件状况下如何从容应对。
  3) 本条款针对培训方式，培训方式除了参加基本授课以外，也应适当参加一些实际演练或模拟演练以提高理论联系实际的能力。

5.5.6 站务人员的职务特点决定其需要有特定的素质。
1 评价标准
  1) 作为一名站务人员必须经过最基础的客运组织培训，懂得如何疏导和引导乘客，并持证上岗。这是对一名站务人员的最基本要求。
  2) 站务人员的工作之一是要督促乘客所携带物品的安全性，因此需要具备一些辨识危险品的基本方法和技巧。
  3) 在地铁实际运营过程中，站务人员面临的情况变幻莫测，但对发生频率较高的突发事件应了解基本的应对流程。

6 车辆系统评价

6.1 一般规定

6.1.2 本条规定了被评价的基本车辆单元。基本车辆单元中，可以是一辆动车，也可以是动车与拖车组成的独立车组，但不能是一辆拖车。

6.1.3 被评价地铁运营线路上运行不同型号的地铁车辆时，由于车辆性能不同，评价的结果不同，应分别评价。

6.2 车　　辆

6.2.1 地铁车辆是地铁运营系统中最重要的设备之一。在影响地铁安全运营的重大事件中，有火灾、列车脱轨、列车撞车等重大事件与地铁车辆有关，因此地铁车辆的安全性能状况与安全防护设施、车辆防火性能、车辆可靠性是防止重大事件发生，保证安全运营的重要内容。

6.2.2 车辆安全状况与安全防护设施状况的评价内容。
1 评价标准
  1) 如果地铁车辆超期服役，其各部件的性能都不在安全范围内。因此，实行一票否决，即被评价的基本车辆单元不在使用年限内时，该基本车辆单元的 100 分全部扣除。
  2) 为了防止车辆脱轨的事故发生，车辆的动力学设计要满足安全性。本条依据《城市轨道交通车辆组装后的检查与试验规则》GB/T 14894 中的防止车辆脱轨的安全性：脱轨系数、轮重减载率、倾覆系数。
  3)、4) 为了加强车辆的安全性能，各地的地铁车辆都纷纷设置防意外冲撞的撞击能量吸收区和防爬装置。这两项是加强车辆安全的项目，不是车辆安全的必备项目，因此该条规定使用了"可"，表示可以选择。在评价时，不符合要求时，不扣分。该条规定依据《地铁车辆通用技术条件》GB/T 7928。
  5) 转向架是车辆的"腿"，一旦转向架发生断裂，就会发生车辆的重大事故。目前动车转向架构架电机吊座和齿轮箱吊座容易发生疲劳裂纹，因此，有必要对这些部位提出要求和规定。
  6) 地铁车辆要频繁启动及停车、频繁开门上下乘客，为了防止司机误操作，造成开门走车的事故，要求地铁车辆客室车门应具有非零速自动关门的电气联锁及车门闭锁装置。
  7) 在发生紧急情况时，列车没电，司机不能控制客室车门，需要手动打开车门，因此应设置车门紧急解锁装置。
  8) 紧急停车操纵装置保证列车运行前方发生问题时能够紧急停车。司机是高信任度的职业，他直接掌握着一列车乘客的生命安全，因此有必要设置警惕按钮，保证列车始终处于司机的控制之下。
9）对车辆紧急制动系统性能的规定，保证车辆在紧急情况下安全停车。
10）该条规定了前照灯的照度，使司机能及时发现在紧急制停距离处的情况。
11）在设有安全通道的区间隧道里，需要紧急疏散时，乘客可以通过客室门从列车两侧疏散；在隧道截面比较小、没有条件设安全通道的区间隧道里，需要列车两端设紧急疏散门，乘客从列车两端疏散。
12）列车各车辆之间设贯通道，在正常时，使乘客自由流动，使各车载客量均匀；在紧急时，使乘客向安全的车厢疏散。
13）车门、车窗玻璃应采用安全玻璃，这种玻璃破碎后不会产生锐角伤人。
14）在发生紧急断电情况或车辆故障时，车辆的蓄电池就是备用电源，其应能够满足应急需要。
15）列车自动防护系统（ATP）或列车自动防护系统（ATP）与自动驾驶系统（ATO）是保证列车安全行驶的重要系统，目前各国地铁车辆和我国各地地铁车辆都配备了这些装置。
16）目前我国地铁发生火灾、火情，大部分是由于电气设备发生故障，引起过电压、过电流、过热，进而引起火灾。因此需要对电气设备过电压、过电流、过热进行防护。
17）现在"地铁"的含义已经不是"地下铁道"，而是涵盖了地下、地面、高架线路，采用受电弓受电的列车在地面、高架线路容易遭遇雷击，因此应设避雷装置。
18）在我国北方，运行在地面、高架线路的车辆一般需要安装采暖设备，为了防火和乘客安全的考虑，需要对采暖设备的外温度进行规定。
19）本条依据《电力机车防火和消防措施的规程》GB 6771，考虑了制动电阻等散发热量的电气设备的防火要求和乘客安全要求。
20）在发生紧急情况时，车厢内的乘客可使用车厢内设置的应急设备进行处置或向司机通报，使事故尽快得到控制。
21）车辆应该设有各种警告标识，保证司机和乘客的人身安全；车厢内应有紧急设备的使用说明，使乘客能够正确使用。

6.2.3 车辆火灾是地铁系统最大的风险之一，因此，车辆的防火性能至关重要。
1 评价标准
1）本条规定了车辆制造材料的防火性能。
2）本条规定了车厢内附属设施和装饰材料的防火性能。
3）非金属材料燃烧后，容易发生熔化滴落，进而使火焰扩延。本条规定了车厢内非金属材料的耐熔化滴落性能。
4）车辆电气设备较多，导线和电缆燃烧时会发出浓烟和有毒物质，这对于运行在地下的地铁车辆上的乘客来说是致命的。因此，车辆上的导线和电缆应使用低烟、低卤阻燃材料。

6.2.4 车辆设计的性能再好，技术水平再高，安全设施再全面，由于种种缺陷（制造材料，加工工艺水平，装配水平，机件磨损，元件老化等）都会造成车辆可靠性降低而出现故障。不是性能好的车辆，就一定可靠性好，因此，要想保证安全运营，就要保证车辆的可靠性高。计算车辆的可靠性比较复杂，有一整套理论和方法，例如：平均无故障时间（MTBF）、检修率、利用率等，不适合在本标准中使用。本标准通过车辆由于故障离开运营线路、不能正常运营这一指标对车辆可靠性进行考察和评价，既可以反映车辆的质量状况，又可以反映驾驶员处理故障的素质状况。

"车辆由于故障退出服务"是指该车辆由于故障离开运营线路，没有完成运营图。

6.3 维修体系

6.3.1 由于车辆先天的缺陷，使用中机件的磨损和元件老化，都会造成车辆可靠性降低。建立完善的维修体系对及时发现隐患、保障车辆安全运行起着重要作用。

6.3.2 维修制度是维修体系中的重要内容，是车辆维修必须执行的"法规"。
1 评价标准
1）车辆维修制度是一套科学、合理的管理手段，它规定了检修种类、修程、检修周期、检修时间、各修程的检修范围、维修人员配备、维修设备配备等。
2）各级检修规程进一步规定了各修程中各工种的检修范围、检修方法、检修要求等。
3）对车辆故障信息要进行统计，对惯性故障要分析其原因，及时找到解决办法，并积极采取预防措施。

6.3.3 车辆维修人员的水平直接影响维修制度和检修规程的贯彻执行，直接影响车辆的安全运行，因此车辆维修人员必须进行培训和本企业的考核，合格后方能上岗。

6.3.4 在车辆的使用过程中,必然要对零部件进行更换,维修配件的质量也直接影响车辆的安全运行。因此为了保证维修配件的质量,要严把进货渠道,建立维修配件检验制度,对维修配件的质量信息有记录、分析、纠正。

7 供电系统评价

7.2 主变电站

7.2.2 本条介绍主变电站设备的评价内容及方法。
1 评价标准
2) 地铁主变电站是确保地铁牵引供电和动力照明等用电负荷的主要设备。因此必须采取双电源、双回路线路供电,当一个电源发生故障时,另一个电源不应同时受到损坏。同时当线路上一个主变电站发生故障退出运行时,必须能通过相临主变电站供电,确保地铁的一、二级用电负荷。
3) 辅助主变电站是根据线路电源配置的实际情况而定的,并不是每条线路均设置的,从最大限度节约工程投资考虑,可设一路专用电源。
4) 考虑到轨道交通地下环境因素比较差,因此在选用电气设备及材料时,应选择体积小、低损耗、低噪声、防潮、无自爆、低烟、无卤、阻燃或耐火的定型产品,以适应地下环境,达到安全可靠使用的目的。
6) 主变电站接地要求:(1)主变电所内电气设备不带电金属外壳均应接地;(2)主变电所的接地网宜采用以水平接地体为主的接地装置;(3)接地网宜采用铜质材料;(4)接地网的接地电阻在任何季节均应小于 0.5Ω。

7.2.3 依据《地铁设计规范》GB 50157 中第 14.2 节的规定。

7.3 牵引变电站

7.3.2 本条介绍牵引变电站设备的评价内容及方法。
1 评价标准
2) 该条款规定主要考虑牵引变电站运行的可靠性。当轨道交通线路一个主变电站退出运行后,仍能保证线路牵引变电站的正常运作。
3) 以二套相角 15°的十二脉波整流机组组成等效二十四脉波整流系统,可以降低高次谐波影响。组成二十四脉波的二套整流机组,其整流器与十二脉波整流机组是完全一样的。
4) 该条款主要考虑在机组过负荷满足要求,谐波含量满足要求,不影响故障机组的检修的基础上,一套机组维持运行,将有利于提高牵引网的电压水平,减少能耗,降低走行轨对电位,减少杂散电流的影响。
5) 为保证牵引供电系统的安全、可靠,牵引供电系统应采用双边馈电,并在一座牵引变电所解列后,采用大双边馈电。终端牵引变电站解列时,应能由相临牵引变电站实行单边馈电。
6) 该条款是按照轨道交通防迷流的需要而定的。

7.4 降压变电站

7.4.2 本条介绍降压变电站设备的评价内容及方法。
1 评价标准
2)、3) 该条款均从降压变电站安全性、可靠性角度提出运行、容量等要求。
4) 该条款是对降压变电所的容量进行界定。其容量应充分考虑车站用电量的大小确定,并要求一台变压器容量应满足变电所全部一、二级负荷的需求。

7.5 接触网(接触轨)

7.5.2 本条介绍接触网的评价内容及方法。
1 评价标准
2) 该条款是为保障接触网运行安全的可靠程度,且双边供电有利于提高牵引网的电压水平,有利于减少能耗,有利于杂散电流腐蚀保护。
3) 为保障接触网停电操作和接触网运行的安全性,同时就此应设置闭锁条件。
6) 地面或高架轨道交通的架空接触网,易受雷击,因此必须考虑防雷措施,并且应与车辆防雷设施相匹配。

7.6 电力电缆

7.6.2 本条介绍电力电缆评价内容及方法。
1 评价标准
2) 采用低烟无卤型阻燃电缆,主要考虑火灾时减少有害烟气对人身的侵害。

8 消防系统与管理评价

8.2 消防系统与管理

8.2.2 火灾自动报警系统(FAS)主要由火灾自动

报警装置、消防控制设备及其他具有辅助功能的装置组成，FAS应可直接操作联动控制消防设施和防烟、排烟系统设备，或通过BAS等联动控制防烟、排烟系统设备。火灾自动报警系统技术的发展趋向智能化，地铁全线设控制中心集中管理-车站分散控制的报警系统形式，系统具有发布火灾涉及有关车站消防设备的控制命令的功能。

8.2.3 气体灭火系统的电气监控系统由该设备配套提供，车站FAS必须显示气体自动灭火系统保护区的报警、放气、风机和风阀状态、手动/自动放气开关所处位置。

8.2.4 地下车站站厅层应设单口消火栓，站台层的消火栓宜按双口双阀设置，车站内大型消火栓箱内应设自救式软管盘。地下区间只设消火栓接口、不设消火栓箱和不放水带，因为如设消火栓箱，其箱体固定不好，易侵入设备限界，发生箱门碰车事故，另外地铁内潮湿，消防水带易受潮腐烂。

消火栓口的静水压力不超过0.8MPa，消火栓口处出水压力不超过0.5MPa。

8.2.5 应急事故照明包括安全疏散照明、事故照明及指示照明，事故照明设备为确保其可靠安全工作状态，设计采用双电源、在线式或后备式供电。区间隧道内设置的集中控制型疏散指示方向要与风机送、排风的模式相匹配。

8.2.7 地铁为大型综合性工程，专业和系统很多，在运营中相互关联，尤其灾害事故处理，必须与多个系统多个部门共同合作才可完成全面救灾工作；车站、主变电站、地铁控制中心等消防重点部位设置24h值班的消防控制室。

8.2.9 地铁建筑防火部位包括车站站厅、站台、设备区、隧道、通道、与地铁地下及地上相连的其他建筑。

9 线路及轨道系统评价

9.2 线路及轨道系统

9.2.2 本条介绍线路及轨道系统的评价内容及方法。
1 评价标准
  2) 该规定是为了确保正线运营的安全。通常在辅助线与正线接轨处设置安全待避线等设施，平常处于开通安全待避线的位置，确保与正线运营隔离。
  3) 限界是确定行车构筑物净空大小和安装各种设备、管线相互位置的依据。其中车辆轮廓尺寸是设计轨道交通限界的基础资料。限界的合理确定和有效的保证是确保轨道交通安全运营的根本保障，因此在任何情况下，都必须确保限界的有效性。
  6) 道岔轨道结构复杂，如果设在曲线上，会增加设计、施工和养护维修的困难，因此规定道岔应设在直线上。
  7) 轨道是轨道交通的主要设备，它除了引导列车运行方向外，还直接承受列车的竖向、横向及纵向力，因此轨道结构应具有足够的强度，保证列车快速、安全和平稳地运行。同时城市轨道交通是城市专用的客运交通工具，因此轨道结构应有适量的弹性，使乘客舒适。
  8) 正线及辅助线钢轨接头应采用对接，直线地段接头错开量不应大于20mm。
  10) 车挡的作用是在被列车撞击后，有效地消耗列车的动能，迫使列车停车，能保障人身和车辆的安全，且对车挡的抗撞击能力进行了不大于15km/h的要求界定。
  12) 轨道交通线路设置相应的标志是为了更好地服务运营，轨道交通线路应设置：百米标、坡度标、曲线要素标、曲线始终点标、竖曲线始终点标、水准基点标、限速标、停车位置标、警冲标等，且供司机瞭望的百米标、坡度标、限速标、停车位置标、警冲标等宜采用反光材料制作，并安装在司机易见的位置上。
  13) 轨道路基是承受轨道和列车荷载的基础，必须保证轨道平顺，使列车通过时能在容许的弹性变形范围内平稳、安全地运行。因此路基必须具有足够的强度，在轨道和列车荷载的作用下，不致使路基产生过大的不容许的沉降变形。同时在承受轨道和列车荷载以及各种自然因素的作用下，必须具有足够的稳定性，不致在路基本体或地基产生破坏和位移，以保证行车的安全、畅通。其次，水对路基的影响在许多方面占据着主导地位，是病害产生的首要因素，为此必须做好路基的排水设计，以保证路基的稳固安全。
  14) 为了确保轨道交通行车安全，必须在地面线路等两旁设置隔离栏，使轨道交通运营区域成为封闭式的空间，防止人员、异物侵入轨道交通运营区域。

10 机电设备评价

10.2 自动扶梯、电梯与自动人行道

10.2.2 参照国家标准《自动扶梯和自动人行道的制

造与安装安全规范》GB 16899检查自动扶梯、电梯与自动人行道的安全性能是否满足规范要求。

10.3 屏蔽门系统与防淹门系统

10.3.2 屏蔽门可以是全封闭式，也可以是半封闭式。屏蔽门由屏封和门组成，将车站站台与站台轨道间分隔开，当列车进站开门时，开门上下乘客，列车关门时关门。屏蔽门可以有效地防止乘客掉下站台。在站台使用空调时，全封闭式屏蔽门可以很好地隔绝站台与隧道的空气流动，节约能源。
   1 评价标准
      6）列车正常停车时，屏蔽门系统的滑动门与列车门相对，乘客进行上下车；当列车不能按正常位置停车，屏蔽门系统的滑动门不能与列车车门相对时，屏蔽门系统设置的应急门的位置应保证至少有一个与列车车门对齐，供乘客疏散。

10.4 给水排水设备

10.4.2 地下车站和区间的消防给水应为环状管网，每个地下车站由城市两路自来水管各接引一根消防给水管和车站环状管网相接。

10.5 通风和空调设备

10.5.2 本条介绍通风和空调设备的评价内容及方法。
   1 评价标准
      1）空调设备的冷凝器、蒸发器等属压力容器，应按国家有关特种设备和压力容器管理的有关规定办理相关手续。
      2）排列地铁危险程度第一的是地铁火灾，因此，防烟、排烟与事故通风系统是减小火灾带来损失的必备设备，《地铁设计规范》GB 50157中19.1-Ⅳ部分中规定了防烟、排烟与事故通风系统的性能和功能。

10.6 风　　亭

10.6.2 本条介绍风亭的评价内容及方法。
   1 评价标准
      1）、2）为了防止送风系统将进风口附近的灰尘、碎屑等物扬起并吸入地铁内，进风口底距地面的高度应不小于2m。当布置在绿地内时，因灰尘、碎屑很少，不易扬起时，宜把距地面距离降至不低于1m。
      3）风亭出入口可用于应急救援的出入口，因此应保持畅通。

11　通信设备评价

11.2　通　信　系　统

11.2.2 本条介绍通信系统的评价内容及方法。
   1 评价内容
      1）轨道交通线通信系统是指挥列车运行，进行运营管理、公务联络和传递各种信息的重要手段。当出现紧急情况时，本系统应能迅速及时地为防灾救援和事故的指挥提供通信联络。因此，必须建立一个高可靠性、易扩充、组网灵活、并能传递语音、文字、数据、图像等各种信息的综合数字通信网。
      2）为适应轨道交通网络化运营发展的需要，必须确保通信系统能实现资源共享的原则。
      3）该条款规定通信系统在正常情况下为运营管理、指挥、监控提供迅速及时的联系，为乘客提供周密的服务；在突发灾害或事故的情况下应作为应急处理、抢险救灾的手段。
      4）该条款规定了通信系统主要设备和模块应具备自检功能，并采取适当的冗余，故障时能自动切换并报警。
      5）考虑到轨道交通电气化的特性，特别要防止电机牵引所产生的谐波电流对通信系统的干扰。

11.2.4 地铁公务电话系统用于地铁各部门间进行公务通话及业务联系。因此该系统应具备综合业务数字网ISDN（Integrated Service Digital Network）功能，同时应具备完善的监控管理接口和功能，并应设置维护终端，具备性能管理、故障管理、配置管理、安全管理和账务管理功能，只有具备上述功能才能确保该系统运用的安全性和可靠性。

11.2.5 本条介绍专用电话系统的评价内容及方法。
   1 评价标准
      1）专用电话系统是按照轨道交通运营组织的特点进行划分的。该系统是轨道交通运营组织指挥中重要的通信保障手段。
      2）轨道交通运营指挥执行调度中心统一指挥的原则，因此，调度电话作为专用电话系统应具有最高的优先等级，并应具有电话录音、电话会议、电话强插等功能。

11.2.6 本条介绍无线通信系统的评价内容及方法。
   1 评价标准
      1）随着城市轨道交通的发展，客运量的增

大，行车间隔的缩短，为保证行车安全，提高运营效率和管理水平，有必要建立一个完善的无线系统。轨道交通无线系统的主要任务是平时保证调度员和司机之间的顺利通话，满足正常行车调度及设备维护的要求；在灾害或事故情况下，满足抢险救灾对于通信的需求，因此设置列车调度子系统、事故及防灾子系统、车辆设施与综合基地管理子系统、设备维护子系统四个子系统是必要的。其次，要满足消防、公安的统一调度。

2）无线通信系统的组网应满足轨道交通无线网络规划的总体要求。

11.2.7 地铁图像信息系统应为控制中心调度员、各车站值班员、列车司机等提供列车运行、防灾、救灾及乘客疏导等方面的视觉信息。摄像机的安装位置、数量及安装方式应根据乘客流向、乘客聚集地等场所综合考虑。

11.2.8 广播系统评价依据《地铁设计规范》GB 50157中第15.6节中的规定。广播系统除了在地铁正常运营中向乘客通告列车运行信息和安全、向导等服务信息以及向工作人员发布作业命令和通知以外，发生事故时，还起到应急指挥的作用。

11.2.9 本条介绍通信电源的评价内容及方法
 1 评价标准
  1）随着通信建设的飞速发展，电源新技术、新设备也日趋成熟。为实现减少维护人员和无人值守的目标，地铁通信电源设备必须具有集中监控管理功能。
  6）轨道交通线各供电点均采用两路独立电源，且即使供电电源故障，恢复时间也较短，因此，不间断电源的蓄电池容量定为：保证向各通信设备连续供电不少于2h。

11.2.10 本条介绍通信系统接地的评价内容及方法
 1 评价标准
  1）由于控制中心、各车站供电系统采用的接地体是由建筑物的主钢筋加辅助人工接地体组成，如本系统采用独立接地体，则两个接地体之间的间距很难满足要求，因此，本系统的联合接地与供电系统合设接地体。

12 信号设备评价

12.2 信 号 系 统

12.2.2 本条介绍信号系统技术的评价内容及方法
 1 评价标准

1）本条款规定了运营线路及与运营相关的线路必须纳入ATS系统监控，隶属控制中心的运营指挥范围，来保障列车运营的安全。

2）本条款规定在信号系统故障时，控制等级现场控制高于控制中心，人工控制高于自动控制，这是信号系统降级使用的控制原则，运营单位对此应以制度明确。

3）列车在ATC控制区域内使用列车驾驶限制模式或非限制模式时，是列车安全运行等级的降级使用，必须通过人工管理手段来加以保障。

4）列车折返作业点属于运营线路范围，是列车安全运行的一部分，因此必须具备ATP系统功能来保障其作业安全。

5）信号ATP子系统涉及行车安全，因此信号规范要求其设备及电路必须符合故障-安全的原则。且从信号系统可靠性要求考虑，必须具备相应的自检、故障报警、冗余、双机自动切换等功能。

7）车载ATP执行的强迫制动，包括全常用制动和紧急制动等，考虑到行车安全，要求强迫制动过程中不得中途缓解。

8）在列车运营中经常发生乘客、异物侵入站间线路的事件，为确保乘客及列车运行的安全，必须设置站台紧急按钮装置。

11)、12) 依据《地铁设计规范》GB 50157中16.8.2（1）和16.8.3（1）的规定。

12.2.3 本条介绍信号系统安全防护设施的评价内容及方法。
 1 评价标准
  1）、2）依据《地铁设计规范》GB 50157中16.8.5和16.8.6的规定。

13 环境与设备监控系统评价

13.2 环境与设备监控系统

13.2.2 BAS/EMCS系统遵循分散控制、集中管理、资源共享的基本原则，同时BAS系统宜采用分布式计算机系统，由中央管理级、车站监控级、现场控制级及相关通信网络组成。

13.4 维 修 体 系

13.4.2 环境与设备监控系统的维修体系对及时发现隐患、保障系统安全运行起着重要的作用，因此，要对维修管理制度、维修人员的资格与素质、维修配件的管理进行检查。

14 自动售检票系统评价

14.2 自动售检票系统（AFC）

14.2.2 本条介绍自动售检票系统的评价内容及方法。

1 评价标准

1) 自动售检票系统是为乘客提供乘车票务服务的设备。其设备数量的配备必须满足车站客流的需求。确定设备的数量设计计算参数：自动售票机为 4～6 张/min；半自动售票机为 4～6 张/min；自动检票机为 20～25 人/min。

2) 本条款考虑客流通过能力检票口与楼梯、自动扶梯等应相匹配，这样不会造成大客流时的拥堵，从而保障客运组织的安全。

3) 在轨道交通车站发生紧急情况下，可通过车站控制室的紧急按钮操作，使车站自动售检票系统处于紧急模式，三杆落下，乘客可紧急疏散。

15 车辆段与综合基地评价

15.2 车辆段与综合基地设施

15.2.1 车辆段与综合基地是存放运营车辆、检修运营车辆的地点。在车辆段与综合基地内，同样有供电系统、信号系统、轨道线路等，因此有必要采取一系列防护措施以保证运营车辆、救援车辆的顺利上线，保证车辆段与综合基地内不发生事故。

15.3 防灾设施

15.3.2 在车辆段与综合基地内，有各种仓库、各种车库等，因此以防范火灾为主。车辆段车辆值班室，受地铁控制中心指挥，在运营线路上发生事故时，随时调动救援车辆或保证事故车辆进停车场。

16 土建评价

16.1 一般规定

16.1.3 由于地理条件不同的限制，被评价地铁运营线路上的地下、高架结构和车站形式不同，因此应分别评价。

16.2 地下、高架结构与车站建筑

16.2.2 由于地下、高架结构与车站建筑是地铁运营部门不能改变的，因此地铁运营部门的责任就是对既有设施进行监控和管理，对设计缺陷和劣化或破损制定对策措施。

16.3 车站设计

16.3.2 站台、通道、楼梯、车站出入口是否满足现有客流，直接关系到日常乘客通行的安全和紧急情况下的及时疏散，因此应对车站的设计进行检查，对重点站台、楼梯与通道、车站出入口进行客流调查，对不满足客流要求的项目要制定对策和措施。

17 外界环境评价

17.2 防自然灾害

17.2.1 依据《国家处置城市地铁事故灾难应急预案》城市轨道交通系统中特别重大、重大事故灾难类型包括地铁遭受台风、水灾、地震等自然灾害的侵袭。此外《地铁设计规范》GB 50157 中第 19.1 节规定地铁应具有防风灾、水淹、冰雪、地震、雷击等灾害的防灾设施。因此本节对地铁运营期间防自然灾害能力进行评价，并根据可能发生的危险形式分为防风灾、防雷电、防水灾、防地震、防冰雪、防地质灾害 6 个方面。

17.2.2 本条主要针对高架线路的架空线路与架空接触网。此外，地铁应具备接收当地气象部门气象预报的功能，预防风灾灾害。

17.2.3 防雷应满足《地铁设计规范》GB 50157 中 21.5.3、21.5.4 的相关规定。地铁地面及高架有关建筑物工程的防雷措施应按《地铁设计规范》GB 50157 中第 14 章的有关规定执行。此外，地铁应具备接收当地气象部门气象预报的功能，预防雷电灾害。

17.2.4 应满足《地铁设计规范》GB 50157 中 1.0.16、13.3.4、19.1.61 条的相关规定。此外，地铁应具备接收当地气象部门气象预报的功能，预防水淹灾害。

17.2.5 本条主要针对寒冷地区的地面及高架线路。此外，地铁应具备接收当地气象部门气象预报的功能，预防冰雪灾害。

17.2.6 地下、高架及地面结构的抗震设计应符合《地铁设计规范》GB 50157 及地面建筑现行国家抗震设计规范的有关规定。此外，地铁应具备接收本地区地震预报部门的电话报警或网络通信报警功能。

17.2.7 依据《地质灾害防治条例》（中华人民共和国国务院令第 394 号），地质灾害是指自然因素或者人为活动引发的危害人民生命和财产安全的山体崩塌、滑坡、泥石流、地面塌陷、地裂缝、地面沉降等与地质作用有关的灾害。

17.3 保 护 区

17.3.1 保护区的设置和管理是国家和行业法规明文规定的地铁管理内容。据建设部颁布，自2005年8月1日起实施的《城市轨道交通运营管理办法》第二十、二十一和二十二条的规定，以及保护区对地铁安全运营的影响，本标准应该对保护区进行评价。

17.3.2 地铁运营单位应该对保护区的管理建立具体、可行的管理制度和措施，这是对该单位是否对保护区有足够重视的重要考核指标之一。

1 评价标准
 1) 这些制度和措施可以不必很复杂或者自成体系，但应该在有关文件中得到体现，并且对公众（尤其是地铁范围附近的单位、个人）进行了宣告。
 2) 这一项是对保护区管理制度的一项细化，地铁运营单位应该定期对保护区的管理状况进行检查，并且保留记录。该记录应该清晰反映检查时间、结果等内容。
 3) 对于发生的侵入、破坏保护区的事件，地铁运营单位应及时察觉并进行处理，同时保留该记录。

18 基础安全风险水平

18.1 一 般 规 定

18.1.1 本标准从风险管理理论出发，通过考察地铁运营系统所采取的各种必要的控制措施的情况和效果，最终得到该地铁运营系统的安全状况或风险水平。根据最低可接受风险原则 ALARP (As Low As Reasonably Practicable)（见图1），风险水平可划分为不可接受、可接受和可忽略三个层次。

18.2 基础安全评价总分计算

18.2.1 地铁系统中各子系统都对整个地铁安全运营产生影响，因此，通过用地铁运营系统管理、技术、设备、外界影响的14项内容（第4～17章）的得分进行加权计算来表示整个地铁运营的安全状况。

18.2.2 地铁系统中各子系统之间是相对独立，同时又是相互联系的，各子系统对地铁安全运营的影响程度是不同的。本标准利用权重，对14项内容的得分进行加权计算，使总分更能体现地铁安全整体状况。

18.3 基础安全风险水平

18.3.1 用地铁运营系统管理、技术、设备、外界影响的14项内容的得分进行加权计算得出结果，用不可接受、可接受和可忽略三个层次来衡量地铁运营系统整体的风险水平。

19 事故风险水平

19.1 一 般 规 定

19.1.1 事故风险水平是评价体系中的重要部分。它通过一定时期内运营事故的规模和水平，直接反映该地铁运营企业的安全状态和管理效果，是安全管理工作效果直接和综合的体现。

19.2 运营事故统计

19.2.1 事故等级、危害程度、事故数量等依据了国家、各省市安全标准以及相关地铁系统对事故的定性、定量标准，对国内各条运营地铁线路的事故指标进行了统计和分析。本标准以事故所造成的人员伤亡事故、经济损失事故和行车事故为结果，检验地铁系统的安全运营业绩。

"每次事故轻伤1人时计0.3起一般事故"，主要考虑了在地铁运营中，轻伤也应视为事故的发生，不可忽略，取系数为0.3。

19.2.2 1 等效事故率以百万车公里作为相对指标可以将线路长的地铁、线路短的地铁、运量大的地铁、运量小的地铁拉到同一基准线上，从而可以相互比较。

2 事故折算因子
 1) 为了计算等效事故率，本标准将各种事故折算为"一般事故"。
 2)、3) 由于地铁是窗口服务行业，每天都

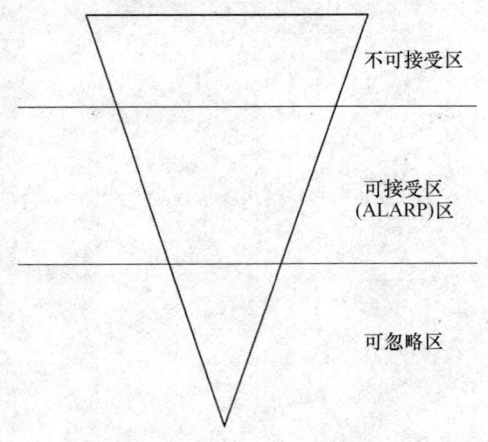

图1 最低可接受风险（ALARP）原则
不可接受区——除特殊情况外，风险不能被接受；
可接受区——只有当证明进一步降低风险是不可行的或降低风险的成本与所得的利益极不相称时，才允许该风险的存在；
可忽略区——风险可以接受，无需再采取安全措施。

有大量公众进入地铁，难免会发生非地铁方全责的事故。因此，非地铁方全责的事故折算因子按责任百分比计，非责任事故折算因子按相应责任事故的 0.1 计。

19.3 事故风险水平

19.3.1 用年度百万车公里等效事故率，分不可接受、可接受和可忽略三个层次来衡量地铁运营系统事故的风险水平。

中华人民共和国国家标准

城市公共设施规划规范

Code for urban public facilities planning

GB 50442—2008

主编部门：中华人民共和国建设部
批准部门：中华人民共和国建设部
施行日期：2008年7月1日

中华人民共和国建设部
公 告

第 804 号

建设部关于发布国家标准
《城市公共设施规划规范》的公告

现批准《城市公共设施规划规范》为国家标准，编号为 GB 50442-2008，自 2008 年 7 月 1 日起实施。其中，第 1.0.5、3.0.1、5.0.1、5.0.3、6.0.1、7.0.2、8.0.1、9.0.1、9.0.3 条为强制性条文，必须严格执行。

本规范由建设部标准定额研究所组织中国建筑工业出版社出版发行。

中华人民共和国建设部
2008 年 2 月 3 日

前 言

根据建设部《关于印发"二〇〇一~二〇〇二年度工程建设国家标准制订、修订计划"的通知》（建标〔2002〕85 号）要求，由建设部技术归口办公室组织，天津市城市规划设计研究院主编，上海市城市规划设计研究院、深圳市城市规划设计研究院、江苏省城市规划设计研究院、贵州省城乡规划设计研究院、河南省城乡规划设计研究院共同编制了《城市公共设施规划规范》（以下简称规范）。

本规范在编制过程中，开展了广泛调查研究，并对调研资料进行了认真分析总结，同时参考了国家相关的标准规范、规定和部分省市的地方相关文件规定，征求了上海、杭州、陕西、成都、延吉、昆明等城市规划局、规划院的意见，多次听取了有关专家的意见。

本规范的主要内容与国家标准《城市用地分类与规划建设用地标准》GBJ 137-90 中公共设施用地 C_1~C_6 和 C_9 中的社会福利部分相对应。各类公共设施规划用地指标是按实现小康社会目标，依据城市经济和第三产业的发展现状，在 2003 年用地平均水平的基础上，按照合理用地和节约用地的原则，对各类公共设施规划用地指标做了适当调整，其中行政办公设施规划用地指标略有降低。

本规范以黑体字标志的条文是强制性条文，必须严格执行。

本规范由建设部负责管理和对强制性条文的解释，天津市城市规划设计研究院负责具体技术内容的解释。在实施过程中，如发现有需要修改和补充之处，请将意见和有关资料寄送天津市城市规划设计研究院《城市公共设施规划规范》编制组（地址：天津市河西区黄埔南路 81 号万顺大厦 B 座，邮编：300201）。

主 编 单 位：天津市城市规划设计研究院
参 编 单 位：上海市城市规划设计研究院
深圳市城市规划设计研究院
江苏省城市规划设计研究院
贵州省城乡规划设计研究院
河南省城乡规划设计研究院
主要起草人： 王德俊 张振业 陈冀霞 王 婕
沈国平 赵 苑 胡海波 王诗煌
马 军 李春梅 李金铎 周 劲
袁锦富 严恩杰 陈维明 夏丽萍

目　次

1 总则 …………………………………… 26—4
2 术语 …………………………………… 26—4
3 行政办公 ……………………………… 26—4
4 商业金融 ……………………………… 26—4
5 文化娱乐 ……………………………… 26—5
6 体育 …………………………………… 26—5
7 医疗卫生 ……………………………… 26—6
8 教育科研设计 ………………………… 26—6
9 社会福利 ……………………………… 26—6
附录 A　城市公共设施规划用地
　　　　指标汇总表 ………………… 26—7
本规范用词说明 ………………………… 26—7
附：条文说明 …………………………… 26—8

1 总 则

1.0.1 为提高城市公共设施规划的科学性，合理配置和布局城市各项公共设施用地，集约和节约用地，创建和谐、优美的城市环境，制定本规范。

1.0.2 本规范适用于设市城市的城市总体规划及大、中城市的城市分区规划编制中的公共设施规划。

1.0.3 城市公共设施用地分类，应与城市用地分类相对应，分为：行政办公、商业金融、文化娱乐、体育、医疗卫生、教育科研设计和社会福利设施用地。

1.0.4 城市公共设施用地指标应依据规划城市规模确定。城市规模与人口规模划分应符合表1.0.4的规定。

表 1.0.4 城市规模与人口规模划分标准

城市规模	小城市	中等城市	大 城 市		
			Ⅰ	Ⅱ	Ⅲ
人口规模（万人）	<20	20～<50	50～<100	100～<200	≥200

1.0.5 城市公共设施规划用地综合（总）指标应符合表1.0.5的规定。

表 1.0.5 城市公共设施规划用地综合（总）指标

城市规模 分项	小城市	中等城市	大 城 市		
			Ⅰ	Ⅱ	Ⅲ
占中心城区规划用地比例（%）	8.6～11.4	9.2～12.3	10.3～13.8	11.6～15.4	13.0～17.5
人均规划用地（m²/人）	8.8～12.0	9.1～12.4	9.1～12.4	9.5～12.8	10.0～13.2

1.0.6 各项城市公共设施用地布局，应根据城市的性质和人口规模、用地和环境条件、设施的功能要求等进行综合协调与统一安排，以满足社会需求和发挥设施效益。

1.0.7 有专项发展要求的特色城市，其相应的公共设施规划用地标准若突破本规范的规定，需经论证报上级主管部门批准。但不得突破城市公共设施规划用地综合（总）指标。

1.0.8 城市公共设施规划除应符合本规范外，还应符合国家有关标准的规定。

2 术 语

2.0.1 城市公共设施用地 city public facilities land use

指在城市总体规划中的行政办公、商业金融、文化娱乐、体育、医疗卫生、教育科研设计、社会福利共七类用地的统称。

2.0.2 行政办公用地 administrative office land use

指党政行政机关、党派和团体等市属机构，以及非市属的行政管理机构和其他办公设施用地。

2.0.3 商业金融用地 commercial and financial land use

指城市居住区级以上（不含居住区级）的商业和服务业、金融和保险业等设施的用地。

2.0.4 文化娱乐用地 cultural entertainment land use

指城市各类文化和娱乐设施用地，主要包括：广播电视和出版类、图书和展览类、影剧院、游乐、文化艺术类等设施的用地。

2.0.5 体育用地 sports land use

指市级和区级体育场馆及训练场地等设施用地。

2.0.6 医疗卫生用地 medical and sanitary land use

指医疗、保健、防疫、康复、急救、疗养等设施用地。

2.0.7 教育科研设计用地 education and scientific research land use

指有固定校址和用地范围的高等院校、中等专业学校、科研和勘察设计院所、信息和成人高等培训学校等设施用地。

2.0.8 社会福利用地 social welfare land use

指为孤儿、残疾人、老龄人等社会弱势群体所设置的学习、康复、服务、救助等设施的用地。

3 行 政 办 公

3.0.1 行政办公设施规划用地指标应符合表3.0.1的规定。

表 3.0.1 行政办公设施规划用地指标

城市规模 分项	小城市	中等城市	大 城 市		
			Ⅰ	Ⅱ	Ⅲ
占中心城区规划用地比例（%）	0.8～1.2	0.8～1.3	0.9～1.3	1.0～1.4	1.0～1.5
人均规划用地（m²/人）	0.8～1.3	0.8～1.3	0.8～1.2	0.8～1.1	0.8～1.1

3.0.2 行政办公设施用地布局宜采取集中与分散相结合的方式，以利提高效率。

4 商 业 金 融

4.0.1 商业金融设施规划用地指标宜符合表4.0.1的规定。

表 4.0.1 商业金融设施规划用地指标

城市规模\分项	小城市	中等城市	大城市 Ⅰ	大城市 Ⅱ	大城市 Ⅲ
占中心城区规划用地比例（%）	3.1～4.2	3.3～4.4	3.5～4.8	3.8～5.3	4.2～5.9
人均规划用地（m²/人）	3.3～4.4	3.3～4.3	3.2～4.2	3.2～4.0	3.2～4.0

4.0.2 商业金融设施宜按市级、区级和地区级分级设置，形成相应等级和规模的商业金融中心。各级商业金融中心规划用地指标宜符合表4.0.2的规定。

表 4.0.2 各级商业金融中心规划用地指标（hm²）

城市规模\级别	小城市	中等城市	大城市 Ⅰ	大城市 Ⅱ	大城市 Ⅲ
市级商业金融中心	30～40	40～60	60～100	100～150	150～240
区级商业金融中心	—	10～20	20～60	60～80	80～100
地区级商业金融中心	—	—	12～16	16～20	20～40

注：400万人口以上城市，市级商业金融中心规划用地面积可按1.2～1.4的系数进行调整。

4.0.3 商业金融中心的规划布局应符合下列基本要求：

1 商业金融中心应以人口规模为依据合理配置，市级商业金融中心服务人口宜为50～100万人，服务半径不宜超过8km；区级商业金融中心服务人口宜为50万人以下，服务半径不宜超过4km；地区级商业金融中心服务人口宜为10万人以下，服务半径不宜超过1.5km。

2 商业金融中心规划用地应具有良好的交通条件，但不宜沿城市交通主干路两侧布局。

3 在历史文化保护城区不宜布局新的大型商业金融设施用地。

4.0.4 商品批发场地宜根据所经营的商品门类选址布局，所经营商品对环境有污染的还应按照有关标准规定，规划安全防护距离。

5 文化娱乐

5.0.1 文化娱乐设施规划用地指标应符合表5.0.1的规定。

表 5.0.1 文化娱乐设施规划用地指标

城市规模\分项	小城市	中等城市	大城市 Ⅰ	大城市 Ⅱ	大城市 Ⅲ
占中心城区规划用地比例（%）	0.8～1.0	0.8～1.1	0.9～1.2	1.1～1.3	1.1～1.5
人均规划用地（m²/人）	0.8～1.1	0.8～1.1	0.8～1.0	0.8～1.0	0.8～1.0

5.0.2 文化娱乐设施规划各类设施的规划用地比例宜符合表5.0.2的规定。

表 5.0.2 文化娱乐各类设施占文化娱乐设施规划用地比例

设施类别	广播电视和出版类	图书和展览类	影剧院、游乐、文化艺术类
占文化娱乐设施规划用地比例（%）	10～15	20～35	50～70

5.0.3 具有公益性的各类文化娱乐设施的规划用地比例不得低于表5.0.3的规定。

表 5.0.3 公益性的各类文化娱乐设施规划用地比例

设施类别	广播电视和出版类	图书和展览类	影剧院、游乐、文化艺术类
占文化娱乐设施规划用地比例（%）	10	20	50

5.0.4 规划中宜保留原有的文化娱乐设施，规划新的大型游乐设施用地应选址在城市中心区外围交通方便的地段。

6 体 育

6.0.1 体育设施规划用地指标应符合表6.0.1的规定，并保障具有公益性的各类体育设施规划用地比例。

表 6.0.1 体育设施规划用地指标

城市规模\分项	小城市	中等城市	大城市 Ⅰ	大城市 Ⅱ	大城市 Ⅲ
占中心城区规划用地比例（%）	0.6～0.7	0.6～0.7	0.6～0.8	0.7～0.8	0.7～0.9
人均规划用地（m²/人）	0.6～0.7	0.6～0.7	0.6～0.7	0.6～0.8	0.6～0.8

6.0.2 大中城市宜分级设置市级和区级体育设施，其规划用地指标宜符合表6.0.2的规定。

表 6.0.2 市级、区级体育设施规划用地指标（hm²）

城市规模\分项	小城市	中等城市	大城市 Ⅰ	大城市 Ⅱ	大城市 Ⅲ
市级体育设施	9～12	12～15	15～20	20～30	30～80
区级体育设施	—	6～9	9～11	10～15	10～20

6.0.3 根据拟定举办体育赛事的类别和规模，新建体育设施用地布局应满足用地功能、环境和交通疏散

的要求,并适当留有发展用地。

6.0.4 群众性体育活动设施,宜布局在方便、安全、对生活休息干扰小的地段。

7 医疗卫生

7.0.1 医疗卫生设施规划千人指标床位数应符合表7.0.1的规定。

表7.0.1 医疗卫生设施规划千人指标床位数(床/千人)

城市规模	小城市	中等城市	大城市		
			Ⅰ	Ⅱ	Ⅲ
千人指标床位数	4~5	4~5	5~6	6~7	≥7

7.0.2 医疗卫生设施规划用地指标应符合表7.0.2的规定。

表7.0.2 医疗卫生设施规划用地指标

城市规模 分项	小城市	中等城市	大城市		
			Ⅰ	Ⅱ	Ⅲ
占中心城区规划用地比例(%)	0.7~0.8	0.7~0.8	0.7~1.0	0.9~1.1	1.0~1.2
人均规划用地(m²/人)	0.6~0.7	0.6~0.8	0.7~0.9	0.8~1.0	0.9~1.1

7.0.3 疗养院规划用地宜布局在自然环境较好的地段,规划用地指标应符合表7.0.3的规定。

表7.0.3 疗养设施规划用地指标

规模	小型	中型	大型	特大型
床位数(床)	50~100	100~300	300~500	>500
规划用地(hm²)	1~3	>3~6	>6~9	>9

7.0.4 医疗卫生设施用地布局应考虑服务半径,选址在环境安静交通便利的地段。传染性疾病的医疗卫生设施宜选址在城市边缘地区的下风方向。大城市应规划预留"应急"医疗设施用地。

8 教育科研设计

8.0.1 教育科研设计设施规划用地指标应符合表8.0.1的规定。

表8.0.1 教育科研设计设施规划用地指标

城市规模 分项	小城市	中等城市	大城市		
			Ⅰ	Ⅱ	Ⅲ
占中心城区规划用地比例(%)	2.4~3.0	2.9~3.6	3.4~4.2	4.0~5.0	4.8~6.0
人均规划用地(m²/人)	2.5~3.2	2.9~3.8	3.0~4.0	3.2~4.5	3.6~4.8

8.0.2 教育设施规划用地指标,应按学校发展规模计算。

8.0.3 新建高等院校和对场地有特殊要求重建的科研院所,宜在城市边缘地区选址,并宜适当集中布局。

9 社会福利

9.0.1 社会福利设施规划用地指标应符合表9.0.1的规定。

表9.0.1 社会福利设施规划用地指标

城市规模 分项	小城市	中等城市	大城市		
			Ⅰ	Ⅱ	Ⅲ
占中心城区规划用地比例(%)	0.2~0.3	0.3~0.4	0.3~0.5	0.3~0.5	0.3~0.5
人均规划用地(m²/人)	0.2~0.3	0.2~0.4	0.2~0.4	0.2~0.4	0.2~0.4

9.0.2 老年人设施布局宜邻近居住区环境较好的地段,其规划人均用地指标宜为0.1~0.3m²。

9.0.3 残疾人康复设施应在交通便利,且车流、人流干扰少的地带选址,其规划用地指标应符合表9.0.3的规定。

表9.0.3 残疾人康复设施规划用地指标

城市规模	小城市	中等城市	大城市		
			Ⅰ	Ⅱ	Ⅲ
规划用地(hm²)	0.5~1.0	1.0~1.8	1.8~3.5	3.5~5	≥5

9.0.4 儿童福利院设施宜邻近居住区选址,其规划用地指标应符合表9.0.4的规定。

表9.0.4 儿童福利设施规划用地指标

标准类型	一般标准	较高标准	高标准
单项规划用地(hm²)	0.8~1.2	1.2~2	≥2

注:1. 一般标准指中小城市普通儿童福利设施。
  2. 较高标准指大城市设施要求较高的儿童福利设施。
  3. 高标准指SOS国际儿童村及其他有专项要求的儿童福利设施。

附录 A 城市公共设施规划用地指标汇总表

表 A

分项指标	指标分项	小城市	中等城市	大城市 Ⅰ	大城市 Ⅱ	大城市 Ⅲ
行政办公	占中心城区规划用地比例（%）	0.8~1.2	0.8~1.3	0.9~1.3	1.0~1.4	1.0~1.5
	人均规划用地（m²/人）	0.8~1.3	0.8~1.3	0.8~1.2	0.8~1.1	0.8~1.1
商业金融	占中心城区规划用地比例（%）	3.1~4.2	3.3~4.4	3.5~4.8	3.8~5.3	4.2~5.9
	人均规划用地（m²/人）	3.3~4.4	3.3~4.3	3.2~4.2	3.2~4.0	3.2~4.0
文化娱乐	占中心城区规划用地比例（%）	0.8~1.0	0.8~1.1	0.9~1.2	1.1~1.3	1.1~1.5
	人均规划用地（m²/人）	0.8~1.1	0.8~1.1	0.8~1.0	0.8~1.0	0.8~1.0
体育	占中心城区规划用地比例（%）	0.6~0.7	0.6~0.7	0.6~0.8	0.7~0.8	0.7~0.9
	人均规划用地（m²/人）	0.6~0.7	0.6~0.7	0.6~0.7	0.6~0.8	0.6~0.8
医疗卫生	占中心城区规划用地比例（%）	0.7~0.8	0.7~0.8	0.7~1.0	0.9~1.1	1.0~1.2
	人均规划用地（m²/人）	0.6~0.7	0.6~0.7	0.7~0.9	0.8~1.0	0.9~1.1

续表 A

分项指标	指标分项	小城市	中等城市	大城市 Ⅰ	大城市 Ⅱ	大城市 Ⅲ
教育科研设计	占中心城区规划用地比例（%）	2.4~3.0	2.9~3.6	3.4~4.2	4.0~5.0	4.8~6.0
	人均规划用地（m²/人）	2.5~3.2	2.9~3.8	3.0~4.0	3.2~4.5	3.6~4.8
社会福利	占中心城区规划用地比例（%）	0.2~0.3	0.3~0.4	0.3~0.5	0.3~0.5	0.3~0.5
	人均规划用地（m²/人）	0.2~0.3	0.2~0.4	0.2~0.4	0.2~0.4	0.2~0.4
综合总指标	占中心城区规划用地比例（%）	8.6~11.4	9.2~12.3	10.3~13.8	11.6~15.4	13.0~17.5
	人均规划用地（m²/人）	8.8~12.0	9.1~12.4	9.1~12.4	9.5~12.8	10.0~13.2

本规范用词说明

1 为便于在执行本规范条文时区别对待，对要求严格程度不同的用词说明如下：

1) 表示很严格，非这样做不可的：
   正面词采用"必须"；
   反面词采用"严禁"。

2) 表示严格，在正常情况下均应这样做的：
   正面词采用"应"；
   反面词采用"不应"或"不得"。

3) 表示允许稍有选择，在条件许可时首先应这样做的：
   正面词采用"宜"或"可"；
   反面词采用"不宜"。

2 条文中指定应按其他有关标准、规范执行时，写法为"应符合……的规定"。

中华人民共和国国家标准

城市公共设施规划规范

GB 50442—2008

条 文 说 明

前 言

根据建设部《关于印发"二〇〇一～二〇〇二年度工程建设国家标准制订、修订计划"的通知》(建标[2002]85号)要求,对《城市公共设施规划规范》进行编制工作。

为了便于广大规划、设计、科研、院校和管理等有关单位人员,在使用本规范时能正确理解和执行条文规定,对需要说明的条文的制定依据和执行中需要注意的问题予以说明。

本条文说明供国内有关部门和单位参考。在使用中如发现本条文说明有不妥之处请将意见反馈给天津市城市规划设计研究院《城市公共设施规划规范》编制组。

目　次

1　总则 ································ 26—11
3　行政办公 ·························· 26—11
4　商业金融 ·························· 26—12
5　文化娱乐 ·························· 26—12
6　体育 ································ 26—12
7　医疗卫生 ·························· 26—13
8　教育科研设计 ··················· 26—13
9　社会福利 ·························· 26—13

1 总 则

1.0.1 为了提高城市公共设施规划的科学性、适用性、先进性，提高社会、经济和环境的综合效益，保持城市协调、有序的发展，本规范确定了城市居住区级以上公共设施的内容、范围和用地标准。

1.0.3 本规范城市公共设施的分类和内容范围的依据是国家标准《城市用地分类与规划建设用地标准》GBJ 137-90，相对应的公共设施有七大类，即：行政办公、商业金融、文化娱乐、体育、医疗卫生、教育科研设计和社会福利。在使用本规范时，应注意的几个问题：

    1 本规范未包括以上七大类以外的城市公共设施用地的内容。因为C7文物古迹用地国家相关文件提出应保持原有用地，并且也不是每个城市都拥有历史上遗留的文物古迹。C9其他公共设施用地（除社会福利外）各城市的配置极不平衡，也不都是城市规划必配的项目。

    2 随着市场经济的逐渐完善，出现了一些新的城市公共设施项目，如：为商业、超市服务的物流中心，各种类型的批发市场等，由于相应的研究还不够深入，其规划用地本规范未作规定。

    3 城市中各类经营性的办公设施不包括在本规范中的行政办公设施内。

    4 城市中各科研设计部门很多，本规范主要指国家和省、市级的公办科研设计单位。

1.0.4 城市规模是参考原《中华人民共和国城市规划法》总则第四条规定，依城市非农业人口数划分为小城市、中等城市、大城市。由于50万人口及以上的城市均为大城市，从50~200万人口以上，规模幅度差距很大，城市功能结构也不相同，为了适应大城市这一人口幅度的变化，为合理地确定相对应的公共设施配置标准，将大城市分为50~<100万人口，100~<200万人口和≥200万人口三个层次。

我国城市人口增长速度较快，目前多数省会城市和省辖市的非农业人口都超过了200万，本规范人口规模是以中心城区范围内非农业人口数量为基数。

1.0.5 城市公共设施分为强制性和指导性两类。强制性公共设施主要指城市必须设置的公益性公共设施，主要有行政办公、体育、教育科研设计、医疗卫生、社会福利以及文化娱乐中的图书馆、展览馆、博物馆、文化馆、青少年宫、广播电视等设施。指导性设施主要指城市依据实际情况配置的经营性公共设施，主要有商业金融、电影院、剧场、游乐等设施。

城市公共设施规划用地指标确定的主要依据是：

    1 该指标的标准是根据国家经济发展达到小康水平的目标确定的。小康水平的标准是国家统计局提出的14项指标的量化值，其中第三产业增加值主要由商业金融、旅游、文化娱乐等公共设施承载。

    2 调研资料。经过对69个城市调研资料的整理、分析比较提出指标数据，见下表：

调研资料与规范指标对比表

指标类别	调研资料		规范指标
	现 状	规 划	
城市公共设施用地占中心城区用地的比例（%）	8.4~15.4	10.3~18.7	8.4~17.6
公共设施人均规划用地（m²/人）	6.5~14.4	10.1~20.6	8.4~14.3

    3 参照了国家相关规范、规定、条例、统计报告及部分省市的相关法规。

本规范征求意见稿、报审稿曾多方征求国内城市规划部分知名专家和部分省市规划主管部门领导的意见，经整理分析比较后确定了规划用地指标。

本规范两类规划用地指标，"占中心城区规划用地比例"和"人均规划用地"是以城市中心城区的规划范围内的用地面积和在其居住的非农业人口为基准进行计算的。中心城区是一个城市主要功能的核心区，是城市公共设施集中区，是城市公众活动集中场所，是城市吸引和辐射效应的主要平台。对于城市中心城区外的具有城市功能的地区，可按规划范围及其非农业人口规模对应本规范中城市规模和人口规模，编制城市公共设施总体规划。

1.0.7 有专项发展要求的特色城市，如被国家批准保护的历史文化名城或有独特自然景观的旅游城市等，这些城市如对公共设施中的相关设施有侧重要求，须经专项论证可行，并经行政主管部门批准后，方可突破规范中相关设施分项指标，但不得突破城市公共设施规划用地综合（总）指标。

3 行 政 办 公

3.0.1 本规范行政办公设施规划用地指标的确定主要依据是：

    1 2003年对69个城市的现状和规划调研资料。经整理分析，调研资料显示，一般中小城市的行政办公占用地比较大，其原因是中小城市的行政办公建筑多为平房或2~3层，大城市行政办公建筑多为多层或高层，低层建筑占地面积多，多层或高层占地面积少；二是中小城市人均用地面积较宽裕，大城市人均用地相对偏紧；三是中小城市有的家属宿舍也包含在行政办公用地中。

    2 原国家计委2001年文件《党政机关办公用房建设标准》规定了具体的行政办公建设标准。

    3 随着政企分开，精简机构的实施，适当减少行政办公规划用地。本规范中该设施占规划用地比例，比现状调研平均数据降低了0.6%，人均规划用地面积降低了0.1%。

3.0.2 目前我国城市各级党政等行政办公地点比较分散。为了实现现代化办公环境，有条件的宜适当集中，规划行政办公中心，便于资源共享，提高工作效率，节约土地资源。

4 商业金融

4.0.1 商业金融设施规划用地指标是通过对商业金融设施调研资料分析后确定的。目前各城市都是处于递增的态势，特别是大城市，增长速度很快，有的城市商业设施增长已超过需求。金融系统除国家四大银行（中行、工行、农行、建行）外，还有股份制银行、集体制银行、合资银行、独资银行、外资银行等，其设施规模规划用地都在快速增长。

4.0.2 商业金融设施分级设置是按照国家城市行政区划对应为市级、区级和地区级商业金融中心。各级商业金融中心规划用地指标是在调研资料的基础上适应不同规模城市发展需要制定的。中小城市指标上下限幅度小些，大城市指标上下限幅度大些，主要是适应大城市快速发展的需要。同时，对400万人口以上城市采用上限值也可能满足不了发展的需求，故本规范提出400万人口以上大城市市级商业金融中心规划用地面积可乘以1.2~1.4的系数。市级商业金融中心包括市级副中心。各行政区宜规划区级商业金融中心。地区级商业中心是几个居住区范围的商业中心设施。各级商业金融中心规划用地面积中包括该中心的绿地、广场、停车场等设施。

4.0.3 各级商业金融设施布局的基本要求：

  1 城市各级商业金融中心的规划布局服务人口半径是根据商务部、建设部《关于做好地级城市商业网点规划工作的通知》（商建发[2004]18号）所提出的原则性意见，又参考了部分省市的相关文件对商业网点规划布局的要求。

  2 商业金融设施规划布点要以人为本，注意城市交通网与商业金融中心协调发展，既要有良好交通通达性，又不要对城市交通干道造成干扰，特别不宜在城市交通主干路两侧沿路布置商业金融中心设施。

  3 大型商业金融设施，主要依据《商店建筑设计规范》JGJ 48-88，对各类商店进行分类。建筑面积大于5000m²为大型商业建筑；建筑面积1000~5000m²为中型商业建筑；建筑面积小于1000m²为小型商业建筑。

5 文化娱乐

5.0.1 城市文化娱乐设施规划用地指标主要依据全国部分城市的调研资料。调研资料显示小城市的文化娱乐设施规划用地占城市规划用地的百分比大多高于大城市，这与城市功能、结构不相适应。随着城市规模的增大，文化娱乐设施门类增多，规模加大，相应的用地指标也应有所递增。因此依据国家相关规范，对大城市文化娱乐设施规划用地的比例做了较大的提高，中小城市也适当提高了比例。

5.0.2、5.0.3 三类文化娱乐设施划分的主要依据是设施的公益性和经营性，其次考虑设施的功能。根据调研资料分析，三类公共设施的规划用地的比例，宜符合表5.0.2的规定。该比例数据的确定主要是考虑每类设施需要规划建设的数量和规模。广播电视和出版类，包括广播电台、电视台，一般城市设在一处即可，其他接转台用地面积很小。出版和报刊数量少，占地面积小，社会上各大学出版社等都设在本校用地范围内。所以，广播电视和出版类占文化娱乐用地的10%~15%即可；图书和展览类包括图书馆，一般为市、区两级，新华书店属经营性的，除单独规划建设的图书大厦外，多设在综合性的商业设施内，占地面积小、数量多。展览性设施种类多，占地面积大，属于市级公共文化设施。所以，图书和展览类占文化娱乐类用地的20%~35%为宜；影剧院、游乐、文化艺术类包括的门类多，分为市、区两级设施，包括文化馆、文化宫、青年宫、影剧院、夜总会等，占地面积大。所以，影剧院、游乐、文化艺术类占文化娱乐设施用地的50%~70%为宜。

5.0.4 总体规划旧城区宜保留原有区位适中的文化娱乐设施，规模标准不能满足规划要求的，应按照规划改扩建的需要提出用地控制范围。

6 体 育

6.0.1 各城市都很重视体育设施用地规划。但调研资料显示，按照国家的要求，一是体育用地不足；二是城市中体育设施布局不均；三是有的中小城市体育设施用地很少甚至没有；四是体育设施利用率低，很少向市民开放。按照原城乡建设环境保护部、原国家体育运动委员会颁布的《城市公共体育运动设施用地定额指标暂行规定》的要求，本规范体育设施规划用地指标在调研资料的基础上提高了30%~60%。

体育设施是公益性设施，城市总体规划中要严格按照本规范的规划用地指标安排体育设施用地。

6.0.2 根据原城乡建设环境保护部和原国家体育运动委员会颁布的《城市公共体育运动设施用地定额指标暂行规定》，参照部分省市的调研资料，制定了市级、区级体育设施规划用地指标（表6.0.2）。大中城市宜分级设置体育设施，即：市级体育中心设施，区级体育场、馆应结合行政区划安排。区级体育场、馆因条件限制不能集中规划布置的，可将体育设施指标社区化，并采取区域互补的方式，提高相邻行政区的体育设施配套标准。

7 医疗卫生

7.0.1 参考原国家建委、卫生部编制的《综合医院建设标准》(征求意见稿)规定的医疗卫生设施建设标准,以床位千人指标为基本计量单位,并规定每床用地指标为80~130m²。本规范床位千人指标的确定,一是通过全国69个大中城市调研,其资料显示我国各相同规模城市医院的每千人床位是不平衡的,沿海一些大城市多数是6~7床/千人,有些城市已超过7床/千人,达到8~9床/千人,而我国中部西部地区的多数城市都在5床/千人以下,有些中小城市只有2~3床/千人。二是参照美国及我国香港、台湾地区的有关资料,确定本规范的床位千人指标。

7.0.2 调研资料显示,我国多数城市医疗卫生设施用地是偏低的,造成医疗卫生设备用地不合标准,停车场地没有或不足,几乎没有绿化用地等,造成医疗卫生设施环境脏、乱、差,不符合现代化建设的需要。本规范参考原国家建委、卫生部编制的《综合医院建设标准》(征求意见稿),每床用地指标80~130m²的规定,在调研资料的基础上制定了医疗卫生设施规划用地的指标。实施中根据城市的性质、规模、现状条件、经济发展状况等多种因素,选用规划用地指标,宜考虑预留用地。

7.0.3 城市疗养院的规划用地标准,根据建设部、卫生部1989年颁布的《综合医院建筑设计规范》JGJ 49-88中疗养院用地标准,并参照部分城市的调研资料,适当提高了疗养院规划用地指标。本规划用地指标包括疗养院建设中的绿化、停车场、健身活动场地等,根据城市的规模选用该指标。

8 教育科研设计

8.0.1 教育科研设计设施规划用地指标是教育、科研、设计三项设施的综合指标。确定该指标主要参照了建设部、原国家计委、原国家教委批准发布的《普通高等学校建筑规划面积指标》建标〔1992〕245号的通知,原国家科委发布的相关科研设施文件及建筑设计规范等相关标准。调研资料显示,大城市教育事业发展很快,中小城市主要是中等专业学校,规模较小,发展较慢。本规范为使我国教育、科研、设计适应快速发展的现代化经济建设的需要,在调研资料的基础上提高了5%左右的规划用地指标。中小城市该类设施规划用地指标的选用不宜低于下限值。

8.0.3 新建高等院校和对场地有特殊要求(如有试验场地等要求)的教育、科研院所,不宜在城市中心区选址,宜在城市边缘或距城市较远的环境较好的地段规划选址。

9 社会福利

9.0.1 城市社会福利设施是构建和谐社会的重要部分,调研资料反映出目前各城市社会福利设施发展较慢,用地标准较低,特别是中小城市多数没有市级的福利设施。确定本指标除根据调研资料外,参照民政部发布的相关设施文件,征询了天津市社会福利管理部门的意见,适当提高了社会福利设施规划用地指标。中小城市选用不宜低于下限值。

9.0.2 老年设施规划用地首先考虑需求。中国人的传统生活方式,老年人和子女共同居住生活的约占老年人口的75%。孤寡老人和子女因各种原因不能予以扶持而需要料理的老年人,选择各种形式的老年设施。老年设施的环境、护理条件、护理水平影响老年人的选择。老年人和子女的经济条件也是老年人选择老年设施的重要因素。本规范规定人均老年设施规划用地为0.1~0.3m²,就是考虑到不同的需求。一般中小城市,人均收入偏低的地区,依实际情况可选择较低值,大城市人均收入较高的地区,依实际情况可选用较高值。

9.0.3 残疾人在城市人口中占有一定比例,应为他们规划建设康复中心,营造康复身体、培训技能的条件。社会残疾人康复中心设施用地标准,根据城市人口的规模,按表9.0.3指标确定。

9.0.4 儿童福利设施规划用地,从现状调查情况看,多数中、小城市比较少,设施用地小、建筑简陋。本规范为了体现对儿童群体的社会关怀和福利保障,规划儿童社会福利设施用地。表9.0.4的规划用地标准是根据调查资料综合分析后提出的。

中华人民共和国国家标准

城市容貌标准

Standard for urban appearance

GB 50449—2008

主编部门：中华人民共和国住房和城乡建设部
批准部门：中华人民共和国住房和城乡建设部
施行日期：２００９年５月１日

中华人民共和国住房和城乡建设部
公 告

第 129 号

关于发布国家标准《城市容貌标准》的公告

现批准《城市容貌标准》为国家标准，编号为 GB 50449—2008，自 2009 年 5 月 1 日起实施。其中，第 4.0.2、5.0.9、7.0.5、8.0.4（2）、10.0.6 条（款）为强制性条文，必须严格执行。原《城市容貌标准》CJ/T 127—1999 同时废止。

本标准由我部标准定额研究所组织中国计划出版社出版发行。

中华人民共和国住房和城乡建设部
二〇〇八年十月十五日

前　言

根据住房和城乡建设部"关于印发《二〇〇一～二〇〇二年度工程建设国家标准制订、修订计划》的通知"（建标〔2002〕85 号）的要求，本标准由上海市市容环境卫生管理局负责主编，具体由上海环境卫生工程设计院会同天津市环境卫生工程设计院共同对《城市容貌标准》CJ/T 127—1999 进行全面修订而成。

在本标准修订过程中，标准编制组经广泛调查研究，认真总结了国内外实践经验和科研成果，参考了有关国际标准和国外先进技术，把握发展趋势，完整梳理了城市容貌的内涵、外延，并在广泛征求全国相关单位意见的基础上，经反复讨论、修改，最后经专家审查定稿。

本标准修订后共有 11 章，主要修订内容是：

1. 增加了术语章节，对城市容貌、公共设施等标准中涉及的相关术语进行了规定；
2. 将原标准中公共设施章节中的有关城市道路容貌方面的规定单设一章，并进行修订和补充；
3. 增加了城市照明若干规定，并单设一章；
4. 增加了城市水域若干规定，并单设一章；
5. 增加了居住区若干规定，并单设一章；
6. 保留了原标准中已有章节，但对各章节内容进行了修订和补充。

本标准中以黑体字标志的条文为强制性条文，必须严格执行。

本标准由住房和城乡建设部负责管理和对强制性条文的解释，上海环境卫生工程设计院负责具体技术内容的解释。在执行过程中，请各单位结合工程实践，认真总结经验，如发现需要修改或补充之处，请将意见和建议寄上海环境卫生工程设计院（地址：上海市徐汇区石龙路 345 弄 11 号，邮政编码：200232）。

本标准主编单位、参编单位和主要起草人：

主编单位：上海市市容环境卫生管理局
参编单位：上海环境卫生工程设计院
　　　　　　天津市环境卫生工程设计院
主要起草人：冯肃伟　秦　峰　冯　蒂　陈善平
　　　　　　　万云峰　邰　俊　吕世会　钦　濂
　　　　　　　郑双杰　邓　枫　张　范　何俊宝

目　次

1 总则 …………………………… 27—4
2 术语 …………………………… 27—4
3 建（构）筑物 ………………… 27—4
4 城市道路 ……………………… 27—4
5 园林绿化 ……………………… 27—5
6 公共设施 ……………………… 27—5
7 广告设施与标识 ……………… 27—5
8 城市照明 ……………………… 27—6
9 公共场所 ……………………… 27—6
10 城市水域 …………………… 27—6
11 居住区 ……………………… 27—6
本标准用词说明 ………………… 27—7
附：条文说明 …………………… 27—8

1 总　　则

1.0.1 为加强城市容貌的建设与管理，创造整洁、美观的城市环境，保障人体健康与生命安全，促进经济社会可持续发展，制定本标准。

1.0.2 本标准适用于城市容貌的建设与管理。城市中的建(构)筑物、道路、园林绿化、公共设施、广告标志、照明、公共场所、城市水域、居住区等的容貌，均适用本标准。

1.0.3 城市容貌建设与管理应符合城市规划的要求，并应与城市社会经济发展、环境保护相协调。

1.0.4 城市容貌建设应充分体现城市特色，保持当地风貌，保持城市环境整洁、美观。

1.0.5 城市容貌的建设与管理，除应符合本标准外，尚应符合国家现行有关标准的规定。

2 术　　语

2.0.1 城市容貌　urban appearance
城市外观的综合反映，是与城市环境密切相关的城市建(构)筑物、道路、园林绿化、公共设施、广告标志、照明、公共场所、城市水域、居住区等构成的城市局部或整体景观。

2.0.2 公共设施　public facility
设置在道路和公共场所的交通、电力、通信、邮政、消防、环卫、生活服务、文体休闲等设施。

2.0.3 城市照明　urban lighting
城市功能照明和景观照明的总称，主要指城市范围内的道路、街巷、住宅区、桥梁、隧道、广场、公共绿地和建筑物等处的功能照明、景观照明。

2.0.4 公共场所　public area
机场、车站、港口、码头、影剧院、体育场(馆)、公园、广场等供公众从事社会活动的各类室外场所。

2.0.5 广告设施与标识　facilities of outdoor advertising and sign
广告设施是指利用户外场所、空间和设施等设置、悬挂、张贴的广告。标识是指招牌、路铭牌、指路牌、门牌及交通标志牌等视觉识别标志。

3 建(构)筑物

3.0.1 新建、扩建、改建的建(构)筑物应保持当地风貌，体现城市特色，其造型、装饰等应与所在区域环境相协调。

3.0.2 城市文物古迹、历史街区、历史文化名城应按现行国家标准《历史文化名城保护规划规范》GB 50357 的有关规定进行规划控制；历史保护建(构)筑物不得擅自拆除、改建、装饰装修，并应设置专门标志；其他具有历史价值的建(构)筑物及具有代表性风格的建(构)筑物，宜保持原有风貌特色。

3.0.3 现有建(构)筑物应保持外形完好、整洁，保持设计建造时的形态和色彩，符合街景要求。破残的建(构)筑物外立面应及时整修。

3.0.4 建(构)筑物不得违章搭建附属设施。封闭阳台、安装防盗窗(门)及空调外机等设施，宜统一规范设置。电力、电信、有线电视、通信等空中架设的缆线宜保持规范、有序，不得乱拉乱设。

3.0.5 建筑物屋顶应保持整洁、美观，不得堆放杂物。屋顶安装的设施、设备应规范设置。屋顶色彩宜与周围景观相协调。

3.0.6 临街商店门面应美观，宜采用透视的防护设施，并与周边环境相协调。建筑物沿街立面设置的遮阳篷帐、空调外机等设施的下沿高度应符合现行国家标准《民用建筑设计通则》GB 50352 的规定。

3.0.7 城市道路两侧的用地分界宜采用透景围墙、绿篱、栅栏等形式，绿篱、栅栏的高度不宜超过 1.6m。胡同里巷、楼群角道设置的景门，其造型、色调应与环境协调。

3.0.8 城市各类工地应有围墙、围栏遮挡，围墙的外观宜与环境相协调。临街建筑施工工地周围宜设置不低于 2m 的遮挡墙，市政设施、道路挖掘施工工地围墙高度不宜低于 1.8m，围栏高度不宜低于 1.6m。围墙、围栏保持整洁、完好、美观，并设有夜间照明装置；2m 以上的工程立面宜使用符合规定的围网封闭。围墙外侧环境应保持整洁，不得堆放材料、机具、垃圾等，墙面不得有污迹，无乱张贴、乱涂画等现象。靠近围墙处的临时工棚屋顶及堆放物品高度不得超过围墙顶部。

3.0.9 城市雕塑和各种街景小品应规范设置，其造型、风格、色彩应与周边环境相协调，应定期保洁，保持完好、清洁和美观。

4 城市道路

4.0.1 城市道路应保持平坦、完好，便于通行。路面出现坑凹、碎裂、隆起、溢水以及水毁塌方等情况，应及时修复。

4.0.2 城市道路在进行新建、扩建、改建、养护、维修等施工作业时，在施工现场应设置明显标志和安全防护设施。施工完毕后应及时平整现场、恢复路面、拆除防护设施。

4.0.3 坡道、盲道等无障碍设施应畅通、完好，道缘石应整齐、无缺损。

4.0.4 道路上设置的井(箱)盖、雨箅应保持齐全、完好、正位，无缺损，不堵塞。

4.0.5 人行天桥、地下通道出入口构筑物造型应与周围环境相协调。

4.0.6 不得擅自占用城市道路用于加工、经营、堆放及搭建等。非机动车辆应有序停放，不得随意占用道路。

4.0.7 交通护栏、隔离墩应经常清洗、维护，出现损坏、空缺、移位、歪倒时，应及时更换、补充和校正。路面上的各类井盖出现松动、破损、移位、丢失时，应及时加固、更换、归位和补齐。

4.0.8 城市道路应保持整洁，不得乱扔垃圾，不得乱倒粪便、污水，不得任意焚烧落叶、枯草等废弃物。城市道路应定时清扫保洁，有条件的城市或路段宜对道路采用水洗除尘，影响交通的降雪应及时清除。

4.0.9 各种城市交通工具，应保持车容整洁、车况良好，防止燃油泄漏。运载散体、流体的车辆应密闭，不得污损路面。

5 园林绿化

5.0.1 城市绿化、美化应符合城市规划,并和新建、改建、扩建的工程项目同步建设、同时投入使用。

5.0.2 城市绿化应以绿为主,以美取胜,应遵循生物多样性及适地适树原则,合理配置乔、灌、草,注重季相变化,不得盲目引进外来植物。

5.0.3 城市绿地应定时进行养护,保持植物生长良好、叶面洁净美观,无明显病虫害、死树、地皮空秃。城市绿化养护应符合以下要求:

1 公共绿地不宜出现单处面积大于 $1m^2$ 以上的泥土裸露。
2 造型植物、攀缘植物和绿篱,应保持造型美观。绿地中模纹花坛、模纹组字等应保持完整、绚丽、鲜明。绿地围栏、标牌等设施应保持整洁、完好。
3 绿地环境应整洁美观,无垃圾杂物堆放,并应及时清除渣土、枝叶等,严禁露天焚烧枯枝、落叶。
4 行道树应保持树形整齐、树冠美观,无缺株、枯枝、死树和病虫害,定期修剪,不应妨碍车、人通行,且不应碰架空线。

5.0.4 城市道路绿地率指标应符合表 5.0.4 的规定。

表 5.0.4 道路绿地率指标

道路类型	道路绿地率
园林景观路	≥40%
红线宽度>50m	≥30%
红线宽度 40~50m	≥25%
红线宽度<40m	≥20%

5.0.5 绿带、花坛(池)内的泥土土面应低于边缘石 10cm 以上,边缘石外侧面应保持完好、整洁。树池周围的土面应低于边缘石,宜采用草坪、碎石等覆盖,无泥土裸露。

5.0.6 对古树名木应进行统一管理、分别养护,并应制定保护措施、设置保护标志。

5.0.7 城市绿化应注重庭院、阳台绿化和垂直绿化。

5.0.8 河流两岸、水面周围,应进行绿化。

5.0.9 严禁违章侵占绿地,不得擅自在城市树木花草和绿化设施上悬挂或摆放与绿化无关的物品。

6 公共设施

6.0.1 公共设施应规范设置,标识应明显,外形、色彩应与周边环境相协调,并应保持完好、整洁、美观,无污迹、尘土,无乱涂写、乱刻画、乱张贴、乱吊挂,无破损、表面脱落现象。

6.0.2 各类摊、亭、棚的样式、材料、色彩等,应根据城市区域建筑特点统一设计、建造,宜兼顾功能适用与外形美观,并组合设计,一亭多用。

6.0.3 书报亭、售货亭、彩票亭等应保持干净整洁,亭体内外玻璃立面洁净透明;各类物品应规范、有序放置,严禁跨门营业。

6.0.4 城市中不宜新建架空管线设施,对已有架空管线宜逐步改造入地或采取隐蔽措施。

6.0.5 电线杆、灯杆、指示杆等杆体无乱张贴、乱涂写、乱吊挂;各类标识、标牌有机组合,一杆多用。

6.0.6 候车亭应保持完整、美观,顶棚内外表面无明显积灰、无污迹;座位保持干净清洁,厅内无垃圾杂物、无明显灰尘;广告灯箱表面保持明亮,亮灯效果均匀;站台及周边环境保持整洁。

6.0.7 垃圾收集容器、垃圾收集站、垃圾转运站、公共厕所等环境卫生公共设施应保持整洁,不得污染环境;应定期维护和更新,设施完好率不应低于 95%,并应运转正常。

6.0.8 公共健身、休闲设施应保持清洁、卫生。

7 广告设施与标识

7.0.1 广告设施与标识按面积大小分为大型、中型、小型,并应符合表 7.0.1 的规定。

表 7.0.1 广告设施与标识分类

类型	$a(m)$ 或 $S(m^2)$
大型	$a≥4$ 或 $S≥10$
中型	$4>a>2$ 或 $10>S>2.5$
小型	$a≤2$ 或 $S≤2.5$

注:a 指广告设施与标识的任一边边长,S 指广告设施与标识的单面面积。

7.0.2 广告设施与标识设置应符合城市专项规划,与周边环境相适应,兼顾昼夜景观。

7.0.3 广告设施与标识使用的文字、商标、图案应准确规范。陈旧、损坏的广告设施与标识应及时更新、修复,过期和失去使用价值的广告设施应及时拆除。

7.0.4 广告应张贴在指定场所,不得在沿街建(构)筑物、公共设施、桥梁及树木上涂写、刻画、张贴。

7.0.5 有下列情形之一的,严禁设置户外广告设施:

1 利用交通安全设施、交通标志的。
2 影响市政公共设施、交通安全设施、交通标志使用的。
3 妨碍居民正常生活,损害城市容貌或者建筑物形象的。
4 利用行道树或损毁绿地的。
5 国家机关、文物保护单位和名胜风景点的建筑控制地带。
6 当地县级以上地方人民政府禁止设置户外广告的区域。

7.0.6 人流密集、建筑密度高的城市道路沿线,城市主要景观道路沿线、主要景区内,严禁设置大型广告设施。

7.0.7 城市公共绿地周边应按城市规划要求设置广告设施,且宜设置小型广告设施。

7.0.8 对外交通道路、场站周边广告设施设置不宜过多,宜设置大、中型广告设施。

7.0.9 建筑物屋顶不宜设置大型广告设施,三层及以下建筑物屋顶不得设置大型广告设施,当在建筑物屋顶设置广告设施时,应严格控制广告设施的高度,且不得破坏建筑物结构;建筑物屋顶广告设施的底部构架不应裸露,高度不应大于 1m,并应采取有效措施保证广告设施结构稳定、安装牢固。

7.0.10 同一建筑物外立面上的广告的高度、大小应协调有序,且不应超过屋顶,广告设置不应遮盖建筑物的玻璃幕墙和窗户。

7.0.11 人行道上不得设置大、中型广告,宜设置小型广告。宽度小于 3m 的人行道不得设置广告,人行道上设置广告的纵向距离不应小于 25m。

7.0.12 车载广告色彩应协调,画面简洁明快、整洁美观。不应使用反光材料,不得影响识别和乘坐。

7.0.13 布幔、横幅、气球、彩虹气膜、空飘物、节目标语、广告彩旗等广告,应按批准的时间、地点设置。

7.0.14 招牌广告应规范设置;不应多层设置,宜在一层门檐以上、二层窗檐以下设置,其牌面高度不得大于3m,宽度不得超出建筑物两侧墙面,且必须与建筑立面平行。

7.0.15 路铭牌、指路牌、门牌及交通标志牌等标识应设置在适当的地点及位置,规格、色彩应分类统一,形式、图案应与街景协调,并保持整洁、完好。

8 城市照明

8.0.1 城市照明应与建筑、道路、广场、园林绿化、水域、广告标志等被照明对象及周边环境相协调,并体现被照明对象的特征及功能。照明灯具和附属设备应妥善隐蔽安装,兼顾夜晚照明及白昼观瞻。

8.0.2 根据城市总体布局及功能分区,进行亮度等级划分,合理控制分区亮度,突出商业街区、城市广场等人流集中的公共区域、标志性建(构)筑物及主要景点等的景观照明。

8.0.3 城市景观照明与功能照明应统筹兼顾,做到经济合理,满足使用功能,景观效果良好。

8.0.4 城市照明应符合生态保护、环境保护的要求,避免光污染,并应符合以下规定:

 1 城市照明设施的外溢光/杂散光应避免对行人和汽车驾驶员形成失能眩光或不舒适眩光。

 2 城市照明灯具的眩光限制应符合表8.0.4的规定。

表 8.0.4 城市照明灯具的眩光限制

安装高度(m)	L 与 A 的关系
$h \leqslant 4.5$	$LA^{0.5} \leqslant 4000$
$4.5 < h \leqslant 6$	$LA^{0.5} \leqslant 5500$
$h > 6$	$LA^{0.5} \leqslant 7000$

注:1 L 为灯具与向下垂线成85°和90°方向间的最大平均亮度(cd/m²)。
   2 A 为灯具在与向下垂线成85°和90°方向间的出光面积(m²),含所有表面。

 3 城市景观照明设施应控制外溢光/杂散光,避免形成障害光。

 4 室外灯具的上射逸出光不宜大于总输出光通的25%。在天文台(站)附近3km范围内的室外照明应从严控制,必须采用上射光通量比为零的道路照明灯具。

 5 城市照明设施应避免光线对于乔木、灌木和其他花卉生长的影响。

8.0.5 新建、改建、扩建工程的照明设施应与主体工程同步设计、同步施工、同步投入使用。

8.0.6 城市照明应节约能源、保护环境,应采用高效、节能、美观的照明灯具及光源。

8.0.7 灯杆、灯具、配电柜等照明设备和器材应定期维护,并应保持整洁、完好,确保正常运行。

8.0.8 城市功能照明设施应完好,城市道路及公共场所装灯率及亮灯率均应达到95%。

9 公共场所

9.0.1 公共场所及其周边环境应保持整洁,无违章设摊、无人员露宿。经营摊点应规范经营,无跨门营业,保持整洁卫生,不影响周围环境。

9.0.2 公共场所应保持清洁卫生,无垃圾、污水、痰迹等污物。

9.0.3 机动车停车场、非机动车停放点(亭、棚)应布局合理、设置规范,车辆停放整齐。非机动车停放点(亭、棚)不应设置在影响城市交通和城市容貌的主要道路、景观道路及景观区域内。

9.0.4 在公共场所举办节庆、文化、体育、宣传、商业等活动,应在指定地点进行,及时清扫保洁。

9.0.5 集贸市场内的经营设施以及垃圾收集容器、公共厕所等设施应规范设置、布局合理,保持干净、整洁、卫生。

10 城市水域

10.0.1 城市水域应力求自然、生态,与周围人文景观相协调。

10.0.2 水面应保持清洁,及时清除垃圾、粪便、油污、动物尸体、水生植物等漂浮废物。

10.0.3 水体必须严格控制污水超标排入,无发绿、发黑、发臭等现象。

10.0.4 水面漂浮物拦截装置应美观,与周边环境相协调,不得影响船舶的航行。

10.0.5 岸坡应保持整洁完好,无破损,无堆放垃圾,无定置渔网、渔箱、网簖,无违章建筑和堆积物品。亲水平台等休闲设施应安全、整洁、完好。

10.0.6 岸边不得有从事污染水体的餐饮、食品加工、洗染等经营活动,严禁设置家畜家禽等养殖场。

10.0.7 各类船舶、趸船和码头等临水建筑应保持容貌整洁,各种废弃物不得排入水体。

10.0.8 船舶装运垃圾、粪便和易飞扬散装货物时,应密闭加盖,无裸露现象,防止飘散物进入水体。

11 居 住 区

11.0.1 居住区内建筑物防盗门窗、遮阳雨棚等应规范设置,外墙及公共区域墙面无乱张贴、乱刻画、乱涂写,临街阳台外无晾晒衣物。各类架设管线应符合现行国家标准《城市居住区规划设计规范》GB 50180 的有关规定,不得拉乱设乱。

11.0.2 居住区内道路路面应完好畅通,整治卫生,无违章搭建、占路设摊,无乱堆乱停。道路排水通畅,无堵塞。

11.0.3 居住区内公共设施应规范设置,合理布局,整洁完好。坐椅(具)、书报亭、邮箱、报栏、电线杆、变电箱等设施无乱张贴、乱刻画、乱涂写。

11.0.4 居住区内公共娱乐、健身休闲、绿化等场所无积存垃圾和积存污水,无堆物及违章搭建。

11.0.5 居住区的垃圾收集容器(房)、垃圾压缩收集站、公共厕所等环卫设施应规范设置,定期保洁和维护。

11.0.6 居住区内绿化植物应定期养护,无明显病虫害,无死树,无种植农作物、违章搭建等毁坏、侵占绿化用地现象。

11.0.7 居住区的各种导向牌、标志牌和示意地图应完好、整洁、美观。

11.0.8 居住区内不得利用居住建筑从事经营加工活动,严禁饲养鸡、鸭、鹅、兔、羊、猪等家禽家畜。居民饲养宠物和信鸽不得污染环境,对宠物在道路和其他公共场地排放的粪便,饲养人应当即时清除。

本标准用词说明

1 为便于在执行本标准条文时区别对待,对要求严格程度不同的用词说明如下:
 1)表示很严格,非这样做不可的用词:
  正面词采用"必须",反面词采用"严禁"。
 2)表示严格,在正常情况下均应这样做的用词:
  正面词采用"应",反面词采用"不应"或"不得"。
 3)表示允许稍有选择,在条件许可时首先应这样做的用词:
  正面词采用"宜",反面词采用"不宜";
  表示有选择,在一定条件下可以这样做的用词,采用"可"。
2 本标准中指明应按其他有关标准、规范执行的写法为"应符合……的规定"或"应按……执行"。

中华人民共和国国家标准

城市容貌标准

GB 50449—2008

条 文 说 明

目 次

1 总则 …………………………… 27—10
2 术语 …………………………… 27—10
3 建（构）筑物 ………………… 27—10
4 城市道路 ……………………… 27—11
5 园林绿化 ……………………… 27—11
6 公共设施 ……………………… 27—11
7 广告设施与标识 ……………… 27—12
8 城市照明 ……………………… 27—12
9 公共场所 ……………………… 27—12
10 城市水域 …………………… 27—13
11 居住区 ……………………… 27—13

1 总 则

1.0.1 本条规定了本标准的目的、意义。
1.0.2 本条规定了本标准的适用范围。
1.0.3、1.0.4 这两条提出了城市容貌建设的一般原则。

2 术 语

2.0.2 一般设置在道路及公共场所的公共设施包括各类公益性设施、公共服务性设施及广告设施,可细分为道路交通、公共交通、电力、通信、绿化、消防、环卫、道路照明、生活服务、文体休闲及广告标志设施。其中道路交通设施主要包括指示灯、信号灯控制箱、交通岗亭、护栏、隔离墩等;公共交通设施主要包括候车亭、公交站点指示牌、出租车扬招点、道路停车咪表、自行车棚、自行车架等;电力设施主要包括电杆、电线、电力控制箱、调压器等;通信设施主要包括通信线路、通信控制箱、电话亭、邮筒、通信信息亭等;绿化设施主要包括行道树和底隔栅、花坛、花池等;消防设施主要包括消防栓;环卫设施主要包括垃圾收集容器、垃圾收集站、垃圾转运站、公共厕所等;道路照明设施主要包括路灯、景观灯;生活服务设施主要包括书报亭、阅报栏、画廊、自动贩卖机、售买亭、售票亭等;文体休闲设施主要包括坐椅、健身器材、雕塑等;广告标志设施主要包括各类广告设施、招牌、招贴栏以及路铭牌、门牌、道路标志、指示牌等标志。

公共设施中有关道路交通设施、绿化设施、道路照明设施及广告标志设施的相关规定分别在第 4、5、7、8 章中进行了详述,因此本标准的公共设施主要是第 6 章涉及的设施。

2.0.4 公共场所一般指供公众从事社会活动的各种场所,是提供公众进行工作、学习、经济、文化、社交、娱乐、体育、参观、医疗、卫生、休息、旅游和满足部分生活需求所使用的一切公用建筑物、场所及其设施的总称。本标准所指的公共场所主要指影响城市容貌、位于室外的公共场所,主要包括以下几类:

1 机场、车站、港口、码头等交通设施的室外公共场所。
2 体育馆、学校、医院、电影院、博物馆、展览馆等公共设施的室外公共场所。
3 公园、广场、旅游景区(点)、城市居民户外休憩场所。

3 建(构)筑物

3.0.1 建(构)筑物单体是构成城市景观的主体,是影响城市容貌的主要因素,各类建(构)筑物在建设前必须经有关部门审批。

城市容貌除应保持景观协调外,还应注重创造城市特色。一些城市不重视保持本地风貌,造成千城一面,毫无特色。应当阅读和尊重地方建筑风格形成过程,挖掘当地传统建筑风貌,利用现代技术来满足现代人的生活方式,创造各具特色的城市景观。

3.0.2 一个城市历史文化遗产的保护状况是城市文明的重要标志。在城市建设和发展中,必须正确处理现代化建设和历史文化保护的关系,尊重城市发展的历史,使城市的风貌随着岁月的流逝而更具内涵和底蕴。为使城市历史文脉得以保存,必须重视保护城市文物古迹,文物保护单位、历史街区、历史文化街区、历史古城、历史文化名城,应按照现行国家标准《历史文化名城保护规划规范》GB 50357 和《城市紫线管理办法》(建设部令第 119 号)有关规定进行规划控制。城市中其他具有历史价值的建(构)筑物以及具有代表性风格的建(构)筑物也应予以保护。

在实际工作中,一些城市根据实际情况增加了保护名目,补充了三个层次的空隙,是有意义的新发展。如在"文物保护单位"之外,增加"历史建筑"或"近代优秀建筑"的名目,保护有继续使用的要求,又不适合用"文物保护单位"保护方法的建(构)筑遗产;在"历史文化街区"之后增加"历史文化风貌区"的名目,保护那些不够"历史文化街区"标准,却又不应放弃的历史街区和历史性自然景观。另外,仔细地认定保护层次十分重要。属于文物保护单位的,不可轻易拆掉或仅保留外观,可称"原物保护";属于历史文化街区的,要保护外观整体的风貌,不必强求所有建筑的"原汁原味",可称"原貌保护";历史文化名城中非文物古迹、非历史地段的大片地方,只须延续风貌特色,不必再提过高要求,可称"风貌保护"。

3.0.3 本条规定了对城市现状建(构)筑物的维护、管理要求。城市建(构)筑物的维护与管理牵涉到规划、市容、城管监察、房地等职能部门,在管理中应理顺管理体制,加强部门协作与沟通,建立宣传教育机制,加强宣传教育。单位和个人都应当保持建(构)筑物外观的整洁、美观。

3.0.4 本条规定了对建(构)筑物附属设施的管理要求。建(构)筑物上的附属设施是管理的难点,居民不同的生活习惯和需求,导致城市中各种形式的违章搭建活动屡禁不止,严重影响城市社区的市容景观。城市市容管理中应加强对居民的宣传教育,制止违章搭建活动。各地可根据当地实际情况制定对城市道路沿街建筑外立面的控制管理办法,以及建筑立面上安装空调机、窗罩、阳台罩、防盗网的规定等专项条文,对建筑物外立面进行更详细的管理。

3.0.5 本条规定了建筑屋顶的容貌要求。

3.0.6 本条规定了临街商业门店及出挑物的管理要求。商业门店的招牌设置应符合本标准第 7 章"广告设施与标志"的相关要求;临街建筑出挑物应符合现行国家标准《民用建筑设计通则》GB 50352 的规定。

3.0.7 随着经济的不断发展和人民生活水平的提高,公众在追求宽敞、方便的建筑使用空间的同时,也追求舒适的建筑外部环境,这已成为一种趋势。当钢筋水泥的建筑挤满了城市每一寸土地时,人们感受到城市生活环境中最缺少的是绿色。当前的矛盾不仅是绿化面积与建筑用地的矛盾,还有绿色如何呈现的问题。以往用地分界常采用实体围墙的做法,妨碍了绿色在城市中的显现,因此,我们应在建筑与绿化中寻找平衡,追求绿化与建筑的整体与统一。采用透景围墙、绿篱、栅栏等显绿的方式作为用地分界形式,把绿化的概念扩充到城市空间中解决城市绿色不足的矛盾,可以满足市民对绿色需求不断增大的愿望。

3.0.8 城市中各种工地产生的扬尘、噪声对环境造成很大危害,同时也给城市景观造成不良影响。为了保证工地自身的安全以及周边行人的安全,必须设置围墙、围栏设施。

3.0.9 本条规定了城市中的雕塑、街景小品的设置要求。城市雕塑建设必须按照住房和城乡建设部、文化部颁布的《城市雕塑建设管理办法》(文艺发〔1993〕40 号)进行,必须符合当地城市规划要求,宜纳入当地城市总体规划和详细规划,有计划地分步实施。城市雕塑、街景小品的建设宜进行统一规划,保持地方特色,融入城市环境。

4 城市道路

4.0.2 城市道路施工现场应符合相关规定,除保障行人和交通车辆安全外,还要避免或减少施工作业对城市容貌和周围环境的影响。

4.0.3 本条明确了道路上无障碍设施的管理要求。供人们行走和使用的道路、交通的无障碍设施,应符合乘轮椅者、拄盲杖及使用助行器者的通行与使用要求。

4.0.4 本条规定了井盖等道路附属设施的设置要求。

4.0.6 任何人不得随意占用城市道路,因特殊情况需要临时占用城市道路的,须经相关主管部门批准后,方可按照规定占用。经批准临时占用城市道路的,不得损坏城市道路;占用期满后,应当及时清理现场,恢复城市道路原状;损坏城市道路的,应当修复或者给予赔偿。"非机动车辆应有序停放"包含两层含义:一是应停放在规定区域,二是应停放整齐。

4.0.7 本条规定了对影响城市容貌的道路附属设施的管理、维护要求。各类城市道路附属设施,应符合城市道路养护规范,如因缺损影响交通和安全时,有关产权单位应当及时补缺或者修复。

4.0.8 城市道路主要承担交通功能,是人流量较大、人与人交流较多的城市空间,是展现城市容貌的最主要区域。本条主要对城市道路保洁管理的单位和个人,以及位于城市道路两侧的单位及行人的主体行为进行规定,并应符合《城市环境卫生质量标准》(建城〔1997〕21号)的要求。

本条规定了城市道路清扫保洁的作业质量要求。对于有条件的城市,例如水资源较为充足、社会经济条件较好的城市,可根据需要采用水冲式除尘,提倡采用中水;对于降雪城市尤其是北方城市,应做好除雪工作。清扫、保洁和垃圾清运应符合《城市环境卫生质量标准》(建城〔1997〕21号)的要求。

4.0.9 本条规定了在城市行驶的交通工具的环境卫生要求。

5 园林绿化

5.0.2 本条明确了城市绿化建设中应遵循的原则和功能要求。城市绿化应当根据当地的特点,利用原有的地形、地貌、水体、植被和历史文化遗址等自然、人文条件合理设置。

5.0.3 本条规定了城市绿化的管理养护要求。为满足这些要求,各地应按照《城市绿化条例》(中华人民共和国国务院令第100号),实行分工负责制。

1 城市的公共绿地、风景林地、防护绿地、行道树及干道绿化带的绿化,由城市人民政府城市绿化行政主管部门管理。

2 各单位管界内的防护绿地的绿化,由该单位按照国家有关规定管理。

3 单位自建的公园和单位附属绿地的绿化,由该单位管理。

4 居住区绿地的绿化,由城市人民政府城市绿化行政主管部门根据实际情况确定的单位管理;城市苗圃、草圃和花圃等,由其经营单位管理。

5.0.4 在规划道路红线宽度时应同时确定道路绿地率。道路绿地率是道路红线范围内各种绿带宽度之和占总宽度的百分比。

5.0.6 百年以上树龄的树木,稀有、珍贵树木,具有历史价值或者重要纪念意义的树木,均属古树名木。

5.0.7 庭院、阳台、屋顶、立交桥等绿化和建筑立面的垂直绿化构成了城市立体绿化,可作为城市绿化建设的重要补充,在满足绿化建设指标的同时,实现节约土地资源目标。城市的理想绿地面积应占城市总用地面积的50%以上,并且以植物造景为主来规划建设城市园林绿地系统,才可能达到人均绿化面积 $60m^2$ 的最佳居住环境,才能充分发挥绿色植物的生态环境效益,维护生物多样性和城市生态平衡。在高楼林立的城市里,要达到人均绿化面积 $60m^2$,仅靠平面绿化是不够的,还应该进行立体绿化。

5.0.8 本条规定了河流、水面的绿化要求。

5.0.9 本条文中的"绿地"指城市绿线内的用地,其范围按《城市绿线管理办法》(建设部令第112号)规定划定。城市绿地管理单位应建立、健全管理制度。任何单位和个人不得擅自占用城市绿化用地;确要临时占用城市绿化用地的,须经城市绿化行政主管部门同意,并按照有关规定办理临时用地手续;占用的城市绿化用地,应当限期归还。

6 公共设施

6.0.1 公共设施是丰富市民生活、完善城市服务功能、提高城市质量的重要组成部分,与城市居民联系十分紧密。城市范围内的公共设施,应按照各行业设施设置要求和城市规划总体要求进行规范设置,便于引导市民开展生活和生产活动。此外,目前公共设施上乱张贴、乱刻画、乱涂写的现象突出,对城市容貌的影响显著,故本条对其进行了规定。考虑到城市建设过程中涉及的公共设施较广,本条对原标准3.6条的设施范围进行了扩展,并增加了设施与周边环境协调的要求。

6.0.2 摊、亭、棚形式在城市区域内数量众多,对城市容貌的影响较大。近年来,上海、北京等大中城市提出了将各种小型的摊、亭、棚组合设计、一亭多用,在一定程度上减少了分散污染源,并且功能齐全、方便大众、易于管理。

6.0.3 书报亭、售货亭、彩票亭在城市范围内数量较多,与市民生活息息相关。从调研的情况来看,书报亭和售货亭的跨门营业现象突出,彩票亭的公告纸、公告牌的无序摆放情况较显著,对城市容貌的影响较为突出。

6.0.6 候车亭的人流量较大,部分城市的候车亭造型独特,成为城市中的风景线,而大多数城市将公益性宣传画、广告附设于候车亭,大幅面图案的视觉效果较为强烈,如果整体环境卫生和景观效果较差,对于整个城市容貌的影响也较为显著。本条对候车亭的环境卫生、景观效果提出了要求。

6.0.7 本条规定了环卫公共设施的管理、维护要求。环卫公共设施的完好程度,对于其功能的良好发挥有密切的联系。参考国内外环卫规划中环卫设施完好率的现状,考虑到全国不同城市的普遍要求,制定了设施完好率为95%的标准。

6.0.8 公共健身、休闲设施大多为免费开放,向市民提供健身休闲的基础设施,具有多样性、大众性和公益性。保持这些设施的清洁、卫生,有利于设施功能的正常发挥,促进全民健身运动的开展。

7 广告设施与标识

7.0.1 本条参考全国各城市户外广告管理规定的相关要求,根据广告设施与标识面积的大小,将其分为大型、中型、小型。在按表 7.0.1 要求对广告设施与标识进行分类时,只要 a 或 S 任一值符合要求即成立,如当广告设施与标识的边长 $a \geqslant 4m$ 或面积 $S \geqslant 10m^2$,则此广告设施与标识即为大型。

7.0.2 本条针对国内广告设施与标识的设计、制作参差不齐的现状,规定广告设施及标识不仅应符合相关规划规定,还应追求"美",并兼顾昼夜景观效果。

7.0.3 针对广告设施与标识在文字使用上出现的新问题,本条提出了建设、管理的具体要求。同时,在原标准第 6.4 条对广告过期后的处理方法基础上,增加了对未过期的广告的日常维护、保养工作。

7.0.4 一味限制广告会导致乱张贴广告的行为,甚至是极端行为,如屡禁不止的"城市牛皮癣"现象等。本条从疏导角度,提出广告必须张贴在指定场所,正确引导广告张贴行为。

7.0.5 本条明确了各城市应严禁设置广告的区域及位置,以免影响交通安全、城市形象及居民生活。本条中严禁设置户外广告设施的各类情形涵盖了《中华人民共和国广告法》(1995 年 2 月 1 日起施行)第三十二条的规定,并增加了利用行道树或者损毁绿地的情形。

7.0.6 本条提出限制大型广告的设置区域,避免大型广告给人造成的压抑感觉,破坏城市整体形象。

7.0.7 本条对城市公共绿地周边的广告设置提出要求。

7.0.8 本条对对外交通道路沿线、场站周边广告设置提出要求。

7.0.9 本条明确了屋顶广告的设置控制要求。

7.0.10 本条明确了墙面广告的建设控制要求。

7.0.11 为解决全国各地普遍存在"人行道上的设施过多,公共空间拥挤"的问题,本条对人行道上的广告设置提出了要求,禁止在人行道上设置大、中型广告。

7.0.12 本条明确了交通工具上的广告设置、维护要求。

7.0.13 本条明确了布幔、横幅、气球、彩虹气膜、空飘物、节日标语、广告彩旗等广告的设置要求。

7.0.14 本条规定了沿街建(构)筑物立面招牌的具体设置要求,强调招牌面积不宜过大。

7.0.15 本条明确了各类标识的设置、管理要求,确保既准确导向又不影响城市容貌。

8 城市照明

8.0.1 针对目前全国很多城市存在的过度照明问题,本条提出了适度景观照明的建设要求,城市照明设施设置不仅要取得良好的夜景效果,还要兼顾白天的景观效果。

8.0.2 本条提出了城市照明尤其是景观照明的布局原则。应适应城市总体布局及功能区划要求,科学合理、主次分明、重点突出、体现城市特点,避免雷同、缺乏整体性,造成资源浪费。

为使城市照明工作规范化及创造良好的城市夜景观,城市照明建设应按规划设计进行。城市照明规划设计一般分为城市照明总体规划、城市照明详细规划及城市照明节点设计三个层次,这样从宏观到微观、总体到局部进行控制,保证创造良好的城市夜景观。

8.0.3 由于全国大多数城市景观照明与功能照明(主要是道路功能照明)分属不同部门管理,因此在照明设施的规划设计、建设上存在各自为政的状况,从而造成重复设置、相互不协调的问题,因此本条提出了城市景观照明与功能照明应进行统一规划设计。

8.0.4 针对城市景观照明可能对居住、交通、环境造成的光污染、安全隐患及生态影响等,本条提出具体控制要求。

根据现行行业标准《建筑照明术语标准》JGJ 119,不舒适眩光指产生不舒适感觉,但并不一定降低视觉对象的可见度的眩光。

失能眩光指降低视觉对象的可见度,但并不一定产生不舒适感觉的眩光。

外溢光/杂散光指照明装置发出的落在目标区域或边界以外的光。

障害光指外溢光/杂散光的投射强度或方向足以引起人们烦躁、不舒适、注意力不集中或降低对于一些重要信息(如交通信号)的感知能力,甚至对动、植物亦会产生不良影响的光。

8.0.5 本条强调了城市照明设施事前控制的重要性。目前,城市照明尤其是景观照明很多是在主体工程建成后再实施的,宜造成对主体工程的损坏及重复施工,特别是建(构)筑物建成后再进行装饰照明工程,不仅难以达到良好的景观效果,而且可能破坏建(构)筑物外观与风格。

8.0.6 现今照明技术不断发展,世界各国不断研究出各种新型的照明设备,采用新材料、新技术、新光源,使照明设备越来越具有高光效、长寿命、低能耗、安全可靠等优点,另外还发明了具有自洁作用、不用电的、灭蚊等多种功能的照明设备,适应这一发展趋势,因此照明设施应选用先进的技术和设备,在节约能源、保护环境的前提下做到美观。

8.0.7 本条明确了照明设施设备的管理、维护要求。

8.0.8 本条明确了城市功能照明的几个重要建设指标。其中,装灯率指道路及城市广场、公园、码头、车站等公共场所的功能性照明的实际总装灯数量占按国家相关标准规定的应装总装灯数量的比率。亮灯率指道路及城市广场、公园、码头、车站等公共场所的功能性照明的总装灯数量中亮灯数量所占比率。

9 公共场所

9.0.1 本条规定了公共场所及其周边环境的总体容貌要求。在公共场所设置的经营摊点对城市容貌有着重大影响,本条特此提出了具体管理要求。

9.0.2 公共场所的清扫保洁应符合《城市环境卫生质量标准》(建城〔1997〕21 号)的要求。

9.0.3 本条规定了机动车、非机动车停靠点的建设、管理要求。将原标准 7.2 条的"繁华地带"调整为"主要道路、景观道路及景观区域",使其更清晰、准确。对原标准 7.2 条的存车处设置进行了具体描述。

9.0.4 本条规定了在公共场所举办各类活动的市容环境管理要求。现实社会生活中,在公共场所经常举办各类活动,其使用的临时设施以及产生的各类垃圾对城市容貌有着较大影响,为保持市容环境整洁,应及时清扫、处置各类垃圾,确保活动结束后无废弃物和临时设施。

9.0.5 本条规定了集贸市场的市容环境建设、管理要求。集贸市场是一个比较特殊的公共场所，人员流动性较大，产生各类垃圾较多，配套设施较多，对城市容貌影响较大，为保持市容环境整洁，对集贸市场的经营设施、环卫公共设施及其他附属（配套）设施进行了规定。同时，本条所称"集贸市场"是指经依法登记、注册，由市场经营服务机构经营，有若干经营者、消费者入场集中进行以生活消费品交易为主的场所。

10 城市水域

10.0.1 本章节中城市水域界定的范围与现行国家标准《城市规划基本术语标准》GB/T 50280 中的规定一致。

10.0.2 本条明确了城市水域水面的容貌要求。为保持水面清洁，严禁向水体倾倒垃圾，发现废弃漂浮物应及时清除，不得长时间存留。

10.0.3 城市水域水体是城市水域容貌的直观体现，本条从控制水体色彩视觉角度明确了管理要求。具体应按照现行国家标准《地表水环境质量标准》GB 3838、《污水综合排放标准》GB 8978 及其他一些相关污水排放标准严格执行，严禁不符合标准的废水排入城市水域水体，防止富营养化、发黑及发臭等现象发生。

10.0.4 漂浮物拦截装置对保持城市水域水面清洁具有重要作用，本条规定了其建设要求。

10.0.5 本条规定了城市水域岸坡的建设、管理和维护要求。

10.0.6 本条对水域岸边进行的相关经营活动提出了限制性管理要求。水域岸边一般指水域陆域部分，包括滨水的建筑用地、道路、绿地等，具体范围可由当地主管部门根据实际情况划定。

10.0.7 本条明确了各类船舶、趸船、码头的市容环境卫生要求。

船舶扫舱垃圾应按规定要求处置；冲洗甲板或舱室时，应事先进行清扫，不得将货物残余、废水、油污排入水体。

10.0.8 采用密闭船舶可有效减少垃圾、粪便和飞扬物对城市水域水体的影响。

11 居 住 区

11.0.1 本条规定了居住区内建（构）筑物环境卫生水平及保持容貌美观的要求。

11.0.2 居住区道路作为车辆和人员的汇流途径，具有明确的导向性，并应适于消防车、救护车、商店货车和垃圾车等的通行，必须保证道路的完好通畅，不应设摊经营和堆物，应保持整洁卫生、排水通畅。

11.0.3 本条规定了居住区内公共设施布局、环境卫生及容貌要求。

11.0.4 本条规定了居住区公共场所应达到的环境卫生及容貌要求。

11.0.5 本条规定了居住区内垃圾收集容器、垃圾压缩收集站、公共厕所等环卫设施应保持的环境卫生水平。

11.0.6 居住区内绿化植物是小区景观重要组成部分，应保持生长良好，不得随意破坏。另外绿化围栏应完好、整洁，无破损；绿化作业产生的垃圾应及时清除，以免占道或造成污染。

11.0.7 本条规定了居住区内导向牌、标志牌应该满足导向功能及美观、整洁的要求。

11.0.8 为了不影响居住区内居民的日常生活和小区环境，制定本条。

中华人民共和国国家标准

城市轨道交通技术规范

Technical code of urban rail transit

GB 50490—2009

主编部门：中华人民共和国住房和城乡建设部
批准部门：中华人民共和国住房和城乡建设部
施行日期：２００９年１０月１日

中华人民共和国住房和城乡建设部
公 告

第 250 号

关于发布国家标准
《城市轨道交通技术规范》的公告

现批准《城市轨道交通技术规范》为国家标准，编号为 GB 50490-2009，自 2009 年 10 月 1 日起实施。本规范全部条文为强制性条文，必须严格执行。

本规范由我部标准定额研究所组织中国建筑工业出版社出版发行。

中华人民共和国住房和城乡建设部
2009 年 2 月 23 日

前 言

本规范是根据原建设部《关于印发〈二〇〇一～二〇〇二年度工程建设国家标准制订、修订计划〉的通知》（建标[2002] 85 号）和原建设部标准定额司《关于同意将〈工程建设标准强制性条文（城市建设部分）——城市轨道交通篇〉调整为〈城市轨道交通技术规范〉的函》（建标标函[2007] 39 号）的要求编制的。

本规范是以功能和性能要求为基础的全文强制标准，条款以城市轨道交通安全为主线，统筹考虑了卫生、环境保护、资源节约和维护社会公众利益等方面的技术要求，本规范并未对城市轨道交通的建设和运营提出全面、具体的要求。本规范共分 8 章，包括总则、术语、基本规定、运营、车辆、限界、土建工程和机电设备。

本规范由住房和城乡建设部负责管理和解释，由住房和城乡建设部地铁与轻轨研究中心（中国城市规划设计研究院）负责具体技术内容的解释。请各单位在执行过程中，总结实践经验，积累资料，随时将有关意见和建议反馈给住房和城乡建设部地铁与轻轨研究中心（地址：北京市三里河路 9 号建设部北配楼；邮政编码：100037；E-mail: qingd@caupd.com）。

主编单位：住房和城乡建设部地铁与轻轨研究中心（中国城市规划设计研究院）

参编单位：北京城建设计研究总院有限责任公司
北京全路通信信号研究设计院
上海市隧道工程轨道交通设计研究院
中铁二院工程集团有限责任公司
广州市地下铁道总公司
广州市地下铁道设计研究院
中国北车集团长春轨道客车股份有限公司
北京市轨道交通建设管理有限公司
北京地铁运营有限责任公司
北京市地下铁道设计研究所
上海地铁运营有限公司
上海申通轨道交通研究咨询有限公司
成都地铁总公司
上海铁路城市轨道交通设计院
湘潭电机股份有限公司
中国南车集团南京浦镇车辆厂
中铁第四勘察设计院集团有限公司

主要起草人：秦国栋 沈景炎 申大川
俞加康 周 建 李国庆
陈韶章 徐明杰 毛励良
沈 洪 王旭东 倪 昌
马丽兰 靳玉广 牛英明
陆缙华 王曰凡 薛克仲
蔡顺利 张素燕 赵明花
于 波 周 勇 朱 宏
刘 扬 娄咏梅 汪松滋
周新六 马安泉 于松伟
林镇鉴 李昌义 郑生全

主要审查人：焦桐善　高毓才　朱　军　　　　　莫庭斌　陈穗九　冯伯欣
　　　　　　沈　纹　杨家齐　全永燊　　　　　孔繁达　郭建国　秦长利
　　　　　　丁树奎　褚敬止　李耀宗　　　　　金　淮
　　　　　　卜长堃　宋　键　陈凤敏

目　次

1　总则 …………………………… 28—6
2　术语 …………………………… 28—6
3　基本规定 ……………………… 28—6
4　运营 …………………………… 28—7
　　4.1　行车管理 ………………… 28—7
　　4.2　客运服务 ………………… 28—7
　　4.3　维修 ……………………… 28—7
　　4.4　车辆基地 ………………… 28—7
5　车辆 …………………………… 28—7
　　5.1　一般要求 ………………… 28—7
　　5.2　车体 ……………………… 28—7
　　5.3　牵引和制动 ……………… 28—8
　　5.4　车载设备和设施 ………… 28—8
6　限界 …………………………… 28—9
7　土建工程 ……………………… 28—9
　　7.1　线路工程 ………………… 28—9
　　7.2　轨道与路基工程 ………… 28—9
　　7.3　建筑 ……………………… 28—10
　　7.4　结构工程 ………………… 28—11
8　机电设备 ……………………… 28—11
　　8.1　供电系统 ………………… 28—11
　　8.2　通信系统 ………………… 28—12
　　8.3　信号系统 ………………… 28—12
　　8.4　通风、空调与采暖系统 … 28—13
　　8.5　给水、排水与消防系统 … 28—14
　　8.6　火灾自动报警系统 ……… 28—14
　　8.7　环境与设备监控系统 …… 28—15
　　8.8　自动售检票系统 ………… 28—15
　　8.9　自动扶梯、电梯 ………… 28—16
　　8.10　站台屏蔽门 …………… 28—16
附：条文说明 …………………… 28—17

Contents

1 General Provisions ············ 28—6
2 Terms ············ 28—6
3 Basic Requirements ············ 28—6
4 Operation ············ 28—7
   4.1 Train Operating Management ········ 28—7
   4.2 Passenger Transport Service ············ 28—7
   4.3 Maintenance ············ 28—7
   4.4 Rolling Stock Depots ············ 28—7
5 Rolling Stock ············ 28—7
   5.1 General Requirement ············ 28—7
   5.2 Car Body ············ 28—7
   5.3 Traction and Brake ············ 28—8
   5.4 Vehicle Equipment ············ 28—8
6 Gauge ············ 28—9
7 Civil Engineering ············ 28—9
   7.1 Route Engineering ············ 28—9
   7.2 Rack and Subgrade ············ 28—9
   7.3 Architecture ············ 28—10
   7.4 Structure Engineering ············ 28—11
8 Electrical and Mechanical Equipments ············ 28—11
   8.1 Power Supply System ············ 28—11
   8.2 Communication System ············ 28—12
   8.3 Signal System ············ 28—12
   8.4 Ventilation, Air-condition and Heating Systems ············ 28—13
   8.5 Water Supply, Drainage and Firefighting Systems ············ 28—14
   8.6 Fire Alarm System ············ 28—14
   8.7 Building Automatic Systems ············ 28—15
   8.8 Automatic Fare Collection System ············ 28—15
   8.9 Escalator and Lift ············ 28—16
   8.10 Platform Screen Door ············ 28—16
Explanation of Wording in This Code ············ 28—17

1 总则

1.0.1 为贯彻执行国家技术经济政策，规范城市轨道交通的基本功能和技术要求，依据有关法律、法规，制定本规范。

1.0.2 本规范适用于城市轨道交通的建设和运营。本规范不适用于高速磁浮系统的建设和运营。

1.0.3 城市轨道交通的建设和运营应满足安全、卫生、环境保护和资源节约的要求，并应做到以人为本、技术成熟、经济适用。

1.0.4 城市轨道交通应经验收合格后，才可投入使用。

1.0.5 本规范是城市轨道交通建设和运营的基本要求，城市轨道交通的建设和运营，尚应符合法律、法规和有关标准的规定。

2 术语

2.0.1 城市轨道交通 urban rail transit

采用专用轨道导向运行的城市公共客运交通系统，包括地铁系统、轻轨系统、单轨系统、有轨电车、磁浮系统、自动导向轨道系统、市域快速轨道系统。

2.0.2 建设 construction

新建、改建和扩建城市轨道交通工程项目的规划、可行性研究、勘察设计、施工安装、调试验收和试运行，包括车辆和机电设备的采购、制造。

2.0.3 运营 operation

为实现安全有效运送乘客而有组织开展的各种活动的总称。

3 基本规定

3.0.1 城市轨道交通规划应符合城市总体规划和城市综合交通规划。

3.0.2 城市轨道交通规划应明确城市轨道交通的功能定位、与其他交通方式的关系、发展模式和不同规划期的发展目标，提出网络规划布局以及线路和设施等用地的规划控制要求。

3.0.3 城市轨道交通的建设和运营应以乘客需求为目标，应做到资源共享和方便乘客使用。

3.0.4 城市轨道交通在设计使用年限内，应确保正常使用时的安全性、可靠性、可用性、可维护性的要求。

3.0.5 城市轨道交通应采用质量合格并符合要求的材料与设备。

3.0.6 城市轨道交通应具有消防安全性能，应配备必要的消防设施，应具备乘客和相关人员安全疏散及方便救援的条件。

3.0.7 城市轨道交通应采取有效的防淹、防雪、防滑、防风雨、防雷等防止自然灾害侵害的措施。

3.0.8 车辆和机电设备应满足电磁兼容要求，投入使用前，应经过电磁兼容测试并验收合格。

3.0.9 供乘客自行操作的设备，应易于识别，并应设在便于操作的位置；当乘客使用或操作不当时，不应导致危及乘客安全和设备正常工作的事件发生。

3.0.10 车辆、车站及相应设施，应符合乘轮椅者、扶盲杖者及使用助行器者的通行与使用要求。

3.0.11 全封闭运行的城市轨道交通车站应设置公共厕所。

3.0.12 城市轨道交通的建设和运营应确保相邻建（构）筑物的安全，必要时应进行拆迁或采取安全保护措施。

3.0.13 城市轨道交通应明示禁入区域，并应设置阻挡外界人、物进入禁入区域的防范设施。

3.0.14 车站附近应配套建设与其他交通方式的衔接设施。配套衔接设施的项目、规模应与需求相适应，并应与城市轨道交通统一规划、同期建设。

3.0.15 城市轨道交通的地下工程应兼顾人防要求。

3.0.16 城市轨道交通应根据环境影响评价结果采取有效的环境保护措施。

3.0.17 需要配套建设的环境保护设施，应与城市轨道交通同步设计、同期施工、同时投入使用。运营单位应保障环境保护设施的持续有效使用。

3.0.18 城市轨道交通试运行期间，建设单位应当对环境保护设施运行情况和城市轨道交通对环境的影响进行监测，并根据需要采取必要的环保补救措施。

3.0.19 城市轨道交通的建设和运营应满足文物保护的要求。

3.0.20 城市轨道交通建成后应同时具备以下条件方可投入载客运营：

　　1 不载客试运行的时间不少于3个月。

　　2 运营单位具备安全运营的规章制度，人员到位、持证上岗。

　　3 符合本规范要求并验收合格。

3.0.21 城市轨道交通的运营状态应包括正常运营状态、非正常运营状态和紧急运营状态。运营应在能够保证乘客和所有使用该系统的人员以及设施、设备安全的情况下实施。

3.0.22 城市轨道交通的设施及设备应进行有效的维修，确保其处于安全、可靠和正常的状态。

3.0.23 在发生故障、事故或灾难的情况下，运营单位应迅速采取有效的措施或依据应急预案进行处置。

3.0.24 既有城市轨道交通达到设计使用年限或遭遇重大灾害后，当需要继续使用时，应进行技术鉴定，并应根据技术鉴定结论进行处理。

4 运 营

4.1 行车管理

4.1.1 列车运行应统一调度指挥。

4.1.2 除有轨电车外的城市轨道交通应采用技术手段实现列车安全运行防护;有轨电车允许通过司机瞭望保证行车安全。

4.1.3 在运营期间,线路上的列车最高运行速度应满足下列要求:

1 不应大于设计允许的最高速度。

2 有轨电车在道路上与其他交通方式混合运行时,不应超过道路交通法规规定的最高行驶速度。

3 在站台计算长度范围内,当不设站台屏蔽门时,越站列车实际运行速度不大于40km/h。

4.1.4 列车在营运时段正常运行时,最大运行间隔不应大于10min。

4.1.5 站后折返运行的列车,应在折返站清客后才能进入折返线。

4.1.6 当列车在运行中发生不能保障安全运行的故障时,在故障列车退出运营前,应首先选择在车站清空乘客。

4.1.7 在正常运行状态下,应确认列车在车站停止时,才能开启车门;列车启动前,应通过目视或技术手段确认车门关闭。

4.1.8 当采用无人驾驶运行模式时,应满足下列要求:

1 应能根据运营需求实现车辆基地无人驾驶区域、车辆出入线、正线和折返线的无人驾驶运行。

2 客室内应设置乘客与控制中心或控制室的通信联络装置,实现值守人员与乘客的双向语音通信,值守人员与乘客通话应具有最高优先权。

3 车站应设站台屏蔽门;并应能通过电视监视各站台屏蔽门区域。

4.2 客运服务

4.2.1 城市轨道交通应具备不同运营状态下的客运管理模式,并应设置相应的服务设施。

4.2.2 运营单位应以安全、准时、便捷、文明为目标,为乘客提供持续改进的服务。

4.2.3 城市轨道交通应设置完善的服务标志、乘客信息系统,为乘客提供规范、有效、及时的信息。

4.2.4 运营单位应向残障乘客提供必要的服务。

4.2.5 运营单位应制定相应的规章制度,建立服务质量管理体系。

4.2.6 运营单位应向乘客明示其服务的内容、责任、义务、服务质量和乘车安全要求、乘车常识。

4.3 维 修

4.3.1 维修应满足下列要求:

1 土建设施、车辆和机电设备的维修应包含维护、检查和检修,应包括可能对安全运行产生影响的所有部件或设施。

2 维修人员应经过专业培训,考核合格,持证上岗。

3 应根据运行特点、设施和设备的条件,制定相应的维修规程,并应遵循安全、节能、环保、经济的原则,逐步优化维修规程。

4.3.2 维修管理应符合下列规定:

1 维修管理与配置的维修设施应符合产品维修手册和设计要求。

2 维修时间间隔、维修内容及相关的变更,应经相关程序审定。

3 维修应有记录,维修记录与有关文件应一并存档备案。

4 维护记录应保存至下一次维修开始或至少3年时间;检查及检修记录应保存至土建设施或运营设备的使用期限终止。

4.4 车辆基地

4.4.1 车辆基地的设置应满足行车、维修和应急抢修需要。

4.4.2 车辆基地应有完善的运输和消防道路,并应有不少于2个与外界道路相连通的出入口;总平面布置、房屋建筑和材料、设备的选用等应满足消防要求。

4.4.3 车辆基地应具备良好的排水系统,并应满足防洪、防淹要求。

4.4.4 车辆基地中的危险品应有单独隔离的存放区域,与其他建筑物的安全距离应满足安全要求。

5 车 辆

5.1 一般要求

5.1.1 在车辆寿命周期内,车辆应满足正常运行时的行车安全和人身安全要求,同时应具备故障、事故和灾难情况下方便救援的条件。

5.1.2 车辆及其内部设施应采用不燃材料或低烟、无卤的阻燃材料。

5.1.3 车辆应采取减振防噪措施,减小车辆噪声和对环境的有害影响。

5.1.4 新设计的车辆或经过重大技术改造的首列(辆)车应进行型式试验。

5.2 车 体

5.2.1 在车辆寿命周期内,车体应能够承受各种静态、动态荷载而不产生永久变形、断裂和疲劳失效；车体应有足够的刚度，应满足维修和复轨的要求。新设计的车辆或车辆经过改造对车体强度有影响时，应进行车体静强度试验。

5.2.2　车门有效净高度不应低于1.80m；自地板面计算，坐椅安装处的客室有效净空高度不应低于1.70m。

5.2.3　客室侧门应具备下列功能：

　　1　能单独开闭和锁闭；在站台设有屏蔽门时，能与屏蔽门联动开闭。

　　2　列车运行时能可靠锁闭。

　　3　能对单个车门进行隔离。

　　4　在列车收到开门信号时才能正常打开。

　　5　在紧急情况下，乘客能手动解锁开门。

5.2.4　客室内应设扶手；在列车运行时，车辆连接处应采取保障乘客安全的措施。

5.2.5　客室车窗的结构应防止乘客在无意识状态下身体任何部位伸出窗外；车窗玻璃应为安全玻璃。

5.2.6　客室地板应防滑；客室结构、过道处不应有尖角或突出物。

5.3　牵引和制动

5.3.1　列车应具有既独立又相互协调配合的电气、摩擦制动系统，并应保证车辆在各种运行状态下所需的制动力。

5.3.2　当电气制动出现故障丧失制动能力时，摩擦制动系统应能自动投入使用，并应保证所需的制动力；列车应具备停放制动功能，并应保证列车在超员载荷工况下停在最大坡道时不发生溜车。

5.3.3　与道路交通混合运行的列车（车辆）还应具备：

　　1　独立于轮轨粘着制动功能之外的制动系统。

　　2　用于粘着制动系统的撒砂装置。

5.3.4　当列车发生分离事故时，应能自动实施紧急制动。

5.3.5　当客室侧门未全部关闭时，列车应不能正常启动。

5.3.6　列车应具备下列故障运行的能力：

　　1　在定员载荷工况下，当列车丧失1/4动力时，应能维持运行到终点。

　　2　在定员载荷工况下，当列车丧失1/2动力时，应具有在正线最大坡道上启动和运行到最近车站的能力。

　　3　一列空载列车应能在正线最大坡道上推送一列故障的定员载荷工况下的列车至最近车站。

5.3.7　牵引与制动的控制应符合下列要求：

　　1　制动指令应优先于牵引指令。

　　2　牵引及制动力变化时的冲击率应符合人体对加、减速度变化的适应性。

5.3.8　列车应设置独立的紧急制动按钮，在牵引制动主手柄上应设置警惕按钮。

5.3.9　当列车一个辅助逆变器丧失供电能力时，剩余列车辅助逆变器的容量应满足涉及行车安全的列车基本负载的供电要求。

5.4　车载设备和设施

5.4.1　车辆应设置蓄电池，其容量应满足紧急状态下车门控制、应急照明、外部照明、车载安全设备、广播、通信、信号、应急通风等系统的供电要求。用于地下运行的车辆，蓄电池容量应保证供电时间不小于45min；用于地面或高架线路运行的车辆，蓄电池容量应保证供电时间不小于30min。

5.4.2　车辆内所有电气设备应有可靠的保护接地措施。

5.4.3　与道路交通混行的列车，应具备满足道路交通法规要求的前照灯、示宽灯、方向指示灯、尾灯和后视镜。

5.4.4　客室及司机室应根据需要设置通风、空调和采暖设施，并应符合下列要求：

　　1　当仅设有机械通风装置时，客室内人均供风量不应少于20m³/h（按定员载荷计）。

　　2　当采用空调系统时，客室内人均新风量不应少于10m³/h（按定员载荷计）；司机室人均新风量不应少于30m³/h。

　　3　列车应设紧急通风装置。

　　4　采暖系统应确保消防安全，采用电加热器时应有超温保护功能，电加热器不应对乘客造成伤害。

5.4.5　车辆至少应设置一处供轮椅停放的位置，并应有固定轮椅的装置；在车辆及车站站台的相应位置应有明显的指示标志。

5.4.6　车辆应设有应急照明。

5.4.7　车辆应具备下列通信设施和功能：

　　1　广播报站和应急广播服务。

　　2　司机与车站控制室、控制中心的通话设备。

　　3　乘客与司机直接联系的通话设备。

　　4　在无人驾驶模式中，乘客与控制中心联系的通信系统。

　　5　紧急通信优先。

5.4.8　车辆上应具备下列应急设施或功能：

　　1　司机室应至少设置1具灭火器；每个客室应至少设置2具灭火器。

　　2　地下运行的编组列车，各车辆之间应贯通；当不设置纵向疏散平台时，列车两端应有应急疏散条件和相应设施。

　　3　与道路交通混行的列车（车辆）应配备警示三角牌。

　　4　单轨列车的客室车门应配备缓降装置；列车应能实施纵向救援和横向救援。

5 无人驾驶的列车应配备人工操控列车的相关设备。

6 限 界

6.0.1 城市轨道交通应根据不同车辆和规定的运行工况，确定相应的车辆限界、设备限界和建筑限界。

6.0.2 轨行区土建工程和机电设备的设置应符合相应的限界要求。列车（车辆）在各种运行状态下，不应发生列车（车辆）与列车（车辆）、列车（车辆）与轨行区内任何固定的或可移动物体之间的接触。

6.0.3 当采用顶部架空接触网授电时，建筑限界高度应按受电弓工作高度和接触网系统结构高度计算确定；当采用侧向接触网或接触轨授电时，建筑限界高度应按设备限界高度加不小于 200mm 的安全间隙计算确定。

6.0.4 建筑限界宽度应符合下列规定：

1 对双线区间，当两线间无建（构）筑物时，两条线设备限界之间的安全间隙不应小于 100mm。

2 对单线地下区间，当无构筑物或设备时，隧道结构与设备限界之间的距离不应小于 100mm；当有构筑物或设备时，设备限界与构筑物或设备之间的安全间隙不应小于 50mm。

3 对高架区间，设备限界与建（构）筑物之间的安全间隙不应小于 50mm；当采用接触轨授电时，还应满足受流器与轨旁设备之间电气安全距离的要求。

4 当地面线外侧设置防护栏杆、接触网支柱等构筑物时，应保证与设备限界之间有足够的设备安装空间。

5 人防隔断门、防淹门的建筑限界与设备限界在宽度方向的安全间隙不应小于 100mm。

6.0.5 车站站台不应侵入车辆限界；直线车站站台边缘与车厢地板面高度处车辆轮廓线的水平间隙不应大于 100mm，曲线车站站台边缘与车厢地板面高度处车辆轮廓线的水平间隙不应大于 180mm。

6.0.6 在任何工况下，车站站台面的高度均不得高于车辆客室地板面的高度；在空车静止状态下，二者高差不应大于 50mm。

6.0.7 站台屏蔽门不应侵入车辆限界，直线车站时，站台屏蔽门与车体最宽处的间隙不应大于 130mm。

6.0.8 区间内的纵向应急疏散平台应在设备限界外侧设置，建筑限界应包容通道所必需的净空尺寸。

6.0.9 线路上运行的其他车辆均不应超出所运行线路的车辆限界。

7 土 建 工 程

7.1 线 路 工 程

7.1.1 线路的敷设和封闭方式应根据沿线的土地利用规划、自然条件、环境保护及其功能定位综合确定。

7.1.2 全封闭运行的城市轨道交通线路与道路相交时，应采用立体交叉方式；部分封闭运行的城市轨道交通线路，应经过交通组织和通过能力核算，并设置相应的安全防护措施后，才允许与道路采用平面交叉方式。

7.1.3 全封闭运行的城市轨道交通，正线（含支线）之间的接轨点应选择在车站，在进路方向应设置平行进路；当车辆基地的出入线与正线的接轨点不选择在车站时，应经过行车组织和通过能力核算，并应设置相应的安全防护措施。

7.1.4 正线线路的平面曲线和纵向坡度设置应保证列车运行安全，应与列车的性能参数相匹配，应与设计的列车运行速度相适应，并应满足运营和救援的要求。

7.1.5 线路辅助线的设置应确保运营及救援的需要。

7.2 轨道与路基工程

7.2.1 轨道结构应具有足够的强度、稳定性、耐久性和适当的弹性，应保证列车运行平稳、安全，并应满足减振、降噪的要求。

7.2.2 钢轮—钢轨系统轨道的标准轨距应采用 1435mm。

7.2.3 钢轮—钢轨系统钢轨的断面及轨底坡应与轮缘踏面相匹配，并应保证对运行列车具有足够的支承强度、刚度和良好的导向作用。

7.2.4 跨座式单轨系统的轨道梁应具有足够的竖向、横向和抗扭刚度，应保证结构的整体性和稳定性，并应满足列车走行轮、导向轮和稳定轮的走行要求以及其他相关系统的安装要求。

7.2.5 钢轮—钢轨系统正线曲线段轨道应根据列车运行速度设置超高，允许未被平衡的横向加速度不应超过 $0.4m/s^2$，且最大超高应满足列车静止状态下的横向稳定要求。车站内曲线超高不应超过 15mm，允许未被平衡的横向加速度不应超过 $0.3m/s^2$。

7.2.6 轨道尽端应设置车挡。设在正线、折返线和车辆试车线的车挡应能承受列车以 15km/h 速度撞击时的冲击荷载。

7.2.7 轨道道岔结构应安全可靠，并应与列车运行安全相适应。

7.2.8 区间线路的轨道中心道床面或轨道旁，应设有逃生、救援的应急通道，应急通道的最小宽度不应小于 550mm。

7.2.9 当利用走行轨做牵引网回流时，轨道应进行绝缘处理，并应防止杂散电流扩散。

7.2.10 轨道路基应具有足够的强度、稳定性和耐久性，并应满足防洪、防涝的要求。

7.3 建 筑

7.3.1 车站应满足预测客流的需求,应保证乘降安全、疏导迅速、布置紧凑、便于管理,并应具有良好的通风、照明、卫生、防灾等设施,为乘客提供安全的候车、乘车环境。

7.3.2 车站的站厅、站台、出入口通道、人行楼梯、自动扶梯、售检票口(机)等部位的规模应与通过能力相互匹配。当发生事故或灾难时,应保证将一列进站列车的预测最大载客量以及站台上的候车乘客在6min内全部撤离到安全区。

7.3.3 除有轨电车系统外,车站站台和乘降区的最小宽度应满足下列规定:

    1 对岛式站台车站,站台乘降区(侧站台)2.5m。

    2 对侧式站台车站,当平行于线路方向设置楼梯时,侧式站台的乘降区(侧站台)2.5m;当垂直于侧站台设置楼梯时,侧式站台的乘降区(侧站台)3.5m。

    3 当站台计算长度小于100m,且楼梯和自动扶梯设置在站台计算长度以外时,岛式站台5m,侧式站台3.5m。

    4 设有站台屏蔽门的地面车站、高架车站的侧站台2m。

7.3.4 站台应设置足够数量的进出站通道、楼梯或自动扶梯,同时应满足站台计算长度内任一点距通道口或梯口的距离不大于50m。

7.3.5 楼梯和通道的最小宽度应符合下列规定:

    1 天桥或通道2.4m。

    2 单向公共区人行楼梯1.8m。

    3 双向公共区人行楼梯2.4m。

    4 消防专用楼梯和站台至轨行区的工作梯1.1m。

7.3.6 当车站出入口的提升高度超过6m时,应设置上行自动扶梯;当车站出入口的提升高度超过12m时,应设置上行和下行自动扶梯。站厅与站台间应设置上行自动扶梯,当高差超过6m时,应设置上行和下行自动扶梯。当上行和下行全部采用自动扶梯时,应加设人行楼梯或备用自动扶梯。

7.3.7 在车站付费区与非付费区之间的隔离栅栏上,应设置栅栏门;检票口和栅栏门的总通行能力应满足乘客安全疏散的需要。

7.3.8 车站应至少设置一处无障碍检票通道,通道净宽不应小于900mm。

7.3.9 当车站不设站台屏蔽门时,站台边缘应设置醒目的安全线。

7.3.10 地下车站的站台、站厅疏散区和通道内不得设置任何商业设施。

7.3.11 地面车站和高架车站应与相邻建筑物保持安全的防火间距,并应设置消防车通道。

7.3.12 地下车站的风亭(井)应防止气流短路,并应符合环境保护要求。

7.3.13 车站内的顶棚、墙面、地坪的装饰应采用A级材料;当使用架空地板时,不应低于B1级材料;车站公共区内的广告灯箱、休息椅、电话亭、售(检)票机等固定服务设施的材料应采用低烟、无卤的阻燃材料。地面材料应防滑耐磨;当使用玻璃材料时,应采用安全玻璃。

7.3.14 地下工程、出入口通道、风井的耐火等级应为一级;出入口地面建筑、地面车站、高架车站及高架区间结构的耐火等级不应低于二级。

7.3.15 控制中心建筑的耐火等级应为一级;当控制中心与其他建筑合建时,应设置独立的进出通道。

7.3.16 地下车站站台和站厅公共区应划为一个防火分区,其他部位每个防火分区的最大允许使用面积不应大于1500m²;地上车站不应大于2500m²;两个相邻防火分区之间应采用耐火极限不低于3h的防火墙分隔,防火墙上的门应采用甲级防火门。与车站相接的商业设施等公共场所,应单独划分防火分区。

7.3.17 消防专用通道应设置在含有车站控制室等主要管理用房的防火分区内,并应能到达地下车站各层;当地下车站超过3层(含3层)时,消防专用通道应设置为防烟楼梯间。

7.3.18 在地下换乘车站公共区的下列部位,应采取防火分隔措施:

    1 上下层平行站台换乘车站:下层站台穿越上层站台时的穿越部分;上、下层站台联络梯处。

    2 多线同层站台平行换乘车站:站台与站台之间。

    3 多线点式换乘车站:换乘通道或换乘梯。

    4 多线换乘车站共用一个站厅公共区,且面积超过单线标准车站站厅公共区面积2.5倍时,应通过消防性能化设计分析,采取必要的消防措施。

7.3.19 车站出入口的设置应满足进出站客流和应急疏散的需要,并应符合下列规定:

    1 车站应设置不少于2个直通地面的出入口。

    2 地下一层侧式站台车站,每侧站台不应少于2个出入口。

    3 地下车站有人值守的设备和管理用房区域,安全出口的数量不应少于2个,其中1个安全出口应为直通地面的消防专用通道。

    4 对地下车站无人值守的设备和管理用房区域,应至少设置一个与相邻防火分区相通的防火门作为安全出口。

    5 当出入口同方向设置时,两个出入口间的净距不应小于10m。

    6 竖井爬梯、垂直电梯以及设在两侧式站台之间的过轨联络地道不得作为安全出口。

7 出入口的台阶或坡道末端至道路各类车行道的距离不应小于3m。

8 地下车站出入口的地坪标高应高出室外地坪,并应满足站址区域防淹要求。

7.3.20 当地下出入口通道长度超过100m时,应采取措施满足消防疏散要求。

7.3.21 换乘通道、换乘楼梯(含自动扶梯)应满足预测高峰时段换乘客流的需要;当发生火灾时,设置在该部位的防火卷帘应能自动落下。

7.3.22 两条单线区间隧道之间应设置联络通道,相邻两个联络通道之间的距离不应大于600m;联络通道内应设置甲级防火门。

7.3.23 当区间隧道设中间风井时,井内或就近设置直通地面的防烟楼梯。

7.3.24 高架区间疏散通道应符合下列规定:

1 当高架区间利用道床做应急疏散通道时,列车应具备应急疏散条件和相应设施。

2 对跨座式单轨及磁浮系统的高架区间,应设置纵向应急疏散平台。

7.3.25 跨座式单轨系统车站应设置站台屏蔽门;高架车站行车轨道区底部应封闭。

7.3.26 车站的站厅和站台公共区、自动扶梯、自动人行步道和楼梯口、疏散通道及安全出口、区间隧道、配电室、车站控制室、消防泵房、防排烟机房以及在发生火灾时仍需坚持工作的其他房间,应设置应急照明。

7.3.27 车站的站台、站厅公共区、自动扶梯、疏散通道、安全出口、楼梯转角等处应设置灯光或蓄光型疏散指示标志;区间隧道应设置可控制指示方向的疏散指示标志。

7.4 结构工程

7.4.1 城市轨道交通应根据线路沿线的工程地质、水文地质、气候条件、地形环境、荷载特性、施工工艺等要求,通过技术经济、环境影响和使用功能等方面的综合评价,选择安全可靠、经济合理的结构形式。

7.4.2 主体结构工程的设计使用年限应为100年;车辆基地及其他房屋建筑的设计使用年限应为50年。

7.4.3 结构净空尺寸应满足建筑限界、使用功能及施工工艺等要求,并应考虑施工误差、结构变形和后期沉降的影响。

7.4.4 当高架结构与公路、铁路立交或跨越河流时,桥下净空应满足相应的行车、排洪、通航的要求。

7.4.5 结构工程的材料应根据结构类型、受力条件、使用要求和所处环境等选用,并应满足结构对材料的安全性、耐久性、可靠性、经济性和可维护性的要求。

7.4.6 当高架结构的墩柱有可能受机动车、船舶等撞击时,应设防止墩柱受撞击的保护设施。

7.4.7 工程抗震设防烈度应根据相关部门批准的地震安全性评价结果确定。

7.4.8 结构工程应按相关部门批准的地质灾害评价结论,采取相应的措施,确保结构和运营安全。

7.4.9 对有战时防护功能要求的地下结构,应在规定的设防部位按批准的人防抗力标准进行结构检算,并应设置相应的防护设施,满足平战转换要求;当与既有线路连通或上跨、下穿既有线路时,尚应保证不降低各自的防护能力。

7.4.10 采用直流供电和走行轨回流的结构工程,应采取防止杂散电流腐蚀的措施。

7.4.11 地下结构的防水措施应根据气候条件、工程地质和水文地质状况、结构特点、施工方法、使用要求等因素确定,应保证结构的安全性、耐久性和正常使用要求。

7.4.12 地下结构防水等级应符合下列规定:

1 地下车站、机电设备集中区段的结构防水等级应为一级。

2 区间隧道、连接通道等附属隧道结构防水等级应为二级。

8 机电设备

8.1 供电系统

8.1.1 牵引供电系统,应急照明,通信、信号、自动售检票、消防用电设备,与防烟、排烟和事故通风有关的用电设备应为一级负荷。

8.1.2 供电系统应具有完备的继电保护和自动装置。

8.1.3 供电系统注入公共电网系统的谐波含量值,不应超过允许范围。

8.1.4 直流牵引供电系统的电气安全防护措施应与减少杂散电流的措施相协调;当出现矛盾时,电气安全防护措施应优先。

8.1.5 在直流牵引供电系统中,除出于安全考虑外,变电所的接地系统和回流回路之间不应直接连接。

8.1.6 供电系统应由电力监控系统实现远程监控。

8.1.7 各变电所的两路进线电源中,每路进线电源的容量应满足变电所全部一、二级负荷的供电要求。

8.1.8 地面变电所应避开易燃、易爆、有腐蚀性气体等影响电气设备安全运行的场所。

8.1.9 当变电所配电装置的长度大于6m时,其柜(屏)后通道应设2个出口;当低压配电装置的2个出口间的距离超过15m时,应增加通道出口。

8.1.10 在地下使用的电气设备及材料,应选用低损耗、低噪声、防潮、无自爆、低烟、无卤、阻燃或耐火的定型产品。

8.1.11 接触网应满足下列要求:

1 接触网应能可靠地向列车馈电,并应满足列车的最高行驶速度要求。

2 接触网应适当分段,并应满足行车和检修的要求。

3 接触网应设置过电压保护装置。所有与大地不绝缘的裸露导体应接至接地极,不应直接接至或通过电压限制装置接至回流回路。

4 架空接触网应具备防止由于接触线断线而扩大事故的措施。

5 接触轨应设防护罩。

8.1.12 牵引回流与杂散电流防护应满足下列要求:

1 在直流牵引供电系统中,回流电缆应对地绝缘。所有回流用的导体应保证电气和机械性能可靠,相关的连接件应做到不使用专用工具不能移动。

2 连接牵引变电所与回流轨间的回流电缆应至少有2个回路,并且当有1个回路的电缆发生故障时也应能满足回流的要求。

3 当采用走行轨作为回流轨时,应采取有效措施减少回流轨的纵向电阻,并应确保与大地间具有良好的绝缘水平。

4 在正常运营条件下,正线回流轨与地间的电压不应超过DC90V,车辆基地回流轨与地间的电压不应超过DC60V;当瞬时超过时应有可靠的安全保护措施。

5 在隧道入口,电缆的金属外护套及各种金属管道应与隧道内的各系统设备实现电气隔离。

8.1.13 动力与照明应满足下列要求:

1 通信、信号、火灾自动报警系统及地下车站和区间隧道的应急照明应具备应急电源。

2 照明灯具应采用节能光源。

3 车站应具有总等电位联结或辅助等电位联结。

8.2 通信系统

8.2.1 通信系统应安全、可靠。在正常情况下应为运营管理、行车指挥、设备监控、防灾报警等进行语音、数据、图像等信息的传送。在非正常或紧急情况下,应能作为抢险救灾的通信手段。

8.2.2 通信系统应符合下列规定:

1 传输系统应满足通信各子系统和其他系统信息传输的要求。

2 无线通信系统应为控制中心调度员、车站值班员等固定用户与列车司机、防灾、维修、公安等移动用户之间提供通信手段,满足行车指挥及紧急抢险的需要,并应具有选呼、组呼、全呼、紧急呼叫、呼叫优先级权限等调度通信、存储及监测等功能。

3 闭路电视监视系统应为控制中心调度员、车站值班员、列车司机等提供列车运行、防灾救灾以及乘客疏导等视觉信息。

4 公务电话系统应满足城市轨道交通各部门间进行公务通话及业务联系,并应纳入公用网。公务电话系统设备应具备综合业务数字网络的交换能力。

5 专用电话系统应保证控制中心调度员及车站、车辆基地的值班员之间实现行车指挥和运营管理;调度电话系统应具有单呼、组呼、全呼等调度功能。

6 广播系统应保证控制中心调度员和车站值班员向乘客通告列车运行以及安全、向导等服务信息,向工作人员发布作业命令和通知。防灾广播应优先于行车广播。

7 时钟系统应为工作人员、乘客及相关系统设备提供统一的标准时间信息。

8.2.3 通信电源应具有集中监控管理功能,并应保证通信设备不间断、无瞬变地供电;通信电源的后备供电时间不应少于2h;通信接地系统应保证人身和通信设备的安全,并应保证通信设备的正常工作。

8.2.4 隧道内的通信主干电缆、光缆应采用阻燃、无卤、防腐蚀、防鼠咬的防护层,并应符合防护杂散电流腐蚀的要求。

8.3 信号系统

8.3.1 信号系统应具有行车指挥与列车运行监视、控制和安全防护功能,具有降级运用的能力。涉及行车安全的系统、设备应符合"故障——安全"原则。

8.3.2 线路全封闭的城市轨道交通应配备和运用列车自动防护系统;线路部分封闭的城市轨道交通系统,应根据行车间隔、列车运行速度、线路封闭状态等运营条件,采取相应的技术手段进行列车运行的安全防护。

8.3.3 城市轨道交通应配置行车指挥系统。行车指挥调度区段内的区间、车站应能实现集中监视。当行车指挥系统具有自动控制功能时,尚应具有人工控制功能。

8.3.4 列车安全防护系统应满足行车密度、运行速度和行车交路等运营需求。当线路全封闭的城市轨道交通列车采用无安全防护功能的人工驾驶模式时,应有授权,并对授权及相关操作予以表征。

8.3.5 联锁设备应保证道岔、信号机和区段的联锁关系正确。当联锁条件不符时,不得开通进路。

8.3.6 列车自动运行系统应具有列车自动牵引、惰行、制动、区间停车和车站定点停车、车站通过及折返作业等控制功能。控制过程应满足控制精度、舒适度和节能等要求。

8.3.7 当列车配置列车自动防护设备、车内信号装置时,应以车内信号为主体信号;当列车未配置列车自动防护设备或列车自动防护设备失效或未配置车内信号装置时,所设地面信号应为主体信号。当地面的主体信号显示熄灭时,应视为禁止信号。

8.3.8 无人驾驶系统应符合下列规定:

1 无人驾驶系统的建设应与线路、站场配置及运行管理模式相互协调。无人驾驶系统应能实现信号、通信、防灾报警等机电系统设备及车辆的协同控制。

2 控制中心或车站有人值班室应能监控无人驾驶列车的运行状态，应能实现列车停车及车门、站台屏蔽门的应急控制。

8.3.9 当部分封闭的城市轨道交通设专用线路时，其与城市道路交通相交的平交路口应设置城市轨道交通列车优先信号；未设专用线路时，在平交路口处，城市轨道交通的列车应遵守道路交通的信号显示行车。

8.3.10 车辆基地信号系统应符合下列规定：

1 用于有人驾驶系统的车辆基地，应设进、出车辆基地的信号机；进出车辆基地的信号机、调车信号机应以显示禁止信号为定位；车辆基地信号系统、设备的配置应满足列车进出车辆基地和在车辆基地内进行列车作业或调车作业的需求。

2 用于无人驾驶系统的车辆基地，其信号系统、设备的配置，应与无人驾驶系统在车辆基地的功能及车辆基地内无人或有人驾驶区域的范围相适应。

3 车辆基地应纳入信号系统的监视范围。

4 试车线信号系统的地面设备及其布置，应满足系统双向试车的需要。

8.3.11 信号系统设备应具有独立安全认证机构出具的、符合"故障——安全"原则的证明及相关说明。

8.3.12 信号系统设备投入运用前，建设单位应提出技术性安全报告。信号系统的技术文件应对功能的安全性要求、量化的安全目标等进行描述。

8.4 通风、空调与采暖系统

8.4.1 城市轨道交通的内部空气环境应采用通风、空调与采暖方式进行控制，并应符合下列规定：

1 当列车正常运行时，应保证内部空气环境的温度、湿度、气流速度和空气质量均应满足人员生理要求和设备正常运转需要。

2 当列车阻塞在隧道内时，应能对阻塞处进行有效的通风。

3 当列车在隧道发生火灾事故时，应能对事故发生处进行有效的排烟、通风。

4 当车站公共区和设备及管理用房内发生火灾事故时，应能进行有效的排烟、通风。

8.4.2 城市轨道交通的内部空气环境应优先采用通风（含活塞通风）方式进行控制。

8.4.3 隧道内夏季的空气计算温度应符合下列规定：

1 当列车车厢不设置空调时，不应高于33℃。

2 当列车车厢设置空调、车站不设置全封闭站台屏蔽门时，不应高于35℃。

3 当列车车厢设置空调、车站设置全封闭站台屏蔽门时，不应高于40℃。

8.4.4 隧道内冬季的最低空气温度不应低于5℃。

8.4.5 地下车站夏季站内空气计算温度和相对湿度应符合下列规定：

1 当车站采用通风方式时，站内的空气计算温度不应高于室外空气计算温度5℃，且不应超过30℃。

2 当车站采用空调时，站厅的空气计算温度应比空调室外计算干球温度低2~3℃，且不应超过30℃；站台的空气计算温度比站厅的空气计算温度低1~2℃，相对湿度应在40%~65%之间。

8.4.6 地下车站冬季站内最低空气温度不应低于12℃。

8.4.7 通风、空调与采暖系统的负荷应按预测的远期客流量和最大通过能力确定。

8.4.8 通风、空调与采暖方式的设置和设备配置应充分考虑节能要求，并应充分利用自然冷源和热源。

8.4.9 隧道和地下车站的进风应直接采自大气，排风应直接排出地面。

8.4.10 当采用通风方式，系统为开式运行时，每个乘客每小时需供应的新鲜空气量不应少于30m³；当系统为闭式运行时，每个乘客每小时需供应的新鲜空气量不应少于12.6m³，且所供应的新鲜空气量均不应少于总送风量的10%。

8.4.11 当采用空调时，每个乘客每小时需供应的新鲜空气量不应少于12.6m³，且所供应的新鲜空气量不应少于总送风量的10%。

8.4.12 高架线和地面线站厅内的空气计算温度应符合下列规定：

1 当采用通风方式时，夏季计算温度不应超过室外计算温度3℃，且不应超过35℃。

2 当采用空调时，夏季计算温度应为29~30℃，相对湿度不应大于65%。

8.4.13 当高架线和地面线站厅设置采暖时，站厅内的空气设计温度应为12℃。

8.4.14 采暖地区的高架线和地面线车站管理用房应设采暖，室内空气设计温度应为18℃。

8.4.15 高架线和地面线车站设备用房应根据工艺要求设置通风、空调与采暖，设计温度按工艺要求确定。

8.4.16 地下车站和隧道应设置防烟、排烟与事故通风系统。

8.4.17 地下车站站厅、站台公共区和设备及管理用房应划分防烟分区，且防烟分区不应跨越防火分区。站厅、站台公共区每个防烟分区的建筑面积不应超过2000m²，设备及管理用房每个防烟分区的建筑面积不应超过750m²。

8.4.18 地下车站公共区火灾时的排烟量应根据一个防烟分区的建筑面积按1m³/(m²·min)计算；当排烟设备负担两个或两个以上防烟分区时，其设备能力应按同时排除其中两个最大的防烟分区的烟量配置；当车站站台发生火灾时，应保证站厅到站台的楼梯和扶梯口处具有能够有效阻止烟气向站厅蔓延的向下气流，且气流速度不应小于1.5m/s。

8.4.19 当地下车站设备及管理用房、内走道、地下长通道和出入口通道需设置机械排烟时，其排烟量应根据一个防烟分区的建筑面积按 $1m^3/(m^2 \cdot min)$ 计算，排烟区域的补风量不应小于排烟量的50%。当排烟设备负担两个或两个以上防烟分区时，其设备能力应根据最大防烟分区的建筑面积按 $2m^3/(m^2 \cdot min)$ 计算的排烟量配置。

8.4.20 隧道火灾排烟时的气流速度应高于计算的临界风速，最低气流速度不应小于2m/s，且不应高于11m/s。

8.4.21 列车阻塞在隧道时的送风量，应保证隧道断面的气流速度不小于2m/s，且不应高于11m/s，并应控制列车顶部最不利点的隧道空气温度不超过45℃。

8.4.22 隧道的排烟设备应保证在150℃时能连续有效工作1h；地下车站公共区和设备及管理用房的排烟设备应保证在250℃时能连续有效工作1h；地面及高架车站公共区和设备及管理用房的排烟风机应保证在280℃时能连续有效工作0.5h。烟气流经的辅助设备应与风机耐高温等级相同。

8.5 给水、排水与消防系统

8.5.1 城市轨道交通工程的给水系统应满足生产、生活和消防用水对水量、水压和水质的要求。

8.5.2 地下车站及地下区间隧道的消防给水系统应由城市两路自来水管各引一根消防给水管和车站或区间环状管网相接，每一路自来水管均应能满足全部消防用水量；当城市自来水管网为枝状管网时，应设消防泵和消防水池。

8.5.3 消火栓系统的设置应符合下列规定：
1 车站及超过200m的地下区间隧道应设消火栓系统。
2 车站消火栓的布置应保证每一个防火分区同层有两只水枪的充实水柱同时到达任何部位，水枪的充实水柱不应小于10m。
3 当消火栓口处出水压力大于0.5MPa时，应设置减压装置。
4 当供水压力不能满足消防所需压力时，应设消防泵增压设施。

8.5.4 设有消火栓系统的车站，应设水泵接合器。

8.5.5 地下车站的变电所、通信设备室、信号设备室应设自动灭火系统。

8.5.6 地下车站及地下区间隧道排水泵站（房）的设置应符合下列规定：
1 区间隧道线路实际坡度最低点应设排水泵站。
2 当出入线洞口的雨水不能按重力流方式排至洞外地面时，应在洞口内适当位置设排雨水泵站。
3 露天出入口及敞开风口应设排雨水泵房。

8.6 火灾自动报警系统

8.6.1 车辆基地、主变电站、控制中心、全封闭运行的城市轨道交通车站等建筑物应设置火灾自动报警系统。

8.6.2 全封闭运行的城市轨道交通设置的火灾自动报警系统应按中央级和车站级两级监控、管理方式设置；中央级火灾自动报警系统应设置在控制中心。

8.6.3 中央级火灾自动报警系统应具备下列功能：
1 实现全线消防集中监控管理。
2 接收由车站级火灾监控报警系统所发送的火灾报警信息，实现声光报警，进行火灾信息数据储存和管理。
3 接收、显示并储存全线火灾报警设备、消防设备的运行状态信息。
4 存储事件记录和人员的各项操作记录，具备历史档案管理功能；实时打印火灾报警发生的时间、地点等事件记录。

8.6.4 车站级火灾自动报警系统应具备下列功能：
1 接收、存储、打印监控区火灾报警信息，显示具体报警部位；向中央级火灾自动报警系统发送车站级火灾报警信息，接收中央级火灾自动报警系统发布的消防控制指令。
2 发生火灾时，车站级火灾自动报警系统应满足下列监控要求：
　1) 直接控制专用排烟设备执行防排烟模式；启动广播系统进入消防广播状态；控制消防泵的启、停并监视其运行及故障状态；控制防火卷帘门的关闭并监视其状态；监视自动灭火系统的状态信号。
　2) 直接向环境与设备监控系统发布火灾模式指令，由环境与设备监控系统自动启动防排烟与正常通风合用的设备执行相应火灾控制模式。控制其他与消防相关的设备进入救灾状态，切除非消防电源。
3 接收、显示、储存辖区内火灾自动报警系统设备及消防设备的状态信息，实现故障报警。
4 自动生成报警、设备状态信息的报表，并能对报警信息、设备状态信息进行分类查询。

8.6.5 火灾自动报警系统设备的设置应符合下列规定：
1 车站内管理用房、站厅及站台和通道等区域应设置感烟探测器或感温探测器；车辆基地、控制中心感烟探测器的设置应适应大空间的特点。
2 每个防火分区应至少设置一个手动报警按钮；从防火分区内的任何位置到最近的手动报警按钮的距

离不应大于30m。

　　3 变电所、车站站台板下的电缆夹层应敷设缆式线型探测器。

　　4 车站公共区应设置应急广播；车站办公、设备区的走廊、控制中心、车辆基地及主变电站应设置警报装置。

　　5 车站、车辆基地、主变电站、控制中心应设置火灾自动报警控制盘。

　　6 重要设备室及值班室应设置消防电话。

8.6.6 火灾自动报警系统应设置维修工作站，并应具备下列功能：

　　1 接收、显示、储存、统计、查询、打印全线火灾监控报警系统设备的状态信息，发布设备故障报警信息，建立火灾监控报警系统设备维修计划及档案。

　　2 对车站级火灾自动报警控制盘进行远程软件下载、软件维护、故障查询和软件故障处理。

8.6.7 火灾监控报警系统应预留与拟建其他线路换乘站火灾自动报警系统接口的条件。

8.7 环境与设备监控系统

8.7.1 环境与设备监控系统应具备下列功能：

　　1 车站及区间设备的监控。

　　2 执行防灾和阻塞模式。

　　3 环境监控与节能运行管理。

　　4 车站环境和设备的管理。

　　5 系统维修。

8.7.2 车站及区间设备的监控应具备下列功能：

　　1 中央和车站两级监控管理。

　　2 环境与设备监控系统控制指令应能分别从中央工作站、车站工作站和车站紧急控制盘人工发布或由程序自动判定执行。

　　3 注册和操作权限设定。

8.7.3 执行防灾和阻塞模式应具备下列功能：

　　1 接收车站自动或手动火灾模式指令，执行车站防烟、排烟模式。

　　2 接收列车区间停车位置、火灾部位信息，执行隧道防排烟模式。

　　3 接收列车区间阻塞信息，执行阻塞通风模式。

　　4 监控车站逃生指示系统和应急照明系统。

　　5 监视各排水泵房危险水位。

8.7.4 环境监控与节能运行管理应具备下列功能：

　　1 通过对环境参数的检测，对能耗进行统计分析。

　　2 控制通风、空调设备优化运行，提高整体环境的舒适度及降低能源消耗。

8.7.5 车站环境和设备的管理应具备下列功能：

　　1 对车站环境参数进行统计。

　　2 对设备的运行状况进行统计，优化设备的运行；形成维护管理趋势预告，提高设备管理效率。

8.7.6 系统维修应具备下列功能：

　　1 监视全线环境与设备监控系统的设备运行状态，对系统设备进行集中监视和管理。

　　2 对全线环境与设备监控系统软件进行维护、组态、运行参数的定义、系统数据库的形成及用户操作界面的修改等。

　　3 通过对硬件设备故障的判断，保证对系统进行实时监控及维护。

8.7.7 防排烟系统与正常通风系统合用的车站设备，应由环境与设备监控系统统一监控。环境与设备监控系统和火灾监控报警系统之间应设置可靠的通信接口，由火灾自动报警系统发布火灾模式指令，环境与设备监控系统优先执行相应的火灾控制程序。

8.7.8 在地下区间发生火灾或列车阻塞停车时，隧道通风、排烟系统应由控制中心发布模式控制命令，车站环境与设备监控系统接收命令并执行。

8.7.9 车站控制室应设置综合后备控制盘，盘面应以火灾工况操作作为主，操作程序应简单、直接；作为环境与设备监控系统火灾工况自动控制的后备措施，其操作权限高于车站和中央工作站。

8.7.10 环境与设备监控系统应选择具备可靠性、容错性、可维护性、适应城市轨道交通使用环境的工业级标准设备；对事故通风与排烟系统的监控应采取冗余措施。

8.7.11 环境与设备监控系统软件应为标准、开放和通用软件，并具备实时多任务功能。

8.8 自动售检票系统

8.8.1 自动售检票系统应适应城市轨道交通网络化运营的需要，并应预留与城市公共交通票务系统的数据接口。

8.8.2 自动售检票系统应建立统一的密钥体系和车票制式标准；车票制式应与城市公共交通系统标准一致。

8.8.3 自动售检票系统应具备适应各种票务政策，进行实时客流统计、收入清分、防止票务作弊等功能。

8.8.4 自动售检票系统应采用相对独立分级设计，当其中任何一级系统故障时，均不应影响其他系统的正常运行；当故障解除后，应能自动进行系统的恢复处理。系统关键设备应冗余设置，重要数据应备份。

8.8.5 自动售检票系统对外部的恶意侵扰应具有有效的防御能力；车站计算机系统和车站终端设备控制器均应按工业级标准设计，系统设备应满足车站的环境要求。

8.8.6 自动售检票系统的设计能力应满足车站最大预测客流量的需要。

8.8.7 自动售检票系统应满足远期发展及与其他客运交通线路换乘的要求，预留后建线路的接入条件；所采用的车票制式、车站设备的功能和票务政策等应与已建线路自动售检票系统兼容，实现数据互联、互通。

8.8.8 自动售检票系统应满足各种运行模式的要求。在非正常运营状态下，自动售检票系统应能由正常运行方式转为相应的降级运行方式或紧急方式，并应为票务管理、客流疏导提供方便。

8.8.9 在紧急状态下，所有检票机闸门均应处于自由开启状态，并应允许乘客快速通过。

8.8.10 自动售票设备和进站检票设备的数量应满足最大预测客流量的需要；出站检票机应满足行车间隔内下车乘客全部出站的要求。

8.8.11 自动检票机对乘客应有明确、清晰、醒目的工作状态显示；双向自动检票机应能通过参数设置自动转换各时段的使用模式。

8.9 自动扶梯、电梯

8.9.1 自动扶梯、电梯的配置及数量应满足最大预测客流量的需要。

8.9.2 自动扶梯应符合下列规定：
 1 自动扶梯应采用公共交通型重载扶梯，其传动设备、结构及装饰件应采用不燃材料或低烟、无卤、阻燃材料。
 2 自动扶梯应有明确的运行方向指示。
 3 自动扶梯应配备紧急停止开关。

8.9.3 电梯应满足下列要求：
 1 电梯的设置应方便残障乘客的使用。
 2 电梯的操作装置应易于识别、便于操作。
 3 当发生紧急情况时，电梯应能自动运行到设定层，并打开电梯门。
 4 电梯轿厢内设有专用通信设备，并应保证内部乘客与外界的通信联络。
 5 非透明电梯轿厢内应设视频监视装置。

8.10 站台屏蔽门

8.10.1 站台屏蔽门的设计、制造、安装和运行管理，应保证乘客顺利通过，并应满足列车停靠在站台任意位置时车上乘客的应急疏散需要。

8.10.2 站台屏蔽门的结构应能承受人的挤压和活塞风载荷的作用。

8.10.3 在正常工作模式时，站台屏蔽门应由司机或信号系统监控，并应保证站台屏蔽门关闭不到位时，列车不能启动或进站。

8.10.4 站台屏蔽门应具有在站台侧或轨道侧手动打开或关闭每一扇滑动门的功能。

8.10.5 站台屏蔽门应设置应急门；站台屏蔽门两端应设置供工作人员使用的专用工作门。应急门和工作门不受站台屏蔽门系统的控制。

中华人民共和国国家标准

城市轨道交通技术规范

GB 50490—2009

条文说明

目 次

1 总则 …………………………… 28—19
3 基本规定 ……………………… 28—19
4 运营 …………………………… 28—20
　4.1 行车管理 ………………… 28—20
　4.2 客运服务 ………………… 28—21
　4.3 维修 ……………………… 28—21
　4.4 车辆基地 ………………… 28—21
5 车辆 …………………………… 28—21
　5.1 一般要求 ………………… 28—21
　5.2 车体 ……………………… 28—21
　5.3 牵引和制动 ……………… 28—21
　5.4 车载设备和设施 ………… 28—21
6 限界 …………………………… 28—22
7 土建工程 ……………………… 28—22
　7.1 线路工程 ………………… 28—22
　7.2 轨道与路基工程 ………… 28—23
　7.3 建筑 ……………………… 28—23
　7.4 结构工程 ………………… 28—25
8 机电设备 ……………………… 28—25
　8.1 供电系统 ………………… 28—25
　8.2 通信系统 ………………… 28—25
　8.3 信号系统 ………………… 28—25
　8.4 通风、空调与采暖系统 … 28—26
　8.5 给水、排水与消防系统 … 28—26
　8.6 火灾自动报警系统 ……… 28—27
　8.7 环境与设备监控系统 …… 28—28
　8.8 自动售检票系统 ………… 28—28
　8.9 自动扶梯、电梯 ………… 28—29
　8.10 站台屏蔽门 …………… 28—29

1 总 则

1.0.1 阐述制定本规范的目的。

我国在城市轨道交通标准化方面，还没有建立起较为完善的标准体系，特别是在涉及安全、卫生、环境保护和维护社会公共利益等方面需要政府进行控制的关键技术要求，还没有系统的强制性规定，这在某种程度上制约了城市轨道交通事业的健康发展。快速发展的城市轨道交通事业迫切需要标准体系的形成和完善，政府也需要加强对城市轨道交通行业的技术监督，保证城市轨道交通工程的建设质量和运营安全，维护社会公共利益。

1.0.2 阐述本规范的适用范围。

本规范的适用范围可从以下几个方面理解：

1 城市轨道交通

根据城镇建设行业标准《城市公共交通分类标准》CJJ/T 114-2007，城市轨道交通分为地铁系统、轻轨系统、单轨系统、有轨电车、磁浮系统、自动导向轨道系统、市域快速轨道系统七个类别。本规范不适用于磁浮系统中的高速磁浮系统。

不同的城市轨道交通系统各具技术特点，在本规范的条款中，针对不同类型的城市轨道交通系统的异同点，分别规定其技术要求。一些城市轨道交通类型，如中低速磁浮系统、自动导向轨道系统等，还缺乏足够的建设和运营经验，但在安全、卫生、环保和公共利益上的要求与其他类别的轨道交通是一致的。本规范并未对这类交通方式进行过细的规定，就是为其发展留有余地，待成熟时，结合本规范的修编来完善；一些新的系统类型在建设和运营时，如果发现本规范中的一些条款不适用这类新的交通系统，可以根据《建设工程勘察设计管理条例》（国务院令第293号）和《"采用不符合工程强制性标准的新技术、新工艺、新材料核准"行政许可实施细则》（建标[2005]124号）的规定进行核准。

2 建设和运营

建设是指新建、改建和扩建城市轨道交通工程项目的规划、可行性研究、勘察设计、施工安装、调试验收和试运行，包括车辆和机电设备的采购、制造；运营包括运营管理或行车管理、客运服务和维修。

3 既有轨道交通的适用性

本规范适用于新建、改建和扩建的城市轨道交通工程。本规范实施前已经运营的城市轨道交通不受本规范的约束，但改建或扩建时应按本规范执行。

1.0.3 规定城市轨道交通建设和运营基本技术要求和原则。

城市轨道交通在安全、卫生、环境保护、资源节约和维护社会公众利益等方面的技术要求是城市轨道交通建设和运营过程中必须遵守的，也是我国相关法律、行政法规规定需要强制执行的技术要求。因此，满足安全、卫生、环境保护、资源节约和维护社会公众利益等方面的技术要求是城市轨道交通建设和运营的前提。

本规范提出了"以人为本、技术成熟、经济适用"的基本原则。"以人为本"，意在强调城市轨道交通建设和运营应体现为乘客服务的基本属性；"技术成熟"，主要从安全角度出发，意在不强制要求技术先进，意在不鼓励盲目求新；"经济适用"，强调城市轨道交通的建设和运营应考虑经济性，应注重经济效益，避免不必要的功能和浪费。

1.0.4 规定城市轨道交通建设与运营之间的衔接原则。

城市轨道交通是非常复杂的系统，建设完成后，投入运营前，必须经验收合格，确保安全的前提下，才可以投入载客运营。

1.0.5 阐述本规范的定位以及与法律、法规和其他标准的关系。

本规范是工程建设强制性国家标准，本规范的规定是城市轨道交通建设和运营的强制性要求，使用对象是全方位的，是参与城市轨道交通建设和运营的各方主体必须遵守的准则，是管理者对城市轨道交通建设和运营依法履行监督和管理职能的基本技术依据。

本规范主要对城市轨道交通的性能、功能和目标提出了要求，并未对城市轨道交通的建设和运营提出全面、具体的要求，本规范的实施需要依存于经国家批准或备案的有关标准。城市轨道交通建设和运营过程中，尚应符合相关标准的规定。

在城市轨道交通建设和运营中，还需要符合法律、法规的规定，当本规范与法律、法规的规定抵触时，应按法律、法规的规定执行。

3 基 本 规 定

3.0.1、3.0.2 规定了城市轨道交通规划与城市总体规划、城市综合交通规划的关系；规定了城市轨道交通规划中应明确的主要内容和原则要求。

3.0.3 规定了城市轨道交通建设、运营以及乘客需求之间的关系。城市轨道交通要树立运营为乘客服务、建设为运营服务的理念；应从网络角度统筹考虑资源的合理使用，以及乘客使用的便捷。

3.0.5 《建设工程勘察设计管理条例》（国务院令第293号）第二十七条规定，设计文件中选用的材料、构配件、设备，应当注明其规格、型号、性能等技术指标，其质量要求必须符合国家规定的标准。本条据此对城市轨道交通采用的材料和设备提出了要求。

3.0.6~3.0.9 规定了城市轨道交通在消防、电磁兼容、防范自然灾害和乘客使用方面的基本安全要求。

3.0.10 根据《城市道路和建筑物无障碍设计规范》

JGJ 50—2001 第 1.0.3 条制定。

3.0.11 城市轨道交通中，线路部分封闭或不封闭运行的属于中低运量系统，如有轨电车，车站的设置简单，多为开敞形式，这种类型的城市轨道交通不强制要求设置公共厕所；公共厕所要求设在车站，并没有强制规定公共厕所是设在站台还是在站厅层，在建设时可酌情考虑。

3.0.12 提出了城市轨道交通对外界建筑物或构筑物影响的处理原则。

3.0.13 由于城市轨道交通敷设方式的多样性，地面线路、路堑等线路的出现，使得外界人、物可能对城市轨道交通的运营安全产生影响。在城市轨道交通的禁入区域应设置明显的、表明禁止外界人和物进入的标志。同时，应采取有效的物理措施，防范外界人、物的进入。

3.0.14 从城市交通一体化的概念出发，提出了城市轨道交通应配套建设与其他交通方式衔接的设施，并应当与城市轨道交通统一规划、同期建设。

3.0.15 根据《中华人民共和国人民防空法》（中华人民共和国主席令第七十八号）第十四条的规定制定。

3.0.16～3.0.19 国家在环境保护、文物保护方面有很多法律、法规和标准，城市轨道交通的建设和运营也必须执行。

3.0.20 规定了城市轨道交通投入载客运营前应达到的基本要求。不载客试运行的时间是指城市轨道交通土建工程、系统设备安装调试合格后的时间。本条的制定参照了北京等地城市轨道交通的地方法规。

3.0.21 根据《地铁设计规范》GB 50157—2003 第 3.1.3 条的规定制定。城市轨道交通的运营不仅要考虑正常的运营状态，还要考虑系统故障状态时的非正常运营状态以及遇到突发事件时的紧急运营状态。

非正常运行状态是指超出正常范围，但又不至于直接危及乘客生命安全，对车辆和设备不会造成大范围的严重破坏，整个系统能够维持降低标准运行的系统运行状态，主要包括列车晚点、区间短时间堵塞、车站乘客过度拥挤、线路设备故障、列车故障、沿线系统设备故障等。

紧急运行状态是指发生了直接危及乘客生命安全、严重自然灾害或系统内部重大事故，造成系统不能维持运行的情况，主要包括火灾、地震、列车运行事故、设备重大事故等。

3.0.22、3.0.23 规定了运营中维修、突发事件处理和培训的基本技术要求。

3.0.24 城市轨道交通的主体结构、车辆以及各设备系统都有不同的设计使用年限，当达到设计使用年限并需要继续使用时，应对其进行技术鉴定，并根据鉴定结论做相应处理。重大灾害（如火灾、风灾、地震、爆炸等）对城市轨道交通的结构、车辆、设备系统和运营安全造成严重影响或潜在危害，需要继续使用时，也应进行技术鉴定，并根据鉴定结论做相应处理。

4 运　营

4.1 行车管理

4.1.1 城市轨道交通的运量、运行速度、服务水平都具备一定的规模，敷设方式以地下和高架为主，管理需求也比一般地面公交系统要高，因此要求设置统一的调度指挥中心。指挥中心所监控的内容根据轨道交通形式和管理模式的不同可以有所区别。

4.1.2 大部分城市轨道交通主要是在全封闭或大部分封闭的线路条件下运行，运行速度较高，运行密度较大，为保证行车安全，提高运行效率，需要采用技术手段对列车进行安全运行防护。有轨电车主要在地面运行，采用专用道或与地面交通混行，运行速度相对较低，存在大量平交道口，其运行方式与全封闭运行方式有很大不同，因此允许此类系统依靠司机瞭望来保证行车安全。

4.1.3 列车越站实际运行速度是指列车在不停车越过车站的速度，站台无屏蔽门时，其实际运行达到的行驶速度不应大于 40km/h，以保证站台上的乘客在无思想准备的情况下，能够及时判断列车的运行状态，避免发生危险。具体速度取值参考了德国的城市轨道交通技术法规。对于列车在车站停车，或车站站台设有屏蔽门时，由于列车运行规律符合乘客的判断，或乘客已经受到屏蔽门的保护，可以不受此条款的限制。

4.1.4 营运时段是指在早高峰和晚高峰之间的时段，为保证城市轨道交通系统的服务水平，相比城市公共交通系统普遍的行车间隔，其线路最大运行间隔不大于 10min，但早晚收发车时段的部分列车可以不受此条限制。

4.1.5 列车进行站后折返作业时，有可能处在无人驾驶状态，如果此时有乘客滞留在车厢内，有可能发生工作人员无法控制的事件。即便是有司机操作的列车站后折返，列车司机也无法有效控制乘客在车厢内的行为，容易产生意外事件。为保护乘客安全和系统正常作业，列车在离开站台进入站后折返线以前，应确保车厢内无滞留乘客。

4.1.6 故障列车退出运营是指列车因故障不能或不适于继续载客运行，需要将其停放进车辆段、停车场或沿线临时停车线中。但如果发生故障的列车还能够开动，并且能够在故障模式下运行时，为确保车内乘客的安全，应驶入就近的车站将乘客清空，然后尽快进入指定的停车位置。

4.1.7 为保证乘客安全，要求城市轨道交通车辆在正常载客运行时，车门必须处在关闭状态。同时，为提高列车运行效率，也要求列车开门的延迟时间越小越好。对于车门控制本身而言，一般列车速度小于5km/h时，就可以认为列车速度为零，此时车门获得的开门信号称为"零速信号"，列车开关门指令是可以被执行的。但对于乘客安全而言，其实际执行的效果必须是列车速度为零的状态下车门才能打开。这需要在具体设计时各系统具体协调。遇到特殊情况时，如车门不能正常开闭，则必须有其他安全手段或措施确保乘客的安全。

4.1.8 规定了系统应实现无人驾驶功能的区域范围；针对无人驾驶系统的特点，强调了值守人员与乘客应具备的联络手段；规定了与乘客安全直接相关的站台屏蔽门的设置、监视等保护乘客安全的基本要求。

4.2 客运服务

4.2.1~4.2.6 城市轨道交通的客运服务直接面对乘客，是体现系统服务质量和服务水平最直接的窗口，其内容非常广泛，对于不同的系统在不同情况下的要求也不尽相同。本规范仅对保证乘客安全、服务质量和服务规范化等基本内容进行了原则性的规定。

4.3 维 修

4.3.1、4.3.2 对维修和维修管理的基本要求。

4.4 车辆基地

4.4.1、4.4.2 根据《地铁设计规范》GB 50157-2003 第22.1.4条、22.1.6条、22.1.7条、22.1.8条、22.1.9条、22.2.8条的规定改写而成，重点是车辆基地的基本功能以及防灾等安全要求。车辆基地包括停车场、车辆段和综合维修基地。

5 车 辆

5.1 一般要求

5.1.1~5.1.4 规定了车辆的基本安全要求；规定了噪声、振动等环保的基本要求。车辆应具备故障、事故和灾难情况下方便救援的条件，包括人员自救、对人员的施救，以及对车辆本身的救援。

5.2 车 体

5.2.1 规定了车体在寿命周期内的强度、刚度要求。由于铝合金车体的焊缝疲劳强度较低，在寿命周期内，焊缝可能有疲劳问题，增加了疲劳失效的要求。车体的强度、刚度试验统称车体静强度试验。

5.2.2 根据《地铁车辆通用技术条件》GB/T 7928-2003 的规定制定。由于受限界的影响及车门机构外形尺寸的制约，车门和客室的实际高度往往不是很高，本条规定的是最低高度。

5.2.3 从安全角度规定了客室侧门的基本技术要求。在车门的控制上，一般列车速度小于5km/h时，就认为列车速度为零，此时车门获得的开门信号称为"零速信号"。当列车中某一车门发生故障，为不影响正常运行，可以对该车门进行隔离操作，列车进行开关门操作时，隔离的车门不受控制。

5.2.4 城市轨道交通车辆载客量大，客室应设置一定数量的扶手、吊环等，数量应满足乘客的把握要求，设置方式应方便乘客把握。

5.2.5 城市轨道交通限界较小，乘客身体伸到窗外极易发生危险，因此，应防止这种危险活动发生。

5.2.6 对客室设施的安全要求。

5.3 牵引和制动

5.3.1 规定了车辆两种基本制动形式。电制动一般包括电阻制动、再生制动；常见的摩擦制动有空气制动、液压制动和磁轨制动，基础制动有踏面制动、盘形制动。

5.3.2 超员载荷工况是指按照《城市轨道交通工程项目建设标准》（建标 104-2008）的规定计算的超员，即超员为坐席位和站席位的总和，站席标准为车内面积扣除坐席区（坐席区的截面按坐席宽加 0.25m 计）及相关设施的面积后，按 9 人/m^2 计。

5.3.4 对制动系统的安全要求。列车意外分离应立即实施紧急制动，以保证行车安全。

5.3.6 根据《地铁车辆通用技术条件》GB/T 7928-2003 第6.19条制定。定员载荷工况是指按照《城市轨道交通工程项目建设标准》（建标 104-2008）的规定计算的定员，即定员为坐席位和站席位的总和，站席标准为车内面积扣除坐席区（坐席区的截面按坐席宽加 0.25m 计）及相关设施的面积后，按 6 人/m^2 计。

5.3.7 为保证安全，规定制动指令优先于牵引指令；加减速度及冲击值不能过大，以保证舒适性要求。

5.4 车载设备和设施

5.4.1 规定了蓄电池的容量。地面高架线路，通常设置活窗，并可缓解应急通风问题，故时间可以短些；地下线路，通常设死窗，也难以缓解应急通风问题，故规定时间长些。与《地铁车辆通用技术条件》GB/T 7928-2003 相比，增加了"车门控制"项。

5.4.3 规定了与道路交通混行的车辆或列车应满足道路交通法规的要求。

5.4.4 根据《地铁车辆通用技术条件》GB/T 7928-2003 制定，规定了空调、通风和电热系统的基本要求。采用空调系统时的"新风"是指从车辆外取得的空气；仅设有机械通风装置时的"供风量"是指"新风"。

5.4.5 编组运行的列车轮椅停放位置在每辆车上应

至少设置一处，有轨电车等非编组运行的列车，每列（辆）车上应至少设置一处，并应设置相应的装置，使轮椅能够安全停放。在车辆内外，以及车站站台的相应位置，应设置明显的指示标志，方便乘轮椅者寻找。

5.4.6、5.4.7 规定了车辆设置应急照明、广播通信系统的基本要求。

5.4.8 本条第2款不适用于低地板车辆（列车）。由于低地板车辆的地板面较低，乘客可以直接从客室车门逃生，因此低地板车辆（列车）可以不在车辆（列车）两端另外设置应急疏散条件和相应设施。本条第5款中"应配备人工操控列车的相关设备"，是指为保证在特殊情况下列车能供进行人工驾驶作业而配置的简易人工驾驶装置。

6 限 界

6.0.1 根据选定的车辆、运行速度和车辆载荷工况可计算得到不同的车辆限界、设备限界，并设计相应建筑限界。

6.0.2 轨行区是列车运行轨道周围所需的区域，在这个区域内的建筑物和安装的设备均不得侵入相应的限界，相邻轨道上运行的列车之间也应确保两列车交会时的行车安全。

6.0.3 受电弓工作高度，在隧道内的标称高度为4040mm，露天线路上的安装高度为4400～5000mm，特殊要求除外，不能超过受电弓最大工作高度。

接触网设备结构高度根据采用柔性架空接触网还是刚性架空接触网来确定。

采用侧向接触网或接触轨授电时，建筑限界高度由设备限界控制；而采用架空接触网时，建筑限界高度由受电弓工作高度和接触网设备结构高度确定。

6.0.4 规定了建筑限界的基本要求：

1 相邻双线线间距，当两线间无建（构）筑物及设备，两列车交会时，左右线上列车在运行时产生的设备限界加100mm安全间隙，对于120km/h以下的运行速度是可以确保行车安全的。实际上，两列车在交会时，不可能同时带故障运行，最坏时也只可能一列车带故障（设备限界）运行，另一列车正常运行（车辆限界），所以，实际的安全间隙要比100mm的大。

3 无论接触轨授电还是架空接触网授电，直流带电体与相邻设备或构筑物之间的距离均应符合电气安全距离的规定。

4 地面线外侧设置的防护栏杆，应按城市轨道交通用地界围挡，防止闲人误入。本条是按技术角度规定的最低要求。

5 人防门、防淹门在宽度方向上的建筑限界，既应确保列车过门时的安全间隙，又不可把门做得太宽，以免增加门框外预埋管线的困难。

6.0.5 应按照车站有效站台范围内的车辆限界设计站台建筑限界。采用塞拉门的车辆限界和非塞拉门（内藏门或外挂门）的车辆限界对站台建筑限界是有较大影响的。

6.0.6 车站站台面不应高于车辆客室地板面，是保障下车乘客安全的需要。在考虑了车轮踏面磨耗、钢轨面磨耗，重车时的弹簧下沉量，曲线轨道的超高值（站内不大于15mm）等因素后作此规定。站台的装修面按低于空车（新轮）客室地板面50mm计，这一高差经上海、广州、深圳等地铁的运营验证，证明是合理的。

6.0.7 站台屏蔽门与列车车门之间的净空不应容纳一个人的宽度，即使乘客因车门关闭不能上车时，屏蔽门的活动门也应因为被乘客阻挡而关闭不了。本条提出该净空不应大于130mm的规定是基于广州地铁3号线和4号线的设计经验，并参照了香港地铁屏蔽门与车体间隙114mm的运营实践。

6.0.9 工程车及其他专用车辆的设计制造均应符合运行线路车辆限界的规定。

7 土 建 工 程

7.1 线 路 工 程

7.1.1 在敷设方式选择上应重视沿线的"土地利用规划、自然条件、环境保护"的因素，在封闭方式选择上，应重视线路的"功能定位"。

7.1.2 全封闭线路包括地下隧道、高架桥和有护栏的地面专用道。为保证列车能高速、安全运行，与道路相交时，应采用立体交叉方式；部分封闭运行的线路，非封闭地段线路与城市道路相交时，可设置平面交叉。通过交叉口的城市轨道交通列车，也应遵守道路交通信号。在平面交叉口，经过计算和协调，可使道路信号和城市轨道交通信号联锁，采取城市轨道交通"列车优先通过"的措施，可以提高城市轨道交通的列车通过能力，但应设置相应的安全防护措施。

7.1.3 规定了全封闭运行的城市轨道交通的各种线路之间的接轨条件。

正线（含支线）之间的接轨点应选择在车站，同时要求两条线路列车的进站方向应设置平行进路，以保证接轨车站对正线与支线具备同时进站的接车能力，避免两条线同进一条站线的进路。

不强制要求车辆基地的出入线与正线的接轨点选择在车站，但选择在区间接轨时，只有经过工程技术经济比较、行车组织和通过能力核算，并设置相应的安全防护措施、保证行车安全后，才允许。

7.1.4 从安全角度规定了城市轨道交通线路平面曲线和纵向坡度的技术标准应与车辆的性能、参数相互适应，以保证正常运营的行车安全和应急救援需要。

7.1.5 线路的辅助线有两条正线间的联络线，车辆基地的出入线，车站的折返线、故障列车的停放线以及各类渡线等辅助线的设置，不仅要满足正常的运营需要，也要满足应急救援的需要。

7.2 轨道与路基工程

7.2.1 轨道结构应有足够强度——满足安全快速运行和足够的承载能力。稳定性——满足轨道的铺设标准。耐久性——保持轨道形态稳定，控制轨距、高低变化在允许范围内，减少钢轨磨耗、延长使用寿命、减小维修工作量。适当的弹性——避免轨道结构过分强调刚性，有利于轨道在各种受力情况下的适应性，有利于改善列车运行的舒适度。

减振、降噪是对城市轨道交通的综合性要求，对轨道技术方面提出的仅是一个方面，因此轨道结构设计和铺设时，应根据线路两侧的环境要求，采取相应类型、不同等级的减振设施。值得注意的是，轨道工程是在夜间维修，因此轨道结构应有利减少维修工作量。

7.2.3 规定钢轨的断面及轨底坡应与车轮轮缘踏面相匹配，一是有利于轮轨之间良好配合，减小轮轨磨耗和噪声；二是对车辆有足够的支承和良好的导向作用，以达到安全行车的目的。

7.2.4 跨座式单轨车辆的走行系统是由车辆的走行轮、导向轮和稳定轮组成，车体跨骑在单根轨道梁上，跨座式单轨车的轨道梁应具有足够的竖向、横向和抗扭刚度，保证结构的整体性和稳定性，同时，由于轨道梁两侧还要安装授电轨、通信、信号等一系列电缆和相关设施，需要进行统筹安排。

7.2.5 曲线地段运行的车辆，随曲线半径和通过速度不同会产生不同的横向离心力，为此要求轨道的两条钢轨产生不同高差，即设置轨道超高，形成向内侧的倾斜面，使车辆车体内倾而形成向心力，与其离心力平衡。但轨道设置超高是有限度的，要考虑到列车偶尔在曲线上停车时的倾斜状态，即最大超高应满足列车静止状态下的横向稳定要求，车辆重心不得偏离轨道中心过大，以保障安全。

为提高曲线通过速度，并满足乘客舒适度的要求，允许未被平衡的横向加速度 $0.4m/s^2$ 是乘客舒适度的基本临界点，相当于欠超高为 61mm。

车站曲线超高为 15mm 是照顾列车进站的速度和乘客的舒适度，同时考虑列车在超高轨道上停车状态的倾斜度不大，保持车厢与站台面的高差。允许未被平衡的横向加速度不应超过 $0.3m/s^2$，相当于欠超高为 45mm。

7.2.6 轨道尽端设置车挡是针对列车未能及时按规定位置停车时的安全阻挡设施，车挡应具有足够的抵御能力。一般列车进站是按电制动减速运行，列车头部进站限速为 55km/h，当制动速度达到 10～12km/h 时，电制动将自动转换为空气制动（各种车辆会有差异）。假定此时空气制动系统因故障而失效，可能直冲车挡，由此确定车挡应承受列车最大撞击速度为 15km/h；同时，车辆设置的能量吸收保护装置可以保证在 15km/h 的撞击下，车辆不会造成严重损坏。

7.2.7 道岔是轨道的薄弱环节，是列车安全运行的关键设备。道岔的尖轨是受信号系统控制而移动，从而改变线路的进路。道岔尖转辙部分移动力量与尖轨的刚度有关，信号转辙设备应配置足够的动力移动尖轨，并保持尖轨的合理线形。

7.2.8 区间线路有隧道、高架桥和地面路基等情况，应考虑列车意外发生停车事故时，具备乘客从列车上紧急疏散下来，再从轨道道床面逃生的条件和空间。因此规定无论是隧道、高架桥和地面路基，在道床或轨旁应留有步行逃生的应急通道，同时也是救援通道。

7.2.10 路基是承载轨道的基础，路基工程应包括路堤和路堑两类，均应具有足够的强度、稳定性和耐久性，设计和施工的具体要求应满足路基工程有关标准的规定，以保证运行安全。路堤的高度上应满足防洪高度、路堑地段应采取防涝措施。

7.3 建 筑

7.3.2 当发生事故或灾难时，应保证将一列车的预测最大载客量以及站台上所有的候车乘客，但不考虑站台另一侧列车的进站客流，在 6min 内全部撤离到安全区。一般情况下，站厅层可作为安全区。参照美国标准"NFPA130"（美国消防协会固定式导向槽运送系统标准 Standard for Fixed Guideway Transit and Passenger Rail Systems）中"车站员工必须按照要求驻留在车站建筑物之中"的要求，本条与《地铁设计规范》GB 50157-2003相比取消了"工作人员"。

7.3.3 车站站台和乘降区的宽度除了满足客流乘降要求外，还应满足应急疏散的要求。有轨电车系统运输能力低、客流量小、车站设置简单，可不受此条限制。在站台计算长度范围内设有立柱时，应另外加柱宽。

2 侧式站台车站，楼梯（自动扶梯）平行于线路方向设置时，侧站台最小宽度不小于 2.5m，与岛式车站侧站台宽度不小于 2.5m 的标准相一致；当垂直于侧站台开启通道设楼梯（自动扶梯）时，由于不存在前者平行于站台长度方向设梯之间有供乘客的空间，故适当加宽。

3 采用短编组列车，站台计算长度小于 100m 时，站台上楼梯（自动扶梯）设于站台计算长度之外，此时，站台上任一点至梯口距离能满足不超过 50m 的要求，故岛式站台宽度不小于 5m，侧站台宽度不小于 3.5m。

4 设于地面以上的车站，当客流不大时，为了缩小体量，改善景观，在满足客流乘降需求下，且站台上设有站台屏蔽门，则侧站台宽度可适度减小，但不小于2m。

7.3.6 规定的是自动扶梯设置的最低标准，随着经济发展，可根据各城市的财力相应提高标准；提升高程较大时，自动扶梯也应尽量避免分段设置。

7.3.16 地下车站防火分区的划分，参照了日本东京都营地下铁道10号线和横滨市《地下铁道防灾设备设计标准》的规定，站台、站厅公共区外以不超过1500m²使用面积划为一个防火分区。随着各城市大型多线换乘车站的出现，站台、站厅公共区的面积远远超过单一车站站台、站厅公共区的面积，达到1万平方米甚至几万平方米。鉴于此种情况，划为一个防火分区，显然不合理，应作建筑防火性能设计分析，采取相应措施。

充分利用地下空间与地下车站实现综合开发是必然趋势。从目前各城市实施情况来看，一种是垂直间结合，即上层为商业空间，下层是地下车站；另一种是同层面结合，一般采用地下车站站厅公共区相连的商业等公共空间，但无论哪种形式的结合，应遵守下列原则：

　　1）地下车站必须满足自身疏散能力且不少于二个独立出入口。
　　2）地下车站与商业等开发空间，可以联通，但应单独划分防火分区。
　　3）与地下车站站厅公共区相接的商业空间，不应采用大面积连续多道防火卷帘作为防火隔断相连接。建议采用防火隔墙：防火卷帘按3∶1比例相连。最适宜的应采用少量通道相接。
　　4）在地下车站站台层，即使不在站台计算长度范围的空间也不应作商业等公共空间使用。

7.3.17 消防专用通道是供消防人员从地面进入地下车站各层及区间开展救援之用，所以应设置在含有车站控制室的主要管理用房防火分区内，通过消防楼梯到达站台层，如地下层超过3层（含3层）提升高度已大大超过10m，此时应把封闭楼梯间改设成防烟楼梯间，每一层均有前室，以便消防人员能安全地进入各层救援。

7.3.18

1 上、下层站台换乘车站图例：

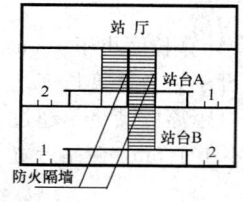 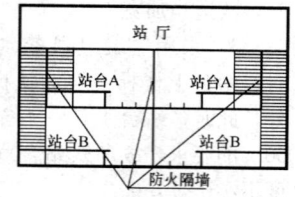

2 多线同层站台平行换乘车站图例：

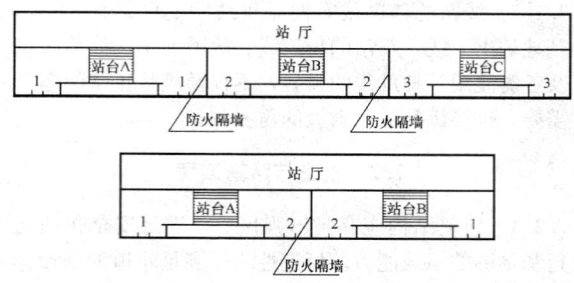

3 多线点式换乘车站，是指二线站台之间的"十"、"T"、"L"型换乘，三线站台之间"△"、"廾"、"门"、"Y"、"H"等形式换乘，以及站厅之间的通道换乘。它们之间的换乘梯和换乘通道均应设防火隔断，仅在通道（梯）两端洞口处设防火卷帘，分线控制。换乘通道或换乘梯不能作为火灾工况下的安全疏散口，发生火灾时由火灾车站侧落下防火卷帘。

4 按照7.3.16条地下车站站台和站厅公共区划为一个防火分区是指单线车站而言。随着各城市大型多线换乘车站的出现，站台和站厅公共区面积远远超过单一车站公共区面积。鉴于此种情况，划为一个防火分区显然不可行。本条提出共用一个站厅公共区面积，不能超过单线标准站厅公共区面积的2.5倍。例甲线2000m²，乙线1800m²，则不能超过2000×2.5＝5000m²站厅公共区面积。超过时必须经有资质单位作消防性能化设计分析，采用切实可行，并经当地消防部门认可的消防措施。

7.3.19 车站出入口的设置，除满足正常进出站客流的需要外，还应满足应急疏散的需要。

2 对于地下一层侧式站台车站，由于上方无站厅层，为了满足消防疏散的要求，每个侧式站台应设置不少于2个出入口；二侧侧站台之间下穿轨道的联络地道是为了方便乘客调整乘运方向而用，此通道不能作应急疏散用。

4 当一个防火分区内经常停留的人数不超过3人时，视为无人值守区。

5 参照《人民防空工程设计防火规范》GB 50098-1998（2001年版），2个出入口（通道）之间的净距不应小于10m。

7.3.22 列车在区间隧道内发生火灾时，按正常程序应将列车开进车站，以便乘客的安全疏散和灭火救援行动的展开，但不能排除火灾后列车无法驶向站台而被迫停留在区间隧道内的情况。本条规定两条单线区间隧道之间应设置联络通道，且相邻联络通道中心距离不能超过600m。乘客可就近通过联络通道进入非火区间隧道，再疏散至车站到地面。上述前提是列车每节车厢之间应贯通，且列车头尾节均有疏散门。

7.3.26、7.3.27 根据《地铁设计规范》GB 50157-2003第19.1.58条、19.1.60条改写而成。

7.4 结构工程

7.4.2 设计使用年限是指在一般维护条件下，能保证主体结构工程正常使用的最低时段。具体保证措施应符合有关标准的规定。

7.4.3 结构的净空尺寸，在满足轨道交通建筑限界或其他使用及施工工艺等要求的前提下，应考虑施工误差、结构变形和后期沉降等的影响，并留出必要的余量。

7.4.5 主要结构受力材料采用钢筋混凝土或混凝土，也可选用金属材料。

7.4.9 城市轨道交通是以交通功能为主兼顾人民防空的工程，应在满足交通需求的前提下参照人民防空规范进行设计。充分利用轨道交通工程埋深较深、结构强度较高等有利条件，使兼顾人民防空设计增加的费用尽量降低，并通过平战转换措施，在规定的时限内使其达到战时使用要求。

7.4.11 防水要充分考虑如何适应工程所处地域的复杂性问题，不同的施工方法，特殊的使用要求，应有与之相对应的、合理的防水措施。

7.4.12 防水等级的规定是根据《地下工程防水技术规范》GB 50108-2008中地下工程防水等级标准的规定确定的。

8 机电设备

8.1 供电系统

8.1.2 当系统中的设备和供电线路发生故障时，继电保护装置应能可靠地动作，切除故障；自动装置应根据情况投入备用电源或设备，并可限制某些设备用电。

8.1.3 供电系统注入公共电网系统的谐波含量值，不应超过国家标准《电能质量 公用电网谐波》GB/T 14549-1993 允许的范围。

8.1.5 直流牵引供电系统采用走行钢轨回流时，为了减小杂散电流，钢轨需对地绝缘，不能直接接地。如果某些原因造成钢轨电位超过允许值，将危及乘客和工作人员的安全，应采用钢轨电位限制装置将钢轨直接接地以保证乘客和工作人员的安全。

8.1.6 电力监控系统可以集成到综合监控系统中，但电力监控系统的功能和要求不能降低。

8.1.11 规定了接触网的基本要求。接触网包括架空接触网和接触轨。

　　3 过电压保护装置用于防止操作过电压和大气过电压。由于回流回路正常情况下对地绝缘，对地电位可能会较高，所以不与大地绝缘的裸露导体不应直接接至或通过电压限制装置接至回流回路，而应接至接地极。

　　4 架空接触网接触线加载有很大的张力，当接触线发生断线时，张力会突然加载到接触网支柱上，将对支柱产生破坏造成事故扩大，增加抢修作业时间，因此应采取有效的措施防止事故扩大。

8.1.12 规定牵引回流和杂散电流防护的基本要求。

　　5 电缆的金属外护套及各种金属管道，在进入隧道时应有电气隔离，以防止外部高电位的引入和内部高电位的引出。

8.2 通信系统

8.2.2 通信系统的基本技术要求。

　　7 时钟系统除适应运营线路和车站统一标准时间信息的需求，还应适应具有运营关联的线路，乃至线网运营及各机电系统对统一标准时间信息的需求。

8.2.3 通信设备应按一级负荷供电，应由变电所提供两路独立的三相交流电源，当使用中的一路故障时，应能自动切换到另一路。目前，一般各机电系统均通过UPS供电，通信系统电源也有与其他弱电系统设备电源整合的案例。整合后的通信电源，除应满足本条要求外，尚应保证整合电源的可靠性和可用性，确保供电质量和不间断供电的要求。

8.3 信号系统

8.3.1 "故障——安全"原则，指在系统或设备发生故障、错误或失效的情况下，能自动导向安全一方，并具有减轻以至避免损失的功能，以确保行车安全，这一要求被称为"故障——安全"原则。

8.3.2 线路完全封闭的城市轨道交通列车运行速度较高、行车密度较大，应配置并运用列车自动防护系统，防止将信号系统的后备运行模式作为正常的列车运行模式利用，并且从载客运营起，就应遵守本条的规定；线路部分封闭的城市轨道交通，应根据行车间隔、列车运行速度，通过必要的信号显示、自动停车、平交道口控制等技术手段及严格的管理措施等确保列车运行的安全。

8.3.7 车内信号装置相当于铁路的机车信号。车内信号指列车自动防护设备、车内信号装置提供给司机，作为行车凭证的车内信号显示，可包括地面信息的复示信号、目标速度、目标距离等。

8.3.8 无人驾驶系统涉及车辆、信号、通信、防灾报警等机电系统设备，各子系统协同运用，可以充分发挥无人驾驶系统的作用。无人驾驶系统具有直接面向乘客的属性，其系统设备与乘客间应具有良好的人机界面。

8.3.11 城市轨道交通信号系统的安全认证体系在我国尚不完善，本条是从规范我国城市轨道交通信号系统发展出发，提出的原则性规定。涉及行车安全的系统设备,应通过独立的安全认证机构(如常设的安全认证机构或政府组织的、由有关专家组成的技术鉴定委员会)的认证或认可,并经过安全检测、运用试验。

涉及行车安全的系统设备投入运用前,应证实安全系统设备的研发程序及安全管理组织体系符合规范要求;系统实施了危险鉴别、分类、危险处理和评估;系统的安全功能分析和确认;故障模式及故障影响范围确认;完成了外界干扰的系统运行试验;具有安全功能检测报告和安全性试验证明。

8.3.12 安全性的要求可分为功能性安全要求——满足系统、子系统和设备应达到的与安全相关的功能,安全性要求——为达到安全目的,在软、硬件、冗余、通信等方面所采取的技术措施,以及量化的安全目标——定量分析系统、子系统、设备所能达到的安全指标等。

8.4 通风、空调与采暖系统

8.4.1 城市轨道交通具有地上建筑、地下建筑、地下区间、隧道和地面及高架区间等多种建筑形式。应设置通风、空调与采暖对系统内部的空气环境进行控制,满足人员和设备运转对内部空气环境的温度、湿度、气流速度、气流组织和空气质量等的要求,并控制通风、空调与采暖系统自身的设备在运行时所产生的噪声在允许的标准之内。

城市轨道交通的地下部分在发生阻塞和火灾时,提供有效的通风、排烟存在较大的困难和特殊性,必须给予高度的重视,因此,在此特别针对隧道等区域,强调系统阻塞和火灾等各种工况下的功能应得到有效的保证。

8.4.2 应用通风、空调与采暖方式可以排除城市轨道交通系统内部产生的大量余热、余湿,并且为乘客和工作人员提供所需的新鲜空气。城市轨道交通通风系统具有不花费能源的自然通风、活塞通风和消耗能源较少的机械通风等三种方式。从节省能源的角度考虑,应优先加以应用。当这三种方式不能有效实现排除余热、余湿和提供所需新鲜空气的功能,或者实现起来代价太大,经济上不合理时,可以采用空调方式。

8.4.9 城市轨道交通的隧道和地下车站只能通过出入口和活塞风亭口部与外界大气进行联系,相对比较闭塞,为保证其内部空气质量能够满足人员适宜的卫生要求,必须确保提供一定数量的外界新鲜空气,同时将内部的部分污浊空气排出去。实现内外部空气的适量交换,因此,要求进风一定要直接采自大气,排风直接排出地面。

8.4.16 城市轨道交通地下车站和隧道一旦发生火灾事故,将产生大量浓烟,并且很难自然排除,同时会迅速蔓延充斥周围空间,导致人员撤离困难,也给救援工作带来极大的困难,因此,必须具备有效的防烟、排烟和事故通风系统。

8.4.17 为保证火灾事故工况下排烟的有效、快速实现,城市轨道交通地下车站的站厅、站台和设备及管理用房应划分防烟分区,且防烟分区不应跨越防火分区。

城市轨道交通地下车站的站厅和站台公共区划分为一个防火分区,而站厅和站台公共区是地下车站面积最大、人员最集中的场所,一定要提供有效可靠的排烟手段。从国内外现有的城市轨道交通地下车站实际来看,站厅和站台的面积和规模很大,如果防烟分区面积较小,排烟系统的构成将极为复杂,系统运行有效性的保证也将存在很大困难,同时也考虑到需要为车站装修提供适宜的便利条件,因此,将有效的排烟功能、系统构成简化的要求与建筑装修的需求三者兼顾,规定地下车站的站厅、站台公共区每个防烟分区的建筑面积不应超过2000m²。

从城市轨道交通地下车站设备及管理用房的实际情况分析,其内部电气设备很多,并有人员值守要求,因此,其防烟分区的建筑面积严格规定不应超过750m²。

8.4.18 城市轨道交通地下车站的站厅和站台公共区的面积和规模很大,而且存在不断增大的趋势和需求,其防烟分区的划分也存在超过两个以上的情况,在保证有效排烟需求的前提下,尽量减小通风、排烟系统规模以及设备的规格和体量,减少占用的土建面积和空间,降低土建和设备造价,规定当排烟设备负担两个或两个以上防烟分区时,其设备能力应按同时排除其中两个最大的防烟分区的烟量配置,这种容量配置也完全可以保证其他防烟分区发生火灾时对排烟量的要求。

8.5 给水、排水与消防系统

8.5.1 生产用水主要为车辆基地的洗车、转向架车间冲洗、清扫用水和寒冷地区的采暖锅炉房的补水;生活用水为生活饮用水和生活杂用水,生活饮用水为饮用、淋浴和洗涤用水,生活杂用水为冲洗便器、汽车、浇洒道路、冲洗站厅、站台及区间隧道、浇灌绿化、补充空调循环用水的非饮用水;消防用水为消火栓给水系统的用水。习惯上把车站的冲洗和空调系统的补水作为生产用水,也是可以理解的。

水压应满足消防水压要求,满足卫生器具的最低工作压力要求,满足生产工艺、冲洗用水和冷却系统补水的水压要求。

水质要满足国家标准《生活饮用水卫生标准》GB 5749和生产工艺对水质的要求。

8.5.2 城市轨道交通工程地下车站和区间消火栓给水系统设置为环状管网,并根据车站城市自来水管网的设置情况,分为若干个消防供水区段,每个供水区段引入两路城市自来水，当某一路自来水发生故障时，另一路自来水能满足消防用水的需要。当车站城市自来水有两路自来水时，则由车站引入两路自来水管和车站环状管网或消防泵房吸水管相接，这种方式的消防供水区段为一个车站和车站前后半个区间的连通管处之间的长度。当地下车站只有一路城市自来水时，而且城市自来水管网为环状，则相邻车站再引入一路自来水，两站城市自来水引入管互为备用，这种方式的消防供水区段为两个车站前后的半个区间连通管处之间的长度。

当地下车站、地面或高架车站的自来水只有一路水源而且管道为枝状时，则应设消防泵房、稳压装置和消防水池。有的城市有两个以上自来水厂，两厂之间有一根自来水干管相连，车站建在两个水厂之间，应视为两个水源。车站可以在自来水干管上引入两根给水管。但在引入管之间的自来水干管上，应设阀门。如果城市一路自来水管在城市管网中为环状时，可以在一路城市自来水干管上设置阀门，并在阀门前后各引一根给水管和车站消防给水管相接。

8.5.3 消火栓系统的设置要求。

1 车站是指站厅、站台、空调机房、冷冻机房、设备及管理用房区域等。超过200m的区间隧道应设消火栓，是根据我国城市轨道交通建设的实际情况确定的，此距离大于一列车的长度，如列车在此距离内发生火灾事故，而又必须停车时，消防人员可以由隧道两端方便地进入隧道展开灭火行动，乘客也便于尽快逃生到安全地区。

2 在车站发生火灾事故时，防火分区的卷帘门关闭，两个防火分区的消火栓不能共用，所以规定每个防火分区同层应有两只水枪的充实水柱同时到达任何部位。

3 消火栓口处的出水压力超过0.5MPa时，由于水的反作用力的作用，难以1人操作，为便于有效地使用室内消火栓上的水枪扑救火灾，应采取减压措施，但为确保水枪有必要的有效射程，减压后的消火栓口处的出水压力不应小于0.25MPa。

4 城市自来水管网的供水量和供水压力能满足消防要求时，可以不设消防泵，南京地铁1号线、广州地铁等都有这种做法。这是最经济的设计，但当地城市自来水公司必须认真提供地铁沿线的自来水管网的最低压力。如果供水能满足消防要求，供水压力不能满足消防要求时，应设消防泵增压，按我国消防规范规定可以利用消防泵直接抽水。上海、广州、北京、西安等城市地铁已按这种方式设计。但有的城市自来水公司要求设消防水池，故应和自来水公司协商确定。

8.5.4 水泵接合器按消防用水量设置，每个水泵接合器供水量为10~15L/s，20L/s及30L/s的消防用水量宜设两个水泵接合器，城市自来水干管上的消火栓在水泵接合器的15~40m范围之内时，可作为室外消火栓使用，否则应单独设室外消火栓。室外消火栓数量和水泵接合器数量相同。

8.5.5 自动灭火系统包括气体灭火系统、高压细水雾灭火系统和技术上可靠、经济合理、且消防部门认可的其他自动灭火系统。

8.5.6 地下车站及地下区间隧道的排水泵站（房）的设置要求。

1 区间设的主排水泵站，主要排除区间隧道一定范围内的消防及冲洗废水、结构渗漏水、给水管的事故出水。这个范围应为线路坡度最高点之间的隧道长度，如果这个范围内有车站排水泵房（废水泵房）时，应减去车站排水泵房所负担的长度。规定按线路实际坡度最低点设置主排水泵站，主要考虑线路有竖曲线时，最低点不一定在变坡点处。

2 出入线洞口有的线路坡度坡向洞口外时，不需要设排雨水泵站，如坡向洞口时，则应在洞口内适当位置设置洞口排雨水泵站。雨水泵站的设置，按《地铁设计规范》GB 50157的规定执行。

3 为了城市景观的需要，如果不允许设置带盖防雨的乘客出入口，这时必须在出入口通道的适当位置设置排雨水泵房。如该出入口有自动扶梯，雨水泵房应和自动扶梯下基坑的局部排水泵合建。敞开风口也应在适当的位置设置排雨水泵房。

8.6 火灾自动报警系统

8.6.1 规定了火灾自动报警系统（FAS）的设置范围。

8.6.2 规定了火灾自动报警系统的设置原则。对有轨电车和部分封闭运行的轻轨系统，本条未作强制性规定，可在具体设计中确定。

8.6.3 规定了火灾自动报警系统中央级的基本功能。设在控制中心的中央级工作站应具备全线消防管理中心的功能；发生火灾时，能够自动弹出火灾自动报警区域的平面图，显示火灾报警信息，火灾报警具有优先级。地下区间隧道通过手动报警按钮、轨旁电话或车载无线电话向控制中心报警，由控制中心发布隧道通风排烟模式控制指令。

8.6.4 车站级火灾信息管理功能由车站级工作站实现，控制、报警功能通过火灾自动报警控制盘（FACP）完成。根据《地铁设计规范》GB 50157－2003的相关原则，对于排烟系统与正常通风系统合用，正常工况由环境与设备监控系统（BAS）监控管理防排烟设备，由BAS实现联动控制。

8.6.5 规定了火灾自动报警系统设备设置的基本技术要求

1 提出车站、车辆基地、控制中心，感烟、感温探测器的设置原则。车站内感烟、感温探测器保护范围的限值应遵循《火灾自动报警系统设计规范》GB

50116 相关规定；对车辆基地、控制中心等大空间建筑，应设置红外光束感烟探测器。

2 规定了火灾手动报警为火灾人工确认的必要方式。

3 规定了适合缆式线型定温探测器的设置部位。当在电缆桥架或支架上设置时，应采用接触式布置。

4 规定了车站公共区火灾声响报警装置设置部位，每个防火分区至少应设一个火灾报警装置。车站公共区利用火灾应急广播发布火灾信息，以免引起乘客恐慌。

5 规定了集中火灾自动报警控制盘的设置部位。火灾自动报警控制盘应设置在有专人值班的消防控制室或值班室内布置。

6 在车站控制室及各消防控制室设置电话主机；在设置手动报警处设置固定报警电话插孔；在高低压室、通信设备室、信号设备室、环控电控室和屏蔽门设备室等室外及值班室、消防水泵房、通风空调机房、自动灭火系统气瓶间应设消防挂壁电话；地下区间隧道报警利用通信专业设置的轨旁电话机。

8.6.6 维修工作站设于车辆基地，以实现 FAS 系统设备及系统软件的实时维护。

8.6.7 对不同轨道交通线路的换乘站，车站级 FAS 应预留后建系统通信接口，实现火灾报警信息的互通，以统一协调火灾防排烟控制模式。

8.7 环境与设备监控系统

8.7.1 针对轨道交通的特点，规定了环境与设备监控系统（BAS）应具备的基本功能。

8.7.2 对本章 8.7.1 条第 1 款功能的具体描述。BAS 具有中央及车站两级监控信息管理，中央、车站、现场三级控制功能。通过车站紧急控制盘（IBP）手动按钮控制具有优先级。

8.7.3 对本章 8.7.1 条第 2 款功能的具体描述。列车在区间发生火灾时，应优先选择驶往前方车站实施救灾的模式。仅当列车失去动力而被迫停留在地下区间时，根据列车发生火灾部位及停留在区间位置，由相邻车站级 BAS 系统执行相应防排烟模式。列车区间阻塞工况，由相邻车站级 BAS 系统执行相应阻塞通风模式，气流方向应与列车运行方向一致。

8.7.4～8.7.6 对本章 8.7.1 条第 3、4、5 款功能的具体描述。

8.7.11 软件采用高可靠和主流的实时多任务、安全等级满足美国国防部 C2 标准（安全计算机系统评估准则（Trusted Computer System Evaluation Criteria））的 32 位窗口式操作软件。应用软件包含顺序控制、PID 控制及节能控制等高级算法软件，且应该是标准、开放和通用的监控软件。人机界面应为汉化界面。

8.8 自动售检票系统

8.8.1 从线网层面规定自动售检票系统结构。线网票务清分中心负责各轨道交通线路票务清分；清分中心与城市公共交通"一卡通"票务系统进行数据交换，实现城市轨道交通与城市其他公共交通系统的票务清分。

8.8.2 车票的数据格式和密钥管理系统应符合行业标准《建设事业集成电路（IC）卡应用技术》CJ/T 166 及 PSAM 应用技术规则。

8.8.3 自动售检票系统（AFC）系统采用计程、计时制，全封闭票务收费管理模式，同时应兼顾未来的发展，预留区域票务收费和开放式管理模式的条件；具备快捷处理客流信息，为运营管理提供相关数据；具有严密的制票、售票和验票程序，以防止票务作弊行为。收入清分应由票务清分中心实施。

8.8.4 规定了为保证系统的高可靠性而采取的具体措施。各级系统均可降级独立运行，满足票务处理要求；中央计算机系统服务器以双机集群方式运行；车站级计算机系统、车站终端设备均按冗余原则配置。

8.8.5 为保证票务数据安全，系统对外部的恶意侵扰的防御措施应包括车票防伪、重要数据传输加密和系统防病毒能力等。系统设备要满足防尘、防潮、防霉、抗电磁干扰等技术要求。

8.8.6 中央计算机系统的数据处理能力应能满足最大预测客流量（包括高峰小时客流及全日客流）的要求，只需更新或增加设备的硬件即可达到扩充数据处理能力的要求。

8.8.7 系统应预留系统扩展条件和软、硬件接口，车票采用符合 ISO 14443 标准的非接触式 IC 卡，满足与其他线路一卡通付费区换乘条件。

8.8.8 系统应具备正常运营模式（正常服务模式，关闭模式和暂停服务模式，设备故障模式，维修模式，离线运行模式）；非正常运行模式（列车故障模式，进出站次序、乘车时间、车票日期、车费免检模式，紧急放行模式等）。各种模式通过中央、车站计算机系统设定，自动检票机显示器显示相应乘客导引标志。

8.8.9 当车站发生紧急情况时，通过中央、车站计算机系统或紧急按钮、检票机就地控制等方式将所有检票机开启并保持开放状态，保证乘客无障碍快速离开付费区。

8.8.10 规定自动售票、自动检票设备数量的配置原则。每个集散厅自动售票机的数量不应少于两台，以避免乘客因购票原因在非付费区滞留。出站检票机数量应分别满足近、远期不同行车间隔内乘客出站的要求，以避免乘客在付费区滞留。自动检票机应尽量集中布置，每组进、出站自动检票机的数量应满足不少于 3 通道，以减少机群数量。

8.8.11 单向自动检票机在相应端分别显示允许使用和禁用信息；双向自动检票机的使用模式包括进站模式、出站模式及双向模式。在双向模式下，当一端有乘客使用时，另一端拒收车票并显示禁用信息，直至该乘客通过。

8.9 自动扶梯、电梯

8.9.1 残障乘客专用电梯不受此条限制。

8.9.2 规定了自动扶梯选择和设置的基本技术要求。传动设备、结构及装饰件主要包括梯级、梳齿板、扶手带、传动链、梯级链、内外装饰板、传动机构等。

8.10 站台屏蔽门

8.10.1 根据行业标准《城市轨道交通站台屏蔽门》CJ/T 236-2006 的规定，站台屏蔽门包括全高屏蔽门和半高屏蔽门，有密闭和非密闭结构之分。屏蔽门的设计、制造、安装和运行管理不仅要考虑正常状态下的安全要求，也要考虑紧急状态下的安全要求，屏蔽门不得成为应急疏散的障碍。

8.10.4 在站台应可以由站务员手动打开或关闭每一扇滑动门；在轨道侧应可以由乘客手动打开每一扇滑动门。

中华人民共和国国家标准

城市水系规划规范

Code for plan of urban water system

GB 50513—2009

主编部门：中华人民共和国住房和城乡建设部
批准部门：中华人民共和国住房和城乡建设部
施行日期：２００９年１２月１日

中华人民共和国住房和城乡建设部
公 告

第 359 号

关于发布国家标准《城市水系规划规范》的公告

现批准《城市水系规划规范》为国家标准，编号为 GB 50513—2009，自 2009 年 12 月 1 日起实施。其中，第 4.2.3、4.3.4、5.2.2 (4,5)、5.3.2、5.3.4、5.5.1、6.3.1、6.3.2、6.3.4 条（款）为强制性条文，必须严格执行。

本规范由我部标准定额研究所组织中国计划出版社出版发行。

中华人民共和国住房和城乡建设部
二〇〇九年七月八日

前 言

本规范是根据原建设部《关于印发一九九九年工程建设国家标准制订、修订计划的通知》（建标〔1999〕308 号）要求，由武汉市城市规划设计研究院会同有关单位共同编制完成。本规范在编制过程中，编制组认真总结实践经验，广泛调查研究，对城市水系规划的内容，城市水系的构成分类、保护、利用和相关工程设施协调等方面作了规定，并广泛征求了全国有关单位的意见，经专家及有关部门审查定稿。

本规范共 6 章，主要技术内容包括：总则、术语、基本规定、保护规划、利用规划、涉水工程协调规划等。

本规范中以黑体字标志的条文为强制性条文，必须严格执行。

本规范由住房和城乡建设部负责管理和对强制性条文的解释，武汉市城市规划设计研究院负责具体技术内容的解释。本规范执行过程中，请各有关单位结合工程实践和科学研究，总结经验，并注意积累资料，随时将有关意见和建议反馈给武汉市城市规划设计研究院（地址：武汉市三阳路 13 号，邮政编码：430014），以供今后修订时参考。

本规范主编单位、参编单位、主要起草人和主要审查人员名单：

主 编 单 位：武汉市城市规划设计研究院
参 编 单 位：长江水利委员会长江勘测规划设计研究院
　　　　　　　杭州市城市规划设计研究院
　　　　　　　珠海市城市规划设计研究院
主要起草人：刘奇志　吴之凌　钮新强
　　　　　　　张卓林　张建新　徐承华
　　　　　　　邓颂征　陈肃利　何　梅
　　　　　　　吴建军　陈雄志　冯一军
　　　　　　　徐国新　杜　遂　皇甫佳群
主要审查人员：蔡汝元　王　杉　戴慎志
　　　　　　　吴明伟　孙栋家　陈炳金
　　　　　　　章明龙　王呈发　李宗哲
　　　　　　　杨继孚　孔彦鸿

目次

1 总则 ………………………………… 29—5
2 术语 ………………………………… 29—5
3 基本规定 …………………………… 29—5
4 保护规划 …………………………… 29—5
   4.1 一般要求 ……………………… 29—5
   4.2 水域保护 ……………………… 29—5
   4.3 水生态保护 …………………… 29—6
   4.4 水质保护 ……………………… 29—6
   4.5 滨水空间控制 ………………… 29—6
5 利用规划 …………………………… 29—6
   5.1 一般要求 ……………………… 29—6
   5.2 水体利用 ……………………… 29—6
   5.3 岸线利用 ……………………… 29—7
   5.4 滨水区规划布局 ……………… 29—7
   5.5 水系改造 ……………………… 29—7
6 涉水工程协调规划 ………………… 29—7
   6.1 一般要求 ……………………… 29—7
   6.2 涉水工程与城市水系的协调 … 29—7
   6.3 涉水工程设施之间的协调 …… 29—7
附录 A 规划编制基础资料 ………… 29—8
本规范用词说明 ……………………… 29—8
附：条文说明 ………………………… 29—9

Contents

1　General provisions ·············· 29—5
2　Terms ························· 29—5
3　Basic requirements ············· 29—5
4　Protection planning ············ 29—5
　4.1　Generral ···················· 29—5
　4.2　Water area protection ······· 29—5
　4.3　Water ecological protection · 29—6
　4.4　Water quality protection ···· 29—6
　4.5　Water front spatial control · 29—6
5　Utilization planning ············ 29—6
　5.1　Generral ···················· 29—6
　5.2　Water body utilization ······ 29—6
　5.3　Shoreline utilization ······· 29—7
　5.4　Layout planning of water front ········ 29—7
　5.5　Rebuilding of water system ·· 29—7
6　Coordination planning with water related projects ·············· 29—7
　6.1　General ····················· 29—7
　6.2　Coordination between water related projects and urban water system ··············· 29—7
　6.3　Coordination in establishments of water related projects ·········· 29—7
Appendix A　basic Information of planning ······················ 29—8
Explanation of wording in this code ························ 29—8
Addition: Explanation of provisions ······················· 29—9

1 总　则

1.0.1 为促进城市水系及滨水空间环境资源的保护和利用，规范城市水系规划的编制，制订本规范。

1.0.2 本规范适用于城市总体规划中的水系专项规划及以城市水系为主要规划对象的相关专业规划。

1.0.3 城市水系规划的对象为城市规划区内构成城市水系的各类地表水体及其岸线和滨水地带。

1.0.4 城市水系规划应坚持保护为主、合理利用的原则，尊重水系自然条件，切实保护城市水系及其空间环境。

1.0.5 城市水系规划期限宜与城市总体规划期限一致，对水系安全和永续利用等重要内容还应有长远谋划。

1.0.6 城市水系规划除应符合本规范外，尚应符合国家和行业现行有关标准、规范的规定以及有关的流域规划和区域规划。

2 术　语

2.0.1 城市水系　urban water system
城市规划区内各种水体构成脉络相通系统的总称。

2.0.2 岸线　shoreline
指水体与陆地交接地带的总称。有季节性涨落变化或者潮汐现象的水体，其岸线一般是指最高水位线与常水位线之间的范围。

2.0.3 生态性岸线　shoreline for ecology
指为保护城市生态环境而保留的自然岸线。

2.0.4 生产性岸线　shoreline for production
指工程设施和工业生产使用的岸线。

2.0.5 生活性岸线　shoreline for activity
指提供城市游憩、居住、商业、文化等日常活动的岸线。

2.0.6 滨水区　waterfront
在空间上与水体有紧密联系的城市建设用地的总称。

2.0.7 水域控制线　controlling line for waters
水域的边界界限。

2.0.8 滨水绿化控制线　controlling line for waterfront greening
水域控制线外滨水绿化区域的界限。

2.0.9 滨水建筑控制线　controlling line for waterfront architecture
滨水绿化控制线外滨水建筑区域界限，是保证滨水城市环境景观的共享性与异质性的控制区域。

3 基本规定

3.0.1 城市水系规划的水系保护、水系利用和涉水工程设施协调，应包括下列内容：
1 建立城市水系保护的目标体系，提出水域、水质、水生态和滨水景观环境保护的规划措施和要求；
2 完善城市水系布局，科学确定水体功能，合理分配水系岸线，提出滨水区规划布局要求；
3 协调各项涉水工程设施之间以及与城市水系的关系，优化各类设施布局。

3.0.2 编制城市水系规划时，应坚持下列原则：
1 安全性原则。充分发挥水系在城市给水、排水和防洪排涝中的作用，确保城市饮用水安全和防洪排涝安全；
2 生态性原则。维护水系生态环境资源，保护生物多样性，改善城市生态环境；
3 公共性原则。水系是城市公共资源，城市水系规划应确保水系空间的公共属性，提高水系空间的可达性和共享性；
4 系统性原则。城市水系规划应将水体、岸线和滨水区作为一个整体进行空间、功能的协调，合理布局各类工程设施，形成完善的水系空间系统。城市水系空间系统应与城市园林绿化系统、开放空间系统等有机融合，促进城市空间结构的优化；
5 特色化原则。城市水系规划应体现地方特色，强化水系在塑造城市景观和传承历史文化方面的作用，形成有地方特色的滨水空间景观，展现独特的城市魅力。

3.0.3 城市水系规划的对象宜按下列规定分类：
1 水体按形态特征分为江河、湖泊和沟渠三大类。湖泊包括湖、水库、湿地、塘堰，沟渠包括溪、沟、渠；
2 水体按功能类别分为水源地、生态水域、行洪通道、航运通道、雨洪调蓄水体、渔业养殖水体、景观游憩水体等；
3 岸线按功能分为生态性岸线、生活性岸线和生产性岸线。

3.0.4 编制城市水系规划应充分收集与水系相关的资料，并应进行下列评价：
1 城市水系功能定位评价，应从宏观上分析水系在流域、城市空间体系以及在城市生态体系中的定位；
2 水体现状评价，应包括水文条件、水质等级与达标率、水系连通状况、水生态系统多样性与稳定性、保护或改善水质的制约因素与有利条件、水系利用状况及存在问题；
3 岸线利用现状评价，应包括各类岸线分布、基本特征和利用状况分析、岸线的价值评价；
4 滨水区现状评价，应包括滨水区用地现状、空间景观特征及价值评价；
5 根据水系的具体情况，可进行交通、历史、文化等其他方面的评价。

3.0.5 编制城市水系规划的基础资料应符合附录A的规定。

4 保护规划

4.1 一般要求

4.1.1 城市水系的保护应包括水域保护、水生态保护、水质保护和滨水空间控制等内容，根据实际需要，可增加水系历史文化保护和水系景观保护的内容。

4.1.2 城市水系保护规划应体现整体保护与重点保护相结合的原则，保护水系的完整性，明确重点保护的水域、保护的重点内容。

4.1.3 城市水系保护规划提出的保护措施应结合城市的特点，因地制宜，切实可行。

4.2 水域保护

4.2.1 水域保护应明确受保护水域的面积和基本形态，提出水域保护的控制要求和措施。

4.2.2 受保护水域的范围应包括构成城市水系的所有现状水体和规划新建的水体，并通过划定水域控制线进行控制。划定水域控制线宜符合下列规定：

1 有堤防的水体,宜以堤顶临水一侧边线为基准划定;
2 无堤防的水体,宜按防洪、排涝设计标准所对应的洪(高)水位划定;
3 对水位变化较大而形成较宽涨落带的水体,可按多年平均洪(高)水位划定;
4 规划的新建水体,其水域控制线应按规划的水域范围线划定。

4.2.3 水域控制线范围内的水体必须保持其完整性。

4.2.4 在满足水体主要功能的前提下,可根据重大基础设施项目的系统规划布局合理调整水域控制线,各水体调整后的控制水域面积不宜小于其现状的水域面积。

4.2.5 位于城市中心区的水体,应依据水域控制线确定水域控制点,作为水域控制的依据。

4.3 水生态保护

4.3.1 水生态保护应包括划定水生态保护范围、提出维护水生态系统稳定与生物多样性的措施等内容。

4.3.2 珍稀及濒危野生水生动植物集中分布区域和有保护价值的自然湿地应纳入水生态保护范围,并应根据需要划分核心保护范围和非核心保护范围。

4.3.3 已批准为各级自然保护区或湿地公园的,其水生态保护范围按批准文件确定的保护范围划定;其他水生态保护范围的划定,应满足受保护对象的完整性要求,并兼顾当地经济发展和居民生产、生活的需要。

4.3.4 水生态保护应维护水生态保护区域的自然特征,不得在水生态保护的核心范围内布置人工设施,不得在非核心范围内布置与水生态保护和合理利用无关的设施。

4.3.5 未列入水生态保护范围的水体涨落带,宜保持其自然生态特征。

4.4 水质保护

4.4.1 水质保护应明确城市水系水质保护的目标和制定水质保护的措施。

4.4.2 水质保护目标应根据水体规划功能制定,满足对水质要求最高的规划功能需求,并不应低于水体的现状水质类别。

4.4.3 制定的水质保护目标应符合水环境功能区划,与水环境功能区划确定的水体水质目标不一致的应进行专门说明。

4.4.4 同一水体的不同水域,可按照其功能需求确定不同的水质保护目标。

4.4.5 水质保护工程应以城市污水的收集与处理为基本措施,并包括面源污染和内源污染的控制与处理,必要时还可包括水生态修复措施。

4.5 滨水空间控制

4.5.1 滨水空间控制应保护水系的滨水空间资源,并应包括下列内容:
1 在水域控制线外控制一定宽度的滨水绿化带,滨水绿化带的范围应通过划定滨水绿化控制线进行界定;
2 在滨水绿化带外控制一定区域作为滨水建筑控制区,滨水建筑控制区的范围应通过划定滨水建筑控制线进行界定。

4.5.2 滨水绿化控制线应按水体保护要求和滨水区的功能需要确定,并应符合下列规定:
1 饮用水水源地的一级保护区陆域和水生态保护范围的陆域应纳入滨水绿化控制区范围;
2 有堤防的滨水绿化控制线应为堤顶背水一侧堤脚或其防护林带边线;
3 无堤防的江河、湖泊,其滨水绿化控制线与水域控制线之间应留有足够空间;
4 沟渠的滨水绿化控制线与水域控制线的距离宜大于4m;
5 历史文化街区范围内的滨水绿化控制线应按现有滨水空间格局因地制宜进行控制;
6 结合城市道路、铁路及其他易于标识及控制的要素划定。

4.5.3 滨水绿化控制线范围内的绿化应有足够的公共性和连续性,并宜结合滨水绿化控制线布置滨水道路。

4.5.4 滨水建筑控制线应根据水体功能、水面面积、滨水区地形条件及功能等因素确定。滨水建筑控制线与滨水绿化控制线之间应有足够的距离,并明确该区域城市滨水景观的控制要求。

5 利用规划

5.1 一般要求

5.1.1 城市水系利用规划应体现保护和利用协调统一的思想,统筹水体、岸线和滨水区之间的功能,并通过对城市水系的优化,促进城市水系在功能上的复合利用。

5.1.2 城市水系利用规划应贯彻在保护的前提下有限利用的原则,应满足水资源承载力和水环境容量的限制要求,并能维持水生态系统的完整性和多样性。

5.2 水体利用

5.2.1 城市水体的利用应结合水系资源条件和城市总体规划布局,按照城市可持续发展要求,在分析比较各种功能需求基础上,合理确定水体利用功能和水位等重要的控制指标。

5.2.2 确定水体的利用功能应符合下列原则:
1 符合水功能区划要求;
2 兼有多种利用功能的水体应确定其主要功能,其他功能的确定应满足主要功能的需要;
3 应具有延续性,改变或取消水体的现状功能应经过充分的论证;
4 水体利用必须优先保证城市生活饮用水水源的需要,并不得影响城市防洪安全;
5 水生态保护范围内的水体,不得安排对水生态保护有不利影响的其他利用功能;
6 位于城市中心区范围内的水体,应保证必要的景观功能,并尽可能安排游憩功能。

5.2.3 同一水体多种利用功能之间有矛盾的,应通过技术、经济和环境的综合分析进行协调,并符合下列规定:
1 可以划分不同功能水域的水体,可通过划分不同功能水域实现多种功能需求;
2 可通过其他途径提供需求的功能应退让无其他途径提供需求的功能;
3 水质要求低的功能应退让水质要求高的功能;
4 水深要求低的功能应退让水深要求高的功能。

5.2.4 城市水体的控制水位应依据水体水位变化现状和水体规划功能综合确定,并应符合下列规定:
1 已编制城市防洪、排水、航运等工程规划的城市,应按照工程规划成果明确相应水体的控制水位;
2 工程规划尚未明确控制水位的水体或规划功能需要调整的水体,应根据其规划功能的需要确定控制水位。必要时,可通过技术经济比较对不同功能的水位和水深需求进行协调。

5.3 岸线利用

5.3.1 岸线的使用性质应结合水体特征、岸线条件和滨水区功能定位等因素进行确定。

5.3.2 岸线利用应优先保证城市集中供水的取水工程需要,并应按照城市长远发展需要为远景规划的取水设施预留所需岸线。

5.3.3 生态性岸线的划定,应体现"优先保护、能保尽保"的原则,将具有原生态特征和功能的水域所对应的岸线优先划定为生态性岸线,其他的水体岸线在满足城市合理的生产和生活需要前提下,应尽可能划定为生态性岸线。

5.3.4 划定为生态性岸线的区域必须有相应的保护措施,除保障安全或取水需要的设施外,严禁在生态性岸线区域设置与水体保护无关的建设项目。

5.3.5 生产性岸线的划定,应坚持"深水深用、浅水浅用"的原则,确保深水岸线资源得到有效的利用。生产性岸线应提高使用效率,缩短生产性岸线的长度;在满足生产需要的前提下,应充分考虑相关工程设施的生态性和观赏性。

5.3.6 生活性岸线的划定,应根据城市用地布局,与城市居住、公共设施等用地相结合。

5.3.7 水体水位变化较大的生活性岸线,宜进行岸线的竖向设计,在充分研究水文地质资料的基础上,结合防洪排涝工程要求,确定沿岸的阶地控制标高,满足亲水活动的需要,并有利于突出滨水空间特色和塑造城市形象。

5.4 滨水区规划布局

5.4.1 滨水区规划布局应有利于城市生态环境的改善,以生态功能为主的滨水区,应预留与其他生态用地之间的生态联通廊道,生态联通廊道的宽度不应小于60m。

5.4.2 滨水区规划布局应有利于水环境保护,滨水工业用地应结合生产性岸线集中布局。

5.4.3 滨水区规划布局应有利于水体岸线共享。滨水绿化控制线范围内宜布置为公共绿地、设置游憩道路;滨水建筑控制范围内鼓励布局文化娱乐、商业服务、体育活动、会展博览等公共服务设施和活动场地。

5.4.4 滨水区规划布局应保持一定的空间开敞度。因地制宜控制垂直通往岸线的交通、绿化或视线通廊,通廊的宽度宜大于20m。建筑物的布局宜保持通透、开敞的空间景观特征。

5.4.5 滨水区规划布局应有利于滨水空间景观的塑造,分析水体自然特征、天际轮廓线、观水视线以及建筑布局对滨水景观的影响;对面向水体的城市设计应提出明确的控制要求。

5.5 水系改造

5.5.1 水系改造应尊重自然、尊重历史,保持现有水系结构的完整性。水系改造不得减少现状水域面积总量和跨排水系统调剂水域面积指标。

5.5.2 水系改造应有利于提高城市水系的综合利用价值,符合区域水系分布特征及水系综合利用要求。

5.5.3 水系改造应有利于提高城市水生态系统的环境质量,增强水系各水体之间的联系,不宜减少水体涨落带的宽度。

5.5.4 水系改造应有利于提高城市防洪排涝能力,江河、沟渠的断面和湖泊的形态应保证过水流量和调蓄库容的需要。

5.5.5 水系改造应有利于形成连续的滨水公共活动空间。

5.5.6 规划建设新的水体或扩大现有水体的水域面积,应与城市的水资源条件和排涝需求相协调,增加的水域宜优先用于调蓄雨水径流。在资料条件有限时,可按表5.5.6确定新增水域的面积。

表5.5.6 城市适宜水域面积率

城市区位	水域面积率(%)
一区城市	8~12
二区城市	3~8
三区城市	2~5

注:1 一区包括湖北、湖南、江西、浙江、福建、广东、广西、海南、上海、江苏、安徽、重庆;二区包括贵州、四川、云南、黑龙江、吉林、辽宁、北京、天津、河北、山西、河南、山东、宁夏、陕西、内蒙古河套以东和甘肃黄河以东的地区;三区包括新疆、青海、西藏、内蒙古河套以西和甘肃黄河以西的地区。
2 山地城市宜适当降低水域面积率指标。

6 涉水工程协调规划

6.1 一般要求

6.1.1 涉水工程协调规划应对给水、排水、防洪排涝、水污染治理、再生水利用、综合交通等工程进行综合协调,同时还应协调景观、游憩和历史文化保护方面的内容。

6.1.2 涉水工程协调规划,应有利于城市水系的保护和提高城市水系的利用效率,减少各类涉水工程设施的布局矛盾,并应协调下列内容:
1 涉水工程与城市水系的关系;
2 各类涉水工程设施布局之间的关系。

6.1.3 涉水工程各类设施布局有矛盾时,应进行技术、经济和环境的综合分析,按照"安全可靠、资源节约、环境友好、经济可行"的原则调整工程设施布局方案。

6.2 涉水工程与城市水系的协调

6.2.1 选择地表水为城市给水水源时,应优先选择资源丰沛、水质稳定的水体;在城市水系资源条件允许时,应采用多水源,并按照各水源的水质、水量及区位条件明确主要水源、次要水源或备用水源。

6.2.2 防洪排涝工程应避免对城市水生态系统的破坏,水库的设置应保证下游河道生态需水量要求,堤防的设置可能导致原水生态系统自然特征显著改变的应同步设置补救措施。

6.2.3 城市污水处理工程应结合再生水利用系统进行合理布局,促进城市水系的健康循环。初期雨水处理工程宜结合滨水的城市绿化用地设置,并采用人工湿地等易于塑造滨水景观的处理设施。

6.2.4 城市道路在满足交通的前提下应有利于水系空间的连续和水生态系统的完整,避免对水系的破坏,确需穿越水体的道路应采用桥、隧道等方式。滨水道路宜结合滨水空间布局进行统筹安排。

6.3 涉水工程设施之间的协调

6.3.1 取水设施不得设置在防洪的险工段区域及城市雨水排水口、污水排水口、航运作业区和锚地的影响区域。

6.3.2 污水排水口不得设置在水源地一级保护区内,设置在水源地二级保护区的污水排水口应满足水源地一级保护区水质目标的要求。

6.3.3 桥梁建设应符合相应防洪标准和通航航道等级的要求,不应降低通航等级,桥位应与港口作业区及锚地保持安全距离。

6.3.4 航道和港口工程设施布局必须满足防洪安全要求。

6.3.5 码头、作业区和锚地不应位于水源一级保护区和桥梁保护范围内,并应与城市集中排水口保持安全距离。

6.3.6 在历史文物保护区范围内布置工程设施时应满足历史文物保护的要求。

附录 A 规划编制基础资料

A.0.1 基础资料的调查与收集应根据城市水系的特征和规划的实际需要,提出调查提纲并有侧重地进行。

A.0.2 基础资料的调查与收集应分类进行,取得准确的现状和历史资料,并宜包括下列内容:

1 测绘资料:水系规划使用的地形图,其精度不应低于城市总体规划使用的地形图精度,必要时还可利用航片、卫片等遥感影像资料;

2 城市基础资料:包括自然地理、社会经济、历史文化和城市建设等方面资料;

3 水体(及水资源)资料:包括城市水系的水体形态、面积、权属、水文特征、水质、底泥、重要水生动植物、地下水等内容,以及水体的利用现状;主水资源及客水资源相关资料;

4 岸线资料:包括岸线形态、河势与岸线演变、使用现状、岸线水文特征和水深条件,陆生植物种类和分布、特殊岸线的概况,排水设施和防洪设施布局、规模。

5 滨水区资料:包括滨水区的土地使用与批租情况、建设状况、人口总量与分布、滨水建筑景观状况。

6 相关规划资料:包括城市总体规划、江河流域防洪规划、流域环境保护规划和水利工程规划等相关规划和流域管理规定。

7 其他资料:包括水系的历史演变过程和流域状况,排入水体的污水量和污水成分,桥梁等水上构筑物的基本概况。

本规范用词说明

1 为便于在执行本规范条文时区别对待,对要求严格程度不同的用词说明如下:

1)表示很严格,非这样做不可的:
正面词采用"必须",反面词采用"严禁";

2)表示严格,在正常情况下均应这样做的:
正面词采用"应",反面词采用"不应"或"不得";

3)表示允许稍有选择,在条件许可时首先应这样做的:
正面词采用"宜",反面词采用"不宜";

4)表示有选择,在一定条件下可以这样做的,采用"可"。

2 条文中指明应按其他有关标准执行的写法为:"应符合……的规定"或"应按……执行"。

中华人民共和国国家标准

城市水系规划规范

GB 50513—2009

条 文 说 明

制 订 说 明

《城市水系规划规范》(以下简称《规范》)是城市规划编制标准规范体系中重要的组成部分。编制城市水系规划规范,对于保护城市水系、合理发挥城市水系功能,促进城市安全、健康发展具有重要意义。

一、标准编制遵循的主要原则

1. 安全性原则。增强水系在保障城市公共安全方面的作用。

2. 生态性原则。加强水系在改善城市生态环境方面的作用。

3. 公共性原则。强化城市水系资源的公共属性。

4. 系统性原则。协调水系与城市在功能和空间上的统一关系。

5. 特色化原则。突出城市水系的地域特性。

二、编制工作概况

(一)编制过程及主要工作

1. 准备阶段(2000年5月~2000年12月)

主编单位自2000年5月启动编写准备工作,2000年12月23日召开《规范》开题会暨第一次工作会议,正式进入编写工作阶段。开题会原则同意编制组提出的《规范》编制大纲、主编及参编单位的分工和工作计划,并同意大纲各章节的设置经调整后可作为编制依据。

2. 调研及初稿编制阶段(2001年2月~2003年8月)

(1)编制组在2001年2月到7月期间,按照调研分工陆续对北京、上海、成都、广州、沈阳等地域代表城市进行实地调研,并与当地主要规划设计单位进行座谈,收集相关城市近年编制的有关城市水系的部分规划实例。

(2)编制组在2001年10月到2003年8月期间,结合《武汉市汉阳地区水环境生态综合规划》科研课题的研究进展和国内城市正在进行的与水系相关的规划编制和建设项目,充实及完善《规范》内容,初步形成了《规范》征求意见稿的讨论稿。

(3)编制组于2003年8月在珠海召开了《规范》编制工作会议,对《规范》总体内容及条文进行了广泛及深入的讨论,并就下一步征求意见的相关工作安排达成一致意见。

3. 征求意见稿阶段(2003年9月~2005年5月)

2004年12月,主编及参编单位根据编制组工作会议的精神,借鉴了武汉市城市规划设计研究院编制的《武汉市汉阳地区水环境生态综合规划》的正式成果,形成了《规范》征求意见稿的正式稿。

2005年1月~2005年5月,在原建设部城乡规划司的组织下,向北京、上海、沈阳等城市的规划设计机构、城市规划行政管理部门、水行政管理部门、水相关工程设计机构征求意见。

4. 送审阶段(2005年6月~2007年9月)

编制组对函调单位反馈的意见进行了整理和汇总,形成了《规范》送审稿的初稿。根据《规范》(送审稿)专家预审会的意见及建议进行修改、补充及完善,并形成正式稿后上报原建设部城市规划标准规范归口单位。

(二)开展的专题研究

在《规范》的编制过程中,编制及专家顾问组一致认为应结合科技部"十五"重大科技专项中的《武汉市汉阳地区水环境生态综合规划》科研课题开展专题研究。专题研究的主要内容为制订科学合理的技术路线,抓住构成水环境完整概念的水系形态、水质水生态及滨水空间等三大要素,并以三个构成要素为主体分别进行相关研究,找到影响这三大要素的各种相关关系,力求寻找其量化的关系式,从而建立起各种影响因素与水环境总体状况之间的对应关系,确定在不同规划时期应该采取的措施和方案。在专题研究中力求建立指导建设的指标体系,量化规划目标;构建规划沟渠分布协调、水体交换便捷、生态联系通畅和历史文化丰富的城市水系网络;形成满足水体功能要求的水污染控制体系;建立水生态保护的综合体系,丰富生物多样性;制定滨水区控制体系、展现地区水环境生态特色,为《规范》的编制工作提供理论和技术支撑。

(三)征求意见的范围及意见

在原建设部城乡规划司的组织下,编制组结合城市水系的地域特征和行业管理特征,向北京、天津、山西、内蒙古、沈阳、吉林、哈尔滨、上海、南京、宁波、合肥、济南、厦门、郑州、广州、深圳、桂林、成都、昆明等省市和大城市的规划设计机构、城市规划行政管理部门、水行政管理部门、水相关工程设计机构发函征求意见,共发征求意见函50份,收到回函22份共180余条修改意见及建议,同时征求意见稿还通过建设部有关网站进行了网上征求意见,收到1份共5条建议。

(四)审查情况及主要结论

2007年9月27日,原建设部城乡规划司在武汉组织召开了《规范》的审查会,出席会议的有建设部标准定额司、城乡规划司、城市规划标准规范归口办公室的领导和《规范》专家组的全体专家及编制组成员共27人。

会议认为《规范》是国内首次编制，是一个创新型的规范，技术难度大，涉及面广，需要协调的相关规范、标准较多，是对近年来城市水系规划的系统总结。《规范》目的比较明确、框架结构合理、章节设置和内容深度把握基本得当，符合规范编制的要求，体现了生态优先、资源保护、合理利用的理念。《规范》在专家预审会议所提意见的基础上进行了深化完善，内容完整、编制程序符合要求、总体上体现了先进性、科学性、协调性和可操作性，达到了国内城市规划规范编制的先进水平，专家评审会一致同意通过审查。

目 次

1 总则 ……………………………… 29—13
3 基本规定 ………………………… 29—13
4 保护规划 ………………………… 29—14
　4.1 一般要求 …………………… 29—14
　4.2 水域保护 …………………… 29—14
　4.3 水生态保护 ………………… 29—14
　4.4 水质保护 …………………… 29—14
　4.5 滨水空间控制 ……………… 29—14
5 利用规划 ………………………… 29—15
　5.1 一般要求 …………………… 29—15
　5.2 水体利用 …………………… 29—15
　5.3 岸线利用 …………………… 29—15
　5.4 滨水区规划布局 …………… 29—16
　5.5 水系改造 …………………… 29—16
6 涉水工程协调规划 ……………… 29—16
　6.1 一般要求 …………………… 29—16
　6.2 涉水工程与城市水系的协调 ……… 29—17
　6.3 涉水工程设施之间的协调 ………… 29—17

1 总 则

1.0.1 我国是一个多江河、多湖泊的国家。近年来,位于城市内或城市周边的水体和水系空间资源出现了高强度开发和无序利用的现象。一方面,城市内部和周边的水体易受到生活污水和工业废水的污染;另一方面,滨水地区具有良好的生态环境和优美的景观条件,一些地方存在因不合理开发造成的滨水地区公共性降低、开发强度过高等问题。建设部于1999年正式批准编制《城市水系规划规范》,以指导各地的水系保护和利用规划的编制,规范保护和利用城市水系的行为,有利于城市水系综合功能持续高效发挥,促进城市健康发展。

1.0.2 关于规范适用范围的规定。城市一般依水而建,水、城的关系十分密切,水系的形态影响着城市总体空间结构,是城市总体空间框架的有机组成部分,因此,水系的保护和利用宜在城市总体规划阶段统筹、同步编制城市水系规划,或者单独编制相应的专项规划。

1.0.3 在确定水系规划对象的过程中,主要考虑以下几个方面的问题:

水系规划应以城市规划区内的水体为规划对象,但是,水系是一个区域性的有机体,特别是江、河一类的水体更与周边城市有着十分密切的上下游关系,因此,水系规划范围可在城市规划区范围的基础上,进一步研究水系的区域关系,适当扩大研究范围,以使规划编制工作更加科学合理。

在规范编制的过程中也研究过是否将地下水作为规划对象,考虑到地下水的详细资料在一般情况下比较难以完整取得,因此,本规范暂不要求将地下水作为规划对象。鉴于地下水是水资源重要的组成部分,建议已经具有地下水相关资料的城市将地下水纳入城市水系规划。

由于与水相邻的陆地空间是保护和利用水系的重要空间要素,因此,规范将滨水地带也作为规划对象。

1.0.4 城市水体及水系空间环境是城市重要的空间资源,是体现城市生态环境、人居环境和空间景观环境的重要载体。城市水系规划的总体原则就是强调对水系及其空间环境的优先保护,在保护的前提下,再提出有限的合理利用目标。

1.0.5 关于规划期限的规定。

1.0.6 与水系相关的专业规划很多,如给水规划、排水规划、航道规划、防洪规划等,均有相应的国家规范或标准。城市水系规划应与这些规划的规范、标准相衔接。城市水系一般是流域或区域水系的一部分,城市水系规划应符合已批准的有关流域和区域规划。

3 基本规定

3.0.1 本条根据城市水系保护和利用中面临的主要问题,提出了城市水系规划的内容要求。

保护规划的核心是建立水体环境质量保护和水系空间保护的综合体系。明确水体水质保护目标,建立污染控制体系;划定水域、滨水绿带和滨水区保护控制线,提出相应的控制管理规定。

利用规划的核心是要构建起完善的水系功能体系。通过科学安排水体功能、合理分配岸线和布局滨水功能区,形成与城市总体发展格局有机结合并相辅相成的空间功能体系。

工程设施协调规划的核心是协调涉水工程设施与水系的关系、涉水工程设施之间的关系,工程设施的布局要充分考虑水系的平面及竖向关系,避免相互之间的矛盾和产生不良影响。

3.0.2 本条根据有关法律法规要求和城市规划基本原理,提出了城市水系规划所应坚持的基本原则。

1. 安全性原则。主要强调水系在保障城市公共安全方面的作用,包括饮用水安全和防洪排涝安全。

2. 生态性原则。主要强调水系在改善城市生态环境方面的作用,包括三个方面:一是强调水系在城市生态系统中的重要作用;二是避免对水生态系统的破坏;三是鼓励在对城市水系进行必要的改造时采用生态措施。

3. 公共性原则。主要强调城市水系资源的公共属性。城市水系的公共性一方面表现为权属的公共性,这一直成为世界各滨水城市高度关注的问题,为确保水系及滨水空间为广大市民所共享,不少国家的城市对此制定了严格的法规。另一方面还表现在功能的公共性,在滨水地区布局公共性的设施有利于促进水系空间向公众开放,并有利于形成核心积聚力来带动城市的发展。成功的案例如美国巴尔的摩、悉尼情人港等滨水地区的建设。

4. 系统性原则。主要强调水系与城市在功能和空间上的统一关系。水体、岸线和滨水陆域空间是水系综合功能实现的基本构成要素,水系规划应将水体—岸线(水陆交接带)—滨水空间(陆域)作为一个整体进行保护和利用,实现水系规划的各项目标。第一层次是水体,是水系生态保护和生态修复的重点。第二层次是水体岸线,是水域与陆域的交接界面,是体现水系资源特征的特殊载体。第三层次是濒临水体的陆域地区,是进行城市各类功能布局、开发建设以及生态保护的重点地区。水系规划必须统筹兼顾这三个层次的生态保育、功能布局和建设控制,岸线和滨水地区功能的布局必须形成良性互动的格局,避免相互矛盾,确保水系与城市空间结构关系的完整性。水系空间系统和园林绿地系统、开放空间系统具有密切的功能和空间联系,从而成为城市总体空间格局的重要组成部分。

5. 特色化原则。主要强调城市水系的地域特性。水系作为体现城市特征的自然要素,在城市的发展过程中对城市空间布局和文化延续有重要影响。水系是典型的开敞空间,往往也是城市形象的重要构成要素,因而水系规划不应仅仅限于水系物理环境和生态环境的治理和保护,还应充分体现规划对水系空间景观体系的引导和控制,塑造出有特色的城市空间形象。

3.0.3 本条提出了城市水系规划对象的分类方法。分类的主要目的一是便于进行聚类分析,二是便于制订有针对性的保护和利用措施。

水体的形态十分丰富,但分类过多不利于制定基本的保护利用对策和措施,因此根据其基本形态特征分为江河、湖泊和沟渠三大类,江河以"带"为基本形态特征,一般水面宽度在12m以上,具备较大的流域(汇流)范围;沟渠以"线"为基本形态特征;湖泊以"面"为基本形态特征。滨海城市可以增加海湾类划。

水系岸线按在城市中的作用进行分类。生态性岸线是有明显生态特征的自然岸线,需要加强原生态保护;生产性岸线主要为满足城市正常的交通、船舶制造、取水、排水等工程和生产需要,包括港口、码头、趸船、船舶停靠、桥梁、高架路、泵站、排水闸等设施;生活性岸线主要满足城市景观、市民休闲和娱乐、展现城市特色的需要,生活性岸线应尽可能对公众开放。

3.0.4 本条提出了城市水系规划编制中一般应进行重点分析的内容。城市水系的现状分析和评价是确定城市水系功能、制订保护措施、统筹水系综合利用和协调涉水工程设施的规划依据。

4 保护规划

4.1 一般要求

4.1.1 本条规定了城市水系规划中需要进行保护规划的基本内容，这些内容是城市水系作为城市资源并实现其资源价值的主要构成要素。

4.1.2 本条是对城市水系保护规划的基本要求，以利于在城市水系规划的实施过程中与其他规划进行有效协调。

4.1.3 本条提出了城市水系保护规划应与城市实际情况相协调的要求。随着城市水系保护的技术和手段飞速发展，发达国家在城市水系的保护中也有许多成功的经验，但由于水系有明显的地域特征，如果简单地借用或采用一些在当地具体条件下难以发挥作用的技术或措施，将可能影响规划的实施。

4.2 水域保护

4.2.1 本条规定水域保护的主要内容。水域作为水系在城市空间中的具体表现，是影响水系功能发挥和协调城市与水系关系的主要载体，因此，在城市水系规划中应将水域作为重要的资源予以保护。

4.2.2 关于确定水域范围的基本方法。国内一些城市的规划蓝线仅限于水域范围，滨水绿线单独确定，而另一些城市的规划蓝线既包括了水域也包括了与水域紧邻的滨水绿化范围，为准确区分保护区域，也避免与《城市蓝线管理办法》中关于蓝线的有关规定相冲突，规划采用水域控制线的概念，将其作为水域的范围线。

划定水域控制线时，对水位变化较大而形成较宽涨落带的水体，由于达到高水位的几率较低，特别是一些在防洪、排涝中作用较大的水体，往往按照10年以上甚至高于50年一遇的标准确定设计高水位，平均洪水位以上的滩地在大部分年份没有水，如严格按设计高水位确定水域范围既不利于亲水性的体现，也不符合资源复合利用的原则，同时也增加该区域保护的难度，因此，这些水体的水域控制线宜采用多年平均洪水位线来划定。在具体划定时，应以有利于滩地的保护和复合利用为原则，结合滩地利用的难易程度、防洪或排涝设计标准和滨水地区的用地性质进行具体分析。

4.2.3 关于不得占用、填埋和分隔水域控制线范围内水体的规定。《中华人民共和国水法》第四十条规定：禁止围湖造地，禁止围垦河道。建设部《城市蓝线管理办法》规定：禁止"擅自填埋、占用城市蓝线内水域"。针对国内目前一些地区在开发建设时占用、填埋城市江河、湖泊等水域的现象作出本条规定，并作为强制性内容。

4.2.4 关于特殊情况下水域控制线调整的规定。一方面体现对水系的保护，避免各城市以重点项目建设的名义占用城市水系；另一方面，对铁路编组站等系统性要求高、占用地面积大的基础设施选址提供了解决与水系保护矛盾的方法，有利于在保护的基础上促进基础设施的建设。应用本条的规定应符合两个条件：一是布局的项目为重大基础设施，二是周边用地条件可以满足通过调整水域控制线达到规划水域面积不小于现状水域面积的要求。

4.2.5 关于设立水域控制点的要求。由于水域控制线只能在图中进行表示，水域的日常管理维护单位对于没有明确地标物作为水域界限的水体难以进行有效管理，借鉴目前部分地区的成功做法，对水体进行界桩形成人工地标识易于操作，但界桩不是用地权属范围的界限，而是管理界限，因此，规范要求在规划中明确水域控制线的主要控制点，以作为有关行政管理部门进行界桩的依据，目的是有利于水域控制线的规划管理和接受社会监督。

4.3 水生态保护

4.3.1 本条规定了城市水系规划关于水生态保护的主要内容。

4.3.2、4.3.3 关于水生态保护区域的构成和保护范围划定原则。水生态保护区域的设立主要是保护珍稀及濒危野生水生动植物和维持城市湿地系统生态平衡、保护城市湿地功能和湿地生物多样性，这些区域一部分已批准为自然保护区或已规划为城市湿地公园，对那些尚未批准为相应的保护区但确有必要保护的水生态系统，在满足受保护对象的完整性、生物多样性、生态系统的连贯性和稳定性要求基础上，水生态保护范围宜尽可能小，避免因保护范围过大而难以进行有效保护。

4.3.4 本条按照《中华人民共和国自然保护区条例》中关于自然保护区核心区、缓冲区和实验区的要求制定，并参照《城市湿地公园规划设计导则（试行）》有关规定，作为强制性条文执行。

4.3.5 关于水体涨落带保护的规定。自然特征明显的水体涨落带是水生态系统与城市生态系统的交错地带，对水生态系统的稳定和降解城市污染物，以及促进水生生物多样化都有重要作用，但在城市建设过程中，为体现亲水性和便于确定水域范围，该区域自然特征又很容易被破坏，因此作这一规定。

4.4 水质保护

4.4.1 本条规定了编制城市水系规划时在水污染防治方面的内容要求。水质是水系功能发挥的重要保证，水质下降将影响水系的正常和持续利用，因此，水系规划应将水污染的防治作为重要内容。水污染的防治包括水质目标的确定和保护措施的制定。

4.4.2 关于确定水质保护目标的基本原则。目前我国的水环境形势较为严峻，社会对保护水环境的认识日益增强，因而提出相对严格的要求。水体现状水质应采用各城市环境公报的数据。

4.4.3 环境保护行政主管部门和水行政主管部门一般都已划定当地的水功能区和水环境功能区，环境保护行政主管部门依据的是《地表水环境功能区划分技术纲要》（国家环保局〔90〕环管水字第104号），水行政主管部门依据的是《水功能区管理办法》（水利部水资源〔2003〕233号），各地可根据规划编制任务的要求选择相应区划技术标准，但目标水质都必须满足现行国家标准《地表水环境质量标准》GB 3838 的规定。对因水体规划功能调整而需要变更区划确定的水质保护目标的，应专门进行说明，以便于政府决策和调整区划时参考。

4.4.4 本条是针对面积较大或岸线较长的水体所作的规定。在确定分水域水质管理目标时，应保证低水质目标水域不对高水质目标水域产生不利影响，必要时可设置过渡水域。

4.4.5 本条规定了制定水质保护措施的基本要求。由于城市水系中不同的水体受污染的程度、污染物来源以及水体纳污能力都不完全相同，因此，制定保护措施需要有针对性。水质保护的措施除传统的城市污水收集与处理外，面源和内源的治理措施也得到广泛应用，同时，以生态修复技术为代表的新的治理措施在水污染治理、特别是湖泊水库的污染治理中表现出了良好的应用前景。就城市水系而言，在选择治理措施时，一般应坚持先点源治理，再面源治理，然后内源治理的顺序。

4.5 滨水空间控制

4.5.1 滨水空间是水系空间向城市建设陆地空间过渡的区域，其作用主要体现在：一是作为开展滨水公众活动的场所来体现其公共性和共享性，二是作为城市面源污染拦截场所和滨水生物通道来体现其生态性，三是通过绿化景观、建筑景观与水景观的交相辉映来展现和提升城市水环境景观质量。因此，完整的城市滨水空间既包括滨水绿化区，也包括必要的滨水建筑区。为有利于明确这两个区的范围，分别采用滨水绿化控制线和滨水建筑控制线进行界定。

4.5.2 本条规定了划定滨水绿化控制线的原则。滨水绿化控制线以道路、铁路、堤坝为参照可有利于空间控制和便于标识。对滨水绿化控制区的宽度进行明确规定比较困难，需要结合具体的地形地势条件、水体及滨水区功能、现状用地条件等多个因素确定。

具体划定时可以参照以下一些研究成果和有关规定：

1 参照《公园设计规范》关于容量计算的有关规定，人均公园占有面积建议为不少于 $30m^2 \sim 60m^2$，人均陆域占有面积不宜少于 $30m^2$，并不得少于 $15m^2$。因此，当陆域和水域面积之比为 1：2 时，水域能够被最多的游人合理利用。该规范还要求作为带状公园的宽度不应小于 8m。

2 沟渠两侧绿化带控制宽度应满足沟渠日常维护管理和人员安全通行的要求，单边宽度不宜小于 4m。

3 作为生态廊道或过滤污染物的绿化带宽度，有关学者的研究成果为表 1 和表 2 的内容。

4 在武汉进行的"科技部武汉水专项研究"中，在水生态系统方面的研究成果认为，如果滨水绿化区域面积大于水体面积，在没有集中的城市污水的排入时，水生态系统将能够维持自身稳定并呈现多样化趋势。

5 对于历史文化街区（如周庄、丽江古城），由于保护和发扬历史文化的要求，应结合历史形成的现有滨水格局特征进行相应控制。

表1 不同学者提出的保护河流生态系统的适宜廊道宽度值

作者	宽度(m)	说　明
Gillianm J W	18.28	截获88%的从农田流失的土壤
Cooper J R 等	30	防止水土流失
Cooper J R 等	80～100	减少50%～70%的沉积物
Low rance 等	80	减少50%～70%的沉积物
Rabeni	23～183.5	美国国家立法，控制沉积物
Erman 等	30	控制养分流失
PeterjohnW T 等	16	有过滤硝酸盐
Cooper J R 等	30	过滤污染物
Co rrellt 等	30	控制磷的流失
Kesk italo	30	控制氮素
Brazier J R 等	11～24.3	有效的降低环境的温度5℃～10℃
Erman 等	30	增加低级河流河岸稳定性
Steinblum s I J 等	23～38	降低环境的温度5℃～10℃
Cooper J R 等	31	产生较多树木碎屑，为鱼类繁殖创造多样化的生态环境
Budd W W 等	11～200	为鱼类提供有机碎屑物质
Budd 等	15	控制河流浑浊

表2 根据相关研究成果归纳的生物保护廊道适宜宽度

宽度值(m)	功能及特点
3～12	廊道宽度与草本植物和鸟类的物种多样性之间相关性接近于零；基本满足保护无脊椎动物种群的功能
12～30	对于草本植物和鸟类而言，12m是区别线状和带状廊道的标准。12m以上的廊道中，草本植物多样性平均为狭窄地带的2倍以上；12m～30m能够包含草本植物和鸟类多数的边缘种，但多样性较低；满足鸟类迁徙；保护无脊椎动物种群；保护鱼类、小型哺乳动物
30～60	含有较多草本植物和鸟类边缘种，但多样性仍然很低；基本满足动植物迁移和传播以及生物多样性保护的功能；保护鱼类、小型哺乳、爬行和两栖类动物；30m以上的湿地同样可以满足野生动物对生态环境的需求；截获从周围土地流向河流的50%以上沉积物；控制氮、磷和养分的流失；为鱼类提供有机碎屑；为鱼类繁殖创造多样化的生态环境
60，80～100	对于草本植物和鸟类来说，具有较大的多样性和内部种；满足动植物迁移和传播以及生物多样性保护的功能；满足鸟类及小型生物迁移和生物保护功能的道路缓冲带宽度；许多乔木种存活的最小廊道宽度
100～200	保护鸟类，保护生物多样性比较合适的宽度
≥600～1200	能创造自然的、物种丰富的景观结构；含有较多植物和鸟类内部种；通常森林边缘效应在200m～600m范围；森林鸟类捕食的边缘效应大约范围为600m，窄于1200m廊道不会有真正的内部生态环境；满足中等及大型哺乳动物迁移的宽度为数百米至数十千米不等

注：表1和表2的数据来源为：车生泉，城市绿色廊道研究，城市生态研究，2001，9（11）；朱强等，景观规划中的生态廊道宽度，生态学报，2005（9）（第25卷第9期）

4.5.3 关于滨水绿化区的基本规划要求。结合滨水绿化控制线布局道路可有利于实现滨水区域的可达性和形成地理标识。

4.5.4 关于滨水建筑区的划定原则，实际规划中还应考虑地形地势条件和周边的用地布局，其目的主要是在滨水城市地区形成良好的城市景观，使水、岸和城市建筑相互呼应，要结合不同的滨水条件和功能，对主要的景观要素进行控制。

5 利用规划

5.1 一般要求

5.1.1、5.1.2 关于水系利用的一般性规定。城市水系的利用要突出功能上的复合利用和系统上的整体利用，并不超过城市水系自身的承载能力，达到可持续利用的目的。

5.2 水体利用

5.2.1 关于水体利用的原则要求。水是城市起源和发展的命脉，城市水体对城市运行所提供的功能是多重的，城市饮用水的供给、航运和滨水生产、排水蓄积功能、水生生物栖息、生态调节和保育、行洪蓄洪、景观游憩都是水系可以承担的功能，这些功能必须在城市水系规划中得到妥当的安排和布局，不可偏重某一方面，而疏漏了另一方面的发展和布局。

5.2.2 关于确定水体功能的规定。在水体的诸多功能当中，首先应确定的是城市水源地和行洪通道，城市水源地和行洪通道是保证城市安全的基本前提。对城市水源水体，应当尽量减少其他水体功能的布局，避免对水源水体质量造成不必要的干扰。

水生态保护区，尤其是有珍稀水生生物栖息的水域，是整个城市生态环境中最敏感和脆弱的部分，其原生态环境应受到严格的保护，应严格控制该部分水体再承担其他功能，确需安排游憩等其他功能的应经专门的环境影响评价，确保这类水体的生态环境不被破坏。

位于城市中心区范围内的水体往往是城市中难得的开敞空间，具有较高的景观价值，赋予其景观功能和游憩功能有利于形成丰富的城市景观。

5.2.3 同一水体可能需要安排多种功能，当这些功能之间发生冲突时，需要对这些功能进行调整或取舍，其依据应为技术、经济和环境效益的综合分析结论。一般情况下可以先进行分区协调，尽量满足各种功能布局的需要。当分区协调不能实现时，需要对各种功能的需求进行进一步分析，按照水质、水深到水量的判别顺序逐步进行筛选。

5.2.4 关于水体水位控制的原则规定。一般情况下水位处于不断的变化之中，水位涨落对城市周边的建设，特别是对于周边城市建设用地基本标高的确定有重要的影响，因此，水位的控制是有效和合理利用水体的重要环节。江、河等流域性水体，以及连江湖泊、海湾，应根据水文监测站常年监测的水位变化情况，统计水体的历史最高水位、历史最低水位和多年平均水位，并按照防洪、排涝规划要求明确警戒水位、保证水位或其他控制水位，作为编制水系规划和确定周边建设用地高程的重要依据。

5.3 岸线利用

5.3.1 关于如何确定岸线利用性质的基本要求。

5.3.2 岸线利用应确保城市取水工程需要，取水工程是城市基础设施和生命线工程的重要组成部分。对取水工程不应只包括近期的需要，还应结合远期需要和备用水源一同划定，及早预留并满足远期取水工程对岸线的需求。

5.3.3 生态性岸线往往支撑着大量原生水生生物甚至是稀有物

种的生存，维系着水生态系统的稳定，对以生态功能为主的水域尤为重要，因此，在确定岸线使用性质时，应尽可能多地划定生态性岸线。

5.3.4 生态性岸线本身和其维护的水生态区域容易受到各种干扰而出现退化，除需要有一定的规模以维护自身动态平衡外，还需要尽可能避免被城市建设所干扰，这就需要控制一个相对独立的区域，限制甚至是禁止在这个区域内进行与城市相关的建设活动。

5.3.5 生产性岸线易对生态环境产生不良的影响，因此，在生产性岸线规划布局时应尽可能提高使用效率，缩减所占用岸线的长度，并在满足生产需要的前提下尽量美化、绿化，形成适宜人观赏尺度的景观形象。

5.3.6 生活性岸线多布局在城市中心区内，是与城市市民生活最为接近的岸线，因此，生活性岸线的布局应体现充分服务市民生活的特点，确保市民尽可能亲近水体，共同享受滨水空间的良好环境。生活性岸线的布局，应注重市民可以到达和接近水体的便利程度，一般平行岸线建设的滨水道路是人群接近水体最便利的途径，人们可以沿路展开休憩、亲水、观水等多项活动，水系规划应该尽力创造滨水道路空间。

5.3.7 为加强岸线的亲水性，便于人们接近水体，可结合水位变化和岸线的高程设置梯级平台。梯级平台的设置，要考虑水位的变化情况，例如常年水位、最高水位等不同水位高程的台级，由于被水淹没的时间长短和程度的不同，应有不同的功能布局和处理方式。因此，竖向设计是生活性岸线布局需要重点考虑的因素。

5.4 滨水区规划布局

5.4.1 具有一定规模的水体，当其作为城市生态功能区来进行规划时，应考虑与其他生态版块的连通问题，以满足不同物种之间的交换和活动需要。按照表2的研究数据，以及国家"十五"重大科技专项中所开展的武汉市汉阳地区水环境生态专项研究成果，生态廊道的宽度至少要控制在60m以上，一般应达到100m。

5.4.2 滨水区的建设与水系有着直接的相互影响。规划应避免滨水区建设可能对水系造成的不利影响，特别是部分工业的布局容易导致对水体的污染，因此，本条提出控制有污染工业布局的要求。这里需要强调的是要严禁沿水体零散布局有污染的项目，零散布局必然带来污水截污排放系统的不经济性，最有可能带来水体污染。

5.4.3 滨水区的公共性主要通过两个途径得到确保：一是滨水空间的公共开放性，岸线的空间资源十分宝贵，应通过滨水区空间科学布局增强其共享性，创造出充裕连续、开放的滨水空间；二是滨水区功能的公益性，通过鼓励在滨水区尽可能多地布局城市博览、文化娱乐、休闲游览等公益性活动设施，提高滨水区的公共使用效率，改善城市生活品质。

5.4.4 滨水区内的道路或各类廊道是滨水空间组织的重要内容。垂直通往水体的道路可加强岸线可达性，这些道路既可使人们便捷地到达滨水区，而且还形成了通往岸线的视线通廊，形成美好的城市景观环境。另外，当条件允许时，也应考虑适当的园林绿化通廊，绿化通廊的间距是按照城市主干道的间距进行控制的，条件好的城市，也可以因地制宜进行控制，体现当地的地域特色。滨水区的建筑物布局应避免沿水体密集安排，形成通透、开敞的景观效果和良好的城市风道。

5.4.5 滨水区是体现水系景观功能的重要载体，但景观特征与各地的具体情况有直接的关联，难以作出统一的规定，因此，本条从规划管理角度提出相应的控制要求，通过城市设计来规范滨水区的景观塑造。

5.5 水系改造

5.5.1 关于水系改造规划的基本要求。城市水系具有明显的地域特征，其变迁过程是城市历史的重要组成部分，水系的结构是城市空间演变和水系自身发展的结果，水系的改造应顺应水系与城市的这种有机联系，避免为改造而改造，避免对自然的、历史的城市水系进行不合理的人工干预，更要避免借改造的名义填占水体的行为，特殊情况下需要减小单一水体的水面面积时，应在同一个排水系统内的其他水体增加不小于该减小的水面面积。

5.5.2 本条规定了水系改造的基本原则。

5.5.3～5.5.5 提出了城市水系改造的主要方向。水系改造的目的应包括提高城市行洪蓄调能力、为改善水质创造条件、为丰富生物多样性提供生态走廊、形成城市独特的景观和水上交通通廊、提高水体的观赏价值等。因此，结合水系各类功能的发挥提出相应的改造要求。

5.5.6 关于扩大水域面积的规定。水系改造是城市建设过程中提升水系综合功能的手段，在改造过程中水域面积是重要的控制条件，但水域面积的大小与各地的水资源条件和地形地势条件等实际情况有较大关联，也与城市发展阶段、发展水平有很大关系。规范编制过程中就水域面积率有很多争论，虽然都同意水系改造不能减少水面，也认为有必要适当限制在水资源缺乏城市盲目扩大或开挖大型景观水面的行为，但对于水面较少的城市是否有必要在规划中增加新的水面有不同意见。结合征求意见的反馈情况，近年来国家对减轻洪涝灾害的重视程度、减小城市排涝系统压力和降低城市面源污染的生态型雨水排除系统的发展趋势等多方面因素，在规范中按照不同地区降雨及水资源条件给出了水域面积率的建议值，以便各地在规划建设新的水体或扩大水面面积时参考。通过对全国不同地域25个城市近年所编规划的统计分析，规划的水域面积率基本处于规范建议的范围内。

城市分区保持与现行国家标准《室外给水设计规范》GB 50013一致，以便于在使用本规范过程中与其他规范相协调。

由于水域面积率是以水资源条件和排涝需求为依据提出的，对于山地城市，其自身排水条件较好，需要在城市规划区内蓄降雨的要求不高，同时，山地城市建设水面的难度较大，因此，山地城市在采用上述建议数值时，应根据地形条件适当调减。

6 涉水工程协调规划

6.1 一般要求

6.1.1、6.1.2 关于涉水工程协调规划内容和协调原则的规定。涉水工程主要包括对水系直接利用或保护的工程项目，这些工程往往都已经有相对完备的规划或设计规范，但不同类别的工程往往关注的仅是水系多个要素中的一个或几个方面，需要在城市水系保护与利用的综合平台上进行协调，在城市水系不同资源特性的发挥中取得平衡，也就是要有利于城市水系的可持续利用和高效利用。站在水系规划的角度，在协调各工程规划内容时，一是从提高城市水系资源利用效率角度对涉水工程系统进行优化，避免因为一个工程的建设使水系丧失其应具备的其他功能；二是从减少不同设施用地布局矛盾的角度对各类涉水工程设施的布局进行协调。

6.1.3 关于调整工程设施布局的原则。有一些现状涉水工程设施由于其自身系统性的要求难以重新选址，同时对其进行异地重建又存在较大工程建设任务，只进行定性的分析不足以判断或协调设施布局之间的矛盾，这时，需要采用一些定量的分析方法，从技术、经济和环境的角度进行综合分析，确定最终的协调方案。比如，在城市规划过程中往往存在城市集中排水口与城市集中饮用水源取水口的矛盾，不能只从建设的先后顺序进行定性分析，还需要在城市整体利益基础上，从水系条件、建设投入、综合运行成本、环境影响等进行定量分析，以确定是排污口下移还是取水口上移。

6.2 涉水工程与城市水系的协调

6.2.1 本条是对给水工程与城市水系协调的具体要求。近年来，部分城市出现了突发性的水源污染事故，一些现状水源的水质出现了持续下降的趋势，有些城市还被迫重新选择水源地，对城市供水安全和给水系统的经济性产生了严重的不利影响，因此，对水源选择和给水系统布局都提出了更高的要求。水源选择除注重水资源量的规模外，还应重视水源水质的稳定性要求，在有条件的城市，应采用多水源供水系统或预先控制、保留可作为备用的水源，以适应城市发展中不确定性因素对城市供水系统的要求，避免在被迫调整城市水源地时对水系功能体系和给水系统整体布局带来结构性的改变，有利于城市水系综合保护与利用体系的建立和持续稳定的发挥作用。

6.2.2 关于防洪工程与城市水系协调的具体要求。随着世界各国对生态系统保护越来越重视，对传统水利防洪工程引起的一系列生态问题的认识逐步深入，生态水利的理念已得到国际社会和国内相关部门、学者的认可，因此，在进行防洪排涝工程规划时需要避免工程实施对生态的破坏，一方面是在确定水资源调度方案时要考虑和保证生态需水量的需求，维持下游地区的生态平衡；另一方面是要采取必要的补偿措施，将水利工程建设的不利影响降低到最小的程度，比如鱼道的设置、水生态交换通道的设置等。

6.2.3 本条提出了水污染治理工程与城市水系协调的具体要求。一是在布局上通过与再生水利用系统、滨水景观系统协调，降低水污染治理工程对局部水域的不利影响，从而在城市的水系、供水、排水系统之间建立健康稳定的循环系统；二是在处理设施选择上考虑滨水景观塑造的需求，提高滨水土地资源的复合利用效率。

6.2.4 本条是关于城市道路系统与城市水系协调的具体要求。在城市中对水系形态完整性影响最大的是城市道路，由于不同等级的道路对其线形走向的要求不同，等级越高的道路对线形要求也越严格，对于必须穿越水体的道路为减小对水体的影响，规定其不得影响水体的完整和水生态系统的交流，必须采用立体交叉，或桥或隧道。滨水道路要为滨水地区的功能服务，一般情况下，滨水道路提供滨水观光、休闲的意义要大于其区域交通功能，应以提供滨水活动区通达和观光为主，因此，道路的走向也应该尽可能结合滨水空间的自然地形进行布局，不要为追求道路的等级及相应的线形而对滨水区现有的景观及生态格局造成大的破坏。

6.3 涉水工程设施之间的协调

6.3.1 本条是关于取水设施与其他工程设施布局协调的要求。一是强调取水设施的安全，充分考虑地质条件、洪水冲刷和其他设施正常运行产生的水流变化等对取水构筑物的安全影响；二是强调取水水质稳定，尽可能减少在其他工程设施运行过程中污染水体的几率。由于水流条件及其他设施规模、等级的不同，会导致相应的影响区域范围变化较大，难以明确统一的具体距离要求，在协调时应结合具体情况进行综合分析后确定。

6.3.2 本条规定了污水排水口布局与水源地的协调要求。在界定水源保护区的范围时，有相关规划的按该规划确定的范围为准，没有相关规划明确其范围的以国家现行标准《饮用水水源保护区划分技术规范》HJ/T 338 规定的范围为准。

6.3.3 本条是关于桥梁设施布局与其他设施布局的协调要求。桥梁在选址时要选择河势稳定、河床地质条件较好的地区，并避免受到其他工程或自然灾害的影响，同时，也不应对城市防洪和航运造成不利影响。桥位与港口作业区和锚地的安全距离根据具体条件进行分析确定。

6.3.4 本条规定了航道及港口设施的协调布局原则。航道的清障与改线、港口的设置和运行等工程或设施可能对堤防安全造成不利影响，需要进行专门的分析，在确保堤防安全及行洪要求的前提下确定改造方案。

6.3.5 关于码头、作业区和锚地等设施的布局协调要求。码头、作业区和锚地是水系航运功能发挥的重要基础条件，但在运行过程中也易对附近水域产生不利影响，从保障用水安全和自身作业安全出发，码头、作业区和锚地应与水源一级保护区、桥梁影响区域、排水口影响区域保持安全的距离。

6.3.6 本条是关于历史文化的保护对工程设施布局的要求，确保地区历史文化的传承和文物的有效保护。

中华人民共和国国家标准

城市轨道交通线网规划编制标准

Code for compilation of urban railway network planning

GB/T 50546—2009

主编部门：中华人民共和国住房和城乡建设部
批准部门：中华人民共和国住房和城乡建设部
施行日期：２０１０年４月１日

中华人民共和国住房和城乡建设部
公 告

第 455 号

关于发布国家标准《城市轨道交通线网规划编制标准》的公告

现批准《城市轨道交通线网规划编制标准》为国家标准,编号为 GB/T 50546-2009,自 2010 年 4 月 1 日起实施。

本标准由我部标准定额研究所组织中国建筑工业出版社出版发行。

中华人民共和国住房和城乡建设部
2009 年 11 月 30 日

前 言

本标准是根据原建设部《关于印发〈二〇〇一~二〇〇二年度工程建设国家标准制订、修订计划〉的通知》[建标（2002）85 号]的要求,由中国城市规划设计研究院会同有关单位共同编制的。本标准在编制过程中,广泛调查研究,认真总结实践经验,并广泛征求了全国有关单位的意见,最后经审查定稿。

本标准内容包括城市轨道交通线网规划的编制内容、方法、基本原则和技术要求等,分为总则、术语、基本规定、交通需求分析、线网方案、方案评价、车辆基地规划、用地控制规划等 8 章。

本标准由住房和城乡建设部负责管理,由中国城市规划设计研究院负责具体技术内容的解释。请各单位在执行过程中,总结实践经验,积累资料,随时将有关意见和建议反馈给中国城市规划设计研究院（地址：北京市三里河路 9 号；邮政编码：100037；E-mail：lifj@caupd.com）,以供今后修订时参考。

本标准主编单位、参编单位和主要起草人：

主 编 单 位：中国城市规划设计研究院
参 编 单 位：北京城建设计研究总院有限责任公司
              北京市城市规划设计研究院
              南京地铁科技咨询有限公司
              同济大学
              北京市地下铁道设计研究所
主要起草人：李凤军 万学红 郭春安
            吴子啸 王新民 苗彦英
            张 浩   顾保南 蒋玉琨
            张子栋 池利兵 蔡润林
            宋 毅   杨志刚 赵波平
            杨 旭   叶霞飞 蔡顺利
主要审查人：王静霞 焦桐善 全永燊
            马 林   贺崇明 袁振州
            林 群   王忠强 欧阳长城

目 次

1 总则 ……………………………… 30—5
2 术语 ……………………………… 30—5
3 基本规定 ………………………… 30—5
4 交通需求分析 …………………… 30—5
5 线网方案 ………………………… 30—6
6 方案评价 ………………………… 30—6
7 车辆基地规划 …………………… 30—6
8 用地控制规划 …………………… 30—6
本标准用词说明 …………………… 30—7
附：条文说明 ……………………… 30—8

Contents

1 General Principles ·················· 30—5
2 Terms ································ 30—5
3 Basic Requirement ················ 30—5
4 Travel Demand Analysis ········· 30—5
5 Network Planning ·················· 30—6
6 Network Evaluation ··············· 30—6
7 Depot and Maintenance Base
  Planning ···························· 30—6
8 Land Use Control Planning ······ 30—6
Explanation of Wording in This
  Standard ···························· 30—7
Explanation of Provision ··············· 30—8

1 总则

1.0.1 为规范城市轨道交通线网规划的编制内容和方法，明确编制的基本原则和技术要求，制定本标准。

1.0.2 本标准适用于城市轨道交通线网规划的编制。

1.0.3 编制城市轨道交通线网规划应以城市总体规划为依据，符合城市综合交通体系规划。城市轨道交通线网规划宜与城市总体规划同步开展。

1.0.4 编制城市轨道交通线网规划，应坚持节约和集约利用资源，落实国家优先发展城市公共交通的政策，支持以城市公共交通为导向的城市土地使用策略，促进城市和交通可持续发展。

1.0.5 本标准规定了城市轨道交通线网规划编制的基本技术要求。当本标准与国家法律、行政法规的规定相抵触时，应按国家法律、行政法规的规定执行。

1.0.6 编制城市轨道交通线网规划，除应执行本标准的规定外，尚应符合国家现行有关标准的规定。

2 术语

2.0.1 城市轨道交通线网 urban railway network
多条城市轨道交通线路通过车站衔接组合而形成的网络系统。

2.0.2 线网规模 length of railway network
反映城市轨道交通供给水平的技术指标，一般是指城市轨道交通正线长度之和，单位为 km。

2.0.3 敷设方式 laying mode
城市轨道交通线路的轨道结构相对于地面的竖向关系，主要有地面、地下和高架三种方式。

2.0.4 换乘车站 transfer station
在两条或两条以上的城市轨道交通线路交汇处设置的线路之间可以换乘的车站。

2.0.5 线网密度 railway network density
在特定的范围内，城市轨道交通正线总长度与城市建设用地总面积之比，单位为 km/km^2。

2.0.6 客运量 passenger volume
在统计期内，城市轨道交通系统运送的乘客数量，单位为人次。

2.0.7 客运周转量 passenger person-kilometres
在统计期内，城市轨道交通系统运送的乘客所乘坐里程的总和，单位为人·km。

2.0.8 高峰小时单向最大断面客流量 maximum one-way volume of section passenger flow in peak hour
一条城市轨道交通线路在全日高峰时段最大客流量断面上，一小时内单方向通过的乘客数量，单位为人次/h。

2.0.9 平均运距 average distance carried
城市轨道交通系统运送乘客的平均距离，为客运周转量与客运量之比，单位为 km。

2.0.10 负荷强度 line workload intensity
城市轨道交通正线单位长度每日平均运送的乘客数量，单位为人次/(km·d)。

2.0.11 车辆基地 depot and maintenance base
保证城市轨道交通系统正常运营的后勤基地，是城市轨道交通停车场、车辆段和车辆综合维修基地的总称，通常包括车辆停放、检修、维修、物资总库、培训设施和必要的生活设施等。

2.0.12 联络线 connecting line
连接两条独立运行正线之间的线路。

3 基本规定

3.0.1 城市轨道交通线网规划应确定城市轨道交通线网的规模和布局，并应提出城市轨道交通设施用地的规划控制要求。

3.0.2 城市轨道交通线网规划的规划范围应与城市总体规划的规划范围一致，城市规划区应为规划编制的重点。

3.0.3 城市轨道交通线网规划的年限应与城市总体规划的年限一致，同时应对远景城市轨道交通线网布局提出总体框架性方案。

3.0.4 城市轨道交通线网规划应包括下列主要内容：
1 城市和交通现状；
2 交通需求分析；
3 城市轨道交通建设的必要性；
4 城市轨道交通功能定位与发展目标；
5 线网方案与评价；
6 车辆基地规划；
7 用地控制规划。

3.0.5 编制城市轨道交通线网规划应收集社会经济、城市规划、交通、环境、工程地质等基础资料，基础资料应准确、可靠，具有时效性。

3.0.6 城市轨道交通线网规划应与区域及对外交通系统相协调，并应与有关的专项规划相适应。

3.0.7 城市轨道交通线网规划应满足运营和资源共享的要求。

3.0.8 城市轨道交通线网规划成果应包括规划文本、规划说明和规划图纸，成果表达应清晰、规范。

4 交通需求分析

4.0.1 交通需求分析应以交通需求预测模型为基础，分析城市交通系统运行状况和城市轨道交通需求；城市轨道交通建设必要性、线网规模和线网方案等论证应以交通需求分析为依据。

4.0.2 交通需求分析的基础资料应包括土地使用、人口、道路交通、5年之内进行的居民出行特征调查等资料。

4.0.3 建立交通需求预测模型应基于科学的理论，宜利用本城市的基础数据进行模型的标定和校验。借用其他城市的模型参数时应论证两个城市的相似性或借用的合理性。

4.0.4 交通需求预测结果与模型参数取值之间的关系应进行分析与说明，并应选择对预测结果影响显著的参数进行敏感性分析。

4.0.5 交通需求预测结果应包含反映城市交通系统运行状况的主要信息，包括城市轨道交通系统的各种服务水平指标，以及其他公共交通网络和道路交通网络的服务水平描述等，并应符合下列要求：

  1 城市轨道交通系统的服务水平指标应包括日客运量、日客运周转量、高峰小时单向最大断面客流量、平均运距、负荷强度等；

  2 其他公共交通网络的服务水平指标应包括日客运量、日客运周转量、平均运距等；

  3 反映城市交通系统运行状况的其他主要信息应包括各等级道路的车公里数、车小时数、平均运行速度、平均饱和度等；

  4 交通需求预测的结果还应包括对客流空间分布形态、客运交通方式结构、主要交通方式的出行距离分布等的分析内容。

5 线网方案

5.0.1 线网方案应划分城市轨道交通线网的功能层次，并应确定城市轨道交通线网的合理规模和规划布局。

5.0.2 线网功能层次应在分析城市交通需求特征的基础上确定，并应提出各层次线路的旅行速度、平均站间距等技术指标。

5.0.3 线网规模应综合城市经济社会发展、城市规模、城市交通需求等多方面因素分析确定，并应满足城市轨道交通发展目标和功能定位的要求。

5.0.4 线网方案应在分析城市空间布局、客运交通走廊和重要交通枢纽的基础上，经方案比选确定。

5.0.5 线网方案应确定各条线路走廊的基本走向和起讫点位置，并应提出线网密度、站点覆盖率等技术指标。

5.0.6 线网方案应确定换乘车站的规划布局，明确各换乘车站的功能定位。线网方案应处理好城市轨道交通线路之间的换乘关系，以及城市轨道交通系统与其他交通方式的衔接，并应提出换乘车站的设施控制条件。

5.0.7 根据沿线土地使用、环境保护、道路交通、地形、水文地质等条件，线网方案应初步提出各条线路的敷设方式。

5.0.8 根据城市发展与交通发展要求，线网方案应提出城市轨道交通线路分期建设时序。

5.0.9 线网中联络线的规划布局应按照城市轨道交通线路分期建设时序和车辆基地规划等要求确定。

6 方案评价

6.0.1 方案评价应遵循定性与定量相结合的原则，综合考虑多方面影响因素，建立科学的评价指标体系，采用相应的评价方法，对城市轨道交通线网方案进行功能与效益评价。

6.0.2 评价指标的选取应遵从实用性、独立性的原则。指标应有明确的定义，指标量化所需资料应收集方便，易于计算。评价指标的量化标度应能客观合理地反映出城市轨道交通线网功能效益与服务水平等信息。

6.0.3 评价指标体系应层次分明、结构清晰，覆盖社会经济指标、环境指标和技术指标等多个方面，力求全面反映城市轨道交通线网方案的综合情况。

6.0.4 评价方法应具有科学的理论依据，可采用综合评分法、理想方案法等评价方法。宜采用多种方法对城市轨道交通线网方案进行评价。

7 车辆基地规划

7.0.1 车辆基地规划应坚持资源共享的原则，集约使用土地。

7.0.2 车辆基地规划的主要内容应包括车辆基地的分工、类型、规模及布局等。

7.0.3 车辆基地的分工与类型应根据各条线路的客流特征和运营需要确定。

7.0.4 车辆基地的规模应综合考虑维修中心、物资总库及其他配套设施的功能和作业要求合理确定，同时考虑远景发展的基本需求。用地控制指标应符合《城市轨道交通工程项目建设标准》的规定。

7.0.5 根据线路特征、用地条件和沿线土地使用功能，应对线网中的车辆基地统一布局，确定车辆基地的基本位置。

8 用地控制规划

8.0.1 用地控制规划的主要任务是对城市轨道交通设施用地提出规划控制原则与要求，通过预留与控制设施用地，为城市轨道交通建设提供用地条件。

8.0.2 用地控制规划的主要内容应包括线路、车站和车辆基地。

8.0.3 线路用地控制规划应根据各线路（含联络线）的走向方案，提出线路走廊用地的控制原则和控制范围的指标要求。

8.0.4 车站用地控制规划应综合考虑车站功能定位、周边土地使用功能和交通系统等因素，提出换乘车站用地控制原则和控制范围的指标要求。

8.0.5 车辆基地用地控制规划应确定车辆基地用地的规划控制范围。

本标准用词说明

1 为便于在执行本标准条文时区别对待，对要求严格程度不同的用词说明如下：
　　1）表示很严格，非这样做不可的：
　　　　正面词采用"必须"，反面词采用"严禁"；
　　2）表示严格，在正常情况下均应这样做的：
　　　　正面词采用"应"，反面词采用"不应"或"不得"；
　　3）表示允许稍有选择，在条件许可时首先应这样做的：
　　　　正面词采用"宜"，反面词采用"不宜"；
　　4）表示有选择，在一定条件下可以这样做的：采用"可"。

2 标准中指定应按其他有关标准执行时，写法为："应符合……的规定（或要求）"或"应按……执行"。

中华人民共和国国家标准

城市轨道交通线网规划编制标准

GB/T 50546—2009

条 文 说 明

制 订 说 明

《城市轨道交通线网规划编制标准》（以下简称《标准》）是城乡规划技术标准体系和城市轨道交通标准体系中重要的组成部分，编制《标准》对贯彻执行《城乡规划法》、落实《城市规划编制办法》、指导和规范城市轨道交通线网规划的编制将起到重要作用，对提高我国城市轨道交通线网规划的编制水平具有重要意义。

在本标准编制过程中，编制组成员结合"国务院办公厅关于加强城市快速轨道交通建设管理的通知"（国办发〔2003〕81号）和新版《城市规划编制办法》的要求，多次深入研讨，对《标准》工作大纲和编制大纲进行调整。

2007年11月，由原建设部城乡规划司组织，通过发函和互联网在全国范围征求各方意见。

《标准》总体上体现了先进性、科学性、协调性和可操作性，填补了我国城市轨道交通线网规划标准的空白。

为了便于与城市轨道交通线网规划编制有关的部门、单位等有关人员正确使用、理解和执行本标准，《城市轨道交通线网规划编制标准》编制组按照章、条的顺序，编制了条文说明，供国内有关部门、单位和个人参考。在使用中如发现有不够完善之处，请将意见函寄中国城市规划设计研究院，以供今后修订时参考。

目　　次

1　总则 …………………………………… 30—11
2　术语 …………………………………… 30—11
3　基本规定 ……………………………… 30—11
4　交通需求分析 ………………………… 30—12
5　线网方案 ……………………………… 30—13
6　方案评价 ……………………………… 30—14
7　车辆基地规划 ………………………… 30—14
8　用地控制规划 ………………………… 30—15

1 总 则

1.0.1 城市轨道交通线网规划影响到城市发展、土地使用、交通发展、生态环境保护和工程建设投资等多个方面，是城市轨道交通工程项目立项审批的主要依据之一。目前各城市已编制完成的城市轨道交通线网规划的内容差异较大、深浅不一，如规划范围的选取不一致；客流预测结果的可信度低；规划线网功能层次不清晰；规划深度不够，使得难以有效控制用地，可操作性差；环境保护、资源节约未得到足够重视等，影响了规划编制的科学性。本标准编制的目的是为了规范城市轨道交通线网规划的编制内容和方法，明确编制的基本原则和技术要求，以促进规划编制工作的科学化和规范化。

1.0.2 本条规定了本标准适用的范围。

1.0.3 《中华人民共和国城乡规划法》赋予了城市规划的法律地位，城市规划分总体规划和详细规划两个阶段。《城市规划编制办法》（原建设部令第146号）第三十二条第四款规定，城市总体规划的强制性内容包括城市轨道交通网络；第三十四条规定，编制综合交通、环境保护等各类专项规划应当依据城市总体规划。城市轨道交通线网规划是城市总体规划的专项规划组成内容，按照行政法规的要求，规划编制应以城市总体规划为依据。

城市轨道交通是需要巨额投资的公益性基础设施，城市轨道交通线网规划直接影响着城市的总体布局和交通运输网络，城市总体规划在编制过程中对城市轨道交通发展提出要求，城市轨道交通线网规划在编制过程中需要及时反馈意见和信息，并按照《城市规划编制办法》（原建设部令第146号）第三十二条第四款的规定将城市轨道交通网络纳入城市总体规划，二者的编制工作不应割裂开来。

1.0.4 《中共中央关于制定国民经济和社会发展第十一个五年规划的建议》指出，"要把节约资源作为基本国策，发展循环经济，保护生态环境，加快建设资源节约型、环境友好型社会，促进经济发展与人口、资源、环境相协调"。"十一五"规划纲要首次将建设"资源节约型、环境友好型社会"确定为我国国民经济和社会发展中长期规划的一项重要内容和战略目标。《城市规划编制办法》（原建设部令第146号）中规定，编制城市规划，应坚持节约和集约利用资源，保护生态环境。交通规划是城市总体规划的重要组成部分，通过规划实现交通系统的总体协调和优化，避免资源的浪费；通过政策引导实现合理交通模式和结构，以需求管理促进资源的合理利用，保障城市的可持续发展。

我国土地资源稀缺，城市人口密集，优先发展城市公共交通符合城市发展和交通发展的实际，是贯彻落实科学发展观和建设节约型社会的重要举措。在集约利用土地资源原则指导下，优先发展城市公共交通，引导城市空间优化布局和土地开发。"十一五"规划纲要明确指出，优先发展公共交通，完善城市路网结构和公共交通场站，有条件的大城市和城市群地区要把轨道交通作为优先发展领域，超前规划，适时建设。国发［2007］15号"国务院关于印发节能减排综合性工作方案的通知"提出优先发展城市公共交通，加快城市快速公交和轨道交通的建设。高度集中和紧凑布局的城市发展模式只有集约化的大运量交通系统才能支撑其发展。作为大容量快速公共交通的轨道交通系统，能够引导产生集中、高密度的土地使用，与土地开发模式相协调。通过编制实施城市轨道交通线网规划，优化城市公共交通结构和城市轨道交通线网、场站布局，使城市轨道交通建设时序与土地开发时序和强度相匹配，引导、促进城市空间合理发展，集约利用土地资源，使优先发展城市公共交通的政策得到落实。

1.0.6 本条说明本标准与国家现行有关标准的关系。城市轨道交通线网规划的编制涉及专业面广、综合性强、技术含量高，本标准内容的制定，已贯彻了国家现行有关城市规划、环境保护、工程项目建设等标准和规范的规定，但线网规划涉及的专业较多，相关专业均制定有相应的标准。随着科学技术的进步和标准化事业的发展，一方面与此有关的标准将会适时修订，另一方面将会制定出一些新的标准，因此本条规定城市轨道交通线网规划编制时，除执行本标准外，尚应符合国家现行有关标准的规定。

2 术 语

本章内容是对本标准涉及的关键术语给予统一用词、统一词解，以利于对标准的正确理解和使用。对于在其他专业规范或标准中已有的术语，当其在适用对象、范围和统计口径等方面与本标准不一致的，本标准重新给予解释；对于在其他专业规范或标准尚未明确定义的术语，但在我国城市轨道交通领域已广泛成熟使用的专业技术用语，本标准加以肯定和纳入。

城市轨道交通的涵盖范围很广泛，在不同的专业规范或标准中其所指范围不完全一致。在本标准中，城市轨道交通特指在不同形式轨道上运行的大、中运量城市公共交通工具，是地铁系统、轻轨系统、单轨系统、磁浮系统、自动导向轨道系统、市域快速轨道系统等城市轨道交通系统的总称。

3 基 本 规 定

3.0.1 本条规定了城市轨道交通线网规划的主要任务。

3.0.2《城市规划编制办法》(原建设部令第 146 号)规定,城市总体规划包括市域城镇体系规划和中心城区规划。在市域城镇体系规划编制工作中,应结合市域城镇发展特征,研究在市域规划建设城市轨道交通系统的必要性。在我国一些城镇密集地区,有些城镇密集地区覆盖了整个市域范围,需要在整个市域范围内研究城市轨道交通系统建设的必要性和线网规划方案;有些城镇密集地区覆盖了中心城区和市域其他部分地区,形成以中心城区为核心的城镇密集地区圈层,该城镇密集地区圈层是市域城镇发展的重点地区,需要在该圈层范围内研究城市轨道交通系统建设的必要性和线网规划方案。

城市规划区范围是城市总体规划的强制性内容,是中心城区和因城乡建设和发展需要必须实行规划控制的区域,在此区域内一切建设活动必须依法符合城乡规划,服从城乡规划管理;同时,城市规划区也是城市经济社会活动、城市人口及就业分布最为集中的地区,是最符合城市轨道交通运输特征的地区。按照一级政府、一级规划、一级事权的原则,规划作为政府的职能不能超越其行政辖区,也不能超越法定的行政事权,因此,具有法定性的城市规划区应为城市轨道交通线网规划编制的重点范围。

3.0.3 根据《中华人民共和国城乡规划法》的规定,城市总体规划的规划期限一般为 20 年,同时要求城市总体规划应对城市更长远的发展作出预测性安排。在规划期限内,城市总体规划提出的城市发展规模、空间布局、土地使用以及各项建设的综合部署是具有确定性和法定性的,以城市总体规划为依据确定的城市轨道交通线网规划方案是稳定的。城市总体规划对远景年发展仅作出预测性安排,城市发展规模、空间布局、土地使用等具有不确定性,因此,远景城市轨道交通线网规划布局也具有较大的弹性,对远景城市轨道交通线网布局仅提出总体框架性方案的要求。

3.0.4 本条规定了城市轨道交通线网规划编制应包括的主要内容,但不限于本条规定的内容。

3.0.5 城市轨道交通线网规划所需的基础资料应准确、可靠,具有时效性。如果信息和数据不是来源于客观实际,不能反映事物的真实情况,即使分析方法是科学的,分析结论也是不正确的。

3.0.6 国办发〔2003〕81 号"国务院办公厅关于加强城市快速轨道交通建设管理的通知"规定了申请立项建设城市轨道交通的城市人口下限,要求城市的城区人口在 150 万人及以上。目前,已经建成和正在建设城市轨道交通系统的城市绝大部分是特大城市,这些城市均编制了城市轨道交通线网规划。50 万人以上至 100 万人以下的大城市未来发展有进入特大城市行列的趋势,从城市轨道交通走廊用地规划控制的角度出发,这些城市及早编制城市轨道交通线网规划具有较强的现实意义。因此,编制城市轨道交通线网规划的城市以大城市为主。

大城市的客运交通需求与供给是多层次、多元化的,城市与区域之间、城市内各种客运交通方式应根据客流需求进行合理衔接和配合。区域客运交通系统包括铁路、公路、民航和水运等运输方式,城市轨道交通线网规划应研究区域客运交通系统对城市轨道交通的需求,处理好城市轨道交通线网与区域客运交通系统的衔接关系。

在我国一些城镇密集地区,国家或省级主管部门组织编制了区域城际轨道交通系统规划,区域城际间客流一般对城市轨道交通方式需求较大,城市轨道交通线网规划应重视与区域城际轨道交通系统的衔接,方便乘客换乘。在城镇密集地区,交通特征表现出对行政区界限的淡化,在城市轨道交通线网规划中应考虑与相邻城市的客运交通系统的协调,考虑与相邻城市轨道交通线网规划的衔接关系。

3.0.7 城市轨道交通线网规划应按照《城市轨道交通运营管理办法》(原建设部令第 140 号)考虑有关运营方面的要求。

3.0.8 本条规定了城市轨道交通线网规划成果的内容。

4 交通需求分析

4.0.1 交通需求分析的中心工作内容涉及交通需求预测模型的建立。交通需求预测流程一般包括模型估计、模型标定、模型校验和模型应用四个阶段。模型估计的重点是准确定义模型的函数形式并确定模型参数。模型标定是对参数取值进行调整,以使交通需求预测结果与交通调查数据一致。模型校验是通过比较模型的预测结果与其他数据的匹配程度来确定模型预测未来的能力。通常模型校验与模型标定应循环进行。模型应用是运行模型对规划目标年及不同交通政策情形进行预测和模拟。

4.0.2 建立交通需求预测模型需要的基础数据分为两类:第一类为社会经济与土地使用方面的数据,该类数据描述研究区域各交通小区的人口、居民家庭、就业岗位以及分类别的土地使用情况;第二类为交通网络数据,用来描述研究区域的交通系统的情况,包括道路网络和公交网络等系统的数据。

4.0.3 对于规划人口超过 100 万人的城市,应利用本城市 5 年之内进行的居民出行特征调查和 3 年之内的其他交通调查数据进行模型的标定和校验。规划人口低于 50 万人的城市、或者规划人口在 50 万人至 100 万人之间且非机动化方式在客运交通结构中达到 70%以上的城市,重要的模型参数应通过居民出行特征调查数据进行标定,一般模型参数在分析论证的基础上可从相似城市借用。

4.0.4 在我国快速城镇化过程中,城市空间结构和土地使用往往会发生显著变化，在这种情形下，采用现状调查数据标定的模型未必能够客观反映未来城市的交通状况。因此，运行模型对规划目标年不同交通政策情形的预测需要进行结果的合理性论证。如果预测结果不合理，应对模型参数进行调整并重新进行预测。

4.0.5 交通需求预测应针对整体交通系统进行，即包括轨道交通方式、常规公交方式、小汽车方式等主要客运交通方式，以便考虑各交通方式间的相互作用。交通需求预测的结果不仅包括各主要交通方式网络的服务水平指标，还包括需求分析各阶段的重要成果，如客流空间分布形态为出行分布阶段的重要成果，客运交通方式结构和各主要交通方式的出行距离分布为方式划分阶段的重要成果。

5 线网方案

5.0.1 线网方案是城市轨道交通线网规划编制核心工作内容之一。本条规定了线网方案的主要任务。

5.0.2 《城市公共交通分类标准》CJJ/T 114-2007规定了城市轨道交通系统的分类，按照运行速度划分，最高运行速度大于或等于100km/h的有市域快速轨道系统、磁浮系统等，这些系统平均运行速度一般大于50km/h，适用于市域、城市区域范围，一般中、远程客运交通线路较为适宜，中低速磁浮系统也适用于短程客运交通线路；最高运行速度低于100km/h的有地铁系统、轻轨系统、单轨系统、自动导向轨道系统等，轻轨系统、单轨系统平均运行速度一般不超过35km/h，地铁系统平均运行速度一般不低于35km/h，这些系统一般适用于城市内中、短程距离的客运交通线路。按照运量等级划分，城市轨道交通可分为高、大、中运量系统。高运量系统单向高峰小时最大断面客流量为4.5～7.0万人次，大运量系统单向高峰小时最大断面客流量为2.5～5.0万人次，高、大运量系统主要有地铁系统；中运量系统单向高峰小时最大断面客流量为1.0～3.0万人次，主要有轻轨系统、单轨系统、磁浮系统和自动导向轨道系统等。市域快速轨道系统是一种大运量的轨道运输系统，一般不采用单向高峰小时最大断面客流量的概念。

在我国快速城镇化过程中，伴随着城市空间结构调整、城市规模扩大，城市客运交通线路越来越长，《城市轨道交通工程项目建设标准》（建标104-2008）要求地铁、轻轨线路长度不宜大于35km，对于城市越来越多超过35km的客运交通走廊，一般选择适用于市域、城市区域中、远程客运交通线路的系统形式才能满足要求。

不同规模的城市客运交通走廊，对城市轨道交通系统的运量等级选择是不同的，根据对城市客运交通走廊预测客流规模的大小，可选择大运量、中运量系统形式。

城市轨道交通线网方案应根据城市交通需求的特征，按照运行速度、运量等级划分城市轨道交通线网的功能层次，提出不同层次线网的技术指标，指导城市轨道交通系统选型，以满足城市多层次、多元化的客运交通需求。

5.0.3 城市轨道交通系统是城市重要基础设施，具有投资大、建设周期长、运营成本高等特点，城市轨道交通系统每公里平均综合造价地下线路约5～6亿元，高架线路约2～3亿元，在建成后相当长的运营期是亏损的，需要城市政府提供财政补贴。城市轨道交通线网建设规模过大，将对城市财政形成负担，不利于城市经济社会的健康发展，建设规模过小将难以满足未来城市发展和交通需求。因此，城市轨道交通线网规模不仅要满足城市发展和交通运输的需求，同时还要考虑城市经济社会发展水平和相应的财政承受能力，使城市轨道交通建设能够与城市经济社会发展水平相适应，促进城市轨道交通可持续发展。

5.0.4 城市轨道交通线网是城市公共交通网络的骨架，为了充分发挥城市轨道交通系统的优势和在城市公共交通系统中的骨干作用，城市轨道交通服务应尽可能覆盖城市主要功能区、大型客流集散点和具有一定客流规模的交通走廊，这样不仅能提高城市公共交通服务水平和运输效率，同时也是满足城市轨道交通线路运营效益、保障其长期发展的必备条件。

城市轨道交通具有引导城市空间发展、促进城市土地开发的作用。因此，城市轨道交通线网方案应与城市空间发展方向相吻合，与城市用地功能布局相协调，使城市轨道交通建设发挥引导城市空间和用地功能布局优化调整的作用。

确定城市轨道交通线网方案需要考虑多方面影响因素，为了使规划的线网方案科学合理，本条规定了线网方案研究的程序，需要提出多个预选方案，对多个预选方案进行评价，在评价最优或较优方案的基础上吸收其他方案的优点进而形成推荐方案。

5.0.5 线网方案是用地控制规划的依据。在城市轨道交通线网规划阶段，为了控制线路走廊用地，各条线路的走向和起讫点位置应该是确定的，线路走廊用地的控制范围也应该是确定的。在工程可行性研究和设计阶段，随着研究工作深入，可对线路走向作必要的调整。

5.0.6 换乘车站是城市轨道交通系统发挥网络效应、提高系统运输效率的关键，是城市公共交通网络中的重要节点，是一体化城市公共交通系统建设的关键。

城市轨道交通换乘车站在城市公共交通网络中所处的位置决定了其应有的功能，在确定城市轨道交通换乘车站的功能时，应考虑城市交通需求管理在空间上的调控作用，根据各换乘车站和其他车站周边土地使用的条件，统筹安排基于城市交通需求管理所需的交通设施条件。换乘车站若处于与区域客运交通枢纽衔接的位置，则要按照与区域客运交通枢纽的衔接要求，统筹考虑区域客运交通枢纽的集散交通设施的安排，提出城市轨道交通换乘车站与其他主要换乘方式间的设施条件要求；换乘车站若处于与城市重要客运枢纽的衔接位置，则要按照城市重要客运枢纽的衔接要求，统筹考虑各种交通方式设施的安排，提出各种交通方式设施控制的条件。

城市轨道交通换乘车站的布局方案是指导近期线路换乘车站建设的依据，近期建设线路与其他线路的工程衔接点是换乘车站，在近期线路换乘车站建设时，必须预留未来与其他线路换乘设施的工程条件。因此，换乘车站规划布局要详细确定，要明确城市轨道交通线路之间的换乘关系。

5.0.7 城市轨道交通线路敷设方式包括地下线路、地面线路和高架线路三种形式。城市轨道交通线路敷设方式的选择受沿线土地使用、环境保护、道路交通、地形、水文地质等多种因素的影响，在满足上述条件要求的基础上尽可能选择工程造价低、环境影响小的形式。

5.0.8 城市在不同的发展时期对城市轨道交通发展目标有不同的要求，城市轨道交通系统从首期线路开始建设到形成整个网络需要经历一个相当长的过程，城市轨道交通线网规划要考虑不同时期城市与交通发展的要求，充分考虑城市经济社会发展水平，在城市轨道交通线网客流预测分析的基础上，提出城市轨道交通线网分期建设时序，指导城市轨道交通近期建设规划的编制。

5.0.9 根据城市轨道交通线路分期建设时序和车辆基地规划等要求，对线网中的联络线进行统一规划布局，确定每处联络线的基本位置，以指导联络线用地控制规划。

6 方案评价

6.0.1 方案评价是在城市轨道交通客流预测基础上的多指标、多准则的综合性评价。城市轨道交通线网方案评价的目的是确定预选方案中哪个方案最接近规划目标以及这些线网方案接近规划目标程度大小的先后顺序。方案评价应遵循定量与定性相结合、近期与远期相结合、经济效益和社会效益相结合的原则。

6.0.2 城市轨道交通客流效果指标应能够全面的体现城市轨道交通线网的服务水平和客运效果，一般包括日客运量、日客运周转量、高峰小时最大断面客流量、平均运距、客流密度、客流强度、换乘系数等。综合交通系统的其他服务水平指标包括客运方式结构、整体路网及各等级道路车公里数、车小时数、平均运行速度、平均饱和度等。定性指标的评价可采用专家咨询法。按实际需要可组织专家直接评分或等级评估。

6.0.3 指标体系应覆盖社会经济指标、环境指标和技术指标等多个方面。经济指标描述城市轨道交通线网对社会经济系统的作用以及自身的财务状况；技术指标包括静态的线网技术指标和动态的服务水平指标，静态的线网技术指标包括线网的结构、走向、工程建设、实施的可能性等方面；环境指标描述城市轨道交通系统对环境的影响程度，如噪声、大气污染等；社会指标为城市轨道交通系统与社会系统之间关系的指标，如提供的就业岗位、对城市发展的作用、客运服务质量等。

6.0.4 评价方法有综合评分法、理想方案法等。综合评分法是先分别按不同指标的评价标准对各评价指标进行评分，然后采用加权相加或相乘，求得总分来对方案进行排序。理想方案法是在评价指标空间中计算各方案到理想方案的"距离"，并按"距离"大小进行方案排序。理想方案是指一个理论上的方案，该方案的各个指标值在所有方案中的相应指标值中都是最优的。另外，方案评价还应分析客流风险等不确定性因素变动对评价结论的影响，以评估方案的风险和评价结论的可靠性。

7 车辆基地规划

7.0.1 随着城市经济社会的迅猛发展，城镇化、机动化呈现快速发展趋势，城市人口增加，城市用地范围扩大，城市中心区人口过度密集，城市快速发展带来的土地、人口、就业、资源、环境等问题日益严峻。土地作为一种稀缺资源会越来越紧张，车辆基地规划应坚持集约使用土地的原则。

车辆基地是承担车辆停放、整备、运用、检修以及各种运营设备保养维修的重要基地，其中车辆综合维修基地包括车辆段、综合维修中心、物资总库、培训中心和必要的生活设施等，这些可独立设置，也可综合设置组合成综合维修基地。有条件的地方应优先考虑组成综合维修基地方案，这样有利于生产协作和生活服务设施的集中布置，避免某些设施重复设置，以达到节省用地和工程投资的目的。

城市轨道交通网络效应特别强，统筹研究车辆各基地的功能、布局和各项设施的配置，对整个线网的车辆基地统一规划，明确任务分工，合理布局和配置，鼓励实施多线共段，大型检修设施集中管理使用，实现车辆及设备检修保养的集约化、规模化、社会化和规范化，实现网络资源共享，对提高车辆检修设备的利用效率、避免功能过剩、避免重复建设、节省工程投资、降低运营成本具有重要意义和作用。

7.0.2 本条规定了车辆基地规划的主要内容。

7.0.3~7.0.5 按照资源共享的原则，应统筹研究车辆段、停车场、综合维修中心、物资总库、培训中心等的数量、类型，合理分工、布局，并进行方案比选。

车辆基地面积大、占地多，在城市建成区范围内，其选址比较困难，车辆基地又是建设一条城市轨道交通线路的必备条件，必须要求其用地落实。

近年来，随着城市建设速度加快，城市轨道交通建设用地失控现象增多，已对工程实施和造价产生极大影响。在实际工程中，经常发生车辆基地位置用地不落实，拆迁困难，造价飙升，拖延工期，还可能影响线路的起讫点和合理运营规模，线网难以稳定。所以，做好车辆基地规划、确定规模和布局、控制其建设用地对稳定线网起着极其重要的作用，是城市轨道交通可持续发展的重要支撑点。

8 用地控制规划

8.0.1 城市轨道交通工程是城市重大基础设施项目，一些城市在建设城市轨道交通工程项目时，由于没有预留城市轨道交通设施用地，带来巨额拆迁费用。对城市轨道交通设施用地提出规划控制原则和具体要求，是城市轨道交通线网规划编制工作的主要任务之一，目的是预留与控制城市轨道交通设施的建设用地，城市在建设城市轨道交通工程项目时可减少大量拆迁费用，节约工程建设资金。

在城市轨道交通线网规划编制阶段，用地控制规划的内容深度难以满足城市规划管理工作所需的内容深度要求，在城市轨道交通线网规划编制完成后，尚应编制城市轨道交通设施用地的专项控制性规划，城市轨道交通各类建设用地应在城市控制性详细规划中落实。

城市轨道交通设施的建设用地，原则上不能改作他用。对城市轨道交通规划建设用地进行临时利用时，在其规划建设用地内不应建设永久性建筑。

8.0.2 城市轨道交通系统由线路、车站、车辆基地、联络线及相关设施等组成，车辆基地包括停车场、车辆段和车辆综合维修基地，以及车辆进出场段的出入线，相关设施主要包括控制中心、主变电站等。本条主要对线路、车站和车辆基地等设施的用地控制规划进行了规定。

8.0.3 影响城市轨道交通线路走廊用地控制范围的主要因素有以下方面：地下线产生的振动对沿线周围环境的影响，地上线产生的噪声对沿线周围环境的影响；区间线路、车站建筑与城市其他建筑间的安全防护距离；工程实施对预留施工场地的要求，等等。目前，各个城市对城市轨道交通线路走廊用地的控制范围采用的指标是不同的，各城市应根据《城市轨道交通工程项目建设标准》（建标104-2008）的相关规定和要求，划定城市轨道交通线路的控制保护地界，研究确定线路走廊用地的控制指标。

联络线是连接两条独立运行正线之间的线路，利用率较低，一般按单线双向运行设计；控制预留的平曲线半径应符合《地铁设计规范》GB 50157-2003的要求。联络线设置一般穿越街坊，占用道路以外地块，在市区布置时用地比较困难，规划应研究提出联络线走廊用地的控制指标。

城市轨道交通线网至少应有两处与国铁专用线连接通道，以保证城市轨道交通建设过程中大型材料及设备的运输。

8.0.4 城市轨道交通车站布局方案是车站用地控制规划的基本前提。在城市轨道交通线网规划编制阶段，规划年限内建设的城市轨道交通线路之间的换乘车站位置是基本确定的，远景年规划的城市轨道交通线路存在一定的不确定性，形成的换乘车站也存在一定的不确定性。应对规划年限内建设的换乘车站提出用地控制原则和控制范围的指标要求。

其他车站的位置可变因素较多，在规划阶段不易确定，一般在工程可行性研究和设计阶段确定，因此本条不予规定。

8.0.5 在规划阶段，城市轨道交通车辆制式、车辆基地分工类型及联络线设置方案等尚有不确定的因素，按照推荐的线网方案提出的车辆基地规模，仅作为规划控制用地依据，线网各线路车辆基地用地规模需经专项控制性规划加以落实。

中华人民共和国国家标准

民用建筑节水设计标准

Standard for water saving design in civil building

GB 50555—2010

主编部门：中华人民共和国住房和城乡建设部
批准部门：中华人民共和国住房和城乡建设部
实施日期：２０１０年１２月１日

中华人民共和国住房和城乡建设部
公　告

第 598 号

关于发布国家标准
《民用建筑节水设计标准》的公告

现批准《民用建筑节水设计标准》为国家标准，编号为 GB 50555-2010，自 2010 年 12 月 1 日起实施。其中，第 4.1.5、4.2.1、5.1.2 条为强制性条文，必须严格执行。

本标准由我部标准定额研究所组织中国建筑工业出版社出版发行。

中华人民共和国住房和城乡建设部
2010 年 5 月 31 日

前　言

本标准根据原建设部《关于印发〈2007 年度工程建设标准规范制订、修订计划（第一批）〉的通知》（建标函〔2007〕125 号）的要求，由中国建筑设计研究院等单位编制而成。本标准在广泛征求意见的基础上，总结了近年来民用建筑节水设计的经验，并参考了有关国内外相关应用研究成果。

本标准共分 6 章，内容包括总则、术语和符号、节水设计计算、节水系统设计、非传统水源利用、节水设备、计量仪表、器材及管材、管件。

本标准中以黑体字标志的条文为强制性条文，必须严格执行。

本标准由住房和城乡建设部负责管理和对强制性条文的解释，中国建筑设计研究院负责具体内容解释。在使用中如发现需要修改和补充之处请将意见和资料寄送中国建筑设计研究院（地址：北京市西城区车公庄大街 19 号；邮编：100044）。

主编单位：中国建筑设计研究院
参编单位：北京市节约用水管理中心
　　　　　深圳市节约用水办公室
　　　　　中国建筑西北设计研究院有限公司
　　　　　上海建筑设计研究院有限公司
　　　　　广州市设计院
　　　　　深圳华森建筑与工程设计顾问有限公司
　　　　　深圳市建筑科学研究院有限公司
　　　　　北京工业大学
　　　　　霍尼韦尔（中国）有限公司

主要起草人：赵　锂　　刘振印　　赵世明
　　　　　　朱跃云　　刘　红　　王耀堂
　　　　　　赵　昕　　钱江锋　　孟光辉
　　　　　　王　丽　　陈怀德　　刘西宝
　　　　　　徐　凤　　赵力军　　王莉芸
　　　　　　周克晶　　张　英　　刘　敬

主要审查人：左亚洲　　冯旭东　　程宏伟
　　　　　　方玉妹　　薛英超　　曾雪华
　　　　　　杨　澎　　潘冠军　　郑克白
　　　　　　王　峰

目次

1 总则 ·· 31—5
2 术语和符号 ·· 31—5
  2.1 术语 ··· 31—5
  2.2 符号 ··· 31—5
3 节水设计计算 ···································· 31—6
  3.1 节水用水定额 ································· 31—6
  3.2 年节水用水量计算 ·························· 31—10
4 节水系统设计 ···································· 31—10
  4.1 一般规定 ······································ 31—10
  4.2 供水系统 ······································ 31—10
  4.3 循环水系统 ··································· 31—11
  4.4 浇洒系统 ······································ 31—12
5 非传统水源利用 ································· 31—12
  5.1 一般规定 ······································ 31—12
  5.2 雨水利用 ······································ 31—13
  5.3 中水利用 ······································ 31—13
6 节水设备、计量仪表、
   器材及管材、管件 ······························ 31—14
  6.1 卫生器具、器材 ····························· 31—14
  6.2 节水设备 ······································ 31—14
  6.3 管材、管件 ··································· 31—15
附录 A "节水设计专篇"
       编写格式 ··································· 31—15
本标准用词说明 ······································ 31—17
引用标准名录 ··· 31—17
附：条文说明 ··· 31—18

Contents

1 General Provisions ········· 31—5
2 Terms and Symbols ········· 31—5
　2.1 Terms ··················· 31—5
　2.2 Symbols ················· 31—5
3 Design and Calculation for
　Water Saving ··············· 31—6
　3.1 Water Duties for Water Saving ········ 31—6
　3.2 Water Consumption Calculating
　　for Water Saving Per Annum ········ 31—10
4 Design for Water Saving
　System ······················ 31—10
　4.1 General Requirements ········ 31—10
　4.2 Water Supply System ········ 31—10
　4.3 Circulating Water System ········ 31—11
　4.4 Irrigating System ········ 31—12
5 Utilization of Non-traditional
　Water Source ··············· 31—12
　5.1 General Requirements ········ 31—12
　5.2 Rainwater Utilization ········ 31—13
　5.3 Reclaimed Water Utilization ········ 31—13
6 Water Saving Equipment,
　Meters, Appurtenances, Pipe
　Material and Tubing ········ 31—14
　6.1 Sanitary Ware and Appurtenances ··· 31—14
　6.2 Water Saving Equipment ········ 31—14
　6.3 Pipe Material and Tubing ········ 31—15
Appendix A　Format of "Illustrution
　　　in Water Saving
　　　Design" ················ 31—15
Explanation of Wording
　in This Code ··············· 31—17
List of Quoted Standards ········ 31—17
Addition: Explanation of
　Provisions ··················· 31—18

1 总　　则

1.0.1 为贯彻国家有关法律法规和方针政策，统一民用建筑节水设计标准，提高水资源的利用率，在满足用户对水质、水量、水压和水温的要求下，使节水设计做到安全适用、技术先进、经济合理、确保质量、管理方便，制定本标准。

1.0.2 本标准适用于新建、改建和扩建的居住小区、公共建筑区等民用建筑节水设计，亦适用于工业建筑生活给水的节水设计。

1.0.3 民用建筑节水设计，在满足使用要求的同时，还应为施工安装、操作管理、维修检测以及安全保护等提供便利条件。

1.0.4 本标准规定了民用建筑节水设计的基本要求。当本标准与国家法律、行政法规的规定相抵触时，应按国家法律、行政法规的规定执行。

1.0.5 民用建筑节水设计除应执行本标准外，尚应符合国家现行有关标准的规定。

2 术语和符号

2.1 术　　语

2.1.1 节水用水定额　rated water consumption for water saving

采用节水型生活用水器具后的平均日用水量。

2.1.2 节水用水量　water consumption for water saving

采用节水用水定额计算的用水量。

2.1.3 同程布置　reversed return layout

对应每个配水点的供水与回水管路长度之和基本相等的热水管道布置。

2.1.4 导流三通　diversion of tee-union

引导接入循环回水管中的回水同向流动的 TY 型或内带导流片的顺水三通。

2.1.5 回水配件　return pipe fittings

利用水在不同温度下密度不同的原理，使温度低的水向管道底部运动，温度高的水向管道上部运动，达到水循环的配件。

2.1.6 总循环泵　master circulating pump

小区集中热水供应系统中设置在热水回水总干管上的热水循环泵。

2.1.7 分循环泵　unit circulating pump

小区集中热水供应系统中设置在单体建筑热水回水管上的热水循环泵。

2.1.8 产水率　water productivity

原水（一般为自来水）经深度净化处理产出的直饮水量与原水量的比值。

2.1.9 浓水　rejected water

原水（一般为自来水）在深度净化处理中排除的高浓度废水。

2.1.10 喷灌　sprinkling irrigation

是利用管道将有压水送到灌溉地段，并通过喷头分散成细小水滴，均匀地喷洒到绿地、树木灌溉的方法。

2.1.11 微喷灌　micro irrigation

微喷灌是微水灌溉的简称，是将水和营养物质以较小的流量输送到草坪、树木根部附近的土壤表面或土层中的灌溉方法。

2.1.12 地下渗灌　underground micro irrigation (permeate irrigation)

地下渗灌是一种地下微灌形式，在低压条件下，通过埋于草坪、树木根系活动层的灌水器（微孔渗灌管），根据作物的生长需水量定时定量地向土壤中渗水供给的灌溉方法。

2.1.13 滴灌　drip irrigation

通过管道系统和滴头（灌水器），把水和溶于水中的养分，以较小的流量均匀地输送到植物根部附近的土壤表面或土层中的一种灌水方法。

2.1.14 非传统水源　nontraditional water source

不同于传统地表水供水和地下水供水的水源，包括再生水、雨水、海水等。

2.1.15 非传统水源利用率　utilization ratio of non-traditional water source

非传统水源年供水量和年总用水量之比。

2.1.16 建筑节水系统　water saving system in building

采用节水用水定额、节水器具及相应的节水措施的建筑给水系统。

2.2 符　　号

2.2.1 流量、水量

Q_{za}——住宅生活用水年节水用水量；

Q_{ga}——宿舍、旅馆等公共建筑的生活用水年节水用水量；

Q_{ra}——生活热水年节水用水量；

W_{jd}——景观水体平均日补水量；

W_{ld}——绿化喷灌平均日喷灌水量；

W_{td}——冷却塔平均日补水量；

W_{zd}——景观水体日均蒸发量；

W_{sd}——景观水体渗透量；

W_{fd}——处理站机房自用水量等；

W_{ja}——景观水体年用水量；

W_{ta}——冷却塔补水年用水量；

W_{ca}——年冲厕用水量；

ΣQ——年总用水量；

ΣW_a——非传统水源年使用量；

W_{ya}——雨水的年用雨水量；

W_{ma}——中水的年回用量;
Q_{hd}——雨水回用系统的平均日用水量;
Q_{cd}——中水处理设施的日处理水量;
Q_{sa}——中水原水的年收集量;
Q_{xa}——中水供应管网系统的年需水量;
q_z——住宅节水用水定额;
q_g——公共建筑节水用水定额;
q_r——生活热水节水用水定额;
q_l——绿化灌溉浇水定额;
q_q——冷却循环水补水定额;
q_c——冲厕日均用水定额。

2.2.2 时间

D_z——住宅生活用水的年用水天数;
D_g——公共建筑生活用水的年用水天数;
D_r——生活热水年用水天数;
D_j——景观水体的年平均运行天数;
D_t——冷却塔每年运行天数;
D_c——冲厕用水年平均使用天数;
T——冷却塔每天运行时间。

2.2.3 几何特征及其他

n_z——住宅建筑居住人数;
n_g——公共建筑使用人数或单位数;
n_r——生活热水使用人数或单位数;
n_c——冲厕用水年平均使用人数;
F_l——绿地面积;
F——计算汇水面积;
R——非传统水源利用率;
R_y——雨水利用率;
Ψ_c——雨量径流系数;
h_a——常年降雨厚度;
h_d——常年最大日降雨厚度;
V——蓄水池有效容积。

3 节水设计计算

3.1 节水用水定额

3.1.1 住宅平均日生活用水的节水用水定额,可根据住宅类型、卫生器具设置标准和区域条件因素按表3.1.1的规定确定。

表3.1.1 住宅平均日生活用水节水用水定额 q_z

住宅类型	卫生器具设置标准	节水用水定额 q_z（L/人·d）								
		一区			二区			三区		
		特大城市	大城市	中、小城市	特大城市	大城市	中、小城市	特大城市	大城市	中、小城市
普通住宅	Ⅰ	有大便器、洗涤盆	100~140	90~110	80~100	70~110	60~80	50~70	60~100	50~70	45~65
	Ⅱ	有大便器、洗脸盆、洗涤盆和洗衣机、热水器和沐浴设备	120~200	100~150	90~140	80~140	70~110	60~100	70~120	60~90	50~80
	Ⅲ	有大便器、洗脸盆、洗涤盆、洗衣机、集中供应或家用热水机组和沐浴设备	140~230	130~180	100~160	90~170	80~130	70~120	80~140	70~100	60~90
别墅		有大便器、洗脸盆、洗涤盆、洗衣机及其他设备（净身器等）、家用热水机组或集中热水供应和沐浴设备、洒水栓	150~250	140~200	110~180	100~190	90~150	80~140	90~160	80~110	70~100

注：1 特大城市指市区和近郊区非农业人口100万及以上的城市;
大城市指市区和近郊区非农业人口50万及以上,不满100万的城市;
中、小城市指市区和近郊区非农业人口不满50万的城市。
2 一区包括：湖北、湖南、江西、浙江、福建、广东、广西、海南、上海、江苏、安徽、重庆;
二区包括：四川、贵州、云南、黑龙江、吉林、辽宁、北京、天津、河北、山西、河南、山东、宁夏、陕西、内蒙古河套以东和甘肃黄河以东的地区;
三区包括：新疆、青海、西藏、内蒙古河套以西和甘肃黄河以西的地区。
3 当地主管部门对住宅生活用水节水用水标准有规定的,按当地规定执行。
4 别墅用水定额中含庭院绿化用水,汽车抹车水。
5 表中用水量为全部用水量,当采用分质供水时,有直饮水系统的,应扣除直饮水用水定额;有杂用水系统的,应扣除杂用水定额。

3.1.2 宿舍、旅馆和其他公共建筑的平均日生活用水的节水用水定额，可根据建筑物类型和卫生器具设置标准按表3.1.2的规定确定。

表3.1.2 宿舍、旅馆和其他公共建筑的平均日生活用水节水用水定额 q_g

序号	建筑物类型及卫生器具设置标准	节水用水定额 q_g	单 位
1	宿舍 Ⅰ类、Ⅱ类 Ⅲ类、Ⅳ类	130~160 90~120	L/人·d L/人·d
2	招待所、培训中心、普通旅馆 设公用厕所、盥洗室 设公用厕所、盥洗室和淋浴室 设公用厕所、盥洗室、淋浴室、洗衣室 设单独卫生间、公用洗衣室	40~80 70~100 90~120 110~160	L/人·d L/人·d L/人·d L/人·d
3	酒店式公寓	180~240	L/人·d
4	宾馆客房 旅客 员工	220~320 70~80	L/床位·d L/人·d
5	医院住院部 设公用厕所、盥洗室 设公用厕所、盥洗室和淋浴室 病房设单独卫生间 医务人员 门诊部、诊疗所 疗养院、休养所住院部	90~160 130~200 220~320 130~200 6~12 180~240	L/床位·d L/床位·d L/床位·d L/人·班 L/人·次 L/床位·d
6	养老院托老所 全托 日托	90~120 40~60	L/人·d L/人·d
7	幼儿园、托儿所 有住宿 无住宿	40~80 25~40	L/儿童·d L/儿童·d
8	公共浴室 淋浴 淋浴、浴盆 桑拿浴（淋浴、按摩池）	70~90 120~150 130~160	L/人·次 L/人·次 L/人·次
9	理发室、美容院	35~80	L/人·次
10	洗衣房	40~80	L/kg 干衣
11	餐饮业 中餐酒楼 快餐店、职工及学生食堂 酒吧、咖啡厅、茶座、卡拉OK房	35~50 15~20 5~10	L/人·次 L/人·次 L/人·次
12	商场 员工及顾客	4~6	L/m²营业厅面积·d
13	图书馆	5~8	L/人·次
14	书店 员工 营业厅	27~40 3~5	L/人·班 L/m²营业厅面积·d
15	办公楼	25~40	L/人·班

续表 3.1.2

序号	建筑物类型及卫生器具设置标准	节水用水定额 q_g	单 位
16	教学实验楼 　中小学校 　高等学校	 15～35 35～40	 L/学生·d L/学生·d
17	电影院、剧院	3～5	L/观众·场
18	会展中心（博物馆、展览馆） 　员工 　展厅	 27～40 3～5	 L/人·班 L/m² 展厅面积·d
19	健身中心	25～40	L/人·次
20	体育场、体育馆 　运动员淋浴 　观众	 25～40 3	 L/人·次 L/人·场
21	会议厅	6～8	L/座位·次
22	客运站旅客、展览中心观众	3～6	L/人·次
23	菜市场冲洗地面及保鲜用水	8～15	L/m²·d
24	停车库地面冲洗用水	2～3	L/m²·次

注：1 除养老院、托儿所、幼儿园的用水定额中含食堂用水，其他均不含食堂用水。
　　2 除注明外均不含员工用水，员工用水定额每人每班 30L～45L。
　　3 医疗建筑用水中不含医疗用水。
　　4 表中用水量包括热水用量在内，空调用水应另计。
　　5 选用水定额时，可依据当地气候条件、水资源状况等确定，缺水地区应选择低值。
　　6 用水人数或单位数应以年平均值计算。
　　7 每年用水天数应根据使用情况确定。

3.1.3 汽车冲洗用水定额应根据冲洗方式按表 3.1.3 的规定选用，并应考虑车辆用途、道路路面等级和污染程度等因素后综合确定。附设在民用建筑中停车库抹车用水可按 10%～15% 轿车车位计。

表 3.1.3 汽车冲洗用水定额（L/辆·次）

冲洗方式	高压水枪冲洗	循环用水冲洗补水	抹车
轿车	40～60	20～30	10～15
公共汽车 载重汽车	80～120	40～60	15～30

注：1 同时冲洗汽车数量按洗车台数量确定。
　　2 在水泥和沥青路面行驶的汽车，宜选用下限值；路面等级较低时，宜选用上限值。
　　3 冲洗一辆车可按 10min 考虑。
　　4 软管冲洗时耗水量大，不推荐采用。

3.1.4 空调循环冷却水系统的补充水量，应根据气象条件、冷却塔形式、供水水质、水质处理及空调设计运行负荷、运行天数等确定，可按平均日循环水量的 1.0%～2.0% 计算。

3.1.5 浇洒道路用水定额可根据路面性质按表 3.1.5 的规定选用，并应考虑气象条件因素后综合确定。

表 3.1.5 浇洒道路用水定额（L/m²·次）

路面性质	用水定额
碎石路面	0.40～0.70
土路面	1.00～1.50
水泥或沥青路面	0.20～0.50

注：1 广场浇洒用水定额亦可参照本表选用。
　　2 每年浇洒天数按当地情况确定。

3.1.6 浇洒草坪、绿化年均灌水定额可按表 3.1.6 的规定确定。

表 3.1.6 浇洒草坪、绿化年均灌水定额（m³/m²·a）

草坪种类	灌水定额		
	特级养护	一级养护	二级养护
冷季型	0.66	0.50	0.28
暖季型	—	0.28	0.12

3.1.7 住宅和公共建筑的生活热水平均日节水用水定额可按表 3.1.7 的规定确定，并应根据水温、卫生设备完善程度、热水供应时间、当地气候条件、生活习惯和水资源情况综合确定。

表 3.1.7 热水平均日节水用水定额 q_r

序号	建筑物名称	节水用水定额 q_r	单位
1	住宅 　有自备热水供应和淋浴设备 　有集中热水供应和淋浴设备	 20~60 25~70	 L/人·d L/人·d
2	别墅	30~80	L/人·d
3	酒店式公寓	65~80	L/人·d
4	宿舍 　Ⅰ类、Ⅱ类 　Ⅲ类、Ⅳ类	 40~55 35~45	 L/人·d L/人·d
5	招待所、培训中心、普通旅馆 　设公用厕所、盥洗室 　设公用厕所、盥洗室和淋浴室 　设公用厕所、盥洗室、淋浴室、洗衣室 　设单独卫生间、公用洗衣室	 20~30 35~45 45~55 50~70	 L/人·d L/人·d L/人·d L/人·d
6	宾馆客房 　旅客 　员工	 110~140 35~40	 L/床位·d L/人·d
7	医院住院部 　设公用厕所、盥洗室 　设公用厕所、盥洗室和淋浴室 　病房设单独卫生间 　医务人员 　门诊部、诊疗所 　疗养院、休养所住院部	 45~70 65~90 110~140 65~90 3~5 90~110	 L/床位·d L/床位·d L/床位·d L/人·班 L/人·次 L/床位·d
8	养老院托老所 　全托 　日托	 45~55 15~20	 L/床位·d L/人·d
9	幼儿园、托儿所 　有住宿 　无住宿	 20~40 15~20	 L/儿童·d L/儿童·d
10	公共浴室 　淋浴 　淋浴、浴盆 　桑拿浴（淋浴、按摩池）	 35~40 55~70 60~70	 L/人·次 L/人·次 L/人·次
11	理发室、美容院	20~35	L/人·次
12	洗衣房	15~30	L/kg 干衣
13	餐饮业 　中餐酒楼 　快餐店、职工及学生食堂 　酒吧、咖啡厅、茶座、卡拉OK房	 15~25 7~10 3~5	 L/人·次 L/人·次 L/人·次
14	办公楼	5~10	L/人·班
15	健身中心	10~20	L/人·次
16	体育场、体育馆 　运动员淋浴 　观众	 15~20 1~2	 L/人·次 L/人·场
17	会议厅	2	L/座位·次

注： 1　热水温度按 60℃ 计。
2　本表中所列节水用水定额均已包括在表 3.1.1 和表 3.1.2 的用水定额中。
3　选用居住建筑热水节水用水定额时，应参照表 3.1.1 中相应地区、城市规模以及住宅类型的生活用水节水用水定额取值，即三区中小城市宜取低值，一区特大城市宜取高值。

3.1.8 民用建筑中水节水用水定额可按本标准第3.1.1、第3.1.2条和表3.1.8所规定的各类建筑物分项给水百分率确定。

表3.1.8 各类建筑物分项给水百分率（%）

项目	住宅	宾馆、饭店	办公楼、教学楼	公共浴室	餐饮业、营业餐厅	宿舍
冲厕	21	10~14	60~66	2~5	6.7~5	30
厨房	20~19	12.5~14			93.3~95	
沐浴	29.3~32	50~40		98~95		40~42
盥洗	6.7~6.0	12.5~14	40~34			12.5~14
洗衣	22.7~22	15~18				17.5~14
总计	100	100	100	100	100	100

3.2 年节水用水量计算

3.2.1 生活用水年节水用水量的计算应符合下列规定：

1 住宅的生活用水年节水用水量应按下式计算：

$$Q_{za} = \frac{q_z n_z D_z}{1000} \quad (3.2.1-1)$$

式中：Q_{za}——住宅生活用水年节水用水量（m³/a）；

q_z——节水用水定额，按表3.1.1的规定选用（L/人·d）；

n_z——居住人数，按3~5人/户，入住率60%~80%计算；

D_z——年用水天数（d/a），可取D_z=365d/a。

2 宿舍、旅馆等公共建筑的生活用水年节水用水量应按下式计算：

$$Q_{ga} = \sum \frac{q_g n_g D_g}{1000} \quad (3.2.1-2)$$

式中：Q_{ga}——宿舍、旅馆等公共建筑的生活用水年节水用水量（m³/a）；

q_g——节水用水定额，按表3.1.2的规定选用（L/人·d或L/单位数·d），表中未直接给出定额者，可通过人、次/d等进行换算；

n_g——使用人数或单位数，以年平均值计算；

D_g——年用水天数（d/a），根据使用情况确定。

3 浇洒草坪、绿化用水、空调循环冷却水系统补水等的年节水用水量应分别按本标准表3.1.6、式（5.1.8）和式（5.1.11-2）的规定确定。

3.2.2 生活热水年节水用水量应按下式计算：

$$Q_{ra} = \sum \frac{q_r n_r D_r}{1000} \quad (3.2.2)$$

式中：Q_{ra}——生活热水年节水用水量（m³/a）；

q_r——热水节水用水定额，按表3.1.7的规定选用（L/人·d或L/单位数·d），表中未直接给出定额者，可通过人、次/d等进行换算；

n_r——使用人数或单位数，以年平均值计算，住宅可按本标准式（3.2.1-1）中的n_z计算；

D_r——年用水天数（d/a），根据使用情况确定。

4 节水系统设计

4.1 一般规定

4.1.1 建筑物在初步设计阶段应编制"节水设计专篇"，编写格式应符合附录A的规定，其中节水用水量的计算中缺水城市的平均日用水定额应采用本标准中较低值。

4.1.2 建筑节水系统应根据节能、卫生、安全及当地政府规定等要求，并结合非传统水源综合利用的内容进行设计。

4.1.3 市政管网供水压力不能满足供水要求的多层、高层建筑的给水、中水、热水系统应竖向分区，各分区最低卫生器具配水点处的静水压不宜大于0.45MPa，且分区内低层部分应设减压设施保证各用水点处供水压力不大于0.2MPa。

4.1.4 绿化浇洒系统应依据水量平衡和技术经济比较，优化配置、合理利用各种水资源。

4.1.5 景观用水水源不得采用市政自来水和地下井水。

4.2 供水系统

4.2.1 设有市政或小区给水、中水供水管网的建筑，生活给水系统应充分利用城镇供水管网的水压直接供水。

4.2.2 给水调节水池或水箱、消防水池或水箱应设溢流信号管和溢流报警装置，设有中水、雨水回用给水系统的建筑，给水调节水池或水箱清洗时排出的废水、溢水宜排至中水、雨水调节池回收利用。

4.2.3 热水供应系统应有保证用水点处冷、热水供水压力平衡的措施。用水点处冷、热水供水压力差不宜大于0.02MPa，并应符合下列规定：

1 冷水、热水供应系统应分区一致；

2 当冷、热水系统分区一致有困难时，宜采用配水支管设可调式减压阀减压等措施，保证系统冷、热水压力的平衡。

3 在用水点处宜设带调节压差功能的混合器、混合阀。

4.2.4 热水供应系统应按下列要求设置循环系统：

    1 集中热水供应系统，应采用机械循环，保证干管、立管或干管、立管和支管中的热水循环；

    2 设有3个以上卫生间的公寓、住宅、别墅共用水加热设备的局部热水供应系统，应设回水配件自然循环或设循环泵机械循环；

    3 全日集中供应热水的循环系统，应保证配水点出水温度不低于45℃的时间，对于住宅不得大于15s，医院和旅馆等公共建筑不得大于10s。

4.2.5 循环管道的布置应保证循环效果，并应符合下列规定：

    1 单体建筑的循环管道宜采用同程布置，热水回水干、立管采用导流三通连接和在回水立管上设限流调节阀、温控阀等保证循环效果的措施；

    2 当热水配水支管布置较长不能满足本标准4.2.4条第3款的要求时，宜设支管循环，或采取支管自控电伴热措施；

    3 当采用减压阀分区供水时，应保证各分区的热水循环；

    4 小区集中热水供应系统应设热水回水总干管并设总循环泵，单体建筑连接小区总回水管的回水管处宜设导流三通、限流调节阀、温控阀或分循环泵保证循环效果；

    5 当采用热水贮水箱经热水加压泵供水的集中热水供应系统时，循环泵可与热水加压泵合用，采用调速泵组供水和循环。回水干管设温控阀或流量控制阀控制回水流量。

4.2.6 公共浴室的集中热水供应系统应满足下列要求：

    1 大型公共浴室宜采用高位冷、热水箱重力流供水。当无条件设高位冷、热水箱时，可设带贮热调节容积的水加热设备经混合恒温罐、恒温阀供给热水。由热水箱经加压泵直接供水时，应有保证系统冷热水压力平衡和稳定的措施；

    2 采用集中热水供应系统的建筑内设有3个及3个以上淋浴器的小公共浴室、淋浴间，其热水供水支管上不宜分支再供其他用水；

    3 浴室内的管道应按下列要求设置：

        1）当淋浴器出水温度能保证控制在使用温度范围时，宜采用单管供水；当不能满足时，宜采用双管供水；

        2）多于3个淋浴器的配水管道宜布置成环形；

        3）环形供水管上不宜接供其他器具用水；

        4）公共浴室的热水管网应设循环回水管，循环管道应采用机械循环。

    4 淋浴器宜采用即时启、闭的脚踏、手动控制或感应式自动控制装置。

4.2.7 建筑管道直饮水系统应满足下列要求：

    1 管道直饮水系统的竖向分区、循环管道的设置以及从供水立管至用水点的支管长度等设计要求应按国家现行行业标准《管道直饮水系统技术规程》CJJ 110执行；

    2 管道直饮水系统的净化水设备产水率不得低于原水的70%，浓水应回收利用。

4.2.8 采用蒸汽制备开水时，应采用间接加热的方式，凝结水应回收利用。

4.3 循环水系统

4.3.1 冷却塔水循环系统设计应满足下列要求：

    1 循环冷却水的水源应满足系统的水质和水量要求，宜优先使用雨水等非传统水源；

    2 冷却水应循环使用；

    3 多台冷却塔同时使用时宜设置集水盘连通管等水量平衡设施；

    4 建筑空调系统的循环冷却水的水质稳定处理应结合水质情况，合理选择处理方法及设备，并应保证冷却水循环率不低于98%；

    5 旁流处理水量可根据去除悬浮物或溶解固体分别计算。当采用过滤处理去除悬浮物时，过滤水量宜为冷却水循环水量的1%～5%；

    6 冷却塔补充水总管上应设阀门及计量等装置；

    7 集水池、集水盘或补水池宜设溢流信号，并将信号送入机房。

4.3.2 游泳池、水上娱乐池等水循环系统设计应满足下列要求：

    1 游泳池、水上娱乐池等应采用循环给水系统；

    2 游泳池、水上娱乐池水循环系统的排水应重复利用。

4.3.3 蒸汽凝结水应回收再利用或循环使用，不得直接排放。

4.3.4 洗车场宜采用无水洗车、微水洗车技术，当采用微水洗车时，洗车水系统设计应满足下列要求：

    1 营业性洗车场或洗车点应优先使用非传统水源；

    2 当以自来水洗车时，洗车水应循环使用；

    3 机动车清洗设备应符合国家有关标准的规定。

4.3.5 空调冷凝水的收集及回用应符合下列要求：

    1 设有中水、雨水回用供水系统的建筑，其集中空调部分的冷凝水宜回收汇集至中水、雨水清水池，作为杂用水；

    2 设有集中空调系统的建筑，当无中水、雨水回用供水系统时，可设置单独的空调冷凝水回收系统，将其用于水景、绿化等用水。

4.3.6 水源热泵用水应循环使用，并应符合下列要求：

    1 当采用地下水、地表水做水源热泵热源时，应进行建设项目水资源论证；

2 采用地下水为热源的水源热泵换热后的地下水应全部回灌至同一含水层，抽、灌井的水量应能在线监测。

4.4 浇洒系统

4.4.1 浇洒系统水源应满足下列要求：
1 应优先选择雨水、中水等非传统水源；
2 水质应符合现行国家标准《城市污水再生利用 景观环境用水水质》GB/T 18921 和《城市污水再生利用 城市杂用水水质》GB/T 18920 的规定。

4.4.2 绿化浇洒应采用喷灌、微灌等高效节水灌溉方式。应根据喷灌区域的浇洒管理形式、地形地貌、当地气象条件、水源条件、绿地面积大小、土壤渗透率、植物类型和水压等因素，选择不同类型的喷灌系统，并应符合下列要求：
1 绿地浇洒采用中水时，宜采用以微灌为主的浇洒方式；
2 人员活动频繁的绿地，宜采用以微喷灌为主的浇洒方式；
3 土壤易板结的绿地，不宜采用地下渗灌的浇洒方式；
4 乔、灌木和花卉宜采用以滴灌、微喷灌等为主的浇洒方式；
5 带有绿化的停车场，其灌水方式宜按表4.4.2-1的规定选用；
6 平台绿化的灌水方式宜按表4.4.2-2的规定选用。

表 4.4.2-1 停车场灌水方式

绿化部位	种植品种及布置	灌水方式
周界绿化	较密集	滴灌
车位间绿化	不宜种植花卉，绿化带一般宽为 1.5m～2m，乔木沿绿带排列，间距应不小于 2.5m	滴灌或微喷灌
地面绿化	种植耐碾压草种	微喷灌

表 4.4.2-2 平台绿化灌水方式

植物类别	种植土最小厚度（mm）			灌水方式
	南方地区	中部地区	北方地区	
花卉草坪地	200	400	500	微喷灌
灌木	500	600	800	滴灌或微喷灌
乔木、藤本植物	600	800	1000	滴灌或微喷灌
中高乔木	800	1000	1500	滴灌

4.4.3 浇洒系统宜采用湿度传感器等自动控制其启停。

4.4.4 浇洒系统的支管上任意两个喷头处的压力差不应超过喷头设计工作压力的20%。

5 非传统水源利用

5.1 一般规定

5.1.1 节水设计应因地制宜采取措施综合利用雨水、中水、海水等非传统水源，合理确定供水水质指标，并应符合国家现行有关标准的规定。

5.1.2 民用建筑采用非传统水源时，处理出水必须保障用水终端的日常供水水质安全可靠，严禁对人体健康和室内卫生环境产生负面影响。

5.1.3 非传统水源的水质处理工艺应根据源水特征、污染物和出水水质要求确定。

5.1.4 雨水和中水利用工程应根据现行国家标准《建筑与小区雨水利用工程技术规范》GB 50400 和《建筑中水设计规范》GB 50336 的有关规定进行设计。

5.1.5 雨水和中水等非传统水源可用于景观用水、绿化用水、汽车冲洗用水、路面地面冲洗用水、冲厕用水、消防用水等非与人身接触的生活用水，雨水还可用于建筑空调循环冷却系统的补水。

5.1.6 中水、雨水不得用于生活饮用水及游泳池等用水。与人身接触的景观娱乐用水不宜使用中水或城市污水再生水。

5.1.7 景观水体的平均日补水量 W_{jd} 和年用水量 W_{ja} 应分别按下列公式进行计算：

$$W_{jd} = W_{zd} + W_{sd} + W_{fd} \quad (5.1.7\text{-}1)$$

$$W_{ja} = W_{jd} \times D_j \quad (5.1.7\text{-}2)$$

式中：W_{jd}——平均日补水量（m³/d）；

W_{zd}——日均蒸发量（m³/d），根据当地水面日均蒸发厚度乘以水面面积计算；

W_{sd}——渗透量（m³/d），为水体渗透面积与入渗速率的乘积；

W_{fd}——处理站机房自用水量等（m³/d）；

W_{ja}——景观水体年用水量（m³/a）；

D_j——年平均运行天数（d/a）。

5.1.8 绿化灌溉的年用水量应按本标准表3.1.6的规定确定，平均日喷灌水量 W_{ld} 应按下式计算：

$$W_{ld} = 0.001 q_l F_l \quad (5.1.8)$$

式中：W_{ld}——日喷灌水量（m³/d）；

q_l——浇水定额(L/m²·d)，可取 2 L/m²·d；

F_l——绿地面积（m²）。

5.1.9 冲洗路面、地面等用水量应按本标准表

3.1.5 的规定确定，年浇洒次数可按 30 次计。

5.1.10 洗车场洗车用水可按本标准表 3.1.3 的规定和日均洗车数量及年洗车数量计算确定。

5.1.11 冷却塔补水的日均补水量 W_{td} 和补水年用水量 W_{ta} 应分别按下列公式进行计算：

$$W_{td} = (0.5 \sim 0.6) q_q T \quad (5.1.11-1)$$

$$W_{ta} = W_{td} \times D_t \quad (5.1.11-2)$$

式中：W_{td}——冷却塔日均补水量（m³/d）；

　　　q_q——补水定额，可按冷却循环水量的 1%～2% 计算，（m³/h），使用雨水时宜取高限；

　　　T——冷却塔每天运行时间（h/d）；

　　　D_t——冷却塔每年运行天数（d/a）；

　　　W_{ta}——冷却塔补水年用水量（m³/a）。

5.1.12 冲厕用水年用水量应按下式计算：

$$W_{ca} = \frac{q_c n_c D_c}{1000} \quad (5.1.12)$$

式中：W_{ca}——年冲厕用水量（m³/a）；

　　　q_c——日均用水定额，可按本标准第 3.1.1、3.1.2 条和表 3.1.8 的规定采用（L/人·d）；

　　　n_c——年平均使用人数（人）。对于酒店客房，应考虑年入住率；对于住宅，应按本标准 3.2.1-1 式中的 n_z 值计算；

　　　D_c——年平均使用天数（d/a）。

5.1.13 当具有城市污水再生水供应管网时，建筑中水应优先采用城市再生水。

5.1.14 观赏性景观环境用水应优先采用雨水、中水、城市再生水及天然水源等。

5.1.15 建筑或小区中设有雨水回用和中水合用系统时，原水应分别调蓄和净化处理，出水可在清水池混合。

5.1.16 建筑或小区中设有雨水回用和中水合用系统时，在雨季应优先利用雨水，需要排放原水时应优先排放中水原水。

5.1.17 非传统水源利用率应按下式计算：

$$R = \frac{\sum W_a}{\sum Q_a} \times 100\% \quad (5.1.17)$$

式中：R——非传统水源利用率；

　　　$\sum Q_a$——年总用水量，包含自来水用量和非传统水源用量，可根据本标准第 3 章和本节的规定计算；

　　　$\sum W_a$——非传统水源年使用量。

5.2 雨水利用

5.2.1 建筑与小区应采取雨水入渗收集、收集回用等雨水利用措施。

5.2.2 收集回用系统宜用于年降雨量大于 400mm 的地区，常年降雨量超过 800mm 的城市应优先采用屋面雨水收集回用方式。

5.2.3 建设用地内设置了雨水利用设施后，仍应设置雨水外排设施。

5.2.4 雨水回用系统的年用雨水量应按下式计算：

$$W_{ya} = (0.6 \sim 0.7) \times 10 \Psi_c h_a F \quad (5.2.4)$$

式中：W_{ya}——年用雨水量（m³）；

　　　Ψ_c——雨量径流系数；

　　　h_a——常年降雨厚度（mm）；

　　　F——计算汇水面积（hm²），按本标准第 5.2.5 条的规定确定；

　　　0.6～0.7——除去不能形成径流的降雨、弃流雨水等外的可回用系数。

5.2.5 计算汇水面积 F 可按下列公式进行计算，并可与雨水蓄水池汇水面积相比较后取三者中最小值：

$$F = \frac{V}{10 \Psi_c h_d} \quad (5.2.5-1)$$

$$F = \frac{3 Q_{hd}}{10 \Psi_c h_d} \quad (5.2.5-2)$$

式中：h_d——常年最大日降雨厚度（mm）；

　　　V——蓄水池有效容积（m³）；

　　　Q_{hd}——雨水回用系统的平均日用水量（m³）。

5.2.6 雨水入渗面积的计算应包括透水铺砌面积、地面和屋面绿地面积、室外埋地入渗设施的有效渗透面积，室外下凹绿地面积可按 2 倍透水地面面积计算。

5.2.7 不透水地面的雨水径流采用回用或入渗方式利用时，配置的雨水储存设施应使设计日雨水径流量溢流外排的量小于 20%，并且储存的雨水能在 3d 之内入渗完毕或使用完毕。

5.2.8 雨水回用系统的自来水替代率或雨水利用率 R_y 应按下式计算：

$$R_y = W_{ya} / \sum Q_a \quad (5.2.8)$$

式中：R_y——自来水替代率或雨水利用率。

5.3 中水利用

5.3.1 水源型缺水且无城市再生水供应的地区，新建和扩建的下列建筑宜设置中水处理设施：

1 建筑面积大于 3 万 m² 的宾馆、饭店；

2 建筑面积大于 5 万 m² 且可回收水量大于 100m³/d 的办公、公寓等其他公共建筑；

3 建筑面积大于 5 万 m² 且可回收水量大于 150m³/d 的住宅建筑。

注：1 若地方有相关规定，则按地方规定执行。
　　2 不包括传染病医院、结核病医院建筑。

5.3.2 中水源水的可回收利用水量宜按优质杂排水或杂排水量计算。

5.3.3 当建筑污、废水没有市政污水管网接纳时，应进行处理并宜再生回用。

5.3.4 当中水由建筑中水处理站供应时，建筑中水系统的年回用中水量应按下列公式进行计算，并应选取三个水量中的最小数值：

$$W_{ma} = 0.8 \times Q_{sa} \quad (5.3.4-1)$$
$$W_{ma} = 0.8 \times 365 Q_{cd} \quad (5.3.4-2)$$
$$W_{ma} = 0.9 \times Q_{xa} \quad (5.3.4-3)$$

式中：W_{ma}——中水的年回用量（m³）；
  Q_{sa}——中水原水的年收集量（m³）；应根据本标准第 3 章的年用水量乘 0.9 计算。
  Q_{cd}——中水处理设施的日处理水量，应按经过水量平衡计算后的中水原水量取值（m³/d）；
  Q_{xa}——中水供应管网系统的年需水量（m³），应根据本标准第 5.1 节的规定计算。

6 节水设备、计量仪表、器材及管材、管件

6.1 卫生器具、器材

6.1.1 建筑给水排水系统中采用的卫生器具、水嘴、淋浴器等应根据使用对象、设置场所、建筑标准等因素确定，且均应符合现行行业标准《节水型生活用水器具》CJ 164 的规定。

6.1.2 坐式大便器宜采用设有大、小便分档的冲洗水箱。

6.1.3 居住建筑中不得使用一次冲洗水量大于 6L 的坐便器。

6.1.4 小便器、蹲式大便器应配套采用延时自闭式冲洗阀、感应式冲洗阀、脚踏冲洗阀。

6.1.5 公共场所的卫生间洗手盆应采用感应式或延时自闭式水嘴。

6.1.6 洗脸盆等卫生器具应采用陶瓷片等密封性能良好耐用的水嘴。

6.1.7 水嘴、淋浴喷头内部宜设置限流配件。

6.1.8 采用双管供水的公共浴室宜采用带恒温控制与温度显示功能的冷热水混合淋浴器。

6.1.9 民用建筑的给水、热水、中水以及直饮水等给水管道设置计量水表应符合下列规定：
  1 住宅入户管上应设计量水表；
  2 公共建筑应根据不同使用性质及计费标准分类分别设计量水表；
  3 住宅小区及单体建筑引入管上应设计量水表；
  4 加压分区供水的贮水池或水箱前的补水管上宜设计量水表；
  5 采用高位水箱供水系统的水箱出水管上宜设计量水表；
  6 冷却塔、游泳池、水景、公共建筑中的厨房、洗衣房、游乐设施、公共浴池、中水贮水池或水箱补水等的补水管上应设计量水表；
  7 机动车清洗用水管上应安装水表计量；
  8 采用地下水水源热泵为热源时，抽、回灌管道应分别设计量水表；
  9 满足水量平衡测试及合理用水分析要求的管段上应设计量水表。

6.1.10 民用建筑所采用的计量水表应符合下列规定：
  1 产品应符合国家现行标准《封闭满管道中水流量的测量 饮用冷水水表和热水水表》GB/T 778.1~3、《IC 卡冷水水表》CJ/T 133、《电子远传水表》CJ/T 224、《冷水水表检定规程》JJG 162 和《饮用水冷水水表安全规则》CJ 266 的规定；
  2 口径 DN15~DN25 的水表，使用期限不得超过 6a；口径大于 DN25 的水表，使用期限不得超过 4a。

6.1.11 学校、学生公寓、集体宿舍公共浴室等集中用水部位宜采用智能流量控制装置。

6.1.12 减压阀的设置应满足下列要求：
  1 不宜采用共用供水立管串联减压分区供水；
  2 热水系统采用减压阀分区时，减压阀的设置不得影响循环系统的运行效果；
  3 用水点处水压大于 0.2MPa 的配水支管应设置减压阀，但应满足给水配件最低工作压力的要求；
  4 减压阀的设置还应满足现行国家标准《建筑给水排水设计规范》GB 50015 的有关规定。

6.2 节 水 设 备

6.2.1 加压水泵的 Q-H 特性曲线应为随流量的增大，扬程逐渐下降的曲线。

6.2.2 市政条件许可的地区，宜采用叠压供水设备，但需取得当地供水行政主管部门的批准。

6.2.3 水加热设备应根据使用特点、耗热量、热源、维护管理及卫生防菌等因素选择，并应符合下列规定：
  1 容积利用率高，换热效果好，节能、节水；
  2 被加热水侧阻力损失小。直接供给生活热水的水加热设备的被加热水侧阻力损失不宜大于 0.01MPa；
  3 安全可靠、构造简单、操作维修方便。

6.2.4 水加热器的热媒入口管上应装自动温控装置，自动温控装置应能根据壳程内水温的变化，通过水温传感器可靠灵活地调节或启闭热媒的流量，并应使加热水的温度与设定温度的差值满足下列规定：
  1 导流型容积式水加热器：±5℃；
  2 半容积式水加热器：±5℃；
  3 半即热式水加热器：±3℃。

6.2.5 中水、雨水、循环水以及给水深度处理的水处理宜采用自用水量较少的处理设备。

6.2.6 冷却塔的选用和设置应符合下列规定：

1 成品冷却塔应选用冷效高、飘水少、噪声低的产品；

2 成品冷却塔应按生产厂家提供的热力特性曲线选定。设计循环水量不宜超过冷却塔的额定水量；当循环水量达不到额定水量的80%时，应对冷却塔的配水系统进行校核；

3 冷却塔数量宜与冷却水用水设备的数量、控制运行相匹配；

4 冷却塔设计计算所选用的空气干球温度和湿球温度，应与所服务的空调等系统的设计空气干球温度和湿球温度相吻合，应采用历年平均不保证50h的干球温度和湿球温度；

5 冷却塔宜设置在气流通畅，湿热空气回流影响小的场所，且宜布置在建筑物的最小频率风向的上风侧。

6.2.7 洗衣房、厨房应选用高效、节水的设备。

6.3 管材、管件

6.3.1 给水、热水、再生水、管道直饮水、循环水等供水系统应按下列要求选用管材、管件：

1 供水系统采用的管材和管件，应符合国家现行有关标准的规定。管道和管件的工作压力不得大于产品标准标称的允许工作压力；

2 热水系统所使用管材、管件的设计温度不应低于80℃；

3 管材和管件宜为同一材质，管件宜与管道同径；

4 管材与管件连接的密封材料应卫生、严密、防腐、耐压、耐久。

6.3.2 管道敷设应采取严密的防漏措施，杜绝和减少漏水量。

1 敷设在垫层、墙体管槽内的给水管管材宜采用塑料、金属与塑料复合管材或耐腐蚀的金属管材，并应符合现行国家标准《建筑给水排水设计规范》GB 50015 的相关规定；

2 敷设在有可能结冻区域的供水管应采取可靠的防冻措施；

3 埋地给水管应根据土壤条件选用耐腐蚀、接口严密耐久的管材和管件，做好相应的管道基础和回填土夯实工作；

4 室外直埋热水管，应根据土壤条件、地下水位高低、选用管材材质、管内外温差采取耐久可靠的防水、防潮、防止管道伸缩破坏的措施。室外直埋热水管直埋敷设还应符合国家现行标准《建筑给水排水及采暖工程验收规范》GB 50242 及《城镇直埋供热管道工程技术规程》CJJ/T 81 的相关规定。

附录 A "节水设计专篇"编写格式

A.1 工程概况和用水水源（包括市政供水管线、引入管及其管径、供水压力等）

A.1.1 本项目功能和用途。

A.1.2 面积。

A.1.3 用水户数和人数详见表 A.2-1。

A.1.4 用水水源为城市自来水或自备井水。

A.2 节水用水量

根据本设计标准 3.1.1 条和 3.1.2 条节水用水定额规定，各类用水量计算明细见表 A.2-1，中水原水回收量计算明细见表 A.2-2，中水回用系统用水量明细见表 A.2-3。

表 A.2-1 生活用水节水用水量计算表

序号	用水部位	使用数量	用水量定额	用水天数(d/a)	用水量（m³）		备注
					平均日	全年	

表 A.2-2 中水原水回收量计算表

序号	排水部位	使用数量	原水排水量标准	排水系统	用水天数(d/a)	用水量（m³）		备注
						平均日	全年	

表 A.2-3 中水回用系统用水量计算表

序号	用水部位	使用数量	中水用水定额	用水天数(d/a)	用水量（m³）		备注
					平均日	全年	

A.3 节水系统

A.3.1 地面____层及其以下各层给水、中水均由市政供水管直接供水，充分利用市政供水压力。

A.3.2 给水、热水、中水供水系统中配水支管处供水压力大于 0.2MPa 者均设支管减压阀，控制各用水点处水压小于或等于 0.2MPa。

A.3.3 给水、热水采用相同供水分区，保证冷、热水供水压力的平衡。

A.3.4 集中热水供应系统设干、立管循环系统，循环管道同程布置，不循环配水支管长度均小于或等于＿＿＿m。

A.3.5 管道直饮水系统设供、回水管道同程布置的循环系统，不循环配水支管长度均小于或等于 3m。

A.3.6 空调冷却水设冷却塔循环使用，冷却塔集水盘设连通管保证水量平衡。

A.3.7 游泳池和水上游乐设施水循环使用，并采取下列节水措施：

    1 游泳池表面加设覆盖膜减少蒸发量；

    2 滤罐反冲洗水经＿＿＿＿＿处理后回用于补水；

    3 采用上述措施后，控制游泳池（水上游乐设施）补水量为循环水量的__%。

A.3.8 浇洒绿地与景观用水：

    1 庭院绿化、草地采用微喷或滴灌等节水灌溉方式；

    2 景观水池兼作雨水收集贮存水池，由满足《城市污水再生利用 景观环境用水水质》GB/T 18921 规定的中水补水。

A.4 中 水 利 用

A.4.1 卫生间、公共浴室的盆浴、淋浴排水、盥洗排水、空调循环冷却系统排污水、冷凝水、游泳池及水上游乐设施水池排污水等废水均作为中水原水回收，处理后用于冲厕、车库地面及车辆冲洗、绿化用水或景观用水。

A.4.2 中水原水平均日收集水量＿＿＿ m³/d，中水设备日处理时间取＿＿＿ h/d，平均时处理水量＿＿＿ m³/h，取设备处理规模为＿＿＿ m³/h。

A.4.3 中水处理采用下列生物处理和物化处理相结合的工艺流程：

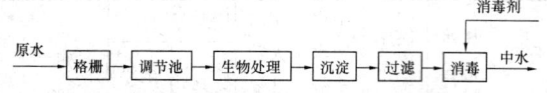

    注：处理流程应根据原水水质、水量和中水的水质、水量及使用要求等因素，经技术经济比较后确定。

    处理后的中水水质应符合《城市污水再生利用 城市杂用水水质》GB/T 18920 或《城市污水再生利用 景观环境用水水质》GB/T 18921 的规定。

A.4.4 水量平衡见附图 A

A.4.5 中水调节池设自来水开始补水兼缺水报警水位和停止补水水位。

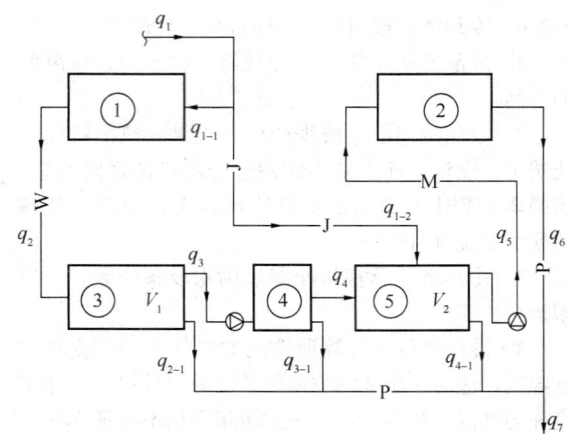

附图 A 水量平衡示意图

J—自来水　W—中水原水　M—中水供水　P—排污水

①提供中水原水的用水设备　②中水用水设备

③原水调节池　④水处理设备　⑤中水贮水池

q_1—自来水总用水量＿＿＿ m³/d　q_{1-1}—自来水供水的用水设备＿＿＿ m³/d　q_{1-2}—中水贮水池的自来水补水量＿＿＿ m³/d　q_2—中水原水水量＿＿＿ m³/d　q_3—处理设备日处理量＿＿＿ m³/d　q_{2-1}—调节池溢水排污量＿＿＿ m³/d　q_{3-1}—处理设备自用水量＿＿＿ m³/d　q_4—中水产水量＿＿＿ m³/d　q_{4-1}—中水贮水池溢水、排污量＿＿＿ m³/d　q_5—中水用水设备用水量＿＿＿ m³/d　q_6—中水供水设备排污水量＿＿＿ m³/d　q_7—总排污水量＿＿＿ m³/d

A.5 雨 水 利 用

A.5.1 间接利用Ⅰ：采用透水路面；室外绿地低于道路 100mm，屋面雨水排至散水地面后流入绿地渗透到地下补充地下水源。

A.5.2 间接利用Ⅱ：屋面雨水排至室外雨水检查井，再经室外渗管渗入地下补充地下水源。

A.5.3 直接利用：屋面雨水经弃流初期雨水后，收集到雨水蓄水池，经机械过滤等处理达到中水水质标准后，进入中水贮水池，用于中水系统供水或用于水景补水。

A.6 节 水 设 施

A.6.1 卫生器具及配件：

    1 住宅采用带两档式冲水的 6L 水箱坐便器排水系统；

    2 公共建筑卫生间的大便器、小便器均采用自闭式（公共卫生间宜采用脚踏自闭式）、感应式冲洗阀；

    3 洗脸盆、洗手盆、洗涤池（盆）采用陶瓷片等密封耐用、性能优良的水嘴，公共卫生间的水龙头采用自动感应式控制；

    4 营业性公共浴室淋浴器采用恒温混合阀，脚踏开关；学校、旅馆职工、工矿企业等公共浴室、大学生公寓、学生宿舍公用卫生间等淋浴器采用刷卡用水。

A.6.2 住宅给水、热水、中水、管道直饮水入户管上均设专用水表。

A.6.3 冷却塔及配套节水设施：

1 选用散热性能、收水性能优良的冷却塔，冷却塔布置在通风良好、无湿热空气回流的地方；

2 循环水系统设水质稳定处理设施，投加环保性缓蚀阻垢药剂，药剂采用自动投加设自动排污装置或在靠近冷凝器的冷却水回水管上设电子（或静电或永磁）水处理仪及机械过滤器；

3 冷却塔补水控制为循环水量的2%以内。

A.6.4 游泳池及水上游乐设施池水循环。采用高效混凝剂和过滤滤料的过滤罐，滤速为_____m/h，提高过滤效率，减少排污量。

A.6.5 消防水池（箱）与空调冷却塔补水池（箱）合一，夏季形成活水，控制水质变化。消防水池（箱）设_____消毒器，延长换水周期，减少补水量。

本标准用词说明

1 为便于在执行本标准条文时区别对待，对要求严格程度不同的用词说明如下：

　1）表示很严格，非这样做不可的用词：
　　正面词采用"必须"，反面词采用"严禁"。

　2）表示严格，在正常情况下均应这样做的用词：
　　正面词采用"应"，反面词采用"不应"或"不得"。

　3）表示允许稍有选择，在条件许可时首先应这样做的用词：
　　正面词采用"宜"，反面词采用"不宜"；

　4）表示有选择，在一定条件下可以这样做的用词，采用"可"。

2 本标准中指明应按其他有关标准、规范执行的写法为"应符合……的规定"或"应按……执行"。

引用标准名录

1《建筑给水排水设计规范》GB 50015

2《建筑给水排水及采暖工程验收规范》GB 50242

3《建筑中水设计规范》GB 50336

4《建筑与小区雨水利用工程技术规范》GB 50400

5《封闭满管道中水流量的测量 饮用冷水水表和热水水表》GB/T 778.1~3

6《城市污水再生利用 城市杂用水水质》GB/T 18920

7《城市污水再生利用 景观环境用水水质》GB/T 18921

8《城镇直埋供热管道工程技术规程》CJJ/T 81

9《管道直饮水系统技术规程》CJJ 110

10《冷水水表检定规程》JJG 162

11《IC卡冷水水表》CJ/T 133

12《节水型生活用水器具》CJ 164

13《电子远传水表》CJ/T 224

14《饮用水冷水水表安全规则》CJ 266

中华人民共和国国家标准

民用建筑节水设计标准

GB 50555—2010

条 文 说 明

制 订 说 明

《民用建筑节水设计标准》GB 50555-2010，经住房和城乡建设部 2010 年 5 月 31 日以公告 598 号批准发布。

本标准制订过程中，编制组进行了深入、广泛的调查研究，总结了我国工程建设民用建筑节水设计的实践经验，同时参考了国外先进技术法规、技术标准，通过常用用水器具节水效能测试取得了常用用水器具的节水用水定额等重要技术参数。

为便于广大设计、施工、科研、学校等单位的有关人员在使用本标准时能正确理解和执行条文规定，《民用建筑节水设计标准》编制组按章、节、条顺序编写了本标准的条文说明，对条文规定的目的、依据以及执行中需注意的有关事项进行了说明，还着重对强制性条文的强制性理由做了解释。但是，本条文说明不具备与标准正文同等的法律效力，仅供使用者作为理解和把握标准规定的参考。

目 次

1 总则 ……………………………… 31—21
3 节水设计计算 …………………… 31—21
　3.1 节水用水定额 ……………… 31—21
4 节水系统设计 …………………… 31—23
　4.1 一般规定 …………………… 31—23
　4.2 供水系统 …………………… 31—24
　4.3 循环水系统 ………………… 31—25
　4.4 浇洒系统 …………………… 31—26
5 非传统水源利用 ………………… 31—27
　5.1 一般规定 …………………… 31—27
　5.2 雨水利用 …………………… 31—28
　5.3 中水利用 …………………… 31—28
6 节水设备、计量仪表、
　　器材及管材、管件 …………… 31—29
　6.1 卫生器具、器材 …………… 31—29
　6.2 节水设备 …………………… 31—29
　6.3 管材、管件 ………………… 31—30

1 总 则

1.0.1 在工程建设中贯彻节能、节地、节水、节材和环境保护是一项长久的国策，节水设计的前提是在满足使用者对水质、水量、水压和水温要求的前提下来提高水资源的利用率，节水设计的系统应是经济上合理，有实施的可能，同时在使用时应便于管理维护。

1.0.4 建筑节水设计，除满足本标准外，还应符合国家其他的相关标准，如《节水型生活用水器具》CJ 164 的要求。在节水方面，许多省市也出台了相应的地方规定，尤其在中水利用与雨水利用方面的规定，设计中应根据工程所在地的情况分别执行。

3 节水设计计算

3.1 节水用水定额

本节制定的节水用水定额是专供编写"节水设计专篇"中计算节水用水量和进行节水设计评价用。

工程设计时，建筑给水排水的设计中有关"用水定额"计算仍按《建筑给水排水设计规范》GB 50015 等标准执行。

3.1.1

1 表 3.1.1 所列节水用水定额是在使用节水器具后的参数，根据北京市节约用水管理中心提供的住宅用水量定额数据统计分析，使用节水器具可比不使用节水器具者节水约 10%～20%。

2 表 3.1.1 所列参数系以北京市节约用水管理中心和深圳市节约用水管理办公室所提供的平均日用水定额为依据，参照《建筑给水排水设计规范》GB 50015-2003 与《室外给水设计规范》GB 50013-2006 中相关用水定额条款的编制内容与分类进行编制。

3 表 3.1.1 中各项数据的编制：

  1) 以北京市节约用水管理中心提供的二区、三区中Ⅰ、Ⅱ、Ⅲ类住宅的节水用水定额为基础，稍加调整后列为表中"大城市"的用水定额，二、三区特大城市与中小城市的用水定额则以此为基准，按深圳市节约用水管理办公室提供的一区中大城市与特大城市、中小城市的用水定额比例分别计算取值。

  2) 以深圳市节约用水管理办公室提供的广东地区（即一区）Ⅱ类住宅的用水定额（非全部使用节水器具后的用水定额）乘以 0.9～0.8 取整后作为一区特大城市、大城市、中小城市的Ⅱ类住宅的用水定额；Ⅰ、Ⅲ类住宅则按照二、三区的相应用水定额比例取值。

主要编制过程及结果见表1。

表 1 节约用水定额取值

住宅类型	卫生器具设置标准	节水用水定额 q_z								
		一区			二区			三区		
		特大城市	大城市	中小城市	特大城市	大城市	中小城市	特大城市	大城市	中小城市
普通住宅	Ⅰ 有大便器、洗涤盆	$A\times(120\sim200)$ =100～140	$A\times(110\sim150)$ =90～110	$A\times(90\sim140)$ =80～100	$C\times(60\sim80)$ =50～70	60～80	$D\times(60\sim80)$ =50～70	$C\times(50\sim70)$ =60～100	50～70	$D\times(50\sim70)$ =45～65
	Ⅱ 有大便器、洗脸盆、洗涤盆和洗衣机、热水器和沐浴设备	120～200	100～150	90～140	$C\times(70\sim110)$ =80～140	70～110	$D\times(70\sim110)$ =60～100	$C\times(60\sim90)$ =70～100	60～90	$D\times(60\sim90)$ =50～80
	Ⅲ 有大便器、洗脸盆、洗涤盆、洗衣机、家用热水机组或集中热水供应和沐浴设备	$B\times(120\sim200)$ =140～230	$B\times(110\sim150)$ =130～180	$B\times(90\sim140)$ =100～160	$C\times(80\sim130)$ =90～170	80～130	$D\times(80\sim130)$ =70～120	$C\times(70\sim100)$ =80～140	70～100	$D\times(70\sim100)$ =60～90

注：1 表中带阴影的数据，如"120～200"分别为北京市节约用水管理中心和深圳市节约用水办公室提供的经整理后的参数；
　　2 表中A为二区大城市中Ⅰ、Ⅱ类住宅的用水定额的比值；
　　　　B为二区大城市中Ⅲ、Ⅱ类住宅的用水定额的比值；
　　3 表中C为一区中特大城市与大城市住宅用水定额的比值；
　　　　D为一区中中小城市与大城市住宅用水定额的比值。

4 本标准表3.1.1中别墅的节水用水定额系以《建筑给水排水设计规范》GB 50015-2003 表3.1.9中，别墅用水定额/Ⅲ类住宅用水定额=1.11~1.094作为取值依据，即一、二、三区不同规模城市中别墅的节水定额=1.1×相应的Ⅲ类住宅节水用水定额。

3.1.2 公共建筑生活用水节水用水定额的编制说明：

公共建筑对比住宅类建筑节水用水定额的确定要复杂得多，主要体现在：

1 公共建筑类别多，使用人员多而变化，难以统计分析；

2 使用人数不如住宅稳定，难以得到较准确的用水定额资料；

3 公共建筑中一般使用者与用水费用不挂钩，节水意识远不如住宅中的居民；

4 虽然有一些个别类型建筑某段时间的用水量统计资料，但很难以此作为依据。

针对上述情况，表3.1.2是以《建筑给水排水设计规范》GB 50015(2009年版)表3.1.10中的宿舍、旅馆和公共建筑生活用水定额为基准，乘以0.9~0.8的使用节水器具后的折减系数作为相应各类建筑的生活用水节水用水定额。

3.1.3 汽车冲洗用水定额参考《建筑给水排水设计规范》GB 50015-2003相关条文确定，由于软管冲洗时耗水量大，因此本规范不推荐使用。随着汽车技术的进步，无水洗车、微水洗车技术得到推广，无水洗车被称为"快捷手喷蜡"，不用水；微水洗车采用气、水分隔，合并采用高技术转换成微水状态，15min用水量只有1.5L左右。但采用上述技术时，应按相应产品样本确定实际洗车用水量。电脑洗车技术已成为城市洗车技术的主流，采用循环水处理技术，每辆车耗水0.7L左右。当采用电脑机械等高技术洗车设备时，用水量应按产品说明书确定。每日洗车数量可按车辆保有量10%~15%计算。

3.1.4 空调循环冷却水补水量的数据采用《建筑给水排水设计规范》GB 50015-2003数据。

3.1.5 表中数据给出每次浇洒用水量，每日按早晚各1次设计。

3.1.6 绿化用水定额参照北京市地方标准《草坪节水灌溉技术规定》DB11/T 349-2006制定，采用平水年份数据。冷季型草坪草的最适生长温度为15℃~25℃，受季节性炎热的温度和持续期及干旱环境影响较大。暖季型草坪草的最适生长温度为26℃~32℃，受低温的强度和持续时间影响较大。冷季型草坪草平水年份灌水次数、灌水定额和灌水周期见表2。暖季型草坪草平水年份灌水次数、灌水定额和灌水周期见表3。

表2 冷季型草坪草平水年份灌水次数、灌水定额和灌水周期

时段	灌水定额		特级养护		一级养护		二级养护	
	m³/m²	mm	灌水次数	灌水周期(d)	灌水次数	灌水周期(d)	灌水次数	灌水周期(d)
3月	0.015~0.025	15~25	2	10~15	1	15~20	1	15~20
4月	0.015~0.025	15~25	4	6~8	4	6~8	2	10~15
5月	0.015~0.025	15~25	8	3~4	6	4~5	4	6~8
6月	0.015~0.025	15~25	6	4~5	5	5~6	2	10~15
7月	0.015~0.025	15~25	3	8~10	2	10~15	1	15~20
8月	0.015~0.025	15~25	3	8~10	2	10~15	1	15~20
9月	0.015~0.025	15~25	3	8~10	2	8~10	1	15~20
10月	0.015~0.025	15~25	2	10~15	1	15~20	1	15~20
11月	0.015~0.025	15~25	2	10~15	1	15~20	1	15~20

表3 暖季型草坪草平水年份灌水次数、灌水定额和灌水周期

时段	灌水定额		一级养护		二级养护	
	m³/m²	mm	灌水次数	灌水周期(d)	灌水次数	灌水周期(d)
4月	0.015~0.025	15~25	1	15~20	1	15~20
5月	0.015~0.025	15~25	3	8~10	2	10~15
6月	0.015~0.025	15~25	2	10~15	2	10~15
7月	0.015~0.025	15~25	2	10~15	1	15~20
8月	0.015~0.025	15~25	2	10~15	1	15~20
9月	0.015~0.025	15~25	2	10~15	1	15~20
10月	0.015~0.025	15~25	1	15~20	1	15~20
11月	0.015~0.025	15~25	1	15~20	1	15~20

3.1.7 住宅、公共建筑生活热水节水用水定额的编制说明。

住宅、公共建筑的生活热水用水量包含在给水用水定额中，根据《建筑给水排水设计规范》GB 50015-2003中5.1.1条条文说明的推理分析，各类建筑生活热水量与给水量有一定比例关系。本标准表3.1.7即依据此比例关系将本标准表3.1.1、表3.1.2中的给水节水用水定额推算整理为相应的热水节水用水定额。

1 各类建筑生活热水用水量占给水用水量的比例，见表4。

表4 各类建筑生活热水用水量占给水用水量的比例(%)

类 别	生活热水用水量占给水用水量的比例
住宅、别墅	0.33~0.38
旅馆、宾馆	0.44~0.56
医院	0.44~0.50
餐饮业	0.48~0.51
办公楼	0.18~0.20

注：表中没有列出的建筑参照类似建筑的比例。

2 按照《建筑给水排水设计规范》GB 50015-2003表5.1.1的编制方法，住宅类建筑未按本标准表3.1.1分区分住宅类型编写，只编制了局部热水供应系统（即"自备热水供应和淋浴设备"）和集中热水供应两项用水定额，其取值的方法如表5所示。

表5 住宅类建筑热水节水用水定额推求

住宅类型	给水节水用水定额 q_z	$b=\dfrac{热水量}{冷水量}$	热水节水用水定额 q_r (L/人·d)
有自备热水供应和淋浴设备	三区Ⅱ类住宅中最低值50	0.38	0.38×50=19.0 取20
	一区Ⅱ类住宅中最大值200	0.33	0.33×200=66 取60
有集中热水供应和淋浴设备	三区Ⅱ类住宅中最低值60	0.38	0.38×60=22.8 取25
	一区Ⅱ类住宅中最大值230	0.33	0.33×230=76 取70

3 计算热水节水用水量时按照本标准表3.1.7中注3选值。

4 节水系统设计

4.1 一般规定

4.1.1 初步设计阶段应编写节水设计内容即"节水设计专篇"，包括节水用水量、中水或再生水、雨水回用水量的计算。这些用水量计算的目的，一是可为市政自来水与排水管理部门提供较准确的用水量、排水量依据；二是通过计算可以框算出该建筑物一年的节约水量。

为了统一"节水设计专篇"的编写格式和编写内容，标准编制组通过对不同省市的节水设计专篇的归纳、总结，给出一个完整的"节水设计专篇"，供在全国范围内工程设计人员参考，其内容见本标准附录A。

4.1.2 节水设计除合理选用节水用水定额、采用节水的给水系统、采用好的节水设备、设施和采取必要的节水措施外，还应在兼顾保证供水安全、卫生条件下，根据当地的要求合理设计利用污、废水，雨水，开源节流，完善节水设计。

4.1.3 本条规定的竖向分区及分区的标准与《建筑给水排水设计规范》GB 50015完全一致，只是规定了各配水点处供水压力(动压)不大于0.2MPa的要求。

控制配水点处的供水压力是给水系统节水设计中最为关键的一个环节。控压节水从理论到实践都得到充分的证明：

北京建筑工程学院曾在该校两栋楼做过实测，其结果如下：

(1) 普通水嘴半开和全开时最大流量分别为：0.42L/s和0.72L/s，对应的实测动压值为0.24MPa和0.5MPa，静压值均为0.37MPa。节水水嘴半开和全开时最大流量为0.29L/s和0.46L/s，对应的实测动压值为0.17MPa和0.22MPa，静压值为0.3MPa，按照水嘴的额定流量 $q=0.15$L/s为标准比较，节水水嘴在半开、全开时其流量分别为额定流量的2倍和3倍。

(2) 对67个水嘴实测，其中47个测点流量超标，超标率达61%。

(3) 根据实测得出的陶瓷阀芯和螺旋升降式水嘴流量 Q 与压力 P 关系曲线(见图1、图2)，可知 Q 与 P 成正比关系。

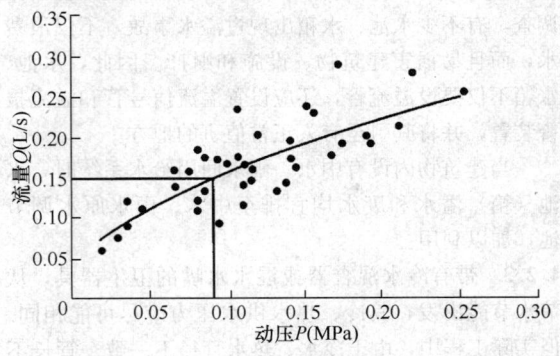

图1 陶瓷阀芯水嘴半开 Q-P 曲线

另外，据生产小型支管减压阀的厂家介绍，可调

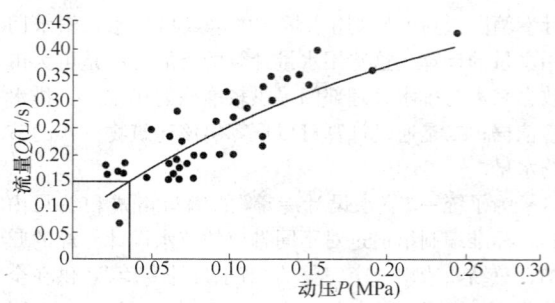

图 2　螺旋升降式水嘴半开 Q-P 曲线

试减压阀最小减压差即阀前压力 P_1 与阀后压力 P_2 的最小差值为 $P_1-P_2 \geqslant 0.1$MPa。因此，当给水系统中配水点压力大于 0.2MPa 时，其配水支管上减压阀，配水点处的实际供水压力仍大于 0.1MPa，满足除自闭式冲洗阀件外的配水水嘴与阀件的要求。设有自闭式冲洗阀的配水支管，设置减压阀的最小供水压力宜为 0.25MPa，即经减压后，冲洗阀前的供水压力不小于 0.15MPa，满足使用要求。

4.1.5 我国水资源严重匮乏，人均水资源是世界平均水平的 1/4，目前全国年缺水量约为 400 亿 m^3，用水形势相当严峻，为贯彻"节水"政策及避免不切实际地大量采用自来水补水的人工水景的不良行为，规定"景观用水水源不得采用市政自来水和地下井水"，应利用中水（优先利用市政中水）、雨水收集回用等措施，解决人工景观水水源和补水等问题。景观用水包括人造水景的湖、水湾、瀑布及喷泉等，但属体育活动的游泳池、瀑布等不属此列。

4.2　供水系统

4.2.1 为节约能源，减少居民生活饮用水水质污染，建筑物底部的楼层应充分利用市政或小区给水管网的水压直接供水。设有市政中水供水管网的建筑，也应充分利用市政供水管网的水压，节能节水。

4.2.2 本条强调给水调节水池或水箱（含消防用水池、水箱）设置溢流信号管和报警装置的重要性，据调查，有不少水池、水箱出现过溢水事故，不仅浪费水，而且易损害建筑物、设施和财产。因此，水池、水箱不仅要设溢流管，还应设置溢流信号管和溢流报警装置，并将其引至有人正常值班的地方。

当建筑物内设有中水、雨水回用给水系统时，水池（箱）溢水和废水均宜排至中水、雨水原水调节池，加以利用。

4.2.3 带有冷水混合器或混水水嘴的卫生器具，从节水节能出发，其冷、热水供水压力应尽可能相同。但实际工程中，由于冷、热水管径不一致，管长不同，尤其是当采用高位水箱通过设在地下室的水加热器再返上供给高区热水时，热水管路要比冷水管长得多，热水加热设备的阻力也是影响冷、热水压力平衡的因素。要做到冷水、热水在同一点压力相同是不可能的。本条提出不宜大于 0.02MPa 在实际中是可行的，控制热水供水管路的阻力损失与冷水供水阻力损失平衡，选用阻力损失小于或等于 0.01MPa 的水加热设备。在用水点采用带调压功能的混合器、混合阀，可保证用水点的压力平衡，保证出水水温的稳定。目前市场上此类产品已应用很多，使用效果良好，调压的范围冷、热水系统的压力差可在 0.15MPa 内。

4.2.4 本条第 1 款规定的热水系统设循环管道的设置原则，与《建筑给水排水设计规范》GB 50015 的要求一致，增写第 2 款和第 3 款的理由是：

1 近年来全国各大、中城市都兴建了不少高档别墅、公寓，其中大部分均采用自成小系统的局部热水供应系统，从加热器到卫生间管道长达十几米到几十米，如不设回水循环系统，则既不方便使用，更会造成水资源的浪费。因此第 2 款提出了大于 3 个卫生间的居住建筑，根据热水供回水管道布置情况设置回水配件自然循环或设小循环泵机械循环。值得注意的是，靠回水配件自然循环应看管网布置是否满足其能形成自然循环条件的要求。

2 第 3 款提出了全日集中热水供应系统循环系统应达到的标准。根据一些设有集中热水供应系统的工程反馈，打开放水水嘴要放数十秒钟或更长时间的冷水后才出热水，循环效果差。因此，对循环系统循环的好坏应有一个标准。国外有类似的标准，如美国规定医院的集中热水供应系统要求放冷水时间不得超过 5s；本款提出：保证配水点出水水温不低于 45℃ 的时间为：住宅 15s；医院和旅馆等公共建筑不得超过 10s。

住宅建筑因每户均设水表，而水表宜设户外，这样从立管接出入户支管一般均较长，而住宅热水采用支管循环或电伴热等措施，难度较大也不经济、不节能，因此将允许放冷水的时间为 15s，即允许入户支管长度为 10m～12m。

医院、旅馆等公共建筑，一般热水立管靠近卫生间或立管设在卫生间内，配水支管短，因此，允许放冷水时间为不超过 10s，即配水支管长度 7m 左右。当其配水支管长时，亦可采用支管循环。

4.2.5 本条提出了单体建筑、小区集中热水供应系统保证循环效果的措施。

1 单体建筑的循环管道首选为同程布置，因为采用同程布置能保证良好的循环效果已为三十多年来的工程实践所证明。

其次是热水回水干、立管采用导流三通连接，如图 3 所示。鉴于导流三通尚无详细的性能测试及适用条件的研究成果报告，因此一般只宜用于各供水立管管径及长度均一致的工程，紫铜导流三通接头规格尺寸见表 6。

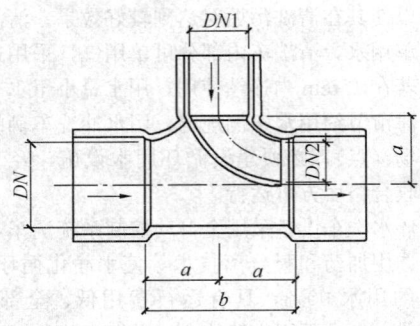

图 3 导流三通

表 6 紫铜导流三通接头规格尺寸表

DN×DN1	DN2	a	b
20×15	8	20	40
25×15	8	25	50
25×20	10	25	50
32×15	8	30	60
32×20	10	30	60
32×25	15	30	60
40×15	8	35	70
40×20	10	35	70
40×25	15	35	70
40×32	20	35	70
50×15	8	40	80
50×20	10	40	80
50×25	15	40	80
50×32	20	40	80
50×40	25	40	80
65×15	8	45	90
65×20	10	45	90
65×25	15	45	90
65×32	20	45	90
65×40	25	45	90
65×50	32	45	90
80×15	8	50	100
80×20	10	50	100
80×25	15	50	100
80×32	20	50	100
80×40	25	50	100
80×50	32	50	100
80×65	40	50	100

再次是在回水立管上设置限流调节阀、温控阀来调节平衡各立管的循环水量。限流调节阀一般适用于开式供水系统，通过限流调节阀设定各立管的循环流量，由总回水管回至开式热水系统，如图 4 所示。

在回水立管上装温控阀或热水平衡阀是近年来国外引进的一项新技术。阀件由温度传感装置和一个小电动阀门组成，可以根据回水立管中的温度高低调节阀门开启度，使之达到全系统循环的动态平衡。可用于难以布置同程管路的热水系统。

2 第 2 款是引用《建筑给水排水设计规范》GB 50015－2003 中的 5.2.13 条。

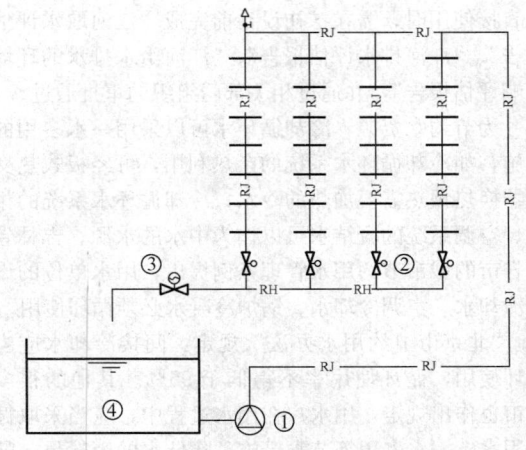

图 4 限流调节阀在热水系统中的应用
①—供水泵兼循环泵；②—限流调节阀；
③—电动阀；④—热水箱

3 小区设集中热水供应系统时，保证循环系统循环效果的措施为：

1）一般分设小区供、回水干管的总循环与单体建筑内热水供、回水管的分循环二个相互关联的循环系统；

2）总循环系统设总循环泵，其流量应满足补充全部供水管网热损失的要求；

3）各单体建筑的分循环系统供、回水管与总循环系统总供、回水管不要求同程布置。

4）各单体建筑连接小区总回水管可采用如下方式：

①当各单体建筑内的热水供、回水管布置及管径全同时，可采用导流三通的连接方式；

②当各单体建筑内的热水供、回水管布置及管径不同时宜采用设分循环泵或温控阀方式；

③当小区采用开式热水供应系统时，可参照图 4 的做法，在各单体建筑连接总回水管处设限流调节阀或温控阀。

4.2.7 第 2 款规定管道直饮水系统的净化水设备产水率不应小于 70％，系引自北京市、哈尔滨市等颁布的有关节水条例。据工程运行实践证明：深度净化处理中只有反渗透膜处理时达不到上述产水率的要求，因此，设计管道直饮水水质深度处理时应按节水、节能要求合理设计水处理流程。

4.2.8 本条规定采用蒸汽制备开水应采用间接加热的方式，主要是有的蒸汽中含有油等不符合饮水水质要求的成分；但采用间接加热制备开水，凝结水应回收至蒸汽锅炉的进水水箱，这样既回收了水量又回收了热量，同时还节省了这部分凝结水的软化处理费用。

4.3 循环水系统

4.3.1 采用江、河、湖泊等地表水作为冷却水的水源直接使用时，需在扩初设计前完成"江河取水评估报告"、"江河排水评估报告"、"江河给水排水的环境影响评估报告"，并通过相关部门组织的审批通过。

为节约水资源，冷却循环水可以采用一水多用的措施，如冷却循环水系统的余热利用，可经板式热交换器换热预热需要加热的冷水；冷却循环水系统的排水、空调系统的凝结水可以作为中水的水源。吉林省等省市的城市节约用水管理条例提出，用水单位的设备冷却水、空调冷却水、锅炉冷凝水必须循环使用。

"北京市节约用水办法"规定：间接冷却水应当循环使用，循环使用率不得低于95%。其他的很多省市也作出规定，用水户在用水过程中，应当采取循环用水、一水多用等节水措施，降低水的消耗量，鼓励单位之间串联使用回用水，提高水的重复利用率，不得直接排放间接冷却水。

《中国节水技术大纲》(2005-4-11发布) 中提出要大力发展循环用水系统、串联用水系统和回用水系统，鼓励发展高效环保节水型冷却塔和其他冷却构筑物。优化循环冷却水系统，加快淘汰冷却效率低、用水量大的冷却池、喷水池等冷却设备。推广新型旁滤器，淘汰低效反冲洗水量大的旁滤设施。发展高效循环冷却水技术。在敞开式循环间接冷却水系统，推广浓缩倍数大于4的水处理运行技术；逐步淘汰浓缩倍数小于3的水处理运行技术；限制使用高磷锌水处理技术；开发应用环保型水处理药剂和配方。

4.3.2 游泳池、水上娱乐设施等补水水源来自城市市政给水，在其循环处理过程中排出废水量大，而这些废水水质较好，所以应充分重复利用，也可以作为中水水源之一。游泳池、水上娱乐池等循环周期和循环方式必须符合《游泳池给水排水工程技术规程》CJJ 122 的有关规定。

4.3.3 《中国节水技术大纲》(2005-4-11) 提出要发展和推广蒸汽冷凝水回收再利用技术。优化企业蒸汽冷凝水回收网络，发展闭式回收系统。推广使用蒸汽冷凝水的回收设备和装置，推广漏汽率小、背压度大的节水型疏水器。优化蒸汽冷凝水除铁、除油技术。

4.3.4 无水洗车是节水的新方向，采用物理清洗和化学清洗相结合的方法，对车辆进行清洗的现代清洗工艺。其主要特点是不用清洗水，没有污水排放，操作简便，成本较低。无水洗车使用的清洗剂有：车身清洗上光剂、轮胎清洗增黑剂、玻璃清洗防雾剂、皮塑清洗光亮剂等。清洗剂不含溶剂，环保、安全可靠。据北京市节约用水管理中心介绍，按每人每月生活用水3.5吨的标准计算，北京市一年洗车用水足够18万人一年生活用水。上海正在兴起一种无水洗车技术，通过喷洒洗车液化解粘在车身上污染物的新型洗车方式，用水量仅相当于传统洗车方式的三十分之一，符合环保、节水等要求。

微水洗车可使气、水分离，泵压和水压的和谐匹配，可以使其在清洗污垢时达到较好效果。清洗车外污垢可单用水，清洗车内部分可单用气，采用这种方式洗车若在15min内连续使用，用水量小于1.5L。

天津市节约用水条例规定，用水冲洗车辆的营业性洗车场（点），必须建设循用水设施，经节水办公室验收合格后方可运行。

循环水洗车设备采用全自动控制系统洗车，循环水设备选用加药和膜分离技术等使水净化循环再用，可以节约用水90%，具有运行费用低、全部回用、操作简单、占地面积小等特点。上海市节约用水管理办法规定：拥有50辆以上机动车且集中停放的单位，应安装使用循环用水的节水洗车设备。上海市国家节水标志使用管理办法（试行）（沪水务[2002]568号）上海市节水型机动车清洗设备使用管理暂行办法规定：实行推广机动车清洗设备先进技术、采取循环用水等节水措施、提倡使用再生水资源，提高水的重复利用率。并规定了如下用水标准：

机动车清洗用水标准按照以下机动车类型规定：
1 客车
　1）小型客车（载重量1吨以下），每次30升；
　2）中型客车（载重量2吨以下），每次50升；
　3）大型客车（载重量4吨以下），每次100升。
2 货车
　1）小型货车（载重量1吨以下），每次45升；
　2）中型货车（载重量2吨以下），每次75升；
　3）大型货车（载重量4吨以下），每次120升；
　4）特大型货车（载重量4吨以上），每次150升。
3 特种车辆
　特种车辆清洗用水标准参照其相应载重量标准规定。

4.3.6 水源热泵技术成为建筑节能重要技术措施之一，由于对地下水回灌不重视，已经出现抽取的地下水不能等量地回灌到地下，造成严重的地下水资源的浪费，对北方地区造成的地下水下降等问题尤其严重。根据北京市《关于发展热泵系统指导意见的通知》、《建设项目水资源论证管理办法》（水利部、国家发改委第15号）的规定，特制定本条。水源热泵用水量较大，如果不能很好地等量回灌地下，将造成严重的水资源浪费，水源热泵节水是建筑节水的重要组成部分，应引起给水排水专业人士的高度重视。

4.4 浇洒系统

4.4.1 我国是一个水资源短缺的国家，人均水资源量约为世界平均水平的四分之一。据预测，到 2030 年全国城市绿地灌溉年需水量为 82.7 亿 m^3，约占城市总需水量的 6% 左右，因此，利用雨水、中水等非传统水源代替自来水等传统水源，已成为最重要的节水措施之一。

采用非传统水源作为浇洒系统水源时，其水质应达到相应的水质标准，且不应对公共卫生造成威胁。

4.4.2 传统的浇洒系统一般采用大水漫灌或人工洒水，不但造成水的浪费，而且会产生不能及时浇洒、过量浇洒或浇洒不足等一系列问题，而且对植物的正常生长也极为不利。随着水资源危机的日益严重，传统的地面大水漫灌已不能适应节水技术的要求，采用高效的节水灌溉方式势在必行。

有资料显示，喷灌比地面漫灌省水约 30%~50%，微灌（包括滴灌、微喷灌、涌流灌和地下渗灌）比地面漫灌省水约 50%~70%。

浇洒方式应根据水源、气候、地形、植物种类等各种因素综合确定，其中喷灌适用于植物集中连片场所，微灌系统适用于植物小块或零碎的场所。

采用中水浇洒时，因水中微生物在空气中易传播，故应避免喷灌方式，宜采用微灌方式。

采用滴灌系统时，由于滴灌管一般敷设于地面上，对人员的活动有一定影响。

4.4.3 鼓励采用湿度传感器或根据气候变化的调节控制器，根据土壤的湿度或气候的变化，自动控制浇洒系统的启停，从而提高浇洒效率，节约用水。

4.4.4 本条的目的是为确保浇洒系统配水的均匀性。

5 非传统水源利用

5.1 一般规定

5.1.1 本条规定了非传统水源的利用原则。

非传统水源的利用需要因地制宜。缺水城市需要积极开发利用非传统水源；雨洪控制迫切的城市需要积极回用雨水；建设人工景观水体需要优先利用非传统水源等等。

利用雨水、中水替代自来水供水时一般用于杂用水和景观环境用水等，目前尚没有同时对雨水和中水适用的水质标准，即使建筑中水有城市再生污水的水质标准可资借鉴，但中水进入建筑室内特别是居民家庭时，也需要对水质指标的安全风险予以充分的考虑，要留有余地。

5.1.2 民用建筑采用非传统水源时，处理出水的水质应按不同的用途，满足不同的国家现行水质标准。采用中水时，如用于冲厕、道路清扫、消防、城市绿化、车辆冲洗、建筑施工等杂用，其水质应符合国家标准《城市污水再生利用 城市杂用水水质标准》GB/T 18920 的规定；用于景观环境用水时，其水质应

符合国家标准《城市污水再生利用 景观环境用水水质标准》GB/T 18921 的规定。雨水回用于上述用途时，应符合国家标准《建筑与小区雨水利用工程技术规范》GB 50400 的相关要求。严禁中水、雨水进入生活饮用水给水系统。采用非传统水源中水、雨水时，应有严格的防止误饮、误用的措施。中水处理必须设有消毒设施。公共场所及绿化的中水取水口应设带锁装置等。

5.1.3 本条规定了非传统水源利用的基本水质要求。

非传统水源一般含有污染物，且污染物质因水源而异，比如中水水源的典型污染物有 BOD_5、SS 等，雨水径流的典型污染物有 COD、SS 等，苦咸水的典型污染物有无机盐等。利用这些非传统水源时，应采取相应的水质净化工艺去除这些典型污染物。

5.1.5 本条规定了非传统水源的用途。

本条规定的用途主要引自《建筑与小区雨水利用工程技术规范》GB 50400 和《建筑中水设计规范》GB 50336。建筑空调系统的循环冷却水是指用冷却塔降温的循环水，水流经冷却塔时会产生飘水，有可能经呼吸进入居民体内，故中水的用途中不包括用于冷却水补水。

5.1.6 条文中的再生水指非传统水源再生水。

5.1.7~5.1.12 条文规定了非传统水源日用量和年用量的计算方法。

水体的平静水面蒸发量各地互不相同，同一个地区每月的蒸发量也不相同，可查阅当地的水文气象资料获取；水体中有水面跌落时，还应计算跌落水面的风吹损失量。水面的风吹损失量和水体的渗透量可参考 5.1.7 条计算。处理站机房自用水量可按日处理量的 5% 计。

5.1.13 市政再生水管网的供水一般有政策优惠，价格比自建中水站制备中水便宜，且方便管理，故推荐优先采用。

5.1.14 观赏性景观环境用水的水质要求不太高，应优先采用雨水、中水、市政再生水等非传统水源。

5.1.15 雨水和中水原水分开处理不宜混合的主要原因如下：

第一，雨水的水量波动太大。降雨间隔的波动和降雨量的波动和中水原水的波动相比不是同一个数量级。中水原水几乎是每天都有的，围绕着年均日水量上下波动，高低峰水量的时间间隔为几小时。而雨水来水的时间间隔分布范围是几小时、几天、甚至几个月，雨量波动需要的调节容积比中水要大几倍甚至十多倍，且池内的雨水量时有时无。这对水处理设备的运行和水池的选址都带来了不可调和的矛盾。

第二，水质相差太大。中水原水的最重要污染指标是 BOD_5，而雨水污染物中 BOD_5 几乎可以忽略不计，因此处理工艺的选择大不相同。

5.1.16 雨水和中水合用的系统，在雨季，尤其刚降

雨后，雨水蓄水池和中水调节池中都有水源可用，这时应先利用雨水，把雨水蓄水池尽快空出容积，收集后续雨水或下一场降雨雨水，同时中水原水可能会无处储存，可进行排放，进入市政污水管网。

条文的指导思想是优先截留雨水回用，在利用雨水替代自来水的同时，还降低了外排雨水量和流量峰值，实现雨洪控制的目标。

5.1.17 本条规定了非传统水源利用率的计算方法。

非传统水源利用率是非传统水源年用量在年总用水量中所占比例。非传统水源年用量是雨水、中水等各项用水的年用量之和，年总用水量根据第 3 章规定的年用水定额计算，其中包括了传统水源水和非传统水源水。

5.2 雨 水 利 用

5.2.1 新建、改建和扩建的建筑与小区，都对原来的自然地面特性有了人为的改变，使硬化面积增加，外排雨水量或峰值加大，因此需要截流这些人为加大的外排雨水，进行入渗或收集回用。

5.2.2 年降雨量低于 400mm 的地区，雨水收集回用设施的利用效率太低，不予推荐。常年降雨量超过 800mm 的城市，雨水收集回用设施可以实现较高的利用效率，使回用雨水的经济成本降低。数据 800mm 的来源主要参考了国标《绿色建筑评价标准》GB/T 50378-2005。

5.2.4 本条公式是在国家标准《建筑与小区雨水利用工程技术规范》GB 50400-2006 中（4.2.1-1）式的基础上增加了系数 0.6～0.7，主要是扣除全年降雨中那些形不成径流的小雨和初期雨水径流弃流量。公式中的常年降雨厚度参见当地水温气象资料，雨量径流系数可参考《建筑与小区雨水利用工程技术规范》GB 50400。

5.2.5 本条规定了计算汇水面积的计算方法。

一个既定汇水面的全年雨水回用量受诸多工程设计参数的影响，比如实际的汇水面积、雨水蓄水池容积、回用管网的用水规模等。这些参数中，只要有一个匹配得不好，设计取值相对偏小，则全年雨水回用量就随其减少。比如一个项目的汇水面积和蓄水池都修建得很大，但雨水用户的用水量相对偏小，在雨季，收集的雨水不能及时耗用，蓄水池无法蓄集后续的降雨径流，则雨水回用量就会因雨水用户（管网）的规模偏小而减少。故全年雨水回用量计算中的计算面积应按这三个因素中的相对偏小者折算。

公式（5.2.5-1）式反映蓄水池容积因素，该公式参考《建筑与小区雨水利用工程技术规范》GB 50400-2006 中 7.1.3 条"雨水储存设施的有效储水容积不宜小于集水面重现期 1～2 年的日雨水设计径流总量扣除设计初期径流弃流量"整理而得。当有效容积 V 取值偏小，则计算面积 F 就会偏小，从而使年回用雨水量 W_{ya} 减少。当然，当仅有 V 取值偏大，也不会增加计算面积和雨水年回用量。

公式（5.2.5-2）式反应雨水管网用水规模因素，该公式参考《建筑与小区雨水利用工程技术规范》GB 50400-2006 中 7.1.2 条"回用系统的最高日设计用水量不宜小于集水面日雨水设计径流总量的 40%"整理而得。其中假设 2.5 倍的最高日用水量等于 3 倍的平均日用水量。

当然制约年回用量的因素还有雨水处理设施的处理能力，设计中应注意执行《建筑与小区雨水利用工程技术规范》GB 50400。

5.3 中 水 利 用

5.3.1 本条推荐中水设置的场所。

条文中的建筑面积参数是在北京市建筑中水设置规定的基础上修改的。其中宾馆饭店从 2 万 m^2 扩大到 3 万 m^2，办公等公共建筑从 3 万 m^2 扩大到 5 万 m^2。扩大的主要原因是一般水源型缺水城市的水源紧张程度不如北京那样紧张，同时自来水价也比北京低。

建筑中水的必要性一直存在争议。其实，建筑中水的存在，是有其客观需求的。需求如下：

1 不可替代的使用需求

在建筑区中营造景观水体，是房地产开发商越来越追逐的热点之一。2006 年实施的国家标准《住宅建筑规范》GB 50368 中，禁止在住宅区的水景中使用城市自来水。本标准也禁止在所有民用建筑小区中使用自来水营造水景。这样，建筑中水就成了景观水体的首要水源。雨水虽然更干净、卫生，但降雨季节性强，无法全年保障，仍需要中水做补水水源。

2 无市政排水出路时的需求

在城市的外围，建筑与小区的周边没有市政排水管道，建筑排水无法向市政管网排水，生活污水需要就地进行处理，达到向地面水体的排放标准后才能向建筑区外排放。然而对于这样的出水，再进行一下深度处理就可达到中水水质标准回用于建筑与小区杂用，并且增加的深度处理相对于上游的处理相对比较简单，经济上是划算的。目前有一大批未配套市政排水管网的建筑与小区，生活污水净化处理成中水回用，很受业主的欢迎。

3 特殊建筑需求

有些建筑，业主出于某些方面的考虑，提出一些特殊要求，这时必须采用中水技术才能满足业主需要。比如有些重要建筑和一些奥运会体育场馆工程，业主要求用水零排放，这时就必须采用建筑中水技术实现业主的要求。

4 经济利益吸引的需求

随着自来水价格的逐年走高，用建筑中水替代一部分自来水能减少水费，带来经济效益，吸引了一些用户自发地采用中水。比如中国建筑设计研究院的设计项目中，有的项目规模没有达到北京市政府要求上中水的标准，可以不建中水系统，但业主自己要求设置，因为业主从已运行的中水系统，获得了经济效益，尝到了甜头。

5.3.2 建筑排水中的优质杂排水和杂排水的处理工艺较简单，成本较低，是中水的首选水源。在非传统水源的利用中，应作为可利用水量计算。其余品质更低的排水比如污水等可视具体情况自行选择，故不计入可利用水量。

5.3.3 在城市外围新开发的建筑区，有时没有市政排水管网。建筑排水需要处理到地面水体排放标准后再行排放。这时，再增加一级深度处理，就可达到中水标准，实现中水利用。故推荐中水利用。

5.3.4 一个既定工程中制约中水年回用量的主要因素有：原水的年收集量、中水处理设施的年处理水量、中水管网的年需水量。这三个水量的最小者才是能够实现的年中水利用量。条文中的三个公式分别计算这三个水量。公式中的系数0.8主要折扣机房自用水和溢流水量，系数0.9主要折扣进入管网的补水量，因为中水供水管网的水池或水箱一般设有自来水补水或其他水源补水，管网的用水中或多或少会补充进这种补水。0.9的取值应该是偏大的，即折扣的补水量偏少，但目前缺少更精确的资料，有待积累更多的经验数据进行修正。

6 节水设备、计量仪表、器材及管材、管件

6.1 卫生器具、器材

6.1.1 本条规定选用卫生器具、水嘴、淋浴器等产品时不仅要根据使用对象、设置场所和建筑标准等因素确定，还应考虑节水的要求，即无论选用上述产品的档次多高、多低，均要满足城镇建设行业标准《节水型生活用水器具》CJ 164 的要求。

6.1.2、6.1.3 条文是根据城镇建设行业标准《节水型生活用水器具》CJ 164 及建设部 2007 年第 659 号公告《建设事业"十一五"推广应用和限制禁止使用技术（第一批）》第 79 项"在住宅建设中大力推广 6L 冲洗水量的坐便器"的要求编写的。住宅采用节水型卫生器具和配件是节水的重要措施。节水型便器系统包括：总冲洗用水量不大于 6L 的坐便器系统，两档式便器水箱及配件，小便器冲洗水量不大于 4.5L。

6.1.4 6.1.5 洗手盆感应式水嘴和小便器感应式冲洗阀在离开使用状态后，定时会自动断水，用于公共场所的卫生间时不仅节水，而且卫生。洗手盆自闭式水嘴和大、小便器延时自闭式冲洗阀具有限定每次给水量和给水时间的功能，具有较好的节水性能。

6.2 节水设备

6.2.1 选择生活给水系统的加压水泵时，必须对水泵的 Q-H 特性曲线进行分析，应选择特性曲线为随流量增大其扬程逐渐下降的水泵，这样的水泵工作稳定，并联使用时可靠。Q-H 特性曲线存在有上升段（即零流量时的扬程不是最高扬程，随流量的增大扬程也升高，扬程升至峰值后，流量再增大扬程又开始下降，Q-H 特性曲线的前段就出现一个向上拱起的弓形上升段的水泵）。这种水泵单泵工作，且工作点扬程低于零流量扬程时，水泵可稳定工作。若工作点在上升段范围内，水泵工作就不稳定。这种水泵并联时，先启动的水泵工作正常，后启动的水泵往往出现有压无流量的空转。水压的不稳定，用水终端的用水器具的用水量就会发生变化，不利于节水。

6.2.2 采用叠压、无负压供水设计设备，可以直接从市政管网吸水，不需要设置二次供水的低位水池（箱），减少清洗水池（箱）带来的水量的浪费，同时可以利用市政管网的水压，节能。

6.2.3 水加热设备主要有容积式、半容积式、半即热式或快速式水加热器，工程中宜采用换热效率高的导流型容积式水加热器，浮动盘管型、大波节管型半容积式水加热器等。导流型水加热器的容积利用率一般为 85%～90%，半容积水加热器的容积利用率可为 95% 以上，而普通容积式水加热器的容积利用率为 75%～80%，不能利用的冷水区大。水加热设备的被加热水侧阻力损失不宜大于 0.01MP 的目的是为了保证冷热水用水点处的压力易于平衡，不因用水点处冷热水压力的波动而浪费水。

6.2.5 雨水、游泳池、水景水池、给水深度处理的水处理过程中均需部分自用水量，如管道直饮水等的处理工艺运行一定时间后均需要反冲洗，反冲洗的水量一般较大；游泳池采用砂滤时，石英砂的反冲洗强度在 $12L/s·m^2$～$15L/s·m^2$，如将反冲洗的水排掉，浪费的水量是很大的。因此，设计中应采用反冲洗用水量较少的处理工艺，如气—水反冲洗工艺，冲洗强度可降低到 $8L/s·m^2$～$10L/s·m^2$，采用硅藻土过滤工艺，反冲洗的强度仅为 $0.83L/s·m^2$～$3L/s·m^2$，用水量可大幅度地减少。

6.2.6 民用建筑空调系统的冷却塔设计计算时所选用的空气干球温度和湿球温度，应与所服务的空调系统的设计空气干球温度和湿球温度相吻合。当选用的冷却塔产品热力性能参数采用的空气干球温度、湿球温度与空调系统的相应参数不符时，应由生产厂家进行热力性能校核。设计中，通常采用冷却塔、循环水泵的台数与冷冻机组数量相匹配。当采用多台塔双排布置时，不仅需要考虑湿热空气回流对冷效的影响，还应考虑多台塔及塔排之间的干扰影响。必须对选用的成品冷却塔的热力性能进行校核，并采取相应的技

术措施,如提高气水比等。

6.2.7 节水型洗衣机是指以水为介质,能根据衣物量、脏净程度自动或手动调整用水量,满足洗净功能且耗水量低的洗衣机产品。产品的额定洗涤水量与额定洗涤容量之比应符合《家用电动洗衣机》GB/T 4288-1992 中第 5.4 节的规定。洗衣机在最大负荷洗涤容量、高水位、一个标准洗涤过程,洗净比 0.8 以上,单位容量用水量不大于下列数值:

1 滚筒式洗衣机有加热装置 14L/kg,无加热装置 16L/kg;

2 波轮式洗衣机为 22L/kg。

6.3 管材、管件

6.3.1 工程建设中,不得使用假冒伪劣产品,给水系统中使用的管材、管件,必须符合国家现行产品标准的要求。管件的允许工作压力,除取决于管材、管件的承压能力外,还与管道接口能承受的拉力有关。这三个允许工作压力中的最低者,为管道系统的允许工作压力。管材与管件采用同一材质,以降低不同材质之间的腐蚀,减少连接处的漏水的几率。管材与管件连接采用同径的管件,以减少管道的局部水头损失。

6.3.2 直接敷设在楼板垫层、墙体管槽内的给水管材,除管内壁要求具有优良的防腐性能外,其外壁应具有抗水泥腐蚀的能力,以确保管道使用的耐久性。为避免直埋管因接口渗漏而维修困难,故要求直埋管段不应中途接驳或用三通分水配水。室外埋地的给水管道,既要承受管内的水压力,又要承受地面荷载的压力。管内壁要耐水的腐蚀,管外壁要耐地下水及土壤的腐蚀。目前使用较多的管材有塑料给水管、球墨铸铁给水管、内外衬塑的钢管等,应引起注意的是,镀锌层不是防腐层,而是防锈层,所以内衬塑的钢管外壁亦必须做防腐处理。管内壁的衬、涂防腐材料,必须符合现行的国家有关卫生标准的要求。

室外热水管道采用直埋敷设是近年来发展应用的新技术。与采用管沟敷设相比,具有省地、省材、经济等优点。但热水管道直埋敷设要比冷水管埋设复杂得多,必须解决好保温、防水、防潮、伸缩和使用寿命等直埋冷水管所没有的问题,因此,热水管道直埋敷设须由具有热力管道(压力管道)安装资质的单位承担施工安装,并符合国家现行标准《建筑给水排水及采暖工程验收规范》GB 50242 及《城镇直埋供热管道工程技术规程》CJJ/T 81 的相关规定。

中华人民共和国国家标准

城市园林绿化评价标准

Evaluation standard for urban
landscaping and greening

GB/T 50563—2010

主编部门：中华人民共和国住房和城乡建设部
批准部门：中华人民共和国住房和城乡建设部
施行日期：２０１０年１２月１日

中华人民共和国住房和城乡建设部
公 告

第 619 号

关于发布国家标准
《城市园林绿化评价标准》的公告

现批准《城市园林绿化评价标准》为国家标准，编号为GB/T 50563-2010，自2010年12月1日起实施。

本标准由我部标准定额研究所组织中国建筑工业出版社出版发行。

中华人民共和国住房和城乡建设部
2010年5月31日

前 言

本标准是根据住房和城乡建设部《关于印发〈2008年工程建设标准规范制订、修订计划（第一批）〉的通知》（建标[2008]102号）的要求，由城市建设研究院会同有关单位编制完成的。

在编制过程中，编制组开展了专题研究并选择代表性城市进行实地调研，调查总结了我国城市园林绿化多年来的研究成果和实践经验，参考了相关的国际标准，采纳成熟的科研成果，并在全国范围内广泛征求了有关规划、设计、科研、教学单位及园林管理部门的意见，经反复讨论、修改、充实，最后经审查定稿。

本标准共分五章，主要内容包括：总则、术语、基本规定、评价内容与计算方法、等级评价。

本标准由住房和城乡建设部负责管理，城市建设研究院负责具体技术内容的解释。在执行过程中，如发现需要修改和补充之处，请将意见或建议寄往城市建设研究院（地址：北京市西城区德胜门外大街36号楼，邮政编码：100120）以供今后修订时参考。

本 标 准 主 编 单 位：城市建设研究院
本 标 准 参 编 单 位：中国城市规划设计研究院
北京林业大学
苏州市园林和绿化管理局
青岛市城市园林局
北京市园林绿化局
上海市绿化管理局
深圳市城市管理局

本标准主要起草人员：王磐岩　林　鹰　徐海云
贾建中　程小文　雷　芸
姜　娜　魏　民　衣学领
王丽君　吴　勇　朱世伟
周庆生　张　浪　崔心红
朱伟华　唐跃琳　孔彦鸿
韩炳越　张晓佳　朱建宁
李　雄　刘庆华　陈晓青
陈　萍　茅晓伟　张永清
白伟岚　王继旭　周　波
王铁飞　傅徽南

本标准主要审查人员：张树林　徐　波　李炜民
饶　戎　包满珠　李峰明
邓　敏　何　灿　黄　哲

目　次

1　总则 …………………………………… 32—5
2　术语 …………………………………… 32—5
3　基本规定 ……………………………… 32—5
4　评价内容与计算方法 ………………… 32—5
　4.1　评价内容 ………………………… 32—5
　4.2　计算方法 ………………………… 32—6
5　等级评价 ……………………………… 32—8
　5.1　城市园林绿化Ⅰ级评价 ………… 32—8
　5.2　城市园林绿化Ⅱ级评价 ………… 32—10
　5.3　城市园林绿化Ⅲ级评价 ………… 32—11
　5.4　城市园林绿化Ⅳ级评价 ………… 32—12
附录A　评价内容的评价要求、
　　　　范围、程序和时效 …………… 32—14
附录B　城市园林绿化满意度调查、
　　　　城市园林绿化评价值 ………… 32—20
本标准用词说明 ………………………… 32—23
引用标准目录 …………………………… 32—24
附：条文说明 …………………………… 32—25

Contents

1 General Provisions ………………… 32—5
2 Terms ……………………………… 32—5
3 Basic Requirement ………………… 32—5
4 Evaluation of Content and
   Computational Method …………… 32—5
   4.1 Evaluation of Content ………… 32—5
   4.2 Computational Method ……… 32—6
5 Grades Evaluation ………………… 32—8
   5.1 Urban Landscaping and Greening
       Evaluation Grade I …………… 32—8
   5.2 Urban Landscaping and Greening
       Evaluation Grade II ………… 32—10
   5.3 Urban Landscaping and Greening
       Evaluation Grade III ………… 32—11
   5.4 Urban Landscaping and Greening
       Evaluation Grade IV ………… 32—12

Appendix A The Requirement, Range,
            Procedures and Time
            Limit for the Evaluation
            of Content …………… 32—14
Appendix B Questionnaire for Satisfaction
            of Urban Landscaping
            and Greening, Evaluation
            Index of Urban Landscaping
            and Greening ………… 32—20
Explanation of Wording in This
   Standard ………………………… 32—23
The List of Quoted Standards ………… 32—24
Addition: Explanation of
          Provisions ……………… 32—25

1 总 则

1.0.1 为规范城市园林绿化评价，全面提升我国城市园林绿化建设水平，构建和谐、安全、健康、舒适的城市人居环境和生态环境，促进城市环境可持续协调发展，制定本标准。

1.0.2 本标准适用于设市城市的城市园林绿化综合管理评价、城市园林绿地建设评价、各类城市园林绿地建设管控评价、与城市园林绿化相关的生态环境和市政设施建设评价。

1.0.3 城市园林绿化评价除执行本标准外，尚应符合国家相关法律、法规和现行有关标准的规定。

2 术 语

2.0.1 林荫停车场 shaded parking lot
停车位间种植有乔木或通过其他永久式绿化方式进行遮荫，满足绿化遮荫面积大于等于停车场面积30%的停车场。

2.0.2 受损弃置地 damaged and abandoned land
因生产活动或自然灾害等原因造成自然地形和植被受到破坏，并且废弃或不能使用的宕口、露天开采地、窑坑、塌陷地等。

2.0.3 节约型绿地 resource-saving green land
依据自然和社会资源循环与合理利用的原则进行规划设计和建设管理，具有较高的资源使用效率和较少的资源消耗的绿地。

2.0.4 生物防治 biotic-control
利用有益生物或其他生物，以及其他生物的分泌物和提取物来抑制或消灭有害生物的一种防治方法。

2.0.5 城市热岛效应 urban heat island effect
因城市环境造成城市市区中的气温明显高于外围郊区的现象。

2.0.6 本地木本植物 local woody plants
原有天然分布或长期生长于本地，适应本地自然条件并融入本地自然生态系统，对本地区原生生物物种和生物环境不产生威胁的木本植物。

2.0.7 生物多样性保护 biodiversity conservation
对生态系统、生物物种和遗传的多样性的保护。

2.0.8 城市湿地资源 urban wetland resources
纳入城市蓝线范围内，具有生态功能的天然或人工、长久或暂时性的沼泽地、泥炭地或水域地带，以及低潮时水深不超过6m的水域。

3 基本规定

3.0.1 城市园林绿化评价类型应包括综合管理、绿地建设、建设管控、生态环境和市政设施等五种，各评价类型的评价内容应符合本标准第4章的规定。

3.0.2 城市园林绿化评价应由高到低分成四个标准等级，分别为城市园林绿化Ⅰ级、城市园林绿化Ⅱ级、城市园林绿化Ⅲ级和城市园林绿化Ⅳ级。

3.0.3 各标准等级的评价项目应包括基本项、一般项和附加项，并应符合下列规定：

　　1 各标准等级的基本项应为本标准等级中应纳入评价的内容；

　　2 各标准等级的一般项应为本标准等级中宜纳入评价的内容；

　　3 各标准等级的附加项应为本标准等级中可纳入评价的内容。

3.0.4 各标准等级评价项目的选项内容、标准应符合本标准第5章的规定。

3.0.5 各标准等级的绿化建设评价中，在满足一般项的数量无法达到对于一般项的数量要求时，可选附加项进行评价。满足任意两项附加项的评价标准要求可视为满足一项一般项，不得重复选择。

3.0.6 各标准等级的建设管控评价中，在满足一般项的数量无法达到对于一般项的数量要求时，可选附加项进行评价。满足任意两项附加项的评价标准要求可视为满足一项一般项，不得重复选择。

4 评价内容与计算方法

4.1 评价内容

4.1.1 综合管理评价应包括以下内容：

　　1 城市园林绿化管理机构；
　　2 城市园林绿化科研能力；
　　3 城市园林绿化维护专项资金；
　　4 《城市绿地系统规划》编制；
　　5 城市绿线管理；
　　6 城市蓝线管理；
　　7 城市园林绿化制度建设；
　　8 城市园林绿化管理信息技术应用；
　　9 公众对城市园林绿化的满意率。

4.1.2 绿地建设评价应包括以下内容：

　　1 建成区绿化覆盖率；
　　2 建成区绿地率；
　　3 城市人均公园绿地面积；
　　4 建成区绿化覆盖面积中乔、灌木所占比率；
　　5 城市各城区绿地率最低值；
　　6 城市各城区人均公园绿地面积最低值；
　　7 公园绿地服务半径覆盖率；
　　8 万人拥有综合公园指数；
　　9 城市道路绿化普及率；
　　10 城市新建、改建居住区绿地达标率；
　　11 城市公共设施绿地达标率；

  12 城市防护绿地实施率；
  13 生产绿地占建成区面积比率；
  14 城市道路绿地达标率；
  15 大于40hm²的植物园数量；
  16 林荫停车场推广率；
  17 河道绿化普及率；
  18 受损弃置地生态与景观恢复率。
4.1.3 建设管控评价应包括以下内容：
  1 城市园林绿化综合评价值；
  2 城市公园绿地功能性评价值；
  3 城市公园绿地景观性评价值；
  4 城市公园绿地文化性评价值；
  5 城市道路绿化评价值；
  6 公园管理规范化率；
  7 古树名木保护率；
  8 节约型绿地建设率；
  9 立体绿化推广；
  10 城市"其他绿地"控制；
  11 生物防治推广率；
  12 公园绿地应急避险场所实施率；
  13 水体岸线自然化率；
  14 城市历史风貌保护；
  15 风景名胜区、文化与自然遗产保护与管理。
4.1.4 生态环境评价应包括以下内容：
  1 年空气污染指数小于或等于100的天数；
  2 地表水Ⅳ类及以上水体比率；
  3 区域环境噪声平均值；
  4 城市热岛效应强度；
  5 本地木本植物指数；
  6 生物多样性保护；
  7 城市湿地资源保护。
4.1.5 市政设施评价应包括以下内容：
  1 城市容貌评价值；
  2 城市管网水检验项目合格率；
  3 城市污水处理率；
  4 城市生活垃圾无害化处理率；
  5 城市道路完好率；
  6 城市主干道平峰期平均车速。
4.1.6 评价内容的计算方法应符合本标准第4.2节的规定。
4.1.7 评价内容的评价要求、范围、程序和时效应符合本标准附录A的规定。

4.2 计 算 方 法

4.2.1 公众对城市园林绿化的满意率应按下式计算：

$$\text{公众对城市园林绿化的满意率}(\%) = \frac{\text{城市园林绿化满意度调查满意度总分}(M)\text{大于或等于8的公众人数}(人)}{\text{城市园林绿化满意度调查被抽查公众的总人数}(人)}$$

$$\times 100\% \quad (4.2.1)$$

4.2.2 建成区绿化覆盖率应按下式计算：

$$\text{建成区绿化覆盖率}(\%) = \frac{\text{建成区所有植被的垂直投影面积}(km^2)}{\text{建成区面积}(km^2)}$$

$$\times 100\% \quad (4.2.2)$$

4.2.3 建成区绿地率应按下式计算：

$$\text{建成区绿地率}(\%) = \frac{\text{建成区各类城市绿地面积}(km^2)}{\text{建成区面积}(km^2)}$$

$$\times 100\% \quad (4.2.3)$$

4.2.4 城市人均公园绿地面积应按下式计算：

$$\text{城市人均公园绿地面积}(m^2/人) = \frac{\text{公园绿地面积}(m^2)}{\text{建成区内的城区人口数量}(人)} \quad (4.2.4)$$

4.2.5 建成区绿化覆盖面积中乔、灌木所占比率应按下式计算：

$$\text{建成区绿化覆盖面积中乔、灌木所占比率}(\%) = \frac{\text{建成区乔、灌木的垂直投影面积}(hm^2)}{\text{建成区所有植被的垂直投影面积}(hm^2)}$$

$$\times 100\% \quad (4.2.5)$$

4.2.6 城市各城区绿地率最低值中城市各城区绿地率应按下式计算：

$$\text{城市各城区绿地率}(\%) = \frac{\text{城市各城区的建成区各类城市绿地面积}(km^2)}{\text{城市各城区的建成区面积}(km^2)}$$

$$\times 100\% \quad (4.2.6)$$

4.2.7 城市各城区人均公园绿地面积最低值中城市各城区人均公园绿地面积应按下式计算：

$$\text{城市各城区人均公园绿地面积}(m^2/人) = \frac{\text{城市各城区公园绿地面积}(m^2)}{\text{城市各城区建成区内的城区人口数量}(人)}$$

$$(4.2.7)$$

4.2.8 公园绿地服务半径覆盖率应按下式计算：

$$\text{公园绿地服务半径覆盖率}(\%) = \frac{\text{公园绿地服务半径覆盖的居住用地面积}(hm^2)}{\text{居住用地总面积}(hm^2)}$$

$$\times 100\% \quad (4.2.8)$$

4.2.9 万人拥有综合公园指数应按下式计算：

$$\text{万人拥有综合公园指数} = \frac{\text{综合公园总数}(个)}{\text{建成区内的城区人口数量}(万人)} \quad (4.2.9)$$

4.2.10 城市道路绿化普及率应按下式计算：

$$\text{城市道路绿化普及率}(\%) = \frac{\text{道路两旁种植有行道树的城市道路长度}(km)}{\text{城市道路总长度}(km)}$$

$$\times 100\% \quad (4.2.10)$$

4.2.11 城市新建、改建居住区绿地达标率应按下式计算：
城市新建、改建居住区绿地达标率(%)

$$= \frac{\text{绿地达标的城市新建、改建居住区面积}(hm^2)}{\text{城市新建、改建居住区总面积}(hm^2)}$$
$$\times 100\% \quad (4.2.11)$$

4.2.12 城市公共设施绿地达标率应按下式计算：
城市公共设施绿地达标率(%)
$$= \frac{\text{绿地达标的城市公共设施用地面积}(hm^2)}{\text{城市公共设施用地总面积}(hm^2)}$$
$$\times 100\% \quad (4.2.12)$$

4.2.13 城市防护绿地实施率应按下式计算：
城市防护绿地实施率(%)
$$= \frac{\text{已建成的城市防护绿地面积}(hm^2)}{\text{城市防护绿地规划总面积}(hm^2)}$$
$$\times 100\% \quad (4.2.13)$$

4.2.14 生产绿地占建成区面积比率应按下式计算：
生产绿地占建成区面积比率（%）
$$= \frac{\text{生产绿地面积}(hm^2)}{\text{建成区面积}(hm^2)} \times 100\% \quad (4.2.14)$$

4.2.15 城市道路绿地达标率应按下式计算：
城市道路绿地达标率(%)
$$= \frac{\text{绿地达标的城市道路长度}(km)}{\text{城市道路总长度}(km)}$$
$$\times 100\% \quad (4.2.15)$$

4.2.16 林荫停车场推广率应按下式计算：
林荫停车场推广率(%)
$$= \frac{\text{林荫停车场面积}(m^2)}{\text{停车场总面积}(m^2)} \times 100\% \quad (4.2.16)$$

4.2.17 河道绿化普及率应按下式计算：
河道绿化普及率(%)
$$= \frac{\text{单侧绿宽度大于或等于12m的河道滨河绿带长度}(km)}{\text{河道岸线总长度}(km)}$$
$$\times 100\% \quad (4.2.17)$$

4.2.18 受损弃置地生态与景观恢复率应按下式计算：
受损弃置地生态与景观恢复率(%)
$$= \frac{\text{经过生态与景观恢复的受损弃置地面积}(hm^2)}{\text{受损弃置地总面积}(hm^2)}$$
$$\times 100\% \quad (4.2.18)$$

4.2.19 城市园林绿化综合评价值应按下式计算：
$$E_{综} = E_{综1} \times 0.3 + E_{综2} \times 0.3 + E_{综3}$$
$$\times 0.2 + E_{综4} \times 0.2 \quad (4.2.19)$$

式中：$E_{综}$——城市园林绿化综合评价值；
$E_{综1}$——城市绿地格局的环境价值评价分值；
$E_{综2}$——对城市自然资源的保护和合理利用程度评价分值；
$E_{综3}$——对于城市风貌形成的作用评价分值；
$E_{综4}$——在城市功能定位中的地位和作用评价分值。

4.2.20 城市公园绿地功能性评价值应按下式计算：
$$E_{功} = E_{功1} \times 0.20 + E_{功2} \times 0.20 + E_{功3}$$
$$\times 0.15 + E_{功4} \times 0.15 + E_{功5} \times 0.15$$
$$+ E_{功6} \times 0.15 \quad (4.2.20)$$

式中：$E_{功}$——城市公园绿地功能性评价值；
$E_{功1}$——使用性评价分值；
$E_{功2}$——服务性评价分值；
$E_{功3}$——适用性评价分值；
$E_{功4}$——可达性评价分值；
$E_{功5}$——开放性评价分值；
$E_{功6}$——安全性评价分值。

4.2.21 城市公园绿地景观性评价值应按下式计算：
$$E_{景} = E_{景1} \times 0.25 + E_{景2} \times 0.25 + E_{景3}$$
$$\times 0.25 + E_{景4} \times 0.25 \quad (4.2.21)$$

式中：$E_{景}$——城市公园绿地景观性评价值；
$E_{景1}$——景观特色评价分值；
$E_{景2}$——施工工艺评价分值；
$E_{景3}$——养护管理评价分值；
$E_{景4}$——植物材料应用评价分值。

4.2.22 城市公园绿地文化性评价值应按下式计算：
$$E_{文} = E_{文1} \times 0.50 + E_{文2} \times 0.50 \quad (4.2.22)$$

式中：$E_{文}$——城市公园绿地文化性评价值；
$E_{文1}$——文化的保护评价分值；
$E_{文2}$——文化的继承评价分值。

4.2.23 城市道路绿化评价值应按下式计算：
$$E_{道} = E_{道1} \times 0.40 + E_{道2} \times 0.40 + E_{道3} \times 0.20$$
$$(4.2.23)$$

式中：$E_{道}$——城市道路绿化评价值；
$E_{道1}$——植物材料应用评价分值；
$E_{道2}$——养护管理评价分值；
$E_{道3}$——景观特色评价分值。

4.2.24 公园管理规范化率应按下式计算：
公园管理规范化率（%）
$$= \frac{\text{规范管理的公园数量（个）}}{\text{公园总数量（个）}} \times 100\%$$
$$(4.2.24)$$

4.2.25 古树名木保护率应按下式计算：
古树名木保护率（%）
$$= \frac{\text{建档并存活的古树名木数量（株）}}{\text{古树名木总数量（株）}} \times 100\%$$
$$(4.2.25)$$

4.2.26 节约型绿地建设率应按下式计算：
节约型绿地建设率（%）
$$= \frac{\text{应用节约型园林技术的公园绿地和道路绿地面积之和}(hm^2)}{\text{公园绿地和道路绿地总面积}(hm^2)}$$
$$\times 100\% \quad (4.2.26)$$

4.2.27 生物防治推广率应按下式计算：
生物防治推广率（%）
$$= \frac{\text{采用了生物防治技术的公园绿地和道路绿地面积之和}(hm^2)}{\text{公园绿地和道路绿地总面积}(hm^2)}$$
$$\times 100\% \quad (4.2.27)$$

4.2.28 公园绿地应急避险场所实施率应按下式计算：
公园绿地应急避险场所实施率（%）

$$= \frac{\text{已建成应急避险场所的公园绿地数量(个)}}{\text{规划要求设置应急避险场所的公园绿地数量(个)}}$$
$$\times 100\% \qquad (4.2.28)$$

4.2.29 水体岸线自然化率应按下式计算：
水体岸线自然化率（%）
$$= \frac{\text{符合自然岸线要求的水体岸线长度(km)}}{\text{水体岸线总长度(km)}}$$
$$\times 100\% \qquad (4.2.29)$$

4.2.30 地表水Ⅳ类及以上水体比率应按下式计算：
地表水Ⅳ类及以上水体比率（%）
$$= \frac{\text{地表水体中达到和优于Ⅳ类标准的监测断面数量}}{\text{地表水体监测断面总数}}$$
$$\times 100\% \qquad (4.2.30)$$

4.2.31 区域环境噪声平均值应按下式计算：
$$\overline{L}_{Aeq} = \frac{\sum_{i=1}^{n} L_{Aeqi}}{n} \qquad (4.2.31)$$

式中：$\overline{L}_{Aeq}$——区域环境噪声平均值[dB(A)]；
L_{Aeqi}——第 i 网格监测点测得的等效声级[dB(A)]；
n——网格监测点总数。

4.2.32 城市热岛效应强度应按下式计算：
城市热岛效应强度（℃）
= 建成区气温的平均值（℃）
  — 建成区周边区域气温的平均值（℃）
$$\qquad (4.2.32)$$

4.2.33 本地木本植物指数应按下式计算：
$$\text{本地木本植物指数} = \frac{\text{本地木本植物物种数(种)}}{\text{木本植物物种总数(种)}}$$
$$\qquad (4.2.33)$$

4.2.34 城市容貌评价值应按下式计算：
$$E_{容} = E_{容1} \times 0.3 + E_{容2} \times 0.3 + E_{容3} \times 0.2 + E_{容4} \times 0.2$$
$$\qquad (4.2.34)$$

式中：$E_{容}$——城市容貌评价值；
$E_{容1}$——公共场所评价分值；
$E_{容2}$——广告设施与标识评价分值；
$E_{容3}$——公共设施评价分值；
$E_{容4}$——城市照明评价分值。

4.2.35 城市管网水检验项目合格率应按下式计算：
城市管网水检验项目合格率（%）
$$= \frac{\text{城市管网水检验合格的项目数量(项)}}{\text{城市管网水检验的项目数量(项)}} \times 100\%$$
$$\qquad (4.2.35)$$

4.2.36 城市污水处理率应按下式计算：
城市污水处理率（%）
$$= \frac{\text{经过城市污水处理设施处理且达到排放标准的污水量(万吨)}}{\text{城市污水排放总量(万吨)}}$$
$$\times 100\% \qquad (4.2.36)$$

4.2.37 城市生活垃圾无害化处理率应按下式计算：
城市生活垃圾无害化处理率（%）
$$= \frac{\text{采用无害化处理的城市生活垃圾数量(万吨)}}{\text{城市生活垃圾产生总量(万吨)}}$$
$$\times 100\% \qquad (4.2.37)$$

4.2.38 城市道路完好率应按下式计算：
$$\text{城市道路完好率(\%)} = \frac{\text{城市道路完好面积}(m^2)}{\text{城市道路总面积}(m^2)}$$
$$\times 100\% \qquad (4.2.38)$$

5 等级评价

5.1 城市园林绿化Ⅰ级评价

5.1.1 城市园林绿化Ⅰ级评价的内容、项目和评价标准应符合表 5.1.1 的规定。

表 5.1.1 城市园林绿化Ⅰ级评价内容、项目和评价标准

评价类型	序号	评价内容	评价项目	评价标准
综合管理	1	城市园林绿化管理机构	基本项	符合附录A中表A.0.1评价要求
	2	城市园林绿化科研能力	基本项	
	3	城市园林绿化维护专项资金	基本项	
	4	《城市绿地系统规划》编制	基本项	
	5	城市绿线管理	基本项	
	6	城市蓝线管理	基本项	
	7	城市园林绿化制度建设	基本项	
	8	城市园林绿化管理信息技术应用	基本项	
	9	公众对城市园林绿化的满意率	基本项	≥85%
绿地建设	1	建成区绿化覆盖率	基本项	≥40%
	2	建成区绿地率	基本项	≥35%
	3	城市人均公园绿地面积	1）人均建设用地小于80m²的城市 基本项	≥9.50m²/人
			2）人均建设用地80m²～100m²的城市 基本项	≥10.00m²/人
			3）人均建设用地大于100m²的城市 基本项	≥11.00m²/人
	4	建成区绿化覆盖面积中乔、灌木所占比率	基本项	≥70%

续表 5.1.1

评价类型	序号	评价内容	评价项目	评价标准
绿地建设	5	城市各城区绿地率最低值	基本项	≥25%
	6	城市各城区人均公园绿地面积最低值	基本项	≥5.00m²/人
	7	公园绿地服务半径覆盖率	基本项	≥80%
	8	万人拥有综合公园指数	基本项	≥0.07
	9	城市道路绿化普及率	基本项	≥95%
	10	城市新建、改建居住区绿地达标率	一般项	≥95%
	11	城市公共设施绿地达标率	一般项	≥95%
	12	城市防护绿地实施率	一般项	≥90%
	13	生产绿地占建成区面积比率	一般项	≥2%
	14	城市道路绿地达标率	附加项	≥80%
	15	大于40hm²的植物园数量	附加项	≥1.00
	16	林荫停车场推广率	附加项	≥60%
	17	河道绿化普及率	附加项	≥80%
	18	受损弃置地生态与景观恢复率	附加项	≥80%
建设管控	1	城市园林绿化综合评价值	基本项	≥9.00
	2	城市公园绿地功能性评价值	基本项	≥9.00
	3	城市公园绿地景观性评价值	基本项	≥9.00
	4	城市公园绿地文化性评价值	基本项	≥9.00
	5	城市道路绿化评价值	基本项	≥9.00
	6	公园管理规范化率	基本项	≥95%
	7	古树名木保护率	基本项	≥98%
	8	节约型绿地建设率	一般项	≥80%
	9	立体绿化推广	一般项	符合附录A中表A.0.3评价要求
	10	城市"其他绿地"控制	一般项	符合附录A中表A.0.3评价要求

续表 5.1.1

评价类型	序号	评价内容	评价项目	评价标准
建设管控	11	生物防治推广率	附加项	≥50%
	12	公园绿地应急避险场所实施率	附加项	≥70%
	13	水体岸线自然化率	附加项	≥80%
	14	城市历史风貌保护	附加项	符合附录A表A.0.3评价要求
	15	风景名胜区、文化与自然遗产保护与管理	附加项	符合附录A表A.0.3评价要求
生态环境	1	年空气污染指数小于或等于100的天数	基本项	≥300d
	2	地表水Ⅳ类及以上水体比率	基本项	≥60%
	3	区域环境噪声平均值	一般项	≤54.00dB(A)
	4	城市热岛效应强度	一般项	≤2.5℃
	5	本地木本植物指数	基本项	≥0.90
	6	生物多样性保护	基本项	符合附录A中表A.0.4评价要求
	7	城市湿地资源保护	基本项	符合附录A中表A.0.4评价要求
市政设施	1	城市容貌评价值	基本项	≥9.00
	2	城市管网水检验项目合格率	基本项	100%
	3	城市污水处理率	基本项	≥85%
	4	城市生活垃圾无害化处理率	基本项	≥90%
	5	城市道路完好率	一般项	≥98%
	6	城市主干道平峰期平均车速	一般项	≥40.00km/h

5.1.2 城市园林绿化Ⅰ级评价需满足的基本项和一般项数量应符合表5.1.2的规定。

表5.1.2 城市园林绿化Ⅰ级需满足的基本项和一般项数量

评价类型	基本项数量（项）	一般项数量（项）
综合管理	9	0
绿地建设	9	4
建设管控	7	3
生态环境	5	1
市政设施	4	1

5.2 城市园林绿化Ⅱ级评价

5.2.1 城市园林绿化Ⅱ级评价的内容、项目和评价标准应符合表5.2.1的规定。

表5.2.1 城市园林绿化Ⅱ级评价内容、项目和评价标准

评价类型	序号	评价内容	评价项目	评价标准
综合管理	1	城市园林绿化管理机构	基本项	符合附录A中表A.0.1评价要求
	2	城市园林绿化科研能力	基本项	
	3	城市园林绿化维护专项资金	基本项	
	4	《城市绿地系统规划》编制	基本项	
	5	城市绿线管理	基本项	
	6	城市蓝线管理	一般项	
	7	城市园林绿化制度建设	基本项	
	8	城市园林绿化管理信息技术应用	基本项	
	9	公众对城市园林绿化的满意率	一般项	≥80%
绿地建设	1	建成区绿化覆盖率	基本项	≥36%
	2	建成区绿地率	基本项	≥31%
	3	城市人均公园绿地面积 1）人均建设用地小于80m²的城市	基本项	≥7.50m²/人
		2）人均建设用地80m²～100m²的城市	基本项	≥8.00m²/人
		3）人均建设用地大于100m²的城市	基本项	≥9.00m²/人
	4	建成区绿化覆盖面积中乔、灌木所占比率	基本项	≥60%
	5	城市各城区绿地率最低值	基本项	≥22%
	6	城市各城区人均公园绿地面积最低值	基本项	≥4.50m²/人
	7	公园绿地服务半径覆盖率	一般项	≥70%
	8	万人拥有综合公园指数	基本项	≥0.06
	9	城市道路绿化普及率	一般项	≥95%
	10	城市新建、改建居住区绿地达标率	一般项	≥95%
	11	城市公共设施绿地达标率	一般项	≥95%
	12	城市防护绿地实施率	一般项	≥80%
	13	生产绿地占建成区面积比率	一般项	≥2%
	14	城市道路绿地达标率	附加项	≥80%
	15	大于40hm²的植物园数量	附加项	≥1.00
	16	林荫停车场推广率	附加项	≥60%
	17	河道绿化普及率	附加项	≥80%
	18	受损弃置地生态与景观恢复率	附加项	≥80%
建设管控	1	城市园林绿化综合评价值	基本项	≥8.00
	2	城市公园绿地功能性评价值	基本项	≥8.00
	3	城市公园绿地景观性评价值	基本项	≥8.00
	4	城市公园绿地文化性评价值	基本项	≥8.00
	5	城市道路绿化评价值	基本项	≥8.00
	6	公园管理规范化率	基本项	≥90%
	7	古树名木保护率	基本项	≥95%
	8	节约型绿地建设率	一般项	≥60%
	9	立体绿化推广	一般项	符合附录A中表A.0.3评价要求
	10	城市"其他绿地"控制	一般项	

续表5.2.1

评价类型	序号	评价内容	评价项目	评价标准
建设管控	11	生物防治推广率	附加项	≥50%
	12	公园绿地应急避险场所实施率	附加项	≥70%
	13	水体岸线自然化率	附加项	≥80%
	14	城市历史风貌保护	附加项	符合附录A表A.0.3评价要求
	15	风景名胜区、文化与自然遗产保护与管理	附加项	
生态环境	1	年空气污染指数小于或等于100的天数	基本项	≥240d
	2	地表水Ⅳ类及以上水体比率	基本项	≥50%
	3	区域环境噪声平均值	一般项	≤56dB(A)
	4	城市热岛效应强度	一般项	≤3.0℃
	5	本地木本植物指数	一般项	≥0.80
	6	生物多样性保护	一般项	符合附录A中表A.0.4评价要求
	7	城市湿地资源保护	一般项	
市政设施	1	城市容貌评价值	基本项	≥8.00
	2	城市管网水检验项目合格率	基本项	≥99%
	3	城市污水处理率	基本项	≥80%
	4	城市生活垃圾无害化处理率	基本项	≥80%
	5	城市道路完好率	一般项	≥95%
	6	城市主干道平峰期平均车速	一般项	≥35.00 km/h

5.2.2 城市园林绿化Ⅱ级评价需满足的基本项和一般项数量应符合表5.2.2的规定。

表5.2.2 城市园林绿化Ⅱ级评价需满足的基本项和一般项数量

评价类型	基本项数量（项）	一般项数量（项）
综合管理	7	1
绿地建设	7	5
建设管控	7	2
生态环境	2	2
市政设施	4	1

5.3 城市园林绿化Ⅲ级评价

5.3.1 城市园林绿化Ⅲ级评价的内容、项目和评价标准应符合表5.3.1的规定。

表5.3.1 城市园林绿化Ⅲ级评价内容、项目和评价标准

评价类型	序号	评价内容	评价项目	评价标准
综合管理	1	城市园林绿化管理机构	基本项	符合附录A中表A.0.1评价要求
	2	城市园林绿化科研能力	一般项	
	3	城市园林绿化维护专项资金	基本项	
	4	《城市绿地系统规划》编制	基本项	
	5	城市绿线管理	基本项	
	6	城市蓝线管理	一般项	
	7	城市园林绿化制度建设	基本项	
	8	城市园林绿化管理信息技术应用	一般项	
	9	公众对城市园林绿化的满意率	一般项	≥70%
绿地建设	1	建成区绿化覆盖率	基本项	≥34%
	2	建成区绿地率	基本项	≥29%
	3	城市人均公园绿地面积 1)人均建设用地小于80m²的城市	基本项	≥6.50 m²/人
		2)人均建设用地80m²～100m²的城市	基本项	≥7.00 m²/人
		3)人均建设用地大于100m²的城市	基本项	≥7.50 m²/人
	4	建成区绿化覆盖面积中乔、灌木所占比率	基本项	≥60%
	5	城市各城区绿地率最低值	基本项	≥20%
	6	城市各城区人均公园绿地面积最低值	基本项	≥4.00 m²/人
	7	公园绿地服务半径覆盖率	一般项	≥60%
	8	万人拥有综合公园指数	一般项	≥0.05

续表 5.3.1

评价类型	序号	评价内容	评价项目	评价标准
绿地建设	9	城市道路绿化普及率	一般项	≥85%
	10	城市新建、改建居住区绿地达标率	一般项	≥80%
	11	城市公共设施绿地达标率	一般项	≥85%
	12	城市防护绿地实施率	一般项	≥70%
	13	生产绿地占建成区面积比率	一般项	≥2%
	14	城市道路绿地达标率	附加项	≥80%
	15	大于40hm²的植物园数量	附加项	≥1.00
	16	林荫停车场推广率	附加项	≥60%
	17	河道绿化普及率	附加项	≥80%
	18	受损弃置地生态与景观恢复率	附加项	≥80%
建设管控	1	城市园林绿化综合评价值	基本项	≥7.00
	2	城市公园绿地功能性评价值	基本项	≥7.00
	3	城市公园绿地景观性评价值	基本项	≥7.00
	4	城市公园绿地文化性评价值	基本项	≥7.00
	5	城市道路绿化评价值	基本项	≥7.00
	6	公园管理规范化率	基本项	≥85%
	7	古树名木保护率	基本项	≥95%
	8	节约型绿地建设率	一般项	≥60%
	9	立体绿化推广	一般项	符合附录A中表A.0.3评价要求
	10	城市"其他绿地"控制	一般项	符合附录A中表A.0.3评价要求
	11	生物防治推广率	附加项	≥50%
	12	公园绿地应急避险场所实施率	附加项	≥70%
	13	水体岸线自然化率	附加项	≥80%
	14	城市历史风貌保护	附加项	符合附录A表A.0.3评价要求
	15	风景名胜区、文化与自然遗产保护与管理	附加项	

续表 5.3.1

评价类型	序号	评价内容	评价项目	评价标准
生态环境	1	年空气污染指数小于或等于100的天数	一般项	≥240d
	2	地表水Ⅳ类及以上水体比率	一般项	≥40%
	3	区域环境噪声平均值	一般项	≤60dB(A)
	4	城市热岛效应强度	一般项	≤4.00℃
	5	本地木本植物指数	一般项	≥0.70
	6	生物多样性保护	一般项	符合附录A中表A.0.4评价要求
	7	城市湿地资源保护	一般项	
市政设施	1	城市容貌评价值	一般项	≥7.00
	2	城市管网水检验项目合格率	一般项	≥99%
	3	城市污水处理率	一般项	≥80%
	4	城市生活垃圾无害化处理率	一般项	≥80%
	5	城市道路完好率	一般项	≥95%
	6	城市主干道平峰期平均车速	一般项	≥35.00km/h

5.3.2 城市园林绿化Ⅲ级评价需满足的基本项和一般项数量应符合表5.3.2的规定。

表 5.3.2 城市园林绿化Ⅲ级评价需满足的基本项和一般项数量

评价类型	基本项数量（项）	一般项数量（项）
综合管理	5	2
绿地建设	6	5
建设管控	7	2
生态环境	0	2
市政设施	0	3

5.4 城市园林绿化Ⅳ级评价

5.4.1 城市园林绿化Ⅳ级评价的内容、项目和评价标准应符合表5.4.1的规定。

表 5.4.1 城市园林绿化Ⅳ级评价内容、项目和评价标准

评价类型	序号	评价内容	评价项目	评价标准
综合管理	1	城市园林绿化管理机构	基本项	符合附录A中表A.0.1评价要求
	2	城市园林绿化科研能力	一般项	
	3	城市园林绿化维护专项资金	基本项	
	4	《城市绿地系统规划》编制	基本项	
	5	城市绿线管理	基本项	
	6	城市蓝线管理	一般项	
	7	城市园林绿化制度建设	基本项	
	8	城市园林绿化管理信息技术应用	一般项	
	9	公众对城市园林绿化的满意率	一般项	≥60%
绿地建设	1	建成区绿化覆盖率	基本项	≥34%
	2	建成区绿地率	基本项	≥29%
	3	城市人均公园绿地面积 1)人均建设用地小于80m²的城市	基本项	≥6.50 m²/人
		2)人均建设用地80m²~100m²的城市	基本项	≥7.00 m²/人
		3)人均建设用地大于100m²的城市	基本项	≥7.50 m²/人
	4	建成区绿化覆盖面积中乔、灌木所占比率	一般项	≥60%
	5	城市各城区绿地率最低值	一般项	≥20%
	6	城市各城区人均公园绿地面积最低值	基本项	≥4.00 m²/人
	7	公园绿地服务半径覆盖率	一般项	≥60%
	8	万人拥有综合公园指数	一般项	≥0.05
	9	城市道路绿化普及率	一般项	≥85%
	10	城市新建、改建居住区绿地达标率	一般项	≥80%
	11	城市公共设施绿地达标率	一般项	≥85%
	12	城市防护绿地实施率	一般项	≥70%
	13	生产绿地占建成区面积比率	一般项	≥2%
	14	城市道路绿地达标率	附加项	≥80%
	15	大于40hm²的植物园数量	附加项	≥1.00
	16	林荫停车场推广率	附加项	≥60%
	17	河道绿化普及率	附加项	≥80%
	18	受损弃置地生态与景观恢复率	附加项	≥80%
建设管控	1	城市园林绿化综合评价值	基本项	≥6.00
	2	城市公园绿地功能性评价值	基本项	≥6.00
	3	城市公园绿地景观性评价值	基本项	≥6.00
	4	城市公园绿地文化性评价值	基本项	≥6.00
	5	城市道路绿化评价值	基本项	≥6.00
	6	公园管理规范化率	一般项	≥85%
	7	古树名木保护率	基本项	≥95%
	8	节约型绿地建设率	一般项	≥60%
	9	立体绿化推广	一般项	符合附录A中表A.0.3评价要求
	10	城市"其他绿地"控制	一般项	

续表 5.4.1

评价类型	序号	评价内容	评价项目	评价标准
建设管控	11	生物防治推广率	附加项	≥50%
	12	公园绿地应急避险场所实施率	附加项	≥70%
	13	水体岸线自然化率	附加项	≥80%
	14	城市历史风貌保护	附加项	符合附录A表A.0.3评价要求
	15	风景名胜区、文化与自然遗产保护与管理	附加项	
生态环境	1	年空气污染指数小于或等于100的天数	一般项	≥240d
	2	地表水Ⅳ类及以上水体比率	一般项	≥40%
	3	区域环境噪声平均值	一般项	≤60dB(A)
	4	城市热岛效应强度	一般项	≤4.00℃
	5	本地木本植物指数	一般项	≥0.70
	6	生物多样性保护	一般项	符合附录A中表A.0.4评价要求
	7	城市湿地资源保护	一般项	
市政设施	1	城市容貌评价值	一般项	≥6.00
	2	城市管网水检验项目合格率	一般项	≥99%
	3	城市污水处理率	一般项	≥80%
	4	城市生活垃圾无害化处理率	一般项	≥80%
	5	城市道路完好率	一般项	≥95%
	6	城市主干道平峰期平均车速	一般项	≥35.00km/h

5.4.2 城市园林绿化Ⅳ级评价需满足的基本项和一般项数量应符合表5.4.2的规定。

表 5.4.2 城市园林绿化Ⅳ级评价需满足的基本项和一般项数量

评价类型	基本项数量（项）	一般项数量（项）
综合管理	5	2
绿地建设	4	4
建设管控	6	3
生态环境	0	2
市政设施	0	2

附录 A 评价内容的评价要求、范围、程序和时效

A.0.1 综合管理评价的评价要求、范围、程序和时效应符合表A.0.1的规定。

表 A.0.1 综合管理评价的评价要求、范围、程序和时效

序号	评价内容	评价要求	评价范围	评价程序	评价时效
1	城市园林绿化管理机构	1）应按照各级政府职能分工的要求，设立相应的机构；2）应依照法律法规授权有效行使行政管理职能	城市管理机构	核查上报资料	评价期适时评价
2	城市园林绿化科研能力	应满足以下任意一项要求：①具有以城市园林绿化的研究、成果推广和科普宣传为主要工作内容的研究机构；②近三年（含评价期当年度）具有在实际应用中得到推广的园林科研项目	城市科研机构或科研项目		以评价期上一年度末的统计数据为准
3	城市园林绿化维护专项资金	城市园林绿化维护专项资金投入应能满足城市各类绿地的正常维护	城市维护资金		
4	《城市绿地系统规划》编制	1）《城市绿地系统规划》应由具有相关规划资质的单位编制，经政府批准实施；2）《城市绿地系统规划》应纳入《城市总体规划》并与之相协调；3）当《城市绿地系统规划》的规划期限低于评价期，应视为没有满足本项评价	城市规划		评价期适时评价

32—14

续表 A.0.1

序号	评价内容	评价要求	评价范围	评价程序	评价时效
5	城市绿线管理	应按要求划定绿线，绿线的管理和实施应符合《城市绿线管理办法》（建设部令第112号）和其他相关标准的规定	城市规划区	查阅相关文件	评价期适时评价
6	城市蓝线管理	应按要求划定蓝线，蓝线的管理和实施应符合《城市蓝线管理办法》（建设部令第145号）的规定			
7	城市园林绿化制度建设	1）应制定城市园林绿化各项制度；2）城市园林绿化制度应包括绿线管理、园林绿化工程管理、园林绿化养护管理、园林绿化公示制度以及控制大树移栽、防止外来物种入侵、义务植树等工程和技术管理制度	城市管理制度		
8	城市园林绿化管理信息技术应用	应满足以下任意两项要求：①应建立城市园林绿化数字化信息库；②应建立城市园林绿化信息发布与社会服务信息共享平台；③应建立城市园林绿化信息化监管体系	城市管理信息技术	核查上报资料并实地调研	
9	公众对城市园林绿化的满意率	1）应按照表B.0.1进行满意度调查和满意度总分（M）计算；2）被抽查的公众不应少于建成区城区人口的千分之一	城市公众满意度调查	核查上报统计资料	以不早于评价期一年之内的满意度调查结果为准

A.0.2 绿地建设评价的评价要求、范围、程序和时效应符合表 A.0.2 的规定。

表 A.0.2 绿地建设评价的评价要求、范围、程序和时效

序号	评价内容	评价要求	评价范围	评价程序	评价时效
1	建成区绿化覆盖率	1）所有植被的垂直投影面积应包括乔木、灌木、草坪等所有植被的垂直投影面积，还应包括屋顶绿化植物的垂直投影面积以及零星树木的垂直投影面积；2）乔木树冠下的灌木和草本植物不能重复计算	城市建成区	核查上报统计资料及卫星或航空遥感影像数据	以评价期上一年度末统计数据和以不早于评价期一年内的卫星或航空遥感影像数据
2	建成区绿地率	1）历史文化街区面积超过建成区面积50%以上的城市，评价时绿地率评价标准可下调2个百分点；2）纳入绿地率统计的"其他绿地"应在城市建成区内并且与城市建设用地毗邻；3）纳入绿地率统计的"其他绿地"的面积不应超过建设用地内各类城市绿地总面积的20%；4）建设用地外的河流、湖泊等水体面积不应计入绿地面积			
3	城市人均公园绿地面积	1）建成区内历史文化街区面积占建成区面积50%以上的城市，评价时人均公园绿地面积标准可下调0.5m²/人；2）公园绿地中被纳入建设用地的水面面积应计入公园绿地面积统计；3）建设用地外的河流、湖泊不应计入公园绿地面积			

续表 A.0.2

序号	评价内容	评价要求	评价范围	评价程序	评价时效
4	建成区绿化覆盖面积中乔、灌木所占比率	1）所有植被的垂直投影面积应包括乔木、灌木、草坪等所有植被的垂直投影面积，还应包括屋顶绿化植物的垂直投影面积以及零星树木的垂直投影面积； 2）乔木树冠下的灌木和草本植物不能重复计算； 3）对于处于高原高寒植被区域的城市，本项评价无论数值多少均可视为满足评价要求	城市建成区	核查上报统计资料及卫星或航空遥感影像数据	以评价期上一年度末统计数据和以不早于评价期一年内的卫星或航空遥感影像数据
5	城市各城区绿地率最低值	1）未设区城市应按建成区绿地率进行评价； 2）历史文化街区可不计入各城区面积和各城区绿地面积统计范围； 3）历史文化街区面积超过所在城区面积50%以上的城区可不纳入城市各城区绿地率最低值评价			
6	城市各城区人均公园绿地面积最低值	1）未设区城市应按城市人均公园绿地面积评价； 2）历史文化街区面积超过所在城区面积50%以上的城区可不纳入城市各城区人均公园绿地面积最低值评价			
7	公园绿地服务半径覆盖率	1）公园绿地服务半径应以公园各边界起算； 2）建成区内的非历史文化街区范围应采用大于或等于 5000m² 的城市公园绿地按照 500m 的服务半径覆盖居住用地面积的百分比进行评价； 3）建成区内的历史文化街区范围应采用大于或等于 1000m² 的城市公园绿地按照 300m 的服务半径覆盖居住用地面积的百分比进行评价			

续表 A.0.2

序号	评价内容	评价要求	评价范围	评价程序	评价时效
8	万人拥有综合公园指数	1）纳入统计的综合公园应符合现行行业标准《城市绿地分类标准》CJJ/T 85－2002 中 2.0.4 的规定； 2）人口数量统计应与城市人均公园绿地面积的人口数量统计一致		核查上报统计资料	以评价期上一年度末统计数据为准
9	城市道路绿化普及率	1）道路红线外的行道树不应计入统计； 2）历史文化街区内的道路可不计入统计			
10	城市新建、改建居住区绿地达标率	纳入绿地达标统计的新建、改建居住区应符合现行国家标准《城市居住区规划设计规范》（GB 50180－93）中 7.0.2.3 绿地率的规定	城市建成区	核查上报统计资料及卫星或航空遥感影像数据	以评价期上一年度末统计数据和以不早于评价期一年内的卫星或航空遥感影像数据
11	城市公共设施绿地达标率	纳入绿地达标统计的公共设施用地应符合本市《城市绿地系统规划》中关于公共设施用地绿地率的规定			
12	城市防护绿地实施率	1）防护绿地规划总面积应包括《城市绿地系统规划》规划的现状建成区内的防护绿地面积； 2）已建成防护绿地面积应以现状建成区内的防护绿地面积为准			
13	生产绿地占建成区面积比率	在建成区之外但在城市规划区之内的生产绿地可纳入生产绿地的面积统计	城市规划区		

续表 A.0.2

序号	评价内容	评价要求	评价范围	评价程序	评价时效
14	城市道路绿地达标率	1) 纳入绿地达标统计的城市道路应符合现行行业标准《城市道路绿化规划与设计规范》CJJ 75-97 中 3.1.2 道路绿地率的规定； 2) 道路红线宽度小于 12m 的城市道路（支路）和历史文化街区的道路可不计入评价统计	城市建成区	核查上报统计资料	以评价期上一年度末统计数据为准
15	大于 40hm² 的植物园数量	纳入统计的植物园应符合现行行业标准《城市绿地分类标准》CJJ/T 85-2002 中 2.0.4 的规定			
16	林荫停车场推广率	1) 纳入统计的停车场应包括社会停车场库用地内的机动车公共停车场； 2) 室内停车场、地下停车场、机械式停车场不应计入统计			
17	河道绿化普及率	1) 纳入统计的河道应包括城市建成区范围内或与之毗邻、在《城市总体规划》中被列入 E 水域的河道； 2) 滨河绿带长度应为河道堤岸两侧绿带的总长度，河道岸线长度应为河道两侧岸线的总长度； 3) 宽度小于 12m 的河道和具有地方传统特色的水巷可不计入评价； 4) 因自然因素造成河道两侧地形坡度大于 33%的河道可不计入评价	城市规划区	核查上报统计资料及卫星或航空遥感影像数据	以评价期上一年度末统计数据和以不早于评价期一年内的卫星或航空遥感影像数据
18	受损弃置地生态与景观恢复率	纳入统计的受损弃置地范围应符合现行国家标准《城市用地分类与规划建设用地标准》GBJ 137 中 E 类的范围规定			

注：新建、改建居住区应为 2002 年（含 2002 年）以后建成或改造的居住区或小区。

A.0.3 建设管控评价的评价要求、范围、程序和时效应符合表 A.0.3 的规定。

表 A.0.3　建设管控评价的评价要求、范围、程序和时效

序号	评价内容	评价要求	评价范围	评价程序	评价时效
1	城市园林绿化综合评价值	应依据本标准中表 B.0.2 进行评价	城市规划区	由第三方机构或专家组评价	评价期适时评价
2	城市公园绿地功能性评价值	应依据本标准中表 B.0.3 进行评价			
3	城市公园绿地景观性评价值	应依据本标准中表 B.0.4 进行评价			
4	城市公园绿地文化性评价值	1) 本评价应用于历史文化名城的评价，非历史文化名城无论评价值多少均可视为满足要求； 2) 应依据本标准中表 B.0.5 进行评价	城市建成区		
5	城市道路绿化评价值	应依据本标准中表 B.0.6 进行评价			
6	公园管理规范化率	纳入管理规范化统计的公园应符合相关公园管理条例和办法的规定		查阅相关资料并实地调研	以评价期上一年度末数据为准
7	古树名木保护率	纳入建档并存活统计的古树名木应符合《城市古树名木保护管理办法》[建城（2000）192 号] 的规定	城市规划区		

续表 A.0.3

序号	评价内容	评价要求	评价范围	评价程序	评价时效
8	节约型绿地建设率	公园绿地、道路绿地中采用以下技术之一，并达到相关标准的均可称为应用节约型园林技术： ①采用微喷、滴灌、渗灌和其他节水技术的灌溉面积大于等于总灌溉面积的80%； ②采用透水材料和透水结构铺装面积超过铺装总面积的50%； ③设置有雨洪利用措施； ④采用再生水或自然水等非传统水源进行灌溉和造景，其年用水量大于等于总灌溉和造景年用水量的80%； ⑤对植物因自然生长或养护要求而产生的枝、叶等废弃物单独或区域性集中处理，生产肥料或作为生物质进行材料利用或能源利用； ⑥利用风能、太阳能、水能、浅层地热能、生物质能等非化石能源，其能源消耗量大于或等于能源消耗总量的25%； ⑦保护并合理利用了被相关专业部门认定为具有较高景观、生态、历史、文化价值的建构筑物、地形、水体、植被以及其他自然、历史文化遗址等基址资源	城市建成区	查阅相关资料并实地调研	以评价期上一年度年末数据为准
9	立体绿化推广	1) 应制定立体绿化推广的鼓励政策和技术措施； 2) 应制定立体绿化推广的实施方案； 3) 应已执行立体绿化实施方案，效果明显			
10	城市"其他绿地"控制	1) 应依据《城市绿地系统规划》要求，建立城乡一体的绿地系统； 2) 城市"其他绿地"应得到有效保护和合理利用； 3) 纳入评价的"其他绿地"应符合现行行业标准《城市绿地分类标准》（CJJ/T 85—2002）中2.0.4的规定	城市规划区		评价期适时评价
11	生物防治推广率	生物防治技术应符合国家相关标准和技术规范的要求		查阅相关资料并实地调研	以评价期上一年度年末数据为准
12	公园绿地应急避险场所实施率	应急避难场所应符合现行国家标准《地震应急避难场所场址及配套设施》GB 21734的有关规定	城市建成区		
13	水体岸线自然化率	1) 纳入统计的水体，应包括在《城市总体规划》中被列入E水域的水体； 2) 纳入自然岸线统计的水体应同时满足以下两个条件： ①应在满足防洪、排涝等水工（水利）功能要求的基础上，岸体构筑形式和材料符合生态学和景观美学要求，岸线模拟自然形态； ②滨水绿地的构建应充分保护和利用了滨水区域野生和半野生的生境； 3) 岸线长度应为河道两侧岸线的总长度； 4) 具有地方传统特色的水巷、码头和历史名胜公园的岸线可不计入统计评价	城市规划区		

续表 A.0.3

序号	评价内容	评价要求	评价范围	评价程序	评价时效
14	城市历史风貌保护	1) 应划定城市紫线,并制定了《历史文化名城保护规划》或城市历史风貌保护规划; 2) 城市历史风貌保护应符合《历史文化名城保护规划》或城市历史风貌保护规划的要求	城市规划区	查阅相关资料并实地调研	评价期适时评价
15	风景名胜区、文化与自然遗产保护与管理	应具有国家级风景名胜区或被列为世界遗产名录的文化或自然遗产,且严格依据《风景名胜区条例》或自然与文化遗产保护相关法律法规进行保护管理	城市规划区	查阅相关资料并实地调研	评价期适时评价

A.0.4 生态环境评价的评价要求、范围、程序和时效应符合表 A.0.4 的规定。

表 A.0.4 生态环境评价的评价要求、范围、程序和时效

序号	评价内容	评价要求	评价范围	评价程序	评价时效
1	年空气污染指数小于或等于100的天数	空气污染指数(API)计算方法应按照《城市空气质量日报技术规定》执行,每日API指数应按认证点位的均值计算	城市建成区	查阅环境质量公报或监测点数据	以评价期上一年度统计数据为准
2	地表水Ⅳ类及以上水体比率	水质评价应符合现行国家标准《地表水环境质量标准》GB 3838 的有关规定	城市规划区		
3	区域环境噪声平均值	区域环境噪声评价应符合现行国家标准《声环境质量标准》GB 3096 的有关规定	城市建成区		

续表 A.0.4

序号	评价内容	评价要求	评价范围	评价程序	评价时效
4	城市热岛效应强度	城市建成区与建成区周边区域(郊区、农村)气温的平均值应采用在6月~8月间的气温平均值	城市规划区	审核上报统计资料及核查卫星或航空遥感影像数据	以不早于评价期五年内的卫星或航空遥感影像数据为准
5	本地木本植物指数	1) 本地木本植物应包括: ①在本地自然生长的野生木本植物种及其衍生品种; ②归化种(非本地原生,但已易生)及其衍生品种; ③驯化种(非本地原生,但在本地正常生长,并且完成其生活史的植物种类)及其衍生品种,不包括标本园、种质资源圃、科研引种试验的木本植物种类。 2) 纳入本地木本植物种类统计的每种本地植物应符合在建成区每种种植数量不应小于50株的群体要求; 3) 没有进行物种统计的应视为不满足本项评价要求	城市建成区	查阅相关资料	以评价期上一年度末统计数据为准
6	生物多样性保护	1) 应完成不小于城市市域范围的生物物种资源普查,并以完成当年为基准年; 2) 应制定《城市生物多样性保护规划》和实施措施; 3) 评价期当年超过基准年五年的,应调查统计当年城市市域内代表性鸟类、鱼类和植物物种数量,该数量不应低于基准年相应的物种数量;评价当年未超过基准年五年的仅评价以上1)、2) 两条	城市市域		评价期适时评价

续表 A.0.4

序号	评价内容	评价要求	评价范围	评价程序	评价时效
7	城市湿地资源保护	1）应完成城市规划区内的湿地资源普查，并以完成当年为基准年； 2）应制定城市湿地资源保护规划和实施措施； 3）评价期当年的湿地资源面积不应低于基准年统计的湿地资源面积	城市规划区	核查上报统计资料及卫星遥感图片数据	以评价期上一年度末统计数据和以不早于评价期一年内的卫星遥感图片数据为准

A.0.5 市政设施评价的评价要求、范围、程序和时效应符合表 A.0.5 的规定。

表 A.0.5 市政设施评价的评价要求、范围、程序和时效

序号	评价内容	评价要求	评价范围	评价程序	评价时效
1	城市容貌评价值	应依据本标准中表 B.0.7 进行评价	城市建成区	由第三方机构或专家组评价	评价期适时评价
2	城市管网水检验项目合格率	城市管网水检验项目应符合现行行业标准《城市供水水质标准》CJ/T 206-2005 中第 6.8 节水质检验项目合格率的规定	城市建成区	审核上报统计资料并实地调研	以评价期上一年度末统计数据为准
3	城市污水处理率	排放标准应符合现行国家标准《城镇污水处理厂污染物排放标准》GB 18918、《污水综合排放标准》GB 8978 的有关规定			

续表 A.0.5

序号	评价内容	评价要求	评价范围	评价程序	评价时效
4	城市生活垃圾无害化处理率	1）生活垃圾无害化处理应包括卫生填埋、焚烧、堆肥等三种处理方法； 2）卫生填埋、焚烧、堆肥以及回收利用都应达到国家有关标准的要求； 3）生活垃圾填埋场应达到现行行业标准《生活垃圾填埋场无害化评价标准》CJJ/T 107 的有关要求	城市建成区	审核上报统计资料并实地调研	以评价期上一年度末统计数据为准
5	城市道路完好率	纳入道路完好统计的道路应满足以下要求： ①路面应没有破损； ②路面应具有较好的稳定性和足够的强度； ③路面应满足平整、抗滑和排水的要求			
6	城市主干道平峰期平均车速	主干道平峰期平均车速应采用在非节假日中任一日10：00～11：30对主干道所测得车速的平均值			

附录 B 城市园林绿化满意度调查、城市园林绿化评价值

B.0.1 城市园林绿化满意度的调查应符合表 B.0.1

的规定。

表 B.0.1 城市园林绿化满意度调查表

	调查内容		评价取分标准					评价分值	权重
			9.0分~10.0分	8.0分~8.9分	7.0分~7.9分	6.0分~6.9分	小于6.0分		
1	绿地数量	您对本市绿地的面积和数量是否满意	满意	比较满意	一般	较不满意	不满意	M_1	0.25
2	绿地质量	您对本市绿地的景观效果是否满意	满意	比较满意	一般	较不满意	不满意	M_2	0.20
3	绿地使用	您对本市公园的服务设施是否满意	满意	比较满意	一般	较不满意	不满意	M_3	0.15
		您对本市公园到达的方便性是否满意	满意	比较满意	一般	较不满意	不满意	M_4	0.15
		您对本市公园的管理是否满意	满意	比较满意	一般	较不满意	不满意	M_5	0.15
4	环境质量	您对本市的空气质量是否满意	满意	比较满意	一般	较不满意	不满意	M_6	0.05
		您对本市的水体质量是否满意	满意	比较满意	一般	较不满意	不满意	M_7	0.05
5	满意度总分							M	1.00

注：$M=M_1\times0.25+M_2\times0.20+M_3\times0.15+M_4\times0.15+M_5\times0.15+M_6\times0.05+M_7\times0.05$

B.0.2 城市园林绿化综合评价值应符合表 B.0.2 的规定。

表 B.0.2 城市园林绿化综合评价值评价表

	评价内容		评价取分标准					评价分值	权重
			9.0分~10.0分	8.0分~8.9分	7.0分~7.9分	6.0分~6.9分	小于6.0分		
1	城市绿地格局的环境价值	主要评价城市园林绿地系统对城市综合环境的改善作用	高	较高	一般	较低	低	$E_{综1}$	0.30
2	对城市自然资源的保护和合理利用程度	主要评价城市园林绿地建设对于城市河流、湖泊、沼泽、林地、山地等自然资源的保护和合理利用	好	较好	一般	较差	差	$E_{综2}$	0.30
3	对于城市风貌形成的作用	主要评价城市园林绿地在城市风貌特色组成中的作用	高	较高	一般	较低	低	$E_{综3}$	0.20
4	在城市功能定位中的地位和作用	主要评价城市园林绿地对城市性质与产业功能所产生影响	高	较高	一般	较低	低	$E_{综4}$	0.20

B.0.3 城市公园绿地功能性评价值应符合表 B.0.3 的规定。

表 B.0.3 城市公园绿地功能性评价值评价表

	评价内容		评价取分标准					评价分值	权重
			9.0分~10.0分	8.0分~8.9分	7.0分~7.9分	6.0分~6.9分	小于6.0分		
1	使用性	主要评价城市居民对公园绿地、城市广场的使用程度	好	较好	一般	较差	差	$E_{功1}$	0.20
2	服务性	主要评价城市公园绿地内各项服务设施的完备,游览道路组织的合理性和实施无障碍设计等	好	较好	一般	较差	差	$E_{功2}$	0.20
3	适用性	主要评价城市公园绿地的营造是否考虑了城市气候、地形、地貌、土壤等自然特点	好	较好	一般	较差	差	$E_{功3}$	0.15
4	可达性	主要评价城市公园绿地是否方便城市居民到达和进出	好	较好	一般	较差	差	$E_{功4}$	0.15
5	开放性	主要评价城市公园绿地对于城市居民的开放程度	好	较好	一般	较差	差	$E_{功5}$	0.15
6	安全性	主要评价公园绿地在管理、监控和大型活动组织等方面对于可能产生的安全问题的防范能力	好	较好	一般	较差	差	$E_{功6}$	0.15

B.0.4 城市公园绿地景观性评价值应符合表 B.0.4 的规定。

表 B.0.4 城市公园绿地景观性评价值评价表

	评价内容		评价取分标准					评价分值	权重
			9.0分~10.0分	8.0分~8.9分	7.0分~7.9分	6.0分~6.9分	小于6.0分		
1	景观特色	主要评价城市公园绿地设计理念、表现形式、艺术价值、材料和技术应用水平,以及城市公园绿地营造对于地方风貌特色的反映	好	较好	一般	较差	差	$E_{景1}$	0.25
2	施工工艺	主要评价城市公园绿地施工质量和工艺水平	好	较好	一般	较差	差	$E_{景2}$	0.25
3	养护管理	主要评价城市公园绿地的养护标准和养护水平	好	较好	一般	较差	差	$E_{景3}$	0.25
4	植物材料应用	主要评价城市公园绿地植物配置层次、植物材料的多样性和适用性	好	较好	一般	较差	差	$E_{景4}$	0.25

B.0.5 城市公园绿地文化性评价值应符合表 B.0.5 的规定。

表 B.0.5 城市公园绿地文化性评价值评价表

	评价内容		评价取分标准					评价分值	权重
			9.0分~10.0分	8.0分~8.9分	7.0分~7.9分	6.0分~6.9分	小于6.0分		
1	文化的保护	主要评价城市公园绿地营造对于地方历史文化遗产、遗存遗迹的保护与展示的水平	好	较好	一般	较差	差	$E_{文1}$	0.50
2	文化的继承	主要评价城市公园绿地营造对于地方文化的宣传与展示的水平	好	较好	一般	较差	差	$E_{文2}$	0.50

B.0.6 城市道路绿化评价值应符合表 B.0.6 的规定。

表 B.0.6 城市道路绿化评价值评价表

	评价内容		评价取分标准					评价分值	权重
			9.0分~10.0分	8.0分~8.9分	7.0分~7.9分	6.0分~6.9分	小于6.0分		
1	植物材料应用	主要评价城市道路绿化植物的适用性、丰富性和配置的合理性	好	较好	一般	较差	差	$E_{道1}$	0.40
2	养护管理	主要评价道路绿地植物养护标准和养护水平	好	较好	一般	较差	差	$E_{道2}$	0.40
3	景观特色	主要评价城市道路绿地营造对于城市街区的识别,城市出入市口和道路的绿化景观要素是否清晰可辨,给人印象是否深刻	好	较好	一般	较差	差	$E_{道3}$	0.20

B.0.7 城市容貌评价值应符合表 B.0.7 的规定。

表 B.0.7 城市容貌评价值评价表

	评价内容		评价取分标准					评价分值	权重
			9.0分~10.0分	8.0分~8.9分	7.0分~7.9分	6.0分~6.9分	小于6.0分		
1	公共场所	依据现行国家标准《城市容貌标准》GB 50449 的有关规定	好	较好	一般	较差	差	$E_{容1}$	0.30
2	广告设施与标识		好	较好	一般	较差	差	$E_{容2}$	0.30
3	公共设施		好	较好	一般	较差	差	$E_{容3}$	0.20
4	城市照明		好	较好	一般	较差	差	$E_{容4}$	0.20

本标准用词说明

1 为便于在执行本标准条文时区别对待,对要求严格程度不同的用词说明如下:

　　1)表示很严格,非这样做不可的:
　　　正面词采用"必须";反面词采用"严禁";

2) 表示严格，在正常情况下均应这样做的：
正面词采用"应"；反面词采用"不应"或"不得"；
3) 表示允许稍有选择，在条件许可时首先应这样做的：
正面词采用"宜"；反面词采用"不宜"；
4) 表示有选择，在一定条件下可以这样做的，采用"可"。
2 条文中指明应按其他有关标准执行的写法为："应按……执行"或"应符合……规定"。

引用标准目录

1 《城市用地分类与规划建设用地标准》GBJ 137
2 《声环境质量标准》GB 3096
3 《地表水环境质量标准》GB 3838
4 《污水综合排放标准》GB 8978
5 《生活垃圾填埋场无害化评价标准》CJJ/T 107
6 《城镇污水处理厂污染物排放标准》GB 18918
7 《地震应急避难场所场址及配套设施》GB 21734
8 《城市居住区规划设计规范》GB 50180—93
9 《城市容貌标准》GB 50449
10 《城市道路绿化规划与设计规范》CJJ 75—97
11 《城市绿地分类标准》CJJ/T 85—2002
12 《城市供水水质标准》CJ/T 206—2005

中华人民共和国国家标准

城市园林绿化评价标准

GB/T 50563—2010

条 文 说 明

制 订 说 明

《城市园林绿化评价标准》GB/T 50563-2010 经住房和城乡建设部于 2010 年 5 月 31 日以第 619 号公告批准、发布。

为便于城市园林绿地规划、设计、建设、管理，以及科研、学校等单位的有关人员在使用本标准时能正确理解和执行条文规定，《城市园林绿化评价标准》编制组按章、节、条顺序编制了本标准的条文说明，供使用者参考。

目 次

1 总则 ………………………………… 32—28
2 术语 ………………………………… 32—28
3 基本规定 …………………………… 32—28
4 评价内容与计算方法 ……………… 32—29
    4.1 评价内容 ……………………… 32—29
5 等级评价 …………………………… 32—39
    5.1 城市园林绿化Ⅰ级评价 ……… 32—39
    5.2 城市园林绿化Ⅱ级评价 ……… 32—39
    5.3 城市园林绿化Ⅲ级评价 ……… 32—39
    5.4 城市园林绿化Ⅳ级评价 ……… 32—39

1 总　　则

1.0.1 城市园林绿化是影响城市社会、生态、经济协调发展的重要因素。在本标准制定之前，尚没有一个针对城市园林绿化综合水平进行评价的标准或规范，各城市执行的一些评价方法存在着定义模糊、标准不统一等诸多问题。建立一套科学评价城市园林绿化水平、正确引导城市园林绿化健康发展、全国统一适用的国家标准，是本标准的编制目的。

1.0.2 本条主要说明两点：

　　1 本标准针对国务院确定的设市城市制订。县人民政府所在地的建制镇（即县城）和县以下的建制镇（即县辖建制镇），因其园林绿化和相关市政建设、环境建设要求、条件与设市城市有较大的差异，故不列入本标准的评价范围。

　　2 有效发挥城市园林绿化的综合作用，涉及城市基础设施建设的多个领域，涵盖了城市宜居环境的各个方面。本标准除评价城市总体和各类绿地建设管理水平外，还包括城市生态环境和与城市园林绿化相关的城市市政设施的评价。

2 术　　语

2.0.1 本术语规定林荫停车场必须满足遮荫率的要求。遮荫率30％的标准确定，参考了目前一些城市多年执行的"株行距在6m×6m以下栽有乔木的停车场，计算为绿化用地面积"的规定，同时兼顾小型车停车场车位和通道的尺寸。

2.0.2 本术语部分参考了《城市用地分类与规划建设用地标准》GBJ 137 中 E7 弃置地的解释，同时强调是因生产活动或自然灾害等原因造成自然地形和植被受到破坏而弃置，区别于自然形成的砂荒地、戈壁滩等弃置地。

2.0.3 节约型绿地的含义解释参照了原建设部（注：现为住房和城乡建设部，后同）《关于建设节约型城市园林绿化的意见》（建城〔2007〕215号）中对于节约型城市园林绿化的阐述。

2.0.6 在城市园林绿化中常出现乡土植物、乡土树种、本地植物、原生植物等多种称谓，由于缺乏统一的规范，各地理解不一。本术语强调了本地木本植物应为本地原生木本植物或虽非本地原生木本植物但长期适应本地自然气候条件并融入本地自然生态系统。为避免与可能造成生物入侵物种相混淆，本术语强调本地木本植物应对本地区原生生物物种和生物环境不产生威胁。

2.0.7 本术语明确了生物多样性应包含三个层次：生态系统多样性、物种多样性和遗传多样性。

2.0.8 湿地是城市环境中重要的自然资源，在我国逐步得到广泛的重视。本术语引用了1970年2月2日在伊朗拉姆萨尔签订的《关于特别是作为水禽栖息地的国际重要湿地公约》（Convention on Wetlands of International Importance Especially as Waterfowl Habitat，简称《湿地公约》）中关于湿地的定义，这是目前国内较为认可，并在相关文件中较多引用的关于湿地的定义。因湿地的术语采用了广义的湿地含义，本术语在解释中特别强调了城市湿地资源是纳入城市蓝线范围内的湿地，而非所有的水面和水域。原建设部2005年颁布的《城市蓝线管理办法》（建设部令第145号）中规定：城市蓝线，是指城市规划确定的江、河、湖、库、渠和湿地等城市地表水体保护和控制的地域界线。

3 基 本 规 定

3.0.1 城市园林绿化评价体系体现了本标准1.0.2的要求。

3.0.3 由于我国幅员辽阔，各城市在自然条件、社会人文、工程技术等方面差异较大，考虑到各城市园林绿化特色，评价项目分成基本项、一般项和附加项。基本项属于城市园林绿化中的核心内容，一般项为城市园林绿化中较为重要的内容。对一些具有地方或地域特色的城市园林绿化评价内容和一些目前在全国推广有一定局限的评价内容、研究推介方向性的评价内容，本标准设置为附加项，在评价时可一定程度地替代同类评价的一般项，进一步突出对城市园林绿化特色性的鼓励。

3.0.4 本标准评价方法采用了选项达标的方式，其特点是：

　　1 操作简便，理解直观，目标明确，不需要通过复杂的计算就能得到结论。

　　2 有利于明确重点和严格管理。如各等级的基本项为本等级中一票否决的内容。

　　3 保留特色。对一些适应特定城市的条款保留一定的选择性，这也符合园林绿地建设应因地制宜的原则。

　　4 园林理论和技术发展很快，采用选项达标的方式，具有较强的开放性，有利于随着发展对标准的条款进行删减和增加。

3.0.5、3.0.6 在本等级绿地建设和建设管控评价中，如果不能满足一般项数量要求时，可以通过评价同类型的附加项予以替代，评价满足任意两项同类型的附加项可相当于满足一项同类型的一般项，但不得重复选用。附加项的设置体现了本标准对特色建设内容的鼓励，同时也保证本标准具有更好的适用性。

4 评价内容与计算方法

4.1 评价内容

4.1.1 综合管理评价主要包括组织管理、资金投入、规划编制、制度建设和公众参与等内容。

1 城市园林绿化管理机构

《城市绿化条例》第七条要求："城市人民政府城市绿化行政主管部门主管本行政区域内城市规划区的城市绿化工作。"

管理机构的设置是城市园林绿化建设和发展的基础，管理机构职能薄弱是目前制约城市园林绿化发展的重要原因之一。本项评价内容评价涉及两个方面：一、是否有管理机构，二、是否有效行使职能。在国外一些关于城市绿色环境的评价中，如欧盟城市绿色环境 URGE（Urban Green Environment），对于行政机关中的决策效率也作为评价内容。

本项评价在本标准第 5 章中明确作为城市园林绿化各级评价的基本项。

2 城市园林绿化科研能力

《城市绿化条例》第四条要求："国家鼓励和加强城市绿化的科学研究，推广先进技术，提高城市绿化的科学技术和艺术水平。"

一个城市的科研能力是实现高质量园林绿化的重要保障。本项评价内容有城市科研机构和实际应用的科研成果两项。因为城市的规模不同，发展条件和需求也不尽相同。一些城市可能没有设立专门的科研机构，但可依托大城市的资源完成科技成果，所以评价中科研机构和科研成果只要满足一项就可以认为是满足评价要求。

本项评价在本标准第 5 章中列为城市园林绿化Ⅰ级、Ⅱ级评价的基本项，Ⅲ级、Ⅳ级评价作为一般项。

3 城市园林绿化维护专项资金

《国务院关于加强城市绿化建设的通知》中要求："城市绿化建设资金是城市公共财政支出的重要组成部分，要坚持以政府投入为主的方针。城市各级财政应安排必要的资金保证城市绿化工作的需要，尤其要加大城市绿化隔离林带和大型公园绿地建设的投入，特别是要增加管理维修资金。"

城市园林绿化维护专项资金是政府为保证城市园林绿化的日常维修养护，以及用于事业单位人员经费的各种支出。绿化维护专项资金是城市园林绿化的基本保障之一，目前国内许多城市园林绿化都存在"重建轻养"或维护资金不足的问题，直接影响了城市园林绿化的可持续发展。设置本项评价旨在促进各地对绿化维护、养护费用资金投入的保障。

本项评价在本标准第 5 章中明确作为城市园林绿化各级评价的基本项。

4 《城市绿地系统规划》编制

《城市绿化条例》第八条要求"城市人民政府应当组织城市规划行政主管部门和城市绿化行政主管部门等共同编制城市绿化规划，并纳入城市总体规划。"

《城市绿地系统规划》是指导城市园林绿地管理与建设的法律性文件，对城市园林绿地建设具有非常重要的意义。《城市绿地系统规划》虽然是《城市总体规划》的下位规划，但一个好的城市绿地系统规划同样能对城市总体规划的诸多方面进行有益的导引和限定。本项评价内容所指《城市绿地系统规划》是按照相关要求和标准单独编制的专业规划，而非《城市总体规划》中的绿地系统专项。

《城市绿地系统规划》的规划期限低于评价期的设定，强调了绿地系统规划的时效性，如某城市的《城市绿地系统规划》规划期限到 2010 年，而评估期在 2011 年，就可以认为规划期限低于评估期。

本项评价在本标准第 5 章中列为城市园林绿化各级评价的基本项。

5 城市绿线管理

城市绿线是城市各类绿地范围的控制线，包括现状绿线和规划绿线。现状绿线是一个保护线，现状绿线范围内不得进行非绿化建设；规划绿线是一个控制线，规划绿线范围内将按照规划进行绿化建设或改造。

城市绿线管理是《城市绿地系统规划》和绿地系统详细规划实施的基本保障。目前，随意侵占绿地、改变绿地属性的行为在城市建设中还较为常见，是各地园林管理部门在管理中需要面对的主要问题之一。加强绿线管理才能保证城市绿地具有合理的规模，保障人民的公众利益不受侵犯。

本项评价内容包括：一是是否划定绿线；二是城市绿线管理是否符合《城市绿线管理办法》（建设部令第 112 号）相关条款要求。

本标准第 5 章中明确本项评价为城市园林绿化各级评价的基本项。

6 城市蓝线管理

城市蓝线是城市规划确定的江、河、湖、库、渠和湿地等城市地表水体保护和控制的地域界线。

水体保护对城市生态环境和景观的作用十分重要。从调研情况来看，目前我国对水害的防治认识到位，但对城市滨水空间的控制和利用情况却不甚理想，致使这些水体未充分发挥其应有的景观、生态和社会的综合效益。

本项评价设置的目的在于促进对于城市地表水体和包括绿化在内的城市滨水空间的保护。

本项评价内容包括：一是是否划定蓝线；二是评价城市蓝线管理是否符合《城市蓝线管理办法》（建设部令第 145 号）相关条款要求。

本标准第 5 章中明确本项评价为城市园林绿化 Ⅰ 级评价的基本项，Ⅱ级、Ⅲ级、Ⅳ级评价作为一般项。

7 城市园林绿化制度建设

本项评价旨在考核城市园林绿化管理制度的建立与执行程度，评价园林绿化管理制度是否完善。纳入评价的园林绿化制度主要包括绿线管理、园林绿化工程管理、绿化养护管理、园林绿化公示、控制大树移栽、防止外来物种入侵、义务植树等工程和技术管理制度等。

本标准第 5 章中明确本项评价为城市园林绿化各级评价的基本项。

8 城市园林绿化管理信息技术应用

信息技术（Information Technology，简称 IT）是指利用电子计算机和现代通信手段获取、传递、存储、处理、显示信息和分配信息的技术，主要包括传感技术、计算机技术和通信技术。目前，信息技术已广泛应用于现代城市的各个领域，信息技术是管理实现自动、高效、规范和准确的重要依托，信息技术应用代表未来管理技术的发展方向。

原建设部在 2001 年印发的《建设领域信息化工作基本要点》（建科［2001］31 号）中提出："办公自动化"、"建设各行业综合网（站）……提高为社会公众信息服务水平"、"积极推进信息发布平台建设，促进建设信息共享"、"建立行业权威数据库"等要求。依据以上要求，本项评价主要包括：一是建立城市园林绿化数字化信息库，如城市各类绿地分布、植物物种统计与分布等信息库；二是建立城市园林绿化信息发布与社会服务信息共享平台，包括园林绿化网站建设和其他网络服务平台等；三是建立城市园林绿化信息化监管体系，包括利用遥感或其他动态信息传递对城市各类绿地进行监管。达到其中两项要求，可认为满足本项评价。

本标准第 5 章中明确本项评价为城市园林绿化 Ⅰ 级、Ⅱ级评价的基本项，Ⅲ级、Ⅳ级评价作为一般项。

9 公众对城市园林绿化的满意率

民意调查是政府决策的基础，是获取公众信息的重要手段。

本项评价设置强调了园林绿化的公众性，评价采用抽查不少于城市人口的千分之一的公众进行调查。目前我国尚缺乏关于民意调查的标准，千分之一的公众人口要求是根据现行的一些民意调查方法和惯例而确定。满意度调查制定的统一问卷表格，保证了调查的公平性，调研表选项的设置充分考虑了简便、易懂的特点。

本标准第 5 章中明确本项评价为城市园林绿化 Ⅰ 级评价的基本项，Ⅱ级、Ⅲ级、Ⅳ级评价作为一般项。

4.1.2 绿地建设评价包括城市园林绿地总体数量以及城市各类绿地数量的评价。

1 建成区绿化覆盖率

在《国务院关于加强城市绿化建设的通知》以及相关城市园林绿化、生态环境的评价中，建成区绿化覆盖率均作为重要评价指标。现行行业标准《城市绿地分类标准》CJJ/T 85—2002 中 3.0.6 要求"城市绿化覆盖率应作为绿地建设的考核指标"。

城市建成区在现行国家标准《城市规划基本术语标准》GB/T 50280—98 的术语中解释为"城市行政区内实际已成片开发建设、市政公用设施和公共设施基本具备的地区"。在《城乡规划法》中第二条将建成区纳入到规划区的阐述："本法所称规划区，是指城市、镇和村庄的建成区以及因城乡建设和发展需要，必须实行规划控制的区域。规划区的具体范围由有关人民政府在组织编制的城市总体规划、镇总体规划、乡规划和村庄规划中，根据城乡经济社会发展水平和统筹城乡发展的需要划定。"《城乡规划法》第十七条中要求："规划区范围、规划区内建设用地规模应当作为城市总体规划、镇总体规划的强制性内容。"

建成区范围指建成区外轮廓线所能包括的地区，也就是城市实际建设用地所达到的范围。绿化覆盖面积是指城市中乔木、灌木、草坪等所有植被的垂直投影面积，包括屋顶绿化植物的垂直投影面积以及零星树木的垂直投影面积，乔木树冠下的灌木和草本植物不能重复计算。

本项评价各等级评价标准数值的确定，主要依据 2008 年全国 660 个设市城市相关统计数据的统计分析。660 个城市的平均值为 35.29%，其中 110 个国家园林城市绿化覆盖率的平均值为 39.74%，抽样统计的非园林城市平均值为 34.00%。同时，在 2001 年《国务院关于加强城市绿化建设的通知》中要求"到 2010 年，全国城市规划建成区……绿化覆盖率达到 40%以上……"。

综合所上，本项评价确定 Ⅰ 级、Ⅱ级取值为 40.00% 和 36.00%，Ⅲ级和Ⅳ级取值为 34%。

在现行的一些评价办法中，把全国的城市分成秦岭淮河以南和以北两个大区域，再根据人口不同分别规定绿化覆盖率的评价标准。课题组按照这种方法对全国 660 个设市城市进行分组统计发现，绿化覆盖率并未随人口数量的增减呈现规律性的变化。考虑到绿化覆盖率的变化规律较为复杂，不宜简单地以秦岭淮河进行划分界定，在原建设部 1993 年发布的《城市绿化规划建设指标的规定》和《国务院关于加强城市绿化建设的通知》中也未对绿化覆盖率进行区域的划分，同时兼顾绿化覆盖率与绿地率的连带关系，故本标准中对绿化覆盖率不做城市所在区域和人口的限定。

本标准第 5 章中明确本项评价为城市园林绿化各

级评价的基本项。

2 建成区绿地率

建成区绿地率是考核城市园林绿地规划控制水平的重要指标。在《国务院关于加强城市绿化建设的通知》以及相关城市园林绿化、生态环境的评价中，建成区绿地率均作为重要评价指标。

现行行业标准《城市绿地分类标准》CJJ/T 85—2002中对绿地率计算作了这样的解释："一般在绿地系统规划中和无特指的情况下，均以城市建设用地范围为用地统计范围"。按这样的解释，其他绿地不应纳入绿地率的统计。而在《中国城市建设统计年鉴》中统计的是建成区绿地率。一般来说，城市的建成区范围要大于建设用地范围，或者说建成区内的城市绿地包括建设用地外的"其他绿地"，而事实上该部分绿地不论从改善城市生态环境、提供居民游憩场地，还是城市自然景观方面，都起到不容忽视的作用，因此，本标准在建成区绿地率统计中允许纳入建成区内、建设用地外的部分"其他绿地"面积，同时为了避免因统计"其他绿地"而削弱了对城市建设用地内绿地建设面积的控制，对纳入统计的"其他绿地"面积，规定不应超过建设用地内各类城市绿地总面积的20%；且纳入统计的"其他绿地"应与城市建设用地相毗邻。

建设用地外的河流、湖泊等水域虽然可能在建成区之内，也对城市生态环境起到积极作用，但因各地情况不一，面积跨越较大，故不列入本项评价内容统计。

绿地率评价标准数值的确定，主要依据2008年全国660个设市城市相关统计数据统计分析。660个城市的平均值为31.30%，其中110个国家园林城市的平均值为36.84%，抽样统计的非园林城市平均值为29.80%。本项评价确定Ⅰ级、Ⅱ级标准取值为35.00%和31.00%，Ⅲ级和Ⅳ级标准取值为29%。

在现行的一些评价办法中，把全国的城市分成秦岭淮河以南和以北两个大区域，再根据人口不同分别规定绿地率的标准。按照这种方法，课题组对2008年全国660个设市城市进行分组统计得到的结果，绿地率并未随人口数量的增减呈规律性的变化。而在另一项指标人均公园绿地面积却是北方高于南方。绿地率作为各级城市规划控制的一项重要指标，其更多体现了城市规划管理控制的要求，而非体现在城市地域的差别。在原建设部1993年发布的《城市绿化规划建设指标的规定》和《国务院关于加强城市绿化建设的通知》中均未对绿地率进行区域和人口的划分，故本项评价不对城市所在区域和人口规模进行限定。

本标准第5章中明确本项评价为城市园林绿化各级评价的基本项。

3 城市人均公园绿地面积

城市人均公园绿地面积是考核城市发展规模与公园绿地建设是否配套的重要指标。在《国务院关于加强城市绿化建设的通知》以及相关城市园林绿化、生态环境的评价中，人均公园绿地均作为重要评价指标。

本项评价需要明确以下几个概念：

（1）公园绿地的统计

公园绿地的统计方式应以现行行业标准《城市绿地分类标准》CJJ/T 85—2002为主要依据，不得超出该标准中公园绿地的范畴，不得将建设用地之外的绿地纳入公园绿地面积统计。一些城市利用河滩地、山地进行开发建设，确实起到了部分公园绿地的作用，但若纳入公园绿地统计可能造成公园绿地用地的边缘化，削弱了园林绿地在城市中的功能作用。

关于水面的统计，本项评价明确规定：公园绿地中纳入到城市建设用地内的水面计入公园绿地统计，未纳入城市建设用地的水面不应计入公园绿地统计。

（2）建成区内的城区人口

本项评价内容计算的分母采用建成区内的城区人口。

按照《全国城市建设统计年鉴》的要求，从2006年起，人均和普及率指标按照城区的常住人口计算，包括公安部门的户籍人口和暂住人口。所以人均公园绿地的人口统计为城区户籍人口和城区暂住人口之和，即城区的常住人口。

城区人口在2005年和2005年之前称为"城市人口"，指城区范围的人口，这里的城区指：①街道办事处管辖的地域；②城市公共设施、居住设施和市政公用设施等连接到的其他镇（乡）地域；③常住人口在3000人以上独立的矿区、开发区、科研单位、大专院校等特殊区域。城区暂住人口指城区内离开常住户口地，到本市居住一年以上的人员。

《全国城市建设统计年鉴》中关于人均公园绿地的统计方法，相关人口数字虽然较容易掌握，但本项评价内容分子的"公园绿地"统计限定于城市建成区的建设用地，分母"城区人口"的统计是城区范围，按照国内的理解和计算，城区范围大大超过了建成区的范围，按照《全国城市建设统计年鉴》的统计，有些城市城区面积甚至是建成区面积的10倍。

根据《城市绿化规划建设指标的规定》的说明中，关于"一、城市绿化规划指标的统计口径"的解释5中明确指出"城市绿化指标的考核范围，对于绿化规划应为城市规划建成区；对于现状应为城市建成区。"在现行国家标准《城市用地分类与规划建设用地标准》GBJ 137中第4.0.2条指出："……在计算建设用地标准时，人口计算范围必须与用地计算范围相一致……"。现行行业标准《城市绿地分类标准》CJJ/T 85—2002中第3.0.1条指出："……计算城市现状绿地和规划绿地的指标时，应分别采用相应的城市人口数据和城市用地数据……"。因此，本项评价采用建成区内的城区人口较为准确。

目前我国人口数据由公安部门掌握,以街道办事处为统计单位,城市建成区范围由规划部门划定,建成区范围与人口统计范围通常不吻合。因此,建成区内的城区人口统计,对于不在建成区范围内的街道办事处和工矿企业等特殊区域人口不纳入本项评价内容人口统计,对于跨越建成区的街道办事处管辖地域的人口应纳入本项评价内容的人口统计。

（3）关于本项评价的等级标准值

人均公园绿地面积评价标准数值的确定是根据2008年全国660个设市城市相关统计数据进行计算,660个城市的平均值为8.98m^2,其中110个国家园林城市的平均值为11.12m^2,抽样统计的非园林城市平均值为10.50m^2。

原建设部1993年发布的《城市绿化规划建设指标的规定》,将人均公共绿地面积指标分成城市人均建设用地不足75m^2、75m^2~105m^2和超过105m^2不同分别作了要求。根据我们对2008年全国660个城市的统计,确实发现人均公园绿地面积与人均建设用地面积呈正相关关系,而城市的地理位置对人均公园绿地没有明显的规律性影响。按照《全国城市建设统计年鉴》的统计,2007年我国城市人均建设用地面积平均值达到了108m^2,而大部分省份和直辖市,即使加上暂住人口,现状人均建设用地也超过了80m^2,所以本项评价内容设置人均建设用地设置小于80m^2、80m^2~100m^2和大于100m^2三个档次,通过对660个城市分别计算,分别设定评价标准,城市园林绿化Ⅰ级人均公园绿地在9.5m^2~11.0m^2以上,城市园林绿化Ⅱ级人均公园绿地在7.5m^2~9.0m^2以上,城市园林绿化Ⅲ级、Ⅳ级人均公园绿地在6.5m^2~7.5m^2以上。

本标准第5章中明确本项评价为城市园林绿化各级评价的基本项。

4 建成区绿化覆盖面积中乔、灌木所占比率

城市园林绿地中应提倡植物种类和配置层次的丰富,这是体现绿地生态价值和构建节约型园林的重要内容。本项评价旨在控制园林绿化中单纯草坪的种植比例,提高单位面积绿地的生态功能。

根据研究,绿地中保持乔灌木覆盖率不低于70%,有利于发挥绿地更高的生态作用。本项评价的园林绿化Ⅰ级标准为70%,Ⅱ级、Ⅲ级、Ⅳ级适当放低。

处于高原高寒植被区域的城市,如处于青藏高原的城市,因其特殊的自然条件,植物立地条件较为特殊,故本项评价内容无论数值多少均可视为满足要求。

本标准第5章中明确本项评价为城市园林绿化Ⅰ级、Ⅱ级、Ⅲ级评价的基本项,Ⅳ级评价作为一般项。

5 城市各城区绿地率最低值

城市内部绿地分布不均是目前大多数城市普遍存在的现实问题,尽管很多城市绿地总量达到较高的水平,但就某些城市区域而言,其绿化状况却不尽人意,而这些城市区域又恰恰是人口稠密、建筑密集的老城区或中心城区,绿地需求量大。无论是从改善城市生态环境角度,还是从提供居民游憩场所角度,该地区只有保证一定的绿地面积,才能真正发挥绿地的综合功能。基于上述目的设置了本项评价内容。

原建设部在2006年修订的《国家园林城市评价标准》有关绿化建设的内容中,提出"各城区间的绿化指标差距逐年缩小,城市绿化覆盖率、绿地率相差在5个百分点以内、人均公共绿地面积差距在2m^2以内"。在实际操作中,需要进行多个数据的比较计算。为方便起见,本标准提出对城区的绿地率最低值进行控制。评价标准数值是根据我国660个设市城市及国家园林城市的相关统计数据综合考虑而确定。

本标准第5章中明确本项评价为城市园林绿化Ⅰ级、Ⅱ级、Ⅲ级评价的基本项,Ⅳ级评价作为一般项。

6 城市各城区人均公园绿地面积最低值

评价内容设置的意义同上,本标准第5章中明确本项评价为城市园林绿化各级评价的基本项。

7 公园绿地服务半径覆盖率

公园绿地为城市居民提供方便、安全、舒适、优美的休闲游憩环境,居民利用的公平性和可达性是评价公园绿地布局是否合理的重要内容,因此,公园绿地的布局应尽可能实现居住用地范围内500m服务半径的全覆盖。

本项评价内容的确定,主要依据:（1）我国各地公园绿地建设的实践和国内外相关理论表明,居民步行至公园绿地的距离不超过500m是符合方便性和可达性原则的。（2）《国家园林城市评价标准》中有"城市公共绿地布局合理,分布均匀,服务半径达到500m（1000m^2以上公共绿地）的要求"。

本评价中公园绿地的内涵与现行行业标准《城市绿地分类标准》CJJ/T 85—2002中的公园绿地相一致,其中社区公园包括居住区公园和小区游园,小区游园按照现行行业标准《公园设计规范》CJJ 48—92第2.2.9条要求面积不宜小于0.5hm^2,考虑到500m服务半径可能的居民人口数量,本评价要求将公园绿地的最小规模设在5000m^2。而对于城市中已被确定为历史文化街区的区域,考虑到该类地段是以保护原有历史风貌为重点,而绿地建设是在不破坏原有城市肌理的基础上进行,其表现特征为小型而分散,因此,针对该类地区,绿地规模可下调至1000m^2,服务半径可缩小至300m。

本标准第5章中明确本项评价为城市园林绿化Ⅰ级评价的基本项,Ⅱ级、Ⅲ级、Ⅳ级评价作为一

8 万人拥有综合公园指数

在 2006 年住房和城乡建设部修订的《国家园林城市评价标准》中提出："近三年，大城市新建综合性公园或植物园不少于 3 处，中小城市不少于 1 处"。

从生态功能和使用功能来讲，绿地只有达到一定的面积才能发挥其应有的作用，特别是在满足城市居民综合游憩和缓解城市热岛效应等方面，综合公园发挥了不可替代的作用。

目前对于综合公园的具体内容和设施要求都没有较为明确的规定，本标准中综合公园的界定可以理解为三个方面，一是专指公园，而非指所有公园绿地，管理界线明确，并在园内设有管理机构；二是指综合性，强调设施的完备；三是面积必须大于 $10hm^2$，按照现行行业标准《公园设计规范》CJJ 48-92 第 2.2.2 条的要求："综合性公园的内容应包括多种文化娱乐设施、儿童游戏场和安静休憩区……全园面积不宜小于 $10hm^2$。"

该评价标准数据根据调研的近百个城市的统计资料综合分析而制定。

本标准第 5 章中明确本项评价为城市园林绿化 I 级、II 级评价的基本项，III 级、IV 级评价作为一般项。

9 城市道路绿化普及率

城市道路绿化是城市绿色网络空间的骨架，对城市空间形态组织、城市空气环境质量和噪音控制以及城市景观特征塑造等方面起到重要作用，是城市园林绿化水平评价的重要内容。

城市道路绿化普及率是对道路绿化绿量的考察内容。本标准调研过程中发现，一些城市重视发展宽阔的城市道路，而忽视道路绿化带的设置和乔木的种植，造成道路噪声污染严重、遮荫能力以及景观效果差等问题产生。本项评价重点考核道路红线内的行道树的种植情况。

本标准第 5 章中明确本项评价为城市园林绿化 I 级评价的基本项，II 级、III 级、IV 级评价作为一般项。

10 城市新建、改建居住区绿地达标率

居住区绿地与居民生活密切相关，居住区绿地率是衡量与考核居住区环境整体水平的重要指标。

本项评价内容设置依据现行国家标准《城市居住区规划设计规范》GB 50180—93 中 7.0.2.3 绿地率："新区建设不应低于 30%；旧区改建不宜低于 25%"的要求。

对于国内的许多城市来说，2000 年以前基本没有居住区绿地率方面的档案，原建设部在 2002 年对《城市居住区规划设计规范》GB 50180—93 进行了局部修订，加入了强制性条文，包括对绿地率的控制，所以本标准将新建、改建居住区在时间上的界定是 2002 年（含 2002 年）以后建成或改造的居住区（小区）。

本标准第 5 章中明确本项评价作为城市园林绿化各级评价的一般项。

11 城市公共设施绿地达标率

附属绿地由于分布面广，其绿化质量和分布情况直接影响着城市园林绿化的水平。本标准在对分布面积最广的居住区绿地、道路绿地设定了相关标准进行评价的同时，重点对与城市居民联系紧密的城市公共设施用地的绿化建设水平进行评价。对于公共设施绿地的解释见现行行业标准《城市绿地分类标准》CJJ/T 85—2002 中表 2.0.4 的 G42 类别，公共设施用地的界定依据现行国家标准《城市用地分类与规划建设用地标准》GBJ 137。

本项评价考核主要依据《城市绿地系统规划》中对公共设施用地绿地率的要求。

本标准第 5 章中明确本项评价作为城市园林绿化各级评价的一般项。

12 城市防护绿地实施率

防护绿地是指为了满足城市对卫生、隔离、安全要求而设置的绿地，包括卫生隔离带、道路防护绿地、城市高压走廊绿带、防风林、城市组团隔离带等。防护绿地对城市灾害的隔离、城市环境的改善、城市污染的减低都具有十分重要的意义。

因防护绿地的布局和数量视各城市的城市格局、产业结构的不同而不尽相同，所以本项评价主要考核规划防护绿地的实施情况。

本标准第 5 章中明确本项评价作为城市园林绿化各级评价的一般项。

13 生产绿地占建成区面积比率

由于生产绿地担负着为城市绿化工程供应苗木、草坪及花卉植物等方面的生产任务，同时承担着为城市引种、驯化植物等科技任务，因此，保证一定规模的生产绿地对城市园林绿化具有积极的意义。

原建设部在《城市绿化规划指标的规定》（建城[2002]文件）中要求，城市生产绿地面积应占建成区面积的 2% 以上。

经多年实践证明，城市保持 2% 以上的生产用地才能真正担负起保持城市园林绿化用苗的抚育需要，但城市用地日益紧张，再加上市场化迅速发展，生产绿地的建设可不强调位于城市建成区内。本标准将位于城市规划区内的绿地，只要是以向城市提供苗木、花草、种子的各类圃地均计入生产绿地面积统计；但其他季节性或临时苗圃、从事苗木生产的农田、单位内附属的苗圃等则不计入。

本标准第 5 章中明确本项评价作为城市园林绿化各级评价的一般项。

14 城市道路绿地达标率

本项评价内容的设置，主要依据现行行业标准

《城市道路绿化规划与设计规范》CJJ 75—97 中 3.1.2 的相关内容,即道路绿地率应符合"园林景观路绿地率不得小于 40%;红线宽度大于 50m 的道路绿地率不得小于 30%;红线宽度在 40m～50m 的道路绿地率不得小于 25%;红线宽度小于 40m 的道路绿地率不得小于 20%为达标",广场绿化应符合现行行业标准《城市道路绿化规划与设计规范》CJJ 75—97 中 5.2 的相关规定。

考虑到数据统计的难度和一些特殊地段的特殊要求,道路红线宽度小于 12m 的城市道路(支路)和历史传统街区,不在评价范围之内。

我国一些城市的道路绿地率距离规范的要求尚有一定的距离,在核查上也有一定的难度,在绿地总体数量达标的情况下,道路绿地可能存在个体的差异。因此,本标准第 5 章中明确本项评价作为城市园林绿化各级评价的附加项。

15 大于 40hm² 的植物园数量

在住房和城乡建设部修订的《国家园林城市标准》中要求:"近三年,大城市新建综合性公园或植物园不少于 3 处,中小城市不少于 1 处"。

本项评价设置目的在于鼓励发挥植物园在科普、教育、宣传和植物物种多样性保护方面的作用。现行行业标准《公园设计规范》CJJ 48—92 中规定:"植物园应创造适于多种植物生长的立地环境,应有体现本园特点的科普展览区和相应的科研实验区。全园面积宜大于 40hm²。"

本标准第 5 章中明确本项评价作为城市园林绿化各级评价的附加项。

16 林荫停车场推广率

随着社会经济的发展,城市停车场面积占城市室外硬地面积的比率越来越大,所以推广绿化停车场对于改善城市环境具有重要的意义。

本项评价内容设置依据原建设部《关于建设节约型城市园林绿化的意见》(建城〔2007〕215 号)中关于"建设生态化广场和停车场"的意见,旨在鼓励对城市硬质地面条件进行改善,提倡绿化美化。

本标准第 5 章中明确本项评价作为城市园林绿化各级评价的附加项。

17 河道绿化普及率

本项评价内容设置目的在于保证河道具有一定规模的生态涵养林带、促进城市生活型滨水绿地的构筑。

根据相关规划规范要求,宽度 8m 的绿地是可作为开放性绿地、布置相关设施的最小值。另据相关研究表明,宽度 7m～12m 是可能形成生态廊道效应的阈值。所以宽度 12m 是较为适合的开放型绿地的宽度下限。

自然形成两岸陡崖、绝壁或两侧坡度大于 33%的河道不适宜作绿化,不应纳入绿化评价统计。

本标准第 5 章中明确本项评价作为城市园林绿化各级评价的附加项。

18 受损弃置地生态与景观恢复率

本项评价设置对促进自然资源遭受破坏的城市的生态修复具有重要意义。受损弃置地建设除了应进行生态恢复外,还可以在一些地段,利用弃置地的条件采用一些景观处理方法,如一些城市利用露天工业遗址建设为特色公园或特色景区等。

本标准第 5 章中明确本项评价作为城市园林绿化各级评价中绿地建设的附加项。

4.1.3 建设管控评价主要评价城市绿地的质量,包括:城市园林绿化在城市中的地位和作用;公园绿地评价;道路绿化评价;资源保护、规范管理以及新技术应用等方面。

1 城市园林绿化综合评价值

城市园林绿化在城市中的地位和作用是评价一个城市园林绿地系统和绿化水平的重要指标,包括以下几个部分:

一是城市绿地格局对城市环境的影响,包括是否有利于缓解城市空气的污染、是否有利于城市组团的形成或起到防止城市建成区无序扩大的作用。

二是园林绿化对城市自然资源的保护和合理利用程度,包括对于城市河流、湖泊、沼泽、林地、山地等自然资源的保护和合理利用,与建设管控中的"其他绿地"控制比较,这里更强调了合理利用。

三是城市园林绿化对于城市风貌形成的作用,主要评价具有代表性的城市风貌中城市园林绿地所起的作用。

四是在城市功能性质定位中的地位和作用。城市园林绿地建设对城市的旅游发展、城市宜居水平和生态水平的提高均能发挥重要作用。

本项评价内容因为涉及内容较为复杂,不宜以单一的量化标准评价,故本项评价采用综合打分的方法,并通过第三方机构或专家组进行评价。

本标准第 5 章中明确本项评价作为城市园林绿化各级评价的基本项。

2 城市公园绿地功能性评价值

在本标准调研过程中发现,一些城市一味追求所谓的"景观效果",耗费大量资金建设了大广场、大草坪、大型水景公园等,而这些大尺度的"景观"对城市居民来说许多都存在使用功能差的问题。

本项评价从使用性、服务性、适用性、可达性、开放性和安全性六方面进行评价。

使用性主要评价城市居民对公园绿地、城市广场的使用程度,主要评价平时和节假日时的游客人数是否与公园绿地的面积容量相符合。

服务性主要评价城市综合性公园内各项服务设施的完备,包括依据现行行业标准《公园设计规范》CJJ 48—92 中关于公园内部常规活动设施和功能区安排以及其他便民物品设置安排等,以及公园绿地的主要游路是否实施无障碍设计等。

适用性主要评价城市各类绿地的营造是否考虑了城市气候、地形、地貌、土壤等自然特点。

可达性主要评价城市公园绿地,包括出入口位置,公交线路安排和游览道路的组织是否方便城市居民到达和进出。

开放性主要评价城市公园绿地对于城市居民的开放程度,主要包括是否对全体市民开放、门票收取是否符合公益性的特点等。

安全性主要评价公园绿地对游客安全和其他公共安全的保障。

本项评价内容涉及内容较为复杂,不宜以单一的量化标准评价,故本项评价采用综合打分的方法,并通过第三方机构或专家组进行评价。

本标准第5章中明确本项评价作为城市园林绿化各级评价的基本项。

3 城市公园绿地景观性评价值

公园绿地的景观价值是评价园林绿化水平最直观的一项内容,也是城市园林绿化的突出特色。

本项评价从景观特色、施工工艺、养护管理、植物材料应用等四个方面进行评价。一个较好的城市园林绿化景观应具有较鲜明的特色、较强的艺术表达力,较高的施工工艺和养护水平,植物配置合理、层次丰富,植物品种选择多样又适应本地自然环境。

本项评价内容涉及内容较为复杂,不宜以单一的量化标准评价,故本项评价采用综合打分的方法,并通过第三方机构或专家组进行评价。

本标准第5章中明确本项评价作为城市园林绿化各级评价的基本项。

4 城市公园绿地文化性评价值

公园绿地的文化属性是园林绿化区别于造林的重要方面,也是中国传统园林的精髓所在,园林绿化的文化价值是评价园林绿化水平的重要指标。

本项评价内容所指文化价值包括两方面:

一是对文化物质的保护,主要评价城市园林绿地营造对于地方历史文化遗产、遗存遗迹的保护与展示的水平。重点评价遗址公园、历史文化公园等建设。

二是对文化非物质的继承,主要评价城市园林绿地营造中地方文化和特色文化的宣传与展示的水平。

本项评价内容因为涉及内容较为复杂,不宜以单一的量化标准评价,故本项评价采用综合打分的方法,并通过第三方机构或专家组进行评价。

为避免绿地建设中为"文化"而创造"文化"的情况,本项评价只对具有"历史文化名城"称号的城市进行,对非历史文化名城,本项指标视为自动满足。

本标准第5章中明确本项评价作为城市园林绿化各级评价的基本项。

5 城市道路绿化评价值

城市道路绿化是一个城市园林绿化形象和水平最直接的表现。道路绿化评价主要针对道路绿化的植物选择、养护管理和配置效果等。

本项评价内容因为涉及内容较为复杂,不宜以单一的量化标准评价,故本项评价采用综合打分的方法,并通过第三方机构或专家组进行评价。

本标准第5章中明确本项评价作为城市园林绿化各级评价的基本项。

6 公园管理规范化率

实现公园管理的规范化是体现公园公益性和服务性的重要标志。

本项评价内容主要评价公园管理中对相关公园管理条例和办法的执行情况。

本标准第5章中明确本项评价作为城市园林绿化Ⅰ级、Ⅱ级、Ⅲ级评价的基本项,Ⅳ级评价作为一般项。

7 古树名木保护率

古树名木是城市历史的记载,是绿色文物、活的化石。《城市绿化条例》第二十五条要求"对城市古树名木实行统一管理,分别养护。城市人民政府城市绿化行政主管部门,应当建立古树名木的档案和标志,划定保护范围,加强养护管理。"原建设部2000年发布了《城市古树名木保护管理办法》(建城[2000]192号),对于古树名木建档提出了严格要求。

本项评价包括古树名木的建档和存活两项内容。

本标准第5章中明确本项评价作为城市园林绿化各级评价的基本项。

8 节约型绿地建设率

建设节约型城市园林绿地是落实科学发展观的必然要求,是构筑资源节约型、环境友好型社会的重要载体,是城市可持续性发展的生态基础,是我国城市园林绿化事业必须长期坚持的发展方向。

原建设部《关于建设节约型城市园林绿化的意见》(建城[2007]215号)中提出:"积极合理利用土地资源"、"提倡应用乡土植物"、"大力推广节水型绿化技术"以及"……在城市开发建设中,要保护原有树木,特别要严格保护大树、古树……";"……在建设中要尽可能保持原有的地形地貌特征,减少客土使用,反对盲目改变地形地貌、造成土壤浪费的建设行为……"等。

节约型园林建设涵盖的技术广泛,因不同地区的不同自然条件与社会发展特点,节约型园林建设表现的形式亦不相同,所以无法以某一项节约型园林技术作为全国推广的技术要求,也无法以某一项的量化标准评价节约型的水平。本项评价内容所指节约型绿地为采用下列任何一项节约型园林技术的绿地。

①项、②项、③项、④项为节水技术;⑤项、⑥项为节能技术;⑦项为土地利用和资源利用技术。关

于古树保护、本地植物的运用等在本标准其他评价内容中有所体现，故未列入本项评价。

本标准第 5 章中明确本项评价为城市园林绿化各级评价的一般项。

9　立体绿化推广

立体绿化是节约型园林节地的重要表现，在目前实施的《国家园林城市标准》中有："积极推广建筑物、屋顶、墙面、立交桥等立体绿化，取得良好的效果"的指标设置。

立体绿化难于量化和统计，所以本标准重点考核两点：一是有没有鼓励政策、技术措施和实施办法；二是实施后的效果如何。

本项评价在本标准第 5 章中列为城市园林绿化各级评价的一般项。

10　城市"其他绿地"控制

"其他绿地"指现行行业标准《城市绿地分类标准》CJJ/T 85—2002 中的"其他绿地"，即对城市生态环境质量、居民休闲生活、城市景观和生物多样性保护有直接影响的绿地。

完善的城市绿地系统强调区域环境的一体化，对"其他绿地"的有效保护和合理利用，形成城乡一体化的绿地格局有利于改善城市的生态环境。

本项评价的设置，旨在鼓励和促进城乡绿地环境一体化，重视城市建成区周边的环境保护和建设。

城市"其他绿地"很难用量化的标准进行评价，也没有固定模式。本项评价内容所指的"城乡一体化"，主要评价城市建成区与建成区周边的其他绿地的联系程度，同时评价"其他绿地"是否得到有效保护和合理的利用。

本标准第 5 章中明确本项评价作为城市园林绿化各级评价的一般项。

11　生物防治推广率

针对农药、化肥的过量使用给自然生态环境带来的负面影响，在绿地的养护中积极推广生物防治技术具有非常积极的意义。

本标准第五章中明确本项评价作为城市园林绿化各级评价的附加项。

12　公园绿地应急避险场所实施率

住房和城乡建设部在 2008 年颁布了《关于加强城市绿地系统建设提高城市防灾避险能力的意见》（建城［2008］171 号），旨在促进城市公园应急避险功能的完善。

城市绿地，尤其是公园绿地，由于具有较大的规模、相对完善的设施和内部建筑密度较低的特性，能够有效发挥防灾避险的功能，从而成为应急避险的良好场所。

因不同城市的灾害威胁程度不同，对于绿地的应急避险功能要求也不同，所以本项评价强调了对于规划的应急避险绿地的实施，而不是要求应急避险绿地越多越好。

本标准第 5 章中明确本项评价作为城市园林绿化各级评价的附加项。

13　水体岸线自然化率

原建设部《关于建设节约型城市园林绿化的意见》（建城［2007］215 号）中有关于"积极推进城市河道、景观水体护坡驳岸的生态化、自然化建设与修复"的意见。本项评价内容设置目的在于促进城市水体及滨水绿地的建设由纯功能性工程向生态化、景观化、自然化工程转变。

本项评价主要针对城市规划区内的较大型河道和水体，公园绿地中的水体和各城市建设用地中的水体岸线一般规模较小，所以不纳入评价。

本标准第 5 章中明确本项评价作为城市园林绿化各级评价的附加项。

14　城市历史风貌保护

历史风貌是社会生态的重要组成部分，城市人文景观和自然景观和谐融通符合城市传统园林景观价值的理念，继承城市传统文化、保护历史风貌和文化遗产是城市实现可持续发展战略的体现。

本项评价主要包括两个方面：一是是否编制完成相应的保护规划，历史文化名城应完成《历史文化名城保护规划》，非历史文化名城可依据城市总体规划中的专题或风貌保护的专项规划；二是对保护规划的执行情况。

本标准第 5 章中明确本项评价作为城市园林绿化各级评价的附加项。

15　风景名胜区、文化与自然遗产保护与管理

风景名胜区、文化与自然遗产是园林绿地的组成部分，是宝贵的物质资源和文化财富，一个城市拥有国家级风景名胜区、世界文化或自然遗产，表明本城市对文化或自然资源的保护达到较高水准。

本标准第 5 章中明确本项评价作为城市园林绿化各级评价的附加项。

4.1.4　生态环境主要评价城市水环境、空气质量、城市噪声控制、湿地资源保护和生物多样性。

1　年空气污染指数小于或等于 100 的天数

城市空气质量是城市居民生活环境的重要组成部分，城市空气质量的好坏直接关系到城市居民的身体健康和生活质量。空气污染指数（简称 API）是一种反映和评价空气质量的方法，空气污染指数（API）小于或等于 100 相当于达到现行国家标准《环境空气质量标准》GB 3095 中空气质量二级以上标准。各等级标准的确定参考了国内相关环境评价标准确定，一般认为，年空气污染指数小于或等于 100 的天数 ≥ 300d 是该项指标表现较好的值，国内许多大、中城市已经达到这个水平，有些城市甚至达到 350d。

考虑到空气污染指数与城市环境的密切关系，本标准第 5 章中明确本项评价作为城市园林绿化 I 级、

Ⅱ级评价的基本项，Ⅲ级、Ⅳ级评价作为一般项。

2　地表水Ⅳ类及以上水体比率

城市地表水环境是城市人居环境的重要组成部分，其质量的好坏直接关系到城市的景观环境和城市形象。在《国家园林城市标准》和《国家生态园林城市标准（暂行）》中均对城市地表水环境提出了明确要求。

考虑到目前我国城市地表水环境质量普遍较差的状况，选择城市规划区内地表水Ⅳ类及以上水体比率作为衡量城市地表水环境质量的指标。水质评价应符合现行国家标准《地表水环境质量标准》GB 3838 的要求，Ⅳ类水主要适用于工业用水区及非人体直接接触的娱乐用水区。

本标准第5章中明确本项评价为城市园林绿化Ⅰ级、Ⅱ级评价的基本项，Ⅲ级、Ⅳ级作为一般项。

3　区域环境噪声平均值

区域环境噪声平均值指城市建成区内经认证的环境噪声网格监测的等效声级算术平均值。

城市声环境是城市居民生活环境的重要组成部分，城市声环境的好坏直接关系到城市居民的身心健康和生活质量。实践表明，城市园林绿化具有明显的减弱噪声的作用。

本项评价内容在各级评价标准值的确定，参照现行国家标准《声环境质量标准》GB 3096 中各类声环境功能区的环境噪声等效声级限值的规定，只考核昼间平均等效声级。

本项评价在本标准第5章中列为城市园林绿化各级评价的一般项。

4　城市热岛效应强度

热岛效应是由于人们改变城市地表而引起小气候变化的综合现象。实践表明，合理的城市绿地系统结构、较高的绿化覆盖率和乔灌花草的合理搭配可以有效地减少城市特别是城市中心区的热岛效应强度，所以热岛效应强度也是评价一个城市园林绿化水平的重要指标。

城市热岛效应强度采用城市建成区与建成区周边（郊区、农村）6月～8月的气温平均值的差值进行评价。热岛效应一般采用气象站法、遥感测定法等进行研究，遥感测定可以获取大面积温度场，监测快捷、更新容易，能够直观定量地研究热岛特征，遥感数据反演出的是亮温或地表温度，所以应对遥感数据进行反演。但遥感测定易受到天气、云等影响，且温度反演存在一定难度。

因此要获得较真实的热岛效应强度，宜统一亮温评价时间段，尽可能采用多日的亮度温度差，反演前去除云量等影响。因目前国内的技术手段和物质能力要达到以上要求还有难度，所以本标准中没有进行强制要求。

本项评价在本标准第5章中列为城市园林绿化各级评价的一般项。

5　本地木本植物指数

原建设部《关于建设节约型城市园林绿化的意见》（建城〔2007〕215号）中要求："……积极提倡应用乡土植物。在城市园林绿化建设中，要优先使用成本低、适应性强、本地特色鲜明的乡土树种……"

本地木本植物经过长期的自然选择及物种演替后，对某一特定地区有高度生态适应性，具有抗逆性强、资源广、苗源多、易栽植的特点；不仅能够满足当地城市园林绿化建设的要求，而且还代表了一定的植被文化和地域风情。

本项评价内容评价参考了《国家生态园林城市标准（暂行）》提出"本地植物指数≥0.7"的要求，考虑到统计调查的操作性，本项评价限定在木本植物。

本项评价内容要求纳入建成区木本植物种类统计的，每种植物应符合在建成区种植数量不小于50株，是参考了《保护生物学》中关于最小存活种群（MVP）的要求。最小可存活种群（minimum viable population），即以一定概率存活一定时间的最小种群大小，有研究表明短期（50年）存活的种群有效种群大小不低于50株，长期（100年）存活的种群有效种群大小应是500株。

本项评价在本标准第5章中列为城市园林绿化Ⅰ级评价的基本项，Ⅱ级、Ⅲ级、Ⅳ级评价均作为一般项。

6　生物多样性保护

加强城市生物多样性的保护工作，对于维护生态安全和生态平衡、改善人居环境等具有重要意义。1992年6月联合国通过了《生物多样性公约》。我国政府于1993年正式批准加入该公约。随后，国务院批准了《中国生物多样性保护行动计划》、《中国生物多样性保护国家报告》。

原建设部《关于加强城市生物多样性保护工作的通知》（建城〔2002〕249号）中要求："开展生物资源调查，制定和实施生物多样性保护计划"。

该评价内容主要包括三点：一是是否进行城市生物资源的本底调查，这是进行生物多样性保护的基础条件；二是是否编制《生物多样性保护规划》和实施措施，这是实施生物多样性保护的重要依据；三是强调了生物多样性保护的实施效果，参考国内外相关标准，植物和鸟类种类数量一般统计5年内的变化值，所以本标准重点考核鸟类、鱼类和植物种类的数量在5年或5年以上的周期内不小于基准年统计的数量。

本标准第5章中明确本项评价作为城市园林绿化Ⅰ级评价的基本项，Ⅱ级、Ⅲ级、Ⅳ级评价的一般项。

7　城市湿地资源保护

对湿地进行保护是生物多样性保护的重要体现。针对一些城市盲目填河、填沟、填湖，城市河流、湖泊、沟渠、沼泽地、自然湿地面临高强度的开发建设，完整的良性循环的城市生态系统和生态安全面临威胁，原建设部在《关于加强城市生物多样性保护工作的通知》（建城〔2002〕249号）中要求严格保护城市规划区内的河湖、沼泽地、自然湿地等生态和景观的敏感区域。

因为湿地的定义较为广泛，所以本项评价内容强调的是对城市湿地资源的保存率，并非指对所有定义的"湿地"均要保护。

城市湿地资源保护的评价主要包括：一对于湿地资源的调查统计；二制定相关的保护规划和实施措施；三湿地保护的实际效果，以评价期湿地面积不小于基准年的湿地面积为标准。

本标准第5章中明确本项评价作为城市园林绿化Ⅰ级评价的基本项，Ⅱ级、Ⅲ级、Ⅳ级评价的一般项。

4.1.5 市政设施评价包括：城市容貌、给水、污水处理、垃圾处理、燃气、道路交通等六个方面。

1 城市容貌评价值

城市园林绿化是城市容貌的重要组成部分，同时，城市容貌中的公共场所、广告设施与标识、公共设施和环境照明等对城市园林绿化的整体效果也有较大影响。

本项内容依据现行国家标准《城市容貌标准》GB 50449的要求进行评价。

本项评价内容因为涉及内容较为复杂，不宜以单一的量化标准评价，故本项评价采用综合打分的方法，并通过第三方机构或专家组进行评价。

本标准第5章中明确本项评价作为城市园林绿化Ⅰ级、Ⅱ级评价的基本项，Ⅲ级、Ⅳ级评价作为一般项。

2 城市管网水检验项目合格率

本项评价作为反映供水水质的代表性内容。根据现行行业标准《城市供水水质标准》CJ/T 206规定，管网水检验项目合格率为浑浊度、色度、臭和味、余氯、细菌总数、总大肠菌群、COD_{Mn} 7项指标的合格率。《城市供水水质标准》CJ/T 206要求城市管网水检验项目合格率不低于95%，目前，全国城市管网水检验项目合格率多在99%以上。

本标准中城市园林绿化Ⅰ级评价标准要求城市管网水检验项目合格率为100%，其他级别标准要求城市管网水检验项目合格率不低于99%。

本项评价在本标准第5章中列为城市园林绿化Ⅰ级、Ⅱ级评价的基本项，Ⅲ级、Ⅳ级评价均作为一般项。

3 城市污水处理率

本项评价内容作为反映城市污水处理的代表性内容。城市污水处理率是指经过城市污水处理设施处理且达到排放标准的污水量与城市污水排放总量的百分比。"十一五"规划目标是全国设市城市的污水处理率不低于70%，根据《中国城市建设统计年鉴》，2008年全国城市污水处理率达到70.2%。

本标准中城市园林绿化Ⅰ级评价标准要求城市污水处理率不低于85%，其他级别标准要求城市污水处理率不低于80%。城市污水处理率指标来源为《中国城市建设统计年鉴》。

本项评价在本标准第5章中列为城市园林绿化Ⅰ级、Ⅱ级评价的基本项，Ⅲ级、Ⅳ级评价均作为一般项。

4 城市生活垃圾无害化处理率

本项评价内容作为反映城市生活垃圾处理水平的代表性内容。生活垃圾无害化处理率是指经无害化处理的城市生活垃圾数量占城市生活垃圾产生总量的百分比，目前，城市生活垃圾产生总量用城市生活垃圾清运量代替。生活垃圾无害化处理方法主要有卫生填埋、焚烧、堆肥三种处理方法。生活垃圾填埋处理，要按照现行行业标准《生活垃圾填埋场无害化评价标准》CJJ/T 107中Ⅰ、Ⅱ级垃圾填埋场的垃圾填埋量计入无害化处理量；焚烧厂、垃圾堆肥场均要达到国家有关技术标准要求。

"十一五"规划目标是全国设市城市生活垃圾无害化处理率不低于70%，根据《中国城市建设统计年鉴》，2008年全国城市生活垃圾无害化处理率达到66%。本标准中城市园林绿化Ⅰ级评价标准要求城市生活垃圾无害化处理率不低于90%，其他级别标准要求城市生活垃圾无害化处理率不低于80%。城市生活垃圾无害化处理率指标来源为《中国城市建设统计年鉴》。

本项评价在本标准第5章中列为城市园林绿化Ⅰ级、Ⅱ级评价的基本项，Ⅲ级、Ⅳ级评价均作为一般项。

5 城市道路完好率

城市道路完好率，指城市建成区内道路完好面积与城市道路面积的比率。道路路面完好是指路面没有破损，具有良好的稳定性和足够的强度，并满足平整、抗滑和排水的要求。路面完好率是衡量道路设施建设和维护水平的指标，反应道路交通管理的基础条件。

依据现行国家标准《城市容貌标准》GB 50449的要求，城市道路应保持平坦、完好，便于通行。路面出现坑凹、碎裂、隆起、溢水以及水毁塌方等情况，应及时修复。

本标准中城市园林绿化Ⅰ级评价标准要求城市道路完好率不低于98%，其他级别标准要求城市道路完好率不低于95%。城市道路完好率指标来源为地方城市调查统计。

本项评价在本标准第5章中列为城市园林绿化各级评价的一般项。

6 城市主干道平峰期平均车速

城市主干道平峰期平均车速是反映城市交通通畅程度的指标。主干道平峰期平均车速，指在非节假日中任一日 10：00～11：30 对主干道路所测得车速的平均值。

本标准中城市园林绿化Ⅰ级评价标准要求平均车速不低于 40km/h，其他级别评价标准要求平均车速不低于 35km/h。主干道平峰期平均车速指标来源为地方城市调查统计。

本项评价在本标准第 5 章中列为城市园林绿化各级评价的一般项。

5 等 级 评 价

5.1 城市园林绿化Ⅰ级评价

5.1.1 在本级的各类评价内容的选项中，对在全国各城市具有普遍性的综合管理、绿地建设和建设管控、生态环境评价的评价内容，对城市园林绿化影响直接的市政评价的评价内容均列为基本项；其他具有一定的地域或城市特色、对城市园林绿化水平影响力一般的评价内容列为一般项。

城市园林绿化Ⅰ级评价内容标准确定的原则是：

1 国家相关评价标准要求的高值。

2 若没有相关标准，按目前全国该项指标统计水平的高值或超过平均水平的值。

3 若目前全国没有该项指标的统计，则按理论上可能达到的较高值。

各项指标内容的确定见本条文说明中第 4 章。

5.1.2 城市园林绿化Ⅰ级需要满足的评价项目共 43 项，其中基本项 34 项、一般项 9 项。需要满足的评价项目占所有评价项目的（不含附加项）的 96%，表明城市园林绿化Ⅰ级具有高标准的要求。

5.2 城市园林绿化Ⅱ级评价

5.2.1 在本级的各类评价内容的选项中，对在全国各城市具有普遍性的综合管理、绿地建设和建设管控评价内容，对城市园林绿化影响直接的生态环境、市政设施评价内容列为基本项；其他具有一定的地域或城市特色、对城市园林绿化水平影响力一般的评价内容列为一般项。

城市园林绿化Ⅱ级评价内容标准确定的原则是：

1 略高于国家相关标准要求的值。

2 若没有相关标准，按略高于全国目前该项指标统计的平均值确定。

3 若目前没有该项指标的统计，则按高于理论上可能达到的平均值确定。

各项指标内容的确定见本条文说明中第 4 章。

5.2.2 城市园林绿化Ⅱ级需要满足的评价项目共 38 项，其中基本项 27 项、一般项 11 项。需要满足的评价项目占所有评价项目（不含附加项）的 84%，表明城市园林绿化Ⅱ级具有较高标准的要求。

5.3 城市园林绿化Ⅲ级评价

5.3.1 在本级的各类评价内容的选项中，对于评价城市园林绿地总体水平的综合管理、绿地建设和管控的基本评价内容列为基本项，具有一定的地域或城市特色评价和生态环境、市政设施指标列为一般项。

城市园林绿化Ⅲ级评价内容标准确定的原则是：

1 国家相关评价标准要求的值。

2 若没有相关标准，按全国目前该项指标统计的平均水平值确定。

3 若目前没有该项指标的统计，则按理论上可能达到的平均值确定。

各项指标内容的确定见本条文说明中第 4 章。

5.3.2 城市园林绿化Ⅲ级需要满足的评价项目共 33 项，其中基本项 18 项、一般项 15 项。需要满足的评价项目占所有评价项目（不含附加项）的 73%，表明城市园林绿化Ⅲ级为基本达标的要求。

5.4 城市园林绿化Ⅳ级评价

5.4.1 在本级的各类评价内容选项中，城市园林绿地质量最基本、最核心的评价指标列为基本项；其他评价内容均列为一般项。

除了公众对城市园林绿化的满意率、城市园林绿化综合评价值、城市公园绿地功能性评价值、城市公园绿地景观性评价值、城市公园绿地文化性评价值、城市道路绿化评价值和城市容貌评价值的标准略低于Ⅲ级，其他各项评价标准与Ⅲ级相同，主要差别是需要满足的评价项目数量不同。

各项指标内容的确定见本条文说明中第 4 章。

5.4.2 城市园林绿化Ⅳ级需要满足的评价项目共 28 项，其中基本项 15 项、一般项 13 项。需要满足的评价项目占所有评价项目（不含附加项）的 62%，表明城市园林绿化Ⅳ级为准达标的要求。

中华人民共和国国家标准

城市配电网规划设计规范

Code for planning and design of urban distribution network

GB 50613—2010

主编部门：中国电力企业联合会
批准部门：中华人民共和国住房和城乡建设部
实施日期：2 0 1 1 年 2 月 1 日

中华人民共和国住房和城乡建设部
公 告

第 669 号

关于发布国家标准
《城市配电网规划设计规范》的公告

现批准《城市配电网规划设计规范》为国家标准，编号为 GB 50613—2010，自 2011 年 2 月 1 日起实施。其中，第 6.1.2、6.1.5 条为强制性条文，必须严格执行。

本规范由我部标准定额研究所组织中国计划出版社出版发行。

中华人民共和国住房和城乡建设部
二〇一〇年七月十五日

前 言

本规范是根据原建设部《关于印发〈2007 年工程建设标准规范制定、修订计划（第二批）〉的通知》（建标〔2007〕126 号）的要求，由中国南方电网有限责任公司和国家电网公司会同有关单位共同编制完成的。

本规范总结并吸收了我国城市配电网多年积累的经验和科技成果，经广泛征求意见，多次讨论修改，最后经审查定稿。

本规范共分 11 章和 5 个附录，主要技术内容包括：总则、术语、城市配电网规划、城市配电网供电电源、城市配电网络、高压配电网、中压配电网、低压配电网、配电网二次部分、用户供电、节能与环保。

本规范中以黑体字标志的条文为强制性条文，必须严格执行。

本规范由住房和城乡建设部负责管理和对强制性条文的解释，中国电力企业联合会标准化中心负责日常管理、中国南方电网有限责任公司负责具体技术内容的解释。在执行过程中，请各单位结合工程或工作实践，认真总结经验，注意积累资料，随时将意见和建议寄交中国南方电网有限责任公司（地址：广东省广州市天河区珠江新城华穗路 6 号，邮政编码：510623），以便今后修订时参考。

本规范主编单位、参编单位、主要起草人和主要审查人：

主 编 单 位：中国南方电网有限责任公司
　　　　　　　中国国家电网公司

参 编 单 位：佛山南海电力设计院工程有限公司
　　　　　　　北京电力设计院
　　　　　　　上海电力设计院
　　　　　　　天津电力设计院
　　　　　　　沈阳电力设计院

主要起草人：余建国　刘映尚　邱　野　李韶涛
　　　　　　罗崇熙　白忠敏　夏　泉　宇文争营
　　　　　　吕伟强　阎沐建　李朝顺　黄志伟
　　　　　　罗俊平　李　伟　孟祥光　魏　奕
　　　　　　李　成　汪　筝　宗志刚　王桂哲
　　　　　　陈文升

主要审查人：余贻鑫　郭亚莉　葛少云　曾　嵘
　　　　　　曾　涛　吴夕科　唐茂林　韩晓春
　　　　　　吴　卫　蔡冠中　李字明　刘　磊
　　　　　　刘培国　万国成　李海量　胡传禄
　　　　　　项　维　丁学真　蒋　浩

目 次

1 总则 …………………………………… 33—6
2 术语 …………………………………… 33—6
3 城市配电网规划 ……………………… 33—6
　3.1 规划依据、年限和内容、
　　　深度要求 ………………………… 33—6
　3.2 规划的编制、审批与实施 ……… 33—7
　3.3 经济评价要求 …………………… 33—7
4 城市配电网供电电源 ………………… 33—7
　4.1 一般规定 ………………………… 33—7
　4.2 城市发电厂 ……………………… 33—7
　4.3 分布式电源 ……………………… 33—8
　4.4 电源变电站 ……………………… 33—8
5 城市配电网络 ………………………… 33—8
　5.1 一般规定 ………………………… 33—8
　5.2 供电分区 ………………………… 33—8
　5.3 电压等级 ………………………… 33—8
　5.4 供电可靠性 ……………………… 33—8
　5.5 容载比 …………………………… 33—9
　5.6 中性点接地方式 ………………… 33—9
　5.7 短路电流控制 …………………… 33—9
　5.8 网络接线 ………………………… 33—9
　5.9 无功补偿 ………………………… 33—10
　5.10 电能质量要求 ………………… 33—10
6 高压配电网 …………………………… 33—11
　6.1 高压配电线路 …………………… 33—11
　6.2 高压变电站 ……………………… 33—14
7 中压配电网 …………………………… 33—16
　7.1 中压配电线路 …………………… 33—16
　7.2 中压配电设施 …………………… 33—17
　7.3 中压配电设备选择 ……………… 33—17
　7.4 配电设施过电压保护和接地 …… 33—18
8 低压配电网 …………………………… 33—18
　8.1 低压配电线路 …………………… 33—18
　8.2 接地 ……………………………… 33—18
　8.3 低压配电设备选择 ……………… 33—19
9 配电网二次部分 ……………………… 33—19
　9.1 继电保护和自动装置 …………… 33—19
　9.2 变电站自动化 …………………… 33—20
　9.3 配电自动化 ……………………… 33—21
　9.4 配电网通信 ……………………… 33—21
　9.5 电能计量 ………………………… 33—21
10 用户供电 …………………………… 33—22
　10.1 用电负荷分级 ………………… 33—22
　10.2 用户供电电压选择 …………… 33—23
　10.3 供电方式选择 ………………… 33—23
　10.4 居民供电负荷计算 …………… 33—23
　10.5 对特殊电力用户供电的
　　　 技术要求 ……………………… 33—23
11 节能与环保 ………………………… 33—23
　11.1 一般规定 ……………………… 33—23
　11.2 建筑节能 ……………………… 33—24
　11.3 设备及材料节能 ……………… 33—24
　11.4 电磁环境影响 ………………… 33—24
　11.5 噪声控制 ……………………… 33—24
　11.6 污水排放 ……………………… 33—24
　11.7 废气排放 ……………………… 33—24
附录A 高压配电网接线方式 ………… 33—24
附录B 中压配电网接线方式 ………… 33—26
附录C 弱电线路等级 ………………… 33—27
附录D 公路等级 ……………………… 33—27
附录E 城市住宅用电负荷需要
　　　 系数 …………………………… 33—28
本规范用词说明 ……………………… 33—28
引用标准名录 ………………………… 33—28
附：条文说明 ………………………… 33—29

Contents

1 General provisions ⋯⋯⋯⋯⋯ 33—6
2 Terms ⋯⋯⋯⋯⋯ 33—6
3 Planning of urban distribution network ⋯⋯⋯⋯⋯ 33—6
  3.1 Basis of planning, requirement for years limit, content, and profoundity ⋯⋯⋯⋯⋯ 33—6
  3.2 Compiling, examination, approval and taking effect of planning ⋯⋯⋯⋯⋯ 33—7
  3.3 Requirement for economic evaluation ⋯⋯⋯⋯⋯ 33—7
4 Supply source of urban distribution network ⋯⋯⋯⋯⋯ 33—7
  4.1 General requirement ⋯⋯⋯⋯⋯ 33—7
  4.2 Requirement for urban power plant ⋯⋯⋯⋯⋯ 33—7
  4.3 Distributed generation ⋯⋯⋯⋯⋯ 33—8
  4.4 Requirement for source substation ⋯⋯⋯⋯⋯ 33—8
5 Urban distribution network ⋯⋯⋯⋯⋯ 33—8
  5.1 General requirement ⋯⋯⋯⋯⋯ 33—8
  5.2 Zoned power supply ⋯⋯⋯⋯⋯ 33—8
  5.3 Voltage class ⋯⋯⋯⋯⋯ 33—8
  5.4 Supply reliability ⋯⋯⋯⋯⋯ 33—8
  5.5 Capacity-load ratio ⋯⋯⋯⋯⋯ 33—9
  5.6 Neutral point grounding ⋯⋯⋯⋯⋯ 33—9
  5.7 Short-circuit current control ⋯⋯⋯⋯⋯ 33—9
  5.8 Network connection ⋯⋯⋯⋯⋯ 33—9
  5.9 Reactive power compensation ⋯⋯⋯⋯⋯ 33—10
  5.10 Requirement for power quality ⋯⋯⋯⋯⋯ 33—10
6 HV distribution network ⋯⋯⋯⋯⋯ 33—11
  6.1 HV distribution line ⋯⋯⋯⋯⋯ 33—11
  6.2 HV distribution substation ⋯⋯⋯⋯⋯ 33—14
7 MV distribution network ⋯⋯⋯⋯⋯ 33—16
  7.1 MV distribution line ⋯⋯⋯⋯⋯ 33—16
  7.2 MV distribution installation ⋯⋯⋯⋯⋯ 33—17
  7.3 MV distribution equipment selection ⋯⋯⋯⋯⋯ 33—17
  7.4 Over-voltage protection and grounding of distribution equipment ⋯⋯⋯⋯⋯ 33—18
8 LV distribution network ⋯⋯⋯⋯⋯ 33—18
  8.1 LV distribution line ⋯⋯⋯⋯⋯ 33—18
  8.2 Grounding ⋯⋯⋯⋯⋯ 33—18
  8.3 LV distribution equipment selection ⋯⋯⋯⋯⋯ 33—19
9 Secondary part of distribution network ⋯⋯⋯⋯⋯ 33—19
  9.1 Relay protection and automatic equipment ⋯⋯⋯⋯⋯ 33—19
  9.2 Automatic substation ⋯⋯⋯⋯⋯ 33—20
  9.3 Automatic distribution ⋯⋯⋯⋯⋯ 33—21
  9.4 Distribution network communication ⋯⋯⋯⋯⋯ 33—21
  9.5 Electric energy metering ⋯⋯⋯⋯⋯ 33—21
10 Consumer supply ⋯⋯⋯⋯⋯ 33—22
  10.1 Utilization load classification ⋯⋯⋯⋯⋯ 33—22
  10.2 Supply voltage selection ⋯⋯⋯⋯⋯ 33—23
  10.3 Supply pattern selection ⋯⋯⋯⋯⋯ 33—23
  10.4 Resident supply load calculation ⋯⋯⋯⋯⋯ 33—23
  10.5 Technical requirement for power supply of special consumer ⋯⋯⋯⋯⋯ 33—23
11 Energy saving & environmental protection ⋯⋯⋯⋯⋯ 33—23
  11.1 General requirement ⋯⋯⋯⋯⋯ 33—23
  11.2 Energy-efficient construction ⋯⋯⋯⋯⋯ 33—24
  11.3 Energy-efficient equipment and material ⋯⋯⋯⋯⋯ 33—24
  11.4 Electromagnetic impact on environment ⋯⋯⋯⋯⋯ 33—24
  11.5 Noise control ⋯⋯⋯⋯⋯ 33—24
  11.6 Discharge of waste water ⋯⋯⋯⋯⋯ 33—24
  11.7 Discharge of waste gas ⋯⋯⋯⋯⋯ 33—24
Appendix A Connection mode of HV distribution network ⋯⋯⋯⋯⋯ 33—24
Appendix B Connection mode of MV distribution

	network .... 33—26		customer .... 33—28
Appendix C	Classification of telecomunication line .... 33—27		Explanation of wording in this code .... 33—28
			List of quoted standards .... 33—28
Appendix D	Classification of highway .... 33—27		Addition: Explanation of provisions .... 33—29
Appendix E	Demand factor of residential		

1 总 则

1.0.1 为使城市配电网的规划、设计工作更好地贯彻国家电力建设方针政策,提高城市供电的可靠性、经济性,保证电能质量,制定本规范。

1.0.2 本规范适用于110kV及以下电压等级的地级及以上城市配电网的规划、设计。

1.0.3 城市配电网的规划、设计应符合以下规定:
  1 贯彻国家法律、法规,符合城市国民经济和社会发展规划和地区电网规划的要求;
  2 满足城市经济增长和社会发展用电的需求;
  3 合理配置电源,提高配电网的适应性和抵御事故及自然灾害的能力;
  4 积极采用成熟可靠的新技术、新设备、新材料,促进配电技术创新,服务电力市场,取得社会效益;
  5 促进城市配电网的技术进步,做到供电可靠、运行灵活、节能环保、远近结合、适度超前、标准统一。

1.0.4 城市配电网的规划、设计除应符合本规范的规定外,尚应符合国家现行有关标准的规定。

2 术 语

2.0.1 城市配电网 urban distribution network
  从输电网接受电能,再分配给城市电力用户的电力网。城市配电网分为高压配电网、中压配电网和低压配电网。城市配电网通常是指110kV及以下的电网。其中35kV、66kV、110kV电压为高压配电网,10kV、20kV电压为中压配电网,0.38kV电压为低压配电网。

2.0.2 饱和负荷 saturation load
  指在城市电网或地区电网规划年限中可能达到的、且在一定年限范围内基本处于稳定的最大负荷。饱和负荷应根据城市或地区的长远发展规划和各类电力需求标准制订。

2.0.3 分布式电源 distributed generation
  布置在电力负荷附近,能源利用效率高并与环境兼容,可提供电源或热(冷)源的发电装置。

2.0.4 经济评价 economic evaluation
  经济评价包括财务评价和国民经济评价。配电网规划经济评价主要是指根据国民经济与社会发展以及地区电网发展规划的要求,采用科学的分析方法,对配电网规划方案的财务可行性和经济合理性进行分析论证和综合评价,确定最佳规划方案。经济评价是配电网规划的重要组成部分,是确定规划方案的重要依据。

2.0.5 财务评价 financial evaluation
  在国家现行财税制度和价格体系的前提下,从规划方案的角度出发,计算规划方案范围内的财务效益和费用,分析规划方案的盈利能力和清偿能力,评价方案在财务上的可行性。

2.0.6 国民经济评价 national economy evaluation
  国民经济评价是在合理配置社会资源的前提下,从国家经济整体利益的角度出发,计算规划方案对国民经济的贡献,分析规划方案的经济效率、效果和对社会的影响,评价规划方案在宏观经济上的合理性。

2.0.7 N-1安全准则 N-1 security criterion
  正常运行方式下,电力系统中任一元件无故障或因故障断开,电力系统能保持稳定运行和正常供电,其他元件不过负荷,且系统电压和频率在允许的范围之内。这种保持系统稳定和持续供电的能力和程度,称为"N-1"准则。其中N指系统中相关的线路或元件数量。

2.0.8 容载比 capacity-load ratio
  容载比是配电网某一供电区域中变电设备额定总容量与所供负荷的平均最高有功功率之比值。容载比反映变电设备的运行裕度,是城市电网规划中宏观控制变电总容量的重要指标。

2.0.9 地下变电站 underground substation
  变电站主建筑为独立建设、或与其他建(构)筑物结合建设的建于地下的变电站称为地下变电站,地下变电站分为全地下变电站和半地下变电站。

2.0.10 全地下变电站 fully underground substation
  变电站主建筑物建于地下,主变压器及其他主要电气设备均装设于地下建筑内,地上只建有变电站通风口和设备、人员出入口等建筑以及可能布置在地上的大型主变压器的冷却设备和主控制室等。

2.0.11 半地下变电站 partially underground substation
  变电站以地下建筑为主,主变压器或部分其他主要电气设备装设于地面建筑内。

2.0.12 特殊电力用户 special consumer
  对电力系统和电力设备产生有害影响、对电力用户造成严重危害的负荷用户称为特殊电力用户。畸变负荷用户、冲击负荷用户、波动负荷用户、不对称负荷用户、电压敏感负荷用户以及对电能质量有特殊要求的负荷用户都属于特殊电力用户。

3 城市配电网规划

3.1 规划依据、年限和内容、深度要求

3.1.1 城市配电网规划应根据城市国民经济和社会发展规划、地区电网规划和相关的国家、行业标准编制。

3.1.2 配电网规划的年限应与城市国民经济和社会

发展规划的年限选择一致,近期宜为5a,中期宜为10a,远期宜为15a及以上。

3.1.3 配电网规划宜按高压配电网和中低压配电网分别进行,两者之间应相互衔接。高压配电网应编制近期和中期规划,必要时应编制远期规划。中低压配电网可只编制近期规划。

3.1.4 配电网规划应在对规划区域进行电力负荷预测和区域电网供电能力评估的基础上开展。配电网各阶段规划宜符合下列规定:

　　1 近期规划宜解决配电网当前存在的主要问题,通过网络建设、改造和调整,提高配电网供电的能力、质量和可靠性。近期规划应提出逐年新建、改造和调整的项目及投资估算,为配电网年度建设计划提供依据和技术支持;

　　2 中期规划宜与地区输电网规划相统一,并与近期规划相衔接。重点选择适宜的网络接线,使现有网络逐步向目标网络过渡,为配电网安排前期工作计划提供依据和技术支持;

　　3 远期规划宜与城市国民经济和社会发展规划和地区输电网规划相结合,重点研究城市电源结构和网络布局,规划落实变电站站址和线路走廊、通道,为城市发展预留电力设施用地和线路走廊提供技术支持。

3.1.5 配电网规划应吸收国内外先进经验,规划内容和深度应满足现行国家标准《城市电力规划规范》GB 50293的有关规定,并应包含节能、环境影响评价和经济评价的内容。

3.2 规划的编制、审批与实施

3.2.1 配电网规划编制工作宜由供电企业负责完成,并报有关主管部门审批后实施。

3.2.2 审批通过的配电网规划应纳入城市控制性详细规划,由政府规划部门在市政建设中预留线路走廊及变、配电站等设施用地。

3.2.3 配电网规划应根据负荷与网络的实际变化情况定期开展滚动修编工作。对于中低压配电网部分,宜每隔1a进行一次滚动修编;对于高压配电网部分,宜每隔1a~3a进行一次滚动修编。

3.2.4 有下列情况之一时,配电网规划应进行全面修改或重新编制:

　　1 城市国民经济和社会发展规划或地区输电网规划有重大调整或修改时;

　　2 规划预测的用电负荷有较大变动时;

　　3 配电网应用技术有重大发展、变化时。

3.3 经济评价要求

3.3.1 经济评价应严格执行国家有关经济评价工作的法规政策,应以国民经济中长期规划、行业规划、城市规划为指导。配电网规划的经济评价主要进行财务评价,必要时可进行国民经济评价。

3.3.2 为保证配电网规划方案的合理性,经济评价应符合下列原则:

　　1 效益与费用计算范围相一致;

　　2 效益和费用计算口径对应一致;

　　3 定性分析和定量分析相结合,动态分析和静态分析相结合。

3.3.3 财务评价指标主要有财务内部收益率、财务净现值、投资回收期、资产负债率、投资利润率、投资利税率、资本金利润率。财务评价以定量分析、动态分析为主。动态分析方法主要有财务内部收益率法、财务净现值法、年费用法、动态投资回收期法等。

3.3.4 财务评价应遵循"有无对比"原则,即通过有规划和无规划两种情况下效益和费用的比较,求得增量的效益和费用数据,并计算效益指标,通过增量分析论证规划的盈利能力。

　　1 对无规划情况下基础数据的采集,应预测在计算期内由于设备老化、退役、技术进步及其他因素影响而导致的企业存量资产、电量、经营成本等指标的变化。

　　2 对有规划情况下增量的主要财务指标首先应满足国家、行业、企业的相关基准指标要求,其次应不低于无规划情况下存量的主要财务指标。

3.3.5 经济评价中,根据国家有关经济评价内容的规定或委托方的要求可进行电价测算分析和规划方案的敏感性分析。电价测算分析宜执行"合理成本、合理盈利、依法计税、公平负担"的原则;敏感性分析宜包含投资、负荷增长、电量增长、电价等因素变化产生的影响。

4 城市配电网供电电源

4.1 一般规定

4.1.1 城市供电电源应包括高压输电网中的220kV(或330kV)变电站和接入城市配电网中的各类电厂及分布式电源。

4.1.2 城市供电电源的选择应贯彻国家能源政策,坚持节能、环保、节约用地的原则,积极发展水电、风电、太阳能等清洁能源。

4.2 城市发电厂

4.2.1 电厂接入配电网方式应遵循分层、分区、分散接入的原则。

4.2.2 接入配电网的电厂应根据电厂的送出容量、送电距离、电网安全以及电网条件等因素论证后确定。电厂接入电网的电压等级、电厂规模、单机容量和接入方式应符合所在城市配电网的要求。

4.2.3 接入配电网的电厂应简化主接线，减少出线回路数，避免二次升压。

4.2.4 并网运行的发电机组应配置专用的并、解列装置。

4.3 分布式电源

4.3.1 分布式电源应以就近消纳为主。当需要并网运行时，应进行接入系统研究，接入方案应报有关主管部门审批后实施。

4.3.2 配电网规划宜根据分布式电源的容量、特性和负荷要求，规划分布式电源的网点位置、电压等级、短路容量限值和接入系统要求。

4.3.3 配电网和分布式电源的保护、自动装置应满足孤岛运行的要求，其配置和功能应符合下列规定：

　　1 应能迅速检测出孤岛；

　　2 能对解列的配电网和孤岛采取有效的调控，当故障消除后能迅速恢复并网运行；

　　3 孤岛运行期间，应能保证重要负荷持续、安全用电。

4.4 电源变电站

4.4.1 电源变电站的位置应根据城市规划布局、负荷分布及变电站的建设条件合理确定。

4.4.2 在负荷密集的中心城区，电源变电站应尽量深入负荷中心。

4.4.3 城市电源变电站应至少有两路电源接入。

5 城市配电网络

5.1 一般规定

5.1.1 城市配电网应优化网络结构，合理配置电压等级序列，优化中性点接地方式、短路电流控制水平等技术环节，不断提高装备水平，建设节约型、环保型、智能型配电网。

5.1.2 各级配电网络的供电能力应适度超前，供电主干线路和关键配电设施宜按配电网规划一次建成。

5.1.3 配电网络建设宜规范统一。供电区内的导线、电缆规格、变配电站的规模、型式、主变压器的容量及各种配电设施的类型宜合理配置，可根据需要每个电压等级规定 2 种～3 种。

5.1.4 根据高一级电压网络的发展，城市配电网应有计划地进行简化和改造，避免高低压电磁环网。

5.2 供电分区

5.2.1 高压和中压配电网应合理分区。

5.2.2 高压配电网应根据城市规模、规划布局、人口密度、负荷密度及负荷性质等因素进行分区。一般城市宜按中心城区、一般城区和工业园区分类，特大和大城市可按中心城区、一般城区、郊区和工业园区分类。网络接线与设备标准宜根据分区类别区别选择。

5.2.3 中压配电网宜按电源布点进行分区，分区应便于供、配电管理，各分区之间应避免交叉。当有新的电源接入时，应对原有供电分区进行必要调整，相邻分区之间应具有满足适度转移负荷的联络通道。

5.3 电压等级

5.3.1 城市配电网电压等级的设置应符合现行国家标准《标准电压》GB/T 156 的有关规定。高压配电网可选用 110kV、66kV 和 35kV 的电压等级；中压配电网可选用 10kV 和 20kV 的电压等级；低压配电网可选用 220V/380V 的电压等级。根据城市负荷增长，中压配电网可扩展至 35kV，高压配电网可扩展至 220kV 或 330kV。

5.3.2 城市配电网的变压层次不宜超过 3 级。

5.4 供电可靠性

5.4.1 城市高压配电网的设计应满足 N-1 安全准则的要求。高压配电网中任一元件（母线除外）故障或检修停运时应不影响电网的正常供电。

5.4.2 城市中压电缆网的设计应满足 N-1 安全准则的要求；中压架空网的设计宜符合 N-1 安全准则的要求。

5.4.3 城市低压配电网的设计，可允许低压线路故障时损失负荷。

5.4.4 城市中压用户供电可靠率指标不宜低于表 5.4.4 的规定。

表 5.4.4 供电可靠率指标

供电区类别	供电可靠率(RS-3)（%）	累计平均停电次数（次/年·户）	累计平均停电时间（小时/年·户）
中心城区	99.90	3	9
一般城区	99.85	5	13
郊区	99.80	8	18

注：1 RS-3 是指按不计系统电源不足限电引起停电的供电可靠率。

　　2 工业园区形成初期可按郊区对待，成熟以后可按一般城区对待。

5.4.5 对于不同用电容量和可靠性需求的中压用户应采用不同的供电方式。电网故障造成用户停电时，允许停电的容量和恢复供电的目标应符合下列规定：

　　1 双回路供电的用户，失去一回路后应不损失负荷；

　　2 三回路供电的用户，失去一回路后应不损失负荷，失去两回路时应至少满足 50% 负荷的供电；

　　3 多回路供电的用户，当所有线路全停时，恢复供电的时间为一回路故障处理的时间；

4 开环网络中的用户，环网故障时，非故障段用户恢复供电的时间为网络倒闸操作时间。

5.5 容载比

5.5.1 容载比是评价城市供电区电力供需平衡和安排变电站布点的重要依据。实际应用中容载比可按下式计算：

$$R_{SP} = S_{\Sigma i}/P_{max} \quad (5.5.1)$$

式中：R_{SP}——某电压等级的容载比（MVA/kW）；

$S_{\Sigma i}$——该电压等级变电站的主变容量和（MVA）；

P_{max}——该电压等级年最高预测（或现状）负荷（MW）。

注：1 计算 $S_{\Sigma i}$ 时，应扣除连接在该电压网络中电厂升压站主变压器的容量和用户专用变压器的容量。

2 计算 P_{max} 时，应扣除连接在该电压网络中电厂的直供负荷、用户专用变压器的负荷以及上一级电源变电站的直供负荷。

5.5.2 规划编制中，高压配电网的容载比，可按照规划的负荷增长率在 1.8～2.2 范围内选择。当负荷增长较缓慢时，容载比取低值，反之取高值。

5.6 中性点接地方式

5.6.1 电网中性点接地方式应综合考虑配电网的网架类型、设备绝缘水平、继电保护和通信线路的抗干扰要求等因素确定。中性点接地方式分为有效接地和非有效接地两类。

5.6.2 中性点接地方式选择应符合下列规定：

1 110kV 高压配电网应采用有效接地方式，主变压器中性点应经隔离开关接地；

2 66kV 高压配电网，当单相接地故障电容电流不超过 10A 时，应采用不接地方式；当超过 10A 时，宜采用经消弧线圈接地方式；

3 35kV 高压配电网，当单相接地电容电流不超过 10A 时，应采用不接地方式；当单相接地电容电流超过 10A、小于 100A 时，宜采用经消弧线圈接地方式，接地电流宜控制在 10A 以内；接地电容电流超过 100A，或为全电缆网时，宜采用低电阻接地方式，其接地电阻宜按单相接地电流 1000A～2000A、接地故障瞬时跳闸方式选择；

4 10kV 和 20kV 中压配电网，当单相接地电容电流不超过 10A 时，应采用不接地方式；当单相接地电容电流超过 10A、小于 100A～150A 时，宜采用经消弧线圈接地方式，接地电流宜控制在 10A 以内；当单相接地电流超过 100A～150A，或为全电缆网时，宜采用低电阻接地方式，其接地电阻宜按单相接地电流 200A～1000A、接地故障瞬时跳闸方式选择；

5 220V/380V 低压配电网应采用中性点有效接地方式。

5.7 短路电流控制

5.7.1 短路电流控制应符合下列规定：

1 短路电流控制水平应与电源容量、电网规划、开关设备开断能力相适应；

2 各电压等级的短路电流控制水平应相互配合；

3 当系统短路电流过大时，应采取必要的限制措施。

5.7.2 城市高、中压配电网的短路电流水平不宜超过表 5.7.2 的规定。

表 5.7.2 城市高、中压配电网的短路电流水平

电压等级（kV）	110	66	35	20	10
短路电流控制水平（kA）	31.5, 40	31.5	25	16, 20	16, 20

注：110kV 及以上电压等级变电站，低压母线短路电流限值宜取表中高值。

5.7.3 当配电网的短路电流达到或接近控制水平时应通过技术经济比较选择合理的限流措施，宜采用下列限流措施：

1 合理选择网络接线，增大系统阻抗；

2 采用高阻抗变压器；

3 在变电站主变压器的低压侧加装限流电抗器。

5.8 网络接线

5.8.1 网络接线应符合下列规定：

1 应满足供电可靠性和运行灵活性的要求；

2 应根据负荷密度与负荷重要程度确定；

3 应与上一级电网和地区电源的布点相协调；

4 应能满足长远发展和近期过渡的需要；

5 应尽量减少网络接线模式；

6 下级网络应能支持上级网络。

5.8.2 高压配电网常见的接线方式有链式、支接型、辐射式等，接线方式选择应符合下列规定：

1 在中心城区或高负荷密度的工业园区，宜采用链式、3 支接接线；

2 在一般城区或城市郊区，宜采用 2 支接、3 支接接线或辐射式接线；

3 高压配电网接线方式应符合本规范附录 A 的规定。

5.8.3 中压配电网接线方式应符合下列规定：

1 应根据城市的规模和发展远景优化、规范各供电区的电缆和架空网架，并根据供电区的负荷性质和负荷密度规划接线方式；

2 架空配电网宜采用开环运行的环网接线。在负荷密度较大的供电区宜采用"多分段多联络"的接线方式；负荷密度较小的供电区可采用单电源辐射式

接线，辐射式接线应随负荷增长逐步向开环运行的环网接线过渡；

3　电缆配电网接线方式应符合下列规定：
　　1）电缆配电网宜采用互为备用的 N-1 单环网接线或固定备用的 N 供 1 备接线方式（元件数 N 不宜大于 3）。中压电缆配电网各种接线的电缆导体负载率和备用裕度应符合表 5.8.3 的规定；
　　2）在负荷密度较高且供电可靠性要求较高的供电区，可采用双环网接线方式；
　　3）对分期建设、负荷集中的住宅小区用户可采用开关站辐射接线方式，两个开关站之间可相互联络；

4　中压配电网各种接线的接线方式应符合本规范附录 B 的规定。

表 5.8.3　中压电缆配电网各种接线的电缆导体负载率和备用裕度

接线方式	选择电缆截面的负荷电流	馈线正常运行负载率 k_r(%) 和备用富裕度 k_s(%)	事故方式馈线负载率 k_r(%)
2-1	馈线均按最大馈线负荷电流选择	k_r≤50，k_s≥50	k_r≤100
3-1	馈线均按最大馈线负荷电流选择	k_r≤67，k_s≥33	k_r≤100
N 供 1 备	工作馈线按各自的负荷电流选择，备用馈线按最大负荷馈线电流选择	工作馈线：正常运行负载率 k_r≤100	备用馈线负载率 k_r≤100

注：1　组成环网的电源应分别来自不同的变电站或同一变电站的不同段母线。
　　2　每一环网的节点数量应与负荷密度、可靠性要求相匹配，由环网节点引出的辐射支线不宜超过 2 级。
　　3　电缆网的节点上不宜再派生出孤立小环网的结构型式。

5.8.4　低压配电网宜采用以配电变压器为中心的辐射式接线，相邻配电变压器的低压母线之间可装设联络开关。

5.8.5　中、低压配电网的供电半径应满足末端电压质量的要求，中压配电线路电压损失不宜超过 4%，低压配电线路电压损失不宜超过 6%。根据供电负荷和允许电压损失确定的中、低压配电网供电半径不宜超过表 5.8.5 所规定的数值。

表 5.8.5　中、低压配电网的供电半径（km）

供电区类别	20kV 配电网	10kV 配电网	0.4kV 配电网
中心城区	4	3	0.15
一般城区	8	5	0.25
郊区	10	8	0.4

5.9　无功补偿

5.9.1　无功补偿设备配置应符合下列规定：

1　无功补偿应按照分层分区和就地平衡的原则，采用分散和集中相结合的方式，并能随负荷或电压进行调整，保证配电网枢纽点电压符合现行国家标准《电能质量　供电电压偏差》GB/T 12325 和《并联电容器装置设计规范》GB 50227 的有关规定；

2　配电网中无功补偿应以容性补偿为主，在变、配电站装设集中补偿电容器；在用电端装设分散补偿电容器；在接地电容电流较大的电缆网中，经计算可装设并联电抗器；

3　并联电容补偿应优化配置、宜自动投切。变电站内电容器的投切应与变压器分接头调整协调配合，使母线电压水平控制在规定范围之内。高压变电站和中压配电站内电容器应保证高峰负荷时变压器高压侧功率因数达到 0.95 及以上；

4　在配置电容补偿装置时，应采取措施合理配置串联电抗器的容量。由电容器投切引起的过电压和谐波电流不应超过规定限值。

5.9.2　无功补偿容量配置应符合下列规定：

1　35kV～110kV 变电站无功补偿容量应以补偿变电站内主变压器的无功损耗为主，并根据负荷馈线长度和负荷端的补偿要求确定主变负荷侧无功补偿容量，电容器容量应通过计算确定，宜按主变压器容量的 10%～30% 配置。无功补偿装置按主变压器最终规模预留安装位置，并根据建设阶段分期安装；

2　35kV～110kV 变电站补偿装置的单组容量不宜过大，当 110kV 变电站的单台主变压器容量为 31.5MVA 及以上时，每台主变压器宜配置两组电容补偿装置；

3　10kV 或 20kV 配电站补偿电容器容量应根据配变容量、负荷性质和容量，通过计算确定，宜按配电变压器容量的 10%～30% 配置。

5.9.3　10kV～110kV 变、配电站无功补偿装置一般安装在低压侧母线上。当电容器分散安装在低压用电设备处且高压侧功率因数满足要求时，则不需再在 10kV 配电站或配电变压器台区处安装电容器。

5.10　电能质量要求

5.10.1　城市配电网规划设计时应核算潮流和电压水

平，电压允许偏差应符合国家现行标准《电能质量 供电电压偏差》GB/T 12325 和《电力系统电压和无功电力技术导则》SD 325 的有关规定。正常运行时，系统 220kV、330kV 变电站的 35kV～110kV 母线电压偏差不应超出表 5.10.1 的规定范围。

表 5.10.1　系统 220kV、330kV 变电站的 35kV～110kV 母线电压允许偏差

变电站的母线电压（kV）	电压允许偏差（%）	备　注
110、35	−3～+7	—
10、20	0～+7	也可使所带线路的全部高压用户和经配电变压器供电的低压用户的电压均符合表 5.10.2 的规定值

5.10.2　用户受端电压的偏差不应超出表 5.10.2 的规定范围。

表 5.10.2　用户受端电压的允许偏差

用户受端电压	35kV 及以上	10V、20V	380V	220V
电压允许偏差（%）	±10	±7	±7	+5～−10

5.10.3　城市配电网公共连接点的三相电压不平衡度应符合现行国家标准《电能质量 三相电压不平衡》GB/T 15543 的有关规定。

5.10.4　城市配电网公共连接点的电压变动和闪变应符合现行国家标准《电能质量 电压波动和闪变》GB 12326 的有关规定。

5.10.5　在电网公共连接点的变电站母线处，应配置谐波电压、电流检测仪表。公用电网谐波电压应符合现行国家标准《电能质量　公用电网谐波》GB/T 14549 的有关规定。

6　高压配电网

6.1　高压配电线路

6.1.1　包括架空线路和电缆线路的高压配电线路应符合下列规定：

　　1　为充分利用线路通道，市区高压架空线路宜采用同塔双回或多回架设；

　　2　为优化配电网络结构，变电站宜按双侧电源进线方式布置，或采用低一级电压电源作为应急备用电源；

　　3　市区内架空线路杆塔应适当增加高度，增加导线对地距离。杆塔结构的造型、色调应与环境相协调；

　　4　市区 35kV～110kV 架空线路与其他设施有交叉跨越或接近时，应按照现行国家标准《66kV 及以下架空电力线路设计规范》GB 50061 和《110kV～750kV 架空输电线路设计规范》GB 50545 的有关规定进行设计。距易燃易爆场所的安全距离应符合现行国家标准《爆破安全规程》GB 6722 的有关规定。

6.1.2　架空配电线路跨越铁路、道路、河流等设施及各种架空线路交叉或接近的允许距离应符合表 6.1.2 的规定。

6.1.3　高压架空线路的设计应符合下列规定：

　　1　气象条件应符合现行国家标准《66kV 及以下架空电力线路设计规范》GB 50061 和《110kV～750kV 架空输电线路设计规范》GB 50545 的有关规定；

　　2　高压架空线路的路径选择应符合下列规定：

　　　1) 应根据城市总体规划和城市道路网规划，与市政设施协调，与市区环境相适应；应避免拆迁，严格控制树木砍伐，路径力求短捷、顺直，减少与公路、铁路、河流、河渠的交叉跨越，避免跨越建筑物；

　　　2) 应综合考虑电网的近、远期发展，应方便变电站的进出线减少与其他架空线路的交叉跨越；

　　　3) 应尽量避开重冰区、不良地质地带和采动影响区，当无法避让时，应采取必要的措施；宜避开军事设施、自然保护区、风景名胜区、易燃、易爆和严重污染的场所，其防火间距应符合现行国家标准《建筑设计防火规范》GB 50016 的有关规定；

　　　4) 应满足对邻近通信设施的干扰和影响防护的要求，符合现行行业标准《输电线路对电信线路危险和干扰影响防护设计规范》DL/T 5033 的有关规定；架空配电线路与通信线路的交叉角应大于或等于：一级 40°，二级 25°。

　　3　高压架空线路导线选择应符合下列规定：

　　　1) 高压架空配电线路导线宜采用钢芯铝绞线、钢芯铝合金绞线；沿海及有腐蚀性地区可选用耐腐蚀型导线；在负荷较大的区域宜采用大截面或增容导线；

　　　2) 导线截面应按经济电流密度选择，可根据规划区域内饱和负荷值一次选定，并按长期允许发热和机械强度条件进行校验；

　　　3) 在同一城市配电网内导线截面应力求一致，每个电压等级可选用 2 种～3 种规格，35kV～110kV 架空线路宜根据表 6.1.3 的规定选择导线截面；

表 6.1.2 架空配电线路跨越铁路、道路、电车道、河流等设施及各种架空线路交叉或接近的允许距离 (m)

项目	铁路		公路		电车道		不通航河流			通航河流		弱电线路		电力线路 (kV)					特殊管道	一般管道、索道	人行天桥
	标准轨距	电气化线路	高速 一、二级	三、四级	有轨 无轨		至最高航行水位的最高船桅顶	至最高水位	冬季至冰面			一、二级	三级	3~10	20	35~110	154~220	330	500			
导线在跨越档内的接头要求	不得接头	—	不得接头	—	不得接头		不得接头			不得接头		不得接头	—	—	—	—	—	—	—	不得接头	—	—
导线固定方式	双固定		双固定		双固定		双固定			双固定		双固定								双固定		
最小垂直距离	至轨顶	接触线或承力索	至路面		至承力索或接触线	至路面						至被跨越线		至导线						至管道任何部分	至管道任何部分	至天桥上的栏杆顶
线路电压 (kV) 110	7.5	3.0	7.0		3.0/10.0		2.0	3.0	6.0	6.0		3.0		3.0	3.0	3.0	4.0	5.0	6.0	4.0	3.0	6.0
35~66	7.5	3.0	7.0		3.0/10.0		2.0	3.0	6.0	5.0		3.0		3.0	3.0	3.0	4.0	5.0	8.5	4.0	3.0	6.0
20	7.5	3.0	7.0		3.0/10.0		2.0	3.0	6.0	5.0		2.5		3.0	3.0	3.0	4.0	5.0	8.5	4.0	3.0	6.0
3~10	7.5	3.0	7.0		3.0/9.0		1.5	3.0	6.0	5.0		2.0		2.0	3.0					3.0	2.0	5.0
项目	电杆外缘至轨道中心		电杆外缘至路基边缘		线路与拉纤小路平行时,边导线至斜坡上缘					最高杆(塔高)		在路径受限制地区,两线路边导线间		在路径受限制地区,两线路边导线间						开阔路径高	路径受限地区	导线边缘至人行天桥边缘
	交叉	平行	开阔地区	市区内																		
110	塔高加 3.1m, 无法满足交叉时, 应适当减小, 但不得小于 3m	最高杆塔高加 3.1m	5.0	0.5	0.5							4.0	4.0	5.0	5.0	7.0	9.0	13.0		4.0	5.0
35~66	30		5.0	0.5	0.5							3.5	3.5	5.0	3.5	7.0	9.0	13.0		4.0	5.0
20	10		1.0	0.5	0.5							2.5	2.5	2.5	2.5	7.0	9.0	13.0		3.0	5.0
3~10	5		1.0	0.5	0.5							2.0	2.0	2.5				13.0		2.0	4.0

其他要求:
1. 110kV 交叉时, 电杆不宜在站出信号机以内跨越;
2. 35kV~110kV 线路不宜在站出信号机以内跨越。

1. 1kV 以下电线路和一、二、三级电线路与公路交叉时,导线固定式不限制。
2. 在不受环境和规划限制地区,架空线路与国道、省道、县道、乡道的距离分别不应小于 20m、15m、10m 和 5m。

1. 最高洪水位时,有抗洪抢险船只航行的河流,垂直距离应协商确定。
2. 不通航河流指不能通航和浮运的河流。
3. 常年高水位指 5 年一遇洪水位。
4. 最高洪水位,对大于 20kV 线路,为 50 年一遇;对小于等于 35kV 线路,乡道,为百年一遇洪水位。

1. 两平行线路在开阔地区的水平距离不应小于电杆高度。
2. 弱电线路等级见附录 C。

1. 两平行电线路应小于电杆高度。
2. 线路跨越时,电压高者应架设在上方,电压相同时,公用线应在上方。
3. 电力线与弱电线路的木质电杆交叉时,交叉档电线路应有防雷措施。
4. 对路径受限制地区,应计算最小水平距离导线的要求,大风偏。

1. 特殊管道指易燃、易爆物面上的输送管道;
2. 交叉点不应选在管道检查井(孔)处,与管道、索道平行、交叉时,管道应接地。
3. 索道、管道应接地

导线边缘至人行天桥边缘

实际安装时, 根据规模协商确定

表 6.1.3　35kV～110kV 架空线路导体截面选择

电压（kV）	钢芯铝绞线导体截面（mm²）						
110	630	500	400	300	240	185	—
66	—	500	400	300	240	185	150
35	—	—	—	300	240	185	150

注：截面较大时，可采用双分裂导线，如 2×185mm²、2×240mm²、2×300mm² 等。

　　4）通过市区的架空线路应采用成熟可靠的新技术及节能型材料。导线的安全系数在线间距离及对地高度允许的条件下，可适当增加；

　　5）110kV 和负荷重要且经过地区雷电活动强烈的 66kV 架空线路宜沿全线架设地线，35kV 架空线路宜在进出线段架设 1km～2km 地线。架空地线宜采用铝包钢绞线或镀锌钢绞线。架空地线应满足电气和机械使用条件的要求，设计安全系数宜大于导线设计安全系数；

　　6）确定设计基本冰厚时，宜将城市供电线路和电气化铁路供电线路提高一个冰厚等级，宜增加 5mm。地线设计冰厚应较导线冰厚增加 5mm。

　4　绝缘子、金具、杆塔和基础应符合下列规定：

　　1）绝缘子应根据线路通过地区的污秽等级和杆塔型式选择。线路金具表面应热镀锌防腐。架空线路绝缘子的有效泄漏比距（cm/kV）应满足线路防污等级要求。绝缘子和金具的机械强度安全系数应满足现行国家标准《66kV 及以下架空电力线路设计规范》GB 50061 的规定；

　　2）城网通过市区的架空线路的杆塔选型应合理减少线路走廊占地面积。通过市区的高压配电线路宜采用自立式铁塔、钢管塔、钢管杆或紧凑型铁塔，并根据系统规划采用同塔双回或多回架设，在人口密集地区，可采用加高塔型。当采用多回塔或加高塔时，应考虑线路分别检修时的安全距离和同时检修对电网的影响以及结构的安全性；杆架结构、造型、色调应与环境相协调。

　　3）杆塔基础应根据线路沿线地质、施工条件和杆塔型式等综合因素选择，宜采用占地少的基础型式。电杆及拉线宜采用预制装配式基础；一般情况铁塔可选用现浇钢筋混凝土基础或混凝土基础；软土地基可采用桩基础等；有条件时应优先采用原状土基础、高低柱基础等有利于环境保护的基础型式。

6.1.4　高压电缆线路的使用条件、路径选择、电缆型式、截面选择和敷设方式应符合下列规定：

　1　使用环境条件应符合下列规定：

　　1）高负荷密度的市中心区、大面积建筑的新建居民住宅区及高层建筑区，重点风景旅游区，对市容环境有特殊要求的地区，以及依据城市发展总体规划，明确要求采用电缆线路的地区；

　　2）走廊狭窄、严重污秽，架空线路难以通过或不宜采用架空线路的地区；

　　3）电网结构要求或供电可靠性、运行安全性要求高的重要用户的供电地区；

　　4）易受热带风暴侵袭的沿海地区主要城市的重要供电区。

　2　路径选择应符合下列规定：

　　1）应根据城市道路网规划，与道路走向相结合，电缆通道的宽度、深度应充分考虑城市建设远期发展的要求，并保证地下电缆线路与城市其他市政公用工程管线间的安全距离。应综合比较路径的可行性、安全性、维护便利及节省投资等因素；

　　2）电缆构筑物的容量、规模应满足远期规划要求，地面设施应与环境相协调。有条件的城市宜协调建设综合管道；

　　3）应避开易遭受机械性外力、过热和化学腐蚀等危害的场所；

　　4）应避开地下岩洞、水涌和规划挖掘施工的地方。

　3　电缆型式和截面选择宜符合下列规定：

　　1）宜选用交联聚乙烯绝缘铜芯电缆；

　　2）电缆截面应根据输送容量、经济电流密度选择，并按长期发热、电压损失和热稳定进行校验。同一城市配电网的电缆截面应力求一致，每个电压等级可选用 2 种～3 种规格，35kV～110kV 电缆可依据表 6.1.4 的规定选择导体截面。

表 6.1.4　35kV～110kV 电缆截面选择

电压（kV）	电缆截面（mm²）							
110	1200	1000	800	630	500	400	300	240	—
66	—	—	800	—	500	400	300	240	185
35	—	—	—	630	500	400	300	240	185

　4　电缆外护层和终端选择应符合下列规定：

　　1）电缆外护层应根据正常运行时导体最高工作温度条件选择，宜选用阻燃、防白蚁、鼠啮和真菌侵蚀的外护层；敷设于水下时电缆外护层还应采用防水层结构；

　　2）电缆终端选择宜采用瓷套式或复合绝缘电

缆终端，电缆终端的额定参数和绝缘水平应与电缆相同。

5 电缆敷设方式应根据电压等级、最终敷设电缆的数量、施工条件及初期投资等因素确定，可按不同情况采取以下方式：

1) 直埋敷设适用于市区人行道、公园绿地及公共建筑间的边缘地带；
2) 沟槽敷设适用于不能直接埋入地下且无机动车负载的通道。电缆沟槽内应设支架支撑、分隔，沟盖板宜分段设置；
3) 排管敷设适用于电缆条数较多，且有机动车等重载的地段；
4) 隧道敷设适用于变电站出线及重要街道电缆条数多或多种电压等级电缆线路平行的地段。隧道应在变电站选址及建设时统一规划、同步建设，并考虑与城市其他公用事业部门共同建设使用；
5) 架空敷设适用于地下水位较高、化学腐蚀液体溢流、地面设施拥挤的场所和跨河桥梁处。架空敷设一般采用定型规格尺寸的桥架安装。架设于桥梁上的电缆，应利用桥梁结构，并防止由于桥架结构胀缩而使电缆损坏；
6) 水下敷设应根据具体工程特殊设计；
7) 根据城市规划，有条件时，经技术经济比较可采用与其他地下设施共用通道敷设。

6.1.5 直埋敷设的电缆，严禁敷设在地下管道的正上方或正下方，电缆与电缆或电缆与管道、道路、构筑物等相互间的允许最小距离应符合表 6.1.5 的规定。

表 6.1.5 电缆与电缆或电缆与管道、道路、构筑物等相互间的允许最小距离（m）

电缆直埋敷设时的周围设施状况		允许最小间距			
		平行	特殊条件	交叉	特殊条件
控制电缆之间		—		0.50	
电力电缆之间或与控制电缆之间	10kV 及以下电力电缆	0.10	—	0.50	
	10kV 以上电力电缆	0.25	隔板分隔或穿管时，应大于或等于 0.10m	0.50	
不同部门使用的电缆		0.50		0.50	当采用隔板分隔或电缆穿管时，间距应大于或等于 0.25m
电缆与地下管沟	热力管沟	2.00	特殊情况，可适当减小，但减小值不得大于 50%	0.50	
	油管或易(可)燃气管道	1.00	—	0.50	
	其他管道	0.50	—	0.50	

续表 6.1.5

电缆直埋敷设时的周围设施状况		允许最小间距			
		平行	特殊条件	交叉	特殊条件
电缆与铁路	非直流电气化铁路路轨	3.00	—	1.00	交叉时电缆应穿于保护管，保护范围超出路基 0.50m 以上
	直流电气化铁路路轨	10.00	—	1.00	
电缆与树木的主干		0.70	—	—	—
电缆与建筑物基础		0.60		—	—
电缆与公路边		1.50	特殊情况，可适当减小，但减小值不得大于 50%	1.00	交叉时电缆应穿于保护管，保护范围超出路、沟边 0.50m 以上
电缆与排水沟边		1.00		0.50	
电缆与 1kV 以下架空线杆		1.00		—	—
电缆与 1kV 以上架空线杆塔基础		4.00		—	—
与弱电通信或信号电缆		按电力系统单相接地短路电流和平行长度计算决定		0.25	

6.1.6 电缆防火应执行现行国家标准《火力发电厂与变电站设计防火规范》GB 50229 和《电力工程电缆设计规范》GB 50217 的有关规定，阻燃电缆和耐火电缆的应用应符合下列规定：

1 敷设在电缆防火重要部位的电力电缆，应选用阻燃电缆；

2 自变、配电站终端引出的电缆通道或电缆夹层内的出口段电缆，应选用阻燃电缆或耐火电缆；

3 重要的工业与公共设施的供配电电缆宜采用阻燃电缆；

4 经过易燃、易爆场所、高温场所的电缆和用于消防、应急照明、重要操作直流电源回路的电缆应选用耐火电缆；

5 对电缆可能着火导致严重事故的回路、易受外部影响波及火灾的电缆密集场所，应采用阻火分隔、封堵等防火措施。

6.2 高压变电站

6.2.1 变电站布点应符合下列规定：

1 变电站应根据电源布局、负荷分布、网络结构、分层分区的原则统筹考虑、统一规划；

2 变电站应满足负荷发展的需求，当已建变电站主变台数达到 2 台时，应考虑新增变电站布点的方案；

3 变电站应根据节约土地、降低工程造价的原则征用土地。

6.2.2 变电站站址选择应符合下列规定：

1 符合城市总体规划用地布局和城市电网发展规划要求；

2 站址占地面积应满足最终规模要求，靠近负荷中心，便于进出线的布置，交通方便；

3 站址的地质、地形、地貌和环境条件适宜，能有效避开易燃、易爆、污染严重的地区，利于抗震和非危险的地区，满足防洪和排涝要求的地区；

4 站内电气设备对周围环境和邻近设施的干扰和影响符合现行国家标准有关规定的地区。

6.2.3 变电站主接线方式应满足可靠性、灵活性和经济性的基本原则，根据变电站性质、建设规模和站址周围环境确定。主接线应力求简单、清晰，便于操作维护。各类变电站的电气主接线方式应符合本规范附录 A 的规定。

6.2.4 变电站的布置应因地制宜、紧凑合理，尽可能节约用地。变电站宜采用占空间较小的全户内型或紧凑型变电站，有条件时可与其他建筑物混合建设，必要时可建设半地下或全地下的地下变电站。变电站配电装置的设计应符合现行行业标准《高压配电装置设计技术规程》DL/T 5352 的规定。

6.2.5 变电站的主变压器台数最终规模不宜少于 2 台，但不宜多于 4 台，主变压器单台容量宜符合表 6.2.5 容量范围的规定。同一城网相同电压等级的主变压器宜统一规格，单台容量规格不宜超过 3 种。

表 6.2.5 变电站主变压器单台容量范围

变电站最高电压等级(kV)	主变压器电压比(kV)	单台主变压器容量(MVA)
110	110/35/10	31.5、50、63
110	110/20	40、50、63、80
110	110/10	31.5、40、50、63
66	66/20	40、50、63、80
66	66/10	31.5、40、50
35	35/10	5、6.3、10、20、31.5

6.2.6 变电站最终出线规模应符合下列规定：

1 110kV 变电站 110kV 出线宜为 2 回～4 回，有电厂接入的变电站可根据需要增加至 6 回；每台变压器的 35kV 出线宜为 4 回～6 回，20kV 出线宜为 8 回～10 回，10kV 出线宜为 10 回～16 回；

2 66kV 变电站 66kV 出线宜为 2 回～4 回；每台变压器的 10kV 出线宜为 10 回～14 回；

3 35kV 变电站 35kV 出线宜为 2 回～4 回；每台变压器的 10kV 出线宜为 4 回～8 回。

6.2.7 主要设备选择应符合下列规定：

1 设备选择应坚持安全可靠、技术先进、经济合理和节能的原则，宜采用紧凑型、小型化、无油化、免维护或少维护、环保节能、并具有必要的自动功能的设备；智能变电站采用智能设备；

2 主变压器应选用低损耗型，其外形结构、冷却方式及安装位置应根据当地自然条件和通风散热措施确定；

3 位于繁华市区、狭窄场地、重污秽区、有重要景观等场所的变电站宜优先采用 GIS 设备。根据站址位置和环境条件，有条件时也可采用敞开式 SF6 断路器或其他型式不完全封闭组合电器等；

4 10kV、20kV 开关柜宜采用封闭式开关柜，配真空断路器、弹簧操作机构；

5 设备的短路容量应满足远期电网发展的需要；

6 变电站站用电源宜采用两台变压器供电，站用变压器应接于不同的母线段。户内宜选用干式变压器，户外应选全密封油浸式变压器。

6.2.8 过电压保护及接地应符合下列规定：

1 配电线路和城市变电站的过电压保护应符合现行行业标准《交流电气装置的过电压保护和绝缘配合》DL/T 620 的规定，配电设备的耐受电压水平应符合表 6.2.8 的规定。

表 6.2.8 高、中压配电设备的耐受电压水平

标称电压(kV)	设备最高电压(kV)	设备种类	雷电冲击耐受电压峰值(kV) 相对地	雷电冲击耐受电压峰值(kV) 相间	雷电冲击耐受电压峰值(kV) 断口 断路器	雷电冲击耐受电压峰值(kV) 断口 隔离开关	短时工频耐受电压有效值(kV) 相对地	短时工频耐受电压有效值(kV) 相间	短时工频耐受电压有效值(kV) 断口 断路器	短时工频耐受电压有效值(kV) 断口 隔离开关
110	126	变压器	450/480	—	—	—	185/200	—	—	—
110	126	开关	450、550	450、550	520、630	200、230	200、230	200、230	225、265	
66	72.5	变压器	350	—	—	—	150	—	—	—
66	72.5	开关	325	325	325	375	155	155	155	197
35	40.5	变压器	185/200	—	—	—	80/85	—	—	—
35	40.5	开关	185	185	185	215	95	95	95	118
20	24	变压器	125 (95)	—	—	—	55 (50)	—	—	—
20	24	开关	125	125	125	145	65	65	65	79
10	12	变压器	75 (60)	—	—	—	35 (28)	—	—	—
10	12	开关	75 (60)	75 (60)	85 (70)	42 (28)	42 (28)	49 (35)		
0.4		开关	4～12				2.5			

注：1 分子、分母数据分别对应外绝缘和内绝缘。

2 括号内、外数据分别对应是、非低电阻接地系统。

3 低压开关设备的工频耐受电压和冲击耐受电压取决于设备的额定电压、额定电流和安装类别。

2 变电站的接地应符合现行行业标准《交流电气装置的接地》DL/T 621 的有关规定。变电站接

地网中易腐蚀且难以修复的场所的人工接地极宜采用铜导体,室内接地母线及设备接地线可采用钢导体。

6.2.9 变电站建筑结构应符合下列规定:

 1 变电站建筑物宜造型简单、色调清晰,建筑风格与周围环境、景观、市容风貌相协调。建筑物应满足生产功能和工业建筑的要求,土建设施宜按规划规模一次建成,辅助设施、内外装修应满足需要、从简设置、经济、适用;

 2 变电站的建筑物及高压电气设备应根据重要性按国家公布的所在区地震烈度等级设防;

 3 变电站应采取有效的消防措施,并应符合现行国家标准《火力发电厂与变电站设计防火规范》GB 50229 的有关规定。

7 中压配电网

7.1 中压配电线路

7.1.1 中压配电线路的规划设计应符合下列规定:

 1 中心城区宜采用电缆线路,郊区、一般城区和其他无条件采用电缆的地段可采用架空线路;

 2 架空线路路径的选择应符合本规范第 6.1.2 条和第 6.1.3 条的规定;

 3 电缆的应用条件、路径选择、敷设方式和防火措施应符合本规范第 6.1.4 条、第 6.1.5 条和第 6.1.6 条的有关规定;

 4 配电线路的分段点和分支点应装设故障指示器。

7.1.2 中压架空线路的设计应符合下列规定:

 1 在下列不具备采用电缆型式供电区域,应采用架空绝缘导线线路;

  1)线路走廊狭窄,裸导线架空线路与建筑物净距不能满足安全要求时;

  2)高层建筑群地区;

  3)人口密集,繁华街道区;

  4)风景旅游区及林带区;

  5)重污秽区;

  6)建筑施工现场。

 2 导线和截面选择应符合下列规定:

  1)架空导线宜选择钢芯铝绞线及交联聚乙烯绝缘线;

  2)导线截面应按温升选择,并按允许电压损失、短路热稳定和机械强度条件校验,有转供需要的干线还应按转供负荷时的导线安全电流验算;

  3)为方便维护管理,同一供电区,相同接线和用途的导线截面宜规格统一,不同用途的导线截面宜按表 7.1.2 的规定选择。

表 7.1.2 中压配电线路导线截面选择

线路型式	主干线(mm²)			分支线(mm²)		
架空线路	—	240	185	150	120	95	70
电缆线路	500	400	300	240	185	150	120	70

注:1 主干线主要指从变电站馈出的中压线路、开关站的进线和中压环网线路。
  2 分支线是指引至配电设施的线路。

 3 中压架空线路杆塔应符合下列规定:

  1)同一变电站引出的架空线路宜多回同杆(塔)架设,但同杆(塔)架设不宜超过四回;

  2)架空配电线路直线杆宜采用水泥杆,承力杆(耐张杆、转角杆、终端杆)宜采用钢管杆或窄基铁塔;

  3)架空配电线路宜采用 12m 或 15m 高的水泥杆,必要时可采用 18m 高的水泥杆;

  4)各类杆塔的设计、计算应符合现行国家标准《66kV 及以下架空电力线路设计规范》GB 50061 的有关规定。

 4 中压架空线路的金具、绝缘子应符合下列规定:

  1)中压架空配电线路的绝缘子宜根据线路杆塔型式选用针式绝缘子、瓷横担绝缘子或蝶式绝缘子;

  2)城区架空配电线路宜选用防污型绝缘子。黑色金属制造的金具及配件应采用热镀锌防腐;

  3)重污秽及沿海地区,按架空线路通过地区的污秽等级采用相应外绝缘爬电比距的绝缘子;

  4)架空配电线路宜采用节能金具,绝缘导线金具宜采用专用金具;

  5)绝缘子和金具的安装设计宜采用安全系数法,绝缘子和金具机械强度的验算及安全系数应符合现行国家标准《66kV 及以下架空电力线路设计规范》GB 50061 的有关规定。

7.1.3 中压电缆线路的设计和电缆选择应符合下列规定:

 1 电缆截面应按线路敷设条件校正后的允许载流量选择,并按允许电压损失、短路热稳定等条件校验,有转供需要的主干线应验算转供方式下的安全载流量,电缆截面应留有适当裕度;电缆缆芯截面宜按表 7.1.2 的规定选择;

 2 中压电缆的缆芯对地额定电压应满足所在电力系统中性点接地方式和运行要求。中压电缆的绝缘水平应符合表 7.1.3 的规定;

 3 中压电缆宜选用交联聚乙烯绝缘电缆;

4 电缆敷设在有火灾危险场所或室内变电站时，应采用难燃或阻燃型外护套；

5 电缆线路的设计应符合现行国家标准《电力工程电缆设计规范》GB 50217 的有关规定；

表 7.1.3 中压电缆绝缘水平选择 (kV)

系统标称电压，U_n		10		20	
电缆额定电压 U_0/U	U_0 第一类*	6/10	—	12/20	—
	U_0 第二类**	—	8.7/10	—	18/20
缆芯之间的工频最高电压 U_{max}		12		24	
缆芯对地雷电冲击耐受电压峰值 U_{Pl}		75	95	125	170

注：1 *指中性点有效接地系统；
    2 **指中性点非有效接地系统。

7.2 中压配电设施

7.2.1 中压开关站应符合下列规定：

1 当变电站的 10（20）kV 出线走廊受到限制、10（20）kV 配电装置馈线间隔不足且无扩建余地时，宜建设开关站。开关站应配合城市规划和市政建设同步进行，可单独建设，也可与配电站配套建设；

2 开关站宜根据负荷分布均匀布置，其位置应交通运输方便，具有充足的进出线通道，满足消防、通风、防潮、防尘等技术要求；

3 中压开关站转供容量可控制在 10MVA～30MVA，电源进线宜为 2 回或 2 进 1 备，出线宜为 6 回～12 回。开关站接线应简单可靠，宜采用单母线分段接线。

7.2.2 中压室内配电站、预装箱式变电站、台架式变压器的设计应符合下列规定：

1 配电站站址设置应符合下列规定：
  1) 配电站位置应接近负荷中心，并按照配电网规划要求确定配电站的布点和规模。站址选择应符合现行国家标准《10kV 及以下变电所设计规范》GB 50053 的有关规定；
  2) 位于居住区的配电站宜按"小容量、多布点"的原则设置。

2 室内配电站应符合下列规定：
  1) 室内站可独立设置，也可与其他建筑物合建；
  2) 室内站宜按两台变压器设计，通常采用两路进线，变压器容量应根据负荷确定，宜为 315kVA～1000kVA；
  3) 变压器低压侧应按单母线分段接线方式，装设分段断路器；低压进线柜宜装设配电综合监测仪；
  4) 配电站的型式、布置、设备选型和建筑结构等应符合现行国家标准《10kV 及以下变电所设计规范》GB 50053 的有关规定。

3 预装箱式变电站应符合下列规定：
  1) 受场地限制无法建设室内配电站的场所可安装预装箱式变电站；施工用电、临时用电可采用预装箱式变电站。预装箱式变电站只设 1 台变压器；
  2) 中压预装箱式变电站可采用环网接线单元，单台变压器容量宜为 315kVA～630kVA，低压出线宜为 4 回～6 回；
  3) 预装箱式变电站宜采用高燃点油浸变压器，需要时可采用干式变压器；
  4) 受场地限制无法建设地上配电站的地方可采用地下预装箱式配电站。地下预装箱式配电站应有可靠的防水防潮措施。

4 台架式变压器应符合下列规定：
  1) 台架变应靠近负荷中心。变压器台架宜按最终容量一次建成。变压器容量宜为 500kVA 及以下，低压出线宜为 4 回及以下；
  2) 变压器台架对地距离不应低于 2.5m，高压跌落式熔断器对地距离不应低于 4.5m；
  3) 高压引线宜采用多股绝缘线，其截面按变压器额定电流选择，但不应小于 25mm²；
  4) 台架变的安装位置应避开易受车辆碰撞及严重污染的场所，台架下面不应设置可攀爬物体；
  5) 下列类型的电杆不宜装设变压器台架：转角、分支电杆；设有低压接户线或电缆头的电杆；设有线路开关设备的电杆；交叉路口的电杆；人员易于触及和人口密集地段的电杆；有严重污秽地段的电杆。

7.3 中压配电设备选择

7.3.1 配电变压器选型应符合下列规定：

1 配电变压器应选用符合国家标准要求的环保节能型变压器。

2 配电变压器的耐受电压水平应满足本规范表 6.2.8 的规定。

3 配电变压器的容量宜按下列范围选择：
  1) 台架式三相配电变压器宜为 50kVA～500kVA；
  2) 台架式单相配电变压器不宜大于 50kVA；
  3) 配电站内油浸变压器不宜大于 630kVA，干式变压器不宜大于 1000kVA。

4 配电变压器运行负载率宜按 60%～80% 设计。

7.3.2 配电开关设备应符合下列规定：

1 中压开关设备应满足环境使用条件、正常工作条件的要求，其短路耐受电流和短路分断能力应满足系统短路热稳定电流和动稳定电流的要求；

2 设备参数应满足负荷发展的要求，并应符合网络的接线方式和接地方式的要求；

3 断路器柜应选用真空或六氟化硫断路器柜系列；负荷开关环网柜宜选用六氟化硫或真空环网柜系列。在有配网自动化规划的区域，设备选型应满足配电网自动化的遥测、遥信和遥控的要求，断路器应具备电动操作功能；智能配电站应采用智能设备。

4 安装于户外、地下室等易受潮或潮湿环境的设备，应采用全封闭的电气设备。

7.3.3 电缆分接箱应符合下列规定：

1 电缆分接箱宜采用屏蔽型全固体绝缘，外壳应满足使用场所的要求，应具有防水、耐雨淋及耐腐蚀性能；

2 电缆分接箱内宜预留备用电缆接头。主干线上不宜使用电缆分接箱。

7.3.4 柱上开关及跌落式熔断器应符合下列规定：

1 架空线路分段、联络开关应采用体积小、少维护的柱上无油化开关设备，当开关设备需要频繁操作和放射型较大分支线的分支点宜采用断路器；

2 户外跌落式熔断器应满足系统短路容量要求，宜选用可靠性高、体积小和少维护的新型熔断器。

7.4 配电设施过电压保护和接地

7.4.1 中低压配电线路和配电设施的过电压保护和接地设计应符合现行行业标准《交流电气装置的过电压保护和绝缘配合》DL/T 620 和《交流电气装置的接地》DL/T 621 的有关规定。

7.4.2 中低压配电线路和配电设施的过电压保护宜采用复合型绝缘护套氧化锌避雷器。

7.4.3 采用绝缘导线的中、低压配电线路和与架空线路相连接的电缆线路，应根据当地雷电活动情况和实际运行经验采取防雷措施。

8 低压配电网

8.1 低压配电线路

8.1.1 低压配电线路的选型应符合下列规定：

1 低压配电线路应根据负荷性质、容量、规模和路径环境条件选择电缆或架空型式，架空线路的导体根据路径环境条件可采用普通绞线或架空绝缘导线。

2 低压配电导体系统宜采用单相二线制、两相三线制、三相三线制和三相四线制。

8.1.2 低压架空线路应符合下列规定：

1 架空线路宜采用架空绝缘线，架设方式可采用分相式或集束式。当采用集束式时，同一台变压器供电的多回低压线路可同杆架设；

2 架空线路宜采用不低于10m高的混凝土电杆，也可采用窄基铁塔或钢管杆；

3 导线采用垂直排列时，同一供电台区导线的排列和相序应统一，中性线、保护线或保护中性线（PEN 线）不应高于相线。采用水平排列时，中性线、保护线或保护中性线（PEN 线）应排列在靠建筑物一侧；

4 导线宜采用铜芯或铝芯绝缘线，导体截面按 3a 规划负荷确定，线路末端电压应符合现行国家标准《电能质量 供电电压偏差》GB/T 12325 的有关规定。导线截面宜按表 8.1.2 的规定选择。

表 8.1.2 低压配电线路导线截面选择

导线型式	主干线（mm²）			分支线（mm²）		
架空绝缘线	240	185	—	120	—	95	70	50
电缆线路	240	185	150	—	120	95	70	—
中性线	低压三相四线制中的 N 线截面，宜与相线截面相同					
保护线	当相线截面≤16mm²，宜和相线截面相同；相线截面＞16mm²，宜取 16mm²；相线截面＞35mm²，宜取相线截面的 50%					

8.1.3 低压电缆线路应符合下列规定：

1 低压电缆的芯数应根据低压配电系统的接地型式确定，TT 系统、TN-C 或中性线和保护线部分共用系统（TN-C-S）应采用四芯电缆，TN-S 系统应采用五芯电缆；

2 沿同一路径敷设电缆的回路数为 4 回及以上时，宜采用电缆沟敷设；4 回以下时，宜采用槽盒式直埋敷设。在道路交叉较多、路径拥挤地段而不宜用电缆沟和直埋敷设时，可采用电缆排管敷设。在北方地区，当采用排管敷设方式时，电缆排管应敷设在冻土层以下；

3 低压电缆的额定电压（U_0/U）宜选用 0.6kV/1kV；

4 电缆截面规格宜取 2 种～3 种，宜按表 8.1.2 的规定选择。

8.2 接 地

8.2.1 低压配电系统的接地型式和接地电阻应符合现行行业标准《交流电气装置的接地》DL/T 621 的有关规定，接地型式应按下列规定选择：

1 低压配电系统可采用 TN 和 TT 接地型式，一个系统只应采用一种接地型式；

2 设有变电所的公共建筑和场所的电气装置和施工现场专用的中性点直接接地电力设施应采用 TN-S 接地型式；

3 有专业人员维护管理的一般性厂房和场所的电气装置应采用 TN-C 接地型式；

4 无附设变电所的公共建筑和场所的电气装置应采用 TN-C-S 接地型式，其保护中性导体应在建筑物的入口处作等电位联结并重复接地；

5 在无等电位联结的户外场所的电气装置和无附设变电所的公共建筑和场所的电气装置可采用 TT 接地型式。当采用 TT 接地型式时，除变压器低压侧中性点直接接地外，中性线不得再接地，且保持与相线同等的绝缘水平。

8.2.2 建筑物内的低压电气装置应采用等电位联接。

8.2.3 低压漏电保护的配置和选型应符合下列规定：

1 采用 TT 或 TN-S 接地型式的配电系统，漏电保护器应装设在电源端和负荷端，根据需要也可再在分支线端装设漏电保护器；

2 采用 TN-C-S 接地型式的配电系统，应在负荷端装设漏电保护器，采用 TN-C 接地型式的配电系统，需对用电设备采用单独接地、形成局部 TT 系统后采用末级漏电保护器。TN-C-S 和 TN-C 接地系统不应装设漏电总保护和漏电中级保护；

3 低压配电系统采用两级及以上的漏电保护时，各级漏电保护器的动作电流和动作时间应满足选择性配合要求；

4 主干线和分支线上的漏电保护器应采用三相（三线或四线）式，末级漏电保护器根据负荷特性采用单相式或三相式。

8.3 低压配电设备选择

8.3.1 低压开关设备的配置和选型应符合下列规定：

1 配电变压器低压侧的总电源开关和低压母线分段开关，当需要自动操作时，应采用低压断路器。断路器应具有必要的功能及可靠的性能，并能实现连锁和闭锁；

2 开关设备的额定电压、额定绝缘电压、额定冲击耐受电压应满足环境条件、系统条件、安装条件和设备结构特性的要求；

3 设备应满足正常环境使用条件和正常工作条件下接通、断开和持续额定工况的要求，应满足短路条件下耐受短路电流和分断能力的要求；

4 具有保护功能的低压断路器应满足可靠性、选择性和灵敏性的规定。

8.3.2 隔离电器的配置和选型应符合下列规定：

1 自建筑外引入的配电线路，应在室内靠近进线点便于操作维护的地方装设隔离电器；

2 低压电器的冲击耐受及断开触头之间的泄漏电流应符合现行国家标准的规定；

3 低压电器触头之间的隔离距离应是可见的或明显的，并有"合"（I）或"断"（O）的标记；

4 隔离电器的结构和安装，应能可靠地防止意外闭合；

5 隔离电器可采用单极或多极隔离开关、隔离插头、插头或插座等型式，半导体电器不应用作隔离电器。

8.3.3 导体材料选型应符合下列规定：

1 导体材料及电缆电线可选用铜线或铝线。民用建筑宜采用铜芯电缆或电线，下列场所应选用铜芯电缆或电线：

1）易燃易爆场所；
2）特别潮湿场所和对铝有腐蚀场所；
3）人员聚集的场所，如影剧院、商场、医院、娱乐场所等；
4）重要的资料室、计算机房、重要的库房；
5）移动设备或剧烈震动场所；
6）有特殊规定的其他场所。

2 导体的类型应根据敷设方式及环境条件选择。

9 配电网二次部分

9.1 继电保护和自动装置

9.1.1 继电保护和自动装置配置应满足可靠性、选择性、灵敏性、速动性的要求，继电保护装置宜采用成熟可靠的微机保护装置。继电保护和自动装置配置应符合现行国家标准《继电保护和安全自动装置技术规程》GB/T 14285 的有关规定。

9.1.2 高压配电设施继电保护及自动装置的配置应符合下列规定：

1 35kV～110kV 配电设施继电保护及自动装置配置宜根据表 9.1.2 的规定经计算后配置：

表 9.1.2 35kV～110kV 配电设施继电保护及自动装置配置

被保护设备名称	保护类别		
	主保护	后备保护	自动装置
110kV 主变压器	带制动的差动、重瓦斯	高压复合电压过流，零序电流，间隙电流，过压，低压复合电压过流，过负荷，轻瓦斯，温度	—
35kV、66kV 主变压器	带制动的差动、重瓦斯	高压复合电压过流，低压复合电压过流，过负荷，轻瓦斯，温度	—
110kV 线路	纵联电流差动、距离 I (t/0)	相间-距离 II (t) III (t) 接地-零序 I (t/0) II (t) III (t)	备自投/三相一次重合闸*
	速断 t/0、	过流 t，单相接地 t	低周减载，三相一次重合闸
35kV、66kV 线路	纵联电流差动	过流 t，单相接地 t	电缆和架空短线路，电流电压保护不能满足要求时装设

续表 9.1.2

被保护设备名称	保护类别 主保护	保护类别 后备保护	保护类别 自动装置
10kV、20kV 线路	速断 t/0	过流 t, 单相接地 t	低周减载, 三相一次重合闸
	纵联电流差动	过流 t, 单相接地 t	电缆、架空短线路和要求装设的线路
10kV、20kV 电容器	短延时速断 t/0	内部故障:熔断器-低电压、单、双星-不平衡电压保护过电压、过电流、单相接地保护	电容自动投切
10kV、20kV 接地变压器	速断 t/0	过流 t, 零序 Ⅰ(t)Ⅱ(t), 瓦斯	保护出口三时段: 分段, 本体, 主变低压
10kV、20kV 站用变压器	速断 t/0	过流 t, 零序 Ⅰ(t)Ⅱ(t), 瓦斯	380V 分段开关应设备自投装置, 空气开关应设操作单元
10kV、20kV 分段母线	宜采用不完全差动	过流 t	备自投, PT 并列装置

注:*架空线路或电缆、架空混合线路, 如用电设备允许且无备用电源自动投入时, 应装设重合闸。

2 保护通道应符合下列规定:

　　1) 为满足纵联保护通道可靠性的要求, 应采用光缆传输通道, 纤芯数量应满足保护通道的需要;

　　2) 每回线路保护应有 4 芯纤芯, 线路两端的变电站, 应为每回线路保护提供两个复用通道接口。

9.1.3 中、低压配电设施继电保护及自动装置宜按表 9.1.3 的规定配置。

表 9.1.3　中、低压配电设施继电保护和自动装置配置

被保护设备名称		保护配置
10/0.4kV 配电变压器	油式 <800kVA	高压侧采用熔断器式负荷开关环网柜, 用限流熔断器作为速断和过流、过负荷保护
	干式 <1000kVA	
	油式 ≥800kVA	高压侧采用断路器柜、配置速断、过流、过负荷、温度、瓦斯(油浸式)保护, 对重要变压器, 当电流速断保护灵敏度不符合要求时也可采用纵差保护
	干式 ≥1000kVA	

续表 9.1.3

被保护设备名称	保护配置
10kV、20kV 配电线路	1. 宜采用三相、两段式电流保护, 视线路长度、重要性及选择性要求设置瞬时或延时速断, 保护装在电源侧, 远后备方式, 配用自动重合闸装置; 2. 电缆和架空短线路采用纵联电流差动, 配电流后备; 3. 环网线路宜开环运行, 平行线路不宜并列运行, 合环运行的配电网应配置纵差保护; 4. 对于低电阻接地系统应配置两段式零序电流保护; 5. 零序电流构成方式: 电缆线路或经电缆引出的架空线路, 宜采用零序电流互感器; 对单相接地电流较大的架空线路, 可采用三相电流互感器组成零序电流滤过器
0.4kV 配电线路	配置短路过负荷、接地保护, 各级保护应具有选择性。空气断路器或熔断器的长延动作电流应大于线路的计算负荷电流, 小于工作环境下配电线路的长期允许载流量
配电设施自动装置	1. 具有双电源的配电装置, 在按原定计划进线侧应设备用电源自投装置; 在工作电源断开后, 备用电源动作投入, 且只能动作一次, 但在后一级设备发生短路、过负荷、接地等保护动作、电压互感器的熔断器熔断时应闭锁不动作; 2. 对多路电源供电的中、低压配电装置, 电源进线侧应设置闭锁装置, 防止不同电源并列

注: 1 保护信息的传输宜采用光纤通道。对于线路电流差动保护的传输通道, 往返均应采用同一信号通道传输。
　　2 非有效接地系统, 保护装置宜采用三相配置。

9.2　变电站自动化

9.2.1　35kV～110kV 变电站应按无人值班模式设计, 根据规划可建设智能变电站。

9.2.2　应采用分层、分布、开放式网络结构的计算机监控系统。系统可由站控层、间隔层和网络设备等构成, 站控层和间隔层设备宜分别按远景规模和实际建设规模配置。

9.2.3 通信介质，二次设备室内宜采用屏蔽双绞线，通向户外的应采用光缆。

9.3 配电自动化

9.3.1 配电自动化的规划和实施应符合下列规定：

    1 配电自动化规划应根据城市电网发展及运行管理需要，按照因地制宜、分层分区管理的原则制定；

    2 配电自动化的建设应遵循统筹兼顾、统一规划、优化设计、局部试点、远近结合、分步进行的原则实施；配电自动化应建设智能配电网创造条件；

    3 配电自动化的功能应与城市电网一次系统相协调，方案和设备选择应遵循经济、实用的原则，注重其性能价格比，并在配电网架结构相对稳定、设备可靠、一次系统具有一定的支持能力的基础上实施；

    4 配电自动化的实施方案应根据应用需求、发展水平和可靠性要求的不同分别采用集中、分层、就地自动控制的方式。

9.3.2 配电自动化结构宜符合下列规定：

    1 配电自动化系统应包括配电主站、配电子站和配电远方终端。配电远方终端包括配电网馈线回路的柱上和开关柜馈线远方终端（FTU）、配电变压器远方监控终端（TTU）、开关站和配电站远方监控终端（DTU）、故障监测终端等。

    2 系统信息流程为：配电远方终端实施数据采集、处理并上传至配电子站或配电主站，配电主站或子站通过信息查询、处理、分析、判断、计算与决策，实时对远方终端实施控制、调度命令并存储、显示、打印配电网信息，完成整个系统的测量、控制和调度管理。

9.3.3 配电自动化宜具备下列功能：

    1 配电主站应包括实时数据采集与监控功能：

      1）数据采集和监控包括数据采集、处理、传输，实时报警、状态监视、事件记录、遥控、定值远方切换、统计计算、事故追忆、历史数据存储、信息集成、趋势曲线和制表打印等功能；

      2）馈电线路自动化正常运行状态下，能实现运行电量参数遥测、设备状态遥信、开关设备的遥控、保护、自动装置定值的远方整定以及电容器的远方投切。事故状态下，实现故障区段的自动定位、自动隔离、供电电源的转移及供电恢复。

    2 配电子站应具有数据采集、汇集处理与转发、传输、控制、故障处理和通信监视等功能；

    3 配电远方终端应具有数据采集、传输、控制等功能。也可具备远程维护和后备电池高级管理等功能。

9.4 配电网通信

9.4.1 配电网通信应满足配电网规模、传输容量、传输速率的要求，遵循可靠、实用、扩容方便和经济的原则。

9.4.2 通信介质可采用光纤、电力载波、无线、通信电缆等种类。优先使用电力专网通信，使用公网通信时，必须考虑二次安全防护措施。

9.4.3 配电远方终端至子站或主站的通信宜选用通信链路，采用链型或自愈环网等拓扑结构；当采用其他通信方式时，同一链路和环网中不宜混用多种通信方式。

9.4.4 通信系统应采用符合国家现行有关标准并适合本系统要求的通信规约。

9.5 电能计量

9.5.1 电能计量装置应符合下列规定：

    1 电能计量装置分类及准确度选择应符合表9.5.1的规定：

表 9.5.1 电能计量装置分类及准确度选择

电能计量装置类别	月平均用电量 (kW·h)*	准确度等级			
		有功电能表	无功电能表	电压互感器	电流互感器
Ⅰ	≥500万	0.2S 或 0.5S	2.0	0.2	0.2S 或 0.2**
Ⅱ	≥100万	0.5S 或 0.5	2.0	0.2	0.2S 或 0.2**
Ⅲ	≥10万	1.0	2.0	0.5	0.5S
Ⅳ	<315kVA	2.0	3.0	0.5	0.5S
Ⅴ	低压单相供电	2.0	—	—	0.5S

注：1 *计量装置类别划分除用月平均用电量外，还有用计费用户的变压器容量、发电机的单机容量以及其他特有的划分规定应符合现行行业标准《电能计量装置技术管理规程》DL/T 448 的有关规定。

    2 **0.2 级电流互感器仅用于发电机出口计量装置。

    2 计量互感器选型及接线应符合下列规定：

      1）Ⅰ、Ⅱ、Ⅲ类计量装置应配置计量专用电压、电流互感器或者专用二次绕组；专用电压、电流互感器或专用二次回路不得接入与电能计量无关的设备；

      2）Ⅰ、Ⅱ类计量装置中电压互感器二次回路电压降不应大于其额定二次电压的 0.2%；其他计量装置中电压互感器二次回路电压降不应大于其额定二次电压的 0.5%；

      3）计量用电流互感器的一次正常通过电流宜达到额定值的 60% 左右，至少不应小于其额定电流的 30%，否则应减小变比并选用满足动热稳定要求的电流互感器；

      4）互感器二次回路的连接导线应采用铜质单芯绝缘线，电流二次回路连接导线截面按互感器额定二次负荷计算确定，不应小于 $4mm^2$。电压二次回路连接导线截面按允许电压降计算确定，不应小于 2.5mm²；
  5) 互感器实际二次负载应在其 25%～100% 额定二次负荷范围内；
  6) 35kV 以上关口电能计量装置中电压互感器二次回路，不应经过隔离开关辅助接点，但可装设专用低阻空气开关或熔断器。35kV 及以下关口电能计量装置中电压互感器二次回路，不应经过隔离开关辅助接点和熔断器等保护电器。
 3 电能表应符合下列规定：
  1) 110kV 及以上中性点有效接地系统和 10kV、20kV、35kV 中性点非绝缘系统应采用三相四线制电能表；10kV、20kV、35kV 中性点绝缘系统应采用三相三线制电能表；
  2) 全电子式多功能电能表应为有功多费率、双向计量、8 个时段以上，配有 RS485 或 232 数据通信口，具有数据采集、远传功能、失压计时和四象限无功电能；
  3) 关口电能表标定电流不应超过电流互感器额定电流的 30%，其最大电流应为电流互感器额定电流的 120% 左右。

9.5.2 计量点的设置应符合下列规定：
 1 高、中压关口计量点应设置在供用电设施的产权分界处或合同协议中规定的贸易结算点。产权分界处不具备装表条件时，关口电能计量装置可安装在变压器高压侧或联络线的另一端，变压器、母线或线路等的损耗和无功电量应协商确定，由产权所有者负担。对 110kV 及以下的配电网，关口计量点设置及计量装置配置应符合下列规定：
  1) 35kV～110kV 终端变电站主变压器中低压侧按关口计量点配置Ⅰ或Ⅱ类计量装置；
  2) 各供电企业之间的 110kV 及以下电压等级的联络线及馈线关口计量点设在主送电端；
  3) 对 10kV 专用线路供电的用户，应采用高压计量方式，对非专线供电的专变用户宜根据配电变压器的容量采用高压或低压计量方式，并相应配置Ⅲ类或Ⅳ类关口计量箱。
 2 低压电能计量点设置应符合下列规定：
  1) 用户专用变压器低压侧应配置Ⅳ类关口计量装置，采用标准的低压电能计量柜或电能计量箱；
  2) 居民住宅、别墅小区等非专用变供电的用户应按政府有关规定实施"一户一表、按户装表"，消防、水泵、电梯、过道灯、楼梯灯等公用设施应单独装表；
  3) 多层或高层建筑内的电能计量箱应集中安装在便于抄表和维护的地方；在居民集中的小区，应装设满足计费系统要求的低压集中（自动）抄表装置；
  4) 电能计量箱宜采用非金属复合材料壳体，当采用金属材料计量箱时，壳体应可靠接地。

9.5.3 变电站和大容量用户的电量自动采集系统应符合下列规定：
 1 110kV、35kV 和 10kV 变配电站及装见容量为 315kVA 及以上的大容量用户宜设置电量自动采集系统；
 2 电量自动采集系统应具有下列功能：
  1) 数据自动采集；
  2) 电力负荷控制；
  3) 供电质量监测；
  4) 计量装置监测；
  5) 电力电量数据统计分析等。
 3 电量自动采集系统的性能和通信接口应符合下列规定：
  1) 性能可靠、功能完善、数据精确，具有开放性、可扩展性、良好的兼容性和易维护性；
  2) 通信接口方便、灵活，通信规约应符合国家标准。
  3) 通信信道应安全、成熟、可靠，能支持多种通信方式；
  4) 通信终端应具有远程在线升级终端应用程序功能。

10 用户供电

10.1 用电负荷分级

10.1.1 用电负荷应根据供电可靠性要求、中断供电对人身安全、经济损失及其造成影响的程度进行分级。
 1 符合下列情况之一时，应视为一级负荷：
  1) 中断供电将造成人身伤害时；
  2) 中断供电将在经济上造成重大损失时；
  3) 中断供电将影响重要用电单位的正常工作。
 2 在一级负荷中，当中断供电将造成人员伤亡或重大设备损坏或发生中毒、爆炸和火灾等情况的负荷，以及特别重要场所的不允许中断供电的负荷，应视为一级负荷中特别重要的负荷。
 3 符合下列情况之一时，应视为二级负荷：
  1) 中断供电将在经济上造成较大损失时；
  2) 中断供电将影响较重要用电单位的正常工作。
 4 不属于一级负荷和二级负荷的用电负荷应为三级负荷。

10.2 用户供电电压选择

10.2.1 用户的供电电压等级应根据用电计算负荷、供电距离、当地公共配电网现状及规划确定。用户供电电压等级应符合现行国家标准《标准电压》GB/T 156 的有关规定。

10.2.2 10kV 及以上电压等级供电的用户，当单回路电源线路容量不满足负荷需求且附近无上一级电压等级供电时，可增加供电回路数，采用多回路供电。

10.3 供电方式选择

10.3.1 供电方式应根据用户的负荷等级、用电性质、用电容量、当地供电条件等因素进行技术经济比较后确定。

10.3.2 对用户的一级负荷的用户应采用双电源或多电源供电。对该类用户负荷中特别重要的负荷，用户应自备应急保安电源，并严禁将其他负荷接入应急供电系统。

10.3.3 对具有二级负荷的用户宜采用双电源供电。

10.3.4 对三级负荷的用户可采用单电源供电。

10.3.5 双电源、多电源供电时，宜采用同一电压等级电源供电。

10.3.6 供电线路型式应根据用户的负荷性质、用电可靠性要求和地区发展规划选择。

10.4 居民供电负荷计算

10.4.1 居民住宅以及公共服务设施用电负荷应综合考虑所在城市的性质、社会经济、气候、民族、习俗及家庭能源使用的种类等因素确定。各类建筑在进行节能改造和实施新节能标准后，其用电负荷指标应低于原指标。城市住宅、商业和办公用电负荷指标可按表 10.4.1 的规定计算。

表 10.4.1 住宅、商业和办公用电负荷指标

类 型		用电指标（kW/户）或负荷密度（W/m²）
普通住宅套型	一类	2.5
	二类	2.5
	三类	4
	四类	4
康居住宅套型	基本型	4
	提高型	6
	先进型	8
商业		60W/m²～150W/m²
办公		50W/m²～120W/m²

注：1 普通住宅按居住空间个数（个）/使用面积（m²）划分：一类 2/34、二类 3/45、三类 3/56、四类 4/68。
2 康居住宅按适用性能、安全性能、耐久性能、环境性能和经济性能划分为先进型 3A（AAA）、提高型 2A（AA）和基本型 1A（A）三类。

10.4.2 配电变压器的容量应根据用户负荷指标和负荷需要系数计算确定。

10.5 对特殊电力用户供电的技术要求

10.5.1 特殊电力用户的供电电源应根据电网供电条件、用户负荷性质和要求，通过技术经济比较确定。

10.5.2 特殊电力用户应分别采取下列不同措施，限制和消除对电力系统和电力设备的危害影响。

1 具有产生谐波源设备的用户应采用无源滤波器、有源滤波器等措施对谐波污染进行治理，使其注入电网的谐波电流和引起的电压畸变率应符合现行国家标准《电能质量 公用电网谐波》GB/T 14549 和《电磁兼容限值 谐波电流发射限值》GB 17625.1 的有关规定；

2 具有产生冲击负荷及波动负荷的用户应采取措施，使其冲击、波动负荷在公共连接点引起的电网电压波动、闪变应符合现行国家标准《电能质量 电压波动和闪变》GB 12326 的有关规定；

3 下列不同电压等级的不对称负荷所引起的三相电压不平衡度应符合现行国家标准《电能质量 三相电压不平衡》GB/T 15543 的有关规定：

1）对 60A 以下的 220/380V 单相负荷用户，提供单相供电，超过 60A 的宜采用三相供电；

2）中压用户若采用单相供电时，应将多台的单相负荷设备平衡分布在三相线路上；

3）10kV 及以上的单相负荷或虽是三相负荷而有可能不对称运行的大型设备，若三相用电不平衡电流超过供电设备额定电流的 10％时，应核算电压不平衡度。

4 对于电压暂降、波动和谐波等可能造成连续生产中断和严重损失或显著影响产品质量的用户，可根据负荷性质自行装设电能质量补偿装置。

11 节能与环保

11.1 一般规定

11.1.1 在配电网规划、设计、建设和改造中应贯彻国家节能政策，选择节能设备，采取降损措施，合理利用能源。

11.1.2 在配电网设计中应优化配电电压、合理选择降压层次，优化网络结构、减少迂回供电，合理选择线路导线截面，合理配置无功补偿设备，有效降低电网损耗。

11.1.3 在配电网规划、设计、建设和改造中，应对噪声、电磁环境、废水等污染因素采取必要的防治措施，使其满足国家环境保护要求。

11.2 建筑节能

11.2.1 变配电站宜采用节能环保型建筑材料，不宜采用黏土实心砖。建筑物外墙宜保温和隔热；设备间应能自然通风、自然采光。

11.2.2 变配电站内设置采暖、空调设备的房间宜采用节能措施。

11.3 设备及材料节能

11.3.1 变配电站内应采用新型节能变压器和配电变压器；环网柜及电缆分接箱可选用新型节能、环保型复合材料外壳。

11.3.2 变配电站内宜采用节能型照明灯具，在有人职守的变配电站内宜采用发光二极管等节能照明灯具。

11.3.3 开关柜内宜采用温湿度控制器，能根据环境条件的变化自动投切柜内加热器。

11.3.4 变配电站内的风机、空调等辅助设备应选用节能型。

11.4 电磁环境影响

11.4.1 变、配电网的电磁环境影响应符合现行国家标准《电磁辐射防护规定》GB 8702、《环境电磁波卫生标准》GB 9175 和《高压交流架空送电线无线电干扰限值》GB 15707 的有关规定。

11.4.2 在变配电站设计中宜选用电磁场水平低的电气设备和采用带金属罩壳等屏蔽措施的电气设备。

11.5 噪声控制

11.5.1 变配电站噪声对周围环境的影响必须符合现行国家标准《工业企业厂界环境噪声排放标准》GB 12348 和《噪声环境质量标准》GB 3096 的有关规定。各类区域噪声标准值不应高于表 11.5.1 规定的数值。

表 11.5.1 各类区域噪声标准值 [Leq〔dB (A)〕]

类 别	昼间（6:00—22:00）	夜间（22:00—6:00）
0	50	40
Ⅰ	55	45
Ⅱ	60	50
Ⅲ	65	55
Ⅳ	70	55

注：1 各类标准适用范围由地方政府划定。
  2 0 类标准适用于疗养区、高级别墅区、高级宾馆区等特别需要安静的区域。
  3 Ⅰ类标准适用于居住、文教机关为主的区域。
  4 Ⅱ类标准适用于居住、商业、工业混杂区及商业中心。
  5 Ⅲ类标准适用于工业区。
  6 Ⅳ类标准适用于交通干线道路两侧区域。

11.5.2 变、配电站的噪声应从声源上控制，宜选用低噪声设备。本体与散热器分开布置的主变压器，其本体的噪声水平，35kV～110kV 主变本体宜控制在 65dB（A）以下，散热器宜控制 55dB（A）以下，整个变配电站的噪声水平应符合本规范第 11.5.1 条的规定。

11.5.3 变配电站在总平面布置中应合理规划，充分利用建（构）筑物、绿化等减弱噪声的影响，也可采取消声、隔声、吸声等噪声控制措施。

11.5.4 对变配电站运行时产生振动的电气设备、大型通风设备等，宜采取减振措施。

11.5.5 户内变配电站主变压器的外形结构和冷却方式，应充分考虑自然通风散热措施，根据需要确定散热器的安装位置。

11.6 污水排放

11.6.1 变配电站的废水、污水对外排放应符合现行国家标准《污水综合排放标准》GB 8978 的有关规定。生活污水应排入城市污水系统，其水质应符合现行行业标准《污水排入城市下水道水质标准》CJ 3082 的有关规定。

11.6.2 变配电站内可设置事故油坑。油污水应经油水分离装置处理达标后排放，其排放水质应符合现行行业标准《污水排入城市下水道水质标准》CJ 3082 的有关规定，经油水分离装置分离出的油应集中储存、定期处理。

11.7 废气排放

11.7.1 装有六氟化硫气体设备的配电装置室应设置机械通风装置。检修时应采用六氟化硫气体回收装置进行六氟化硫气体回收。

附录 A 高压配电网接线方式

A.1 网络接线

A.1.1 高压配电线路采用架空线路时，可采用同杆双回供电方式，有条件时，宜在两侧配备电源。沿线 T 接 2 个～3 个变电站（图 A.1.1-1、图 A.1.1-2）。当 T 接 3 个变电站时，宜采用双侧电源三回路供电（图 A.1.1-3）。当电源变电站引出两回及以上线路时，应引自不同的母线或母线分段。

A.1.2 高压配电线路采用电缆时，可采用单侧双路电源，T 接 2 个变电站（图 A.1.2-1）。当 T 接 3 个变电站时，宜在两侧配电电源和线路分段（图 A.1.2-2、图 A.1.2-3）。在大城市负荷密度大的中心区和工业园区，可采用链式接线（图 A.1.2-4）。电源较多时，也可采用三侧电源"3T"接线（图 A.1.2-5）。

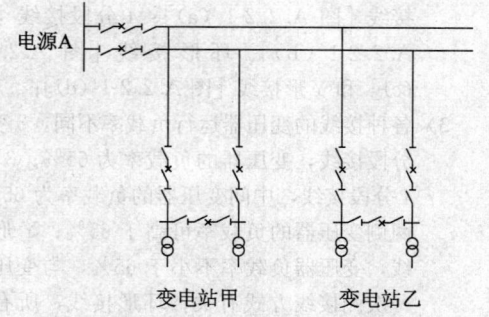

图 A.1.1-1 单侧电源双回供电高压架空配电网

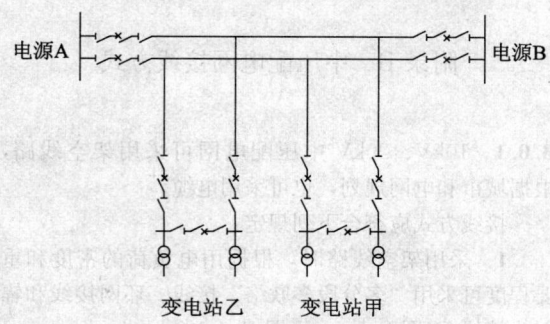

图 A.1.1-2 两侧电源高压架空配电网

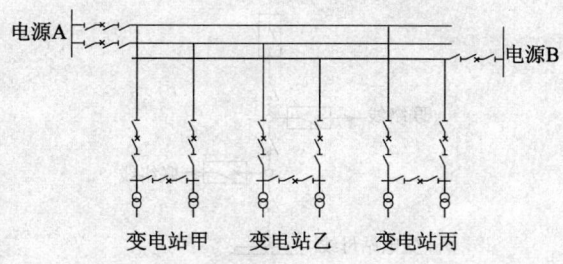

图 A.1.1-3 双侧电源三回
供电高压架空配电网

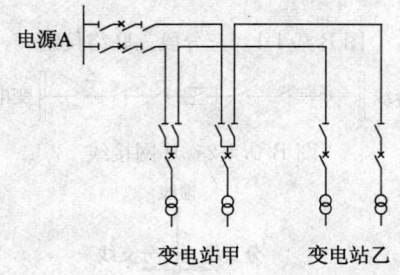

图 A.1.2-1 电缆线路T接两个变电站

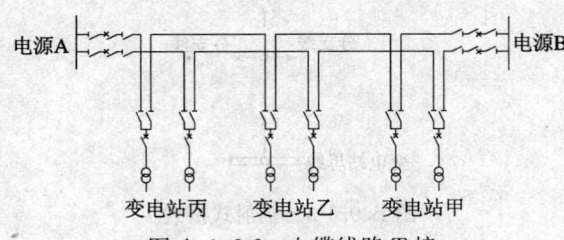

图 A.1.2-2 电缆线路T接
三个变电站(两侧电源)

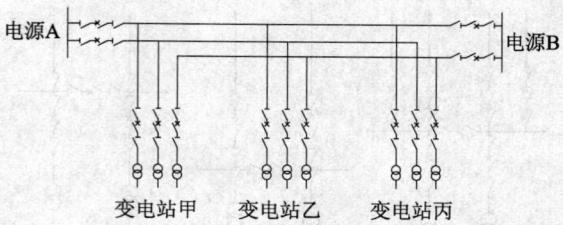

图 A.1.2-3 两侧电源电缆线路T接三个变电站

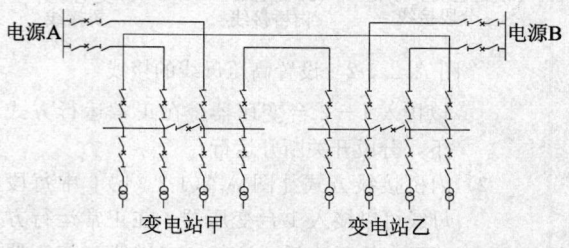

图 A.1.2-4 电缆线路链式接线

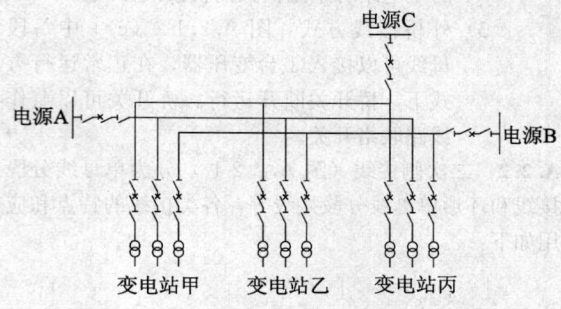

图 A.1.2-5 三侧电源电缆线路T接三个变电站

A.2 变电站接线

A.2.1 一次侧接线分为线路变压器组接线和高压母线型接线：

1 线路变压器组接线（图 A.2.1-1）适用于终端变电站，这种接线应配置远方跳闸装置，包括传送信号的通道。

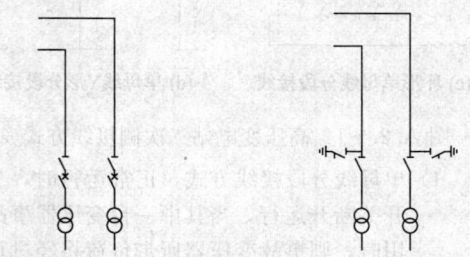

(a) 变电站使用断路器　　(b) 变电站使用带快速接
　　　　　　　　　　　　　　地开关的隔离开关

图 A.2.1-1 线路变压器组接线

2 高压母线型接线（图 A.2.1-2）分为单母线分段接线、内桥接线和外桥接线，这类接线宜符合下列规定：

1）单母线分段接线方式[图 A.2.1-2（a）]可以通过母线向外转供负荷，每段母线可

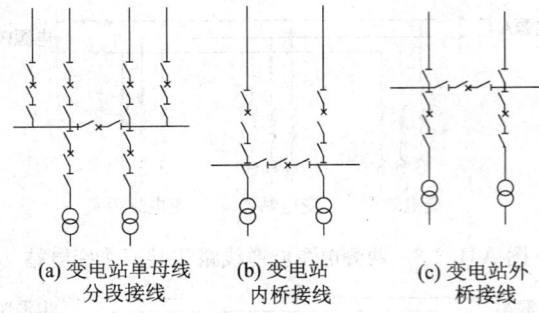

(a) 变电站单母线分段接线　(b) 变电站内桥接线　(c) 变电站外桥接线

图 A.2.1-2　设置高压母线的接线

以接入 1－2 台变压器，在正常运行方式下，分段开关断开运行；

2) 内桥接线方式［图 A.2.1-2（b）］中每段母线可以接入 1 台变压器，在正常运行方式下，桥开关断开运行。三进线三变压器的变电站可采用扩大内桥接线方式；

3) 外桥接线方式［图 A.2.1-2（c）］中每段母线可以接入 1 台变压器，在正常运行方式下，桥开关断开运行。桥开关可以兼作线路联络开关。

A.2.2　二次侧接线（图 A.2.2-1）分为单母线分段接线和环形单母线分段接线等，各类接线的特点和应用如下：

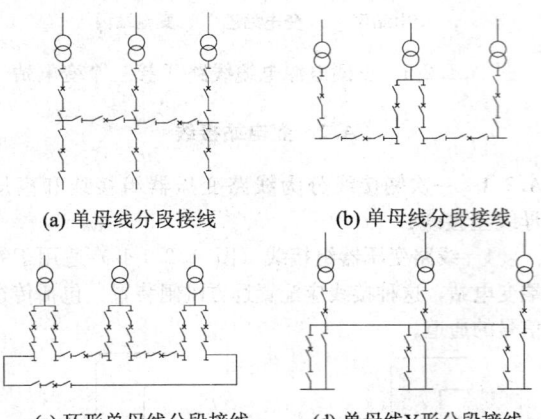

(a) 单母线分段接线　(b) 单母线分段接线

(c) 环形单母线分段接线　(d) 单母线Y形分段接线

图 A.2.2-1　高压变电站二次侧接线方式

1) 单母线分段接线方式，正常运行时，分段开关断开运行，当其中一台变压器事故停用时，则事故变压器所带负荷将经过母联自动投入装置转移至其他非事故变压器；

2) 二次母线可采用变压器单段连接和两段连接方式，单段接线时，接线简单，操作、维护方便，但变压器运行负载率低，适用于负荷较小和重要性不高的变电站。两段接线复杂，但变压器运行负载率高，适用于负荷密度大和重要性较高的变电站。目前常用的多为 3 台变压器，接线分 3 分段接线［图 A.2.2-1（a）］、4 分段接线［图 A.2.2-1（b）］、环形接线［图 A.2.2-1（c）］和 Y 形接线［图 A.2.2-1（d）］；

3) 各种接线的变压器运行负载率不同，3 变-3 分段接线，变压器的负载率为 65%；3 变-4 分段接线，中间变压器的负载率为 65%，两侧变压器的负载率可高于 65%；Y 形接线，变压器负载率不小于 65%，与变压器一次侧接线方式有关；环形接线，所有各台变压器的负载率均可高于 65%。

附录 B　中压配电网接线方式

B.0.1　10kV、20kV 中压配电网可采用架空线路，根据城市和电网规划，也可采用电缆。

接线方式应符合下列规定：

1　采用架空线路时，根据用电负荷的密度和重要程度可采用"多分段多联络"接线、环网接线和辐射式接线。（图 B.0.1-1～图 B.0.1-3）。

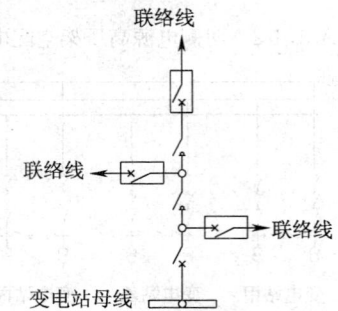

图 B.0.1-1　三分段三联络接线

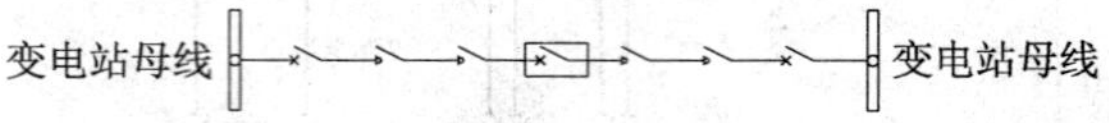

图 B.0.1-2　环网接线

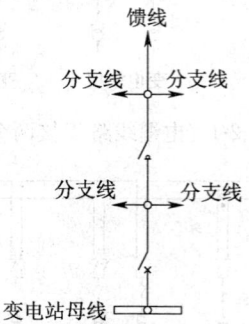

图 B.0.1-3　辐射式接线

2　采用电缆时，根据负荷密度和重要程度可采用 N 供一备接线、单环网接线、双环网接线、辐射式接线。(图 B.0.1-4～图 B.0.1-9)。

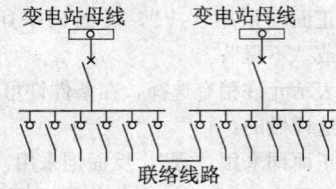

图 B.0.1-4 开闭所辐射式接线

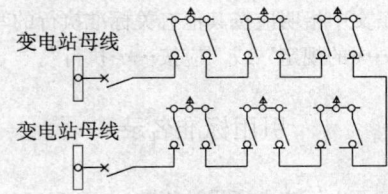

图 B.0.1-5 单环网

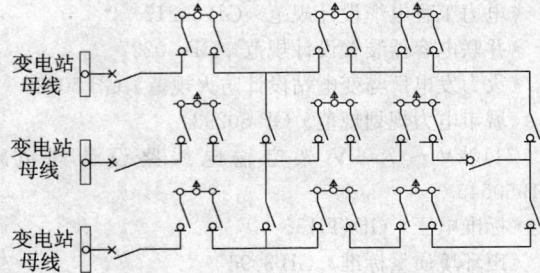

图 B.0.1-6 "3-1"单环网

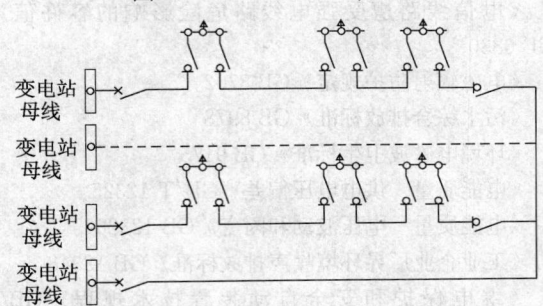

图 B.0.1-7 N供1备（N≤4）

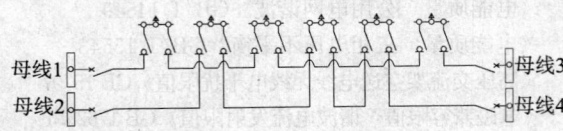

图 B.0.1-8 双环网（配电站不设分段开关）

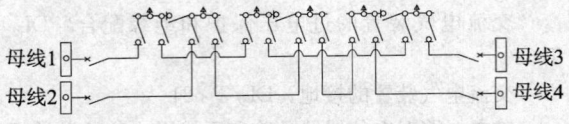

图 B.0.1-9 双环网（配电站设分段开关）
注：图中可根据需要采用断路器或负荷开关。

3 双辐射接线方式用于负荷密度高，需双电源供电的重要用户。双辐射接线的电源可来自不同变电站，也可来自同一变电站的不同母线。

4 开环运行的单环网用于单电源供电的用户。单环网只提供单个运行电源，在故障时可以在较短时间内倒入备用电源，恢复非故障线路的供电。单环网电源来自不同变电站，也可来自同一变电站的不同母线，单环网由环网单元（负荷开关）组成。

5 城市中心、繁华地区和负荷密度高的工业园区可采用双环网。

附录 C 弱电线路等级

C.0.1 弱电线路等级的划分应符合下列规定：

1 一级弱电线路：首都与各省（市）、自治区所在地及其相互间联系的主要线路；首都至各重要工矿城市、海港的线路以及由首都通达国外的国际线路；由工业和信息化部指定的其他国际线路；铁道部与各铁路局及各铁路局之间联系用的线路，以及铁路信号自动闭塞装置专用线路。

2 二级弱电线路：各省（市）、自治区所在地与各地（市）、县及其相互间的通信线路；相邻两省（自治区）各地（市）、县相互间的通信线路；一般市内电话线路；铁路局与各站、段及站段相互间的线路，以及铁路信号闭塞装置的线路。

3 三级弱电线路：县至区、乡的县内线路和两对以下的城郊线路；铁路的地区线路及有线广播线路。

附录 D 公路等级

D.0.1 公路等级应根据公路的功能和能够适应的交通量确定，确定公路等级的各种汽车的交通量均以小客车作为标准车型进行换算，各种汽车的代表车型和车辆折算系数应符合国家现行标准《公路工程技术标准》JTG B01 的规定。

D.0.2 公路根据功能和适应的年平均日交通量分为以下等级：

1 高速公路：专供汽车分向、分车道行驶并全部控制出入的干线公路。按车道数量，高速公路一般分为：

　1) 四车道高速公路：应能适应年平均日交通量 25000 辆～55000 辆；

　2) 六车道高速公路：应能适应年平均日交通量 45000 辆～85000 辆；

　3) 八车道高速公路：应能适应年平均日交通量 60000 辆～100000 辆。

2 一级公路：供汽车分向、分车道行驶，并可根据需要控制出入的多车道公路。按车道数量，一级公路一般分为：

1) 四车道一级公路：应能适应平年均日交通量 15000 辆～30000 辆；
　　2) 六车道一级公路：应通适应年平均日交通量 25000 辆～55000 辆。
　3　二级公路：供汽车行驶的双车道公路。二级公路应能适应年平均日交通量 5000 辆～15000 辆。
　4　三级公路：主要供汽车行驶的双车道公路。三级公路应能适应年平均日交通量为 2000 辆～6000 辆。
　5　四级公路：主要供汽车行驶的双车道或单车道公路。
　　1) 双车道四级公路：应能适应年平均日交通量 2000 辆以下；
　　2) 单车道四级公路：应能适应年平均日交通量 400 辆以下。

附录 E　城市住宅用电负荷需要系数

表 E　城市住宅用电负荷需要系数

按单相配电计算时所连接的基本户数	按三相配电计算时所连接的基本户数	需要系数 通用值	需要系数 推荐值
3	9	1	1
4	12	0.95	0.95
6	18	0.75	0.80
8	24	0.66	0.70
10	30	0.58	0.65
12	36	0.50	0.60
14	42	0.48	0.55
16	48	0.47	0.55
18	54	0.45	0.50
21	63	0.43	0.50
24	72	0.41	0.45
25～100	75～300	0.40	0.45
125～200	375～600	0.33	0.35
260～300	780～900	0.26	0.30

本规范用词说明

　1　为便于在执行本规范条文时区别对待，对要求严格程度不同的用词说明如下：
　　1) 表示很严格，非这样做不可的：
　　　正面词采用"必须"，反面词采用"严禁"；
　　2) 表示严格，在正常情况下均应这样做的：
　　　正面词采用"应"，反面词采用"不应"或"不得"；
　　3) 表示允许稍有选择，在条件许可时首先应这样做的：
　　　正面词采用"宜"，反面词采用"不宜"；
　　4) 表示有选择，在一定条件下可以这样做的，采用"可"。
　2　条文中指明应按其他有关标准执行的写法为："应符合……的规定"或"应按……执行"。

引用标准名录

《10kV 及以下变电所设计规范》GB 50053
《66kV 及以下架空电力线路设计规范》GB 50061
《电力工程电缆设计规范》GB 50217
《并联电容器装置设计规范》GB 50227
《火力发电厂与变电站设计防火规范》GB 50229
《城市电力规划规范》GB 50293
《110kV～750kV 架空输电线路设计规范》GB 50545
《标准电压》GB/T 156
《声环境质量标准》GB 3096
《爆破安全规程》GB 6722
《电信线路遭受强电线路危险影响的容许值》GB 6830
《电磁辐射防护规定》GB 8702
《污水综合排放标准》GB 8978
《环境电磁波卫生标准》GB 9175
《电能质量　供电电压偏差》GB/T 12325
《电能质量　电压波动和闪变》GB 12326
《工业企业厂界环境噪声排放标准》GB 12348
《继电保护和安全自动装置技术规程》GB/T 12348
《电能质量　公用电网谐波》GB/T 14549
《电能质量　三相电压不平衡》GB/T 15543
《高压交流架空送电线无线电干扰限值》GB 15707
《电磁兼容限值　谐波电流发射限值》GB 17625.1
《污水排入城市下水道水质标准》CJ 3082
《电能计量装置技术管理规程》DL/T 448
《交流电气装置的过电压保护和绝缘配合》DL/T 620
《交流电气装置的接地》DL/T 621
《输电线路对电信线路危险和干扰影响防护设计规范》DL/T 5033
《高压配电装置设计技术规程》DL/T 5352
《电力系统电压和无功电力技术导则》SD 325

中华人民共和国国家标准

城市配电网规划设计规范

GB 50613—2010

条 文 说 明

制 定 说 明

《城市配电网规划设计规范》GB 50613—2010 经住房和城乡建设部 2010 年 7 月 15 日以第 669 号公告批准发布。

城市配电网规划设计的目的是在科学发展观的指导下，遵循国家建设方针政策，坚持技术创新，适应城市的发展，满足国民经济增长和城市社会发展的需求。

本规范总结历年来城市配电网建设的经验，贯彻国家城市配电网建设的基本方针，落实安全可靠、经济合理、技术先进、环境友好的技术原则，为创建国际先进的城市配电网创造条件。

本规范制定过程中，编制组进行了广泛深入的调查，广泛咨询了国内、国际多个城市的配电网建设情况，充分收集了电力行业、电力用户对供配电规划、设计要求以及有关供配电技术标准化、信息化的研究应用成果。为本规范的制定提供了充分、可靠的依据。

为便于广大设计、施工、科研等有关人员在使用本规范时能正确理解和执行，编制组根据住房和城乡建设部关于编制标准、规范条文说明的统一要求，按本规范的章、节和条文顺序，编制了条文说明，供国内有关部门和单位参考。但是，本条文说明不具备与标准正文同等的法律效力，仅供使用者作为理解和把握本规范规定的参考。

目　次

1 总则 …………………………………… 33—32
2 术语 …………………………………… 33—32
3 城市配电网规划 ……………………… 33—32
　3.1 规划依据、年限和内容、
　　　深度要求 ………………………… 33—32
　3.2 规划的编制、审批与实施 ……… 33—33
　3.3 经济评价要求 …………………… 33—33
4 城市配电网供电电源 ………………… 33—33
　4.1 一般规定 ………………………… 33—33
　4.2 城市发电厂 ……………………… 33—33
　4.3 分布式电源 ……………………… 33—33
　4.4 电源变电站 ……………………… 33—34
5 城市配电网络 ………………………… 33—34
　5.1 一般规定 ………………………… 33—34
　5.2 供电分区 ………………………… 33—34
　5.3 电压等级 ………………………… 33—34
　5.4 供电可靠性 ……………………… 33—34
　5.5 容载比 …………………………… 33—35
　5.6 中性点接地方式 ………………… 33—35
　5.7 短路电流控制 …………………… 33—35
　5.8 网络接线 ………………………… 33—36
　5.9 无功补偿 ………………………… 33—36
　5.10 电能质量要求 ………………… 33—36
6 高压配电网 …………………………… 33—36
　6.1 高压配电线路 …………………… 33—36
　6.2 高压变电站 ……………………… 33—37
7 中压配电网 …………………………… 33—38
　7.1 中压配电线路 …………………… 33—38
　7.2 中压配电设施 …………………… 33—40
　7.3 中压配电设备选择 ……………… 33—40
　7.4 配电设施过电压保护和接地 …… 33—41
8 低压配电网 …………………………… 33—41
　8.1 低压配电线路 …………………… 33—41
　8.2 接地 ……………………………… 33—41
　8.3 低压配电设备选择 ……………… 33—41
9 配电网二次部分 ……………………… 33—41
　9.1 继电保护和自动装置 …………… 33—41
　9.2 变电站自动化 …………………… 33—41
　9.3 配电自动化 ……………………… 33—42
　9.4 配电网通信 ……………………… 33—42
　9.5 电能计量 ………………………… 33—42
10 用户供电 …………………………… 33—42
　10.1 用电负荷分级 ………………… 33—42
　10.2 用户供电电压选择 …………… 33—42
　10.3 供电方式选择 ………………… 33—42
　10.4 居民供电负荷计算 …………… 33—42
　10.5 对特殊电力用户供电的
　　　　技术要求 ……………………… 33—43
11 节能与环保 ………………………… 33—43
　11.1 一般规定 ……………………… 33—43
　11.2 建筑节能 ……………………… 33—43
　11.3 设备及材料节能 ……………… 33—43
　11.4 电磁环境影响 ………………… 33—43
　11.5 噪声控制 ……………………… 33—44
　11.6 污水排放 ……………………… 33—44
　11.7 废气排放 ……………………… 33—44
附录A　高压配电网接线方式 ……… 33—44
附录B　中压配电网接线方式 ……… 33—44
附录C　弱电线路等级 ……………… 33—44
附录D　公路等级 …………………… 33—45
附录E　城市住宅用电负荷
　　　　需要系数 …………………… 33—45

1 总则

1.0.3 本条说明配电网规划、设计应遵循的基本原则。

配电网是电力系统服务社会用电和沟通电力用户的重要层面,配电网的安全、质量直接关系到国计民生和电力用户的社会效益和经济效益。本规范的制定,将促进电力生产与用电之间沟通与协调。本规范将同其他相关的配电技术标准一起相互协调,有效促进城市配电网的技术发展和科学进步。

2 术语

2.0.1 城市配电网

本术语明确城市配电网的功能和电压范围。配电网与输电网的分界是电压等级,而输电网和配电网的划分应根据电网的功能确定。对此,目前国内的主要争议是220kV电网,目前我国220kV电压系统主要功能是输电,即将220kV电压转换为110kV或35kV电压,再变换为用户电压。220kV直接变换为用户电压的情况很少,即使部分220kV电网的末端变电站,由于其地处负荷中心,兼有配电的功能,但其主要功能仍是输电,而且这种状态可能持续相当长时间,因此本规范限定110kV及以下电网为城市配电网。随着城市电源点的增多,城市输配电网电压层次将进一步简化,当220kV电网主要功能由输电转变为配电时,220kV将成为高压配电电压。

2.0.2 饱和负荷

饱和负荷系指在城市电网或地区规划时在使用的规划年限内可能达到的、且在给定时间范围内基本稳定的最大负荷,饱和负荷通过负荷预测取得。负荷预测是配电网规划的基础,在论证和确定高压配电网的重大关键设备时,如供电区主干线导线或电缆截面选择,要使用规划区的饱和负荷。

2.0.5 财务评价

财务评价以及本规范中的经济评价和国民经济评价的解释均参考《建设项目经济评价方法与参数》(第三版)相关定义条款整理而成。财务评价主要包括以下三个步骤:

1 进行评价前准备,内容包括熟悉拟建项目基本情况,收集整理数据资料,收集整理基础数据,编制辅助报表(建设投资估算表,流动资金估算表,建设进度计划表,固定资产折旧费估算表,无形资产及递延资产摊销费估算表,资金使用计划与资金筹措表,销售收入、销售税金及附加和增值税估算表,总成本费用估算表);

2 进行财务分析,通过基本财务报表(财务现金流量表、损益和利润分配表、资金来源与运用表和借款偿还计划表)计算各项评价指标及财务比率,进行各项财务分析;

3 进行不确定性分析,主要是敏感性分析。

2.0.7 N-1安全准则

N-1安全准则是保持电网安全、稳定的标准。是指当城市配电网失去一条线路或一台降压变压器时,能够对用户连续供电的能力和程度。其中N为可对用户供电的线路条数或变压器台数。N-1准则与网络接线和变压器台数有关,N-1准则可以通过网络接线和变压器接线方式的改变进行调整。

2.0.11 半地下变电站

城市变电站的一种布置型式,其方式有多种。一般情况下是指主变压器位于地面,其他主要电气设备位于地下的建筑。

3 城市配电网规划

3.1 规划依据、年限和内容、深度要求

3.1.1 城市配电网规划的依据是城市国民经济和社会发展规划,地区电网规划,相关国家法规、标准和城市近期、远景发展的负荷资料。

3.1.2 配电网规划年限应与国民经济和社会发展规划年限一致。由于长期以来,各地对配电网的重视程度不同,对配电网规划的深度、年限选择和实施内容有较大差异。本规范在编制过程中,经过调研,考虑到配电网与城市发展规划、电力输电网规划的一致性、协调性和实施的可操作性,并结合中低压配电网"建设范围和规模小、变化快、实施容易"等特点,规定高压配电网远期、中期和近期三个规划都要做,规划年限与城市发展规划和电力输电网规划年限相一致,以保证城市的配电设施布点和配电线路走廊、通道要求纳入城市建设的总体规划中,并与城市具体建设、改造协调一致,与城市输电网建设布局协调、接口一致。中低压配电网只作近期和中期规划,在执行中,要结合配电网的特点,注意不断滚动修改。

3.1.3、3.1.4 这两条规定了高压、中低压配电网对规划阶段的要求和各阶段规划主要任务。

1 近期规划主要解决配电网的当前问题,是供电企业安排年度计划提供依据。

2 中期规划主要根据城市发展规划,落实规划期内网络接线、变电站站址及线路走向方案,是安排配网前期工作计划的依据。

3 远期规划重点研究城市配电网发展的电源结构和网络布局、土地资源和环境条件,是城市发展、能源需求的依据。

3.1.5 规划的深度和内容要求,包括以下几个方面。

1 规划内容应满足现行国家标准《城市电力规划规范》GB 50293的规定要求,主要包括:

1) 现状调查与分析；
2) 负荷预测；
3) 指定技术原则；
4) 电力（电量）平衡；
5) 拟定配电网布局，确定规划发展目标；
6) 分析计算，编制分年度、分期规划；
7) 编排年度项目建设安排；
8) 编制投资估算与经济评价；
9) 编写规划报告。
2 规划内容深度：
1) 满足现行国家标准《城市电力规划规范》GB 50293 的要求；
2) 符合政府规划部门对变、配电站站址和输电线路走廊、通道的要求；
3) 能够为配电网经济评价、土地使用评价、节能和环评提供技术支持；
4) 能为编制城市电网规划提供支持。
3 配电网规划应充分吸收、利用国内外先进技术和经验，全面考虑远近结合、协调发展，逐步应用计算机辅助决策系统，增进规范的科学性、前瞻性和可操作性。

3.2 规划的编制、审批与实施

3.2.1 配电网规划编制和审批工作分别由供电企业和有关主管部门完成。

3.2.2 配电网规划的实施应注意将审批后的规划纳入城市控制性详细规划，同时要将落实包含有配电网规划的城市控制性详细规划，即在市政建设中预留线路走廊及变、配电站等设施用地。

3.2.3 在配电规划实施过程中应认真做好规划的滚动修编工作，中低压配电网宜每隔 1a 进行一次；高压配电网，宜每隔 1a～3a 进行一次。必要时进行全面修改或重新编制。

3.3 经济评价要求

本节提出配电网经济评价的依据、原则、内容和基本方法，主要依据《建设项目经济评价方法与参数》（第三版）中关于经济评价的内容，同时将配电网规划视为大的项目考虑。

由于列入规划内容的配电网项目具有明显的投资收益和社会价值，通过对配网规划进行经济性评价，能够引导配网规划编制主体优化配电网项目，使电网建设发挥更大的效益。所以在宏观评价配电网建设项目时，应考虑配电网投资的经济性。

经济评价报告由具备法人资格的电网企业负责，应根据配电网规划的规模、深度和委托方要求进行。近期配电网规划应进行经济评价，中长期配电网规划经济评价可以简化。

3.3.2 为保证配电网规划方案的技术经济合理性，经济评价应遵守：

1 效益与费用计算范围相一致的原则，既要防止疏漏，又要防止重复和扩大计算范围；
2 可比原则，使效益和费用计算口径对应一致；
3 定性分析和定量分析相结合、动态分析和静态分析相结合的原则。

3.3.3 财务评价指标，应依据下列有关政策、文件、评价指标、参数进行分析、评价：

1 国家、各省政府、地方政府及物价部门有关财税、信贷、经济评价政策、文件等；
2 《建设项目经济评价方法与参数》；
3 电网公司财务（报告）指标；
4 地区、行业经济评价基准参数；
5 其他相关依据。

3.3.4 财务评价是在国家、地区现行财税制度和价格体系的前提下，从项目的角度出发，分析规划项目范围内的盈利能力和清偿能力，评价规划项目在财务上的可行性。"有规划"即在规划年限内，实施规划后的情况；"无规划"即在规划年限内不实施规划的情况。财务评价范围为规划期内规划项目的增量，即规划期内新增加的投资、资产、电量、经营成本等。

4 城市配电网供电电源

4.1 一 般 规 定

4.1.1 城市配电网的供电电源有两类，一类是电网电源，由城市输电网 220kV 或 330kV 变电站提供；另一类是接入配电网的发电电源和位于负荷附近的分布式电源。正常情况下，电网变电站和正常运转的发电厂承担主要作用，分布式电源由于容量小、受环境影响大，在相当长时间内只能作为主力电源的补充。但从长远看，分布式电源利于环保、可综合利用、清洁、节能、可再生，是人类从大自然取得能源的良好途径。

4.2 城市发电厂

4.2.1 电厂接入配电网要求中分层是指不同容量的电厂接入不同电压等级的配电网；分区是指电厂应尽量接入能形成供需平衡的供电区；分散是指电厂接入不应过度集中，应避免送端直接联络的接入方式。

4.2.2 电厂接入配电网，应根据电厂的特性和电网的要求条件提出论证报告。各城市应对电厂接入配电网的电压等级、电厂规模、单机容量和接入方式等作出相应的规定。

4.3 分布式电源

4.3.1、4.3.2 分布式电源建设应符合国家能源政策，接入配电网的分布式电源，应符合城市配电网电源接入的要求,应向有关主管部门申报批准。

4.3.3 本条是对孤岛运行（islanding operation）的要求。

所谓孤岛运行是指配电网故障时,与配电网并列运行的分布式电源自配电网断开并继续向本地负荷供电、独立运行的情况。配电网的电源引接、备用联络、网络结构和保护、自动装置的配置应避免出现孤岛运行。一旦出现孤岛运行时,配电网和解列的分布式电源的保护、自动装置应能快速检出孤岛,迅速消除故障,并使孤岛恢复并网运行;同时,在孤岛运行期间,保证重要负荷持续、安全用电。

4.4 电源变电站

4.4.1～4.4.3 由输电网提供电源并向配电网供电的变电站,即是配电网的电源变电站,电源变电站通常是城市电网中的 220kV 或 330kV 变电站。电源变电站应布局合理、应尽量深入负荷中心,应至少有两路电源接入。

5 城市配电网络

5.1 一般规定

5.1.1～5.1.4 分区供电、选择配电电压、控制短路电流、优化网络构架、选择中性点接地方式、优化电网无功配置等是建设城市配电网的几项主要工作。做好这些工作是保证配电网可靠、经济运行,符合质量要求的重要前提。

5.2 供电分区

5.2.1 供电分区的必要性:城市电网分层分区供电是限制系统短路电流、避免不同电压等级之间的电磁环网、便于事故处理和潮流控制、方便运行管理的主要措施。目前,国外、国内的城市电网都实施分层分区供电。各个城市应该根据自身的规模、特点制订分区原则。

5.2.2、5.2.3 供电分区的原则和要求:分区配电网的结构和容量应满足负荷发展并适度超前的需求,当不能满足负荷发展要求时,可增加新的配电线路或变配电设施,必要时,应及时调整供电分区,应不断优化分区原则。

分区配电网应确定短路电流控制水平、系统接地方式、各级配电网络接线、各级电压配电设施选型、容量和配电线路截面等。

城市可按中心城区、一般城区、郊区和工业园区分类。中心城区是指城市经济、政治、文化、社会等活动的中心,是城市结构的核心地区和城市功能的主要组成部分,是城市中人口密度和用电负荷密度较大的地区。一般城区是指位于中心城区和城市郊区之间的中间地区,是城市中人口密度和用电负荷密度均小于中心城区的地区。郊区是指城市的边缘地区,位于城市市区和农村之间,是城市与农村的结合地带。郊区同时具有城市社区和农村社区的共同特点,是城市中人口密度和用电负荷密度较小的地区。工业园区是指在城市规划范围内,用于布局工业企业的区域。工业园区一般远离中心城区,用电负荷密度较大。

对于一般城市,供电分区宜按中心城区、一般城区和工业园区分类。对于特大城市和大城市（主要指国家直辖市、省会城市以及计划单列的城市）,可按中心城区、一般城区、郊区和工业园区分类。各地根据其管理经验,也可采用其他的分区办法。

5.3 电压等级

5.3.1 电压等级:电压等级配置关系到远期电网结构。我国各城市的配电网电压等级和变压层次已经明确,但这些电压的配置是否合理,能否满足长期负荷发展的要求,应根据负荷需求、网络优化、节能降耗等原则从长计议。

当前引以关注的、可能影响配电网发展的主要有 20kV、35kV 和 220（330）kV 三种电压,这与长远的负荷发展有关。下面两种情况都可能引起电压结构的变化:

1 当用电负荷增长较快,10kV 配电电压难以满足负荷要求,技术经济状况明显不合理时,需要逐步以 20kV 替代 10kV 电压,形成大面积、大范围的 20kV 配电电压,或者进一步强化 35kV 供电电压,使其转化为配电电压;

2 在 20kV 或 35kV 作为配电电压广泛应用的条件下,为避免资源浪费、降低供电损耗和进一步满足负荷增长的需要,优化、简化网络结构、减少变压层次和电源变电站深入负荷中心必然成为城市电网持续发展趋势,其结果更高一级电压 220kV 或 330kV 将成为高压配电电压。

基于上述情况,对配电网中的电压等级,增加"中压配电网可扩展至 35kV,高压配电网可扩展至 220kV 或 330kV"的规定。

5.4 供电可靠性

本节的核心是 N-1 安全准则。要落实 N-1 准则,应从网络结构、设备水平、管理水平、自动化水平以及运行维护水平全面综合考虑。

5.4.4 我国的供电可靠性指标采用供电可靠率（RS-3）,国际上多数采用累计停电时间（小时/年·户）和累计停电次数（次/年·户）。供电可靠率和累计停电时间（小时/年·户）,在给定条件下可相互换算。累计停电次数（次/年·户）,可根据负荷重要程度、配电网设备情况、维护管理水平以及运行实践经验等确定。

一般的低压配电线路，不要求满足 N-1 准则。

表 5.4.4 供电可靠率指标参考国内各主要城市 1991 年至 2006 年的可靠率指标统计资料，基本符合国情，和发达国家当前水平相比有一定差距。

5.5 容 载 比

5.5.1、5.5.2 容载比是用于输变电基建工程的建设指标。根据负荷容量和给定容载比可粗略估计变电容量的不足情况，但它不能反映在线运行变电设备对实际负荷的适应能力。影响容载比的因素很多，而且这些因素很难量化，因此，容载比目前只是一个估计数值。本规范采用容载比和负荷增长率的关系选择容载比。高压配电网在编制规划中容载比一般控制在 1.8～2.2 范围内。

当前国际上一些发达国家，在逐步淡化或降低系统的固化备用要求，以取得较大的经济效益。代之以加强、准确进行负荷预测，提高电力调度水平，保证用户可靠供电。

5.6 中性点接地方式

5.6.1、5.6.2 城市配电网中有两类基本接地方式：有效接地方式和非有效接地方式。

1 110kV 为有效接地系统，即主变压器中性点直接接地方式。中性点经隔离开关接地。正常运行时，部分变压器中性点直接接地，部分变压器中性点不接地。

2 66kV 配电网为中性点非有效接地系统，当单相接地电流不超过 10A 时，应采用不接地方式；超过时宜采用经消弧线圈接地方式。

3 35kV 配电网可以有两类接地方式，当单相接地电流不超过 100A 时，为中性点非有效接地系统。小于 10A，应采用不接地方式；超过 10A、小于 100A，宜采用经消弧线圈接地方式，接地电流宜控制在 10A 以内。当接地电容电流超过 100A，或为全电缆网时，采用低电阻接地方式，为中性点有效接地系统。低电阻接地方式的接地电阻宜按单相接地电流 1000A～2000A、接地故障瞬时跳闸方式选择。

4 10kV 和 20kV 目前也存在两类接地方式。

一类采用中性点非有效接地系统。当单相接地电流不超过 10A 时，应采用不接地方式；单相接地电流超过 10A，小于 100A～150A 时，宜采用经消弧线圈接地方式，接地电流宜控制在 10A 以内。

另一类有效接地系统。当 10kV 和 20kV 配电网单相接地电流超过 100A 时，或对于全电缆网，宜采用低电阻接地系统（低电阻接地属于有效接地系统）。低电阻接地系统的接地电阻宜按接地电流 200A～1000A、接地故障瞬时跳闸方式选择。

5 低压配电网的接地有 TN、TT 和 IT 三种型式，这是低压网络保护接地的分类。按工作接地分类，TN、TT 为一类，是中性点直接接地系统，IT 是中性点非直接接地、经阻抗接地系统。我国电力系统采用 TN、TT 接地方式。

5.7 短路电流控制

本节规定了配电网短路电流的控制原则、短路电流控制水平和短路电流控制的主要措施。

1 电力系统的短路电流水平取决于系统内电源的容量和网络联系的紧密程度，而电力系统短路电流的控制水平则不仅取决于电力系统的短路电流水平，还与当前开关行业的制造水平、开关设备短路开断水平选择以及系统短路电流限制措施密切相关。短路电流控制水平的选择应综合考虑电力系统发展远景和综合经济效益。

2 目前国内 110kV 系统在采取必要的限流措施（如开环运行，变压器中性点部分接地等）条件下，短路电流大多数在 15kA～25kA 范围内，个别接近 30kA；35kV 系统在主变压器分裂运行的条件下为 20kA 以下；10kV 系统当主变压器并列运行时，短路电流一般都超过 20kA，对较大容量的变电站，甚至接近 30kA，采取分裂运行措施后，短路电流可降至 20kA 以下。因此，在综合考虑系统发展和综合经济效益，经采取适当的限流措施后，提出配电网短路电流控制水平，见表 1。

表 1 各电压等级短路电流控制水平和限流措施

电压等级 (kV)	短路电流控制 水平 (kA)	限 流 措 施
110	31.5, 40	110kV 网络开环运行，220kV、110kV 主变中性点部分接地
66	31.5	66kV 网络开环运行，220kV 主变中性点部分接地
35	25	110kV、66kV 网络开环运行，35kV 母线分列运行
20	16, 20	110kV、66kV 网络开环运行，10kV、20kV 母线分列运行，需要时，采用高阻抗主变压器
10	16, 20	

注：上述限流措施投资不大，运行、操作和管理相对简单，是目前多数系统采取的措施。

3 110kV 以上电压等级变电站，如深入负荷中心的 220kV 变电站，低压母线短路电流一般高于 20kA，此时可采取 25kA 的限值。

4 为了增长配电设备的有效使用期限，考虑系统的发展，在不影响投资额度的前提下，可适当提高设备的短路电流耐受数值。

5 中压配电网中，经过配电线路短路电流减小，所以在中压配电网末端，经过计算可适当降低配电设施的短路电流水平。

 6 随着系统容量不断增大、网络结构不断强化和开关设备的不断优化，短路电流控制水平将逐步调整。

 7 合理采用限制短路电流措施，取得最大经济效益：网络分片，开环运行，母线分段运行；采用高阻抗变压器；加装限流电抗器等。

5.8 网络接线

本节说明配电网接线的一般原则，推荐各级电压的基本接线。

5.8.1 配电网接线应满足可靠、灵活和负荷需要，应满足规划发展和近期过渡方便的要求，应简化接线模式，做到规范化和标准化。

5.8.2 高压配电网接线，从网架结构上分类有环网和辐射式，可以细分为单环网、双环网、不完全双环网、单辐射和双辐射。从变电站与线路的连接方式上又分为链式、支接（T接）。

长期以来，我国多数城市没有认真进行配电网规划，配电网接线比较混乱，一个城市，甚至一个供电区内就有多种接线方式，这给运行、管理和发展造成不利的影响。各城市应加强配电网规划工作，根据城市或供电区的配电网规模、特点拟定最终合理的接线方式，在近期的建设和改造中，逐步实施、完善，达到最终的目标。本规范中附录A推荐几种标准接线，供参照选择。

5.8.3 中压配电网分为架空线路网和电缆线路网，电缆网一般采用互为备用的 N-1（N 不宜大于 3）单环网接线，根据需要，最终可过渡到"N 供 1 备"接线方式（N 不宜大于 3）。中压架空配电网宜采用开环运行的环网接线，负荷密度较大的供电区可采用"多分段多联络"的接线方式。负荷密度较小的供电区可采用单电源树干式接线，树干式接线应随着负荷增长逐步向开环运行的环网接线方式过渡。

5.8.4 低压配电网宜采用以配电变压器为中心的辐射式接线；必要时，相邻变压器的低压干线之间可装设联络开关，以作为事故情况下的互备电源。

低压配电网的接线较为简单，一、二级负荷可设双路电源。

5.8.5 中、低压配电网的供电半径应满足配电线路末端电压质量的要求，根据配电负荷和配电线路电压损失限值计算，不宜超过表 5.8.5 所示范围。

5.9 无功补偿

本节规定了无功补偿的原则、无功补偿容量的配置以及无功补偿设备的安装位置。本节内容与国家现行有关标准一致，和各城市的具体做法也基本一致，但各地变电站无功补偿容量不尽相同，需要进一步优化配置和规范管理。

5.10 电能质量要求

本节规定了电能质量的要求。配电网应执行国家标准，贯彻有关保证电压质量和谐波治理的要求。本节规定与本规范 10.5 节内容针对不同的对象。

本节是配电网电能质量监测点的设置及监测点的电能质量指标。在配电网公共连接点的变电站的母线处，应配置符合国家标准要求的电压偏移、频率偏差和谐波量限值。

10.5 节是配电网按照国家标准对特殊用户提出的技术要求，即对产生谐波、电压冲击，引起三相不平衡、电压暂降或持续电压中断的特殊用户的供电技术要求。

6 高压配电网

6.1 高压配电线路

6.1.1 本条为高压配电线路的一般规定。

 1 本款有关线路通道的规定是总结了多数城市的实践经验。通道的容量、建设要利于电力线路的布局和发展。同塔多回线路可以充分利用线路通道、有效减少占地。

 2 优化配电网络的目的在于合理布局配电线路、方便变电站进出线、增加线路的供配电容量、提高供电可靠性和电能质量、线路的布局要满足供电可靠性的要求，要考虑同路径线路故障的应急措施，应急电源既可以是不同路径线路的第二方向电源，也可以是低一级电压等级的应急备用电源。

 3 本款规定市区内架空线路杆塔应当增加高度、缩小档距，以提高导线对地距离。在一些大城市，如北京、上海的电力部门都有提高架空线路导线对地距离的具体规定，这有利于提高供电安全性和减轻运行维护工作量。

城市架空线路杆塔结构的造型、色调应满足城市建设的要求，与周围环境相协调。

6.1.2 本条为强制性条文。综合了国家现行标准《110kV～750kV 架空输电线路设计规范》GB 50545、《66kV 及以下架空电力线路设计规范》GB 50061 和《10kV 及以下架空配电线路设计技术规程》DL/T 5220 有关架空线路与其他设施及架空线路之间交叉、跨越或接近的安全距离要求，并根据国家现行标准《交流电气装置的过电压保护和绝缘配合》DL/T 620 和《高压配电装置设计技术规程》DL/T 5352 对安全净距的基本规定，结合实践经验补充 20kV 架空线路的相关安全距离要求。

相关的弱电线路等级和公路等级标准见附录 C 和

附录 D。

6.1.3 本条为高压架空配电线路气象条件、路径、导线型式、截面的选择、绝缘子、金具的选择以及杆塔、基础的设计要求。

1 本款说明了高压线路气象条件选择的依据。

2 本款提出了高压架空线路的路径选择的原则规定。

3 高压架空配电线路导线在负荷较大的区域推荐采用大截面或增容导线，有利于提高线路走廊的传输容量和节约土地资源。

在一些大城市和历史、文化名城，由于建筑设施、文物古籍保护的要求，或输电线路改造困难，也需要采用耐热导线，以满足用电负荷日益增长的需求。北京、沈阳等地区积累了丰富经验。

导线截面选择，应贯彻节能的原则，采用经济电流密度法选择，同时还应按导体温升、短路稳定以及机械强度等条件校验。考虑到经济电流密度确定较困难，计算中涉及较多的价格和经济计算参数，且配电线路长度较短，因此在实际工程中，导线截面往往是由导体允许温升条件决定。

导线截面的规格在同一个城市电网内应力求一致，每个电压等级可选用 2 种～3 种规格，导线截面一次到位，主要为便于运行管理。根据城市电网的接线综合选择导线截面，考虑普遍情况推荐表 6.1.3 的导线规格。目前有些城市，经过技术经济论证，110kV 线路导线截面已用到 630mm²。

线路地线应按相关国家标准和电力行业标准架设，在雷电活动较弱的地区，考虑技术经济条件，可不设或少设架空地线。通过城区的架空线路宜采用全线架空地线，架空地线宜采用铝包钢绞线或镀锌钢绞线。

根据 2008 年初我国南方地区覆冰灾害情况，对重要线路提高设防标准。有关高压配电线路应执行《110kV～750kV 架空输电线路设计规范》GB 50545 的有关规定。

4 架空线路所用的各种设施及组件的安全系数应根据现场条件适当提高。绝缘子、金具、杆塔结构及基础的安全系数一般可比通常设计所用的安全系数增大 0.5～1.0。

架空线路绝缘子的有效泄漏比距（cm/kV）应满足线路防污等级要求，并充分评估线路对环境的影响。线路通过市区时，应适当提高其电瓷瓶外绝缘的泄漏比距。

由于城市架空线路走廊资源日趋紧张，因此，架空线路的杆塔选型力求减少走廊占地面积。通过市区的高压配电线路宜采用自立式铁塔、钢管组合塔、钢管窄基塔和紧凑型铁塔，并根据系统规划采用同塔双回或多回架设，以满足在城市规划部门指定的路径走廊宽度内立塔架线。

杆塔基础推荐采用占地少的钢筋混凝土基础或桩式基础。

6.1.4 本条为高压电缆线路使用条件、路径选择、电缆截面和敷设方式选择的要求。

1 本款规定了城市采用电缆线路的地段。由于电力电缆造价昂贵，敷设和维护困难，在线路选型规划时，应结合城市规划和系统接线要求，通过技术经济比较确定。

2 本款规定了高压电缆线路的路径选择原则。

城市电缆网规划应与城市发展和建设规划相协调，以城市道路网为依托；并与城市电网规划建设同步进行，形成合理的电网结构。

城市电缆网一般分为地下浅层、深层布置，在规划条件允许的前提下，优先开发浅层通道，其次为深层通道。

3 本款中电缆选型规定与现行国家标准《电力工程电缆设计规范》GB 50217 的有关规定基本一致。高压配电网电缆选型推荐选用交联聚乙烯绝缘铜芯电缆。为运行维护方便，推荐同一个供电区电缆规格统一。根据城市电网的接线综合选择电缆截面，并推荐表 6.1.4 的电缆规格。目前有些城市，经过技术经济论证，110kV 电缆截面已用到 1200mm²。

4 本款与现行国家标准《城市电力规划规范》GB 50293 的有关规定基本一致。采用地下共用通道集中布置各类管线，比分别配置方式占用地下空间少，尤其能避免道路重复开挖，也便于巡视检查与维护，具有显著的社会、经济、环境综合效益。

5 电缆敷设方式应根据电压等级、最终敷设电缆的数量、施工条件及初期投资等因素确定，本款推荐的几种敷设方式在实际工程中都有运用，比较成熟。本款与现行国家标准《电力工程电缆设计规范》GB 50217 的规定基本一致。

6.1.5 本条为强制性条文。综合了国家现行标准《电力工程电缆设计规范》GB 50217 和《城市电力电缆线路设计技术规定》DL/T 5221 有关电缆与电缆、管道、道路、建筑设施等之间的安全距离要求，在工程设计中必须严格执行。

6.1.6 本条为电缆防火要求，提出阻燃电缆和耐火电缆的使用条件及防止电缆延燃的基本措施。电缆防火应执行现行国家标准《电力工程电缆设计规范》GB 50217 和《火力发电厂与变电站设计防火规范》GB 50229。

6.2 高压变电站

6.2.1 本条为变电站布点的原则规定。

满足负荷要求、节约土地、降低工程造价是基本原则；网络优化、分层分区、多布点是布点实施中的基本要求。

6.2.2 本条与现行国家标准《35～110kV 变电所设

计规范》GB 50059的有关规定基本一致。

6.2.3 由于各城市供电部门对变电站运行可靠性、建设投资标准掌控不一、习惯采用的主接线型式也不同，本条仅提出一般的接线方式。

变电站主接线应满足可靠性、灵活性和经济性的基本原则，根据变电站性质、建设规模和站址周围环境确定。在满足电网规划和可靠性要求的条件下，主接线力求简单、清晰，以便于操作维护。

6.2.4 本条规定了变电站型式的原则要求。由于我国城市用电量不断增加，越来越多的高压变电站已深入市区负荷中心。市区用地日趋紧张，变电站选址困难，考虑环境要求，变电站通过简化接线、优选设备和优化布置等措施，实现变电站户内化、小型化，以达到节约用地、改善环境质量的目的。近年来，一些城市已在建设室内变电站、和其他建筑物混合建设的变电站，不仅有效地减少了占地，而且还能满足城市建筑的多功能要求。

节约用地是工程建设的基本原则。在城市电力负荷集中且建设地面变电站受到限制的地区，建设地下变电站、和其他建筑设施合建变电站是节约用地的重要途径。以北京地区为例，2002年底前已投入运行的15座地下变电站中，独立建设的全地下或半地下变电站有4座，其他均为与大型商场、办公楼等综合建（构）筑物联合建设的全地下或半地下变电站，从而有效缓解了电力建设用地的压力。但考虑到地下变电站工程投资高，设计及施工难度大、建设周期长、运行、维护、检修条件差，故在目前国情条件下不宜大量建设，仅适于负荷高度集中、地面户内站选址困难的大中城市中心区。

地下变电站分全地下和半地下两种布置型式，设计确定变电站总体布置方案时，应根据变电站所处地理位置和建设条件，在规划许可时优先选择半地下布置型式，考虑将变压器置于地面，这样既可以节省建设投资，又便于变压器吊运安装，同时也改善变压器运行环境。

6.2.5 变电站的主变压器台数和变电站布点数量密切相关，变电站中安装变压器台数少，则变电站布点就多，但变电站台数过多，则导致接线复杂，发生故障时，转移负荷和变换运行方式就相应复杂。单台变压器容量过大，会造成短路容量大和变电站出线过多。因此，本条款规定安装变压器最终规模不宜少于2台、多于4台。同一级电压的主变压器单台容量不宜超过3种，同一变电站相同电压等级的主变压器宜统一规格。

主变压器的通风散热措施对城市变电站的建设至关重要，一方面是变压器的外形结构和冷却方式，另一方面是变压器的安装位置。随着技术的不断进步，为节约能源及减少散热困难，宜选用自冷式、低损耗和低噪声变压器。对特殊要求地区，宜采用对通风散热、降低噪声较为有效的变压器本体和散热器分离的布置方式。目前，在北京、上海、大连等城市已普遍采用这种分离式布置方式。

6.2.6 本条提出了变电站最终出线规模的推荐意见，以利于变电站负荷馈线方便引出。在具体工程中应根据实际负荷情况参照各地典型或通用设计方案进行设计。

6.2.7 本条提出变电站设备的选型原则。设备选型应贯彻安全可靠、技术先进、造价合理和环保节能的原则。设备的短路容量应满足较长期电网发展的需要；要注重紧凑和小型化以节省空间；无油化以保证防火安全；自动化、免维护或少维护并具有必要的自动功能或智能接口以利于运行管理。应选择优质量、可靠的定型产品。

智能配电网是我国电力发展的方向，智能变电站是智能配电网的基本支撑。智能变电站宜采用智能设备，智能设备应符合相关标准的规定。

6.2.8 本条为高压变电站的过电压保护和接地要求。本规范仅对变配电设备的耐受电压水平和变电站中铜接地体的使用范围作出规定。

6.2.9 本条提出变电站建筑结构的基本要求。变电站建筑物宜造型简单，辅助设施、内外装修应从简设置、经济、适用。近年来，城市变电站的建设做到了与周围环境、景观、市容风貌的协调，有的变电站还与其他建筑物混合建设，从而实现了减少占地，满足城市建筑多功能的要求，变电站建筑结构能与城市环境相协调，在建筑造型风格和使用功能上，体现了城市未来发展，适应城市建设和发展的需要。

城市变电站应满足消防标准的有关规定要求，应采取有效的消防措施，配置有效的安全消防装置和报警装置，妥善地解决防火、防毒气及环保等，并取得消防部门同意。

7 中压配电网

7.1 中压配电线路

7.1.1 中压配电线路的电压等级包括6kV、10kV和20kV。在我国除部分大型工矿企业高电压负荷采用6kV电压和极少数地区采用20kV配电电压外，绝大多数城市采用10kV电压。近年来，由于电力负荷增长迅速，考虑到未来负荷的发展空间，个别城市开始研究试用20kV电压。

20kV电压的应用，关键取决于用电负荷和供电距离。在配电网规划中对于一定规模的高负荷密度新区，应落实负荷现状和发展规模、电源布局和网络接线。在含有网络和设备改造的供电区，一定要做好方案和技术经济比较，要注重安全可靠、投资效益和持续发展。

1 本款规定是目前城市建设的要求，也是城市发展的必然趋势。我国各城市在发展的过程中，电力线路电缆化的要求渐趋迫切，各城市的电缆化率也在逐年提高。对于一些文化名城、文物古迹和景观名城，地质条件不允许电缆穿越的地区，可采用架空绝缘线路。

2、3 中压架空配电线路的路径应与城市总体规划相结合；电缆线路路径应与各种管线相协调，要注意与地下危险管线的接近，如煤气管道、天然气管道、热力管线等，还要与城市现状及规划的地下铁道、地下通道、人防工程等隐蔽性工程相协调。架空线路走廊，应与各种管线和市政其他设施统一安排。

配电线路应避开储存易燃、易爆物的仓库区域。配电线路与有火灾危险性的生产厂房和库房、易燃易爆材料场以及可燃或易燃、易爆液（气）体储罐的防火间距应符合国家标准安全距离的规定。

中压配电线路和配电设施与建（构）筑物、交通设施以及其他电力线路交叉、接近的安全距离应执行本规范表 6.1.2 和表 6.1.5 的规定。

4 为了有效减少线路故障查找时间，本条规定了在中压线路的分段点和分支点应装设故障指示器。有条件的地区，也可全线路装设故障指示器，并实现故障信息远传。

7.1.2 本条阐明绝缘导线的应用条件。

1 城市中压配电线路的选型基本原则：首先考虑架空线路；在人口稠密、建筑设施拥挤的中心城区，架空线路架设困难时，根据城市发展规划可采用电缆线路；当地下设施复杂、无法建造合理的电缆通道，应通过技术经济比较选择合理的线路型式。

采用绝缘导线的架空线路，可有效提高线路的绝缘强度。在繁华街道和人员密集地段、严重污秽地区、高层建筑周围以及供休闲、娱乐的广场、绿地都应采用架空绝缘线路。

目前，架空绝缘导线最高电压为 35kV，国内普遍应用的是 10kV 和 20kV。

2 由于中压配电线路距离短，其导线截面宜按温升选择。对一个供电区域同一电压等级的配电线路导线规格，应控制在 2 种～3 种。

1）在计算线路的最大持续工作电流时，还应包括事故转移的负荷电流；同时应计及环温、海拔高度和日照的影响。

2）按允许电压降校验导线时，自供电的变电站二次侧出口至线路末端变压器入口的允许电压降为供电变电站二次侧额定电压（20kV、10kV）的 3%～4%。线路允许电压降与用户供电电压允许偏差有关，各级配网电压的损失分配可参考表 2 数值。

表 2　各级配网电压损失分配参考表

配电电压等级（kV）	各级配网电压损失分配（%）		供电电压允许偏差（%）
	变压器	线路	
110、66	2～5	4.5～7.5	35kV 及以上供电电压允许偏差的绝对值之和小于或等于 10
35	2～4.5	2.5～5	
20、10 及以下	2～4	8～10	20kV 或 10kV 及以下三相供电电压允许偏差小于或等于±7
其中：20、10 线路		2～4	
配电变压器	2～4		220V 单相供电电压允许偏差小于或等于+7.5 与 -10
低压线路（包括接户线）		4～6	

3）导体短路热效应的计算时间，宜采用切除短路的保护动作时间和断路器的开断时间，并采用相应的短路电流值。

各类导体的长期工作允许温度和短路耐受温度如表 3 所示。

表 3　各类导体的长期工作允许温度和短路耐受温度

电缆绝缘种类	交联聚乙烯	聚氯乙烯	橡皮绝缘	乙丙橡胶	裸铝、铜母线、绞线
电压等级（kV）	1～110	1～6	0.5	—	—
长期工作允许温度（℃）	90	70	60	90	70～80
短路耐受温度（℃）	250	140～160	200	250	200～300

注：表中长期工作允许温度和短路耐受温度均指各种一般的常规绝缘材料。对阻燃或耐火电缆，其特性为在供火时间 20min～90min 内，供火温度达 800℃～1000℃。

20kV 配电线路，其导线截面选择与 10kV 线路共用表 7.1.2。

3 配电线路杆塔应按照现行国家标准《66kV 及以下架空电力线路设计规范》GB 50061 的规定设计。线路电杆应选用符合国家标准技术性能和指标要求的定型产品。现行国家标准《环形钢筋混凝土电杆》GB 396 规定了各类梢径电杆的技术数据和技术性能。近年来电杆本体事故时有发生，主要是制造质量问题（结构、材料、水泥标号、养护期等）和运行环境如盐雾对水泥电杆的腐蚀问题，在选用中应重视。

4 配电线路绝缘子种类较多，有机复合绝缘子（指硅橡胶合成绝缘子）具有较好的抗污闪性能，但价格较高，可酌情选用。参照国家现行标准《10kV及以下架空配电线路设计技术规程》DL/T 5220—2005的规定，绝缘子的机械强度验算采用安全系数设计法，绝缘子和金具的选型设计采用安全系数法，其荷载应采用原安全系数法中的"荷载标准值"。

7.1.3 电缆截面的选择，应校验敷设条件对电缆载流量的影响，应考虑系统中性点接地方式对电缆绝缘水平的影响。

按照电缆制造标准的规定，根据电缆绝缘水平及其应用条件分为3类：A类：一相导体与地或接地导体接触时，应在1min内与系统分离。采用100％使用回路工作相电压，适用于中性点直接接地或低电阻接地、任何情况故障切除时间不超过1min的系统。B类：可在单相接地故障时作短时运行，接地故障时间不宜超过1h，任何情况下不得超过8h，每年接地故障总持续时间不宜超过125h。适用于中性点经消弧线圈或高电阻接地的系统。C类：不属于A类、B类的系统。通常采用150％～173％使用回路工作相电压，适用于中性点不接地、带故障运行时间超过8h的系统，或电缆绝缘有特殊要求的场合。

目前对10kV低电阻接地系统，可选择额定电压为6/10kV的电缆，对10kV经消弧线圈接地的系统宜选择额定电压为8.7/10kV的电缆。一些城市考虑电缆敷设环境恶劣，经技术经济比较选用额定电压为8.7/15kV的电力电缆，以提高其绝缘强度。

对20kV电压，可根据上述类似条件选用12/20kV电缆和18/20kV电缆。

新建的20kV供电区，应根据建设规模、发展规划以及当地经济发展水平，合理确定20kV配电网的绝缘水平。

7.2 中压配电设施

7.2.1 开关站内可装设断路器、负荷开关或混合装设。站用变压器应根据开关站的规模和重要程度装设。当配电网公用的开关站随用户专用配电站一并建设时，不应设在建筑物地下的最底层，要保证防潮、防内涝以及消防的需要，同时需设有独立出入口以便于电力部门管理。

开关站转供容量不是一个严格要求的量化指标，但其数值应满足供电负荷和供电可靠性的要求，转供容量与配电站的数量、配电变压器的容量及其运行负载率等因素有关，并取决于电源进线的允许载流量，而允许载流量与敷设方式和敷设环境有关，通常考虑双回电源供电。目前10kV开关站转供容量一般在10MVA～20MVA，20kV开关站可达到20MVA～40MVA。所以，本规范考虑10kV和20kV两种电压，取10MVA～30MVA。

7.2.2 说明配电站设施的设计要求。

1 配电站布点要结合实际可能，坚持"小容量、多布点"的原则，使布点尽量接近负荷中心，缩短低压供电距离，减少低压供电损耗并有利于保证电压质量。

2 有条件时，配电站可与其他建筑物合并建设以减少占地，但应满足现行国家标准《10kV及以下变电所设计规范》GB 50053的要求，要注意防止内涝对配电站运行的影响。

3 应注意预装箱式配电站的适用范围。对于只能装设油浸变压器的箱变，要求使用高燃点油浸变压器，并应满足环网接线的要求。规划时应充分考虑箱变存在运行环境差，使用寿命短，紧急操作（尤其是在雨天）和维护不方便等缺点。在新建住宅区的规划中，应结合运行管理要求建设足够数量的室内配电站。

4 现行行业标准《10kV及以下架空配电线路设计技术规程》DL/T 5220—2005规定，台架式变压器最大容量为400kVA，根据南方电网一些地区的应用实践，本规范将台架式变压器上限容量提高到500kVA，设计时应对电杆强度和柱上变压器的抗倾覆能力进行校核。

对于不宜装设变压器台架的电杆的规定，是采用了现行行业标准《10kV及以下架空配电线路设计技术规程》DL/T 5220—2005的有关条文。

本规范用术语"台架式变压器（简称台架变）"取代术语"柱上变压器"。

7.3 中压配电设备选择

7.3.1 本条规定了配电变压器选择的原则要求。对于设在居民区的配电站应采用低噪音的环保型变压器；在有较大谐波源的场合，应选用能消除或降低3次谐波的D, yn11型接线的配电变压器。

配电变压器运行负载率主要用于调度管理中，掌控运行负荷情况，防止严重或长期过载。根据配电站的不同接线方式的运行负载率，合理选择变压器容量。配电站一般设2台变压器，按"N-1"准则要求，平均最高负载率宜取50％，最高负载率取65％。根据我国实际情况，负荷增长迅速，往往超过65％，甚至达到90％以上。所以在选择配电变压器容量时，应考虑当地负荷情况和特点以及负荷的变化范围和持续时间等。本规范中所述的60％～80％是各地出现的实际负载率。

中压单相配电技术可显著降低线损，节约能耗；可提高电压合格率和供电可靠率。单相变压器在国外一些国家普遍使用，在我国使用经验很少。据有关资料，在我国南京、无锡、昆山、南通等地曾有工程实践。因此，在有条件的地区，可以试行中压单相配电的供电模式。

7.3.2 本条规定了配电开关选择的原则要求。对于已有配网自动化规划且准备实施的地区，应在选用配电开关时，为配网自动化的实施预留必要的条件，即采用具有电动操作机构的断路器。对于户外、潮湿地点安装的开关设备，应采用全密闭设备，主要是指SF_6气体绝缘的全封闭电气设备。

7.4 配电设施过电压保护和接地

7.4.1 本规范符合现行行业标准《交流电气装置的过电压保护和绝缘配合》DL/T 620 和《交流电气装置的接地》DL/T 621 有关中压配电线路和配电设施的过电压和接地规定。

7.4.2 本规范根据各地的应用实践明确复合型绝缘护套氧化锌避雷器的应用。

7.4.3 本规范对中压架空绝缘配电线路的过电压保护作了原则规定。对于防止 10kV 绝缘配电线雷击断线问题，其断线机理经有关高校、供电部门实验、研究结论："普通型绝缘导线配电线路发生断线事故的原因是由于雷电引起绝缘子闪络，激发工频续流，烧断导线"。据资料介绍，日本、澳大利亚等采用每杆上装设避雷装置；我国苏州地区采用增加避雷器泄漏雷电流幅值、减少工频续流，减少导线烧断等方法，对中压绝缘配电线路雷击断线事故起到了一定的遏制作用。各城市可结合本地区雷电活动情况和运行经验采取可行的措施。

8 低压配电网

8.1 低压配电线路

8.1.1 本条规定了低压配电线路的基本要求。
 1 本款规定低压配电线路选型的基本原则。
 2 本款规定低压配电带电导体系统型式选择，型式分类见表 4。我国一般采用单相两线制和三相四线制。

表 4 低压配电导体系统分类

电源种类	交流						直流	
相数	单相		二相		三相		一	
导体类型	二线	三线	三线	四线	三线	四线	五线	二线	三线
常用方式	二线	—		三线		四线		二线	

8.1.2 本条规定了低压架空线路的导线选型、电杆选择、导线架设和导体截面选择。
 导线和电缆截面宜参考表 8.1.2 选择。三相四线制系统的 N 相可根据现行行业标准《10kV 及以下架空配电线路设计技术规程》DL/T 5220 的规定计算选取，PE 线可根据现行国家标准《系统接地的型式及安全技术要求》GB 14050 的规定计算选取。

8.1.3 本条规定了低压电缆线路的芯数要求、敷设方法、额定电压和导体截面选择。

8.2 接　　地

本节规定了低压配电系统接地型式选择、系统接地电阻要求和漏电保护的配置和选型。

8.2.1 低压配电系统的接地方式直接关系人身安全和系统安全运行。低压接地有三种型式：
 1 TN 系统：系统的电源端有一点直接接地，电气装置的外露可导电部分通过保护中性导体或保护导电体接到此接地点。TN 系统根据中性导体和保护导体的连接组合情况，又可分为三种：
 1）TN-S 系统：整个系统的中性导体和保护导体是分开的。
 2）TN-C 系统：整个系统的中性导体和保护导体是合一的。
 3）TN-C-S 系统：系统中一部分线路的中性导体和保护导体是合一的。
 当图例标志时，N 线表示中性线，PE 线表示保护线，PEN 线表示保护中性线。
 2 TT 系统：系统的电源端有一点直接接地，电气装置的外露可导电部分直接接地，此接地点与电源端接地点在电气上彼此独立。
 3 IT 系统：电源端的带点部分不接地或一点通过阻抗接地，电气装置的外露可导电部分直接接地。

8.3 低压配电设备选择

本节说明低压配电设备的选择，重点说明低压开关设备、隔离电器和导体材料的选择应用。在实际工程中，应正确、合理选择设备和材料，提高工程建设质量和水平。

9 配电网二次部分

本章包括配电网继电保护和自动装置、变电站自动化、配电自动化、配电网通信和电能计量。配电网二次部分存在的主要问题是设备质量和规范化程度低，技术和管理水平低。这些是影响电网安全和供电质量提高的重要环节，因此，在配电网一次设备完善、规范的基础上，提高配电网保护和自动化技术是未来配电网的重点工作之一。

9.1 继电保护和自动装置

本节内容为配电网继电保护和自动装置的配置要求。各地应根据规范规定和行之有效的实践经验进一步统一技术标准、合理设备配置、规范接线和布置型式。

9.2 变电站自动化

本节提出配电网变电站自动化的原则配置。目前，配电网变电站一般采用无人值班型式。自动化配置与现行电力行业标准规定要求基本一致，各地差异在设备档次。

数字化、智能化变电站，目前尚处于试点过程中，其设备参数、功能配置、信息、通信要求以及设备配套等方面尚需进一步规范。

9.3 配电自动化

我国配电自动化工作，大多数城市还没有开展，也没有规划目标。本节参考个别地区的实际经验，仅提出配电自动化的建设原则、功能配置原则和系统组成结构原则。

配电自动化系统组成结构见图1所示。

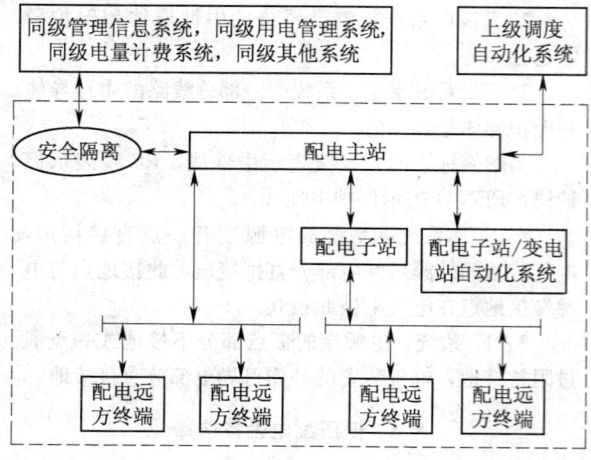

图1 配电自动化系统组成结构

9.4 配电网通信

本节对配电网通信建设原则、通信介质和通信方式选择等提出基本要求。

9.5 电能计量

本节符合现行行业标准《电能计量装置技术管理规程》DL/T 448—2000，主要是计量方式、仪表准确度的选择和关口计量点的确定。电能计量自动化方面，其功能、通信等已积累了有效的经验，需进一步提高和规范。

10 用户供电

10.1 用电负荷分级

本节说明客户负荷分级的原则和分级情况，内容与国家现行标准《供配电系统设计规范》GB 50052和住房和城乡建设部《民用建筑电气设计规范》JGJ 16—2008 的有关规定一致。

10.2 用户供电电压选择

10.2.1、10.2.2 这两条说明了用户供电电压等级和选择的原则，供电电压选择没有严格的、确切的界限，用户和用电管理部门应根据国家政策、电力行业有关标准和当地具体情况选择合理的供电电压。

10.3 供电方式选择

10.3.2 对具有一级负荷的用户应采用双电源或多电源供电，其应急电源应符合独立电源的条件。条件允许时，建议配备非电性质的应急措施。自备应急电源的容量、启动时间等要求应根据用户生产技术的情况确定。

10.3.3 对具有二级负荷的用户宜采用双电源供电，应根据当地的公共电网条件、用户对供电可靠性的要求等确定；是否配备应急电源应根据用户对可靠性的要求确定。

对于具有一级和二级负荷的用户是否采用两路或以上外电源供电，还需要考虑一级和二级负荷在用户总用电负荷中的比重、用户对于可靠性的要求等因素。

10.3.4 对三级负荷的用户可采用单电源供电，对供电没有特殊要求。在电网条件具备、且用户经济上允许的情况下可采用双电源供电方式。

10.3.5 双电源、多电源供电时，宜采用同一电压等级电源供电。采用不同电压等级供电可能会造成投资的浪费和运行的不便，而且可能对电网的安全可靠运行带来一定的风险。

10.3.6 供电线路的型式应根据当地的电网条件和用户的要求确定。当用户对可靠性要求较高时可以考虑采用电缆线路供电的方式，当用户对供电可靠性相对较低而地区发展规划要求穿越的部分区域必须采用电缆时，可以采用架空+电缆混合线路的供电方式。

10.4 居民供电负荷计算

用电负荷计算是确定配电设施容量的基础，居住区住宅的用电负荷依赖于居民供电负荷指标。居民供电负荷指标应综合考虑所在城市的性质、社会经济、气候、民族、习俗及家庭能源使用种类等因素确定。由于我国各地区社会经济、气候、民族民俗差异很大，各地区家庭能源的使用种类差异较大，各地区的负荷指标千差万别，很难确定一个通用的指标，本规范根据国家现行标准《住宅设计规范》GB 50096和《民用建筑电气设计规范》JGJ 16—2008 的规定及节能原则，给出了住宅、商业和办公用电负荷指标，各地区也可制订适应于当地条件的用电负荷指标。在计算工商企业用户或居民住宅用电负荷时应考虑设备的需要系数和各车间、各住户间的用电同时系数，一般居民住宅可取 0.2～0.4，商业可取 0.5～1，办公可取 0.6～1。

居民住宅用电负荷需要系数见附录E。

10.5 对特殊电力用户供电的技术要求

10.5.1 本条说明了特殊用户的种类和对特殊用户供电的基本原则。为了防止对电力设备产生有害影响和对用户造成危害，对特殊用户的供电方式应综合考虑供用电的安全、经济、用户用电性质、容量、电网供电条件等因素，经技术经济比较确定。

10.5.2 本条对一些特殊用户提出供电的技术要求：

1 对谐波源用户的要求。各类工矿企业、运输等非线性负荷，引起电网电压及电流的畸变，称为谐波源。谐波对电网设备和用户用电设备造成很大危害。所以，要求用户注入电网的谐波电流及电网的电压畸变率必须符合现行国家标准《电能质量——公用电网谐波》GB/T 14549、《电磁兼容限值 谐波电流发射限值》GB 17625.1 等的规定要求，否则应采取措施，如加装无源或有源滤波器、静止无功补偿装置、电力电容器加装串联电抗器等，以保证电网和设备的安全、经济运行。用户所造成的谐波污染，按照谁污染谁治理的原则进行治理。

2 对冲击负荷、波动负荷用户的用电要求。冲击负荷及波动负荷引起电网电压波动、闪变，使电能质量严重恶化，危及电机等电力设备正常运行，引起灯光闪烁，影响生产和生活质量。这类负荷应经过治理并符合现行国家标准《电能质量——电压波动和闪变》GB 12326 的规定要求后，方可接入电网。为限制冲击、波动等负荷对电网产生电压波动和闪变，除要求用户采取就地装设静止无功补偿设备和改善其运行工况等措施外，供电企业可根据项目接入系统研究报告和电网实际情况制定可行的供电方案，必要时可采用提高接入系统电压等级、增加供电电源的短路容量以及减少线路阻抗等措施。

3 对不对称负荷用户的用电要求。不对称负荷会引起负序电流（零序电流），从而导致三相电压不平衡，会造成电机发热、振动等许多危害。所以要求电网中电压不平衡度必须符合现行国家标准《电能质量——三相电压不平衡》GB/T 15543 的要求，否则应采取平衡化的技术措施。本规范列举了三项防止和消除电网不平衡的措施，在实际供电方案中可根据当地电网实际条件进行验算，以确定合理的供电方案。

4 对电压敏感负荷用户的用电要求。一些特殊用户所产生的电压暂降、波动和谐波等将造成连续生产中断或显著影响产品质量。一般应根据负荷性质，由用户自行装设电能质量补偿装置，如动态电压恢复器（DVR）、快速固态切换开关（SSTS）以及有源滤波器（APF）等。

11 节能与环保

本章规定了有关节能和环境保护的要求；建筑节能、设备及材料节能的具体做法；电磁场环境影响治理和噪声污染的控制；污水排放和废气排放的措施。本章内容较少，但反映了配电系统对节能和环保的重视，是贯彻节能和环保政策的实践总结，今后在执行中将进一步强化和完善。

11.1 一般规定

本节提出城市配电网节能、环保的原则要求。

11.2 建筑节能

11.2.1、11.2.2 为贯彻国家有关节约能源、环境保护的法规和政策，落实科学发展观，对建（构）筑物采取合适的节能措施是必要的。这两条参照国家有关节能标准编写。目前，国家尚未颁布工业建筑的节能标准，配电网中建（构）筑物的节能措施除本规定外，可参照国家现行标准《民用建筑节能设计标准》JGJ 26—95、《严寒和寒冷地区居住建筑节能设计标准》JGJ 26—2010、《公共建筑节能设计标准》GB 50189，采取适宜的节能方案和措施。

11.3 设备及材料节能

本节提出变配电站内设备和材料节能、环保的基本要求和主要措施。

11.4 电磁环境影响

11.4.1 本规范引用了涉及电磁环境的三项现行国家标准：《电磁辐射防护规定》GB 8702、《环境电磁波卫生标准》GB 9175 和《高压交流架空送电线无线电干扰限值》GB 15707。

1 现行国家标准《电磁辐射防护规定》GB 8702 规定，凡伴有辐射照射的一切实践和设施的选址、设计、运行和退役，都必须符合表5的限值要求。

表5 不同频率范围内的照射限值

频率范围（MHz）	职业照射限值（V/m）	公众照射限值（V/m）
0.1MHz～3MHz	87	40
3MHz～30MHz	27.4	12.2
30MHz～3000MHz	28	12

注：1 职业照射限值为每天 8h 工作期间内，电磁辐射场的场量参数在任意连续 6min 内的平均值应满足的限值。
　　2 公众照射限值为一天 24h 工作期间内，电磁辐射场的场量参数在任意连续 6min 内的平均值应满足的限值。

2 现行国家标准《环境电磁波卫生标准》GB 9175 规定，一切人群经常居住和活动场所的环境电磁辐射不得超过表6的允许场强。

表6 不同频率波段范围内的电磁辐射允许场强

波段	频率	场强单位	允许场强一级（安全区）	允许场强二级（中间区）
长、中、短	0.1MHz～30MHz	V/m	<10	<25
超短	30MHz～300MHz	V/m	<5	<12

注：1 一级（安全区），指在该环境电磁波强度下，长期居住、工作、生活的一切人群，包括婴儿、孕妇和老弱病残者，均不会受到任何有影响的区域。

2 二级（中间区），指在该环境电磁波强度下，长期居住、工作、生活的一切人群，可能引起潜在性不良反应的区域。在此中间区域内可建工厂和机关，但不许建造居民住宅、学校、医院和疗养院等。

3 现行国家标准《高压交流架空送电线无线电干扰限值》GB 15707规定，最高电压等级配电装置区外侧，避开进出线，距最近带电构架投影20m处，晴天（无雨、无雪、无雾）的条件下：110kV变电所的无线电干扰允许值不大于46dB（μV/m）。

11.5 噪声控制

11.5.1 有关噪声控制的现行国家标准主要有《工业企业厂界环境噪声排放标准》GB 12348、《声环境质量标准》GB 3096等。

1 现行国家标准《工业企业厂界环境噪声排放标准》GB 12348主要规定了适用于工厂及可能造成噪声污染的企事业单位边界的噪声限值。

2 现行国家标准《声环境质量标准》GB 3096贯彻《中华人民共和国环境保护法》及《中华人民共和国环境噪声污染防治条例》，为保障城市居民的生活声环境质量而制订，该标准规定了城市五类区域的环境噪声最高限值，适用于城市区域，乡村生活区域可参照执行。

11.5.2 本条提出的主变压器噪声水平为经验数据，一般可使变电站满足第11.5.1条的要求，并可控制设备的制造成本。

11.6 污水排放

11.6.1 本规范引用了有关污水排放的国家现行标准《污水综合排放标准》GB 8978和《污水排入城市下水道水质标准》CJ 3082。

1 现行国家标准《污水综合排放标准》GB 8978按照污水排放去向，分年限规定了69种水污染物最高允许排放浓度及部分行业最高允许排水量。

2 现行行业标准《污水排入城市下水道水质标准》CJ 3082规定了排入城市下水道污水中35种有害物质的最高允许浓度。适用于向城市下水道排放污水的排水户。

11.7 废气排放

电气设备中，广泛采用SF_6气体，应采取安全可靠的密封措施，严防运行中和储存期间SF_6气体泄漏。

纯净的SF_6气体无色、无味、不燃，在常温下化学性能特别稳定，是空气比重的5倍多，是不易与空气混合的惰性气体，对人体没有毒性。但在电弧及局部放电、高温等因素影响下，SF_6气体会进行分解，而其分解产物遇到水分后会产生一些剧毒物质，如氟化亚硫酰（SOF_2）、四氟化硫（SF_4）、二氟化硫（SF_2）等。所以，装有SF_6设备的配电装置室应设有机械通风装置，宜在低位区安装SF_6气体泄漏报警仪，在工作人员入口处装置显示器。设备内的SF_6气体不得向大气排放，泄漏应采取净化回收。

正常运行时，设备内SF_6气体的年泄漏率不得大于国家标准规定限值。

附录A 高压配电网接线方式

本附录规范了城市高压配电网的基本接线型式及其适用范围，各城市在规划设计时，应结合城市特点、远景规划、输电网规划以及现有中、低压配电网情况选择线路型式和接线型式。

规划选定的接线型式不得轻易变更，只能在实施中不断改进和完善。中间过渡方案也应是规划选定的接线型式。

附录B 中压配电网接线方式

本附录规范了城市中压配电网的基本接线型式及其适用范围，各城市应结合城市特点、高压配电网接线、电源布点和城市供电分区情况选择线路型式和接线型式。

网络应合理简化、接线型式应尽量减少。

接线型式应满足负荷要求、方便过渡和规范管理。

附录C 弱电线路等级

本附录引自现行国家标准《110kV～750kV架空输电线路设计规范》GB 50545，与本规范第6.1.2条中架空线路与各级弱电线路的交叉、跨越和接近的安全距离有要求有关。

附录D 公路等级

本附录引自现行行业标准《公路工程技术标准》JTG B01—2003，与本规范第6.1.2条中架空线路与各级公路的交叉、跨越和接近的安全距离有要求有关。

附录E 城市住宅用电负荷需要系数

本附录引自现行行业标准《民用建筑电气设计规范》JGJ 16—2008，供城市配电站主变压器容量选择时，住宅用电负荷统计计算参照使用。

中华人民共和国国家标准

城镇供热系统评价标准

Evaluation standard for district heating system

GB/T 50627—2010

主编部门：中华人民共和国住房和城乡建设部
批准部门：中华人民共和国住房和城乡建设部
施行日期：２０１１年１０月１日

中华人民共和国住房和城乡建设部
公　告

第 822 号

关于发布国家标准
《城镇供热系统评价标准》的公告

现批准《城镇供热系统评价标准》为国家标准，编号为 GB/T 50627-2010，自 2011 年 10 月 1 日起实施。

本标准由我部标准定额研究所组织中国建筑工业出版社出版发行。

中华人民共和国住房和城乡建设部
2010 年 11 月 3 日

前　言

本标准是根据原建设部《关于印发〈2005 年工程建设标准规范制订、修订计划（第一批）〉的通知》（建标函 [2005] 84 号）的要求，由中国建筑科学研究院和河南省第五建筑安装工程（集团）有限公司会同有关单位共同编制完成的。

本标准在编制过程中，编制组经广泛调查研究，认真总结实践经验，参考有关国际标准和国外先进标准，并在广泛征求意见的基础上，制定了本标准。

本标准主要技术内容包括：总则、术语、基本规定、设施评价、管理评价、能效评价、环保安全消防以及相关附录。

本标准由住房和城乡建设部负责管理，由中国建筑科学研究院负责具体技术内容的解释。执行过程中如有意见或建议请寄送中国建筑科学研究院（地址：北京市北三环东路 30 号，邮政编码：100013，E-mail:grpj163@163.com）。

本标准主编单位：中国建筑科学研究院
　　　　　　　　河南省第五建筑安装工程（集团）有限公司

本标准参编单位：清华大学
　　　　　　　　哈尔滨工业大学
　　　　　　　　辽宁省建筑设计研究院
　　　　　　　　沈阳惠天热电股份有限公司
　　　　　　　　北京市煤气热力工程设计院有限公司
　　　　　　　　北京市市政市容管理委员会供热管理办公室
　　　　　　　　哈尔滨市建设工程质量监督总站
　　　　　　　　北京市热力集团有限责任公司
　　　　　　　　山东省建筑设计研究院
　　　　　　　　牡丹江热电有限公司
　　　　　　　　建设部供热质量监督检验中心
　　　　　　　　沈阳浑南热力有限责任公司
　　　　　　　　辽宁省建设科学研究院
　　　　　　　　北京金房暖通节能技术有限公司
　　　　　　　　山东建筑大学
　　　　　　　　中国建筑金属结构协会采暖散热器委员会
　　　　　　　　北京华艾鑫节能设备有限公司
　　　　　　　　泛华建设集团有限公司沈阳设计分公司
　　　　　　　　辽宁省省直房地产开发总公司
　　　　　　　　北京首都机场动力能源有限公司
　　　　　　　　河南省建筑科学研究院
　　　　　　　　中国人民解放军工程与环境质量监督总站

本标准主要起草人：宋　波　季三荣　狄洪发
　　　　　　　　　董重成　崔　巍　张书忱
　　　　　　　　　段洁仪　赫迎秋　赵欣虹
　　　　　　　　　马景涛　于晓明　孙玉庆
　　　　　　　　　柳　松　陈　宁　冯继蓓

王庆辉　杨建勋　张金和　　　　　　　　杨南方
宋为民　杨新敬　张献瑞　本标准主要审查人：许文发　闻作祥　郭维圻
廖嘉瑜　佟力宇　方登林　　　　　　　　李建兴　金丽娜　万水娥
王润光　栾景阳　刘　荣　　　　　　　　史新华　张　录

目 次

1 总则 ················· 34—6
2 术语 ················· 34—6
3 基本规定 ············· 34—6
　3.1 评价条件 ··········· 34—6
　3.2 评价体系与评价方法 ··· 34—6
　3.3 评价程序 ··········· 34—7
4 设施评价 ············· 34—7
　4.1 一般规定 ··········· 34—7
　4.2 锅炉房 ············· 34—7
　4.3 热力站 ············· 34—9
　4.4 供热管网 ··········· 34—11
　4.5 室内供暖系统 ······· 34—13
5 管理评价 ············· 34—14
　5.1 基础管理 ··········· 34—14
　5.2 运行管理 ··········· 34—15
　5.3 设备管理 ··········· 34—17
　5.4 应急管理 ··········· 34—19
　5.5 服务管理 ··········· 34—19
6 能效评价 ············· 34—20
7 环保安全消防 ········· 34—21
　7.1 环境保护 ··········· 34—21
　7.2 安全防护 ··········· 34—22
　7.3 消防 ··············· 34—23
附录 A 抽样规则 ········· 34—24
附录 B 城镇供热系统评价备案表 ······ 34—24
本标准用词说明 ··········· 34—26
引用标准名录 ············· 34—26
附：条文说明 ············· 34—27

Contents

1 General Provisions ·········· 34—6
2 Terms ·········· 34—6
3 Basic Requirements ·········· 34—6
   3.1 Evaluation Conditons ·········· 34—6
   3.2 Evaluation System and Methods ······ 34—6
   3.3 Evaluation Procedure ·········· 34—7
4 Equipments Evalutation ·········· 34—7
   4.1 General Requirements ·········· 34—7
   4.2 Boiler Plant ·········· 34—7
   4.3 Heat Substation ·········· 34—9
   4.4 Heat-supply Network ·········· 34—11
   4.5 Indoor Heating System ·········· 34—13
5 Management Evalutaion ·········· 34—14
   5.1 Basic Management ·········· 34—14
   5.2 Operation Management ·········· 34—15
   5.3 Equipment Management ·········· 34—17
   5.4 Emergency Management ·········· 34—19
   5.5 Service Management ·········· 34—19
6 Energy-Efficiency Evaluation ·········· 34—20
7 Environment Protection, Safety Protection and Fire Protection ······ 34—21
   7.1 Environment Protection ·········· 34—21
   7.2 Safety Protection ·········· 34—22
   7.3 Fire Protection ·········· 34—23
Appendix A Sampling Methods ······ 34—24
Appendix B Evaluation Record Table of District Heating System ·········· 34—24
Explanation of Wording in This standard ·········· 34—26
List of Quoted Standards ·········· 34—26
Addition: Explanation of Provisions ·········· 34—27

1 总 则

1.0.1 为了加强城镇集中供热系统运行管理，统一城镇集中供热系统的评价方法，提高城镇集中供热系统的能源利用率，减少污染物排放，促进供热与用热质量的提高和系统安全运行，满足人们的生活和工作需求，依据国家有关法律、法规、管理要求和相关技术标准，制定本标准。

1.0.2 本标准适用于供热介质为热水的城镇集中供热系统的设施、管理、能效及环保安全消防四个单元的技术评价。

1.0.3 蒸汽锅炉房或热电厂的供热系统应从第一级热力站开始进行评价。

1.0.4 城镇集中供热系统评价中使用的检测和评价方法除应符合本标准的规定外，尚应符合国家现行有关标准的规定。

2 术 语

2.0.1 综合性评价 comprehensive evaluation

对城镇集中供热系统评价体系中的设施、管理、能效及环保安全消防四个单元全部进行评价。

2.0.2 选择性评价 selective evaluation

对城镇集中供热系统评价体系中的一个或几个单元的评价，或对单元中的一个或几个项目的评价。

3 基 本 规 定

3.1 评 价 条 件

3.1.1 城镇集中供热系统评价应在系统通过竣工验收并正常运行一年后进行。

3.1.2 申请评价的城镇集中供热系统应具备相关的技术档案等资料和文件。

3.1.3 有下列情况之一时不参加评价：
   1 城镇集中供热系统未安装热计量装置；
   2 环境安全和消防未达到相关部门标准要求。

3.2 评价体系与评价方法

3.2.1 城镇集中供热系统评价体系（图3.2.1）由单元、项目、内容三个层次组成，单元为设施、管理、能效和环保安全消防，每个单元由若干评价项目组成，每个评价项目包括若干评价内容。

3.2.2 综合性评价应对评价体系中的设施、管理、能效及环保安全消防四个单元全部进行评价；选择性评价应对评价体系中的一个或几个单元进行评价，或对单元中的一个或几个项目进行评价。选择性评价可以是单元选择性评价，也可以是项目选择性评价。

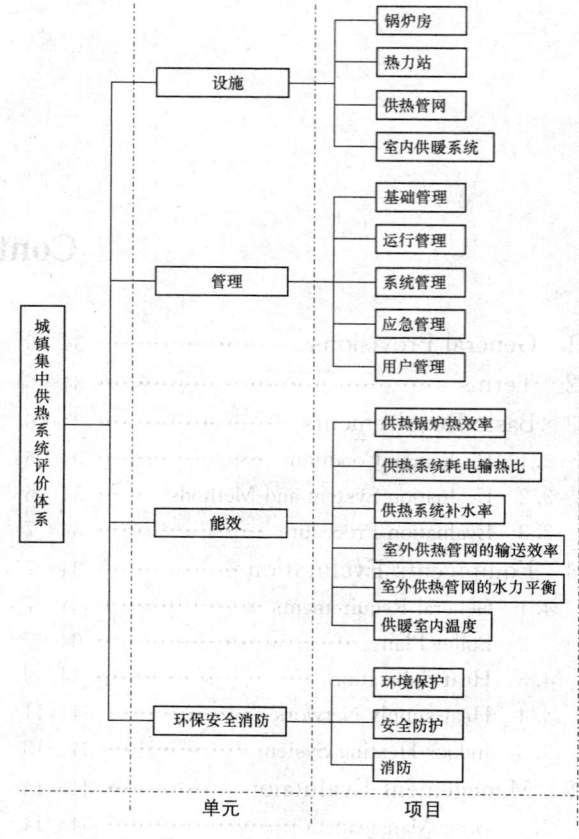

图 3.2.1 城镇集中供热系统评价体系框架示意

3.2.3 综合评价应包括所有单元的所有项目和项目中的所有内容，单元评价应包括单元中的所有项目，项目评价应包括项目中的所有内容。

3.2.4 城镇集中供热系统综合性评价和选择性评价总分的计算方法应符合下列规定：

   1 每个评价内容得分应按评分标准直接赋值，对于需要进行抽样的评价内容，其得分应为每个抽样样本得分的算术平均值。

   2 每个评价项目得分应按项目中每个评价内容的得分累加计算。

   3 每个评价单元得分应按单元中每个评价项目的得分和权重值加权计算。

   4 城镇集中供热系统综合评价总分应按每个评价单元的得分和权重值加权计算。

3.2.5 城镇集中供热系统综合性评价结论应为综合三星、综合二星、综合一星共三级，各星级赋星应符合下列规定：

   1 当总分大于或等于90分，且每一项目得分不小于70分时，应评为综合三星。

   2 当总分大于或等于75分，且每一项目得分不小于65分时，应评为综合二星。

   3 当每一项目得分不小于60分时，应评为综合一星。

   4 当不符合上述要求时，不应赋星。

3.2.6 城镇集中供热系统单元选择性评价结论应为单元三星、单元二星、单元一星共三级，各星级赋星应符合下列规定：

　　1 当被评价单元总分大于或等于90分，且每一项目得分不小于70分时，应评为单元三星。

　　2 当被评价单元总分大于或等于75分，且每一项目得分不小于65分时，应评为单元二星。

　　3 当被评价单元中每一项目得分不小于60分时，应评为单元一星。

　　4 当不符合上述要求时，不应赋星。

3.2.7 城镇集中供热系统项目选择性评价结论应为项目三星、项目二星、项目一星共三级，各星级赋星应符合下列规定：

　　1 当被评价项目总分大于或等于90分时，应评为项目三星。

　　2 当被评价项目总分大于或等于75分时，应评为项目二星。

　　3 当被评价项目总分大于或等于60分时，应评为项目一星。

　　4 当不符合上述要求时，不应赋星。

3.2.8 在进行城镇集中供热系统综合评价、单元选择性评价或项目选择性评价时，当被评价项目中的任一评价内容得0分时，评价结论应降一级。选择性评价赋星，应注明单元或项目的具体名称。

3.2.9 城镇集中供热系统评价体系中各单元、项目相应的权重赋值应符合表3.2.9的规定。

3.2.10 城镇集中供热系统评价的抽样规则应符合本标准附录A的规定。

表3.2.9　各单元、项目权重赋值表

序号	单元	权重值	序号	项目	权重值
1	设施	40	1	锅炉房	40(60)
			2	热力站	20(60)
			3	室外供热管网	20
			4	室内供暖系统	20
2	管理	25	1	基础管理	25
			2	运行管理	30
			3	系统管理	20
			4	应急管理	15
			5	用户管理	10
3	能效	25	1	供热锅炉热效率	30
			2	供热系统耗电输热比	15
			3	供热系统补水率	15
			4	室外供热管网的输送效率	15
			5	室外供热管网的水力平衡	10
			6	供暖室内温度	15

续表3.2.9

序号	单元	权重值	序号	项目	权重值
4	环保安全消防	10	1	环境保护	30
			2	安全防护	30
			3	消防	40

　　注：在进行综合性评价或设施单元选择性评价时，如只对锅炉房或热力站之一进行评价时，该被评价项的权重值取括号中的赋值。

3.3　评价程序

3.3.1 城镇集中供热系统评价程序应符合下列规定：

　　1 申请评价方应提出评价申请，并应提供有关的技术资料。

　　2 申请评价方与评价机构应签订委托合同。

　　3 评价机构应组成评价小组、制定评价方案，并应按评价方案实施评价、出具评价报告。

　　4 评价机构应将评价结果报当地供热管理部门备案，评价结果备案表应符合本标准附录B的规定。

3.3.2 评价报告应包括下列主要信息：

　　1 评价报告标题。

　　2 评价机构的名称、地址。

　　3 评价项目地点。

　　4 评价报告编号、页码和总页码。

　　5 申请评价方的名称和地址。

　　6 项目的名称及基本概况。

　　7 评价人员的签名。

　　8 检查结果和评价结论。

3.3.3 城镇集中供热系统评价应由具备相应资质的第三方承担。

4　设施评价

4.1　一般规定

4.1.1 城镇集中供热系统的设施应完备、良好，并能正常运行。

4.1.2 节能设备、供热系统热量计量装置及监测与控制系统应运行稳定，记录齐全、准确、可靠。

4.1.3 城镇集中供热系统的设施应与竣工图等技术档案资料相符合，设备的使用说明书、合格证应齐全，大中修记录完整，并应有相应的运行管理资料。

4.2　锅炉房

4.2.1 锅炉房评价包括下列内容：

　　1 锅炉及其附属设备。

　　2 循环水泵。

  3 定压补水装置。
  4 水处理装置。
  5 保温。
  6 计量与检测装置。
  7 自动调节控制装置。
  8 环保设施。
  9 节能、节水装置。

4.2.2 锅炉房评价应符合下列规定：

  1 锅炉额定出水温度不应低于热网设计运行温度要求；锅炉台数及供热能力应与供热系统热负荷调节特性相匹配；除常压锅炉外，锅炉承压能力应高于供热系统工作压力；燃煤锅炉输煤系统、鼓引风机应设调速装置；燃油、燃气锅炉宜采用比例调节燃烧器。

  2 循环水泵的总流量应与系统总设计流量相匹配，热网流量应与运行工况计算流量相近；各级循环水泵的总扬程应与设计流量下热源、最不利环路的总压力损失相匹配；循环水泵的工作压力、温度应与热力网设计参数相匹配。变流量调节的供热系统，热力网循环水泵应采用调速水泵，调速泵转速宜自动控制。

  3 定压补水装置应保证供热系统在运行和静态工况下，任何一点不汽化、不超压、不倒空，并应有30kPa～50kPa的富余压力。补水泵流量应满足正常补水和事故补水的流量要求，不应小于系统循环流量的4%。

  4 系统水质应符合现行国家标准《工业锅炉水质》GB/T 1576和《工业锅炉水处理设施运行效果与监测》GB/T 16811的有关规定。水处理能力不应小于系统正常补水量，且不小于循环流量的2%。

  5 所有供热设备、储水设备、热水管道及管路附件应采用相应的保温措施，保温层外应敷设保护层。

  6 计量与检测装置应正常工作并记录每台锅炉进出口温度、压力、锅炉循环水量、燃料消耗量、锅炉房供热量及耗电量；热力网供回水温度、供回水压力、定压点压力、热力网循环流量、供热量、补水量。

  7 锅炉宜设有燃烧过程自动调节装置并与锅炉供热参数控制装置联动。

  8 烟囱高度、烟气和污水处理装置应符合国家现行有关污染物排放标准。烟气、灰渣、污水处理应符合国家现行有关污染物排放标准和环评要求。

  9 内部生产用水宜循环利用。除尘过程、烟气装置、除渣、除尘的凝结水应循环利用，燃煤锅炉除灰渣、除尘等用水应循环利用。燃油、燃气锅炉宜设烟气热回收装置。

4.2.3 锅炉房评分规则应符合表4.2.3的规定。

表 4.2.3 锅炉房评分表

项目名称				供热面积	
委托单位				开竣工日期	
序号	评价内容	评价标准	评分规则	标准分值	实得分值
1	锅炉及其附属设备	锅炉额定出水温度不应低于热网设计运行温度要求；锅炉台数及供热能力应与供热系统热负荷调节特性相匹配；除常压锅炉外，锅炉承压能力应高于供热系统工作压力；燃煤锅炉输煤系统、鼓引风机应设调速装置；燃油、燃气锅炉宜采用比例调节燃烧器	额定出水温度低于热网设计要求扣5分；单台锅炉总供热能力小于设计热负荷扣5分，运行负荷率低扣2分～3分；承压能力不足扣5分。无调速装置扣5分；锅炉燃烧调节装置不满足要求扣3分	25	
2	循环水泵	循环水泵的总流量应与系统总设计流量相匹配，热网流量应与运行工况计算流量相近；各级循环水泵的总扬程应与设计流量下热源、最不利环路的总压力损失相匹配；循环水泵的工作压力、温度应与热力网设计参数相匹配。变流量调节的供热系统，热力网循环泵应采用调速泵，调速泵转速宜自动控制	实际流量大于计算流量，每超过10%扣2分。总流量小于总设计流量或大于1.2倍总设计流量扣6分，大于1.1倍设计流量扣3分；铭牌扬程小于设计压力损失或大于1.2倍设计压力损失扣6分，大于1.1倍设计压力损失扣3分。变流量调节未采用调速泵扣1分，采用调速泵无自动控制扣2分	15	
3	定压补水装置	定压补水装置应保证供热系统在运行和静态工况中下，任何一点不汽化、不超压、不倒空，并应有30kPa～50kPa的富余压力。补水泵流量应满足正常补水和事故补水的要求总流量，不应小于系统循环流量的4%	定压系统不满足运行压力要求扣4分，不满足静压要求扣4分。补水能力不满足要求扣4分	9	

续表 4.2.3

序号	评价内容	评价标准	评分规则	标准分值	实得分值
4	水处理装置	系统水质应符合现行国家标准《工业锅炉水质》GB/T 1576 和《工业锅炉水处理设施运行效果与监测》GB/T 16811 的有关要求。水处理能力不应小于系统正常补水量,且不小于循环流量的 2%	水质指标不满足标准要求每 1 项扣 2 分。水处理能力小于系统循环流量的 2% 扣 2 分	6	
5	保温	所有供热设备锅炉、换热器、储水设备、热水管道及管路附件应采用相应的保温措施,保温层外应有保护层	设备无保温扣 2 分;管道无保温扣 3 分;管路附件无保温扣 1 分;以上保温不全或保温外表面温度高于 50℃酌情扣 1 分~5 分	6	
6	计量与检测装置	计量与检测装置应正常工作并记录每台锅炉进出口温度、压力、锅炉循环水量、燃料消耗量;锅炉房供热量及耗电量;热力网供回水温度、供回水压力、定压点压力、热力网循环流量、供热量、补水量	锅炉参数不全扣 1 分~2.5 分;耗电无计量扣 1 分;供热量无计量扣 3 分;热网参数不全扣 1 分~2.5 分	9	
7	自动调节控制装置	锅炉宜设燃烧过程自动调节装置。锅炉房应设供热参数控制装置并联动	锅炉燃烧无自动控制扣 3 分~8 分。供水温度、压力无自动控制联动扣 2 分~4 分	12	
8	环保设施	烟囱高度、烟气和污水处理装置应符合国家及地方有关污染物排放标准。烟气、灰渣、污水处理应符合国家及地方有关污染物排放标准和环评要求	烟囱高度不满足扣 2.5 分;无烟气处理装置扣 5.5 分。灰渣不满足烟尘排放超标扣 2.5 分;SO_2 排放超标扣 1 分;NO_x 排放超标扣 1 分;污排水排放超标扣 1.5 分	12	
9	节能节水装置	内部生产用水宜循环利用。除尘过程、烟气装置、除渣、除尘的凝结水循环利用,燃煤锅炉除灰渣、除尘等用水应循环利用。燃油、燃气锅炉宜设烟气热回收装置,回收利用烟气热量	燃煤锅炉用水未循环利用的扣 6 分;燃油、燃气锅炉无烟气热回收装置扣 1 分	6	
检查评分结果	应得分数	100		实得分数	
	检查结果 审核: 检查评价人: 检查日期:				

注:每个评价内容的标准分值为该评价内容的最高得分,对各评价内容的最多扣分值为该评价内容的标准分值,即最多扣至 0 分为止。

4.3 热 力 站

4.3.1 热力站评价包括下列内容:
  1 热交换器。
  2 循环水泵。
  3 定压补水装置。
  4 水处理装置。
  5 保温。
  6 计量与检测装置。
  7 自动调节控制装置。

4.3.2 热力站评价应符合下列规定:
  1 热力站的换热器、混水泵(混水控制阀)选型应合理,设计参数应与用户系统匹配;对于不降温直接连接热力站,必须设有分配阀门。
  2 循环水泵的总流量应与系统总设计流量相匹配,热网流量应与运行工况计算流量相近;各级循环水泵的总扬程应与设计流量下热源、最不利环路的总压力损失相匹配;循环水泵的工作压力、温度应与热力网设计参数相匹配。变流量调节的供热系统,热力网循环泵应采用调速泵,调速泵转速宜自动控制。
  3 定压补水装置应保证供热系统在运行和静态工况下,任何一点不汽化、不超压、不倒空,并应有 30kPa~50kPa 的富余压力。补水泵流量应满足正常补水和事故补水的要求总流量,不应小于系统循环流量的 4%。
  4 补水水质应符合现行国家标准《工业锅炉水

质》GB/T 1576 对热水锅炉相关标准的要求。

5 所有换热器、储水设备、热水管道及管路附件应保温,保温层外应有保护层。

6 热力站应具备下列参数的本地检测,同时根据运行控制模式需要,采集并实现所需参数的远传集中监控:一次网供、回水温度,二次网供、回水温度;一次网供、回水压力,二次网供、回水压力;一次网流量及累计流量,一次网热量,二次网各系统热量或流量,补水流量及累计流量;热力站耗电量。

7 热力站应设置供热量自动控制装置。

4.3.3 热力站评分规则应符合表4.3.3的规定。

表4.3.3 热力站评分表

项目名称				供热面积	
委托单位				开竣工日期	
序号	评价内容	评价标准	系统评分	标准分值	实得分值
1	热交换器	热力站的换热器、混水泵(混水控制阀)选型应合理,设计参数应与用户系统匹配;对于不降温直接连接热力站,必须设有分配阀门	供热温度不匹配扣10分;供热能力小于设计热负荷扣10分;未设分配阀门扣10分	30	
2	循环水泵	循环水泵的总流量应与系统总设计流量相匹配,热网流量应与运行工况计算流量相近;各级循环水泵的总扬程应与设计流量下热源、最不利环路的总压力损失相匹配;循环水泵的工作压力、温度应与热力网设计参数相匹配。变流量调节的供热系统,热力网循环泵应采用调速泵,调速泵转速宜自动控制	实际流量大于计算流量,每超过10%扣2分。总流量小于总设计流量或大于1.2倍总设计流量扣8分,大于1.1倍总设计流量扣4分;扬程小于设计压力损失或大于1.2倍设计压力损失扣8分,大于1.1倍设计压力损失扣4分;承压能力低于设计参数扣2分;耐温能力低于设计参数扣2分。未采用调速泵扣5分,采用调速泵无自动控制扣2分	20	

续表4.3.3

序号	评价内容	评价标准	系统评分	标准分值	实得分值
3	定压补水装置	定压补水装置应保证供热系统在运行和静态工况下,任何一点不汽化、不超压、不倒空,并应有30kPa~50kPa的富余压力。补水泵流量应满足正常补水和事故补水的要求总流量,不应小于系统循环流量的4%	定压系统不满足运行压力要求扣4分,不满足静压要求扣4分。补水能力不满足要求扣4分	10	
4	水处理装置	补水水质应符合现行国家标准《工业锅炉水质》GB/T 1576对热水锅炉相关标准的要求	水质指标不满足标准要求每1项扣4分	10	
5	保温	所有换热器、储水设备、热水管道及管路附件应保温,保温层外应有保护层保温外表面温度不应高于50℃	设备无保温扣2分;管道无保温扣4分;附件无保温扣2分;以上保温不全酌情扣分;保温外表面温度高于50℃扣2分	8	
6	计量与检测装置	热力站应具备下列参数的本地检测,同时根据运行控制模式需要,采集并实现所需参数的远传集中监控:一次网供、回水温度,二次网供、回水温度;一次网供、回水压力,二次网供、回水压力;一次网流量及累计流量,一次网热量,二次网各系统热量或流量,补水流量及累计流量;热力站耗电量	耗电量无计量扣3分;供热量无计量扣7分。本地检测装置不全扣1~7分;无本地计算机监控扣2分;无远传扣1分	10	

续表 4.3.3

序号	评价内容	评价标准	系统评分	标准分值	实得分值
7	自动调节控制装置	热力站应设置供水量自动控制装置	供水温度无控制扣6分;有手动、无自动控制扣6分	12	
检查评分结果	应得分数	100		实得分数	
	检查结果				
	审核:	检查评价人:	检查日期:		

注:每个评价内容的标准分值为该评价内容的最高得分,对各评价内容的最多扣分值为该评价内容的标准分值,即最多扣至 0 分为止。

4.4 供热管网

4.4.1 供热管网评价包括下列内容:
 1 补偿器。
 2 阀门。
 3 管道支架。
 4 管道防腐及保温。
 5 检查室和检查平台。
 6 监控系统和仪器仪表。
 7 放气和泄水装置。

4.4.2 供热管网评价应符合下列规定:
 1 补偿器的规格、安装长度、补偿量和安装位置应符合设计要求。
 2 供热管网的阀门必须有质量证明文件,一级管网主干线所用阀门及与一级管网主干线直接相连通的阀门,支干线首端和热力站入口处起关闭、保护作用的阀门及其他重要阀门应由有资质的检测机构进行强度和严密性试验,检验合格,定位使用。阀门的规格、型号必须符合设计要求;启闭灵活;位置、方向正确并便于操作。
 3 支架位置应符合设计要求,固定支架埋设应牢固,固定支架和固定支架卡板安装、焊接及防腐合格;滑动支架,滑动面应洁净平整,支架安装的偏移方向及偏移量应符合设计要求,安装、焊接及防腐合格;导向支架,支架的导向性能、安装的偏移方向及偏移量应符合设计要求,无歪斜和卡涩现象,安装、焊接及防腐合格。固定支架、导向支架等型钢支架的根部,应做防水护墩。
 4 金属管道必须进行防腐,供热介质温度超过50℃的管道及附件都应采用相应的保温措施,保温层外应有保护层,保温结构表面温度不得超过60℃。保温材料的材质及厚度应符合设计要求,且保温层及保护层应完好、无破损脱落现象;保温工程在第一个采暖季结束后,应有保温测定与评价报告。
 5 检查室砌体室壁砂浆应饱满,灰缝平整,抹面压光,不得有空鼓、裂缝等现象;室内底面应平顺,坡向集水坑,爬梯应安装牢固,位置准确,不得有建筑垃圾等杂物;井圈、井盖型号准确,安装平稳。检查室内爬梯高度大于4m时应设防护栏或在爬梯中间设平台。位置较高且需经常操作的设备应设置操作平台、扶梯和防护栏杆等设施。
 6 热网应具备重要部位温度、压力的现场检测条件,同时根据运行控制模式的需要,采集并实现所需参数的远传集中监控。
 7 每个管段的高点应设放气装置,低点应设泄水装置。

4.4.3 供热管网评分规则应符合表 4.4.3 的规定。

表 4.4.3 供热管网评价表

项目名称				供热面积	
委托单位				开竣工日期	
序号	评价内容	评价标准	系统评分	标准分值	实得分值
1	补偿器	补偿器的规格、安装长度、补偿量和安装位置应符合设计要求	补偿器的规格、安装长度、补偿量和安装位置不符合设计要求的每项扣4分	20	
2	阀门	供热管网工程所用的阀门,必须有制造厂的产品合格证。一级管网主干线所用阀门及与一级管网主干线直接相连通的阀门,支干线首端和热力站入口处起关闭、保护作用的阀门及其他重要阀门应由有资质的检测机构进行强度和严密性试验,检验合格,定位使用。阀门的规格、型号符合设计要求;开闭灵活;安装位置、方向应正确并便于操作	无产品合格证扣5分。所用的阀门不是有资质的检测部门进行的强度和严密性试验扣2分,未进行强度和严密性试验的各扣2分,检验不合格扣1分,非定位使用扣1分。阀门型号不符合设计要求扣2分,开闭不灵活扣1分,安装位置不正确扣2分,安装方向不正确,影响操作各扣1分	20	

续表 4.4.3

序号	评价内容	评价标准	系统评分	标准分值	实得分值
3	管道支架	支架位置应符合设计要求，固定支架埋设应牢固，固定支架和固定支架卡板安装、焊接及防腐合格；滑动支架，滑动面应洁净平整，支架安装的偏移方向及偏移量应符合设计要求，安装、焊接及防腐合格；导向支架的导向性能、安装的偏移方向及偏移量应符合设计要求，无歪斜和卡涩现象，安装、焊接及防腐合格。固定支架、导向支架等型钢支架的根部，应做防水护墩	固定支架安装位置不正确扣1分，埋设不牢固扣1分，固定支架和固定支架卡板安装、焊接及防腐不合格，分别扣0.5分。滑动支架滑动面不洁净平整扣1.5分，支架安装的偏移方向及偏移量不符合设计要求，各扣1分，安装、焊接及防腐不合格，各扣0.5分。导向支架导向性能、偏移方向及偏移量不符合设计要求，各扣0.5分。有歪斜和卡涩现象，各扣0.5分；安装、焊接及防腐不合格，各扣0.5分。固定支架、导向支架等型钢支架的根部未做防水护墩各扣0.5分	15	
4	管道防腐及保温	金属管道须进行防腐，供热介质温度超过50℃的管道及附件都应采用相应的保温措施，保温层外应有保护层，保温结构表面温度不得超过60℃。保温材料的材质及厚度应符合设计要求，且保温层及保护层应完好、无破损脱落现象；保温工程在第一个采暖季结束后，应有保温测定与评价报告	金属管道未进行防腐扣1分，供热介质温度超过50℃的管道及附件未采用相应的保温措施各扣2分。保温层外没有保护层扣2分，保温结构表面温度超过60℃扣3分。保温材料的材质及厚度不符合设计要求各扣2分，保温层及保护层有破损脱落各扣1.5分。保温工程在第一个采暖季结束后未进行保温测定扣2.5分，没有评价报告扣2.5分	20	
5	检查室和检查平台	检查室砌体室壁砂浆应饱满，灰缝平整，抹面压光，不得有空鼓、裂缝等现象；室内底面应平顺，坡向集水坑，爬梯应安装牢固，位置准确，不得有建筑垃圾等杂物；井圈、井盖型号准确，安装平稳。检查室内爬梯高度大于4m时应设防护栏或在爬梯中间设平台，位置较高且需经常操作的设备应设置操作平台、扶梯和防护栏杆等设施	检查室砌体室壁砂浆不饱满，灰缝不平整，抹面没有压光各扣1分。室内底部平顺，没有坡向集水坑各扣0.5分，爬梯安装不牢固，位置不准确各扣0.5分，有建筑垃圾等杂物扣1分。井圈、井盖型号不准确各扣0.5分，安装不平稳扣1分。检查室内爬梯高度大于4m时未设防护栏扣1.5分，爬梯中间未设平台扣1.5分。位置较高且需经常操作的设备未设操作平台、扶梯和防护栏杆等设施各扣1分	10	
6	监控系统和仪器仪表	热网应具备重要部位温度、压力的现场检测条件，同时根据运行控制模式的需要，采集并实现所需参数的远传集中监控	热网没有本地检测装置扣5分，根据运行控制模式的需要，未实现远传集中监控扣5分	10	
7	放气和泄水装置	每个管段的高点应设放气装置，低点应设泄水装置	每个管段的高点未设放气装置各扣1分；每个管段的低点未设放水装置各扣1分	5	
	应得分数		100	实得分数	
检查评分结果	检查结果				
	审核：	检查评价人：		检查日期：	

注：每个评价内容的标准分值为该评价内容的最高得分，对各评价内容的最多扣分值为该评价内容的标准分值，即最多扣至0分为止。

4.5 室内供暖系统

4.5.1 室内供暖系统评价包括下列内容：
1 热力入口装置。
2 管道及配件。
3 散热器及地面辐射供暖加热管。
4 温度调控装置。
5 热计量装置。
6 防腐及保温。
7 系统试验和调试。

4.5.2 室内供暖系统评价应符合下列规定：

1 热力入口的水力平衡阀、过滤器、旁通管、阀门等的规格及安装位置应符合设计要求；各种阀门应启闭灵活、关闭严密、无渗漏现象；供回水管道上应安装温度计、压力表，其量程应满足测量需要，安装位置应便于观察。

2 管道坡度应符合设计要求，管道连接应严密、无渗漏；补偿器的规格、工作压力、安装位置及预拉伸和固定支架的构造及安装位置应符合设计要求；各种阀门应调节（启闭）灵活、关闭严密、无渗漏，安装位置应正确并便于操作；供暖系统的最高点应设置排气阀，且应工作正常，并不得有滴漏现象。

3 散热器应具备产品质量合格证明，并应满足使用要求，且与管道的连接方式应正确；散热器安装应牢固；地面辐射供暖系统的加热管应具备质量合格证明，且管道材质、规格、工作温度、工作压力等应符合设计要求。

4 散热器恒温阀与地面辐射供暖系统室温自动调控装置的规格应符合设计要求，并应具备产品质量合格证明；各种温控阀的安装应正确，且工作正常，不应有渗漏；散热器恒温阀应有防冻功能。

5 热量结算点的热量表及户间热量分摊装置应具备产品质量合格证明，其规格应符合设计要求，且在同一块热量表计量范围内的户间热量分摊装置的种类和型号应一致；各种热计量装置的安装应符合相关产品标准的要求，位置应便于观察，并能正常工作。

6 管道、金属支架的防腐应良好，无脱皮、起泡、流淌和漏涂缺陷；散热器外表面应刷非金属性涂料；供暖地沟、地下室及共用管道井内等有冻结危险部位的供暖管道与配件，其保温材料的材质及厚度应符合设计要求，且保温层及保护层应完好、无破损脱落现象；管道阀门、过滤器及法兰部位的保温结构应便于拆卸，并不得影响其操作功能。

7 供暖系统安装完毕后的冲洗、试压及调试的过程和结果应记录完整。

4.5.3 室内供暖系统（散热器供暖或地面辐射供暖）评分规则应符合表 4.5.3 的规定。

表 4.5.3 室内供暖系统评价表

项目名称				供热面积	
委托单位				开竣工日期	
序号	评价内容	评价标准	系统评分	标准分值	实得分值
1	热力入口装置	水力平衡阀、过滤器、旁通管、关断阀等的规格及安装位置应符合设计要求；各种阀门应开关灵活、关闭严密、无滴漏现象；供回水管道上的温度计、压力表，其量程应满足测量需要，安装位置应便于观察	未根据设计要求安装水力平衡阀扣 3 分，未安装过滤器、旁通管、关断阀、型号与规格不符合设计要求、无产品质量合格证明、安装位置不正确，各扣 1.5 分；各种阀门调节或开关不灵活、关闭不严密、有滴漏现象，过滤器清理困难或不畅通，各扣 1 分；供、回水总管上未安装泄水阀、温度计、压力表，或量程不够、安装位置不便于观察，各扣 1 分	20	
2	管道及配件	管道坡度应符合设计要求，管道连接应严密、无渗漏；穿过隔墙及楼板处的管道与套管之间，应用阻燃密实材料填实并密封封堵；补偿器的规格、型号、工作压力、安装位置及预拉伸和固定支架的构造及安装位置应符合设计要求；各种阀门应调节（开关）灵活、关闭严密、无滴漏，安装位置应正确并便于操作；供暖系统的最高点应设置排气阀，且应工作正常，并不得有滴漏现象	管道坡度不符合设计要求、管道连接有渗漏，各扣 2 分；管道过墙或穿越楼板处未设置套管，或虽设套管但未进行密封封堵，各扣 2 分；补偿器的型号、规格、安装位置、预拉伸及固定支架的构造、安装位置不符合设计要求，各扣 2 分；供回水分支干管、散热器的供回水立、支管未安装调节（关断）阀门扣 2 分，调节（开关）不灵活、关闭不严密、有滴漏现象各扣 1 分；供暖系统的最高点或有空气集聚的部位未安装自动或手动排气阀扣 2 分，工作不正常、有滴漏现象各扣 1 分	15	

续表4.5.3

序号	评价内容	评价标准	系统评分	标准分值	实得分值
3	散热器（地面辐射供暖系统加热管）	散热器应具备产品质量合格证明，并满足使用要求，且与管道的连接方式应正确；散热器安装应牢固；（地面辐射供暖系统的加热管应具备质量合格证明，且管道材质、规格、工作温度、工作压力等应符合设计要求）	散热器无产品质量合格证明、不能满足使用要求各扣3分，与管道的连接方式有误扣2分；散热器支、托架埋设不牢固扣2分；（加热管无产品质量合格证明，管道的材质、规格、工作温度、工作压力不符合设计要求，各扣4分）	10(10)	
4	室温调控装置	室温调控装置的规格应符合设计要求，并应具备产品质量合格证明，恒温阀应有防冻功能，安装应正确，工作应正常，且不得有渗漏；（地面辐射供暖系统室温调控装置的型号、规格应符合设计要求，并应具备产品质量合格证明；室温自动调控装置的安装应正确，工作应正常，且不得有渗漏）	未安装室温调控装置，扣15分；型号或规格与设计不符、无产品质量合格证明各扣4分；恒温阀无防冻功能、恒温阀的阀头和温度传感器安装方向与位置不正确、不能正常工作、有渗漏现象，各扣2分；（未安装室温调控装置扣15分；型号、规格与设计不符、无产品质量合格证明、不能正常工作、有渗漏现象各扣2分；室温自动调控装置的温度传感器安装位置、高度不正确各扣1分）	15(15)	
5	热计量装置	热量结算点的热量表及户间热量分摊装置应具备产品质量合格证明，其规格应符合设计要求，且在同一块热量表计量范围内的户间热量分摊装置的种类和型号应一致；各种热计量装置的安装应符合相关产品标准的要求，位置应便于观察，并能正常工作	未安装热量结算表和热量分摊仪表，分别扣8分和7分；无产品质量合格证明、型号或规格与设计不符，在同一块热量表计量范围内的户间热量分摊装置的种类和型号不一致，各扣3分；安装位置不正确、不便于观察、工作不正常，各扣2分	15	

续表4.5.3

序号	评价内容	评价标准	系统评分	标准分值	实得分值
6	防腐及保温	管道、金属支架的防腐油漆应附着良好，无脱皮、起泡、流淌和漏涂缺陷；散热器外表面应刷非金属性涂料；暖气沟、地下室及共用管道井内等有冻结危险部位的供暖管道与配件应进行保温，其保温材料的材质及厚度应符合设计要求，且保温层及保护层应完好、无破损脱落现象；管道阀门、过滤器及法兰部位的保温结构应便于拆卸，并不得影响其操作功能	管道、金属支架未进行防腐处理各扣1.5分，有防腐处理但油漆有脱皮、起泡、流淌、漏涂缺陷各扣1分；散热器外表面刷金属性涂料扣2分；未做保温扣2分，保温材料的材质及厚度不符合设计要求，保温层及保护层有破损脱落现象，各扣1分；管道阀门、过滤器及法兰部位的保温结构不便于拆卸或影响其操作功能，各扣1分	10	
7	系统试验及调试	应保留供暖系统安装完毕后，对其冲洗、试压及调试过程和结果的记录	无对供暖系统安装完毕后冲洗、试压及调试过程和结果记录，各扣5分	15	
检查评分结果	应得分数			100	实得分数
	检查结果				
	审核： 检查评价人： 检查日期：				

注：每个评价内容的标准分值为该评价内容的最高得分，对各评价内容的最多扣分值为该评价内容的标准分值，即最多扣至0分为止。

5 管 理 评 价

5.1 基 础 管 理

5.1.1 基础管理评价包括下列内容：
  1 机构设置。
  2 制度建设。

3 信息化管理。
　　4 环境建设。
5.1.2 基础管理评价应符合下列规定：
　　1 应有完备的组织管理体系和绩效考核体系，合理的管理人员和生产人员结构。
　　2 应有科学完备的系统管理制度和经营机制，并能有效运行。各类管理标准、工作标准和技术标准应齐全，并严格执行。
　　3 应设标准化的档案室，有专人负责并建立完善的资料收、发管理制度。应有完备的系统及设备安装竣工报告、质量评定报告、系统竣工图、系统和设备运行、维修、改造、管理等相关资料和图纸。应建立以微机管理为手段的自动化监控系统和网络办公管理的信息管理系统，并达到信息管理系统功能完善、运行正常。
　　4 工作环境应清洁、整齐，责任明示，系统设备和设施标志齐全、清楚、准确，介质流向指示清楚。
5.1.3 基础管理评分规则应符合表5.1.3的规定。

表5.1.3 基础管理评价表

项目名称				供热面积	
委托单位				开竣工日期	
序号	评价内容	评价标准	评分方法	标准分值	实得分值
1	机构设置	有完备组织管理体系和绩效考核体系；合理的管理人员和生产人员结构	没有完备的人员组织管理体系扣12分；职责不明确扣6分；没建立员工绩效考核体系扣6分；专业技术人员和技术工人岗位配备不全每缺一种扣3分	30	
2	制度建设	有科学完备的系统管理制度和经营机制，并有效运行；各类管理标准、工作标准和技术标准齐全，并严格执行	未建立供热系统管理制度的扣12分；未有效实施扣4分；各类标准不齐全，每缺一项扣4分；未严格按标准执行的扣4分	25	

续表5.1.3

序号	评价内容	评价标准	评分方法	标准分值	实得分值
3	信息化管理	应设标准化的档案室；应有专人负责并建立完善的资料收、发的管理制度；应有完备系统及设备安装的竣工报告、质量评定报告、系统竣工图及系统和设备运行的相关资料和图纸；应建立以微机管理为手段的网络办公管理和系统的自动化监控系统，并能达到监控系统运行正常，功能完善	未建立标准档案室扣14分；未设专人负责扣7分；系统竣工资料完整齐全，每缺一项扣3.5分；系统的建筑物、构筑物和设备、设施的资料和图纸完整齐全，每缺一项扣3.5分；没有完整的供热系统管理解决方案，没实现办公信息化管理，系统运行管理、自动化监控扣14分；功能不完善的每缺少一项扣3.5分	35	
4	环境建设	工作环境应清洁、整齐，责任明确，系统的设备和设施标志齐全、清楚、准确，介质流向指示清楚	环境不整洁扣5分；责任不明确扣2.5分；标志不齐、不清、不准确的每项扣1.25分	10	
检查评分结果	应得分数		100	实得分数	
	检查结果				
	审核：		检查评价人：	检查日期：	

　　注：每个评价内容的标准分值为该评价内容的最高得分，对各评价内容的最多扣分值为该评价内容的标准分值，即最多扣至0分为止。

5.2 运行管理

5.2.1 运行管理评价包括下列内容：
　　1 安全运行。
　　2 经济运行。
　　3 节能管理。
　　4 环境保护。
5.2.2 运行管理评价应符合下列规定：
　　1 必须杜绝供热运行人身伤亡事故，必须杜绝重大责任设备损坏事故，应严格控制一般设备事故；

应建立健全具有系统性、分层次的安全运行保证体系和安全运行监督体系,并发挥作用;应建立安全培训和检查制度,并实施;应坚持安全例会制,同时作好记录;应严格执行现行行业标准《城镇供热系统安全运行技术规程》CJJ/T 88 的有关规定,要求持证上岗的专业岗位必须持证上岗;应制定工作单、操作单和交接班制、设备巡回检查制、设备定期试验维护轮换制的安全管理制度。

  2 应建立供热运行调度指挥系统和供热运行联系制度;供热调度应准确,运行调节应及时;运行记录应健全、详细;应建立系统经济运行的各项考核制度;应制定经济运行的年度目标;应编制经济运行的年、季、月计划。

  3 应建立能耗管理制度,并严格执行;能源计量器具配备率和检测合格率应达100%;各类能耗台账、原始资料应齐全;应建立节能领导机构,配备专(兼)职节能管理人员,职责明确,并正常开展工作;应制定节能规划和节能实施细则;各项能耗应有定额,并严格考核。

  4 应建立环保监督管理制度,设专(兼)职环保管理人员,职责明确;基础数据应完整、准确;必须严格执行国家现行有关环境保护及达标排放的规定。

5.2.3 运行管理评分规则应符合表5.2.3的规定。

表 5.2.3 运行管理评价表

项目名称				供热面积	
委托单位				开竣工日期	
序号	评价内容	评价标准	评分方法	标准分值	实得分值
1	安全运行	建立健全有系统、分层次的安全运行保证体系和安全运行监督体系,并发挥作用	各级各类人员安全责任制不健全扣8分,未落实责任制或未按规定到位的扣4分;各级组织未配备专(兼)职安全专责人员扣10分	10	
		树立安全第一的思想,建立安全培训和检查制度,并实施;坚持安全例会制,并作好记录	未建立安全培训和检查制度扣8分,未实施扣8分。未坚持安全例会或达不到要求的扣4分;会议记录应完好,少记、漏记一次扣2分	10	

续表 5.2.3

序号	评价内容	评价标准	评分方法	标准分值	实得分值
1	安全运行	严格执行现行行业标准《城镇供热系统安全运行技术规程》CJJ/T 88 的有关规定;要求持证上岗的专业岗位必须持证上岗	未按现行行业标准《城镇供热系统安全运行技术规程》CJJ/T 88 执行的一次扣10分;未按要求持证上岗的,发现一位扣2.5分	10	
		应制定"两票三制",即工作票、操作票和交接班制,以及设备巡回检查制、设备定期试验维护轮换制的安全管理制度,内容完善,执行认真	制度不完善或执行不认真扣10分,有一项执行不好的扣2.5分	10	
2	经济运行	建立供热运行调度指挥系统和供热运行联系制度;供热调度应准确,运行调节应及时;运行记录应健全、详细	未建立调度指挥系统扣6分,未建立联系制度扣3分,违反调度指令一次扣1.5分,运行调节不及时一次扣3分,调度指挥失误扣3分;无运行记录扣3分,记录不详不全每少一项扣1.5分	12	
		建立系统经济运行的各项考核制度;制定经济运行的年度目标;编制经济运行的年、季、月计划	未建立考核制度扣6分;未制定目标扣3分;未完成年度经济运行目标扣10分;未编制年、季、月计划扣4.5分,每少一项扣1.5分	12	

续表 5.2.3

序号	评价内容	评价标准	评分方法	标准分值	实得分值
3	节能管理	建立能耗管理制度，并严格执行；能源计量器具配备率和检测合格率应达100%；各类能耗台账、原始资料应齐全；建立节能领导机构，配备专（兼）职节能管理人员，职责明确，并正常开展工作；应制定节能规划和节能实施细则；各项能耗应有定额并严格考核	制度不健全扣8分，执行不严格扣4分；每降低1%扣2分；台账、原始资料不全每缺一项扣2分；未建领导机构扣4分，未配专（兼）职管理人员扣2分，职责不清扣2分，未正常开展活动扣4分；未制定规划和实施细则扣2分；没有定额扣4分，未严格考核扣4分	20	
4	环境保护	建立环保监督管理制度；设专（兼）职环保管理人员，职责明确；基础数据应完整、准确；严格执行国家和地方政府的环保法律法规，达标排放	未建立监督管理制度扣6分；未设专（兼）职环保管理人员扣1.5分，职责不明确扣3分；基础数据不完整、不准确扣3分；未严格执行的扣3分，废水、废气、废渣、烟尘、噪声等有一项超标扣15分	16	
应得分数		100		实得分数	
检查评分结果	检查结果： 审核：　　　　检查评价人：　　　　检查日期：				

注：每个评价内容的标准分值为该评价内容的最高得分，对各评价内容的最多扣分值为该评价内容的标准分值，即最多扣至0分为止。

5.3 设备管理

5.3.1 设备管理评价包括下列内容：
1 设备基础管理。
2 运行维护。
3 检修管理。
4 事故管理。

5.3.2 系统管理评价应符合下列规定：

1 各系统设备的使用、维护、检修管理及备品、备件管理应建立健全的管理制度，并有效实施；应建立完善的系统设备运行规程、检修规程，应保证各项规程完整、准确、符合实际，并每年审核一次；各岗位应配备相应的规程和制度，岗位人员应掌握和遵守规程与制度，并定期考核；应建立完善的系统设备台账，并完整、清晰、准确地记录系统设备的运行维护、检修状况。

2 应严格执行系统设备的设备巡回检查制度和设备定期试验维护轮换制度，并有详细、齐全的记录；应有系统设备维护保养计划，并按计划实施；系统设备应定机定人管理，有定机定人任务表并与现场相符；系统设备完好应有定期评定，完好率应在98%以上；系统应进行可靠性分析，区域锅炉房供热可靠度应在85%以上，热电厂供热可靠度应在90%以上。

3 企业应编制检修规程或方案，认真按已编制的检修规程执行，应有大、小修总结资料，技术资料应齐全；应建立和完善检修质量保证监督体系，实施检修全过程（计划、实施、验收）管理，应对检修质量进行严格评价，按程序验收；外包大修工程应执行招标制、工程监理制、合同制管理。

4 必须严格执行事故调查与处理程序，坚持"三不放过"的原则，对发生的事故应及时上报并有记录；应加强事故的预防管理，减少各类事故的发生，系统设备事故率应控制在2‰以下。

5.3.3 设备管理评分规则应符合表5.3.3的规定。

表 5.3.3 设备管理评价表

项目名称				供热面积	
委托单位				开竣工日期	
序号	评价内容	评价标准	评分方法	标准分值	实得分值
1	设备基础管理	建立健全各系统设备的使用、维护、检修管理及备品、备件管理制度，并有效实施；	没建立扣16分；不健全每缺一项扣8分；没有效实施扣8分；		

续表5.3.3

序号	评价内容	评价标准	评分方法	标准分值	实得分值
1	设备基础管理	建立完善系统设备的运行规程、检修规程，应保证各规程完整、准确、符合实际，并每年审核一次；各岗位应配备相应的规程和制度，岗位人员须掌握和遵守规程与制度，并定期考核；建立完善系统设备的台账，并完整、清晰、准确地记录系统设备的运行维护、检修状况	没建立扣16分；不完善每缺一项扣4分，年度没审核的扣8分；现场没配备相应规程和制度每缺一处扣8分；有一人没掌握或遵守扣4分，没有定期考核的扣8分；没建立扣16分，不完整、不清楚、不准确的每次扣4分	35	
2	运行维护	严格执行系统设备的设备巡回检查制度和设备定期试验维护轮换制度，并有详细、齐全的记录；应有系统设备维护保养计划，并按计划实施；系统设备应定机定人管理，有定机定人任务表并与现场相符；系统设备完好应有定期评定，完好率应在98%以上；区域锅炉房供热可靠度应在85%以上，热电厂供热可靠度应在90%以上	没严格执行扣12分，记录不齐全、不详细每发现一处扣2分；没计划扣8分，没按计划实施扣4分；没定机定人管理和没定机定人任务表扣8分，与现场不符的每出现一次扣2分；没进行评定扣8分，完好率每降低1%扣2分；没进行可靠度分析扣2分，可靠度每降低1%扣2分	25	
3	检修管理	认真按已编制的检修规程执行，应有大小修总结资料及技术资料应齐全；	无大修总结扣3分，无小修总结扣1.5分，技术资料不全扣3分；		
3	检修管理	建立和完善检修质量保证监督体系，实施检修全过程（计划、实施、验收）管理，对检修质量进行严格评价，按程序验收；外包大修工程应执行招标制、工程监理制、合同制管理	质量体系不健全扣9分，没进行质量评价扣3分；验收程序不健全扣3分；工程未招标扣3分，没有监理扣3分，没按合同执行扣3分	20	
4	事故管理	严格执行事故调查与处理程序，坚持"三不放过"的原则，对发生的事故应及时上报并有记录；加强事故的预防管理，减少各类事故的发生，系统设备事故率应控制在2%以下	不严格执行调查与处理程序，没坚持"三不放过"原则扣10分；发生事故没上报每发生一次扣5分，没记录扣5分；事故率每增0.2%扣2.5分；发生一般事故（修复费3万元以下，停运时间4小时）一次扣5分；发生重大事故（修复费3万元～50万元，停运时间24小时）一次扣10分；发生特大事故（修复费50万元以上，停运时间36小时以上）一次扣20分	20	
检查评分结果	应得分数	100		实得分数	
检查评分结果	检查结果				
检查评分结果	审核：	检查评价人：	检查日期：		

注：每个评价内容的标准分值为该评价内容的最高得分，对各评价内容的最多扣分值为该评价内容的标准分值，即最多扣至0分为止。

5.4 应急管理

5.4.1 应急管理评价包括下列内容：
 1 组织机构。
 2 应急预案。
 3 应急保障。
 4 监督管理。

5.4.2 应急管理评价应符合下列规定：
 1 应设立供热系统应急管理领导小组，各类人员应齐全，责任应明确。
 2 应编制供热系统各类事故的应急预案；内容齐全，措施得当。
 3 各专业抢修队伍必须组织齐全，职责明确；抢修机械和工器具应齐备，保证及时、好用；抢修备品、备件和材料应齐全、充足；各项抢修技术方案应完整、齐全，技术图纸、资料应完备。
 4 应根据编制的供热系统事故应急预案编制反事故演练培训计划，并按计划实施，有记录；应定期检查、考核，建立奖惩和监督管理机制。

5.4.3 应急管理评分规则应符合表5.4.3的规定。

表5.4.3 应急管理评价表

项目名称				供热面积	
委托单位				开竣工日期	
序号	评价内容	评价标准	评分方法	标准分值	实得分值
1	组织机构	设立供热系统应急管理领导小组，各类人员须齐全，责任明确	没设立扣30分，各类人员不齐全扣5分，责任不明确扣5分	30	
2	应急预案	应编制供热系统各类事故的应急预案；内容齐全，措施得当，并能有效实施	未编制扣30分；内容不全缺一项扣3.5分，措施不得当扣15分	30	
3	应急保障	各专业抢修队伍组织齐全，职责明确；抢修机械和工器具应齐备，保证及时、好用；抢修备品、备件和材料应齐全、充足；各项抢修技术方案应完整、齐全，技术图纸、资料应完备	抢修人员不齐全扣12分，职责不明确扣6分；机械器具不齐备扣6分，没保障扣6分；不齐备、不充足扣6分；没有技术方案扣12分，不完整、不齐全扣6分，图纸资料不完备扣6分	25	

续表5.4.3

序号	评价内容	评价标准	评分方法	标准分值	实得分值
4	监督管理	应根据编制的供热系统事故应急预案编制反事故演练培训计划，并按计划实施，有记录；应定期检查、考核，建立奖惩机制	没培训计划扣15分，没按计划实施扣3分，没记录扣1.5分；没定期检查、考核扣3分，没建立奖惩机制扣3分	15	
	应得分数		100	应得分数	
检查评分结果	检查结果				
	审核： 检查评价人： 检查日期：				

注：每个评价内容的标准分值为该评价内容的最高得分，对各评价内容的最多扣分值为该评价内容的标准分值，即最多扣至0分为止。

5.5 服务管理

5.5.1 服务管理评价包括下列内容：
 1 组织机构。
 2 服务制度。
 3 供热质量。
 4 服务质量。

5.5.2 用户管理评价应符合下列规定：
 1 应建立以用户为中心的服务管理体系和服务考核体系，应建立专门的用户服务管理机构，设专人负责，职责明确并有效运行。
 2 应建立和健全用户服务制度、用户联系制度、用户服务奖惩制度和用户服务工作及质量标准。
 3 用户室温应达到供、用热双方合同确定的室温标准或当地政府供热主管部门规定的室温标准，用户室温合格率应在97%以上，用户报修应及时处理，处理及时率应达100%。
 4 用户服务人员应全员挂牌服务，服务用语应文明、规范；服务组织机构、服务监督电话应公开，监督电话应保证24小时畅通；减少投诉发生，用户投诉办复率应达100%；服务及接访应有记录，记录应翔实、准确；应定期进行服务考评，并有记录。

5.5.3 服务管理评分规则应符合表5.5.3的规定。

表5.5.3 服务管理评价表

项目名称				供热面积	
委托单位				开竣工日期	
序号	评价内容	评价标准	评分方法	标准分值	实得分值
1	组织机构	应建立以用户为中心的服务管理体系和服务考核体系,建立专门的用户服务的管理机构,设专人负责,职责明确并有效运行	没建立管理体系和考核体系的扣15分,没建立专门服务机构扣25分;没设专人负责扣15分,责任不明确扣8分	35	
2	服务制度	应建立和健全用户服务制度、用户联系制度、用户服务奖惩制度和用户服务工作及质量标准	没建立各项制度扣25分,不完整扣3分;每缺一项扣6分	25	
3	供热质量	用户室温应达到供、用热双方合同确定室温标准或当地政府供热主管部门规定的室温标准,用户室温合格率应在97%以上;用户报修应及时处理,处理及时率应达100%	室温合格率低于97%扣25分;报修处理及时率低于100%扣4分	25	
4	服务质量	用户服务人员应全员挂牌服务,服务用语应文明、规范;服务组织机构、服务监督电话应公开,监督电话应保证24小时畅通;减少投诉发生,用户投诉办复率应达100%;服务及接访应有记录,记录应翔实、准确;应定期进行服务考评,有记录	未挂牌服务,每发现一人扣2分,服务用语不文明、不规范扣4分;服务组织机构和监督电话未公开或不明显的扣4分;用户投诉办复率低于100%扣4分;各项记录每缺一项扣2分;没定期进行服务考评扣4分	15	
检查评分结果	应得分数	100		应得分数	
	检查结果				
	审核: 检查评价人: 检查日期:				

注:每个评价内容的标准分值为该评价内容的最高得分,对各评价内容的最多扣分值为该评价内容的标准分值,即最多扣至0分为止。

6 能效评价

6.0.1 能效评价包括下列内容:
 1 供热锅炉运行热效率。
 2 循环水泵运行效率。
 3 供热系统补水率。
 4 室外供热管网输送效率。
 5 室外供热管网水力平衡度。
 6 供暖室内温度。

6.0.2 能效评价应符合下列规定:
 1 供热锅炉运行热效率应符合表6.0.2的规定。

表6.0.2 供热锅炉的运行热效率(%)

锅炉类型、燃料种类		锅炉容量(MW)						
		0.7	1.4	2.8	4.2	7.0	14.0	≥28.0
燃煤	Ⅱ烟煤	—	—	68	68	69	70	71
	Ⅲ烟煤	—	—	69	69	70	72	73
燃油、燃气		85	85	86	86	87	87	88

 2 循环水泵运行效率不应低于其额定效率的80%。
 3 供热系统一次网补水率不应大于0.5%;供热系统二次网补水率不应大于1.0%。
 4 室外供热管网输送效率不应小于0.9。
 5 室外供热管网水力平衡度应在0.9~1.2范围内。
 6 供暖室内温度不应低于设计计算温度2℃,且不应高于1℃。

6.0.3 能效评价评分规则应符合表6.0.3的规定。

表6.0.3 能效评价评分表

项目名称				供热面积	
委托单位				开竣工日期	
序号	评价内容	评价标准	评分方法	标准分值	实得分值
1	锅炉运行热效率	表6.0.2的规定(表中规定的锅炉效率为η_{ge},锅炉运行热效率为η_{gc})	当$\eta_{ge} \leq \eta_{gc}$时不扣分,当$\eta_{ge}-2\% \leq \eta_{gc} < \eta_{ge}$时扣7分,当$\eta_{ge}-4\% \leq \eta_{gc} < \eta_{ge}-2\%$时扣14分,当$\eta_{ge}-6\% \leq \eta_{gc} < \eta_{ge}-4\%$时扣22分,$\eta_{gc} < \eta_{ge}-6\%$时扣30分	30	

续表 6.0.3

序号	评价内容	评价标准	评分方法	标准分值	实得分值
2	水泵运行效率	不应低于其额定效率的90%（水泵额定效率为η_{se}，水泵运行效率为η_{sc}）	当$0.9\eta_{se} \leq \eta_{sc}$时不扣分，当$0.8\eta_{se} \leq \eta_{sc} < 0.9\eta_{se}$时扣3分，当$0.7\eta_{se} \leq \eta_{sc} < 0.8\eta_{se}$时扣6分，当$0.6\eta_{se} \leq \eta_{sc} < 0.7\eta_{se}$时扣12分，当$\eta_{sc} < 0.6\eta_{se}$时扣15分	15	
3	补水率	供热系统一次网补水率不应大于0.5%；二次网补水率不应大于1.0%。（补水率测试值为g_c）	对于一次管网，当$g_c \leq 0.5\%$时不扣分，当$0.5\% < g_c \leq 0.8\%$时扣5分，当$0.8\% < g_c \leq 1.0\%$时扣10分，当$1.0\% < g_c$时扣15分；对于二次管网，当$g_c \leq 1.0\%$时不扣分，当$1.0\% < g_c \leq 1.5\%$时扣5分，当$1.5\% < g_c \leq 2.0\%$时扣10分，当$2.0\% < g_c$时扣15分	15	
4	输送效率	室外供热管网输送效率不应小于0.9（室外供热管网输送效率测试值为η_{sc}）	当$90\% \leq \eta_{sc}$时不扣分，当$85\% \leq \eta_{sc} < 90\%$时扣3分，当$80\% \leq \eta_{sc} < 85\%$时扣6分，当$75\% \leq \eta_{sc} < 80\%$时扣9分，当$70\% \leq \eta_{sc} < 75\%$时扣12分，当$\eta_{sc} < 70\%$时扣15分	15	
5	水力平衡度	室外供热管网水力平衡度应在0.9~1.2范围（室外供热管网水力平衡度测试值为HB_c）	当$0.9 \leq HB_c \leq 1.2$时不扣分，当$0.85 \leq HB_c < 0.9$或$1.2 < HB_c \leq 1.25$时扣5分，当$HB_c < 0.85$或$HB_c > 1.25$时扣10分	10	
6	室内温度	室内温度（T_{nc}）不应低于设计计算温度（T_s）2℃，且不应高于1℃	当$T_s - 2 \leq T_{nc} \leq T_s + 1$时不扣分；当$T_s - 3 \leq T_{nc} < T_s - 2$或$T_s + 1 < T_{nc} \leq T_s + 2$时扣5分；当$T_s - 4 \leq T_{nc} \leq T_s - 3$或$T_s + 2 < T_{nc} \leq T_s + 3$时扣10分；当$T_{nc} < T_s - 4$或$T_s + 3 < T_{nc}$时扣15分	15	
检查评分结果	应得分数	100		应得分数	
	检查结果				
	审核： 检查评价人： 检查日期：				

注：每个评价内容的标准分值为该评价内容的最高得分，对各评价内容的最多扣分值为该评价内容的标准分值，即最多扣至0分为止。

7 环保安全消防

7.1 环境保护

7.1.1 环境保护的评价应包括下列内容：
1 环保取证。
2 噪声控制。
3 污染物排放。

7.1.2 环境保护的评价应符合下列规定：
1 锅炉房必须取得环保部门的合格证，并在有效期内。
2 供热区域内的居住区，锅炉、热力站运行产生的噪声应符合现行国家标准《声环境质量标准》GB 3096的有关规定；供热设备操作间和水处理间操作地点的噪声不应大于85dB（A）；仪表控制室和化验室的噪声，不应大于70dB（A）；供热用设备（风机、水泵和煤的破碎、筛选装置等）应选用低噪声产品，产生噪声的设备室宜设置隔（减）振装置。
3 锅炉房排放的大气污染物，必须符合现行国家标准《锅炉大气污染物排放标准》GB 13271的有关规定；供暖系统排放的各类废水，必须符合现行国家标准《污水综合排放标准》GB 8978的有关规定，并应符合受纳水系的接纳要求。锅炉水处理装置及辅助设施等排出的各种废渣（液），必须收集并进行处理，不应采取任何方式排入自然水体或任意抛弃；煤场、灰渣场的位置应符合设计要求，并应采取防止扬尘的措施；燃煤锅炉房的灰渣应综合利用，烟气脱硫装置的脱硫副产品应综合利用。

7.1.3 环境保护评分规则应符合表 7.1.3 的规定。

表 7.1.3 环境保护评价表

项目名称				供热面积	
委托单位				开竣工日期	
序号	评价内容	评价标准	评分方法	标准分值	实得分值
1	环保取证	锅炉房必须取得环保部门的合格证，并在有效期内	满足要求的不扣分，不满足要求的，扣20分	20	
2	噪声控制	供热区域内的居住区，锅炉、热力站运行产生的噪声应符合现行国家标准《声环境质量标准》GB 3096的规定	满足相应标准的不扣分，不满足相应标准的，每项扣10分	10	
		供热设备间的噪声控制应满足：设备操作间和水处理间操作地点的噪声，不应大于85dB(A)；仪表控制室和化验室的噪声，不应大于70dB(A)	满足相应标准的不扣分，不满足相应标准的，每项扣4分	8	
		供热用设备（风机、水泵和煤的破碎、筛选装置等）应选用低噪声产品，产生噪声的设备宜设置（隔）减振装置	满足相应标准的不扣分，不满足相应标准的，每项扣4分	8	
3	污染物排放	锅炉房排放的大气污染物，应符合现行国家标准《锅炉大气污染物排放标准》GB 13271 的有关规定	满足相应标准的不扣分，不满足相应标准的，扣15分	15	

续表 7.1.3

序号	评价内容	评价标准	评分方法	标准分值	实得分值
3	污染物排放	供暖系统排放的各类废水，应符合现行国家标准《污水综合排放标准》GB 8978 的规定，并应符合受纳水系的接纳要求。锅炉水处理装置及辅助设施等排出的各种废渣（液），必须收集并进行处理，不得采取任何方式排入自然水体或任意抛弃	满足相应标准的不扣分，不满足相应标准的，每项扣8分	15	
		煤场、灰渣场的位置应符合设计要求，并应采取防止扬尘措施	满足相应标准的不扣分，不满足相应标准的，每项扣8分	15	
		燃煤锅炉房的灰渣应综合利用，烟气脱硫装置的脱硫副产品应综合利用	燃煤锅炉房的灰渣和烟气脱硫装置的脱硫副产品进行综合利用的不扣分，其中一项不进行综合利用的扣4分	9	
检查评分结果	应得分数	100		应得分数	
	检查结果审核：		检查评价人：	检查日期：	

注：每个评价内容的标准分值为该评价内容的最高得分，对各评价内容的最多扣分值为该评价内容的标准分值，即最多扣至0分为止。

7.2 安 全 防 护

7.2.1 安全防护评价包括下列内容：
1 压力容器、阀门。
2 电力及其他特种设备。
3 人员安全防护。

7.2.2 安全防护评价应符合下列规定：
1 供热系统所采用的压力容器及阀门，必须按照国家质量技术监督管理部门的相关要求进行定期和周期检查，并取得安全检定的合格报告（证）。
2 供热系统所用的电力设施及其他特种设备，必须满足供电部门及相应特种设备使用的要求，定期检查维护，并取得供电部门及其他相应管理部门的检定合格报告（证）。
3 从事高空作业、强电作业、电焊、煤破碎筛选、灰渣处理等有危害、危险的工作人员应按安全生产监督管理部门要求,做好相应安全防护,并须取得相应检查验收合格报告;特种设备作业人员必须取得有效的国家特种作业人员证书后,方可从事相应的作业,并须做好日常安全维护和问题整改记录。

7.2.3 安全防护评分规则应符合表7.2.3的规定。

表7.2.3 安全防护评价表

项目名称				供热面积	
委托单位				开竣工日期	
序号	评价内容	评价标准	评分方法	标准分值	实得分值
1	压力容器及阀门	供热系统所采用的压力容器及阀门,必须按照国家质量技术监督管理部门的相关要求进行定期和周期检查,并取得安全检定的合格报告(证)	满足相应标准的不扣分,不满足相应标准的,每项扣20分	40	
2	电力及其他特种设备	供热系统所用的电力设施及其他特种设备,必须满足供电部门及相应特种设备使用的要求,定期检查维护,并需取得供电部门及其他相应管理部门的检定合格报告(证)	满足相应标准的不扣分,其中任何一项不满足相应标准的,扣15分	30	
3	人员安全防护	对于从事高空作业、强电作业、电焊、煤破碎筛选、灰渣处理等有危害、危险的工作人员应按安全生产监督管理部门要求,做好相应安全防护,取得相应检查验收合格报告。特种设备作业人员必须取得国家特种作业人员证书方可从事相应的作业,并做好日常安全维护和问题整改记录	满足相应标准的不扣分,其中任何一项不满足相应标准的,扣7.5分	30	
检查评分结果	应得分数	100		应得分数	
	检查结果				
	审核: 检查评价人: 检查日期:				

注:每个评价内容的标准分值为该评价内容的最高得分,对各评价内容的最多扣分值为该评价内容的标准分值,即最多扣至0分为止。

7.3 消 防

7.3.1 消防评价包括下列内容:
1 消防验收。
2 消防日常管理。

7.3.2 消防评价应符合下列规定:
1 锅炉房及热力站在投入使用前必须取得消防部门的消防工程竣工验收合格报告。
2 供热企业应对工作人员进行消防知识培训、消防演练,按要求定期检查更换消防设施,形成日常检查记录和问题整改记录,并应符合国家现行有关机关、团体、企业、事业单位消防安全管理的规定。

7.3.3 消防评价评分规则应符合表7.3.3的规定。

表7.3.3 消防评价表

项目名称				供热面积	
委托单位				开竣工日期	
序号	评价内容	评价标准	评分方法	标准分值	实得分值
1	消防验收	锅炉房及换热站在投入使用前必须取得消防部门的消防工程竣工验收合格报告	满足要求的不扣分,不满足要求的,扣50分	50	
2	消防日常管理	供热企业应对工作人员进行消防知识培训,进行消防演练,按要求定期检查更换消防设施,形成日常检查记录和问题整改记录,符合中华人民共和国公安部令(第61号)《机关、团体、企业、事业单位消防安全管理规定》	满足相应标准的不扣分,其中任何一项不满足相应标准的,扣20分	50	
检查评分结果	应得分数	100		应得分数	
	检查结果				
	审核: 检查评价人: 检查日期:				

注:每个评价内容的标准分值为该评价内容的最高得分,对各评价内容的最多扣分值为该评价内容的标准分值,即最多扣至0分为止。

附录 A 抽样规则

A.0.1 热源、热力站样本总量和抽样样本量的确定应符合下列规定：

　　1 热源、热力站样本总量 N 和抽样样本量 n 的确定应符合表 A.0.1 的规定。

　　2 应按热源、热力站的总数确定样本总量 N，若在两个取值之间，应取其中较大值作为样本总量 N。

　　3 应根据样本总量 N 确定抽样样本量 n。

表 A.0.1　热源、热力站抽样规则

序号	样本总量（N）	抽样样本量（n）	序号	样本总量（N）	抽样样本量（n）
1	小于或等于10	2	13	90	13
2	15	2	14	100	14
3	20	3	15	110	15
4	25	4	16	120	16
5	30	4	17	130	18
6	35	5	18	140	19
7	40	5	19	150	21
8	45	6	20	170	23
9	50	7	21	190	25
10	60	9	22	210	30
11	70	10	23	230	30
12	80	11	24	250	35

A.0.2 供热系统管道样本总量和抽样样本量的确定应符合下列规定：

　　1 供热系统管道的样本总量 N 和抽样样本量 n 的确定应符合表 A.0.2 的规定。

　　2 应将所评价供热系统的管道按每公里划分为一个样本，确定所评价供热系统管道的样本总量。

　　3 应根据样本总量 N 所在区间确定抽样的样本量 n。

表 A.0.2　管道抽样规则

序号	样本总量（N）	抽样样本量（n）	序号	样本总量（N）	抽样样本量（n）
1	1~8	2	5	51~90	13
2	9~15	3	6	91~150	20
3	16~25	5	7	151~280	32
4	26~50	8	8	281~500	50

A.0.3 供热系统室内温度样本总量和抽样样本量的确定应符合下列规定：

　　1 抽样时，选择房间总数或用户总数之一作为样本总量 N。

　　2 根据样本总量 N 所在区间，按照附表 A.0.3 的规定确定抽样的样本量 n。

附表 A.0.3　室内温度检测抽样规则

序号	用户总数（户）/房间总数（间）/(N)	抽样数量（n）	序号	用户总数（户）/房间总数（间）/(N)	抽样数量（n）
1	1~8	2	8	501~1200	80
2	9~15	3	9	1201~3200	125
3	26~50	8	10	3201~10000	200
4	51~90	13	11	10001~35000	315
5	91~150	20	12	35001~150000	500
6	151~280	32	13	150001~500000	800
7	281~500	50	14	≥500001	1250

附录 B 城镇供热系统评价备案表

B.0.1 城镇供热系统综合性评价备案表应符合表 B.0.1 的规定。

表 B.0.1　城镇供热系统综合性评价备案表

年　　月　　日　　　　备案号：综合—

委托单位		
项目名称		
项目概况（可附表）	锅炉房	热力站
	室外供热管网	室内供暖系统
	监测与控制	节能措施
评价赋星	设施□　管理□　能效□　环保安全消防□	
	总分：	
	情况说明：	
	综合性评价结论：综合三星□　综合二星□　综合一星□	
	评价单位填写人：	
提交报告	报告份数：　　份　　时间：　　年　　月　　日	
备注		
委托单位章	项目单位章	评价单位章
负责人：	负责人：	负责人：
经办人：	经办人：	经办人：
电话：	电话：	电话：
传真：	传真：	传真：
地址：	地址：	地址：
邮政编码：	邮政编码：	邮政编码：
备案单位接收日期：　　年　　月　　日		
接收人：		
负责人：		
备案单位章		

B.0.2 城镇供热系统单元选择性评价备案表应符合表 B.0.2 的规定。

表 B.0.2 城镇供热系统单元选择性评价备案表

年　　月　　日　　备案号：单元选择－

委托单位				
项目名称				
项目概况（可附表）	热源		热力站	
	室外供热管网		室内供暖系统	
	监测与控制		节能措施	

单元选择性评价赋分

序号	单元	权重值	评价分值	序号	项目	权重值	评价分值
1	设施	40		1	锅炉房	40（60）	
				2	热力站	20	
				3	室外供热管网	20	
				4	室内供暖系统	20	
2	管理	25		1	基础管理	25	
				2	运行管理	30	
				3	设备管理	20	
				4	应急管理	15	
				5	服务管理	10	
3	能效	25		1	供热锅炉热效率	30	
				2	循环水泵运行效率	15	
				3	供热系统补水率	15	
				4	室外供热管网的输送效率	15	
				5	室外供热管网的水力平衡度	10	
				6	供暖室内温度	15	
4	环保安全消防	10		1	环境保护	30	
				2	安全防护	30	
				3	消防	40	

单元选择性评价结论：＿＿＿三星　＿＿＿二星　＿＿＿一星
　　　　　　　　　　＿＿＿三星　＿＿＿二星　＿＿＿一星
　　　　　　　　　　＿＿＿三星　＿＿＿二星　＿＿＿一星

注：＿＿＿填写选择单元名称：设施、管理、能效、环保安全消防。
　　评价单位填写人：

提交报告	报告份数：　份　时间：　年　月　日
备注	

委托单位章	评价单位章
负责人：	负责人：
经办人：	经办人：
电话：	电话：
传真：	传真：
地址：	地址：
邮政编码：	邮政编码：

备案单位接收日期：　年　月　日
接收人：
负责人：
备案单位章

B.0.3 城镇供热系统项目选择性评价备案表应符合表 B.0.3 的规定。

表 B.0.3 城镇供热系统项目选择性评价备案表

年　　月　　日　　备案号：项目选择－

委托单位				
项目名称				
项目概况（可附表）	热源		热力站	
	室外供热管网		室内供暖系统	
	监测与控制		节能措施	

项目评价赋分

序号	单元	序号	项目	权重值	评价分值
1	设施	1	锅炉房	40（60）	
		2	热力站	20	
		3	室外供热管网	20	
		4	室内供暖系统	20	
2	管理	1	基础管理	25	
		2	运行管理	30	
		3	设备管理	20	
		4	应急管理	15	
		5	服务管理	10	
3	能效	1	供热锅炉热效率	30	
		2	循环水泵运行效率	15	
		3	供热系统补水率	15	
		4	室外供热管网的输送效率	15	
		5	室外供热管网的水力平衡度	10	
		6	供暖室内温度	15	
4	环保安全消防	1	环境保护	30	
		2	安全防护	30	
		3	消防	40	

项目选择性评价结论：＿＿＿三星　＿＿＿二星　＿＿＿一星

注：＿＿＿填写选择项目名称并赋星　评价单位填写人：

提交报告	报告份数：　份　时间：　年　月　日
备注	

委托单位章	评价单位章
负责人：	负责人：
经办人：	经办人：
电话：	电话：
传真：	传真：
地址：	地址：
邮政编码：	邮政编码：

备案单位接收日期：　年　月　日
接收人：
负责人：
备案单位章

本标准用词说明

1 为便于在执行本标准条文时区别对待，对要求严格程度不同的用词说明如下：

 1）表示很严格，非这样做不可的：
  正面词采用"必须"，反面词采用"严禁"；
 2）表示严格，在正常情况下均应这样做的：
  正面词采用"应"，反面词采用"不应"或"不得"；
 3）表示允许稍有选择，在条件许可时首先应这样做的：
  正面词采用"宜"，反面词采用"不宜"；
 4）表示有选择，在一定条件下可以这样做的，采用"可"。

2 条文中指明应按其他有关标准执行的写法为："应符合……的规定"或"应按……执行"。

引用标准名录

1 《工业锅炉水质》GB/T 1576
2 《声环境质量标准》GB 3096
3 《污水综合排放标准》GB 8978
4 《锅炉大气污染物排放标准》GB 13271
5 《工业锅炉水处理设施运行效果与监测》GB/T 16811
6 《严寒和寒冷地区居住建筑节能设计标准》JGJ 26
7 《城镇供热系统安全运行技术规程》CJJ/T 88

中华人民共和国国家标准

城镇供热系统评价标准

GB/T 50627—2010

条 文 说 明

制 定 说 明

《城镇供热系统评价标准》GB/T 50627-2010，经住房和城乡建设部 2010 年 11 月 3 日以第 822 号公告批准、发布。

本标准制定过程中，编制组进行了广泛调查研究，认真总结实践，参考有关国际标准和国外先进标准，并在广泛征求意见的基础上，制定了本标准。

为便于广大设计、施工、科研、学校等单位有关人员在使用本标准时能正确理解和执行条文规定，《城镇供热系统评价标准》编制组按章、节、条顺序编制了本标准的条文说明，对条文规定的目的、依据以及执行中需注意的有关事项进行了说明。但是，本条文说明不具备与标准正文同等的法律效力，仅供使用者作为理解和把握标准规定的参考。

目　次

1　总则 …………………………………… 34—30
3　基本规定 ……………………………… 34—30
　3.1　评价条件 ………………………… 34—30
　3.2　评价体系与评价方法 …………… 34—30
4　设施评价 ……………………………… 34—30
　4.2　锅炉房 …………………………… 34—30
　4.3　热力站 …………………………… 34—30
　4.4　供热管网 ………………………… 34—31
　4.5　室内供暖系统 …………………… 34—31

5　管理评价 ……………………………… 34—32
　5.1　基础管理 ………………………… 34—32
　5.2　运行管理 ………………………… 34—32
　5.3　设备管理 ………………………… 34—32
　5.4　应急管理 ………………………… 34—32
　5.5　服务管理 ………………………… 34—32
6　能效评价 ……………………………… 34—33
附录A　抽样规则 ……………………… 34—34

1 总 则

1.0.3 本标准不适用于供热介质为蒸汽的城镇集中供热系统，但对于一次侧为蒸汽、二次侧为热水的城镇集中供热系统，以热力站作为热源对二次系统进行评价。建议正常连续运行的供热系统每三个采暖季评价一次。

3 基本规定

3.1 评价条件

3.1.1 投入运行一年是指供热采暖系统已正常运行一个连续完整的采暖期。

3.1.2 技术档案主要包括：竣工图纸等竣工资料，维修改造档案，运行记录及用户反馈意见等。

3.2 评价体系与评价方法

3.2.4 前三款为选择性评价总分计算方法。

3.2.5 对于综合性评价：如设施、管理、能效、环保安全消防得分分别为 88、92、87、85 分时，经计算其总得分为 88.45 分，当四个评价单元中每一项目得分不小于 65 分时，其星级判为综合二星，当四个评价单元中某一项目得分为 64 分时，其星级评价判为综合一星，当四个评价单元中某一项目得分为 59 分时，将不对其进行星级评判和赋星。

3.2.6 对于单元选择性评价，如设施单元中的锅炉房、热力站、室外供热管网、室内供暖系统的得分分别为 88、87、90、85 分时，经计算其总得分为 87.6 分，由于总分大于 75 分且每一个项目得分均高于 65 分，所以其星级评价结论为设施单元二星；如设施单元中的锅炉房、热力站、室外供热管网、室内供暖系统的得分分别为 88、87、90、59 分时，经计算其总得分为 82.4 分，虽然其总分大于 75 分，但由于其室内供暖系统得分低于 60 分，所以不对其进行星级评判和赋星。

4 设施评价

4.2 锅炉房

4.2.1 本标准热源应专指热水锅炉房，对热源的评价包括热水锅炉及其附属设施。

4.2.2 供暖锅炉及热网的运行参数随室外气象条件变化，应根据热用户热负荷、供热介质设计参数、运行调节方式等计算供热调节曲线，评价或测试时应根据调节曲线确定运行工况供热系统的水温、水量等参数。

1 锅炉台数及单台容量应合理匹配，适应不同时期的负荷变化，负荷率过低影响锅炉运行热效率。调速装置保证锅炉的最佳燃烧状态。

2 循环水泵的流量和扬程应与设计参数接近，过大或过小均影响系统运行效率。如果水泵选型合理，热网供回水温差应与运行工况计算供回水温差相近。热网循环泵转速采用热网末端供回水压差控制节能效果最理想，采用锅炉房出口供回水压差控制水泵节电量较少。

3 补水泵的流量应满足正常补水和事故补水要求，应根据系统规模和供水温度等条件确定，按循环水量估算比较简便。根据《锅炉房设计规范》GB 50041 的规定，系统泄漏量宜为循环水量的 1%，补水泵的流量宜为正常补水量的 4~5 倍；《城市热力网设计规范》CJJ 34 规定，补水装置的流量不应小于循环流量的 2%；事故补水量不应小于循环流量的 4%。水处理装置的处理能力应满足正常补水要求，事故补水时软化水不足部分可补充工业水。因此本款规定补水泵的总流量不应小于循环流量的 4%。

4 集中供热锅炉补水应进行化学水处理，其水质指标应符合《工业锅炉水质》GB/T 1576 的要求。

5 我国多项有关保温的标准均规定，外表面温度高于 50℃ 的设备、管道、附件应保温。

6 本条规定的各项计量要求均是节能和经济运行需要监测的参数。

7 为节能和保证供热质量，锅炉燃烧应自动控制。

8 锅炉房各项污染物排放应符合国家及地方现行有关标准和环评的要求。

9 燃煤锅炉除灰渣、除尘用水量较大，应循环利用。燃气锅炉排烟温度较高，有条件时可设烟气冷凝器回收部分热量。

4.3 热 力 站

4.3.1 按本标准评价的热力站应包括间接连接热力站和直接连接热力站。不同形式的热力站评价内容不同，主要有下面几种形式：间接连接热力站设有换热器和定压补水装置；混水降温直接连接热力站设有一次网为高温热水，供热装置为混水泵或混水控制阀；不降温直接连接热力站一次网与二次网供热温度相同，仅设有分配阀门与计量装置。

4.3.2 采暖用户的运行参数随室外气象条件变化，应根据用户热负荷、供热介质设计参数、运行调节方式等计算供热调节曲线，评价或测试时应根据调节曲线确定运行工况供热系统的水温、水量等参数。热力站一次侧指热源侧供热系统，二次侧指热用户侧供热系统。

1 不同形式的热力站评价内容不同：间接连接热力站为换热器；混水降温直接连接热力站一次侧为

高温热水，此项评价内容为混水泵或混水控制阀；不降温直接连接热力站一次网与二次网供热温度相同，仅设有分配与计量装置。由于用户各系统供热要求不同，每个系统设备均应满足要求。对于间接连接热力站，各系统换热器形式应选择合理，设计参数必须与用户系统匹配；对于混水降温直接连接热力站，混水泵或混水控制阀应选型合理，混合比必须保证设计参数与用户系统匹配；对于不降温直接连接热力站，设计参数应与用户系统匹配，必须设有分配阀门。

2 循环水泵的流量和扬程应与设计参数接近，过大或过小均影响系统运行效率。循环水泵应根据系统设计压力、温度参数要求选择水泵。

3 间接连接热力站设有水处理和补水泵的流量应满足事故补水要求定压装置。水处理装置的处理能力应满足事故补水要求。直接连接热力站二次网系统由一次系统网定压补水，一次网定压补水装置应保证二次热网系统动态和静态的压力工况，保证系统中用户系统任何工况下一点不汽化、不超压、不倒空。

5 我国多项有关保温的标准均规定，外表面温度高于50℃的设备、管道、附件应保温。

6 热力站一次侧应计量总供热量，需要时也可在二次侧计量每个系统的热量或流量。

7 热力站一次网调节装置有多种形式：常规间接连接热力站一次网入口应设自力式流量或压差控制阀，各系统一次侧设电动调节阀；分布式加压泵系统一次侧设变频调速装置；混水降温直接连接热力站，混合比应能调节。

4.4 供热管网

4.4.2 对本条各款作如下说明：

1 需要进行预变形的补偿器，预变形量应符合设计要求；补偿器安装完毕后，按要求拆除运输、固定装置，并按要求调整限位装置；补偿器采用的防腐和保温材料不得影响补偿器的使用寿命；补偿器安装应符合现行行业标准《城镇供热管网工程施工及验收规范》CJJ 28 的规定。

3 固定支架位置应符合设计要求，埋设应牢固，固定支架和固定支架卡板安装、焊接及防腐合格；滑动支架，滑动面应洁净平整，支架安装的偏移方向及偏移量应符合设计要求，安装、焊接及防腐合格；导向支架，支架的导向性能、安装的偏移方向及偏移量应符合设计要求，无歪斜和卡涩现象；安装、焊接及防腐合格。固定支架、导向支架等型钢支架的根部，应做防水护墩。

5 检查室砌体室壁砂浆应饱满，灰缝平整，抹面压光，不得有空鼓、裂缝等现象。

6 温度：热力入口温度测点分支处供、回水温度，管网最不利点供、回水温度，中继泵站的供、回水温度，重要干线关键点的检查室供、回水温度。压力：热力入口压力测点分支处供、回水压力，管网最不利点供、回水压力，中继泵站的进出口供、回水压力，重要干线关键点的检查室供、回水压力。

4.5 室内供暖系统

4.5.1 本条文规定了对室内供暖系统进行评价的主要内容。评价内容包括：掌管引入室内供暖热媒和控制系统水力平衡等功能的热力入口装置；分管输送和分配热媒流量的室内管道及阀门等配件；负责将热量提供给热用户的散热器及地暖加热管；能够实现分室温控、利用"自由热"和通过消除垂直失调而节能并能提高热用户主动节能意识的温度调控装置；能够推进城镇供热体制改革，变"暗补"为"明补"，实现集中供热系统按需供热计量的要求，促进供用热双方采取节能措施，达到在保证供热质量的同时实现节能降耗目的的热计量装置；另外，还包括了对延长管道及设备等的寿命，降低管道及配件热量损失，对管道及配件等的防冻保护起到重要作用的防腐及保温措施；以及能够确保室内供暖系统按照设计参数和要求运行的系统冲洗及试压与调试过程。通过对本条文规定的七个方面内容的评价，能够较全面地反映某建筑物室内供暖系统的完善可靠程度及其主要供暖设施的配备、安装与运行情况。

4.5.2 本条文对第 4.5.1 条七个方面的评价内容逐条规定了详细的评价标准，以指导检查人员在检查和评价过程中，做到有章可循，既能抓住重点，又不漏项。同时，也为第 4.5.3 条的评价方法提供了依据。需要说明的是，供暖系统热量结算点的热量表通常被安装在热力入口处，是热力入口装置中的重要仪表，由该热量表负责计量整栋建筑物（楼）的耗热量，户间热量分摊装置则分别把建筑物的总耗热量分摊到各热用户，二者配合使用，才能够更合理地完成供暖系统的热计量及收费任务，进而达到节能降耗的目的，这是近年来国内试点研究的重要成果和结论。因此，本条文未将热量结算点的热量表放在热力入口装置中，而是把它和户间热量分摊装置放在了一起，共同构成了室内供暖系统的热计量装置。

4.5.3 本条文通过文字和表格的形式，对第 4.5.1 条七个方面的评价内容逐条逐项地规定了详细的评价打分方法，其依据是第 4.5.2 条的评价标准，检查人员在检查和评价过程中应严格执行。另外，本条文所规定的评价方法只是针对单一的散热器供暖系统或地面辐射供暖系统，对于既有散热器供暖又有地面辐射供暖的系统，则只需按照其中的主要供暖系统进行检查和评价打分。如在住宅建筑中，仅在卫生间采用散热器供暖，而在其他房间均采用地面辐射供暖的供暖系统，则只需按照表 4.5.3 对地面辐射供暖系统相关的七项内容进行检查和评价打分。

5 管理评价

5.1 基础管理

5.1.1 通过对供热系统管理的机构设置、制度建设、信息化管理和环境建设等四个方面进行考核,评价供热系统管理的基础管理。

5.1.2 对本条各款作如下说明:

 1 考评机构设置是否健全、完善,人力资源配备是否齐全、合理。

 2 考评各项管理制度和各类标准是否建立、齐全(包括纸质、电子、影像、光盘等资料),并有效运行。

 3 考评档案管理制度是否建立,并有效运行;基础资料是否齐全、完整;考评现代化的办公设备及管理手段是否得到应用。

 4 考评工作环境是否得到有效管理。

5.2 运行管理

5.2.1 通过对供热系统管理的安全运行、经济运行、节能管理、环境保护等四个方面进行考核,评价供热系统管理的运行管理。

5.2.2 对本条各款作如下说明:

 1 应树立安全第一的思想,考评安全运行管理是否建立、健全了具有系统、分层次的安全运行保证体系和安全运行监督体系,并发挥作用;是否建立安全培训和检查制度,并实施;坚持安全例会制,同时作好记录。

 "两票三制"考评安全运行管理是否建立供热运行调度指挥系统和供热运行联系制度。

 2 是否建立系统经济运行的各项考核制度、年度目标和计划。

 3 考评节能管理是否建立能耗管理制度;是否配备专(兼)职节能管理人员,职责明确,并正常开展工作;是否制定了节能规划和节能实施细则;各项能耗应有定额,并严格考核。

 4 考评环境保护管理是否建立环保监督管理制度,设专(兼)职环保管理人员,职责明确;基础数据应完整、准确;严格执行国家和地方政府的环保法律法规,达标排放。

5.3 设备管理

5.3.1 通过对供热系统设备管理的设备基础管理、运行维护、检修管理、事故管理等四个方面进行考核,评价供热系统管理的设备管理。

5.3.2 对本条各款作如下说明:

 1 考评设备基础管理是否建立、健全,应以考核各系统设备的使用、维护、检修管理及备品、备件管理的管理制度是否完备,并得到有效实施;是否有完善的系统设备运行规程、检修规程;是否建立完善的系统设备台账,并完整、清晰、准确地记录系统设备的运行维护、检修状况。

 2 考评运行维护管理是否严格执行,应以系统设备的设备巡回检查制度和设备定期试验维护轮换制度是否完备;是否有系统设备维护保养计划,并按计划实施;系统设备应定机定人管理,有定机定人任务表并与现场相符;系统设备完好,应有定期评定,完好率应在98%以上。系统应进行可靠性分析。设备完好率=(完好设备台数/设备总台数)×100%,可靠度=(故障状态下系统的实际供热量/完好状态下系统能提供的供热量)×100%。

 3 考评检修管理是否按已编制的检修规程执行,应有大小修总结资料,技术资料应齐全;是否建立和完善检修质量保证监督体系,实施检修全过程(计划、实施、验收)管理,对检修质量进行严格评价,按程序验收。

 4 考评事故管理是否严格执行事故调查与处理程序,应坚持"三不放过"的原则,"三不放过"为:(1)事故原因分析不清、责任未落实到人(单位)不放过;(2)事故责任者(单位)和全员没有受到教育不放过;(3)没有防范措施不放过。对发生的事故应及时上报并有记录;加强事故的预防管理,减少各类事故的发生,系统设备事故率应控制在2‰以下。系统设备事故率=(∑事故延时小时数×事故造成中断供热的面积)/(供热小时数×总供热面积)×100%。

5.4 应急管理

5.4.1 通过对供热系统管理的组织机构、应急预案、应急保障、监督管理等四个方面进行考核,评价供热系统管理的应急管理。

5.4.2 对本条各款作如下说明:

 1 考评组织机构是否设立供热系统应急管理领导小组,各类人员须齐全,责任明确。

 2 考评是否编制了供热系统各类事故的应急预案;应急预案应内容齐全,措施得当,并能有效实施。

 3 考评是否有齐全的专业抢修组织和人力保障;是否有齐全、充足抢修设备和材料的保障;是否有完备的技术保障。

 4 考评是否有根据供热系统事故应急预案编制的反事故演练培训计划,并按计划实施;是否建立奖惩机制,并定期检查、考核。

5.5 服务管理

5.5.1 通过对供热系统管理的组织机构、服务制度、供热质量、服务质量等四个方面进行考核,评价供热系统管理的用户服务管理。

5.5.2 对本条各款作如下说明:

1 考评是否建立用户服务管理体系和考核体系，是否建立专门的用户服务管理机构，设专人负责，职责明确并有效运行。

2 考评是否建立和健全用户服务制度、用户联系制度、用户服务奖惩制度和用户服务工作及质量标准。

3 考评用户室温是否达到了供、用热双方合同确定的室温标准或当地政府供热主管部门规定的室温标准，用户室温合格率应在 97% 以上，用户报修处理及时率应达 100%。用户室温合格率=（用户室温抽检合格户数/用户室温抽检总户数）×100%，用户报修处理及时率=（用热户服务报修处理次数/用户服务报修总次数）×100%。

4 考评用户服务人员是否全员挂牌服务，服务用语应文明、规范；是否有服务监督的公开电话，并保证 24 小时畅通；用户投诉办复率应达 100%；对服务是否定期进行服务检查、考评，并有记录。用户投诉办复率=（用户投诉办复件数/用户投诉总件数）×100%。

6 能效评价

6.0.1 供热系统涉及节能的内容在有关标准中较多，但是有关能效的内容基本是本条所列几项，而且这几项都有相关标准规定了具体指标和检验方法。供热系统中的供热锅炉热效率、循环水泵运行效率、补水率，包括了对热力站的要求。有关室外供热管网的输送效率、水力平衡度、循环水泵运行效率、补水率等评价内容，在相关标准中都作了具体规定。有关供热热源使用直燃机、热泵机组等设备的热效率，目前没有标准规定具体指标，因此没列入该标准的评价内容。供暖室内温度是供热效果的具体体现，在《建筑节能工程施工质量验收规范》GB 50411 中作为强制性条文执行，因此，在本标准中作为评价内容。

6.0.2 该节条文是针对能效评价的内容，规定了执行的评价标准。在各自条文涉及的标准中，对各项检验指标、方法、仪表、数量都作了规定，在评价中应按相应标准执行。

1 供热锅炉的额定热效率在《严寒和寒冷地区居住建筑节能设计标准》JGJ 26-2010 第 5.2.4 条、《公共建筑节能设计标准》GB 50189-2005 第 5.4.3 条都作了相应的规定。但是规定仅是针对设计时确定的额定效率，本标准根据《工业锅炉经济运行》GB/T 17954-2007 规定的指标，并根据供热锅炉的运行特点，在考虑《严寒和寒冷地区居住建筑节能设计标准》JGJ 26-2010 第 5.2.6 条中对锅炉运行热效率的要求后确定了表 6.0.2 的规定。锅炉运行效率可按有关规定测试方法或统计方法获得供暖季的运行热效率，如《北京市供热系统节能技术改造项目 2008~2009 采暖季节能量测试办法》中规定：对于不具备全采暖季测试条件的锅炉房，采暖季锅炉燃料实物消耗量可用测试期锅炉燃料实物消耗量折算，折算时要考虑室外温度参数、室内温度参数的变化：

$$B = B_c \times \frac{t_n - t_w}{t_{n,c} - t_{w,c}} \times \frac{D}{d}$$

式中：B——采暖季锅炉燃料实物消耗量；
B_c——测试期锅炉燃料实物消耗量；
t_n——采暖季室内平均温度；
$t_{n,c}$——测试期室内平均温度；
t_w——采暖季室外平均温度；
$t_{w,c}$——测试期室外平均温度；
d——测试期时间长度；
D——采暖季时间长度。

根据采暖季锅炉燃料实物消耗量及其获得热量计算锅炉运行热效率。

3 供热系统补水率在《居住建筑节能检测标准》JGJ/T 132-2009 第 12.2.1 条的规定："采暖系统补水率不应大于 0.5%"。目前管理好的热力部门基本都小于该值，因此，本标准依然按该值控制。但是二次网由于直接进入建筑物的热用户，其漏水明显大于一次网，因此分别作出了规定。

4、5 室外供热管网中的输送效率、水力平衡度，在《严寒和寒冷地区居住建筑节能设计标准》JGJ 26-2010、《居住建筑节能检测标准》JGJ/T 132-2009 中都提出了具体要求。

6 供暖室内温度应达到《建筑节能工程施工质量验收规范》GB 50411 的要求，并按该条要求进行全部采暖房间室内温度的检验。

6.0.3 针对供热系统能效评价内容和标准，确定了相应的评分方法，并且明确了各项指标的具体的赋值方法，根据各项指标的重要程度规定了各项应得的分值。原则上各项指标处于优秀的得满分，达到标准中规定的指标得合格以上的分数，而低于标准中规定的指标时得低分甚至不得分。

供热锅炉运行热效率指标对节能影响明显，因此在各项指标中分配最高分值。本标准根据《工业锅炉经济运行》GB/T 17954-2007 规定的指标，并根据供热锅炉的运行特点，给出了锅炉额定运行热效率的评分方法。

室外供热管网的输送效率，近些年通过管网改造等措施不难达标，对于小于 60% 的输送效率实际上完全是管理上的问题，故小于 60% 的输送效率时不得分。室外供热管网各个热力入口处的水力平衡度，近些年通过严格水力计算和采取平衡措施基本都能达标，因此，在该项超标时扣分较多。

对于供热系统补水率，虽然管理好的热力部门基本都小于该值，但有的系统管理仍因不善等原因超标。鉴于目前的实际情况，将供热系统耗补水率按一次网和二次网分别评价。

供暖房间温度应尽量不低于设计计算温度,可是,考虑该项具体测试时供热系统达到指标难度比较大,所以,评分时考虑了《建筑节能工程施工质量验收规范》GB 50411 的要求和各地政府发布有关条例的规定。

评分中应对各项指标采取实测,或以供热系统管理部门提供的有相应检测资质单位出具的检测报告为依据。

附录 A 抽 样 规 则

A.0.1 依据《产品质量监督小总体数一次抽样检验程序及抽样表》GB/T 15482-1995,监督总体数目应满足 $10 \leqslant N \leqslant 250$ 的要求,一般系统的热源、热力站数量应在此范围内,虽然可能小于 10,但仍须引用该抽样方法。

A.0.2 依据《计数抽样检验程序 第 1 部分:按接收质量限(AQL)检索的逐批检验抽样计划》GB/T 2828.1-2003,采用正常检验一次抽样方案。

A.0.3 依据《计数抽样检验程序 第 1 部分:按接收质量限(AQL)检索的逐批检验抽样计划》GB/T 2828.1-2003,采用正常检验一次抽样方案。

中华人民共和国国家标准

城市轨道交通综合监控系统工程设计规范

Code for design of urban rail transit integrated supervision and control system engineering

GB 50636—2010

主编部门：中华人民共和国工业和信息化部
批准部门：中华人民共和国住房和城乡建设部
施行日期：２０１１年１０月１日

中华人民共和国住房和城乡建设部
公告

第 821 号

关于发布国家标准《城市轨道交通综合监控系统工程设计规范》的公告

现批准《城市轨道交通综合监控系统工程设计规范》为国家标准，编号为 GB 50636—2010，自 2011 年 10 月 1 日起实施。其中，第 3.0.11 条为强制性条文，必须严格执行。

本规范由我部标准定额研究所组织中国计划出版社出版发行。

中华人民共和国住房和城乡建设部
二〇一〇年十一月三日

前　言

本规范是根据住房和城乡建设部《关于印发〈2008 年工程建设标准规范制订、修订计划（第二批）〉的通知》（建标〔2008〕105 号）的要求，由北京和利时系统工程有限公司、中国电子科技集团公司第十四研究所会同有关单位共同编制完成。

本规范在编制过程中，编制组在调查研究的基础上，总结了国内最新的实践经验，并参考国内外有关的标准，广泛征求意见，反复修改，最后经审查定稿。

本规范共分 9 章，主要内容包括：总则、术语、基本规定、系统功能、系统性能、系统组成、软件要求、接口要求和工程设施与设备要求等。

本规范中以黑体字标志的条文为强制性条文，必须严格执行。

本规范由住房和城乡建设部负责管理和对强制性条文的解释，由工业和信息化部负责日常管理，由北京和利时系统工程有限公司负责具体技术内容的解释。本规范在执行中，请各单位积极总结经验，并将意见和建议寄至北京和利时系统工程有限公司（地址：北京经济技术开发区大兴区亦庄地盛中路 2 号院，邮政编码：100176），以供今后修订时参考。

本规范主编单位、参编单位、主要起草人和主要审查人：

主编单位：北京和利时系统工程有限公司
　　　　　中国电子科技集团公司第十四研究所
参编单位：铁道第三勘察设计院集团有限公司
　　　　　广州地铁设计研究院有限公司
　　　　　北京市轨道交通建设管理有限公司
　　　　　北京城建设计研究总院
　　　　　上海市城市建设设计研究院
　　　　　深圳市地铁集团有限公司
　　　　　西安市地下铁道有限责任公司
　　　　　中国中铁二院工程集团有限责任公司
　　　　　成都轨道交通有限公司
　　　　　中铁第四勘察设计院集团有限公司
　　　　　南京恩瑞特实业有限公司
　　　　　南京洛普股份有限公司
　　　　　北京全路通信信号研究设计院
　　　　　南京南瑞集团公司
　　　　　中铁电气化勘测设计研究院有限公司
　　　　　中国电子工程设计院
　　　　　中国电子科技集团公司第三研究所

主要起草人：魏晓东　孙　红　管建华　毛宇丰
　　　　　　陈　洪　吴铀铀　宋　毅　侯久望
　　　　　　薛长立　田胜利　高军章　李海博
　　　　　　娄永梅　张慎明　章　扬　魏祥斌
　　　　　　陶　渊　杜宝强　杨　捷　汪怡平
　　　　　　刘　芳

主要审查人：徐明杰　黄建明　李鸿春　申大川
　　　　　　李新文　郑　鸣　苗彦英　韩连祥
　　　　　　陈　辉

目 次

1 总则 ····· 35—5
2 术语 ····· 35—5
3 基本规定 ····· 35—5
4 系统功能 ····· 35—6
  4.1 基本功能 ····· 35—6
  4.2 综合监控系统中央级功能 ····· 35—6
  4.3 综合监控系统车站级功能 ····· 35—7
  4.4 互联系统功能 ····· 35—8
5 系统性能 ····· 35—8
  5.1 系统响应性 ····· 35—8
  5.2 系统可靠性、可用性、可维护性、安全性要求 ····· 35—8
  5.3 设备负载要求 ····· 35—8
6 系统组成 ····· 35—8
7 软件要求 ····· 35—9
8 接口要求 ····· 35—9
9 工程设施与设备要求 ····· 35—10
  9.1 电源 ····· 35—10
  9.2 防雷与接地 ····· 35—10
  9.3 设备用房与设备布置 ····· 35—10
  9.4 管线敷设 ····· 35—10
本规范用词说明 ····· 35—10
引用标准名录 ····· 35—10
附：条文说明 ····· 35—11

Contents

1 General provisions ·················· 35—5
2 Terms ···································· 35—5
3 Basic requirement ···················· 35—5
4 System function ······················ 35—6
   4.1 Basic function ···················· 35—6
   4.2 Iscs occ function ················ 35—6
   4.3 Iscs station function ············ 35—7
   4.4 Interconnected system function ········ 35—8
5 System performance ················ 35—8
   5.1 System responsivenes ············ 35—8
   5.2 Reliability, usability, maintainability, safety requirement ················ 35—8
   5.3 Equipment load requirement ········ 35—8
6 System composition ················ 35—8
7 Software requirement ················ 35—9
8 Interface requirement ················ 35—9
9 Project facilities and equipments requirement ···························· 35—10
   9.1 Electric power source ············ 35—10
   9.2 Lightning protection and grounding ·························· 35—10
   9.3 Equipment layout and equipmenet rooms ················ 35—10
   9.4 Pipeline installation ················ 35—10
Explanation of wording in this code ·········· 35—10
List of quoted standards ···················· 35—10
Addition: Explanation of provisions ·········· 35—11

1 总则

1.0.1 为适应我国城市轨道交通工程建设的需要，规范城市轨道交通综合监控系统的设计，提高我国城市轨道交通自动化的技术水平，制定本规范。

1.0.2 本规范适用于新建、改建和扩建的城市轨道交通综合监控系统工程的设计。

1.0.3 城市轨道交通综合监控系统工程的设计，除应执行本规范外，尚应符合国家现行有关标准的规定。

2 术语

2.0.1 城市轨道交通综合监控系统 integrated supervision and control system

对城市轨道交通线路中所有电力和机电设备进行监控的分层分布式计算机集成系统。包含了内部的集成子系统，并与其他专业自动化系统互联，实现信息共享，促进城市轨道交通高效率运营。

2.0.2 集成子系统 integrated subsystem

完全集成在综合监控系统内的专业自动化子系统，其全部功能都由综合监控系统实现，是综合监控系统的一部分。

2.0.3 互联系统 interconnected system

与城市轨道交通综合监控系统通过外部接口进行信息交互的、独立运行的专业自动化系统。

2.0.4 模式控制 mode control

按照预先定义的要求，控制相关联的一组设备的联动控制，它在一定事件触发下启动。

2.0.5 阻塞模式 obstructed mode

中央级综合监控系统接收信号系统提供的列车阻塞信息，并根据列车阻塞位置情况自动启动对应的控制模式，也可采用半自动控制方式、手动控制方式启动对应的控制模式。

2.0.6 火灾模式 fire mode

当轨道交通火灾自动报警子系统发出确认的火灾报警信息，综合监控系统的相关子系统进入排烟、送风及消防联动控制和运行。

2.0.7 综合监控系统软件平台 integrated supervision and control system software platform

可对城市轨道交通各专业自动化子系统进行集成与互联、可进行持续开发和扩展功能的，具有开放架构的软件体系。

3 基本规定

3.0.1 综合监控系统设计应满足线路运营控制中心调度、车站和车辆基地值班员、系统和设备维修人员的使用要求。

3.0.2 综合监控系统应支持实现行车和行车指挥、机电设备监控和管理、防灾和安全、乘客服务、系统维修和管理等运营功能，应与运营管理模式和运营管理的发展相适应，并应满足城市轨道交通运营和管理整体功能的需求。

3.0.3 综合监控系统设计阶段应完成技术规格书的编制。技术规格书应包括系统构成、系统功能与性能、系统制造、系统实施和系统验收的全面技术要求。

3.0.4 综合监控系统应采用集成和互联方式构建，集成和互联的范围应符合下列规定：

1 应将电力监控系统、环境与设备监控系统集成到综合监控系统中；

2 宜将火灾自动报警系统集成到综合监控系统中；

3 可将马达控制中心集成到综合监控系统中；

4 宜将信号系统、闭路电视系统、广播系统、乘客信息系统、自动售检票系统、门禁系统、时钟系统等互联到综合监控系统；

5 信号系统的列车自动监控系统应根据技术发展和运营管理的需要集成到综合监控系统中。

3.0.5 综合监控系统电力监控专业的设计应分界到变电所间隔层设备的端子；环境与设备监控专业的设计应分界到现场设备的控制端子。

3.0.6 综合监控系统宜采用通信处理机接入互联系统。

3.0.7 综合监控系统的设计应符合下列规定：

1 应满足集中监控和管理、分层分布式控制、资源共享的要求；

2 结构、硬件配置及软件编制应满足运营功能和性能参数指标的要求；

3 应满足安全性、可靠性、可维护性、可扩展性的要求，并应满足分期施工、线路延伸及用户业务不断发展需求；

4 应采用可靠性措施，关键设备应采用冗余配置，并应满足系统故障或灾害不扩散、不传播的要求。

3.0.8 综合监控系统应实现正常、阻塞、故障、火灾、公共灾害和维护等运行模式。

3.0.9 综合监控系统设计和设备选型应满足城市轨道交通环境条件与电磁兼容性要求。

3.0.10 综合监控系统应实现远程故障诊断、远程维护、软件远程编程和下载功能。

3.0.11 综合监控系统应实现重要控制对象的远程手动控制功能。车站控制室综合后备盘上应集中设置对集成和互联系统的手动后备控制。

3.0.12 综合监控系统及其集成子系统应采用同一软件平台、统一的人机界面、统一的命名和编码规则，并应建立统一的系统接口标准。

3.0.13 综合监控系统软件平台应符合下列规定：

 1 应是一个开放的软件开发平台；

 2 应支持多种硬件构成，并应具有对不同产品的集成能力；

 3 应满足平稳迁移、平滑过渡、支持工程实现规模扩展的功能；

 4 应采用层次结构。工程应用层与系统平台层应解耦，应便于工程组态的修改。

3.0.14 控制中心中央控制室和车站控制室的工艺布置，宜与综合监控系统统一设计。

4 系统功能

4.1 基本功能

4.1.1 综合监控系统的联动控制功能应包括正常模式、火灾模式、阻塞模式、故障模式，以及应对公共灾害的相应模式。联动功能可分为事件触发、时间触发、人工触发等方式。

4.1.2 综合监控系统应具有遥控、顺控及点控功能。

4.1.3 综合监控系统的各级设备应具有自诊断功能。

4.1.4 综合监控系统应具有时钟同步功能。

4.1.5 综合监控系统应具备监视、控制与调节和参数设置功能。人机界面切换不应超过3键距。

4.1.6 综合监控系统宜具有事件回放、辅助决策支持等功能。

4.1.7 综合监控系统应实现所集成系统的中央级和车站级的全部运营管理、设备监控功能。

4.1.8 综合监控系统应具有权限管理功能。应具有集中统一的用户注册管理功能，并应根据注册用户的权限，开放不同的功能。使用权限级别应至少具有系统管理级、运营操作级和浏览级。控制级别手动应高于自动。

4.1.9 冗余设备应实现无扰动自动切换功能。

4.1.10 综合监控系统的操作员工作站应符合下列规定：

 1 应具有全面的监视功能，并应通过友好的监视画面，监视包括监控对象的状态、参数及运行过程；

 2 应具有完善的报警功能，并应提供画面和声光报警。报警应能分级。报警信息应能分类按时序显示。

4.1.11 综合监控系统的功能要求应符合下列规定：

 1 应具有文件和报表管理、生成和打印功能。常用报表应有报警报表、事件报表、数据统计报表、各种日志报表等。被授权的用户可定制报表及报表格式；

 2 应具有对各类操作记录、事件、报警、日志、历史数据和文件进行记录、保存和归档功能；

 3 应具有历史数据管理功能，可对历史数据记录进行处理、分析、统计和存档；

 4 应具有应用配置组态功能。配置组态工具应实现用户所需功能。组态可在线、离线进行；

 5 应具有网络管理功能，实现网络管理、配置管理、网络监控、故障报告、性能管理、安全管理、事件记录、参数调整、创建、编辑和删除数据库等操作；

 6 应具有设备维护管理功能，实现设备运行监控和维修、维护工作的管理；

 7 应具有培训管理系统功能，实现系统运行管理、操作、日常维护、故障排除等业务的培训。培训管理系统可在线和离线运行，应具有相同的人机界面及功能；

 8 应具有系统备份和恢复功能。

4.2 综合监控系统中央级功能

4.2.1 综合监控系统中央级的综合功能应符合下列规定：

 1 应对全线与运营管理相关的监控对象的状态、参数等数据进行实时收集及处理，并应在各调度员工作站和综合显示屏以图形、图像等形式显示；

 2 应通过自动或人工方式向全线被监控对象或系统发送遥控、顺控等控制命令；

 3 应提供统一的、多层次的监控显示及操作；

 4 应提供全系统的网络状态图。网络状态图应显示系统主要设备的运行状态和网络通断状态；

 5 应提供全线、区域、站间、变电所间的设备联动功能；

 6 应设有与线网指挥中心的相关接口。

4.2.2 综合监控系统中央级的电力监控功能应符合下列规定：

 1 应提供动态显示的供电系统图、变电所主接线图、牵引网供电分段示意图、程控等用户画面，以及变电所盘面图；

 2 应实时采集变电所主要电流、电压、功率、电量等信息；

 3 应在综合显示屏指定区域显示全线的一次接线图；

 4 应实现对全线遥控对象的遥控。遥控种类应分选点式、选站式、选线式控制；

 5 应实现多站并发顺序控制；

 6 应实现对全线供电系统设备运行状态的实时监视、故障报警和保护复归；

 7 应实现运行和故障记录信息的画面显示及打印功能；

 8 应实现电能统计等的日报、月报制表打印。

4.2.3 综合监控系统中央级的环境与设备监控功能应符合下列规定：

  1 应提供系统总貌和工况图画面。系统总貌和工况图画面应包括车站综合画面、车站机电设备分类画面、环境与设备监控系统模式控制画面、环境与设备监控系统模式列表；

  2 应能监视全线各车站的通风与空调系统、给排水系统、空调系统、电梯、自动扶梯、动力照明系统、导向系统及集中冷站等设备的运行状态；

  3 应能监视和记录各车站站厅、站台和管理设备用房的温度、湿度等环境参数；

  4 应实现对车站相关设备、隧道区间通风系统设备的模式控制功能；

  5 应实现模式和时间表的编辑和下载功能；

  6 应在综合显示屏指定区域显示全线隧道通风系统的工作状态、区间水位状态等运行情况。

4.2.4 综合监控系统中央级的火灾自动报警功能应符合下列规定：

  1 应管理全线的火灾报警及报警确认，并应显示具体报警部位；

  2 可按车站为单位分类接收、显示并储存全线火灾自动报警设备的主要运行状态；

  3 系统应实时检测与火灾自动报警系统通讯链路的状态；

  4 应实现火灾事件历史资料存档管理；

  5 应实现全线消防设施日常监管。

4.3 综合监控系统车站级功能

4.3.1 车站级综合监控系统应包括车站综合监控系统和车辆基地综合监控系统。

4.3.2 综合监控系统车站级的综合功能应符合下列规定：

  1 应监控管辖范围内的供电、环境、防灾、乘客及车站主要设备的运行情况；

  2 应按控制权限实现控制功能；

  3 应显示集成子系统和互联系统的各类信息及车站综合信息；

  4 应具有车站综合报警和报警管理功能；

  5 应实现集成子系统和互联系统间的联动；

  6 应提供各种操作提示。

4.3.3 综合监控系统车站级的电力监控功能应符合下列规定：

  1 应实时监视本车站管辖范围内变电所设备、牵引网设备运行状态和运行参数；

  2 应在设定的权限范围内实现遥控、遥信、遥测、遥调功能；

  3 主要供电回路断路器和其他开关的遥控操作应只能在控制中心进行。在得到控制中心授权后车站方可控制。应保证一个设备在同一时刻只有一个控制者；

  4 应实现供电系统运行情况的数据归档和统计报表功能。

4.3.4 综合监控系统车站级的环境与设备监控功能应符合下列规定：

  1 应实现车站综合显示画面、环境与设备监控系统设备分类画面、环境与设备监控系统模式的显示；

  2 应监视、控制本车站及所辖区间、车站隧道通风系统、车站通风空调系统、给排水系统、自动扶梯、照明系统、车站事故照明电源、集中冷站等设备，并应对故障进行报警；

  3 应监视和记录车站站厅、站台、设备用房等区域的温度、湿度、压力等环境参数；

  4 对于所有的监控设备，应实现手动或自动模式控制；

  5 应监视车站公共区空调通风系统的参数和状态，并应控制车站公共区空调通风系统；

  6 应监视本站屏蔽门、防淹门设备；

  7 应将车站被控设备运行状态、报警信号及测试点数据送至控制中心，并应接受中央级的各种运行模式指令；

  8 应接收火灾自动报警系统发出的模式指令，监视环境与设备监控系统执行防灾模式的情况。

4.3.5 综合监控系统车站级的火灾自动报警功能应符合下列规定：

  1 应管理车站的火灾报警及报警确认；

  2 应监视本站火灾报警设备的主要运行状态，应接收车站火灾报警并显示报警具体位置；

  3 火灾发生时，应根据火灾模式，联动广播系统进行防灾广播，应能控制地铁专用消防救灾设备的启、停，显示运行状态；

  4 应分类存储车站火灾自动报警系统设备的运行、故障、报警的数据记录。

4.3.6 综合监控系统车站级的复示功能应符合下列规定：

  1 宜在适当地点设置环境与设备监控系统、火灾自动报警系统、电力监控系统复示终端；

  2 复示终端应监视全线环境与设备监控系统、火灾自动报警系统、电力监控系统设备的运行情况及事故信息；

  3 复示终端应实现相关复示信息的存档、打印等功能。

4.3.7 综合监控系统的车站综合后备盘功能应符合下列规定：

  1 车站综合后备盘应具备灾害报警以及信号、环境与设备监控系统、电力监控系统、火灾自动报警系统、自动售检票、屏蔽门、自动扶梯等系统的后备应急操作；

2 在系统故障或发生灾害等紧急事件的特殊情况下，应具备隧道火灾模式，车站火灾模式，隧道阻塞模式，屏蔽门应急开启，列车自动监控系统的紧急停车、扣车和放行，自动检售票系统闸机释放，门禁系统电锁的释放，牵引网紧急断电以及和各个紧急情况相关的联动控制。

4.4 互联系统功能

4.4.1 综合监控系统的广播系统功能应符合下列规定：
    1 应能选择广播区域；
    2 应能选择广播源；
    3 应监视广播设备状态和报警；
    4 应实现进站自动广播的联动功能；
    5 应实现自动时间表广播。

4.4.2 综合监控系统的闭路电视监控系统功能应符合下列规定：
    1 应实现闭路电视监控自动或手动操控功能；
    2 应任意选择所管辖范围内的闭路电视监控监视图像显示；
    3 应实现闭路电视监控视频图像在中央控制室综合显示屏上显示功能。

4.4.3 综合监控系统的门禁系统功能应符合下列规定：
    1 应接收并储存门禁系统的故障信息、状态信息及通讯状态信息；
    2 应接收门禁系统设备报警并显示；
    3 应实现火灾联动控制功能。

4.4.4 综合监控系统的乘客信息系统功能应符合下列规定：
    1 中央级应具备乘客信息系统的信息编辑功能，信息应包括列车到发信息、时间、实时通告等；车站级应具备编辑实时文字通告信息功能；
    2 应实现乘客信息系统状态信息监视、乘客信息系统报警监视、显示范围选择、预定义信息播放等功能。

4.4.5 综合监控系统的信号系统功能应符合下列规定：
    1 应接入列车信息、阻塞信息、设备报警、通道检测信息并显示；
    2 宜根据信号系统提供的实际运行图信息，进行自动广播、乘客信息显示，以及与列车运行有关的联动；
    3 在车站控制室内的综合后备盘上应设有列车自动监控系统的紧急停车、扣车和放行开关。

4.4.6 综合监控系统的自动售检票系统功能应符合下列规定：
    1 应具备监视客流信息及自动售检票系统主要设备报警信息的功能；
    2 车站级综合监控系统应具备闸机控制功能。

4.4.7 综合监控系统与时钟系统应具有对时功能，中央、车站级设备时钟系统应同步。

4.4.8 综合监控系统应监视不间断电源的工作状态、各种电量参数、报警信息及电池状态等，且具备操作权限的人员可对不间断电源实现远程控制及远程参数设置。

5 系统性能

5.1 系统响应性

5.1.1 遥控命令在综合监控系统中的传送时间应小于2s。

5.1.2 设备状态变化信息在综合监控系统中的传送时间应小于2s。

5.1.3 实时数据画面在操作员工作站屏幕上整幅调出响应时间应小于1s。

5.1.4 冗余设备切换时间应符合下列规定：
    1 冗余服务器切换时间不应大于2s；
    2 网络切换时间不应大于0.5s；
    3 通信处理机切换时间不应大于1s。

5.2 系统可靠性、可用性、可维护性、安全性要求

5.2.1 系统的平均无故障时间不应小于8000h。

5.2.2 系统可用性指标应大于99.98%。

5.2.3 综合监控系统宜进行可靠性、可用性、可维护性、安全性管理，并应符合国家现行有关标准的规定。

5.3 设备负载要求

5.3.1 服务器中央处理器平均负荷率应小于等于30%。

5.3.2 工作站中央处理器平均负荷率应小于等于30%。

5.3.3 前置机中央处理器平均负荷率应小于等于20%。

5.3.4 局域网的平均负荷率应小于等于20%。

5.3.5 系统平均动态内存占用率应小于等于30%。

6 系统组成

6.0.1 综合监控系统应由中央综合监控系统、车站综合监控系统组成。

6.0.2 中央综合监控系统应由网络设备、实时服务器、历史服务器、数据存储设备、各种工作站、综合显示屏、打印机、不间断电源、通信处理机等组成。网络设备、实时服务器、历史服务器、通信处理机应采用冗余配置。

6.0.3 车站级综合监控系统应由网络设备、服务器、工作站、通信处理机、不间断电源、综合后备盘和打印机等组成。网络设备、服务器、通信处理机应采用冗余配置。车辆基地的服务器与工作站可作为综合监控系统的备用中心使用。

6.0.4 综合监控系统监控的现场设备宜采用现场总线接入综合监控系统车站网络设备或通信处理机。

6.0.5 综合监控系统应通过骨干网将综合监控系统中央级监控网、车站级监控网连接构成整个系统的网络。

6.0.6 骨干网可利用通信系统传输网络，也可独立成网。独立成网时宜采用冗余环形工业以太网。

6.0.7 中央级监控网、车站级监控网应采用冗余的工业以太网或冗余的商用以太网。

6.0.8 在综合监控系统中应建立网络管理系统、设备维护管理系统、培训系统等功能系统。

7 软件要求

7.0.1 综合监控系统的软件应符合下列规定：
 1 应为其他应用软件提供开发平台；
 2 应采用分层分布式软件架构，部署应灵活，并应易于扩展；
 3 宜采用层次结构，工程应用层与软件系统平台层应解耦，并应便于工程应用和灵活修改；
 4 应具备实时处理能力，并应符合本规范第5.1节的有关规定；
 5 应在服务器上实现大容量数据的集中处理和统一管理，并应实现数据的完整性与一致性；
 6 应能支持综合监控项目分期实施、专项分包、分专业维护，应能支持符合特定专业需求的应用扩展；
 7 应提供方便的监视、管理和维护工具，应支持远程部署和管理，应支持在线更新；
 8 应提供详尽的各种使用手册和帮助信息，应根据系统当前的工作状况提供上下文帮助，并应引导用户快速检索各类有用信息；
 9 应提供一种基于标准中间件的分布式架构；
 10 应采用标准的编程语言和编译器；
 11 人机界面设计应符合人机工程学，界面应友好，操作应便捷。

7.0.2 综合监控系统的应用软件应符合下列规定：
 1 应全面支持系统功能的实现和扩展；
 2 应提供一个集成开发环境，应通过模板、向导等方式提供友好的开发界面，应支持多人协同开发，并应保证配置数据的完整性与一致性。

7.0.3 综合监控系统软件的数据库管理应符合下列规定：
 1 宜采用分布式面向对象的实时数据库；

 2 应提供标准数据接口；
 3 应具备数据备份、灾难恢复、系统错误恢复、人为操作错误恢复等功能；
 4 应具备用户标识与鉴别、存取控制、视图机制、审计、数据加密等安全控制机制。

8 接口要求

8.0.1 综合监控系统应提供对各种系统的信息接入机制，应以标准的、可扩展的方式通过接口进行访问。

8.0.2 综合监控系统设计应通过内部接口将被集成子系统无缝接入系统中构成系统主体。通过内部接口所传输的信息应在接口双方具有一致的表达形式，应无需经过转换而直接使用。

8.0.3 综合监控系统设计应通过外部接口实现与互联系统的信息互通与交互。

8.0.4 综合监控系统接口设计应对接口的物理特性进行描述，宜包括下列内容：
 1 接口位置；
 2 通信介质；
 3 链路数量；
 4 连接型式；
 5 物理接口界面。

8.0.5 综合监控系统接口设计应包括下列内容：
 1 接口软件通信协议；
 2 冗余要求；
 3 监控信息点表；
 4 采用结构化形式组织；
 5 电磁兼容性要求。

8.0.6 接口信息传输速率应满足专业应用功能要求。

8.0.7 接口应能处理各类接口异常，关键环节应满足适应多点故障处理的要求和具有最大限度连通支持。

8.0.8 接口应具有故障诊断能力，关键环节应具有故障自修复能力，并应保证接口功能正常。

8.0.9 当综合监控系统与安全系统接口时，应建立与安全系统相适应的通信通道和采用安全通信协议。

8.0.10 综合监控系统接口设计与管理应提供下列接口文件：
 1 详细接口规格书；
 2 详细接口测试计划；
 3 接口测试规格书；
 4 监控信息点表。

8.0.11 接口设计中的监控信息点表应采用结构化形式进行描述，宜选用 XML 文档形式。

9 工程设施与设备要求

9.1 电　　源

9.1.1 综合监控系统设备应采用一级负荷供电。

9.1.2 综合监控系统设备可与城市轨道交通其他一级负荷合用一套电源设备，也可单独设置电源设备。

9.1.3 应急电源应采用在线式不间断电源供电方式。电池组容量应保证连续供电不少于 1h。

9.2 防雷与接地

9.2.1 综合监控系统设备应对雷电感应进行过电压防护设计。电子设备与室外线路连接的端子应设置雷电防护。

9.2.2 高架车站、区间及地下线路出入口应为雷电防护的重点部位。

9.2.3 综合监控系统设备接地应设置工作地线、保护地线、屏蔽地线和防雷地线。

9.2.4 综合监控系统设备可采用综合接地系统方式，也可采用单独接地方式。

9.2.5 综合接地系统接地电阻不应大于 1Ω，单独接地电阻不应大于 4Ω。

9.3 设备用房与设备布置

9.3.1 设备用房宜与车站控制室相邻设置，并宜靠近其他弱电设备房。

9.3.2 设备用房面积应满足远期设备容量需求，并应便于设备的更新改造。

9.3.3 设备用房室内净高不应小于 2.8m。

9.3.4 设备用房环境应达到防尘、防潮、隔声，并应采取防静电措施。温湿度应符合现行国家标准《电子信息系统机房设计规范》GB 50174 的 B 级规定。

9.3.5 综合监控系统设备布置应符合下列规定：

　1 两相对机柜正面之间距离不应小于 1.5m；

　2 机柜前面、后面和侧面与墙距离不应小于 0.8m。

9.4 管线敷设

9.4.1 管线敷设应采取防电磁干扰的措施。

9.4.2 信号线与电源线应分开敷设。

9.4.3 信号线宜直接进入设备端子；采用屏蔽线时，应保证屏蔽层的连续性；接地点宜选择信源端。

9.4.4 冗余线路宜采用不同路径。

9.4.5 中央控制室、车站机房的管线应集中敷设。

本规范用词说明

1 为便于在执行本规范条文时区别对待，对要求严格程度不同的用词说明如下：

　1）表示很严格，非这样做不可的：
　　正面词采用"必须"，反面词采用"严禁"；

　2）表示严格，在正常情况下均应这样做的：
　　正面词采用"应"，反面词采用"不应"或"不得"；

　3）表示允许稍有选择，在条件许可时首先应这样做的：
　　正面词采用"宜"，反面词采用"不宜"；

　4）表示有选择，在一定条件下可以这样做的，采用"可"。

2 条文中指明应按其他有关标准执行的写法为："应符合……的规定"或"应按……执行"。

引用标准名录

《电子信息系统机房设计规范》GB 50174

中华人民共和国国家标准

城市轨道交通综合监控系统工程设计规范

GB 50636—2010

条 文 说 明

制 定 说 明

《城市轨道交通综合监控系统工程设计规范》GB 50636-2010 经住房和城乡建设部 2010 年 11 月 3 日以第 821 号公告批准发布。

本规范认真贯彻执行国家有关促进城市轨道交通发展的方针政策，总结我国城市轨道交通综合监控系统行业近年来的科研成果和实践经验，吸收、采用经过实践验证并符合我国国情的新工艺、新设备、新材料、新技术，做到技术先进、经济合理、安全适用。

本规范制定过程分为准备阶段、征求意见阶段、送审阶段和报批阶段，编制组在各阶段开展的主要编制工作如下：

准备阶段：起草规范的开题报告，重点分析规范的主要内容和框架结构、研究的重点问题和方法，制定总体编制工作进度安排和分工合作等。

征求意见阶段：编制组根据审定的编制大纲要求，各编制人员在前期收集资料的基础上分析国内外相关法规、标准、规范，然后起草规范讨论稿，并经过汇总、调整形成规范征求意见稿初稿。

在完成征求意见稿初稿后，编写组组织了多次会议分别就重点问题进行研讨，在此基础上对征求意见稿初稿进行了多次修改完善，形成了征求意见稿和条文说明，并由信息产业部电子工程标准定额站组织向全国各有关单位发出"关于征求《城市轨道交通综合监控系统工程设计规范》意见的函"。在截止时间内，共有 6 个单位返回 66 条有效意见和建议，编制组对意见逐条进行研究，于 2009 年 8 月完成了规范的送审稿。

送审阶段：2009 年 8 月 19 日，由工业和信息化部在北京组织召开了《城市轨道交通综合监控系统工程设计规范》（送审稿）专家审查会，通过了审查。审查专家组认为，送审稿的内容完整、全面，较好地体现了近年来城市轨道交通综合监控系统工程的特点和工程实践，解决现在的工程需求；通过对本规范的实施贯彻，将促进城市轨道交通综合监控系统工程的规范化，推动城市轨道交通领域的技术进步。

报批阶段：根据审查会专家意见，编制组认真进行了修改、完善，形成报批稿。

本规范制定过程中，编制组进行了深入调查研究，总结了我国城市轨道交通综合监控系统工程建设的实践经验，同时参考了国外先进技术法规，广泛征求了国内有关设计、生产、研究等单位的意见，最后制定出本规范。

为便于广大设计、施工、科研、学校等单位有关人员在使用本规范时能正确理解和执行条文规定，《城市轨道交通综合监控系统工程设计规范》编制组按章、节、条顺序编制了本规范的条文说明，对条文规定的目的、依据以及执行中需要注意的有关事项进行了说明。但是，本条文说明不具备与规范正文同等的法律效力，仅供使用者作为理解和把握规范规定的参考。

目　次

3　基本规定 …………………………… 35—14
4　系统功能 …………………………… 35—14
　4.1　基本功能 ……………………… 35—14
　4.2　综合监控系统中央级功能 …… 35—15
　4.3　综合监控系统车站级功能 …… 35—15
5　系统性能 …………………………… 35—15
　5.1　系统响应性 …………………… 35—15
6　系统组成 …………………………… 35—15
7　软件要求 …………………………… 35—17
8　接口要求 …………………………… 35—17

3 基本规定

3.0.1 综合监控系统设计应满足线路运营控制中心调度、车站和车辆基地值班员、系统和设备维修人员的使用要求,也可根据需要满足其他岗位人员或相关系统(如上级系统或办公自动化管理系统)的使用要求。

3.0.2 综合监控系统应实现行车和行车指挥、机电设备监控和管理、防灾和安全、乘客服务、系统维修和管理等功能,为以上各岗位服务;综合监控系统功能应与城市轨道交通现代运营管理模式相适应,主要应满足列车有效运行、设备良好运转、对乘客周到服务等城市轨道交通运营监控管理整体功能的需求。

3.0.4 综合监控系统集成的电力监控专业(用设备)和环境与设备监控专业(用设备)是综合监控系统的主体。火灾自动报警系统是否集成到综合监控系统主要由当地消防管理部门确定,本规范推荐宜采用集成接入方式。将列车自动监控系统集成到综合监控系统是技术发展的趋势,但应视工程的客观条件是否成熟。

将马达控制中心纳入综合监控系统范围有利于工程建设。可将马达控制中心(直接)纳入综合监控系统,或通过环境与设备监控专业设备纳入综合监控系统。

3.0.5 综合监控系统电力监控专业间隔层设备主要包括:高压交流设备,直流设备,低压设备及其他智能通信设备(如温变、牵变和上网开关等)。

3.0.7 分层是指综合监控系统的功能应根据运营分层次(控制中心、车站)管理的职责和要求,实现监控和管理功能;分布式是指综合监控系统的功能应根据运营车站分布和管理的范围,按车站(车辆基地)分别实现或按照区域分别实现监控和管理功能;资源共享是指系统的硬件资源、软件资源和信息资源等的共享,最终为实现人力资源的共享,优化人力资源配置的目标服务。

综合监控系统设计与实施应满足安全性、可靠性、可维护性、可扩展性要求,进行 RAMS(可靠性、可用性、可维护性、安全性)管理,满足分期施工与线路延伸的要求。

3.0.9 综合监控系统设计应满足城市轨道交通环境条件(包括温度、湿度、振动、含尘量、电磁等)的要求,是指设计的系统方案和工程安装实施方案应满足城市轨道交通(重点是车站)环境条件的要求。城市轨道交通(重点是车站)的设备选型应满足环境条件的要求,是指设备的安全性、可靠性、可维护性及对环境的适应性等应满足环境条件的要求。

3.0.11 本条为强制性条文。远程手动控制功能是防止模式控制功能失效,针对单一控制对象(设备)进行控制,辅助实现模式控制预案功能或改变控制预案,可灵活实现控制策略的一种手段。综合监控系统应实现重要控制对象的远程手动控制功能,是指工作人员通过控制中心或车站控制室的综合监控系统操作员工作站的显示器、鼠标或键盘,针对控制对象发出的改变工作状态的操作指令功能。重要控制对象是指由控制中心调度、车站和车辆基地值班员等负责操作的控制对象。

集成和互联系统的手动后备控制是指控制信息不经过综合监控系统,直接由集成和互联系统实现的手动控制功能;集中设在车站控制室综合后备盘上;其他涉及安全的非集成系统的手动后备控制功能也应集中设在综合后备盘上。

3.0.13 层次结构是指综合监控系统软件应分为系统软件、应用软件和工程软件不同层次构建。

层次结构的解耦,是指当在软件层次的顶层作修改时不影响底层,无须底层进行修改。工程组态软件的修改无须对应用软件或系统软件进行修改。

4 系统功能

4.1 基本功能

4.1.1 联动是综合监控系统的重要功能,联动功能的实现可通过特定的事件、规定的时间和必要的人工介入;例如车站火灾事件触发自动售检票系统检票机打开的联动,但为保证准确性,一般会在操作终端弹出报警界面,通过人工点击确认后触发检票机全部打开疏散乘客。因此事件触发、时间触发和人工触发是联动功能的基本元素,可通过三种基本触发方式的组合满足运营管理的需求。

4.1.2 系统点控可独立改变某一对象运行状态的控制操作,包括设备的启动/停止、开关的合/分、自动装置投入/撤除等操作。

4.1.5 本条所指人机界面宜包括综合显示画面、分系统、分类、分层画面、环境与设备监控系统模式列表、报警列表、操作列表、维修列表等。为便于操作人员单手操作实现界面切换,规定任意人机界面间的切换不超过 3 键距。

4.1.6 为便于对时间的跟踪,系统可考虑具备重要事件的回放。同时为便于工作人员的操作和事件处理的准确、快捷,系统可设置功能、操作步骤及使用智能提示功能,实现在线的操作人员辅助指导。

4.1.10 报警信息应能分类别显示,可按照按专业划分、按级别划分、按车站划分、按设备等形式组织报警显示。

4.1.11 本条第 2 款所指保存的数据应包括系统参数、开关量状态、模拟量值、脉冲累计量、计算结果,以及报警/事件记录。具有点趋势图、日志等功能。

本条第6款设备维护管理功能是用来保存运营控制中心、车站内各类基础设备的电子版本的技术资料和维护历史记录,收集保存实时的现场设备运行状态信息,统计设备运行时间和次数;具有分专业保存操作信息、报警信息、故障信息、设备状态信息、维修信息等历史记录的功能,以便进行查询和设备维修分析;系统可根据维修人员的要求,生成检修工作票,建立各种档案报表,采用自动或手动方式录入数据。可进行定时和随时打印。

4.2 综合监控系统中央级功能

4.2.1 综合监控系统中央级应实现所集成系统的全部中央级的功能,对于火灾自动报警系统当集成于综合监控系统时,应实现全部火灾自动报警系统中心级功能;当采用互联方式时,应考虑实现互联功能。

根据运营的条件,按照地铁模式运营要求,由单一系统触发,相关系统或设备根据接收到的指令,按照实现确定的逻辑动作顺序实现的一组自动操作。针对不同的功能需求,可实现全线如紧急广播、区域、区间等地区设施的联动。

4.2.2 并发顺序控制根据运营的条件,按照设定的输入条件、动作顺序或动作时间,由本站或多站数个开关组成的一组由计算机程序自动控制的操作。其原理是将某些固定的倒闸作业序列控制定义在一个顺序控制中,其目的是减少人为差错,简化人为操作步骤,提高工作效率。

继电保护装置保护动作后,要求重新回到初始状态或释放状态。

4.2.4 综合监控系统中央级火灾自动报警功能对火灾的确认要遵循消防规范中火灾报警确认的相关条款。

本条第2款所述火灾自动报警设备主要包括探头、模块、控制盘和电源。

4.3 综合监控系统车站级功能

4.3.1 综合监控系统车站级应实现下列综合功能:
联动功能举例:"车站疏散"联动模式
触发条件:事件触发
联动步骤:
设置所有自动售检票系统 入闸机为自由状态;
设置所有自动售检票系统 售票机为关闭(停止服务)状态;
设置所有自动售检票系统 增值机为关闭(停止服务)状态;
控制所有入闸机导向标志显示不通行,出闸机导向标志则显示出闸;
控制所有自动扶梯及有关楼梯的导向标志作出适当显示;

控制所有车站出入口的导向标志显示不能进站;
在广播系统播出预录的"车站疏散"广播信息;
在乘客信息系统的有关显示单元播放预设的"车站疏散"旅客信息;
激发所有站层的应急导向标识;
在电梯内发出"车站疏散"显示。

5 系统性能

5.1 系统响应性

5.1.1 遥控命令包括综合监控系统对现场设备进行的远程遥控以及其他控制操作,前者如对断路器的分合和对水泵的启停等,后者如对设备的挂牌和对实时数据的设置等。控制命令响应时间是指从操作员在工作站上发出控制执行命令开始,到该控制命令发到被控设备的外部接口为止所经历的时间。控制命令响应时间不包括综合监控系统之外的处理时间,如设备的机构执行时间等。

5.1.2 状态变化包括数字量的变化(如开关和风机的状态)以及模拟量(如温度、电压)的变化。状态变化响应指从综合监控系统与外部接入系统的接口收到数据开始,到综合监控人机界面更新完该数据为止所经历的时间。状态变化时间不包括数据在综合监控以外系统或设备中的处理时间。

5.1.3 画面调阅响应时间是指从操作员点击键盘或鼠标调阅画面开始,到工作站显示屏上完全显示出画面的静态图形和动态实时数据所需的时间。

5.1.4 说明如下:

1 冗余实时服务器切换时间是指从值班的实时服务器发生故障开始,到备用的实时服务器完全替代且综合监控系统所有功能恢复正常为止所经历的时间。对于冗余历史服务器允许的切换时间还应考虑商用数据库本身切换所需要的时间。对于任务模块切换的冗余方式,指值班的任务模块和备用的任务模块之间的切换。

3 通信处理机的切换时间是指从值班的通信处理机发生故障开始,到备用的通信处理机完全替代,通信处理机的所有功能恢复正常为止所经历的时间。对于任务模块切换的冗余方式,指值班的任务模块和备用的任务模块之间的切换。对于没有配置专门通信处理机的情况,该项响应指标不适用。

6 系统组成

6.0.1 综合监控系统的中央综合监控系统、车站综合监控系统组成见图1。

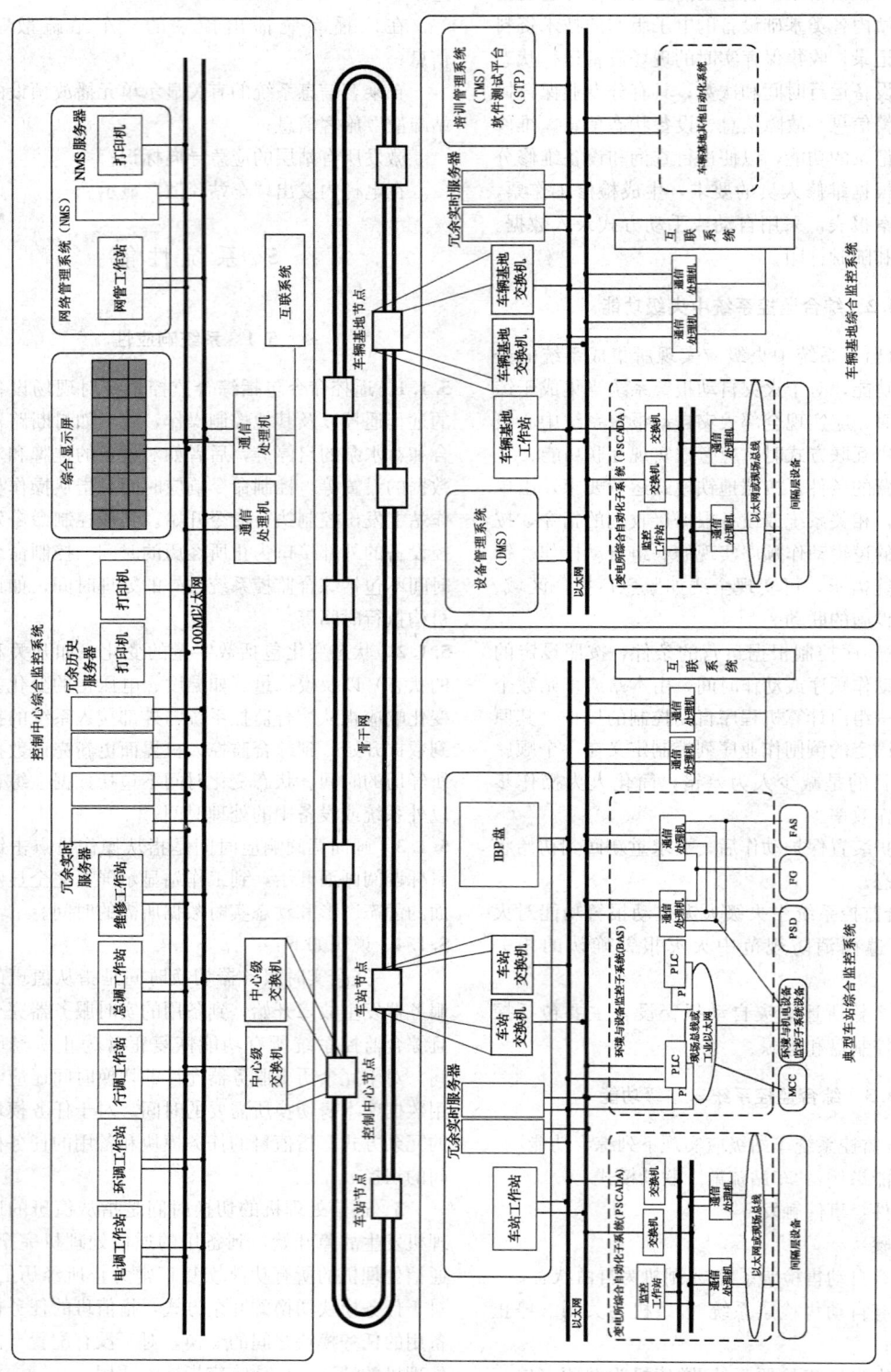

图1 城市轨道交通综合监控系统

7 软件要求

7.0.1 本条的11款要求是综合监控系统工程应用中对系统软件提出的技术要求,每款都有丰富的技术内涵,11款要求构成对系统软件的总体要求。

1 由于综合监控系统面向多专业和多种设备的集成特性,最终交付的每个系统具体功能存在一定差异性,本款强调综合监控系统软件的开放性。软件的开放性主要指系统软件对接入各类子系统的包容性与适应性。系统软件支持各层次的接口功能,支持各种标准的通信协议。软件平台要能提供相对规范化的接口、工具或方法,例如开发工具、配置工具和调试工具等,使得基于该软件平台能够定义、定制特定的应用功能,或扩展系统的规模,此类活动可以从系统的工程实施阶段直到维护阶段。

2 地铁监控对象的地理分散和至少两级(中心、车站)的监控特征都决定了综合监控系统软件必须采用分布式体系结构;所说的"分层"是从实时数据流角度而言的,典型层次划分如接口层、数据处理层和数据展现层,这种层次结构可以和物理硬件匹配,如运行接口层软件的硬件机器称为通信处理机,运行数据处理层软件的硬件机器称为服务器,运行数据展现层软件的硬件机器称为工作站。本款实际强调了综合监控系统软件的体系结构应与系统的硬件体系结构独立,当系统的规模、数据处理量、硬件配置、通信系统的形式等与上述工作站/服务器/通信处理机的典型配置形态不同时,或系统需要扩容时,综合监控系统软件要能通过不同层或不同软件成分的部署,适应硬件的改变,实现所要求的全部系统功能,并使整个系统达到合理的性能水平。

3 本款所说的层次结构,是从向最终用户所交付系统的软件形态角度而言的。要求工程应用层与软件系统平台层解耦,是针对平台的稳定性和应用层的易变性特点,解耦的目的是保证当应用层按照用户要求做定制或扩展开发应用功能时,不因此影响系统软件平台自身的稳定性。

4 本款强调综合监控系统不能因逻辑的或物理的分层分布导致实时处理能力下降,特别是对那些时间苛刻(time-Critical)的应用功能。

5 本款所指的数据完整性是指提供给操作员或进一步加工的数据处理结果应是真实和完整的,不能是中间态或不确定态。所指的数据一致性是说对同一个数据,用户在任何等效操作位置(如中心两个互为备份的工作站)同时观察到时都应该是相同的;对一个已经发生的变化或事件,用户在任何时间、任何操作位置、任何表现形式(如文字报警和图形报警)上的观察也都应该是相同的。

6 本款主要针对目前国内地铁综合监控系统工程的招投标和工程实施特点,实际强调了系统软件要具有可裁减、可扩充,以及在线调整系统配置和验证系统修改结果的能力,而这种"在线"能力是要求不能影响已投运专业的正常监控,例如在供电专业已投运的情况下调试其他专业。

7 综合监控系统面对众多的监控对象,同时又是一个地理位置分散的系统。实施过程经常需要修改局部设计或配置,并反复调试,也要进行远程调试。因此本款所规定的支持远程部署和管理,支持在线更新,主要是从辅助调试过程中的故障定位,以及缩短调试工期、降低调试成本考虑的。例如当工程后期硬件设备安装完毕后,局部的(例如某车站)系统配置修改可以通过远程部署方式从中心远程更新站上的配置,而不需要站上一定有人驻守。同时,系统运行中,也要求具有远程部署和修改的功能。

9 本款所列标准旨在强调综合监控系统软件的进程间通信应基于标准和广泛使用的中间件技术(例如,工业CORBA和COM/DECOM标准),以增强软件部署的灵活性、系统可伸缩性和对硬件透明。

7.0.2 应用软件是指面向特定用户满足其特定要求而开发的软件系统或软件模块,这些应用软件以系统软件平台为核心,或嵌入或外挂在系统软件平台上,并和系统软件平台一起协同工作。

本条第2款所说数据完整性和一致性是指数据的定义,例如含义相同的数据不能在多处定义。

8 接口要求

8.0.4 本规范对综合监控系统的外部接口(互联系统与综合监控系统的接口)举例说明如下:

综合监控系统与自动售检票系统接口:

接口位置:车站综合监控设备室配线架外侧

接口位置:控制中心综合监控系统设备房配线架外线侧

通信介质:10M/100M以太网或串口通信

链路数量:1

接头型式:RJ45或RS422

通信协议:MODBUS TCP/IP 或 MODBUS

物理接口界面见图2。

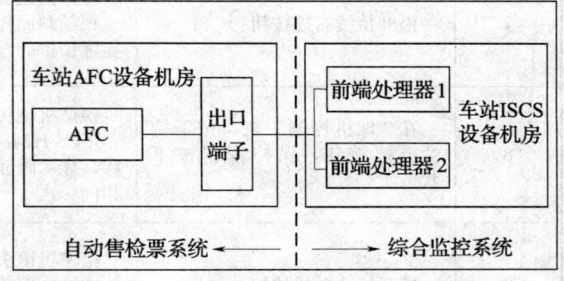

图2 接口界面

8.0.10 综合监控系统的接口文件要求：

1 详细接口规格书内容大纲（不限于）：

1）术语解释；

2）接口规格书（接口框图、通信介质、接口位置和数量、电气规格、机械规格、接口功能）；

3）接口协议（接口协议、规范、数据格式、协议详细描述、数据地址分配、异常处理）；

4）附录：点表。

2 详细接口测试计划内容大纲（不限于）：

1）接口概述；

2）协议测试条件，准备及流程；

3）目视测试条件，准备及流程；

4）通信测试条件，准备及流程；

5）点对点测试条件，准备及流程；

6）端对端测试条件，准备及流程；

7）功能测试条件，准备及流程；

8）性能测试条件，准备及流程；

9）测试程序。

3 接口测试规格书内容包括（不限于）：测试的所有细节、先决条件、测试行动以及预期的测试效果，测试期间使用和填写的测试表。下表是举例说明一个接口测试规格书的测试表格书写方式：

4 监控信息点表，以闭路电视系统监控点表举例，见表2。

表1 综合监控系统与闭路电视系统摄像机列表顺序功能测试

步骤	输入/动作 （综合监控系统）	预期输出	通过	不通过	有条件通过
1	在ISCS HMI上打开CCTV监控画面，按下"摄像机选择"按钮，选择要测试的摄像机	可进行P/T/Z调节的则显示"球机控制"窗口	[ ]	[ ]	[ ]
2	在"球机控制"窗口按下单步左摇按钮	此时显示摄像机云台被占用信息。摄像机镜头向左单步偏移。视频画面与摄像机实际拍摄的画面相同	[ ]	[ ]	[ ]
3	在"球机控制"窗口按下单步右摇按钮	摄像机镜头向右单步偏移。视频画面与摄像机实际拍摄的画面相同	[ ]	[ ]	[ ]
4	在"球机控制"窗口按下持续左摇按钮，保持按钮按下状态	摄像机镜头持续向左偏移。ISCS HMI上显示的视频画面也持续偏移，显示画面总与摄像机实际拍摄的画面相同	[ ]	[ ]	[ ]
5	松开持续左摇按钮	摄像机镜头停止向左偏移。视频画面停止偏移，停留画面与摄像机实际拍摄的画面相同	[ ]	[ ]	[ ]
6	在"球机控制"窗口按下持续右摇按钮，保持按钮按下状态	摄像机镜头持续向右偏移。ISCS HMI上显示的视频画面也持续偏移，显示画面总与摄像机实际拍摄的画面相同	[ ]	[ ]	[ ]
7	松开持续右摇按钮	摄像机镜头停止向左偏移。视频画面停止偏移，停留画面与摄像机实际拍摄的画面相同	[ ]	[ ]	[ ]
8	在"球机控制"窗口按下持续上摇按钮，保持按钮按下状态	摄像机镜头持续向上偏移。ISCS HMI上显示的视频画面也持续偏移，显示画面总与摄像机实际拍摄的画面相同	[ ]	[ ]	[ ]
9	松开持续左摇按钮	摄像机镜头停止向上偏移。视频画面停止偏移，停留画面与摄像机实际拍摄的画面相同	[ ]	[ ]	[ ]

续表1

步骤	输入/动作（综合监控系统）	预期输出	通过	不通过	有条件通过
10	在"球机控制"窗口按下持续下摇按钮，保持按钮按下状态	摄像机镜头持续向下偏移。ISCS HMI上显示的视频画面也持续偏移，显示画面总与摄像机实际拍摄的画面相同	[ ]	[ ]	[ ]
11	松开持续下摇按钮	摄像机镜头停止向下偏移。视频画面停止偏移，停留画面与摄像机实际拍摄的画面相同	[ ]	[ ]	[ ]
12	在"球机控制"窗口按下持续放大按钮，保持按钮按下状态	摄像机镜头持续拉近。ISCS HMI上显示的视频画面也持续放大，显示画面总与摄像机实际拍摄的画面相同	[ ]	[ ]	[ ]
13	松开持续放大按钮	摄像机镜头停止拉近。视频画面停止放大，停留画面与摄像机实际拍摄的画面相同	[ ]	[ ]	[ ]
14	在"球机控制"窗口按下持续缩小按钮，保持按钮按下状态	摄像机镜头持续向左拉远。ISCS HMI上显示的视频画面也持续缩小，显示画面总与摄像机实际拍摄的画面相同	[ ]	[ ]	[ ]
15	松开持续缩小按钮	摄像机镜头停止拉远。视频画面停止缩小，停留画面与摄像机实际拍摄的画面相同	[ ]	[ ]	[ ]

表2 闭路电视系统点

站名	设备所在地	设备代码	设备编号	设备描述	属性描述	协议数据类型	寄存器地址	寄存器比特号	数字表示类型			
									比特00	比特01	比特10	比特11
南亭站	大厅	DCAM	0001	站厅扶梯球型摄像机1	报警	DI	0003	0	正常	故障		
南亭站	大厅	DCAM	0002	站厅扶梯球型摄像机2	报警	DI	0003	1	正常	故障		
南亭站	大厅	FCAM	0001	站厅摄像机1	报警	DI	0003	2	正常	故障		
南亭站	大厅	FCAM	0002	站厅摄像机2	报警	DI	0003	3	正常	故障		
南亭站	大厅	FCAM	0003	站厅摄像机3	报警	DI	0003	4	正常	故障		
南亭站	大厅	FCAM	0004	站厅摄像机4	报警	DI	0003	5	正常	故障		
南亭站	候车厅	FCAM	0005	上行站台摄像机1	报警	DI	0003	6	正常	故障		
南亭站	候车厅	FCAM	0006	上行站台摄像机2	报警	DI	0003	7	正常	故障		
南亭站	候车厅	FCAM	0007	下行站台摄像机1	报警	DI	0003	8	正常	故障		
南亭站	候车厅	FCAM	0008	下行站台摄像机2	报警	DI	0003	9	正常	故障		
南亭站	站房	CVID	0001	上行站台图像合成	报警	DI	0003	10	正常	故障		
南亭站	站房	CVID	0002	下行站台图像合成	报警	DI	0003	11	正常	故障		
南亭站	站房	QVID	0001	画面分割器	报警	DI	0003	15	正常	故障		
南亭站	站房	CCMB	0001	矩阵	状态	DII	0001	0-1	不占用	占用		
南亭站	站房	BACK	0001	后备键盘	状态	DI	0002	0	正常	占用		

中华人民共和国国家标准

建筑工程绿色施工评价标准

Evaluation standard for green construction of building

GB/T 50640—2010

主编部门：中华人民共和国住房和城乡建设部
批准部门：中华人民共和国住房和城乡建设部
施行日期：２０１１年１０月１日

中华人民共和国住房和城乡建设部
公　告

第 813 号

关于发布国家标准
《建筑工程绿色施工评价标准》的公告

现批准《建筑工程绿色施工评价标准》为国家标准，编号为 GB/T 50640—2010，自 2011 年 10 月 1 日起实施。

本标准由我部标准定额研究所组织中国计划出版社出版发行。

中华人民共和国住房和城乡建设部
二〇一〇年十一月三日

前　言

本标准是根据住房和城乡建设部《关于印发〈2008 年工程建设标准规范制订、修订计划（第一批）〉的通知》（建标〔2008〕102 号）的要求，由中国建筑股份有限公司和中国建筑第八工程局有限公司会同有关单位编制完成的。

本标准在编制过程中，编制组在对建筑工程绿色施工现状进行深入调研，并广泛征求意见的基础上，最后经审查定稿。

本标准共分为 11 章，主要技术内容包括：总则、术语、基本规定、评价框架体系、环境保护评价指标、节材与材料资源利用评价指标、节水与水资源利用评价指标、节能与能源利用评价指标、节地与土地资源保护评价指标、评价方法、评价组织和程序。

本标准由住房和城乡建设部负责管理，由中国建筑股份有限公司负责具体技术内容的解释。在执行过程中，请各单位结合工程实践，认真总结经验，如发现需要修改和补充之处，请将意见和建议寄至中国建筑股份有限公司（地址：北京三里河路 15 号中建大厦；邮政编码：100037），以供今后修订时参考。

本标准主编单位、参编单位、主要起草人及主要审查人：

主 编 单 位：中国建筑股份有限公司
　　　　　　 中国建筑第八工程局有限公司
参 编 单 位：中国建筑一局（集团）有限公司
　　　　　　 中国建筑第七工程局有限公司
　　　　　　 住房和城乡建设部科技发展促进中心
　　　　　　 上海建工（集团）总公司
　　　　　　 广州市建筑集团有限公司
　　　　　　 北京建工集团有限责任公司
　　　　　　 中国建筑设计研究院
　　　　　　 同济大学土木工程学院
　　　　　　 北京远达国际工程管理有限公司
　　　　　　 中国建筑科学研究院
　　　　　　 湖南省建筑工程集团总公司
　　　　　　 中天建设集团有限公司
主要起草人：易　军　官　庆　肖绪文
　　　　　　 王玉岭　龚　剑　杨　榕
　　　　　　 冯　跃　戴耀军　王桂玲
　　　　　　 郝　军　苗冬梅　张晶波
　　　　　　 杨晓毅　宋　波　焦安亮
　　　　　　 苏建华　金瑞珺　赵　静
　　　　　　 董晓辉　宋　凌　韩文秀
　　　　　　 于震平　陈　浩　蒋金生
　　　　　　 陈兴华
主要审查人：叶可明　金德钧　范庆国
　　　　　　 徐　伟　潘延平　王存贵
　　　　　　 陈跃熙　赵智缙　王　甦

目 次

1 总则 ……………………………………… 36—5
2 术语 ……………………………………… 36—5
3 基本规定 ………………………………… 36—5
4 评价框架体系 …………………………… 36—5
5 环境保护评价指标 ……………………… 36—5
　5.1 控制项 ……………………………… 36—5
　5.2 一般项 ……………………………… 36—5
　5.3 优选项 ……………………………… 36—6
6 节材与材料资源利用评价指标 ………… 36—6
　6.1 控制项 ……………………………… 36—6
　6.2 一般项 ……………………………… 36—6
　6.3 优选项 ……………………………… 36—6
7 节水与水资源利用评价指标 …………… 36—6
　7.1 控制项 ……………………………… 36—6
　7.2 一般项 ……………………………… 36—6
　7.3 优选项 ……………………………… 36—7
8 节能与能源利用评价指标 ……………… 36—7
　8.1 控制项 ……………………………… 36—7
　8.2 一般项 ……………………………… 36—7
　8.3 优选项 ……………………………… 36—7
9 节地与土地资源保护评价指标 ………… 36—7
　9.1 控制项 ……………………………… 36—7
　9.2 一般项 ……………………………… 36—7
　9.3 优选项 ……………………………… 36—7
10 评价方法 ………………………………… 36—7
11 评价组织和程序 ………………………… 36—8
　11.1 评价组织 …………………………… 36—8
　11.2 评价程序 …………………………… 36—8
　11.3 评价资料 …………………………… 36—8
本标准用词说明 ……………………………… 36—10
引用标准名录 ………………………………… 36—10
附：条文说明 ………………………………… 36—11

Contents

1 General provisions ·············· 36—5
2 Definitions ·············· 36—5
3 Basic requirements ·············· 36—5
4 Evaluation framework system ·········· 36—5
5 Evaluation index for environmental
　　protection ·············· 36—5
　5.1 Prerequisite item ·············· 36—5
　5.2 General item ·············· 36—5
　5.3 Extra item ·············· 36—6
6 Evaluation index for material-
　　saving and material utilization ······ 36—6
　6.1 Prerequisite item ·············· 36—6
　6.2 General item ·············· 36—6
　6.3 Extra item ·············· 36—6
7 Evaluation index for water-saving
　　and water resources utilization ······ 36—6
　7.1 Prerequisite item ·············· 36—6
　7.2 General item ·············· 36—6
　7.3 Extra item ·············· 36—7
8 Evaluation index for energy-saving
　　and energy utilization ·············· 36—7
　8.1 Prerequisite item ·············· 36—7
　8.2 General item ·············· 36—7
　8.3 Extra item ·············· 36—7
9 Evaluation index for land-saving
　　and land resources utilization ········ 36—7
　9.1 Prerequisite item ·············· 36—7
　9.2 General item ·············· 36—7
　9.3 Extra item ·············· 36—7
10 Evaluation method ·············· 36—7
11 Evaluation organization and
　　evaluation procedure ·············· 36—8
　11.1 Evaluation organization ·············· 36—8
　11.2 Evaluation procedure ·············· 36—8
　11.3 Evaluation material ·············· 36—8
Explanation of wording in this
　　standard ·············· 36—10
List of quoted standards ·············· 36—10
Addition: Explanation of
　　provision ·············· 36—11

1 总 则

1.0.1 为推进绿色施工,规范建筑工程绿色施工评价方法,制定本标准。

1.0.2 本标准适用于建筑工程绿色施工的评价。

1.0.3 建筑工程绿色施工的评价除符合本标准外,尚应符合国家现行有关标准的规定。

2 术 语

2.0.1 绿色施工 green construction

在保证质量、安全等基本要求的前提下,通过科学管理和技术进步,最大限度地节约资源,减少对环境负面影响,实现"四节一环保"(节能、节材、节水、节地和环境保护)的建筑工程施工活动。

2.0.2 控制项 prerequisite item

绿色施工过程中必须达到的基本要求条款。

2.0.3 一般项 general item

绿色施工过程中根据实施情况进行评价,难度和要求适中的条款。

2.0.4 优选项 extra item

绿色施工过程中实施难度较大、要求较高的条款。

2.0.5 建筑垃圾 construction trash

新建、改建、扩建、拆除、加固各类建筑物、构筑物、管网等以及居民装饰装修房屋过程中产生的废物料。

2.0.6 建筑废弃物 building waste

建筑垃圾分类后,丧失施工现场再利用价值的部分。

2.0.7 回收利用率 percentage of recovery and reuse

施工现场可再利用的建筑垃圾占施工现场所有建筑垃圾的比重。

2.0.8 施工禁令时间 prohibitive time of construction

国家和地方政府规定的禁止施工的时间段。

2.0.9 基坑封闭降水 obdurate ground water lowering

在基底和基坑侧壁采取截水措施,对基坑以外地下水位不产生影响的降水方法。

3 基本规定

3.0.1 绿色施工评价应以建筑工程施工过程为对象进行评价。

3.0.2 绿色施工项目应符合以下规定:

1 建立绿色施工管理体系和管理制度,实施目标管理。
2 根据绿色施工要求进行图纸会审和深化设计。
3 施工组织设计及施工方案应有专门的绿色施工章节,绿色施工目标明确,内容应涵盖"四节一环保"要求。
4 工程技术交底应包含绿色施工内容。
5 采用符合绿色施工要求的新材料、新技术、新工艺、新机具进行施工。
6 建立绿色施工培训制度,并有实施记录。
7 根据检查情况,制定持续改进措施。
8 采集和保存过程管理资料、见证资料和自检评价记录等绿色施工资料。
9 在评价过程中,应采集反映绿色施工水平的典型图片或影像资料。

3.0.3 发生下列事故之一,不得评为绿色施工合格项目:

1 发生安全生产死亡责任事故。
2 发生重大质量事故,并造成严重影响。
3 发生群体传染病、食物中毒等责任事故。
4 施工中因"四节一环保"问题被政府管理部门处罚。
5 违反国家有关"四节一环保"的法律法规,造成严重社会影响。
6 施工扰民造成严重社会影响。

4 评价框架体系

4.0.1 评价阶段宜按地基与基础工程、结构工程、装饰装修与机电安装工程进行。

4.0.2 建筑工程绿色施工应依据环境保护、节材与材料资源利用、节水与水资源利用、节能与能源利用和节地与土地资源保护五个要素进行评价。

4.0.3 评价要素应由控制项、一般项、优选项三类评价指标组成。

4.0.4 评价等级应分为不合格、合格和优良。

4.0.5 绿色施工评价框架体系应由评价阶段、评价要素、评价指标、评价等级构成。

5 环境保护评价指标

5.1 控 制 项

5.1.1 现场施工标牌应包括环境保护内容。

5.1.2 施工现场应在醒目位置设环境保护标识。

5.1.3 施工现场的文物古迹和古树名木应采取有效保护措施。

5.1.4 现场食堂应有卫生许可证,炊事员应持有效健康证明。

5.2 一 般 项

5.2.1 资源保护应符合下列规定:

1 应保护场地四周原有地下水形态,减少抽取地下水。
2 危险品、化学品存放处及污物排放应采取隔离措施。

5.2.2 人员健康应符合下列规定:

1 施工作业区和生活办公区应分开布置,生活设施应远离有毒有害物质。
2 生活区应有专人负责,应有消暑或保暖措施。
3 现场工人劳动强度和工作时间应符合现行国家标准《体力劳动强度分级》GB 3869 的有关规定。
4 从事有毒、有害、有刺激性气味和强光、强噪声施工的人员应佩戴与其相应的防护器具。
5 深井、密闭环境、防水和室内装修施工应有自然通风或临时通风设施。
6 现场危险设备、地段、有毒物品存放地应配置醒目安全标志,施工应采取有效防毒、防污、防尘、防潮、通风等措施,并加强人员健康管理。
7 厕所、卫生设施、排水沟及阴暗潮湿地带应定期消毒。
8 食堂各类器具应清洁,个人卫生、操作行为应规范。

5.2.3 扬尘控制应符合下列规定:

1 现场应建立洒水清扫制度,配备洒水设备,并应有专人负责。
2 对裸露地面、集中堆放的土方应采取抑尘措施。
3 运送土方、渣土等易产生扬尘的车辆采取封闭或遮盖措施。

4 现场进出口应设冲洗池和吸湿垫,应保持进出现场车辆清洁。
5 易飞扬和细颗粒建筑材料应封闭存放,余料应及时回收。
6 易产生扬尘的施工作业应采取遮挡、抑尘等措施。
7 拆除爆破作业应有降尘措施。
8 高空垃圾清运应采用封闭式管道或垂直运输机械完成。
9 现场使用散装水泥、预拌砂浆应有密闭防尘措施。

5.2.4 废气排放控制应符合下列规定:
1 进出场车辆及机械设备废气排放应符合国家年检要求。
2 不应使用煤作为现场生活的燃料。
3 电焊烟气的排放应符合现行国家标准《大气污染物综合排放标准》GB 16297 的规定。
4 不应在现场燃烧废弃物。

5.2.5 建筑垃圾处置应符合下列规定:
1 建筑垃圾应分类收集、集中堆放。
2 废电池、废墨盒等有毒有害的废弃物应封闭回收,不应混放。
3 有毒有害废物分类率应达到 100%。
4 垃圾桶应分为可回收利用与不可回收利用两类,应定期清运。
5 建筑垃圾回收利用率应达到 30%。
6 碎石和土石方类等应用作地基和路基回填材料。

5.2.6 污水排放应符合下列规定:
1 现场道路和材料堆放场地周边应设排水沟。
2 工程污水和试验室养护用水应经处理达标后排入市政污水管道。
3 现场厕所应设置化粪池,化粪池应定期清理。
4 工地厨房应设隔油池,定期清理。
5 雨水、污水应分流排放。

5.2.7 光污染应符合下列规定:
1 夜间焊接作业时,应采取挡光措施。
2 工地设置大型照明灯具时,应有防止强光线外泄的措施。

5.2.8 噪声控制应符合下列规定:
1 应采用先进机械、低噪声设备进行施工,机械、设备应定期保养维护。
2 产生噪声较大的机械设备,应尽量远离施工现场办公区、生活区和周边住宅区。
3 混凝土输送泵、电锯房等应设有吸声降噪屏或其他降噪措施。
4 夜间施工噪声声强值应符合国家有关规定。
5 吊装作业指挥应使用对讲机传达指令。

5.2.9 施工现场应设置连续、密闭能有效隔绝各类污染的围挡。

5.2.10 施工中,开挖土方应合理回填利用。

5.3 优 选 项

5.3.1 施工作业面应设置隔声设施。
5.3.2 现场应设置可移动环保厕所,并应定期清运、消毒。
5.3.3 现场应设噪声监测点,并应实施动态监测。
5.3.4 现场应有医务室,人员健康应急预案应完善。
5.3.5 施工应采取基坑封闭降水措施。
5.3.6 现场应采用喷雾设备降尘。
5.3.7 建筑垃圾回收利用率应达到 50%。
5.3.8 工程污水应采取去泥沙、除油污、分解有机物、沉淀过滤、酸碱中和等处理方式,实现达标排放。

6 节材与材料资源利用评价指标

6.1 控 制 项

6.1.1 应根据就地取材的原则进行材料选择并有实施记录。
6.1.2 应有健全的机械保养、限额领料、建筑垃圾再生利用等制度。

6.2 一 般 项

6.2.1 材料的选择应符合下列规定:
1 施工应选用绿色、环保材料。
2 临建设施应采用可拆迁、可回收材料。
3 应利用粉煤灰、矿渣、外加剂等新材料降低混凝土和砂浆中的水泥用量;粉煤灰、矿渣、外加剂等新材料掺量应按供货单位推荐掺量、使用要求、施工条件、原材料等因素通过试验确定。

6.2.2 材料节约应符合下列规定:
1 应采用管件合一的脚手架和支撑体系。
2 应采用工具式模板和新型模板材料,如铝合金、塑料、玻璃钢和其他可再生材质的大模板和钢框镶边模板。
3 材料运输方法应科学,应降低运输损耗率。
4 应优化线材下料方案。
5 面材、块材镶贴,应做到预先总体排版。
6 应因地制宜,采用新技术、新工艺、新设备、新材料。
7 应提高模板、脚手架体系的周转率。

6.2.3 资源再生利用应符合下列规定:
1 建筑余料应合理使用。
2 板材、块材等下脚料和撒落混凝土及砂浆应科学利用。
3 临建设施应充分利用既有建筑物、市政设施和周边道路。
4 现场办公用纸应分类摆放,纸张应两面使用,废纸应回收。

6.3 优 选 项

6.3.1 应编制材料计划,应合理使用材料。
6.3.2 应采用建筑配件整体化或建筑构件装配化安装的施工方法。
6.3.3 主体结构施工应选用自动提升、顶升模架或工作平台。
6.3.4 建筑材料包装物回收率应达到 100%。
6.3.5 现场应使用预拌砂浆。
6.3.6 水平承重模板应采用早拆支撑体系。
6.3.7 现场临建设施、安全防护设施应定型化、工具化、标准化。

7 节水与水资源利用评价指标

7.1 控 制 项

7.1.1 签订标段分包或劳务合同时,应将节水指标纳入合同条款。
7.1.2 应有计量考核记录。

7.2 一 般 项

7.2.1 节约用水应符合下列规定:
1 应根据工程特点,制定用水定额。
2 施工现场供、排水系统应合理适用。
3 施工现场办公区、生活区的生活用水应采用节水器具,节水器具配置率应达到 100%。
4 施工现场的生活用水与工程用水应分别计量。

5 施工中应采用先进的节水施工工艺。
6 混凝土养护和砂浆搅拌用水应合理,应有节水措施。
7 管网和用水器具不应有渗漏。
7.2.2 水资源的利用应符合下列规定:
1 基坑降水应储存使用。
2 冲洗现场机具、设备、车辆用水,应设立循环用水装置。

7.3 优选项

7.3.1 施工现场应建立基坑降水再利用的收集处理系统。
7.3.2 施工现场应有雨水收集利用的设施。
7.3.3 喷洒路面、绿化浇灌不应使用自来水。
7.3.4 生活、生产污水应处理并使用。
7.3.5 现场应使用经检验合格的非传统水源。

8 节能与能源利用评价指标

8.1 控制项

8.1.1 对施工现场的生产、生活、办公和主要耗能施工设备应有节能的控制措施。
8.1.2 对主要耗能施工设备应定期进行耗能计量核算。
8.1.3 国家、行业、地方政府明令淘汰的施工设备、机具和产品不应使用。

8.2 一般项

8.2.1 临时用电设施应符合下列规定:
1 应采用节能型设施。
2 临时用电应设置合理,管理制度应齐全并应落实到位。
3 现场照明设计应符合国家现行标准《施工现场临时用电安全技术规范》JGJ 46 的规定。
8.2.2 机械设备应符合下列规定:
1 应采用能源利用效率高的施工机械设备。
2 施工机具资源应共享。
3 应定期监控重点耗能设备的能源利用情况,并应记录。
4 应建立设备技术档案,并应定期进行设备维护、保养。
8.2.3 临时设施应符合下列规定:
1 施工临时设施应结合日照和风向等自然条件,合理采用自然采光、通风和外窗遮阳设施。
2 临时施工用房应使用热工性能达标的复合墙体和屋面板,顶棚宜采用吊顶。
8.2.4 材料运输与施工应符合下列规定:
1 建筑材料的选用应缩短运输距离,减少能源消耗。
2 应采用能耗少的施工工艺。
3 应合理安排施工工序及施工进度。
4 应尽量减少夜间作业和冬期施工的时间。

8.3 优选项

8.3.1 根据当地气候和自然资源条件,应合理利用太阳能或其他可再生能源。
8.3.2 临时用电设备应采用自动控制装置。
8.3.3 使用的施工设备和机具应符合国家、行业有关节能、高效、环保的规定。
8.3.4 办公、生活和施工现场,采用节能照明灯具的数量应大于80%。
8.3.5 办公、生活和施工现场用电应分别计量。

9 节地与土地资源保护评价指标

9.1 控制项

9.1.1 施工场地布置应合理并应实施动态管理。
9.1.2 施工临时用地应有审批用地手续。
9.1.3 施工单位应充分了解施工现场及毗邻区域内人文景观保护要求、工程地质情况及基础设施管线分布情况,制订相应保护措施,并应报请相关方核准。

9.2 一般项

9.2.1 节约用地应符合下列规定:
1 施工总平面布置应紧凑,并应尽量减少占地。
2 应在经批准的临时用地范围内组织施工。
3 应根据现场条件,合理设计场内交通道路。
4 施工现场临时道路布置应与原有及永久道路兼顾考虑,并应充分利用拟建道路为施工服务。
5 应采用预拌混凝土。
9.2.2 保护用地应符合下列规定:
1 应采取防止水土流失的措施。
2 应充分利用山地、荒地作为取、弃土场的用地。
3 施工后应恢复植被。
4 应对深基坑施工方案进行优化,并应减少土方开挖和回填量,保护用地。
5 在生态脆弱的地区施工完成后,应进行地貌复原。

9.3 优选项

9.3.1 临时办公和生活用房应采用结构可靠的多层轻钢活动板房、钢骨架多层水泥活动板房等可重复使用的装配式结构。
9.3.2 对施工中发现的地下文物资源,应进行有效保护,处理措施恰当。
9.3.3 地下水位控制应对相邻地表和建筑物无有害影响。
9.3.4 钢筋加工应配送化,构件制作应工厂化。
9.3.5 施工总平面布置应能充分利用和保护原有建筑物、构筑物、道路和管线等,职工宿舍应满足 2m²/人 的使用面积要求。

10 评价方法

10.0.1 绿色施工项目自评价次数每月不应少于1次,且每阶段不应少于1次。
10.0.2 评价方法
1 控制项指标,必须全部满足;评价方法应符合表10.0.2-1的规定:

表 10.0.2-1 控制项评价方法

评分要求	结论	说明
措施到位,全部满足考评指标要求	符合要求	进入评价流程
措施不到位,不满足考评指标要求	不符合要求	一票否决,为非绿色施工项目

2 一般项指标,应根据实际发生项执行的情况计分,评价方法应符合表10.0.2-2的规定:

表 10.0.2-2 一般项计分标准

评分要求	评分
措施到位,满足考评指标要求	2
措施基本到位,部分满足考评指标要求	1
措施不到位,不满足考评指标要求	0

3 优选项指标,应根据实际发生项执行情况加分,评价方法应符合表10.0.2-3的规定:

表10.0.2-3 优选项加分标准

评分要求	评分
措施到位,满足考评指标要求	1
措施基本到位,部分满足考评指标要求	0.5
措施不到位,不满足考评指标要求	0

10.0.3 要素评价得分应符合下列规定:

1 一般项得分应按百分制折算,并按下式进行计算:

$$A = \frac{B}{C} \times 100 \quad (10.0.3)$$

式中:A——折算分;
B——实际发生项条目实得分之和;
C——实际发生项条目应得分之和。

2 优选项加分应按优选项实际发生条目加分求和 D;
3 要素评价得分:要素评价得分 F =一般项折算分 A +优选项加分 D。

10.0.4 批次评价得分应符合下列规定:

1 批次评价应按表10.0.4的规定进行要素权重确定:

表10.0.4 批次评价要素权重系数表

评价要素	地基与基础、结构工程、装饰装修与机电安装
环境保护	0.3
节材与材料资源利用	0.2
节水与水资源利用	0.2
节能与能源利用	0.2
节地与施工用地保护	0.1

2 批次评价得分 $E = \sum$(要素评价得分 $F \times$ 权重系数)。

10.0.5 阶段评价得分 $G = \dfrac{\sum 批次评价得分 E}{评价批次数}$

10.0.6 单位工程绿色评价得分应符合下列规定:

1 单位工程评价应按表10.0.6的规定进行要素权重确定:

表10.0.6 单位工程要素权重系数表

评价阶段	权重系数
地基与基础	0.3
结构工程	0.5
装饰装修与机电安装	0.2

2 单位工程评价得分 $W = \sum$ 阶段评价得分 $G \times$ 权重系数。

10.0.7 单位工程绿色施工等级应按下列规定进行判定:

1 有下列情况之一者为不合格:
 1)控制项不满足要求;
 2)单位工程总得分 $W < 60$ 分;
 3)结构工程阶段得分 < 60 分。
2 满足以下条件者为合格:
 1)控制项全部满足要求;
 2)单位工程总得分 60 分 $\leq W < 80$ 分,结构工程得分 ≥ 60 分;
 3)至少每个评价要素各有一项优选项得分,优选项总分 ≥ 5。
3 满足以下条件者为优良:
 1)控制项全部满足要求;
 2)单位工程总得分 $W \geq 80$ 分,结构工程得分 ≥ 80 分;
 3)至少每个评价要素中有两项优选项得分,优选项总分 ≥ 10。

11 评价组织和程序

11.1 评价组织

11.1.1 单位工程绿色施工评价应由建设单位组织,项目施工单位和监理单位参加,评价结果应由建设、监理、施工单位三方签认。

11.1.2 单位工程施工阶段评价应由监理单位组织,项目建设单位和施工单位参加,评价结果应由建设、监理、施工单位三方签认。

11.1.3 单位工程施工批次评价应由施工单位组织,项目建设单位和监理单位参加,评价结果应由建设、监理、施工单位三方签认。

11.1.4 企业应进行绿色施工的随机检查,并对绿色施工目标的完成情况进行评估。

11.1.5 项目部会同建设和监理单位应根据绿色施工情况,制定改进措施,由项目部实施改进。

11.1.6 项目部应接受建设单位、政府主管部门及其委托单位的绿色施工检查。

11.2 评价程序

11.2.1 单位工程绿色施工评价应在批次评价和阶段评价的基础上进行。

11.2.2 单位工程绿色施工评价应由施工单位书面申请,在工程竣工验收前进行评价。

11.2.3 单位工程绿色施工评价应检查相关技术和管理资料,并应听取施工单位《绿色施工总体情况报告》,综合确定绿色施工评价等级。

11.2.4 单位工程绿色施工评价结果应在有关部门备案。

11.3 评价资料

11.3.1 单位工程绿色施工评价资料应包括:
 1 绿色施工组织设计专门章节,施工方案的绿色要求、技术交底及实施记录。
 2 绿色施工要素评价表应按表11.3.1-1的格式进行填写。
 3 绿色施工批次评价汇总表应按表11.3.1-2的格式进行填写。
 4 绿色施工阶段评价汇总表应按表11.3.1-3的格式进行填写。
 5 反映绿色施工要求的图纸会审记录。
 6 单位工程绿色施工评价汇总表应按表11.3.1-4的格式进行填写。
 7 单位工程绿色施工总体情况总结。
 8 单位工程绿色施工相关专验收及确认表。
 9 反映评价要素水平的图片或影像资料。

11.3.2 绿色施工评价资料应按规定存档。

11.3.3 所有评价表编号均应按时间顺序的流水号排列。

表 11.3.1-1 绿色施工要素评价表

工程名称		编号	
施工单位		填表日期	
评价指标		施工阶段	
		施工部位	

控制项	标准编号及标准要求		评价结论	

一般项	标准编号及标准要求	计分标准	应得分	实得分

优选项				

评价结果	

签字栏	建设单位	监理单位	施工单位

表 11.3.1-2 绿色施工批次评价汇总表

工程名称		编号	
		填表日期	
评价阶段			

评价要素	评价得分	权重系数	实得分
环境保护		0.3	
节材与材料资源利用		0.2	
节水与水资源利用		0.2	
节能与能源利用		0.2	
节地与施工用地保护		0.1	
合计		1	

评价结论	1. 控制项: 2. 评价得分: 3. 优选项: 结论:

签字栏	建设单位	监理单位	施工单位

表 11.3.1-3 绿色施工阶段评价汇总表

工程名称		编号	
		填表日期	
评价阶段			

评价批次	批次得分	评价批次	批次得分
1		9	
2		10	
3		11	
4		12	
5		13	
6		14	
7		15	
8		……	
小计			

签字栏	建设单位	监理单位	施工单位

注:阶段评价得分 $G=\dfrac{\sum 批次评价得分 E}{评价批次数}$

表 11.3.1-4 单位工程绿色施工评价汇总表

工程名称		编号	
		填表日期	

评价阶段	阶段得分	权重系数	实得分
地基与基础		0.3	
结构工程		0.5	
装饰装修与机电安装		0.2	
合计		1	

评价结论	

签字盖章栏	建设单位(章)	监理单位(章)	施工单位(章)

本标准用词说明

1 为便于在执行本标准条文时区别对待,对要求严格程度不同的用词说明如下:
　　1)表示很严格,非这样做不可的:
　　　正面词采用"必须",反面词采用"严禁";
　　2)表示严格,在正常情况下均应这样做的:
　　　正面词采用"应",反面词采用"不应"或"不得";
　　3)表示允许稍有选择,在条件许可时首先应这样做的:
　　　正面词采用"宜",反面词采用"不宜";
　　4)表示有选择,在一定条件下可以这样做的,采用"可"。

2 条文中指明应按其他有关标准执行的写法为"应符合……的规定"或"应按……执行"。

引用标准名录

《体力劳动强度分级》GB 3869
《大气污染物综合排放标准》GB 16297
《施工现场临时用电安全技术规范》JGJ 46

中华人民共和国国家标准

建筑工程绿色施工评价标准

GB/T 50640—2010

条 文 说 明

目　次

1 总则 …………………………………… 36—13
2 术语 …………………………………… 36—13
3 基本规定 ……………………………… 36—13
4 评价框架体系 ………………………… 36—13
5 环境保护评价指标 …………………… 36—13
　5.1 控制项 …………………………… 36—13
　5.2 一般项 …………………………… 36—13
　5.3 优选项 …………………………… 36—14
6 节材与材料资源利用评价指标 ……… 36—14
　6.1 控制项 …………………………… 36—14
　6.2 一般项 …………………………… 36—14
　6.3 优选项 …………………………… 36—14
7 节水与水资源利用评价指标 ………… 36—14
　7.1 控制项 …………………………… 36—14
　7.2 一般项 …………………………… 36—14
　7.3 优选项 …………………………… 36—14
8 节能与能源利用评价指标 …………… 36—14
　8.1 控制项 …………………………… 36—14
　8.2 一般项 …………………………… 36—15
　8.3 优选项 …………………………… 36—15
9 节地与土地资源保护评价指标 ……… 36—15
　9.1 控制项 …………………………… 36—15
　9.2 一般项 …………………………… 36—15
　9.3 优选项 …………………………… 36—16
10 评价方法 …………………………… 36—16
11 评价组织和程序 …………………… 36—16
　11.1 评价组织 ………………………… 36—16
　11.2 评价程序 ………………………… 36—16
　11.3 评价资料 ………………………… 36—16

1 总则

1.0.1 本标准旨在贯彻中华人民共和国住房和城乡建设部推广绿色施工的指导思想,对工业与民用建筑、构筑物现场施工的绿色施工评价方法进行规范,促进施工企业实行绿色施工。

1.0.3 有关标准包括但不限于:

1 建筑工程施工质量验收规范:

《建筑工程施工质量验收统一标准》GB 50300、《建筑地基基础工程施工质量验收规范》GB 50202、《砌体工程施工质量验收规范》GB 50203、《混凝土结构工程施工质量验收规范》GB 50204、《钢结构工程施工质量验收规范》GB 50205、《建筑装饰装修工程质量验收规范》GB 50210、《屋面工程质量验收规范》GB 50207、《建筑给水排水及采暖工程施工质量验收规范》GB 50242、《通风与空调工程施工质量验收规范》GB 50243、《建筑电气工程施工质量验收规范》GB 50303、《智能建筑工程质量验收规范》GB 50339、《电梯工程施工质量验收规范》GB 50310。

2 环境保护相关国家标准:

《建筑施工场界噪声限值》GB 12523、《污水综合排放标准》GB 8978、《建筑材料放射性核素限量》GB 6566、《民用建筑工程室内环境污染控制规范》GB 50325、《建筑施工场界噪声测量方法》GB 12524、GB 18580～18588。

2 术语

2.0.5、2.0.6 施工现场建筑垃圾的回收利用包括两部分,一是将建筑垃圾进行收集或简单处理后,在满足质量、安全的条件下,直接用于工程施工的部分;二是将收集的建筑垃圾,交付相关回收企业实现再生利用,但不包括填埋的部分。

3 基本规定

3.0.1 绿色施工的评价贯穿整个施工过程,评价的对象可以是施工的任何阶段或分部分项工程。评价要素是环境保护、节材与材料资源利用、节水与水资源利用、节能与能源利用、节地与土地资源保护五个方面。

3.0.2 本条规定了推行绿色施工的项目,项目部根据预先设定的绿色施工总目标,进行目标分解、实施和考核活动。要求措施、进度和人员落实,实行过程控制,确保绿色施工目标实现。

3.0.3 本条规定了不得评为绿色施工项目的6个条件。

6 严重社会影响是指施工活动对附近居民的正常生活产生很大的影响的情况,如造成相邻房屋出现不可修复的损坏、交通道路破坏、光污染和噪声污染等,并引起群众性抵触的活动。

4 评价框架体系

4.0.1 为便于工程项目施工阶段定量考核,将单位工程按形象进度划分为三个施工阶段。

4.0.2 绿色施工依据《绿色施工导则》"四节一环保"五个要素进行绿色施工评价。

4.0.3 绿色施工评价要素均包含控制项、一般项、优选项三类评价指标。针对不同地区或工程应进行环境因素分析,对评价指标进行增减,并列入相应要素进行评价。

4.0.5 绿色施工评价框架体系如图1。

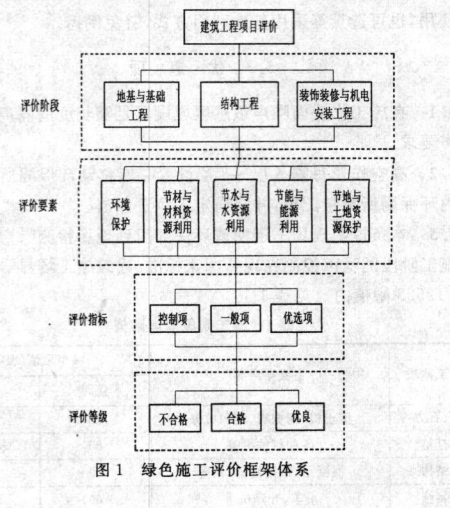

图 1 绿色施工评价框架体系

5 环境保护评价指标

5.1 控制项

5.1.1 现场施工标牌是指工程概况牌、施工现场管理人员组织机构牌、入场须知牌、安全警示牌、安全生产牌、文明施工牌、消防保卫制度牌、施工现场总平面图、消防平面布置图等。其中应有保障绿色施工的相关内容。

5.1.2 施工现场醒目位置是指主入口、主要临街面、有毒有害物品堆放地等。

5.1.3 工程项目部应贯彻文物保护法律法规,制定施工现场文物保护措施,并有应急预案。

5.2 一般项

5.2.1 本条规定了环境保护中资源保护的两个方面:

1 为保护现场自然资源环境,降水施工避免过度抽取地下水。

2 化学品和重金属污染品存放采取隔断和硬化处理。

5.2.2 本条规定了环境保护中人员健康的八个方面:

1 临时办公和生活区距有毒有害存放地一般为50m,因场地限制不能满足要求时采取隔离措施。

2 针对不同地区气温情况,分别采取符合当地要求的对应措施。

5.2.3 本条规定了环境保护中扬尘控制的九个方面:

2 现场直接裸露土体表面和集中堆放的土方采取临时绿化、喷浆和隔尘布遮盖等抑尘措施。

6 规定对于施工现场切割等易产生扬尘等作业所采取的扬尘控制措施要求。

8 说明高空垃圾清运采取的措施,而不采取自高空抛落的方式。

5.2.6 本条规定了环境保护中污水排放的五个方面:

2 工程污水采取去泥沙、除油污、分解有机物、沉淀过滤、酸碱中和等针对性的处理方式,达标排放。

3、4 现场设置的沉淀池、隔油池、化粪池等及时清理,不发生堵塞、渗漏、溢出现象。

5.2.7 本条规定了环境保护中光污染的两个方面:

2 调整夜间施工灯光投射角度,避免影响周围居民正常生活。

5.2.9 现场围挡应连续设置,不得有缺口、残破、断裂,墙体材料可采用彩色金属板式围墙等可重复使用的材料,高度符合现行行业标准《建筑施工安全检查标准》JGJ 59 的规定。

5.2.10 现场开挖的土方在满足回填质量要求的前提下,就地回填使用,也可造景等采用其他利用方式,避免倒运。

5.3 优 选 项

5.3.1 在施工作业面噪声敏感区域设置足够长度的隔声屏,满足隔声要求。

5.3.2 高空作业每隔5层~8层设置一座移动环保厕所,施工场地内环保厕所足量配置,并定岗定人负责保洁。

5.3.3 本条说明现场不定期请环保部门到现场检测噪声强度,所有施工阶段的噪声控制在现行国家标准《建筑施工场界噪声限值》GB 12523 限值内。见表1。

表 1 施工阶段噪声限值

施工阶段	主要噪声源	噪声限值(dB)	
		昼间	夜间
土石方	推土机、挖掘机、装载机等	75	55
打桩	各种打桩机等	85	禁止施工
结构	混凝土、振捣棒、电锯等	70	55
装修	吊车、升降机等	60	55

5.3.4 施工组织设计中有保证现场人员健康的应急预案,预案内容应涉及火灾、爆炸、高空坠落、物体打击、触电、机械伤害、坍塌、SARS、疟疾、禽流感、霍乱、登革热、鼠疫疾病等,一旦发生上述事件,现场能果断处理,避免事态扩大和蔓延。

5.3.6 现场拆除作业、爆破作业、钻孔作业和干旱燥热条件土石方施工应采用喷雾降尘设备减少扬尘。

6 节材与材料资源利用评价指标

6.1 控 制 项

6.1.1 根据《绿色建筑评价标准》GB 50378 中第 4.4.3 条的规定,就地取材的是指材料产地距施工现场 500km 范围内。

6.1.2 现场机械保养、限额领料、废弃物排放和再生利用等制度健全,做到有据可查,有责可究。

6.2 一 般 项

6.2.1 本条规定了材料选择的三个方面:
1 要求建立合格供应商档案库,材料采购做到质量优良、价格合理,所选材料应符合以下规定:
1)《民用建筑工程室内环境污染控制规范》GB 50325 的要求。
2)GB 18580~18588 的要求。
3)混凝土外加剂应符合《混凝土外加剂中释放氨的限量》GB 18588 的要求。

6.2.2 本条规定了材料节约的七个方面:
7 强调从实际出发,采用适于当地情况,利于高效使用当地资源的四新技术。如:"几字梁"、模板早拆体系、高效钢材、高强混凝土、自防水混凝土、自密实混凝土、竹材、木材和工业废渣废液利用等。

6.2.3 本条规定了资源再生利用的四个方面:
1 合理使用是指符合相关质量要求前提下的使用。
2 制定并实施施工场地废弃物管理计划;分类处理现场垃圾,分离可回收利用的施工废弃物,将其直接应用于工程。

6.3 优 选 项

6.3.4 现场材料包装用纸质或塑料、塑料泡沫质的盒、袋均要分类回收,集中堆放。

6.3.5 预拌砂浆可集中利用粉煤灰、人工砂、矿山及工业废料和废渣等。对资源节约、减少现场扬尘具有重要意义。

7 节水与水资源利用评价指标

7.1 控 制 项

7.1.1 施工前,应对工程项目的参建各方的节水指标,以合同的形式进行明确,便于节水的控制和水资源的充分利用。

7.2 一 般 项

7.2.1 本条规定了节约用水的七个方面:
1 针对各地区工程情况,制定用水定额指标,使施工过程节水考核均有之有据。
2 供、排水系统指为现场生产、生活区食堂、澡堂、盥洗和车辆冲洗配置的给水排水处理系统。
3 节水器具指水龙头、花洒、恭桶水箱等单件器具。
4 对于用水集中的冲洗点、集中搅拌点等,要进行定量控制。
5 针对节水目标实现,优先选择利于节水的施工工艺,如混凝土养护、管道通水打压、各项防渗漏闭水及喷淋试验等,均采用先进的节水工艺。
6 施工现场尽量避免现场搅拌,优先采用商品混凝土和预拌砂浆。必须现场搅拌时,要设置水计量检测和循环水利用装置。混凝土养护采取薄膜包裹覆盖,喷涂养护液等技术手段,杜绝无措施浇水养护。
7 防止管网渗漏应有计量措施。

7.2.2 本条规定了水资源利用的两个方面:
1 尽量减少基坑外抽水。在一些地下水位高的地区,很多工程有较长的降水周期,这部分基坑降水应尽量合理使用。
2 尽量使用非传统水源进行车辆、机具和设备冲洗;使用城市管网自来水时,必须建立循用水装置,不得直接排放。

7.3 优 选 项

7.3.1 施工现场应对地下降水、设备冲刷用水、人员洗漱用水进行收集处理,用于喷洒路面、冲厕、冲洗机具。

7.3.3 为减少扬尘,现场环境绿化、路面降尘使用非传统水源。

7.3.4 将生产生活污水收集、处理和利用。

7.3.5 现场开发使用自来水以外的非传统水源进行水质检测,并符合工程质量用水标准和生活卫生水质标准。

8 节能与能源利用评价指标

8.1 控 制 项

8.1.1 施工现场能耗大户主要是塔吊、施工电梯、电焊机及其他施工机具和现场照明,为便于计量,应对生产过程使用的施工设备、照明和生活办公区分别设定用电控制指标。

8.1.2 建设工程能源计量器具的配备和管理应执行现行国家标准《用能单位能源计量器具配备和管理通则》GB 17167。施工用电必须装设电表,生活区和施工区应分别计量;应及时收集用电资料,建立用电节电统计台账。针对不同的工程类型,如住宅建筑、公共建筑、工业厂房建筑、仓储建筑、设备安装工程等进行分析、对比，提高节电率。

8.1.3 《中华人民共和国节约能源法》第十七条：禁止生产、进口、销售国家明令淘汰或者不符合强制性能效率标准的用能产品、设备；禁止使用国家明令淘汰的用能设备、生产工艺。

8.2 一般项

8.2.1 本条规定了选择临时用电设施的原则。

  1 现场临电设备、中小型机具、照明灯具采用带有国家能效率标识的产品。

8.2.2 本条规定了节能与能源利用中机械设备的四个方面：

  1 选择功率与负载相匹配的施工机械设备，机电设备的配置可采用节电型机械设备，如逆变式电焊机和能耗低、效率高的手持电动工具等，以利节电；机械设备宜使用节能型油料添加剂，在可能的情况下，考虑回收利用，节约油量。

  2 在施工组织设计中，合理安排施工顺序、工作面，以减少作业区域的机具数量，相邻作业区充分利用共有的机具资源。

  3 避免施工现场施工机械空载运行的现象，如空压机等的空载运行，不仅产生大量的噪声污染，而且还会产生不必要的电能消耗。

  4 为了更好地进行施工设备管理，应给每台设备建立技术档案，便于维修保养人员尽快准确地对设备的整机性能做出判断，以便出现故障及时修复；对于机型老、效率低、能耗高的陈旧设备要及时淘汰、代之以结构先进、技术完善、效率高、性能好和能耗低的设备，应建立设备管理制度，定期进行维护、保养，确保设备性能可靠、能源高效利用。

8.2.3 本条规定了节能与能源利用中临时设施的两个方面：

  1 根据现行国家标准《建筑采光设计标准》GB/T 50033，在同样照度条件下，天然光的辨认能力优于人工光，自然通风可提高人的舒适感。南方采用外遮阳，可减少太阳辐射和温度传导，节约大量的空调、电扇等运行能耗，是一种节能的有效手段，值得提倡。

  2 现行国家标准《公共建筑节能设计标准》GB 50189 规定，在保证相同的室内环境参数条件下，建筑节能设计与未采取节能措施前比，全年采暖通风、空气调节、照明的总耗能减少50%。这个目标通过改善围护结构热工性能，提高空调采暖设备和照明效率实现。施工现场临时设施的围护结构热工性能应参照执行，围护墙体、屋面、门窗等部位，要使用保温隔热性能指标达标的节能材料。

8.2.4 本条规定了节能与能源利用中材料运输与施工的四个方面：

  1 工程施工使用的材料宜就地取材，距施工现场500km以内生产的建筑材料用量占工程施工使用的建筑材料总重量的70%以上。

  2 改进施工工艺，节能降耗。如逆作法施工能降低施工扬尘和噪声，减少材料消耗，避免了使用大型设备的能源。

  3 绿色施工倡导在既定施工目标条件下，做到均衡施工、流水施工。特别要避免突击赶工期的无序施工、造成人力、物力和财力浪费等现象。

  4 夜间作业不仅施工效率低，而且需要大量的人工照明，用电量大，应根据施工工艺特点，合理安排施工作业时间。如白天进行混凝土浇捣，晚上养护等。同样，冬季室外作业，需要采取冬季施工措施，如混凝土浇筑和养护时，采取电热丝加热或搭临时防护棚用煤炉供暖等，都将消耗大量的热能，是应该避免的。

8.3 优选项

8.3.1 可再生能源是指风能、太阳能、水能、生物质能、地热能、海洋能等非化石能源。国家鼓励单位和个人安装太阳能热水系统、太阳能供热采暖和制冷系统、太阳能光伏发电系统等。我国可再生能源在施工中的利用还刚刚起步，为加快施工现场对太阳能等可再生能源的应用步伐，予以鼓励。

8.3.3 节能、高效、环保的施工设备和机具综合能耗低，环境影响小，应积极引导施工企业，优先使用。如选用变频技术的节能施工设备等。

9 节地与土地资源保护评价指标

9.1 控制项

9.1.1 施工现场布置实施动态管理，应根据工程进度对平面进行调整。一般建筑工程至少应有地基基础、主体结构工程施工和装饰装修及设备安装三个阶段的施工平面布置图。

9.1.2 如因工程需要，临时用地超出审批范围，必须提前到相关部门办理批准手续后方可占用。

9.1.3 基于保护和利用的要求，施工单位在开工前做到充分了解和熟悉场地情况并制定相应对策。

9.2 一般项

9.2.1 本条规定了节约用地的五个方面：

  1 临时设施要求平面布置合理，组织科学，占地面积小。单位建筑面积施工用地率是施工现场节地的重要指标，其计算方法为：单位建筑面积施工用地率=(临时用地面积/单位工程总建筑面积)×100%。

  临时设施各项指标是施工平面布置的重要依据，临时设施布置用地的参考指标参见表2～表4。

表2 临时加工厂所需面积指标

加工厂名称	单位	工程所需总量	占地总面积(m²)	长×宽(m)	设备配备情况
混凝土搅拌站	m³	12500	150	10×15	350L强制式搅拌机2台，灰机2台，配料机一套
临时性混凝土预制场厂	m³	200			商混凝土
钢筋加工厂	t	2800	300	30×10	弯曲机2台，切断机2台，对焊机1台，拉丝机1台
金属结构加工厂	t	30	600	20×30	氧割2套，电焊机3台
临时道路占地宽度			3.5m～6m		

表3 现场作业棚及堆场所需面积参考指标

名称		高峰期人数	占地总面积(m²)	长×宽(m)	租用或业主提供原有旧作临时用房情况说明
木作	木工作业棚	48	60	10×6	
	成品半成品堆场		200	20×10	
钢筋	钢筋加工棚	30	80	10×8	
	成品半成品堆场		210	21×10	
铁件	铁件加工棚	6	40	8×5	
	成品半成品堆场		30	6×5	
混凝土砂浆	搅拌棚	6	72	12×6	
	水泥仓库	2	35	10×3.5	
	砂石堆场	6	120	12×10	
施工用电	配电房	2	18	6×3	
	电工房	4	20	7×4	
	白铁房	2	12	4×3	
	油漆工房	12	20	5×4	
	机、铅修理房	6	18	6×3	
石灰	存放棚	2	28	7×4	
	消化池	2	24	6×4	
	门窗存放棚	30		6×5	
	砌块堆场		200	10×10	
	轻质墙板堆场	8	18	6×3	
	金属结构半成品堆场		50	10×5	

续表 3

名称	高峰期人数	占地总面积(m²)	长×宽(m)	租用或业主提供原有旧房作临时用房情况说明
仓库(五金、玻璃、卷材、沥青等)	2	40	8×5	
仓库(安装工程)	2	32	4×8	
临时道路占地宽度			3.5m~6m	

表 4　行政生活福利临时设施

临时房屋名称	占地面积(m²)	建筑面积(m²)	参考指标(m²/人)	备注	人数	租用或使用原有旧房情况说明
办公室	80	80	4	管理人员数	20	
宿舍 双层床	210	600	2	按高峰年(季)平均职工人数(扣除不在工地住宿人数)	200	
食堂	120	120	0.5	按高峰期	240	
浴室	100	100	0.5		200	
活动室	45	45	0.23	按高峰期	200	

　　2 建设工程施工现场用地范围,以规划行政主管门批准的建设工程用地和临时用地范围为准,必须在批准的范围内组织施工。

　　3 规定场内交通道路布置应满足各种车辆机具设备进出场、消防安全疏散要求,方便场内运输。场内交通道路双车道宽度不宜大于 6m,单车道不宜大于 3.5m,转弯半径不宜大于 15m,且尽量形成环形通道。

　　4 规定充分利用资源,提高资源利用效率。

　　5 基于减少现场临时占地,减少现场湿作业与扬尘的考虑。

9.2.2 本条规定了保护用地的五个方面:

　　1 结合建筑场地永久绿化,提高场内绿化面积,保护土地。

　　2 施工取土、弃土场应选择荒废地,不占用农田,工程完工后,按"用多少,垦多少"的原则,恢复原有地形、地貌。在可能的情况下,应利用弃土造田,增加耕地。

　　3 施工后应恢复施工活动破坏的植被(一般指临时占地内)与当地园林、环保部门合作,在施工占用区内种植合适的植物,尽量恢复原有地貌和植被。

　　4 深基坑施工是一项对用地布置、地下设施、周边环境等产生重大影响的施工过程,为减少深基坑施工过程对地下及周边环境的影响,在基坑开挖与支护方案的编制和论证时应考虑尽可能地减少土方开挖和回填量,最大限度地减少对土地的扰动,保护自然生态环境。

　　5 在生态环境脆弱和具有重要人文、历史价值的场地施工,要做好保护和修复工作。场地内有价值的树木、水塘、水系以及具有人文、历史价值的地形、地貌是传承场地所在区域历史文脉的重要载体,也是该区域重要的景观标志。因此,应根据《城市绿化条例》(1992 年国务院 100 号令)等国家相关规定予以保护。对于因施工造成场环境改变的情况,应采取恢复措施,并报请相关部门认可。

9.3　优　选　项

9.3.1 临时办公和生活用房采用多层轻刚活动板房或钢骨架水泥活动板房搭建,能够减少临时用地面积,不影响施工人员工作和生活环境,符合绿色施工技术标准要求。

9.3.2 施工发现具有重要人文、历史价值的文物资源时,要做好现场保护工作,并报请施工区域所在地政府相关部门处理。

9.3.3 对于深基坑降水,应对相邻的地表和建筑物进行监测,采取科学措施,以减少地表和建筑的影响。

9.3.4 对于推进建筑工业化生产,提高施工质量、减少现场绑扎作业、节约临时用地具有重要作用。

9.3.5 高效利用现场既有资源是绿色施工的基本原则,施工现场生产生活临时设施尽量做到占地面积最小,并应满足使用功能的合理性、可行性和舒适性要求。

10　评价方法

10.0.1 本条规定了绿色施工项目自评价的最少次数。采取双控的方式,当某一施工阶段的工期少于 1 个月时,自评价也应不少于 1 次。

10.0.2 本条规定了指标中的控制项判定合格的标准,一般项的打分标准,优选项的加分标准。

10.0.4 根据各评价要素对批次评价起的作用不同,评价时应考虑相应的权重系数。根据对大量施工现场的实地调查、相关施工人员的问卷调研,通过统计分析,得出批次评价时各评价要素的权重系数表(表 10.0.4)。

10.0.6 本条规定了单位工程评价中评价阶段的权重系数。考虑一般建筑工程结构施工时间较长、受外界因素影响大、涉及人员多、难度系数高等原因,在施工中尤其要保证"四节一环保",这个阶段在单位绿色施工评价时地位重要,通过对大量工程的调研、统计、分析,规定其权重系数为 0.5;地基与基础施工阶段,对周围环境的影响及实施绿色施工的难度都较装饰装修与机电安装阶段大,所以,规定其权重系数分别为 0.3 和 0.2。

11　评价组织和程序

11.1　评价组织

11.1.1~11.1.3 规定了建筑工程绿色施工评价的组织单位和参与单位。

11.2　评价程序

11.2.1 本条规定了绿色施工评价的基本原则,先由施工单位自评价,再由建设单位、监理单位或其他评价机构验收评价。

11.2.2 本条规定了单位工程绿色施工评价的时间。

11.2.3 本条规定了单位工程绿色施工评价,证据的收集包括:审查施工记录;对照记录查验现场,必要时进一步追踪隐蔽工程情况;询问现场有关人员。

11.2.4 本条规定了单位工程绿色施工评价结果应在有关部门进行备案。

11.3　评价资料

11.3.1、11.3.2 规定了单位工程绿色施工评价应提交的资料,资料应归档。

11.3.3 表 11.3.1-1 绿色施工要素评价表、表 11.3.1-2 绿色施工批次评价汇总表、表 11.3.1-3 绿色施工阶段评价汇总表、表 11.3.1-4 单位工程绿色施工评价汇总表的编号均按评价时间顺序流水号排列,如 0001。

中华人民共和国国家标准

城市道路交叉口规划规范

Code for planning of intersections
on urban roads

GB 50647—2011

主编部门：中华人民共和国住房和城乡建设部
批准部门：中华人民共和国住房和城乡建设部
施行日期：２０１２年１月１日

中华人民共和国住房和城乡建设部
公 告

第 877 号

关于发布国家标准
《城市道路交叉口规划规范》的公告

现批准《城市道路交叉口规划规范》为国家标准,编号为 GB 50647—2011,自 2012 年 1 月 1 日起实施。其中,第 3.4.2、3.5.1 (5)、3.5.2 (3)、3.5.5、4.1.1 (1)、4.1.3 (4)、5.4.2、5.5.1、5.5.2、5.6.1、6.1.1 (1)、6.2.2、6.3.1 (1、2)、7.1.2 (3)、7.1.3 (1)、7.1.5 (1) 条(款)为强制性条文,必须严格执行。

本规范由我部标准定额研究所组织中国计划出版社出版发行。

中华人民共和国住房和城乡建设部
二〇一〇年十二月二十四日

前 言

本规范是根据原建设部《关于印发〈二〇〇四年工程建设国家标准制订、修订计划〉的通知》(建标〔2004〕67 号)的要求,由同济大学会同有关单位共同编制。

本规范在编制过程中,编制组在深入调查研究,认真总结国内外科研成果和大量实践经验,并广泛征求意见的基础上,经反复讨论、修改、充实,最后经审查定稿。

本规范共分 9 章和 3 个附录。主要内容包括:总则、术语和符号、基本规定、平面交叉口规划、立体交叉规划、道路与铁路交叉规划、行人与非机动车过街设施规划、公共交通设施规划、交叉口辅助设施等。

本规范中以黑体字标志的条文为强制性条文,必须严格执行。

本规范由住房和城乡建设部负责管理和对强制性条文的解释,由同济大学负责具体技术内容的解释。请各单位在执行过程中,总结实践经验,积累资料,随时将有关意见和建议反馈给同济大学交通运输工程学院(地址:上海市嘉定区曹安公路 4800 号,邮政编码:201804,E-mail:keping_li@vip.163.com),以供今后修订时参考。

本规范主编单位、参编单位、主要起草人和主要审查人:

主 编 单 位:同济大学

参 编 单 位:中国城市规划设计研究院
北京市市政工程设计研究总院
天津市市政工程设计研究院
深圳市城市交通规划研究中心
成都市规划设计研究院
上海市公安局交通警察总队
重庆市城市交通规划研究所
郑州市市政工程设计研究院
华中科技大学
上海海事大学
哈尔滨市规划设计研究院

主要起草人:杨佩昆 李克平 赵 杰 陈小鸿
刘 勇 朱兆芳 王晓华 郑连勇
林 群 滕生强 周 涛 王巨涛
李 杰 杨晓光 林航飞 戴继锋
张慧敏 闫 勃 全 波 张贻生
宋建平 钱红波 向旭东 傅 彦
朱 彬 白子建 谷李忠 庄 斌
周 佺 高 霄 张国华 白 玉
姚 琪 朱胜跃 顾启英 沈莉芳
龚凤刚

主要审查人:全永燊 崔健球 朱兆芳 段里仁
陈洪仁 严宝杰 张均任 刘运通
陈声洪 王晓明

目次

1 总则 ·············· 37—5
2 术语和符号 ·············· 37—5
  2.1 术语 ·············· 37—5
  2.2 符号 ·············· 37—5
3 基本规定 ·············· 37—6
  3.1 一般规定 ·············· 37—6
  3.2 城市道路交叉口分类、功能及选型 ·············· 37—6
  3.3 城市规划各阶段交叉口规划内容 ·············· 37—8
  3.4 交叉口规划范围 ·············· 37—8
  3.5 交叉口规划要素 ·············· 37—10
4 平面交叉口规划 ·············· 37—12
  4.1 一般规定 ·············· 37—12
  4.2 信号控制交叉口 ·············· 37—13
  4.3 无信号控制交叉口 ·············· 37—15
  4.4 常规环形交叉口 ·············· 37—15
  4.5 短间距交叉口规划 ·············· 37—15
5 立体交叉规划 ·············· 37—16
  5.1 一般规定 ·············· 37—16
  5.2 立体交叉主线规划 ·············· 37—16
  5.3 立体交叉匝道规划 ·············· 37—16
  5.4 立体交叉变速车道规划 ·············· 37—17
  5.5 立体交叉集散车道规划 ·············· 37—17
  5.6 立体交叉辅助车道规划 ·············· 37—17
  5.7 立体交叉范围内辅路、人行道等其他设施规划 ·············· 37—18
6 道路与铁路交叉规划 ·············· 37—18
  6.1 一般规定 ·············· 37—18
  6.2 道路与铁路平面交叉道口 ·············· 37—18
  6.3 道路与铁路立体交叉 ·············· 37—19
7 行人与非机动车过街设施规划 ·············· 37—20
  7.1 行人过街设施 ·············· 37—20
  7.2 非机动车过街设施 ·············· 37—21
8 公共交通设施规划 ·············· 37—21
  8.1 一般规定 ·············· 37—21
  8.2 交叉口公共汽（电）车停靠站 ·············· 37—21
  8.3 公共汽（电）车专用进出口车道 ·············· 37—22
  8.4 公共汽（电）车优先控制 ·············· 37—22
9 交叉口辅助设施 ·············· 37—22
  9.1 安全 ·············· 37—22
  9.2 环境保护 ·············· 37—23
  9.3 排水 ·············· 37—23
  9.4 绿化与景观 ·············· 37—23
附录 A 设计通行能力 ·············· 37—23
附录 B 行人与非机动车过街设施附图 ·············· 37—25
附录 C 公共交通设施附图 ·············· 37—26
本规范用词说明 ·············· 37—27
引用标准名录 ·············· 37—27
附：条文说明 ·············· 37—28

Contents

1 General provisions ·················· 37—5
2 Terms and symbols ·················· 37—5
　2.1　Terms ································ 37—5
　2.2　Symbols ······························ 37—5
3 Basic requirement ···················· 37—6
　3.1　General requirement ·············· 37—6
　3.2　Classification, function and type selection of intersections ·············· 37—6
　3.3　Intersection planning contents corresponding each urban planning stage ···················· 37—8
　3.4　Planning range of intersections ········· 37—8
　3.5　Planning elements of intersections ···················· 37—10
4 At-grade intersection planning ································ 37—12
　4.1　General requirement ·············· 37—12
　4.2　Signalized intersection ··············· 37—13
　4.3　Unsignalized intersection ··············· 37—15
　4.4　Roundabout ························ 37—15
　4.5　Short distance intersection planning ···························· 37—15
5 Interchange planning ··············· 37—16
　5.1　General requirement ·············· 37—16
　5.2　Main line planning of interchange ··························· 37—16
　5.3　Ramp planning of interchange ········· 37—16
　5.4　Speed-change lane planning of interchange ··························· 37—17
　5.5　Collector-distributor lane planning of interchange ······················· 37—17
　5.6　Auxiliary lane planning of interchange ··························· 37—17
　5.7　Auxiliary roads, sidewalk and other facilities planning within interchange ···················· 37—18
6 Road-railway crossing planning ································ 37—18
　6.1　General requirement ·············· 37—18
　6.2　Road-railway grade crossing ··········· 37—18
　6.3　Road-railway grade separation ········· 37—19
7 Pedestrian and bicycle crossing facilities planning ···················· 37—20
　7.1　Pedestrian crosswalk facilities ········· 37—20
　7.2　Bicycle crossing facilities ··············· 37—21
8 Public transit facilities planning ································ 37—21
　8.1　General requirement ·············· 37—21
　8.2　Bus (Trolley) stops at intersection ···························· 37—21
　8.3　Bus (Trolley) exclusive approach and exit lane ···················· 37—22
　8.4　Transit signal priority control ········· 37—22
9 Subsidiary devices or measures at intersection ······················· 37—22
　9.1　Traffic safety devices ·············· 37—22
　9.2　Environmental protection measures ···························· 37—23
　9.3　Drainage devices ···················· 37—23
　9.4　Greening and landscape measures ···························· 37—23
Appendix A　Design capacity ············· 37—23
Appendix B　Layout of pedestrian and bicycle crossing facilities ···················· 37—25
Appendix C　Layout of public transit facilities ············· 37—26
Explanation of wording in this code ···························· 37—27
List of quoted standards ···················· 37—27
Addition: Explanation of provisions ···························· 37—28

1 总 则

1.0.1 为科学、合理地规划城市道路交叉口，充分利用交叉口时空资源，实现交叉口人流和车流的交通安全与通达，制定本规范。

1.0.2 本规范适用于城市规划各阶段相应的道路交叉口规划，以及城市道路平面交叉口或立体交叉的新建、改建与交通治理专项规划。

1.0.3 城市道路交叉口规划应坚持科学发展和因地制宜的原则，符合保障安全、保证效率、保护环境、节约土地资源的要求。

1.0.4 城市道路交叉口规划除应符合本规范外，尚应符合国家现行有关标准的规定。

2 术语和符号

2.1 术 语

2.1.1 交通功能 traffic function

交通设施在交通系统中所承担的作用，以及对出行者所能提供的交通服务和服务水平。

2.1.2 宏观交通组织 macro traffic organization

在一定范围的交通系统中，规定各类道路上各种交通方式在空间与时间上的协调关系，使各种交通方式在道路系统中能有序、安全、高效地通行的交通运行方案。

2.1.3 微观交通组织 micro traffic organization

在交叉口可通行的空间与时间范围内，安排组织从各方面汇集到交叉口的各种交通流有序地向各方向疏散，以保障人流和车流安全、高效地通过交叉口的交通运行方案。

2.1.4 快速公共交通 bus rapid transit (BRT)

运用大容量公共交通车辆和先进的控制管理系统，在专用的车道上运行，具有运量大、运行速度快等特性的新型公共交通方式。

2.1.5 信号控制交叉口 signalized intersection

用交通信号灯组织指挥冲突交通流运行次序的平面交叉口。

2.1.6 无信号控制交叉口 unsignalized intersection

不用交通信号灯，而用交通标志、标线或仅根据道路交通安全法中对通行权的规定，组织相冲突交通流运行次序的平面交叉口。

2.1.7 减速让行标志交叉口 yield sign intersection

主要道路与次要道路相交，用减速让行标志来规定次要道路车辆在进入交叉口前必须减速、让主要道路车辆先行，确认安全后方可通行的交叉口。

2.1.8 停车让行标志交叉口 stop sign intersection

主要道路与次要道路相交，或次要道路相交，用停车让行标志来规定次要道路车辆或各向车辆在进入交叉口前必须停车瞭望，确认安全后方可通行的交叉口。

2.1.9 全无管制交叉口 uncontrolled intersection

没有任何管制措施，各流向的交通流按道路交通安全法规定的先后通行次序通行的平面交叉口。

2.1.10 枢纽立交 key interchange

特大城市、大城市的快速路与快速路、城际高速公路或重要主干路相交，车流分层通行的交叉、转向交通节点。

2.1.11 一般立交 common interchange

城市主干路或次干路与城市快速路或城际高速公路相交，主线车流分层通行的交叉、转向交通节点。

2.1.12 分离立交 grade separation without ramps (flyover or underpass)

城市快速路或交通量特大的主干路与其他城市道路相交，主线车流以上跨或下穿方式连续通行、无任何形式转向匝道的交通节点。

2.1.13 集散车道 collector-distributor lane

为了减少立体交叉主线上进出口的数量和交通流的交织，在主线一侧或两侧设置的与主线平行且横向分离，并在两端与主线相连，供进出主线车辆运行的车道。

2.1.14 辅助车道 auxiliary lane

在立体交叉分流段上游、合流段下游，为使匝道上、下游主线道路车道数平衡且保持主线的基本车道数而在主线一侧增设的车道。

2.1.15 进口道 approach

平面交叉口上，车辆从上游路段驶入交叉口的一段车行道。

2.1.16 出口道 exit

平面交叉口上，车辆从交叉口驶入下游路段的一段车行道。

2.1.17 基本饱和流量 basic saturation flow

理想条件下，一条进口车道上单位绿灯时间内所能通过的最大车辆数。

2.1.18 规划（设计）饱和流量 planning (design) saturation flow

基本饱和流量经各种影响因素修正后的饱和流量。

2.1.19 短间距交叉口 short distance intersection

相邻交叉口间距小于上游交叉口所需出口道总长与下游交叉口所需进口道总长之和的两交叉口。

2.2 符 号

C——让行标志交叉口实际通行能力；
C_0——让行标志交叉口基本通行能力；

CAP——信号控制交叉口进口道通行能力（pcu/h）；
C_B——匝道一条车道基本通行能力（pcu/h）；
C_D——单向匝道一条车道设计通行能力（pcu/h）；
C_g——减速或停车让行标志交叉口低优先级车流的基本通行能力（pcu/h）；
cyc——自行车当量；
f——让行标志交叉口考虑各种干扰因素的通行能力折减系数；
f_g——饱和流量的纵坡与重车修正系数；
f_n——单向匝道的车道数对通行能力的修正系数；
f_p——驾驶员条件对通行能力的修正系数；
f_z——转弯车道饱和流量的转弯半径修正系数；
f_t——饱和流量车道宽度修正系数；
f_w——匝道车道宽度对通行能力的修正系数；
G——道路纵坡（%）；
HV——换算成标准车后的重车率；
l_b——公交车车辆长度（m）；
l_m——港湾式公交停靠站长度（m）；
L_a——进口道规划展宽长度（m）；
L_b——公交车站站台长度（m）；
L_d——进口道展宽段渐变段长度（m）；
L_s——进口道展宽段长度（m）；
MSV_i——一条匝道第 i 级服务水平的最大服务交通量（pcu/h）；
n——路段单向车道数；
N——高峰15min内每一信号周期的左转或右转车的平均排队车辆数（veh）；
p——公交站台停车泊位数；
q_H——减速或停车让行标志交叉口高优先级车流交通量（pcu/h）；
r——进口道展宽系数；
S_b——基本饱和流量（pcu/h）；
S_c——道口侧向视距（m）；
S_{bt}——直行车道基本饱和流量（pcu/h）；
S_{bl}——左转车道基本饱和流量（pcu/h）；
S_{br}——右转车道基本饱和流量（pcu/h）；
S_i——第 i 条进口车道的规划（设计）饱和流量（pcu/h）；
S_l——左转车道经转弯半径-车道宽度等修正后的规划（设计）饱和流量（pcu/h）；
S_r——右转车道经转弯半径-车道宽度等修正后的规划（设计）饱和流量（pcu/h）；
S_s——安全停车视距（m）；
S_t——车道宽度等修正后的直行车道规划（设计）饱和流量(pcu/h)；
Δt_f——让行标志交叉口低优先级车流平均跟驶穿越空档（s）；
Δt_o——低优先级车辆能穿越高优先级车流的临界空档（s）；
V_d——道路设计车速（km/h）；
$(V/C)_i$——第 i 级服务水平的最大服务交通量与基本通行能力的比值；
W_0——右转专用车道加宽后的宽度（m）；
W_1——进口道规划红线的展宽宽度（m）；
W_2——路段平均一条车道规划宽度（m）；
λ_i——第 i 条进口车道所属信号相位的绿信比。

3 基本规定

3.1 一般规定

3.1.1 城市道路交叉口规划用地红线范围和规划方案，应根据下列因素确定：

1 城市规划和城市交通规划所确定的相交道路的类型。

2 依照交叉口所在地区的道路网络及其在道路网中的定位、周边用地、环境特点等因素确定的交通功能，以及平面交叉口或立体交叉的规划选型。

3 公共交通线网规划中快速公交线、公交专用道、专用车道线网规划和港湾式公交站的布局方案。

4 步行、自行车交通系统布局及规划指标。

5 平面交叉口各类相交道路红线宽度指标和典型横断面形式；立体交叉规划选型、主线及匝道规划方案等。

3.1.2 交叉口规划应结合技术、经济、社会、环境等因素，在进行多方案综合比选后确定。

3.2 城市道路交叉口分类、功能及选型

3.2.1 交叉口分类应符合下列规定：

1 交叉口按城市大小与相交道路类型的分类应符合表3.2.1-1～表3.2.1-3的规定。

表3.2.1-1 特大城市与大城市交叉口按相交道路类型的分类

相交道路	快速路	主干路	次干路	支路
快速路	快-快交叉口	—	—	—
主干路	快-主交叉口	主-主交叉口	—	—
次干路	快-次交叉口	主-次交叉口	次-次交叉口	—
支路	—	主-支交叉口	次-支交叉口	支-支交叉口

表 3.2.1-2 中等城市交叉口按相交道路类型的分类

相交道路	主干路	次干路	支路
主干路	主-主交叉口	—	—
次干路	主-次交叉口	次-次交叉口	—
支路	主-支交叉口	次-支交叉口	支-支交叉口

表 3.2.1-3 小城市交叉口按相交道路类型的分类

相交道路	干路	支路
干路	干-干交叉口	—
支路	干-支交叉口	支-支交叉口

  2 平面交叉口应分为信号控制交叉口（平A类）、无信号控制交叉口（平B类）和环形交叉口（平C类），平面交叉口分类应符合下列规定：
    1）信号控制交叉口应分为进、出口道展宽交叉口（平A1类）和进、出口道不展宽交叉口（平A2类）；
    2）无信号控制交叉口应分为支路只准右转通行交叉口（平B1类）、减速让行或停车让行标志交叉口（平B2类）和全无管制交叉口（平B3类）。
  3 立体交叉应分为枢纽立交（立A类）、一般立交（立B类）和分离立交（立C类）。
3.2.2 各类交叉口的功能和基本要求应符合下列规定：
  1 快-快交叉口应满足快速路主线车流快速、连续通行，车行道应为机动车专用车道，主线上不得因设置匝道而使匝道进出口上游与下游通行能力严重不匹配，并应符合下列规定：
    1）在主要公共交通客流通道的快速路应规划快速公共交通专用车道及港湾式停靠站；
    2）行人、非机动车应与机动车分层通行。
  2 快-主交叉口应满足快速路主线车流快速、连续通行，车行道应为机动车专用车道，主线上不得因设置匝道而使匝道进出口上游与下游通行能力严重不匹配，并应符合下列规定：
    1）主干路上应按公共交通客流需求规划快速公共交通或主干公交专用车道及港湾式停靠站；
    2）行人、非机动车应与快速路上机动车分层通行，主干路的人行过街横道中间应设安全岛，并应采用专用信号控制。
  3 快-次交叉口应满足快速路主线交通快速、连续通行功能和次干路局部生活功能，并应符合下列规定：
    1）次干路-快速路间提供必要流向的转向、集散交通通道；
    2）次干路应按公交客流需求规划主干公交或区域公交专用车道及港湾式停靠站；
    3）次干路人行过街横道中间应设安全岛，并应采用专用信号控制。
  4 主-主交叉口应满足主干路主要流向车流畅通、能以中等速度间断通行、以交通功能为主，并应符合主干路的基本要求。
  5 主-次交叉口应满足主干路畅通及次干路-主干路间转向交通需求、能以中等速度间断通行、以集散交通功能为主、兼有次干路局部生活功能，并应符合主、次干路的要求以及交叉口通行能力与转向交通需求相匹配的要求。
  6 主-支交叉口应满足主干路畅通、能以中等速度连续通行，支路应右转进出主干路，有必要时，经论证可选用其他相交形式；主干路应以交通功能为主，支路应以生活功能为主，并应符合主、支道路的要求。
  7 次-次交叉口应满足次干路主要流向车流畅通、能以中等速度间断通行，应兼具交通与生活功能，并应符合次干路的要求。
  8 次-支交叉口应满足次干路集散交通功能和支路的生活功能，当不采用信号控制时，应保证次干路车流连续通行，并应符合次、支道路的要求。
  9 支-支交叉口应满足生活功能，并应符合支路的要求。
3.2.3 交叉口选型应符合下列规定：
  1 应满足安全、通达、节约用地及交通功能的要求。
  2 总体规划阶段应按下列原则选定平面交叉或立体交叉形式：
    1）城市快速路系统上交叉口应采用立体交叉形式；
    2）除快速路之外的城区道路上不宜采用立体交叉形式；
    3）当通过主-主交叉口的预测总交通量不超过12000pcu/h时，不宜采用立体交叉形式。
  3 控制性详细规划阶段交叉口类型应按表3.2.3的规定选择。

表 3.2.3 控制性详细规划阶段交叉口选型

交叉口类型	选型	
	应选类型	可选类型
快-快交叉	立A类	—
快-主交叉	立B类	立A类或立C类
快-次交叉	立C类	立B类
主-主交叉	平A1类	立B类中的下穿型菱形立交
主-次交叉	平A1类	

续表3.2.3

交叉口类型	选型	
	应选类型	可选类型
主-支交叉	平B1类	平A1类
次-次交叉	平A1类	—
次-支交叉	平B2类	平C类或平A1类
支-支交叉	平B2类或平B3类	平C类或平A2类

注：1 当城市道路与公路相交时，高速公路应按快速路，一级公路应按主干路，二、三级公路按次干路，四级公路按支路，确定与公路相交的城市道路交叉口的类型。
2 小城市干-干交叉口可按表中的次-次交叉确定，干-支交叉口可按次-支交叉口确定。

3.3 城市规划各阶段交叉口规划内容

3.3.1 交叉口规划应分别满足城市总体规划、城市分区规划、控制性详细规划、交通工程规划阶段的内容规定，并应符合下列规定：

1 应编制城市综合交通规划，并应将其中交叉口规划成果纳入城市总体规划。

2 应编制交通工程规划，并应明确工程设计阶段交叉口的控制性条件与关键要素。

3.3.2 城市总体规划阶段交叉口规划内容应符合下列规定：

1 应与规划道路网系统及道路系统整体宏观交通组织方案相协调，应明确不同区域交叉口交通组织策略以及选择不同类型交叉口形式的基本原则，并应确定道路系统主要交叉口的布局。

2 应按相交道路的类型及功能，选择立体交叉的类型、框定立体交叉用地范围，应合理控制互通式立体交叉的规划间距，并应协调与周围环境及用地布局的关系。

3.3.3 城市分区规划阶段交叉口规划内容应符合下列规定：

1 应与分区规划道路网系统及分区道路系统整体宏观交通组织方案相协调，并应明确立体交叉及主、次干路相交交叉口的整体布局。

2 应优化立体交叉类型，并应确定主、次干路相交交叉口的类型。

3 应确定立体交叉及主、次干路相交交叉口控制点坐标、标高。

4 应确定立体交叉及主、次干路相交交叉口红线范围。

3.3.4 控制性详细规划阶段交叉口规划内容应符合下列规定：

1 应结合道路系统宏观交通组织方案，并应明确交叉口微观交通组织方式。

2 应确定各类交叉口控制点坐标及标高。

3 立体交叉规划应根据交通功能、用地条件等因素，结合交通需求分析，进行方案比选，应经技术、经济综合比较后明确推荐方案，并应确定立体交叉红线范围。

4 平面交叉口规划应提出平面布局初步方案，并应确定红线范围。

5 应根据交叉口初步方案，提出交叉口附近道路外侧规划用地和建筑物出入口控制要求。

3.3.5 交通工程规划阶段交叉口规划内容应符合下列规定：

1 应编制交叉口微观交通组织方案。交叉口微观交通组织方案应根据红线控制范围、交叉口规划的现实条件、交通需求等因素拟定，并应与道路系统整体宏观交通组织、周边用地规模、用地性质、景观、环境条件等相协调。

2 应审核控制性详细规划阶段及其他相关规划成果提出的交叉口初步方案，并应结合地形、地物及相关标准对初步方案进行完善和细化。

3 应确定立体交叉各组成部分的规划方案。规划方案应主要包括主线、匝道、变速车道、集散车道、辅助车道、辅路等，并应提出平面交叉口渠化布局方案以及相适宜的信号控制方案，应明确重要技术参数的取值以及上下游交叉口的信号协调关系。

4 应确定交叉口规划范围内公交停靠站及行人与非机动车过街设施布局方案、交通安全与交通管理设施布局方案。

5 应确定交叉口用地规模，并应估算改建与治理交叉口的用地拆迁量，进行规划方案评价。

3.4 交叉口规划范围

3.4.1 平面交叉口规划范围应包括构成该平面交叉口各条道路的相交部分和进口道、出口道及其向外延伸10m～20m的路段所共同围成的空间（图3.4.1）。

3.4.2 新建、改建交通工程规划中的平面交叉口规划，必须对交叉口规划范围内规划道路及相交道路的进口道、出口道各组成部分作整体规划。

3.4.3 立体交叉规划范围应包括相交道路中线投影平面交点至相交道路各进出口变速车道渐变段及其向外延伸10m～20m的主线路段间所共同围成的空间（图3.4.3）。

3.4.4 交叉口的规划范围可根据所需交通设施及其管线的要求适当扩大。

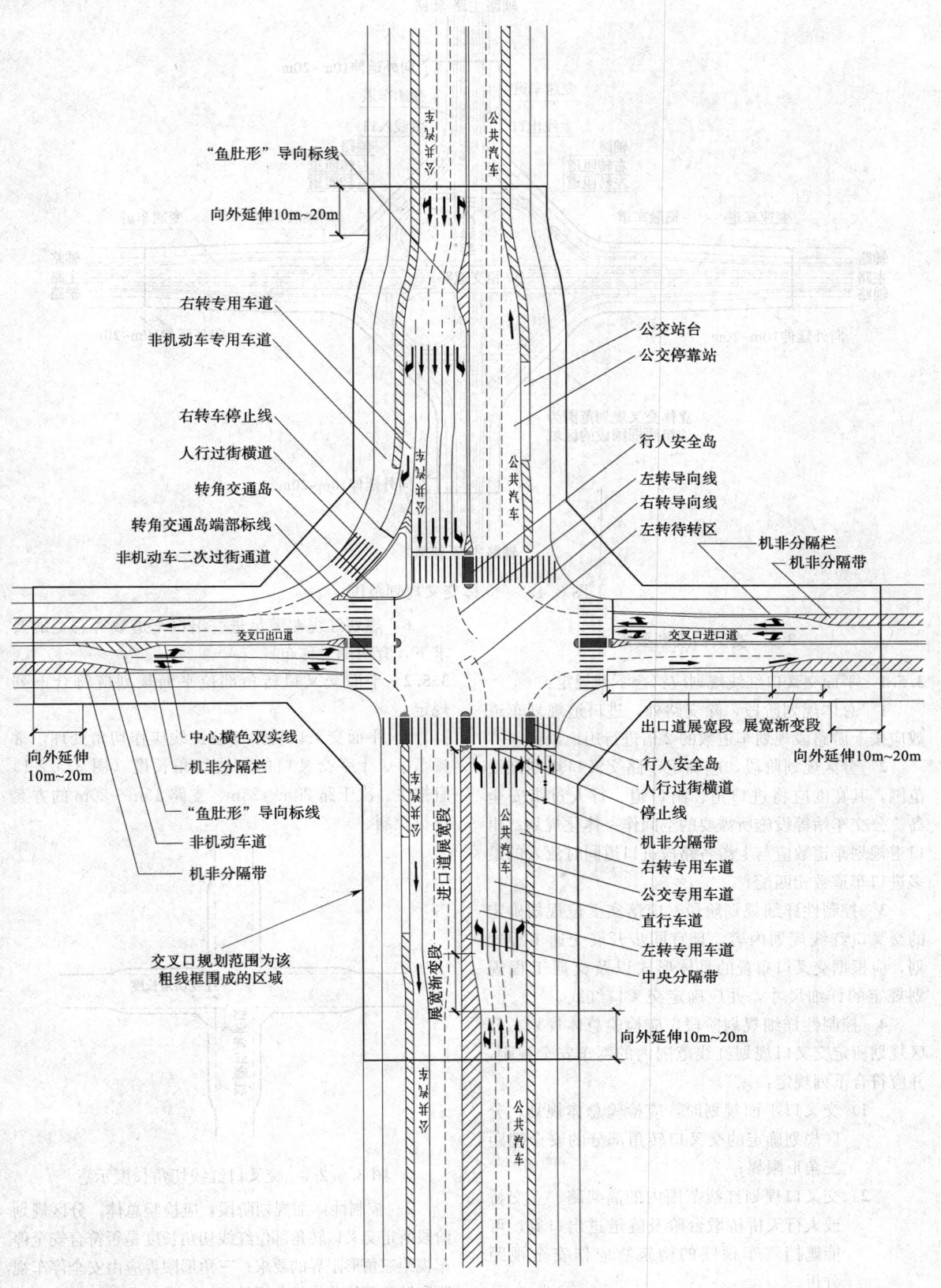

图 3.4.1 平面交叉口规划范围

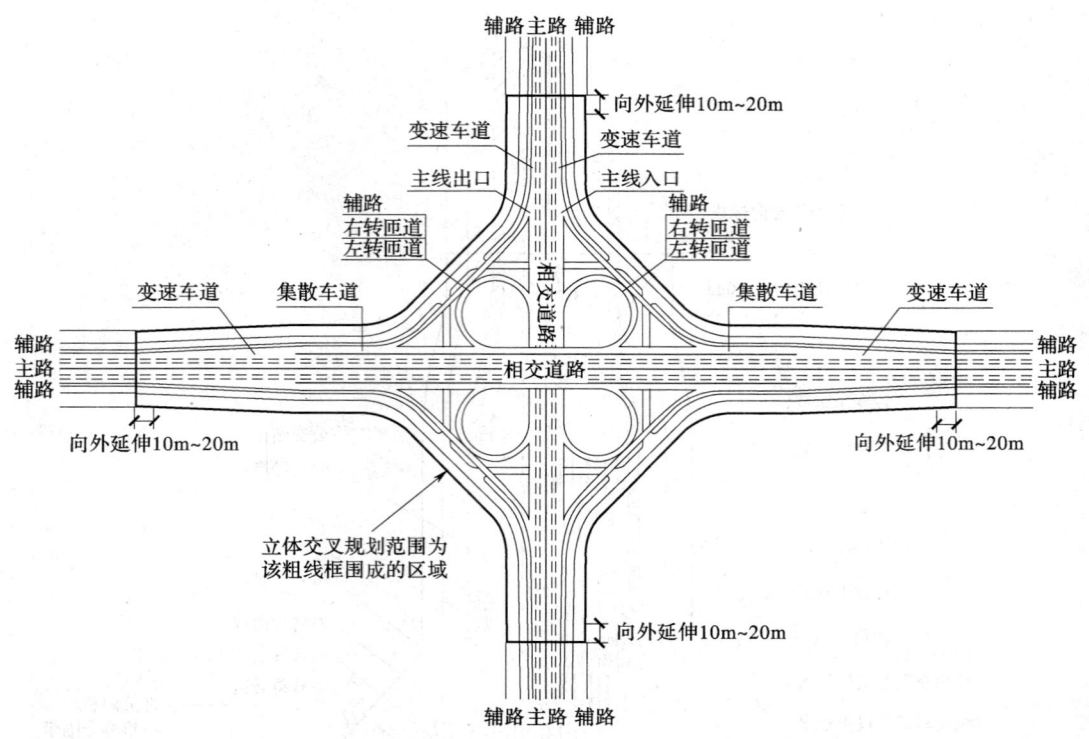

图 3.4.3 立体交叉规划范围

3.5 交叉口规划要素

3.5.1 平面交叉口红线规划应符合下列规定：

1 总体规划阶段，除支路外，进口道规划车道数应按上游路段规划车道数的 2 倍进行用地预留。

2 分区规划阶段，应确定干路交叉口规划红线范围，其宽度应将进口道、出口道、行人过街安全岛、公交车站等设施所需要的空间作一体化规划；出口道规划车道数应与上游各路段进口道同时流入的最多进口车道数相匹配。

3 控制性详细规划阶段，应落实上位规划确定的交叉口红线规划内容，且宜同步开展交通工程规划，应根据交叉口布置的具体形式以及交通工程规划规定的详细尺寸，并应确定交叉口红线。

4 控制性详细规划阶段，应检验总体规划、分区规划所定交叉口规划红线范围内的驾车安全视距，并应符合下列规定：

　　1）交叉口平面规划时，应检验总体规划、分区规划确定的交叉口转角部分的安全视距三角形界限；

　　2）交叉口规划红线范围内的高架路、立交桥或人行天桥桥墩台阶及隧道进出口等，可能遮挡驾车视线的构筑物应作安全视距分析。

5 改建、治理规划，检验实际安全视距三角形限界不符合要求时，应按实有限界所能提供的停车视距允许车速，在交叉口上游布设限速标志。

6 规划红线在满足进、出口车道数等总宽的要求下，宜两侧对称布置。

3.5.2 平面交叉口转角部位平面规划应符合下列规定：

1 平面交叉口转角部位红线应作切角处理，常规丁字、十字交叉口的红线切角长度（图 3.5.2-1）宜按主、次干路 20m～25m，支路 15m～20m 的方案进行控制。

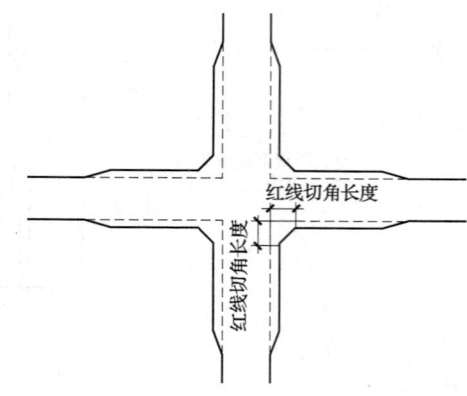

图 3.5.2-1 交叉口红线切角长度示意

2 控制性详细规划阶段，应检验总体、分区规划阶段所定交叉口转角部位红线切角长度是否符合安全停车视距三角形限界的要求；三角形限界应由安全停车视距和转角部位曲线或曲线的切线构成（图 3.5.2-2）。

3 平面交叉口红线规划必须满足安全停车视距三角形限界的要求，安全停车视距不得小于表 3.5.2-

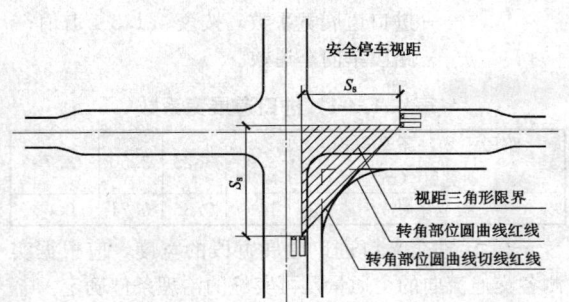

图 3.5.2-2 平面交叉口视距三角形

1 的规定。视距三角形限界内,不得规划布设任何高出道路平面标高 1.0m 且影响驾驶员视线的物体。

表 3.5.2-1 交叉口视距三角形要求的安全停车视距

路线设计车速(km/h)	60	50	45	40	35	30	25	20
安全停车视距 S_s (m)	75	60	50	40	35	30	25	20

4 在多车道的道路上,检验安全距离三角形限界时,视距线必须设在最易发生冲突的车道上。交叉口安全视距三角形限界应符合图 3.5.2-3 的规定。

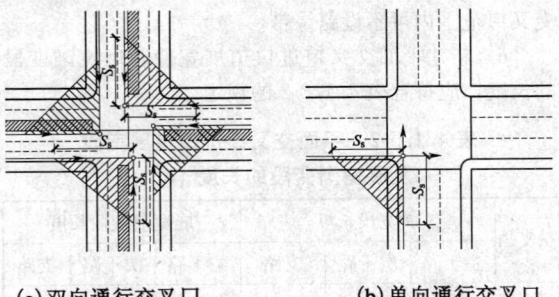

(a) 双向通行交叉口　　(b) 单向通行交叉口

图 3.5.2-3 交叉口安全视距三角形限界
S_s—安全停车视距

5 平面交叉口转角处路缘石宜为圆曲线。交叉口转角路缘石转弯最小半径宜按表 3.5.2-2 的规定确定。

表 3.5.2-2 交叉口转角路缘石转弯最小半径

右转弯计算行车速度(km/h)		30	25	20	15
路缘石转弯半径 (m)	无非机动车道	25	20	15	10
	有非机动车道	20	15	10	5

3.5.3 立体交叉红线规划应符合下列规定:

　　1 总体规划或分区规划阶段,当已选择立体交叉方案时,应框定所选择的立体交叉方案红线范围;当未选择立体交叉方案时,可按苜蓿叶形互通立交的外框初步框定立体交叉的红线范围。

　　2 控制性详细规划阶段,应根据选定立体交叉的类型及其规划方案的平面图确定立体交叉的规划边缘线,应以规划方案边缘线外延 5m～10m 的范围作为立体交叉的红线控制范围。

3.5.4 城市道路交叉口的规划车型应与城市道路规划车型一致。

3.5.5 城市道路交叉口范围内的规划最小净高应与道路规划最小净高一致,并应根据规划道路通行车辆的类型,按下列规定确定:

　　1 通行一般机动车的道路,规划最小净高应为 4.5m～5.0m,主干路应为 5m;通行无轨电车的道路,应为 5.0m;通行有轨电车的道路,应为 5.5m。

　　2 通行超高车辆的道路,规划最小净高应根据通行的超高车辆类型确定。

　　3 通行行人和自行车的道路,规划最小净高应为 2.5m。

　　4 当地形条件受到限制时,支路降低规划最小净高应经技术、经济论证,但不得小于 2.5 m;当通行公交车辆时,不得小于 3.5 m。支路规划最小净高降低后,应保证大于规划净高的车辆有绕行的道路,支路规划最小净高处应采取保护措施。

3.5.6 交叉口机动车设计车速应按规划交叉口类型及其不同部位确定,并应符合表 3.5.6 的规定。

表 3.5.6 交叉口机动车设计车速 (km/h)

交叉口类型	部 位	交叉口设计车速
平面交叉口	进口道直行车道	$0.7V_d$
	进口道左转车道	$0.5V_d$
	进口道右转车道	无转角岛式渠化不大于 20km/h 转角岛式渠化不大于 30km/h
立体交叉	主线	所属路线相应等级道路的设计车速 V_d
	定向匝道、半定向匝道及辅路	$(0.6～0.7)V_d$
	一般匝道、集散车道	$(0.5～0.6)V_d$
	菱形立交的平交部分	取本表平面交叉的设计车速

注:1 V_d 为道路设计车速,应符合现行国家标准《城市道路交通规划设计规范》GB 50220 的有关规定。
　　2 平面交叉口进口道共用车道的设计车速应按相应的转弯车道选取。

3.5.7 交叉口行人过街设计步速应为 1.0m/s。

3.5.8 交叉口机动车与非机动车规划交通量应符合下列规定:

　　1 立体交叉匝道规划机动车交通量应按规划年的预测高峰小时内高峰 15min 换算的小时交通量确定。

　　2 总体规划或分区规划阶段,平面交叉口规划机动车与非机动车交通量可采用交叉口所处道路路段的规划交通量。

　　3 在控制性详细规划或交通工程规划阶段,平面交叉口规划机动车交通量应区分直行及左、右转交通量。信号控制平面交叉口进口道车道数、交叉口几何设计时的规划机动车与非机动车交通量,应采用规划年预测高峰小时内信号周期平均到达量;在确定渠化及信号相位方案时,应采用道路通车期信号配时时段的高峰小时内高峰 15min 换算的小时交通量。

　　4 确定平面交叉口进口道间断交通流规划交通

量时,应把各种类型的车辆数折算成当量小汽车,车型折算系数应按表3.5.8的规定选用。

表 3.5.8 车型折算系数

车型	小型车	中型车	大型车	特大型车
折算系数	1	2.4	3.6	4.8

注:小型车指车长小于或等于6m的车辆,中型车指车长大于6m且小于或等于12m的车辆,大型车指车长大于12m且小于或等于18m的车辆,特大型车指车长大于18m的车辆。

3.5.9 行人规划交通量应采用高峰小时内的信号周期平均行人到达量。无行人到达量数据时,可按类似规模和区位的交叉口确定。

3.5.10 交叉口规划通行能力应按本规范附录A的规定确定。

4 平面交叉口规划

4.1 一般规定

4.1.1 控制性详细规划中的交叉口规划应对总体规划阶段确定的平面交叉口间距、形状进行优化调整,并应符合下列规定:

 1 新建道路交通网规划中,规划干路交叉口不应规划超过4条进口道的多路交叉口、错位交叉口、畸形交叉口;相交道路的交角不应小于70°,地形条件特殊困难时,不应小于45°。

 2 交通信号控制的各平面交叉口间距宜相等。

4.1.2 道路外侧规划用地建筑物机动车出入口规划,应符合下列规定:

 1 道路外侧规划用地建筑物机动车出入口不得规划在新建交叉口范围内,应设置在支路或专为道路外侧规划用地建筑物集散车辆所建的内部道路上。

 2 改建、治理交叉口规划,道路外侧规划用地建筑物机动车出入口应符合下列规定:

  1)应设在交叉口规划范围之外的路段上,或设在道路外侧规划用地建筑物离交叉口的最远端;

  2)干路上道路外侧规划用地建筑物出入口的进出交通组织应为右进右出。

4.1.3 平面交叉口进口道红线展宽、车道宽度及展宽段长度,应符合下列规定:

 1 新建、改建交叉口,应按下式确定进口道规划红线展宽宽度。路段上规划有路缘带和分隔带时,进口道规划红线展宽宽度应扣除路缘带和分隔带可用于进口道展宽的宽度:

$$W_1 = r \times W_2 \times n \quad (4.1.3)$$

式中:W_1——进口道规划红线展宽宽度,以0.5m为单位向上取整(m);

 W_2——路段平均一条车道规划宽度(m);

 r——进口道展宽系数,按表4.1.3-1取值;

 n——路段单向车道数。

表 4.1.3-1 进口道展宽系数

路段平均一条车道规划宽度(m)	3.00	3.25	3.50	3.75
展宽系数 r	1.00	0.85	0.71	0.60

 2 治理交叉口进口道展宽段的宽度,应根据实测各交通流向的交通量及可实施的治理条件确定。

 3 进口道规划设置公交港湾停靠站时,进口道规划红线展宽宽度应在进口道展宽的基础上再增加3m。

 4 进、出口道部位机动车道总宽度大于16m时,规划人行过街横道应设置行人过街安全岛,进口道规划红线展宽宽度必须在进口道展宽的基础上再增加2m。

 5 新建交叉口进口道每条机动车道的宽度不应小于3.0m。改建与治理交叉口,当建用地受到限制时,每条机动车进口车道的最小宽度不宜小于2.8m,公交及大型车辆进口道最小宽度不宜小于3.0m。交叉口范围内可不设路缘带。

 6 新建平面交叉口进口道展宽段及展宽渐变段的长度,应符合表4.1.3-2的规定。

表 4.1.3-2 平面交叉口进口道展宽段及展宽渐变段的长度(m)

交叉口	展宽段长度			展宽渐变段长度		
	主干路	次干路	支路	主干路	次干路	支路
主-主	80~120	—	—	30~50	—	—
主-次	70~100	50~70	—	20~40	20~40	—
主-支	50~70	—	30~40	20~30	—	15~30
次-次	—	50~70	—	—	20~40	—
次-支	—	40~60	30~30	—	20~30	15~30

注:1 进口道规划设置公交港湾停靠站时,交叉口进口道展宽段还应加上公交港湾停靠站所需的长度。

 2 相邻两交叉口间的展宽段和渐变段长度之和接近或超过交叉口间距时,应符合本规范第4.5节的规定。

 7 改建、治理平面交叉口进口道规划红线比其路段红线应予展宽的宽度与延伸的长度,应根据所在地点的具体情况确定。

4.1.4 平面交叉口出口道红线展宽、车道宽度及展宽段长度,应符合下列规定:

 1 新建平面交叉口出口道规划设有公交港湾停靠站时,其规划红线应在路段规划红线的基础上展宽3.0m;上游进口道规划设有右转专用车道时,应相应增加右转出口道宽度。

 2 新建道路交叉口每条出口车道宽度不应小于下游路段车道宽度,改建和治理交叉口每条出口车道宽度不宜小于3.25m。

3 出口道展宽段长度，视道路等级，主干路不应小于60m，次干道不应小于45m，支路不应小于30m，有公交港湾停靠站时，还应增加设置停靠站所需的长度。展宽渐变段长度不应小于20m。

4 改建、治理平面交叉口出口道规划红线的展宽宽度、展宽段长度和展宽渐变段长度，应根据所在地点的具体情况确定。

4.1.5 平面交叉口范围内道路平面线形宜采用直线；当采用曲线时，曲线半径不宜小于按交叉口设计车速的不设超高的最小圆曲线半径。

4.1.6 平面交叉口竖向规划应符合下列规定：

1 交叉口竖向规划应使相交道路在交叉口范围内为最平顺的共同曲面；人行道各点标高应与周围建筑物进出口标高相协调。

2 交叉口竖向规划宜以相交道路中线交点的标高作为控制标高。交叉口范围内其他各要点的标高应按控制标高及相交道路的纵坡与横坡综合确定。

3 非寒冷冰冻地区交叉口范围内的纵坡宜小于2%，山岭重丘区的城市困难情况下可取6%；寒冷冰冻地区的城市不应大于2%。

4 当交叉口范围内的纵坡大于或等于3%时，交叉口应设置信号控制，并应设置行人和非机动车过街信号控制。

4.1.7 平面交叉口交通岛的布设应符合下列规定：

1 交叉口内各流向交通流行驶轨迹所需空间之外的面积，宜构筑标线交通岛或实体交通岛。

2 实体交通岛面积不宜小于$7.0m^2$。面积窄小时，宜构筑标线交通岛。

3 交通岛不宜设在竖曲线顶部。

4 交通岛间导流车道的宽度宜以车辆通过交叉口的需要确定。

5 在交叉口转角交通岛内侧的右转专用车道，应按右转车道内侧路缘石转弯半径及规划通行车型布设车道加宽。加宽后的车道宽度应符合表4.1.7的规定。

表4.1.7 右转专用车道加宽后的宽度 W_0（m）

规划车型 转弯半径（m）	大、中型车	小型车
25～30	5.0	4.0
>30	4.5	3.75

6 需设右转专用车道而加设转角交通岛时，交角曲线半径应大于25m，且右转专用车道应设置信号控制；转角交通岛兼作行人及非机动车过街安全岛时，不包括岛端及尖角标线部分的岛面积应满足行人和非机动车待行的需求，并不应小于20 m^2。

7 转角交通岛兼作行人过街安全岛时，岛边人行横道布设位置应符合本规范附录B的规定；人行横道同人行道以及交通岛的接界部分都应符合无障碍设计的要求。

4.2 信号控制交叉口

4.2.1 交通工程规划阶段，信号控制交叉口规划除应符合本规范第3.5节和第4.1节的有关规定外，还应符合下列规定：

1 应对信号控制交叉口的全部组成部分进行一体化规划，主要内容应包括进出口道车道数、进出口道车道宽度、长度和车道功能划分、交通流导向交通岛等的交通渠化设计以及人行过街横道、过街安全岛、非机动车道与公交停靠站设计等。

2 信号控制交叉口平面规划方案应与交通信号控制相位选择方案同步进行，应协调进口车道渠化方案与信号控制相位方案，应达到两者最佳配合、最大限度地提高信号控制交叉口的交通安全与通行效率。

3 信号控制交叉口规划，应使干路进口道通行能力与其上游路段通行能力相匹配，并应使之与相邻交叉口协调。

4.2.2 信号控制交叉口进口道规划应符合下列规定：

1 进口道各车道宜根据高峰小时内高峰15min换算的小时交通量设置左转、直行和右转专用车道或直左、直右混行车道。车道规划应符合下列规定：

1) 新建交叉口规划宜利用部分中央分隔带增辟左转专用车道；改建及治理交叉口规划，且高峰15min内每信号周期左转车平均交通量超过2辆时，宜设置左转专用车道。每信号周期左转车平均到达交通量达10辆或需要左转专用车道长度达90m时，宜设置2条左转专用车道。

2) 当高峰15min内每信号周期右转车平均到达量达4辆或道路空间允许时，宜设置右转专用车道。改建及治理交叉口规划时，可通过缩减进口道车道的宽度、减窄机非分隔带宽度或利用绿化带展宽成右转专用车道或直右混行车道。当设置2条右转专用车道时，宜对右转车流进行信号控制。

2 进口道长度应符合下列规定：

1) 进口道规划展宽长度L_a（图4.2.2），应由展宽渐变段长度L_d与展宽段长度L_s组成。展宽渐变段的长度L_d按表4.1.3-2的规定取值，干路展宽渐变段最短长度不应小于20m，支路不应小于15m。展宽段长度可按下式计算：

$$L_s = 9N \quad (4.2.2)$$

式中：N——高峰15min内每一信号周期的左转或右转车的平均排队车辆数（veh）。

无交通量资料时，展宽段长度L_s应按表4.1.3-2的规定取值，支路最小长度不应小于30m，次干路最小长度不应小于40m～50m，主干路最小长度不应小于50m～70m，与支路相交应取下限值，与干路相交应取上限值。

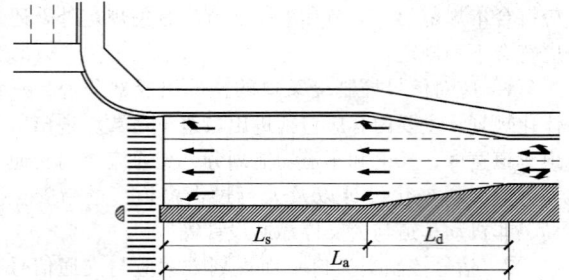

图4.2.2 进口道规划展宽长度示意

  2) 当需要在向右侧展宽的进口道上设置公交停靠站时，应利用展宽段的延伸段布设港湾式公交停靠站，并应追加站台长度，渐变段长度应按港湾式停靠站要求设置。
  3) 需设两条转弯专用车道时，展宽段长度可取一条专用车道长度的0.6倍。
 3 进口道可不设路缘带。
 4.2.3 信号控制交叉口出口道规划应符合下列规定：
 1 出口道规划展宽长度应包括出口道展宽段长度和展宽渐变段长度，并应符合下列规定：
  1) 当出口道展宽段内不设公交停靠站时，支路出口道展宽段长度不应小于30m，次干路出口道展宽段长度不应小于45m，主干路不应小于60m；展宽渐变段长度不应小于20m。
  2) 当出口道展宽段内设置公交停靠站时，展宽段长度除应符合本款第1项的规定外，还应增加公交停靠站所需的长度；渐变段长度应符合港湾式公交停靠站的设置要求。
  3) 出口道规划展宽长度还应满足安全视距三角限界的要求。
 2 出口道规划可不设路缘带。
 4.2.4 交叉口前后高架道路、地下通道或互通立交匝道出入口的布置，应符合下列规定：
 1 交叉口前后高架道路、地下通道或立体交叉匝道出入口，应设在与主干路、次干路相交的交叉口的上游或下游，不宜设在与支路相交的交叉口上游或下游。出入口匝道接地点距交叉口的距离应满足车流交织长度的要求。
 2 高架道路、地下通道或互通立交面对信号控制交叉口的出口匝道的设置，宜符合下列规定：
  1) 在信号控制交叉口上游布置有出口匝道时，交叉口进口道的展宽宜符合地面道路与匝道车流的双重要求。
  2) 出口匝道的横向位置宜按出口匝道车辆左转、右转交通量大小确定。当左转交通量大时，宜布置在靠近平面交叉口进口道左转车道与直行车道之间（图4.2.4-1）；当右转交通量大时，宜布置在靠近平面交叉口进口道右转车道与直行车道之间（图4.2.4-2）。

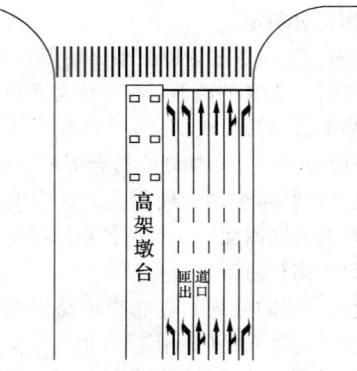

图4.2.4-1 左转交通量大时出口匝道的横向位置

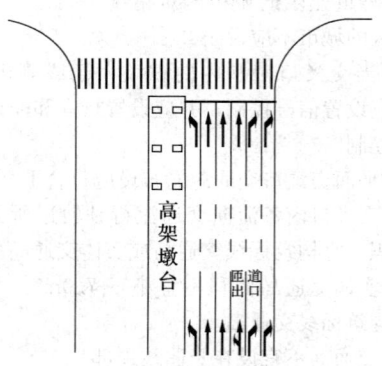

图4.2.4-2 右转交通量大时出口匝道的横向位置

  3) 出口匝道接近地面段宜设置2条以上车道，按车辆出匝道后左转、右转及直行交通量的大小确定出口段车道功能。
  4) 出口匝道的出口端距下游平面交叉口进口道展宽渐变段起点距离宜大于或等于100m。当该距离小于100m且匝道车流与干路车流换车道交织有困难时，可在下游平面交叉口进口道分别设置地面进口道展宽和匝道延伸部分的展宽；进口道展宽可分别设置干路左转车道、直行车道和右转车道，匝道延伸部分展宽可分别设置左转车道、直行车道和右转车道；且进口道的信号相位应采用双向左转专用相位。
 3 交叉口前后高架道路、地下通道或互通立交的入口匝道靠近干路的平面交叉口时，入口匝道的入口段宜布置在交叉口出口道展宽渐变段的下游，且最小距离不宜小于80m。

4.3 无信号控制交叉口

4.3.1 在支路只准右转通行交叉口的进口道与出口道之间，可规划布设三角形导流交通岛或在主干路上规划布置穿过交叉口的连续中央分隔带。

4.3.2 停车让行与减速让行标志交叉口次要道路进口道仅有1条车道且有展宽余地时，宜规划设置为2条车道；主要道路进口道车道数可与路段车道数相同。

4.3.3 全无管制交叉口应符合安全视距三角限界的要求；在改建、治理规划中，对安全视距三角限界不能改善的交叉口，应改为停车让行标志交叉口或采取限速措施。

4.4 常规环形交叉口

4.4.1 交通工程规划阶段，常规环形交叉口规划应符合下列规定：

1 常规环形交叉口不宜用于大城市干路相交的交叉口上，仅在交通量不大的支路上可选用环形交叉口。新建道路交叉口交通量不大，且作为过渡形式或圈定道路交叉用地时，可设环形交叉。

2 常规环形交叉口各组成要素的规划，应包括中心岛形式和大小、交织段长度、环道车道数及其宽度与横断面、环道外缘形状、进出口转角半径、交通岛、人行横道等（图4.4.1）。

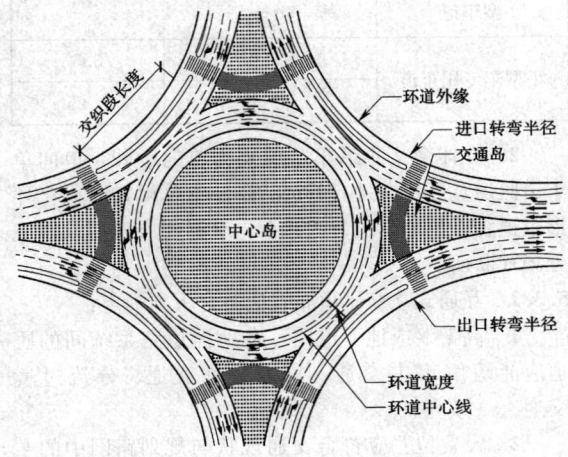

图 4.4.1 常规环形交叉口各组成要素

3 常规环形交叉口中心岛的形状宜采用圆形、椭圆形、圆角菱形。中心岛曲线半径宜为15m～20m。中心岛内不得布置人行道。中心岛内的交通与绿化设施应符合行车安全的要求。

4.4.2 常规环形交叉口环道、环道外缘及进出口规划，应符合下列规定：

1 环道车道数宜为2条或3条。

2 环道上每条车道的宽度应在直线车道宽度基础上增加曲线车道的加宽宽度。中心岛半径在15m～20m时，行驶小型车环道加宽宽度不应小于0.7m，行驶大型车环道加宽宽度不应小于2.4m。

3 环道外侧人行道宽度，不宜小于与该段环道相邻的相交道路路段上的人行道宽度。

4 交叉口右转车道宜按直线布设，且直线与相交道路边缘线之间宜为圆弧曲线；交叉口右转车道也可按与中心岛反向曲线布设（图4.4.1）。

5 环道进口外缘交角圆弧曲线半径不应大于中心岛的计算半径。各相交道路的进口交角圆弧曲线半径相差不应过大。

6 环道出口外缘交角圆弧曲线半径可大于中心岛的计算半径。

7 在环道进出口上各向车辆行驶迹线的"盲区"范围，可布设三角形导向交通岛。导向交通岛内不得布置与交通无关的设施。当导向交通岛内进行绿化或布置交通设施时，应满足行车安全视距的要求。

4.4.3 改善、治理交叉口规划时，常规环形交叉口可采用下列措施：

1 进入常规环形交叉口的相交道路应改为减速让行标志管制道路。

2 常规环形交叉口交织路段应采用交通信号灯控制（图4.4.3）。

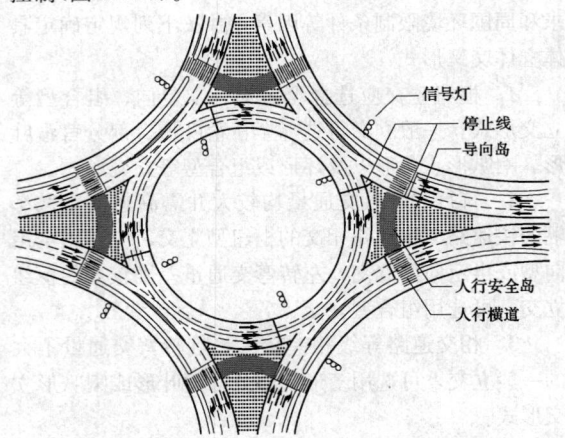

图 4.4.3 常规环形交叉口信号灯控制布设

4.5 短间距交叉口规划

4.5.1 短间距交叉口应进行相邻交叉口间的协调规划，协调规划应满足不产生通行能力"瓶颈"区域的要求。

4.5.2 短间距交叉口之间通行能力的匹配应符合下列规定：

1 上游交叉口流入车道组的通行能力不应大于下游交叉口流出车道组的通行能力。

2 当无法估算通行能力时，相邻交叉口进口道数的对应关系应符合下列规定：

　　1）当相邻两交叉口相交道路等级相同时，上游交叉口流入进口车道总数与下游交叉口流出车道总数应相同。

2) 当相邻两交叉口相交道路等级不同时，上游交叉口流入进口车道总数与下游交叉口流出车道总数相差不宜超过1条。

3 两端交叉口进口道均按偏移中心线展宽时，应进行两交叉口的协调规划。当需要设置人行过街横道时，应设置在渐变段中央（图4.5.2）。

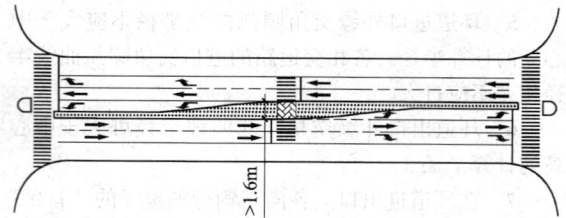

图4.5.2 短间距交叉口进口道展宽的协调布设

5 立体交叉规划

5.1 一般规定

5.1.1 在控制性详细规划阶段，除应按本规范表3.2.3的规定选择立体交叉类型外，还应根据交通需求和周围环境限制条件等因素，并按下列规定确定具体立体交叉形式：

1 枢纽立交应选择全定向、半定向、组合型等立交形式。一般立交可选择全苜蓿叶形、部分苜蓿叶形、喇叭形、菱形以及环形或组合型等立交形式。

2 直行和转弯交通量均较大并需高速度集散车辆的快速路与快速路相交的枢纽型立交，应选用全定向型或半定向型立交；左转弯交通量差别较大的枢纽立交，可选用组合型立交。

3 相交道路等级相差较大，且转弯交通量不大的一般立交，可选用菱形、部分苜蓿叶形或喇叭形立交形式。

4 城市中不宜选用占地较大的全苜蓿叶形立交；如需设置同侧的环形左转匝道时，应在两相邻左转环形匝道间设置集散车道。

5 左转交通量较大的立交不应选用环形立交。

5.1.2 城市快速路立体交叉系统规划应符合下列规定：

1 应根据城市综合交通规划中的快速路网规划布局和快速路与干路规划交叉口的位置及转向交通的需求，规划立体交叉的布点。

2 快速路主线基本车道数应在立体交叉系统中保持一致；当主线基本车道数减少时，应进行通行能力分析。

3 立体交叉匝道出入口形式应统一，出入口均应布设在主线右侧。出口应布设在立体交叉构筑物上游，当出口布设在立体交叉构筑物下游时，应设置集散车道将分流点提前到构筑物的上游。

4 立体交叉系统各组成部分技术要求应相互协调。

5 相邻互通立交交叉点间的间距，应大于上下游匝道出入口间变速车道与交织段长度之和及满足设置必要交通标志的要求，且不宜小于1.5km。

5.2 立体交叉主线规划

5.2.1 快速路与城市干路相交形成的菱形立体交叉，快速路进出口匝道与相交道路的平面交叉应采用信号灯控制；支路与快速路辅路交叉应规划为支路只准右转通行交叉口。

5.2.2 互通式立交主线相交道路上下层位置的布设及桥、隧结构的选择，应根据相交道路在城市中所处的地位、类别、交通量大小、规划平面方案与控制标高及地形、地物、周围环境条件确定。

5.2.3 立体交叉主线平面、横断面与纵断面规划标准应与路段的标准一致。

5.3 立体交叉匝道规划

5.3.1 互通式立交匝道横断面规划应符合下列规定：

1 匝道车道宽度应符合表5.3.1的规定。

表5.3.1 匝道一条车道的宽度

车道种类	设计车速（km/h）	车道宽度（m）
大型车或混合型车道	≥60	3.75
	≤60	3.5
小型车专用车道	≥60	3.5
	<60	3.25

2 立体交叉匝道车行道宜为单向行驶，单向单车道匝道宽度不宜小于7m，宜采用单幅式断面；环形匝道宜采用单车道；组织双向交通时应采用双幅或分离式断面。

5.3.2 互通式立交匝道布置应符合下列规定：

1 高架（或地下道路）和地面道路系统间的匝道应能疏解市内交通、集散对外交通、分流过境交通。

2 设置位置应符合交通现状与规划路网中的主要流向。

3 相邻匝道间距应合理，应减少因匝道出入口对主线的影响，且不宜使匝道的交通量过分集中。

5.3.3 快速路主线上相邻出入口最小间距（图5.3.3）应符合表5.3.3的规定。

表5.3.3 快速路主线上相邻出入口最小间距 L (m)

主线设计速度（km/h）	出入口布设形式			
	出口-出口	出口-入口	入口-入口	入口-出口
100	760	260	760	1270

续表5.3.3

主线设计速度(km/h)	出入口布设形式			
	出口-出口	出口-入口	入口-入口	入口-出口
80	610	210	610	1020
60	460	160	460	760

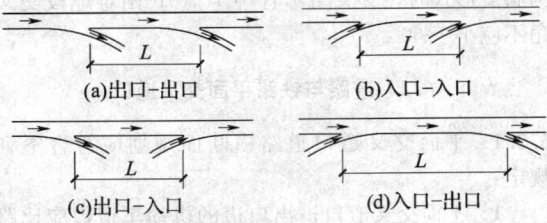

图5.3.3 快速路主线上相邻出入口最小间距

5.3.4 同一立体交叉范围内的相邻出入匝道布置应为"逐级分流、逐级合流"的形式（图5.3.4），且同一匝道相邻出入口间距应符合表5.3.4-1的规定；当同一立体交叉范围内相邻出入匝道不能布置为"逐级分流、逐级合流"形式时，则相邻出入口最小间距应符合表5.3.4-2的规定。

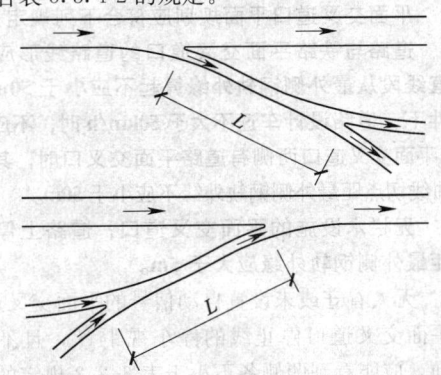

图5.3.4 匝道逐级分流、逐级合流示意

表5.3.4-1 同一匝道"逐级分流、逐级合流"形式出入口最小间距 L (m)

匝道设计速度(km/h)	70	60	50	45	40	35	30
一般值	100	80	70	65	55	45	40
极限值	60	50	45	45	40	40	40

表5.3.4-2 同一立体交叉范围内相邻出入口最小间距 L (m)

主线设计速度(km/h)	出入口形式			
	出口-出口	出口-入口	入口-入口	入口-出口
100	280	140	280	560
80	220	110	220	440
70	190	95	190	380
60	160	80	160	320

注：1 当出入口形式为入口-出口时，还应计算交织长度，相邻出入口最小间距应取计算结果与本表数值两值中的大值。
2 如果受地形条件限制时，可按满足设置交通标志的要求确定。

5.4 立体交叉变速车道规划

5.4.1 减速车道宜采用直接式，加速车道宜采用平行式。

5.4.2 变速车道长度的取值应符合表5.4.2-1的规定；直接式变速车道渐变段渐变率应符合表5.4.2-2的规定；平行式变速车道渐变段的长度应符合表5.4.2-3的规定。

表5.4.2-1 变速车道长度（m）

主线设计车速(km/h)	匝道设计车速 (km/h)													
	30	35	40	45	50	60	70	30	35	40	45	50	60	70
	减速车道长度							加速车道长度						
100	—	—	—	—	130	110	80	—	—	—	300	270	240	200
80	—	90	85	80	70	—	—	220	210	200	180	—	—	—
70	80	75	70	65	—	—	—	210	200	190	180	170	—	—
60	70	65	60	50	—	—	—	200	190	180	150	—	—	—

表5.4.2-2 直接式变速车道渐变段渐变率

主线设计车速（km/h）		100	80	70	60
渐变率	出口 单车道	1/25	1/20	1/17	1/15
	出口 双车道				
	入口 单车道	1/40	1/30	1/25	1/20
	入口 双车道				

表5.4.2-3 平行式变速车道渐变段长度（m）

主线设计车速（km/h）	100	80	70	60
渐变段长度（m）	80	60	55	50

5.5 立体交叉集散车道规划

5.5.1 在进出口端部间距较近，且不满足本规范表5.3.4-2要求时，必须布设集散车道，且进出口交通和主线交通间应布设实体隔离。

5.5.2 集散车道应布设在主线右侧，与主线车行道间应设置分隔带。分隔带宽度应满足设置必要交通设施的要求，且不应小于1.5m；当用地有特殊困难时，分隔带宽度不得小于0.5m。分隔带内必须设置安全分隔设施。集散车道应通过变速车道同主线车道相接。

5.5.3 集散车道的设计车速应按匝道设计车速确定。集散车道应为双车道。

5.6 立体交叉辅助车道规划

5.6.1 当进、出口匝道的上、下游主线不能保证车道平衡时，应在主线车道右侧规划布设辅助车道。

5.6.2 辅助车道的宽度应与主线车道相同，且与主线车道间不应设路缘带。辅助车道右侧应设停车带，停车带宽度宜与正常路段的主线停车带相同；当用地或有其他条件限制时，应设置港湾式紧急停车带，且宽度不得小于2.5m。

5.6.3 辅助车道长度（包括渐变段）在分流端宜为1000m，不得小于600m；在合流端应为600m。辅助车道渐变段渐变率不应大于1/50。当一个互通立交的入口与后一个互通立交的出口均设有或其中之一设有辅助车道，且入口渐变段终点至出口渐变段起点的距离小于500m时，应延长辅助车道并将相邻出入口连通。

5.7 立体交叉范围内辅路、人行道等其他设施规划

5.7.1 设有辅路系统的枢纽立交应设置与主线分行的辅路。在城市总体规划阶段，无交通量数据时可按主线车道数所需的宽度确定辅路宽度；在控制性详细规划或交通工程规划阶段，应按主路进出交通量分段确定辅路宽度。具有明显集散作用的一般立交，其辅路宜与匝道布置相结合；横断面及交叉口渠化布置时，辅路应与路段协调一致，并应明确公交车站的布置。

5.7.2 立体交叉范围内规划非机动车道应与路段非机动车道连通；单独设置单向非机动车道时，其净宽度不应小于2.5m。

5.7.3 立体交叉范围内规划人行道最小净宽度不小于2.0m，并应设置无障碍设施。

5.7.4 立体交叉范围内宜规划布设安全设施所需用地。

5.7.5 规划布设在立体交叉范围内的人行广场、排水泵站、照明配电、绿化等设施，不应影响立体交叉的交通功能。

5.7.6 立体交叉附近不应规划布设可能引起人员、物资或车辆聚集的建（构）筑物。

6 道路与铁路交叉规划

6.1 一般规定

6.1.1 城市道路系统布设道路与铁路交叉道口的位置，应符合下列规定：

 1 道路与铁路平面交叉道口，不应设在铁路曲线段、视距条件不符合安全行车要求的路段、车站、桥梁、隧道两端及进站信号处外侧100m范围内。

 2 道路与铁路平面交叉道口应选在铁路轨线最少且以后不增设新线处，不应设在铁路道岔处。

 3 道路与铁路平面交叉道口处有多股轨线时，应避开轨道标高有高差的地方。

 4 道路与铁路平面交叉道口处有平行于铁路轨道的道路时，规划平面交叉道口宜选在平行道路与铁路轨道距离最远处；规划立体交叉道口宜选在平行道路与铁路轨道距离最近处。

 5 道路与铁路立体交叉道口应满足布设立体交叉的要求。

6.1.2 道路与铁路交叉道口的交叉形式选择，应根据道路和铁路的性质、等级、设计行车速度、交通量和安全要求、地形条件，以及经济效益等因素综合确定，应选用立体交叉。

6.1.3 道路与铁路交叉宜布设成正交形式。当布设为斜交形式时，交叉角不宜小于70°；困难地段交叉角不应小于60°。

6.2 道路与铁路平面交叉道口

6.2.1 平面交叉道口道路横断面规划应符合下列规定：

 1 平面交叉道口进出口道的机动车道数应比路段至少增加一条车道，非机动车道宽度应适当加宽；困难条件下，人行道部分宽度可按高峰小时人流量的需求确定，但每侧宽度不得小于2.0m。

 2 当平面交叉道口宽度超过20m、不能采用标准栏木时，可局部变更道路横断面形式，但不得压缩各种车行道与人行道宽度，断面变更处两端应设过渡段。

6.2.2 平面交叉道口平面规划应符合下列规定：

 1 道路与铁路平面交叉道口的道路线形应为直线。直线段从最外侧钢轨外缘算起不应小于50m。困难条件下，道路设计车速不大于50km/h时，不应小于30m。平面交叉道口两侧有道路平面交叉口时，其缘石转弯曲线切点距最外侧钢轨外缘不应小于50m。

 2 无栏木设施的平面交叉道口，道路上停止线位置距最外侧钢轨外缘应大于5m。

6.2.3 无人看守或未设置自动信号的平面交叉道口，在距平面交叉道口停止线的停车视距S_s，且不小于50m处，应能看到两侧各不小于表6.2.3规定的侧向最小视距S_c处的列车（图6.2.3）。

表6.2.3 平面交叉道口侧向视距

铁路设计行车速度（km/h）	侧向最小视距 S_c（m）
100	340
80	270

注：表中侧向视距是按道路视距50m计算的，道路视距大于50m时，应另行计算。

6.2.4 平面交叉道口竖向规划应符合下列规定：

 1 平面交叉道口两侧应设置平台，并应符合下列规定：

  1）自最外侧钢轨外缘到最近竖曲线切点间的平台长度，当通行大型车、特大型车时，不应小于20m；当通行中型车、小型车时，不应小于16m。

  2）平台纵坡不应大于0.5%。

  3）紧接平面交叉道口平台两端的道路纵坡度不应大于表6.2.4的规定。

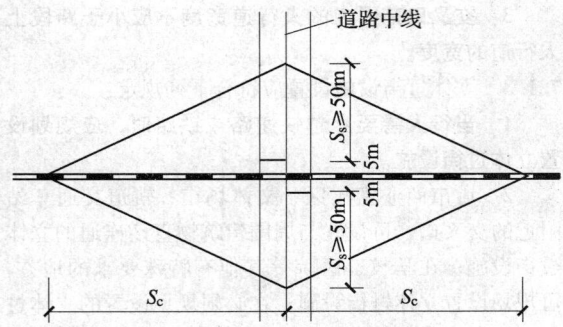

图 6.2.3 平面交叉道口视距三角形

表 6.2.4 紧接平面交叉道口平台两端的道路纵坡度（%）

道路类型	通行大型车、特大型车或小型车与非机动车混行道路	通行中型车、小型车道路
一般值	2.5	3.0
极限值	3.5	5.0

2 平面交叉道口处有两股或两股以上轨线时，轨面不宜有高差。困难条件下，两线轨面高差不应大于10cm；线间距大于5m的并肩平面交叉道口中，相邻两线轨面标高形成的道路纵坡度不应大于2%。

6.3 道路与铁路立体交叉

6.3.1 道路与铁路立体交叉应符合下列规定：

1 城市快速路、主干路、行驶无轨电车和轨道交通的道路与铁路交叉，必须规划布设立体交叉。

2 其他道路与设计车速大于或等于120km/h的铁路交叉，应规划布设立体交叉。

3 地形条件有利于布设立体交叉或不利于布设平面交叉时，应规划布设立体交叉。

4 被铁路分割的中小城市，可选择部分干路规划布设立体交叉。

5 铁路调车作业对道路行驶车辆造成延误较严重时，应规划布设立体交叉。

6.3.2 机动车、非机动车共用道路与铁路立体交叉，可选用机动车道上跨铁路、非机动车道与人行道下穿铁路的立体交叉形式。

6.3.3 道路与铁路立体交叉，道路主线及其引道的规划线型标准应与道路路段标准一致。

6.3.4 道路上跨铁路立体交叉应符合下列规定：

1 横断面规划应符合下列规定：

1) 上跨铁路的道路规划横断面应与道路路段规划横断面一致。人行道的宽度应根据人流量需要确定，每侧人行道宽度不应小于1.5m。

2) 上跨铁路的道路应符合现行国家标准《标准轨距铁路建筑界限》GB 146.2 的有关规定。

2 跨越铁路的道路及其引道，规划平面线形应顺直。需布设弯道时，规划弯道半径应符合表 6.3.4 的规定。

表 6.3.4 跨越铁路的道路及其引道规划弯道半径

规划弯道半径（m）	道路类别	
	快速道路	干路
推荐半径	2000	1000
最小半径	1000	600

6.3.5 道路下穿铁路立体交叉应符合下列规定：

1 横断面规划应符合下列规定：

1) 下穿铁路的道路规划横断面应与道路路段一致。人行道的宽度应根据人流量需要确定，每侧人行道宽度不应小于1.5m。

2) 规划隧（桥）洞断面必须减小分隔带宽度时，在隧（桥）洞断面与道路路段断面之间应规划过渡段。

3) 下穿铁路的道路规划为机、非分隔断面时，可把隧（桥）洞规划成三孔断面，把机动车道、非机动车及人行道规划分设在不同标高的隧（桥）洞中，机动车道隧（桥）洞的净空应符合机动车通行的要求，非机动车道和人行道隧（桥）洞的净空可降低到符合非机动车和行人通行的要求（图 6.3.5）。

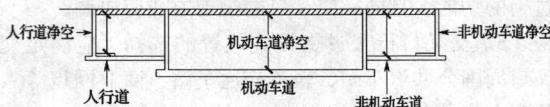

图 6.3.5 三孔式隧（桥）洞布设

2 规划隧（桥）洞平面布置时，应符合施工开槽及隧道边界与两侧建筑物安全距离的要求。

3 竖向规划应符合下列规定：

1) 规划下坡道的纵断面时，应使隧（桥）洞外缘洞顶到路面的高差符合规定净空及竖向视距的要求。

2) 机动车道最低点的位置不应设在隧（桥）洞内，宜设在洞外引道上；采用泵站排水时，洞外引道机动车最低点位置与泵站位置宜在隧（桥）洞体同侧。最低点的控制标高宜规划高于雨水出水口和地下水高水位的标高。

3) 隧（桥）洞下坡道起点前的引道段，应设一段上坡道，并应在道路两侧采取截水措施。

6.3.6 上跨或下穿铁路的道路与平行铁路的道路立体交叉，应符合下列规定：

1 交叉口不宜布设在铁路立体交叉的引道上；当平行铁路的道路距铁路较远时，交叉口应规划在铁路立体交叉引道的缓坡段，交叉口范围内的纵坡不宜大于1%,交叉口前后坡段的纵坡不宜大于2%;当平行铁路的道路距铁路较近且道路标高与铁路标高相近时,宜将道路立体交叉与铁路立体交叉合并规划。

2 新建道路与铁路立体交叉规划时,道路引道段两侧不得规划建筑物出入口;改建道路与铁路立体交叉规划中不能改变原有出入口时,应在道路引道旁规划辅路,出入口应设在辅路与道路引道标高相近处。

7 行人与非机动车过街设施规划

7.1 行人过街设施

7.1.1 行人过街设施规划应符合下列规定:

1 交叉口行人过街设施规划应保障行人过街的安全与便捷,并应符合无障碍通行要求。

2 交叉口均应规划设置行人过街设施,其总体布局应符合城市道路网规划、非机动车和行人系统规划,并应与交叉口的几何特征、人流与车流特征、微观交通组织方式等相协调。

3 行人过街方式的选择应根据道路的功能性质、交叉口类型、交通控制方式及地形条件等因素确定;应选用平面过街方式。

4 交叉口行人过街设施应具备各方向均可便捷过街的功能,且同一交叉口的过街方式应协调。

5 交叉口行人过街设施位置的选择,应满足交叉口周围公共汽车站、轨道交通车站、商业网点等人流安全集散的要求。

6 立体过街设施在满足基本功能的基础上,其跨径、净高等应按道路远期规划横断面确定。

7 交叉口过街设施应设置必要的引导标识和安全设施。

7.1.2 行人过街设施的布置应符合下列规定:

1 立体交叉过街设施的布置应符合下列规定:
  1)对各方向均为连续流交通的立体交叉,应结合立体交叉选型设置各方向功能完善的立体过街设施,其过街方式和过街系统应统一、连续、便捷,并应与公交停靠站等设施衔接;
  2)对连续流和间断流交通相结合的立体交叉,应在间断流处设置各方向功能完善的平面过街设施,在平面过街设施可满足过街需求的情况下,不应设置立体过街设施。

2 平面交叉口过街设施的规划布置应符合下列规定:
  1)干路与干路交叉应采用行人过街信号控制。
  2)干路与支路交叉,干路应采用行人过街信号控制,支路应采用斑马线;支路人行横道上游机动车道应设置人行横道警告标线。

3 交叉口范围内的人行道宽度不应小于路段上人行道的宽度。

7.1.3 立体过街设施设置应符合下列规定:

1 当行人需要穿越快速路或铁路时,应规划设置立体过街设施。

2 城市商业密集区、文体场馆、轨道交通车站附近的交叉口,可设置与周围建筑物直接连通的立体过街设施;在学校、医院等其他有特殊要求的地方,可规划设置立体过街设施;在必须规划设置的立体过街设施上,应设置自动扶梯或预留自动扶梯的位置。

3 人行天桥或地下通道的选择,应综合地下水位、地上地下管线、其他市政公用设施、周围环境、维护要求、工程投资等,进行技术、经济、社会效益等比较后确定。

4 人行天桥或地下通道的梯段或坡道占用人行道宽度时,应局部拓宽人行道,人行道宽度不应小于原有宽度或不应小于3m。

7.1.4 人行过街横道的设置应符合下列规定:

1 人行过街横道应设置在车辆驾驶员容易看清的位置,应与车行道垂直,应平行于路段路缘石的延长线,并应后退1m~2m,人行横道间的转角部分长度应大于6.0m。在右转车辆容易与行人发生冲突的交叉口,后退距离宜适当加大到3m~4m。

2 人行横道宽度应根据过街行人数量、人行横道通行能力、行人过街信号时间等确定。

3 高架道路下人行横道的设置应避免桥墩遮挡行人观察迎面来车的视线,宜设置行人过街安全岛和专用信号灯,并应符合本规范第B.0.1条的规定。

4 交叉口设有转角交通岛时,其人行横道的设置应结合转角交通岛进行布置,并应符合本规范第B.0.2条的规定。

5 人行横道两侧沿路缘石宜设置行人护栏或种植具有分隔作用的灌木丛等;行人护栏或分隔设施长度应为30m~120m,主干路应取90m~120m,次干路应取60m~90m,支路应取30m~60m。

6 无信号控制及让行标志交叉口应规划布设斑马线,并应在人行横道上游机动车道上划人行横道警告标线。

7 环形交叉口需设置人行横道时,人行横道位置宜结合交通岛设置,必要时可采用定时信号或按钮信号控制。

7.1.5 行人过街安全岛的设置应符合下列规定:

1 人行过街横道长度超过16m时(不包括非机动车道),应在人行横道中央规划设置行人过街安全岛,行人过街安全岛的宽度不应小于2.0m,困难情况不应小于1.5m。

2 有中央分隔带的道路,可利用中央分隔带设置行人过街安全岛;无中央分隔带的道路,可根据下列情况采取相应的措施增设行人过街安全岛,并应符合本规范第B.0.3条的规定：
    1）有转角交通岛的交叉口，可减窄交通岛0.75m～1.0m设置行人过街安全岛；
    2）无转角交通岛的交叉口，可利用转角曲线范围内的扩展空间设置行人过街安全岛；
    3）当人行横道设在直线段范围内时，可减窄进出口车道的宽度设置行人过街安全岛。
  3 在人行横道中间设置行人过街安全岛时，应在安全岛靠交叉口中心一侧的岛端设防撞保护岛；防撞保护岛的设置应符合本规范第B.0.3条的规定；防撞保护岛迎车面应设置反光装置；防撞保护岛的设置不应影响左转车辆的正常行驶轨迹。
  4 行人过街安全岛宽度不够时，安全岛两侧人行横道可错开设置，并应设置安全护栏。

7.1.6 行人过街信号设置应符合下列规定：
  1 行人过街信号相位应与车辆信号相位协调；人行横道中间设有安全岛时应设置独立行人过街信号灯。
  2 行人过街绿灯时长不得小于行人安全过街所需的时间，行人红灯时间不宜超过行人能够忍受的等候时间。
  3 在各方向过街行人流量大的交叉口，可采用各方向行人过街全绿专用相位。

7.2 非机动车过街设施

7.2.1 非机动车独立进出口道应符合下列规定：
  1 当城市道路交叉口非机动车交通流量较大或路段上机动车与非机动车之间有隔离设施时，应在交叉口设置独立的非机动车进出口道，机动车与非机动车道间应设置实体分隔设施。
  2 非机动车独立进出口道可采用非机动车与机动车相同或非机动车与行人相同的通行规则和交通组织方式，并应符合本规范第B.0.4条的规定。
  3 不得在非机动车独立进出口道上设置机动车道。

7.2.2 路段上机动车-非机动车混行的道路，在交叉口进出口道上应设置实体分隔设施或采用标线分隔。

7.2.3 行人-非机动车混行进出口道应符合下列规定：
  1 新建交叉口不宜规划行人-非机动车混行进出口道。
  2 改建、治理交叉口规划，当非机动车流量较大或人行道宽度较窄时，不应在交叉口将非机动车道同人行道合并设置为行人-非机动车混行进出口道。
  3 混行进出口道的人行道宽度不应小于3m，与非机动车道间宜设置实体分隔设施。
  4 行人-非机动车混行进出口道应采用非机动车与行人相同的交通组织方式，并应符合本规范第B.0.2条的规定。

8 公共交通设施规划

8.1 一般规定

8.1.1 道路交叉口公共汽（电）车停靠站应保证乘客安全，方便乘客换乘，满足公共汽（电）车安全停靠和顺利进出的要求，降低对交叉口交通的影响。

8.1.2 道路交叉口公共汽（电）车停靠站间的换乘距离，宜符合下列规定：
  1 同向换乘，换乘距离不宜大于50m。
  2 异向换乘和交叉换乘，换乘距离不宜大于150m。
  3 任何换乘方向换乘，换乘距离不宜大于250m。

8.1.3 非寒冷冰冻地区道路交叉口公共汽（电）车停靠站的纵坡不宜大于2%，山岭重丘城市或地形困难时，坡度不宜超过3%；寒冷冰冻地区坡度不超过1.5%。

8.2 交叉口公共汽（电）车停靠站

8.2.1 交叉口常规公共汽（电）车停靠站设置，应符合下列规定：
  1 平面交叉口常规公共汽（电）车停靠站宜布置在交叉口出口道，并应与出口道进行一体化展宽，且应靠近交叉口人行横道。常规公共汽（电）车停靠站的布置不应造成公交停靠排队溢出。
  2 右转线路的公共汽（电）车停靠站可布设在交叉口进口道。
  3 当进口道有展宽车道时，应将公共汽（电）车停靠站布设在展宽车道的上游，并应与进口道进行一体化展宽；当进口道无展宽车道时，应将公共汽（电）车停靠站布设在右侧车道最大排队长度上游15m～20m处。
  4 无轨电车与公共汽车应分开设站。无轨电车停靠站应设置于公共汽车停靠站的下游。
  5 立体交叉匝道出入口段及立体交叉坡道段不应设置公共汽（电）车停靠站。
  6 对机动车与非机动车画线分隔车道，公共汽（电）车停靠站宜以右侧岛式站台的形式布置在机动车与非机动车分隔线位置。

8.2.2 多条公共汽（电）车线路合并设置的停靠站，应符合下列规定：
  1 公共汽（电）车线路数应根据公交车到站频率、停靠站台长度及其通行能力确定。
  2 一个站台的停靠泊位数不宜超过3个。
  3 同一停靠站台，停靠标准公交车线路数不宜超过6条；停靠大型公交车、铰接车线路数不宜超过3条，特殊情况下不应超过4条。

4 当同一停靠站台线路数超过本条第 3 款的规定时，应分开设站，且站台总数不宜超过 3 个，站台间距不应小于 25m。

8.2.3 公共汽（电）车停靠站台规划形式的选择，应符合下列规定：

1 干路及有公交专用车道的交叉口应采用港湾式停靠站；支路交叉口宜采用港湾式停靠站，当条件受限制时可采用直线式停靠站，并应符合本规范第 C.0.1 条的规定。

2 机动车与非机动车分隔带的道路，宜在机动车与非机动车分隔带布置公共汽（电）车停靠站。

8.2.4 直线式停靠站站台几何尺寸应符合下列规定：

1 常规公交及公交专用车道站台宽度不应小于 2m，当条件受限制时，宽度不得小于 1.5m；快速公共交通车站台，规划布设有售检票设施时，双向共用站台宽度不应小于 5m，双向分设的站台宽度不应小于 3m。

2 站台长度可按下式确定。

$$L_b = p(l_b + 2.5) \tag{8.2.4}$$

式中：L_b——站台长度（m）；
l_b——公共汽（电）车车辆长度（m）；
p——公交站台停靠泊位数。

3 站台的高度不宜超过 0.15m。

8.2.5 港湾式停靠站站台几何尺寸应符合下列规定：

1 港湾式停靠站的几何尺寸宜符合图 8.2.5 的规定。

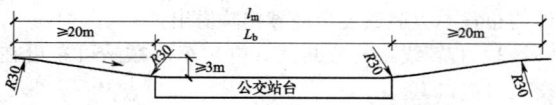

图 8.2.5 港湾式停靠站几何尺寸

2 港湾停靠站占用人行道时，被占路段人行道宽度不应小于原人行道宽度的 60%，且不得小于 3m。

3 设在机动车与非机动车分隔带边的路侧港湾式停靠站，机动车与非机动车分隔带上站台宽度不宜小于 1.5m，并应符合本规范第 C.0.2 条的规定。

8.2.6 快速公共交通停靠站规划应符合下列规定：

1 快速公共交通站台宜与常规公共汽（电）车站分开设置，应设置安全防护设施，并应满足无障碍设计的要求；站台应结合人行过街方式同步进行布置。

2 快速公共交通车道单向只有一条车道时，应采用港湾式停靠站。

3 规划在中央分隔带上的快速公共交通左侧岛式站台应把两向停靠站设在同一路段；右侧式站台除可把两向停靠站设在同一路段外，也可分开设在各向的进口道上。

4 规划在路侧的快速公共交通停靠站可采用相同于公交专用道的设站方式，站台宽度、长度应符合快速公交通行能力和服务水平的要求。

5 快速公共交通站台高度应与车型相匹配。

8.3 公共汽（电）车专用进出口车道

8.3.1 公共汽（电）车专用进口车道的设置应符合下列规定：

1 当交叉口公共汽（电）车交通量较大时，宜增设公共汽（电）车专用进口车道，其宽度不小于 3m。

2 公共汽（电）车专用进口车道设置于右转车机动车道的右侧时，其长度不应小于停靠 3 辆公共汽（电）车所需的长度，并应设置右转车专用信号灯。

3 公共汽（电）车专用进口车道设置于右转车机动车道的左侧时，应在右转车排队最大长度上游设有从最右侧的公交专用车道转向公共汽（电）车专用车道进口道的交织段，其长度不宜小于 40m。

8.3.2 公共汽（电）车专用出口车道的设置应符合下列规定：

1 公共汽（电）车专用出口车道的起点距右转缘石半径起点的距离应大于 70m。

2 当采用左侧公共汽（电）车专用出口车道时，宜在对向车道间布置隔离设施，公共汽（电）车专用车道宽度不应小于 3.5m。

8.4 公共汽（电）车优先控制

8.4.1 公共汽（电）车通过交叉口应根据公交专用进口车道的布设以及行人、非机动车和其他机动车辆的通行需求，设置公交优先控制信号。

8.4.2 有快速公共交通通过的交叉口，应设置快速公共交通优先控制信号。

9 交叉口辅助设施

9.1 安 全

9.1.1 交叉口交通安全设施应与交叉口同步规划布设。

9.1.2 平面交叉口交通导向岛、安全岛的布设，应符合下列规定：

1 平面交叉口范围内规划布设各类交通岛时，应使交通岛的布设位置及形状能组织引导并规范各种、各向车流的通行轨迹，应减少各种、各向车流在交叉口范围内的冲突或缩小冲突范围，且不影响车流的正常通行轨迹。

2 当进口道向右侧展宽且左转车道直接从直行车道引出时，在中央分隔带右侧应规划布设"鱼肚形"导向标线。

9.1.3 立体交叉交通安全设施的布设应符合下列规定：

1 下列地段应规划布设防撞栏杆、防撞墩或其他安全设施：
  1）在上跨立体交叉的主线或匝道两侧；
  2）立体交叉进出口匝道的三角地带及匝道小半径弯道外侧；
  3）在不设紧急停车带的机动车道边线外侧1m范围内，有门架结构、可变信息标志立柱、上跨桥梁的墩（台）等结构物的立体交叉主线上的地段；
  4）上跨桥梁或高架道路上下匝道与地面道路接坡处挡土墙路段。
2 下列路段应规划布设护栏：
  1）机动车道边线外侧1m范围内，有重要标志柱、隔音墙等设施，以及高出路面30cm以上的混凝土基础、挡土墙等结构物的立体交叉主线路段，应布设路侧护栏；
  2）主线或匝道纵坡大于4%的下坡路段，应布设路侧护栏；
  3）路面结冰、积雪或多雾地区的立体交叉路段，应布设路侧护栏；
  4）立体交叉范围内主线间或主线与平行集散道间规划成标高不同的断面时，较高一侧主线或集散道边缘应布设路侧护栏；
  5）主线设计车速大于60km/h，应布设中央分隔带护栏。

9.1.4 铁路平面交叉道口交通安全设施的布设，应符合下列规定：
1 下列铁路平面交叉道口应规划布设为有人看守道口：
  1）直接通向飞机场或易燃易爆品仓库道路上的平面交叉道口；
  2）在距最外侧钢轨5m处停车，驾驶员侧向瞭望视距小于本规范第6.2.3条规定的平面交叉道口。
2 有人看守道口应规划布设道口看守房和电力照明，以及栏木、通信、道口自动通知、信号等安全预警设施。
3 无人看守平面交叉道口应布设道口自动信号。

9.2 环境保护

9.2.1 交叉口规划时，应结合工程建设条件、交通需求、地区经济发展以及交叉口建设对环境影响等因素，确定交叉口环境保护规划的原则和方案。

9.2.2 交叉口规划的各个阶段均应进行环境影响分析。

9.2.3 在风景名胜区、文物古迹地区，交叉口规划方案应符合相关保护要求，并应与所在区域环境协调统一。

9.3 排 水

9.3.1 交叉口排水规划应与道路网排水规划一致，并应符合现行国家标准《室外排水设计规范》GB 50014的有关规定。

9.3.2 立体交叉范围内道路排水规划应包括汇水区域的地面径流水和影响道路功能的地下水。

9.3.3 有强降雨的地区或河道附近的立体交叉宜设置应急排水设施；当为下穿式立交时，应设置应急排水设施。

9.3.4 平面交叉口排水规划应防止路段的雨水汇入交叉口。平面交叉口处雨水口应布置在人行横道上游路面最低处。

9.4 绿化与景观

9.4.1 平面交叉口绿化布设应符合下列规定：
1 绿化布置不得影响行人过街。
2 行道树的树干及枝叶不得侵入道路界限，不得遮挡交通信号灯与交通标志牌。
3 在安全岛上应对行人通行的部分进行铺装。
4 环形交叉口中心岛、中央分隔带及导向交通岛，宜采用草坪、花坛进行绿化，不得种植影响安全驾驶视线的高大植物。

9.4.2 立体交叉绿化布设应符合下列规定：
1 绿化布设应服从立体交叉的交通功能。在分流和合流处，应种植满足驾驶员安全视线的植物。在弯道的外侧，可种植乔木等植物。
2 迂回形、环形匝道中面积较大的地坪宜布设草坪，可在草坪中布设开花灌木或常绿树等植物，并应布设绿化用浇灌设施。
3 匝道与相接道路连接处绿化布设应满足交叉路口安全视距和道路辨识的要求。

9.4.3 交叉口景观规划应符合下列规定：
1 交叉口景观规划应与地域自然景观协调一致，应与地区景观有机融合，并应采取与地形地貌充分吻合和避开重要建筑设施等保护景观的有效措施。
2 匝道的造型不应割断生态景观空间和视觉景观空间，并应满足现有景观、边坡造型和绿化相互协调。
3 立体交叉景观应结合相邻地域的生态环境进行规划。

附录A 设计通行能力

A.1 立体交叉匝道设计通行能力

A.1.1 立体交叉匝道设计最大服务交通量应按下式计算：

$$MSV_i = C_B \times (V/C)_i \quad (A.1.1)$$

式中：MSV_i——一条车道第 i 级服务水平的最大服务交通量（pcu/h）；

　　　C_B——基本通行能力（pcu/h），匝道一条车道基本通行能力值可按表 A.1.1 的规定选取；

　　　$(V/C)_i$——第 i 级服务水平的最大服务交通量与基本通行能力的比值。

表 A.1.1　匝道一条车道基本通行能力值

设计车速（km/h）	基本通行能力（pcu/h）
70	1780
60	1750
50	1730
40	1700
35	1680
30	1650（1550～1450）
20～25	1550（1400～1250）

注：括号内的数值为考虑非机动车对机动车影响的折减值。

A.1.2　单向车行道的设计通行能力应按下式计算：

$$C_D = MSV_i \times f_n \times f_w \times f_p \quad (A.1.2)$$

式中：C_D——单向车行道设计通行能力，即在具体条件下，采用第 i 级服务水平时所能通行的最大服务交通量（pcu/h）；

　　　f_n——单向车行道的车道数修正系数，可按表 A.1.2-1 的规定选取；

　　　f_w——匝道车道宽度对通行能力的修正系数，可按表 A.1.2-2 的规定选取；

　　　f_p——驾驶员条件对通行能力的修正系数，上下班交通或其他经常使用该道路者可取 1，其他非经常使用该道路者取 0.75～0.90。

表 A.1.2-1　单向车行道的车道数修正系数（f_n）

车道数	1	2	3	4	5
修正系数	1	1.87	2.60	3.20	3.66

表 A.1.2-2　匝道车道宽度对通行能力的修正系数（f_w）

车道宽度（m）	3.50	3.25	3.00	2.75
修正系数	1.00	0.94	0.84	0.77

A.2　让行标志交叉口通行能力

A.2.1　让行标志交叉口的基本通行能力可按下列规定确定：

1　减速让行交叉口的基本通行能力应为 1100pcu/h～1580pcu/h；

2　停车让行交叉口的基本通行能力应为 970pcu/h～1560pcu/h。

A.2.2　让行标志交叉口的实际通行能力可按下式计算：

$$C = C_0 \cdot f \quad (A.2.2)$$

式中：C——让行标志交叉口实际通行能力；

　　　C_0——让行标志交叉口基本通行能力；

　　　f——考虑各种干扰因素的折减系数，可取 0.6～1.0。

A.3　信号控制交叉口通行能力

A.3.1　信号控制交叉口通行能力可按下式计算：

$$CAP = \sum_i CAP_i = \sum_i S_i \lambda_i \quad (A.3.1)$$

式中：CAP——信号控制交叉口进口道通行能力（pcu/h）；

　　　CAP_i——第 i 条进口车道的通行能力（pcu/h）；

　　　S_i——第 i 条进口车道的规划饱和流量（pcu/h）；

　　　λ_i——第 i 条进口车道所属信号相位的绿信比。

A.3.2　信号控制交叉口规划饱和流量确定应符合下列规定：

1　规划饱和流量应采用实测数据；当无实测数据时，应按下列规定计算确定：

　　1）在城市总体规划或分区规划阶段，规划饱和流量可按表 A.3.2-1 的规定选取；

　　2）在控制性详细规划和交通工程规划阶段，规划饱和流量应结合进口车道宽度、进口道纵坡及重车率、转弯车道的转弯半径等因素，对基本饱和流量进行修正后确定。

2　信号交叉口基本饱和流量宜按表 A.3.2-1 的规定确定。

表 A.3.2-1　信号交叉口基本饱和流量（pcu/h）

车　道	S_b
直行车道（S_{bt}）	1550-1650-1750
左转车道（S_{bl}）	1450-1550-1650
右转车道（S_{br}）	1350-1450-1550

3　各种进口车道饱和流量的进口道纵坡及重车率修正系数，当重车率不大于 0.5 时，可按下式计算：

$$f_g = 1 - (G + HV) \quad (A.3.2-1)$$

式中：f_g——进口车道饱和流量的进口道纵坡及重车率修正系数；

　　　G——进口道纵坡，下坡时取 0；

HV——换算成标准车后的重车率。

4 各种进口车道饱和流量的车道宽度修正系数可按表A.3.2-2的规定选取。

表 A.3.2-2 各种进口车道饱和流量的车道宽度修正系数 f_t

车道宽度（m）	f_t
2.70	0.88
2.80	0.92
2.90	0.96
3.00	1.00
3.25	1.08
3.50	1.14
3.75	1.17
4.00	1.18

5 左、右转弯车道饱和流量的转弯半径修正系数可按表A.3.2-3选取。

表 A.3.2-3 左、右转弯车道饱和流量的转弯半径修正系数 f_z

转弯半径（m）	10	15	20	25	30	35	40
f_z	0.90	0.95	0.97	1.00	1.00	1.05	1.10

6 各种车道规划饱和流量修正计算应符合下列规定：

　1）直行车道经车道宽度、纵坡及重车率修正后的规划饱和流量 S_t 按下式计算：

$$S_t = S_{bt} \times f_t \times f_g \quad (A.3.2-2)$$

　2）左转车道经车道宽度、纵坡及重车率、转弯半径修正后的规划饱和流量 S_l 按下式计算：

$$S_l = S_{bl} \times \text{Min}[f_z, f_t] \times f_g \quad (A.3.2-3)$$

　3）右转车道经车道宽度、纵坡及重车率、转弯半径修正后的规划饱和流量 S_r 按下式计算：

$$S_r = S_{br} \times \text{Min}[f_z, f_t] \times f_g \quad (A.3.2-4)$$

A.3.3 信号控制交叉口进口车道信号相位绿信比应按下列规定确定：

1 改建或治理交叉口规划，有现状各交通流向的交通量数据时，各进口车道所属信号相位绿信比，可按各相位通车道中最大交通量的比例确定；无现状各交通流向的交通量数据时，按新建交叉口规划有关规定确定。

2 新建交叉口规划，没有交通量数据的情况下，信号相位绿信比宜按交叉口规划进口车道数确定，也可按表A.3.3的规定选取。

表 A.3.3 信号相位绿信比

进口车道数	预估左转交通量	信号相位数	进口车道相位绿信比	
			同等级道路交叉口	主、次道路交叉口
2条	很少（<90pcu/h）	2	0.45	主路相位 0.51
				次路相位 0.39
≥3条	稍多（>90pcu/h）	4	0.21	主路相位 0.24
				次路相位 0.18

A.4 非机动车进口道通行能力

A.4.1 平面交叉口非机动车进口道规划通行能力，应以每米车道1h通过非机动车辆数为计算单元。

A.4.2 当进口道设有机动车与非机动车分隔设施时，非机动车道规划通行能力宜为1000cyc/（h·m）～1200cyc/（h·m）；当以道路标线分隔时，非机动车道规划通行能力宜为800cyc/（h·m）～1000cyc/（h·m）。

A.5 人行过街横道通行能力

A.5.1 人行过街横道通行能力，应以每条1m宽人行带在行人信号绿灯1h通过的行人数为计算单元；应根据人行横道长度、行人专用信号灯与信号周期、右转车辆干扰、对向行人相互干扰等情况综合确定；宜采用实测数据。

A.5.2 人行过街横道最大规划通行能力可按表A.5.2的规定选取。

表 A.5.2 人行过街横道最大规划通行能力

行人专用信号灯	人行过街横道长度（m）				
	7	9	15	20	25
	人行过街横道规划通行能力（人/绿灯小时·人行带数）				
有	1460	1380	1250	1130	1020
无	1370	1300	1180	1060	960

附录 B 行人与非机动车过街设施附图

B.0.1 高架道路下人行横道的设置应符合图B.0.1的规定。

B.0.2 有转角交通岛的交叉口行人与非机动车交通组织及布置形式，应符合图B.0.2的规定。

B.0.3 无中央分隔带的道路行人过街安全岛设置，应符合图B.0.3的规定。

B.0.4 非机动车独立进出口道交通组织及布置形式，应符合图B.0.4的规定。

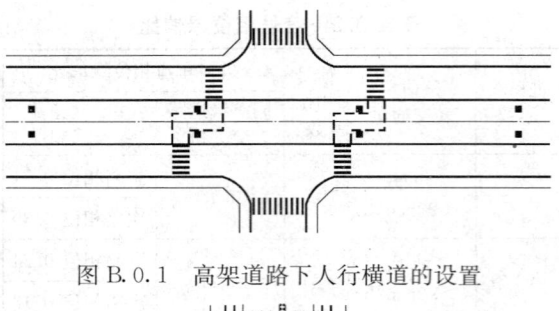

图 B.0.1 高架道路下人行横道的设置

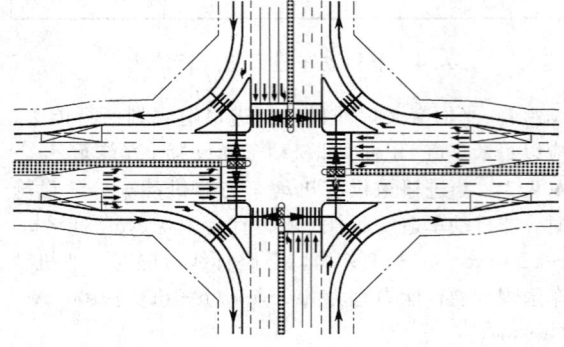

图 B.0.2 有转角交通岛的交叉口行人与
非机动车交通组织及布置形式

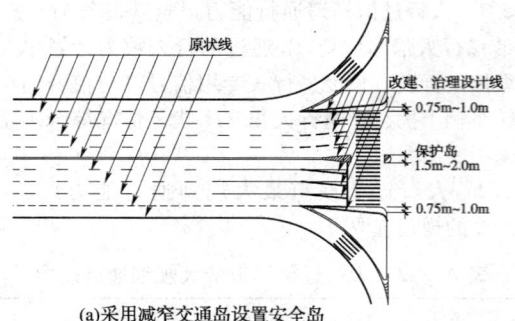

(a)采用减窄交通岛设置安全岛

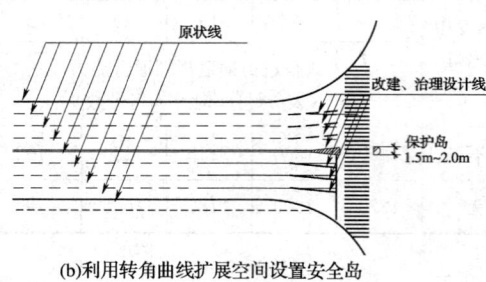

(b)利用转角曲线扩展空间设置安全岛

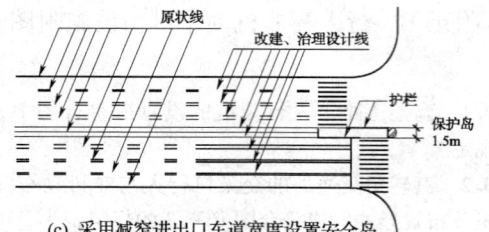

(c)采用减窄进出口车道宽度设置安全岛

图 B.0.3 无中央分隔带的道路
行人过街安全岛设置

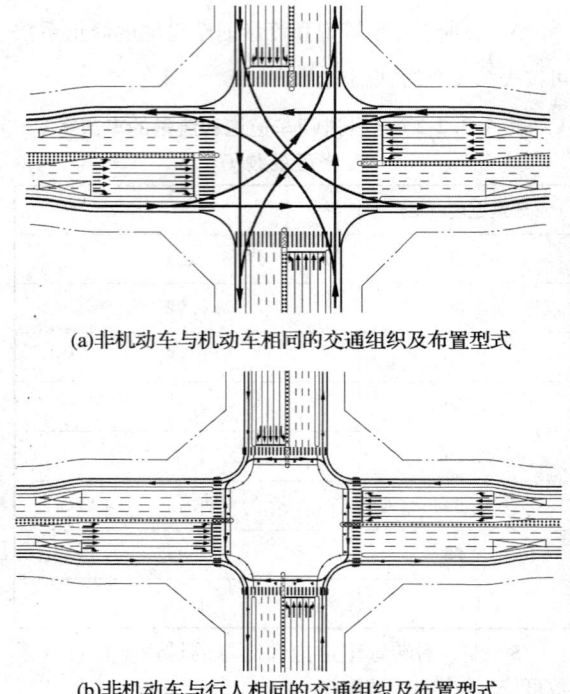

(a)非机动车与机动车相同的交通组织及布置型式

(b)非机动车与行人相同的交通组织及布置型式

图 B.0.4 非机动车独立进出口道
交通组织及布置形式

附录C 公共交通设施附图

C.0.1 路侧直线式停靠站应符合图C.0.1的规定。

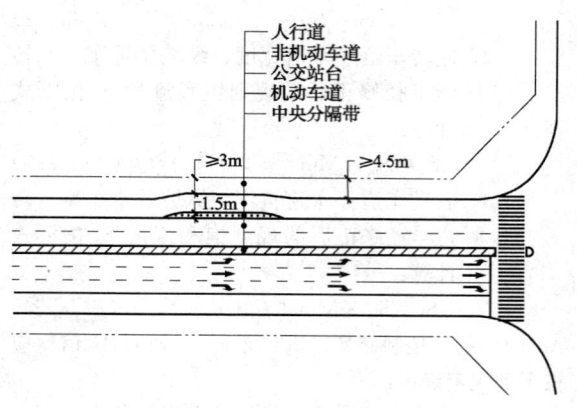

图 C.0.1 路侧直线式停靠站

C.0.2 路侧港湾式停靠站应符合图C.0.2的规定。

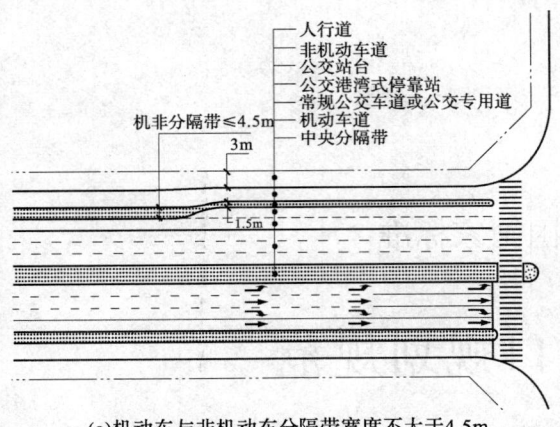

(a)机动车与非机动车分隔带宽度不大于4.5m

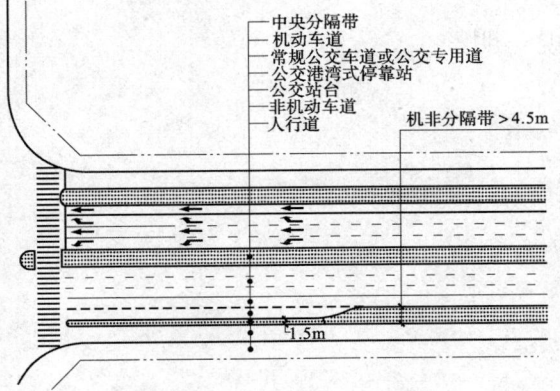

(b)机动车与非机动车分隔带宽度大于4.5m

图 C.0.2 路侧港湾式停靠站

本规范用词说明

1 为便于在执行本规范条文时区别对待,对执行条文要求严格程度的用词说明如下:

1) 要求很严格,非这样做不可的:
正面词采用"必须",反面词采用"严禁";

2) 表示严格,在正常情况下均应这样做的:
正面词采用"应",反面词采用"不应"或"不得";

3) 表示允许稍有选择,在条件许可时首先应这样做的:
正面词采用"宜",反面词采用"不宜";

4) 表示有选择,在一定条件下可以这样做的,采用"可"。

2 条文中指明应按其他有关标准执行的写法为"应符合……的规定"或"应按……执行"。

引用标准名录

《标准轨距铁路建筑界限》GB 146.2
《室外排水设计规范》GB 50014
《城市道路交通规划设计规范》GB 50220

中华人民共和国国家标准

城市道路交叉口规划规范

GB 50647—2011

条 文 说 明

制定说明

《城市道路交叉口规划规范》（以下简称《规范》）是城市规划编制标准规范体系中的重要组成部分。编制城市道路交叉口规划规范，对于合理利用城市土地资源，优化城市道路交叉口的时空资源配置，提高城市道路网通行能力，改善城市交通安全，促进其可持续发展具有重要意义。

一、标准编制遵循的主要原则

1 以人为本的原则——强化公共交通系统、行人和非机动车在交叉口的路权。

2 保障安全的原则——突出行人和非机动车过街的安全保障。

3 节约土地的原则——既满足工程设计的需要，又不占用不必要的土地。

4 保护环境的原则——加强交叉口规划过程中保护城市环境方面的作用。

5 因地制宜的原则——根据不同的实际情况选用合适条文和参数。

二、编制工作概况

（一）编制过程

1 准备阶段（2003年9月～2004年7月）

2003年9月，建设部在深圳召开全国城乡规划标准规范工作会议，会上确定由同济大学主编《规范》，经过半年多的酝酿和准备工作，《规范》开题会于2004年7月6日在同济大学召开，正式进入编写工作阶段。开题会原则同意编写组提出的《规范》编制大纲、主参编单位的分工和工作计划。

2 调研及初稿编制阶段（2004年8月～2005年12月）

1）2004年8月5日，规范编写组在成都市召开《规范》工作会议，会上确定了调研计划，决定通过函调、实地调查和专题调研的方式对全国18个大中小城市交叉口交通特征、行人过街、自行车道、公交专用道和公交车站布置、快速道路进出口交织段等项目进行调查，会后各参编单位对各自负责调查的城市进行了资料、数据、录像的收集以及实地的交通调查和数据处理。

2）2005年1月到2005年11月期间，各参编单位对各自负责的内容进行了认真的编写，最后由杨佩昆统稿，初步形成了《规范》征求意见稿的讨论稿。

3）2005年11月15日规范编写组在北京召开《规范》编制工作会议，会议逐条讨论了各参编单位分工编写的条文，并就下一步征求意见的相关工作安排达成一致意见，会后各参编单位按各自分担的章节对条文作了修改。

3 征求意见阶段（2006年1月～2007年6月）

1）2006年1月，由主编单位汇总各参编单位的修改稿，统编了《规范》征求意见稿的初稿。向全国各地的顾问专家、高校、规划设计单位印发了120多份征求意见初稿。主编单位对反馈意见进行了分类整理，分别作了查证、修改、删补等工作，形成《规范》征求意见稿第二稿，提交专家预审会审议。

2）2006年7月12日规范编写组在同济大学召开了《规范》专家预审会，与会专家和代表对《规范》征求意见稿初稿的全部意见逐条进行了认真讨论，对《规范》征求意见第二稿中的重要问题分章节进行了审议。在此期间，规范编写组也收到了原建设部标准定额司对《规范》征求意见稿提出的意见，并指出《规范》须与华中科技大学主编的《城市道路交叉口设计规程》（以下简称《规程》）协调，内容不能有冲突。

3）按原建设部标准定额司的要求，2007年3月11日规范编写组在同济大学召开了《规范》与《规程》的协调会议，明确了总体协调原则并就需协调的主要问题进行讨论与协商，经过认真讨论，取得了基本共识。

4 送审阶段（2007年8月～2010年7月）

2007年8月21日规范编写组在北京召开了《规范》的专家审查会。与会专家在认真听取了规范编写组的汇报后，本着对国家标准高度负责的态度对送审稿逐字逐句进行了认真审查，规范编写组根据《规范》专家审查会的意见及建议进行修改、补充及完善，并于2008年8月形成正式报批稿后上报住房和城乡建设部城市规划标准规范归口办公室。2009年5月至2010年7月，根据住房和城乡建设部规划司下达的审阅意见，又进行了多次修改和完善，最后上报住房和城乡建设部城市规划标准规范归口办公室。

（二）开展的专题研究

信号控制交叉口进口道饱和流量是交叉口规划设计的主要指标。本次规范编制过程中投入了大量的精力，开展了专题的研究，分东南西北、大中小城市，共在我国18座城市对这个参数进行了调研，取得了第一手资料。经过统计分析，分不同类型城市，给出了直行、左转、右转车道的基本通行能力，以及在交叉口规划阶段需要的车道宽度、坡度、转弯半径等因素的修正系数和算法，具有相当的可靠性和可操作性，进一步提高了我国城市道路交叉口规划设计以及以后交通信号控制管理的准确程度，为《规范》的编制工作提供了重要的理论和技术支撑。

规范编写组还对城市快速路进出口交织段长度与通行能力的关系问题进行了专题研究，对确定规范取值具有指导意义。

（三）征求意见的范围及意见

2006年1月，由主编单位汇总各参编单位的修改稿，统编了《规范》征求意见初稿。向北京、上海、天津、重庆、广州、武汉、杭州、深圳、西安、哈尔滨、南京、合肥、济南、厦门、郑州、成都、昆明等城市的顾问专家、高校、规划设计单位印发了120多份征求意见初稿。共收到反馈意见50多份，包括意见和建议600多条。

（四）审查情况及主要结论

2007年8月21日，由原建设部城乡规划司主持，在北京组织召开了《规范》的审查会。出席会议的有原建设部标准定额司、城乡规划司、城市规划标准规范归口办公室的领导、《规范》专家组的全体专家及编写组成员共28人。

会议认为，《规范》为国内首次编制，内容涉及面广，技术难度较大，需要协调的相关规范、标准较多。《规范》编写组对全国各地的交叉口规划设计实践经验进行总结和归纳，借鉴了国内外交叉口规划设计方面的先进经验，并对相关重要基础理论进行了深入的研究，为《规范》的编制完成奠定了坚实的工作基础。《规范》内容完整，切合国情，编制程序符合要求，总体上体现了先进性、科学性、协调性和可操作性，达到了国内同类规范编制的领先水平，专家评审会一致同意通过审查。

三、结语

为了准确理解本规范的技术规定，按照《工程建设标准编写规定》的要求，规范编写组编写了《规范》的条文说明。本条文说明的内容均为解释性内容，不应作为标准规定使用。

目　次

1 总则 ·· 37—32
3 基本规定 ·· 37—32
　3.1 一般规定 ···································· 37—32
　3.2 城市道路交叉口分类、
　　　功能及选型 ································ 37—32
　3.3 城市规划各阶段交
　　　叉口规划内容 ···························· 37—34
　3.4 交叉口规划范围 ························ 37—35
　3.5 交叉口规划要素 ························ 37—35
4 平面交叉口规划 ······························ 37—40
　4.1 一般规定 ···································· 37—40
　4.2 信号控制交叉口 ························ 37—41
　4.3 无信号控制交叉口 ···················· 37—41
　4.4 常规环形交叉口 ························ 37—41
5 立体交叉规划 ·································· 37—42
　5.1 一般规定 ···································· 37—42
　5.3 立体交叉匝道规划 ···················· 37—44
　5.4 立体交叉变速车道规划 ············ 37—44
　5.5 立体交叉集散车道规划 ············ 37—45
　5.6 立体交叉辅助车道规划 ············ 37—45
6 道路与铁路交叉规划 ······················ 37—45
　6.1 一般规定 ···································· 37—45
　6.2 道路与铁路平面交叉道口 ········ 37—45
　6.3 道路与铁路立体交叉 ················ 37—45
7 行人与非机动车过街
　设施规划 ·· 37—46
　7.1 行人过街设施 ···························· 37—46
　7.2 非机动车过街设施 ···················· 37—46
8 公共交通设施规划 ·························· 37—46
　8.1 一般规定 ···································· 37—46
　8.2 交叉口公共汽（电）车停靠站 ···· 37—47
　8.3 公共汽（电）车专用进
　　　出口车道 ···································· 37—48
　8.4 公共汽（电）车优先控制 ·········· 37—49

1 总 则

1.0.1 城市道路交叉口是整个城市道路系统中交通事故的多发点、交通运行的拥堵点、通行能力的制约点。科学、合理地规划交叉口是城市道路交通系统安全与畅通的决定因素之一。因此，从 20 世纪五六十年代起各国对交叉口规划的观念与技术不断改进，取得了很大的进步。过去城市道路交通规划只以路网与路线为中心，简单地把交叉口看成只是路网中几条道路相交的产物，后来在交通运行的实践中，逐渐认识到了交叉口在路网中的重要性，才开始重视研究交叉口的规划，产生了新的交叉口规划理念与方法。制定本规范的目的，就是为了更新过去城市道路交叉口规划的理念与方法，科学合理地规划城市道路交叉口，实现交叉口人、车交通安全，通达，时空资源得以充分利用的目标。

1.0.2 城市道路交通规划主要有新建与改建两类。新建是指新城镇、新开发区的规划；改建是指原有建成区的改造规划。对于交叉口而言，为改善大量现有交叉口的交通运行效果，还有对现有交叉口实施改善治理规划的实际需要。因此，本规范除对道路交通新建、改建规划提出交叉口规划理念上和技术上的要求外，还兼顾了交叉口治理规划的要求。

交叉口的新建、改建与治理规划受实际条件的约束，差别甚大，不仅在采取的技术标准上应有所不同，有时在采取的技术方案上也会有很大差别。为保障规划方案的可实施性，本规范对新建、改建、治理规划采用的技术方案与技术标准提出了不同的要求。

1.0.3 城市道路交叉口规划必须改变"以车为本"的观念，遵循"科学发展观"，确立"以人为本"的核心理念，因地制宜地来规划交叉口；必须处理好用地规模与征地拆迁及历史文化保护、交通安全与交通效率、公共交通与其他机动车交通、行人及非机动车与机动车交通、环境效益与交通效益之间的关系。

用地规模与征地拆迁及历史文化保护的关系：远期规划用地规模，应根据城市实际发展需要合理选定的远期规划方案控制预留用地；近期规划用地规模应根据技术论证选定的近期方案确定规划用地；改建交叉口规划必须根据现实条件合理控制拆迁规模，特别是要注意对历史文化的保护，不得任意提高规划标准，扩大工程规模，增大征地拆迁范围与破坏历史文化遗产。

交通安全和交通效率、行人及非机动车与机动车交通的关系：交叉口规划必须在保障交通安全的前提下提高通行效率，不得采用牺牲交通安全来换取提高通行效率的方案；特别要充分重视行人与非机动车骑车人的安全保障，并应妥善考虑无障碍设施的规划，保障残疾人士的通行安全与方便；应以行人过街能够忍耐的等候红灯时间为约束条件来检验交叉口规划的合理性与科学性。

公共交通和其他机动车交通的关系：交叉口规划应执行"公交优先"的战略政策，合理规划交叉口附近的公交路权与站点布设，方便公交车运行及乘客过街或换乘其他公交线路，同时兼顾降低对其他交通通过交叉口的安全和效率的影响。

环境效益与交通效益的关系：不应采用牺牲环境效益来换取其他效益的方案。

1.0.4 同本规范相关的规范、规程主要有：《城市道路交通规划设计规范》GB 50220、《铁路线路设计规范》GB 50090、《标准轨距铁路建筑界限》GB 146.2、《室外排水设计规范》GB 50014、《公路路线设计规范》JTG D 20、《城市道路设计规范》CJJ 37 等。

3 基 本 规 定

3.1 一 般 规 定

3.1.1 城市道路交叉口规划用地红线范围和规划方案，取决于规划交叉口的类型及其功能要求，而交叉口的类型与功能要求，取决于相交道路的类型及其功能要求。交叉口规划用地红线范围和规划方案，应根据交叉口相交道路类型确定的交叉口类型、功能、在道路网中的地位、相交道路横断面规划方案、保障行人与公交乘客安全并方便的过街交通组织方案、公交设站等确定。

3.1.2 交叉口是决定城市道路系统交通运行效果的关键组成部分。交叉口规划方案的优劣，不仅决定了城市道路系统整体的交通运行效果和城市土地资源的利用效率，还是影响城市环境和居民工作、生活品质的主要因素之一。所以交叉口规划方案必须根据不同交叉口的不同功能要求做出多个比选方案，经技术、经济、环境论证后，选出最佳的方案。

3.2 城市道路交叉口分类、功能及选型

3.2.1 现行行业标准《城市道路设计规范》CJJ 37 有对城市道路分类的规定及各类道路交通功能的说明，但对城市道路的分类，《城市道路设计规范》CJJ 37 不论城市大小一律分为快速路、主干路、次干路、支路四类，对各类道路的功能只提及机动车的交通功能要求，没有涉及道路的生活服务功能与公交、行人、非机动车的交通功能要求，已不能符合科学发展观及以人为本的理念。城市规模的不同，居民出行特征（包括出行方式、出行次数与出行距离）的不同，是引起道路功能差异的主要原因。因此，现行国家标准《城市道路交通规划设计规范》GB 50220 对大、中、小城市的道路采用不同的分类，是合理的。本规范即沿用此规范的分类方法，把特大城市、大城市道

路分为快速路、主干路、次干路和支路四种类型；中等城市道路分为主干路、次干路和支路三类；小城市道路分为干路和支路两类。

城市道路交叉口的类型可有多种不同的划分方法，如按相交道路类型分类和按不同交通组织方式分类等。

1 为使交叉口形式能符合其功能要求，把交叉口按相交道路的不同类型分为9类，明确交叉口功能，在此基础上确定交叉口的选型。

2 平面交叉口的交通组织必须通过平面布局方案来组织分配各交通流的通行路径，通过交通管理措施来组织分配各交通流的通行次序。综合平面交叉口平面布局方案及交通管理措施的交通组织方式，平面交叉口可分为3大类6小类。交叉口平面布局方案应包括：车辆进出口道及渠化方案、人行过街横道、非机动车过街方案、公交路线和公交站点布置等；交通管理措施应包括减速让行、停车让行管制与交通信号控制等。

3 城市道路立体交叉类型直接影响立体交叉功能、立体交叉用地、工程规模和工程造价，是立体交叉规划选型的重要依据之一。本规范根据符合立体交叉交通功能要求的交通组织方案，即通过桥梁、隧道、各式匝道组织相交道路各向交通流通行路径的完备与便捷程度，把立体交叉分为枢纽立交、一般立交与分离立交三类。枢纽立交是既要保证相交道路主线车流能连续快速行驶，又要使转向车流能以较高车速无冲突换向行驶的完全互通或部分互通式立交，其主要交通特征是主要车流只有减速分流、加速合流，较少交织和无平面交叉，包括全定向、半定向、组合型等形式的互通立体交叉。一般立交是既要使快速路或高速公路主线车流能连续快速通行，又要使主、次干路车辆能从快速路或高速路方便集散的完全互通或部分互通式立交，其主要交通特征是部分车流存在交织或平面交叉，包括苜蓿叶形、环形、菱形、喇叭形或组合型等形式的互通立体交叉。分离立交仅是使相交道路上的车流以上跨或下穿方式分别在两个不同层面上能连续通行、无任何形式转向匝道的非互通立体交叉。

3.2.2 按相交道路类型分类的各类交叉口具有不同的功能要求。为了适应不同出行的不同要求，使道路系统中的各种出行达到安全、通达、高效运行的要求，需要明确各类交叉口的功能，并按其功能确定不同的规划方案与规划标准。

按相交道路类型分类的各类交叉口功能取决于相交道路的类型与功能，为确定各类交叉口的功能，本规范有必要首先明确各类道路的功能。现行行业标准《城市道路设计规范》CJJ 37对各类城市道路只提机动车交通功能的要求，是老规范遗留下的城市道路设计"以车为本"的老观念、老方法。城市道路上除供机动车运行的交通功能外，还有供居民生活上需要的功能以及公共交通、行人、非机动车等的交通功能，所以，对各类道路还必须区别其交通或生活服务功能，并补充其不同的公共交通、行人与非机动车的交通功能的要求。这样才能正确、全面地确定各类相交道路不同交叉口的功能要求。本规范在现行国家标准《城市道路交通规划规范》GB 50220的基础上，进一步明确了对各类道路的交通或生活功能以及供公共交通、行人、非机动车运行的交通功能的要求。

快速路应是进出城市、市内长运距机动车辆专用的，能提供快速通行服务，具有以快速、连续通行为主要交通功能的干路。基本要求应符合：1）车辆能连续快速畅通运行；2）快速路对向车道之间必须设中央分隔带；3）进出口应全部控制；4）两侧不应设置公共建筑物的进出口；5）处于公交客流走廊上的快速路应规划快速公共交通线路；6）行人和非机动车与机动车必须在不同的层面上通行。

主干路应是为市内快速公共交通或主干公交车以及其他贯穿城市各分区的中、长运距机动车提供中等车速通行服务，具有以"通"为主的交通功能的干路。基本要求应符合：1）信号控制宜规划采用绿波联动控制的方式，使车辆能以较高车速在若干交叉口间连续畅通运行；2）主干路对向车道之间应设置中央分隔带；3）两侧不应设置公共建筑的进出口；4）主干路上应设置公交专用车道，视公交客流大小布设市内快速或主干公交线路，公交站必须规划为港湾式站台；5）主干路宜规划为机动车专用路，对已有非机动车通行的主干路进行改建规划时，应采用机动车与非机动车实体分隔的形式；6）行人和非机动车过街横道中间必须设置安全岛。

次干路应是为主干公交或区域公交车以及其他车辆贯通邻近各区、连接支路与主干路、兼具"通、达"集散交通功能与局部生活服务功能的干路。基本要求应符合：1）应规划设置公交专用车道，公交站应规划为港湾式站台；2）对向车道间宜设置中央分隔带；3）机动车与非机动车道间宜设置分隔设施；4）行人和非机动车过街横道中间应设置安全岛。

支路应是区域内部为行人与非机动车提供优先通行服务，并使区域内接驳公交车和到离区域的车辆能与主、次干路相连接，具有服务功能、兼具以"达"为主的交通功能的道路。基本要求应符合：1）必须使车辆只能低速进出、到离目的地与出发地；2）在主次干路公交网密度较稀，公交站点服务距离过远区域的支路上宜规划布设接驳公交线路。

城市道路交叉口的功能除取决于相交道路的功能外，还有其不同于道路功能的特点：各向行人、非机动车的集散与公交车站都集中在交叉口范围内，并与车辆分享交叉口的通行空间与时间，就车辆而言，交叉口除提供车辆直行通过交叉口的功能外，还需提供车辆在交叉口处转向的功能。所以，交叉口不仅应能满足机动车通行的要求，还必须保障行人、非机动车与公交乘客过街的安全与方便，必须正确规划交叉口范围内行人、非机动车过街安全设施与公交车站。

本条第1款、第2款中匝道进出口上、下游通行能力严重不匹配是指进出口上下游机动车道数之差大于1。第4款～第7款中等车速指车速在40 km/h～60km/h之间。

3.2.3 交叉口选型，在总体规划阶段，受规划条件限制，只能按相交道路类型的分类选择平面交叉口或立体交叉，并视条件可初步选择立体交叉形式；在控制性详细规划阶段，有条件可根据交叉口相交道路类型的分类及其功能与基本要求的不同，选定合适的交叉口类型。当有多种类型可选、难作抉择时，可按如下交通量大小参考选型：

1 预测高峰小时到达交叉口全部进口道的总交通量不超过800pcu/h的住宅区或工业区内部、相交道路地位相当、无安全隐患支-支交叉口，可选择全无管制交叉口（平B3类）或环形交叉口（平C类）形式。

2 预测高峰小时到达交叉口全部进口道的总交通量在800pcu/h～1000pcu/h范围内、需要明确规定主次通车权的次-支交叉口，可选择减速让行标志交叉口（平B2类）形式。视距受限，按减速让行通车规则不够安全的次-支交叉口，应选择停车让行标志交叉口（平B2类）形式。

3 预测高峰小时到达交叉口全部进口道的总交通量大于1000pcu/h，且到达支路全部进口道总交通量大于400pcu/h的次-支交叉口和主、次干路与主、次干路交叉口，应选择进、出口道展宽的信号控制交叉口（平A1类）形式。

4 某些有特殊原因必须用交通信号控制的支-支交叉口，可选择进、出口道不展宽的信号控制交叉口（平A2类）形式。

5 主-支交叉口及支路与快速路辅路相交的交叉口可选择支路只准右转通行交叉口（平B1类）形式。

3.3 城市规划各阶段交叉口规划内容

3.3.1 城市交叉口规划应分别满足城市总体规划、城市分区规划、控制性详细规划、交通工程规划四个阶段的内容规定。

在《城市规划编制办法》（中华人民共和国建设部令第146号）中，对城市规划各阶段的道路交通系统规划内容进行了具体规定。为克服现有城市规划各阶段成果中交通规划深度上的不足，需要在城市规划各阶段提高交通规划的作用，加深各阶段交叉口规划内容。

城市规划各阶段交叉口规划内容与深度有显著差别，但下一阶段交叉口规划都要以上一阶段规划成果为依据，下阶段交叉口规划与上阶段既有在内容上扩大、加深与调整的要求，又有在方案上连续与继承的关系。

为达到城市总体规划阶段对交叉口规划编制内容的规定，应编制城市综合交通规划。

为确保各阶段交叉口规划成果在工程设计阶段的有效落实，在控制性详细规划阶段，可同步开展交通工程规划工作，明确工程设计阶段交叉口的控制性条件与关键要素，以满足准确划定交叉口用地红线的要求；交通工程规划也可作为工程设计阶段的前期工作内容，以确保各阶段交叉口规划成果在工程设计阶段得到有效的落实。

3.3.2 《城市规划编制办法》中规定城市总体规划包括的交通规划内容为：确定交通发展战略和城市公共交通的总体布局，落实公交优先政策，确定主要对外交通设施和主要道路交通设施布局（包括城市干路系统网络、城市轨道交通网络、交通枢纽布局等）。城市总体规划的图纸比例为：大、中城市为1/10000～1/25000，小城市为1/5000～1/10000，其中建制镇为1/5000。

据此并归纳各城市已编制完成的城市总体规划成果，相应交叉口规划的重点是：基于城市干路系统规划，从路网系统整体交通组织的角度，系统确定主要交叉口的布局，协调主要交叉口布局与用地布局的关系，初步框定立体交叉的用地范围。城市总体规划阶段交叉口规划流程如图1所示。为了给下一阶段深化设计工作预留用地空间，城市总体规划阶段互通式立交可以采用苜蓿叶形初步框定立体交叉用地范围。

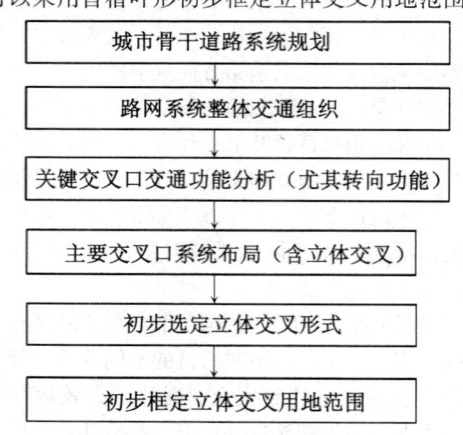

图1 城市总体规划阶段交叉口规划流程

3.3.3 《城市规划编制办法》中规定城市分区规划包括的交通规划方面内容有：确定城市干路的红线位置、断面、控制点坐标和标高，确定支路的走向、宽度，确定主要交叉口、广场、公交站场、交通枢纽等交通设施的位置和规模，确定轨道交通线路走向及控制范围，确定主要停车场规模与布局。城市分区规划的图纸比例为1/5000。

据此并归纳各城市已编制完成的城市分区规划成果，相应交叉口规划的要求为：基于分区道路系统规划，明确分区内立体交叉及主次干路相交交叉口布局，优化所选定的立体交叉形式，确定主次干路相交交叉口形式，确定立体交叉及主次干路相交交叉口控制点坐标和标高，初步确定立体交叉及主次干路交叉口的红线范围，为控制性详细规划提供依据。

为达到上述规划编制深度，在特大城市的重点地区和交通复杂地区，可同步编制分区综合交通规划，并将规划主要成果纳入分区规划。城市分区规划阶段交叉口规划流程如图2所示。

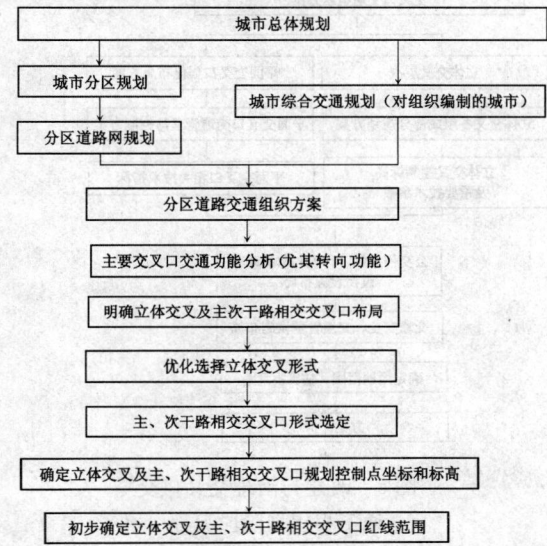

图2 城市分区规划阶段交叉口规划流程

3.3.4 《城市规划编制办法》中规定控制性详细规划包括的交通规划方面内容有：根据交通需求分析，确定道路外侧规划用地出入口位置、停车泊位、公共交通场站用地范围和站点位置、步行交通以及其他交通设施；确定各级道路的红线、断面、交叉口形式及渠化措施、控制点坐标、标高。控制性详细规划的图纸比例为1/1000～1/2000。

为避免目前城市道路系统中缺乏支路的严重通病，在控制性详细规划中应确定支路系统及其交叉口规划的内容，使城市道路系统中的各级道路能有一个合理的组成结构。

控制性详细规划阶段交叉口规划工作应基于道路系统交通组织方案开展，对于尚未开展道路交通组织工作的交叉口，应首先制定道路系统交通组织方案。

控制性详细规划阶段交叉口规划流程如图3所示。图中，"主要平面交叉口"指主路与主干路、主干路与部分交通量较大的次干路相交交叉口，"次要平面交叉口"指主干路与交通量较小的次干路、次干路与次干路、支路与其他等级道路相交的交叉口。对于立体交叉及主要平面交叉口，宜通过交通工程规划，合理确定红线范围；对于次要平面交叉口，可采用本规范第3.5节中规定的平面交叉口红线规划方法，标准化地确定交叉口红线范围。

3.3.5 交通工程规划是介于交通规划与工程设计之间的极其重要的环节，该阶段交叉口的规划将为道路工程设计提供依据，能有效协调交通规划、交通管理与道路工程设计的关系，有利于解决目前三者相脱节的问题，更好地实现道路系统的交通功能。

交叉口交通工程规划根据工作对象可分为新建交叉口规划、改建与治理交叉口规划。新建交叉口交通工程规划流程建议如图4所示，改建与治理交叉口交通工程规划流程如图5所示。

区别于新建交叉口规划，改建与治理交叉口规划宜基于交叉口现状分析评价，提出交通改善目标及对策，制订交叉口改建与治理规划方案，并对方案涉及的周围建筑拆迁量进行估算。

立体交叉与平面交叉口的交通工程规划有显著区别。立体交叉应明确交叉层次及平面布局方案，对各组成部分（主线、匝道、变速车道、集散车道、辅助车道、辅路等）进行规划，明确重要技术参数的取值；平面交叉口应进行平面渠化布局方案规划，对于信号控制交叉口还应充分协调交叉口渠化方案与交通控制方案的关系以及明确上下游交叉口间的信号协调关系。

立体交叉与平面交叉口均需要进行公交停靠站、行人与非机动车过街设施布局的规划，提出交通安全和交通管理设施的布局方案，落实公交优先的有关措施，并进行规划方案的评价。

3.4 交叉口规划范围

3.4.1、3.4.2 在过去的道路工程规划中，平面交叉口规划的传统做法是：只做交叉口沿规划道路两侧组成部分的规划方案，而不做此交叉口沿相交道路两侧组成部分的规划。这样做出来的交叉口规划方案不能符合整个交叉口各向交通的运行要求，不是符合整个交叉口交通运行的科学合理方案。因此，必须改变这种不科学不合理的传统做法。本规范以图示的方式明确规定平面交叉口规划必须包括的范围，并且第3.4.2条为强制性条文，明确规定不得只做规划道路的进、出口道组成部分而不顾相交道路进、出口道的规划。

3.4.3 城市道路立体交叉的规划范围必须包括立体交叉范围内行人与非机动车通道和公交站点的布置方案；有辅道的立体交叉必须包括辅道的有关组成部分。

3.5 交叉口规划要素

3.5.1 平面交叉口红线规划应符合下列规定：

1 平面交叉口进口道宽度及车道数，按信号控

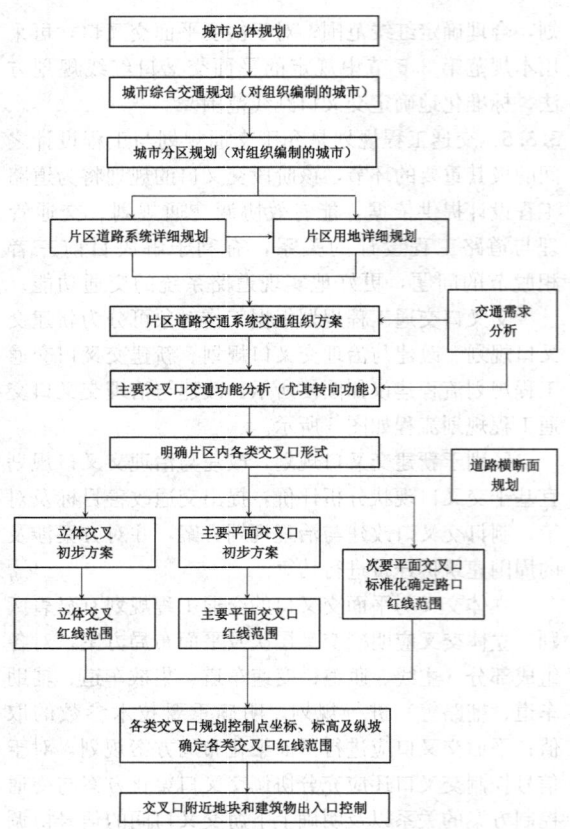

图 3 控制性详细规划阶段交叉口规划流程

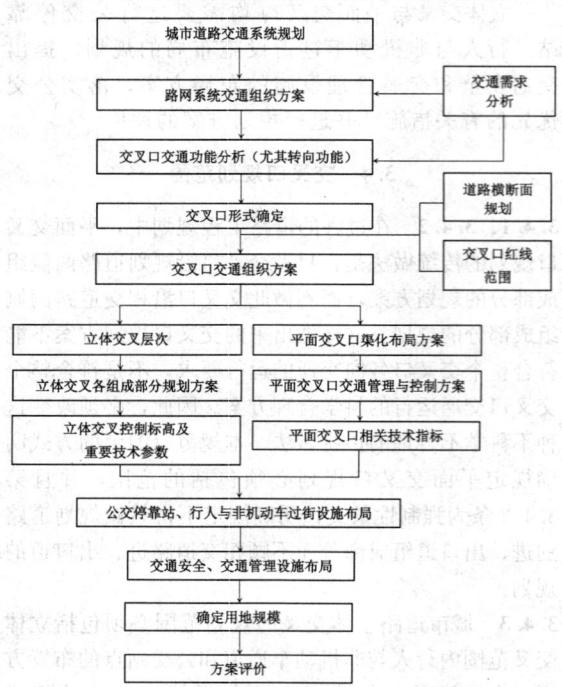

图 4 新建交叉口交通工程规划阶段流程

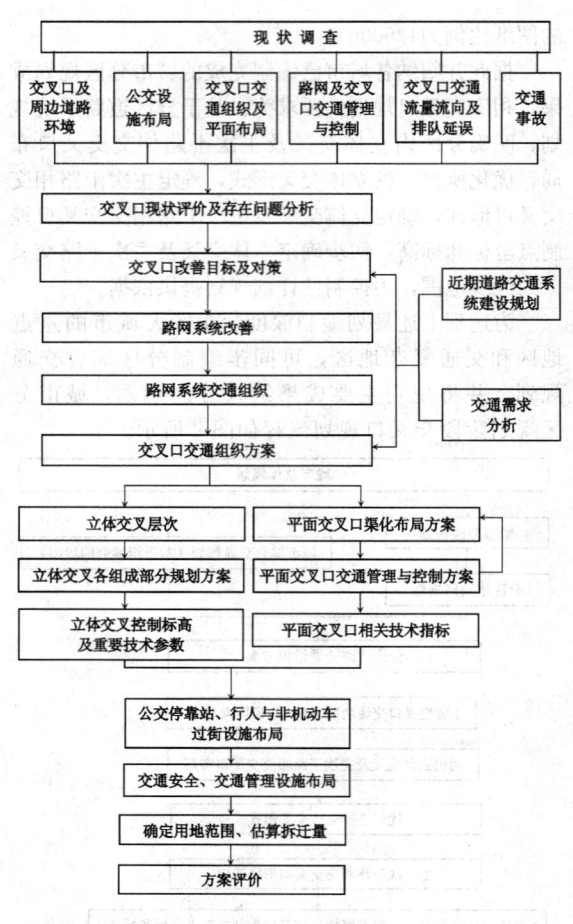

图 5 改建与治理交叉口交通工程规划阶段流程

制交叉口进口道与路段的通行能力应相匹配的原则，其规划车道数宜为路段车道数的两倍，应按此原则进行用地预留。考虑到新建、改建和治理性交叉口规划在增加进口道车道数的空间条件上存在着很大的差异，因此，应按实际情况提出不同的要求。

2 分区规划阶段，应确定干路交叉口的红线。为保证控制性详细规划阶段及交通工程规划阶段能够实现行人过街安全岛和公交车站的布置，以及交叉口时空一体化设计的要求，此规划阶段须根据需求留出必要的空间。

为了确保驶出交叉口车流的畅通，有必要规划出口道的车道数能适应于驶入交通流的车道数。一般情况下，出口道的车道数至少等于上游进口道的直行车道数，当相交道路的右转交通量较大、相交道路设有右转专用车道时，出口道上也应相应增加右转出口车道。另外，还需考虑出口道处布设港湾式公交停靠站所需的宽度。

3 控制性详细规划阶段宜同步开展交通工程规划，全面深化交叉口的渠化方案，根据车道功能划分及宽度、公交专用道、人行过街横道及安全岛、自行车道、绿化隔离带、路缘石曲线、交叉口设施布置等要求，确定红线。

4 本款指出了在下一城市规划阶段的交叉口规划中，应对上一城市规划阶段所定交叉口转角部位的红线位置是否符合交叉口转角最小安全视距的要求进行检验。

5 本款为强制性条款，必须严格执行。在改建和治理规划中，交叉口范围内的安全视距三角形限界不符合要求的，应采取限速措施，使其满足安全视距三角形限界的要求。

6 为保证交叉口规划的可操作性、交叉口形态的标准化以及车辆通过交叉口的舒适性，可以通过调整绿化隔离带、车道的空间布置、偏移左转车道等方法，使交叉口进出口道基本实现对称布置。

3.5.2 平面交叉口转角部位平面规划应符合下列规定：

2 交叉口转角部位红线规划，沿用现行行业标准《城市道路设计规范》GJJ 37 规定的交叉口视距三角形的限界。平面交叉口进、出口道部位及转角部位红线规划构成的交叉口规划红线范围示例见图 6。

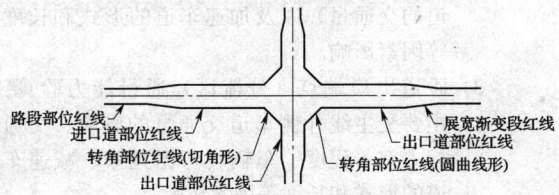

图 6 平面交叉口规划红线示例

3 本款为强制性条款，必须严格执行。关于视距三角形限界内影响驾驶员视线的物体限高，随着小车座位的降低，若干国家把这限高改为 1.0m，本规范借鉴其成果。在不严重影响驾驶员视线的情况下，可以规划布设交通信号灯杆、交通标志等高出道路平面标高 1.0m 的必要的交通设施。

4 本款补充了双向通行道路交叉口与单向通行道路交叉口在验算视距时必须注意的视距三角形视距线的不同画法。

5 同美国《公路与城市道路的几何设计》对照，现行行业标准《城市道路设计规范》CJJ 37 第 6.2.4 条所定的缘石转弯半径偏大，但为保持与现有规范的一致性，本规范保留了《城市道路设计规范》CJJ 37 给出的参数，在实际使用中，可以适当调整。按美国设计标准的计算如表 1 所示。

表 1 缘石转弯半径核算

V_d（km/h）	30	25	20	15
$\mu+i$	0.30	0.32	0.35	0.38
R 计算	24	16	9	6

注：μ—横向力系数；i—交叉口转弯道的横坡；R—交叉口缘石转弯半径。

3.5.3 在总体规划阶段，除按交叉口相交道路类型选定立体交叉或平面交叉外，有条件选定立体交叉类型时，应按选定的立体交叉类型初步框定立体交叉红线范围和用地面积；尚无条件选定立体交叉的类型时，可暂定以用地需要最大的苜蓿叶形立交外框简单框定规划红线范围和用地面积，如图 7 所示。在控制性规划阶段，选定立体交叉类型后，则应按所选立体交叉类型的规划方案图调整此立体交叉的红线范围。

3.5.5 城市道路交叉口范围内的规划最小净高沿用现行行业标准《城市道路设计规范》CJJ 37 的规定。

因为规划最小净高与道路交通安全紧密相关，在一些城市由于规划最小净高不够标准而出现大量事故，造成人员伤亡和财产损失，故在本规范中定为强制性条文。

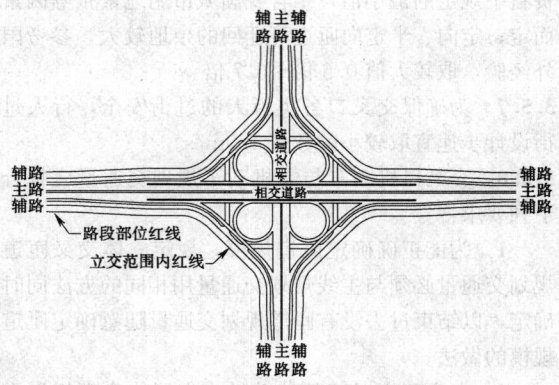

图 7 立体交叉规划红线示例

3.5.6 交叉口机动车的设计车速，在与现行国家标准《城市道路交通规划与设计规范》GB 50220 协调的基础上，定出用于确定交叉口各组成部分线形设计指标的设计车速。机动车由主线进入立体交叉的匝道或平交的进口道后，为保障交通安全，必须降低车速，所以立体交叉匝道及平交进口道设计车速低于主线的设计车速。

条文中表 3.5.6 规定的匝道设计车速主要依据实测资料并参考以下资料确定：

现行行业标准《公路路线设计规范》JTG D 20 中规定，匝道设计车速一般为所连接的公路设计车速的 50%～70%。

美国《公路与城市道路几何设计》规定，与道路设计车速相应的匝道设计车速值上限为 85%，中限为 70%，下限为 50%。

美国各州公路与运输工作者协会规定，以干路平均行驶速度作为匝道设计车速，其最小值为干路设计行车速度的 1/2。

日本《公路技术标准的解说与运用》中对匝道设计车速规定如表 2 所示。

表 2 日本匝道设计车速

上级公路设计车速（km/h）	120	80	60	50、40
下级公路设计车速（km/h） 80	70～40	60～40	—	—
60	60～40	60～35	50～35	—
50	60～40	50～35	50～35	40～30
40	60～40	50～35	50～35	40～30

加拿大对匝道设计车速规定如表3所示。

表3 加拿大匝道设计车速

道路设计车速（km/h）		140	130	120	110	120	110	100	90	80
匝道设计车速（km/h）	建议值	110	100	100	90	80	80	70	60	50
	最小值	70	70	60	60	50	50	40	40	40

本规范规定一般匝道、集散车道设计车速值为相应路段设计车速的0.5倍～0.6倍。0.5倍相应于国内外资料中规定的最小值,结合我国城市用地紧张等因素而定;定向、半定向匝道可迂回的余地较大,参考国外经验,取较大值0.6倍～0.7倍。

3.5.7 为确保交叉口各类行人的过街安全,行人过街设计步speed宜取较小的数值1.0m/s。

3.5.8 交叉口机动车与非机动车规划交通量应符合下列要求:

1 为能正确确定匝道规模,规定立体交叉匝道规划交通量必须与主线规划交通量用相同的方法同时确定,以结束过去没有匝道规划交通量随意确定匝道规模的做法。

3 考虑到交通流的波动性,为了能合理规划平面交叉口,满足不同规划对象的不同需要,分别提出用于不同规划对象的不同规划交通量。新建交叉口规划,没有实测交通量时,可用规划年的预测交通量。确定渠化方案及信号相位方案时的计算交通量=4×高峰小时内高峰15min的交通到达量(宜用实测数据)。无最高15min交通量实测数据时,计算交通量可按下式用高峰小时系数估算:

$$\text{计算交通量} = \frac{\text{高峰小时交通量}}{\text{高峰小时系数}} \quad (1)$$

式中,高峰小时系数(PHF),主要进口道可取0.75,次要进口道可取0.8。

4 车辆通过交叉口停止线时的车型折算系数与车辆通过路段的折算系数是不相同的,车辆通过交叉口停止线时的折算系数,应为不同车型的车流连续通过停止线的饱和车头时距与小型车流连续通过停止线时的饱和车头时距的比值,但由于其他车型的饱和车头时距的观测十分困难,所以条文中表3.5.7的车型折算系数采用如下的估算方法获得(以中型车的折算系数 k_m 为例):

$$k_m = \frac{l_m + h_m}{V_m} \times \frac{V_s}{l_s + h_s} \quad (2)$$

式中:l_m——中型车的长度,取 $2l_s$;
h_m——中型车通过交叉口停止线时的饱和车头空距,取 $1.5 h_s$;
V_m——中型车通过交叉口停止线时的速度,取 $0.75 V_s$;
l_s——小型车的长度,取6m;
h_s——小型车通过交叉口停止线时的饱和车头空距;
V_s——小型车通过交叉口停止线时的速度。

3.5.10 对交叉口规划通行能力的计算说明如下,计算方法参照本规范正文附录A:

1 立体交叉形式及匝道布置初步拟定后,必须验算各匝道规划通行能力能否满足规划交通量的需求。匝道通行能力受匝道各组成部位的限制,其中包括匝道中段(运行情况相同、中间或等宽路段)、进口端点(从匝道驶入主线)、出口端点(从主线进入匝道)的通行能力。匝道通行能力应取三处中的最小值。

1)匝道中段规划通行能力验算:主要受车辆几何外形、曲线半径、纵断坡度、行车速度、路面条件等因素影响。

2)匝道进口端点(合流区)通行能力验算:主要受端点处的整体设计、交通管制类型、主线交通量(特别是匝道相邻主线外侧车道的交通量)以及加速车道的形式和长度等因素影响。

3)匝道出口端点(分流区)通行能力验算:主要受主线外侧车道交通量的影响、交通标志完善程度、车辆转弯错判率、减速车道的形式和长度等因素影响。

2 让行标志平面交叉口基本通行能力的计算是一个相当繁杂的过程,规范编制组参考了其估算方法的一般理论,同时作了仿真数值运算,运算结果见表4、表5。

表4 减速让行交叉口让行方向基本通行能力

主要方向车流1（pcu/h）	主要方向车流2（pcu/h）							
	800	700	600	500	400	300	200	100
800	—	75	95	120	145	180	220	270
700	75	100	120	155	190	230	270	335
600	95	120	150	190	225	280	335	410
500	120	155	190	245	295	355	425	510
400	145	190	225	295	350	430	515	620
300	180	230	280	355	430	520	625	760
200	220	270	335	425	515	625	765	930
100	270	335	410	510	620	760	930	—

表5 停车让行交叉口让行方向基本通行能力

主路方向车流1（pcu/h）	主路方向车流2（pcu/h）							
	800	700	600	500	400	300	200	100
800	—	55	70	90	110	135	165	205
700	55	75	90	115	145	175	205	250
600	70	90	115	145	170	210	250	310
500	90	115	145	185	220	265	320	385
400	110	145	170	220	265	325	385	465
300	135	175	210	265	325	390	470	570
200	165	205	250	320	385	470	575	700
100	205	250	310	385	465	570	700	835

其主要方向车流1和2表示双向单车道通行的两

个车流。让行方向车流只能穿越主要车流的空当。表中数值表示了主要方向车流为泊松分布、不同流量条件下，让行方向车流可以穿越主要方向车流的最大流量。主要方向车流量大时，可以通过整个交叉口的流量亦大，反之，则可以通过整个交叉口的流量亦小。

让行标志平面交叉口基本通行能力按理论方法的计算如下：

理论上让行标志交叉口通行能力的极限值是第一级优先车流饱和流量之和；第二级优先车流的通行能力是在高优先级车流中出现的空挡能够被完全利用的通行能力。高优先级为单车道单向通行时，计算次级车流通行能力的理论公式如下：

$$C_g = \frac{3600}{\Delta t_f} \cdot e^{-\frac{q_H}{3600}(\Delta t_o)} \qquad (3)$$

式中：C_g——低优先级车流的基本通行能力（pcu/h）；

q_H——高优先级车流交通量（pcu/h）；

Δt_o——临界空挡，高优先级车流中出现大于该值的空挡时，可以穿越低优先级车流，取 5.5s～6.5s；

Δt_f——低优先级车流平均跟驶穿越空挡，是利用高优先级车流中同一空挡的第一辆车与后续车辆间的穿越空挡，Δt_f 在 2.6 s～4.0 s 之间；减速让行标志管制取下限，停车让行标志管制时取上限。

Δt_o 和 Δt_f 主要受高优先级车流的行驶速度、低优先级车辆机动性能、驾驶员的判断和反应、道路几何条件、视线、天气等因素影响，也因车流流向（干路左转、支路右转、支路直行、支路左转等）而不同。

交叉口总基本通行能力是高优先级车流量与低优先级车流量的和。

让行标志交叉口的实际通行能力的计算采用通行能力计算的常规方法，即基本通行能力乘以一个折减系数。计算折减系数时应考虑的因素主要有：主支路流量不平衡性、大车混入比、左直右车流比、行人和自行车的横向干扰程度等。由于在规划阶段这些因素的影响程度还难以准确获取，因此可按估计取 0.6～1.0 之间的系数。

3 信号控制交叉口通行能力可按以下方法计算：

信号控制交叉口通行能力分别按交叉口各进口道估算，以小车当量单位计；信号控制交叉口一条进口道的通行能力是此进口道上各条进口车道通行能力之和；一条进口车道通行能力是该车道设计饱和流量及其所属信号相位绿信比的乘积，即进口道通行能力。

信号控制交叉口通行能力估算方法及信号控制交叉口规划饱和流量，因其不但随交叉口几何因素而异，还同交叉口的交通管理方式与到达的交通需求有关，相对比较复杂。有些国家专门制定有《信号控制交叉口通行能力规程（或指南）》之类的文件。我国现行行业标准《城市道路设计规范》CJJ 37 也曾规定了信号控制交叉口通行能力的估算方法，现在看来，还有不少值得商讨的问题。因此，有必要为本规范编写相应的信号控制交叉口通行能力估算的建议方法。

信号控制交叉口车辆的通行能力，按进口道的各个车道估算，各车道的通行能力等于该车道的规划饱和流量与该车道通车相位绿信比的乘积，这是各国比较通用的方法。

本规范借鉴各国现行规程，根据对我国不同城市典型交叉口上的实测数据，针对信号控制交叉口规划设计的需要，按不同规划设计阶段能提供估算通行能力的条件和对通行能力估算精度的不同要求，在规范文本中提出了不同深度的估算方法。

规划饱和流量因其影响因素众多，理论上是个相当复杂的问题，各国的算法不尽相同，不少国家都各自颁布符合各自情况的计算方法，但都还存在不少值得探讨的问题，而且所用方法一般都过于繁杂，现在还在不断研究改进中。

考虑到在规划阶段能取得数据的条件，信号控制交叉口规划饱和流量的修正系数只取纵坡及重车率修正、车道宽度与转弯半径三项修正。纵坡及重车率修正系数，因我们没有做过这项基础参数的研究，所以只能暂借其他国家的确定方法；考虑到规划阶段的使用方便，选用了国际上确定这一修正系数的最简单的一种方法。车道宽度修正系数，根据在北京、深圳、上海、天津、重庆、济南等城市典型交叉口上的实测数据，对直行、左转和右转三种不同的车道而言，宽度修正系数是相近的，为便于使用，将其合成一张表格。转弯车道转弯半径修正系数，同车道宽度修正系数是相关的，取决于这两个数值的最小值，因为转弯车道的饱和流量取决于转弯车道上的通行能力受车道宽度与转弯半径两种影响最大的瓶颈段，所以应取宽度修正系数与转弯修正系数两者中的小值。

不同地区及规模的城市，其基本饱和流量可按当地情况，在表列饱和流量范围内取值：中小城市、山区及积雪地区的城市取下限值；东部沿海地区、大城市、省城、单列市可取中值；北京、深圳取上限值。

为估算信号控制交叉口进口道的通行能力，需要信号相位绿信比。绿信比必须在做了信号配时设计之后才能取得。在各规划阶段没有条件、也没有必要做信号配时设计。因此，为了能在规划阶段估算信号控制交叉口进口道的通行能力，需要有一种简单而能大致估计绿信比的方法。

改建交叉口规划，有现状各交通流向的交通量调查数据时，就以各相位通车车道中最大交通量的比例近似地代替各相位的各个最大流量比的比例，以此来分配各相位的绿信比。

新建交叉口规划，没有交通量数据时，只能根据交叉口规划进口车道数所定的信号相位数,按常规相位绿信比提出推荐数字:两相位时,以信号总损失时间占周期时长的 10%计,则同等级道路交叉口,各相位绿信比为 0.45;主、次道路交叉口,以主路交通量比次路交通量多约 25%计,则主路相位绿信比为 0.51,次路相位绿信比为 0.39;四相位时,以信号总损失时间占周期时长的 16%计,则同等级道路交叉口,各相位绿信比为 0.21;主、次道路交叉口,也以主交通量比次路交通量多约 25%计,则主路各相位绿信比为 0.24,次路相位绿信比为 0.18。条文中表 A.3.3 中数值是按交叉口规划进口车道数确定的。

4 非机动车进口道通行能力,沿用现行行业标准《城市道路设计规范》GJJ 37 的规定值。非机动车交通量大的交叉口进口道应取上限,非机动车交通量小的交叉口进口道应取下限。助动车等其他非机动车流量应折合自行车当量计算。

5 条文中表 A.5.2 所列人行过街横道通行能力,是引用 1998 年人民交通出版社出版的《现代城市交通》一书推荐的计算方法,为便于规划阶段使用,简化算得。

4 平面交叉口规划

4.1 一般规定

4.1.1 在城市总体规划的城市综合交通专项规划或分区规划的道路系统规划中,对平面交叉口规划间距和形状已大体框定,但在这一规划阶段框定的平面交叉口规划间距、形状不一定有充分条件进行仔细的研讨。因此,在控制性详细规划或交通工程规划阶段应对框定的间距、形状、类型作仔细深入研讨,在不影响总体布局的前提下予以优化调整。

1 本款为强制性条款,必须严格执行。国家现行标准《城市道路交通规划设计规范》GB 50220 及《城市道路设计规范》CJJ 37 都把斜交交叉口的最小交叉角定为 45°,拟定得太小。参考各国文献,宜改为 70°。

2 信号控制平面交叉口间的间距大致相等时,对交通信号控制系统的布设比较有利。

4.1.2 此条参考了上海市工程建设规范《建筑工程交通设计及停车库(场)设置规范》DGJ 08—07—2006 有关道路外侧规划用地出入口的规定及现行行业标准《城市道路设计规范》CJJ 37 中有关停车场出入口的规定。

在干路两侧设置道路外侧规划用地建筑物机动车出入口,无异于在干路上增加了交叉口,是造成干路交通拥堵的主要因素之一。在新城区各类规划中严禁在干路两侧开设道路外侧规划用地建筑物机动车出入口,应把出入口开向支路或专设的前沿道路(frontage road)上;在旧城区改建规划中应调整干路上的已有出入口,使其远离交叉口;在治理规划中,对进出出入口的车辆应采取交通管制措施。道路外侧规划用地机动车出入口距交叉口距离的计算起点,应以交叉口转角缘石曲线的端点为计算起点。

4.1.3 平面交叉口进口道红线展宽、车道宽度及展宽段长度应符合下列规定:

1 由于交通流驶入交叉口进口道后,其车速较路段明显降低。同时,为防止车辆在进口道内因车道过宽而发生抢道现象,进口道车道宽度应比路段车道宽度减窄。平面交叉口进口道部位红线规划必须改变传统交叉口红线规划方法,即把交叉口范围内的红线看成只是路段红线的延伸线,并只考虑以通车需要为主的规划方法。为使平面交叉口进口道通行能力同路段通行能力相匹配,进口道车道数应为上游路段规划车道数的两倍。本规范按路段车道不同的规划宽度确定交叉口进口道的展宽系数,进口道展宽系数 r 是根据交叉口进口道每条车道宽度为 3.0m、进口车道数量为路段车道数的两倍计算得来,进口道展宽系数 r 的计算公式如式 4 所示:

$$r=\frac{6-路段一条车道规划宽度}{路段一条车道规划宽度} \quad (4)$$

若路段上各条车道的规划宽度不相同时,可取各条车道宽度的平均值。

条文中式 4.1.3 的计算结果一般是带小数的实数。为方便计算整体红线宽度,本规范建议该式计算结果以 0.5m 为单位向上取整。

新建平面交叉口的进口道展宽不仅应考虑通行能力相匹配的要求,还应考虑布设行人安全岛及公交港湾式站台等所需的宽度,当规划布设行人安全岛及公交港湾式停靠站时,还必须在上述基础上增加布设行人安全岛及公交港湾式停靠站所需的宽度。

考虑到改建、治理平面交叉口所受的约束条件较大,所以改建平面交叉口进口道部位规划红线的展宽宽度和长度,应视拆迁条件确定;条件许可时,应尽量满足上述的规定。

新建平面交叉口进口道展宽段及展宽渐变段的长度,参考上海市工程建设规范《城市道路平面交叉口规划与设计规程》DGJ 08—07—2006确定。

4 交叉口进、出口道部位机动车道总宽度大于 16m 时,行人过街困难,且信号控制难以满足行人清空时间,导致行人与机动车的严重冲突。

设置行人过街安全岛,便于行人安全驻足;采用"二次过街"信号控制模式,减小行人信号清空时间需求;分段显示行人绿灯,提供更多行人安全过街机会;总体提高信号控制交叉口的运行效率。

该款规定不仅涉及交通秩序的改善和交通效率的提高,而且是行人过街安全性的必要保障,故在本规范中定为强制性条款。

4.1.6 交叉口竖向规划应使相交道路在交叉口范围内为最平顺的共同曲面的目的是为了便于行人、车辆通行，使地面雨水能有最便捷的排水方向。

4.1.7 平面交叉口中应布设交通岛来规范车辆的行驶轨迹。交叉口范围过大时，车辆可在交叉口内任意行驶，不利于交通安全和交通秩序；但在范围并不过大的交叉口内布设交通岛之后，又会使车辆行驶受到过分的约束，特别是在兼有大量非机动车过街的交叉口，不利于交通畅通。本条目的即为规范合理布设交通岛，使之既能改善交通安全又能不影响交通畅通，且能改善行人过街安全。

6、7 交通岛可区分为导流岛和安全岛，导流岛可以规范交叉口内各流向车流的行驶轨迹；安全岛供行人过街、在路中驻足避车，保障交通安全、畅通。交通岛间导流车道不宜过宽，避免车道过宽而引起车辆并行、抢道现象。

4.2 信号控制交叉口

4.2.1 交通工程规划阶段，信号控制交叉口规划除应符合本规范第 3.5 节及第 4.1 节有关规定外，还应符合下列规定：

2 常规双向通行信号控制交叉口除交叉口通用规划内容外，还有交叉口采用信号控制后进行各种交通流通行空间与时间有关交通组织分配所需的特有规划内容。信号控制交叉口平面规划，关键是配合信号控制方案组织分配各交通流的通行时间与通行空间，确定交叉口进、出口道的布置与渠化方案，所以信号控制交叉口平面规划必须同信号控制方案同步进行。

3 交叉口的时空资源由相交道路几个方向的车流共享，对某一进口道的车流而言，能获得的通行时间不及上游路段的一半，如果损失的时间资源不能通过拓宽交叉口进口道宽度，增加进口车道数来弥补，交叉口进口道将成为整个路网通行能力的瓶颈，为了提高整个路网的通行效率，消除路网通行能力的瓶颈，必须尽量提高进口道通行能力，使之与上游路段通行能力相匹配。干道上交叉口之间的信号须协调，避免不必要的停车，保证干线的畅通。

4.2.2 信号控制交叉口进口道规划应符合下列规定：

1 进口道车道的渠化规划主要是确定进口道各条车道的功能。本款根据到达进口道的交通量确定需要设置左、右转专用车道的条件。

2 进（出）口道展宽段及渐变段长度距交叉口距离的计算起点，应以交叉口转角缘石曲线的端点为计算起点，进口道向上游计算，出口道向下游计算，如图 8 所示。

4.2.3 信号控制交叉口出口道规划应符合下列规定：

1 为增加右转出口车道而增宽出口车道的宽度时，其展宽段长度是从右转出口车道转向直行车道所

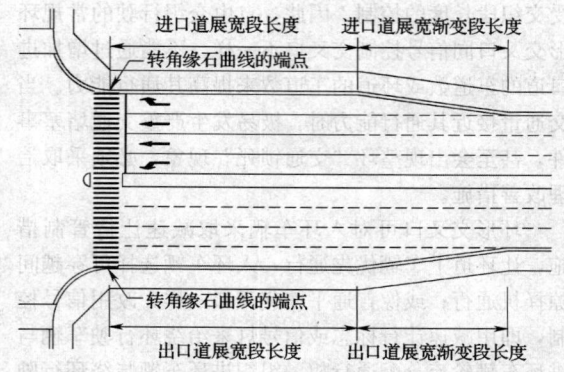

图 8 进（出）口道展宽段及渐变段长度
距交叉口距离的计算起点

需长度。

4.2.4 交叉口前后高架道路、地下通道或互通立交匝道出入口的布置应符合的规定：

城市市区内不宜建造高架道路或上跨式互通立交。在市郊或市区边缘规划设计的高架道路或互通立交，其在平面交叉口前后的出入匝道位置的布置，根据实践经验是造成交叉口及高架道路或互通立交交通拥堵的关键因素。本规范专列此节，对这类匝道的合理布设提出要求，以降低这类匝道对其附近交叉口及高架道路或互通立交本身的交通影响。

4.3 无信号控制交叉口

4.3.1 用导流三角岛及连续式中央分隔带来引导进出支路的右转车辆行驶路线，并阻挡从支路出来的直行车辆及左转车辆。

4.3.2 交叉口的相交道路中，等级较高或交通量较大的道路称为主要道路；等级较低或交通量较小的道路称为次要道路。

4.4 常规环形交叉口

4.4.1 常规环形交叉口适用性的原因及环形交叉口的中心岛与交织段：

1 常规环形交叉口，虽可组织车辆不停车地连续行驶通过交叉口，有利于在交通信号灯难于处理的多路交叉口上组织交通，但因其用地过大，通行能力有限，所以不宜用于大城市干路相交的交叉口上，特别是非机动车和行人流量较大的道路上。

3 中心岛的大小，决定了车辆在各段环道上的行驶车速、各环道的交织段长度和环形交叉口的用地面积。为能减小环交用地面积，中心岛大小以能满足环道的设计车速及最短交织段长度即可。

4.4.2 常规环形交叉口环道、环道外缘及进出口的规划，基本上沿用现行行业标准《城市道路设计规范》CJJ 37 的规定，补充了环道上车道加宽值及环道进出口交通岛布设的规定。

4.4.3 常规环形交叉口的关键缺点，就是通行能力

受交织段长度的控制。因此,自由交织行驶的常规环形交叉口同信号控制交叉口不一样,不能通过增加进口道的车道数或环道的车道数来提高其通行能力。当交通量接近其通行能力时,极易发生严重交通堵塞事件,甚至会出现整环"交通锁死"现象,必须采取治理改善措施。

环形交叉口可对入环车辆采取减速让行管制措施,让环道上车辆优先通行,入环车辆选择可穿越间隙择机通行;或像普通平面交叉口一样,改用信号控制,即用减速让行标志或信号灯来给绕环行驶车辆与进环车辆轮流分配通行权,组织进环车辆与绕环行驶车辆的交替运行。这样就可以通过增加进口道及环道的车道数来提高其通行效率,这时环形交叉口的进口道与环道应进行拓宽处理。但环形交叉口信号控制的机理同普通平面交叉口用信号灯控制两个不同方向车辆间的冲突不一样,所以在信号灯的配置、信号灯具的面对方向、停止线位置与画法及信号控制方式上同普通平面交叉口都有所不同。对此,以条文中图4.4.3作了说明。

5 立体交叉规划

5.1 一般规定

5.1.1 控制性详细规划阶段,立体交叉形式选择的几条原则。全定向型立交每个转弯方向的车流均行驶在专用的单向匝道上,适用于车速高、交通量大的枢纽型立交,常见形式如图9、图10。

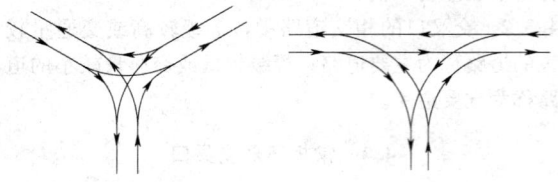

图9 定向型(Y,T)立交

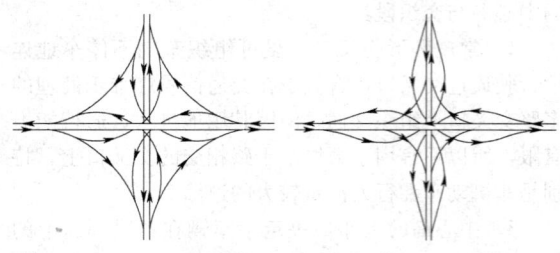

图10 定向型(十字)立交

半定向型立交(见图11),其交通组织为左转车流均在半定向型匝道上通行,用于快速路与快速路相交的枢纽型立交,对于快速路与其他等级道路相交,左转交通量较大,车速要求较高时亦可选用。

组合型立交(见图12),根据各转向交通行驶要求,将定向匝道、半定向匝道和苜蓿叶形匝道进行组

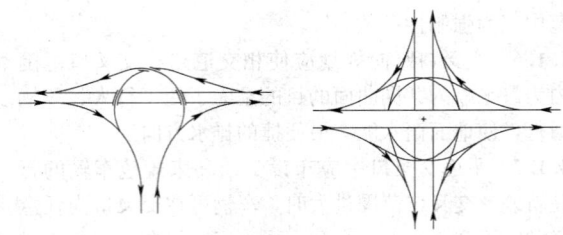

图11 半定向型立交

合,形成多种形式的组合型立交。适用于交通特性明显和各向交通量分布差异较大、控制因素较多的节点,是枢纽型立交常采用的一种立体交叉形式。

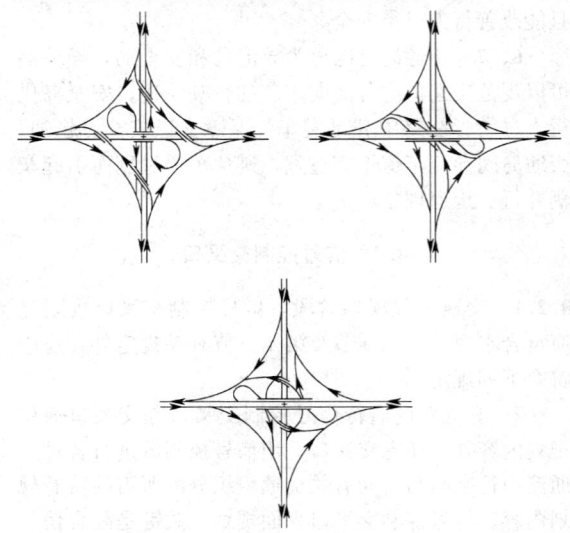

图12 组合型立交

全苜蓿叶形立交(见图13),通过苜蓿叶形左转匝道和直接右转匝道通行,交织段必须布设集散车道,用地较大。适用于直行交通量较大,左转交通量不大且拆迁占地不受限制的一般立交。

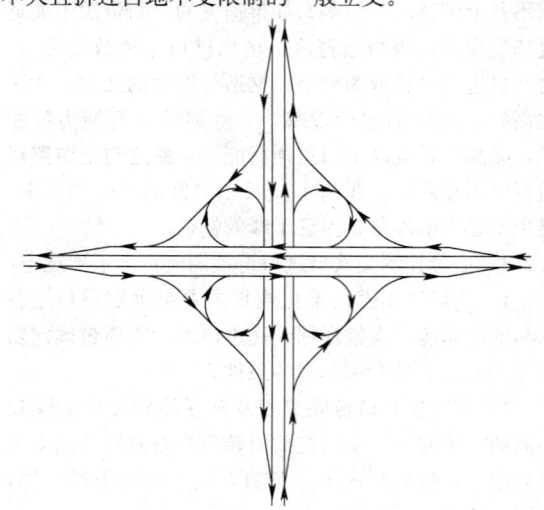

图13 有集散车道的全苜蓿叶形立交

喇叭形立交(见图14),各转弯方向设置独立匝道,方向明确,无冲突和交织。适用于城市快速路与

主（次）干路相交的一般立交，其环形匝道适应的交通量较小、车速较低。

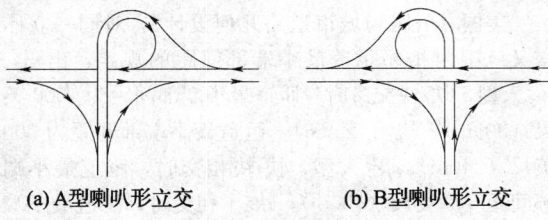

(a) A型喇叭形立交　　　　(b) B型喇叭形立交

图 14　喇叭形立交

部分苜蓿叶形立交（见图 15），是指全苜蓿叶形立交缺少一条或一条以上匝道的立体交叉，能保证主要道路直行交通快速行驶，适用于转弯交通量相差较大或限制某方向车辆出入的快速路或主干路与次干路相交的一般立交。部分苜蓿叶形立交有互通式和部分互通式。部分互通式立交交通组织对交通量较小的某些方向的转向交通不提供转向匝道；互通式立交的转向交通存在平交点，其匝道安排应使出、入主线的转弯运行对主线直行交通产生的干扰最小，将平交点布置在次要道路上。

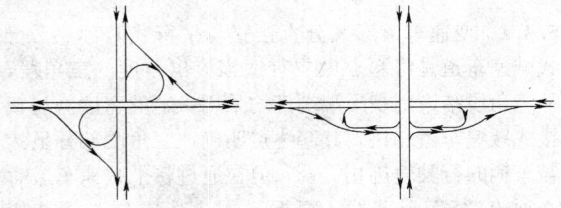

图 15　部分苜蓿叶形立交

菱形立交（见图 16），以保证主要干线直行车流畅通为主，将次要道路直行车流及所有转向车流组织到次要道路上形成平面交叉。适用于城市快速路与主（次）干路相交，次要道路交通量及主线左转交通量不大的一般立交。常用于城市用地紧张、拆迁困难的立体交叉。

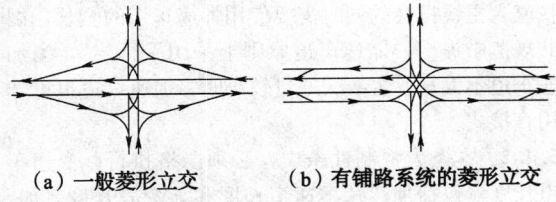

(a) 一般菱形立交　　　(b) 有铺路系统的菱形立交

图 16　菱形立交

环形立交（见图 17），其转向车流均在环道上通行，适用于设计车速和设计交通量不太大的一般立交，可用于四路或多路交叉，很少用于三路交叉。当两条相交道路其中有一条直行交通量较大，而转向交通量不大且车速不高时，可采用双层式环形立交；当两条相交道路的直行交通量均较大，而转向交通量不大且车速要求不高时可设三层环形立交。

多路环形立交（见图 18）。新建规划必须避免形成多路立交；改建规划时，多路交叉在各相交道路交

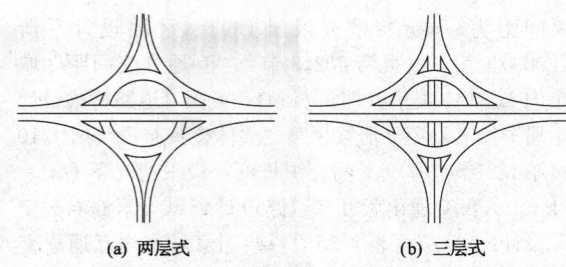

(a) 两层式　　　　　　(b) 三层式

图 17　环形立交

通量不大且比较均衡的情况下，宜采用环形立交；多路交叉的另外一种适用立体交叉形式是组合型的部分互通式立交。

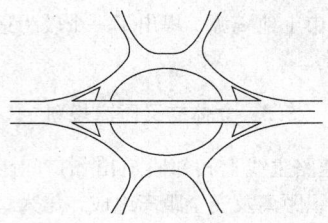

图 18　多路环形立交

5.1.2 城市快速路立体交叉系统规划的几条规定：

3 在城市快速路上需要设置互通式立交时，如果采用不同的出入口形式就会使驾驶员，尤其是较陌生的驾驶员感到迷惑，从而在主线上造成不正常的减速等，在交通流中造成紊乱的运行。因此，需要统一出入口形式。出入口应遵循设置在主线右侧的原则，将出入口放在左侧，不仅破坏了路线的连续性，而且由于左侧车道行驶车速较高，且与一般从右侧进出的习惯不同，易造成交通混乱，对直行交通干扰尤为严重。因此，除特殊情况外，均应将出入口设置在主线的右侧。

立体交叉单个出口最好设置在立体交叉构筑物之前，如果设置在立体交叉构筑物之后，当主线上跨时，出口容易被竖曲线顶部路段挡住，如果主线下穿时，也容易被相交道路的跨线桥遮挡，往往不易达到主线停车视距的要求，要满足判断视距就更困难了。因此，立体交叉出口以设置在立体交叉构筑物之前为宜，这样有利于驶出车辆的正常运行。

5 快速路相邻立体交叉的最小间距是立体交叉系统规划中必须考虑的一项内容。查各国有关立体交叉规划设计的规范（程）或指南都有最小间距的规定。美国《公路与城市道路几何设计（1984）》第617页：互通立交最小间距的一般经验值，市区 1 英里(1.6km)；《道路通行能力手册（2000）》第 13-6 页：在快速路段合理长度范围内的理想平均立体交叉间距不小于 3km，考虑在快速路实际长度范围内的可接受的立体交叉最小平均间距 1km；第 13-13 页表 13-6 "快速路基本路段服务流量" 的注：（表中服务流量）设定每公里立体交叉数为 0.63 个（即立体交

叉间距为1.6km）；俄亥俄州DOT《公路设计手册（2003）》第5.3页第502.3节："互通立交间距"城市内L_{min}＝1英里（即1.6km）；英国《道路桥梁设计手册》第6卷第2册第1篇"立体交叉布设"第4/10页第4.21节立体交叉间交织长度：极限情况下L_{min}＝1km。人民交通出版社《道路设计资料集第6卷—交叉设计》第67页表4-35"一些国家城市内互通立交间距资料"：美国，平均1km；日本，平均2km～5km，最小0.7km；加拿大，平均3km，最小2km；中国平均1.9km，最小0.8km；北京二环1.1km；北京三环1.6km。

本条参考我国及国外的规定和经验数据，考虑到紧凑使用城市土地资源，提出了一个较为适中偏小的定量建议值。

5.3 立体交叉匝道规划

5.3.3 快速路主线上相邻匝道出入口间距由变速车道长度、交织距离及安全距离组成，出入口间距应能保证主线交通不受分合流交通干扰，并为分合流交通加减速及换车道提供安全、可靠的路况条件。条文中表5.3.3所列的数值是满足主路交通按稳定流的运行状态所需的长度，对应于匝道的设计速度均为40km/h。在实际运用过程中，可结合具体情况，对取值进行调整，但最小必须保证加减速行驶的长度要求。

5.3.4 同一立体交叉范围内，主线在一个行驶方向最好只有一个出口。有两个或两个以上出口，易造成驾驶员迷惑或错向驶出，对主线直行交通影响较大。因此，匝道一般布设为"逐级分流、逐级合流"形式，如条文中图5.3.4所示。不论是入口，还是出口，最好只有一个，即遵循集中设置的原则。条文中表5.3.4-1匝道逐级分流、逐级合流出入口最小间距是根据已建立体交叉的统计数据，采用以设计车速在5s内所行驶的距离。

如果同一立体交叉范围内，主线上需要连续设置两个出口或入口，使相邻出、入口端部相距甚密。这种情况，给设置交通标志和驾驶员对标志或去向的瞭望、辨认以及车辆分流、合流、转向、变速等操作造成困难，尤其不能给驾驶员必要的操作时间而导致手忙脚乱，增加心理紧张，往往成为交通事故的诱因之一。因此，相邻匝道端部之间需要保持合理的间距，以利设置标志以及驾驶员能够从容驾驶等。相邻匝道口的间距取决于匝道的类型，成对匝道的功能和实际交织的有无等。现行行业标准《城市道路设计规范》CJJ 37规定：驾驶员辨认标识及反应所需时间合计为5s，据此对立体交叉范围内相邻匝道按入-出、入-入、出-出及出-入，分为两类，对这两类匝道端部之间的最小间距作的规定，似偏小；并且入-出、入-入、出-出三种不同功能的匝道端部之间的最小间距采用同一最小间距，与交通流实际运行情况不符。因为入-出

匝道间交通流存在交织，需要比入-入、出-出的匝道更长的间距。

美国《公路与城市道路几何设计》，对同一立体交叉范围内相邻匝道最小端部间距的规定：出-出、入-入型，快-快交叉时，匝道最小端部间距为1000英尺（300m），快-干交叉时，匝道最小端部间距为800英尺（240m）；出-入型，快-快相交时，匝道最小端部间距500英尺（150m），快-干相交时，匝道最小端部间距为400英尺（120m）；入-出型，快-快相交时，匝道最小端部间距为2000英尺（600m），快-干相交时，匝道最小端部间距为1600英尺（480m）。

本规范表5.3.4-2，同一立体交叉范围内，相邻出入口最小间距的取值，参考美国《公路与城市道路几何设计》，入-入、出-出型匝道间最小间距，根据驾驶员辨认标志引起的反应所需的时间以及汽车移向临近车道所需时间总和为10s计算而得，出-入型匝道取出-出型匝道的1/2，入-出型匝道取出-出型匝道的2倍计算而得。

5.4 立体交叉变速车道规划

5.4.1 变速车道形式分直接式与平行式两种。平行式减速车道是将起点做成有适当流出角度的三角段，从三角段结束到楔形端端部均采用一定的宽度。与直接式减速车道相比，其起终点明确，三角段部分虽然与车辆的行驶轨迹相符合，但在通过整个减速车道时必须走"S"形路线。根据日本《高速公路设计要领》，一般情况下，驶离主线的驾驶员大多数愿意走直接式减速车道，而不愿意走"S"形路线，所以平行式与汽车实际行驶状态是不相符合的，直接式减速车道在全长范围内与实际行驶轨迹相符合。因此，该条规定减速车道均采用直接式。

对于加速车道，同样驾驶员希望由直接式流入，而不愿走"S"型，但是当主线交通量大时，车辆在找流入主线机会的同时需要使用加速车道的全长，因此规范中提出"加速车道原则上采用平行式"，当加速车道不太长、主线交通量较小时，加速车道也可选用直接式。

5.4.2 本条为强制性条文，必须严格执行。变速车道长度，包括加、减车速度长度和渐变段长度。加、减速车道长度，本规范基本采用现行行业标准《城市道路设计规范》CJJ 37中的数值。本规范表5.4.2-1中数值适用于单车道加减速车道及纵坡小于或等于2%，若为双车道时各值应乘1.4，纵坡大于2%应按《城市道路交叉口设计规程》（待批）的规定值进行修正。

平行式变速车道渐变段长度，采用两种方法计算归纳而得，本规范采用《城市道路设计规范》CJJ 37中的数值：一是按横移一个车道需3s；二是将行驶轨迹作为反向曲线计算。两种方法计算值很接近，计

结果及规范采用值见表 6 所列。

表 6　平行式变速车道渐变段长度计算结果表

设计车速（km/h）	100	80	70	60	50	40
方法一（m）	75.0	58.2	55	49.8	41.4	33.3
方法二（m）	74.92	58.23	55.05	49.87	41.51	33.13
规范采用值（m）	80	60	55	50	45	35

5.5　立体交叉集散车道规划

5.5.1　本条为强制性条文，必须严格执行。在立体交叉中，设置集散车道，可将分、合流点转移出主线，使多个出、入口变为单一出入口，将交织车流和主线车流分离，保证主线大交通量的高速行驶，提高通行能力，保证安全。

5.5.2　本条为强制性条文，必须严格执行。集散车道与主线之间的分隔带宽度，美国《通行能力手册》第 64 页：（主线）车行道边缘至路边或分隔带间的最小净距 6 英尺（1.8m）；新泽西州《道路设计手册》第 57 页图 2.6.2：城区集散道分隔带 $D=8m$。现行行业标准《城市道路设计规范》CJJ 37 第 66 页：集散车道上分隔设施见第 4 章第 28 页表 4.6.1"分隔带最小宽度 2.25m"。考虑用地紧凑，本规范所定分隔带宽度比上列文献都小，所以规定必须布设安全分隔设施，防止车辆冲到相邻车道上去。集散车道布设见图 19。

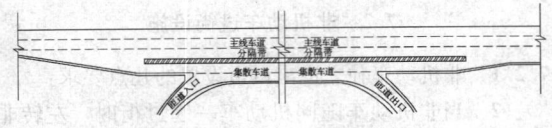

图 19　集散车道布设

5.6　立体交叉辅助车道规划

5.6.1　本条为强制性条文，必须严格执行。当进、出口匝道的上、下游主线车道不平衡时，容易产生车辆抢道，影响交通安全。在主线车道右侧规划布设辅助车道可以解决这个问题。

5.6.3　辅助车道所需的长度与主线和匝道的交通量有密切的关系，规定的长度只是一般值。除了当出、入口距离较近时，应将辅助车道贯通以外，遇主线和匝道的交通量较小（即通行能力有较大的富裕时，如双车道匝道的交通量略大于单车道的通行能力时）、又受到场地等条件的限制时，也可酌情缩短。

辅助车道有相当的长度，而且主线基本车道数需增加时，往往由辅助车道延伸而成。同时，它与主线车道间只有在部分段落内标划分流、汇流线，因而它与主线间不设路缘带。所以它的宽度与主线车道的宽度相同。

设置辅助车道后，主线断面的通行能力一般有充分的富裕，因此仿照美国的规定，当条件受限时，辅助车道的右侧硬路肩可酌情减窄。

6　道路与铁路交叉规划

6.1　一般规定

6.1.1　交叉点位置选择原则参考现行国家标准《铁路线路设计规范》GB 50090 提出。

1　本款为强制性条款，必须严格执行。道路与铁路平面交叉道口如果设在铁路曲线段、视距条件不符合安全行车要求的路段、车站、桥梁、隧道两端及进站信号处外侧 100m 范围内会严重影响道路交通和铁路运行的安全。

6.1.3　该条主要是明确道口斜交交角的角度，参考现行行业标准《公路路线设计规范》JTG D 20 及各国文献，把斜交交角的角度由 45°改为 70°。

6.2　道路与铁路平面交叉道口

6.2.1　平面交叉道口道路横断面规划的几项要求：

1　根据道路信号控制交叉口必须增加进口道车道数的原则，提出本款规定。

6.2.2　平交道口平面规划的要求，沿用《城市道路设计规范》的规定。本条是保证道路与铁路交通安全的重要条款，故列为强制性条文。

6.2.3　平面交叉道口平面视距，沿用现行行业标准《城市道路设计规范》CJJ 37 中的规定。并结合本规范第 6.3.1 条的规定，考虑到铁路设计行车速度大于或等于 120km/h 时，道路与铁路交叉必须设计立体交叉，所以条文中表 6.2.3 平面交叉道口侧向视距取消了铁路设计行车速度为 120km/h 时的数值。

6.2.4　平面交叉道口竖向规划的要求，沿用现行行业标准《城市道路设计规范》CJJ 37 中的规定。

6.3　道路与铁路立体交叉

6.3.1　参考现行行业标准《城市道路设计规范》CJJ 37，原国家经委、铁道部、原建设部等七部委 1986 年联合发布的《铁路道口管理暂行规定》（经交〔1986〕161 号文）的规定："铁路与道路相交，应优先考虑设置立体交叉"，把《城市道路设计规范》规定中"城市快速路与铁路交叉，必须设置立体交叉"，改为"城市快速路或主干路与铁路交叉，必须规划布设立体交叉"。

本条第 1 款和第 2 款是强制性条款，必须严格执行。这两款是保证铁路（特别是高速铁路）与城市道路交叉安全运行基本且重要的规定。

6.3.2　机动车、非机动车共用道路与铁路立体交叉，如果采用机动车、非机动车道全部上跨铁路，按机动车通行要求设置道路纵坡，会导致较大坡度，非机动车骑行困难；若按非机动车要求设置道路纵坡，则坡道就会很长。因此，设置道路纵坡而坡长受限时，可采用机动车道上跨铁路、非机动车道与人行道下穿铁路的立体交叉形式。因非机动车所需净空较机动车小，便于设计较小的坡度。

6.3.4 道路上跨铁路立体交叉的要求，基本上沿用现行行业标准《城市道路设计规范》CJJ 37 的规定。条文中表 6.3.4 跨越铁路的道路弯道半径，按快速路 80km/h、干路 60km/h 的设计车速确定，表中"推荐半径"取用的是不设缓和曲线的最小圆曲线半径，"最小半径"取用的是不设超高的最小圆曲线半径。

6.3.5 道路下穿铁路立体交叉，对横、纵断面与平面规划的几点要求：

1 横断面规划的要求根据各城市已建工程实践经验补充。

2 平面规划的要求，根据各城市已建工程实践经验补充。

3 同道路立体交叉必须保证桥下（隧中）道路竖向视距的要求一样，在这里补充提出隧（桥）洞外缘洞顶必须符合竖向净空的要求。

6.3.6 上跨或下穿铁路的道路与平行铁路的道路的立体交叉应符合下列要求：

1 按已建工程实践经验及道路平面交叉口的布局要求补写。为达到纵坡的要求，应把平行道路在交叉口段的标高规划到能同引道相接。

2 按本规范条文中第 4.1.2 条道路外侧规划用地及建筑物出入口条文的原则编写。

7 行人与非机动车过街设施规划

7.1 行人过街设施

7.1.1 行人过街设施规划的几点要求：

3 通常情况下，立体过街方式在行人过街方便程度和实际使用效率方面较平面过街方式差，在保障安全和方便的前提下，应优先选用平面过街方式。

4 交叉口过街设施功能不齐全或过街方式不统一，将导致行人过街绕行或诱发行人违章过街，在通常情况下，交叉口过街设施的布置宜具备全方位均可便捷过街的功能，且同一交叉口的过街方式应尽可能协调统一。

7.1.2 行人过街设施的布置应符合的规定：

3 本款为强制性条款，必须严格执行。一些地方为了拓宽交叉口进口道机动车的通行空间，采取压缩人行道的办法，造成行人通行拥挤，设置危害行人通行的安全性和舒适性，违背"以人为本"的基本理念。本款条文意在纠正这种错误倾向，保障行人过街的安全和顺畅。

7.1.3 立体过街设施设置的几点要求：

1 本款为强制性条款，必须严格执行。在城市道路与铁路相交道口，由于火车运行速度快，制动困难，为保障行人过街安全，当行人需要穿越快速路或铁路时，不应规划平交道口，应规划设置立体过街设施。

7.1.4 人行过街横道设置的几点要求：

1 在右转车容易与行人发生冲突的交叉口，人行横道间的转角部分长度按照能安全停放一台标准车辆的长度 6.0m 考虑。

7 环形交叉口平面过街行人与车辆冲突严重，一般适用于过街行人交通量不大的交叉口，人行横道位置宜结合交通岛设置，当过街行人交通量较大时，可采用定时信号或按钮信号控制。

7.1.5 行人过街安全岛设置的几点要求：

1 本款为强制性条款，必须严格执行。当人行过街横道长度大于 16m 时，在人行横道中央规划设置行人过街安全岛有利于提高行人过街的安全，有利于交叉口信号控制方案的优化，从而提高交叉口的整体通行效率。

2 在改建或治理规划条件受限时，本款提供了几种加设行人过街安全岛的措施。

7.1.6 行人过街信号设置的几点要求：

2 行人安全过街所需的时间根据行人过街长度和步速计算。行人能忍受的红灯时间视各地天气和环境等因素而定，一般不超过 90s。

7.2 非机动车过街设施

7.2.1 非机动车独立进出口道设置的几点要求：

2 当非机动车随同机动车一起过街时，左转非机动车通常可采用同左转机动车流一起通行的信号相位，直行非机动车可采用同直行机动车流一起通行的信号相位方案。条件许可时，应将非机动车和机动车信号分开独立控制，保证非机动车的交通安全、提高交叉口整体效率。

7.2.3 行人-非机动车混行进出口道设置的几点要求：

2 当采用非机动车随同行人一起过街时，根据各交叉口车流量和人流量的不同，可灵活采用不同组合的信号相位方案，最大限度地提高交叉口的通行效率。

8 公共交通设施规划

8.1 一般规定

8.1.1 通常道路交叉口是公交线路集中的地点，尤其在主要交叉口公交流量较大，公交线路、站点多，过街和换乘乘客多，公交设站必须保障乘客过街安全、换乘方便；在此基础上，尚应考虑减少站点停车对其他车辆通行的影响。

8.1.2 本条是根据现行行业标准《城市道路交通规划设计规范》CJJ 37 的规定制定的。

8.1.3 站点设置在坡道时，应保证公交车停站及乘客上下车安全。坡度过大时，公交车停站容易产生下滑危险；乘客尤其是老年人和儿童上下车的安全保障会随之降低。

8.2 交叉口公共汽（电）车停靠站

8.2.1 交叉口常规公共汽（电）车停靠站设置的几点规定：

1 常规公共汽（电）车是指除快速公交之外的普通公交，公交站点设置在交叉口进口段时，往往会因为公交车的停靠和等红灯而产生二次停车，影响交叉口通行能力。站点设在出口段可消除公交车的二次停车，降低公交车对交叉口通行的影响。

5 在立体交叉布置公交站时，应注意避免公交车对主线车流的干扰，互通式立交附近的公交站一般应设置于立交桥两端的路段上，分离式立交附近的公交站应根据道路条件尽量靠近人行横道线设站，以方便乘客换乘。

8.2.2 多条公共汽（电）车线路合并设站时的几点规定：

公交站台停靠的公交线路和车辆数超过一定的限度后，将对公交车的进出站台停靠及乘客的乘降和候车产生不良影响，造成车辆运行受阻、乘客乘降不便，有必要对停靠站的停靠泊位数和停靠公交线路数加以限制。参考北京市地方标准《公共汽电车站台规范》DB 11/T 650—2009，给出了适宜的一个站台停车泊位数、线路数和分开设站时的站台总数、站台间的最小间距。特殊情况可根据停靠公交线路的实际到站频率确定合理的站台数。

8.2.3 公共汽（电）车停靠站台规划形式的选择，在交叉口应首选港湾式停靠站，尤其是在干路交叉口；对一般交叉口应尽量利用条件，因地制宜地设置港湾式停靠站。改建、治理规划，条件受限时，才能沿用直线式停靠站。

8.2.5 港湾式停靠站规划几何尺寸的几项规定：

1 港湾式停靠站应以满足行人、非机动车、机动车通行的基本要求为原则，给出的公交港湾式停靠站尺寸为基本几何尺寸，对于不同的道路断面，公交港湾停靠站的设计可根据交叉口条件作相应的调整。

2 在机非混行的道路上设置港湾停靠站时，会部分地借用人行道，港湾停靠站候车站台可与人行道结合设计，人行道宽度会有所减小，但考虑到乘客与行人之间的影响，人行道的宽度仍应满足《城市道路设计规范》的规定。

8.2.6 快速公共交通停靠站规划的几点规定：

1 快速公共交通与常规公交的车型、车速不同，两者需分开设站；快速公共交通因车辆型号以及线路所处车道位置的差异，对停靠站的几何尺寸以及设站位置要求不同，因此，快速公共交通的站台应根据其车道位置及车辆选型确定。

2 根据本规范第 8.2.4 条快速公共交通站台宽度的规定，规划布设在中央分隔带两侧车道上的快速公共交通车停靠站采用港湾式站台时，左侧式港湾式站台的设置示例可参照图 20，右侧式港湾式站台的设置示例可参照图 21。公交车到站车数小于站台通行能力，考虑采用直线式停靠站时，左侧直线式站台的设置示例可参照图 22，右侧直线式站台的设置示例可参照图 23。

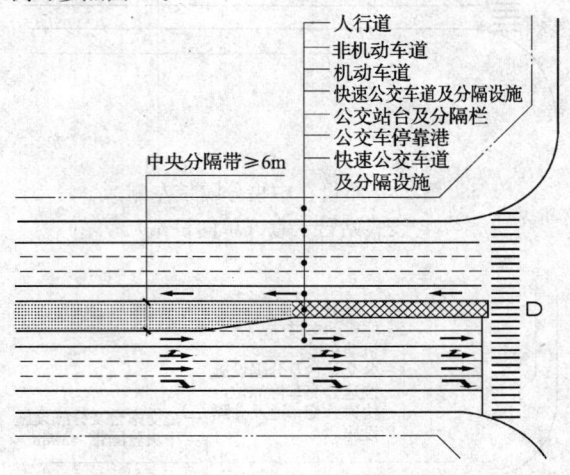

图 20 布设在中央分隔带左侧
港湾式站台示意（单向设站）

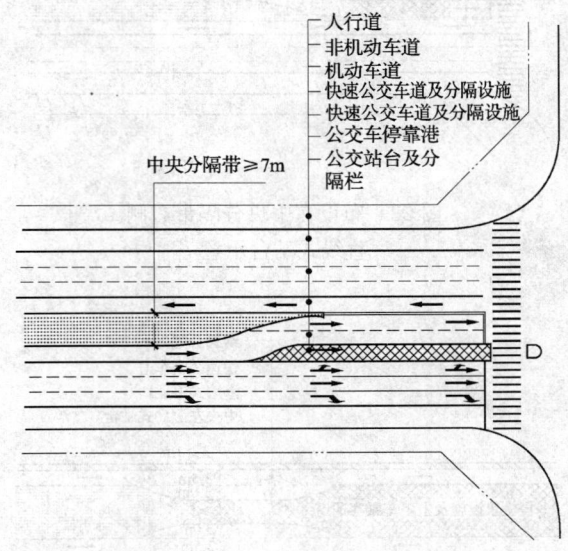

图 21 布设在中央分隔带右侧
港湾式站台示意

3 规划布设在中央分隔带上的快速公共交通左侧岛式站台应把左右两向停靠站设在同一路段，左侧港湾式站台的设置示例可参照图 24，左侧直线式站台的设置示例可参照图 25。右侧侧式站台除可设在

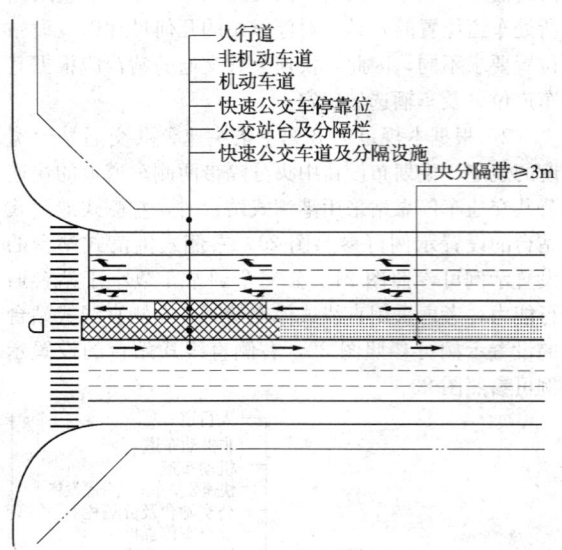

图 22 布设在中央分隔带左侧
直线式站台示意（单向设站）

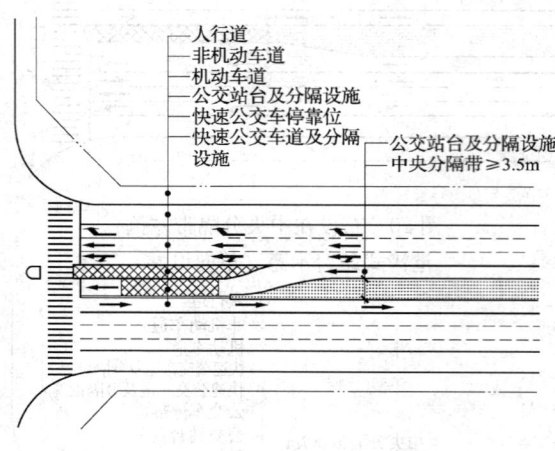

图 23 布设在中央分隔带右侧
直线式站台示意

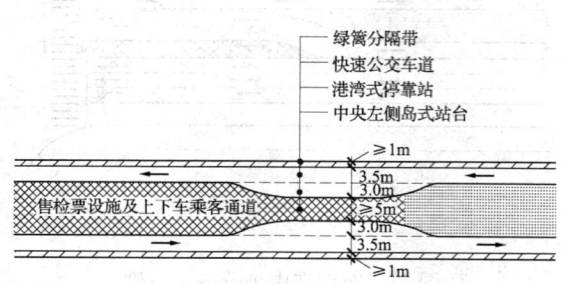

图 24 左侧港湾式站台示意

同一路段外，也可分开设在各向的进口道上。设置在同一路段上的右侧港湾式站台的布设可参照图 26，设置在同一路段上的右侧直线式站台的布设可参照图

27，分开设置的右侧港湾式站台的布设可参照图 28。

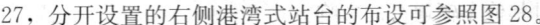
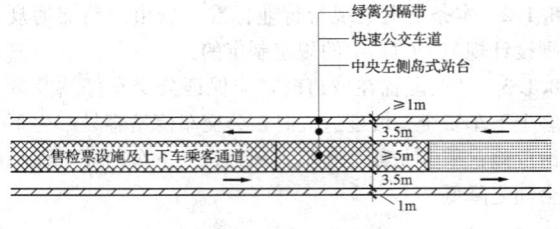

图 25 左侧直线式站台示意

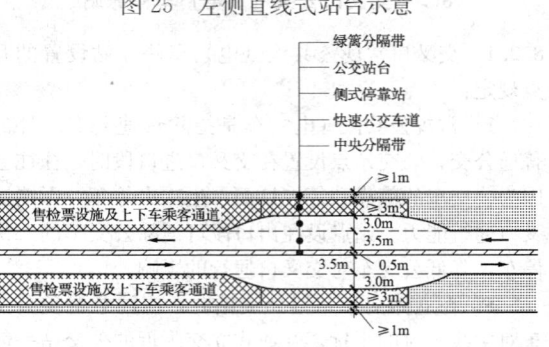

图 26 右侧港湾式站台示意

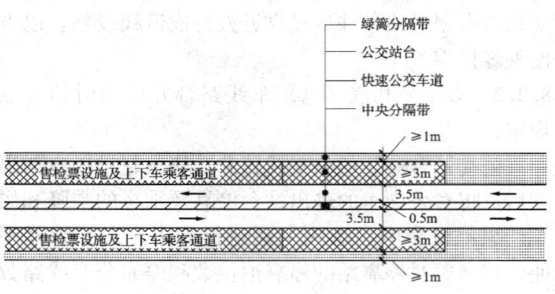

图 27 右侧直线式站台示意

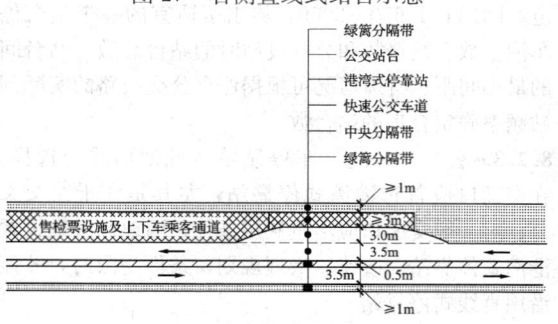

图 28 分开布设的右侧港湾式站台示意

8.3 公共汽（电）车专用进出口车道

8.3.1 专用进口车道设置的几点规定：

2 公交车专用进口车道的长度须根据通行的公交车长度确定，最少须确保 3 辆公交车排队所需的长度。

3 公交车专用进出口道的设置可以视情况因地制宜地灵活设置，也可以分时段设置。公交专用进口道通常以直行公交车为主，当转向公交车在公交流量中占较大比例时，交叉口应增加公交转向优先车道，以提高公交车的通过能力。转向优先车道指在高峰时间对公交车的优先，其他机动车也可使用该车道，但应在公交车后排队等候。

8.3.2 在机动车道外侧的公交专用出口车道起点的设置，应考虑相交道路右转车进入非公交专用车道所需的行驶距离，右转车行驶距离随交叉口的尺寸变化而变化，在实际确定起点位置时可根据交叉口尺寸设定。

8.4 公共汽（电）车优先控制

8.4.2 公共汽（电）车在交叉口的优先主要体现在公交优先信号控制；交叉口的公交优先信号控制可根据公共汽（电）车系统的优先级给予不同的优先方式；交叉口的信号优先控制程度可按以下顺序递增：一般公交—公交优先道—公交专用车道—快速公共交通。

公交优先信号控制应尽量避免过度影响行人、自行车和其他车辆的通行。

中华人民共和国国家标准

节能建筑评价标准

Standard for energy efficient building assessment

GB/T 50668—2011

主编部门：中华人民共和国住房和城乡建设部
批准部门：中华人民共和国住房和城乡建设部
施行日期：２０１２年５月１日

中华人民共和国住房和城乡建设部
公　告

第 970 号

关于发布国家标准
《节能建筑评价标准》的公告

现批准《节能建筑评价标准》为国家标准，编号为 GB/T 50668-2011，自 2012 年 5 月 1 日起实施。

本标准由我部标准定额研究所组织中国建筑工业出版社出版发行。

中华人民共和国住房和城乡建设部
2011 年 4 月 2 日

前　言

根据原建设部《关于印发〈2006 年工程建设标准规范制定、修订计划（第一批）〉的通知》（建标〔2006〕77 号）的要求，标准编制组经广泛调查研究，认真总结实践经验，参考有关国内标准和国外先进标准，并在广泛征求意见的基础上，制定本标准。

本标准的主要技术内容是：1. 总则；2. 术语；3. 基本规定；4. 居住建筑；5. 公共建筑。

本标准由住房和城乡建设部负责管理，由中国建筑科学研究院负责具体技术内容的解释。执行过程中如有意见或建议，请寄送中国建筑科学研究院（地址：北京市北三环东路 30 号，邮编：100013）。

本 标 准 主 编 单 位：中国建筑科学研究院
本 标 准 参 编 单 位：中国建筑西南设计研究院
　　　　　　　　　　中国建筑设计研究院
　　　　　　　　　　深圳建筑科学研究院有限公司
　　　　　　　　　　上海建筑设计研究院
　　　　　　　　　　重庆大学
　　　　　　　　　　哈尔滨工业大学
　　　　　　　　　　河南省建筑科学研究院
　　　　　　　　　　中国城市科学研究会绿色建筑研究中心
　　　　　　　　　　黑龙江寒地建筑科学研究院
　　　　　　　　　　陕西省建筑科学研究院
　　　　　　　　　　天津大学
　　　　　　　　　　北京立升茂科技有限公司

本标准主要起草人员：王清勤　林海燕　冯　雅
　　　　　　　　　　赵建平　潘云钢　郎四维
　　　　　　　　　　叶　青　曾　捷　寿炜炜
　　　　　　　　　　李百战　董重成　栾景阳
　　　　　　　　　　卜增文　陈　琪　尹　波
　　　　　　　　　　郭振伟　张锦屏　李　荣
　　　　　　　　　　朱　能　孙大明　李　楠
　　　　　　　　　　谢尚群　吕晓辰　张　淼
　　　　　　　　　　高沛峻

本标准主要审查人员：吴德绳　杨　榕　葛　坚
　　　　　　　　　　李德英　赵　锂　任元会
　　　　　　　　　　杨旭东　齐承英　方天培

目次

1 总则 ················ 38—5
2 术语 ················ 38—5
3 基本规定 ············ 38—5
　3.1 基本要求 ········ 38—5
　3.2 评价与等级划分 ·· 38—5
4 居住建筑 ············ 38—6
　4.1 建筑规划 ········ 38—6
　4.2 围护结构 ········ 38—7
　4.3 采暖通风与空气调节 ·· 38—9
　4.4 给水排水 ········ 38—10
　4.5 电气与照明 ······ 38—11
　4.6 室内环境 ········ 38—12
　4.7 运营管理 ········ 38—12
5 公共建筑 ············ 38—13
　5.1 建筑规划 ········ 38—13
　5.2 围护结构 ········ 38—14
　5.3 采暖通风与空气调节 ·· 38—15
　5.4 给水排水 ········ 38—17
　5.5 电气与照明 ······ 38—17
　5.6 室内环境 ········ 38—19
　5.7 运营管理 ········ 38—19
本标准用词说明 ········ 38—20
引用标准名录 ·········· 38—20
附：条文说明 ·········· 38—22

Contents

1 General Provisions ·················· 38—5
2 Terms ································· 38—5
3 Basic Requirements ··············· 38—5
　3.1 General Requirements ·············· 38—5
　3.2 Assessment and Classification ········ 38—5
4 Residential Building ·············· 38—6
　4.1 Architectural Planning ·············· 38—6
　4.2 Building Envelope ·················· 38—7
　4.3 Heating, Ventilating and Air Conditioning ·············· 38—9
　4.4 Water Supply and Drainage ········ 38—10
　4.5 Power Supply and Lighting ········ 38—11
　4.6 Indoor Environment ················ 38—12
　4.7 Operation and Management ········ 38—12
5 Public Building ···················· 38—13
　5.1 Architectural Planning ·············· 38—13
　5.2 Building Envelope ·················· 38—14
　5.3 Heating, Ventilating and Air Conditioning ·············· 38—15
　5.4 Water Supply and Drainage ········ 38—17
　5.5 Power Supply and Lighting ········ 38—17
　5.6 Indoor Environment ················ 38—19
　5.7 Operation and Management ········ 38—19
Explanation of Wording in This Standard ······················ 38—20
List of Quoted Standards ··············· 38—20
Addition: Explanation of Provisions ······························ 38—22

1 总 则

1.0.1 为贯彻落实节约能源资源的基本国策,引导采用先进适用的建筑节能技术,推动建筑的可持续发展,规范节能建筑的评价,编制本标准。

1.0.2 本标准适用于新建、改建和扩建的居住建筑和公共建筑的节能评价。

1.0.3 节能建筑评价应符合下列规定:
  1 节能建筑的评价应包括建筑及其用能系统,涵盖设计和运营管理两个阶段;
  2 节能建筑的评价应在达到适用的室内环境的前提下进行。

1.0.4 节能建筑的评价除应符合本标准的规定外,尚应符合国家现行有关标准的规定。

2 术 语

2.0.1 节能建筑 energy efficient building
  遵循当地的地理环境和节能的基本方法,设计和建造的达到或优于国家有关节能标准的建筑。

2.0.2 节能建筑评价 energy efficient building assessment
  按照建筑采用的节能技术措施和节能管理措施,采取定量和定性相结合的方法,对建筑的节能性能进行分析判断并确定出节能建筑的等级。

2.0.3 围护结构传热系数 heat transfer coefficient of building envelope
  在稳态条件下,围护结构两侧空气温差为1℃,在单位时间内通过单位面积围护结构的传热量。

2.0.4 围护结构平均传热系数 mean heat transfer coefficient of building envelope
  考虑了围护结构存在的热桥影响后得到的围护结构传热系数。

2.0.5 合同能源管理 energy performance contracting (EPC)
  节能服务公司与用能单位以契约形式约定节能项目的节能目标,节能服务公司为实现节能目标向用能单位提供必要的服务,用能单位以节能效益支付节能服务公司的投入及其合理利润的节能服务机制。

3 基本规定

3.1 基本要求

3.1.1 节能建筑评价应包括节能建筑设计评价和节能建筑工程评价两个阶段。

3.1.2 节能建筑的评价应以单栋建筑或建筑小区为对象。评价单栋建筑时,凡涉及室外部分的指标应以该栋建筑所处的室外条件的评价结果为准;建筑小区的节能评价应在单栋建筑评价的基础上进行,建筑小区的节能等级应根据小区中全部单栋建筑均达到或超过的节能等级来确定。

3.1.3 节能建筑设计评价应在建筑设计图纸通过相关部门的节能审查并合格后进行;节能建筑工程评价应在建筑通过相关部门的节能工程竣工验收并运行一年后进行。

3.1.4 申请节能建筑设计评价的建筑应提供下列资料:
  1 建筑节能技术措施;
  2 规划与建筑设计文件;
  3 规划与建筑节能设计文件;
  4 建筑节能设计审查批复文件。

3.1.5 申请节能建筑工程评价除应提供设计评价阶段的资料外,尚应提供下列资料:
  1 材料质量证明文件或检测报告;
  2 建筑节能工程竣工验收报告;
  3 检测报告、专项分析报告、运营管理制度文件、运营维护资料等相关的资料。

3.2 评价与等级划分

3.2.1 节能建筑设计评价指标体系应由建筑规划、建筑围护结构、采暖通风与空气调节、给水排水、电气与照明、室内环境六类指标组成;节能建筑工程评价指标体系应由建筑规划、建筑围护结构、采暖通风与空气调节、给水排水、电气与照明、室内环境和运营管理七类指标组成。每类指标应包括控制项、一般项和优选项。

3.2.2 节能建筑应满足本标准第4章或第5章中所有控制项的要求,并应按满足一般项数和优选项数的程度,划分为A、AA和AAA三个等级。节能建筑等级划分应符合表3.2.2-1或表3.2.2-2的规定。

表3.2.2-1 居住建筑节能等级的划分

等级	一般项数							一般项数 (共42项)
	建筑规划 (共7项)	围护结构 (共7项)	暖通空调 (共8项)	给水排水 (共5项)	电气与 照明 (共4项)	室内环境 (共4项)	运营管理 (共7项)	
A	2	2	2	2	1	1	3	
AA	3	3	3	3	2	2	4	
AAA	5	5	4	4	3	3	5	

续表 3.2.2-1

等级	优 选 项 数							优选项数 (共 25 项)
	建筑规划 (共 3 项)	围护结构 (共 6 项)	暖通空调 (共 7 项)	给水排水 (共 2 项)	电气与照明 (共 3 项)	室内环境 (共 2 项)	运营管理 (共 2 项)	
A				5				
AA				9				
AAA				13				

表 3.2.2-2 公共建筑节能等级的划分

等级	一 般 项 数							一般项数 (共 58 项)
	建筑规划 (共 5 项)	围护结构 (共 8 项)	暖通空调 (共 15 项)	给水排水 (共 6 项)	电气与照明 (共 12 项)	室内环境 (共 4 项)	运营管理 (共 8 项)	
A	2	2	4	2	3	1	3	
AA	3	4	6	3	5	2	4	
AAA	4	6	10	4	8	3	6	

等级	优 选 项 数							优选项数 (共 34 项)
	建筑规划 (共 3 项)	围护结构 (共 6 项)	暖通空调 (共 14 项)	给水排水 (共 2 项)	电气与照明 (共 4 项)	室内环境 (共 2 项)	运营管理 (共 3 项)	
A				6				
AA				12				
AAA				18				

3.2.3 AAA 节能建筑除应满足本标准第 3.2.2 条的规定外,尚应符合下列规定:

1 在围护结构指标方面,居住建筑满足的优选项数不应少于 2 项,公共建筑满足的优选项数不应少于 3 项;

2 在暖通空调指标方面,居住建筑满足的优选项数不应少于 2 项,公共建筑满足的优选项数不应少于 4 项;

3 在电气与照明指标方面,居住建筑满足的优选项数不应少于 1 项,公共建筑满足的优选项数不应少于 2 项。

3.2.4 当本标准中一般项和优选项中的某条文不适应建筑所在地区、气候、建筑类型和评价阶段等条件时,该条文可不参与评价,参评的总项数可相应减少,等级划分时对项数的要求应按原比例调整确定。对项数的要求按原比例调整后,每类指标满足的一般项数不得少于 1 条。

3.2.5 本标准中各条款的评价结论应为通过或不通过;对有多项要求的条款,不满足各款的全部要求时评价结论不得为通过。

3.2.6 温和地区节能建筑的评价宜根据最邻近的气候分区的相应条款进行。

4 居住建筑

4.1 建筑规划

Ⅰ 控 制 项

4.1.1 居住建筑的选址和总体规划设计应符合城市规划和居住区规划的要求。

评价方法:检查规划设计批复文件。

4.1.2 居住建筑小区的日照、建筑密度应符合现行国家标准《城市居住区规划设计规范》GB 50180 的有关规定。

评价方法:检查规划设计批复文件和日照设计计算书。

4.1.3 居住建筑的项目建议书或可行性研究报告、设计文件中应有节能专项的内容。

评价方法:检查项目建议书或可行性研究报告、设计图纸。

Ⅱ 一 般 项

4.1.4 当建筑中单套住宅居住空间总数大于等于 4 个时,至少有 2 个房间能获得冬季日照。

评价方法：检查设计图纸、日照模拟分析报告。

4.1.5 居住区内绿地率不低于下列规定：

1 新区建设绿地率不低于30%；

2 旧区改建绿地率不低于20%。

评价方法：检查设计图纸、绿化面积计算书和现场检查。

4.1.6 严寒、寒冷地区、夏热冬冷地区建筑物朝向符合下列其中一款的规定，夏热冬暖地区符合下列第3款的规定：

1 建筑南北朝向；

2 40%以上的主要房间朝南向；

3 90%以上主要房间避免夏季西向日晒，或者采取活动外遮阳和其他隔热措施，实现90%的房间避免夏季西向日晒。

评价方法：检查设计图纸、专项计算书和现场检查。

4.1.7 小区的建筑规划布局采用有利于建筑群体间夏季自然通风的布置形式。用地面积15万m^2以下的居住小区和建筑单体进行定性或定量的自然通风设计；用地面积15万m^2以上的居住小区和建筑单体进行定量的自然通风模拟设计。

评价方法：检查小区通风计算报告。

4.1.8 单栋建筑或居住小区公共区域天然采光在满足功能区照度的前提下，符合下列其中一款的规定：

1 建筑地上部分，公共区域的天然采光面积比例大于30%；

2 有地下室的建筑，地下一层公共区域的天然采光面积比例大于5%。

评价方法：检查设计图纸和采光模拟计算书。

4.1.9 利用导光管和反光装置将天然光引入地下停车场或设备房，在满足该功能区照度的条件下，天然采光的区域不小于地下室一层建筑面积的10%。

评价方法：检查设计图纸和采光模拟计算书。

4.1.10 建筑中的所有电梯均使用节能型电梯，并采用节能控制方式。

评价方法：检查设计图纸、设备说明书和现场检查。

Ⅲ 优 选 项

4.1.11 实测或模拟计算证明住区室外日平均热岛强度不大于1.5℃，或者采用下列其中两款措施降低小区的热岛强度：

1 住区绿地率不小于35%；

2 住区中不少于50%的硬质地面有遮荫或铺设太阳辐射吸收率为0.3~0.6的浅色材料；

3 无遮荫的地面停车位占地面总停车位的比率不超过10%；

4 不少于30%的可绿化屋面实施绿化或不少于75%的非绿化屋面为浅色饰面，坡屋顶太阳辐射吸收率小于0.7，平屋顶太阳辐射吸收率小于0.5；

5 建筑外墙浅色饰面，墙面太阳辐射吸收率小于0.6。

评价方法：检查设计图纸和计算分析报告。

4.1.12 居住小区规划、建筑单体设计时进行了天然采光设计，天然采光满足下列规定：

1 建筑地上部分，公共区域的天然采光面积比例大于50%；

2 有地下室的建筑，地下一层公共区域的天然采光面积比例大于10%。

评价方法：检查设计图纸和采光模拟计算书。

4.1.13 除太阳能资源贫乏地区外，在居住建筑中采用太阳能热水系统，并统一设计和施工安装太阳能热水系统应符合现行国家标准《民用建筑太阳能热水系统应用技术规范》GB 50364 的有关规定。

评价方法：检查设计图纸、设计计算书和竣工验收资料。

4.2 围 护 结 构

Ⅰ 控 制 项

4.2.1 严寒、寒冷地区建筑体形系数、窗墙面积比、建筑围护结构的热工参数、外窗及敞开式阳台门的气密性等指标应符合现行行业标准《严寒和寒冷地区居住建筑节能设计标准》JGJ 26 的有关规定。不满足以上规定性指标的规定时，应按照现行行业标准《严寒和寒冷地区居住建筑节能设计标准》JGJ 26 中规定的权衡判断法来判定建筑是否满足节能要求。

评价方法：检查设计图纸、设计计算书和现场检查。

4.2.2 夏热冬冷地区建筑体形系数、窗墙面积比、建筑围护结构的热工参数、外窗的遮阳系数、外窗及敞开式阳台门的气密性等指标应符合现行行业标准《夏热冬冷地区居住建筑节能设计标准》JGJ 134 的有关规定。不满足以上规定性指标的规定时，应根据建筑物的节能综合指标来判定建筑是否满足节能要求。

评价方法：检查设计图纸、设计计算书和现场检查。

4.2.3 夏热冬暖地区围护结构的热工限值、窗墙面积比、外窗的遮阳系数等指标应符合现行行业标准《夏热冬暖地区居住建筑节能设计标准》JGJ 75 的有关规定。不满足以上规定性指标的规定时，应按照建筑节能设计的综合评价来判定建筑是否满足节能要求。

评价方法：检查设计图纸、设计计算书和现场检查。

4.2.4 严寒、寒冷地区外墙与屋面的热桥部位，外窗（门）洞口室外部分的侧墙面应进行保温处理，保证热桥部位的内表面温度不低于设计状态下的室内空气露点温度,并减小附加热损失。

夏热冬冷、夏热冬暖地区能保证围护结构热桥部位的内表面温度不低于设计状态下的室内空气露点温度。

评价方法:检查设计图纸、设计计算书、竣工验收资料。

4.2.5 围护结构施工中使用的保温隔热材料的性能指标应符合表4.2.5-1的规定。建筑材料和产品进行的复检项目应符合表4.2.5-2的规定。

表4.2.5-1 围护结构施工使用的保温隔热材料的性能指标

序号	分项工程	性能指标
1	墙体节能工程	厚度、导热系数、密度、抗压强度或压缩强度、燃烧性能
2	门窗节能工程	保温性能、中空玻璃露点、玻璃遮阳系数、可见光透射比
3	屋面节能工程	厚度、导热系数、密度、抗压强度或压缩强度、燃烧性能
4	地面节能工程	厚度、导热系数、密度、抗压强度或压缩强度、燃烧性能
5	严寒地区墙体保温工程粘结材料	冻融循环

表4.2.5-2 建筑材料和产品进行复检项目

序号	分项工程	复验项目
1	墙体节能工程	保温材料的导热系数、密度、抗压强度或压缩强度;粘结材料的粘结强度;增强网的力学性能、抗腐蚀性能
2	门窗节能工程	严寒、寒冷地区气密性、传热系数和中空玻璃露点 夏热冬冷地区遮阳系数
3	屋面节能工程	保温隔热材料的导热系数、密度、抗压强度或压缩强度
4	地面节能工程	保温材料的导热系数、密度、抗压强度或压缩强度
5	严寒地区墙体保温工程粘结材料	冻融循环

评价方法:检查设计图纸、竣工验收资料、材料检测报告。

Ⅱ 一 般 项

4.2.6 严寒、寒冷地区屋面、外墙、不采暖楼梯间隔墙的平均传热系数比现行行业标准《严寒和寒冷地区居住建筑节能设计标准》JGJ 26 的规定再降低10%;夏热冬冷地区屋面、外墙、外窗的平均传热系数比现行行业标准《夏热冬冷地区居住建筑节能设计标准》JGJ 134 的规定再降低10%。

评价方法:检查设计图纸、设计计算书、竣工验收资料。

4.2.7 严寒地区外窗的传热系数小于1.5W/(m^2·K);寒冷地区外窗的传热系数小于1.8W/(m^2·K)。

评价方法:检查设计图纸、门窗性能参数表、竣工验收资料。

4.2.8 严寒、寒冷地区单元入口门设有门斗或其他避风防渗透措施。

评价方法:检查设计图纸、现场检查。

4.2.9 夏热冬冷、夏热冬暖地区建筑屋面、外墙具有良好的隔热措施,屋面、外墙外表面材料太阳辐射吸收系数小于0.6。

评价方法:检查设计图纸、节能分析报告、现场检查。

4.2.10 夏热冬冷、夏热冬暖地区分户墙、分户楼板采取保温措施,传热系数满足国家现行相关节能标准规定。

评价方法:检查设计图纸、节能分析报告、现场检查。

4.2.11 严寒、寒冷地区外窗的气密性等级不低于现行国家标准《建筑外门窗气密、水密、抗风压性能分级及检测方法》GB/T 7106 中规定的6级。

评价方法:检查设计文件、外窗性能检测报告。

4.2.12 夏热冬冷、夏热冬暖地区居住建筑的屋面采用植被绿化屋面或蒸发冷却屋面,植被绿化或蒸发冷却屋面不小于屋面总面积的40%。

评价方法:检查设计文件和现场检查。

Ⅲ 优 选 项

4.2.13 严寒、寒冷地区屋面、外墙、外窗的平均传热系数比现行行业标准《严寒和寒冷地区居住建筑节能设计标准》JGJ 26 的规定再降低20%。

评价方法:检查设计图纸、设计计算书、竣工验收资料。

4.2.14 严寒、寒冷地区,在建筑物采用气密性窗或窗户加密封条的情况下,房间设置可调节换气装置或其他换气措施。

评价方法:检查设计图纸、设计计算书、竣工验收资料和现场检查。

4.2.15 严寒、寒冷地区外窗气密性等级不低于现行国家标准《建筑外门窗气密、水密、抗风压性能分级及检测方法》GB/T 7106 中规定的7级。

评价方法:检查设计文件、外窗性能检测报告。

4.2.16 夏热冬冷、夏热冬暖地区居住建筑外窗的可开启面积不小于外窗面积的35%。

评价方法：检查设计文件、现场检查。

4.2.17 夏热冬冷、夏热冬暖地区建筑，其南向、东向、西向的外窗（包括阳台的透明部分）设置有活动外遮阳措施。

评价方法：检查设计文件、现场检查。

4.2.18 夏热冬冷、夏热冬暖地区居住建筑的屋面采用植被绿化屋面或蒸发冷却屋面，植被绿化或蒸发冷却屋面不小于屋面总面积的70%。

评价方法：检查设计文件和现场检查。

4.3 采暖通风与空气调节

Ⅰ 控 制 项

4.3.1 采用集中空调与采暖的建筑，在施工图设计阶段应对热负荷和逐时逐项的冷负荷进行计算，并应按照计算结果选择相应的设备。

评价方法：检查设计计算书。

4.3.2 集中热水采暖系统的耗电输热比（EHR）、空气调节冷热水系统的输送能效比（ER）应满足国家现行相关建筑节能设计标准的规定。

评价方法：检查设计计算书。

4.3.3 在集中采暖系统与集中空调系统中，建筑物或热力入口处应设置热量计量装置。

评价方法：检查设计图纸、竣工验收资料和现场检查。

4.3.4 设置集中采暖系统和（或）集中空调系统的建筑，应采取分室（户）或者对末端设备设置温度控制调节装置。

评价方法：检查设计图纸、竣工验收资料和现场检查。

4.3.5 设置集中采暖系统和（或）集中空调系统的建筑，应设置分户热量分摊装置。

评价方法：检查设计图纸、竣工验收资料和现场检查。

4.3.6 采用电机驱动压缩机的蒸气压缩循环冷水（热泵）机组，以及采用名义制冷量大于7100W的电机驱动压缩机单元式空气调节机作为居住小区或整栋楼的冷热源机组时，所选用机组的能效比（性能系数）不应低于现行国家标准《公共建筑节能设计标准》GB 50189的规定值；采用多联式空调（热泵）机组作为户式集中空调（采暖）机组时，所选用机组的制冷综合性能系数不应低于现行国家标准《多联式空调（热泵）机组综合性能系数限定值及能源效率等级》GB 21454中规定的第3级。

评价方法：检查设计图纸、设备检测报告和现场检查。

4.3.7 当建筑设计已经包括房间空调器的设计和安装时，所选房间空调器能效应符合现行国家标准《房间空气调节器能效限定值及能效等级》GB 12021.3标准中第3级能效等级的规定值；或符合现行国家标准《转速可控型房间空气调节器能效限定值及能源效率等级》GB 21455中规定的第3级。

评价方法：检查设计图纸、设备检测报告和现场检查。

4.3.8 当采用户式燃气采暖热水炉作为采暖热源时，其能效等级应达到现行国家标准《家用燃气快速热水器和燃气采暖热水炉能效限定值及能效等级》GB 20665中的3级标准。

评价方法：检查设计图纸、设备检测报告和现场检查。

4.3.9 以电能直接作为采暖、空调的热源应符合现行国家标准《采暖通风与空气调节设计规范》GB 50019的相关规定。

评价方法：检查技术经济分析报告。

4.3.10 分体式空调的室外机设置应在通风良好的场所，并避免热气流、污浊气流和含油气流的影响。

评价方法：检查设计图纸和现场检查。

4.3.11 区域供热锅炉房和热力站应设置参数自动控制系统，除配置必要的保证安全运行的控制环节外，还应具有保证供热质量及实现按需供热和实时监测的措施。

评价方法：检查设计图纸、竣工验收资料和现场检查。

4.3.12 所有采暖与空调系统管道的绝热性能均应符合现行国家标准《公共建筑节能设计标准》GB 50189的相关规定。

评价方法：检查设计图纸、设计计算书、竣工验收资料和现场检查。

Ⅱ 一 般 项

4.3.13 严寒与寒冷地区，在具备集中供暖的条件下，采用集中供暖方式。

评价方法：检查设计图纸、竣工验收资料和现场检查。

4.3.14 采用电机驱动压缩机的蒸气压缩循环冷水（热泵）机组，或采用名义制冷量大于7100W的电机驱动压缩机单元式空气调节机，作为居住小区或整栋楼的冷热源机组时，所选用机组的能效比（性能系数）不低于现行国家标准《冷水机组能效限定值及能源效率等级》GB 19577中规定的第2级，或《单元式空气调节机能效限定值及能源效率等级》GB 19576中规定的第2级；当设计采用多联式空调（热泵）机组作为户式集中空调（采暖）机组时，所选用机组的制冷综合性能系数不低于现行国家标准《多联式空调（热泵）机组综合性能系数限定值及能源效率等级》GB 21454中规定的第2级。

评价方法：检查设计图纸、设备检测报告和现场检查。

4.3.15 如果建筑设计已经包括房间空调器的设计和安装，所选房间空调器能效符合现行国家标准《房间空气调节器能效限定值及能效等级》GB 12021.3 中第 2 级能效等级的规定值；或符合《转速可控型房间空气调节器能效限定值及能源效率等级》GB 21455 第 2 级规定值。

评价方法：检查设计图纸、设备检测报告和现场检查。

4.3.16 设计采用户式燃气采暖热水炉为热源时，其能效达到现行国家标准《家用燃气快速热水器和燃气采暖热水炉能效限定值及能效等级》GB 20665 中的 2 级标准。

评价方法：审查设计图纸、设备检测报告和现场检查。

4.3.17 供热管网具有水力平衡措施（或装置），并提供水力平衡的调试报告。

评价方法：检查设计图纸、水力平衡计算书、水力平衡调试报告。

4.3.18 设计采用集中空调的居住建筑，空气热回收装置的设置满足下列其中一款的规定：

1 未设计集中新风系统的居住建筑，设置房间新、排风双向式热回收设备，热回收系统负担的房间数量不少于主要功能房间数量的 30%；

2 设计有集中新风系统的居住建筑，在新风系统与排风系统之间设冷、热量回收装置，其参与热回收的排风量不少于集中新风量的 20%。

评价方法：检查设计图纸、设计计算书和现场检查。

4.3.19 设置集中采暖系统和（或）集中空调系统的建筑，采取分室（户）或者对末端设备设置温度自动控制装置或系统。

评价方法：检查设计图纸、竣工验收资料和现场检查。

4.3.20 根据当地气候条件和自然资源，利用可再生能源，设计装机容量达到采暖空调总设计负荷的 10% 以上。

评价方法：检查设计图纸、可再生能源利用技术经济分析报告。

Ⅲ 优 选 项

4.3.21 采用电机驱动压缩机的蒸气压缩循环冷水（热泵）机组，或采用名义制冷量大于 7100W 的电机驱动压缩机单元式空气调节机，作为居住小区或整栋楼的冷热源机组时，所选用机组的能效比（性能系数）不低于现行国家标准《冷水机组能效限定值及能源效率等级》GB 19577 中规定的第 1 级，或《单元式空气调节机能效限定值及能源效率等级》GB 19576 中规定的第 1 级；设计采用多联式空调（热泵）机组作为户式集中空调（采暖）机组时，所选用机组的制冷综合性能系数不低于现行国家标准《多联式空调（热泵）机组综合性能系数限定值及能源效率等级》GB 21454 中规定的第 1 级。

评价方法：检查设计图纸、设备检测报告和现场检查。

4.3.22 当设计采用户式燃气采暖热水炉为热源时，其能效达到现行国家标准《家用燃气快速热水器和燃气采暖热水炉能效限定值及能效等级》GB 20665 中的 1 级标准。

评价方法：检查设计图纸、设备检测报告和现场检查。

4.3.23 设计采用集中空调的居住建筑，空气热回收装置的设置满足下列两者之一：

1 未设计集中新风系统的居住建筑，设置房间新、排风双向式热回收设备，设置热回收系统的房间数量不少于主要功能房间数量的 60%；

2 设计有集中新风系统的居住建筑，在新风系统与排风系统之间设冷、热量回收装置，其参与热回收的排风量不少于集中新风量的 40%。

评价方法：检查设计图纸、设计计算书和现场检查。

4.3.24 如果建筑设计已经包括房间空调器的设计和安装，所选房间空调器能效符合现行国家标准《房间空气调节器能效限定值及能效等级》GB 12021.3 中第 1 级能效等级的规定值；或符合《转速可控型房间空气调节器能效限定值及能源效率等级》GB 21455 中规定的第 1 级。

评价方法：检查设计图纸、设备检测报告和现场检查。

4.3.25 采用时间程序或房间温度控制房间新风量（或排风量）的用户数达到总户数的 30% 以上。

评价方法：检查设计图纸、设计计算书和现场检查。

4.3.26 根据当地气候条件和自然资源，利用可再生能源，设计装机容量达到采暖空调总设计负荷的 20% 以上。

评价方法：检查设计图纸、可再生能源利用分析报告和现场检查。

4.3.27 利用余热或废热等作为建筑采暖空调系统的能源。

评价方法：检查设计图纸、设计计算书和现场检查。

4.4 给 水 排 水

Ⅰ 控 制 项

4.4.1 生活给水系统应充分利用城镇给水管网的水压直接供水。

评价方法：检查设计文件和现场检查。

4.4.2 采用集中热水供应系统的居住建筑，热水供应系统应采用合理的循环方式,且管道及设备均应采取有效的保温。

评价方法：检查设计图纸、设计计算书和现场检查。

4.4.3 生活给水和集中热水系统应分户计量。

评价方法：检查设计图纸和现场检查。

Ⅱ 一般项

4.4.4 采用节能的加压供水方式,且水泵在高效区运行。

评价方法：检查设计图纸、设计计算书、产品说明书和现场检查。

4.4.5 给水系统采取有效的减压限流措施。居住建筑用水点处的供水压力不大于0.20MPa。

评价方法：检查设计图纸、设计计算书和现场检查。

4.4.6 居住建筑配置节水器具。

评价方法：检查节水器具产品说明书或检测报告和现场检查。

4.4.7 居住小区的公共厕所、公共浴室等公共用水场所使用节水器具。

评价方法：检查设计图纸、节水器具产品说明书或检测报告,现场检查。

4.4.8 除太阳能资源贫乏地区外,12层及以下的居住建筑设太阳能热水系统,采用太阳能热水系统的户数占到总户数的50%以上；当采用集中太阳能热水系统对生活热水进行预热时,太阳能热水系统提供的热量占到热水能耗的25%以上。

评价方法：检查设计图纸、设计计算书、竣工验收资料和现场检查。

Ⅲ 优选项

4.4.9 除太阳能资源贫乏地区外,12层及以下的居住建筑设太阳能热水系统,采用太阳能热水系统的户数占到总户数的80%以上；当采用集中太阳能热水系统对生活热水进行预热时,太阳能热水系统提供的热量占到热水能耗的40%以上。

评价方法：检查设计图纸、设计计算书、竣工验收资料和现场检查。

4.4.10 通过技术经济分析,合理采用热泵或余热、废热回收技术制备生活热水。

评价方法：检查设计图纸、设计计算书、技术经济分析报告和现场检查。

4.5 电气与照明

Ⅰ 控制项

4.5.1 选用三相配电变压器的空载损耗和负载损耗不应高于现行国家标准《三相配电变压器能效限定值及节能评价值》GB 20052规定的能效限定值。

评价方法：检查设计图纸、产品检测报告和竣工验收资料。

4.5.2 居住建筑应按户设置电能表。

评价方法：检查设计图纸和竣工验收资料。

4.5.3 选用光源的能效值及与其配套的镇流器的能效因数（BEF）应满足下列规定：

1 单端荧光灯的能效值不应低于现行国家标准《单端荧光灯能效限定值及节能评价值》GB 19415规定的节能评价值；

2 普通照明用双端荧光灯的能效值不应低于现行国家标准《普通照明用双端荧光灯能效限定值及能效等级》GB 19043规定的节能评价值；

3 普通照明用自镇流荧光灯的能效值不应低于现行国家标准《普通照明用自镇流荧光灯能效限定值及能效等级》GB 19044规定的节能评价值；

4 管型荧光灯镇流器的能效因数（BEF）不应低于现行国家标准《管型荧光灯镇流器能效限定值及节能评价值》GB 17896规定的节能评价值。

评价方法：检查设计图纸、产品检测报告和竣工验收资料。

4.5.4 选用荧光灯灯具的效率不应低于表4.5.4的规定。

表4.5.4 荧光灯灯具的效率

灯具出光口形式	开敞式	保护罩（玻璃或塑料）		格栅
		透明	磨砂、棱镜	
灯具效率	75%	65%	55%	60%

评价方法：检查设计图纸、产品检测报告和竣工验收资料。

4.5.5 选用中小型三相异步电动机在额定输出功率和75%额定输出功率的效率不应低于现行国家标准《中小型三相异步电动机能效限定值及能效等级》GB 18613规定的能效限定值。

评价方法：检查设计图纸、产品检测报告和竣工验收资料。

4.5.6 选用交流接触器的吸持功率不应高于现行国家标准《交流接触器能效限定值及能效等级》GB 21518规定的能效限定值。

评价方法：检查设计图纸、产品检测报告和竣工验收资料。

4.5.7 照明系统功率因数不应低于0.9。

评价方法：检查设计图纸和竣工验收资料。

4.5.8 楼梯间、走道的照明,应采用节能自熄开关。

评价方法：检查设计图纸、竣工验收资料和现场检查。

Ⅱ 一般项

4.5.9 变配电所位于负荷中心。

评价方法：检查设计图纸、竣工验收资料和现场检查。

4.5.10 各房间或场所的照明功率密度值（LPD）不高于现行国家标准《建筑照明设计标准》GB 50034 规定的现行值。

评价方法：检查设计图纸、设计计算书和竣工验收资料。

4.5.11 选用交流接触器的吸持功率不高于现行国家标准《交流接触器能效限定值及能效等级》GB 21518 规定的节能评价值。

评价方法：检查设计图纸、产品检测报告和竣工验收资料。

4.5.12 楼梯间、走道采用半导体发光二极管照明。

评价方法：检查设计图纸、竣工验收资料和现场检查。

Ⅲ 优 选 项

4.5.13 各房间或场所的照明功率密度值（LPD）不高于现行国家标准《建筑照明设计标准》GB 50034 规定的目标值。

评价方法：检查设计图纸、设计计算书和竣工验收资料。

4.5.14 当用电设备容量达到 250kW 或变压器容量在 160kVA 以上时，采用 10kV 或以上供电电源。

评价方法：检查设计图纸和竣工验收资料。

4.5.15 未使用普通白炽灯。

评价方法：检查设计图纸、竣工验收资料和现场检查。

4.6 室 内 环 境

Ⅰ 控 制 项

4.6.1 居住建筑房间内的温度、湿度等设计参数应符合国家现行居住建筑节能设计标准中的设计计算规定。

评价方法：检查设计计算书。

4.6.2 照明场所的照明数量和质量应符合现行国家标准《建筑照明设计标准》GB 50034 的有关规定。

评价方法：检查设计计算书及现场检查。

4.6.3 居住空间应能自然通风，在夏热冬暖和夏热冬冷地区通风开口面积不应小于该房间地板面积的 8%，在其他地区不应小于 5%。

评价方法：检查设计图纸、分析报告和现场检查。

4.6.4 居住建筑厨房与卫生间应符合室内通风要求，采用自然通风时，通风开口面积不应小于该房间地板面积的 10%，并不应小于 0.6m²。

评价方法：检查设计图纸、分析报告和现场检查。

4.6.5 厨房和无外窗的卫生间应设有通风措施，或预留安装排风机的位置和条件。

评价方法：检查设计图纸和现场检查。

4.6.6 室内游离甲醛、苯、氨、氡和 TVOC 等空气污染物的浓度应符合现行国家标准《民用建筑工程室内环境污染控制规范》GB 50325 的有关规定。

评价方法：检查设计图纸、设计专项说明、检测报告。

Ⅱ 一 般 项

4.6.7 相对湿度较大的地区围护结构具有防潮措施。

评价方法：检查设计计算书和现场检查。

4.6.8 暖通空调系统运行时，建筑室内温度冬季不得低于设计计算温度 2℃，且不高于 1℃；夏季不得高于设计计算温度 2℃，且不低于 1℃。

评价方法：检查设计计算书和现场检查。

4.6.9 卧室、起居室（厅）、书房、厨房设置外窗，房间的采光系数不低于现行国家标准《建筑采光设计标准》GB/T 50033 的有关规定。

评价方法：检查设计图纸、设计计算书和现场检查。

4.6.10 建筑内不少于 70% 住户的厨房和卫生间设置于户型的北侧，或设置于户型自然通风的负压侧。

评价方法：检查设计图纸、现场检查。

Ⅲ 优 选 项

4.6.11 使用蓄能、调湿或改善室内环境质量的功能材料。

评价方法：检查设计图纸、产品检测报告和现场检查。

4.6.12 地下停车库的通风系统根据车库内的一氧化碳浓度进行自动运行控制。

评价方法：检查设计图纸和现场检查。

4.7 运 营 管 理

Ⅰ 控 制 项

4.7.1 物业管理单位应根据建筑和小区的特点，制定采暖、空调、通风、照明、电梯、生活热水、给水排水等主要用能设备和系统的节能运行管理制度。

评价方法：检查正式颁布的规章制度、管理措施，相应的执行记录，并辅以现场检查。

4.7.2 物业管理单位应配备专门的节能管理人员，且节能管理人员应通过了相关的节能管理培训。

评价方法：检查培训证明。

4.7.3 建筑燃气部分能耗应实行分户计量。

评价方法：检查设计图纸、竣工资料和现场检查。

Ⅱ 一 般 项

4.7.4 物业管理单位每年对住户进行不少于一次的节能知识科普宣传,发放或张贴宣传材料。

评价方法:检查宣传资料材料和宣传活动的照片。

4.7.5 对下列公共场所的主要用能设备和系统定期进行维修、调试和保养。

1 水加热器每年至少进行一次维护保养;

2 长期使用的电梯、水泵等设备每年至少进行一次维修保养;

评价方法:检查维修保养记录资料和照片。

4.7.6 设有集中空调系统的居住建筑,按照现行国家标准《空调通风系统清洗规范》GB 19210 的有关规定,定期检查和清洗。

评价方法:检查清洗记录资料和照片。

4.7.7 对公共场所的照明装置每年至少进行两次擦洗。

评价方法:检查擦洗记录资料和照片。

4.7.8 编制住户节能手册。

评价方法:检查住户节能手册及向用户发放手册的记录。

4.7.9 用户供暖费用基于分户供热计量方式收取。

评价方法:检查收费标准及部分用户收费依据。

4.7.10 垂直电梯轿厢内部装饰为轻质材料,装饰材料重量不大于电梯载重量的10%。

评价方法:检查电梯验收报告和电梯装饰现场照片。

Ⅲ 优 选 项

4.7.11 每年进行建筑总能耗和公共部分能耗的数据统计工作,并向住户公示。

评价方法:检查年度能耗统计表和公示资料。

4.7.12 实施分时电价政策的地区,每户安装分时计费电表,并执行分时电价制度。

评价方法:检查设计图纸和现场检查。

5 公 共 建 筑

5.1 建 筑 规 划

Ⅰ 控 制 项

5.1.1 公共建筑的选址、总体设计、建筑密度和间距规划应符合城市规划的要求。

评价方法:检查规划设计和审批文件。

5.1.2 新建公共建筑对附近既有居住建筑的日照时数的影响应进行控制,保证既有居住建筑符合现行国家标准《城市居住区规划设计规范》GB 50180 的有关规定。

评价方法:检查模拟计算报告和规划设计文件。

5.1.3 项目建议书或设计文件中应有节能专项内容。

评价方法:检查项目建议书和设计图纸。

Ⅱ 一 般 项

5.1.4 屋面绿化面积占屋面可绿化面积的比例不小于30%。

评价方法:检查建筑设计图、绿化面积分析报告、现场检查。

5.1.5 场地遮荫与浅色饰面符合下列其中两款即为满足要求。

1 场地中不少于50%的硬质地面有遮荫或铺设太阳辐射吸收率为0.3~0.6的浅色材料;

2 不少于75%的非绿化屋面为浅色饰面,坡屋顶太阳辐射吸收率小于0.7,平屋顶太阳辐射吸收率小于0.5;

3 建筑外墙浅色饰面,墙体太阳辐射吸收率小于0.6;

4 不少于50%的停车位设置在地下车库或有顶停车库。

评价方法:检查设计图纸和计算分析报告。

5.1.6 应用太阳能热水系统和光伏系统的建筑,太阳能系统统一设计和施工安装。太阳能热水系统符合现行国家标准《民用建筑太阳能热水系统应用技术规范》GB 50364 的有关规定;太阳能光伏系统符合现行行业标准《民用建筑太阳能光伏系统应用技术规范》JGJ 203 的有关规定。太阳能系统的容量满足下列其中一款的规定:

1 太阳能光伏系统设计发电量不小于建筑总用电负荷的2%;

2 太阳能热水系统供热量不小于建筑热水需求量的30%;

3 太阳能热水采暖系统的供热量不小于热负荷的20%。

评价方法:检查设计图纸、设计计算书、竣工验收资料。

5.1.7 电梯控制方式符合下列规定:

1 多台电梯集中排列时,设置群控功能;

2 无预置指令时,电梯自动转为节能方式。

评价方法:检查设计图纸、竣工验收资料和现场检查。

5.1.8 扶梯采用无人延时、停运或低速的运行方式。

评价方法:检查设计图纸、竣工验收资料和现场检查。

Ⅲ 优 选 项

5.1.9 公共建筑规划、建筑单体设计时,进行自然通风专项优化设计和分析。

评价方法：检查设计图纸和专项分析研究报告。

5.1.10 公共建筑规划、建筑单体设计时，进行天然采光专项优化设计和分析。

评价方法：检查建筑节能专项分析报告。

5.1.11 利用各种导光、反光装置等将天然光引入室内进行照明，满足下列其中一款规定：

1 有地下室的建筑，地下一层采光面积大于本层建筑面积的5%；

2 有地下室的建筑，地下二层采光面积大于本层建筑面积的2%；

3 不可直接利用窗户采光的地面上房间，导光管或反光装置的采光面积大于100m²。

评价方法：检查设计图纸和采光模拟计算书。

5.2 围护结构

Ⅰ 控 制 项

5.2.1 严寒、寒冷地区公共建筑体形系数、建筑外窗（包括透明幕墙）的窗墙面积比、建筑围护结构的热工参数等指标应符合现行国家标准《公共建筑节能设计标准》GB 50189 的有关规定。如果不满足以上规定性指标的规定，则必须采用标准中规定的围护结构热工性能的权衡判断来判定建筑是否满足节能要求。

评价方法：检查设计图纸、建筑节能专项分析报告。

5.2.2 夏热冬冷、夏热冬暖地区建筑围护结构的热工指标限值、外窗（包括透明幕墙）的窗墙面积比、遮阳系数等指标应符合现行国家标准《公共建筑节能设计标准》GB 50189 的有关规定。

评价方法：检查设计图纸、建筑节能专项分析报告。

5.2.3 当建筑每个朝向的外窗（包括透明幕墙）的窗墙面积比小于0.4时，玻璃或其他透明材料的可见光透射比不应小于0.4。

评价方法：检查设计图纸、建筑节能专项分析报告。

5.2.4 屋顶透明部分的面积不应大于屋顶总面积的20%。

评价方法：检查设计图纸、建筑节能专项分析报告。

5.2.5 围护结构施工中使用的保温隔热材料的性能指标应符合表5.2.5-1的规定。建筑材料和产品进行的复检项目应符合表5.2.5-2的规定。

表5.2.5-1 围护结构使用保温隔热材料性能指标

序号	分项工程	性能指标
1	墙体节能工程	厚度、导热系数、密度、抗压强度或压缩强度、燃烧性能

续表5.2.5-1

序号	分项工程	性能指标
2	门窗（透明幕墙）节能工程	保温性能、中空玻璃露点、玻璃遮阳系数、可见光透射比
3	屋面节能工程	厚度、导热系数、密度、抗压强度或压缩强度、燃烧性能
4	地面节能工程	厚度、导热系数、密度、抗压强度或压缩强度、燃烧性能
5	严寒地区墙体保温工程粘结材料	冻融循环

表5.2.5-2 建筑材料和产品进行复检项目

序号	分项工程	复验项目
1	墙体节能工程	保温材料的导热系数、密度、抗压强度或压缩强度；粘结材料的粘结强度；增强网的力学性能、抗腐蚀性能
2	门窗节能工程	严寒、寒冷地区气密性、传热系数和中空玻璃露点
3	透明幕墙	中空玻璃露点、玻璃遮阳系数、可见光透射比
4	屋面节能工程	保温隔热材料的导热系数、密度、抗压强度或压缩强度
5	地面节能工程	保温材料的导热系数、密度、抗压强度或压缩强度
6	严寒、寒冷地区墙体保温工程粘结材料	冻融循环

评价方法：检查设计图纸、竣工验收资料、材料检测报告。

Ⅱ 一 般 项

5.2.6 严寒、寒冷地区屋面、外墙、外窗（透明幕墙）在符合现行国家标准《公共建筑节能设计标准》GB 50189 的条件下，屋面、外墙、外窗（透明幕墙）的平均传热系数再降低10%。

评价方法：检查设计图纸、建筑节能专项分析报告、竣工验收资料。

5.2.7 夏热冬冷、夏热冬暖地区建筑的外窗（包括透明幕墙）设置外部遮阳措施。

评价方法：检查设计图纸、建筑节能专项分析报告、现场检查。

5.2.8 严寒、寒冷地区外墙与屋面的热桥部位，外窗（门）洞口室外部分的侧墙面进行保温处理，保证热桥部位的内表面温度不低于设计状态下的室内空气露点温度，以减小附加热损失；夏热冬冷、夏热冬暖地区保证围护结构热桥部位的内表面温度不低于设计状态下的室内空气露点温度。

评价方法：检查设计图纸、设计计算书、竣工验收资料。

5.2.9 外窗及敞开式阳台门的气密性等级不低于现行国家标准《建筑外门窗气密、水密、抗风压性能分级及检测方法》GB/T 7106 中规定的 6 级。

评价方法：检查设计图纸、外窗性能检测报告。

5.2.10 幕墙的气密性等级不低于现行国家标准《建筑幕墙》GB/T 21086 中规定的 3 级。

评价方法：检查设计图纸、幕墙性能检测报告、竣工验收资料。

5.2.11 采暖空调建筑入口处设置门斗、旋转门、空气幕等避风、防空气渗透、保温隔热措施。

评价方法：检查设计图纸、现场检查。

5.2.12 夏热冬冷、夏热冬暖地区建筑屋面、外墙外表面材料太阳辐射吸收系数小于 0.5。

评价方法：检查设计图纸、建筑节能专项分析报告和现场检查。

5.2.13 夏热冬冷、夏热冬暖地区建筑的屋面采用蒸发屋面和植被绿化屋面占建筑屋面的 40% 以上。

评价方法：检查设计图纸、建筑节能专项分析报告和现场检查。

Ⅲ 优 选 项

5.2.14 严寒地区屋面、外墙、外窗在符合现行国家标准《公共建筑节能设计标准》GB 50189 的条件下，屋面、外墙、外窗的平均传热系数再降低 20%。

评价方法：检查设计图纸、建筑节能专项分析报告、竣工验收资料。

5.2.15 建筑各个朝向的透明幕墙的面积不大于 50%。

评价方法：检查设计图纸、建筑节能专项分析报告、竣工验收文件。

5.2.16 寒冷地区、夏热冬冷和夏热冬暖地区，南向、西向、东向的外窗和透明幕墙设有活动的外遮阳装置。活动的外遮阳装置能方便地控制与维护。

评价方法：检查设计图纸和现场检查。

5.2.17 严寒、寒冷地区透明幕墙的传热系数小于 1.8W/(m²·K)。

评价方法：检查设计图纸、建筑节能专项分析报告、竣工验收资料和检测报告。

5.2.18 外窗气密性等级不低于现行国家标准《建筑外门窗气密、水密、抗风压性能分级及检测方法》GB/T 7106 中规定的 7 级。

评价方法：检查设计图纸、外窗性能检测报告。

5.2.19 夏热冬冷、夏热冬暖地区建筑的屋面采用蒸发屋面和植被绿化屋面占建筑屋面的 70% 以上。

评价方法：检查设计图纸、建筑节能专项分析报告。

5.3 采暖通风与空气调节

Ⅰ 控 制 项

5.3.1 采用集中空调与采暖的建筑，在施工图设计阶段应对热负荷和逐时逐项的冷负荷进行计算，并按照计算结果选择相应的设备。

评价方法：检查设计图纸、设计计算书。

5.3.2 集中热水采暖系统的耗电输热比（EHR）、空气调节冷热水系统的输送能效比（ER）应满足国家现行相关建筑节能设计标准的规定。

评价方法：检查设计图纸、设计计算书。

5.3.3 采用电机驱动压缩机的蒸气压缩循环冷水（热泵）机组，或采用名义制冷量大于 7100W 的电机驱动压缩机单元式空气调节机，作为冷热源机组时，所选用机组的能效比（性能系数）不应低于现行国家标准《公共建筑节能设计标准》GB 50189 中规定值；当采用多联式空调（热泵）机组作为户式集中空调（采暖）机组时，所选用机组的制冷综合性能系数不应低于现行国家标准《多联式空调（热泵）机组综合性能系数限定值及能源效率等级》GB 21454 中规定的第 3 级。

评价方法：检查设计图纸、设备检测报告和现场检查。

5.3.4 以电能作为直接空调系统热源时，应符合现行国家标准《采暖通风与空气调节设计规范》GB 50019 的相关规定。

评价方法：检查设计图纸、技术经济分析报告。

5.3.5 区域供热锅炉房和热力站应设置参数自动控制系统，除配置必要的保证安全运行的控制环节外，还应具有保证供热质量及实现按需供热和实时监测的措施。

评价方法：检查设计图纸、竣工验收资料和现场检查。

5.3.6 所有空调风管和水管的保温应达到现行国家标准《公共建筑节能设计标准》GB 50189 的相关规定。

评价方法：检查设计图纸、设计计算资料、竣工验收资料。

5.3.7 如果设计采用房间空调器或转速可控型房间空气调节器作为冷热源，所选房间空调器能效应符合现行国家标准《房间空气调节器能效限定值及能效等级》GB 12021.3 标准中第 3 级能效等级的规定值；或符合《转速可控型房间空气调节器能效限定值及能源效率等级》GB 21455 第 3 级规定值。

评价方法：检查设计图纸、设备检测报告和现场检查。

Ⅱ 一 般 项

5.3.8 施工图设计阶段，根据详细的水力计算结果，确定采暖和空调冷热水循环泵的扬程。

评价方法：检查水力计算资料和设计图纸。

5.3.9 室内采暖系统和（或）空调系统的末端装置设置温度调节、自动控制设施。

评价方法：检查设计图纸、竣工验收资料和现场检查。

5.3.10 空气热回收装置符合现行国家标准《公共建筑节能设计标准》GB 50189 的有关规定。

评价方法：检查设计图纸和竣工验收资料。

5.3.11 设置集中采暖和（或）集中空调系统的建筑设置冷、热量计量装置。

评价方法：检查设计图纸和竣工验收资料。

5.3.12 采用电机驱动压缩机的蒸气压缩循环冷水（热泵）机组，或采用名义制冷量大于 7100W 的电机驱动压缩机单元式空气调节机，作为建筑小区或整栋楼的冷热源机组时，所选用机组的能效比（性能系数）不低于现行国家标准《冷水机组能效限定值及能源效率等级》GB 19577 中规定的第 2 级，或《单元式空气调节机能效限定值及能源效率等级》GB 19576 中规定的第 2 级；当采用多联式空调（热泵）机组作为户式集中空调（采暖）机组时，所选用机组的制冷综合性能系数不低于现行国家标准《多联式空调（热泵）机组综合性能系数限定值及能源效率等级》GB 21454 中规定的第 2 级。

评价方法：检查设计图纸、设备检测报告和现场检查。

5.3.13 如果设计采用房间空调器或转速可控型房间空气调节器作为冷热源，所选房间空调器能效符合现行国家标准《房间空气调节器能效限定值及能效等级》GB 12021.3 中第 2 级能效等级的规定值，或符合《转速可控型房间空气调节器能效限定值及能源效率等级》GB 21455 第 2 级规定值。

评价方法：检查设计图纸、设备检测报告和现场检查。

5.3.14 合理采用风机变频的变风量空调系统的数量达到全部全空气空调系统数量的 15% 以上。

评价方法：检查设计图纸、设计计算书。

5.3.15 集中空调冷、热水系统采用变水量系统。

评价方法：检查设计图纸、设计计算书和竣工验收资料。

5.3.16 对于设计最小新风比较大的全空气空调系统和新风空调系统，设计采用二氧化碳浓度控制新风量。

评价方法：检查设计图纸和竣工验收资料。

5.3.17 按照建筑的朝向和（或）内、外区对采暖、空调系统进行合理分区。

评价方法：检查设计图纸和竣工验收资料。

5.3.18 与工艺无关的空气调节系统中，不采用对空气进行冷却后再热的处理方式。

评价方法：检查设计图纸和竣工验收资料。

5.3.19 对于建筑内的高大空间采用分层空调方式或采用辐射供暖方式。

评价方法：检查设计图纸、设计计算书和竣工验收资料。

5.3.20 采用可调新风比的空调系统（系统最大新风比能够达到设计总送风量的 60% 以上）的数量达到全部全空气空调系统数量的 30% 以上。

评价方法：检查设计图纸、设计计算书和竣工验收资料。

5.3.21 采用对冷却水塔风机台数和（或）调速控制的方法运行控制。

评价方法：检查设计图纸、设计计算书和竣工验收资料。

5.3.22 应用变频调速水泵的总装机容量，达到建筑内循环水泵的总装机容量的 20% 以上。

评价方法：检查设计图纸、设计计算书和竣工验收资料。

Ⅲ 优 选 项

5.3.23 采用时间程序、房间温度或有害气体浓度控制的通风系统的使用面积达到通风系统覆盖的建筑面积的 30% 以上。

评价方法：检查设计图纸、设计计算书和竣工验收资料。

5.3.24 合理利用地热能技术，冷、热装机容量达到空调冷负荷或热负荷的 50% 以上。

评价方法：检查设计图纸、设计计算书和竣工验收资料。

5.3.25 利用太阳能或其他可再生能源，作为采暖或空调热源，设计供热量达到建筑采暖或空调热负荷的 10% 以上。

评价方法：检查设计图纸、设计计算书和竣工验收资料。

5.3.26 采用可调新风比的空调系统（系统最大新风比能够达到设计总送风量的 60% 以上）的数量达到全部全空气空调系统数量的 60% 以上。

评价方法：检查设计图纸、设计计算书和竣工验收资料。

5.3.27 采用低谷电进行蓄能的空调系统，蓄能设备装机容量达到典型设计日空调或采暖总能量的 20% 以上。

评价方法：检查设计图纸、设计计算书和竣工验收资料。

5.3.28 合理利用低温冷源，采用低温送风技术的空调系统的数量占全部全空气空调系统数量的 15%

以上。

评价方法：检查设计图纸、设计计算书和竣工验收资料。

5.3.29 合理采用蒸发冷却或冷却塔冷却方式进行冬季和过渡季供冷（或全年供冷）。

评价方法：检查设计图纸、设计计算书和竣工验收资料。

5.3.30 利用低温余热或废热等作为建筑采暖空调系统的能源。

评价方法：检查设计图纸、设计计算书和竣工验收资料。

5.3.31 合理采用热、电、冷三联供技术。

评价方法：检查设计图纸和技术经济分析报告。

5.3.32 采用建筑设备管理系统对暖通空调系统进行自动监控。

评价方法：检查设计图纸和竣工验收资料。

5.3.33 应用变频调速水泵的总装机容量，达到建筑内循环水泵的总装机容量的40%以上。

评价方法：检查设计图纸、设计计算书和竣工验收资料。

5.3.34 采用电机驱动压缩机的蒸气压缩循环冷水（热泵）机组，或采用名义制冷量大于7100W的电机驱动压缩机单元式空气调节机，作为建筑小区或整栋楼的冷热源机组时，所选用机组的能效比（性能系数）不低于现行国家标准《冷水机组能效限定值及能源效率等级》GB 19577 中规定的第1级，或《单元式空气调节机能效限定值及能源效率等级》GB 19576 中规定的第1级；当采用多联式空调（热泵）机组作为户式集中空调（采暖）机组时，所选用机组的制冷综合性能系数不低于现行国家标准《多联式空调（热泵）机组综合性能系数限定值及能源效率等级》GB 21454 中规定的第1级。

评价方法：检查设计图纸、设备检测报告和现场检查。

5.3.35 当设计采用房间空调器或转速可控型房间空气调节器作为冷热源时，所选房间空调器能效符合现行国家标准《房间空气调节器能效限定值及能效等级》GB 12021.3 标准中第1级能效等级的规定值，或符合《转速可控型房间空气调节器能效限定值及能源效率等级》GB 21455 第1级规定值。

评价方法：检查设计图纸、设备检测报告和现场检查。

5.3.36 合理采用温湿度独立调节空调系统。

评价方法：检查设计图纸和现场检查。

5.4 给水排水

Ⅰ 控 制 项

5.4.1 生活给水系统应充分利用城镇给水管网的水压直接供水。

评价方法：检查设计文件和现场检查。

5.4.2 采用集中热水系统时，热水供应系统应采用合理的循环方式，且管道及设备均应采取有效的保温。

评价方法：检查设计图纸、设计计算书和现场检查。

Ⅱ 一 般 项

5.4.3 采用节能的加压供水方式，水泵在高效区运行，冷却塔采用节能的运行方式。

评价方法：检查设计图纸、设计计算书、产品说明书和现场检查。

5.4.4 冷却塔采用节能的运行方式。

评价方法：检查设计图纸、设计计算书、产品说明书。

5.4.5 给水系统采取有效的减压限流措施。公共建筑用水点处的供水压力不大于0.20MPa。

评价方法：检查设计计算书和现场检查。

5.4.6 公共厕所、公共浴室等公共场所使用节水器具。

评价方法：检查节水器具产品说明书或检测报告和现场检查。

5.4.7 生活给水、集中热水系统分用途、分用户计量。

评价方法：检查设计图纸和现场检查。

5.4.8 公共浴室类建筑的热水淋浴供应系统，采用设置可靠恒温混合阀等阀件或设备的单管供水，或采用带恒温装置的冷热水混合龙头。宾馆采用带恒温装置的冷热水混合龙头。

评价方法：检查设计图纸、产品说明书、竣工验收资料和现场检查。

Ⅲ 优 选 项

5.4.9 通过技术经济分析，合理采用可再生能源或余热、废热等回收技术制备生活热水。

评价方法：检查设计图纸、设计计算书、技术经济分析报告、竣工验收资料。

5.4.10 公共浴室的淋浴器采用计流量的刷卡用水管理。

评价方法：检查设计图纸、产品说明书、竣工验收资料和现场检查。

5.5 电气与照明

Ⅰ 控 制 项

5.5.1 选用三相配电变压器的空载损耗和负载损耗不应高于现行国家标准《三相配电变压器能效限定值及节能评价值》GB 20052 规定的能效限定值。

评价方法：检查设计图纸、产品检测报告和竣工验收资料。

5.5.2 办公楼、商场等按租户或单位应设置电表。

评价方法：检查设计图纸和竣工验收资料。

5.5.3 旅馆建筑的每间（套）客房，应设置节能控制型总开关。

评价方法：检查设计图纸和竣工验收资料。

5.5.4 各房间或场所的照明功率密度值（LPD）不应高于现行国家标准《建筑照明设计标准》GB 50034规定的现行值。

评价方法：检查设计图纸、设计计算书和竣工验收资料。

5.5.5 选用光源的能效值及与其配套的镇流器的能效因数（BEF）应满足下列规定：

1 单端荧光灯的能效值不应低于现行国家标准《单端荧光灯能效限定值及节能评价值》GB 19415规定的节能评价值；

2 普通照明用双端荧光灯的能效值不应低于现行国家标准《普通照明用双端荧光灯能效限定值及能效等级》GB 19043规定的节能评价值；

3 普通照明用自镇流荧光灯的能效值不应低于现行国家标准《普通照明用自镇流荧光灯能效限定值及能效等级》GB 19044规定的节能评价值；

4 金属卤化物灯的能效值不应低于现行国家标准《金属卤化物灯能效限定值及能效等级》GB 20054规定的节能评价值；

5 高压钠灯的能效值不应低于现行国家标准《高压钠灯能效限定值及能效等级》GB 19573规定的节能评价值；

6 管型荧光灯镇流器的能效因数（BEF）不应低于现行国家标准《管型荧光灯镇流器能效限定值及节能评价值》GB 17896规定的节能评价值；

7 金属卤化物灯镇流器的能效因数（BEF）不应低于现行国家标准《金属卤化物灯用镇流器能效限定值及能效等级》GB 20053规定的节能评价值；

8 高压钠灯镇流器的能效因数（BEF）不应低于现行国家标准《高压钠灯用镇流器能效限定值及节能评价值》GB 19574规定的节能评价值。

评价方法：检查设计图纸、产品检测报告和竣工验收资料。

5.5.6 选用荧光灯灯具的效率不应低于表5.5.6的规定。

表5.5.6 荧光灯灯具的效率

灯具出光口形式	开敞式	保护罩（玻璃或塑料）		格栅
		透明	磨砂、棱镜	
灯具效率	75%	65%	55%	60%

评价方法：检查设计图纸、产品检测报告和竣工验收资料。

5.5.7 选用中小型三相异步电动机在额定输出功率和75%额定输出功率的效率不应低于现行国家标准《中小型三相异步电动机能效限定值及能效等级》GB 18613规定的能效限定值。

评价方法：检查设计图纸、产品检测报告和竣工验收资料。

5.5.8 选用交流接触器的吸持功率不应高于现行国家标准《交流接触器能效限定值及能效等级》GB 21518规定的能效限定值。

评价方法：检查设计图纸、产品检测报告和竣工验收资料。

5.5.9 照明系统功率因数不应低于0.9。

评价方法：检查设计图纸和竣工验收资料。

Ⅱ 一般项

5.5.10 变配电所位于负荷中心。

评价方法：检查设计图纸和竣工验收资料。

5.5.11 当用电设备容量达到250kW或变压器容量在160kVA以上者，采用10kV或以上供电电源。

评价方法：检查设计图纸和竣工验收资料。

5.5.12 电力变压器工作在经济运行区。

评价方法：检查设计图纸、运行报告。

5.5.13 各房间或场所的照明功率密度值（LPD）不高于现行国家标准《建筑照明设计标准》GB 50034规定的目标值。

评价方法：检查设计图纸、设计计算书和竣工验收资料。

5.5.14 选用交流接触器的吸持功率不高于现行国家标准《交流接触器能效限定值及能效等级》GB 21518规定的节能评价值。

评价方法：检查设计图纸、产品检测报告和竣工验收资料。

5.5.15 未使用普通照明白炽灯。

评价方法：检查设计图纸、竣工验收资料和现场检查。

5.5.16 走廊、楼梯间、门厅等公共场所的照明，采用集中控制。

评价方法：检查设计图纸、竣工验收资料和现场检查。

5.5.17 楼梯间、走道采用半导体发光二极管（LED）照明。

评价方法：检查设计图纸、竣工验收资料和现场检查。

5.5.18 体育馆、影剧院、候机厅、候车厅等公共场所照明采用集中控制，并按建筑使用条件和天然采光状况采取分区、分组控制措施。

评价方法：检查设计图纸、竣工验收资料和现场检查。

5.5.19 电开水器等电热设备，设置时间控制模式。

评价方法：检查设计图纸、竣工验收资料和现场检查。

5.5.20 设置建筑设备监控系统。

评价方法：检查设计图纸、竣工验收资料和现场检查。

5.5.21 没有采用间接照明或漫射发光顶棚的照明方式。

评价方法：检查设计图纸、竣工验收资料和现场检查。

Ⅲ 优 选 项

5.5.22 天然采光良好的场所，按该场所照度自动开关灯或调光。

评价方法：检查设计图纸、竣工验收资料和现场检查。

5.5.23 旅馆的门厅、电梯大堂和客房层走廊等场所，采用夜间降低照度的自动控制装置。

评价方法：检查设计图纸、竣工验收资料和现场检查。

5.5.24 大中型建筑，按具体条件采用合适的照明自动控制系统。

评价方法：检查设计图纸、竣工验收资料和现场检查。

5.5.25 大型用电设备、大型舞台可控硅调光设备，当谐波不符合现行国家标准《电能质量公用电网谐波》GB/T 14549 有关规定时，就地设置谐波抑制装置。

评价方法：检查设计图纸、竣工验收资料和现场检查。

5.6 室内环境

Ⅰ 控 制 项

5.6.1 公共建筑室内的温度、湿度等设计计算参数应符合国家现行节能设计标准中的规定。

评价方法：检查设计计算书和设计图纸。

5.6.2 公共建筑主要空间的设计新风量应符合现行国家标准《公共建筑节能设计标准》GB 50189 的设计要求。

评价方法：检查设计图纸、设计计算书。

5.6.3 建筑围护结构内部和表面应无结露、发霉现象。

评价方法：检查设计图纸、设计计算书和现场检查。

5.6.4 室内游离甲醛、苯、氨、氡和 TVOC 等空气污染物的浓度应符合现行国家标准《民用建筑工程室内环境污染控制规范》GB 50325 的有关规定。

评价方法：检查设计图纸、设计专项说明、检测报告。

5.6.5 建筑室内照度、统一眩光值、一般显色指数等指标应符合现行国家标准《建筑照明设计标准》GB 50034 的有关规定。

评价方法：检查设计图纸、设计专项说明、检测报告。

Ⅱ 一 般 项

5.6.6 暖通空调系统运行时，建筑室内温度冬季不得低于设计计算温度2℃，且不高于1℃；夏季不得高于设计计算温度2℃，且不低于1℃；

评价方法：检查设计计算书或检测报告。

5.6.7 公共建筑具备天然采光条件，其窗地面积比符合现行国家标准《建筑采光设计标准》GB/T 50033 的有关规定。

评价方法：检查设计图纸、设计计算书。

5.6.8 采暖空调时无局部过热、过冷的现象，空调送风区域气流分布均匀，主要人员活动区域人体头脚之间的垂直空气温度梯度小于4℃。

评价方法：检查设计计算书或检测报告。

5.6.9 建筑每个房间的外窗可开启面积不小于该房间外窗面积的30%；透明幕墙具有不小于房间透明面积10%的可开启部分。

评价方法：检查设计图纸、门窗表、幕墙设计说明和现场检查。

Ⅲ 优 选 项

5.6.10 设有监控系统可根据监测结果自动启闭新风系统或调节新风送入量。

评价方法：检查设计图纸和现场检查。

5.6.11 地下停车库的通风系统根据车库内的一氧化碳浓度进行自动运行控制。

评价方法：检查设计图纸和现场检查。

5.7 运营管理

Ⅰ 控 制 项

5.7.1 物业管理单位或业主应根据建筑的特点制定建筑采暖与空调、通风、照明、生活热水及电梯等重点用能设备的节能运行管理制度。

评价方法：检查制度清单、制度文本和现场检查。

5.7.2 物业管理人员应通过建筑节能管理岗位的上岗培训和继续教育。

评价方法：检查培训记录或上岗证书。

5.7.3 公共建筑内夏季室内空调温度设置不应低于26℃，冬季室内空调温度设置不应高于20℃。

评价方法：检查检测报告。

5.7.4 对公共建筑应进行分项计量，对建筑主要用能设备应实行分类计量,并应每年进行能耗统计、审计和公示。

评价方法:检查能耗审计、统计表。

5.7.5 空调通风系统应按照现行国家标准《空调通风系统清洗规范》GB 19210 的有关规定进行定期检查和清洗,并有相应的记录。

评价方法:检查清洗记录资料和照片。

Ⅱ 一般项

5.7.6 物业管理单位针对建筑物内工作人员和住户制定持续的建筑节能知识科普宣传的计划,每年定期发放、张贴宣传材料。

评价方法:检查宣传资料材料和宣传活动的照片。

5.7.7 空调系统、电梯等设备及管道的设置和安装便于维修、改造和更换,定期对仪表、设备和控制系统进行维修,并有相应的记录。

评价方法:检查维修保养记录资料和照片。

5.7.8 采用集中空气调节系统的公共建筑的用能计量符合现行国家标准《公共建筑节能设计标准》GB 50189 的有关规定,分楼层、分室内区域、分用户或分室设置冷、热量计量装置;建筑群的每栋公共建筑及其冷、热源站房设置冷、热量计量装置。

评价方法:检查设计图纸和竣工验收资料。

5.7.9 选择合理的空调、采暖运行参数。空调、采暖系统运行参数进行现场监测并作记录。

评价方法:检查设计图纸和监测记录。

5.7.10 对下列采暖通风和空调设备、管道定期进行维修保养,并有相应的记录。

1 分季节使用空调、采暖水泵,每个使用季前后各进行一次清洗保养;

2 冷却水系统每个使用季前后各进行一次清洗保养;

3 空调室外机和室内机每年进行一次清洗保养;

4 空调过滤网、过滤器、冷凝水盘等每半年清洗保养一次;

5 采暖和空调系统的换热设备每年至少进行一次维修和保养。

评价方法:检查维修保养记录资料和照片。

5.7.11 下列用能设备和装置每年至少进行一次维修保养,并有相应的记录。

1 长期使用的电梯、水泵等设备;

2 热水加热器;

3 照明设备的整流器、灯具。

评价方法:检查维修保养记录资料和照片。

5.7.12 建筑用能系统通过调试合格后方可运行。

评价方法:检查调试报告和运行记录资料。

5.7.13 垂直电梯轿厢内部装饰采用轻质材料,装饰材料重量不大于电梯载重量的10%。

评价方法:检查电梯验收报告和电梯装饰现场照片。

Ⅲ 优选项

5.7.14 每年进行建筑能耗情况的审计工作,并进行公示。

评价方法:检查历年能耗统计表和公示资料。

5.7.15 具有并实施能源管理激励机制,管理业绩与节约能源、提高经济效益挂钩。

评价方法:检查激励制度文本。

5.7.16 委托节能技术服务机构开展合同能源管理或其他创新的能源管理模式或商业模式,提高节能运行管理的水平。

评价方法:检查合同文本和实施措施。

本标准用词说明

1 为便于在执行本标准条文时区别对待,对要求严格程度不同的用词说明如下:

   1)表示很严格,非这样做不可的:
      正面词采用"必须",反面词采用"严禁";

   2)表示严格,在正常情况下均应这样做的:
      正面词采用"应",反面词采用"不应"或"不得";

   3)表示允许稍有选择,在条件许可时首先应这样做的:
      正面词采用"宜",反面词采用"不宜";

   4)表示有选择,在一定条件下可以这样做的,采用"可"。

2 条文中指明应按其他有关标准执行的写法为:"应符合……的规定"或"应按……执行"。

引用标准名录

1 《采暖通风与空气调节设计规范》GB 50019
2 《建筑采光设计标准》GB/T 50033
3 《建筑照明设计标准》GB 50034
4 《城市居住区规划设计规范》GB 50180
5 《公共建筑节能设计标准》GB 50189
6 《民用建筑工程室内环境污染控制规范》GB 50325
7 《民用建筑太阳能热水系统应用技术规范》GB 50364
8 《严寒和寒冷地区居住建筑节能设计标准》JGJ 26
9 《夏热冬暖地区居住建筑节能设计标准》JGJ 75
10 《夏热冬冷地区居住建筑节能设计标准》JGJ 134

11 《民用建筑太阳能光伏系统应用技术规范》JGJ 203

12 《建筑外门窗气密、水密、抗风压性能分级及检测方法》GB/T 7106

13 《房间空气调节器能效限定值及能效等级》GB 12021.3

14 《电能质量公用电网谐波》GB/T 14549

15 《管型荧光灯镇流器能效限定值及节能评价值》GB 17896

16 《中小型三相异步电动机能效限定值及能效等级》GB 18613

17 《普通照明用双端荧光灯能效限定值及能效等级》GB 19043

18 《普通照明用自镇流荧光灯能效限定值及能效等级》GB 19044

19 《空调通风系统清洗规范》GB 19210

20 《单端荧光灯能效限定值及节能评价值》GB 19415

21 《高压钠灯能效限定值及能效等级》GB 19573

22 《高压钠灯用镇流器能效限定值及节能评价值》GB 19574

23 《单元式空气调节机能效限定值及能源效率等级》GB 19576

24 《冷水机组能效限定值及能源效率等级》GB 19577

25 《三相配电变压器能效限定值及节能评价值》GB 20052

26 《金属卤化物灯用镇流器能效限定值及能效等级》GB 20053

27 《金属卤化物灯能效限定值及能效等级》GB 20054

28 《家用燃气快速热水器和燃气采暖热水炉能效限定值及能效等级》GB 20665

29 《建筑幕墙》GB/T 21086

30 《多联式空调(热泵)机组综合性能系数限定值及能源效率等级》GB 21454

31 《转速可控型房间空气调节器能效限定值及能源效率等级》GB 21455

32 《交流接触器能效限定值及能效等级》GB 21518

中华人民共和国国家标准

节能建筑评价标准

GB/T 50668—2011

条 文 说 明

制 定 说 明

《节能建筑评价标准》GB/T 50668-2011，经住房和城乡建设部2011年4月2日以第970号公告批准、发布。

为便于广大设计、施工、科研、学校等单位有关人员在使用本标准时能正确理解和执行条文规定，《节能建筑评价标准》编制组按章、节、条顺序编制了本标准的条文说明，对条文规定的目的、依据以及执行中需注意的有关事项进行了说明。但是，本条文说明不具备与标准正文同等的法律效力，仅供使用者作为理解和把握标准规定的参考。在使用中如发现本条文说明有不妥之处，请将意见函寄中国建筑科学研究院。

目　次

1　总则 …………………………………… 38—25
2　术语 …………………………………… 38—25
3　基本规定 ……………………………… 38—25
　3.1　基本要求 ………………………… 38—25
　3.2　评价与等级划分 ………………… 38—26
4　居住建筑 ……………………………… 38—26
　4.1　建筑规划 ………………………… 38—26
　4.2　围护结构 ………………………… 38—29
　4.3　采暖通风与空气调节 …………… 38—31
　4.4　给水排水 ………………………… 38—34
　4.5　电气与照明 ……………………… 38—35
　4.6　室内环境 ………………………… 38—37
　4.7　运营管理 ………………………… 38—38
5　公共建筑 ……………………………… 38—38
　5.1　建筑规划 ………………………… 38—38
　5.2　围护结构 ………………………… 38—39
　5.3　采暖通风与空气调节 …………… 38—41
　5.4　给水排水 ………………………… 38—44
　5.5　电气与照明 ……………………… 38—45
　5.6　室内环境 ………………………… 38—47
　5.7　运营管理 ………………………… 38—49

1 总　　则

1.0.1　建筑与人们的生活休戚相关，也与我国的环境、资源、能源等密切相关。我国已经发布了北方严寒和寒冷地区、夏热冬冷地区和夏热冬暖地区的居住建筑节能设计标准，公共建筑节能设计标准、建筑节能工程施工质量验收规范也已经颁布实施，这些标准对建筑的节能设计和施工给出了最低的要求。为了对建筑的节能性进行综合评价，鼓励建造更低能耗的节能建筑，特制定本标准。

1.0.2　本条规定了标准的适用范围是新建建筑和既有建筑改造后达到节能标准的建筑。由于不同类型的建筑因使用功能的不同，其能耗情况存在较大差异。本标准考虑到我国目前建设市场的情况，侧重评价总量大的居住建筑和公共建筑中能耗较大的办公建筑（包括写字楼、政府部门办公楼等）、商业建筑（如商场建筑、金融建筑等）、旅游建筑（如旅游饭店、娱乐建筑等）、科教文卫建筑（包括文化、教育、科研、医疗、卫生、体育建筑等）。其他公共建筑也可参照执行。

1.0.3　规划和建筑设计以及运营管理是建筑的两个重要阶段，都与建筑的节能性密切相关，必须统筹考虑，漏掉任何一个阶段都不能称之为节能建筑。

本标准的节能建筑评价指标体系由建筑规划、建筑围护结构、采暖通风与空气调节、给水排水、电气与照明、室内环境和运营管理七类指标组成。通过对七类指标的评价，体现建筑的综合节能性能。标准的评价指标以现行的国家相关标准为依据，有些指标适当提高。

1.0.4　由于建筑节能涉及多个专业和多个阶段，不同专业和不同阶段都制定了相应的节能标准。在进行节能建筑的评价时，除应符合本标准的规定外，尚应符合国家现行的有关标准规范的规定。对于某些地区，如果执行了高于国家标准和行业标准规定的、更严格的地方节能标准，尚应符合当地的节能标准的要求。

2 术　　语

2.0.1　节能建筑的主要指标有建筑规划、建筑围护结构、暖通空调、给水排水、电气与照明、室内环境，并且具有良好的运行管理手段和制度并落实到实处。节能建筑一定要因地制宜，遵循当地的气候条件和资源条件。节能建筑不仅要满足国家和行业标准的节能要求，同时也要符合当地的有关节能标准。

2.0.2　本条对节能建筑评价进行了定义。建筑是一个复杂的、特殊的产品，不像冰箱、房间空调器等产品可以在实验室的标准工况下进行检测并给出额定工况下的能耗。为了提高节能建筑评价的科学性和可操作性，本标准把涉及建筑节能的因素分为七类指标体系，每类指标体系中又分为具体的节能技术措施或节能管理措施。根据建筑采用的节能技术措施或节能管理措施，采取定量和定性相结合的方法来评估建筑的节能性能。这种方法兼顾了评价的科学性和可操作性，简单易用，有利于节能建筑的推广。

2.0.5　这种节能投资方式允许客户用未来的节能收益为设备和系统升级，以降低建筑的运行成本；或者节能服务公司以承诺节能项目的节能效益、或承包整体能源费用的方式为客户提供节能服务。合同能源管理在实施节能项目的用户与节能服务公司之间签订，有助于推动节能项目的实施。依照具体的业务方式，可以分为分享型合同能源管理业务、承诺型合同能源管理业务、能源费用托管型合同能源管理业务。

3 基 本 规 定

3.1 基 本 要 求

3.1.1　节能建筑评价应包括节能建筑设计评价和节能建筑工程评价两个阶段。

3.1.2　本条规定了评价的对象为单栋建筑或建筑小区。评价单栋建筑时，凡涉及室外部分的指标，如绿地率、建筑密度等，以该栋建筑所处的室外条件的评价结果为准。建筑小区的节能评价应在单栋建筑评价的基础上进行，建筑小区的节能等级应根据小区中全部单栋建筑均达到或超过的节能等级来确定。

3.1.3　本条规定了评价的时间节点。对于节能建筑设计评价，应在建筑设计图纸经相关部门节能审查合格后进行；对于节能建筑工程评价，应在建筑工程竣工验收合格并投入运行一年以后进行。

3.1.4　本条规定了申请节能建筑设计评价的建筑应提供的资料，主要有：

　　1　建筑节能技术措施，包括所采用的全部建筑节能技术和相关技术参数；

　　2　规划与建筑设计文件，包括规划批文、规划设计说明、建筑设计说明和相应的建筑设计施工图等；

　　3　规划与建筑节能设计文件，包括规划、建筑设计与建筑节能有关的设计图纸、建筑节能设计专篇、节能计算书等；

　　4　各地建设行政管理部门或建设行政管理部门委托的建筑节能管理机构进行的建筑节能设计审查批复文件。

3.1.5　本条规定了申请节能建筑评价的建筑应提供的材料。除了提供节能建筑设计评价阶段的资料外，还应提供：

　　1　材料主要包括建筑中采用的设备、部品、施工材料等；

2 需要提供完整的建筑节能工程竣工验收报告；

3 主要包括与建筑节能评价有关的如检测报告、专项分析报告、运营管理制度文件、运营维护资料等资料。

3.2 评价与等级划分

3.2.1 本条规定了节能建筑设计评价和节能建筑评价的指标体系。每类指标包括控制项、一般项和优选项。控制项为节能建筑的必备条件，全部满足本标准中控制项要求的建筑，方可认为已经具备节能建筑评价的基本申请资格。一般项和优选项是划分节能建筑等级的可选条件。

3.2.2 进行节能建筑评价时，应首先审查是否满足本标准中全部控制项的要求。为了使每类指标得分均衡，使得节能建筑各个环节都能在建筑中体现，所以把得分项分成了一般项和优选项。对于一般项，不同等级的节能建筑都要满足最低的项数要求，而且不能互相借用一般项的分数。优选项是难度大、节能效果较好的可选项。

节能建筑细分为三个等级，目的是为了引导建筑节能性能的发展与提高，鼓励建造更高节能性能的建筑。

3.2.3 对于围护结构、暖通空调、电气与照明三类指标规定了需要满足的最少优选项数，主要是考虑到这三类指标是影响建筑节能最关键因素，对建筑节能的贡献率也最大，所以对围护结构、暖通空调、电气与照明这三类指标明确提出优选项数量的要求。

3.2.4 当标准中某条文不适应建筑所在地区、气候、建筑类型、评价阶段等条件时，该条文可不参与评价，这时，参评的总项数会相应减少，表3.2.2中对项数的要求可以按比例调整。

设表中某类指标一般项数为 a，某等级要求的一般项数为 b，则比例为 $p=b/a$。当存在不参与评价的条文时，参评的一般项数减少，在这种情况下，可按表中规定的比例 p 调整，一般项数的要求调整为 [参评的一般项数×p]，计算结果舍尾取整。

例如，某类指标一般项共6项，AA级要求的一般项数为2项，则 $p=1/3$。由于有2项不参评，导致参评的一般项数减少为4，这种情况下对AA级要求的一般项数减少为 [4×(1/3)]，计算结果舍尾取整后为1项。

3.2.5 本条规定了具体条款的评价结论。对于定性条款，评价的结论只有两个，即"通过"或"不通过"；对于有多项要求的条款，则全部要求都满足方可认定本条的评价结论为"通过"，否则应认定为"不通过"。

3.2.6 由于温和地区没有相应的国家和行业建筑节能标准，在进行节能建筑评价时，可参考建筑邻近的气候分区的相应条款进行评价。

4 居住建筑

4.1 建筑规划

Ⅰ 控制项

4.1.1 本条是编制居住区规划设计必须遵循的基本原则：

1 居住区是城市的重要组成部分，因而必须根据城市总体规划要求，从全局出发考虑居住区具体的规划设计。

2 居住区规划设计是在一定的规划用地范围内进行，应考虑其各种规划要素后确定，如日照标准、房屋间距、密度、建筑布局、道路、绿化和空间环境设计及其组成有机整体等，均应与所在城市的特点、所处建筑气候分区、规划用地范围内的现状条件及社会经济发展水平密切相关。在规划设计中应充分考虑、利用当地气候特点和条件，为整体提高居住区节能规划设计创造条件。

4.1.2 现行国家标准《城市居住区规划设计规范》GB 50180 第5.0.2规定，住宅日照标准应符合表1规定。对于特定情况符合下列规定：

1 每套住宅至少应有一个居室空间能获得冬季日照；

2 宿舍半数以上的居室，应获得同住宅居住空间相等的日照标准；

3 托儿所、幼儿园的主要生活用房，应能获得冬至日不小于3h的日照标准；

4 老年人住宅、残疾人住宅的卧室、起居室，医院、疗养院半数以上的病房和疗养室，中小学半数以上的教室应能获得冬至日不小于2h的日照标准；

5 旧区改建的项目内新建住宅日照标准可酌情降低，但不应低于大寒日日照1h的标准。

表1 住宅建筑日照标准

建筑气候分区	Ⅰ、Ⅱ、Ⅲ、Ⅶ气候区		Ⅳ气候区		Ⅴ、Ⅵ气候区
	大城市	中小城市	大城市	中小城市	
日照标准	大寒日				冬至日
日照时数(h)	≥2		≥3		≥1
有效日照时间带(h)（当地真太阳时）	8～16				9～15
日照时间计算点	底层窗台面(距室内地坪0.9m高的外墙位置)				

注：本表中的气候分区与全国建筑热工设计分区的关系见现行国家标准《民用建筑设计通则》GB 50352表3.3.1。

4.1.3 要求从项目立项,到可行性研究报告、规划设计、初步设计、施工图设计各个阶段都要考虑建筑节能。在建设部、国家计委关于印发《建设项目选址规划管理办法》的通知(1991年8月23日)第六条中也有规定,建设项目选址意见书应当包括建设项目供水与能源的需求量,采取的运输方式与运输量,以及废水、废气、废渣的排放方式和排放量。

Ⅱ 一 般 项

4.1.4 针对4.1.2条作出了一定的提高。对于特定情况符合下列规定:

1 每套住宅有2个或者以上的居室空间能获得冬季日照;

2 宿舍2/3或以上的居室,应获得同住宅居住空间相等的日照标准;

3 旧区改建的项目内新建住宅日照标准满足现行国家标准《民用建筑设计通则》GB 50352 表3.3.1的要求。

4.1.5 住宅小区绿地不但可以美化环境,而且可以改善小区微气候,降低小区热岛强度。按照现行国家标准《城市居住区规划设计规范》GB 50180,居住建筑小区的绿化包括公共绿地、宅旁绿地、配套公建所属绿地和道路绿地,其中包括了满足当地植树绿化覆土要求,方便居民出入的地上或半地下建筑的屋顶绿地。绿地面积应按下列规定确定:

1 宅旁(宅间)绿地面积计算的起止界:绿地边界对宅间路、组团路和小区路算到路边,当小区路设有人行便道时算到便道边,沿居住区路、城市道路则算到红线;距房屋墙脚1.5m;对其他围墙、院墙算到墙脚。

2 道路绿地面积计算,以道路红线内规划的绿地面积为准进行计算。

3 院落式组团绿地面积计算起止界:绿地边界距宅间路、组团路和小区路路边1m;当小区路有人行便道时,算到人行便道边;临城市道路、居住区级道路时算到道路红线;距房屋墙脚1.5m。

4 其他块状、带状公共绿地面积计算的起止界同院落式组团绿地。沿居住区(级)道路、城市道路的公共绿地算到红线。

4.1.6 建筑物朝向对太阳辐射得热量和空气渗透耗热量都有影响。在其他条件相同情况下,东西向板式多层居住建筑的传热耗热量要比南北向的高5%左右。建筑物的主立面朝向冬季主导风向,会使空气渗透耗热量增加。对于建筑物的朝向,也可以按照主要房间的朝南向数量来考核。对于单栋建筑来说,40%的主要房间朝南向是可以做到的。

节能建筑标准中朝向是这样规定的:"南"代表从南偏东30°至偏西30°的范围。居住建筑的最佳朝向是在南偏东15°至南偏西15°范围内,适宜的朝向为南偏东45°至南偏西30°范围。

1 建筑平面布置时,不宜将主要卧室、起居室设置在正东和正西、西北方向;

2 不宜在建筑的正东、正西和西西北、东东北方向设置大面积的玻璃门窗或玻璃幕墙;

3 当建筑采用最佳朝向南偏东15°至南偏西15°范围内时,与最差朝向(正西向)相比,可以贡献5%~10%的节能率。

对于一些有景观资源的住宅或受本身地块条件的限制,满足本条文的第1和第2款难度较大,但是通过采取隔热措施和活动外遮阳措施,也可以实现改善室内的热环境,节约建筑能耗的目的。

4.1.7 现行国家标准《城市居住区规划设计规范》GB 50180 第5.0.3条规定,在Ⅰ、Ⅱ、Ⅳ、Ⅶ建筑气候区,居住小区规划设计主要应利于居住建筑冬季的日照、防寒、保温与防风沙的侵袭;在Ⅲ、Ⅳ建筑气候区,居住小区规划设计主要应考虑居住建筑夏季防热和组织自然通风、导风入室的要求;在丘陵和山区,除考虑居住建筑布置与主导风向的关系外,尚应重视因地形变化而产生的地方风对居住建筑防寒、保温或自然通风的影响;经过多个工程项目的实践,可以采用计算流体力学软件,通过模拟的方法进行自然通风的量化评价。

1 气流模拟设计可以采用自然通风模拟软件进行。方法是先对小区规划的初步设计进行自然通风模拟,然后根据模拟结果对小区的规划布局进行调整,使居住小区的规划布局有利于自然通风。采用自然通风模拟时,应注意气候边界条件的选取,气候边界条件选取的原则是:夏季有效利用自然通风,冬季有效避免冷空气的渗透。

2 在确定建筑物的相对位置时,应使建筑物处于周围建筑物的气流旋涡区之外。

3 宜使小区各建筑的主立面迎向夏季主导风向,或将夏季主导风引向建筑的主立面。目的是在有效利用自然通风时,使建筑物前后形成一定的风压差,为建筑室内形成良好的自然通风创造条件。

对于规模较小的建筑小区,根据当地规范和规定,通过建筑师的经验判断,也可以不采用计算机模拟量化判断的方法。

4.1.8 建筑公共区间如地下室、楼梯间(包括消防楼梯)、公共走道,应该充分利用建筑设计措施实现天然采光,但是一梯六户以上的小户型塔式高层居住建筑,其公共楼梯间很难做到天然采光,通过调查和测算,在设计阶段采取措施,地上部分30%的公共区间实现天然采光是可行的。

如果建筑有地下室,地下一层可以有条件地利用自然光,通过设计采光井、采光窗,保证地下一层可采光的面积占地下室总面积的5%以上。

考虑到夏热冬暖地区、夏热冬冷地区以及严寒、寒冷地区的气候不同特点,本标准确定的指标按照较低值选取。

4.1.9 在无法通过窗户实现自然采光的情况下,利用各种导光和反光装置将天然光引入室内(如地下室车库)是一种比较成熟的技术,该技术有利于节能,应大力提倡。

4.1.10 高层居住建筑越来越多,电梯能耗成为高层居住建筑公共区域能耗中最大的一部分。例如,深圳市有43000台电梯,每台电梯按照15kW计算,如果电梯全部投入使用,负荷达到64.5万kW,占深圳市高峰用电负荷的8%。

但是目前国内没有节能型电梯标准可供评价,故参考香港机电工程署颁布的Code of Practice for Energy Efficiency of Lift and Escalator Installations来参考执行(见表2、表3、表4)。

表2 曳引式电梯最大允许电功率 $P(kW)$ ($V<3$)

负载 L(kg)	额定梯速 V(m/s)				
	$V<1$	$1≤V<1.5$	$1.5≤V<2$	$2≤V<2.5$	$2.5≤V<3$
$L<750$	7	10	12	16	18
$750≤L<1000$	10	12	17	21	24
$1000≤L<1350$	12	17	22	27	32
$1340≤L<1600$	15	20	27	32	38
$1600≤L<2000$	17	25	32	39	46
$2000≤L<3000$	25	37	47	59	70
$3000≤L<4000$	33	48	63	78	92
$4000≤L<5000$	42	60	78	97	115
$L≥5000$	$0.0083L+0.5$	$0.0118L+1$	$0.0156L+0.503$	$0.019L+2$	$0.0229L+0.5$

表3 最大允许电功率 $P(kW)$ ($V<7$)

负载 L(kg)	额定梯速 V(m/s)				
	$3≤V<3.5$	$3.5≤V<4$	$4≤V<5$	$5≤V<6$	$6≤V<7$
$L<750$	21	23	25	30	34
$750≤L<1000$	27	31	32	39	46
$1000≤L<1350$	36	40	45	52	60
$1340≤L<1600$	43	49	52	62	72
$1600≤L<2000$	53	60	65	75	88
$2000≤L<3000$	79	90	95	115	132
$3000≤L<4000$	104	120	130	150	175
$4000≤L<5000$	130	150	160	190	220

表4 最大允许电功率 $P(kW)$ ($V≥7$)

负载 L(kg)	额定梯速 V(m/s)		
	$7≤V<8$	$8≤V<9$	$V≥9$
$L<750$	39	45	$4.887V+0.0014V^3$

续表4

负载 L(kg)	额定梯速 V(m/s)		
	$7≤V<8$	$8≤V<9$	$V≥9$
$750≤L<1000$	52	60	$6.516V+0.0021V^3$
$1000≤L<1350$	70	80	$8.797V+0.0021V^3$
$1340≤L<1600$	83	95	$10.426V+0.00266V^3$
$1600≤L<2000$	105	120	$13.033V+0.0014V^3$
$2000≤L<3000$	155	175	$19.549V+0.0030V^3$
$3000≤L<4000$	205	235	$26.065V+0.0038V^3$
$4000≤L<5000$	255	290	$32.582V+0.0048V^3$

在建筑中选用节能电梯,并采用变频控制、启动控制、群梯智能控制等经济运行手段,以及分区、分时等运行方式来达到电梯节能的目的。另外,电梯无外部召唤,且轿厢内一段时间无预置指令时,电梯自动转为节能方式也是一种很好的节能运行模式。

Ⅲ 优 选 项

4.1.11 居住小区环境温度的升高,不但增加建筑的空调能耗,而且影响小区行人的热舒适度。对于住区而言,由于受规划设计中建筑密度、建筑材料、建筑布局、绿地率和水景设施、空调排热、交通排热及炊事排热等因素的影响,住区有可能出现"热岛"现象。设计时应该采取通风、水景、绿化、透水地面等措施,降低热岛,改善住区热环境。

热岛强度可通过综合措施得到控制。提高绿地率可有效改善场地热岛效应,采用遮阳措施或采用高反射率的浅色涂料可有效降低屋面、地面的表面温度,减少热岛效应,提高顶层住户和地面的热舒适度。

屋面可设计成种植屋面,或采用高反射率涂料,或同时采用高反射率涂料和种植屋面。对屋面的评价,要求可绿化屋面面积的30%实施绿化或75%屋面太阳辐射吸收率小于0.7。当部分屋面有绿化,但达不到30%比例时,非绿化屋面的75%如果能够满足太阳辐射吸收率小于0.7也认为满足条文要求。可绿化屋面是指除掉设备管路、楼梯间及太阳能集热板等部位之外的屋面。对于高反射率屋面的评价而言,楼梯间等要计入评价范围,设备管路、太阳能集热板等部位不计入。不同面层的表面特性见表5。

表5 不同面层的表面特性

面层类型	表面性质	表面颜色	吸收系数 ρ 值
石灰粉刷墙面	光滑、新	白色	0.48
抛光铝反射板	—	浅色	0.12
水泥拉毛墙	粗糙、旧	米黄色	0.65
白水泥粉刷墙面	光滑、新	白色	0.48
水刷石	粗糙、旧	浅灰	0.68

续表5

面层类型	表面性质	表面颜色	吸收系数ρ值
水泥粉刷墙面	光滑、新	浅黄	0.56
砂石粉刷面	—	深色	0.57
浅色饰面砖	—	浅黄、浅绿	0.50
红砖墙	旧	红色	0.77
硅酸盐砖墙	不光滑	黄灰色	0.5
混凝土砌块	—	灰色	0.65
混凝土墙	平滑	深灰	0.73
红褐陶瓦屋面	旧	红褐	0.74
灰瓦屋面	旧	浅灰	0.52
水泥屋面	旧	素灰	0.74
水泥瓦屋面	—	深灰	0.69
绿豆砂保护层屋面	—	浅黑色	0.65
白石子屋面	粗糙	灰白色	0.62
浅色油毛毡屋面	不光滑、新	浅黑色	0.72
黑色油毛毡屋面	不光滑、新	深黑色	0.86
绿色草地			0.80
水（开阔湖、海面）			0.96
黑色漆	光滑	深黑色	0.92
灰色漆	光滑	深灰色	0.91
褐色漆	光滑	淡褐色	0.89
绿色漆	光滑	深绿色	0.89
棕色漆	光滑	深棕色	0.88
蓝色漆、天蓝色漆	光滑	深蓝色	0.88
中棕色	光滑	中棕色	0.84
浅棕色漆	光滑	浅棕色	0.80
棕色、绿色喷泉漆	光亮	中棕、中绿色	0.79
红油漆	光亮	大红	0.74
浅色涂料	光平	浅黄、浅红	0.50
银色漆	光亮	银色	0.25

硬质地面遮荫或硬质地面铺设采用浅色材料有利于降低人行区域的温度，为便于评价硬质地面的遮荫比例，成年乔木平均遮荫半径取为4m，棕榈科乔木平均遮荫半径取为2m。

无遮荫的硬质地面停车率是指无遮荫的硬质地面机动车停车位与总停车位的比例。如果地面停车位受植物遮荫或设置了遮阳棚或地面为透水地面，可不计入无遮荫的硬质地面停车率的计算。

4.1.12 本条在第4.1.8条的基础上提高了要求，鼓励采用天然采光，降低建筑能耗。

4.1.13 我国有丰富的太阳能资源，全国2/3以上地区的全年太阳能辐照量大于5700MJ/(m^2·a)，全年日照时数大于2200h。除了重庆、四川、贵州、江西部分地区资源贫乏带，绝大多数地区都可以利用太阳能。

全国一些城市和省份如深圳、江苏、海南等，通过立法将12层及以下的居住建筑利用太阳能热水系统作为强制要求，纳入施工图审查和项目报建以及节能专项验收中。但是考虑到还有很多省市并没有此要求，所以本条文作为优选项。

为避免太阳能热水系统在建筑中的无序使用并保证使用的安全和可靠，太阳能热水系统需要统一设计和施工安装。

满足现行国家标准《民用建筑太阳能热水系统应用技术规范》GB 50364的要求，如满足建筑结构及其他相应的安全性要求；设置防止太阳能集热器损坏后部件坠落伤人的安全防护设施；支承太阳能热水系统的钢结构支架应与建筑物接地系统可靠连接，防止雷击。太阳能系统不得降低相邻建筑的日照标准等。

4.2 围护结构

Ⅰ 控 制 项

4.2.1 严寒和寒冷地区围护结构热工性能是影响居住建筑采暖负荷与能耗最重要的因素之一，必须予以严格控制。而建筑的体形系数、窗墙面积比、建筑围护结构的热工参数、外窗的气密性等指标是节能建筑的重要内容，是节能建筑围护结构必须满足的基本要求。因此，建筑体形系数、窗墙面积比、建筑围护结构的热工参数、外窗的气密性等必须满足现行行业标准《严寒和寒冷地区居住建筑节能设计标准》JGJ 26中的有关规定。

4.2.2 夏热冬冷地区建筑围护结构的热工设计涉及夏季隔热、冬季保温及过渡季节自然通风等因素，其围护结构的热工特性不同于寒冷地区供暖建筑对围护结构的严格保温要求。但由于建筑的体形系数、窗墙面积比、建筑围护结构的热工参数、外窗的气密性等指标同样是影响夏热冬冷地区建筑能耗重要的指标，也是节能建筑围护结构必须满足的基本要求，因此必须满足现行行业标准《夏热冬冷地区居住建筑节能设计标准》JGJ 134中的要求。

4.2.3 夏热冬暖地区只涉及夏季空调，在这一地区主要考虑建筑围护结构的隔热问题，确定围护结构隔热的基本原则是围护结构有一定的热阻，重点是外窗的遮阳，主要体现在建筑围护结构的热工参数限值、窗墙面积比、外窗的遮阳系数等几个关键指标上；因此，围护结构的热工参数、窗墙面积比、外窗的遮阳系数等指标必须满足现行行业标准《夏热冬暖地区居住建筑节能设计标准》JGJ 75的要求。

4.2.4 外墙结构性冷（热）桥部位系指嵌入墙体的混凝土或金属梁、柱、墙体的混凝土肋或金属件，建筑中的板材接缝及墙角、墙体勒脚、楼板与外墙、内隔墙与外墙连接处、外窗（门）洞口室外部分的侧墙等部位。由于这些部位的传热系数明显大于其他部位，使得热量集中地从这些部位快速传递，特别是当冷（热）桥内表面温度低于室内露点温度后将吸收大量的空气相变潜热，从而增大了建筑物的空调、采暖负荷及能耗。在进行外墙的热工节能设计时，应对这些部位的内表面温度进行验算，以便确定其是否低于室内空气露点温度。

4.2.5 本条文依据现行国家标准《建筑节能工程施工质量验收规范》GB 50411 中强制性条文 4.2.2、5.2.2、7.2.2 和 8.2.2 条文提出的。因为保温材料的厚度、导热系数、密度直接影响到非透明围护结构的保温隔热效果，抗压强度或压缩强度直接关系到保温材料的可靠性和安全性，燃烧性能是防火要求最直接的指标，门窗的气密性、保温性能、中空玻璃露点、玻璃遮阳系数、可见光透射比直接影响到透明围护结构的节能效果。因此，必须对围护结构保温材料的上述性能提出控制要求，这是保证建筑围护结构到达节能设计要求的最基本条件。

要求对表 4.2.5-2 中的建筑材料和产品进行复检，是为了保证建筑在施工过程中所使用的保温节能材料和产品的质量，以保证节能建筑的可靠性。

Ⅱ 一般项

4.2.6 为了进一步减小透过围护结构的传热量，节约能源，对屋面、外墙等围护结构的平均传热系数规定降低 10%。

不同气候区平均传热系数分别按照现行行业标准《严寒和寒冷地区居住建筑节能设计标准》JGJ 26 附录 B 和现行行业标准《夏热冬冷地区居住建筑节能设计标准》JGJ 134 附录 A 中平均传热系数计算方法进行计算。

4.2.7 严寒和寒冷地区冬季室内外温差大，因温差传热造成的热量损失占总能耗的比例较高，提高围护结构的保温性能对降低采暖能耗作用明显；而在围护结构中窗（包括阳台门的透明部分）与屋面、外墙相比是围护结构最薄弱的环节，在基本不影响冬季太阳辐射传入热量的情况下，通过降低外窗的传热系数是减少外窗的温差传热的重要手段，因此，对窗的传热系数提出了更高的要求。

4.2.8 在严寒、寒冷地区的冬季，外门的频繁开启造成室外冷空气大量进入室内，导致采暖能耗增加。设置门斗可以避免冷风直接进入室内，在节能的同时，也提高了楼梯间的热舒适性。

4.2.9 夏热冬冷地区建筑围护结构保温隔热的基本原则是以隔热为主兼顾保温，而夏热冬暖地区建筑节能最有效的措施是外围护结构的隔热，不让或少让室外的热量传入室内。

对于外墙与屋面的隔热性能要求，目前节能标准的热工性能控制指标只是从外墙和屋面的热惰性指标来控制，尚不能全面反映外围护结构在夏季热作用下的受热与传热特征，以及影响外围护结构隔热质量的综合因素。特别是对于轻质结构的外墙与屋面，热惰性指标都低，很难达到隔热指标限值的要求。对夏热冬冷及夏热冬暖地区居住建筑的外墙，规定屋面、外墙外表面材料太阳辐射吸收系数小于 0.6，降低屋面、外墙外表面综合温度，以提高其隔热性能，理论计算及实测结果都表明这是一条可行而有效的隔热途径，也是提高轻质外围护结构隔热性能的一条最有效的途径。

4.2.10 有些标准中虽规定了分户墙、楼板传热系数 K 的要求，但由于节能动态计算软件中当确定所有房间采暖空调时，分户墙、楼板传热系数 K 值的大小不影响建筑的能耗。因此，造成夏热冬冷地区楼板基本未作保温，但夏热冬冷、夏热冬暖地区实际建筑并非所有房间同时采暖空调，户间传热是很大的，从理论计算和实测来看，其冷热量损失对节能影响较大，因此，规定了分户墙、楼板对传热系数 K 的要求。

4.2.11 外窗的气密性能的好坏直接影响到夏季和冬季室外空气向室内渗漏的多少，对建筑的能耗影响很大，因此对外窗的气密性能要求比国家标准 GB/T 7106 提高一级是为了鼓励居住建筑采用气密性更为优良的建筑外窗。

4.2.12 在我国夏热冬冷和夏热冬暖地区过去就有"淋水蒸发屋面"和"蓄土种植屋面"的应用实例，通常我们称为生态植被绿化屋面和蒸发冷却屋面，它不仅具有优良的保温隔热性能，而且也是集环境生态效益、节能效益和热环境舒适效益为一体的居住建筑屋顶形式之一。

Ⅲ 优选项

4.2.13 把严寒、寒冷地区屋面、外墙、外窗的平均传热系数标准进一步提高，使建筑达到更加节能的水平。

4.2.14 为避免冬季室外空气过多地向室内渗漏造成的大量能耗，通过种种措施以提高外窗的气密性；然而，室内新风作为空气质量品质的重要方面，必须通过在房间设置可调节换气装置或其他换气设施予以保证。

4.2.15 在 4.2.11 条的基础上提高一级作为优选项的内容。

4.2.16 居住在夏热冬冷区的人们无论是冬季采暖、夏季空调或在过渡季节都有开窗的习惯；当夏季在晚间室外空气温度低于室内空气温度时，通风能有效而快速地降低室内空气温度。在规定外窗的可开启面积应不小于外窗面积的 35% 的情况下，完全能保证居住建筑有很好的自然通风，从而达到提高室内空气质量品质，改善室内热环境，减少空调能耗的多方面优点。

4.2.17 设置活动外遮阳是减少太阳辐射热进入室内

的一个有效措施，活动式外遮阳容易兼顾建筑冬夏两季对阳光的不同需求，如设置了展开或关闭后可以全部遮蔽窗户的活动式外遮阳，可以方便快捷地控制透过窗户的太阳辐射热量，从而降低能耗和提高室内环境的舒适性。如窗外侧的卷帘、百叶窗等就属于"展开或关闭后可以全部遮蔽窗户的活动式外遮阳"，虽然造价比一般固定外遮阳（如窗口上部的外挑板等）高，但遮阳效果好，能兼顾冬夏，所以应当鼓励大量使用。

4.2.18 为了彰显被动蒸发屋面和植被绿化屋面对建筑节能的重要贡献，在优选项中把采用被动蒸发屋面和植被绿化屋面占建筑屋面的70%以上作为控制指标。

4.3 采暖通风与空气调节

Ⅰ 控 制 项

4.3.1 目前国内一些工程设计普遍存在用初步设计时的冷、热负荷指标作为施工图设计的冷、热负荷计算依据的情况。从实际情况的统计来看，其冷、热负荷均偏大，导致装机容量大、管道尺寸大、水泵和风机配置大、末端设备大的"四大"现象。这使得初投资增加，能源负荷上升，设备运行效率下降，不利于节省运行能耗，因此特作此规定。

居住建筑采用集中空调与采暖时，其负荷计算与集中供冷供热的公共建筑要求是相同的。

目前一些居住建筑中，设计采用了户式空调（通常为风管式、水管式和冷媒管式三种方式）系统，这些系统从原理上来讲也属于集中空调系统的形式（只是规模比较小而已）。因此，设计采用这些系统的居住建筑时，也应执行本条规定。

4.3.2 集中采暖系统热水循环水泵的耗电输热比（EHR）值应满足现行行业标准《严寒与寒冷地区居住建筑节能设计标准》JGJ 26 的规定；集中空调冷热水系统的输送能效比 ER 值满足现行国家标准《公共建筑节能设计标准》GB 50189 的规定。

4.3.3 楼前热计量表是该栋楼与供热（冷）单位进行用热（冷）量的结算依据，要说明的是，当计量表的服务区域太大了，就会失去它的公正性，因此应对每栋建筑物设置热计量表。

但也有建筑物有多个用户单元设置，每个热力入口设置计量装置。这样做，中间单元的热耗必然低于有山墙的边单元，强调一栋楼为一个整体，是因为节能设计标准也以整栋楼计算。

4.3.4 通过末端控制系统能够充分满足不同房间或住户对室温的需求差异，对于建筑的采暖空调系统节能有十分重要的作用，因此作为节能建筑的控制项内容。

4.3.5 楼内住户需进行按户热（冷）量分摊，就应该有相应的装置作为对整栋楼的耗热（冷）量进行户间分摊的依据。

4.3.6 居住建筑可以采取多种空调采暖方式，如集中方式或者分散方式。如果采用集中式空调采暖系统，比如，由空调冷（热）源站向多套住宅、多栋住宅楼、甚至居住小区提供空调冷（热）源（往往采用冷热水）；或者，应用户式集中空调机组（户式中央空调机组）向一套住宅提供空调冷热源（冷热水、冷热风）进行空调采暖。

集中空调采暖系统中，冷热源的能耗是空调采暖系统能耗的主体。因此，冷热源的能源效率对节省能源至关重要。性能系数、能效比是反映冷热源能源效率的主要指标之一，为此规定冷热源的性能系数、能效比作为必须达标的项目。对于设计阶段已完成集中空调采暖系统的居民小区，或者户式中央空调系统设计的住宅，其冷热源能效的要求应该等同于公共建筑的规定。

国家质量监督检验检疫总局和国家标准化管理委员会已发布实施的空调机组能效限定值及能源效率等级的标准有：国家标准《冷水机组能效限定值及能源效率等级》GB 19577，国家标准《单元式空气调节机能效限定值及能源效率等级》GB 19576，国家标准《多联式空调（热泵）机组能效限定值及能源效率等级》GB 21454。产品的强制性国家能效标准，将产品根据机组的能源效率划分为5个等级，目的是配合我国能效标识制度的实施。能效等级的含义：1 等级是企业努力的目标；2 等级代表节能型产品的门槛（按最小寿命周期成本确定）；3、4 等级代表我国的平均水平；5 等级产品是未来淘汰的产品。目的是能够为消费者提供明确的信息，帮助其购买的选择，促进高效产品的市场。

为了方便应用，以下表6为规定的冷水（热泵）机组制冷性能系数（COP）值，表7为规定的单元式空气调节机能效比（EER）值，这是根据现行国家标准《公共建筑节能设计标准》GB 50189 中第 5.4.5 和 5.4.8 条强制性条文规定的能效限值。而表8为多联式空调（热泵）机组制冷综合性能系数［$IPLV(C)$］值，是根据现行国家标准《多联式空调（热泵）机组能效限定值及能源效率等级》GB 21454 中规定的能效等级第 3 级。

表 6　冷水（热泵）机组制冷性能系数

类 型		额定制冷量（kW）	性能系数（W/W）
水冷	活塞式/涡旋式	<528 528~1163 >1163	3.80 4.00 4.20
	螺杆式	<528 528~1163 >1163	4.10 4.30 4.60
	离心式	<528 528~1163 >1163	4.40 4.70 5.10

续表6

类型		额定制冷量(kW)	性能系数(W/W)
风冷或蒸发冷却	活塞式/涡旋式	≤50 >50	2.40 2.60
	螺杆式	≤50 >50	2.60 2.80

表7 单元式机组能效比

类型		能效比(W/W)
风冷式	不接风管	2.60
	接风管	2.30
水冷式	不接风管	3.00
	接风管	2.70

表8 多联式空调(热泵)机组制冷综合性能系数[$IPLV(C)$]

名义制冷量(CC)(W)	能效等级第3级
CC≤28000	3.20
28000<CC≤84000	3.15
CC>84000	3.10

4.3.7 居住建筑中，房间空调器往往以安装使用方便、能源要求简单的优势作为提高环境舒适度的设备，同时也是住宅用户中较大的用电设备，因此房间空调器的性能对能耗的影响很大。国家已颁布并于2010年6月1日实施国家标准《房间空气调节器能效限定值及能效等级》GB 12021.3，该标准将房间空调器能效分为3个等级。本标准将第3级作为控制项(见表9)，第2级作为一般项要求，第1级则作为优选项要求。国家标准《转速可控型房间空气调节器能效限定值及能效等级》GB 21455能效等级第3级的能效值见表10。

表9 《房间空气调节器能效限定值及能效等级》GB 12021.3

类型	额定制冷量(CC)(W)	能效等级第3级
整体式	—	2.90
分体式	CC≤4500	3.20
	4500<CC≤7100	3.10
	7100<CC≤14000	3.00

表10 《转速可控型房间空气调节器能效限定值及能效等级》GB 21455中能源效率等级对应的制冷季节能源消耗效率($SEER$)指标(Wh/Wh)

类型	额定制冷量(CC)(W)	能效等级第3级
分体式	CC≤4500	3.90
	4500<CC≤7100	3.60
	7100<CC≤14000	3.30

4.3.8 目前一些居住建筑根据实际情况采用户式燃气采暖热水炉作为采暖热源，并通过设计、施工一次完成后由开发商配套提供。为了保证设备的效率，现行国家标准《家用燃气快速热水器和燃气采暖热水炉能效限定值及能效等级》GB 20665提出了相应的能效规定，该规定共分为1、2、3级，其中3级为能效限定级。因此本标准将其中的3级规定为控制项(见表11)，2级作为一般项，1级作为优选项。

表11 《家用燃气快速热水器和燃气采暖热水炉能效限定值及能效等级》GB 20665

类型		热负荷	最低热效率值(%) 能效等级		
			1	2	3
热水器		额定热负荷	96	88	84
		≤50%额定热负荷	94	84	—
采暖炉(单采暖)		额定热负荷	94	88	84
		≤50%额定热负荷	92	84	—
热采暖炉(两用型)	供暖	额定热负荷	94	88	84
		≤50%额定热负荷	92	84	—
	热水	额定热负荷	96	88	84
		≤50%额定热负荷	94	84	—

4.3.9 现行国家标准《采暖通风与空气调节设计规范》GB 50019第7.1.2条规定，在电力充足、供电政策和价格优惠的地区，符合下列情况之一时，可采用电力为供热热源：

1 以供冷为主，供热负荷较小的建筑；

2 无城市、区域热源及气源，采用燃油、燃煤设备受到环保、消防严格限制的建筑；

3 夜间可利用低谷电价进行蓄热的系统。

4.3.10 分体式空调器的能效除与空调器的性能有关外，同时也与室外机合理的布置有很大关系。为了保证空调器室外机功能和能力的发挥，应设置在通风良好的地方，不应设置在通风不良的建筑竖井或封闭的或接近封闭的空间内，如内走廊等地方。同样如果室外机设置在阳光直射，或有墙壁等障碍物使进、排风不畅和短路的地方，也会影响室外机功能和能力的发挥。实际工程中，因清洗不便，室外机换热器被灰尘堵塞，造成能效下降甚至不能运行的情况时有发生，因此，在确定安装位置时，要保证室外机有清洗的条件。

4.3.11 按需供热：设置供热量自动控制装置(气候补偿器)，通过锅炉系统热特性识别和工况优化程序，根据当前的室外温度和前几天的运行参数等，预测该时段的最佳工况，实现对系统用户侧的运行指导和调节。

实时检测：对锅炉房消耗的燃料数量进行检测，对供热量、补水量、耗电量进行检测。锅炉房、热力站的动力用电、水泵用电和照明用电应分别计量。

4.3.12 对于采暖与空调系统管道的绝热要求，参照现行国家标准《公共建筑节能设计标准》GB 50189对管道绝热作出的规定，应遵照执行。

Ⅱ 一 般 项

4.3.13 对于严寒与寒冷地区来说，当已经具备了集中供暖热源时，采用集中供热方式具有充分提高热源效率和系统综合效率、降低排放的特点，值得提倡。在南方地区，由于采暖时间相对比较短，生活方式对采暖系统的能耗影响更大一些，因此本条主要针对北方地区。

本条所提到的集中供暖热源，不仅仅指的是城市热网，也包括以区域或楼内锅炉房、热泵机房等集中提供供暖热水的情况。

4.3.14 提倡采用高性能设备，根据现行国家标准《冷水机组能效限定值及能源效率等级》GB 19577，本条对设备的能效等级要求在控制项基数上提高了一级。为了方便应用，表12～表14列出了相应的能效值。

表12 冷水(热泵)机组制冷性能系数

类 型		额定制冷量(kW)	性能系数(W/W)
水冷	活塞式/涡旋式	<528 528～1163 >1163	4.10 4.30 4.60
	螺杆式	<528 528～1163 >1163	4.40 4.70 5.10
	离心式	<528 528～1163 >1163	4.70 5.10 5.60
风冷或蒸发冷却	活塞式/涡旋式	≤50 >50	2.60 2.80
	螺杆式	≤50 >50	2.80 3.00

表13 单元式空气调节机组能效比

类 型		能效比(W/W)
风冷式	不接风管	2.80
	接风管	2.50
水冷式	不接风管	3.20
	接风管	2.90

表14 多联式空调(热泵)机组制冷综合性能系数[IPLV(C)]

名义制冷量(CC)(W)	能效等级第2级
CC≤28000	3.40
28000<CC≤84000	3.35
CC>84000	3.30

4.3.15 表15和表16给出的国家标准《房间空气调节器能效限定值及能效等级》GB 12021.3和《转速可控型房间空气调节器能效限定值及能效等级》GB 21455规定的能效等级第2级的能效值。

表15 《房间空气调节器能效限定值及能效等级》GB 12021.3

类 型	额定制冷量(CC)(W)	能效等级第2级
整体式	—	3.10
分体式	CC≤4500	3.40
	4500<CC≤7100	3.30
	7100<CC≤14000	3.20

表16 《转速可控型房间空气调节器能效限定值及能效等级》GB 21455 中能源效率等级对应的制冷季节能源消耗效率(SEER)指标(Wh/Wh)

类 型	额定制冷量(CC)(W)	能效等级第2级
分体式	CC≤4500	4.50
	4500<CC≤7100	4.10
	7100<CC≤14000	3.70

4.3.16 对应于4.3.8条的规定，本条在此基础上进行了提高。

4.3.17 水力平衡是供热管网节能的一个重要措施。这里要求的水力平衡措施，首先应该通过详细的水力计算，在无法实现管网系统计算平衡的基础上，再增加合理的平衡装置。

无论是否设置平衡装置，都应进行水力平衡的调试，因此要求提供水力平衡调试报告，作为评估的依据之一。

4.3.18 从目前国内实际使用情况和统计来看，集中空调系统从节能上来说并不太适合在居住建筑中使用。但是考虑到目前存在这种实际情况，为了规范系统的应用，要求在新风系统与排风系统之间设冷、热量回收装置。

1 本条提到的主要功能房间指的是居住建筑的客厅和卧室。

2 如果设置了集中新风系统，通常也设置一定风量的集中排风系统。但考虑到居住建筑排风的特殊性，厨房等排风并不适宜进行热回收，因此对参与热回收的排风风量比例要求并不高。

4.3.19 无论是采暖还是空调，末端设备的温度自动控制系统是保证实时温控的最有效措施，对于建筑的采暖空调系统节能和提高房间环境的舒适度有着十分重要的作用。因此，本条在4.3.4条的基础上，提高了要求，强调了温度的自动控制。

4.3.20 可再生能源具有"节能减排"的综合效益，利用太阳能、地热能等作为采暖或空调的冷热源已有很多成功的实例，值得大力推广。考虑到这类技术的实施有一定的难度，初期投资较高，对于居住建筑平均造价影响较大，因此提出了设计装机容量达到总设计负荷10%的要求。

当采用地下水为直接或间接的冷、热源（如利用水源热泵）时，还应提供工程所在地政府部门的批文和相应的尾水利用或地下水回灌的措施或专题报告。

Ⅲ 优 选 项

4.3.21 本条对设备的能效等级要求是在第4.3.14条基础上的进一步提高。为了方便应用，表17～表19列出了相应的能效值。

表17 冷水（热泵）机组制冷性能系数

类　型		额定制冷量(kW)	性能系数(W/W)
水 冷	活塞式/涡旋式	<528 528～1163 >1163	4.40 4.70 5.10
水 冷	螺杆式	<528 528～1163 >1163	4.70 5.10 5.60
水 冷	离心式	<528 528～1163 >1163	5.00 5.50 6.10
风冷或蒸发冷却	活塞式/涡旋式	≤50 >50	2.80 3.00
风冷或蒸发冷却	螺杆式	≤50 >50	3.00 3.20

表18 单元式空气调节机组能效比

类　型		能效比(W/W)
风冷式	不接风管	3.00
风冷式	接风管	2.70
水冷式	不接风管	3.40
水冷式	接风管	3.10

表19 多联式空调(热泵)机组制冷综合性能系数[IPLV(C)]

名义制冷量(CC)(W)	能效等级第1级
CC≤28000	3.60
28000<CC≤84000	3.55
CC>84000	3.50

4.3.22 本条在一般项要求的基础上，提高了要求。

4.3.23 本条在一般项要求的基础上，提高了要求。

4.3.24 为了方便应用，表20和表21列出能效等级第1级的能效值。

表20 《房间空气调节器能效限定值及能效等级》GB 12021.3

类　型	额定制冷量(CC)(W)	能效等级第1级
整体式	—	3.10
分体式	CC≤4500	3.40
分体式	4500<CC≤7100	3.30
分体式	7100<CC≤14000	3.20

表21 《转速可控型房间空气调节器能效限定值及能源效率等级》GB 21455 中能源效率等级对应的制冷季节能源消耗效率($SEER$)指标(Wh/Wh)

类　型	额定制冷量(CC)(W)	能效等级第1级
分体式	CC≤4500	5.20
分体式	4500<CC≤7100	4.70
分体式	7100<CC≤14000	4.20

4.3.25 对于设置采暖、空调的居住建筑，根据设定时段自动启闭通风机，或根据房间温度自动调节通风系统，控制房间的新风量（或排风量），既保证了房间的卫生与舒适条件，又能起到很好的节能效果。考虑到实施这类技术除了投资因素外，对设备本身的性能和安装施工都会有较高的要求，全面实施有一定的难度，因此提出了其用户数达到总用户数30%以上的要求。

4.3.26 可再生能源设计装机容量所占总设计负荷的比例在4.3.20条规定的基础上，提出了更高的要求。

4.3.27 建筑、小区或者生产区的余热或废热的充分利用，可以提高能源利用效率，是节能建筑鼓励和提倡的措施之一。这里提到的"余热或废热"，是指具有一定品质、但未经利用后直接排至大气或者环境而浪费的热量。

4.4 给 水 排 水

Ⅰ 控 制 项

4.4.1 摘自现行国家标准《住宅建筑规范》GB 50368。为节约能源，当市政给水管网（含市政再生水管网等）的供水压力能满足居住建筑低层住户的用水要求时，应充分利用市政管网水压直接供水，以节省给水二次提升的能耗，同时还可避免用水在水池停留造成的二次污染，避免居民生活饮用水水质污染。

4.4.2 摘自现行国家标准《住宅建筑规范》GB 50368。集中生活热水供应系统应做好保温，以减少管道和设备的热损失，同时采用合理的循环方式，保证干管和立管中的热水循环，减少无效冷水量。集中生活热水系统应在套内热水表前设循环回水管，热水表后或户内热水器不循环的供水支管的长度不得大于

8m,使得配水点的水温在用热水水龙头打开后15s内不低于45℃。

4.4.3 分户计量可实现使用者付费,能最大限度地调动用户的节约意识,达到节水节能的目的。生活给水水表包括冷水表、热水表、中水(再生水)表、直饮水水表等。

Ⅱ 一 般 项

4.4.4 应根据项目的具体情况和当地市政部门的规定,采用节能的加压供水方式,如:管网叠压供水、常速泵组(管网叠压)+高位水箱等。

不设加压设备的建筑不参评。

4.4.5 分区供水时,如果设计分区不合理,各分区中楼层偏低的用水器具就会承受大于其流出水头的静水压力,导致其出流量大于用水器具本身的额定流量,即出现"超压出流"现象,"超压出流"造成无效出流,也造成了水的浪费。给水系统采取有效的减压限流措施,能有效控制超压出流造成的浪费。居住建筑用水点处的压力宜控制在不超过0.20MPa。

目前应用较多的减压装置有减压阀和减压孔板两种。减压阀同时具备减静压和减动压的功能,具有较好的减压效果,可使出流量大为降低。减压孔板相对于减压阀来说,系统简单,投资较少,管理方便,具有一定的减压节水效果,但减压孔板只能减动压不能减静压,且下游的压力随上游压力和流量而变,不够稳定。由于其造价较低,故在水质较好和供水压力较稳定的情况下,可考虑采用减压孔板减压方式。

4.4.6 装修到位的居住建筑,用水器具应采用节水器具,如节水龙头、节水淋浴器、6L及以下坐便器等。

4.4.7 根据公共场所的用水特点,采用红外感应水嘴、感应式冲洗阀、光电感应式淋浴器等节水手段。

4.4.8 目前有些地区如深圳、江苏、海南等均立法对12层及以下的居住建筑采用太阳能热水系统提出了强制要求。

我国有丰富的太阳能资源,全国2/3以上地区的全年太阳能辐照量大于$5700MJ/(m^2 \cdot a)$,全年日照时数大于2200h。除了四川、贵州大部分、重庆等资源贫乏带,绝大多数地区都可以利用太阳能。

Ⅲ 优 选 项

4.4.9 目前有些地区如深圳、江苏、海南等均立法对12层及以下的居住建筑采用太阳能热水系统提出了强制要求。

我国有丰富的太阳能资源,全国2/3以上地区的全年太阳能辐照量大于$5700MJ/(m^2 \cdot a)$,全年日照时数大于2200h。除了四川、贵州大部分、重庆等资源贫乏带,绝大多数地区都可以利用太阳能。

4.4.10 根据项目的具体条件,通过技术经济比较分析,合理使用热泵热水系统制备生活热水,有条件时还可利用余热、废热(如空调冷凝热)制备生活热水。

4.5 电气与照明

Ⅰ 控 制 项

4.5.1 此处三相配电变压器指10kV无励磁变压器。变压器的空载损耗和负载损耗是变压器的主要损耗,故应加以限制。现行国家标准《三相配电变压器能效限定值及节能评价值》GB 20052规定了配电变压器目标能效限定值及节能评价值。表22和表23给出了变压器的能效限定值。

表22 油浸式配电变压器能效限定值

额定容量S_N (kVA)	损耗(W) 空载P_O	损耗(W) 负载P_K(75℃)	短路阻抗U_K(%)
30	100	600	4.0
50	130	870	4.0
63	150	1040	4.0
80	180	1250	4.0
100	200	1500	4.0
125	240	1800	4.0
160	280	2200	4.0
200	340	2600	4.0
250	400	3050	4.0
315	480	3650	4.0
400	570	4300	4.0
500	680	5150	4.0
630	810	6200	4.5
800	980	7500	4.5
1000	1150	10300	4.5
1250	1360	12000	4.5
1600	1640	14500	4.5

注:引自《三相配电变压器能效限定值及节能评价值》GB 20052。

表23 干式配电变压器能效限定值

额定容量S_N (kVA)	空载P_O	负载P_K B(100℃)	负载P_K F(120℃)	负载P_K H(145℃)	短路阻抗U_K(%)
30	190	670	710	760	4
50	270	940	1000	1070	4

续表 23

额定容量 SN (kVA)	损耗(W) 空载 PO	损耗(W) 负载 PK B (100℃)	损耗(W) 负载 PK F (120℃)	损耗(W) 负载 PK H (145℃)	短路阻抗 U_K (%)
80	370	1290	1380	1480	4
100	400	1480	1570	1690	4
125	470	1740	1850	1980	4
160	550	2000	2130	2280	4
200	630	2370	2530	2710	4
250	720	2590	2760	2960	4
315	880	3270	3470	3730	4
400	980	3750	3990	4280	4
500	1160	4590	4880	5230	4
630	1350	5530	5880	6290	4
630	1300	5610	5960	6400	6
800	1520	6550	6960	7460	6
1000	1770	7650	8130	8760	6
1250	2090	9100	9690	10370	6
1600	2450	11050	11730	12580	6
2000	3320	13600	14450	15560	6
2500	4000	16350	17170	18450	6

注：引自《三相配电变压器能效限定值及节能评价值》GB 20052。

4.5.2 根据分户计费提出的要求，以便于节能与管理。

4.5.3 光源的能效标准规定节能评价值是光源的最低初始光效值；镇流器能效标准规定镇流器节能评价值是评价镇流器节能水平的最低镇流器能效因数（BEF）值。

4.5.4 现行国家标准《建筑照明设计标准》GB 50034 规定了荧光灯灯具的最低效率以利于节能。

4.5.5 中小型三相异步电动机的效率高低，直接影响建筑物的节能运行，故应加以限制。现行国家标准《中小型三相异步电动机能效限定值及能效等级》GB 18613 表 1 中规定了中小型三相异步电动机能效限定值、目标能效限定值及节能评价值。中小型三相异步电动机在额定输出功率和 75% 额定输出功率效率的能效限定值见表 24。

4.5.6 现行国家标准《交流接触器能效限定值及能效等级》GB 21518 将交流接触器能效等级分为 3 个级别，见表 25。在此要求选用交流接触器的吸持功率不大于能效限定值的要求。

表 24 电动机能效等级

额定功率(kW)	效率(%) 2 级 2 极	效率(%) 2 级 4 极	效率(%) 2 级 6 极
0.55	—	80.7	75.4
0.75	77.5	82.3	77.7
1.1	82.8	83.8	79.9
1.5	84.1	85.0	81.5
2.2	85.6	86.4	83.4
3	86.7	87.4	84.9
4	87.6	88.3	86.1
5.5	88.6	89.2	87.4
7.5	89.5	90.1	89.0
11	90.5	91.2	90.0
15	91.3	91.8	91.0
18.5	91.8	92.2	91.5
22	92.2	92.6	92.0
30	92.9	93.2	92.5
37	93.3	93.6	93.0
45	93.7	93.9	93.5
55	94.0	94.2	93.8
75	94.6	94.7	94.2
90	95.0	95.0	94.5
110	95.0	95.4	95.0
132	95.4	95.4	95.0
160	95.4	95.4	95.0
200	95.4	95.4	95.0
250	95.8	95.8	95.0
315	95.8	95.8	—

注：引自《中小型三相异步电动机能效限定值及能效等级》GB 18613。

表 25 接触器（AC-3）能效等级

额定工作电流 I_e/A	吸持功率/(V·A) 1 级	吸持功率/(V·A) 2 级	吸持功率/(V·A) 3 级
$6 \leqslant I_e \leqslant 12$	0.5	5.0	9.0
$12 \leqslant I_e \leqslant 22$	0.5	5.1	9.5
$22 \leqslant I_e \leqslant 32$	0.5	8.3	14.0
$32 \leqslant I_e \leqslant 40$	0.5	11.4	19.0
$40 \leqslant I_e \leqslant 63$	0.5	34.2	57.0
$63 \leqslant I_e \leqslant 100$	1.0	36.6	61.0
$100 \leqslant I_e \leqslant 160$	1.0	51.3	85.5
$160 \leqslant I_e \leqslant 250$	1.0	91.2	152.0
$250 \leqslant I_e \leqslant 400$	1.0	150.0	250.0
$400 \leqslant I_e \leqslant 630$	1.0	150.0	250.0

注：1 引自《交流接触器能效限定值及能效等级》GB 21518。
2 表中 1 级：吸持功率最低；2 级：节能评价值；3 级：能效限定值。
3 同一壳架等级取最大的 I_e，例如：40A～65A 为同一壳架等级的接触器，应按 65A 的能效等级进行考核，即应符合本表中 $63 < I_e \leqslant 100$ 一栏中的能效等级指标。

4.5.7 提高功率因数能够降低照明线路电流值,从而降低线路能耗和电压损失。不低于0.9是现行国家标准《建筑照明设计标准》GB 50034等规定的最低要求。

4.5.8 采用声、光、感应等开关,主要是为了避免长明灯,若有其他方法亦可。

Ⅱ 一 般 项

4.5.9 变配电所位于负荷中心,是为了降低线路损耗,从而达到节能的目的。

4.5.10 现行国家标准《建筑照明设计标准》GB 50034规定了居住建筑照明功率密度值(LPD)的现行值为$7W/m^2$,应该严格执行。

4.5.11 现行国家标准《交流接触器能效限定值及能效等级》GB 21518将交流接触器能效等级分为3个级别。在此要求选用交流接触器的吸持功率不大于节能评价值的要求。

4.5.12 LED是未来发展的方向,具有启动快、寿命不受多次启动的影响等优点。虽然目前还不太稳定,但在楼梯间、走道应用时节能效果明显。

Ⅲ 优 选 项

4.5.13 现行国家标准《建筑照明设计标准》GB 50034规定了居住建筑照明功率密度值(LPD)的目标值为$6W/m^2$,便于考核评价。

4.5.14 设备容量较大时,宜采用10kV或以上供电电源,目的是降低线路损耗。现行行业标准《民用建筑电气设计规范》JGJ 16中也有相关规定。

4.5.15 因白炽灯光效低和寿命短,为节约能源,不应采用普通照明白炽灯。

4.6 室内环境

Ⅰ 控 制 项

4.6.1 目前我国各气候区或城市均对居住建筑制定了相应的节能设计标准,居住建筑设计室内的温度、湿度等设计参数应符合现行标准。目的是在确保室内舒适环境的前提下,选取合理设计计算参数,达到节能的效果。

4.6.2 现行国家标准《建筑照明设计标准》GB 50034规定了照明场所的照明数量和质量,是满足光环境的最低要求,必须保证。

4.6.3 良好的自然通风可以提高居住者的舒适感,有助于健康。在室外气象条件良好的条件下,加强自然通风还有助于缩短空调设备的运行时间,降低空调能耗。

4.6.4 厨房和卫生间往往是居住建筑内的污染源,本条的目的是为了改善厨房、卫生间的空气质量。

4.6.5 无外窗卫生间的空气质量如果不采取有效通风措施,会影响到整个居住建筑的室内空气质量。居住建筑中设有竖向通风道,利用自然通风的作用排出厨房和卫生间的污染气体。但由于竖向通风道自然通风的作用力,主要依靠室内外空气温差形成的热压,以及排风帽处的风压作用,其排风能力受自然条件制约。为了保证室内卫生要求,需要安装机械排气装置,为此应留有安装排气机械的位置和条件。

4.6.6 现行国家标准《民用建筑工程室内环境污染控制规范》GB 50325列出了危害人体健康的游离甲醛、苯、氨、氡和TVOC五类空气污染物,并对它们的浓度提出了控制要求和措施。对于节能建筑,本条文的规定必须满足。

Ⅱ 一 般 项

4.6.7 建筑围护结构(屋面、地面、墙、外窗)的表面受潮或结露后会滋生霉菌,对居住者的健康造成有害的影响。但是,要杜绝围护结构表面受潮和结露现象有时非常困难,尤其是我国南方的梅雨季节。因此,为了避免在室内温、湿度设计条件下不出现受潮和结露现象,围护结构表面须具有防潮措施。

4.6.8 现场检查由建设单位委托具有相应资质的第三方检测单位进行抽测,根据现行国家标准《建筑节能工程施工质量验收规范》GB 50411相关要求进行。

4.6.9 建筑应注重利用天然采光以节约能源,采光系数标准值符合表26的规定。

表26 居住建筑的采光系数标准值

采光等级	房间名称	侧面采光	
		采光系数最低值 C_{min}(%)	室内天然光临界照度(lx)
Ⅳ	起居室(厅)、卧室、书房、厨房	1	50
Ⅴ	卫生间、过厅、楼梯间、餐厅	0.5	25

注:引自《建筑采光设计标准》GB/T 50033。

4.6.10 将厨房和卫生间设置于建筑单元(或户型)自然通风的负压侧是为了防止厨房或卫生间的气味因主导风反灌进入室内,而影响室内空气质量。

朝向的规定:北向,北偏西30°～北偏东45°。

Ⅲ 优 选 项

4.6.11 卧室、起居室(厅)使用蓄能、调湿或改善室内空气质量的功能材料有利于降低采暖空调能耗,改善室内环境。目前较为成熟的这类功能材料包括空气净化功能纳米复相涂覆材料、产生负离子功能材料、稀土激活保健抗菌材料、湿度调节材料、温度调节材料等。

4.6.12 随着我国汽车的不断普及,建筑大型地下停车库的建设,地下停车库的通风系统平时用能水平不容忽视。

4.7 运营管理

Ⅰ 控 制 项

4.7.1 大型耗能设备或特种耗能设备，如锅炉、制冷机组、电梯应该分别按照设备特点制定节能运行管理制度。水泵、风机、照明、空调末端设备等，应分系统制定节能管理制度。

4.7.2 物业管理人员应持续进行节能知识培训，特别是主要管理人员、主要设备运行人员，每年不少于2次内部培训和1次外部培训。

4.7.3 居住建筑的住户燃气每户安装燃气计量表。

Ⅱ 一 般 项

4.7.4 为配合国家节能宣传周的宣传，物业管理单位每年都应该为住户进行至少一次节能知识宣传，增加住户节能知识，强化节能意识。

4.7.5 居住建筑公共场所的用能设备使用时间长，能耗大；实践证明，定期对水加热器、电梯等高耗能设备进行维护保养，不但可以提高设备能效，而且可以保证设备的安全。

4.7.6 部分居住建筑采用集中空调系统，而影响空调系统能效的一个主要因素是风系统对过滤器的堵塞和水系统冷凝器的结垢。通过对多个空调系统的进行实测发现，空调风系统清洗后，空调设备效率可以提高10%～35%；水系统清洗后，冷水机组效率提高15%～40%。集中空调系统的清洗包括：对冷冻水、冷却水管道定期进行清洗；冷却水系统每个使用季前后至少进行一次清洗。

4.7.7 对照明装置及时进行擦洗，可以有效保证照明装置的使用效率。

4.7.8 通过住户的合作，能提高建筑的运行效率。通常情况下，住户并不清楚建筑环境与舒适、健康及节能的关系。开发商和物业公司为住户提供节能手册，说明建筑物或小区的居住建筑内用能设施的基本情况，提供节能运行的一些基本做法，指导住户如何选择与安装节能设备如冰箱、制冷机、洗衣机以及节能灯；指导住户如何对设备和设施进行节能操作，如空调机组、换气扇、厨房用排风扇与抽油烟机等；指导住户最大限度地利用天然采光与自然通风。

4.7.9 为保证真正落实供热分户计量要求，避免单纯按照建筑面积或供暖面积收费，鼓励行为节能，对采用集中供暖的建筑或小区，其供暖收费应建立在分户计量的基础上。合理的分户计量方式包括分户热量表、热分配表，以及分栋热量表加面积分配等。

4.7.10 电梯内部提倡采用轻质材料装修，不使用大理石、地板砖等自重很大的材料装修，可以增加有效载客数，减少电梯能耗。

Ⅲ 优 选 项

4.7.11 建筑能耗统计和分析是掌握建筑能耗开展建筑节能的基础工作，现行行业标准《民用建筑能耗数据采集标准》JGJ/T 153 对这项工作作了详细的规定。对住户进行能耗公示，也可以让住户监督物业管理单位的节能工作。能耗公示的内容应该包括：电梯能耗、地下室车库通风能耗、会所能耗、公共场所的照明能耗、小区内路灯照明能耗、采暖能耗、空调能耗等，以及与以往年度的能耗比较。

4.7.12 分时电价制度是削峰填谷的有效手段，可以有效降低电网负荷，降低住户的生活用能支出。

5 公共建筑

5.1 建筑规划

Ⅰ 控 制 项

5.1.1 公共建筑是城市的重要组成部分，必须根据城市总体规划及片区控制性详细规划的要求，从城市及所在区域角度出发，综合考虑建筑的规划设计。

公共建筑规划设计是在一定的规划用地范围内进行，首先应满足规划对该用地的各项控制性要求，如建筑功能、容积率、覆盖率、绿化率、建筑高度、建筑红线和道路市政接口要求。

建筑作为城市的有机组成部分，规划设计应充分考虑所在区域的整体规划要求，在满足自身规划控制性要求的同时，不应妨碍周边地块规划控制要求的实现，如日照、通风、地面公共空间（廊道）和视线景观。

5.1.2 公共建筑周边如有居住建筑，在设计时应该进行日照计算，如既有建筑本身不能满足日照时数要求，新建公共建筑不应造成日照时数的降低。

5.1.3 公共建筑能耗巨大，调查数据表明，大型公共建筑的耗电量是居民住宅的10～15倍。以北京地区为例，虽然大型公共建筑的面积只占民用建筑总面积的5.4%，全国的相应比例不到5%。但是，这5.4%的大型公共建筑耗电量却等于北京住宅的总耗电量，公共建筑的节能问题应该引起高度重视。

公共建筑的能耗高、影响因素多、环节复杂，因此公共建筑的节能不能只从设计阶段开始，应该在项目立项阶段即开始考虑，所以要求建议书或设计文件中应有节能部分的专项内容，对采用的节能技术、节能措施和节能效果进行技术经济分析。

Ⅱ 一 般 项

5.1.4 屋顶绿化有利于改善顶层房间的热环境，并有利于降低场地热岛效应，改善城市面貌。对于屋面无可绿化面积的项目，本项目不参评。

可绿化屋面是指除设备管路、楼梯间及太阳能集热板等部位之外的屋面。

5.1.5 降低公共建筑与居住建筑的热岛强度控制方法具有较大的差别，在城市中心区的公共建筑较多，绿地面积有限，采用遮阳设施降低场地人行区间的太阳辐射，可以有效改善热环境；利用景观特征遮挡建筑表面以降低建筑表面温度，减少建筑能耗，如屋顶花园和网格状透水地面替代硬表面（屋面、道路、人行道等），或采用高反射率材料减少吸热。

5.1.6 目前，太阳能系统在建筑中的应用已有多项标准，主要包括国家标准《民用建筑太阳能热水系统应用技术规范》GB 50364、行业标准《民用建筑太阳能光伏系统应用技术规范》JGJ 203 和《太阳光伏电源系统安装工程施工及验收技术规范》CECS 85 等。

建筑应用太阳能系统时，建筑设计单位和太阳能系统产品设计、研发、生产单位应相互配合，共同完成。太阳能系统产品生产、供应商需向建筑设计单位提供太阳能集热器、电池组件的规格、尺寸、荷载；提供预埋件的规格、尺寸、安装位置及安装要求。

建筑太阳能系统统一设计和安装是太阳能系统大规模应用的必经之路。太阳能系统的应用，必须有建筑师的参与，统一规划、同步设计、同步施工、同步验收，与建筑物同时投入使用。

太阳能系统设计与建筑结合应包括以下四个方面：

1 在外观上，实现太阳能系统与建筑有机结合，应合理设置太阳能集热器、电池板。无论在屋面、阳台、外墙面、墙体内（嵌入式）以及建筑物的其他部位，都应使太阳能集热器、电池板成为建筑的一部分，实现两者的和谐统一。

2 在结构上，妥善解决太阳能系统的安装问题，应确保建筑物的承载、防水等功能不受影响，还应充分考虑太阳能集热器、电池板与建筑物共同抵御强（台）风、暴雨、冰雹、雷电及地震等自然灾害的能力。

3 在管线布置上，应合理布置太阳能循环管路以及冷、热水供应管路，电线管，建筑设计时应预留所有管线的接口、通道或竖井，严防渗漏，尽可能减少热水管路的长度，减少热能耗。

4 在系统运行上，应确保系统安全、可靠、稳定，易于安装、检修、维护及管理。

5.1.7 设置群控功能，优化运行模式，提高电梯运行效率，减少等候时间，一般要求两台以上设置。电梯长时间无动作时，宜切断轿箱照明、风扇等电源，尽量降低损耗。

5.1.8 当无人使用扶梯时，应鼓励采用延时停运或低速运行的方式，可以有效降低能耗。

Ⅲ 优选项

5.1.9 精细化设计是实现建筑节能的最经济的手段，在建筑施工图设计前，应该进行建筑节能专项研究，如使用实验手段、计算机模拟等手段辅助设计，确保建筑设计实现节能优化。

5.1.10 天然采光一方面可以提高建筑室内的环境质量，另一方面也可以降低建筑的照明能耗。在公共建筑规划、建筑单体设计阶段进行天然采光专项优化设计和分析，有利于合理采用天然采光措施。

在建筑施工图设计前，应该进行建筑主要房间的采光专项研究，如使用计算机模拟等辅助设计帮助建筑设计实现采光优化设计。

5.1.11 利用各种导光和反光装置将天然光引入室内是一种比较成熟的技术，在公共中应用的场所要比住宅更多，不但地下室可以采用，地面以上没有外窗的房间也可以使用，在一切照明能耗较大的商业场所，节能潜力更大。同时，自然光的引入还可以改善室内环境。

5.2 围护结构

Ⅰ 控制项

5.2.1 严寒、寒冷地区公共建筑的体形系数、建筑外窗（包括透明幕墙）的窗墙面积比、建筑围护结构的热工参数等指标是现行国家标准《公共建筑节能设计标准》GB 50189 中强制性条文，也是公共建筑节能必须满足的基本要求。因此，建筑体形系数、窗墙面积比、建筑围护结构的热工参数、外窗的气密性等指标应该满足现行国家标准《公共建筑节能设计标准》GB 50189 的要求。

5.2.2 夏热冬冷、夏热冬暖地区公共建筑围护结构的热工指标、建筑的窗墙面积比、遮阳系数 SC 等参数是现行国家标准《公共建筑节能设计标准》GB 50189 中强制性条文，也是节能建筑控制围护结构最基本的指标要求。因此，作为节能的公共建筑外窗（包括透明幕墙）墙面积比、围护结构的热工参数等指标应该满足现行国家标准《公共建筑节能设计标准》GB 50189 中的要求。

5.2.3 利用天然采光，白天减少照明是建筑节能的有效方法，当窗墙面积比小于 0.4 时，会影响公共建筑的采光性能；透明材料的可见光透射比同样是衡量采光性能的一个重要指标，而且这两个指标也是现行国家标准《公共建筑节能设计标准》GB 50189 中强制性条文内容。所以条文从开窗面积和材料的可见光透射比提出对窗户（或透明幕墙）的采光的要求。

5.2.4 本条为现行国家标准《公共建筑节能设计标准》GB 50189 中强制性条文。屋顶透明部分面积所占的比例虽然远低于实体屋面，但对建筑顶层而言，透明部分将直接受到太阳的辐射，透明部分隔热性能的好坏对顶层房间的室内环境影响很大，尤其夏季屋顶水平面太阳辐射强度最大，屋顶的透明面积越大，建筑的能耗也越大，因此对屋顶透明部分的面积和热工性能应予以严格的限制。

5.2.5 本条文依据现行国家标准《建筑节能工程施工质量验收规范》GB 50411 中强制性条文 4.2.2、5.2.2、7.2.2 和 8.2.2 条文提出的。对表 5.2.5-1 中围护结构保温材料和产品的技术性能提出了控制要求，这是保证建筑围护结构到达节能设计要求的最基本条件。

要求对表 5.2.5-2 中的建筑材料和产品进行复检，是为了保证建筑在施工过程中所使用的保温节能材料和产品的质量，以保证节能建筑的可靠性。

Ⅱ 一 般 项

5.2.6 严寒、寒冷地区围护结构的热工性能对建筑能耗影响很大，为了进一步减少透过围护结构的传热量，在这一气候区，屋面、外墙、外窗的平均传热系数在现行国家标准《公共建筑节能设计标准》GB 50189 规定的基础上降低 10%。

屋面、外墙、外窗的平均传热系数计算方法参照现行国家标准《公共建筑节能设计标准》GB 50189 中的有关规定。

对于商场这类内热源较大的公共建筑，提高围护结构的保温性能后，对节能的贡献并不明显，对这类建筑在进行节能建筑评估时，本条可以不参评。

5.2.7 夏季透过窗户进入室内的太阳辐射热是造成空调负荷的主要原因。设置遮阳是减少太阳辐射热进入室内的一个有效措施。例如在南窗的上部设置水平外遮阳，夏季可减少太阳辐射热进入室内，冬季由于太阳高度角比较小，对进入室内的太阳辐射影响不大。

夏季外遮阳在遮挡阳光直接进入室内的同时，可能也会阻碍窗口的通风，因此设计时要加以注意。

5.2.8 本条文引自现行国家标准《公共建筑节能设计标准》GB 50189 中第 4.2.3 条。

由于围护结构中窗、过梁、圈梁、钢筋混凝土抗震柱、钢筋混凝土剪力墙、梁、柱等部位的传热系数远大于主体部位的传热系数，形成热流密集通道，即为热桥。对这些热工性能薄弱的环节，必须采取相应的保温隔热措施，才能保证围护结构正常的热工状况和建筑正常的室内气候。

本条规定的目的在于防止冬季采暖期间热桥内外表面温差小，内表面温度容易低于室内空气露点温度，造成围护结构热桥部位内表面产生结露，使围护结构内表面材料受潮、长霉，影响室内环境。因此，应采取保温措施，减少围护结构热桥部位的传热损失，同时也避免了夏季空调期间这些部位传热过大增加空调能耗。

5.2.9 为了保证建筑的节能，要求外窗具有良好的气密性能，以抵御夏季和冬季室外空气过多地向室内渗漏，因此对外窗的气密性能要有较高的要求。

5.2.10 由于透明幕墙的气密性能对建筑能耗也有较大的影响，为了达到节能目标，本条文对透明幕墙的气密性也作了较为严格的规定。

5.2.11 公共建筑的性质决定了它的外门开启频繁。在严寒和寒冷地区的冬季，外门的频繁开启造成室外冷空气大量进入室内，导致采暖能耗增加。设置门斗、旋转门等可以避免冷风直接进入室内，在节能的同时，也提高门厅的热舒适性。除了严寒和寒冷地区之外，其他气候区也存在着相类似的现象，因此也应该采取如空气幕等各种可行的保温隔热措施。

5.2.12 建筑屋面、外墙外表面材料太阳辐射吸收系数越小，越有利于降低屋面、外墙外表面综合温度，从而提高了其隔热性能。理论计算及实测结果都表明这是一条可行而有效的隔热途径，也是提高轻质外围护结构隔热性能的一条最有效途径。

5.2.13 在我国夏热冬冷和夏热冬暖地区过去就有"淋水蒸发屋面"和"蓄土种植屋面"的应用实例，通常称为种植屋面，已大量在这些地区广泛应用。

目前在建筑中此类屋顶的应用更加广泛，利用屋面多孔材料进行淋水，或在多孔材料层蓄存一定量的雨水所形成的被动蒸发降温，屋顶植草栽花，甚至种灌木、堆假山、设喷水形成了"草场屋顶"或屋顶花园，都是一种生态型的节能屋面。蒸发屋面和植绿化屋面不仅具有优良的保温隔热性能，而且还能改善环境、节约能源。

Ⅲ 优 选 项

5.2.14 围护结构的热工性能是影响严寒地区建筑能耗最重要的因数之一，减少透过围护结构的传热量，是严寒地区重要的节能措施，因此，为了使建筑节能水平进一步提高，对严寒地区屋面、外墙、外窗的热工性能提出了比较高的要求。

当然对于商场这类内热源较大的公共建筑，提高围护结构的保温性能后，对节能的贡献率并不明显，对这类建筑在进行节能建筑评估时，本条可以不参评。

5.2.15 由于透明幕墙的保温隔热性能比外墙差很多，透明幕墙面积比越大，热损耗越大，采暖和空调能耗也越大。因此，从降低建筑能耗的角度出发，必须限制幕墙面积。

5.2.16 设置活动外遮阳是减少太阳辐射热进入室内的一个有效措施，活动式外遮阳容易兼顾建筑冬夏两季对阳光的不同需求，如设置了展开或关闭后可以全部遮蔽窗户的活动式外遮阳，可以方便快捷地控制透过窗户的太阳辐射热量，从而降低能耗和提高室内环境的舒适性。但外遮阳系统的维护与管理也将影响节能效果，所以要考虑到活动的外遮阳系统便于控制与维护。

5.2.17 在严寒、寒冷地区透明幕墙的保温性能比外墙差很多，因此通过限定透明幕墙的传热系数来达到提高保温性能的目的。

5.2.18 本条是对外窗气密性等级的进一步提高。

5.2.19 蒸发屋面和植被绿化屋面不仅具有优良的保温隔热性能，而且还能改善环境、节约能源；为了推广应用力度，在优选项中把采用蒸发屋面和植被绿化屋面占建筑屋面的70%以上作为控制指标。

5.3 采暖通风与空气调节

Ⅰ 控 制 项

5.3.1 目前国内一些工程设计普遍存在用初步设计的冷、热负荷指标作为施工图设计的冷、热负荷计算依据的情况。从实际情况的统计来看，冷、热负荷均偏大，导致装机容量大、管道尺寸大、水泵和风机配置大、末端设备大的"四大"现象。这使得初投资增加，能源负荷上升，运行能耗加大，不利于节省运行能耗。因此特作此规定。

5.3.2 集中采暖系统热水循环水泵的耗电输热比（EHR）值应满足现行行业标准《严寒与寒冷地区居住建筑节能设计标准》JGJ 26 的规定；集中空调冷热水系统的输送能效比 ER 值应满足现行国家标准《公共建筑节能设计标准》GB 50189 的规定。

5.3.3 集中空调采暖系统中，冷热源的能耗是空调采暖系统能耗的主体。因此，冷热源的能源效率对节省能源至关重要。性能系数、能效比是反映冷热源能源效率的主要指标之一，为此，将冷热源的性能系数、能效比作为必须达标的项目。

国家质量监督检验检疫总局和国家标准化管理委员会已发布实施的空调机组能效限定值及能源效率等级的标准有：国家标准《冷水机组能效限定值及能源效率等级》GB 19577，国家标准《单元式空气调节机能效限定值及能源效率等级》GB 19576，国家标准《多联式空调（热泵）机组能效限定值及能源效率等级》GB 21454。产品的强制性国家能效标准，将产品根据机组的能源效率划分为 5 个等级，目的是配合我国能效标识制度的实施。

能效等级的含义：1 等级是企业努力的目标；2 等级代表节能型产品的门槛（按最小寿命周期成本确定）；3、4 等级代表我国的平均水平；5 等级产品是未来淘汰的产品。目的是能够为消费者提供明确的信息，帮助其购买的选择，促进高效产品的市场。

为了方便应用，表27、表28和表29分别摘自现行国家标准《公共建筑节能设计标准》GB 50189 和《多联式空调（热泵）机组能效限定值及能源效率等

级》GB 21454 中规定的能效等级第3级。

表27 冷水（热泵）机组制冷性能系数

类 型		额定制冷量（kW）	性能系数（W/W）
水 冷	活塞式/涡旋式	<528 528～1163 >1163	3.80 4.00 4.20
	螺杆式	<528 528～1163 >1163	4.10 4.30 4.60
	离心式	<528 528～1163 >1163	4.40 4.70 5.10
风冷或蒸发冷却	活塞式/涡旋式	≤50 >50	2.40 2.60
	螺杆式	≤50 >50	2.60 2.80

表28 单元式机组能效比

类 型		能效比（W/W）
风冷式	不接风管	2.60
	接风管	2.30
水冷式	不接风管	3.00
	接风管	2.70

表29 多联式空调（热泵）机组制冷综合性能系数 [IPLV(C)]

名义制冷量（CC）(W)	能效等级第3级
CC≤28000	3.20
28000＜CC≤84000	3.15
CC＞84000	3.10

5.3.4 根据现行国家标准《采暖通风与空气调节设计规范》GB 50019 第 7.1.2 条的规定，在电力充足、供电政策和价格优惠的地区，符合下列情况之一时，可采用电力为供热热源：

 1 以供冷为主，供热负荷较小的建筑；

 2 无城市、区域热源及气源，采用燃油、燃煤设备受到环保、消防严格限制的建筑；

 3 夜间可利用低谷电价进行蓄热的系统。

5.3.5 按需供热：设置供热量自动控制装置（气候补偿器），通过锅炉系统热特性识别和工况优化程序，根据当前的室外温度和前几天的运行参数等，预测该时段的最佳工况，实现对系统用户侧的运行指导和调节。

实时检测：对锅炉房消耗的燃料数量进行检测，对供热量、补水量、耗电量进行检测。锅炉房、热力站的动力用电、水泵用电和照明用电应分别计量。

5.3.6 对于采暖管道的保温要求，应与空调热水管道相同。现行国家标准《公共建筑节能设计标准》GB 50189 对管道绝热的规定如下：

1 空气调节冷热水管的绝热厚度，应按现行国家标准《设备及管道保冷设计导则》GB/T 15586 的经济厚度和防表面结露厚度的方法计算，建筑物内空气调节冷热水管亦可按本标准附录C的规定选用（见表30）。

表30 建筑物内空调水管的经济绝热厚度

管道类型	绝热材料 离心玻璃棉 公称管径(mm)	厚度(mm)	柔性泡沫橡塑 公称管径(mm)	厚度(mm)
单冷管道（管内介质温度7℃）	≤DN32	25	按防结露要求计算	
	DN40～DN100	30		
	≥DN125	35		
热或冷热合用管道（管内最高热介质温度60℃）	≤DN40	35	≤DN50	25
	DN50～DN100	40	DN70～DN150	28
	DN125～DN250	45	≥DN200	32
	≥DN300	50		
热管道（管内最高热介质温度95℃）	≤DN50	50	不适宜使用	
	DN170～DN150	60		
	≥DN200	70		

注：1 绝热材料的导热系数λ：
  离心玻璃棉：$\lambda=0.033+0.00023t_m [W/(m \cdot K)]$
  柔性泡沫橡塑：$\lambda=0.03375+0.0001375t_m [W/(m \cdot K)]$
  式中 t_m——绝热层的平均温度（℃）。
2 单冷管道和柔性泡沫橡塑保冷的管道均应进行防结露要求验算。

2 空气调节风管绝热材料的最小热阻应符合表31的规定。

表31 空气调节风管绝热材料的最小热阻

风管类型	最小热阻(m²·K/W)
一般空调风管	0.74
低温空调风管	1.08

3 空气调节保冷管道的绝热层外，应设置隔汽层和保护层。

5.3.7 在某些公共建筑中，房间空调器往往作为提高环境舒适度的设备，是建筑中较大的用电设备。国家已于2010年实施了国家标准《房间空气调节器能效限定值及能源效率等级》GB 12021.3 能效等级标准，该标准将房间空调器能效分为3个等级。本标准将第3级作为控制项（见表32和表33），第2级作为一般项要求，第1级则作为优选项要求。

表32 《房间空气调节器能效限定值及能源效率等级》GB 12021.3

类型	额定制冷量(CC)(W)	能效等级第3级
整体式	—	2.90
分体式	CC≤4500	3.20
	4500＜CC≤7100	3.10
	7100＜CC≤14000	3.00

表33 《转速可控型房间空气调节器能效限定值及能源效率等级》GB 21455 中能源效率等级对应的制冷季节能源消耗效率(SEER)指标(Wh/Wh)

类型	额定制冷量(CC)(W)	能效等级第3级
分体式	CC≤4500	3.90
	4500＜CC≤7100	3.60
	7100＜CC≤14000	3.30

Ⅱ 一 般 项

5.3.8 实际调查发现，目前的一些工程设计中，对于水泵的扬程选择采用经验估算的方式而不是根据实际工程的系统设置情况，结果使得水泵扬程选择偏大，配电机容量随之加大，形成"大马拉小车"的现象，严重时还存在水泵电机过载的风险。因此要求应进行详细的水力计算，并根据计算的结果作为水泵扬程选择的依据。

5.3.9 无论是采暖还是空调，末端设备的温度调节、自动控制系统是保证实时温控的最有效措施，对于建筑的采暖空调系统节能有十分重要的作用，同时也保证了房间环境的舒适度，作为节能建筑，应该大力提倡。本条在第4.3.4条的基础上，提高了要求，更加强调了温度自动控制。

5.3.10 现行国家标准《公共建筑节能设计标准》GB 50189 规定如下：

建筑物内设有集中排风系统且符合下列条件之一时，宜设置排风热回收装置。排风热回收装置（全热和显热）的额定热回收效率不应低于60%。

1 送风量大于或等于3000m³/h的直流式空气调节系统，且新风与排风的温度差大于或等于8℃；

2 设计新风量大于或等于4000m³/h的空气调节系统，且新风与排风的温度差大于或等于8℃；

3 设有独立新风和排风的系统。

5.3.11 集中空调系统的冷量和热量计量同我国北方地区的采暖热计量一样，是一项重要的建筑节能措施。设置能量计量装置不仅有利于管理与收费，用户也能及时了解和分析用能情况，加强管理，提高节能意识和节能的积极性，自觉采取节能措施。公共建筑中，冷、热量的计量也可作为收取空调使用费的依据之一，空调按用户实际用量收费将是今后的一个发展趋势。它不仅能够降低空调运行能耗，也能够有效地提高公共建筑的能源管理水平。

在采用计量的情况下，必须允许使用人员根据自身的需求进行温度控制，才能保证行为节能的公平性。

5.3.12 提倡采用高性能设备，对设备的能效等级要求是在第5.3.3条的基础上提高了一级。

5.3.13 提倡采用高性能设备，对房间空调器或转速可控型房间空调器的能效等级在第5.3.7条的基础上提高了一级。

5.3.14 风机变频的变风量空调系统是全空气系统中具有较好节能效果的系统之一，通过规定其在全空气空调系统中所占的比例，予以推广。

5.3.15 变水量系统适合于末端温控的采暖、空调水系统。这里提到的"变水量系统"，是指用户用水量能够根据控制参数实时进行变化的空调水系统。

5.3.16 当房间内人员密度变化较大时，如果系统运行过程中一直按照设计状态下的较大的人员密度供应新风，将浪费较多的新风处理用冷/热量。对于最小新风比较大的全空气空调系统，在冬、夏季工况且人员密度较小时，可以有效地减少新风量；对于新风空调系统，根据每个使用房间的二氧化碳浓度控制该房间新风量及总新风量都可以达到显著的节能效果。因此，根据二氧化碳浓度实时控制新风量，有助于新风系统的节能。

5.3.17 按照不同朝向得热量不同而对采暖、空调系统进行分区，有利于系统的稳定运行和节能；例如在进深较大的房间中，空调内、外区体现出不同的负荷性质，宜根据不同的要求划分空调系统。

5.3.18 对空气进行"冷却+再热"的处理方式，必然存在明显的冷热抵消和能源浪费的情况，在设计中应该予以避免，对于大部分民用建筑的空调系统均遵循这一原则，但对于有一定工艺要求的建筑（例如博物馆的库房等），有时候为了确保空气参数的要求，所以这部分不在本条的适用范围。

5.3.19 根据现行国家标准《采暖通风与空气调节设计规范》GB 50019中第6.5.6条条文说明，对于高大空间采用分层空调方式，一般可节能30%左右。高大空间通常是指：高度大于10m，容积大于10000m³的空间。

现行国家标准《公共建筑节能设计标准》GB 50019第5.2.6条规定：公共建筑内的高大空间，宜采用辐射供暖方式。

5.3.20 采用可调新风比系统，其目的是为了充分利用过渡季的室外低温新风进行供冷，新风量的控制与工况的转换，宜采用新风和回风的焓值控制方法。由于机房尺寸等因素的限制，有时候要做到100%全新风比较困难，因此提出了60%的比例要求。

5.3.21 冷却塔风机的台数控制或者调速控制（变频调速或者通过电机改变极数的方式改变风机转速），是节省冷却塔运行能耗的措施之一。在实际工程中，通常有两种情况：

1 每台冷却塔配备多个风机时，可通过控制风机的运行台数（或者同时调速）起到节能的作用。

2 每台冷却塔只配备一个较大的风机时，通过对风机的转速控制也能起到较好的节能效果。

5.3.22 合理的水泵变频调速设置方式，是降低输送能耗的一个有效措施。对于整个建筑而言，水泵变频调试装置设置的多少决定了水泵输送能耗节约的程度。

Ⅲ 优 选 项

5.3.23 对于以散发热量或有害气体为主的通风房间或区域，以房间温度或有害气体浓度（例如二氧化碳）作为控制目标，或者应用设定时段自动启停通风系统进行通风控制，既保证了房间的卫生条件，又能够起到很好的节能效果，值得提倡。

5.3.24 地下水源和土壤源热泵系统，具有"节能减排"的综合效益，是暖通空调系统节省能耗的一个重要冷热源方式，值得大力推广。考虑到各地和建筑物由于条件的差异，采用这种方式时，有可能需要设置辅助冷源或热源设备，因此提出了50%的要求。

5.3.25 太阳能或其他可再生能源（如生物质能，但不包括地热能）的利用，是对常规能源的一种有效补充的手段。考虑到目前的条件下，某些建筑还存在一些技术、经济等应用方面的问题没有彻底解决，因此，对其使用的总量要求并不是太高（10%）。但不可否认，这是一种值得大力提倡和鼓励的方式。

5.3.26 可调新风比空调系统在全空气系统中所占的比例在第5.3.20条规定的基础上，进行了更大的提高。

5.3.27 蓄能空调或采暖系统，具有对电力系统"削峰填谷"的作用，可以降低全社会的能源消耗和能源建设的投资，满足能源结构调整和环境保护的要求，在条件允许的情况下应鼓励采用。

5.3.28 低温送风空调系统加大了送风温差，大幅度减少输送风量，能明显降低空调设备与风道的投资，而且对于减少输送能耗具有良好的作用。但低温送风空调系统的低温冷源，也应是在合理利用现有能源的条件下获得的冷源，例如利用低谷电蓄冷的低温冷源，或者是利用太阳能等可再生能源获得的低温冷源。

但是，在非低谷用电时段采用制冷机生产低温冷水直接供低温送风空调系统的做法，降低了冷水机组的蒸发温度，但对于系统的总体能耗并不合理。

5.3.29 蒸发冷却方式包括：全年供冷采用蒸发冷却设备提供空调用冷源（例如在我国西北的大部分夏季室外湿球温度比较低的地区），消除（或减少）了冷水机组的运行时间，有利于降低能耗。

夏季采用其他冷源、但冬季（甚至过渡季）采用冷却塔提供空调冷源的方式，也能够有效地减少冷水机组运行时间从而实现节能。

5.3.30 建筑、小区或者生产区的余热或废热的充分利用，可以提高能源利用效率，是节能建筑鼓励和提倡的措施之一。

这里提到的"余热或废热"，是指具有一定品质、但未经利用后直接排至大气或者环境而浪费的热量。

5.3.31 在经济技术分析合理的前提下，采用热电冷三联供技术，有利于能源的综合利用。

5.3.32 在第5.3.9条中，没有对空调自动控制系统的形式提出要求。由于以计算机为平台（DDC技术）的建筑设备管理系统（BMS系统）具有非常好的运行管理功能和可实现多种控制工况的特点，是目前公共建筑空调控制系统的首选形式，值得大力提倡和采用。因此作为优选项，本条在第5.3.9条的基础上提高了要求。

5.3.33 变频调速水泵在建筑内循环水泵总装机容量中所占的比例在第5.3.22条的基础上，提出了更高的要求（40%以上）。

5.3.34 提倡采用高性能设备，本条对设备的能效等级要求在第5.3.12条的基础上提出了更高的要求。

5.3.35 对房间空调器或转速可控型房间空调器的能效等级在第5.3.13的基础上提高了一级，将国家标准《房间空气调节器能效限定值及能源效率等级》GB 12021.3中第1级作为本条的控制项。

5.3.36 温湿度独立调节空调系统，能够在改善室内环境，提高室内热舒适，减少空调能耗方面起到较好的作用，值得推广应用。

5.4 给水排水

Ⅰ 控制项

5.4.1 为节约能源，当市政给水管网（含市政再生水管网等）的供水压力能满足建筑低层部分的用水要求时，应充分利用市政管网水压直接供水，以节省给水二次提升的能耗，同时还可避免用水在水池停留造成的二次污染。

5.4.2 集中生活热水供应系统应做好保温，减少管道和设备的热损失，同时采用合理的循环方式，保证干管和立管中的热水循环，使得配水点的水温在热水龙头打开后15s内不低于45℃，减少无效冷水量。

Ⅱ 一般项

5.4.3 应根据项目的具体情况和当地市政部门的规定，采用节能的加压供水方式，如：管网叠压供水、常速泵组（管网叠压）+高位水箱供水等。

5.4.4 冷却塔采用节能的运行方式，如：小流量大温差系统、双速风机、变频风机或采取节能的控制措施等。

5.4.5 分区供水时，如果设计分区不合理，各分区中楼层偏低的用水器具就会承受大于其流出水头的静水压力，导致其出流量大于用水器具本身的额定流量，即出现"超压出流"现象，"超压出流"造成无效出流，也造成了水的浪费。给水系统采取有效的减压限流措施，能有效控制超压出流造成的浪费。

目前应用较多的减压装置有减压阀和减压孔板两种。减压阀同时具备减静压和减动压的功能，具有较好的减压效果，可使出流量大为降低。减压孔板相对于减压阀来说，系统简单，投资较少，管理方便，具有一定的减压节水效果，但减压孔板只能减动压不能减静压，且下游的压力随上游压力和流量而变，不够稳定。由于其造价较低，故在水质较好和供水压力较稳定的情况下，可考虑采用减压孔板减压方式。

5.4.6 根据公共场所的用水特点，采用红外感应水嘴、感应式冲洗阀、光电感应或脚踩踏板式淋浴器等节水手段。

5.4.7 分用户、分用途计量可实现使用者付费，能最大限度地调动用户的节约意识，达到节水节能的目的。如冷却塔补水、空调系统补水、绿化、景观、洗衣房、餐饮、泳池淋浴等不同用途和用户的用水应能分别计量，方便实现独立核算，达到节约的目的。

5.4.8 目前我国建筑双管热水系统冷热水的混合方式大多采用混合龙头和双阀门调节方式，每次开启配水装置时，为获得适宜温度的水，需反复调节，而造成一定的水量浪费。

因此热水用量大的公共浴室宜采用单管热水系统，采用性能稳定的水温控制设备，减少由于调温时间过长造成的水量浪费。对于高档公共浴室类建筑和宾馆为满足个体水温调节的需求，可采用带恒温装置的冷热水混合龙头来减少因调温时间过长造成的水量浪费。

Ⅲ 优选项

5.4.9 根据项目的具体条件，通过技术经济比较分析，合理使用太阳能热水系统、热泵热水系统或利用空调冷凝热制备生活热水等。有条件时，公共浴室、学校、泳池等优先采用太阳能热水系统。

5.4.10 公共浴室，包括大学生公寓、学生宿舍的公共浴室，淋浴器使用计流量的刷卡用水管理具有很好的节水效果。

5.5 电气与照明

Ⅰ 控 制 项

5.5.1 此处三相配电变压器指 10kV 无励磁变压器。变压器的空载损耗和负载损耗是变压器的主要损耗，故应加以限制。现行国家标准《三相配电变压器能效限定值及节能评价值》GB 20052 中规定了配电变压器目标能效限定值及节能评价值。

5.5.2 按租户或单位设置电能表，有利于节能、管理。

5.5.3 旅馆建筑的每间（套）客房，设置节能控制型总开关，是为了避免客人离开房间时，忘记关灯，利于节能。

5.5.4 现行国家标准《建筑照明设计标准》GB 50034 规定了公共建筑各房间或场所照明功率密度值（LPD）的现行值，应该严格执行。表 34~表 38 的数据引自国家标准《建筑照明设计标准》GB 50034。

表 34　办公建筑照明功率密度值

房间或场所	照明功率密度（W/m²）现行值	对应照度值（lx）
普通办公室	11	300
高档办公室、设计室	18	500
会议室	11	300
营业厅	13	300
文件整理、复印、发行室	11	300
档案室	8	200

表 35　商业建筑照明功率密度值

房间或场所	照明功率密度（W/m²）现行值	对应照度值（lx）
一般商店营业厅	12	300
高档商店营业厅	19	500
一般超市营业厅	13	300
高档超市营业厅	20	500

表 36　旅馆建筑照明功率密度值

房间或场所	照明功率密度（W/m²）现行值	对应照度值（lx）
客房	15	—
中餐厅	13	200
多功能厅	18	300
客房层走廊	5	50
门厅	15	300

表 37　医院建筑照明功率密度值

房间或场所	照明功率密度（W/m²）现行值	对应照度值（lx）
治疗室、诊室	11	300
化验室	18	500
手术室	30	750
候诊室、挂号厅	8	200
病房	6	100
护士站	11	300
药房	20	500
重症监护室	11	300

表 38　学校建筑照明功率密度值

房间或场所	照明功率密度（W/m²）现行值	对应照度值（lx）
教室、阅览室	11	300
实验室	11	300
美术教室	18	500
多媒体教室	11	300

5.5.5 光源的能效标准规定节能评价值是光源的最低初始光效值；镇流器能效标准规定镇流器节能评价值是评价镇流器节能水平的最低镇流器能效因数（BEF）值。

5.5.6 现行国家标准《建筑照明设计标准》GB 50034 规定了荧光灯灯具的效率以利于节能。

5.5.7 中小型三相异步电动机的效率高低，直接影响建筑物的节能运行，故应加以限制。现行国家标准《中小型三相异步电动机能效限定值及能效等级》GB 18613 中规定了中小型三相异步电动机能效限定值、目标能效限定值及节能评价值。中小型三相异步电动机在额定输出功率和 75% 额定输出功率效率的能效限定值见表 24（本标准第 4.5.4 条的条文说明）。

5.5.8 现行国家标准《交流接触器能效限定值及能效等级》GB 21518 将交流接触器能效等级分为 3 个级别，见表 25（本标准第 4.5.5 条的条文说明）。在此要求选用交流接触器的吸持功率不大于能效限定值的要求。

5.5.9 提高功率因数能够降低照明线路电流值，从而降低线路能耗和电压损失。不低于 0.9 是现行国家标准《建筑照明设计标准》GB 50034 等规定的最低要求。

Ⅱ 一 般 项

5.5.10 变配电所位于负荷中心，是为了降低线路损耗。

5.5.11 设备容量较大时，宜采用10kV或以上供电电源，目的是降低线路损耗。现行行业标准《民用建筑电气设计规范》JGJ 16 中也有相关规定。

5.5.12 引自现行行业标准《民用建筑电气设计规范》JGJ 16 中有相关规定。在现行国家标准《电力变压器经济运行》GB/T 13462 中，关于配电变压器经济运行区有明确的计算方法。

5.5.13 现行国家标准《建筑照明设计标准》GB 50034 规定了公共建筑各房间或场所照明功率密度值（LPD）的目标值，便于考核评价。表39～表43的数据引自现行国家标准《建筑照明设计标准》GB 50034。

表39 办公建筑照明功率密度值

房间或场所	照明功率密度（W/m²）目标值	对应照度值（lx）
普通办公室	9	300
高档办公室、设计室	15	500
会议室	9	300
营业厅	11	300
文件整理、复印、发行室	9	300
档案室	7	200

表40 商业建筑照明功率密度值

房间或场所	照明功率密度（W/m²）目标值	对应照度值（lx）
一般商店营业厅	10	300
高档商店营业厅	16	500
一般超市营业厅	11	300
高档超市营业厅	17	500

表41 旅馆建筑照明功率密度值

房间或场所	照明功率密度（W/m²）目标值	对应照度值（lx）
客房	13	—
中餐厅	11	200
多功能厅	15	300
客房层走廊	4	50
门厅	13	300

表42 医院建筑照明功率密度值

房间或场所	照明功率密度（W/m²）目标值	对应照度值（lx）
治疗室、诊室	9	300
化验室	15	500
手术室	25	750
候诊室、挂号厅	7	200
病房	5	100
护士站	9	300
药房	17	500
重症监护室	9	300

表43 学校建筑照明功率密度值

房间或场所	照明功率密度（W/m²）目标值	对应照度值（lx）
教室、阅览室	9	300
实验室	9	300
美术教室	15	500
多媒体教室	9	300

5.5.14 现行国家标准《交流接触器能效限定值及能效等级》GB 21518 将交流接触器能效等级分为3个级别，见表25（本标准第4.5.6条的条文说明）。在此要求选用交流接触器的吸持功率不大于节能评价值的要求。

5.5.15 因白炽灯光效低和寿命短，为节约能源，一般情况下，不应采用普通白炽灯照明。

5.5.16 采用集中控制，主要是为了避免长明灯。

5.5.17 LED 是未来发展的方向，具有启动快、寿命不受多次启动的影响等优点。虽然目前还不太稳定，但在楼梯间、走道应用时节能效果明显。

5.5.18 采用集中控制，主要是为了避免长明灯，有条件的场所，宜采用智能照明控制系统。

5.5.19 电开水器等电热设备用电量较大，下班时，人员较少，应采取措施，避免重复加热。

5.5.20 建筑设备监控系统，可以根据需要，调整空调进、排风量及水泵等设备的运行模式，既可保证人员的舒适度又避免浪费。

5.5.21 间接照明或漫射发光顶棚的照明方式光损失严重，不利于节能。

Ⅲ 优 选 项

5.5.22 应尽量利用天然采光，以达到节能的目的。

5.5.23 夜间公共空间人员活动较少，降低照度，完全可以满足功能需要。

5.5.24 采用集中控制，主要是为了避免长明灯，有条件的场所，宜采用智能照明控制系统。

5.5.25 谐波会引起变压器、电动机的损耗增加、中性线过热、载流导体的集肤效应加重、功率因数降低等，故谐波较大时，应就地设置谐波抑制装置。

5.6 室内环境

Ⅰ 控 制 项

5.6.1 按照现行国家标准《公共建筑节能设计标准》GB 50189 的规定，集中采暖系统和（或）空气调节系统室内计算参数宜符合表 44 和表 45 的规定。目的是在确保室内舒适环境的前提下，选取合理设计计算参数，达到节能的效果，参数选择允许根据工程实际情况进行调整，但必须在设计计算书中说明正当理由，不能简单地以甲方要求作为参数调整的理由。

表 44 集中采暖系统室内计算参数

建筑类型及房间名称	室内温度（℃）
1. 办公楼：	
门厅、楼（电）梯	16
办公室	20
会议室、接待室、多功能厅	18
走道、洗手间、公共食堂	16
车库	5
2. 餐饮：	
餐厅、饮食、小吃、办公	18
洗碗间	16
制作间、洗手间、配餐	16
厨房、热加工间	10
干菜、饮料间	8
3. 影剧院：	
门厅、走道	14
观众厅、放映室、洗手间	16
休息厅、吸烟室	18
化妆室	20
4. 交通：	
民航候机厅、办公室	20
候车室、售票厅	16
公共洗手间	16
5. 银行：	
营业大厅	18
走道、洗手间	16
办公室	20
楼（电）梯	14

续表 44

建筑类型及房间名称	室内温度（℃）
6. 体育：	
比赛厅(不含体操)、练习厅	16
体操练习厅	18
休息厅	18
运动员、教练员更衣、休息室	20
游泳池大厅	25～28
观众区	22～24
检录处	20～24
7. 商业：	
营业厅(百货、书籍)	18
鱼肉、蔬菜营业厅	14
副食(油、盐、杂货)、洗手间	16
办公	20
米面储藏	5
百货仓库	10
8. 集体宿舍、无中央空调系统的旅馆、招待所：	
大厅、接待	16
客房、办公室	20
餐厅、会议室	18
走道、楼（电）梯间	16
公共浴室	25
公共洗手间	16
9. 图书馆：	
大厅	16
洗手间	16
办公室、阅览	20
报告厅、会议室	18
特藏、胶卷、书库	14
10. 医疗及疗养建筑：	
成人病房、诊室、治疗、化验室、活动室、餐厅等	20
儿童病房、婴儿室、高级病房、放射诊断及治疗室	22
门厅、挂号处、药房、洗衣房、走廊、病人厕所等	18
消毒、污物、解剖、工作人员厕所、洗碗间、厨房	16
太平间、药品库	12
11. 学校：	
厕所、门厅、走道、楼梯间	16
教室、阅览室、实验室、科技活动室、教研室、办公室	18
人体写生美术教室模特所在局部区域	26
风雨操场	14
12. 幼儿园、托儿所：	
活动室、卧室、乳儿室、喂奶、隔离室、医务室、办公室	20
盥洗室、厕所	22
浴室及其更衣室	25
洗衣房	18

38—47

续表44

建筑类型及房间名称	室内温度（℃）
厨房、门厅、走廊、楼梯间	16
13. 未列入各类公共建筑的共同部分：	
电梯机房	5
电话总机房、控制中心等	18
设采暖的汽车停车库	5～10
汽车修理间	12～16
空调机房、水泵房等	10

表45 空气调节系统室内计算参数

建筑类型	房间类型	夏季 温度（℃）	夏季 相对湿度（%）	冬季 温度（℃）	冬季 相对湿度（%）
旅馆	客房	24～27	65～50	18～22	≥30
	宴会厅、餐厅	24～27	65～55	18～22	≥40
	文体娱乐房间	25～27	60～40	18～20	≥40
	大厅、休息厅、服务部门	26～28	65～50	16～18	≥30
医院	病房	25～27	65～45	18～22	55～40
	手术室、产房	25～27	60～40	22～26	60～40
	检查室、诊断室	25～27	60～40	18～20	—
办公楼	一般办公室	26～28	≤65	18～20	—
	高级办公室	24～27	60～40	20～22	55～40
	会议室	25～27	≤65	16～18	—
	计算机房	25～27	65～45	16～18	—
	电话机房	24～28	65～45	18～20	—
影剧院	观众厅	26～28	≤65	16～18	≥30
	舞台	25～27	≤65	16～20	≥35
	化妆室	25～27	≤60	18～22	≥35
	休息厅	28～30	≤65	16～18	—
学校	教室	26～28	≤65	16～18	—
	礼堂	26～28	≤65	16～18	—
	实验室	25～27	≤65	16～20	—
图书馆	阅览室	26～28	65～45	16～18	—
博物馆	展览厅	26～28	60～40	16～18	50～40
美术馆	善本、舆图、珍藏、档案库和书库	22～24	60～45	12～16	60～45
档案馆	缩微胶片库*	20～22	50～30	20～22	50～30
体育馆	观众席	26～28	≤65	16～18	50～35
	比赛厅	26～28	≤65	16～18	—

续表45

建筑类型	房间类型	夏季 温度（℃）	夏季 相对湿度（%）	冬季 温度（℃）	冬季 相对湿度（%）
体育馆	练习厅	26～28	≤65	16～18	—
	游泳池大厅	26～29	≤75	26～28	≤75
	休息厅	28～30	≤65	16～18	—
	营业厅	26～28	65～50	16～18	50～30
	播音室、演播室	25～27	65～40	18～20	50～40
	控制室	24～26	60～40	20～22	55～40
	机房	25～27	60～40	18～20	55～40
	节目制作室、录音室	25～27	60～40	18～20	50～40
百货商店	营业厅	26～28	50～65	16～18	50～30

注：* 缩微胶片库保存胶片的环境要求，必要时可根据胶片类别按国家标准规定，并考虑其储藏条件等原因。

5.6.2 按照现行国家标准《公共建筑节能设计标准》GB 50189，公共建筑主要空间的设计新风量应符合表46的规定。

表46 公共建筑主要空间的设计新风量

建筑类型与房间名称			新风量 m³/(h·p)
旅游旅馆	客房	5星级	50
		4星级	40
		3星级	30
	餐厅、宴会厅、多功能厅	5星级	30
		4星级	25
		3星级	20
		2星级	15
	大堂、四季厅	4～5星级	10
		4～5星级	20
		2～3星级	10
	美容、理发、康乐设施		30
旅店	客房	1～3级	30
		4级	20
文化娱乐	影剧院、音乐厅、录像厅		20
	游艺厅、舞厅（包括卡拉OK歌厅）		30
	酒吧、茶座、咖啡厅		10
	体育馆		20
	商场（店）、书店		20
	饭馆（餐厅）		20
	办公		30
学校	教室	小学	11
		初中	14
		高中	17

5.6.3 除浴室等相对湿度很高的房间外，围护结构内表面温度应满足不结露的要求，因为内表面结露可导致耗热量增大，恶化室内卫生条件，同时使围护结构易于破坏，影响建筑物寿命。检验内表面是否结露，主要看围护结构内表面温度是否低于室内空气的露点温度。如果低于与围护结构内表面接触的室内空气的露点温度，就会发生结露。

5.6.4 现行国家标准《民用建筑工程室内环境污染控制规范》GB 50325 列出了危害人体健康的游离甲醛、苯、氨、氡和 TVOC 五类空气污染物，并对它们的浓度提出了控制要求和措施。对于节能建筑，同样需要满足本条文的规定。

5.6.5 《建筑照明设计标准》GB 50034 中规定了不同照明场所照明数量和照明质量的要求，是满足工作场所视觉作业时的最基本要求，也是评定节能建筑的前提，只有在满足这些基本要求的前提下才能进行节能建筑的评定。

Ⅱ 一 般 项

5.6.6 现场检查由建设单位委托具有相应资质的第三方检测单位进行抽测，根据现行国家标准《建筑节能工程施工质量验收规范》GB 50411 相关要求进行。

5.6.7 建筑应注重利用天然采光以节约能源，采光系数标准值应根据建筑用途符合相关标准的规定。

5.6.8 可以审查设计计算书来判断房间的温度均匀情况，也可按房间总数抽测 10%，检测应由建设单位委托具有相应资质的第三方检测单位进行，主要检测人员活动区域的垂直空气温度梯度。

根据 ASHARE Standard 55，人体头脚之间的垂直空气温度梯度也会造成不舒适，图 1 显示了不满意百分数（PD）作为头脚之间的垂直空气温度梯度的函数。图中可以看出，当人体头脚之间的垂直空气温度梯度达到 4℃时，不满意百分数就达到 10%，这在实际工程中应该避免的。

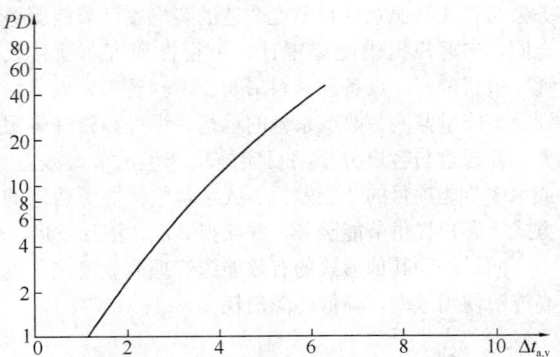

图 1 人体头脚之间的垂直温度梯度对应的不满意百分数
PD：不满意百分数%；
$\Delta t_{a,v}$：头脚之间的垂直温度梯度。

5.6.9 提倡利用自然通风以节约能源，改善室内空气品质，尤其是过渡季节要充分利用自然通风调节室内热湿环境，改善室内空气品质。

Ⅲ 优 选 项

5.6.10 空调系统运行过程中，新风量的大小直接导致能耗增减。如果按照设计标准一直维持最高的新风供应量，必将造成较多的新风用冷热量被损失浪费；因此，通过监测数据合理调整控制新风系统，能够实现减少能耗的同时又不影响日常使用。

5.6.11 随着我国汽车的不断普及，建筑大型地下停车库的建设，地下停车库的通风系统平时用能水平不容忽视。

5.7 运营管理

Ⅰ 控 制 项

5.7.1 大型耗能设备或特种耗能设备，如锅炉、制冷机组、电梯应该分别制定节能运行管理制度。水泵、风机、照明、空调末端设备等，应分系统制定节能管理制度。

5.7.2 物业管理人员应持续进行节能知识培训，以提高对用能设备的运行规律掌握，每年不少于 2 次内部培训和 1 次外部培训。

5.7.3 《国务院办公厅关于严格执行公共建筑空调温度控制标准的通知》于 2007 年发布。2008 年 4 月 1 日《中华人民共和国节约能源法》（主席令第七十七号）实施，在《节约能源法》中第三十七条中明确规定"使用空调采暖、制冷的公共建筑应当实行室内温度控制制度，具体办法由国务院建设主管部门制定"。为了加强公共建筑空调系统的运行管理，合理设置公共建筑空调温度，节约能源与资源，保护环境，改善和营造适宜的室内舒适环境，2008 年 6 月 25 日，住房和城乡建设部印发了《公共建筑室内温度控制管理办法》（建科[2008]115 号），并规定了具体的检测方法。

5.7.4 建筑能耗统计和分析是掌握建筑能耗，开展建筑节能最基础工作，现行行业标准《民用建筑能耗数据采集标准》JGJ/T 153 对这项工作作了详细的规定；能耗公示可以让住户监督物业管理单位节能工作。

能耗审计和公示的内容应该按照《关于加强国家机关办公建筑和大型公共建筑节能管理工作的实施意见》和《国家机关办公建筑和大型公共建筑能源审计导则》开展。

5.7.5 影响空调系统能效的一个主要因素是风系统对过滤器的堵塞和冷却水系统冷凝器的结垢。国内有单位通过对多个大型公建空调系统的进行实测，发现风系统清洗后，空调设备效率可以提高 10%～

35%；水系统清洗后，冷水机组效率提高15%～40%。因此，公共建筑的空调通风系统的定期检查和清洗至关重要，空调系统的清洗应该执行《空调通风系统清洗规范》GB 19210。

Ⅱ 一 般 项

5.7.6 物业管理单位每年都应该为建筑内工作人员进行一次节能知识宣传，增加人员节能知识，强化节能意识。

5.7.7 公共建筑的用能设备使用时间长、能耗大；实践证明，定期对空调、电梯等高耗能设备进行维护保养，不但可以提高设备能效，而且可以保证设备的安全。

5.7.8 不同租户应单独设置能量计量装置，避免单纯按照建筑面积分摊能耗费用，鼓励节能行为。

5.7.9 现行国家标准《空气调节系统经济运行》GB/T 17981规定，空调系统室内设定值应按以下原则选取：

1 空调系统运行状态下的室内环境控制参数，应主要考虑温度、湿度及新风量；

2 空调系统运行时民用建筑室内空气参数设定值可以参考表47的规定。

表47 民用建筑室内空气参数设定值

房间类型	夏季 温度(℃)	夏季 相对湿度(%)	冬季 温度(℃)	冬季 相对湿度(%)	新风量[m^3/(h·p)]
特定房间	≥26	40～65	≤21	30～60	≤50
一般房间	≥26	40～70	≤20	30～60	20～30
大堂、过厅	26～28	—	16～18	—	≤10

注：特定房间通常为对外经营性且标准要求较高的个别房间，如旅游旅馆的四、五星级的客房、康乐等场所，以及其他有特殊需求的房间。对于冬季室内有大量内热源的房间，室内温度可高于以上给定值。

5.7.10 为了有效降低采暖和空调通风系统的能耗，同时也为了改善室内空气品质，空调过滤网、过滤器等每六个月清洗或更换一次，空气处理机组、表冷器、加湿器、加热器、冷凝水盘等每年清洗一次。清洗保养的好处包括增强制冷和采暖效果、有益身体健康、延长系统使用寿命、降低电耗、减少运行费用等。

5.7.11 公共场所的用能设备使用时间长、能耗大，每年进行保养，不但可以提高设备能效，而且可以保证设备的安全。

5.7.12 建筑在交付使用之前，要进行用能系统的调试运行，物业管理人员要求确认用能设备的运行参数在设计范围内。对于调试的要求是：

1 用能设备的调试运行要列入施工文件；

2 制定并落实用能设备的调试运行计划；

3 与运行维护人员一同检查建筑运行情况，提出一套在建筑竣工之日起一年内有关用能设备运行问题的解决方案；

4 完成调试运行报告。

5.7.13 电梯内部提倡采用轻质材料装修，不使用大理石、地砖等自重很大的材料装修，可以增加有效载客数，减少电梯能耗。

Ⅲ 优 选 项

5.7.14 建筑能耗统计和分析是掌握建筑能耗最基础工作，也是开展建筑节能依据；没有建筑能耗统计，建筑节能运行管理工作难以有效开展；向住户和在建筑内工作人员进行能耗公示，是监督物业公司节能工作简单有效的方法。公示的内容应该包括：整个建筑能耗，每个租户的照明能耗，电梯能耗、地下室车库通风能耗、采暖能耗、空调能耗等，以及与以往历年的能耗比较。

5.7.15 实践表明，节能与管理人员业绩挂钩是非常有效的具体措施，因此特别提出此条文。

5.7.16 合同能源管理是一种新型的市场化节能机制，是以减少的能源费用来支付节能项目全部成本的节能业务方式。这种节能投资方式允许客户用未来的节能收益为设备升级，以降低目前的运行成本；或者节能服务公司以承诺节能项目的节能效益、或承包整体能源费用的方式为客户提供节能服务。

能源管理合同在实施节能项目的用户与节能服务公司（包括内部的能源服务机构）之间签订。节能服务公司首先与愿意进行节能改造的客户签订节能服务合同，向客户提供能源审计、可行性研究、项目设计、项目融资、设备和材料采购、工程施工、人员培训、节能量监测、改造系统的运行、维护和管理等服务，并通过与客户分享项目实施后产生的节能效益、或承诺节能项目的节能效益、或承包整体能源费用的方式为客户提供节能服务，并获得利润，滚动发展。

同时鼓励其他形式的有效能源管理商业模式，提高能源使用效率，降低能源消耗。

中华人民共和国国家标准

城市道路交通设施设计规范

Code for design of urban road traffic facility

GB 50688—2011

主编部门：上海市城乡建设和交通委员会
批准部门：中华人民共和国住房和城乡建设部
施行日期：２０１２年５月１日

中华人民共和国住房和城乡建设部
公　告

第 1034 号

关于发布国家标准《城市道路交通设施设计规范》的公告

现批准《城市道路交通设施设计规范》为国家标准，编号为 GB 50688—2011，自 2012 年 5 月 1 日起实施。其中，第 5.1.5、7.1.2、7.1.3、8.2.8、10.3.2(3)、11.1.1 条（款）为强制性条文，必须严格执行。

本规范由我部标准定额研究所组织中国计划出版社出版发行。

中华人民共和国住房和城乡建设部
二〇一一年五月十二日

前　言

本规范是根据住房和城乡建设部《关于印发〈2008 年工程建设标准规范制订、修订计划（第一批）〉的通知》（建标〔2008〕102 号）的要求，由上海市政工程设计研究总院（集团）有限公司会同有关单位编制完成的。

本规范在编制过程中，编制组经广泛调查研究，认真总结国内外科研成果和大量实践经验，并在广泛征求意见的基础上，最后经审查定稿。

本规范共分 12 章，主要技术内容包括：总则、术语和符号、交通调查、总体设计、交通标志、交通标线、防护设施、交通信号灯、交通监控系统、服务设施、道路照明及变配电、管理处所及设备。

本规范中以黑体字标志的条文为强制性条文，必须严格执行。

本规范由住房和城乡建设部负责管理和对强制性条文的解释，由上海市城乡建设和交通委员会负责日常管理，由上海市政工程设计研究总院（集团）有限公司负责具体技术内容的解释。本规范在实施过程中，如发现有需要修改和补充之处，请将意见和有关资料寄送上海市政工程设计研究总院（集团）有限公司（地址：上海市中山北二路 901 号；邮政编码：200092），以供今后修订时参考。

本规范主编单位、参编单位、主要起草人和主要审查人：

主 编 单 位：上海市政工程设计研究总院（集团）有限公司

参 编 单 位：北京市市政工程设计研究总院
上海市城市建设设计研究总院
北京中路安交通科技有限公司
哈尔滨市市政工程设计院
同济大学

主要起草人：徐　健　温学钧　倪　伟　陈奇甦
陆继诚　陆惠丰　白书锋　段铁铮
戴孙放　袁　韬　崔新书　朱忠隆
惠　斌　赵　轩　杨旻皓　王　磊
保丽霞　李松令　马　亮　闫书明
梁亚宁　姚天宇　黄承明　郑晓光

主要审查人：崔健球　唐琤琤　汤文杰　裴玉龙
朱惠君　蒋善宝　袁文平　秦丽玉
魏立新　虞　鸿

目　次

1 总则 …………………………………… 39—5
2 术语和符号 …………………………… 39—5
　2.1 术语 ……………………………… 39—5
　2.2 符号 ……………………………… 39—6
　2.3 代号 ……………………………… 39—6
3 交通调查 ……………………………… 39—6
4 总体设计 ……………………………… 39—6
　4.1 一般规定 ………………………… 39—6
　4.2 交通设施分级 …………………… 39—6
　4.3 总体设计要求 …………………… 39—7
　4.4 设计界面 ………………………… 39—7
5 交通标志 ……………………………… 39—7
　5.1 一般规定 ………………………… 39—7
　5.2 分类及设置 ……………………… 39—7
　5.3 版面设计 ………………………… 39—7
　5.4 材料 ……………………………… 39—9
　5.5 支撑方式与结构设计 …………… 39—9
6 交通标线 ……………………………… 39—9
　6.1 一般规定 ………………………… 39—9
　6.2 标线设置 ………………………… 39—9
　6.3 材料 ……………………………… 39—10
　6.4 轮廓标 …………………………… 39—10
7 防护设施 ……………………………… 39—10
　7.1 一般规定 ………………………… 39—10
　7.2 防撞护栏 ………………………… 39—10
　7.3 防撞垫 …………………………… 39—12
　7.4 限界结构防撞设施 ……………… 39—12
　7.5 人行护栏 ………………………… 39—13
　7.6 分隔设施 ………………………… 39—13
　7.7 隔离栅和防落物网 ……………… 39—13
　7.8 防眩设施 ………………………… 39—13
　7.9 声屏障 …………………………… 39—14
8 交通信号灯 …………………………… 39—14
　8.1 一般规定 ………………………… 39—14
　8.2 信号灯设置 ……………………… 39—14
　8.3 交通信号控制系统 ……………… 39—14
9 交通监控系统 ………………………… 39—14
　9.1 一般规定 ………………………… 39—14
　9.2 管理模式 ………………………… 39—15
　9.3 交通监控中心 …………………… 39—15
　9.4 信息采集设施 …………………… 39—15
　9.5 信息发布和控制设施 …………… 39—15
　9.6 信息传输网络 …………………… 39—15
　9.7 系统互联和安全 ………………… 39—16
　9.8 监控系统主要性能指标 ………… 39—16
　9.9 外场设备基础、管道、供
　　　电与防雷、接地 ………………… 39—16
　9.10 服务信息设施 ………………… 39—16
　9.11 可变信息标志 ………………… 39—16
10 服务设施 …………………………… 39—16
　10.1 一般规定 ……………………… 39—16
　10.2 人行导向设施 ………………… 39—16
　10.3 人行过街设施 ………………… 39—17
　10.4 非机动车停车设施 …………… 39—17
　10.5 机动车停车设施 ……………… 39—18
　10.6 公交停靠站 …………………… 39—18
11 道路照明及变配电 ………………… 39—18
　11.1 道路照明 ……………………… 39—18
　11.2 照明控制 ……………………… 39—20
　11.3 变配电系统 …………………… 39—20
　11.4 节能 …………………………… 39—20
12 管理处所及设备 …………………… 39—20
　12.1 一般规定 ……………………… 39—20
　12.2 管理处所 ……………………… 39—20
　12.3 管理设备 ……………………… 39—20
本规范用词说明 ………………………… 39—20
引用标准名录 …………………………… 39—21
附：条文说明 …………………………… 39—22

Contents

1 General provisions ·············· 39—5
2 Terms and symbols ············ 39—5
  2.1 terms ······························ 39—5
  2.2 symbols ··························· 39—6
  2.3 code ································ 39—6
3 Traffic survey ···················· 39—6
4 General design ···················· 39—6
  4.1 general requirement ·········· 39—6
  4.2 facilities classification ········ 39—6
  4.3 requirement ····················· 39—7
  4.4 design interface ················ 39—7
5 Traffic signs ······················· 39—7
  5.1 general requirement ·········· 39—7
  5.2 classification and settings ··· 39—7
  5.3 plate-face design ··············· 39—7
  5.4 material ··························· 39—9
  5.5 support types and structure design ······························ 39—9
6 Traffic markings ·················· 39—9
  6.1 general requirement ·········· 39—9
  6.2 settings ··························· 39—9
  6.3 material ··························· 39—10
  6.4 delineator ························ 39—10
7 Safeguard facilities ·············· 39—10
  7.1 general requirement ·········· 39—10
  7.2 anti-collision guardrail ······· 39—10
  7.3 crash cushion ···················· 39—12
  7.4 anti-collision facilities of limited range structure ················· 39—12
  7.5 pedestrian guardrail ··········· 39—13
  7.6 guard facilities ·················· 39—13
  7.7 guard fence and anti-fall net ··· 39—13
  7.8 anti-dazzling facilities ········ 39—13
  7.9 acoustic barrier ················· 39—14
8 Traffic signal ······················· 39—14
  8.1 general requirement ·········· 39—14
  8.2 signal lamp settings ··········· 39—14
  8.3 traffic signal control system ··· 39—14
9 Traffic monitoring system ····· 39—14
  9.1 general requirement ·········· 39—14
  9.2 management modes ··········· 39—15
  9.3 monitoring center ·············· 39—15
  9.4 message collection facilities ··· 39—15
  9.5 message display and control facilities ···························· 39—15
  9.6 message transmission facilities ··· 39—15
  9.7 system link and safety ········ 39—16
  9.8 main performance index ····· 39—16
  9.9 foundation and pipeline of outerfield facilities, power supply and lightningproof, earthing ····· 39—16
  9.10 emergency alarm signs ····· 39—16
  9.11 word mould of changeable message ··························· 39—16
10 Service facilities ················ 39—16
  10.1 general requirement ········· 39—16
  10.2 pedestrian oriented facilities ··· 39—16
  10.3 pedestrian crossing-street facilities ··························· 39—17
  10.4 non-motor vehicle parking facilities ··························· 39—17
  10.5 vehicle service facilities ···· 39—18
  10.6 bus stop ························· 39—18
11 Road illumination and transformer and distribution ··· 39—18
  11.1 road illumination ·············· 39—18
  11.2 illumination control ··········· 39—20
  11.3 transformer and distribution system ···························· 39—20
  11.4 energy saving ··················· 39—20
12 Management location and equipment ··························· 39—20
  12.1 general requirement ········· 39—20
  12.2 management location ······· 39—20
  12.3 equipments ····················· 39—20
Explanation of wording in this code ································· 39—20
List of quoted standards ········· 39—21
Addition: Explanation of provisions ··························· 39—22

1 总则

1.0.1 为维护城市道路交通运行有序、安全、畅通及低公害,统一城市道路交通设施设计的技术标准,指导工程建设,达到城市道路交通设施功能全面、技术先进、安全实用、经济合理等目的,制定本规范。

1.0.2 本规范适用于城市新建、改建、扩建道路的交通设施设计。城市道路交通设施应包括交通标志、交通标线、防护设施、交通信号灯、交通监控系统、服务设施、道路照明及变配电和管理处所及设备等。

1.0.3 城市道路交通设施设计应依据道路性质、沿线环境以及交通流特性等进行,符合项目所在地区相关规划、道路总体设计和节能环保的要求。

1.0.4 城市道路交通设施设计中所采用的设计车辆外廓尺寸、汽车荷载等应符合现行国家标准《道路车辆外廓尺寸、轴荷及质量限值》GB 1589 的有关规定。

1.0.5 城市道路交通设施应与道路主体工程同步设计,按总体设计、分期实施的原则进行设计。与主体工程相关的基础工程、管道等应在主体工程实施时一并预留或预埋。

1.0.6 城市道路交通设施设计除应符合本规范外,尚应符合国家现行有关标准的规定。

2 术语和符号

2.1 术语

2.1.1 路权 right of way
道路使用者根据交通法规的规定,一定空间和时间内在道路上进行交通活动的权利。

2.1.2 警告标志 warning sign
警告车辆、行人注意道路交通的标志。

2.1.3 禁令标志 prohibition sign
禁止或限制车辆、行人交通行为的标志。

2.1.4 指示标志 mandatory sign
指示车辆、行人应遵循的标志。

2.1.5 指路标志 guide sign
传递道路方向、地点、距离信息的标志。

2.1.6 可变信息标志 changeable message sign
可变信息标志是一种依交通、道路、气候等状况的变化,可以随之改变显示内容的标志。

2.1.7 主动发光标志 active luminous sign
在光线较暗时能够被清楚辨认的,带有图形、符号的,通过电能或其他能源使其自身内部发光的标志。

2.1.8 逆反射 retro-reflection
反射光线从靠近入射光线的反方向向光源返回的反射。

2.1.9 轮廓标 delineator
用以指示道路前进方向和边缘轮廓、具有逆反射性能或主动发光形式的交通安全设施。

2.1.10 路侧安全净区 roadside clear zone
在城市道路机动车道两侧、相对平坦、无非机动车道、无人行道、无任何障碍物、可供失控车辆重新返回正常行驶路线的带状区域。

2.1.11 防撞垫 crash cushion
独立的防护结构,在受到车辆碰撞时,通过自身的结构变形吸收碰撞能量,减轻对乘员的伤害程度。

2.1.12 可导向防撞垫 redirective crash cushion
具有侧面碰撞导向功能的防撞垫。

2.1.13 非导向防撞垫 non-redirective crash cushion
不具有侧面碰撞导向功能的防撞垫。

2.1.14 相位 phase
同时获得通行权的一个或多个交通流的信号显示状态。

2.1.15 信号周期 signal circle
信号灯相位按设定的顺序显示一周所需的时间。

2.1.16 协调控制 coordinated control
把多个交叉口的交通信号控制参数进行关联控制的一种方式。

2.1.17 人行护栏 pedestrian guardrail
防止行人跌落或为使行人与车辆隔离而设置的保障行人安全的设施。

2.1.18 分隔设施 separate facilities
道路范围内,机动车和非机动车之间、车辆和行人之间以及逆向交通之间,为规范通行空间设置的构造物。

2.1.19 防眩设施 anti-glare facilities
为夜间行车的驾驶人员免受对向来车前灯眩光干扰而设置的构造物。

2.1.20 限界结构 delimitation structure
车行道净空周边的主体结构物。

2.1.21 主体结构防撞设施 collision protection facilities for main structure
在容易被撞击的主体结构上增加的抗撞击构件。

2.1.22 附属保护防撞设施 collision protection facilities for subsidiary structure
在容易被撞击的主体结构前方,单独设置的保护主体结构的防撞设施。

2.1.23 隔离栅 guard fence
为防止行人、非机动车辆等进入快速路、匝道或其他禁入区域而设置的栅栏。

2.1.24 声屏障 acoustic barrier
一种专门设计的立于噪声源和受声点之间的声学障板。

2.1.25 交通监控 traffic surveillance and control
通过采集、处理和发布道路交通信息,为交通管理者提供一种用于道路交通运行和管理的技术措施。

2.2 符 号

E_{av}——平均照度

E_{min}——最小照度

E_{vmin}——最小垂直照度

SR——环境比

TI——眩光限制阈值增量

U_E——照度均匀度

U_L——亮度纵向均匀度

U_O——亮度总均匀度

2.3 代 号

LPD——功率密度

3 交通调查

3.0.1 城市道路交通设施设计应进行交通调查。

3.0.2 交通调查内容应包括所在地区的路网现状、沿线土地利用现状、沿线环境、道路及交通状况、城市规划、路网规划等。调查范围除了设计道路自身外，还应包含对设计道路有影响的周边范围。

3.0.3 新建道路交通设施设计应在调查和资料收集的基础上分析以下情况：

1 项目所在区域社会经济、交通发展、地形、气候气象及项目沿线土地开发利用情况；

2 周边相关道路等级、线形、横断面布置、交通设施配置情况；

3 项目周边主要道路交通特性、交通组织与管理情况；

4 项目在规划道路网中的地位、功能及道路等级；

5 项目预测交通量、交通组织及交通特性。

3.0.4 对改建、扩建道路工程交通设施设计调查内容，除新建工程要求的资料外，还应根据需要补充以下内容：

1 既有道路交通设施情况；

2 既有道路交通状况。

3.0.5 道路交通设施改造工程设计应对既有道路几何条件、交通量、交通组成、交通流特性、交通事故等资料进行综合分析，并对预测交通资料进行分析和判断。

4 总体设计

4.1 一般规定

4.1.1 城市道路交通设施总体设计应符合安全、畅通、环保、可持续发展的总体目标要求。

4.1.2 城市道路交通设施总体设计应与道路主体工程设计相协调，根据道路功能及其在城市路网中的作用，综合考虑设计、施工、维修、营运、管理以及近期与远期等各种因素，准确体现道路工程主体设计的意图。

4.1.3 城市道路交通设施除应保持其各自特性和相对独立外，还应相互匹配、相互协调，使之成为统一、协调、完整的系统工程。

4.2 交通设施分级

4.2.1 城市道路交通设施设计应按等级进行统筹规划、总体设计。

4.2.2 城市道路交通设施等级应分为 A、B、C、D 四级，并应符合下列规定：

1 A级应设置系统完善的标志、标线、隔离和防护设施；中间带必须连续设置中央分隔防撞护栏和必需的防眩设施；桥梁、高路堤路段以及旁侧有辅路、人行道等撞击后将危及生命和结构物安全的路段必须设置路侧防撞护栏；立体交叉及其周边路网应连续设置指路、禁令等标志；主路及匝道车行道两侧，应连续设置轮廓标；出口分流三角端应有醒目的提示和防撞设施；实施控制的匝道，应设置匝道控制信号灯；交通监控系统应按Ⅱ级设置，中、长、特长隧道应按Ⅰ级设置；

2 B级应设置完善的标志、标线和必要的隔离和防护设施；路段上应设置中间分隔设施和机动车与非机动车分隔设施；桥梁与高路堤路段有坠落危险时必须设置路侧防撞护栏；立体交叉及其周边地区路网应设置指路、禁令等标志；平面交叉口必须进行交通渠化并设置交通信号灯；交通监控系统应按Ⅲ级设置，特大型桥梁应按Ⅱ级设置，中、长、特长隧道应按Ⅰ级设置；

3 C级应设置完善的标志、标线和必要的隔离和防护设施；平交路口进口段宜设置中间分隔设施；桥梁与高路堤段有坠落危险时应设置路侧防撞护栏；平面交叉口应进行交通渠化并设置交通信号灯；交通监控系统应按Ⅲ级设置，特大型桥梁应按Ⅱ级设置，中、长、特长隧道应按Ⅰ级设置；

4 D级应设置较完善的标志、标线；桥梁与高路堤段有坠落危险时应设置路侧防撞护栏；平面交叉口宜进行交通渠化并设置交通信号灯；交通监控系统应按Ⅳ级设置。

4.2.3 城市道路交通设施各等级适用范围应按表4.2.3执行。

表 4.2.3 各等级城市道路交通设施适用范围

交通设施等级	适用范围
A	快速路、中、长、特长隧道及特大型桥梁
B	主干路
C	次干路
D	支路

4.3 总体设计要求

4.3.1 总体设计应按照主体工程的技术标准、建设规模及项目交通特性，确定交通设施的技术标准、建设规模与主要技术指标，经协调并确认后执行。

4.3.2 总体设计应划定与主体工程设计之间的界面、接口等，并协调城市道路交通设施各专业的设计界面、接口等，防止设施之间发生冲突。

4.3.3 总体设计应组织各交通设施专业制定交通设施设计方案，并协调各设施间的衔接与配合。

4.3.4 总体设计应根据主体工程设计的道路服务水平和安全性评价结论，优化、完善道路交通设施设计方案。

4.3.5 总体设计应提出发生特殊交通安全或紧急事件情况下的疏散、撤离、抢险、救援等的功能要求。

4.4 设计界面

4.4.1 交通标志、轮廓标、防护设施、交通信号和监控系统外场设备、照明及变配电等设施设置于道路构造物或桥梁、隧道结构上时，交通设施设计方应提供设置桩号、预留孔尺寸、结构重力、受力条件等；主体工程设计方进行构造物或桥梁、隧道结构设计时应进行预留、预埋设计。交通设施的设置及其安装由交通设施设计方设计。

4.4.2 有防撞要求的防护设施设于道路构造物或桥梁、隧道结构上时，交通设施设计方应提供防撞等级、防撞设施几何尺寸与结构设计，以及结构端部刚柔防撞过渡段设计等；主体工程设计方应进行道路构造物或桥梁、隧道结构设计。

4.4.3 埋设在道路路基横断面内的通信及信号系统管道，应由交通设施设计方与主体工程设计方商定，并确定管道设置位置，由交通设施设计方设计；主体工程设计方应在相关设计图中标示预留管道、人井、管箱的尺寸、位置等，并列入主体工程方设计文件。

4.4.4 出租车、公交停靠站站台、人行过街设施等服务设施需列入主体工程设计的内容，应由交通设施设计方提出位置、规模及尺寸等要求，经与主体工程设计方协调确认后，由主体工程设计方随主体工程一并设计；其他需主体工程预留位置或预埋基础、预留穿线管的服务设施由交通设施设计方设计，其中涉及预留、预埋部分的设计成果应在主体工程施工图设计时提供并同步施工。

4.4.5 港湾式公交停靠站出入口的加、减速车道及机动车停车场出入口，应由主体工程设计方随主体工程一并设计。

4.4.6 机动车公共停车场、管理处所的房屋建筑及场坪等对场地与高程有特殊要求时，应事先同主体工程设计方协商，并提供相应的交通设施功能设计和建筑设计图纸，由主体工程设计方进行场坪设计和衔接工程设计。

4.4.7 斜拉桥、悬索桥等特殊大桥设置的结构监测系统以及隧道监控、通风、消防报警系统，应集成纳入交通监控中心，由交通监控中心系统集成设计方实行系统集成。

5 交通标志

5.1 一般规定

5.1.1 交通标志设计应以道路交通管理的相关法律、法规和交通组织管理方案为依据，简明、准确地向道路使用者提供交通路权、行驶规则以及路径指示等信息，保障交通畅达和行车安全。

5.1.2 交通标志与交通标线等其他管理设施传递的信息应一致，互为补充。

5.1.3 交通标志不应传递与道路交通无关的信息。

5.1.4 隧道内的应急、消防、避险等指示标志，应采用主动发光标志或照明式标志。

5.1.5 **交通标志不得侵入道路建筑限界。**

5.2 分类及设置

5.2.1 交通标志按其作用应分为主标志和辅助标志两类，其中主标志包括警告标志、禁令标志、指示标志、指路标志、旅游区标志、作业区标志、告示标志；辅助标志附设在主标志下，对主标志进行辅助说明。

5.2.2 交通标志按版面内容显示方式应分为静态标志和可变信息标志。

5.2.3 交通标志的设置应符合下列规定：

    1 应综合考虑城市规模和特点、路网设施布局、道路等级、几何条件、交通状况、道路使用者需求、环境及气候等因素；

    2 标志的设置应优先考虑交通法规和安全要求；

    3 标志信息发布应明确、连续、系统，防止出现信息不足或过载的现象；重要的信息应重复发布；

    4 充分考虑道路使用者在动态条件下的视认性，即考虑在动态条件下发现、判读标志及采取行动所需的时间和前置距离；

    5 标志应设置在道路行进方向右侧或车行道上方，也可根据具体情况设置在左侧，或左右两侧同时设置；

    6 标志的设置不得被桥墩、柱、树木等物体遮挡。

5.3 版面设计

5.3.1 标志版面形状应符合表5.3.1的规定。

表 5.3.1 标志版面形状

版面形状	适用范围
矩形（含正方形）	指路标志、旅游区标志、辅助标志、作业区标志、告示标志、警告标志（部分）、禁令标志（部分）、指示标志（部分）
正等边三角形	警告标志（部分）
圆形	禁令标志（部分）、指示标志（部分）
倒等边三角形	减速让行标志
叉形	多股铁路道口叉形标志
八角形	停车让行标志

5.3.2 警告标志、禁令标志、指示标志的版面尺寸应符合表 5.3.2 的规定；指路标志的版面尺寸应根据数字、文字高度及其间隔等要素计算确定。

表 5.3.2 标志版面尺寸

	设计速度(km/h)	100	80	60、50、40	30、20
警告标志	三角形边长(cm)	130	110	90	70
	叉形标志宽度(cm)	—	—	120	90
	圆形标志外径(cm)	120	100	80	60
禁令标志	三角形标志边长（减速让行）(cm)			90	70
	八角形标志外径（停车让行）(cm)			80	60
	长方形标志边长（区域限制、解除）(cm×cm)			120×170	90×130
指示标志	圆形标志外径(cm)	120	100	80	60
	正方形标志边长(cm)	120	100	80	60
	长方形标志边长(cm×cm)	190×140	160×120	140×100	—
	单行线标志边长(cm×cm)	120×60	100×50	80×40	60×30
	会车先行标志边长(cm×cm)			80×80	60×60

5.3.3 标志版面颜色应符合表 5.3.3 的规定。

表 5.3.3 标志版面颜色

颜色	含义	适用范围
红色	禁止、停止、危险	禁令标志的边框、底色、斜杠，叉形符号、斜杠符号和警告性线形诱导标的底色等
黄色（荧光黄色）	警告	警告标志的底色
蓝色	指示、指路	指示标志的底色、一般道路指路标志的底色
绿色	快速路指路	城市快速路指路标志底色
棕色	旅游区指引	旅游区指引和旅游项目标志的底色
黑色	警告、禁令等	标志的文字、图形符号和部分标志的边框
白色	警告、禁令等	标志的底色、文字和图形符号以及部分标志的边框
橙色（荧光橙色）	警告、指示	道路作业区的警告、指示标志
荧光黄绿色	警告	注意行人、注意儿童的警告标志

5.3.4 指路标志的版面文字应符合下列规定：

1 应简洁、清晰地反映道路名称、地点、路线、方向和距离等内容；

2 应使用规范汉字或并用其他文字对照形式，若并用汉字和其他文字，汉字应排在其他文字上方；

3 标志版面文字尺寸应符合表 5.3.4 的规定。

表 5.3.4 标志版面文字尺寸

设计速度(km/h)	100	80	60、50、40	30、20
汉字高度 h (cm)	70、65、60	60、55、50	50、45、40、35	30、25
拼音与英文、拉丁文、少数民族文字高	\multicolumn{4}{c}{$1/3h \sim 1/2h$}
阿拉伯数字	\multicolumn{4}{c}{字高 h；字宽 $1/2h \sim 4/5h$}

5.3.5 可变信息标志版面应符合下列规定：

1 可变信息标志分为全可变信息标志和部分可变信息标志，版面可根据交通管理要求采用文字版、图形版、文字加图形等版面形式；

2 显示的警告、禁令、指示标志的图形，以及字符、形状等要求应与静态标志一致。文字的字体、字高、间距等应保证视认性，可按本规范表 5.3.4 执行；

3 可变信息标志的颜色应符合表 5.3.5 的规定。

表5.3.5 可变信息标志的颜色

类别	显示内容	底色	边框	图形、符号、文字
文字标志	一般信息	黑色	—	绿色
	警告信息		—	黄色
	禁令信息		—	红色
图形标志	警告标志	黑色	黄色	黄色
	禁令标志		红色	黄色
	指示标志		蓝色	绿色
	指路标志		绿色	绿色
	作业区标志		随类型	黄色
	辅助标志		—	绿色
	潮汐车道标志		—	红色×、绿色↓
	可变导向车道	蓝色*	—	绿色或黄色
	交通状况	蓝色或绿色*		红、黄、绿等色
	其他信息	视需要		

注："*"为不可变部分的颜色。

5.4 材 料

5.4.1 标志板版面应采用逆反射材料制作。

5.4.2 城市快速路、城市主干路的标志应采用一级~三级反光膜,在曲线段或其他危险路段应采用二级以上反光膜。城市次干路及以下等级道路的标志应采用四级以上的反光膜。

5.4.3 标志底板及支撑结构宜选用轻型材料与结构制作,并应满足强度、刚度、耐久性和抗腐蚀要求。

5.4.4 可变信息标志板应根据标志的类型、显示内容、控制方式、环保节能、经济性等要求,选择显示方式及材料。

5.5 支撑方式与结构设计

5.5.1 根据标志传递的信息重要程度、版面尺寸、交通量、车道数、设计风速、路侧条件及悬挂位置等要求,标志板可采用柱式、悬臂式、门架式或附着式等支撑方式。

5.5.2 标志支撑结构设计应按标志支撑方式、板面尺寸分类归并,对其上部结构、立柱、横梁及其连接等进行设计,并分别验算其强度和变形。对其下部结构进行强度、抗倾覆和抗滑动等设计验算,并进行基底应力验算。

5.5.3 风荷载计算中设计风速应符合下列规定:

1 应采用标志所在地区距离平坦空旷地面10m高,50年一遇10min的计算平均最大风速;

2 缺乏风速观测资料时,设计风速可按《全国基本风速值和基本风速分布图》,经实地调查核实后采用,但不得小于22m/s。

5.5.4 标志板与支撑结构的连接应牢固可靠、安装方便、板面平整、维护简便。

6 交 通 标 线

6.1 一 般 规 定

6.1.1 标线应符合道路使用的功能要求,向道路使用者传递有关道路交通的规则、警告、指引等信息。

6.1.2 标线可与标志配合使用,也可单独使用。

6.1.3 标线应能清晰地识别与辨认,并符合白天、雨天、夜间视认性规定的要求。城市快速路、主干路应设置反光交通标线。

6.2 标 线 设 置

6.2.1 一般路段的交通标线应符合下列规定:

1 城市道路双向行驶机动车时,对向行驶的车道间应划黄色对向车行道分界线,同向行驶的车道间应划白色车行道分界线;

2 城市快速路应在机动车道的外侧边缘(路缘带内侧)划车行道边缘线,其他等级道路在机动车道的外侧边缘(路缘带内侧)宜划车行道边缘线;

3 机非分离行驶的路段当无实物隔离时,机动车道与非机动车道的分界应划车行道边缘线(机非分界线);

4 人行横道线的设置应根据道路等级、行人横穿需求、交通安全等因素确定;

5 标线宽度应根据道路等级、设计速度和路面宽度确定,并应符合表6.2.1的规定。

表6.2.1 标线宽度

设计速度(km/h)		车行道边缘线(cm)	车行道分界线(cm)	路面中心线(cm)
100、80、60(快速路)		20	15	—
60、50(主、次干路)		15	15或10	15
40、30(主、次干路及支路)		15	15或10	15
20(次干路及支路)	双车道			15
	单车道			

6.2.2 特殊路段的交通标线应符合下列规定:

1 视距受竖曲线或平曲线、桥梁、隧道等限制的路段,应设禁止跨越车行道分界线,线宽应为15cm;

2 在车道数缩减或增加的路段应设置车行道宽度渐变段标线。在靠车道变化一侧的渐变段起点前,可配合设置窄路标志或车道变化标志;

3 在需要指示车辆行驶限制要求的车道内,可设置路面文字标记。文字标记尺寸和纵向间距应按表6.2.2选取,文字书写顺序应按行车方向由近至远。

表6.2.2 文字标记尺寸和纵向间距

设计速度(km/h)	100	80、60、50	40、30、20
字高(cm)	450~650	300~400	150~200
字宽(cm)	150~200	100~150	50~70
纵向间距(cm)	300~400	200~300	100~150

6.2.3 平面及立体交叉交通标线应符合下列规定:

1 平面交叉口标线(包括车行道中心线、人行横道线、停止线、导向箭头、禁止跨越车行道分界线等)应根据交叉口形状、交通量、车行道宽度、转弯车辆的比率及交通组织等情况合理设置;

2 左弯待转区线应在设有左转弯专用信号及辟有左转专用车道时使用,左弯待转区不得妨碍对向直行车辆的正常行驶;

3 在平面交叉口过大、不规则以及交通组织复杂等情况下,车辆寻找出口车道困难时,应设置路口导向线,辅助车辆行驶和转向;

4 过宽、不规则或行驶条件比较复杂的交叉路口,立体交叉的匝道口或其他特殊地点,应设置导流线,导流线应根据交叉路口的地形和交通流量、流向情况进行设计;

5 立体交叉的分、合流段应设置出入口标线及导向箭头。出入口导向箭头的设置尺寸和重复设置次数应按表6.2.3选取。进口车道转向排序不规则的路口,宜增加导向箭头的重复设置次数。

表6.2.3 出入口导向箭头的设置尺寸和重复设置次数

设计速度(km/h)	100	80、60、50	40、30、20
导向箭头长度(m)	9	6	3
重复设置次数	≥3	3	≥2

6.3 材 料

6.3.1 材料应耐久,耐磨耗,耐腐蚀,与路面黏结力强,并具有良好的辨别性和防滑性。

6.3.2 城市快速路、主干路应采用反光标线。白色反光标线涂料的亮度因数应大于或等于0.35,初始逆反射系数应大于或等于150mcd·lx^{-1}·m^{-2};黄色反光标线涂料的亮度因数应大于或等于0.27,初始逆反射系数应大于或等于100mcd·lx^{-1}·m^{-2}。

6.3.3 标线应采用环保材料,不应对周围环境及施工人员产生污染与危害。

6.4 轮 廓 标

6.4.1 轮廓标的设置应符合下列规定:

1 在城市快速路主路,以及立交出入口匝道等车行道两侧,应连续设置轮廓标;

2 在小半径弯道、连续转弯、视距不良等事故易发地段,应设置轮廓标;

3 设中央物理隔离的道路,按行车方向,配置白色反射体的轮廓标应安装在道路右侧,配置黄色反射体的轮廓标应安装在道路左侧;无中央物理隔离的道路,按行车方向左右两侧的轮廓标均为白色;

4 轮廓标不得侵入道路建筑限界。

6.4.2 轮廓标的设置应符合下列规定:

1 轮廓标在直线段的设置间隔应为50m;

2 曲线段轮廓标的设置间隔可按表6.4.2的规定选取。道路宽度发生变化的路段及其他危险路段,可适当加密轮廓标的间距。

表6.4.2 曲线段轮廓标的设置间隔

曲线半径(m)	<30*	30~89*	90~179	180~274	275~374	375~999	1000~1999	>2000
设置间隔(m)	4	8	12	16	24	32	40	48

注:"*"一般指互通立交匝道曲线半径。

7 防 护 设 施

7.1 一 般 规 定

7.1.1 防护设施应采用环保材料,便于安装,易于维修。

7.1.2 防护设施不得侵入道路建筑限界,且不应侵入停车视距范围内。

7.1.3 不能提供足够路侧安全净距的快速路路侧,必须设置防撞护栏;当路基整体式断面中间带宽度小于或等于12m时,快速路的中央分隔带必须连续设置防撞护栏。

7.1.4 防护设施宜简洁大方,与道路、桥梁和周围建筑的设计风格统一协调。

7.2 防 撞 护 栏

7.2.1 防撞护栏的防撞等级及主要技术指标应符合表7.2.1的规定。

表7.2.1 防撞护栏的防撞等级及主要技术指标

防撞等级		碰撞条件				
路侧护栏	中央分隔带护栏	碰撞车型	车辆质量(t)	碰撞速度(km/h)	碰撞角度(°)	碰撞能量(kJ)
B	Bm	小客车	1.5	80	20	—
		大客车	10	40	20	70

续表7.2.1

防撞等级		碰撞条件			
路侧护栏	中央分隔带护栏	碰撞车型	车辆质量(t)	碰撞速度(km/h)	碰撞角度(°)	碰撞能量(kJ)
A	Am	小客车	1.5	100	20	—
		大客车	10	60	20	160
SB	SBm	小客车	1.5	100	20	—
		大客车	10	80	20	280
SA	SAm	小客车	1.5	100	20	—
		大客车	14	80	20	400
SS	—	小客车	1.5	100	20	—
		大客车	18	80	20	520

7.2.2 在综合分析城市道路线形、设计速度、运行速度、交通量和车辆构成等因素的基础上,当需要采用的护栏碰撞能量低于70kJ时,护栏可确定特殊的碰撞条件并进行设计;当需要采用的护栏碰撞能量高于520kJ时,护栏应确定特殊的碰撞条件并进行设计。

7.2.3 城市道路可采用刚性或半刚性或柔性护栏,并根据实际情况需要采用不同的防撞等级和结构形式。

7.2.4 路侧护栏的设置应符合下列规定:
　　1 快速路路侧护栏的防撞等级应符合表7.2.4-1的规定;

表7.2.4-1 快速路路侧护栏防撞等级的适用条件

使用条件	设计速度(km/h)	
	100、80	60
一般路段、匝道	A	B
高边坡、桥头引道、隧道洞口连接线、靠近构造物路段	SB	A
高陡坡、高挡墙、临河路段;车辆越出路外可能发生严重事故的路段	SA	SB
邻近其他快速路、人流密集区域的路段;车辆越出路外可能发生严重二次事故的路段	SS	SA

　　2 主干路的路侧宜设置防撞护栏。主干路路侧护栏的防撞等级应符合表7.2.4-2的规定;

表7.2.4-2 主干路路侧护栏防撞等级的适用条件

使用条件	设计速度(km/h)	
	60、50	40
一般路段、匝道	B	—
高边坡、桥头引道、隧道洞口连接线、靠近构造物路段	A	B
高陡坡、高挡墙、临河路段;车辆越出路外可能发生严重事故的路段	SB	A
邻近其他快速路、人流密集区域的路段;车辆越出路外可能发生严重二次事故的路段	SA	SB

　　3 次干路、支路的路侧一般不设置路侧护栏,当车辆越出路外可能发生严重事故或严重二次事故的路段,宜设置防撞护栏。次干路和支路路侧防撞护栏的防撞等级参照主干路设置;
　　4 邻近干线铁路、水库、油库、电站等需要特殊防护的路段,应对防撞护栏进行特殊设计。

7.2.5 中央分隔带护栏的设置应符合下列规定:
　　1 快速路中央分隔带护栏的防撞等级应符合表7.2.5-1的规定;

表7.2.5-1 快速路中央分隔带护栏防撞等级的适用条件

使用条件	设计速度(km/h)		
	100	80	60
一般路段	SBm	Am	Bm
小半径弯道、中央分隔带有桥墩及其他构造物等特殊防护路段	SAm	SBm	Am

　　2 设计速度大于或等于50km/h的主干路中央分隔带宜设置防撞护栏。主干路中央分隔带护栏的防撞等级应符合表7.2.5-2的规定。

表7.2.5-2 主干路中央分隔带护栏防撞等级的适用条件

使用条件	设计速度(km/h)
	60、50
一般路段	Bm
小半径弯道、中央分隔带有桥墩及其他构造物等特殊防护路段	Am

7.2.6 活动护栏的设置应符合下列规定:
　　1 快速路的中央分隔带开口处,应设置活动护栏;
　　2 活动护栏的防撞等级宜与其所在路段中央分隔带护栏的防撞等级一致;
　　3 活动护栏应与中央分隔带护栏衔接,并在衔接处做安全性处理。

7.2.7 桥梁护栏的设置应符合下列规定:
　　1 供机动车行驶的桥梁外侧应设置防撞护栏,桥侧护栏宜设置在机动车道与非机动车道之间的两侧分车带上,双幅式桥梁中央分隔带护栏与桥侧护栏的防撞等级相同,单幅式桥梁中央分隔带护栏的设置参照路基段中央分隔带护栏设置原则设计;
　　2 城市道路桥涵护栏防撞等级的适用条件应符合表7.2.7的规定;

表 7.2.7　城市道路桥涵护栏防撞等级的适用条件

适用条件	道路类型		
	快速路	主干路	
	设计速度（km/h）		
	100、80	60、50	40
桥梁高度小于2.5m，且桥下水深小于2m或无水	A	B	B
桥梁高度2.5m～6m，且桥下水深小于2m或无水	SB	A	B
桥梁高度6m～20m，或桥下水深大于2m，或跨越或邻近次干路、支路或人流密集区	SA	SB	A
桥梁高度大于20m，或跨越或邻近主干路或快速路	SS	SA	SB

　　3　次干路、支路桥涵护栏防撞等级可按表7.2.7中设计速度为40km/h的主干路的标准选取；

　　4　邻近或跨越干线铁路、水库、油库、电站等需要特殊防护的路段，桥梁护栏应确定合理的碰撞条件并进行特殊设计；

　　5　快速路与主干路的小桥、涵洞、通道应设置与路基段形式相同的防撞护栏。

7.2.8　防撞护栏的起、迄点端部应做安全性处理。

7.2.9　不同结构形式或不同刚度防撞护栏的衔接处，应设置过渡段，使护栏的刚度逐渐过渡，并形成一个整体。

7.3　防　撞　垫

7.3.1　防撞垫防撞等级应分为三级，各级主要技术指标应符合表7.3.1的规定。

表 7.3.1　防撞垫防撞等级

防撞垫类型	防撞等级	碰撞条件				
		碰撞类型	碰撞车型	碰撞质量(t)	碰撞速度(km/h)	碰撞角度(°)
非导向防撞垫	B50	正碰	小客车	1.5	50	0
		斜碰				15
	B65	正碰	小客车	1.5	65	0
		斜碰				15
	B80	正碰	小客车	1.5	80	0
		斜碰				15
可导向防撞垫	A50	正碰	小客车	1.5	50	0
		斜碰				15
		侧碰				20
	A65	正碰	小客车	1.5	65	0
		斜碰				15
		侧碰				20

续表 7.3.1

防撞垫类型	防撞等级	碰撞条件				
		碰撞类型	碰撞车型	碰撞质量(t)	碰撞速度(km/h)	碰撞角度(°)
可导向防撞垫	A80	正碰	小客车	1.5	80	0
		斜碰				15
		侧碰				20

7.3.2　快速路主线分流端、匝道出口的护栏端部应设置防撞垫。主干路主线分流端、中央分隔带护栏端部、匝道出口的护栏端部宜设置防撞垫。

7.3.3　快速路与主干路的路侧构造物前端、收费岛前端宜设置防撞垫。

7.3.4　防撞垫的防撞等级应符合表7.3.4的规定。

表 7.3.4　防撞垫防撞等级的适用条件

道路类型	快速路		快速路、主干路
设计速度(km/h)	100	80	60
主线分流段、匝道出口、收费岛前端	A80	A65	A50
跨线桥桥墩前部、混凝土护栏上游端头、隧道口等路侧固定障碍物前端	A80、B80	A65、B65	A50、B50

7.4　限界结构防撞设施

7.4.1　在行驶中的车辆容易越出行驶限界，撞击到桥梁墩柱结构、主梁结构、隧道洞口的入口两侧和顶部结构、交通标志支撑结构等，这些限界结构处应设置限界结构防撞设施。

7.4.2　道路的正面限界结构防撞可在路前方设置防撞垫、防撞岛、防撞墩及加强墩柱结构抗撞等防撞设施；侧面限界结构防撞可在路侧设置并加强防撞护栏；顶面限界结构防撞可采取设置防撞结构和警告、限界标志措施等。

7.4.3　路侧设置组合式或混凝土墙式防撞护栏与限界结构位置重叠时，若限界结构自身能够满足防撞要求，可以采取与限界结构组合形成整体限界防撞，且迎撞面的截面形状与原防撞护栏一致。

7.4.4　路侧设置波形梁防撞护栏的，当其变形不能够达到保护两侧限界结构的要求时，应加密护栏立柱的柱间距或采用不低于公路SB级防撞护栏设施。

7.4.5　道路侧面没有设置防撞护栏的限界结构，正迎撞面宜设置防撞垫、防撞岛、防撞墩等结构防撞型式。

7.4.6　顶面限界防撞可采取主体结构防撞设施、附属保护防撞设施和设置警告标志、限界标志等措施。

7.4.7　限界结构防撞设施设计应按照安全、经济、耐用、便于维修的原则,并做到外观简洁,同时设置警示标记,且与道路、桥梁和周围城市景观、建筑的设计风格统一协调。

7.5 人行护栏

7.5.1 下列位置应设置人行护栏:

   1 人行道与一侧地面存在高差,有行人跌落危险的,应设人行护栏;

   2 桥梁的人行道外侧,应设置人行护栏;

   3 车站、码头、人行天桥和地道的出入口、商业中心等人流汇聚区的车道边,应设置人行护栏;

   4 交叉口人行道边及其他需要防止行人穿越机动车道的路边,宜设置人行护栏,但在人行横道处应断开;

   5 在非全封闭路段天桥和地道的梯道口附近无公共交通停靠站时宜在道路两侧设人行护栏,护栏的长度宜大于200m。天桥和地道的梯道口附近有公共交通停靠站时,宜在路中设分隔栏杆,分隔栏杆的净高不宜低于1.10m。

7.5.2 人行护栏的设计应符合下列规定:

   1 人行护栏的净高不宜低于1.10m,并不得低于0.90m。有跌落危险处的栏杆的垂直杆件间净距不应大于0.11m;当栏杆结合花盆设置时,必须有防止花盆坠落的措施;

   2 人行护栏不宜采用有蹬踏面的结构;

   3 人行护栏应以坚固、耐久的材料制作。有跌落危险或一侧有快速机动车通行的人行护栏的结构验算竖向活荷载不应小于1.2kN/m,水平向外活荷载不应小于1kN/m,两者不同时作用;桥梁、人行天桥上的人行护栏的结构验算活荷载应满足桥梁和人行天桥的有关规范规定;

   4 人行护栏的样式应与桥梁、道路、周围建筑风格协调一致;

   5 人行护栏的结构形式应便于安装,易于维修,材料应环保;

   6 机动车道两侧的人行护栏上不应安装广告。

7.6 分隔设施

7.6.1 下列位置应设置分隔设施:

   1 双向六车道及以上的道路,当无中央分隔带且不设防撞护栏时,应在中间带设分隔栏杆,栏杆净高不宜低于1.10m;在有行人穿行的断口处,应逐渐降低护栏高度,且不高于0.70m,降低后的长度不应小于停车视距;断口处应设置分隔柱;

   2 双向四车道及以上的道路,机动车道和非机动车道为一幅路设计,应在机动车道和非机动车道之间设置分隔栏杆;

   3 非机动车流量达到饱和或机动车有随意在路边停车现象时,机动车道和非机动车道为一幅路断面,宜在机动车道和非机动车道之间设置分隔栏杆;

   4 机动车道和非机动车道为共板断面,路口功能区范围宜设非机动车和机动车分隔栏杆;在路口设置时,应避免设置分隔栏杆后妨碍转弯和掉头车辆的行驶;

   5 非机动车道和人行道为共板断面,宜在非机动车道和人行道之间设置分隔栏杆;

   6 非机动车道高于边侧地面有跌落危险时,应在非机动车道边侧设置分隔栏杆;

   7 人行道和绿地之间可根据情况设置分隔栏杆;

   8 人行道和停车场、设施带之间,需要进行功能分区的位置可设置分隔栏杆;

   9 交叉路口人行道边缘、行人汇聚点的边缘可设置分隔柱。

7.6.2 分隔设施的设计应符合下列规定:

   1 分隔设施的高度应根据需要确定;分隔柱的间距宜为1.3m~1.5m;

   2 分隔设施的结构应坚固耐用、便于安装、易于维修,宜为组装式;

   3 分隔设施的颜色宜醒目;没有照明设施的地方,分隔设施表面应能反光;

   4 分隔栏杆在符合设置的路段应连续设置,不应留有断口。

7.7 隔离栅和防落物网

7.7.1 城市快速路主路及设计速度大于或等于60km/h的匝道两侧应设置隔离栅,但下列情况可不设置隔离栅:

   1 路侧有水渠、池塘、河湖、山体等天然屏障时;

   2 路基边坡或挡土墙直立坡度大于2:1的路段且道路与相邻地面高度差大于1.8m的。

7.7.2 行人通行的桥梁跨越轨道交通线、铁路干线、设计速度大于或等于60km/h的道路时,人行道外侧应设置防落物网,设置范围应为被跨越道路或轨道交通线、铁路干线的宽度并向两侧各延长10m。

7.7.3 隔离栅和防落物网的设计应符合下列规定:

   1 隔离栅的高度不应低于1.8m;

   2 防落物网的高度不应低于2.0m;

   3 隔离栅和防落物网的网眼不应大于50mm×100mm;

   4 隔离栅应与桥梁结构、挡土墙构筑物或山体等连接形成闭合系统;出入口等位置不能形成围合的,应在隔离栅端头处设置禁止行人通行的禁令标志,且应在相对应的中央隔离带设置隔离栅,连续长度宜大于100m。

7.8 防眩设施

7.8.1 城市快速路中央分隔带应设防眩设施,但分隔带宽度大于9m，或双向路面高差大于2m的可不设。

7.8.2 防眩设施的设计应符合下列规定：
　　1 防眩设施可按道路的气候条件、景观条件、遮光要求选用植物防眩、防眩板、防眩网等形式；
　　2 防眩板的设计应按部分遮光原理进行，直线路段遮光角不应小于8°，平、竖曲线路段遮光角应为8°～15°，宽度宜为8cm～15cm，离地高度宜为120cm～180cm。

7.8.3 防眩设施的结构设计应符合下列规定：
　　1 防眩板和防眩网的结构应方便安装和维护；
　　2 防眩设施的高度、结构形式、设置位置变化时应设置过渡段，过渡段的长度宜为50m；
　　3 应避免在防眩设施之间留有断口。

7.9 声屏障

7.9.1 根据现行国家标准《声环境质量标准》GB 3096进行声环境评价的结果不符合标准的路段，采取其他降噪措施仍达不到要求的，应设置声屏障。

7.9.2 声屏障的最佳位置应根据道路与防护对象之间的相对位置、周围的地形地貌进行设置。

7.9.3 声屏障的结构设计除应符合国家现行标准《声屏障声学设计和测量规范》HJ/T 90的规定外，还应满足结构自重及风荷载的要求。

8 交通信号灯

8.1 一般规定

8.1.1 交通信号灯应能被道路使用者清晰、准确地识别，应能保障车辆和行人安全通行。

8.1.2 交通信号灯的配置应与道路交通组织相匹配，应有利于行人和非机动车的安全通行，有利于大容量公共交通车辆的通行，有利于提高道路通行效率。

8.1.3 交通信号灯设备应安全可靠，能够长期连续运行。当交通信号灯设备出现故障时，任何情况下均不得出现相互冲突的交通信号。

8.2 信号灯设置

8.2.1 城市道路的平面交叉口设置交通信号灯的条件，应根据路口情况、交通流量以及交通事故率等因素确定。

8.2.2 交通信号灯的视认范围应根据车速和车道布置情况确定。交通信号灯的视认范围内不应存在盲区，不能满足时，应在适当位置增设同类信号灯。

8.2.3 城市道路的特大桥、长大隧道等路段，可根据交通组织要求或设施养护要求设置车道信号灯。可变车道、收费口和检查通道应设置车道信号灯。

8.2.4 全封闭道路中实施控制的匝道，应设置匝道控制信号灯。

8.2.5 行人信号灯应有倒计时显示或者闪烁提示。倒计时或闪烁提示时间应保证行人能安全通过路口。

8.2.6 道路交叉口的交通信号周期不宜大于180s。

8.2.7 交通信号灯设置倒计时显示时，其颜色应与被计时的信号灯一致。

8.2.8 交通信号灯及其安装支架均不得侵入道路建筑限界。

8.3 交通信号控制系统

8.3.1 交通信号控制系统的建设，应根据城市道路交通流的分布由点控、线控逐步过渡到系统协调控制。

8.3.2 城市主干路交通信号灯宜实施绿波协调控制。

8.3.3 协调控制范围内的各路口交通信号配时参数，应根据交通流量和流向确定，并满足区域协调控制的要求。

8.3.4 交通信号控制系统应设置监控中心。交通信号控制系统应具有下列功能：
　　1 对各信号灯进行远程监视和控制；
　　2 对各信号灯配时参数进行远程配置；
　　3 对各信号灯设备进行故障监测和报警；
　　4 实施协调控制。

8.3.5 交通信号控制系统宜具备交通信息采集与传输功能。

9 交通监控系统

9.1 一般规定

9.1.1 为提高城市道路交通管理和服务水平，宜设立交通监控系统。

9.1.2 交通监控系统应由监控中心、外场监控设施和信息传输网络等组成，应具备信息采集、分析处理、信息发布和交通控制管理，以及与其他信息系统的信息交换和资源共享等全部或部分功能。

9.1.3 交通监控系统的建设应根据道路等级和城市规模，并结合城市经济发展阶段以及交通量和交通管理需求等因素综合考虑，并应按表9.1.3的要求确定。

表9.1.3 交通监控系统建设要求

城市规模	道路等级			
	城市中、长、特长隧道	城市特大桥梁和城市快速路	主干路和次干路	支路
特大城市	应建设	应建设	应建设	应预留建设条件
大城市	应建设	应建设	宜建设	宜预留建设条件

续表 9.1.3

城市规模	道路等级			
	城市中、长、特长隧道	城市特大桥梁和城市快速路	主干路和次干路	支路
中等城市	应建设	宜建设	宜预留建设条件	宜预留建设条件
小城市	应建设	—	宜预留建设条件	宜预留建设条件

9.1.4 交通监控系统应根据城市路网的现状、规划和交通管理需求进行统一规划,可根据城市交通状况和建设条件分步分期实施。

9.1.5 交通监控系统配置按道路或路网的性质和监控系统特性划分不同等级,等级分类应符合表 9.1.5 的规定。

表 9.1.5 交通监控系统等级分类

交通监控系统等级	Ⅰ级	Ⅱ级	Ⅲ级	Ⅳ级
适用范围	城市中、长、特长隧道	城市特大桥梁和城市快速路	主干路和次干路	支路

9.2 管理模式

9.2.1 一座城市宜设一处道路交通监控中心,对全市道路网络的交通运行实施集中监控和管理。

9.2.2 当城市道路网络规模较大且路网形态与交通状态具有明显的分区域分散布置特征时,可根据管理需求设置区域交通监控中心。区域交通监控中心宜作为交通监控中心下属的交通监控分中心。

9.2.3 城市特大桥梁和中、长、特长隧道宜设置独立的监控中心,对于地理位置分布较近又便于统一管理的,宜设置联合的监控中心。该监控中心宜作为交通监控中心下属的交通监控分中心。

9.3 交通监控中心

9.3.1 交通监控中心宜配置监控信息存储和处理计算机系统、闭路电视系统、信息发布和服务系统、应急指挥和处置系统以及信息通信网络系统。

9.3.2 交通监控软件系统宜具备对各类交通相关信息的综合分析处理功能,以及对多种交通状态和交通异常事件的自动检测判断功能,能针对常发性和偶发性交通拥挤或阻塞自动生成交通控制对策方案和应急处置预案,以及相应的信息发布诱导方案。

9.4 信息采集设施

9.4.1 信息采集设施主要应由交通参数检测器、摄像机、气象检测仪等构成。

9.4.2 Ⅰ级交通监控系统的设备配置应全路段连续设置交通参数检测器、摄像机等设施,实行全路段全覆盖监控。在城市中、长、特长隧道等特殊路段应设置完善的紧急报警设施。

9.4.3 Ⅱ级交通监控系统的设备配置应全路段设置交通参数检测器、摄像机等设施,实行全路段监控。在交通量大的互通立交、出入匝道宜全覆盖设置。

9.4.4 Ⅲ级交通监控系统的设备配置应在道路主要交叉口、互通式立交等重点区段,设置交通参数检测器、摄像机等监控设施。

9.4.5 Ⅳ级交通监控系统的设备配置可根据需求,在道路主要交叉口设置摄像机等监控设施。

9.4.6 在城市特大桥梁等特殊区段,以及恶劣的气象条件可能对交通安全构成威胁的路段宜根据各地的气候特征、管理需求和交通气象服务系统的总体建设要求,设置气象信息检测设备。

9.5 信息发布和控制设施

9.5.1 信息发布和控制设施主要应由可变信息标志、可变限速标志、交通信号控制设施等构成。

9.5.2 Ⅰ级交通监控系统的设备配置应在道路沿线及相关路段设置能够及时发布诱导信息,以疏解常发性交通拥挤所必需的可变信息标志、可变限速标志等信息发布设施。在道路沿线、入口匝道等特殊路段应布设满足交通控制管理需求的交通信号灯、车道信号灯、匝道开放/关闭可变信息标志等设施。有特别需要可增设交通违法事件检测记录设备。

9.5.3 Ⅱ级交通监控系统的设备配置应在道路沿线及相关路段设置能够及时发布诱导信息并疏解常发性交通拥挤所必需的可变信息标志、可变限速标志等信息发布设施。在常发性拥挤路段周边的入口匝道和需要实行交通控制的入口匝道应布设满足交通控制管理需求的匝道开放/关闭可变信息标志等交通控制设施,同时辅以设置匝道周围道路的可变信息标志。有特别需要时,可增设交通违法事件检测记录设备。

9.5.4 Ⅲ级交通监控系统的设备配置应在连接快速路入口处前方的道路沿线设置可变信息标志。在其他易发生交通拥堵路段可设置能够及时发布诱导信息的可变信息标志。

9.5.5 Ⅳ级交通监控系统的设备配置可根据总体交通信息发布和控制规划要求布设信息发布和控制设施。

9.6 信息传输网络

9.6.1 交通监控系统宜设置独立的信息传输网络。不具备条件时,可利用社会资源组建信息传输网络。

9.6.2 信息传输网络宜采用光纤通信方式。

9.7 系统互联和安全

9.7.1 系统互联应包括监控中心与监控分中心、监控中心与上级管理机构信息系统以及各中心与其他相关信息系统之间的互联。通过互联实现交通信息的交换和共享,并建立交通信息系统之间的运管协调和交通事件的协同处置等。

9.7.2 系统互联应制订符合信息及应用安全需求的安全策略,并建立统一的安全管理平台。

9.8 监控系统主要性能指标

9.8.1 交通信息采集主要技术性能指标宜包括交通数据检测精度、数据采集周期、视频图像质量等,并应符合下列规定:
 1 交通数据检测精度应大于85%;
 2 数据采集周期应为10s~60s可调;
 3 视频图像质量不应低于五级损伤制评定的四级。

9.8.2 信息处理主要技术性能指标宜包括交通状态判别处理响应时间、交通状态判别准确度、交通事件检测误报率和漏检率等,并应符合下列规定:
 1 交通状态判别处理响应时间不宜大于2s;
 2 交通状态判别准确度应大于90%;
 3 交通事件检测误报率应小于20%,漏检率应小于20%。

9.8.3 交通信息传输技术性能指标宜包括传输时延和传输误码率,并应符合下列规定:
 1 外场设备与监控中心之间传输时延不应大于1s;
 2 光纤传输误码率不应大于10^{-9};无线传输误码率不应大于10^{-5}。

9.9 外场设备基础、管道、供电与防雷、接地

9.9.1 外场设备基础、管道的设计应符合下列规定:
 1 横穿道路管道、结构物上的监控外场设备基础和管道应与土建工程同步实施;
 2 外场设备光、电缆宜采用穿管敷设。

9.9.2 外场设备供电与防雷、接地应符合下列规定:
 1 外场设备宜按三级负荷设计,对重要道路可采用高于三级负荷设计;
 2 外场设备宜采用联合接地方式,对于特别强雷区设有独立避雷针的地方应将安全接地与防雷接地分别设置;
 3 应根据监控系统所处地区年均雷暴天数及设备所处地形地貌特点,对监控系统设备及光、电缆等进行系统的防雷、接地设计。

9.10 服务信息设施

9.10.1 服务信息设施主要应包括应急求助呼叫中心、紧急报警电话、紧急报警标志等。

9.10.2 紧急报警标志宜采用固定标志型式,应满足相关标志的规范要求,应至少包含报警电话号码和地理位置信息。

9.11 可变信息标志

9.11.1 可变信息标志主要应显示道路交通状态、交通事件等交通信息。

9.11.2 可变信息标志型式可根据地方使用习惯和发展规划、技术要求等,采用文字板、图形板、文字加图形板等多种型式。

9.11.3 在不影响其使用功能的条件下,可充分利用周围建筑物、门架等设施联合设置可变信息标志。

9.11.4 可变信息标志字模型式不宜低于表9.11.4的要求。

表 9.11.4 可变信息标志字模型式

类别	字模规格(cm)	字模点阵	字模数(个)
文字	高度32(设计车速小于60km/h)	16×16	单行不大于8
	高度48(设计车速不小于60km/h)	24×24	
光带单元	宽度13~15	宽度不小于6	随道路形态

10 服务设施

10.1 一般规定

10.1.1 人行导向设施、人行过街设施、非机动车停车设施、机动车停车设施和公交停靠站等服务设施,应根据规划条件、道路布置情况统一设置。服务设施设置应与景观、环境相协调。

10.1.2 服务设施应与其他交通设施协调布置,避免相互干扰,影响使用。

10.1.3 服务设施的布置应符合无障碍环境设计要求。

10.2 人行导向设施

10.2.1 人行导向设施设置应符合下列规定:
 1 人行导向设施和路名牌等应设置在设施带内,并不应占用行人的有效行走空间;
 2 人行导向设施和路名牌应统一规划、布置,方便使用。

10.2.2 人行导向设施的设置应符合下列规定:
 1 步行街、商业区、比赛场馆、车站、交通枢纽等人流密集区域,以及在道路交叉口和公共交通换

乘地点附近，宜设置人行导向设施；路段导向设施的设置间距为300m~500m；

 2 导向设施应内容明确、易懂，具有良好的可视性、避免遮挡，保持标识面的清晰、整洁；

 3 枢纽、广场、比赛场馆和大型建筑物周边道路的人行导向设施，应结合其内部人行系统进行设置；

 4 导向设施的设置可结合周边环境艺术化设置，但要易于辨认、清晰、易懂；

 5 人行导向设施布置应保证行人通行的连续性和安全性，构成完整的人行导向标识系统；人行导向设施可有路线指示设施和地图导向设施等；

 6 路线导向设施应反映1000m范围内的人行过街设施、公共设施、大型办公和居住区的行进方向。地图导向设施应反映附近人行过街设施、公共设施、大型办公和居住区的位置。

10.2.3 路名牌的设置应符合下列规定：

 1 城市道路交叉口位置应设置路名牌，两个交叉口间的距离大于300m的路段应在路段范围内设置路名牌；

 2 路名牌应设置在道路交叉口或路段的明显位置，不得被遮挡；

 3 路名牌应平行于道路方向，版面应含有道路名称、方向，并应有门牌号码。

10.3 人行过街设施

10.3.1 人行过街设施的设置应符合下列规定：

 1 道路交叉口均应设置人行过街设施，道路路段应结合道路等级、路段长度及行人过街需求设置人行过街设施；

 2 快速路和主干路上人行过街设施的间距宜为300m~500m，次干路上人行过街设施的间距宜为150m~300m；

 3 交通枢纽、商业区、大型体育场馆等人流量密集地点，应设置相应的过街设施；

 4 城市快速路过街设施应采用立体过街方式。其他城市道路以平面过街方式为主，立体方式为辅，且应优先考虑人行地面过街；

 5 人行天桥和地道应与路侧人行系统相连接，形成连续的人行通道；其通行能力须满足该地点行人过街需求；

 6 在商业区、交通枢纽等人车密集地点，宜结合建筑物内部人行通道设置连续的立体过街设施，形成地下或空中人行连廊。

10.3.2 平面过街设施的设置应符合下列规定：

 1 人行横道应设置在车辆驾驶员容易看清的位置，宜与车行道垂直；

 2 信号灯管制路口，应施划人行横道标线，设置相应人行信号灯。无信号管制及让行管制交叉口应施划人行横道标线并设置注意行人的警告标志，并应在人行横道上游机动车道上施划人行横道预告标识线；

 3 道路交叉口采用对角过街时，必须设置人行全绿灯相位；

 4 人行横道的宽度与过街行人数及信号显示时间相关，顺延主干路的人行横道宽度不宜小于5m；顺延其他等级道路的人行横道宽度不宜小于3m，以1m为单位增减；

 5 当路段或路口进出口机动车道大于或等于6条或人行横道长度大于30m时应设安全岛，安全岛的宽度不宜小于2m，困难情况不应小于1.5m；

 6 人行安全岛在有中央分隔带时宜采用栏杆诱导式，无分隔带时宜采用斜开式；

 7 居民区道路设计宜采用交通宁静措施保障行人安全；可通过设置减速角、减速陇、弯曲路段和环岛等降低车速；

 8 与公交站相邻的人行横道，应设置在公交站进车端，并设在公交车停靠范围之外。

10.3.3 道路路段人行横道信号灯根据下列条件设置：

 1 双向机动车车道数达到或多于3条，或双向机动车高峰小时流量超过750pcu及12h流量超过8000pcu的路段上，当通过人行横道的行人高峰小时流量超过500人次时，应设置人行横道信号灯；

 2 不具备上述条件但路段设计车速超过50km/h时，应设置按钮式行人信号灯；

 3 学校、幼儿园、医院、养老院等特殊人群聚集地点及行人事故多发区域等有特殊要求且无人行过街设施的，应设置人行横道线，并设置人行信号灯。

10.4 非机动车停车设施

10.4.1 非机动车停车设施要与人行系统连接，并设置指示标识。

10.4.2 大型公共交通枢纽和重要公共交通车站，应根据非机动车驻车换乘需求，结合自身设计设置非机动车停车场。大型建筑应根据需求设置适当容量的非机动车停车场。

10.4.3 非机动车停车场的规模应根据所服务的公共建筑性质、平均高峰日吸引车次总量，平均停放时间、每日场地有效周转次数以及停车不均衡系数等确定。

10.4.4 非机动车停车需求较小的公交停靠站，可布设路侧停车设施，设置非机动车车架和围栏。若非机动车停车需求大于30辆自行车，应设置专门停车场。

10.4.5 非机动车存车架和围栏的设置应与道路、交通组织和市容管理要求相适应，与交通护栏结合设置，方便使用、经济美观。

10.4.6 非机动车存车架和围栏应设置在道路的设施

带内，且不应压缩人行道的有效人行通行宽度。存车架的设置应保证非机动车车身放置不超过路缘石外沿。围栏高度不应超过1.3m。

10.5 机动车停车设施

10.5.1 机动车停车场的设置应符合下列规定：

1 机动车公共停车场的位置和规模要符合城市规划的要求，结合交通组织、区域停车需求、用地条件和道路交通条件等组织；

2 商业区、大型体育场馆、大型建筑等停车需求较大的地点可根据其交通组织设置一定规模的停车场；

3 停车场入口与城市道路连接通道的长度，应满足高峰时段进场车辆排队长度的要求；

4 进出车辆多的停车场宜设置多个收费口，收费口服务能力应满足车辆进出需求；

5 应合理设置停车场内车流线和人行流线，避免交叉，人流量大的停车场人行出入口应分散布置；

6 停车场的内部交通组织应与场地周边交通条件相符合，出入口及停车场内应设置交通标志、标线以指明场内通道和停车车位；

7 停车场内部步行系统应与周边人行通道连接，人行流线宜用标线标识，与机动车流线交叉时，应设交通标志、标线；

8 停车场出入口应有良好的通视条件，并设置交通标志。

10.5.2 路侧停车位的设置应符合下列规定：

1 路侧停车位作为停车场的补充，应合理设置；

2 路侧停车位的设置应避免影响非机动车的正常通行，不应侵占非机动车通行空间；

3 道路交叉口、建筑物出入口及公交站台附近不得设置路侧停车设施；

4 路侧停车应规定车种类型、停放时间，通过标志给予告示；

5 路侧停车位的设置应避免对机动车道内车辆行驶的影响。

10.5.3 出租车停靠站的设置应符合下列规定：

1 交通繁忙、行人流量大、禁止随意停车的地段，应设置出租车停靠站，并根据需求合理确定停靠站规模和形式；

2 应结合人行系统设置，方便乘客；

3 出租车停靠站要配有标识系统；

4 停靠站布置根据道路交通条件可采取直接式或港湾式；

5 需求量大的停靠站，宜预留乘客排队空间，并根据需要设置排队设施。

10.6 公交停靠站

10.6.1 公交停靠站的设置应符合下列规定：

1 公交停靠站应结合城市规划、公交线路组织、沿线公交需求及道路条件等规划设置；

2 设置于道路立交的公交停靠站，停靠站间换乘宜为立体换乘。公交停靠站位于交通枢纽和地铁站附近，应统一设置，方便换乘；

3 道路交叉口附近公交停靠站设置，应方便换乘，并减少对其他交通的影响；

4 快速公交专用车站应满足快速公交运营要求。

10.6.2 公交停靠站台的设置应符合下列规定：

1 站台长度不宜小于2个停车位。当多条公交线路停靠时，车站通行能力应与各线路最大发车频率的总和相适应。当停车位大于6辆车长或停靠线路多于6条，可分组分区段设置；

2 城市主干路应采用港湾式公交停靠站，车流量大的次干路宜采用港湾式公交停靠站；快速路上设置的公交停靠站应满足现行行业标准《城市快速路设计规程》CJJ 129 的规定；

3 常规公交车停靠站站台铺装宽度根据候车人流量确定，一般不应小于2m，条件受限时，不得小于1.5m；快速公交专用站台，双侧停靠的站台宽度不应小于5m，单侧停靠的站台宽度不应小于3m；

4 设置在主路的公交站台应在辅路设置人行过街设施，并根据需要设置主路的人行过街设施；

5 机动车与非机动车混行路段，公交站台处宜在站台外侧设置非机动车道；

6 两条以上公交线路停靠的车站，站台宜设置排队用的人行护栏。

10.6.3 公交停靠站候车亭的设置应符合下列规定：

1 候车亭的设计应安全、实用、经济、美观，便于乘客遮阳、避雨雪，与周围景观相协调。亭内宜设置座椅、靠架，方便乘客使用；

2 候车亭进车端应有良好视线，候车亭尺寸应根据需求设计并与站台相协调；

3 站牌设置要便于公交司乘人员及乘客的观察和寻找，根据是否设置候车亭进行布置；

4 站台分组分区段设置时，站牌应设在相应区段内。

11 道路照明及变配电

11.1 道路照明

11.1.1 城市道路应设置人工照明设施。

11.1.2 城市道路照明标准可分为机动车道路、非机动车与人行道路照明两类。机动车道路照明应按快速路与主干路、次干路、支路分为三级。

11.1.3 机动车道路照明应以路面平均亮度（或路面平均照度）、路面亮度总均匀度和纵向均匀度（或路面照度均匀度)、眩光限制、环境比和诱导性为评价指标。

11.1.4 城市道路照明应根据道路功能及等级确定其设计标准。照明标准值应符合表11.1.4的规定，表中高档值和低档值应根据城市的性质和规模以及交通控制系统和道路分隔设施完善性来选择。

表11.1.4 机动车道路照明标准值

级别	道路类型	路面亮度 平均亮度 L_{av} (cd/m²) 维持值	路面亮度 总均匀度 U_O 最小值	路面亮度 纵向均匀度 U_L 最小值	路面照度 平均照度 E_{av} (lx) 维持值	路面照度 照度均匀度 U_E 最小值	眩光限制阈值增量 TI (%) 最大初始值	环境比 SR 最小值
Ⅰ	快速路、主干路	1.5/2.0	0.4	0.7	20/30	0.4	10	0.5
Ⅱ	次干路	0.75/1.0	0.4	0.5	10/15	0.35	10	0.5
Ⅲ	支路	0.5/0.75	0.4	—	8/10	0.3	15	—

注：1 表中所列的平均照度仅适用于沥青路面。若系水泥混凝土路面，其平均照度值可相应降低约30%；
2 表中对每一级道路的平均亮度和平均照度给出了两档标准值，"/"的左侧为低档值，右侧为高档值。对同一级道路选定照明标准值时，中小城市可选择低档值；交通控制系统和道路分隔设施完善的道路，宜选择低档值。

11.1.5 人行道路照明应以路面平均照度、路面最小照度和垂直照度为评价指标。

11.1.6 人行道路照明标准值应符合表11.1.6的规定。

表11.1.6 人行道路照明标准值

夜间行人流量	区域	路面平均照度 E_{av} (lx) 维持值	路面最小照度 E_{min} (lx) 维持值	最小垂直照度 E_{vmin} (lx) 维持值
流量大的道路	商业区	20	7.5	4
	居住区	10	3	2
流量中的道路	商业区	15	3	3
	居住区	7.5	1.5	1.5
流量小的道路	商业区	10	2	2
	居住区	5	1	1

注：最小垂直照度为道路中心线上距路面1.5m高度处，垂直于路轴平面的两个方向上的最小照度。

11.1.7 道路与道路的平面交汇区应提高其照度，交汇区照明标准值应符合表11.1.7的规定。

表11.1.7 交汇区照明标准值

交汇区类型	路面平均照度 E_{av} (lx) 维持值	照度均匀度 U_E 最小值	眩光限制
主干路与主干路	30/50	0.4	在驾驶员观看灯具的方位角上，灯具在80°和90°高度角方向上的光强分别不得超过30cd/1000lm和10cd/1000lm
主干路与次干路	30/50		
主干路与支路			
次干路与次干路	20/30		
次干路与支路			
支路与支路	15/20		

注：1 灯具的高度角是在现场安装使用姿态下度量；
2 表中对每一类道路交汇区的路面平均照度给出了两档标准值，"/"的左侧为低档照度值，右侧为高档照度值。

11.1.8 道路照明应选择光效高、寿命长的光源，在要求较高的区域可采用显色指数较高的光源。

11.1.9 道路照明应根据不同等级的道路对眩光限制的要求，选用截光型或半截光型灯具。

11.1.10 道路照明灯具可根据道路横断面形式、宽度、照明要求及环境等设计为单侧布置、双侧交错布置、双侧对称布置、中心对称布置等，大中型立交、交通枢纽可采用高杆照明形式。

11.1.11 城市道路中的隧道，应设置隧道照明。隧道照明可分为入口段、过渡段、中间段和出口段。

11.1.12 隧道照明应根据行车速度和交通量确定其设计标准，隧道照明中间段标准值应符合表11.1.12的规定。

表11.1.12 隧道照明中间段标准值

计算行车速度 (km/h)	双车道单向交通 $N>2400$ 辆/h 双车道双向交通 $N>1300$ 辆/h 平均亮度 L_{av} (cd/m²) 最小值	双车道单向交通 $N>2400$ 辆/h 双车道双向交通 $N>1300$ 辆/h 总均匀度 U_O 最小值	双车道单向交通 $N>2400$ 辆/h 双车道双向交通 $N>1300$ 辆/h 纵向均匀度 U_L 最小值	双车道单向交通 $N≤700$ 辆/h 双车道双向交通 $N≤360$ 辆/h 平均亮度 L_{av} (cd/m²) 最小值	双车道单向交通 $N≤700$ 辆/h 双车道双向交通 $N≤360$ 辆/h 总均匀度 U_O 最小值	双车道单向交通 $N≤700$ 辆/h 双车道双向交通 $N≤360$ 辆/h 纵向均匀度 U_L 最小值
100	9	0.4	0.6~0.7	4	0.3	0.5
80	4.5			2		
60	2.5			1.5		
40	1.5			1.5		

注：当交通量在其中间值时，亮度指标按表中高值的80%取值；均匀度指标按内插法取值。

11.1.13 隧道入口段、出口段应进行加强照明，入口段其亮度值应根据洞外亮度确定，并通过过渡段过渡至中间段亮度；出口段亮度值应根据中间段亮度确定。

11.2 照明控制

11.2.1 道路照明应采用自动控制。

11.2.2 道路照明控制宜采用时控为主、光控为辅的控制模式。

11.2.3 采用时间控制的道路照明宜按所在地理位置和季节变化分时段确定开关灯时间。

11.3 变配电系统

11.3.1 一般道路的照明应为三级负荷，重要道路、交通枢纽及人流集中的广场等区段照明应为二级负荷。

11.3.2 正常运行情况下，照明灯具端电压应维持在额定电压的90%～105%。

11.3.3 城市道路照明的配电系统宜预留道路监控等设施的用电量。

11.4 节 能

11.4.1 道路照明设计应合理选定照明标准值，宜通过利用监控系统和完善道路分隔设施等方法，使道路适应照明标准低档值。

11.4.2 道路照明应使用高光效光源和高效率灯具。

11.4.3 道路照明设计应提高配电线路的功率因数，气体放电灯线路的功率因数不应小于0.85。

11.4.4 道路照明设计宜根据具体情况，选择合理和灵活的照明控制方式。

11.4.5 道路照明宜推广使用自清洁灯具。

11.4.6 道路照明应以照明功率密度（LPD）作为照明节能的评价指标，除特殊区域外，功率密度值不应大于表11.4.6的规定。

表11.4.6 道路照明功率密度值

道路级别	车道数（条）	照明功率密度值LPD（W/m²）	对应的照度值（lx）
快速路主干路	≥6	1.05	30
	<6	1.25	
	≥6	0.70	20
	<6	0.85	
次干路	≥4	0.70	15
	<4	0.85	
	≥4	0.45	10
	<4	0.55	
支路	≥2	0.55	10
	<2	0.60	
	≥2	0.45	8
	<2	0.50	

注：1 本表仅适用于高压钠灯，当采用金属卤化物灯时，应将表中对应的LPD值乘以系数1.3；
　　2 本表仅适用于设置连续照明的常规路段。

12 管理处所及设备

12.1 一般规定

12.1.1 为适应不同类型和等级的城市道路交通管理要求，应设置相应的交通管理处所和管理设备。

12.1.2 管理处所应遵循布局合理、用地节约、环保节能的设置原则。

12.1.3 管理设备的配备应遵循经济、实用、方便的原则。

12.2 管理处所

12.2.1 对于重要的城市快速路、桥梁、隧道等工程应根据规模、功能、重要性、地理位置需要设置道路管理处所。

12.2.2 道路管理处所的设置应符合下列规定：

　　1 道路管理处所建设位置应与城市规划相结合，邻近所管理的道路交通设施，并与周围环境协调一致；

　　2 道路管理处所的建设规模应根据道路设计交通量、交通组成、自然条件等因素，结合工程具体情况确定；

　　3 道路管理处所可根据需要设置执法人员的办公和生活设施；

　　4 道路管理处所应满足各种设备和必要物资存放的需求；

　　5 道路管理处所根据需要设置方便执法检查的设施；

　　6 道路管理处所应考虑污水、垃圾等废弃物的无害排放。

12.3 管理设备

12.3.1 管理设备配置应保证日常管理工作的正常运行。

12.3.2 管理设备配置宜考虑满足突发事件下的应急管理需求。

本规范用词说明

1 为便于在执行本规范条文时区别对待，对要求严格程度不同的用词说明如下：

　　1）表示很严格，非这样做不可的：
　　　　正面词采用"必须"，反面词采用"严禁"；

　　2）表示严格，在正常情况下均应这样做的：
　　　　正面词采用"应"，反面词采用"不应"或"不得"；

　　3）表示允许稍有选择，在条件许可时首先应这样做的：

正面词采用"宜",反面词采用"不宜";

4)表示有选择,在一定条件下可以这样做的,采用"可"。

2 条文中指明应按其他有关标准执行的写法为"应符合……的规定"或"应按……执行"。

引用标准名录

《道路工程术语标准》GBJ 124
《城市道路交通规划设计规范》GB 50220
《道路车辆外廓尺寸、轴荷及质量限值》GB 1589
《道路交通标志和标线》GB 5768
《公路交通标志反光膜》GB/T 18833
《声环境质量标准》GB 3096
《道路交通标志板及支撑件》GB/T 23827
《道路交通信号灯设置与安装规范》GB 14886
《城市道路设计规范》CJJ 37
《城市桥梁设计准则》CJJ 11—93
《城市人行天桥与人行地道技术规范》CJJ 69
《城市快速路设计规程》CJJ 129
《城市道路照明设计标准》CJJ 45
《城市道路和建筑物无障碍设计规范》JGJ 50
《公路隧道设计规范》JTG D70
《公路桥涵设计通用规范》JTG D60
《公路交通安全设施设计规范》JTG D81
《高速公路 LED 可变信息标志技术条件》JT/T 431
《声屏障声学设计和测量规范》HJ/T 90
《上海市城市干道人行过街设施规划设计导则》SZ-C-B03—2007

中华人民共和国国家标准

城市道路交通设施设计规范

GB 50688—2011

条 文 说 明

制 定 说 明

根据住房和城乡建设部《关于印发〈2008年工程建设标准规范制订、修订计划（第一批）〉的通知》（建标〔2008〕102号）要求，《城市道路交通设施设计规范》由上海市政工程设计研究总院（集团）有限公司负责主编，并会同北京市市政工程设计研究总院、上海市城市建设设计研究总院等单位共同编制而成。经住房和城乡建设部2011年5月12日以住房和城乡建设部第1034号公告批准发布。

为便于广大设计、施工、科研、学校等单位有关人员在使用本规范时能正确理解和执行条文规定，《城市道路交通设施设计规范》编制组按章、节、条顺序编制了本规范的条文说明，供使用者参考。

目 次

1 总则 ……………………………… 39—25
2 术语和符号 …………………… 39—25
3 交通调查 ……………………… 39—25
4 总体设计 ……………………… 39—25
   4.1 一般规定 ………………… 39—25
   4.2 交通设施分级 …………… 39—25
   4.3 总体设计要求 …………… 39—26
   4.4 设计界面 ………………… 39—26
5 交通标志 ……………………… 39—26
   5.1 一般规定 ………………… 39—26
   5.2 分类及设置 ……………… 39—26
   5.3 版面设计 ………………… 39—27
   5.4 材料 ……………………… 39—27
   5.5 支撑方式与结构设计 …… 39—27
6 交通标线 ……………………… 39—28
   6.1 一般规定 ………………… 39—28
   6.2 标线设置 ………………… 39—28
   6.3 材料 ……………………… 39—28
   6.4 轮廓标 …………………… 39—28
7 防护设施 ……………………… 39—29
   7.1 一般规定 ………………… 39—29
   7.2 防撞护栏 ………………… 39—29
   7.3 防撞垫 …………………… 39—31
   7.4 限界结构防撞设施 ……… 39—31
   7.5 人行护栏 ………………… 39—32
   7.6 分隔设施 ………………… 39—32
   7.7 隔离栅和防落物网 ……… 39—32
   7.8 防眩设施 ………………… 39—32
   7.9 声屏障 …………………… 39—33
8 交通信号灯 …………………… 39—33
   8.1 一般规定 ………………… 39—33
   8.2 信号灯设置 ……………… 39—34
   8.3 交通信号控制系统 ……… 39—34
9 交通监控系统 ………………… 39—34
   9.1 一般规定 ………………… 39—34
   9.2 管理模式 ………………… 39—35
   9.3 交通监控中心 …………… 39—35
   9.4 信息采集设施 …………… 39—36
   9.5 信息发布和控制设施 …… 39—36
   9.6 信息传输网络 …………… 39—37
   9.7 系统互联和安全 ………… 39—37
   9.8 监控系统主要性能指标 … 39—37
   9.9 外场设备基础、管道、
       供电与防雷、接地 ……… 39—37
   9.10 服务信息设施 …………… 39—38
   9.11 可变信息标志 …………… 39—38
10 服务设施 …………………… 39—38
   10.1 一般规定 ………………… 39—38
   10.2 人行导向设施 …………… 39—38
   10.3 人行过街设施 …………… 39—39
   10.4 非机动车停车设施 ……… 39—40
   10.5 机动车停车设施 ………… 39—41
   10.6 公交停靠站 ……………… 39—41
11 道路照明及变配电 ………… 39—42
   11.1 道路照明 ………………… 39—42
   11.2 照明控制 ………………… 39—42
   11.3 变配电系统 ……………… 39—42
   11.4 节能 ……………………… 39—42
12 管理处所及设备 …………… 39—42
   12.1 一般规定 ………………… 39—42
   12.2 管理处所 ………………… 39—43
   12.3 管理设备 ………………… 39—43

1 总 则

1.0.1 国家现行标准《城市道路设计规范》CJJ 37 是 1991 年编制的，其中关于安全设施设计的内容极少，也已显落后，难以适应城市道路建设的要求，实际设计中常常参照与之相关的公路行业规范。虽然城市道路与公路有其相同的地方，但是更有着交通特性、交通组成、服务对象等方面的差别。公路行业规范缺少对城市交通特点的考虑。为适应城市道路建设发展的需要，提高城市道路交通运行质量和安全水平，总结近 10 年来城市道路交通设施设计和建设的经验，编制本规范。

1.0.2 为满足城市道路使用者、管理者以及利害关系人的需要，城市道路交通设施应具有包括交通引导、安全防护、交通监控及服务与管理等功能。

1.0.3 道路交通各项设施的设计应结合项目所在地区规划、环境和道路总体设计的要求，按照各设施的特点，遵照"以人为本、确保安全、保障畅通、节能环保"的原则进行设计。

1.0.5 交通监控、服务设施和管理设施等的设置与交通量发展及路网发展状况有关。当交通量较小时，交通监控设施的需求较少，可以缓建。考虑到交通监控设施中相关的基础工程、管道敷设等在道路主体工程完成建设并投入运营后再实施会影响交通，同时，对已建工程开挖会造成浪费。所以，当规划设置交通监控设施时，相关的基础工程一般应同主体工程实施时一并预留或预埋。

2 术语和符号

本章给出的术语和符号，是本规范有关章节中所引用的。

在编写本章术语时，参考了现行国家标准《道路工程术语标准》GBJ 124、《道路交通标志和标线》GB 5768 等的相关术语。

本规范的术语是从本规范的角度赋予其含义的，但含义并不一定是术语的定义，同时还分别给出相应的推荐性英文。

3 交通调查

3.0.1、3.0.2 道路路网现状、沿线土地利用性质、沿线环境、道路状况、交通量、交通组成、交通特性、自然环境和人文环境、城市规划、路网规划等是道路交通设施设计的基础资料和依据。本规范总则第 1.0.3 条规定："城市道路交通设施设计应依据道路性质、沿线环境以及交通流特性等进行"。交通调查是交通设施设计的基础工作。交通设施的设计不仅与设置处道路的路网现状、路网规划、沿线土地利用性质、沿线环境、道路状况、交通量、交通组成、交通特性、自然环境和人文环境等有关，相邻的周边道路的综合状况也影响着设计项目的交通设施设计。为此，规定调查范围除了设计道路外，还应包含对设计道路有影响的周边范围。

3.0.3 道路交通设施设计与道路所在区域的特点、土地使用等情况密切相关，同时更要研究设计道路的性质、特点及交通特性，进行综合分析，合理确定道路交通设施设计的技术标准及设施规模，并据以指导道路交通设施设计。

3.0.4 改、扩建道路交通设施设计的重要参考依据是既有道路的状况，新设计的交通设施除了要满足改、扩建道路的交通需求外，还要着力避免既有道路交通设施设置的不足。

4 总体设计

4.1 一般规定

4.1.2 由于城市道路交通设施设计涉及的专业类别多，各城市对应的城市道路管理部门也多，而在实际设计任务中，城市道路交通设施的设计工作往往被附属于城市道路主体工程设计任务中，一方面忽视城市道路交通设施总体设计工作，会造成主体工程设计的总体目标出现偏差，导致道路交通设施安全等级及服务水平不能满足实际要求；另一方面为避免道路交通设施各专业和类别之间的设计冲突和衔接矛盾，应在总体设计统筹布局的指导下系统地进行各类交通设施的设计，使各类设施设计相互协调、布设合理、功能充分发挥。

在道路工程主体设计的基础上，应根据服务水平、车道数以及路段、交叉、桥梁、隧道等所处的地理位置、路侧自然环境、平纵技术指标、道路横断面型式等，科学选定技术标准，正确运用技术指标，做出符合实际情况的交通设施设计方案。

4.1.3 各种道路交通设施在设计中存在总体协调的问题。交通标志、交通标线、防护设施、交通监控系统、服务设施、道路照明以及管理处所等各类设施本身是相对独立的，但是各设施之间又存在一定的关系。总体设计应处理好各类设施之间的关系。

4.2 交通设施分级

4.2.2 城市道路交通设施等级分为 A、B、C、D 四级，既保证了道路交通安全，也区别了不同等级道路的不同使用要求。

4.2.3 城市道路交通设施分为 A、B、C、D 四级，对应了城市道路的不同等级，体现了不同的交通功能和使用要求的特点，既能保证交通安全，又经济合理，操作上也容易掌握。中、长、特长隧道及特大型桥梁采用 A 级交通设施标准，是因为中、长、特长隧道及特大型桥梁的道路等级一般都较高，且客观上形成了道路上的咽喉，如果交通设施设置不到位，可能影响通行能力，发生交通事故时对于交通疏散和救援都不如一般道路方便。

4.3 总体设计要求

4.3.1～4.3.5 鉴于道路工程特别是高等级、复杂系统的道路工程在设计及建设中常有交通设施工程内容的缺漏、不协调甚至是相互碰撞的情况发生，因此提出交通设施总体设计的要求是必要的。

交通设施总体设计工作内容从性质上分为总体设计和总体协调两部分，在操作中两者不可偏废。总体协调工作既包括交通设施设计与主体工程设计的协调，又包括组织和审核各交通设施设计中相互之间的协调。具体操作中，小型简单的道路工程的交通设施总体设计内容也较简单，大型、高等级的道路工程的交通设施总体设计要求就较高。

4.4 设 计 界 面

4.4.1～4.4.7 设计界面规定的目的是既要明确总体工程和各交通设施设计方的工作职责，提高工程设计效率，又要防止交通设施设计的错、漏、碰、缺，提高设计质量，避免造成经济损失和工程功能缺失或降低。

5 交 通 标 志

5.1 一 般 规 定

5.1.1 交通法规是道路使用者必须遵循的交通法律规定，一切违反交通法规的行为均应视为违法行为。交通标志应首先体现其与交通法规之间的关系和应用方法。

交通路权概念不仅应用在交通事故处理中，更重要的是应用在事先的交通控制措施中，设置简明、正确的交通标志指示交通路权，以达到消除或减少交通冲突，预防和减少交通事故，保障道路交通安全、畅通。

5.1.2 交通标志与交通标线等其他管理设施传递的信息应一致并互为补充是交通标志和标线设计的基本要求。当道路临时交通组织或维修等原因标志与标线不一致时，应以标志为主。

5.1.3 交通标志传递与道路交通无关的信息不仅无助于道路交通的管理和引导，还容易分散驾驶员的注意力，影响交通安全。

5.1.4 隧道内应急、消防、避险指示标志，主要包括紧急电话、消防设备、人行横洞、行车横洞、紧急停车带、疏散等指示标志，这些标志应采用主动光标志或照明式标志。

5.1.5 在道路的一定宽度和高度范围内不允许有任何设施及障碍物侵入的空间范围，称为道路建筑限界，又称道路净空。为保证车辆和行人安全通行，各类交通标志的设置不得侵入道路建筑限界内。本条作为强制性条文要求，必须严格执行。

5.2 分类及设置

5.2.1 交通标志按作用分类是较为常用的分类形式之一。辅助标志是对主标志补充说明，不能单独使用。其他分类形式详见现行国家标准《道路交通标志和标线》GB 5768 的有关规定。

5.2.3 交通标志的设置原则说明如下：

1 我国幅员广阔，各地区城市的经济、文化、人口、气候等方面存在差异和特点，如大型和特大型城市与中小城市、旅游和非旅游城市等，对交通标志设置要求会有所不同；在道路等级、交通状况、路网设施等方面，如全封闭的城市快速路与其他城市道路、主次干路与支路、人流聚集的商业中心与一般街坊、车流聚集的交通枢纽与一般道路等，对交通标志设置也有不同要求；对不同的道路使用者，交通标志设置也有不同要求。因此，应综合考虑各方面因素，深入研究其特点与要求。

2 在同一交通节点中，交通法规和安全信息的标志应采用较突出的设置方式，设置在相对醒目的位置，若与其他标志产生矛盾，应优先考虑交通法规与安全信息的发布，以警示法规与安全的重要性。

3 交通标志的设置应从路网、交通管理角度总体布局。标志设置除应满足当前区域、道路或工程范围内交通管理要求外，还应统筹考虑相关道路、路网上的交通管理要求。发布信息应具有连续性、系统性。对于城市快速路，指路标志应着重反映出口名称、方向和距离，并应连续、可追溯。对于一般城市道路，指路标志应着重反映道路名称、地点名称、路网结构和行驶方向，告知道路使用者当前位置和到达目的地合理、连续路径。对于高等级道路亦可采用对骨干道路逐级指引达到连续。对于重要的信息应给予连续、重复显示、多级预告，如指路标志中的重要地点、重要相交道路等，又如城市快速路的出口预告、入口诱导等。

4 对前置距离的确定，应根据管理行车速度、标志作用、交通量大小、环境条件等因素综合确定。并不应妨碍交通安全和损坏道路结构；不应紧靠在建筑物的门前、窗前及车辆出入口前；与建筑物保持 1.0m 以上的侧向距离。如不能满足时，可在道路另一侧设置或适当超出该标志规定的前置距离设置。

5 交通标志应设置在不同道路使用者的前进方向，在动态条件下最易于发现、识认的地点和部位。

可根据具体情况设置在车行道右侧的人行道、路肩、交叉路口内的交通岛、分隔带（宽度大于或等于100cm）部位或车行道上方。遇特殊情况，如上述位置存在障碍物遮挡或因其他原因时，以不引起误解为原则，可在道路左侧设置，或道路两侧同时设置。

在标志的并设上，同一地点需要设置2种以上标志或者已设有交通标志的地点需增设标志时，可以安装在1根标志杆上，但不应超过4种。标志板在一根标志杆上并设时，应按禁令、指示、警告的顺序，先上后下，先左后右排列，同类标志的设置顺序，应按提示信息的危险程度先重后轻排列。

5.3 版面设计

5.3.2 指路标志版面尺寸应根据文字数量、大小、间距等要素进行确定，并结合施工工艺，选择最经济合理的版面大小。指路标志版面设计应避免信息过载或信息不足，标志的内容要简明准确，便于道路使用者识认。指路标志上的道路名称和地名采用经地名管理机关确认的标准地名，根据需要也可采用历史沿用、公众认知度高的名称。

5.3.3 交通标志各颜色的各项技术指标应符合现行国家标准《公路交通标志反光膜》GB/T 18833 的具体规定。

5.3.4 版面文字中的指路标志版面文字可并用汉字和其他文字对照形式。其他文字主要指英文或其他少数民族文字，如果标志上采用英文字时，地名用汉语拼音，专用名词用英文。根据城市规模、性质及特点，对不同道路等级是否采用汉字和其他文字对照，可有不同要求。但对各城市旅游区，对外开放的重要商贸、旅游景点、国际性活动场所等处的指路标志宜采用中英文对照形式。

5.3.5 可变信息标志是一种因交通、道路、气候等状况的变化而改变显示内容的标志。一般可用作速度控制、车道控制、道路状况、气象状况及其他内容的显示。

1 可变信息标志版面显示方式有多种，如：LED（高亮度发光二极管）、磁翻板、字幕式、光纤式等。可根据标志的功能要求、显示内容、控制方式、环保节能、经济性等进行选择。

2 根据汉字视认性研究，标志汉字宜采用等宽线条、方形黑体字体，该字体最有利于驾驶者辨认。对于采用光带形式显示城市道路交通状态，光带应具有一定的宽度，根据实践，其宽度宜在 13cm～15cm 之间。

3 可变信息标志的颜色指标可参考国家现行标准《高速公路 LED 可变信息标志技术条件》JT/T 431 的具体规定。

5.4 材　　料

5.4.1 用于标志板面的逆反射材料主要为反光膜，应采用符合现行国家标准《公路交通标志反光膜》GB/T 18833 规定要求的反光膜或其他逆反射材料制作。

5.4.2 反光膜按其不同的逆反射性能，分为一级至五级反光膜。其具体分类见表1。

表1　反光膜分级表

等级（国标 GB/T 18833）	类型	习惯称谓	寿命（a）
一级	微棱镜型	钻石级	10
二级	密封胶囊型	高强级	10
三级	透镜埋入型	超工程级	3～7
四级	透镜埋入型	工程级	
五级	透镜埋入型	经济级	

5.4.3 标志底板可采用铝合金板、铝合金型材、薄钢板、合成树脂类板材等材料制作，一般应采用滑动槽钢或型铝加固。标志支撑结构件如立柱、横梁等可选用 H 型钢、槽钢、管钢等材料制作，应进行防腐处理。标志板及支撑结构的制作，应满足现行国家标准《道路交通标志板及支撑件》GB/T 23827 的要求。

5.5 支撑方式与结构设计

5.5.1 交通标志支撑方式的适用范围如下：

柱式可分为单柱式和双柱式。单柱式适用于警告、禁令、指示等标志；双柱式适用于长方形的指示或指路标志。

悬臂式适用于柱式安装有困难，道路较宽，交通量较大、外侧车道大型车辆阻挡内侧车道小型车辆视线，视距受限制时。

门式适用于同向三车道以上车道道路需要分别指示各车道去向时，道路较宽时，交通量较大、外侧车道行驶的大型车辆阻挡内侧车道小型车辆视线时，互通式立交间隔距离较近、标志设置密集时，受空间限制柱式、悬臂式安装有困难时，隧道、高架道路入口匝道处等。

附着式适用于支撑件设置有困难，采用附着式设置更加合理时，及其他需要采用附着式设置等场合。

各类交通标志支撑方式的选用及设置具体要求，应符合现行国家标准《道路交通标志和标线》GB 5768.2 的规定要求。

5.5.2 交通标志结构设计应满足功能要求和安全性的要求，要保证交通标志足够的强度、刚度和稳定性。其结构形式应考虑美观要求。

各种标志钢结构的结构尺寸、连接方式、土建基础大小等，应根据设置地点的风速、标志版面大小及支撑方式由计算确定。交通标志所承受的荷载包括两部分：永久荷载和可变荷载。永久荷载即交通标志结构的自重；可变荷载主要为风载。

标志结构的土建基础一般应采用钢筋混凝土基

础，必要时可采用桩基础。标志结构的预埋件应事先预埋在基础中，并应进行防腐处理。

5.5.3 交通标志所受荷载除恒载（自重）外，主要承受风载。设计风速是交通标志结构设计的重要条件。

5.5.4 标志板与支撑结构的连接主要采用抱箍和不锈钢万能夹等形式。不锈钢万能夹是国际通用的紧箍件，它由不锈钢扎带、扎扣和夹座三部分组成。

6 交通标线

6.1 一般规定

6.1.1 交通标线为道路使用者提供了应该遵循的交通规则及其可行驶的范围，是对交通流设置"路权"或限制交通流"路权"的交通控制措施。标线应提供车行道、行车方向、路面边缘、人行道等行驶规则的各种信息，配合和补充其他设施（如交通标志、信号灯）指示或警告的功能。

6.1.3 标线的可视性受路面清洁程度以及天气的影响很大，尘土、雨、雪的覆盖会较大降低标线的可视性（特别是夜间），因此对标线的不粘污性以及在不利天气下的视认性提出要求。

6.2 标线设置

6.2.1 一般路段的交通标线：
  5 标线宽度在车道宽度不受限制的条件下，建议取高值。

6.2.2 特殊路段的交通标线：
  1 禁止跨越车行道分界线，用于禁止车辆变换车道和借道超车，在双向行驶路段中禁止车辆越线利用对向车道超车或左转弯，在同向行驶车道间禁止车辆越线超车与变道。用于禁止超车时，宜与禁止超车标志同时设置。
  3 路面文字标记主要是利用路面文字，指示或限制车辆行驶的标记，如最高限速、车道指示（大型车、小型车、公共汽车）等。

6.2.3 平面及立体交叉交通标线：
  1 平面交叉口应根据其型式、交叉道路的优先通行权、车道宽度、各种交通流量的分析设置渠化标线，应确保线形流畅、规则，符合车辆行驶轨迹要求，路段和路口标线的衔接应科学、合理。
  2 左弯待转区标线划在交叉口左转专用车道前端，伸入交叉口内的左转车辆的等待区域。设置左弯待转区标线是在先直行后左转的专用相位下，利用直行时间段，左转车流可以进入交叉口等待左转，使左转车流提高通行效率。
  3 交叉口车行道导向线有左转弯、直行、右转弯等导向线，起到引导车辆按照规定车道通过交叉口的目的。导向线设置判别条件如下：
   1） 左转弯车流易造成混乱的畸形交叉口处，应设置左转弯导向线；
   2） 有双左转车道的交叉口处，应设置左转弯导向线；
   3） 当直行或左转弯车辆轨迹不畅时，应设置直行或左转弯导向线。
  4 为规范车辆在路段、交叉口和出入口处按规定的路线行驶，通常采用导流线来警告驾驶员不得压线或越线行驶，需要注意安全，提高警惕。导流线为白色线条。

平面交叉口或快速路出入口在进行渠化时，平滑设置出在平面交叉口进出口或快速路出入口的车道行驶范围后，形成的车道线以外的"多余"部分，即机动车行驶不进入的"安全导流岛"区域，该区域通常以斑马线或V形线的型式标划，其轮廓线是车流行驶的导流线。

6.3 材料

6.3.1 路面标线涂料可分为液态溶剂型、固态热熔型、液态双组分及液态水性4类。

液态常温溶剂型可在常温条件下作业施工；液态加热溶剂型涂料，加热温度较低，通过溶剂挥发和树脂在空气中氧化聚合而成膜，冷却后成标线，反光效果好。

固态热熔型涂料无溶剂，施工时需加高温使粉状涂料熔化，利用专用设备涂敷于路面，冷却后成标线，反光性能好，适用于繁忙的城市干道。

液态双组分涂料标线是一种跟热熔涂料标线等同的耐久性标线，标线不龟裂、反光性能优良。双组分标线涂料呈液态，由双组分或多组分分别包装组成，施工时两组分经混合后，通过化学交联反应固化成膜，不需加热，在常温下就能施工。

液态水性涂料常温下呈液体状，以水为溶剂，保护环境无污染。水性涂料耐磨性能优于常温溶剂型标线漆，夜间标线反光效果优于热熔涂料。施工时要根据涂料膜层的厚度和干燥速度科学控制玻璃微珠的喷涂时间和压力。水性涂料标线与沥青路面的附着力好，与水泥路面的附着力差，水泥路面不适用。

6.3.2 条文中给出的城市快速路、主干路反光标线逆反射系数指标为初始指标，白色反光标线涂料使用期内逆反射系数应保持不小于 $80\text{mcd} \cdot \text{lx}^{-1} \cdot \text{m}^{-2}$；黄色反光标线涂料使用期内逆反射系数应保持不小于 $50\text{mcd} \cdot \text{lx}^{-1} \cdot \text{m}^{-2}$。低于最低指标时应重新划制。标线应具有抗滑性能，标线抗滑摆值应不小于45BPN。

6.4 轮廓标

6.4.1 轮廓标是一种指示设施而不是警告设施。轮廓标的反射体在使用过程中必须保持均匀、恒定的亮度，不允许闪耀，也不允许当入射角在某一范围内变化时突然变亮或变暗。保持足够的反射亮度是轮廓标反射器必须具有的光学性能。

城市快速路上车辆运行速度较高，为提高行车的安全性和舒适性，指示前方线形非常重要，连续设置轮廓标就是诱导驾驶员视线，标明道路几何线形的有效办法。在快速路进出口匝道上（特别是小半径曲线上），应在道路两侧连续设置轮廓标。

6.4.2 轮廓标的设置间隔应根据道路线形而定，城市快速路直线段，其设置最大间隔不应超过50m。

在轮廓标布置设计时，应特别注意从直线段过渡到曲线段的路段，或由曲线段过渡到直线段的路段，应处理好轮廓标视线诱导的连续性，使其能平顺圆滑地过渡。

7 防护设施

7.1 一般规定

7.1.2 道路建筑界限是为了保证道路上规定的车辆正常运行与安全，在一定宽度和高度范围内，不得有任何障碍物侵入的空间范围。防护设施同样是一种障碍物，因此不得侵入道路建筑限界。考虑到车辆正常运行与安全，防护设施不应侵入停车视距范围内。

7.1.3 如果路侧有足够安全净距，提供足够宽的无阻碍的路侧恢复区，驶出路外的车辆完全可以靠自己恢复正常行驶，不会酿成严重事故。据美国的调查，在提供路侧安全距离的路段，所有驶出路外的车辆中，有80%的失控车辆能够恢复安全行驶。各国路侧安全距离的规定见表2。当路侧没有足够安全净距时，失控车辆碰撞护栏所造成的损伤程度要小于越出路外的损伤程度，因此必须设置防撞护栏。

表2 各国路侧安全距离标准

国别	路侧安全距离(m)	国别	路侧安全距离(m)
丹麦	3.00~9.00	英国	4.50
葡萄牙	2.00	捷克	4.50
匈牙利	2.50	瑞士	10.00
比利时	3.50	荷兰	10.00
波兰	3.50	法国（高速公路）	10.00

车辆与中央分隔带护栏接触、冲撞、爬上甚至冲断护栏的事故，占总事故的22%~25%。而且一旦发生车辆穿越中分带护栏事故，后果非常严重，因此，在中央分隔带连续设置护栏是非常必要的。而比较宽的中央分隔带，车辆横越的几率相对较低。美国规定，中央分隔带宽度超过30英尺（9.144m），可不设中央分隔带护栏；中央分隔带宽度超过50英尺（15.24m）时，就没有必要设置中央分隔带护栏了。本规范借鉴以上研究成果，规定当路基整体式断面中间带宽度小于或等于12m时，快速路的中央分隔带必须连续设置防撞护栏。

7.1.4 由于城市道路防护设施的施工、改造、养护和维修时受时空的影响较大，因此，防撞护栏的修筑或安装应满足施工简单、维护方便、占地空间小等要求。同时，考虑到不同城市历史、人文、形象建设的需要，防护设施还应当美观大方，与城市道路交通环境相协调，满足城市建设和发展的需要。

7.2 防撞护栏

7.2.1 防撞护栏是一种纵向结构设施，通过自身变形或迫使车辆爬高来吸收车辆的碰撞能量，以达到最大限度减少事故损失的目的。防撞护栏的设置应实现以下功能：①阻止事故车辆越出路外或进入对向车道；②使事故车辆回到正常行驶方向；③最大限度地减少乘员的伤亡；④诱导驾驶员的视线。

城市道路交通事故统计资料表明：车辆冲撞路侧（右侧）和中央分隔带（或左边路侧）的事故比例大致相当；车速越快，事故损失一般也越大。随着城市建设的快速发展，设计速度较大的城市道路、跨江跨河或高架桥梁等的大量修建，车辆坠落桥下或驶入对向车道造成严重事故的情况各地均有发生，防撞护栏的作用显得尤为重要。另外，随着城市道路交通量的快速增加，发生在护栏上游端头、不同类型护栏的过渡段、中央分隔带护栏开口处等护栏衔接处的交通事故也越来越多，这些位置已经成为安全防护设施体系中的防护漏洞或薄弱环节，需要合理处置，以使护栏的安全防护形成一个完整的体系。

防撞护栏在我国的应用已经历了20余年的时间，通过长期的研究和实践应用，在防撞护栏的结构形式、碰撞理论、设置原则、工程施工、维修养护等方面积累了丰富的经验。防撞护栏作为重要的道路交通安全设施，应该进行正确、合理的设计，为城市道路交通安全起到积极的作用，实现防撞护栏的功能和目标。

护栏防撞等级设置的指导思想：

①针对我国城市道路交通安全的实际需要，适应城市道路交通条件的发展趋势，坚持"以人为本，安全至上"的指导思想，最大限度地降低事故严重程度，提高我国城市道路交通安全的整体防护水平。

②符合我国国情，考虑在使用年限内的技术经济实力，设置科学合理、经济有效的防撞护栏。

确定碰撞条件的原则：

①安全性：满足城市道路交通现状和发展的需要，确保85%以上与护栏发生碰撞的车辆不会越出、冲断或下穿护栏。

②经济性：车辆碰撞护栏是小概率交通事故事件，护栏碰撞条件的确定要考虑国家的经济承受能力。

③适用性：护栏碰撞试验条件的车型组合应与我国城市道路交通组成相匹配。

根据对我国不同区域城市道路交通安全现状的调研，通过对道路状况、车辆行驶状况、事故车辆以及发展趋势的分析，依据上述指导思想和原则，制定我国城市道路防撞护栏的防撞等级，共分5级。

7.2.2 从20世纪90年代，我国已经研究开发出不同形式、不同防撞等级的混凝土护栏、组合式护栏、波形梁护栏和缆索式护栏30余种，能够满足我国城市道路安全防护的需要。另外，我国幅员辽阔，不同地区道路交通条件不同，路侧和中央分隔带的设置状况不同，据此，本规范规定了视实际情况选择不同的护栏型式和防撞等级。

护栏的碰撞条件主要包括碰撞车型、车辆质量、碰撞速度、碰撞角度等参数。对于设计速度低于40km/h的次干路、支路及景观要求高的桥梁段，其护栏碰撞能量低于70kJ时，可根据情况，在充分考虑护栏安全性、经济性、适用性的基础上，确定出针对具体路段的碰撞条件参数，并以此为依据设计特殊碰撞条件护栏，也可直接采用本规范规定的相应等级的护栏。对于矿山、港口、旅游景区等特殊路段，其护栏的碰撞条件也具有特殊性。当需要采用的护栏碰撞能量高于520kJ时，本规范规定的5个护栏等级均不能适用，必须根据交通调查的结果，分析确定出护栏碰撞条件的各个参数，再进行护栏设计。

7.2.4 决定是否设置路侧护栏的关键因素是车辆越出路外的事故严重程度。在事故中，除车辆本身外，有可能造成人员伤亡和财产损失，这些很难定量化，因此，这里车辆驶出路外可能造成的严重程度借鉴公安部目前的分类方法，并据此规定护栏防撞等级的适用条件。公安部对道路交通事故的等级分为4类：轻微事故是指一次造成轻伤1人～2人，或者财产损失机动车事故不足1000元，非机动车事故不足200元的事故；一般事故是指一次造成重伤1人～2人，或者轻伤3人以上，或者财产损失不足3万元的事故；重大事故是指一次造成死亡1人～2人，或者重伤3人以上10人以下，或者财产损失3万元以上不足6万元的事故；特大事故是指一次造成死亡3人以上，或者重伤11人，或者死亡1人，同时重伤8人以上，或者死亡2人，同时重伤5人以上，或者财产损失6万元以上的事故。

防撞护栏等级的选择不仅应考虑车辆越出路外的危险程度，也应该考虑车辆碰撞护栏的碰撞能量大小。在车辆构成相类似的情况下，车速越高，碰撞能量一般也越大。由此，根据需设置护栏路段的设计速度和道路等级，以及越过护栏的危险程度，确定了护栏防撞等级的选取办法。

7.2.5 根据交通事故调查统计，车辆冲撞中央分隔带（或者道路左侧）的事故和冲撞路侧的事故概率大致相当，而且车辆一旦越过中央分隔带闯入对向车道，很容易发生和对向车辆相撞的重大交通事故，因此，中央分隔带设置防撞护栏是非常必要的。各国在规定中央分隔带护栏设置标准时，往往以中央分隔带的宽度、交通量为依据。交通量较低时，车辆碰撞中央分隔带护栏的概率就低，但是，交通量较低时，车辆的速度就会相对提高，亦增加了车辆穿越中央分隔带的概率，一旦发生事故，后果同样非常严重。而且对于交通量的规定，各国有较大的差别，所以各国均把中央分隔带的宽度作为是否设置中央分隔带护栏的重要依据。这里，参照美国的做法，中央分隔带宽度小于或等于10m时，快速路的中间分隔带必须连续设置中间分隔带护栏。而对于护栏防撞等级的选择，依据车辆穿过中央分隔带护栏可能发生的事故等级进行设置。

7.2.6 中央分隔带开口是供交通事故处理车辆、急救车辆在紧急情况下通行，或者一侧道路施工封闭时开启放行的设施。中央分隔带开口活动护栏在正常封闭情况下应具有护栏的防撞功能，在临时开放时应具有开启方便、灵活移动的使用功能。

活动护栏是中央分隔带护栏的组成部分之一，应该具有与所处路段中央分隔带护栏相同的防撞等级，只有活动护栏的防撞等级和中央分隔带护栏的防撞等级相匹配，才能保证中央分隔带护栏防撞能力的连续性。

根据实际调查，现有城市快速路中央分隔带开口处活动护栏很多，主要的活动护栏形式为插拔式活动护栏和伸缩式活动护栏。这些活动护栏不具备防撞性能，车辆碰撞活动护栏时，很容易冲向对向车道，并引发二次事故。目前，国内已研制出具备规定防撞能力的活动护栏，且已经过实车碰撞实验验证，能够满足工程实际的需要。

7.2.7 相对于路基段而言，车辆越出桥外的事故往往要严重很多，因此，为了降低事故造成的损失，对于桥梁路段防撞护栏的设置要求要高于一般路基段。

当车辆在邻近或跨越干线铁路、水库、油库、电站等特殊路段上发生碰撞护栏事故时，因车辆一旦越过护栏，有可能引发特别严重的二次事故，因此必须最大限度地保证上述路段的安全性，需要根据具体情况对防撞护栏进行特殊设计。

7.2.8 防撞护栏是一种道路交通安全设施，能降低事故的严重程度，但也是一种障碍物，如果设计不当，同样会对行车安全产生影响，特别是在护栏的起、迄点端头处，如果不做安全性处理，一旦发生车辆正面碰撞的事故，事故严重程度就会增加。因此，在护栏的起、迄点端头处应做专门的安全设计和处理。

7.2.9 根据现有护栏设置现状，桥梁护栏与路基护栏的防撞等级和结构形式往往不同，如果它们之间的过渡处理不当，不但会对护栏的美观效果产生影响，发生车辆碰撞过渡段护栏，还有可能发生严重事故。因此，应对该衔接处护栏做专门的设计，使其刚度逐渐过渡并构成一个防护能力连续的整体。

7.3 防 撞 垫

7.3.1 防撞垫一般设置于交通分流区前端或易发生正面碰撞事故的构造物前端，在受到车辆碰撞时，通过自身的结构变形吸收碰撞能量，减轻对乘员的伤害程度。防撞垫应具有以下功能：①车辆正面碰撞或斜向碰撞时具有良好的吸能能力，减轻乘客伤害程度；②对于可导向防撞垫，车辆侧面碰撞时，能改变车辆的碰撞角度，并将车辆导向正确方向。

根据防撞垫的导向功能，可分为可导向防撞垫和非导向防撞垫。欧盟、美国、日本关于防撞垫防撞等级都是依据碰撞速度来划分的，见表3～表5。

表3 欧盟防撞垫等级和碰撞条件

速度等级（km/h）	质量（kg）	角度（°）
50	900	0
	1300	15
80	900	0
	1300	0,15,-15
100	900	0
	1300	0,15,-15
110	1500	0,15,-15

表4 美国防撞垫等级和碰撞条件

防撞垫等级	类型	车辆种类	质量（kg）	速度（km/h）	角度（°）
1	可导向防撞垫	700C	775±25	50	0,15
		820C	895±25		0,15
		2000P	2000±45		0,15,20
	非导向防撞垫	700C	775±25		0,15
		820C	895±25		0,15
		2000P	2000±45		0,15,20
2	可导向防撞垫	700C	775±25	70	0,15
		820C	895±25		0,15
		2000P	2000±45		0,15,20
	非导向防撞垫	700C	775±25		0,15
		820C	895±25		0,15
		2000P	2000±45		0,15,20
3	可导向防撞垫	700C	775±25	100	0,15
		820C	895±25		0,15
		2000P	2000±45		0,15,20
	非导向防撞垫	700C	775±25		0,15
		820C	895±25		0,15
		2000P	2000±45		0,15,20

表5 日本防撞垫等级和碰撞条件

防碰撞等级	车辆质量（t）	碰撞速度（km/h）	碰撞角度（°）	偏置量（cm）
1	1	80	0	50
2		100		

注：偏置量为防撞垫中心线与碰撞车辆中心线间的距离。

由于我国快速路的设计行车速度为60km/h～100km/h，主干路的设计行车速度为40km/h～60km/h。根据对我国不同区域城市道路交通安全现状的调研，通过对道路状况、车辆运行速度状况、发生事故碰撞情况的分析，制定出了我国城市道路防撞垫的防撞等级。

7.3.2、7.3.3 根据交通事故调查，在快速路的主线分流区、出口匝道分流区、快速路出口处等位置，属于危险三角区，容易发生车辆碰撞事故。快速路分流区和匝道出口小客车的运行速度往往超过道路的设计速度，这些路段是恶性事故多发的路段。同时，由于城市道路跨线桥较多，时常发生车辆碰撞跨线桥桥墩的事故，影响乘员和桥梁结构的安全。另外，互通式立体交叉匝道也是事故多发的路段，因此，这些路段需设置防撞垫，以降低事故对事故车辆和内部乘员的伤害程度。

7.3.4 决定采用防撞垫防撞等级的因素很多，但根据事故分析，影响乘员伤害程度和车辆损失的主要因素是车辆碰撞防撞垫时的碰撞速度。碰撞速度越大，对乘员和车辆损伤也越大。因此，根据不同等级道路路段车辆的运行速度对防撞垫的等级进行设置是比较合理的方法。

7.4 限界结构防撞设施

7.4.1 对于距道路行驶限界较近的桥梁墩柱、主梁、隧道洞口入口处两侧和顶部、交通标志支撑结构等限界结构，有被超越车行道行驶界限的车辆撞击的安全隐患，为保护行驶车辆、行人以及限界结构的安全，应设置限界结构防撞设施。

7.4.2 限界结构防撞设置分侧面、正面和顶面防撞，对于桥梁墩柱、隧道洞口入口处两侧应首先设置防撞护栏为主的侧面防撞措施，在没有设置侧面防撞设施的情况下宜采用正面防撞。在道路净空限高约束，容易被超高、误驶入车辆撞击处，可以结合具体情况设置顶面限界主体结构防撞设施，有效保护结构安全并提高局部防撞能力和耐久性。此外，应以设置警告、限界标志为主，如需设置附属结构防撞设施时，还应考虑避免二次事故。

7.4.3 在桥梁墩柱和道路边线之间没有能正常设置防撞护栏的最小距离时，在限界结构自身能够满足防撞要求的前提下，可以通过设置组合式或混凝土墙式防撞护栏，并且采取限界结构与道路防撞护栏形成整体限界结构防撞，避免由于主体结构局部撞击破坏而进行修复影响了正常的交通，参照国家现行标准《公路交通安全设施设计规范》JTG D81 中第 5.4.2 条规定，迎撞面的截面形状应与原防撞护栏保持一致。

7.4.4 在桥梁墩柱和道路边线之间有设置防撞护栏的最小距离时，道路上可设置波形梁防撞护栏。如波形梁防撞护栏撞击变形空间不能保障时，可采用加密护栏立柱间距和提高防撞护栏等级的措施以加强防撞。

7.4.5 在道路没有设置防撞护栏的条件处，正迎撞面设置防撞垫应参照第 7.3 节中防撞垫相关内容，以保证防撞垫、防撞岛、防撞墩等设施发挥有效的防撞击作用。

7.4.6 顶面限界主体防撞，是指在桥涵梁底、隧道入口顶面等容易被超高车辆撞击处设置的局部防撞措施，它可以避免由于局部撞击破坏而进行修复时影响正常的交通。形式如：在墩柱局部外包钢板、主梁限界底面设置角钢等，均可有效保护结构安全并提高局部防撞能力和墩柱耐久性，避免因进行修复而影响正常的交通。设置防撞门架可避免车辆直接撞击主梁，但应避免带来二次事故。

7.5 人行护栏

7.5.1 道路上常用的俗称"栏杆"，根据是否对行人有防护作用分为两种。参照现行国家标准《道路工程术语标准》GBJ 124 第 4.4.6 条，"护栏"是指"沿危险路段的路基边缘设置的警戒车辆驶离路基和沿中央分隔带设置的防止车辆闯入对向车行道的防护设施，以及为使行人与车辆隔离而设置的保障行人安全的设施"，本规范规定对行人有防护作用的称为"人行护栏"，对受力和构造提出技术标准；而对于分隔交通，规范行走空间的简易构造物，称为"分隔栏杆"，对受力不作特殊要求，各地可执行产品技术要求。

人行护栏的设置目的是保护行人的安全，设置的位置一是行人跌落危险的地段，二是行人穿越快速通行的道路有危险、需要使行人与车辆隔离的地段。

5 天桥和地道相对于平面过街方式，增加了行走距离，因此会有行人图方便而强行穿越道路的情况，为避免行人和机动车碰撞的事故，要求在天桥和地道处的机动车道边侧设人行护栏。但当有公交车在此位置停靠时，就不能加装护栏，需要在路中设置分隔栏杆，栏杆高度要求不宜低于 1.10m，以防行人攀越。

7.5.2 人行护栏设计的一般规定：

1 人行护栏高度从可踏面算起，不低于 1.10m，是为了避免行人翻越，一般不应低于此值。

6 许多城市利用各种护栏安装广告，若广告距离司机太近，会分散司机注意力，所以作此规定。

7.6 分隔设施

7.6.1 分隔栏杆和分隔柱的设置是为了界定行人、非机动车和机动车的行走空间，避免彼此干扰和交通事故。机动车道和非机动车道之间的分隔栏杆，在路口设置时，要考虑道路的渠化、转弯车辆的行驶轨迹，避免设置分隔栏杆后妨碍转弯车辆的行驶。

1 车速快、交叉口间距大的道路，行人穿越道路的绕行距离加大，安装中央分隔栏杆能很大程度上减少行人强行穿越道路造成的恶性事故。栏杆的高度要求不宜低于 1.10m，这个高度是行人难以翻越的高度。

护栏渐变的最低高度为 0.7m，考虑小汽车司机的目高按 1.2m 计算，断口处的行人按最不利条件，考虑儿童的身高 1m，减去头部的高度，即司机在停车视距范围外能看到护栏断口处走出的 1m 高儿童的头部。断口处设置分隔柱是为了防止车辆从断口处通行。

7.7 隔离栅和防落物网

7.7.1 隔离栅的设置目的，是防止行人进入机动车快速行驶的道路。快速路或立体交叉的高标准匝道，穿越的地区行人流量大，行人横穿道路的机会多，所以在所有行人可能进入快速机动车道的地方都应设置隔离栅，对于大于或等于 60km/h 的主干路，交叉口或公交车站距离较近，车辆的实际行驶速度并不快的，可不设隔离栅，但对于城市外围或新建区的主干路设计车速大于或等于 60km/h 的，宜设置隔离栅。

7.7.2 防落物网的设置目的，是为了防止桥梁上跨快速行驶的通道时，桥梁上的行人不经意间撒落硬物、桥上杂物被风吹到桥下、桥上车辆装载的物品撒落到桥下，造成快速行驶的车辆以较高的相对速度与硬物相撞，或散落的物品造成车辆非正常行驶，造成交通事故和对公民人身和财产的伤害。

7.8 防眩设施

7.8.1 车辆在快速路上行驶，经常遇到对向出现极强的光照，使驾驶员视觉机能或视力降低，产生烦恼和不舒适的感觉，这就是眩光。眩光使驾驶员视觉的信息质量显著下降，易产生紧张和疲劳，使夜间行车环境不断恶化，是发生交通事故的潜在因素。防眩设施是指防止夜间行车受对向车辆前照灯眩目的构造物。防眩设施既要有效地遮挡对向车辆前照灯的眩光，也应满足横向通视好、能看到斜前方，并对驾驶员心理影响小的要求。城市道路可选用的有绿化和防眩板、防眩网等形式。

7.8.2 "七五"国家重点科技项目《高速公路交通安全设施的研究》专题的一部分即为"防眩设施结构形式的研究"。其中，对不同形式防眩设施类型（植树、防眩板、防眩网）从道路景观和对驾驶员的心理影响、防眩效果、经济性、防眩设施对风雪的阻挡、施工和养护等5个方面进行了比较选择，结果见表6。

表6 不同防眩设施的综合性比较

特点	植树		防眩板	防眩网
	密集型	间距型		
美观	好	好	好	较差
对驾驶员心理影响	小	大	小	较小
对风阻力	大		小	大
积雪	严重		小	严重
自然景观配合	好		好	不好
防眩效果	较好		好	较差
经济性	差		好	较差
施工难易	较难		易	难
养护工作量	大		小	小
横向通视	差		好	好
阻止行人穿越	较好		差	差
景观效果	好		好	差

1 防眩设施在不同的地区选用不同的形式，冰雪地区要考虑结冰因素，不推荐选用防眩网；沿海风大地区、沙漠和高架桥上宜选用中间有孔的防眩板；干旱地区、隔离带较窄道路，选用绿篱防眩时，要考虑绿篱的浇灌问题。

2 防眩板设计的内容有：①遮光角；②防眩高度；③板宽；④板的间距。其中遮光角和防眩高度较重要。城市道路中小型车较多，平纵曲线较多，这和公路有所不同，设计时应有区别。由于目前城市道路这方面的科研工作开展不多，在本规范中暂不规定严格遵守的数值，待专用规范制定时再确定。

7.9 声 屏 障

7.9.1 《中华人民共和国环境噪声污染防治法》第36条规定："建设经过已有的噪声敏感建筑物集中区域的高速公路和城市高架、轻轨道路，有可能造成环境污染的，应当设置声屏障或者采取其他有效的控制环境噪声污染的措施"。

对噪声敏感的建筑物指城镇新建、扩建和改建的住宅、学校、医院及旅馆等4类建筑中的主要用房。

对噪声不敏感的建筑物系指本身无防噪要求的建筑物，如商业建筑，以及虽有防噪要求，但外围护结构有较好的防噪能力的建筑物，如有空调设备的旅馆。

声屏障按其结构外形可分为：直板式、圆弧式、悬臂式、半封闭式、全封闭式等；按降噪方式可分为：吸收型、反射型、吸收-反射复合型。由于声屏障的类型各异，在降噪效果、造价、景观方面各有特点。因此，在设计声屏障时应根据受声点对声环境的要求、当地的社会经济状况、自然地理环境来合理地选择外形和材料。

声屏障具有降噪、节约土地、美观漂亮等特点。从地产开发商和用户的角度出发，声屏障是一个最直接有效的隔声措施。经科学设计的隔声屏在国内外已广泛应用于公路交通噪声污染的防治，最多可达10dB（A）的降噪效果。

7.9.2 声屏障安装位置的选择原则是声屏障靠近声源、受声点，或者可利用的土坡、堤坝等障碍物等，力求以较少的工程量达到设计目标所需的声衰减。

根据道路与防护对象之间的相对位置、周围的地形地貌，应选择最佳的声屏障设置位置。由于声屏障通常设置在道路两旁，而这些区域的地下通常埋有大量管线，故应该做详细勘察，避免造成破坏。

对安静要求较高的民用建筑，隔声屏宜设置于本区域主要噪声源夏季主导风向的上风侧。

8 交通信号灯

8.1 一 般 规 定

8.1.1 道路使用者包括机动车、非机动车、行人等。对于行人信号灯，尤其要确保儿童、老人、残障人士能清晰、准确地识别和方便地使用。

8.1.2 交通信号灯的设置、交通信号控制策略应与交通组织规划相协调，保证交叉口渠化方案与信号控制方案协调一致。

8.1.3 交通信号灯设备一旦发生故障，往往导致交通混乱甚至事故发生，所以交通信号灯设备应能够在室外环境下长期可靠运行。交通信号灯设备还应具有防止被错误操作的安全防范措施。当交通信号灯设备出现故障时，应能够自动采取黄闪、灭灯等保护措施，任何情况下均不得出现相互冲突的交通信号。

8.2 信号灯设置

8.2.2 为保证交通信号能被清晰、准确地识别，城市主干路宜采用直径400mm的信号灯具，并且左右各设1组，有利于各车道车辆的视认，并可作为故障备份。当路口较宽导致信号灯视认距离过长时，应设置远近2套灯组。

8.2.4 交通流量较大的城市快速路，一般采用入口匝道控制方式来调节主线流量，常用的方法有汇入控制、关闭控制两种。实施汇入控制方式时，应在匝道汇入段入口处设置信号灯；实施关闭控制方式时，应在匝道进口设置车道信号灯，并配置可变信息标志。

出口匝道因地面交通拥堵需实施关闭控制时，应设置信号灯和可变信息标志。

8.2.6 交通信号周期根据各进口交通流量及饱和度等参数确定，其长度应有利于提高路口通行效率，同时要避免等待时间过长引起人们的焦躁情绪。

8.2.8 在道路的一定宽度和高度范围内不允许有任何设施及障碍物侵入的空间范围，称为道路建筑限界，又称道路净空。为保证车辆和行人安全通行，各类交通信号灯及其安装支架均不得侵入道路建筑限界内。本条作为强制性条文规定，必须严格执行。

8.3 交通信号控制系统

8.3.2 绿波协调控制可以提高道路通行效率。路网或路段上的绿波方案以所有交叉口都采用相同的周期长度为前提。设计绿波方案时应考虑时段车速、连续车道、人行横道、信号相位与相位数、相序等因素。

8.3.3 各路口交通信号配时参数包括周期、相位、绿信比、相位差等，这些参数应在基于区域协调控制的目标下，根据各进口道流量、流向、饱和度等计算而得。

9 交通监控系统

9.1 一般规定

9.1.1 当前城市道路因经济发展、车辆快速增长，对城市道路交通造成较大压力，为提高城市道路管理水平和道路服务水平，快速处置交通事件，缓解城市交通拥堵，宜设立城市道路交通监控系统。

9.1.2 城市道路交通监控系统从设施分布角度可分为监控中心、外场设施两个部分，外场设施又包含监控设备和信息传输网络两个方面。城市道路交通监控系统以实时掌握路网交通流运行状态，缓解道路交通拥堵，增进道路交通安全，提高路网运行效率和服务质量为建设目标，宜具备信息采集、分析处理、信息发布和控制管理、信息共享和交换等功能。

1 交通信息采集功能。数据信息采集以满足实时交通管理和历史交通数据应用为目的，应采用直接采集方式为主，间接采集方式为辅，以实时获取道路交通信息和突发交通事件为目标。

视频信息采集应满足交通监控人员对突发交通事件的确认和观察、对道路交通状态的巡视和主动发现交通问题的需要，可通过设置闭路电视子系统以获取实时视频信息，采集范围应满足系统配置的要求。

道路的交通事件信息的获取，还可通过社会应急联动机制、其他社会途径以及其他信息系统来综合获取影响道路交通的信息。

2 交通信息处理功能。交通信息的处理应由交通监控中心（监控分中心）集中处理，通过对所采集的各种交通数据信息进行自动分析，可自动获取道路实时交通状态信息和检测交通事件，并能预测行程时间。

获取交通状态信息和检测交通事件而采用的信息处理算法应按道路不同路段在不同时间段的交通流特性，研究和设计与之相对应的道路交通状态判别和交通事件检测算法，达到相应的判断精度和满足判别的时间特性要求。

应能对采集的和处理生成的交通信息，按照时间和空间特性进行统计和分析，形成日常交通运行管理所需要的各种表格。

3 交通信息发布和控制功能。交通控制和诱导应体现与管理模式相适应的交通控制策略的要求，通过诱导控制设备的布设和交通监控中心（监控分中心）诱导控制软件的开发，实现整个路网的交通控制策略。

监控系统能自动生成各路段的交通状态信息，并按照外场信息发布设备的布设位置和组成形式形成发布方案，保证交通状态信息发布的一致性。根据不同路段的交通流变化特性，通过主线控制、入口控制、通道控制方式，最终实现路网的交通控制。

交通事件管理可采用预案模式，也可接受交通监控人员的人工指令干预。

4 信息共享交换和交通信息服务功能。应在完善的数据安全机制保证下与其他相关的部门实现信息的共享交换。

监控系统还应根据城市管理和公共安全突发事件应急指挥体系的整体架构和职能分工，设置相应的应急指挥和事件处置功能，并与道路交通执法管理、路政管理、养护、救援等部门建立紧密联系，对可能发生的特殊交通安全或紧急事件拟订及时采集、迅速决策处理并发布控制指令、实施救助的应急处置预案和管理作业流程。

9.1.3 通常情况下，城市道路的等级规模是根据交通需求确定的，因此道路等级与交通量成正比。考虑到交通监控系统是新兴发展的学科，又与经济发展水平密切相关，且国内城市经济发展不平衡的因素，在工程建设时结合道路交通量、管理需求和经济能力等实际情况，参照表9.1.3执行。

9.1.4 城市道路交通监控的建设是随着经济的发展而发展的，建设周期较长，交通监控系统的建设应结合整个城市道路网的发展规划先进行统一的交通监控规划，以指导各个道路工程的监控系统在统一框架下逐步进行，确保建设一个合理而又符合发展规划的交通监控系统。

城市道路交通监控系统应根据城市交通状况和建设条件进行建设。当城市道路的交通达到二级服务水平下限时，车辆间干扰较大，交通拥挤感增强，舒适度下降，通过采取相应的交通监控措施，以改善道路交通状况。

道路交通监控系统的建设条件包括当地经济发展水平、路网建设和发展规划、交通监控系统和交通信息化建设发展规划、道路功能和交通特征、道路等级、交通量和服务水平等因素，系统建设应综合考虑后确定系统规模和配置，必要时可分步分期实施。

9.1.5 监控系统根据桥梁、隧道、道路功能将交通监控系统配置分为4个等级，表9.1.5监控等级分类适用范围栏中的中、长、特长隧道和特大桥梁以及道路类别确定，分别见国家现行标准《公路隧道设计规范》JTG D70、《公路桥涵设计通用规范》JTG D60和《城市道路设计规范》CJJ 37 的规定。该配置主要是依据道路等级水平、服务水平和在路网中发挥作用的重要性，以及结合监控系统自身特性作出的规定。此外，监控系统配置还应充分考虑与道路服务水平相匹配，即服务水平越高，监控设施可适当减少，反之，可适当增加。

9.2 管理模式

9.2.1 一般情况下，一座城市宜设一处道路交通监控中心，对全市道路网络的交通运行统一实施集中监控和管理。由于城市道路等级不同、路网范围较大、城市经济发展水平不一等因素，目前可将主干路以上的道路作为交通监控主要对象，提高主干路网的整体服务水平。

9.2.2 由于目前我国大多数道路的监控系统配置较低，多数功能不完善，监控中心还需要更多地依靠巡逻车、社会途径等发现道路出现的问题，依靠交警等机构处理交通事件。如果集中监控的范围过大，将使监控中心的协调难度加大，监控中心和监控系统的作用难以发挥。另外，外场设备距离监控中心过远，也使数据、图像的传输成本增加。

监控系统根据道路路网的管理机制、管理方式以及特殊路段的处理等情况可以分布设置，但是最基本、最重要的还是监控外场设备级和控制级监控中心，绝大多数交通事件的发现和处理都要靠这两级完成。因此对于设置区域监控中心，也应按区域监控中心预先分析、处理，监控中心负责"协调、决策"的方式进行管理。

对于一个城市路网的监控系统，其信息管理层次也不宜太多，过多过细都会影响道路管理的效率，参见图1。

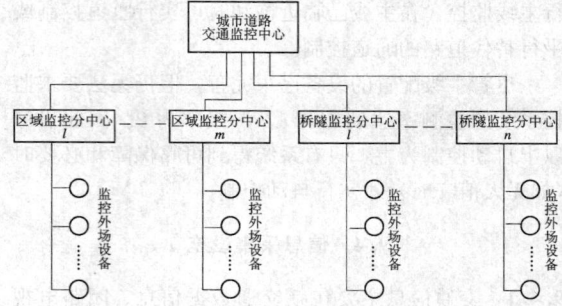

图1 城市道路交通监控系统分级组成示意图

9.2.3 由于城市特大桥梁和中、长、特长隧道等建设工程规模庞大，监控机电设备相对集中，为便于运行管理宜设置独立运管的监控中心，对于地理位置分布较近又便于统一管理的，宜设置联合的监控中心。且该监控中心宜作为城市监控中心下属的监控分中心。

9.3 交通监控中心

9.3.1 交通监控中心是道路交通管理的指挥中心，为了完成监控中心的交通信息采集、信息处理和道路交通控制的功能，宜配置较为完善的计算机网络系统、视频信息显示控制管理系统和应急求助呼叫中心设备以及机房附属设施。

计算机系统宜采用三层模型结构：数据管理层、应用层和终端层；整个计算机系统是一个建立在计算机局域网基础上的分布式计算机系统。

计算机系统宜对视频信息系统、应急求助呼叫电话系统进行有效管理，形成各种信息的综合应用。

系统应按照保障应用的要求分级设置保障措施，分别按照单点故障、局部系统故障、最小应用保障三级制定系统冗余和保障措施，制定预案，使各种故障对实时交通管理功能的影响为最小。

视频信息显示控制管理系统应具有视频信息显示、存储和管理的功能。应能对外场摄像机进行切换、云台镜头控制和预制位管理等功能。应能对所有的视频信息资源、交换控制权限、用户优先等级进行统一管理。应能与其他社会管理部门的视频信息系统建立互联、交换、互控等功能。

应急求助呼叫电话系统宜通过公共电话网构建，在交通监控中心设置呼叫接入、呼叫录音、对外呼叫等相关求助呼叫中心设备。录音功能应具有与事件处置记录关联和调用回放等功能。

9.3.2 监控中心宜是一套较完善的信息系统，应结合道路建设规划等情况，充分考虑将来道路网络扩大后，便于新的道路监控系统接入。

监控系统为弥补单一交通事件检测算法的不足，宜配有多种交通事件检测算法，具有完善交通事件自动判断功能。

监控系统宜同时针对常发性和偶发性交通拥挤实行主线监控，在主线已临近饱和时可实行匝道控制或平行替代道路的通道控制。

尽管Ⅰ级配置的设备已很完善，但仍无法要求监控系统的检测率达到100%、误报率为0。因此仍应以半自动控制为主，只有系统得到可靠保障和必要时（如无人值守时）才实行自动控制。

9.4 信息采集设施

9.4.1 交通信息主要包括交通数据信息、闭路电视视频图像信息、气象信息以及服务信息等。通过综合采集到的信息，为信息处理、决策、控制提供可靠的依据。

9.4.2 Ⅰ级配置为监控系统设施最高配置规模。根据道路重要性，一旦发生交通事件，通常这些路段的道路服务水平明显下降，交通拥挤影响面大。因此监控系统应能及时、自动地检测交通拥挤等交通事件的发生，以便及时疏导交通。此时相应路段需采取连续设置信息采集设施的技术措施。对于中、长、特长隧道等道路，应加强设置紧急报警设施如紧急电话系统、紧急救援电话标志等，以利于对事故、火灾等突发事件的快速处置。

所谓连续设置，是指采集的交通信息能满足交通监控软件系统对交通事件检测的连续性要求，没有检测盲区。北京、上海、广州等城市实际使用经验表明：交通参数检测器最大间距不宜超过800m，否则将难以达到系统指标；低于400m时系统效率的提高也不明显，因此检测器的间距宜为400m～800m，交通量越大，布设间距适当减小。当选择特殊的检测器如视频检测器等，需结合产品的特殊要求进行设置。

所谓全覆盖监控，是指交通信息的采集没有检测盲区，能满足交通监控系统对交通信息的连续性要求。

作为监测和交通事件确认的手段，沿线应设摄像机，间距以视频图像能首尾相接的全覆盖布设为限，不宜过密，但也不应留死角。根据选用的摄像机性能和型式，对于中、长、特长隧道，由于受空间限制，摄像机布设间距不宜超过150m。

9.4.3 随着高等级城市快速路对于周边道路的汇聚作用日益明显，也使得其发生交通拥堵的几率增大，因此确定Ⅱ级监控系统宜全程设置交通参数检测器、摄像机等设施。根据使用经验，摄像机和交通参数检测器的布设间距均宜不大于1000m，对于上下匝道、大型立体交叉等应全覆盖设置交通参数检测器和摄像机，以重点监测交通运行状态和交通事件的确认。对于全路段设置交通监控设施的情况，可能会存在部分检测盲区，但应不影响对整个路段实施监控。

9.4.4 主要针对道路中的主要交叉口、互通式立交等重要路段进行交通参数检测器、摄像机等设施设置，以进行重点监测。但由于未连续设置交通参数检测器，无法实现交通事件自动检测，仍然主要依靠人工结合系统分析信息对交通事件进行分析判断。

9.4.5 由于道路等级较低，可以根据实际需求在主要道路交叉口设置摄像机等监控设施。

9.4.6 气象检测仪的设置，宜在城市统一规划和建设要求的基础上，除了易受气候环境影响交通运行的跨江（河、湖）特大桥梁等工程，以及恶劣的气象条件可能对交通安全构成威胁的路段外，对路网其余的道路统一部署落实。

9.5 信息发布和控制设施

信息发布和控制通常包含可变信息标志、可变限速标志、交通信号控制设施等构成完善的系统，有特殊要求的，还可包含车道信号控制、有线广播、短信提示等设施。交通信号控制设施参见本规范第8章。

交通拥挤路段发生各种交通事件的几率较大，需及时向用路者发布道路交通信息，必要时对车道的使用进行控制。

可变信息标志的信息发布宜在整体统筹规划的基础上，根据路段和发布范围等情况采用不同的型式，如路网发布、路段发布、匝道开关状态发布等，需设置于节点上游，距节点距离需满足车辆改变行驶路由，一般宜为500m～1200m。

可变限速标志是一种可根据道路交通变化，实时显示最高行车速度的标志。

针对出入口匝道和特大桥梁和中、长、特长隧道等特殊路段应布设满足交通控制管理需求的交通信号灯、车道信号灯、匝道开放/关闭信号灯以及可变限速标志等交通控制设施，有特别需要可增设交通违法事件检测记录设备。

车道信号灯是一种用红"×"和绿"↓"规定行车车道"禁行"和"通行"行车权的设备。

对于特别重要路段也可考虑采用车道控制方式，采用设置车道信号灯是目前较为可行的简捷实用的技术手段。车道信号灯布设间距视平曲线及视距大小一般宜为500m～1000m，并采取门架标志进行布置。

需要说明的是，城市主干路和次干路在城市道路网的作用可能差异较大。针对那些作为快速路系统主要集散通道或以主要交通通行功能为主的城市主干路和次干路，在进行监控系统配置时，应适当提高监控配置，以满足道路管理的实际需求。

交通广播电台和交通信息网站是较为实用的信息提供方式，因而有条件的地区应设置专用的交通广播电台和交通信息网站，各监控中心、监控分中心除应实时提供交通信息以供向用路者发布外，同时也是宣传交通法规、交通常识的重要平台。

9.6 信息传输网络

9.6.1 交通监控系统应设置独立的信息传输网络。在不具备全部独立设置条件时，可通过借助部分或全部社会资源如电信网络资源、无线通信网络资源等，设置信息传输网络。

9.6.2 不论是何种信息传输网络，均优先考虑采用光纤通信方式，以提高网络的实时性和可靠性。

9.7 系统互联和安全

9.7.1 监控中心与其他各监控中心之间的通信宜采用基于路由器或以太网路由交换机的互联方式，采用星形方式、环形方式或网状网方式互联。系统互联的高层协议基于 TCP/IP、UDP/IP 方式，支持单播、组播方式。

交通监控系统信息平台之间以及与其他相关信息系统之间的互联接口，按信息种类可分为数据信息和视频信息接口两类，宜采用全数字基于 TCP/IP 的通信方式互联。通常可以租用电信公司的通信信道建立交通监控系统信息平台之间以及与其他相关信息系统之间的互联，信道传输容量根据实际需求确定。在具备专用通信网的条件下，通信接口宜采用千兆以太网标准。

电话通信系统宜利用公共通信系统组网，也可以利用专用通信网建立 IP 热线电话。

9.7.2 安全管理平台应具有实时病毒检测、查杀病毒、定时扫描、远程安装升级、集中网络管理、报警等病毒防范功能和限制 Web 访问、监控/阻塞/报警、入侵探测、攻击探测、恶意代码检测等安全保护措施；应具备对异常安全事件进行追踪、分析、统计的功能；应具备模拟黑客入侵、系统脆弱性扫描、安全隐患检测、风险测评等安全评估功能。

9.8 监控系统主要性能指标

9.8.1 信息采集技术性能指标应满足如下要求：

1 通常交通数据检测主要包括流量、车型、速度、占有率等。流量检测参数为混合流量，单位为辆，检测精度应大于 90%；车型按照长度分为三类，分别为：大型（大于 9.5m）、中型（5.5m～9.5m）、小型（小于 5.5m），采集车型分类精度应大于 85%；速度检测参数为采集周期内采集点的平均速度，单位为 km/h，精度应大于 85%；时间占有率参数为采集周期内车辆通过采集点所占时间的百分比，精度应大于 90%。

2 数据采集周期在 10s～60s 范围内可调，对于管理要求高且技术条件可支持的情况，可适当缩小数据采集周期的时间范围。

3 视频图像质量评定采用的五级损伤制为闭路电视监视系统检验评定标准的五级损伤制。

9.8.2 信息处理技术性能指标应满足如下要求：

1 交通状态判别应能提供路网、路段和单元段的交通状态：畅通、拥挤和阻塞。

2 交通状态判别处理响应时间不宜大于 2s。

3 采用客观行程车速测试，交通状态判别准确度应大于 90%。

4 主线路段的交通状态判别时延宜小于 60s；特殊路段的交通状态判别时延应小于 30s。

5 信息处理应能通过采集交通参数自动、实时地检测交通事件，提供事件地点信息，并在每个采集周期内完成整个网络的交通事件检测计算。

6 交通事件检测误报率应小于 20%，漏检率应小于 20%。

7 交通事件检测时延宜小于 60s。

9.8.3 信息传输技术性能指标应满足如下要求：

1 采用光纤方式传输信息时，传输误码率应不大于 10^{-9}。

2 采用无线方式传输信息时，传输误码率应不大于 10^{-5}。

3 外场设备与监控中心之间数据传输时延应不大于 1s。

4 外场摄像机与监控中心之间"视频图像传输＋反向控制信号传输"总时延应不大于 500ms。

5 监控中心将信息发布到交通信息板的传输时延应小于 3s。

9.9 外场设备基础、管道、供电与防雷、接地

9.9.1 由于一些设计的局限性，监控外场设备往往未预留管道，施工时需要二次开挖或挤占其他管道，造成交通影响或管道资源紧张和浪费。为此规定在土建工程施工时，同步实施横穿道路管道、结构物上的监控外场设备基础和管道等。

监控设备的供电电缆采用管道或铠装直埋方式，为便于维护和防止盗窃，优先采用管道方式。

9.9.2 城市道路交通监控设备的用电负荷相对较小，布设密度相对道路照明等设施也较低，从综合负荷等级要求来看，宜按三级负荷考虑，采用低压供电方式。供电电源也可结合道路机电设施一起统筹考虑。

一般来说，雷电对监控外场设备及光、电缆的危害十分严重，而不同地区的雷电频度和强度又相差很大，如果采用同样的防护措施不仅不能产生同样效果，还将造成投资浪费。另外，防雷接地是一个系统工程，采取单一措施往往效果不佳，因此，"应根据监控系统所在地区年均雷暴天数及设施所处地理地貌特点，对监控系统设备及光、电缆等进行系统的防雷、接地设计"。

9.10 服务信息设施

9.10.1 作为一种公开为社会服务的途径,可将咨询服务、报警救援号码等信息通过标志的形式设置于道路沿线,使管理者及时获得用路者报告的信息,为处理交通事件赢得时间。

9.10.2 紧急报警标志应包含地理位置信息,如编号等,以便于接警人员掌握报警地点。紧急报警标志优先设置于道路出入口、匝道等区域。

9.11 可变信息标志

9.11.1 可变信息标志主要用于显示道路交通状态(畅通、拥挤、阻塞)、交通事件(如前方交通事故)等交通信息,还包括道路施工、养护、维修等交通信息。

9.11.2 各地可变信息标志可分为文字板(全屏显示可编辑的文字、符号或简单图形,通常以显示文字信息为主)、图形板(整个板面为不可变的部分路网形态,其间嵌入可变的反映道路交通状态的发光光带)、文字加图形板(上述两种板的结合)等多种型式。选用时可根据地方发展规划、技术要求和使用习惯等确定标志型式。

9.11.3 可变信息标志的安装通常采用立柱式、悬臂式和门架式等多种型式。在不影响其使用功能的条件下,可充分利用周围建筑物、门架等设施进行联合设置。

9.11.4 根据现行国家标准《道路交通标志和标线》GB 5768 的"指路标志"规定,汉字高度(h)为35cm,汉字间隔为 0.1h。可变信息标志的 LED 发光标志字模高度可依据设计车速 60km/h 为界,低于或高于分别取 32cm 或 48cm。从实际使用效果看,只要LED 颜色、发光亮度和对比度合适,这一字高已完全满足要求。根据汉字视认性研究,标志汉字采用等宽线条、方形黑体字体最有利于驾驶者辨认,对应于上述字模高度,16×16 或 24×24 的点阵可以很好地表达汉字字型,但文字不宜过多过密,以免达不到行车视认的目的。

对于图形板中光带显示城市道路交通状态,光带应具有一定的宽度,根据实践经验,其宽度宜为 13cm~15cm 之间。

10 服务设施

10.1 一般规定

10.1.3 服务设施布置应符合国家现行标准《城市道路和建筑物无障碍设计规范》JGJ 50 的要求。

10.2 人行导向设施

10.2.1 人行导向设施有路线指示设施和地图导向设施,路名牌作为车行导向设施,也可为行人提供导向服务。人行导向设施应设置于设施带内,不得随意安装。现有的道路没有明确设施带的,可把宽度大于3m 的人行道路缘石外边线 1.5m 范围用于设置设施,新建道路应专门设置设施带,设施带可绿化、不铺装,专门用于安装公共设施。

10.2.2 人行导向设施的设置。

1 人行导向设施宜设置在以下地点:

步行目的地众多的步行区域内,如商业街、CBD、广场和比赛场馆等区域;

人流集散、换乘地点,如车站、枢纽等。交通枢纽、轨道交通车站和公共汽车站等换乘地点人流量大,行人在出口处需要明确的交通信息指引,应在换乘地点出口处设置完备的人行导向设施。此类导向设施应以地图为主,辅以路线导向设施。

行人面临多条路线选择的地点,如道路交叉口。道路交叉口,尤其是大型立交附近,应在道路进口处设置导向设施,明示过街设施及周边区域。当路段连续距离超过 300m~500m,也应设置导向牌,帮助行人明确路线。

路段导向设施设置间距宜为 300m~500m,行人 5min~10min 内可以找到导向设施。

3 枢纽、广场和比赛场馆等重要设施人流密集,需要连续和安全的人行引导。这些设施场馆一般本身都设有人行引导系统,因此周边市政道路引导系统要结合其内部引导系统统一考虑,合理衔接。

4 导向牌和地图的设置应易于理解,便于识别。内容应明确,避免含混不清误导行人;图示和文字结合,便于包括老人和儿童在内的各种人群使用。

5 人行导向设施要为行人提供连续、安全、便利、通畅的导向服务。城市区域道路、建筑众多,车流量大,行人接触众多信息,不熟悉者难以选择安全便捷的路线,需要导向设施的引导。导向设施要配合人行设施设置,引导行人便捷、安全地到达目的地。人行导向设施有人行路线指示设施和地图导向设施等,路线指示设施主要是步行者导向牌。

6 路线导向设置适用于行人行进方向指示。1000m 属于行人能接受的步行范围,路线导向设施应反映 1000m 范围内的步行信息。

地图导向设施应反映周边建筑、设施位置,便于步行者安排行进线路。地图导向设施涵盖区域范围应便于行人使用,避免范围小导致的信息量小,或范围过大而造成的使用不便。地图宜覆盖 1000m 范围内信息,并根据周边建筑、设施密度适当调整。

10.2.3 路名牌的设置。

1 路名牌属于交通标志中的指路标志。路名牌应设置在道路交叉口,便于行人辨别道路和方向;较长路段也应设置路名牌,便于行人确定自身位置。

3 路名牌应平行于所指道路方向,尤其在多路交叉地点，行人可辨认路名牌及其所指道路。路名牌应含所指道路名称，并写明方向，还应标明道路两侧建筑上的门牌号码范围，如37号~78号。

10.3 人行过街设施

10.3.1 人行过街设施的设置。

1 道路人行过街设施应统一规划，方便行人安全、便捷的穿越道路。人行过街设施应优先考虑在道路交叉口设置，再考虑路段上的人行过街设施。在道路交叉口，过街设施应结合道路交叉形式和交通组织统一设置，与机动车交通相协调。人行过街设施应与人行系统有机结合，配置导向设施，便于行人辨认寻找。

2 过街设施间距应合理确定，以平衡行人过街和道路交通运行。既要减少行人到达过街设施平均步行距离，也要避免对道路交通的过多影响。快速路和主干路机动车流量大，车速快，应增大设置间距，300m~500m为宜；次干路机动车流量相对较小，可减小设置间距，150m~300m为宜。设置间距和位置选择可根据道路沿线过街需求相应调整，在居住区、商业区等可适当加大设置密度。过街设施形式选择应注重平衡机动车通行和行人过街两方面的需求。

《上海市城市干道人行过街设施规划设计导则》SZ-C-B03—2007根据不同用地、道路等级决定过街设施最大间距，可供参考，如表7。

表7 中心城干道过街设施最大间距（m）

道路类型		居住、社会服务设施用地		商业、办公		对外交通		绿地		工业仓储
		A类	B类	A类	B类	A类	B类	A类	B类	
快速路		300	500	350	500	400	500	500	600	700
主干路	Ⅰ级	250	350	250	350	350	400	400	500	600
	Ⅱ级	200	300	200	350	300	350	350	400	600
次干路		150	200	150	250	250	300	300	400	500

注：A类：中心区、市级副中心、地区中心；B类：中心城其他区域。

此导则在人行过街设施重要节点间距方面有如下规定，可供参考：①过街设施距公交站及轨道站出入口不宜大于80m，最大不宜大于120m；②学校、幼儿园、医院、养老院等门前应设置人行过街设施，过街设施距中小学校、医院正门不宜大于80m，最大不宜大于150m；③过街设施距居住区、大型商业设施公共活动中心的出入口不宜大于100m，最大不宜大于200m；④综合客运交通换乘枢纽除了符合上述基本原则外，应进行专项的人行过街设施规划设计。

3 在交通枢纽、商业区、大型体育场馆等地点，人流密集，过街需求大的地点应设置相应过街设施，方便行人过街。过街设施应结合建筑场馆自身的人行组织，区域内人行系统连续设置，为行人提供安全、便捷、舒适的人行系统。

4 立体过街利于保障行人安全和道路交通通畅，但增加了行人步行时间和工程造价。过街设施应以平面过街为主，方便行人使用，根据道路交通情况和过街需求合理配置立体过街设施。城市快速路应设置立体过街设施。根据国家现行标准《城市道路交通规划设计规范》GB 50220和《城市人行天桥与人行地道技术规范》CJJ 69的规定，属于下列情况之一宜设置人行天桥或地道：

①进入交叉口总人流量达到18000p/h，或交叉口的一个进口横过马路的人流量超过5000p/h，且同时在交叉口一个进口或路段上双向当量小汽车交通量超过1200pcu/h；

②行人横过市区封闭式道路或快速干道或机动车道宽度大于25m时，可每隔300m~400m设一座立体过街设施；

③路段上步行人流量大于5000p/h，且双向当量小汽车流量大于1200pcu/h；

④通过环形交叉口的步行人流总量达到18000p/h，且同时进入环形交叉口的当量小汽车流量达到2000pcu/h；

⑤行人横过快速路时；

⑥铁路与城市道路相交路口，列车一次阻塞人流超过1000人次或道口关闭时间超过15min时；

⑦有特殊需要可设专用过街设施；

⑧复杂交叉路口，机动车行车方向复杂，对行人有明显危险处。

5 人行天桥和地道的布置必须与周边人行系统实现无缝连接，行人可以顺畅、连续、安全地横穿街道，避免因人行通道不连通造成安全隐患。

6 在人车密集的商业区、交通枢纽等过街需求大的地点。过街设施的设置可以结合建筑物统一设计，将人行天桥和地道与建筑物内人行空间合理衔接，形成空中或地下人行连廊，行人不必到建筑物外再寻找过街设施，减少行人步行距离，有利于改善行人步行环境。

10.3.2 平面过街设施的设置。

1 人行横道设置应清晰、无遮挡，驾驶员和行人易辨认。人行横道应尽量与车行道垂直，减少行人过街距离，增加安全性。

2 道路交叉口：

（1）交叉口和路段人行横道应根据路面宽度、交通情况、过街人流量和周边情况等选择配置人行信号灯。

（2）交叉口人行横道应结合交叉口机动车组织配置人行信号灯。设置有机动车信号灯的交叉口应施画人行横道线并配置相应的人行信号灯，信号周期应保证行人安全穿行道路；无信号管制交叉口，应施画人行横道线并设置相应的行人警告标志，并在人行横道上游机动车道上画人行横道预告标识线，保障行人通行安全。英国规定在无信号控制人行横道处设置黄色闪光信号灯，提醒驾驶员降低车速，注意过道路的行人。

3 大型道路交叉口行人过街步行距离长，对角方向过街的行人需等两次人行绿灯，信号灯可设置人行全绿灯箱位，禁止机动车交通，行人可直接进行对角过街。对角过街由于增加了人行全绿灯，对道路交通影响较大，不宜用在道路交通需求高的路口。此款作为强制性条文规定，必须严格执行。

4 人行横道宽度要满足过街行人流量，提供舒适的通行空间。人行横道宽度与行人流量、信号灯配时、道路等级等有关，应根据实际情况进行调整。

5 人行安全岛可有效增加行人穿行道路的安全性。设置安全岛的人行横道，行人过街只需注意一侧交通即可，提高行人过街的效率和安全性。安全岛设置条件各方规定不同，现行国家标准《城市道路交通规划设计规范》GB 50220 规定超过 4 条机动车道设置安全岛，国家现行标准《城市道路设计规范》CJJ 37 认为机动车车道数大于或等于 6 条或人行横道长度大于 30m 时宜设安全岛，《城市道路交叉口规划规范》（报批稿）规定人行过街横道长度大于 16m 时（不包括非机动车道）应设安全岛。综合考虑我国城市道路交通情况，规定当路段或路口进出口机动车道大于或等于 6 条或人行横道长度大于 30m 时应设安全岛。

对于行人安全岛最小宽度有多种理解。国家现行标准《城市道路设计规范》CJJ 37 规定最小宽度为 1m，《上海市城市干道人行过街设施规划设计导则》规定为不宜小于 2m，《城镇道路工程技术标准》征求意见稿规定最小宽度为 1.5m，美国佛蒙特州《行人自行车设施规划设计导则》认为 2.4m～3m 宽为宜，不得小于 1.8m。安全岛宽度除满足人流量需求外，还应满足无障碍通行需求，能容纳轮椅通过。综合考虑，行人安全岛宽度不宜小于 2m，困难情况不应小于 1.5m，其面积应与过街人流量相符。

6 安全岛形式要与道路设计相结合，避免影响机动车行驶安全性。有中央分隔带时采用栏杆诱导式，安全岛作为分隔带一部分，不会影响机动车行驶（图2）；无中央分隔带时，机动车道线形需调整以容纳安全岛，安全岛宜采用斜开式设计减少对机动车行驶的影响（图3）。

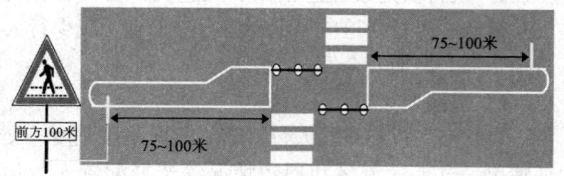

图 2　路段栏杆诱导式安全岛参考样式

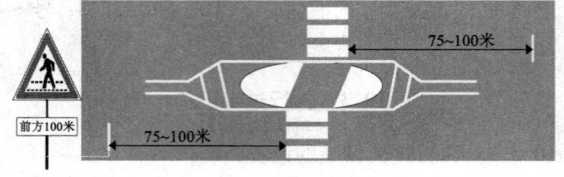

图 3　路段平面斜开式安全岛参考样式

7 交通宁静是国外居住区道路设计常见的安全措施。包括减少机动车道宽度、曲线设计、设置减速装置和增加人行过街设施等，可降低机动车行驶速度，增加行人过街安全，同时可美化居住区环境和降低交通噪声，创造舒适、安全的人行环境。

8 人行横道位于公交站前端时，公交车将遮挡过街行人和道路上机动车的视线，易发生车祸，因此人行横道应设置于车站后端，并且避开公交车停车区域。

10.3.3 道路路段人行横道信号灯的设置。

1 路段人行横道应根据路段宽度、交通情况、过街人流量和周边情况配置人行信号灯。

现行国家标准《道路交通信号灯设置与安装规范》GB 14886 规定：双向机动车车道数达到或多于 3 条，双向机动车高峰小时流量超过 750pcu 及 12h 流量超过 8000pcu 的路段上，当通过人行横道的行人高峰小时流量超过 500 人次时，应设置人行横道信号灯和相应的机动车信号灯。

2 高速车辆对过街行人威胁较大，应在高速路段采取措施保障行人过街。英国和荷兰相关规范导则规定，当道路上车速大于 50km/h 时，人行过街设施处必须安装信号灯。借鉴国外经验，当过街行人少于高峰小时 500p/h，但路段车速大于 50km/h 时，也应设置信号灯。为减少对道路交通的影响，宜设置按钮式信号灯并增加机动车配时。

3 学校、幼儿园、医院、养老院等特殊人群聚集地点，行人过街有别于普通人，应加强安全措施，设置人行信号灯；另外，在有特殊要求地点，如事故多发地点和常用警卫工作路线等，也需要设置人行信号灯。

10.4　非机动车停车设施

10.4.1 城市交通应设置非机动车停车设施，避免非机动车乱停乱放。非机动车停车设施包括非机动车停车场和路侧停车设施，应根据停车需求、用地条件等选择。停车设施要与人行系统连接，保障停车安全性。

10.4.2 非机动车停车场主要设置在停车需求较大的场合，如有停车换乘需求的公共交通枢纽、公交场站和地铁车站等，人流密集的广场、体育场馆和商业区等。有停车换乘功能的非机动车停车场要结合建筑设计，减少行人换乘距离，方便换乘。

10.4.3 停车场规模由需求决定。应根据建筑性质、车辆吸引总量、平均停放时间、每日场地有效周转次数以及停车不均衡系数等进行需求预测，确定规模，合理设置。

10.4.4 人行道以行人通行为主，若公交停靠站需少量非机动车停车位且无条件设置停车场，可设置路侧停车设施，布置存车架和围栏，作为非机动车停车场的辅助停车设施。若停车需求大于30辆自行车，则需设置专门非机动车停车场。

10.5 机动车停车设施

10.5.1 机动车停车场的设置：

1 机动车停车场的规划设置要考虑多方面因素，符合城市规划要求。停车场规模要满足一定量的停车需求，也要符合通过停车管理改善道路交通的政策需要。

2 在停车需求较大地点，若建筑设施本身不能提供必要的停车场地。可根据其交通组织需求，在用地允许的条件下，考虑提供一定规模的公共停车场地。

3 停车场高峰时段常会发生车辆排队至道路的现象，应合理设计入口通道，通道长度能容纳排队车辆数。

4 停车场入口当进入车辆多，收费口服务能力无法满足需求时，常会发生车辆排队至道路的现象，应合理增加收费口，提高服务能力，避免车辆排长队。

5 停车场内车流线和人行流线应尽量避免交叉，保障行人安全。人流量大的停车场人行出入口应分散布置，避免人流集中，造成拥挤和行人安全隐患。

6 停车场应合理组织车辆流线，方便停车，在出入口和内部设置标线、标志，引导车辆。

7 停车场内行人流线若与车行流线交叉，为保障行人安全，应合理布置、标识行人流线，保障行人安全。

8 停车场出入口应合理设计，设置交通标志，便于司机辨认，避免和道路交通发生冲突，影响安全。

10.5.2 路侧停车位的设置：

1 城市往往用地紧张，但停车需求大，路侧停车位可作为停车场的补充设置。

路侧停车位由于压缩道路宽度，对道路交通有影响，且提供的停车位较少，不应作为城市主要的停车设施。在新建城区应规划充足的停车场，老城区用地紧张，路侧停车位可作为停车场的补充，适当布设，并合理规划。

2 路侧停车位宜布设在有条件的机动车道外侧，不应侵占非机动车通行空间。

4 路侧停车位应结合停放车辆类型以及规定允许停车的时段进行设置，能满足不同类型车辆停车需求，并应用标志明示。

5 路侧停车位的设置应避免车辆驶入、停放和驶出过程中对机动车道内车辆行驶的影响。

10.5.3 出租车停靠站的设置：

1 出租车停靠站作为行人与机动车的转换设施，可规范乘车秩序，提高安全性。停靠站主要设置在出租车需求量大、交通繁忙及禁止随意停车路段，以规范停车秩序，提高乘车效率。

各地点出租车需求不一，应合理预测确定区域出租车需求，根据需求选择出租车站形式和合理规模。避免因设施不足造成停车混乱和使用不便，或因规模过大造成土地资源浪费。在交通枢纽、体育场馆、影剧院等人流密集区域，应结合其人行组织单独设置出租车乘降设施，路侧出租车停靠站作为其补充可考虑适当设置。

2 停靠站应结合人行系统和车行系统设置。行人可通过步行系统安全、便捷地乘车；出租车应可以顺畅进出停靠站，并减少对其他机动车和非机动车交通的影响。

3 出租车停靠站应设置引导标志和标识，引导行人和机动车，方便使用，同时提醒周边其他机动车，减少安全隐患。

5 在人流密集、出租车需求量大的地点，经常会出现排队现象，停靠站的设置应考虑周边乘客排队空间是否满足需求。可根据需要设置排队设施，如栏杆等，保证有序乘车。

10.6 公交停靠站

10.6.2 公交停靠站台的设置：

2 港湾式公交停靠站可有效减少公交车停靠对道路交通的影响。主干路对道路交通要求高，应采用港湾式公交停靠站；车流量大的次干路宜采用港湾式公交停靠站，减少公交车辆对道路交通的影响；其他次干路和交通量大的支路，有条件的，也可采用港湾式公交停靠站。一幅路设置公交站台，宜按本条第5款要求设置。公交车辆进出港湾式公交车站应避免影响主路交通，在快速路上设置港湾式公交站时公交车进出站和直行车道产生交织，现行行业标准《城市快速路设计规程》CJJ 129—2009 中第3.0.10条规定主路设置的公交站应布置在与主路分离的停靠区，且出入口间距满足要求。

5 机动车与非机动车混行路段，若公交站台设置于人行道，公交车停车位将占用非机动车道，公交流线和非机动车流线交叉，存在安全隐患。宜将非机动车道设置在站台外侧，道路线形做相应调整，人行道依次外移。在公交站台两侧，宜安装机动车与非机动车护栏等隔离设施，引导非机动车在站台外侧的非机动车道通行，避免非机动车进入机动车道。

10.6.3 公交停靠站候车亭的设置：

1 候车亭应为乘客提供安全、舒适的候车环境。其设计在保障功能的前提下应与周边景观协调，美观大方。座椅等设施应方便实用，设计可多样化，美化环境。

2 候车亭来车方向应有良好视线，乘客能看到驶来的公交车，可提前准备乘车并减少安全隐患。国外候车亭部分采用多面封闭设计，能最大限度遮挡雨雪，同时至少在来车方向使用玻璃墙体，保障了乘客和司机的良好视线。但这种多面封闭的候车亭不适宜在乘客密集的站台使用。

候车亭长度要根据车站高峰时段人流设计，以能容纳站台所有乘客为宜。如站台较长或分组设置，候车亭可分段设置。如站台空间不足，候车亭的设置应考虑为乘客留出足够空间，保障乘客安全顺畅穿行于站台。

11 道路照明及变配电

11.1 道路照明

11.1.1 本条为强制性条文。基于城市道路的重要性以及车流、人流情况复杂，应设置人工照明设施，以保障交通安全、畅通，提高运输效率，加强管理、防止犯罪活动。并对美化城市环境产生良好效果。

11.1.2 按照道路在道路网中的地位、交通功能以及对沿线建筑物的服务功能等，城市道路分为四类，结合道路照明本身特点，将其分为两类三级。

11.1.3 本条是根据道路功能制定的评价指标。

11.1.4 为满足道路功能的需要，又不造成浪费，不同道路应有不同的要求。

11.1.5 本条是根据行人特点制定的评价指标。

11.1.7 基于交汇区车辆情况的复杂性，其照度应适当增加。

11.1.8 根据道路照明的评价指标，决定道路照明光源选择的主要是光效和寿命，目前高压钠灯由于其光效高、寿命长而被广泛采用，具有较好的经济性，虽然其显色指数为20～25，但在道路照明中已被普遍接受。在城市中心商业区等要求较高的区域，也可以采用金属卤化物灯、高效荧光灯等显色指数较高且光效也较高的光源。

11.1.9 不同截光型的灯具，适应不同的眩光限制要求，但需经过计算才能最终确定。

11.1.10 条款中列出的5种布置形式是道路照明的基本形式，具有较好的功能性和经济性，高杆照明适用于广场等大范围照明，大中型立交、交通枢纽等区域道路交叉复杂，采用高杆照明可以解决立杆困难、不同道路间路灯互相影响出现眩光等问题。

11.1.11 城市道路中的隧道，作为道路的一部分，且比道路状况更复杂，其标准不应该低于一般道路。

11.1.13 隧道入口段、出口段进行加强照明，是满足眼睛适应的需要。

11.2 照明控制

11.2.1 随着我国经济的发展和城市化，人工控制为主的操作模式已经不再适应目前的发展情况。

11.2.2 光控模式虽然理论上最切合实际需求，但由于其传感器容易受到干扰，可靠性较差。而各地区的日出和日落等天文条件是有规律的，因此通过时间控制可以较好地满足控制要求。而通过光控，可以解决乌云、暴雨等因气候引起的照明要求。

11.2.3 我国地域辽阔，大部分地区四季分明，各季的日落和日出时间变化很大，按季节变化分时段确定开关灯时间可减少不必要的浪费。

11.3 变配电系统

11.3.1 一般道路照明，失电后不会产生太大的影响，因此为三级负荷，重要道路、交通枢纽及人流集中的广场等如果失电后可能引起交通混乱、次序混乱的区段，照明为二级负荷。

11.3.3 随着道路管理要求的提高，道路设施越来越完善，道路监控等用电分散，且用电量小的设施，宜由道路照明的配电系统统一规划。

11.4 节 能

11.4.1 设计中尽可能使道路满足采用标准中低档值的条件，是最有效的节能方法。

11.4.2 使用高光效光源和高效率灯具可以从根本上节能。

11.4.3 气体放电灯的功率因数较低，通过改进镇流器和电容补偿等方法提高功率因数，可减少线路损耗。

11.4.4 通过调光、减光等手段以及控制合理的开、关灯时机，确保仅在需要时投入合适的照明。

11.4.5 自清洁灯具可提高维护系数，保证灯具的效率。

11.4.6 照明功率密度（LPD）是道路照明节能的量化指标之一。

12 管理处所及设备

12.1 一般规定

12.1.1 城市道路交通管理处所和设备的配置是为适应不同类型和等级道路设施的交通管理需求，尤其是在适应诸如城市快速路、大型桥梁，越江隧道等重要设施的管理需求的前提下提出来的。

12.1.2 管理处所一般设置在城市道路的邻近地块，对布局方面除应注重高效管理的要求外，也应考虑节约用地以及减少对环境的影响。

12.1.3 管理设备的配备既要满足日常运行管理的基本要求，也应适应中、远期道路规划和交通量变化的管理要求。

12.2 管理处所

12.2.1 目前我国大部分城市的道路管理都是采用市场化运作的方式，建设专门的道路管理处所越来越少。但是对于一些易发生恶性事故、无法替代、紧急状况下必须立即修复的桥隧工程，建设单位可以考虑建设专门的道路管理处所。

如果建设专门的道路管理处所，可考虑将监控等设施与道路管理处所合并建设，这样可以节约一定的资源。

12.2.2 执法检查设施主要包括执法检查人员在安全、不影响交通的前提下执法所需的工作场地，处理违章时所需的临时停车场以及执法时所需的其他辅助设施。

12.3 管理设备

12.3.1、12.3.2 道路管理设备和物资应满足道路正常运营和应急状况的需求，如通风、照明、消声、清障、抢险、救援、快速修复、消防、停车、除冰除雪等。

中华人民共和国国家标准

无障碍设计规范

Codes for accessibility design

GB 50763—2012

主编部门：中华人民共和国住房和城乡建设部
批准部门：中华人民共和国住房和城乡建设部
施行日期：２０１２年９月１日

中华人民共和国住房和城乡建设部
公　　告

第 1354 号

关于发布国家标准《无障碍设计规范》的公告

现批准《无障碍设计规范》为国家标准，编号为 GB 50763-2012，自 2012 年 9 月 1 日起实施。其中，第 3.7.3（3、5）、4.4.5、6.2.4（5）、6.2.7（4）、8.1.4 条（款）为强制性条文，必须严格执行。原《城市道路和建筑物无障碍设计规范》JGJ 50-2001 同时废止。

本规范由我部标准定额研究所组织中国建筑工业出版社出版发行。

中华人民共和国住房和城乡建设部
2012 年 3 月 30 日

前　　言

本规范是根据住房和城乡建设部《关于印发〈2009 年工程建设标准规范制订、修订计划〉的通知》（建标〔2009〕88 号）的要求，由北京市建筑设计研究院会同有关单位编制完成。

本规范在编制过程中，编制组进行了广泛深入的调查研究，认真总结了我国不同地区近年来无障碍建设的实践经验，认真研究分析了无障碍建设的现状和发展，参考了有关国际标准和国外先进技术，并在广泛征求全国有关单位意见的基础上，通过反复讨论、修改和完善，最后经审查定稿。

本规范共分 9 章和 3 个附录，主要技术内容有：总则，术语，无障碍设施的设计要求，城市道路，城市广场，城市绿地，居住区、居住建筑，公共建筑及历史文物保护建筑无障碍建设与改造。

本规范中以黑体字标志的条文为强制性条文，必须严格执行。

本规范由住房和城乡建设部负责管理和对强制性条文的解释，由北京市建筑设计研究院负责具体技术内容的解释。

本规范在执行过程中，请各单位注意总结经验，积累资料，如发现需要修改和补充之处，请将有关意见和建议反馈给北京市建筑设计研究院（地址：北京市西城区南礼士路 62 号，邮政编码：100045），以便今后修订时参考。

本 规 范 主 编 单 位：北京市建筑设计研究院
本 规 范 参 编 单 位：北京市市政工程设计研究总院
　　　　　　　　　　上海市市政规划设计研究院
　　　　　　　　　　北京市园林古建设计研究院
　　　　　　　　　　中国建筑标准设计研究院
　　　　　　　　　　广州市城市规划勘测设计研究院
　　　　　　　　　　北京市残疾人联合会
　　　　　　　　　　中国老龄科学研究中心
　　　　　　　　　　重庆市市政设施管理局
本规范主要起草人员：焦　舰　孙　蕾　刘　杰
　　　　　　　　　　杨　旻　刘思达　聂大华
　　　　　　　　　　段铁铮　朱胜跃　赵　林
　　　　　　　　　　祝长康　汪原平　吕建强
　　　　　　　　　　褚　波　郭　景　易晓峰
　　　　　　　　　　廖远涛　王静奎　郭　平
　　　　　　　　　　杨　宏
本规范主要审查人员：周文麟　马国馨　顾　放
　　　　　　　　　　张东旺　吴秋风　刘秋君
　　　　　　　　　　殷　波　王奎宝　陈育军
　　　　　　　　　　张　薇　胡正芳　王可瀛

目 次

1　总则 …………………………………… 40—6
2　术语 …………………………………… 40—6
3　无障碍设施的设计要求 ……………… 40—7
　　3.1　缘石坡道 ……………………… 40—7
　　3.2　盲道 …………………………… 40—7
　　3.3　无障碍出入口 ………………… 40—8
　　3.4　轮椅坡道 ……………………… 40—8
　　3.5　无障碍通道、门 ……………… 40—8
　　3.6　无障碍楼梯、台阶 …………… 40—8
　　3.7　无障碍电梯、升降平台 ……… 40—9
　　3.8　扶手 …………………………… 40—9
　　3.9　公共厕所、无障碍厕所 ……… 40—9
　　3.10　公共浴室 …………………… 40—10
　　3.11　无障碍客房 ………………… 40—10
　　3.12　无障碍住房及宿舍 ………… 40—10
　　3.13　轮椅席位 …………………… 40—11
　　3.14　无障碍机动车停车位 ……… 40—11
　　3.15　低位服务设施 ……………… 40—11
　　3.16　无障碍标识系统、信息无障碍 …… 40—11
4　城市道路 ……………………………… 40—11
　　4.1　实施范围 ……………………… 40—11
　　4.2　人行道 ………………………… 40—11
　　4.3　人行横道 ……………………… 40—12
　　4.4　人行天桥及地道 ……………… 40—12
　　4.5　公交车站 ……………………… 40—12
　　4.6　无障碍标识系统 ……………… 40—12
5　城市广场 ……………………………… 40—12
　　5.1　实施范围 ……………………… 40—12
　　5.2　实施部位和设计要求 ………… 40—12
6　城市绿地 ……………………………… 40—13
　　6.1　实施范围 ……………………… 40—13
　　6.2　公园绿地 ……………………… 40—13
　　6.3　附属绿地 ……………………… 40—14
　　6.4　其他绿地 ……………………… 40—14
7　居住区、居住建筑 …………………… 40—14
　　7.1　道路 …………………………… 40—14
　　7.2　居住绿地 ……………………… 40—14
　　7.3　配套公共设施 ………………… 40—14
　　7.4　居住建筑 ……………………… 40—15
8　公共建筑 ……………………………… 40—15
　　8.1　一般规定 ……………………… 40—15
　　8.2　办公、科研、司法建筑 ……… 40—15
　　8.3　教育建筑 ……………………… 40—16
　　8.4　医疗康复建筑 ………………… 40—16
　　8.5　福利及特殊服务建筑 ………… 40—16
　　8.6　体育建筑 ……………………… 40—17
　　8.7　文化建筑 ……………………… 40—17
　　8.8　商业服务建筑 ………………… 40—17
　　8.9　汽车客运站 …………………… 40—18
　　8.10　公共停车场（库） ………… 40—18
　　8.11　汽车加油加气站 …………… 40—18
　　8.12　高速公路服务区建筑 ……… 40—18
　　8.13　城市公共厕所 ……………… 40—18
9　历史文物保护建筑无障碍建设与改造 …………………………………… 40—18
　　9.1　实施范围 ……………………… 40—18
　　9.2　无障碍游览路线 ……………… 40—18
　　9.3　出入口 ………………………… 40—19
　　9.4　院落 …………………………… 40—19
　　9.5　服务设施 ……………………… 40—19
　　9.6　信息与标识 …………………… 40—19
附录 A　无障碍标志 …………………… 40—19
附录 B　无障碍设施标志牌 …………… 40—19
附录 C　用于指示方向的无障碍设施标志牌 ……………………………… 40—20
本规范用词说明 ………………………… 40—21
引用标准名录 …………………………… 40—21
附：条文说明 …………………………… 40—22

Contents

1 General Provisions .... 40—6
2 Terms .... 40—6
3 Design Requirements of Accessible Facilities .... 40—7
   3.1 Curb Ramp .... 40—7
   3.2 Tactile Ground Surface Indicator ...... 40—7
   3.3 Accessible Entrance .... 40—8
   3.4 Wheelchair Ramp .... 40—8
   3.5 Accessible Routes and Doors .... 40—8
   3.6 Accessible Stairs and Steps .... 40—8
   3.7 Wheelchair Accessible Elevator, Platform Lift and Stair Lift .... 40—9
   3.8 Handrails .... 40—9
   3.9 Public Toilet and Individual Washroom for Wheelchair Users .... 40—9
   3.10 Public Bathroom .... 40—10
   3.11 Accessible Guest Room .... 40—10
   3.12 Accessible Housing And Dormitory .... 40—10
   3.13 Wheelchair Accessible Seats .... 40—11
   3.14 Accessible Vehicle Parking Lots .... 40—11
   3.15 Low Height Service Facilities ...... 40—11
   3.16 Barrier-free Sign Identification System and Information Accessibility .... 40—11
4 Urban Road .... 40—11
   4.1 Implementation Scope .... 40—11
   4.2 Sidewalk .... 40—11
   4.3 Crosswalk .... 40—12
   4.4 Pedestrian Overpass and Underpass .... 40—12
   4.5 Bus Stop .... 40—12
   4.6 Barrier-free Sign Identification System .... 40—12
5 Urban Square .... 40—12
   5.1 Implementation Scope .... 40—12
   5.2 Design Requirements .... 40—12
6 Urban Green Space .... 40—13
   6.1 Implementation Scope .... 40—13
   6.2 Park Green Space Design Requirements .... 40—13
   6.3 Affiliated Green Space .... 40—14
   6.4 Other Green Space .... 40—14
7 Residential District, Residential Building .... 40—14
   7.1 Road .... 40—14
   7.2 Residential Green Space .... 40—14
   7.3 Public Facilities .... 40—14
   7.4 Residential Building .... 40—15
8 Public Buildings .... 40—15
   8.1 General Requirements .... 40—15
   8.2 Offices, Scientific Research and Judicial Buildings .... 40—15
   8.3 Educational Building .... 40—16
   8.4 Hospital and Rehabilitation Building .... 40—16
   8.5 Welfare and Special Service Building .... 40—16
   8.6 Sports Building .... 40—17
   8.7 Culture Building .... 40—17
   8.8 Commercial Service Building ...... 40—17
   8.9 Passenger Coach Station .... 40—18
   8.10 Parking (Garage) .... 40—18
   8.11 Automobile Gasoline and Gas Filling Station .... 40—18
   8.12 Motorway Service Area .... 40—18
   8.13 Public Toilet .... 40—18
9 Barrier-free Renovation of Historic Buildings .... 40—18
   9.1 Implementation Scope .... 40—18
   9.2 Clear Continuous Accessible Path of Travel .... 40—18
   9.3 Entrance .... 40—19
   9.4 Courtyard .... 40—19
   9.5 Service Facilities .... 40—19
   9.6 Information and Symbols .... 40—19

Appendix A Symbol of Accessibility .... 40—19
Appendix B Symbols of Accessible Facilities .... 40—19
Appendix C Directional Signs of Accessible Facilities Symbols .... 40—20
Explanation of Wording in This Code .... 40—21
List of Quoted Standards .... 40—21
Addition: Explanation of Provisions .... 40—22

1 总 则

1.0.1 为建设城市的无障碍环境，提高人民的社会生活质量，确保有需求的人能够安全地、方便地使用各种设施，制定本规范。

1.0.2 本规范适用于全国城市新建、改建和扩建的城市道路、城市广场、城市绿地、居住区、居住建筑、公共建筑及历史文物保护建筑等。本规范未涉及的城市道路、城市广场、城市绿地、建筑类型或有无障碍需求的设计，宜按本规范中相似类型的要求执行。农村道路及公共服务设施宜按本规范执行。

1.0.3 铁路、航空、城市轨道交通以及水运交通相关设施的无障碍设计，除应符合本规范的要求外，尚应符合相关行业的有关无障碍设计的规定。

1.0.4 城市无障碍设计在执行本规范时尚应遵循国家的有关方针政策，符合城市的总体发展要求，应做到安全适用、技术先进、经济合理。

1.0.5 城市无障碍设计除应符合本规范外，尚应符合国家现行有关标准的规定。

2 术 语

2.0.1 缘石坡道 curb ramp

位于人行道口或人行横道两端，为了避免人行道路缘石带来的通行障碍，方便行人进入人行道的一种坡道。

2.0.2 盲道 tactile ground surface indicator

在人行道上或其他场所铺设的一种固定形态的地面砖，使视觉障碍者产生盲杖触觉及脚感，引导视觉障碍者向前行走和辨别方向以到达目的地的通道。

2.0.3 行进盲道 directional indicator

表面呈条状形，使视觉障碍者通过盲杖的触觉和脚感，指引视觉障碍者可直接向正前方继续行走的盲道。

2.0.4 提示盲道 warning indicator

表面呈圆点形，用在盲道的起点处、拐弯处、终点处和表示服务设施的位置以及提示视觉障碍者前方将有不安全或危险状态等，具有提醒注意作用的盲道。

2.0.5 无障碍出入口 accessible entrance

在坡度、宽度、高度上以及地面材质、扶手形式等方面方便行动障碍者通行的出入口。

2.0.6 平坡出入口 ramp entrance

地面坡度不大于 1∶20 且不设扶手的出入口。

2.0.7 轮椅回转空间 wheelchair turning space

为方便乘轮椅者旋转以改变方向而设置的空间。

2.0.8 轮椅坡道 wheelchair ramp

在坡度、宽度、高度、地面材质、扶手形式等方面方便乘轮椅者通行的坡道。

2.0.9 无障碍通道 accessible route

在坡度、宽度、高度、地面材质、扶手形式等方面方便行动障碍者通行的通道。

2.0.10 轮椅通道 wheelchair accessible path/lane

在检票口或结算口等处为方便乘轮椅者设置的通道。

2.0.11 无障碍楼梯 accessible stairway

在楼梯形式、宽度、踏步、地面材质、扶手形式等方面方便行动及视觉障碍者使用的楼梯。

2.0.12 无障碍电梯 wheelchair accessible elevator

适合行动障碍者和视觉障碍者进出和使用的电梯。

2.0.13 升降平台 wheelchair platform lift and stair lift

方便乘轮椅者进行垂直或斜向通行的设施。

2.0.14 安全抓杆 grab bar

在无障碍厕位、厕所、浴间内，方便行动障碍者安全移动和支撑的一种设施。

2.0.15 无障碍厕位 water closet compartment for wheelchair users

公共厕所内设置的带坐便器及安全抓杆且方便行动障碍者进出和使用的带隔间的厕位。

2.0.16 无障碍厕所 individual washroom for wheelchair users

出入口、室内空间及地面材质等方面方便行动障碍者使用且无障碍设施齐全的小型无性别厕所。

2.0.17 无障碍洗手盆 accessible wash basin

方便行动障碍者使用的带安全抓杆的洗手盆。

2.0.18 无障碍小便器 accessible urinal

方便行动障碍者使用的带安全抓杆的小便器。

2.0.19 无障碍盆浴间 accessible bathtub

无障碍设施齐全的盆浴间。

2.0.20 无障碍淋浴间 accessible shower stall

无障碍设施齐全的淋浴间。

2.0.21 浴间坐台 shower seat

洗浴时使用的固定坐台或活动坐板。

2.0.22 无障碍客房 accessible guest room

出入口、通道、通信、家具和卫生间等均设有无障碍设施，房间的空间尺度方便行动障碍者安全活动的客房。

2.0.23 无障碍住房 accessible housing

出入口、通道、通信、家具、厨房和卫生间等均设有无障碍设施，房间的空间尺度方便行动障碍者安全活动的住房。

2.0.24 轮椅席位 wheelchair accessible seat

在观众厅、报告厅、阅览室及教室等设有固定席位的场所内，供乘轮椅者使用的位置。

2.0.25 陪护席位 seats for accompanying persons

设置于轮椅席位附近，方便陪伴者照顾乘轮椅者使用的席位。

2.0.26 安全阻挡措施 edge protection

控制轮椅小轮和拐杖不会侧向滑出坡道、踏步以及平台边界的设施。

2.0.27 无障碍机动车停车位 accessible vehicle parking lot

方便行动障碍者使用的机动车停车位。

2.0.28 盲文地图 braille map

供视觉障碍者用手触摸的有立体感的位置图或平面图及盲文说明。

2.0.29 盲文站牌 bus-stop braille board

采用盲文标识，告知视觉障碍者公交候车站的站名、公交车线路和终点站名等的车站站牌。

2.0.30 盲文铭牌 braille signboard

安装在无障碍设施上或设施附近固定部位上，采用盲文标识以告知信息的铭牌。

2.0.31 过街音响提示装置 audible pedestrian signals for street crossing

通过语音提示系统引导视觉障碍者安全通行的音响装置。

2.0.32 语音提示站台 bus station with intelligent voice prompts

设有为视觉障碍者提供乘坐或换乘公共交通相关信息的语音提示系统的站台。

2.0.33 信息无障碍 information accessibility

通过相关技术的运用，确保人们在不同条件下都能够平等地、方便地获取和利用信息。

2.0.34 低位服务设施 low height service facilities

为方便行动障碍者使用而设置的高度适当的服务设施。

2.0.35 母婴室 mother and baby room

设有婴儿打理台、水池、座椅等设施，为母亲提供的给婴儿换尿布、喂奶或临时休息使用的房间。

2.0.36 安全警示线 safety warning line

用于界定和划分危险区域，向人们传递某种注意或警告的信息，以避免人身伤害的提示线。

3 无障碍设施的设计要求

3.1 缘石坡道

3.1.1 缘石坡道应符合下列规定：

1 缘石坡道的坡面应平整、防滑；

2 缘石坡道的坡口与车行道之间宜没有高差；当有高差时，高出车行道的地面不应大于10mm；

3 宜优先选用全宽式单面坡缘石坡道。

3.1.2 缘石坡道的坡度应符合下列规定：

1 全宽式单面坡缘石坡道的坡度不应大于1:20；

2 三面坡缘石坡道正面及侧面的坡度不应大于1:12；

3 其他形式的缘石坡道的坡度均不应大于1:12。

3.1.3 缘石坡道的宽度应符合下列规定：

1 全宽式单面坡缘石坡道的宽度应与人行道宽度相同；

2 三面坡缘石坡道的正面坡道宽度不应小于1.20m；

3 其他形式的缘石坡道的坡口宽度均不应小于1.50m。

3.2 盲 道

3.2.1 盲道应符合下列规定：

1 盲道按其使用功能可分为行进盲道和提示盲道；

2 盲道的纹路应凸出路面4mm高；

3 盲道铺设应连续，应避开树木（穴）、电线杆、拉线等障碍物，其他设施不得占用盲道；

4 盲道的颜色宜与相邻的人行道铺面的颜色形成对比，并与周围景观相协调，宜采用中黄色；

5 盲道型材表面应防滑。

3.2.2 行进盲道应符合下列规定：

1 行进盲道应与人行道的走向一致；

2 行进盲道的宽度宜为250mm～500mm；

3 行进盲道宜在距围墙、花台、绿化带250mm～500mm处设置；

4 行进盲道宜在距树池边缘250mm～500mm处设置；如无树池，行进盲道与路缘石上沿在同一水平面时，距路缘石不应小于500mm，行进盲道比路缘石上沿低时，距路缘石不应小于250mm；盲道应避开非机动车停放的位置；

5 行进盲道的触感条规格应符合表3.2.2的规定。

表 3.2.2 行进盲道的触感条规格

部 位	尺寸要求（mm）
面宽	25
底宽	35
高度	4
中心距	62～75

3.2.3 提示盲道应符合下列规定：

1 行进盲道在起点、终点、转弯处及其他有需要处应设提示盲道，当盲道的宽度不大于300mm时，提示盲道的宽度应大于行进盲道的宽度；

2 提示盲道的触感圆点规格应符合表3.2.3的规定。

表 3.2.3 提示盲道的触感圆点规格

部 位	尺寸要求（mm）
表面直径	25
底面直径	35
圆点高度	4
圆点中心距	50

3.3 无障碍出入口

3.3.1 无障碍出入口包括以下几种类别：
 1 平坡出入口；
 2 同时设置台阶和轮椅坡道的出入口；
 3 同时设置台阶和升降平台的出入口。

3.3.2 无障碍出入口应符合下列规定：
 1 出入口的地面应平整、防滑；
 2 室外地面滤水箅子的孔洞宽度不应大于 15mm；
 3 同时设置台阶和升降平台的出入口宜只应用于受场地限制无法改造坡道的工程，并应符合本规范第 3.7.3 条的有关规定；
 4 除平坡出入口外，在门完全开启的状态下，建筑物无障碍出入口的平台的净深度不应小于 1.50m；
 5 建筑物无障碍出入口的门厅、过厅如设置两道门，门扇同时开启时两道门的间距不应小于 1.50m；
 6 建筑物无障碍出入口的上方应设置雨棚。

3.3.3 无障碍出入口的轮椅坡道及平坡出入口的坡度应符合下列规定：
 1 平坡出入口的地面坡度不应大于 1:20，当场地条件比较好时，不宜大于 1:30；
 2 同时设置台阶和轮椅坡道的出入口，轮椅坡道的坡度应符合本规范第 3.4 节的有关规定。

3.4 轮椅坡道

3.4.1 轮椅坡道宜设计成直线形、直角形或折返形。
3.4.2 轮椅坡道的净宽度不应小于 1.00m，无障碍出入口的轮椅坡道净宽度不应小于 1.20m。
3.4.3 轮椅坡道的高度超过 300mm 且坡度大于 1:20 时，应在两侧设置扶手，坡道与休息平台的扶手应保持连贯，扶手应符合本规范第 3.8 节的相关规定。
3.4.4 轮椅坡道的最大高度和水平长度应符合表 3.4.4 的规定。

表 3.4.4 轮椅坡道的最大高度和水平长度

坡度	1:20	1:16	1:12	1:10	1:8
最大高度（m）	1.20	0.90	0.75	0.60	0.30
水平长度（m）	24.00	14.40	9.00	6.00	2.40

注：其他坡度可用插入法进行计算。

3.4.5 轮椅坡道的坡面应平整、防滑、无反光。
3.4.6 轮椅坡道起点、终点和中间休息平台的水平长度不应小于 1.50m。
3.4.7 轮椅坡道临空侧应设置安全阻挡措施。
3.4.8 轮椅坡道应设置无障碍标志，无障碍标志应符合本规范第 3.16 节的有关规定。

3.5 无障碍通道、门

3.5.1 无障碍通道的宽度应符合下列规定：
 1 室内走道不应小于 1.20m，人流较多或较集中的大型公共建筑的室内走道宽度不宜小于 1.80m；
 2 室外通道不宜小于 1.50m；
 3 检票口、结算口轮椅通道不应小于 900mm。

3.5.2 无障碍通道应符合下列规定：
 1 无障碍通道应连续，其地面应平整、防滑、反光小或无反光，并不宜设置厚地毯；
 2 无障碍通道上有高差时，应设置轮椅坡道；
 3 室外通道上的雨水箅子的孔洞宽度不应大于 15mm；
 4 固定在无障碍通道的墙、立柱上的物体或标牌距地面的高度不应小于 2.00m；如小于 2.00m 时，探出部分的宽度不应大于 100mm；如突出部分大于 100mm，则其距地面的高度应小于 600mm；
 5 斜向的自动扶梯、楼梯等下部空间可以进入时，应设置安全挡牌。

3.5.3 门的无障碍设计应符合下列规定：
 1 不应采用力度大的弹簧门并不宜采用弹簧门、玻璃门；当采用玻璃门时，应有醒目的提示标志；
 2 自动门开启后通行净宽度不应小于 1.00m；
 3 平开门、推拉门、折叠门开启后的通行净宽度不应小于 800mm，有条件时，不宜小于 900mm；
 4 在门扇内外应留有直径不小于 1.50m 的轮椅回转空间；
 5 在单扇平开门、推拉门、折叠门的门把手一侧的墙面，应设宽度不小于 400mm 的墙面；
 6 平开门、推拉门、折叠门的门扇应设距地 900mm 的把手，宜设视线观察玻璃，并宜在距地 350mm 范围内安装护门板；
 7 门槛高度及门内外地面高差不应大于 15mm，并以斜面过渡；
 8 无障碍通道上的门扇应便于开关；
 9 宜与周围墙面有一定的色彩反差，方便识别。

3.6 无障碍楼梯、台阶

3.6.1 无障碍楼梯应符合下列规定：
 1 宜采用直线形楼梯；
 2 公共建筑楼梯的踏步宽度不应小于 280mm，踏步高度不应大于 160mm；
 3 不应采用无踢面和直角形突缘的踏步；

4 宜在两侧均做扶手；
5 如采用栏杆式楼梯，在栏杆下方宜设置安全阻挡措施；
6 踏面应平整防滑或在踏面前缘设防滑条；
7 距踏步起点和终点250mm～300mm宜设提示盲道；
8 踏面和踢面的颜色宜有区分和对比；
9 楼梯上行及下行的第一阶宜在颜色或材质上与平台有明显区别。

3.6.2 台阶的无障碍设计应符合下列规定：
1 公共建筑的室内外台阶踏步宽度不宜小于300mm，踏步高度不宜大于150mm，并不应小于100mm；
2 踏步应防滑；
3 三级及三级以上的台阶应在两侧设置扶手；
4 台阶上行及下行的第一阶宜在颜色或材质上与其他阶有明显区别。

3.7 无障碍电梯、升降平台

3.7.1 无障碍电梯的候梯厅应符合下列规定：
1 候梯厅深度不宜小于1.50m，公共建筑及设置病床梯的候梯厅深度不宜小于1.80m；
2 呼叫按钮高度为0.90m～1.10m；
3 电梯门洞的净宽度不宜小于900mm；
4 电梯出入口处宜设提示盲道；
5 候梯厅应设电梯运行显示装置和抵达音响。

3.7.2 无障碍电梯的轿厢应符合下列规定：
1 轿厢门开启的净宽度不应小于800mm；
2 在轿厢的侧壁上应设高0.90m～1.10m带盲文的选层按钮，盲文宜设置于按钮旁；
3 轿厢的三面壁上应设高850mm～900mm扶手，扶手应符合本规范第3.8节的相关规定；
4 轿厢内应设电梯运行显示装置和报层音响；
5 轿厢正面高900mm处至顶部应安装镜子或采用有镜面效果的材料；
6 轿厢的规格应依据建筑性质和使用要求的不同而选用。最小规格为深度不应小于1.40m，宽度不应小于1.10m；中型规格为深度不应小于1.60m，宽度不应小于1.40m；医疗建筑与老人建筑宜选用病床专用电梯；
7 电梯位置应设无障碍标志，无障碍标志应符合本规范第3.16节的有关规定。

3.7.3 升降平台应符合下列规定：
1 升降平台只适用于场地有限的改造工程；
2 垂直升降平台的深度不应小于1.20m，宽度不应小于900mm，应设扶手、挡板及呼叫控制按钮；
3 垂直升降平台的基坑应采用防止误入的安全防护措施；
4 斜向升降平台宽度不应小于900mm，深度不应小于1.00m，应设扶手和挡板；
5 垂直升降平台的传送装置应有可靠的安全防护装置。

3.8 扶 手

3.8.1 无障碍单层扶手的高度应为850mm～900mm，无障碍双层扶手的上层扶手高度应为850mm～900mm，下层扶手高度应为650mm～700mm。

3.8.2 扶手应保持连贯，靠墙面的扶手的起点和终点处应水平延伸不小于300mm的长度。

3.8.3 扶手末端应向内拐到墙面或向下延伸不小于100mm，栏杆式扶手应向下成弧形或延伸到地面上固定。

3.8.4 扶手内侧与墙面的距离不应小于40mm。

3.8.5 扶手应安装坚固，形状易于抓握。圆形扶手的直径应为35mm～50mm，矩形扶手的截面尺寸应为35mm～50mm。

3.8.6 扶手的材质宜选用防滑、热惰性指标好的材料。

3.9 公共厕所、无障碍厕所

3.9.1 公共厕所的无障碍设计应符合下列规定：
1 女厕所的无障碍设施包括至少1个无障碍厕位和1个无障碍洗手盆；男厕所的无障碍设施包括至少1个无障碍厕位、1个无障碍小便器和1个无障碍洗手盆；
2 厕所的入口和通道应方便乘轮椅者进入和进行回转，回转直径不小于1.50m；
3 门应方便开启，通行净宽度不应小于800mm；
4 地面应防滑、不积水；
5 无障碍厕位应设置无障碍标志，无障碍标志应符合本规范第3.16节的有关规定。

3.9.2 无障碍厕位应符合下列规定：
1 无障碍厕位应方便乘轮椅者到达和进出，尺寸宜做到2.00m×1.50m，不应小于1.80m×1.00m；
2 无障碍厕位的门宜向外开启，如向内开启，需在开启后厕位内留有直径不小于1.50m的轮椅回转空间，门的通行净宽不应小于800mm，平开门外侧应设高900mm的横扶把手，在关闭的门扇里侧设高900mm的关门拉手，并应采用门外可紧急开启的插销；
3 厕位内应设坐便器，厕位两侧距地面700mm处应设长度不小于700mm的水平安全抓杆，另一侧应设高1.40m的垂直安全抓杆。

3.9.3 无障碍厕所的无障碍设计应符合下列规定：
1 位置宜靠近公共厕所，应方便乘轮椅者进入和进行回转，回转直径不小于1.50m；
　　2 面积不应小于4.00m²；
　　3 当采用平开门，门扇宜向外开启，如向内开启，需在开启后留有直径不小于1.50m的轮椅回转空间，门的通行净宽度不应小于800mm，平开门应设高900mm的横扶把手，在门扇里侧应采用门外可紧急开启的门锁；
　　4 地面应防滑、不积水；
　　5 内部应设坐便器、洗手盆、多功能台、挂衣钩和呼叫按钮；
　　6 坐便器应符合本规范第3.9.2条的有关规定，洗手盆应符合本规范第3.9.4条的有关规定；
　　7 多功能台长度不宜小于700mm，宽度不宜小于400mm，高度宜为600mm；
　　8 安全抓杆的设计应符合本规范第3.9.4条的有关规定；
　　9 挂衣钩距地高度不应大于1.20m；
　　10 在坐便器旁的墙面上应设高400mm～500mm的救助呼叫按钮；
　　11 入口应设置无障碍标志，无障碍标志应符合本规范第3.16节的有关规定。
3.9.4 厕所里的其他无障碍设施应符合下列规定：
　　1 无障碍小便器下口距地面高度不应大于400mm，小便器两侧应在离墙面250mm处，设高度为1.20m的垂直安全抓杆，并在离墙面550mm处，设高度为900mm水平安全抓杆，与垂直安全抓杆连接；
　　2 无障碍洗手盆的水嘴中心距侧墙应大于550mm，其底部应留出宽750mm、高650mm、深450mm供乘轮椅者膝部和足尖部的移动空间，并在洗手盆上方安装镜子，出水龙头宜采用杠杆式水龙头或感应式自动出水方式；
　　3 安全抓杆应安装牢固，直径应为30mm～40mm，内侧距墙不应小于40mm；
　　4 取纸器应设在坐便器的侧前方，高度为400mm～500mm。

3.10 公共浴室

3.10.1 公共浴室的无障碍设计应符合下列规定：
　　1 公共浴室的无障碍设施包括1个无障碍淋浴间或盆浴间以及1个无障碍洗手盆；
　　2 公共浴室的入口和室内空间应方便乘轮椅者进入和使用，浴室内部应能保证轮椅进行回转，回转直径不小于1.50m；
　　3 浴室地面应防滑、不积水；
　　4 浴间入口宜采用活动门帘，当采用平开门时，门扇应向外开启，设高900mm的横扶把手，在关闭的门扇里侧设高900mm的关门拉手，并应采用门外可紧急开启的插销；

　　5 应设置一个无障碍厕位。
3.10.2 无障碍淋浴间应符合下列规定：
　　1 无障碍淋浴间的短边宽度不应小于1.50m；
　　2 浴间坐台高度宜为450mm，深度不宜小于450mm；
　　3 淋浴间应设距地面高700mm的水平抓杆和高1.40m～1.60m的垂直抓杆；
　　4 淋浴间内的淋浴喷头的控制开关的高度距地面不应大于1.20m；
　　5 毛巾架的高度不应大于1.20m。
3.10.3 无障碍盆浴间应符合下列规定：
　　1 在浴盆一端设置方便进入和使用的坐台，其深度不应小于400mm；
　　2 浴盆内侧应设高600mm和900mm的两层水平抓杆，水平长度不小于800mm；洗浴坐台一侧的墙上设高900mm、水平长度不小于600mm的安全抓杆；
　　3 毛巾架的高度不应大于1.20m。

3.11 无障碍客房

3.11.1 无障碍客房应设在便于到达、进出和疏散的位置。
3.11.2 房间内应有空间能保证轮椅进行回转，回转直径不小于1.50m。
3.11.3 无障碍客房的门应符合本规范第3.5节的有关规定。
3.11.4 无障碍客房卫生间内应保证轮椅进行回转，回转直径不小于1.50m，卫生器具应设置安全抓杆，其地面、门、内部设施应符合本规范第3.9.3条、第3.10.2条及第3.10.3条的有关规定。
3.11.5 无障碍客房的其他规定：
　　1 床间距离不应小于1.20m；
　　2 家具和电器控制开关的位置和高度应方便乘轮椅者靠近和使用，床的使用高度为450mm；
　　3 客房及卫生间应设高400mm～500mm的救助呼叫按钮；
　　4 客房应设置为听力障碍者服务的闪光提示门铃。

3.12 无障碍住房及宿舍

3.12.1 户门及户内门开启后的净宽应符合本规范第3.5节的有关规定。
3.12.2 通往卧室、起居室（厅）、厨房、卫生间、储藏室及阳台的通道应为无障碍通道，并按照本规范第3.8节的要求在一侧或两侧设置扶手。
3.12.3 浴盆、淋浴、坐便器、洗手盆及安全抓杆等应符合本规范第3.9节、第3.10节的有关规定。
3.12.4 无障碍住房及宿舍的其他规定：
　　1 单人卧室面积不应小于7.00m²，双人卧室面积不应小于 10.50m²，兼起居室的卧室面积不应小于 16.00m²，起居室面积不应小于 14.00m²，厨房面积不应小于 6.00m²；

　　2　设坐便器、洗浴器（浴盆或淋浴）、洗面盆三件卫生洁具的卫生间面积不应小于 4.00m²；设坐便器、洗浴器二件卫生洁具的卫生间面积不应小于 3.00m²；设坐便器、洗面盆二件卫生洁具的卫生间面积不应小于 2.50m²；单设坐便器的卫生间面积不应小于 2.00m²；

　　3　供乘轮椅者使用的厨房，操作台下方净宽和高度都不应小于 650mm，深度不应小于 250mm；

　　4　居室和卫生间内应设求助呼叫按钮；

　　5　家具和电器控制开关的位置和高度应方便乘轮椅者靠近和使用；

　　6　供听力障碍者使用的住宅和公寓应安装闪光提示门铃。

3.13　轮椅席位

3.13.1　轮椅席位应设在便于到达疏散口及通道的附近，不得设在公共通道范围内。

3.13.2　观众厅内通往轮椅席位的通道宽度不应小于 1.20m。

3.13.3　轮椅席位的地面应平整、防滑，在边缘处宜安装栏杆或栏板。

3.13.4　每个轮椅席位的占地面积不应小于 1.10m×0.80m。

3.13.5　在轮椅席位上观看演出和比赛的视线不应受到遮挡，但也不应遮挡他人的视线。

3.13.6　在轮椅席位旁或在邻近的观众席内宜设置 1:1 的陪护席位。

3.13.7　轮椅席位处地面上应设置无障碍标志，无障碍标志应符合本规范第 3.16 节的有关规定。

3.14　无障碍机动车停车位

3.14.1　应将通行方便、行走距离路线最短的停车位设为无障碍机动车停车位。

3.14.2　无障碍机动车停车位的地面应平整、防滑、不积水，地面坡度不应大于 1:50。

3.14.3　无障碍机动车停车位一侧，应设宽度不小于 1.20m 的通道，供乘轮椅者从轮椅通道直接进入人行道和到达无障碍出入口。

3.14.4　无障碍机动车停车位的地面应涂有停车线、轮椅通道线和无障碍标志。

3.15　低位服务设施

3.15.1　设置低位服务设施的范围包括问询台、服务窗口、电话台、安检验证台、行李托运台、借阅台、各种业务台、饮水机等。

3.15.2　低位服务设施上表面距地面高度宜为 700mm～850mm，其下部宜至少留出宽 750mm，高 650mm，深 450mm 供乘轮椅者膝部和足尖部的移动空间。

3.15.3　低位服务设施前应有轮椅回转空间，回转直径不小于 1.50m。

3.15.4　挂式电话离地不应高于 900mm。

3.16　无障碍标识系统、信息无障碍

3.16.1　无障碍标志应符合下列规定：

　　1　无障碍标志包括下列几种：

　　　　1）通用的无障碍标志应符合本规范附录 A 的规定；

　　　　2）无障碍设施标志牌符合本规范附录 B 的规定；

　　　　3）带指示方向的无障碍设施标志牌符合本规范附录 C 的规定。

　　2　无障碍标志应醒目，避免遮挡。

　　3　无障碍标志应纳入城市环境或建筑内部的引导标志系统，形成完整的系统，清楚地指明无障碍设施的走向及位置。

3.16.2　盲文标志应符合下列规定：

　　1　盲文标志可分成盲文地图、盲文铭牌、盲文站牌；

　　2　盲文标志的盲文必须采用国际通用的盲文表示方法。

3.16.3　信息无障碍应符合下列规定：

　　1　根据需求，因地制宜设置信息无障碍的设备和设施，使人们便捷地获取各类信息；

　　2　信息无障碍设备和设施位置和布局应合理。

4　城市道路

4.1　实施范围

4.1.1　城市道路无障碍设计的范围应包括：

　　1　城市各级道路；

　　2　城镇主要道路；

　　3　步行街；

　　4　旅游景点、城市景观带的周边道路。

4.1.2　城市道路、桥梁、隧道、立体交叉中人行系统均应进行无障碍设计，无障碍设施应沿行人通行路径布置。

4.1.3　人行系统中的无障碍设计主要包括人行道、人行横道、人行天桥及地道、公交车站。

4.2　人　行　道

4.2.1　人行道处缘石坡道设计应符合下列规定：

　　1　人行道在各种路口、各种出入口位置必须设置缘石坡道；

 2 人行横道两端必须设置缘石坡道。

4.2.2 人行道处盲道设置应符合下列规定：

 1 城市主要商业街、步行街的人行道应设置盲道；

 2 视觉障碍者集中区域周边道路应设置盲道；

 3 坡道的上下坡边缘处应设置提示盲道；

 4 道路周边场所、建筑等出入口设置的盲道应与道路盲道相衔接。

4.2.3 人行道的轮椅坡道设置应符合下列规定：

 1 人行道设置台阶处，应同时设置轮椅坡道；

 2 轮椅坡道的设置应避免干扰行人通行及其他设施的使用。

4.2.4 人行道处服务设施设置应符合下列规定：

 1 服务设施的设置应为残障人士提供方便；

 2 宜为视觉障碍者提供触摸及音响一体化信息服务设施；

 3 设置屏幕信息服务设施，宜为听觉障碍者提供屏幕手语及字幕信息服务；

 4 低位服务设施的设置，应方便乘轮椅者使用；

 5 设置休息座椅时，应设置轮椅停留空间。

4.3 人行横道

4.3.1 人行横道范围内的无障碍设计应符合下列规定：

 1 人行横道宽度应满足轮椅通行需求；

 2 人行横道安全岛的形式应方便乘轮椅者使用；

 3 城市中心区及视觉障碍者集中区域的人行横道，应配置过街音响提示装置。

4.4 人行天桥及地道

4.4.1 盲道的设置应符合下列规定：

 1 设置于人行道中的行进盲道应与人行天桥及地道出入口处的提示盲道相连接；

 2 人行天桥及地道出入口处应设置提示盲道；

 3 距每段台阶与坡道的起点与终点 250mm～500mm 处应设提示盲道，其长度应与地道、梯道相对应。

4.4.2 人行天桥及地道处坡道与无障碍电梯的选择应符合下列规定：

 1 要求满足轮椅通行需求的人行天桥及地道处宜设置坡道，当设置坡道有困难时，应设置无障碍电梯；

 2 坡道的净宽度不应小于 2.00m；

 3 坡道的坡度不应大于 1∶12；

 4 弧线形坡道的坡度，应以弧线内缘的坡度进行计算；

 5 坡道的高度每升高 1.50m 时，应设深度不小于 2.00m 的中间平台；

 6 坡道的坡面应平整、防滑。

4.4.3 扶手设置应符合下列规定：

 1 人行天桥及地道在坡道的两侧应设扶手，扶手宜设上、下两层；

 2 在栏杆下方宜设置安全阻挡措施；

 3 扶手起点水平段宜安装盲文铭牌。

4.4.4 当人行天桥及地道无法满足轮椅通行需求时，宜考虑地面安全通行。

4.4.5 人行天桥桥下的三角区净空高度小于 2.00m 时，应安装防护设施，并应在防护设施外设置提示盲道。

4.5 公交车站

4.5.1 公交车站处站台设计应符合下列规定：

 1 站台有效通行宽度不应小于 1.50m；

 2 在车道之间的分隔带设公交车站时应方便乘轮椅者使用。

4.5.2 盲道与盲文信息布置应符合下列规定：

 1 站台距路缘石 250mm～500mm 处应设置提示盲道，其长度应与公交车站的长度相对应；

 2 当人行道中设有盲道系统时，应与公交车站的盲道相连接；

 3 宜设置盲文站牌或语音提示服务设施，盲文站牌的位置、高度、形式与内容应方便视觉障碍者的使用。

4.6 无障碍标识系统

4.6.1 无障碍设施位置不明显时，应设置相应的无障碍标识系统。

4.6.2 无障碍标志牌应沿行人通行路径布置，构成标识引导系统。

4.6.3 无障碍标志牌的布置应与其他交通标志牌相协调。

5 城市广场

5.1 实施范围

5.1.1 城市广场进行无障碍设计的范围应包括下列内容：

 1 公共活动广场；

 2 交通集散广场。

5.2 实施部位和设计要求

5.2.1 城市广场的公共停车场的停车数在 50 辆以下时应设置不少于 1 个无障碍机动车停车位，100 辆以下时应设置不少于 2 个无障碍机动车停车位，100 辆以上时应设置不少于总停车数 2% 的无障碍机动车停车位。

5.2.2 城市广场的地面应平整、防滑、不积水。

5.2.3 城市广场盲道的设置应符合下列规定：

1 设有台阶或坡道时，距每段台阶与坡道的起点与终点 250mm～500mm 处应设提示盲道，其长度应与台阶、坡道相对应，宽度应为 250mm～500mm；

2 人行道中有行进盲道时，应与提示盲道相连接。

5.2.4 城市广场的地面有高差时坡道与无障碍电梯的选择应符合下列规定：

1 设置台阶的同时应设置轮椅坡道；

2 当设置轮椅坡道有困难时，可设置无障碍电梯。

5.2.5 城市广场内的服务设施应同时设置低位服务设施。

5.2.6 男、女公共厕所均应满足本规范第 8.13 节的有关规定。

5.2.7 城市广场的无障碍设施的位置应设置无障碍标志，无障碍标志应符合本规范第 3.16 节的有关规定，带指示方向的无障碍设施标志牌应与无障碍设施标志牌形成引导系统，满足通行的连续性。

6 城市绿地

6.1 实施范围

6.1.1 城市绿地进行无障碍设计的范围应包括下列内容：

1 城市中的各类公园，包括综合公园、社区公园、专类公园、带状公园、街旁绿地等；

2 附属绿地中的开放式绿地；

3 对公众开放的其他绿地。

6.2 公园绿地

6.2.1 公园绿地停车场的总停车数在 50 辆以下时应设置不少于 1 个无障碍机动车停车位，100 辆以下时应设置不少于 2 个无障碍机动车停车位，100 辆以上时应设置不少于总停车数 2% 的无障碍机动车停车位。

6.2.2 售票处的无障碍设计应符合下列规定：

1 主要出入口的售票处应设置低位售票窗口；

2 低位售票窗口前地面有高差时，应设轮椅坡道以及不小于 1.50m×1.50m 的平台；

3 售票窗口前应设提示盲道，距售票处外墙应为 250mm～500mm。

6.2.3 出入口的无障碍设计应符合下列规定：

1 主要出入口应设置为无障碍出入口，设有自动检票设备的出入口，也应设置专供乘轮椅者使用的检票口；

2 出入口检票口的无障碍通道宽度不应小于 1.20m；

3 出入口设置车挡时，车挡间距不应小于 900mm。

6.2.4 无障碍游览路线应符合下列规定：

1 无障碍游览主园路应结合公园绿地的主路设置，应能到达部分主要景区和景点，并宜形成环路，纵坡宜小于 5%，山地公园绿地的无障碍游览主园路纵坡应小于 8%；无障碍游览主园路不宜设置台阶、梯道，必须设置时应同时设置轮椅坡道；

2 无障碍游览支园路应能连接主要景点，并和无障碍游览主园路相连，形成环路；小路可到达景点局部，不能形成环路时，应便于折返，无障碍游览支园路和小路的纵坡应小于 8%；坡度超过 8% 时，路面应作防滑处理，并不宜轮椅通行；

3 园路坡度大于 8% 时，宜每隔 10.00m～20.00m 在路旁设置休息平台；

4 紧邻湖岸的无障碍游览园路应设置护栏，高度不低于 900mm；

5 在地形险要的地段应设置安全防护设施和安全警示线；

6 路面应平整、防滑、不松动，园路上的窨井盖板应与路面平齐，排水沟的滤水箅子孔的宽度不应大于 15mm。

6.2.5 游憩区的无障碍设计应符合下列规定：

1 主要出入口或无障碍游览园路沿线应设置一定面积的无障碍游憩区；

2 无障碍游憩区应方便轮椅通行，有高差时应设置轮椅坡道，地面应平整、防滑、不松动；

3 无障碍游憩区的广场树池宜高出广场地面，与广场地面相平的树池应加箅子。

6.2.6 常规设施的无障碍设计应符合下列规定：

1 在主要出入口、主要景点和景区，无障碍游憩区内的游憩设施、服务设施、公共设施、管理设施应为无障碍设施；

2 游憩设施的无障碍设计应符合下列规定：

1）在没有特殊景观要求的前提下，应设为无障碍游憩设施；

2）单体建筑和组合建筑包括亭、廊、榭、花架等，若有台明和台阶时，台明不宜过高，入口应设置坡道，建筑室内应满足无障碍通行；

3）建筑院落的出入口以及院内广场、通道有高差时，应设置轮椅坡道；有三个以上出入口时，至少应设两个无障碍出入口，建筑院落的内廊或通道的宽度不应小于 1.20m；

4）码头与无障碍园路和广场衔接处有高差时应设置轮椅坡道；

5）无障碍游览路线上的桥应为平桥或坡度在 8% 以下的小拱桥，宽度不应小于 1.20m，桥面应防滑，两侧应设栏杆。桥面与园路、广场衔接有高差时应设轮椅坡道。

3 服务设施的无障碍设计应符合下列规定：
　1）小卖店等的售货窗口应设置低位窗口；
　2）茶座、咖啡厅、餐厅、摄影部等出入口应为无障碍出入口，应提供一定数量的轮椅席位；
　3）服务台、业务台、咨询台、售货柜台等应设有低位服务设施。

4 公共设施的无障碍设计应符合下列规定：
　1）公共厕所应满足本规范第8.13节的有关规定，大型园林建筑和主要游览区应设置无障碍厕所；
　2）饮水器、洗手台、垃圾箱等小品的设置应方便乘轮椅者使用；
　3）游客服务中心应符合本规范第8.8节的有关规定；
　4）休息座椅旁应设置轮椅停留空间。

5 管理设施的无障碍设计应符合本规范第8.2节的有关规定。

6.2.7 标识与信息应符合下列规定：
1 主要出入口、无障碍通道、停车位、建筑出入口、公共厕所等无障碍设施的位置应设置无障碍标志，并应形成完整的无障碍标识系统，清楚地指明无障碍设施的走向及位置，无障碍标志应符合第3.16节的有关规定；
2 应设置系统的指路牌、定位导览图、景区景点和园中园说明牌；
3 出入口应设置无障碍设施位置图、无障碍游览图；
4 **危险地段应设置必要的警示、提示标志及安全警示线。**

6.2.8 不同类别的公园绿地的特殊要求：
1 大型植物园宜设置盲人植物区域或者植物角，并提供语音服务、盲文铭牌等供视觉障碍者使用的设施；
2 绿地内展览区、展示区、动物园的动物展示区应设置便于乘轮椅者参观的窗口或位置。

6.3 附属绿地

6.3.1 附属绿地中的开放式绿地应进行无障碍设计。
6.3.2 附属绿地中的无障碍设计应符合本规范第6.2节和第7.2节的有关规定。

6.4 其他绿地

6.4.1 其他绿地中的开放式绿地应进行无障碍设计。
6.4.2 其他绿地的无障碍设计应符合本规范第6.2节的有关规定。

7 居住区、居住建筑

7.1 道　　路

7.1.1 居住区道路进行无障碍设计的范围应包括居住区路、小区路、组团路、宅间小路的人行道。
7.1.2 居住区级道路无障碍设计应符合本规范第4章的有关规定。

7.2 居住绿地

7.2.1 居住绿地的无障碍设计应符合下列规定：
1 居住绿地内进行无障碍设计的范围及建筑物类型包括：出入口、游步道、休憩设施、儿童游乐场、休闲广场、健身运动场、公共厕所等；
2 基地地坪坡度不大于5%的居住区的居住绿地均应满足无障碍要求，地坪坡度大于5%的居住区，应至少设置1个满足无障碍要求的居住绿地；
3 满足无障碍要求的居住绿地，宜邻近设有无障碍住房和宿舍的居住建筑设置，并通过无障碍通道到达。

7.2.2 出入口应符合下列规定：
1 居住绿地的主要出入口应设置为无障碍出入口；有3个以上出入口时，无障碍出入口不应少于2个；
2 居住绿地内主要活动广场与相接的地面或路面高差小于300mm时，所有出入口均应为无障碍出入口；高差大于300mm时，当出入口少于3个，所有出入口均应为无障碍出入口，当出入口为3个或3个以上，应至少设置2个无障碍出入口；
3 组团绿地、开放式宅间绿地、儿童活动场、健身运动场出入口应设提示盲道。

7.2.3 游步道及休憩设施应符合下列规定：
1 居住绿地内的游步道应为无障碍通道，轮椅园路纵坡不应大于4%；轮椅专用道不应大于8%；
2 居住绿地内的游步道及园林建筑、园林小品如亭、廊、花架等休憩设施不宜设置高于450mm的台明或台阶；必须设置时，应同时设置轮椅坡道并在休憩设施入口处设提示盲道；
3 绿地及广场设置休息座椅时，应留有轮椅停留空间。

7.2.4 活动场地应符合下列规定：
1 林下铺装活动场地，以种植乔木为主，林下净空不得低于2.20m；
2 儿童活动场地周围不宜种植遮挡视线的树木，保持较好的可通视性，且不宜选用硬质叶片的丛生植物。

7.3 配套公共设施

7.3.1 居住区内的居委会、卫生站、健身房、物业管理、会所、社区中心、商业等为居民服务的建筑应设置无障碍出入口。设有电梯的建筑至少应设置1部无障碍电梯；未设有电梯的多层建筑，应至少设置1部无障碍楼梯。

7.3.2 供居民使用的公共厕所应满足本规范第8.13节的有关规定。

7.3.3 停车场和车库应符合下列规定：

　　1 居住区停车场和车库的总停车位应设置不少于0.5%的无障碍机动车停车位；若设有多个停车场和车库，宜每处设置不少于1个无障碍机动车停车位；

　　2 地面停车场的无障碍机动车停车位宜靠近停车场的出入口设置。有条件的居住区宜靠近住宅出入口设置无障碍机动车停车位；

　　3 车库的人行出入口应为无障碍出入口。设置在非首层的车库应设无障碍通道与无障碍电梯或无障碍楼梯连通，直达首层。

7.4 居住建筑

7.4.1 居住建筑进行无障碍设计的范围应包括住宅及公寓、宿舍建筑（职工宿舍、学生宿舍）等。

7.4.2 居住建筑的无障碍设计应符合下列规定：

　　1 设置电梯的居住建筑应至少设置1处无障碍出入口，通过无障碍通道直达电梯厅；未设置电梯的低层和多层居住建筑，当设置无障碍住房及宿舍时，应设置无障碍出入口；

　　2 设置电梯的居住建筑，每居住单元至少应设置1部能直达户门层的无障碍电梯。

7.4.3 居住建筑应按每100套住房设置不少于2套无障碍住房。

7.4.4 无障碍住房及宿舍宜建于底层。当无障碍住房及宿舍设在二层及以上且未设置电梯时，其公共楼梯应满足本规范第3.6节有关规定。

7.4.5 宿舍建筑中，男女宿舍应分别设置无障碍宿舍，每100套宿舍各应设置不少于1套无障碍宿舍；当无障碍宿舍设置在二层以上且宿舍建筑设置电梯时，应设置不少于1部无障碍电梯，无障碍电梯应与无障碍宿舍以无障碍通道连接。

7.4.6 当无障碍宿舍内未设置厕所时，其所在楼层的公共厕所至少有1处应满足本规范3.9.1条的有关规定或设置无障碍厕所，并宜靠近无障碍宿舍设置。

8 公共建筑

8.1 一般规定

8.1.1 公共建筑基地的无障碍设计应符合下列规定：

　　1 建筑基地的车行道与人行通道地面有高差时，在人行通道的路口及人行横道的两端应设缘石坡道；

　　2 建筑基地的广场和人行通道的地面应平整、防滑、不积水；

　　3 建筑基地的主要人行通道当有高差或台阶时应设置轮椅坡道或无障碍电梯。

8.1.2 建筑基地内总停车数在100辆以下时应设置不少于1个无障碍机动车停车位，100辆以上时应设置不少于总停车数1%的无障碍机动车停车位。

8.1.3 公共建筑的主要出入口宜设置坡度小于1∶30的平坡出入口。

8.1.4 建筑内设有电梯时，至少应设置1部无障碍电梯。

8.1.5 当设有各种服务窗口、售票窗口、公共电话台、饮水器等时应设置低位服务设施。

8.1.6 主要出入口、建筑出入口、通道、停车位、厕所电梯等无障碍设施的位置，应设置无障碍标志，无障碍标志应符合本规范第3.16节的有关规定；建筑物出入口和楼梯前室宜设楼面示意图，在重要信息提示处宜设电子显示屏。

8.1.7 公共建筑的无障碍设施应成系统设计，并宜相互靠近。

8.2 办公、科研、司法建筑

8.2.1 办公、科研、司法建筑进行无障碍设计的范围包括：政府办公建筑、司法办公建筑、企事业办公建筑、各类科研建筑、社区办公及其他办公建筑等。

8.2.2 为公众办理业务与信访接待的办公建筑的无障碍设施应符合下列规定：

　　1 建筑的主要出入口应为无障碍出入口；

　　2 建筑出入口大厅、休息厅、贵宾休息室、疏散大厅等人员聚集场所有高差或台阶时应设轮椅坡道，宜提供休息座椅和可以放置轮椅的无障碍休息区；

　　3 公众通行的室内走道应为无障碍通道，走道长度大于60.00m时，宜设休息区，休息区应避开行走路线；

　　4 供公众使用的楼梯宜为无障碍楼梯；

　　5 供公众使用的男、女公共厕所均应满足本规范第3.9.1条的有关规定或在男、女公共厕所附近设置1个无障碍厕所，且建筑内至少应设置1个无障碍厕所，内部办公人员使用的男、女公共厕所至少应各有1个满足本规范第3.9.1条的有关规定或在男、女公共厕所附近设置1个无障碍厕所；

　　6 法庭、审判庭及为公众服务的会议及报告厅等的公众坐席座位数为300座及以下时应至少设置1个轮椅席位，300座以上时不应少于0.2%且不少于2个轮椅席位。

8.2.3 其他办公建筑的无障碍设施应符合下列规定：

　　1 建筑物至少应有1处为无障碍出入口，且宜位于主要出入口处；

2 男、女公共厕所至少各有1处应满足本规范第3.9.1条或第3.9.2条的有关规定;

3 多功能厅、报告厅等至少应设置1个轮椅坐席。

8.3 教育建筑

8.3.1 教育建筑进行无障碍设计的范围应包括托儿所、幼儿园建筑、中小学建筑、高等院校建筑、职业教育建筑、特殊教育建筑等。

8.3.2 教育建筑的无障碍设施应符合下列规定:

1 凡教师、学生和婴幼儿使用的建筑物主要出入口应为无障碍出入口,宜设置为平坡出入口;

2 主要教学用房应至少设置1部无障碍楼梯;

3 公共厕所至少有1处应满足本规范第3.9.1条的有关规定。

8.3.3 接收残疾生源的教育建筑的无障碍设施应符合下列规定:

1 主要教学用房每层至少有1处公共厕所应满足本规范第3.9.1条的有关规定;

2 合班教室、报告厅以及剧场等应设置不少于2个轮椅坐席,服务报告厅的公共厕所应满足本规范第3.9.1条的有关规定或设置无障碍厕所;

3 有固定座位的教室、阅览室、实验教室等教学用房,应在靠近出入口处预留轮椅回转空间。

8.3.4 视力、听力、言语、智力残障学校设计应符合现行行业标准《特殊教育学校建筑设计规范》JGJ 76 的有关要求。

8.4 医疗康复建筑

8.4.1 医疗康复建筑进行无障碍设计的范围应包括综合医院、专科医院、疗养院、康复中心、急救中心和其他所有与医疗、康复有关的建筑物。

8.4.2 医疗康复建筑中,凡病人、康复人员使用的建筑的无障碍设施应符合下列规定:

1 室外通行的步行道应满足本规范第3.5节有关规定的要求;

2 院区室外的休息座椅旁,应留有轮椅停留空间;

3 主要出入口应为无障碍出入口,宜设置为平坡出入口;

4 室内通道应设置无障碍通道,净宽不应小于1.80m,并按照本规范第3.8节的要求设置扶手;

5 门应符合本规范第3.5节的要求;

6 同一建筑内应至少设置1部无障碍楼梯;

7 建筑内设有电梯时,每组电梯至少设置1部无障碍电梯;

8 首层至少设置1处无障碍厕所;各楼层至少有1处公共厕所应满足本规范第3.9.1条的有关规定或设置无障碍厕所;病房内的厕所应设置安全抓杆,并符合本规范第3.9.4条的有关规定;

9 儿童医院的门、急诊部和医技部,每层宜设置至少1处母婴室,并靠近公共厕所;

10 诊区、病区的护士站、公共电话台、查询处、饮水器、自助售货处、服务台等应设置低位服务设施;

11 无障碍设施应设符合我国国家标准的无障碍标志,在康复建筑的院区主要出入口处宜设置盲文地图或供视觉障碍者使用的语音导医系统和提示系统、供听力障碍者需要的手语服务及文字提示导医系统。

8.4.3 门、急诊部的无障碍设施还应符合下列规定:

1 挂号、收费、取药处应设置文字显示器以及语言广播装置和低位服务台或窗口;

2 候诊区应设轮椅停留空间。

8.4.4 医技部的无障碍设施应符合下列规定:

1 病人更衣室内应留有直径不小于1.50m的轮椅回转空间,部分更衣箱高度应小于1.40m;

2 等候区应留有轮椅停留空间,取报告处宜设文字显示器和语音提示装置。

8.4.5 住院部病人活动室墙面四周扶手的设置应满足本规范第3.8节的有关规定。

8.4.6 理疗用房应根据治疗要求设置扶手,并满足本规范第3.8节的有关规定。

8.4.7 办公、科研、餐厅、食堂、太平间用房的主要出入口应为无障碍出入口。

8.5 福利及特殊服务建筑

8.5.1 福利及特殊服务建筑进行无障碍设计的范围应包括福利院、敬(安、养)老院、老年护理院、老年住宅、残疾人综合服务设施、残疾人托养中心、残疾人体训中心及其他残疾人集中或使用频率较高的建筑等。

8.5.2 福利及特殊服务建筑的无障碍设施应符合下列规定:

1 室外通行的步行道应满足本规范第3.5节有关规定的要求;

2 室外院区的休息座椅旁应留有轮椅停留空间;

3 建筑物首层主要出入口应为无障碍出入口,宜设置为平坡出入口。主要出入口设置台阶时,台阶两侧宜设置扶手;

4 建筑出入口大厅、休息厅等人员聚集场所宜提供休息座椅和可以放置轮椅的无障碍休息区;

5 公共区域的室内通道应为无障碍通道,走道两侧墙面应设置扶手,并满足本规范3.8节的有关规定;室外的连通走道应选用平整、坚固、耐磨、不光滑的材料并宜设防风避雨设施;

6 楼梯应为无障碍楼梯;

7 电梯应为无障碍电梯;

8 居室户门净宽不应小于900mm;居室内走道

净宽不应小于 1.20m；卧室、厨房、卫生间门净宽不应小于 800mm；

  9 居室内宜留有直径不小于 1.5m 的轮椅回转空间；

  10 居室内的厕所应设置安全抓杆，并符合本规范第 3.9.4 条的有关规定；居室外的公共厕所应满足本规范第 3.9.1 条的有关规定或设置无障碍厕所；

  11 公共浴室应满足本规范第 3.10 节的有关规定；居室内的淋浴间或盆浴间应设置安全抓杆，并符合本规范第 3.10.2 及 3.10.3 条的有关规定；

  12 居室宜设置语音提示装置。

8.5.3 其他不同建筑类别应符合国家现行的有关建筑设计规范与标准的设计要求。

8.6 体育建筑

8.6.1 体育建筑进行无障碍设计的范围应包括作为体育比赛（训练）、体育教学、体育休闲的体育场馆和场地设施等。

8.6.2 体育建筑的无障碍设施应符合下列规定：

  1 特级、甲级场馆基地内应设置不少于停车数量的 2%，且不少于 2 个无障碍机动车停车位，乙级、丙级场馆基地内应设置不少于 2 个无障碍机动车停车位；

  2 建筑物的观众、运动员及贵宾出入口应至少各设 1 处无障碍出入口，其他功能分区的出入口可根据需要设置无障碍出入口；

  3 建筑的检票口及无障碍出入口到各种无障碍设施的室内走道应为无障碍通道，通道长度大于 60.00m 时宜设休息区，休息区应避开行走路线；

  4 大厅、休息厅、贵宾休息室、疏散大厅等主要人员聚集场宜设放置轮椅的无障碍休息区；

  5 供观众使用的楼梯应为无障碍楼梯；

  6 特级、甲级场馆内各类观众看台区、主席台、贵宾区内如设置电梯应至少各设置 1 部无障碍电梯，乙级、丙级场馆内坐席区设有电梯时，至少应设置 1 部无障碍电梯，并应满足赛事和观众的需要；

  7 特级、甲级场馆每处观众区和运动员区使用的男、女公共厕所均应满足本规范第 3.9.1 条的有关规定或在每处男、女公共厕所附近设置 1 个无障碍厕所，且场馆内至少应设置 1 个无障碍厕所，主席台休息区、贵宾休息区至少各设置 1 个无障碍厕所；乙级、丙级场馆的观众区和运动员区各至少有 1 处男、女公共厕所应满足本规范第 3.9.1 条的有关规定或各在男、女公共厕所附近设置 1 个无障碍厕所；

  8 运动员浴室均应满足本规范第 3.10 节的有关规定；

  9 场馆内各类观众看台的坐席区都应设置轮椅席位，并在轮椅席位旁或邻近的坐席处，设置 1:1 的陪护席位，轮椅席位数不应少于观众席位总数的 0.2%。

8.7 文化建筑

8.7.1 文化建筑进行无障碍设计的范围应包括文化馆、活动中心、图书馆、档案馆、纪念馆、纪念塔、纪念碑、宗教建筑、博物馆、展览馆、科技馆、艺术馆、美术馆、会展中心、剧场、音乐厅、电影院、会堂、演艺中心等。

8.7.2 文化类建筑的无障碍设施应符合下列规定：

  1 建筑物至少应有 1 处为无障碍出入口，且宜位于主要出入口处；

  2 建筑出入口大厅、休息厅（贵宾休息厅）、疏散大厅等主要人员聚集场所有高差或台阶时应设轮椅坡道，宜设置休息座椅和可以放置轮椅的无障碍休息区；

  3 公众通行的室内走道及检票口应为无障碍通道，走道长度大于 60.00m，宜设休息区，休息区应避开行走路线；

  4 供公众使用的主要楼梯宜为无障碍楼梯；

  5 供公众使用的男、女公共厕所每层至少有 1 处应满足本规范第 3.9.1 条的有关规定或在男、女公共厕所附近设置 1 个无障碍厕所；

  6 公共餐厅应提供总用餐数 2% 的活动座椅，供乘轮椅者使用。

8.7.3 文化馆、少儿活动中心、图书馆、档案馆、纪念馆、纪念塔、纪念碑、宗教建筑、博物馆、展览馆、科技馆、艺术馆、美术馆、会展中心等建筑物的无障碍设施还应符合下列规定：

  1 图书馆、文化馆等安有探测仪的出入口应便于乘轮椅者进入；

  2 图书馆、文化馆等应设置低位目录检索台；

  3 报告厅、视听室、陈列室、展览厅等设有观众席位时应至少设 1 个轮椅席位；

  4 县、市级以及以上图书馆应设盲人专用图书室（角），在无障碍入口、服务台、楼梯间和电梯间入口、盲人图书室前应设行进盲道和提示盲道；

  5 宜提供语音导览机、助听器等信息服务。

8.7.4 剧场、音乐厅、电影院、会堂、演艺中心等建筑物的无障碍设施应符合下列规定：

  1 观众厅内座位数为 300 座及以下时应至少设置 1 个轮椅席位，300 座以上时不应少于 0.2% 且不少于 2 个轮椅席位；

  2 演员活动区域至少有 1 处男、女公共厕所应满足本规范第 3.9 节的有关规定的要求，贵宾室宜设 1 个无障碍厕所。

8.8 商业服务建筑

8.8.1 商业服务建筑进行无障碍设计的范围包括各类百货店、购物中心、超市、专卖店、专业店、餐饮建筑、旅馆等商业建筑，银行、证券等金融服务建筑，邮局、电信局等邮电建筑，娱乐建筑等。

8.8.2 商业服务建筑的无障碍设计应符合下列规定：

    1 建筑物至少应有 1 处为无障碍出入口，且宜位于主要出入口处；

    2 公众通行的室内走道应为无障碍通道；

    3 供公众使用的男、女公共厕所每层至少有 1 处应满足本规范第 3.9.1 条的有关规定或在男、女公共厕所附近设置 1 个无障碍厕所，大型商业建筑宜在男、女公共厕所满足本规范第 3.9.1 条的有关规定的同时且在附近设置 1 个无障碍厕所；

    4 供公众使用的主要楼梯应为无障碍楼梯。

8.8.3 旅馆等商业服务建筑应设置无障碍客房，其数量应符合下列规定：

    1 100 间以下，应设 1 间～2 间无障碍客房；

    2 100 间～400 间，应设 2 间～4 间无障碍客房；

    3 400 间以上，应至少设 4 间无障碍客房。

8.8.4 设有无障碍客房的旅馆建筑，宜配备方便导盲犬休息的设施。

8.9 汽车客运站

8.9.1 汽车客运站建筑进行无障碍设计的范围包括各类长途汽车站。

8.9.2 汽车客运站建筑的无障碍设计应符合下列规定：

    1 站前广场人行通道的地面应平整、防滑、不积水，有高差时应做轮椅坡道；

    2 建筑物至少应有 1 处为无障碍出入口，宜设置为平坡出入口，且宜位于主要出入口处；

    3 门厅、售票厅、候车厅、检票口等旅客通行的室内走道应为无障碍通道；

    4 供旅客使用的男、女公共厕所每层至少有 1 处应满足本规范第 3.9.1 条的有关规定或在男、女公共厕所附近设置 1 个无障碍厕所，且建筑内至少应设置 1 个无障碍厕所；

    5 供公众使用的主要楼梯应为无障碍楼梯；

    6 行包托运处（含小件寄存处）应设置低位窗口。

8.10 公共停车场（库）

8.10.1 公共停车场（库）应设置无障碍机动车停车位，其数量应符合下列规定：

    1 Ⅰ类公共停车场（库）应设置不少于停车数量 2% 的无障碍机动车停车位；

    2 Ⅱ类及Ⅲ类公共停车场（库）应设置不少于停车数量 2%，且不少于 2 个无障碍机动车停车位；

    3 Ⅳ类公共停车场（库）应设置不少于 1 个无障碍机动车停车位。

8.10.2 设有楼层公共停车库的无障碍机动车停车位宜设在与公共交通道路同层的位置，或通过无障碍设施衔接通往地面层。

8.11 汽车加油加气站

8.11.1 汽车加油加气站附属建筑的无障碍设计应符合下列规定：

    1 建筑物至少应有 1 处为无障碍出入口，且宜位于主要出入口处；

    2 男、女公共厕所宜满足本规范第 8.13 节的有关规定。

8.12 高速公路服务区建筑

8.12.1 高速公路服务区建筑内的服务建筑的无障碍设计应符合下列规定：

    1 建筑物至少应有 1 处为无障碍出入口，且宜位于主要出入口处；

    2 男、女公共厕所应满足本规范第 8.13 节的有关规定。

8.13 城市公共厕所

8.13.1 城市公共厕所进行无障碍设计的范围应包括独立式、附属式公共厕所。

8.13.2 城市公共厕所的无障碍设计应符合下列规定：

    1 出入口应为无障碍出入口；

    2 在两层公共厕所中，无障碍厕位应设在地面层；

    3 女厕所的无障碍设施包括至少 1 个无障碍厕位和 1 个无障碍洗手盆；男厕所的无障碍设施包括至少 1 个无障碍厕位、1 个无障碍小便器和 1 个无障碍洗手盆；并应满足本规范第 3.9.1 条的有关规定；

    4 宜在公共厕所旁另设 1 处无障碍厕所；

    5 厕所内的通道应方便乘轮椅者进出和回转，回转直径不小于 1.50m；

    6 门应方便开启，通行净宽度不应小于 800mm；

    7 地面应防滑、不积水。

9 历史文物保护建筑无障碍建设与改造

9.1 实施范围

9.1.1 历史文物保护建筑进行无障碍设计的范围应包括开放参观的历史名园、开放参观的古建博物馆、使用中的庙宇、开放参观的近现代重要史迹及纪念性建筑、开放的复建古建筑等。

9.2 无障碍游览路线

9.2.1 对外开放的文物保护单位应根据实际情况设

计无障碍游览路线，无障碍游览路线上的文物建筑宜尽量满足游客参观的需求。

9.3 出 入 口

9.3.1 无障碍游览路线上对游客开放参观的文物建筑对外的出入口至少应设 1 处无障碍出入口，其设置标准要以保护文物为前提，坡道、平台等可为可拆卸的活动设施。

9.3.2 展厅、陈列室、视听室等，至少应设 1 处无障碍出入口，其设置标准要以保护文物为前提，坡道、平台等可为可拆卸的活动设施。

9.3.3 开放的文物保护单位的对外接待用房的出入口宜为无障碍出入口。

9.4 院 落

9.4.1 无障碍游览路线上的游览通道的路面应平整、防滑，其纵坡不宜大于 1∶50，有台阶处应同时设置轮椅坡道，坡道、平台等可为可拆卸的活动设施。

9.4.2 开放的文物保护单位内可不设置盲道，当特别需要时可设置，且应与周围环境相协调。

9.4.3 位于无障碍游览路线上的院落内的公共绿地及其通道、休息凉亭等设施的地面应平整、防滑，有台阶处宜同时设置坡道，坡道、平台等可为可拆卸的活动设施。

9.4.4 院落内的休息座椅旁宜设轮椅停留空间。

9.5 服 务 设 施

9.5.1 供公众使用的男、女公共厕所至少应有 1 处满足本规范第 8.13 节的有关规定。

9.5.2 供公众使用的服务性用房的出入口至少应有 1 处为无障碍出入口，且宜位于主要出入口处。

9.5.3 售票处、服务台、公用电话、饮水器等应设置低位服务设施。

9.5.4 纪念品商店如有开放式柜台、收银台，应配备低位柜台。

9.5.5 设有演播电视等服务设施的，其观众区应至少设置 1 个轮椅席位。

9.5.6 建筑基地内设有停车场的，应设置不少于 1 个无障碍机动车停车位。

9.6 信息与标识

9.6.1 信息与标识的无障碍设计应符合下列规定：
 1 主要出入口、无障碍通道、停车位、建筑出入口、厕所等无障碍设施的位置，应设置无障碍标志，无障碍标志应符合本规范第 3.16 节的有关规定；
 2 重要的展览性陈设，宜设置盲文解说牌。

附录 A 无障碍标志

表 A 无障碍标志

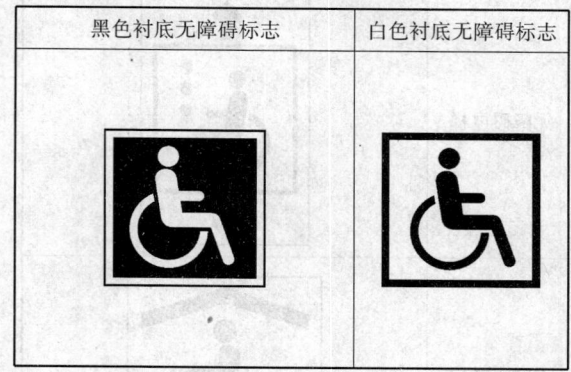

黑色衬底无障碍标志	白色衬底无障碍标志

附录 B 无障碍设施标志牌

表 B 无障碍设施标志牌

用于指示的无障碍设施名称	标志牌的具体形式
低位电话	☏
无障碍机动车停车位	P
轮椅坡道	
无障碍通道	

续表 B

用于指示的无障碍设施名称	标志牌的具体形式
无障碍电梯	
无障碍客房	
听觉障碍者使用的设施	
供导盲犬使用的设施	
视觉障碍者使用的设施	
肢体障碍者使用的设施	

续表 B

用于指示的无障碍设施名称	标志牌的具体形式
无障碍厕所	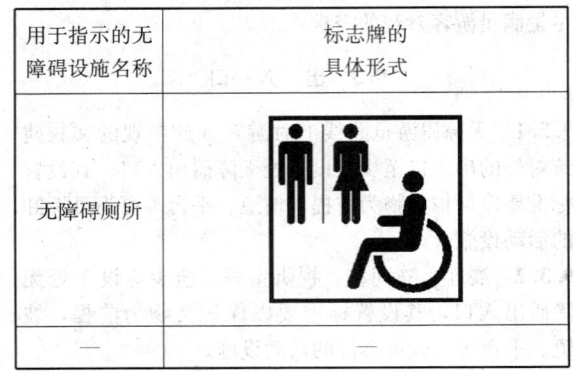
—	—

附录 C 用于指示方向的无障碍设施标志牌

表 C 用于指示方向的无障碍设施标志牌

用于指示方向的无障碍设施标志牌的名称	用于指示方向的无障碍设施标志牌的具体形式
无障碍坡道指示标志	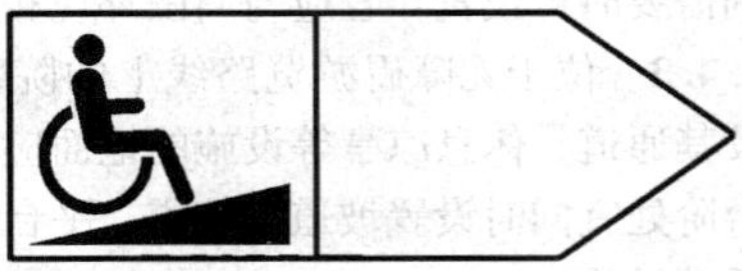
人行横道指示标志	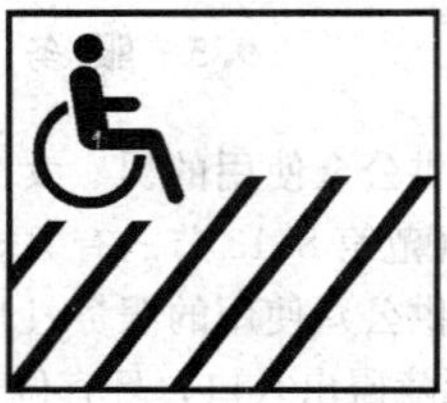
人行地道指示标志	
人行天桥指示标志	

续表 C

用于指示方向的无障碍设施标志牌的名称	用于指示方向的无障碍设施标志牌的具体形式
无障碍厕所指示标志	
无障碍设施指示标志	
无障碍客房指示标志	
低位电话指示标志	

本规范用词说明

1 为便于在执行本规范条文时区别对待,对要求严格程度不同的用词说明如下:
　1) 表示很严格,非这样做不可的:
　　正面词采用"必须",反面词采用"严禁";
　2) 表示严格,在正常情况下均应这样做的:
　　正面词采用"应",反面词采用"不应"或"不得";
　3) 表示允许稍有选择,在条件许可时首先应这样做的:
　　正面词采用"宜",反面词采用"不宜";
　4) 表示有选择,在一定条件下可以这样做的,采用"可"。

2 条文中指明应按其他有关标准执行的写法为:"应符合……的规定"或"应按……执行"。

引用标准名录

1 《特殊教育学校建筑设计规范》JGJ 76

中华人民共和国国家标准

无障碍设计规范

GB 50763—2012

条 文 说 明

制 订 说 明

《无障碍设计规范》GB 50763-2012 经住房和城乡建设部 2012 年 3 月 30 日以第 1354 号公告批准、发布。

为便于广大设计、施工、科研、学校等有关单位人员在使用本规范时能正确理解和执行条文规定，《无障碍设计规范》编制组按章、节、条顺序，编制了本规范的条文说明，对条文规定的目的、依据以及执行中需注意的有关事项进行了说明，还着重对强制性条文的强制性理由作了解释。但是，本条文说明不具备与规范正文同等的法律效力，仅供使用者作为理解和把握规范规定时的参考。

目　次

1 总则 …………………………… 40—25
2 术语 …………………………… 40—25
3 无障碍设施的设计要求 ………… 40—25
　3.1 缘石坡道 …………………… 40—25
　3.2 盲道 ………………………… 40—25
　3.3 无障碍出入口 ……………… 40—26
　3.4 轮椅坡道 …………………… 40—26
　3.5 无障碍通道、门 …………… 40—26
　3.6 无障碍楼梯、台阶 ………… 40—27
　3.7 无障碍电梯、升降平台 …… 40—27
　3.8 扶手 ………………………… 40—27
　3.9 公共厕所、无障碍厕所 …… 40—27
　3.10 公共浴室 ………………… 40—28
　3.11 无障碍客房 ……………… 40—28
　3.12 无障碍住房及宿舍 ……… 40—28
　3.13 轮椅席位 ………………… 40—28
　3.14 无障碍机动车停车位 …… 40—29
　3.15 低位服务设施 …………… 40—29
　3.16 无障碍标识系统、信息无障碍 …… 40—29
4 城市道路 ……………………… 40—29
　4.1 实施范围 …………………… 40—29
　4.2 人行道 ……………………… 40—30
　4.3 人行横道 …………………… 40—30
　4.4 人行天桥及地道 …………… 40—30
　4.5 公交车站 …………………… 40—31
　4.6 无障碍标识系统 …………… 40—31
5 城市广场 ……………………… 40—31
　5.1 实施范围 …………………… 40—31
　5.2 实施部位和设计要求 ……… 40—31
6 城市绿地 ……………………… 40—31
　6.1 实施范围 …………………… 40—31
　6.2 公园绿地 …………………… 40—31
7 居住区、居住建筑 …………… 40—33
　7.1 道路 ………………………… 40—33
　7.2 居住绿地 …………………… 40—33
　7.3 配套公共设施 ……………… 40—33
　7.4 居住建筑 …………………… 40—34
8 公共建筑 ……………………… 40—34
　8.1 一般规定 …………………… 40—34
　8.2 办公、科研、司法建筑 …… 40—34
　8.3 教育建筑 …………………… 40—34
　8.4 医疗康复建筑 ……………… 40—35
　8.5 福利及特殊服务建筑 ……… 40—35
　8.6 体育建筑 …………………… 40—35
　8.7 文化建筑 …………………… 40—36
　8.8 商业服务建筑 ……………… 40—36
　8.9 汽车客运站 ………………… 40—36
　8.10 公共停车场（库） ……… 40—37
9 历史文物保护建筑无障碍建设与改造 …… 40—37
　9.1 实施范围 …………………… 40—37
　9.2 无障碍游览路线 …………… 40—37
　9.3 出入口 ……………………… 40—37
　9.4 院落 ………………………… 40—37
　9.5 服务设施 …………………… 40—38
　9.6 信息与标识 ………………… 40—38

1 总 则

1.0.1 本条规定了制定本规范的目的。

部分人群在肢体、感知和认知方面存在障碍，他们同样迫切需要参与社会生活，享受平等的权利。无障碍环境的建设，为行为障碍者以及所有需要使用无障碍设施的人们提供了必要的基本保障，同时也为全社会创造了一个方便的良好环境，是尊重人权的行为，是社会道德的体现，同时也是一个国家、一个城市的精神文明和物质文明的标志。

1.0.2 本条规定明确了本规范适用的范围和建筑类型。

因改建的城市道路、城市广场、城市绿地、居住区、居住建筑、公共建筑及历史文物保护建筑等工程条件较为复杂，故无障碍设计宜按照本规范执行。

《无障碍设计规范》虽然涉及面广，但也很难把各类建筑全部包括其中，只能对一般建筑类型的基本要求作出规定，因此，本规范未涉及的城市道路、城市广场、城市绿地、建筑类型或有无障碍需求的设计，宜执行本规范中类似的相关类型的要求。

农村道路及公共服务设施应根据实际情况，宜按本规范中城市道路及建筑物的无障碍设计要求，进行无障碍设计。

1.0.3 本条规定了专业性较强行业的无障碍设计。

铁路、航空、城市轨道交通以及水运交通等专业性较强行业的无障碍设计，均有相应行业颁发的无障碍设计标准。所以本条文规定其除应符合本规范外，还应符合相关行业的有关无障碍设计的规定，且应做到与本规范的合理衔接、相辅相成、协调统一。

1.0.4 本条规定了本规范的共性要求。

2 术 语

2.0.11 本条所指的无障碍楼梯不适用于乘轮椅者。
2.0.27 本条所指的无障碍机动车停车位不包含残疾人助力车的停车位。

3 无障碍设施的设计要求

3.1 缘石坡道

3.1.1 为了方便行动不便的人特别是乘轮椅者通过路口，人行道的路口需要设置缘石坡道，在缘石坡道的类型中，单面坡缘石坡道是一种通行最为便利的缘石坡道，丁字路口的缘石坡道同样适合布置单面坡的缘石坡道。实践表明，当缘石坡道顺着人行道路的方向布置时，采用全宽式单面坡缘石坡道（图3-1）最为方便。其他类型的缘石坡道，如三面坡缘石坡道

（图3-2）等可根据具体情况有选择性地采用。

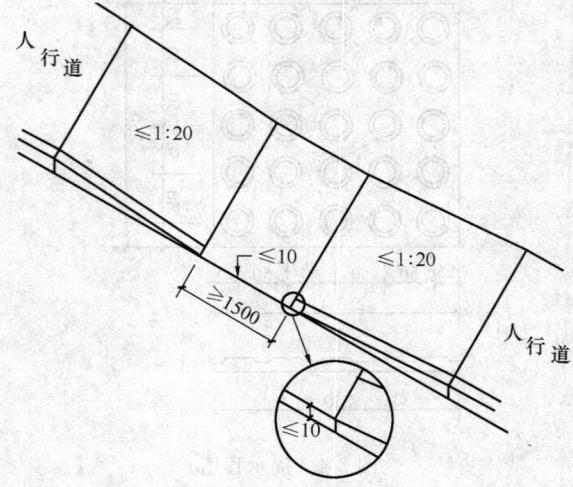

图3-1 全宽式单面坡缘石坡道

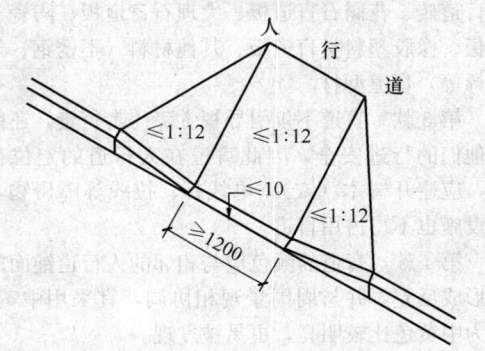

图3-2 三面坡缘石坡道

3.2 盲 道

3.2.1 第1款 盲道有两种类型，一种是行进盲道（图3-3），行进盲道应能指引视觉障碍者安全行走和顺利到达无障碍设施的位置，呈条状；另一种是在行进盲道的起点、终点及拐弯处设置的提示盲道（图3-4），提示盲道能告知视觉障碍者前方路线的空间环境将发生变化，呈圆点形。目前以250mm×250mm的

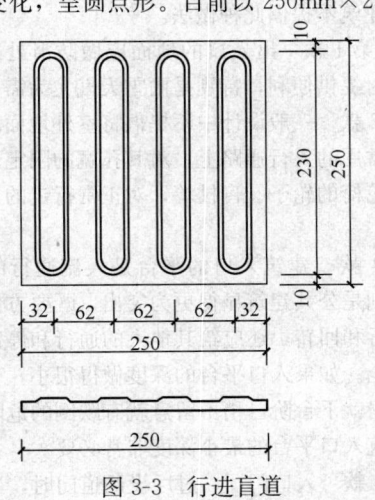

图3-3 行进盲道

成品盲道构件居多。

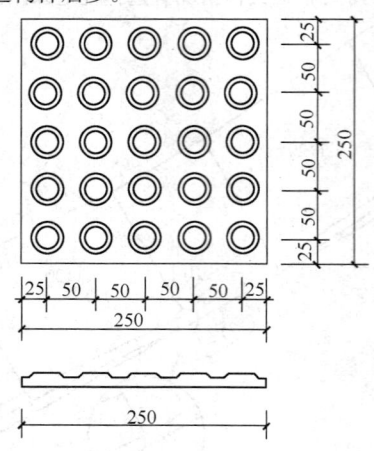

图 3-4 提示盲道

目前使用较多的盲道材料可分成5类：预制混凝土盲道砖、花岗石盲道板、大理石盲道板、陶瓷类盲道板、橡胶塑料类盲道板、其他材料（不锈钢、聚氯乙烯等）盲道型材。

第3款 盲道不仅引导视觉障碍者行走，还能保护他们的行进安全，因此盲道在人行道的定位很重要，应避开树木（穴）、电线杆、拉线等障碍物，其他设施也不得占用盲道。

第4款 盲道的颜色应与相邻的人行道铺面的颜色形成反差，并与周围景观相协调，宜采用中黄色，因为中黄色比较明亮，更易被发现。

3.3 无障碍出入口

3.3.1 第1款 平坡出入口，是人们在通行中最为便捷的无障碍出入口，该出入口不仅方便了各种行动不便的人群，同时也给其他人带来了便利，应该在工程中，特别是大型公共建筑中优先选用。

第3款 主要适用以下情况：在建筑出入口进行无障碍改造时，因为场地条件有限而无法修建坡道，可以采用占地面积小的升降平台取代轮椅坡道。一般的新建建筑不提倡此种做法。

3.3.2 第1款 出入口的地面应做防滑处理，为人们进出时提供便利，特别是雨雪天气尤为需要。

第2款 一般设计中不提倡将室外地面滤水箅子设置在常用的人行通路上，对其孔宽的限定是为了防止卡住轮椅的轮子、盲杖等，对正常行走的人也提供了便利。

第4款 建筑入口的平台是人流通行的集散地带，特别是公共建筑显得更为突出，既要方便乘轮椅者的通行和回转，还应给其他人的通行和停留带来便利和安全。如果入口平台的深度做得很小，就会造成推开门扇就下台阶，稍不留意就有跌倒的危险，因此限定建筑入口平台的最小深度非常必要。

第5款 入口门厅、过厅设两道门时，当乘轮椅者在期间通行时，避免在门扇同时开启后碰撞轮椅，因此对开启门扇后的最小间距作出限定。

3.3.3 调查表明，坡面越平缓，人们越容易自主地使用坡道。《民用建筑设计通则》GB 50352－2005 规定基地步行道的纵坡不应小于 0.2%，平坡入口的地面坡度还应满足此要求，并且需要结合室内外高差、建筑所在地的具体情况等综合选定适宜坡度。

3.4 轮椅坡道

3.4.1 坡道形式的设计，应根据周边情况综合考虑，为了避免乘轮椅者在坡面上重心产生倾斜而发生摔倒的危险，坡道不宜设计成圆形或弧形。

3.4.2 坡道宽度应首先满足疏散的要求，当坡道的宽度不小于 1.00m 时，能保证一辆轮椅通行；坡道宽度不小于 1.20m 时，能保证一辆轮椅和一个人侧身通行；坡道宽度不小于 1.50m 时，能保证一辆轮椅和一个人正面相对通行；坡道宽度不小于 1.80m 时，能保证两辆轮椅正面相对通行。

3.4.3 当轮椅坡道的高度在 300mm 及以内时，或者是坡度小于或等于 1∶20 时，乘轮椅者及其他行动不便的人基本上可以不使用扶手；但当高度超过 300mm 且坡度大于 1∶20 时，则行动上需要借助扶手才更为安全，因此这种情况坡道的两侧都需要设置扶手。

3.4.4 轮椅坡道的坡度可按照其提升的最大高度来选用，当坡道所提升的高度小于 300mm 时，可以选择相对较陡的坡度，但不得小于 1∶8。在坡道总提升的高度内也可以分段设置坡道，但中间应设置休息平台，每段坡道的提升高度和坡度的关系可按照表 3.4.4 执行。在有条件的情况下将坡道做到小于 1∶12 的坡度，通行将更加安全和舒适。

3.4.5 本条要求坡道的坡面平整、防滑是为了轮椅的行驶顺畅，坡面上不宜加设防滑条或将坡面做成礓磋形式，因为乘轮椅者行驶在这种坡面上会感到行驶不畅。

3.4.6 轮椅在进入坡道之前和行驶完坡道，进行一段水平行驶，能使乘轮椅者先将轮椅调整好，这样更加安全。轮椅中途要调转角度继续行驶时同样需要有一段水平行驶。

3.4.7 轮椅坡道的侧面临空时，为了防止拐杖头和轮椅前面的小轮滑出，应设置遮挡措施。遮挡措施可以是高度不小于 50mm 的安全挡台，也可以做与地面空隙不大于 100mm 的斜向栏杆等。

3.5 无障碍通道、门

3.5.2 第4款 探出的物体包括：标牌、电话、灭火器等潜在对视觉障碍者造成危害的物体，除非这些物体被设置在手杖可以感触的范围之内，如果这些物体距地面的高度不大于 600mm，视觉障碍者就可以用手杖感触到这些物体。在设计时将探出物体放在凹进的空间里也可以避免伤害。探出的物体不能减少无障碍通道的净宽度。

3.5.3 建筑物中的门的无障碍设计包括其形式、规格、开启宽度的设计，需要考虑其使用方便与安全。乘轮椅者坐在轮椅上的净宽度为750mm，目前有些型号的电动轮椅的宽度有所增大，所以当有条件时宜将门的净宽度做到900mm。

为了使乘轮椅者靠近门扇将门打开，在门把手一侧的墙面应留有宽度不小于400mm的空间，使轮椅能够靠近门把手。

推拉门、平开门的把手应选用横握式把手或U形把手，如果选用圆形旋转把手，会给手部残疾者带来障碍。在门扇的下方安装护门板是为了防止轮椅搁脚板将门扇碰坏。

推荐使用通过按钮自动开闭的门，门及周边的空间尺寸要求也要满足本条规定。按钮高度为0.90m～1.10m。

3.6 无障碍楼梯、台阶

3.6.1 楼梯是楼层之间垂直交通用的建筑部件。

第1款 如采用弧形楼梯，会给行动不便的人带来恐惧感，使其劳累或发生摔倒事故，因此无障碍楼梯宜采用直线形的楼梯。

第3款 踏面的前缘如有突出部分，应设计成圆弧形，不应设计成直角形，以防将拐杖头绊落掉和对鞋面刮碰。

第5款 在栏杆下方设置安全阻挡措施是为了防止拐杖向侧面滑出造成摔伤。遮挡措施可以是高度不小于50mm的安全挡台，也可以做与地面空隙不大于100mm的斜向栏杆等。

第7款 距踏步起点和终点250mm～300mm设置提示盲道是为了提示视觉障碍者所在位置接近有高差变化处。

第8款 楼梯踏步的踏面和梯面的颜色宜有区分和对比，以引起使用者的警觉并利于弱视者辨别。

3.6.2 台阶是在室外或室内的地坪或楼层不同标高处设置的供人行走的建筑部件。

第3款 当台阶比较高时，在其两侧做扶手对于行动不便的人和视力障碍者都很有必要，可以减少他们在心理上的恐惧，并对其行动给予一定的帮助。

3.7 无障碍电梯、升降平台

3.7.1 第1款 电梯是包括乘轮椅者在内的各种人群使用最为频繁和方便的垂直交通设施，乘轮椅者在到达电梯厅后，要转换位置和等候，因此候梯厅的深度做到1.80m比较合适，住宅的候梯厅不应小于1.50m。

第4款 在电梯入口的地面设置提示盲道标志是为了可以告知视觉障碍者电梯的准确位置和等候地点。

第5款 电梯运行显示屏的规格不应小于50mm×50mm，以方便弱视者了解电梯运行情况。

3.7.2 本条是规定无障碍电梯在规格和设施配备上的要求。为了方便乘轮椅者进入电梯轿厢，轿厢门开启的净宽度不应小于800mm。如果使用1.40m×1.10m的小型梯，轮椅进入电梯后不能回转，只能是正面进入倒退而出，或倒退进入正面而出。使用1.60m×1.40m的中型梯，轮椅正面进入电梯后，可直接回转后正面驶出电梯。医疗建筑与老人建筑宜选用病床专用电梯，以满足担架床的进出。

3.8 扶 手

3.8.1 扶手是协助人们通行的重要辅助设施，可以保持身体平衡和协助使用者的行进，避免发生摔倒的危险。扶手安装的位置、高度、牢固性及选用的形式是否合适，将直接影响到使用效果。无障碍楼梯、台阶的扶手高度应自踏步前缘线量起，扶手的高度应同时满足其他规范的要求。

3.8.3 为了避免人们在使用扶手后产生突然感觉手臂滑下扶手的不安，当扶手为靠墙的扶手时，将扶手的末端加以处理，使其明显感觉利于身体稳定。同时也是为了利于行动不便者在刚开始上、下楼梯或坡道时的抓握。

3.8.4 当扶手安装在墙上时，扶手的内侧与墙之间要有一定的距离，便于手在抓握扶手时，有适当的空间，使用时会带来方便。

3.8.5 扶手要安装牢固，应能承受100kg以上的重量，否则会成为新的不安全因素。

3.9 公共厕所、无障碍厕所

3.9.1 此处的公共厕所指不设单独的无性别厕所，而是在男、女厕所内分设无障碍厕位的供公众使用的厕所。

3.9.2 无障碍厕位为厕所内的无障碍设施，本条规定了无障碍厕位的做法。

第1款 在公共厕所内，选择通行方便的适当位置，设置1个轮椅可进入使用的坐便器的专用厕位。专用厕位分大型和小型两种规格。在厕位门向外开时，大型厕位尺寸宜做到2.00m×1.50m，这样轮椅进入后可以调整角度和回转，轮椅可在坐便器侧面靠近后平移就位。小型厕位不应小于1.80m×1.00m，轮椅进入后不能调整角度和回转，只能从正面对着坐便器进行身体转移，最后倒退出厕位。因此，如果有条件时，宜选为2.00m×1.50m的大型厕位。

第2款 无障碍厕位的门宜向外开启，轮椅需要通行的区域通行净宽均不应小于800mm，当门向外开启时，门扇里侧应设高 900mm 的关门拉手，待轮椅进入后便于将门关上。

第 3 款 在坐便器的两侧安装安全抓杆（图 3-5），供乘轮椅者从轮椅上转移到坐便器上以及挂拐杖者在起立时使用。安装在墙壁上的水平抓杆长度为 700mm，安装在另一侧的水平抓杆一般为 T 形，这种 T 形水平抓杆的长度为 550mm～600mm，可做成固定式，也可做成悬臂式可转动的抓杆，转动的抓杆可做水平旋转 90°和垂直旋转 90°两种，在使用前将抓杆转到贴近墙面上，不占空间，待轮椅靠近坐便器后再将抓杆转过来，协助乘轮椅者从轮椅上转换到坐便器上。这种可旋转的水平抓杆的长度可做到 600mm～700mm。

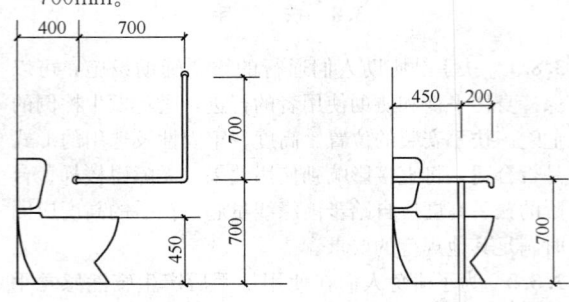

图 3-5　坐式便器及安全抓杆

3.9.3 此处的无障碍厕所是无性别区分、男女均可使用的小型厕所。可以在家属的陪同下进入，它的方便性受到了各种人群的欢迎。尽量设在公共建筑中通行方便的地段，也可靠近公共厕所，并用醒目的无障碍标志给予区分。这种厕所的面积要大于无障碍专用厕位。

3.9.4 本条规定了厕所里的其他无障碍设施的做法。

第 1 款 低位小便器的两侧和上部设置安全抓杆，主要是供使用者将胸部靠住，使重心更为稳定。

第 2 款 无障碍洗手盆的安全抓杆可做成落地式和悬挑式两种，但要方便乘轮椅者靠近洗手盆的下部空间。水龙头的开关应方便开启，宜采用自动感应出水开关。

第 3 款 安全抓杆设在坐便器、低位小便器、洗手盆的周围，是肢体障碍者保持身体平衡和进行移动不可缺少的安全保护措施。其形式有很多种，一般有水平式、直立式、旋转式及吊环式等。安全抓杆要尽量少占地面空间，使轮椅靠近各种设施，以达到方便的使用效果。安全抓杆要安装牢固，应能承受 100kg 以上的重量。安装在墙上的安全抓杆内侧距墙面不小于 40mm。

3.10　公共浴室

3.10.1 公共浴室无障碍设计的要求是出入口、通道、浴间及其设施均应该方便行动不便者通行和使用，公共浴室的浴间有淋浴和盆浴两种，无论是哪种，都应该保证有一个为无障碍浴间，另外无障碍洗手盆也是必备的无障碍设施。地面的做法要求防滑和不积水。浴间的入口最好采用活动的门帘，如采用平开门时，门扇应该向外开启，这样做一是可以节省浴间面积，二是在紧急情况时便于将门打开进行救援。

3.11　无障碍客房

3.11.1 无障碍客房应设在便于到达、疏散和进出的位置，比如设在客房区的底层以及靠近服务台、公共活动区和安全出口的位置，以方便使用者到达客房、参与各种活动及安全疏散。

3.11.2 客房内需要留有直径不小于 1.50m 的轮椅回转空间，可以将通道的宽度做到不小于 1.50m，因为通道是客房使用者开门、关门及通行与活动的枢纽，在通道内存取衣物和从通道进入卫生间，也可以在客房床位的一侧留有直径不小于 1.50m 的轮椅回转空间，以方便乘轮椅者料理各种相关事务。

3.11.5 客房床面的高度、坐便器的高度、浴盆或淋浴座椅的高度，应与标准轮椅坐高一致，以方便乘轮椅者进行转移。在卫生间及客房的适当部位，需设救助呼叫按钮。

3.12　无障碍住房及宿舍

3.12.1、3.12.2 无障碍住房及宿舍户门及内门的设计要满足轮椅的通行要求。户内、外通道要满足无障碍的要求，达到方便、安全、便捷。在很多设计中，阳台的地坪与居室存在高差，或地面上安装有落地门框影响无障碍通行，可采取设置缓坡和改变阳台门安装方式来解决。

3.12.3 室内卫生间是极容易出现跌倒事故的地方，设计中要为使用者提供方便牢固的安全抓杆，并根据这些配置的要求调整洁具之间的距离。

3.12.4 根据无障碍使用人群的分类，在居住建筑的套内空间，有目的地设置相应的无障碍设施；若设计时还不能确认使用者的类型，则所有设施要按照规范一次设计到位。室内各使用空间的面积都略大于现行国家标准《住宅设计规范》GB 50096－1999 中相应的最低面积标准，为轮椅通行和停留提供一定的空间。无障碍宿舍的设施和家具一般都是一次安装到位的，所有的要求需按照本规范详细执行。

3.13　轮椅席位

3.13.1 轮椅席位应设在出入方便的位置，如靠近疏散口及通道的位置，但不应影响其他观众席位，也不应妨碍公共通道的通行，其通行路线要便捷，要能够方便地到达休息厅和有无障碍设施的公共厕所。轮椅席位可以集中设置，也可以分地段设置，平时也可以用作安放活动座椅等使用。

3.13.3 影剧院、会堂等观众厅的地面有一定坡度，但轮椅席位的地面要平坦，否则轮椅倾斜放置会产生不安全感。为了防止乘轮椅者和其他观众座椅碰撞，在轮椅席位的周围宜设置栏杆或栏板，但也不应遮挡他人的视线。

3.13.4 轮椅席的深度为1.10m，与标准轮椅的长度基本一致，一个轮椅席位的宽度为800mm，是乘轮椅者的手臂推动轮椅时所需的最小宽度。

3.13.6 考虑到乘轮椅者大多有人陪伴出行，为方便陪伴的人在其附近。轮椅席位旁宜设置一定数量的陪护席位，陪护席位也可以设置在附近的观众席内。

3.14　无障碍机动车停车位

3.14.1 无论设置在地上或是地下的停车场地，应将通行方便、距离出入口路线最短的停车位安排为无障碍机动车停车位，如有可能宜将无障碍机动车停车位设置在出入口旁。

3.14.3 停车位的一侧或与相邻停车位之间应留有宽1.20m以上的轮椅通道，方便肢体障碍者上下车，相邻两个无障碍机动车停车位可共用一个轮椅通道。

3.15　低位服务设施

3.15.1～3.15.4 低位服务设施可以使乘轮椅人士或身材较矮的人士方便地接触和使用各种服务设施。除了要求它的上表面距地面有一定的高度以外，还要求它的下方有足够的空间，以便于轮椅接近。它的前方应留有轮椅能够回转的空间。

3.16　无障碍标识系统、信息无障碍

3.16.1 通用的无障碍标志是选用现行国家标准《标志用公共信息图形符号　第9部分：无障碍设施符号》GB/T 10001.9-2008中的无障碍设施标志。通用的无障碍标志和图形的大小与其观看的距离相匹配，规格为100mm×100mm～400mm×400mm。为了清晰醒目，规定了采用两种对比强烈的颜色，当标志牌为白色衬底时，边框和轮椅为黑色；标志牌为黑色衬底时，边框和轮椅为白色。轮椅的朝向应与指引通行的走向保持一致。

无障碍设施标志牌和带指示方向的无障碍设施标志牌也是无障碍标志的组成部分，设置的位置应该能够明确地指引人们找到所需要使用的无障碍设施。

3.16.2 盲文地图设在城市广场、城市绿地和公共建筑的出入口，方便视觉障碍者出行和游览；盲文铭牌主要用于无障碍电梯的低位横向按钮、人行天桥和人行地道的扶手、无障碍通道的扶手、无障碍楼梯的扶手等部位，帮助视觉障碍者辨别方向；盲文站牌设置在公共交通的站台上，引导视觉障碍者乘坐公共交通。

3.16.3 信息无障碍是指无论健全人还是行动障碍者，无论年轻人还是老年人，无论语言文化背景和教育背景如何，任何人在任何情况下都能平等、方便、无障碍地获取信息或使用通常的沟通手段利用信息。

在获取信息方面，视觉障碍者是最弱的群体，因此应给视觉障碍者提供更好的设备和设施来满足他们的日常生活需要。其中为视觉障碍者服务的设施包括盲道、盲文标识、语音提示导盲系统（听力补偿系统）、盲人图书室（角）等，为视觉障碍者服务的设备包括便携导盲定位系统、无障碍网站和终端设备、读屏软件、助视器、信息家居设备等。为视觉障碍者服务的设施应与背景形成鲜明的色彩对比。

盲道的设置位置具体见本规范的其他章节。盲文标识一般设置在视觉障碍者经常使用的建筑物的楼层示意图、楼梯、扶手、电梯按钮等部位。音响信号适用于城市交通系统。视觉障碍者图书室（角）是为视觉障碍者提供的专门获取信息的公共场所，应提供无障碍终端设备、读屏软件、助视器等设施。便携导盲定位系统是为视觉障碍者提供出行定位的好帮手，可以利用手机、盲杖等载体。为视觉障碍者服务的信息家居设备主要包括鸣响的水壶等生活设施。

为听觉障碍者服务的设施包括电子显示屏、同步传声助听设备、提示报警灯（音响频闪显示灯），为听觉障碍者服务的设备包括视频手语、助听设备、可视电话、信息家居设备等。

电子显示屏应设置在城市道路和建筑物明显的位置，便于人们在第一时间获取信息。同步传声助听设备是在建筑物中设置的一套音响加强传递系统，听觉障碍者持终端即可接听信息。提示报警灯（音响频闪显示灯）是为人员逃生时指示方向使用的，应设置在疏散路线上，同时应伴有语音提示。另外建议在有视频的地方加设视频手语解说，家居方面设置可视对讲门禁、提示报警灯等设备。

为全社会服务的设施应包括标识、标牌、楼层示意图、语音提示系统、电子显示屏、语言转换系统等。信息无障碍设施并非只适用于无障碍人士，实际它使我们社会上的每个人都在受益。信息无障碍的发展是全社会文明的标志，是社会进步的缩影。信息无障碍应使任何人在任何地点都能享受到信息的服务。如清晰的标识和标牌使一些初到陌生地方的人或语言障碍的外国人能准确找到目标。

标识和标牌安装的位置应统一，主要设置在人们行走时需要做出决定的地方，并且标识和标牌大小、图案应规范，避免安装在阴影区或者反光的地方，并且和周围的背景应有反差。楼层示意图应布置在建筑入口和电梯附近，宜同时附有盲文和语音提示设施。

4　城　市　道　路

4.1　实施范围

4.1.1 城市道路进行无障碍设计的范围包括主干路、

次干路、支路等城市各级道路，郊区、区县、经济开发区等城镇主要道路，步行街等主要商业区道路，旅游景点、城市景观带等周边道路，以及其他有无障碍设施设计需求的各类道路，确保城市道路范围内无障碍设施布置完整，构建无障碍物质环境。

4.1.2、4.1.3 城市道路涉及人行系统的范围均应进行无障碍设计，不仅对无障碍设计范围给予规定，并进一步对城市道路应进行无障碍设计的位置提出要求，便于设计人员及建设部门进行操作。

4.2 人 行 道

4.2.1 第1款 人行道是城市道路的重要组成部分，人行道在路口及人行横道处与车行道如有高差，不仅造成乘轮椅者的通行困难，也会给人行道上行走的各类群体带来不便。因此，人行道在交叉路口、街坊路口、单位出入口、广场出入口、人行横道及桥梁、隧道、立体交叉范围等行人通行位置，通行线路存在立缘石高差的地方，均应设缘石坡道，以方便人们使用。

第2款 人行横道两端需设置缘石坡道，为肢体障碍者及全社会各类人士作出提示，方便人们使用。

4.2.2 第1、2款 盲道及其他信息设施的布置，要为盲人通行的连续性和安全性提供保证。因此在城市主要商业街、步行街的人行道及视觉障碍者集中区域（指视觉障碍者人数占该区域人数比例1.5%以上的区域，如盲人学校、盲人工厂、医院等）的人行道需设置盲道，协助盲人通过盲杖和脚感的触觉，方便安全地行走。

第3款 坡道的上下坡边缘处需设置提示盲道，为视觉障碍者及全社会各类人士作出提示，方便人们使用。

4.2.3 要满足轮椅在人行道范围通行无障碍，要求人行道中设有台阶的位置，同时应设有坡道，以方便各类人群的通行。坡道设置时应避免与行人通行产生矛盾，在设施布置时，尽量避免轮椅坡道通行方向与行人通行方向产生交叉，尽可能使两个通行流线相平行。

4.2.4 人行道范围内的服务设施是无障碍设施的重要部分，是保证残障人士平等参与社会活动的重要保障设施，服务设施宜针对视觉障碍者、听觉障碍者及肢体障碍者等不同类型的障碍者分别进行考虑，满足各类行动障碍者的服务需求。

4.3 人 行 横 道

4.3.1 第1款 人行横道设置时，人行横道的宽度要满足轮椅通行的需求。在医院、大剧院、老年人公寓等特殊区域，由于轮椅使用数量相对较多，人行横道的宽度还要考虑满足一定数量轮椅同时通行的需求，避免产生安全隐患。

第2款 人行横道中间的安全岛，会有高出车行道的情况，影响了乘轮椅者的通行，因此安全岛设置需要考虑与车行道同高或安全岛两侧设置缘石坡道，并从通行宽度方面给予要求，从而方便乘轮椅者通行。

第3款 音响设施需要为视觉障碍者的通行提供有效的帮助，在路段提供是否通行和还有多长的通行时间等信息，在路口还需增加通行方向的信息。通过为视觉障碍者提供相关的信息，保证他们过街的安全性。

4.4 人行天桥及地道

4.4.1 人行天桥及地道出入口处需设置提示盲道，针对行进规律的变化及时为视觉障碍者提供警示。同时当人行道中有行进盲道时，应将其与人行天桥及人行地道出入口处的提示盲道合理衔接，满足视觉障碍者的连续通行需求。

4.4.2 人行天桥及地道的设计，在场地条件允许的情况下，应尽可能设置坡道或无障碍电梯。当场地条件存在困难时，需要根据规划条件，在进行交通分析时，对行人服务对象的需求进行分析，从道路系统与整体环境要求的高度进行取舍判断。

人行天桥及地道处设置坡道，方便乘轮椅者及全社会各类人士的通行，当设坡道有困难时可设无障碍电梯，构成无障碍环境，完成无障碍通行。无障碍电梯需求量大或条件允许时，也可进行无障碍电梯设置，满足乘轮椅者及全社会各类人士的通行需求，提高乘轮椅者及全社会各类人士的通行质量。

人行天桥及地道处的坡道设置，是为了方便乘坐轮椅者能够靠自身力量安全通行。弧线形坡道布置，坡道两侧的长度不同，形成的坡度有差异，因此对坡道的设计提出相应的指标控制要求。

4.4.3 人行天桥和人行地道设扶手，是为了方便行动不便的人通行，未设扶手的人行天桥及地道，曾发生过老年人和行动障碍者摔伤事故，其原因并非

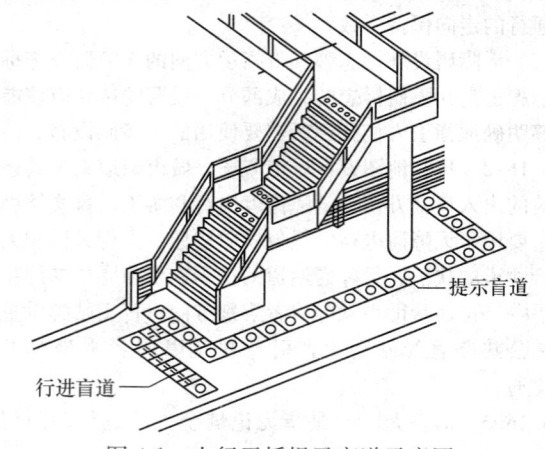

图 4-1 人行天桥提示盲道示意图

技术、经济上的困难，而是未将扶手作为使用功能来重视。在无障碍设计中，扶手同样是重要设施之一。坡道扶手水平段外侧宜设置盲文铭牌，可使视觉障碍者了解自己所在位置及走向，方便其继续行走。

4.4.4 人行天桥及地道处无法满足弱势群体通行需求情况下，可考虑通过地面交通实现弱势群体安全通行的需求，体现无障碍设计的多样化及人性化。

4.4.5 人行天桥桥下的三角区，对于视觉障碍者来说是一个危险区域，容易发生碰撞，因此应在结构边缘设置提示盲道，避免安全隐患。

4.5 公交车站

4.5.1 公交车站处站台有效宽度应满足轮椅通行与停放的要求，并兼顾其他乘客的通行，当公交车站设在车道之间的分隔带上时，为了使行动不便的人穿越非机动车道，安全地到达分隔带上的公交候车站，应在穿行处设置缘石坡道，缘石坡道应与人行横道相对应。

4.5.2 在我国，视觉障碍者的出行，如上班、上学、购物、探亲、访友、办事等主要靠公共交通，因此解决他们出门找到车站和提供交通换乘十分重要，为了视觉障碍者能够方便到达公交候车站、换乘公交车辆，需要在候车站范围设置提示盲道和盲文站牌。

在公交候车站铺设提示盲道主要方便视觉障碍者了解候车站的位置，人行道中有行进盲道时，应与公共车站的提示盲道相连接。

为了给视觉障碍者提供更好的公交站牌信息，在城市主要道路和居住区的公交车站，应安装盲文站牌或有声服务设施，盲文站牌的设置，既要方便视觉障碍者的使用，又要保证安全，防止倒塌，且不易被人破坏。

4.6 无障碍标识系统

4.6.1~4.6.3 凡设有无障碍设施的道路人行系统中，为了能更好地为残障人士服务，并易于被残障人士所识别，应在无障碍设计地点显著位置上安装符合我国国家标准的无障碍标志牌，标志牌应反映一定区域范围内的无障碍设施分布情况，并提示现况位置。无障碍标识的布置，应根据指示、引导和确认的需求进行设计，沿通行路径布置，构成完整引导系统。

悬挂醒目的无障碍标志，一是使用者一目了然，二是告知无关人员不要随意占用。城市中的道路交通，应尽可能提供多种标志和信息源，以适合各种残障人士的不同要求。

无障碍设施标志牌可与其他交通设施标志牌协调布置，更好地为道路资源使用者服务。

5 城市广场

5.1 实施范围

5.1.1 城市广场的无障碍设计范围是根据《城市道路设计规范》CJJ 37 中城市广场篇的内容而定，并把它们分成公共活动广场和交通集散广场两大类。城市广场是人们休闲、娱乐的场所，为了使行动不便的人能与其他人一样平等地享有出行和休闲的权利，平等地参与社会活动，应对城市广场进行无障碍设计。

5.2 实施部位和设计要求

5.2.1 随着我国机动车保有量的增大，乘轮椅者乘坐及驾驶机动车出游的几率也随之增加。因此，在城市广场的公共停车场应设置一定数量的无障碍机动车停车位。无障碍机动车停车位的数量应当根据停车场地大小而定。

5.2.7 广场的无障碍设施处应设无障碍标志，带指示方向的无障碍设施标志牌应与无障碍设施标志牌形成引导系统，满足通行的连续性。

6 城市绿地

6.1 实施范围

6.1.1 在高速城市化的建设背景下，城市绿地与人们日常生活的关系日益紧密，是现代城市生活中人们亲近自然、放松身心、休闲健身使用频率最高的公共场所。随着其日常使用频率的加大，使用对象的增多，城市绿地的无障碍建设显得尤为突出，也成为创建舒适、宜居现代城市必要的基础设施条件之一。

依据现行行业标准《城市绿地分类标准》CJJ/T 85，城市绿地分为城市公园绿地、生产绿地、防护绿地、附属绿地、其他绿地（包括风景名胜区、郊野城市绿地、森林城市绿地、野生动植物园、自然保护区、城市绿化隔离带等）共五类。其中，城市公园绿地、附属绿地以及其他绿地中对公众开放的部分，其建设的宗旨是为人们提供方便、安全、舒适和优美的生活环境，满足各类人群参观、游览、休闲的需要。因此城市绿地的无障碍设施建设是非常重要的；城市绿地的无障碍设施建设应该针对上述范围实施。

6.2 公园绿地

6.2.1 本标准是基于综合性公园绿地设计编写的，其他类型的绿地设计可根据其性质和规模大小参照执行。

6.2.2 第 3 款 窗口前设提示盲道是为了帮助视觉障碍者确定窗口位置。

6.2.3 第1款 公园绿地主要出入口是游客游园的必经之路，应设置为无障碍出入口以便于行动不便者通行。因为行动障碍者、老人等行动不便的人行进速度较普通游客慢，在节假日或高峰时段，游客量急剧增大，游客混行可能引发交通受阻的情况，可设置无障碍专用绿色通道引导游客分流出入，可以避免相互间的干扰，有助于消除发生突发性事件时的安全隐患。

第2款 出入口无障碍专用通道宽度设置不应小于1.20m，以保证一辆轮椅和一个人侧身通过，条件允许的情况下，建议将无障碍专用通道宽度设置为1.80m，这样可以保证同时通行两辆轮椅。

第3款 出入口设置车挡可以有效减少机动车、人力三轮车对人行空间的干扰，但同时应确保游人及轮椅通过，实现出入口的无障碍通行。车挡设置最小间距是为了保证乘轮椅者通过，车挡前后需设置轮椅回转空间，供乘轮椅者调整方向。

6.2.4 中国园林大多为自然式山水园，公园也以山水园林居多，地形高差变化较大，山形水系丰富。因此实现所有道路、景点无障碍游览是很困难的，这就需要在规划设计阶段，根据城市绿地的场地条件以及城市园林规划部门意见来规划专门的游览路线，串联主要景区和景点，形成无障碍游览系统，以实现大部分景区的无障碍游览。无障碍游览路线的设置目的一方面是为了让乘轮椅者能够游览主要景区或景点，另一方面是为老年人、体弱者等行动不便的人群在游园时提供方便，提高游园的舒适度。无障碍游览路线包括无障碍主园路、无障碍支园路或无障碍小路。

第1款 无障碍游览主园路是无障碍游览路线的主要组成部分，它连接城市绿地的主要景区和景点，保证所有游人的通行。无障碍游览主园路人流量大，除场地条件受限的情况外，设计时应结合城市绿地的主园路设置，避免重复建设。无障碍游览主园路的设置应与无障碍出入口相连，一般应独立形成环路，避免游园时走回头路，在条件受限时，也可以通过无障碍游览支园路形成环路。根据《城市绿地设计规范》GB 50420-2007，"主路纵坡宜小于8%……山地城市绿地的园路纵坡应小于12%"。考虑到在城市绿地中轮椅长距离推行的情况，无障碍游览主园路的坡度定为5%，既能满足一部分乘轮椅者在无人帮助的条件下独立通行，也可以使病弱及老年人通行更舒适和安全。山地城市绿地在用地受限制，实施有困难的局部地段，无障碍游览主园路纵坡应小于8%。

第2款 无障碍游览支园路和小路是无障碍游览路线的重要组成部分，应能够引导游人到达城市绿地局部景点。无障碍游览支园路应能与无障碍游览主园路连接，形成环路；无障碍游览小路不能形成环路时，尽端应设置轮椅回转空间，便于轮椅掉头。通行轮椅的小路的宽度不小于1.20m。

第3款 当园路的坡度大于8%时，考虑到园林景观的需求，建议每隔10.00m～20.00m设置一处休息平台，以供行动不便的人短暂停留、休息。

第4款 乘轮椅者的视线水平高度一般为1.10m，为防止乘轮椅者沿湖观景时跌落水中，安全护栏不应低于900mm。

第5款 在地形险要路段设置安全警示线可以起到提示作用，提示游人尤其是视觉障碍者危险地段的位置，设置安全护栏可以防止发生跌落、倾覆、侧翻事故。

第6款 不平整和松动的地面会给轮椅的通行带来困难，积水地面和软硬相间的铺装给挂拐杖者的通行带来危险，因此无障碍游览园路的路面应平整、防滑、不松动。

6.2.5 无障碍休憩区是为方便行动不便的游客游园，为其在园内的活动或休憩提供专用的区域，体现以人为本的设计原则。在无障碍出入口附近或无障碍游览园路沿线设置无障碍游憩区可以使行动不便的游客便于抵达，并宜设置专用标识以区别普通活动区域。

第3款 广场树池高出广场地面，可以防止轮椅掉进树坑，如果树池与广场地面相平，加上与地面相平的箅子也可以防止轮椅的行进受到影响。

6.2.6 第2款 无障碍游憩设施主要是指为行动不便的人群提供必要的游憩、观赏、娱乐、休息、活动等内容的游憩设施，包括单体建筑、组合建筑、建筑院落、码头、桥、活动场等。

第2款2) 单体建筑和组合建筑均应符合无障碍设计的要求。入口有台明和台阶时，台明不宜过高，否则轮椅坡道会较长，甚至影响建筑的景观效果。室内地面有台阶时，应设置满足轮椅通行的坡道。

第2款3) 院落的出入口、院内广场、通道以及内廊之间应能形成连续的无障碍游线，有高差时，应设置轮椅坡道。为避免迂回，在有三个以上出入口时，应设两个以上无障碍出入口，并在不同方向。院落内廊宽度至少要满足一辆轮椅和一个行人能同时通行，因此宽度不宜小于1.20m。

第2款4) 码头只规定码头与无障碍园路和广场衔接处应满足无障碍设计的规定，连接码头与船台甲板以及甲板与渡船之间的专用设施或通道也应为无障碍的，但因为非本规范适用范围，条文并未列出。

第2款5) 无障碍游览路线上的园桥在无障碍园路、广场的衔接的地方，桥面的坡度、通行宽度以及桥面做法，应考虑到行动不便的人群的安全需要，桥面两侧应设栏杆。

第3款 服务设施包括小卖店、茶座、咖啡厅、餐厅、摄影部以及服务台、业务台、咨询台、售货柜台等，均应满足无障碍设计的要求。

第4款 公共设施包括公共厕所、饮水器、洗手台、垃圾箱、游客服务中心和休息座椅等，均应满足无障碍设计的要求。

第5款 管理设施主要是指各种面向游客的管理功能的建筑，如：管理处、派出所等，均应满足无障碍设计的要求。

6.2.7 公园绿地中应尽可能提供多种标志和信息源，以适合不同人群的不同需求。例如：以各种符号和标志帮助行动障碍者，引导其行动路线和到达目的地，使人们最大范围地感知其所处环境的空间状况，缩小各种潜在的、心理上的不安因素。

6.2.8 第1款 视觉障碍者可以通过触摸嗅闻和言传而领悟周围环境，感应周围的动物和植物，开阔思想和生活空间，增加生活情趣，感受大自然的赋予，因此大型植物园宜设置盲人植物区域或者植物角，使其游览更为方便和享受其中的乐趣。

第2款 各类公园的展示区、展览区也应充分考虑各种人群的不同需要，要使乘坐轮椅者便于靠近围栏或矮围墙，并留出一定数量便于乘坐轮椅者观看的窗口和位置。

7 居住区、居住建筑

7.1 道　路

7.1.1、7.1.2 居住区的道路与公共绿地的使用是否便捷，直接影响着居民的日常生活品质。2009年，我国老龄人口已超过1.67亿，且每年以近800万的速度增加，以居家为主的人口数量也随之增加。居住区的无障碍建设，满足了老年人、妇女儿童和残障人士出行和生活的无障碍需求，同时也反映了城市化发展以人为本的原则。本章中，道路和公共绿地的分类与《城市居住区规划设计规范》GB 50180一致。

7.2 居住绿地

7.2.1 居住绿地是居民日常使用频率最高的绿地类型，在城市绿地中占有较大比重，与城市生活密切相关。老年人、儿童及残障人士日常休憩活动的主要场所就是居住区内的居住绿地。因此在具备条件的地坪平缓的居住区，所有对居民开放使用的组团绿地、宅间绿地均应满足无障碍要求；对地形起伏大，高差变化复杂的山地城市居住区，很难保证每一块绿地都满足无障碍要求，但至少应有一个开放式组团绿地或宅间绿地应满足无障碍要求。

7.2.2 第1款 无障碍出入口的设置位置应方便居民使用，当条件允许时，所有出入口最好都符合无障碍的要求。

第2款 居住绿地内的活动广场是老年人、儿童日常活动交流的主要场所，活动广场与相接路面、地面不宜出现高差，因景观需要，设计下沉或抬起的活动广场时，高差不宜大于300mm，并应采用坡道处理高差，不宜设计台阶；当设计高差大于300mm时，至少必须设置一处轮椅坡道，以便轮椅使用者通行；设计台阶时，每级台阶高度不宜大于120mm，以便老年人及儿童使用。

第3款 当居住区的道路设有盲道时，道路盲道应延伸至绿地入口，以便于视觉障碍者前往开放式绿地时掌握绿地的方位和出入口。

7.2.3 第1款 居住绿地内的游步道，老年人、乘轮椅者及婴儿车的使用频率非常高，为便于上述人群的使用，不宜设置台阶。游步道纵坡坡度是依据建设部住宅产业促进中心编写的《居住区环境景观设计导则》（2006版），并参考了日本的无障碍设计标准而制定的。当游步道因景观需要或场地条件限制，必须设置台阶时，应同时设置轮椅坡道，以保障轮椅通行。

第2款 居住绿地内的亭、廊、榭、花架等园林建筑，是居民、特别是老年人等行动不便者日常休憩交流的主要场所，因而上述休憩设施的地面不宜与周边场地出现高差，以便居民顺利通行进入。如因景观需要设置台明、台阶时，必须设置轮椅坡道。

第3款 在休息座椅旁要留有适合轮椅停留的空地，以便乘轮椅者安稳休息和交谈，避免轮椅停在绿地的通路上，影响他人行走。设置的数量不宜少于总数量的10%。

7.2.4 第1款 为保障安全，减少儿童攀爬机会，便于居民活动，林下活动广场应以高大荫浓的乔木为主，分枝点不应小于2.2m；对于北方地区，应以落叶乔木为主，且应有较大的冠幅，以保障活动广场夏季的遮阳和冬季的光照。

第2款 为便于对儿童的监护，儿童活动场周围应有较好的视线，所以在儿童活动场地进行种植设计时，注意保障视线的通透。在儿童活动场地周围种植灌木时，灌木要求选用萌发力强、直立生长的中高型树种，因为矮形灌木向外侧生长的枝条大都在儿童身高范围内，儿童在互相追赶、奔跑嬉戏时，易造成枝折人伤。一些丛生型植物，叶质坚硬，其叶形如剑，指向上方，这类植物如种植在儿童活动场周围，极易发生危险。

7.3 配套公共设施

7.3.1、7.3.2 居住区的配套公共建筑需考虑居民的无障碍出行和使用。重点是解决交通和如厕问题。特别是居家的行为障碍者经常光顾和停留的场所，如物业管理、居委会、活动站、商业等建筑，是居民近距离地解决生活需求、精神娱乐、人际交往的场所。无障碍设施的便利，能极大地提高居住区的生活品质。

7.3.3 随着社会经济的飞速发展，居民的机动车拥有量也在不断增加。停车场和车库的无障碍设计，在满足行为障碍者出行的基础上,也为居民日常的购物搬运提供便捷。

7.4 居住建筑

7.4.1 居住建筑无障碍设计的贯彻,反映了整体居民生活质量的提高。实施范围涵盖了住宅、公寓和宿舍等多户居住的建筑。商住楼的住宅部分执行本条规定。在独栋、双拼和联排别墅中作为首层单户进出的居住建筑,可根据需要选择使用。

7.4.2 第1款 居住建筑出入口的无障碍坡道,不仅能满足行为障碍者的使用,推婴儿车、搬运行李的正常人也能从中得到方便,使用率很高。入口平台、公共走道和设置无障碍电梯的候梯厅的深度,都要满足轮椅的通行要求。通廊式居住建筑因连通户门间的走廊很长,首层会设置多个出入口,在条件许可的情况下,尽可能多的设置无障碍出入口,以满足使用人群出行的方便,减少绕行路线。

第2款 在设有电梯的居住建筑中,单元式居住建筑至少设置一部无障碍电梯;通廊式居住建筑在解决无障碍通道的情况下,可以有选择地设置一部或多部无障碍电梯。

7.4.3 无障碍住房及宿舍的设置,可根据规划方案和居住需要集中设置,或分别设置于不同的建筑中。

7.4.4 低层(多层)住宅及公寓,因建设条件和资金的限制,很多建筑未设置电梯。在进行无障碍住房设计时,要尽量建于底层,减少无障碍竖向交通的建设量。另外要着重考虑的是,多层居住建筑首层无障碍坡道的设置,使其能真正达到无障碍入户的标准。已建多层居住建筑入口无障碍改造的工作,比高层居住建筑的改造要艰难,多因与原设计楼梯的设置发生矛盾,在新建建筑中要妥善考虑。

7.4.5 无障碍宿舍的设置,是满足行动不便人员参与学习和社会工作的需求。即使明确没有行为障碍者的学校和单位,也要设计至少不少于男女各1套无障碍宿舍,以备临时和短期需要,并可根据需要增加设置的套数。

8 公 共 建 筑

8.1 一 般 规 定

8.1.1 第1款 建筑基地内的人行道应保证无障碍通道形成环线,并到达每个无障碍出入口。在路口处及人行横道处均应设置缘石坡道,没有人行横道线的路口,优先采用全宽式单面坡缘石坡道。

8.1.2 建筑基地内总停车数是地上、地下停车数量的总合。在建筑基地内应布置一定数量的无障碍机动车停车位是为了满足各类人群无障碍停车的需求,同时也是为了更加合理地利用土地资源,在制定总停车的数量与无障碍机动车停车位的数量的比例时力求合理、科学。本规范制定的无障碍停车的数量是一个下限标准,各地方可以根据自己实际的情况进行适当地增加。当停车位的数量超过100辆时,每增加不足100辆时,仍然需要增加1个无障碍机动车停车位。

8.2 办公、科研、司法建筑

8.2.2 为公众办理业务与信访接待的办公建筑因其使用的人员复杂,因此应为来访和办理事务的各类人群提供周到完善的无障碍设施。

建筑的主要出入口最为明显和方便,应尽可能将建筑的主要出入口设计为无障碍出入口。主要人员聚集的场所设置休息座椅时,座椅的位置不能阻碍人行通道,在临近座位旁宜设置一个无障碍休息区,供使用轮椅或者童车、步行辅助器械的人使用。当无障碍通道过长时,行动不便的人需要休息,因此在走道超过60.00m处宜设置一个休息处,可以放置座椅和预留轮椅停留空间。法庭、审判庭等建筑内为公众服务的会议及报告厅还应设置轮椅坐席。凡是为公众使用的厕所,都应该满足本规范第3.9节的有关规定的要求,并尽可能设计独立的无障碍厕所,为行动不便的人在家人的照料下使用。

8.2.3 除第8.2.2条包括的办公建筑以外,其他办公建筑不论规模大小和级别高低,均应做无障碍设计。尽可能将建筑的主要出入口设计为无障碍出入口,如果条件有限,也可以将其他出入口设计为无障碍出入口,但其位置应明显,并有明确的指示标识。建筑内部也需做必要的无障碍设施。

8.3 教 育 建 筑

8.3.2 第1款 教育建筑的无障碍设计是为了满足行动不便的学生、老师及外来访客和家长使用。因此,在这些人群使用的停车场、公共场地、绿地和建筑物的出入口部位,都要进行无障碍设计,以完成教育建筑及环境的无障碍化。

第2款 教育建筑室内竖向交通的无障碍化,便于行为障碍者到达不同的使用空间。主要教学用房如教室、实验室、报告厅及图书馆等是为所有教师和学生使用的公共设施,在教育建筑中的使用频率很高,其无障碍的通行很重要。

8.3.3 第1款 为节省行为障碍者的时间和体力,无障碍厕所或设有无障碍厕位的公共厕所应每层设置。

第2款 合班教室、报告厅轮椅席的设置,宜靠近无障碍通道和出入口,减少与多数人流的交叉。报告厅的使用会持续一定的时间,建筑设计中要考虑就近设置卫生间,并满足无障碍的设计要求。

第3款 有固定座位的教室、阅览室、实验教室等教学用房,室内预留的轮椅回转空间,可作为临时的轮椅停放空间。教室出入口的门宽均应满足无障碍设计中轮椅通行的要求。

8.4 医疗康复建筑

8.4.1 医院是为特殊人群服务的建筑，所需的无障碍设施应设计齐全、实施到位。无障碍设施的设置会大大提高人们就医的便捷性，缩短就医时间，改善就医环境，而且可以从心理上改善很多行为障碍者就医的畏难情绪。

8.4.2 第4款 建筑内的无障碍通道按照并行两辆轮椅的要求，宽度不小于1.8m；若有通行推床的要求按照现行行业标准《综合医院建筑设计规范》JGJ 49 的有关规定设计。

第7款 无障碍电梯的设置是解决医疗建筑竖向交通无障碍化的关键，在新建建筑中一定要设计到位。改建建筑在更换电梯时，至少要改建1部为无障碍电梯。

第8款 无障碍厕所的设置，会更加方便亲属之间的互相照顾，在医疗建筑中有更多的使用人群，各层都宜设置。

第9款 母婴室的设置，被认为是城市文明的标准之一。在人流密集的交通枢纽如国际机场、火车站等场所已提供了这种设施。儿童医院是哺乳期妇女和婴儿较为集中的场所，设置母婴室可以减少一些在公众场合哺乳、换尿布等行为的尴尬，也可以避免母婴在公共环境中可能引起的感染，对母亲和孩子的健康都更为有利。

第10款 服务设施的低位设计是医疗建筑无障碍设计的细节体现，其带来的便利不仅方便就医者，也大大减少了医务人员的工作量。

8.4.3 很多大型医院已经装了门、急诊部的文字显示器以及语言广播装置，这对一般就诊者提供了很大的便捷，同时减少了行为障碍者的心理压力。候诊区在设置正常座椅的时候，要预留轮椅停留空间，避免轮椅停留在通道上的不安全感以及造成的交通拥堵。

8.4.4 医技部着重为诊疗过程中提供的无障碍设计，主要体现在低位服务台或窗口、更衣室的无障碍设计，以及文字显示器和语言广播装置的设置。

8.4.7 其他如办公、科研、餐厅、食堂、太平间等用房，因使用和操作主要是内部工作人员，所以要注重无障碍出入口的设置。

8.5 福利及特殊服务建筑

8.5.1 福利及特殊服务建筑是指收养孤残儿童、弃婴和无人照顾的未成年人的儿童福利院，及照顾身体健康、自理有困难或完全不能自理的孤残人员和老年人的特殊服务设施。

来自民政部社会福利和慈善事业促进司的最新统计显示，截至2009年，全国老年人口有1.67亿，占总人口的12.5%。我国老龄化进入快速发展阶段，老年人口将年均增加800万人～900万人。预计到2020年，我国老年人口将达到2.48亿，老龄化水平将达到17%。到2050年进入重度老龄化阶段，届时我国老年人口将达到4.37亿，约占总人口30%以上，也就是说，三四个人中就有1位老人。全国老龄工作委员会办公室预测，到2030年，中国将迎来人口老龄化高峰。不同层次的托老所和敬老院的缺口还很大。

随着政府和社会力量的关注，福利及特殊服务建筑的需求的加大，建设量也会增加。考虑到使用人群的特殊性，无障碍设计是很重要的部分，不仅仅是解决使用、提高舒适度和便于服务的问题，甚至还会关系到使用者的生命安全。

8.5.2 第3款 入口台阶高度和宽度的尺寸要充分考虑老年人和儿童行走的特点进行设计，适当增加踏步的宽度、降低踏步的高度，保证安全。台阶两侧设置扶手，使视力障碍、行动不便而未乘坐轮椅的使用者抓扶。出入口要优先选用平坡出入口。

第4款 大厅和休息厅等人员聚集场所，要考虑使用者的身体情况，长久站立会疲乏。预留轮椅的停放区域，并提供休息座椅，给予使用者人文关怀，还可以避免人流聚集时的人车交叉，提供安静而安全的等候环境。

第5款 无障碍通道两侧的扶手，根据使用者的身体情况安装单层或双层扶手。室外的连通走道要考虑老年人行走缓慢、步态不稳的特点，选用坚固、防滑的材料，在适当位置设置防风避雨的设施，提供停留、休息的区域。

第8、9款 居室内外门、走道的净宽要考虑轮椅和担架床通行的宽度。根据相关规范与标准，养老建筑和儿童福利院的生活用房的使用面积，宜大于10m²，短边净尺寸宜大于3m，在布置室内家具时，要预留轮椅的回转空间。

第10、11款 卫生间和浴室因特殊的使用功能和性质，极易发生摔倒等安全问题。根据无障碍要求设置相应的扶手抓杆等助力设施，可以减少危险的发生。在装修选材上，也要遵守平整、防滑的原则。

第12款 有条件的建筑在居室内宜设置显示装置和声音提示装置，对于听力、视力障碍和退化的使用者，可以提供极大的便利。

8.5.3 不同建筑类别的特殊设计要求，应符合《老年人建筑设计规范》JGJ 122、《老年人居住建筑设计标准》GB/T 50340 及《儿童福利院建设标准》、《老年养护院建设标准》、《老年日间照料中心建设标准》等有关的建筑设计规范与设计标准。

8.6 体育建筑

8.6.1 本条规定了体育建筑实施无障碍设计的范围，

体育建筑作为社会活动的重要场所之一，各类人群应该得到平等参与的机会和权利。因此，体育场馆无障碍设施完善与否直接关系到残疾运动员能否独立、公平、有尊严地参与体育比赛，同时也影响到行动不便的人能否平等地参与体育活动和观看体育比赛。因此，各类体育建筑都应该进行无障碍设计。

8.6.2 本条为体育建筑无障碍设计的基本要求。

特级及甲级体育建筑主要举办世界级及全国性的体育比赛，对无障碍设施提出了更高的要求，因此在无障碍机动车停车位、电梯及厕所等的要求上也更加严格。乙级及丙级体育建筑主要举办地方性、群众性的体育活动，也要满足最基本的无障碍设计要求。

根据比赛和训练的使用要求确定为不同的功能分区，每个功能分区有各自的出入口。要保证运动员、观众及贵宾的出入口各设一个无障碍出入口。其他功能分区，比如竞赛管理区、新闻媒体区、场馆运营区等宜根据需要设置无障碍出入口。

所有检票进入的观众出入口都应为无障碍出入口，各类人群由无障碍出入口到使用无障碍设施的通道也应该是无障碍通道，当无障碍通道过长时，行动不便的人需要休息，因此在走道超过60.00m处宜设置一个休息处，可以放置座椅和预留轮椅停留空间。

主要人员聚集的场所设置休息座椅时，座椅的位置不能阻碍人行通道，在临近座位旁宜设置一个无障碍休息区，供使用轮椅或者童车、步行辅助器械的人使用。

无障碍的坐席可集中设置，也可以分区设置，其数量可以根据赛事的需要适当增加，为了提高利用率，可以将一部分活动坐席临时改为无障碍的坐席，但应该满足无障碍坐席的基本规定。在无障碍坐席的附近应该按照1：1的比例设置陪护席位。

8.7 文化建筑

8.7.1 本条规定了文化类建筑实施无障碍设计的范围。宗教建筑泛指新建宗教建筑物，文物类的宗教建筑可参考执行。其他未注明的文化类的建筑类型可以参考本节内容进行设计。

8.7.2 本条为文化类建筑内无障碍设施的基本要求。

文化类建筑在主要的通行路线上应畅通，以满足各类人员的基本使用需求。

建筑物主要出入口无条件设置无障碍出入口时，也可以在其他出入口设置，但其位置应明显，并有明确的指示标识。

主要人员聚集的场所设置休息座椅时，座椅的位置不能阻碍人行通道，在临近座位旁宜设置一个无障碍休息区，供使用轮椅或者童车、步行辅助器械的人使用。除此以外，垂直交通、公共厕所、公共服务设施等均应满足无障碍的规定。

8.7.3 图书馆和文化馆内的图书室是人员使用率较高的建筑，而且人员复杂，因此在设计这类建筑时需对各类人群给予关注。安有探测仪的入口的宽度也应能满足乘轮椅人顺利通过。书柜及办公家具的高度应根据轮椅乘坐者的需要设置。县、市级及以上的图书馆应设置盲人图书室（角），给盲人提供同样享有各种信息的渠道。专门的盲人图书馆内可配有盲人可以使用的电脑、图书，盲文朗读室、盲文制作室等。

8.8 商业服务建筑

8.8.1 商业服务建筑范围广泛、类别繁多，是接待社会各类人群的营业场所，因此应进行无障碍设计以满足社会各类人群的需求。这样不仅创建了更舒适和安全的营业环境，同时还能吸引顾客为商家扩大盈利。

8.8.2 有楼层的商业服务建筑，当设置人、货两用电梯时，这种电梯也宜满足无障碍电梯的要求。

调查表明无障碍厕所非常方便行动障碍者使用，大型商业服务建筑，如果有条件可以优先考虑设置这种类型的无障碍公共厕所。

凡是有客房的商业服务建筑，应根据规模大小设置不同数量的无障碍客房，以满足行动不便的人外出办事、旅游居住的需要。平时无障碍客房同样可以为其他人服务，不影响经营效益。

银行、证券等营业网点，应按照相关要求设计和建设无障碍设施，其业务台面的要求要符合无障碍低位服务设施的有关规定。

邮电建筑指邮政建筑及电信建筑。邮政建筑是指办理邮政业务的公共建筑，包括邮件处理中心局、邮件转运站、邮政局、邮电局、邮电支局、邮电所、代办所等。电信建筑包括电信综合局、长途电话局、电报局、市内电话局等。以上均应按照相关要求设计和建设无障碍设施，其业务台面的要求，要符合无障碍低位服务设施的有关规定。

8.9 汽车客运站

8.9.1 汽车客运站建筑是与各类人群日常生活密切相关的交通类建筑，因此应进行无障碍设计以协助旅客通畅便捷地到达要去的地方，满足社会各类人群的需求。

8.9.2 站前广场是站房与城市道路连接的纽带，车站通过站前广场吸引和疏散旅客，因此站前广场当地面存在高差时，需要做轮椅坡道，以保证行动障碍者实现顺畅通行。

建筑物主要出入口旅客进出频繁，宜设置成平坡出入口，以方便各类人群。

站房的候车厅、售票厅、行包房等是旅客活动的主要场所，应用无障碍通道联系，包括检票口也应满足乘轮椅者使用。

8.10 公共停车场（库）

8.10.1 本节涉及的公共停车场（库）是指独立建设的社会公共停车场（库），属于城市基础设施范畴。新修订的《机动车驾驶证申领和使用规定》，已于2010年4月1日起正式施行。通过此次修订，允许五类残障人士可以申领驾照，该规定实施后将有越来越多的残障人士可以自行驾驶汽车走出家门。除此之外，还有携带乘轮椅的老人、病人、残障人士驾车出行的情况。因此配套的停车设施是非常需要的，可以为这些人群的出行带来更多的方便。公共停车场（库）必须安排一定数量的无障碍机动车停车位以满足各方面的需求。但同时我国又是人口大国，城市的机动车保有量也越来越多，为了更加合理地利用土地资源，在制定总停车的数量与无障碍机动车停车位的数量的比例上要合理、科学。本规范制定的无障碍停车的数量是一个下限标准，各地方可以根据自己实际的情况进行适当地增加。

8.10.2 有楼层的公共停车库的无障碍机动车停车位宜设在与公共交通道路同层的位置，这样乘轮椅者可以方便地出入停车库。如果受条件限制不能全部设在地面层，应能通过无障碍设施通往地面层。

9 历史文物保护建筑无障碍建设与改造

9.1 实施范围

9.1.1 在以人为本的和谐社会，历史文物保护建筑的无障碍建设与改造是必要的；在科学技术日益发展的今天，历史文物保护建筑的无障碍建设与改造也是可行的。但由于文物保护建筑及其环境所具有的历史特殊性及不可再造性，在进行无障碍设施的建设与改造中存在很多困难，为保护文物不受到破坏必须遵循一些最基本的原则。

第一，文物保护建筑中建设与改造的无障碍设施，应为非永久性设施，遇有特殊情况时，可以将其移开或拆除；且无障碍设施与文物建筑应采取柔性接触或保护性接触，不可直接安装固定在原有建筑物上，也不可在原有建筑物上进行打孔、锚固、胶粘等辅助安装措施，不得对文物建筑本体造成任何损坏。

第二，文物保护建筑中建设与改造的无障碍设施，宜采用木材、有仿古做旧涂层的金属材料、防滑橡胶地面等，在色彩和质感上与原有建筑物相协调的材料；在设计及造型上，宜采用仿古风格；且无障碍设施的体量不宜过大，以免影响古建环境氛围。

第三，文物保护建筑基于历史的原因，受到其原有的、已成因素的限制，在一些地形或环境复杂区域无法设置无障碍设施，要全面进行无障碍设施的建设和改造，是十分困难的。因此，应结合无障碍游览线路的设置，优先进行通路及服务类设施的无障碍建设和改造，使行动不便的游客可以按照设定的无障碍路线到达各主要景点外围参观游览。在游览线路上的，有条件进行无障碍设施建设和改造的主要景点内部，也可以进行相应的改造，使游客可以最大限度地游览设定在游览线路上的景点。

第四，各地各类各级文物保护建筑，由于其客观条件各不相同，因此无法以统一的标准进行无障碍设施的建设和改造，需要根据实际情况进行相应的个性化设计。对于一些保护等级高或情况比较特殊的文物保护建筑，在对其进行无障碍设施的建设和改造时，还应在文物保护部门的主持下，请相关专家作出可行性论证并给予专业性的建议，以确保改造的成功和文物不受到破坏。

9.2 无障碍游览路线

9.2.1 文物保护单位中的无障碍游览通路，是为了方便行动不便的游客而设计的游览路线。由于现状条件的限制，通常只能在现有的游览通道中选择有条件的路段设置。

9.3 出　入　口

9.3.1 在无障碍游览路线上的对外开放的文物建筑应设置无障碍出入口，以方便各类人群参观。无障碍出入口的无障碍设施尺度不宜过大，使用的材料以及设施采用的形式都应与原有建筑相协调；无障碍设施的设置也不能对普通游客的正常出入以及紧急情况下的疏散造成妨碍。无障碍坡道及其扶手的材料可选用木制、铜制等材料，避免与原建筑环境产生较大反差。

9.3.2、9.3.3 展厅、陈列室、视听室以及各种接待用房是游人参观活动的场所，因此也应满足无障碍出入口的要求，当展厅、陈列室、视听室以及各种接待用房也是文物保护建筑时，应该满足第9.3.1条的有关规定。

9.4 院　落

9.4.1 文物保护单位中的无障碍游览通道，必要时可利用一些古建特有的建筑空间作为过渡或连接，因此在通行宽度方面可根据情况适度放宽限制。比如古建的前廊，通常宽度不大，在利用前廊作为通路时，只要突出的柱顶石间的净宽度允许轮椅单独通过即可。

9.4.3 文物保护单位中的休息凉亭等设施，新建时应该是无障碍设施，因此有台阶时应同时设置轮椅坡道，本身也是文物的景观性游憩设施在没有特殊景观要求时，也宜为无障碍游憩设施。

9.5 服务设施

9.5.1 文物保护单位的服务设施应最大限度地满足各类游览参观的人群的需要，其中包括各种小卖店、茶座咖啡厅、餐厅等服务用房、厕所、电话、饮水器等公共设施，管理办公、广播室等管理设施，均应该进行无障碍设施的建设与改造。

9.6 信息与标识

9.6.1 对公众开放的文物保护单位，应提供多种标志和信息源，以适合人群的不同要求，如以各种符号和标志帮助引导行动障碍者确定其行动路线和到达目的地，为视觉障碍者提供盲文解说牌、语音导游器、触摸屏等设施，保障其进行参观游览。

中华人民共和国国家标准

城镇给水排水技术规范

Technical code for water supply and sewerage of urban

GB 50788—2012

主编部门：中华人民共和国住房和城乡建设部
批准部门：中华人民共和国住房和城乡建设部
施行日期：２０１２年１０月１日

中华人民共和国住房和城乡建设部
公　　告

第 1413 号

关于发布国家标准《城镇给水排水技术规范》的公告

现批准《城镇给水排水技术规范》为国家标准，编号为 GB 50788-2012，自 2012 年 10 月 1 日起实施。本规范全部条文为强制性条文，必须严格执行。

本规范由我部标准定额研究所组织中国建筑工业出版社出版发行。

中华人民共和国住房和城乡建设部
2012 年 5 月 28 日

前　　言

根据原建设部《关于印发〈2007 年工程建设标准规范制订、修订计划（第一批）〉的通知》（建标[2007] 125 号文）的要求，规范编制组经广泛调查研究，认真总结实践经验，参考有关国际标准和国外先进标准，并在广泛征求意见的基础上，编制了本规范。

本规范是以城镇给水排水系统和设施的功能和性能要求为主要技术内容，包括：城镇给水排水工程的规划、设计、施工和运行管理中涉及安全、卫生、环境保护、资源节约及其他社会公共利益方面的相关技术要求。规范共分 7 章：1. 总则；2. 基本规定；3. 城镇给水；4. 城镇排水；5. 污水再生利用与雨水利用；6. 结构；7. 机械、电气与自动化。

本规范全部条文为强制性条文，必须严格执行。

本规范由住房和城乡建设部负责管理和解释，由住房和城乡建设部标准定额研究所负责具体技术内容的解释。执行过程中如有意见或建议，请寄送住房和城乡建设部标准定额研究所（地址：北京市海淀区三里河路 9 号，邮编：100835）。

本 规 范 主 编 单 位：住房和城乡建设部标准定额研究所
　　　　　　　　　　城市建设研究院
本 规 范 参 编 单 位：中国市政工程华北设计研究总院
　　　　　　　　　　上海市政工程设计研究总院（集团）有限公司
　　　　　　　　　　北京市市政工程设计研究总院
　　　　　　　　　　中国建筑设计研究院机电专业设计研究院
　　　　　　　　　　上海市城市建设设计研究总院
　　　　　　　　　　北京首创股份有限公司
　　　　　　　　　　深圳市水务（集团）有限公司
　　　　　　　　　　北京市节约用水管理中心
　　　　　　　　　　德安集团

本规范主要起草人员：宋序彤　高　鹏　陈国义
　　　　　　　　　　李　铮　吕士健　陈　冰
　　　　　　　　　　陈湧城　牛树勤　徐扬纲
　　　　　　　　　　李　晶　朱广汉　李春光
　　　　　　　　　　赵　锂　刘振印　沈世杰
　　　　　　　　　　刘雨生　戴孙放　王家华
　　　　　　　　　　张金松　韩　伟　汪宏玲
　　　　　　　　　　饶文华

本规范主要审查人员：杨　榕　罗万申　章林伟
　　　　　　　　　　刘志琪　厉彦松　王洪臣
　　　　　　　　　　朱雁伯　左亚洲　刘建华
　　　　　　　　　　郑克白　葛春辉　王长祥
　　　　　　　　　　石　泉　刘百德　焦永达

目次

1 总则 ·················· 41—5
2 基本规定 ·············· 41—5
3 城镇给水 ·············· 41—5
   3.1 一般规定 ············ 41—5
   3.2 水源和取水 ·········· 41—5
   3.3 给水泵站 ············ 41—6
   3.4 输配管网 ············ 41—6
   3.5 给水处理 ············ 41—6
   3.6 建筑给水 ············ 41—6
   3.7 建筑热水和直饮水 ····· 41—7
4 城镇排水 ·············· 41—7
   4.1 一般规定 ············ 41—7
   4.2 建筑排水 ············ 41—7
   4.3 排水管渠 ············ 41—7
   4.4 排水泵站 ············ 41—7
   4.5 污水处理 ············ 41—8
   4.6 污泥处理 ············ 41—8
5 污水再生利用与雨水利用 ···· 41—8
   5.1 一般规定 ············ 41—8
   5.2 再生水水源和水质 ····· 41—8
   5.3 再生水利用安全保障 ··· 41—8
   5.4 雨水利用 ············ 41—8
6 结构 ·················· 41—8
   6.1 一般规定 ············ 41—8
   6.2 构筑物 ·············· 41—9
   6.3 管道 ················ 41—9
   6.4 结构抗震 ············ 41—9
7 机械、电气与自动化 ······ 41—10
   7.1 一般规定 ············ 41—10
   7.2 机械设备 ············ 41—10
   7.3 电气系统 ············ 41—10
   7.4 信息与自动化控制系统 ·· 41—10
本规范用词说明 ············ 41—11
引用标准名录 ·············· 41—11
附：条文说明 ·············· 41—12

Contents

1 General Provisions ········· 41—5
2 Basic Requirements ········· 41—5
3 Water Supply ············· 41—5
   3.1 General Requirements ······ 41—5
   3.2 Water Source and Water Abstraction ················ 41—5
   3.3 Water Pumping Station ······ 41—6
   3.4 Water Transmission and Distribution Pipe Network ········· 41—6
   3.5 Water Treatment ·········· 41—6
   3.6 Building Water Supply ······ 41—6
   3.7 Building Hot Water and Purified Drinking Water ············ 41—7
4 Wastewater ················ 41—7
   4.1 General Requirements ······ 41—7
   4.2 Building Drainage ·········· 41—7
   4.3 Sewer ···················· 41—7
   4.4 Drainage Pumping Station ··· 41—7
   4.5 Sewage Treatment ········· 41—8
   4.6 Sludge Treatment ········· 41—8
5 Reuse of Wastewater and Use of Rainwater ················ 41—8
   5.1 General Requirements ······ 41—8
   5.2 Source of Reclaimed Water and Its Water Quality ········· 41—8
   5.3 Water Reclamation Safety Guarantee ················ 41—8
   5.4 Use of Rainwater ·········· 41—8
6 Structure ·················· 41—8
   6.1 General Requirements ······ 41—8
   6.2 Building ·················· 41—9
   6.3 Pipe ···················· 41—9
   6.4 Structural Earthquake-resistance ······ 41—9
7 Machinery, Electric and Automation ················ 41—10
   7.1 General Requirements ······ 41—10
   7.2 Mechanical Equipment ······ 41—10
   7.3 Electrical System ·········· 41—10
   7.4 Instrument and Automation Control System ················ 41—10
Explanation of Wording in This Code ···················· 41—11
List of Quoted Standards ········ 41—11
Addition: Explanation of Provisions ···················· 41—12

1 总　则

1.0.1 为保障城镇用水安全和城镇水环境质量，维护水的健康循环，规范城镇给水排水系统和设施的基本功能和技术性能，制定本规范。

1.0.2 本规范适用于城镇给水、城镇排水、污水再生利用和雨水利用相关系统和设施的规划、勘察、设计、施工、验收、运行、维护和管理等。

城镇给水包括取水、输水、净水、配水和建筑给水等系统和设施；城镇排水包括建筑排水、雨水和污水的收集、输送、处理和处置等系统和设施；污水再生利用和雨水利用包括城镇污水再生利用系统及局部区域、住区、建筑中水和雨水利用等设施。

1.0.3 城镇给水排水系统和设施的规划、勘察、设计、施工、运行、维护和管理应遵循安全供水、保障服务功能、节约资源、保护环境、同水的自然循环协调发展的原则。

1.0.4 城镇给水排水系统和设施的规划、勘察、设计、施工、运行、维护和管理除应符合本规范的规定外，尚应符合国家现行有关标准的规定；当有关现行标准与本规范的规定不一致时，应按本规范的规定执行。

2 基本规定

2.0.1 城镇必须建设与其发展需求相适应的给水排水系统，维护水环境生态安全。

2.0.2 城镇给水、排水规划，应以区域总体规划、城市总体规划和镇总体规划为依据，应与水资源规划、水污染防治规划、生态环境保护规划和防灾规划等相协调。城镇排水规划与城镇给水规划应相互协调。

2.0.3 城镇给水排水设施应具备应对自然灾害、事故灾难、公共卫生事件和社会安全事件等突发事件的能力。

2.0.4 城镇给水排水设施的防洪标准不得低于所服务城镇设防的相应要求，并应留有适当的安全裕度。

2.0.5 城镇给水排水设施必须采用质量合格的材料与设备。城镇给水设施的材料与设备还必须满足卫生安全要求。

2.0.6 城镇给水排水系统应采用节水和节能型工艺、设备、器具和产品。

2.0.7 城镇给水排水系统中有关生产安全、环境保护和节水设施的建设，应与主体工程同时设计、同时施工、同时投产使用。

2.0.8 城镇给水排水系统和设施的运行、维护、管理应制定相应的操作标准，并严格执行。

2.0.9 城镇给水排水工程建设和运行过程中必须做好相关设施的建设和管理，满足生产安全、职业卫生安全、消防安全和安全保卫的要求。

2.0.10 城镇给水排水工程建设和运行过程产生的噪声、废水、废气和固体废弃物不应对周边环境和人身健康造成危害，并应采取措施减少温室气体的排放。

2.0.11 城镇给水排水设施运行过程中使用和产生的易燃、易爆及有毒化学危险品应实施严格管理，防止人身伤害和灾害性事故发生。

2.0.12 设置于公共场所的城镇给水排水相关设施应采取安全防护措施，便于维护，且不应影响公众安全。

2.0.13 城镇给水排水设施应根据其储存或传输介质的腐蚀性质及环境条件，确定构筑物、设备和管道应采取的相应防腐蚀措施。

2.0.14 当采用的新技术、新工艺和新材料无现行标准予以规范或不符合工程建设强制性标准时，应按相关程序和规定予以核准。

3 城镇给水

3.1 一般规定

3.1.1 城镇给水系统应具有保障连续不间断地向城镇供水的能力，满足城镇用水对水质、水量和水压的用水需求。

3.1.2 城镇给水中生活饮用水的水质必须符合国家现行生活饮用水卫生标准的要求。

3.1.3 给水工程规模应保障供水范围规定年限内的最高日用水量。

3.1.4 城镇用水量应与城镇水资源相协调。

3.1.5 城镇给水规划应在科学预测城镇用水量的基础上，合理开发利用水资源、协调给水设施的布局、正确指导给水工程建设。

3.1.6 城镇给水系统应具有完善的水质监测制度，配备合格的检测人员和仪器设备，对水质实施严格有效的监管。

3.1.7 城镇给水系统应建立完整、准确的水质监测档案。

3.1.8 供水、用水必须计量。

3.1.9 城镇给水系统需要停水时，应提前或及时通告。

3.1.10 城镇给水系统进行改、扩建工程时，应保障城镇供水安全，并应对相邻设施实施保护。

3.2 水源和取水

3.2.1 城镇给水水源的选择应以水资源勘察评价报告为依据，应确保取水量和水质可靠，严禁盲目开发。

3.2.2 城镇给水水源地应划定保护区，并应采取相应的水质安全保障措施。

3.2.3 大中城市应规划建设城市备用水源。

3.2.4 当水源为地下水时，取水量必须小于允许开采量。当水源为地表水时，设计枯水流量保证率和设计枯水位保证率不应低于90%。

3.2.5 地表水取水构筑物的建设应根据水文、地形、地质、施工、通航等条件，选择技术可行、经济合理、安全可靠的方案。

3.2.6 在高浊度江河、入海感潮江河、湖泊和水库取水时，取水设施位置的选择及采取的避沙、防冰、避咸、除藻措施应保证取水水质安全可靠。

3.3 给水泵站

3.3.1 给水泵站的规模应满足用户对水量和水压的要求。

3.3.2 给水泵站应设置备用水泵。

3.3.3 给水泵站的布置应满足设备的安装、运行、维护和检修的要求。

3.3.4 给水泵站应具备可靠的排水设施。

3.3.5 对可能发生水锤的给水泵站应采取消除水锤危害的措施。

3.4 输配管网

3.4.1 输水管道的布置应符合城镇总体规划，应以管线短、占地少、不破坏环境、施工和维护方便、运行安全为准则。

3.4.2 输配水管道的设计水量和设计压力应满足使用要求。

3.4.3 事故用水量应为设计水量的70%。当城镇输水采用2条以上管道时，应按满足事故用水量设置连通管；在多水源或设置了调蓄设施并能保证事故用水量的条件下，可采用单管。

3.4.4 长距离管道输水系统的选择应在输水线路、输水方式、管材、管径等方面进行技术、经济比较和安全论证，并应对管道系统进行水力过渡过程分析，采取水锤综合防护措施。

3.4.5 城镇配水管网干管应成环状布置。

3.4.6 应减少供水管网漏损率，并应控制在允许范围内。

3.4.7 供水管网严禁与非生活饮用水管道连通，严禁擅自与自建供水设施连接，严禁穿过毒物污染区；通过腐蚀地段的管道应采取安全保护措施。

3.4.8 供水管网应进行优化设计、优化调度管理，降低能耗。

3.4.9 输配水管道与建（构）筑物及其他管线的距离、位置应保证供水安全。

3.4.10 当输配水管道穿越铁路、公路和城市道路时，应保证设施安全；当埋设在河底时，管内水流速度应大于不淤流速，并应防止管道被洪水冲刷破坏和影响航运。

3.4.11 敷设在有冰冻危险地区的管道应采取防冻措施。

3.4.12 压力管道竣工验收前应进行水压试验。生活饮用水管道运行前应冲洗、消毒。

3.5 给水处理

3.5.1 城镇水厂对原水进行处理，出厂水水质不得低于现行国家生活饮用水卫生标准的要求，并应留有必要的裕度。

3.5.2 城镇水厂平面布置和竖向设计应满足各建（构）筑物的功能、运行和维护的要求，主要建（构）筑物之间应通行方便、保障安全。

3.5.3 生活饮用水必须消毒。

3.5.4 城镇水厂中储存生活饮用水的调蓄构筑物应采取卫生防护措施，确保水质安全。

3.5.5 城镇水厂的工艺排水应回收利用。

3.5.6 城镇水厂产生的泥浆应进行处理并合理处置。

3.5.7 城镇水厂处理工艺中所涉及的化学药剂，在生产、运输、存储、运行的过程中应采取有效防腐、防泄漏、防毒、防爆措施。

3.6 建筑给水

3.6.1 民用建筑与小区应根据节约用水的原则，结合当地气候和水资源条件、建筑标准、卫生器具完善程度等因素合理确定生活用水定额。

3.6.2 设置的生活饮用水管道不得受到污染，应方便安装与维修，并不得影响结构的安全和建筑物的使用。

3.6.3 生活饮用水不得因管道、设施产生回流而受污染，应根据回流性质、回流污染危害程度，采取可靠的防回流措施。

3.6.4 生活饮用水水池、水箱、水塔的设置应防止污水、废水等非饮用水的渗入和污染，并应采取保证储水不变质、不冻结的措施。

3.6.5 建筑给水系统应充分利用室外给水管网压力直接供水，竖向分区应根据使用要求、材料设备性能、节能、节水和维护管理等因素确定。

3.6.6 给水加压、循环冷却等设备不得设置在居住用房的上层、下层和毗邻的房间内，不得污染居住环境。

3.6.7 生活饮用水的水池（箱）应配置消毒设施，供水设施在交付使用前必须清洗和消毒。

3.6.8 消防给水系统和灭火设施应根据建筑用途、功能、规模、重要性及火灾特性、火灾危险性等因素合理配置。

3.6.9 消防给水水源必须安全可靠。

3.6.10 消防给水系统的水量、水压应满足使用

3.6.11 消防给水系统的构筑物、站室、设备、管网等均应采取安全防护措施,其供电应安全可靠。

3.7 建筑热水和直饮水

3.7.1 建筑热水定额的确定应与建筑给水定额匹配,建筑热水热源应根据当地可再生能源、热资源条件并结合用户使用要求确定。

3.7.2 建筑热水供应应保证用水终端的水质符合现行国家生活饮用水水质标准的要求。

3.7.3 建筑热水水温应满足使用要求,特殊建筑内的热水供应应采取防烫伤措施。

3.7.4 水加热、储热设备及热水供应系统应保证安全、可靠地供水。

3.7.5 热水供水管道系统应设置必要的安全设施。

3.7.6 管道直饮水系统用户端的水质应符合现行行业标准《饮用净水水质标准》CJ 94 的规定,且应采取严格的保障措施。

4 城镇排水

4.1 一般规定

4.1.1 城镇排水系统应具有有效收集、输送、处理、处置和利用城镇雨水和污水,减少水污染物排放,并防止城镇被雨水、污水淹渍的功能。

4.1.2 城镇排水规划应合理确定排水系统的工程规模、总体布局和综合径流系数等,正确指导排水工程建设。城镇排水系统应与社会经济发展和相关基础设施建设相协调。

4.1.3 城镇排水体制的确定必须遵循因地制宜的原则,应综合考虑原有排水管网情况、地区降水特征、受纳水体环境容量等条件。

4.1.4 合流制排水系统应设置污水截流设施,合理确定截流倍数。

4.1.5 城镇采用分流制排水系统时,严禁雨、污水管渠混接。

4.1.6 城镇雨水系统的建设应利于雨水就近入渗、调蓄或收集利用,降低雨水径流总量和峰值流量,减少对水生态环境的影响。

4.1.7 城镇所有用水过程产生的污染水必须进行处理,不得随意排放。

4.1.8 排入城镇污水管渠的污水水质必须符合国家现行标准的规定。

4.1.9 城镇排水设施的选址和建设应符合防灾专项规划。

4.1.10 对于产生有毒有害气体或可燃气体的泵站、管道、检查井、构筑物或设备进行放空清理或维修时,必须采取确保安全的措施。

4.2 建筑排水

4.2.1 建筑排水设备、管道的布置与敷设不得对生活饮用水、食品造成污染,不得危害建筑结构和设备的安全,不得影响居住环境。

4.2.2 当不自带水封的卫生器具与污水管道或其他可能产生有害气体的排水管道连接时,应采取有效措施防止有害气体的泄漏。

4.2.3 地下室、半地下室中的卫生器具和地漏不得与上部排水管道连接,应采用压力排水系统,并应保证污水、废水安全可靠的排出。

4.2.4 下沉式广场、地下车库出入口等不能采用重力流排出雨水的场所,应设置压力流雨水排水系统,保证雨水及时安全排出。

4.2.5 化粪池的设置不得污染地下取水构筑物及生活储水池。

4.2.6 医疗机构的污水应根据污水性质、排放条件采取相应的处理工艺,并必须进行消毒处理。

4.2.7 建筑屋面雨水排除、溢流设施的设置和排水能力不得影响屋面结构、墙体及人员安全,并应保证及时排除设计重现期的雨水量。

4.3 排水管渠

4.3.1 排水管渠应经济合理地输送雨水、污水,并应具备下列性能:
1 排水应通畅,不应堵塞;
2 不应危害公众卫生和公众健康;
3 不应危害附近建筑物和市政公用设施;
4 重力流污水管道最大设计充满度应保障安全。

4.3.2 立体交叉地道应设置独立的排水系统。

4.3.3 操作人员下井作业前,必须采取自然通风或人工强制通风使易爆或有毒气体浓度降至安全范围;下井作业时,操作人员应穿戴供压缩空气的隔离式防护服;井下作业期间,必须采用连续的人工通风。

4.3.4 应建立定期巡视、检查、维护和更新排水管渠的制度,并应严格执行。

4.4 排水泵站

4.4.1 排水泵站应安全、可靠、高效地提升、排除雨水和污水。

4.4.2 排水泵站的水泵应满足在最高使用频率时处于高效区运行,在最高工作扬程和最低工作扬程的整个工作范围内应安全稳定运行。

4.4.3 抽送产生易燃易爆和有毒有害气体的室外污水泵站,必须独立设置,并采取相应的安全防护措施。

4.4.4 排水泵站的布置应满足安全防护、机电设备安装、运行和检修的要求。

4.4.5 与立体交叉地道合建的雨水泵站的电气设备

应有不被淹渍的措施。

4.4.6 污水泵站和合流污水泵站应设置备用泵。道路立体交叉地道雨水泵站和为大型公共地下设施设置的雨水泵站应设置备用泵。

4.4.7 排水泵站出水口的设置不得影响受纳水体的使用功能，并应按当地航运、水利、港务和市政等有关部门要求设置消能设施和警示标志。

4.4.8 排水泵站集水池应有清除沉积泥砂的措施。

4.5 污水处理

4.5.1 污水处理厂应具有有效减少城镇水污染物的功能，排放的水、泥和气应符合国家现行相关标准的规定。

4.5.2 污水处理厂应根据国家排放标准、污水水质特征、处理后出水用途等科学确定污水处理程度，合理选择处理工艺。

4.5.3 污水处理厂的总体设计应有利于降低运行能耗，减少臭气和噪声对操作管理人员的影响。

4.5.4 合流制污水处理厂应具有处理截流初期雨水的能力。

4.5.5 污水采用自然处理时不得降低周围环境的质量，不得污染地下水。

4.5.6 城镇污水处理厂出水应消毒后排放，污水消毒场所应有安全防护措施。

4.5.7 污水处理厂应设置水量计量和水质监测设施。

4.6 污泥处理

4.6.1 污泥应进行减量化、稳定化和无害化处理并安全、有效处置。

4.6.2 在污泥消化池、污泥气管道、储气罐、污泥气燃烧装置等具火灾或爆炸危险的场所，应采取安全防范措施。

4.6.3 污泥气应综合利用，不得擅自向大气排放。

4.6.4 污泥浓缩脱水机房应通风良好，溶药场所应采取防滑措施。

4.6.5 污泥堆肥场地应采取防渗和收集处理渗沥液等措施，防止水体污染。

4.6.6 污泥热干化车间和污泥料仓应采取通风防爆的安全措施。

4.6.7 污泥热干化、污泥焚烧车间必须具有烟气净化处理设施。经净化处理后，排放的烟气应符合国家现行相关标准的规定。

5 污水再生利用与雨水利用

5.1 一般规定

5.1.1 城镇应根据总体规划和水资源状况编制城镇再生水与雨水利用规划。

5.1.2 城镇再生水与雨水利用工程应满足用户对水质、水量、水压的要求。

5.1.3 城镇再生水与雨水利用工程应保障用水安全。

5.2 再生水水源和水质

5.2.1 城镇再生水水源应保障水源水质和水量的稳定、可靠、安全。

5.2.2 重金属、有毒有害物质超标的污水、医疗机构污水和放射性废水严禁作为再生水水源。

5.2.3 再生水水质应符合国家现行相关标准的规定。对水质要求不同时，应首先满足用水量大、水质标准低的用户。

5.3 再生水利用安全保障

5.3.1 城镇再生水工程应设置溢流和事故排放管道。当溢流排入管道或水体时应符合国家排放标准的规定；当事故排放时应采取相关应急措施。

5.3.2 城镇再生水利用工程应设置再生水储存设施，并应做好卫生防护工作，保障再生水水质安全。

5.3.3 城镇再生水利用工程应设置消毒设施。

5.3.4 城镇再生水利用工程应设置水量计量和水质监测设施。

5.3.5 当将生活饮用水作为再生水的补水时，应采取可靠有效的防回流污染措施。

5.3.6 再生水用水点和管道应有防止误接或误用的明显标志。

5.4 雨水利用

5.4.1 雨水利用工程建设应以拟建区域近期历年的降雨量资料及其他相关资料作为依据。

5.4.2 雨水利用规划应以雨水收集回用、雨水入渗、调蓄排放等为重点。

5.4.3 雨水利用设施的建设应充分利用城镇及周边区域的天然湖塘洼地、沼泽、湿地等自然水体。

5.4.4 雨水收集、调蓄、处理和利用工程不应对周边土壤环境、植物的生长、地下含水层的水质和环境景观等造成危害和隐患。

5.4.5 根据雨水收集回用的用途，当有细菌学指标要求时，必须消毒后再利用。

6 结 构

6.1 一般规定

6.1.1 城镇给水排水工程中各厂站的地面建筑物，其结构设计、施工及质量验收应符合国家现行工业与民用建筑标准的相应规定。

6.1.2 城镇给水排水设施中主要构筑物的主体结构和地下干管，其结构设计使用年限不应低于50年；

安全等级不应低于二级。

6.1.3 城镇给水排水工程中构筑物和管道的结构设计，必须依据岩土工程勘察报告，确定结构类型、构造、基础形式及地基处理方式。

6.1.4 构筑物和管道结构的设计、施工及管理应符合下列要求：

1 结构设计应计入在正常建造、正常运行过程中可能发生的各种工况的组合荷载、地震作用（位于地震区）和环境影响（温、湿度变化，周围介质影响等）；并正确建立计算模型，进行相应的承载力和变形、开裂控制等计算。

2 结构施工应按照相应的国家现行施工及质量验收标准执行。

3 应制定并执行相应的养护操作规程。

6.1.5 构筑物和管道结构在各项组合作用下的内力分析，应按弹性体计算，不得考虑非弹性变形引起的内力重分布。

6.1.6 对位于地表水或地下水以下的构筑物和管道，应核算施工及使用期间的抗浮稳定性；相应核算水位应依据勘察文件提供的可能发生的最高水位。

6.1.7 构筑物和管道的结构材料，其强度标准值不应低于95%的保证率；当位于抗震设防地区时，结构所用的钢材应符合抗震性能要求。

6.1.8 应控制混凝土中的氯离子含量；当使用碱活性骨料时，尚应限制混凝土中的碱含量。

6.1.9 城镇给水排水工程中的构筑物和地下管道，不应采用遇水浸蚀材料制成的砌块和空芯砌块。

6.1.10 对钢筋混凝土构筑物和管道进行结构设计时，当构件截面处于中心受拉或小偏心受拉时，应按控制不出现裂缝设计；当构件截面处于受弯或大偏心受拉（压）时，应按控制裂缝宽度设计，允许的裂缝宽度应满足正常使用和耐久性要求。

6.1.11 对平面尺寸超长的钢筋混凝土构筑物和管道，应计入混凝土成型过程中水化热及运行期间季节温差的作用，在设计和施工过程中均应制定合理、可靠的应对措施。

6.1.12 进行基坑开挖、支护和降水时，应确保结构自身及其周边环境的安全。

6.1.13 城镇给水排水工程结构的施工及质量验收应符合下列要求：

1 工程采用的成品、半成品和原材料等应符合国家现行相关标准和设计要求，进入施工现场时应进行进场验收，并按国家有关标准规定进行复验。

2 对非开挖施工管道、跨越或穿越江河管道等特殊作业，应制定专项施工方案。

3 对工程施工的全过程应按国家现行相应施工技术标准进行质量控制；每项工程完成后，必须进行检验；相关各分项工程间，必须进行交接验收。

4 所有隐蔽分项工程，必须进行隐蔽验收；经检验或验收不合格时，不得进行下道分项工程。

5 对不合格分项、分部工程通过返修或加固仍不能满足结构安全或正常使用功能要求时，严禁验收。

6.2 构筑物

6.2.1 盛水构筑物的结构设计，应计入施工期间的水密性试验和运行期间（分区运行、养护维修等）可能发生的各种工况组合作用，包括温度、湿度作用等环境影响。

6.2.2 对预应力混凝土构筑物进行结构设计时，在正常运行时各种组合作用下，应控制构件截面处于受压状态。

6.2.3 盛水构筑物的混凝土材料应符合下列要求：

1 应选用合适的水泥品种和水泥用量。

2 混凝土的水胶比应控制在不大于0.5。

3 应根据运行条件确定混凝土的抗渗等级。

4 应根据环境条件（寒冷或严寒地区）确定混凝土的抗冻等级。

5 应根据环境条件（大气、土壤、地表水或地下水）和运行介质的侵蚀性，有针对性地选用水泥品种和水泥用量，满足抗侵蚀要求。

6.3 管 道

6.3.1 城镇给水排水工程中，管道的管材及其接口连接构造等的选用，应根据管道的运行功能、施工敷设条件、环境条件，经技术经济比较确定。

6.3.2 埋地管道的结构设计，应鉴别设计采用管材的刚、柔性。在组合荷载的作用下，对刚性管道应进行强度和裂缝控制核算；对柔性管道，应按管土共同工作的模式进行结构内力分析，核算截面强度、截面环向稳定及变形量。

6.3.3 对开槽敷设的管道，应对管道周围不同部位回填土的压实度分别提出设计要求。

6.3.4 对非开挖顶进施工的管道，管顶承受的竖向土压力应计入上部土体极限平衡裂面上的剪应力对土压力的影响。

6.3.5 对跨越江湖架空敷设的拱形或折线形钢管道，应核算其在侧向荷载作用下，出平面变位引起的 $P-\Delta$ 效应。

6.3.6 对塑料管进行结构核算时，其物理力学性能指标的标准值，应针对材料的长期效应，按设计使用年限内的后期数值采用。

6.4 结构抗震

6.4.1 抗震设防烈度为6度及高于6度地区的城镇给水排水工程，其构筑物和管道的结构必须进行抗震设计。相应的抗震设防类别及设防标准，应按现行国家标准《建筑工程抗震设防分类标准》GB 50223确定。

6.4.2 抗震设防烈度必须按国家规定的权限审批及

颁发的文件（图件）确定。

6.4.3 城镇给水排水工程中构筑物和管道的结构，当遭遇本地区抗震设防烈度的地震影响时，应符合下列要求：

1 构筑物不需修理或经一般修理后应仍能继续使用；

2 管道震害在管网中应控制在局部范围内，不得造成较严重次生灾害。

6.4.4 抗震设计中，采用的抗震设防烈度和设计基本地震加速度取值的对应关系，应为 6 度：0.05g；7 度：0.1g(0.15g)；8 度：0.2g(0.3g)；9 度：0.4g。g 为重力加速度。

6.4.5 构筑物的结构抗震验算，应对结构的两个主轴方向分别计算水平地震作用（结构自重惯性力、动水压力、动土压力等），并由该方向的抗侧力构件全部承担。当设防烈度为 9 度时，对盛水构筑物尚应计算竖向地震作用效应，并与水平地震作用效应组合。

6.4.6 当需要对埋地管道结构进行抗震验算时，应计算在地震作用下，剪切波行进时管道结构的位移或应变。

6.4.7 结构抗震体系应符合下列要求：

1 应具有明确的结构计算简图和合理的地震作用传递路线；

2 应避免部分结构或构件破坏而导致整个体系丧失承载力；

3 同一结构单元应具有良好的整体性；对局部薄弱部位应采取加强措施；

4 对埋地管道除采用延性良好的管材外，沿线应设置柔性连接措施。

6.4.8 位于地震液化地基上的构筑物和管道，应根据地基土液化的严重程度，采取适当的消除或减轻液化作用的措施。

6.4.9 埋地管道傍山区边坡和江、湖、河道岸边敷设时，应对该处边坡的稳定性进行验算并采取抗震措施。

7 机械、电气与自动化

7.1 一般规定

7.1.1 机电设备及其系统应能安全、高效、稳定地运行，且应便于使用和维护。

7.1.2 机电设备及其系统的效能应满足生产工艺和生产能力要求，并且应满足维护或故障情况下的生产能力要求。

7.1.3 机电设备的易损件、消耗材料配备，应保障正常生产和维护保养的需要。

7.1.4 机电设备在安装、运行和维护过程中均不得对工作人员的健康或周边环境造成危害。

7.1.5 机电设备及其系统应能为突发事件情况下所采取的各项应对措施提供保障。

7.1.6 在爆炸性危险气体或爆炸性危险粉尘环境中，机电设备的配置和使用应符合国家现行相关标准的规定。

7.1.7 机电设备及其系统应定期进行专业的维护保养。

7.2 机械设备

7.2.1 机械设备各组成部件的材质，应满足卫生、环保和耐久性的要求。

7.2.2 机械设备的操作和控制方式应满足工艺和自动化控制系统的要求。

7.2.3 起重设备、锅炉、压力容器、安全阀等特种设备必须检验合格，取得安全认证。运行期间应按国家相关规定进行定期检验。

7.2.4 机械设备基础的抗震设防烈度不应低于主体构筑物的抗震设防烈度。

7.2.5 机械设备有外露运动部件或走行装置时，应采取安全防护措施，并应对危险区域进行警示。

7.2.6 机械设备的临空作业场所应具有安全保障措施。

7.3 电气系统

7.3.1 电源和供电系统应满足城镇给水排水设施连续、安全运行的要求。

7.3.2 城镇给水排水设施的工作场所和主要道路应设置照明，需要继续工作或安全撤离人员的场所应设置应急照明。

7.3.3 城镇给水排水构筑物和机电设备应按国家现行相关标准的规定采取防雷保护措施。

7.3.4 盛水构筑物上所有可触及的导电部件和构筑物内部钢筋等都应作等电位连接，并应可靠接地。

7.3.5 城镇给水排水设施应具有安全的电气和电磁环境，所采用的机电设备不应对周边电气和电磁环境的安全和稳定构成损害。

7.3.6 机电设备的电气控制装置应能够提供基本的、独立的运行保护和操作保护功能。

7.3.7 电气设备的工作环境应满足其长期安全稳定运行和进行常规维护的要求。

7.4 信息与自动化控制系统

7.4.1 存在或可能积聚毒性、爆炸性、腐蚀性气体的场所，应设置连续的监测和报警装置，该场所的通风、防护、照明设备应能在安全位置进行控制。

7.4.2 爆炸性危险气体、有毒气体的检测仪表必须定期进行检验和标定。

7.4.3 城镇给水厂站和管网应设置保障供水安全和满足工艺要求的在线式监测仪表和自动化控制系统。

7.4.4 城镇污水处理厂应设置在线监测污染物排放的水质、水量检测仪表。

7.4.5 城镇给水排水设施的仪表和自动化控制系统应能够监视与控制工艺过程参数和工艺设备的运行，应能够监视供电系统设备的运行。

7.4.6 应采取自动监视和报警的技术防范措施，保障城镇给水设施的安全。

7.4.7 城镇给水排水系统的水质化验检测设备的配置应满足正常生产条件下质量控制的需要。

7.4.8 城镇给水排水设施的通信系统设备应满足日常生产管理和应急通信的需要。

7.4.9 城镇给水排水系统的生产调度中心应能够实时监控下属设施，实现生产调度，优化系统运行。

7.4.10 给水排水设施的自动化控制系统和调度中心应安全可靠，连续运行。

7.4.11 城镇给水排水信息系统应具有数据采集与处理、事故预警、应急处置等功能，应作为数字化城市信息系统的组成部分。

本规范用词说明

1 为便于在执行本规范条文时区别对待，对要求严格程度不同的用词说明如下：
　1）表示很严格，非这样做不可的：
　　正面词采用"必须"，反面词采用"严禁"；
　2）表示严格，在正常情况下均应这样做的：
　　正面词采用"应"，反面词采用"不应"或"不得"；
　3）表示允许稍有选择，在条件许可时首先应这样做的：
　　正面词采用"宜"，反面词采用"不宜"；
　4）表示有选择，在一定条件下可以这样做的，采用"可"。

2 条文中指明应按其他有关标准执行的写法为："应符合……的规定"或"应按……执行"。

引用标准名录

1 《建筑工程抗震设防分类标准》GB 50223
2 《饮用净水水质标准》CJ 94

中华人民共和国国家标准

城镇给水排水技术规范

GB 50788—2012

条 文 说 明

制 订 说 明

《城镇给水排水技术规范》GB 50788-2012 经住房和城乡建设部 2012 年 5 月 28 日以第 1413 号公告批准、发布。

本规范定位为一本全文强制性国家标准，以现行强制性条文为基础，以功能性能为目标，是参与工程建设活动的各方主体必须遵守的准则，是管理者对工程建设、使用及维护依法履行监督和管理职能的基本技术依据。城镇给水排水系统和设施是保障城镇居民生活和社会经济发展的生命线，是保障公众身体健康、水环境质量的重要基础设施，本规范旨在全面、系统地提出城镇给水排水系统和设施的基本功能和技术性能要求。

为便于广大设计、施工、科研、学校等单位有关人员在使用本标准时能正确理解和执行条文规定，《城镇给水排水技术规范》编制组按章、节、条顺序编制了本标准的条文说明，对条文规定的目的、依据以及执行中需注意的有关事项进行了说明。但是本条文说明不具备与标准正文同等的法律效力，仅供使用者作为理解和把握标准规定的参考。

目　次

1 总则 ································ 41—15
2 基本规定 ·························· 41—15
3 城镇给水 ·························· 41—17
　3.1 一般规定 ···················· 41—17
　3.2 水源和取水 ················· 41—18
　3.3 给水泵站 ···················· 41—18
　3.4 输配管网 ···················· 41—19
　3.5 给水处理 ···················· 41—20
　3.6 建筑给水 ···················· 41—20
　3.7 建筑热水和直饮水 ········ 41—21
4 城镇排水 ·························· 41—22
　4.1 一般规定 ···················· 41—22
　4.2 建筑排水 ···················· 41—23
　4.3 排水管渠 ···················· 41—24
　4.4 排水泵站 ···················· 41—24
　4.5 污水处理 ···················· 41—24
　4.6 污泥处理 ···················· 41—25
5 污水再生利用与雨水利用 ······ 41—26
　5.1 一般规定 ···················· 41—26
　5.2 再生水水源和水质 ········ 41—26
　5.3 再生水利用安全保障 ····· 41—27
　5.4 雨水利用 ···················· 41—27
6 结构 ································ 41—28
　6.1 一般规定 ···················· 41—28
　6.2 构筑物 ······················· 41—28
　6.3 管道 ·························· 41—29
　6.4 结构抗震 ···················· 41—29
7 机械、电气与自动化 ············ 41—30
　7.1 一般规定 ···················· 41—30
　7.2 机械设备 ···················· 41—31
　7.3 电气系统 ···················· 41—31
　7.4 信息与自动化控制系统 ··· 41—32

1 总 则

1.0.1 本条阐述了制定本规范的目的。城镇给水排水系统和设施是保障城镇居民生活和社会经济发展的生命线，是保障公众身体健康、水环境质量的重要基础设施；同时，城镇给水排水系统形成水的社会循环还往往对水自然循环造成干扰和破坏，因此，维护水的健康循环也是制定本规范的重要目的。本规范按照"综合化、性能化、全覆盖、可操作"的原则，制定了城镇给水排水系统和设施基本功能和技术性能的相关要求。

《中华人民共和国水法》、《中华人民共和国水污染防治法》、《中华人民共和国城乡规划法》和《中华人民共和国建筑法》等国家相关法律、部门规章和技术经济政策等对城镇给水排水有关设施提出了诸多严格规定和要求，是编制本规范的基本依据。

1.0.2 规定了本规范的适用范围，明确了"城镇给水"、"城镇排水"以及"城镇污水再生利用和雨水利用"包含的内容。城镇给水排水的规划、勘察、设计、施工、运行、维护和管理的全过程都直接影响着城镇的用水安全、城镇水环境质量以及水的健康循环，因此，必须从全过程规范其基本功能和技术性能，才能保障城镇给水排水系统安全，满足城镇的服务需求。

1.0.3 本条规定了城镇给水排水设施规划、勘察、设计、施工、运行、维护和管理应遵循的基本原则。"保障服务功能"是指作为市政公用基础设施的城镇给水排水设施要保障对公众服务的基本功能，提供高质量和高效率的服务；"节约资源"是指节约水资源、能源、土地资源、人力资源和其他资源；"保护环境"是指减少污染物排放，保障城镇水环境质量；"同水的自然循环协调发展"是指城镇给水排水系统作为城镇水的社会循环的基础设施，要减少对水自然循环的影响和冲击，并使其保持在水自然循环可承受的范围内。

1.0.4 规定了本规范与其他相关标准的关系。说明本规范作为全文强制标准，执行效力高于国家现行有关城镇给水排水相关标准；当现行标准与本规范的规定不一致时，应按本规范的规定执行。

2 基 本 规 定

2.0.1 本条规定了城镇必须建设给水排水系统的要求。城镇给水排水系统是保障城镇居民健康、社会经济发展和城镇安全的不可或缺的重要基础设施；由于城镇水资源条件、用水需求和用水结构差异较大，因此，要求城镇建设"与其发展需求相适应"的给水排水系统。"维护水环境生态安全"是指城镇给水排水系统运行形成水的社会循环对水环境的水质以及地表、地下径流和储存产生的影响不应该危及和损害水环境生态安全。

2.0.2 本条规定了城镇给水排水发展规划编制的基本要求。《中华人民共和国城乡规划法》规定，城镇给水排水系统作为城镇重要基础设施应编制专项发展规划；《中华人民共和国水法》规定，应制定流域和区域水的供水专项规划，并与城镇总体规划和环境保护规划相协调；《中华人民共和国水污染防治法》也规定，县级以上地方人民政府组织建设、经济综合宏观调控、环境保护、水行政等部门编制本行政区域的城镇污水处理设施建设规划。县级以上地方人民政府建设主管部门应当按照城镇污水处理设施建设规划，组织建设城镇污水集中处理设施及配套管网，并加强对城镇污水集中处理设施运营的监督管理；在国务院颁发的《全国生态环境保护纲要》中规定，要制定地区或部门生态环境保护规划，并提出要重视城镇和水资源开发利用的生态环境保护，建设生态城镇示范区等要求。

城镇排水规划与城镇给水规划密切相关。相互协调的内容主要包括城镇用水量和城镇排水量；水源地和城镇排水受纳水体；给水厂和污水处理厂厂址选择；给水管道和排水管道的布置；再生水系统和大用水户的相互关联等诸多方面。

2.0.3 本条规定了城镇给水排水设施必须具备应对突发事件的安全保障能力。《中华人民共和国突发事件应对法》、《国家突发公共事件总体应急预案》、《国家突发环境事件应急预案》、住房和城乡建设部《市政公用设施抗灾设防管理规定》和《城镇供水系统重大事故应急预案》等相关法律、法规和文件，都对城镇给水排水公共基础设施在突发事件中的功能保障提出了相关要求。城镇给水排水设施要具有预防多种突发事件影响的能力；在得到相关突发事件将影响设施功能信息时，要能够采取应急准备措施，最大限度地避免或减轻对设施功能带来的损害；要设置相应监测和预警系统，能够及时、准确识别突发事件对城镇给水排水设施带来的影响，并有效采取措施抵御突发事件带来的灾害，采取相关补救、替代措施保障设施基本功能。

2.0.4 本条规定了城镇给水排水设施防洪的要求。现行国家标准《防洪标准》GB 50201-94中第1.0.6条作出了如下规定："遭受洪灾或失事后损失巨大、影响十分严重的防护对象，可采用高于本标准规定的防洪标准"。城镇给水排水设施属于"影响十分严重的防护对象"，因此，要求城镇给水排水设施要在满足所服务城镇防洪设防相应要求的同时，还要根据城镇给水排水重要设施和构筑物具体情况，适度加强设置必要的防止洪灾的设施。

2.0.5 本条规定了城镇给水排水设施选用的材料和

设备执行的质量和卫生许可的原则。城镇给水排水设施选用材料和设备的质量状况直接影响设施的运行安全、基本功能和技术性能，要予以许可控制。城镇给水排水相关材料和设备选用要执行国务院颁发的《建设工程勘察设计管理条例》中"设计文件中选用的材料、构配件、设备，应当注明其规格、型号、性能等技术指标，其质量要求必须符合国家规定的标准"的规定。处理生活饮用水采用的混凝、絮凝、助凝、消毒、氧化、pH调节、软化、灭藻、除垢、除氟、除砷、氟化、矿化等化学处理剂也要符合国家相关标准的规定。

2.0.6 本条规定了城镇给水排水系统建设时要选取节水和节能型工艺、设备、器具和产品的要求。即规定了城镇给水、排水、再生水和雨水系统和设施的运行过程以及相关生活用水、生产用水、公共服务用水和其他用水的用水过程，所采用的工艺、设备、器具和产品都应该具有节水和节能的功能，以保证系统运行过程中发挥节水和节能的效益。《中华人民共和国水法》和《中华人民共和国节约能源法》分别对相关节能和节水要求作出了原则的规定；国家发改委等五部委颁发的《中国节水技术政策大纲》中对各类用水推广采用具有节水功能的工艺技术、节水重大装备、设施和器具等都提出了明确要求。

2.0.7 本条规定了城镇给水排水系统建设的有关"三同时"的建设原则。《中华人民共和国安全生产法》第二十四条，《中华人民共和国环境保护法》第二十六条和《中华人民共和国水法》第五十三条都分别规定了有关安全生产、环保和节水设施建设应"与主体工程同时设计、同时施工、同时投产使用"的要求。城镇给水排水系统建设要认真贯彻执行这些规定。

2.0.8 本条规定了城镇给水排水系统和设施日常运行和维护必须遵照技术标准进行的基本原则。为保障城镇给水排水系统的运行安全和服务质量，要对相关系统和设施制定科学合理的日常运行和维护技术规程，并按规程进行经常性维护、保养、定期检测、更新，做好记录，并由有关人员签字，以保证系统和设施正常运转安全和服务质量。

2.0.9 本条规定了城镇给水排水设施建设和运行过程中必须保障相关安全的问题。施工和生产安全、职业卫生安全、消防安全和安全保卫工作都需要必要的相关设施保障和管理制度保障。要根据具体情况建设必要设施，配备必要设备和器具，储备必要的物资，并建立相应管理制度。国家在工程建设安全和生产安全方面已发布了多项法规和文件，《中华人民共和国安全生产法》、国务院2003年颁发的《建设工程安全生产管理条例》、2004年颁发的《安全生产许可证条例》、2007年颁发的《生产安全事故报告和调查处理条例》和《安全生产事故隐患排查治理暂行规定》等，都对工程施工和安全生产做出了详细规定；建设主管部门对建筑工程的施工还制定了一系列法规、文件和标准规范，《建筑工程安全生产监督管理工作导则》、《建筑施工现场环境与卫生标准》JGJ 146、《施工现场临时用电安全技术规范》JGJ 46和《建筑拆除工程安全技术规范》JGJ 147等对工程施工过程做了更详细的规定；另外，国家在有关职业病防治、火灾预防和灭火以及安全保卫等方面制定了一系列法规和文件，城镇给水排水设施建设和运行中都必须认真执行。

2.0.10 本条对城镇给水排水设施工程建设和生产运行时防止对周边环境和人身健康产生危害做出了规定。城镇给水排水设施建设和运行除产生一般大型土木工程施工的噪声、废水、废气和固体废弃物外，特别是污水的处理和输送过程还产生有毒有害气体和大量污泥，要进行有效的处理和处置，避免对环境和人身健康造成危害。1996年颁发的《中华人民共和国环境噪声污染防治法》，2008年发布的《社会生活环境噪声排放标准》GB 22337，对社会生活中的环境噪声作出了更高要求的新规定。2002年国家还特别对城镇污水处理厂排放的水和污泥制定了《城镇污水处理厂污染物排放标准》GB 18918。国家还对固体废弃物、水污染物、有害气体和温室气体的排放制定了相关标准或要求，城镇给水排水设施建设和运行过程中都要采取严格措施执行这些标准。

城镇给水排水设施建设和运行过程温室气体的排放主要是能源消耗间接产生的CO_2和污水储存、输送、处理和排放过程产生的CH_4和N_2O。CH_4和N_2O的温室效应分别为CO_2的23～62倍和280～310倍。政府间气候变化专门委员会（IPCC）在《气候变化2007第四次评估报告（AR4）》和2008年《气候变化与水》的专项技术报告中都对污水处理过程中产生的CH_4和N_2O进行了评估，并提出了减排意见。因此，城镇给水排水设施建设和运行过程要采取综合措施减排温室气体，为适应和减缓气候变化承担相应的责任。

2.0.11 本条规定了易燃、易爆及有毒化学危险品等的防护要求。城镇给水排水设施运行过程中使用的各种消毒剂、氧化剂，污水和污泥处理过程产生的有毒有害气体都必须予以严格管理，特别是有关污泥消化设施运行，污水管网和泵站的维护管理以及加氯消毒设施的运行和管理等都是城镇给水排水设施运行中经常发生人身伤害和事故灾害的主要部位，要重点完善相关防护设施的建设和监督管理。国家和相关部门颁布的《易燃易爆化学物品消防安全监督管理办法》和《危险化学品安全管理条例》等相关法规，对化学危险品的分类、生产、储存、运输和使用都做出了详细规定。城镇给水排水设施建设和运行过程中要对其涉及的多种危险化学品和易燃易爆化学物品予以严格管理。

2.0.12 城镇给水排水系统在公共场所建有的相关设施，如某些加压、蓄水、消防设施和检查井、闸门井、化粪池等，其设置要在方便其日常维护和设施安全运行的同时，还要避免对车辆和行人正常活动的安全构成威胁。

2.0.13 城镇给水排水系统中接触腐蚀性药剂的构筑物、设备和管道要采取防腐蚀措施，如加氯管道、化验室下水道等接触强腐蚀性药剂的设施要选用工程塑料等；密闭的、产生臭气较多的车间设备要选用抗腐蚀能力较强的材质。管道都与水、土壤接触，金属管道及非金属管道接口，当采用钢制连接构造时均要有防腐措施，具体措施应根据传输介质和设施运行的环境条件，通过技术经济比选，合理采用。

2.0.14 本条规定了城镇给水排水采用新技术、新工艺和新材料的许可原则。城镇给水排水设施在规划建设中要积极采用高效的新技术、新工艺和新材料，以保障设施功效，提高设施安全可靠性和服务质量。当采用无现行相关标准予以规范的新技术、新工艺和新材料时，要根据国务院《建设工程勘察设计管理条例》和原建设部《实施工程建设强制性标准监督规定》的要求，由拟采用单位提请建设单位组织专题技术论证，报建设行政主管部门或者国务院有关主管部门审定。其相关核准程序已在《采用不符合工程建设强制性标准的新技术、新工艺、新材料核准行政许可实施细则》的通知中做出了详细规定。

3 城镇给水

3.1 一般规定

3.1.1 本条规定了城镇给水设施的基本功能和性能要求。城镇给水是保障公众健康和社会经济发展的生命线，不能中断。按照国家相关规定，在特殊情况下也要保证供给不低于城镇事故用水量（即正常水量的70%）。

　　城镇用水是指居民生活、生产运行、公共服务、消防和其他用水。满足城镇用水需求，主要是指提供供水服务时应该保障用户对水量、水质和水压的需求。对水质或水压有特殊要求的用户应该单独解决。

3.1.2 城镇给水所提供的生活饮用水水质要符合现行国家标准《生活饮用水卫生标准》GB 5749 的要求。世界卫生组织认为，提供安全的饮用水对身体健康是必不可少的。

3.1.3 给水工程最高日用水量包括综合生活用水、生产运营用水、公共服务用水、消防用水、管网漏损水和未预见用水，不包括因原水输水损失、厂内自用水而增加的取水量。

3.1.4 《城市供水条例》（中华人民共和国国务院令第158号）第十条规定："编制城市供水水源开发利用规划，应当从城市发展的需要出发，并与水资源统筹规划和水长期供求规划相协调"。应该提出保持协调的对策，包括积极开发并保护水资源；对城镇的合理规模和产业结构提出建议；积极推广节约用水，污水资源化等举措。

3.1.5 给水工程关系着城镇的可持续发展，关系着城镇的文明、安全和公众的生活质量，因此要认真编制城镇给水规划，科学预测城镇用水量，避免不断建设，重复建设；合理开发水资源，对城镇远期水资源进行控制和保护；协调城镇给水设施的布局，适应城镇的发展，正确指导给水工程建设。

3.1.6 国务院办公厅《关于加强饮用水安全保障工作的通知》（国办发［2005］45号）要求："各供水单位要建立以水质为核心的质量管理体系，建立严格的取样、检测和化验制度，按国家有关标准和操作规程检测供水水质，并完善检测数据的统计分析和报表制度"。要予严格执行，严格检验原水、净化工序出水、出厂水、管网水、二次供水和用户端（"龙头水"）的水质，保障饮用水水质安全。

3.1.7 饮用水水质安全问题直接关系到广大人民群众的生活和健康，城镇供水系统应该建立完整、准确的水质监测档案，除了出于供水系统管理的需要外，更重要的是对实施供水水质社会公示制度和水质任意查询举措的支持。

3.1.8 供水、用水计量是促进节约用水的有效途径，也是供水部门及用户改善管理的重要依据之一，出厂水及输配水管网供给的各类用水用户都必须安装计量仪表，推进节约用水。

3.1.9 供水部门主动停水时要根据相关规定提前通告，以避免造成用户损失和不便。《城市供水条例》（中华人民共和国国务院令第158号）第二十二条要求："城市自来水供水企业和自建设施对外供水的企业应当保持不间断供水。由于施工、设备维修等原因需要停止供水的，应当经城市供水行政主管部门批准并提前24小时通知用水单位和个人；因发生灾害或者紧急事故，不能提前通知的，应当在抢修的同时通知用水单位和个人，尽快恢复正常供水，并报告城市供水行政主管部门。"居民区停水，也要按上述规定报请相关部门批准并及时通知用户。

3.1.10 强调了城镇给水系统进行改、扩建工程时，要对已建供水设施实施保护，不能影响其正常运行和结构稳定。对已建供水设施实施保护主要有两方面：一是不能对已建供水设施的正常运行产生干扰和影响，并要对飘尘、噪声、排水等进行控制或处置；二是针对邻近建筑物的基础、结构状况，采取合理的施工方法和有效的加固措施，避免邻近建筑物发生位移、沉降、开裂和倒塌。

3.2 水源和取水

3.2.1 进行城镇水资源勘察与评价是选择城镇给水水源和确定城镇水源地的基础，也是保障城镇给水安全的前提条件。要选择有资质的单位根据流域的综合规划进行城镇水资源勘查和评价，确定水质、水量安全可靠的水源。水资源属于国家所有，国家对水资源依法实行取水许可证制度和有偿使用制度。不能脱离评价报告和在未得到取水许可时盲目开发水源。

3.2.2 《中华人民共和国水法》、《中华人民共和国水污染防治法》都规定了"国家建立饮用水水源保护区制度。饮用水水源保护区分别为一级保护区和二级保护区；必要时可在饮用水水源保护区外围划定一定的区域作为准保护区。"生活饮用水地表水一级保护区内的水质适用国家《地面水环境质量标准》GB 3838中的Ⅱ类标准；二级保护区内的水质适用Ⅲ类标准。在饮用水水源保护区内要禁止设置排污口、禁止一切污染水质的活动。取自地表水和地下水的水源保护区要对水质进行定期或在线监测和评价，并要实施适用于当地具体情况的供水水源水质防护、预警和应急措施，应对水源污染突发事件或其他灾害、安全事故的发生。

3.2.3 本条规定大中城市为保障在特殊情况下生活饮用水的安全，应规划建设城市备用水源。国务院办公厅《关于加强饮用水安全保障工作的通知》（国办发〔2005〕45号文）要求："各省、自治区、直辖市要建立健全水资源战略储备体系，各大中城市要建立特枯年或连续干旱年的供水安全储备，规划建设城市备用水源，制订特殊情况下的区域水资源配置和供水联合调度方案。"对于单一水源的城市，建设备用水源的作用更显著。

3.2.4 规定了有关水源取水水量安全性的要求。水源选择地下水时，取水水量要小于允许开采量。首先要经过详细的水文地质勘察，并进行地下水资源评价，科学地确定地下水源的允许开采量，不能盲目开采。并要做到地下水开采后不会引起地下水位持续下降、水质恶化及地面沉降。水源选择地表水时，取水保证率要根据供水工程规模、性质及水源条件确定，即重要的工程且水资源较丰富地区取高保证率，干旱地区及山区枯水季节径流量很小的地区可采用低保证率，但不得低于90%。

3.2.5 地表水取水构筑物的建设受水文、地形、地质、施工技术、通航要求等多种因素的影响，并关系取水构筑物正常运行及安全可靠，要充分调查研究水位、流量、泥沙运动、河床演变、河岸的稳定性、地质构造、冰冻和流冰运动规律。另外，地表水取水构筑物有些部位在水下，水下施工难度大、风险高，因此尚应研究施工技术、方法、施工周期。建设在通航河道上的取水构筑物，其位置、形式、航行安全标志要符合航运部门的要求。地表水取水构筑物需要进行技术、经济、安全多方案的比选优化确定。

3.2.6 本条文规定了有关高浊度江河、人海感潮江河、藻类易高发的湖泊和水库水源取水安全的要求。水源地为高浊度江河时，取水要选在河浊度较低的河段或有条件设置避开沙峰的河段。水源为感潮江河时，要尽量减少海潮的影响，取水应选在氯离子含量达标的河段，或者有条件设置避开咸潮、可建立淡水调蓄水库的河段。水源为湖泊或水库时，取水应选在藻类含量较低、水深较大，水域开阔，能避开高藻季节主风向向风面的凹岸处，或在湖泊、水库中实施相关除藻措施。

3.3 给水泵站

3.3.1 明确给水泵站的基本功能。泵站的基本功能是将一定量的流体提升到一定的高度（或压力）满足用户的要求。泵站在给水工程中起着不可替代的重要作用，泵站的正常运行是供水系统正常运行的先决条件。给水工程中，取水泵站的规模要满足水厂对水量和水压的要求；送水泵站的规模要满足配水管网对水量和水压的要求；中途加压泵站要满足目的地对水量和水压的要求；二次供水泵站的规模要满足用户对水量和水压的要求。

3.3.2 给水泵站设置备用水泵是保障泵站安全运行的必要条件，泵站内一旦某台水泵发生故障，备用水泵要立即投入运行，避免造成供水安全事故。

备用水泵设置的数量要根据泵房的重要性、对供水安全的要求、工作水泵的台数、水泵检修的频率和检修难易程度等因素确定。例如在提升含磨损杂质较高的水时，要适当增加备用能力；供水厂中的送水泵房，处于重要地位，要采用较高的备用率。

3.3.3 本条规定提出了对泵站布置的要求。这些要求对于保证水泵的有效运行、延长设备的寿命以及维护运行人员的安全都是必不可少的。吸水井的布置要满足井内水流顺畅、不产生涡流的吸水条件，否则会直接影响水泵的运行效率和使用寿命；水泵的安装，吸水管及吸水口的布置要满足流速分布均匀，避免汽蚀和机组振动的要求，否则会导致水泵使用寿命的缩短并影响到运行的稳定性；机组及泵房空间的布置要以不影响安装、运行、维护和检修为原则。例如：泵房的主要通道应该方便通行；泵房内的架空管道不得阻碍通道和跨越电气设备；泵房至少要设置一个可以搬运最大尺寸设备的门等。

3.3.4 给水泵站的设备间往往有生产杂水或事故漏水需及时排除，地上式泵房可采取通畅的排水通道，地下或半地下式泵站要设置排水泵，避免积水淹及泵房造成重大损失。

3.3.5 鉴于停泵或快速关闭阀门时可能形成水锤，引发水泵阀门受损、管道破裂、泵房淹没等重大事故，必要时应进行水锤计算，对有可能产生水锤危害的泵站要采取防护措施。目前常用的消除水锤危害的措施有：在水泵压水管上装设缓闭止回阀、水锤消除器以及在输水管道适当位置设置调压井、进排气阀等。

3.4 输配管网

3.4.1 本条规定了输水管道在选线和管道布置时应遵循的准则。输水管道的建设应符合城镇总体规划，选择的管线在满足使用功能要求的前提下要尽量的短，这样可少占地且节省能耗和投资；其次管线可沿现有和规划道路布置，这样施工和维护方便。管线还要尽可能避开不良地质构造区域，尽可能减少穿越山川、水域、公路、铁路等，为所建管道安全运行创造条件。

3.4.2 原水输水管的设计流量要按水厂最高日平均时需水量加上输水管的漏损水量和净水厂自用水量确定。净水输水管道的设计流量要按最高日最高时用水条件下，由净水厂负担的供水量计算确定。

配水管网要按最高日最高时供水量及设计水压进行管网水力平差计算，并且还要按消防、最大转输和最不利管段发生故障时3种工况进行水量和水压校核，直接供水管网用户最小服务水头按建筑物层数确定。

3.4.3 本条强调了城镇输水的安全性。必须保证输水管道出现事故时输水量不小于设计水量的70%。为保证输水安全，输水管道系统可以采取下列安全措施：首先输水干管根数采用不少于2条的方案，并在两条输水干管之间设连通管，保证管道的任何一段断管时，管道输水能力不小于事故水量；在多水源或设有水量调蓄设施且能保证事故状态供水能力等于或大于事故水量时，才可采用单管输水。

3.4.4 长距离管道输水工程选择输水线路时，要使管线尽可能短，管线水平和竖向布置要尽量顺直，尽量避开不良地质构造区，减少穿越山川和水域。管材选择要依据水量、压力、地形、地质、施工条件、管材生产能力和质量保证等进行技术经济比较。管径选择时要进行不同管径建设投资和运行费用的优化分析。输水工程应该能保证事故状态下的输水量不小于设计水量的70%。长距离管道输水工程要根据上述条件进行全面的技术、经济的综合比较和安全论证，选择可靠的管道运行系统。

长距离管道输水工程要对管路系统进行水力过渡过程分析，研究输水管道系统在非稳定流状态下运行时发生的各种水锤现象。其中停泵（关阀）水锤，以及伴有的管系统中水柱拉断而发生的断流弥合水锤，是造成诸多长距离管道输水工程事故的主要原因。因此，在管路运行系统中要采取水锤的综合防护措施，如控制阀门的关闭时间，管路中设调压塔注水，或在管路的一些特征点安装具备削减水锤危害的复合式高速进排气阀、三级空气阀等综合保护措施，保证长距离管道输水工程安全。

3.4.5 安全供水是城镇配水管网最重要的原则，配水管网干管成环布置是保障管网配水安全诸多措施中最重要的原则之一。

3.4.6 管网的漏损率控制要考虑技术和经济两个方面，应该进行"投入—产出"效益分析，即要将漏损率控制在当地经济漏损率范围内。控制漏损所需的投入与效益进行比较，投入等于或小于漏损控制所造成效益时的漏损量是经济合理的漏损率。供水管网漏损率应控制在国家行业标准规定的范围内，并根据居民的抄表状况、单位供水量管长、年平均出厂压力的大小进行修正，确定供水企业的实际漏损率。降低管网的漏损率对于节约用水、优化企业供水成本，建设节约型的城市具有重大意义。

降低管网的漏损率需要采取综合防护措施。应该从管网规划、管材选择、施工质量控制、运行压力控制、日常维护和更新、漏损探测和漏损及时修复等多方面控制管网漏损。

3.4.7 城镇供水管网是向城镇供给生活饮用水的基本渠道。为保障供水水质卫生安全，不能与其他非饮用水管道系统连通。在使用城镇供水作为其他用水补充用水时，一定要采取有效措施防止其他用水流入城镇供水系统。

《城市供水条例》中明确："禁止擅自将自建设施供水管网系统与城市公共供水管网系统连接；因特殊情况需要连接的，必须经城市自来水供水企业同意，报城市供水行政管理部门和卫生行政主管部门批准，并在管道连接处采取必要的防护措施。"为保证城镇供水的卫生安全，供水管网要避开有毒物污染区；在通过腐蚀性地域时，要采取安全可靠的技术措施，保证管道在使用期不出事故，水质不会受污染。

3.4.8 管网优化设计一定要考虑水压、水量的保证性，水质的安全性，管网系统的可靠性和经济性。在保证供水安全可靠，满足用户的水质、水量、水压需求的条件下，对管网进行优化设计，保障管道施工质量，达到节省建设费用、节省能耗和供水安全可靠的目的。

管网优化调度是在保证用户所需水质、水量、水压安全可靠的条件下，根据管网监测系统反馈的运行状态数据或者科学的预测手段确定用水量分布，运用数学优化技术，在各种可能的调度方案中，合理确定多水源各自供水水量和水压，筛选出使管网系统最经济、最节能的调度操作方案，努力做到供水曲线与用水曲线相吻合。

3.4.9 本条规定了输配水管道与建（构）筑物及其他工程管线之间要保留有一定的安全距离。现行国家标准《城市地下管道综合规划规范》GB 50289规定了给水管与其他管线及建（构）筑物之间的最小水平净距和最小垂直净距。

输水干管的供水安全性十分重要，两条或两条以上的埋地输水干管，需要防止其中一条断管，由于水流的冲刷危及另一条管道的正常输水，所以两条埋地管道一定要保持安全距离。输水量大、运行压力高，敷设在松散土质中的管道，需加大安全距离。若两条干管的间距受占地、建（构）筑物等因素控制，不能满足防冲距离时，需考虑采取有效的工程措施，保证输水干管的安全运行。

3.4.10 本条规定了输配水管道穿过铁路、公路、城市道路、河流时的安全要求。当穿过河流采用倒虹方式时，管内水流速度要大于不淤流速，防止泥沙淤积管道；管道埋设河底的深度要防止被洪水冲坏和满足航运的相关规定。

3.4.11 在有冰冻危险的地区，埋地管道要埋设在冰冻土层以下；架空管道要采取保温防冻措施，保证管道在正常输水和事故停水时管内水不冻结。

3.4.12 管道工作压力大于或等于 0.1MPa 时称为压力管道，在竣工验收前要做水压试验。水压试验是对管道系统质量检验的重要手段，是管道安全运行的保障。生活饮用水管道投入运行前要进行冲洗消毒。建设部第 158 号文《城镇供水水质管理规定》明确："用于城镇供水的新设备、新管网或者经改造的原有设备、管网，应当严格进行冲洗、消毒，经质量技术监督部门资质认定的水质检测机构检验合格后，方可投入使用"。

3.5 给水处理

3.5.1 本条明确了城镇水厂处理的基本功能及城镇水厂出水水质标准的要求。强调城镇水厂的处理工艺一定要保证出水水质不低于现行国家标准《生活饮用水卫生标准》GB 5749 的要求，并留有必要的裕度。这里"必要的裕度"主要是考虑管道输送过程中水质还将有不同程度降低的影响。

3.5.2 水厂平面布置应根据各构（建）筑物的功能和流程综合确定。竖向设计应满足水力流程要求并兼顾生产排水及厂区土方平衡需求，同时还应考虑运行和维护的需要。为保证生产人员安全，构筑物及其通道应根据需要设置适用的栏杆、防滑梯等安全保护设施。

3.5.3 为确保生活饮用水的卫生安全，维护公众的健康，无论原水来自地表水还是地下水，城镇给水处理厂都一定要设有消毒处理工艺。通过消毒处理后的水质，不仅要满足生活饮用水水质卫生标准中与消毒相关的细菌学指标，同时，由于各种消毒剂消毒时会产生相应的副产物，因此，还要求满足相关的感官性状和毒理学指标，确保公众饮水安全。

3.5.4 储存生活饮用水的调蓄构筑物的卫生防护工作尤为重要，一定要采取防止污染的措施。其中清水池是水厂工艺流程中最后一道关口，净化后的清水由此经由送水泵房、管网向用户直接供水。生活饮用水的清水池或调节水池要有保证水的流动、避免死角、空气流通、便于清洗、防止污染等措施，且清水池周围不能有任何形式的污染源等，确保水质安全。

3.5.5 城镇给水厂的工艺排水一般主要有滤池反冲洗排水和泥浆处理系统排水。滤池反冲洗排水量很大，要均匀回流到处理工艺的前点，但要注意其对水质的冲击。泥浆处理系统排水，由于前处理投加的药物不同，而使得各工序排水的水质差别很大，有的尚需再处理才能使用。

3.5.6 水厂的排泥水量约占水厂制水量的 3％～5％，若水厂排泥水直接排入河中会造成河道淤堵，而且由于泥中有机成分的腐烂，会直接影响河流水质的安全。水厂所排泥浆要认真处理，并合理处置。

水厂泥浆通常的处理工艺为：调解—浓缩—脱水。脱水后的泥饼要达到相应的环保要求并合理处置，杜绝二次污染。泥饼的处置有多种途径：综合利用、填埋、土地施泥等。

3.5.7 本条规定了城镇水厂处理工艺中所涉及的化学药剂应采取严格的安全防护措施。水厂中涉及化学药剂工艺有加药、消毒、预处理、深度处理等。这些工艺中除了加药中所采用的混凝剂、助凝剂仅具有腐蚀性外；其他工艺采用的如：氯、二氧化氯、氯胺、臭氧等均为强氧化剂，有很强的毒性，对人身及动植物均有伤害，处置不当有的还会发生爆炸，故在生产、运输、存储、运行的过程中要根据介质的特性采取严密安全防护措施，杜绝人身或环境事故发生。

3.6 建筑给水

3.6.1 本条提出了合理确定各类建筑用水定额应该综合考虑的因素。民用建筑与小区包括居住建筑、公共建筑、居住小区、公共建筑区。我国是一个缺水的国家，尤其是北方地区严重缺水，因此，我们在确定生活用水定额时，既要考虑当地气候条件、建筑标准、卫生器具的完善程度等使用要求，更要考虑当地水资源条件和节水的原则。一般缺水地区要选择生活用水定额的低值。

3.6.2 生活给水管道容易受到污染的场所有：建筑内烟道、风道、排水沟、大便槽、小便槽等。露明敷设的生活给水管道不要布置在阳光直接照射处，以防止水温的升高引起细菌的繁殖。生活给水管敷设的位置要方便安装和维修，不影响结构安全和建筑物的使用，暗装时不能埋设在结构墙板内，暗设在找平层内时要采用抗耐蚀管材，且不能有机械连接件。

3.6.3 本条规定了有回流污染生活饮用水质的地方，要采取杜绝回流污染的有效措施。生活饮用水管道的供、配水终端产生回流的原因：一是配水管出水口被淹没或没有足够的空气间隙；二是配水终端为升压、升温的管网或容器，前者引起虹吸回流，后者引起背压回流。为防止建筑给水系统产生回流污染生活饮用水水质一定要采取可靠的、有效的防回流措施。其主要措施有：禁止城镇给水管与自备水源供水管直接连接；禁止中水、回用雨水等非生活饮用水管道与生活饮用水管连接；卫生器具、用水设备、水箱、水池等设施的生活饮用水管配水件出水口或补水管出口应保持与其溢流边缘的防回流空气间隙；从室外给水管直接抽水的水泵吸水管，连接锅炉、热水机组、水加热器、气压水罐等有压或密闭容器的进水管，小区或单体建筑的环状室外给水管与不同室外给水干管管段连接的两路及两路以上的引入管上均要设倒流防止器；从小区或单体建筑的给水管连接消防用水管的起端及从生活饮用水池（箱）抽水的消防泵吸水管上也要设置倒流防止器；生活饮用水管要避开毒物污染区，禁止生活饮用水管与大便器（槽）、小便斗（槽）采用非专用冲洗阀直接连接等。

3.6.4 本条文规定了储存、调节和直接供水的水池、水箱、水塔保证安全供水的要求。储存、调节生活饮用水的水箱、水池、水塔是民用建筑与小区二次供水的主要措施，一定要保证其水不冰冻，水质不受污染，以满足安全供水的要求。一般防止水质变质的措施有：单体建筑的生活饮用水池（箱）单独设置，不与消防水池合建；埋地式生活饮用水池周围10m以内无化粪池、污水处理构筑物、渗水井、垃圾堆放点等污染源，周围2m以内无污水管和污染物；构筑物内生活饮用水池（箱）体，采用独立结构形式，不利用建筑物的本体结构作为水池（箱）的壁板、底板和顶盖；生活饮用水池（箱）的进、出水管，溢、泄流管，通气管的设置均不能污染水质或在池（箱）内形成滞水区。一般防冻的做法有：生活饮用水水池（箱）间采暖；水池（箱）、水塔做防冻保温层。

3.6.5 本条规定了建筑给水系统的分区供水原则：一是要充分利用室外给水管网的压力满足低层的供水要求，二是高层部分的供水分区要兼顾节能、节水和方便维护管理等因素确定。

3.6.6 水泵、冷却塔等给水加压、循环冷却设备运行中都会产生噪声、振动及水雾，因此，除工程应用中要选用性能好、噪声低、振动小、水雾少的设备及采取必要的措施外，还不得将这些设备设置在要求安静的卧室、客房、病房等房间的上、下层及毗邻位置。

3.6.7 生活饮用水池（箱）中的储水直接与空气接触，在使用中储水在水池（箱）中将停留一定的时间而受到污染，为确保供水的水质满足国家生活饮用水卫生标准的要求，水池（箱）要配置消毒设施。可采用紫外线消毒器、臭氧发生器和水箱自洁消毒器等安全可靠的消毒设备，其设计和安装使用要符合相应技术标准的要求。生活饮用水的供水设施包括水池（箱）、水泵、阀门、压力水容器、供水管道等。供水设施在交付使用前要进行清洗和消毒，经有关资质认证机构取样化验，水质符合《生活饮用水卫生标准》GB 5749的要求后方可使用。

3.6.8 建筑物内设置消防给水系统和灭火设施是扑灭火灾的关键。本条规定了各类建筑根据其用途、功能、重要性、火灾特性、火灾危险性等因素合理设置不同消防给水系统和灭火设施的原则。

3.6.9 本条规定了消防水源一定要安全可靠，如室外给水水源要为两路供水，当不能满足时，室内消防水池要储存室内外消防部分的全部用水量等。

3.6.10 消防给水系统包括建筑物室外消防给水系统、建筑物室内的消防给水系统如消火栓、自动喷水、水喷雾和水炮等多种系统，这些系统都由储水池、管网、加压设备、末端灭火设施及附配件组成。本条规定了系统的组成部分均应该按相关消防规定要求合理配置，满足灭火所需的水量、水压要求，以达到迅速扑灭火灾的目的。

3.6.11 本条规定了消防给水系统的各组成部分均要具备防护功能，以满足其灭火要求；安全的消防供电、合理的系统控制亦是及时有效扑灭火灾的重要保证。

3.7 建筑热水和直饮水

3.7.1 生活热水用水定额同生活给水用水定额的确定原则相同，同样要根据当地气候、水资源条件、建筑标准、卫生器具完善程度并结合节约用水的原则来确定。因此它应该与生活给水用水定额相匹配。

生活热水热源的选择，要贯彻节能减排政策，要根据当地可再生能源（如太阳能、地表水、地下水、土壤等地热热源及空气热源）的条件，热资源（如工业余热、废热、城市热网等）的供应条件，用水使用要求（如用户对热水用水量，水温的要求，集中、分散用水的要求）等综合因素确定。一般集中热水系统选择热源的顺序为：工业余热、废热、地热或太阳能、城市热力管网、区域性锅炉房、燃油燃气热水机组等。局部热水系统的热源可选太阳能、空气源热泵及电、燃气、蒸汽等。

3.7.2 本条规定了生活热水的水质标准。生活热水通过沐浴、洗漱等直接与人体接触，因此其水质要符合现行国家标准《生活饮用水卫生标准》GB 5749的要求。

当生活热水源为生活给水时，虽然生活给水水质符合标准要求，但它经水加热设备加热、热水管道输送和用水器具使用的过程中，有可能产生军团菌等致病细菌及其他微生物污染，因此，本条规定要保证用水终端的热水出水水质符合标准要求。一般做法有：选用无滞水区的水加热设备，控制热水出水温度为55℃～60℃，选用内表光滑不生锈、不结垢的管道及阀件，保证集中热水系统循环管道的循环效果；设置消毒设施。当采用地热水作为生活热水时，要通过水质处理，使其水质符合现行国家标准《生活饮用水卫生标准》GB 5749 的要求。

3.7.3 本条对生活热水的水温做出了规定，并对一些特殊建筑提出了防烫伤的要求。生活热水的水温要满足使用要求，主要是指集中生活热水系统的供水温度要控制在55℃～60℃，并保证终端出水水温不低于45℃。当水温低于55℃时，不易杀死滋生在温水中的各种细菌，尤其是军团菌之类致病菌；当水温高于60℃时，一是系统热损耗大、耗能，二是将加速设备与管道的结垢与腐蚀，三是供水安全性降低，易产生烫伤人的事故。

幼儿园、养老院、精神病医院、监狱等弱势群体集聚场所及特殊建筑的热水供应要采取防烫伤措施，一般做法有：控制好水加热设备的供水温度，保证用水点处冷热水压力的稳定与平衡，用水终端采用安全可靠的调控阀件等。

3.7.4 热水系统的安全主要是指供水压力和温度要稳定，供水压力包括配水点处冷热水压力的稳定与平衡两个要素；温度稳定是指水加热设备出水温度与配水点放水温度既不能太高也不能太低，以保证使用者的安全；集中热水供应系统的另一要素是热水循环系统的合理设置，它是节水、节能、方便使用的保证。水加热设备是热水系统的核心部分，它来保证出水压力、温度稳定，不滋生细菌、供水安全且换热效果好、方便维修。

3.7.5 生活热水在加热过程中会产生体积膨胀，如这部分膨胀量不及时吸纳消除，系统内压力将升高，将影响水加热设备、热水供水管道的安全正常工作，损坏设备和管道，同时引起配水点处冷热水压力的不平衡和不稳定，影响用水安全，并且耗水耗电，因此，热水供水管道系统上要设置膨胀罐、膨胀管或膨胀水箱，设置安全阀、管道伸缩节等设施以及时消除热水升温膨胀时给系统带来的危害。

3.7.6 管道直饮水是指原水（一般为室外给水）经过深度净化处理达到《饮用净水水质标准》CJ 94 后，通过管道供给人们直接饮用的水，为保证管道直饮水系统用户端的水质达标，采取的主要措施有：①设置供、回水管网为同程式的循环管道；②从立管接出至用户用水点的不循环支管长度不大于 3m；③循环回水管道的回流水经再净化或消毒；④系统必须进行日常的供水水质检测；⑤净水站制定规章和管理制度，并严格执行等。

4 城镇排水

4.1 一般规定

4.1.1 本条规定了城镇排水系统的基本功能和技术性能。城镇排水系统包括雨水系统和污水系统。城镇雨水系统要能有效收集并及时排除雨水，防止城镇被雨水淹渍；并根据自然水体的水质要求，对污染较严重的初期雨水采取截流处理措施，减少雨水径流污染对自然水体的影响。为满足某些使用低于生活饮用水水质的需求，降低用水成本，提高用水效率，还要设置雨水储存和利用设施。

城镇污水系统要能有效收集和输送污水，因地制宜处理、处置污水和污泥，减少向自然水体排放水污染物，保障城镇水环境质量和水生态安全；水资源短缺的城镇还要建设污水净化再生处理设施，使再生水达到一定的水质标准，满足水再利用或循环利用的要求。

4.1.2 排水设施是城镇基础设施的重要组成部分，是保障城镇正常活动、改善水环境和生态环境质量，促进社会、经济可持续发展的必备条件。确定排水系统的工程规模时，既要考虑当前，又要考虑远期发展需要；更应该全面、综合进行总体布局；合理确定综合径流系数，不能被动适应城市高强度开发。建立完善的城镇排水系统，提高排水设施普及率和污水处理达标率，贯彻"低影响开发"原则，建设雨水系统等都需要较长时间，这些都应在城镇排水系统规划总体部署的指导下，与城镇社会经济发展和相关基础设施建设相协调，逐步实施。低影响开发是指强调城镇开发要减少对环境的冲击，其核心是基于源头控制和延缓冲击负荷的理念，构建与自然相适应的城镇排水系统，合理利用景观空间和采取相应措施对暴雨径流进行控制，减少城镇面源污染。

4.1.3 排水体制有雨水污水分流制与合流制两种基本形式。分流制是用不同管渠系统分别收集、输送污水和雨水。污水经污水系统收集并输送到污水处理厂处理，达到排放标准后排放；雨水经雨水系统收集，根据需要，经处理或不经处理后，就近排入水体。合流制则是以同一管渠系统收集、输送雨水和污水，旱季污水经处理后排放，雨季污水处理厂需加大雨污水处理量，并在水环境容量许可情况下，排放部分雨污水。分流制可缩小污水处理设施规模、节约投资，具有较高的环境效益。与分流制系统相比，合流制管渠投资较小，同时施工较方便。在年降雨量较小的地区，雨水管渠使用时间极少，单独建设雨水系统使用效率很低；新疆、黑龙江等地的一些城镇区域已采用的合流制排水体制，取得良好效果。城镇排水体制要因地制宜，从节约资源、保护水环境、节省投资和减少运行费用等方面综合考虑确定。

4.1.4 因大气污染、路面污染和管渠中的沉积污染，初期雨水污染程度相当严重，设置污水截流设施可削减初期雨水污染和污水对水体的污染。因此，规定合流制排水系统应设置污水截流设施，并根据受纳水体环境容量、工程投资额和合流污水管渠排水能力，合理确定截流倍数。

4.1.5 在分流制排水系统中，由于擅自改变建筑物内的局部功能、室外的排水管渠人为疏忽或故意错接会造成雨污水管渠混接。如果雨、污水管渠混接，污水会通过雨水管渠排入水体，造成水体污染；雨水也会通过污水管渠进入污水处理厂，增加了处理费用。为发挥分流制排水的优点，故作此规定。

4.1.6 城镇的发展不断加大建筑物和不透水地面的建设，使得城镇建成区域降雨形成的径流不断加大，不仅增加了雨水系统建设和维护投资，加大了暴雨期间的灾害风险，还严重影响了地下水的渗透补给。如从源头着手，加大雨水就近入渗、调蓄或收集利用，可减少雨水径流总量和峰值流量；同时如充分利用绿地和土壤对雨水径流的生态净化作用，不仅节省雨水系统设施建设和维护资金，减少暴雨灾害风险，还能有效降低城镇建设对水环境的冲击，有利于水生态系统的健康，推进城镇水社会循环和自然循环的和谐发展。这是一种基于源头控制的低影响开发的雨水管理方法，城镇雨水系统的建设要积极贯彻实施。

4.1.7 随意排放污水会破坏环境，如富营养化的水臭味大、颜色深、细菌多、水质差，不能直接利用，水中鱼类大量死亡。水污染物还会通过饮水或食物链进入人体，使人急性或慢性中毒。砷、铬、铵类、苯并（a）芘和稠环芳烃等，可诱发癌症。被寄生虫、病毒或其他致病菌污染的水，会引起多种传染病和寄生虫病。重金属污染的水，对人的健康均有危害，如铅造成的中毒，会引起贫血和神经错乱。有机磷农药会造成神经中毒；有机氯农药会在脂肪中蓄积，对人和动物的内分泌、免疫功能、生殖机能均造成危害。世界上80%的疾病与水污染有关。伤寒、霍乱、胃肠炎、痢疾、传染性肝病是人类五大疾病，均由水污染引起。水质污染后，城镇用水必须投入更多的处理费用，造成资源、能源的浪费。

城镇所有用水过程产生的污染水，包括居民生活、公共服务和生产过程等产生的污水和废水，一定要进行处理，处理方式包括排入城市污水处理厂集中处理或分散处理两种。

4.1.8 为了保护环境，保障城镇污水管渠和污水处理厂等的正常运行、维护管理人员身体健康，处理后出水的再生利用和安全排放、污泥的处理和处置，污水接入城镇排污水管渠的水质一定要符合《污水排入城镇下水道水质标准》CJ 3082 等有关标准的规定，有的地方对水质有更高要求时，要符合地方标准，并根据《中华人民共和国水污染防治法》，加强对排入城镇污水管渠的污水水质的监督管理。

4.1.9 城镇排水设施是重要的市政公用设施，当发生地震、台风、雨雪冰冻、暴雨、地质灾害等自然灾害时，如果雨水管渠或雨水泵站损坏，会造成城镇被淹；若污水管渠、污水泵站或污水处理厂损坏，会造成城镇被污水淹没和受到严重污染等次生灾害，直接危害公众利益和健康，2008年住房和城乡建设部发布的《市政设施抗灾设防管理规定》对市政公用设施的防灾专项规划内容提出了具体的要求，因此，城镇排水设施的选址和建设除应该符合本规范第2.0.2条的规定外，还要符合防灾专项规划的要求。

4.1.10 为保障操作人员安全，对产生有毒有害气体或可燃气体的泵站、管道、检查井、构筑物或设备进行放空清理或维修时，一定要采取防硫化氢等有毒有害气体或可燃气体的安全措施。安全措施主要有：隔绝断流，封堵管道，关闭闸门，水冲洗，排尽设备设施内剩余污水，通风等。不能隔绝断流时，要根据实际情况，操作人员穿戴供压缩空气的隔离式安全防护服和系安全带作业，并加强监测，或采用专业潜水员作业。

4.2 建筑排水

4.2.1 建筑排水设备和管道担负输送污水的功能，有可能产生漏水污染环境，产生噪声，甚至危害建筑结构和设备安全等，要采取措施合理布置与敷设，避免可能产生的危害。

4.2.2 存水弯、水封盒等水封能有效地隔断排水管道内的有害有毒气体窜入室内，从而保证室内环境卫生，保障人民身心健康，防止事故发生。

存水弯水封需要保证一定深度，考虑到水封蒸发损失、自虹吸损失以及管道内气压变化等因素，卫生器具的排水口与污水排水管的连接处，要设置相关设施阻止有害气体泄漏，例如设置有水封深度不小于50mm的存水弯，是国际上为保证重力流排水管道系统中室内压不破坏存水弯水封的要求。当卫生器具构造内自带水封设施时，可不另设存水弯。

4.2.3 本条规定了建筑物地下室、半地下室的污、废排水要单独设置压力排水系统排除，不应该与上部排水管道连接，目的是防止室外管道满流或堵塞时，污、废水倒灌进室内。对于山区的建筑物，若地下室、半地下室的地面标高高于室外排水管道处的地面标高，可以采用重力排水系统。建筑物内采用排水泵压力排出污、废水时，一定要采取相应的安全保证措施，不应该因此造成污、废水淹没地下室、半地下室的事故。

4.2.4 本条规定了下沉式广场、地下车库出入口处等及时排除雨水积水的要求。下沉式广场、地下车库出入口处等不能采用重力流排除雨水的场所，要设集水沟、集水池和雨水排水泵等设施及时排除雨水，保证这些场所不被雨水淹渍。一般做法有：下沉式广场地面排水集水池的有效容积不小于最大一台排水泵30s的出水量，地下车库出入口明沟集水池的有效容积不小于最大一台排水泵5min的出水量，排水泵要有不间断的动力供应；且定期检修，保证其正常使用。

4.2.5 化粪池一般采用砖砌水泥砂浆抹面，防渗性差，对于地下水取水构筑物和生活饮用水池而言属于污染源，因此要防止化粪池渗出污水污染地下水源，可以采取化粪池与地下取水构筑物或生活储水池保持一定的距离等措施。

4.2.6 本条规定医疗机构污水要根据其污水性质、排放条件（即排入市政下水管或地表水体）等进行污水处理和确定处理流程及工艺，处理后的水质要符合现行国家标准《医疗机构水污染物排放标准》GB 18466 的有关要求。

4.2.7 建筑屋面雨水的排除涉及屋面结构、墙体及人员的安全，屋面雨水的排水设施由雨水斗、屋面溢流口（溢流管）、雨水管道组成，它们总的排水能力要保证设计重现期内的雨水的排除，保证屋面不积水。

4.3 排水管渠

4.3.1 本条规定了排水管渠的基本功能和性能。经济合理地输送雨水、污水指利用地形合理布置管渠，降低排水管渠埋设深度，减少压力输送，花费较少投资和运行费用，达到同样输送雨水和污水的目的。为了保障公众和周边设施安全、通畅地输送雨水和污水，排水管渠要满足条文中提出的各项性能要求。

4.3.2 立体交叉地道排水的可靠程度取决于排水系统出水口的畅通无阻。当立体交叉地道出水管与城镇雨水管直接连通，如果城镇雨水管排水不畅，会导致雨水不能及时排除，形成地道积水。独立排水系统指单独收集立体交叉地道雨水并排除的系统。因此，规定立体交叉地道排水要设置独立系统，保证系统出水不受城镇雨水管影响。

4.3.3 检查井是含有硫化氢等有毒有害气体和缺氧的场所，我国曾多次发生操作人员下井作业时中毒身亡的悲剧。为保障操作人员安全，作此规定。

强制通风后在通风最不利点检测易爆和有毒气体浓度，检测符合安全标准后才可进行后续作业。

4.3.4 为保障排水管渠正常工作，要建立定期巡视、检查、维护和更新的制度。巡视内容一般包括污水冒溢、晴天雨水口积水、井盖和雨水箅缺损、管道塌陷、违章占压、违章排放、私自接管和影响排水的工程施工等。

4.4 排水泵站

4.4.1 本条规定了排水泵站的基本功能。为安全、可靠和高效地提升雨水和污水，泵站进出水管水流要顺畅，防止进水滞流、偏流和泥砂杂物沉积在进水渠底，防止出水壅流。如进水出现滞流、偏流现象会影响水泵正常运行，降低水泵效率，易形成气蚀，缩短水泵寿命。如泥砂杂物沉积在进水渠底，会减小过水断面。如出水壅流，会增大阻力损失，增加电耗。水泵及配套设施应选用高效节能产品，并有防止水泵堵塞措施。出水排入水体的泵站要采取措施，防止水流倒灌影响正常运行。

4.4.2 水泵最高扬程和最低扬程发生的频率较低，选择时要使大部分工作时间均处在高效区运行，以符合节能要求。同时为保证排水畅通，一定要保证在最高工作扬程和最低工作扬程范围内水泵均能正常运行。

4.4.3 为保障周围建筑物和操作人员的安全，抽送产生易燃易爆或有毒有害气体的污水时，室外污水泵站必须为独立的建筑物。相应的安全防护措施有：具有良好的通风设备，采用防火防爆的照明和电气设备，安装有毒有害气体检测和报警设施等。

4.4.4 排水泵站布置主要是水泵机组的布置。为保障操作人员安全和保证水泵主要部件在检修时能够拆卸，主要机组的间距和通道、泵房出入口、层高、操作平台设置要满足安全防护的需要并便于操作和检修。

4.4.5 立体交叉地道受淹后，如果与地道合建的雨水泵站的电气设备也被淹，会导致水泵无法启动，延长了地道交通瘫痪的时间。为保障雨水泵站正常工作，作此规定。

4.4.6 在部分水泵损坏或检修时，为使污水泵站和合流污水泵站还能正常运行，规定此类泵站应设置备用泵。由于道路立体交叉地道在交通运输中的重要性，一旦立体交叉地道被淹，会造成整条交通线路瘫痪的严重后果；为大型公共地下设施设置的雨水泵站，如果水泵发生故障，会造成地下设施被淹，进而影响使用功能，所以，作出道路立体交叉地道和大型公共地下设施雨水泵站应设备用泵的规定。

4.4.7 雨水及合流泵站出水口流量较大，要控制出水口的位置、高程和流速，不能对原有河道驳岸、其他水中构筑物产生冲刷；不能影响受纳水体景观、航运等使用功能。同时为保证航运和景观安全，要根据需要设置有关设施和标志。

4.4.8 雨污水进入集水池后速度变慢，一些泥砂会沉积在集水池中，使有效池容减少，故作此规定。

4.5 污水处理

4.5.1 本条规定了污水处理厂的基本功能。污水处理厂是集中处理城镇污水，以达到减少污水中污染物，保护受纳水体功能的设施。建设污水处理厂需要大量投资，目前有些地方盲目建设污水处理厂，造成污水处理厂建成后无法正常投入运行，不仅浪费了国家和地方政府的资金，而且污水未经有效处理排放造成水体及环境污染，影响人民健康。国家有关部门对污水处理厂的实际处理负荷作了明确的规定，以保证污水处理厂有效减少城镇水污染物。排放的水应符合

《城镇污水处理厂污染物排放标准》GB 18918、《地表水环境质量标准》GB 3838 和各地方的水污染物排放标准的要求;脱水后的污泥应该符合《城镇污水处理厂污染物排放标准》GB 18918 和《城镇污水处理厂污泥泥质》GB 24188 要求。当污泥进行最终处置和综合利用时,还要分别符合相关的污泥泥质标准。排放的废气要符合《城镇污水处理厂污染物排放标准》GB 18918 中规定的厂界废气排放标准;当污水处理厂采用污泥热干化或污泥焚烧时,污泥热干化的尾气或焚烧的烟气中含有危害人民身体健康的污染物质,除了要符合上述标准外,其颗粒物、二氧化硫、氮氧化物的排放指标还要符合国家现行标准《恶臭污染物排放标准》GB 14554 及《生活垃圾焚烧污染控制标准》GB 18485 的要求。

4.5.2 本条规定了污水处理厂的技术要求。对不同的地表水域环境功能和保护目标,在现行国家标准《城镇污水处理厂污染物排放标准》GB 18918 中,有不同等级的排放要求;有些地方政府也根据实际情况制定了更为严格的地方排放标准。因此,要遵从国家和地方现行的排放标准,结合污水水质特征、处理后出水用途等确定污水处理程度。进而,根据处理程度综合考虑污水水质特征、地质条件、气候条件、当地经济条件、处理设施运行管理水平,还要统筹兼顾污泥处理处置,减少污泥产生量,节约污泥处理处置费用等,选择污水处理工艺,做到稳定达标又节约运行维护费用。

4.5.3 污水处理厂的总体设计包括平面布置和竖向设计。合理的处理构筑物平面布置和竖向设计以满足水力流程要求,减少水流在处理厂内不必要的折返以及各类跌水造成的水头浪费,降低污水、污泥提升以及供气的运行能耗。

同时,污水处理过程中往往会散发臭味和对人体健康有害的气体,在生物处理构筑物附近的空气中,细菌芽孢数量也较多,鼓风机(尤其是罗茨鼓风机)会产生较大噪声,为此,污水处理厂在平面布置时,应该采取措施。如将生产管理建筑物和生活设施与处理构筑物保持一定距离,并尽可能集中布置;采用绿化隔离,考虑夏季主导风向影响等措施,减少臭气和噪声的影响,保持管理人员有良好的工作环境,避免影响正常工作。

4.5.4 初期雨水污染十分严重,为保护环境,要进行截流并处理,因此在确定合流制污水处理厂的处理规模时,要考虑这部分容量。

4.5.5 污水自然处理是利用自然生物作用进行污水处理的方法,包括土地处理和稳定塘处理。通常污水自然处理需要占用较大面积的土地或人工水体,或者与景观结合,当处理负荷等因素考虑不当或气候条件不利时,会造成臭气散发、水体视觉效果差甚至有蚊蝇飞虫等影响,因此,在自然处理选址以及设计中要采取措施减少对周围环境质量的影响。

另外,污水自然处理常利用荒地、废地、坑塘、洼地等建设,如果不采取防渗措施(包括自然防渗和人工防渗),必定会造成污水下渗影响地下水水质,因此,要采取措施避免对地下水产生污染。

4.5.6 污水处理厂出水中含有大量微生物,其中有些是致病的,对人类健康有危害,尤其是传染性疾病传播时,其危害更大,如 SAS 的传播。为保障公共卫生安全规定污水处理厂出水应该消毒后排放。

污水消毒场所包括放置消毒设备、二氧化氯制备器和原料的地方。污水消毒主要采用紫外线、二氧化氯和液氯。采用紫外线消毒时,要采取措施防止紫外光对人体伤害。二氧化氯和液氯是强氧化剂,可以和多种化学物质和有机物发生反应使得它的毒性很强,其泄漏可损害全身器官。若处理不当会发生爆炸,如液氯容器遭碰撞或冲击受损爆炸,同时,也会因氯气泄漏造成次生危害;又如氯酸钠与磷、硫及有机物混合或受撞击爆炸。为保障操作人员安全规定消毒场所要有安全防护措施。

4.5.7 《中华人民共和国水污染防治法》要求,城镇污水集中处理设施的运营单位,应当对城镇污水集中处理设施的出水水质负责;同时,污水处理厂为防止进水水量、水质发生重大变化影响污水处理效果,以及运行节能要求,一定要及时掌握水质水量情况,因此作此规定。

4.6 污 泥 处 理

4.6.1 随着城镇污水处理的迅速发展,产生了大量的污泥,污泥中含有的病原体、重金属和持久性有机污染物等有毒有害物质,若未经有效处理处置,极易对地下水、土壤等造成二次污染,直接威胁环境安全和公众健康,使污水处理设施的环境效益大大降低。我国幅员辽阔,地区经济条件、环境条件差异很大,因此采用的污泥处理和处置技术也存在很大的差异,但是污泥处理和处置的基本原则和目的是一致的,即进行减量化、稳定化和无害化处理。

污泥的减量化处理包括使污泥的体积减小和污泥的质量减少,如前者采用污泥浓缩、脱水、干化等技术,后者采用污泥消化、污泥焚烧等技术。污泥的减量化也可以减少后续的处理处置的能源消耗。

污泥的稳定化处理是指使污泥得到稳定(不易腐败),以利于对污泥作进一步处理和利用。可以达到或部分达到减轻污泥重量,减少污泥体积,产生沼气、回收资源,改善污泥脱水性能,减少致病菌数量,降低污泥臭味等目的。实现污泥稳定可采用厌氧消化、好氧消化、污泥堆肥、加碱稳定、加热干化、焚烧等技术。

污泥的无害化处理是指减少污泥中的致病菌数量和寄生虫卵数量,降低污泥臭味。

污泥安全处置有两层意思，一是保障操作人员安全，需要采取防火、防爆及除臭等措施；二是保障环境不遭受二次污染。

污泥处置要有效提高污泥的资源化程度，变废为宝，例如用作制造肥料、燃料和建材原料等，做到污泥处理和处置的可持续发展。

4.6.2 消化池、污泥气管道、储气罐、污泥气燃烧装置等处如发生污泥气泄漏会引起爆炸和火灾，为有效阻止和减轻火灾灾害，要根据现行国家标准《建筑设计防火规范》GB 50016 和《城镇燃气设计规范》GB 50028 的规定采取安全防范措施，包括对污泥气含量和温度等进行自动监测和报警，采用防爆照明和电气设备，厌氧消化池和污泥气储罐要密封，出气管一定要设置防回火装置，厌氧消化池溢流口和表面排渣管出口不得置于室内，并一定要有水封装置等。

4.6.3 污泥气约含 60% 的甲烷，其热值一般可达到 21000kJ/m³～25000kJ/m³，是一种可利用的生物质能。污水处理厂产生的污泥气可用于消化池加温、发电等，若加以利用，能节约污水处理厂的能耗。在世界能源紧缺的今天，综合利用污泥气显得越发重要。污泥气中的甲烷是一种温室气体，根据联合国政府间气候变化专门委员会（IPCC）2006 年出版的《国家温室气体调查指南》，其温室效应是 CO_2 的 21 倍，为防止大气污染和火灾，污泥气不得擅自向大气排放。

4.6.4 污泥进行机械浓缩脱水时释放的气体对人体、仪器和设备有不同程度的影响和损害；药剂撒落在地上，十分黏滑，为保障安全，作出上述规定。

4.6.5 污泥堆肥过程中会产生大量的渗沥液，其 COD、BOD 和氨氮等污染物浓度较高，如果直接进入水体，会造成地下水和地表水的污染。一般采取对污泥堆肥场地进行防渗处理，并设置渗沥液收集处理设施等。

4.6.6 污泥热干化时产生的粉尘是 St1 级爆炸粉尘，具有潜在的爆炸危险，干化设施和污泥料仓内的干污泥也可能会自燃。在欧美已发生多起干化器爆炸、着火和附属设施着火的事件。安全措施包括设置降尘除尘设施、对粉尘含量和温度等进行自动监测和报警、采用防爆照明和电气设备等。为保障安全，作此规定。

4.6.7 污泥干化和焚烧过程中产生的烟尘中含有大量的臭气、杂质和氮氧化物等，直接排放会对周围环境造成严重污染，一定要进行处理，并符合现行国家标准《恶臭污染物排放标准》GB 14554 及《生活垃圾焚烧污染控制标准》GB 18485 的要求后排放。

5 污水再生利用与雨水利用

5.1 一般规定

5.1.1 资源型缺水城镇要积极组织编制以增加水源为主要目标的城镇再生水和雨水利用专项规划；水质型缺水城镇要积极组织编制以削减水污染负荷、提高城镇水体水质功能为主要目标的城镇再生水专项规划。在编制规划时，要以相关区域城镇体系规划和城镇（总体）规划为依据，并与相关水资源规划、水污染防治规划相协调。

城镇总体规划在确定供水、排水、生态环境保护与建设发展目标及市政基础设施总体布局时，要包含城镇再生水利用的发展目标及布局；市政工程管线规划设计和管线综合中，要包含再生水管线。

城镇再生水规划要根据再生水水源、潜在用户地理分布、水质水量要求和输配水方式，经综合技术经济比较，合理确定城镇再生水的系统规模、用水途径、布局及建设方式。城镇再生水利用系统包括市政再生水系统和建筑中水设施。

城镇雨水利用规划要与拟建区域总体规划为主要依据，并与排水、防洪、绿化及生态环境建设等专项规划相协调。

5.1.2 本条规定了城镇再生水和雨水利用工程的基本功能和性能。城镇再生水和雨水利用的总体目标是充分利用城镇污水和雨水资源、削减水污染负荷、节约用水、促进水资源可持续利用与保护、提高水的利用效率。

城镇再生水和雨水利用设施包括水源、输（排）水、净化和配水系统，要按照相关规定满足不同再生水用户或用水途径对水质、水量、水压的要求。

5.1.3 城镇再生水与雨水的利用，在工程上要确保安全可靠。其中保证水质达标、避免误接误用、保证水量安全等三方面是保障再生水和雨水使用安全减少风险的必要条件。具体措施有：①城镇再生水与雨水利用工程要根据用户的要求选择合适的再生水和雨水利用处理工艺，做到稳定达标又节约运行费用。②城镇再生水与雨水利用输配水系统要独立设置，禁止与生活饮用水管道连接；用水点和管道上一定要设有防止误饮、误用的警示标识。③城镇再生水与雨水利用工程要有可靠的供水水源，重要用水用户要备有其他补水系统。

5.2 再生水水源和水质

5.2.1 本条规定了城镇再生水水源利用的基本要求。城镇再生水水源包括建筑中水水源。再生水水源工程包括收集、输送再生水水源水的管道系统及其辅助设施，在设计时要保证水源的水质水量满足再生水生产与供给的可靠性、稳定性和安全性要求。

有了充足可靠的再生水水源可以保障再生水处理设施的正常运转，而这需要进行水量平衡计算。再生水工程的水量平衡是指再生水原水水量、再生水处理水量、再生水回用水量和生活补给水量之间通过计算调整达到供需平衡，以合理确定再生水处理系统的规模和处理方法，使原水收集、再生水处理和再生水供应等协调运行，保证用户需求。

5.2.2 重金属、有毒有害物质超标的污水不允许排入或作为再生水水源。排入城镇污水收集系统与再生处理系统的工业废水要严格按照国家及行业规定的排放标准，制定和实施相应的预处理、水质控制和保障计划。并在再生水水源收集系统中的工业废水接入口设置水质监测点和控制闸门。

医疗机构的污水中含有多种传染病菌、病毒，虽然医疗机构中有消毒设备，但不可能保证任何时候的绝对安全性，稍有疏忽便会造成严重危害，而放射性废水对人体造成伤害的危害程度更大。考虑到安全因素，因此规定这几种污水和废水不得作为再水水源。

5.2.3 再生水利用分类要符合现行国家标准《城市污水再生利用分类》GB/T 18919 的规定。再生水用于城市杂用水时，其水质要符合国家现行的《城市污水再生利用城市杂用水水质》GB/T 18920 的规定。再生水用于景观环境用水时，其水质要符合现行国家标准《城市污水再生利用景观环境用水水质》GB/T 18921 的规定。再生水用于农田灌溉时，其水质要符合现行国家标准《城市污水再生利用农田灌溉用水水质》GB 20922 的规定。再生水用于工业用水时，其水质要符合现行国家标准《工业用水水质标准》GB/T 19923 的规定。再生水用于绿地灌溉时，其水质要符合现行国家标准《城市污水再生利用绿地灌溉水质》GB/T 25499 的规定。

当再生水用于多种用途时，应该按照优先考虑用水量大、对水质要求不高的用户，对水质要求不同用户可根据自身需要进行再处理。

5.3 再生水利用安全保障

5.3.1 再生水工程为保障处理系统的安全，要设有溢流和采取事故水排放措施，并进行妥善处理与处置，排入相关水体时要符合先行国家标准《城镇污水处理厂污染物排放标准》GB 18918 的规定。

5.3.2 城镇再生水的供水管理和分配与传统水源的管理有明显不同。城镇再生水利用工程要根据设计再生水水量和回用类型的不同确定再生水储存方式和容量，其中部分地区还要考虑再生水的季节性储存。同时，强调再生水储存设施应严格做好卫生防护工作，切断污染途径，保障再生水水质安全。

5.3.3 消毒是保障再生水卫生指标的重要环节，它直接影响再生水的使用安全。根据再生水水质标准，对不同目标的再生水均有余氯和卫生指标的规定，因此再生水必须进行消毒。

5.3.4 城镇再生水利用工程为便于安全运行、管理和确保再生水水质合格，要设置水量计量和水质监测设施。

5.3.5 建筑小区和工业用户采用再生水系统时，要备有补水系统，这样可保证污水再生利用系统出事故时不中断供水。而饮用水的补给只能是应急的，有计量的，并要有防止再生水污染饮用水系统的措施和手段。其中当补水管接到再生水储存池时要设有空气隔断，即保证补水管出口距再生水储存池最高液面不小于 2.5 倍补水管径的净距。

5.3.6 本条主要指再生水生产设施、管道及使用区域都要设置明显标志防止误接、误用，确保公众和操作人员的卫生健康，杜绝病原体污染和传播的可能性。

5.4 雨水利用

5.4.1 拟建区域与雨水利用工程建设相关基础资料的收集是雨水利用工程技术评价的基础。降雨量资料主要有：年均降雨量；年均最大月降雨量；年均最大日降雨量；当地暴雨强度计算公式等。最近实施的北京市地方标准《城市雨水利用工程技术规程》DB11/T685 中，要求收集工程所在地近 10 年以上的气象资料作为雨水利用工程的参考资料。有专家认为，通过近 10 年以上的降雨量资料计算设计的雨水利用工程更接近实际。

其他相关基础资料主要包括：地形与地质资料（含水文地质资料），地下设施资料，区域总体规划及城镇建设专项规划。

5.4.2 现行国家标准《给水排水工程基本术语标准》GB/T 50125 中对"雨水利用"的定义为："采用各种措施对雨水资源进行保护和利用的全过程"。目前较为广泛的雨水利用措施有收集回用、雨水入渗、调蓄排放等。

"雨水收集回用"即要求同期配套建设雨水收集利用设施，作为雨水利用、减少地表径流量等的重要措施之一。由于城市化的建设，城市降雨径流量已经由城市开发前的 10% 增加到开发后的 50% 以上，同时降雨带来的径流污染也越来越严重。因此，雨水收集回用不仅节约了水资源，同时还减少了雨水地表径流和暴雨带给城市的淹涝灾害风险。

"雨水入渗"即包括雨水通过透水地面入渗地下，补充涵养地下水资源，缓解或遏制地面沉降，减少因降雨所增加的地表径流量，是改善生态环境，合理利用雨水资源的最理想的间接雨水利用技术。

"雨水调蓄排放"主要是通过利用城镇内和周边的天然湖塘洼地、沼泽地、湿地等自然水体，以及雨水利用工程设计中为满足雨水利用的要求而设置的调蓄池，在雨水径流的高峰流量时进行暂存，待径流量下降后再排放或利用，此措施也减少了洪涝灾害。

5.4.3 利用城镇及周边区域的湖塘洼地、坝塘、沼泽地等自然水体对雨水进行处理、净化、滞留和调蓄是最理想的水生态循环系统。

5.4.4 在设计、建造和运行雨水设施时要与周边环境相适宜，充分考虑减少硬化面上的污染物量；对雨水中的固体污物进行截流和处理；采用生物滞蓄生态净化处理技术，不破坏周边景观。

5.4.5 雨水经过一般沉淀或过滤处理后，细菌的绝对值仍可能很高，并有病原菌的可能，因此，根据雨水回用的用途，特别是与人体接触的雨水利用项目应在利用前进行消毒处理。消毒处理方法的选择，应按相关国家现行的标准执行。

6 结 构

6.1 一般规定

6.1.1 城镇给水排水工程系指涵盖室外和居民小区内建筑物外部的给水排水设施。其中，厂站内通常设有办公楼、化验室、调度室、仓库等，这些建筑物的结构设计、施工，要按照工业与民用建筑的结构设计、施工标准的相应规定执行。

6.1.2 城镇给水排水设施属生命线工程的重要组成部分，为居民生活、生产服务，不可或缺，为此这些设施的结构设计安全等级，通常应为二级。同时作为生命线网络的各种管道及其结点构筑物（水处理厂站中各种功能构筑物），多为地下或半地下结构，运行后维修难度大，据此其结构的设计使用年限，国外有逾百年考虑；本条根据我国国情，按国家标准《工程结构可靠性设计统一标准》GB 50153 的规定，对厂站主要构筑物的主体结构和地下干管道结构的设计使用年限定为不低于 50 年。这里不包括类似阀门井、铁爬梯等附属构筑物和可以替换的非主体结构以及居民小区内的小型地下管道。

6.1.3 城镇给水排水工程中的各种构筑物和管道与地基土质密切相关，因此在结构设计和施工前，一定要按基本建设程序进行岩土工程勘察。根据国家标准《岩土工程勘察规范》GB 50021 的规定，按工程建设相应各阶段的要求，提供工程地质及水文地质条件，查明不良地质作用和地质灾害，根据工程项目的结构特征，提供资料完整、有针对性评价的勘察报告，以便结构设计据此正确、合理地确定结构类型、构造及地基基础设计。

6.1.4 本条主要是依据国家标准《工程结构可靠性设计统一标准》GB 50153 的规定，要确保结构在设计使用年限内安全可靠（保持其失效概率）和正常运行，一定要符合"正常设计"、"正常施工"和"正常管理、维护"的原则。

6.1.5 盛水构筑物和管道均与水和土壤接触，运行条件差，为此在进行结构内力分析时，应该视结构为弹性体，不要考虑非弹性变形引起的内力重分布，避免出现过大裂缝（混凝土结构）或变形（金属、塑料材质结构），以确保正常使用及可靠的耐久性。

6.1.6 本条规定对位于地表水或地下水水位以下的构筑物和管道，应该进行抗浮稳定性核算，此时采用核算水位应为勘察文件提供在使用年限内可能出现的最高水位，以确保结构安全。相应施工期间的核算水位，应该由勘察文件提供不同季节可能出现的最高水位。

6.1.7 结构材料的性能对结构的安全可靠至关重要。根据国家标准《工程结构可靠性设计统一标准》GB 50153 的规定，结构设计采用以概率理论为基础的极限状态设计方法，要求结构材料强度标准值的保证率不应低于 95%。同时依据抗震要求，结构采用的钢材应具有一定的延性性能，以使结构和构件具有足够的塑性变形能力和耗能功能。

6.1.8 条文主要依据国家标准《混凝土结构设计规范》GB 50010 的规定，确保混凝土的耐久性。对与水接触、埋设于地下的结构，其混凝土中配制的骨料，最好采用非碱活性骨料，如由于条件限制采用碱活性骨料时，则应该控制混凝土中的碱含量，否则发生碱骨料反应将导致膨胀开裂，加速钢筋锈蚀，缩短结构、构件的使用年限。

6.1.9 遇水浸蚀材料砌块和空芯砌块都不能满足水密性要求，也严重影响结构的耐久性要求。

6.1.10 本条规定主要在于保证钢筋混凝土构件正常工作时的耐久性。当构件截面受力处于中心受拉或小偏心受拉时，全截面受拉一旦开裂将贯通截面，因此应该按控制裂缝出现设计。当构件截面处于受弯或大偏心受拉、压状态时，并非全截面受拉，应按控制裂缝宽度设计。

6.1.11 条文对平面尺寸超长（例如超过 25m～30m）的钢筋混凝土构筑物的设计和施工，提出了警示。在工程实践中不乏由于温度作用（混凝土成型过程中的水化热或运行时的季节温差）导致墙体开裂。对此，设计和施工需要采取合理、可靠的应对措施，例如采取设置变形缝加以分割、施加部分预应力、设置后浇带分期浇筑混凝土、采用合适的混凝土添加剂、降低水胶比等。

6.1.12 给水排水工程中的构筑物和管道，经常会敷设很深，条文要求在深基坑开挖、支护和降水时，不仅要保证结构本身安全，还要考虑对周边环境的影响，避免由于开挖或降水影响邻近已建建（构）筑物的安全（滑坡、沉陷而开裂等）。

6.1.13 条文针对构筑物和管道结构的施工验收明确了要求。从原材料控制到竣工验收，提出了系统要求，达到保证工程施工质量的目标。

6.2 构 筑 物

6.2.1 条文对盛水构筑物即各种功能的水池结构设计，规定了应该予以考虑的工况及其相应的各种作用。通常除了池内水压力和池外土压力（地下式或半地下式水池）外，尚需考虑结构承受的温差（池壁内外温差及季节温差）和湿差（池壁内外）作用。这些作用会对池体结构的内力有显著影响。

环境影响除与温差作用有关外，还要考虑地下水位情况。如地下水位高于池底时，则不能忽视对构筑物的浮力和作用在侧壁上的地下水压力。

6.2.2 本条针对预应力混凝土结构设计作出规定，对盛水构筑物的构件，在正常运行时各种工况的组合作用下，结构截面上应该保持具有一定的预压应力，以确保不致出现开裂，影响预应力钢丝的可靠耐久性。

6.2.3 条文针对混凝土结构盛水构筑物的结构设计，为确保其使用功能及耐久性，对水泥品种的选用、最少水泥用量及混凝土水胶比的控制（保证其密实性）、抗渗和抗冻等级、防侵蚀保护措施等方面，提出了综合要求。

6.3 管　　道

6.3.1 城镇室外给水排水工程中应用的管材，首先要依据其运行功能选用，由工厂预制的普通钢筋混凝土管和砌体混合结构管道，通常不能用于压力运行管道；结构壁塑料管是采用薄壁加肋方式，提高管刚度，藉以节约原材料，其中不加其他辅助材料（如钢材）由单一纯塑料制造的结构壁塑料管不能承受内压，同样不能用于压力运行管道。

施工敷设也是选择要考虑的因素，开槽埋管还是不开挖顶进施工，后者需要考虑纵向刚度较好的管材，同时还需要加强管材接口的连接构造；对过江、湖的架空管通常采用焊接钢管。

对存在污染的环境，要选择耐腐蚀的管材，此时塑料管材具有优越性。

当有多种管材适用时，则需通过技术经济对比分析，做出合理选择。

6.3.2 本条要求在进行管道结构设计时，应该判别所采用管道结构的刚、柔性。刚柔性管的鉴别，要根据管道结构刚度与管周土体刚度的比值确定。通常矩形管道、混凝土圆管属刚性管道；钢管、铸铁（灰口铸铁除外，现已很少采用）管和各种塑料管均属柔性管；仅当预应力钢筒混凝土管壁厚较小时，可能成为柔性管。

刚、柔两种管道在受力、承载和破坏形态等方面均不相同，刚性管承受的土压力要大些，但其变形很小；柔性管的变形大，尤其在外压作用下，要过多依靠两侧土体的弹抗支承，为此对其进行承载力的核算时，尚需作环向稳定计算，同时进行正常使用验算时，还需作允许变形量计算。据此本条文规定对柔性管进行结构设计时，应按管结构与土体共同工作的结构模式计算。

6.3.3 埋设在地下的管道，必然要承受土压力，对刚性管道可靠的侧向土压力可抵消竖向土压力产生的部分内力；对柔性管道则更需侧土压力提供弹抗作用；因此，需要对管周土的压实密度提出要求，作为埋地管道结构的一项重要的设计内容。通常应该对管两侧回填土的密实度严格要求，尤其对柔性圆管需控制不低于95%最大密实度；对刚性圆管和矩形管道可适当降低。管底回填土的密实度，对圆管不要过高，可控制在85%～95%，以免管底受力过于集中而导致管体应力剧增。管顶回填土的密实度不需过高，要视地面条件确定，如修道路，则按路基要求的密实度控制。但在有条件时，管顶最好留出一定厚度的缓冲层，控制密实度不高于85%。

6.3.4 对非开挖顶进施工的管道，管体承受的竖向土压力要比管顶以上土柱的压力小，主要由于土柱两侧滑裂面上的剪应力抵消了部分土柱压力，消减的多少取决于管顶覆土厚度和该处土体的物理力学性能。

6.3.5 钢管常用于跨越河湖的自承式结构，当跨度较大时多采用拱形或折线形结构，此时应该核算在侧向荷载（风、地震作用）作用下，出平面变位引起的$P\text{-}\Delta$效应，其影响随跨越结构的矢高比有关，但通常均会达到不可忽视的量级，要给予重视。

6.3.6 塑料与混凝土、钢铁不同，老化问题比较突出，其物理力学性能随时间而变化，因此对塑料管进行结构设计时，其力学性能指标的采用，要考虑材料的长期效应，即在按设计使用年限内的后期数值采用，以确保使用期内的安全可靠。

6.4 结构抗震

6.4.1 本条是对给水排水工程中构筑物和管道结构的抗震设计，规定了设防标准，给水排水工程是城镇生命线工程的重要内容之一，密切关联着广大居民生活、生产活动，也是震后震灾抢救、恢复秩序所必要的设施。因此，条文依据国家标准《建筑工程抗震设防分类标准》GB 50223（这里"建筑"是广义的，包涵构筑物）的规定，对给水排水工程中的若干重要构筑物和管道，明确了需要提高设防标准，以使避免在遭遇地震时发生严重次生灾害。

这里还需要对排水工程给予重视。在国内几次强烈地震中，由于排水工程的震害加重了次生灾害。例如唐山地震时，唐山市内永红立交处，因排水泵房毁坏无法抽水降低地面积水，造成震后救援车辆无法通行；天津市常德道卵形排水管破裂，大量基土流失，而排水管一般埋地较深，影响到旁侧房屋开裂、倒塌。同时，排水管道系统震坏后，还将造成污水横溢，严重污染整个生态环境，这种次生灾害不可能在短期内获得改善。

6.4.2 本条规定了在工程中采用抗震设防烈度的依据，明确要以现行中国地震动参数区划图规定的基本烈度或地震管理部门批准的地震安全性评价报告所确定的基本烈度作为设防烈度。

6.4.3 本条规定抗震设防应达到的目标，着眼于避免形成次生灾害，这对城镇生命线工程十分重要。

6.4.4 本条对抗震设防烈度和相应地震加速度取值的关系，是依据原建设部1992年7月3日颁发的建标[1992]419号《关于统一抗震设计规范地面运动加速度设计取值的通知》而采用的，该取值为50年设计基准期超越概率10%的地震加速度取值。其中0.15g和0.3g分别为0.1g与0.2g、0.2g与0.4g地区间的过渡地区取值。

6.4.5 条文对构筑物的抗震验算，规定了可以简化分析的原则，同时对设防烈度为9度时，明确了应该计算竖向地震效应，主要考虑到9度区一般位于震中或邻近震中，竖向地震效应显著，尤其对动水压力的影响不可忽视。

6.4.6 本条对埋地管道结构的抗震验算作了规定，明确了应该计算在地震作用下，剪切波行进时对管道结构形成的变位或应变量。埋地管道在地震作用下的反应，与地面结构不同，由于结构的自振频率远高于土体，结构受到的阻尼很大，因此自重惯性力可以忽略不计，而这种线状结构必然要随行进的地震波协同变位，应该认为变位既是沿管道纵向的，也有弯曲形的。对于体形不大的管道，显然弯曲变位易于适应被接受，主要着重核算管道结构的纵向变位（瞬时拉或压）；但对体形较大的管道，弯曲变位的影响会是不可忽视的。

上述原则的计算模式，目前国际较为实用的方法是将管道视作埋设于土中的弹性地基梁，亦即考虑了管道结构和土体的相对刚度影响。管道在地震波的作用下，其变位不完全与土体一致，会有一定程度的折减，减幅大小与管道外表构造和管道四周土体的物理力学性能（密实度、抗剪强度等）有关。由于涉及因素较多，通常很难精确掌控，因此有些重要的管道工程，其抗震验算就不考虑这项折减因素。

6.4.7 对构筑物结构主要吸取国家标准《建筑抗震设计规范》GB 50011的要求做出规定。旨在当遭遇强烈地震时，不致结构严重损坏甚至毁坏。

对埋地管道，在地震作用下引起的位移，除了采用延性良好的管材（例如钢管、PE管等）能够适应外，其他管材的管道很难以结构受力去抵御。需要在管道沿线配置适量的柔性连接去适应地震动位移，这是国内外历次强震反应中的有效措施。

6.4.8 当构筑物或管道位于地震液化地基土上时，很可能受到严重损坏，取决于地基土的液化严重程度，应据此采取适当的措施消除或减轻液化作用。

6.4.9 当埋地管道傍山区边坡和江、河、湖的岸边敷设时，多见地震时由于边坡滑移而导致管道严重损坏，这在四川汶川地震、唐山地震中均有多发灾害实例。为此条文提出针对这种情况，应对该处岸坡的抗震稳定性进行验算，以确保管道安全可靠。

7 机械、电气与自动化

7.1 一般规定

7.1.1 机电设备及其系统是指相关机械、电气、自动化仪表和控制设备及其形成的系统，是城镇给水排水设施的重要组成部分。城镇给水排水设施能否正常运行，实际上取决于机电设备及其系统能否正常运行。城镇给水排水设施的运行效率以及安全、环保方面的性能，也在很大程度上取决于机电设备及其系统的配置和运行情况。

7.1.2 机电设备及其系统是实现城镇给水排水设施的工艺目标和生产能力的基本保障。部分机电设备因故退出运行时，仍应该满足相应运行条件下的基本生产能力要求。

7.1.3 必要的备品备件能加快城镇给水排水机电设备的维护保养和故障修复过程，保障机电设备长期安全地运行。易损件、消耗材料一定要品种齐全，数量充足，满足经常更换和补充的需要。

7.1.4 城镇给水排水设施要积极采用环保型机电设备，创造宁静、祥和的工作环境，与周边的生产、生活设施和谐相处。所产生的噪声、振动、电磁辐射、污染排放等均要符合国家相关标准。即使在安装和维护的过程中，也要采取有效的防范措施，保障工作人员的健康和周边环境免遭损害。

7.1.5 城镇给水排水设施一定要具有应对自然灾害、事故灾难、公共卫生事件和社会安全事件等突发事件的能力，防止和减轻次生灾害发生，其中许多内容是由机电设备及其系统实现或配合实现的。一旦发生突发事件，为配合应急预案的实施，相关的机电设备一定要能够继续运行，帮助抢险救灾，防止事态扩大，实现城镇给水排水设施的自救或快速恢复。为此，在机电设备系统的设计和运行过程中，应该提供必要的技术准备，保障上述功能的实现。

7.1.6 在水处理设施中，许多场所如氯库、污泥消化设施及沼气存储、输送、处理设备房、甲醇储罐及投加设备房、粉末活性炭堆场等可能因泄漏而成为爆炸性危险气体或爆炸性危险粉尘环境，在这些场所布置和使用电气设备要遵循以下原则：

　　1 尽量避免在爆炸危险性环境内布置电气设备；

　　2 设计要符合《爆炸和火灾危险环境电力装置设计规范》GB 50058的规定；

　　3 防爆电气设备的安装和使用一定要符合国家相关标准的规定。

7.1.7 城镇给水排水机电设备及其构成的系统能否正常运行，或能否发挥应有的效能，除去设备及其系统本身的性能因素外，很大程度上取决于对其的正确使用和良好的维护保养。机电设备及其系统的维护保养周期和深度应根据其特性和使用情况制定，由专业人员进行，以保障其具有良好的运行性能。

7.2 机械设备

7.2.1 本条规定了城镇给水排水机械设备各组成部件材质的基本要求。给水设施要求，凡与水直接接触的设备包括附件所采用的材料，都必须是稳定的，符合卫生标准，不产生二次污染。污水处理厂和再生水厂要求与待处理水直接接触的设备或安装在污水池附近的设备采用耐腐蚀材料，以保证设备的使用寿命。

7.2.2 机械设备是城镇给水排水设施的重要工艺装备，其操作和控制方式应满足工艺要求。同时，机械设备的操作和控制往往和自动化控制系统有关，或本身就是自动化控制的一个对象，需要设置符合自动化控制系统的要求的控制接口。

7.2.3 凡与生产、维护和劳动安全有关的设备，一定要按国家相关规定进行定期的专业检验。

7.2.4 发生地震时，机械设备基础不能先于主体工程损毁。

7.2.5 城镇给水排水机械设备运行过程中，外露的运动部件或者走行装置容易引发安全事故，需要进行有效的防护，如设置防护罩、隔离栏等。除此之外，还需要对危险区域进行警示，如设置警示标识、警示灯和警示声响等。

7.2.6 临空作业场所包括临空走道、操作和检修平台等，要具有保障安全的各项防护措施，如空间的高度、安全距离、防护栏杆、爬梯以及抓手等。

7.3 电气系统

7.3.1 城镇给水排水设施的正常、安全运行直接关系城镇社会经济发展和安全。原建设部《城市给水工程项目建设标准》要求：一、二类城市的主要净（配）水厂、泵站应采用一级负荷。一、二类城市的非主要净（配）水厂、泵站可采用二级负荷。随着我国城市化进程的发展，城市供水系统的安全性越来越受到关注。同时，得益于我国电力系统建设的发展，城市水厂和给水泵站引接两路独立外部电源的条件也越来越成熟了。因此，新建的给水设施应尽量采用两路独立外部电源供电，以提高供电的可靠性。

原建设部《城市污水处理工程项目建设标准》规定，污水处理厂、污水泵站的供电负荷等级应采用二级。

对于重要的地区排水泵站和城镇排水干管提升泵站，一旦停运将导致严重积水或整个干管系统无法发挥效用，带来重大经济损失甚至灾难性后果，其供电负荷等级也适用一级。

在供电条件较差的地区，当外部电源无法保障重要的给水排水设施连续运行或达到所需的能力，一定要设置备用的动力装备。室外给水排水设施采用的备用动力装备包括柴油发电机或柴油机直接拖动等形式。

7.3.2 城镇给水排水设施连续运行，其工作场所具有一定的危险性，必要的照明是保障安全的基本措施。正常照明失效时，对于需要继续工作的场所要有备用照明；对于存在危险的工作场所要有安全照明；对于需要确保人员安全疏散的通道和出口要有疏散照明。

7.3.3 城镇给水排水设施的各类构筑物和机电设备要根据其使用性质和当地的预计雷击次数采取有效的防雷保护措施。同时尚应该采取防雷电感应的措施，保护电子和电气设备。

城镇给水排水设施各类建筑物及其电子信息系统的设计要满足现行国家标准《建筑物防雷设计规范》GB 50057 和《建筑物电子信息系统防雷技术规范》GB 50343 的相关规定。

7.3.4 给水排水设施中各类盛水构筑物是容易产生电气安全问题的场所，等电位连接是安全保障的根本措施。本条规定要求盛水构筑物上各种可触及的外露导电部件和构筑物本体始终处于等电位接地状态，保障人员安全。

7.3.5 安全的电气和电磁环境能够保障给水排水机电设备及其系统的稳定运行。同时，给水排水设施采用的机电设备及其系统一定要具有良好的电磁兼容性，能适应周围电磁环境，抵御干扰，稳定运行。其运行时产生的电磁污染也应符合国家相关标准的规定，不对周围其他机电设备的正常运行产生不利影响。

7.3.6 机电设备的电气控制装置能够对一台（组）机电设备或一个工艺单元进行有效的控制和保护，包括非正常运行的保护和针对错误操作的保护。上述控制和保护功能应该是独立的，不依赖于自动化控制系统或其他联动系统。自动化控制系统需要操作这些设备时，也需要该电气控制装置提供基本层面的保护。

7.3.7 城镇给水排水设施的电气设备应具有良好的工作和维护环境。在城镇给水排水工艺处理现场，尤其是污水处理现场，环境条件往往比较恶劣。安装在这些场所的电气设备应具有足够的防护能力，才能保证其性能的稳定可靠。在总体布局设计时，也应该将电气设备布置在环境条件相对较好的区域。例如在污水处理厂，电气和仪表设备在潮湿和含有硫化氢气体的环境中受腐蚀失效的情况比较严重，要采用气密性好，耐腐蚀能力强的产品，并且布置在腐蚀性气体源的上风向。

城镇给水排水设施可能会因停电、管道爆裂或水池冒溢等意外事故而导致内部水位异常升高。可能导致电气设备遭受水淹而失效。尤其是地下排水设施，电气设备浸水失效后，将完全丧失自救能力。所以，城镇给水排水设施的电气设备要与水管、水池等工艺设施之间有可靠的防水隔离，或采取有效的防水措施。地下给水排水设施的电气设备机房有条件时要设置于地面，设置在地下时，要能够有效防止地面积水倒灌，并采取必要的防范措施，如采用防水隔断、密闭门等。

7.4 信息与自动化控制系统

7.4.1 对于各种有害气体，要采取积极防护，加强监测的原则。在可能泄漏、产生、积聚危及健康或安全的各种有害气体的场所，应该在设计上采取有效的防范措施。对于室外场所，一些相对密度较空气大的有害气体可能会积聚在低洼区域或沟槽底部，构成安全隐患，应该采取有效的防范措施。

7.4.2 各种与生产和劳动安全有关的仪表，一定要定期由专业机构进行检验和标定，取得检验合格证书，以保证其有效。

7.4.3 为了保障城镇供水水质和供水安全，一定要加强在线的监测和自动化控制，有条件的城镇供水设施要实现从取水到配水的全过程运行监视和控制。城镇给水厂站的生产管理与自动化控制系统配置，应该根据建设规模、工艺流程特点、经济条件等因素合理确定。随着城镇经济条件的改善和管理水平的提高，在线的水质、水量、水压监测仪表和自动化控制系统在给水系统中的应用越来越广泛，有助于提高供水质量、提高效率、减少能耗、改善工作条件、促进科学管理。

7.4.4 根据《中华人民共和国水污染防治法》，应该加强对城镇污水集中处理设施运营的监督管理，进行排放水质和水量的检测和记录，实现水污染物排放总量控制。城镇污水处理厂的排水水质、水量检测仪表应根据排放标准和当地水环境质量监测管理部门的规定进行配置。

7.4.5 本条规定了给水排水设施仪表和自动化控制系统的基本功能要求。

给水排水设施仪表和自动化控制系统的设置目标，首先要满足水质达标和运行安全，能够提高运行效率，降低能耗，改善劳动条件，促进科学管理。给水排水设施仪表和自动化控制系统应能实现工艺流程中水质水量参数和设备运行状态的可监、可控、可调。除此之外，自动化控制系统的监控范围还应包括供配电系统，提供能耗监视和供配电系统设备的故障报警，将能耗控制纳入到控制系统中。

7.4.6 为了确保给水设施的安全，要实现人防、物防、技防的多重防范。其中技防措施能够实现自动的监视和报警，是给水排水设施安全防范的重要组成部分。

7.4.7 城镇给水排水系统的水质化验检测分为厂站、行业、城市（或地区）多个级别。各级别化验中心的设备配置一定要能够进行正常生产过程中各项规定水质检查项目的分析和检测，满足质量控制的需要。一座城市或一个地区有几座水厂（或污水处理厂、再生水厂）时，可以在行业、城市（或地区）的范围内设一个中心化验室，以达到专业化协作，设备资源共享的目的。

7.4.8 城镇给水排水设施的通信系统设备，除用于日常的生产管理和业务联络外，还具有防灾通信的功能，需要在紧急情况下提供有效的通信保障。重要的供水设施或排水防汛设施，除常规通信设备外，还要配置备用通信设备。

7.4.9 城镇给水排水调度中心的基本功能是执行管网系统的平衡调度，处理管网系统的局部故障，维持管网系统的安全运行，提高管网系统的整体运行效率。为此，调度中心要能够实时了解各远程设施的运行情况，对其实施监视和控制。

7.4.10 随着电子技术、计算机技术和网络通信技术的发展，现代城镇给水排水设施对仪表和自动化控制系统的依赖程度越来越高。实际上，现代城镇给水排水设施离开了仪表和自动化控制系统，水质水量等生产指标都难以保证。

7.4.11 现代计算机网络技术加快了信息化系统的建设步伐，全国各地大中城市都制定了数字化城市和信息系统的建设发展计划，不少城市也建立了区域性的给水排水设施信息化管理系统。给水排水设施信息化管理系统以数据采集和设施监控为基本任务，建立信息中心，对采集的数据进行处理，为系统的优化运行提供依据，为事故预警和突发事件情况下的应急处置提供平台。在数字化城市信息系统的建设进程中，给水排水信息系统要作为其中一个重要的组成部分。

中华人民共和国国家标准

城市防洪工程设计规范

Code for design of urban flood control project

GB/T 50805—2012

主编部门：中华人民共和国水利部
批准部门：中华人民共和国住房和城乡建设部
施行日期：２０１２年１２月１日

中华人民共和国住房和城乡建设部
公 告

第 1432 号

住房城乡建设部关于发布国家标准《城市防洪工程设计规范》的公告

现批准《城市防洪工程设计规范》为国家标准，编号为 GB/T 50805—2012，自 2012 年 12 月 1 日起实施。原行业标准《城市防洪工程设计规范》CJJ 50—92 同时废止。

本规范由我部标准定额研究所组织中国计划出版社出版发行。

中华人民共和国住房和城乡建设部
2012 年 6 月 28 日

前 言

本规范是根据住房和城乡建设部《关于印发〈2008 年工程建设标准规范制订、修订计划（第二批）〉的通知》（建标〔2008〕105 号）的要求，由水利部水利水电规划设计总院和中水北方勘测设计研究有限责任公司会同有关单位共同编制而成。

在规范编制过程中，编制组进行了广泛深入的调查研究，认真总结了原行业标准《城市防洪工程设计规范》CJJ 50—92 实施近 20 年的实践经验，吸收了相关行业设计规范的最新成果，认真研究分析了城市防洪工程工作的现状和发展趋势，并在广泛征求意见的基础上，经过反复讨论、修改和完善，最后经审查定稿。

本规范共分 13 章，主要内容包括：总则，城市防洪工程等级和设计标准，设计洪水、涝水和潮水位，防洪工程总体布局，江河堤防，海堤工程，河道治理及护岸（滩）工程，治涝工程，防洪闸，山洪防治，泥石流防治，防洪工程管理设计，环境影响评价、环境保护设计与水土保持设计等。

本规范由住房和城乡建设部负责管理，由水利部负责日常管理，由水利部水利水电规划设计总院负责具体技术内容的解释。本规范执行过程中，请各单位注意总结经验、积累资料，随时将有关意见反馈给水利部水利水电规划设计总院（地址：北京市西城区六铺炕北小街 2-1 号，邮政编码：100120），以供今后修订时参考。

本规范主编单位、参编单位、参加单位、主要起草人和主要审查人：

主 编 单 位：水利部水利水电规划设计总院
中水北方勘测设计研究有限责任公司

参 编 单 位：中国市政工程东北设计研究总院
浙江省水利水电勘测设计院
上海勘测设计研究院

参 加 单 位：中国科学院成都山地灾害与环境研究所

主要起草人：谢熙曦　张艳春　刘振林　唐巨山
袁文喜　陈增奇　方振远　郝福良
李加水　任东红　吴正桥　门乃姣
靖颖卓　许煜忠　李秀明　陈瑞方
李有起　谢水泉　张秀崧　陆德超
何　杰　陆秋荣　高晓梅　顾　群
徐富平

主要审查人：梅锦山　邓玉梅　何孝俅　金问荣
程晓陶　王　军　郑健吾　邹惠君
李　红　何华松　倪世生　陆忠民
王洪斌　陈　斌　雷兴顺　洪　建

目　次

1 总则 …………………………………… 42—6
2 城市防洪工程等级和设计标准 ………… 42—6
　2.1 城市防洪工程等别和防洪标准 ……… 42—6
　2.2 防洪建筑物级别 ……………………… 42—6
3 设计洪水、涝水和潮水位 ……………… 42—6
　3.1 设计洪水 ……………………………… 42—6
　3.2 设计涝水 ……………………………… 42—7
　3.3 设计潮水位 …………………………… 42—7
　3.4 洪水、涝水和潮水遭遇分析 ………… 42—7
4 防洪工程总体布局 ……………………… 42—8
　4.1 一般规定 ……………………………… 42—8
　4.2 江河洪水防治 ………………………… 42—8
　4.3 涝水防治 ……………………………… 42—8
　4.4 海潮防治 ……………………………… 42—8
　4.5 山洪防治 ……………………………… 42—8
　4.6 泥石流防治 …………………………… 42—8
　4.7 超标准洪水安排 ……………………… 42—8
5 江河堤防 ………………………………… 42—8
　5.1 一般规定 ……………………………… 42—8
　5.2 防洪堤防（墙）……………………… 42—9
　5.3 穿堤、跨堤建筑物 …………………… 42—9
　5.4 地基处理 ……………………………… 42—10
6 海堤工程 ………………………………… 42—10
　6.1 一般规定 ……………………………… 42—10
　6.2 堤身设计 ……………………………… 42—10
　6.3 堤基处理 ……………………………… 42—11
7 河道治理及护岸（滩）工程 …………… 42—11
　7.1 一般规定 ……………………………… 42—11
　7.2 河道整治 ……………………………… 42—11
　7.3 坡式护岸 ……………………………… 42—11
　7.4 墙式护岸 ……………………………… 42—11
　7.5 板桩式及桩基承台式护岸 …………… 42—12
　7.6 顺坝和短丁坝护岸 …………………… 42—12
8 治涝工程 ………………………………… 42—12

　8.1 一般规定 ……………………………… 42—12
　8.2 工程布局 ……………………………… 42—12
　8.3 排涝河道设计 ………………………… 42—12
　8.4 排涝泵站 ……………………………… 42—12
9 防洪闸 …………………………………… 42—13
　9.1 闸址和闸线的选择 …………………… 42—13
　9.2 工程布置 ……………………………… 42—13
　9.3 工程设计 ……………………………… 42—13
　9.4 水力计算 ……………………………… 42—13
　9.5 结构与地基计算 ……………………… 42—13
10 山洪防治 ………………………………… 42—13
　10.1 一般规定 …………………………… 42—13
　10.2 跌水和陡坡 ………………………… 42—14
　10.3 谷坊 ………………………………… 42—14
　10.4 撇洪沟及截流沟 …………………… 42—14
　10.5 排洪渠道 …………………………… 42—14
11 泥石流防治 ……………………………… 42—15
　11.1 一般规定 …………………………… 42—15
　11.2 拦挡坝 ……………………………… 42—15
　11.3 停淤场 ……………………………… 42—15
　11.4 排导沟 ……………………………… 42—15
12 防洪工程管理设计 ……………………… 42—16
　12.1 一般规定 …………………………… 42—16
　12.2 管理体制 …………………………… 42—16
　12.3 防洪预警 …………………………… 42—16
13 环境影响评价、环境保护
　　设计与水土保持设计 ………………… 42—16
　13.1 环境影响评价与环境保护设计 …… 42—16
　13.2 水土保持设计 ……………………… 42—16
本规范用词说明 …………………………… 42—16
引用标准名录 ……………………………… 42—16
附：条文说明 ……………………………… 42—17

Contents

1 General provisions .... 42—6
2 Rank of project and design criterion for urban flood control project .... 42—6
  2.1 Rank of project and flood control standard for urban flood control project .... 42—6
  2.2 Grade of hydraulic structure .... 42—6
3 Design flood, waterlogging and tidal level .... 42—6
  3.1 Design flood .... 42—6
  3.2 Design waterlogging .... 42—7
  3.3 Design tidal level .... 42—7
  3.4 Encountering analyse of flood, waterlogging and tidal level .... 42—7
4 General layout of project .... 42—8
  4.1 General requirement .... 42—8
  4.2 Flood control .... 42—8
  4.3 Waterlogging control .... 42—8
  4.4 Tide control .... 42—8
  4.5 Flash flood control .... 42—8
  4.6 Mudflow control .... 42—8
  4.7 Disposition for super-standard flood .... 42—8
5 River embankment .... 42—8
  5.1 General requirement .... 42—8
  5.2 Embankment and flood wall .... 42—9
  5.3 Structures of crossing embankment .... 42—9
  5.4 Treatment of foundation .... 42—10
6 Sea dike .... 42—10
  6.1 General requirement .... 42—10
  6.2 Design of dike .... 42—10
  6.3 Treatment of dike foundation .... 42—11
7 River regulation and bank protection works .... 42—11
  7.1 General requirement .... 42—11
  7.2 River regulation .... 42—11
  7.3 Bank protection in slope .... 42—11
  7.4 Bank protection with wall .... 42—11
  7.5 Sheet-pile bulkhead and cap wall on a pile foundation .... 42—12
  7.6 Bank protection with longitudinal dike and groin .... 42—12
8 Waterlogging control works .... 42—12
  8.1 General requirement .... 42—12
  8.2 Layout of works .... 42—12
  8.3 Design of storm drainage channel .... 42—12
  8.4 Pumping station of storm drainage .... 42—12
9 Flood sluice .... 42—13
  9.1 Selection of sluice location .... 42—13
  9.2 Project layout .... 42—13
  9.3 Design of sluice .... 42—13
  9.4 Hydraulic calculation .... 42—13
  9.5 Calculation of structure and foundation .... 42—13
10 Falsh flood control .... 42—13
  10.1 General requirement .... 42—13
  10.2 Hydraulic drop and steep slope .... 42—14
  10.3 Check dam .... 42—14
  10.4 Ditch of flood diversion and interception .... 42—14
  10.5 Drainage canal .... 42—14
11 Mudflow control .... 42—15
  11.1 General requirement .... 42—15
  11.2 Detention dam .... 42—15
  11.3 Stagnant area .... 42—15
  11.4 Guide ditch .... 42—15
12 Maintenance of flood control works .... 42—16

12.1 General requirement .... 42—16
12.2 Framework of management .... 42—16
12.3 Flood early warning .... 42—16
13 Environmental impact, soil and water conservation .... 42—16
　13.1 Environmental impact and preservation of environment .... 42—16
　13.2 Design of soil and water conservation .... 42—16
Explanation of wording in this code .... 42—16
List of quoted standards .... 42—16
Addition: Explanation of provisions .... 42—17

合理性。

3.1.6 当设计断面上游建有较大调蓄作用的水库等工程时，应分别计算调蓄工程以上和调蓄工程至设计断面区间的设计洪水。设计洪水地区组成可采用典型洪水组成法或同频率组成法。

3.1.7 各分区的设计洪水过程线，可采用同一次洪水的流量过程作为典型，以分配到各分区的洪量控制放大。

3.1.8 对拟定的设计洪水地区组成和各分区的设计洪水过程线，应进行合理性检查，必要时可适当调整。

3.1.9 在经审批的流域防洪规划中已明确规定城市河段的控制性设计洪水位时，可直接引用作为城市防洪工程的设计水位。

3.2 设计涝水

3.2.1 城市治涝工程设计涝水应根据设计要求分析计算设计涝水流量、涝水总量和涝水过程线。

3.2.2 城市治涝工程设计应按涝区下垫面条件和排水系统的组成情况进行分区，并应分别计算各分区的设计涝水。

3.2.3 分区设计涝水应根据当地或自然条件相似的邻近地区的实测涝水资料分析确定。

3.2.4 地势平坦、以农田为主分区的设计涝水，缺少实测资料时，可根据排涝区的自然经济条件和生产发展水平等，分别选用下列公式或其他经过验证的公式计算排涝模数。需要时，可采用概化法推算设计涝水过程线。

    1 经验公式法，可按下式计算：

$$q = KR^m A^n \quad (3.2.4\text{-}1)$$

式中：q——设计排涝模数（$m^3/s \cdot km^2$）；

    R——设计暴雨产生的径流深（mm）；

    A——设计排涝面积（km^2）；

    K——综合系数，反映降雨历时、涝水汇集区形状、排涝沟网密度及沟底比降等因素；应根据具体情况，经实地测验确定；

    m——峰量指数，反映洪峰与洪量关系；应根据具体情况，经实地测验确定；

    n——递减指数，反映排涝模数与面积关系；应根据具体情况，经实地测验确定。

    2 平均排除法，可按下列公式计算：

      1）旱地设计排涝模数按下式计算：

$$q_d = \frac{R}{86.4T} \quad (3.2.4\text{-}2)$$

式中：q_d——旱地设计排涝模数（$m^3/s \cdot km^2$）；

    R——旱地设计涝水深（mm）；

    T——排涝历时（d）。

      2）水田设计排涝模数按下式计算：

$$q_w = \frac{P - h_1 - ET' - F}{86.4T} \quad (3.2.4\text{-}3)$$

式中：q_w——水田设计排涝模数（$m^3/s \cdot km^2$）；

    P——历时为 T 的设计暴雨量（mm）；

    h_1——水田滞蓄水深（mm）；

    ET'——历时为 T 的水田蒸发量（mm）；

    F——历时为 T 的水田渗漏量（mm）。

      3）旱地和水田综合设计排涝模数按下式计算：

$$q_p = \frac{q_d A_d + q_w A_w}{A_d + A_w} \quad (3.2.4\text{-}4)$$

式中：q_p——旱地、水田兼有的综合设计排涝模数（$m^3/s \cdot km^2$）；

    A_d——旱地面积（km^2）；

    A_w——水田面积（km^2）。

3.2.5 城市排水管网控制区分区的设计涝水，缺少实测资料时，可采用下列方法或其他经过验证的方法计算：

    1 选取暴雨典型，计算设计面暴雨时程分配，并按排水分区建筑密集程度，按表 3.2.5 确定综合径流系数，进行产流过程计算。

表 3.2.5 综合径流系数

区域情况	综合径流系数
城镇建筑密集区	0.60～0.70
城镇建筑较密集区	0.45～0.60
城镇建筑稀疏区	0.20～0.45

    2 汇流可采用等流时线等方法计算，以分区雨水管设计流量为控制推算涝水过程线。当资料条件具备时，也可采用流域模型法进行计算。

    3 对于城市的低洼区，按本规范第 3.2.4 条的平均排除法进行涝水计算，排水过程应计入泵站的排水能力。

3.2.6 市政雨水管设计流量可用下列方法和公式计算：

    1 根据推理公式（3.2.6）计算：

$$Q = q \cdot \psi \cdot F \quad (3.2.6)$$

式中：Q——雨水流量（L/s）或（m^3/s）；

    q——设计暴雨强度[$L/(s \cdot hm^2)$]；

    ψ——径流系数；

    F——汇水面积（km^2）。

    2 暴雨强度应采用经分析的城市暴雨强度公式计算。当城市缺少该资料时，可采用地理环境及气候相似的邻近城市的暴雨强度公式。雨水计算的重现期可选用 1 年～3 年，重要干道、重要地区或短期积水即能引起较严重后果的地区，可选用 3 年～5 年，并应与道路设计协调，特别重要地区可采用 10 年以上。

    3 综合径流系数可按本规范表 3.2.5 确定。

3.2.7 对城市排涝和排污合用的排水河道，计算排涝河道的设计排涝流量时，应计算排涝期间的污水汇入量。

3.2.8 对利用河、湖、洼进行蓄水、滞洪的地区，计算排涝河道的设计排涝流量时，应分析河、湖、洼的蓄水、滞洪作用。

3.2.9 计算的设计涝水应与实测调查资料以及相似地区计算成果进行比较分析，检查其合理性。

3.3 设计潮水位

3.3.1 设计潮水位应根据设计要求分析计算设计高、低潮水位和设计潮水位过程线。

3.3.2 当城市附近有潮水位站且有 30 年以上潮水位观测资料时，可以其作为设计依据站，并应根据设计依据站的系列资料分析计算设计潮水位。

3.3.3 设计依据站实测潮水位系列在 5 年以上但不足 30 年时，可用邻近地区有 30 年以上资料，且与设计依据站有同步系列的潮水位站作为参证站，可采用极值差比法按下式计算设计潮水位：

$$h_{sy} = A_{ny} + \frac{R_y}{R_x}(h_{sx} - A_{nx}) \quad (3.3.3)$$

式中：h_{sx}、h_{sy}——分别为参证站和设计依据站设计高、低潮水位；

    R_x、R_y——分别为参证站和设计依据站的同期各年年最高、年最低潮水位的平均值与平均海平面的差值；

    A_{nx}、A_{ny}——分别为参证站和设计依据站的年平均海平面。

3.3.4 潮水位频率曲线线型可采用皮尔逊Ⅲ型，经分析论证，也可采用其他线型。

3.3.5 设计潮水位过程线，可以实测潮水位作为典型或采用平均偏于不利的潮水位过程分析计算确定。

3.3.6 挡潮闸（坝）的设计潮水位，应分析计算建闸（坝）后形成反射波对天然高潮位壅高和低潮位落低的影响。

3.3.7 对设计潮水位计算成果，应通过多种途径进行综合分析，检查其合理性。

3.4 洪水、涝水和潮水遭遇分析

3.4.1 兼受洪、涝、潮威胁的城市，应进行洪水、涝水和潮水遭遇

1 总 则

1.0.1 为防治洪水、涝水和潮水危害,保障城市防洪安全,统一城市防洪工程设计的技术要求,制定本规范。

1.0.2 本规范适用于有防洪任务的城市新建、改建、扩建城市防洪工程的设计。

1.0.3 城市防洪工程建设,应以所在江河流域防洪规划、区域防洪规划、城市总体规划和城市防洪规划为依据,全面规划、统筹兼顾,工程措施与非工程措施相结合,综合治理。

1.0.4 城市防洪应在防治江河洪水的同时治理涝水,洪、涝兼治;位于山区的城市,还应防山洪、泥石流,防与治并重;位于海滨的城市,除防洪、治涝外,还应防风暴潮,洪、涝、潮兼治。

1.0.5 城市防洪工程设计,应调查收集气象、水文、泥沙、地形、地质、生态与环境和社会经济等基础资料,选用的基础资料应准确可靠。

1.0.6 城市防洪范围内河、渠、沟道沿岸的土地利用应满足防洪、治涝要求,跨河建筑物和穿堤建筑物的设计标准应与城市的防洪、治涝标准相适应。

1.0.7 城市防洪工程设计遇湿陷性黄土、膨胀土、冻土等特殊的地质条件或可能出现地面沉降等情况时,应采取相应处理措施。

1.0.8 城市防洪工程设计,应结合城市的具体情况,总结已有防洪工程的实践经验,积极慎重地采用国内外先进的新理论、新技术、新工艺、新材料。

1.0.9 城市防洪工程设计应按国家现行有关标准的规定进行技术经济分析。

1.0.10 城市防洪工程的设计,除应符合本规范外,尚应符合国家现行有关标准的规定。

2 城市防洪工程等级和设计标准

2.1 城市防洪工程等别和防洪标准

2.1.1 有防洪任务的城市,其防洪工程的等别应根据防洪保护对象的社会经济地位的重要程度和人口数量按表2.1.1的规定划分为四等。

表2.1.1 城市防洪工程等别

城市防洪工程等别	分 等 指 标	
	防洪保护对象的重要程度	防洪保护区人口(万人)
Ⅰ	特别重要	≥150
Ⅱ	重要	≥50且<150
Ⅲ	比较重要	≥20且<50
Ⅳ	一般重要	≤20

注:防洪保护区人口指城市防洪工程保护区内的常住人口。

2.1.2 城市防洪工程设计标准应根据防洪工程等别、灾害类型,按表2.1.2的规定选定。

表2.1.2 城市防洪工程设计标准

城市防洪工程等别	设 计 标 准(年)			
	洪水	涝水	海潮	山洪
Ⅰ	≥200	≥20	≥200	≥50
Ⅱ	≥100且<200	≥10且<20	≥100且<200	≥30且<50
Ⅲ	≥50且<100	≥10且<20	≥50且<100	≥20且<30
Ⅳ	≥20且<50	≥5且<10	≥20且<50	≥10且<20

注:1 根据受灾后的影响,造成的经济损失、抢险难易程度以及资金筹措条件等因素合理确定。
2 洪水、山洪的设计标准指洪水、山洪的重现期。
3 涝水的设计标准指相应暴雨的重现期。
4 海潮的设计标准指高潮位的重现期。

2.1.3 对于遭受洪灾或失事后损失巨大、影响十分严重的城市,或对遭受洪灾或失事后损失及影响均较小的城市,经论证并报请上级主管部门批准,其防洪工程设计标准可适当提高或降低。

2.1.4 城市分区设防时,各分区应按本规范表2.1.1和表2.1.2分别确定防洪工程等别和设计标准。

2.1.5 位于国境界河的城市,其防洪工程设计标准应专门研究确定。

2.1.6 当建筑物有抗震要求时,应按国家现行有关设计标准的规定进行抗震设计。

2.2 防洪建筑物级别

2.2.1 防洪建筑物的级别,应根据城市防洪工程等别、防洪建筑物在防洪工程体系中的作用和重要性按表2.2.1的规定划分。

表2.2.1 防洪建筑物级别

城市防洪工程等别	永久性建筑物级别		临时性建筑物级别
	主要建筑物	次要建筑物	
Ⅰ	1	3	3
Ⅱ	2	3	4
Ⅲ	3	4	5
Ⅳ	4	5	5

注:1 主要建筑物系指失事后使城市遭受严重灾害并造成重大经济损失的堤防、防洪闸等建筑物。
2 次要建筑物系指失事后不致造成城市灾害或经济损失不大的丁坝、护坡、谷坊等建筑物。
3 临时性建筑物系指防洪工程施工期间使用的施工围堰等建筑物。

2.2.2 拦河建筑物和穿堤建筑物工程的级别,应按所在堤防工程的级别和与建筑物规模及重要性相应的级别中高者确定。

2.2.3 城市防洪工程建筑物的安全超高和稳定安全系数,应按国家现行有关标准的规定确定。

3 设计洪水、涝水和潮水位

3.1 设 计 洪 水

3.1.1 城市防洪工程设计洪水,应根据设计要求计算洪峰流量、不同时段洪量和洪水过程线的全部或部分内容。

3.1.2 计算依据应充分采用已有的实测暴雨、洪水资料和历史暴雨、洪水调查资料。所依据的主要暴雨、洪水资料和流域特征资料应可靠,必要时应进行重点复核。

3.1.3 计算采用的洪水系列应具有一致性。当流域修建蓄水、引水、提水和分洪、滞洪、围垦等工程或发生决口、溃坝等情况,明显影响各年洪水形成条件的一致性时,应将系列资料统一到同一基础,并应进行合理性检查。

3.1.4 设计断面的设计洪水可采用下列方法进行计算:

1 城市防洪设计断面或其上、下游邻近地点具有30年以上实测和插补延长的洪水流量资料,并有历史调查洪水资料时,可采用频率分析法计算设计洪水。

2 城市所在地区具有30年以上实测和插补延长的暴雨资料,并有暴雨与洪水对应关系资料时,可采用频率分析法计算设计暴雨,可由设计暴雨推算设计洪水。

3 城市所在地区洪水和暴雨资料均短缺时,可利用自然条件相似的邻近地区实测或调查的暴雨、洪水资料进行地区综合分析、估算设计洪水,也可采用经审批的省(市、区)《暴雨洪水查算图表》计算设计洪水。

4 设计洪水计算宜研究集水区城市化的影响。

3.1.5 设计洪水的计算方法应科学合理,对主要计算环节、选用的有关参数和设计洪水计算成果,应进行多方面分析,并应检查其分析,并应研究其遭遇的规律。以防洪为主时,应重点分析洪水与相应涝水、潮水遭遇的规律;以排涝为主时,应重点分析涝水与相应洪水、潮水遭遇的规律;以防潮为主时,应重点分析潮水与相应洪水、涝水遭遇的规律。

3.4.2 进行洪水、涝水和潮水遭遇分析时,当同期资料系列不足30年时,应采用合理方法对资料系列进行插补延长。

3.4.3 分析洪水与相应涝水、潮水遭遇情况时,应按年最大洪水(洪峰流量、时段洪量)、相应涝水、潮水位取样,也可按大(高)于某一量级的洪水、涝水或高潮位为基准。分析潮水与相应洪水、涝水或涝水与相应洪水、潮水遭遇情况时,可按相同的原则取样。

3.4.4 洪水、涝水和潮水遭遇分析可采用建立遭遇统计量相关关系图方法,分析一般遭遇的规律,对特殊遭遇情况,应分析其成因和出现几率,不宜舍弃。

3.4.5 对洪水、涝水和潮水遭遇分析成果,应通过多种途径进行综合分析,检查其合理性。

4 防洪工程总体布局

4.1 一般规定

4.1.1 城市防洪工程总体布局,应在流域(区域)防洪规划、城市总体规划和城市防洪规划的基础上,根据城市自然地理条件、社会经济状况、洪涝潮特性,结合城市发展的需要确定,并应利用河流分隔、地形起伏采取分区防守。

4.1.2 城市防洪应对洪、涝、潮灾害统筹治理,上下游、左右岸关系兼顾,工程措施与非工程措施相结合,并应形成完整的城市防洪减灾体系。

4.1.3 城市防洪工程总体布局,应与城市发展规划相协调、与市政工程相结合。在确保防洪安全的前提下,应兼顾综合利用要求,发挥综合效益。

4.1.4 城市防洪工程总体布局应保护生态与环境。城市的湖泊、水塘、湿地等天然水域应保留,并应充分发挥其防洪滞涝作用。

4.1.5 城市防洪工程总体布局,应将城市防洪保护区内的主要交通干线、供电、电信和输油、输气、输水管道等基础设施纳入城市防洪体系的保护范围。

4.1.6 城市防洪工程总体布局,应根据工程抢险和人员撤退转移等要求设置必要的防洪通道。

4.1.7 防洪建筑物建设应因地制宜、就地取材。建筑形式宜与周边景观相协调。

4.1.8 城市防洪工程体系中各单项工程的规模、特征值和调度运行规则,应按城市防洪规划的要求和国家现行有关标准的规定,分析论证确定。

4.2 江河洪水防治

4.2.1 江河洪水的防治应分析城市发展建设对河道行洪能力和洪水位的影响,应复核现状河道泄洪能力及防洪标准,并应研究保持及提高河道泄洪能力的措施。

4.2.2 江河洪水防治工程设施建设应上下游、左右岸相协调,不同防洪标准的建筑物布置应平顺衔接。

4.2.3 对行(泄)洪河道进行整治时,应上下游、左右岸兼顾,并应避免或减少对水流流态、泥沙运动、河岸稳定等产生不利影响,同时应防止在河道中产生不利于河势稳定的冲刷或淤积。

4.2.4 位于河网地区的城市,可根据城市河网情况分区,采取分区防洪的方式。

4.3 涝水防治

4.3.1 城市涝水的防治,应在城市总体规划、城市防洪规划的基础上进行,并应洪涝兼治、统筹安排。

4.3.2 城市涝水治理,应根据城市地形、地貌,结合已有排涝河道和蓄滞涝区等排涝工程布局,确定排涝分区、分区治理。

4.3.3 城市排涝应充分利用城市的自排条件,并据此进行排涝工程布置,自排条件受限制时,可设置排涝泵站机排。

4.3.4 排涝河道出口受承泄区水位顶托时,宜在其出口处设置挡洪闸。

4.4 海潮防治

4.4.1 防潮堤防布置应与滨海市政建设相结合,与城市海滨环境相协调,与滩涂开发利用相适应。

4.4.2 滨海城市防潮工程,应根据防潮标准及天文潮、风暴潮或涌潮的特性,分析可能出现的不利组合情况,合理确定设计潮位。

4.4.3 位于江河入海口的城市,应分析洪潮遭遇规律,按设计洪水与设计潮位的不利遭遇组合,确定海堤工程设计水位。

4.4.4 海堤工程设计应分析风浪的破坏作用,合理确定设计浪高,采取消浪措施和基础防护措施。

4.4.5 海堤工程设计应分析基础的地质情况,采用相应的加固处理技术措施。

4.5 山洪防治

4.5.1 山洪治理的标准和措施应根据山洪发生的规律,结合城市具体情况统筹安排。

4.5.2 山洪防治应以小流域为单元,治沟与治坡相结合、工程措施与生物措施相结合,进行综合治理。坡面治理宜以生物措施为主,沟壑治理宜以工程措施为主。

4.5.3 排洪沟道平面布置宜避开主城区。当条件允许时,可开挖撤洪沟将山坡洪水导至其他水系。

4.5.4 山洪防治应利用城市上游水库或蓄洪区调蓄洪水削减洪峰。

4.6 泥石流防治

4.6.1 泥石流防治应贯彻以防为主,防、避、治相结合的方针,应根据当地条件采取综合防治措施。

4.6.2 位于泥石流多发区的城市,应根据泥石流分布、形成特点和危害,突出重点,因地制宜,因害设防。

4.6.3 防治泥石流应开展山洪沟汇流区的水土保持,建立生物防护体系,改善自然环境。

4.6.4 新建城市或城区、城市居民区应避开泥石流发育区。

4.7 超标准洪水安排

4.7.1 城市防洪总体布局中,应对超标准洪水作出必要的、应急的安排。

4.7.2 遇超标准洪水所采取的各项应急措施,应符合流域防洪规划总体安排。

4.7.3 对超标准洪水,应贯彻工程措施与非工程措施相结合的方针,应充分利用已建防洪设施潜力进行安排。

5 江河堤防

5.1 一般规定

5.1.1 堤线选择应充分利用现有堤防设施,结合地形、地质、洪水流向、防汛抢险、维护管理等因素综合分析确定，并应与沿江（河）市政设施相协调。堤线宜顺直，转折处应用平缓曲线过渡。

5.1.2 堤距应根据城市总体规划、地形、地质条件、设计洪水位、城市发展和水环境的要求等因素，经技术经济比较确定。

5.1.3 江河堤防沿程设计水位，应根据设计防洪标准和控制站的设计洪水流量及相应水位，分析计算设计洪水水面线后确定，并应计入跨河、拦河等建筑物的壅水影响。计算水面线采用的河道糙率应根据堤防所在河段实测或调查的洪水位和流量资料分析确定。对水面线成果应进行合理性分析。

5.1.4 堤顶或防洪墙顶高程可按下列公式计算确定：

$$Z = Z_p + Y \quad (5.1.4-1)$$
$$Y = Z_p + R + e + A \quad (5.1.4-2)$$

式中：Z——堤顶或防洪墙顶高程（m）；
    Y——设计洪（潮）水位以上超高（m）；
    Z_p——设计洪（潮）水位（m）；
    R——设计波浪爬高（m），按现行国家标准《堤防工程设计规范》GB 50286 的有关规定计算；
    e——设计风壅增水高度（m），按现行国家标准《堤防工程设计规范》GB 50286 的有关规定计算；
    A——安全加高（m），按现行国家标准《堤防工程设计规范》GB 50286 的有关规定执行。

5.1.5 当堤顶设置防浪墙时，墙后土堤堤顶高程应高于设计洪（潮）水位 0.5m 以上。

5.1.6 土堤应预留沉降量，预留沉降量值可根据堤基地质、堤身土质及填筑密度等因素分析确定。

5.2 防洪堤防（墙）

5.2.1 防洪堤防（墙）可采用土堤、土石混合堤、浆砌石墙、混凝土或钢筋混凝土墙等形式。堤型应根据当地土、石料的质量、数量、分布和运输条件，结合移民占地和城市建设、生态与环境和景观等要求，经综合比较选定。

5.2.2 土堤填筑密实度应符合下列要求：
  1 黏性土土堤的填筑标准应按压实度确定，1 级堤防压实度不应小于 0.94；2 级及高度超过 6m 的 3 级堤防压实度不应小于 0.92；低于 6m 的 3 级及 3 级以下堤防压实度不应小于 0.90。
  2 非黏性土土堤的填筑标准应按相对密度确定，1、2 级和高度超过 6m 的 3 级堤防相对密度不应小于 0.65；低于 6m 的 3 级及 3 级以下堤防相对密度不应小于 0.60。

5.2.3 土堤和土石混合堤，堤顶宽度应满足堤身稳定和防洪抢险的要求，且不宜小于 3m。堤顶兼作城市道路时，其宽度和路面结构应按城市道路标准确定。

5.2.4 当堤身高度大于 6m 时，宜在背水坡设置戗台（马道），其宽度不应小于 2m。

5.2.5 土堤堤身的浸润线，应按设计水位、筑堤土料、背水坡脚有无溃水等条件计算。逸出点宜控制在堤防坡脚以下。

5.2.6 土堤边坡稳定可采用瑞典圆弧法计算，安全系数应符合现行国家标准《堤防工程设计规范》GB 50286 的有关规定。迎水坡应计及水位骤降的影响，高水位持续时间较长时，背水坡应计及渗透水压力的影响；堤基有软弱地层时，应进行整体稳定性计算。

5.2.7 当堤基渗径不满足防渗要求时，可采取填土盖重、排水减压和截渗等措施处理。

5.2.8 土堤迎流顶冲、风浪较大的堤段，迎水坡可采取护坡防护，护坡可采用干砌石、浆砌石、混凝土和钢筋混凝土板（块）等形式或铰接排、混凝土框格等，并根据水流流态、流速、料源、施工、生态与环境相协调等条件选用；非迎流顶冲、风浪较小的堤段，迎水坡可采用生物护坡。背水坡无特殊要求时宜采用生物护坡。

5.2.9 迎水坡采取硬护坡时，应设置相应的护脚，护脚宽度和深度可根据水流流速和河床土质，结合冲刷计算确定。当计算护脚埋深较大时，可采取减小护脚埋深的防护措施。

5.2.10 当堤顶设置防浪墙时，其净高度不宜高于 1.2m，埋置深度应满足稳定和抗冻要求。防浪墙应设置变形缝，并应进行强度和稳定性核算。

5.2.11 对水流流速大、风浪冲击力强的迎流顶冲堤段，宜采用石堤或土石混合堤。土石混合堤在迎水面砌石或抛石，其后填筑土料，土石料之间应设置反滤层。

5.2.12 城市主城区建设堤防，当其场地受限制时，宜采用防洪墙。防洪墙高度较大时，可采用钢筋混凝土结构；高度不大时，可采用混凝土或浆砌石结构。防洪墙结构形式应根据城市规划要求、地质条件、建筑材料、施工条件等因素确定。

5.2.13 防洪墙应进行抗滑、抗倾覆、地基整体稳定和抗渗稳定验算，并应满足相应的稳定要求；不满足时，应调整防洪墙基础尺寸或进行地基加固处理。

5.2.14 防洪墙基础埋置深度，应根据地基性质和冲刷计算确定。无防护措施时，埋置深度应为冲刷线以下 0.5m，在季节性冻土地区，应为冻结深度以下。

5.2.15 防洪墙应设置变形缝，缝距根据地质条件和墙体结构形式确定。钢筋混凝土墙体缝距可采用 15m～20m，混凝土及浆砌石墙体缝距可采用 10m～15m。在地面高程、土质、外部荷载和结构断面变化处，应增设变形缝。

5.2.16 已建堤防（防洪墙）进行加固、改建或扩建时，应符合下列要求：
  1 堤防（防洪墙）的加高加固方案，应在抗滑稳定、渗透稳定、抗倾覆稳定、地基承载力及结构强度等验算安全的基础上，经技术经济比较确定。
  2 土堤加高在场地受限制时，可采取在土堤顶建防浪墙的方式加高。
  3 对新老堤的结合部位及穿堤建筑物与堤身连接的部位应进行专门设计，经核算不能满足要求时，应采取改建或加固措施。
  4 土堤扩建宜选用与原堤身土料性质相同或相近的土料。当土料特性差别较大时，应增设反滤过渡层（段）。扩建选用土料的填筑标准，应按本规范执行，原堤身填筑标准不满足本规范要求时，应进行加固。
  5 堤岸防护工程的加高应对其整体稳定和断面强度进行核算，不能满足要求时，应结合加高进行加固。

5.3 穿堤、跨堤建筑物

5.3.1 与城市防洪堤防（墙）交叉的涵洞、涵闸、交通闸等穿堤建筑物，不得影响堤防安全、防洪运用和管理，多沙江河淤积严重河段堤防上的穿堤建筑物设计，应分析并计入设计使用年限内江河淤积的影响。

5.3.2 穿堤涵洞和涵闸应符合下列要求：
  1 涵洞（闸）位置应根据水系分布和地物条件研究确定，其轴线与堤防宜正交。根据需要，也可与沟渠水流方向一致与堤防斜交，交角不宜小于 60°。
  2 涵洞（闸）净宽应根据设计过流能力确定，单孔净宽不宜大于 5m。
  3 控制闸门宜设在临江河侧涵洞出口处。
  4 涵洞（闸）地下轮廓线布置，应满足渗透稳定要求。与堤防连接应设置截流环或刺墙等，渗流出口应设置反滤排水。
  5 涵洞长度为 15m～30m 时，其内径（或净高）不宜小于 1.0m；涵洞长度大于 30m 时，其内径不宜小于 1.25m。涵洞有检修要求时，净高不宜小于 1.8m，净宽不宜小于 1.5m。
  6 涵洞（闸）进、出口段应采取防护措施。涵洞（闸）进、出口与洞身连接处宜做成圆弧形、扭曲面或八字形，平面扩散角宜为

7 洞身与进出口导流翼墙及闸室连接处应设变形缝,洞身纵向长度不宜大于8m～12m。位于软土地基上且洞身较长时,应分析并计入纵向变形的影响。

　　8 涵洞(闸)工作桥桥面高程不应低于江河设计水位加波浪高度和安全超高,并应满足闸门检修要求。

5.3.3 防洪堤防(墙)与道路交叉处,路面低于河道设计水位需要设置交通闸时,交通闸应符合下列要求:

　　1 闸址应根据交通要求,结合地形、地质、水流、施工、管理,以及防汛抢险等因素,经综合比较确定。

　　2 闸室布置应满足抗滑、抗倾覆、渗流稳定以及地基承载力等的要求。

　　3 闸孔尺寸应根据交通运输、闸门形式、防洪要求等因素确定。底板高程应根据防汛抢险和交通要求综合确定。

　　4 交通闸应设闸门控制。闸门形式和启闭设施,应根据交通闸的具体情况按下列要求选择:

　　　　1)闸前水深较大、孔径较小,关门次数相对较多的交通闸可采用一字形闸门;

　　　　2)闸前水深较大、孔径也较大,关门次数相对较多的交通闸可采用人字形闸门;

　　　　3)闸前水深较小、孔径较大,关门次数相对较多的交通闸可采用横拉闸门;

　　　　4)闸前水位变化缓慢,关门次数较少,闸门孔径较小的交通闸可采用叠梁闸门。

5.4 地基处理

5.4.1 当地基渗流、稳定和变形不能满足安全要求时,应进行处理。

5.4.2 对埋藏较浅的薄层软弱黏土层宜挖除;当埋藏较深、厚度较大难以挖除或挖除不经济时,可采用铺垫透水材料、插塑料排水板加速排水,或在背水侧堤脚外设置压载、打排水井等方法进行加固处理。

5.4.3 浅层透水堤基宜采用黏土截水槽或其他垂直防渗措施截渗;相对不透水层埋藏较深、透水层较厚且临水侧有稳定滩地的地基宜采用铺盖防渗形式;深厚透水堤基,可设置黏土、土工膜、混凝土、沥青混凝土等截渗墙或采用灌浆帷幕处理。截渗墙可采用全封闭、半封闭或悬挂式。

5.4.4 多层透水堤基,可采用在堤防背水侧加盖重、开挖排水减压沟或打排水减压井等方法处理,盖重应设反滤体和排水体。各项处理措施可单独使用,也可结合使用。

5.4.5 对判定堤基可能有液化的土层,宜挖除后换填非液化土。挖除困难或不经济时,应采用人工加密措施,使之达到与设计地震烈度相适应的紧密状态。对浅层可能液化的土层宜采用表面振动压密或强夯,对深层可能液化的土层宜采用振冲、强夯等方法加密。

5.4.6 穿堤建筑物地基处理措施应与堤基处理措施相衔接。

6 海堤工程

6.1 一般规定

6.1.1 海堤应依据流域、区域综合规划及城市总体规划、城市防洪规划等规划设置。

6.1.2 海堤堤线布置应符合治导线规划、岸线规划要求,并应根据河流和海岸线变迁规律,结合现有工程及拟建建筑物的位置、地形地质、施工条件及征地拆迁、生态与环境保护等因素,经综合比较确定。

6.1.3 海堤工程的形式应根据堤段所处位置的重要程度、地形地质条件、筑堤材料、水流及波浪特性、施工条件,结合工程管理、生态环境和景观要求,经技术经济比较后综合分析确定。堤线较长或水文、地质条件变化较大时,宜分段选择适宜的形式,不同形式之间应进行渐变衔接处理。

6.2 堤身设计

6.2.1 海堤堤身断面可采用斜坡式、直立式或混合式。风浪较大的堤段宜采用斜坡式断面;中等以下风浪、地基较好的堤段宜采用直立式断面;滩涂较低、风浪较大的堤段,宜采用带有消浪平台的混合式或斜坡式断面。

6.2.2 堤顶高程应根据设计高潮(水)位、波浪爬高及安全加高按下式计算确定:

$$Z_p = H_p + R_F + A \quad (6.2.2)$$

式中:Z_p——设计频率的堤顶高程(m);

　　　H_p——设计频率的高潮(水)位(m);

　　　R_F——按设计波浪计算的频率为F的波浪爬高值,海堤允许部分越浪时$F=13\%$,不允许越浪时$F=2\%$(m);

　　　A——安全加高(m),按表6.2.2的规定选用。

表6.2.2 堤顶安全加高

海堤工程级别	1	2	3	4	5
不允许越浪 A(m)	1.0	0.8	0.7	0.6	0.5
允许部分越浪 A(m)	0.5	0.4	0.4	0.3	0.3

6.2.3 海堤按允许部分越浪设计时,堤顶高程按本规范公式(6.2.2)计算后,还应进行越浪量计算,允许越浪量不应大于0.02m³/(s·m)。

6.2.4 当海堤堤顶临海侧设有稳定、坚固的防浪墙时,堤顶高程可算至防浪墙顶面,不计防浪墙高度的堤身顶面高程应高出设计高潮(水)位,高差是累计频率为1%的波高的0.5倍。

6.2.5 堤路结合的海堤,按允许部分越浪设计时,在保证海堤自身安全及堤后越浪水量排泄畅通的前提下,堤顶超高可不受本规范第6.2.2条~第6.2.4条规定的限制,但不计防浪墙高度的堤顶高程仍应高出设计高潮(水)位0.5m。

6.2.6 海堤设计堤顶高程应预留沉降超高。预留沉降超高值应根据堤基、堤身土质及填筑密度等因素按有关规定分析计算确定。

6.2.7 海堤堤顶宽度应根据堤身安全、防汛、管理、施工、交通等要求,依据海堤工程级别按表6.2.7的规定选定。

表6.2.7 海堤堤顶宽度

海堤工程级别	1	2	3～5
堤顶宽度(m)	≥5	≥4	≥3

6.2.8 海堤堤身设计边坡应根据堤身结构、堤基条件及筑堤材料、堤高等条件,经稳定计算分析确定。初步拟定时可按表6.2.8的规定选用。

表6.2.8 海堤设计边坡

海堤堤型	临海侧坡比	背海侧坡比
斜坡式	1:1.5～1:3.5	水上:1:1.5～1:3
直立式	1:0.1～1:0.5	水下:海泥掺砂 1:5～1:10
混合式	按斜坡式和陡墙式	砂壤土 1:5～1:7

6.2.9 海堤堤身填筑应密实,堤身土体与护面之间应设置反滤层。

6.2.10 海堤工程防渗体应根据防渗要求布设,防渗体尺寸应结合防渗、施工和构造要求经计算确定。堤身防渗体顶部高程应高于设计高潮(水)位0.5m。

6.2.11 堤身护坡的结构、材料应坚固耐久,应因地制宜、就地取材、经济合理、便于施工和维修。

6.2.12 海堤堤身应进行整体抗滑稳定、渗透稳定及沉降等计算,防浪墙还应进行抗倾覆稳定及地基承载力计算,计算方法应符合现行国家标准《堤防工程设计规范》GB 50286 的相关规定。

6.3 堤基处理

6.3.1 堤基处理应根据海堤工程级别、地质条件、堤高、稳定要求、施工条件等选择技术可行、经济合理的处理方案。

6.3.2 建于软土地基上的海堤工程,可采用换填砂垫层、铺设土工织物、设镇压平台、排水预压、爆炸挤淤及振冲碎石桩等措施进行堤基处理。

6.3.3 厚度不大的软土地基,可用换填砂垫层的措施加固处理,也可采用在地面铺设水平垫层(包括砂、碎石排水垫层及土工织物、土工格栅)堆载预压固结法加固处理。

6.3.4 在软土层较厚的地基上填筑海堤,可采用填筑镇压平台措施处理地基。镇压平台的宽度及厚度,应由稳定分析计算确定。堤身高度较大时,可采用多级镇压平台。

6.3.5 在淤泥层较厚的地基上筑堤时,可采用铺设土工织物、土工格栅措施加固处理。土工织物、土工格栅材料的强度、定着长度以及与堆土及基础地基间的摩擦力等指标,应满足设计要求。

6.3.6 软弱土或淤泥深厚的地基,可采用竖向排水预压固结法加固处理。竖向排水通道材料可采用塑料排水板或砂井。

6.3.7 淤泥质地基也可采用爆炸挤淤换法进行地基置换处理。

6.3.8 重要的堤段或采用其他堤基处理方法难以满足要求的堤段,可采用振冲碎石桩等方法进行堤基加固处理。

7 河道治理及护岸(滩)工程

7.1 一般规定

7.1.1 治理流经城市的江河河道,应以防洪规划、城市总体规划为依据,统筹防洪、蓄水、航运、引水、景观和岸线利用等要求,协调上下游、左右岸、干支流等各方面的关系,全面规划、综合治理。

7.1.2 确定河道治导线,应分析研究河道演变规律,顺应河势,上下游呼应、左右岸兼顾。

7.1.3 河道治理工程布置应利于稳定河势,并应根据河道特性、分析河道演变趋势,因势利导选定河道治理工程措施,确定工程总体布置,必要时应以模型试验验证。

7.1.4 桥梁、渡槽、管线等跨河建筑物轴线宜与河道水流方向正交,建筑物的跨度和净空应满足泄洪、通航等要求。

7.2 河道整治

7.2.1 城市河道整治应收集水文、泥沙、河床质和河道测量资料,分析水沙特性,研究河道冲淤变化及河势演变规律,预测河道演变趋势及对河道治理工程的影响。

7.2.2 城市河道综合整治措施应适应河势发展变化趋势,利于维护和促进河道稳定。

7.2.3 河道整治工程堤防及护岸形式、布置应与城市建设风格一致,与城市环境景观相协调。

7.2.4 护岸工程布置不应侵占行洪断面,不应抬高洪水位,上下游应平顺衔接,并应减少对河势的影响。

7.2.5 护岸形式应根据河流和岸线特性、河岸地质、城市建设、环境景观、建筑材料和施工条件等因素研究选定,可选用坡式护岸、墙式护岸、板桩及桩基承台护岸、顺坝和短丁坝护岸等。

7.2.6 护岸稳定分析应包括下列荷载:
1 自重及其顶部荷载;
2 墙前水压力、冰压力和被动土压力与波吸力;
3 墙后水压力和主动土压力;
4 船舶系缆力;
5 地震力。

7.2.7 水深、风浪较大且河滩较宽的河道,宜设置防浪平台,并宜栽植一定宽度的防浪林。

7.3 坡式护岸

7.3.1 建设场地允许的河段,宜选用坡式护岸。坡式护岸可采用抛石、干砌石、浆砌石、混凝土和钢筋混凝土板、预制混凝土块、连锁板块、模袋混凝土等结构形式。护岸结构形式的选择,应根据流速、波浪、岸坡土质、冻结深度以及场地条件等因素,结合城市建设和景观要求,经技术经济比较选定。当岸坡高度较大时,宜设置戗台及上、下护岸的台阶。

7.3.2 坡式护岸的坡度和厚度,应根据岸坡坡度、岸坡土质、流速、风浪、冰冻、护砌材料和结构形式等因素,经稳定和防冲分析计算确定。

7.3.3 水深较浅,淹没时间不长、非迎流顶冲的岸坡,宜采用草或草与灌木结合形式的生物护岸,草和灌木的品种,根据岸坡土质和当地气候条件选择。

7.3.4 干砌石、浆砌石和抛石护坡材料,应采用坚硬未风化的石料。砌石下应设垫层、反滤层或铺土工织物。

7.3.5 浆砌石、混凝土和钢筋混凝土板等护岸应设置纵向和横向变形缝。

7.3.6 坡式护岸应设置护脚,护脚埋深宜在冲刷线以下 0.5m。施工困难时可采用抛石、石笼、沉排、沉枕等护底防冲措施。重要堤段抛石宜增抛备填石。

7.4 墙式护岸

7.4.1 受场地限制或城市建设需要可采用墙式护岸。

7.4.2 各护岸段墙式护岸具体的结构形式,应根据河岸的地形地质条件、建筑材料以及施工条件等因素,经技术经济比较选定,可采用衡重式护岸、空心方块及异形方块式护岸或扶壁式护岸等。

7.4.3 采用墙式护岸,应查清地基地质情况。当地基地质条件较差时,应进行地基加固处理,并应在护岸结构上采取适当的措施。

7.4.4 墙式护岸基础埋深不应小于 1.0m,基础可能受冲刷时,应埋置在可能冲刷深度以下,并应设置护脚。

7.4.5 墙基承载力不能满足要求或为便于施工时,可采用开挖或抛石建基。抛石厚度应根据计算确定,砂卵石地基不宜小于 0.5m,土基不宜小于 1.0m。抛石宽度应满足地基承载力的要求。

7.4.6 墙式护岸沿长度方向在下列位置应设变形缝:
1 新旧护岸连接处;
2 护岸高度或结构形式改变处;
3 护岸走向改变处;
4 地基地质条件差别较大的分界处。

7.4.7 混凝土及浆砌石结构相邻变形缝间的距离宜为 10m～15m,钢筋混凝土结构宜为 15m～20m。变形缝宽 20mm～50mm,并应做成上下垂直通缝,缝内应填充弹性材料,必要时宜设止水。

7.4.8 墙式护岸的墙身结构应根据荷载情况进行下列计算:
1 抗倾覆稳定和抗滑稳定;
2 墙基地基应力和墙身应力;
3 护岸地基埋深和抗冲稳定。

7.4.9 墙式护岸应设排水孔,并应设置反滤。对挡水位较高、墙后地面高程又较低的护岸,应采取防渗透破坏措施。

7.5 板桩式及桩基承台式护岸

7.5.1 地基软弱且有港口、码头等重要基础设施的河岸段，宜采用板桩式及桩基承台式护岸，其形式应根据荷载、地质、岸坡高度以及施工条件等因素，经技术经济比较确定。

7.5.2 板桩宜采用预制钢筋混凝土结构。当护岸较高时，宜采用锚碇式钢筋混凝土板桩。钢筋混凝土板桩可采用矩形断面，厚度应经计算确定，但不宜小于0.15m；宽度应根据打桩设备和起重设备能力确定，可采用0.5m～1.0m。

7.5.3 板桩打入地基的深度，应满足板桩墙和护岸整体抗滑稳定要求。

7.5.4 有锚碇结构的板桩，锚碇结构应根据锚碇力、地基土质、施工设备和施工条件等因素确定。

7.5.5 板桩式护岸整体稳定可采用瑞典圆弧滑动法计算。

7.5.6 桩基承台和台上护岸结构形式，应根据荷载和运行要求，进行稳定分析验算，经技术经济比较，结合环境要求确定。

7.6 顺坝和短丁坝护岸

7.6.1 受水流冲刷、崩塌严重的河岸，可采用顺坝或短丁坝保滩护岸。

7.6.2 通航河道、河道较窄急弯冲刷河段和以波浪为主要破坏力的河岸，宜采用顺坝护岸。受潮流往复作用、崩岸和冲刷严重且河道较宽的河段，可辅以短丁坝群护岸。

7.6.3 顺坝和短丁坝护岸应设置在中枯水位以下，应根据河道流势布置，与水流相适应，不得影响行洪。短丁坝不应引起流势发生较大变化。

7.6.4 顺坝和短丁坝的坝型选择应根据水流速度的大小、河床土质、当地建筑材料以及施工条件等因素综合分析选定。

7.6.5 顺坝和短丁坝应做好坝头防冲和坝根与岸边的连接。

7.6.6 短丁坝护岸宜成群布置，坝ми连线应与河道治导线一致；短丁坝的长度、间距及坝轴线的方向，应根据河势、水流流态及河床冲淤等情况分析计算确定，必要时应以河工模型试验验证。

7.6.7 丁坝坝头水流紊乱，受冲击力较大时，宜采用加大坝顶宽度、放缓边坡、扩大护底范围等措施进行加固和防护。

8 治涝工程

8.1 一般规定

8.1.1 治涝工程设计，应以城市总体规划和城市防洪规划为依据，与城市防洪（潮）工程相结合，与城市排水系统相协调。

8.1.2 治涝工程设计，应根据城市可持续发展和居民生活水平逐步提高的要求，统筹兼顾，因地制宜地采取综合治理措施。

8.1.3 缺水城市应保护和合理利用雨水资源，发挥工程的综合效益。

8.1.4 治涝工程设计应节约用地，并与市政工程建设相结合，建筑物设计与城市建筑风格相协调。

8.2 工程布局

8.2.1 治涝工程布局，应根据城市的自然条件、社会经济、涝灾成因、治理现状和市政建设发展要求，与防洪（潮）工程总体布局综合分析，统筹规划，截、排、蓄综合治理。

8.2.2 治涝工程应根据城市地形条件、水系特点、承泄条件、原有排水系统及行政区划等进行分区、分片治理。

8.2.3 治涝工程布局，应充分利用现有河道、沟渠将涝水排入承泄区，充分利用现有湖泊、洼地滞蓄涝水。

8.2.4 城区有外水汇入时，可结合防洪工程布局，根据地形、水系将部分或全部外水导至城区下游。

8.2.5 排涝工程布局应自排与抽排相结合，有自排条件的地区，应以自排为主；受洪（潮）水顶托、自排困难的地区，应设挡洪（潮）排涝水闸，并设排涝泵站抽排。

8.2.6 承泄区的设计水位，应根据承泄区来水与涝水遭遇规律合理确定。

8.3 排涝河道设计

8.3.1 排涝河道布置应根据地形、地质条件、河网与排水管网分布及承泄区位置，结合施工条件、征地拆迁、环境保护与改善等因素，经过技术经济比较，综合分析确定。

8.3.2 排涝河道的规模和控制点设计水位，应根据排涝要求确定。纵坡、横断面等应进行经济技术比较选定。兼有多种功能的排涝河道，设计参数应根据各方面要求，综合分析确定。

8.3.3 开挖、改建、拓浚城市排涝河道，应排水通畅，流态平稳，各级排涝河道应平顺连接。受条件限制，河道不宜明挖的，可用管（涵）衔接。

8.3.4 利用现有河道排涝，宜保持河道的自然风貌和功能，并为改善河流生态与沿岸环境创造条件。

8.3.5 主城区的排涝河道，可根据排涝及城市建设要求进行防护，并与城市建设相协调；非主城区且无特殊要求的排涝河道，可保持原河床形态或采用生物护坡。

8.4 排涝泵站

8.4.1 排涝泵站的规模，应根据城市排涝要求，按照近期与远期、自排与抽排、排涝与引水相结合的原则，经综合分析确定。

8.4.2 排涝泵站站址，应根据排涝规划、泵站规模、运行特点和综合利用要求，选择在利于排水区涝水汇集、靠近承泄区、地质条件好、占地少、有利施工、方便管理的地段。

8.4.3 排涝泵站的布置，应根据泵站功能和运用要求进行，单一排涝任务的泵站可采用正向进水和正向出水的方式，有排涝、引水要求的，宜采用排、引结合的形式。排涝泵站布置应符合下列规定：

1 泵站引渠的线路，应根据选定的取水口及泵房位置，结合地形地质条件布置。引渠与进水前池，应水流顺畅、流速均匀、池内无涡流。

2 泵站进出水流道形式，应根据泵型、泵房布置、泵站扬程、出水池水位变化幅度等因素，综合分析确定。

3 出水池的位置应结合站址、管线的位置，选择在地形条件好、地基坚实稳定、渗透性小、工程量小的地点。

4 泵房外出水管道的布置，应根据泵站总体布置要求，结合地形、地质条件确定。

8.4.4 泵站应进行基础的防渗和排水设计，在泵站高水侧应结合出水池布置防渗设施，在低水侧应结合前池布置排水设施；在左右两侧应结合两岸连接结构设置防渗刺墙、板桩等，增加侧向防渗长度。

8.4.5 泵房与周围房屋和公共建筑物的距离，应满足城市规划、消防和环保部门的要求，造型应与周围环境相协调，做到适用、经济、美观。泵房室外地坪标高应满足防洪的要求，入口处地面高程应比设计洪水位高0.5m以上；当不能满足要求时，可设置防洪设施。泵房挡水部位顶部高程不应低于设计或校核水位加安全超高。

9 防 洪 闸

9.1 闸址和闸线的选择

9.1.1 闸址应根据其功能和运用要求,综合分析地形、地质、水流、泥沙、潮汐、航运、交通、施工和管理等因素,结合城市规划与市政工程布局,经技术经济比较选定。

9.1.2 闸址应选择在水流流态平顺,河床、岸坡稳定的河段。泄洪闸、排涝闸宜选在河段顺直或截弯取直的地点;分洪闸应选在被保护城市上游,且河岸基本稳定的弯道凹岸顶点稍偏下游处或直段。

9.1.3 闸址地基宜地层均匀、压缩性小、承载力大、抗渗稳定性好,有地质缺陷、不满足设计要求时,地基应进行加固处理。

9.1.4 拦河闸的轴线宜与所在河道中心线正交,其上、下游河道的直线段长度不宜小于水闸进口处设计水位水面宽度的 5 倍。

9.1.5 分洪闸的中心线与主干河道中心线交角不宜超过 30°,位于弯曲河段宜布置在靠河道深泓一侧,其方向宜与河道水流方向一致。

9.1.6 泄洪闸、排涝闸的中心线与主干河道中心线的交角不宜超过 60°,下游引河宜短且直。

9.1.7 防潮闸闸址应根据河口河道和海岸(滩)水流、泥沙情况、冲淤特性、地质条件等,经多方面分析研究选择。防潮闸闸址宜选在河道入海口处的顺直河段,其轴线宜与河道水流方向垂直。重要的防潮闸闸址确定,必要时应进行模型试验检验。

9.1.8 水流流态、泥砂问题复杂的大型防洪闸址选择,应进行水工模型试验验证。

9.2 工程布置

9.2.1 闸的总体布置应结构简单、安全可靠、运用方便,并与城市景观、环境美化相结合。

9.2.2 闸的形式应根据其功能和运用要求合理选择。有通航、排冰、排漂要求的闸,应采用开敞式;设计洪水位高于泄洪水位,且无通航排漂要求的闸,可采用胸墙式;对多泥沙河流宜留有排沙孔。

9.2.3 闸底板或闸坎高程,应根据地形、地质、水流条件,结合泄洪、排涝、排沙、冲污等要求确定,并结合堰型、门型选择,经技术经济比较合理选定。

9.2.4 闸室总宽度应根据泄流规模、下游河床地质条件和安全泄流的要求,经技术经济比较后确定。闸室总宽度应与上、下游河道相适应,不应过分束窄河道。

9.2.5 闸孔的数量及单孔净宽,应根据防洪闸使用功能、闸门形式、施工条件等因素确定。闸的孔数较少时,宜用单数孔。

9.2.6 闸的闸顶高程不应低于岸(堤)顶高程;泄洪时不应低于设计洪水位(或校核洪水位)与安全超高之和;挡水时不应低于正常蓄水位(或最高挡水位)加波浪计算高度与相应安全超高之和,并宜结合下列因素留有适当裕度:

 1 多泥沙河流上因上、下游河道冲淤变化引起水位升高或降低的影响;

 2 软弱地基上地基沉降的影响;

 3 水闸两侧防洪堤顶可能加高的影响。

9.2.7 闸与两岸的连接,应保证岸坡稳定和侧向渗流稳定,有利于改善水闸进、出水水流状态,提高消能防冲效果、减轻边荷载的影响。闸顶应根据管理、交通和检修要求,修建交通和检修桥。

9.2.8 闸上、下翼墙宜与闸室及两岸坡平顺连接,上游翼墙长度应大于或等于铺盖长度,下游翼墙长度应大于或等于消力池长度。下游翼墙的扩散角宜采用 7°~12°。

9.2.9 翼墙分段长度应根据结构和地基条件确定,建筑在坚实地基上的翼墙分段长度可采用 15m~20m,建筑在松软地基上的翼墙分段长度可适当减短。

9.2.10 闸门形式和启闭设施应安全可靠,运转灵活,维修方便,可动水启闭,并应采用较先进的控制设施。

9.2.11 防渗排水设施的布置,应根据闸基地质条件、水闸上下游水位差等因素,结合闸室、消能防冲和两岸连接布置综合分析确定,形成完整可靠的防渗排水系统。

9.2.12 闸上、下游的护岸布置,应根据水流状态、岸坡稳定、消能防冲效果以及航运、城建要求等因素确定。

9.2.13 消能防冲形式,应根据地基情况、水力条件及闸门控制运用方式等因素确定,宜采用底流消能。

9.2.14 地基为高压缩、松软的地层时,应根据基础情况采用换基、振冲、强夯、桩基等措施进行加固处理,有条件时也可采用插塑料排水板或预压加固措施等。

9.2.15 对位于泥质河口的防潮闸,应分析闸下河道泥沙淤积规律和可能淤积量,采取防淤、减淤措施。对于存在拦门沙的防潮闸河口,应研究拦门沙位置变化对河道行洪的影响。

9.3 工程设计

9.3.1 防潮闸的泄流能力应按偏于不利的潮位,依据现行行业标准《水闸设计规范》SL 265 的泄流公式计算,并应采用闸下典型潮型进行复核。闸顶高程应满足泄洪、蓄水和挡水工况的要求。

9.3.2 防潮闸设计应满足闸感潮启闭的运行特性要求,对多孔水闸,闸门启闭应采用对称、逐级、均步启闭方式。

9.3.3 防潮闸门型宜采用平板钢闸门,在有减少启闭容量、降低机架桥高度要求时可采用上、下双扉门。

9.3.4 防洪闸护坦、消力池、海漫、防冲槽等的设计应按水力计算确定。

9.4 水力计算

9.4.1 防洪闸单宽流量,应根据下游河床土质,上、下游水位差、尾水深度、河道和闸室宽度比等因素确定。

9.4.2 闸下消能设计应根据闸门运用条件,选用最不利的水位和流量组合进行计算。

9.4.3 海漫的长度和防冲槽埋深,应根据河床地质、海漫末端的单宽流量和水深等因素确定。

9.5 结构与地基计算

9.5.1 闸室、岸墙和翼墙应进行强度、稳定和基底应力计算,其强度、稳定安全系数和基底应力允许值均满足有关标准的规定。

9.5.2 当地基为软弱土或持力层范围内有软弱夹层时,应进行整体稳定验算。对建在复杂地基上的防洪闸的整体稳定计算,应进行专门研究。

9.5.3 防潮闸应采取分层综合法计算其最终沉降量。

9.5.4 防洪闸应避免建在软硬不同地基或地层断裂带上,难以避开时必须采取防止不均匀沉降的工程措施。

10 山 洪 防 治

10.1 一般规定

10.1.1 山洪防治工程设计,应根据山洪沟所在的地形、地质条件,植被及沟壑发育情况,因地制宜,综合治理,形成以水库、谷坊、跌水、陡坡、撇洪沟、截流沟、排洪渠道等工程措施与植被修复等生物措施相结合的综合防治体系。

10.1.2 山洪防治应以山洪沟流域为治理单元进行综合规划,并应集中治理和连续治理相结合。

10.1.3 山洪防治宜利用山前水塘、洼地滞蓄洪水。
10.1.4 修建调蓄山洪的小型水库,应根据其失事后造成损失的程度适当提高防洪标准,并应提高坝体的填筑质量要求。
10.1.5 排洪渠道、截流沟宜进行护砌,排洪渠道、截流沟、撇洪沟设计应提高质量要求。
10.1.6 植树造林等生物措施以及修建梯田、开水平沟等治坡措施,应按有关标准规定执行。

10.2 跌水和陡坡

10.2.1 山洪沟或排洪渠道底部纵坡较陡时,可采用跌水或陡坡等构筑物调整。
10.2.2 跌水和陡坡设计,水面线应平顺衔接。水面线可采用分段直接求和法和水力指数积分法计算。
10.2.3 跌水和陡坡的进、出口段,应导流翼墙与沟岸相连接。连接形式可采用扭曲面,也可采用变坡式或八字墙式,并应符合下列要求:
　　1 进口导流翼墙的单侧平面收缩角,应以进口段长度控制确定,不宜大于15°。翼墙的长度L由沟渠底宽B与水深H的比值确定,并应符合下列规定:
　　　1)当$B/H<2.0$时,$L=2.5H$;
　　　2)当$2≤B/H<2.5$时,$L=3.0H$;
　　　3)当$2.5≤B/H<3.5$时,$L=3.5H$;
　　　4)当$B/H≥3.5$时,L宜适当加长。
　　2 出口导流翼墙的单侧平面扩散角,可取$10°\sim15°$。
10.2.4 跌水和陡坡的进、出口段应护底,其长度应与翼墙末端齐,底的始、末端应设一定深度的防冲齿墙。跌水和陡坡下游应设置消能防冲措施。
10.2.5 跌水跌差小于或等于5m时,可采用单级跌水,跌水跌差大于5m时,采用单级跌水不经济时,可采用多级跌水。多级跌水可根据地形、地质条件,采用连续或不连续的形式。
10.2.6 陡坡段平面布置应力求顺直,陡坡底宽与水深的比值,宜控制为10~20。
10.2.7 陡坡比降应根据地形、地基土性质、跌差及流量大小确定,可取$1:2.5\sim1:5$,陡坡倾角必须小于或等于地基土壤的内摩擦角。
10.2.8 陡坡护底在变形缝处应设齿坎,变形缝内应设止水或反滤盲沟,必要时可同时采用。
10.2.9 当陡坡的流速较大时,其护底可采取人工加糙减蚀措施或采用台阶式,人工加糙减蚀或台阶式形式及其尺寸可按类似工程分析确定。重要的陡坡,必要时应进行水工模型试验验证。

10.3 谷　坊

10.3.1 山洪沟可利用谷坊措施进行整治。
10.3.2 谷坊形式应根据沟道地形、地质、洪水、当地材料、谷坊高度、谷坊失事后可能造成损失的程度等条件比选确定,可采用土石谷坊、浆砌石谷坊、铅丝石笼谷坊、混凝土谷坊等形式。
10.3.3 谷坊位置宜选在沟宽敞段下游窄口处,山洪河道冲刷段较长的,可顺河道由上到下设置多处谷坊。谷坊间沟床纵坡应满足稳定沟道坡降的要求。
10.3.4 谷坊高度应根据山洪沟自然纵坡、稳定坡降、谷坊间距等确定。谷坊高度宜为1.5m~4m,当高度大于5m时,应按塘坝要求进行设计。
10.3.5 谷坊间距,在山洪沟坡降不变的情况下,与谷坊高度接近成正比,可按下式计算:

$$L=\frac{h}{J-J_0}\qquad(10.3.5)$$

式中:L——谷坊间距(m);
　　　h——谷坊高度(m);
　　　J——沟床天然坡降;
　　　J_0——沟床稳定坡降。

10.3.6 谷坊应建在坚实的地基上。当为岩基时,应清除表层风化岩;当为土基时埋深不得小于1m,并应验算地基承载力。
10.3.7 铅丝石笼、浆砌石和混凝土等形式的谷坊,在其中部或沟床深槽处应设溢流口。当设计谷坊顶部全长溢流时,应进行两侧沟岸的防护。溢流口下游应设置消能设施,护砌长度可根据谷坊高度、单宽流量和沟床土质计算确定。
10.3.8 浆砌石和混凝土谷坊,应每隔15m~20m设一道变形缝,谷坊下部应设排水孔。
10.3.9 土石谷坊,不得在顶部溢流,宜在坚实沟岸开挖溢流口或在谷坊底部设泄流孔,并应进行基础处理。

10.4 撇洪沟及截流沟

10.4.1 城市防治山洪可采用撇洪沟将部分或全部洪水撇向城市下游。
10.4.2 撇洪沟的设计标准应与山洪防治标准相适应,也可根据工程规模大小和失事后造成损失的程度适当提高。
10.4.3 撇洪沟应顺应地形布置,宜短直平顺、少占耕地、减少交叉建筑物、避免山体滑坡。
10.4.4 撇洪沟的设计流量应根据山洪特性和撇洪沟的汇流面积与撇洪比例确定,当只撇山洪设计洪峰流量的一部分时,应设置溢洪堰(闸)将其余部分排入承泄区或原沟道。
10.4.5 撇洪沟设计沟底比降宜因地制宜选择,断面应采取防冲措施。
10.4.6 截流沟的设计标准与保护地区的山洪防治理标准一致,设计洪峰流量可采用小流域洪水的计算方法推求。当只能截流设计洪峰流量的一部分时,应设置溢洪堰(闸)将其余部分排入承泄区。
10.4.7 截流沟宜沿保护地区上部边缘等高线布置,并应选择较短路线或利用天然河道就近导入承泄区。
10.4.8 截流沟的设计断面应根据设计流量经水力计算确定,沟底比降宜以沟底不产生冲刷和淤积为控制条件。

10.5 排洪渠道

10.5.1 排洪渠道渠线宜沿天然沟道布置,宜选择地形平缓、地质条件稳定、拆迁少、渠线顺直的地带。渠道较长的宜分段设计,两段排洪明渠断面有变化时,宜采用渐变段衔接,其长度可取水面宽度之差的5倍~20倍。
10.5.2 排洪明渠设计纵坡,应根据渠线、地形、地质以及与山洪沟连接条件和便于管理等因素,经技术经济比较后确定。当自然纵坡大于1:20或局部渠段高差较大时,可设置陡坡或跌水。
10.5.3 排洪明渠渠道边坡应根据土质稳定条件确定。
10.5.4 排洪明渠进出口平面布置,宜采用喇叭口或八字形导流翼墙,其长度可取设计水深的3倍~4倍。
10.5.5 排洪明渠的安全超高可按有关标准的规定采用,在弯曲段凹岸应分析并计入水位壅高的影响。
10.5.6 排洪明渠宜采用挖方渠道。对于局部填方渠道,其堤防填筑的质量要求应符合有关标准规定。
10.5.7 排洪明渠弯曲段的轴线弯曲半径,不应小于按下式计算的最大允许半径及渠底宽度的5倍。当弯曲半径小于渠底宽度的5倍时,凹岸应采取防冲措施:

$$R_{min}=1.1v^2\sqrt{A}+12\qquad(10.5.7)$$

式中:R_{min}——渠道最小允许弯曲半径(m);
　　　v——渠道中水流流速(m/s);
　　　A——渠道过水断面面积(m²)。

10.5.8 当排洪明渠水流流速大于土壤允许不冲流速时,应采取防冲措施。防冲形式和防冲材料,应根据土壤性质和水流流速确定。

10.5.9 排洪渠道进口处宜设置拦截山洪泥砂的沉沙池。

10.5.10 排洪暗渠纵坡变化处应保持平顺,避免产生壅水或冲刷。

10.5.11 排洪暗渠应设检查井,其间距可取为 50m~100m。暗渠走向变化处应加设检查井。

10.5.12 排洪暗渠为无压流时,断面设计水位以上的净空面积不应小于断面面积的 15%。

10.5.13 季节性冻土地区的暗渠,其基础埋深不应小于土壤冻结深度,进出口基础应采取适当的防冻措施。

10.5.14 排洪渠道出口受承泄区河水或潮水顶托时,宜设防洪(潮)闸。对排洪暗渠也可采用回水堤与河(海)堤连接。

11 泥石流防治

11.1 一般规定

11.1.1 泥石流作用强度,应根据形成条件、作用性质和对建筑物的破坏程度等因素按表 11.1.1 的规定分级。

表 11.1.1 泥石流作用强度分级

级别	规模	形成区特征	泥石流性质	可能出现最大流量(m^3/s)	年平均单位面积物质冲出量(m^3/km^2)	破坏作用	破坏程度
1	大型	大型滑坡、坍塌堵塞沟道,坡陡、沟道比降大	黏性,容重γ_c大于$18kN/m^3$	>200	>5	以冲击和淤埋为主,危害严重,破坏剧烈,可淤埋整个村镇或部分区域,治理困难	严重
2	中型	沟坡上中小型滑坡、坍塌较多,局部淤塞,沟底堆积物厚	稀性或黏性,容重$16kN/m^3\leq\gamma_c\leq18kN/m^3$	200~50	5~1	有冲有淤以淤为主,破坏作用大,可冲毁淤埋部分平房及桥涵,治理比较容易	中等
3	小型	沟岸有零星滑坍,有部分沟床质	稀性或黏性,容重$14kN/m^3\leq\gamma_c<16kN/m^3$	<50	<1	以冲刷和淹没为主,破坏作用较小,治理容易	轻微

11.1.2 泥石流防治工程设计标准,应根据泥石流作用强度选定。泥石流防治应以大中型泥石流为重点。

11.1.3 泥石流防治应进行流域勘查,勘查重点是判定泥石流规模级别和确定设计参数。

11.1.4 泥石流流量计算宜采用配方法和形态调查法,两种方法应互相验证。也可采用地方经验公式。

11.1.5 城市防治泥石流,应根据泥石流特点和规模制定防治规划,建设工程体系、生物体系、预警预报体系相协调的综合防治体系。

11.1.6 泥石流防治工程设计,应预测可能发生的泥石流流量、流速及总量,沿途沉积过程,并研究冲击力及摩擦力对建筑物的影响。

11.1.7 泥石流防治,应根据泥石流特点和当地条件采用综合治理措施。在泥石流上游宜采用生物措施和截流沟、小水库调配径流;泥沙补给区宜采用固沙措施;中下游采用拦挡、停淤措施;通过市区段宜修建排导沟。

11.1.8 城市泥石流防治应以预防为主,主城区应避开严重的泥石流沟;对已发生泥石流的城区宜以拦为主,将泥石流拦截在流域内,减少泥石流进入城市,对于重点防护对象应建设有效的预警预报体系。

11.2 拦 挡 坝

11.2.1 泥石流拦挡坝的坝型和规模,应根据地形、地质条件和泥石流的规模等因素经综合分析确定。拦挡坝应能溢流,可选用重力坝、格栅坝等。

11.2.2 拦挡坝坝址应选择在沟谷宽敞段下游卡口处,可单级或多级设置。多级拦挡坝间距可根据回淤坡度确定。

11.2.3 拦挡坝的坝高和库容应根据以下不同情况分析确定:

1 以拦挡泥石流固体物质为主的拦挡坝,对间歇性泥石流沟,其库容不宜小于拦蓄一次泥石流固体物质总量;对常发性泥石流沟,其库容不得小于拦蓄一年泥石流固体物质总量。

2 以依靠淤积增宽沟床、减缓沟岸冲刷为主的拦挡坝,坝高宜按淤积后的沟床宽度大于原沟床宽度的 2 倍确定。

3 以拦挡泥石流淤积物稳固滑坡为主的拦挡坝,其坝高应满足拦挡的淤积物所产生的抗滑力大于滑坡的剩余下滑力。

11.2.4 拦挡坝基础埋深,应根据地基土质、泥石流性质和规模以及土壤冻结深度等因素确定。

11.2.5 拦挡坝的泄水口应有较好的整体性和抗磨性,坝体应设排水孔。

11.2.6 拦挡坝稳定计算,其计算工况和稳定系数应符合相关标准的规定。

11.2.7 拦挡坝下游应设消能设施,可采用消力槛,消力槛高度应高出沟床 0.5m~1.0m,消力池长度可取坝高的 2 倍~4 倍。

11.2.8 拦挡含有较多大块石的泥石流时,宜修建格栅坝。栅条间距可按公式(11.2.8)计算:

$$D=(1.4\sim2.0)d \quad (11.2.8)$$

式中:D——栅条间的净距离(m);
 d——计划拦截的大石块直径(m)。

11.3 停 淤 场

11.3.1 停淤场宜布置在坡度小、地面开阔的沟口扇形地带,并应利用拦挡坝和导流堤引导泥石流在不同部位落淤。停淤场应有较大的场地,使一次泥石流的淤积量不小于总量的 50%,设计年限内的总淤积高度不宜超过 5m~10m。

11.3.2 停淤场内的拦挡坝和导流坝的布置,应根据泥石流规模、地形等条件确定。

11.3.3 停淤场拦挡坝的高度宜为 1m~3m。坝体可直接利用泥石流冲积物。对冲刷严重或受泥石流直接冲击的坝,宜采用混凝土、浆砌石、铅丝石笼护面。坝体应设溢流口排泄泥水。

11.4 排 导 沟

11.4.1 排导沟宜布置在沟道顺直、长度短、坡降大和出口处具有停淤堆积泥石场地的地带。

11.4.2 排导沟进口可利用天然沟岸,也可设置八字形导堤,其单侧平面收缩角宜为 10°~15°。

11.4.3 排导沟横断面宜窄深,坡度宜较大,其宽度可按天然流通段沟槽宽度确定,沟口应避免洪水倒灌和受堆积场淤积的影响。

11.4.4 排导沟设计深度可按下式计算,沟口还应计算扇形体的堆高及对排导沟的影响。

$$H=H_c+H_f+\Delta H \quad (11.4.4)$$

式中:H——排导沟设计深度(m);
 H_c——泥石流设计流深(m),其值不宜小于泥石流波峰高度和可能通过最大块石尺寸的 1.2 倍;

H_1——泥石流淤积高度(m);

ΔH——安全加高(m),采用相关标准的数值,在弯曲段另加由于弯曲而引起的壅高值。

11.4.5 城市泥石流排导沟的侧壁应护砌,护砌材料可根据泥石流流速选择,采用浆砌块石、混凝土或钢筋混凝土结构。护底结构形式可根据泥石流特点确定。

11.4.6 通过市区的泥石流沟,当地形条件允许时,可将泥石流导向指定的落淤区。

12 防洪工程管理设计

12.1 一般规定

12.1.1 城市防洪工程管理设计应明确管理体制、机构设置和人员编制,划定工程管理范围和保护范围,提出监测、交通、通信、警示、抢险、生产管理和生活设施,进行城市防洪预警系统设计,编制城市防洪洪水调度方案、运行管理规定,测算年运行管理费。

12.1.2 城市防洪工程管理设计应根据城市的自然地理条件、土地开发利用情况、工程运行需要及当地人民政府的规定划定管理范围和保护范围。

12.1.3 城市防洪工程管理设计应依据现行的有关规定和标准为城市防洪工程管理设置必要的管理设施及必要的监测设施。

12.1.4 城市防洪工程管理应对超标准洪水处置区建立相应的管理制度。

12.2 管理体制

12.2.1 城市防洪工程管理设计应根据管理单位的任务和收益状况,拟定管理单位性质。

12.2.2 城市防洪工程管理设计应根据防洪工程特点、规模、管理单位性质拟定管理机构设置和人员编制,明确相应的管理任务、职责和权利。

12.3 防洪预警

12.3.1 城市防洪工程管理设计,应根据洪水特性和城市防洪保护区的实际需要进行防洪预警系统设计。

12.3.2 城市防洪预警系统的结构体系应符合流域(区域)防洪预警系统的框架要求。

12.3.3 城市防洪预警系统应包括外江河洪水、内涝、雨水排水、山洪和泥石流预警等。

12.3.4 城市防洪预警系统应包括城市雨情、水情、工情信息采集系统,通信传输系统,计算机决策支持系统,预警信息发布系统等。

12.3.5 预警信息采集系统、通信传输系统、计算机决策支持系统的建设应符合国家防汛指挥系统建设有关标准的要求。

12.3.6 防洪预警系统应实行动态管理,结合新的工程情况和调度方案不断进行修订。

13 环境影响评价、环境保护设计与水土保持设计

13.1 环境影响评价与环境保护设计

13.1.1 城市防洪工程在规划、项目建议书和可行性研究阶段,均应进行环境影响评价;在初步设计阶段,应进行环境保护设计。

13.1.2 城市防洪工程对环境的影响,应依据《中华人民共和国环境影响评价法》及现行行业标准《环境影响评价技术导则 水利水电工程》HJ/T 88,结合城市防洪工程的具体情况进行评价。

13.1.3 城市防洪工程的环境影响评价应主要包括下述内容:
 1 对河道、河滩及湿地的影响;
 2 对城市排水的影响;
 3 对城市现有的交通等基础设施的影响;
 4 对城市发展及城市风貌景观影响;
 5 对城市防洪安全的影响。

13.1.4 城市防洪工程环境保护设计,应依据具有审批权的环境保护主管部门对城市防洪工程环境影响报告书或环境影响报告表的批复意见进行。

13.1.5 城市防洪工程环境保护设计应符合下列规定:
 1 合理调度洪水和涝水,维护河道、湿地的生态环境;
 2 城市防洪工程对排水有影响时,应进行排水改道设计;
 3 对交通等基础设施影响的处理措施设计;
 4 保护重要文物、景观与珍稀树木的措施设计;
 5 对城市防洪安全不利影响的减免措施设计。

13.1.6 环境保护投资概算,应根据现行行业标准《水利水电工程环境保护概估算编制规程》SL 359 的有关规定编制。

13.2 水土保持设计

13.2.1 城市防洪工程应按现行国家标准《开发建设项目水土保持技术规范》GB 50433 的有关规定进行水土保持设计。

13.2.2 城市防洪工程的水土保持措施应符合城市建设的要求,与城市绿化、美化相结合,生物措施应与园林景观相协调。

本规范用词说明

1 为便于在执行本规范条文时区别对待,对要求严格程度不同的用词说明如下:
 1)表示很严格,非这样做不可的:
  正面词采用"必须",反面词采用"严禁";
 2)表示严格,在正常情况下均应这样做的:
  正面词采用"应",反面词采用"不应"或"不得";
 3)表示允许稍有选择,在条件许可时首先应这样做的:
  正面词采用"宜",反面词采用"不宜";
 4)表示有选择,在一定条件下可以这样做的,采用"可"。

2 条文中指明应按其他有关标准执行的写法为:"应符合……的规定"或"应按……执行"。

引用标准名录

《堤防工程设计规范》GB 50286
《开发建设项目水土保持技术规范》GB 50433
《水闸设计规范》SL 265
《水利水电工程环境保护概估算编制规程》SL 359
《环境影响评价技术导则 水利水电工程》HJ/T 88

中华人民共和国国家标准

城市防洪工程设计规范

GB/T 50805—2012

条 文 说 明

制 定 说 明

本规范系根据住房和城乡建设部《关于印发〈2008 年工程建设标准规范制订、修订计划（第二批）〉的通知》（建标〔2008〕105 号），水利部水利水电规划设计总院水总科〔2009〕49 号《关于确定〈城市防洪工程设计规范〉等 4 项标准制定与修订项目和主编单位的通知》要求，在原行业标准《城市防洪工程设计规范》CJJ 50—92 的基础上，由水利部水利水电规划设计总院和中水北方勘测设计研究有限责任公司主编，会同中国市政工程东北设计研究总院、浙江省水利水电勘测设计研究院、上海勘测设计研究院共同编制完成。

制定工作中以原《城市防洪工程设计规范》CJJ 50—92 为基础，坚持科学性、先进性和实用性原则。在本规范中，既要有原则规定，又要体现一定的灵活性；既要反映我国近年来成熟的技术成果和经验，又要借鉴并吸收国外先进经验和新理论、新技术；既要结合我国水利水电工程规划设计的实际需要，又要体现国内和国际上 21 世纪以来的最新技术水平。

编制组于 2009 年 3 月底完成《城市防洪工程设计规范》征求意见稿，根据水利部水利水电规划设计总院印发水总科〔2009〕264 号《关于征求国家标准〈城市防洪工程设计规范（征求意见稿）〉意见的函》，中水北方勘测设计研究有限责任公司发送 52 份给相关设计、管理单位或专家征求意见，根据收到的反馈意见，编制组对征求意见稿进行修改，于 2009 年 8 月完成了《城市防洪工程设计规范（送审稿）》。

本规范制定工作中对原《城市防洪工程设计规范》CJJ 50—92 内容进行了丰富和调整，由十章调整为十三章，主要变化情况为：总则中增加了对基本资料、水土保持、特殊地基上修建城市防洪工程等内容的要求；以城市防洪工程等别和防洪标准取代了城市等别和防洪标准，取消了有关防洪建筑物的安全超高、抗滑稳定安全系数方面的规定内容；设计洪水和设计潮位章修改为设计洪水、涝水、潮水位章，增加了设计涝水，洪水、涝水和潮水遭遇分析等内容的规定（单独成节）；总体设计章修改为总体布局章，并增加了有关涝灾防治、超标准洪水安排的规定（单独成节）；江河堤防设计章中增加了有关穿堤建筑物设计方面的规定内容；防洪闸章中增加了防潮闸设计的规定；山洪防治章中增加了撇洪沟、截流沟设计及陡坡稳定计算要求等方面的规定；增加海堤设计章，对海堤堤线布置、堤身结构形式、筑堤材料、堤身稳定分析、基础处理等方面作出了具体规定；增加排涝工程设计章，对排涝工程总体布局，排涝河道设计，排涝泵站站址选择、总体布置、基础处理等方面作出具体规定；增加防洪工程管理设计章；增加环境影响评价、环境保护设计与水土保持设计章。

原《城市防洪工程设计规范》CJJ 50—92 由中国市政工程东北设计院主编，天津大学、武汉市防汛指挥部、上海市市政工程设计院、太原市市政工程设计院、南宁市市政工程设计院、中国科学院兰州冰川冻土研究所、甘肃省科学院地质自然灾害防治研究所、水利部松辽水利委员会、水利部黄河水利委员会、水利部珠江水利委员会等单位参加编制。主要起草人有：马庆骥、方振远、章一鸣、杨祖玉、李鸿琏、王喜成、曾思伟、张友闻、李鉴龙、陈万佳、肖先悟、郭立廷、全学一、温善章、叶林宜等。

本次规范制定过程中得到了成都山地灾害研究所、广东省水利厅、福建省水利厅、福建省水利水电勘测设计院、北京市水务局、江苏省水利厅防汛办公室等诸多单位的帮助与支持，在此表示衷心感谢。

本规范涉及专业面宽、单项工程范围广，由于经费等原因，在山洪防治、泥石流防治方面投入不足；由于城市排水系统管理与河道管理体制、习惯的原因，涝水标准与室外排水标准还不能很好联系起来，可能使得规范应用中相关内容不够明确。上述问题需要在今后的工作实践中沟通、吸纳、总结，逐步完善。

为便于广大设计、施工、科研、学校等单位有关人员在使用本规范时能正确理解和执行条文规定，《城市防洪工程设计规范》编写组按章、节、条、款、项的顺序编制了本规范的条文说明，对条文规定的目的、依据以及执行中需要注意的有关事项进行了说明。但是，本条文说明不具备与规范正文同等的法律效力，仅供使用者作为理解和把握规范规定的参考。

目 次

1 总则 ················· 42—20
2 城市防洪工程等级和设计标准 ······ 42—20
　2.1 城市防洪工程等别和防洪标准······ 42—20
　2.2 防洪建筑物级别·················· 42—21
3 设计洪水、涝水和潮水位············ 42—21
　3.1 设计洪水························ 42—21
　3.2 设计涝水························ 42—22
　3.3 设计潮水位······················ 42—23
　3.4 洪水、涝水和潮水遭遇分析········ 42—23
4 防洪工程总体布局···················· 42—23
　4.1 一般规定························ 42—23
　4.2 江河洪水防治···················· 42—24
　4.3 涝水防治························ 42—24
　4.4 海潮防治························ 42—24
　4.5 山洪防治························ 42—24
　4.6 泥石流防治······················ 42—24
　4.7 超标准洪水安排·················· 42—24
5 江河堤防···························· 42—25
　5.1 一般规定························ 42—25
　5.2 防洪堤防（墙）·················· 42—25
　5.3 穿堤、跨堤建筑物················ 42—26
　5.4 地基处理························ 42—26
6 海堤工程···························· 42—26
　6.1 一般规定························ 42—26
　6.2 堤身设计························ 42—27
　6.3 堤基处理························ 42—27
7 河道治理及护岸（滩）工程············ 42—27
　7.1 一般规定························ 42—27
　7.2 河道整治························ 42—27
　7.3 坡式护岸························ 42—27
　7.4 墙式护岸························ 42—28
　7.5 板桩式及桩基承台式护岸·········· 42—28
　7.6 顺坝和短丁坝护岸················ 42—28
8 治涝工程···························· 42—28
　8.1 一般规定························ 42—28
　8.2 工程布局························ 42—29
　8.3 排涝河道设计···················· 42—29
　8.4 排涝泵站························ 42—30
9 防洪闸······························ 42—30
　9.1 闸址和闸线的选择················ 42—30
　9.2 工程布置························ 42—31
　9.3 工程设计························ 42—31
　9.4 水力计算························ 42—31
　9.5 结构与地基计算·················· 42—32
10 山洪防治··························· 42—32
　10.1 一般规定······················· 42—32
　10.2 跌水和陡坡····················· 42—32
　10.3 谷坊··························· 42—32
　10.4 撇洪沟及截流沟················· 42—33
　10.5 排洪渠道······················· 42—33
11 泥石流防治························· 42—33
　11.1 一般规定······················· 42—33
　11.2 拦挡坝························· 42—36
　11.3 停淤场························· 42—37
　11.4 排导沟························· 42—37
12 防洪工程管理设计··················· 42—38
　12.1 一般规定······················· 42—38
　12.2 管理体制······················· 42—38
　12.3 防洪预警······················· 42—39
13 环境影响评价、环境保护
　　设计与水土保持设计··············· 42—39
　13.1 环境影响评价与环境保护设计····· 42—39
　13.2 水土保持设计··················· 42—39

1 总 则

1.0.1 洪灾,包括由江河洪水、山洪、泥石流等引发的灾害,是威胁人类生命财产的自然灾害,给城市造成的经济损失尤为严重。城市涝灾多由暴雨形成,涝洪灾害常相伴发生。涝水形成时,往往洪峰流量也较大,城区外河水位高,涝水排泄不畅,导致低洼地带积水、路面受淹、交通中断,给人民生活带来极大不便,甚至造成较大经济损失。沿海和河口城市地势低洼,经常受海潮及台风的威胁,台风往往带来狂风、大浪、暴潮和暴雨,引起的风灾、潮灾及洪、涝灾害惨重,有时甚至是毁灭性的,潮水顶托更加剧城市的洪涝灾害。城市是地区政治、经济、文化、交通的中心,是流域防洪的重点,为了更有效地减轻洪涝潮水灾害损失,提高城市抵御洪涝潮灾害的能力,指导城市防洪潮建设,特制定本规范。

根据现行国家标准《中华人民共和国国家标准城市规划基本术语标准》GB/T 50280的规定,城市(城镇)是以非农产业和非农业人口聚集为主要特征的居民点,包括按国家行政建制设立的市和镇。市是经国家批准设市建制的行政地域,是中央直辖市、省直辖市和地辖市的统称,市按人口规模又分为大城市、中等城市和小城市;镇是经国家批准设镇建制的行政地域,包括县人民政府所在地的建制镇和县以下的建制镇;市域是市行政管辖的全部地域。

本规范中城市防洪工程指为防治江河洪水、涝水、海潮、山洪、泥石流等自然灾害所造成的损失而修建的水工程。

1.0.3 本条基本沿用原《城市防洪工程设计规范》CJJ 50—92第1.0.3条的规定。根据《中华人民共和国防洪法》:"防洪规划是江河、湖泊治理和防洪工程设施建设的基本依据。""城市防洪规划,由城市人民政府组织水行政主管部门、建设行政主管部门和其他有关部门依据流域防洪规划、上一级人民政府区域防洪规划编制,按国务院规定的审批程序批准后纳入城市总体规划。"城市防洪规划是江河流域防洪规划的一部分,并且是流域防洪规划的重点,有些城市必须依赖于流域性的洪水调度才能确保城市的防洪安全,所以本条作此规定。随着我国社会经济的发展,城市化程度不断提高,城市规模在迅速扩大,城市市政建设日新月异,因此城市防洪工程建设一方面要充分考虑城市近远期发展,为城市可持续发展留出空间;另一方面要与城市发展、市政建设相结合、相协调,与生态环境相协调,考虑技术可行、投资经济、方便人民生活、美化人们生存环境与空间,提高生活质量。所以城市防洪工程规划设计,必须以流域规划为依据,全面规划、综合治理。

1.0.4 我国地域辽阔、人口众多,城市分布在平原海滨区和山区,由于所处地域的差异,所受洪灾也有不同,平原区易于洪涝相交,积涝成灾;海滨区除受洪涝灾害威胁外,风暴潮灾也不容忽视;山区城市防洪安全受山洪、泥石流双重威胁。因此,不同地域的城市应分析本城市的灾害特点,在防御江河洪水灾害的同时,对可能产生的涝、潮、山洪、泥石流灾害有所侧重,有的放矢,取得最佳效果。

1.0.5 基础资料是设计的基础和依据,必须十分重视基础资料的收集、整理和分析工作。不同的设计阶段对基础资料的范围、精度要求不同,选用的基础资料应准确可靠,符合设计阶段深度要求。

1.0.6 本条基本沿用原《城市防洪工程设计规范》CJJ 50—92第1.0.4条的规定,是根据《中华人民共和国河道管理条例》第11条、第16条的规定制定的。制定本条的目的是为确保河道行洪能力,保持河势稳定和维护堤防安全。

1.0.7 湿陷性黄土、膨胀土等特殊土可能使城市防洪工程失去稳定,影响工程安全,造成城市防洪工程失效。我国三北地区(东北、西北、华北)属于季节冻土及多年冻土地区,水工建筑物冻害现象十分普遍和严重;黄河、松花江等江河中下游还存在凌汛灾害;地面沉降导致防洪设施顶部标高降低,从而降低其抗洪能力的情况也是屡见不鲜,上海黄浦江、苏州河防洪墙几次加高,一个重要原因就是为了弥补因地面沉降造成防洪标准的降低而进行的。地面沉降还会引起防洪设施发生裂缝、倾斜甚至倾倒,完全失去抗洪能力。上述情况均是可能危及城市防洪安全的不利状况,因此本条作此规定。

1.0.9 本条基本沿用原《城市防洪工程设计规范》CJJ 50—92第1.0.5条的规定,将原规定"重要城市的防洪工程设计在可行性研究阶段,应参照现行《水利经济计算规范》进行经济评价,其内容可适当简化"修改为"城市防洪工程设计应按照国家现行有关标准的规定进行技术经济分析"。技术经济分析是从经济上对工程方案的合理性与可行性进行评价,为工程方案选优提供科学依据,是研究城市防洪工程建设是否可行的前提。

1.0.10 本规范具有综合性特点,专业范围广、涉及的市政设施多。本规范对城市防洪设计中所涉及的问题作了全面、概括、原则的论述,其目的是在城市防洪设计中统筹考虑、相互协调、全面配合,既保证城市防洪安全,又避免相互矛盾和干扰,满足各部门要求。对有些专业规范,我们作了必要的搭接,其他更多的专业规范不再赘述,应按有关专业规范要求执行。

2 城市防洪工程等级和设计标准

2.1 城市防洪工程等别和防洪标准

2.1.1 本条是在原《城市防洪工程设计规范》CJJ 50—92第2.1.1条基础上制定的。在我国660余座建制市中,639座有防洪任务,占96.67%,达到国家防洪标准的只有236个。洪水对城市的危害程度与城市人口数量密切相关,人口越多洪水危害越大。

目前我国城市化速度加快,超过50万人口的城市较多,根据第五次人口普查结果,我国城市人口在200万以上的城市有12个,即北京市、上海市、天津市、重庆市、辽宁省沈阳市、吉林省长春市、黑龙江省哈尔滨市、江苏省南京市、湖北省武汉市、广东省广州市、四川省成都市、陕西省西安市;人口在100万~200万的城市有22个,即河北省石家庄市、河北省唐山市、山西省太原市、内蒙古自治区包头市、辽宁省大连市、辽宁省鞍山市、辽宁省抚顺市、吉林省吉林市、黑龙江省齐齐哈尔市、江苏省徐州市、浙江省杭州市、福建省福州市、江西省南昌市、山东省济南市、山东省青岛市、山东省淄博市、河南省郑州市、湖南省长沙市、贵州省贵阳市、云南省昆明市、甘肃省兰州市、新疆维吾尔自治区乌鲁木齐市;人口在50万~100万的城市则共有47个;人口在20万~50万的城市则更多,共有113个。考虑到我国城市的发展,原来的防洪标准已不适应,如果仍按原《城市防洪工程设计规范》CJJ 50—92的4个城市等级,大于150万人口的城市不论是首都、直辖市、省会城市,不论其防洪重要性如何均为一等城市,同属一个标准,显然这是不合理的。

城市防洪标准,不仅与城市的重要程度、城市人口有关,还与城市防洪工程在城市中的影响和作用有关。有的山区、丘陵区城市重要性大、人口多,但由于具体城市的自然条件因素,许多重要的基础设施、厂矿企业、学校及城市人口并不受常遇江河洪水威胁,此时笼统用城市人口套城市等别套较高城市防洪标准,就很不经济,并可能影响城市人文景观,给城市人民生活造成不便。

综上所述,本规范中,将表2.1.1中的城市等别改为城市防洪工程等别,并根据城市防洪工程保护范围内城市的社会经济地位的重要程度和防洪保护区内的人口数量划分为四等,由城市防洪工程等别确定城市防洪工程的防洪设计标准,避开城市等别问题,以改变由城市的重要程度、城市人口使城市防洪工程标准过高问题。

在现代城市居住的人口除有非农业人口、农业人口还有外来人口，在不少城市中外来常住人口占有一定的比例，因此，本规范将原《城市防洪工程设计规范》CJJ 50—92 中规定的非农业人口改为常住人口。

2.1.2 城市防洪工程的防御目标包括江河洪水、山洪、泥石流、海潮和涝水。

城市防洪工程的防洪设计标准是指采用防洪工程措施和非工程措施后，具有的防御江河洪水的能力。表 2.1.2 中的防洪设计标准，主要是参考我国城市现有的或规划的防洪标准，并考虑我国的国民经济能力等因素确定。考虑到山洪对城市造成的灾害，往往是局部的，因此采用略低于防御江河洪水的标准。

城市防洪设计标准的表述：一个城市若受多条江河洪水威胁时，可能有多个防洪标准，但表达城市防洪设计标准时应采用防御城市主要外河洪水的设计标准，同时还要说明其他的防洪（潮）设计标准。例如，上海防御黄浦江洪水的防洪标准为 200 年，防潮标准为 200 年一遇潮位加 12 级台风；武汉防长江洪水的防洪标准为 100 年一遇，防城区小河洪水的防洪标准为 10 年～20 年一遇。

防洪设计标准上、下限的选用，应考虑受灾后造成的社会影响、经济损失、抢险难易等因素，酌情选取，不能一刀切。

城市治涝设计标准是本次《城市防洪设计规范》新增的内容。城市涝水指由城区降雨而形成的地表径流，一般由城市排水工程排除。城市排水工程的规模、管网布设、管理一般是由市政部门负责。城市防洪工程所涉及的治涝工程，应是承接城市排水管网出流的承泄工程，包括排涝河道、行洪河道、低洼承泄区等。

"治涝"措施主要采取截、排、滞，即拦截排涝区域外部的径流使其不进入本区域；将区内涝水汇集起来排到区外；充分利用区内湖泊、洼淀临时滞蓄涝水。

治涝设计标准表达方式有两种，一种以消除一定频率的涝灾为设计标准，通常以排除一定重现期的暴雨所产生的径流作为治涝工程的设计标准；另一种则以历史上发生涝灾比较严重的某年实际发生的暴雨作为治涝标准。

城市治涝设计标准应与城市政治、经济地位相协调。目前，我国一些城市的治涝设计标准基本在 5 年～20 年一遇，北京市和南京市的治涝设计标准为 20 年一遇；上海市治涝设计标准为 20 年一遇 24h 200mm 雨量随排随除；杭州市建成区 20 年一遇 24h 暴雨当天排干；宁波市市内排涝 20 年一遇 24h 暴雨 1 日排干；广东地级市治涝设计暴雨重现期 10 年～20 年一遇，县级市 10 年一遇，城市及菜地排水标准 24h 暴雨 1 日排除、地面水排干；天津市规划治涝标准为 20 年一遇；福州市治涝设计标准 5 年一遇内涝洪水内河不漫溢；武汉市的治涝设计标准为 3 年～5 年一遇。

城市的治涝设计标准应根据城市的具体条件，经技术经济比较确定。同一城市中，重要干道、重要地区或积水后可能造成严重不良后果的地区，治涝设计标准（重现期）可高些，一些次要地区或排水条件好的地区，重现期也可适当低些。

2.1.3 本条基本沿用原《城市防洪工程设计规范》CJJ 50—92 第 2.1.3 条的规定。我国幅员辽阔，各城市的自然、经济条件相差较大，不可能把各类城市的防洪标准全规定下来，应根据需要与可能，结合城市防洪保护区的具体情况，经技术经济比较论证，报上级主管部门批准后可适当提高或降低其标准。由于投资所限，城市防洪工程的防洪标准不能一步到位时，可分期实施。

2.1.4 本条基本沿用原《城市防洪工程设计规范》CJJ 50—92 第 2.1.4 条的规定。当城市分布在河流两岸或城市被河流分隔成多个片区时，城市防洪工程可分区修建。各分区城市防洪工程可根据其防洪保护区的重要性选取不同的工程等别与设计标准，这样，使必须采用较高防洪设计标准的防护区得到应有的安全保证，同时也不致因局部重要地区而提高整个城市的防洪设计标准，以节省投资。

2.1.5 本条基本沿用原《城市防洪工程设计规范》CJJ 50—92 第 2.1.5 条的规定。

2.1.6 本条是对城市防洪工程抗震设计的规定。

2.2 防洪建筑物级别

2.2.1 本条基本沿用原《城市防洪工程设计规范》CJJ 50—92 第 2.2.1 条的规定，仅将原标准中的"城市等别"修改为"城市防洪工程等别"。城市防洪建筑物系防洪工程中的所有建筑物的总称，主要是堤防、防洪闸、穿堤建筑物和穿越江河的交叉建筑物。

确定城市防洪建筑物的级别主要根据城市防洪工程的等别和建筑物的重要性而定，根据具体情况本规范将防洪建筑物的级别分为 5 级。

2.2.2 本条为新增的内容，是参照现行行业标准《水利水电工程等级划分及洪水标准》SL 252—2000 第 2.2.5 条制定的。穿堤建筑物与堤防同时挡水，一旦失事修复困难，加固也很不容易；拦河建筑物两岸联结建筑物也建在堤防上，同样存在加固、修复困难的问题，因此规定拦河建筑物、穿堤建筑物级别不低于堤防级别，可根据其规模和重要性确定等于或高于堤防本身的级别。

2.2.3 因为防洪建筑物的安全超高和稳定安全系数在各单项工程相应的设计规范中均有详细规定，所以本规范取消了原《城市防洪工程设计规范》CJJ 50—92 中第 2.3 节、第 2.4 节内容，代之以"城市防洪工程建筑物的安全超高和稳定安全系数，应按国家现行有关标准的规定确定"。

3 设计洪水、涝水和潮水位

3.1 设 计 洪 水

3.1.1 本章是在原《城市防洪工程设计规范》CJJ 50—92 第 4 章规定的基础上制定的。本条基本沿用原《城市防洪工程设计规范》CJJ 50—92 第 4.1.1 条的规定。本规范所称的设计洪水是指城市防洪工程设计中江河、山沟和城市山丘区河沟设计断面所指定标准的洪水，根据城市防洪工程设计需要可分别计算设计洪峰流量、时段洪量及洪水过程线。城市江河具有一定的长度，一般要选定一个控制断面作为设计断面进行设计洪水计算。城市防洪建筑物主要是洪峰流量（反映在水位）起控制作用。鉴于洪水位受河道断面的影响，一般采用先计算设计洪水流量再用水位流量关系法或推水面线的方法确定设计洪水位，不宜通过洪水位频率曲线外延推求稀遇标准的设计洪水位，因此删除了原《城市防洪工程设计规范》CJJ 50—92 中有关用频率分析方法计算设计洪水位的内容。

3.1.2 本条基本沿用原《城市防洪工程设计规范》CJJ 50—92 第 4.1.3 条的规定。水文资料关系到设计洪水计算方法的选择及成果的精度和质量，因此本条规定计算设计洪水依据的资料应准确可靠，必要时进行重点复核。

3.1.3 本条基本沿用原《城市防洪工程设计规范》CJJ 50—92 第 4.1.4 条的规定，是对计算设计洪水系列及洪水形成条件的一致性的要求，相伴的还有合理性检查。

3.1.4 本条基本沿用原《城市防洪工程设计规范》CJJ 50—92 第 4.1.5 条的规定。计算设计洪水时根据设计流域的资料条件采用下列方法：

1 大中型城市防洪工程，基本采用流量资料计算设计洪水。城市防洪的设计断面或其上、下游附近有水文站且控制面积相差不大时，可直接使用其资料作为计算设计洪水的依据。当城市受一条以上河流的洪水威胁，且不同河流的洪水成因相同并相互连通时，则选定某一控制不同河流的总控制断面作为设计断面，也可将不同河流附近控制站的洪水资料演算至总设计断面进行叠加，计算设计洪水。

2 城市江河设计断面附近没有可以直接引用的流量资料时，可采用暴雨资料来推算设计洪水。由暴雨推算设计洪水有许多环节，如产流、汇流计算中有关参数的确定，要求有多次暴雨、洪水实测资料，以分析这些参数随洪水特性变化的规律，特别是大洪水时的变化规律。

3 有的城市所在河段不仅没有流量资料，且流域内暴雨资料也短缺时，可利用地区综合法估算设计洪水。

对于山сана、城市山丘区河沟等小流域可用推理公式或经验公式法估算设计洪水，也可采用经审批的各省（市、区）《暴雨洪水查算图表》计算设计洪水。但是，《暴雨洪水查算图表》是为无资料地区的中小型水库工程进行设计洪水计算而编制的，主要用于计算稀遇设计洪水，用于计算常遇（50年一遇及其以下标准）洪水，其计算结果有偏大的可能，因此，需要注意分析计算成果的合理性。

4 对于城市山丘区河沟设计断面，由于城市化的发展使地面不透水面积增长，暴雨的径流系数增大，洪水量增加，加快汇流速度，使洪峰流量增大和峰现时间提前。因此设计洪水计算应根据城市发展规划，考虑城市化的影响。

3.1.5 本条基本沿用原《城市防洪工程设计规范》CJJ 50—92 第4.1.6 条的规定。设计洪水是重要的设计数据，如果偏小，就达不到要求的设计标准，严重时会影响到城市的安全；若数据偏大，将造成经济上的浪费。一条河流的上下游或同一地区的洪水具有一定的洪水共性，因而应对设计洪水计算的主要环节、选用的有关参数和计算成果进行地区上的综合分析，检查成果的合理性。

3.1.6 本条基本沿用原《城市防洪工程设计规范》CJJ 50—92 第4.1.7 条的规定。设计断面上游调蓄作用较大的工程，是指设计断面以上流域内已建成或近期将要兴建具有较大调蓄能力的水库、分洪、滞洪等工程。推求设计断面受上游水库调蓄影响的设计洪水，应进行分区，分别计算调蓄工程以上、调蓄工程至城市断面之间的设计洪水。应拟定设计断面以上的洪水地区组成方式。本条规定了设计洪量分配可采用典型洪水组成法和同频率组成法两种基本方法。由于河网调蓄作用等因素影响，一般不能用洪水地区组成法拟定设计洪峰流量的地区组成。

3.1.7 本条基本沿用原《城市防洪工程设计规范》CJJ 50—92 第4.1.8 条的规定。放大典型洪水过程线，要考虑工程防洪设计要求和流域洪水特性。洪峰流量、时段洪量都对工程防洪安全起作用时，可采用按设计洪峰流量、时段洪量控制放大，即同频率放大。但是，为了不致严重影响洪水时程分配特征，时段不宜过多，以2个~3个时段为宜。工程防洪主要由洪峰流量或某一时段洪量控制时，可采用按设计洪峰流量或某个时段洪量控制同倍比放大。

由于各分区洪水过程线是设计断面洪水过程线的组成部分，因此各分区都采用同一典型洪水过程线放大，才能使各分区流量过程组合后与设计断面的时段流量基本一致，满足上下游之间的水量平衡。

3.1.8 本条基本沿用原《城市防洪工程设计规范》CJJ 50—92 第4.1.9 条的规定。所拟定的设计洪水地区组成方式在设计条件下是否合理，需要通过分析该组成是否符合设计断面以上各分区大洪水组成规律才能加以判断。拟定设计洪水地区组成方式后，一般先分配各分区洪量，后放大洪水过程线。如果采用同频率洪水地区组成法分配时段洪量，各分区洪水过程线的放大倍比是不相同的，虽然时段洪量已得到控制，但各分区洪水过程线组合到设计断面的各时段洪量不一定满足水量平衡要求。因此，应从水量平衡方面进行合理性检查。如果差别较大，可进行适当调整。

3.1.9 城市河段治理是流域防洪规划中的重要内容，设计洪水位影响因素复杂。为保持规划设计成果的一致，增加本条规定。在经主管部门审批的流域规划或防洪规划中明确规定城市河段的控制设计洪水位时，该设计洪水位可作为城市防洪工程设计的依据直接引用。但是，当影响设计洪水位的因素与流域规划或防洪规划中的条件不同时，需进行复核，不宜直接引用。

3.2 设计涝水

3.2.1 本条规定了城市涝水计算的基本方法。本规范所称的设计涝水是指城市及郊区平原区因暴雨而产生的指定标准的水量。根据城市防洪工程设计需要可分别计算设计涝水流量（或排涝模数）、涝水总量及涝水过程线。

3.2.2 按涝水形成地区下垫面情况的不同，涝区可分为农区（郊区）和城（市）区（市政排水管网覆盖区域）两部分。涝水的排水系统一般根据城市规划布局、地形条件，按照就近分散、自流排放的原则进行流域划分和系统布局。城区和郊区的下垫面情况不同，对暴雨产、汇流的影响也不同；不同分区涝水的排出口位置不同，承泄水也可能不同，因此应按下垫面条件和排水系统的组成情况进行分区，分别计算各分区的涝水。

3.2.3 郊区以农田为主的分区设计涝水，主要与设计暴雨历时、强度和频率，排水区形状，排涝面积，地面坡度，植被条件，农作物组成，土壤性质，地下水埋深，河网和湖泊的调蓄能力，排水沟网分布情况以及排水沟底比降等因素有关。市政排水管网覆盖区域分区设计涝水，主要与设计暴雨历时、强度和频率，分区面积，建筑密集程度和雨水管设计排水流量等因素有关。因此，设计涝水应根据当地或邻近地区的实测资料分析确定。

设计涝水计算的基本方法与设计洪水相同，只是设计涝水的标准比较低，其次平原区流域下垫面受人类活动影响较大，而且这些影响是渐变的，因此要特别注意实测资料系列的一致性。

3.2.4 本条采用了现行国家标准《灌溉与排水工程设计规范》GB 50288—1999 中第3.2.4 条的内容。规定了地势平坦、以农业为主分区的地区缺少实测资料时，设计涝水的计算方法。

3.2.5 本条规定了城市排水管网控制区在缺少实测资料情况下分区设计涝水的计算方法。

1 暴雨时段根据设计要求确定，设计面暴雨按资料条件进行计算。各分区采用同一设计面暴雨量。典型暴雨过程在与时段设计面暴雨量接近的自记雨量资料中选取。

综合径流系数采用现行国家标准《室外排水设计规范》GB 50014—2011 中第3.2.2 条的内容，根据排水分区建筑密集程度，按本规范表3.2.5 确定。对于城区而言，流域下垫面大多为硬化的不透水面积，暴雨损失主要表现为暴雨初期的截留和填洼，下渗所占比重较小，因此可根据具体情况分析确定扣损方法，计算产流过程。

2 城市排水管网控制区汇流一般通过地面、众多雨水井和排水管渠汇集，出流受排水管渠规模的限制。汇流时间为地面集水时间和管渠内流行时间，汇流较快。当分区排水面积在 $2km^2$ 左右时，汇流时间一般在1h 以内。针对城市化地区排水系统的管道集水范围小、流程短、集流快和整个市政管网的调蓄能力极为有限的特点，可忽略汇流过程中管网的调蓄作用，直接采用净雨过程作为涝水的汇集过程，即可按等流时线法将分区净雨过程概化为时段平均流量过程。然后再以分区雨水管的设计流量为控制推算排水过程。当流量小于或等于雨水管的设计流量时，即为本时段排水流量；当流量大于雨水管的设计流量时，即形成本区地面积水，本时段排水流量为雨水管的设计流量，形成的地面积水计入下一时段；依此类推计算排水过程。在资料较齐全的流域，可选用流域水文模型进行汇流计算。

关于分区雨水管的设计流量，若已有规划设计审批成果或管网已建成，可采用已有成果，否则按本规范第3.2.6 条的规定进行计算。

3 对于城市的低注区，可参照本规范第3.2.4 条的平均排除法计算设计涝水。暴雨历时和排水历时等参数可根据设计要求分析确定。排水过程应考虑泵站的排水能力。

3.2.6 本条采用现行国家标准《室外排水设计规范》GB 50014—2011 中第 3.2.1 条和第 3.2.4 条的内容。

1 城区雨水量的估算，采用其推理公式。

2 城区暴雨强度公式，在城市雨水量估算中，宜采用规划城市近期编制的公式。当规划城市无上述资料时，可参考地理环境及气候相似的邻近城市暴雨强度公式。雨水计算的重现期一般选用 1 年～3 年，重要干道、重要地区或短期积水即能引起较严重后果的地区，一般选用 3 年～5 年，并应与道路设计协调。特别重要地区可采用 10 年以上。这里所说的重现期与水利行业的重现期不同，为年选多个样法的计算结果。

3 径流系数，在城市雨水量估算中宜采用城市综合径流系数。全国不少城市都有自己城市在进行雨水径流计算中采用的不同情况下的径流系数。按建筑密度将城市用地分为城市中心区、一般规划区和不同绿地等，按不同的区域，分别确定不同的径流系数。城市人口密集，基础设施多且发展快，估算设计涝水流量，应考虑地面硬化涝水流量增大的因素。在选定综合径流系数时，应以城市规划期末的建筑密度为准，并考虑到其他少量污水量的进入，取值不可偏小，必要时应留有适当裕度。

3.2.7 对城市涝水和生产、生活污水合用的排水河道，排水河道的设计排水流量除考虑设计涝水流量外，污水汇入量也要计算在内，以保证排水河道规模。

3.2.8 城市的河、湖、洼地，在排涝期间有一定的调蓄能力。对利用河、湖、洼蓄水、滞洪的地区，排涝河道的设计排涝流量，应考虑排涝期间河、湖、洼地的蓄水、滞洪作用。

3.3 设计潮水位

3.3.1 本节更新了原《城市防洪工程设计规范》CJJ 50—92 第 4.2 节的内容。设计潮水位分析计算采用现行行业标准《水利水电工程水文计算规范》SL 278—2002 中第 5.2 节的内容。

3.3.2 潮水位系列根据设计要求，按年最大（年最小）值法选取高、低潮水位。对历史上出现的特高特低潮水位，需注意特高潮水位时有无漫溢，特低潮水位时河水与外海有无隔断。

3.3.3 本条规定了设计依据站实测潮水位系列在 5 年以上但不足 30 年时，设计潮水位计算方法与要求。

3.3.4 本条规定了潮水位频率曲线采用的线型。根据我国滨海和感潮河段 37 个站潮水位分析，皮尔逊Ⅲ型能较好地拟合大多数较长潮水位系列，因此规定可采用皮尔逊Ⅲ型。

3.3.5 设计潮水位过程的选择，即潮型设计，包括设计高低潮水位相应的高高潮水位（或设计高高潮水位相应的高低潮水位）推求、涨落潮历时统计和潮水位过程线绘制等。

设计高低潮水位相应的高高潮水位（或设计高高潮水位相应的高低潮水位）的确定：从历年汛期实测潮水位资料中选择与设计高低潮水位值相近的若干次潮水过程，求出相应的高高潮水位。采用相应的高高潮水位的平均值或采用其中对设计偏于不利的一次高高潮水位作为与设计高低潮水位相应的高高潮水位（设计高高潮水位相应的高低潮水位的确定，方法同上）。

涨潮历时、落潮历时统计：从实测潮水位资料中找出与设计频率高低潮水位（或高高潮水位）相接近的若干次潮水位过程，统计每次潮水位过程的涨潮历时和落潮历时，取其平均值或对设计偏于不利的涨潮历时和落潮历时。

潮水位过程设计：可根据上述分析拟定的设计高低潮水位（或高高潮水位）和相应的高高潮水位（或高低潮水位）及涨潮历时和落潮历时，在历年汛期实测潮水位过程中选取与上述特征相近的潮型，按设计值控制修匀得到设计潮水位过程。

3.3.6 挡潮闸关闭使涨潮潮阻于闸前，潮流动能变为势能，产生潮水位壅高现象；落潮时，闸上无水流动能下传，闸下潮水的部分势能变为动能使水流出，产生潮水位落低现象。因此，在挡潮闸设计时，需考虑建闸引起的潮水位壅高和落低。壅高和落低数值，可根据类似工程的实际观测资料和数模计算确定，有条件时还可进行物理模型试验。

3.3.7 设计高、低潮水位计算成果，可通过本站与地理位置、地形条件相似地区的实测或调查特高（低）潮水位、计算成果等方面分析比较，检查其合理性。

3.4 洪水、涝水和潮水遭遇分析

3.4.1 本条规定了洪水、涝水和潮水遭遇分析的基本方法；规定了兼受洪、涝、潮威胁的城市，进行洪水、涝水和潮水位遭遇分析研究的重点。

3.4.2 本条规定了遭遇分析对基本资料的要求。进行遭遇分析所依据的同期洪水、降雨量、潮水位资料系列应在 30 年以上。当城市上游流域修建蓄水、引水、分洪、滞洪等工程或发生决口、溃坝等情况，明显影响各年洪水资料的一致性时，应将洪水系列资料统一到同一基础。进行遭遇分析，应具有较长的同期资料。同期资料系列越长，反映的遭遇组合信息量越多，便于分析遭遇的规律。如同期资料系列不足 30 年应采用合理方法进行插补延长。

3.4.3 本条规定了洪、涝、潮遭遇分析的取样原则。进行以洪水为主，与相应涝水、潮水位遭遇分析，洪水按年最大洪峰流量、时段洪量取样；涝水统计相应的时段降水量；潮水位统计相应时段内的最高潮水位。洪量的统计时段长度视洪水过程的陡缓情况确定，降水量的时段长度可按涝水计算的设计暴雨时段长度进行确定。相应时间应以遭遇地点为基准，考虑洪水的传播时间和涝水的产汇流时间确定。为增加遭遇分析的信息量，也可按某一量级以上的洪水或高潮水位或涝水进行统计，可按 2 年一遇或 5 年一遇以上量级进行统计。具体量级可根据设计标准的高低确定，设计标准高时可取得高一些，设计标准低时可取得低一些。一年内可选取多次资料。进行高潮水位（或涝水）为主，其他要素相应的遭遇分析，取样方式类似。

3.4.4 本条规定了进行洪、涝、潮遭遇规律分析的原则和方法，同时规定了特殊遭遇情况分析要求。

3.4.5 形成洪水和涝水的暴雨因地域不同而存在差异，必须检查洪水、涝水与潮水位的遭遇分析成果的合理性。

4 防洪工程总体布局

4.1 一般规定

4.1.1 本条基本沿用原《城市防洪工程设计规范》CJJ 50—92 第 3.1.1 条的规定，增加了"利用河流分隔、地形起伏采取分区防守"的内容，我国有些城市，因河流分隔、地形起伏或其他原因，分成了几个单独防护的部分。例如哈尔滨市、武汉市、广州市、芜湖市等城市被河流分隔；重庆市不仅被河流分隔，且城区高程相差悬殊，对于这些情况，可把河流两岸作为两个单独的防护区。因为多数城市还是靠堤防、防洪墙保护的，套用过高的防洪标准，既不符合实际防洪需要，又造成占地和过分投资，还影响城市的美观和人们日常生活。分区防守符合城市防洪形势实际，节省工程占地、节约投资，利于城市景观美化，方便人们日常生活，因此本条作此原则性规定。有关超标准洪水的规定单独成节，故从本条中移出。

4.1.2 本条基本沿用原《城市防洪工程设计规范》CJJ 50—92 第 3.1.2 条的规定，并补充规定"城市防洪应对洪、涝、潮灾害统筹治理"，因洪涝潮灾害常常相伴而生。处于山区、丘陵区、内陆平原区的城市常受洪、涝灾害威胁，对于沿海和河口城市而言，可能同时受洪、涝、潮灾害威胁，故此本条作此规定。

工程措施与非工程措施相结合,是综合治理的具体体现。非工程措施指通过法令、政策、经济手段和工程以外的技术手段,以减轻灾害损失的措施。"防洪非工程措施"一般包括洪水预报、洪水警报、洪泛区土地划分及管理、河道清障、洪水保险、超标准洪水防御措施、洪灾救济以及改变气候等。

4.1.3 本条基本沿用原《城市防洪工程设计规范》CJJ 50—92 第 3.1.4 条的规定,增加了"城市防洪工程总体布局,应与城市发展规划相协调"的要求,将原条文中"兼顾使用单位和有关部门的要求,提高投资效益"修改为"兼顾综合利用要求,发挥综合效益"。随着社会经济的快速发展和生活水平的提高,人们的生活理念不断变化,越来越重视生存环境的美化、人性化及可持续发展,城市防洪总体布局,特别是江河沿岸防洪工程布置常与河道整治、码头建设、道路、桥梁、取水建筑、污水截流,以及滨江公园、绿化等市政工程相结合,发挥综合效益。自 20 世纪 80 年代以来,城市防洪建设从主要靠堤防抗洪发展到综合治理,如上海黄浦江边、天津海河两岸,防洪建设与航运码头、河道疏浚、污水截流、滨河公园等市政建设密切配合,既提高了城市抗洪能力,又改善和美化了城市环境,收到事半功倍的效果。兰州市黄河堤防、护岸建设,将十里长堤与滨河公园、公路密切配合,满足防洪、公园、交通及开拓路南大片土地等四方面的要求。哈尔滨市松花江堤防、护岸建设,在 20 世纪 50 年代建成斯大林公园、太阳岛公园,20 世纪 80 年代在为提高防洪标准进行堤防加高培厚建设中,实行堤、路、广场相结合,不但使滨江公园向上、下游延伸,打通了堤顶通道,而且堤后打通了滨江公路,并建成 4 个满足交通要求的广场,为方便抗洪抢险和缓解城市交通改善了条件。20 世纪 80 年代以来太原市的汾河公园、福州市的江滨路、杭州市的钱塘江滨江路等都是在建设防洪堤防的同时与公园、道路相结合,美化了城市环境,提升市市品位,带动和促进了城市经济发展,发挥了城市防洪工程多功能作用。这一切都是有前提条件的,即确保防洪安全。

4.1.4 本条基本沿用原《城市防洪工程设计规范》CJJ 50—92 第 3.1.5 条的规定。保留城市湖泊、水塘、湿地等天然水域,不仅有利于维持生态平衡、改善环境,而且可以用来调节城市径流,适当减小防洪排涝工程规模,发挥综合效应。

4.1.5 城市与外部联系的主要交通干线、输油、输气、输水管道、供电线路是城市的生命线,从人性化出发,保障其安全与通畅是必要的。

4.1.7 本条源于原《城市防洪工程设计规范》CJJ 50—92 第 3.1.3 条的规定:"防洪建筑物建设应因地制宜,就地取材"是为了降低工程造价;"建筑形式宜与周边景观相协调"则是为了城市整体建筑风格的统一美。

4.1.8 本条参照现行行业标准《水利工程水利计算规范》SL 104—1995 有关规定制定,在城市防洪工程体系中的堤防、分滞洪工程、水库、河道整治、涝水防治等工程,应当根据城市防洪要求明确各单项工程的任务与标准,考虑各单项工程间的相互结合,充分发挥各工程的效能来确定其建设规模与调度运用原则,关于各工程特征值的确定在《水利工程水利计算规范》SL 104—1995 中已有详细规定,本规范不再赘述。

4.2 江河洪水防治

4.2.1 基本沿用原《城市防洪工程设计规范》CJJ 50—92 第 3.2.1 条的规定,城市是人类活动强度最大的地域,由于社会经济发展和城市建设必然会影响城市范围内水域发生变化,如扩展市区、填废水面、桥梁、码头、路面硬化等,应注意这方面变化对江河洪水可能带来的影响。因此应充分收集江河水系基础资料,包括水文气象、地形、河势、地质、工程、社会经济等,根据最新资料复核江河的防洪标准。

4.2.2 本条基本沿用原《城市防洪工程设计规范》CJJ 50—92 第 3.2.3 条的规定,是对城市防洪总体布局工程布置原则提出的要求。

4.2.3 本条基本沿用原《城市防洪工程设计规范》CJJ 50—92 第 3.2.2 条的规定,目的在于尽量不改变自然水流条件,维护河势稳定,确保防洪安全。

4.2.4 本条基本沿用原《城市防洪工程设计规范》CJJ 50—92 第 3.2.5 条的规定,主要根据我国河网地区城市防洪工程建设实践经验制定的。

4.3 涝水防治

4.3.1~4.3.4 这 4 条规定给出涝水防治的一般原则。城市治涝是城市总体规划的重要组成部分,城市治涝工程是城市建设的重要基础工程,因此,治涝工程应满足城市总体规划要求。防洪排涝是密不可分的,城市防洪工程总体设计时,防洪应当考虑排涝出路问题,排涝工程也应充分考虑与防洪工程的衔接,使得防洪排涝两不误。

4.4 海潮防治

4.4.1 本条基本沿用原《城市防洪工程设计规范》CJJ 50—92 第 3.3.4 条的规定。

4.4.2 本条基本沿用原《城市防洪工程设计规范》CJJ 50—92 第 3.3.1 条的规定。

4.4.3 本条基本沿用原《城市防洪工程设计规范》CJJ 50—92 第 3.3.2 条的规定,将原条款中的"采取相应的防潮措施,进行综合治理"修改为"确定海堤工程设计水位"。

4.4.4 本条基本沿用原《城市防洪工程设计规范》CJJ 50—92 第 3.3.3 条的规定。

4.5 山洪防治

4.5.1 本条明确了山洪防治的总原则。

4.5.2 本条基本沿用原《城市防洪工程设计规范》CJJ 50—92 第 3.4.1 条的规定。

4.5.3 本条基本沿用原《城市防洪工程设计规范》CJJ 50—92 第 3.4.2 条的规定。

4.5.4 本条是在确保中小水库和蓄洪区安全的条件下规定的,充分发挥流域防洪体系的作用。

4.6 泥石流防治

4.6.1 本条基本沿用原《城市防洪工程设计规范》CJJ 50—92 第 3.5.1 条的规定。将原条文"泥石流防治应采取防治结合、以防为主,拦排结合、以排为主的方针"修改为"泥石流防治应贯彻以防为主,防、避、治相结合的方针",由于泥石流灾害暴发突然,破坏性极大,城市人口密集,由此造成人员伤亡、财产损失;泥石流挟裹着大块石和大量泥沙,排导十分困难;根据泥石流防治的实践经验、泥石流的特点,还是应以防为主,防、避、治相结合。新建的城市应避开泥石流发育区。

本规范更加强调综合治理的作用与效果。

4.6.2 本条基本沿用原《城市防洪工程设计规范》CJJ 50—92 第 3.5.2 条的规定。

4.6.3 工程设计中应重视水土保持的作用,降低泥石流发生的几率。

4.7 超标准洪水安排

4.7.1~4.7.3 城市防洪总体布局,应在流域防洪规划总体安排下,对超标准洪水作出安排,最大限度地保障城市人民生命财产安全,减少洪灾损失。

5 江河堤防

5.1 一般规定

5.1.1 本条基本沿用原《城市防洪工程设计规范》CJJ 50—92 第 5.1.1 条的规定。城市范围内一般都修建了堤防，所以在重新规划、修建城市防洪工程时，首先考虑现有堤防的利用；同时考虑岸边地形、地质条件，目的是保证堤防稳定、节省工程量、节约投资，也要考虑防汛抢险要求，给防汛抢险堆料、运输等留出余地和通道。堤线走向一般与洪水主流向平行，遇转折处需以平缓曲线过渡，以顺应流势，避免水流出现横流、旋涡、冲刷堤防。

与沿江(河)市政设施的协调主要是指市政穿堤建筑物、取水口、排水口的位置，港口、码头的位置，交通闸的设置以及涵、闸、泵站等的设置，滨河公园、滨河道路布置、城市景观建设等符合综合利用要求。

5.1.2 本条基本沿用原《城市防洪工程设计规范》CJJ 50—92 第 5.1.2 条的规定。堤距与城市总体规划、河道地形、水位紧密相关。堤距过近，可能使水位壅高、堤身加大、水流流速加大、险工增多，因此，在确定堤距与水面线时需与上、下游统一考虑，避免河道缩窄太小造成壅水，同时需要拟定几个方案，分别比较水位、流速、险工险情、工程量及造价等，最后经技术经济比较确定，并应根据城市社会发展和水环境建设的要求，适当留有余地。

5.1.3 本条基本沿用原《城市防洪工程设计规范》CJJ 50—92 第 5.1.3 条的规定。设计水位决定堤防高度，关系到堤防的安全，因此设计水位的确定要慎重，以接近实际情况为佳。河床糙率既反映河槽本身因素(如河床的粗糙程度等)对水流阻力的影响，又反映水流因素(如水位的高低等)对水流阻力的影响，在水面线计算中，糙率取值对计算结果影响较大。因此，尽可能地用实测洪水资料推求糙率，使糙率取值更接近实际情况。

5.1.5 本条基本沿用原《城市防洪工程设计规范》CJJ 50—92 第 5.1.5 条的规定。设置防浪墙主要是为了降低堤防高度，减少土方量，为保证堤防安全，要求土堤堤顶不应低于设计洪水位加 0.5m。

5.1.6 在确定堤顶高程公式中没有考虑堤防建成后的沉降量，因此，在施工中要预留沉降量，沉降量可参考表 1。对有区域沉降的土堤经论证可以适当提高。

表 1 土堤预留沉降值

堤身的土料	普通土		砂、砂卵石	
堤基的土质	普通土	砂、砂卵石	普通土	砂、砂卵石
堤高(m) 3 以上	0.20	0.15	0.15	0.10
3～5	0.25	0.20	0.20	0.15
5～7	0.25～0.35	0.20～0.30	0.20～0.30	0.15～0.25
7 以上	0.45	0.40	0.40	0.35

5.2 防洪堤防(墙)

5.2.1 本条基本沿用原《城市防洪工程设计规范》CJJ 50—92 第 5.2.1 条的规定。堤防用料较多，因此，要根据当地土石料的种类、质量、数量、分布范围和开采运输条件选择堤型。堤防各段也可根据地形、地质、料场的具体条件和建堤场地分别采用不同堤型，但在堤型变化处，应设置渐变段平顺衔接。当有足够堤土料和建堤场地时，应优先采用均质土堤，因地制宜，符合自然生态规律，节省投资；土料不足时，也可采用其他堤型。

5.2.2 本条是参照现行国家标准《堤防工程设计规范》GB 50286—1998 第 6.2.5 条、第 6.2.6 条制定的。主要是保证土堤有足够的抗剪强度和较小的压缩性，避免产生土堤裂缝和大量不均匀变形，满足渗流控制要求。

黏性土填筑设计压实度定义为：

$$P_{ds} = \frac{\rho_{ds}}{\rho_{d.max}} \quad (1)$$

式中：P_{ds}——设计压实度；

ρ_{ds}——设计压实干密度(kN/m³)；

$\rho_{d.max}$——标准击实试验最大干密度(kN/m³)。

标准击实试验按现行国家标准《土工试验方法标准》GB/T 50123—1999 中规定的轻型击实试验方法进行。

无黏性土填筑设计压实相对密度定义为：

$$D_{r.ds} = \frac{e_{max} - e_{ds}}{e_{max} - e_{min}} \quad (2)$$

式中：$D_{r.ds}$——设计压实相对密度；

e_{ds}——设计压实孔隙比；

e_{max}、e_{min}——试验最大、最小孔隙比。

相对密度试验按现行国家标准《土工试验方法标准》GB/T 50123—1999 中规定的方法进行。

5.2.3 本条基本沿用原《城市防洪工程设计规范》CJJ 50—92 第 5.2.4 条的规定。堤顶宽度过窄往往造成汛期抢险运料、堆料困难，为了保证堤身的稳定和便于防洪抢险，规定了堤顶最小宽度为 3m。

5.2.4 本条基本沿用原《城市防洪工程设计规范》CJJ 50—92 第 5.2.5 条的规定。设置戗台(马道)主要是增加堤基和护坡的稳定性，便于抢修、观测和有利通行等，如堤坡坡度有变化，一般戗台(马道)设在坡度变化处，如结合施工上堤道路的需要，也可设置斜戗台(马道)。

5.2.5 本条基本沿用原《城市防洪工程设计规范》CJJ 50—92 第 5.2.6 条的规定。控制逸出点在堤防坡脚以下，目的是控制堤外附近地下水位，避免由于地下水位抬高而对堤外建筑物产生的不利影响。

5.2.6 本条基本沿用原《城市防洪工程设计规范》CJJ 50—92 第 5.2.7 条的规定，参照现行国家标准《堤防工程设计规范》GB 50286—1998 第 8.2.4 条制定的。对于均质土堤、厚斜墙土堤和厚心墙土堤可采用不计条块间作用力的瑞典圆弧法。堤坡抗滑稳定安全系数，见《堤防工程设计规范》GB 50286—1998。

5.2.7 本条基本沿用原《城市防洪工程设计规范》CJJ 50—92 第 5.2.8 条的规定。

5.2.8 本条基本沿用原《城市防洪工程设计规范》CJJ 50—92 第 5.2.9 条的规定。护坡可有效防止土堤堤坡的冲刷、冻融破坏，保护堤坡稳定，减少水土流失。迎水坡需做坡段一般采用硬护坡，非迎流顶冲、受风浪影响较小的堤坡可采用生态护坡。背水堤坡宜优先考虑生态护坡，满足城市生态环境的要求。

5.2.9 本条基本沿用原《城市防洪工程设计规范》CJJ 50—92 第 5.2.10 条的规定。补充"当计算护脚埋深较大时，可采取减小护脚埋深的防护措施"的规定内容。

5.2.10 本条基本沿用原《城市防洪工程设计规范》CJJ 50—92 第 5.2.11 条的规定。在场地受限制或取土困难的条件下，修防浪墙往往是经济合理的。新建防浪墙需在堤身沉降基本完成后进行。防浪墙应设置在稳定的堤身上，以防止防浪墙倾覆。由于防浪墙是修建在填方土堤上，考虑温度应力和不均匀沉陷影响，防浪墙应设置变形缝。

5.2.11 本条基本沿用原《城市防洪工程设计规范》CJJ 50—92 第 5.2.12 条的规定。石堤具有强度高、抗冲刷力强、维修工程量小的优点，当越浪对堤防背水侧无危害时，可降低堤顶高程允许越浪。土石堤采用石料作为堤身外壳，以保持较高强度和稳定性，采用土料作为防渗心墙或斜墙，防渗土料压实后，应具有足够的防渗性能和一定的抗剪强度。在防渗体与堤壳之间，应设过渡层及反滤层，以满足渗流控制的要求，一般应在靠近心墙处填筑透水性小、颗粒较细的土料，靠近壳体处，填筑透水性较大、颗粒较粗的土石料，并应满足被保护土不发生渗透变形的要求。

5.2.12 本条基本沿用原《城市防洪工程设计规范》CJJ 50—92 第 5.3.1 条的规定。增加"防洪墙结构形式应根据城市规划要求、地质条件、建筑材料、施工条件等因素确定"的内容。城市中心区地方狭窄、土地昂贵，可不修建体积庞大的土堤，而防洪墙具有体积小、占地少、拆迁量小、结构坚固、抗冲击能力强的优点，因此在城市堤防建设中被广泛采用。哈尔滨市城市堤防选用防洪墙结合活动钢闸板形式，满足人们亲水性要求和城市景观要求；芜湖市选用空箱式防洪墙，既节约用地又发展经济；其他城市采用连拱式、加筋板式或混合式防洪墙，多是为适应城市用地紧张、安全、美观、经济要求。因此，防洪墙结构形式应根据城市规划要求、地质条件、建筑材料、施工条件等因素综合比较选定。

5.2.13 本条基本沿用原《城市防洪工程设计规范》CJJ 50—92 第 5.3.2 条、第 5.3.3 条的规定。在防洪墙的设计中，要特别注意满足抗滑、抗倾覆稳定的要求，同时，地基应力、地基渗流也应满足要求，地基应力必须小于地基允许承载能力，且底板不产生拉应力，即合力作用点应在底板三分点之内。

5.2.14 本条基本沿用原《城市防洪工程设计规范》CJJ 50—92 第 5.3.4 条的规定。防洪墙基础埋置深度应满足冲刷深度要求，在季节性冻土地区，还应满足冻结深度要求，目的是保证防洪墙的稳定。

5.2.15 本条基本沿用原《城市防洪工程设计规范》CJJ 50—92 第 5.3.5 条的规定。防洪墙变形缝的设置是考虑温度应力和不均匀沉陷影响。

5.2.16 对堤防（防洪墙）加固、改建或扩建工程的规定。堤防扩建是指对原有堤防的加高帮宽。土堤或防洪墙的扩建在考虑堤身或墙体自身断面加高帮宽的同时，还需满足抗滑、抗倾覆以及渗透稳定要求，往往需要同时采取加固措施。

城市防洪墙的加固，需结合城市的交通道路、航运码头、园林建设等统筹安排，并进行技术经济比较，确定工程设计方案。我国堤防多为历史形成，在某些堤段堤线布局往往不尽合理，需要进行适当的调整。堤线的裁弯取直、退建或进建均属局部堤段的改建。由于城镇发展需要，可清除原有土堤重建防洪墙，或者老防洪墙年久损坏严重，难以加固，亦可拆除重建。堤防（防洪墙）的改建应综合考虑，经分析论证确定。

土堤常用的扩建方式主要有以下两种：

1 填土加高帮宽。在有充分土源的条件下，是一种施工简便、投资较省的扩建方式。填土加高又可分为三种形式：①临河侧加高帮宽，可少占耕地，也运土距离较近，对多泥沙河流易于淤积还土，一般土方造价较低，所以在设计时应优先考虑采用。填筑土料的防渗性能应不低于原堤身土料。②背水侧帮宽加高，当临水侧堤坡修有护坡、丁坝等防护工程，或临水无滩可取土时，可采用背水侧帮宽加高。③骑跨式帮宽加高，即在原堤身临、背水两侧堤坡和堤顶同时帮宽加高，这种形式施工较复杂，帮宽加高部分与原堤身接触面大，新旧结合面质量不易控制，且两侧取土，故很少采用。

2 堤顶增建防洪墙加高堤防。当堤防地处城镇或工矿区、地价昂贵或帮宽堤防需拆迁大量房屋或重要设施，投资大且对市政建设有较大影响时，采用在土堤顶临水侧增建防洪墙的方法较为经济合理。防洪墙主要有两种形式：①Ⅰ字形墙适用于墙的高度不高时，墙的下部嵌入堤身，靠被动土压力保持其稳定。②⊥形墙适用于墙的高度较高时，靠基底两侧上部填土压力提高墙的稳定性。

各地不同时期建造的防洪墙，其防洪标准和结构形式差别较大。在新的设计条件下进行加高时，首先要对其进行稳定和强度验算，本着充分利用原有结构的原则，针对墙体或基础存在的不足方面，采取相应的加高加固措施，达到技术经济合理的要求。

在堤与各类防洪墙加高时，做好新旧断面的牢固结合以及堤与穿堤建筑物的连接处理十分重要，设计中要提出具体措施。在防洪墙的加固设计中，对新旧墙体的结合面要进行处理，采取可靠的锚固连接措施，保证二者整体工作。变形缝止水破坏的要修复，保证可靠工作。堤岸防护工程旨在保护所在堤段的稳定和安全，由于防洪标准提高，在堤防进行加高扩建的同时，也需对堤前的防护工程进行复核，如不满足要求，也需加高扩建。

5.3 穿堤、跨堤建筑物

5.3.1 本节是在原《城市防洪工程设计规范》CJJ 50—92 第 10.2 节的基础上制定的。穿堤建筑物与堤防紧密接触，处理不好易成为堤防安全隐患，因此，对穿堤建筑物的设置提出较高要求。

5.3.2 本条规定了穿堤涵洞和涵闸的要求。

1 在考虑水流平顺衔接的同时，应尽量缩短涵洞（闸）的轴线长度。考虑结构要求，规定交角不宜小于 60°。

2 考虑到堤防的特殊性，在满足设计流量要求的情况下，闸孔净宽宜采用较小的数值，结构简单，造价经济。

3 闸门设在涵洞出口处，有利于闸室稳定，在闸门下游布置止水，止水效果比较好。

4 设置截流环、刺墙可以延长渗径长度和改变渗流方向，可以有效地防止接触面渗透破坏。与堤防接触的结构物侧面做成斜面，可使土堤与结构物之间接触密实，便于压实，减少两者之间的接触渗流。

5 为涵洞的通风、防护、维修留有工作空间。

6 涵洞（闸）进、出口由于流态和流速发生变化，为防止进、出口冲刷，必须采取护底及防冲齿墙。涵洞（闸）进口边缘的外形，对进口的阻力系数值影响很大。进口胸墙做成圆弧形或八字形，可以减小进口阻力系数，增大流量系数。

7 洞身、闸室与导流翼墙，由于各自承受的荷载不同，地基产生的沉降量也不同，为适应不均匀沉降，在洞身、进出口导流翼墙和闸室连接处应设置变形缝。在软土地基上建涵洞时，对于覆土较厚，荷载大且纵向荷载不均可能出现较大的不均匀沉陷的长涵洞，应设置变形缝，考虑纵向变形的影响。

8 涵洞（闸）工作桥高程要求是为满足闸门开启、检修的需要。

5.3.3 本条规定是对交通闸的要求。为满足港口码头、北方冬季冰上运输的要求，在堤防上留有闸口作为车辆通行道路，闸口处设置闸门，枯水期（或冬季）闸门开启，汛期洪水达到闸门底槛时则关闭闸门。

5.4 地基处理

5.4.1 地基处理包括满足渗流控制（渗透稳定和控制渗流量）要求，满足静力、动力稳定，容许沉降量和不均匀沉降等方面的要求，以保证堤防安全运行。

5.4.2～5.4.4 这三条参照现行国家标准《堤防工程设计规范》GB 50286—1998 有关规定制定，规定了对软弱堤基和透水堤基处理的要求。

5.4.5 本条基本沿用原《城市防洪工程设计规范》CJJ 50—92 第 5.4.5 条的规定。

5.4.6 为避免因穿堤建筑物地基处理措施与堤基处理措施不同对堤防安全造成不利的影响，本条规定穿堤建筑物地基处理措施与堤基处理措施之间做好衔接。

6 海堤工程

6.1 一般规定

6.1.1 本条给出海堤工程设计的规定内容，规定海堤工程布置应遵循的大的原则。

6.1.2 本条列举了堤线布置应考虑的影响因素，应根据地点、影响程度综合考虑,堤线布置应遵循的原则可按现行国家标准《堤防工程设计规范》GB 50286 相关规定执行。

6.1.3 本条规定了海堤工程堤型选择的原则。

6.2 堤身设计

6.2.1 本条规定了海堤堤身断面三种基本形式的适用条件。海堤断面按几何外形一般可分为斜坡式、直立式和混合式三种基本形式。斜坡式堤身一般以土堤为主体,在迎水面设护坡,边坡坡度较缓,边坡护面砌体必须依附于堤身土体;直立式(或称陡墙式)堤身一般由土堤和墙式防护墙所组成,迎水面边坡坡度较陡,防护墙可以维持稳定;混合式(或称复坡式)堤是斜坡式与直立式的结合形式,如下坡平缓上坡较陡的折坡式、带平台的复式断面及弧形面等形式。

6.2.2 本条规定了海堤堤顶高程计算公式。堤顶高程是指海堤沉降稳定后的高程。海堤堤顶高程在对潮位及风浪资料进行分析计算的基础上确定。

6.2.3 本条规定了按允许部分越浪设计的海堤,允许越浪水量的值,因为是城市防洪工程中的海堤,其允许越浪量规定要求较一般海堤高。

6.2.6 本条是关于海堤预留沉降超高的规定。根据已建海堤建设经验,海堤沉降量对于非软土地基一般取堤高的3%~8%,软土地基一般取堤高的10%~20%(港湾内及新建的海堤取大值,河口、老海堤加高及地基经排水固结处理的取小值)。

6.2.7 本条规定了确定海堤堤顶宽度的原则和应考虑的因素。海堤堤顶一般不允许车辆通行,交通道路宜设置在背水侧,有利于防汛。对于路堤结合的海堤可以按公路要求设计,但应以保证海堤工程安全为前提,并有相应的保护和维护措施。

6.2.8 本条规定了海堤堤身边坡确定的原则与方法。迎水坡指临海侧,背水坡指背海侧。

6.2.10 本条规定了确定海堤防渗体应满足的安全要求及确定防渗体尺寸的方法。

6.2.12 通常海堤堤线较长,不同的堤段有不同的断面形式、高度及地质情况,选定具有代表性的断面进行稳定分析及沉降计算,是为了保证海堤工程安全。在地形、地质条件变化复杂段的计算断面可以适当加密。防浪墙除了进行整体抗滑稳定、渗透稳定及沉降等计算外,还需抗倾覆稳定及地基承载力计算,验证设计的合理性,保证工程安全。

6.3 堤基处理

6.3.6 为加速软弱土或淤泥的排水固结,以往多采用排水砂井作为垂直排水通道。20世纪70年代以来,应用塑料排水板插入土中作为垂直排水通道在国内外已得到广泛应用。

6.3.7 爆炸置换法中最初采用的是爆炸排淤填石法,它是在淤泥质软基中埋放药包群,起爆瞬间在淤泥中形成空腔,抛石体随即坍塌充填空腔,达到置换淤泥的目的。该法要求堤头爆填一次达到持力层上,并在堤头前面形成舌石,根据交通部的有关规范的规定,其处理深度一般控制在12m以内。近几年,爆炸置换技术得到了进一步的发展。基于土工计算原理,提出了爆炸挤淤置换法,是通过炸药爆炸产生的巨大能量将土体横向挤出,达到置换淤泥的目的,使得置换深度大大提高。据已实施的工程实例,最大置换深度已达30m。该法完工后沉降小,施工进度快,但石方量大。

7 河道治理及护岸(滩)工程

7.1 一般规定

7.1.1 本条规定了河道治理的原则。流经城市的河道是所在江河的一部分,城市区域河道治理是所在江河河道整治的一部分,局部包含于整体,故要求上下游、左右岸、干支流相互协调。

城市防洪工程是城市总体规划的组成部分,因此,必须满足城市总体规划的要求。河道治理是城市防洪工程的组成部分,必须与城市总体规划相协调,综合考虑城市综合规划中防洪、航运、引水、岸线利用等各方面的要求,做到经济合理、综合利用、整体效益最优。

7.1.2 本条规定了确定河道治导线的原则。河道治导线是河道行洪控制线,需要在充分研究河道演变规律、顺应河势、兼顾上下游左右岸关系的基础上划定。

7.1.3 本条规定了河道治理工程布置原则。

7.1.4 本条规定了拦、跨河建筑物布置应遵循的原则。桥梁或渡槽等横跨河道,可能在河道中设置桥墩,或使河道局部束窄,干扰河道水流流态,使该处河道泄流能力降低。若桥墩轴线与水流方向不一致(即斜交),将增大阻水面积,减少过流面积,使河道水流产生旋流,从而增大水头损失,抬高上游河道水位,增加防洪堤防高度和壅水段长度,对城市防洪是不安全的,对城市防洪工程建设也是不经济的;对桥梁或渡槽等建筑物自身而言,水位壅高,使得其承受的水压力增大,河道冲刷深度增加亦影响其自身防洪安全。

7.2 河道整治

7.2.1 本条强调河道整治工作中基本资料收集整理分析的重要性。河道的冲淤变化、河势演变趋势是河道整治的重要依据,应充分收集水文、泥沙、河道测量资料,分析河道水沙特性、冲淤变化趋势,河势演变规律,并预测河道演变趋势及对河道治理的影响,为河道整治工程设计提供依据。

7.2.4 本条基本沿用原《城市防洪工程设计规范》CJJ 50—92 第 6.1.1 条的规定。设置护岸(滩)是为了保护岸边不被水流冲刷,防止岸边坍塌,保证汛期行洪岸边稳定。

7.2.5 本条基本沿用原《城市防洪工程设计规范》CJJ 50—92 第 6.1.2 条的规定。本条规定了护岸形式选择时需要考虑的影响因素。一般当河床土质较好时,采用坡式护岸和墙式护岸;当河床土质较差时,采用板桩护岸和桩基承台护岸;在冲刷严重河段的中枯水位以下部位采用顺坝或丁坝护岸。顺坝和短丁坝常用来保护坡式护岸和墙式护岸基础不被冲刷破坏。

7.2.6 本条基本沿用原《城市防洪工程设计规范》CJJ 50—92 第 6.1.3 条的规定。

7.2.7 设置防浪平台、栽植防浪林可显著消减风浪作用,但种植防浪林以不影响河、湖行洪为原则。

7.3 坡式护岸

7.3.1 本条基本沿用原《城市防洪工程设计规范》CJJ 50—92 第 6.2.1 条的规定。坡式护岸对河床边界条件改变较小,对近岸水流的影响也较小,是我国城市防洪护岸工程中常用的、优先选用的形式,其中以砌石应用的最为广泛,但在季节性冻土地区要特别注意冰冻对砌石的破坏。为满足城市景观、环境要求,在条件允许的河岸,应尽可能采用生态护岸。设置戗台主要是为了护岸稳定。为便于护岸检修、维护和管理,隔一定间距还应设置上下护岸的台阶。

7.3.2 本条基本沿用原《城市防洪工程设计规范》CJJ 50—92 第 6.2.2 条的规定。坡式护岸的坡度主要是根据岸边稳定确定,护岸厚度主要是根据护岸材料、流速、冰冻等通过计算确定。

7.3.3 本条规定了选择植物护坡的基本条件。

7.3.4 本条基本沿用原《城市防洪工程设计规范》CJJ 50—92 第 6.2.3 条的规定。

7.3.5 本条基本沿用原《城市防洪工程设计规范》CJJ 50—92 第 6.2.4 条的规定。

7.3.6 本条基本沿用原《城市防洪工程设计规范》CJJ 50—92 第

6.2.5条的规定。护脚设计必须保证其工作的可靠性。护脚埋深要慎重确定,护脚如果被冲垮,则护岸也难以保住。埋深根据冲刷深度设置,同时也要参考已有工程的经验,综合分析确定。护脚处于枯水位以下,必须水下施工时,宜采用抛石、石笼、沉排、沉枕等护脚。抛石是最常用的护脚加固材料,为防止水流淘刷向深层发展造成工程破坏,还需考虑在抛石外缘加抛防冲和稳定加固的备石方量。

7.4 墙式护岸

7.4.1 墙式护岸具有断面小、占地少的优点,但对地基要求较高,造价也较高,多用于堤前无滩、水域较窄、防护对象重要、城市堤防建设中场地受限制的情况。

7.4.2 本条基本沿用原《城市防洪工程设计规范》CJJ 50—92第6.3.2条的规定。

7.4.3 本条基本沿用原《城市防洪工程设计规范》CJJ 50—92第6.3.1条的规定。工程实践经验是:对岩石、砂土及较硬的黏土或砂质黏土地基(其内摩擦角ϕ大于25°),一般多采用墙式结构;对表层有不很厚的淤泥层下面是坚硬的土壤或岩石地基,也可在进行换砂(石)处理后采用墙式结构。

7.4.4 本条基本沿用原《城市防洪工程设计规范》CJJ 50—92第6.3.3条的规定。

7.4.5 本条基本沿用原《城市防洪工程设计规范》CJJ 50—92第6.3.4条的规定。

7.4.6、7.4.7 这两条基本沿用原《城市防洪工程设计规范》CJJ 50—92第6.3.5条的规定。变形缝的缝距不仅与护岸结构材料有关,还与地形、地质、护岸结构形式有关。对有防水要求的护岸,在分缝处应设止水。

7.4.8 本条基本沿用原《城市防洪工程设计规范》CJJ 50—92第6.3.11条的规定。

7.4.9 本条规定了墙身设置排水孔的要求。排水孔的大小和布置应根据水位变化情况、墙后填土透水性能和岸壁断面形状确定,最下一层排水孔应低于最低水位。墙前后水位差较大,墙基作用水头较大,易引起地基渗透破坏。

7.5 板桩式及桩基承台式护岸

7.5.1 本节基本沿用原《城市防洪工程设计规范》CJJ 50—92第6.4节的规定。

7.5.2 板桩式及桩基承台式护岸的结构形式,按有无锚碇可分为无锚板桩及有锚板桩两类。

7.5.4 锚碇结构形式有:锚碇板或锚碇墙、锚碇桩或锚碇叉桩、斜拉桩锚碇、桩基台盘锚碇。锚碇板一般采用预制钢筋混凝土板,锚碇墙一般采用现浇钢筋混凝土墙,锚碇桩一般采用预应力或非预应力钢筋混凝土桩,锚碇板桩一般采用钢筋混凝土板桩,锚碇叉桩一般采用钢筋混凝土桩。

7.6 顺坝和短丁坝护岸

7.6.1 本节基本沿用原《城市防洪工程设计规范》CJJ 50—92第6.5节的规定。顺坝和短丁坝是河岸间断式护岸的两种主要形式,适用于冲刷严重的河岸。顺坝和丁坝的作用主要是导引水流、防冲、落淤、保护河岸。由于顺坝不改变水流结构,水流平顺,因此应优先采用。丁坝具有挑流导沙作用,为了减少对流态的影响,宜采用短丁坝,在多沙河流中下游应用,会获得比较理想的效果。不论选用哪种坝型,都应把防洪安全放在首位。

7.6.4 根据工程经验,一般在流速较小、河床土质较差、短丁坝坝高较低时,可采用土石坝、抛石坝或砌石坝;当流速较大时,宜用铅丝石笼坝或混凝土坝。

7.6.5 土石丁坝和顺坝,迎水坡一般取 1:1~1:2,背水坡取 1:1.5~1:3,坝头可取 1:3~1:5。在坝基易受冲刷的河床或修建在水深流急河段的丁坝,为了防止坝基被冲刷,一般以柴排或土工布护底。当坝基土质较好时,可仅在坝头处设置护底。

为了防止水流绕穿坝根,可以在河岸上开挖侧槽,将坝根嵌入其中,或在坝根上下游适当范围加强护根。

7.6.6 丁坝平面布置,按其轴线与水流的交角可分为上挑丁坝、下挑丁坝、正挑丁坝三种。实践证明,上挑丁坝的坝头水流紊乱,坝头冲刷坑较深且距坝头较近;下挑丁坝则相反,冲刷坑较浅,且离坝头较远;正挑丁坝介于两者之间,设计应根据具体要求合理选用。

丁坝间距以水流绕过上一丁坝扩散后不致冲刷下一丁坝根部为准,一般可取丁坝长度的 2 倍~3 倍,或按计算确定。在每一组短丁坝群中,首尾丁坝受力较大,其长度和间距可适当减小。

对于条件复杂、要求较高的重点短丁坝群护岸,应通过水工模型试验确定。

8 治涝工程

8.1 一般规定

8.1.1 本规范所指城市治涝工程主要有排涝河道、排涝水闸、排涝泵站等城市雨水管网系统之外的排除城市涝水的水利工程。城市雨水管网的设计已经有相关的规范,例如现行国家标准《室外排水设计规范》GB 50014,应执行相应规范的规定。

城市治涝工程是城市基础设施的重要组成部分,也是城市防汛工程体系的有机组成部分。因此,城市治涝工程设计必须在城市总体规划、城市防汛规划、城市治涝规划的基础上进行。

排涝河道,向上接受市政排水管网的排水,向下应及时将涝水排出,起到一个传输、调蓄涝水的作用,其传输、调蓄作用将受到河道本身的容蓄能力大小及下游承泄区水位变动的影响。市政排水管网和河道排涝在排水设计及技术运用上不同,在设计暴雨和暴雨参数求取时选择方法有很大差异,目前尚未建立两种方法所得到的设计值与重现期之间固定的定量关系。市政排水关注的主要是地面雨水的排放速度,即各级排水管道的尺寸,主要取决于 1h 甚至更短的短历时暴雨强度;而河道排涝问题,除了涝水排除时间外,更关注河道最高水位,与短历时暴雨强度有一定关系,但由于河、湖等水体的调蓄能力,主要还与一定历时内的雨水量有关(一般为 3h~6h),以此来确定河道及其排涝建筑物的规模。所以管网排水设计和河道排涝设计之间存在协调和匹配的问题。从建设全局看,既无必要使河道的排涝能力大大超过市政管网的排水能力,使河道及其河口排涝建筑物的规模过大,又不应由于河道及其河口排涝建筑物规模过小而达不到及时排除城市排水管网按设计标准排出的雨水,从而使部分雨水径流暂存河道并壅高河道水位,反过来影响管网正常排水。当河道容蓄能力较小时,河道设计就应尽可能与上游市政排水管网的排水标准相协调,做到能及时排除市政管网下排的雨水,以保证市政管网下口的通畅,维持其排水能力,此时河道设计标准中应使短历时(如 1h 或更短历时)设计暴雨的标准与市政管网的排水标准相当,或考虑到遇超标准短历时暴雨时市政管网产生压力流时也能及时排水,也可采用略高于市政管网的标准。在河道有一定的容蓄能力、下游承泄区水位变动较大且有对河道顶托作用的条件下,河道排水能力可小于市政管网最大排水量,但须满足排除一定标准某种历时(如 24h)暴雨所形成涝水的要求,并使河道最高水位控制在一定的标高以下,以保证城市经济、社会、环境、交通等正常运行,而这种历时的长短,主要取决于河道调蓄能力、城市环境容许等因素。

8.1.2 治涝工程是城市基础设施,应根据自然地理条件、涝水特点以及城市可持续发展要求,统筹兼顾,处理好上游与下游、除害与兴利、整体与局部、近期与远期、治涝与城市其他部门要求等关系；针对城市治涝的特点，处理好排、蓄、截的关系，处理好自排与抽排的关系；为城市人民安居乐业、提高生活水平、稳定发展提供保障。不同类型的涝水采取的防治措施也应不一样，工程措施与非工程措施相结合，是综合治理的具体体现。

8.1.3 在水资源短缺的地区，鼓励因地制宜地采取雨洪利用综合措施，实现雨洪资源化，既有利于消减城市洪峰流量和洪水量，节约工程投资，又可以增加可贵的水资源量。

治涝工程设计应为多元功能的一体化运作、统一管理创造条件，为新技术、新工艺、新材料的应用提供依据，使设计的排涝河道成为城市生态环境保护圈中不可缺少的一环。治涝工程中的排水闸、挡水（潮）闸、排水泵站、排水河道、蓄涝工程等，应在满足治涝要求的同时，与防洪、灌溉、航运、养殖、生态、环保、卫生等有关部门要求相结合，发挥治涝工程的多功能作用，避免功能单一、重复建设。

8.1.4 在工程实践中，由于城市用地紧张或建筑物紧邻工程并已经建成，工程用地的征用很困难，因此城市治涝工程应重视节约用地，有条件的应与市政工程建设相结合。

城市治涝工程设计要考虑的很重要的一项功能是与城市建筑相协调，美化城市景观。过去的工程设计理念多是注重结构上稳定安全，经济上节约，技术上可行，偏重于工程的水利功能，但随着人们生活水平的提高，人们的需求多样化，对人居环境越来越重视，水利工程建筑物处于城市区域，必须与城市环境相协调，不论是外观轮廓还是细部装饰，都应与城市建筑风格相融合，做到保护生态环境、美化景观、技术先进、安全可靠、经济合理。

8.2 工程布局

8.2.1 我国的大部分城市，一般同时受暴雨、洪水的影响，滨海地区的城市还受潮水、风暴潮等影响，既有防洪（潮）问题，又有治涝问题。因此，治涝工程总体布局需要与防洪（潮）工程统一全面考虑，统筹安排，发挥综合效益。

城市各类建筑物及道路的大量兴建使城市不透水面积快速增长，综合径流系数随之增大，雨水径流量也将大大增加，如果单纯考虑将雨水径流快速排出，所需排涝设施规模将随之增大，这对于城市建设和城市排涝是一个沉重的包袱。结合城市建设，因地制宜地设置雨水设施截流雨水径流是削减城市排涝峰量的有效措施之一。据有关研究，下凹式绿地，对2年至5年一遇的降雨，不仅绿地本身无径流外排，同时还可消纳相同面积不透水铺装地面的雨水径流，基本无径流外排。

城市治涝工程设计应贯彻全面规划、综合治理、因地制宜、节约投资、讲求实效的原则。拟定几个可能的治理方案，重点研究骨干工程布局，协调排与蓄的关系，通过技术、经济分析比较，选出最优方案。

8.2.2 城市防洪与治涝相互密切结合，治涝分片与防洪工程总体布局密切相关。治涝工程总体布局，应根据涝区的自然条件、地形高程分布、水系特点、承泄条件以及行政区划等情况，结合防洪工程布局和现有治涝工程体系，合理确定治涝分片。

地形高程变化相对较大的城市，还可采取分级治理方式。

8.2.3 治涝工程的蓄与排相辅相成，密切相关，设置一定的蓄涝容积，保留和利用城市现有的湖泊、洼地、河道等，不仅可以调节城市径流，有效削减排涝峰量，减少内涝，而且有利于维持生态平衡，改善城市环境。

8.2.4 对有外水汇入的城市，例如丘陵城市，有中、小河流贯穿城区的城市，有条件时，可结合防洪工程总体布局，开挖撇洪工程，实施河流改道工程使原城区河流成为排涝内河，让原来穿城而过的上游洪水转为绕城而走，可减轻城区洪水压力，减少治涝工程规模。

8.2.5 因地制宜，妥善处理好自排与抽排的关系，不同区域采取不同措施，既保证排涝安全，又节省工程投资。高水（潮）位时有自排条件的地区，一般宜在涝区内设置排涝沟渠、排涝河道以自排为主，局部低洼区域可设置排涝泵站抽排。高水（潮）位时不能自排或有洪（潮）水倒灌情况的地区，一般应在排水出口设置挡水（潮）水闸，在涝区内设置蓄涝容积，并适当多设排水出口，以利于低水（潮）位时自流抢排，并可根据需要设置排涝泵站抽排。

我国城市根据所处地理位置不同一般可分为三种类型，可采取不同的排涝方式：

1 沿河城市。沿河城市的内涝一般由于河道洪水使水位抬高，城区降雨产生的涝水无法排入河道或来不及排除而引起，或者两者兼有。承泄区为行洪河道，水位变化较快。内涝的治理，一般在涝区内设置排涝沟渠、河道，沿河防洪堤上设置排涝涵洞或支河口门自排，低洼地区可设置排涝泵站抽排；有河道洪水倒灌情况的城市，一般应在排涝河道口或排涝涵洞口设置挡洪闸，并可设置排涝泵站抽排。

2 滨海城市。滨海城市的内涝一般由于地势低洼，受高潮位顶托，城区降雨产生的涝水无法排除或来不及排除而引起，或者两者兼有。承泄区为海域或感潮河道，承泄区的水位呈周期性变化。内涝的治理，高潮位时有自排条件的地区，可在海塘（或防汛墙）上设置排涝涵洞或支河口门自排；高潮位时不能自排或有潮水倒灌情况的地区，一般应适当多设排水出口和蓄涝容积，以利于低潮时自流抢排，排水出口宜设置挡潮闸，并可根据需要设置排涝泵站抽排；地势低洼又有较大河流穿越的城市，在河道入海口有建闸条件的，可与防潮工程布局结合经技术经济比较在河口建挡潮闸或泵闸。

3 丘陵城市。丘陵城市一般主城区主要分布在山前平原上，而城郊区为山丘林园或景观古迹等，也有城市是平原、丘陵相间分布。为了减轻平原区的排涝压力，在山丘区有条件的宜设置水库、塘坝等调蓄水体，沿山丘周围开辟撇洪沟、渠，直接将山丘区雨水高水高排出涝区。

8.2.6 承泄区的组合水位是影响治涝工程规模和设计水位的重要因素。我国城市涝区一般以江河、湖泊、海域作为承泄区，江河承泄区水位一般变化较快，湖泊承泄区水位变化较慢，海域承泄区的水位呈周期性变化。在确定承泄区相应的组合水位时，应根据承泄区与涝区暴雨的遭遇可能性，并考虑承泄区水位变化特点和治涝工程的类型，合理选定。

当涝区暴雨与承泄区高水位的遭遇可能性较大时，可采用相应于治涝设计标准的治涝期间承泄区高水位；当遭遇可能性不大时，可采用治涝期间承泄区的多年平均高水位。承泄区的水位过程，可采用治涝期间承泄区的典型水位过程进行缩放，峰峰遭遇可以考虑较不利组合以保证排涝安全。当设计治涝暴雨采用典型降雨过程进行治涝计算时，也可直接采用相应典型年的承泄区水位过程。各地区也可根据具体情况分析确定。例如，上海市采用设计治涝暴雨相应典型年的实测潮水位过程，天津市采用治涝期典型的潮水位过程。

8.3 排涝河道设计

8.3.1 河道岸线布置关系水流流态、工程的稳定安全、工程投资、工程效益等，城市排涝河道起着承上启下的作用，必须统筹考虑排水管网布设、承泄区位置、城市用地等各种因素，进行技术经济比较。

8.3.2 排涝河道设计水位、过水断面、纵坡等设计参数应根据涝区特点和排涝要求，由排涝工程水利计算、水面线推求等分析确定。河网地区的城市，根据工程设计的需要，可通过河网非恒定流水利计算确定其设计参数。对于多功能的排涝河道，需作河道功能的分项计算。如按常规进行某集水区河道泄洪、排水、除涝等水利计算，以明确河道应达到的规模；按规划河道的水资源配置和蓄贮要求进行水文模拟计算，从而确定河道常水位和控制水位、水体蓄贮量和置换量、河道水质状态等。以上分析计算成果将是整治后的排涝河道进行日常水资源调度管理的重要指导性技术依据。

8.3.4 最大限度地保持河道的自然风貌，有利于涵养水源、保土保墒、美化景观、减少灾害。城市排涝河道整治应强调生态治河理念，与改善水环境、美化景观、挖掘历史文化底蕴等有机结合，增强河道的自然风貌及亲水性。根据有关研究，河岸发挥生态功能的有效宽度，一般一侧应不小于30m，在城市用地紧张的条件下可以适当减少。

8.3.5 生物护坡成本低廉并能够有效改善河道岸坡的坚固稳定性，对修复河流生态，尤其是基底生态系统有实用价值。

8.4 排涝泵站

8.4.2 本条规定了排涝泵站站址选择应考虑的因素。

选择站址，首先要服从城市排涝的总体规划，未经规划的站址，不仅不能发挥预期的作用，还会造成很大的损失和浪费；二要考虑工程建成后综合利用要求，尽量发挥综合利用效益；三要考虑水源、水流、泥沙等条件，如果所选站址的水流条件不好，不但会影响泵站建成后的水泵使用效率，还会影响整个泵站的运行；四要考虑占地、拆迁因素，尽量减少占地，减少拆迁赔偿费；五要考虑工程扩建的可能性，特别是分期实施的工程，要为今后扩建留有余地。

为了能及时排净涝水，应将排涝泵站设在排水区地势低洼，能汇集排水区涝水，且靠近承泄区的地点，以降低泵站扬程，减小装机功率。有的排水区涝水可向不同的承泄区（河流）排泄，且各河流汛期高水位又非同期发生，需对河流水位（即所选站址的站上水位）作对比分析，以选择装置扬程较低、运行费用较经济的站址；有的排水区涝水需高低分片排泄，各片宜单独设站，并选用各片控制排涝条件最为有利的站址。

8.4.3 本条规定了排涝泵站布置的原则和要求。

1 在溃涝区附近修建临河泵站确有困难时，需设置引渠将水引至宜于修建泵站的位置。为了减少工程量，引渠线路宜短宜直，引渠上的建筑物宜少。为了防止引渠渠床产生冲淤变形，引渠的转弯半径不宜太小。为了改善进水前池的水流流态，弯道终点与前池进口之间宜有直线段，其长度不宜小于渠道水面宽的8倍。进水前池是泵站的重要组成部分，池内水流流态对泵站装置性能，特别是对水泵吸水性能影响很大。如流速分布不均匀，可能会出现死水区、回流区及各种旋涡，发生池中淤积，造成部分机组进水量不足，严重时旋涡将空气带入进水流道（或吸水管），使水泵效率大为降低，并导致水泵汽蚀和机组振动等。前池有正向进水和侧向进水两种形式，正向进水的前池流态较好。

3 出水池应尽量建在挖方上。如需建在填方上时，填土应碾压密实，严格控制填土质量，并将出水池做成整体结构，尤其应采取防渗排水措施，以确保出水池的结构安全。出水池中的流速不应太大，否则会由于过大的流速而使池中产生水跃，与渠道流速难以衔接，造成渠道的严重冲刷。根据一些泵站工程实践经验，出水池中流速应控制最大不超过2.0m/s，且不允许出现水跃。

4 进出水流道的设计，进水流道主要问题是保证其进口流速和压力分布比较均匀，进口断面流速宜控制不大于1.0m/s；出水流道布置对泵站的装置效率影响很大，因此流道的型线变化应比较均匀，出口流速应控制在1.5m/s以下。

8.4.4 本条规定了排涝泵站防渗排水设计的原则和要求。防渗排水设施是为了使泵站基础渗流处于安全状况而设置的。根据已建工程的实践，工程的失事多数是由于地基防渗排水布置不当造成的，必须给予高度重视。泵站地基的防渗排水布置，应在泵房高水位侧（出水侧）结合出水池的布置设置防渗设施，如钢筋混凝土防渗铺盖、齿墙、板桩、灌浆帷幕等，用来增加防渗长度，减小泵房底板下的渗透压力和平均渗透坡降；在泵房低水位侧（进水侧）结合前池、进水池的布置，设置排水设施，如排水孔、反滤层等，使渗透水流尽快地安全排出，减小渗流出逸处的出逸坡降，防止发生渗透变形，增强地基的抗渗稳定性。至于采用何种防渗排水布置，应根据站址地质条件和泵站扬程等因素，结合泵房和进、出水建筑物的布置确定。同正向防渗排水布置一样，侧向防渗排水布置也应做好，不可忽视，侧向防渗排水布置应结合两岸连接结构（如岸墙、进出口翼墙）的布置确定，一般可设置防渗刺墙、板桩等，用来增加侧向防渗长度和侧向渗径系数。要注意侧向防渗排水布置与正向防渗排水布置的良好衔接，以构成完整的防渗排水布置。

8.4.5 本条规定了泵房布置与安全方面的原则与要求。泵房挡水部位顶部安全超高，是指在一定的运用条件下波浪、壅浪计算顶高程距离泵房挡水部位顶部的高度，是保证泵房内不受水淹和泵房结构不受破坏的一个重要安全措施。

9 防洪闸

9.1 闸址和闸线的选择

9.1.1 防洪闸系指城市防洪工程中的泄洪闸、分洪闸、挡洪闸、排涝闸和防潮闸等。

泄洪闸是控制和宣泄河道洪水的防洪建筑物，一般建在防洪河道上游。

分洪闸是用来分泄天然河道的洪水，在天然河道遭遇到大洪水而宣泄能力不足时，分洪闸就开启闸门分洪，分洪闸应建在城市上游。

挡洪闸多建在支流河口附近，在干流洪水位到达控制水位时关闭闸门挡洪，在洪水位降至控制水位以下时开启闸门排泄支流的洪水。

排涝闸是用来排泄城市涝水、洼地积水的建筑物，一般多建在城市下游。

为防止洪水或潮水倒灌的闸称为挡洪闸或挡潮闸，一般多建在城市防洪河道入海口处。

本条基本沿用原《城市防洪工程设计规范》CJJ 50—92第9.2.1条的规定。地质条件关系到地基的承载能力和抗滑、抗渗稳定性，是防洪闸设计总体布置中考虑的主要因素之一。地形、水流、泥砂直接影响闸的总体布置、工作条件及过流能力。此外，闸址还涉及拆迁房屋多少、占用农田多少以及交通运输、施工条件等，这些又直接影响工程造价。为此需综合考虑，经技术经济比较确定。

随着我国经济的发展，城市建设的现代化水平在逐年提高，城市防洪工程是城市现代化建设的基础工程，其选址、规模应与城市总体布局协调一致，成为城市的一个景点，如苏州水闸潮闸。

9.1.2 本条基本沿用原《城市防洪工程设计规范》CJJ 50—92第9.2.3条的规定。从水力学的观点出发，闸址选择主要考虑水流平顺、岸坡稳定。

泄洪闸、排洪闸、排涝闸闸址宜选在顺直河段上，主要原因是河岸不易冲刷，岸边稳定，水流流态平顺。

分洪闸闸址选在弯道凹岸顶点稍偏下游处，主要是考虑弯曲河段一般具有深槽靠近凹岸的复式断面，河床断面和流态都比较稳定，主流位于深槽一侧，有利于分洪；由于弯道上的环流作用，底沙向凸岸推移，分洪闸进沙量少；同时，分洪闸的引水方向与河道主流方向夹角也小，从而进流量大。

9.1.3 本条基本沿用原《城市防洪工程设计规范》CJJ 50—92第9.2.2条的规定。将原条文中"应避免采用人工处理地基"修改为"有地质缺陷、不满足设计要求时，地基应进行加固处理"。闸址地基条件直接关系着闸的稳定安全和工程投资，应慎重考虑确定，当地基不满足设计要求时应进行加固处理。

9.1.4～9.1.6 这三条是参照现行行业标准《水闸设计规范》SL 265 制定的。

9.1.7 防潮闸一般多建在城市防洪河道入海口处的直段,放在海口处可以尽量减少海潮的淹没和影响范围,可以减少海潮对河道的泥砂淤积量。

9.1.8 本条基本沿用原《城市防洪工程设计规范》CJJ 50—92 第 9.2.4 条的规定。

9.2 工程布置

9.2.1 本条基本沿用原《城市防洪工程设计规范》CJJ 50—92 第 9.3.1 条的规定。增加与城市景观、环境美化相结合的要求。

9.2.2 本条基本沿用原《城市防洪工程设计规范》CJJ 50—92 第 9.3.2 条的规定。对于胸墙式防洪闸,增加"宜留有排沙孔"的要求,以适应在多沙河流上建闸排沙要求。

9.2.3 本条基本沿用原《城市防洪工程设计规范》CJJ 50—92 第 9.3.3 条的规定。确定闸底板高程,首先要确定合适的最大过闸单宽流量,取决于闸下河道水深及河床土质的抗冲流速。采用较小的过闸单宽流量,闸的总宽度较大,闸下水流平面扩散角较小,水流不致脱离下游导墙而产生回流,流速的平面分布比较均匀,防冲护砌长度可以相应缩短。采用较大的过闸单宽流量,虽可减小防洪闸总宽度,但下游导流翼墙和防冲护砌长度就要加长,不一定能减少工程量,尤其是下游流速平面分布不均匀,极易引起两侧大范围的回流,压缩主流,不仅不能扩散,局部的单宽流量反而会加大,常常引起下游河床的严重冲刷,在这种情况下,过闸单宽流量要取小值。

最大过闸单宽流量确定后,根据上、下游设计洪水位,按堰流状态计算堰顶高程,这是可能采用的最高门槛高程。最后综合考虑排涝、通航、河道泥砂、地形、地质等因素,通过技术经济比较确定闸底板高程。

防洪闸、分洪闸的闸底板高程,不宜设置在年内特别是在枯水季不能从外江引流的高程之上,而应设置在能够全年都可以从外江进水的高程,同时,还应从满足改善枯水水环境角度考虑水闸闸孔总净宽,以满足内河冲污、稀释、冲淤的需要。这一点,广东省珠江三角洲河网区有深刻的教训。在 20 世纪 50 年代中期和 60 年代初期,该地区有的地方在分洪河河口兴建水闸时,单纯从防洪分洪着眼,把水闸闸底板高程建在枯季,甚至在平水期都不能从外江引入流量的河口高程之上,也有的地方在分洪河入口处兴建限流堰,2 年～5 年一遇以下外江洪水不能过堰,更不用说过枯水期流量了,5 年以上外江洪水才能过堰顶流入分洪河。但 5 年一遇以上外江洪水并不是年年出现的,即使是在某一年出现,其分流入河的时间也不过是两三天,时间并不长,当外江洪水位回落到堰顶高程以下时,便又回复到不分流状态。到了 20 世纪 80 年代初以后,分洪区城镇的社会经济有较大的发展,大量未经达标处理的生活污水、工业废水和化肥、农药的农田排水等污染物排入河道,分洪河道的水体、水质受到严重污染,水质发展发臭,水质标准劣于Ⅴ类,水环境恶化到不可收拾的地步。有的地方防洪、分洪闸的闸孔总净宽由于建得太窄,满足不了枯水入流改善水环境的要求。到了 20 世纪 80 年代中期,不得不把原来不能满足引水冲污的旧挡洪、分洪水闸废弃,而另外在附近新建防洪、分洪、冲污、排涝多功能水闸,问题才得到较妥善的解决。

9.2.4、9.2.5 这两条基本沿用原《城市防洪工程设计规范》CJJ 50—92 第 9.3.4 条的规定。确定闸槛高程和闸孔泄流方式后,根据泄流能力计算,就可确定满足运用要求的总孔宽度了。拦河建闸时应注意不要过束窄河道,以免影响出闸水流,造成局部冲刷,增加闸下连接段工程量,从而增加工程投资。闸室总宽度与河道宽度的比值以 0.8 左右为宜。闸孔数目少时,应取奇数,以便放水时对称开启,防止偏流,造成局部冲刷。

9.2.6 本条基本沿用原《城市防洪工程设计规范》CJJ 50—92 第 9.3.5 条的规定。

9.2.7 本条基本沿用原《城市防洪工程设计规范》CJJ 50—92 第 9.3.6 条的规定。增加"闸顶应根据管理、交通和检修要求,修建交通和检修桥"的要求。

9.2.8 本条是参照现行行业标准《水闸设计规范》SL 265 制定的。防洪闸与两岸连接的建筑物,包括闸室岸墙、刺墙以及上下游翼墙,其主要作用是挡土、导流和阻止侧向绕流,保护两岸不受过闸水流的冲刷,使水流平顺地通过防洪闸。为保护岸边稳定,在防洪闸与两岸的连接布置设计时,要做到闸室岸墙布置与闸室结构形式密切配合,上游翼墙布置要与上游进水条件相配合,长度应长于或等于防渗铺盖的长度,使上游来水平顺导入闸室,闸槛前水流方向不偏,流速分布均匀;下游翼墙布置要与水流扩散角相适应,扩散角在 7°～12°范围,长度应长于或等于消力池的长度,引导水流沿翼墙均匀扩散下泄,避免在墙前产生回流旋涡等恶劣流态。

9.2.9 本条是参照现行行业标准《水闸设计规范》SL 265 制定的。

9.2.10 本条基本沿用原《城市防洪工程设计规范》CJJ 50—92 第 9.3.7 条的规定。增加"并应采用较先进的控制设施"的要求,以适应现代化管理的需要。

9.2.11 本条基本沿用原《城市防洪工程设计规范》CJJ 50—92 第 9.3.9 条的规定。防渗排水设施是为了使闸基渗流处于安全状况而设置的。土基上建闸挡水,闸基中将产生渗透水流。当渗透水流的速度或坡降超过容许值时,闸基将产生渗透变形,地基就产生不均匀沉降,甚至坍塌,不少水闸因此失事。如蒙城节制闸就是因渗透变形遭到破坏,该闸总净宽 120m,分成 10 孔,于 1958 年 7 月建成,适逢大旱,水闸开始蓄水,上游挡水高 5m,仅隔两天就突然倒塌,从发觉闸身变形到整个倒塌仅经历几个小时。因此,在防洪闸板设计中对于防渗排水设施问题必须给予高度重视。

9.2.12 本条基本沿用原《城市防洪工程设计规范》CJJ 50—92 第 9.3.10 条的规定。

9.2.13 本条基本沿用原《城市防洪工程设计规范》CJJ 50—92 第 9.3.8 条的规定。

9.2.14 防潮闸地处海滨,地下水位较高,地基多为软弱、高压缩地层,基坑开挖时为边坡稳定,一定要注意施工排水设计,要把地下水位降下来,必要时采用周边井点排水方法。设计应重视防潮闸的基础处理,软基的基础处理方法很多,对于松软的砂基可采用振冲加固或强夯法;对软土、淤泥质土地基薄层者可采用换基,深层者可采用桩基处理;有条件时对松软土地基也可采用预压加固法。采用桩基应重视在运用期间可能会产生闸底板脱空问题,例如,永定新河河口的蓟运河和潮白新河防潮闸,都有底板脱空现象,用搅拌桩加固软土地基时应注意桩身质量是否能达到设计要求。

9.2.15 河口防潮闸下普遍存在泥沙淤积和拦门沙问题。为保持泄流通畅,闸下要经常清淤,为减少清淤量规定研究应采取防淤、减淤措施;河口拦门沙的存在及变化对河道行洪有一定影响,研究拦门沙位置的变化对行洪的影响是设计内容之一。

9.3 工程设计

9.3.1 本条规定了防洪闸工程设计的内容。

9.4 水力计算

9.4.1 本条基本沿用原《城市防洪工程设计规范》CJJ 50—92 第 9.4.1 条的规定。

9.4.2 本条基本沿用原《城市防洪工程设计规范》CJJ 50—92 第

9.4.2条的规定。

9.4.3 本条基本沿用原《城市防洪工程设计规范》CJJ 50—92 第9.4.3条的规定。

9.5 结构与地基计算

9.5.1 本条基本沿用原《城市防洪工程设计规范》CJJ 50—92 第9.5.1条的规定。

9.5.2 本条基本沿用原《城市防洪工程设计规范》CJJ 50—92 第9.5.2条的规定。

9.5.3 本条基本沿用原《城市防洪工程设计规范》CJJ 50—92 第9.5.4条的规定。

10 山洪防治

10.1 一般规定

10.1.1 本条基本沿用原《城市防洪工程设计规范》CJJ 50—92 第7.1.1条的规定。山洪是指山区通过城市的小河和周期性流水的山洪沟发生的洪水。山洪的特点是，洪水暴涨暴落，历时短暂，水流速度快，冲刷力强，破坏力大。山洪防治的目的是，削减洪峰和拦截泥沙，避免洪灾损失，保卫城市安全。防洪对策是采用各种工程措施和生物措施，实行综合治理。实践证明，工程措施和生物措施相辅相成，缺一不可，生物措施应与工程措施同步进行。

10.1.2 本条基本沿用原《城市防洪工程设计规范》CJJ 50—92 第7.1.2条的规定。山洪大小不仅和降雨有关，而且和各山洪沟的地形、地质、植被、汇水面积大小等因素有关，每条山洪沟自成系统。所以，山洪防治应以每条山洪沟为治理单元。由于受人力、财力的限制，如山洪沟较多，不能一次全面治理时，可以分批实施，对每条山洪沟进行集中治理、连续治理，达到预期防治效果。

10.1.3 本条基本沿用原《城市防洪工程设计规范》CJJ 50—92 第7.1.3条的规定。山洪特性是峰高、量小、历时短。山洪防治应尽量利用山前水塘、洼地滞蓄洪水，这样可以大大削减洪峰，减小下游排洪渠道断面，从而节约工程投资。

10.1.4 小型水库可大大削减洪峰流量，显著减小下游排洪渠道断面，从而节省工程投资和建筑用地，减免洪灾损失。由于小型水库库容较小，首先应充分发挥蓄洪削峰作用，在满足防洪要求前提下，兼顾城市供水、养鱼和发展旅游事业的要求，发挥综合效益。小型水库的等级划分和设计标准，应符合现行行业标准《水利水电工程等级划分及洪水标准》SL 252的规定，由于其位于城市上游，应根据其失事后造成的损失程度适当提高防洪标准。工程设计还应符合有关规范的规定。

10.1.5 排洪渠道和截洪沟的护坡形式，常用的有浆砌块石、干砌块石、混凝土(包括预制混凝土)、草皮护坡等。护坡形式的选择，主要根据流速、土质、施工条件、当地材料及安全稳定耐久等综合确定。排洪渠道、截洪沟和撇洪沟可能位于城市的上游，一旦失事也会给城市安全造成较大威胁，因此要求设计者十分重视其安全，从设计入手严把质量关，同时对建设和管理提出高要求，把质量和安全放在第一位。

10.2 跌水和陡坡

10.2.1 本条基本沿用原《城市防洪工程设计规范》CJJ 50—92 第7.4.1条的规定，与现行国家标准《灌溉与排水工程设计规范》GB 50288—1999 第9.7.1条保持一致。具体采用何种形式，需作经济比较。当山洪沟、截洪沟、排洪渠道通过地形高差较大的地段时，需要采用陡坡或跌水连接上下游渠道。坡降在1:4~1:20范围内修建陡坡比跌水经济，特别在地下水位较高的地段施工较方便。当坡度大于1:4时采用跌水为宜，可以避免深挖高填。

10.2.2 本条基本沿用原《城市防洪工程设计规范》CJJ 50—92 第7.4.2条的规定。跌水和陡坡水面衔接包括进口与出口，进口段要注意尽量不改变渠道水流要素，使水流平顺均匀进入跌水或陡坡。下游出口流速大，冲刷力强，一般要设消力池消能，从而减轻对下游渠道的冲刷，消力池深度、长度等尺寸应经计算确定。

10.2.3 本条基本沿用原《城市防洪工程设计规范》CJJ 50—92 第7.4.3条的规定。进出口导流翼墙单侧收缩角度和翼墙长度的规定系经验数据，在此范围内水流比较平顺、均匀、泄量较大。出口导流翼墙形式和扩散角度的规定，可使水流均匀扩散，对下游消能有利。

10.2.4 本条基本沿用原《城市防洪工程设计规范》CJJ 50—92 第7.4.4条的规定。对护底布置及构造作出规定，目的是为了延长渗径，保护基础安全。

10.2.5 本条基本沿用原《城市防洪工程设计规范》CJJ 50—92 第7.4.5条的规定，依据设计经验，并与现行国家标准《灌溉与排水工程设计规范》GB 50288—1999 第9.7.2条保持一致，将原《城市防洪工程设计规范》CJJ 50—92规定的单级跌水高度由3m以内改为5m以内，主要是考虑山洪沟深度一般较小，以及有利于下游消能制定的，在此范围内比较经济，消能设施比较简单。

10.2.6 本条基本沿用原《城市防洪工程设计规范》CJJ 50—92 第7.4.6条的规定。规定限制陡坡底宽与水深比值在10~20之间，其目的主要是为了避免产生冲击波。

10.2.7 依据设计经验，对陡坡的比降提出了经验性数据，并与现行国家标准《灌溉与排水工程设计规范》GB 50288—1999 第9.7.8条保持一致。当流量大、土质差、落差大时，陡坡比降应缓些；当流量小、土质好、落差小时，陡坡比降应陡些。在软基上要缓些，在坚硬的岩基上可陡一些。

10.2.8 本条基本沿用原《城市防洪工程设计规范》CJJ 50—92 第7.4.7条的规定。在陡坡护底变形缝内设止水，其目的是为了防止水流淘刷基础，影响底板安全，同时减少经过变形缝的渗透量。设置排水盲沟可以减小渗透压力，在季节性冻土地区，还可避免或减轻冻害。

10.2.9 本条基本沿用原《城市防洪工程设计规范》CJJ 50—92 第7.4.8条的规定。人工加糙可以促使水流扩散，以增大水深，降低陡坡水流速度和改善水工建筑物下游流态，对下游消能有利。人工加糙对于改善水流流态作用的大小，与陡坡加糙布置形式和尺寸密切相关，人工加糙的布置和糙条尺寸选择要慎重，重要工程需要水工模型试验来验证，以确保人工加糙的消能效果。

西北水科所通过试验研究和调查指出，在陡坡上加设人工糙条，其间距不宜过小，否则陡坡急流将被抬挑脱离陡坡底，使陡坡面各处产生不同程度的低压，而且水流极易产生激溅不稳，水面升高，不仅不利于安全泄水，使糙条工程量加大，陡坡边墙衬砌高度增加，而且对下游消能并无改善作用。

10.3 谷 坊

10.3.1 本条基本沿用原《城市防洪工程设计规范》CJJ 50—92 第7.3.1条的规定。谷坊是山洪沟上修建的拦水截砂的低坝，其作用是固定河床、防止沟岸冲刷下切和沟岸坍塌、截留泥砂、改善沟床坡降、削减洪峰、减免山洪危害。

10.3.2 本条基本沿用原《城市防洪工程设计规范》CJJ 50—92 第7.3.2条的规定。在谷坊类型的比选条件中增加了"谷坊失事后可能造成损失的程度"的条件。谷坊种类较多，常用的有土谷坊、土石谷坊、砌石谷坊、铅丝石笼谷坊、混凝土谷坊等。上游支流洪水流量小、谷坊高度小，可采用土谷坊、干砌石谷坊；中下游设计流量较大，冲刷力较强，谷坊较多，多采用浆砌石谷坊或混凝土谷坊。考虑城市防洪安全，取消了土谷坊。

10.3.3 本条基本沿用原《城市防洪工程设计规范》CJJ 50—92

第7.3.3条的规定。谷坊位置选择除了要考虑减小谷坊长度、增大拦沙容积外,还要考虑地基较好、有利防冲消能,宜布置在直线段。山洪沟设计纵坡通常有两种考虑,一是按纵坡为零考虑,即上一个谷坊底标高与下一个谷坊溢流口标高齐平;二是纵坡大于零,小于或等于稳定坡降。各类土壤的稳定坡降如下:沙土为0.05,黏壤土为0.008,黏土为0.01,粗沙兼有卵石为0.02。

10.3.4 本条基本沿用原《城市防洪工程设计规范》CJJ 50—92第7.3.4条和第7.3.5条的规定。

10.3.5 本条基本沿用原《城市防洪工程设计规范》CJJ 50—92第7.3.6条的规定。

10.3.6 本条基本沿用原《城市防洪工程设计规范》CJJ 50—92第7.3.8条的规定。

10.3.7 本条基本沿用原《城市防洪工程设计规范》CJJ 50—92第7.3.7条和第7.3.9条的规定。

10.3.8 本条基本沿用原《城市防洪工程设计规范》CJJ 50—92第7.3.10条的规定。

10.3.9 本条基本沿用原《城市防洪工程设计规范》CJJ 50—92第7.3.11条的规定。取消了土谷坊。

10.4 撇洪沟及截流沟

10.4.1 撇洪沟是拦截坡地或河流上游的洪水,使之直接泄入城市下游承泄区的工程设施。

10.4.4 撇洪沟设计流量的拟定一般分为两种情况,一是以设计洪峰流量作为撇洪沟的设计流量,二是以设计洪峰流量的一部分作为撇洪的设计流量,而洪峰的其余部分,则通过撇洪沟上在适当地点设置的溢流堰或泄洪闸排走。

10.4.5 考虑到撇洪沟的设计流量一般较大,为了使设计的断面和沟道土方量不致太大,常选用较大的沟底比降和较大的设计流速。为防止沟道局部冲刷,断面应采取防冲措施。

10.4.6 截流沟是为拦截排水地区上游高地的地表径流而修建的排水沟道,可以保护某一地区或某项工程免受外来地表水所造成的渍涝、冲刷、淤积等危害。

截流沟的洪水流量过程线,一般是峰高量小、历时短。因此,拟定截流沟设计流量有两种情况,一是取洪峰流量作为截流沟的设计流量,二是取设计洪峰流量的一部分作为截流沟的设计流量,其剩余部分经截流沟上的溢流堰或泄洪闸排入排水区,由排水站排走。具体数值经方案比较确定。

10.5 排洪渠道

10.5.1 本节基本沿用原《城市防洪工程设计规范》CJJ 50—92第7.5节相关条款的规定。排洪渠道的作用是将山洪安全排至城市下游河道,渠线布置应与城市规划密切配合。要确保安全,比较经济,容易施工,便于管理。为了充分利用现有排洪设施和减少工程量,渠线布置宜尽量利用原有沟渠;必须改线时,除了要注意渠线平顺外,还要尽量避免或减少拆迁和新建交叉建筑物,以降低工程造价。

本条对渐变段长度作出规定,目的是为了使水流比较平顺、均匀地与上下游水流衔接。5倍~20倍沟渠水面宽度差是根据水工模型试验和总结实践经验确定的。

10.5.2 排洪沟渠纵坡选择是否合理,关系到沟渠排洪能力的大小及其淤积问题,也关系到工程的造价。排洪沟渠设计纵坡应接近天然纵坡,这样水流较平稳,土石方工程量较少。在地面坡度较大时,宜尽可能地使沟渠下游的流速大于上游流速,以免排洪不畅。沟渠纵坡应使实际流速介于不冲不淤流速之间。当设计流速大于沟渠允许不冲流速时,应采取护砌;当设置跌水和陡坡段时,侧墙超高要一般渠道适当加大,并要注意做好基础处理,防止水流淘刷破坏。

10.5.3 排洪渠道的边坡与渠道的土质条件及运行情况有关,渠道边坡需根据土质稳定条件来选择,在各种运行情况下均应保持渠道边坡的稳定。

10.5.4 本条对排洪沟渠进口布置形式作出规定,目的是为了保持水流顺畅,提高泄流量。对出口布置作出规定则是为了水流均匀扩散,防止产生偏流冲刷破坏。

10.5.5 排洪渠道弯曲段水流在凹岸一侧产生水位壅高,壅高值与流速及弯曲度成正比,一般采用下式计算:

$$Z = \frac{V^2}{g} \ln \frac{R_2}{R_1} \tag{3}$$

式中:g——重力加速度(m/s^2);

Z——弯曲段内外侧水面差(m);

V——弯曲段内水流流速(m/s);

R_1、R_2——弯曲段内外弯曲半径(m)。

10.5.6 本条规定排洪渠道应尽量采用挖方渠道,这是因为挖方渠道使洪水在地面以下,比较安全。填方渠道运转状态与堤防相似,所以规定要按堤防要求设计,使回填土达到设计密实度,当流速超过土壤不冲流速时还要采取防护措施,防止水流冲刷。

10.5.7 本条规定排洪沟渠的最小弯曲半径,是为了使水流平缓衔接,不产生偏流和底部不产生环流,防止产生淘刷破坏。

10.5.8 排洪沟渠的设计流速应满足不冲和不淤的条件。当排洪沟渠设计流速大于土壤允许不冲流速时,必须采取护砌措施,防止排洪沟渠冲刷破坏。护砌形式的选择,在满足防冲要求的前提下,应尽量采用当地材料,减少运输量,节约投资。

10.5.9 山洪沟上游比降大,流速也大,洪水携带大量泥沙,到中下游沟底比降变小,流速也变小,泥沙容易淤积,在排洪渠道进口处设置沉沙池,可以拦截粗颗粒泥沙,是减轻渠道淤积的主要措施。在沉沙池淤满后应及时清除。

10.5.10 排洪暗渠泄洪能力一般按均匀流计算,如果上游产生壅水,泄洪能力就会降低,防洪安全得不到保障。

10.5.11 排洪暗渠设检查井,是为了维修和清淤方便,检查井间距的规定是参考城市排水设计规范制定的。

10.5.12 无压流排洪暗渠设计水位以上,净空面积规定不应小于断面面积的15%,实质上是起安全超高的作用,适当留有余地以弥补洪水计算中的误差。无压流排洪暗渠水面以上的净空关系到排洪过程中是否发生明满流过渡问题,为防止出现满流状态,水面线以上都留有足够的空间余幅。

10.5.13 本条是根据现行行业标准《渠系工程抗冻胀设计规范》SL 23、《水工建筑物抗冻胀设计规范》SL 211制定的,对发生冻害地区渠系建筑物提出安全要求。

10.5.14 当外河洪水位高于排洪沟渠出口水位时,排洪沟渠在出口处应设涵闸或在回水范围内做回水堤,防止洪水倒灌淹没城市。

11 泥石流防治

11.1 一般规定

11.1.1 本章基本沿用原《城市防洪工程设计规范》CJJ 50—92第8章的规定,由于泥石流防治研究的局限性,本章条文说明基本沿用原《城市防洪工程设计规范》CJJ 50—92第8章的条文说明内容,方便使用者查阅参考。

泥石流是发生在山区小流域内的一种特殊山洪,我国是世界上泥石流最发育的国家之一,由于泥石流突然暴发,而城市人口密集,所以城市往往是危害最严重的地方。以兰州为例,新中国成立后的40多年中,发生大规模泥石流4次,造成近400人死亡,是该市自然灾害中死亡人数最多的一种灾害。据钟敦伦、谢洪、王士革等在《北京山区泥石流》一书中的不完全统计,1950年至1999

年,北京地区共发生了29次,200多处泥石流,共致死515人,毁坏房屋8200间以上,平均约每1.8年发生一次灾害性较大的泥石流。损失极为惨重。据不完全统计,全国已有150多座县城以上城市受到过泥石流的危害。

从城市防洪角度看,当山洪容重达到14kN/m³时,固体颗粒含量已占总体积的30%,已超过一般流量计算时的误差范围,在流量计算中泥沙含量已不可被忽视。如果所含泥沙颗粒是细粒土,这时的流变性质也发生较大变化,已接近宾汉模型。从水土保持角度看,流体容重超过14 kN/m³已不是一般的水土流失,属于极强度流失,也不是一般的水土保持方法就能防治的,因此这样的标准被工程界广泛接受。根据特征对泥石流加以分类,有利于区别对待,对症防治,也便于对泥石流的描述。泥石流按物质组成的分类方法是最常用的方法,其分类指标见表2。

表2 泥石流按组成物质分类表

类别	泥石流	泥流	水石流
颗粒组成	含有从漂砾到黏土的各种颗粒,黏土含量可达2%~15%,1mm以下颗粒占10%~60%	小于粉砂颗粒占60%以上,1mm以下颗粒占90%以上,平均粒径在1mm以下	1mm以下颗粒少于10%,由较大颗粒组成
力学性质	稀性或黏性	稀性或黏性	稀性

泥石流作用强度是泥石流对建筑物可能带来破坏程度的一般综合指标。泥石流作用强度是根据目前我国受泥石流危害的城镇的基本情况制定的,由于我国没有处于特别严重的泥石流沟区域,因此只分为严重、中等、轻微三类。

泥石流防治工程设计中应该突出重点,即重点防范和治理严重的泥石流沟,对严重的、危害大的泥石流沟采用较高的标准,对轻微的泥石流沟采用较低的标准。泥石流设计标准应按本规范表11.1.1选定。

11.1.3 泥石流是地质、地貌、水文和气象等条件综合作用的产物,是一种自然灾变过程;人类不合理的生产活动,又加剧了泥石流的发展。流域内有充分的固体物质储备,丰沛的水源和陡峭的地形是我们识别流域是否有泥石流的重要依据。对于山区小流域有深厚宽大的堆积扇,其流域形态为金鱼形状,纵剖面的石块、泥粒的混杂沉积,并有反粒径沉积(即上层石块粒径大于下层)趋势等,均提供了以往年代发生泥石流的证据。

泥石流流域勘查的重点是判定泥石流规模级别,确定计算泥石流相关参数,为减灾工程提供设计依据。对流域内泥石流历史事件的调查,要比洪水调查相对容易,因为泥石流痕迹可以保留相当长的时间,而且常常可以在泥石流通段找到泥石流流经弯道时的痕迹并量测相应的要素来计算泥石流流速、流量。通过调查访问等方法来确定该事件的发生年代,并根据现在流域内各种泥石流形成条件(特别是固体物质补给)的变化及其发展趋势,评价该历史事件重演的可能性。这些都是今后规划和防治工程设计的重要依据。

11.1.4 本条基本沿用原《城市防洪工程设计规范》CJJ 50—92第8.1.5条的规定。由于泥石流形成的条件比较复杂,影响因素较多,流量计算很困难。目前,采用暴雨洪水流量配方法计算,用形态调查法相补充是比较常用的方法。配方法是假定沟谷里发生的清水水流,在流动过程中不断地加入泥沙,使全部水流都变为一定重度的泥石流。这种方法适用于泥沙来源主要集中在流域的中下部,泥沙供应充分的情况。

1 配方法:配方法是泥石流流量计算常用方法之一。知道了形成泥石流的水流流量和泥石流的容重,就可以推求泥石流的流量:设一单位体积的水,加入相应体积的泥沙后,则该泥石流的容重按下列公式计算:

$$\gamma_c = \frac{\gamma_b + \gamma_h \cdot \phi}{1+\phi} \quad (4)$$

$$\phi = \frac{\gamma_c - \gamma_b}{\gamma_h - \gamma_c} \quad (5)$$

$$Q_c = (1+\phi)Q_b \quad (6)$$

式中:γ_c——泥石流容重(kN/m³);
γ_h——固体颗粒容重(kN/m³);
γ_b——水的容重(kN/m³);
ϕ——泥石流流量增加系数;
Q_b——泥石流沟一定频率的水流流量(m³/s);
Q_c——同频率的泥石流流量(m³/s)。

用式(6)计算的泥石流流量与实测资料对比,一般都较为偏小。有人认为,主要是由于泥沙本身含有水而没有计入,如果计入,则:

$$\phi' = \frac{\gamma_c - \gamma_b}{\gamma_h(1+P) - \gamma_c(1+\frac{\gamma_h}{\gamma_b}P)} \quad (7)$$

式中:ϕ'——考虑泥沙含水量的流量增加系数;
P——泥沙颗粒含水量(以小数计)。

当γ_h采用27 kN/m³,$P=0.05$及$P=0.13$时,ϕ及ϕ'值如表3。

表3 不同泥石流容重的ϕ及ϕ'值

γ_c(kN/m³)	22.4	22	21	20	19	18	17	16	15	14
ϕ	2.70	2.40	1.85	1.43	1.12	0.89	0.70	0.55	0.42	0.31
ϕ' $P=0.05$	4.24	3.55	2.44	1.77	1.33	1.01	0.77	0.59	0.44	0.32
ϕ' $P=0.13$	50.1	15.2	5.14	2.87	1.86	1.29	0.93	0.67	0.49	0.34

当泥沙含量较大时,计算值相差很大,这是由于这时的土体含水量已接近泥石流体的含水量,泥石流形成不是由水流条件而是由动力条件决定的。因此$Q_c=(1+\phi')Q_b$公式不适合于泥沙含水量较大时高容重的泥石流计算。这时常采用经验公式计算:

$$Q_c = (1+\phi)Q_b \cdot D \quad (8)$$

式中:D——因泥石流波状或堵塞等的流量增大系数,一般取1.5~3.0。

根据云南省东川地区经验:

$$D = \frac{5.8}{Q_c^{0.21}} \quad (9)$$

则 $Q_c = [5.8(1+\phi)Q_b]^{0.83} \quad (10)$

泥石流配方法虽是最常用的方法,但仍需与当地的观测或形态调查资料对照,综合评判后选择使用。

2 形态调查法:泥石流形态调查与一般河流形态调查方法相同,但应特别注意沟道的冲淤变化,及有无堵塞、变道等影响泥位的情况。在调查了泥石流水位及进行断面测量后,泥石流调查流量可按公式(11)计算:

$$Q_c = \omega_c V_c \quad (11)$$

式中:Q_c——调查频率的泥石流流量(m³/s),在设计时应换算为设计频率流量;
ω_c——形态断面的有效过流面积(m²);
V_c——泥石流形态断面的平均流速(m/s),一般按曼宁公式计算,即$V_c=m_c R^{1/3} I^{1/2}$,R为水力半径(m),I为泥石流流动坡度(小数计),m_c值可参考表4确定。

表4 泥石流沟糙率系数 m_c 值

泥石流类型	沟槽特征	I	泥深(m) 0.5	1	2	4
			m_c			
稀性泥石流	石质山区粗糙系数最大的泥石流沟槽，沟道急陡弯曲，沟底由巨石漂砾组成，阻塞严重，多跌水和卡口，容重为(14～20)kN/m³ 的泥石流和水石流	0.15～0.22	5	4	3	2
	石质山区中等系数的泥石流沟，沟道多弯曲顺直，坎坷不平，由大小不等的石块组成，间有巨石堆，容重为(14～20)kN/m³ 的泥石流和水石流	0.08～0.15	10	8	6	4
	土石山区粗糙系数较小的泥石流沟槽，沟道宽平顺直，沟床平顺直，沟床由砂与碎石组成，容重为(14～18)kN/m³ 的水石流或泥石流或容重为(14～18)kN/m³ 的泥流	0.02～0.08	18	14	10	8
黏性泥石流	粗糙系数最大的黏性泥石流沟槽，容重为(18～23)kN/m³，沟道急陡弯曲，由石块和砂质组成，多跌水与巨石垄岗	0.12～0.15	18	15	12	10
	粗糙系数中等的黏性泥石流沟槽，容重为(18～22)kN/m³，沟道较顺直，由碎石砂质组成，床面起伏不大	0.08～0.12	28	24	20	16
	粗糙系数很小的黏性泥石流沟槽，容重为(18～23)kN/m³，沟道较宽平顺直，由碎石泥砂组成	0.04～0.08	34	28	24	20

对于已发生过的泥石流的流量计算，除了从辨认历史痕迹得到最大流速和相应断面以外，也可以通过泥石流流经的类似卡口堰流动时，按堰流公式算得。如按宽顶堰公式：

$$Q_d = \frac{2}{3}\mu\sqrt{2g}H^{1.5} \cdot B \cdot M \quad (12)$$

式中：Q_d——泥石流流量(m³/s)；
μ——堰流系数，取 0.72；
H——堰上泥石流水深(m)；
B——堰宽(m)；
M——过堰泥石流系数，取 0.9。

11.1.5 泥石流防治规划应从整体环境和个别流域或不同类型泥石流特点出发，从流域上游、中游、出山口直至入主河(湖、海)，分段分区设立减灾工程，对泥石流形成的物源、水源和地形条件进行控制或改变，以达到抑制泥石流发生，减小泥石流规模的目的。综合防治体系包括工程措施(含生物工程)和非工程措施——预警预报体系。

对于威胁城镇居民点密集的泥石流沟必须采取综合防治体系，才能达到减灾和减少人员伤亡的目的。城镇泥石流综合防治体系应体现以拦蓄为主的原则，对于某些防护要求简单的情况，也可以采用单一的防护措施，为保障居民点而设立单侧防护堤，甚至为保护某单个民宅，而采用半圆形堡垒式的防护墙等。

综合防治体系及其总体布局都纳入泥石流防治规划中。

11.1.6 泥石流和一般水流不同之处，在于有大量的泥沙，这些泥沙在运动过程中不断地改变着沟道，而且这种变化随着时间的推移在不断累积。对一般水流沟道，只要保证洪峰的瞬间能够通过，这个沟道就是安全的。而泥石流由于其淤积作用，仅考虑瞬间通过就不行了。这次泥石流通过了，下次泥石流就不一定能通过，今年通过了，明年不一定能通过。因此在防泥石流的洪道设计中，必须了解可能发生泥石流总量、通过沟道的淤积、流出沟道后的情况，有多少被大河带走，有多少沉积下来，沉积成什么形状，对泥石流流动又有什么影响。不仅要考虑一次泥石流，还要考虑使用年限中的影响。

1 泥石流量可由多种方法确定：

1)调查法：可调查冲积扇多年来的发展速度来确定堆积量，调查流域内的固体物质流失量来计算年侵蚀量。泥石流主要由大沟下切引起的，也可按下切速度来计算侵蚀量，也可按几次典型泥石流调查来推算泥石流量。

2)计算法：用雨季总径流量折算，用一次降雨径流折算，或用一次典型泥石流过程折算。也可用侵蚀模数法或地区性经验公式。年冲出泥石流总量与堆积总量之间有一定的差别，这是由于很多泥沙被大河带走了，作为一般估计，可按下式计算。

$$V_s = \eta V \quad (13)$$

式中：V_s——年平均泥沙淤积量(m³)；
V——年平均泥沙冲出量(m³)；
η——被大河携带泥沙系数，按表5确定。

表5 大河携带系数 η

堆积区所处部位	η 值
峡谷区	0.5
宽谷区	0.65～0.85
泥石流不直接汇入大河	0.95

泥石流在沟口淤积形成冲积扇，其淤积量是十分可观的，据甘肃省武都县两条流域面积近 2km² 的泥石流沟观测，年平均冲出泥石流量分别为 5 万 m³ 和 7 万 m³，8 年后，沟口分别淤高了 11m 和 13m。根据白龙江流域的调查，沟口的淤积高度可按经验公式计算。

当 $W_p < 100$ 万 m³ 时：

$$h_T = 0.025 \cdot W_p^{0.5} \quad (14)$$

当 $W_p > 100$ 万 m³ 时：

$$h_T = \left[\frac{W_p \cdot 10^4}{4.3}\right]^{1/0.7} \quad (15)$$

式中：h_T——N 年中沟口淤积高度(m)；
W_p——设计淤积量(m³)，为设计年限 N 与年平均泥沙淤积量 V_s 的乘积；
N——为设计年限(年)。

泥石流的沿途淤积可用水动力平衡法(稀性泥石流)和极限平衡法(黏性泥石流)计算。

2 泥石流流速计算可根据不同地区的自然特点采用不同的计算公式。主要的经验公式包括：

1)用已有泥石流事件弯道处的参数值计算平均流速：

$$V = \sqrt{\frac{\Delta H \cdot R \cdot g}{B}} \quad (16)$$

式中：V——泥石流平均流速(m/s)；
ΔH——弯道超高值(m)；
B——沟槽泥面宽度(m)；
R——弯道曲率半径(m)；
g——重力加速度(m/s²)。

2)王继康公式，用于黏性泥石流。

$$V = K_c R^{2/3} i^{1/5} \quad (17)$$

式中：i——泥石流表面坡度，也可用沟底坡度表示(%)；
R——水力半径，当宽深比大于 5 时，可用平均水深 H 表示(m)；
K_c——黏性泥石流系数，见表6。

表6 黏性泥石流系数表

H(m)	<2.50	2.75	3.00	3.50	4.00	4.50	5.00	>5.50
K_c	10.0	9.5	9.0	8.0	7.0	6.0	5.0	4.0

3)云南东川公式：

$$V = 28.5 H^{0.33} i^{1/2} \quad (18)$$

式中：H——泥深(m)。

4) 西北地区黏性泥石流公式：
$$V = 45.5 H^{1/4} i^{1/5} \quad (19)$$

5) 甘肃武都黏性泥石流公式：
$$V = 65 K H^{1/4} i^{4/5} \quad (20)$$

式中：K——断面系数，取 0.70。

11.1.7 泥石流工程治理的方法各个国家都大同小异，应在不同的自然和经济条件下选用不同的类型组合。防治工程主要可分为预防工程、拦截工程和排导工程。预防工程又可分为：治水，即减少上游水源，例如用截水沟将水流引向其他流域，利用小的塘坝进行蓄水，上游有条件时修建水库是十分有效的方法；治泥，即采用平整坡地、沟头防护、防止沟壁等滑塌及沟底下切以及治理滑坡及坍塌等措施；水土隔离，即将水流从泥沙补给区引开，使水流与泥沙不相接触，避免泥石流发生。预防措施是减轻或避免泥石流发生的措施。在泥石流发生后，则采用拦挡或停淤的方法减少泥沙进入城市，在市区则需要修建排导沟引导泥石流流过。根据我国防治泥石流的经验，要根据当地的条件，综合治理，并结合生物措施和管理等行政措施，才能有效地防治泥石流的危害。

11.1.8 任何工程措施对于大自然而言都不可能是万无一失的，所以相应的非工程措施即预警预报系统对于保障生命安全显得更为重要。

泥石流预警预报是利用相应的设备和方法对将发生或已发生的泥石流提前发出撤离和疏散命令，减少人员伤亡。目前国内外较成功的警报方法有接触法和非接触法。其中接触式为断线法，即在沟床内设置一根金属线，当金属线被泥石流冲断时，其断线信号传到下游，实现报警。也可以用冲击传感器得到泥石流冲击力信号来实现报警。非接触法有地声法、超声波法，即用地声传感器来监测泥石流发生和运动后通过地壳传播的地声信号，用超声泥位计监测沟床内泥石流的水深来实现报警。泥石流次声报警器是接收泥石流发生和运动的声发射过程中的次声部分，这种低频率的信号以空气为介质传播，声速为 344m/s，远大于泥石流运动的速度，有足够的提前量，而且全部装置(含传感器)都置于远离泥石流源地的室内，有较好的应用前景。

11.2 拦挡坝

11.2.1 拦挡坝是世界各国防治泥石流的主要措施之一，其主要形式有：采用大型的拦挡坝与其他辅助水工建筑物相配合，一般称为美洲型。成群的中、小型拦挡坝，辅以林草措施，一般称为亚洲型。应用于一般水工建筑物上的各种坝体都被应用在泥石流防治上，例如重力或圬工坝、横形坝、土坝等，泥石流防治中还常采用带孔隙的坝，如格栅坝、桩林坝等，格栅坝有金属材料和钢筋混凝土材料等类。

采用什么形式的坝体，要根据当地的材料、地质、地形、技术和经济条件决定。

11.2.2 拦挡坝在一般情况下大多成群建筑，一般 2 座～5 座为一群，但在条件合适时也可单个建筑。成群的拦挡坝往往用下游坝体的淤积来保护上游拦挡坝的基础，拦挡坝的间距由下式计算决定。
$$L = \frac{i_c - i_o}{H} \quad (21)$$

式中：L——拦挡坝的间距(m)；
　　　H——拦挡坝有效高度(m)；
　　　i_c——修建拦挡坝处的沟底坡度(小数计)；
　　　i_o——预期淤积坡度(小数计)。

一般认为：预期淤积坡度与原沟底坡度有一定关系，即：
$$i_o = C i_c \quad (22)$$

式中：C 为比例系数。作为工程设计，C 值可参考表 7。

表 7　C 值表

泥石流作用强度	严重的	中等的	轻微的
C 值	0.7～0.8	0.6～0.7	0.5～0.6

成群的坝体往往用来防护沟底、侧壁、拓宽沟底，当拦挡坝为停留大石块时，需在一定长度内连续修建，需要修建的全长可参考下式计算：
$$L_1 = f L_o \quad (23)$$

式中：L_1——拦截段全长(m)；
　　　f——系数，严重的泥石流沟 2.5，一般的泥石流沟 2.0，轻微的泥石流沟 1.5；
　　　L_o——粒径为 d 的石块降低到规定速度时所需平均长度(m)，见表 8。

表 8　L_o 值表

d(cm)	10	20	30	40	50	60
L_o(m)	350	300	250	200	150	100

不论单个或成群设置的拦挡坝均应考虑有较大的库容和较好的基础。

11.2.3 本条规定了不同目的坝体高度的最低要求。对以拦挡泥石流固体物质为主的拦挡坝淤满了怎么办，一般有两种方法，一是清除，这对间歇性泥石流沟尚可使用，但对常发性泥石流则十分困难；另一种方法是将原坝加高，可在原地加高，也可在坝上游淤积体上加高，这是最常用的方法，并且较为经济。

为稳定滑坡的拦挡坝坝高可参考下列公式计算：
$$H = h + h_1 + L_1(i_c - i_o) \quad (24)$$
$$h = \left[\frac{2.4P}{\gamma \tan^2(45° + \frac{\phi}{2})}\right]^{1/2} \quad (25)$$

式中：H——设计拦挡坝高度(m)；
　　　h——稳定滑坡所需高度(m)；
　　　h_1——滑坡滑面距沟底高度平均值(m)；
　　　L_1——坝距滑坡的平均距离(m)；
　　　P——滑坡剩余下滑力(kN/m)；
　　　γ——淤积物容重(kN/m³)；
　　　ϕ——淤积物内摩擦角(°)。

11.2.4 拦挡坝的基础设置是个重要的问题，如处理不好，为保护基础的造价会等于或超过坝体的造价。基础的主要问题是冲刷，拦挡坝的坝下冲刷由侵蚀基面下降、泥沙水力条件改变和坝下冲刷三部分组成。

因此对独立的坝体或坝群中最下游坝体的基础埋深要认真地研究，目前常采用坝下护坦和消力槛的办法加以保护。

11.2.5 泥石流中有大量的石块和漂砾，背水面垂直可避免石块撞击坝身而造成破坏。泄水口磨损非常严重，要采用整体性较好和耐磨的材料修建，根据不同情况采用混凝土、钢筋混凝土、钢筋或钢轨衬砌。对整体性较差的坝体，如干砌块石坝，泄水口附近也需用混凝土浇筑。在泥流等细颗粒泥石流沟道中的拦挡坝，背水面不一定要垂直，泄水口的抗磨性要求可较低。

11.2.6 拦挡坝上每米宽度上的泥沙压力可按下式计算：
$$P_c = \frac{1}{2} \gamma_c H^2 \left(1 + \frac{2h}{H}\right) \tan^2\left(45° - \frac{\phi}{2}\right) \quad (26)$$

式中：P_c——坝上的泥沙压力(kN/m)；
　　　γ_c——泥石流容重(kN/m³)；
　　　H——拦挡坝高度(m)；
　　　h——拦挡坝泄流口处泥石流流深(m)；
　　　ϕ——泥石流内摩擦角(°)，如无实测资料时，可参考表 9。

表 9　泥石流内摩擦角

γ_c(kN/m³)	<16	>16
ϕ(°)	0	$0.125(\gamma_o - \gamma_b)$

泥石流冲击力分浆体动压力和大石块冲撞力两部分，浆体动压力可用动量平衡原理导出：
$$F t = m V \quad (27)$$

式中：m——泥石流的质量，$m = \rho Q t$，Q 为泥石流量，ρ 为泥流密度；

F——冲击力；

t——冲击力作用时间；

V——为泥石流流速。

当过流面积为ω时，则单位面积冲击力f为：

$$f=\frac{F}{\omega}=\rho V^2=\frac{\gamma_c}{g}V^2 \quad (28)$$

式中：f——单位面积冲击力(kN/m^2)；

γ_c——泥石流容重(kN/m^3)；

ρ——泥石流的密度(kg/m^3)；

V——泥石流流速(m/s)；

g——重力加速度(m/s^2)。

1966年在云南东川蒋家沟曾用压力盒进行冲击力测定，平均冲击力为$95kN/m^2$。1973年又用电感压力盒测定，其值与计算值相差不多。

目前，国内对泥石流冲击力的研究也取得了很大进展，中科院成都所根据弹性碰撞理论推导出以下公式。

将被撞建筑物概化成悬臂梁类型（如墩、台柱、直立跌水井等）和简支梁类型（如闸、格栅堤、软地基上两岸坚实的坝等），公式为：

$$F=\sqrt{\frac{AEJGV^2\cos^2\alpha}{gL^3}} \quad (29)$$

式中：F——个别石块冲击力(kg)；

A——系数，当构件为悬臂梁时，$A=3$；当构件为简支梁时，$A=48$；

E——被撞构件之杨氏模量(kg/m^2)；

J——被撞构件通过中性轴之截面惯性矩(m^4)；

G——石块重量(kg)；

V——石块流速（通常与流体等速）(m/s)；

L——构件长(m)；

α——冲击力方向与法线夹角。

以上计算公式可供设计时参考，有实测或试验资料时，应采用实际值。

泥石流拦挡坝建成后，最危险的时候是泥石流一次充满坝体库容，前部并有大石块撞击坝体，但这种情况不是很多，因此认为这是属于特殊组合。如果泥石流已充满坝体库容，大石块就不会再有巨大的撞击，并且随着泥石流的逐渐固化，摩擦角将逐步增大，所以坝体的最大受力时间是很短暂的，因此拦坝设计时应尽量采用减少前期受力的措施。

11.2.7 消力槛是拦挡坝防冲刷和消能的有效形式之一，如修建护坦也宜在消力槛内，并埋入沟底，以免过坝的大石块击毁。消力槛的位置应大于射流长度，其距离可参考下式计算。

$$L=1.25V_c(H+h)^{1/2} \quad (30)$$

式中：L——消力槛距拦挡坝的距离(m)；

H——拦挡坝高度(m)；

h——拦挡坝顶泥石流过流深度(m)；

V_c——拦挡坝泄流口泥石流泄流速度(m/s)。

11.2.8 格栅坝是泥石流拦挡坝的一种特殊形式，可以采用圬工坝上留窄缝、孔洞等形式，也可用钢杆件或混凝土杆件组装或安置在圬工墩台间，亦可采用桩式或A字形三角架式的桩林坝，还可采用钢丝网状坝。格栅坝的主要作用是拦住大石块，而将其他泥石流排出，在流量大时可能暂时蓄满，之后较小颗粒逐渐流出，有调节流量的作用。实际使用时，希望格栅坝不要很快淤满，因此栅距较大，但最终仍将淤平，逐渐与实体坝一致。

11.3 停 淤 场

11.3.1 泥石流停淤场是一种利用面积来停淤泥石流的措施。稀性泥石流流到这里后，流动范围扩大，流深及流速减小，大部分石块失去动力而沉积。对于黏性泥石流，则利用它有残留层的特征，让它黏附在流过的地面上。在城市上、下游有较广阔的平坦地面条件时，是一种很好的拦截形式。如果停淤场处的坡度较大，就不易散布在较大的面积上，应用拦坝等促使其扩散。根据甘肃省武都地区的试验、观测，黏性泥石流在流动一定距离后可能扩散的宽度可用式(31)计算：

$$B=4\sqrt{\frac{\tau_o}{\gamma_c i_c}L} \quad (31)$$

式中：B——黏性泥石流流动L长度后泥石流的扩散宽度(m)；

τ_o——泥石流值限静切压力(kPa)；

γ_c——泥石流容重(kN/m^3)；

i_c——停淤场流动方向的坡度，以小数计。

流动Lm距离后，泥石流可能的停留量为：

$$W_u=5\left(\frac{\tau_o}{\gamma_c i_c}L\right)^{3/2} \quad (32)$$

式中：W_u——在流动L米距离后黏性泥石流可能停积的泥石总量(m^3)。

停淤场下游流量将要较原设计流量减小，其折减系数K可参考下式：

$$K=1-\frac{W_u}{W_c} \quad (33)$$

式中：K——泥石流流量折减系数；

W_u——停淤场停淤的泥石流量(m^3)；

W_c——一次泥石流的总量(m^3)。

对于稀性泥石流，停淤场内可能停留的石块直径与流动长度可用下式计算：

$$L=1.5Q_c i_c^{0.7} d_u^{-0.85} \quad (34)$$

式中：L——稀性泥石流在停淤场内流动长度(m)，在此距离内泥石流动宽度不断增加，扩散角一般不小于$15°$；

Q_c——泥石流流量(m^3/s)；

i_c——停淤场流动方向坡度，以小数计；

d_u——在经过L长度后，可能停留下来的石块直径(m)。

流量折减系数K可按下式计算：

$$K=1-P\frac{\gamma_c-\gamma_b}{\gamma_h-\gamma_b} \quad (35)$$

式中：P——泥石流中大于或等于d_u颗粒的石块占总泥沙量的百分数（以小数计）；

γ_c——泥石流容重(kN/m^3)；

γ_h——泥沙颗粒容重(kN/m^3)；

γ_b——水的容重(kN/m^3)。

过水的停淤场对防治来说，不起什么作用，因此规定了停淤场的必要条件，计算时可参考式(31)~式(35)。

11.3.2 泥石流停淤场内的拦挡坝及导流坝的作用是使泥石流能流过更多的路程，扩散到更大面积，使泥石流尽可能多地停积在停淤场内。

11.3.3 停淤场内的拦挡坝是一种临时性的建筑，而且可能经常改变，因此材料宜就地取材，并节省费用。

11.4 排 导 沟

11.4.1 排导沟是城市排导泥石流的必要建筑物，根据各地的经验，排导沟宜选择顺直、坡降大、长度短和出口处有堆积场地的地方，其最小坡度不宜小于表10所列数值。

表10 排导沟沟底设计纵坡参考值

泥石流性质	容重(kN/m^3)	类别	纵坡(%)
稀性	14~16	泥流	3~5
		泥石流	5~7
	16~18	泥流	5~7
		泥石流	7~10
		水石流	7~15
黏性	18~22	泥流	8~12
		泥石流	10~18

11.4.2 排导沟与天然沟道的连接十分重要,根据实践经验,收缩角不宜太大,否则容易引起淤积和发生泥石流冲起越过堤坝等事故。

11.4.3 较窄的沟道能使泥石流有较大的流速减少淤积,也可以减少在不发生泥石流时水流对沟底的冲刷。但沟底较窄时需要较大的沟深,因此沟底宽度要根据可能的沟深来综合考虑。目前沟道宽度一般是比照天然沟道中流动段的宽度,可参照铁道研究院西南所的公式计算确定:

$$B \leqslant \left(\frac{i}{i_c}\right)^2 B_c \quad (36)$$

式中:B——排导沟底宽(m);
B_c——流通区天然沟宽(m);
i——排导沟坡度,以小数计;
i_c——流通区沟道坡度。

也可根据甘肃省武都地区对泥石流沟道的调查,建议的沟底宽度:

当排导沟断面为梯形时:

$$B = 0.81 i^{-0.40} F^{0.44} \quad (37)$$

当排导沟断面为矩形时:

$$B = 1.7 i^{-0.40} F^{0.28} \quad (38)$$

式中:B——排导沟宽度(m);
i——排导沟坡度,以小数计;
F——流域面积(km^2)。

11.4.4 为保证泥石流中大石块的通过,设计沟深不仅应保证泥石流的正常通过,而且应大于最大石块直径1.2倍。对于黏性泥石流,不应小于泥石流波状流动高度。泥石流的波高,可按甘肃省武都地区公式计算:

$$h_c = 2.8 \left[\frac{\tau_o}{\gamma_c i_c}\right]^{0.92} \quad (39)$$

式中:h_c——泥石流波高(m);
τ_o——黏性泥石流的极限静切应力(kPa);
γ_c——泥石流容重(kN/m^3);
i_c——沟床坡度,以小数计。

在泥石流排导沟的弯道地段,还应加上弯道超高值,其超高值据调查,可按以下公式计算:

$$h_E = \frac{V_c^2 B}{2gR} \quad (40)$$

式中:h_E——泥石流在弯道外侧超过中线设计泥位的超高值(m);
V_c——泥石流流速(m/s);
R——弯道中心线半径(m);
B——设计泥石流深时的泥面宽(m);
g——重力加速度(m/s^2)。

在排导沟进口不平顺有顶冲处,应加上泥石流的顶冲壅高值h_s:

$$h_s = \frac{V_c^2 \sin^2 \alpha}{2g} \quad (41)$$

式中:h_s——泥石流顶冲壅高值(m);
α——泥石流流向与堤坝夹角(°)。

泥石流排导沟不仅应保证建成时泥石流的通过,而且要保证在淤积后能够通过。考虑到50年一遇流量恰好在第50年时发生的几率很低,因此其淤积计算年限都较设计年限要短,这与现行行业标准《公路桥涵设计通用规范》JTG D60是一致的。

11.4.5 稀性泥石流对排导沟侧壁冲刷较为严重,黏性泥石流一般冲刷较轻,但黏性泥石流沟平时也会发生一般洪水,会对侧壁造成冲刷,因此城市中的泥石流排导沟一般都应护砌。

11.4.6 将泥石流改向相邻的沟道,使城市免受泥石流的危害,在条件许可时,这是值得采用的一种措施,但应论证其改道的可靠性和对周围环境的影响。

12 防洪工程管理设计

12.1 一般规定

12.1.1 本条规定了防洪工程管理设计的主要内容,运行期管理只是提出原则性要求,具体的管理细则应由管理者根据有关法律法规及规范结合工程运行的实际制定。

本条总括规定了防洪工程管理设计的主要内容。城市防洪工程管理是城市防洪工程设计中的重要组成部分,是城市防洪工程建成投产后能够正常安全运行、发挥工程效益的基础。在社会主义市场经济体制逐步建立、传统水利向现代水利和可持续发展水利转变的新形势下,工程管理提到了一个相比较高的高度。因此,只有加强对城市防洪工程的管理,才能最大限度地发挥城市防洪工程的效益,保障城市经济的可持续发展。这就要求城市防洪工程设计重视工程管理设计,针对城市防洪工程工程类型多、密度大、标准高的特点,进行管理设计,为运行管理打好基础。

12.1.2 本条是根据《中华人民共和国水法》的规定和工程实际需要制定的。工程管理用地是保证工程安全、进行工程管理所必需的,但现实城市用地十分紧张,地价昂贵,造成管理用地的征用比较困难,工程保护范围用地虽不征用,但土地使用仍然是有限制的。因此,划定工程的管理范围和保护范围是政策性很强的工作,必须以防洪保安为重点,以法律、法规为依据,同时符合地方法规,取得地方政府的支持。

12.1.3 防洪堤、防洪墙、水库大坝、溢洪道、防洪闸等主要防洪建筑物,一般均应设水位、沉陷、位移等观测和监测设备,掌握建筑物运行状态,以便检验工程设计、积累运行与管理资料,确保正常运行,为持续改进提供资料和依据。目前城市防洪工程中的各类单项工程都已有相应的管理设计规范,在这里只是强调应设置必要的观测、监测设施,工程设计时可按相应规范要求进行设计。

12.1.4 超标准洪水处置区是为保证重点防洪地区安全和全局的安全而牺牲局部利益的一项重要措施。建立相应的管理制度,有条件、有计划地运用,才能将损失降低到最小。

12.2 管理体制

12.2.1 按照国务院体改办2002年9月3日颁布的《水利工程管理体制改革实施意见》,应根据水管单位承担的任务和收益状况,确定城市防洪管理单位的性质。

第一类是指承担防洪、排涝等水利工程管理运行维护任务的水管单位,称为纯公益性水管单位,定性为事业单位。

第二类是指承担既有防洪、排涝等公益性任务,又有供水、水力发电等经营性功能的水利工程管理运行维护任务的水管单位,称为准公益性水管单位。准公益性水管单位依其经营收益情况确定性质,不具备自收自支条件的,定性为事业单位;具备自收自支条件的,定性为企业,目前已转制为企业的,维持企业性质不变。

第三类是指承担城市供水、水力发电等水利工程管理运行维护任务的水管单位,称为经营性水管单位,定性为企业。

城市防洪工程基本上是以防洪为主的纯公益性的水利工程,或者是准公益性的水利工程,城市防洪管理单位一般没有直接的财务收入,不具备自收自支条件,其管理单位大多为事业单位。

12.2.2 城市防洪管理的内容包括了水库、河道、水闸、蓄滞洪区等调度运用、日常维护和管理,同时,与城市供水、水资源综合利用紧密地结合在一起。《中华人民共和国水法》规定:"国家对水资源实行流域管理与行政区域管理相结合的管理体制";《中华人民共和国防洪法》规定:"防汛抗洪工作实行各级人民政府行政首长负责制,统一指挥、分级分部门负责";国家防汛总指挥部《关于加强城市防洪工作的意见》中要求"必须坚持实行以市长负责制为核心的各种责任制"、"建议城市组织统一的防汛指挥部,统一指挥调度全市的防洪、清障和救灾等项工作"。本条根据上述法律法规文件精神制定,要求城市防洪工程设计时,明确城市防洪管理体制,即根据城市防洪工程的特点、工程规模、管理单位性质确定管理机构设置和人员编制,明确隶属关系、相应的防洪管理权限。

对于新建工程,应该建立新的防洪管理单位。对于改扩建工程,原有体制还基本合适的,可结合原有管理模式,进行适当调整和优化;如原有管理模式确实已不适合改建后工程的特点,也可建立新的管理单位。

目前,我国的水管理体制还比较松散,很多城市的防洪工程分别由水利、城建和市政等部门共同管理。在这种体制下,不可避免地形成了各部门之间业务范围交叉、办事效率低下、责任不清等状况,不利于城市防洪的统一管理,也不利于城市防洪工程整体效益的发挥,应逐步集中到一个部门管理,实施水务一体化管理。

12.3 防洪预警

12.3.1～12.3.5 城市防洪是一项涉及面很广的系统工程,除建设完整的工程体系外,还需加强城市防洪非工程体系的建设,工程措施与非工程措施并用,才能最大限度地发挥城市防洪工程的效益。防洪预警系统是防洪非工程措施的重要内容,建立防洪预警系统是非常必要的,在此规定了防洪预警系统应包括的主要内容、设计依据和原则等。

12.3.6 防洪预警系统应是一个实时的、动态的系统,在实际运行中应进行动态管理,结合新的工程情况和调度方案进行不断修订,不断补充完善,其中既包括由于工程情况和调度方案的变化而造成的防汛指挥调度系统的修订,也包括随着科技的发展和对防汛指挥调度系统认识及要求的提高而需要进行的修订。

13 环境影响评价、环境保护设计与水土保持设计

13.1 环境影响评价与环境保护设计

13.1.1 本条规定了不同设计阶段环境影响评价的工作深度与内容。

13.1.2 本条规定了城市防洪工程环境影响评价的依据。

13.1.3 本条规定了城市防洪工程环境影响评价应包括的对特有环境影响内容。

13.1.5 本条规定了城市防洪工程环境保护设计的内容。

13.2 水土保持设计

13.2.1～13.2.3 这三条规定了水土保持设计的依据与城市防洪工程水土保持设计的特殊要求。